SÆCULUM NONUM.

CAROLINI SCRIPTORES

QUI

IN ECCLESIA LATINA FLORUERE.

B. CAROLI MAGNI

IMPERATORIS

OPERA OMNIA

JUXTA EDITIONES MEMORATISSIMAS BALUZII, PERTZII, CAJETANI CENNII,

RECENSITA

ET NUNC PRIMUM IN UNUM COLLECTA.

ACCURANTE J.-P. MIGNE,

BIBLIOTHECÆ CLERI UNIVERSÆ,

SIVE

CURSUUM COMPLETORUM IN SINGULOS SCIENTIÆ ECCLESIASTICÆ RAMOS EDITORE.

TOMUS SECUNDUS
CONTINENS B. CAROLI MAGNI CAPITULARIA ET PRIVILEGIA.

VENEUNT DUO VOLUMINA 16 FRANCIS GALLICIS.

PARISIIS EXCUSUS, VENIT APUD EDITOREM,
IN VIA DICTA *D'AMBOISE*, PROPE PORTAM VULGO *D'ENFER* NOMINATAM,
SEU PETIT-MONTROUGE.

1851

ELENCHUS

HUJUS TOMI NONAGESIMI OCTAVI.

BEATUS CAROLUS MAGNUS, IMPERATOR AUGUSTUS.

OPERUM OMNIUM PARTIS PRIMÆ CONTINUATIO, SEU CODICIS DIPLOMATICI SECTIO TERTIA. — MONUMENTA DOMINATIONIS PONTIFICIÆ, SIVE CODEX CAROLINUS.	9
Epistolæ Romanorum pontificum Gregorii III, sancti Zachariæ, Stephani II, Pauli I, pseudopapæ Constantini et Adriani I.	64
Provinciale vetus, sive Ecclesiæ universæ provinciarum notitia.	457
Liber Censuum genuinus.	475
Epistolæ de papa Leone ad imperatorem Carolum missæ.	517
Privilegium Ludovici imperatoris de regalibus confirmandis papæ Paschali.	579
Exemplum privilegii Ottonis imperatoris de regalibus beato Petro concessis.	603
Exemplum privilegii Henrici imperatoris de regalibus beato Petro concessis.	625
Cartula comitissæ Mathilde.	659
Rudolphi I Cæsaris Augusti Epistolarum libri tres.	701
OPERUM OMNIUM PARS SECUNDA. — SCRIPTA.	993
Sectio prima. — Epistolæ.	Ibid.
Sectio secunda. — Libri Carolini quatuor.	941
Sectio tertia. — Carmina.	1349
APPENDIX AD OPERA OMNIA BEATI CAROLI MAGNI. — CAROLINA, SIVE VARIA AD CAROLI MAGNI GESTA, CULTUM, FAMAM ET LAUDES PERTINENTIA.	1357
Sectio prima. — Liturgica.	Ibid.
Sectio secunda. — Historica.	1369
Sectio tertia. — Poetica.	1433
Addenda ad beati Caroli Magni diplomata authentica quæ ad partes Italiæ spectant.	1447

PATROLOGIÆ
CURSUS COMPLETUS

SIVE

BIBLIOTHECA UNIVERSALIS, INTEGRA, UNIFORMIS, COMMODA, OECONOMICA,

OMNIUM SS. PATRUM, DOCTORUM SCRIPTORUMQUE ECCLESIASTICORUM

QUI

AB ÆVO APOSTOLICO AD INNOCENTII III TEMPORA

FLORUERUNT;

RECUSIO CHRONOLOGICA

OMNIUM QUÆ EXSTITERE MONUMENTORUM CATHOLICÆ TRADITIONIS PER DUODECIM PRIORA
ECCLESIÆ SÆCULA,

JUXTA EDITIONES ACCURATISSIMAS, INTER SE CUMQUE NONNULLIS CODICIBUS MANUSCRIPTIS COLLATAS,
PERQUAM DILIGENTER CASTIGATA;
DISSERTATIONIBUS, COMMENTARIIS LECTIONIBUSQUE VARIANTIBUS CONTINENTER ILLUSTRATA;
OMNIBUS OPERIBUS POST AMPLISSIMAS EDITIONES QUÆ TRIBUS NOVISSIMIS SÆCULIS DEBENTUR ABSOLUTAS
DETECTIS, AUCTA;
INDICIBUS PARTICULARIBUS ANALYTICIS, SINGULOS SIVE TOMOS, SIVE AUCTORES ALICUJUS MOMENTI
SUBSEQUENTIBUS, DONATA;
CAPITULIS INTRA IPSUM TEXTUM RITE DISPOSITIS, NECNON ET TITULIS SINGULARUM PAGINARUM MARGINEM SUPERIOREM
DISTINGUENTIBUS SUBJECTAMQUE MATERIAM SIGNIFICANTIBUS, ADORNATA;
OPERIBUS CUM DUBIIS TUM APOCRYPHIS, ALIQUA VERO AUCTORITATE IN ORDINE AD TRADITIONEM
ECCLESIASTICAM POLLENTIBUS, AMPLIFICATA;
DUOBUS INDICIBUS GENERALIBUS LOCUPLETATA : ALTERO SCILICET RERUM, QUO CONSULTO, QUIDQUID
UNUSQUISQUE PATRUM IN QUODLIBET THEMA SCRIPSERIT UNO INTUITU CONSPICIATUR; ALTERO
SCRIPTURÆ SACRÆ, EX QUO LECTORI COMPERIRE SIT OBVIUM QUINAM PATRES
ET IN QUIBUS OPERUM SUORUM LOCIS SINGULOS SINGULORUM LIBRORUM
SCRIPTURÆ TEXTUS COMMENTATI SINT.
EDITIO ACCURATISSIMA, CÆTERISQUE OMNIBUS FACILE ANTEPONENDA, SI PERPENDANTUR : CHARACTERUM NITIDITAS,
CHARTÆ QUALITAS, INTEGRITAS TEXTUS, PERFECTIO CORRECTIONIS, OPERUM RECUSORUM TUM VARIETAS
TUM NUMERUS, FORMA VOLUMINUM PERQUAM COMMODA SIBIQUE IN TOTO OPERIS DECURSU CONSTANTER
SIMILIS, PRETII EXIGUITAS, PRÆSERTIMQUE ISTA COLLECTIO, UNA, METHODICA ET CHRONOLOGICA,
SEXCENTORUM FRAGMENTORUM OPUSCULORUMQUE HACTENUS HIC ILLIC SPARSORUM ,
PRIMUM AUTEM IN NOSTRA BIBLIOTHECA, EX OPERIBUS AD OMNES ÆTATES,
LOCOS, LINGUAS FORMASQUE PERTINENTIBUS, COADUNATORUM.

SERIES SECUNDA,

IN QUA PRODEUNT PATRES, DOCTORES SCRIPTORESQUE ECCLESIÆ LATINÆ
A GREGORIO MAGNO AD INNOCENTIUM III.

ACCURANTE J.-P. MIGNE,

BIBLIOTHECÆ CLERI UNIVERSÆ,

SIVE

CURSUUM COMPLETORUM IN SINGULOS SCIENTIÆ ECCLESIASTICÆ RAMOS EDITORE.

PATROLOGIÆ TOMUS XCVIII.

OPERUM BEATI CAROLI MAGNI IMPERATORIS

TOMUS SECUNDUS.

VENEUNT DUO VOLUMINA 16 FRANCIS GALLICIS.

PARISIIS EXCUSUS, VENIT APUD EDITOREM,
IN VIA DICTA *D'AMBOISE*, PROPE PORTAM VULGO *D'ENFER* NOMINATAM,
SEU PETIT-MONTROUGE.

1851

B. CAROLI MAGNI

IMPERATORIS

CODICIS DIPLOMATICI

SECTIO TERTIA.

MONUMENTA DOMINATIONIS PONTIFICIÆ,

SIVE

CODEX CAROLINUS.

(Juxta Cennii editionem.)

Epistola dedicatoria.

EMINENTISSIMO AC REVERENDISSIMO DOMINO

D. DOMINICO PASSIONEO

S. R. E. PRESBYT. CARDD. PRIORI TIT. S. LAURENTII IN LUCINA, SEDIS APOST. BIBLIOTHECARIO, SUMMO PONTIFICI A LITTERIS BREVIBUS.

Romanorum pontificum litteræ ad Francorum reges Pippinum et Carolum Magnum de maximis incrementis quæ apostolicæ sedis dominatui per eosdem accessere, et Rudolphi regis Romanorum epistolæ de imperatoria majestate Romanique imperii præcipuis rebus, demum aliquando prodeunt in lucem, DOMINICE CARDINALIS EMINENTISSIME, te assertore, te patrono. Illas quidem ab Ecclesiæ Annalium parente taudiu tamque inutiliter conquisitas Gretserus post ejus mortem emisit. Quas vero emisit? nempe exscriptas negligenter, licenter emendatas, inopportune comptas, uno verbo alias ab autographo Vindobonensi, sive a Codice illo genuino, qui ab auctore Carolo Magno nomen mutuatus, Carolinus nuncupatur. Quamobrem Lambecius easdem improbatas ac semirefectas commisit prelo, tametsi labori immortuus non vulgavit. Tertio demum ex autographo exceptas, numerisque omnibus absolutas, a Gentiloto, qui Lambecii curam minus exactam deprehendit, Felicitati tuæ paratas fuisse crediderim. Cum enim tibi, aliis pro sancta sede muneribus gloriose perfuncto, legatio ad Cæsarem decreta fuit, postquam Gentilotus obierat supremum diem, tu, EMINENTISSIME CARDINALIS, qui alibi viros principes litteratosque omnes præclaris excelsi animi tui dotibus tibi devinxeras, Viennæ gratiam Cæsaris iniisti. Quare omnium ordinum augustæ illius sedis familiaritate utens, non modo eventus omnes Carolini Codicis discere, sed Lambecii et Gentiloti conatus solerter expeditos consequi, quod sane magnum ac singulare est, potuisti. Rudolphi vero epistolas a Seyfrido abbate Zweytalensi collectas, Lambecio incompertas, ab aliis temere vocatas in dubium, tute, in monasterii Zweytalensis Tabulario deprehensas summaque cum fide descriptas Vienna in Urbem redux tecum attulisti. Utrumque autem codicem, et Carolinum juxta veram autographi Vindobonensis lectionem, et Rudolphinum ineditum, insigne amoris tui erga Romanam Ecclesiam monumentum, vix Romam, ad rerum præclare gestarum præmium, evocatus ediidsses, nisi assiduis ministerii occupationibus magnæ tuæ cogitationis vota distinere ad hunc usque diem coactus esses. Nosti enim optime, duobus hisce cardinibus Ecclesiæ dominatus originem, incrementa, perennitatem; certamque indolem, ac fines certos Romani imperii versari; nosti huc, veluti ad Lydium lapidem, opiniones hallucinationesque aliorum alias admotum iri : ac demum nosti, te Romanæ Ecclesiæ adeoque beati Petri successorum dominationem supremam Romæ cæterisque in suis ditionibus, ab ipsa origine, quod Baronius non potuit, extra omnem aleam positurum. Ea propter me, quasi socium laboris adhibere non dignatus, ut tale tantumque obsequium sanctæ sedi una tecum præstarem voluisti. Ego vero admirabilis tuæ mentis præsidio fultus, præterea copia documentorum ex celeberrima tua bibliotheca munitus, magna cum alacritate per sententiarum et rerum barbariem abdita pontificum et regum penetralia ingressus, nudam inde veritatem elicui, unde eruditi nostrorum temporum scriptores, inofficiosa Gretseri editione freti, tam multa ex sensu suo depromere non sunt veriti. Quanta hinc accessio, EMINENTISSIME CARDINALIS, egregiis tuis laudibus fiet? Fallax quidem certe non fuit præclara illa de te opinio, cum Gallia, Belgium, Hollandia nullodum publico sanctæ sedis munere fungentem suspexere; cum doctores Sorbonici viriquae illustriores e congregatione sancti Mauri, ac præ aliis Mabillonius et Montefalconius, florentem ætatem tuam admirabantur; cumque iidem ac præstantes alii viri eam meritis ornatam præconiis posteritati mandabant. Res enim præclare gestæ in variis diuturnisque muneribus pro sancta sede susceptis, gloriam tibi compararunt nullo unquam tempore inter homines morituram. At nube denique jus suum sanctæ sedi, atque ea quæ magni principes beato Petro ejusque successoribus pro mercede animarum suarum sunt elargiti, singulari atque ineluctabili ratione asseruisse, id vero ad immortalem quoque gloriam in cœlis, quæ unice appetenda est, felicem tibi aditum patefaciet. Hanc equidem post longam annorum seriem tibi ominor, sub cujus auspicio quidquid, pro exiguæ meæ mentis acie, tuis hisce monumentis adjeci, in lucem prodit.

EMINENTIÆ TUÆ,

Humillim. et obsequentiss. servus
cliensque addictissimus
CAJETANUS CENNIUS.

PRÆFATIO.

I. Cum celeberrimus jurisconsultus Janus Vincentius Gravina Romani majestatem imperii usque ad Augustulum persecutus esset, hæc pauca adjecit in fine, (*de Rom. imp.* lib. singular., cap. 50) : « De variatione autem ipsius a Carolo Magno, et a Germanici regni mistura, si vita et facultas dabitur, peculiari tractatione disseremus. » Et vita et facultas defuisse videntur : nihil enim ab eo scriptum reperitur de imperatoria majestate, quæ post annos 325 in Carolo Magno revixit. Quod ille non potuit, jurisconsulti Germanici uberrime præstiterunt: nam, Struvio et Monzambano seu Puffendorfio facem præferentibus, nova in dies volumina emittunt in lucem de jure publico imperii Romano-Germanici. Fundamenta, quibus inhæreant, a Goldasto et Lunigio suppeditantur, quæ cujusmodi sint, audiendum ab eorumdem uno, Petro nimirum Ludewig (*Reliq. ms. Dipl.*, tom. I, præf., § 33 et 39) veritatis teste integro, hac in re. Loquens iste auctor de falsis ac suspectis diplomatibus : « Utinam, inquit, effugerent hanc notam volumina Goldasti atque Lunigii in tanto tamque utili diplomatum apparatu! » Ac de utroque singillatim : « Id potius agit (Lunig.) ut omnia conferciat sine discrimine et selectu. » De Goldasto autem : « Altera fere pars commentitia et falsa . . . Merito desideratur in eo selectus et ars secernendi vera a falsis. Hinc ex eo laudata diplomata fidei sunt suspectæ. » Quamobrem Baronius, Pagius atque omnes eruditi, ne Muratorio quidem excepto, putidissimos illos fetus præ aliis rejiciunt, scilicet Legem regiam seu constitutionem Adriani, qua Carolo Magno conceduntur anno 774 tam multa ab omni fide abhorrentia (Goldast, *Const. imp.*, tom. I, pag. 16; Lunig., *Cod. It. Dipl.*, tom. I, pag. 1) ; Leonis VIII, pseudo-pontificis decretum, quo ipse una cum senatu P. Q. R. incredibilia concedunt Ottoni I anno 963 (Lunig. *ibid.*, p. 3, et *Spic. eccl. cont.* 11, pag. 66) ; Senatusconsulta duo, per quæ ab iisdem permittuntur Ottoni electio Romani pontificis, investituræ episcoporum, et omnia temporalia sanctæ sedi donata a regibus et imperatoribus restituuntur, historia non reclamante (Goldast., *Const. imp.*, tom. I, pag. 221 seq. ; Lunig., *Cod. It. Dipl.*, p. 6, S*pic. eccl.*, p. 1, p. 139) ; et Ottonis III constitutionem qua patrimonium Ecclesiæ constituitur certis ex civitatibus ; donatio Constantini a Carolo Magno confirmata dicitur ; eademque declaratur supposititia (Goldast., *ibid.*, pag. 226 ; Lunig. *ibid.*, p. 7, et *Spic.*, p. 140).

II. Infirmis adeo fundamentis, seu potius eorum ruderibus, nam prorsus excisa esse neminem latet, juris publici assertores inhærent. Ponunt primo (Struv., *Syntagm. J. P. imp. Rom. Germ.*, § 3, p. 4) imperium Romanum a Carolo Magno acquisitum, deinde ab Ottone Magno denuo vindicatum, perpetuoque jure cum regno Germanico ita conjunctum, ut et nomen suum in istud transtulerit. Post hæc in plures periodos imperium ita excogitatum dividunt: 1. ab Ottone Magno ad Henricum IV, Germaniæ regem ; quo tempore ab Ottone et successoribus, more Carolingiorum, summum imperium in pontifices, senatum P. Q. R. et sanctæ sedis patrimonium, absque Romanorum pontificum contradictione, exercitum esse contendunt. 2. Alteram periodum ad Friderici II obitum an. 1250 perducunt. 3. Hinc cœpisse aiunt funestum Germaniæ interregnum 23 annorum, a cujus initio ad Auream bullam Caroli IV, per annos amplius centum, ad 1356 tertiam periodum ducunt. Secundam et tertiam periodum imperio infaustam depingunt: nam labefactatum aiunt imperium illud summum a sancto Gregorio VII, at nonnisi Caroli V ætate pontificem agnosci cœptum Romæ, Romanique territorii dominum, contendunt: ac tempore interregni septemviralem senatum cœpisse, una cum Germaniæ principum potestate, et Cæsaris auctoritatem tam in secularibus quam ecclesiasticis magis magisque labefactatam esse autumant. Insequentibus periodis agunt de imp. Germanici majestate tum Aurea bulla, tum scriptis aliis legibus firmata, quas minime ad rem nostram facientes volens ac lubens prætermittam. Secus est de prioribus tribus; quæ quia suppositionibus tum relatis, tum aliis pluribus minoris notæ nitentes, imperii Occidentalis redivivi falsam indolem obtrudunt, Romanorum pontificum, regumque, atque imperatorum testimoniis repugnantibus, æqua trutina pensandæ mihi erunt adversus Italum scriptorem magni nominis, qui tanto cum Italicæ juventutis incommodo suppositionum, quas fatetur et rejicit, sententiam fere omnem amplectitur: præterea una cum jurisconsultis Germanicis monumenta certa, queis imperii vera indoles et dominium sanctæ sedis extra omnem aleam ponuntur, in dubium vocat aut falsi arguit.

III. Pergratum id illis accidisse fidem faciunt immensa hujusmodi librorum et tractatuum copia, qua fere obruimur, post edita Italicarum Antiquitatum sex magna volumina, et minora duodecim Annalium Italiæ, quæ suum etiam in idioma transtulerunt, ut latius paterent atque intellectu faciliora cuique essent in iis contenta; necnon aliquis ejusmodi conatus Italo eidem auctori dicatus adversus apostolicæ sedis dominium, ex editis iis voluminibus expressus. Tantam ego licentiam si vellem compescere, aquam tunderem. Id tantummodo nitendum mihi esse video, ut opinionem omnino falsam de sanctæ sedis dominio, ob male perceptam indolem imperii, sive, ut melius dicam, imperatoriæ dignitatis in Occidente institutæ, seu instauratæ a sancto pontifice Leone III, tot scriptorum cætera eruditorum atque acris ingenii lucubrationibus posthabitis, patefaciam. Ita siquidem Italicæ saltem juventuti consultum erit, ne alienum sequatur errorem, aut per devia incedens ad rectum tramitem reducatur. Id vero per me fiet monumenta minime dubia proferendo, ex quibus liqueat sanctum pontificem non transtulisse nec innovasse imperium, quod scilicet in Oriente perseveravit, nec pontificii juris erat aut voluntatis illud exstinguere; ut Leonis successores comprobant, qui Orientale imperium minime detractaverunt: sed instituisse, vel instaurasse imperatoriam dignitatem, ut sibi suisque successoribus ac ditionibus sanctæ sedis prospiceret, contra subditorum audaciam. Quis enim credat perdere eum voluisse summam Romanorum pontificum, qui eum præcesserant ac secuturi erant, potestatem? Quis putet tantum facinus a pontifice sanctitatis gloria celebratissimo perpetratum esse, ut principi apostolorum auferret, quod rex Pippinus semel oblatum religioni duxit imperatori Orientis concedere, et tam ipse quam filius Carolus divo Petro adversus Langobardos invasores validissimis exercitibus vindicarunt ?

IV. Itaque non imperium, sed imperatorem in Occidente sanctus Leo III instauravit. Cujus rei testis integerrimus est Ludovicus II, in epistola celebri ad Basilium imp. Orientis (Baron., 871, n. 51 ; Duchesne, *Script. Franc.*, tom III, p. 555), qui simul veram indolem instauratæ dignitatis declarat: « Carolus, inquit, Magnus, abavus noster, unctione hujusmodi per summum pontificem delibutus, primus ex gente et genealogia nostra pietate in eo abundante et imperator dictus est, et Christus Domini factus est. » Renuensque Græco morem gerere, qui Francorum imperatorem appellari eum volebat, finem renovatæ ejusdem dignitatis patefacit: « A Romanis enim hoc nomen et dignitatem assumpsimus, apud quos nimirum primo tantæ culmen sublimitatis et appellationis effulsit, quorumque gentem et urbem divinitus gubernandam, et matrem omnium Ecclesiarum Dei defendendam atque sublimandam suscepimus. » Eapropter Theganum aliosque Carolinæ ætatis scriptores non imperii, sed regnorum Caroli imperatoris meminisse comperies. Quin etiam ipse Carolus tum in divisione regnorum inter filios, tum in testamento, anno 811, de suis regnis decernit, nullatenus de imperio. Et cum Aquisgrani convocatis regni proceribus, tam ecclesiasticis quam laicis, Ludovicum Aquitaniæ regem sibi successorem elegit (Theg., c. 6) conceptis verbis eos interrogavit: « Si eis placuisset ut nomen suum, id est imperium filio suo Ludewico tradidisset. » Idem sic imper. designatus in Aquitaniam rediit, « et Dominus imperator tenuit regnum et nomen suum honorifice, sicut dignum erat. » Post Caroli mortem Ludovicus (*Idem*, c. 8) « venit Aquisgrani palatium, et suscepit omnia regna quæ Deus tradidit patri suo sine ulla contradictione. » Ex iis omnibus legationes accepit, Beneventanorum quoque (*Ibid.*, cap. 11 seq.) et ex regno Italiæ ipsum regem Bernardum, quem post præstitum fidelitatis juramentum in Italiam remisit. Duobus primis regni annis regem et principem appellatum invenies; at anno 816 Stephanus IV, Leonis successor, in Franciam se conferens (*Ibid.*, c. 18), « coram clero et omni populo consecravit eum, et unxit ad imperatorem, et coronam auream miræ pulchritudinis et pretiosissimis gemmis ornatam, quam secum apportaverat, posuit super caput ejus. Et Irmingardam reginam appellavit Augustam. » Hinc Ludovicus, regis nomine obsoleto, imperator dici cœpit.

V. Quæ cum vera sint, ut sunt certe verissima, nequicquam annalista Italus (an. 806) unam e suis falsis opinionibus projicit, seque ipse teste probare nititur Carolum nil de urbe et ejus ducatu agere in ea divisione, quia illi reservabatur, qui designatus postea esset Romanorum imperator. Et anno 813, cum nomen imperatoris tributum fuit Ludovico procerum Francorum consensu, jure conjici posse ait minime id præstitisse Carolum inconsulto Leone pontifice. Continuo autem subdit: « Certe is Francis non referebat acceptam dominationem Urbis, nec majestatem tituli, et gradus imperatoris, » ut sonat vernacula ejus sententia Latine reddita. Tam alte sedebat illius animo falsa hæc opinio de dominatione Urbis! Falsum utrumque: nam Carolus in divisione regnorum, ubi quæcunque erant juris sui inter filios distribuit, Romam ejusque ducatum, quæ pontificiæ dominationis erant, non ausus est illorum cuiquam tribuere, sed cunctis ex æquo defendenda, quod erat patriciatus, et postmodo imperatoriæ majestatis munus, injunxit: « Super omnia autem, inquit, jubemus ut ipsi tres fratres curam et defensionem Ecclesiæ sancti Petri simul suscipiant, sicut quondam ab avo nostro Carolo, et beatæ memoriæ genitore Pippino rege, et a nobis postea suscepta est, ut eam cum Dei adjutorio ab hostibus defendere nitantur; et justitiam suam, quantum ad ipsos pertinet, et ratio postulaverit, habere faciant. » Quæ totidem fere verbis Ludovicus Pius suis et ipse filiis præcepit. Ex primo autem hoc capite aliud pendet quod annalista conjectando extundit. Quæ omnia manibus ipsis tenebimus auctoritate monumentorum, quæ proferam. Interim Ludovicum II Basilio significare audimus, se non dominari, sed gubernare, et defendere Urbem. Quæ duo tam necessaria erant ad imperatoris titulum assequendum, ut Carolinis ipsis relictis, si officio deerant, alii collatam eam dignitatem compertum sit atque exploratum.

VI. Et vero in serie Augustorum inter Carolum Crassum et Arnulphum Carolingiorum ultimum, et Guidonem Spoletanum ducem a Stephano V inauguratum, et Lambertum illius filium a Formoso (*an.* 891 *seq.*) sex circiter annis imperatoria majestate fulsisse eruditi norunt. Perinde est de Ludovico III Burgundiæ rege et Berengario duce Forojuliensi, a Benedicto IV et Joanne X coronatis. Sed quod maxime notari oportet, cum Berengario decedente imperatoria majestas annis siluit duodequadraginta, Romæ tyrannidem occupantibus comitibus Tusculanis, Agapetus II Ottonem Germaniæ regem accersit adversus Berengarium alterum, cujus præpotentia Ecclesiæ res et personæ admodum vexabantur; at de Ecclesia optime meritum diademate imperiali redimire per eosdem tyrannos ei non licuit. Forte post annos circiter decem Octavianus comes Tusculanus ad Pontificale fastigium ascendit. Tunc vero Ottonem iterum accersitum, pactisque non paucis nec modicis rebus opportunius explanandis, Joannes XII (ita enim vocari voluit Octavianus) solemni ritu in basilica Vaticana hunc primum ex Germaniæ regibus imperatorem coronavit. Postea vero Germaniæ ipsi, quod de Franciæ regnis non evenerat, imperii nomen est factum. Romano-Germanicum jurisconsulti appellant, quæ res ad nostrum institutum, ut aiebam, non spectat. Istud enim accidit post Auream bullam, quæ tertiam ex supra memoratis periodis claudit; nec citra easdem venire, quatenus patietur historia, certum mihi est ac deliberatum. Itaque aut imperium memoretur apud antiquos scriptores, quod raro factum invenietur a Francis, aut imperatoris nomen insigne, semper imperatoria majestas a Leone III instituta vel instaurata accipiatur necesse est. Fundamento autem Struvii et aliorum de imperio a Carolo Magno acquisito, et ab Ottone I iterum vindicato nihil infirmius, nihil a veritate omni magis abhorrens, quod monumentis planissimum factum iri confido.

VII. Ea vero sunt omnino septem, jam sæpius typis vulgata. 1. Codex Carolinus, seu epistolæ 99 a Carolo Magno collectæ, quas Romani pontifices quinquaginta annorum spatio a 759 ad 791 in Franciam miserunt. 2. Leonis III epistolæ decem ad Carolum imperatorem conscriptæ, quæ Hermanno Conringio referuntur acceptæ. 3. Diploma Ludovici Pii. 4 et 5. Diplomata Ottonum primi et secundi, ac sancti Henrici. 6. Donatio seu chartula comitissæ Mathildis. 7. Et Rudolphi magni progenitoris Augustissimæ domus Austriacæ diploma. 8. Hisce autem jam editis singulare unum accedit ineditum, codex videlicet Rudolphinus, quo 126 epistolæ continentur fere omnes Rudolphi, adjecto in fine principum imperii electorum diplomate, quo Rudolphinum prædictum confirmatur, nonnihil ab editis discrepante. Cumque ex monumento isto quantivis pretii præcipua capita bullæ Aureæ non modicum lucis accipiant, per tres illas periodos a Struvio excogitatas ab anno primo Ottonis Magni 962, seu per annos 594, usque ad 1556, Germanicum imperium citra omnem suppositionem suis certis finibus circumscriptum tenebimus, veramque ejus indolem præcedentibus monumentis perceptam magis ac magis confirmatam intelligemus. Ditionem vero apostolicæ sedis post tot tamque diuturnas Rudolphi prædecessorum invasiones in statum pristinum restitutam ex Rudolphino codice deprehendemus. Cumque ejus origo et incrementa omnia, præter donationem Mathildicam, pateant ex Codice Carolino, qui imperatoriam dignitatem anno 800 institutam præcessit: hinc est quod utriusque codicis auctoritate, et regum Francorum tempore, et sub Augustis tam Carolingicis quam Germanis eamdem ditionem eademque jura sanctæ sedis fuisse compertum erit. Præterea iidem codices faciunt fidem minime dubiam tribus diplomatibus, quæ nullo jure vocantur in dubium, quia neque indoles imperatoriæ majestatis a Leone III institutæ vel instauratæ percipitur; nec varii ditionis tituli seu capita secernuntur; nec denique disciplina ordinationis pontificiæ alio tempore alia exploratur. Nunc de singulis monumentis dicendum aliquid.

§ I. De Codice Carolino.

VIII. Codex Carolinus merito aciem ducit: ab eo siquidem cætera omnia pendent. De prima illius editione accurate Lambecius, ubi verba facit (*Comm. de Bibl. Cæs. Vindob.* lib. I, p. 62) de Tengnagelio augustæ illius bibliothecæ præfecto : « Ejusdem, inquit, bonitati debet posteritas volumen epistolarum, quas Romani pontifices Gregorius III, Stephanus III (II), Zacharias I, Paulus I, Stephanus IV (III), Adrianus I, et antipapa Constantinus, miserunt ad principes et reges Francorum Carolum Martellum, Pippinum, et Carolum Magnum, olim quidem studio et cura ipsius Caroli Magni collectum; anno autem 1613 a R. P. Jacobo Gretsero Ingolstadii in-4° editum. Codex ms. membranaceus antiquissimus, et hactenus in orbe terrarum unicus ex quo epistolæ illæ desumptæ sunt, asservatur etiam nunc in bibliotheca Cæsarea inter codices historicos latinos numero centesimo nonagesimo octavus, et, ut ex scriptura et aliis circumstantiis evidentissime apparet, sine controversia ipso imperatoris Caroli Magni ævo scriptus est. Quod autem ex hoc bibliothecæ Cæsareæ codice editio R. P. Gretseri prodierit, testatur ipse in fine Præfationis ad lectorem his verbis : « Unum addo, etc. » Idem alibi (*Ibid.*, lib. I, p. 322) de eodem Codice : « Cæterum per quam varias rerum vicissitudines, et quo tempore ac modo idem ille præstantissimus codex tandem pervenerit in augustissimam bibliothecam Cæsaream Vindobonensem, id mihi prorsus est incognitum. Primus autem jam memoratus summorum pontificum epistolas ex eo describi curavit vir cl. Sebastianus Tengnagelius augustissimæ bibliothecæ Cæsareæ tertius ante me præfectus, easque publicandas misit ad R. P. Jacobum Gretserum Soc. Jesu celeberrimum theologum cujus cura postmodum Ingolstadii typis Andreæ Angelmarii anno 1613 in-4° editæ sunt. Quo nomine, licet utrique suam deberi laudem haud abnuam, necessario tamen monendum est, operæ pretium fore, si prima illa editio de integro accurate conferatur cum ipso supra memorato codice authentico. Quod enim is qui eum descripsit nimiam in nonnullis locis corrigendis et mutandis sibi arrogaverit licentiam, apparet vel ex ipsa prima pagina : quippe ubi non modo vocabulum memorialis prava emendatione transformatum est in memorabilis, verum etiam inscriptio primæ epistolæ pro lubitu mutata et mutilata est. In ipso namque codice authentico ea se habet hoc modo : « Epistola Gregorii papæ ad Carolum majorem domus missa pro defensione sanctæ Dei Ecclesiæ. » In editione autem impressa sic legitur : « Epistola Gregorii III pontif. ad Carolum Martellum. »

IX. Rectum hujusmodi judicium doctissimii viri de Gretseriana editione ansam dedit Chorographo Italiæ medii ævi (*Scr. Ital.* tom. X, p. 57), ut minus æquam de eadem sententiam proferret : « Monet quidem, ait, ex Lambecio Pagius anno 767, n. 2, amanuensem Gretseri nonnulla immutasse, dum ex bibliothecæ Cæsareæ exemplari authentico transcripsit codicem. Nomina propria regionum et urbium non immutasse speramus. Cæterum et nos plura observamus (præsertim in epistolis Adriani) historicæ et genealogicæ veritati omnino adversantia, quæ sane non ab imperito amanuensi immutari potuere; sed sane fuerunt ab eodem Gretsero adjecta, ut Ludovicianum aliaque suspecta documenta fulciret. » Et paulo infra : « Testatur enim Pagius an. 755, n. 6, quod *quid donatio Pippiniana contineret, et quas civitates complecteretur, inter scriptores non convenit*; hoc est nondum satis constat, an regiones et urbes promissæ, fuerint cunctæ actu traditæ, et si traditæ, quo jure, an plenissimo sine dependentia, ut dicitur, stantibus clausulis in donationibus appositis adhuc in exemplaribus Baronianis : « Salva super eosdem ducatus nostra (regali scilicet, sive imperiali) in omnibus dominatione, et illorum ad nostram partem subjectione, » aliisque restrictionibus, ut in exemplari Sigoniano. Fiduciam hominis ! Tengnagelium augustæ bibliothecæ præfectum, Gretseri amanuensem vocat, eumque imperitum; Gretsero ipsi per summam injuriam falsarii notam inurit; clausulam appositam ducatibus Thusciæ et Spoleti, quæ luculenter probat provincias et civitates reliquas summo jure concessas esse sanctæ sedi, donationi integræ ascribit. Inofficiosum istud falsumque scribendi genus quis ferat? Attamen Muratorius hujusmodi scriptorem summo loco habens opiniones istas omnino falsas obviis ulnis amplectitur, suisque in Annalibus sæpe obtrudit. Hinc lector judicet, quam necessaria est editio puri puti codicis Vindobonensis. At prosequamur Codicis editiones alias : de nostra enim opportunius dicendum erit.

X. Annis duodetriginta post primam hanc editionem, Codex iterum vidit lucem Lutetiæ Parisiorum per Sebastianum Cramoisy an. 1641, curante Francisco Duchesne Andreæ filio (*Scr. Franc*, tom III, pag. 700), qua editione usus est Labbeus in Collectione conciliorum, aliique. Cum vero hæc nihil novi habeat, sed Gretserianam omnino referat, pro una eademque haberi debet. Perinde est de nuperrima typis Parisiensibus nitidissimis curata a PP. Benedictinis in nova editione operum Duchesnii anno 1744, tametsi ordo epistolarum novus excogitatus fuerit : namque juxta Cointii et Pagii chronologiam sunt dispositæ. Quamobrem Gregorii III epistolæ duæ, ordine temporum exigente, sunt seorsim vulgatæ (tom. IV, pag. 92 seq.) pari modo sancti Zachariæ unica (*Ibid.*, pag. 96) eademque mutila, nam responsa septem et viginti, totidem quæstionibus Francorum, tanquam abs re, omittuntur. Reliquæ omnes (præter 96 et 97 eadem ex causa prætermissas) sequenti volumine sunt editæ (tom. V, pag. 485 seqq.). Quid vero? Laudati auctores non omnium epistolarum chronologiam, veram falsamve, sunt assecuti. Propterea novissima in hac editione, quæ chronologia carent, cæteris postponuntur. Sic Pauli duæ (*Cod.* 45, 16) in calcem rejectæ, incerto anno datæ dicuntur; et Adriani multo plures tripertito divisæ in incerto omnes relinquuntur. Quandoquidem tres constituendæ dicuntur inter annos 774 et 781 (*Cod.* 57, 61, 62), aliæ undecim (*Cod.* 67, 79, 72, 74, 77, 82, 83, 84, 87, 89, 93) in quibus Carolus compater nominatur, post annum 781 scriptæ feruntur; ac demum duæ (*Cod.* 70, 81) anno 782 dubitanter ascribuntur. Præter hujusmodi inversionem, quæ improbanda non esset, si accuratior, quid a Gretseriana hæc nova editio discrepet, non video. Quid quod in nuperrima Gretseri Operum editione, sus deque habita Lambecii admonitione, neque attenta injuria, qua Gretserus afficitur a Chorographo Italiæ, juxta editionem pristinam Codex Carolinus iterum est prelo mandatus?

XI. Unus Lambecius, qui novæ editionis necessitatem sensit, optimo publico provinciam suscepit recensionis Codicis Vindobonensis, deditque in lucem pontificias epistolas in eo contentas longe alias ab hucusque editis. At quia hunc Codicem primum ex opusculis esse voluit concepti magni operis, cui Syntagma Germanicarum rerum faciebat nomen, illiusque editione vixdum absoluta, quæ sunt mortalium vices, e vivis abiit; imperfecti operis id nobile principium non prodiit in vulgus. Quænam alia opuscula Codicem Carolinum sequi debuissent, incertum. Cur autem tanti operis partem tam modicam publicæ lucis fieri non sit permissum, facili negotio assequimur, si Codicis impressi principium et finem spectemus. Auctor siquidem principio exponit quæcunque continentur in Codice isto epistolari, ut eum appellat : ejusdemque vices enarrans : « Volumen, inquit, membranaceum, quod olim primo quidem ad ipsius Caroli Magni bibliothecam cubicularem, deinde autem ad Willibertum archiepiscopum Rothomagensem pertinuit; nunc vero authenticum asservatur in augustissima bibliotheca Caesarea Vindobonensi. » Et continuo subdit : « Petrus Lambecius Hamburgensis totum hoc opus summa fide et diligentia recognovit, ac contulit, et chronologia accurata, atque necessariis adnotationibus in fine adjunctis illustravit. » Pagina autem extrema, quae numeratur 208, ubi visitur : *Codicis epistolaris Carolini finis :* indicatur in calce folii sequentis initium PE- *Petri videlicet Lambecii chronologia et annotationes*, quas principio promisit : tametsi nusquam inventas esse conjicitur ex silentio Danielis Nesselii, qui Lambecio successit, coeptique magni operis continuandi studio illectus nullam ex illius schedis inobservatam reliquit. Pari modo Joannes Benedictus Gentilotus Nesselii successor in augusta bibliotheca nec chronologiae nec annotationum mentionem facit. Qui defectus, ni fallor, praecipua fuit causa cur Codex epistolaris supprimeretur a Nesselio.

XII. At Gentiloto causa alia potior adfuit, ne Lambecianam editionem prodire in lucem sineret : quandoquidem, collata eadem cum Codice, deesse vidit in edito barbariem defectusque omnes, quibus nihil aptius ad fidem Codici conciliandam. Quod venerabilis Baronius admonebat (1019, num. 5) edens documentum cum suis omnibus naevis : « Obsitum, inquit, soloecismis et barbarismis, et superinductis ex vetustate mendis depravatum, qualecunque sit, accipe : nam sciendi curiositas quaeque aspera condiens suavia reddit. » Praeterea nimiam Tengnagelii licentiam, cum eum descripsit Gretsero transmittendum, deprehendit. Cujus rei sic lectorem admonet in Praefatione suae recensionis ms. de qua mox : « Librarii menda, quorum incredibilis est in eo numerus, contixit pleraque omnia Tengnagelius sua manu, sed nimia licentia, non modo ad marginem veram lectionem ascribens, sed passim radens, inducens, reficiens, et inculcans, id quod probare non possum : tametsi ea mente id fecerit ut Jacobum Gretserum, cui volumen istud edendum postea dedit, corrigendi labore levaret. » Huc accedit Gretseri ejusdem sincera confessio in sua Praefatione : « Illud te nosse velim, mi lector, me veteris orthographiae non admodum superstitiosam rationem habuisse; quia fractus non illabitur orbis, sive legas *inlustris*, etc., sive, ut nunc fert consuetudo : *illustris*, etc. » Quod quantum importet detrimentum antiquis codicibus, rei diplomaticae periti judicabunt. Quamobrem Gentilotus, Lambeciana editione posthabita, Codicem accuratissime contulit cum Gretseriana; omnesque vel minimas variantes lectiones indicavit. Notas ipsas, seu compendiosas scripturas, exempli gratia, DI, DO, NUM, DM, a Tengnagelio redditas, *Domini*, *Domino*, *Dominum*, et a Lambecio *Dei*, *Deo*, *Deum*, solerter restituit, quippe quae codicis aetatem defi-

niunt ante nonum saeculum, ut prae aliis agnovit Godefridus abbas ordinis Benedictinorum *(Chron. Gotw. tom.* I) multisque allatis exemplis comprobavit. Praeterea quidquid Tengnagelius correxit, rasit refecitque, Gentilotus ad Codicis lectionem reduxit, rei semper lectorem admonens; quidquid autem ille induxit, rejecit. Lambecius e contrario saepe adhibet Tengnagelii correctiones, quas condemnarat, ut vidimus. Utcunque autem sit de hac Lambecii inconstantia, trium horum augustae bibliothecae praefectorum laboribus prolatis, Codex ipse Carolinus Vindobonensis sine ulla dubitatione exprimetur.

XIII. Talem vero tantumque ad novam Codicis editionem apparatum, qui nonnisi augustae bibliothecae praefectis praesto esse poterat, vir doctrina apud omnes Europae litteratos celebratissimus, auctoritate apud viros principes gravissima, et, quod majus, gratia Caesaris utens plurimum, uno verbo Dominicus Passioneus, tunc apocrisiarius seu nuntius apostolicus Viennae Austriae, nunc eminentissimus sanctae Romanae Ecclesiae cardinalis sua in selectissima et immensa librorum supellectile utendum possidet. Quemadmodum tot laudibus cumulatissime ornatus vir, totaque Europa, ac praecipue in Urbe celeberrimus ob res praeclare gestas domi forisque pro apostolica sede, tantos thesauros sit adeptus, non erit ingratum litterariae reipublicae paucis percipere. Is Gronovii, Montefalconii, Mabillonii, Fontanini, ac praecipuorum ejus aevi litteratorum testimoniis a sua juventute commendatissimus celebriores Europae academias privatus invisit; nullaque adhuc publici ministerii dignitate fulgens, Hagae Comitum anno 1708 et tribus sequentibus Clementis XI jussu substitit sanctae sedi opitulaturus, dum de pace inter Europae principes agebatur. Deinde cum anno 1712 pax publica sancita fuit Trajecti ad Rhenum, et 1714 apud Helvetios, ubi publici habebantur tractatus, semper et ubique interfuit, apostolici ministerii fungens munere. Iisdem in publicis conventibus; tum comitate ingenita, tum mira ad res gerendas dexteritate, et sanctae sedis jura acerrime vindicavit, et magnam sibi apud viros principes aestimationem collegit. Eadem longe aucta, cum postmodum ad eorumdem Helvetiorum rempublicam apocrisiarius missus ab Innocentio XIII catholicam fidem et ecclesiasticam immunitatem diu ac strenue tutatus fuit *(Addit. ad Diacon.* tom. II, p. 727 seqq.), summam illi auctoritatem apud omnes ordines comparavit. Adeoque an. 1730, Viennam profectum apocrisiarii pariter, seu nuntii apostolici dignitate conspicuum, tanti nominis virum certatim demereri omnes, praecipue litterarum cultores, nitebantur : quippe quem non modo ex quibusdam ingenii fetibus evulgatis, sed ex praecipuorum Europae litteratorum encomiis summo loco habendum intelligebant. Cum vero apud Caesarem gratia et auctoritate plurimum valere illum senserunt, nil deinceps, quod aut optaret, aut peteret, non lubenti, ac volente animo sunt impertiti.

XIV. Specialissimo autem nuntio apostolico id onum curæ erat, ut Lambecianam editionem utcunque imperfectam, et novissimam Codicis Carolini recensionem a Gentiloto confectam assequeretur. Æquus siquidem ejus Codicis æstimator, eo confirmari norat jura omnia sanctæ sedis, ac præcipue fulciri diplomata Ludovici Pii, Ottonum, et Henrici I, quod et Chorographus Italiæ medii ævi cognovit. ut vidimus; ac proinde ardua quæque subiisset, ut validissimum id præsidium sanctæ sedi compararet. Gentilotus jampridem obierat diem suum, eique in augustæ bibliothecæ præfectura successerat Joannes Baptista Garellius archiater et consiliarius cæsareus, qui Gentiloto amicissimus fuerat; suosque prædecessores facile antecelluit favore, et auxiliis in aliorum studiis promovendis. Opportuniorem Passioneus occasionem nancisci non poterat, ut Lambecianam editionem, et manuscriptam Gentiloti recensionem summa cum fide descriptam assequeretur. Quanti eædem essent etiam Viennæ, qua in augusta sede pluris habebatur vetustissima ætas codicis, quam res in eo contentæ, argumento illud est, quod uni huic summo viro cum obsequio semper, et veneratione ab omnibus, sed a me præcipue nominando, pretiosissimi loco muneris sunt concessæ. Ac de Lambeciana quidem editione, cum Gretseriana jampridem vulgata ubique circumferretur, eademque esset magni operis modica pars, minus est quod miremur : at Gentiloti recensionem ineditam, opus tanti temporis, tantique laboris, unum Passioneum adeptum esse, id vero singulare est, maximeque admirandum. Quod profecto nonnisi doctrinæ celebritati, maximæ apud omnes auctoritati, et summæ gratiæ Cæsaris referri debet acceptum.

XV. At enimvero quamvis prædictæ editionis paucissima exemplaria exsistent, Gentiloto eodem teste (*Præfat.*), unum tamen ad manus pervenit apostoli Zeni, quem Cl. virum gratia et amicitia apud litteratos omnes valuisse dum viveret, omnes norunt. Ex quo variantes lectiones cursim, et minus exacte exceptæ aliena manu, a Muratorio editæ sunt in nova Gretseriana editione (*Scr. Ital.* tom. III, part. ii, pag. 75 seqq.). Qua super re auctor ipse audiendus; nam simul raritatem Lambecianæ testatur, et ab se inexplorata tanquam exactissima emitti fatetur : « Laborem, inquit, Lambecii hominis utique diligentissimi avide exspectabat litteraria respublica ; verum, quæ causa intercesserit, ne in publicum diem prodierit hæc ipsa illius editio, incompertum fateor mihi. Fortasse mors illius consilium importune interciplens litterarum amatores spe concepta fraudavit. Certior quoque factus sum, exemplaria nulla dimissa fuisse in lucem, si paucula excipias felicitate e carcere elapsa, et nunc thesauri loco a possessoribus habita. Et ex his quidem unum tandem in manus venit clarissimi apostoli Zeni solertissimi antiquitatum et librorum quoque rariorum venatoris. Ipse vero pro suo studio erga litterarum augmentum illud contulit Dominico Vandellio, nunc publico matheseos professori

in gymnasio Mutinensi a me non semel laudato ; qui, collata editione Lambeciana cum præcedentibus, variantes omnes lectiones collegit, atque ad me humanissime detulit. Hic ergo habebit lector Gretserianum Codicis Carolini textum, simulque suppositas emendationes a Lambecio congestas : qua ratione utramque quodammodo editionem a me exhiberi uniusquisque intelliget. » Quæ an inutiles inutilisque exactæ editioni, cujusmodi est Muratoriana ista, conveniant, ex paucis quæ subjiciam, colligere erit.

XVI. Ac primo notari velim, ambecium (*Comm. Bibl. Cæs.* lib. II, pag. 522) antequam de sua editione cogitaret, monuisse, vocabulum *memorialis*, in *memorabilis* transformatum esse a Tengnagelio ; quam sane admonitionem Ducangius ipse (*Glos. V. Memoriales Membranæ*) inseruerat Glossario mediæ et infimæ Latinitatis his verbis : « In Inscr. Cod. Car. ms. ap. Lambec. lib. II Comm. de bibl. Cæsar. cap. 5, quæ conservant memoriam, et ab oblivione vindicant. » Quin etiam *memoriale* absolutum in eamdem sententiam adhibetur a Paulo I (*Cod. Car.* ep. 41, al. 16), qui Pippinum laudibus prosecuturus, incipit : « Dum divinas Scripturarum historias in nostro memoriali revolvimus. » Item (*Cod. Car.* ep. 98, al. 82) Gentilotus legit in ms. Vindob. *Regalem memorialem*. In editione autem Codicis patens est litteris majusculis MEMORIALIBUS MEMBRANIS. At Muratorius Tengnagelii correctionem *memorabilibus* sequitur cum Gretsero. Præterea Gretserus (typothetæ culpa, ni fallor, decepti iteratis particulis *et jam*) prætermisit in epist. 4 verba hæc magni momenti, unde liquet, Francorum regum donationes non instituisse, sed amplificasse apostolicæ sedis ditionem : « et jam quia nullum augmentum nobis factum est » : quæ in Lambeciana editione haud desiderantur. Attamen Muratorius Greiserum imitatur. Nec data opera factum putes ; namque eadem occurrunt epist. 6 ; at neque a Gretsero, neque a Muratorio omittuntur. Mitto alias Gretseri omissiones (*Cod. Car.* epist. 51, 42, 50, 77) quæ apud Muratorium quoque inveniuntur ; plerasque enim nec Lambecius vidit. *Dominus* pro *Domnus* a Lambecio sæpe restitutus juxta fidem Codicis, non notatur in primis septem epistolis. Minora passim obvia usque ad finem non excipio, ne lectori fastidium ingeram : id tamen affirmare non dubito, quod falso pollicetur Muratorius se Lambecianam editionem vulgare. Quid quod plures epistolas, præsertim sextam, et nonagesimam septimam, qua similes aliarum sunt, profert mutilas variantibus lectionibus suis deque habitis? Suas quoque animadversiones variantibus inseruit, de quibus opportunius dicam in notis. Unam hic non prætereám, qua solœcum epist. 59, corrigens : « nisi velis, inquit, hunc solœcismum tribuere pontificio amanuensi. » Quod quidem dignum admiratione est : nam alibi (*Ant. Ital.* tom. IV dissert. 43) Adriani epistola utitur ad ignorationem illius ævi comprobandam, in ipsa urbe. Atque hæc satis sint ad demonstrandum, rem esse adhuc integram de Carolino Codice, cujus nulla editio sincera est.

XVII. Equidem diligentiam Lambecii dum improbari video a Gentiloto, non possum, quin ejusdem Lambecii hallucinationem patefaciam de Carolino ipso Codice: inde enim quisque colliget, cujusmodi chronologiam et annotationes additurus erat suæ editioni, si superstes fuisset. In supra laudato Commentario bibl. Cæsareæ (lib. II, pag. 224) ad verba tituli: *seu etiam de Imperio*, apposuerat hanc notam: « nempe Orientali, sive Cpolitano. Sed quod dolendum est, epistolæ illæ impp. Cpolitanorum, quarum hic fit mentio, non exstant in hoc codice. Videtur ergo totum illud corpus epistolarum fuisse divisum in duo volumina, quorum primum, quod etiam nunc exstat in augustissima bibliotheca Cæsarea, et illud ipsum est, de quo in præsens agitur, continuit epistolas summorum pontificum, alterum autem, quod longinquitate temporis periisse existimo, comprehendit epistolas impp. Cpolitanorum. » Mihi vero, quod tanti viri cum pace dixerim, nonnisi pontificias litteras in titulo indicari persuasum est; quippe quæ et de apostolica sede et de imperio tractant, ut opportune animadvertam in notis. Quamvis enim nonnullæ epistolæ scriptæ sint ad Carolum Cpoli; tot numero eædem non sunt, quæ seorsim referri debuerint in alium codicem. Præterea de paucis illis luculenter constat. Quamobrem verba illa tituli spectant ad pontifices, qui de summa sede apostolica beati Petri apostolorum principis, seu etiam de imperio scripsere ad principes et reges Francorum, ut fert titulus. Non enim facile invenientur exempla præpositionis *de* pro *ab* usurpatæ, quamvis et in Italia, et in Francia, multa adhuc barbaries obtineret. Ad Lambecii vero diligentiam improbatam quod attinet, ex Gentiloti recensione palam erit, quam multas correctiones Tengnagelii adoptaverit, et quam frequenter suas adjecerit.

XVIII. Ex hucusque allatis est evidens novam hanc editionem codicis necessariam omnino esse; tum ut Tengnagelii licentia teneatur; tum ut Lambecii labor integer inspiciatur; tum denique ut Gentiloti studium vere improbum, quo Vindobonensis Codex qualis erat, qualisque est factus a Tengnagelio deprehenditur, litterariæ reipublicæ commendetur. Eam ob rem Gretserianam et ipse editionem adhibere constitui pro textu, trium Cæsareæ bibliothecæ præfectorum variantes lectiones subjiciendo [a]. Quandoquidem puras putas epistolas edens, ut exstant in codice, quod Gentiloti ope possem facere, laboris nimium lectori exhiberem, ut cujusvis ex tribus clarissimis viris operam nosceret, meritisque laudibus Lambecium, et Gentilotum fraudarem, quod minime æquum est. Præterea quidquid libertatis sibi arrogavit Gretserus in orthographia, Tengnagelio verteretur vitio, si modo vitium appellari potest Gretseri con-

[a] Nos præcipuas tantum lectiones variantes textui inter uncos inserimus vel in notis exhibemus; reliquas vero, quæ ad litteræ unius in vocibus quibusdam

silium, cum ars diplomatica nondum in deliciis erat. Meam hanc deliberationem probavit eminentissimus Passioneus, qui multis abhinc annis editionem istam meditatus, at multis et variis ministerii sui occupationibus impeditus, tandem optimo publico mihi procurandam demandavit. Tantis ego victus imperiis, et copia librorum adjutus ab eodem eminentissimo cardinali ex selectissima et immensa ejus bibliotheca (in qua litteratis omnibus Europæ huc venientibus id mirum accidit, nihil deesse, nihil superfluere), necnon necessariis notitiis ab eo munitus, ac veluti manuductus per inaccessa provinciæ hujus loca, perfeci opus, cui, qualecunque sit, ingenii mei vires fuissent omnino impares. Quæ res præsertim evenit in duobus ex monumentis a me proferendis, videlicet in Codice isto Carolino, qui aciem ducit, et in Codice Rudolphino, de quo agam suo loco.

XIX. Quantæ utilitatis futura sit editio ista novissima prædictum in modum procurata, illi judicabunt, qui non legendo tantum, sed scribendo navant operam, ut sui animi fetus posteritati commendent. Præcipue vero elingues ii reddentur, qui adhærentes Chorographo Italiæ medii ævi Gretserum adjecisse putant, quæ diplomatibus Ludovici Pii, aliisque asserendis opportuna sunt visa. Cumque ex Codice isto Carolino constet, quæ erat ditio sanctæ sedis ante Francorum regum donationes, quæve incrementa habuerit ex regum eorumdem largitionibus: idcirco, Patrum Maurinorum exemplo, qui chronologice digesserunt epistolas, quamvis non probem id eos fecisse aliena cura; vires nervosque omnes industriæ meæ intendi, ut singularum sin minus ætatem certam, certum saltem ordinem assequerer, atque apposita sua unicuique synopsi, quoad fieri potuit, exacta, eas ita instructas magno usui futuras, lectori exhiberem. Muratorius, quæ ejus diligentia erat in alienis edendis partubus, conatus sine dubio esset illas digerere alium in modum, quam quem prorsus inutilem servant in codice. Enimvero epistolam sancti Zachariæ, et duas pseudopapæ Constantini loco movit, suoque ordine collocavit; necnon earum seriem disturbavit, inserendo inter cujusque pontificis litteras singulorum vitam ex Fr. Amalrico Augerio, et ex Frodoardo. Sed opiniones falsæ, quas litteris commendarat (*Script. Italic.* tom. III, pars II, ubi exstat Codex Carolinus data opera dilata est ad magnæ collectionis editionem fere absolutam) illi persuaserunt, e re sua esse epistolas illas nullo ordine, nullaque chronologiæ præsidio, prout relatæ erant in codicem, evulgare. Ita scilicet vafrum Adrianum pontificem, falsum promissorem Carolum, sanctamque sedem illusam, anteponendo, ad arbitrium epistolas, quod vehementer adeo contendit, male animatis in apostolicam sedem, et rerum Ecclesiæ rudibus insinuare, ac probabili ratione ostendere potuisset, ut fecit.

adjectionem, vel detractionem, vel immutationem, tantum spectant, ut prorsus superfluas consulto omittimus. EDIT.

XX. Quod si alicui arrideret Vindobonensem ipsum Codicem non modo singulis in epistolis omnino expressum, sed disturbatum, uti est in augusta bibliotheca, inspicere : quæ res cui bono per me fieret non video : nil facilius, quam confusi illius ordinis instauratio. Tabulam quippe expansam omnium oculis subjicio continuo post præfationem, quæ priscum novumque ordinem epistolarum exhibet. Cæterum in epistolari isto codice tria potissimum spectanda mihi sunt visa : unum adversus Collectionis Canonum sanctæ sedis patronos ante octavi sæculi dimidium, Sirmondi invento eam parum feliciter tuentes; alterum contra eos, qui libertatem summam consecrationis pontificum Romanorum a Gregorio III per totum octavum sæculum testatam non sentientes in Codice Carolino, eamdemque perseverasse post augusteam dignitatem institutam ab apostolica sede non intelligentes, conjectando et ratiocinando disciplinam pervertunt, et Pii Ludovici diploma commentitium pronuntiant; tertium denique adversus eosdem, qui temporalia tantum cogitantes, non animadvertunt præcipuam causam creandi primum patricios, deinde imperatores, ut fidem catholicam, et sanctam sedem ab impietate Græcorum, aliove quovis perversorum molimine tuerentur, quæ in epistolis Codicis valde perspicua est; nec de Romanis pontificibus sanctitate conspicuis, nec de piissimis Francorum regibus, et imperatoribus pro dignitate, verba faciunt. De singulis opportunius agam in monitis, quæ cujusque pontificis epistolis præmittentur, et in dissertationibus monumenta cætera præeuntibus, quo lectorem remitto. Hactenus de Codice Carolino, qui exhibetur primo hujus operis volumine. Venio nunc ad monumenta cætera alterius voluminis.

§ II. Sancti Leonis III epistolæ decem.

XXI. Carolini Codicis novem et nonaginta epistolas a Romanis pontificibus fere omnes conscriptas ad principes et reges Francorum, aliæ decem consequuntur, quas summus pontifex Leo III dedit ad Carolum Magnum quem ipse imperatorem creaverat. De imperatoria eadem dignitate, tum quandiu apud Carolingios stetit, tum de eadem ad Germanos auctoritate apostolica translata, deque non modico inter utrosque discrimine, consulenda est dissertatio, quæ Leoninas hasce epistolas præibit. Videre ibidem erit imperatoriam majestatem regia longe majorem, in ipsa urbe jus exercentem, dummodo Romani pontificis rogatus aut consilium accederent. Nihilo tamen secius novam hanc majestatem a summo pontifice excogitatam esse ad orthodoxæ fidei, sanctæ sedis et Romani pontificis defensionem, ut patriciatum Stephanus II excogitaverat, ex paucis his epistolis palam fiet. Non enim aliter Carolus Augustus a Leone appellatur, atque rex Carolus ab Adriano vocatus fuerat, adeo ut majestatis tantum discrimen in uno codemque patrono, ac defensore catholicæ religionis, et sanctæ sedis perspicuum sit : quandoquidem sententia epistolarum nullatenus discrepat ab iis tam multis, quæ in Codice Carolino exstant; imo tanta eas inter convenientia est, ut dempta titulationis conclusionisque necessaria differentia, utrobique eamdem pontificum potestatem spiritualem ac temporalem; utrobique patrocinium, et defensionem Caroli comperias. Eam scilicet naturam, seu indolem, ut demonstratum est, Leo III indidit institutæ huic dignitati; eamque unam agnoverant Romani, teste Libro pontificali (sect. 376) cum Carolum corona imperiali redimitum laudibus seu acclamationibus prosecuti sunt : « Tunc universi fideles Romani videntes tantam defensionem et dilectionem, quam erga sanctam Romanam Ecclesiam, et ejus vicarium habuit, unanimiter altisona voce, Dei nutu, atque beati Petri clavigeri regni cœlorum, exclamaverunt : Carolo piissimo Augusto a Deo coronato, Magno, Pacifico imperatori, vita et victoria. »

XXII. Ex iisdem epistolis donatio Corsicæ, quæ minus perspicua est in Codice Carolino, tam luculenter vindicatur Carolo, ut ipse Conringius, cui acceptas eas referimus, locuples hoc testimonium præbeat (ep. 4, al. 6), licet sanctæ sedi infensissimus : « Hanc insulam a Carolo donatam esse papis etiam Anastasius refert in Vita Adriani. Leo Ostiensis recenset illam inter munera Pippini. Cum tamen Anastasius in Vita Stephani dona Pippini nominatim recensens, Corsicæ non meminerit; hic quoque Leo papa ad unius Caroli donum provocet : verisimile est, Leonem illum Ostiensem et falli, et alios fallere. Fuit autem Corsica hac ætate perpetuis deprædationibus Sarracenorum exposita, imo in illorum potestate : eoque non mirum est, hanc Leonis petitionem effectu caruisse. Hodie tamen papali benignitate eam possidere Genuenses creduntur. » Errat autem Conringius, ubi Leonis petitionem effectu caruisse putat. Nam Sergii II tempore, qui ad Petri sedem ascendit anno 844, sexto et trigesimo post Leoninæ hujus epistolæ ætatem Adelbertus marchio illam insulam pro sancta sede administrabat. Rem docemus ex fragmento vitæ ejusdem pontificis hodie typis mandato in editione Anastasii per Joannem Vignolium variis ex codicibus compacta (tom. III, num. 40 seqq.), quale Holstenius descripserat repertum in membranis Farnesianis, dum bibliotheca celebris Farnesiana in urbe erat. Cum vero apud me exstet descriptio alia longe accuratior facta in civitate Parmensi, quo bibliotheca eadem translata erat, a diligentissimo præsule Francisco Blanchinio, lectori gratum fore confido historiæ partem huc spectantem e schedis Blanchinianis audire. Illa igitur sic se habet :

XXIII. « Hujus præfati pontificis tempore cum ista se ita agerentur, Adelvertus comes vir strenuus, hic cum esset marcensis et tutor Corsicane insule, cognita necessitate reipublice, misit epistolam Rome continentem, quod multitudo gentis Sarracenorum ad xi millia properantes venirent cum navibus lxxiii, ubi inessent equi D; et quod se dicerent, Rome properare, et adcertarent liberare beati Petri apostoli et Pauli thesauros ecclesiarum, et, si fieri potuisset, ipsorum apostolorum corpora intro inferrent Romæ, ne de tanta salute nostra gens nefandissima paganorum exsultare potuisset, quæ missa est x die mensis Augusti. Quod leviter, et quasi parvipendentes susceperunt, propter mutabilem et inefficacem predictorum (Sergii II et Benedicti fratris sui) potestatem, quanquam et apud omnes tam inopinata res incredibile fieri posse arbitrabatur, tamen prudentiores Romanorum consilio inito miserunt missos et epistolas ad subjectas civitates et adjacentiis eorum simul cum epistolam, quam Adelvertus miserat, ut omnes hostiliter festinantes venirent ad maritima littoralia custodienda, cujus jussa contemnentes noluerunt venire nisi perpauci ex aliquibus civitatibus, qui sub more interrogandi venerunt. Transactis vero duodecim dierum spatio, die mensis Augusti xxiii, fer. ii, ind. ix, pervenerunt ipsi nefandissimi Sarraceni ad litus Romanum juxta civitatem, quæ dicitur Ostia, etc. » Baronius Annalium Fuldensium auctoritate, Pagius Metellensium et aliorum, basilicæ Principis apostolorum vastationem enarrant anno 846. Cum iis annalistis concinit Hermannus Contractus ad eumdem annum; ita ut historia ista certa sit, cui si addantur ex Farnesianis membranis adjuncta per me allata, Confringii animadversio levis, atque erronea deprehendetur; nilque habebitur certius dominationis sanctæ sedis in ea insula, necnon Romæ, et in ejus ducatu, cujus civitates ad arma excitantur a Romanis proceribus.

XXIV. Ita siquidem Leo III, in epistola, cujus illustrandæ gratia historiam attuli Conringio ignotam, scribebat Carolo, se curam omnem adhibere una cum Pippino Caroli ejusdem filio, et Italiæ rege, « ut littoraria nostra, et vestra ab infestatione paganorum, et inimicorum nostrorum tuta reddantur: » discrimine videlicet servato inter oram maritimam Romani ducatus, quæ juris erat sanctæ sedis, et oram ducatus Tusciæ, quæ ad Carolum spectans, ab Italiæ rege defendenda erat: Ea scilicet ab urbe Populonio, cjusve territorio, ubi ora maritima sanctæ sedis desinebat, concipienda est. Quod alia etiam epistola (ep. 3, al. 8) comprobatur, ubi sermo fit de sola ora sanctæ sedis: « A quo enim de illorum (Sarracenorum) adventu vestra nos exhortavit serenitas, semper postera, et littoraria nostra ordinata habuimus, et habemus custodias. » Quæ mirum in modum respondent facto procerum Romanorum Sergii II ævo. Nam subjectas civitates convocarunt, « ut omnes hostiliter festinantes venirent ad maritima littoralia custodienda. » Nec de antiqua solum ditione sanctæ sedis, citra donationes Francorum regum, Leoninæ epistolæ agunt cum Carolo imperatore, sine ulla discrepantia cum Codicis Carolini epistolis ad Carolum tunc regem datis; verum etiam de reliquis ditionibus Pippini et Caroli largitate perpetuo donatis apostolorum principi, ac pro eo Romanis pontificibus, valde dilucidus sermo est (ep. 5). At tum de hac,

tum de majoris momenti rebus plenius et opportunius in dissertatione 1.

§ III. De diplomate Ludovici Pii.

XXV. Tertio loco sequitur epistolaris historiæ prædictæ anacephaleosis, diploma videlicet Ludovici Pii datum septimo et octogesimo anno post apostolicæ dominationis initia. In eo scilicet tituli omnes ejusdem dominationis, et omnia jura sanctæ sedi; adeo luculenter designantur, ut valde mirandum sit, viros eruditos ingenium ejus minime assecutos esse. Quid, quod Baluzio, Mabillonio, Leblanco interpolatum est visum? Nonne et commentitium æque ac donationem Constantini Pagius et Muratorius cum Goldasto et Molinæo audacter pronuntiant? Horum vero tam præceps, tamque audax sententia in causa est, cur diploma toties evulgatum per me iterum in lucem prodeat. Neque id quidem, ut ex vetusto aliquo codice majorem illi fidem conciliem, quod certe possem: præ manibus enim habeo præstantissimum codicem in pergamena, cujus scriptor se ipse prodit in summo primæ paginæ: « Incipiunt gesta pauperis scholaris Albini. » Suam quoque conditionem indicat in brevi eorumdem gestorum enarratione: « emulus et adjutor Riccardo Urbevetano longo tempore post episcopo, pauperrimo tunc, et uterino, eodem patre, germano. » De quo apud Ughellum (It. Sac. tom. I, pag. 1468) monumenta cœnobii Saxi vivi: « Richardus patria non cognomento Cajetanus eodem die sancti Benedicti, quo antecessor obierat, biennio transacto Urbevetanæ Ecclesiæ est adscitus anno 1177. » Ætatem etiam scripti codicis in fine enarrationis prædictæ designat: « Cum autem factus sum vir, meritis peccatorum vocatus sum, ad Romanam ecclesiam, et ex tunc sollicitus fui quando et ubi potui, in hoc eodem fasciculo annectere quæ cognoveram vel inveniebam juris esse beati Petri per libros antiquitatum, vel ea quæ per me ipsum audivi et vidi a tempore Lucii III, qui me indignum diaconum ordinavit anno secundo, et sacerdotem quarto anno sui pontificatus (1184). » Cumque auctor annis aliquot præcesserit Cencium Camerarium, iisdemque ex fontibus monumenta vetera hauserit cum summa fide, ut maxima eorum convenientia cum autographis atque exemplis in Adriani Mole servatis ostendit; hinc est, quod diploma istud cum duobus sequentibus in nova hac editione antiquitatis pretium præseferunt. Meum vero consilium alio tendit: hallucinationem siquidem aperire deliberavi tum eorum qui falsi aut interpolationis arguere ausi sunt diploma istud, a quo alia pendent; tum præcipue illorum qui neutrum vitium in Ludoviciano diplomate reperiri fatentur; sed novum donationis monumentum esse contendunt. Idcirco lectionem ejus variare non dubitavi ut vetus monumentum in suam opinionem trahant, quod nefas est, vixque in eo ferendum, qui artem diplomaticam a primo limine salutaverit. Nam Ludovicus ne unam quidem terræ donavit sanctæ sedi, sed illius jura omnia, et præcedentes donationes, ita efflagitantibus duobus pontificibus Stephano IV, primum, deinde sancto Paschali I, confirmavit.

XXVI. Et vero ab anno minimum 728 Romæ, ducatusque ejus populi deficientes ab impiis Græcis, sanctamque remp. constituentes Romano Pontifici etiam in temporalibus subesse cœperant. Quamobrem anno 817, sanctus Paschalis I, ut sui prædecessores Gregorii duo, II et III, sanctus Zacharias, Stephanus II, sanctus Paulus I, Stephanus III, sanctus Adrianus, sanctus Leo III, et Stephanus IV, reipublicæ illi præerat, qualicunque principatus genere uteretur. Idem vero Paschalis, seu potius decessor ejus Stephanus IV, inconstantiam Romanorum non semel conspicatus, ut validius præesset, suum principatum, quod suis prædecessoribus in mentem non venerat, imperiali auctoritate muniri desideravit. Quamobrem Ludovicus confirmat « domino Paschali summo pontifici, et universali papæ, et successoribus ejus in perpetuum, sicut a predecessoribus vestris usque nunc, in vestra potestate, et ditione tenuistis, et disposuistis, civitatem Romanam cum ducatu suo. » Deinde enumerat singulas civitates ducatus citra ullam ex contentis in donationibus, quas seorsim confirmat. His vero quid clarius? E contrario quid insulsius dici aut cogitari poterat audaci eorum emendatione, qui legendum jubent *prædecessoribus nostris* contra fidem omnium codicum? Certo enim constat; Pippinum nonnisi Exarchatum, et Pentapolim concessisse: Carolus autem, quamvis non constaret de singulis provinciis et civitatibus, quas donavit, prædecessor noster, non prædecessores nostri nuncupatus esset. Quid? quod infra Ludovicus confirmat « patrimonia ad potestatem et ditionem vestram pertinentia, sicut est patrimonium Beneventanum et Salernitanum, et patrimonium Calabrie inferioris, et superioris, et patrimonium Neapolitanum, et ubicunque in partibus regni atque imperii a Deo nobis commissi patrimonia vestra esse noscuntur? » At patrimonia imperatores Græci, patricii, aliique obtulerunt sanctæ sedi. Itaque velint nolint, Ludovicianum diploma non aliud esse, quam confirmationem omnium jurium sanctæ sedis, fateantur necesse est.

XXVII. Una donatio Siciliæ, ut nil prætermittam eorum, quæ objici possent, inserta donationi Caroli Magni, obscuri nescio quid habere videtur. In Corsica enim et in finitima hujus insulæ Sardinia jus habuisse Carolum, et sanctæ sedi utranque concessisse, fines regnorum inter filios constituti ab eodem Carolo, perspicue monstrant. Quod præsertim de Corsica ex epistolis sancti Leonis III constat liquido. At de Sicilia id tantum suppetit, quod Ludovicus patrimonia confirmans universa, Siculam duntaxat silentio præterit. Cum cæteroqui compertum atque exploratum sit, tria illa talenta auri cum dimidio, quæ Oriens pendebat Ecclesiæ Romanæ, versa esse a Græcis in duo magna patrimonia Calabritanum et Siculum, quæ ab iconomachis memorantur invasa. Quamobrem Ludovicus Calabritanum, quod æque ac Siculum in potestate Græcorum erat, confirmans suo diplomate, Si-

culum vero silens, satis lucis affert ad dissipandas Carolinæ donationis tenebras. Huc accedit, quod cum ea insula pulsis Græcis in manus Sarracenorum pervenerit, eoque in statu persisteret tum anno 962, cum Otto Magnus edidit suum diploma, tum anno 1014 cum sanctus Henricus novo diplomate eam insulam sanctæ sedi asseruit, uterque imperator, apposita conditione Siculum patrimonium confirmavit: « patrimonium Siciliæ, si Deus illud nostris tradiderit manibus. » Itaque aut Sicilia aut Siciliæ patrimonium vocetur, jus antiquum sanctæ sedis erat in insula, nec ullum usquam monumentum reperietur Ludoviciano huic diplomati aliisque posterioribus objiciendum, ut Caroli donatio vertatur in dubium. E contrario diplomati non parum lucis accedit ab historia. Consulatur dissertatio præmissa epistolis Leonis III (num. 12 seq.)

§ IV. De diplomate Ottonis I.

XXVIII. Primi ex imperatoribus Germaniæ Ottonis I diploma exhibetur quarto loco. Servatur ejus autographum in tabulario Mollis Adrianæ (ubi etiam exstat unum ex multis exemplis authenticis, quæ Innocentius IV, anno 1245, fieri confirmarique voluit in concilio Lugdunensi II). Inde profectæ editiones omnes, quarum exactissimam videre est apud eminentissimum Antonellum tunc ejus tabularii præfectum (*Doth. della sancta sede*, etc., par. VII, p. 201). Id singulare habet diploma, quod licet a Ludoviciano distet annis 145, est enim datum 962, cum pessimo in statu res Ecclesiæ et Italiæ erant; jura tamen sanctæ sedis parvo, ac necessario discrimine in eodem confirmantur, ut in Ludoviciano. Idque est argumentum evidens, nullam accessionem esse factam ecclesiasticæ ditioni a successoribus Caroli Magni, at singulos Ludovici exemplum seculos confirmasse varios dominationis titulos, qui in ejusdem Ludovici diplomate continentur: Ottonis enim diploma, quatenus adolescentis pontificis, et infelicissimi ejus ævi scriniariorum imperitia ferebat, ad Ecclesiæ dominium quod attinet, Ludoviciani fere exemplum est. Cum autem in archivo exstarent documenta authentica donationum, quæ Ludovici tempore adhibita fuerant non sine discretione et selectu, eædem Ottoniano diplomati inveniuntur inserta: sine ulla dubitatione ut Ottoni exhiberetur confirmandum diploma uberius ad majorem sanctæ sedis utilitatem: at superflua nonnulla, quandoque etiam pugnantia inveniuntur, quæ nihilominus diplomatis summam, si serio animadvertantur, non variant. Capita singula invenientur discussa in dissertatione III.

XXIX. Hic minime prætereundum reor, quod Joannes VIII in concilio Romano an. 877 apud Labbeum (*Conc.* tom. IX, p. 295) summis effert laudibus Carolum Magnum, quia non solum restituit apostolicæ sedi civitates ab aliis ablatas; sed « ex regni quoque sui parte alias non modicas » contulit. E contrario laudans Ludovicum Pium, non civitates et loca ab eo donata commemorat; sed paternam liberalitatem confirmasse ait, atque « uberioribus beneficiis, et dapsilibus beneficentiis » sanctam sedem prosecutum esse. Hæc siquidem adjiciunt fidem diplomati Ottonis, in quo ne nomen quidem Ludovici occurrit, quanquam alicubi nominandus fuisse videatur, ut in dissertatione planum erit. Multo minus donatio ejus ulla vel promissa, vel spontanea indicatur. Qua in re Ottonis diploma a Ludoviciano discrepat; namque Otto Caroli Magni exemplum secutus, unde et ipsi Magni cognomentum accessit, et alienas donationes confirmavit, et proprio ex regno suo, nempe ex ducatu Spoleti, septem civitates pleno jure possidendas, ut omnes reliquas, sanctæ sedi largitus fuit : « De proprio, inquit, nostro regno civitates et oppida cum piscariis suis, id est Reatem, Amiternum, Furconem, Nursiam, Balvam, et Marsim, et alibi civitatem Interamnem : » Umbriæ scilicet civitatem ultimam, quæ Romano ducatui finitima erat, a Narnia non longe dissita.

XXX. Cum prædictis autem comparari non potest discrimen illud maximum disciplinæ in consecratione pontificum. Nam plena ea libertas, qua usi sunt clerus populusque Romanus a Gregorii III tempore, sub Sergio II jam desierat : nec sine imperatoris confirmatione, missis ejusdem præsentibus, consecrabatur electus pontifex. Et quanquam ea disciplina aliquandiu abolita fuerit, necessario resumi eam oportuit auctoritate apostolica. Nam anno 827 Eugenii II et Lotharii imperatoris constitutione, canonicæ electionis ritu, abusibus qui in illum irrepserant sublatis, confirmato, nulla consecrationis mentio habita fuit. Hanc vero postmodum Sergius II imperiali confirmationi obnoxiam esse voluit : quare eodem Lothario ac filio ejus Ludovico Augustis, decretum electionis prisco more ad aulam imperialem mitti consuevit, nec pontifex consecrabatur, nisi ab imperatore confirmatus, et coram ejus missis. Id quidem jugum sancta sedes post Ludovici mortem excussit ; ita ut novem Joannis VIII successores libere consecratos certum et exploratum sit. At necessitas rerum tulit, ut in Concilio Romano, quod est celebratum ab Joanne IX, anno 898, al. 904 (Labbe, *Conc.* tom. IX, pag. 502), sancta sedes iterum jugum subiret ultro, quod jure semper aversata erat : tametsi exsecutioni mandatum non constet, dum Tusculani comites rerum potientes, deinde Ottones electionem ipsam per summum nefas sibi arrogarunt. Verumtamen antequam Otto I electioni se immisceret, ipso in actu coronationis suæ veluti æquum rectamque legem suo diplomate amplexus est novam illam subjectionem sanctæ sedis imperatoriæ potestati : « Salva, inquit, in omnibus potestate nostra, et filii nostri, posterorumque nostrorum, secundum quod in pacto, et constitutione, ac promissionis firmitate Eugenii pontificis, successorumque illius continetur, ut omnis clerus... Et ut ille, qui ad hoc sanctum et apostolicum regimen eligitur, nemine consentiente consecratus fiat pontifex, priusquam talem in præsentia missorum nostrorum, etc. » Conferatur disciplina ista cum Ludoviciana : palam fiet, quam temere confictum dicatur utrumque diploma per sæc. XI.

§ V. De diplomate sancti Henrici.

XXXI. Quemadmodum nulla inter Ludovicum et Ottonem proferuntur diplomata, quia scilicet nihil novi præseferebant : ita inter Ottonem et Henricum neque Ottonis II nec III diplomata ullo habentur in numero. Ottonis enim II aliud non exstare videtur, quam paternum, quod utriusque nomine factum, rite perlectum fuerit anno 967, cum imperiale diadema suscepit a Joanne XIII, patre superstite ; non secus esse de Ottone III, cum coronatus a Gregorio V affine et ad pontificatum ab se promoto advocatus ecclesiæ sancti Petri est effectus, ut ait Ditmarus (lib. IV), persuadent diplomata, quæ idem dedit Romæ. Nullum quippe jus in Urbe adeptus esset, nisi suscepisset imperatoriam coronam, cui præ aliis ritibus lectio diplomatis adnexa erat, ut suis locis planum fiet in dissertationibus. Non ita de sancti Henrici diplomate, quod sententia nimis præcipiti Chorographus Italiæ medii ævi (*Scr. Ital.* tom. X, n. 99) flocci habendum vellet : quasi « charta Ottonis fuerit bona sanctaque credulitate recepta et firmata a piissimo Henrico. » Nam diploma ipsum injuriam repellit, quandoquidem veteri sanctæ sedis ditione confirmata, de donationibus sic loquitur : « Quæ piæ recordationis donnus Pippinus, et donnus Carolus, et donnus Ludovicus, et Otto, et itidem Otto filius ejus, prædecessores videlicet nostri, beato Petro... contulerunt. » Serio autem animadverti oportet, Ludovicum non taceri, ut imprudenter factum fuit ab Ottone ; sileri autem excellentissimi imperatores, quia nec Pippinus, nec Otto filius Ottonis I tali honore dignabantur, quæ res in Ottoniano diplomate attenta non fuit, adeoque Pippino imperatoris nomen tributum invenitur patenti mendacio. Infra vero aut conjunctim memorentur, citra nomen Pippini aut Caroli tantum mentio fiat, Augustus titulus nunquam omittitur : quod non est chartam Ottonis *bona sanctaque credulitate* recipere et firmare, ac vitiosam emendare, ac successores omnes admonere, undenam sumendum initium sit confirmationis jurium omnium apostolicæ sedis

XXXII. At enim vero nil magis solemne Augustis Henrici successoribus, quam confirmatio jurium sanctæ sedis a temporibus Ludovici : qua super re videnda dissertatio IV quæ huic diplomati præmittitur. Quamobrem providentia potius Henrici, seu Benedicti VIII laudanda est, qui cum ætate, licet parum feliciori, catholicæ Ecclesiæ præesset, Joannis XII imprudentiamne, an inscitiam non imitatus, Ludovici nomen luculenter expressit, seu exprimi curavit ab Henrico. Ottoniano quidem diplomati, ut istud Ludoviciano, quam simillimum est diploma Henrici, qua ditiones et jura omnia sanctæ sedis confirmat ; itemque una cum Ottone disciplinam consecrationis pontificis longe aliam ab exposita in diplomate Ludovici nobis exhibet : eadem quippe obtinebat sub utroque Augusto. At veniens ad donationem propriam, distincte adeo de iis, quæ trans Alpes concedit, ac de iis, quæ in Spoletano ducatu, verba facit; necnon quæ donationis titulo, quæve commutationis offert, tam perspicue secernit, ut bonæ sanctæque credulitatis notam omnino abjiciat. Ea propter Nicolaus III, cum a Rudolpho confirmari voluit ditiones, et jura sanctæ sedis post infelicissima invasionum tempora, non unum ex tribus diplomatibus, utcunque simillimis, sed singula a Conrado Rudolphi oratore diligenter exscripta ex archivo Romanæ Ecclesiæ ad eum transmisit, ut videre est apud Raynaldum (an. 1278, n. 58 seq.). Idcirco et ego religioni duxi singula lectoris oculis non subjicere ex laudato præstantissimo codice Albiniano diligenter collata cum Ludoviciano exemplo authentico, et cum autographis Ottonis et Henrici servatis in apostolico archivo Molis Adrianæ, adversus nuperam scribendi licentiam de eorum singulis

§ VI. De chartula comitissæ Mathildæ.

XXXIII. Post Henrici diploma locum sibi vindicat donatio celebris Mathildis, de qua minus accurate actum video ab scriptoribus tam antiquis, quam recentibus. Bona enim propria magnæ comitissæ pars constituunt loco non suo, ita ut possideri hodieque videantur ab apostolica sede, quo nihil falsius; pars ad aliquot prædia coarctant, adeoque beatum Petrum bonorum omnium hæredem institutum inferioris conditionis faciunt, quam monasteria et ecclesias, in quas princeps illa piissima suas largitiones effudit. Hac donatione nil magis celebre monumentis omnibus pontificum, Augustorum, regum, et aliorum per annos circiter bis centum ab sæculo XI exeunte ad initia quarti decimi. Cum autem *terra*, *domus*, *allodium*, *podere*, *comitatus*, donatio ejusmodi appelletur, hinc aliæ aliorum opiniones. Opiniones autem? Imo vero hallucinatio aliorum alia profecta est. Quamobrem de ista quam præcedentibus donationibus disserere uberius oportuit, non modica historiæ parte explorata ante Mathildicam largitatem, nec minori postquam, sancta sede Avenione degente, donationis nomen ipsum obsolevit. Id equidem feci volens ac lubens; nam tempora spissis tenebris obvoluta percurrens, doctissimorum hominum vestigia offendi a recto tramite aberrantium, quæ res mirum, quantam mihi alacritatem addiderit, et quodammodo impulerit, ut viam pergerem, qua non pauci alii instituerunt iter, at falsis opinionibus abrepti per devia, quem sibi proposuerant finem, non sunt assecuti.

XXXIV. Id præcipue animadverti, quod sancti Henrici successores duo Conradus Salicus et Henricus II, ubi augusteam dignitatem coronatione per manus pontificis sunt adepti, neque Ottonis, neque Henrici liberalitatem sunt imitati; sed priscis sanctæ sedis juribus confirmatis, novi nihil de suo addiderunt. Cæteri autem Augusti, si Lotharium II excipias, imperialem coronam assecuturi, amplissimis pollicitationibus, ac sacramentis validissimis jura eadem confirmarunt; at continuo perjuri omnia invasionibus miscuerunt. Neque ante Rudolphum, regem Romanorum electum anno 1273, apostolica sedes rediit ad primæva jura. Quapropter a temporibus Henrici IV Germaniæ regis per duo fere sæcula implicatissima omnia jura, incertique locorum domini apud scriptores occurrunt. Intra hanc annorum periodum vices bonorum Mathildis (acquisitio eorum altius repetenda) ante, et post donationem sanctæ sedi factam exploravi. Neque alios ex tot pontificibus reperi, nisi Honorium, et Innocentium II, qui donationis possessionem integram, quatuor civitatibus exceptis Parma, Rhegio, Mutina, et Mantua, inierint, quorum uterque de eadem alius alium investivit. Cæteri, ac præ iis Innocentius III, vix partem ejus aliquam aut recuperarunt, aut possessam ab aliis per investituræ publica instrumenta sanctæ sedi vindicarunt. In chartis postea decantata ea donatio, ac demum mota loco, ipsaque in veteri ditione sanctæ sedis a scriptoribus non satis eruditis aut miserandum in modum solertibus constituta, intercidit. Romanis siquidem pontificibus major sollicitudo supervenit ab Augustis invasoribus ob Siciliæ jura, quæ gravioris momenti erant. Hæc postliminio ad sanctam sedem redierant Normannorum virtute; nec tantum laborare oportuit pontifices, ut sanctæ sedi assererent, sed etiam ut ab imperio Germanico disjuncta eadem esse, publicis Augustorum tabulis declarari obtinerent. Quod demum est factum a Friderico II et ab imperii principibus. Historiæ hujus tam variæ, tamque ad rem nostram necessariæ summa saltem capita in dissertatione v invenientur.

XXXV. Parmæ præsertim, et Placentiæ jura antiqua sanctæ sedi asseruntur contra eorum opinionem, qui perperam in Exarchatu eas civitates constituunt. At enim vero cuinam persuasum erit, Mutinam, Rhegium, Parmam, Placentiam, et Bobium in antiquo exarchatu olim comprehensas, Pippini tempore, cum regni Langobardorum pars magna erant, exarchorum jura fuisse? Cum præterea et Pippinus et Carolus donati ab se exarchatus civitates singillatim enumerent, neque ultra territorium Bononiense donationem protendant. Una civitas Bobium in Codice Carolino (ep. 51, 54; al. 54, 51) memoratur, inter dono datas a Francorum regibus. At serio animadvertatur, semel et iterum recenseri post Cæsenam. Apud Anastasium quoque (sect. 252) Fulradus abbas et consiliarius Pippini regis claves et obsides uniuscujusque civitatis accipiens adiisse traditur castellum sancti Marini, Vobio, Orbino. Quid? Abbas ille possessione inita castri sancti Marini, bis centum circiter passuum millibus dissitum Insubriæ oppidum perniciosissime advolarit, indeque Urbinum pari velocitate reversus erit? Nonne Sarsinæ, aut oppido ei finitimo id nomen fuit? Præterquam quod Bobiumne una civitas (si modo id oppidum Cottiarum Alpium erat civitas, quæ non habuit episcopum, nisi Benedicti VIII et Henrici augusti temporibus) recenseatur, celebrioribus reliquis prætermissis? Nominantur eæ siquidem et apud Anastasium, et in divisione regnorum Caroli Magni; at regno Italiæ utrobique asseruntur. In Parmam igitur et Placentiam jura sanctæ sedis non tam alte repetenda sunt, historia omni reclamante: sed jus antiquius in Parmam a donatione Mathildis ad summum peti posset: in Placentiam vero ab initiis sæculi xiv, cum sancta sedes morabatur in provincia, qua occasione Parma etiam civitas parere cœpit Romano pontifici.

XXXVI. Opinionem hanc, sine ulla dubitatione falsam, inde natam esse video, quod Æmiliæ provinciæ, ratione habita Romanæ reipublicæ, tempore, aut etiam juxta provinciale ecclesiasticum, cum Ravennæ archiepiscopo suffraganei erant episcopi omnes Æmiliæ et Flaminiæ (quæ duæ provinciæ olim uno Æmiliæ nomine appellatæ inveniuntur) nullum discrimen temporum est servatum. Nam Gregorii quoque ævo annis amplius 150 ante donationem Pippini, cum Æmiliæ pars Langobardis, pars Græcis parebat, idem pontifex privilegia confirmans Mariniano, apud Ughellum (*Ital. Sac.* tom. II, pag. 559) ea inter, « confirmamus, inquit, episcopatuum totius Æmiliæ provinciæ civitatum omnium Deo amabilium episcoporum creationes et consecrationes, id est Sassinatis, Cæsinatis, Foripopuli, Forilivii, Faventiæ, Foricornelii, Bononiæ, Mutinæ, Regii, Parmæ, Placentiæ, Brixilli, Vicohabentiæ, Adriensis, Comaclensis, Ficoclensis. » Et, quod etiam majus, anno 1125 Henrici V invasoris donationis Mathildicæ emortuali, Honorius II qui postea ejusdem donationis possessionem iniit, antiquum privilegium instaurat archiepiscopo Ravennati Gualterio, quod scilicet ejus prædecessores ob superbiam amiserant (*Id.* ibi p. 365), utiturque conceptis his verbis : « Per præsentis privilegii paginam confirmamus episcopatum videlicet Æmiliæ provinciæ, id est Parmæ, Placentiæ, Regii, Mutinæ, Bononiæ, Ferrariæ, Adriæ, Comacli, Imolæ, Faventiæ, Forolivii, Foropompilii, Cæsenæ, Ficoclæ. » Quid vero? continuo subdit : « Præterea confirmamus vobis exarchatum Ravennæ, qui Romanæ Ecclesiæ juris est. » Et paulo infra : « Pomposiani quoque monasterii curam personæ religionis tuæ, salvo ecclesiæ nostræ jure, committimus. » Hinc patet, Honorium Gregorii Magni exemplo ecclesiasticæ antiquæ provinciæ rationem habuisse, dum episcopos totius Æmiliæ subjecit archiepiscopo; ab eadem vero secrevisse provinciam civilem sanctæ sedi subditam, nempe exarchatum, quem et Flaminiam, et Romandiolam variis temporibus appellatum in veterum monumentis liquet.

XXXVII. Quod autem rem magis comprobat, idem Honorius paulo post bonorum Mathildis possessione inita, de iisdem Albertum ducem investivit. Bona vero illa constituta erant in ea Æmiliæ parte, quæ Langobardis obtemperabat, perlinuitque iis exactis ad Italiæ regnum, quod et Langobardorum dici consuevit, re-

tento prisco nomine. Itaque Æmiliæ pars illa, quam Langobardi statim atque in Italiam venerunt, regno suo adjecere, et aliquandiu amissam sibi iterum asseruerunt, secernenda est ab exarchatu, quem Aistulphus anno 752 suam in potestatem redegit, extremo exarchorum Eutychio ejecto. Hic siquidem est exarchatus a rege Francorum Pippino post biennium donatus sanctæ sedi, et ab ejus filio Carolo postea confirmatus, qui Æmilia dicitur ab Adriano (*Cod. Car.* ep. 51, 52, 54; al. 54, 52, 51), Ravennatibus quoque Æmiliæ populorum titulum tribuente, hisque vicissim Ravennatum: neque ultra Bononiense territorium protendi potest, repugnante historia omni, ac præcipue Carolini Codicis epistolis, quibus integra debetur fides. Num Adriani exemplo Stephanus IV Ravennæ ipsi Æmiliæ nomen indiderit, an finitima alia civitas sic diceretur (nam trino urbs ipsa vocabulo, ut ait Jornandes, *de Reb. Get.* cap. 19) antiquitus etiam gloriabatur, Ravenna, Classis, Cæsarea: ampla quippe erat, et tripertito divisa) nullo ex veteri monumento discimus. Certe Ludovicus pius in suo diplomate an. 817, ac deinde omnes augusti, reges, et principes suis diplomatibus recensentes civitates singulas exarchatus, Æmiliam Ravennæ adjungunt : ac de civitate, non de provincia rem esse, enumerationem ipsam sequentia verba palam faciunt : « cum omnibus finibus, territoriis, atque insulis in terra marique ad supradictas civitates pertinentibus. » Omnia explicatiora erunt in dissertatione v.

XXXVIII. Verum ne aliquibus fortasse videar de aliis ditionibus sanctæ sedis disseruisse inutiliter ac temere; nosse illos oportet, Mathildicam donationem loco motam, ut principio aiebam, non aliter ad suam veram sedem revocari potuisse. At enim Florentinus, aliique decepti, ducatus Romani transtiberini, seu Tusciæ Romanæ majorem partem, et Tusciam Langobardicam, quibus patrimonio nomen est inditum, Mathildis donationem esse pro certo habent. Alii Trithemium et Crantzium sequentes Marchiam Anconitanam esse putant. Nec desunt qui Spoletano ducatui eam donationem appingunt. Alii denique Tusciam regalem, quæ tempore Mathildis Marchia Tusciæ vocabatur, et Ferrariam pro ejusmodi donatione interpretantur. Nemo autem ex scriptoribus nuperis antiquorum vestigiis insistens comitissæ donationem contineri omnem in Æmiliæ parte a Langobardis primum invasa deprehendit. Quamobrem necessarium duxi ducatum Romanum transtiberim ditioni antiquiori sanctæ sedis restituere, et Tusciam Langobardicam donationi Caroli Magni : perinde ostendere, Marchiam Anconitanam, quæ magna ex parte erat Pentapolis maritima, Pippino referri acceptam oportere. Spoletanum vero ducatum primo sanctæ sedi oblatum a Carolo Magno qui supremum jus ibidem retinuit : deinde ejus partem summo jure utendam sanctæ sedi concessam ab Ottone; partemque aliam dono, aliam in concambium, a sancto Henrico traditam Benedicto VIII et successoribus in perpetuum, demonstrandum fuit, nullatenus ad donationem Mathildicam pertinere. Denique Marchiam Tusciæ beneficio imperatorum genitori Mathildis traditam, et Ferrariam beneficio pontificum ab eadem retentam, ea sine hærede excedente, ad suos usrumque dominos jure esse reversas, ostendere necesse fuit. Harum autem opinionum falsitate detecta, donationi Mathildicæ sedes certa majori ex parte citra Eridanum vindicanda fuit in diœcesibus Mantuana, Regiensi, Mutinensi, ac Parmensi, scriptorum veterum, ac documentorum testimoniis, quæ vocari non possint in dubium.

§ VII. De codice Rudolphino.

XXXIX. Septimum non tenuis pretii monumentum est codex Rudolphinus ineditus. Hic epistolas 126 continet, ex quibus si novemdecim alienas detrahas, septem et nonaginta a Rudolpho rege Romanorum conscriptæ remanent, totidem fere numero, quot Codex Carolinus comprehendit: hoc tamen discrimine inter utrumque, quod huic nomen fecit collector Carolus Magnus; at Rudolphini nomen ab auctore ipso accessit codici, qui per me in lucem nunc primum prodit. Eruditis adhuc fuisse ignotum colligitur ex narratis ab Joanne Willelmo Gœbelio in notis ad Conringium (tom. I *De finibus Imp. Germ.*, p. 305), ubi de Aventino loquitur, apud quem Rudolphi epistolarum mentio est: « Dubium tamen valde est, inquit, an Aventinus de iis diplomatibus, quorum exemplaria a Romanæ sedis patronis producta sunt, loquatur. In archivo autem imperatoris diplomata illa latitare ex Lambecii diario sacri itineris Cellensis imperatoris Leopoldi sibi persuasum habent. Verum Lambecius tantum tradit, in catalogo quodam documentorum a Seyfrido abbate Zweytalensi confecto, et diplomatum Rudolphi I mentionem injici: sed de tenore illorum nihil ibi dicitur, cumque nec ipse abbas in dedicatione genealogiæ domus Austriacæ memoret, quid 120 epistolæ Rudolphi, quas se vidisse affirmat, continuerint..... Alterius quidem adhuc codicis idem Seyfridus mentionem facit, ibique se principum imperii Rudolphinæ donationis confirmationem invenisse ait: sed nil additum, an authenticorum documentorum codex fuerit. Neque Lambecius, quamcunque etiam impenderit diligentiam, nihil codicum, qui abbatis Zweytalensis fuerunt, reperire potuit: et maxime est incertum, an codex 149 epistolas Rudolphinas contineat, cujus Lambecius in catalogo librorum a se edendorum meminit, ille fuerit, quo Seyfridus loquitur, et an originalia complexus sit documenta. » Ita iste auctor dubitans, negans, judicium ferens de re sibi ignota, ac nullatenus exquisita.

XL. Non ita eminentissimus cardinalis Passioneus, cui, ut dixi, Carolinum Codicem omnibus numeris absolutum debemus. Satis illi fuit Lambecium semel et iterum Seyfridi codicum meminisse; ut non minori sollicitudine, majorique fortassis incommodo, quam in Carolini Codicis recensionibus adipiscendis, Seyfridi codicem illum nancisceretur, qui diploma principum imperii adnexum habet, Viennæ, ubi apostolicum nuntium gerebat, ut vidimus, non semel ad Austriacum Zweytalense Cistercium (Claræ Vallis nobis audit) prope fines Bohemiæ se contulit, codicemque diligentissimo Lambecio incompertum, ubicunque is lateret, elicere omnino voluit. Res illi, ut semper, cessit ex voto. Quamobrem summa cum fide ejus exemplum exscribi, conferrique accuratissime jussit cum Seyfridi apographo: deinde ubi functus apocrisiarii munere usque ad ineuntem annum 1738 a Clemente XII accersitus, atque apostolicis diplomatibus præfectus fuit, una cum Codicis Carolini recensionibus, Rudolphini exemplum Romam vexit, publicam in lucem aliquando editurus, si ad id satis otii nactus esset. At mense Junio ejusdem anni in sacrum sanctæ Romanæ Ecclesiæ cardinalium collegium jure cooptatus, deinde semper multis, gravibusque ministerii occupationibus impeditus, sanctam sedem, ac litterariam rempublicam ultra quam satis erat, tam singulari tamque utili utroque munere fraudavit. Quamobrem mea qualicunque opera, ut aiebam de Codice Carolino, diuturnitati finem afferre maluit, quam editionem eorum codicum per se procurandi desiderium ingens, quo tandiu est deceptus, diutius ferre; tempore magis opportuno dum falsæ tot opiniones de imperio et de pontificia potestate, quam temporalem vocant, vastis multisque editis voluminibus, in Italia ipsa percrebrescunt, hujusmodi editionem monumentorum, queis cædem eliminantur, nec sancta sedes, nec litteraria respublica possent accipere; præcipue Rudolphini codicis de quo agimus.

XLI. Et vero Rudolphum videre est in hisce epistolis non aliud nomen usurpare, quam regis Romanorum; ac sæpe efflagitare a pontifice, qui unus id poterat, ut ad imperium promoveretur. Non secus in Aurea Bulla, qua nihil sanctius apud Germanos, invariabilis dictio est a primo ad ultimum: « Regis Romanorum in imperatorem » sive « in cæsarem promovendi » aut « futurum imperatorem, » seu « cæsarem, » ut habet editio Limnæi, qua utor (cap. 1, n. 1, 2, 19, 21, 23; cap. 2, n. 1, 3, 4, 8; cap. 7, n. 2; cap. 18; cap. 20 et cap. 28), adeoque distincte agitur de rege Romanorum, et imperatore, ut duabus de dignitatibus verba fieri plane constet. Sic (cap. 2, num. 8 et 9) de Privilegiis Electorum: « Absque dilatione et contradictione confirmare et approbare debeat per suas litteras, et sigilla, ipsisque præmissa omnia innovare postquam imperialibus fuerit infulis coronatus..... Primo suo nomine regali faciet, et deinde sub imperiali titulo innovabit. » Et (cap. 26) de Aquisgranensi et Mediolanensi corona præferenda uni cæsari coronato: « Et hoc ante imperatorem duntaxat, qui jam est imperialibus infulis coronatus. » Et quia Rudolphus coronam nunquam est assecutus, idcirco non aliam in codice dignitatem, quam regiam præsefert. En veram imperatoriæ dignitatis indolem, quam Leo III instituit in Carolo Magno. Imperii etiam Germanici fines certi designantur in eodem Codice, dum Romandiola, quam Rudolphus detinebat imprudens, extrema imperii pars dicitur; ejusque jura vindicantur in Langobardia et Tuscia : quare et sanctæ sedis ditionis fines ab imperialibus luculenter secernuntur. Quæ quidem omnia latius explicantur in dissertatione IV, de Rudolphi epistolarum libris tribus, qui in isto codice continentur.

XLII. Ibidem videre erit, alios audacter, inscite alios de primariis precibus locutos esse. Instar omnium erit Struvius (*Syntagm. J. P.* c. x, § 32) qui de privilegio ab apostolica tantum sede obtinendo : « Licet verum sit, inquit, a temporibus Friderici III indultum petiisse imperatores a papa super primariis precibus, priores tamen imperatores ad inveteratam provocarunt consuetudinem, nec unquam a pontifice indultum petierunt. » Quippe omnium primum Carolum IV eo privilegio esse usum demonstrabitur. Quod autem spectat ad Augustos vel reges, qui primas preces ecclesiis porrexerint, Struvius idem Rudolpho antiquiorem non novit. At binas ejusdem litteras producere putans, commentitias Rudolpho ascriptas sententias affert. Ex prioribus (*Paralip. ad Ursperg.* an. 1286, p. 362) hæc recitat: « Cum ex antiqua, et approbata, ac a divis imperatoribus et regibus ad nos producta consuetudine quælibet ecclesia in nostro Romano imperio constituta, ad quam beneficiorum ecclesiasticorum pertinet collatio, super unius collatione beneficii precum nostrarum primarias admittere teneantur. » Quatuor epistolæ exstant in Codice (lib. I, epist. 14 seqq.), in quarum prima simile quid legitur. « Dum in nostræ sublimationis exordio quælibet ecclesia in Romano imperio constituta super provisione unius personæ primitias precum nostrarum ex antiqua et approbata consuetudine sacri imperii admittere teneatur, primarias tibi offerimus preces nostras. » Item in tertia (*Ibid.*, ep. 16). « Cum igitur antiqua et approbata jus nostris antecessoribus divis imperatoribus et regibus contulerit consuetudo, quod singulæ personæ in singulis cathedralibus, et aliis collegiatis ecclesiis ad primarias preces regias recipi debeant in canonicos et in fratres. » Litteras alteras, quas Struvius petit ex Chiffletio ad civit. Bisuntin., Thomassinus etiam affert (*de Benef.* II, 1, c. 54, n. 7), et Goldast, (*Const. Imp.* tom. III, p. 446) eamdem formulam adhibet : at tum ipse, tum Urspergen. consignant an. 1286 quod satis est ad commentitiam eam formulam declarandam. Pugnat siquidem cum « nostræ sublimationis exordio, » nempe extremo anno 1273. Præterea Rudolphus non dicit « ad nos producta consuetudine, neque in nostro Romano imperio neque precum nostrarum primarias. » Formula igitur ad ingenium composita minus recte ascribitur Rudolpho.

XLIII. Ex laudatis Rudolphi epistolis ductum esse eam formulam nemo non videt. Quamobrem Codex huic similis (ni fallor) in Bibliotheca Vindobonensi, aliis etiam patuit. Enim vero nostra ætate R. P. Hansizius (*Germaniæ sacræ* tom. I, p. 416; tom. II, p. 379 seqq.), ibidem (*ur. Civ.* LXXVII) nactus est codicem nostri perquam similem, ut fidem faciunt epistolæ undecim ab eo prolatæ, quas invenies in codice (lib. I, ep. 38; lib. II, 8, 9, 10, 11, 12, 13, 15, 22, 29, 33) novem scilicet Friderici archiepiscopi Salisburgensis Rudolpho, hujusque unam (12), qua eidem respondet; nec non alteram (33), qua pontifici Romano victoriam ab se de Ottocaro Bohemiæ rege reportatam nuntiat. Ex quibus omnibus variantes lectiones decerpsi, cum momenti alicujus esse mihi visæ sint. Quod præcipue animadverti, tam in Zweytalensi codice, quem publicæ lucis facio, quam in cæsareo, quo usus est Hansizius, par scribendi ratio servatur; nomina locorum et personarum fere semper littera N indicantur; nulla in fine subscriptio; temporis ordo nullus; paucæ admodum inscriptionem præseferunt. Periochas singulis epistolis præmittuntur, at sine ulla dubitatione ab exscriptore codicis ex autographo: nam Rudolpho Imperatoris nomen quandoque ascribitur juxta sequiorum temporum inscitiam aut falsam opinionem. Quæ profecto opinio non obtinuit ante annum 1356, cum dabatur Aurea Bulla, de qua nuper est dictum : ac proinde per totum illud spatium tres in periodos divisum ab Struvio, epistolarum sententia citra earum argumenta attendi debet. Equidem nolui eadem prætermittere, ut æquum erat, ne fidei codicis quid deessem. Quin etiam epistolam primo aspectu interpolatam (lib. I, ep. 39) Gregorio X vindicavi eadem ex causa : tametsi dubitationem omnem non abjecerim de sublesta fide.

XLIV. Si Rudolphinus hic codex ad Gretseri manus pervenisset, tantum operæ vir doctissimus non impendisset curandis epistolis nonnullis, quas ab anno 1245 ad 1275 a regibus Romanorum Henrico, Willelmo, Richardo, Alphonso ad pontifices datas se vidisse ait in antiquo codice (*In fin. Car. Cod.*). Nam, præterquam quod improbam operam deserere illum oportuit præ ineluctabilibus mendis, eas tandem dederant vitio creati principes, quos ille perperam cæsares appellat, cæsaresque futuros, Aurea Bulla docente, melius dixisset, modo imperiales infulas a romano pontifice adepti essent. Hodie illis etiam epistolis utimur, quarum curam deseruit Gretserus : etenim post hujus mortem Rainaldus ex optimæ notæ codice Annalibus eas inseruit. Inde autem duo potissimum discimus non parvi momenti, septem videlicet principum Electorum originem nulla pontificia, aut imperiali constitutione; et regis Romanorum electionem a Romani pontificis approbatione robur accipere consuevisse. At de his in disserta tione. Illud hic monere juvat, quod ipsæ illæ tenebræ Interregni fatalis, ut jurisconsulti Germanici appellant, nonnihil lucis afferunt Rudolphino codici : iste autem una cum Aurea Bulla indolem certam imperii tam luculenter patefaciunt, ut falsis tot opinionibus propulsandis nihil ultra adjiciendum videatur. Tametsi Rudolphi ejusdem diploma, quod supremo loco a me profertur, extra omnem aleam rem ponat.

§ VIII. De diplomatibus Rudolphi.

XLV. Hujus diplomatis editio nihil novi habet · quare et præteriri poterat, nisi corroborandis supra allatis, et nimiæ aliquorum licentiæ frenandæ necessarium illud esset. Tres præ aliis commendantur ejus editiones ex autographo, quod in tabulario molis Adrianæ asservatur : Raynaldi (1279, n. 1, seqq.), Zacagni post eruditam dissertationem historicam de dominio sanctæ sedis (*Append. Actor. vet.* p. 97, seqq. edit. Francoford.) et eminentissimi cardinalis Antonelli tabularii ejusdem tunc præfecti (*Parm. et Plac.* par. 7, in fin.). Cur ego nuperrimam hanc editionem ex eodem autographo procurarem, jam dixi duplicem esse causam. Primo ut diploma acta omnia complectens Lugduni an. 1274 per cancellarium aliosque legatos Rudolphi; Lausanæ per ipsum Rudolphum coram pontifice Gregorio X et cardinalibus sequenti anno; perque alios legatos Conradum minoritam Romæ apud sanctum Petrum, et Gotefridum præpositum soliensem Viterbii coram Nicolao III, an. 1278, tale, inquam, diploma a Germaniæ principibus solemniter confirmatum omnium oculis subjiceretur. Deinde ut scriptoribus ex ipsa Italia nostra imitatis dicacitatem Conringianam (*De fin. Imper. Germ.* tom. I, p. 285) post alia monumenta certa, istud æque certum opponeretur. « Papa, et ejus asseclæ, ait Conringius, omnes gloriantur de donatione hujus Rudolphi. Variæ donationes factæ sunt papæ a Carolo Magno et aliis, quas supra examinavimus. Ab hoc Rudolpho Habspurgico dicunt sæpe sibi in liberrimam potestatem data esse omnia bona a Cæsaribus ; ita ut nihil juris sibi reservaverit. » Inscitia hominis audacissimi prædicanda ! Rudolphus nihil donat; veteres tantum donationes instaurat. Quid igitur juris sibi reservet in alienis donationibus? Pontifices, piissimo rege Rudolpho sanctæ sedis jura omnia vetera confirmante, a diuturnis invasionibus quiescunt, Exarchatum, et Pentapolim, donationum omnium antiquissimas, potissimasque, postliminio ad Romanam Ecclesiam redeuntes accipiunt. Quid de donatione glorientur?

XLVI. Ne Lunigius quidem talia audet. Nam (*Cod. Ital. Dipl.* tom. II, pag. 733.) hanc uni ex Rudolphinis diplomatis periochem præfigit : « Rudolphi I Romanorum regis iterata omnium privilegiorum a Romanis imperatoribus sedi apostolicæ concessorum, necnon donationum ipsi de quibusdam provinciis et urbibus factarum confirmatio. Datum Viennæ anno Domini 1278, xiv Kal. Febr., regni nostri anno v. » Attamen in isto diplomate, quod Raynaldus affert (1278, num. 45) ex archivo molis Adrianæ exstat hæc formula : « Recognoscendi, ratificandi, approbandi, innovandi, concedendi, et nihilominus de novo donandi. » At quem eruditorum latet, Rudolphum plene adhæsisse instructioni, seu formæ sibi a Nicolao III præscriptæ? (*Ibid.* num. 62). Rem pontifex conceptis verbis expressit : « Ad omnem scrupulum removendum, prout melius valet, et efficacius intelligi de novo concedimus, conferimus, et donamus. » Stephanus etiam IV et Paschalis I Romam cum ejus ducatu, patrimonia, et alia jura Diplomate Ludovici Pii prehendi voluere, ut scilicet validiori niterentur præsidio : at Ludovicum donasse quidpiam sanctæ sedi non invenietur. Optima igitur consilia pontificum præpostere accipientur, ut falsis omnia opinionibus impleantur? Consulatur historia. Historia autem? Imo vero ipse Rudolphus (*Cod.* lib. II, ep. 37) audiatur · « Universa, et singula, quæ a nobis hactenus alma mater Ecclesia postulasse dinoscitur, tam per nuntios quam per litteras speciales, applauso benevolo, et assensu gratuito liberaliter approbantes, in his et omnibus aliis concepimus apostolicis beneplacitis æquanimiter conformare. » Ita videlicet reponit pontificiis litteris (*Rayn.* 1277, n. 54.) Nicolai III datis statim atque ad Petri Cathedram ascendit : « petitionem autem, inquit, super ejusdem Ecclesiæ terris, ac specialiter exarchatu Ravennæ ac Pentapoli regali excellentiæ toties inculcatam, absque ulteriori procrastinatione rogamus et petimus efficacis executionis promptitudine adimpleri. » At quæ latius toto opere exponuntur, complectar brevi. Apostolica sedes quidquid titulo donationis possidet (exceptis patrimoniis antiquis) Pippino, et Carolo Francorum regibus; Carolo eidem (post susceptam imperialem coronam) Augusto; Ottoni Magno; Henrico et Mathildi acceptum refert. Augustis cæteris confirmationem duntaxat donationum, atque omnium jurium debet : tametsi ea confirmatio, cum necessaria esset ad imperiale diadema obtinendum, multoties illusoria fuit. Quod de Rudolphi regis Romanorum confirmatione nullatenus dici potest.

XLVII. Regis, inquam, Romanorum: nam singulare id quidem est, Rudolphum regia tantum dignitate conspicuum ditiones et jura sanctæ sedis diplomate confirmasse : quantumvis jampridem moris esset, ut rex Romanorum a Romano pontifice confirmatus imperialem fere semper coronam assequeretur : quamobrem rex Romanorum futurus imperator dicebatur. Namque juramenta eorumdem regum, queis pollicebantur præ aliis, se diplomate roboraturos, vindicaturosque Ecclesiæ bona, facile invenientur, at ante Rudolphi diploma aliud nullum occurret ejus simile. Animadverti tamen oportet formulam in diplomatibus illius contentam apud Raynaldum (1274, n. 9; 1275, n. 39) quæ sic se habet : « Postquam Romam ad recipiendam unctionem, coronationem, seu imperiale diadema pervenerimus, ipsaque perceperimus, præmissa omnia et singula innovabimus, seu de novo faciemus. » Præ aliis vero attendenda illa, quam Rudolphus juxta instructionem Nicolai III apposuit diplomati, quo præcedentia confirmantur, quodque supremum locum sibi vindicat inter monumenta a nobis edita : « perceperimus, infra octo dies præmissa omnia et singula innovabimus, et de novo integre ac plenarie faciemus. » Ea siquidem morem suo loco expendendum continet, dandi diplomatis infra octo dies a suscepto imperiali diademate, qui deinceps obtinuit, ut docet liber Sacr. Rit. a Clem. V an. 1511, et ab Innocentio VI an. 1355 laudatus (*Bullar. Vat.* tom. I, pag. 248, seqq., 550, seqq.) et expressius litteræ Henrici VII ad Clem. V ap. Raynald. (1310, n. 7) quæ habent : « De supradictis omnibus infra octo dies nostras patentes dabimus litteras quadruplicatas harum seriem continentes. » Quamobrem in Cæremoniali Edito amplissimum jusjurandum reperitur omnia complectens in genere : at de diplomate in actu coronationis legi olim solito, ut testatur panegyrista Berengarii, altum siletur. Hactenus de monumentis, quæ singula fusiori calamo expendentur in dissertationibus, atque jura omnia sancto Petro et sanctæ sedi, iisdem facem præferentibus, vindicabuntur.

XLVIII. Pauca nunc subjungam ex Codice Albini, de quo supra (n. xxiv). Collectio illa brevis ex Bibliothecæ Lateranensis tomis carticiis, quam Cencii liber censuum præsefert, in Codice Albini, qui est antiquior Cencio, plenior, valdeque accuratior legitur. Eademque pertinet ad Gregorii VII ætatem, ut patet ex monumentorum penultimo ibi existente : nam eorum collector ita de eodem loquitur : « Ex synodo habita in Dalmatia a legatis vii papæ Gregorii scilicet a Zebizone tunc monasterii sanctorum Bonifacii et Alexii abbate, nunc vero Cesenate episcopo, necnon a Felcuino Forosimpronii episcopo. Que synodus habetur in archivo sacri palatii Lateranensis. In nomine Domini, etc. A. Dom. Inc. MLXXVI. ind. xiv, etc. » Gebizo enim legatus in Dalmatiam missus 1075, octavo post anno, scilicet 1083, fit episcopus Cæsenas, et paulo post cardinalis. In vetustissima igitur ista collectione, quæ præteritorum temporum documenta continet, præ aliis legitur : « Item in quodam tomo carticio, qui est in cartulario juxta Palladium, legitur papa Benedictus locasse civitatem et comitatum Suanensem cum castellis et villis, et cum omnibus suis pertinentiis : et civitatem, et comitatum Rosellensem cum villis et castellis, et suis pertinentiis, et districto et placito, et cum omni datione, et reddito suo. Prestat unaqueque civitas LX sol. Item in alio tomo ejusdem cartularii legitur vii papa Bonifacius locasse castellum Petram Pertusam, etc. » Profecto si ordo temporum servaretur, Benedictum III, seu IV sæculo nono exeunte crediderim; etenim V, et VI sequentis sæculi, dum Tusculani comites potiebantur rerum, de civitatibus istis disponere non potuerunt. At ponamus Benedictum VIII, vel etiam IX, sub initia sæculi XI locavisse eas civitates : Tusciæ igitur Langobardorum civitates ultimæ a Carolo Magno concessæ Adriano et successoribus, pleni juris erant sanctæ sedis id temporis. Itaque re inexplorata de iis loqui videbimus annalistam Italum. Nonne ab eodem tres insulæ Corsica, Sardinia, et Sicilia, quæ continuo post Rosellas recensentur in eadem donatione a Ludovico ejus filio, injuste vocantur in dubium?

XLIX. At enimvero, ut Siciliam prætereram, de qua opportunius in sequentibus dicendum erit, in laudato Codice hi census antiqui memorantur in Sardinia : « Judex Calaritanus II lib. argenti pro censu. Archiep. Calaritanus VI lib. arg. Episcopus Dolien. II lib. Episcopus Sulcitanus II lib. Episcopus Barbarie II lib. Ecclesia sancti Saturnini II lib. Judex Arboren. II lib. Archiep. Arboren. VI lib. Episcopus sancti Petri de Teralba II lib. Episcopus de Osello II lib. Ep. sancti Justi II lib. Judex Turritanus II lib. Archiep. Turritan. VI lib. Episc. de Pragi II lib. Episc. de Ampuri II lib. Episc. de Serra II lib. Episcopus de Chisarpo II lib. Episc. de Castro II lib. Episc. Ozano II, lib. Episc. de Bosea duas lib. Abbas de Sacharia II lib. Abbas de Plajano II lib. Abbas de Thergo II lib. Prior de Salvenero I lib. Summa horum omnium continetur in LIX libris argenti. » Judicatum Galluri vides hic deesse, quem scilicet apud Cencium invenies. At Codex Albinianus census antiquiores Cencio exhibet. Idcirco qui postea imposuit, seorsim enumerantur, nec de Judice Galluri ulla fit mentio : « In Arborea Ecclesia sancti Thome cum omnibus suis bonis pro censu III bisant. omni anno Ecclesia S..... que dicitur Cania II sol. exigusin. singulis annis. » Hæc Arborensis Judicatus appendix ap. Cencium occurrit conjunctim cum reliquis censibus. Hinc vero quis non videt Sardiniam juris fuisse sanctæ sedis? De Corsica idem constat ex Codice Albini longe etiam luculentius. Continuo enim post Sardiniam, hæc tradit : « De Corsica : Corsicam concessit papa Innocentius Januæ sub annuo censu unius libre auri. Et exinde privilegium ei fecit. » Apud Muratorium (*Ant. Ital.* tom. V, col. 894) qui Cencii librum edidisse gloriatur, et eumdem omnino alium, et additionibus plenum vulgavit, hic locus ita legitur : « Consules Januenses unam libram auri pro dimidia Corsica, quam concessit eis papa Innocentius, et tam consules, quam populus, debent facere fidelitatem Romano pontifici, quando ab eo requisiti fuerint, prout in eorum privilegio continetur. »

L. Nec soli Innocentio II, Januenses Corsicam tunc referebant acceptam, verum etiam quinque aliis pontificibus Innocentii successoribus, videlicet Alexandro III, Clementi, Cœlestino, Innocentio, et Honorio pariter tertiis, horum postremo id testante ap. Raynald. (1217, num. 98 seqq.) : « Ad exemplar, inquit, tam ipsius Innocentii, quam fel. rec. Alexandri, Clementis, Cœlestini, et Innocentii prædecessor. nostror.... Ad hæc Januensi civitati medietatem insulæ Corsicæ ad exemplar eorumdem prædecessor. nostror. concedimus : ita scilicet, ut nobis nostrisque successoribus Januensis populus, cum exinde fuerit requisitus, fidelitatem juret, et pro pensione unam libram auri singulis annis nobis, et successoribus nostris exsolvat. » Hæc in antecessum memorasse non erit inutile.

PRÆFATIO GRETSERI.

Faveto, amice lector; bonam scævam, si catholicus es, tibi apporto; si novator, magnum forsitan malum tibi afferri arbitraberis. Utcunque sit, en tibi indiculum, quot cujusque pontificum epistolæ in hoc volumine insint: Gregorii III, 2; Stephani III, 8; Zachariæ 1; Pauli I, 32, quamvis una ex istis scripta sit ad Pipinum communi nomine senatus et populi Romani; Stephani IV, 5; Adriani I, 49, licet una ex istis communi cleri nomine ad Carolum Magnum data sit; Constantini antipapæ 2. Quarum omnium summam centuriam efficeret, si una adhuc epistola accessisset. Ex quibus septenæ forsan, aut non multo plures leguntur jam, partim tomo IX Annalium illustrissimi Baronii, partim Centuria VIII Magdeburgensium, cap. 9, quas præterire nefas duxi, ob reverentiam Caroli Magni; quis enim sejungat quas tantus monarcha uno in volumine copulari voluit? Neque tamen in hac sylloge ratio temporis admodum accurate servata est; nam epistola Zachariæ pontificis interjicitur epistolis Stephani III, cum tamen certum sit Zachariam Stephano priorem fuisse. Constantini etiam pseudo-pontificis geminæ epistolæ inter Paulum et Stephanum IV locum obtinere deberent, cum Constantinus post Pauli obitum cathedram apostolicam invaserit; et tamen ad calcem libri rejectæ sunt; qui neophytus appellatur, quia laicus cum esset, et omnis penitus clericalis consecrationis expers, a turbulentis quibusdam ad supremum hoc apostolici officii culmen, nefaria temeritate evectus est, successu parum prospero; vix enim annum unumque mensem in hac tam excelsa specula consederat, et ecce ruina atque in imum præcipitatio. Qua de re legi potest Baronius tom. IX, anno Redemptoris 768.

Sed ut ad epistolas Pauli pontificis accedamus, Centuriatores Cent. VIII, cap. 10, scripta hujus pontificis recensentes, ita scribunt, vel potius calumniantur: « Pontificii collectores tomorum Conciliorum videntur consulto epistolas Stephani II et Pauli, Stephani III, Constantini et Adriani omisisse: ne pontificum artes et fraudes in Francis dementandis, et injuste occupandis bonis imperii, patefierent. »

Cæterum hanc putidam criminationem unus, omnium loco et nomine, satis superque refellit illustrissimus Baronius, flebili illa sua threnodia, quam texuit ad annum Christi 767, eo quod pontificis hujus Pauli epistolas adipisci non potuerit; ut taceam similem lamentationem ob epistolas Adriani pontificis ad Carolum Magnum non repertas; quarum omissione existimabat Annales suo præclarissimo ornamento carere. Accipe, lector, ipsius præstantissimi cardinalis verba, et judica num Pontificii de industria hujusmodi epistolas oppresserint.

« De Pauli rebus gestis opulentiorem tibi apposuissemus mensam, si epistolas ab eo scriptas ad Pipinum Francorum regem, et alios, reperire potuissemus, quarum duntaxat argumenta summatim per stricta et recensita vidimus a Panvino in Vitis Romanorum pontificum, easque integras haberi in Vaticana bibliotheca testatur: verum easdem diu quæsitas minime invenire valuimus, ut eas vel furto, vel alio aliquo modo inde sublatas existimemus. Cæterum nihil est, quod ejus fides possit in suspicionem adduci, cum et earumdem totidem numero argumenta pariter recitent novatores, qui pertæsi prolixitatem atque multiplicitatem pariter, sed magis veritatem, non ipsas integras, sed ipsarum argumenta tantummodo edidere: quæ si non simul congestæ, sed per annos singulos, quibus sunt datæ, digestæ fuissent, non fastidium, vel nauseam legentibus attulissent, sed maximam voluptatem; ut pote, quod ex eis epistolaris historia, quæ cæteris veritate et sinceritate præstat, ignota hactenus, fuisset egregie concinnata: quod, nec tu negaveris, cum earumdem argumenta perlegeris, quæ hic tibi subjicimus, ne jejunum penitus dimittamus, quem opipara mensa (quod optassemus), excipere non conceditur. Sed et ex his quoque intelligat, et fateatur, licet invitus, quam bene et optime de ecclesiasticis antiquitatibus mereatur, qui non fragmenta, vel argumenta reddat epistolarum, sed ipsas integras edat, non amplius perituras, cum sic earum perpetuitati bene consulat, dum eas in archivo recondens, consecransque immortalitati, conservet posteris integras. »

Posthæc idem Baronius viginti novem epistolarum Pauli summaria, seu periochas recenset ex Onuphrio; quod et a Centuriatoribus factum, licet ipsi viginti septem solummodo epistolarum synopsin afferant; et præter has, trium aliarum ad Carolum et Carolomannum meminerint, insuper etiam epistolæ ad cunctum exercitum regni Francorum. Quas omnes in hac editione lector inveniet. Maximam certe reprehensionem merentur Centuriatores, qui cum, ut palam scribunt, triginta et unam hujus pontificis epistolas manuscriptas accepissent, ne unam quidem suis Centuriis inseruerint, cum tamen aliorum quorumdam pontificum epistolas, et quidem satis prolixas, recitare haud gravati fuerint. Forsan timebant ne lectores ex lectione tot epistolarum, quas pontifices ad Pipinum et alios Francorum principes dederunt, nimis aperte intelligerent, quanto in pretio Sedes apostolica summis principibus fuerit, Lutherumque cum suis in pontifices Romanos diabolicis conviciis exsecrari inciperent. Nobis certe illud, quod summo viro Baronio negatum est, non bona fortuna, sed divina providentia obtulit; nempe Pauli pontificis triginta duas epistolas, utinam emendatiores. Nam codex membranaceus, quo usi sumus, vetustus quidem est, et satis vetusto charactere exaratus, sed vitiosissime, ita ut minor forsan labor esset stabulum Augiæ expurgare, quam omnia exemplaris hujus menda tollere, quæ emendet, qui in meliorem Codicem inciderit; nos interim arbitrati sumus, satius esse Pauli pontificis epistolas, qualicunque modo, in luce versari, quam diutius in tenebris delitescere et obsolescere. Quod etiam de epistolis Adriani pontificis intellectum volo.

Ut porro lector sciat quæ epistola cui summario apud Baronium et Centuriatores respondeat, id ad quamlibet epistolam annotavimus, ut et in Adriani epistolis factum : quarum magno desiderio tenebatur illustrissimus cardinalis Baronius, ut ex hac ejus oratione apparet tom. IX Annalium, anno redemptoris 795, n. 1, ubi de Actis Adriani hæc subjecit : « Fuissent tanta ista copiosiore atque luculentiore stylo narranda, et non ferreo, eoque obducto rubigine detruncata, nimiaque brevitate decurtata potius, quam declarata, posteritati tradenda. Sed accessit ad damnum, quod cum quadraginta quatuor ejusdem pontificis Adriani epistolas Vaticana bibliothecā possideret, ex quibus locupletanda fuisset historia ; illis deperditis, earumdem fuerint tantummodo argumenta relicta, summatim elicita, quorum haustu majorem sibi sitim lector accendat, ad fontem anhelans, non sine spe, ut aliquando , si quis est earumdem bonæ fidei possessor, easdem in lucem prodat, quæ suis singulæ locis reddantur. »

Ecce, quod vir summus cupide desiderabat, id jam præstamus, et plures etiam, quam 44 hujus tanti pontificis epistolas evulgamus ; quas etiam Centuriatores vidisse videntur. Nam Centur. VIII, cap. 10, ita scribunt : « Accepimus Adriani 44 epistolas manuscriptas ad Carolum Magnum, quarum argumenta indicare operæ pretium duximus » ; qui mox Summaria adducunt, ut et postea a Baronio factum ; sed alio ordine epistolarum, quam in manuscripto Codice, quem nos secuti sumus, inveniatur, ut intelliges ex numero periocharum, quem ex Baronio et Centuriatoribus ad singulas epistolas ascripsimus ; ut jam antea monui.

Quanquam animadverto, Centuriarum artifices in his periochis seu recitandis, seu conficiendis, haud satis bona fide versatos esse. Baronius dicit, se illas exscripsisse ex Onuphrii Panvini de Vitis pontificum historia , quæ in Vaticana bibliotheca asservetur. Unde Centuriatores ? Ipsi silent ; sed res ipsa loquitur, eos, aut eumdem Onuphrianum Codicem vidisse (quæ enim his lavernionibus eorumque subadjuvis et administris bibliotheca non patuit ?), tanta est argumentorum, etiam in verbis, utrinque similitudo et convenientia ; aut si forte epistolas integras adepti erant, ut certe adepti videntur, synopses illas epistolis præfixas in antiquo exemplari reperisse, ut fortassis Onuphrius repererat ; et, pro more suo, calumnias nonnullas interspersisse ; ex quibus sunt istæ : In summario secundæ epistolæ Adriani : « Invocationem sanctorum et primatum Ecclesiæ Romanæ asserit. » In summario quartæ : « Male citat dictum : *Qui perseveraverit usque in finem, salvus erit.* Totus est pro invocatione sanctorum et primatu. » In summario decimæ sextæ : « Invocationem sanctorum tradit. Gloriatur, quod Græcorum naves combusserit plurimas, etc. » In summario vigesimæ : « Uberrimæ benedictiones, vel potius adulationes, etc. » In summ. quadragesimæ tertiæ : « Totus est pro primatu. Multa scripturæ dicta congerit, nihil ad propositum pertinentia. » Denique in argumento epistolæ ad Egilam : « Abutitur sacræ Scripturæ testimoniis. » Quæ omnia Centuriarum fabri de sycophantico suo pectore extuderunt, contra mentem ejus, qui primus has periochas concinnavit.

Ejusdem sortis est et illud , quo contaminarunt summarium sextæ epistolæ Pauli pontificis : « Petit, ut ad se legatum suum mittat, per quem possit ei prodere Græcorum consilia et insidias. » Ægre scilicet his sectariis futurum erat, nisi ex Paulo proditorem facerent ; substituto *prodendi* odioso verbo, in vicem verbi *aperiendi*, quo auctor *summarii* usus fuerat. At satis de Centuriatoribus.

Illud præterea te nosse velim, mi lector, me veteris orthographiæ non admodum superstitiosam rationem habuisse ; quia fractus non illabetur orbis sive legas : inlustris , inluster, inlicite, inliciter, inretitus, inportabilis, inmensus, assumtus seu adsumtus, temptatio, adcresco, obtimates, obtimus, amminiculum, ammoneo, jocundus, jocunditas, dicio, suboles, conloqui, conlocutio, conroboro, conlaudo, obmisi, cotidie, isdem ; sive, ut nunc fert consuetudo : illustris, illicite, irretitus, importabilis, immensus, assumptus, tentatio , accresco, optimates , optimus, adminiculum, admoneo, jucundus, jucunditas, ditio, soboles, colloqui, collocutio , corroboro , collaudo, omisi, quotidie, idem.

Neque quidquam causæ est, cur quis pontificibus diem dicat ob violatas alicubi grammaticæ leges, incultumque orationis genus : nam epistolæ istæ conscriptæ sunt iis temporibus, quibus Latina lingua in Italia, ob tot peregrinarum gentium immigrationem, ad exitium ruebat. Sed « quid officit, o quæso (utar enim verbis Arnobii lib. 1 contra Gentes), aut quam præstat intellectui tarditatem, utrumne quid læve, an hirsuta cum asperitate promatur ? Inflectatur, quod acui, an acuatur, quod oportebat inflecti ? Aut qui minus id, quod dicitur, verum est, si in numero peccetur, aut casu, præpositione, participio, conjunctione ? Cum de rebus agitur ab ostentatione submotis, quid dicatur spectandum est, non quali cum amœnitate dicatur ; nec quid aures commulceat, sed quas afferat audientibus utilitates ; alioqui necesse erit, ut abjiciamus ex usibus nostris quorumdam fructuum genera, quod cum spinis nascuntur, et purgamentis aliis ; quæ nec alere nos possunt, nec tamen impediunt perfrui nos eo , quod principaliter antecedit , et saluberrimum nobis voluit esse natura. »

Qui elegantiam, et orationis venustatem quærit, is

non huc, sed ad M. Tullii, Plinii, Mureti, et similium epistolas divertat. Admodum autem his epistolis perfectius intelligendis lectio Anastasii bibliothecarii in Historia pontificum conducet; præsertim, ubi de illis pontificibus agit, quorum in hoc volumine monumenta visuntur. Utitur enim eodem ferme dicendi charactere, et multa vel attingit, vel copiosius exponit, quæ in his itidem epistolis vel attinguntur, vel fusius exponuntur.

Unum addo, et verbis compendium facio. Epistolas istas debes, candide lector, nobili et eruditissimo domino Sebastiano Tengnagel J. V. D. Cæsareæ bibliothecæ Viennæ præfecto, qui eas ad me publicandas humaniter misit. Quo beneficio omnes ecclesiasticæ historiæ et antiquitatis amantes arctissimo nexu sibi obstrinxit.

Vale, mi lector, et si saluti tuæ consultum cupis, a sede apostolica ne discede; aut si discessisti, quamprimum revertere.

CENNII TABULA DUPLEX EPISTOLARUM CODICIS CAROLINI CHRONOLOGICE DISPOSITARUM.

Chron.	Cod.	Chron.	Cod.		Cod.	Chron.	Cod.	Chron.
GREG. III, pag. 1.					I	1	LI	54
1	I	51	LIV		II	2	LII	53
2	II	52	LIII		III	10	LIII	52
ZACHARIÆ, p. 25.					IV	8	LIV	51
3	V	53	LII	B	V	3	LV	50
STEPH. II, p. 27.					VI	9	LVI	71
4	X	54	LI		VII	6	LVII	64
5	XI	55	LX		VIII	11	LVIII	56
6	VII	56	LVIII		IX	7	LIX	57
7	IX	57	LIX		X	4	LX	55
8	IV	58	LXIII		XI	5	LXI	66
9	VI	59	XLIX		XII	32	LXII	62
10	III	60	LXXIII		XIII	12	LXIII	58
11	VIII	61	L		XIV	39	LXIV	65
PAULI I, p. 114.					XV	18	LXV	63
12	XIII	62	LXII		XVI	41	LXVI	87
13	XXVII	63	LXV		XVII	29	LXVII	81
14	XXII	64	LVII		XVIII	34	LXVIII	68
15	XXXVI	65	LXIV		XIX	42	LXIX	67
16	XXV	66	LXI		XX	37	LXX	74
17	XXIX	67	LXIX		XXI	20	LXXI	93
18	XV	68	LXVIII		XXII	14	LXXII	78
19	XXXIX	69	XCV		XXIII	21	LXXIII	60
20	XXI	70	XCVI		XXIV	38	LXXIV	80
21	XXIII	71	LVI		XXV	16	LXXV	76
22	XLI	72	LXXVI		XXVI	40	LXXVI	72
23	XXXVIII	73	LXXVIII	C	XXVII	13	LXXVII	79
24	XXXI	74	LXX		XXVIII	26	LXXVIII	75
25	XXXIV	75	XCIII		XXIX	17	LXXIX	77
26	XXVIII	76	LXXV		XXX	35	LXXX	85
27	XXXVII	77	LXXIX		XXXI	24	LXXXI	88
28	XLII	78	LXXII		XXXII	56	LXXXII	98
29	XVII	79	LXXVII		XXXIII	33	LXXXIII	94
30	XL	80	LXXIV		XXXIV	23	LXXXIV	83
31	XXXV	81	LXVII		XXXV	31	LXXXV	97
32	XII	82	XCVII		XXXVI	15	LXXXVI	92
33	XXX, XXXIII	83	LXXXIV		XXXVII	27	LXXXVII	86
34	XVIII	84	XCI		XXXVIII	25	LXXXVIII	91
35	XLIII	85	LXXX		XXXIX	19	LXXXIX	95
36	XXXII	86	LXXXVII		XL	30	XC	89
37	XX	87	LXVI		XLI	22	XCI	84
38	XXIV	88	LXXXI		XLII	28	XCII	90
39	XIV	89	XC		XLIII	35	XCIII	75
40	XXVI	90	XCII		XLIV	46	XCIV	96
41	XVI	91	LXXXVIII		XLV	49	XCV	69
42	XIX	92	LXXXVI		XLVI	45	XCVI	70
CONSTANTINI, p. 241.					XLVII	47	XCVII	82
43	XCVIII	93	LXXI		XLVIII	48	XVIII	43
44	XCIX	94	LXXXIII	D	XLIX	59	XCIX	44
STEPH. III, p. 259.					L	61		
45	XLVI	95	LXXXIX					
46	XLIV	96	XCIV					
47	XLVII	97	LXXXV					
48	XLVIII	98	LXXXII					
49	XLV							
ADRIANI, p. 289.								
50	LV							

A | Ω a

REGNANTE IN PERPETUUM DOMINO ET SALVATORE NOSTRO JESU CHRISTO. ANNO INCARNATIONIS EJUSDEM DOMINI NOSTRI DCCXCI. CAROLUS EXCELLENTISSIMUS ET A DEO ELECTUS REX FRANCORUM ET LANGOBARDORUM AC PATRICIUS ROMANORUM, ANNO FELICISSIMO REGNI IPSIUS XXIII, DIVINO NUTU INSPIRATUS, SICUT ANTE OMNES QUI ANTE EUM FUERUNT, SAPIENTIA ET PRUDENTIA EMINET, ITA IN HOC OPERE UTILISSIMUM SUI OPERIS INSTRUXIT INGENIUM, UT UNIVERSAS EPISTOLAS QUÆ TEMPORE BONÆ MEMORIÆ DOMNI CAROLI AVI SUI, NECNON ET GLORIOSI GENITORIS SUI PIPPINI, SUISQUE TEMPORIBUS DE SUMMA SEDE APOSTOLICA, BEATI PETRI APOSTOLORUM PRINCIPIS, SEU ETIAM DE IMPERIO AB EOS DIRECTÆ ESSE NOSCUNTUR, EO QUOD NIMIA VETUSTATE ET PER INCURIAM JAM EX PARTE DIRUTAS ATQUE DELETAS CONSPEXERAT, DENUO b MEMORABILIBUS, MEMBRANIS SUMMO CUM CERTAMINE RENOVARE AC RESCRIBERE DECREVIT.
INCIPIENS IGITUR, UT SUPRA DIXIMUS, A PRINCIPATU PRÆFATI PRINCIPIS CAROLI AVI SUI, USQUE PRÆSENS TEMPUS, ITA OMNIA EXARANS, UT NULLUM PENITUS TESTIMONIUM SANCTÆ ECCLESIÆ PROFUTURUM SUIS DEESSE SUCCESSORIBUS VIDEATUR, UT SCRIPTUM EST : « SAPIENTIAM OMNIUM ANTIQUORUM EXQUIRET SAPIENS, » etc. c.

a Inscriptio Codicis membranacei venerandæ vetustatis, sed pessime a librariis accepti. GRETS. — Codex epistolaris Carolinus continens Romanorum pontificum Grëgorii III, Zachariæ, Stephani III, vel, secundum alios, II; Pauli I, Stephani IV, vel, secundum alios, III, Adriani I et pseudo-papæ Constantini epistolas nonaginta novem ad principes et reges Francorum Carolum Martellum, Pippinum et Carolum Magnum, an. Ch. septingentesimo nonagesimo primo, cura et auspicio ipsius Caroli Magni, ne vetustate et per incuriam perirent, studiose collectas, et in unum redactas volumen membranaceum, quod olim, primo quidem ad ipsius Caroli Magni bibliothecam cubicularem, deinde autem ad Willibertum archiepiscopum Rothomagensem pertinuit; nunc vero authenticum asservatur in augustissima bibliotheca Cæsarea Vindobonensi. Petrus Lambecius Hamburgensis totum hoc opus summa fide et diligentia recognovit, ac contulit, et chronologia accurata atque necessariis adnotationibus illustravit. LAMB. — Codicis Carolini ms. recensio, et ejus cum textu editionis Gretseherianæ collatio. Est vero membraneus foliorum 98, cujus cum scriptura, tum forma pene quadra ævi Caroli omnino præseferi. Pertinuit olim ad Willibertum archiepiscopum, ut arbitratus est cl. Lambecius, Rothomagensem, cujus nomen membranæ digitum latæ asserculo anteriori agglutinatæ inscriptum est ad hunc modum : LIBER WILLIBERTI ARCHIEPI. Continetur eo syntagma epistolarum 99, quas Romani pontifices Gregorius III, Stephanus III, Zacharias I, Paulus I, Stephanus IV, Adrianus I, et pseudo-papa Constantinus dederunt ad principes regesque Francorum Carolum Martellum, Pippinum et Carolum Magnum, studio et cura Caroli Magni coactum, quemadmodum latius declarat miniata inscriptio quæ supra exhibetur.

b Leg. memorialibus, ut jam advertit Lambecius; quo loco utitur Cangius in Glossario ad docendum quid sint memoriales membranæ. GENT.

c Hactenus inscriptio antiqui Codicis; quam, candide lector, in ipso statim vestibulo tibi repræsentare voluimus, ut operis hujus vetustatem ac gravitatem ante omnia disceres. Vetustas est, quam in jam tibi proposita tabella conspicaris. Gravitas tergemina est, ab epistolarum auctoribus; a principibus, ad quos missæ epistolæ; et a collectore. Auctores sunt summi pontifices : illi, ad quos datæ, summi reges : collector, rex potentissimus et invicrissimus, quo, post Constantinum Magnum, Occidens vix parem, cei te superiorem non habuit. Observa autem, quando jussu Caroli Magni istæ pontificum epistolæ unum in volumen redactæ sunt, adhuc in vivis fuisse Adrianum papam; nam annus Domini 791 est annus vicesimus pontificatus Adriani, qui eodem obiit, anno Redemptoris 795. Quo tempore spatio credibile est Adrianum plures ad Carolum epistolas dedisse. Suc-

A cessit Adriano Leo III, Carolo Magno conjunctissimus et amicissimus, quem quis abnuat ad eumdem principem æque frequentes litteras dedisse ac Adrianum? Leonem petulanter insectatur Illyricus in Catalogo, quasi indoctum et barbarum. « Habeo, inquit Illyricus, aliquot ejus epistolas ad Carolum, prorsus rudes et barbaras. » Hæc elegantissimus iste Sclavus; ex cujus libris si solœcismos et barbarismos in unum fascem comportare velis, codicem si non calepino, saltem dasipodio spissitudine parem facile efficies. Exstant Leonis III tres epistolæ tom. III Conciliorum novæ edit., pag. 445. Cum autem Catalogus Testium editus sit anno 1562 et Centuria octava anno 1564, et in hac Centuria Illyricus ita scribat : « Non est dubium quin (Leo III) ad minimum plures epistolas ad Carolum et ad alios scripserit; sed malitia pontificiorum suppressæ sunt : » admodum profecto Illyricus mendacio suspectus redditur; nam si habuit nonnullas epistolas Leonis, ut dicit in Catalogo, cur

B non saltem aliquas Centuriæ octavæ inseruit, præsertim ineditas aliisque non visas, cum aliorum quorumdam Pontificum epistolas Centonibus suis insuere non abhorruerit? Cur saltem summaria earum non attulit, ut fecit in epistolis Pauli et Adriani pontificum? Quid opus erat dicere non esse dubium quin ad Carolum plures epistolas dederit, si aliquas Leonis ad Carolum epistolas habebat? An usque adeo obliviosus erat Illyricus, ut Centuriam octavam cum suis rhapsodis consarcinans, non meminerit amplius penes se has epistolas exstare? Porro conviciis Illyrici in Leonem III oppono res gestas ejusdem pontificis, quas Anastasius litteris mandavit, et judicium Caroli Magni, qui Leonem non minus ac Adrianum coluit, utique id non facturus, si talis fuisset, qualis a pessimo plaste Illyrico effingitur. Sed jam epistolas ipsorum pontificum audiamus, inter quas audirentur quoque Leonis epistolæ, si non omnes, saltem aliquæ, nisi eas vel temporis longinquitas, vel Illyrici iniquitas nobis invidisset. GRETS.

C — Hactenus inscriptio, prout in Codice jacet, accurate expressa cum ipsis librarii mendis, quorum incredibilis est in eo numerus. Confixit pleraque omnia Tengnagelius sua manu, sed nimia licentia, non modo ad marginem veram lectionem ascribens, sed passim radens, inducens, reficiens, et inculcans, id quod probare non possum ; tametsi ea mente id fecerit, ut Jacobum Gretserum, cui volumen istud edendum postea dedit, corrigendi labore levaret. Prodiit memorati Gretseri opera Ingolstadii ex typographeo Andreæ Angermarii anno 1613, 4°. Verum ea editione non contentus Lambecius novam procuravit Viennæ typis Cosmorovianis in fol., ab isto præstantissimo epistolarum volumine auspicatus magnum illud Syntagma rerum Germanicarum, cujus conspectu cum ipse, tum successor ejus Nesselius salivam movit eruditis. GENT.

IN S. GREGORII III
AD CAROLUM SUBREGULUM EPISTOLAS
ADMONITIO.

I. Binas tantum litteras a Gregorio III datas esse ad Carolum Martellum in re trepida est certo certius. Primo siquidem ipse sanctus pontifex iterata vice ait se scribere Carolo subregulo : deinde hujus nepos Carolus Magnus id confirmat binis istis duntaxat relatis in codicem, Carolus inquam, qui incipit « a principatu præfati principis Caroli avi sui (ut titulus fluit) usque præsens tempus (791) ita omnia exarans, ut nullum penitus testimonium sanctæ Ecclesiæ profuturum suis deesse successoribus videatur. » Idcirco et decretalem epistolam sancti Zachariæ (ep. 3, al. 5) et duas de erroribus Hispanorum (69, 70, al. 95, 96) et de hæresi Feliciana aliam (82, al. 97) quia illa Pippino flagitante, istæ se expetente datæ fuerant, recenseri voluit, ne duabus quidem Constantini antipapæ neglectis (43, 44, al. 98, 99) quæ ad patrem suum Pippinum scriptæ erant. Nihilominus Pagius, eumque secuti non pauci aliam epistolam a Gregorio datam esse contendunt et ordine et sententia præcipuam, qua consulatum Carolo esse exhibitum jactant. Nituntur ii scilicet prima continuatione Fredegarii, quam proprio arbitratu interpretantur, Carolo autem insignem injuriam inferunt, dum prætériisse illum putant epistolarum omnium, quas digessit, facile præstantissimam. Equidem fateor, nonnullas desiderari in codice, quarum in aliis mentio est 2 quia videlicet « nullum penitus testimonium sanctæ Ecclesiæ profuturum » continebant : attamen animadvertens unius, quæ pene contrita erat, argumentum satis amplum suppeditari (post ep. 20, al. 21) tametsi exemplum sit alterius (ep. 18, al. 15), necnon proferri exempla duo ejusdem (ep. 33, al. 50 et 35) præterea videns, nonnullas exstare, quæ Langobardorum arte periisse credebantur; in aliis dissimulari, et etiam contraria factis narrari, missorum, seu legatorum fidei rerum veritate credita, illud affirmare nullus dubito, quod si epistola tanti momenti, quæ conjectando superinjicitur, data esset, aut ipsa exstaret, aut qualiscunque mentio ejus fieret. At castum et integrum rei examen inanes conjecturas patefaciet.

II. Locum continuationis Fredegarii a Baronio, Cointio, aliisque aliter recitatum, ex ms. cod. protulit etiam Ruinartius in sua recensione Operum sancti Gregorii Turonensis. Idemque est, qui recentioribus usuveniit ad tantas historicæ pontificiæ tenebras offundendas. Verba autem ejus continuationis (num. 110) sunt hujusmodi : « Eo enim tempore bis a Roma sede sancti Petri apostoli beatus papa Gregorius claves venerandi sepulcri cum vinculis sancti Petri, et muneribus magnis et infinitis legationem, quod antea nullis audits, aut visis temporibus fuit, memorato principi destinavit. Eo pacto patrato, ut a partibus imperatoris recederet, et Romanum consulatum præfato principi Carolo sanciret. Ipse itaque princeps mirifico ac magnifico honore ipsam legationem recepit, munera pretiosa contulit, atque cum magnis præmiis cum suis sodalibus missis Grimonem abbatem Corbeiensis monasterii, et Sigibertum reclusum basilicæ sancti Dionysii martyris Romam ad limina sancti Petri, et sancti Pauli destinavit. » Falsas Cointii opiniones Pagio etiam notas (740, n. 4, seq.) Ruinartius amplectitur ; nihilominus binas duntaxat litteras admittit : « Epistolas, ait, duas eadem occasione Carolo scripsit, quæ ad nos usque pervenerunt. »

III. Ad ejus vero continuationis locum quod attinet, notat Aimoini lectionem esse : « Ecclesiam a Langobardorum tyrannide liberaret..... a partibus Langobardorum recederet ac Romanum consultum præfatus princeps Carolus sanciret (Al.: Ut a partibus Langobardorum Romanis consulendum præfatus princeps Carolus transiret). » Et Pagius fatetur quod variant omnes editiones. Præterea monet Ruinartius laudatus in cod: Broheriano ms. legi « Romano consulto : » Sed quod maxime attendi velim, tam ipse ut variantem hanc tueatur, quam Pagius ut depravatam illam lectionem continuatoris 3 astruat, teste utuntur Annalista Metensi, qui cæteroqui ab illo ævo distat annis centum sexaginta, et sua fortasse mutuatus est ex eodem fonte. Utcunque autem sit, verba ejus audienda : « Epistolam quoque, inquit, decreto Romanorum principum sibi prædictus præsul Gregorius miserat, quod sese populus Romanus, relicta imperatoris dominatione, ad suam defensionem, et invictam clementiam committere voluisset. » Quod si Romani, Augustorum Orientis rejecta dominatione, patrocinium ac defensionem quærere deliberaverant ab eo Francorum principe, penes quem erat summa rerum, et cujus potentiæ fama omnium sermonibus celebraretur ; etiamsi nova hæc epistola admitteretur, nullum inde præsidium consulatus acciperet. Quis enim non videt, allatis iis verbis luculentissime decretum, seu consultum Romanorum describi, nulla consulatus mentione facta ? Quamvis autem Ruinartius Annalistæ hujus sententia lectionem suam astruat, contra prætensum consulatum, qua tamen meminit Gregorii epistolæ, cujus ne minimum quidem indicium præbetur a continuatore Fredegarii, ab eo recedit, nec plures, quam duas a Gregorio epistolas esse datas, quæ hodieque exstant, decernit. Nec facile assequor, cur Pagius via eadem, qua æqualis suus Ruinartius, incedens (et quidem inauspicato, nam plurimos erroris socios secum duxit) ab erudito viro dissenserit de epistolarum numero. Errores siquidem, quos ipse, aliique obviis ulnis amplexi sunt, non novæ huic epistolæ, sed Fredegarii continuationi referuntur accepti : ibi enim uni legationi nunquam antea visæ in eo regno tribuuntur.

IV. Utcunque sit, ex Fredegarii continuatione nuper allata Pagius, et reliqui non infimæ notæ scriptores tria potissimum argumenta eliciunt perspicue falsa. Ea sunt *claves* confessionis sancti Petri missæ *ad regnum,* pactum patratum cum Carolo *ut a partibus imperatoris recederet*, et *Romanus consulatus* cidem exhibitus. Ad primum quod attinet, Pagius et cæteri eum sequentes, legunt, *ad regnum direximus,* in prima Gregorii epistola certa : at Pagius, cæterique omnes hallucinantur. Vera enim lectio codicis Vindobonensis est *ad rogum,* frequentissimum ætate illa vocabulum pro libello supplici, ut ostendam in notis. Codex hic ipse alia non utitur phrasi (ep. 91, al. 88), ubi Grimoaldus ait a Beneventanis expetitum ducem post mortem Arichis patris sui, « rogum emisimus ut penitus eum ducem consequanter susciperemus. » Qua super re ridenda est Pagii interpretatio, qui *robam* oscitanter, aut somniculose legit (an. 788, n. 1). Verba ipsa proferam ne 4 dicar veritati fucum facere : « aderat roba laxior vestis olim regibus, episcopis, aliisque in usu, ut videre est in Glossario Ducangii ; » Prætereo, nullum *robæ* exemplum a Ducangio afferri, quod citra annum millesimum non sit petitum; *roga* et *rogus* ejusdem significationis eidem sunt; ipsamque epistolam 88 cod. Carolini rei testem adhibet, quod non facit in *roba*. At si Pagii sententia ridenda est, quid de Muratorii parum æqua in sanctæ sedis dominium voluntate dicendum erit? Codicem is Carolinum edidit ex recensione Lambecii (*Rer. Ital.* tom. III, par. 2, p. 73), et in Gregorii III epistola legit *rogum* pro *regnum*; nihilominus et in Annalibus Italicis, et alibi *regnum* præfracte sustinuit. Id vero est fiducia nominis vulgus decipere, non historiam caste scribere.

V. Alterum argumentum est, ut Carolus « a parte imperatoris recederet. » Quasi vero novisset unquam imperatores Orientis; et non potius amicitia, et fœdere junctus esset cum Liutprando Langobardorum rege imperatoribus infensissimo. Teste utar Paulo diacono suæ gentis rerum non ignaro: « Carolus princeps Francorum Pippinum filium suum ad Liutprandum direxit, ut ejus, juxta morem, capillum susciperet. Qui ejus cæsariem incidens, ei pater effectus est. » Id factum an. 735. Post biennium vero, annuo circiter spatio ante Gregorii epistolam « legatos cum muneribus ad Liutprandum regem mittens, ab eo contra Saracenos auxilium poposcit. Quod nihil moratus cum omni Langobardorum exercitu in ejus adjutorium properavit. Quo comperto gens Saracenorum ab illis regionibus aufugit. Liutprandus vero cum omni suo exercitu ad Italiam rediit (*Diac.* l. vi, c. 53, 55). » Quæ Baronius reputans (740, 25) Carolumque excusans quod contra Langobardos arma non sumpserit: « Cui par erat, inquit, nisi adversus Romanam Ecclesiam militasset (Liutprandus) ut ille fecerat, suo exercitu præsto esse. » Bona igitur cum venia Pagii codex ille, quo utebatur Aimoini continuator, consentiente etiam illo, quem Annalista Metensis adhibuit, præferendus est edito per Ruinartium, aliisque similiter depravatis, legendumque, « a partibus Langobardorum recederet. »

VI. Tertium denique argumentum de exhibito consulatu longe aliis præstat levitate sua. Et vero umbratilis ista dignitas reipublicæ veteris, quæ Augusti ac successorum ævo temporibus potius digerendis per annos, quam rebus agendis continuata videtur; unde et postconsulatus nota excogitata per quartum Ecclesiæ sæculum chronologiæ præsidio, ista inquam dignitas octavo sæculo nobilitatem tantum generis præsignabat. 5 Quamobrem haud tanti erat, ut Francorum principi rerum gestarum gloria celeberrimo lenocinaretur, adversus Langobardorum regem fœdere, et amicitia conjunctissimum. Exempla id confirmantia suppetunt ex variis Vitarum pontificum scriptoribus Anastasii nomine passim laudatis. Ac primo vidum Roma et ejus ducatus ab impietate Græcorum desciverunt, in concilio Gregorii III, anno 731, pro sacris imaginibus fœdus initur, « nobilibus etiam consulibus, et reliquis christianis plebibus astantibus. » Deinde sub eodem pontifice plures consules prælio capti apud Langobardos degebant, quos Liutprandus sancti Zachariæ anno 742, id est triennio post legationem ad Carolum missam, restituit: « Leonem, Sergium, Victorem, et Agnellum consules prædicto beatissimo redonavit viro. » (*Anast.* sect. 210.) Denique Adrianus tum puer, postea pontifex, a propinquo suo « Theodato dudum consule et duce » per eadem tempora educatus, cum rerum potitus est, legationem Carolo regi adornat, æque legatorum, sui missorum numero sæpe memorat (*Cod. Carol.* ep. 67, 80, al. 79, 74) « Theodorum eminentissimum consulem, et ducem, nostrumque nepotem. » Eodemque pontifice (*Anast.* sect. 333) diem supremum obiit « Leoninus consul, et dux. »

VII. Ex dictis patet, quam labili nituntur fundamento opiniones eruditorum super depravato continuatoris Fredegarii loco. Quem profecto illustrant una cum historia illius temporis, cujus nonnihil egomet alias res agens delibavi, Anastasiani codices mss.

A Reg. Maz. et uterque Thuaneus, qui in editione regia, et Romana legi possunt. Referunt ii scilicet legationem Gregorii III, dum Liutprandus prope Romam castra haberet, perspicuis hisce verbis: « Veniensque Romam, in campo Neronis tentoria tetendit, deprædataque Campania, multos nobiles de Romanis more Longobardorum totondit, atque vestivit: pro quo vir Dei undique dolore constrictus sacras claves ex confessione beati Petri apostoli accipiens, partibus Franciæ Carolo sagacissimo viro, qui tunc regnum regebat Francorum, navali itinere per missos suos direxit per Anastasium sanctissimum virum episcopum, necnon et Sergium presbyterum postulandum a præfato excellentissimo Carolo, ut eos a tanta oppressione Longobardorum liberaret. » Num illustribus his legatis oretenus Romanorum consultum commendarit; an potius illos jusserit enixe petere, ut Carolus Romanis opem ferret (*Romanis consulendum*, habent Aimoini continuatoris editiones antiquæ) lectori judicandum B relinquo. Equidem video, tum hunc codicem Anastasii 6 locum, tum utramque epistolam Gregorii III testes esse uberrimos petitæ opis; consulatus autem, aut consulti mentionem fieri tantum in depravato cod. Fredeg., et apud recentiores scriptores, qui tota via errant hac in re, ut est demonstratum. Quare etiamsi consultum admittam, malim supinum verbi *consulo*, quam decretum Romanorum intelligi.

VIII. Legatos pontificios magnis acceptos fuisse honoribus a Carolo, pretiosa munera iisdem data, quæ Romam ferrent, nobilemque aliam legationem adornatam esse pontifici, Fredegarii continuator affirmat, et prima Gregorii epistola ea munera conlata esse divi Petri basilicæ fidem facit. Opem vero allaturum se Romanis principem esse pollicitum et continuator idem silet, et litteræ pontificis nec promisisse, neque attulisse aperte docent. Ea propter aut doleamus occasionem minime opportunam mittendi legatos ad principem fœdere, atque amicitia junctum C cum hostibus sanctæ sedis necesse est; aut fateri oportet, Carolum novam, et nunquam antea in Francia visam legationem tanto honore prosecutum esse, quod sibi apud suos magnum gloriæ incrementum accessisse cerneret, non autem quod, pontifici ut morem gereret, a Liutprando descisere ullatenus vellet. Hujus certe legatis, quos, consilio pontificis detecto, ad Carolum misit, benignas præbuisse aures liquet: nam Liutprando ejusque filio permisit, arma inferre sanctæ sedi, quod Gregorius dolens improperat (ep. 1). « Ut conspicimus, dum indultum a vobis eisdem regibus est motiones faciendi, quod eorum falsa suggestio plusquam nostra veritas apud vos recepta est. » Quod longe aliud est, quam afflictis Ecclesiæ rebus opem ferre. Is nihilominus recensetur a Carolo Magno inter suæ stirpis principes, qui sanctæ sedis defensionem susceperunt (*Charta division. regnor.*). Binis namque his litteris Gregorii sperantis opem deceptus est. Præterquam quod ut suos filios ad sanctæ sedis amorem pelliceret, satis erat Gregorii duplex testimonium implorati ex Francia D auxilii, tametsi nullum inde advenerit.

IX. Nullum a Carolo Martello auxilium allatum esse sanctæ sedi, constanter omnes affirmant. Sed abutentes historia falsas rei causas promunt: ægrotare tum Carolum aiunt, qui postmodum obierit diem suum; idcirco non potuisse, quam meditatur, opem ferre, cum tamen demum aliquando a Pippino filio Caroli allatam esse. Ita annorum duodecim intercapedinem a Caroli morte ad latum a Pippino auxilium, tam multa, et tam magna quæ interim evenerunt, silentio prætereuntes, susque deque habent. Ad id præstandum una nituntur auctoritate scriptoris Vitæ Stephani II 7 apud Anastasium, qui palam mentitur, quod sæpe contingit in eo libro, cum aut recensentur res valde remotæ, aut externæ aliunde petuntur: contra vero ubi res præsentes, aut domesticæ archivi præsidio describuntur, nulla antiquitatis monumenta certiora ad nos venisse, quam quæ ibidem sunt fideliter adnotata, omnes norunt. Locus Vitæ Stephani II est hujusmodi (sect. 255) : « Quemadmodum prædecessores ejus bonæ memoriæ domnus Gregorius, et Gregorius alius, et domnus Zacharias beatissimi pontifices Carolo excellentissimæ memoriæ regi Francorum direxerunt, petentes sibi subveniri propter oppressiones, ac invasiones, quas et ipsi in hac Romanorum provincia a nefanda Langobardorum gente perpessi sunt. » Postrema hæc vera sunt: omnes siquidem ii pontifices Langobardorum feritati fuerunt obnoxii. Falsum vero est Gregorium II de Francia quidquam cogitasse, quod et fatetur Fredegarii Continuator, dum Gregorii III legationem rem novam appellat, atque antea inauditam. Falsum est Zachariam inidem auxilia quæsisse, quod mox palam fiet. Denique falsum est Carolum Martellum fuisse regem Francorum, quem gentiles omnes scriptores majorem domus, subregulum Gregorius III vocant.

X. Nihilominus falsa hæc usque adeo arrident Pagio, ut (an. 726, n. 14, 740, n. 4, seqq.) affirmare non dubitet, quod Gregorius II « vel clam ad Carolum Martellum refugit, vel certe ejus subsidium nulla missa legatione imploravit: » et alibi adversus Petrum de Marca idem vehementius, atque verbosius sustineat. Quæ post patriciatum, qui unum et idem illi est cum consulatu (propterea mordicus eum tenet in Continuat. Fredegarii) Carolo Martello vindicat, nequidquam reclamantibus Gregorii III epistolis. Ratio autem, cur tum ipse, tum eruditi alii rem probabilem reddant, a duobus ejus ævi scriptoribus Paulo Diacono, et ægregius laudato Continuatore Fredegarii præsto est. Iste enim inter ægritudinem ac mortem Caroli anno 741, compendiario inserit duas legationes; et quæcunque inter pontificem et Carolum postea evenerunt, præterit: quare ansam dedit recentioribus, ut ad eumdem annum referrent, quæ annis pluribus acta esse et aliunde constat, et ipsa rerum series demonstrat. Perinde Paulus Diaconus (lib. VI, cap. 55) quæ multis acciderant annis non modo in unum conflans, sed etiam facta præcedentia postponens, ut notavit cl. Blancus, confudit temporum ordinem; ita ut Trasamundi Spoleti ducis rebellionem, quæ huc plurimum facit, Liutprandi morbo, et Hildebrando in regni consortium vocato anno ab anno 736 præposuerit. Quæ res libertatem peperit recentioribus digerendi historiam ⁊ arbitratu suo. Quare Cointius auxilium Langobardorum petitum a Carolo contra Saracenos differt ad annum 739, contra Continuatoris Fredegarii auctoritatem « curriculo anni illius mense secundo: » namque Ruinartio, et Pagio plaudentibus interpretatur « anno post secundo. » Pagius autem res apud Anastasium diligenter consignatas temporum ratione habita, indictionibus emendando protrahit, uterque ut annum 741 propius attingant, ac proinde Carolum morte præventum opitulari non potuisse pontifici ratum faciant. Quamobrem historiæ quadriennalis chronotaxis stabilienda est : inde enim litterarum Gregorii ætas pendet, qua semel agnita recentiorum opiniones, sive hallucinationes detegentur.

XI. Annalista Fuldensis antiquitate et auctoritate aliis præferendus queis recentiores utuntur, mira breviloquentia anno 738 ac sequentibus Caroli Martelli res gestas ita complectitur: « 738, Carlus regionem Provinciæ ingressus Maurorum ducem, qui dudum Sarracenos per dolum invitaverat, fugere compulit. 739, Carlus Provinciam totam, et cuncta ejus maritima loca suæ ditioni subegit. 740, pax et quies regno Francorum per Carlum redditur ad tempus, Gothis superatis, Saxonibus et Fresonibus subactis, expulsis Sarracenis, Provincialibus receptis. 741, Carlus anno ducatus sui 28, moritur Parisiis, et apud sanctum Dionysium sepelitur. » Postremi hujus anni res fusiori calamo enarrantur in appendice ad Fredegarium. Etenim Vermeriæ Carolus ægrotasse dicitur; majordomatum filiis divisisse consilio suorum optimatum expetito ; Carisiacum postea se contulisse, novisque signis in cœlo præcedentibus mortuus esse. Et, quod majus, inter ægrotationem et divisionem administrationis regnorum insertum legitur quidquid Romano pontifici cum Carolo inter cessit. Num recte, audiemus modo apud Anastasium, ubi res gestæ Gregorii servata ratione temporum describuntur, tanto cum consensu epistolarum Gregorii, ut nil desiderari possit illustrius ad eorum temporum historiam comprobandam. Cum præsertim illustris Zacagnus ex præstantissimo Cod. Vat. alias Gregorii litteras ediderit, quæ lucem rebus addunt longe clariorem. In iis siquidem sermo est de quatuor urbibus a Liutprando invasis in fine expeditionis anni 739, de cujus initio loquitur Gregorius III in utraque epistola ad Carolum. Ubi etiam de præteriti anni Langobardicis rebus, de auxiliis ex Francia nequidquam exspectatis, ac de muneribus divo Petro missis a Carolo per suos legatos tam perspicua fit mentio ; ut annum innui 738 dubitari non possit. Sed audiamus res gestas Gregorii III apud Anastasium.

XII. Scriptor Vitæ Zachariæ (sect. 207) finem expeditionis an. 739 describens, « Dum, inquit, a prædecessore ejus bonæ memoriæ Gregorio papa, atque ab Stephano quondam patricio et duce, vel omni exercitu Romano prædictus Trasimundus redditus non fuisset, obsessione facta pro eo ab eodem rege ablatæ sunt a Romano ducatu civitates quatuor, id est Ameria, Hortas, Polimartium et Blera, et sic isdem rex ad suum palatium est reversus per mensem Augustum indict. VII. » Post hæc Gregorius experientia edoctus non modo vanam spem esse auxiliorum a Carolo, sed hujus consensu Langobardos intulisse majus damnum reipublicæ, alio se vertit. Fœdus itaque iniit cum ducibus Spoleti ac Beneventi, junctisque copiis, de recuperandis mutua ope urbibus consilium habuit. Fœderatorum primus Trasamundus suis rebus omnibus receptis, « ingressus est Spoletum per mensem Decemb. ind. 8, » ut recte Cod. Reg. Maz. et Thu., non ut vulgatus ead. indict., nam a Septembri mense fluebat octava. Sequenti anno 740, ex pactis conventis pugnandum erat pro sancta republica, ut quatuor civitates Trasamundi causa ablatas recuperaret. At Spoleti dux de retinendis suis, quæ receperat, serio cogitans, « noluit implere, prosequitur idem scriptor, quæ prædicto pontifici, et patricio simul et Romanis promiserat, pro recolligendis quatuor civitatibus, quæ pro eo perierant, et aliis quæ spoponderat capitula. » Quamobrem pontifex hinc etiam irritas spes suas esse videns, quas integri fere anni spatio aluerat, octobri mense legationem adornat ad Liutprandum ejusque filium consortem regni, ut precibus obtineret quod armis non poterat fœdifragi ducis causa. Omnia patent ex indicatis litteris ab illustri Zacagno editis, quas integras referre lubet.

XIII. « Gregorius omnibus episcopis in Tuscia Langobardorum. Meminit fraterna Sanctitas vestra, tempore ordinationis suæ per chirographum, et sacramenti vinculum beato Petro principi apostolorum spopondisse, ut in emergentibus sanctæ ejus Ecclesiæ totis viribus elaboretis. Igitur quia præsentes viros Anastasium dilectum filium nostrum presbyterum, et Adeodatum regionarium subdiaconum nostros fideles ad obsecrandum, et Deo favente obtinendum pro quatuor castris, quæ anno præterito beato Petro ablata sunt, ut restituantur a filiis nostris Liutprando, et Hilprando supplicare destinavimus. Ecce, dilectissimi fratres, tempus acceptabile, ut juxta chirographum vestrum boni operis fructum beato Petro feratis. Cujus auctoritate vos hortamur in Domino, ut ad eosdem cum prædictis filiis 10 nostris properetis, ut a Deo inspirati protectoribus eorum beatis principibus apostolorum Petro et Paulo eadem castra restituantur. Nam si, quod non credimus, distuleritis iter arripere propter Deum, ego quanquam imbecillis sim præ infirmitate corporis, ita arripiam laboriosum, et videbo, ne vestra negligentia vobis ad obligationem ex nodo pacti pertineat. Data Id Octob. ind. IX. » Re infecta Gregorius moritur sequenti anno die 27 Novembris, eique quarto post die succedit sanctus Zacharias.

XIV. Statim atque summum locum est adeptus vir iste sanctissimus, legatione, ac præsentia sua regem petit, exercitus Romani ope cum demereretur adversus ducem fœdifragum, quatuor civitates recuperat, singulas ipse adit, earumque possessionem init ; deinde Romam reversus debitas Deo gratias agendas pro tot beneficiis solemni supplicatione statuit. Omnia hæc evenerunt, præfato, auctore Vitæ sancti Zachariæ teste, indict. 10, id est inter Septembrem mensem anni 741 et Septembrem sequentis anni. Auctoritatem ejus consensu omnes sequuntur. Hac tantum in re a veritate abeunt, quod scriptoris verba, « quas ipse ante biennium per obsessionem factam pro prædicto Trasimundo duce Spoletino abstulerat (sect. 210), » ad annum referunt 740, cum spectent ad Augustum mensem anni 739, luculente ab eodem notati per ind. 7 quæ mense illo adhuc fluebat. Quamvis enim menses aliquot biennium illud excederent, cum ineunte anno 742 Liutprandus restituit civitates, recte auctor ante biennium dixit, quod erat exactum; nam indictionum rationem habens, deque iis agens, quæ per decimam evenerant, biennium intelligit octavam, et nonam, quæ effluxerant post civitatum invasionem in fine septimæ. Contra vero si annus æcipēretur 740 in octavæ indictionis exitu, biennium non modo elapsum haud fuisset, restitutionis tempore; sed ne tum quidem, cum Pontifex confecto longo itinere, initaque possessione quatuor civitatum, redierat Romam, ac cætera omnia facta erant, quæ decimæ indictioni ascribuntur.

XV. Hæc Romæ, et in ejus ducatu acta sunt anno 738 et sequentibus. Neque attendi debent, qui suas ut opiniones tueantur, monumenta vetera per summam licentiam mutando, et corrigendo, facta protrahunt, resque incredibiles pro certis affirmant. Gregorius igitur primam Carolo epistolam scripsit sub initia Langobardicæ incursionis anno 739 , alteram paulo postquam Langobardi, propter Trasamundum, qui eorum iram metuens intra urbis mœnia se receperat, sancti Petri basilicam expilaverunt : utramque ante ablatas quatuor civitates in belli exitu, 11 quarum neutra meminit. Ipsæ epistolæ suam ætatem produnt. Namque in prima Gregorius queritur Romani ducatus direptiones, rogatque Carolum, ut « post ipsorum regum ad propria reversionem », fidelem missum Romam dirigat, qui propriis oculis quæ illata fuerint damna conspiciat. In altera Petri basilicam expilatam esse dolet, indeque ablata munera ipsa, quæ Carolum misisse vidimus per suos legatos, superiori anno. Hinc autem per annos fere quatuordecim, cum Stephanus II opportunius atque utilius Francorum opem imploravit, nullo ex monumento veterum, nullaque ex historia discimus eo pontifices se vertisse. Attamen Gregorius idem III per biennii spatium superstes fuit, ac temporis fere tantumdem Carolus Martellus. Sanctus Zacharias annis decem et aliquot mensibus apostolicam sedem gubernans, ejusque jura acerrime vindicans, opportunam nactus occasionem spes sui prædecessoris fallaces instaurandi, dum anno 748 pluribus disciplinæ corruptæ capitibus affluenter respondit, ne verbum quidem fecit de sanctæ reipublicæ administratione. Ac demum Stephanus II primis sui pontificatus temporibus opem maximis in angustiis nullam a Francis efflagitavit.

XVI. Quin etiam idem Stephanus immanitate Aistulphi mirum in modum vexatus impium Copronymum fatigavit litteris, ut afflictæ urbi opem ferret implorans. Et legatorum Constantinopoleos per suam operam repetentium res Exarchatus a rege Langobardorum, captata occasione iterum eo misit legatum suum cum litteris « deprecans imperialem clementiam, ut juxta quod ei sæpius scripserat, cum exercitu ad tuendas has Italiæ partes modis omnibus adveniret, et de iniquitatis illi morsibus Romanam hanc urbem, vel cunctam Italiam provinciam liberaret, » ut est apud Anastasium (Sect. 252). Tam longe erat, ut Romani pontifices ante eum annum, qui erat 753, spem ullam in Francorum principibus collocassent, aut Romæ ejusque ducatus dominationem a populis oblatam, et quinto jam ac vicesimo anno apud eos permanentem affectarent. Cum vero auxilii Græcorum spem omnem abjicere oportuit, impietate præsertim Orientali de die in diem invalescente, tum demum Stephanus primum litteris, deinde præsentia sua Francorum opem et quæsivit et obtinuit. Neque id symbolica oblatione regni, aut consulatus exhibitione, aliove argumento, quod recentioribus in mentem venerit ; sed vera patriciatus, seu protectionis ac defensionis Romanæ Ecclesiæ dignitate collata : quam esse indolem hujusmodi patriciatus, passim invenire erit in litteris hujus Codicis, quo testis integrior desiderari non potest. Neque ante eum annum ejusmodi patriciatum Francorum principibus esse datum, 12 indidem constat. Et vero primæ duæ de quibus agitur, a Gregorio III inscribuntur Carolo subregulo : Unica Zachariæ (ep. 3, al. 5) Pippino majori domus. Prima Stephani II (ep. 4 ; al. 10) inscribitur Pippino regi, quam dignitatem auctoritate Zachariæ ante biennium adeptus erat. Reliquæ Stephani ejusdem epistolæ datæ post reditum ex Francia, patricii titulum nunquam silent. Perinde est de aliis omnibus, quæ in Codicem relatæ sunt, aut Pippino aut filiis ejus Carolo et Carolomanno inscribantur : et ipsi enim reges, et patricii ab Stephano fuerant designati, cum in Francia erat an. 753 et seq.

XVII. Jam vero monstrandum mihi est cur Marca, Pagius aliique tantopere studeant rem perspicue falsam asserere. Ii scilicet minime assecuti videntur, quod Romani pontifices, senatus populique voluntate principes sanctæ reipublicæ, dominati erant Romæ, et in ejus ducatu per quinque et viginti eos annos, qui inter defectionem Italiæ ab impiis Græcis, et Stephani II profectionem in Franciam intercesserunt. Quamobrem Romæ, ejusque ducatus dominium donationis titulo, ut Exarchatus, niti arbitrantur; et quia donationem ejusmodi nullis in monumentis veterum inveniunt, quæstionibus omnia implent. At quemadmodum de Caroli Martelli patriciatu disputantes longe a vero abierunt, ita conjectando, et ratiocinando de dominio Urbis, ita via errant. Idcirco de tempore, et ratione pontificiæ dominationis, deque ejus genere non una opinio est, sed una eaque generalis hallucinatio. Ad falsitatem opinionum retegendam compendiaria via deberet incedi. Rogandi nimirum essent viri illi cætera doctissimi : cur Pippini tempore, quem constat inter omnes Exarchatum tantummodo et Pentapolim concessisse sanctæ sedi, Paulus auxilium petit adversus Græcos Exarchatui, et Romæ minitantes (ep. 25 ; al. 34.)? Cur Stephanus dux Neapolitanus promittit, se opem laturum eidem Pontifici, si Dominus Imperator mitteret adversus Romam suos milites (Chron. Neap. ap. Pratil. tom. III, p. 32)? Cur Paulus idem æque appellat nostram Senogalliam civitatem, Pentapolis a Pippino donatam ac nostrum Castrum Valentis in Campania Romana (ep. 59 ; al. 14)? Cur idem pontifex de civitatibus Romani ducatus loquens in genere nostras semper appellat (Ep. 38, al. 24, 40, al. 26)? Cur Carolingiorum diplomata habent : « Sicut a prædecessoribus vestris usque nunc in vestra potestate et ditione tenuistis et disposuistis civitatem Romanam cum ducatu suo (Ita videre est in omnibus diplomatis tum editis, tum mss., tametsi alii meticulose, imprudenter alii reposuerint nostris) ? » At præstat vetigia dominationis pontificiæ per idem quinque et viginti annorum 13 spatium, qui Pippini donationem præiverunt, patefacere.

XVIII. Sub ipsa initia defectionis Romanorum a Græcis Gregorius II (Anast. sect. 186,) Sutrium a Liutprando invasam anno 728 recuperavit, « multis continuis scriptis atque commonitionibus ad regem missis, » ac denique « multis datis muneribus. » Nam « Langobardorum rex restituit atque donavit sanctis apostolis Petro et Paulo. » Per eadem tempora (sect. 184.) « Exhilaratus dux Neapolis deceptus diabolica instigatione cum filio suo Adriano Campaniæ partes tenuit (hanc ducatus Romani partem faciebant septem civitates, Signia, Anagnia, Ferentinum, Alatrium, Patricum, Frusino et Tibur) seducens populum, ut obedirent imperatori, et occiderent pontificem. » Eadem luculentius enarrantur in Chronico Neapolitano apud cl. Pratillum (tom. III pag. 30) in hunc modum : « Dominus dux ad instigationem domini imperatoris Leonis ivit contra dominum papam et Romanos, et pugnavit cum eis. Duravit prælium a mane usque ad tertiam, et dux Exilaratus cum Adriano ejus filio et sequacibus fortissime et viriliter diu pugnavit, licet propter multitudinem inimicorum fortunam belli nequiverit tolerare : remansit occisus, sicut et Adrianus et alii partim interfecti partim captivi, et alii fugati. Et in ducatu electus fuit Theodorus..... Alphanus secretarius domini imperatoris venit Neapolim, et præcepit quod non obediatur domino papæ neque transmittatur ei pecunia sui redditus. » Patrimonii videlicet Neapolitani, quod vicissim Campanum appellatur in regesto epistolarum sancti Gregorii Magni et per subdiaconum administrabatur.

XIX. Memoria hic obiter oportet repeti Theophanis testimonium (Chronogr. p. 275), de patrimoniis Calabriæ et Siciliæ a Leone Isaurico redactis in publicum : « Patrimonia vero, inquit, quæ dicuntur sanctorum et coryphæorum apostolorum, qui in veteri Roma coluntur, tria nimirum cum medio auri talenta (35 millia aureorum in annos singulos. Aleman. de Later. Pariet. cap. 15, pag. 64) eorum Ecclesiis ab antiquo assignata et pensa, in publicum ærarium conferri jussit. » Tale enim facinus aut ejusdem ævi est, cum dux Theodorus patrimonii Neapolitani, seu Campani reditus ad Romanam Ecclesiam spectantes jubebatur invadere, aut modico temporis intervallo ab eo distat... Suntque hæc primæva jura, quæ nequidquam Carolus Magnus et Carolini omnes successores, necnon Ottones et sanctus Henricus divo Petro et successoribus vindicare conati sunt ; at demum Saracenis Græcos, illosque Normannis pellentibus per undecimum sæculum ad Ecclesiam redierunt. Ad vestigia pontificiæ dominationis nunc redeo.

14 XX. Certam Romanorum defectionem jam vidimus sub Gregorio II, nec minus certam hujus dominatum novimus, dum et dux Neapolitanus, et secretarius impii Leonis, huic, non pontifici obediendum suadebant populis. At certissimum aliud vestigium suppetit ex facto Liutprandi regis, et exarchi Eutychii ; nam consilio inito decreverunt, « ut congregatis exercitibus rex subjiceret duces Spoletanum, et Beneventanum, et exarchus Romam, ut est apud Anastasium. Roma igitur parebat tum Gregorio II et Romanis ; quare Liutprandus saniori mente imbutus, suoque cum exercitu ex vicinia Romæ discessurus, fœderato principi consulendum ratus, « obsecravit pontificem ; ut memoratum exarchum ad pacis concordiam suscipere dignaretur, et factum est (sect. 186. seqq.). » Cumque is Romæ moraretur, in Tuscia Romana, quæ pars ducatus erat, res novas molitur quidam Petasius. Suas vires jungit pontifex cum exarcho, rebellionem opprimit, cæsique Petasii caput Constantinopolim mittit, « et nec sic Romanis plenam gratiam largitus est imperator ; » qui sancto Germano e sede patriarchali ejecto, vulgatisque edictis in sacras imagines effrenatius in dies sese gessit. Tum vero e vivis abeunte Gregorio II, quem, Romanis ita volentibus, egisse principem

vidimus, at velut imperii reliquiarum œconomum, succedit Gregorius III, sanctamque rempublicam instituit ; quare haud ipse solus tentat Leonem, et Constantinum filium consortem imperii ; sed « et cuncta generalitas istius provinciæ Italiæ similiter pro erigendis imaginibus supplicationum scripta unanimiter ad eosdem principes direxerunt (Sect. 193). »

XXI. Equidem in Gregorio III luculentiora principatus indicia video : legatio enim, et epistolæ ad Carolum Martellum, de quibus diximus, supremum principem designant. At Gallesium civitatem a Langobardis recipiens, « in compage sanctæ reipublicæ, atque in corpore Christo dilecti exercitus Romani adnecti præcepit (sect. 205). » Ea propter a veritate aberraret, tum qui Romanorum defectionem ipsis ab initiis Græcæ impietatis in dubium verteret ; tum qui Gregorio saltem tertio absolutam dominationem assereret. Secus est de Zacharia, ut mox videbimus ; præstantissimo siquidem omnium civi, ac summo simul sacerdoti obsequium, ac reverentiam præstare populi lapsu temporis insueverant ; deque pontificia dominatione evenit, quod de Octaviani imperio hac in eadem urbe evenisse compertum est. Id tantum discriminis pontificio cum Augusti dominatu intercessit ; quod inhians hic imperio simulatione populos paulatim subdidit ; at Romani pontifices spem semper alentes conversionis **15** Orientalium, magis ut populis morem gererent, quam dominandi cupiditate summæ rerum longo annorum spatio præfuerunt : Interim vero illecti iidem populi suavitate dominii, solum pontificem, tanquam principem coluerunt.

XXII. Quin etiam externi principes pontificiam evidenter potestatem venerati sunt, præsertim Franci : Etenim Carolus Martellus Gregorii III, ut Fredegarii Continuator ait, « mirifico ac magnifico honore ipsam legationem recepit. » Et Pippinus Caroli filius regno inhians, Zachariæ consilio, et auctoritate solium ascendit, quod historia omnis docet. Quæ quidem facta, utut ad sacerdotii majestatem referantur, magnum principatui attulerunt incrementum : Romanis enim tantus honor pontificis apud eos principes subjectionem, quam ultro elegerant, gratiorem reddidit, ac sensim peperit regalis sacerdotii potestatem, cujus vestigia in sancto Zacharia, quo auctore Carolina stirps regnavit, perspicua sunt. Etenim Liutprandus, ubi quatuor civitates ab se ablatas restituit, non ut olim Sutrium, Gregorii II tempore, sanctis apostolis « Petro et Paulo ; » sed « eidem sancto cum earum habitatoribus redonavit viro : » quod etiam fecit, ut vidimus, de nobilibus consulibus prælio captis (sect. 210). Quod sane discrimen alicujus momenti est : neque enim civitates illas, et captivos utrique apostolorum principi, ut Sutrium reddi : neque divo Petro, cui eadem occasione restituta fuerunt patrimonia antiquioris invasionis ; neque « sanctæ reipublicæ, » ut Gregorius prædecessor Zachariæ Gallesium esse redditam propalam declaravit ; sed uni pontifici, aliquid plus, quam Ecclesiæ principatum designat, ipsum siquidem principem sanctæ reipublicæ luculenter ostendit. Rem docet scriptor idem apud Anastasium (sect. 216). Cum enim Eutychius exarchus Ravennæ, quæ adhuc parebat imperio, Zachariæ ejusdem opera, cum rege Langobardorum transegit de Cæsenæ restitutione : Rex « duas partes territorii Cæsenæ castri ad partem reipublicæ restituit. Tertiam vero partem de eodem castro sub obtentu retinuit, inito constituto, ut usque ad Kalendas Junii, dum ejus missi a regia reverterentur urbe, idem castrum et tertiam partem, quam pignoris causa detinebat, parti reipublicæ restitueret. »

XXIII. Hic vero animadvertendum puto, quod æque hallucinantur ii, qui reipublicæ nomine imperium significari negant atque illi qui sanctam rempublicam, Romam videlicet, ejusque ducatum, novo atque tunc temporis minus congruo nomine sacrum Romanum imperium interpretantur. Nam antequam

Exarchatus ipse, et Pentapolis sanctæ reipublicæ **16** per Pippini donationem accederent, nudo reipublicæ nomine eam ditionis imperii partem apud ipsum Anastasium indicari ex nuper laudato loco, compertum est. Reipublicæ pariter nudo nomine paulo antea (sect. 212) ducatum Romanum idem auctor nuncupaverat : « Et fuisset itineris longitudo per circuitum finium reipublicæ eundi usque ad Bleranam civitatem per partes Sutrinæ civitatis. » Quandoque etiam videbimus in Codice hoc Carolino absolute rempublicam appellari ditionem ecclesiasticam post Exarchatus et Pentapolis accessionem. Nusquam vero Reipublicæ Romanorum, aut sanctæ Reipublicæ nomen, Ecclesiasticæ ditionis proprium, imperio tribui comperietur. Quare inutilis omnino est ea quæsitio nominis, quo absolute adhibito principatus quisque designatur, et cum *Romanorum*, seu *sanctæ* additamento ecclesiasticus, aut pontificius tantummodo definitur. Serio autem reputanda mihi videtur agendi ratio : nam duplex fit restitutio rerum ab uno eodemque rege Langobardorum, uno eodemque Zacharia repetente. Nihilominus quæ multo plures sanctæ reipublicæ juris erant, integræ pontifici restituuntur ; dux Clusinus cum tribus aliis viris illustribus in ejus obsequium mittuntur, qui singularum in possessionem civitatum eumdem mittant ; nobiles captivi eidem redduntur. E contrario quæ juris erant imperii ex parte tantummodo sunt restitutæ, tertia earum parte retenta pignori ad certum tempus, quoad cum Augusto per legatos de restitutione integra conveniretur. Quis hinc non videt ditionis ecclesiasticæ principem haberi pontificem, et Exarchatus ab Eutychio administrati Constantinum Copronymum?

XXIV. Equidem non ignoro Adrianum pontificem hoc suis litteris (*Conc. Nic.* ii, act. 2.) Constantino et Irenæ testatum esse : quod nempe utriusque Gregorii exemplo « Zacharias, et Stephanus, atque Paulus, et item Stephanus prædecessores nostri sancti pontifices sæpius avum et genitorem vestræ serenissimæ tranquillitatis pro statuendis ipsis imaginibus sacris deprecati sunt. » Præterea novi, quod Copronymus, utcunque impius, auditis quæ Zacharias intrepide gesserat pro Exarchatu, Artavasdo devicto, ac sede imperii recuperata, « donationem in scriptis de duabus massis, quæ Nymphas et Normias appellantur, juris existentes publici eidem sanctissimo ac beatissimo papæ sanctæ Romanæ Ecclesiæ jure perpetuo direxit possidendas » (Anast. sect. 220). Quare et illud affirmare non dubito, quod uterque Gregorius, Zacharias, et Stephanus pontifices ab Adriano memorati ante annum 753 nunquam spem omnem deposuerunt, fore ut Græci resipiscerent, reciperentque populorum voluntate urbem et ejus ducatum, quod toties bello tentarant, **17** sed nequidquam. Interim autem et consensu populorum, et exterorum testimonio principum pontifices, præque iis Zacharias dominabantur in Urbe, et ejus ducatu. Quod cum quinque minimum et viginti annorum spatio fecerint, nec ullus usquam ex Carolinis principibus reperiatur, qui hujusmodi dominationis titulum aliquatenus immutaverit : necessario fatendum est, pontifices veros fuisse principes sanctæ reipublicæ potestate eorum sensim confirmata rebus prospere gestis; ita enim cœlitus ordinatum erat.

XXV. Omnia hæc necessario præmitti oportuit binis Gregorii III litteris; quippe quibus mirum in modum abusi sunt recentiores eruditi, ut falsas opiniones tuerentur. Eos profecto non latuit, documen-

---

tum aliud non suppetere toto eo temporis spatio quod Pippini donationem prævivit, quo pontificis ordinatur ditionem beneficio regum Franciæ. Quapropter earum uno præsidio utendum erat astruendæ rei. Quid igitur? Claves confessionis mitti solitæ ad viros principes devotionis ergo, in regni symbolum versæ. Legationi, quam præcessisse epistolis non obscura indicia in iisdem sunt, ascriptum consultum Romanorum; consultum ipsum in consulatum transmutatum consulatus in patriciatum. Et quia litteræ ipsæ docent, petitam vere opem ex Francia a pontifice, sed minime impetratam; legatio et litteræ tractatusque omnis inter Gregorium et Carolum coarctanda sunt visa in maximas angustias paucorum mensium anni 741, ut Caroli valetudinem secuta mors Octobri mense, impedimento fuisse videatur. Falsa omnia, ut abunde est demonstratum. Ac Francis quidem viris clarissimis Petro de Marca, Cointio, Ruinartio, Pagio veniam aliquam adhibendam esse censuerim, si maximis regum Francorum meritis in Romanam Ecclesiam, istiusmodi etiam voluntatem morte superveniente elusam, reclamante historia, non adjecissent. Nostris vero nuperrimis scriptoribus opiniones aperte falsas foventibus, atque infinita commentatione onerantibus quid melius reponi potest, quam litteræ ipsæ Codicis Carolini, queis abutuntur ?

XXVI. Et vero eædem præterii non semel anni mentionem faciunt, Langobardos rescisse memorant petitum ex Francia auxilium : neque igitur eæ possunt cum legatione conjungi, neque in mortem recte rejicitur causa opis non allatæ. Inscribuntur *Carolo subregulo*; sicut aliæ subsequentes Zachariæ *Majori domus Pippino*; et aliæ Stephani II Pippino *regi*; tametsi nulla ex sequentibus *patriciatum* silet, postquam idem Stephanus dignitatem illam regi Francorum certo contulit. Ergo patricii dignitas ex interpretatione ærei consulatus educta nugæ sunt. **18** Denique eædem litteræ declarant, claves sancti Petri missas esse instar libelli supplicis, quo petita auxilia velocius, atque efficacius obtineri possent : quare regnum Romæ (exosum semper, atque infaustum nomen) inepte excogitatur in sacris clavibus præsertim a Muratorio, qui Codicis Carolini ex recensione Lambecii variantes lectiones evulgans (*Rer. Ital.* tom. III, part. 2) pro ea voce *regnum*, legit edidit que *rogam*. Perspicue omnia patebunt ex subjectis litteris.

I.

19 a EPISTOLA GREGORII III b PONTIFICIS

c AD CAROLUM MARTELLUM.

(*An. Dom.* 739, *Cod. Car.* i, *chron.* 1.)

ARGUMENTUM. — Confirmata Romanorum defectione ab impiis Græcis, Langobardi perpetui eorum hostes insolentiores facti. Adversum hos Gregorius III insigni legatione Carolum Martellum movere nititur. Re illi cognita, obtendentes rebellionem ducum Spoleti et Beneventi, amici ac fœderati principis concessu Romanos affligunt. Pontifex ad Carolum datis litteris Ancardo direptionum et cædium oculato testi, auxilium flagitat, quod per legatos is promiserat ; nonnulla eidem committit secreto enarranda : præproperam obtenturus opem, claves Confessionis sancti Petri, supplicis instar libelli, transmittit.

---

a Lamb., *Epistola Gregorii papæ ad Carolum Majorem domus, missa pro defensione sanctæ Dei Ecclesiæ.*

b Iniit pontificatum anno Christi 731. Mortuus 741. Exstat apud Baron. tom. IV anno 740, n. 20; et cent. 8 Magdeb. cap. 10. GRETS.

c Primi omnium Magdeburgenses Centur. 8, cap. 10, utramque Gregorii epistolam typis vulgarunt; sed ordine inverso. Idem postea fecit Baron. secundam referens an. 739, n. 6, primam 40, n. 20, Zacagnus eum imitatur cod. ms. n. 22, 24. Male omnes. Pagius recte ordinem restituit an. 740, num. 13. At Cointio adhærens utramque ad annum differt 741. Recentiores eruditi omnes eum sequuntur. Cæterum utraque pertinet ad an. 739, quo Baron. secundam retulit. Vide Admonitionem. CENN.

Domno excellentissimo filio Carolo [a] subregulo [A] Beneventanus. Sed omnia mendacia sunt. Non enim Gregorius papa.

Nimia fluctuamur tribulatione et lacrymæ die noctuque ab oculis nostris non deficiunt, quando conspicimus quotidie, et undique Ecclesiam sanctam Dei a suis, in quibus spes erat vindicandi, destitui filiis. Propterea coarctati dolore in gemitu et luctu consistimus, dum cernimus id, quod modicum remanserat præterito 20 [b] anno, pro subsidio et alimento pauperum Christi seu luminariorum concinnatione, in partibus Ravennatium, nunc gladio et igni cuncta consumi a Luithprando et [c] Hilprando regibus Langobardorum: sed in istis partibus Romanis mittentes plura exercita similia nobis fecerunt et faciunt, et omnes [d] salas sancti Petri destruxerunt, et peculia, quæ remanserant, abstulerunt; et [B] nulla nobis apud te, excellentissime fili, refugium facientibus pervenit hactenus consolatio; sed ut conspicimus, dum indultum a vobis eisdem regibus est motiones faciendi, quod eorum falsa suggestio plusquam nostra veritas apud vos recepta est; et timemus, ne tibi respiciat ad peccatum; quando nunc, ubi resident ipsi reges, ad exprobrationem nostram ita proferunt verba, dicentes: Adveniat Carolus, apud quem refugium fecistis, et exercita Francorum, et si valent, adjuvent vos, et eruant de manu nostra.

O quam insanabilis dolor pro his exprobrationibus in nostro retinetur pectore, dum tales ac tanti filii suam spiritualem matrem, sanctam Dei Ecclesiam, ejusque populum peculiarem, non conantur defendere! Potens est, charissime fili, ipse princeps apostolorum, ob a Domino sibi concessam potestatem, defendere domum [e] et populum peculiarem, atque de inimicis dare vindictam: sed fidelium filiorum mentes probat. Non credas, fili, falsidicis suggestionibus ac suasionibus eorumdem regum. Omnia enim falso tibi suggerunt, scribentes circumventiones, quod quasi aliquam culpam commissam habeant [*Lamb. et Gent. add.* eis] eorum duces, id est, Spoletinus et

Beneventanus. Sed omnia mendacia sunt. Non enim pro alio (satisfaciat tibi [*Lamb., Gent.,* te] veritas, fili) eosdem duces persequuntur capitulo, nisi pro eo, quod 21 noluerunt, [f] præterito anno, de suis partibus, super nos irruere, et sicut illi fecerunt, res sanctorum apostolorum destruere, et peculiarem populum deprædare, ita dicentes ipsi duces: quia contra Ecclesiam sanctam Dei, ejusque populum peculiarem non exercitamus, quoniam et pactum cum eis habemus, et ex ipsa Ecclesia fidem accepimus; ideoque mucro eorum desævit contra eos. Nam ipsi prædicti duces parati fuerunt et sunt secundum antiquam consuetudinem eis obedire; sed illi retinentes iram, pro eo quod superius diximus, per exquisitam occasionem volentes illos et nos destruere et invadere; ideo utrosque persequentes vestræ bonitati suggerunt falsa, ut et duces illos nobilissimos degradent, et suos ibidem pravos ordinent [g] duces, et multo amplius quotidie, et ex omni parte Dei Ecclesiam expugnent, et res beati Petri principis apostolorum dissipent, atque populum peculiarem captivent.

Tamen ut rei veritas vobis declaretur, Christianissime fili, jubeas, post ipsorum regum ad propria [h] reversionem, tuum fidelissimum missum, qui non a præmiis corrumpatur, dirigere, ut propriis oculis persecutionem nostram, et Dei Ecclesiæ humiliationem, et ejus rerum desolationem, et peregrinorum lacrymas conspiciat, et tuæ bonitati omnia pandat. Sed hortamur bonitatem tuam coram Domino, et ejus [C] terribili judicio, Christianissime fili, ut propter Dominum et animæ tuæ salutem, subvenias Ecclesiæ sancti Petri, et ejus peculiari populo, eosdemque reges sub nimia celeritate refutes, et a nobis repellas, et jubeas eos ad propria reverti; non despicias deprecationem meam, neque 22 claudas aures tuas a postulatione mea; sic non tibi ipse princeps apostolorum claudat coelestia regna.

[i] Conjuro te, in Dominum vivum et verum, et ipsas sacratissimas claves confessionis beati Petri,

---

[a] Zacharias infra majorem domus appellat. Recte uterque, nam subreguli dicebantur majores domus sub prima regum Francorum stirpe, quod rerum summa penes eos esset, ut multis prolatis exemplis probat Du Cange Gloss. CENN.

[b] Hinc patet, Langobardos anno 758 Ravennatibus [D] damna intulisse: quod Pauli Diaconi historiam hac occasione maxime jejunam supplet. ID.

[c] Hildebrandus a patre Liutprando in regni consortium vocatus erat ann. 736. Ita Horat. Blanch. ad Paul. Diac. l. VI, c. 55. Murator. Antiquit. Ital. tom. I, ex instrumentis ad comitiss. Matild. spect. in archivo Lucensi. ID.

[d] Pro *Salas*, male Baron. legit *Scalas*. Salæ enim erant domus, quæ in massis, seu prædiis Ecclesiæ, ut hodie domus rusticæ, a colonis inhabitabantur. Ad majora etiam ædificia extendebatur id nomen, ut notat Ducangius, qui hunc epistolæ locum non vidit. Estque hoc argumentum evidens, datam epistolam ante invasionem quatuor civitatum in belli exitu an. 739, mense Aug. ind. VII, ut habent omnes Cod. Anastasii tum editi, tum mss., quas certe silentio non præteriisset. ID.

[e] Lamb., *per a Domino sibi concessam potestatem* *suam defendere domum.* — Gent.: *operam do sibi concessam potestatem suam defendere domum.*

[f] Incursiones utique ac deprædationes in ducatu Romano esse factas an. 758 hinc conjicitur. CENN.

[g] Revera Liutprandus ducem Spoleti constituit Hildericum, quem postmodo Trasemundus ope Romanorum ducatu suo recepto exstinxit, ut Paul. Diac. (lib. VI, c. 55) idque mense Decembri an. 739 Anast. in Zachar. Hinc videant Pagii asseclæ, num epistola hæc differri queat ad an. 741. ID.

[h] Quamvis vere adulto, seu mense Maio tum reges ab bella proficisci solerent, ac domum redire Octobri; quod Muratorius demonstrat (*Antiq. Ital.* tom. II, diss. 26), tamen Anastas. docet, Langobardos citius, Augusto videlicet mense, hinc discedere consuevisse. Et infra planum erit, ep. 8, al. IV; Kalendis Januariis ab Haistulpho obsessam urbem. Quare incerta apud Langobardos præliandi principia, incertus finis. Id Romanis certum ex longo tot annorum experimento, quod æstate incursionibus, præliisve eæ gentes finem dabant. ID.

[i] Sic ep. XV. *Conjuro te per omnipotentem Deum, et ejus principem apostolorum,* et alibi sæpe, ut videbimus. Moris enim erat Romanorum pontificum

quas vobis ad regnum *a* dimisimus, ut non proponas [*Lamb.* præponas] amicitiam regum Langobardorum amori principis apostolorum, sed velocius et sub nimia festinatione sentiamus, post Deum, tuam consolationem, ad nostram defensionem, ut in omnibus gentibus declaretur vestra fides, et bonum nomen : quatenus et nos cum propheta mereamur dicere : *Exaudiat te Dominus in die tribulationis, protegat te nomen Dei Jacob.* Harum autem litterarum portitor, Anchard vester fidelis, quod oculis suis vidit, et nos ei injunximus, omnia tuæ benignæ excellentiæ viva voce enarrabit. Et petimus bonitatem tuam coram Deo teste et judice, ut nimis festinanter nostros lenias dolores, et lætabunda nobis celeriter mittes [*Lamb.*, mittas] nuntia, ut læti effecti animo, die noctuque, pro te tuisque fidelibus, coram sacris sanctorum principum apostolorum Petri et Pauli Confessionibus Domino fundamus preces.

II.

23 ITEM EPISTOLA GREGORII SECUNDA
AD CAROLUM MISSA
Similiter pro defensione sanctæ Ecclesiæ.
(An Dom. 739, Cod. Car. II, chron. 2.)

ARGUMENTUM. — Increbrescente Langobardorum rabie, sancti Petri basilica tunc extramœniana expilata, obsessa urbe, iterum auxilium petit a Carolo verbis liberalioris, quam factis. Plura item latori committit secreto narranda : diffidentiæ nescio quid modeste significat.

b Domno excellentissimo filio Carolo subregulo Gregorius papa.

Ob nimium dolorem cordis et lacrymas, iterata vice tuæ Excellentiæ necessarium duximus scribendum, confidentes te esse amatorem filium beati Petri principis apostolorum et nostrum; et quod pro ejus reverentia, nostris obedias mandatis, ad defendendam Ecclesiam Dei, et peculiarem populum, qui jam persecutionem et oppressionem gentis [*Lamb. om.* gentis] Langobardorum sufferre non possumus. Omnia enim luminaria ad [*Grets. add.* honorem] ipsius principis apostolorum, et quæ a vestris parentibus, et a vobis offerta sunt *c*, ipsi abstulerunt; et quoniam ad te, post Dominum, confugium fecimus, propterea nos ipsi Langobardi in opprobrium habent, et opprimunt. Unde et ecclesia sancti Petri denudata est, et in nimiam desolationem redacta; *d* tamen omnes nostros dolores 24 subtilius in ore posuimus præsenti portitori, *e* tuo fideli, quæ [*Centur.*, quos] in auribus tuæ Eccellentiæ suggerere debeat. Tu autem, fili, habeas cum ipso principe apostolorum, hic et in futura vita, coram omnipotenti Deo nostro, sicut pro ejus Ecclesia, et nostra defensione disposueris et decertaveris, sub omni velocitate, ut cognoscant omnes gentes tuam fidem et puritatem, atque amorem, quæ habes erga principem apostolorum beatum Petrum, et nos, ejusque peculiarem populum zelando et defendendo : ex hoc enim tibi poteris immortalem [*Lamb., Gent.,* memorialem] et æternam acquirere vitam.

utrumque conjungere, ut pios reges efficacius moverent. Nam Dei timore, et amore Petri Pippinus, et Carolus maxime afficiebantur. Nequidquam Gregorius cum majore domus idem præstat. CENN.

a Vera lectio Codicis Vindobonensis *ad rogam*, ut notavit Lambecius, seu melius *ad rogum*, ut Gentilotus, diuturnis eruditorum concertationibus modum imponit. Utrumque vocabulum Du-Cangio sonat *preces deprecationem.* At rogæ exemplum aliud non profert, præter epist. 91, *al.* 88 hujus Codicis. Contra *rogi*, præ aliis multis habet formulas precariarum, et passim in Regula magistri *rogus Dei*. De roga itaque dubia res est, præsertim cum Gentilotus *rogum* legat et in epist. ead. 88, quod singulare exemplum affertur a Du-Cangio. Et liquet, id nomen apud Anastasium frequens, pro erogatione tam pontificia quam imperiali adhiberi. Sic Deusdedit, Bonifacius V, Severinus et Joannes IV dimiserunt *omni clero rogam integram* sect. 147, 118, 123, 124, et Leo III *rogam in presbyterio maxime ampliavit.* Factiosi etiam quidam de imperiali erogatione loquentes sect. 121 cum exercitu : *Rogæ vestræ,* inquiunt, *quas domnus imperator vobis per vicem mandavit.* Causas, cur hic Magdeburgenses, et postea Baronius legerint *ad regnum*, non quæro; nullius enim momenti est causam erroris nosse, cum ipse error patet. Miror autem Augustini interpretationem neglectam esse serm. 22 de ss. qua Petrus ipse vocatur *clavis ad regnum* : ita ut nisi etiam cubasset menda, non aliud regnum intelligi debuerit, quam cœleste. Perinde an *roga*, quam Tengnagel. semel, et Lambecius bis legerunt, *rogi* significationem præseferat, nihil moror. Id mirum in modum doleo, quod Muratorius an. 1754, hunc Codicem juxta Lambecii recensionem ediderit : at nihilominus in Annalibus Italicis, an. 741 et 789, mordicus *ad regnum* sustineat, et commentariis oneret ut argumento perspi-

cue falso Romanorum pontificum dominium certum in dubium revocet.

b Exstat Cent. Magdeb. 8, cap. 10. GRETS.

c Si igitur Fredegarii continuatore teste, qui unus auditur hac in re, legati Gregorii, novum, atque inauditum antea, *munera pretiosa* obtinuerunt; eaque hunc sublata dicuntur ex basilica principis apostolorum : quænam fides habenda est Ruinartio binas hasce litteras eadem occasione scriptas esse contendenti? Quænam Pagio juxta morem suum definienti (an. 741, n. 8.) ubi agit de morte Greg. III, 28 Novembris an. 741 : *Aliquot ante menses Gregorius duas legationes in Franciam ad Carolum majorem domus miserat, binasque ad eumdem litteras dederat?* Contra si cum Anastasio retrahantur litteræ ad an. 739, et ad præcedentem legatio, nil clarius desiderari potest. At de his abunde dictum in Admonitione. Parentum etiam munera hic laudantur, quæ majorum domus nulla reperiuntur : quare Francorum reges Caroli parentes nuncupari videntur. Nam legimus apud Anast. (sect. 85) in Vita Hormisdæ : *Eodem tempore venit regnum cum gemmis pretiosis a rege Francorum Chlodovæo christiano domum beato Petro apostolo.* Sigeberto etiam id testante an 510 : *Ipse vero rex misit Romam sancto Petro coronam auream cum gemmis, quæ regnum appellari solet.* CENN.

d Recte Baron. (739. *n.* 6) historiam Anastasii supplens de Langobardorum rebus eo anno gestis deprædationem hanc comprobat hujus epistolæ testimonio. I.

e Silentium nominis mihi persuadet, ut credam eumdem Anchartum : ita ut paucos post dies, ante ejus discessum expilatio basilicæ facta fuerit. Brevitas litterarum, summa tantum capita leviter tacta, plura ei secreto commissa in utraque epistola, non secus docent.

25 IN S. ZACHARIÆ EPISTOLAM MONITUM.

I. Pontificiæ majestatis argumenta plura exhibuit Zacharias, ut dixi agens de Gregorii litteris. Ex sequenti epistola decretali nil tale suppetit; omnia enim spectant directam pontificis potestatem: et nisi ex allatis Gregorii ejusdem litteris imploratæ Francorum opis testimonium minime dubium haberemus, ad indirectam quod attinet, nullum sanctæ sedi cum Francis negotium intercessisse videretur: iam altum de ea silentium est in hac epistola! Quin etiam indicia plura exstant abjectæ spei omnis, quam unum Gregorium vidimus in Francis collocasse. Eodem quippe anno exeunte, quo idem pontifex semel et iterum tentarat animum Caroli Martelli, ut Langobardorum furorem ab apostolica sede averteret, litteras ad Bonifacium de ecclesiis Germaniæ et Franciæ (invitus arbitror) ita claudit: « Data IV Kal. Nov. imperante domno piissimo Aug. Leone imperii ejus an. 23, sed et Constantino Magno imp. ejus filio an. 20, ind. 8. (Labbe *Concil.* tom. VI, p. 1475) ». Perinde successor ejus Zacharias epistolis fere omnibus impii Copronymi annos adjungit. Et, quod maxime notandum velim, concilio Romano, quod iste habuit anno 743, hujusmodi epoche adjicitur: « Factum est hoc concilium anno secundo Artabasdi imperatoris, necnon et Liuthprandi regis anno trigesimo secundo ind. 12 feliciter. »

II. Veritati equidem adversarer, si ex characteribus istis temporum ante excitatam imperatoriam dignitatem in Occidente, aut dominationem Augustorum orientis, quod minus recte ab aliquibus fit, aut Langobardorum jus ullum elicerem in sancta republica, quam pontifex tum temporis moderabatur. Etenim notariorum consuetudini tribuenda potius est appositio temporis, quam certo inde aliquid statuendum de republica. Nihilominus, citra Augustorum annos, quos ascribere moris erat, Artabasdi qui dejecto impio Constantino imperium invaserat; et Liutprandi Langobardorum regis, qui Zachariæ quatuor urbes, et patrimonia aliquot restituerat, sanctæque de republica bene erat meritus, numerari annos videmus: hujus quidem, quia respiratura per eum Italia videbatur; illius vero, quia impietati finem allatum iri credebatur. E contrario Caroli Martelli, ad quem confugere, dura 26 urgente necessitate, oportuit, nullo usquam in monumento reperiuntur notata patriciatus tempora. Quid dico tempora? ne patriciatus quidem mentio ullibi reperitur præterquam in sensu, quo Franci eam dignitatem usurpabant, tanquam ducatu præstantiorem (DuCange V. *Patricii*). Quare Gregorius II an. 724 ante cœptam Græcorum impietatem, *Patricium* appellavit Carolum Martellum (Labbe *Conc.* tom. VI, p. 1447). Eam tamen rem minime omitti decuit, si patricius Romanorum, ut una cum Francis eruditi recentiores tenent, fuisset. Ab anno enim 738, cum legatione tentatus est Carolus, ad ejus mortem triennium fere excurrit (quod in paucos menses anni 741 nullo jure contrahi, est demonstratum); præterea Zachariæ sunt anni decem, longa ea temporis intercapedine et litteræ Gregorii III ad Bonifacium, ac præsules Langobardiæ; et Zachariæ plures item litteræ, aliaque non pauca monumenta exstant, præcipue litterarum commercium Bonifacii et Francorum cum Zacharia: neque Caroli Martelli ulla merita memorantur; plurima vero enarrantur damna Francorum, ecclesiis illata, quæ aperte pugnant cum iis, quæ de eodem prædicantur.

III. Et vero, ut Baronio aliisque assentiar Carolum defendentibus a funesta illa nota, quam in Bonifacii litteras irrepsisse aiunt; Hincmari (ep. 6, cap. 19) ac prædicti Bonifacii testis oculati verbis fidem negem? Zachariam is monet (*Cod. Bonif.* ep. 132, et Labbe *ubi sup.*, p. 1495) se vocatum a Carolomanno altero ex Martelli filiis, ut maximo vulneri ecclesiis suæ provinciæ inflicto mederetur convocata synodo: « Promisit, inquiens, se de ecclesiastica religione, quæ jam longo tempore, id est non minus, quam per 60 vel 70 annos calcata et dissipata fuit, aliquid corrigere, et emendare velle. » Ac paulo infra miseram describens conditionem ecclesiarum, quam Caroli opera subiisse illas ait, prosequitur: « Modo autem maxima ex parte per civitates episcopales sedes traditæ sunt laicis cupidis ad possidendum, vel adulteratis clericis, scortatoribus, et publicanis sæculariter ad perfruendum ». Duæ synodi Germanica, et Liptinensis, ea de re celebratæ an 742 et sequenti; necnon Suessionensis in altera regni parte, quam Pippinus Carolomanni frater moderabatur, Bonifacii relationem confirmant. Præcipue autem comprobari illam patebit ex tot capitibus disciplinæ corruptæ, quæ sequenti epistola continentur.

IV. Eam scilicet dedit Zacharias ad Pippinum, episcopos, abbates, et cæteros Francos anno 747 exeunte vel sequentis initio, postquam Carolomannus, nuntium remittens terreno principatui, Romam 27 venerat, monachumque induerat in Cassinensi cœnobio. Chronologiam hanc aliis ejusdem pontificis litteris acceptam referimus. Datæ istæ sunt « Nonis Jan., imperante domno nostro piissimo Aug. Constantino a Deo coronato magno imp., anno 28, imperii ejus an. 6, ind. 15 », ad Bonifacium, ut præfatam epistolam Pippino, etc., legi curet in synodo. Cumque aliquid discriminis inveniatur in tribus iis characteribus temporis, hinc est, quod Cointius vult datas anno 748, Sirmondus et Pagius 747, verum Cointii potiorem sententiam esse, eique adhærendum puto; quanquam indictio, et annus imperii sextus designent annum 747. Nam Carolomannus Romam venit mense Martio, ut animadvertit Pagius (an. 747, n. 1), seu potius Junio, ut contendit ibidem cl. Mansius, et quidem anno 747, quod constanter tradunt auctores omnes veteres. Cumque epistola Zachariæ uni « Pippino majoridomus in regione Francorum » dirigatur, hinc palam fit Carolomannum dignitati eidem Lipertito divisæ renuntiasse, antequam litteræ darentur ad Pippinum, etc., quæ alteras ad Bonifacium præcesserunt. Quod si anno 747 ineunte, seu Nonis Januarii utrasque datas esse quis velit, Continuatorem Fredegarii et chronologos omnes apud Baronium et Pagium mentitos, rem sane difficilem, demonstret necesse est. Quamobrem statuendam reor cum Cointio ætatem litterarum anno 748. Hactenus de chronologia, quæ litterarum pars minima est.

V. Quod serio animadverti debet, sex fere annorum spatio uterque Martelli filius sanctissimi viri Bonifacii opera disciplinam pessum datam vix erigere aliquantulum potuerant. Ea propter ut nihil de Martelli laudibus detrahatur, id pro certo habendum est, principem istum Bonifaci ejusdem prædicationi in Germaniæ partibus constanter favisse sub utroque Gregorio. Quod docent Mundeburdi ac defensionis monumentum, quo Carolus Bonifacium Germaniæ apostolum ubique excipiendum in regno Francorum mandavit missionis initio; et litteræ quas Gregorius II se dedisse « Carolo filio nostro patricio »testatur anno 747, ut prædicationem Bonifacii ab episcopo quodam turbari non sineret (Labbe *Conc.* tom. VI, p. 1446, seq.). Gregorii pariter tertii litteræ sub finem anni 739 uberrimæ testes sunt continuati per Carolum studii atque operæ ut totum Francorum regnum Christi fidem amplecteretur: sic enim Bonifacio gratulatur pontifex: « Quæ innotuisti jam de Germaniæ gentibus, quas sua pietate Deus noster de potestate paganorum liberavit, et ad centum millia animas in sinu matris Ecclesiæ tuo conamine et Caroli principis Francorum **28** aggregare dignatus est. » At contra nullam Romanæ Ecclesiæ opem, utcunque legatione atque iteratis litteris rogatum, allaturum fuisse historia omnis docet, adversus recentiorum conjecturas et argumenta, quibus nil infirmius in rebus facti : fœdere enim cum Langobardis, perpetuisque domi ac foris bellis impediebatur, quin faciles præberet aures flagitanti pontifici. Quin etiam vulneribus eorumdem bellorum causa jam antea inflictis Gallicanæ Ecclesiæ, novum vulnus, idque acerbius adjecit disciplinam pervertendo, quod sexto post ejus mortem anno maximæ curationis indigens, apostolicæ tandem sedi detectum est.

VI. Opportunum ea quidem remedium attulit. Nam Zacharias Francorum consultationi septem et viginti capitibus conceptæ singillatim respondit auctoritate canonum prolata. Novo is, atque antea inaudito exemplo apud sanctam sedem, cujus erat in more positum scrinia, seu bibliothecam adire, ubi quæstiones hujusmodi ad eamdem deferebantur, collectione canonum usus est versionis Dionysianæ. Non utique collectione ipsa Dionysiana, sed breviario Cresconii, quod ex Collectione illa coaluerat, Adrianique codicis, ac demum canonis (ut canonum Ecclesiæ Romanæ Codex audiebat) fons et origo fuit. Qualis hic canon, seu Codex canonum fuerit, quisve ejus usus, Leo IV, nos edocet (Labbe *Conc*. tom. VIII, p. 52) perspicuis hisce verbis : « De libellis et commentariis aliorum non convenit aliquem judicare, et sanctorum conciliorum canones relinquere, vel Decretalium regulas, id est quæ habentur apud nos simul cum illis in canone, et quibus in omnibus ecclesiasticis judiciis utimur, id est apostolorum, Nicenorum, Ancyranorum, Neocesariensium, Gangrensium, Antiochensium, Laodicensium, Chalcedonensium, Sardicensium, Carthaginensium, Africanensium, et cum illis regulæ præsulum Romanorum Silvestri, Siricii, Innocentii, Zosimi, Cœlestini, Leonis, Gelasii, Hilarii, Symmachi, Simplicii. Isti omnino sunt, per quos judicant episcopi et per quos episcopi simul et clerici judicantur ».

VII. Hujusmodi canonem esse adhibitum a Zacharia, qui centum fere annis Leonem IV præcessit, non contendo. Illud affirmare non dubito, quod Zachariæ usus collectionis refertur acceptus, quæ nono demum sæculo in codicem illum canonum evaserat, quem nuper descriptum vidimus. Sirmondi opinionem, qui canones Joannis II, litteris an. 534 suppositos pro veris habuit, eruditosque omnes secum traxit; ita ut passim tribuatur collectionis Dionysianæ usus sanctæ sedi ab ipsa ejusdem origine; Sirmondi opinionem, inquam, neque hujus temporis, **29** neque hujus loci est rejicere. Falsitatem tantummodo patefacere non gravabor, sancta scilicet sedes ante octavum fere sæculum, cum Ecclesiæ præerat Zacharias, canones tantum Nicænos et Sardicenses tuebatur, Constantinopolitanos aperte rejiciebat, et siquem ex Chalcedonensibus adhibuit, tres illos tantum adhibuit, qui ante recessum legatorum conditi erant in fine sessionis 6, tametsi ipsi etiam reperiantur inter alios act. 15, quarto nimirum, tertio, et vicesimo loco. De iis luculenter Pelagius II in epistola ad Histros (Labbe *Conc*. tom. V, p. 615, 629, seq.) « In actionis, inquit, sextæ terminum jam canonum norma prælibatur, dum illic a principe venerabilibus episcopis dicitur : aliqua sunt capitula, quæ ad honorem vestræ reverentiæ vobis reservavimus..... Prælibatione itaque sextæ actionis ostenditur, quia jure constitutionis canonum nonnisi in septima continentur... Quamvis si solerter aspicimus, canonum regulas positas non, sicut putatur, in septima, sed intextas sextæ actioni invenimus. »
Quod si animadvertisset Natalis (sec. v, diss. 15, art. 4), haud tribuisset Gelasio vicesimum canonem

Chalcedonensem; eum quippe esse tertium ex propositis a Marciano, probatisque a concilio in fine actionis sextæ deprehendisset.

VIII. Ad Constantinopolitanos vero quod attinet, sanctus Gregorius Pelagii II successor Eulogio Alexandrino, et Anastasio Antiocheno scribit in hanc sententiam (lib. vi, ep. 31) : « Canones quidem Constantinopolitani concilii Eudoxianos damnant, sed quis fuerit eorum auctor Eudoxius, non dicunt. Romana autem Ecclesia eosdem canones vel gesta synodi illius hactenus non habet nec accipit. In hoc autem eamdem synodum accepit, quod est per eam contra Macedonium definitum. Reliquas vero hæreses, quæ illic memoratæ sunt ab aliis jam patribus damnatas reprobat. » Et cum in synodica ad patriarchas Orientis (lib. I, ep. 24) quatuor se concilia venerari ait, ut quatuor Evangeliorum libros, continuo subjunxit, quatenus hæreses damnarunt : ne quis forsan suspicaretur, conciliorum acta illum amplecti, quatenus condiderunt canones ambitioni præsulum Constantinopoleos faventes, legatisque sanctæ sedis absentibus. Ita factum puta a Gregorii successoribus pene usque ad finem septimi sæculi : cum religioni haberi cœptum est œcumenicis ex conciliis quidpiam respuere. Id constat ex libro Diurno pontificum (cap. 2, tit. 9) : namque indiculum, seu professio Romani pontificis, post defunctum Constantinum Pogonatum, sive post annum 685 edita, perspicue docet, acceptum fuisse Romanæ sedi quidquid in conciliis generalibus actum erat : « Sancta quoque universalia **30** concilia Nicænum, Constantinopolitanum, Ephesinum primum, Chalcedonense, et secundum Constantinopolitanum, quod Justiniani piæ memoriæ principis temporibus celebratum est usque ad unum apicem immutilata servare : et una cum eis pari honore et veneratione sanctum sextum concilium quod nuper Constantino piæ memoriæ principe, Agathone apostolico prædecessore meo convenit, medullitus, et plenius conservare. »

IX. Inversionis causæ non longe petendæ. Tanta rerum inscitia tum temporis fuit in ipsa Urbe, ut præter fidei dogmata, quæ ignorari non poterant, ne falsa quidem a veris satis secernerentur. Exemplo sunt Marcellini, Silvestri, Xysti et Polychronii acta, de quibus, recte, ni fallor, P. Constantius (*Præf. ad lit. Pont.* tom. I, pag. 99) : « Non sapiunt, inquit, hæc opuscula Romani hominis, et ecclesiasticæ disciplinæ doctrina vel mediocriter tincti ingenium, ac stylum, sed neophyti cujusdam Gothi, qui suum in apostolicam sedem studium ut declararet, mendacium dicere religioni non habuit. » Ejusmodi vero farraginem tanti habuit Theodorus Cantuariensis episcopus qui sub finem septimi sæculi florebat, ut quædam inde traducere in suum Pœnitentiale non dubitarit, quare Natalis Bedæ auctoritate fretus Theodorum commendans (sec. vii, cap. 4, art. 10), subdit, aliena quædam ab Evangelio et traditione in Pœnitentiali esse. Nihilominus sanctæ ipsi sedi sapiunt : ita ut sanctus Gregorius III suum et ipse pœnitentialem librum conficiens ita monitum voluerit lectorem in præfatione (Labbe *Conc.* tom VI, pag. 1476.) : « Ex multis allegoriarum floribus, et de magnorum tractatibus, prolatisque sermonibus, Patrum dictis, canonumque sententiis, id est Isidori, Augustini, Gregorii, Bedæ, Gelasii, Innocentii, Theodori, Cassiani, Egberti, vel cæterorum, ad opus consacerdotum nostrorum excerpere atque insinul colligere hunc ibellum pœnitentialem studuimus. » Quamobrem recte animadvertit Morinus (*De pœnit.* lib. vii, c 1, n. 17) minime mirandum esse : « si Theodori archiepiscopi viri suo sæculo doctissimi atque propter auctoritatem summi pontificis, a quo consecratus est in Angliam missus fuerat, omnibus acceptissimi liber pœnitentialis brevi tempore universum fere Occidentem pervasit, illumque imitati sint multi alii episcopi non tantum ipsius pœnitentialem probantes, sed etiam alios instar illius commodiores, et ampliores componentes.

X. Quæ sane animadversio quam vera sit, venerabilis Bedæ liber De Remediis peccatorum, pauloque post Egberti Eboracensis episcopi Pœnitentialis, aliique plures in Galliis, necnon Romanus antiquus apud Canisium, et quem nuper memorabam Gregorii III, Græcis omnes canonibus redundantes, ac suppositis quandoque rebus respersi, uberrime testantur. En certa ætas collectionis canonum, quam sancta sedes amplexa est : cum enim Græcos canones ubique cognitos videret, magnamque eorum segetem Cresconii ex Breviario haberet (qui præsertim per materias digesti, compendium laboris scriniariis, remque acceptissimam pontificibus exhibebant), tunc sensit, facili admodum negotio episcoporum consultationibus respondere posse; nec nisi raro bibliothecæ codices evolvi exinde cœpti. Utinam scribendi istud genus minus late pervagatum, aut obtusis minus ingeniis lenocinatum esset! Quem enimvero eruditorum latet, Adriano pontifici tributa diu esse octoginta illa capita Angilramni, queis plura continentur ab Ecclesiæ disciplina abhorrentia, non pauca etiam a bonis moribus absona? Baluzii tantum opera compertum tandem est, quis illa congesserit, nam optimis ex codicibus verum auctorem protulit (*Præf. ad Ant. Aug. dialog.*): « Incipiunt capitula collecta ex diversis conciliis, sive decretis pontificum Romanorum ab Angilramno Metensi episcopo, et Adriano papæ oblata : » et quidem « XIII Kalendas Octob. indict. 9, » seu anno 785, ut est in editis exemplis. Inde autem profluxisse putat Petrus de Marca (*De Concord. sac. et imp.* l. VII, c. 20) Isidori Mercatoris merces, quæ disciplinam penitus everterunt : quamvis alii sentiant istas capitulis præivisse, nec de ætate quidquam certi audeant definire. Ista vero huc non pertinent : quare ad collectionem canonum revertor, qua primum omnium pontificum usum esse Zachariam contendo.

XI. Pugnantia proferre videar, qui Gregorio III nuper aiebam collectionem ejusmodi fuisse usui; modo Zachariam qui Gregorio successit, alios omnes præivisse contendam. Aliud vero est collectionem probasse, indeque in suos libellos aliquid transtulisse; aliudque de disciplina decernere auctoritate illorum canonum, quod Zacharias fecit his litteris in Franciam missis, novo, ut aiebam, atque antea inaudito exemplo. Hunc secutus est Stephanus II in responsis anno 754 datis, dum erat in Francia (Labbe, *Conc.* tom. VI, p. 1650 seq.); uterque enim collectione utitur contra morem prædecessorum, aliquo tamen cum discrimine inter se. Namque ad concilia quod attinet, tam Zacharias quam Stephanus numerandi rationem sequuntur, qua usus est Cresconius, **32** singula nimirum capita cujusvis concilii seorsim recensentes. In decretalibus autem litteris laudandis, tametsi uterque dissidet a Cresconio; Zacharias, ubi (Cap. 20, seq.) affert Innocentii decreta 14 et 20, sequi videtur Dionysium ; Stephanus vero capita Decretalium profert juxta numerum uniuscujusque epistolæ, ut de conciliis est dictum ; non enim decreta uniuscujusque pontificis cum Zacharia, sed capita cujusvis epistolæ, ejus nomen etiam enuntians, cui scripta unaquæque fuit, diligenter enumerat. Id autem inde factum puta, quod Breviarium Cresconii capitibus trecentis constans, ad singula capita plures, paucioresve canones titulosque Decretalium epistolarum alios tempore alio latos indicabat, qua re ad quamvis quæstionem solvendam nihil accommodatius ; at indicatos canones, titulosque Decretalium aliunde petere oportuit. Hinc est quod Zacharias Dionysiana ex collectione sumpsisse videtur canones, et decreta, quippe qua usus erat Cresconius ; at Stephanus canones inde tantum decerpsisse.

XII. Quamvis autem hæc testimonia valde perspicua sint versionis Dionysianæ apud sanctam sedem : non utique intra ejus collectionis limites coarctandum est jus vetus sanctæ Romanæ Ecclesiæ, quod tantopere Justellus, et præ aliis Natalis contendunt, suppositos illos canones Joannis II litteris, Sirmondo auspice, obviis ulnis amplectentes. Nam, præterquam quod nemo ex Joannis successoribus Dionysiana versione usus est, ita ut Gregorius III in laudato Pœnitentiali sancti Isidori Hispalensis versionem adhibuerit (ipsa eadem est quam Mercator usurpavit), sanctus Zacharias, qui primus Dionysianæ versionis acceptor fuit, et ipsa in epistola ad Francos collectionis limites excessit, et in concilio Romano (Labbe, *Conc.* tom. VI, p. 1549) decreto inhæsit Gregorii II, de gradibus agnationum, quod et successores fecisse constat late extra collectionem vagantes per omnium decreta pontificum, quorum tam modicam partem Dionysius collegit. Itaque, nisi veritati adversari quis velit, illud fateatur necesse est, quod ante conditam collectionem propriam, quam Canon dicebatur, nulli alii collectioni se obligavit sancta sedes ; tametsi Cresconiano Breviario duce quæcunque in sacra bibliotheca erant, oblata occasione adirentur, adeoque Dionysiana collectio potissimum tereretur. Post Zachariæ vero tempora certis limitibus coarctari cœpisse judicia ecclesiastica, cæteraque ad disciplinam et mores attinentia non est dubium, quoad canon ipse prodiit.

XIII. Et vero Stephanus III anno 769 in concilio Romano ita sanxit : « Non amplius suscipiantur apostolorum canonum prolata **33** per sanctum Clementem, nisi quinquaginta capita, quæ suscipit sancta Dei catholica Romana Ecclesia. » Itaque sancta sedes quinquaginta illis apud Dionysium, et Cresconium selectis jam insueverat : cum Zacharias ante annos duos et viginti uti illis cœperat. Adrianus postmodo successor Stephani non modo canonum illorum quinquaginta, sed orientalium omnium conciliorum, quæ in collectione sunt, præter generalia, compendiariam explicationem canonum tradidit Carolo Magno, ut ad reformandam in Galliis disciplinam illa uteretur. Quamobrem collectos eos canones non amplius aversabatur sancta sedes. Hac autem super compendiaria traditione canonum, quam Pagius, Labbeus, Basnagius mutilam esse decernunt, nec Adriano tribuendam existimant, nonnulla breviter animadverti oportet, quæ integram illam esse demonstrent, atque Adriano vindicent contra eorum sententiam præcipitem.

XIV. Ac primo canones apostolorum 45 esse videntur, quia vicesimus primus tres simul conflatos continet 21, 22, 23, vicesimus quintus duos 27, 28, totidemque tricesimus quartus 57, 38, ac denique tricesimus septimus tres 41, 42, 43, ita ut uno plures videantur ; at quintus et quadragesimus in duos divisus ad unitatem reducendus est, sic totos quinquaginta habebimus. Neocæsarienses quindecim videntur, quia secundus bipartito dividitur. Perinde Laodicenus 35 cum sequenti in unum revocati 59 Laodicenos efficient. Antiocheni pariter 25 erunt, modo decimus et undecimus simul conflati secernantur. Operosior res est in Africanis : etenim post canonem 49 sequitur 60 et 99 cum sequenti conjungitur, perveniturque ad num. 105, cum centum tantummodo esse debeant Africani canones, quos 33 Carthaginenses præcunt, juxta Breviarium Cresconii ; quo haud dubie Adrianum esse usum demonstrant et divisio hæc 33 Carthaginensium ab Africanis centum, qui Dionysio tanquam Africani omnes continuata serie 133 numerantur, et concilia Græca unumquodque suam aciem ducentia. Nihilominus ex decem iis qui videntur deesse, ne unus quidem desideratur in Cresconii Breviario.

XV. Etenim nonus decimus de visitatione provinciarum peculiari Africæ ; 49 de manumissionibus in Ecclesia celebrandis cum imperatoris venia ; 51 de idolorum reliquiis exstirpandis ; et 75 qui duorum conciliorum initium est contra Donatistas, et contra Pelagii, et Cœlestii hæresim; quatuor isti, qui Dionysio sunt 52, 82, 84, 108, tanquam inutiles a Cresconio omittuntur, quare et Adrianus eos deserit, hac tantum in re ab illo recedens, quod numerandi ordinem prosequitur, **34** ubi prædictos canones omittit, ne manca videatur series, numeratque quinque suprema capita, quæ a Cresconio non recensentur. Ita novem his capitibus addendo centesimum, quod Cresconius fecit ex 99 in duas partes diviso, ut videre est Breviarii cap. 287 (*Bibl. vet. Jur.* tom. I, pag. 108, append.), lacuna illa numerorum decem explebitur. Et est notandum cum Labbeo (*Conc.* tom. II, pag. 1669) quod in cod. Vat. n. 4929, ad centesimum caput hæc leguntur: « Hoc capitulum Aurelii cum subscriptionibus episcoporum in canone apostolici Romæ non habetur ». Quæ mirum in modum comprobant, perinde Adrianum, ac Zachariam Cresconiana collectione, seu Breviario usum esse, non Dionysiana, cujus tantum versio idcirco adhibetur, quia Cresconius inde hausit suum indicem, et anonymus, qui canones integros apposuit, indidem eos decerpsit.

XVI. Quid dicam de duplici eorum hallucinatione, dum alio capite mutilum dictitant Adriani codicem: quod nimirum initio canonum Carthaginensium legunt: « Deinde etiam 20 capitulis Nicæni concilii recitatis, ut superius descripta inveniuntur, communi decreto statuerunt capita 33 quæ sequuntur ? » Estne hoc de monumentis veterum recte judicare? Compendium, id est eorum quæ præiverunt centum capita in Africano concilio ex variis synodis recitata, quæque apud Labbeum audiunt; concilium Carthaginense vi in decem capita distributum, et apud Justellum tam in collectione Dionysiana, quam in codice Africano, citra ullam divisionem in plura vel pauciora capita locum tenent præfationis: tametsi actio prima concilii Africani revera sit. Eadem fere verba Justellus refert citatis locis, quæ Adrianus exscripsit, et tam Dionysiana collectio quam codex Africanus, quem Adrianus secutus est, habent: « statuta quoque Nicæni concilii in 20 capitulis similiter recitata sunt, sicut in superioribus inveniuntur adscripta. Deinde quæ in conciliis Africanis promulgata sunt, actis præsentibus inserta noscuntur. » Quamobrem mentio illa Nicænorum canonum ad Africanas synodos refertur, non vero ad Adriani codicem, qui proinde hoc capite mutilus injuria dicitur. Quid enim vero Nicæni huc canones advocandi sunt, si Adrianus Chalcedonenses quoque inde abstulit, unoque in codice œcumenica sex concilia dedit Carolo, quorum veluti appendicem esse voluit has Græcas regulas simul cum Africanis ab eo descriptas, mutatis, et emendatis, ut prostant ? Nonne satis perspicue rem docet in præfatione? Quin etiam monendos episcopos ita censuit: « Sed in his omnibus illa sequi debemus **35** quæcunque a Nicæno concilio, et a sancta atque apostolica Ecclesia Romana non discrepare videmus. »

XVII. Postrema hæc demonstrant quam inepte collectio Dionysiana ascribatur sanctæ sedi usque ab initio sexti sæculi: dum Adrianus de ubique jam receptis iisdem regulis seu canonibus, qui suis etiam prædecessoribus Zachariæ et Stephano II usui fuerant (Canones præcipue apostolorum quinquaginta a Stephano III probati erant in conc. Lat.), tanta cum circumspectione loquitur. Attamen eorum nonnullos pro summa auctoritate correverat, ut patet. Canon, exempli gratia, apostolorum 27, lectoribus et cantoribus nubendi facultatem impertitur. Adrianus autem scripsit: « Quod lectoribus tantum liceat matrimonium contrahere. » Can. apost. 46 absolute prohibet baptisma hæreticorum ab episcopis, presbyteris, diaconis comprobari. Adrianus explicat: « Episcopus, presbyter baptismum hæreticorum suscipiens in nomine Trinitatis baptizantium suscipiens damnetur. » Canon Ancyranus 9 diaconis matrimonium

A permittit, si ordinationis tempore continere non posse dixerint. Adrianus emendat: « Diaconi incontinentes deponantur. » Can. Neocæs. 4 gratiæ divinæ concupiscentiam non consummatam tribuit. Contra Adrianus: « Gratiæ divinæ non imputetur, si desiderata libido non perficitur. » Can. Antioch. 10 chorepiscopis permittit ut ordinent lectores, subdiaconos et exorcistas. Adrianus: « Chorepiscopi ordines inferiores usque ad subdiaconatum dare non possunt. » Ejusdem concilii 12 de episcopis et clericis post iteratum judicium iterum ad imperatorem confugientibus repellendis, sic Adrianus recte, et juxta Ecclesiæ regulas: « Clerici damnati si imperatorem adierint, nunquam restituantur. » Quintusdecimus ejusdem concilii canon apostolicæ sedi aperte contrarius omnino omittitur numero tantum apposito. Illic autem expendendi Adriani codicis

B finem facio; nam hucusque allata hallucinationem eorum patefaciunt, qui Compendii volunt auctorem quemdam alium; Adrianum vero canones totos expansos tribuisse Carolo: quasi vero emendationes, ac variationes ejusmodi ab alio quam a pontifice potuissent fieri.

XVIII. Ad canonem quintum decimum quod attinet, silentio præterire non debeo, cur illum Adrianus omnino omiserit. Appellationibus ad sanctam sedem ille scilicet adversatur, quibus nulla Occidentalis Ecclesiæ pars, ne Africa quidem, post agnitos Sardicenses canones, refragabatur jam inde a quinto Ecclesiæ sæculo. Jam vero canon iste ipse, cujus Adrianus ne verbum quidem pronuntiat, una cum quarto ejusdem **36** concilii, et duobus apostolorum dolo malo est subjectus epistolæ Joannis II in causa Contumeliosi Regiensis episcopi; eamque ex variis codicibus inconstanter istas merces exhibentibus, præcipue ex uno Rhemensi Sirmondus in lucem protulit, tanto cum successu, ut Justellus Cassiodori auctoritate, et hujus epistolæ, collectionem Dionysia-

C nam ab ipsa origine receptam velit ab apostolica sede (*Præf. ad Cod. univ. Eccl.* p. 19). Deinde sequitur: « Atque hæc est prima et antiquissima decretalium pontificum collectio, quæ Liber Decretorum dicta est a Zacharia papa, epistola ad Pippinum, etc. » Postremo ex decretalibus, et canonibus (memorata editione a Wendelstino facta Moguntiæ an. 1525, aliaque Lutetiæ Parisiorum) decernit: « Atque ipse est codex canonum, qui ab Adriano I papa Carolo Magno regi Romæ oblatus est anno 805 (erat tum pontifex Leo III, qui ante annos decem Adriano successerat) ad usum Ecclesiarum Occidentalium..... Atque hi sunt canones et decreta, quibus in judiciis ecclesiasticis Romana usa est Ecclesia, ut testatur Leo IV papa, qui concilia ipsa et pontificum decreta, quæ hoc codice Romano continebantur, recenset. » Ita ignotæ suppositionis a viro doctissimo Sirmondo evulgatæ pessimo publico, unico præsidio fultus vir æque doctissimus Christophorus Justellus Natalem secum traxit, minoresque alios: et uno verbo jus

D apostolicæ sedis super levissimo isto fundamento collocavit, plaudentibus cæteris.

XIX. Jam dixi controversiam ejusmodi nec loco nec tempori convenire: fundamentum tantummodo diruendum suscepi, quod mihi videor perfecisse. Cæterum parum scite Justellus Cassiodori auctoritate nititur ut sanctæ sedi tribuat collectionem Dionysianam in judiciis. Cassiodorus enim (tam longe est, ut naturam illam ei collectioni ascribat) qui Dionysio familiarissime usus erat; ejus virtutibus, atque exemplis, fortasse etiam consiliis motus monasterium in suo fundo prope Schylacium ulterioris Calabriæ oppidum condidit, vitamque monasticam et ipse est amplexus. Ea occasione collectionem Dionysianam transcribi fecit suisque monachis legendam suasit; quod ut efficacius faceret, Romæ etiam passim legi testatus est. Verba ipsa ejus proferam, ne veriroti videar fucum facere (*De Divin. lect.* cap. 23): « Petitus a Stephano episcopo Salonitano ex Græcis exemplaribus canones ecclesiasticos moribus suis, ut erat planus atque disertus, magna eloquentiæ luce composuit, quos hodie usu celeberrimo Ecclesia Romana complectitur. Hos etiam oportet vos assidue legere, ne videamini tam **37** salutares ecclesiasticas regulas culpabiliter ignorare. » Dogmaticum hic, sive moralem librum animis Christianorum informandis ad catholicam disciplinam, qualis tunc credebatur, a Cassiodoro describi compertum est : quamvis alium finem sibi proposuerit Dionysius, Salonitanum nempe episcopum instituendum ad ecclesiasticas regulas tum quæ in conciliis decretæ fuerant, tum quæ minus certæ apud nonnullos erant in pretio, ut idem testatur in præfatione. Apostolicæ autem sedi, quæ regulas, seu canones illos nonnisi post duo sæcula amplecti cœpit, neque Dionysius, neque Cassiodorus fuisse usui affirmant, aut affirmare possunt. Falso igitur jus vetus in ea collectione statuitur.

XX. Nec prætereundum quod Cassiodorus de canonibus tantum agit : decretales quippe epistolas constat, a Dionysio postea collectas, ut Juliano presbyteri cardinali morem gereret, cujus maxima cura erat quæ ad ecclesiasticam disciplinam pertinerent inquirere, quod Dionysius idem testatur. Quæ vero est ejusmodi collectio, privata auctoritate facta, sacræque bibliothecæ forulis minime excussis? Exsulant inde scilicet præcipuæ sancti Leonis epistolæ ad episcopos, et principes conscriptæ anno 449, in magna ea commotione totius Orientis ob hæresim Eutychetis, inque iis duæ celebres ad Flavianum, octava et decima omnium celeberrima de qua concilium sub Gelasio ita decrevit non multo ante Dionysii adventum Romam : « Cujus textum quispiam si usque ad unum iota disputaverit, et non eam in omnibus venerabiliter receperit, anathema sit. » (Labbe, *Concil*. tom. IV, pag. 1265). De Siricii, Innocentii, Gelasii (cujus nonam tantummodo collector novit) decretalibus litteris a collectione exsulantibus nihil dico. Unum id tacere non possum, quod quæ ad astruenda fidei dogmata, ad Romani pontificis potestatem, ad Ecclesiæ universæ regimen et ad potissima disciplinæ momenta pertinent, ea omnia a collectione absunt, ut sedulo eam expendenti palam fiet. Quare doctissimos illos viros Justellum et cæteros collectionum ingenium ac finem assecutos non esse vix crediderim. De ingenio quippe luculenter Cresconius Liberino episcopo, ubi ait Ferrandum quem ipse sequitur, « Indoctorum, quorum est maxima multitudo, in eodem opere studium probavit, ut ita dixerim, sequestrasse..... ea condiscere valentibus et volentibus dubitationis ambagem auferre, ut eorum plena instructio non ex difficultate scriptoris, sed ex desidia jam dependeat lectoris..... probabili examinatione conjiciat, utrum ex severitate, an ex lenitate suum animum debeat moderari *Bibl. vet. J*., tom. I, p. 456). »

38 XXI. Ex quibus non obscure patet, collectiones omnes usque ad octavam Ecclesiæ sæculum,(nam Cresconius in septimi extremo scribebat) tam quæ generales erant canonum, quam quæ pœnitentiales tantum continebant, publicam utilitatem spectasse, ac proinde illarum finem fuisse instructionem cleri, et quorumcunque fidelium. Cujus rei locupletissimum habemus testem Martinum Bracarensem, qui ad suam collectionem, præ aliis hæc præfatur : Propterea in ipsis canonibus aliqua simplicioribus videantur obscura : ideo visum est, ut cum omni diligentia et ea quæ per translatores obscurius dicta sunt, et ea quæ per scriptores sunt immutata, simplicius et emendatius restauraremus. Id primum observans, ut illa quæ ad episcopos, vel universum clerum pertinent, una in parte conscripta sint : similiter et quæ ad laicos pertinent, simul sint adunata: ut de quo capitulo scire aliquis voluerit, possit celerius invenire (Labbe, *Conc.* tom. VI, p. 1581). Hæc profecto causa est cur nullam canonum collectionem sanctæ sedi oblatam videre erit. Non enim hujusmodi rivulis indigebat, cui fontes ipsi præsto erant in sacra bibliotheca, quos in omnibus causis eam adiisse per suos scriniarios compertum erit, modo, recentiorum disputationibus omissis, diligenter consulantur concilia, epistolæ pontificiæ, et cætera monumenta vetera, quæ typis mandata exstant. Ea Christophorus Justellus, eumque secuti tot alii, juris licet peritissimi, haud morati esse videntur: quippe,qui unum sibi proposuerunt, ut præpropere suum codicem canonum appingentes sanctæ sedi, jus hujus vetus stabilirent, unde novum admodum discrepare ostenderent.

XXII. Utinam barbaries per Italiam longe lateque effusa Romana etiam non hebetasset ingenia! Non enim scriniarii, tædio forsan laboris, ni fallor, compendiariam illam viam a Gregorio etiam III monstratam, proposuissent Zachariæ, quam postmodum Stephanus et successores terere non dubitarunt. Haud dubie mos antiquus bibliothecam consulendi in desuetudinem sensim non abiisset ; ita ut sæculi unius spatio Canon, seu Codex canonum a Leone IV laudatus, ut supra aiebam, in episcoporum causis, rebusque ad disciplinam pertinentibus fere unus esset usui : et, quod magis dolendum, Joannes VIII, nono sæculo declinante, constitutione nimis effusa sanxerit, Anastasio teste (*Præf. in Conc. Nic.* II), ut canones et decreta omnia acciperentur quæ fidei, moribus, sanctæque sedis institutis minime adversarentur. Verba ipsa bibliothecarii pontificem alloquentis proferam : « Apostolatu vestro decernente, non solum illos solos 50 canones Ecclesia recipit, sed et omnes eorum, **39** utpote Spiritus sancti, tubarum, quin et omnium omnino probabilium Patrum, et sanctorum conciliorum regulas et institutiones admittit illas duntaxat, quæ nec rectæ fidei, nec probis moribus obviant, sed nec sedis Romanæ decretis ad modicum quid resultant. » Quamvis enim suppositæ istæ merces in Canonem relatæ nunquam fuerint ab apostolica sede, usus tamen earum permissus altissimum vulnus disciplinæ inflixit, quod ferreo sæculo decimo expatruit, nec nisi post diuturna remedia cicatricem olduxit. Ansam præterea dedit Petro de Marca et Natali, ut tam multa de jure veteri et novo extra aleam disputarent. Quorum omnium fons est epistola hæc Zachariæ, quam modo subjiciam omnium oculis.

XXIII. Ex brevibus eidem notis appositis plura iis suppetent, quæ mihi visa sunt præmonenda. Duo hic adjiciam, quorum unumpiam faciet Collectionis usum apostolicæ sedis decretis adversantia suppeditasse : alterum vero opinionis Sirmondi falsitatem magis magisque ostendet. Primo igitur Franci rogant cap. 11 : « Qui clerici etiam ab uxoribus abstinere debeant? » Reponit Zacharias auctoritate can. Afr. 37 : « Episcopos, presbyteros, diaconos debere continere, alios non cogi. » Id vero cum decreto sancti Gregorii pugnat, qui exeunte sexto sæculo continentiam injunxerat etiam subdiaconis per totum Occidentem. En verba ejus Venantio Lunensi episcopo rescribentis (lib. IV, ep. 46, 17) : « Subdiaconi quoque, quos similis culpa constringit, ab officio suo irrevocabiliter deposti, inter laicos communionem accipiant. » Item metropolitæ Mediolanensi : « similiter etiam et tres subdiaconos, quos fraternitas vestra lapsos innotuit, a suo semper vacare, ac decernimus privatos esse officio : quibus nihil aliud quam inter laicos sacra est præbenda communio. » Pugnantiam hujusmodi conciliat Thomassinus (*Benef*. l. xi, c. 63, n. 10) aiens, post annos 150, Gregorii decretum adhuc vacillasse, et parum constanter servatum esse. At bona cum ejus venia non vacillabat decretum ; inducta collectio hujusmodi contraria decreta suppeditabat. Et nisi etiam ipse Sirmondo habuisset fidem, rem novam a Zacharia proferri sensisset apostolicæ sedi contrariam, quia primus deseruit viam a prædecessoribus tritam. Perinde esse video de can. apost. 27, reposito consultationi 18. « Qui clerici uxores sortiri debeant, » ab Ecclesiæ enim Romanæ disciplina abhorret.

XXIV. Alterum caput, unde suppositio patet subjectorum canonum epistolæ Joannis II est responsio ad consultat. 2. « De episcopis presbyteris, **40** diaconibus damnatis, » quæ, cum causa Contumeliosi convenit. Zacharias enim reponit unicum canonem apostolor. 29, omissis cæteris. Si autem Joannes anno 554 antequam Italiam barbaries invaderet, duos apostolorum canones, totidem Antiochenos adjiciens, horum postremum, qui est 15 contra appellationes ad sanctam sedem, adhibere non esset veritus, quidni Zacharias, barbarie jam undique effusa, qui præterea canones alios sanctæ sedi contrarios se adhibuisse non sensit, aut hunc, aut ex aliis aliquem in causa eadem attulit? Cum præsertim Cresconio duce Dionysianam percurreret collectionem? Quia scilicet tam in contumeliosi persimili causa, quam hac in consultatione, Antiocheni canones abs re erant, et solum ad impostoris molimina accommodati, cujus patria et ætas quæri debent in provinciis Rhemensi, et Moguntina post Ludovici Pii exauctorationem : occurrent enim cum Hincmaro episcopi alii plures appellationum osores. Sed de his alibi clarius. Audiatur nunc Zacharias ipse singillatim probans quæ hucusque sunt dicta.

III.

41 ITEM EPISTOLA [a] ZACHARIÆ PAPÆ

AD DOMNUM PIPPINUM MISSA,

Quæ prætitulata est sub majorum domus nomine, eo quod nondum in regis dignitatem esset elevatus, una cum capitulis suis consultis ; etiam [Lamb., Gent., *a jam*] *dicto domno Pippino, vel sacerdotibus in partibus Franciæ, qualiter respondendum, scripsit jam dictus pontifex.*

[*Ann. Dom.* 748, *Cod. Can.* v, *chron.* 3.]

ARGUMENTUM. — Consultationi Pippini principis, et Francorum capitibus septem et viginti ecclesiæ illius pessumdatæ depravatam disciplinam, præsulumque et cleri inscitiam patefacienti, singillatim respondet novo exemplo per canones versionis Dionysianæ juxta Breviar. Cresconii, antiquo sanctæ sedis more collectiones canonum aversantis non penitus derelicto.

[b] Domno excellentissimo atque Christianissimo Pippino majori domus, seu dilectissimis nostris universis episcopis ecclesiarum, et religiosis abbatibus, atque cunctis Dominum timentibus principibus, in regione Francorum constitutis, Zacharias episcopus sanctæ Dei catholicæ et apostolicæ Romanæ Ecclesiæ in Domino salutem; gratia vobis et pax a Deo Patre omnipotente, et Domino Jesu Christo unico Filio ejus, et ab Spiritu sancto ministretur [c]

Gaudio magno gaudemus in Domino, addiscentes

[a] Pontifex creatus anno salutis 741, obiit 752. GAETS.

[b] Ætas hujus epistolæ figenda cum Cointio an. 748, nisi forte sub finem 747 data fuit. Nam Pagii contraria opinio, datam nimirum Januar. mense 747, corruit ex ipsa inscriptione ad Pippinum, penes quem summa rerum erat. Nam Carolomannus eod. an. 747 per Zachariæ manus monachum induerat, ut habent Annal. Fulden. Baron. eam refert ad an. 744, et ibi pag. n. 3, Cointium nequidquam arguit. Mansius (ad pag. 747, n. 2.) conjectura ex documentis assequitur Carolomannum ex Francia profectum esse post diem 6, Jun. JENN.

[c] Exstat tom. IX Bar., an. 744, et Cent. 8, c. 10. ID.

per relationem sublimissimi et a Deo servati prædicti filii nostri Pippini vestram omnium bonam conversationem, et quod in bonis et Deo placitis dispositionibus, unanimes atque cooperatores estis. Ita [*Lamb. add.* ut] et Ecclesiæ Dei et venerabilia loca per universam vestram provinciam **42** sita, atque earum præsules sacerdotes et religiosi abbates, ut condecet, in sancto habitu et conversatione sacerdotali conservetis [*Lamb.*, conversetis], vacantes orationibus, insistentes precibus ad implorandam divinam potentiam, et cœlitus victoriam tribuendam adversus paganos [*Lamb., Gent.*, paganas] et infideles [d] gentes propugnatoribus vestris. Etenim vobis in vera confessione et simplici corde ad Dominum accedentibus, sicut Moyses, ille amicus Dei, orando pugnabat (*Exod.* xvii), et Jesu Nave [*Baron. et Centur.*, et Jonathas] cum populo Israel bella Domini præliando, vincebat, ita et vos agere oportet, charissimi mihi, ut sitis adjutores populo vestro orando, et bonis actibus inhærendo, declinantes a curis et negotiis sæcularibus. Scriptum est enim : *Vacate et videte, quoniam suavis est Dominus* (*Psal.* XLV). Et iterum : *Accedite ad eum, et illuminamini. et vultus vestri non erubescent* (*Ps.* XXXIII).

Principes et sæculares homines atque bellatores convenit curam habere et sollicitudinem contra inimicorum astutiam, et provinciæ defensionem; præsulibus vero, sacerdotibus atque Dei servis pertinet salutaribus consiliis et orationibus vacare, ut vobis orantibus, et illis bellantibus, Deo præstante, provincia salva persistat, fiatque vobis in salutem, laudem et mercedem perpetuam. Ex hoc quippe præsulatus vester apparebit in sanctitate, et principatus dilecti filii nostri Pippini approbabit [*Gent.*, approbabitur] per subjectorum potestatem et bonum dispositum. Itaque ut flagitavit a nobis, cum vestro consultu, superius effatus filius noster Pippinus, ut de omnibus capitulis, quibus innotuit, responsum demus, in quantum Domino dante valemus, de unoquoque capitulo inferius conscriptum, juxta quod a sanctis Patribus traditum habemus, et sacrorum canonum sanxit auctoritas [e], etiam et nos quod Deo inspirante apostolica auctoritate decernere potuimus, mandavimus in responsis.

43 Primum capitulum : « Quomodo honorari debeat metropolitanus episcopus a chorepiscopis et parochialibus presbyteris. » In canone sanctorum apostolorum capitulo tricesimo quinto scriptum est : « Epi-

[d] Saxones puta continuis bellis petitos, quod pontifex et sanctus Bonif. litteris (*Codd. Bonif.*) et Caroloманni viva voce probe norat: hi enim pagani erant et infideles.

[e] *In speculis a Deo constituti, ut vigilantiæ nostræ diligentiam comprobantes, et quæ coercenda sunt resecimus, et quæ observanda sunt sanciamus,* aiebat Cœlestinus episcopis Viennen. et Narbonen. [*ep.*xi]. Ita nunc Zachar. omnibus episcopis Franciæ; summa enim Petri successorum auctoritas nullis canonum et decretorum collectionibus præscribitur; quibus, tametsi utitur brevitatis ergo, de suo tamen opportune addit, quæ Franciæ tum temporis erant opus. ut videbimus.

scopus gentium singularum scire convenit quis inter eos primus habeatur, quem velut caput existimant, et nihil amplius, præter ejus conscientiam, gerant; cum illi soli singula [*Lamb., Gent.*, quam illa sola singula], quæ parochiæ propriæ, et villis quæ sub ea [*Lamb. add.* sunt], competant; sed nec ille præter omnium conscientiam faciat aliquid. Sic enim unanimitas erit, et glorificabitur Deus per Christum in Spiritu sancto. »

Item in canone Antiocheni concilii capitulo nono continet [*Lamb., Gent.*, continetur] ita: « Per singulas regiones episcopos convenit nosse metropolitanum episcoporum totius provinciæ sollicitudinem gerere, propter quod ad metropolim omnes undique qui negotia videntur habere concurrent [*Lamb.*, concurrere debent]; unde placuit eum et honore præcellere, et nihil amplius, præter eum, cæteros episcopos agere, secundum antiquam a Patribus nostris regulam constitutam, nisi ea tantum quæ ad suam diœcesim pertinent possessionesque subjectas. Unusquisque enim episcopus habeat suæ parochiæ potestatem, ut regat juxta reverentiam singulis competentem, et providentiam gerat omnis possessionis quæ sub omni [*Lamb. add.* ejus] est po estate. Item, ut presbyteros et diaconos ordinet, et singula suo judicio comprehendat. Amplius autem nil agere tentet præter antistitem metropolitanum. Nec metropolitanus aliquid gerat [a], sine cæterorum sacerdotum consilio. »

Item ex libro Decretorum beati Leonis papæ capitulo 52 continetur: « Igitur secundum sanctorum Patrum canones Spiritu Dei conditos, et totius mundi reverentia consecratos, metropolitanos singularum provinciarum episcopos, quibus ex delegatione nostra fraternitatis tuæ cura, prætenditur, jus traditæ sibi antiquitus dignitatis intemeratum habere decernimus, ita ut a regulis præstitutis nulla aut negligentia, aut præsumptione discedant, aut in habitu, aut in incessu 44 sanctitatis [b]. » Nam et nos ab apostolica auctoritate subjungimus ut episcopus juxta dignitatem suam indumentis utatur; simili modo presbyteri cardinales, et qui [*Lamb., Gent.*, et si] monachica vita velle habeant vivendi, plebi quidem sibi subjectæ præclariori veste induti debitum prædicationis persolvant, et in secreto propositum servent sui cordis; ut qui videt in abscondito Deus, reddat illis in palam. Scriptum quippe est: *Quæ dicitis in cordibus vestris, et in cubilibus vestris compungimini* (*Ps.* IV). Non enim nos honor commendat vestium, sed splendor animarum.

Monachi vero lanea indumenta, juxta normam et regulam monachicæ disciplinæ, atque traditionem sanctorum probabilium Patrum, sine intermissione utantur. Si enim abrenuntiantes ea quæ sæculi sunt, tota se Deo intentione contulerunt, de omnibus licitis [*Lamb., Gent.*, illicitis] debent abstinere, ut quantum corpori suo sustinuerint laborem, tantum remunerationis præmium a Deo percipere mereantur. Apostolis quippe divinum datum est mandatum, duas tunicas non habendi (*Matth.* x). Tunicas dixit Christus, utique laneas, non lineas; qui ergo obedierit Dominico præcepto, bonis actibus inhærens, habebit vitam æternam.

Item ex canone Antiocheni concilii capitulo decimo, de his qui vocantur [c] chorepiscopi decretum est: « Qui in vicis, vel possessionibus chorepiscopi nominantur, quamvis manus impositionem episcoporum perceperint, et ut episcopi consecrati sint, tamen sanctæ synodo placuit, ut modum proprium recognoscant, et gubernent subjectas sibi ecclesias, earumque moderamine curaque contenti sint; ordinent 45 etiam lectores, et subdiaconos, atque exorcistas, quibus promotiones istæ sufficiant. Nec presbyterum vero, nec diaconum audeant ordinare præter civitatis episcopum, cui ipse cum possessione subjectus est. Si quis autem transgredi statuta tentaverit, depositus, quo utebatur honore privetur. Chorepiscopum vero civitatis episcopus ordinet, cui ille subjectus est. »

Secundo capitulo de [d] episcopis presbyteris, et diaconibus damnatis, quod pristinum officium usurpare dem cum aliud non essent quam vicarii foranei episcoporum, his dignitate pares esse ambiebant: idcirco quærunt quomodo metropolitas debeant honorare. Procedente tempore eo usque petulantia eorum crevit, ut Leo III et Carolus Magnus hunc hierarchiæ ordinem in Francia exstinguere necesse habuerint. (Vide *Capitular*. lib. VI, cap. 119; lib. VII, cap. 187, 325, 328) presbyteros etiam et diaconos ordinare præsumpserant (Labbe, *Conciliar*. tom. VII. p. 1169 seqq.). De iisdem iterum sermo est infra, cap. 4.

[a] Gent. habet: *antefatum metropolitanum. Nec metropolitanus gerat*; et monet vocem aliquid alia manu, ut videre est, et recentiori atramento interpositum esse.

[b] Verba hæc: *aut in habitu, aut in incessu sanctitatis*, non leguntur in Leonis epist. (84, cap. 2). In iis, quæ mox decernit notandum quod octavo etiam sæculo monachismus erat uniformis, et vitæ genere distinguebatur a clero, Holsten. (*Ad Cod. Reg. præf.* c. 3), quanquam eod. tempore sancti Bonifacii opera ordo sancti Benedicti propagaretur in Francorum regno. Præterea notandum parochos in suburbiis constitutos appellari presbyteros cardinales, communi olim nomine episcoporum, presbyterorum, diaconorum, qui alicui addicebantur ecclesiæ. Qua ex communione nominis, officii similitudinem parum scire aliqui deducunt in sanctæ Romanæ Ecclesiæ Cardinalibus.

[c] De chorepiscopis uberrime Thomassin (*De Benef.* I, II, *c.* 1). Responsio pontificis ad hoc primum caput aptissima : nam de metropolitani præstantia alios inter episcopos auctoritate canonum et decretorum loquitur, et chorepiscoporum munia patefacit; sic arrogantiæ chorepiscoporum illudit. Ii siqui-

[d] Sanctus Cyprianus (ep. 68) episcopos lapsos ait *ad pœnitentiam quidem posse admitti, ab ordinatione autem cleri, atque sacerdotali honore prohiberi*. Sanctus Basil. (can. 51) *Canones indefinite ediderunt, unam in eos qui lapsi sunt pœnam decerni jubentes, a ministerio scilicet motionem*. Hieronymus (*Adv. Jovin.* lib. I): *Non posse esse episcopum qui in episcopatu filios faciat*: alioquin, etc. Præterea Siricius ad Himer., c. 7; sanctus Innocentius ad Victricium cap. 9, ad Exsuperium c. 1, et Leo Magnus epist. ad Rusticum cap. 2, suppeditassent quæ tempori magis congrua erant, nisi hac nova via incedere maluisset.

non debeant: Ex libro Canonum sanctorum apostolo- A *sacris altaribus ministrare, vel aliquid ex his, quæ* lorum capitulo vicesimo nono dictum est : ‹ Si quis *virorum sunt officiis deputata, præsumere.* ‹ Nihilo- episcopus aut diaconus depositus juste super certis minus impatienter audivimus, tantum divinarum re- criminibus, ausus fuerit attrectare ministerium du- rum subiisse despectum [f] ut feminæ sacris altaribus dum sibi commissum, hic ab Ecclesia penitus abscin- ministrare firmentur, cunctaque quæ non nisi viro- datur. › rum famulatui deputata [Lamb. *add.* sunt], sexum, Tertium capitulum de presbyteris [a] supervenien- cui non competit, exhibere; nisi quod omnium de- tibus [Grets., superbientibus] ex concilio Carthagi- lictorum, quæ singulatim perstrinximus, noxiorum nense capite undecimo : ‹ Si quis presbyter contra reatus [Lamb., *Gent.*, reatus omnis et crimen] eos episcopum suum inflatus schisma fecerit, anathema respicit sacerdotes, qui vel ista committunt, vel com- sit. Ab universis episcopis dictum est [b] : Si quis mittentes minime publicando pravis excessibus se presbyter a præposito suo correptus fuerit, debet favere significant. › utique apud vicinos episcopos conqueri, ut ab ipsis Sextum capitulum de viduis, si possint in propriis ejus causa possit audiri, ac per ipsos suo episcopo habitaculis suis salvare animas. Item ex eodem libro, reconciliari; quod nisi fecerit, sed superbia, quod cap. 21, ita continetur : ‹ Ut viduæ [h] non violentur absit, inflatus, secernendo se ab episcopi sui com- B *a pontificibus, et si professam continentiam, proposito* munione subduxerit, ac separatim cum aliquibus *mutato, calcaverint, ipsæ per* [Gent., pro] *se rationem* [Lamb. *add.* schisma] faciens, sacrificium Deo ob- *Deo pro suis sint actibus redditura.* ‹ Nam de viduis tulerit, anathema habeatur, et locum amittat. Si que- sine ulla benedictione 47 velandis superius latius, rimoniam justam adversus episcopum non habuerit, duximus disserendum, quæ si propria voluntate pro- inquirendum erit. › fessam primi conjugii castitatem, mutabili mente Quartum capitulum de presbyteris agrorum, quam calcaverint, periculi ejus intererit, quali Deum de- obedientiam debeant exhibere episcopis et presbyte- beat satisfactione placare. Sicut enim si se forsitan ris cardinalibus ex concilio Neocæsariensi capitulo continere non poterat secundum Apostolum, nullate- 13 ita continetur : ‹ Presbyteri ruri et in ecclesia [c] nus nubere vetabatur : sic habitam secundum deli- civitatis, episcopo præsente, vel presbyteris urbis 46 berationem [i], promissam Deo pudicitiæ fidem debuit ipsius, offerre non possunt, nec panem sanctificatum custodire. Nos autem nullum talibus laqueum debe- dare calicemque porrigere. Si vero absentes hi fuerint, mus injicere : sed solum adhortationes præmii sem- et ad dandam orationem vocentur, soli dare debebunt. piterni, pœnasque proponere divini judicii, ut nostra Chorepiscopi quoque ad exemplum quidem et for- sit absoluta conscientia, et illarum pro se rationem mam septuaginta videtur esse [Lamb., *Gent.*, videntur C Deo reddat intentio. › esse]; ut quod ministraverunt [d] propter studium Septimum capitulum de laico pellente suam con- quod erga pauperes exhibent, honorentur. › jugem, ex canone sanctorum apostolorum cap. 48 [j]. Quintum capitulum de monachis, id est, ancillis ‹ Si quis laicus uxorem propriam pellens, alteram Dei, de quibus flagitatum est, si liceat eas ad missa- vel ab alio dimissam duxerit, communione pri- rum solemnia, aut sabbato sancto publice lectiones vetur. › legere, et ad missas psallere, aut alleluia, vel re- Octavum capitulum de presbyteris et diaconibus, sponsorium. De his in libro Decretorum beati Gelasii qui se a ministerio ecclesiastico subtrahunt, et seor- papæ cap. 23 [e] destinatum est : *Quod nefas sit feminas* sum collectas faciunt, ex canone Antiocheni concilii

[a] Capitular. (lib. I, c. 37) et Labbæi (*Concil.* tom. ap. eumd. cit. I. Alia tamen est Francor. quæstio; VII, p. 978) hoc caput ita conceptum videsis : *ut* alia pontificis responsio. *nullus presbyter contra suum episcopum superbire au-* [f] Gent. dicit Tengnagelium correxisse *tantam re-* *deat.* Neque undecimum duntaxat can. Carthag. in- *rum sub... despectum* ponendo rasura *tantum divina-* venies, sed et decimum, et apostolor. 52. *rum rerum subiisse.*
[b] Lamb. habet : *dictum est anathema*. Post verba [g] Alia et hic quæstio, alia solutio : propius rem *dictum est*, ait Gentilotus, sequitur in ms., ad marg. D attigit Nicolaus I (*Resp.* 87 *ad Bulg.*). Viduas enim quidem, si non eadem, saltem antiquissima manu cogendas non esse aiens ad ingrediendum monast. scriptum, *anathema sit*. *Sciendum est*, prosequitur, *quoniam aliæ sunt virtu-*
[c] Lamb. et Gent. : *presbyteri ruris in ecclesia*; a *tes sine quibus ad vitam ingredi non possumus, aliæ* Tengnagelio em ndatum esse *ruri et* admonet Genti- *vero sunt, quæ nonnisi a sponsore requiruntur.* lotus. [h] Sic habet Tengnagelius qui verba *a pontificibus*,
[d] Lambecius legit *ut comministri autem*, ut est in quæ in manuscripto desunt, apposuit. Lamb. legit : versione Dionysiana : *cum autem* Tengnag. et Gen- *non velentur. et...*; Gent., *violenter.* tilot. nihil mutent, ita esse in cod. ms. tenendum [i] Lamb., Gent., Bar. : *sic habita secum delibera-* est. *tione.*
[e] Mendosus numerus : nam vel Dionysio, qui hanc [j] Erat concil. Agathen. can. 25, maxime ad rem unam in suam collect. retulit, est cap. 26. Huc re- faciens. Erat præterea Innoc. epist. ad Exsuperium, spexit Constant. (*Rom. Pont. ep.* tom. I, p. 85) licet quæ etiam exstat in collectione Dionysiana, ubi præ Bonifacio Mogunt. tribuat interrogationem. Certe aliis Evang. verba afferuntur : *Qui dimiserit uxorem* hac Zachariæ auctoritate decretum Soteri tributum *suam, et duxerit aliam, mœchatur; similiter et qui* de monachis, nomine tum ignoto, quod item Boni- *dimissam duxerit, mœchatur.* Item can. Afric. 102, facio I ascribitur, utrique in lib. Pontificali, evertit; seu Milev. II, c. 17 nisi libuisset Græcis regulis se nil antiquius nosse aiens can. 44 Laodic. *Quod* adhærere. *non oporteat mulieres ingredi ad altare.* Vide plura

cap. 5 promulgatum est : « Si quis presbyter aut diaconus episcopum proprium contemnens se ab Ecclesia sequestraverit, et seorsum colligens altare constituat, et commonenti episcopo non acquieverit, nec consentire vel obedire voluerit semel et iterum convocanti, hic damnetur omnimodo, nec ultra remedium consequatur, quia [*Lamb. et Gent. add.* suam] recipere non potest dignitatem; quod si ecclesiam turbare et sollicitare persistit, tanquam seditiosus per potestates exteras opprimatur. »

Nonum capitulum de clericis et monachis non manentibus in suo proposito, quod interrogatum est, in canone Chalcedonensi cap. 7 decretum est: « Qui semel in clero deputati sunt, aut monachorum vitam expetiverunt, statuimus neque ad militiam, neque 48 ad dignitatem aliquam venire mundanam, aut hoc tentantes, et non agentes pœnitentiam, quo minus redire debeant [a], ad id, quod propter Deum primitus elegerant, anathematizari. »

Decimum capitulum de clericis, qui sunt in pochiis [b] [hospitalibus], monasteriis, atque martyriis, ex canone Chalcedonensis concilii cap. 9 [*Lamb.*, 8] ita decretum est : « Clerici, qui præficiuntur ptochiis, vel ordinantur in monasteriis, et basilicis martyrum, in episcoporum qui in unaquaque civitate sunt, secundum sanctorum Patrum traditiones, potestate permaneant. Nec per contumaciam ab episcopo suo desiliant; qui vero audent evertere hujusmodi formam quocunque modo, nec proprio subjiciuntur episcopo, siquidem clerici sunt, canonum correptionibus subjacebunt; si vero laici vel monachi fuerint, communione priventur. »

Undecimum capitulum, qui clerici etiam ab uxoribus abstinere debeant, ex concilio Africano cap. 37 ita continetur : « Prætereа, cum de quorumdam clericorum, quamvis erga uxores proprias incontinentia referretur, placuit episcopos et presbyteros seu diaconos, secundum propria statuta, etiam ab uxoribus continere ; quod nisi fecerint, ab ecclesiastico removeantur officio : cæteros autem clericos ad id non cogi, sed secundum uniuscujusque ecclesiæ consuetudinem observari debere [c]. »

[a] Lamb., *cum manere debeant* ; Tengn. *commonere debeant* correxit ponendo *quominus redire*, et apposuit *ad id quod deerat*.

[b] Xenodochia, seu hospitalia sunt pauperum seniorum, cujusmodi est insigne sancti Michaelis ad Ripam Tiberis Innocentii XII liberalitate excitatum. Pelagium quoque II narrat liber Pontific. domum suam convertisse in ptochium.

[c] Dixi in admon. ad hanc epist. hunc canonem traditioni et decretis apostol. sedis adversari. Eam consule (pag. 59). Iis, quæ de Gregorio dixi, adde hæc pauca sancti Leonis ad Anastas. Thessalon. (ep. 84. c. 4). « Ad exhibendam perfectæ continentiæ puritatem nec subdiaconibus quidem connubium carnale conceditur : ut et qui habent, sint tanquam non habentes (*I Cor.* VII), et qui non habent, permaneant singulares. Quod si in hoc ordine, qui quartus a capite est, dignum est custodiri; quanto magis in primo, aut secundo, vel tertio servandum est? »

[d] Siricius epist. ad Himer. (cap. 15) monachos morum gravitate, et vitæ ac fidei institutione sancta

Duodecimum capitulum, de his, qui uxores aut viros dimittunt, ut sic maneant, ex concilio suprascripto Africano, cap. 69, ita continetur : « Placuit, ut secundum evangelicam et apostolicam disciplinam, neque dimissus ab uxore, neque dimissa a marito, alteri conjungantur; sed ita maneant, aut sibi invicem reconcilientur; quod si contempserint, ad pœnitentiam redigantur. »

49 Decimum tertium capitul. Inquisitum est, quod monachus, si clericus factus fuerit, quid agi [*Bar.*, agere] debeat. Ex decreto beati Innocentii papæ cap. 17, continetur : « De monachis qui diu morantur in monasteriis, et postea ad clericatus ordinem pervenerint [*Lamb. add.* statuimus], non debere eos a proprio proposito deviare; aut enim, sicut in monasterio fuit, et quod diu servavit, in meliori gradu positus, amittere non debet; aut si corruptus [*Lamb.*, *Gent.*, hic et infra, correptus], postea baptizatus, et in monasterio sedens ad clericatus ordinem accedere voluerit, uxorem omnino habere non poterit, quia nec benedici cum sponsa potest, jam antea corruptus; quæ forma servatur in clericis, maxime cum vetus regula hoc habeat, ut quisque corruptus baptizatus, clericus esse voluisset, sponderet se uxorem omnino non ducere [d]. »

Decimum quartum cap. Quod presbyteri, aut diaconi, si in aliquo crimine prolapsi fuerint, non possint per manus impositionem pœnitentiæ remedium consequi. In decreto beati Leonis papæ, cap. 16, decretum est ita : « Alienum est a consuetudine ecclesiastica, ut qui presbyterali honore, aut diaconii gradu fuerint consecrati, hi pro crimine aliquo suo per manus impositionem remedium accipiant pœnitendi; quod sine dubio ex apostolica traditione descendit, secundum quod scriptum est: *Sacerdos si peccaverit, quis orabit pro illo?* Unde hujusmodi lapsis ad promerendum misericordiam Dei secreta [*Lamb.*, privata; *Gent.*, probata] est expetenda secessio, ubi illis satisfactio fuerit digna, sed [*Lamb.*, si fuerit digna, sit] etiam fructuosa [e]. »

50 Decimum quintum cap. pro eo quod interrogatum est de laicis qui ecclesias in suis proprietati- commendatos, ad cleri officia promovendos decreverat. Quæritur hic post ejusmodi promotionem quid agendum eis sit? Plena tunc esset responsio, si decretorum Zosimi cap. primum esset additum, quo statuitur monachos ad episcopale culmen pervenire posse per gradus exorcistæ, acolyti, subdiaconi, diaconi, ac presbyteri (*Ad Esych.* cap. 1). Inde autem Constantio (l. cit., p. 970) novum suppetit argumentum adversus constitutum Silvestri, quo ostiarius gradibus præpropere accensetur.

[e] Ead. epist. (cap. 14) Siricius cleri omnis exemplo usus erat ad removendos laicos a clericatus honore: « Sicut pœnitentiam agere cuiquam non conceditur clericorum, ita et post pœnitudinem et reconciliationem nulli unquam laico liceat honorem clericatus adipisci. » Ante Leonem concil. Carthag. v can. 11, de presbyteris et diaconis idem sanxerat. Cum autem is canon a cod. Afric. absit, Cresconium latuit, quo duce utitur Zacharias. Hanc disciplinam cleri generalem ad solos diaconos et presbyteros reductam, videsis ap. Coustant (cit. l., p. 636).

bus construunt, quis ipsos [*Lamb.*, *Gent.*, ipsas] debeat regere, aut gubernare. « A sanctis Patribus ita statutum est, et in præceptis apostolicis continetur. Juxta petitoris imploratum, ut si in quolibet fundo cujuscunque juris oratorium sive basilica fuerit constructa, pro ejus devotione in honorem cujuscunque sancti, in cujus episcopi parochia fuerit fundatum oratorium aut basilica, percepta primitus donatione legitima, id est præstantem [*Lamb.*, *Bar.*, præstante] tot, gestisque municipalibus allegatis, prædictum oratorium per missas publicas solemniter consecrabis, ita ut in eodem loco nec futuris temporibus baptisteria construantur, nec presbyter constituatur cardinalis; sed et si missas ibi facere [*Lamb.*, *Gent.*, si missus sibi forte] maluerit, ab episcopo noverit presbyterum, postulandum; quatenus nihil tale a quolibet alio sacerdote nullatenus [*Lamb.*, ullatenus] resistatur, nisi ab episcopo fuerit ordinatum [a]. »

Sextum decimum capitulum de clericis qui proprias ecclesias relinquunt, quid de eis agi debeat, ex canone sanctorum apostolorum, cap. 15, ita continetur: « Si quis presbyter, aut diaconus, aut quilibet de numero clericorum relinquens propriam parochiam pergat ad alienam, et omnino presbyter declinans [*Lamb.*, omnino declinans præter] episcopi sui conscientiam in aliena parochia commoretur, hunc ulterius ministrare non patimur, præcipue si vocatus ab episcopo redire contempserit, in sua inquietudine perseverans. Tamen tanquam laicus ibi communicet [b]. »

[a] A Collectione recedit hoc cap. suorumque prædecessorum d:cretis insistit. Sanctus Greg. Magnus ad Benenatum episc. Fundarit. (lib. VII, ep. 85), ad Decium episc. Lilybetan. (l. VIII, ep. 63) et ad Passivum episc. Firman. (lib. XI, ep. 20) luculenter hac de re. Binas Pelagii I litteras quinquaginta fere annis antiquiores profert Holsten. (*Coll. Rom.* part. I, p. 234 seq.) ex collectione card. Deusdedit, queis eædem formulæ continentur. Zachariæ autem ævo liber Diurnus Romm. Pontt. suppeditabat formulam (Garner. cap. 5, tit. 3 et seq.); at sanctorum Patrum decreta hic laudata haud suppetebant ex Diurno. Plura ex iis sunt ap. Gratianum (dist. 1, *de Consecr.*), spuria tamen nonnulla certis intermista, quæ ab eruditis secerni facile possunt. Mabill., Mus. Ital. tom. II (Comm. præv. p. XIX), ex Gregorii epistolis quinque omnino capita educit: 1, ut nullum corpus bi sit humatum quod Zacharias præstat, tanquam bs re; 2, ut dos sufficiens assignetur; 3, ut nullum bi baptisterium constituatur; 4, ut nullus ibidem presbyter incardinetur; 5, ut nullæ in eo fiant missæ publicæ, sed presbyter ab episcopo postuletur pro missæ celebratione. Eadem hic, præter primum, enumerantur.

[b] Domi quærenda erat responsio. Eorum siquidem majores (*Conc. Arel.* an. 314, can. 21) una cum aliis episcopis decreverant: « De presbyteris, aut diaconibus qui solent dimittere loca sua in quibus ordinati sunt, et ad alia loca se transferunt, placuit, ut eis locis ministrent, quibus præfixi sunt. Quod si relictis locis suis ad alium se locum transferre voluerint, deponantur. » Perinde concil. Arel. II (can. 23). Vide Nicænos canones 15 et 16, et Gelas. decret. 23.

[c] *Lamb.*, *in eodem canone sanctorum apostolorum, cap.* 16.

[d] Laudati canones Nicæni, et Gelasii decretum (ep. 9, c. 23) huc etiam spectant.

51 Decimum septimum capitu...... ..em pro episcopis, qui alterius clericos susceperint, ut excommunicentur, in codem concilio cap. 16 [c], continetur: Episcopus vero, apud quem memoratus esse constiterit, contra eos decretam cessationem pro nihilo reputans, tanquam clericos forte susceperit, velut magister inquietudinis communione privetur [d]. »

Decimum octavum capitulum, qui clerici uxores sortiri debeant in 27 [e] cap. canonum sanctorum apostolorum decretum est: « Innuptis autem, qui ad clerum provecti sunt, præcipimus, ut si voluerint, uxores accipiant, sed lectores cantoresque tantummodo [f]. »

Nonum decimum capitulum, ut nullus presbyter aut diaconus sine commendatitiis epistolis suscipiatur, in eodem canone sanctorum apostolorum [*Lamb.* add. cap. 34] continetur: « Nullus episcoporum peregrinorum, aut presbyterorum, seu diaconorum sine commendatitiis suscipiatur epistolis; et cum scripta detulerint, discutiantur attentius, et ita suscipiantur, si prædicatores pietatis exstiterint. Sin minus, neque necessaria subministrentur eis, et ad communionem nullatenus admittantur, quia a surreptione multa proveniunt [g]. »

52 Vicesimum capitulum de virginibus velatis, si deviaverint, quid de illis agendum sit: in libro Decretorum beati Innocentii papæ, cap. 14 [*Lamb.*, 19], assertum est: « Quæ Christo spiritualiter nubunt, et a sacerdote velantur, si postea vel publice nupserint, vel se clanculo corruperint, non eas admittendas

[e] *In* 2 *et* 7, *sic et Cent.*

[f] Hic canon ab Ecclesiæ Romanæ disciplina abhorret, tum quia cantores inter ordinum gradus non novit, tum quia varios ecclesiarum mores in Occidente esse non ignorabat, ad cleri minoris conjugia quod attinet. In Gallia præsertim Agathense concil. (can. 39). « Presbyteri, ait, diacones, subdiacones, vel deinceps, quibus ducendi uxores licentia non est, etiam alienarum nuptiarum vitent convivia. » Vide Thomassin. (l. 1, 2, c. 62) qui minoribus etiam clericis interdici nuptiis, post ordinationem inde colligit. Erat præterea concil. Chalced. (can. 14) haud generalem statuens disciplinam, et psalmistas habens, juxta Dionysian. versionem, pro cantores, quod nomen Rom. Ecclesiam minus decebat: « Quoniam in quibusdam provinciis concessum est lectoribus et psalmistis uxores ducere. »

[g] Canones Laodiceni 41 et 42, Antioch. 7, nimia brevitate laborant, idcirco Apostolor. 34 reponitur, licet quæstioni minus aptum. Chalcedonen. etiam 13 clerum omnem amplectitur. Aliis aptior ad Francorum quæsita erat can. Agathen. 52: « Presbytero, aut diacono, vel clerico sine antistitis sui epistolis ambulanti communione nullus impendat. » Non enim de episcopis quærebant, qui sine metropolitani formata ab ecclesiis suis discedere non poterant: « Nullus episcoporum naviget sine formata primatis (Cod. Can. Afr. 56). Sed de presbyteris et diaconis, qui a suo episcopo accipere debebant formatas (can. Afr. 106), tametsi Antioch. concil. (can. 8) etiam chorepiscopis hanc facultatem præbeat. In Galliis ex Zosimi privilegio (ep. 1, c. 1) Arelatensis metropolitæ erat, formatas « ex qualibet Galliar. parte sub quolibet ecclesiastico gradu » discedentibus concedere. At Zachariæ temporibus Gallicanæ Ecclesiæ status nullus fere erat, antiquatæ metropoles, disciplina omnis pessumdata.

esse ad agendam pœnitentiam, nisi is cui se conjunxerant, de mundo recesserit; si enim de hominibus hæc ratio custoditur, quæcunque, vivente viro, alteri nupserit, habeatur adultera, nec ei agendi pœnitentiam licentia concedatur, nisi unus ex his fuerit defunctus: quanto magis de illa tenenda est, quæ ante immortali se sponso conjunxerat, et postea humanas ad nuptias migravit [a]? »

Vicesimum primum capitulum, idem de non velatis virginibus, si deviaverint, in eodem libro 20 cap. continetur: « Hæ vero, quæ nondum sacro velamine tectæ, tamen in proposito virginali semper se simulaverunt permanere, licet velatæ non fuerint, si forte nupserint, his agenda aliquanto tempore pœnitentia est, quia sponsio ejus Domino tenebatur [b]. Si enim inter homines solet bonæ fidei contractus nulla ratione dissolvi, quanto magis ista pollicitatio, quam cum Deo pepigit, solvi sine vindicta non poterit. Nam si apostolus Paulus, quæ a proposito viduitatis discesserant, dixit eas habere *damnationem, quia primam fidem irritam fecerunt;* quanto potius virgines, quæ prioris promissionis fidem frangere sunt conatæ? Hæc itaque, fratres charissimi [c], si plena vigilantia fuerit ab omnibus Dei sacerdotibus observata, cessabit ambitio, iniquitas superata calcabitur, veritas spirituali fervore flagrabit, pax prædicata labiis cum voluntate animi concordabit. Implebitur edictum Apostoli, ut unanimes, unum sentientes, permaneamus in Christo, nihil per contentionem nobis, neque per inanem gloriam vindicantes, non hominibus, sed Deo nostro Salvatori placentes. »

Vicesimum secundum capitulum de his quæ duobus fratribus nupserint, vel qui duas sorores uxores acceperint in concilio Neocæsariense cap. 2, continetur: « Mulier, si duobus fratribus nupserit, abjiciatur usque ad mortem: verumtamen in exitu, propter misericordiam, si promiserit quod facta incolumis, hujus conjunctionis vincula dissolvat, fructum pœnitentiæ in vita permanenti [d]. »Nos autem, gratia divina suffragante, juxta prædecessorum et antecessorum pontificum decreta, multo amplius confirmantes dicimus, ut dum usque sese generatio cognoverit, juxta ritum et normam Christianitatis, et religionem Romanorum non copulentur conjugiis. Sed nec spiritualem, id est, commatrem, aut filiam, quod absit, quis ducat temerario ausu uxorem; est namque nefas et perniciosum peccatum coram Deo et angelis ejus; in tantum enim grave est, ut nullus sanctorum Patrum, neque sacrarum synodorum assertiones [*Lamb.*, nullis . . . . . assertionibus], vel etiam in imperialibus legibus quispiam judicatus sit; sed terribile Dei judicium metuentes siluerunt sententiam dare [e].

Vicesimum tertium capitulum de his qui homicidium sponte perpetraverunt, in vicesimo primo capitulo Ancyrani concilii continetur: « Qui voluntarie homicidium fecerint, pœnitentiæ se submittant; perfectionem vero circa vitæ exitum consequantur. »

Vicesimum quartum capitulum, item de his qui homicidium non sponte perpetraverunt; in eodem Canone cap. 22. [*Bar.*, 23] continetur: « De homicidiis non sponte commissis, prior quidem definitio post septem annorum pœnitentiam, perfectionem consequi præcepit; secunda vero, quinquennii tempus explere. »

Vicesimum quintum capitulum de his qui adulteras habent uxores, vel si ipsi adulteri comprobantur. In concilio Ancyrano c. 19 continetur: « Si cujus uxor adulterata fuerit, vel si ipse adulterium commiserit? Septem annorum pœnitentia oportet eum perfectionem consequi secundum pristinos gradus [f]. »

---

[a] Sanctus Leo epist. ad Rusticum (cap. 15): « Ambigi vero non potest crimen magnum admitti, ubi et propositum deseritur, et consecratio violatur. Nam si humana pacta non possunt impune calcari, quid eos manebit, qui corruperint fœdera divini sacramenti? » Nullum tamen remedium affert, ut Innoc. Vide sancti Basil. can. 18.

[b] Lamb., *quia sponsio earum a Domino tenebatur.* Bar. et Cent.: *quia sponsio ejusmodi tenebatur.*

[c] Innocentius, qui Victricio scribebat, ait: Frater charissime; sed Zacharias, qui plures alloquitur, ac sua facit Innocentii verba, Fratres chariss. Notatu dignum, quod concil. Turonense II, an. 567 celebratum, utrumque caput expressit (can. 20) ex sententia papæ Innoc. ad Victric. episc. Rothom. Dionysianam quippe collectionem Gallia ignorabat: deinde subdit: « Quis sacerdotum contra decreta talia, quæ a sede apostolica processerunt, agere præsumat? » Sic tum venerabantur, ut æquum erat, decreta pontificum Romanorum.

[d] Sic etiam Bar. et Cent.; in ipso concilio est: *Fructum pœnitentiæ consequatur.* Lamb., *in vita consequatur;* et addit: *quod si defecerit mulier, aut vir in talibus nuptiis, difficilis erit pœnitentia in vita permanenti.*

[e] Tanta in re præter Græcas regulas apostolicæ auctoritatis præsidio nititur. Greg. II et III decreta probat, et explicat. Gregorius enim II ad tempus, et terroris amovendi causa (res erat de Germanis nuper conversis) ita Bonifacium per litteras affatus erat: « Dicimus, quod oportuerat quidem, quandiu se agnoscunt affinitate propinquos ad hujus copulæ non accedere societatem. Sed quia temperantia magis, et præsertim in tam barbara gente plus placet quam districtio censuræ, concedendum est, ut post quartam generationem jungantur. » Gregorius III sua in decretali epistola ad eumdem Bonifacium cap. 5, ita decreverat: « Progeniem vero suam unumquemque usque ad septimam generationem observare decrevimus (Labbe, Concil. tom. VI, pag. 1448, 1469). » Postremum hoc decretum Zacharias ante annos quinque in concilio Rom. confirmaverat, anno 743 (*Ibid.*, pag. 1549). De Gregorii autem II epistola, « neque hoc silendum est, inquit, quod in Germaniæ partibus ita diu vulgatum est, quod quidem in archivo nostræ sanctæ Ecclesiæ scriptum minime reperimus; ipsis tamen asserentibus hominibus de Germaniæ partibus didicimus, quod bonæ recordationis sanctus Gregorius papa dum eos ad religionem Christianitatis divina gratia illustraret, licentiam illis dedisset in quarta se copulare generatione, sed dum rudes erant, et invitandi ad fidem, quanquam minime scriptum, ut dictum est, reperimus, credere non ambigimus. » In hanc sententiam pro summa auctoritate loquitur, affinitatis etiam, et cognationum gradus, quos ipse in laudato concilio, post Gregorium III, recensuerat confirmans.

[f] Exsuperio in eadem fere causa consulenti Innoc. (cap. 4) reposuerat communione privandos: « Mu-

Vicesimum sextum cap. de monachis et virginibus propositum non servantibus in libro Decretorum beati Syricii papæ cap. 6 continetur : « Præterea monachorum quosdam, atque monacharum, abjecto proposito sanctitatis, in tantam protestaris demersos esse lasciviam, ut prius clanculo, vel sub monasteriorum prætextu illicita ac sacrilega se contagione miscuerint ; postea vero in abruptum conscientiæ desperationem perducti, de illicitis complexibus libere filios procrearent, quod et publicæ leges, et ecclesiastica jura condemnant : has igitur impudicas detestabilesque personas a monasteriorum cœtu, electorumque [*Lamb.*, ecclesiarumque] conventibus eliminandas esse mandamus, quatenus retrusæ in ergastulis, tantum facinus continua lamentatione deflentes purificato possint pœnitudinis igne decoquere, ut eis, vel ad mortem saltim solius misericordiæ intuitu, per communionis gratiam, possit indulgentia subvenire [a]. »

55 Vigesimum septimum cap. de his quæ non coacte, sed voluntate propria virginitatis propositum susceperunt, quod delinquant cum nupserint, etsi nondum fuerint consecratæ ; in libro Decretorum beati Leonis papæ, cap. 28 [*Lamb.*; 27] continetur. « Puellæ quæ non parentum coactæ imperio, sed spontaneo judicio virginitatis propositum atque habitum susceperunt, si postea nuptias eligunt, prævaricantur et jam, si [*Id.*, etiam si] nondum eis gratia consecrationis accessit, cujus utique non fraudarentur munere, si in proposito permanerent [b]. »

Hæc itaque, charissimi nobis, et dilectissimi, quæ superius annexa sunt, in quantum, miserante Deo, valuimus, inter cætera cap. deflorantes, tam sanctorum apostolorum, quam et jam [*Id. hic et infra*, etiam et] et beatorum Patrum sanctiones, seu et jam et probabilium beatissimorum pontificum decreta, ut uniuscujusque capituli sententia continet, in brevi eloquio perstringentes, ad vestri præsulatus notitiam et prædicationem, atque populi vobis a Deo crediti ædificationem, mandavimus ministranda atque perficienda ; hortantes vestram omnium prudentissimam sanctitatem, et procerum directionem, omni moderationi [*Lamb. et Bar.*, ut omnimoda ratione] non declinantes, a dextris aut sinistris, sed viam regiam incedentes, constantissime observetis apostolica mandata ; etenim hæc, amantissimi nobis, vobis dedimus in mandatis, ut nec nos coram Deo de taciturnitate judicemur ; nec vos de neglectu coram eo cogamini reddere rationem, sicut scriptum est in Dominico præcepto : *Si non venissem, et locutus eis fuissem, peccatum non haberent* (Joan. xv). Itaque nihil excusationis adhibentes, omnium rationabilium animarum salutem procuretis, **56** ita currentes in agone, ut non vituperetur ministerium vestrum, sed magis de palma victoriæ bravium accipietis [*Lamb.*, accipiatis] juxta egregii Apostoli dictum, *habentes*, bonis actibus inhærendo, *repositam coronam justitiæ* in siderea mansione, quam vobis reddat in illum diem justus judex Dominus Deus et Salvator noster Jesus Christus, qui vivit in unitate cum Deo Patre omnipotente, et Spiritu sancto per omnia sæcula sæculorum. Amen.

---

[a] liberis, prodito earum crimine, communio denegatur. Virorum autem latente commisso, non facile aliquis ex suspicionibus abstinetur. Qui utique submovebitur, si ejus flagitium detegatur. Cum ergo par causa sit, interdum, probatione cessante, vindictæ ratio conquiescit. » Ita, ni fallor, et hic reponendum erat, nisi antiquior disciplina ex Græcis regulis præsto fuisset, seu potius tempori aptior visa esset.

[a] Francorum interrogationem haud dubie propius attingit Leonis responsio 14 ad Rusticum Narbonensem : « Propositum, ait, monachi proprio arbitrio, aut voluntate susceptum deseri non potest absque peccato. Quod enim quis vovit Deo, debet et reddere. Unde qui relicta singularitatis professione ad militiam, vel ad nuptias devolutus est, publicæ pœnitentiæ satisfactione purgandus est : quia etsi innocens sit militia, et honestum potest esse conjugium, electionem tamen meliorum deseruisse transgressio est. » Proxime autem concil. Tol. vi (can. 6) sic decernens : « Quisquis virorum vel mulierum habitum semel induerit spontanee religiosum, aut si vir deditus ecclesiæ choro, vel femina fuerit, ac

fuit delegata puellarum monasterio, in utroque sexu prævaricator ad propositum invitus reverti cogatur : ut vir detondeatur, et puella monasterio reintegretur. Si autem quolibet patrocinio desertores permanere voluerint, sacerdotali sententia ita de Christianorum cœtu habeantur extorres, ut nec locutio cum eis ulla sit communis. » Horum vero capitum alterum deest in collectione Dionysiana quam sequitur Zacharias.

[b] Alteram partem hujus capitis, quod est 15 ad Rusticum, attuli not. [a] col. 89. Hic subjiciam primum ex canonibus ad Gallos, quos Sirmondus et Labbeus Innocentio, P. Coustant. Siricio tribuendos putat (*Epist. Rom. Pont.* tom. I, p. 682 sqq.). Juvat siquidem extra Collection. petere quæ ad rem plurimum faciunt : « Puella, quæ nondum velata est, sed proposuerat sic manere, licet non sit in Christo velata ; tamen quia proposuit, et in conjugio velata non est, furtivæ nuptiæ appellantur : ex eo quod matrimonii cœlestis præceptum non servaverit, -amore properante, ad libidinis cæcitatem. » Huc etiam spectant quæ supra cap. 21.

---

57 IN STEPHANI II LITTERAS ADMONITIO.

Cum Zacharias obiit supremum diem, anno videlicet 752, mensis Martii 24, duodecim infra dies duo pontifices sunt electi, utrique nomen Stephanus ; at prior tridui spatio, antequam consecraretur occumbens, neque ab Anastasio Bibliothecario, neque ab antiquorum ullo inter pontifices recensetur. Panvinius, quem card. Baronius sequitur, hunc etiam refert in reliquorum numerum. Hinc factum est ut Stephanus II, al. III, hic noster audiat, tametsi triduani illius electi vix nomen ad nos pervenerit. Stephanus igitur II ad Petri cathedram ascendit, eo temporis causæ erant plures cur Gregorii III exemplo auxilium peteretur, idque opportunius, ex Francia, quod intermissum tandiu erat. Etenim Pippinus, Caroli Martelli filius, nullo amicitiæ aut societatis vinculo junctus erat cum Aistulpho Langobardorum rege : plurimis autem beneficiis devinctus erat sanctæ sedi, cujus præsertim auctoritate idem primus Carolinæ stirpis regnare cœperat præcedenti anno. Præterea Carolomannus, Pippini frater, per sancti Zachariæ manus monachum induens Romå Cassinum se contulerat, ubi sub Optati abbatis disciplina rebus cœlestibus dabat operam. Huc accedit Bonifacii Moguntini studium fervens pro apostolicæ sedis disciplina in Galliis stabilienda, firmandaque in aliquibus Francorum monarchiæ partibus religione. Inde siquidem Romæ cum Francis necessitudo, magnumque missorum ac litterarum utrinque commercium.

II. Nihilominus Stephanus, qui in Lateranensi patriarchio eductus probe omnia norat, Zachariæ præsertim exemplum recens præ oculis habuerat, Aistulphum initia sui pontificatus conturbantem, cædesque ac vastationes minitantem, multis muneribus mulcet, ac per legatos Paulum germanum suum, quem in pontificatu successorem habuit, et Ambrosium primicerium pacis fœdus cum illo init per annos 40. Quarto inde mense fœdifragum, gravissimoque Romanæ provinciæ incolis tributo imposito, quod capitationem appellant, tyranno haud dissimilem, nova aggreditur legatione venerabilium abbatum Optati Cassinensis at Attonis sancti Vincentii ad Vulturnum, novisque amplissimis muneribus audaciam illius frangere pertentat. Cumque id minime cessisset ex voto, paulo post evenit ut imperator Constantinopoleos, 58 misso Joanne Silentiario, ac requisita pontificis opera, exarchatum, ac Pentapolim e manibus Langobardorum eripere pacis artibus moliretur. At sævissimus ille rex et pontificis preces et æquissima Augusti postulata susdeque habuit. Tum vero Stephanus captata occasione missos suos cum Silentiario Constantinopolim direxit. Pontificis it litteras ferebant obsequii plenas, queis tum de exarchatu rem infectam enarrabat, tum suppliciter cum orabat ut cum milite ad liberandam Urbem totamque Italiam veniret. Id factum initio anni 753, ut constanter antiqui ac recentes scriptores tradunt. Locupletissimum revera argumentum quod Romani pontifices Zacharias et Stephanus, inutili Gregorii III exemplo edocti, ne cogitarunt quidem de petendis ex Francia auxiliis; quodque ab annis licet quinque et viginti sanctæ reipublicæ moderatores essent, verique principes Romanæ provinciæ ab ipsis Langobardorum regibus haberentur, spem omnem resipiscentiæ Græcorum Cæsarum non abjecerant; iisdemque rempublicam tot servatam incommodis ultro reddituri erant, modo adversus nupera Aistulphi molimina periclitanti Urbi et Italiæ opem ferrent.

III. Verum, sic volente Numine, tanta socordia fuit impii Copronymi, ut neque contemptus Aistulphi exarchatui incubantis ab anno 751, cum Ravenna capta, pulsoque Eutychio exarchorum supremo, dominari ibidem cœpit; neque officia et preces pontificis eum moverint. Hæc cum ita se haberent, quid reliquum erat Stephano, nisi ut divinam implorater clementiam, quod tum ipse nudis pedibus, tum omnis populus aspersus cinere sacra templa adeundo frequenter gessit? Inde autem factum esse arbitror cum sacro Annalium principe (Baron. 756, n. 7) ut tam præsenti tamque firmo uteretur præsidio Pippini regis, per quem sancta sedes magnum habuit incrementum; nam Gregorii III prædecessoris sui vestigiis insistens, ad Francos se convertit. Opportuniori autem tempore id consilii cepit, tum ex prædictis causis, pulsoque quia Pippini novi regis pietas summa erat in Deum, summusque amor in principem apostolorum Petrum. Peregrino cuidam datas litteras ad regem liber Pontificalis tradit (sect. 255) quas tamen nemo unquam vidit. Quare de primis hisce litteris valde dubia res est. Certe haud ita multo post Droctegangus missus regis Romæ adfuit, per quem binas in Franciam litteras misit (*Cod. Car.*,

ep. 4, 5, al. 10, 11) ex quibus patet rem geri cœptam feliciter a pontifice.

IV. Tantum negotium esse inchoatum oretenus videtur ; non enim Droctegangus litteras, sed *verba salutationis* secum detulit; eumdemque 59 in modum fecisse pontificem, de se ipse palam testatur. *Per eum tuæ sublimissimæ bonitati in ore ponentes remisimus responsum*. Litterisque alteris Francorum duces precatur, ut *cooperatores et adjutores* sint in causa sancti Petri, perseverantiam tantummodo et regi, et ducibus enixe commendans. Quod, ut fidem facit de re agi cœptum, ita Peregrino illi, quicumque fuerit, non litteras, ut Anastasius credidit, periculosum sane consilium, sed verba esse credita persuadet. Confirmant id Rodigangus episcopus et Autcharius dux , alteri missi regii, qui pontificem in Franciam deducturi, paulo post adveniunt; nec tamen ullum in litteris indicium habetur facti apud Anastasium, Paulum Diaconum et Annales, celeberrimi. Utcunque autem sit, ante dimidium Octobris mensis prædicti anni 753 ea omnia evenerant, quæ brevi admodum narratione amplexus sum. Itaque novem fere mensium spatio et Copronymi fides extremum tentata, et res bene admodum cœpta tum litteris, tum arcana missorum interlocutione per Romanos et Francos; ac denique illo itum a pontifice, ut præsentia sua, nullo interprete, tanti momenti negotium perficeretur. Non conjectando, aut consultum in consultam, huncque in patriciatum inflectendo id assequimur; sed pontificis ipsius epistolis in Codice Carolino existentibus, cumque historia omni mirum in modum consentientibus id uberrime edocemur. Prædictæ siquidem duæ 4, 5, al. 10, 11, tanti negotii principium sunt, reliquæ sex perfectio.

V. Earum ordo ex rebus ipsis quas continent adeo certus, ut incuria illius qui eumdem pervertit in Codice facili negotio valeat emendari. Quamobrem 6, 7, 8, 9, 10, 11, al. 7, 9, 4, 6, 12, 8, consensu omnes enumerant. Quin etiam de tempore quo unaquæque conscripta est nulla fere dissensio, præter ultimam, quæ est undecima seu octava Codicis. Etenim Baronius, Cointius, Pagius aliique, ad annum referunt 756, Muratorius autem, eumque secutus Mansius (pag. not. 756, n. 2), ad annum differunt 757. Hic quidem multa recentiorum scriptorum observata congerens; ille autem innixus catalogo qui Farfense Chronicon præit, et duabus chartis archivii Lucensis : utrumque movet desiderii regis initium, quod eorum monumentorum auctoritate constituunt an. 757, aut Decembri mense anni præcedentis. Stephanus quippe de hujus electione loqui in ea epistola non possset, ut putant, anno 756. Nostra nihil interest chronologicis hujusmodi tricis immorari, quæ nihil promovent; ea propter a veteri chronologia non discedimus. At spectanda in primis historia iis epistolis 60 inclusa, quippe quæ commenta omnia et disputationes recentiorum evertit.

VI. Omnium primo epistolarum tituli spectari debent. « Excellentissimo filio Pippino regi » ordi tur prima Stephani epistola : et « Pippinum excellentissimum regem » videre est nominatum in altera, quæ ad duces Francorum, tempore eodem data fuit, anno videlicet 753. Quare igitur ante annos quindecim Gregorius III in suis litteris ad Pippini patrem, *Carolo subregulo* semel et iterum dixit? Quare Zacharias suam inscripsit epistolam anno 747: « Excellentissimo atque Christianissimo Pippino majori domus? » Tantæ mutationis causam reddit Ludovicus II in celebri ad Basilium epistola (Baron. 871, n. 54, 59) sæpius edita. « Francorum principes primo reges, deinde vero imperatores dicti sunt, ii duntaxat qui a Romano pontifice ad hoc oleo sancto perfusi sunt... , qua (sancta sede) et regnandi prius et postmodum imperandi auctoritatem prosapiæ nostræ seminarium sumpsit. » Luculentius id patet ex cod. ms. de Glor. mart. sancti Gregorii Turonensis, in cujus fine scripter Pippini temporum æqualis, codicis ætatem posuit; quam rem tanti habuit Mabillonius (*De Re dipl.*, pag. 554, tab. 22), ut inter monumenta vetera recensuerit. Ibi autem ad rem nostram ita legitur : « Ipse prædictus domnus florentissimus Pippinus rex pius per auctoritatem et imperium sac. record. domni Zachariæ papæ, et unctionem sancti chrismatis per manus sacerdotum Galliarum, et electionem omnium Francorum tribus annis antea (751) in regni solio sublimatus est. » Sunt quibus hæc Childerici III, regis Merovingiorum ultimi, licet ignavi atque inutilis, depositio, Carolingiorumque exaltatio auctoritate apostolica parum sapit, legumque civilium ope de jure disputant : at velint nolint, factum probarunt veteres, ejusque memoriam, ne ulla unquam deleret oblivio, annalium monumentis consignarunt. Idque mihi est satis ad priorum Stephani II epistolarum titulos novos, atque antea inauditos explicandum.

VII. Reliquæ epistolæ omnes tum Stephani, tum successorum pontificum, ad regis titulum adjiciunt illustrem alium *patricii Romanorum*. Quem sane titulum, nequicquam eruditi recentiores se torquent, ante exeuntem annum 754, cum pontifex idem ex Francia redierat Romam, nulla in pontificia epistola reperire est. Hinc vero non modo Pippinum, sed filios quoque ejus Carolum et Carolomannum, perpetuo patricios nuncupatos in litterarum titulis videmus. Causa liquet ex constanti scriptorum veterum ac recentiorum testimonio (Baron. **61** 754, n. 2, pag. ibid., n. 5 et seqq., et 755, n. 3); quinto enim Kalendas sextiles, seu die 28 Julii ejus anni, Stephanus II et Pippinum iterum, et duos filios reges unxit in monasterio sancti Dionysii, nec non patricios Romanorum designavit. Quam dignitatem Pippinus et Carolomannus usque ad extremum vitæ diem retinuerunt, perpetua enim erat; Carolus autem, qui postea Magnus appellari cœpit, in octavi ejus sæculi fine Augusti potiorem dignitatem adeptus, antiquiorem illam patricii, natura sua desuescentem, nomine tenus, non re prætermisit. Sed hæc, cum excedant limites Codicis Caroline, huc non pertinent. Hactenus de patricii dignitate, quam ab exeunte anno 754 epistolæ omnes laudati Codicis præseferunt in titulo. Majoris momenti res modo spectari oportet; quæ nimirum pontificem inter et reges evenerunt tum in Francia, tum in Italia, usque ad annum 757, cum Stephanus supremum diem obiit 24 Aprilis. Iis quippe minime cognitis vera litterarum sententia teneri non potest.

VIII. Quanquam Roma discessisset pontifex die 14 Octobris anni 753, non ante diem 15 Novembris ab Aistulpho impetravit iter suum Ticino prosequi versus Franciam. Neque enim pontificiis precibus, neque regis Pippini legatorum arte et officiis moveri poterat, ut maximum sibi, quod præsagiebat, incommodum lubens mercaretur. Quin etiam ægre dimissum insidiis prosequi ausus est, quoad Italiæ fines est prætergressus. Tum vero consilia omnia pontificis ut eluderet, Optato Cassinensi abbati præcepit ut legationem monachorum ad Pippinum adornaret, cujus princeps esset Carolomannus Francorum regis frater, perque eam illius aures animumque a pontifice averteret. Versuta deliberatio ! Optatus ipse abbas paulo ante legatione pontificis functus, dure acceptus fuerat ab Aistulpho, suumque ad monasterium reverti jussus, ne rei quidem infectæ nuntius redire ad Urbem potuerat. Præterea recens memoria erat Cassini instaurati monasterii per Petronacem, cui Optatus successerat. Quæ res Langobardorum immanitatis pristinæ admonebat, qui illud a fundamentis ita everterant, ut vix post annos 155 inhabitari a paucis monachis cœptum fuerit. Quid si eadem gens audacissimi regis imperio excidium innovandi occasionem captasset? Quid plura ? Monasterii periclitantis mandatorumque abbatis impulsu Carolomannus cum sociis ad regem fratrem advolat, imminentia damna exaggerat, a pontificis amicitia ut illum disjungat omnia experitur. At divinæ voluntati resistere nequaquam valuit. Certum, deliberatumque erat regi causam divi Petri aliis omnibus anteferre. **62** Quamobrem ut monachorum incolumitati consuleret, pontificis auctoritate in sancti Dionysii cœnobio eos collocavit ; unde Carolomannus insequenti anno migravit ad superos ; socii vero ad sancti Benedicti monasterium Cassinense nonnisi anno 756 post Aistulphi mortem sunt regressi, ut patet ex postrema Stephani epistola (*Cod. Carol.* 11, al. 8). Interea de summa re, quæ pontificem eo perduxerat, liberius agebatur.

IX. Pontigone in palatio regio, ubi primum summo cum honore pontifex erat exceptus die 6 Januarii mensis 754, explorata omnia sunt, tum quorum enarratio missis credita erat, tum quorum tractationem sibi pontifex reservaverat. Deinde Carisiaci confecta stipulatio diplomatis, cui non modo Pippinus, verum etiam filii Carolus et Carolomannus, jam reges et patricii Romanorum-d. signati, necnon palatina officia subscripserunt. De quibus constat ex Anastasio, epistolis Codicis Carolini, et omnibus Francorum scriptoribus. De exarchatu et Pentapoli, quas provincias Aistulphus Græcis ante triennium, seu potius Romano pontifici, in cujus clientelam se dederant, Græcæ impietatis causa, eripuerat, donandis divo Petro et ejus successoribus, xique armorum e potestate Langobardorum eripiendis acium fuit. De Urbe autem atque ejus ducatu similiter donandis tam longe est ut pontifex cum rege ageret, ut Narniensem civitatem a Spoletano duce jampridem invasam recuperandi ejus auxilio spem non inanem conceperit. Etenim ubi rex in Italiam primo venit cum milite, dux ille territus civitatem invasam restituit. Cumque haud ita multo post Francis ex Italia recedentibus Aistulphus fœdifragus non solum exarchatum et Pentapolim tradere recusaverit, sed etiam quæ pontificiæ dominationis erant invaserit, ipsamque urbem Romam obsidione cinxerit ineunte anno 755, Stephanus Pippinum ad novam expeditionem sollicitans, clare et distincte eum docet tum de exarchatu et Pentapoli nullatenus traditis, tum de antiquæ ditionis pontificiæ civitatibus ereptis (*Cod. Carol.*, epist. 8, 9, al. 4, 6). Quod eodem tempore iisdemque verbis proceribus Francorum significat : « Nihil juxta ut constituit et per vinculum sacramenti confirmatum est, valuimus impetrare, etiam quia nullum augmentum nobis factum est, potius autem post desolationem totius nostræ provinciæ, etc. » et infra : « Nam et civitatem Narniensem, quam beato Petro tua Christianitas concessit, abstulerunt, et aliquas civitates nostras comprehenderunt. »

X. In quibus ea præsertim notari velim, quæ quia Gretserus prætermiserat in epistola 8, al. 4, apud Muratorium quoque desiderantur, **63** qui Lambecianæ editionis alieno opere parum accurato varias lectiones adjungens (*Rer. Ital.* tom. III, part. II) non pauca omisit notatu digna quæ suis locis indicabuntur. In sequenti autem neque a Gretsero, neque a Muratorio, quæ nuper attuli, omittuntur. Quid enimvero si volunt pauca illa, « nullum augmentum nobis factum est, » post narratam quod Aistulphus nihil omnino tradidit de exarchatu et Pentapoli, et antequam ditio propria Romanæ sedis memoretur ? Nonne consentiunt cum inscriptione omnibus notissima apud Ravennam : *Pippinus pius primus amplificandæ Ecclesiæ viam aperuit* ? Nonne qui Romanæ provinciæ, sive Urbis et ejus ducatus dominationem ante Pippini donationem negant, a veritate longe abeunt ? Disputent ii potius num pontifex tanquam primus civis, an velut princeps, reipublicæ præesset, quod unum quæri potest : at res luce ipsa clariores nequicquam audent in dubium vertere. Et vero si rex perjurus nihil omnino dederat beato Petro, ut in prædictis litteris legimus ; si nec unius palmi terræ spatium beato Petro sanctæque Dei Ecclesiæ, vel reipublicæ Romanorum reddere passus est, » quod præcedentibus in duabus epistolis (*Cod. Car.*, 6, 7, al. 7, 9) pontifex querebatur: quo igitur spectant alia illa verba ejusdem pontificis (*Cod. Car.*, ep. 7, al. 9), « scamaras atque deprædationes, seu devastationes in civitatibus et locis beati Petri? » et alia, quæ nuper audivimus : « aliquas civitates nostras comprehenderunt? » Longum esset hic omnia persequi, quæ opportuniorem sibi locum vindicant in notis. Hæc tamen pauca digna mihi visa sunt quæ hic veluti prælibentur, quoniam præeunt possessionem vel unius palmi terræ initam a pontifice, ad Cointii, Pagii aliorumque tum ex Francia, tum ex Italia scriptorum opiniones evertendas, qui pontificiæ dominationis primordia desumunt a donatione Pippini, et, quod incredibile omnino est, exarchatu et Pentapoli definiunt sanctæ sedis ditionem ; Urbis autem et Romani ducatus dominatum alii ad annos alios, diuturna omnes post tempora, et omnes falso differunt ejusque naturam pervertunt.

XI. Cum enim sanctus Leo III, tum motus exemplo suorum prædecessorum Pauli I, Stephani III et Adriani, qui Ravennatium archiepiscoporum audaciam reprimere Francorum regum auxilio vix, imo ne vix quidem potuerant, ut infra planum erit ex litteris hujus Codicis ; tum Romanorum aliquot temeritate compulsus, patriciatus Caroli dignitatem in Augusteam immutarit, ac proinde auctoritatem illi et Romæ et tota in ecclesiastica ditione delegarit, aut, si mavis, concesserit : prædicti auctores ambiguis antiquorum testimoniis, suisque commentationibus **64** pontificum Romanorum auctoritatem supremam in imperialem vertunt, et delegatam seu concessam imperialem (excepto Pagio, qui de eadem recte sentit) in pontificiam. At de his dicendum erit ad litteras Leonis III, quæ Codicis Carolini epistolas continuo sequentur. Nunc de istis quæ supremam sanctæ sedis potestatem tam perspicue ponunt ob oculos ; ut omnes illorum conatus eludant. Id præcipue patet ex postrema Stephani II. epistola (*Cod. Car.* 11, al. 8), quæ una exploranda restat ; nam quod de sex prioribus præmonendum erat, jam dixi : quæ autem divi Petri nomine conscripta fuit (*Cod. Car.* 10, al. 5) anno 755, ejusdem sententiæ est ac duæ præcedentes dicti anni. In postrema vero, data sequenti anno 756, et de priori donatione Pippini confirmata (novaque suscepta expeditione) acerrime vindicata, Græcorum petitionibus susdeque habitis, et de omnium fere urbium exarchatus Pentapolisque solemni possessione inita tam dilucidus ac distinctus habetur sermo, ut ejus impugnatio audax, imo impudens vocari possit.

XII. Postquam audiit Copronymus devictos a rege Francorum Langobardos, omnesque civitates et loca quæ juris Græcorum erant ante annos quatuor, ac per exarchos, utcunque dubia populorum fide, retinebantur, Romano pontifici a rege victore data esse ; postquam, inquam, hæc audiit Copronymus, nullis paratis exercitibus, ut æquum erat, sed legatis tanta re commissa, Georgio protosecretæ et Joanni Silentiario, ejus exitum exspectans, in impietate audacior patre, in necessario armorum usu maxime omnium deses, manebat Constantinopoli. Legati veniunt primum Romam, ubi de nova Pippini expeditione audiunt a pontifice, qui apostolico misso iis adjuncto abire ad regem sinit. Mari Massiliam ocissime appellentes, Francorum exercitum Langobardiam jam tenere comperiunt. Quamobrem quid consilii caperent nescii, missum apostolicum detinere illic moliuntur, quod minime cessit ex voto : is enim pergere quo cœperat omnino voluit. Quod licuit, ex iis unus eum prævertit, Pippinumque prope Ticinum assecutus, precibus ac munerum sponsione eum aggreditur : « ut Ravennatum urbem, vel cæteras ejusdem exarchatus civitates et castra imperiali tribuens concederet ditioni. » Responsum regis spem omnem ademit, præ aliis id jurejurando affirmantis « quod

per nullius hominis favorem sese certamini sæpius dedisset, nisi pro amore beati Petri et venia delictorum ; asserens et hoc, quod nulla eum thesauri copia suadere valeret ut quod semel beato Petro obtulit, auferret. » Fusius omnia enarrantur **65** apud Anastasium, quo hac in re integrior testis haberi non potest : ea siquidem scripsit quæ a rege ipso pontifex sciscitatus fuerat erantque haud dubie litteris commendata.

XIII. Et vero non multos post dies, audito Græci imperatoris legato, rex Francorum devicit secundo Aistulphum, mœniisque Ticini clausum coegit dare missos, quibuscum suus consiliarius Fulradus abbas singularum civitatum possessionem iniret pro sancta sede, quod factum postremis mensibus anni 755, fortasse etiam sequentis initio; nam pontifex, nonnisi anno 756 aliquantulum provecto agit gratias Pippino ob negotium a Fulrado confectum (*Cod. Car.*, ep. 11, al. 8), istud etiam adjungens quod novus Langobardorum rex Desiderius se redditurum promiserat nonnullas civitates, quarum possessionem inire per Aistulphum non licuerat. Eadem occasione et de altero legato imperiali hæc scribit : « Qualiter autem cum Silentiario locuti fueritis, vel quomodo cum tua bonitas absolverit, una cum exemplari litterarum quas ei dederitis, nos certiores reddite, ut sciamus qualiter in communi concordia agamus, sicut inter nos et Fulradum Deo amabilem constitit. » Ex quibus patet pontificem tunc latuisse colloquium regis cum legato, factamque huic potestatem abeundi, ac responsum ei datum ad Copronymum : quæ ne apud Anastasium quidem leguntur. Secus est de Pippinianæ donationi civitatum possessione per Fulradum inita; non enim donatio ipsa, ut falso creditur, apud Anastasium enarratur ; sed ex tantum civitates recensentur quarum claves obsidesque in Urbem venerunt. De donatione enim integra cum regia Pippini et filiorum subscriptione ait : « Quæ et usque hactenus in archivio sanctæ nostræ ecclesiæ recondita tenetur. » Cunque horum omnium cognitio necessaria sit ad tenendam hujus epistolæ sententiam, Anastasii locum hic promam ex codice Farnesiano codice, per eadem fere tempora exarato, qualem accurate descripsit ill. Blanchinius, forma ipsa characteris servata (*Anast.* tom. II, pag. LVII). In Vita igitur Stephani II (sect. 252 seqq.) hæc perquam diligenter enarrantur :

XIV. « Et denuo confirmato interiore pacto, qui per elapsam octabam indictionem inter partes provenerat, restituit ipsas prælatas civitates, addens et castrum quod cognominatur Comiaclum. De quibus omnibus receptis civitatibus donationem in scriptis beato Petro adque sancte Romano Ecclesie, vel omnibus in perpetuum pontificibus apostolice sedis emisit possidendas ; que et usque **66** actenus in achibo sancte nostre ecclesie recondite tenetur. Ad recipiendas vero ipsas civitates misit ipse Christianissimus Francorum rex suum consiliarium, id est Fulradum ven. abbatem et presbyterum absolsit. Et continuo ejus eximietas feliciter cum suis exercitibus Franciam reppedavit. Prenominatus autem Fulradus ven. abb. et prbr. Rabennantium partes cum missis jam fati Aistulfi regis conjungens, et per singulas ingrediens civitates tam Pentapoleos et Emilie, easque recipiens et obsides per unamquamque auferens, aque primatos secum una cum claves portarum civitatum deferens Romam conjunxit. Et ipsas clabes tam Rabennantium urbis, quaque diversarum cibitatum ipsius Rabennantium exarchatus una cum suprascripta donatione de eis a suo rege emissa, in confessione beati Petri ponens eidem Dei apostolo et ejus vicario sanctissimo pape adque omnibus ejus successoribus pontificibus perenniter possidendas adque disponendas tradidit : id est Rabenna, Arimino, Pensauro, Conca, Fano, Cesinas, Sinogalias, Esis, Forumpopuli, Forum Olibi, cum castro Sussubio, Monteferetri, Accerragio, Montelucati, Serra, Castellum sancti Marini, Vobio, Orbino, Gallis, Luciolis, Egubio, seu Comiaclum, necnon et civitatem Narniensem, que a ducatu Spoletino parti Romanorum per evoluta annorum spatia fuerat invasa.

XV. Hinc videmus Æmiliæ seu exarchatus civitates abesse Faventiam, Imolam, Ferrariam, Bononiam Gabellum, Adriam. Pentapoleos etiam Anconam, Auximum, Numanam, Forum Sempronii et Territorium Valvense; quare Pippinianam donationem integram non describi apud hunc auctorem intelligimus. Eoque id magis, quod epistola Stephani II quam versamus, enarrata Aistulphi morte, qui pacta conventa violaverat aliqua ex parte, de successore ejus Desiderio tum Romanis amico : « Pollicitus est, inquit, restituendum beato Petro civitates reliquas *Faventiam, Imulas*, et *Ferrariam* cum eorum finibus; simul etiam et Saltora, et omnia territoria. » Necnon et *Ausimum*, Anconum, et *Humanam* civitates cum eorum territoriis. Et postmodum per Garinodum ducem, et Grimoaldum nobis reddendum spopondit civitatem Bononiam cum finibus suis. » Ne Desiderium quidem stetisse promissis, Romanosque pontifices usque ad Caroli Magni tempora, qui paternam suamque donationem instauravit, exarchatum integrum ac Pentapolim haud possedisse Stephani successorum epistolæ nos docebunt. Interea vero tenemus, quanta cum fide **67** apud Anastasium recenseantur civitates, quarum certa possessio ab anno 756 seu etiam sequenti, ut Annalium Fuldensium auctoritate nonnulli affirmant, quæ unius anni discrepantia rei summam non mutat. Summa scilicet ea est, ut « civitates reliquas, quæ sub unius dominii ditione erant connexæ atque constitutæ, fines, territoria, etiam loca et saltora in integro » sancta sedes Pippini opera possideret, quorum possessionem minime inierat Fulradus, adeoque exarchatus integer ac Pentapolim, quæ Langobardi ante annos quinque suæ subjecerant potestati, unius clientelam jampridem venerant, subjicerentur. Id Stephanus petit postremis litteris.

XVI. Multa quæ in Stephani litteris, præsertim ultimis, continentur, prætereo, quippe agendum de iis erit in notis, cum sanctæ sedis ditionem seu pontificium principatum non spectent, quem unum hisce in admonitionibus ad uniuscujusque pontificis litteras mihi proposui. Id vero præterire non possum, nec debeo quod neque apud Anastasium, neque ullis e Stephani litteris, quidquam a rege Francorum datum esse deprehenditur, citra exarchatum atque Pentapolim; tametsi pro Urbe et ejus ducatu vindicandis sanctæ sedi expeditio altera suscepta esse videtur, nam Roma obsidione cingebatur, gensque effrenis Langobardorum longe lateque per Romanam provinciam grassabatur. Territi tum quidem Langobardi, qui ne suum quidem regnum tueri poterant adversus validissima Francorum arma, et vexare Romanam provinciam desierunt, et quæ bello acquisierant contra Græcos, restituere jurejurando sunt polliciti. Spoleti etiam dux jure sibi metuens, Narniam, quam Romanis invaserat, ultro iis reddidit. Hinc est quod redemptam a Pippino hanc Romanam provinciam frequenter audimus in his litteris, nusquam tamen reperire est donatam aut redditam divo Petro et ejus successoribus: nihilominus Paulo I ad summum pontificatum evecto post Stephani fratris mortem anno 757, continuo rex Pippinus Romanos admonet ut suo ipse `um principi fidem servent, quod testatur

[a] hanc epistolam et sequentem, datas an. 755, et 7 Cod. Car., datam exeunte an. 754, nec Baronius, nec Centuriatores norunt. Recte Pagius de earum ætate (755, n. 5; 755, n. 1). Cenn.

[b] Merovingiis ob desidiam abjectis, auctoritate apostolica Pippinus designatur rex Carolingiorum primus a sancto Zacharia an. 751 (Mabillon, *de Re dipl.* p. 554, tab. 22) Sequenti anno a sancto Bonifacio inungitur (*Annal. Fuld.*, 751). Hac de re late Pagius a num. 1 ad alias aliorum opiniones

A « universus senatus atque universa populi generalitas a Deo servata Romanæ urbis, » perspicuis hisce verbis (*Cod. Carol.*, ep. 15, al. 36) : « In ipsis vestris mellifluis apicibus nos salutari providentia vestra ammonere præcellentia vestra studuit firmos nos ac fideles debere permanere erga beatum Petrum principem apostolorum et sanctam Dei Ecclesiam, et circa beatissimum et coangelicum spiritalem patrem vestrum a Deo decretum dominum nostrum Paulum summum pontificem et universalem papam. » Quare iidem profitentur : « Nos quidem, **68** præcellentissime regum, firmi ac fideles servi sanctæ Ecclesiæ Dei, et præfati ter beatissimi et coangelici spiritalis Patris vestri domini nostri Pauli summi pontificis et universalis papæ consistimus. » Igitur Romæ ejusque ducatus princeps et antea fuerat et tunc erat pontifex.

XVII. Quod si argumentum aliud longe præstantius desideratur, peti illud debet ex quinta Stephani
B epistola (*Cod. Carol.*, 8. al. 4) data ad regem et omnes Francos tempore obsessæ Urbis an. 755, cum « nullum augmentum factum » erat, neque « unius palmi terræ spatium » veteri ditioni additum fuerat. Ibi enim definitur « senatus et generalitas populi » hunc in modum : « Stephanus papa, et omnes episcopi, presbyteri, diacones, seu duces, chartularii, comites, tribuni, et universus populus et exercitus Romanorum. » Palatina hæc officia principatum designare ii tantum ignorant, qui pontificiam ditionem ægre ferunt Romæ et in ejus ducatu. At de Stephani epistolis satis multa. Cum iis autem maximam affinitatem habent quæ ad Pauli multo plures præmoneam, postquam e Stephani epistolarum notarumque iis subjectarum lectione plura etiam quam quæ hic monui comperta erunt. Equidem pro certo habeo, prorsus abjectum in opiniones seu potius hallucinationes eorum qui Romæ atque ejus ducatus dominationem a Francorum regibus repetunt. Quare et consecutæ inde quæstiones, cujusmodi esset ponti-
C ficum dominatio; num, utilis tantum dominii Ecclesia compote, supremum jus apud Augustos remaneret, et regesne an Augusti Romam concesserint divo Petro et ejus successoribus? Quarum sane rerum nullo hærentium fundamento transmontanorum pleni sunt libri, nupero Italorum Annalium scriptore iis suffragante. At veritas simplex atque una opinioni bus hominum omnigena etiam eruditione præstantium nunquam fuit obnoxia.

IV.

69 ITEM EPISTOLA EJUSDEM PAPÆ

PER DROCTEGANGUM ABBATEM DIRECTA,

In qua continentur gratiarum actiones et uberrimæ benedictiones.

(An. aom. 755, Cod. Car. x, chron. 4).

ARGUMENTUM.—Pippini auctoritate apostolica regis Francorum secretæ legationi officiose respondet. De suscipienda Ecclesiæ defensione ab eodem rege ac de futuro pontificis in Franciam itinere secreto agitur per Droctegangum abbatem vivæ vocis oracula ultro citroque ferentem. Responsum regium secreto pariter mitti desiderat.

Domno excellentissimo filio Pippino regi, [b] Stephanus papa.

D expendens, et cum Baronio statuens legationem Franciæ procerum sacramento religione solvi aventium haud removeri posse ab an. 751. Quamvis igitur mense Martio, seu Maio seq. anni, juxta opiniones varias, inauguratus fuerit, Zacharia jam vita functo, ut auctores ap. Pagium (752, n. 1 seqq.), attamen sanctæ sedis auctoritas, Ludovici II litteris omniumque annalium auctoritate nitens, ab anno 751 repetenda est.

Præsens Droctegangus abbas sacris liminibus pro- **A** tectoris tui beati apostolorum principis Petri, et nostris obtutibus præsentatus imposita sibi verba salutationis ac sospitatis [a], a Deo servatæ atque amantissimæ excellentiæ tuæ [exponens, *vel simile quid*] innumeras omnipotenti Deo læti effecti gratias referentes egimus, petentes ejus divinam misericordiam, licet peccatores et indigni, ut pro sua te protegat pietate, excellentissime fili, et multo amplius atque perfectius suo timore tuum regnum confirmet, et amore apostolico, quatenus et præsenti vita longe [*Grets.*, longæva] fœliciter fruaris, et æternæ beatitudinis [*Lamb.*, beatitudinis paradisi] consors, fructu apostolici amoris, effici merearis; [b] etenim **70** præsens Droctegangus, fidelis tuus missus, juxta quod nobis locutus fuit, congruum per eum tuæ **B** sublimissimæ bonitati in ore ponentes remisimus responsum, cui et in omnibus credere jubeas [*Lamb.*, lubeas], quia in omnibus quæ mandasti, Christo cooperante, salutaria tibi mandavimus, sed imple Dominicum dictum, sicut scriptum est: *Quoniam qui perseveraverit usque in finem* [Gent. add. *hic*], *salvus erit* [c]. Ex hoc enim centuplum accipies, et vitam possidebis æternam. Hoc autem petimus, fili, ut dum missos tuos ad nos remittere jusseris, cum responsis hunc Joannem virum religiosum cum eis mittere jubeas; fidelis enim tuus est, et prudenter reportat responsa. Bene vale.

V.

71 ITEM EPISTOLA GENERALIS EJUSDEM PAPÆ,

In qua continentur gratiarum actiones et uberrimæ benedictiones.

(An. Dom. 755, *Cod. Car.* xi, canon. 5.)

ARGUMENTUM. — Eadem occasione orat Francorum duces, ut sancti Petri causam una cum rege, juxta conditum per Droctegangum, suscipiant. Cœlestem remunerationem ipsius apostolorum

[a] Mabillon. (*Ann.* lib. xxii, n. 70), Druetegangum hunc missum, seu legatum regis, abbatem Gemeticensem, non Gorziensem, ut Cointius, fuisse putat. Historiam et ipse narrat; missum videlicet a pontifice fidum homínum peregrini habitu, qui aut litteris, aut vivæ vocis oraculo significaret regi desiderium pontificis in Franciam eundi, ut cum eo de Ecclesiæ necessitatibus colloqueretur: statimque a rege beneficii recentis memore missum Droctegangum abbatem, et haud ita multo post Rodigangum episcopum Metensem, et Autcharium ducem, qui pontificem comitarentur illuc euntem. Ante Metensis episcopi et collegæ adventum datæ litteræ, ac secreta consilia credita. Hisce haud exspectatis Pippinum alteros legatos misisse comprobat pontificis discessus Roma die 14 Octobr. (Anast., *in Vita Steph. II*). Etenim anno eodem antequam pontifex ad Francorum regem se verteret, tum Constantinopolim opem quæsierat; tum Optatum abbatem Cassinensem, et Attonem Vulturnensem legatos miserat Aistulpho (*Chron. Volturn., Rer. Ital.* tom. primo, part. ii), nec nisi exspes hinc sanioris mentis, inde auxilii, eo confugit, teste historia omni.

[b] Notanda merces a pontifice Francis regibus promissa; non enim alia occurrit in ullis ex hujus codicis litteris. Timor Dei et amor Petri assidue ingeruntur regibus, perque hujus patrocinium peccatorum venia et præmium æternum promittitur, merces sectariis tantum invisa.

principis patrocinio pollicetur; si-in timore Dei, et Petri amore, quo mirifice afficiebantur una cum rege, perseveraverint usque in finem. Petrum potestate sibi a Deo concessa peccata hic delere, et aperire januam regni cœlorum.

[d] Stephanus episcopus servus servorum Dei, viris gloriosis nostrisque filiis omnibus ducibus gentis Francorum.

Læta gaudet sancta mater Ecclesia in provectu fidelium filiorum. Propterea etsi corpore absentes, spiritu vero præsentes, gloriosam prudentiam, atque dilectionem vestram, sublimissimi filii, ac si præsentialiter amplectentes, in osculo pacis, salutamus in Domino dicentes: *Benefac, Domine, bonis et rectis corde* (Ps. cxxiv). Quoniam fiduciam habemus quod Deum timetis, et protectorem vestrum beatum Pe- **B** trum, principem apostolorum, diligitis, et cum tota mentis devotione pro ejus perficienda utilitate in nostra obsecratione cooperatores et adjutores eritis, pro certo tenentes quod per certamen quod in ejus sanctam Ecclesiam vestram spiritalem matrem feceritis, ab ipso principe apostolorum vestra dimittantur peccata, et pro capti [*Lamb.*, cœpti] cursu laboris, centuplum accipiatis de manu Dei, et vitam possideatis æternam [e].

Idcirco obsecramus, atque conjuramus vestram sapientissimam charitatem per Deum, et per Dominum nostrum Jesum Christum, et diem futurum examinis, in quo omnes pro nostris facinoribus erimus **72** reddituri rationem ante tribunal æterni Judicis, ut nulla interponatur occasio, et [*Lamb.*, ut] non **C** sitis adjutores, ad obtinendum filium nostrum a Deo servatum Pippinum, excellentissimum regem, pro perficienda utilitate fautoris vestri beati apostolorum principis Petri, sicut per præsentem Droctegangum, religiosum abbatem, ejusque concomites direximus[f], quatenus vobis concurrentibus, dum nostra deprecatio fuerit impleta, ipso principe apostolorum, cujus

[c] Hinc patent secreta consilia, quæ luculentius explicantur in sequenti epistola. De Ecclesia scilicet defendenda adversus Langobardos agitabatur.

[d] Hoc hodie principium litterarum quas bullas vocant Garnerius (*in Append. ad lib. Diurn.*) cautiones quasdam præmittit inscriptioni pontificiarum epistolarum, quarum quinta opinionem eorum præsefert, qui pontifices nomen suum postposuisse putant, cum præcellentibus personis scriberent, cum inferioribus, **D** præposuisse; quam tamen falsam esse contendit, prolatis exemplis a quinto sæculo ad nonum. At exemplum istud est evidens. CENN.

[e] Opportuna æternæ ejusdem mercedis promissio Francorum ducibus, opportunæ preces: nam Eginhartus in Vita-Caroli (cap. 6) de Pippini expeditione Italica ita loquitur: « Quod-prius quidem et a patre ejus Stephano papa supplicante cum magna difficultate susceptum est, quia quidam ex principibus Francorum, cum quibus consultare solebat, adeo voluntati ejus renisi sunt, ut se regem desertuuros domumque redituros libera voce proclamarent. Susceptum tamen bellum est contra Aistulphum regem, et celerrime completum. »

[f] Legatorum seu missorum princeps nominari quandoque consuevit, ut infra esse factum videbimus: at socios etiam venisse cum Droctegango ex superiori epistola patet; nam Joannem mitti cum responso pontifex oraverat.

causa est, largiente, vestra deleantur peccata, et ut habet potestatem a Deo concessam, sicut claviger regni cœlorum, vobis aperiat januam, et ad vitam introducat æternam. Sed attendite, filii, et ad participandum hoc quod optavimus, studiosius elaborate, scientes quod si quis declinaverit in aliam partem, ab æternæ beatitudinis hæreditate erit alienus; scriptum quippe est : *Qui perseveraverit usque in finem, hic salvus erit* (Matth. x); *diligentibus namque Deum omnia cooperantur in bonum* (Rom. viii). Bene valete.

VI.
73 ITEM EPISTOLA EJUSDEM PAPÆ
AD DOMNUM PIPPINUM REGEM,

ET [*Al.* vel] CAROLUM ET CAROLOMANNUM,

Pro defensione sanctæ Dei Ecclesiæ, quia Haistulfus [Aistulfus] irritum fecerat pactum quod cum eis fecerat, et suum sacramentum non conservaverat, sicut pollicitus eisdem regibus fuerat, etc.

(*An. Dom.* 754, *Cod. Car.* vii, *chron.* 6.)

ARGUMENTUM. —Post reditum ex Francia, Pippino et filiis ejus tribus regibus dolenter nuntiat, evenisse ut prædixerat, Aistulphum immemorem sacramenti quo a Pippino adactus erat Ticini, donationem ab iis factam nihili habuisse. Orat ut sicuti sancti Petri eorum protectoris miraculo insignem de Langobardis victoriam reportarunt, ita eidem concessa acerrime vindicent. Nulli ex eorum majoribus regni, et defensionis sanctæ sedis, seu patriciatus honorem obtigisse. Fulradum et socios narraturos quæ sancta sedes ferebat incommoda.

Domnis excellentissimis filiis Pippino regi et nostro spirituali compatri, Carolo et Carolomanno item regibus, et utrisque patriciis Romanorum [a], Stephanus papa.

Dum regni vestri 74 nomen inter cæteras gentes erga sinceram fidem beati Petri principis apostolorum lucidissime fulserit, valde studendum est ut unde glorio-iores cæteris gentibus in servitio beati Petri vos omnes Christiani asserunt, inde omnipotenti Domino, qui dat salutem regibus, pro defensione sanctæ suæ Ecclesiæ perfectius placeatis, ut fidem, quam erga eumdem principem apostolorum colitis, adjutricem in omnibus habeatis; optaveramus quidem, præcellentissimi filii, amplius protelando nostram locutionem dilatare, sed quia pro multis ab iniquo Haistulfo rege Langobardorum nobis ingestis tribulationibus, cor nostrum omnino [*Lamb.*, nimio] atteritur dolore, et tædet spiritus noster, ideo a multorum sermonum prolixitate declinavimus, et unum, quod est necessarium, excellentissimæ Christianitati vestræ innotescere studuimus, a Deo protecte [*Lamb.*, protector), nosterque spiritualis compater, et vos dulcissimi filii, pro mercede animarum vestrarum, quemadmodum misericors Deus noster cœlitus victorias vobis largiri dignatus [*Lamb. add.* est]; justitiam beati Petri, in quantum potuistis, exigere studuistis, et per donationis paginam restituendum confirmavit bonitas vestra [b].

Nunc autem, sicuti primitus Christianitati vestræ de malitia ipsius impii regis edix̀mus, ecce jam mendacium, et iniqua perversitas, atque ejus perjurium declaratum est; antiquus quippe humani generis hostis diabolus ejus perfidum invasit cor, et quæ sub vinculo sacramenti affirmata sunt, irrita facere visus est, nec unius enim palmi terræ spatium beato Petro sanctæque Dei Ecclesiæ, vel reipublicæ Romanorum reddere passus est; tanto quippe a die illo, a quo ab invicem separati sumus, nos affligere et in magna ignominia sanctam Dei Ecclesiam habere conatus est, quanto non possunt hominum linguæ enarrare, quia etiam et ipsi lapides, si dici potest, tribulationem nostram magno 75 ululatu flerent, et ita nos visus est affligere, ut denuo in nobis innovata fuisset infirmitas; nimis namque lugeo, excellentissimi filii, cur verba nostræ infelicitatis non audientes, mendacium plusquam veritatem credere voluistis, illudentes vos et irridentes : Unde et sine affectu [*Lamb.*, effectu] justitiæ beati Petri, ad proprium ovile et populum nobis commissum,

---

[a] Compendium eorum omnium quæ acta fuerant in Francia, et quorum summam in admonitione attigi annalista Fuldensis ad an. 753 refert : quin etiam quæ sequenti anno sunt peracta. Ait enim : « Stephanus papa Romanus auxilium contra Haistulphum regem Longobardorum petens ad Pippinum in Franciam venit : a quo honorifice exceptus, apud Parisios duos filios ejus Carlmannum et Carlum unxit in reges. » Unctio autem ista minime facta est ante diem 28 mensis Jul. an. 754, ut annalistæ et alii auctores apud Pag. (num. 9) testantur. Ante quam unctionem, utrumque Pippini filium Stephanus susceperat e sacro fonte, ut docet idem Pag. (an. 755, n. 2) : idcirco tam hisce in litteris quam in sequentibus compatrem Pippinum appellat. Præterea et patrem et filios patricios, seu defensores Rom. Ecclesiæ instituerat, cujus rei testes sunt litteræ omnes hujus Codicis; auctores Franci ejus ævi regiam tantum dignitatem exaggerant. Eginhart. in Vita Caroli, cap. 3 : « Pippinus autem per auctoritatem Romani pontificis ex præfecto palatii rex constitutus. » Annales Francor. ap. Canis. ex recensione Basnagii, tom. II, part. II, p. 49 : « DCCLIV apostolicus Stephanus confirmavit Pippinum unctione sancta in regem, et cum eo conjunxit duos filios domnum Carolum, et Carlmannum in reges. » Hilduin. Areopa-
gitic. ap. Baron. (754, n. 3 seqq.) et ibi Pagius cum suis AA. Et monachus Engolism. hujusmodi certissimi patriciatus videtur inscius, dum ait : « Deinde ipsum domnum Carolum elegerunt sibi in patricium Romanorum. Deinde elevaverunt in imperatorem. » Hinc liquet recentiores aquam tundere, dum tanta tamque incredibilia de hoc patriciatu congerunt : nil enim aliud erat quam defensio Romanæ Ecclesiæ, quam luculentissime his in litteris expressam videmus, et apud Carolum in divisione regnorum inter filios, quam Ludovicus Pius exscripsit. Comparatio ipsa, qua utitur scriptor Vitæ Adriani ap. Anastas. dum Carolus Romæ est exceptus : « Sicut mos est ad exarchum aut patricium excipiendum, » ipsa inquam comparatio regis cum patricio, regiam in Francis dignitatem considerari patefacit, non patriciatum, quem conferre non erat pontificis, nec Romanorum, sed imperatoris. CENN.

[b] Præcipua rerum gestarum in Francia est donatio exarchatus et Pentapolis diplomate Pippini, cui filii subscripserunt, firmata in regia villa Carisiaco, hodie Chiersi. Quæ ut suum sortiretur effectum, expeditio Italica suscepta est a rege in Langobardos : tametsi eo in Franciam, pontifice Romam redeuntibus, quidquid pertractatum actumque erat, evanuit. ID.

sumus reversi. Omnes denique Christiani ita firmiter credebant, quod beatus Petrus, princeps apostolorum, nunc per vestrum fortissimum brachium suam percepisset justitiam, dum tam maximum ac præfulgidum miraculum vestris felicissimis temporibus demonstravit, talemque vobis immensam victoriam Dominus Deus et Salvator Jesus Christus [a] per intercessiones sui principis apostolorum pro defensione sanctæ suæ Ecclesiæ largiri dignatus est [b]; sed tamen boni filii credentes eidem iniquo regi, quod per vinculum sacramenti pollicitus est, propria vestra voluntate per donationis paginam beato Petro, sanctæque Dei Ecclesiæ, et reipublicæ, civitates et loca restituenda confirmastis; sed ille oblitus fidem Christianam, et Deum, qui eum nasci præcepit, irrita, quæ per sacramentum firmata sunt, facere visus est [ausus est]. Quapropter *iniquitas* [*ejus*] *in verticem illius descendit* (*Ps.* VII); patefactus quippe est laqueus quem effodit, et in eo, pro suo mandato [*Lamb.*, mendacio] et perjurio, incidit.

Conjuro vos, filii excellentissimi et a Deo protecti, per Dominum Deum nostrum, et sanctam ejus gloriosam semperque virginem genitricem Mariam, dominam nostram, omnesque virtutes cœlorum, et per beatum Petrum principem apostolorum, qui vos in reges unxit [c], ut doleat vobis pro sancta Dei Ecclesia, et juxta donationem quam eidem protectori vestro domino nostro beato Petro offerre jussistis [d], omnia reddere et contradere sanctæ Dei Ecclesiæ studeatis : et nequaquam jam ipsius nequissimi regis, vel ejus judicium, seductuosa [seductoria] verba, et illusionis mandata [*Lamb.*, mendacia] credatis : ecce enim patefactum est ejus mendacium, ut nequa-

quam ulterius vires credendi habere possit; sed magis, cognito ejus iniquo ingenio, et iniqua voluntate, ejus fraudantur [*Lamb.*, fraudentur] insidiæ, et quod semel beato Petro polliciti estis; et per donationem vestram [vestra] manu firmatam, pro mercede animæ vestræ, beato Petro reddere et contradere festinate.

Beatus denique Paulus apostolus ait : *Melius est non vovere quam post votum non reddere* [e]. Etenim nos omnes causas sanctæ Dei Ecclesiæ in vestro gremio commendavimus, et vos reddetis Deo e beato Petro rationem in die tremendi judicii quomodo decertaveritis pro causa ejusdem principis apostolorum, et restituendis ejus civitatibus et locis [f]. Vobis denique, multis jam devolutis temporibus, hoc bonum opus reservatum est, ut per vos exaltetur Ecclesia, et suam princeps apostolorum percipiat justitiam. Nullus meruit de vestris parentibus tale præfulgidum munus, sed vos præelegit et præscivit Deus ante tempora æterna, sicuti scriptum est : *Quos præscivit et prædestinavit, hos et vocavit ; et quos vocavit, illos et justificavit* (*Rom.* VIII, 19). Vocati estis, justitiam ipsi principi apostolorum sub nimia festinatione facere studete, quia scriptum est : *Fides ex operibus justificatur* (*Jacob.* II, 24) [g]. De omnibus vero tribulationibus nostris, quas passi sumus, vel denuo patimur, Deo auxiliante, Folradus filius, vester consiliarius, et ejus socii [h], enarrabunt [*Lamb.*, enarrent] vobis ; et ita agite de causa beati Petri, ut et in hac vita victores favente Domino existatis, et in futuro, intercedente ipso principe apostolorum beato Petro, gaudia possideatis æterna. Bene valete, excellentissimi filii.

---

[a] Vid. Bar., a. 755, n. 24 et seq.

[b] In secunda append. ad continuat. Fredeg., ap. Pagium (754, n. 8) legitur : « Hæc cernentes Franci, non suis auxiliis nec suis viribus liberare se putabant, sed Deum invocant, et beati Petri apostoli adjutorium rogant. » Quare Dei timorem atque amorem principis apostolorum, quem regi et ducibus insinuabat pontifex, humanis viribus præferendum didicerunt prima insigni victoria quam de Langobardis reportarunt. Ejusdem rei testis est auctor Vitæ Stephani apud Anastas., et laudati Annales Francor. apud Canis. « Inierunt bellum, et Domino auxiliante, beatoque Petro apostolo intercedente. Pippinus rex cum Francis victor exstitit. » Res tam faustis auspiciis cœpta Francorum amorem erga apostolorum principem mirum in modum auxit; ita ut Pippinus munera, thesauros, cæteraque omnia terrena beati Petri causæ posthabuerit, et ad Carolum ejus filium quod attinet : « Ecclesia sancti Petri apostoli per illum non solum tuta ac defensa, sed etiam suis opibus præ omnibus ecclesiis esset ornata et ditata,» ut tradit Eginhart. in Vita Caroli, c. 27.

[c] Recte P. Coustantius (*Præf.* n. 14) animadvertit quare pontifices olim vicarii Petri dicerentur : « Romanorum, aiens, pontificum proprium atque peculiare est beati Petri, cujus et sedis et auctoritatis hæredes sunt, vicarios nominari. Hinc et eis usuvenit, ut potestatis sibi creditæ functiones, judicia scilicet, privilegiorum concessiones, etc., huic apostolo ascribant. » Quæ allatis exemplis comprobat. Id sibi voluit Stephanus Petro ascribens quod ipse fecerat. CENN.

[d] Vid. hanc donationem apud Bar., loc. cit., n. 26 et 27. ID.

[e] Hæc sententia est Ecclesiastæ, c. v. Cur ergo ascribitur sancto Paulo? Quia pontifex sensum spectavit. Exstat autem sensus I Tim. v, ubi viduæ quæ primam fidem irritam fecerunt, damnationem habere affirmantur. ID.

[f] Nil frequentius hisce in epistolis aliisque illius ævi monumentis, quam *restituere*, seu *reddere*, ubi de exarchatu et Pentapoli agitur, quarum provinciarum neutra sanctæ sedi paruerat. Duplici ex causa ita factum puta : 1° quia Langobardi eas invaserant, restituerentque opus erat; 2° quia Pippinus illas donaverat sancto Petro, proindeque reddendæ ipsi erant, ut de litteris ex. gr. dici solet, quas tametsi haud dum is habuit ad quem scriptæ sunt, tamen reddi eidem dicuntur. ID.

[g] Ubi fides sine operibus mortua dicitur, et multa de justificatione ex operibus recensentur. ID.

[h] Quemadmodum Rodigango Metensi episcopo, et Autchario duce missis regiis itineris sociis usus erat Stephanus, cum an. 755 exeunte in Franciam profectus erat; ita seq. anno. comitibus Fulrado abbate S. Quintini, sociisqueTicino Romam rediit. Annales Fuldenses et codex Anastas. ms. reginæ Suec. inter socios nominant Hieronymum Pippini fratrem, de quo Mabillon. (*Ann. Ben.* lib. XXI, n. 61) : « Præter Carolomannum et Pippinum, quos ex Rotrude, et Griphonem, quem ex Sonechilde conjugibus suscepit Carolus, filios etiam habuit Bernardum, Hieronymum ac Remigium, quos ex illegitimo thoro progenitos plerique existimant Fulradum Hieron. ejusdem filium esse probat Georgius ex Theodulpho Aurelian. lib. II, cap. 7 (*Ad Baron. not.*, tom. XII, p. 598). Hi litteras ad Pippinum deferunt, propriisque oculis visa nuntiant.

VII.

78 ITEM EXEMPLAR EPIST. EJUSDEM PAPÆ
AD DOMINUM PIPPINUM, CAROLUM,
ET CAROLOMANNUM DILECTUM [*Al.*, DIRECTUM].

In quo continetur quod Haistolfus [Lamb., *Haistulplus*] *irritum fecerat pactum et juramentum, quod iisdem regibus de justitia sancti Petri pollicitus fuerat cum nimiis adjurationibus, iterum postulans adjutorium obtinere contra eumdem.*

(An. Dom. 754, Cod. Car. ix, chron. 7.)

ARGUMENTUM. — Paulopost superiores litteras, Haistulphi audacia extra modum crevit. Quare his in eamdem fere sententiam datis Wilhario episcopo ad eosdem tres reges, et patricios Romanorum, Pippinum deprecatur, ut in Italiam redeat perficiendo operi: se pro Petri causa arduum in Franciam iter suscepisse : perfidum Aistulphum præter desolationem ecclesiasticæ totius ditionis, sibi ipsi pontifici sacrilege insidiatum esse, eorum interesse donationem propria manu subscriptam vindicare.

ᵃ Domnis excellentissimis filiis Pippino regi et nostro spiritali compatri, seu Carolo et Carolomanno item regibus, et utrisque patriciis Romanorum, Stephanus papa.

Providi et sapientissimi Salomonis prophetica ita fertur assertio : *Nomen bonum super misericordiam.* Nomen quippe bonum est, fidem quam quis pollicitus fuerit, immaculato corde et pura conscientia custodire et operibus implere. Nomen enim bonum est, totis viribus ad exaltationem sanctæ Dei Ecclesiæ, per quam et salus Christianorum existit, decertare. Bonum enim inter omnes gentes de vobis exiit nomen, si operibus fuisset impletum. Redemptor namque noster misericors et multum miserator Dominus, illis propitiator existit, quos omnino tota mentis integritate fideles, et defensores sanctæ Ecclesiæ cognoverit. Qualis remuneratio aut merces sub cœlo existimanda et coæquanda est ad eam [*Gent.*, ea] quæ **79** pro defensione Dei Ecclesiæ et domus beati Petri est rependenda ? Ideo namque excellentissimam et a Deo protectam bonitatem vestram super turbas populorum et multarum gentium idem Rex regum et Dominus dominantium salvos vos instituit, ut per vos sancta Dei Ecclesia exaltetur ; potuerat namque alio modo ut illi placitum fuisset, sanctam suam vindicare Ecclesiam, et justitiam sui principis apostolorum exigere, sed quia mentem et conscientiam vestram a Deo profecte [*Lamb.*, protecte], spiritalis compater, et dulcissimi filii, probare voluit, ideo nostram infelicitatem ad vos venire præcepit. Tradidimus enim corpus et animam nostram in magnis laboribus viam [*Id.*, in tam] spatiosam et longinquam provinciam, valde fisi in vestra fide, per Dei nutum, illuc profecti sumus, afflicti in nive et frigore, æstu et aquarum inundatione, atque validis fluminibus et atrocissimis montibus seu diversis periculis ᵇ.

Etenim dum vestris mellifluis obtutibus præsentati sumus, omnes causas principis apostolorum in vestris manibus commendavimus, quoniam quidem, inspirati a Deo, aurem petitionibus nostris accommodare dignati estis, et vos beato Petro polliciti estis ejus justitiam exigere, et defensionem sanctæ Dei Ecclesiæ procurare, et ut vere fideles Deo, pura mente, pro defensione Dei Ecclesiæ dimicandum properastis. Sed omnipotens Dominus, qui conterit bella ab initio, qui superbos humiliat, et humiles exaltat, illico justitiam beati Petri vestræ bonitati et omnibus christianis demonstravit, et tale præfulgidum miraculum ostendit, quale omnino gloriosum est referendum : illi enim inimici Dei et sanctæ Ecclesiæ, qui in sua ferocitate confidebant, veloces pedes habentes ad effundendum sanguinem, super brevem numerum populi vestri irruerunt, et ita per manum beati Petri omnipotens Dominus victoriam vobis largiri dignatus est, ut illi, qui innumerabiles existebant, a paucis hominibus fuissent interempti, et humiliati sunt ipsi inimici beati Petri usque ad terram ; et ita timorem et tremorem in illis Dominus immisit per intercessiones beati Petri, ut ad nihilum devenirent. Non **80** enim gladius hominis, sed gladius Dei est qui pugnat ; videns namque suam deceptionem iniquus Haistolphus rex cum suis Deo {*Lamb.*, a Deo) destructis judicibus, per blandos sermones et suasiones, atque sacramenta illuserunt prudentiam vestram, et plus illis falsa dicentibus, quam nobis veritatem asserentibus, credidistis.

Magno namque dolore et tristitia, excellentissimi filii, cor nostrum repletum est. Cur minime bonitas vestra nos audire voluit [*Lamb.*, *Gent.*, renuit]? Omnia denique, quæ per Dei jussionem vobis locuti sumus veraciter ediximus : et jam patefacta sunt, ut facta ipsa demonstrant ; etenim sicut primitus Christianitati vestræ eximimus, iniquus Haistolphus rex, ingresso in ejus perfido corde diabolo, omnia quæ per sacramentum beato Petro, per nostros missos restituenda promisit, irrita fecit, et nec unius palmi terræ spatium beato Petro reddere voluit. A die illo, a quo melliflua bonitate vestra separati sumus, tantum nos affligere et tribulare visus est [*Lamb.*, nisus est], quantum non potest os hominis enarrare ; in magna namque despectione sanctam Dei Ecclesiam. et nostram humilitatem, et vestros missos habere visus est, quia etiam et ad nostram propriam animam auferendam mala ejus imperatio et submissio facta est. Quid multa dicimus? tantum nos tribulavit, quia etiam, si dici potest, et ipsi lapides pro nobis flerent, tamen omnin vester consiliarius Fulradus præsbyter et abbas, una cum suis sociis, si Deum præ oculis habent, omnia vobis enarrare possunt. Non enim, quia jam reddere, ut constituit, propria beati Petri voluit, sed etiam scameras [*Bar. et Lamb.*, sca-

---

ᵃ Hæc prima est ex hujus pontificis epistolis, quas Magdeburgenses, et card. Bar. norunt. Non autem spectat ad ann. 755 quo Baron. eam recitat (num. 2), sed cum Cointio et Pagio ad præcedentem annum exeuntem retrahenda : ejusdem quippe sententiæ est ac præcedens, quam paulo post missorum discessum

Langobardica sævities expressit.
ᵇ In V. Steph. ap. Anast. gravi morbo tentatus dicitur, ac miraculo sanatus. Baron. ex Areopagiticis ap. Hilduinum, pontificis diploma recitat, miraculi ejus testem (754, n. 5). Annalistæ rem silent. Pagius Baronio adhæret (Eod. an. n. 5).

maras], atque deprædationes seu devastationes in civitatibus et locis beati Petri facere sua imperatione nec cessavit, nec cessat [a] : oblitus quippe est Deum, qui fecit eum, et fidem Christianam transgressus est, quomodo ulterius credendus est sive ipse, sive ejus consentanei, qui in tanta Dei mysterii sacramenta præbuerunt et noluerunt observare ? 81 Vere enim omnia vobis prædiximus de ejusdem impii regis mendacio et falsitate; et, quemadmodum diximus, manifesta [*Lamb.*, *Gent.*, manifestata] sunt vobis, et perjurium ejus declaratum est.

Pro quo peto vos, excellentissimi et a Deo protecti filii, et nimis obsecro, doleat vobis pro sancta Dei Ecclesia et beati Petri causa, et quæ per donationem beato Petro offerendum promisistis, ei possidendum contradere debeatis ; mementote, et semper in vestris præcordiis firmiter tenete, quod promisistis eidem janitori regni cœlorum. Nulla jam vos seducat suasio aut acceptilatio ; considerate quam fortis existit exactor idem princeps apostolorum beatus Petrus ; videte omnia quæ ei promisistis et per donationem offerendum polliciti estis, contradere festinate, ut non lugeatis in æternum, et condemnati maneatis in futura vita. Vita enim hujus mundi brevis est, et sicut umbra declinat, et sicut vestimentum inveterascit. Illam vitam æternam, quam vobis beatus Petrus pro sua causa et justitia promisit, tota mente et integro corde quærite. Decertate bonum opus quod cœpistis, et quæ per donationem manu vestra confirmastis, protectori vestro beato Petro reddere festinate, quoniam scriptum est : *Melius est non vovere, quam vovere et votum non reddere (Eccle.* v). Sciatis enim quia sicut chirographum, vestram donationem princeps apostolorum firmiter tenet, et necesse est ut ipsum chirographum expleatis [b], ne dum justus judex ad judicandum vivos et mortuos et sæculum per ignem advenerit, in futuro judicio idem princeps apostolorum idem chirographum demonstrans nullam habere firmitatem, districtas cum eo faciatis rationes ; sed magis explete quod promisistis velociter, ut iterum vitam æternam, quam ab ipso principe apostolorum promissam habetis, possideatis.

Conjuro vos, excellentissimi et a Deo protecti filii, per Deum omnipotentem, qui continet omnia sua potentia, et per sanctam ejus matrem gloriosam semper virginem Mariam, dominam nostram, atque per virtutes cœlorum, et per beatos principes apostolorum 82 Petrum et Paulum, atque per tremendum judicii diem, ubi omnes constricte ad reddendum de nostris factis rationem assistere habemus, ubi nulla est ingeniosa excusatio, velociter et sine ullo impedimento, quod beato Petro promisistis per donationem vestram, civitates et loca atque omnes obsides et captivos beato Petro reddite, vel omnia quæ ipsa donatio continet ; quia ideo vos Dominus per humilitatem meam, mediante beato Petro, unxit in reges, ut per vos sancta sua exaltetur Ecclesia, et princeps apostolorum suam justitiam suscipiat.

Magnum desiderium in nostro corde habebamus vestros mellifluos vultus aspicere, et de vestræ jucunditatis lætitia gaudere, juxta quod sapientissimus ait Salomon, *per vicos et plateas quæsivi quem dilexit anima mea (Cant.* III) ; et certe, quos dileximus per Dei jussionem invenimus, et quos desideravimus amplexi sumus, pro quo diffusa est super vos benedictio et gratia beati Petri, ut Domini fuit provisio ; quod nullus de vestris parentibus meruit, suscipere vos suscepistis, et princeps apostolorum, præ cæteris regibus et gentibus vos suos peculiares faciens, omnes suas causas vobis commisit, et vos reddetis rationem Deo, quomodo pro justitia ipsius janitoris regni regnorum [*Lamb.*, *Gent.*, cœlorum] decertaveritis ; cunctus namque noster populus reipublicæ Romanorum, magno dolore et amarissimis lacrymis una nobiscum tribulantur, pro eo, dum ad tam longam et spatiosam provinciam properavimus, et præ fatigio validi [*Lamb.*, invalidi] itineris, caro nostra minuata est ; sic vacui et infructuosi sine effectu justitiæ reversi sumus ; attamen nos infelices juxta Dominicum præceptum egimus, et omnes causas beati Petri vobis commendavimus, et vobis pertinet hoc sive ad peccatum, sive ad mercedem. Nam et omnes gentes ita firmiter tenebant, quod beatus Petrus nunc per vestrum fortissimum brachium suam percepisset justitiam, et factum non est, et in magno cordis stupore de hoc omnes evenerunt.

Sed peto excellentissimam bonitatem vestram, ut vituperium hoc agentibus auferatis, et omnibus fidem vestram operibus ostendite, eo quod *fides*, ut scriptum est, *sine operibus otiosa est ;* 83 cum qua enim fiducia aut fortitudine ad expugnandos inimicos vestros pergere potestis, si justitiam beati Petri, ut promisistis et initiastis, non perfeceritis ? Si enim ut cœpistis operibus adimpleveritis, eritis semper victores et fortissimi super vestros inimicos, et præsens regnum per multorum annorum spatia cum bona possidebitis fama, et vitam percipietis æternam. Tanto operi [c] direximus ad vos Wilharium [d] reverendissimum et sanctissimum fratrem, et coepisco-

---

[a] Si scamaræ, seu deprædationes, quod idem est Ducangio, fiebant in civitatibus et locis sancti Petri, antequam *unius palmi terræ spatium*, ex Pippiniana donatione sancta sedes acciperet, nonne ineptit, qui Romæ ejusque ducatus largitorem quærit ?

[b] Testimonium validius atque illustrius factæ donationis an. 754 ac propria Pippini et filiorum manu confirmatæ, necnon Romam delatæ ab ipso pontifice, desiderari non potest.

[c] Lamb., Gent., *Tamen opere*; Teng. correxit *Tantopere.*

[d] Episcopum Numentanum, qui Stephanum cum Georgio episcopo Ostiensi, presbyteris et diaconis cardinalibus, aliisque comitibus secutus erat in Franciam (Anastas. *in Steph. II*, sect. 241). Erat tum Nomentum episcopalis civitas, licet non tanti nominis quanti fuerat in Rom. rep. Nunc oppidulum vulgo *Lamentana.*

pum [*Gent.* add. nostrum] et fidelem, qui vobis omnia de nostra tribulatione et causa beati Petri proprio ore enarret, cui in omnibus credere jubeatis [*Lamb.*, jubeatis], et exitum bonum in causa beati Petri ponere. Incolumem excellentiam vestram gratia superna custodiat. Bene valete.

VIII.

84. ITEM EPISTOLA EJUSDEM PAPÆ
AD DOMNUM REGEM PIPPINUM, ET CAROLUM VEL CAROLOMANNUM, SEU OMNI GENERALITATI.

In nomine ipsius papæ comprehensa pro desolatione et devastatione sanctæ Dei Ecclesiæ et urbis Romanæ per Georgium episcopum, et Warneharium abbatem, et [Al., *seu*] *Thomaricum comitem missos ipsius apostolici directa, postulando nimis cum adjurationibus adjutorium contra Langobardos.*

(An. Dom. 755, Cod. Car. IV, chron. 8.)

ARGUMENTUM. — Rebus pene ad incitas redactis, Urbe quinto et quinquagesimo jam die obsessione n ferente, pontifex, sacrum collegium, duces, comites, primoresque omnes Romani, ad duces, comites et primores Franciæ mœstitia plenas dant litteras, et plura coram referenda committunt apostolicis missis Georgio episcopo, Thomarico et Comitæ mari in Franciam euntibus cum Warnehario misso regio, Langobardorum et Beneventanorum prope obsessam urbem stationes, direptiones, sacrilegia, monachorum cædes, sacrarum virginum stupra, immanitates cæteras miserandum in modum enumerant. Narniam nuper sanctæ sedi restitutam a Pippino, iterum illi ereptam ; insultationes obsessorum Romanis auxilio Francorum fretis ; Warneharium diu noctuque armatum mœnia undique tutatum esse ; a tanta oppressione quantocius eripi enixe petunt.

a Domnis excellentissimis Pippino, Carolo et Carolomanno, tribus regibus, et nostris Romanorum [*Baron.*, Romanis] patriciis ; seu omnibus episcopis, abbatibus, presbyteris, et monachis, seu gloriosis ducibus, comitibus, vel cuncto exercitui regni et provinciæ Francorum, Stephanus papa, et omnes episcopi, presbyteri, diacones, seu duces, carthularii, comites, tribuni, et universus populus et exercitus Romanorum, omnes in afflictione positi [b].

Quanta luctuosa et amarissima tristitia circumvallati, quantaque anxietate atque angustia coarctati simus, et quantas, crebrescentibus 85 continuis malis, oculi nostri destillantes profundant lacrymas, credimus quod et ipsa omnium elementorum figmenta [*Bar.* et *Gent.*, segmenta] enarrent. Quis enim harum tribulationum conspector non lugeat ? Quis auditor harum nobis inhærentium calamitatum non ululet ? Quamobrem cujusdam bonæ mulieris, Susannæ pudicæ, verba loquimur : *Angustiæ nobis undique, et quid agamus ignoramus* (*Daniel*, XIII). O Christianissimi , ecce venerunt nobis dies angustiæ, præsto sunt dies fletus et amaritudinis : quoniam quod timebamus a Langobardis evenit. Pro quo angustiati, afflicti, et ex omni circumquaque parte circumdati, ab eorum nequissimo Haistulfo rege et gente, cum Propheta Dominum deprecantes dicimus : *Adjuva nos, Deus, salutaris noster, et propter honorem nominis tui libera nos,* etc. (*Psal.* LXXVIII). Et rursum : *Apprehende arma et scutum, et exsurge in adjutorium nostrum* (*Psal.* XXXIV). Ecce enim cognitum habetis, quomodo pacis fœdera a præfato impio Haistulfo rege et omni gente dissipata sunt, et qualiter nihil juxta ut constituit et per vinculum sacramenti confirmatum est, valuimus impetrare, et jam [c] in ipsis Januariarum Kalendis cunctus ejusdem Langobardorum exercitus Tusciæ partibus, in hanc civitatem Romanam conjunxerunt, et resederunt juxta portam beati Petri, atque beati Pancratii, et Portuensem ; ipse vero Haistulfus eum aliis exercitibus conjunxit ex alia parte, et sua fixit tentoria juxta portam Salariam et cæteras portas ; et sæpius nobis direxit : Aperite mihi portam Salariam, et ingrediar civitatem, et tradite mihi pontificem vestrum, et patientiam ago in vobis ; si minus, ne muros evertens, uno vos gladio interficiam, et videam quis vos eruere possit de manibus meis.

Sed et Beneventani omnes generaliter in hanc Romanam urbem conjungentes, resederunt juxta portam beati Joannis, et beati Pauli apostoli, et cæteras istius Romanæ urbis portas, et omnia extra urbem prædia longe lateque ferro et igne consumpserunt, domos omnes comburentes pene ad fundamenta destruxerunt, 86 ecclesias Dei incenderunt, et sacratissimas sanctorum imagines in ignem projicientes, suis gladiis consumpserunt, et munera sancta, id est corpus Domini nostri Jesu Christi, in suis contaminatis vasibus, quos folles vocant, miserunt, et cibo carnium copioso saturati, comedebant eadem munera ; velamina altarium ecclesiarum Dei vel omnia ornamenta, quod nimis crudele etiam dici est, auferentes in propriis utilitatibus usi sunt; servos Dei monachos, qui pro officio divino in monasteriis morabantur, plagis maximis tundentes, plures laniaverunt, et sanctimoniales feminas atque reclusas, quæ ab infantia et pubertatis tempore pro Dei amore sese clausuræ tradiderunt, abstrahentes cum magna crudelitate polluerunt [d] ; qui etiam et in ipsa contaminatione alias interficere visi sunt, et omnes domos cultas beati Petri igni combusserunt, vel omnium Romanorum, ut dictum est, domos comburentes extra urbem funditus destruxerunt, et omnia pecuha abstulerunt, et vineas fere ad radices absciderunt,

---

a Exstat apud Bar. t. IX, an. 755, et Cent. 8, cap. 10.

b Novum ecclesiastici principatus argumentum : perinde enim Romæ erant duces et comites atque in Francia. Hanc et sextam epistolam Cod. Car. quinto et quinquagesimo die post cœptam obsidionem Urbis, seu 24 Februarii an. 755 datas esse se ipsæ produnt. Baron., cui adhæret Muratorius, Januarias Kalendas in Junias convertit, contra fidem codicis ; et Pagius, nisi mendum irrepsit, earum ordinem invertit, quartæ tribuens quod debetur sextæ. Censor Pagii Mansius in seq. annum obsessionem rejicit probabili potius quam certa de causa.

c Lamb. et Gent. : *impetrare, et jam quia nullum augmentum nobis factum est, et jam...*

d Qui hucusque legerit, Langobardos ejus ævi haud absimiles ab eorum majoribus sancti Gregorii ætate plane intelligit. Mentitur igitur nuperus scriptor tam sancte de iis sacrilegis sentiens, quod eorum aliquis ; ut haud dubie rex Luitprandus, religione aliqua se non semel affectum ostenderit.

et messes conterentes, omnino devorarunt: et neque domui sanctæ nostræ Ecclesiæ; neque cuiquam in hac Romana urbe commoranti spes remansit vivendi : quia, ut dictum est, omnia ferro et igne consumpserunt, et multos homines interfecerunt. Sed et copiosam familiam beati Petri, et omnium Romanorum, tam viros quamque mulieres, jugulaverunt, et alios plures captivos duxerunt. Nam et innocentes infantulos a mamillis matrum suarum separantes, ipsasque vi polluentes interemerunt ipsi impii Langobardi; et tanta mala in hac Romana provincia fecerunt, quanta certe nec paganæ gentes aliquando perpetratæ sunt. Quia etiam (si dici potest) et ipsi lapides nostras desolationes videntes, ululant nobiscum. Quinquaginta et quinque dies hanc afflictam Romanam civitatem obsidentes, et ex omni parte circumdantes, prælia fortissima die noctuque cum pessimo furore incessanter cum diversis machinis et adinventionibus plurimis contra nos ad muros istius Romanæ urbis **87** commiserunt, ut suæ potestati, quod avertat Divinitas, subjiciens, omnes uno gladio idem inimicus Haistulfus interimeret. Ita enim cum magno furore exprobrantes nos asserebant : Ecce circumdati estis a nobis ; veniant nunc Franci, et eruant vos de manibus nostris. Nam et civitatem Narniensem quam beato Petro concessistis abstulerunt, et aliquas civitates nostras comprehenderunt; quamobrem constricti vix potuimus marino itinere præsentes nostras litteras et missum ad vestram Christianitatem dirigere, quas et cum magnis lacrymis scripsimus [a].

Unde, dilectissimi nobis, peto vos, et tanquam præsentialiter assistens cum divinis mysteriis conjuro coram Deo vivo et vero, et ejus principe apostolorum beato Petro, ut sub nimia festinatione nobis subveniatis, ne pereamus [b]. Non nos derelinquatis, sic non vos derelinquat Dominus in omnibus vestris actibus. Non nos spernatis, sic non vos spernat Dominus ejus invocantes potentiam. Ne elongetis a nobis auxilium vestrum, Christianissimi, sic non elonget Dominus auxilium suum a vobis, dum ingressi fueritis contra inimicos vestros ad dimicandum. Adjuvate nos sub magna velocitate, dilectissimi nobis; occurrite, occurrite, et subvenite nobis, antequam gladius inimicorum ad cor nostrum pertingat. Peto vos ne pereamus. Ne quando dicant gentes quæ in cuncto orbe terrarum sunt : Ubi est fiducia Romanorum, quam post Dominum in regibus et in gente Francorum habebant? Non nos permittatis perire, ne differatis nobis ad solatia dandum, nec a vestro separetis auxilio; non sitis alieni a regno Dei, et ne obduret Dominus aurem suam vestras ad exaudiendas preces, et ne avertat faciem suam a vobis in illo futuro examinis die, quando cum beato Petro et cæteris suis apostolis ad judicandum sederit omnem ordinem omnemque potestatem humanam **88** et sæculum per ignem; dicaturque [Gent. add. vobis], quod avertat Divinitas : *Nescio vos* (*Matth.* xxv), quia non auxiliati estis Dei Ecclesiæ, et defendere minime procurastis ejus periclitantem peculiarem populum.

Audite nos, dilectissimi, audite nos, et subvenite nobis. Ecce adest tempus salvandi nos; salvate nos, antequam pereamus, Christianissimi ; omnes etenim gentes, quæ circumquaque sunt positæ, et ad vestram, per Dei potentiam, Francorum fortissimam gentem refugium fecerunt, salvæ factæ sunt; et si omnibus auxilium impertire non differetis, multo amplius sanctam Dei Ecclesiam, et ejus populum de inimicorum impugnatione debueratis liberare. Considerate, dilectissimi, et omnino percogitate, per Deum vivum vos conjuro, quoniam post Deum et ejus principem apostolorum, nostræ omnium Romanorum animæ in vobis pendent, et si perire, quod absit, contigerit, pensate in cujus animam respiciat ad peccatum. Certe enim omnino credite, Christianissimi, si nobis aliqua evenerit calamitas, quod absit, periclitandi, vos de omnibus ante tribunal Dei eritis reddituri rationem ; sed magis, dilectissimi nobis, agite et liberate post Deum in vobis confugientes, ut fructum bonum afferentes in futuri examinis die mereamini dicere : Domine noster princeps apostolorum beate Petre, ecce nos clientuli tui, cursum consummantes, fidem servantes tibi, Ecclesiam Dei a superna clementia tibi commendatam de manibus persequentium defendentes liberavimus, et assistentes immaculati coram te, offerimus tibi pueros, quos nobis commisisti de manibus inimicorum eruendos, hospites [*Lamb.*, sospites] atque incolumes existentes. Tunc et in præsenti vita et in futuro sæculo cœlestium præmiorum gaudia adipisci mereamini, audientes paternam desiderabilem vocem illam inquientis : *Venite, benedicti Patris mei, percipite regnum quod vobis præparatum est ab origine mundi.*

Quare direximus præsentem nostrum missum Georgium reverendissimum ac sanctissimum fratrem et coepiscopum nostrum; atque Warneharium [c] religiosum abbatem missum vestrum, et **89** Thomaricum comitem [*Lamb.*, *Gent.*, et *Comitam*], magnificos eosdem nostros missos, qui vobis omnes nostros dolores et cunctas desolationes, quas a Langobardorum gente et eorum protervo rege passi sumus et assidue patimur, vobis subtili enarratione quæ prorum commisimus animas. GENT.

[a] Hinc patet datas litteras obsidionis tempore. Non est igitur, quid Pagius Anastasium arguat, quasi Stephani litteris adversetur, dum trimestrem fuisse obsessionem memorat (A. 755, num. 4). Sequentes duæ epistolæ, præsertim quæ ipsius Petri nomine conscripta est, rem magis magisque comprobant : eas consule.

[b] Hæc in manuscripto sequuntur : *Cum post Dominum in manibus vestris nostras omnium Romano-*

[c] Warnerium appellat Mabillonius (*Annal.* 23, num. 14). Nil autem aliud novit, præter ea quæ his litteris et apud Anastasium didicit, cui etiam Warnerii nomen acceptum refert; ita enim occurrit in editis, *Warnario* et *Unario* legentibus mss. codicibus. De violato per eumdem jure gentium non taceretur nostro ævo.

priis oculis viderunt, viva voce edicere debeant; quibus et in omnibus tanquam nobismetipsis credere jubeatis [*Lamb. hic et infra*, lubeatis], et nostram liberationem nimis festinanter procurare; et conjuro vos per Deum vivum, ut nequaquam amplius discredatis nostras afflictiones et neglectum ponatis ad liberandum nos. Ne, quod absit, si amplius credere distuleritis, et neglexeritis nos eruendum, nobis, quod avertat Divinitas, irruat calamitas pereundi, et vobis pertineat ad magnum detrimentum et peccatum, atque condemnationem in præsenti et æterna vita, quia vobis animas omnium nostrorum Romanorum tradidimus : sed magis magisque vos, ut præfatum est, conjuramus, per Patrem, et Filium, et Spiritum sanctum, Trinitatem indivisam, ut nostras tribulationes, et angustias, atque dolores, et desolationes, credere sine qualibet ambiguitate jubeatis, et nobis propter Deum subvenire, et ad liberandum nos de manibus Langobardorum inimicorum nostrorum nimis festinanter occurrere jubeatis, ut fructum afferentes copiosum, vitam æternam, intercedente beato Petro, perfrui mereamini. Præfatus vero Warneharius pro amore beati Petri loricam se induens, per muros istius afflictæ Romanæ civitatis, vigilabat die noctuque, et pro nostra omnium Romanorum defensione atque liberatione, ut bonus athleta Christi, decertavit totis suis cum viribus. Bene valete.

IX.
ITEM EPISTOLA STEPHANI PAPÆ
AD DOMNUM PIPPINUM REGEM,

Specialiter et singillatim pro defensione sanctæ Dei Ecclesiæ directa, ut in superiore ejusdem continetur epistola, adjutorium volens obtinere contra Langobardos, per Georgium et Warneharium similiter directa.

[*An. Dom.* 755, *Cod. Car.* VI, *chron.* 9.]

ARGUMENTUM. — Iisdem fere verbis conceptas, sanguineisque scriptas lacrymis litteras ad Pippinum dat pontifex iisdem missis. A præsenti calamitate, ne major aliqua superveniat, cujus rationem repetat Deus, salvari orat. Warneharii constantiam, animosque ingentes laudat in defensione Urbis. Æterni præmii lenocinio eum movere studet.

[a] Domno excellentissimo filio, et nostro spirituali compatri Pippino regi Francorum et patricio Romanorum, Stephanus papa.

Quanta luctuosa et amarissima tristitia circumvallati, quantaque anxietate atque angustia coarctati simus, et quantas crebrescentibus continuis malis oculi nostri distillantes profundant lacrymas, credimus quod et ipsa omnium elementorum figmenta [seg-

[a] Eadem infelicissima occasione alteram uni Pippino epistolam per eosdem legatos misit. Baronio ac Magdeburgensibus videtur fuisse ignota; nisi forte similitudo maxima descendam suasit. Annalista Italus (*Rer. Ital.* tom. III, part. II, pag. 75) quæcumque similia invenit, omisit, cætera oblita.

[b] Si nullum augmentum nobis factum est, non igitur ditio temporalis a Pippino initium sumpsit. Nota quod pauca ista epist. 4, al. 8, omittuntur in editione Gretseri, tametsi legantur in ms. Annalista Italus Lambeciana editione usus, quæ iisdem non caret, in

menta] enarrent. Quis enim harum tribulationum conspector non lugeat? Quis auditor harum nobis inhærentium calamitatum non ululet? Quamobrem cujusdam bonæ mulieris Susannæ pudicitiæ [*Al. add.* claræ] verba loquimur : *Angustiæ nobis undique, et quid agamus ignoramus* (*Dan.* XIII). O filii excellentissimi et Christianissimi, utinam omnipotens rerum creator Dominus, quemadmodum priscis temporibus Habacuc illum prophetam ad refocillandum et consolandum Danielem præcipuum prophetam abstrusum in leonum lacu, repentino volatu apportatum ab angelo miserat; ita et nunc, si dici potest, ejus misericordissima longanimitas a Deo servatam excellentiam tuam, vel unius horæ momento præsentem fecisset ad contemplandas ærumnosas et lugubres augustias et tribulationes, quas immaniter a Langobardorum gente et eorum nefando rege patimur. Ecce venerunt nobis dies angustiæ, præsto sunt dies fletus et amaritudinis, dies anxietatis et gemitus doloris, quoniam quod timebamus evenit, et quod verebamur accidit. Pro quo angustiati, afflicti, atque oppressi, et ex omni circumquaque parte circumdati ab eorum nequissimo Haistulfo rege, et eorum Langobardorum gente, profusis lacrymis percussoque pectore cum propheta Dominum deprecantes dicimus: *Adjuva nos, Deus, salutaris noster, et propter honorem nominis tui libera nos* (*Ps.* LXXVIII). Et rursum: *Apprehende arma et scutum, et exsurge in adjutorium nostrum. Domine, judica nocentes nos, et expugna impugnantes nos* (*Ps.* XXXIV). Etenim sæpius bonitati tuæ innotescere videmur, licet nostras tribulationes, tamen et nunc luctu et gemitu referendum malorum pericula, quæ ab eodem protervo rege passi sumus et ejus gente Langobardorum, magno cogente periculo, significandum statuimus [*Lamb., Gent.*, studuimus].

Jam credimus, Christianissime et excellentissime fili, et spiritalis compater, omnia nobilitati tuæ esse cognita, quomodo pacis fœdera ab impio Haistulfo rege, et ejus gente dissipata sunt, et qualiter nihil juxta ut constituit et per vinculum sacramenti confirmatum est, valuimus impetrare, etiam quia nullum augmentum nobis factum est [b], potius autem post desolationem totius nostræ provinciæ [c], et plura homicidia ab eadem gente perpetrata, etiam quod cum magnis lacrymis, et dolore cordis dicimus, agnoscas, excellentissime fili, et spiritalis compater, in ipsis Januariarum Kalend. cunctus ejusdem Haistulfi Langobardorum regis exercitus e Tusciæ partibus in hanc civitatem Romanam conjunxerunt, et resederunt juxta portam [*Lamb. et Gent. add.* beati Petri

var. lect. prætermisit: hic vero, quia eadem Gretserus non silet, necessario admisit. Cum inscriptione Ravennate apud Papir. Masson. *lib.* II, Pagium 755, *num.* 6, aliosque recentiores celebri, conferantur: Pippinus pius primus amplificandæ Ecclesiæ viam aperuit: nulla haud dubie fides adhibebitur Romanum ducatum donationibus adjicienti.

[c] Quænam erat tota hæc nostra provincia? Certe nihil aliud quam Romanus ducatus, cujus caput Roma.

apostoli, atque portam] sancti Pancratii et Portuensem. Ipse vero Haistulfus cum aliis exercitibus conjunxit ex alia parte, et sua fixit tentoria juxta portam Salariam et cæteras portas, et nobis direxit dicens: Aperite mihi portam Salariam, et ingrediar civitatem, et tradite mihi pontificem vestrum, et habebo in vobis compassionem. Alioquin muros subvertens, uno vos gladio interficiam, et videam quis vos eruere possit a manibus meis.

Sed et Beneventani omnes generaliter in hanc Romanam urbem conjungentes resederunt juxta portam beati Pauli apostoli, et cæteras istius Romanæ civitatis portas, et omnia extra urbem prædia longe lateque ferro et igne consumpserunt, domos omnes comburentes, pene ad fundamenta destruxerunt, ecclesias Dei incenderunt, et sacratissimas sanctorum imagines in ignem projicientes, suis gladiis consumpserunt, et munera sancta, id est, corpus Domini nostri Jesu Christi, in suis contaminatis vasibus, quos folles vocant, miserunt, et cibo carnium copioso saturati, comedebant eadem munera. Velamina altarium ecclesiarum Dei, vel omnia ornamenta, quod nimis crudele dici est, auferentes, in propriis utilitatibus usi sunt. Servos Dei monachos, qui pro officio divino in monasteriis morabantur, plagis maximis tundentes, plures laniaverunt, et sanctimoniales feminas atque reclusas, quæ ab infantia et pubertatis tempore pro Dei amore sese clausuræ tradiderunt, abstrahentes cum magna crudelitate polluerunt; qui etiam et in ipsa contaminatione alias interficere visi sunt, et omnes domos cultas beati Petri igni combusserunt, vel omnium Romanorum, ut dictum est, domos comburentes, extra urbem funditus destruxerunt, et omnia peculia abstulerunt, et vineas fere ad radices absciderunt; et neque domui sanctæ nostræ Ecclesiæ, neque cuiquam in hac Romana urbe commoranti spes vivendi remansit, quia, ut dictum est, omnia ferro et igne consumpserunt, et multos interfecerunt, sed et copiosam familiam beati Petri, Romanorum, tam viros quam mulieres, jugulaverunt, et alios plures captivos duxerunt. Nam et innocentes infantulos a mamillis 93 matrum suarum separantes, ipsasque vi polluentes interemerunt ipsi impii Langobardi, et tanta mala in hac Romana provincia fecerunt, quanta certe nec paganæ gentes aliquando perpetrarunt: quia etiam, si dici potest, et ipsi lapides nostras desolationes videntes ululant nobiscum. Quinquaginta et quinque dies hanc afflictam civitatem Romanam obsidentes, et ex omni parte circumdantes,

prælia fortissima die noctuque cum pessimo furore incessanter contra nos ad muros istius Romanæ urbis commiserunt, et non deficiebant impugnantes nos, ut suæ potestati, quod avertat Divinitas, subjiciens omnes uno gladio idem iniquus Haistulphus interimeret. Ita enim [*Lamb. add.* cum magno furore] exprobrantes nobis asserebant: Ecce circumdati estis a nobis, et non effugietis manus nostras. Veniant nunc Franci, et eruant vos de manibus nostris. Nam et civitatem Narniensem, quam beato Petro tua Christianitas concessit [a], abstulerunt, et aliquas civitates nostras comprehenderunt. Quamobrem afflicti vix potuimus per maximum ingenium marino itinere præsentes nostras litteras et missos ad tuam excellentissimam Christianitatem dirigere, quas et cum magnis lacrymis scripsimus, qui etiam probante veritate dicimus, per unamquamque litteram lacrymas sanguine mistas exprimeremus, et utinam præstaret nobis Dominus ut qua hora nostram luctuosam exhortationem legeris, præsentia tua per omnem litteram sanguine plenæ lacrymæ fluerent.

Unde, fili excellentissime, et spiritalis compater, peto te, et tanquam præsentialiter assistens, provolutus terræ et tuis vestigiis me prosternens, cum divinis mysteriis conjuro coram Deo vivo 94 et vero, et ejus principe apostolorum beato Petro [b], ut sub nimia festinatione et maxima celeritate nobis subvenias, ne pereamus : quoniam post Dominum, in tuis manibus nostrum omnium Romanorum commisimus animas. Non nos derelinquas, sic non te derelinquat Dominus in omnibus tuis actibus et operibus. Non nos spernas, sic non te spernat Dominus invocantem ejus potentiam. Ne elonges a nobis auxilium tuum, Christianissime fili, et spiritalis compater, sic non elonget Dominus auxilium suum, et protectionem a te tuaque gente, dum ingressi fueritis contra inimicos vestros ad dimicandum. Adjuva nos, et auxiliare nostri sub magna velocitate, Christianissime, sic adjutorium sumas a Deo omnipotente, qui te unxit super turbas populorum per institutionem beati Petri in regem. Occurre, occurre, fili, occurre et subveni nobis, antequam gladius inimicorum ad cor nostrum pertingat. Peto te, ne pereamus, ne quando dicant gentes quæ in cuncto orbe terrarum sunt: Ubi est fiducia Romanorum, quam post Dominum in regibus [*Lamb. et Gent. add.* et gente] Francorum habebant? Non nos patiaris perire, et ne moreris aut differas nobis solatiandum [ad solatia dandum]. Nec a tuo nos separes auxilio,

---

[a] In extremo donationis Pippinianæ restitutionem quoque hujus civitatis adjunctam fuisse, dum Carisiaci regium diploma perficiebatur, hinc evidens est. Animadvertenda sunt tamen duo : 1° Concessam dici civitatem, quæ erat juris Romanæ Ecclesiæ, et eidem vindicata tantum fuerat. 2° Ejusdem unius civitatis Romani ducatus in monumentis mentionem inveniri, Francorum regis opera restitutæ *parti Romanorum*, ut habet Anastas. loci alius vel minimi aut donationem, aut restitutionem nusquam reperiri. Quamobrem ubi pontificum aliquis deprehendatur secutus Stephani exemplum, qui Narniam civitatem suam (quam Pippinus invasam a Spoleti duce se sanctæ sedi asseruisse fatetur) concessam sibi fuisse ait; lenocinio verborum demereri principem dicendus est, non autem auctoritate sua rem falsam pro vera tradere. Neque enim Pippinus et Carolus, quibus solis apostolica sedes donationes acceptas refert, mendacis gloriæ indigent, cum aliis tot nominibus perpetuam famam sint adepti.

[b] En tibi aliud exemplum rei, quæ erat in pontificum more posita, ut aiebam ad primam epist. notâ 9. Perinde est in 4, al. 8.

sic non sis alienus a regno Dei, et inseparatus a tua dulcissima conjuge, excellentissima regina, spirituali nostra commatre. Non nos amplius anxiari, et periclitari, atque in luctu et fletu perseverare permittas, bone excellentissime fili et spiritalis compater, sic non superveniat tibi luctus de tuis meisque dulcissimis filiis domno Carolo et Carolomanno [a] excellentissimis regibus et patriciis. Non obdures aurem tuam ad audiendum nos, et ne avertas faciem tuam a nobis. Ne confundamur in nostris petitionibus, et ne periclitemur usque in finem. Sic non obduret Dominus aurem suam tuas ad exaudiendum preces, et ne avertat faciem suam a te, in illo futuri examinis die, quando cum beato Petro, et cæteris tuis apostolis ad judicandum sederit, omnem ordinem, omnem sexum, omnemque potestatem humanam, et sæculum per ignem: dicaturque tibi, **95** quod avertat Divinitas: *Nescio te*, quia non auxiliatus es Dei Ecclesiæ, et defendere minime procurasti ejus peculiarem populum periclitantem.

Audi me, fili, audi me, et subveni nobis. Ecce adest tempus salvandi nos, salva nos antequam pereamus, Christianissime rex. Quid enim melius, quidve elegantius aut egregius, quam periclitantes et in angustia positos salvare? Scriptum quippe est: *Qui salvat, tanquam qui ædificat*. Hinc enim præcipuus Isaias propheta ait: *Subvenite oppresso*. Omnes enim gentes quæ circumquaque sunt posicæ, et ad vestram per Dei potentiam Francorum fortissimam gentem refugium fecerunt, salvæ factæ sunt; et si omnibus gentibus auxilium impertire non differtis, et per vos salvæ efficiuntur, multo amplius sanctam Dei Ecclesiam et ejus populum de inimicorum impugnatione debueratis liberare. O quanta fiducia in nostro inerat corde, quando vestrum melliftuum conspicere meruimus vultum, et in charitatis vinculo sumus alligati atque connexi, in magna quiete et securitate nos permanere. Sed dum a vobis sperabamus lucem videre, eruperunt tenebræ, et facta sunt novissima nostra pejora prioribus. Considera, fili, considera, et omnino percogita, per Deum vivum te conjuro, quoniam et nostra et omnis Romanorum populi animæ post Deum, et ejus principem apostolorum in tua a Deo protecta excellentia et gente Francorum a Deo tibi commissa pendent, quia, ut prælatum est, in gremio tuo nostras commisimus animas: et si perire, quod absit et avertat divina clementia, nos contigerit, perpende, obsecro, et omni modo perpensa, in cujus animam respiciat ad peccatum. Certe enim omnino crede, Christianissime, si nobis aliqua evenerit calamitas, quod absit,

periclitandi, tu de omnibus, a Deo protecte, dilectissime nobis, ante tribunal Dei eris redditurus rationem, cum omnibus tuis judicibus, quoniam, ut prælatatum est [*Lamb.*, prælatum], nulli alio, nisi tantummodo tuæ amantissimæ excellentiæ, vel dulcissimis filiis, et cunctæ genti Francorum per Dei præceptionem, et beati Petri, sanctam Dei Ecclesiam, et nostrum Romanorum reipublicæ populum commisimus protegendum [b].

36 Ecce omnes nostros dolores, anxietates, atque angustias tuæ a Deo protectæ bonitati innotuimus. Tu vero, excellentissime fili, et spiritalis compater, age, et libera post Dominum in te confugientes, ut fructum bonum afferens in futuri examinis die merearis dicere: Domine meus princeps apostolorum beate Petre, ecce ego clientulus tuus, cursum consummans, fidem tibi servans, Ecclesiam a superna clementia tibi commendatam de manibus persequentium defendens, liberavi, et assistens immaculatus coram te, offero tibi pueros quos mihi commisisti de manibus inimicorum eruendos, sospites atque incolumes existentes: tunc et in præsenti vita regni gubernacula tenens, etiam et in futuro sæculo cum Christo regnans, coelestium præmiorum gaudia adipisci merearis, audiens nimirum paternam desiderabilem vocem illam inquientis: *Venite, benedicti Patris mei, percipite regnum quod vobis præparatum est ab origine mundi* (*Matth.* xxv). Incolumem excellentiam tuam superna gratia custodiat.

[c] EMBOLUM.

Opere namque [oportuneque] direximus ad vestram Christianissimam excellentiam præsentem nostrum missum Georgium reverendissimum fratrem et coepiscopum nostrum, atque Warneharium religiosum abbatem, missum vestrum, seu Thomaricum et Comitem [d] [*Lamb.*, *Gent.*, Comitam], magnificos item missos nostros, qui vobis nostros omnes dolores et cunctas desolationes quas a Langobardorum gente et eorum protervo rege passi sumus et assidue patimur, vobis subtili enarratione, sicut propriis oculis viderunt, viva voce dicere debeant, quibus et omnibus tanquam nobismetipsis credere **97** lubeat Christianissima excellentia vestra, et nostram liberationem nimis festinanter procurare [*Lamb.*, provocare]. Et conjuro te per Deum vivum et verum, a Deo protecte fili, et spiritalis compater, ut nequaquam amplius discredas nostras afflictiones, et nullo modo neglectum ponatis ad liberandum nos, ne, quod absit, si amplius credere distuleris, et neglexeris nos eruendum, nobis, quod avertat Divinitas, irruat calamitas pereundi, et vobis pertineat ad magnum de-

---

[a] Deus votis annuit: nam uterque patri superstes uit, regnumque uterque suum est adeptus.
[b] Ditionis ecclesiasticæ citra donationes, et simul patriciatus regum Francorum perspicua definitio.
[c] Vulgo *postscriptum*.
[d] Locus mendosus in superiori epist. *Thomaricum comitem* facili negotio hinc poterat emendari: nec video cur Muratorius legerit *Comitam* cum Lambe-

cio, at conjunctionem prætermiserit; nam utrobique magnifici missi apostolici appellantur, nullumque est dubium quin duo illi fuerint. Quin etiam *Comitæ* nomen notius altero: in synodo enim Mopsuestena (Lab., *Conc.* tom. V, pag. 494) legimus inter illius urbis cives: *Comitas dixit, Comitas dicor, agens in rebus, et pater istius civitatis*. Uterque autem Græcus origine videtur fuisse: quod minime rarum erat Romæ tum temporis.

trimentum, et peccatum, atque condemnationem, in praesenti et aeterna vita : quia vobis animas omnium nostrum Romanorum tradimus; sed magis magisque, ut praelatum est, conjuramus te, a Deo servate excellentissime fili, et spiritalis compater, per Patrem, et Filium, et Spiritum sanctum, Trinitatem indivisam, ut nostras tribulationes, et angustias, atque dolores, et desolationes credere lubeatis sine qualibet ambiguitate, et nobis propter Deum subvenire, et ad liberandum nos de manibus Langobardorum inimicorum nostrorum nimis festinanter occurrere digneris, ut fructum afferens copiosum, victor, intercedente beato Petro, super omnes barbaras nationes efficiaris, et vitam aeternam possideas. Praefatus vero Warneharius abbas pro amore beati Petri loricam se induens, per muros istius afflictae Romanae civitatis die noctuque vigilavit, et pro nostra omnium Romanorum defensione atque liberatione ut bonus athleta Christi, totis suis viribus decertavit.

X.

98 a ITEM EPISTOLA TERTIA

QUAM MISIT STEPHANUS PAPA AD DOMNUM REG. PIPPINUM, ET CAROLUM VEL CAROLOMANNUM, SEU OMNI GENERALITATI FRANCORUM.

In nomine sancti Petri comprehensa, postquam per semetipsum jam dictus papa in Francia fuit, et secunda vice voluit adjutorium obtinere contra Langobardos.

(An. Dom. 755, Cod. Car. III, chron. 10.)

ARGUMENTUM.—Binis litteris modo allatis has dura urgente necessitate Stephanus adjungit nomine ipsius principis apostolorum tribus regibus, et cuncto Francorum populo, indicium Urbis ad extremum miseriae. Suam Apostolus intercessionem apud Deum promittit, si domum suam ecclesiae totius fundamentum, et corpus suum ibi quiescens ab immanitate Langobardorum tueantur. Sanctissimam Virginem, sanctosque omnes una hortari regem et Francos, ut Romam ab oppressione sublevent. Maturato opus esse : suum nunquam patrocinium, si paruerint, iis defuturum : victorias antea relatas sibi referri acceptas : alienationem denique a regno Dei minitatur, nisi ocissime opus adeo necessarium aggrediantur.

b Petrus vocatus apostolus a Jesu Christo Dei vivi filio, qui ante omnia saecula cum Patre regnans in unitate Spiritus sancti, in ultimis temporibus pro nostra omnium salute incarnatus et homo factus, nos suo redemit pretioso sanguine per voluntatem paternae **99** gloriae, quemadmodum per sanctos suos destinavit prophetas in Scripturis sanctis, et per me, omnis Dei catholica et apostolica Romana Ecclesia, caput omnium ecclesiarum Dei, ipsius Redemptoris nostri sanguine super firmam fundata petram, atque ejusdem almae Ecclesiae Stephanus praesul, gratia pax et virtus ad eruendam eamdem sanctam Dei Ecclesiam et ejus Romanum populum mihi commissum de manibus persequentium, plenius ministretur a Domino Deo nostro, vobis viris excellentissimis Pippino, Carolo, et Carolomanno tribus regibus, atque sanctissimis episcopis, abbatibus, presbyteris, vel cunctis religiosis monachis, verum etiam ducibus, comitibus et cunctis generalibus exercitibus et populo Franciae commorantibus.

Ego Petrus apostolus, dum a Christo Dei vivi Filio vocatus sum supernae clementiae arbitrio, illuminator ab ejus potentia totius mundi sum praeordinatus, ipso Domino Deo nostro confirmante : *Ite, docete omnes gentes, baptizantes eos in nomine Patris, et Filii, et Spiritus sancti* (Matth. XXVIII). Et iterum : *Accipite Spiritum sanctum : quorum remiseritis peccata, remittuntur eis* (Joan. XXI), et mihi suo exiguo servo et vocato apostolo, singillatim suas commendavit oves cum ait : *Pasce oves meas, pasce agnos meos*. Et rursum : *Tu es Petrus et super hanc petram aedificabo Ecclesiam meam, et portae inferi non praevalebunt adversus eam, et tibi dabo claves regni coelorum; quaecunque ligaveris super terram, erunt ligata et in coelis, et quaecunque solveris super terram, erunt soluta et in coelis* c (Matth. XVI). Quamobrem omnes, qui meam audientes impleverunt praedicationem, profecto credant sua in hoc mundo, Dei praeceptione, relaxari peccata, et mundi atque sine macula in illam progredientur vitam; etenim quia [Gent., quibus] illuminatio Spiritus sancti in vestris refulsit praefulgidis cordibus, **100** vosque amatores effecti estis sanctae

---

a Lamb. et Gent., *ad domnum regem Pippinum, et Carolo vel Carolomanno.*

b Tertiam hanc epistolam Baronio et Magdeburgensibus non ignotam extrema necessitas expressit. Eam minus fidenter traduxisset Fleury (*Hist. Eccl.* lib. XLIII, num. 17) plausuque minori Muratorius eruditi hujus scriptoris intempestam exaggerationem indolis ejus aevi amplexus esset obviis ulnis (*Ann. Ital.* 755); si uterque animadvertisset, non aetatis, sed pii regis Francorumque omnium ingenio accommodatam ejusmodi prosopopoeiam, quam uterque per maximam Pippini regis et Stephani pontificis injuriam, fictionem appellat. Summo, ut vidimus, amore Franci omnes reaque eorum prae aliis in regni coelorum clavigerum, cujus patrocinio victoriam de Langobardis referebant acceptam, quod Francorum annales testantur. Hujusmodi eorum fiduciam haud inanem pontifex impense fovit quo tempore oriens in sanctissimam Virginem, Petrum sanctosque omnes imaginibus eorum protritis, debacchabatur : quam ob causam Italia omnis ab impiis Augustis defecerat, Roma cum ejus ducatu Petri successori se subdiderat, Francorumque auxiliis freta, nil aliunde humanae opis aut sperabat, aut quaerebat. Itaque in summis ejusdem Petri sedis angustiis, cum extrema remedia opus essent, pontifex prius regiae domui Franciscae omnibus, deinde singulariter Pippino immanitate ac sceleribus Langobardorum, necnon periclitantis Urbis angustiis, excidioque imminente patefactis, Petrum ipsum inducit causae suae patronum ac vindicem. Hic, bona cum eruditi utriusque venia, non habet locum theologica quaestio de Ecclesia, deque animabus fidelium; corpora enim et res periclitabantur; quae in catholica religione sanctiora sunt conculcabantur; omnia erant caedes, metus, scelera, sacrilegia. De his vero omnibus loquens Petrus ipse inducitur, ut praesentius a Francis remedium conglobatis tot malis obtineatur. Ex voto cessisse mox videbimus: nunc pensanda Petri allocutio ipsa attentius, quam eruditi illi fecerint, datisque tempori grammaticae regulis, sententias expendi oportet principe apostolorum non indignas.

c Adversus haec dogmata mutire quis audeat,

et unicæ Trinitatis per susceptum Evangelicæ prædicationis verbum : profecto in hac apostolica Dei Romana Ecclesia nobis commissa, vestra futuræ retributionis spes tenetur adnexa : ideoque ego apostolus Dei Petrus, qui vos adoptivos habeo filios, ad defendendum de manibus adversariorum hanc Romanam civitatem, et populum mihi a Deo commissum, seu et domum, ubi secundum carnem requiesco, [a] de contaminatione gentium eruendam, vestram [b] omnium dilectionem provocans adhortor, et ad liberandam Ecclesiam Dei mihi a divina potentia commendatam, omnino protestans admoneo pro eo quod maximas afflictiones et oppressiones a pessima Langobardorum gente patiuntur.

Nequaquam aliter teneatis, amantissimi, sed pro certo confidite, per memetipsum, tanquam in carne coram vobis vivus assisterem, per hanc adhortationem validis constringimus, atque obligamus adjurationibus [c] : quia secundum promissionem, quam ab eodem Domino Deo et redemptore nostro accepimus, peculiares inter omnes gentes, vos omnes Francorum populum habemus. Itaque protestor et admoneo, tanquam in ænigmate, et firma obligatione conjuro vos Christianissimos reges, Pippinum, Carolum et Carolomannum, atque omnes sacerdotes, episcopos, abbates, presbyteros, vel universos religiosos monachos, vel cunctos judices : 101 item duces, comites, et cunctum Francorum regni populum, et tanquam præsentaliter in carne vivus assistens coram vobis, ego apostolus Dei Petrus : ita firmiter credite vobis adhortationis alloqui verba [d], quia etsi carnaliter desum, spiritualiter autem a vobis non desim; quoniam scriptum est : *Qui suscipit prophetam in nomine prophetæ, mercedem suscipit prophetæ.*

Sed et domina nostra Dei genetrix semper virgo Maria, nobiscum vos magnis obligationibus adjurans protestatur, atque admonet, et jubet, sicut simul etiam throni, atque dominationes, et cunctus cœlestis militiæ exercitus, nec non et martyres atque confessores Christi, et omnes omnino Deo placentes, et hi nobiscum adhortantes, conjurantes protestantur, quatenus doleat vobis pro civitate ista Romana, nobis a Domino Deo commissa, et ovibus Dominicis in ea commorantibus, nec non et pro sancta Dei Ecclesia mihi a Domino commendata : et defendite atque liberate eam sub nimia festinatione de manibus persequentium Langobardorum, ne, quod absit, corpus meum, quod pro Domino Jesu Christo tormenta perpessum est, et domus mea, ubi per Dei præceptionem requiescit, ab eis contaminentur, et populus meus peculiaris lanietur amplius, nec trucidentur ab ipsa Langobardorum gente, qui tanto flagitio perjurii rei [*Gent.*, per jurii regi] existunt, et transgressores divinarum Scripturarum probantur. Præstate ergo populo meo Romano, mihi a Deo commisso in hac vita fratribus vestris, Domino cooperante, præsidia totis vestris viribus, ut ego Petrus vocatus Dei apostolus, in hac vita et in die futuri examinis, vobis alterna impendens patrocinia, in regno Dei lucidissima ac præclara vobis præparentur [*Lamb.*, præparem] tabernacula, atque præmia æternæ retributionis, et infinita paradisi gaudia vobis pollicens adinvicem [*Id.*, ad vicem] tribuam, dummodo meam Romanam civitatem, et populum meum peculiarem, fratres vestros Romanos, de manibus iniquorum Langobardorum nimis velociter defenderitis [e].

102 Currite, currite, per Deum vivum et verum vos adhortor et protestor; currite et subvenite antequam fons vivus unde satiati et renati estis arescat; antequam ipsa modica favilla de flagrantissima flamma remanens, ex qua vestram lucem cognovistis, exstinguatur : antequam mater vestra spiritalis, sancta Dei Ecclesia, in qua vitam speratis percipere æternam, humilietur, invadatur, et ab impiis involetur [*Gent.*, violetur] atque contaminetur.

---

[a] Sacros Petri cineres in Vat. basilica quiescere constans traditio est, totius antiquitatis testimoniis nitens sancti Gregorii Magni multiplex testatio suppetit. Duo præ cæteris ejusdem sancti pontificis testimonia non prætereunda : unum Constantinæ Aug. (lib. IV, ep. 30) : « *Dum bonæ recordationis decessor meus, quia argentum, quod supra sacratissimum corpus beati Petri apostoli erat, longe tamen ab eodem corpore fere quindecim pedibus mutare voluit, signum ei non parvi terroris apparuit.* » Alterum Justino imp. (lib. II, ep. 33), pro asserenda episcopi Leonis innocentia : « *Ne quid videtur omissum, aut nostro potuisset dubium cordi remanere, ad beati Petri sacratiss. corpus districta eum ab exundanti fecimus sacramenta præbere.* » Antiquiora testimonia Caii, Hieronymi, Prudentii prætereo. Centum illis et quinquaginta annis qui post Gregorium Magnum ad hæc usque tempora consecuti sunt, tantummodo considerari velim Romanorum pontificum, atque episcoporum Romanæ ordinationis indiculos seu professiones in lib. Diurno pontif. Utrobique enim invenientur : « *Ad corpus tuum, beate Petre apostole... super sacratissimum corpus tuum... supra sacratissimum corpus beati Petri.* » Quæ satis superque comprobant divum Petrum in basilica Vat. quiescere. His accedit validissimum hoc testimonium Cod. Carol. quo præcedentia firmantur.

[b] Lamb., *vestrum tamen*; Gent., *verumtamen.*

[c] Sic legit Baronius : *tanquam in carne coram vobis vivum assistere, et per hanc adhortationem validis constringere atque obligare adjurationibus.*

[d] Baron., *per adhortationis alloqui verbum.*

[e] Divinari tum non poterat Francos ipsos reges aliquando imperatores creatum iri, ac deficiente eorum stirpe Augusteam dignitatem alio transferendam maximo cum Romanæ Ecclesiæ detrimento. Qui enim Romani pontifices tenuerant Petri cathedram sequioribus sæculis, Romam prius deserere, deinde Italiam compulsi sunt, atque eo confugere, unde sanctæ sedis ditio maximum habuerat incrementum. Hæc, inquam, divinari tunc non poterant : Septem fere sæculis cathedram, quam divus Petrus sanguine suo conglutinaverat, duo et nonaginta Stephani prædecessores, Romæ tenuerant difficillimis etiam temporibus, eodemque Stephano sedente, spes ævi melioris concepta erat ob eximium Francorum amorem erga divum Petrum. Quamobrem hujus persona ad loquendum inducta, nonnisi quæ antea evenerant, accidebantque tum temporis, quæque erant auctoritatis a Christo Jesu sibi concessæ, loqui poterat; quemadmodum facit hic, et in sequentibus.

Protestor vos, dilectissimi filii mei adoptivi, per gratiam Spiritus sancti protestor, et nimis coram Deo terribili creatore omnium, adhortor atque admoneo, ego apostolus Dei Petrus, et una mecum sancta Dei catholica et apostolica Ecclesia, quam mihi Dominus commisit, ne patiamini perire hanc civitatem Romanam, in qua corpus meum constituit Dominus, quam et mihi commendavit, et fundamentum fidei constituit; liberate eam, et ejus Romanum populum, fratres vestros, et nequaquam invadi permittatis a gente Langobardorum. Sic non sint invasæ provinciæ et possessiones vestræ a gentibus quas ignoratis, non separemini [*Gent.*, separer] a populo meo Romano; sic non sitis alieni aut separati a regno Dei et vita æterna; quidquid enim poscetis a me, subveniam vobis videlicet, et patrocinium impendam; subvenite populo meo Romano fratribus vestris, et perfectius decertate, atque finem imponite ad liberandum eos. Nullus enim accipit coronam, qui non [*Lamb*, *Gent.*, nisi qui] legitime decertaverit, et vos decertate fortiter pro liberatione sanctæ Dei Ecclesiæ, ne in æternum pereatis.

Conjuro vos, conjuro, ut præfatum est, dilectissimi, per Deum vivum, et omnino profestor, minime permittatis hanc civitatem meam Romanam et in ea habitantem populum amplius a gente 103 Langobardorum laniari, ne lanientur [a] et crucientur corpora, et animæ vestræ in æterno atque inextinguibili tartareo igne cum diabolo et ejus pestiferis angelis, et ne dispergantur amplius oves Dominici gregis mihi a Deo commissi, videlicet populus Romanus, sic non dispergat et projiciat Dominus, sicut Israeliticus populus dispersus est; declaratum quippe est, quod super omnes gentes quæ sub cœlo sunt, vestra Francorum gens, prona mihi apostolo Dei Petro exstitit, et ideo Ecclesiam, quam mihi Dominus tradidit, vobis per manus vicarii mei commendavi ad liberandum de manibus inimicorum. Firmissime enim tenete, quod ego servus Dei, vocatus apostolus, in omnibus vestris necessitatibus, dummodo precati estis, auxiliatus sum, et victoriam per Dei virtutem, vobis de inimicis vestris tribui, et in ante attribuam nihilominus credite, si ad liberandum hanc meam civitatem Romanam nimis velociter occurreritis. Mementote et hoc, quomodo et inimicos sanctæ Dei Ecclesiæ, dum contra vos prælium ingruerunt [*Bar.*, incœperunt], a vobis, qui paivo numero contra eos fuistis, prosternere [*Id.*, prosterni] feci [b]; pro quo decertate hanc meam velociter adimplere admonitionem, ut perfectius meum adipisci mereamini auxilium per gratiam, quæ data est mihi a Christo Domino Deo nostro.

Ecce, filii charissimi, prædicans admonui vos, si obedieritis velociter, erit vobis pertingens ad magnam mercedem, et meis suffragiis adjuvati [adjuti], et in præsenti vita omnes vestros inimicos superantes, et longævi persistentes bona terræ comedetis, et æterna procul dubio fruemini vita. Sin autem, quod non credimus, et aliquam posueritis moram aut adinventionem, minime velociter hanc nostram implendam adhortationem, ad liberandam hanc meam civitatem Romanam et populum in ea commorantem, et sanctam Dei apostolicam Ecclesiam mihi a Domino commissam, simul et ejus præsulem, sciatis vos ex auctoritate sanctæ et únicæ Trinitatis, per gratiam apostolatus, quæ data est mihi a Christo 104 Domino, vos alienari pro transgressione nostræ adhortationis a regno Dei, et vita æterna [c]. Sed Deus et Dominus noster Jesus Christus, qui nos suo pretioso redimens sanguine ad lucem perduxit veritatis, nos quoque [*Gent.*, nosque] prædicatores et illuminatores totius mundi constituit, det vobis ea sapere, ea intelligere, eaque disponere nimis velociter, ut celerius hanc civitatem Romanam, et omnem populum, seu sanctam Dei Ecclesiam mihi a Domino commissam, ad eruendum occurratis, quatenus misericorditer, sicut fidelibus suæ provinciæ, meis pro vobis intervenientibus suffragiis, et in præsenti vita longævos, sospites et victores conservare jubeat, et venturo in sæculo dona suæ remunerationis faciat multiplicius promereri, cum sanctis et electis suis. Bene valete.

XI.

105 ITEM EPISTOLA EJUSDEM
AD DOMNUM PIPPINUM REGEM PER FOLRADUM CAPELLANUM, GEORGIUM EPISC. ET JOANNEM SACELLARIUM, POST MORTEM [d] AISTULFI DIRECTA,

In qua continentur gratiarum actiones et benedictiones uberrimæ pro victoria et restitutione sanctæ Dei Ecclesiæ, poscens ea quæ deerant restituenda.

(An. Dom. 756, Cod. Car. VIII, chron. 11.)

ARGUMENTUM. — Gaudio exsultans immensas agit gratias Pippino. Matrem omnium Ecclesiarum Dei, et fundamentum fidei catholicæ Romanam Ecclesiam, quæ anno præterito mœrebat, nunc gaudere exaltatam ab eo novo Moyse atque Davide: se cuicunque Romam advenienti ex universo orbe tantam ejus gloriam enarrare: civitates nonnullas, et loca quædam perfectæ donationi deesse, quarum data non erat possessio sanctæ sedi, orat ut perficiat. Aistulphum anno post obsidionem Urbis divino ictu percussum: Desiderium elevatum esse, qui sacramento erat pollicitus Fulrado se reliquas civitates, id est Faventiam, Imolam, Ferrariam, Ausimum, Anconam, Humanam, et Bononiam cum finibus et territoriis quantocius redditurum sanctæ sedi, cui nihilominus jubere regem cupit, ut servet promissa. Beneventanos et Spoletanos se eidem commendare. Agendum modo de catholica religione contra Græcam impietatem vindicanda. De colloquio cum Silentiario imperiali misso vult fieri certior. Ut Georgium episcopum et Joannem saccellarium missos suos harum lato-

---

[a] Lamb., *sic non lanientur*; Gent., *si non lanientur*.

[b] Ita testantur annales Francorum. Vide epist. 6, al. 7, col. 105, n. b.

[c] Indicium minime dubium, hanc epistolam, ut duas præcedentes, obsidionis tempore datam esse,

ac per eosdem missos mari advectas, contra opinionem Pagii (755, n. 4), qui separatim ait, cum Langobardi obsidionem acrius urgerent. Omnium quippe sententia eadem est, maturato opus esse omnes pariter concludunt.

[d] Mortuus est anno Christi 756.

res cum Nomentano episcopo Wilhario remittat, precatur. Ab Optato quoque abbate Cassinensi desiderari suos monachos, qui cum Carolomanno profecti erant.

a Domno excellentissimo filio et nostro spirituali compatri Pippino regi Francorum et patricio Romanorum, Stephanus papa.

Explere lingua, excellentissime fili, non valemus, quantum tuo opere, tua vita delectamur; facta quippe diebus nostris virtute divina [b] miracula vidimus, quod per excellentiam tuam sancta omnium Ecclesiarum Dei mater et caput, fundamentum fidei Christianæ, Romana Ecclesia, quæ valde ab hostium impugnatione [c] periculorum impugnationibus lamentabatur, magna nunc gaudii soliditate nimirum est translata atque confirmata, et mœrentes Christianorum animæ tuo fortissimo præsidio maxime sunt **106** relevatæ lætitia; pro quo in vestro opere, et nostra exsultatione libet cum angelis exclamare : *Gloria in excelsis Deo, et in terra pax hominibus bonæ voluntatis* (*Luc.* II) [d]. Et quia elapso anno, isto in tempore, valde ab hostium depopulosa impugnatione sauciati, et ultra citraque circumdati affligebamur [e], nunc autem tuo potentissimo auxilio erepti ab imminentibus periculis, immenso exsultamus gaudio, et benedicentes nomen Domini cum psalmographo, consona dicimus voce : *Hæc est immutatio dexteræ Altissimi* (*Ps.* LXXVI). Et rursum : *Ad vesperum demorabitur fletus, et ad matutinum lætitia* (*Psal.* XXIX). Cujus enim vel saxeum pectus tam benigno opere a tua præclara bonitate peracto cognitoque, non statim in omnipotentis Dei laudibus, atque in tuæ excellentiæ amorem mollescat? Hæc me, fateor, excellentissime fili, et spiritalis compater, quæ per te mirabiliter facta sunt, sæpe convenientibus ex universo orbe terrarum nationibus, dicere, sæpe cum eis pariter admirari delectat, et extensa voce mellifluæ tuæ excellentiæ laudes persolvere indeficienter, hæc me plerumque etiam in momento horarum excitant indeflexibili oculo pro immensa bonitatis tuæ, et universæ gentis Francorum sospitate omnipotenti Deo fundere preces. Denique, amantissime, et a Deo inspirate **107** victor felix, et divina providentia fortissime rex, qualiter beatus Petrus apostolorum princeps tuæ devotionis affectum, quem pro ejus causa decertans adhibuisti, susceperit, ipsa cunctis liquido vita vestra testatur; scriptum quippe [*Lamb. add.* est], *vota justorum placabilia* (*Prov.* xv). Libet quippe omnino, excellentissime fili, tuæ bonitati magnas gratiarum persolvere laudes, et nomen Domini pro tam maxima benignitate glorificantes, exhilarata voce canere : *Benedictus Dominus Deus Israel, quia visitans plebem suam, et redemptionem facere* (*Luc.* I), cupiens populo suo suscitavit te nobis, Christianissime victor [*Lamb. add.* rex], nostris diebus fortissimum liberatorem. Quid enim aliud quam novum te dixerim Moysen, et præfulgidum asseram David regem, quoniam quemadmodum illi ab oppressionibus allophylorum populum Dei liberaverunt; ita quoque tu, benedicte a Deo victor, fortissime rex, tuo certamine Ecclesiam Dei et ejus afflictum populum ab hostium impugnatione eruere studuisti.

Benedictus es, eximie fili, a Deo excelso, qui fecit cœlum et terram; et benedictus Deus, quo protegente, hostes in manibus tuis sunt : benedicat tibi Dominus pulchritudo justitiæ, et tuos amantissimos natos, meosque spiritales filios, domnum Carolum et Carolomannum, a Deo institutos reges Francorum et patricios Romanorum, cum Christianissima eorum matre, excellentissima regina, dulcissimaque conjuge,

---

[a] Exstat ap. Bar. tom. IX, an. 756, et Cent. 8, c. 10.
[b] Lamb., *virtute miraculi*. Gent., *virtute miracula*; verbum *divina* deest in ms.
[c] Ita quoque Centur., sed Bar. : *Quæ valde ab hostium impugnationibus lamentabatur.*
[d] Eginhartus (*Vita Car. Mag.*, cap. 6) duplicem Pippini victoriam non distinguit; nam comparationis causa tantum de Italica illius expeditione loquitur. Annales Francor. laudati ap. Canis. victoriam utramque referunt ad an. 755 et sequentem. Annales etiam Fuldenses distincte de utraque agunt ann. 754 et 756. Chronologiam hanc partim ab antiquis annalistis, partim a recentioribus scriptoribus turbatam se extricasse putat P. Mansius in notis ad Pagium (*Baron.* tom. XII, p. 633) auctoritate chronologi Brixiani a Muratorio editi, qui inter Aistulphum et Desiderium Rachim regem ponit, regnumque Desiderii constituit mense Martio anno incarnat. Dom. 757, indict. x. At chartæ veteres, chronologi nostro ævo emergentes, rivulique alii, unde ista derivantur, epistolæ hujus auctoritati concedant necesse est. Nisi enim cum laudato P. Mansio obsidio Urbis ab anno 755 contra antiquorum fidem removeatur, constare non possunt cætera quæ asseruntur. Equidem cum Baronio, Cointio, Pagio, et aliis constituo epistolam an. 756. Rationes ex eadem patent, ut in notis seqq. planum fiet.
[e] Eodem trimestri tempore, quo præcedenti anno urbs Roma obsidebatur, mense videlicet Martio, ut infra planum erit, lætitia exsultans pontifex, Romanique omnes Deo agebant grates, obliti malorum

omnium quæ passi erant. Pippinus enim superioribus tribus epistolis incitatus secundo in Italiam venerat, devictoque Aistulpho, ne promissa et sacramenta falleret, ut priori anno, Fulradum reliquerat in Italia, qui singulorum civitatum possessioni inita, earum claves obsidesque Romam adduxerat : cœperatque pontifex exarchatum et Pentapolim, uti Romam et ejus ducatum administrare. Notissimam historiam apud Anastas. et annalistas persequi otiosum est. Epoches autem rei tanti momenti non est negligenda. Die, ut aiebam, 24 Febr. an. 755, marino itinere missi pontificii una cum regio attulerunt prædictas litteras in Franciam. Sex, septemve omnino mensium spatio missi eo perveniunt, fit apparatus belli, in Italiam reditur, Aistulphus debellatur, ac Ticini obsessus dare obsides, exarchatum et Pentapolim restituere compellitur. Extremum hoc Septembri aut Octobri mense factum esse, apud Anastasium perspicue habetur, transactæ enim octavæ indictionis mentio est, quæ usque ad Kalendas Septembres fluebat. Quinque inde menses excurrunt, spatium satis amplum Fulrado ad singularum civitatum possessionem ineundam nomine sanctæ sedis, cujus legati secum aderant, eamque firmam ac stabilem reddendam earumdem clavibus super sacratissimum divi Petri corpus collocatis, resque alias agendas quas antequam Roma discederet, fecisse mox videbimus. Ab initio igitur anni 756, apostolica sedes in exarchatu et Pentapoli dominari cœpit, cum ante annos quinque et viginti, ut minimum, Romæ, ejusque ducatus rerum voluntate populorum, potiretur.

fidele Dei, spiritali nostra commatre, tueatur, et in piatis [b], ut populus Dei, quem a manibus inimicorum omnibus protegat; dilatet Deus semen vestrum, et benedicat in æternum, atque solium regni fruendum perenniter concedat, et universam gentem Francorum sub vestra ditione permanentem illæsam custodiat.

Vale in Domino, rex benignissime, quia per te sanctæ Dei Ecclesiæ inimici humiliati sunt, et magna lætitia ipsa sancta Dei 108 Ecclesia est relevata, et ejus peculiaris populus jucundatur, et per te benedictus dicitur, pro quo et ejus benedictio super te plenius est effusa, gaudium enim uberrimum in universum orbem terrarum intulisti; magna sunt hæc, et omnipotentis Dei laudibus tribuenda, sed inter hæc misericordissimi Dei nostri clementiam indesinenter petimus, ut cœlesti sui regni gaudia vobis tribuat vicissitudine [a].

Quapropter cum magna fiducia, tanquam præsentialiter, coram tuo mellifluo consistens aspectu flexis genibus petens peto te, et omnino coram Deo vivo deprecor, ut jubeas [Lamb. hic et infra, jubeas] firmiter in hoc bono opere, sicut certe confidimus, usque in finem permanere pro sanctæ Dei Ecclesiæ perfecta exsultatione, et ejus populi deliberatione [Id., liberatione] et integra securitate, et plenariam justitiam eisdem [Lamb., Gent., eidem] Dei Ecclesiæ tribuere digneris, atque optimum et velocem finem, in causa fautoris tui beati Petri, adhibere jubeas, ut civitates reliquas, quæ sub unius dominii ditione erant connexæ, atque constitutos [Lamb., Gent., constitutæ] fines, territoria, etiam loca, et saltora, in integro matri tuæ spirituali sanctæ Ecclesiæ præcipiatis [b], ut populus Dei, quem a manibus inimicorum redemisti, in magna securitate et delectatione, tuo auxilio adjutus vivere valeat; quoniam et filius noster Deo amabilis Folradus, fidelis vester, omnia conspiciens satisfactus est [Bar. et Cent., satis testatus est], quod nequaquam ipse populus vivere possit extra eorum fines et territoria atque possessiones, absque civitatibus illis, quæ semper cum eis sub unius dominii ditione erant connexæ [c]; peto te, fili, peto te coram Deo vivo, et fortiter 109 conjuro, spiritalis compater, ut in hoc bono opere perfectius maneas, et non hominum blandimentis aut suasionibus vel promissionibus, quod absit, faveas, et in aliam declines partem, sed magis vere timens Deum, omnia quæ beato Petro sub jurejurando promisisti adimplere jubeas, et, sicut cœpisti, plenariam justitiam illi impertire.

Etenim tyrannus ille, sequax diaboli, Aistulphus, devorator sanguinum Christianorum, ecclesiarum Dei destructor, divino ictu percussus est, et in inferni voraginem demersus, in ipsis quippe diebus, quibus [Id. add. ad] hanc Romanam urbem devastandam profectus est, post annui [Gent., anni] spatii circulum, ita divino mucrone percussus est, ut profecto in eo tempore, quo fidem suam tentans [Lamb., temerans] diversa piaculi scelera perpetratus est, in eo et suam impiam finirer vitam [d]. Nunc autem, Dei providentia, per manus sui principis apostolorum beati Petri simul et per tuum fortissimum brachium, præcurrente industria Deo [e] amabilis viri Folradi [f], tui fidelis, nostri dilecti filii, ordi-

---

[a] Lamb. Gent. Bar. et Cent. habent: *gaudio vobis tribuat vicissitudinem.*

[b] Quarumdam civitatum possessionem Langobardorum rex nondum dederat, easque inferius recenset, nimirum *Faventiam, Imolam, Ferrariam, Bononiam* (*Gabelli, et Hadriæ* non meminit) in Æmilia, *Anconam, Auximum, Numanam* (*Forum Sempronii,* et territorium *Valvense* prætermittitur) in Pentapoli. Cæteræ omnes ap. Anastasium videndæ, num singillatim enumerentur ac, quarum possessio certa, et in sanctæ sedis archivo servabatur. Hanc apud recentiores liquet vocari donationem Pippini, quin etiam Caroli Magni donatio appellatur in Prolegom. tom. II editionis Rom. Vat. (pag. LVII), sed perperam; prædictæ enim civitates in ea desiderantur, nec plene Pippiniana donatio ad sanctam sedem pervenit usque ad 774, duodeviginti nempe annis post hæc tempora, cum regnabat Carolus Magnus.

[c] Geographicæ chartæ simplex inspectio planum facit, quo jure pontifex affirmet, quippe non posse vivere eos populos qui sanctæ sedis dominationi adjuncti erant, sine civitatibus et territoriis, quæ fraudulenter ab Aistulpho detinebantur. In Vita Steph. apud Anastas. (sect. 256) legimus, hunc pontificem, qui seq. anno ineunte desiit vivere, obtinuisse a Desiderio rege, qui Aistulpho successerat ante datam hanc epistolam, *Faventiam cum castro Tiberiaco seu Gabellum, et universum ducatum Ferrariæ in integrum.* At de iis infra ad Pauli epistolas: nunc velim animadverti semel et iterum proferri a pontifice de cunctis civitatibus exarchatus ac Pentapolis: *Quæ sub unius dominii ditione erant connexæ.* Inde enim palam est imperatorem, exarchum, aut etiam Langobardorum regem invasorem pro earum domino accipi: ac proinde vocem illam *restituere* tum hic, tum alibi sæpe occurrentem aut referri ad Langobardos ipsos alieni juris invasores, aut ad donationem antea factam sanctæ sedi: nullatenus autem ad eamdem sanctam sedem, ut nonnulli autumant, quippe quæ in exarchatu et Pentapoli nullum antea jus habuit.

[d] Delendo huic monumento non sunt satis fundatio monasterii Nonantulani pro Anselmo, et monachorum amicitia ex Anonymi Salernitani consarcinatione historiarum (*Chron.* cap. 7), cum præsertim scriptor iste sæculis plusquam duobus distet ab Stephano, qui diu perpessus immanitatem Aistulphi, divinam quoque ultionem tot sacrilegiorum ac scelerum advenisse testatur regi Francorum.

[e] Vide Bar. anno 756, n. 3 et seq.

[f] Si Fulradi opera Desiderius Aistulpho successit, chartas igitur, et chronologos, queis nuperi auctores nituntur, aut floccipendere, aut aliter interpretari oportet: ita ut Rachis ante Desiderii inaugurationem, monasterium deseruerit, et cum Desiderio de regno certaverit ab exeunte anno 755 ad mensem Martium seq. anni, cum Stephani II et Fulradi opera Rachis in monasterium rediit, et Desiderius regnare orsus est. Ita videntur suadere Stephani verba *in ipsis quippe diebus quibus hanc Romanam urbem devastandam profectus est, post annui spatii circulum.* Etenim si Kalendis Januariis obsedit Urbem, mense igitur Decembri profectus erat eam versus anno 754, eodemque mense insequentis anni obiit supremum diem. In Vita etiam Stephani ap. Anastasium, quæ mirum in modum concinit cum hac epistola, coævus enim auctor scripsisse eam dicitur; continuo post narrationem traditæ a Fulrado possessionis civitatum is prosequitur (*sect.* 254): *Dum ergo hæc urgeren ur, ipse infelix Aistulphus quodam loco in venationem pergens, divino ictu percussus defunctus est. Tunc Desiderius quidam,* etc. Equidem in horum

natus est rex super gentem Langobardorum Desiderius, vir mitissimus, et in præsentia ipsius Folradi sub jurejurando pollicitus est restituendum beato Petro civitates reliquas, Faventiam, Imolam, et Ferrariam [a] cum eorum **110** finibus, simul et jam [*Lamb.* etiam], et saltora, et omnia territoria. Nec non et Ausimum, Anconam, et Humanam civitates cum eorum territoriis, et postmodum per Garinodum ducem et Grimoaldum nobis reddendum spopondit civitatem Bonam [*Lamb.*, Bononiam] cum finibus ejus, et in pacis quiete cum eadem Dei Ecclesia, et nostro populo semper mansurum professus est, atque fidelem erga a Deo protectum regnum vestrum esse testatus est; et petiit nos, quatenus bonitatem tuam deprecaremur, ut cum eo et cuncta gente Langobardorum magnam pacis concordiam confirmare jubeas.

Nam et Spoletini ducatus generalitas per manus beati Petri et tuum fortissimum brachium, constituerunt sibi ducem [b], et tam ipsi Spoletani quamque etiam Beneventani, omnes se commendare per nos a Deo servatæ excellentiæ tuæ cupiunt, et imminent anhelantius in hoc deprecando bonitatem tuam. Unde petimus te, excellentissime fili et spiritalis compater, ut si prædictus Desiderius, quemadmodum spopondit, justitiam sanctæ Dei Ecclesiæ suæ [*Ap. Lamb. et Gent. deest* suæ], reipublicæ Romanorum, beato Petro protectori tuo plenius restituere, et in pacis quiete cum Ecclesia Dei, et nostro populo sicut in pactibus [pactis, *Bar.*, partibus] a tua bonitate confirmatis continetur, permanserit cum universa sua gente, jubeas in id quod petiit tuas a Deo inspiratas aures inclinare; hoc interea anhelantius, ut nimis velociter, eidem Desiderio regi, obtestando, admonendo etiam, et præcipiendo, dirigere jubeas, ut reliquas civitates, loca, fines, et territoria, atque patrimonia, et saltora, **111** in integro suæ Ecclesiæ reddere debeat, et tale fundamentum et optimum finem in causa ejus imponere jubeas, ut, auxiliante Domino, ipsa sancta Dei Ecclesia secura maneat, usque in finem sæculi, ut plenaria justitia a justo judice Domino Deo nostro, et memoriale nomen tibi in sæcula maneat, vel etiam cunctæ Christo protectæ genti vestræ Francorum [c].

Inspiratus autem a Deo nimis festinanter causam sanctæ Ecclesiæ perficies; quia sunt aliæ canonicæ causæ, quas perficere debeamus, pertinentes ad magnam regni tui laudem, et magnam animæ tuæ vel cunctæ gentis Francorum immensam mercedem; et hoc obnixe postulamus præcelsam bonitatem tuam, ut inspiratus a Deo et ejus principe apostolorum beato Petro, ita disponere jubeas de parte Græcorum, ut fides sancta catholica et apostolica per te integra et inconcussa permaneat in æternum, et sancta Dei Ecclesia, sicut ab aliis, et ab eorum pestifera malitia liberetur, et secura reddatur [d], atque omnia proprietatis suæ percipiat [e]; unde pro animæ vestræ salute, indefessa luminariorum concinnatio Dei Ecclesiis permaneat, et esuries pauperum egenorum vel peregrinorum nihilominus resecetur [f], et ad veram saturitatem perveniant.

112 Qualiter autem cum Silentiario locuti fueritis, vel quomodo eum tua bonitas absolverit, una cum exemplari litterarum, quas ei dederitis [g], nos cer-

opinionem ultro concederem. Stephanumque per illud *post annui spatii circulum* insinuare cum iis dicerem, se minus exacte inire annuum spatium, at quæ principio epistolæ aiebat pontifex, *elapso anno, isto in tempore ultra citraque circumdati*, tam luculenter definiunt ætatem epistolæ, ac proinde Aistulphi casum, et chartæ veteres et chronologi, quorum ope ætas differtur, auctoritati epistolæ sint posthabendi. Vide infra col. 147, not. [e], epist. 12.

[a] Lamb., *Imulas;* Gent., *Vaventia, Imulas et Ferraria.*

[b] In catalogo Chronici Farfensis invenitur dux Albuinus, qui præcedit Gisulphum; atque hujus quidem ætas præfigitur an. 760, illius autem nullum usquam indicium, præterquam hic.

[c] *Non patitur aviditas quemquam esse gratum: nunquam enim improbæ spei quod datur satis est.* Ita Seneca (*De Benef.* l. ii, c. 27). Desiderius pontificis et Fulradi opera in solio constitutus, omnium quæ cum sacramento pollicitus erat oblitus. Æmiliæ quidem seu exarchatus civitates et loca, præter Bononiam et Adriam, restituit sanctæ sedi, quod nuper libri Pontific. auctoritate dixi; sed Pentapolis ne glebam quidem voluit reddere. Id Stephanus experientia edoctus præsagiens Pippini auctoritatem implorat, sed nequidquam.

[d] Qui Romanos pontifices horum temporum spectasse solum temporalia dictitant, minus attente legunt has epistolas. Necessitate siquidem urgente, horum quoque satagunt, ut populis tranquillitatem pariant: at præcipua illorum cura est catholicæ fidei universa in Ecclesia servandæ.

[e] Patrimonia sanctorum apostolorum Petri et Pauli, Ecclesiis *ab antiquo assignata, et pensa in publi-* *cum ærarium conferri* jusserat Isauricus, ut tradit Theophanes (*Chronogr.* p. 273). Ex iis aureorum 35 millia quotannis percipiebantur a sancta sede: et cum difficilis coepisset illorum exactio esse in Oriente, in Calabritanum et Siculum conversa sunt ab Augustis: cujusmodi erant sub Isaurico, qui sanctæ sedi eadem abstulit. Huc respexisse Stephanum nullus dubito. Cumque id faciat in litteris queis Pippino gratias agit de duabus provinciis ditioni sanctæ sedis adjectis, conjicio, quidquid utilitatis ex ducatu Romano, exarchatu et Pentapoli perciperetur, non Romano pontifici, sed reipublicæ Romanorum cessisse. Etenim in duces, comites, aliaque officia, optimates militum, ipsosque milites quæstus omnis erogandus erat pro recta administratione rerum. Quamobrem luminaria ecclesiarum, egeni ac peregrini, quos ærarium pontificium fovebat, patrimoniorum sanctæ sedis indigebant, quæ propterea tum Stephano, tum successoribus æque ac civitates cordi fuisse non est mirum.

[f] Forsan *relevetur*; Lamb. legit *refectetur.*

[g] Duo imperiales missi, quorum nomina Georgius Protosecreta et Joannes Silentiarius, ad Pippinum tempore alterius Italici belli euntes, cum exercitu eum profectum esse compererunt. Ille Massiliæ, quo uterque pervenerat, Ticinum advolans, et nequidquam molitus regem avertere ab exarchatus concessione apostolorum principi, re infecta discessit (*Anast. sect.* 254). Alter Pippini reditum exspectasse videtur in Francia: namque collocutum cum rege, litterasque ab eodem ad Copronymum accepisse hinc certo scimus. At colloquii et litterarum sententia ipsi pontifici occulta.

tiores reddite, ut sciamus qualiter in communi concordia agamus, sicut inter nos et Folradum, Deo amabilem, constitit. Ipse vero dilectus filius noster Fotradus in omnibus causis juxta tuam præceptionem peregit, et maximas gratias illi egimus pro suo certamine, qui videlicet ad vos revertens, omnia qualiter acta sunt, bonitati vestræ intimabit; præsentes vero fidelissimos nostros, id est, Georgium reverentissimum ac sanctissimum fratrem, et coepiscopum nostrum, atque Joannem regionarium, nostrumque sacellarium, petimus, ut hilariori suscipiens vultu, in omnibus acceptare jubeas, et quidquid nostra vice bonitati tuæ locuti fuerint, eis in omnibus credere digneris, atque cum effectu causæ et lætabundis nuntiis ad nos remeandos absolvere jubeas. Nam et hoc obsecramus bonitatem tuam, ut nimis celeriter ad nos conjungendum [*Bar. et Cent.*, commigrandum] absolvere præcipias reverendissimum fratrem, et coepiscopum nostrum Wicharium [a].

Omnipotens autem Deus in cunctis actibus tuis, excellentissime victor rex, suæ dextræ extensione A te protegat, tibique et præsentis vitæ prospera et post multorum annorum curricula gaudia æterna concedat, faciatque cum tua dulcissima conjuge, excellentissima regina, spiritali nostra commatre, et vestris meisque dulcissimis filiis maximo gaudio jucundari, et regni vestri gubernacula a Deo vobis concessa perfrui, et qui in præsenti vita regni potestatem tenetis, et jam [*Lamb.*, etiam] futuro in sæculo cum Christo in æternum regnetis, promerentes illam Dominicam promissionem audire: *Venite, benedicti Patris mei* (*Matth.* xxv); **113** pro eo quod certamen bonum certati estis, cursum consummastis, fidem servastis. Sumite positas vobis coronas, et accipite regnum vobis ab origine mundi præparatum. Nam et ex hoc præcelsæ, et a Deo custoditæ excellentiæ vestræ innotescimus, quia petiit nobis Optatus religiosus abbas vestri monasterii [b] sancti Benedicti pro monachis suis, qui cum tuo germano [c] profecti sunt, ut eos absolvere jubeas, sed qualiter tua fuerit voluntas, ita de eis exponere jubeas. Incolumem excellentiam tuam gratia superna custodiat.

[a] Mendum in ms.; legi enim debet *Wilharium* qui erat episcopus Nomentanus, ut aiebam ad ep. 7, al. 9, col. 110, n. [d].

[b] Lamb. legit: *petiit a nobis Optatus religiosus abbas monasterii sancti Benedicti; et Gent.: abba veneni monasterii*.

[c] Carolomannus Pippini frater, ante illius exaltationem, anno videlicet 747 induerat monachum (*Ann. Fuld., Anast. Ostien.* lib. I, cap. 8) per manus Zachariæ pontificis; cumque aliquandiu monasterium Soractense incoluisset, ad Cassinense jam instauratum a Petronace se contulerat. Sub Optato abbate, qui an. 751 Petronaci successit, legationis princeps cum aliis monachis ad regem fratrem est profectus, Aistulpho sic volente (Id evenit anno 753 exeunte postquam Stephanus Ticino in Franciam discessit mense Novembri, ac seq. anni initio eo pervenit) fratrem ab expeditione Italica revocaturus. Re nequidquam tentata, pontificis regisque consilio in sancti Dionysii monasterio cum sociis substitit, ubi eodem anno moritur. (*Baron.* 754, n. 7. seqq. *Pag.*, ibid. n. 3, et 753, n. 7 seqq.) Eos socios nunc repetit Optatus. Notandum obiter illud *vestri monasterii sancti Benedicti* apud Gretserum; nam Lambecius non legit *vestri*, et Gentilotus *veneni* forsan *vener.* Qui enim Cassinense monasterium dici poterat ad Pippinum regem ullatenus pertinere; si hisce ex iisdem litteris constat, tum Beneventanos, tum Spoletanos, primum quæsiisse amicitiam regis, ne scilicet illius potentiæ, ut Aistulphus, obnoxii aliquando essent?

114 DE S. PAULI I EPISTOLIS UNA ET TRIGINTA
DISCURSUS PRÆVIUS.

1. Postquam Stephanus II obiit supremum diem vii Kalendas Maias, anno 757, *Paulus diaconus et in Dei nomine electus sanctæ sedis apostolicæ*, ut est in titulo primæ epistolæ hujus pontificis ad Pippinum (*Cod. Car.* 12, al. 13) Petri cathedram tenuit (nullo antea exemplo succedens fratri suo) per annos decem et mensem, a die videlicet consecrationis 29 Maii ad 28 Junii anni 767. Causa dilatæ ordinationis fuit brevissimum schisma, quod cleri pars melior compressit. Æquum sane erat ut ei frater succederet, per quem sanctæ sedis ditio tantum habuit incrementum. Verum ut dignitate, ita et laboribus fratrem imitaretur oportuit. Non enim Desiderius rex Langobardorum diu amicitiam Romanorum coluit. Præterea ingens ex Græcia metus quiescere Ecclesiam non permisit. Copronymus quippe expergefactus, ubi exarchatum et Pentapolim, provincias e manibus Langobardorum ereptas, in Romanæ Ecclesiæ potestatem venisse audiit, armis atque insidiis non modo eas provincias, sed etiam Romanam, Urbemque ipsam vexare non destitit. Quamobrem intestinis fere incommodis exterisque assidue laborans, vitam ante deseruit, quam sibi subditisque populis tranquillitatem afferret. Omnia hæc patent ex litteris quæ mox sequentur. Antea tamen nonnihil dicam necesse est de iisdem in genere: ut ubi singulas recensuero, nec mihi earum sententia varia, et multiplex molestiam ingerat.

II. Quas hucusque epistolas vidimus, majori ex parte ediderant in lucem Flaccius ac socii Centuriatores anno 1564, atque eorum maximus adversarius card. Baronius in Annalibus Ecclesiasticis: utramque videlicet Gregorii III, Zachariæ unicam, et quatuor Stephani II (7, 8, 10, 11, al. 9, 4, 3, 8, *Cod. Car.*); 9, al. 6, utpote præcedenti perquam similem omittentes; 4, 5, 6, 10, 11 et 7 nequaquam cognitis. Secus est de Pauli epistolis 31. Nam Centuriatores (*Cent.* viii, cap. 10) totidem se accepisse gloriantur: unde autem, silent. Et quanquam sola earumdem argumenta proferant, audacissimis in suis commentariis patefaciunt se illas integras inspexisse. Namque aiunt, exempli gratia, quod Paulus « Petrum substituit interpellatorem pro victoria adversus hostes, in epistola **115** ad Pippinum tertia, et nona » (*Cod. Car.* 35, 55, al. 43, 50), quæ minime eruuntur ex argumentis. Præterea ex epistola 12 quæ falso tribuitur Paulo, cum spectet ad Adrianum (*Cod. Car.* 60, al. 73), ut ostendam suo loco, eruditorum omnium recentiorum incuriam patefaciens, hæc proferunt: «Pro regno amplificando in epistola 12 ad Pippinum:

Ut ipse princeps apostolorum pro vobis intercedat ante Domini Dei nostri majestatem, ut amplius vestrum dilatet regnum, et victorias tribuat. » Mitto reliqua eorum putida commenta; hæc enim satis supergue probant eos præ manibus habuisse integras Pauli litteras. Non ita contigit Baronio, qui ingenue rem fatetur (an. 767, n. 1) de 31 Pauli epistolis : « Quarum, aiens, duntaxat argumenta summatim præstricta et recensita vidimus a Panvino in vitis Romanorum pontificum, easque integras haberi in Vaticana bibliotheca testatur : verum easdem diu quæsitas minime invenire valuimus, ut eas vel furto vel alio aliquo modo inde sublatas existimemus. Cæterum nihil est, quod ejus fides possit in suspicionem adduci, cum et earumdem totidem numero argumenta pariter recitent novatores (*Cent.* VIII, p. 725) qui pertæsi prolixitatem atque multiplicitatem pariter, sed magis veritatem, non ipsas integras, sed ipsarum argumenta tantummodo edidere ».

III. Hunc Baronii locum Gretserus transtulit in suam præfationem ad Codicem Carolinum; at quia Baronii diligentiam fugit ejusmodi argumentorum vera indoles, et Gretseri de iisdem sententia lucis indiget, operæ pretium me facturum puto, si hanc historiæ partem explanavero. Onuphrius Panvinius de Romana historia profanaque omni eruditione optime meritus usque ad annum 1553 ad ecclesiasticas res animum non converterat. Tum vero Marcelli Cervini Cardinalis suasu hujusmodi studiis totum se dedit, brevique octo annorum spatio nonnulla in lucem edidit de pontificibus et cardinalibus : præcipue vero conscribendis effuse Vitis eorumdem, quas a Baronio laudari vidimus, operam navavit. Suimet testis ipse est in editione historiæ pontificum Platinæ Venetiis apud Michaelem Tramezinum anno 1562. Etenim in nuncupatoria ad Pium IV epistola, quam dederat præcedenti anno, cum prælo commisit ejusdem Platinæ historiam cum suis notis, et additionibus : « Donec cderem, inquit, ea quæ ego maxima jam ex parte eodem argumento conscripsi. » Et initio suæ additionis ad lectorem : « Librum ipsum longe locupletissimum accuratissima diligentia jam magna ex parte concinnavi, quo Romanorum pontificum et cardinalium, quorum 116 memoria exstat, Vitas effuse scripsi; atqui cum res magni et difficilis negotii sit, non ita facile, quanquam jamdiu multumque in eo elaboraverim, confici potuit. » Quam recte arduum negotium exaggeret, inde discimus, quod morte admodum immatura præventus anno 1568, tantum opus non confecerat. Exstat illud hodie pluribus voluminibus comprehensum in biblioth. Vat. (*Cod.* n. 6104), quo est collatum ex dono P. Ciaconii die 25 Septembris an. 1592, ut præfixa operi memoria docet, et a sancto Gregorio Magno exordium ducit.

IV. In tertio ejus volumine (fol. 1125) ubi agitur de Pauli gestis, pauca hæc visuntur : « Scripsit Paulus epistolas plures ad Pippinum et Carolomannum reges, ad exercitum Francorum, et ad alios quosdam, ex quibus una et triginta in bibliotheca Vaticana exstant, quarum brevissima argumenta adjiciam. » Mox sequuntur singularum argumenta « summatim præstricta, et recensita, » quæ vidit Baronius sanctæ Romanæ Ecclesiæ tum bibliothecarius a Clemente VIII designatus : quare cum octavum Annalium volumen anno 1599 evulgavit, in quo agit de Pauli rebus gestis, Panvinii etiam mss. codices accesserant ad eam « magnam rerum copiam, » quam se congessisse aiebat in nuncupatoria Tom. I ad Sixtum V an. 1588, « tanquam in aliquam cellam penariam, præsertim contra novatores nostri temporis pro sacrarum traditionum antiquitate ac sanctæ Romanæ catholicæ Ecclesiæ potestate. » Duo autem doctissimi scriptoris diligentiam fugisse videntur : bibliothecæ Vaticanæ veteris conditio et Panvinianæ illorum argumentorum recensionis causæ.

V. Ad bibliothecam quod attinet, hanc instrui cœptam a Nicolao V Sixtus IV perfecit, Panvinio eodem teste in hujus Vita, quæ prima est ex adjunctis ad Platinam : « Bibliothecam Palatinam, ait, in Vaticanam toto terrarum orbe celebrem, Platina præfecto, advectisque ex omni Europa libris, construxit, certosque proventus, unde custodes et librarii Græci, Latini, et Hebraici menstrua salaria, quibus ali possent, haberent, librique emerentur, assignavit : opus omnium præclarissimum et pontifice maximo dignum. » At perpetuæ librorum in bibliotheca permanentiæ eum prospexisse non constat, quemadmodum post annos plusquam centum Sixtus V bibliothecæ novæ, et loco et librorum congerie longe præstantiori, atque antiqua illa celebriori consuluit. Ea propter Panvinius idem alibi (*Cod. Vat.* n. 5924) catalogos librorum descripsit, qui ab Innocentii VIII temporibus in bibliotheca erant, at suo ævo nequaquam reperiebantur. Inter hujusmodi libros codicesve a bibliotheca Palatina ereptos Pauli litteras haud numerari 117 video. Quin etiam Panvinio ex eodem disco, in bibliotheca Vaticana esse, et cum Pauli Vitam scriptis mandabat, et cum Adriani res gestas enarrabat, ante annum videlicet 1561. Eo siquidem anno, ut supra vidimus, fatebatur Pio IV et lectores admonebat, !se *maxima ex parte* pontificiam historiam confecisse. Cumque hæc per decem fere sæcula excurrere deberet a sexti nonagesimo, Gregorii Magni primo ad sextum decimum jam provectum, quo is florebat; ne duo quidem sæcula maximam operis partem ab eo vocari nec dici, nec cogitari potest; neque enim fas est mendacii tantum virum arguere, aut hebes adeo ingenium illi tribuere, ut lente admodum graderetur longo suscepto itinere. Itaque pro certo haberi debet, pontificias eas litteras in bibliotheca Vaticana seu Palatina exstitisse ante annum 1561. Inde autem quid de iis evenerit triginta illis annis, qui 1592 præcesserunt, cum Vaticana bibliotheca nova opus illud Panvinii adepta est, ac quomodo perierint, divinandum aliis relinquo.

VI. Equidem Panvinianæ recensionis causas aperiam, quas præteriisse aiebam Annalium Ecclesiæ principem. Anno 1564 in lucem prodit Centuria illa VIII, cujus capite 10 et Pauli epistolarum 31 et Adriani 44 argumenta eadem perleguntur quæ habet historia Panviniana. Ne verbum quidem mutatum videre est, præterquam in earumdem indicatione, quam rem data opera esse factam nemo non dixerit. Et sane : « Scripsit, inquiunt, Paulus epistolas plures ad Pippinum, ad Carolomannum, et ad exercitum Francorum, et ad alios quosdam: unam et triginta mss. accepimus. » Ista si conferas cum iis quæ supra afferebam ex Panvinio, detractum videbis *reges*, ignota nobis ex causa ; et pro, *in Biblioth. Vat. exsiant*, dictum *accepimus*. Perinde est de Adriani epistolis: Ubi enim Panvinius (fol. 1156) scripsit : « Exstant in biblioth. Vat. 44 ejus epistolæ ad Carolum regem scriptæ, quarum argumenta indicare operæ pretium erit, » Magdeburgenses aiunt : « Accepimus ejus 44 epistolas mss. ad Carolum, quarum argumenta indicare operæ pretium duximus. » Quis vero hinc non videt, male feriatum aliquem fortasse amanuensem, certe falsum fratrem, Panvinii laborum exemplum clam misisse ad Centuriarum scriptores, uterentur, abuterentuve; modo auri sacra fames expleretur? Ex magna utrinque similitudine et convenientia Gretserus olfecit, Magdeburgenses Onuphrianum codicem vidisse. « Quæ enim, ait, his lavernionibus, eorumque subadjuvis et administris, bibliotheca non patuit? » Fallitur vero, dum putat, Magdeburgenses « pro more 118 suo calumnias nonnullas interspersisse. » Nam Panvinius synopses illas exscripsit ex cod. Vat. quales apud Centuriatores legentur; et quæ Gretsero videntur calumniæ, nullum alium norunt auctorem præter Panvinium, qui ex illo codice ipsissimas eas excepit, non animadvertens, quandoque vocem aliquam, in pravum sensum retortu facilem, iis inesse. Ubi autem Lipsiæ prelis commissa vidit quæ, aut nimis libere, aut minus accurate scripta fuerant, ea secundis curis emendavit.

VII. Hæc profecto est recensio cujus meminit Baronius. Et est quod mirer, tantum virum haud vidisse, argumenta illa quemadmodum scripta primum fuerant a Panvinio, prorsus reperiri apud Magdeburgenses. Voces siquidem deletæ, aut in fine additæ, ut nihil dicam de superpositis seu interjectis; litteræ item aliquot, vel adjectæ, vel detractæ in codice Panviniano evidentes adeo sunt, ut in legentis oculos per se ipsæ incurrant. Quamobrem editionem Magdeburgensium conferenti cum ms. codice Panviniano, tanta utrinque similitudo et convenientia erit evidens, ut miraturus mecum sit Baronii diligentiam hac in re minus accuratam. De Gretseri allucinatione nil aliud dico, quam veniam adhibendam esse viro doctissimo, qui Panvinianum codicem non habuit ob oculos, sed Baronii sententiam amplexus, id tantummodo adjecit quod acies ingenii rerumque ecclesiasticarum diuturna tractatio proferendum suaserunt. Quamobrem calumniarum genus, quod novatoribus bona fide impactum in Panvinium reciderat, ita interpretari oportet, ut verba et dicta queis Gretserus insistit, illorum ore prolata, quorum prava intentio est in omnibus quæ sedem apostolicam, in multis quæ catholicam religionem spectant, calumniæ videantur et sint; at catholico scriptori summa primum cum fide exceptis ex codice, deinde diligenter emendatis, ne forsan ita prelo committerentur, imprudentiæ magis quam calumniarum notam inurendam putemus.

VIII. Huc accedit quod vir ille doctissimus, fervescente adhuc ætate, necdum conscribendis Ecclesiæ rebus assuefactus, non eas tantum synopses seu argumenta litterarum alicubi inconsiderate scripta excepit, sed ipsemet totam pontificiam historiam hac illac parum caute dictis resperserat. Quare illam castigatiorem ubique redditam secundis curis videre est in mss. Vaticanis codicibus. Neque id mirum: nam Baronius cum ad scribendos Annales adjecit animum, per annos triginta Ecclesiæ rebus navarat operam, quod proprio ore fatetur in tom. I, epistola dedicatoria ad Sixtum V. « Cum jam sex lustris ipsa ecclesiastica historia **119** fuerit a me septies ordine temporum repetita. » E contrario Panvinius ipso in ecclesiasticarum rerum tyrocinio pontificiam illam Historiam composuit: quod ipsemet ante suam additionem ad Platinam testatur, lectorem ita monens: « Ante annos circiter octo, hortatu Marcelli card. sanctæ Crucis, quem postea summum pontificem vidimus, cui ego me tunc temporis in clientelam totum dederam, beati et sanctissimi illius viri virtutes admiratus, ab historiis profanis conscribendis, ad ecclesiasticas res usque ad ea tempora a paucis aut leviter tentatas, aut omnino neglectas, tractandas et explicandas animum converti. »

X. Synopses illas diligenter excepi omnium oculis subjecturus; at quia maxima occurrit discrepantia inter illas et Codicis Carolini epistolas, aliæ siquidem alio ordine digestæ sunt, atque utrobique chronologia minus recta est, subjicere singulas epistolis suis deliberavi, quas ab annos fere certos diducere conatus sum, nimium libere vagantes apud eruditos aliquot recentiores, qui nescire incerti occasionem nacti, ad suas opiniones asserendas, loco eas movere impune posse rati sunt. Neque id putet aliquis per me fieri, ut meo ac lectoris otio abutar. Breviori quidem via incedi posse monendo, quod synopses, seu argumenta litterarum, quæ primo scripsit Panvinius, ipsissima illa sunt quæ apud Centuriatores summa cum fide referuntur; quæ autem Panvinius idem recensuit, Baronius primum in suis Annalibus evulgavit, indeque in collectionem Conciliorum translata sunt. At cardinalis doctissimus religioni non habuit, aut verbum, aut sententiam quandoque aliquatenus immutare, aut emendationes non omnino sequi. Exemplo sint quæ imprærsens excerpo ex Pauli epistolis juxta recensionem. Legitur in prima (*Cod. Car.* 12, al. 13) : « Amicitia ab eodem Stephano cum Francis contracta. » Baronius mutavit « inita cum Francis. » In octava (*Cod. Car.* 23, al. 34) ait Panvinius : « Imperatorem Græcum in armis, ut Ravennatem exarchatum et Romam recuperaret, esse narrat. » Baronius partim primæ lectioni, partim correctioni adhærens, « in armis esse, » ait, « et Ravennatem exarchatum et Romam recuperare velle narrat. » In undecima (*Cod. Car.* 24, al. 31) Panvinius rumorem spargi dixit « ab mimicis: » Baronius, « ab amicis. » Denique in decima quinta (*Cod. Car.* 13, al. 27) Panvinius : « Quinta decima per Wlfardum coepiscopum (quem Pippino exemplo fratris Stephani commendat) scripta, laudes . . . . . continentur. » Baronius : « scribens, iis litteris laudes . . . . . continentur. »

120 X. Argumenta eadem, ut aiebam, ex Baronii Annalibus in collectionem Labbeanam sunt translata. Sed quam diversa eorum pleraque a Panvinianis ibi leguntur ! Labbeus siquidem, quod Baronio haudquaquam evenit, Carolini Codicis editionem, quæ sexto post hujus mortem anno in lucem prodiit Ingolstadii, versare potuit, et si qua minus clara minusque exacta reperit argumenta, pleniora ac lucidiora emittere, quod sane ab eo factum videre est (*Conc.* tom. VI, p. 1672, 1736 seqq.). Et vero dum iisdem ut ipse epistolis serio perlegendis insisterem, ut synopses ampliores atque explicatiores conficerem, ad Codicis Carolini sextam et quinquagesimam, Adriani vicesimam quintam, perveni, quæ mihi est 71, et agit de Sabinensi patrimonio integre restituendo. Id autem patrimonium in editione Gretseriana dicitur *Ravennense*, et in Lambeciana *Ravennense*. Cumque ex novissima recensione Gentiloti essem admonitus, nullam adhiberi majusculam in contextu illius Codicis, facili negotio assecutus sum causam corruptæ lectionis. Nam Mabillonius (*Supplem. ad Dipl.*, pag. 70) exhibet specimen scripturæ Romanæ Longobardicæ, quæ Adriani ævo erat usui, ex authenticis litteris ejusdem pontificis in phylira, quæ servantur in archivo Corbeiensi. In earumdem scriptura tantam vidi similitudinem inter s et r, ut facile unum pro altero sumi possit. Præterea vidi u pro b frequenter adhibitum, ac demum i perpetuo absque puncto. Ea propter venia mihi videbatur adhibenda excipienti Adriani litteras ex autographis, cum Carolus in Codicem referri eas voluit. Panvinius ipse, quod majus est, eamdem rem peccavit: nam legens in synopsi: *Patrimonium sancti Petri apud Ravennatenses*, ipsemet secundis curis posuit: *Ravennates*. Quod quanto sit proximum intervallo sententiæ litterarum, simplex earum lectio planum facit. Nam, præterquam quod Ravennæ patrimonium Gregorii Magni tempore celeberrimum, cuncto exarchatu nunc addito pontificii ditioni, non erat cur repeteretur; Adrianus alibi (*ep.* 59, al. 49) perspicue agit de *Savinensi patrimonio* inter alia quæ restituenda erant, Ravennatensi nullatenus memorato.

XI. Quid autem plura? Labbeus, inspectis epistolis, quæstioni finem attulit, synopsim hanc exhibens : « Quod integrum sancti Petri patrimonium Sabinense contraditum non sit: idque testificaturos regi ipsius missos Itherium et Maginarium, si apprehensa ejus dextera jurare jubeantur. » Quam rem siluisse Pagium censoremque ejus nuperum P. Mansium est quod mirer, cum præcipue videam Muratorium, qui nullam prætterit occasionem labefactandi pontificum dominationem in **121** exarchatu, monuisse (*Annal.* 778) pro Ravennense legendum *Sabinense*. Quod quidem haud fecisset, nisi sententia litterarum coactus; nam, Pippini donatione exarchatus et Pentapolis ob eamdem causam admissa, dominium sanctæ sedis in dubium revocat, ac pene convellit. Videsis animi gratia Annales Italicos, an. 1017, 1026, 1054, 1198, 1239, 1240, 1249. Quæ autem melior occasio illi potuit offerri, quam patrimonii Ravennatis repetitio per Adrianum facta? Cæterum Labbeanas ego sinopses Panvinianis posthabendas censui duplici ex causa. Primum quia illæ, utcunque veriores, litterarum tamen sententiam non plene continent. Deinde quia Panvinianæ, utcunque apud Magdeburgenses inveniantur quales scriptæ primum fuerunt, et apud Baronium juxta recensionem ab auctore factam, nullibi tamen sinceræ tam primis quam secundis curis habentur, præterquam in codice Vaticano, unde primum per me prodire in lucem dici possunt. Hactenus de litterarum argumentis, nunc de ipsis litteris.

XII. Numero eæ quidem fraternas superant; varietate etiam rerum quas continent uberiores iis sunt. Ad apostolicæ autem sedis ditionem quod attinet, nil novi afferunt, tametsi locorum ac rerum restitutiones aliquot memorentur admodum incertæ atque obscuritatis plenæ. Exempli gratia: testatur Paulus (ep. 18, al. 15) Desiderium reddere promisisse civitates *Imolam, Bononiam, Auximum*, et *Anconam*, sed fidem postea fefellisse. Alibi (ep. 20, al. 21) loquens de patrimoniis, juribus, locis, finibus ac territoriis: « Ex parte quidem, inquit, easdem justitias nobis isdem Langobardorum rex fecisse dinoscitur, et reliquas omnes justitias se profitetur, atque omnino spondet nobis esse facturus. » Cumque (ep. 21, al. 23) per Georgium episcopum de tot beneficiis gratias agat Pippino, credibile est Desiderium stetisse promissis, pro certo autem affirmari non potest. Quorum similia alia occurrunt. Quamobrem Paulum fuisse feliciorem Stephano fratre suo, quanquam duplo longiorem pontificatum gesserit, nec dici, nec cogitari debet. Quandiu enim vixit, pro vindicanda sancti Petri ditione adversus ejusdem Langobardorum regis inconstantiam laboravit. Quin etiam a Græcis quandoque timuit pro ipsa urbe Roma (ep. 25, al. 34); sæpe pro exarchatu et Pentapoli (ep. 26, al. 28; 33, al. 50; 36, al. 32; 38, al. 24); epistolas harum rerum testes (cum careant nota temporis, præter unam, aut alteram) auctores proprio arbitratu pro aliis aliorum opinionibus disponunt. Inde vero detrimenti nihil infertur ditioni apostolicæ sedis: **122** nulla siquidem accessio, ut aiebant, Pauli tempore facta eidem est. Antiquæ autem ditionis, seu Romæ et ejus ducatus, necnon ejusdem per Pippinum regem amplificatæ primum anno 754, cum pactum seu diploma donationis editum confirmatumque est Carisiaci; deinde 755, cum possessionis civitatum exarchatus et Pentapolis a Fulrado initæ locuples testimonium fuerunt singularum obsides, et earum claves; ejus, inquam, ditionis tot fere sunt monumenta certa quot epistolæ. Paulus siquidem æque suas appellat civitates Romanæ provinciæ atque exarchatus et Pentapolis; quemadmodum expresse factum de utraque ditione comperimus (ep. 39, al. 14) ubi de novis Langobardorum molestiis queritur: « In civitate nostra, inquit, Synogalliense pergentes, ferro et igne quæ extra eamdem civitatem consistebant, devastaverunt... Similiter in partes Campaniæ, id est castro nostro, quod vocatur Valentis, hostiliter irruentes, » etc.

XIII. Ad earumdem epistolarum auctoritatem quod spectat nullum reor ex veteribus monumentis validiori niti fundamento quam istas Pauli præsertim et Adriani. Unam et triginta videmus in Codicem relatas esse; totidem in Magdeburgensium manus ex codice Vaticano pervenerunt; nullumque has inter aliquas illas discrimen reperitur, præter argumenta seu synopses, quarum tamen nonnullæ conveniunt inter se. Nam petitæ ex epistolæ cujusque visceribus, licet parum accurate, nonnullam quandoque similitudinem nactæ sunt. Dixi utrobique unam et triginta existere, quæ res primo aspectu falsa esse videtur: duæ enim et triginta numerantur in Codice; una minus apud Magdeburgenses seu in cod. Vat. Panvinii. Quam rem fortasse aliquis mirabitur. At animadvertere eum oportet, quod trigesima et trigesima tertia Carolini Codicis, quæ in Vaticano est nona et nobis trigesima tertia, sunt una eademque epistola duplici exemplo conscripta, quæ semel prolata a Panvinio et aliis, illarum numerum æquat, una et triginta utrobique remanentibus. Ex iis autem utrinque unam removere oportet, quæ ad Paulum pontificem non refertur, nimirum trigesimam sextam Cod. Car., quam senatus populusque Romanus ad Pippinum dederunt; et duodecimam Cod. Panviniani, quæ, ut aiebam supra (num. 2) irrepsit inter Paulinas, cum certe inter epistolas Adriani debeat recenseri, quod fit in Cod. Car. (ep. 60, al. 73). Ita admiratio omnis cessat circa epistolarum numerum. Aliunde item admirationis aliquid superveniens, nimirum ex argumento illo epistolæ non relatæ in Codicem, quod exstat inter epistolas 21 et 22 Codicis Carolini, prorsus evanescit: quippe exemplum est epistolæ 15 (nobis 18), ut dicam in notis.

123 XIV. Ea vero epistola 18, seu 15, non parvi momenti est: namque Paulus ducum Spoletani ac Beneventani conditionem ante Desiderii electionem enarrat: « se, inquiens Pippino, sub vestra a Deo servata potestate contulerunt; » deinde subdit utriusque vices, et quomodo Liutprando Beneventano duci suffectus erat Arichis (11) ab eodem Desiderio, anno videlicet 758, quo spectat ea epistola. Quare uterque dux, Paulo pontifice, subjectus iterum fuit Langobardorum regi, neque amplius ad Pippinum rediisse illos constat; imo ne in Caroli quidem potestatem venit Arichis, ut Erchempertus testatur, cum reges Langobardorum sunt exacti, Desiderio nimirum captivo in Franciam ducto, et Adelgiso illius filio Constantinopolim fuga elapso anno 774. Tunc enim principis titulo assumpto, regis instar Beneventanum ducatum administravit, quoad Carolus expeditione in Beneventanos susceptam an. 787, sibi eum ducatum subjecit, qua de re agam in litteris Adriani. Erchemperti verba de principatu Arichis sunt hujusmodi: « N. 3. Hic Arichis primus Beneventi principem se appellari jussit, cum usque ad istum, qui Benevento præfuerant, duces appellarentur; nam et ab episcopis ungi se fecit, et coronam sibi imposuit, atque in suis chartis, *scriptum in sacratissimo nostro palatio*, in finem scribi præcepit. » Anonymus Salernitanus (cap. 9) luculente hujusmodi principatus initia illigat cum excidio regni Langobardici, sive, ut melius dicam, cum Desiderii dejectione: « Atque ipse Carolus rex, inquiens, firmatus est totius Italiæ. Solus dux Arichis Beneventi remansit, jussa ejus contemnens, pro eo quod capiti suo pretiosam deportaret coronam. » Atque Arichis ab an. 758, cum dux fuit constitutus a Desiderio, cujus etiam filiam uxorem duxit, usque ad 774, cum socer est ejectus, omnem subjectionem professus fuit Langobardorum regi. Ac propterea Paulus sibi metuens a Græcis, Pippinum orat (ep. 25, al. 34) ut Desiderium moneat periclitantis Ecclesiæ, quare tum ipse opem ferat Romanis, tum præcipiat « Beneventanis atque Spoletinis, seu Tuscanis » ecclesiasticæ ditioni finitimis, ut idem faciant.

XV. Quæ cum ita sint, assequimini non possum, cur nec Panvinius, nec Gretserus, nec Labbeus, nec Pagius (Baronium excipio, qui litteras non vidit), neque eruditi alii senserint, synopsim illam, seu argumentum epistolæ duodecimæ inter Paulinas, ad ejus pontificis ætatem referri non posse. Et vero argumentum illud sic fluit: « Duodecima narrat de Beneventanorum injuria. Petit ut Pippinus litteris increpet, et si nolint parere, ut consentiat in expeditionem **124** contra eos institutam. » At generalem istam incuriam omittamus: Eruditi illi omnes, ne Baronio quidem excepto (cui tamen haud præsto erant litteræ Carolini Codicis, quas consulere oportuit), viderunt apud Magdeburgenses (*Cent.* VIII, cap. 10) pauca hæc ex iis litteris desumpta : « Et pro regno amplificando in ep. 12 ad Pippinum, ut ipse princeps apostolorum pro vobis intercedat ante Domini Dei nostri majestatem, ut amplius vestrum dilatet regnum, et victorias tribuat. » Hæc vero totidem verbis expressa leguntur in Adriani epistola (60, al. 73) quæ in Cod. Carol. nullum præsefert argumentum. Quomodo ista irrepserit inter Paulinas in Cod. Vat. equidem non quæro : at vagantem revoco ad suam sedem, scriptamque comperio an. 777, cum Carolus Saxonico bello implicitus, atque Hispanicum meditans contra Saracenos, duci Beneventano audendi occasionem præbuit. Præsertim id facio ut libertate eorum redarguam qui multas ex his epistolis, suas opiniones tuendi causa, loco moverunt, totamque ejus ætatis historiam depravarunt ; at si qua jure movenda erat, id suadente rerum serie quas continet, aut religioni duxerunt eam attingere, aut re inexplorata intercidisse eam temere pronuntiarunt.

XVI. Nonnullas vere intercidisse idem pontifex Paulus affirmare videtur in epistola nuper laudata (*ep.* 18, al. 15) ; nam multum diuque vexatus à Desiderio, ita Pippinum alloquitur : « Ecce jam duas apostolicarum litterarum assertiones exc. vestræ clam per maximam industriam misimus, et ignoramus si ad vos ipsæ pervenerint litteræ : unde ambigimus ne a Langobardis comprehendantur. » Quas pervenisse constat, ut dixi, ex argumento earum in Codicem relato inter vigesimam unam et vigesimam secundam. Subjungit autem Paulus se alias dedisse (*ep.* 17, al. 29) ex Desiderii voluntate, candide affirmans : « Ideo istas litteras tali modo exaravimus, ut ipsi nostri missi ad vos Franciam valerent venire. » Cujus postea exemplum imitatus est Stephanus III (*ep.* 45, al. 46) magno cum posterorum incommodo, nam Stephanus haud monuit aliis litteris regem, Pauli exemplo, ut confictis ejusmodi litteris nullam fidem adhiberet. Idcirco recentiores falsi arguere maluerunt historicum ap. Anastas. vera narrantem, quam pontificias litteras rem falsam continentes ; quippe harum sententiam suæ opinioni accommodatiorem deprehenderunt. Cæterum Pauli prædecessorum epistolis jussu Caroli Magni in Codicem hunc relatis accedit hujus ab auctoris exemplis a Baronio editis ex Codd. Vatic. Paulinæ singulæ circa sæculi sexti decimi dimidium in bibliotheca Vaticana erant, Panvinio id testante : 125 -cunque pari numero et Romæ et in Francia essent, vix credibile est nonnullas interiisse. Si quæ autem exciderunt, mentio earum occurrit in aliis subsequentibus ; ita ut, præter ea quæ missorum fidei semper committebantur, nihil desiderandum restet.

XVII. Itaque id conandum mihi erit, ut hisce ex epistolis historiam pontificiam educam, tam versutis novatorum interpretationibus, quam dubiis falsisve aliquot recentiorum opinionibus defecatam. Facili id quidem negotio præstari posse quis putet vagantes plerasque epistolas juxta rectum temporis ordinem digerendo. At quis earum, magna ex parte silentio res præcipuas, ætatem certam deprehendat? Quis responsalium auribus demandata divinet? Quis adnexarum quandoque litterarum sententiam integram teneat? Duobus tantum spectatis res posse confici mihi videtur. Primum ad catholicam fidem sacrarumque imaginum cultum pertinet, alterum ad ditionem sanctæ sedis. Hinc autem initium sumens, harum litterarum auctoritate decennalem historiam continentium decerno, nullam ecclesiasticæ ditioni accessionem per totum id spatium esse factam : quare aliud in epistolis Pauli non inveniri quam antiquam sanctæ sedis ditionem, seu Romanum ducatum, ejusque incrementum ex Pippiniana donatione, qua exarchatus et Pentapolis continentur. Hos infra limites versari Pauli epistolas Adrianus testatur (*ep.* 51, al. 54). Is enim post Langobardos exactos ab archiepiscopo Ravennate molestiam excussurus, scribit Carolo : « Quemadmodum tempore domni Stephani papæ, qui illuc Franciam profectus est, cui et ipsum exarchatum traditum est, ita et nostris temporibus eum sub nostra potestate disponere atque ordinare volumus. »

XVIII. Ex quibus etiam patet meliorem exarchatus conditionem sub Stephano fuisse quam sub Paulo. Nihilominus nullam aut a Langobardis aut à Græcis civitatem Paulo ablatam esse comperio. Devastationes tantum et prædæ inter Romanos et Langobardos factæ inveniuntur : quare utrinque res repetitas constat (*ep.* 29, 38, 39, 40, al. 17, 24, 14, 26). Præterea fines, territoria, patrimonia a Langobardis, fallendi artem callentibus, nunquam plene restituta occurrunt (*ep.* 18, 20, 33, 42, al. 15, 21, 30, 19). Civitates omnino quatuor ex iis quarum neque obsides dati ab Aistulphi legatis, neque claves traditæ, quæ in confessione beati Petri ponerentur, recenseri video (*ep.* 17, 18, al. 29, 15) : neque initam earum-dem possessionem Paulo pontifice invenio. Hinc tamen colligi posse arbitror quod reliquas omnes aut prædecessor Stephanus ab Aistulpho, seu Desiderio, aut ipse Paulus 126 ab hoc supremo Langobardorum rege obtinuerit. Rei argumentum locupletissimum ab Augustis Orientis suppetit, qui nullum lapidem non moverunt, ut amissas ob impietatem et socordiam ditiones apostolicæ sedi eriperent. Ii siquidem frequentibus legationibus Francorum regis benevolentiam captare, et calumniis a Romani pontificis amicitia eum avellere non semel moliti sunt (*ep.* 37, 40, al. 20, 26). Præterea exarchatum et Pentapolim, ipsamque urbem Romam, se aggressuros dictitantes, magnumque armorum apparatum jactantes, pontifici duntaxat et Romanis metum incussere (*ep.* 25, 26, 27, 28, 33, al. 34, 28, 37, 42, 30). Jactantes, inquam ; nam usque ad Adriani tempora minitati tantum sunt Romanis. Tum vere cum Beneventanis Langobardis juncto fœdere, ol tentu restituendi Adelgisi in regnum majorum, ad arma etiam, conatu licet inutili, ventum esse ex Adriani epistolis constat.

XIX. Ad catholicam vero fidem et sacrarum imaginum cultum quod attinet, summa fere omnium epistolarum hujus sancti pontificis est catholicæ fidei, ac traditionis Patrum defensio ; namque hoc vocabulo sacras imagines designat. Quamvis enim Pippinianæ donationis satageret, ut æquum erat, non ærarii opulentiam, ut nonnulli arbitrantur, sed populorum salutem spectabat, ne scilicet in Græcorum potestatem redeuntes, illorum hæresi contaminarentur ; quam plane potestatem populi ipsi aversantes, pontificiam dominationem appetebant (*ep.* 15, al. 36). Hinc est quod patrimonia cæterosque proventus ad pauperum ac peregrinorum sustentationem addictos, necnon ad fovenda ecclesiarum lumina aliasque erogationes non paucas nec modicas necessarios, impensius etiam quam civitates et loca ditionem amplianlia, repetendo videre est hunc pontificem et ejus successorem Adrianum. Catholicæ autem fidei non solum in Occidente, sed in Oriente etiam, conservandæ prima et potissima ejus cura fuit. Quam rem apprime testatur gaudium illud ingens quo fere exsultans litteras Cosmæ patriarchæ Alexandrini exemplum Pippino transmisit, ut de orthodoxa fide apud Orientales acerrime ab episcopis vindicata secum lætaretur, eoque magis ad propugnandam in Occidente incumberet (*epist.* 31, al. 55). Nec non lætitiæ plena epistola alia ad Carolum et Carolomannum (*epist.* 30, al. 40), cum legato ex Francia Romam redeunte ex eorum litteris accepit, imitaturos patrem in constanti atque perpetua catholicæ fidei et sanctæ Ecclesiæ defensione. Hæc sane conveniunt cum sanctissimis hujus pontificis moribus, quos 127 apud Anastasium scriptos nemo inobservatos præterit ; et cum eo cultu quem catholica omnis Ecclesia, postquam mortalem vitam cum cœlesti commutavit, illi tribuit. Nosque ejusdem paternam domum in ecclesiam, cui cognomen *sancti Silvestri in Capite*, conversam, quam scilicet incolerent Græci monachi ab iconomachis expulsi, hodieque suspicientes, dicacitatem novatorum ridemus, falsasque aliquot recentiorum ex nostris opiniones miseratione magis quam admiratione dignas judicamus.

XX. Et vero cuinam stomachum non moveant hujusmodi opiniones, quæ si serio expendantur, a novatorum dicacitate profectæ esse comperientur? Pudet me ea referre quæ typis vulgata Italico idiomate ab omnibus legi possunt. Unum silere non debeo, quod sinceris sancti pontificis sensibus parum concinne, ut ea ferebat ætas, expressis esse abusos novatores, queis cœlestium consortio frui nefas erat, nihil miror : at ingenti dignum admiratione mihi videtur, scriptores catholicos indignitatem istam imitatos. Sed præstat cœptum de epistolis sermonem prosequi. Quantam quis adhibeat diligentiam ut Paulum Romæ principem fuisse neget, ancipiti aliqua ejusdem sententia ex una et triginta epistolis excerpta, inanem ludit operam. Tricesimus jam annus fluebat, cum sancta respublica, seu Roma et ejus ducatus, imperiale jugum excusserat legitima ex causa religionis; quarto inde anno eadem respublica a Francorum rege magnum habuerat incrementum, exarchatu et Pentapoli antiquæ ditioni adjunctis; cum Paulus ad beati Petri cathedram ascendit : ducatui Neapolitano, tum maxime angusto, qui unus, præter ultimam Calabriam et Siciliæ insulam, Græcis in Italia remanserat, dux Stephanus præerat, « qui in primo sui regiminis ingressu præcepit dari pecuniam sui reditus domino papæ, et quod unusquisque debitam obedientiam Romanæ Ecclesiæ exhibeat. Quapropter valde amatus fuit ab eodem domino papa, et promisit quod si contigerit quod dominus imperator miteret adversus Romam suos milites, ipse dux adjutorium ferret ei cum suis militibus : » ut docet Chronicon Neapolitanum a cl. Pratillo editum (*Hist. Langob.* tom. III, p. 32), cum scriptore synchrono Pauli gestorum apud Anastasium consentiens. Quæ Neapolitani ducis societas cum pontifice spem omnem Græcis auferebat mediterranea tentandi. Præterquam quod exarchatu adhuc stante, neque Eutychius exarchus cum fœderato rege Langobardorum prævaluerat adversus Romam ; neque exhilaratus dux Neapolis resistere potuerat Romanis ; imo sua nece suorumque captivitate exemplum dederat posteris, ne Græcorum accisas Italiæ res excitare auderent.

XXI. Quamobrem, ubi Paulus audivit Græcos parare classem adversus Ravennam et Romam, quæsivit is quidem per Pippini auctoritatem auxilia a Spoletanis et Beneventanis, Tuscanis etiam adjunctis, ut vim repelleret : causas vero addens cur Græci ista molirentur, non defectionis meminit Romanorum a Græcis, nec recentis Ravennatum ac Pentapolensium adjectionis veteri ditioni factæ, quibus haud dubie Græcos moveri oportuit, sed potissimam adduxit causam unde defectio ipsa, incrementa dominii, et præsertim amicitia et societas cum rege Francorum nata erant; catholicæ nimirum fidei et sacrarum imaginum insectationem (*epist*. 25, al. 34). Quæ plane causa, utcunque minus commode audiat apud novatores atque eos qui, religionis nulla ratione habita, de rebus civilibus loquuntur, maximi momenti erat Pippino, quippe quæ una Græcas omnes artes ut susdeque haberet effecit. Jam vero eos qui stupent quare pontifex non dixerit, iratum Copronymum ob usurpatum dominium Romæ, quod ante annos triginta Augusti patris tempore defecerat, rogare lubet cur perinde non stupent, ne exarchatus quidem invasione excitatum dici, qui paucis ante annis Romanæ ditioni accesserat. Alibi etiam mirantur pontificem nuntiare Pippino sex patriciorum profectionem Constantinopoli cum classe, ut Romam et in Franciam irent (*epist*. 38; al. 24), nec tamen ullum timoris indicium præbere. At ista, ut libere dicam, sunt obloquentium adminicula ; nonne pontifex ait, patricios illos ignota de causa iter ingredi? Nonne primum ad se, deinde ad Francorum regem ire jussos perspicue refert? Quid igitur timeat, dum missi pontificii, imperiales et regii, pro catholicæ fidei magna causa ultro citroque ibant? At classem, inquiunt, adjunctosque Siculos timuerit : quid inde? si *in Romanam urbem* tanto armorum apparatu ab urbe regia discessum erat, urbs igitur Romana, quam Græci aggredi moliebantur, erat alieni juris : adeoque patet mentitam esse iniquitatem sibi. Quibus enim argumentis utuntur ut pontifici Romam auferant, iisdem ei nolentes asserunt. Atque hæc levia sunt : majoris momenti alia non desunt.

XXII. Quidquid Paulus pontifex de Georgii secretarii imperialis conventione cum Desiderio narrat, (*epist*. 18, al. 15), quidquid de Leonis imperialis litteris ac Veneticorum relatis nuntiat (*ep*. 26, al. 28), denique quidquid de sex patriciorum motu Pippinum admonet; minarum loco, ne dicam rumoris vulgi, habeant necesse erit quicunque historiam ejus temporis ex documentis certis, ac præsertim ex Anastasio, et hisce Codicis Carolini litteris repetunt. Quandiu enim Paulus sedit, timoris multum a Græcis, actionum autem nihil reperitur, præterquam legationum ultro citroque adornatarum secreta plerumque colloquia. Quod certo discimus, ipsa illa in epistola sex patriciorum nuntia, Romani ducatus *civitates nostras* semel et iterum vocat pontifex; et alibi, ut supra dictum est, tam *Senogallia* in Pentapoli *civitas nostra* ab eodem appellatur, quam in Campania *castrum nostrum Valentis* (*epist*. 39, al. 14). Quam sane rationem passim haberi, ubi res tulit, videre est in litteris quæ mox sequentur. Cum autem ordo rerum nos ducet ad Adriani epistolas, tum vere adventasse Græcos malo omine ad *civitatem nostram Centumcellas* (*epist*. 63, al. 65), atque cum Beneventanis icto fœdere, molitos esse, quod præcipuum est, *hanc nostram Romanam invadere civitatem* (*epist*. 57, al. 59) compertum exploratumque erit. Itaque et cum Paulus metuebat ne Græci advenirent, et cum certo venerunt Adriano pontifice, Roma et aliæ civitates Romanæ provinciæ sub ditione erant Romani pontificis. Neque historicum sapiunt leves illæ inductiones, Paulum fassum esse proprio ore Græcos catholicæ tantum fidei causa Romanis adversari ; et non satis timoris demonstrasse, ubi classem ab urbe regia proficisci audivit. Quæ profecto, ut ego arbitror, amplecti cogitatione levissimum, scriptis mandare quidnam erit.

XXIII. Quæ cum ita sint, non igitur magni refert certum statuere ordinem temporis quo Pauli epistolæ datæ fuerunt. Nihilominus, quanquam ex causis supra allatis fieri omnino non possit ut servetur ordo certus, licentia tamen eorum coercenda mihi erit qui sequantur ordinem ab omni veritate abhorrentem. Et vero singulis in suis epistolis Paulus salutat Pippinum compatris nomine, præterquam in earum prima (*ep*. 12, al. 15), quam ante consecrationem conscripsit : igitur male collocatur sexto loco quam per Wulfardum abbatem accepit cum Sabano, cujus ergo compatris titulum acquisivit. Et est quod mirer, Cointium, Pagium et nuperos editores Duchesnii hoc minime advertisse (*ep*. 13, al. 27). Ex iis tres (16, 19, 56, al. 25, 39, 32) Marini presbyteri Romani historiam continent. Hunc videlicet docent factum esse cardinalem tit. sancti Chrysogoni, Pippino rege id petente pro viro, ut putabatur, pontifici ac regi fidelissimo : postmodum ab imperatore per suos legatos insimulatum perfidiæ apud Francorum regem, qui pontificem rei compotem facit, quare ille majestatis damnatur : denique in honorem pristinum revocatum. Hanc vero historiam qui feram præpostere collocatis epistolis narrari (ut perfidiæ præmium videatur cardinalitia dignitas collata) et, quod incredibile prorsus est, intra unius anni 758 limites coarctari? Ex iis ultima hiemis asperitatem memorat (*epist.* 36, al. 32), cujus Græci et Latini historici meminerunt, hoc tantum discrimine quod alii ad annum referunt 763, cum cœpit Octobri mense, alii ad 764, cum maxime sæviit Januario et Februario : præterea agit de legatis tum regiis, tum pontificiis Constantinopolim missis; et præcipue de Ecclesiæ rebus tunc tranquillis Pippini opera, qui plane omnes sunt characteres anni 764. Nihilominus hanc epistolam malunt esse datam an. 758, difficillimis iis temporibus, cum Desiderius Beneventanum et Spoletanum duces tanquam rebelles insequebatur, damnaque quæ poterat majora pontifici et Romanis inferebat.

XXIV. Inde autem actum est ut una et triginta ex epistolis novem tribuerint anno 757, undecim 758, novem autem annorum consequentium cuique singulas aut binas litteras ascribant. Quod per se ipsum patet quam falsum sit. Cum enim pleræque sint responsa regis epistolis; advenientibus ac redeuntibus missis aliquod spatium temporis permitti æquum est, ne monachi, duces, episcopi, aliique illustres viri qui missorum munere fungebantur, diu noctuque tabellariorum instar per dispositos equos huc illuc discurrisse videantur. Nihil dico de tam multis inter se pugnantibus, quæ tot epistolas in unum annum congerendo obtruduntur : cujusmodi sunt hostilia ferre et pacem colere (*epist.* 18 et 25, al. 15 et 30), Sergium archiepiscopum Ravennatem Romæ litibus implicitum esse, et Ravennæ litteras a regia velle et a fidelibus Veneticis accipere, quas mittat Romam (13 et 26, al. 27 et 28). Denique Desiderii regis fœdus cum Græcis percussum contra Ravennam narrari per pontificem Pippino, et ab eodem hunc rogari, ut Desiderium jubeat sibi opem ferre contra Græcos (18 et 26, al. 15 et 28). Quæ omnia, etiamsi minime pugnarent inter se, incredibile est septem iis mensibus evenisse, qui ad Paulum pertinent, anni 757, videlicet a die 29 Maii, cum consecratus fuit, ad anni exitum. De undecim iis epistolis in sequentem annum 758 congestis quid sentiendum, historia Marini presbyteri nuper allata abunde docet. Itaque coerceri hanc libertatem oportet, sin minus certo, saltem probabiliori ordine, et a veritate nullatenus abhorrente, collocatis Pauli etiam epistolis, quarum rectam chronologiam statuere **131** parvi interest. Namque id necessario præstandum est de longe pluribus majorisque momenti, quas dedit Adrianus ad Carolum regem, super novo amplissimoque ecclesiasticæ ditionis, præcipue post exactos Langobardos, incremento; ex quarum motione recentiorum opinionibus adjumenti plurimum accessit.

XXV. Cæterum, antequam de his epistolis dicendi finem facio, id præcipi velim animo, quod ipsis a Pauli temporibus, cum supremam pontificis potestatem in sua ditione omnes norunt, missi regii, tam in exarchatu et Pentapoli, ad quas provincias Ecclesiæ ditionem coarctant, quam Romæ et in ejus ducatu, auctoritate non modica usi sunt. Sic Widmarus et Gerbertus abbates, atque Hugbaldus vir illustris, coram pontifice Langobardorum missis diligenter examinatis in conventu Pentapolensium aliorumque hominum ex civitatibus pontificiis, causam invasionum cognoverunt (*epist.* 29. al. 17). Pari modo, Andreas et Gundericus regii missi causam aliam cognoverunt, inter pontifices et Langobardos (*epist.* 59, al. 14). Demum Wilcharius episcopus, Dodo et Wichardus regii missi data opera Romam directi sunt, ut causam restitutionum inter eumdem pontificem et Langobardos discuterent (*ep.* 42, al. 19). Hæc vero quid aliud sunt quam placita per quam similia eorum quorum unum e situ erutum exaggeratur Pii Ludovici ævo, ut pontificia auctoritas labefactetur? Equidem inter placita missorum Pippini regis ejusque nepotis discrimen istud video, quod ali-

cujus ex Ludovici missorum placitis documentum ipsum emersit (Mabill., *Ann. Ben.* tom. II, append. n. 52); Pippini autem, quin etiam Caroli filii ejus placita, licet litteris mandata non fuerint aut exciderint, certa nihilominus sunt, quippe quæ in Codicis Carolini epistolis memorantur. Cumque Pippinianos missos nonnisi pontifice volente ac regem id flagitante, auctoritate usos esse liquido constet, perinde sentiendum est de Ludovici Pii et successorum missis, imo etiam de ipsis imperatoribus, quorum nonnulla exstant placita vel Romæ habita, decernentibus una simul pontifice et imperatore. Tametsi, ad imperatores quod attinet, constitutum erat eos inter et pontifices quemadmodum utraque auctoritas ad rerum administrationem conveniret, quod suo loco planum fiet. Cæterum ex Pauli litteris regiorum missorum auctoritatis in ditione pontificum origo et indoles luculentissime eruuntur.

XXVI. Relegantur laudatæ nuper epistolæ placito rum testes : « Juxta id quod petendo direximus, præfatos ad nos vestros videmini direxisse missos, qui apud Langobardorum imminerent regem pro diversis sanctæ Dei Ecclesiæ causis ac justitiis, et in nostro assisterent solatio. » **132** Item: « Excellentiæ vestræ direximus ut vestrum annuissetis dirigere missum, quatenus ejus præsentia inter partes justitiæ perveniesent. » Et alibi (*ep.* 34, al. 18) : « Confestim vestrum dignemini dirigere Desiderio Langobardorum regi missum, ut, si necessitas fuerit, significatum auxilium nobis pro incursione eorumdem inimicorum impertire debeat... Deprecantes et hoc a Deo institutam excellentiam vestram, ut ad nos hoc adveniente Martio mense vestrum dirigere jubeatis missum, qui hic Romæ nobiscum demorari debeat, et ipse si necessitas exigerit, apud Desiderium imminere. » Quæ alibi etiam repetita (*epist.* 27, al. 37). Quod si ne tum quidem, cum de tuenda Romanæ Ecclesiæ ditione res erat, citra pontificis auctoritatem, ut postremæ istæ docent epistolæ, Franciæ regem gessisse in eadem aliquid compertum est, quidquid igitur auctoritatis, aut belli, aut pacis tempore adhibuisse invenitur rex Franciæ per suos missos, delegatio erat supremæ pontificiæ tam in veteri dominio, seu Romana provincia, quam in recens addito exarchatus et Pentapolis. Pippinum Carolus imitatus fuit, ut videbimus suo loco. Ac de Pippino quidem ne annalista quidem Italus mussitare quidquam ausus est. Quod quanto cum eorum temporum quæ secuta sunt Pippinum detrimento fecerit, patet ex vera indole regiæ auctoritatis in ditione pontificia per annos quatuordecim quibus idem Pippinus amplificatæ per se ditioni ecclesiasticæ superstes fuit. Cum enim Carolus ne latum quidem unguem a paterno exemplo discesserit, quandiu Francorum et Langobardorum rex fuit, nihil sibi arrogavit auctoritatis in pontificum ditione, quam longe lateque auxit : et cum anno 800 invitus est assecutus coronam imperialem, Leo III, qui tantam in Occidente majestatem instituit, divi Petri successores auctoritate non exuit, qua septuaginta amplius annis fruiti erant, sed formidabiliorem eam reddidit audaciæ nonnullorum ex subditis, imperiali majestate defensam. Cæterum quod prædictus auctor de suprema pontificum auctoritate non potuit, de ipsa donatione Pippiniana facere molitus est. (An. 757) Carolinam pro Pippiniana posuit; Anastasium et Leonem Ostiensem insimulavit inscitiæ; exarchatus limites definivit, abs re omnia. Quota quantaque fuerit donatio Pippini regis, e Stephani II litteris vidimus : quæ civitates a Langobardorum rege Desiderio non fuerint restitutæ; quæ invasiones ab eodem factæ, et quæ multiplex ac certa ejusdem regis confessio fuerit pontificiæ dominationis, tam in Romana provincia quam in exarchatu et Pentapoli, sequentes Pauli epistolæ, quibus necessario hæc pauca præmisimus, uberrime demonstrabunt.

XII.
133 EXEMPLAR EPISTOLÆ

Ubi Paulus diaconus et [a] electus sanctæ Romanæ Ecclesiæ significans de transitu Stephani papæ, per Immonem [b] missæ, missum domni Pippini regis [c].

(An. Dom. 757, Cod. Car. xiii, chron. 12.)

ARGUMENTUM. — Ante consecrationem schismate dilatam, fratris mortem et sui electionem nuntiat Pippino. Immonem regium missum qui supervenerat, se ait detinere optimatum consilio, quoad consecretur; tum remittendum cum suis apostolicis missis, ut secum amicitiam et societatem quæ cum Stephano fratre fuerat, instaurent.

Domno excellentissimo filio Pippino regi Francorum [d] et patricio Romanorum Paulus diaconus, et in Dei nomine electus sanctæ sedis apostolicæ.

Cum gravi gemitu, et immenso mœrore cordis innotescimus a Deo protectæ excellentiæ tuæ, potentissime victor rex, Dei vocatione, de hac luce, ad æternam requiem esse subtractum sanctæ recordationis dominum et germanum meum Stephanum papam [e]. In cujus etiam transitu, 134 et ipsi lapides, si dici potest, nobis conflentes lacrymaverunt [f], in cujus apostolatus ordinem a cuncta populorum caterva, mea infelicitas electa est, et dum hæc agerentur, convenit Romam Imo, Christianissimæ excellentiæ tuæ missus, et cum eo loquentes, una cum nostris optimatibus, aptum perspeximus eum hic detineri [L., G., detinere], donec Dei providentia sacra apostolica benedictione illustrati fuissemus, et tunc plenius satisfacti de nostra, vel cuncti [Forte, populi] puritate, et dilectione quam erga tuam benignissimam excellentiam, et cunctam gentem A Francorum gerimus, eum ad vos repedandum, cum nostris missis apostolicis absolveremus, quoniam nos pro certo agnoscas, excellentissime et a Deo protecte noster, post Deum, auxiliator et defensor rex, quod firmi et robusti usque ad animam et sanguinis nostri effusionem in ea fide, et dilectione, et charitatis concordia, atque pacis fœdere, quæ præfatus [L., prælatus] beatissimæ memoriæ dominus, et germanus meus sanctissimus, pontifex vobiscum confirmavit, permanentes, et cum nostro populo permanebimus usque in finem. Unde et indesinenter extensis palmis ad cœlum pro vitæ incolumitate excellentiæ tuæ, atque dulcissimorum filiorum, et excellentissimæ reginæ sospitáte, Domini Dei nostri exoramus clementiam tuam [g], ut semper tuum auxilium et firmissima protectio extendatur super nos. Incolumem excellentiam tuam gratia superna custodiat.

XIII.
135 ITEM EPISTOLA EJUSDEM PAPÆ
AD DOMNUM PIPPINUM REGEM PER WULFARDUM DIRECTA,

In qua continentur gratiarum actiones et uberrimæ laudes pro defensione sanctæ Dei Ecclesiæ, poscens adjutorium contra Langobardos, eo quod ipsi Langobardi in magna arrogantia permanentes, et Justitias sanctæ Dei Ecclesiæ minime reddentes [h].

(An. Dom. 757, Cod. Car. xxvii, chron. 13.)

ARGUMENTUM. — Allatum a Wulfardo Pippini misso una cum litteris sabanum, quo Gisela regis filia e sacro fonte extersa fuerat, inter missarum solemnia accipit in ara sanctæ Petronillæ, et tanquam regiam filiam suscepisset ex eodem sacro fonte, compatrem in posterum appellat Pippinum.

---

[a] Iniit Paulus pontificatum anno Christi 757, obiit ann. 767. GRETS.

[b] Ms., *Imonomem*; seu *y mo* secundum deletum est. GENT.

[c] Argumentum Panvinii (*Cod. Vat.* 1) : « Prima Pippino regi obitum fratris sui, et suam [Stephani fratris et suam] ordinationem exponit indicatque [indicat] se in amicitia a Stephano [ab eod. Steph.] cum Francis contracta perseveraturum : petit ut Pippinus idem præstet. » Centuriatores primum hoc argumentum aliquantulum mutant in principio et fine : cætera Panviniano respondent. Quæ uncis clauduntur, indicant Panvinii ejusdem emendationes: quod notandum in aliis etiam quæ sequentur. Cæterum duo hic falsa : *ordinatio*, quæ non congruit electo, et petitio illa, ut Pippinus *idem præstet* (seu *faciat*, ut legunt Centuriatores); in epistola enim non exstat hujusmodi petitio : ait vero pontifex se exorare divinam clementiam ut auxilium et defensio Francorum nunquam desit sibi et Romanæ Ecclesiæ. CENN.

[d] Summ. 1, ap. Baron. et Cent. GRETS.

[e] Stephanus II obierat supremum diem 24 April. 757. Quo respexisse oportuit scriptores nuperos, qui Muratorio duce prolatis chartis et chronologis antea ignotis, Aistulphi mortem in exitu superioris anni statuunt, Desiderii principia mense Martio hujus anni, ac proinde postremas litteras Stephani, quibus de utraque re agitur, aut eodem mense Martio aut Aprili constituunt. Tantæne angustiæ temporis iis antiquis chartis, et Brixiano chronologo sustineri poterunt? Adeatur hujus Carol. Cod. ep. 51, al. 54. Inde palam erit Stephanum post initam a Fulrado civitatum possessionem, *cunctas actiones exarchatus distribuisse*, actores omnes, et præcepta, seu diplomata administrationis ab eodem consuevisse fieri, judices Ravennæ residentes Philippum presb. et Eustachium ducem eo missos a pontifice, et cum primis archiepiscopum Sergium pontificiis imperiis reluctantem ab sede illa amotum esse Stephani jussu. Poterantne hæc omnia fieri spatio paucorum dierum? Valeant chartæ veteres, et earum auctoritas historiam omnem pervertens revocetur ad trutinam. CENN.

[f] Magno ante id tempus fuerat usui liber Diurnus pontificum. Idcirco frequens hisce in litteris ejus formularum locutio. Ita in nuntio ad exarchum (cap. 2, tit. 1) legitur : « ab hac luce fuisse subtractum dominum ill. sanctiss. nostrum pontificem, cujus cuncti vere, et, si dicendum est, etiam lapides ipsi fleverunt exitum. » Notanda tamen summa tum electionis, tum consecrationis libertas ejus ævi. Nulla imp. mentio : missus regius consilio procerum detinetur, ut summam auctoritatem adepti pontificis testimonium certum amicitiæ et fœderis in Franciam afferre valeat. Missi denum pontificii, peractis omnibus, legandi ad regem. Sic de Stephano IV et Paschali I perspicue Astronomus in Vita Ludovici Pii : quæ res recentioribus magnam præbuit disputationum segetem, miramque allucinationum occasionem. At his de rebus suo loco dicendum erit, ubi de ejusdem Pii Ludovici diplomate sermo fiet.

[g] Recte Lambecius expunxit *tuam*, quæ vox miror, cur Gentiloti in recensione retineatur : forte in Cod. ipsum irrepsit, aut scripturæ nodus difficilis.

[h] Argum. Panv. (*Cod. Vat.* 15) : « Decimam quintam scripsit ad Pipinum per Wlfardum coepisc. quem Pipino commendat, quod etiam Stephanus papa germanus Pauli fecerat. In hac epistola quinta decima per Vulfardum coep. quem Pipino, exem-

Respondet per eumdem Wulfardum ita esse ut audierat; Desiderium videlicet promissis non stetisse, neque se eorum aliquid quæ per suos legatos nuntiaverat, accepisse; missum suum regiis adjungere; et nuntiare quæ hucusque evenerunt; de Sergio archiep. Ravennæ in Urbe litibus implicito laborare, ut suæ restituatur Ecclesiæ; Wulcharium Nomentanum episcopum, qui cum fratre Stephano in Franciam ierat etiam atque etiam commendat.

Domno excellentissimo filio et nostro spiritali compatri Pippino regi Francorum, et patricio Romanorum, Paulus papa.

Lator præsentium litterarum solertissimus Wulfardus, eximietatis vestræ fidelissimus [a], plenas jocunditate nobis attulit litteras, quas et cum ingenti lætitia mancipantes, atque lectioni reserantes, magna exsultatione ovantes relevati sumus, agnito scilicet per eas præfulgidæ excellentiæ vestræ dilectionis affectu erga apostolorum sanctam Romanam Ecclesiam, atque fautorem vestrum, **136** cœlorum regni janitorem, principem apostolorum, beatum Petrum a vobis exhibito; qua de re judex omnipotenti Deo efficacius persolvimus grates, profecto dum tam præcipuum fortissimumque virorum, his in diebus sanctæ suæ contulit Ecclesiæ tutorem [b].

Interea, Christianissime, Dei providentia, victor rex, gemina festivitatis peregimus gaudia, in eo quod optata cordis adepti desideria, in vinculo spiritalis fœderis pariter sumus adnexi; præfatus nempe sodalitatis vestræ illustris missus pretiosissimum nobis supernæ gratiæ munus attulit [c] sabanum videlicet, in quo nostra dulcissima atque amantissima spiritalis filia, sacratissimo lavacro abluta, suscepta est; quem, et cum magna jocunditate, aggregata populi cohorte, infra auram [F., aram] sacrati corporis auxiliatricis vestræ beatæ Petronillæ, quæ pro laude æterna memoriæ nominis vestri, nunc dedicata dinoscitur [d], celebrantes **137** missarum solemnia, cum magno gaudio suscepimus, et per allatum eumdem sabanum, eam, tanquam præsentaliter, nos suscepisse gaudemus. Unde quia amor fidei vestrum benignum ignivit cor nobis ver vinculum spiritalis fœderis adhærendum : juxta quod domno et germano meo, beatæ recordationis, sanctissimo Stephano papæ spopondistis, magnas gratiarum actiones a Deo protectæ excellentiæ vestræ persolvimus, implorantes crebro divinam misericordiam ut ævis [F., longævis] vos ac prosperis in solio regni conservans tueatur temporibus, et magno gaudio de ipsius spiritalis nostræ filiæ perfecta ætate vos jocundari permittat, ad exaltationem sanctæ suæ Ecclesiæ [e].

Et quia copiosa nobis, ipsa Spiritus sancti scilicet compaternitatis gratia, quæ, opitulante Deo, inter nos lata consistit, auctoritas fiduciam contulit, peto et deprecor, benignissime spiritalis compater, optime rex, ut cœptum redemptionis Dei Ecclesiæ, et plenariæ justitiæ beati Petri perficere jubeas bonum opus; direxit quippe nobis insignis bonitas vestra, per suos affatos [F., affatus], sibi innotescere adversantium causarum eventus, unde certam a Deo protectam eximietatem vestram reddimus, nihil nos usque hactenus recepisse de his quæ per nostros legatos

plo fratris Stephani, commendat, scripta] laudes Pipini et gratiarum actiones pro defensione sanctæ Dei Ecclesiæ continentur. Adjutorium contra Longobardos papa petit quod sanctæ Dei Ecclesiæ Dei justitias minime redderent. Pro sabario [Auxilium contra Long. quod S. Dei Ecclesiæ justitias minime redderent, postulatur. Item pro sabario] misso, in quo Pipini filia ex sacratissimo fontis lavacro abluta, suscepta fuerat, gratias agit [gr. pontifex agit] quem celebratis missarum solemnibus, magna jocunditate, aggregata populi cohorte [multitudine] infra aulam sacrati corporis auxiliatricis vitæ beatæ Petronillæ [corporis B. Petron.] quæ pro laude æternaque memoria nominis Pipini consecrata est[erat] suscepisse se scribit. [Adjicit] se indesinenter laborare, ut Sergius episcopus suæ restituatur Ecclesiæ. » Summa litterarum intacta fere relinquitur; late enarratis quæ nosse parum refert. Cenn.

[a] Gent., *eximiæ sagacitatis vestræ fidelis missus*.
[b] En alia patriciatus collati Francis regibus, satis perspicua definitio. Vide ep. 6, al. 7, not. et infra comment. præv. ad epist. Adriani. Cenn.
[c] Ducangius variis auctorum definitionibus allatis, *Mappæ, fatitergii, lintei, lintei villosi, manutergii*, etc., passim occurrere ait apud auctores; incipiensque a sancto Gregorio Magno, ingentem eorum seriem enumerat. Ridenda videtur lectio Panvinii, quam Centuriatores et Baronius admittunt : nam *sabarium* eidem Ducangio est pastophorium, seu atrium templi. Nihilominus varia ista lectio Vaticana exempla ab his in codicem relatis a Carolo distinguens, plurimi facienda est. Nam Centuriatores ipsissima Panviniana argumenta præ manibus habuisse hinc certo discimus. Ib. — Exstat eadem vox ap. sanctum Bonifacium, ep. 10 et 145. Hic linteum illud significat quod filiolæ Pipini jamjam baptizatæ tegumentum præbuit. Grets.
[d] Fabrottus in sua edit. libri Pontificalis (sectione 259) supplet Velserianam editionem ex cod. Freheriano in var. lect. rem enarrans, quæ hunc locum mirifice illustrat : ait enim, quod Paulus « operabatur in cœmeterio ubi prius beata Petronilla sita quiescebat foris porta Appia, milliario ab urbe Roma secundo, et exinde ejus venerabile ac sanctum corpus cum sarcophago marmoreo in quo reconditum inerat, abstulit sculptum litteris ita : *Aureæ Petronillæ filiæ dulcissimæ*. Unde non dubium est quin sculptura illa litterarum propria beati Petri apost. manu designata dinoscitur, ob amorem suæ dulcissimæ natæ, ipsumque sanctum corpus cum præfato sarcophago posito supra plaustrum novum in ecclesiam beati Petri apostoli tam hymnis et canticis spiritalibus ejus beatitudo deportavit et in mausoleo juxta ecclesiam beati Andreæ apostoli, quod præfatus beatissimus Stephanus papa ejus germanus, dum adhuc superstes erat, ecclesiam in honorem ipsius sanctæ Christi martyris Petronillæ picturæ miro decore illustravit. » Vide Baron. (an 69, n. 52 seq.) et Boldettum de Cœmeter. SS. Mart. (lib. ii, cap. 18, p. 551), et præcipue notas ad Adonem (edit. Rom. 1745) 31 Maii. Sabani lator fuerat Wulfardus abbas monast. S. Martini Turonen. Vide Pag. (757, n. 4). Mabillon., lib. xxi, n. 12, et lib. xxiii, n. 23, Wisfardum et Gulfardum unum eumdemque esse ait. Cenn.
[e] Vota sancti pontificis non fuerunt inania. Nam Gisela monasticam vitam professa, fuit abbatissa monast. Calensis, decus et ornamentum mon. S. Bened., ut ait Mabillon. Quæ etiam Alcuino persuasit ut commentarios in Evang. Joannis conficeret. Mabill. Annal. lib. xxiii, n. 28; lib. xxvi, n. 61. Ib.

excellentiæ vestræ petendo mandavimus ; solite namque perfidi et maligni illi in magna arrogantia cordis permanentes, nequaquam inclinantur justitiam beati Petri restituere. Tamen omnia qualiter acta sunt, referentibus vestris missis agnoscere potestis: et subsequentem nostrum missum ad vos dirigimus, dignas vobis gratias de omnibus referentes, et cuncta per eum eximietati vestræ dirigimus in responsis de his quæ in antea provenerint [a]. Sergio vero archiepiscopo, juxta id quod vestræ innotuit excellentiæ, indesinenter imminemus ut suæ restituatur ecclesiæ [b]. Petimus autem excellentem bonitatem vestram, ut reverendissimum et sanctissimum fratrem et coepiscopum nostrum Wulcharium [*Lamb.*, Wilcharium], sicut præfatus beatæ recordationis domnus et germanus meus, sanctissimus Stephanus papa, eum benignæ eximietati vestræ commendavit, in omnibus commendatum habere jubeatis. Hic prælibatis, trinus et unus Deus noster sua vos extensionis dextera protegat, cum dulcissima conjuge, excellentissima regina, spiritali nostra commatre, atque amantissimis vestris meisque filiis in solio regni sospites permanentes, et in præsenti vita et in æterna beatitudine uberrime concedat valere [c]. Incolumem excellentiam vestram gratia superna custodiat.

XIV.

ITEM EXEMPLAR GENERALE EJUSDEM PAPÆ

AD CUNCTUM EXERCITUM A DEO PROTECTUM REGNI FRANCORUM,

In qua continentur gratiarum actiones et uberrimæ benedictiones, pro certamine eorum, et ut magis in servitio Dei omnipotentis et sanctæ Dei Ecclesiæ certando perseverent, animum domini Pippini regis ad hoc peragendum excitent [e].

(An. Dom. 757, Cod. Car. XXII, chron. 14.)

ARGUMENTUM. — Proceribus cunctis et exercitui Fran-

[a] Secreta hujusmodi negotia legatis commissa, ne scripto mandata Langobardis paterent, aliis alia pro arbitrio fingendi ansam dederunt. Hic tamen non obscure indicata videntur. Legati scilicet, qui cum Immone post consecrationem pontificis in Franciam profecti erant, Desiderium haud stetisse promissis retulerant regi, eumque rogaverant ut Langobard. regem moneret ne diutius civitatum et locorum exarchatus restitutionem differret. Horum nihil factum esse modo nuntiat; et contra quæ huc usque pro sancta sede ipse gesserit, quidve officii aut artis exercuerit erga Desiderium (in quem perfidia, malignitas et arrogantia recidunt) ut aliquid ex ejus manibus extorqueret, missis enarranda permittit. CENN.

[b] Infra ep. 51, al. 54, Adrianus ait Carolo quod Stephanus II « archiepiscopum Sergium exinde abstulit, dum contra ejus voluntatem agere spiritu superbiæ nitebatur. » Non autem istam solam ob causam versabatur Romæ, sed litibus implicitus, quod Euphemia nobilis femina ejus uxor viveret (quam dicitur archiepiscopatum adeptus diaconissam ordinasse). Ughellus (tom. II, p. 243) falso tradit eas lites per totum Pauli pontificatus agitatas esse: nam, ut paulo infra videbimus, ad sedem suam pontificis ejusdem opera reversus erat. Bacchinius Agnellum secutus, sub Stephano II id evenisse contendit: Hæ autem litteræ docent quod Paulo pontificatum

corum gratias agit ob navatam cum rege, novo Moyse ac novo Davide, operam pro Ecclesia liberanda, et catholica fide asserenda. Peculiares Ecclesiæ filios appellat: mercedem a Deo per beatum Petrum pollicetur. De barbaris gentibus triumphum ad fidei servandam integritatem, et ad Ecclesiæ incrementum, ominatur.

Paulus servus servorum Dei, omnibus dilectis nobis episcopis et venerabilibus presbyteris, et abbatibus atque religiosis monachis, gloriosis etiam ducibus et comitibus, seu universæ Christo dilectæ generalitati exercitus a Deo protecti regni Francorum constitutis.

Considerantibus nobis, et velut ignitam coram nostris aspectibus splendifluam, Christo amabilis fortitudinis vestræ fidem, et laboriosum certamen adhibentibus, quod liberationi sanctæ catholicæ et apostolicæ Romanæ Ecclesiæ, quæ vos verbo prædicationis, peculiaritatis modo sinceros genuit filios, exhibere totis nisibus studemini [studetis], magna nobis admirandi inhæret qualitas, et hæc [*L. et G.*, et ob hoc] laudis præconia vestro nomini et benedictæ generationi proferre in universo non desistimus orbe terrarum. O dulcissimi atque amantissimi nobis, quam vicissitudinis repensationem vestro exercitui conferemus? Aut quæ thesaurorum copiæ dignæ sint ad tot beneficiorum præsidia, quæ sanctæ Ecclesiæ contulistis? Et licet in hoc mentis consideratio, et possibilitas coarctetur vobis digna rependere, veruntamen est judex justus in cœlis Dominus Deus noster, qui digna vestrorum retribuet operum merita. Vere enim elevatum [*Lamb.*, exaltatum] est nomen gentis vestræ super multas generationum nationes, et regnum Francorum vibrans emicat in conspectu Domini: quod talibus benignissimis Dei catholicæ et apostolicæ sanctæ Ecclesiæ liberatoribus præornatur regibus; novus quippe Moyses novusque David in omnibus operibus suis effectus est Christianissimus, et a Deo protectus filius, et spiritalis comgerente, nondum fuerat restitutus. Vide infra ep. 51, al. 54. ID.

[c] Wilharius, quem Ughellus (tom. X *Ital. Sacr.*) Villarium appellat, Stephanum II comitatus erat in Franciam an. 753. Seq. anno exeunte legatus fuerat ad Pippinum regem ab eodem pontifice, magnopere commendatus, ut supra, epist. 7, al. 9. Apud regem remansisse eum patet ex epist. 11, al. 8; nam an. 756 pontifex remitti Romam petebat. Ibidem Wicharius mendose appellabatur in ms. Cod., retinentibus eam lectionem Lambecio et Gentiloto. Hic mendose pariter Tengnagel. scripsit Wulcharium, sed Lambecius restituit Wilcharium. Certe si Stephanus hujus nominis episcopum regi commendaverat, Nomentanus ille erat, de quo etiam infra redibit sermo. ID.

[d] Bar. sum. 29. Centuriatores extra reliquarum ordinem hujus epistolæ summarium collocant. GRETS.

[e] Argum. PANV. (*Cod. Vat.* 51) ultimo loco sic: « Scripsit etiam epistolam ad cunctum exercitum regni Francorum, in qua gratias et benedictiones eis impertit pro [benedictiones pro] fideli opera sibi et beato Petro præstita, ac hortatur eos ut porro in servitio Roman. Ecclesiæ [præstita eis impertit, hortatur eos ut in servitio S. R. Eccl. perseverent, ac pro ea viriliter decertent. » CENN.

pater [a], dominus Pippinus, Dei nutu victoriosissimus rex, per quem exaltata Dei Ecclesia triumphat, et fides catholica ab hæreticorum telo illibata consistit.

Et vos quidem, charissimi, gens sancta, regale sacerdotium, populus acquisitionis, cui benedixit Dominus Deus Israel, gaudete et exsultate, quia nomina vestra regumque vestrorum exarata sunt in cœlis, et merces vestra magna est coram Deo et angelis ejus. Firmum quippe, beatissimum Petrum apostolorum principem, cui a Redemptore nostro ligandi solvendique peccata in cœlo ac in terra concessa est potestas, adepti estis protectorem [b]; sed omnipotens Dominus, ejusdem sui apostoli intercessionibus, benedicat, protegat, atque confortet et corroboret Deo amabilem communitatem vestram, actusque vestros in beneplacito suo disponat, tribuens vobis a cœlo victoriam, fines [L., G., terminos] vestros dilatet, subjiciens excellentissimis regibus vestris omnes barbaras nationes, ad [Ms. om. ad] perfectam liberationem et exaltationem sanctæ universalis Dei Ecclesiæ et fidei orthodoxæ integritatem, detque vobis ea sapere quæ illis sunt placita, et multo amplius corda vestra in amore beati Petri et ejus apostolicæ sedis illustret, fidelique studio ejus præceptis apostolicis obtemperantes, vestrorumque regum mandata observantes, et præsentis vitæ cursum [Gent., cursus] cum victoria, et bona fama exsequi, et æterna gaudia cum cœli civibus perfrui mereamini.

XV.
ITEM EXEMPLAR EPISTOLÆ GENERALIS POPULI SENATUSQUE ROMANI,
AD DOMNUM PIPPINUM REGEM DIRECTÆ,

In qua continentur gratiarum actiones, et de litteris, quas dominus Pippinus rex eidem populo direxit pro fide servanda erga sanctam Dei Romanamque Ecclesiam, et dominum Paulum apostolicum.

(An. Dom. 757, Cod. Car. XXXVI, chron. 15.)

[c] ARGUMENTUM. — Senatus populusque Romanus a Pippino admoniti fidelitatis erga apostolicam sedem et pontificem, respondent se semper fideles subditos futuros pontificis, quem meritis laudibus prosequuntur. Hortantur regem ut pro catholica fide et Ecclesia certare non cesset, æterna præmia consecuturus. Magnopere eum commendant: certas eidem victorias de adversariis omnibus a Deo precantur.

Domno excellentissimo, atque præcellentissimo, et a Deo instituto magno victori Pippino regi Francorum et patricio Romanorum, omnis senatus atque universa populi generalitas a Deo servatæ Romanæ urbis.

Si interius mente operum vestrorum studia humanus volueriť sensus pensare, nihil, ut opinamur ad horum vicissitudinem dignum potest existimari, aut in hac temporali vita rependi, sed tantummodo illa sunt consideranda vobis retribui a justo judice Domino Deo nostro, quæ oculus non vidit, nec auris audivit, nec in cor hominis ascendit, quæ præparavit Deus diligentibus se: hæc nempe vobis digna est retributio, dum nimirum vestro certamine sancta Dei Ecclesia, atque Christianorum orthodoxa fides dinoscitur esse defensa; omniumque nostrum constant procurata salutis remedia; et quia [Lamb. add. per te], præcellentissime domine rex, dignatus est Deus noster redemptionem suæ sanctæ Ecclesiæ nostrumque omnium operari, merito nos convenit operum ejus mirabilia decantare, consona cum prophetia canentes voce: *Quoniam magnificata sunt opera tua, Deus, omnia in sapientia fecisti, repleta est terra mirabilibus tuis* (Psal. CIII). *Quis enim loquatur potentias Domini, auditas faciat omnes laudes ejus* (Psal. CV)? Lætantur enim cœli et exsultat terra in eo quod talem Dominus Deus noster suæ sanctæ Ecclesiæ contulit defensorem [d]; per quem cum fiducia nomen Domini in sancta aula ejus glorificatur.

Directas itaque præcellentissimæ ac Christianissimæ benignitatis vestræ litteras magno honoris affectu acceptantes suscepimus, et ita in earum susceptione lætati sumus, tanquam si vestram excellentiam præsentialiter conspiceremus, gemina festivitatis gau-

---

[a] Hinc liquet non recte a Pagio (757, n. 1) et in nuperrima editione Duchesnii hanc epistolam consignari hoc quidem anno, sed præferri nuper allatæ. Si enim Pippinus erat compater, ergo sabanum acceperat regiæ filiæ Gisilæ. Ad nomina quod attinet novi Moysis et novi Davidis, notandum quod Alcuinus plures inscribit epistolas David regi, ita Carolum Magnum appellans, quare Canisius admodum erudite rei causam reddit (Ant. Lect. tom. II, p. 390). Basnagii autem doctrina super eadem re parum congruere videtur huic epistolæ aliisque codicis Carolini: « Hic David, ille ait, est Carolus Magnus. Dubitarent aliquando viri eruditi ex eo quod Carolus aliquando homonymo Davidi prophetæ dicatur ab Alcuino epist. duodecima. Sed hic mos solitus fuit sæculo nono, ut regum et virorum illustrium nomina mutarentur, illisque veterum vel regum, vel prophetarum, vel etiam paganorum nomina ascriberentur. Sic Carolus Magnus propter pietatem et fortitudinem Davidis nomine fuit interpellatus. Eademque ratione Itali eorum regem Berengarium Davidem dixere. » Etenim antequam Carolus id nomen assequeretur, Pippinus hic semel, iterum ep. 34, al. 18, ac tertio ep. 41, al. 16, ut infra planum erit, et Davidis et Moysis præclaris nominibus appellabatur a Romano pontifice. Neque appellabatur, quia talis consuetudo esset nono sæculo, sed quia præcedenti Ecclesiam tuitus erat, quia catholicam fidem adversus Græcam impietatem defenderat, CENN.

[b] Quod aiebam ad epist. 4, al. 10, not., et ad ep. 6, al. 7, et regum et populorum Franciæ maximus id temporis erat amor erga apostolorum principem; idcirco passim in his epistolis inveniri. ID.

[c] Nullum exstat Panvinii argumentum: quare nec Centuriatores, qui Roma has epistolas et argumenta acceperant, nec Baronius quidquam de ea loquuntur: Labbeus ipse, quem Carolinus Codex non latebat, de eadem silet. Muratorius, venia prius petita, ad annum differt 763, ejusque sententiam proprio arbitratu exponit in Annal. Ital. Recte Pagius eam consignat hoc anno, nam istius et præcedentis latores videntur fuisse iidem Wulfardus abbas et socii, quibus missus pontificius erat adjunctus, datæque erant litteræ ad Pippinum post sabanum acceptum. Quæ enim causa erat cur senatus populusque Rom. admoneretur officii sui erga pontificem, cum septimo jam anno Ecclesiam moderabatur? ID.

[d] En patriciatus definitio ex ore S. P. Q. R. ne

dia nobis inferentes, dum vestram laetitiam amplissime comperimus; quoniam nihil nobis dulcius, domine rex, in hac vita existit, quam de vestris prosperitatibus gratulari, dum vestra salus nostra post Deum est securitas. At vero in ipsis vestris mellifluis apicibus nos salutari providentia vestra, et admonere praecellentia vestra studuit, firmos nos ac fideles debere permanere erga beatum Petrum, principem apostolorum, et sanctam Dei Ecclesiam, et circa beatissimum et coangelicum spiritalem Patrem vestrum, a Deo decretum dominum nostrum Paulum summum pontificem et universalem papam [a], pro quo omnino laetati sumus in tam vestra prudentissima admonitione. O quanta divina aspiratione interna viscerum nostrorum praecordia in nobis, vestris fidelibus, redundant! Vere enim, domne rex, profecto Spiritus Dei in vestro melliftuo inhabitat corde, et ideo tam salutari consilio vestros bene cupientes admonere studuistis; nos quidem, praecellentissime regum, firmi ac fideles servi sanctae Dei Ecclesiae, et praefati [Lamb., praelati] ter beatissimi et coangelici spiritalis Patris vestri, domni nostri, Pauli summi pontificis et universalis papae consistimus, quia ipse noster est Pater et optimus pastor, et pro nostra salute decertare quotidie non cessat, sicut et ejus germanus, sanctae recordationis, beatissimus dominus Stephanus papa, fovens nos et salubriter gubernans, sicut revera rationales sibi a Deo commissas oves, dum nimirum et mitissimus et vere in omnibus misericors existit; imitator effectus beati Petri, cujus vices gerit, et dum ejus vicarius consistit, nos quidem, excellentissime ac Christianissime domne rex, firmam fiduciam in hujuscemodi vestra habemus pollicitatione, sed obnixe deprecamur, et tanquam praesentialiter vestris regalibus provoluti vestigiis, petimus, etiam et per nos beatus Petrus vestram aggreditur excellentiam, ut jubeas, benignissime regum, nosterque post Deum defensor, ita solite decertare ac disponere, ut perfecta sanctae Dei Ecclesiae exaltatio, et fidei nostrae orthodoxae, omniumque **144** nostrum profligetur [procuretur] defensio: petentes et hoc coram Deo vivo, qui vos in regem per suum apostolum beatum Petrum ungi praecepit, ut dilatationem hujus provinciae a vobis de manu gentium ereptae perficere jubeatis [b], et in eo, quod coepistis,

a bono permaneatis opere, quatenus in magna securitatis quiete degere valeamus, et ex hoc aeternam vobis in coelo exoratam retributionis mercedem recipiatis, quoniam maximam, post Deum, et beatum Petrum, in vestri fortissimi regni brachio possidemus spem, et credimus in omnipotentis Dei nostri misericordiam quod amplissime nobis ea nostra ipsa spes operum vestrorum inferat fructum.

Exaudi, domine rex, supplicationem nostram omnium bene cupientium vobis, et libentissime aures tuas accommoda in hoc ipsum quod postulamus; sic te exaudiat Dominus in omnibus tuis petitionibus. Tu enim, post Deum, noster es defensor et auxiliator; et si omnes capitis nostri capilli linguae effecti fuerint, non valebunt ob tanta vestra beneficia dignas referre gratiarum actiones. Verumtamen in quantum mens nostra valet, laudis vestrae praeconia in omnibus gentibus divulgamus; unde elevatis oculis extensisque palmis ad aethera, Dominum Deum nostrum immensis exoramus precibus, sua vos foveri gratia, mittens angelum potentiae suae propugnatorem ante faciem vestram, qui omnes adversarios vestros expugnans, vestris subjiciat vestigiis, regnique vestri dilatet terminos, et victoriam vobis e coelo concedat, ad perpetuam atque perennem sanctae Dei Ecclesiae, et nostram immensam securitatem, aevisque ac felicissimis temporibus regale culmen vobis ac excellentissimae dominae reginae, atque praeclaris vestris natis excellentissimis regibus concedat possidendum, et aeterna praemiorum cum sanctis et electis multipliciter tribuat gaudia. Incolumem excellentiam vestram gratia superna custodiat.

XVI.

145 ITEM EPISTOLA EJUSDEM PAPAE
AD DOMNUM PIPPINUM REGEM PER LANGBARD DIRECTA,

In qua continentur gratiarum actiones et uberrimae benedictiones pro vita et incolumitate ipsius, vel domini Caroli et Carlomanni, nobilissimis liberis ejus, volens adjutorium obtinere, cum multis adjurationibus contra Langobardos, et in embolum [embolo] continetur praeceptum, quod Marino presbytero direxit, de titulo Chrysogoni, et de libris quos ei transmisit [c].

(An. Dom. 757, Cod. Car. xxv, chron. 16.)

[d] ARGUMENTUM. — Binis a rege acceptis litteris respondet. Primis allatis a Langbard misso regio amoris erga beatum Petrum et benevolentiae in se Langobardorum videlicet; qui assidue illam armis vexabant; non autem donavit, sed dilatavit, exarchatum et Pentapolim illi adjungendo: et quia provinciae illae non integrae erant traditae a Langobardis invasoribus, S. P. Q. R. petit ut ejusmodi *dilatationem perficiat*, modeste illum admonens beneficii ante paucos annos accepti a divo Petro, cum ex majore domus rex creatus fuerat. ID.

[c] Argum. Panv. (*Cod. Vat.* 18): « In decima octava [Dec. octava] continentur gratiarum actiones et uberrimae benedictiones pro vita et incolumitate ipsius vel domini [ejusdem Pipini] Caroli et Carolomanni nobilissimor. liberor. ejus cum multis [ejus: multis] adjurationibus contra Longobardos adjutorium obtinere volens [auxilium flagitans]. In embolo adjuncto continetur

---

amplius fatigentur eruditi disquirendis novis argumentis, queis Petri de Marca, Pagii aliorumque inanes disputationes tueantur. *Tutor a pontifice, defensor a S. P. Q. R.* appellatur Pippinus, qualis certe erat. Vide sup. ep. 6, al. 7, not., et infra passim, ne idem ad fastidium urgeam. CENN.

[a] Initio litterarum aiunt, « a Deo instituto magno victori Pippino regi: » hic vero, « a Deo decretum dominum nostrum Paulum. » Quidnam discriminis inter principem et principem? ID.

[b] Notandum loquendi genus: *dilatatio* ista Romanae provinciae, supra, epist. 9, al. 6, *augmentum* ejusdem appellabatur. Aut igitur dilatata aut aucta dicatur ditio pontificia, nunquam inchoata, sive instituta a Francorum regibus dici poterit. Romanam scilicet provinciam, seu Romanum ducatum, quod idem est, vindicavit Pippinus, sive eripuit *de manu gentium.*

[d] Summ. 18, apud Bar. et Cent. GRETS.

testibus, monendo ut perficiat quæ Stephano fratri suo promisit. Alteris sibi redditis a propriis missis ex Francia redeuntibus, mittendo bullam concessionis tituli sancti Chrysogoni Marino presbytero juxta regiam petitionem. Præterea libros aliquot mittit, tum sacros tum profanos, et horologium nocturnum

Domno excellentissimo filio, et nostro spiritali compatri Pippino regi Francorum et patricio Romanorum, Paulus papa.

Properans ad nos harum litterarum transvector, Langbard scilicet, illustris vir, fidelis eximietatis vestræ missus, detulit vobis [Lamb., nobis] nectaream atque florigeram a Deo protectæ excellentiæ vestræ syllabarum relationem, cujus adnexam paginam enucleatius perscrutantes, quæ textus ejus loquebatur, ad singula comperimus. **146** In ipsis quippe sublimitatis vestræ affatibus desiderabilem nobis et super omnia hujusmodi [Lamb., hujus mundi] delectamenta amplexabilem [L., G., amplectabilem] sospitatis vestræ lætitiam agnoscentes, uberiore nostri animi ovantes gaudio, maxime sumus relaxati in id quod optata nostri promeruimus comperire cordis, et postmodum nostris a vestris Deo imitabilibus vestigiis, revertentibus missis, et in ea ipsa vestræ prosperitatis gaudia deferentes a nobis [L., deferentibus a vobis] in responsis, gemina exsultationis jocunditas nostro inserta est cordi. Nam et dum in auribus omnis sacerdotum cleri, etiam optimatum et reliqui populi, ampliata vestra insonuisset prosperitatis lætitia, et ex hoc nimio gaudio repleti gratulantes, exsultarunt una nobiscum in Domino, agnita nimirum proprii, post Deum, defensoris sospitate.

Porro, excellentissime et a Deo servate fili, spiritalis compater, vehementi dilectione vos erga amorem apostolorum principis beati Petri, atque circa nostram charitatem vos flagrare experimento didicimus, præsertim dum ipsa excellentiæ vestræ epistola charitatis calamo cernitur esse conscripta; etenim ex corde lingua tinxerat quæ in chartæ refundebat paginam. Quam ob rem magnas gratiarum actiones a Deo protectæ excellentiæ vestræ referimus, quoniam dum nimirum divina te clementia, per interventum sui principis apostolorum, defensorem atque opitulatorem, benignissime rex, sanctæ suæ constituit Ecclesiæ, cura vestræ eximietati insistat perfectam redemptionem istius provinciæ atque exaltationem hujus sacrosanctæ Ecclesiæ procurare. Unde Domini Dei nostri, una cum universo populo nobis commisso, imploramus clementiam, ut sua vos protegat gratia, et victoriam vobis de cœlo ministrans, cunctas barbaras nationes vestris subjiciat

continetur præceptum, quod Marino presbytero dedit, de titulo Chrysogoni, et de libris quos Pipino transmisit. » [In Emb. adjun. præc. quod Mar. presb. de tit. Chrysog. dedit, et de libris quos Pipino transmisit comprehenditur.] Hujus argumenti tanta similitudo est cum Carolini Codicis argumento, ut unum ex altero exscriptum videatur. Cujusmodi si omnia essent, non Magdeburgenses Panvinio, sed hunc illis ea referre accepta credi posset: iique hunc ipsum Codicem versasse viderentur: Sed ordo epistolarum alius, et reliquorum argumentorum varie-

vestigiis, et longæviter regni gubernacula faciat promereri, una cum dulcissima vestra conjuge, excellentissima regina, spiritale nostra commatre, et vestris nostrisque amantissimis natis domno Carolo et Carlomanno potentissimis regibus, et domna Gisila excellentissima, et vitæ æternæ cum electis Dei concedat gaudia.

147 Peto itaque et deprecor te, excellentissime fili et spiritalis compater, atque per omnipotentem Deum et corpus beati Petri, cujus et optimus fidelis existis, conjuro ᵃ et maximis supplicationibus deposco, quatenus jubeas [Lamb., lubeas] sedule in tuo sancto et a Deo inspirato mellifluo corde confertum [compertum] retinere illud quod vos sanctæ recordationis domnus et germanus noster beatissimus Stephanus papa, Dei nutu admonuit atque deprecatus est peragendum, et in ea charitate atque amicitia permanere, cunctaque qualiter vos terribili adhortatione petiit ad id implere et effectui mancipare jubeatis [Lamb., lubeatis], ut perfectam mercedem et repositam plenissime redemptionis nostræ coronam a justo judice omnium conditore, Domino Deo nostro, qui vos in regem unxit, consequi mereamini, et gaudia æterna beatitudinis cum sanctis et electis Dei, dum plebem Dominicam perfectius liberans, atque sanctam Dei Ecclesiam defendens, divinæ majestati illæsum a sævientium malitia præservaveris, pro quo, et magna [Lamb., magnam], post Deum, benignissime rex, in tuæ pollicitationis sponsione, quam beato Petro contulisti, spei gerimus fiduciam, una cum omni populo istius provinciæ a vobis redempto ᵇ;

Salutant itaque communem excellentiæ vestræ Christianitatem cuncti sacerdotes et clerus istius sacrosanctæ catholicæ et apostolicæ Romanæ Ecclesiæ. Salutant vos et cunctus procerum senatus atque diversi populi congregatio, optantes una nobiscum de vestra amplissima prosperitate et uberrima lætitia diu gaudere, et in Domino Deo salutari nostro exsultare. Incolumem excellentiam vestram gratia superna custodiat.

EMBOLUM.

148 Per aliam quippe epistolam suam, a Deo protecta eximietas vestra, sicut certe suo benecupienti patri direxit, quatenus titulum protectoris vestri beati Christi martyris Chrysogoni cum omnibus sibi pertinentibus dilectissimo atque fidelissimo vobis [Lamb., nobis] Marino presbytero concedere deberemus. De quo et præceptum nobis [Lamb., vobis] dirigi petistis, quod nempe ob vestram dilectio-

tas, præ aliis capitibus, quæ in præfatione attuli, secus docent: nec tamen, ut verum fatear, admirationem eripit tanta utriusque similitudo. CENN.

ᵃ Sic in epistola prima Gregorius III Carolum Martellum conjurabat : « Per Deum vivum et sacratissimas claves confessionis beati Petri, » quas more majorum ad principem miserat. Vide ibi not. ID.

ᵇ Non alio hæc omnia collineant quam ad civitates et loca exarchatus et Pentapolis nondum a Desiderio tradita. ID.

nem, et in eo quod fidelis vester nosterque idem sanctissimus atque dilectissimus Marinus presbyter existit, præfati tituli præceptum, cum omnibus locis et possessionibus sibi pertinentibus, urbanis vel rusticis, vobis exaratum atque manu nostra roboratum, per harum latorem direximus eximietati vestræ deportandum [a]. Direximus etiam excellentiæ vestræ et libros, quantos reperire potuimus, id est, Antiphonale et Responsale, in simul Artem grammaticam [*F.*, dialecticam] Aristotelis, Dionysii Ariopagitæ libros, Geometricam, Orthographiam, Grammaticam, omnes Græco eloquio scriptores, nec non et horologium nocturnum [b].

XVII.

149 ITEM EPISTOLA EJUSDEM PAPÆ
AD DOMNUM PIPPINUM REGEM,
PER GEORGIUM EPISCOPUM, STEPHANUM PRESBYTERUM, SEU RADPERTUM, MISSOS DIRECTA,

In qua continentur gratiarum actiones pro defensione sanctæ Dei Ecclesiæ, et præfatus papa poscens, ut dominus rex Pippinus Desiderio regi [c] suo [Lamb., *suos*] *obsides restitueret, et pacis fœdera cum eo confirmaret* [d].

(An. Dom. 758, Cod. Car. xxix, chron. 17.)

ARGUMENTUM. — Per suos missos Georgium episc. et Stephanum presb., cum Rodberto regio euntes, nuntiat Desiderium venisse Romam, atque Imolam se restituturum promisisse, modo suos obsides, qui apud regem erant, reciperet. Rogat ut eos reddat, fœdusque jungat cum Langobardorum rege, flatque auctor publicæ tranquillitatis. Scripta ex Desiderii voto.

Domno excellentissimo filio et nostro spiritali compatri Pippino regi Francorum et patricio Romanorum, Paulus papa.

Dum tam copiosam omnipotens Deus suæ benignitatis humano generi crebro irrogat misericordiam, valde administrandum [*Lamb.*, admirandum] est quid retribui ejus potentiæ divinæ, aut quas carminum

A laudes longanimitati ipsius humana fragilitas referre valeat; quod quidem nos, tanto ejus relevati beneficio, licet meritis nequaquam suffragantibus, nos ejus potentiæ melodicas persolvemus grates; tamen, juxta Psalmographi monita : *Calicem salutaris accipiam, et nomen Domini incessanter invocabo (Psal.* cxv), inquiens : *Magnus es, Domine, et magna opera tua (Tob.* xiii). *Magnificat* namque *anima mea Dominum (Luc.* ii); caro et lingua benedicit, quoniam respiciens respexit super humilitatem nostram, et ad tam præcipuum pontificale culmen, non nostris prosequentibus meritis, provexit; **150** quamobrem dum, eo dignante, mediator Dei et hominum speculator animarum institutus sum, commissa sic apostolaris cura provocat atque hortatur omnino et indesinenter compellit salutem populi Dei pio studio procurare, et pacem in cunctis gentibus cum magna cordis constantia prædicare, quoniam profecto beatitudinis gratiam promerentur, qui intrepide illam prædicare maluerint; scriptum quippe est : *Beati pacifici, quoniam filii Dei vocabuntur (Matth.* v). Et rursum : *Quam speciosi pedes evangelizantium bona!* (*Rom.* x). Etenim, excellentissime fili et spiritalis compater, quoniam Deus omnipotens ex utero matris suæ [*Gent.*, tuæ] te prædestinatum habens, ideo te benedicens et in regem ungens, defensorem te et liberatorem sanctæ suæ Ecclesiæ constituit. Pro quo ea quæ ad utilitatem ipsius sanctæ Dei Ecclesiæ respiciunt, per hos nostros apostolicos apices benignæ excellentiæ tuæ deprecandum maturavimus. Agnoscat siquidem excellentissima bonitas tua, quia conjungens [perveniens] ad limina apostolorum excellentissimus filius noster Desiderius rex [e], pacifice atque cum magna humilitate; cum quo salutaria utrarumque partium locuti sumus, et pollicitus est nobis restituere civitatem Immolas [*Lamb.*, Imulas],

---

[a] Duo hic suppetunt alicujus momenti. Primum creatio cardinalis ad regiam petitionem ; alterum indoles versuti et ambitiosi hominis, postmodum etiam scelesti, qui pontifice et rege deceptis cardinalitiam dignitatem simulando adipiscitur. CENN.

[b] In epitaphio archidiaconi illius Veronensis Pacifici, viri celeberrimi (cui archivum capitulare mss. codices antiquissimos acceptos refert) apud Panvinium, ex quo illud profert Ughellus (*Ital. Sac.* tom. V, p. 710) hæc leguntur : « Horologium nocturnum nullus ante viderat, en invenit argumentum, et primum fundaverat, etc.) Quare is horologii hujusmodi auctor esse dicitur. Hic habemus antiquius testimonium ante annos fere quinquaginta. Eadem refert Ducangius in Glossar., et putat nocturnum fuisse ad discrimen solaris, quod hodie frequens ferreum aut æreum campanulam pulsans, cujus inventor Polydorum Virgilium et cæteros latuit. Quidni potius eorum simile, quæ ope luminis inclusi horas demonstrant in sphæra ? Annales Francorum et Fuldenses organi a Copronymo dono missi meminerunt ; at de horologio nihil usquam reperitur. Ad libros quod attinet, Amalar. in prologo lib. de Ordine Antiphonarii ait Gregor. IV unicum Antiphonar. defuisse, quod mitteret Ludov. imp. illud petenti, quam rem animadvertit Ven. Thomasius *Opusc.* viii (novæ edit. tom. VII, pag. 64 seq.). Fortasse id evenerit quod incipiens Paulus mittere hujusmodi libros Pippino, ac multo liberalior Adrianus non semel Carolum iisdem

[c] Ms., uno verbo, *suospites*, Tengn., correxit ut est in editione. GENT.

[d] Summ. 13, apud Baronium et Centuriat. GRETS. — Argum. Panv. (*Cod. Vat.* 13) : « In decima tertia [Tertia decima] gratias agit pro defensione Ecclesiæ, et de pace [Ecclesiæ de pace] inter se et Desiderium constituta narrat : ac petit [postulat] ut obsides Desiderio restituat, quo et ipse urbem Imolam [Forum Cornelii] possit recipere. » CENN.

[e] Recte Muratorius (*Ann. Ital.*) hanc et sequentem epistolam ad annum 758 refert, contra Pagii opinionem, qui præcedenti scriptas autumat. Nam Desiderius non venit Romam antequam omnia peregerit quæ continentur sequenti epistola. Ea occasione, quin flagitante ipso Desiderio, hanc scripsit Paulus ex ejus voto : clanculum illam deferentibus iisdem missis, quæ huic fidem omnem adimebat, et quidquid actum a Langobardis fuerat singillatim enarrabat. Præ aliis Liutprandum ducem Benevento expulsum ait; quam rem Camillus Peregrinus evenisse demonstrat ann. 758. (*Chron. ducum Benev.* ex *Collect.* Pratilli, tom. V, p. 50); deinde tempus ipsum designat, aiens quod dux ille pervenit « definite ad mensem ejus anni Februarium. » ID.

ea videlicet ratione ut nostros ad tuam excellentiam dirigere debeamus missos, et suos obsides a, quos ibidem ad vos habere videtur, recipere debeat, et pacem cum eo confirmare studeatis.

Unde petimus te, excellentissime fili et spiritalis compater, ut jubeas ipsos obsides praedicto filio nostro Desiderio regi restituere, **151** et pacis foedera cum eo confirmare, et in magna amicitia cum eo conversari, ut, annuente [*Lamb.*, favente] Deo, tuis laetabundis temporibus populus Dei utrarumque partium in magna securitate, et pacis quiete degere valeat, quatenus longaevum te omnipotens Deus in solio regni conservare dignetur. Ideo enim direximus praesentes nostros fidelissimos missos, id est, reverendissimum et sanctissimum fratrem et coepiscopum nostrum Georgium, atque dilectum filium nostrum Stephanum presbyterum, una cum Rodberto vestro misso b, ad vestram a Deo servatam excellentissimam prudentiam, ut ea ipsa eximietati vestrae enarrare debeant. His praemissis, petimus divinam misericordiam, ut aevis [longaevis] ac laetabundis temporibus in solio regni piis inhaerens [*Lamb.*, inhaerentem] operibus, conservare dignetur, et vitam aeternam concedat. Incolumem excellentiam vestram gratia superna custodiat.

XVIII.

152 ITEM EPISTOLA EJUSDEM PAPÆ
AD DOMNUM REGEM PIPPINUM MISSA
PRO DEFENSIONE SANCTÆ DEI ECCLESIÆ,

Significans quod Desiderius Pentapolin depraedavit, et omnia alimenta populi ferro et igne consumpsit, et quia Albinum [*Lamb.* et *Gent.*, *Alboinum*] *ducem Spoletinum in vinculis detrusit, et quia dux Beneventanus, in Osorotana* [L., *Otorontana*; G., *Otoritana*] *civitate retrusus, alium ducem Argisem in Benevento constituit, et quia locutus est cum misso imperiali Georgio, et invitavit exercitum imperatoris in Italia contra Ravenna, et exercitum de Sicilia contra Otorantanam civitatem, et professus est eam tradere partibus imperialibus, vel aliis pluribus capitulis* c.

(An. Dom. 758, *Cod. Car.* xv, chron. 18.)

ARGUMENTUM. — Iisdem missis data clanculum alia epistola narrat se duplici litterarum exemplo, quas verebatur ne Langobardi interciperent, scripsisse de impietate et crudelitate Desiderii. Nunc iterum scribit, Pentapolenses ab eodem rege male habitos: Alboinum Spoletanum ducem, et Liutprandum Beneventanum, qui se subjecerant Pippino, petitos armis tanquam rebelles: huic Hydruntum elabenti ob metum suffectum esse Arigim Desiderio acceptum, illum cum suis aliquot satrapis vulneratos et conjectos in carcerem. Eumdem Desiderium accersisse Neapoli Georgium imperialem missum, qui fuerat in Francia, cum eo percussisse foedus, una Ravennam expugnaturos, classeque Sicula adjuncta Hydruntum obsessuros. Postmodum venisse Romam, monitumque ut quemadmodum promiserat coram Folrado et Rodberto, regiis missis, restituturum se Imolam, Bononiam, Ausimum, Anconam, ita nunc restitueret, renuisse ac fidem fefellisse. Eum contra perjurum hominem obtestatur: se ait detinuisse Rodbertum, ut omnium spectator esset; ab eodem et a suis missis plura nuntiatum iri: litteris ex voto Desiderii scriptis nullam fidem esse adhibendam. In embolo res est de muneribus ab se missis Pippino filiisque regibus.

Domno excellentissimo filio et nostro spiritali compatri Pippino regi Francorum et patricio Romanorum, Paulus papa.

Quoties perspicua eximietatis vestrae merita, mystica **153** consideratione cernens, cordis oculis confero; oppido me admirari convenit intemeratam superfluamque excellentiae tuae mentis constantiam, et ferventissimum affectum, quod [quem] circa Dei amorem et ejus principis apostolorum incessanter [*Lamb.*, instanter] gestas, quoniam Deo magis quam hominibus favere niteris. Unde perspicuum est vos prae omnibus regibus et potentibus piis pollere operationibus, quia absumpto coelesti triumpho ultro te, excellentissime fili et spiritalis compater, ad liberandam Dei Ecclesiam adhibuisti, et ideo, ut ipsum piae operationis vestrae certamen effectui mancipetur, crebro nos congruit, sicut liberatori ipsius sanctae Dei Ecclesiae et ejus peculiaris populi, apostolicos dirigere apices.

Primum omnium, nobis super omnia nectarea dulcia existunt, et desiderabilia prosperitatis vestrae gaudia addiscere. Deinde vero, quae sanctae Ecclesiae Dei et nobis consistunt necessaria, quantocius intimare. Ut vero, excellentissime fili et noster spiritalis compater, agnoscas nos pridem per apostolicas litteras eximietati tuae innotuisse, qua [L., G., quae] in his partibus a Desiderio Langobardorum rege impie peracta sunt atque crudeliter perpetrata d. Igitur dum tam perniciosam ejus operationem cerneremus,

---

a Obsides tam hic quam in seq. epist. memoratos ne putes iterum a Pippino rege obtentos. Si siquidem erant quos Aistulphus Ticini secundo obsessus tradere coactus erat, ut aiebam (ep. 11, al. 8, not.) Etenim quanquam Stephanus II ante biennium (ep. ead.) experimento edoctus oraverat eumdem regem, ut *obtestando, admonendo etiam et praecipiendo* Desiderio insisteret ne datam fidem falleret, ex posterioribus tamen litteris ab ejus fratre et successore conscriptis nil tale infertur de datis obsidibus. CENN.

b Rodbertus regius missus forte vir illuster, de quo Mabill. (*Annal. Ben.* lib. xxii, n. 43). Duo pontificii magis celebres: nam Georgius erat Ostiensis ille episcopus, qui Steph. II cum Wilchario Nomentano et aliis comitatus erat in Franciam, ejusdemque legatione non semel functus erat ad eumdem regem: Stephanus autem presb. tit. beatae Caeciliae Paulo in pontificatu successit. ID.

c Summ. 26 apud Centuriat. et Baronium. GRETS.

d — Argum. Panv. (*Cod. Vat.* 26): « Vicesimam sextam per Georgium coepisc. Steph. presb. una cum Radberto Pippini misso [legato] misit, in qua prolixe de Longobardor. crudelitate ac malitia queritur. Indicat se suis missis [legatis ad eum] dedisse litteras, in quibus peteretur dimissio obsidum Desiderii regis in Francia detentorum, idque ideo factum, ut per Longobardiam proficisci possent [ipse proficisci tuto posset], alias se idipsum non petiisse. Hortatur Pipinum et terribiliter conjurat, ut illos detineat: insuper et ipsum [et vehementer obtestatur, ne illos dimittat: ipsum] Desiderium constringat et ad restitutionem omnium bonorum beati Petri, ut in adventu Domini, sicut radiantissimus sol lucere mereatur. In embolo adjuncto munuscula quaedam Pipino mittit. » CENN.

d Ni fallor, epistola illa, quae interiit, cujusque argumentum exstat in *Cod. Carol.* post epist. 24, nobis 20, huc spectat, estque hujusmodi: « Item epi-

aptum prospeximus præsentem fidelissimum vestrum missum Rodbertum hic apud nos detinere, quatenus quid cœpta jam fati desiderii regis vel [*Lamb. add. ejus*] Langobardorum populi malitia pareret, **154** præsentialiter agnoscens atque conspiciens vestram certiorem reddidisset eximiam præcellentiam; etenim sicut pridem, ecce et nunc innotescimus a Deo servatæ excellentiæ vestræ quod præfatus [*Lamb., hic et in ep. seqq.*, prælatus] Langobardorum rex Pentapolensium per civitates transiens, quas beato Petro pro magna animæ vestræ mercede contulistis, ferro et igne omnia sata et universa quæ ad sumptus hominum pertinent, consumpsit, sicque Spoletinum et Beneventanum, qui se sub vestra a Deo servata potestate contulerunt, ad magnum spretum regni vestri, desolavit, atque ferro et igne eorumdem ducatum, loca et civitates devastavit, et comprehensum Albinum [*L., G.*, Alboinum] ducem Spoletinum, cum eo satrapibus [et cum eo satrapas], qui in fide beati Petri et vestra sacramentum præbuerunt [a], infixis in eis pessimis vulneribus, in vinculis detinet.

Appropinquante autem eo Benevento, illico dux Beneventanus fugam arripuit in Otorantinam civitatem [b], et dum diu immineret, ut ex ipsa sua civitate exire eumdem ducem suaderet, et nequaquam in eo suam adimplens voluntatem, constituit ducem alium in eodem Beneventano ducatu nomine Argis [c], et confestim dirigens **155** Neapolim idem Desiderius rex, accersivit Georgium imperialem missum, qui ad vos Franciam directus fuerat [d], cum quo nefarie clam locutus est, iniens cum eo consilium, atque suas imperatori dirigens litteras, adhortans eum ut suos imperiales dirigat exercitus in hanc Italiam provinciam, et ipse Desiderius cum universo Langobardorum populo professus est, Deo sibi contrario, auxilium præfatis imperialibus exercitibus impertire, quatenus ex una parte ipsius [*Lamb. add.* imperatoris] exercitus, et ex alia iisdem [*L., G.*, isdem] Desiderius cum universo Langobardorum populo utrique dimicantes Ravennatium civitatem comprehendere queant, suamque imperator, quod Dominus non permittat, adimplere valeat in quocumque voluerit voluntatem [e]. Nam et cor [*L. et G.*, hoc] cum eodem Georgio imperiali misso constituit ut dromonorum [dromonum] [f] Siciliæ istorum in Otorantina civitate dirigatur, ut tam Græci quam Langobardi ipsam obsidentes comprehendere valeant civitatem, eamque concedat [*Lamb., concedant*] imperatori, cum hominibus et facultatibus quæ in ea consistunt, et tantummodo ducem illum atque ejus nutritorem Joannem prædicto regi restituat.

Post vero dissolutionem eorumdem ducatuum

stola ejusdem papæ ad domnum Pippinum regem directa, in qua continentur lamentationes (et tribulationes *add. Lamb. et Gent.*) eo quod Desiderius rex consilium iniit cum Georgio imperiali misso, qui hic Franciæ adfuit, ut imperator suum exercitum in Italia contra Ravennam vel Pentapolim ad Romanam urbem ad comprehendendum mittat, et ipse Desiderius cum universo regno Langobardorum in ejus adjutorium vel solatium ea mala ad perpetrandum decernet, et quia quotidie scamaras, et deprædationes in eorum finibus faciebant, cum nimiis adjurationibus postulans adjutorium obtinere contra ipsos Langobardos, et ideo minime in hoc volumine est scripta, quia præ nimia vetustate jam ex parte erat diruta; tamen alia capitula in eadem non continentur inserta; sed sicut in superiore epistola legitur, sic et in ista scriptum reperitur. » Notat Gretserus in margine : « Deest ergo hæc epistola. Nec ejus meminerunt in summariis Bar. et Centuriatores. Facilior tamen jactura est, si nihil aliud continebat quam superior epistola. » Lambecius pariter notat : « Epistola hæc caret numero, quia argumentum quidem ejus hic exstat, sed ipse contextus deest. » Jacturam vero haud dicit minorem cum Gretsero, quia similis esset 20,- al. 21, nullam quippe similitudinem eas inter agnovit. Secus est de ista quam versamus, ut legenti palam erit. Itaque illius epistolæ, cujus argumentum superest, hic mentionem fieri puto. CENN.

[a] Stephanus II (sup. ep. 11, al. 8) narrata Aistulphi morte, et Desiderii inauguratione ait, « Spoletanos per manus beati Petri et Pippini fortissimum brachium » constituisse sibi ducem, nempe Alboinum, anno ut videtur 756. Postmodum adjungit, tam Spoletanos quam Beneventanos regi se commendare, subjectionis indicia admodum obscura. Contra hic subjectionis argumentum minus dubium habetur, quam Muratorius temere rebellionem appellat a regno Langobardorum : regia siquidem stirpe deficiente Desiderius in regem assumptus erat regis Francorum auctoritate, per pontificem, et Folradum

regium missum, neque ulla lege tenebantur insignes ii duces novo regi se subjicere. Idcirco « se sub vestra a Deo servata potestate contulerunt » ait Paulus Pippino, quorum neutri visa est rebellio. CENN.

[b] Camillus Peregrinus de ducatus Benev. finibus diss. 7 (Pratill. tom. V, p. 269) hoc Pauli epistolæ caput affert; deinde ait : « Cum igitur Hydruntum Græci detinuerint, deque hoc pontifex Paulus minime discrepet ab Porphyrogenneta, extimam utique urbem ex orientali plaga hujus lateris septentrionalis Brundusium Beneventani duces habuerunt. » Unde liquet quam late is ducatus pateret ad mare Adriaticum se extendens, et quantula Italiæ portio pareret Græcis. ID.

[c] Liutprando Beneventano duci Hydrunti in civitate Apuliæ principe juris Græcorum persistenti Desiderius Arichim suffecit, de quo plurima suppetent in Adriani pontificis litteris. ID.

[d] De Georgio protosecreta dixi ep. 11, al. 8, inter not., quæ an. 755 legationem in Franciam spectabant. Num idem præced. anno 757 cum muneribus Copronymi, præsertim organis, pacificæ, reor, de societate ac fœdere acturus cum rege, ut Annal. Francorum et Fuldenses tradunt, ex his litteris non constat. Eumdem in Francia fuisse et hinc, et ex argumento nuper allato litterarum quæ exciderunt certo scimus : idque constat etiam ex iis quæ mox sequentur. ID.

[e] In prædicto argumento Romæ etiam fit mentio, quæ res non parvi momenti erat adversus eos qui Urbem imperialis juris adhuc fuisse contendunt. At silentium hujus epistolæ et alterius defectum supplebunt aliæ suo loco, præcipue vero 57, al. 59 Adriani ad Carolum, quam videsis. ID.

[f] De dromonibus, navigiis videlicet primum cursoriis, quod eorum usus olim fuit ad cursum publicum, deinde navibus bellicis, erudite Ducang. Glossar. Hic stolum, seu classem Siculam significat. Notandum quod de obsidione Hydruntina nihil est in argumento epistolæ q æ desideratur, nec de Lango

conjunxit hic ad nos Romæ itidem [*Lamb.*, Romam isdem] Langobardorum rex, et cum eo loquentes, nimis eum adhortati sumus, et per sacratissimum corpus beati Petri atque etiam per tuam a Deo protectam excellentiam fortiter illum conjuravimus ut civitates illas, id est Immulas [Immolam] **156** Bononiam, Ausimum, et Anconam, quas nobis præsentialiter, simul per vestros missos, id est, Folradum Deo amabilem abbatem et presbyterum, atque Rodhertum [a] excellentissimæ Christianitati tuæ, et per te etiam beato Petro apostolorum principi pollicitus est redditurum, restituere deberet, quod minime acquiescere inclinatus est, sed simulans, ut certe Strofarius [b] varias occasiones adhibuit, inquiens ut si suos, quos illic Francia habere videtur, obsides reciperet, tunc in pacis concordia nobiscum conversaretur.

Unde petimus te, excellentissime fili et spiritalis compater, et obnixe deprecamur a Deo inspiratam eximietatem tuam, ut jubeas perfectam liberationem sanctæ Dei Ecclesiæ et ejus peculiaris populi exercere, et ita id quod magna animæ tuæ mercede beato Petro pollicitus es, firmiter permanere; ipsumque Desiderium, Langobardorum regem, fortiter constringere digneris, ut prolatam [*Lamb.*, prælatam] a Deo promissionem beato Petro protectori vestro restituere debeat atque in omnibus adimplere, tuique studii sit bene, [*Lamb.* add. bone] potentissime rex, sicut cœpisti, perfectius hanc sanctam Dei Ecclesiam et ejus peculiarem populum de hostium incursione **157** eruere; ut, annuente Deo, certamen benignæ operationis tuæ uberrime fecundetur, quatenus in die adventus Domini Dei et Salvatoris nostri Jesu Christi, luceas, sicut radiantissimus sol, inter universos reges et potentes, atque merearis ipsam sanctam Dei Ecclesiam et ejus populum, tuo adminiculo ereptum, divinæ majestati, absque ulla læsionis sævitia, offerre, et tunc centuplum remunerationis ab eodem Domino Deo nostro, justo judice, percipere et vitam æternam possidere merearis.

Conjuro te, fili excellentissime, per omnipotentem Deum et ejus principem apostolorum beatum Petrum [c], ut benigno intuitu et libentissimo animo nostras preces audire jubeas [*Lamb.*, lubeas], ut et Deus tibi omnipotens in his quæ ejus potentiam deprecatus fueris suæ divinitatis aures inclinet, et victorem te super omnes barbaras nationes faciat. Omnes enim omnino gentes quæ super faciem universæ terræ consistunt, compertum habent tuum certamen, quod ad defensionem sanctæ Dei Ecclesiæ adhibuisti, et magnum te ac præcipuum regem laudabiliter asserunt. Sed et nos bonam tuam famam longe latéque protelare atque dilatare non desistimus in eo, quod certe, post Deum, sicut murum inexpugnabilem, tuam firmissimam fidem in nostro pectore conferimus, magnam in te, post Dei præsidium, possidentes spei fiduciam, quod et plerumque ob tam tuæ immaculatæ promissionis fideique meritum consecuti sumus; etenim magnopere præsentes nostros missos, id est, reverendissimum et sanctissimum fratrem et coepiscopum nostrum Georgium, atque dilectum filium nostrum Stephanum presbyterum, ad vestram a Deo custoditam excellentiam misimus : dumque vestris Deo amicabilibus vestigiis fuerint, una cum [*Lamb.*, cum] Rodberto [Ratberto], fidelissimo vestro misso [d] præsentati; cuncta viva voce Christianissimæ excellentiæ tuæ [*Lamb.*, vestræ] quæ acta sunt, et rei exigit meritum, nobisque necessaria existentia intimabunt, maximo namque desiderio nostro anhelabat animus, apostolicas **158** excellentiæ vestræ dirigere litteras salutationis ac visitationis, ob causam [*Lamb. add.* et] rerum eventus significandum, et minime valuimus

---

bardi regis adventu in Urbem : quare epistolam, illam, antequam hæc evenirent, datam esse constat, nec mirum est si alia capita non continebat, ut est in argumento; quæ enim eventura essent, divinari non poterat. Cenn.

[a] Recte Pagius (an. 757, n. 5) hos legatos missos esse a Pippino ait superiori anno, quibus Desiderius se civitates redditurum promiserat : civitatum vero nomina indicanda erant ; sunt enim in hac epistola *Imola, Bononia, Ausimum, et Ancona.* Plurimi refert tum dignoscendæ sinceritati scriptoris Vitæ Steph. II ap. Anastasium; tum litterarum quas versamus recte intelligentiæ. Et vero Folrado eidem, cum Ticino missus fuit a Pippino cum missis pontificiis ad ineundam exarchatus possessionem an. 755 exeunte, nonnullæ civitates minime erant traditæ ab Aistulpho, quo divinitus sublato, Desiderius successor pollicitus est anno 756 eidem Folrado se illas omnino restituturum. Eas autem supra vidimus recenseri (ep. 11, al. 8) : *Faventiam, Imolam, Ferrariam, Bononiam, Ausimum, Anconam, et Numanam.* Ubi etiam animadvertimus ex Anast., *Faventiam et Ferrariam* Stephano II esse traditas a Desiderio, minime vero cæteras. Itaque illæ quatuor quæ hic nominantur, ac Folrado et Rodberto missis regiis erant promissæ a Desiderio, tum vera narrari apud Anastasium ostendunt, tum Desiderii promissiones distinguunt : ita ut Folrado uni pollicitus sit an. 756 se civitates eas omnes restituturum, et an. 757 Folrado eidem et Rodberto quatuor illas nondum traditas quæ hic recensentur. Ita eorum quoque opinio evertebatur, qui prædictam epistolam Stephani II ultimam contra æquum et rectum ad annum differunt 757. Incredibile enim est Folradum bis eodem anno in Italia versatum esse. Multo autem magis opinio Pagii epistolam hanc anno eodem consignantis rejicitur; quæ enim in ea narrantur, ampliori egent spatio temporis : præterquam quod Peregrinius, uti aiebam superiori epist., Liutprandi Benev. ducis ejectionem consignat Febr. mense an. 758. Id.

[b] A Græca voce *stropha* stropharius, qui etiam strophus et strophosus dicitur, nempe *fraudator, impostor*. Exempla *strophi* et *strophosi* suppetunt ex Glossario Ducangii, quem miror hunc locum non vidisse ut *stropharii* etiam exemplum afferret. Id.

[c] En alia deprecatio ejus similis qua Gregor. III usus est ad Carolum Martellum *per Deum vivum et sacratissimas claves.* Id.

[d] De utroque misso pontificio vide superiorem epist. Rodbertum seu Radbertum Folradi socium, hoc dimisso, detinuerat Romæ, ut omnium spectator esset quæ cœpta erant fieri a Langobardis, regi oculatus testis enarraturus. Id.

imminentibus circumquaque Langobardorum regis insidiis.

Attamen ecce jam duas apostolicarum litterarum assertiones excellentiæ vestræ, clam, per maximam industriam, misimus, et ignoramus si ad vos ipsæ pervenerint litteræ, unde ambigimus ne a Langobardis comprehendantur [a]. Pro quo, et nunc per prænominatos nostros missos alias vobis litteras misimus, quasi obtemperantes præfati Desiderii regis voluntati suos hospites [ad suos obsides] absolvendum et pacem confirmandum. Sed, bone excellentissime fili et spiritalis compater, ideo istas litteras tali modo exaravimus, ut ipsi nostri missi ad vos Franciam valerent transire; quoniam si hoc non egissemus, nulla penitus ratione per Langobardorum fines transire valuissent, sed susceptis ipsis litteris, earum seriem nullo modo perficiatis [b], neque præfatos hospites [obsides] permittatis parti Langobardorum restituere; potius autem conjuramus te, excellentissime fili et spiritalis compater, per Deum vivum et corpus beati Petri, ut fortiter ipsum Desiderium vel ejus Langobardorum gentem constringere jubeas, quatenus præfatas, quas pollicitus est, civitates tuæ mellifluæ excellentiæ, et per te beato Petro, fautori tuo, restituat, quoniam nullam ut præfatum est, de his quæ primitus pollicitus est, cum eo firmam valuimus stabilire convenientiam.

Oramus autem omnipotentem Deum ut pio intuitu de throno majestatis suæ super vos vestrumque regnum respiciat, et sua dextera excellentiam vestram circumtegat atque in omnibus muniat, et præsentis vitæ cursum salubriter exsequi et regni potentiam gubernare permittat per plures annorum metas, una cum excellentissima et a Deo servata filia et spiritali nostra commatre, atque amantissimis vestris meisque filiis, et gaudeatis de eorum florigero germine, et mittat [permittat] omnipotens Deus ut semen vestrum splendidissimum usque in finem mundi eumdem [idem] regni fruatur culmen, etiam venturo in sæculo infinita gaudia cum sanctis et electis suis vobis concedat, quatenus sicut in præsenti vita et in futura beatitudine adepti promissam vobis mercedis coronam, cum Christo regnare mereamini. Incolumem excellentiam vestram gratia superna custodiat.

[c] EMBOLUM,

Pro veræ benedictionis causa, direximus vobis [d] apallaream unam spatam ligatam in gemmis cum balteo suo, annulum unum, habentem isacinthum [hyacinthum] storacinum, pallium unum, habentem paones, quam parvam benedictionem petimus, ut, excepta injuria, suscipere jubeatis domino Carolo et Carolomanno pro magna apostolica benedictione annulos singulos habentes yacinthos [hyacintos].

XIX.

160 ITEM EPISTOLA EJUSDEM PAPÆ
AD DOMNUM PIPPINUM REGEM DIRECTA,
De Marino presbytero et ejus iniquo consilio, et de consecratione ipsius [e].

(An. Dom. 758, Cod. Car. XXXIX, chron. 19.)

ARGUMENTUM. — Monitus a Pippino quod Marinus (presb. card. creatus superiori anno) cum Georgio misso imperiali dum in Francia erat machinatus esset in sanctam sedem, quæ et ipse jam norat et imperator regi patefecerat, eumdem rogat ut episcopum ordinari permittat in aliqua Francorum Ecclesia, ne forte deterior fiat, sed ut eum admissi sceleris pœniteat.

Domno excellentissimo filio et nostro spiritali compatri Pippino regi Francorum et patricio Romanorum, Paulus papa.

Omnino compertum habet vestra Christianissima excellentia qualiter Marinus presbyter noster [Lamb. add. qui] ibidem ad vos moratur, iniqua operatione contra sanctam Dei Ecclesiam fidemque orthodoxam, Deo sibi contrario, cum Georgio quodam imperiali a secretis, consilia sedi nostræ contraria et vestræ simili modo ingerere [Lamb., jungere] cupiens; quod quidem et idem imperator vestræ a Deo protectæ excellentiæ per suas innotuit litteras. Unde quia defensorem fidei orthodoxæ atque propugnatorem gregis sui, vel populi Christiani liberatorem Christianissimam bonitatem vestram, beatus apostolus et princeps apostolorum Petrus eligere et confirmare dignatus est, idcirco adoptamus atque deprecamur eximiam bonitatem vestram [L. et G., tuam], optime rex et spiritalis compater, ut jubeas sanctissimo

---

[a] Argumentum epistolæ in Cod. non relatæ, quod supra attuli, innuere mihi videtur has binas litteras, quas duplici exemplo scriptas puto, ut trigesimam et trigesimam tertiam, de quibus infra. CENN.

[b] Factum istud, quod an. 769 imitatur Stephanus III (epist. 45, al. 46), ut ibi dicam, dignum plane est quod animadvertatur: nam plurimum inde lucis accedit scribendi generi obscuro, ancipiti, manco, quandoque etiam minus vero, quo uti debuerunt pontifices ante Adrianum, quandiu Langobardi steterunt. ID.

[c] Vide epist. 6. ID.

[d] Quid sibi velit Ducangius, non intelligo. *Apallaream* secernit a *spatha*, et idem esse ac *applare*, cochlear videlicet, contendit; quasi vero cochlear missum fuerit Pippino inter alia munera. Apud Anastasium in Sergio *apallaream argenteam* (sect. 162) operimentum esse ait ex laminis argenteis in cochleæ formam. Eum consule V. *Applare*. Incompertum mihi esse fateor gladii genus : attamen *apallaream spatham*, non autem *apallaream et spatham*, ratio ipsa numerandi dona cætera, legendum suadet. Cæterum id munus maxime congruit defensori Ecclesiæ; cœptumque esse postea gladium *de corpore S. Petri* sumptum dari Augustis in solemni eorum coronatione compertum est. Benedictionem sequiori ævo excogitatam quin cogitem faciunt verba Cæremonialis Patricii (lib. I, cap. 4). « Quamvis ensis benedictus dicatur, non tamen reperi ejus benedictionem, Sixtus Papa IV aliqua verba ordinavit, cum ensis datur, dicenda. » Vide ipsa verba, quæ ibi subduntur. At præcipue Ord. Rom. XIV, ap. Mabillon. (*Mus. Ital.* tom. II, p. 402). De reliquis muneribus apud Anastas. obviis nihil dico. ID.

[e] Summ. 4, ap. Baronium et Centuriat. GRETS. — Argum. Panv. (*Cod. vatic.* 4) in quarta [Quarta] Marinum presbyterum jubet episcopum creari, ut a suis consiliis [ut a consiliis] sedi Romanæ contrariis avocetur. » CENN.

fratri nostro ᵃ Wulchario episcopo præcipere, quatenus **161** ipse eumdem Marinum presbyterum, nostra vice, episcopum consecrare debeat, et in una civitatum vestrarum illis in partibus constituta, in qua præviderit vestra sapientissima eximietas, cum ordinare disponite, quatenus perpetrati sceleris sui recordans, se inique egisse pœniteat, ne in eo, quod absit, antiquus humani generis hostis, mentem illius vagantem inveniens, quasi in sublime extollat, sævissimeque quoquomodo valeat funditus disperdere; sed magis, ut confidimus in vestram benignissimam excellentiam atque a Deo præclaram cordis vestri dilatationem, huic nostræ postulationi vestra præclara excellentia aurem accommodare dignetur ᵇ, quatenus et ille securus de hujuscemodi re persistat, et nos pro vestra immensa lætitia atque sospitatis gaudio indesinenter Dominum Deum cœli exorare jubeamus. Bene valete.

XX.

162 ITEM EPISTOLA EJUSDEM PAPÆ
AD DOMNUM PIPPINUM REGEM, PER PETRUM PRESBYTERUM DIRECTA.

In qua continetur abbasciatum [legatio] Remedii episcopi et Andecavii [Al., Andegarii] comitis, qualiter justitias beati Petri apostolorum principis apud Desiderium, quondam regem ex parte receperit, et reliquas justitias faciendum pollicitus est ᶜ.

(An. Dom. 759, Cod. Car. xxi, chron. 20.)

ARGUMENTUM. — Edoctus superiori anno iniquam Desiderii indolem Pippinus, illustres missos Romam legat Remigium fratrem Rothomag. archiepiscopum, et Autharium ducem. Horum præsentia ille motus per totum mensem Aprilem hujus anni se omnia restituturum promittit sanctæ sedi; rogatque pontificem ut id regem moneat. Paulus per missum suum Petrum presb. ea nuntiat, perque alium missum nuntiaturum promittit, si rex natura infidus promissa servaverit. Ejus tamen fi-

---

ᵃ Eumdem hunc esse *Wilharium* Nomentanum, de quo supra, ep. 15, al. 27, inter not., affirmare non ausim : erat enim et Wilcharius alter per hæc tempora in Francia, qui abdicato episcopatu Viennensi, ad monasterium sancti Mauricii seu Agaunense confugerat an. 740, creatus postea archiep. Senonensis; hanc licet sedem is minime obtinuerit ante annum 765, nam Lupo successit, qui eo anno subscribit conventui Attiniacensi (Labb. *Concil.* tom. VI, p. 1702). Præterea Sedunensis alius Wilcharius, ni forte idem memoratur. Quicumque autem fuerit, isti pontifex vices suas committit, ut munus illud exercere possit in S. R. E. presb. cardinalem. CENN.

ᵇ Ex epist. 36, al. 32, constat Pippinum haud morem gessisse pontifici, ut eo venientes videbimus : etenim quanquam rex pietate præstans esset, nihilominus perfidiam præmio dignam non censuit. ID.

ᶜ Argum. Panv. (*Cod. Vat.* 20) : « Vicesimam epistolam per Petrum presbyterum transmisit [vicesimam Petro presbytero ad eumdem dedit], continentem quasdam laudes ejus, quod Romanam Ecclesiam ab hæreticis defenderat [defenderit]. Postea acta Remedii episcopi et Andegarii comitis narrat, qualiter [narrat : exponit qualiter] justitias B. Petri apostolorum principis apud Desiderium quondam regem [Desid. regem] ex parte receperit, et quod reliquas justitias facere [rel. facere] pollicitus sit, cum adjuratione [obtestatione] ut si Desiderius ista neglexerit, Pippinus illum, sicut Stephano papæ Pauli, [ejus] germano, et sibi promiserat, coget [coge-

dem et constantiam implorat, ut donationem integram sancto Petro vindicet, juxta editum diploma.

Domno ᵈ excellentissimo filio et nostro spiritali compatri Pippino, regi Francorum et patricio Romanorum, Paulus papa ᵉ.

Quia excellentia vestra merito bonorum operum superno examine fuerit comprobata, ipsis jam in manifesto rerum exhibitarum effectu demonstratum est, dum nimirum, adepta desuper divinæ sapientiæ participatione, regalis fastigii sceptra cœlesti benedictione constet effectius [efficacius] promeruisse. Unde cum sibi hanc ab omnipotente Deo gratiam missam eximietas vestra **163** non ambigit, profecto ei placere qui eam contulit totis intendit nisibus, et pro ejus quam suo eruit, divino nutu, certamine, scilicet sanctæ universalis Ecclesiæ, et exaltationis vigore, decertare non desistit, cordis sui oculis a Deo protegenda eximietas vestra, adhibens illa quæ sibi, pro hujuscemodi laboris fructu, a beato apostolorum principe Petro cœlorumque regni clavigero, æthereaque promissa sunt præmia. Ubi jam non humana inter homines gloria, sed inter angelos. divina nunquam amittenda felicitate gaudetur : exsultaque et lætare, felicissime rex, quia tuo, annuente Deo, certamine, sancta spiritalis mater vestra, universalis Dei Ecclesia, ab æmulorum insidiis erepta atque exaltata triumphat, fidesque orthodoxa tuo zelo et fortitudinis brachio illibata ab hæreticorum iaculis consistit.

Pro quo beatus et justus effectus es in omnibus operibus tuis, fili dulcissime et spiritalis compater victoriosissime, eximieque rex. Innotescimus siquidem præcelsæ Christianitati vestræ quod nuper dum ad nos conjunxissent [pervenissent] fidelissimi vestri, scilicet a Deo amabilis Remedius ᶠ vester, at-

---

ret]. » CENN.

ᵈ In seq. annum consensu omnes rejiciunt, et quidem jure, nam data dicitur mense Martio, ind. 13, ut edidit Gretserus, quæ annum indicat 760. Verum recensio Lambecii habet ind. 12, nec video cur Muratorius, qui hanc recensionem adhibuit in editione Cod. Carol., eam neglexerit in Annalibus Ital. ID.

ᵉ Summ. 20 Bar. et Cent. GRETS.

ᶠ In Cod. legebatur *germa vester*, ut notat Gentilotus, tametsi vox illa deleta fuerit. At Remedius iste, seu sanctus Remigius vere erat germanus Pippini, atque ita vocatur ep. 35, al. 45; in utraque autem siletur ejus dignitas, archiepiscopi nimirum Rothomagensis, cum tamen annalistæ ap. Pagium (755, n. 24) tradant cum esse adeptum illam sedem ann. 755, Ragnfrido ob insolentiam exauctorato. In Catal. episc. ap. Guillelm. Bessin. (*Concil. Rhotom.* part. II, pag. 2) ante biennium archiepiscopatus Remigii cœpit : « Sanctus Remigius, seu Remedius Pippini Francorum regis frater Rothomagens. sedem adeptus est anno 755. Conventui Attiniacensi aderat an. 761 ; desiit vivere an. 774. » At chronologiæ isti parum fidei adhibendum : nam Attiniac. conventum anno illigat 764, cum ex Annal. Francor. et Reginone constet esse habitum an. 765. Eidem vere adfuit sanctus Remigius, et subscripsit *Remedius vocatus episcopus civit. Rodoma.* Quare per id temporis ejus dignitas certa : cum autem in utraque Pauli epistola, quæ ante eum annum datæ erant,

que Aucharius [Andegarius] gloriosissimus dux, constitit inter eos et Desiderium Langobardorum regem, ut per totum instantem Aprilem mensis istius 13 [*Lamb.*, 12] indictionis, omnes justitias fautoris vestri beati Petri, apostolorum principis, omnia videlicet patrimonia, jura etiam, et loca, atque fines, et territoria diversarum civitatum nostrarum reipublicæ Romanorum nobis plenissime restituisset. Unde ex 164 parte quidem easdem justitias nobis idem Langobardorum rex fecisse dinoscitur [a], et reliquas omnes justitias se profitetur atque omnino spondet nobis esse facturum. Quapropter impensius nos præfatus Desiderius Langobardorum rex obsecratus est ut vestræ a Deo protectæ excellentiæ nostris apostolicis relationibus intimare debuissemus, et ecce sicut nostro, post Deum, liberatori, hoc ipsum eximiæ atque sublimissimæ et a Deo protectæ Christianitati vestræ, per has apostolicas nostras, innotuimus syllabas, dirigentes magnopere ad vestram a Deo inspiratam præcelsam sublimitatem præsentem dilectum filium nostrum Petrum presbyterum, quem petimus, benigno solite aspectu a vobis suscipi, et cum effectu atque prospero nuntio, de perfecta plenariaque justitia diversarum causarum fautoris vestri beati Petri, apostolorum principis, ad nos renuncandum absolvere dignemini. Si vero in ea quæ [quam] præfatus Desiderius rex vel ejus Langobardorum gens profitentes pollicentur, permanserint sponsione, nobisque omnia, secundum ut constitit et pactorum fœdera continent, restituta ab eis nobis fuerint, tunc a Deo conservandæ excellentiæ vestræ meritum intimantes innote.cemus ei [*Lamb.*, rei].

Unde obsecrantes petimus et obnixe deprecamur, imo et conjuramus te, excellentissime atque Christianissime rex, amantissime fili et spiritalis compater, per omnipotentem Deum et beatum Petrum, qui te in regem unxit, ut perfectius ea quæ pertinent ad exaltationem et ad ampliatam [ampliorem] liberationem sanctæ Dei Ecclesiæ, et istius a vobis redemptæ provinciæ, sicut beato Petro et nostro prædecessori pontifici sanctæ recordationis domno et germano nostro beatissimo Stephano papæ polliciti estis, cuncta perficere et adimplere jubeatis [b], quatenus promissam 165 et repositam vobis mercedis coronam de manu omnipotentis Dei recipiatis, orantes de reliquo omnipotentis Dei nostri misericordiam, ut sua vos circumtegat gratia, una cum dulcissima conjuge, excellentissima regina filia et spiritali nostra commatre, atque amantissimis natis, id est præcelsis regibus, et præsentis regni culmen et triumphum victoriæ possidere, et æterna gaudia in cœlestibus regnis cum sanctis perfrui concedat. Incolumem excellentiam vestram gratia superna custodiat.

XXI

166 ITEM EPISTOLA EJUSDEM PAPÆ

AD DOMNUM PIPPINUM, GLORIOSUM REGEM, PER GEORGIUM EPISCOPUM DIRECTA,

In qua continentur gratiarum actiones pro liberatione sanctæ Dei Ecclesiæ, et in embolo postulat ut filium ejus, qui tunc natus fuit, ex sacro baptismatis fonte excipere mereretur [c].

(*An. Dom.* 759, *Cod. Car.* XXIII, *chron.* 21.)

ARGUMENTUM. — Georgium episcopum missum suum ad Pippinum legat, in cujus ore ponit quæ narrare debeat. Tota epistola in regiis laudibus et gratiarum actione versatur pro tot tantisque beneficiis in Ecclesiam collatis. Nil in eadem perspicuum, præter embolum, in quo Pippini filium nuper natum suscipere optat e sacro fonte.

Domno [d] excellentissimo filio nostro, spiritali compatri Pippino regi Francorum et patricio Romanorum, Paulus papa [e].

Solet epistolaris latio [*Forte*, relatio] mentem semper vi sua [*Al.*, visitatione] reficere, et materia quodammodo charitatis existere. Quia ergo spiritalium dilectio sincera filiorum paternos sustinet desideranter affectus, summa nos cum alacritate implere convenit quod puræ conscientiæ deposcit affectus; et licet ad reddenda paternæ charitatis officia, prolixitate itineris imminente, raritas portitorum impediat. Quotiens autem necessitas inciderit occasionis, excellentissimam Christianitatem vestram non desistimus scriptis discurrentibus visitare, et honore solito amplectentes [*Lamb.* add. salutare], [f] utilitate 167 quatenus hoc quod [hos quos] oculis carnalibus præsentium [præsentes] videre non possumus, eos aliquatenus scriptis valeamus alternantibus intueri. Itaque ita ubique, Deo illustrante [*L.*, a Deo illustratæ], excellentiæ vestræ merita diffusa divulgavit opinio, ut ex rebus ab ea gestis omnibus laudabiliter demonstretur. Unde in quantum valet nostri oris assertio, protensæ laudationis attestatione, vestræ eximietati gratiarum reddentes actiones, aptum prospeximus præsentem sanctissimum atque reverentissimum fra-

---

sileatur, valde dubia mihi est. Viderint eruditi. CENN.

In epist. 18, al. 15, quæ insignis adeo legationis causa fuit, civitates quatuor repetebantur. Hic autem patrimonia, fines et territoria civitatum ecclesiasticæ ditionis memorantur citra earum civitatum mentionem. Fortasse apostolicus missus quæ silentur in epistola secreto acceperit referenda. ID.

[b] En indicium valde perspicuum repetentis civitates quæ deerant integræ donationi, cujus autographum servabatur in archivo sanctæ sedis. ID.

[c] Argum. PANV. (*Cod. Vat.* 19): « Decimam nonam Pippino epistolam per Georgium episcopum transmisit, gratiarum actiones pro salute [defensione] sanctæ Dei Ecclesiæ continentem. In embolo postulat ut Pippini filium, qui ei tunc natus fuerat, ex sac. baptismatis fonte excipere mereatur. » ID.

[d] Sum. 19 ap. Baron. et Cent. GRETS.

[e] Epistolam ab hoc anno removeri non posse docent Annales Francorum; et Pagius (an. 759, n. 14) annalistæ Metensis et chronographi San-Gallen. testimoniis utitur ad stabiliendam hanc chronolog. Tam hi quam Annales prædicti, Pippini filium esse natum, qui paterno nomine est appellatus et tertio post anno mortuus, constanter tradunt: deque illo pontifex loquitur in embolo. CENN.

[f] Videtur hic etiam reponendum: *visitare*. GRETS.

trem Georgium ᵃ et coepiscopum nostrum, illuc usque ad vestra præclara Deo invitabilia transmittendum vestigia, cui singillatim omnium spiritalis matris vestræ, sanctæ Dei Ecclesiæ, et istius a vobis redemptæ provinciæ utilitatum necessitates, a Deo protegendæ sublimitati vestræ excellentiæ referendas ᵇ commisimus.

Sed petimus a Deo, servate fili et spiritalis compater, benignissime rex, nosterque post Deum liberator, et obnixe deprecamur, ut jubeas eumdem nostrum missum benigno solitoque gratulationis aspectu commendatum suscipere, nostrisque postulationibus, quæ ad exaltationem sanctæ Dei Ecclesiæ, et maxime ad tuæ animæ mercedem et æternam memoriam respiciunt, a Deo impulsas benignitatis tuæ aures, et congruum atque velociorem de cunctis adhibere digneris effectum; quoniam, sublimissime regum, amantissime fili et spiritalis compater, ad hoc te omnipotens Deus sanctæ suæ Ecclesiæ voluit, per manus beati Petri, liberatorem adesse, ut tuo solito præsidio plenissima salus et redemptio sanctæ suæ Dei Ecclesiæ et istius provinciæ **168** proficiat, orantes Dominum Deum nostrum, quia [*Gent.*, qui] actus vestros ita sua pietate disponat, quatenus excellentiæ vestræ præsentis vitæ spatia cum prosperitate disponat, [ut cum] victoria regni gubernacula perfruens longæviter exsequatur, et ad promissionis æternæ præmia, cum dulcissima conjuge, excellentissima regina, spiritali nostra commatre, et eximiis natis, id est regibus, cum sanctis et electis suis, utrosque vestrum idem omnipotens Deus faciat perenniter gratulari. Incolumem excellentiam vestram gratia superna custodiat.

✝

Interea, sublimissime regum, nostræ perlatum est notioni quod Dei nutu novum regem ex vestris visceribus, ad exaltationem sanctæ suæ Ecclesiæ, omnipotens Deus contulit: de cujus nativitate maximo gaudio sumus relevati; unde obnixe te petimus ut a [*Lamb. om.* a] sacratissimo baptismatis lavacro eumdem maximum [*Lamb. om.* maximum] vestrum filium suscipere mereamur. Quatenus duplex ᶜ Spiritus sancti gratia fiat in medio nostrum, et geminæ festivitatis nobis oriatur lætitia.

ᵃ Ostiensem nempe episcopum, æque pontifici ac Francorum regi acceptissimum, quem ante annos quinque nosse cœperat in comitatu Stephani II, et præteritam etiam anno missum acceperat (ep. 17, al. 29, n. 4) CENN.

ᵇ En causam potissimam cur Ostiensis episcopus, qui superiori etiam anno illud iter susceperat contra Desiderium, nec inutiliter, legatus iterum mittitur, postquam Langobardus nonnulla restituerat sanctæ sedi, pollicitusque erat mense Aprili se omnia cætera redditurum. Secreta commissio erat, eaque nonnisi gravi summæque fidei viro credenda. Nam Langobardus solitam fallendi artem adhibuerat: nec mandari scripto tutum erat ejus dolos, ne forte interceptæ litteræ iis quæ restituta fuerant detrimentum inferrent. In præcedenti siquidem epistola promiserat se *rei meritum* nuntiaturum, si Desiderius stetisset promissis. Secus accidit: isque *meritum rei*, ut legunt in Cod. Lambecius et Gentilotus, coram exponendum a suo misso judicavit. ID.

XXII.

169 EPISTOLA EJUSDEM PAPÆ
AD DOMNUM CAROLUM ET CAROLOMANNUM REGES DIRECTA,
In qua continentur gratiarum actiones et uberrimæ benedictiones ᵈ.

(*An. Dom.* 760, *Cod. Car.* XLI, *chron.* 22.)

ARGUMENTUM. — Carolo et Carolomanno per Droctegangum et Wulfhardum abbates, qui excusatorias eorum attulerant quod munera nulla mitterent, respondet se alia munera non optare quam eorum incolumitatem ac defensionem catholicæ fidei et Ecclesiæ exaltationem.

Domnis excellentissimis filiis Carolo et Carolomanno regibus Francorum et patricijs Romanorum, Paulus papa.

Missam relationem excellentiæ vestræ deferentibus harum gerulis Droctegango scilicet et Wulfardo, religiosis abbatibus ᵉ, suscipientes votivo sumus incolumitatis vestræ nuntio relevati, optantes ut vitam actusque vestros sua misericordia Dominus et protegat et disponat, atque ad perfectam perducat ætatem. Per easdem siquidem syllabas innotuistis, maximam vos tenere verecundiam in id quod interim munerum commoda per harum latores nobis dirigere non [*Ms. om.* non] valuistis. Sed quid est, dulcissimi atque amantissimi filii, victoriosissimi reges, quod nos muneribus vestris lætificare inhiatis? Nulla enim alia munera desideramus quam vestræ incolumitatis prosperitatem sedule addiscere, et de vestris profectibus gratulari. Hæc est locupletatio nostra, vestram [*F.*, vestra] quam inhianter amplectamur, exsultationibus jocunditatem [*F.*; exsultationis jucunditas], **170** hæc est exaltatio sanctæ Dei Ecclesiæ, et defensio fidei orthodoxæ, vestræ protectionis integritas. Vos quippe Dominus elegit præ omnibus regibus, et liberatores sanctæ suæ catholicæ et apostolicæ constituit Ecclesiæ, et in reges per manus beati Petri ungi dignatus est.

Sed omnipotens Dominus, per quem reges regnant, ad perfectam vos perducat ætatem, et solium regni vobis vestroque præclaro semini, ævis ᶠ prosperisque temporibus ad exaltationem sanctæ

ᶜ Lamb., *Spiritus sancti gratia fiat in medio*, etc.
ᵈ Argum. Panv. (*Cod. Vat. post* 27). Tres epistolæ ad Carolum et Carolomannum conscriptæ, id est 22, 28, 30, al. 41, 42, 40, una omnes memorantur perquam brevi hoc argumento: « Scripsit etiam epistolas [Scripsit epist.] tres ad Carolum et Carolomannum: in quibus hortatur eos ut majorum vestigiis insistant, et fidem Deo et [insistentes fidem Deo, ac] beato Petro præstent, et Ecclesiam Romanam defendant et exaltent. » CENN.
ᵉ Hos fuisse missos regios constat ex seq. epistola. Nulla autem ex tribus epistolis ad eos datis, adolescentulorum regum missos proprios præsefert; aut enim paternis, aut pontificiis ad Paulum deferentibus eorum postulata, pontificem per regios eosdem legatos responsa mittere consuevisse compertum est. ID.
ᶠ Forte *longævis*, sic forsan et alibi legendum. GRET.

suæ Ecclesiæ et amplissimam Christianorum orthodoxæ fidei defensionem [a], concedat possidendum, tribuens vobis e cœlo victorias, omnesque barbaras nationes vestris Deo imitabilibus subjiciens vestigiis, et æternæ vitæ gaudia largiri dignetur, quatenus, sicut in præsenti vita regnatis, et venturo in sæculo cum Christo regnare mereamini, dicatque omnis populus: *Amen, fiat, fiat* (*Psal.* cv). Bene valete.

XXIII.

171 ITEM EPISTOLA EJUSDEM PAPÆ
AD DOMNUM PIPPINUM REGEM DIRECTA,
De sanitate vel incolumitate ejus percunctandum, simulque et de missis suis, qui ad regiam fuerunt directi urbem [b].

(An. Dom. 760, *Cod. Car.* xxxviii, chron. 23.)

ARGUMENTUM. — Officiosa hac epistola monet se per Droctegangum et Wulfhardum regios missos scripsisse aliam, certior fieri cupiens de Aquitanica expeditione, nullum hactenus habuisse responsum, cognovisse tamen a peregrinis eum reversum esse incolumem, quare lætum se esse ait lætioremque sibi fore regiam epistolam, quam impense optat. De suis missis Constantinopoli nil novi esse.

Domno [c] excellentissimo filio, et nostro spirituali compatri Pippino regi Francorum, et patricio Romanorum, Paulus papa.

Præmissis nostris apicibus, et affatibus per Droctegandum et Wulkardum [*Lamb.*, Wulfardum], Deo amabiles, fidelissimos vestros missos, sumus impensius deprecati [d] eximiam excellentiam vestram ut nos certiores atque lætiores reddere annueretis de vestra amplissima sospitate, et de eo quo profecti estis itinere [e], qualiter erga vos Dominus esset operatus, et dum tanto evoluto tempore nullam a vobis responsionis seriem de hujuscemodi re agnovimus [f], vehementer noster attritus est animus. At vero per diversos ex ipsis regionibus liminibus apostolorum advenientes peregrinos didicimus sospitem te ad propria, præcellentissime fili et spiritalis compater, esse, annuente Deo, reversum. Unde magno gaudio noster animus relevatus est.

172 Quapropter, destinatis præsentibus nostris apostolicis syllabis, visitationis causa, obnixe petimus ut dignetur sublimis vestra excellentia, quantocius nos de amplissima incolumitatis vestræ sospitate lætos reddere, significans, Christianissime fili et spiritalis compater, qualiter erga vos et excellentissimam filiam et spiritalem nostram commatrem, et eximios [*Lamb. add.* vestros] filios agatur, ut noster animus maximis jocunditatis exsultet lætitia, quoniam nimio desiderio fervescimus vestram sedule addiscere sospitatem, et de vestro gaudio exsultare, quoniam vestra salus exaltatio est sanctæ matris vestræ Ecclesiæ, et prosperitas vestra nostra esse probatur lætitia.

Itaque, præcellentissime fili et spiritalis compater, bone et optime rex, ecce hactenus nullam rei veritatem de nostris missis, quia [*Lamb.*, qui a] regia profecti sunt urbe, addiscere valuimus, quid erga eos ageretur, et ideo nequaquam vobis quippiam de eis significare valuimus. Dum vero rei agnoscere potuerimus veritatem, confestim eximiæ excellentiæ vestræ dirigemus in responsis [g].

His præmissis, Deum cœli petimus ut vobis et præsentis vitæ longævitatem et regni gubernacula cum excellentissima regina filia et spiritali nostra commatre, Christianissima regina, vestraque dulcissima conjuge, atque amantissimis vestris natis nostrisque filiis, iisdem eximiis regibus et patriciis Romanorum, perfruendum concedat, et cœlestis regni participes faciat, nosque permittat de vestra amplissima sospitate semper gratulari. Incolumem excellentiam vestram gratia superna custodiat.

---

[a] Ut in superioribus ad Pippinum, ita et in his ad regios juvenes, duo hæc attente considerari oportet: patriciatus videlicet ab apostolica sede Francorum regibus collati rectam definitionem contra Petri de Marca, Pagii et aliorum opiniones *protectionem, et defensionem Ecclesiæ, et catholicæ fidei*: necnon apostolorum principis successores non minus Ecclesiæ vindicandæ, quam fidei catholicæ asserendæ sedulam navasse operam. CENN.

[b] Panv. argum. (*Cod. Vat.* 5): « In quinta [Quinta] gratulatur Pipino de incolumitate, ac legatos suos nondum Constantinopoli reversos esse indicat. » ID.

[c] Sum. 5 Bar. et Cent. GRETS.

[d] *Lamb.*, *Visi sumus impensius deprecari*. Tengn., *visi sumus impensius deprecamur*. Gent. τὸ *visi*, subtracta linea, delevit et posuit *deprecati*.

[e] Annales Francorum an. 760 Aquitanicum bellum contra Waifarium ducem a Pippino incœptum esse tradunt. Perinde annalistæ et auctores apud Pagium (an. 760, n. 1) expeditionis hujus pontificem esse admonitum a rege per suos missos Droctegangum et Wulkardum abbates, eumque per eosdem ultro exquisivisse de gravitate illius rei, qua occasione litteras ad reges adolescentulos dederat nuper allatas, hinc certo discimus. Quomodo ihæ interciderint incertum. Anno eodem declinante, cum de ejus reditu audivisset a peregrinis, hanc epistolam datam esse pari modo ex sequentibus intelligimus. CENN.

[f] *Agnovimus* deest in ms., sed alia antiqua manu positum est. GENT.

[g] Apud Anast. in Vita Pauli (sect. 258) dicitur: « Hic pontifex sæpius suos missos cum apostolicis obsecratoriis atque admonitoriis litteris Constantino, et Leoni Augg. direxit pro restituendis confirmandisque in pristinum venerationis statum sacratiss. imaginib. Domini Dei et Salvatoris nostri Jesu Christi sanctæque ejus Genitricis, atque beator. apostolorum, omniumque SS. prophetarum, martyrum et confessorum. » Idem testatur Adrianus suis in litteris ad Constantinum et Irenem (*Conc. Nic.* II, act. 2). Infra (ep. 37, al. 20) huic rei lucis aliquid afferetur. Summa est quod Paulus, licet frustra, antiquam Ecclesiæ traditionem de sacris imaginibus restituere in Oriente summopere laboravit (Baron. 757, n. 4); atque huc spectat adeo frequens Francorum regum commendatio pro orthodoxæ fidei defensione. Hæc præcipua missorum, qui ex Francia vel Roma Constantinopolim legabantur, cura erat: tametsi in Oriente amissio exarchatus et Romæ cum suo ducatu, consilia et bella coqueret, quæ tandem eruperunt, ubi Francorum amicitia muneribus et obsequiis tentata nequicquam fuit: nam catholicæ fidei et traditionis æque assertores Franci ac Romani, Græcas simulationes ac dolos rejecerunt. CENN.

XXIV.

173 ITEM EPISTOLA EJUSDEM PAPÆ

AD DOMNUM REGEM PIPPINUM,

In qua continentur benedictiones, et præfatus papa poscens ut dominus rex Pippinus suos missos partibus Romæ dirigeret, et sibi [Al., ei] de salute vel sospitate sua innotesceret, et qualiter in itinere egisset, quo modo Dominus inimicos ejus in manus ipsius tradidisset, et sub pedibus ejus humiliasset [a].

(An. Dom. 760, Cod. Car. XXXI, chron. 24.)

ARGUMENTUM. — Iterum de eadem re, quod nonnihil adversi vulgi rumor sparserat de expeditione illa: eoque magis ardenter missos regios cum litteris exspectat.

Domno [b] excellentissimo et nostro spirituali compatri Pippino regi Francorum et patricio Romanorum, Paulus papa [c].

Quoties fidelium Dei spiritualia referuntur studia, protinus audientium mentes ignitæ in Dei amore et mandatis divinis efficiuntur, atque ad supernæ considerationis [d] merita amplissime ad laudem Dei proferre, et perennibus temporibus permanenda Scripturæ testimoniis tradere, dum vestro concursu et auxilio [accenduntur, *vel aliquid simile*], Ecclesiæ Dei exaltatio et fidei orthodoxæ [e] profligatur defensio, pro quo benedictus et laudabilis in omnibus regibus coram Deo et hominibus esse dinosceris, Christianissime rex, et nomen benignitatis tuæ exaratum fulget in conspectu divinitatis. Etenim dum hujus evoluto temporis spatio, quo [*L. et G.*, quod] nos nec vestræ sospitatis **174** relationem meruimus suscipere, nec penitus agnoscere quid circa vos ageretur, vel qualiter in itinere [f] quo profecti estis peregistis, nimis anxietatis fervore desiderii nostri affectio in hoc ipsum addiscendum sedulo provocatur, præsertim dum et a nostris vestrisque inimicis, adversa nobis de ipsis partibus annuntiantur. Unde desiderium magnum nobis inhæret vestræ sospitatis

gaudia addiscere, et vestris salutaribus profectibus gratulari, et contra, inimicorum contritionem agnoscere. Pro quo, quæsumus, ut certos nos, sicut desideramus, per vestros nuntios, de vestra prosperitate et lætitia reddere jubeatis, quoniam vestra salus nostra est prosperitas, et vestra exaltatio nostrum procul dubio est gaudium et immensa securitas, dignamque [divinamque] ex hoc Dei deprecamur potentiam, ut ipse protector noster, et cum ejus angelis dignetur, præcellentissimam Christianitatem vestram tueri et gubernare, ut in cœlestibus regnis, et cum sanctis et electis, qui ab initio mundi placuerunt Deo, multipliciter consequaris mercedem, optantes quidem ut nos certiores vestra si faciat [g] a Deo protecta excellentia; quid erga vos, aut Christianam gentem vestram agere videmini, et quomodo Deus noster vestros ac nostros humiliavit inimicos, et, ut fati sumus, certos nos, sicut desideramus, de vestra prosperitate et lætitia reddere jubeatis. Incolumem excellentiam vestram gratia superna custodiat.

XXV.

175 ITEM EPISTOLA EJUSDEM PAPÆ

AD DOMNUM PIPPINUM REGEM DIRECTA,

In qua postulat adjutorium contra Græcos [h].

(An. Dom. 761, Cod. Car. XXXIV, chron. 25.)

ARGUMENTUM. — Wulcharius episcopus, Felix et Ratbertus regii missi Romam venerant quibus in Franciam reversis nuntiatur pontifici Græcos moturos in Romam et Ravennam. Ea propter rogat ut missum legat Desiderio, qui si opus erit, Beneventanos, Spoletanos, Tuscanos opem ferre jubeat Ecclesiæ · religionis enim bellum erat. Alium item missum orat ut Romæ commoraturum mittat, qui Desiderio immineat super eadem re.

Domno [i] excellentissimo filio et nostro spirituali compatri Pippino regi Francorum et patricio Romanorum, Paulus papa [j].

---

[a] Argum. Panv. (*Cod. Vat.*): « In undecima petit sibi indicari quomodo valeat: nam ab inimicis sinistrum de ejus valetudine rumorem esse sparsum. » [Undecima eum de sua valetudine percontatur, quia ab inimicis nescio quid rumoris de ejus sanitate incolumi sparsum fuerat.] CENN.

[b] Summ. 11, Bar. et Cent. GRETS.

[c] Recte Cointius et Pagius (an. 760, n. 2) hanc epistolam referunt ad hunc annum: cum autem post præcedentem data sit, dubitari non potest quin ad anni exitum spectet. CENN.

[d] Lamb. et Gent., *consid. intuitum excitantur; et ideo libet profecto, potentissime regum, vestræ pietatis considerationum*, etc.

[e] Leg. *procuratur*. GRETS. — Cod. Theod. (lib. VI, tit. 30, l. 10) *profligationem debitorum* Gothofr. interpretatur *exactionem*. Perinde (lib. VIII, tit. 8, l. 9) invenies *necessitatem profligandam*; et (lib. XI, tit. 22, l. 4) in commentar. *Profligandæ seu exigendæ pensitationis solemnitas*. Num simile quid hoc loco significet *profligatur*, eruditi viderint; certe in ms. cod. ita legunt Lambec. et Gentilot., nec video cur Gretserus corrigat *procuratur*. Ducang. eosd. locos Cod. Theodos. laudat in Glossar. nec aliud quidquam addit. CENN.

[f] Expeditio hæc Aquitanica tam hic quam in superiori epist. appellatur *iter*. Ita et Annales Francor. de eadem loquentes, quæ novem annos persevera-

vit, plerumque habent *iter faciens*, *iter peragens*. CENN.

[g] Lamb. et Gent., *destinantes quidem nos certiores esse, vestra scire jubeat*, etc.

[h] Argum. Panv. (*Cod. Vat.* 8): « In octava imperatorem Græcum in armis esse narrat, et Ravennatem exarchatum, et Romam recuperare velle [Octava imp. Græcum in armis, ut Ravennatem exarchatum et Romam recuperaret, esse narrat], ac petit eo ab eo auxilium et defensionem contra Græcos [ac ab eo auxilium contra Græcos implorat]. » CENN.

[i] Summ. 8, Baron. et Cent. GRETS.

[j] Pagius, Cointium sequens, refert hanc epistolam ad an. 758. Muratorius suspicatur eum spectet ad an. 762 an potius ad præcedentem. Qua in re haud fallitur (*Annal.* 762), quanquam sententiæ magis quam chronologiæ satagat, ut contra Leonem Ostiensem probet ducatus Benev. et Spolet. tunc temporis non fuisse juris sanctæ sedis: quam rem nemo illi negat. Cæterum anno 761 collocandam esse hanc epistolam, rerum series quam præcedentes continent, luculente demonstrat. Annum siquidem 760 silentio regis et Aquitanico itineri consensu Annales, et nostri codicis binæ litteræ nuper allatæ totum tribuunt. At biennio præcedenti et Annales et epistolæ causas enarrant quarum effectus deprehendimus in hac epistola. Etenim an. 758 Desiderius cum Georgio misso imperiali consilia inierat pontificiæ ditioni contraria;

Præcelsæ et a Deo servatæ Christianitati vestræ his nostris apostolicis innotescimus apicibus, quod jam, absolutis vestris missis, qui nuper ad nos conjunxerunt, Wulchario [*Lamb.*, Wilchario] videlicet sanctissimo fratre et coepiscopo nostro, et Felice religioso, et Ratberto viro illustri [a], conjunxit ad nos nuntium missum **176** a fidelibus sanctæ Dei Ecclesiæ, spiritalis matris vestræ, qui vera nobis semper assolent indicare, significans nobis quod nefandissimi Græci, inimici sanctæ Ecclesiæ Dei et orthodoxæ fidei expugnatores, Deo sibi contrario, super nos et Ravennatium partes irruere cupiunt atque motionem facere [b]. Unde quia alibi, post Deum et beatum Petrum, nostra spes non est, nisi apud vestram nobilissimam excellentiam, ideo obnixis deprecationibus petimus te, excellentissime fili et spiritalis compater, ut jubeas propter Deum et reverentiam beati Petri salutem istius provinciæ a vobis redemptæ procurare, et confestim vestrum dignemini dirigere Desiderio Langobardorum regi missum, ut, si necessitas fuerit, significatum auxilium nobis pro incursione eorumdem inimicorum impertire debeat, præcipiens Beneventanis atque Spoletinis, seu Tuscanis, nobis e vicino co sistentibus, ut ipsi nostro occurrant solatio [c]; deprecantes et hoc a Deo institutam excellentiam vestram ut ad nos, hoc adveniente Martio mense [d], vestrum dirigere jubeatis missum, qui hic Romæ nobiscum demorari debeat, et ipse, si necessitas exigeret, apud Desiderium imminere debeat regem, pro eodem nobis transmittendo solatio : **177** quia, ut plenissime satisfacta est vestra excellentia, non ob aliud

et 759 a rege Francorum sibi metuens, coram illustribus ejus legatis partim restituit, partim se restituturum promisit quæ invaserat sanctæ sedi; nec legitur exinde ullam intulisse molestiam pontifici ante annum 764 (Infra ep. 38, al. 24), tametsi promissis haud steterit, ad restitutiones quod attinet. Cenn.

[a] Legationem hanc Pippinus adornasse videtur ut pontifici morem gereret, qui semel et iterum expetierat de itinere Aquitanico et de regia incolumitate per nuntios edoceri. Causas siquidem legationum in rebus momenti Paulus silere non consuevit. Missorum princeps Nomentanus ille episcopus fuisse videtur, de quo non semel in superioribus. Nam Wilicarius, de quo in epistolis Adriani, erat Senonensis archiep. Lupi successor, qui Attiniacensi conventui aderat (Labb., *Conc.* t. VI, p. 1704). Videri autem dixi Nomentanum, quia in eodem conventu legitur, *Williharius episc. de monasterio sancti Mauricii* : quæ nominis similitudo ancipitis sententiæ causa est. Attamen ubique *fratrem et coepiscopum nostrum* appellari quod et de Georgio Ostiensi factum videmus ep. 8, al. 4; 9, al. 6; 11, al. 8; 18, al. 15 et alibi; unum eumdemque ubique esse non obscure innuit : nam Wilcharius alter, *Galliarum archiepiscopus* ab Adriano semper nuncupatur. Id.

[b] Si urbs Roma Græcis imperatoribus, ut dictitant, parebat, quid igitur Græci æque Romanis ac Ravennatibus bellum minantur? Id.

[c] En argumentum locuples tranquillitatis saltem speciosæ inter Desiderium et Romanos. Ea vero Pagio, Cointio, Muratorio aliisque omnibus qui Gretserianæ editioni epistolæ 20, al. 21, signantis annum 760, per ind. 13, habuerunt fidem, nonnisi post concordiam cum Ecclesia initam coram Remigio Pippini fratre, et Authario duce regiis missis, mense

A ipsi nefandissimi nos persequuntur Græci, nisi propter sanctam et orthodoxam fidem, et venerandorum Patrum piam traditionem, quam cupiunt destruere atque conculcare [e].

Pro quo jubeat sollicite vestra benigna disponere excellentia, ut eorumdem inimicorum ad nihilum redigatur vesania, et perfectius hæc provincia, vestro certamine redempta, et a vobis beato Petro pro remedio animæ vestræ concessa [f], ab æmulorum insidiis vestra consueta permaneat protectione, vobisque copiosa in cœlis ascribatur merces, et nominis vestri laus, et universæ gentis exaltatio, sicut etiam factum est, et nunc multo amplius, in universo orbe terrarum divulgetur, atque intercedente beato Petro, B victoriæ triumphum e cœlo vobis Dominus super omnes tribuat gentes, dum vestro auxilio confisis expugnatoribus sanctæ orthodoxæ fidei, pax et lætitia, et observatio Christianorum fidei in omnibus prædicata fuerit Ecclesiis, meritoque ex hoc cœlestia vobis a Deo conferantur gaudia incolumem excellentiam vestram gratia superna custodiat.

XXVI.

178 ITEM EPISTOLA EJUSDEM PAPÆ
AD DOMNUM REGEM PIPPINUM, PRO DEFENSIONE SANCTÆ DEI ECCLESIÆ DIRECTA,

In qua continentur uberrimæ laudes, et [Al. add. *in*] *embolo continetur, ut præfatus domnus rex Pippinus Desiderio regi Longobardorum suam præceptionem dirigeret, ut si necesse exigeret, auxilium præstare deberet, tam Ravennæ quamque aliis maritimis civitatibus, ad dimicandum contra inimicorum impugnationem* [g].

Martio ejusdem anni cœpisse potuit. Mihi autem, qui Lambeciana recensione utens lego ind. 12, tranquillitas illa eluxit mense Martio an. 759, idque est satis ad removendam hanc epistolam ab an. 758, adversus Coint. et Pag. Ad Muratorium quod attinet, si Paulus orat Pippinum ut Desiderium moneat Spoletanis ac Beneventanis æque ac Tuscanis auxilia imperare, igitur ii duces, licet Pippino subjici maluissent, Desiderio jam tum parebant, ut prædecessoribus Italiæ regibus eorum majores paruerant; adeoque Italia omnis respirare videbatur. Quod autem ait de iis ducatibus minime tum subjectis sanctæ sedi, abs re est. Nam Carolinam donationem cum Pippiniana confudisse ait, 757 argumentum id D minime necessarium peperit. Quis autem eruditorum ignorat Spoletanos Tuscanosque ante annum 774, Beneventanos autem ante 787, sanctæ sedis dominio non accessisse? Ac de Tuscia quidem, quam vocant Langobardicam, nullum dubium. De iis vero ducatibus anceps ratio est, ut ad Adriani litteras adnotabo. Id.

[d] Hinc patet epistolam datam esse ineunte anno 761. Id.

[e] Unam istam Græcæ persecutionis fuisse causam, quæ Gregorii II temporibus cœpit, omnes norunt, præter Muratorium, qui de temporali tantum dominio cogitans, causam hanc præcipuam ridet. Id.

[f] De exarchatu et Pentapoli sermonem esse puta: provincia enim Romana nullatenus pertinet ad Pippini donationem. Præterea, nisi Spoletani et Beneventani Græcorum partes secuti essent, nullus Romanæ provinciæ erat timor. Id.

[g] Argum. Panv. (*Cod. Vat.* 14): « In decima quarta [Quarta decima] litteras proditorias Sergii Ravennatis episcopi mittit, et petit auxilium ». Id.

(An. Dom. 761, Cod. Car. xxviii, chron. 26.)

ARGUMENTUM. — Post missas litteras a Sergio archiep. Ravenna accipit epistolas duas ad eum datas a Leone imperiali et a Veneticis fidelibus de Græcorum consiliis. Utramque mittit Pippino præproperam petens jussionem Desiderii, ut auxilium ferat, si opus fuerit, pro tuendis maritimis civitatibus Ravennæ et Pentapoleos.

Domno [a] excellentissimo filio et nostro spiritali compatri Pippino regi Francorum et patricio Romanorum, Paulus papa.

Præcelsæ et a Deo servatæ Christianitati vestræ, eximie fili et spiritalis compater, sicut nostro, post Deum, liberatori, ea quæ superveniunt vel aguntur in his partibus quantocius significare vobis procuramus, et ideo his apostolicis relationum syllabis mellifluæ et a Deo institutæ regalis vestræ potentiæ culmini innotescimus, suscepisse nos, post absolutionem nostrarum litterarum [b], syllabas a sanctissimo fratre nostro Sergio, archiepiscopo Ravennate, quas Leon imperialis ejus sanctitati, Ravennatum provinciæ, visus est direxisse; et ecce infra has nostras 179 apostolicas litteras præclaræ excellentiæ vestræ, earum instar, direxisse; ut suasionis versutiam in eis annexam præfulgida excellentia vestra agnoscens [c], merito sanctæ Dei Ecclesiæ fideique orthodoxæ defensionem perfectius studeat procurare; quatenus repositam sibi in cœlestibus regnis coronam mercedis a Domino Deo nostro percipere mereatur : optantes vos de reliquo ævis et prosperis semper in Domino valere temporibus. Incolumem excellentiam vestram gratia superna custodiat.

EMBOLUM.

Exemplar denique epistolæ secreto directæ a quibusdam fidelibus Veneticis sanctissimo fratri nostro Sergio archiepiscopo simul, et ex litteris quas idem sanctissimus vir nobis direxit, infra hæc nostra scripta vobis misimus [d], et peto et tanquam præsentialiter deprecor, atque per omnipotentem Deum conjuro excellentissimam Christianitatem vestram, ut nimis velociter dirigere jubeatis vestram præceptionem Desiderio regi Langobardorum, ut si necesse exegerit, auxilium præstare debeat tam Ravennæ quam Pentapoleos maritimis civitatibus ad dimicandum contra inimicorum impugnationem.

XXVII.

180 ITEM EPISTOLA EJUSDEM PAPÆ
AD DOMNUM PIPPINUM REGEM DIRECTA,

In qua continentur gratiarum actiones pro exaltatione sanctæ Dei Ecclesiæ, et ut missum suum Romam dirigeret [e].

(An. Dom. 761 Cod. Car. xxxvii, chron. 27.)

ARGUMENTUM. — Eximiis laudibus prosequitur Pippinum ob susceptam catholicæ fidei et Ecclesiæ defensionem. Rerumque orat ut missum Romæ commoraturum sibi leget, contra impios Græcos, qui orthodoxam fidem et Ecclesiam destruere assidue meditabantur. Petrus primic. defensor. missus pont.

[f] Domno excellentissimo filio et nostro spiritali compatri Pippino regi Francorum et patricio Romanorum Paulus papa.

Dum illa quæ nostris stipendiis [g] aguntur nulla possunt oblivione deleri, quanto, magis illa quæ ad laudem Redemptoris Domini Dei nostri, ejusque sacratissimæ Ecclesiæ, et beati Petri apostolorum principis, geruntur, nec temporum prolixitate, nec diversitate qualitatum, oblivioni mandantur [h], sed semper ad gloriam supernæ potentiæ et fidelium ejus pio exemplo permanent declarata? Scias, excellentissime fili et spiritalis compater, bono orthodoxe rex, præcelsa vestra et pia operatio et in cœlo coram angelis Dei illustrata fulget, et in universo orbe terrarum laudabiliter in cunctis gentibus permanet vulgata; quoniam vestro, post Deum, auxilio et optimo certamine sancta spiritalis mater vestra, Dei Ecclesia, constat ab inimicorum insidiis erepta, et orthodoxa Christianorum fides ab impugnatoribus defensa; pro quo exsulta in Domino et lætare, benignissime rex, quia nomen excellentiæ tuæ in libro vitæ exaratum rutilat in 181 conspectu Dei. Interea, dum tanta nostro cordi desiderii capacitas imminet, de vestra prosperitate lætos certosque effici aptum prospeximus, missis sanctæ Dei Ecclesiæ nostris relationibus, excellentiæ vestræ persolvere [i], dum nihil nobis dulcius nihilque suavius in hac vita existit quam de vestra prosperitate in Domino jocundari, in eo quod

---

[a] Sum. Cent. 14: « Litteras proditorias Sergii Ravennatis episcopi mittit et petit auxilium. » Ambigue admodum; suspicari enim quis posset ipsum Sergium proditorias litteras scripsisse : quod non est ita, ut docet hæc epist. GRETS.

[b] Recte hanc epistolam Muratorius consignat an. 761, contra Cointii et Pagii opinionem, qui nullo jure eam tribuunt anno 757, reluctante historia ; et notandum quod præcedentem dedit absolutis missis, hanc vero absolutis litteris; quare modico utraque intervallo distat, et utraque initio anni conscripta est. CENN.

[c] Imperalis igitur ille administer persuadebat Sergio ut a pontifice deficeret; quod enim imperator nec muneribus, nec precibus, nec simulata amicitia impetraverat, proditione assequi moliebatur : at Sergius in suam sedem restitutus a Paulo pontifice, grati animi ergo Græcas artes ei patefacit. ID.

[d] Novum fidei argumentum principe. Sergii erga pontificem. Adnexa utriusque epistolæ exempla haud dubie Græcorum motus significabant, ut liquet ex præcedenti. In Chron. ducum Neapolit. ap. cl. Pratill., tom.

III, p. 32, legimus Stephanum ducem, qui an. 759, successit Theodoro, promisisse pontifici, « q od si contigerit quod Dominus imperator mitteret adversus Roman suos milites, ipse dux adjutorium ferret ei cum suis militibus. » Quæ confirmant ejusdem epistolæ sententiam, Romam videlicet æque ac exarchatum a Græcis peti, tametsi litteræ a Sergio Romam missæ de exarchatu tantum et Pentapoli loquantur. ID.

[e] Argum. Pauv. (Cod. Vat. 6) : « In sexta [Sexta] gratias agit pro exaltatione Romanæ Ecclesiæ, ac indicat [sanctæ R. E. indicat] fiduciam suam post Deum in fortissimi regni [regis] Pippini brachio existere: et petit ut ad se legatum suum mittat [legatum mittat] per quem possit ei prodere [aperire] Græcorum consilia et insidias. » ID.

[f] Summ. Bar. et Cent. GRETS.

[g] Lamb, ad nostra stipendia.

[h] In ms., alia, etiam antiqua, manu correctum est traduntur. Tengnag. denique effecit mandantur.

[i] Debitum, vel vinculum, ut infra, epist. 42. GRETS.

vestra salus, sanctæ Dei Ecclesiæ, et fidei exaltatio, et vera defensio, ut semper [*Lamb.*, sæpe] scripsimus, existit; unde, et a te, quia corporali visione procul ab invicem consistimus, per nostras tamen relationes amore mutuo spiritaliter adnecti desideramus [a].

Itaque nimis deprecamur excellentiam vestram, sicut per anteriores nostras litteras [b] postulandum direximus, ut jubeatis vestrum fidelissimum missum hic ad nos Romam dirigere, qui nobiscum pro insidiis inimicorum demorari debeat, per quem et meritum rei, ut causæ eventus exegerit, excellentiæ vestræ debeamus significare, unde nunc direximus ad vestram a Deo servatam excellentiam præsentem Petrum primum defensorem sanctæ nostræ Ecclesiæ fidelissimum missum, cui de omnibus apostolicis causis injunximus benignitati vestræ enarrandum [c], quem petimus hilari a vobis suscipi animo, eumque pro amore fautoris vestri beati Petri apostolorum principis, in omnibus acceptare, atque nostris precibus aurem benignitatis vestræ accommodare dignemini, et ad nos cum effectu atque lætabundis nuntiis absolvere jubeatis; supplici deprecatione te, bone orthodoxe rex, quæsumus postulantes, ut sis nobis, post Deum, firmus protector ac defensor, constanter in eo quod cœpisti bono, ac pio redemptionis sanctæ Dei Ecclesiæ permanens opere. Optime enim præcellenti vestræ Christianitati compertum existit quanta qualisque sit impia hæreticorum Græcorum malitia, inhianter meditantes atque insidiantes [*L.*, meditantium ... insidiantium], qualiter Deo illis contrario sanctam catholicam et apostolicam Ecclesiam humiliare atque conculcare, et fidem sanctam orthodoxam atque sanctorum Patrum traditionem destruere possint [d].

Sed tu, bone potentissime rex, viriliter, sicut vere orthodoxus, eisdem impiis resistere hæreticis, atque solite sanctam Dei Ecclesiam et Christianorum orthodoxam fidem, tuo a Deo protecto solito auxilio atque congruo disposito defendere digneris, quoniam magnam [magna], post Deum, in vestra excellentia et fortissimi regni vestri brachio existit fiducia, et credimus quod, Deo cooperante, eadem nostra spes firma permanens ad optatum perducatur desiderium, ut merito ex hoc a justo Domino Deo nostro, vobis in præsenti et futura vita tribuatur remuneratio, beato principe apostolorum interveniente, pro cujus amore in ejus decertatis causis, lætique solite de vestro [*L. et G.* add. pio] proposito effecti, cum Propheta consona canere valeamus voce: Salvum fac, Domine, Christianissimum Pippinum regem, quem oleo sancto per manus apostoli tui ungi præcepisti, et exaudi eum in quacunque die invocaverit te. Cum his vero deprecationibus, et hoc ejus pietatem quæsumus, ut longo senio regni potentiam excellentiæ vestræ, commatri [*L.*, et spiritali nostræ c.] a Deo protectæ reginæ, atque amantissimis natis vestris domnis Carolo et Carlomanno, præcelsis regibus Francorum et patriciis Romanorum, atque nobilissimæ dominæ Gisilæ salubriter concedat possidendam, tribuens vobis et æternam in cœlestibus regnis beatitudinem perfruendam. Incolumem excellentiam vestram gratia superna custodiat.

XXVIII.

ITEM EPISTOLA EJUSDEM PAPÆ AD DOMNUM CAROLUM ET CAROLOMANNUM REGES DIRECTA,

In qua continentur [continetur] *pro defensione sanctæ Dei Ecclesiæ* [e].

(*An. Dom.* 761, *Cod. Car.* XLII; *chron.* 28).

ARGUMENTUM. — Eadem occasione Petri primicerii defensorum proficiscentis Carolo et Carolomanno mittit hortatorias, ut, summis digni laudibus genitoris exemplo, et catholicam fidem et Ecclesiam tueri non cessent.

Domnis nobilissimis atque excellentissimis filiis Carolo et Carlomanno regibus Francorum et patriciis Romanorum, Paulus papa.

Olim omnipotens Deus cernens populi sui Israelitici lamentationem et impiam ab Ægyptiis illis illatam oppressionem, misertus est eis, mittens famulum suum Moysen, per quem signa et prodigia exercens, eumdem suum eripuit populum, et per eum legem illis instruens (*L. et G.*, instituens], ad optatam eos illis [f] perduxit requiem. Cui etiam Josue, ut præliretur bella Domini, adnectitur (*L.*, *G.*, adnectit], atque alios sui divini nominis cultores, eis concessit auxiliatores; sed in omnibus illis non ita complacuit ejus divina

---

[a] Ex toto hoc exordio effusas Pippini laudes præseferente conjicimus nullum ab eo responsum pervenisse Romam. Nec mirum; Waifarii enim insolentia, qui sacramenti oblitus ferro et igni omnia vastabat, revocaverat Pippinum in Aquitaniam, ut docent Annal: Franc. Fuldenses, et cæteri omnes ap. Pagium (761, n. 5 seqq.) CENN.

[b] Anteriores istæ litteræ non aliæ mihi sunt præter nuper laudatas: quas recte aiebam relatas a Muratorio ad an. 761; utrobique enim est de misso regio, qui Romæ commorari debeat: neque pugnant inter se commorationis causæ, quanquam ibi res sit de auxiliis efflagitandis a Desiderio adversus Græcos, hic autem agatur de nuntiandis Pippino regi quæ evenerint contra Græcos. Præcipua enim causa utrobique allata, istud veluti consectarium Paulus adjungit: *per quem et meritum rei* significem. ID.

[c] Non unus erat metus Græcorum, qui arma parare dicebantur in Romanos et Ravennates. Aliæ præterea causæ erant spectantes ad Desiderium ipsum, qui res sanctæ sedis adhuc retinebat. Has puta secreto commissas primicerio defensorum. ID.

[d] In epist. 25, al. 34, eamdem sententiam paulo aliis verbis pronuntiari Muratorius animadvertit. Sancto enim pontifici et res Ecclesiæ cordi erant; at catholica fides cultusque sacrarum imaginum præcipue ut vindicarentur curandum sibi esse non ignorabat. Hanc enim ob causam Romani ac Ravennates a Græcis defecerant, eamdemque ob causam Græci utrosque insequebantur, ut semel et iterum testatur Paulus. Vide ep. 25, not. ID.

[e] Argum. Panv. (*Cod. Vat. post* 27). Videndum supra ep. 22, al. 41; tres enim epistolas comprehendit, nulla temporis ratione habita; ad Carolum et Carolomannum variis temporibus datas. ID.

[f] *Lamb.*, *ad optatam illis, eos.*

majestas, sicut in David rege [a]; servum meum secundum cor meum, in oleo sancto unxi eum, cui et regnum, et semini ejus in æternum gloriose tribuit possidendum. Sic enim, præcellentissimi atque nobilissimi filii, a Deo instituti reges, idem Dominus Deus noster in vestra Christianissima complacuit excellentia, atque in utero matris vos sanctificans ad tam magnum regale pervexit culmen, mittens apostolum suum beatum Petrum per ejus nempe vicarium [b], et oleo sancto vos vestrumque præcellentissimum genitorem ungens, cœlestibus replevit benedictionibus, et sanctam suam catholicam et apostolicam Ecclesiam, atque orthodoxam Christianorum fidem vobis commisit exaltandam atque viriliter defendendam. Quod profecto, excellentissimi filii, Spiritus sancti gratia repleti, cœlesti protectione adjuti, agere totis nisibus statuistis [studuistis], et vestro auxilio atque certamine ipsa sancta Dei Ecclesia, spiritalis mater vestra, ab inimicorum insidiis liberata exsultat, in Domino Jesu Christo et in conspectu Divinitatis vestra effulgent pia opera, et cum David atque Salomone regibus et cæteris Dei cultoribus vestra in cœlestibus regnis ascripta sunt nomina.

Interea, dum tanto vestro beneficio dinoscimur esse relevati, amor nos hortatur, Christianissimi ac dulcissimi filii, de vestra prosperitate sedule addiscere et in Domino gratulari; et ideo visitationis atque salutationis paterno affectu, his nostris apostolicis apicibus, persolvimus vinculum, magnopere præsentem Petrum primum defensorum sanctæ nostræ Ecclesiæ nostrumque fidelem missum [c], ad vestram dirigentes excellentiam, quatenus desiderabilem nostra vice referat salutem; quem petimus benigne a vobis suscipi, et de vestra per eum sospitate nos certos lætosque reddi, obnixe petentes, dulcissimi filii, excellentiam vestram, ut pia vestigia sequentes, imitatores efficiamini Christianorum parentum vestrorum, nempe proavi [Gent., avi nempe et p.], atque excellentissimi et a Deo instituti magni regis, genitoris vestri, et præcellentissimæ genetricis vestræ, a Deo conservandæ reginæ, qui vere præ omnibus regibus fideles Deo et beato Petro esse comprobantur [d], quorum merita in cœlestibus regnis fulgent. Unde et petimus misericordissimam Dei nostri longanimitatem, ut sua vos gratia protegens, ævis [longævis] et prosperis temporibus regalia sceptra concedat perfruenda, dilatans terminos regni vestri, et victorias vobis de cœlo tribuat, omnesque adversarios vestris prosternat vestigiis, et sicut terrenum, ita et cœleste regnum vobis per infinita sæcula tribuat possidendum. Bene valete.

XXIX.

ITEM EXEMPLAR EPISTOLÆ

AD DOMNUM PIPPINUM REGEM PER WITMARUM ET GERBERTUM ABBATES ET HUGBALDUM DIRECTÆ,

In qua continentur gratiarum laudes pro exaltatione sanctæ Dei Ecclesiæ, et postulans ut semper in id decertare debeat [e].

(*An. Dom.* 761, *Cod. Car.* XVII, *chron.* 29.)

ARGUMENTUM. — Duabus acceptis epistolis, una per primicerium defensorum Petrum redeuntem, altera postmodum per missos regios Widmarum et Gerbertum abbates, atque Hugbaldum ill., gratias agit de missis juxta petita ad se directis. Interim eosdem cum Langobardis de rebus Ecclesiæ egisse; at præter aliquot peculia reddita, de finibus civitatum suarum et patrimoniis invasis nihil actum; omnia se auditurum ore missorum suorum; nam suos ipse missos cum regiis ad Desiderium legabat pro iisdem patrimoniis, nesciebatque quis exitus futurus esset.

Domno [f] excellentissimo filio, et nostro spiritali compatri Pippino regi Francorum et patricio Romanorum, Paulus papa.

Dum tam maxima nobis dilectionis affectio erga vestram a Deo inspiratam [*Lamb.*, institutam] excellentiam insistit, ob hoc, sicut terra sitiens imbriferam desiderat inundationem, ita quoque vestræ prosperitatis cupimus addiscere nuntia, et de vestris profectibus gratulari [g], in hoc quippe nostri cordis est devotio exsultandi, dum nimirum salus

---

[a] Lamb. et Gent. : *Et Propheta testante eodem misericordissimo Deo nostro in id, quod ait : Inveni David servum*, etc.

[b] Nil frequentius istis in litteris unctione hac per divum Petrum facta. Explicatior hic occurrit: nam a pontifice Petri potestatis hærede facta dicitur. Vicarius Petri diu est appellatus Rom. pontifex, uni enim illi propriam ejusmodi appellationem antiqui sæpius adhibuerunt; quam communem aliam Christi vicarii vel abbatibus tribui solitam. Vide Coustant. præf., n. 13 seq. CENN.

[c] Id moris et hodie viget: plures nimirum pontificias litteras, quas vocant *breves*, uni tradendi nuntio ad varios principes. Alia etiam causa huc accedit, ut aiebam ep. 21, al. 41, not., privatam scilicet legationem ad regios adolescentes non adornandi. ID.

[d] Hinc fabula quam Carolo Martello appingunt, exploditur, de qua Baron. et Pag. (an. 744, n. 16 seq.) Non enim regii juvenes avi vestigiis insistere juberentur a sancto pontifice, si æternis suppliciis damnatus esse diceretur. Notat Gentilot. in ms. avi etiam nomen existere, quod desideratur in editis; sed incuria in Tengnagelii omissum esse ex ipsa sententia litterarum patet. Pippini autem Heristalli et Caroli Martelli

(quem bona ecclesiarum usurpasse omnes tradunt) Christianitatem duntaxat imitandam ait. Parentum vero exempla proponit, quia et Deo et beato Petro fideles erant. ID.

[e] Argum. Panv. (*Cod. Vat.* 24) : « Vicesima quarta Paulus ad duas epistolas Pipini respondet, quarum unam [alteram] Pipinus per Petrum primum defensorem miserat, alteram per Witmarum et Gerbertum abbates atque Hugbaldum virum illustrem, est ejusdem argumenti cum proxime præcedenti, nisi quod quædam adjicit de Longobardis, scilicet quod quasdam Petri [Long. quod quasdam sancti Petri] justitias reddiderint, quasdam non, et nunc priores redditas iterum invadere conentur [conarentur] : quare Pipini auxilium contra ipsos implorat. » Epistola , quam proxime præcedentem vocat, est cod. Car. 18, nobis 54, quam recte Pag. et Coint. referunt ad an. 763, ut infra ostendam : non autem video quid simile sit cum illa. ID.

[f] Summ. 24, Bar. et Cent. GRETS.

[g] Non recte Cointius et Pag. epistolam hanc differunt ad an. 766, cum duas præcedentes an. 758 consignarint; idem quippe missus, qui illas in Fran-

vestra nostra existit securitas. Interea duarum epistolarum series, quas vestra direxit excellentia, cum magnæ suscepimus amore; unam quidem primitus per Petrum primum defensorem missum nostrum, et aliam per præsentes fidelissimos vestros missos Widmarum [*L.*, Witmarum] scilicet et Gerbertum abbates, atque Hugbaldum virum illustrem [a], quarum paginam indagantes, mox liquido cuncta in eis exarata didicimus; immensas protinus de nostro referentes laudes, qui nos de vestra annuit sospitate gratulari.

In ipsis denique vestris relationibus solitam [*L.*, solita] nobis a Deo illustratæ mentis vestræ constantia protulit spei fiduciam, in id quod impensius innotuisti atque sedulo ex operibus demonstratis, vos totis viribus [*L.*, nisibus] pro exaltatione sanctæ Dei Ecclesiæ et fidei orthodoxæ defensione esse decertaturos, et in ea vos fidei pollicitatione permansuros quam beato Petro, principi apostolorum, nostroque prædecessori domino et germano beatissimo Stephano papæ spopondistis. Unde et in nostra fixi charitatis connexione, ideo juxta id quod petendo direximus, præfatos ad nos vestros videmini direxisse missos; qui apud Langobardorum imminerent regem, pro diversis sanctæ Dei Ecclesiæ causis ac justitiis, et in nostro assisterent solatio [b]; pro quo innumerabiles vobis referimus gratiarum actiones, quia vere, sicut benignus rex, amator spiritalis matris vestræ, sanctæ Dei Ecclesiæ agere, Christianissime fili et spiritalis compater, semper studes, et profecto erit tibi Dominus et in præsenti et in futura [*Lamb.*, futuro] dignus retributor.

Nos itaque, excellentissime et a Deo protecte fili et spiritalis compater, firmi in vestræ charitatis dilectione permanemus. Nec est ulla rerum aut temporum qualitas, quæ nos a vestra charitate possit separare, quia tu vere noster, post Deum, constas esse defensor et auxiliator.

Præfati denique missi vestri, in nostri præsentia, cum Langobardorum missis, nec non et Pentapolensium ac singularum nostrarum civitatum hominibus assistentes, comprobatio coram eis facta est de habitis inter utrasque partes aliquibus justitiis, videlicet de peculiis [c] inter partes restitutis. Nam de finibus civitatum nostrarum et patrimoniis beati Petri, ab eisdem Langobardis retentis atque invasis, nihil usque hactenus [*L.*, *G.*, *add.* recepimus]; etiam ea quæ primitus reddiderant, denuo invaserunt. Unde constitit ut nostri ac singularum nostrarum civitatum missi ad Desiderium Langobardorum regem cum vestris progredi debeant missis, ut in eorum atque prædicti regis præsentia pro eisdem finibus ac patrimoniis, comprobatio fiat, nobisque omnia juxta pactionem restituantur; et nescimus quid ex hoc proveniendum sit; attamen per præfatos vestros missos, rei agnoscere potestis meritum.

Quapropter quæsumus a Deo protectam excellentiam vestram ut ita disponere jubeat, ut plenarias de omnibus recipere valeamus justitias, quatenus idem beatus Petrus, princeps apostolorum, pro cujus restituendis luminariis decertatis, firmissimus vobis sit auxiliator ac optimus remunerator. Nam pro certo agnoscat excellentissima Christianitas vestra, quia si nobis præfati civitatum nostrarum ab eisdem Langobardis invasi fines atque patrimonia reddita non fuerint, etiam ea quæ primitus reddiderunt invadere insidiabuntur [d], quapropter obnixe petimus Christianitatem vestram, ut vestra [e] solita dispositione exaltatio sanctæ Dei Ecclesiæ, et istius a vobis redemptæ, cum Dei virtute, provinciæ salus proficiat, et ea omnia quæ vestri missi sibimet a vestra præcellentia injuncta habuerunt, nobis liquidius referentes, ad singula eis responsum reddidimus, et de omnibus eos informavimus quæ vestræ excellentiæ referre debeant, nostrasque petitiones vestris studeant intimare auribus.

His itaque præmissis, Dei nostri omnipotentis exoramus clementiam, ut sua vos fovere annuat gratia, et præsenti temporali regno in longo senio [f] cum prosperitate corporis et salute animæ perfrui concedat; una cum dulcissima conjuge vestra excellen-

---

ciam tulerat, Romam reversus erat cum regiis litteris post Pippini reditum ex Aquitanico itinere. Neque video de aliis profectibus loqui posse pontificem. Muratorio scripta videtur an. 759; at bellum Aquitanicum non cœpit ante an. 760. CENN.

[a] Regiis his ex missis Witmarus, quem Mabillon. (*Annal. Bened.* lib. XVIII. n. 5) Guitmarum abbatem Centulensem vocari animadvertit, subscribit Attiniacensi conventui an. 765; alter abbas ignotus. Hugbertus, ni fallor, est ille Hucbertus ad Stephanum III missus a Carolo post Pippini obitum; de quo Adrianus infra, ep. 93, al. 71. ID.

[b] Primicerio defensorum, præter apostolicas litteras, queis missum iterum petebat, qui Romanis solatio esset adversus Græcos, secreto commiserat omnes apostolicas causas. Utramque rem exsecutioni mandatam a Pippino ipse licet arguere. Ex aliis profecto epistolis hujus pontificis quidquam verosimilius non colligitur. ID.

[c] *Pecu'ia* non aliud esse tum temporis quam *pecudes* monstrat Cangius in Glossario, multis charta

rum et legis Langobardicæ prolatis exemplis: has itaque invicem restitutas puta; fines autem civitatum et patrimonia, de quibus constat ex superioribus, detineri adhuc a Langobardis pontifex monet. Quin etiam ante biennium reddita (ep. 20, al. 21) eos iterum invasisse testatur. Hinc vide quam recte Muratorio hæc epistola videatur data an. 759, cum 21 prædicta ad annum 760 relata ab eodem fuerint. CENN.

[d] Quæ scilicet invasa iterum non fuerant: nam invasisse et invasuros esse simul pugnant. Secus, si eorum partem denuo invasam, partem fore ut denuo invadant, reputemus. ID.

[e] Lamb., *ut solite nostris petitionibus ea ipsa nobis restitui disponendum accommodare jubeatis, ut vestra. Ut ita solite nostris*, etc.; sed hæc omnia subducta linea quasi deleta sunt. GENT.

[f] Lamb., *et præsens temporale regnum in longo senio.* — *Præsentem temporale regnum longo senio.* Tengnagel. correxit ut est in editione. ID.

tissima regina filia et spiritali nostra commatre, atque præcellentissimis vestris natis; et cœlestia quoque vobis per infinita tribuat præmiorum gaudia possidenda. Incolumem excellentiam vestram gratia superna custodiat.

XXX.
ITEM EPISTOLA EJUSDEM PAPÆ
AD DOMNUM CAROLUM ET CAROLOMANNUM REGES DIRECTA,

In qua continentur gratiarum actiones, et de litteris ab eis directis, et ut cum domino genitore eorum, semper pro defensione sanctæ Dei Ecclesiæ decertare debeant [a].

(An. Dom. 761, Cod. Car. LX, chron. 30.)

ARGUMENTUM.—Carolo et Carolomanno, qui per eumdem primicerium responderant, se fine tenus vitæ catholicam fidem et Ecclesiam propugnaturos, uberrimas agit gratias, repetens ut genitoris vestigiis semper inhæreant.

Domnis [b] excellentissimis filiis Carolo et Carolomanno regibus Francorum et patriciis Romanorum, Paulus papa.

Quanto decoris nitore regalis gloriæ fastigium ornetis, ex hoc utique omnibus patenter datur intelligi, dum nimirum, sicut præclaro genere orti, piis operibus ac dignis videmini illustrari moribus. Unde unam quidem hujus divini muneris gratiam possidetis ex genere, et alia fruimini ex opere; et nec mirum, si tantis infulis gloriæ nobilitas vestra pollet, dum profecto scriptum est : *Generatio rectorum benedicetur* (Psal. III). Glorificamus enim atque conlaudamus Dei nostri clementiam, qui tantam vobis Spiritus sancti gratiam contulit, jam nempe prædestinatos vos habuit, antequam de materno prodiretis utero, quoniam *quos præscivit, et prædestinavit; quos prædestinavit, hos vocavit; et quos vocavit, illos et magnificavit* (Rom. VIII). Vere enim magnificavit Dominus misericordiam suam super vos, et in reges per suum apostolum beatum Petrum vos ungens, defensores sanctæ suæ Ecclesiæ atque fidei orthodoxæ constituit [c], ut participes, in hoc bono opere, vestri Christianissimi efficiamini genitoris, pro quo digna vobis erit in cœlestibus regnis cum eo concessa remuneratio, et cum omni eritis sanctorum computati collegio.

Interea reversus ad nos Petrus primus defensorum, missus noster, detulit nobis quas direxistis litteras, quibus relectis, magna cor nostrum repletum est lætitia. Per has quippe innotuistis, excellentissimi atque præcellentissimi filii, vos semper in amore beati Petri et spiritalis matris vestræ sanctæ Dei Ecclesiæ atque nostro esse permansuros, et viriliter decertaturos pro ipsius sanctæ Dei Ecclesiæ atque fidei orthodoxæ defensione; et quidem nobis, boni præcellentissimi reges, de vestra firma hujuscemodi constantia omnino confidendum est, magnam, post Deum, in vobis habentes spem. Sed omnipotens Dominus, qui dives est in misericordiis, ad perfectam vos perducat ætatem, tribuens vobis fortitudinem brachii sui, atque victores vos super omnes barbaras efficiat nationes; dilatans regni vestri terminos atque de vestro præclaro semine super regale solium potentiæ vestræ usque in finem sæculi sedere permittat, pro æterna sanctæ suæ Ecclesiæ universali exaltatione et fidei orthodoxæ defensione.

Sed peto, excellentissimi filii, ut imitatores vestri Christianissimi genitoris efficiamini, ejusque Deo placita sequentes vestigia, ut sicut ipse operibus omnibus gentibus demonstravit, ita quoque et vos bonum quod cœpistis opus perficere studeatis, et viriliter cum eo decertare, quatenus amplissima sanctæ Dei Ecclesiæ procuretur exaltatio, dum vestro auxilio beatus Petrus receperit justitias suas [d], dignamque ex hoc coram Deo et angelis ejus, eodem principe apostolorum beato Petro interveniente, cœlestium præmiorum recipiatis remunerationem, et vestri nominis memoria [e] laudabilis maneat in sæculum sæculi divulgata. Deus autem omnipotens, qui cuncta ex nihilo suæ potentiæ verbo firmavit, suis vos divinis adhærere faciens mandatis, vestra in beneplacito suo dirigat studia, tribuatque vobis prudentiæ industriam, qualiter regni culmen gubernare valeatis, atque adversantium gentium nationes vestris subjiciat pedibus; et sicut in præsenti vita regalem vobis concessit dignitatem, ita quoque et cœlestia vobis conferat præmiorum gaudia [f].

XXXI.
ITEM EPISTOLA EJUSDEM PAPÆ
AD DOMNUM PIPPINUM REGEM DIRECTA,

De monacho quodam Acosma [Lamb., a Cosma] ab Alexandrino patriarcha directo [g].

(An. Dom. 761, Cod. Car. XXXV, chron. 31.)

ARGUMENTUM. — Post missorum discessum, a Cosma patriarcha Alexandrino venerunt litteræ Romanorum litteris in isto Codice Carolino continentur : quare inanes eruditorum labores omnes rejiciendi, eorumque opiniones falsitatis argui tuto possunt. CENN.

---

[a] Argum. Panv. (*Cod. Vat. post* 27), et hoc argumentum repeti oportet ep. 22, al. 41. CENN.

[b] Summ. 28, Baronius, Cent. extra ordinem mentionem faciunt trium epistolarum ad Carolum et Carolomannum. GRETS.

[c] Monebam supra (*ep. 28, al. 42*), pontifice ipso interprete, quomodo unctio istiusmodi a Petro facta intelligatur. Præterea patricii definitionem valde perspicuam hic habemus, quæ sæpissime his in epistolis occurrit. Pippinus, ejusque filii Carolus et Carolomannus a Stephano II reges Francorum sacra unctione declarati, simul patricii Romanorum facti erant, nimirum *defensores sanctæ Dei Ecclesiæ, ac fidei orthodoxæ*. Patriciatus aliud genus minime spectat ad Romanam pontificis auctoritatem. Locupletissimos rei testes habemus ipsos pontifices, quo

[d] Quantam hæc habeant convenientiam cum superiori epistola quisque intelligit : nonnulla etiam conceptis iisdem verbis prolata videre est. In earum neutra missi apostolici mentio fit, nam regiis missis utraque data esse videtur. ID.

[e] Lamb., *laudabili forma maneat*.

[f] Post verbum *gaudia* sequitur in ms., *Benevalete.* GENT.

[g] Argum. Panv. (*Cod. Vat.* 7) : « In septima [Septima] monachum ei a Cosma Alexandrino patriarcha missum commendat. CENN.

Africano navigio de orthodoxa fide contra Græcam impietatem vindicata. Has maximo catholicæ religionis defensori gratas futuras pontifex mittit.

Domno [a] excellentissimo filio et nostro spirituali compatri Pippino regi Francorum et patricio Romanorum, Paulus papa.

Quia Spiritus sancti gratia præveniente, cor benignæ eximietatis vestræ amor Dei inflammavit, profecto constat, a Deo servate præcellentissime rex, piis te profectibus adhærere, et dum tantam in vobis cumulatam gratiam conspicimus, omnino nobis et omnibus Christianis fiduciæ materia de vobis admissa est, quod ea quæ ad cultum Dei et veræ fidei orthodoxæ observantiam respiciunt, toto mentis conatu vos esse operaturos conspicimus.

Inter hæc vero, sublimissime fili et spiritalis compater, si quid ad nos pervenerit, libentissime, sicut orthodoxo regi et defensori **192** fidei Christianæ significamus. Innotescimus quippe, jam absolutis vestris missis, conjunxisse ad nos navigium a partibus Africæ, in quo quidam monachus Acosma [*Lamb.*, Cosmas] ab Alexandrino patriarcha [b] cum litteris directus advenit, quarum instar præfulgidæ excellentiæ vestræ misimus intuendum, ut ea quæ nobis pro integritate fidei ab Orientalibus præsulibus et cæteris nationibus diriguntur [c], agnoscatis, et lætetur cor vestrum in hujuscemodi eorum affectu quem in mandatis Dei habere videntur : quia dum piæ considerationis studio mens vestra intenta existit, nimirum oppido gaudere vos credimus, si ea vobis quæ pro integritate fidei pertinent, innotescimus [d] : sed ipsa sancta orthodoxa, quam venerando colitis, fides, vos et in præsenti vita longæviter cum victoria foveat, et æterna cum sanctis tribuat gaudia possidenda. Incolumem excellentiam vestram gratia superna custodiat.

XXXII.

193 EXEMPLAR PRÆCEPTI

QUOD FUIT FACTUM A PAULO, SANCTÆ RECORDATIONIS PONTIFICE SANCTÆ ROMANÆ ECCLESIÆ ET UNIVERSALI PAPA [e].

(*An. Dom.* 762, *Cod. Car.* XII, *chron.* 52.)

ARGUMENTUM. — Monasterium sancti Silvestri in monte Soracte cum aliis tribus ei subjacentibus concedit Pippino per litteras apostolicas, quas vocant bullam, anterioribus sancti Zachariæ, queis Carolomanno permittebatur, cassatis, si repertæ usquam fuerint. Subjacentia monasteria sunt sanctorum Stephani, Andreæ et Victoris

[f] Paulus episcopus servus servorum Dei præcellentissimo filio Pippino regi Francorum et patricio Romanorum, et per eum venerabili monasterio beati Silvestri confessoris Christi atque pontificis, et [*Al.*, vel] cunctæ monachorum congregationi, nam [quin] et in posterum illic consistentium in perpetuum [g].

---

[a] Summ. 7 Bar. et Cent. GRÆTS.

[b] In celebri epistola Adriani ad Carolum, quæ exstat in fine synodi Nicænæ II (Labbe, *Concil.* tom. VII, p. 919), ad rem nostram legitur : « Iste Theodorus patriarcha Hierosolymorum cum cæteris præcipuis patriarchis, videlicet Cosma Alexandriæ et Theodoro alio Antiochiæ, dudum prædecessori nostro sac. rec. quondam Paulo papæ miserunt propriam eorum rectæ fidei synodicam, in qua et de sacratissimis imaginibus subtili narratione qualiter una cum nostra sancta catholica, et apostolica universali Romana Ecclesia ipsi, cæteri orientales orthodoxi episcopi et Christianus populus sentiunt, et in earumdem sanctarum imaginum veneratione sincero mentis affectu ferventes in fide existunt, studuerunt intimandum. » Baronius etiam (an. 769, n. 10) agens de concilio Steph. III, de quo infra, hunc locum affert, ea non prætermittens quæ idem Stephanus Pauli successor decrevit in concilio Romano, illius synodicæ auctoritate usus, ut Adrianus testatur. Quin etiam sacer annalista ex Theophane ætatem docet abnegatæ Monothelitarum hæresis a Cosma eodem una cum suis (an. 742, n. 2). Quam rem confirmat Pagius (eod. an., n. 5) verbis ipsis Theophanis ; nam Baron. depravatam Miscellæ editionem pro Theophane adhibuerat. Verba autem sunt : « Eodem etiam anno (743) Cosmas Alexandriæ patriarcha cum ipsa civitate Monothelitarum pravitate Cyri, qui sub Heraclio vixit, temporibus eam civitatem obtinente, abjurata, et errore cognito, ad orthodoxam Ecclesiam rediit. » Itaque non monachi litterarum latoris, sed patriarchæ nomen est *Cosmas*. CENN.

[c] Ipsissimam esse synodicam trium patriarcharum, quam unus Alexandrinus ad Paulum dederit cuidam monacho, non contendo, nam infra (ep. 44, al. 49) ab Jerosolymorum patriarcha missam esse constabit ad Paulum. At non video cur tandiu retardata ea fuerit; quod cl. Mansius in notis ad Pagium (an. 766, n. 1) eodem circiter anno synodum Hierosolym. esse habitam pro sanctarum imaginum cultu vindicando affirmat : quam scilicet sanctus Joannes Got-

thiæ episcopus redux a peregrinatione ad loca sancta, habendam suasit (*Acta Sanctorum* ad d. 26 Jun., p. 194). Hinc est quod epistolam a Pagio aliisque consignatam an. 758 huc revocandam censui : cum præsertim videam, pontificem fateri se illam accepisse *absolutis vestris missis*, quos in præcedenti vidimus, nullo pontificio misso comitante profectos esse. ID.

[d] Quod aiebam in discursu prævio, iterum urgeo : præcipua Romanorum pontificum cura erat orthodoxam fidem et traditionem Patrum, seu cultum sacrarum imaginum vindicare. Deinde Ecclesiam Romanam, nempe Christi pauperes et luminaria sacrarum ædium cordi habebant; idcirco patrimonia tam vehementer asserunt. Postremo et donationis satagebant, ut populos ab hæresis labe frequentibusque bellorum incommodis immunes custodirent, necnon ut semel oblata divo Petro, contra æquum et rectum perire non sinerent. Qui autem postremum hoc caput præcipuum esse putant, suisque scriptis affirmant, aut serio has epistolas non legerunt, aut suo ex voto illas interpretantur. ID.

[e] Argum. Panv. (*Cod. Vat.* 2) : « Secunda monasterium Silvestri [S. Silv.] cum tribus aliis vicinis donat Pipino, quæ a Carolomanno monacho fuerant Zachariæ concessa. » ID.

[f] Summ. 2 ap. Bar. et Cent. GRÆTS.

[g] Hujus generis epistolarum antiquiores etiam inveniri compertum est : quas videlicet *bullas* nuncupamus, a bulla seu sigillo plumbeo appendi solito id nomen mutuati. Non tamen obiter observandum, in Museo Muselliano celeberrimo hujusmodi sigillorum collectionem incipere a Paulo I, cujus hinc suppetit testimonium minime dubium : Quanquam et superioris sæculi unum et alterum sigillum Deusdedit et Honorii I, cl. viror., Gorius in Doniana illustratione, et Baldinus in notis ad Anastas. (tom. IV, p. 29) in lucem protulerint. Hac in re nil definire ausim : velim nihilominus ipsissimum bullarum principium, quod nostra ætate viget, serio attendi; nam in pretiosissimo hoc monumento antiquitatis occurrens supplet

Salubri providentia, quidquid venerabilium locorum requirit utilitas, illis nimirum committendum credimus esse personis quibus divinæ illustrationis gratia diffusa, ea quæ pertinent ad laudem Redemptoris nostri et ad maximum redintegrationis statum sanctorum locorum pertinere monstratur [*Lamb.*, monstrantur], totis conatibus perficere nituntur. Et quoniam constat præcelsa eximietas vestra a nobis petisse monasterium scilicet beati Sylvestri pontificis atque confessoris, situm in 194 [a] monte Serapt [*Lamb.*, Serapte], [b] nec non et alia illi tria subjacentia monasteria, sancti scilicet primi martyris Stephani, et beati Andreæ apostoli, atque Victoris [c], universis rebus et possessionibus, locis etiam et diversis præsidiis, vel omnibus eis generaliter pertinentibus, in integrum, ecce præcelsæ excellentiæ vestræ voluntati annuentes, per hujus præcepti seriem, nostrum monasterium beati Silvestri, cum prædictis aliis ei subjacentibus monasteriis, id est, beati Stephani atque beatorum Andreæ et Victoris, cu n omnibus eis generaliter et in integro pertinentibus, a præsenti quinta decima indictione [d], et in perpetuum, pro sustentatione peregrinorum et alimoniis fratrum nostrorum, Christi pauperum, atque monachorum, illic nunc et in posterum spiritalem vitam degentium [e], firma stabilitate vobis concedimus, et per vos in præfato venerabili monasterio hanc nostram apostolicam exarationis præceptionem perenniter permanendam, concedimus atque largimur; quatenus vestro studio ea quæ ad laudem Redemptoris nostri et meliorem statum prædictorum venerabilium monasteriorum pertinere 195 noscuntur, in omnibus, Deo auspice, pro æterna excellentiæ vestræ memoriá et maxima remunerationis mercede nihilominus proficiant, decernentes.

Itaque si quo tempore præceptum illud, quod a formulas libri Diurni Romm. pontif. cap. 7, ex Garner. edit., nullum quippe privilegii aut præcepti exemplum ibi legitur cum suo principio; et quæ alibi inveniuntur edita, ut Stephani II duo apud Labbeum (*Conc.* tom. VI, p. 1646 seqq.) tale principium præ se ferentia, fidem hic majorem acquiriunt. Cenn.

[a] Soracte. Vide Bar., 747, n. 9. Grcts.
[b] Annales Francor. sæpius laudati ad ann. 746 habent : « Tunc Carlmannus Romam perrexit, ibique se tondit et in Serapte monasterium ædificavit in honore sancti Silvestri, ibique aliquod tempus moram faciens, et inde ad sanctum Benedictum in Casinum usque pervenit, et ibi monachus effectus est. » Iisdem fere verbis Pagius (an. 747, n. 5) rem docet ex annalista Tiliano : at Basnag. animadvertit, annales a Quercetano editos ex ms. cod. Tilii ex Francor. Annalibus profluxisse : quare ex unis hisce monasterium a Carolomanno fundatum d scimus : nam recentiores in idem hauserant quidquid de fundatione habent. Baron. (An. 747, n. 8 seqq.) Eginhartum auctore rem eamdem affirmat, Aimoini etiam testimonio utens, qui Eginhart. est secutus. Mabillon. (*Annal.* lib. xxii, n. 12) in quodam Chron. monachi Soracten. sæc. x laget monasterium jam antea ædificatum in eodem loco quo Silvester tempore persec. Maxentianæ delituisse dicitur. Cenn.

[c] Idem Mabillon. (l. c.) narrat ex eod. chronico quomodo Carolomannus ad radicem montis in loco, cui nomen *Amariano*, ædificavit monasterium in honorem sancti Stephani, in quo commoratus est cum

sanctæ recordationis prædecessore nostro, beatissimo domino Zacharia papa : quod Carlomanno, germano nostro [*Lamb.*, vestro], de eodem monasterio emissum est [f], vel aliud quodlibet de ipsis præfatis monasteriis munimen, ubi repertum fuerit, causam inanem atque vacuam esse nullam in se habentem firmitatem; statuentes interea et hac apostolica censura divini judicii obtestatione, et anathematis interdictione hæc quæ ad laudem Dei dinoscimur constituisse, pro sustentatione peregrinorum, ut dictum est, et cunctæ monachorum illic consistentis congregationis stabilitate, in perpetuum permanere illibata.

XXXIII.

196 ITEM EPISTOLA EJUSDEM PAPÆ
AD DOMNUM REGEM PIPPINUM PRO DEFENSIONE SANCTÆ DEI ECCLESIÆ DIRECTÆ,

In qua continentur gratiarum actiones et uberrimæ benedictiones pro integritatis orthodoxæ fidei observationem [observatione] [g].

(*An. Dom.* 762, *Cod. Car.* xxx, *chron.* 23.)

Argumentum. — Monitus a Pippino, ut Desiderii amicitiam colat, nihil tum reposuerat : respondet nunc se id facturum, dummodo ille servet quæ Pippino eidem, et Ecclesiæ promiserat. Sibi interim cum eo convenisse, ut Ravennæ simul essent pro Ecclesiæ rebus aliquot componendis, et agendo de ratione obsistendi Græcis, qui semper moliebantur quomodo eam civitatem recuperarent. Quid consilii captum erit postea scripturum.

Domino excellentisimo filio et nostro spirituali compatri Pippino regi Francorum et patricio Romanorum, Paulus papa.

Dum tanto vestræ sublimissimæ excellentiæ beneficio, et impenso opitulationis adminiculo, sancta spiritalis mater et peculiaris vestra universalis Dei Ecclesia dinoscitur relevata, quæ humana lingua sufficere valeat ad hujus benignæ vestræ operationis merita

aliquot fratribus : item ad radices montis Grifianelli juxta Castrum Babianum aliud in honorem sancti Andreæ plurimis fundis comparatis eique tributis : postmodum in Samnium ad Casinense monasterium recessit. De tertio monasterio sancti Victoris nil Mabillon. scriptorve alius quem ipse viderim : Pauli tamen epistolæ locum rei testem idem Mabillonius adducit, in quo perspicue tria monasteria Soractensi subjecta nominantur, quod inferius iterum fit. Id.

[d] Præceptum præceptivæ, ut tunc audiebat, quam bullam hodie dicimus, post Kal. Sept. anni 761 data est, eaque ab anno 762 removeri non potest; indict. enim 15 usque ad Septemb. ejus anni fluebat. Quare omnes unanimi consensu ad hunc annum referunt. Id.

[e] Murator. (*Antiq. Ital.*, dissert. 57) late hac de re. In formulis libri Diurni Romanor. pont., ad pauperes quod attinet et peregrinos, nil tale invenitur. Præcepta duntaxat xenodochii et diaconiæ (cap. 7, tit. 43-16) simile quidquam exhibent. Id.

[f] Simile præceptum aut bullam Carolomanno esse factam a pontifice, quod aut monasterii ejus fundator esset, aut adnexa ei duntaxat fundasset et dotasset, nullum dubium; ea siquidem sacrorum locorum natura est, ut episcopi ejus nitantur auctoritate in cujus diœcesi sita sunt. At privilegium seu diploma hujusmodi nusquam reperitur. Id.

[b] Argum. Panv. (*Cod. Vat.* 9) : « In nona indicat [Nona exponit] se Ravennam cum Desiderio locuturum, et paraturum quæ ad defensionem contra Græcos necessaria sint [essent]. » Id.

gratiarum referre actiones? Et licet in hoc humanæ considerationis capacitas rependere nequeat, verumtamen ille qui potens est, omnipotens et invisibilis Dominus Deus noster, cujus ordinatione vestra regalis potentia confirmata consistit, interventionibus sacri principis apostolorum beati Petri, dignam vobis remunerationem in præsenti vita et in futura beatitudine retribuet, præsertim dum et fortissimus sanctæ orthodoxæ fidei, et venerabilium Patrum piæ traditionis defensor esse videris, excellentissime fili et spiritalis compater, et ob hæc ipsa quæ veneranter colis et defendere studes, orthodoxam fidem semper habebis adjutricem; **197** et profecto cœlestis tibi contra adversantium cuneos administrabitur victoria.

Interea quoniam magno affectu circa vestram a Deo protectam eximiam excellentiam fervescimus, debitum visitationis et salutationis naviter procuravimus sublimitati vestræ persolvere, eximie fili et spiritalis compater, hoc interea vestram meminisse volumus excellentiam, nuper nobis direxisse, quatenus in pacis dilectione cum Desiderio Langobardorum rege conversare studeamus, quod quidem si ipse excellentissimus [*Lamb.*, exc. vir] in vera dilectione et fide quam vestræ excellentiæ et sanctæ Dei Romanæ Ecclesiæ spopondit, permanserit, utique nos in charitate firma, et stabili pace cum eo permansuri erimus [a], observantes illud Dominicæ præceptionis documentum : *Beati pacifici, quoniam filii Dei vocabuntur* (*Matth.* v).

Hoc itaque innotescimus Christianissimæ eximietati vestræ, eo quod convenit inter nos, et eumdem Langobardorum regem, ut pariter nos in Ravennantium [Ravennatium] urbe præsentare studeamus ad perficiendas quasdam utilitates spiritalis matris vestræ sanctæ nostræ Ecclesiæ, et pertractandum pro Græcorum malitia, qui quotidie imminent in ipsam Ravennatem ingredi civitatem [b]. Dumque pariter præsentati, quidquid locuti fuerimus vel rei excegerit meritum, excellentissimæ et a Deo protectæ eximietati vestræ innotescemus. Orantes de reliquo divinam clementiam ut ad perfectam exaltationem sanctæ Dei Ecclesiæ et orthodoxæ fidei defensionem, **198** de [c] ævis et prosperis temporibus [d] excellentissimam Christianitatem vestram, in solio regalis potentiæ, cum dulcissima conjuge, excellentissima regina, spiritali nostra commatre, atque amantissimis natis conservare et protegere dignetur, tribuens vobis æterna cœlestis patriæ gaudia possidenda. Incolumem excellentiam vestram gratia superna custodiat.

XXXIV.
ITEM EPISTOLA EJUSDEM PAPÆ
AD DOMNUM [PIPPINUM] REGEM
PRO DEFENSIONE SANCTÆ DEI ECCLESIÆ DIRECTA,
Et de conlocutione cum Desiderio rege in urbe Ravenna.

(*An. Dom.* 762, *Cod. Car.* xxxiii, *chron.* 35.)

Domno [e] excellentissimo filio et nostro spiritali compatri Pippino regi Francorum et patricio Romanorum, Paulus papa.

Dum tanto vestræ sublimissimæ excellentiæ beneficio, et impenso opitulationis adminiculo sancta spiritalis mater et peculiaris vestra universalis Dei Ecclesia dinoscitur relevata, quæ humana lingua sufficere valeat ad hujus bona vestræ operationis merita gratiarum referre actiones? Et licet in hoc humanæ considerationis capacitas rependere nequeat, verumtamen ille qui [*Lamb. om.* qui] potens est omnipotens et invisibilis Dominus Deus noster, cujus ordinatione vestra regalis potentia confirmata consistit, interventionibus sacris principis apostolorum beati Petri, dignam vobis remunerationem in præsenti vita [*Lamb. add.* et futura] beatitudine retribuet: præsertim **199** dum et fortissimus suæ orthodoxæ fidei, et venerabilium Patrum piæ traditionis defensor esse videris, excellentissime fili et spiritalis compater, et ob hoc ipsam, quam veneranter colis et defendere studes orthodoxam fidem, semper habebis adjutricem, et profecto cœlestis tibi contra adversantium cuneos administrabitur victoria.

Interea quia magno amoris affectu circa vestram a Deo protectam eximiam excellentiam fervescimus, debitum visitationis et salutationis gnaviter procuravimus sublimitati vestræ persolvere, eximie fili et spiritalis compater. Hoc interea vestram meminisse volumus excellentiam, nuper nobis direxisse, quatenus in pacis dilectione cum Desiderio Langobardorum rege conversari studeamus. Quod quidem si ipse excellentissimus vir in vera dilectione et fide quam vestræ excellentiæ et sanctæ Dei Romanæ Ecclesiæ spopondit, permanserit, utique et nos in cha-

---

[a] Perperam Pagius hanc epistolam retulit ad an. 757, cum nullus adhuc erat a Græcis timor. Muratorius solerius ad an. 761 pertinere illam suspicatur. Equidem puto huc referri eam debere. Epistola enim (29, al. 17) quam superiori anno attuli, missos pontificios cum regiis ad Desiderium se contulisse audivimus, de rebus aliquot ad sanctam sedem spectantibus acturos. Tum vero aiebat pontifex Pippino missos eosdem regios relaturos quæ apud regem Langobardorum acta essent. Fortasse cum regiis missis humaniter atque in sanctam sedem propense collocutus erat Desiderius, condixeratque colloquium futurum cum pontifice, de quo infra. Pippinus igitur suadet pontifici ut Langobardi amicitiam colat, pacemque cum illo habeat. At pontifex se ita facturum reponit, si promissis steterit. CENN.

[b] En duo capita quæ ex eadem epistola aliisque ad eumdem annum relatis perspicua sunt, metus videlicet Græcorum pro exarchatu et res ad sanctam sedem pertinentes. De utroque se et regem ex concito acturos Ravennæ ait. Ibi autem eos convenisse non constat ex hisce epistolis ms. codicis. ID.

[c] Longævis. GRETS.

[d] Cangius in Glossar. animadvertit cum Lipsii Gloss. Theotisco *ævum* pro æterno accipi; notatque in hanc sententiam non semel adhiberi a Romanis pontificibus Paulo et sucessoribus, necnon in diplomatibus regiis ap. Doubletum (*Hist. San-Dionys.*); ævus igitur long ævus et æternus idem valent, adeoque G. etseriana castigatio superfluit. CENN.

[e] Summ. 9 Bar. et Cent. GRETS.

ritate firma et stabili pace cum eo permansuri erimus, observantes illud Dominicæ præceptionis documentum : *Beati pacifici, quoniam filii Dei vocabuntur* (*Matth.* v). Hoc itaque innotescimus Christianissimæ eximietati vestræ, eo quod convenit inter nos et eumdem Langobardorum regem, ut pariter nos in Ravennatium urbe præsentare studeamus ad perficiendas quasdam utilitates spiritalis matris vestræ sanctæ nostræ Ecclesiæ, et pertractandum pro Græcorum malitia, qui quotidie imminent in ipsam Ravennam ingredi civitatem. Dumque pariter præsentati quidquid collocuti fuerimus, vel rei exegerit meritum, excellentissimæ et a Deo protectæ eximietati vestræ innotescemus. Orantes de reliquo divinam clementiam ut ad perfectam exaltationem sanctæ Dei Ecclesiæ et orthodoxæ fidei defensionem, ævis et prosperis temporibus excellentissimam Christianitatem vestram in solio regalis potentiæ, cum dulcissima conjuge, excellentissima regina, spiritali nostra commatre, atque amantissimis natis conservare et protegere dignetur, tribuens vobis et æterna cœlestis patriæ gaudia possidenda. Incolumem excellentiam vestram gratia superna custodiat.

XXXV.
200 ITEM EPISTOLA
AD DOMNUM PIPPINUM REGEM PER HARIBERTUM ABBATEM, ET DODONEM COMITEM DIRECTA,

In qua continentur uberrimæ benedictiones et gratiarum laudes de firmo atque incommutabili pollicitationis verbo, et magna perseverantia in perficiendis causis apostolicis. [a]

(*An. Dom.* 763, *Cod. Car.* xviii, *chron.* 54.)

ARGUMENTUM. — Pippini litteris, quibus firmitatem et constantiam suam erga orthodoxam fidem et Ecclesiam testabatur, uberrimis laudibus respondet per regios missos Haribertum abbatem et Dodonem comitem, quibus rex plura commiserat secreto referenda, singulisque secretum pariter responsum reddit, sociis additis missis suis Joanne subdiacono et abbate, ac Petro primo defensore.

Domno [b] excellentissimo filio et nostro spiritali compatri Pippino regi Francorum et patricio Romanorum, Paulus papa.

Explere verbis nequeo, et penitus sermonum copia nequaquam complecti valeo, excellentissime et revera præ cunctis regibus Christianissime atque orthodoxe regum, quantum vestris meritis atque piis operationum studiis intima cordis nostri affectio congratulatur, dum profecto vestro certaminis præsidio et laborioso conamine sancta catholica et apostolica universalis mater vestra spiritalis Dei Ecclesia, atque orthodoxa Christianorum fides, ab æmulorum impugnationibus ereptæ consistunt; et ex hoc indesinenter ab omni populo Christiano, Redemptori nostro Domino Deo, ob tantum vestrum adhibitum beneficii adminiculum, referuntur laudes. Unde merito, Christianissime fili et spiritalis compater, cum egregio illo ac præcipuo David rege et eximio prophetarum in cœlestibus regnis participem te esse omnium fidelium mentes opinantur, quia sicut honorum infulis, ita quoque 201 et operibus cum coæquare Christianitas tua, ut ipsa rei operatio demonstrat, dinoscitur. Ille enim, erepta ab allophylis [c] arca Domini, cum hymnis et canticis spiritalibus, ac psalterii modulatione exsultans jocundabatur. Tu quoque fundamentum et caput omnium Christianorum sanctam Romanam redimens Ecclesiam, et universum ei subjacentem populum [d] gaudens atque lætus omnipotenti Domino Deo nostro offerre satagis, cujus tam pii operis perfectionem adhibere benignitas tua anhelat, de quo jam repositam sibi in cœlestibus arcibus præmiorum credat consequi remunerationem.

Properantes siquidem ad vos præsentes solertissimi viri, Haribertus scilicet abbas et Dodo comes excellentiæ vestræ fidelissimi missi [e], detulerunt nobis mellifluas et nimis desiderabiles syllabas a vestra præclara Christianitate directas, in quibus sollicite nos de vestro firmo atque incommutabili pollicitationis verbo, et magnæ perseverantiæ constantia, quam in apostolicis perficiendis causis gerere videmini, certos reddere studuistis ; quod quidem nos firmi et omnino freti in vestro benigno proposito, existimamus fine tenus vos permansuros, atque perfectius operaturos id quod beato Petro apostolorum principi et prædecessori Domino et germano nostro beatissimo Stephano papæ polliciti estis [f].

David, arcam Domini eripiens Philistæis, vindicans que illam populo Dei, idem Pippinus præstitit, sanctam sedem, caput et fundamentum catholicæ fidei, catholicamque ipsam fidem adversus Græcos et Langobardos propugnando. Allophylos siquidem seu alienigenas utrosque populos fuisse juxta Pauli sententiam nemo non videt. (*Psal.* LIX *vers. Italæ*) qua utitur basilica sancti Petri). ID.

[a] Argum. Panv. (*Cod. Vat.* 23) : « Vicesimam tertiam per Joannem subdiaconum ; et abbatem, atque Petrum primum defensorem Paulus papa Pipino misit [defensorem transmisit] uberrimas gratiarum actiones continentem de firmo atque incommutabili pollicitationis verbo, et magna perseverantia Pipini in causis apostolicis, cum admonitione ut ita pergat. Pipinum Davidi comparat. » CENN.

[b] Summ. 23, Bar. et Cent. GRETS.

[c] *Allophylus* vox Græca significans alienigenam. Cang. notat Sulpitium Severum passim et Septuaginta interpretari allophylos pro Philisthæis. Perinde Calmet observat, in Veteri Testamento pro Philistinis accipi. Tit. psalmi LV apud Thomas. (t. II, pag. 101) : *David in tituli inscriptione. Cum tenuerunt eum allophyli in Geth.* CENN.

[d] Optima comparatio, aut spectantur Langobardi assiduis Romanam Ecclesiam molestiis et invasionibus afficientes, aut Græci fidem ipsam catholicam et traditionem Patrum appetentes. Quod enim fecit

[e] Abbas Morbacensis, seu Murbacensis Mabillonio, Murbachiensis Pagio (763, n. 6). *Morbac* in Alsatia, hac tantum vice legatione functus in his litteris invenitur. De Dodone dicam infra ad epist. 45, al. 46, cum Romam est missus a Carolo anno, ni forte alius. ID.

[f] Generalis commemoratio Pippinianæ donationis Carisiaci factæ an. 754, quam non integram se accepisse (post civitatum possessionem initam a Folrado) significabat Stephanus II postremis suis litteris ad Pippinum (ep. 11, al. 8) anno 756. ID.

Interea ferebatur et hoc in eisdem vestris apicibus, quia id quod et praesentes de parte vestra velle habuistis nos debere cognosci, scriptis nequaquam propalare maluistis, sed informatis de 202 singulis causarum meritis, praefatis vestris missis, quae nostris deberent innotescere auribus, et ita, juxta ut a vobis praecepta sunt, egerunt, quod quidem nos de singulis, quae nobis affati sunt, liquidius eos informavimus, qualiter nostram vitam a Deo institutae regali vestrae potentiae enarrare debeant [a], sed et praesentes nostros missos, id est, Joannem subdiaconum et abbatem, atque Petrum primum defensorem, cum eis pariter ad vestra regalia direximus vestigia [Crets., fastigia], quos petimus benigne solite a vobis suscipi, et quidquid vobis ex nostra informatione enarraverint, eis in omnibus credere jubeatis, ut perfecta liberatio atque exaltatio sanctae Dei Ecclesiae et fidei orthodoxae proficiat, et merito repositam vobis in coelo consequamini mercedis coronam.

Deus autem omnipotens, qui in excelsis habitat et humilia respicit, qui palmo universum mundum concludit, in cujus manu omnia regnorum jura consistunt, sua vos protegat gratia, et e coelo vobis tribuat victorias, subjiciens vestro regali culmini omnes adversantes nationes, aevisque ac prosperis temporibus regni gubernacula faciat possidere, cum excellentissima filia et nostra spiritali commatre, benignissima regina, dulcissima vestra conjuge, atque amantissimis natis Carolo et Carolomanno, excellentissimis regibus, et nobilissima atque excellentissima Gisila, nostra spiritali filia, et vitam aeternam per infinita vobis tribuat saecula possidendam. Incolumem excellentiam vestram gratia superna custodiat.

XXXVI.
203 ITEM EPISTOLA EJUSDEM PAPAE
AD DOMNUM PIPPINUM REGEM DIRECTA,
De Simeone vel monacho [Lamb., *monachis*] *Remedii episc.* [b].
(An. Dom. 763, *Cod. Car.* XLIII, *chron.* 53.)
ARGUMENTUM. — Georgio primicerio cantorum vita

[a] In procemio epist. attigit utramque causam, catholicae nimirum fidei asserendae adversus Graecos, et Ecclesiae a Langobardorum molestiis atque invasionibus vindicandae: quae duo litterarum fere omnium summa sunt. Quae autem secreto committuntur ultro citroque deferenda. Langobardos tantum spectare videntur, quorum amicitia, necessaria adversus Graecos, servanda quidem erat, sed citra Ecclesiae detrimentum. Ne igitur interceptae forsan litterae patefacerent quae Pippinus adversus eorum pertinaciam meditabatur, secreto agitur per fideles utrinque missos. CENN.

[b] Argum. Panv. (*Cod. Vat.* 3): « In tertia [Tertia] gratias agit Pippino pro defensione contra insidiatores, et pollicetur se curaturum ut monachi Carolomanni psalmodiam discant. » ID.

[c] Quanquam incerto anno scripta haec epistola, ut pleraeque aliae, nulli saltem probabili tempori ab auctoribus ascribatur, tamen ad hunc vel sequentem annum referenda mihi videtur; namque ab insidiis Graecorum liberata Ecclesia dicitur, de quibus in superioribus actum fuit, agiturque in sequenti epistola: cumque parum referat in ejus aetatem inquirere, hujus anni silentio nimis diuturno modum af-

functo, Simeon secundicerius, qui monachos Remigii Rothom. archiep. canendi artem edocebat, ex Francia Romam accersitus erat, primicerii officio functurus. Pippinus Paulum monet, aegre id tulisse fratrem suum: at hic respondet se quod necessario fecerat reparaturum, nam monachos Remigii perfecte erudiendos primicerio ipsi traderet.

Domno excellentissimo filio et nostro spiritali compatri Pippino regi Francorum et patricio Romanorum, Paulus papa.

Cum charitatis amor, quem erga vestram a Deo illustratam insignem gerimus excellentiam, nostro enucleatius vigeat cordi, curae idcirco nostrae existit, excellentissime regum, vestrae gnaviter et praeclarae totis obtemperare nisibus voluntati, praesertim dum et amplissimo vestrae excellentiae praesidio relevati, et, post Deum ab insidiatorum videamur saevitia erepti [c]; et ideo quoties nobis relationum vestrarum apices perferuntur, gratuito acceptantes animo, confestimque, quod eorum textus eloquitur, effectui satagimus mancipandum. Unde susceptis in praesenti a Deo protectae excellentiae vestrae syllabis, nempe relectis [Lamb., *relictis*] protinus, cuncta quae ferebantur in illis libenter adimplevimus; in eis siquidem comperimus exaratum quod praesentes Deo amabilis Remedii [d], germani vestri, monachos, Simeonis scholae cantorum priori contradere deberemus, ad instruendum eos in psalmodiae modulatione, [Al., *psalmodii modulationem*], quam ab eo apprehendere, tempore quo illuc in vestris regiminibus extitit, **204** nequiverant. Pro quo valde ipsum vestrum asseritis germanum tristem effectum in eo quod non ejus perfecte instruxisset monachos.

Et quidem, benignissime rex, satis facimus Christianitati tuae, quae nisi Georgius, qui eidem scholae praefuit, de hac migrasset luce, nequaquam eumdem Simeonem a vestri germani servitio abstrahere [Lamb., *abstollere*] niteremur; sed defuncto praefato Georgio, et in ejus idem Simeon, ut pote sequens illius [e], accedens locum, ideo pro doctrina scholae eum ad nos accersivimus, nam absit a nobis ut

ferre libuit. ID.

[d] Vide not. ep. 29, al. 21. ID.

[e] Card. Baron. (an. 1057, n. 22) ex cod. Vat. ita de cantoribus: « Subdiaconi sunt omnes numero viginti et unus, septem regionarii, qui epistolas et lectiones cantant in stationibus, septem palatini, qui idem munus praestant in ecclesia Lateranensi, septem alii qui dicuntur schola cantorum, qui cantant tantummodo quando summus pontifex celebrare consuevit. » Nota obiter discrimen huic codici cum opusculo illo intercedens, quod tanti fuit Mabillonio (*Mus. Ital.* tom. II, p. 567) et ante eum Panvinio et Raspon., tribuiturque Joanni cuidam diacono. At de hoc dicam infra in monito ad epistolas Constantini pseudopapae. Ven. etiam card. Thomasius (*Praef. de antiq. lib. Miss.*, tom. V, p. IX) audiendus: « Hujus scholae praecipui cantores septem erant subdiaconi (V. card. Bar. an. 1057) quorum primus primicerius vel prior scholae, secundus secundicerius dicebatur, tum tertius et quartus scholae, qui et archiparaphonista vocabatur. » Tres eos subdiaconos, qui archiparaphonistam praecedebant, scholae seu collegii cantorum praecipua officia esse docent antiqui ordines Romani I et III ap. Mabill. (*Mus. Ital.* tom. II, p. 7

quippiam quod vobis vestrisque fidelibus onerosum existit, peragamus quoquomodo. Potius autem, ut prælatum est, in vestræ charitatis dilectione firmi permanentes, libentissime, in quantum virtus suppetit, voluntati vestræ obtemperandum decertamus.

Propter quod et præfatos vestri germani monachos, sæpe dicto contradimus Simeon, eosque optime collocantes, solerti industria eamdem psalmodiæ modulationem instrui præcepimus et crebro in eadem, donec perfecte eruditi efficiantur a, pro amplissima 205 vestræ excellentiæ atque nobilissima [*Lamb.*, nobilissimi] germani vestri dilectione, ecclesiasticæ doctrinæ cantilenas [*L.* et *G.*, cantilena] disposuimus efficaci cura permanere, optantes de reliquo excellentiam vestram ævis ac prosperis temporibus in Domino valere, et regni perfrui sceptro, atque triumphales de hostibus, intercedente beato Petro, consequi victorias. Incolumem excellentiam vestram gratia superna custodiat.

XXXVII.
206 ITEM EPISTOLA EJUSDEM PAPÆ,
AD DOMNUM PIPPINUM REGEM,

In qua continentur gratiarum actiones, et de sanitate ipsius, seu Caroli [*Lamb.* add. *et Carlomanni*], *et de Marino, presbytero, atque de Ravenna, qualiter contra eamdem mala machinantur consilia* b.

(*An. Dom.* 764, *Cod. Car.* XXXII, *chron.* 36.)

ARGUMENTUM. — Regiis litteris officiosis par responsum : res Ecclesiæ, suimet ac populi sibi commissi salvas esse Dei omnipotentis gratia et ejus opera : calumniatos sibi, qui se dixisse opem defuturam a Francis mentiti erant : vitaturum se semper ejus adversarios, amæsurum illius amicis : e missis tam regiis quam pontificiis Constantinopolim profectis se nihil novisse propter sævam asperitatem hiemis : restitutum Marinum in pristinum honorem presb. card. gaudet, at se nullum cum eo litterarum commercium habuisse, eumque regio arbitrio omnino committere. Litteras mittit Ravenna acceptas, ubi res parum tranquillæ erant ab æmulis, qui nullum lapidem non movebant ut amissa reciperent. Denique illum obtestatur ut cœptum opus perficiat et Ecclesiam ab insidiis liberet.

Domno c excellentissimo filio et nostro spirituali compatri Pippino regi Francorum et patricio Romanorum, Paulus papa.

Eximiæ et a Deo protectæ excellentiæ vestræ, harum deferente portitore, destinatos apices omni plenos dulcedine ac amore, quos cum magno venerationis affectu acceptantes , liquidius cuncta in eis inserta agnovimus : inter hæc quippe, excellentissime fili [*L.* et *Gent.*, c. bone fili], vestra nobis præcelsa innotuit benignitas, qualiter, divina Dei nostri favente misericordia , sani atque sospites et illæsi existentes sitis , simul cum excellentissimis natis vestris, spiritalibus nostris filiis Carolo et Carolomanno, magnis regibus, atque domna Bertrada regina dulcissima spirituali [*Grets.*, d. conjuge vestra et sp.] 207 commatre nostra, nec non et Gisila nobilissima nostra filia. Quibus agnitis, magnas ac innumerabiles polorum arbitro ac Regi regum Domino Deo nostro retulimus laudes, quoniam , juxta id quod anhelantius optantes desideramus , vestram addiscere meruimus sospitatem ; pro quo Dominum Deum nostrum sedulis deprecationibus imploramus, qui nos per multorum curricula annorum de vestra integra sospitate faciat exsultare, quod vestra salus nostra est exsultatio, et vestra prosperitas nostrum procul dubio existit gaudium.

Et hoc in vestris regalibus apicibus continebatur ascriptum, quatenus vobis innotescentes significaremus, si circa sanctam Dei Ecclesiam, atque nostram mediocritatem, vel populi nobis commissi [*Lamb.*, populum... commissum] salus aut integritas profligaretur d. Nam et de hoc magnas et innumerabiles gratias Deo omnipotenti et vestræ excellentiæ referimus , quia sicut revera, Christianissime et vere Dei cultor , Ecclesiam Dei et populum vestra excellentia visitare non piget, sed hoc non nostris meritis, sed divina proveniente misericordia, agitur, dum omnia prospera circa [*Lamb.*, erga] sanctam Dei Ecclesiam atque nostram mediocritatem, vel nobis commissum

---

et 55) qui postquam officium quartum definierunt : « Archiparaphanista , id est quartus scholæ , qui semper nuntiat pontifici de cantoribus, » ista adjungunt : « Ille quartus scholæ perveniens in presbyterium . . . . postquam dixerit inclinato capite ad priorem scholæ, vel secundum, sive tertium, *Domini, jubete*, mox antiphonam ad Introitum incipit prior scholæ. » Hinc patet cur Simeon secundicerius Romam fuerit vocatus post Georgii primicerii mortem: prior enim seu primicerius inclyti ejus collegii factus erat, cujus præcipui honorabilioresque gradus erant post primum secundus et tertius ; quin, Paulo id testante, si primus, seu primicerius, aut prior deficeret, secundus jure suo fiebat primus ac proinde tertius secundicerii gradum assequebatur, et, ni fallor, quatuor etiam reliquis par fuit progressio. CENN.

a Carolus Magnus in Capitulari Aquisgran., cap. 80 (Labbe, *Concil.* tom. VII, p. 986), quod relatum visitur Capitular. lib. 1, cap. 80, instituit hunc in modum : « Monachi, ut cantum Romanum pleniter et ordinabiliter per nocturnale vel gradale officium peragant, secundum quod beatæ memoriæ genitor noster Pippinus rex decertavit ut fieret, quando Gallicanum cantum tulit , ob unanimitatem apostolicæ sedis et sanctæ Dei Ecclesiæ pacificam concordiam. »

Ducang., V. *Cantus Romanus*, auctoritate Walafridi Strab. (*De Reb. eccl.*, c. 25), recte statuit epocham cantus Romani in Gallias advecti a Steph. II anno 753. At postmodum illam destruit auctoritate hujus epistolæ Paulinæ, aiens Paulum *Remedii rogatu* ante Stephani II adventum in Gallias id præstitisse, quod in epistola continetur, continuo subjungens : *Porro Paulus Stephanum proxime præcessit*. Qua in re vir doctissimus oppido fallitur, ut liquet. Historiam vero omnem Romani cantus in Galliis plene atque erudite persequitur. Eum consule. ID.

b Argum. Panv. (*Cod. Vat.* 46) : « In decima [Decima] purgat se de crimine objecto : quasi dixisset Pipinum non valere auxilium præbere Romanis in angustia aliqua constitutis : et de Marino [in ang. constitutis, de Marino] facit potestatem, ut statuat quid velit, et petit [velit. Petit] auxilium pro Ravennatum defensione. » ID.

c Summ. 10 Bar. et Cent. GRETS.

d Plura exempla attuli (ep. 24, al. 31, not.), eruditis interpretationem verbi integram relinquens. Perinde hic facio; tametsi nullum ex allatis ibi exemplis videam ad rem facere , nec multi negotii esse quid sibi Paulus hic velit, intelligere. CENN.

populum existunt, pro quo Deum cœli, penitus omnium bonorum largitorem, rogabimus, vobis [*Lamb.*, r. qui v.] pro hoc præcipuo ac pio opere sit retributor, ob tantam benignitatem et sollicitudinem, quam circa sanctam Dei catholicam et apostolicam Ecclesiam vel ejus familiarem [*Grets.*, peculiarem] populum habere dinoscimini.

Sed et hoc in ipsis vestris relationum apicibus continebatur, per vestros vobis fuisse nuntiatum legatos, quod a quibusdam malignis et mendacium proferentibus, in istis partibus divulgatum esset quia, si aliqua nobis necessitas eveniret, nullum nobis auxilium præbere volueritis [a]. De quo nefario dicto nequaquam **203** nobis fuit aut est hæsitatio, quia, divina faciente misericordia, magnam in vobis, post Deum, spem et fiduciam habemus, agnoscentes quod, Deo propitio, nullum de quacunque parte erit [*Lamb.*, sit] impedimentum vobis defensionem atque auxilium sanctæ Dei Ecclesiæ vel ejus peculiaris populi impertiendi, juxta id quod Beato Petro apostolo, per beatæ memoriæ prædecessorem, domnum et germanum nostrum, ob remedium animæ vestræ et veniam delictorum vestrorum, pollicentes spopondistis, quod in perpetuis temporibus, Domino annuente, firmum ac robustum credimus permanere.

At vero, unde nobis Christianissima vestra direxit excellentia, quod si quis e vestris adversariis [b] aut contemptoribus ad nos venerit, nullo modo cum eis nos aut in eorum societate misceri, absit a nobis ut hanc rem faciamus, dum profecto vestri inimici sanctæ Dei Ecclesiæ et nostri existunt; quapropter testatur veritas, quia ubi vestros amicos agnoverimus, tanquam amicos et fideles sanctæ Dei Ecclesiæ oblectare et amplecti cupimus; et ubi vestros inimicos invenerimus, veraciter tanquam inimicos sanctæ Dei Ecclesiæ et nostros proprios, ita eos respuimus atque persequimur, quia vestri amici sanctæ Dei Ecclesiæ et nostri existunt, et hi qui inimicitias contra vos machinantur, profecto inimici sanctæ Dei Ecclesiæ et nostri esse comprobantur.

De missis vero vestris ac nostris, quia ad regiam urbem simul properaverunt, de quibus petiit nos vestra præclara excellentia sibimet a nobis significari si quid ex eis addiscere potuimus, cognoscat vestra a Deo protecta eximietas quod in his diebus **209** nihil ab ipsis cognoscere potuimus, dum profecto vobis incognitum non est, quod per tam sæva hujus [c] hiemalis temporis asperitate, nullus de illis partibus adveniens nobis annuntiavit qualiter circa eos agatur, et ideo ad præsens ignoramus quid vobis de eis veraciter significemus.

At vero de Marino presbytero, scripsit nobis Christianissima excellentia vestra quod demum in pristino esset constitutus honore, secundum qualiter vobis postulantes direximus, nos quidem testem Deum proferimus, quod pro nulla alia re pro eo vobis direximus, nisi propter lacrymas et quotidianas lamentationes, quas ejus genitrix effundere non cessat, quæ et orbata lumine existit, et ideo vobis direximus, ut apud vos eum absolvere debuissetis, quia nihil de eo vobis fuit aut est, sed nec nobis, nisi tantummodo de ejus iniqua malitia, quam contra sanctam Dei Ecclesiam, maligna atque perversa motus audacia, agere præsumpsit. Sed de hoc, sicut per anteriores nostras litteras excellentiæ vestræ direximus, in vestro sit arbitrio vel potestate quid de eodem disponere volueritis. Nulla nobis de eo cura est, nisi, ut prædiximus, qualiter vestra fuerit voluntas, ita de eo disponere debeatis [d]. At vero

---

[a] In Cod. ms. Lambecius et Gentilotus recte legunt *valuissetis*: Aquitanico enim bello detinebatur Pippinus ab anno 760, quod paulo post sequentibus explicatius redditur: « Agnoscentes quod Deo propitio nullum de quacunque parte sit impedimentum vobis defensionem atque auxilium S. D. Ecclesiæ, etc. » GENN.

[b] Nullus videtur esse dubitandi locus quin Pippinus ita scripserit post Tassilonis defectionem, quam superiori anno auctores consignant, post placitum Nivernense. Annales Francor. ad an. 763: « Pippinus rex habuit placitum in Nivernis, et quartum iter faciens in Aquitaniam, ibi Thessilo dux Bajoariorum postposuit sacramenta et omnia quæ promiserat, et per malum ingenium se inde seduxit, omnia benefacta quæ Pippinus rex avunculus ejus ei fecit, postposuit, per ingenia fraudulenta se subtrahendo Bajoariam petiit, et nusquam amplius faciem supradicti regis videre voluit. » Eadem Pagius (763, n. 4) refert ex Annalista Metensi, alios laudans annales idem confirmantes; sequenti enim epistola eumdem Tassilonem pœnitentia ductum ac redire aventem in avunculi gratiam ita regi commendat, ut iteratis precibus fessum se id fecisse significet, nullatenus a regia voluntate recedendo. ID.

[c] Hiemem validam hoc anno alii annalistæ collocant, alii superiori, cum laudatis Annal. Francor. Causam affert Pagius (an. 763, n. 5) ex Theophane, ad an. 23 Constantini : « Eodem pariter anno, mensis Octob. exordio, frigus ingens et asperrimum non in hac modo regione, sed et per Orientem, Septentrionem, et Occidentis plagam incubuit. » De horrenda ista hieme et Paulum agere perspicue ostendunt epistolæ ejus non paucæ numero, in quibus nonnulla mentio est horrendæ illius hiemis; necnon ratio ipsa loquendi, *pro tam sæva hujus hiemalis temporis asperitate*. Præcedenti autem anno missos regios una cum pontificiis Constantinopolim profectos esse pro sacrarum imaginum cultu, plura in superioribus indicia exstant, ubi de orthodoxa fide et Patrum traditione asserenda res est, at nulla usquam affirmatio certa occurrit, præterquam hoc loco, et in sequenti epistola, de qua mox Anastasius tantum frequentes Pauli legationes commemorat, nulla Pippini mentione facta ; et Pagius notat multas inter imperatorem et Franciæ regem legationes hoc tempore in annalibus memorari : at pontificiæ illis additæ nullatenus meminit. ID.

[d] Hinc certo constat, alias de hac re litteras datas esse ad Pippinum ab eodem Paulo : at illæ nequaquam exstant. Epistola siquidem 16, al. 25, anno 757, Pippino morem gerens cardinal. tit. sancti Chrysogoni Marinum creaverat ; sequenti anno perduellem illum esse audiens, episcopum in Francia eligi petiit (ep. 19, al. 39) ne deterior fieret ; nunc demum lacrymis se moveri ait matris ejus lumine captæ, adeoque orat, ut cum remittat Romam nulli alii crimini obnoxium, quam perfidiæ in sanctam sedem, arbitrio ejus nihilominus remittens quidquid de eodem Marino statuendum censeat. Quæ

nobis direxit excellentia [*Lamb*. *add*. vestra], ut vobis intimare debeamus, si nobis idem Marinus suas direxit litteras, de quo, teste veritate, dicimus: nunquam 210 nobis suas direxit litteras ex eo, quando illuc apud vestram excellentiam properatus est. Nam nullo modo vobis vetare [*Lamb*., velarel] habuimus, si factum fuisset.

Interea nempe ea quæ a fidelibus sanctæ Dei Ecclesiæ, et nostris, id est, de partibus Ravennæ ad nos pervenerunt, aptum prospeximus vestræ excellentiæ intimanda, eo quod æmuli sanctæ Dei Ecclesiæ et nostri, atque vestræ excellentiæ, die noctuque non desinant pertractare, qualiter nos sibi Deo contrario prævalere ac superare possint. Tamen et ea ipsa scripta, quæ exinde suscepimus, infra has nostras litteras excellentiæ vestræ direximus; quatenus rei meritum addiscentes, agnoscatis quod illi a suo maligno proposito et solita nequitia nequaquam desistunt: pro quo, Christianissime bone fili et spiritalis compater, enixius elaborare atque decertare jubeas, quatenus bonum opus quod cœpisti per te compleatur, et ut sancta Dei Ecclesia et ejus peculiaris populus perfectam habeat liberationem, et securi ab inimicorum insidiis permaneant [a].

De reliquo vero petimus divinam Dei nostri misericordiam, ut vos per multorum annorum curricula in solio regni vestri conservare dignetur, una cum excellentissimis vestris natis, nostrisque spiritalibus filiis, Carolo et Carolomanno, regibus Francorum et patriciis Romanorum, nec non domna Bertrada excellentissima regina spiritali nostra commatre, vestra conjuge, simulque et Gisila nobilissima puella, nostra spiritali filia, ad exaltationem et defensionem sanctæ Dei Ecclesiæ, simulque et ejus peculiaris populi, optantes diu vestræ prosperitatis gaudia addiscere, atque immensam pro vobis divinam implorare clementiam. Incolumem excellentiam vestram gratia superna custodiat.

XXXVIII.
211 ITEM EPISTOLA EJUSDEM PAPÆ,

AD DOMNUM REGEM PIPPINUM, PER FLAVINUM CAPELLANUM, ET JOANNEM SUBDIACONUM ET ABBATEM, ATQUE PAMPHILUM DEFENSOREM REGIONARIUM SANCTÆ ECCLESIÆ DIRECTA,

In qua continentur gratiarum actiones de ipsis missis,

[a] Aiebam superiorem ad epistolam (not. 2) et hic de Græcorum insidiis verba fieri: at quibusnam eæ pararentur insidiæ tum haud dixi. Sanctæ scilicet sedi et ejus peculiari populo, seu Romanis parabantur: idcirco Exarchatus et Pentapolis in potestatem redigere summis viribus nitebantur Græci: inde enim aut fœdere, aut amicitia cum Spoletanis inita, ut olim Eutychius exarchus, aggredi Romam poterant. Alias Langobardorum opera indigebant, in quorum potestate erat non modo Italiæ regnum, sed Beneventanus etiam ducatus latissime patens: cumque hos Francorum regi addictos non ignorarent, hauddum tentare illorum animos ausi erant: quod postmodum fecerunt, ut mox patebit. Ib.

[b] Argum. Panv. (*Cod. Vat.* 22): « Vicesimam secundam epistolam Pipino scripsit, in qua gratias qualiter, una cum missis imperialibus honorifice suscepti sunt, et cætera [b].

(An. Dom. 764, Cod. Car. xx, chron. 37.)

ARGUMENTUM. — Multis capitibus regiæ epistolæ a suis missis Joanne subdiacono ac Pamphilo defensore cum Flavino misso regio redeuntibus allatæ respondet. Primo, imperiales missos coram pontificiis auditos, quibuscum de catholica fide et traditione disputarunt, quam rem missi etiam retulerant tanti esse, ut factum a Deo uno compensari possit. Deinde, ad imperiales litteras, et Pippini responsum (utraque enim exempla adnexa fuerant) progrediens, hoc summopere laudat; illas sublestæ fidei damnat. Tertio, Synesium alterum ex missis imperialibus detentum, Anthimo cum regiis missis redire Constantinopolim jusso, probat. Quarto, nullis blanditiis aut mundi thesauris eum removeri posse a promissis divo Petro et Stephano factis, longo experimento jam se novisse affirmat. Quinto, se ait mittere suum signum ab eo petitum per Flavinum regium missum. Sexto, se transacto mense Maio ad eum legasse suos missos Philippum presbyterum et Ursum pro Tassilone ejus sororis filio, qui in gratiam avunculi redire avebat; sed suspicioso a Desiderio prohibitos Ticino in Franciam discedere. Denique, dbli plenas esse litteras imperiales (Græcis serere conantibus diffidentiam de regiis et pontificiis missis) monstrat Christophori primicerii viri integerrimi exemplo, qui proditionis insimulabatur.

Domno [c] excellentissimo filio et nostro spiritali compatri Pippino regi Francorum et patricio Romanorum, Paulus papa.

Cum regalis potentiæ culmen plus fidei virtute quam bellatorum armis videatur præsidio et fortitudine circumtegi, quid mirum, excellentissime et vere orthodoxe regum, si studiorum 212 vestrorum conatus, ad protegendum [*Lamb*., *Gent*., profligandum] Dei institutionem ac fidei Christianorum censuram, impensius imminere non desistat, et ob hoc et cœlestis vobis victoria datur, et prospera a redemptore nostro, credite, præcellentiæ vestræ fore largitura. Remeantibus siquidem ad nos missis nostris, quos ad vestram præclaram excellentiam directos habuimus, Joanne videlicet subdiacono et abbate, atque [d] Pamphilo defensore regionario spiritalis matris vestræ, sanctæ nostræ Ecclesiæ, una cum vestro misso Flagitio cappellano, attulerunt nobis honorabiles et nimis desiderabilis [*Lamb*., desiderabiles] Christianitatis tuæ litteras, quas cum nimio jucunditatis gaudio suscipientes ac relegentes, protinus agit [gr. eidem agit] Pipino, quod missi sui, scilicet Johannes [legati sui Joh.] subdiaconus, abbas Pamphilus defensor regionarius [Pamph. abbas N. defensor reg.] sanctæ Romanæ Ecclesiæ cum imperialibus missis [legatis] a Pipino honorifice suscepti sint [essent]. Agit Pipino gratias, quod omnia indicavit [sibi omnia indicaverit] quæ cum imperatore Constantinopolitano acta fuerant: valde Pipinum laudat etc. [valde eum laudat et commendat]. » CENN.

[c] Summ. 22 Bar. et Cent. GRETS.

[d] Nisi Pamphilum defensorem reperissem in litteris Stephani III (ep. 49, al. 45), suspicatus essem num hi pontificii missi iidem essent quos superiori anno Pippino legaverat. Profecto Joannes subdiaconus et abbas idem ipse est; de ejus collega divinare non ausim quid evenerit in Francia, ita ut Joanni socius alter daretur. Quod certo constat, Petrus primicerius defensorum nunquam amplius memoratur in isto Codice. CENN.

earum assertio, tanquam suavitatis flagrantia nos afficiens ac salutaris providentiæ fomento medens lætos efficit.

Porro, Christianissime rex, amantissime fili et spiritalis compater, innotuit benignitas vestra, qualiter nostri ac imperatoris missi [a] a vobis suscepti sunt, et quemadmodum illis de singulis quæ præclaro culmini vestro affati sunt, respondere studuistis, eos, pro amore fautoris vestri beati Petri, nequaquam suscipi aut illis responderi acquiescentes absque nostrorum missorum præsentia ; sed et ipsi nostri legati ea ipsa nobis retulerunt. Unde licet nos ob tantam cordis vestri sinceram affluentiam, quam erga spiritalem matrem vestram Dei Ecclesiam et nostram fragilitatem habere videmini, digna rependere non valemus, est tamen protector vester Dominus Deus noster, qui vos regnare jussit, et sanctam suam Ecclesiam ad defendendum vobis commisit, qui dignam præmiorum in præsenti ac futura vita, præcellentiæ vestræ rependere potest remunerationem.

213 Itaque et litteras quas vobis, simulationis ac illusionis causa, ipsi imperiales missi attulerunt, nobisque a vobis directas suscipientes, earum agnovimus seriem, et omnino in hoc benignitatis vestræ pia consideratio, exsultationis lætitiam nobis intulit, quia vere constat non pro humano favore, sed pro Dei timore, ita vos peregisse, sed et ea quæ præfati nostri missi cum imperialibus missis de observatione fidei orthodoxæ et pia patrum traditione, in vestri præsentia disputantes altercati sunt, nobis liquidius per eadem vestra scripta innotuistis , simulque et exemplar litterarum, quas præfato imperatori direxistis, responsionis quippe modum et solutionem petitionum, de his quæ ab eo vobis intimata sunt, nobis dirigere a Deo illustrata excellentia vestra annuit : verum etiam et quemadmodum eisdem imperialibus missis responsum reddidistis, et unum ex eis Anthi [*Grets.*, Anthymum] nempe spatarium cum vestris missis regiam direxistis urbem, et alium, videlicet Synesium eunuchum, apud vos detinuistis, simili modo nobis minutius intimastis ; agnitisque omnibus a vobis pro exaltatione sanctæ Dei Ecclesiæ et fidei orthodoxæ defensione peractis [b], lætati sumus gaudio magno, et ita nobis placabilia existunt, sicut certe, non hoc humano consilio, sed Dei providentiæ intuitu vos talia egisse ac respondisse ambiguum non est. Vere enim, domine rex, fili Christianissime et spiritalis compater, spiritus Dei intimi cordis tui illustrat piam considerationem, et qui Spiritus sancti gratia redundat, non aliis nisi quæ spiritalia sunt exuberat, quoniam cor potentiæ vestræ in manu Dei consistens, in suo procul dubio illud inclinat beneplacito.

Direxistis siquidem nobis per eadem vestra scripta significantes, quod nulla suasionum blandimenta vel promissionum copia vos **214** possit avellere ab amore et fidei promissione, quam beato Petro, principi apostolorum, et ejus vicario, prædecessori et germano nostro sanctæ recordationis domno Stephano papæ, polliciti estis, sed in ea ipsa vos charitate et sponsionis fide fine tenus fore permansuros ; et quidem nos, præcellentissime regum, experimento comperimus et operibus comprobavimus, vos firma atque robustissima constantia, in ea ipsa sponsione [*Ms.*, vos] in finem permanere, et in vobis confidimus, quod si universi mundi thesaurorum copia in conspectu vestro offeratur ac tribuatur, nullo modo in aliam partem vestram firmam et a Deo impulsam mentem declinare inflectereque valebit : quoniam vos omnipotens Dominus, præ cunctis regibus sæculi, elegit et in vobis complacuit, ut vestro certamine sancta universalis Dei Romana Ecclesia, et caput omnium Ecclesiarum, ac firmamentum fidei Christianæ ab impugnatorum insidiis liberata exstitisset, et illud quod a constitutione sæculi Dominus per vos perfici decrevit, ecce mirabiliter operatum est.

Unde magnam post Deum in vestro regali culmine spei fiduciam habemus, quod perfectius ipsa sancta Dei Ecclesia, atque hæc miserrima et afflicta provinciola [c] a perfidia inimicorum liberetur, quia antiquus humani generis hostis non desinit inimicorum corda pulsare, ut suas jaculentur solite insidias ; sed, bone orthodoxe rex, tuo solito certaminis præsidio, eorum cum Dei virtute stude confringere malitiam, ut sancta Dei Ecclesia et populus ejus peculiaris perfectius ab inimicorum sævitia liberetur, et merito suffragiis apostolorum circumsepti, mercedis vobis in cœlo repositam coronam consequi mereamini. Direximus itaque excellentiæ vestræ, juxta ut intimastis, signum nostrum per præsentem missum vestrum.

215 Interea et hoc innotescimus Christianitati

---

[a] Videlicet Anthymus spatarius et Synesius eunuchus, quos infra nominat. De hac epistola recte Pagius (a. 764, n. 4.) quæ cæteroqui satis perspicua est. Genn.

[b] Quam serio ageret rex Francorum, ut catholica fides et sacrarum imaginum cultus adversus Græcos asscrerentur, patet etiam ex actis Conventus Attiniacensis seq. anno celebrati. Quanquam enim eadem interierint, tamen e schedis Lucæ Holstenii Labbeo transmissis a R. P. Possino exstat eorum summa (Labbe, *Conc.* tom. VI, p. 1702) quæ huc pertinent ; « Nomina episcoporum, seu abbatum, qui apud villam publicam Attiniacum pro causa religionis ac salute animarum congregati synodali conventu, etc. »

Mabillon. (*Annal.* lib. xxv, n. 1) post relatam eamdem summam, agit (num. 6) de sanctorum Gorgonii, Naboris, et Nazarii reliquiis Roma in Franciam allatis : quæ pariter collineant ad sanctorum venerationem Francorum regis opera vindicatam. Id.

[c] Muratorius, qui semper et ubique Romam a Græcis minime petitam autumat, quod juris eorum esset, perfunctorie has epistolas perlegisse videtur. Quid enim aliud erat *provinciola* ista, nisi Roma et ejus ducatus ? luculenter definitur infra per sanctam Dei Ecclesiam ejusque populum peculiarem. At Græcis, ut superiori epistola (inter not.) aiebam, patere aditus Romam non poterat, nisi prius Exarchatum in potestatem redigerent. Id.

vestræ, quod jam sæpius nos petisse dignoscitur Tassilo Bavariorum dux, ut nostros missos ad vestram præclaram excellentiam dirigi annuissemus, ut ea inter vos provenirent quæ pacis sunt. Unde nos data occasione libentissime nostros missos, id est, Philippum dilectum filium nostrum presbyterum, atque Ursum nostrum etiam fidelem, ad vestri præsentiam visi sumus direxisse, transacto Maio mense [a], eo videlicet modo, ut qualiter vestra fuisset voluntas, ita peragere debuissetis; et properantibus ipsis nostris missis usque Ticinum, adversa suspicione arreptus Desiderius Langobardorum rex, minime eos permisit ad vestram a Deo conservatam excellentiam pertransire, tamen et easdem litteras, quas vobis dirigebamus, infra hæc nostra scripta Christianitati vestræ transmisimus. Itaque et hoc a Deo protectæ Christianitati vestræ aptum duximus intimandum: quod relectis imperialibus litteris, vobisque defertis [delatis] per præfatos Antispatarium [Lamb., Antinum spatarium] et Synesium eunuchum, quas nobis ob earum seriem intuendam, pro amore beati Petri fautoris vestri, dirigere dignati estis [b], reperimus in eis annexum, quod vestri ac nostri homines, qui ipsas imperiales syllabas, quæ vobis nobisque directæ sunt vel diriguntur, interpretantur non juxta ut ibidem exaratum est, sed aliud pro alio false interpretari audent; et missi, qui inter partes properant, non sicut illis injungitur, sed acceptilationis præmio corrupti, alia pro aliis deferunt, et in hoc perpendat vestra excellentia, quanta est inimicorum malitia: dum contra animas eorum, non quæ veritatis sunt, 216 sed per hanc occasionis versutiam iniqua proferunt mendacia in id, quod nec suis nec vestris ac nostris credant missis. Dum et vos satisfacti estis de vestris hominibus, simili modo et nos de nostris, quod nullo modo hoc agere penitus præsumant.

Satisfaciat omnipotens Deus, qui cordi ac renum scrutator est, mellifluum cor excellentiæ vestræ, quod nequaquam nostrum quispiam, ut ipsi asserunt, talia agere perpetravit, sed in hoc vehementer idem imperator irascitur, et occasionis versutias adhibet, pro eo quod nequaquam siluimus ei prædicandum ob constitutionem sanctarum imaginum et fidei orthodoxæ integritatem. Nam illud in ipsis suis apicibus asserunt, quod dilectus filius noster Christophorus primicerius et consiliarius, sine nostra auctoritate nobis quasi ignorantibus, suggestiones illas, quas sæpius ei direximus, fecisset, et alias pro aliis ejus ac vestris missis relegisset, et in hoc testem et judicem proferimus Deum quod ita nequaquam est. Nihil enim ipse noster consiliarius extra nostram voluntatem aliquando egit vel agere præsumpsit, quoniam nostri prædecessoris ac germani, domini Stephani papæ, simul et nostor, sincerus atque probatissimus fidelis exstitit, et in omnibus existit, et satisfacti sumus de ejus immaculata fide et firma cordis constantia, et ob hoc credimus, illud quod nobis false profertur non improperium, sed bravii corona nobis a Deo computatur, et idcirco utrisque nobis Dominus adjutor est, et non timebimus quid nobis faciat homo. Habebimus enim, post Deum, et clypeum protectionis et arma virtutis, vestram a Deo illustratam præclaram excellentiam. At vero Christianitas vestra suos jubeat inquirere missos, et in omnibus vos satisfaciatis; quoniam mendacium contra nos idem adseruit imperator, eo quod eam direximus suggestionem, eis relegentes pariter cum ipsis, quæ direximus et confirmavimus, et ejus exemplar a nobis vobis directum apud vos haberi videmini [c].

217 His præmissis, flexis poplitibus, una cum universa plebe Dei, polorum cœlorum opificem Dominum Deum verum [d] exoramus, ut vobis præsentis vitæ longævitatem cum magna de hostibus victoria concedat, et æterna gaudia tam excellentiæ vestræ quamque Christianissimæ reginæ, filiæ et spiritali nostræ commatri, amantissimæ vestræ conjugi, atque dulcissimis natis excellentissimis Carolo et Carolomanno regibus Francorum et patriciis Romanorum, largiri dignetur. Incolumem excellentiam vestram gratia superna custodiat.

XXXIX.

218 ITEM EPISTOLA EJUSDEM PAPÆ,
AD DOMNUM PIPPINUM REGEM DIRECTA,

In qua continentur, quod sex patricii cum trecentis navibus, et stolo de Sicilia in [Lamb. om. *in*] *partibus Romæ, vel Franciæ properant, et de justitiis sanctæ Dei Ecclesiæ, quas Desiderius coram missis suis facere promisit, quia nihil exinde, sicut pollicitus fuit, adimplevit* [e].

(An. Dom. 764, Cod. Car. XXIV, chron. 58.)

ARGUMENTUM. — Adnectit suis litteris alias, queis

---

[a] Ut superior, ineunte anno, dum maxime sæviebat horrida hiems, data fuit; ita hæc epistola admodum provecto eodem anno conscripta fuisse videtur: de missis enim Paulus loquitur, quos præterito mense Maio direxerat Tassilonis causa, qui a Desiderio erant prohibiti Ticino proficisci. Quippe filiam suam, ut ait Pagius (an. 764, n. 4) aut in matrimonium collocaverat, aut brevi collocaturum se sperabat eidem Tassiloni. CENN.

[b] Litteras pro Tassilone datas periisse, licet semel et iterum missas, parum interest. Quæ autem venerant Constantinopoli, magnique momenti sunt ad Græcorum versutias tenendas, per summa capita hic a pontifice relatas habemus. ID.

[c] Pontificem præ aliis regi suspectum reddere molitus erat imperator, litteris ad se scriptis abutens pro sacrarum imaginum cultu restituendo, ut in Vita Pauli ap. Anast. ID.

[d] Opportune admonet Gentilotus *cœlorum* esse positum a Tengnagelio, nam in Cod. ms. *tellorum* sive *tellurum*, ut legit Lambecius, invenitur: quod est creatorem cœli et terræ: at crasso illi ævo melius sapiebant *poli*, qui frequenter occurrunt. ID.

[e] Argum. Panv. (*Cod. Vat.* 17): « In decima septima epistola ad Pipinum [Decima septima Pipino] indicat sex patricios cum 300 navibus Cpoli Romam venturos, et postea in Franciam ad Pipinum. Postea queritur [Pipinum profecturos, queritur] Desiderium justitias sanctæ Dei Ecclesiæ, quas coram missis [legatis] Pipini facere promiserat, non sicut pollicitus fuerat adimplevisse, sed insuper [promiserat, quemadmodum pollicitus fuerat, non adimplevisse, quinimmo] Romanos injuriis plurimis affecisse. » ID.

nuntiabatur sex patricios, cum trecentis navigiis et classe Sicula Romam versus, inde in Franciam profecturos. Præterea illum admonet convenisse inter se et Desiderium coram regiis missis de rebus invicem restituendis; sed versutum regem rem cœptam procrastinare, ac mala interim et deprædationes in Romanorum finibus fieri, qu'n etiam comminatorias sibi misisse, quas item adnectit. Consuetam ejus protectionem exposcit. Coniberto ejus vasso multa enarranda committit. Orat ut duos missos leget, qui solatio sint Romanis, alterum Ticinum, qui rege audito in Franciam redeat.

Domno [a] excellentissimo filio et nostro spiritali compatri Pippino Francorum regi et patricio Romanorum, Paulus papa [b]

A Deo institutæ præcellentiæ vestræ his nostris apostolicis syllabis, bone potentissime rex, fili excellentissime et spiritalis compater, sicut nostro, post Deum, liberatori ea, quæ ad agnitionem nostram de diversis adveniunt partibus summopere innotescere studemus. Agnoscat siquidem eximietas vestra, **219** intimasse nobis quosdam sincerissimos fideles, spiritalis matris vestræ, sanctæ nostræ Ecclesiæ: quod sex patricii, deferentes secum trecenta navigia, simulque et Siciliensem stolum [classem], in hanc Romanorum urbem absoluti a regia urbe [Constantinopoli], ad nos properant. Quid ii velint agere, aut pro qua diriguntur causa, rei veritatem ignoramus; hoc tantum nobis nuntiatum est, quod ad nos prægredi, et ad vestram summe laudabilem præcellentiam in Franciam ingredi sunt dispositi, easdemque nobis destinatas litteras, infra hæc nostra scripta, vestræ excellentiæ direximus intuendas [c].

Itaque et hoc conservandæ eximietati vestræ innotescimus, quod quemadmodum in præsentia missuum [Lamb., missorum] vestrorum constitit cum Desiderio Langobardorum rege, ut nostras Romanorum justitias ex omnibus Langobardorum civitatibus plenius primitus acciperemus [Teng., reciperemus], et ita postmodum ad vicem ex omnibus nostris civitatibus integras Langobardis faceremus justitias, freti in hujuscemodi ejus pollicitatione, quam in præsentia prædictorum missuum vestrorum exhibuit, nostros missos direximus ad easdem recipiendas faciendasque justitias. Ipse vero varias adhibens occasionum versutias, nequaquam nobis primitus, ut constitit, plenarias de omnibus suis civitatibus facere voluit quas exquirimus justitias, et ita demum suas in integro ex omnibus nostris civitatibus recipere, sed singillatim tantummodo de una civitate facere et de alia recipere maluit, volens per hoc dilationem inferre, ne pars nostra [Lamb., Gent., vestra] Romanorum propriam consequatur justitiam; et ecce nostri missi nihil impetrantes ad nos sine effectu reversi sunt [d], et plures deprædationes [Gent., deprecationes] ex tunc, atque multa et inaudita **220** mala in nostris immittit finibus. Unde ecce suas confestim direxit litteras, per quas, confidens in sua ferocitate, Deum, præ oculis non habens, nec beatum principem apostolorum Petrum metuens, comminationes nobis direxit, et inania detractionum verba pertulit [Lamb., Gent., protulit], quas et de præsenti infra hanc nostram exarationis seriem vestro præfulgido et a Deo instituto culmini direximus, ut earum præcelsa eximietas vestra agnoscens textum, consideret quanta sit ejus malitia et elationis cordis superbia, in id, quod contra beatum Petrum et vestram regalem potentiam se erigens, malitias nobis comminatur inferre [e]

Sed nos spem nostram, post Deum, sicut inexpugnabilem murum, firmissimam, in vestram a Deo corroboratam excellentiam habemus, pro quo flexo poplite te petimus, et per nos etiam beatus Petrus, apostolorum princeps, vestram aggreditur eximiam præcellentiam, quatenus inspiratus ab omnipotente Deo, qui vos sanctæ suæ Ecclesiæ defensorem ac liberatorem constituit, salutem nostram amplissime procurare, et contra omnium nostrorum inimicorum ferocitatem et arrogantiam solitus auxiliator et protector noster existere jubeas, Christianissime et spiritalis compater, quatenus lucratissimum præmium a redemptore nostro Domino Deo, intercedente beato Petro apostolorum principe, consequi mereamini, et sicut terrenum, et ita cœleste regnum cum sanctis et electis Dei per infinita sæcula consequi mereamini

De omnibus vero subtili enarratione, præsenti Coniberto, vestro fidelissimo vasso injunximus cuncta liquidius vestræ regali potentiæ suggerere, sed et hoc obnixe postulamus benignam excellentiam vestram, ut missos vestros aptos, quales vobis placuerint, ad nos dirigere debeatis, qui in nostro inveniantur esse auxilio, unus tamen ex eis usque Ticinum properare debeat, ut dum cum Desiderio rege locutus fuerit, quidquid eis in responsis **221** reddiderit, quæ Romanos et Francos aggressura nuntiatur, falsa trepidatione pontificem implet : nusquam enim legitur aut Constantinopoli profectam esse, aut in Italiam appulisse. Excogitata hæc forsan erunt ad incutiendum terrorem Romanis, quos defecisse, concoquere haud poterant Græci. Id.

[d] Totum hoc factum desiperent, qui aut epistolis hucusque relatis, aut mox referendis aptare vellent. In nulla siquidem ex Pauli epistolis simile quid reperitur. Transactio enim hujusmodi aut secreto, ut alia multa, missis credita erat; aut e re nata condicta fuerat. Id.

[e] Damna illata ecclesiasticæ ditioni, et comminatoriæ litteræ præsagiunt hostilia illa quæ mox sequentur, et a Pagio recte collocantur (an. 765, n. 4) enarrata scilicet sequenti epistola. Id.

---

[a] Summ. 17, ap. Bar. et Cent. GRETS.

[b] Hanc epistolam Cointius et Pagius ad an. referunt 765, quam chronologiam minime amplector; et hujus veluti consectariam decimam septimam Codicis collocant sequenti anno, quod minime probari potest; nil enim simile utrique est, præter *justitias* divi Petri et *missos*, qui et ad alias referri possunt. Muratorio etiam visa est hæc illam sequi : idcirco ann. 758 et 759 datas putat, quæ chronologia pugnat cum historia. Mihi quidem secus videtur : ideoque, ep. 29, al. 17, retuli ad an. 761. Petri primicerii defensorum latoris rationem habens : istam vero ab anno, quo Cointius et Pagius eam consignant, removeo : ita siquidem faciendum suadet epistola sequens, ut mox ostendam. CENN.

[c] Tantus patriciorum numerus, tantaque classis,

vestræ excellentiæ renuntiet, reliqui vero duo cum vestro disposito et ordinatione, apud nos conjungere festinent, ut in nostro, ut dictum est, consistant auxilio [a]. Incolumem excellentiam vestram gratia superna custodiat.

XL.
ITEM EPISTOLA PAULI,
SANCTÆ RECORDATIONIS ROMANI ANTISTITIS, PER ANDREAM ET GUNDRICUM MISSA,

In qua continentur gratiarum actiones et postulationes, volendo adjutorium obtinere contra Langobardos [b].

(An. Dom. 765, Cod. Car. xiv, chron. 59.)

ARGUMENTUM. — Respondet litteris, quas Andreas et Gundericus missi regii attulerant. Laudata ejus constantia pro catholica fide et ecclesia vindicandis, nullam fidem habendam ait. Desiderio invasiones novas neganti; nam præterito anno monitus de damnis illatis Senogalliensis civitatis finibus et in Campania, comminatorias sibi monenti inserat, quas ipse adnexuerat suis litteris. Propterea et regios missos se petiisse, qui advenientes mendacem esse Desiderium deprehenderant. Se accepisse mensam altaris ab eo jampridem dono datam sancto Petro et Stephano, ac delatam a regiis missis in sacram confessionem se censecrasse, sacrum in ea fecisse, nullo tempore inde amovendam sanxisse, Georgium et Petrum in Francia detinendi facultatem permittit. Missos multa coram enarrasse, quibus ipse singillatim reposuerat, quæ coram referrent.

Domno excellentissimo filio et nostro spirituali compatri Pippino regi Francorum et patricio Romanorum, Paulus papa, cum maximo honorificentiæ conatu, et dilectionis affectu.

Quas præclara excellentia vestra misit litteras, afferentibus Andrea **222** et Gunderico [c] solertissimis viris, Christianitatis vestræ missis, acceptantes suscepimus litteras, quibus solita gratulatione [*Lamb.* add. et] lætitia relegentes, et mente et corde oppido sumus lætati, dum per eas optata nobis desideria, affectio et lætitia, multum de vestra prosperitate nobis compertum est, Deo omnipotenti immensas referentes grates, qui nos, juxta ut crebro optamus, de vestra inmensa sospitate lætos reddere annuit; nihil enim nobis dulcius, nihil suavius in hac vita exstitit, quam vestræ incolumitatis gaudia assidue prosperis relationibus addiscere, dum nimirum prosperitatis vestræ lætitia, sanctæ Dei Ecclesiæ exultatio [exaltatio], et omnium orthodoxorum exstitit uberrima defensio, et eis denique a vobis directis syllabis, nos certos, et in omnibus reddidistis vos paratos adesse in adjutorium et defensionem sanctæ Dei Ecclesiæ, in quibus necessitas ingruerit, atque in ea vos fide et dilectione firmiter esse permansuros cum beato Petro apostolorum principe, atque beatissimæ recordationis domno et germano meo Stephano sanctissimo papa; solliciti estis omnia adimpleri et inviolabiliter conservari affirmantes, quæ eidem Dei apostolo polliciti et ob veniam delictorum vestrorum confessi estis; quod quidem nos, dum cor excellentiæ vestræ in manu Dei est, et divina benedictione sanctæ unctionis gratia, per apostolum ejus et regni cœlorum clavigerum beatum Petrum in regem, excellentissime atque præcellentissime rex, esse dignoscitur unctus, magna nobis id est confidendi spes, quod in ea ipsa charitate et dilectione, atque promissione quam cœlestis regni janitori spondere studuistis, vos firmiter esse permansurum, dum et procul dubio, et per litteras et vestros sedulo destinatos missos nobis confidendi materia conferetis.

Unde et nos firmiter in vestra charitate et dilectione cunctis diebus vitæ nostræ erimus permansuri, et nullus nos poterit per **223** quamlibet temporum interruptionem a vestro amore et charitate, atque dilectione, quem [quæ in] medio nostrum annexa est, separare; pro quo obnixis deprecationibus quæso et coram terribili futuro judicio excellentiam vestram conjurans deprecor, ut juxta quod ex vestro melliftuo ore prolata et beato Petro promissa sunt, firma constantia permanere jubeatis, respuentes inimicorum sanctæ Dei Ecclesiæ et fidei orthodoxæ impugnationum impias suasiones et inanes promissiones, et Deo magis et beato Petro semper placere procurate, qui vobis præsentis regni gubernacula tribuit: quatenus et temporalis regiæ potestatis, vel culmen largiri dignatus est, cœlestia quoque vobis regna perenniter tribuat possidenda, et immensas de hostibus apostolorum principis suffragiis largiri dignetur victorias.

De eo vero, quod innotuit excellentia vestra, vobis Aderio [*Lamb.* a Desiderio] Langobardorum rege esse insinuatum, nullam malitiam vel invasionem a Langobardis in nostris partibus fuisse illatas, omnino credat nobis benivola excellentia vestra, non veridice in hoc vobis direxistis; etenim, benignissime fili et spiritalis noster compater, Christianissime rex, dum tantæ ab eisdem Langobardis devastationes in nostris finibus ac civitatibus factæ fuissent, et a nobis ex hoc admonitus fuisset, comminationis suæ ad nos direxit litteras, quas necessitate coacti, infra nostras apostolicas litteras hoc præterito anno vestræ excellentiæ direximus intuendas [d] hostiliter

---

[a] Hinc liquet epistolam 17 Cod. Car. perperam existimari hujus consectariam. Causarum quippe similitudo major est cum sequentibus litteris, quam cum prædicta illa epistola, in qua de peculiis invicem redditis, ac de patrimoniis finibusque civitatum restituendis agitur: dum contra hic de hostilitatibus, minacibusque regis litteris sermo est: illic de missis opem a Desiderio impetraturis adversus Græcos; hic de missis qui auxilio sint Romanis contra Desiderium agitur cum Pippino. CENN.

[b] Argum. Panv: (*Cod. Vat.* 27): « Vicesimam septimam per Andream et Gundricum Pipini missos misit [Vic. sept. epistolam per Andr. et Gundr. Pipini legatos transmisit] in qua gratiarum actiones continentur cum petitione et adjuratione de auxilio contra Langobardos mittendo. » ID.

[c] Ex his missis nullo illustribus titulo, ac semel legatione functis, Andreas rei nescio quid habebat, cujus causa a rege commendabatur pontifici, qui ex utriusque voto eam perfecit, ut infra testatur. ID.

[d] Putat Pagius (an. 765, n. 4) Desiderium dedisse litteras ad Pippinum antequam superiores pervenirent ad ejus manus; nec fallitur: hinc enim patet exeunte anno 764 (quod idem Pagius non animadvertisse vi-

quippe in civitate nostra Synogaliensi per gentes, ferro et igne, quæ extra eamdem civitatem consistebant, devastaverunt xx, plurimam exinde auferentes prædam, aliquantos ibidem interfecerunt homines. Similiter et in partes Campaniæ, id est, castro nostro, quod vocatur Valentis [a], hostiliter inruentes, talia, **224** sicut paganæ gentes, egerunt, de quibus usque hactenus nequaquam justitiam ab eis recipere valuimus. Et ideo excellentiæ vestræ direximus, ut vestrum annuissetis dirigere missum [b], quatenus ejus præsentia inter partes justitiæ pervenissent, ut non ex hoc aliqua a nostra vel Langobardorum parte ad easdem perveniendum justitias dilatio perveniret.

Unde pro vestra amplissima satisfactione ad probationem fecimus, in præsentia prædictorum vestrorum fidelium missorum, cum jam dictis Langobardorum regis missis, et satisfacti sunt vestri missi de tantis iniquitatibus, et cognoverunt vestram [*Lamb.* nostram] veritatem, et eorum mendacium; et ob hoc non possumus tantas ab eis nobis illatas malitias tacere, sed necesse nobis vestro regali culmini, utpote post Deum hujus provinciæ liberatori, cuncta innotescere, quo per vos omnes istius provinciæ a vobis redemptæ populus, ad suam perlingere valeat justitiam.

Interea, præcellentissime ac benignissime rex, Christianissime fili et spiritalis compater, suscepimus et mensam illam, quam olim sanctæ recordationis domino et germano nostro beatissimo Stephano papæ, et per eum beato Petro apostolo obtulistis; quam et cum hymnis et canticis spiritalibus Litaniæ laudes solemniter Deo referentes, infra aulam ipsius principis apostolorum introduximus, quamque vestri missi in sacram confessionem super corpus scilicet ejusdem cœlorum regni janitoris ex vestri persona obtulerunt; quam et chrismate unctionis sanctificantes, et sacram oblationem super eam imponentes, sacrificium laudis Deo omnipotenti, paterna animæ vestræ remunerationem [*Lamb.*, pro æterna... remuneratione], et regni **225** vestri stabilitate offeruimus, decernentes apostolica censura sub anathematis interpositione nulli unquam licere, eam ab Ecclesia beati Petri alienare, et ecce memoriale vestrum in eadem

A apostolica aula fulgens permanet in æternum [c], cujus remunerationem vos credite a justo retributore Domino Deo et beato apostolorum principe Petro in cœlestibus regnis adepturum.

De Regio [d] itaque et Petro quod innotuistis omnino agnovimus, sed hoc in vestræ voluntatis arbitrio relaxamus, ut qualiter vobis placuerit, ita ex eis agatis, sive illis [*Lamb.*, illic] apud vos eos detinendo, sive etiam ad nos absolvendo, quoniam omnino [*Lamb. Gent.* omnia], quæ vobis placita sunt, et nobis omnino congrua et prospera esse videntur. Præfati denique missi vestri, omnia quæ a vobis injuncta exstiterunt, liquidius nobis retulerunt, de quibus ad singula responsum reddimus, eosque de cunctis informatos ad vos enarrandum absolvimus,

B perficientes et causam prædicti Andreæ, ut ejus fuit voluntas et vestra exstitit præceptio.

Omnipotens autem Dominus, qui dives est in misericordiis, suæ extensionis brachio vos continua defensione protegat, et omnes adversarios ac rebelles [e] vestris regalibus subjiciat vestigiis, tribuens longæviter ac salubriter, una cum excellentissima filia et spiritali nostra commatre benignissima regina, et amantissimis natis Carolo et Carolomanno, excellentissimis regibus et patriciis Romanorum, atque Gisila nobilissima, regni gubernacula possidenda, et æterna præmiorum gaudia cum Sanctis et electis perfruenda. Incolumem excellentiam vestram gratia superna custodiat.

XLI.

226 ITEM EPISTOLA EJUSDEM PAPÆ,

AD DOMNUM PIPPINUM REGEM,
PER WULFARDUM ET SOCIOS EJUS DIRECTA,

In qua continentur uberrimæ laudes, et de missis apostolicis, vel Græcorum in Francia morantibus, seu de Georgio [Centur., *Gregorio episc.*] *et Petro* [f].

(An. Dom. 764, *Cod. Car.* XXVI, chron. 40.)

ARGUMENTUM. — Redeuntibus ex Francia Petro notario regionario et Joanne mansionario divi Petri, missis apostolicis, cum Wulfhardo, et sociis missis regiis attulerunt litteras regiæ firmitatis testes in catholicæ fidei et Ecclesiæ defensione nullis

detur, dum utramque epistolam eodem anno datam censet) conscripsisse priores illas, dum missi regii viæ se dederant, ac sub sequentis anni principium iisdem has dedisse, quæ priora confirmant Desiderii facta, novaque alia enucleatius narrant. CENN.

[a] Castri Valentis in Campania, et Foriboni in Sabina (ep. 71, al. 56) nullam apud geographos mentionem invenio, loca igitur medio ævo certa, sed nulli explorata eruditis relinquo integra. Illud moneo, quod Senogalliam civitatem Paulus appellat nostram, itemque nostrum vocat castrum Valentis. Huc vero illos velim advertere animum, qui tribuunt Francorum regibus donationem urbis et ejus ducatus; pariterque illos, qui ab iisdem regibus cœpisse aiunt sanctæ sedis ditionem. Hanc siquidem amplificatam a Pippino Exarchatu et Pentapoli ante annos decem eidem additis nullum dubium. At Romam cum Romano ducatu ab annis minimum 55, Græcam dominationem exutam nullo donationis titulo sancta sedes possidebat. Vide Discurs. præv. ID.

[b] Notandum, quod superiori epistola duos missos Romam, unum vero Ticinum dirigi expetierat: hic

D vero unius tantum meminit. Quare non adeo hærendum est verbis harum epistolarum, ut ordo earum, digerendi specie, pervertatur. ID.

[c] Singularis hæc notitia mensæ Stephano II jampridem dono datæ, nunc demum super corpus sancti Petri collocatæ, Paulo pontifici refertur accepta. Quid de eadem postea evenerit, incompertum. ID.

[d] *Georgio* legi oportere, non *Regio* patebit infra. Hujusmodi menda in Cod. sæpe occurrunt, quod aliis etiam in codicibus factum norunt eruditi. ID.

[e] De Tassilonis Bavariæ ducis militibus, qui suo cum principe a Pippino defecerant an. 763, sermonem esse crediderim. ID.

[f] Argum. Panv. (*Cod. Vat.* 16) : « Decimam sextam ad Pipinum, et omnes Francos scripsit epistolam [sextam decimam epistolam ad Pipinum et omnes Francos scripsit] per Vulfardum et socios ejus: in qua continentur uberrimæ laudes. Item de missis [legatis] ad Græcorum regem in Francia morantibus, et de Gregorio episcopo, et Petro presbytero. » ID.

blanditiis aut muneribus labefactatæ. Quibus publice lectis, omnibusque præ gaudio exsultantibus, Paulus suo et omnium nomine dat litteras lætitiæ et amoris plenas erga regem, Francosque omnes. Probat, per eum detineri missos apostolicos et Græcos, qui cum suis Constantinopoli reversi erant, quoad in synodo decerneretur responsio ad duo capita de orthodoxa fide et de donatione facta sanctæ sedi. Georgium episcopum et Petrum presbyterum quos secum retinere cupiebat, jamdudum concessisse per Andream, et modo iterum concedere ipsius arbitrio : ita tamen ut de episcopatu Georgii et de Ecclesia Petro commissa quid agendum rescribat, ne diutius rectore careant. Se contra retinere Wulfardum et socium ejus, quia Desiderius præterito autumno Romæ degens condixerat de rebus invicem per missos restituendis : de Beneventanis ac Tusciæ jam factum, fieri nunc de Spoletanis, ac de aliis factum iri. In embolo gratias agit pro admonito Desiderio de restituendis patrimoniis per Neapolitanos et Cajetanos, et de danda licentia electis veniendi Romam pro consecratione.

Domno [a] excellentissimo filio et nostro spiritali compatri Pippino Francorum regi et patricio Romanorum, Paulus papa.

Votiva cordis nostri desideria et intimi pectoris affectum, ut vestræ excellentiæ beneficiorum suffragia sanctæ Dei Ecclesiæ vota proferentes, optabilem nimisque amabilem salutem præcelsæ Christianitati vestræ, atque excellentissimæ et nostræ benignissimæ **227** filiæ et commatri, optimæ reginæ, simulque amantissimis ac præclaris vestris nostrisque in Christo amabilibus filiis, Carolo et Carlomanno, excellentissimis regibus Francorum et patriciis Romanorum, nec non et omnibus reverentissimis fratribus nostris ac dilectissimis nobis episcopis, presbyteris, etiam religiosis abbatibus, simulque et cunctis optimatibus, judicibus, ducibus videlicet et comitibus, nec non et universo a Christo protecti Francorum regni populo vobis subjacentibus, destinamus perennem salutem, persistentes etiam una nobiscum, et in osculo charitatis vos amplectentes, universi sanctissimi fratres nostri episcopi, presbyteri etiam, et cunctus sanctæ et spiritalis matris vestræ Romanæ Ecclesiæ clericorum ordo, et procerum, optimatum, et universi Romani magni vel minoris congregato sedulis interventionibus pro vita et incolumitatis vestræ lætitia, cœlitusque vobis concedendis victoriis, divinam nobiscum deprecantes clementiam. Et vere debitum vobis est, excellentissime fili, nosterque post Deum defensor ac liberator, solitæ honorificentiæ affectum persolvere, et impensius salutationis verba promere, et ea quæ ad regni vestri immensam exultationis [exaltationis] laudem, et animæ vestræ salutem respiciunt, amplissime prolatari [Lamb., profligari].

Igitur, regressis nostris missis, quos ad vestræ regalis clementiæ vestigia destinatos habuimus, Petro scilicet notario regionario sanctæ nostræ Ecclesiæ et Joanne mansionario confessionis basilicæ fautoris vestri, beati Petri [b], conjungentibus etiam et **228** vestris missis, [c] Wulhardo nempe, ejusque sociis; protulerunt nobis honorandas nimisque desiderandas syllabas præcellentiæ vestræ, quas cum in conventu fratrum consacerdotumque meorum, et cleri atque cuncti laicorum ordinis cœtu legissemus, nostri ac vestri missi, ea sibimet a vobis injuncta, de vestra immutabilis mentis constantia et puritatis integritate, quam pro spe sanctæ Dei Ecclesiæ et fidei orthodoxæ habere videmini, retulissent : illico nimio gaudio repleti, elevatis ad æthera oculis, extensis que palmis, immensas omnipotenti Deo nostro et vestræ excellentiæ tulimus grates; angelicam illam pro vestris meritis divinæ ejus potentiæ canentes laudem : *Gloria in excelsis Deo, et in terra pax hominibus bonæ voluntatis* (*Luc.* ii). Neque enim, bone rex, aliter mentes fidelium credere poterant, quam quod in earum [d] ex operibus cernentes comperimus a vobis peractum, qui pro [Lamb., pio] intuitu humanas suasiones et inanes promissiones respuentes, nihil amori et certamini, quod erga beatum Petrum geritis, præponere maluistis, sed omnia terrena lucra, velut lutum quod pedibus conculcatur, reputantes, ei vos placere, ejusque mandatis totis nisibus obtemperare vestræ imminet curæ; et idcirco, ecce, bone rex, et præcelse fili, et spiritalis compater, thesaurizasti tibi thesauros infinitos in sidereis arcibus, ubi ærugo non prævalet, nec tinea ea quæ justis tribuenda sunt consumi possunt, dum ita mirabiliter præcelsæ excellentiæ vestræ opera rutilant, quis de vobis quoquomodo ambigere possit, dum ea quæ beato Petro polliciti, et ob veniam vestrorum concedere studuistis delictorum, illibato ejus jure perenniter permanenda conservare satagitis, et vestris a vobis et a Deo conservandis magnis exhortationibus committitis; et ideo nobis nimis, vel cuncto populo nostro, confidendum est in hujuscemodi pio proposito immutabilis **229** constantia confessionis sancti Petri apostolor. principis, adeoque aliis præferendus officiis aut dignitatibus apud Francos, qui summa veneratione prosequebantur sanctum Petrum. CENN.

---

[a] Summ. 16. ap. Bar. et Cent. GRETS.

[b] Missi apostolici hac tantum vice legatione functi non obiter attendi debent : notarii enim regionarii et alibi occurrunt, at mansionarii nusquam leguntur id muneris obiisse. De iisdem, varioque eorum genere Ducangius uberrime. Certe tum temporis mansionarii nullatenus cum nostri ævi mansionariis comparandi. In Falconis Benev. Chronico sub fin. a. 1128, legitur : « Joannes abbas sanctæ Sophiæ octavo die stante mensis Nov. mortuus est, et Franco, qui tunc erat mansionarius, electus est. » Quanti autem hic missus futurus esset apud Francos inde colligitur, quod mansionarius erat dignitas in palatio reg. Franc. Hincm. (*De ord. et off. Pal.* c. 16 et 23.) Joannes autem missus pontificis erat mansionarius

[c] Gulfardum quoque appellari Mabillonius vidit (*Ann.* lib. XXIII, n. 23) qui hanc legationem haud novit. Wulfhardus in Cod. hoc appellatur, nec dubium quin abbas idem sancti Martini Turonensis fuerit, qui, an. 756, Wicterbo episcopo et abbati in abbatiali tantum munere successit, Andegario episcopalem dignitatem suscipiente. Itaque antequam Adriani legationes obiret, quas Mabillonius vidit, hanc Pauli I, ann. 766, susceperat. De eodem infra. ID.

[d] In Lamb. deest *earum*.

mentis, vos vestrasque soboles et universum regnum Francorum firmiter esse permansuros; quoniam, juxta ut nobis excellentia vestra innotuit, scimus cui credimus et certi sumus.

De nostra itaque puritate et dilectione, quam erga vos et cunctum a Deo protectum regnum Francorum habere dignoscimur, credimus jam vos plenissime esse satisfactos, pro quo et ampliori certificatione Deum cœli testem proferentes, in ea nos charitatis dilectione, quam sanctæ recordationis domno et germano nostro, beatissimo Stephano papa, et per eum cum omnibus successoribus pontificibus, vos vestræque soboles, et cuncta vestra proles, atque universum regnum Francorum usque in finem sæculi conservare spopondistis, et nos etiam atque nostros successores pontifices confitemur esse permansuros pro exaltatione sanctæ Dei Ecclesiæ et fidei orthodoxæ defensione. Nulla nos rerum qualitas ab eadem charitatis confirmatione potens poterit separare.

Direxit itaque nobis excellentiæ vestræ Christianitas, significans de missis nostris vestrisque, atque Græcorum, qui a regia urbe reversi sunt, eos apud vos esse detentos interim, quod aggregatis vestris sacerdotibus atque optimatibus conjicere seu perpetrare valeatis quid de his quæ vobis directa sunt respondendum sit; et quidem nobis hac de re aliter confidendum non est a vobis responderi, nisi quæ ad exaltationem sacrosanctæ spiritalis matris vestræ Romanæ Ecclesiæ, caput omnium Ecclesiarum Dei atque orthodoxæ fidei pertinere noscuntur; et quia quod semel beato Petro et pro æternæ vitæ retributione obtulistis, nulla vos deberet ratione, ab ejus jure et potestate separare; scimus enim, quod nulla apud vos suasionis fabulatio prævalet, dum divina verba et apostolica documenta firmiter in vestro corde retinetis adnexa [a].

Et ecce sicut nobis per vestras litteras, et nostros vestrosque missos maximam confidendi materiam intulistis, præstolamur lætabunda hac de re nuntia a vobis suscipi, et solite de vestro benigno mentis proposito gratulari. Et hoc præcelsa Christianitas vestra per easdem suas a nobis petiit syllabas, Georgium episcopum et Petrum presbyterum in vestro permanere servitio, nos debere concedere; et quidem præcellentissima vestra benignitas agnoscat nos jamdudum de hoc vestræ obtemperasse voluntati per [b] Andream quippe religiosissimum missum vestrum, sicuti poposcitis, in exaratis destinatis apostolicis syllabis, eos vobis dignoscimur concessisse, intimantes, ut sive retinendos, sive etiam absolvendos esse vestra fuisset voluntas, ita de eis peragere deberetis. Unde etiam et nunc in vestro voluntatis arbitrio relaxamus, aut qualiter vobis de eis placuerit, tam retinendos quam absolvendos faciatis; dum semel a nobis vobis concessi sunt; sed utinam ipsi placabiles in vestro possint esse servitio! pro quo dirigite nobis, quid de episcopatu prædicti Georgii et de Ecclesia quæ prænominato Petro commissa est, peragere debeamus, ne amplius illis admonitis in nimiam neglectus incuriam deveniant.

Interea duos vestros missos, id est Wulfardum et ejus socium, secundum vestram præceptionem pro utilitatibus sanctæ nostræ Ecclesiæ, spiritalis matris vestræ, in his partibus retinimus. Illud præterea excellentia vestra innotuit Desiderio vos Langobardorum regi direxisse, ut Saxulum, puerum nostrum, qui a nobis fugam arripuerat, reddere deberet. Sed agnoscat Christianitas vestra, quod etiam vos creditum et cognitum habere puto, conjunxisse [pervenisse] hoc præterito, aut tum in [Lamb., Gent., autumni] tempore [c] eumdem Desiderium Langobardorum regem ad apostolorum limina,

---

[a] Ex his inferri certo posse mihi videtur, ad duo capita redigendas esse Græcorum petitiones, nempe ad orthodoxæ fidei causam et ad donationem Exarchatus et Pentapolis a Pippino factam sancto Petro, quibus, cum magni momenti essent, rex Francorum respondere noluit, antequam Patrum sententias in concilio audiret. Baron. (ann. 766, num. 21), quem latuerunt hæ litteræ, conjectando assequitur, a Græcis una cum muneribus, opiniones eorum proprias de cultu imaginum infeliciter allatas esse in Franciam. Et Pagius eodem anno (num. 3) annalium testimonia, et præcipue Eginhardi verba afferens de Gentiliacensi synodo, cujus Baronius etiam meminit, multa congerit abs re, nihil habet de hac epistola, quippe quam ad annum retulit 758. Labbeus (Conc. tom. IV, p. 1703) recte concilium id collocat ann. 767, ex Adonis Chronico hæc adducens: « Facta est synodus anno Incarn. Dom. 767, et quæstio ventilata inter Græcos et Romanos de Trinitate, et utrum Spiritus sanctus sicut procedit a Patre, ita procedat a Filio, et de sanctorum imaginibus, utrumne fingendæ aut pingendæ erant in ecclesiis, » eique astipulari notat Reginonem abbatem. Deinde animadvertit non alios esse Romanos ab Adone memoratos, quam legatos qui cum Græcis venerant Constantinopoli. Postremo allatis verbis ipsis Paulinæ epistolæ, de quibus agimus: « Duo nimirum, inquit, Græcorum legationis erant capita: unum de repetendis Italiæ regionibus a Pippino Ecclesiæ Romanæ attributis, alterum de quæstionibus suprascriptis. » Francor. etiam annales habent: « Tunc habuit dominus Pipinus... synodum magnum inter Romanos et Græcos de sancta civitate, vel de sanctorum imaginibus. » Cumque post synodum perrexisse eum dicant in Aquitaniam, qua expeditione functum in patriam rediisse, et Pascha (19 April.) Viennæ celebrasse, patet concilium illud esse habitum sub ipsa initia anni 767, quod mirum in modum respondet ætati hujus epistolæ, quæ extremo anno 766 conscripta fuit, ut mox ostendam. Caput de Pippiniana donatione ab annalistis silentio obvolutum, adeo perspicuum est in hac epistola, ut commentariis non indigeat. Cenn.

[b] In superiori epistola, quam recte Pagius retulit ad an. 765, per Andream Gundrici socium facultatem regi concesserat detinendi Georgium episcopum Ostiensem, et Petrum presb. cardinalem. Eamdem iterum concedit, petens quid de ecclesiis, quas illi tandiu deserunt, agendum putet. In.

[c] Decembri igitur mense data est hæc epistola non multo antequam in Francia synodus Gentilacensis celebraretur. Inde autem liquet, Pippinum haud mora convocasse episcopos, ac de Græcorum quæstionibus sententias Patrum audivisse. In

causa orationis, eumdemque nostrum puerum secum deferens nobis contradidit. Cum eodem quippe rege pro justitiis inter partes perficiendis loquente, constitit ut vestris [*Lamb., Gent.*, nostris] ejusque missis per diversas civitates progredientibus ipsæ præparatæ [*Lamb.*, perpetratæ] fuissent justitiæ, et ecce, Deo propitio, de partibus Beneventanis atque Tuscanensibus, et fecimus et ad invicem nostras recepimus. Nam de ducatu Spoletino, nostris vel Langobardorum missis illic adhuc existentibus, ex parte justitias fecimus ac recepimus. Sed et reliquas quæ remanserunt modis omnibus, plenissime inter partes facere student [a]. In embolin [*Lamb.*, embolo] vero direxit nobis a Deo protecta excellentia vestra, præfatum vos Desiderium admonuisse 232 reges [b] Neapolitanos ac Cajetanos constringere, ob restituenda patrimonia protectori vestro beato Petro illic Neapoli sita [c], et largiri [*Lamb., Gent., add.* licentiam] electis solite ad suscipiendam episcopalem consecrationem, ad hanc apostolicam properandi sedem. Quapropter maximas de hoc et de omnibus excellentiæ vestræ referimus grates.

His præmissis, omnipotens Dominus Deus noster sua vos continua protectione circumtegat, et ab omnibus adversitatibus eripiat, et vestris vestigiis omnes barbaras subjiciat nationes, concedens vobis et præsens regnum feliciter per multorum annorum curricula una cum amantissima conjuge et præcelsis filiis perfrui, et vitam æternam cum sanctis tribuat possidendam. Deus te incolumem custodiat, excellentissime fili.

XLII.
233 ITEM EPISTOLA EJUSDEM PAPÆ
AD DOMNUM PIPPINUM REGEM DIRECTA,
Pro defensione sanctæ Dei Ecclesiæ, et pro monasterio quod ei concessit prope montem Serapten situm gratias magnas referendo [d].

(An. Dom. 767, *Cod. Car.* XVI, chron. 41.)

ARGUMENTUM. — Acceptis regiis litteris, queis rex suam constantiam in catholicæ fidei et Ecclesiæ defensione protestatur, et Soractense monasterium ei donat, pontifex regia facta cum factis Moysis non illiberaliter comparat: sæpius se dixisse, iterumque dicere profitetur nunquam defecturum amorem suum, ut Stephani fratris nunquam defecit, erga tam pium ac liberalem regem; gratias agit de monasterio quod se adjungere ait alii a se fundato sancto Silvestri, ubi hujus sacrum corpus requiescit.

Domno [e] excellentissimo filio et nostro spiritali compatri Pippino regi Francorum et patricio Romanorum, Paulus papa.

Dum divinas Scripturarum historias in nostro memoriali revolvimus, et diversorum Dei electorum merita perpendimus, et vestræ divinæ inspirationis studia, in nostræ mentis intuitu conferentes, novum te gentes Moysen in his diebus refulsisse, præcellentissime fili et spiritalis compater, comperimus. Ille quidem, ut Israeliticum populum ex affligentium erueret oppressionibus a divina majestate præcepta suscepit; tu quoque, præcellentissime atque eximie rex, ad liberandam sanctam universalem, catholicam et apostolicam Dei Ecclesiam divinitus es inspiratus. Per illum denique Dominus in monte Sina legis mandata eidem Hebraico populo observanda tradidit, et lumine cum claritatis suæ illustravit; per te quoque redemptor noster, Dei hominumque mediator, Ecclesiæ suæ et universo populo Christiano, ejus pretioso redempto sanguine, 234 pacem tribuit, et ejus fidei orthodoxæ perfectam contulit defensionem. Et sicut idem Moyses legislator abominationes gentium et culturam dæmonum exterminavit; ita et tu, Christianissime regum, hæreticorum sectas et auctores impii dogmatis respuisti [f]. Pro quo merito, divinæ gratiæ lumine et oleo sanctificationis inter fideles reges qui olim Deo placuerunt unctus connumeratusque comprobaris. Unde libet certe Psalmigraphi (*Ps.* LXXXVIII) vocem et laudem excellentiæ vestræ canere: *Invenit te Dominus, benignissime regum, fidelem sibi et præcepta ejus ser-*

---

[a] Neque ducatus Beneventanum et Spoletanum, neque Tusciam Langobardorum id temporis ad sanctam sedem pertinuisse hinc manifestum est: perinde etiam constat finitimos eosdem fuisse Romanorum, quorum exercius res sacræ Sedis ablatas, eorum rebus auferendis compensarat. Idcirco de invicem restituendis nunc agitur. Ita supra (ep. 58, al. 24) Paulus Pippino: « Constitit cum Desiderio, ait, Langobardorum rege, ut nostras Romanorum justitias ex omnibus Langobardorum civitatibus plenius primitus acciperemus, et ita postmodum ad vicem ex omnibus nostris civitatibus integras Langobardis faceremus justitias. » Utrobique autem de ducatu Romano agi tam certum est, quam quod certissimum. CENN.

[b] Manifestus error librarii: non enim *reges* legendum est, sed *regem*. ID.

[c] Duo inveniuntur patrimonia, Neapolitanum videlicet et Campanum in litteris sancti Gregorii Magni quæ nunc repetuntur. Notari interim velim quis metus esse posset Romanis a Græcis pro ducatu Romano, seu antiqua eorum ditione, dum Neapolitanis (quorum fines admodum angusti erant) jura dabat Desiderius, per Beneventanos videlicet, qui subditi eidem erant; nec Græcis aliud in Italia erat reliquum præter ducatum Neapolitanum, et ultimam Calabriam. Muratorius siquidem pluribus in locis Annalium miratur Romanos timuisse pro Exarchatu et Pentapoli; at nullo pene metu affectos pro Roma et ejus ducatu: quia scilicet Italiæ Cistiberinæ, seu Langobardiæ minoris statum aut non tenuit, aut ab aliis teneri non credidit. Infra ex Adriani litteris perspicuum erit pontificem timuisse etiam Urbi et ejus ducatui ob fœdus cum Beneventanis ictum a Græcis. ID.

[d] Argum. Panv. (*Cod. Vat.* 25): « In vicesima quinta [Vic. quin.] gratias agit pro defensione sanctæ Ecclesiæ [defen. Ecclesiæ] cum adhortatione ad Pipinum, ut pergat plenariam [omnimodam] sanctæ Romanæ Ecclesiæ exaltationem facere. De suo erga Pipinum amore, et quod nihil sine ejus voluntate facere velit largissime promittit. Pro monasterio prope montem Serapten sito [Pro monast. montis Soractis] a Pipino sibi donato gratias agit. » ID.

[e] Summ. 25 ap. Bar. et Cent. ID.

[f] Incertæ ætatis hanc epistolam omnes putant. Mihi quidem videntur tres istæ comparationes actorum Moysis cum Pippini factis allatas hujus sancti pontificis omnes epistolas amplecti. CENN.

'vantem, *et ideo oleo sancto unxit te, et ecce manus ejus auxiliabitur tui, et brachium ipsius confortabit te.*

Nec mirum tam benignissimum regem, tanto divino munere esse præornatum, quoniam *Spiritus ubi vult, et in quibus vult, inspirat* (Joan. III). Et profecto in eis inspirat, qui piis fulgent operibus, sicut vestra fulgere dignoscitur excellentia; nam qualiter dilectionis vestræ amor erga beatum Petrum apostolorum principem, et circa nostram charitatem fervesceret, licet solite vestris apicibus atque responsalibus discurrentibus excellentissima Christianitas vestra pronuntiaverit, nunc tamen per eas quas in præsenti per harum latorem misistis syllabas, amplissime nobis paternitatis vestræ affectum protulistis, significans, bone excellentissime fili et spiritalis compater, et noster post Deum defensor et liberator, firma perseverantia in amore ipsius principis apostolorum et nostra charitate permansurum; quod quidem nos securi de vestra immutabilis verbi pollicitatione existerimus. Scimus enim cui credidimus, et certi sumus omnia verbis, juxta ut asseris, perfici. Quid itaque ex hoc vestræ valebimus rependere excellentiæ? Aut quam vicissitudinem reddere potuerimus pro tantis beneficiorum suffragiis, quæ sanctæ Dei Ecclesiæ et Christianorum **235** fidei inferre præcelsa eximietas vestra dignata est, dum ad referendas gratiarum laudes mens nostra die noctuque procuratur?

Admirandum mihi potius est [a] et valde stupendum; quomodo oris mei loquacitas tantorum præsidia beneficiorum proferre queat: verumtamen calicem salutaris accipiam et nomen Domini invocabo, et crebro elevatis oculis, et palmis extensis ad æthera, divinam pro vobis indesinenter exposcam clementiam, ut ipse super vos de throno majestatis suæ respiciat, et regni vestri fastigium foveat, atque immensas vobis de cœlo tribuat victorias, et omnes barbaras gentes vestris prosternere dignetur vestigiis et terminos regalis vestræ potentiæ dilatet. Etenim nos, fili excellentissime et spiritalis compater, testem proferimus veritatis Deum, in cujus manu cor excellentiæ vestræ corrigatur [b], quod sicut sæpius nostri recordationis dominum et germanum nostrum, sanctissimum Stephanum papam, et per eum cum sancta Dei Ecclesia confirmatum est, permanentes permanebimus, vestris obtemperantes voluntatibus, et absit a nobis quod a vestro quoquo modo separemur amore; nulla quippe præmiorum datio, nulla promissionis qualitas, nullaque blandimentorum suasio, nos, sicut sæpius diximus, a vestra charitate poterit avellere; sed peto et tanquam præsentaliter obsecro mellifluam excellentiam vestram, ut amplissimam jam fatæ spiritalis vestræ matris Ecclesiæ exaltationem perficere, et firmissimus Christianorum fidei defensor existere jubeas, benignissime regum; quatenus ex hoc memoria nominis vestri, usque in finem mundi, in domo Domini celebretur, et suffragiis apostolorum, et præsentis vitæ prospera, et æternæ beatitudinis vobis tribuantur gaudia.

Interea, excellentissime fili et spiritalis compater, quia inspiratus a Deo nobis monasterium illud secus montem [c] Seraptem [Soracten] situm concedere dignatus es, magnas atque innumerabiles gratiarum **236** actiones eximiæ præcellentiæ vestræ referimus, sit vobis ex hoc Dominus retributor, et dignam cœlestium præmiorum remunerationem, in æterna beatitudine concedat. Nos quidem monasterium illud ad laudem Dei et vestri memoriam, atque æternam mercedem nostro monasterio [d] dignoscimur subdidisse; ut quia beatus Sylvester, Christianorum illuminator fidei, cujus sanctum corpus in nostro monasterio a nobis reconditum requiescit, ibidem persecutionem paganorum fugiens conversatus est, justum prospeximus, ut sub ejus fuisset ditione, ubi ipsum reverendum requiescit corpus [e]. Verumtamen nos penitus, neque de hoc monasterio, neque de aliis quibuslibet causis, extra vestram voluntatem nequaquam quippiam agere volumus, sed ut vestra fuerit voluntas de omnibus agere studemus. Itaque noster animus lætus effectus est, et Deo omnipotenti et vestræ præcellentiæ immensas retulimus grates, in id quod nostram deprecationem a Deo inspiratus exaudire dignatus es, benignissime rex, et præceptum plexus in id monasterium collegerit. Diploma fundationis exstat apud moniales ejusdem monasterii, quæ in monachorum locum subrogatæ sunt. Inde exemplum eduxit Baronius (*Ibid.*, n. 2 seqq.) quod Labbeus etiam vulgavit (*Conc.*, tom. VI, pag. 1689). Papebrocius in Conatu Chron. hist. quod notæ temporariæ minime conveniant inter se, diploma ipsum suppositum putat, qua in re fallitur vir eruditus; plura enim authentica diplomata inveniuntur, quorum notæ temporis falsæ sunt, undecunque error effluxerit. Id.

[e] In eadem membrana, quæ prædictum diploma exhibet, Pauli papæ verbis hæc addita reperiuntur: « Mense Julii die 19 introduximus in hoc oraculum corpus beati Silvestri episcopi et confessoris Christi. Mense Augusti die 17, introduximus corpus beati Stephani mart. atque pontif. tempore Constantini, et Leonis Augustor. et Pippini excellentissimi regis Francorum, et defensoris Romani, Ind. xiv. » In quibus notanda ea definitio patriciatus cum frequentissimis hujus codicis testimoniis concinens, adversus tam immodicas recentiorum scriptorum disputationes. Id.

---

[a] Post verba *potius est* sequitur in ms. *qualitas*. Sed recenti atramento deletum est. Gentil.

[b] Lamb. legit: *corrigitur, quod sicut sæpius nostri cordis puritatem propalavimus, in vestro amore et charitate quemadmodum inter vos, et sanctæ recordationis dominum.* Et Gent: *corrigitur. Quod sicut sæpius nostri cordis puritate propalavimus, in vestro amore et charitate, quemadmodum inter vos et sanctæ recordationis Dominum.*

[c] Soractense hoc monaster. Carolomanno concessum a sancto Zacharia an. 747, Paulus Pippino concessit anteriori quavis concessione abrogata an. 762. Nunc demum ab eodem Pippino pontifici eidem donatur. Vid. ep. 32, al. 12, not. Cenn.

[d] Monasterium hoc sub titulo sancti Step. papæ et mart. et sancti Silvestri P. et conf. quod hodie audit *sancti Silvestri in Capite*, sanctus Pontifex construxit in paternis ædibus, ac monachis Græcis inhabitandum concessit, ut Græca lingua divina officia ibi peragerentur; quare Baronius (an. 761, n. 15) putat Orientales monachos a Copronymo ejectos in Urbem se effudisse, quos sanctus Pontifex am-

legális vestri culminis nostro monasterio dirigendum pronuntiatis, firmam ejusdem sanctæ mansionis procurantes, nunc et retro cunctis temporibus [a]. Unde petimus divinam clementiam, ut sicut vos nostrum **237** monasterium, quod ad laudem Dei constitutum est, confirmare studetis, ita vestrum regnum confirmare super omnes gentes dignetur, pro certo sciat excellentissima Christianitas vestra, quod omnes illos martyres, qui pro Christi nominis confessione suum fuderunt sanguinem, et in eodem sancto requiescunt monasterio, firmissimos apud divinam clementiam habebitis intercessores.

De eo vero, quod innotuistis de nostra vos certos effici sospitate, nos, bone et Christianissime rex, in eo sospes fatemur esse, dum vestri corporis sospitas et salus animæ, opitulante Deo, accrescit, quia vestra salus nostra est prosperitas. His prælibatis, omnipotens rerum opifex et arbiter Deus, sua vos gratia foveat, et longævo ac prospero senio regalis culminis sceptra, cum magna victoria vobis, cum dulcissima vestra conjuge, præcelsa filia et spirituali nostra commatre, domina Bertrada, eximia regina, et amantissimis vestris nostrisque filiis, eximiis regibus et patriciis Romanorum, domnis Carolo et Carolomanno, nec non et domna Gisila nobilissima, perfrui concedat, et cœlestis regni gaudia cum sanctis et electis possidenda per infinita tribuat sæcula. Incolumem excellentiam vestram gratia superna custodiat.

XLIII.

238 ITEM EPISTOLA EJUSDEM PAPÆ,
AD DOMNUM PIPPINUM REGEM PER WILHARIUM EPISCOPUM ATQUE DODONEM ET WICHARDUM DIRECTA,

In qua continentur gratiarum actiones, ejusdem papæ fidei constantia, ut nullus favor aut terror ab ejus amore aut charitate ullo modo possit separare [b].

(An. Dom. 767, *Cod. Car.* XIX, *chron.* 42.)

ARGUMENTUM. — Advenientes missi regii Wilharius episcopus, Dodo et Wichardus, non modo testantur per regias litteras Pippini firmitatem in defensione sanctæ Ecclesiæ, populique ei subjecti, sed exquirunt num omnia sibi prorsus restituta divo Petro.

Quare pontifex meritis illum laudibus ex more prosecutus, suique ac populi erga eum amicitiam fore perpetuam affirmans, versutos falsiloquosque Langobardos fuisse ait juxta eorum morem; missos vidisse omnia, et simul cum responsis ad ea quæ ore narraverant relaturos quæ viderint. Orat ut Ecclesiam ope indigentem sublevet.

Domno [c] excellentissimo filio nostro et spirituali compatri Pippino regi Francorum et patricio Romanorum, Paulus papa.

Ad referendas gratiarum actiones præclaræ ac benignissimæ excellentiæ vestræ ob tanta beneficii præsidia sanctæ Dei Ecclesiæ, et populo romano a vobis irrogata; nullus, ut opinor, humanus sermo sufficere valebit. Neque præmia hujus mundi ad horum remunerationem digna vobis possunt rependi, verumtamen est unus solus et verus, in tribus [d] substantiis [Grets., personis] consistens, Deus, qui juxta regni gaudia et victoriæ triumphum impertire ac retribuere **239** excellentiæ vestræ potest. Interea properantibus ad nos, Wilchario scilicet reverendissimo fratre et coepiscopo nostro, atque Dodone, et Wilchardo fidelissimis vestris missis [e], obtulerunt nobis mellifluos ac desideratissimos apices, a vestra destinatos Christianissima excellentia; quos intuentes protinus agnita prosperitate vestræ lætitiæ, solito exsultationis gaudio, interna pectoris nostri viscera redundaverunt, creatorem nostrum ac redemptorem Dominum Deum continuis precibus implorantes, ut diu nos ac sedulo de vestra ampliori jucunditate, et cœlitus de hostibus concessis vobis victoriis, annuat gratulari. At vero, excellentissime fili et spiritalis compater, per easdem honorabiles vestras syllabas, certissimam nobis solitæ pollicitationis fiduciam contulistis, vos firma perseverantia decertaturos fore ad defensionem sanctæ Dei Ecclesiæ, et universi populi Romani, atque totius provinciæ, juxta id quod polliciti estis beato Petro et ejus vicario, prædecessori nostro domno et germano meo sanctæ recordationis Stephano papæ, et in ea vos sponsionis fide permansuros; et profecto, bone Christianissime atque a Deo instituite rex, magna

---

[a] Animadverte ingenium temporis. Præ aliis celebre hodieque est monasterium sancti Gregorii in monte Cælio, qui locus olim audiit vicus Scauri. Ibi autem fuisse domum sancti Gregorii Magn. legimus ap. Anastas. (sect. 113) maternam Martinellus appellat, quam sanctus pontifex in monasterium convertit. Quamvis autem tum temporis dominium Urbis ad imperatores spectaret, summaque Gregorio intercederet necessitudo cum Mauritio Aug., non tamen legimus pontificem ab illo petiisse monasterii sui confirmationem, ut Paulum fecisse videmus a Pippino, cui nullum omnino jus fuit Romæ. Singularia hujusmodi facta, quæ summam inter pontifices et Francos amicitiam, summumque invicem obsequium testantur, quicunque jurisdictionem interpretatur, is mihi videtur desipere. CENN.

[b] Argum. Panv. (*Cod. Vat.* 21) : « Vigesimam primam epist. ad Pippinum (Vig. pr. ad Pip.) per Wilharium episcopum, Dodonem et Vulchadum misit, in qua continentur gratiarum actiones cum adhortationibus, ut Pippinus pro defensione Ecclesiæ pugnare pergat. Papa de sua constantia erga Pippinum multa recitat; scilicet quod nullo fa-

vore, aut terrore ab ejus charitate separari possit. Indicat se post Deum, ejus Genitricem, et beatos apostolos in nullo quam Pippino majorem habere fiduciam.» CENN.

[c] Summ. 21, Bar. et Cent. GRETS.

[d] Quæstio famosa de tribus substantiis in Christo Dei Filio, superiori sæculo inter Benedictum II et episcopos Hispaniæ, quæ duplicem Juliani doctissimi Archiep. Toletani Apologeticum peperit, videnda (*Conc.* tom. XV) uberrime pertractata; quam Nat. Alex (*Sæc.* VII, cap. 4, art. 20) in summam redigit. *Anima, corpus, divinitas*, tres eæ substantiæ latissime comprobantur a Juliano. Secus est hoc loco : tres enim substantiæ pro tribus personis accipiuntur. Qua super re videndum concilium Florentinum (par. 2, collat. 16). CENN.

[e] Wilharius, ut legit Lambec., erat, ni fallor, Nomentanus ille episcopus de quo (ep. 7, al. 9, not.) necnon (ep. 25, al. 34, not.). Duo cæteri nullo titulo insignes, quinam fuerint mihi est incompertum. Nisi forte eorum alter sit idem Dodo, qui post biennii spatium Carolom. legatione functus est (ep.43, al. 46). ID.

nobis in hoc credendi materia conseritur [confertur]. Nec enim aliter fidelium mentes æstimare possunt, quam id quod crebro a vobis, pro intuitu operatum cernimus, et rei experimentum didicimus [a].

Sed, bone potentissime regum, ecce nunc oportunitas, ecce necessitatis dies cogunt, et tempus ingruentis meriti exigit, ut sanctæ Dei Ecclesiæ, et huic a vobis liberatæ provinciæ solite subvenire atque succurrere quantocius Christianitas vestra satagat [b]. **240** Nos quippe, post Deum et ejus sanctam gloriosam Genetricem, atque sacratissimos ipsius apostolos, fiduciam nostram alibi non habemus, nisi in vestram præclaram excellentiam : tu enim post Deum nobis refugium, Christianissime rex, tu cum Dei brachio firma existis opitulatio, et vestri a Deo confortati regni securitas, nostra est immensa lætitia; quo tam nos quamque universus noster populus istius provinciæ (divina vos satisfaciat Majestas) firmi atque immobiles in vestra charitate ac dilectione et regni vestri a Deo protecti Francorum, amoris constantia permanentes permancbimus, et nullus nos poterit humanus favor aut terror a vestri amoris dulcedine, charitatisque affectu separare : sed una nobis erit in vestro amore vita ac mors.

Quia vero innotuistis ob hoc vos præsentes dire

A xisse missos, ut agnoscere per eos valuissetis utrum nobis a parte Langobardorum plenariæ factæ fuissent justitiæ, an non [c], ipsi omnino causæ meritum comperti sunt, et callidam versutiam atque solite falsiloquam propositionem eorumdem vestrorum nostrorumque æmulorum agnoverunt; eisque ad vos revertentibus, Deo propitio, vestris propalabunt in auribus, eis denique de singulis, quæ a vobis injuncta habuerunt, nobis referentibus, singillatim de omnibus responsum reddentes, in eorum posuimus ore quæ vestræ excellentiæ suggerere debeant, effectum ex hoc a vestra adipisci optantes excellentia.

Deus autem omnipotens de throno suæ majestatis super vos regnumque vestrum, atque amantissimam conjugem, præcelsam reginam, spiritalem vero commatrem nostram, atque dulcissimos vestros quidem carnales natos, nostros autem spiritales filios, nec non et super universum Francorum populum, respicere dignetur, et sui brachii dexteram super vos extendat atque victorias vobis de cœlo concedat, omnesque adversarios ante faciem vestram prosternat, et præsentem vitam longo senio, et futuram beatitudinem vobis tribuat perenniter possidendam. Deus te incolumem custodiat, excellentissime fili.

[a] luculentissimam hic patriciatus definitionem habemus, quem scilicet imperiali etiam corona conspicui successores Pippini suscipiebant ipso in actu coronationis. Id constat ex juramento ab iisdem præstito : « Promitto, spondeo, et polliceor atque juro Deo, et beato Petro, me de cætero protectorem ac defensorem fore summi pontificis, et sanctæ Rom. Ecclesiæ in omnibus necessitatibus et utilitatibus suis. » (Ap. Mabill. *Ord. Rom.* 14, n. 15.) Idcirco non dubitandum quin coram Stephano II simile sacramentum rex pepigerit an. 754, in actu inaugurationis per manus ipsius pontificis; hoc tantum discrimine, quod beato Petro et ejus vicario protectionem ac defensionem pollicitus erat. Cenn.

[b] Et hinc et ex mox sequentibus patet, præsenti ope Romanam provinciam indigere adversus Langobardos. Quid autem novi periculi immineret, cum sileant auctores, divinare non possum. Id.

[c] Sub finem anni 766 (ep. 40, al. 26), aiebat pontifex ejusmodi restitutiones fieri cœptas; cumque de eadem re nihil amplius Pippino scripserit, hic sanctæ sedis utilitatum satagens exquirit, num perfectæ eædem essent. Id.

241 IN PSEUDOPAPÆ CONSTANTINI SEQUENTES LITTERAS

MONITUM

1. Constantini laici per vim in apostolicam sedem intrusi binæ litteræ in Carol. Codicis calcem jure sunt rejectæ. Exemplum sequerer, nisi pontificiæ ordinationis historia adversus alias aliorum opiniones, cœptusque ordo chronologicus secus faciendum persuaderent. Ad ordinationem pontificis quod spectat, Constantino Pogonato tribuunt recessum ab usurpatione illa confirmandi electionem Romani pontificis per se, vel per Exarchum, quam Justinianus, Odoacris vestigiis insistens, in regiam Constantinopoleos invexerat. Quare ab ævo Joannis V, qui ad Petri cathedram ascendit an. 685, nulla exspectata confirmatione, faustissimam hanc instauratæ pristinæ libertatis epocham repetunt. At, bona cum hujusce opinionis assertorum venia, id falsum est. Etenim quinque et quadraginta annis recentior ejusmodi libertas revixit, sancti Gregorii III ævo, cum anno 731, seu potius sequenti, sancta resp. constituta est, Græca impietate ad id cogente. Ante ea tempora ordinatio decretum Ravennam missum sequebatur. Obsequii potius quam necessitatis causa, consensionisque potius quam confirmationis exquirendæ gratia decretum electionis consuevisse mitti

Ravennam usque ad id temporis concedam ultro. Attamen mittebatur : nec plena ordinationis libertas obtinuit usque ad sancti Zachariæ, qui Gregorio III successit, electionem. Tum vero et dum stetit in Italia Exarchi potentia, quæ desiit Zacharia eodem pontifice, et post ejus exitium, libera ordinatio fuit, nec decretum electionis, seu ejus exemplum ad Francorum reges mittebatur, nisi ut generalem concordiam unanimitatemque inde discerent : idcirco nonnisi post consecrationem mitti consuevit.

II. Rei argumentum a quovis luculentius suppetit ex interpontificii brevitate : quod cum desumi apud omnes constet ab emortuali die pontificis, ad ordinationem, seu consecrationem successoris, sitque omnibus in codicibus et catalogis per vacationem sedis expressum, extra aleam rem ponit. Notat Papebrochius (*Conat. hist. Chron.* n. 3, pag. 199) sex minimum hebdomades exspectari consuevisse confirmationem decreti. At post Gregorium secus fuit : quatridui tantum ab hujus obitu distat Zachariæ ordinatio. Die post hunc duodecimo consecratur Stephanus II **242**, et Paulus ejus frater interpontificio menstruo ab eo disjungitur ob natum schisma, quod brevi, ut aiebam supra, compressum fuit. Detestabilis Constantini ordinatio octava die Paulum secuta est; nona post ejus dejectionem, Stephani III consecrationi tributa est. Dies tantum octo Adrianus distat a Stephano III, et ab Adriano Leo III bidui; sic pari gressu dominatio pontificum, et eorum ordinationis libertas, per annos septuaginta octavi sæculi ex Græcorum impietate pariter profectæ perseverarunt. Quæ postea evenerint ex concessione et liberalitate pontificum, suo loco dicam post Carolini Codicis et Leonis III aliquot epistolarum editionem, cum de diplomate Ludovici Pii sermo erit. Nunc breviter de invasione Constantini agendum: inde enim certa ætas ac sententia ejus litterarum patefient.

III. In omnibus fere codicibus Anastasii post Pauli mortem sedes vacasse dicitur annum unum et mensem unum: etenim tantumdem temporis Constantinus pontificatum invasit. Nam Paulo ad cœlestem patriam evocato die 28 Junii anno 767, invasio cœpit, quæ insequenti anno desiit die 29 Julii. Idcirco nonnulli codices, ut Freherianus alter in editionibus Fabrotti, et Blanchini, necnon Regius papyraceus ex collatione Velseri et invasionem, et vacationem sedis perspicue legunt: « Vacat sedes annum unum, mensem unum, quo Constantinus transgressor apostolicæ sedis invasor exstitit. » Estque id temporis spatium adeo certum, ut iidem codices constanter habeant in Vita Stephani III: « Per anni spatium, et mensem unum sedem apostolicam invasam detinuit... In ipsius anni circulo, et unius mensis. » Nulla autem ratio habetur octo earum dierum, quæ sacrilegam invasoris ordinationem præcesserunt: imo ne novem quidem dies, qui post' illius dejectionem, antequam Stephanus consecraretur, sunt elapsi, in censum vocantur, quod rarum, quin etiam singulare est in Anastasii codicibus, qui ab unius pontificis emortuali ad alterius diem consecrationis interpontificia protrahunt. At usque adeo curæ fuit scriptori vacationis nomine pseudopontificatum illum designare, ut statim atque electus fuit die Dominica (qua simul consecrari non poterat) Stephanus III dicat: « Et post omnia rite in ejus electione peracta, Deo auctore pontificatus assumpsit culmen; » deinde quæ singulis diebus acta sunt singillatim enarret. Historiam hanc valde necessariam, præcipue ad Pippini silentium et Urbis regimen per ea tempora dignoscendum compendiario sermone amplectar fuse narratam in gestis pontificum, et in concilio eamdem ob rem celebrato per Stephanum III, anno 769, cujus fragmentum in lucem edidi anno 1755.

243 IV. Paulus apud basilicam Doctoris gentium degens æstivo tempore gravi est correptus morbo, suumque diem extremum obiit 28 Junii 767. Quare omnibus abeuntibus ob turbas Romæ excitatas, solus Stephanus presbyter cardinalis sanctæ Ceciliæ, qui ei post diuturnam vacationem successit, donec justa peragerentur, ibi mansit. Cum Paulus decumberet, impii homines, Toto qui olim Nepesinus, tum Romæ habitans, cum tribus fratribus Passivo, Constantino et Paschali, aliisque sociis ad omne scelus paratis, in sancti pontificis cædem conspirant. Indignitatem rei Christophorus primicerius avertit, suasque in ædes convocatis primatibus, ac scelesto illo duce, sacramento omnes adegit, a sanctæ sedis laudabili more non discessuros, unaque cum clero et populo diaconum aut presbyterum cardinalem electuros. Ex ædibus illis discedens audiit pontificem esse mortuum. Tum vero perjurus Toto Lateranense patriarchium invasit, Constantinum fratrem laicum vi et armis intrusit, eumque continuo clericum ordinari, et adveniente die Dominico in basilica principis apostolorum consecrari fecit. Sacrilegum factum secutæ sunt cædes et insidiæ. Christophorus cum filio Sergio tum saccellario, monasterio se vitam amplexuros simulantes in monasterio Salvatoris prope Spoletum, vix necem evasere. Eo dimissi post festum paschale sequentis anni, malo invasoris omine: nam Christophorus ductores fallens Spoleti ducem adiit una cum filio, per quem Ticinum ad Desiderium regem tuto pervenit. Tum regis fidem implorans copias obtinet, militibusque Spoletanis additis Romam redit. Pugnatum cum Totone, eoque cæso, dejectus invasor, ac summa cum omnium lætitia Stephanus III rite electus est ipsis Kalendis Augusti 768. Omnia hæc trium spatio mensium peracta sunt. Deinde iis diebus, qui consecrationem præcesserunt, in reos partium invasoris animadversum.

V. Principio invasionis Constantinus dedit ad Pippinum priores litteras (43, al. 98) ex quibus cætera mendacissimis, Francorum regi Pauli mortem, ac sine dubio sacrilegam intrusionem, nuntiatam fuisse intelligemus; namque omnium consensum mentiens in sua electione, *jam præcurrentibus*, ait, *nuntiis* pontificis transitum ab eo teneri; suasque ad illum litteras dans regio misso, fieri non potuisse affirmat, ut suos mitteret, sed *duos alios missos*, se expediturum promittit, ubi qui in Franciam profecti erant, reversi essent, Stephani II et Pauli optimorum pontificum exemplo (11, 34, 41, al. 8, 18, 16). Christianissimum regem laudat, Moysi comparans, quod ut ille Israelitas, sic Romanos ipse ab impietate redemerit; catholicæ fidei **244** et Ecclesiæ assertorem eum appellat; pristinæ cum Romanis amicitiæ ac societatis eumdem admonet; denique perpetuam fore suam erga illum benevolentiam promittit. Quid plura? Sanctorum etiam Vitas, quas a Paulo pontifice rex petierat, quotquot invenire potuit, largius eidem fuit. Omnia nequidquam: nam altum ab rege silentium. Argumentum profecto non obscurum, ægre admodum latam a piissimo principe, tantam indignitatem, quæ num a primicerio ipso, an ab aliis nuntiata fuerit, incompertum est.

VI. Tres, ut minimum, menses Constantinus responsum regium præstolatur; nam alteris in litteris (44, al. 99) meminit *præteriti Augusti mensis quintæ indictionis*, cum venit Romam epistola ad Paulum data a patriarchis Jerosolymitano, Alexandrino, et Antiocheno, pluribusque metropolitis in synodo congregatis pro vindicanda adversus impium Copronymum catholica religione, cultuque sanctarum imaginum. Tum vero hac forsitan occasione arrepta, Pauli exemplum imitatus (ep. 31, al. 35) iterum verberare aerem tentat, secunda epistola ad illum data suis missis Christophoro presbytero et Anastasio notario, hominibus novis, et sua, quod probabile est, sacrilega potestate ad eos gradus evectis. Mendacia eadem de sua electione unanimi consensu facta recoquit, sacræ Scripturæ locis, variisque Stephani ac Pauli sententiis adhibitis miserum in modum centonizat; nil concludit. Audet a piissimo rege responsum enixe petere, rogareque eum, ut Georgium episcopum et presbyteros cardinales Marinum et Petrum a Paulo missos in Franciam, reverti Romam permittat. Pippinus vero altum siluit, fortasse quia contemptui habuit, seu potius detestatus fuit simulationem litterarum. Certe nec missos, nec litteras illius Roma amplius vidit, quamvis invasoris dejectioni ac Stephani III creationi supervixerit. Nam vita functum esse constat anno 768, die 24 Septembris, cum Sergius saccellarius Christophori primicerii filius, tunc nomenclator, missus pontificius eo properabat cum litteris Pippino, Carolo et Carolomanno directis, queis rogabatur ipse, ejusque filii, ut episcopos doctrina et sapientia præstantes Romam mitteret ad concilium, quod quantocius celebrare Stephanus meditabatur de magni momenti rebus ad fidem et disciplinam pertinentibus.

VII. Ex huc usque allatis, præter ordinationis libertatem, quæ valde perspicua est, libera etiam dominatio Romæ non obscure patet, quam eruditi recentiores idcirco non assequuntur, quia, Romam licet ejusque ducatum inter Francorum donationes nec reperiant, nec reperire **245** usquam possint, ejustamen dominium similis naturæ esse putant cum ditione Exarchatus ac Pentapolis. At enimvero Christophorus primicerius, qui vel ante principatum sanctæ sedis summa cum potestate præerat una cum archipresbytero, et archidiacono sede vacante, autabsente pontifice, quod eruditi omnes norunt (*Diurn. Pontif.* titt. 1, 5, 6, 7, cap. 2). Proceribus cæteris ob metum fractis tanta in perturbatione rerum, ad monasterium Spoletanum ire simulans cum filio Sergio, ducem Spoleti adit, inde Langobardorum regem collectisque utrinque auxiliis, dux exercitus contra antipapæ vires instructi Urbem ingreditur, feliciter pugnat, restituit rempublicam. (Omnia hæc aguntur post mensem decimum invasionis; etenim primicerius nonnisi post Pascha anni 768, diem videlicet 10 Aprilis, ab antipapæ insidiis se explicuit, monasticæ vitæ obtentu.) Tempore tam diuturno mensium tredecim neque a Francorum rege patricio Romanorum res componuntur, neque a Græcis impiis foventur turbæ. Ubi vim vi repelli oportet neutra ex parte milites ducesve adsunt. Romæ igitur dominabatur proprius princeps, isque erat pontifex: cumque per totum id temporis, cum sedes vacabat, principis partibus fungeretur primicerius, is auxilia ab aliis Italiæ principibus impetrat, atque invasore principatus deturbato, novum principem, pontificem scilicet rite ordinatum, subditis renuntiari curat. Quæ quidem nemo dixerit dubia principatus indicia. Sunt nihilominus certiora alia, quæ ex eadem invasione sedis petuntur. In reos enim animadversio est indicium maximum potestatis: ejusque nonnulla exempla suppetunt apud Anastasium, quæ haud negligenda videntur.

VIII. Paucis iis diebus, qui electi pontificis Stephani consecrationem præcesserunt, de sceleratis illis, qui pseudopapæ adhæserant, pœnæ sumptæ. Invasor ipse cum fratre Passivo carceri erant mancipati ante electionem, ibique detinebantur. Duo præterea scelerati insignes memorantur, Waldipertus presbyter genere Langobardus, et Gracilis tribunus, ambo majestatis rei. Hic siquidem in Campania, pseudopapæ gratia opibusque audax, scelus omne perpetraverat; postque hujus casum jure sibi metuens, Alatri se munierat, unde a Romano exercitu abstractus, et Romam ductus in arctam custodiam est detrusus; eidem postmodo sunt eruti oculi, et lingua abscissa. Waldiperti flagitium erat singulare, et maxime ad rem faciens: quare ipsis verbis, quæ apud Anastasium leguntur (sect. 274) referri illud oportet: « Quod consilium cum Theodicio duce Spoletino et aliquantis Romanis iniisset, ad interficiendum **246** præfatum Christophorum primicerium, et alios Romanos primates, et civitatem Romanam Longobardorum genti tradendam. » Simili pœna et hic affectus. Cætera nihil moror: tametsi pseudopapæ pariter et Theodoro episcopo ejus vicedomino erutos oculos audiam, aliosque aliis pœnis affectos. Illud tamen juvat animadvertere, quod hujusmodi licet pœnæ apud Anastasium referantur, quasi a perversis hominibus inflictæ, id tamen factum videtur ad avertendam novi pontificatus invidiam. Nam vel Alexandri III ævo pœnarum ejusmodi genus obtinuit, ut narrat Petrus Mallius (*Bolland.*, tom. VI Jun., part. II, p. 49, E): « Sententialibus præfecti, si suspendunt aliquem, quinque solidi; quando decollant, similiter; quando cæcant, duodecim denarii pro unoquoque oculo; quando truncant aliquod membrum, similiter. » Etenim præ aliis officiis principum id laudatur, suum cuique jus tribuere, ut (*Lib. Regum* II, c. VIII, v. 15) de David legitur: *Faciebat quoque David judicium et justitiam omni populo.* Quæ reipublicæ duplex administratio nullo unquam tempore a principatu divisa fuit et utriusque tam perpetua in pontificio suppetunt argumenta, ut nullatenus infirmari possint.

IX. Et vero præfectum urbis Romæ esse, cum Augustorum ditioni parebat, nullum dubium. Narrante enim Joanne Diacono in Vita sancti Gregorii Magni (lib. I, c. 5), sanctus vir imperatorem suis litteris rogavit, ut suam electionem minime confirmaret, « Sed præfectus Urbis germanus nomine ejus nuntium anticipavit, comprehensisque ac disruptis epistolis, etc. » Eumdem autem magistratum, postquam Roma pontificum dominatui subdita esse cœpit, inibi perseverare certum scimus, Anastasio id testante in Vita Adriani (sect. 298) ubi, de Calvuli cubicularii flagitio agens, narrat quemadmodum Adrianus « jussit contradere antefatum Calvulum cubicularium, et prænominatos Campanos præfecto Urbis, ut more homicidarum eos coram universo populo examinaret. » Ex Adriani ejusdem litteris plura hujusmodi exempla infra afferentur, cum ad eum pontificem ventum erit. Unius hic epistolæ (ep. 61, al. 50) conglobata delicta spectari velim: Anastasius missus pontificius, Paschalis et Saratinus, necnon Paulinus, scelesti omnes alius crimen aliud pœna dignum perpetraverat. Paulinus ab Adriano vinctus ad Carolum mittitur, quippe ejus juris erat; nefarios Paschalem et Saratinum Romam mitti orat puniturus ipse: « dum, ait, de eis perfectam susceperо justitiam. » De Anastasio vero, Carolum insimulat violati juris gentium, quod missum detinuerit, ac remittendum ait in Urbem: **247** « Et sexerissime eum sciscitantes juxta noxam ei repertam eum corripiemus. » Coactiva igitur quam vocant potestate eumdem in modum pontifex in ditione sua, Romæ nimirum et in ducatu aliisque regionibus sibi subditis utebatur, quo sua in ditione Carolus. Atque eapropter hoc præcipuum supremi principis argumentum Romæ non deerat pseudopapæ tempore, qui suo et suorum scelere illud patefecit.

X. Allatam profecto epistolam Adriani Eccardus (*Rer. Franc.* lib. xxv, cap. 38) ejusque assecla Muratorius (*Ann. Ital.* 789) non animadvertisse videntur: nam alia ejusdem pontificis (97, al. 85) freti, hac eadem ex causa dominatum asserunt Romano pontifici in provinciis Exarchatus et Pentapolis. Non ita Waldipertus, de quo nuper est dictum. Videbat iniquus ille presbyter pontificiæ dominationis esse Urbem: idcirco Romanorum primatum cæde Langobardorum potestati posse subjici. Illi enim reipublicæ administratores erant, quibus sublatis respublica interiret necesse erat. Cumque hæc res magni momenti sit, explicatior per me fiet, ut magis ac magis dominatio pontificia elucescat. Septem præcipue nominantur frequenter in his codicis Carolini litteris, et apud Anastasium: *Primicerius, secundicerius, arcarius, saccellarius, nomenculator, primicerius defensorum, et protoscriniarius.* Insignes isti viri nunc proceres, nunc primates appellantur et apud Anastasium (sect. 274, 293) et in concilio Lateranensi Stephani III. Qua super re Baronius (an. 638, n. 9) aliique valde hallucinantur, dum presbyteros et diaconos cardinales putant primatum nomine designari. Idem recte nuncupantur *officia palatina* in eo libello, qui Joanni diacono tribuitur, consarcinatusque est post dimidium sæculi quinti decimi, ætate illa suppositionum feracissima. Nam licet tale opusculum Alexandro III nuncupetur, tamen personam auferunt sepulcralia monumenta ejusdem Alexandri et Clementis III; res gestæ Honorii III et Alexandri IV quæ ibidem visuntur, et, quod majus, luculenta hæc, quæ cap. 8 legitur inscriptio: « In nomine Domini amen. Anno Incarn. 1297, die mensis Februarii, consecratum fuit altare capituli ad honorem Dei et beatæ Mariæ Magdalenæ de mandato domini Bonifacii papæ VIII per Dominum Gerardum de Parma episc. Sabinensem. » Quæ mirum est non vidisse Panvinium (*Cod. Vat.*, num. 1106) ejusque exscriptorem Rasponum (*De Basil. Later.* lib. III, cap. 18) nec Mabillonium (*Mus. Ital.* tom. III, p. 570), qui tanti faciunt libellum istum, et Alexandro III dicatum asserunt. At veram ejus ætatem cod. Vallicellanus detegit; namque insertus ei libello est catalogus Romanorum pontificum, **248** in Pio II desinens, qui ad Petri cathedram ascendit anno 1458.

XI. Quidquid vero sit de rebus cæteris in ea consarcinatione existentia, inter memorias veteres a consarcinatore adhibitas illa haud dubie recenseri debet, in qua primates seu proceres Romani appellantur *officia palatina*. Primicerius enim notariorum, cujus summa erat auctoritas sede vacante vel absente pontifice, antequam summus princeps Romanorum fieret, deinceps prima dignitas palatii esse, ni fallor, cœpit. Primum ministrum hodie dicimus in aliorum principum aulis, secretarium status in pontificia. Eo munere fungi consuevisse tum temporis primicerium notariorum eruitur ex Pauli litteris (37. al. 20). Nam Christophorum malæ fidei insimulatum ab imp. Orientis ita apud Pippinum defendit: « Asseruit, quod dilectus filius noster Christophorus primicerius et consiliarius sine nostra auctoritate, nobis quasi ignorantibus, suggestiones illas quas sæpius ei direximus fecisset, et alias pro aliis ejus ac vestris missis relegisset: et in hoc testem et judicem proferimus Deum, quod ita nequaquam est. Nihil enim ipse noster consiliarius extra nostram voluntatem aliquando egit, vel agere præsumpsit, quoniam nostri prædecessoris ac germani domni Stephani papæ, simul et noster sincerus atque probatissimus fidelis exstitit, et in omnibus existit, et satisfacti sumus de ejus immaculata fide et firma cordis constantia. » Ab eodem primates cæteri et judices ecclesiasticæ ditionis pendebant, ut recte Panvinius et Rasponus, juxta Cassiodori sententiam (lib. IV, ep. 7). Ideo et primates eidem obtemperant post Pauli mortem, et judices vires suppeditant ubi de Constantino ejiciendo agitur. Quantavis autem fuerit istius auctoritas, primus administer erat apostolicæ sedis, ac perpetuum erat ejus officium. De secundicerii dignitate, quæ primæ tantum inferior erat, de saccellarii et arcarii officiis camerarium et thesaurarium nostri ævi referentibus, deque aliis tribus officiis opportunius alibi.

XLIV.

249 EPISTOLA [a] CONSTANTINI [b] PP. [c] NEOPHYT

AD DOMNUM PIPPINUM REGEM DIRECTA,

In qua continentur gratiarum actiones, et de obitu domni Pauli papæ, et postulat ut in gratia domni Pippini regis permanere possit, sicuti antecessores sui fuerunt.

(An. Dom. 767, Cod. Car. XCVIII, chron. 43.)

ARGUMENTUM — Statim atque intrusus fuit audacissimus laicus in sanctam sedem, Stephani et Pauli sanctissimorum pontificum exempla secutus, quin et eorum sententias usurpans, Pauli obitum nuntiat suamque, quam mentitur unanimem, electionem; amicitiam optimi principis audet quærere; de Ecclesiæ exaltatione agit; missosque suos se legaturum promittit, ubi reversi fuerint qui in Franciam iverant. Epistolam dat misso regio ad piissimum regem.

Domno excellentissimo filio Pippino regi Francorum et patricio Romanorum, Constantinus papa.

Omnino credimus, jam, præcurrentibus nuntiis, ad vestram excellentissimam atque a Deo institutam regalem potentiam pervenisse, quod beatæ recordationis prædecessor noster, domnus Paulus papa de hac luce, Dei vocatione, subtracto, Urbis vel subjacentium ei civitatum populus meam infelicitatem sibimet præesse pastorem elegerunt [d]; et ecce cum nimio stupore mentis dico illud quod nequaquam penitus optabam, nec mea exigebant merita, tam sacrum 250 apostolatus culmen, magnique oneris pastoralis adeptus sum curam [e]. Propterea, quia omnipotens Deus per manus ipsius principis Petri, atque ejus vicarii, ad exaltandam suam sanctam Ecclesiam et redimendam hanc provinciam, præ omnibus regibus ac mundi potentibus, ut pote novum Moysen, qui Israeliticum Dei nutu redemit populum, vestram excellentiam in his diebus eligere ac suscitare jussit, quod profecto, Deo annuente, vestro auxilio ac certamine perpetratum est. Idcirco obnoxiis deprecationibus, tanquam præsentaliter coram vestro mellifluo regali assistens conspectu, flexo poplite, deprecor præcellentiam vestram, ut illud, quod beato Petro polliciti estis, simulque et charitatem atque amicitiam, quam cum beatæ recordationis domno Stephano summo pontifice, vel ejus germano, prædecessoribus nobis, habuistis, omnimodo recordare ac conservare jubeatis; et multo amplius exaltationem sanctæ Dei Ecclesiæ, spiritalis matris vestræ, atque orthodoxæ fidei defensionem, ac hujus vobis commissæ provinciæ perfectam liberationem procurare dignemini; quatenus reposita jam vobis in sidereis mansionibus mercedis coronam, interveniente beato Petro apostolorum principe, ab omnipotente Deo consequi mereamini. Nos enim nequaquam alibi post Deum nostram habemus spem, nisi in vestro a Deo corroborato brachio, pro quo et eumdem Dominum Deum nostrum, cui occulta cordis manifestata sunt, proferimus testem, quod amplius, sicut ipsi prædecessores nostri pontifices, in vestra charitate, ac fida dilectione, atque sincera amicitia firmi atque immutabiles satagimus fine tenus permanere, et per nullam temporum interruptionem a vestra nos charitate, atque a Deo protecti regni vestri Francorum

---

[a] Hujus et sequentis epistolæ chronologia certa. Hæc nimirum ineunte mense Julio, altera Octobri anni 767 datæ sunt. Argumenta satis prolixa exstant ap. Magdeburgenses (Cent. 8, c. 10) eademque aliquantulum varia ap. Baron. (an. 767, n. 7) ex eodem cod. Vatic. unde Pauli epistolar. argumenta prodierunt. CENN.

[b] Mortuo Paulo I pontifice, in sedem apostolicam a factiosis tribunis fuit iste pseudopapa Constantinus; qui mox ad Pippinum duas epistolas dedit, quarum meminerunt quoque Baron. an. 767, n. 7, et Magdebur. Cent., 8, c. 10. GRETS.

[c] Sanctus Gregorius (*Regest.* lib. VII, ind. 2, ep. 111) hanc vocem primo aspectu impropriam explicat: « Sicut autem, inquit, tunc neophytus dicebatur, qui initio in sanctæ fidei erat conversatione plantatus: sic modo neophytus habendus est, qui repente in religionis habitu plantatus ad ambiendos honores sacros irrepserit. » Hac eadem auctoritate utitur Nicolaus I, epist. 10, ad clerum Cp. contra Photium (Labb., *Conc.* tom. VIII, p. 367). ID.

[d] Ex audacissimi invasoris ore Romanæ provinciæ ditionem ad Rom. pontificem spectare discimus: Urbis siquidem et ei subjacentium civitatum consensu electionem suam tuetur: quare mendaciis suis Romæ statum illius ævi confirmat. Quæ sequuntur, ex Pauli epistolis desumpta nil novi afferunt. ID.

[e] Lege Bar. anno 767, num. 5 et seqq. et fumi isti statim dissipabuntur.

sincera amicitia quomodo separabimus. Itaque Christianissime, et a Deo institute, magne, victoriosissime, bone rex, et nostri, Dei nutu, defensor, interim, diversis nobis imminentibus causis, nulla exstitit possibilitas, donec missi vestri [*Lamb.*, nostri] qui illuc ad vos [*Gent.*, ad nos] directi sunt revertantur, alios duos dirigere missos; dum vero illi remeaverint, confestim nostros missos ad vestri præsentiam dirigemus. Tamen et huic vestro misso hoc ipsum in ore posuimus, vestræ benignæ excellentiæ suggerendum. Gesta quippe sanctorum, de quibus misistis vobis dirigi, in quantum reperire valuimus, vobis transmisimus.

Deus autem omnipotens, in cujus manu cor excellentiæ vestræ regitur, felicia vobis tribuens tempora, omnes adversas nationes vestris regalibus subjiciat vestigiis, et per multorum annorum metas regni gubernacula vos cum excellentissima et a Deo illustrata filia nostra, domna regina, atque præcellentissimis regibus, vestris natis, faciat possidere, et æternæ beatitudinis cum sanctis et omnibus electis ejus per infinita [sæcula] annuat effici participes. Incolumem excellentiam vestram gratia superna custodiat.

XLV.

EPISTOLA CONSTANTINI PAPÆ NEOPHYTI,

AD DOMNUM PIPPINUM REGEM DIRECTA,

In qua continetur quod a populo Romano per violentiam electus, et in sede apostolatus intromissus fuit, postulans ut in gratia domni regis Pippini permanere possit, sicut antecessores sui fuerunt, et inde de epistola Theodori patriarchæ Jerosolymitani, et de aliis epistolis Alexandrini et Antiocheni patriarcharum; et in embolo de Georgio, Marino et Petro.

(*An. Dom.* 767, *Cod. Car.* XCIX, *chron.* 44.)

ARGUMENTUM. — Silentium regis ægre ferens mentitur iterum unanimi populorum consensu se creatum. Divinæ Scripturæ loca inserit, Pippinum laudat ut fidei catholicæ propugnatorem; narrat litteras patriarcharum Orientis de synodo habita pro cultu sacrarum imaginum, Paulo directas, se in ambone prius lectas publice ad eum transmittere Græco-Latinas. Georgium episcopum, Marinum et Petrum presbyteros ut reverti permittat solatio parentum efflagitat; responsum enixe petit. Quod majus, legat missos suos, Christophorum presbyterum et Anastasium notarium.

Domno excellentissimo filio Pippino regi Francorum et patricio Romanorum, Constantinus papa.

Dum internæ mentis intuitu, infra memetipsum vehementer considero quanta mihi incepti pastoralis officii debet insistere cura ad pascendas Dominicas rationales oves, valde fateor intolerabilem mœstitiam cordis mei arcano adhæsisse, quia procul dubio non meriti, sed oneris hujuscemodi provectio omnibus curam animarum assumentibus, videtur esse conferta sollicitudo, et qui nimis comprimor, et nullis operum meritis neque virtutum profectibus me præstiturum perpendo, quid divina misericordia inspirante cordis affectu operari jusserit, et illico velut ex gravi somno experrectus nimio stupore, et exstasi invenio a Deo in me rogatum, quod nunquam optavi, quod nunquam penitus cogitavi, nec [*Lamb. add.* in] cor pusillitatis meæ quoquo modo ascendit, ex improvisa enim violentia, manu a populorum innumerabili concordantium multitudine, velut valida aura venti raptus, ad tam magnum et terribile pontificatus columen provectus sum. Unde sicut navis æquoreis procellis fluctuatur, ita ego infelix, et inutilis curarum tumultibus, et populorum proclamationibus, atque lacrymosis ululatibus concutior; etenim omnes omnino, a magno usque ad parvum, proprios dolores ac violentias vociferantes, non cessant circumvallare me undique cogitationum certamina, ob consolationem, et justitias impertiendas huic a vobis liberato populo.

O quam magna et metuenda existit pastorum sollicitudo! et quomodo infelix possim onerum animarum exsequi curam? Verumtamen, dum protinus jactavi cogitatum meum in Domino, et spei meæ fiduciam ad ejus contuli misericordiam, meque, excellentissime et a Deo protecte victoriosissime rex, in vestro solito auxilio et protectione commisi, paratum jam remedium inveni, et afflictus animus meus paulisper respiravit. Valde enim post Deum confortor in vestra regali potentia, et a Deo protecto regni vestri Francorum robustissimo brachio. Inter hæc itaque considero quanta sit Dei nostri omnipotentis misericordia, et confestim opima consolationis opportunitas mihi confertur. Ipse enim pro humani generis salute de sinu Patris descendens, Verbum caro factum, de virgine Maria domna nostra nasci dignatus est, non amittens deitatem, sed semetipsum exinanivit, formam servi accipiens; qui mortem nostram moriendo destruxit, et vitam resurgendo reparavit. Unde non est dedignatus cum peccatoribus et publicanis loqui ac convesci, suscepit enim publicanum, et evangelistam effecit, Matthæum dico, qui evangelica verba mundo propagavit. O multitudo divitiarum sapientiæ et scientiæ Dei, quam inscrutabilia sunt judicia ejus, et investigabiles viæ ejus! Vere magnus Dominus et laudabilis nimis, et sapientiæ ejus non est numerus; qui ponit humiles in sublimi, et mœrentes erigit sospitate; pro quo, tanquam unum ex publicanis me existimans, cum gemitu cordis, percusso pectore, deprecor ineffabilem misericordiam, ut tantum pastorale officium, quod mihi immerito contulit, me salubriter exsequi, et lucra animarum ejus divinæ majestati offerre me annuat. Crebro enim laudem ipsius redemptoris nostri loquitur os meum, caro et lingua benedicit sanctum nomen ejus, qui non merita existimat, sed misereretur quibus misereri vult.

Præmissis quidem jam vicibus nostris apostolicis apicibus, jussi [*Grets.*, nisi] sumus intimasse a Deo instituto regali vestro culmini, de recessu prædecessoris nostri, domni Pauli papæ, et quomodo me indignum et inutilem divina dignatio in apostolatus ordinem provehere jussit. Unde ecce et nunc iteratis nostris apostolicis affatibus, debitum honoris ac salutationis affectum, et visitationis conatum excellentissimæ Christianitati vestræ aptum duximus persolvere; et quoniam omnipotens et longanimis Deus noster, verbum salutis per suum apostolum, beatum Petrum excellentiæ vestræ mittens, fortissimum sanctæ suæ Ecclesiæ et fidei orthodoxæ liberatorem ac defensorem te suscitavit atque constituit, præcellentissime fili et magne orthodoxe rex : ideo, licet mutatis pastoribus, cura tamen hujuscemodi certaminis ac defensionis vobis incumbit, et ob hoc, tanquam præsentaliter, coram mellifluo regali vestro aspectu consistens deprecor, et per Deum omnipotentem, qui est judex vivorum et mortuorum, ante cujus conspectum omnia elementa contremiscunt et abyssi moventur, qui omnia regna mundi suæ providentiæ nutu disponit, qui etiam te, excellentissime fili ac benignissime rex, tuosque amantissimos natos ac meos spirituales filios, in reges per manus beati Petri apostolorum principis ungui præcepit, firmiter excellentiam vestram conjuro, ut ea quas [quæ] pro stabilitate regni vestri, et æternæ vitæ remuneratione beato Petro polliciti estis, pro exaltatione ac defensione sanctæ Dei Ecclesiæ, spiritalis matris vestræ, et sanctæ orthodoxæ 255 fidei observare et in omnibus adimplere jubeatis, et in ea charitate ac dilectione, in qua cum nostris prædecessoribus, domno Stephano ac Paulo, beatissimis pontificibus, permansistis, nobiscum permanere jubeatis, et in eadem amicitiæ connexione cum mea fragilitate persistere; non nostra quæ mala sunt merita existimans, sed adimplens illud divini oraculi præceptum (*Matth.* x): *Qui recipit prophetam in nomine prophetæ, mercedem recipiet prophetæ; et qui recipit justum in nomine justi, mercedem suscipit justi.* Et illud quod ipsa veritas Deus noster ait (*Luc.* x) : *Qui me recipit, vos recipit; et qui me spernit, vos spernit.*

Considera, bone rex, quia potuerat Deus noster per angelum virtutis suæ, aut alio modo liberationem suæ Ecclesiæ et fidei orthodoxæ operari : sed non in alio nisi in tua excellentia complacuit, quia tibi hoc bonum servatum erat opus. Unde aperte cunctis datur intelligi, quia omnia jam ante mundi constitutionem a Deo prædestinata sunt. An non erat prædestinatus David, de quo secundum carnem Christus in mundo editus est? pusillus enim inter fratres existens, ab ovibus patris ablatus, in regem unctus est : et quia a Deo prædestinatus es defensor sanctæ Dei Ecclesiæ ac noster, adesto, exaudi preces nostras, mitissime rex, sic te exaudiat Dominus in quacunque die eum invocaveris. Nos quidem, ita testis nobis Deus noster, cui occulta cordis manifesta sunt, ut plus etiam quam præfati nostri prædecessores pontifices in vestra a Deo protecti regni vestri Francorum charitate et dilectione, atque sincera fidelitate, cum omni nostro populo firma constantia erimus permansuri, et peto coram Deo vivo, ut si forsitan quisquam, spiritu nequitiæ irreptus, contraria de nobis vestro regali culmini garrire attentaverit, nulla ei credulitas admittatur, quia, ut confidimus in Dei omnipotentis misericordia, plenius eritis de nostra puritate satisfacti

Unde ecce magnopere ad vestra a Deo directa vestigia direximus præsentes fidelissimos nostros missos, scilicet Christophorum 256 dilectum filium nostrum presbyterum, atque Anastasium notarium regionarium spiritalis matris vestræ, sanctæ nostræ Ecclesiæ, qui vos de nostra fidelitate, quam erga vestram regalem potentiam gerimus, satisfacere debeant, quibus et in ore posuimus hoc ipsum Christianitati vestræ nostra vice enarrandum. Quos petimus, ob reverentiam vestri [*Lamb.* add. fautoris] beati Petri, benigne a vobis et solite suscipi, eisque in omnibus credere, et cum lætabundis nuntiis de vestro benigno proposito, et immensa prosperitate absolvere jubeatis.

Itaque innotescimus excellentiæ vestræ, quod duodecima die præteriti Augusti mensis, quintæ indictionis, conjuncti ad nos a sancta civitate, quidam religiosus presbyter Constantinus nomine, deferens synodicam fidei [a] missam a Theodoro Hierosolymitano patriarcha, ad nomen prædecessoris nostri domni Pauli papæ, in quo et reliqui patriarchæ, id est, Alexandrinus et Antiochenus, et plurimi metropolitani episcopi Orientalium partium, visi sunt concordasse, eamque cum magna lætitia suscipientes, atque amplectentes, in populo in ambone relegi fecimus, cujus exemplar in Latino et Græco eloquio vestræ excellentiæ direximus, ut agnoscatis qualis fervor sanctarum imaginum orientalibus in partibus cunctis Christianis imminet.

His prælibatis, extensis palmis ad æthera, cum omnibus Dei cultoribus, et cuncto nostro populo redemptoris nostri divinam exoramus clementiam, ut suæ extensionis dextera vos protegat, et regni vestri a Deo confortati Francorum terminos dilatet, atque immensas de hostibus victorias vobis tribuat, cunctosque adversarios regalibus vestris prosternat vestigiis, regnique gubernacula, longo ac prospero senio vobis, una cum excellentissima filia nostra, 257 a Deo protecta regina, et amantissimis natis perfrui concedat possidenda, et sicut temporale ac terrenum regnum et cœlestia vobis regna cum omnibus sanctis, qui ab initio mundi divinæ placuerunt majestati, tribuat possidenda. Incolumem excellentiam vestram gratia superna custodiat.

EMBOLUM.

Itaque hoc excellentiam vestram petimus, ut jubeas, Christianissime ac mitissime rex, inspiratus a

[a] Vide quæ dixi ad epist. 31, al. 35 (not. 2, 3). Illam equidem epistolam ab an. 758 removendam duxi, fretus conjectura concilii Jerosol. circa an. 760 celebrati, atque extremo anno 761 reponendam credidi. Fateor nihilominus me non assequi mente, cur synodica ista non fuerit Romam missa ante Augustum mensem anni 767 sexto nimirum post anno, quam id concilium celebratum dicitur. Hinc autem patere arbitror, quam ardua sit provincia hasce epistolas fere omnes characteribus temporis carentes digerere, servata temporis ratione. CENN.

Deo, ad nos absolvere reverendum sanctissimum fratrem nostrum ᵃ Georgium episcopum, atque dilectos filios nostros Marinum et Petrum presbyteros, qui ad vestram præcellentiam a nostro prædecessore domino Paulo papa directi sunt; quotidie enim cum magno ploratu eorum parentes nos adeunt, ut vestram a Deo institutam excellentiam deprecari debeamus pro eorum absolutione, etiam non possumus eorum lacrymas sufferre. Per te enim, bone misericordissime rex, salvi effecti sunt, et a manibus persequentis liberati consistunt. Unde magna in cœlo vobis reposita est mercedis corona, quoniam scriptum est: *Qui salvat, tanquam qui ædificat.*

Propterea coram Deo vivo deprecamur, ut in hoc preces nostras exaudias, et ipsos absolvere jubeatis. Ipsis enim revertentibus **258** cum magna lætitia eos suscipiemus, et charos in nostris visceribus amplecti studebimus; episcopatum enim et Ecclesias quas tenere videbantur inordinatæ usque hactenus consistunt; pro quo jubeat excellentia vestra disponere, quatenus præfati viri ad terram nativitatis eorum revertantur, quia adest tempus ut pariter cum suis parentibus, et una nobiscum in Domino exsultent, nosque merito pro vita, et incolumitate vestra fundere valeamus preces. [*Lamb. add.* Codicis epistolaris Carolini finis.]

ᵃ Anno 765 exeunte, iterumque anno sequenti (ep. 59, 40; al. 14 et 26) Paulus efflagitanti Francorum regi concessit, ut Georgium Ostiensem episcopum et Petrum presbyterum cardinalem apud se retineret. Utrumque Romam rediisse post Pippini mortem certum scimus, quia Georgium adesse videmus Later. concilio an. 769 celebrato adversus hunc invasorem sanctæ sedis, et Petrum anno 770 legatione functum Stephani III cum Pamphilo defensore (ep. 49; al. 45) ad Carolum et Carolomannum reges Pippini filios. Ad Marinum autem quod attinet, card. tit. sancti Chrysogoni petente eodem Pippino creatum esse usque ab anno 757, nos docet (ep. 16, al. 25). Deinde eum novimus (ep. 19, al. 59) una cum adversariis machinatum esse in Francorum regem et sanctam sedem. Postremo restitutum anno 764 in pristinum honorem ad Pauli preces ab ipso Pippino; necnon pontificem lacrymis motum matris illius desolatæ ac orbæ lumine rogasse eumdem regem, ut eum remitteret Romam (ep. 36, al. 52). Quid autem sibi velit pseudopapa privatam unius causam ad alios duos extendendo, et laudando Pippinum, quod omnes eos liberarit a manibus persequentis non intelligo. Id unum percepisse mihi videor, recte a Carolo utramque epistolam mendaciis ineptiisque plenam in calcem codicis rejectam fuisse, neque movendas a me fuisse hujusmodi sordes. At ratio temporis ad id præstandum me coegit. Ac de utraque satis superque est dictum in monito, ad historiam rerum quod spectat.

IN STEPHANI III EPISTOLAS QUINQUE
ADMONITIO.

I. Sedatis reipublicæ tumultibus variis, pœnaque affectis eorum auctoribus, minime sanata erant atrocia vulnera Ecclesiæ inflicta. Invasio siquidem apostolicæ sedis, ordinationes illicitæ ab eodem factæ impietasque Orientis mirum in modum aucta persuaserunt pontifici, ut congregaret synodum in qua omnia serio ac sapienter discuterentur. Quamobrem et ex Italia et ex amico Francorum regno episcopos congregare deliberans : « In exordio ordinationis suæ, ut est apud Anastasium, quo idem sanctissimus præsul pontificatus apicem assumpsit, direxit in Franciæ partes ad eximios viros Pippinum, Carolum et Carolomannum reges Francorum et patricios Romanorum Sergium secundicerium et nomenclatorem illo tempore existentem, deprecans atque hortans eorum excellentiam per suas apostolicas litteras, ut aliquantos episcopos gnaros, et in omnibus divinis scripturis atque sanctorum canonum institutionibus eruditos ac peritissimos dirigerent, ad faciendum in hac Romana urbe concilium. » Hæ primæ Stephani litteræ neque in codicem hunc relatæ, neque alibi reperiuntur, Baronius ex Cod. Vat., quem Panvinius se vidisse testatur, argumentum profert (an. 772, n. 2) : « Scripsit pontificatus initio ad Pippinum petens homines doctos mitti ad synodum Romanam. » Quare autem in Francia interierint, neque eas ob id Carolus recensere potuerit, facile conjectu est ex rerum serie, quæ hac occasione evenerunt.

II. Et sane missus seu legatus pontificis Roma profectus post diem septimam Augusti mensis anno 768, cum Stephanus est consecratus, et in Franciam veniens Octobri mense, Pippinum de hac vita migrasse invenit die 24 Septembris elapsi. Propterea reges filios adire oportuit, qui post funus paternum ad regnum quisque suum se contulerant, jamque regia insignia sumpserant die 9 Octobris, Carolus Noviomagi, Suessione Carolomannus, ut tradit monachus Engolismensis. Ubinam legatus eos repererit, apud Anastasium non legitur : id certum, quod in suum regnum Parisiis uterque processerat; ideoque Sergius « cœptum gradiens iter pervenit ad ejus filios, » Jactura quidem levis : nam litteræ suum consecutæ sunt effectum, duodecim ex Francia episcopis, fere omnibus urbium metropoleon, vere primo anni sequentis 769, Romam venientibus **260** cum Sergio. Rem testatur Adrianus in Tractatu ad Carolum regem super cultu sacrarum imaginum (Labb. *Concil.* tom. VII, p. 919, 923, 944, 952) : « Prædecessor noster, inquiens, sanctæ recordationis quondam domnus Stephanus papa similiter cum episcopis partium Franciæ atque Italiæ præsidens, etc. » Qui etiam beneficio codicis Veronensis, nomina ipsa eorum duodecim episcoporum et quadraginta Italorum, qui interfuerunt concilio, hodie habemus tum in editione Romana an. 1735, tum in Lucensi nuperrima tom. I, addit. ad Concilia Labbei. De rebus ipsis quæ in concilio actæ sunt quatridui, summatim aliquid dicam, maxime ad rem nostram necessarium, non solum ut litterarum jactura minus doleat, verum etiam ut facem præferant dicendis de pontificia historia ex sequentibus epistolis eruenda.

III. Prima igitur actione, pseudopapa in medio episcoporum constituto, Christophorus primicerius pontificis jussu enarrat sacrilegam invasionem, ejusque historicam relationem quam fieri mandaverat legendam exhibet; nil eo die decernitur. Actione altera pseudopapa iterum sistitur in concilio, aususque invasionem tueri exemplo Stephani ducis Neapolitani, qui ex laico factus erat episcopus (an. 764 clero et populo petente, vir iste Paulo pontifici et sanctæ sedi amicissimus creatus erat episcopus), male habetur a concilii patribus, percussusque alapis ab Ecclesia ejicitur. Postmodum combusta omnia quæ scripto mandata inventa sunt sacrilegæ invasionis atque indicta pœnitentia omnibus qui cum sacrilego communicaverant, invocata divina clementia et relectis sacris canonibus, decretum est, ut « nullus unquam præsumat laicorum, neque ex alio ordine, nisi per distinctos gradus ascendens, diaconus, aut presbyter cardinalis factus fuerit, ad sacrum pontificum honorem promoveri. » Quod sane decretum refertur etiam a Gratiano (Dist. 79, cap. 4). Denique invasori pœnitentia præscripta est. Actione tertia constituitur recta pontificiæ electionis disciplina: ut nimirum presbyteri et diaconi cardinales, proceres cleri, clerusque omnis eligant, deinde « omnes optimates militiæ, vel cunctus exercitus, et cives honesti, atque universa generalitas populi hujus Romanæ urbis ad salutandum eum sicut omnium Dominum properare debeat: » tum fiat decretum electionis. Contra omnem vim decernitur; ad solos presbyteros, aut diaconos cardinales juxta divi Petri et successorum statuta pontificia dignitas coarctatur; ordinationes a pseudopapa factæ irritantur, redeuntibus omnibus ad gradum pristinum. Episcopos iterum consecrandos, aliaque omnia repetenda, præter baptismum statuitur. Actione quarta decernitur de cultu sacrarum imaginum; quinquaginta Canones apostolorum recipiendos primum statuitur;' ac demum instauratis contra vim et ambitum decretis præclarum hoc pontificii principatus testimonium incidenter profertur: « Si quis juvare, aut introducere in hanc civitatem Romæ præsumpserit quemquam de quacunque civitate aut castro, vel loco pontificis prius discessum, quousque in sede beati Petri pontifex ordinatus fuerit, anathema sit. » Hactenus de prima Stephani epistola, quæ desideratur in codice: nunc de quinque iis quæ in eum relatæ sunt.

IV. Iisdem, quas Magdeburgenses etiam norunt, et quarum duæ (ep. 45, 46, al. 46, 44) omnium consensu pertinent ad annum ipsum 769, post celebrationem concilii, cæteris (ib. 47, 48, 49, al. 47, 48, 45) anno sequenti datis, iisdem, inquam, nil obscurius ad hanc historiæ partem tractandam suppeditatur in isto Codice. Namque omnes ad Bertradam reginam viduam, ejusque filios Carolum et Carolomannum datæ, tum de rebus aliis agunt, tum quæ ad ecclesiasticam ditionem spectant, pugnantia continent; nec sine historia præcedenti, quam nuper huc revocavi ex calce Codicis, quo Constantini litteræ rejectæ sunt, elici inde veritas ulla potest. Præcipua occurrit difficultas in prima epistola ad Bertradam et Carolum data (ep. 45, al. 46) quam recte Cointius putat scriptam ex voto Desiderii tunc Romæ degentis, ejusque opinionem sequuntur Pagius et Zacagnus, nequidquam repugnante Annalista Italo cum sociis aliquot (an. 769) præ nimia in reges Langobardos benevolentia. Quam enim rationem contra eruditos viros adducunt, Stephanum nempe Romæ, non autem apud beati Petri basilicam extramœnianam, cum illam scripsit epistolam; ac proinde liberum omni metu a rege Langobardo; floccifaciendam ostendunt Pauli prædecessoris litteræ (ep. 18, al. 15) quibus Pippino enuntiati scribendi difficultates Langobardorum causa, ac Stephani hujus ultimæ (ep. 49, al. 45); nec non consuetudo frequens tam pontificis quam Franciæ regis plura committendi missorum auribus, quam scripto mandandi. At subjiciam lectoris oculis hanc historiam, quemadmodum apud Anastasium narratur in Vita Stephani III, ut eam conferat cum epistola.

V. Omnium consensu codicum post prædictum concilium summatim relatum, Christophorus primicerius et Sergius secundicerius, præcipua nimirum officia sanctæ sedis in Desiderii odium incurrisse dicuntur, quod de restituendis ablatis vehementer agerent, ut debebant; Desiderium traxisse in suas partes largitione Paulum Afiartam pontificis cubicularium, et orationis obtentu Romam versus cum exercitu tetendisse; Christophorum jure metuentem Urbi, ex Perusia, Campania et Tuscia militibus ocissime convocatis clausisse portas urbis, atque unam præ aliis opere cæmentario, parasseque omnia ad defensionem urbis. Postmodum Langobardos in Vaticanum pervenisse, quo pontifex advocatus a rege se contulit, et post colloquium de restituendis ablatis, Romam rediit. Interea Paulum moliri insidias in Christophorum et Sergium, qui comperta re, armati in Lateranum irrumpunt, ut Afiartam vi capiant; tametsi pontifice audaciam increpante, recedunt. Die postero pontificem ad regem iterum se contulisse, qui palam petiit sibi tradi Christophorum et Sergium, renuentemque Stephanum cum universis, qui eum secuti fuerant, intra basilicam clausit. Tum pontificem nuntiasse per legatos iis primatibus, qui ad portam divi Petri cum militibus erant, ut eorum uterque aut monachum induceret, aut illico ad basilicam sancti Petri se conferret, nullam esse aliam salutis spem; quæ res militibus metum incussit ac fere omnes dissipavit. Noctu igitur illos seorsim ad basilicam clanculum progressos a custodibus Langobardorum captos esse, regique primum, deinde pontifici traditos, qui sequenti die Romam rediens ibi utrumque reliquit, ut noctu Romam ducti inimicorum insidias effugerent. Contrarium evenisse Afiartæ opera: nam consentiente Desiderio extractis e basilica oculi sunt effossi, quare Christophorus præ dolore obiit post tridui, Sergius in Lateranensi patriarchio usque ad pontificis mortem perstitit.

VI. Præfata autem epistola continet, quod non Afiarta petitus fuerit armis in patriarchio, sed pontificem ipsum « nefandissimus Christophorus et Sergius nequissimus ejus filius » cum Dodone misso Carolomanni et conjuratis Francis, atque aliis sceleris consciis interficere voluerint; qui Desiderii ope tunc forte Romæ existentis pro divi Petri justitiis faciendis, mortem evaserit cum suo clero. In cæteris consentit cum historia nuper allata, nominibus aliquot virorum exceptis, quæ historiæ fidem adjungent, epistolæ vero detrahunt. Præterea patens hoc mendacium in epistola dicitur: « Omnes justitias beati Petri ab eo plenius et in integro suscepimus. » Quæ pugnant cum iis quæ affirmat sequenti anno (ep. 47, 49, al. 47, 45). Nam omnium, quæ restitui debebant, catalogum missis regiis præbet Caroli et Carolomanni oculis subjiciendum, aitque: « Si quis autem vobis dixerit, quod justitias beati Petri recepimus, vos ullo modo ei non credatis. » Et alibi: « In præsentia de vestris missis simulant justitias nobis facere. Nam nihil ad effectum perducitur, et quidquam ab eis de nostris justitiis nequaquam recipere valuimus. » Hæc cum ita sint, nihil hominum persuasum erit, Langobardos paulo ante pessimos, perpetuosque sanctæ sedis hostes, repente optimos atque amicissimos evasisse: et e contrario viros illos integerrimos, tanti habitos a Stephani prædecessoribus, quorum opera sancta sedes invasione et metu libera respiraverat, ipseque pontifex electus fuerat, repente « nefandissimos, nequissimosque » esse factos. Quamobrem recte inquam Cointius aliique eruditi Stephanum putant Pauli exemplo ex Desiderii voto eam epistolam scripsisse. Non enim facile quis mendacia hujusmodi apud Anastasium comperiet, ubi de rebus quæ Romæ evenerunt sermo est.

VII. Silentium tanti sceleris aliis in Stephani epistolis, præsertim in ea quam iisdem Bertradæ et Carolo scripsit (ep. 46, al. 44), ut illam de qua loquimur, est aliud evidens argumentum hujus rei. De patrimonio insuper Beneventano per summam - Itherii diligentiam restituto epistola illa fuse ac magnifice agit; de aliis vero justitiis, quas nominat, tum illa, tum aliæ omnes silent. Toto enim pontificis hujus tempore una illa restitutio facta invenitur. Pagius quidem solertissimus hujusmodi rerum indagator (an. 770, num. 7) duo exhibet testimonia, specie non contemnenda: primum videlicet Annalium veterum post secundam Appendicem continuationis Fredegarii: « Anno 770 fuit Berta regina in Longobardia ad placitum contra Desiderium regem, et reddita sunt civitates plurimæ ad partem sancti Petri. » Alterum.

vero ex Annalibus Petavianis petitum: « Hoc anno domna Berta fuit in Italia propter filiam Desiderii regis, et redditæ sunt civitates plurimæ sancti Petri. » At, bona cum Pagii venia, testimonia tam serotina dubiam merentur fidem: neque enim plurimæ erant civitates restituendæ; neque ulla ex iis paucis, quas restitui oportebat, a Desiderio reddita fuit. Quin Stephano vita functo Adrianus ei suffectus Desiderii missis ejus amicitiam quærentibus, plenariæ restitutionis pollicitatione, improperavit quæ suo prædecessori Stephano reposuerat, dum per missos suos Anastasium primicerium defensorum et Gemmulum subdiaconum petebat, « Ut quæ præsentialiter beato Petro pollicitus est, adimpleret: » etenim responderat: « Sufficit apostolico Stephano, quia tuli Christophorum et Sergium de medio, qui illi dominabantur, et non illi sit necesse justitias requirendas » (*Anast. Vita Adr.*, sect. 293). Quæ magis magisque comprobant epistolam illam, de qua sumus locuti, aut ex voto Desiderii esse scriptam, aut Atlartæ aliusve largitionibus a Desiderio corrupti in eum sensum accommodatæ, qui maxime faveret Langobardi artibus dissensiones quærentis in Francia et simultates Romæ.

VIII. Arbitrabatur scilicet Pagius Bertam a Desiderio id petiisse, ut Stephanum a matrimonio cum illius filia alienum demereretur. At pontifex ab asserenda divina lege removeri terreno quovis beneficio non poterat. Valde perspicua sunt quæ in epistola ad reges fratres (ep. 49, al. 45) nuptias illas aversans dixit: « Conjugio legitimo ex præceptione genitoris vestri copulati estis. » Et infra: « Impium enim est, ut vel penitus vestris ascendat cordibus alias accipere uxores, super eas quas primitus vos certum est accepisse. » Quod de Carolomanno minore natu filio certo certius est, nam idem pontifex (*Ibid.*, 48) e sacro fonte suscipere ejus filium optat, clauditque epistolam, « cum dulcissima vestra conjuge, et amantissimis natis. » Secus est de Carolo majore natu: Eginhardus ejus uxores enumerat e Desiderata Desiderii regis filia, quam « post annum, inquit, repudiavit, et Hildegardim de gente Suevorum præcipuæ nobilitatis feminam in matrimonium accepit: » quod et faciunt Franci alii scriptores, unde longa valdeque implexa apud eruditos quæstio. Nihilominus pontifex Eginhardum cæteris antiquiorem antiquitate præstat. Præterea non, ut Eginhardus cæterique, regiæ successionis seu stemmatis Francorum regum enarrationi dabat operam; sed causam non ducendæ uxoris asserebat, quam Carolum majorem natu jam duxisse, et consentaneum veritati est, et filium suscepisse, ex Himiltrude inter auctores constat, tametsi de connubio iidem certent. Quidquid autem pontifex et causam hanc æquissimam et alias multas adduxerit, quæ rudi illi ætati et probitati pontificis tribuendæ potius quam sectariis traducendæ, sub finem anni 770 Carolus uxorem duxit Desiderii filiam. Inde vero quanquam Stephanus superstes fuerit usque ad Kalendas Februarias anni 772 cum obiit supremum diem, a Carolomanno præventus bimestri ferme spatio, nulli missi nullæque epistolæ Roma in Franciam missæ inveniuntur. Tanta ejus matrimonii detestatio erat Romæ!

IX. Quæ annuo illo silentio evenerint, indicare operæ pretium erit, ut historia pontificia, quam testimonio Carolini Codicis illustramus, consistat. Dissidiorum ille ac simultatum auctor fautorque maximus Desiderius tam in Francorum regno, quam in ditione pontificia, post id conjugium, ad Franciam quod attinet, nil molitus esse dicitur per totum illud tempus, quo ejus filia monarchiæ Francorum quæ unius Caroli parebat imperiis regina fuit. Quæ autem post divortium, quod concoquere nunquam potuit, evenerunt, Adriani pontificatum spectant. Hoc enim pontifice, Carolomanni filios qui apud eum cum matre Gilberga erant consecrari Franciæ reges machinabatur, ut Carolo negotium facesseret viresque

illius divideret: tametsi hujusmodi fallendi artibus non Carolo, sed sibi damnum intulit, idque maximum; nam regnum et libertatem amisit, ut ostendam, cum venero ad Adriani epistolas. Ad pontificiam vero ditionem quod attinet, tum in veteri dominio, tum in novo per Francorum regem Pippinum concesso serere discordias, easque alere, per id silentium nunquam destitit. Continuis siquidem molitionibus palatina officia, penes quæ reipublicæ administratio erat, aut avertere a pontifice, aut e medio tollere meditabatur: quæ res urbem ipsam simultatibus et pœnis implebat. Pejora in Exarchatu et Pentapoli Desiderii artibus evenerunt. Nam Sergio Ravennæ archiepiscopo vita functo an. 770, et Leone canonice electo, Michaelius Langobardi præsidio fultus eam sedem invasit « per unius anni circulum et eo amplius, » ut est apud Anastasium in Vita Stephani III. Rem narrare juvat Adriani verbis (ep. 93, al. 71) quæ sunt valde perspicua: « Quando prædictus Sergius archiepiscopus obiit, per suam arrogantiam Michaelius præsumptor invadere ausus fuit ecclesiam Ravennatem, et per auxilium Desiderii sævissimi regis ipsam enormiter invadens ecclesiam diu detinebat, et a suo proprio rectore destituta atque viduata manebat. Tunc ad decessorem nostrum sanctæ recordationis domnum Stephanum papam prædictus Hucbaldus a vestra directus regali excellentia pro cæteris causis, ab eodem prælato domno Stephano papa per vestrum a Deo roboratum regale adminiculum Ravennam missus est, eumdem præfatum Michaelium invasorem ex ipsa Ravennate ecclesia expellendum, et hic Roma tanquam transgressorem sacrorum canonum deferendum. »

X. Itaque Desiderius, qui nullam legitur civitatem invasisse quæ ditionis esset sanctæ sedis, duo præcipue præstitit Stephano III pontifice: nihil unquam restituit eorum, quæ juris erant ejusdem apostolicæ sedis, et dissidiorum auctor semper fuit. Inde maximum supervenit incommodum pontifici in ea ditionis suæ parte quam Pippinus donaverat. Caput siquidem Exarchatus Ravenna, utcumque hostilem invasionem non esset passa, subditorum injuriis ac depopulationi fuit obnoxia. Nam Michaelius, ubi se vidit sacrilegæ ordinationis omni spe dejectum esse ab Stephano, « plurima munera Desiderio Longobardorum regi, et cimelia, et ornatus ipsius ecclesiæ cum aliis speciebus brachio forti » invasionem annua majorem tutatus est, ut tradit auctor apud Anastasium. Neque Exarchatus tantum princeps civitas hujusmodi defectionis specimen induit, sed etiam Pentapolis præcipua urbs Ariminum eadem ex causa cum Langobardis societatem iniit contra pontificem, ut docet idem auctor: « Congregans inde, inquit, nefandissimus Mauritius exercitum una cum consilio Desiderii Longobardorum regis properavit, et ingressus est Ravennam, et brachio forti elegit ipsum Michaelem, et in episcopium Ravennatis Ecclesiæ introduxit, et Leonem archidiaconum, qui electus erat in archiepiscopatus ordinem, Ariminum deportantes ibidem arcta custodia mancipatum idem Mauritius detineri fecit. » Quid igitur faceret pontifex tanta in rerum perturbatione utriusque provinciæ? In Franciam se verteret? At vulnus inde altius apostolicæ auctoritati inflictum erat: nam Carolus filiam Desiderii invito pontifice uxorem duxerat, nuptiasque mater conciliaverat. A Petro itaque apostolorum principe auxilium exspectandum erat, qui provincias sibi oblatas, numine sic volente, vindicaret. Quod plane contigit post annuam invasionem, ac proinde sub finem anni 771.

XI. Nam Carolus matrimonii rati solutionem quærens ab apostolica sede, qua de re videndi auctores apud Pagium (an. 771, n. 2) missos suos Hucbertum et Collegas Romam direxit. Ita scilicet accipi oportet illud Adriani supra allatum: *pro cæteris causis*; non enim ait, pro justitiis faciendis, aliove usus est loquendi genere. quod rerum sanctæ sedis curam innuat. Faustissimum id principium inimicitiæ Langobardorum regis, de cujus filia repudianda agebatur, opportunam obtulit occasionem Stephano, ut utramque provinciam veram defectionem spectantes in ordinem redigeret, sublato schismate : quare ab iisdem regiis missis, qui beneficia petituri advenerant, beneficium ipse ultro petiit, quod ex Adriani ore audivimus, sicque duci Ariminensi Mauritio, invasori Michaelio, et Desiderio regi Stephanus pontifex, qui paulo post suum obiit diem, illusit. Cæterum ex hucusque dictis colligitur, quod ante Caroli unius regnum, qui subjugatis Langobardis atque eorum rege sublato, eam Italiæ partem monarchiæ Francorum adjecit, neque in Romana provincia, neque in Exarchatu et Pentapoli cessatum unquam est ab invasione, et metu. Ac de Stephani III epistolis jam satis.

XLVI.
267 ITEM EPISTOLA EJUSDEM a PAPÆ,
AD DOMNUM CAROLUM REGEM,
ET EJUS PRÆCELSAM GENITRICEM DIRECTA,

De Christophoro et Sergio filio ejus, qui cum Dodone et cæteris Francis Stephanum papam interficere conati sunt b.

(An. Dom. 769, Cod. Car. XLVI, chron. 45.)

ARGUMENTUM. — Bertradæ reginæ viduæ et Caroli regi nuntiat per regios missos se in vitæ discrimen pene incurrisse a conjuratis cum Dodone misso Carolomanni, Christophoro primicerio, et Sergio ejus filio. Incolumem esse servatum a Desiderio, qui Romæ erat, et plene integreque restitueret omnes justitias sancti Petri, ut missorum ore melius intelligent. Christophoro et Sergio oculos, se nescio, a utilsos esse: causas tanti sceleris in unum Dodonem rejecit.

Domnæ c religiosæ filiæ Bertradæ, Deo consecratæ, seu domno excellentissimo filio Carolo regi Francorum et patricio Romanorum, Stephanus papa.

Cum magno dolore et gemitu cordis, tribulationis atque mortis periculum quod nobis per sequaces diaboli jam eveniebat, ecce subtilius per has nostras apostolicas syllabas a Deo consecratæ religiositatis

A vestræ atque præcellentissimæ Christianitatis tuæ auribus intimare studemus, eo quod nefandissimus Christophorus, et Sergius nequissimus ejus filius, consilium ineuntes cum Dodone misso germani tui Carlomanni regis d, nos interficere insidiabantur. Unde cum eodem Dodone et 268 ejus Francis, cum aliquibus eorum nequissimis consentaneis aggregantes exercitum super nos, in Lateranensium sanctum patriarchatum, cum armis ingressi sunt, confringentes et januas atque omnes cortinas ipsius venerandi patriarchii lanceis perforantes, atque intus in basilicam domni Theodori papæ, ubi nullus ausus est aliquando, vel etiam cum cultro ingredi, tum loricis et lanceis ubi sedebamus introierunt, sicque ipsi maligni viri insidiabantur nos interficere; sed om-
B nipotens Deus cernens rectitudinem cordis nostri, quod nulli unquam malum cogitavimus, de eorum nos eripuit manibus, et vix per multum ingenium, dum hic apud nos excellentissimus filius noster Desiderius Langobardorum rex, pro faciendis nobis diversis justitiis beati Petri existeret, per eamdem occasionem valuimus cum nostro clero refugium facere ad protectorem vestrum; et continuo direximus nostros sacerdotes ad eosdem malignos Christophorum atque Sergium, ut ab eadem iniquitate, quam pertractaverant nobis ingerere, resipiscerent, et ad nos ad beatum Petrum properarent. Illi mox, ut audierunt, de præsenti cum Dodone et ejus Francis, turmas facientes et portas civitatis claudentes, fortiter resistebant et nobis comminabantur, atque in civita-
C tem nos ingredi minime permittebant; et dum in eadem perfidia 269 permanerent, et cognovisset universus noster populus eorum iniquum consilium, de præsenti eos dereliquerunt, qui etiam et plures per

---

a Steph. IV, electus an. 768, mortuus ann. 772. GRETS.

b Argum. Panv. (Cod. Vat. 5): « Adhuc aliam ad eosdem reges dedit epistolam, in qua prolixe commemorat insidias sibi per Dodonem Francorum præfectum structas, et Desiderii erga se benevolentiam. cujus ope se defensum esse indicat. » Notandum, quod tum Baronius ex Cod. Vat., tum Magdeburgenses quinque harum epistolarum argumenta præter ultimum, recitant inverso ordine; ita ut quod nobis est primum, quinto loco ab iis ponatur; cuinque et prioris illius epistolæ argumentum afferant, quam intercidisse aiebam in Admonitione, idcirco et nobis, et illis postremum argumentum est ep. 49; al. 45 Codicis, qua pontifex dehortatur reges ne nuptias contrahant cum filia Desiderii, hoc tantum discrimine, quod illis est sextum argumentum, nobis autem quintum. Hac autem re nil commodius ad Stephani epistolarum chronologiam stabiliendam. CENN.

c Hujus epistolæ Sum. recitant Bar. et Cent. GRETS.

d Nullum hucusque audivimus missum seu oratorem ex Francia Romam adventasse, qui erga Rom. pontifice, et sanctam sedem obsequio et amore non certaverit cum rege ipso a quo legabatur. Dodo hic præsertim, qui an. 763 (ep. 54, al. 18) a Paulo pontifice commendabatur, tanquam summa fide homo (non enim est cur alium credam), quique si se scelere implicitus credatur? Quid dicam de Christophoro primicerio ejusque filio, quorum opera sublatum chisma, et pontifex hic legitimus creatus? *Nefan-*

D dissimus Christophorus? Paulo ante, mense nimirum Aprili hujus anni, tanto cum plausu totius concilii accusatorem agit pseudopapæ; ipseque est causa potissima, cur sanctæ sedis opprobrium omne amandetur; Christophorus tantæ probitatis vir a prædecessoribus pontificibus habitus, ut Paulus Græcorum nequitiam uno comprobet argumento insimulati per eos Christophori (ep. 37, al. 20); Christophorus, inquam, ab eodem pontifice, qui multis atque ingentibus ejus periculis summam dignitatem referebat acceptam, ex improviso *nefandissimus* appelletur? Et Sergius hujus filius, periculorum consors, nec minoris fidei apud pontificem, quam apud Francorum reges, a quibus eo petente duodecim episcopi ad conciliun venire jussi erant, repente *nequissimus* judicetur? E contrario Langobardorum rex Desiderius, qui antea nullis movebatur precibus ut Ecclesiæ res suas restitueret, novasque semper invasiones meditabantur, minacibus etiam litteris pontificem sua repetentem terrere ausus, repente optimus evaserit, pontificem tutatus fuerit, ablata omnia reddiderit? Quis non videt extortam hanc epistolam esse ab Stephano per vaferrimum eumdem Desiderium, qui ante annos decem a Paulo per vim et metum aliam similem obtinuit (ep. 17, 18, al. 29, 15)? Et Paulus quidem aliis clanculum scriptis litteris, rei omnis Pippinum admonuit, quod Stephano tum non licuit. At patet veritas ex sequentibus epistolis, multoque magis ex ejus Vita apud Anastasium. Id ante me animadvertit Cointius. Vide Pagium (an. 770, n. 1 seqq.) et Admonitionem Stephani epistolis præmissam. CENN.

murum descendentes ad nos properaverunt. Alii vero portam civitatis aperientes, ad nostri progressi sunt præsentiam, et ita ipsi maligni viri coacti atque nolentes ad nos in ecclesia sancti Petri sunt deducti; quos interficere universus populus nitebantur, et vix de eorum manibus eos valuimus eripere; et dum infra civitatem, nocturno silentio, ipsos salvos introducere disponeremus, ne quis eos conspiciens interficeret, subito hi qui eis semper insidiabantur super eos irruentes eorum eruerunt oculos, Deo teste dicimus, sine nostra voluntate atque consilio.

Unde magno dolore nostrum atteritur cor, et credite nobis, a Deo consecrata filia, atque excellentissime fili, nisi Dei protectio, atque beati Petri apostoli, et auxilium excellentissimi filii nostri Desiderii regis fuisset, jam tum [*Lamb.*, tàm] nos quamque noster clerus, et universi fideles sanctæ Dei Ecclesiæ et nostri, in mortis decidissemus periculum. Ecce quantas iniquitates et diabolicas immissiones hic seminavit atque operatus est prædictus Dodo, ut qui debuerat in servitio beati Petri et nostro fideliter permanere, ipse e contrario animæ nostræ insidiabantur [*Lamb. Gent.*, insidiabatur], non agens juxta id quod a suo rege illi præceptum est, in servitio beati Petri et nostra obedientia fideliter esse permansurum; et certo credimus, quod dum tanta ejus iniquitas ad aures excellentissimi filii nostri Carlomanni regis pervenerit, nullo modo ei placebit, in eo quod in tantam deminorationem atque devastationem sanctam Dei Ecclesiam is Dodo cum præfatis suis nefandissimis sequacibus cupiebat deducere; et ideo nostras tribulationes et angustias atque pericula a Deo institutæ religiosissimæ Christianitati tuæ atque excellentiæ vestræ innotuimus, quoniam profecto omnipotens Deus credentes in se et confidentes in ejus misericordia non dereliquit.

Agnoscat autem Deo amabilis religiositas vestra, atque Christianissima excellentia tua, eo quod in nomine Domini bona voluntate nobis convenit cum præfato excellentissimo et a Deo servato filio nostro Desiderio rege, et omnes justitias beati Petri ab eo plenius **270** et in integro suscepimus [a]; tamen et per vestros missos de hoc plenissime eritis satisfacti. Deus autem omnipotens sua vos protectionis dextera circumtegat, et præsentis regni gubernacula ævis [longævis] atque prosperis temporibus perfrui annuat, et æterna præmiorum gaudia multipliciter faciat adipisci. Incolumem religiositatem vestram atque excellentiam tuam gratia superna custodiat.

XLVII.
271 ITEM EPISTOLA STEPHANI PAPÆ,
AD DOMNUM CAROLUM REGEM,
ET EJUS PRÆCELSAM GENITRICEM DIRECTA,
In qua continentur gratiarum actiones, et collaudans Itherium [Lamb., Ittherium] abbatem, et postulans ut ei digna retributio pro suo certamine fieret [b].

(An. Dom. 769, *Cod. Car.* XLIV, chron. 46.)

ARGUMENTUM. — Iisdem scribit per Itherium missum regium, qui cum sociis advenerat pro exsequendis justitiis sancti Petri, multa prosequens laude eumdem Itherium, quod continuo se contulerit ad recuperandum patrimonium Beneventanum; eumdemque ut beato Petro et regibus fidelissimum liberalitati eorum commendat.

Domnæ [c] religiosæ filiæ Bertradæ Deo sacratæ, seu domno filio Carolo regi Francorum [d] et patricio Romanorum, Stephanus papa

Dum tantos [*Lamb.*, *Gent.*, tantis] beneficiorum in diversis apostolicis causis atque utilitatibus a vobis, cumulatis suffragiis, nimia jucunditatis lætitia, sancta spiritalis mater vestra, universalis Dei Ecclesia relevata exsultat, nulla, ut opinor, oris assertio ad referendas sanctissimæ religiositati vestræ atque Christianissimæ præcellentiæ tuæ gratiarum laudes sufficere valebit; sed tamen licet digna vobis, ab hominibus pro tanto vestro pio opere rependi non possit vicissitudo, verumtamen misericors Deus noster, qui potens est, et scit bonis bona reddere, ipse copiosam laborum vestrorum vobis **272** cœlestium retribuet præmiorum recompensationem; sed et nostra sincera cordis habita erga vos affectio, sedulo pro vobis divinæ non desistit majestati orationum persolvere vota

Itaque præsens Itherius, religiosus ac prudentissimus vir, et revera noster et vester sincerus fidelis, quem cum suis concomitibus et reliquis vestris missis pro exsequendis faciendisque justitiis fautoris vestri beati Petri direxistis, ad nos conjungens, illico in partes Beneventani profectus est Ducatus, pro recolligendo illis in partibus sito [e] patrimonio ejusdem

---

[a] *Infra* (ep. 47). Idem pontifex pauca hæc cum istis pugnantia profert : « Si quis autem vobis dixerit, quod justitias beati Petri recepimus, vos ullo modo ei non credatis. » Et alibi (ep. 49, al. 45) : « In præsentia de vestris missis simulant justitias nobis facere. » CENN.

[b] Argum. Panv. (*Cod. Vat.* 4) : « Scripsit et aliam ad Carolum et matrem ejus, in qua illis et gratias agit pro defensione Ecclesiæ, et commendat Itherium, quod diligenter curarit quæ fuerant ipsi commissa. ID.

[c] Hujus epistolæ meminerunt Centuriatores Cent. 8, cap. 10, ubi de hoc pontifice agunt, quem ipsi vocant Stephanum tertium. Et Bar. anno 772, qui etiam citant epistol. ejusdem Stephani ad Pippinum initio pontificatus scriptam, qua petit ut homines doctos Romam mittat ad synodum : quæ in nostro apographo non comparet. GRETS.

[d] Mabillon. (*Ann.* l. XXV, n. 34) animadvertit Cä,

rolum summopere coluisse Bertradam matrem suam, nullamque inter eos dissidii causam fuisse, præter divortium cum filia Desiderii, de quo infra. Ex hac et superiori epistola illud etiam liquet, per id triennium, quo Carolomannus vixit post patris mortem, usque ad an. 771, Bertradam non huic, sed Carolo adhæsisse, ac quodammodo conregnasse. CENN.

[e] Jam vidimus supra (ep. 20, al. 26) tum res aliquot esse redditas in ducatu Beneventano, tum de patrimoniis Neapolitanis restituendis Pippinum egisse cum Cajetanis et Neapolitanis. Res modo est de patrimonio Campano Greg. M. litteris celeberrimo : neque enim tanta sollicitudo esset pontifici de alio fere ignoto patrimonio, quod Greg. ævo Samniticum audiebat, in ea provincia; nam Peregrinii opinione in Dissert. VIII (Pratill. tom. V, p. 296 seqq.) Beneventani se Samnites diutissime appellarunt. Campanum vero patrimonium rediisse ad sanctam sedem, Itherii opera, non tradunt hæ litteræ. ID.

protectoris vestri apostolorum principis, qui videlicet **A** solertissimus vir, in omnibus secundum vestram nostramque decertavit voluntatem, suique laboris constantiam, juxta ut a vobis illi præceptum est, in ipsis apostolicis exhibuit utilitatibus, unde nimis cor nostrum in ejus defensionis [*Lamb*., indefesso] certamine et firma operationis perseverantia lætatum est, quia profecto, secundum quod cœlestis muneris gratia, magnæ scientiæ illustratur prudentia, piis quoque meritis atque immutilatæ fidei decoratur integritate, tantam in eo reperimus fidelitatem in vestro nostroque servitio, quantam diutissime nostra ardentius de eo optabat agnoscere mens.

Unde maximas atque innumerabiles gratiarum actiones religiosissimæ sobrietati vestræ, atque [quasi] præsentialiter Christianissimæ excellentiæ **B** tuæ referimus; et ideo obnixe tanquam præsentialiter, benignitatem vestram petimus, ut amplissimam favoris vestri gratiam atque largitatis munificentiam, et dignam consolationem eidem religioso viro, pro ejus laborioso certamine, quod in vestro atque nostro, ut dictum est, apostolico servitio exhibuit, impertire jubeatis; quatenus sicut ab omnipotenti Deo, intercedente beato Petro, **273** digna operis ejus in cœlestibus regnis exarata fertur remuneratio, ita et a vobis consolationis consequatur opem.

Omnipotens autem Deus noster, sacris apostolorum principum interventionibus, sua vos circumtegat gratia, et præsentis vitæ prospera, et æterna felicitatis vobis multipliciter tribuat gaudia: Incolumem religiositatem vestram, atque excellentiam tuam **C** gratia superna custodiat [a].

XLVIII.

274 ITEM EPISTOLA EJUSDEM PAPÆ,

AD DOMNUM CAROLUM ET CAROLOMANNUM REGES. DIRECTA.

In qua continentur uberrimæ benedictiones et pro eorum fraternitatis concordia gratiarum actiones, et de justitiis sancti Petri [b].

(An. Dom. 770, *Cod. Car.* XLVII, *chron.* 47.)

ARGUMENTUM. — Regiis acceptis litteris Caroli et Carolomanni per Gauzibertum episcopum, Fugbertum religiosum, Ansfredum et Helmgarium eorum missos, compositæ inter eos discordiæ, ac pristini **D** amoris invicem stabiliti, utrique gratulatur, petens ut quæ cum patre promiserant beato Petro exsequantur et justitias *plenarie* reddi curent. Multa ab eorum missis auditoribus; nulli credendum qui redditas justitias dixerit. (Quod probat epist. 45 datam esse ex Desiderii voto.)

Domnis [c] excellentissimis filiis Carolo et Carolomanno regibus Francorum et patriciis Romanorum, Stephanus papa.

Benedictus Dominus Deus noster, pater misericordiarum et Deus totius consolationis, qui consolator et propitiator existit omnium invocantium eum in veritate. Ipse enim redemptor noster preces clamantium ad se exaudiens mœrentium tribulationes ad gaudium convertit; quod certe nunc in nobis atque universo peculiari populo sanctæ Dei Ecclesiæ ejus, divinæ pietatis clementiam et misericordiæ benignitatem cernimus esse diffusam, in eo quod nostræ orationis vota exaudiens et mœroris nostri lamentationem quam usque hactenus habuimus ex ipsa divisione discordiæ, quam antiquus hostis, inimicus pacis, intra vestram fraternitatem immiserat: nunc, Deo propitio, eodem pestifero æmulo confuso, in communem dilectionem et concordiam, ut vere uterinos et germanos fratres, **275** vos connexos esse discentes, in magnam lætitiam convertere dignatus est [d].

Itaque, præcellentissimi filii, magni victoriosissimi reges et Dei providentia nostri Romanorum patricii, conjungentes ad nos fidelissimi ac solertissimi vestri missi, scilicet [e] Gauzibertus reverendissimus et sanctissimus frater noster episcopus, atque Fuchbertus religiosus, et Ansfredus, seu Helmgarius gloriosissimi vestri, detulerunt nobis honorabiles et nimis desiderabiles syllabas vestras a Deo institutas regali potentia directas; per quas innotuistis, contentionis rixas ac litigia inter vos versata fuisse, sed, annuente Domino, nunc ad veram dilectionem, et unitatis concordiam, et fraternum amorem conversi exstitisse videmini; quo audito, magno gaudio atque lætitia, una cum universo populo nostro istius provinciæ a vobis redemptæ, repleti sumus, et gemina festivitatis gaudia peregimus, immensas Deo nostro omnipotenti referentes gratiarum actiones, atque victricem ejus clementiam collaudantes, consona cum prophetica voce cantantes atque dicentes : Benedictus es, Domine Deus noster, et benedicta omnia opera tua; ecce enim nunc gaudet Deus noster in cœlis, gaudet et universus chorus angelorum, et in terra etiam cunctus exsultat populus Christianus, et solus diabolus, inimicus pacis et discordiæ seminator, luget dum victum se esse et superatum conspicit : non

---

[a] Notari velim auctoritatis consortium. Missi a regina matre Caroloque filio legati Romam dicuntur; ab utroque jussi exsequi justitias sancti Petri; Itherio præmium ab utroque petitur; denique epistola utrique inscripta, finem præsefert utrique communem. Perinde est de superiori epistola. CENN.

[b] Argum. Panv. (*Cod. Vat.* 5). « Insuper et aliam dedit ad Carolum et Carolomannum fratres, in qua gratulatur eis, quod post lites sibi invicem reconciliati essent. Et petit ut cogant Longobardos reddere quæ de patrimonio sancti Petri rapuissent. » ID.

[c] Meminerunt hujus epistolæ Bar. et Cent. GRETS.

[d] De Francorum regum simultatibus, earumque origine obscure admodum antiqui annales et histo-

rici. Attamen negata Carolo auxilia ad Wascones et Aquitanos in officio continendos eunti, fratremque in itinere convenienti earum causa fuisse videntur. Annal. Francor. Monach. Engolism. Auctores ap. Pag. (an. 779, n. 5). Mabillon. præ aliis (*Annal.* lib. XLIV, n. 28) audiendi. Hisce autem ex litteris pontificem et Romanos omnia nosse intelligimus, assiduisque ad Deum precibus concordiam eorum principum impetrasse; quæ valde necessaria erat sanctæ sedi adversus Langobardos.

[e] Legationis hujus princeps Gauzibertus Mabillonio videtur fuisse episcopus Carnutensis (*Annal.* l. XLIV, n. 50); de cæteris tam is quam alii silent, Cointio duntaxat faciente monachum Fuchbertum.

anim, aliter fidelium mentes existimare poterant pervenire, quam quod nunc factum esse gaudemus, si Deus omnipotens illam pacem et fraternam dilectionem in vobis multiplicet, et multiplicatam corroboret, quam suis donavit sanctis apostolis. Unde de vestra unitate etiam sancta spiritalis mater vestra, Dei Ecclesia, et ejus universus populus exsultat. **276** Nam si vero, et, in his ipsis vestris ferebatur apicibus tota vestra virtute vos esse decertaturos, pro exigendis justitiis protectoris vestri beati Petri et sanctæ Dei Ecclesiæ, atque ea promissione amoris, quæ a vestro pio genitore, sanctæ recordationis, domno Pippino, eidem principi apostolorum et ejus vicariis facta est, pollititi estis esse permansuros, et plenarias justitias sanctæ Dei Ecclesiæ atque ejus exaltationem esse operaturos. Et quidem nos, excellentissimi filii, Christianissimi magni reges, omnino de hoc certi atque in omnibus satisfacti sumus. quod nulla hominum suasio aut thesaurorum copiosa datio vos poterit declinare, aut ab eadem vestra promissione, quam beato Petro spopondistis, quoquomodo immutare [a], tamen nunc firmitatem vestram comprobavimus, dum non corruptori et fragili homini [b], sed Deo, omnipotenti et ejus apostolorum principi placere procurastis. Unde obnixe, tanquam præsentialiter, petimus, et coram Deo vivo, qui vos regnare præcepit, conjuramus excellentiam vestram, ut plenarias justitias beati Petri, sub nimia velocitate, secundum capitulare [c] quod vobis per præsentes vestros fidelissimos missos direximus, exigere, et beato Petro reddere jubeatis: sicut et vestra continet promissio, et omnia quæ beato Petro et ejus vicariis, cum vestro sanctæ memoriæ progenitore [*Lamb.*, pio genitore] promisistis, adimplere dignemini, quatenus intercedente eodem principe apostolorum, perfectam ab omnipotenti Deo in præsenti vita et futura beatitudine suscipiatis [*Id. add.* mercedem], post Deum in nobis [*Id.*, vobis] habemus fiduciam, et in vestro amore atque charitatis dilectione firmiter, usque ad animam et sanguinis effusionem, uno cum universo populo permanemus atque permanebimus. Tamen et de hoc, et de omnibus justitiis beati Petri prædictis vestris missis subtilius locuti sumus, **277** vestro regali culmini cuncta enarranda, et jam, sicut terra sitiens imbrem præstolatur, ita vestrum auxilium et congruum effectum de nostris petitionibus postulamus.

Et videte, excellentissimi filii, quia obtestamur vos per tremendum diem judicii. Etiam beatus Petrus per nos vos adhortatur, atque obtestatur, ut sub nimia

A velocitate ipsas justitias ejusdem principis apostolorum exigere a Langobardis jubeatis, fortiter eos cum Dei virtute distringentes, ut sua propria idem princeps apostolorum atque sancta Romana Ecclesia recipiat [d]; nam si, quod non credimus, ipsas justitias exigere neglexeritis aut distuleritis, sciatis vos de istis rationem fortiter ante tribunal Christi eidem principi apostolorum esse facturos. Si quis autem vobis dixerit quod justitias beati Petri recepimus, vos ullo modo ei non credatis [e]. Deus autem omnipotens sua vos dextera protegat, et victoriam vobis de cœlo tribuat, suumque angelum ante faciem vestram mittat, qui vos præcedat, et inimicos vestros coram vestris prosternat vestigiis, atque a Deo instituti regni vestri terminos dilatet, et præsenti regno longævi-

B ter ac prospere gubernacula perfrui faciat; etiam et post hujus vitæ longævitatem cœlestia vobis regna per infinita tribuat sæcula possidenda.

XLIX.

278 ITEM EPISTOLA EJUSDEM PAPÆ,
AD DOMNUM CAROLOMANNUM REGEM DIRECTA,
In qua continentur gratiarum actiones, et postulabat ut filium suum ex fonte sacri baptismatis suscipere mereretur [f]

(An. Dom. 770, *Cod. Car.* XLVIII, *chron.* 48.)

ARGUMENTUM. — Beraldus abbas et Aubertus vir illustris missi Carolomanni hujus litteras afferentes, plura secreto retulerunt, quorum singulis pari modo respondit voce. In litteris se ait vehementer cupere ut regium filium recens natum sibi concedatur suscipere e sacro fonte; eique, reginæ uxori, atque eorum filiis, prospera cuncta ominatur.

Domno [g] excellentissimo filio, Carolomanno, regi Francorum et patricio Romanorum, Stephanus papa.

Dum tantam piæ considerationis gratiam atque efficacem solertiam creator noster omnipotens Dominus vestro melliftuo regali cordi pro defensione et exaltatione sanctæ suæ Ecclesiæ infundere dignatus est, præcellentissime fili ac benignissime rex, idcirco opinatissimi nominis tui præclara memoria et indita cœlitus prudentia in toto orbe terrarum divulgata permanet, etiam in cœlestibus regnis digna operum tuorum refulgent merita. Unde beatus es, bone Christianissime rex, quod quidem nos conspecta fidei tuæ constantia, quam in apostolicis causis et nostri amoris fervore habere dignosceris, firmi in tua di-

D lectione permanentes, sedulo eidem nostro conditori, pro immensa vestra lætitia, et a Deo instituti regni vestri stabilitate, preces fundere nequaquam desistimus.

Interea conjungentes ad nos Beraldus, religiosus

---

[a] Diploma donationis Pippinianæ, cui uterque subscripserat Carisiaci anno 754, in eorum memoriam revocat : quam rem perspicue mox declarat. CENN.

[b] Desiderium puta, qui nullum lapidem non movebat, ut Francorum reges a sancta sede disjungeret. ID.

[c] En locuples testimonium falsitatis epistolæ 45, al. 46, in qua per vim et metum pontifex plenariam restitutionem fatebatur.

[d] Lamb. legit : *Romana Ecclesia et respublica re-*cipiat. Gent. : *Romana reipublicæ Ecclesiæ recipiat*, et notat verbum *reipublicæ* subducta linea deletum esse.

[e] Desiderari potest aliquid illustrius? Legatis plura secreto credit; propalam testatur, justitias sancto Petro non esse redditas; nullam alicui fidem habendam esse ait secus dicenti. CENN.

[f] Argumentum Panv. (*Cod. Vat.* 2): « Aliam scripsit ad Carolomannum, qua petit, ut liceat sibi esse compater, et testis baptismi filii ejus. »

[g] Summ. ap. Bar. et Cent. GRETS.

abbas, et Audbertus, vir inluster, detulerunt nobis A suæ Ecclesiæ largiri dignatus est, in nostris ulnis ex fonte sacri baptismatis, aut etiam per adorandi chrismatis unctionem spiritalem suscipere valeamus filium, ut eadem, Deo prosperante, compaternitatis gratia in medio nostrum corroborata, magna lætitia, ex hoc tam nos quamque universus noster populus pariter relevati, exsultare valeamus in Domino.

honorandas nimisque desiderabiles syllabas a Deo protectæ excellentiæ vestræ, quas cum 279 magno honoris affectu suscipientes atque relegentes, quæ in eis ferebantur omnino agnovimus; sed et ipsi vestri fidelissimi missi, ea quæ a vestra a Deo protecta excellentia injuncta habuerunt nobis subtilius retulerunt. De quibus sicut vestris fidelibus ad singula eis responsum reddidimus, vestro a Deo inspirato culmini liquido enarrandum.

At vero, quia amoris vestri fervor in nostris firmiter viget præcordiis, magna nobis desiderii ambitio insistit, præcellentissime regum, ut Spiritus sancti gratia scilicet compaternitatis affectio inter nos adveniat; pro quo obnixe quæsumus Christianitatem tuam, a Deo institute bone rex, excellentissimeque fili, ut de præclaro ac regali vestro germine [a], quod vobis Dominus pro exaltatione sanctæ

Deus autem omnipotens, per quem reges regnant et principes imperant, suo vos protegat gratia, et victoriam vobis de cœlo pro sua sanctæ Ecclesiæ defensione tribuat, atque longævos et sospites in solio regni pariter cum excellentissima et Christianissima filia nostra regina, dulcissima vestra conjuge [b], et amantissimis natis [c] conservare, et cœlestis regni æterna gaudia concedere 280 dignetur B possidenda. Incolumem excellentiam vestram gratia superna custodiat.

---

[a] Annalista Petavianus consignat hoc anno nativitatem Pippini filii Carolomanni. Pagius (an. 770, n. 4).

[b] Gilberga, quam duxerat Pippino patre superstite, cumque sequenti anno exeunte Carolomannus occubuerit mortem, et Carolus utrumque regnum, ut Pippini sui parentis ævo fuerat, in unum denuo conjunxerit, in Italiam ad Desiderium fugit cum duobus parvulis filiis. Annales Fulden. et alii apud Pagium (771, n. 5). Annal. Francor. silentes de filiis: « Uxor vero Carolomanni, aiunt, cum aliquibus paucis Francis ad partes Italiæ perrexit. »

[c] Pippinus igitur non erat primogenitus, sed Carolomannus alium filium antea susceperat; iique sunt, quos Gilberga in Italiam secum duxit. De iis nihil invenitur apud scriptores Francos. Sed in Vita Adriani C ap. Anastas. (sect. 310) legimus, quod an. 773, dum Desiderius obsidebatur Ticini a Carolo, « Adalgisus verus ejus filius assumens secum Autcharium Francum, et uxorem, atque filios sæpedicti Carolomanni, in civitate, quæ Verona nuncupatur, pro eo quod fortissima præ omnibus civitatibus Langobardorum esse videretur, ingressus est. » Iterumque (sect. 314) quod Carolus Veronam cum parte exercitus petiit. « Et dum illuc conjunxisset, protinus Autcharius, et uxor, atque filii sæpius nominati Carolomanni propria voluntate eidem benignissimo Carolo regi se tradiderunt. Eosque recipiens ejus excellentia repedavit Papiam. » Supra autem facta erat mentio Gilbergæ se recipientis apud Desiderium cum filiis suis, et subdolæ artis Langobardi, qua inter pontificem et Carolum dissensiones serere nitebatur : « In ipsis vero diebus contigit cunctos de filiis quondam Carolomanni regis Francorum ad eumdem regem Langobardorum fugam arripuisse cum Autchario, et nitebatur ipse Desiderius, atque inhianter decertabat, quatenus ipsi filii ejusdem Carolomanni regnum Francorum assumpsissent. Et ob hoc ipsum sanctissimum præsulem ad se properandum seducere conabatur, ut ipsos antefati Carolomanni filios reges ungeret, cupiens divisionem in regno Francorum immittere, ipsumque beatissimum pontificem a charitate et dilectione excellentissimi Caroli regis Francorum et patricii Romanorum separare, et Romanam urbem cunctamque Italiam sui regni Longobardorum potestate subjugare » (sect. 296). Ibi etiam narrator, quemadmodum Langobardus hæc machinabatur, suarum artium consentaneo ac fautore Paulo Afiarta, qui legatione pontificis apud illum fungebatur; dumque Roma abesset, detectus erat Sergii cæci necator. Quare pontifex metuens, ne scelus detectum ad illius aures perveniret, unde ope Desiderii, apud quem gratia plurimum valebat, pontificiæ ditioni ferret incommoda, clanculum manus injici in eum redeuntem curavit : atque ita Desiderii molitiones dissipatæ sunt. Hanc profecto historiam, quam scriptor Vitæ Adriani summa cum fide enarravit, nuperi quidam scriptores Muratorio antesignano invertentes, Gilbergæ fugam exaggerant, eo quod Carolus nepotes suos regno spoliarit; minimeque advertunt, quod ejusmodi fuga ad Italiæ regem, perpetuum hostem sanctæ sedis, quæ maxime cordi erat Francorum regibus, pejorem facit causam Gilbergæ, cujus veluti desertæ patrocinium suscipiunt; quam Caroli utrumque regnum ad monarchiam revocantis, ut ante triennium exstiterat. At mittantur ista : nuperi isti scriptores peregrinantur in rebus antiquis Franciæ. Idcirco ætatem nostram cum vetusta illa comparantes Carolo non solum injustitiæ, sed etiam iniquitatis notam inurere non verentur, nec veterum scriptorum omnium silentio ab inanibus hujusmodi effatis retardantur. Iis vero adeundæ erant chartæ divisionis regnorum tum Caroli, tum Ludovici Pii inter filios. Vidissent profecto, eorum aliquo præmoriente, regni partem ei relictam dividendam inter alios superstites : hac tamen conditione adjecta : « Quod si talis filius cuilibet istorum trium fratrum natus fuerit, quem populus eligere velit, ut patri suo succedat in regni hæreditate, volumus, ut hoc consentiant patrui ipsius pueri, et regnare permittant filium fratris sui in portione regni, quam pater ejus eorum frater habuit » (Ex Pitheana Edit. par. II, p. 84). Ludovicus Pius iisdem fere verbis rem eamdem constituit : deinde adjungit : « Quod si talem filium non habuerit, tunc volumus, ut illa pars regni, quam idem habebat, dividatur æqualiter inter D illos fratres, qui superstites remanserunt. » (Ibid., p. 149.) Hac lege tum vivebatur in Francia. Dum monarchia inter plures fratres divisa plura regna efficiebat, altero eorum obeunte inter fratres dividebatur ejus regnum : nec satis erat ad successionem mortui regis filium esse : populi electio necessaria erat, cui patruus vel patrui præberent assensum tenebantur. Secus accidit post Carolomanni mortem; nam archiepiscopi, episcopi, comites, et primates mortui regis relictis Carolomanni pueris Carolum adierunt suumque regem acclamarunt. Ita monachus Engolismensis, ita annalistæ omnes Francorum unanimi consensu affirmant. Eginhartus (De vita et gestis Car. M. cap. 6) Carolomannum regni socium appellat : « Regni quoque socio, inquiens, jam rebus humanis exempto. » Quapropter nuperi isti talia de tanto, tamque pio rege obloquentes halluncinantur : regemque Desiderium pro virili defendentes, veritati fucum faciunt.

L.

281 ITEM EPISTOLA EJUSDEM PAPÆ,
AD DOMNUM CAROLUM ET CAROLOMANNUM REGES DIRECTA,

Prohibendo atque cum nimiis adjurationibus obligando, ut de gente Langobardorum uxores minime acciperent [a] [b].

(An. Dom. 770, Cod. Car. XLV, chron. 49.)

ARGUMENTUM. — Carolo et Carolomanno regibus legat missos suos Petrum presbyterum et Pamphilum defensorem cum apostolicis litteris hortatoriis, quas prius in confessione sancti Petri posuerat, ibique sacrum fecerat, ut contra illas faciens esset anathema. Sententia earum est se audivisse Desiderii filiam nuptum iri eorum alterutri, quanquam legitimo uterque connubio junctus esset ex voluntate patris. Validissimæ huic rationi adjungit alias: primo adversus gentem Langobardorum, in quam zelo ductus fortasse plus æquo invehit; deinde majorum exempla, dum eorum pater Stephani II monitu a dimittenda eorum matre se abstinuit, et Gisilam eorum sororem Constantini imp. filio uxorem dare noluit; tertio promissa eorum etiam post mortem patris jurejurando sibi ipsi firmata per Sergium nomenclatorem, fideles nimirum se futuros beato Petro et pontifici, eorumque adversariis nunquam adhæsuros; denique ea quæ conjugium cum perpetuis hostibus sanctæ sedis necessario consecutura essent, videlicet ecclesiasticæ ditionis exitium. Postea sancti Petri nomine ac totius cleri et populi Romani eos obtestatur, ne suas uxores dimittant, ut Desiderii filiam ducant, nec Gisilam jungant Desiderii filio: sed potius eum regem compellant reddere sanctæ sedi quæ, sæpius promissa, nunquam restituerat.

Domnis excellentissimis filiis Carolo et Carolomanno regibus Francorum et patriciis Romanorum, Stephanus papa.

Dum omnium electorum Dei præcipuam vitam et digna operum **282** merita, in nostram memoriam revolvimus, invenimus profecto nulla eos potuisse qualitatis diversitate ab eorum cordis statu, et pristina sponsionis constantia amoveri. Unde et variis antiqui hostis suasionibus ac blandimentis circumvallati, immutabiles in suæ mentis firmitate constat permansisse, et ob hoc cum triumpho victoriæ ad optata pertingere meruerunt gaudia. Et nimirum considerandum est, quia si quis, quibusdam suasionibus demulcitus, victus fuerit, a recto confestim tramite, qui ducit ad vitam æternam, per abrupta declinans devia recontendat [ire contendat], ut ex hoc in proclivem delabatur noxam; nam plerumque certum est, quia idem antiquus hostis per infirmam naturam fidelium mentes subripere nititur. Hinc est enim, quod olim primo homini in paradiso constituto, per infirmam mulieris naturam, pestiferis valuit suadere blandimentis divinum transgredi mandatum, et ob hoc diræ mortis humano generi irrepsit excidium: et ideo, præcellentissimi filii magni reges, tanto studiosius ejusdem molimini resistendum est, ne quemquam suis irretire valeat argumentis, quanto cernimus suis crebro insidiis ad decipiendum fidelium corda insistere [c].

Itaque nostræ perlatum est notioni, quod certe cum magno cordis dolore dicimus, quod Desiderius Langobardorum rex, vestræ persuadere dignoscitur excellentiæ, suam filiam uni ex vestra fraternitate in connubio copulare; quod certe, si ita est, hæc propria diabolica est immissio, et non tam matrimonii conjunctio, sed consortium nequissimæ adinventionis esse videtur. Quoniam plures comperimus, sicut divinæ Scripturæ historia instruimur, per alienationis [d] injustam copulam, a mandatis Dei deviare, et in magno devolutos facinore: quæ est enim, præcellentissimi **283** filii, magni reges, talis desipientia, ut penitus vel dici liceat, quod vestra præclara Francorum gens, quæ super omnes gentes enitet, et tam splendiflua ac nobilissima regalis vestræ potentiæ proles, perfida [e], quod absit, ac fœtentissima Langobardorum gente polluatur, quæ in numero gentium nequaquam computatur, de cujus natione et leprosorum genus oriri certum est. Nullus enim, qui mentem sanam habet, hoc suspicari potest, ut tales nominatissimi reges, tanto detestabili atque abominabili contagio implicentur: quæ enim societas luci ad tenebras? aut quæ pars fideli cum infidele (II Cor. VI)? Etenim, mitissimi et a Deo instituti benignissimi reges, jam Dei voluntate et consilio, conjugio legitimo, ex præceptione genitoris vestri

---

[a] Argum. Panv. (Cod. Vat. 6.) Superiorum epistolarum argumenta ex Codice Vaticano Pavinii recitat Baronius (an. 772, n. 2) qualia ipse attuli, variant. lect. neglectis, quia parvi momenti sunt. Hujus epistolæ argum. desiderato ap. Baron., quippe integram refert (an. 770, n. 9 seqq.). Perinde faciunt Magdeburgenses, argumento nihilominus non neglecto, quod est hujusmodi apud eosdem (cit. l.) et ap. Panvin. « Item alia ad Carolum et Carolomannum, in qua manibus pedibusque obnixe conatur eis dissuadere, ne de gente Longobardorum uxorem ducant, aut sororem suam Gislam Desiderii filio elocent in matrimonium. » Epistolam se recitare integram aiunt, quia *artibus pontificiis plenam*. Pudet me similia horum legere apud nuperrimum scriptorem (Zanetti, *Ist. de Langob.* p. 670 seq.). Nam Muratorius, quem sequitur, ejus epist. auctorem fuisse alium quemquam suspicatur, nec sententiis identidem utitur, quæ pontificis dignitatem traducant. CENN.

[b] Recitant hanc epist. integram Baronius, anno 770, et Centuriatores Cent. 8, cap. 10, quam dicunt plenam esse *pontificis artibus*. Sed num fraus vel techna dehortari reges jam aliis desponsos, ne contra fidem datam alias uxores ducant? Hanc enim potissimum ob causam Stephanus tanta orationis vehementia hoc matrimonium cum Langobardorum gente dissuasit, ut liquet ex ipsa epistola, et recte etiam observavit Baronius. Quamvis pontifex etiam alias hujus conjugii dissuadendi causas habuerit. GRETS.

Exordium hoc serio legenti patet, pontifici persuasum fuisse, quod uterque rex legitimi connubii vinculo astrictus diaboli suggestionibus peteretur, ut novam conjugem superduceret.

[d] Baronius legit *alienæ nationis*. Equidem lect. onem Codicis retinendam affirmo; ita ut *alie nationis* pro *alius* scriptum fuerit juxta illius ævi elegantiam, hisce in epistolis frequentem.

[e] Nimia a Langobardis perpetuo Ecclesiam vexantibus aversio, nimiaque in Francos propensio impulere pontificem ad hujusmodi comparationem: quam scriptores nostri ævi, nulla eorum temporum, hominumque indolis ratione habita, contemnunt. CENN.

copulati estis, accipientes, sicut præclari et nobilissimi reges, de eadem vestra patria, scilicet ex ipsa nobilissima Francorum gente pulcherrimas conjuges, et eorum vos oportet amori esse adnexos [a].

Et certe non vobis licet, eis dimissis, alias ducere uxores, vel extraneæ nationis consanguinitate immisceri; etenim nullus ex vestris parentibus, scilicet neque avus vester, neque proavus, sed nec vester genitor, ex alio regno vel extranea natione conjugem accepit; et quis de vestro nobilissimo genere se contaminare aut commiscere cum horrida Langobardorum gente dignatus est, ut nunc vos suadémini, quod avertat Dominus, eadem horribili gente pollui. Itaque nullus, externæ gentis assumpta conjuge, innoxius perseveravit. Advertite, quæso, quanti qualesque potentes per alienigena conjugia a præceptis Dei declinantes et suarum sequentes uxorum alienigenæ gentis voluntatem, validis innexi excessibus, immensa pertulere discrimina. Impium enim est, ut vel penitus vestris ascendat cordibus alias accipere uxores super eas quas primitus vos certum est accepisse [b]. Non vobis convenit tale peragere nefas, qui legem Dei tenetis, et alios ne talia agant corripitis. Hæc quippe paganæ gentes faciunt. Nam, absit hoc a vobis, qui perfecte estis Christiani, et gens sancta, atque regale estis sacerdotium; recordamini et considerate quia oleo sancto uncti per manus vicarii beati Petri, cœlesti benedictione estis sanctificati, et cavendum vobis est ne tantis reatibus implicemini. Mementote hoc, præcellentissimi filii, quod sanctæ recordationis præcessor noster Dominus Stephanus papa, excellentissimæ memoriæ genitorem vestrum obtestatus est, ut nequaquam præsumeret dimittere dominam et genitricem vestram, et ipse sicut revera Christianissimus rex ejus salutiferis obtemperavit monitis [c].

Nam et illud excellentiam vestram oportet meminisse, ita vos beato Petro et præfato vicario ejus, vel ejus successoribus spopondisse, se amicis nostris amicos esse et se inimicis inimicos, sicut et nos in eadem sponsione firmiter dignoscimur permanere [d]: et quomodo nunc contra animas vestras agere contenditis, et cum nostris inimicis conjunctionem facere vultis, dum ipsa perjura Langobardorum gens semper Ecclesiam Dei expugnantes, et hanc nostram Romanorum provinciam invadentes, nostri esse comprobantur inimici? Itaque et hoc peto, ad vestri [vestram] referre studete memoriam, eo quod dum [e] Constantinus [Copronymus] imperator nitebatur persuadere, sanctæ memoriæ, mitissimo vestro genitori, ad accipiendum conjugio filii sui germanam vestram, nobilissimam Gisilam, neque vos aliæ [alii] nationi licere copulari, sed nec contra voluntatem apostolicæ sedis pontificum quoque modo vos audere peragere; et quam ob causam nunc contra apostolica mandata et voluntatem vicarii apostolorum principis agere conamini, quod nunquam vester pater perpetravit? An nescitis quod non infelicitatem nostram, sed beatum Petrum, cujus, licet immeriti, vices gerimus, spernitis? Scriptum est enim (*Matth.* x; *Luc.* x): *Qui vos recipit, me recipit; et qui vos spernit, me spernit.* Recordamini, peto, excellentissimi filii, quomodo vos fide [*Bar.,* vobis fideliter] dicere visus est præfatus vester domnus ac genitor, promittens in vestris animabus, Deo et beato Petro atque ejus vicario antefato, sanctæ recordationis, prædecessori nostro domno Stephano papæ, firmiter debere vos permanere, erga sanctæ Ecclesiæ fidelitatem, et omnium apostolicæ sedis pontificum obedientiam, et illibatam charitatem, et postmodum prædecessori nostro domno Paulo papæ, eadem vos, una cum eodem vestro genitore, certum est plerumque per missos et scripta promissos, et post decessum antefati sanctæ memoriæ patris vestri, et vos ipsi

---

[a] Carolomannum contraxisse matrimonium cum Gilberga, ex eaque duos filios suscepisse constat ex superioribus. Carolo etiam fuisse uxorem Himiltrudem eamque legitimam putat Cointius. At Mabillon. (*Annal.* lib. xxiv, n. 54) Eginhardi aliorumque auctoritate motus, legitimam eam fuisse negat: præcipue vero illum movet Pauli Warnefridi fragmentum de episcopis Metensibus (Pith. editione par. ii, p. 91) ubi ait: « Ex Hildegarde conjuge quatuor filios et quinque filias procreavit: habuit tamen ante legale connubium ex Himiltruda nobili puella filium nomine Pippinum.» Stephanus certe utriusque regis uxores nullo discrimine legitimas arbitratus est. Idcirco neutri eorum Desiderii filiam copulari posse contendit. Annales Fuldenses tradunt Bertradam regum parentem ex Italia duxisse filiam Desiderii *conjugio sociandam* Carolomanno, quem locum Andreas Duchesnius mendosum putat, ut notat Pagius (an. 770, n. 7). Nihilominus pontifex paulo supra dixit, *uni ex vestra fraternitate.* Quæ dubitatio, utri nuptura esset, magis magisque confirmat, persuasum ei fuisse, legitimo utrumque conjugio junctum esse paterna ex voluntate, neque alteri connubio locum esse. Cenn.

[b] En aliud argumentum luculentius utriusque conjugii. Nec fidem minuit auctoritati pontificis Eginhardi silentium de Himiltrude, aut Warnefridi

affirmatio anceps. Nam missi ultro citroque advenientes pontificem edocebant res illas, quas postea scripto mandatas esse comperimus.

[c] Mabillonius (*Annal.* lib. xxiii, n. 45) epistolæ hujus, et Spicilegii (tom. II, p. 503) auctoritate nitens historiam Angliæ Theodardi cujusdam uxoris, quæ Besuensi monasterio præfecta erat, enarrat anno circiter 755. Eam scilicet mulierem Pippinus deperibat, adeoque de divortio faciendo a Bertrada regina meditabatur: sed ab Stephano II admonitus (forte dum erat in Francia an. 754) resipuit. Eamdem rem narrat Nat. Alexander ex Chron. Besuensi (Sæc. viii, cap. 7, art. 6) his verbis: « Redarguitur Pippinus in Chron. Bes. quod Anglam Theodardi conjugem nefarie amaverit, ac in deliciis habuerit. His amoribus irretitus Bertradam dimittere cogitabat, sed salutaribus Stephani Rom. pont. monitis ad meliorem frugem revocatus est. Resipuit quoque Angla conterrita miraculo, etc. »

[d] Hujusmodi amicitiæ, ac societatis invicem stabilitæ conditionibus, nil frequentius in superioribus litteris.

[e] Supra (ep. 37, al. 20) de legatione Copronymi est dictum. Huc refertur petitio nuptiarum Gisilæ cum Leone filio suo. Tum enim temporis necessaria erat Græco regis adeo potentis amicitia. Cenn.

sæpius tam per vestros missos quamque per litteras, simulque et per Sergium, fidelissimum nostrum nomenculatorem, et per alios nostros missos nobis spopondistis, in eadem [a] vos vestra promissione, sicut 286 genitor vester, circa sanctam Dei Ecclesiam et nostram fidelitatem esse perseveraturos.

Sed et illud quæso ad vestram referte memoriam, qualiter vos præfatus Dominus Stephanus papa, in suo transitu, per sua scripta sub terribili adjuratione adhortari studuit [b], firma stabilitate vos esse permansuros erga dilectionem sanctæ Dei Ecclesiæ, et illibatam charitatem apostolicæ sedis pontificum; et omnia vos adimplere juxta vestram eidem Dei apostolo adhibitam sponsionem, et nunc [Fors., ubi est] ista est vestra promissio. O quantum laborem sustinuit idem præcipuus ac beatissimus pontifex, qui ita imbecillis existens, tanto se exhibuit prolixi itineris periculo, et nisi Dominus præsto fuerit, in vacuum ejus labor deducetur, fuitque nobis iter illud, quod ibidem idem noster prædecessor in Franciam properavit, in magnam ruinam, dum nostri inimici plus nunc quam pridem in superbiæ ferocitatem elevati sunt; et ecce quod verebamur evenire cernimus, conversaque est nostra lætitia in luctum, et facta sunt novissima mala pejora prioribus, et unde exspectabamus nobis lumen oriri, eruperunt tenebræ.

Quapropter et beatus Petrus, princeps apostolorum, cui regni cœlorum claves a Domino Deo traditæ sunt, et cœlo ac terra ligandi solvendique concessa est potestas, firmiter excellentiam vestram, per nostram infelicitatem, obtestatur, simulque et nos una cum omnibus episcopis, presbyteris, et cæteris sacerdotibus, atque cunctis proceribus, et clero sanctæ nostræ Ecclesiæ 287 abbatibus etiam et universis religiosis divino cultui deditis, seu optimatibus et judicibus vel cuncto nostro Romanorum istius provinciæ populo, sub divini judicii obtestatione vos adjuramus, per Deum vivum et verum, qui est judex vivorum et mortuorum, et per ejus ineffabilem divinæ majestatis potentiam atque per tremendum futuri judicii diem, ubi omnes principes et potestates, et cunctum humanum genus, cum tremore assistere habebimus, nec non et per omnia divina mysteria, et sacratissimum corpus beati Petri, ut nullo modo quisquam de vestra fraternitate præsumat filiam jam dicti Desiderii Langobardorum regis in conjugium accipere. Nec iterum vestra nobilissima germana Deo amabilis Gisila, tribuatur filio sæpe fati Desiderii [c], nec vestras quoquo modo conjuges audeatis dimittere [d]; sed magis recordantes quæ beato Petro apostolorum principi pollicíti estis, viriliter eisdem nostris inimicis Langobardis resistite, distringentes eos firmiter, ut propria sanctæ Dei Ecclesiæ [Lamb. add. et] Romanæ reipublicæ reddere debeant, eo quod omnia quæ vobis polliciti sunt transgredientes, nos quotidie affligendo et opprimendo non cessant; etiam quia aliquid nobis reddere minime sunt inclinati; etiam et nostros invadere fines noscuntur, et tantummodo per argumentum in præsentia de vestris missis simulant justitias nobis facere. Nam nihil ad effectum perducitur, et quidquam ab eis de nostris justitiis nequaquam recipere valuimus [e].

Unde ecce, ut cuncti nostri dolores subtiliter vestris auribus suggerantur, direximus nostros missos, videlicet Petrum dilectum filium nostrum presbyterum et Pamphilum defensorem regionarium sanctæ nostræ Ecclesiæ, quos et de imminente 288 nobis tribulatione nec non et de singulis causis subtiliter informavimus, vestro regali intimandis culmini, et petimus ut solita benignitate eos suscipere, nostræque petitioni vestras a Deo inspiratas aures accommodare dignemini, et amplissimam liberationem atque exaltationem sanctæ Dei Ecclesiæ, spiritalis matris vestræ, et istius a vobis redemptæ provinciæ de-

---

[a] Innuit epistolam primam, quam intercidisse aiebam in Admonitione. Ejusdem latorem fuisse *Sergium secundicerium et nomenculatorem illo in tempore existentem*, testatur auctor Vitæ Stephani ap. Anastas. (sect. 275) quicum Stephanus ipse hic consentit. Dignum vero notatu est, Sergium appellari *fidelissimum nostrum nomenculatorem*, qualis erat cum princeps legationis in Franciam profectus fuit an. 768, sequenti enim anno, cum Desiderii immanitatem ferre debuit, secundicerii officio fungebatur; ac demum anno 770 cum dabatur hæc epistola, apud pontificem in cellario Lateranensi degebat miser, effossis oculis Pauli Affartæ opera, mox vitam quoque amissurus post mortem pontificis, nefarii ejusdem Pauli manu: qui licet cubicularius pontificis esset, pensionarius fautorque Desiderii erat adversus apostolicam sedem. Quod si *fidelissimus* ab ipso pontifice appellatur anno 770, quisnam fidem habeat majorem Saxio, Muratorio, Mansio asserentibus integritatem historicam (ep. 45, al. 46) litteris iis, quas attuli primo loco; quam Cointio, Pagio, et Zacagno, extortas a Desiderio per vim et metum contendentibus? In iis siquidem *nequissimus* dicitur Sergius idem, qui modo audit *fidelissimus*. Vide Admonit. ad Stephani III epist. CENN.

[b] Hæc inter Stephani II epistolas desideratur.

Num arte Langobardorum perierit, an casu alio exciderit, divinari non potest. Unicam ejus pontificis, qui usque ad exeuntem mensem Aprilem an. 757 superstes fuit, relatam videmus in Codicem post traditam Exarchatus possessionem initio anni 756. Hinc autem certam tenemus sententiam postremæ, quam idem dedit ad Francorum reges. ID.

[c] Supra aiebam (not. [c] col. 256) anno 764 expetitam esse Gisilam a Græco Aug. pro ejus filio Leone (IV) cui hoc anno aliunde uxorem accessivit: « Indictione demum octava Constantinus Leoni filio conjugem e Græcia Irenem accersit. » Ita Pag. ex Niceph. breviar. (an. 769, n. 3.). Eodem tempore Desiderius cum Bertrada agebat de conjugio ejusdem Gisilæ cum Adalgiso, at nequidquam. Nam sanctimonialibus nomen dedit, et abbatissa postea Calensis fuit. Consule Mabillon. Annal. uberrime de ea pluribus in locis (tom. II) agentes. ID.

[d] Ex notis [a] et [b] col. 257 constat de utriusque regis conjuge · tertio hic demum urget pontifex nefas esse utrique suam dimittere. ID.

[e] Cum his quænam convenientia est illis, quæ in epistola prima hujus pontif. (45. al. 46.) leguntur? Nempe: « Omnes justitias beati Petri ab eo (Desiderio) plenius, et in integro suscepimus. » Serio ista reputent epistolæ illius vindices. ID.

fensionem perficere jubeatis, ut perfectam remunerationem a justo judice Deo nostro, intercedente ejus principe apostolorum, beato Petro, suscipiatis [a].

Præsentem itaque nostram exhortationem atque adjurationem, in confessione beati Petri ponentes, et sacrificium super eam atque hostias Deo nostro offerentes, vobis cum lacrymis ex eadem sacra confessione direximus; et si quis, quod non optamus, contra hujusmodi nostræ adjurationis seriem agere præsumpserit, sciat se auctoritate domni mei beati Petri, apostolorum principis, anathematis vinculo esse innodatum, et a regno Dei alienum, atque cum diabolo et ejus atrocissimis pompis, et cæteris impiis æternis incendiis concremandum, deputatum. At vero qui observator et custos istius nostræ exhortationis exstiterit, cœlestibus benedictionibus a Domino Deo nostro illustratus, æternis præmiorum gaudiis, cum omnibus sanctis et electis Dei, particeps effici mereatur [b]. Incolumem excellentiam vestram gratia superna custodiat.

[a] Carolum in matrem suam reverentia motum posthabuisse hanc Stephani admonitionem, imo tot capitibus metuendam dehortationem, ut mihi persuadeant recentiores scriptores; pervenisse eam ad Caroli manus ante conjugium demonstrent necesse est. Papebrochius in Vita Hildegardis ait, Desiderio remissam esse filiam suam a Carolo intactam, seq. anno 771, in cujus exitu Hildegardem duxit. Nonne igitur fieri potuit, ut absque pontificiæ admonitionis contemptu nuptiæ illæ inutiles factæ sint ? V. Pag. (ann. 771, n. 2).

[b] Ævo illi dandum est aliquid. Monumenta vetera non desunt a laicis etiam principibus facta cum claus ulis ista vehementioribus.

289 DE ADRIANI XLIX EPISTOLIS

COMMENTATIO PRÆVIA.

1. Quæ duæ res maxime attendendæ erant in pontificiis hisce epistolis, summa libertas ordinationis Romani pontificis, et dominatio libera sanctæ sedis in Urbe et ejus ducatu, ex hucusque allatis perspicuæ sunt, ni fallor. Attamen luculentiores eædem fient ex iis quæ deinceps afferentur. Præterea novæ ditionis, seu Exarchatus et Pentapoleos, cujus infirma semper fuit semperque meticulosa possessio ante exactos reges Langobardos, tum valido ac stabili nitentis fundamento, tum ingentibus hinc inde auctæ incrementis monumenta certa spectanda restant in Adriani epistolis quæ mox sequentur. Ex earum quoque nonnullis (ep. 70, 78, 82, al. 96, 72, 97) collectioni canonum, qua uti cœpit sancta sedes octavo sæculo a Dionysiana diversæ, clarior quam ex Zachariæ decretali epistola (ep. 3, al. 5) cognitio suppetet. Denique, quod præcipue optandum erat, quæstionibus fere innumeris eruditorum elapsi labentisque sæculi præcipue adversus diploma Ludovici Pii, modus aliquis afferetur. Ea propter antequam de epistolis loquor, nonnihil dicam de consecratione Romani pontificis, de dominio Urbis et Romani ducatus, de incremento ecclesiasticæ ditionis, ac de collectione canonum Romana, adversus præcipuas nuperorum aliquot scriptorum opiniones, quas aut cæca fides auctoribus magni nominis qui superiori ævo floruerunt, aut amor nimius, fortasse etiam arbitraria interpretatio chartarum veterum, pepererunt. Tametsi capita ista singula ad easdem litteras referentur, imo ab iis profecta esse palam fiet sententias ipsas adhibendo, queis Adrianus regem Carolum instruens utebatur. Incipiam a consecratione.

II. Libertatem canonicam consecrationis Romani pontificis satis superque comprobat interpontificium octo dierum. Nihilominus Dei optimi beneficio ad nos usque pervenit Adriani electio et consecratio, quam nefas est præterire. Eruditos non latet quot ante Gregorium III necessaria erant post electionem, ut pontifex consecraretur : relatio de electione ad principem, alia ad exarchum, alia ad archiepiscopum Ravennæ, alia ad judices Ravennæ, alia demum ad apocrisarium Ravennæ, plenæ omnes demissarum precum, ut canonica electio confirmaretur : non enim aliter integri ad consecrationem poterat (*Diurn. Pontif.* cap. 2, tit. 5 seqq.). Secus est de Adriani ordinatione, ut videre 290 est apud Mabillonium (*Mus. Ital.* tom. I, par. II, pag. 58). Nam statim post decretum electionis aliquantulum varium ab eo quod exstat in Diurno, et solæcismis pro illa ætate scatens, hæc sequuntur : « Explicit electio. Ipse etiam ven. Adrianus in initio ordinationis suæ indiculum rectæ fidei hujusmodi composuit : Ego Adrianus, etc., » ut in Diurno. Indiculum vero excipiunt professio fidei scripti mandata, et alia professio seu alloquium, quæ et ipsæ cum varietate aliqua habentur in Diurno ; nam per totum octavum nonumque sæculum et sequentis partem obtinuerunt. Hujusmodi ordinatio libera moris fuit sanctæ sedi post Gregorium III in successoribus, quos recensui in monito ad epistolas pseudopapæ Constantini, Leonis III ordinationem haud prætermittens, quam hujusmodi fuisse nullum dubium. An quidquam mutatum fuerit, postquam a Leone ipso coronam imperialem Carolus assecutus fuit, exploraturos esse jam dixi, ubi de diplomate Ludovici Pii sermo instituetur.

III. Hic vero silentio præterire non debeo ejusdem naturæ esse monumentum unde Adriani ordinationem decerpsi, ac opusculum illud Joannis diaconi, quod consarcinatum aiebam ex variis antiquitatis frustulis. Ejus siquidem Mabillonius testatur se vidisse exempla duo in pervetustis totidem codicibus, monasterii olim celebris Nonantulani, aliudque Romæ. Id autem non est satis ad detergendam imposturæ notam monumento. Nam auctor monachus, quicunque is fuerit, catalogo sanctorum sui monasterii additurus Adrianum I, quem Mutinenses colere cœperunt vin Idus Julias, de duobus Adrianis primo et tertio unum fecit, sicque traditionem istam antiquam, ut ait Pagius (an. 885, n. 2), sed falsam de Adriano I ibi sepulto, ad posteros emisit. Id Bollandistæ etiam animadvertunt (ad d. 8 Jul.). Neque ulli eruditorum persuasum hodie est, Adrianum alium quam tertium Nonantulæ sepultum esse. Hic enim Wormatiam invitatus a Carolo Calvo anno prædicto 885 (dum de episcopis aliquot deponendis, ac Bernardo filio ex concubina regni hærede instituendo pontificis auctoritate meditabatur), ut habent Annales Lambeciani (*Script. Ital.* tom. II par. II, pag. 95), defecit in itinere. Sic regis « fraudulenta consilia, aiunt Annales, Dei nutu dissipata sunt. Nam pontifex Romanus ab Urbe digressus, et Eridano flumine transito, vitam præsentem finivit; sepultusque est in monasterio Nonantulas. » Apud Anastasium locus ipse indicatur: « Super fluvium Scultinna (Panarum) in villa, quæ Viulzachara nuncupatur (sect. 642). » Quam villam Muratorius **291** deprehendit (*Annal.* 885) vocari hodie Sanctum-Cæsarium, parumque inde-dissitum territorii Mutinensis pagum Spilambertum, ubi Adrianus III diem obiisse dicitur :;« In locum, qui Spinum Lamberti vocatur, vitam finivit vni Id. Jul. et ad ecclesiam monasteriumque beati Silvestri, quod Nonantula dicitur, perductus honorifice sepultus est. » Post quæ de Adriani primi rebus gestis pergit dicere, et Carolum Magnum cum Carolo Calvo confundens, historiam rerum duorum regum, totidemque pontificum absolvit.

IV. Hujusmodi scribendi genus tanto cum posterorum incommodo, damnandum sane ac rejiciendum omnino est. Si qua autem monumenta interseruntur, quorum fides aliunde integra peti possit, amplecti ea oportet, quod ego nunc facio ad consecrationis libertatem per ea tempora demonstrandam. Continuo igitur post decretum electionis, ordinationem, seu consecrationem fieri consuevisse argumento est indiculus, quem initio ordinationis emitti constat ex Anastasio (sect. 587) contra Joannem Ravennæ archiepiscopum: « Nec mirum, inquit, cur postea ista fecerit, qui cautiones et indiculos, qui soliti sunt ab archiepiscopis Ravennatibus in scrinio fieri in initio consecrationis suæ, more Felicis decessoris sui falsavit. » Perinde enim tum fieri tam in electione episcoporum quam in ordinatione pontificum, formulæ ipsæ docent, quæ exstant in libro Diurno; hoc nihilominus cum discrimine, quod pontificia consecratio inter *Kyrie eleison* et *Gloria in excelsis* expediebatur; episcopalis non ita. Idcirco est apud Gratianum (Cap. *Quod sicut*; De electione, § *Super eo*): « Quum solus Romanus pontifex, qui ante hymnum angelicum consecratur, et postmodum ipse missarum solemnia incipit, et perficit consecratus, in die consecrationis suæ valeat ordines celebrare. » Cæterum tam indiculum, quam duas sequentes professiones, in desuetudinem ivisse certum est, earumque loco adhiberi cœptam formulam, quam Garnerius (*Diurn.* p. 26) confert cum indiculo, de quo nuper. Ejus principium, *Ego N. S. R. E. diaconus, vel presbyter, vel episcopus card. electus*, necnon collegium *coapostoli Pauli* citra sæculum nonum illam differunt. Nam prima electio Rom. pontificis ex episcopo facta est, contra apostolicæ sedis disciplinam, anno 894, cum Portuensis episcopus Formosus ab ecclesia sua violenter abstractus, et ad Petri cathedram evectus, horrida sui cadaveris depositione terrorem aliquandiu incussit cæteris, ne ex episcopali ordine illuc proveherentur. Collegium vero Pauli introductum fuit per idem tempus, tametsi doctrinæ potius quam **292** auctoritatis ratio habita fuisse videatur. Paulum siquidem vas electionis electum a Christo Domino, et doctoris gentium appellatione insignem, summæ auctoritatis collegam esse datum Petro nec traditione, nec Scriptura, nec Patrum testimoniis comprobatur.

V. Professionis apud Ivonem, Gratianum, Antonium Augustinum, et Baronium celebris modicam eam partem, qua Paulus introducitur, conferre cum indiculo, qui per nonum sæculum vigebat, abs re non erit. Indiculus igitur sic fluit: « Hanc veræ fidei rectitudinem quam, Christo auctore tradente, per successores tuos atque discipulos usque ad exiguitatem meam perlatam, in tua sancta Ecclesia reperi, totis conatibus meis usque ad animam et sanguinem custodire, temporumque difficultates cum tuo adjutorio toleranter sufferre. » Professio vero, cujus ætatem Garnerius non recte constituit nono sæculo, eadem hunc in modum profert: « Sed veræ fidei rectitudinem, quam Christo auctore tradente per te, et beatissimum tuum coapostolum Paulum, et per discipulos successores vestros usque ad exiguitatem meam prolatam in tua sancta Ecclesia reperi, totis conatibus usque ad sanguinem custodire. » Alia profecto inveniuntur inter *indiculum* et *professionem* discrimina: illud vero præ cæteris notatu dignum videtur, quod ubi in indiculo sex tantum generalia concilia probantur, in professione octavum quoque accipitur, quod Adriano II celebratum est Constantinopoli anno 869. Quæ res non minus posteriorem ætatem professionis quam indiculum in præfata consarcinatione existentem Adriano primo vindicat, ita ut auferatur omne dubium, quin anno 772 cum idem consecrabatur Romanus pontifex, continuo post decretum libere ordinatus fuerit.

VI. Hinc est quod neque ad exarchum electionis sancti Zachariæ decretum est missum; neque exstincto Exarchatu ad principem, Stephani II, neque Pauli fratris ejus, qui ante ordinationem schismate dilatam, societatis et amicitiæ Francorum satagens, missos ac litteras de fraterna morte suique electione ad Pippinum direxit; neque invasoris Constantini, qui, sacrilega consecratione peracta, scripsit pariter Pippino; nec denique Stephani III cui successit Adrianus, hujusque successoris Leonis III per totum octavum sæculum, annis sexaginta, aut Ravenna, aut Constantinopoli confirmatio decreti petita est. Decretum vero ipsum nullatenus immutari debere sancitum fuit ab Stephano eodem in concilio, de quo satis est dictum in Admonitione ad ejus litteras. Decreti verba valde perspicua hæc sunt: « Et ita more solito decretum **293** facientes, et in eo cuncti pariter concordantes subscribere debent. » Et subjungit quod maxime attendi debet: « Hoc itaque et in aliis ecclesiis sub divini judicii obtestatione decernimus observandum. » Quare Adrianus Carolo regi ostendens (ep. 93, al. 71) adversus turbida quorumdam ingenia nullas ei partes esse in Ravennatis archiepiscopi electione: « Qui, ait, cum jucunditate decreti omnium manuum subscriptione roborati ad nostram apostolicam sedem occurrebant, proprium sibi antistitem consecrandum, sicut et nunc canonice factum est. » Hactenus de consecratione ex monumentis certis in consarcinatione Nonantulana existentibus.

VII. Ex dictis de summa libertate ordinationis Romani pontificis summa item libertas dominationis sanctæ sedis in Urbe et ejus ducatu evincitur. Si enim obsequium omne erga exarchum quandiu stetit et postmodo erga principem desiit, nulla igitur Romanis cum imperio necessitudo fuit, Romanæque ditionis administratio penes pontificem et Romanos erat. Nihilominus litteræ Adriani hujusmodi dominationem luculenter adeo testantur, ut illationibus non sit opus ad rem tenendam. Jam vidimus sub ipsa initia patriciatus Pippini regis datumque ab eo diploma donationis Exarchatus et Pentapolis, antequam Stephanus II iniret civitatum possessionem, queri pontificem quod Lango ardi *aliquas civitates nostras* in provincia Romana invaserint (ep. 8, al. 4). Ita etiam successores, ubi de aliqua ex iis civitatibus loquuntur, *nostras* eas dicunt. Ex Adriani autem epistolis plurima ejusmodi suppetunt exempla. *Hanc nostram Romanam civitatem* (ep. 57, al. 59) appellat sedem regalis sacerdotii, *ut civitatem nostram castelli felicitatis* vocat unam ex Tusciæ Langobardiæ urbibus, quas donarat Carolus (epist. 55, al. 40). *Nostros Romanos* a calumnia vindicat, et *naves Græcorum gentis in portu civitatis nostræ Centumcellensis comburi* se fecisse ait littoribus infestas (ep. 63, al. 65). Eademque prorsus appellatione res *in territoriis nostris* sitas, et *territoria nostra* nominat, ubi de Exarchatu agit (ep. 83, al. 84) qua loca et res Romani ducatus. Insuper de ecclesiastica ditione iisdem loquitur vocibus, queis de amplissima ditione Caroli; perinde enim *vestros fines, vestras partes*, ac *nostros fines, nostras partes* utriusque dominii regiones appellat (ep. 84, al. 91). Summa est pari auctoritate pontifices dominatos esse in Urbe et ejus ducatu, atque in exarchatu et Pentapoli, cujus rei testes sunt locupletissimi epistolæ quas versamus. Discrimen tantummodo in utriusque ditionis origine reperitur, nam Romana 25 fere annis antiquior est altera. Titulus quoque dominii est varius : nam Roma et ejus ducatus ex populorum voluntate in pontificis ditionem venit; exarchatus vero et Pentapolis ex donatione.

VIII. Patriciatus voce Adrianus utramque ditionem luculente distinguit; Romanæ enim patricium appellat Carolum, et exarchatus ac Pentapolis divum Petrum. (ep. 97, al. 85). Verba ipsa proferam : « Honor, inquit, patriciatus vestri a nobis irrefragabiliter conservatur, etiam et plus amplius honorifice honoratur; simili modo ipse patriciatus beati Petri fautoris vestri tam a sanctæ recordationis domno Pippino magno rege genitore nostro in scriptis in integro concessus, et a vobis amplius confirmatus, irrefragabili jure permaneat. » Quidnam comparatione ista patriciatus Adrianus velit, per se patet. Petrus enim in cœlis habitans nonnisi protector aut defensor sui successoris in administratione provinciarum esse poterat. Talemque fuisse Carolum Romæ et ducatus immensa testium integerrimorum serie comprobari posset; satis tamen erunt duo apud Ducangium in Glossario (V. *Patricius*). In Capitulari 1, an. 769, et Aquisgran. an. 789, Carolus dicitur : « Rex regnique Francorum rector, et devotus sanctæ Ecclesiæ defensor, atque adjutor in omnibus apostolicæ sedis. » Hugo Flaviniacen. in Chron. p. 223 : « Non debere regem imperatoris filium, qui non sine causa gladium portaret, qui Romanæ reip. patricius, tutor et defensor esse deberet, tantam pati Ecclesiæ Dei conculcationem. » Idcirco pontifex in laudata epistola eumdem honorem exigit a Carolo erga patriciatum divi Petri, quo ipse Caroli patriciatum prosequebatur. Deinde pergit dicere : « Quia sicut nos semper vestros homines suscipientes commonemus, ut in vera fi le atque puritate cordis totis eorum viribus in vestro maneant servitio, ita et vos simili modo quicunque ex nostris hominibus ad vos venerint, » etc. Nam summam eamdem fidem, ac benevolentiam erga apostolorum principem tutorem ac defensorem donationis Pippinianæ ab eo confirmatæ servandam esse ait a Carolo, quam ipse Carolo servabat tutori ac defensori apostolicæ sedis, ut perspicue Paulus I eum appellat : « Ecclesiæ tutorem » (ep. 27, al. 37) et alibi passim protectorem ac defensorem nuncupari ostendi in notis ad hasce epistolas.

IX. Quod si forte aliquando Carolus quidquam juris sibi arrogare tentavit *pro sui patriciatus honore*, ut suggestum ei fuerat ab adversariis apostolicæ sedis, pontifex suaviter restitit, suosque terminos patriciatum excedere non permisit. Rei exemplum suppetit ex iisdem Adriani epistolis (95, al. 71). Suggerebatur Carolo Ravennæ archiepiscopum eligi debere coram misso regio. Negat pontifex, et ad patriciatus honorem quod attinet, « Nullus homo, inquit, esse videtur in mundo, qui pius pro vestræ regalis excellentiæ decertare moliatur exaltatione quam nostra apostolica assidua deprecatio; et sicut in nostris præcordiis nisibus totis ubique super omnes vos honoravimus et honoramus, ita amplius ac amplius honorem regni vestri præcellere omnibus, qui in mundo esse noscuntur : verumtamen et de ipsa benevolentia, quam in vestrum gerimus culmen honoris, in universo innotuit mundo, sicut nempe omnibus patet ; quia die noctuque in confessione fautoris vestri beati Petri non intermittimus fundere preces. » Hujusmodi alia et in prædecessorum et in Adriani epistolis multa inveniuntur. Quare evidens est patriciatum, quem alibi vidi es appellatum *vestram regalem tuitionem* (ep. 83, al. 84), in eo situm fuisse, ut sancta sedes defenderetur spe præmii cœlestis (quod nostri ævi eruditis aliquot extra Italiam terrena sapientibus modicum videtur) et de adversariis victoriæ in hoc mundo per sancti aposto-

lorum principis adjutorium, assiduis publicisque pontificis et Romanorum precibus ante ejus confessionem imploratum. Hac una spe illectos Pippinum et Carolum Francorum reges longe lateque amplificasse apostolicæ sedis ditionem invenio; at dominii quidquam sibi aut arrogasse, aut reservasse, præterquam in Spoleti et Tusciæ ducatibus, nusquam legitur.

X. Cum autem hujusmodi patriciatum Gregorius III exhibuisse dicatur Carolo Martello, et Stephanus II certissime contulerit Pippino ejusque filiis anno 754, ab iis igitur temporibus pontifex dominabatur Romæ, quippe cujus defensionem Francorum regibus commendavit. Defensionem, inquam, non dominium : jus enim istud erat imperatorum, et cæremonia ipsa qua creabantur ab imperatore patricii, id patriciatus genus amovet ab Stephano II, qui primus omnium eo nomine insignes fecit reges Francos. Nec longe petenda eadem est, namque ex ipso Codice Carolino (ep. 91, al. 88) non obscurum exemplum suppeditatur, ducis nimirum Beneventani Arichisii, qui ab imperatore eam dignitatem avebat assequi, tametsi morte præventus spem fallacem reliquit Græcis. Imperator ille « emisit illi suos legatos, scilicet spatharios duos in ditionem Siciliæ ad patricium eum constituendum, ferentes secum vestes auro textas, simul et spatham, vel pectinem, et forcipes, sicut illi, prædictus Arichisius indui et tonderi pollicitus fuerat. » De hac dignitate ejusque indole plurima congessit Ducangius in Glossario quæ ad rem non faciunt; plurima etiam Pagius (an. 740, n. 4 seqq.), Petri præsertim de Marca opiniones adoptans super patriciatu Romanæ Ecclesiæ. Ea vero nihil moror, quia falsa admiscentur veris, et quæ vera sunt exaggerantur. Et sane in antiquis Francorum annalibus ab anno 741 ad 795 qui tanti apud omnes habentur (Canis. tom. II, part. II, p. 40), anno 754, hæc referuntur : « Supradictus apostolicus Stephanus confirmavit Pippinum unctione sancta in regem (nam an. 740 a Bonifacio unctus erat) et cum eo conjunxit duos filios dominum Carolum et Carlmannum in reges. » Perinde Fuldenses an. 755 : « Honorifice exceptus apud Parisios, duos filios ejus Carlmannum et Carlum unxit in reges. » Cum iisdem congruentia apud Anastasium leguntur (sect. 244) : « Christianissimus Pippinus ab eodem sanctissimo papa Christi gratia cum duobus filiis suis reges uncti sunt Francorum. » Post hujusmodi solemnem inaugurationem testis est hic Codex Carolinus, necnon Adriani gestorum scriptor apud Anastasium (sect. 294, 296) reges illos esse appellatos patricios. Id vero nominis seu dignitatis aut ex sacramento per eosdem reges emisso dum inungebantur ad Romanam Ecclesiam defensuros, aut ex pacto inito cum pontifice ante unctionem provenerit, patricios eos Romanorum exinde fuisse nullum dubium; solemni autem cæremonia creatos nusquam reperitur. Ea propter qui ejusmodi patriciatui aliud tribuunt, præter Romanæ Ecclesiæ defensionem, magno in errore versantur. Et qui Romanum pontificem non vident principem sanctæ reip. cujus defensionem contra Græcam impietatem et Langobardorum invasiones commisit Franciæ regibus, corporeis oculis mentisque acie capti esse videntur.

XI. Nec Roma solum cum suo ducatu, sed exarchatus etiam et Pentapolis a Græcis impiis defecerant, adhæserantque pontifici, ut dictum est alibi; attamen ditionis pontificiæ partem eæ provinciæ non fecerant, nisi post Pippini donationem, quæ incrementi apostolicæ ditionis initium fuit. Ea vero donatio, ut ex litteris prædecessorum Adriani didicimus, aliqua ex parte aut invasione aut detentione Langobardorum minuta, in sanctæ sedis possessionem integram usque ad annum 774 non pervenit, cum Caroli regis virtute subactis Langobardis, rege eorum Desiderio capto, filioque hujus Italia pulso, rerum potiti sunt Franci. Eginhartus de exitu belli Italici, quod Carolus Adriani precibus susceptum eo anno confecit, ita loquitur (cap. 6) : « Finis tamen hujus belli fuit subacta Italia, et rex Desiderius perpetuo exsilio deportatus, et filius ejus Adalgisus Italia pulsus, et res a Langobardorum regibus ereptas Adriano Romanæ Ecclesiæ rectori restituere : » Etenim Romam veniens primum omnium Pippini genitoris sui donationem non modo confirmavit, « sed super corpus beati Petri subtus Evangelia quæ ibidem osculantur collocavit, » ut est apud Anastas. (sect. 319); et uti Adrianus Carolo in mentem revocat (ep. 54, al. 51) Ravennatis archiepiscopi audaciam accusans : « Dum ad limina apostolorum profectus es, ea ipsa spondens confirmasti, eidemque Dei apostolo præsentaliter manibus tuis eamdem offeruisti promissionem. » Et sæpe alibi, quod patebit in notis. Quæ autem de regno Langobardorum sui juris facto tum addiderit in suo diplomate non ita certum : nam quater omnino Carolus Romam venit, ter Adriano pontifice, an. 774, 781, 787, et semel Leone III, 800. Id certum, quod civitates Tusciæ Langobardorum ad primam profectionem pertinent; anno siquidem 776 (ep. 55, al. 60), Adrianus nuntiat Carolo, Reginaldum Clusinum ducem hostilia commississe in una ex iis civitatibus, quam *nostram* appellat. « Per semetipsum cum exercitu in eamdem civitatem nostram Castelli Felicitatis properans, eosdem Castellanos abstulit. »

XII. Eadem occasione Carolum obtulisse beato Petro et Tusciam regalem quæ a Lunis incipit, et Spoletanum ducatum, nullus dubio. Etenim de Spoletano ducatu perspicue loquitur Adrianus (ep. 56, al. 58) in suis litteris ad Carolum : « Quia et ipsum Spoletinum ducatum vos præsentaliter offeruistis protectori vestro beato Petro principi apostolorum per nostram mediocritatem pro animæ vestræ mercede. » De Tuscia autem regali tametsi minus aperte loquitur tamen et petens removeri Clusinum ducem (ep. 55, al. 60), et duci Lucensi præcipiens ut Græcis piratis sua navigia objiciat (ep. 63, al. 65) juris nescio quid in eo ducatu exercet, quod in reliquis Italiæ regni partibus exercere non reperitur. Quamobrem integra donatio Caroli apud Anastasium designata per fines, « A Lunis cum insula Corsica, deinde in Suriano, deinde in monte Bardonis, deinde in Berceto, deinde in Parma, deinde in Regio, exinde 298 in Mantua atque in monte Silicis, atque provincia Venetiarum, et Istria ; » integra, inquam, donatio inscite admodum uti falsa respuitur a nonnullis : quia nempe oblationis vocabulum anceps sæpiusque adhibitum in Codice isto pro donatione, nullum videtur discrimen inferre inter ea quæ divo Petro sunt oblata, supremo dominio retento, cujusmodi sunt ii ducatus Tusciæ et Spoleti, atque illa quæ una cum suprema potestate divo Petro ejusque successoribus sunt donata amplificandi ergo apostolicæ sedis ditionem. Attamen quis de nulla eorum ducatuum civitate æque sollicitos videns pontifices nullamque *nostram* appellare, discrimen non sentit? Extra omnem aleam rem ponit diploma Ludovici Pii, quem unus tantum aut alter ex nostris scriptoribus commentitium ineptissime pronuntiavit : « Quando, inquit, idem pontifex (Adrianus) eidem (Carolo) de suprascriptis ducatibus, id est Tuscano et Spoletino, suæ auctoritatis præceptum confirmavit. Eo scilicet modo, ut singulis annis prædictum censum ecclesiæ beati Petri apostoli persolvatur. » Itaque censum tantummodo ex iis ducatibus sancto Petro oblatis exigere debebant pontifices, nec de administratione quidquam ad eos pertinebat. At contra in Tuscia Langobardica (quidquid sit de ea Campaniæ parte quæ civitates a Carolo donatas continebat) et in territorio Sabinensi, quod serius ocius donatum fuisse ab eodem Carolo testantur Adriani litteræ 67, 71, 72, 73, al. 69, 56, 76, 78, jus summum erat sanctæ sedis, ut in exarchatu et Pentapoli : hæ siquidem duæ provinciæ donationis erant Pippini a Carolo filio confirmatæ et Langobardorum regno exciso plenissime vindicatæ; cætera omnia Caroli ejusdem donationem efficiunt.

XIII. Hanc equidem Adriani litteris, quæ mox sequentur, comprobatam per partes, cupio ut lector animo præcipiat integram ex charta divisionis regnorum Caroli inter filios. Ubi enim agit de regno Pippini inter fratres dividendo, si forte iis præmoriatur, ita decernit : « Ab ingressu Italiæ per Augustam civitatem accipiat Carolus Eborejam, Vercellas, Papiam, et inde per Padum fluvium termino currente usque ad fines Regensium, et ipsam Regium, et Civitatem Novam, atque Mutinam, usque ad terminos sancti Petri. » Non alios hodieque habet sancta sedes. Prosequitur divisio : « Has civitates cum suburbanis, et territoriis suis, atque comitatibus, quæ ad ipsas pertinent, et quidquid inde Romam pergenti ad lævam respicit de regno quod Pippinus habuit, una cum ducatu Spoletano, 299 hanc portionem, sicut prædiximus, accipiat Carolus. Quidquid autem a prædictis civitatibus vel comitatibus Romam eunti ad dextram jacet de prædicto regno, id est portionem quæ remansit de regione Transpadana, una cum ducatu Tuscano usque ad mare Australe, et usque ad Provinciam, Ludewicus ad augmentum sui regni sortiatur. » Profecto qui ducatum Tuscanum hac in divisione nominari audit, quem totum in donatione per fines comprehendi vidit, paradoxum hæc sapere arbitratur; secus si eum ducatum una cum Spoletano apostolorum principi oblatum meminerit, at supremo jure retento. Recte enim liberalitatem Caroli erga sanctum Petrum, cui oblatus fuerat, donationi insertus demonstrat, et merito inter provincias regni Ludovici recensetur, quia censu tantum soluto sanctæ sedi, supremum jus regis erat. Itaque hæc satis sint de incremento ecclesiasticæ ditionis, quod infra enucleatius expendendum erit. De collectione enim canonum nonnihil dicam necesse est, quod Adriani litterarum auctoritate (70, al. 96 ; 78, al. 72, et 82, al. 97) quæ ad Zachariæ epistolam animadvertebam, confirmet ipsamque collectionem prodat.

XIV. Cum rex Carolus Romæ primum fuit anno 774, ita enim cum melioribus sentientum mihi videtur, tanti non habuit Adrianus temporalia negotia (licet male feriatus scriptor nuperus horum tantummodo et pontificem et regem sategisse autumet) ut præcipue de instauranda Gallicana Ecclesia non cogitarit. Ante annos triginta rem tantam cœperat Bonifacius Moguntinus : at provincias ecclesiasticas adeo turbatas invenit, ut parum ipse profecerit; neque Adriano pontificatum adepto ex metropolitis plures quam duo honorem pristinum assecuti fuerant. Quamobrem regi amico et pietate insigni duos exhibuit codices, qui ad rem tanti momenti perficiendam adjumento essent. Primus notitiam exhibebat provinciarum septemdecim, quæ tum metropoles singulas, tum episcopales sedes unicuique subjectas numeratim recensebat ; cujus exemplum ex Cod. Vat. num. 1338, prodiit in lucem studio Emmanuelis a Schelestrate (*de antiq. Eccl.* tom. II, p. 643) cum hoc titulo : « Iste codex est scriptus de illo authentico, quem domnus Adrianus apostolicus dedit gloriosissimo Carolo regi Francorum et Longobardorum ac patricio Romanorum, quando fuit Romæ. » Alter codex concilia sex generalia ante id temporis celebrata, et Græcorum canonum compendium continebat, ut docet titulus ex editione Labbei et aliorum, præcipue Canisiana elegantissima ex 300 recensione Basnagii (*Ant. lect.* tom. II, part. I, p. 266) qui est hujusmodi : « Incipit compendiosa traditio canonum Orientalium, sive Africanorum, quos beatus Adrianus papa in uno volumine cum superioribus conciliis ad dispositionem Occidentalium ecclesiarum Carolo Romæ posito dedit regi Francorum et Longobardorum ac patricio Romanorum. » Primus quidem codex huc non spectat, nisi quatenus pontificis ac regis præcipuam sollicitudinem Ecclesiæ Francorum atque ecclesiasticæ disciplinæ instaurandæ testatur. pontificis nimirum, quia eodem tempore « omnibus archiepiscopis et episcopis » encyclicam scripsit, « ut habeat unaquæque metropolis civitates subditas, quas beatus Leo et alii prædecessores ac successores ipsius post Chalcedonensem synodum singulis metropolitis distiaxerunt, » quemadmodum Bertherium monet metropolitam Viennensem (Labb., *Concil.* tom. VI, p. 1888), et quandiu vixit de eadem re egit cum Carolo. Quod vero ad hunc attinet, tot capitularia placita et episcoporum concilia, quæ sunt perpetua religionis ac pietatis monumenta, nulla unquam oblivione delenda, quanta in sollicitudine ecclesiasticarum rerum semper fuerit optimus iste princeps ostendunt. De altero igitur codice de quo ad sanctum Zachariam epistolam sum locutus, laudatæ Adriani litteræ me admonent ut dicam iterum.

XV. Tres in iisdem canones laudari video ex conciliis Græcis, Chalcedonensis 18 et 21, ac primum Antiochenum ; illi a collectione Dionysiana non multum discrepant, si latina versio attendatur ; secus, si numerandi ratio. Antiochenus versioni etiam propius accedit, at numeratio eadem ac priorum. Quare dubitari non potest quin apud sanctam sedem unumquodque concilium suam aciem duceret ; ac proinde nulla dum collectio esset, qua uteretur ne in ecclesiasticis quidem judiciis, quod nono sæculo certe fieri Leo IV est testis, ut dixi ad laudatam epistolam Zachariæ. Id confirmatur canone 8 codicis Africani in altera ex iis epistolis laudato (ep. 78, al. 72) ; non enim juxta canonem (ita enim appellabatur Romana collectio, cujus meminit Leo IV) seu juxta Breviarium Cresconii canon ille octavus appellatur *Carthaginensis*, quemadmodum fit etiam in compendiaria illa traditione Græcorum canonum Adriani, sed luculente *Africanus*. Cumque idem canon sit sextus concilii Carthaginensis II, si quis citatum ab Adriano diligenter cum codicis Africani 8 et Carthaginensis concilii 6 conferat, variantem hujus lectionem comperiet ; at tantam cum codice Africano convenientiam deprehendet, ut ne litteræ quidem unius discrimen appareat. **301** Collectionem igitur seu codicem Africanorum canonum præ manibus habuit Adrianus, quem nos seri posteri Græco Latinum habemus bis a Justello editum, et majori cum diligentia a Labbeo (*Conc.* tom. II, pag. 1041). Huc accedit ex duabus aliis epistolis multiplex comprobatio e Scripturæ locis, et ex sanctis Patribus Athanasio, Gregorio Nazianzeno, Amphilochio, Gregorio Nysseno, Joanne Chrysostomo, Augustino, Hilario Pictaviensi, Leone Magno in sermonibus, Proterio ad Leonem de Paschate, Fulgentio, aliisque quorum auctoritates non referuntur.

XVI. Quæ cum ita sint, quanam collectione uterentur Romani pontifices octavo etiam sæculo patere arbitror. Sacra scilicet bibliotheca per bibliothecarium et scriniarios iis suppeditabat quæ identidem necessaria erant. Nec dubitandum quin conciliorum præsertim generalium ulla alia versio latina adhiberetur præter eam quæ in bibliotheca erat. Nam summa cum diligentia latine omnia facta esse testatur Anastasius in præfatione septimi concilii ad Joannem VIII : « Nulla ratione, inquit (Labb., *Concil.* tom. VII, p. 29) octava dicitur vel teneri poterit, ubi septima non habetur : non quod ante nos minimæ fuerit interpretata, sed quod interpres pene per singula relicto utriusque linguæ idiomate adeo fuerit verbum e verbo secutus, ut quid in eadem editione intelligatur, aut vix aut nunquam possit adverti, in fastidiumque versa legentium pene ab omnibus hac pro causa contemnatur. » Et paulo infra de canonibus apostolorum loquens, verba ipsa usurpat Dionysii Exigui in præfatione ad suam collectionem, quare hanc ipsam in bibliotheca esse intelligimus. Hinc est quod canonem Antiochenum laudat Adrianus non multum discrepantem a Dionysiana versione ; quod etiam de duobus Chalcedonensibus facit, tanta licet similitudo cum Dionysianis non appareat. Etenim num petiti omnes fuerint ex Cresconiana collectione quæ Dionysii versionem secuta est, an aliunde ex fonte eodem dimanantes, disquirere otiosum esset ; nam certum scimus Græcos omnes canones, præter quam conciliorum generalium, Dionysianæ collectioni acceptos referri. Quæri posset cur Chalcedonenses qui ad generale concilium attinent et ipsi Dionysianam collectionem sapiant ? Qua super re Nat. Alexander vir doctissimus non leviter, nec semel erravit (sæc. v, diss. 13, art. 4) ; nam Gelasium, Pelagium II et Gregorium Magnum, tanti nominis pontifices usos esse canonibus Chalcedonensibus contendit, non animadvertens laudari ab iis tres solos illos canones, quos Marcianus proposuit, Patresque confirmarunt in fine actionis 6 (Labb., *Conc.* tom. IV, p. 609) qui a versione Dionysiana **302** omnino discrepant, ut conferenti planum fiet. Eosdem ante octavum sæculum, ubivis laudatos, quantam ego diligentiam adhibuerim, prorsus alios comperi ab iis qui in Dionysianam collectionem sunt relati.

XVII. Cum vero iidem postmodum recensiti fuerint actione 15 inter cæteros locosque teneant quartum, tertium, et vicesimum, si octavo sæculo et sequentibus juxta versionem Dionysianam occurrant, non est mirandum : semel quippe accepta ab apostolica sede collectione Græcorum canonum, et tres Constantinopolitanos ac reliquos Chalcedonenses ab ea rejectos adhibere fas erat ; et tres Chalcedonenses prædictos apud eamdem jamdiu celebres tam ex codice ejus concilii qui servabatur in bibliotheca, quam ex prædicta collectione usurpare erat licitum. At errat Hincmarus et cum eo Natalis, ubi sancti Gregorii, homil. 17 in Evang., locum, « sacri canones simoniacam hæresim damnant, » ad secundum Chalcedonensem referunt. Gregorius enim haud loqui hic videtur de canonibus conciliorum, sed de sacræ Scripturæ auctoritate, quam Siricius, Innocentius, aliique antiqui pontifices vocant *regulam*, *ecclesiasticam regulam*, *apostolicam scripturam*, *apostolicas traditiones*, *apostolicos canones*, ut notat P. Constant. (*Ad Siricii* ep. 10, p. 699). Suntque argumento plures ejus Regesti epistolæ (lib. VII, ep. 111 ; l. IX, ep. 40, 49, 50, 51, 53, 54, 55, 57 ; l. x, ep. 32, et l. XI, ep. 48) : in earum quippe singulis de hæresi simoniaca loquitur Scripturæ auctoritate, non secundi canonis Chalcedonensis. « Apostolica detestatione damnatam » ait ab ipsa origine ; ab ipso apostolorum principe, « qui primam damnationis sententiam contra Simonem protulit ; » eliminatam ab Ecclesia esse docet, et similia horum ubique profert. At ponamus Gregorium meminisse canonum conciliorum : nonne Sardicen., can. 2, legitur de ordinatione episcopi : « potuisse paucos præmio, et mercede corrumpi ? » Nonne apostolorum can. 30 decernit : « Si quis episcopus, aut presbyter, aut diaconus per pecunias hanc obtinuerit dignitatem, dejiciatur ipse et ordinator ejus ? » Non me latet sanctam sedem perinde apostolicos canones aversatam esse ac Chalcedonenses ; quædam tamen constituta pontificum inde clanculum profecta et Dionysius et Cresconius in sua quisque præfatione testatur.

XVIII. At de Chalcedonensibus secus est. Nam præterquam quod nullus eorum aut clanculum, aut propalam adhibitus ante octavum sæculum invenietur, Anastasius Bibliothecarius hujusmodi rerum testis integerrimus ita in epistola ad Joannem diaconum (Labbeus, *Concil.* tom. V, p. 1770) ad rem loquitur. « Ne videamur tam sanctam, tamque **303** reverendam synodum (VI generalem) accusare vel temere reprehendere, licere nobis opinamur de illa sentire, quæ sanctos Patres nostros de Chalcedonensi magna synodo sensisse non ignoramus. Quorum unus, sanctus videlicet papa Gregorius, usque ad prolationem tantummodo canonum hanc suscipiendam fore signavit. » Etenim post actionem 14 legati pontificii sentientes eadem adversus sanctam sedem tractanda esse, quæ in reprobatis Constantinopolitani canonibus, discesserunt: quare Leo Magnus, quæ acta erant ante actionem 15 probans, rejecit cætera. Cum vero a Gregorii III tempore Crescenii collectio usui esse cœperit, eaque Zacharias et Stephanus II Francorum disciplinam pessumdatam restituere conati sint, ac Stephanus III quinquaginta apostolorum canones suscipiendos esse decreverit, factum inde est ut Adrianus, apostolicæ sedis antiquum morem non prætermittens, prædecessorum vestigiis insisteret. Animadvertendum tamen quod aut ipse, aut ex prædecessoribus aliquis canones Chalced. concilio addendos voluerit; cum sex generalia concilia, simulque compendium Græcorum canonum dedit Carolo ad instaurandam Franciæ ecclesiarum disciplinam, generalia exhibuit integra cum suis canonibus: idcirco nec Nicæni, nec Constantinopolitani, neque Chalcedonensis generalium conciliorum canon ullus in eo compendio existit. Tametsi et in Dionysiana et in Cresconiana collectione, et in canone seu collectione apostolicæ sedis, quæ nono sæculo emersit, generalium quoque conciliorum canones recenseantur.

XIX. Duas vero causas tantæ varietatis esse nemo non videt. Primam quia nondum ulla erat sanctæ sedi collectio propria, alteram quia ex sacra bibliotheca, quæ concilia et privatas collectiones continebat, adeoque magnæ collectionis instar erat, quidquid pro re nata opus esset decerni suppetebat. Quam rem (nequidquam se torquent antiquæ alicujus collectionis Romanæ assertores) perspicue probat altera ex his duabus causis. Et vero si sanctæ sedi erat collectio propria, quidni canones tum generalium tum' localium conciliorum simul collectos exhiberet pontifex, ut expeditori quam fieri posset via Ecclesia illa instauraretur? Quidni localium canones, quos ab aliis omnibus generalium secrevit, integros saltem traderet? Quia nempe Adriani tempore codex canonum, seu collectio, seu canon apostolicæ sedis nondum emerserat. Idcirco integros tradit canones generalium conciliorum, cui rei Constantinopolitana ambitio nihil ut olim obstabat; at localium, quorum multi sanctæ sedis disciplinæ adversabantur, mutilos, emendatos, in compendium 304 redactos, aliquot etiam prætermissis exhibet. Præterea principio Sardicensium et Africanorum canonum generali admonitione omnes, quicunque compendiariam eam seriem viderint, sic pro suprema auctoritate prævenit: « Sed in his omnibus illa sequi debemus, quæcunque a Nicæno concilio et a sancta atque apostolica Ecclesia Romana non discrepare videmus. » Quidnam desiderari potest illustrius ad eludendos tot eruditorum conatus, qui veteris novique juris stabiliendi ergo ad tuenda sua, disputationibus fere immensis falsitati patrocinantur? Est tamen documentum aliud luculentius, quo parum caute adversarii utuntur in rem suam, liber videlicet Actorum Silvestri, ejusque fetus duplex.

XX. Silvestri Acta propugnare ineptum esset, nam eruditi omnes, præque iis Baronius supposita agnoverunt (tametsi hic fœde interpolata potius crediderit). Cum iisdem et ego sentio; at quid de iis fuerit Adriani ævo cum silentio prætereum non video. Gelasii decretum celebre a doctissimis viris jam sæpe vulgatum, præcipue a Fontaninio in appendice ad Antiquitates Hortæ (p. 317, ex Cod. Vat. n. 493, fol. 101) inter libros recipiendos eos Actus recenset his verbis: « Item Actus beati Silvestri apostolicæ sedis præsulis, licet ejus qui conscripsit nomen ignoretur; a multis tamen in urbe Roma catholicis legi cognovimus, et pro antiquo usu multæ hæc imitantur Ecclesiæ. » Jam vero Adriano pontifice, qui tribus ferme sæculis a Gelasio distat, non modo nihil immutatum erat; sed liber qui appellatur Canones apostolorum inter apocryphos rejectus in eodem decreto Gelasii, ab apostolica sede recipiebatur ex decreto Stephani III, in concilio Lateranensi an. 769, de quo satis est dictum in superioribus. Quare iis Actis Adrianus libere usus est et in epistola (59, al. 49) ad Carolum Magnum, et in alia ad Constantinum et Irenem (Labb., Concil. tom. VII, p. 102) ut mox patebit. Interim ex suppositis hisce Actis, suppositum aliud opusculum profluxit, nempe Constitutum Silvestri in capita 20 distributum, cujus excerptum in libris Pœnitentialibus Theodori Cantuariensis et Egberti Eboracensis omnium manibus versabatur, quibus utique pœnitentialibus libris usus erat Gregorius III in suo libello de Judiciis. Alia præterea suppositio incertæ ætatis, quam nihilominus Nat. Alexander et meliores critici Isidoro Mercatori tribuunt, nec Romæ cognitam ante dimidium sæculi noni contendunt, ex Actis iisdem educta est, donatio videlicet seu edictum Constantini, quod genuinum fuit habitum a sancto Leone IX et aliquot successoribus per undecimum 305 Ecclesiæ sæculum. Cumque hæc duo opuscula ex eodem fonte dimanarint, necessario eadem de baptismo Constantini et reliqua expresserunt. Hinc factum est quod scriptores minus cauti, fortasse etiam plus in sanctam sedem animosi, quos inter Annalista Italicus (an. 776) conclamatæ hujus donationis meminisse Adrianum putant in laudata epistola ad Carolum, antequam donatio ista emergeret.

XXI. At enimvero si Adrianus habebat ad oculos donationem illam ineptissimam, certe putida hæc legerit: « Ecce tam palatium nostrum, ut prædictum est, quamque urbem Romam, et omnes totius Italiæ et Occidentalium regionum provincias, et civitates præfato beatissimo pontifici nostro Silvestro concedimus. » Quare igitur, post factam Caroli cum Constantino comparationem, pauca is a subjungit? « Sed et cuncta alia, quæ per diversos imperatores, patricios etiam et alios Deum timentes pro eorum animæ mercede et venia delictorum in partibus Thusciæ, Spoleto, seu Benevento, atque Corsica, simul et Sabinensi Patrimonio beato Petro apostolo, sanctæque Dei et apostolicæ Romanæ Ecclesiæ concessa sunt, et per nefandam gentem Longobardorum per annorum spatia abstracta atque ablata sunt, vestris temporibus restituantur. Unde et plures donationes in sacro nostro scrinio Lateranensi reconditas habemus. » Inde scilicet tomi illi Carticii, qui leguntur principio libri Censuum Ecclesiæ Rom. prodierunt in lucem sæculo XI, cum donationi Constantinianæ habebatur fides. At de ista in iisdem tomis nulla omnino fit mentio. Non nego Adrianum habuisse Actis Silvestri nimiam fidem, ubi ait de Constantino: « Per ejus largitatem sancta Dei catholica et apostolica Romana Ecclesia elevata atque exaltata est, et potestatem in his Hesperiæ partibus largiri dignatus est. » Verbum enim illud potestatem exaggerandis nescio quid redolet. Illud nego, quod Adrianus donationem viderit, eaque fretus ita scripserit. Mecumque, ut reor, omnes sentient, qui non Silvestro et successoribus, ut donatio habet, sed divo Petro et Romanæ Ecclesiæ factas donationes Adrianum testari audiet, nulla Romæ, nulla Italiæ, nulla Occidentis provinciarum mentione habita. Sed clariora ista fient ex alia epistola ejusdem pontifici ad Constantinum et Irenem.

XXII. Totam historiam ibi videas enarratam Silvestri latitantis in monte Soracte, visionis Constantini per somnum, admonitionis apostolorum de baptismate, uno verbo omnium, quæ hac de re leguntur in supposita donatione, mira tamen cum varietate videas, Actusque ipsos 305 deprehendes ab Adriano descriptos usque ad verba ista: « Nec debere jam differre per Spiritum sanctum factam ostensionem piscinæ, quam istos promisisse suæ saluti memorabat. » Quæ cum aliis multis a donatione exsulant. Acta igitur Silvestri, de quibus erudite Baronius (an. 315, n. 10 seqq., 524, n. 31 seqq.) et quæ apud sanctam sedem et alibi recepta erant, pura puta in Adriani epistolis referuntur; ab auctore autem donationis fœde interpolata suamque ad sententiam accommodata deprehenduntur. Equidem Baronio haud assentior (an. 324, n. 97) qua *nonnihil corrupta esse, et aliquibus superadditis depravata* fatetur, imo cum eruditis nostri ævi eadem inter suppositiones cæteras rejicio; Adrianum tamen a falsa opinione vindico, dum Acta, queis uti tum licebat, secutum esse contendo, non autem indidem natam sequenti sæculo donationem mendaciis atque ineptiis refertam. Ante me hoc viderat Natalis (sæc. IV, diss. 25, art. 2 et 3) : reprobatæ enim ab se donationi seu edicto jam ab omnibus conclamato subjungit quæ ipse attente consideravit : edictum illud nimirum vidisse primam lucem in collectione Isidoriana ; ejus meminisse Hincmarum omnium primum ; postea ex Romanis pontificibus Leonem IX, quem fuerit imitatus Petrus Damiani in *Disceptatione synodali inter regis advocatum, et Rom. Eccl. defensorem.* Denique Anselmum Lucensem et Ivonem illud adoptasse, quorum tamen auctoritati præferendum jure putat pontificum Adriani et Nicolai I, necnon Anastasii Bibliothecarii, et Liutprandi episcopi Cremonensis altissimum de eo silentium. Ita card. Baronii, Joannis Morini, ac Petri de Marca levibus conjecturis explosis, ipsi Isidoro Mercatori, plaudentibus nostri ævi eruditis, edictum illud ascribit.

XXIII. At quicunque ejus auctor sit, Romanos pontifices sensisse fallaciam, testis est sanctus Gregorius VII, qui sancti Leonis IX nimiam credulitatem sus deque habens, edicti auctoritate ne semel quidem est usus. Occasio tamen multiplex eo se vertendi oblata est : et cum Hispaniæ regnum antiquis constitutionibus *beato Petro et sanctæ Romanæ Ecclesiæ* (non Silvestro et successoribus) traditum esse ait (lib. I, ep. 7; l. IV, ep. 28) ; et cum Orzocor judicem Calaritanum monuit, ut cum reliquis judicibus de *Jure sancti Petri* in Sardinia conveniret (lib. I, ep. 41); et cum insula Corsica ex invasorum Saracenorum manibus erepta, eo Pisanum archiepiscopum misit, ut illam regeret (lib. V, ep. 4). Ad Hispaniam autem quod attinet, Baronius censet (an. 701, n. 16) ante invasionem beato Petro illud regnum esse oblatum ab aliquo ex piis regibus **307** Gothis, quod nusquam ego reperio ; at undecunque Gregorius notitiam hauserit, censum tantummodo exquirit, quod oblationem non donationem designat. De insulis vero Sardinia et Corsica, quas Carolinæ donationis partem esse non eum latebat, a Ludovico Pio, Ottonibus, et Henrico I confirmatæ loquitur, ut earum dominus. Si quando autem Silvestri Actis inhæsit, ut Adrianum fecisse vidimus, aut etiam donationi quæ suo ævo jam adoleverat hujus fallaciam tenuit ; quare Constantino adjunxit Carolum, cæterosque bene de Ecclesia meritos. Id luculenter discimus ex juramento quod Henrico proposuit (lib. IX, post ep. 4) ut reconciliationem promereretur : « De ordinatione vero Ecclesiarum, et de terris vel censu quæ Constantinus imperator vel Carolus sancto Petro (non Silvestro) dederunt, et de omnibus ecclesiis vel prædiis quæ apostolicæ sedi ab aliquibus viris vel mulieribus aliquo tempore sunt oblata, etc. » At de donatione quam imprudenter conjicitur Adriani ævo emersisse, eumque ac successores amplexos illam esse, jam satis multa. Etenim dicendum aliquid restat de altero Actorum fetu, seu constituto, quod inde multo ante donationem seu edictum profluxerat, et cujus auctoritas magna erat Romæ, et in Anglicana Ecclesia, ut patet ex libris Pœnitentialibus ab extremo sæculo Ecclesiæ septimo.

XXIV. Hujusmodi constitutum putat Baronius (an. 324, n. 124) primo editum in veteri Cresconiana collectione ; cum autem eo nomine donati sint plures codices, qui Gregorii etiam II constitutiones præseferunt, neque ille ætatem collectioni præscribit, neque ulli hominum statuendam esse arbitror in tanta rerum caligine. Unum id certo scimus, inter regulas præsulum Romanorum viginti capita ejus constituti primum locum occupasse in canone seu collectione Romana, cujus meminit Leo IV (Labb., *Conc.* tom. VIII, p. 52). Nam in Cod. Vat. num. 5748, qui inscribitur *Liber sancti Columbani de Bobio*, non nuda tantum nomina ut aliis in codicibus, sed ipsæ constitutiones recensentur. Ita igitur de pontificum Romanorum decretis ad rem nostram : « Silvester a Petro trigesimus quartus congregatis 277 episcopis capitula 20. » Quare a quocunque et quovis tempore Silvestri decreta adjecta sint Cresconio, qui septimo exeunte sæculo florebat, ea nihil aliud sunt quam constitutum illud, quod ex Actis profluxit, perindeque atque illa per octavum sæculum usui esse poterat ; tametsi ejus excerptum ubique adhibitum videam, nullibi ex iis 20 capitibus ullum inveniam. Quapropter ad nonum sæculum differri oportere aiebam canonem, qui est **308** Romana collectio prima, quemque in judiciis tantum esse adhibitum Leo IV testatur, sacræ bibliothecæ usu in reliquis non neglecto, ut passim fieri constat. Rejecta igitur collectione Romana ab octavo sæculo, nihil est quod eam in Adriani litteris exquiramus. Perinde est de Isidorianis mercibus, quas nono sæculo circumferri cœptas eruditi intelligunt. Figlinam tamen aut ignorant, aut ignorare simulant. Unus Blondellus pene attigit punctum, ubi ait suppositiones illas Franco-Germanicum auctorem redolere. Etenim ex summa omnium earum suppositionum constat, in provinciis Remensi et Moguntina post Ludovici Pii exauctorationem, et pœnas inde secutas contra episcopos ejus aliorumque delictorum reos natas esse, et sancti Isidori Hispalensis collectioni optimæ, quam Hispanam vocamus, inepte adjunctas. At de iis alibi, nunc de ipsis Adriani epistolis dicendum est.

XXV. Novem et quadraginta eædem sunt, ac proinde totidem fere atque illæ quas huc usque vidimus. Longe autem iis præstant, quia scriptæ omnes post primum Caroli adventum in Italiam indeque ejectos Langobardos. Præterea datæ omnes sunt post ecclesiasticam ditionem ab eo late amplificatam eadem occasione primi sui adventus, anno videlicet 774, incunte mense Aprili, cum solemnitatem Paschalem piissimus rex celebravit Romæ. Quamobrem qui huc usque perspeximus donationem Pippinianam, Romanæ provinciæ seu antiquiori sanctæ sedis ditioni adjunctam, sed nunquam integræ ab ea possessam, quin etiam novis sæpe invasionibus obnoxiam, metuque fere perpetuo tum ipsam, tum antiquiorem ditionem, ne urbe quidem excepta, agitatam, contraria his deinceps visuri sumus. Exarchatus et Pentapolis, seu Pippinianæ donationis possessio integra, quanquam Ravennatis archiepiscopi audacia aliquandiu turbata, in Adriani epistolis perspicietur. Tuscia Langobardica, quæ Romanæ seu ducatus parti Transtiberinæ adjuncta eam conficit provinciam quæ hodie audit Patrimonium, ibidem comperta erit. Cistiberino ducatui territorium Sabinense et Beneventani ducatus civitates sex in Campania adjectas testantur eædem epistolæ. Spoletanum denique ducatum factum tributariam sancti Petri ex Adriani litteris accipiemus. Indicia etiam nonnulla suppetent, pari sorte usum esse ducatum Tusciæ, quam appellant regalem. Ea vero ditiones, cum undecimo jam sæculo in potestate fere omnes essent apostolicæ sedis, præter Tusciæ ducatum, ne tam antiquo hæreant fundamento, ac proinde sit nefas easdem attingere, ars omnis omnesque industriæ nervi a nonnullis adhibentur, ut fundamentum ipsum, quod **309** demoliri nequeunt, labefactent. Ad id epistolaris ordo comparat machinam maxime accommodatam, siquidem perpetuum chronologiæ silentium ad collectoris incuriam accedit. Adeoque præferendis postponendisque epistolis, ad optatum finem perveniri potest.

XXVI. Hanc rem præ aliis fecisse Annalistam Italum (Tom. IV, ann. 775 seqq.) nemo ignorat: Carolum quippe promissis non stetisse unquam ejusmodi arte demonstravit. Cum vero quem sibi finem proposuerit perinde omnes norint, ut suis videlicet anterioribus scriptis fidem adjungeret, paucos sane inveniet, praeter sectarios vulgusque imperitum, qui faciles praebeant aures historiae suae. Et vero animadverti illud debet in primis, quod epistolae istae omnes in duas partes dividuntur : aliae enim post annum 774, seu post primum Caroli adventum conscriptae sunt, aliae post secundum, qui anno contigit 781. Id consensu omnes tradunt, ipseque Annalista confirmat, eo anno in Paschali solemnitate Aprilis die 15 Carolomannum Caroli filium baptizatum, ac mutato nomine ab Adriano, Pippinum vocari coeptum, quem pontifex e sacro fonte suscepit, cujus spiritualis affinitatis testes sunt epistolae omnes postea datae : nam Carolum *compatrem* semper appellant. Absque hujusmodi titulo sexdecim numerantur, quae proinde tribuendae sunt praecedentibus annis; alias omnes post 781 datas esse, *compatris* titulus quem praeseferunt demonstrat. Praeterea harum novem (67 et seqq., al. 69, 68, 95, 96, 56, 76, 78, 70, 93) datae sunt regina Hildegarde superstite, quae supremum diem obiit pridie Kal. Maias an. 783. Namque in iis *commatris* mentio fit, sed Fastrada, nova uxor, regina tantum appellatur. Quae cum ita sint, Annalistam sequi opinionis errorem patet, cum epistolas 50, 63, al. 55, 65, eo titulo carentes ad annum 785 vult referri, 66, al. 64 ad 786, et 65, al. 64 ad 787. E contrario 67 et 73; al. 69, 78, *compatris commatrisque* titulis conspicuas, retrahit ad annum 778. Multo magis allucinari eumdem constat, dum epistolam 55, al. 60, evidenter scriptam anno 776, qua certiorem fortasse aliam toto in eo codice non comperies, ad aetatem quod attinet contendit esse datam anno 780, ac vulgi rumorem vult credi nuntium de Constantini morte, quem certe superstitem fuisse Adriano contendit; cumque eo anno Leo imp. Constantini filius occubuerit mortem, Constantino ejus filio puero succedente cum matre Irene, librarios errasse pronuntiat, statuitque pro Constantino Leonem reponendum esse. Fiduciam hominis!

XXVII. At non pigeat historiam illam memoria repetere, nam recta **310** epistolae chronologia in oculos incurret. Anno 775, die 14 Septembris, Constantinus Copronymus diem obiit, ut ex auctoribus Graecis refert Pagius (an. 775, n. 1), Theophanis verba ipsa usurpans narrantis, quemadmodum arma Bulgaris illaturus, « die 14 mensis Sept. ind. 14, nave conscensa ad castellum Strongylon devectus infeliciter in navigio mortem obiit. » Quam rem non sine admiratione video referri ad eumdem annum 775 a Muratorio ipso, qui epistolam Adriani ejus rei nuntiam ad annum 780 Leonis Augusti emortualem differt. Verumtamen in veritati magis consonum, quam ista epistola. Nuntiat enim pontifex, « pervenisse ad nos nuntiis praecurrentibus, quod Constantinus imperator divina evocatione de hac subtractus fuisset luce, sed quia certum non didiceramus, hac de re vestrae a Deo protectae excellentiae indicare differuimus. Nunc vero suggessit nobis sanctiss. ac reverendiss. fr. noster Stephanus Neapolitanae urbis episcopus per has syllabas ea ipsa nobis intimanda, quas et septima die praesentis Februarii mensis, etc.» Quid enim vero credibilius quam spatio mensium fere quinque nuntium pervenisse Romam de persecutoris sacrarum imaginum morte? Quid silentio pontificis prudentis nolentis rumori fidem adhibere, at Neapolitani ducis et episcopi acceptis litteris, tum Carolo rem nuntiantis? Sed rem aggrediamur cominus, Annalistae artem deprehendemus. Nil ab aula Constantinopoleos nuntiatum Romam; nihil igitur iis Augustis cum Urbe, quae jampridem parebat pontifici. Contra nuntius mittitur Neapolim, cujus ducatus haud dum Graecam dominationem excusserat; nec Stephanus ejus rei pontificem monuisset, nisi huic quam Augusto amicior fuisset, ut constat ex Chron. Neap. apud Pratillum (tom. II). Haec autem occasio aulae Constantinopoleos penitus oblitae Romanorum et Stephani ducis non alia de causa tantam rem nuntiantis pontifici, nisi quia episcopus et amicus, non praepropere admittenda videtur Annalistae, qui Romam subjicere meditatur Carolo, captata occasione inserendi dominatus ejus singulari interpretatione patriciatus, non veteris alicujus monumenti auctoritate, sed Pagii et Eccardi opiniones falsas amplectendo, suamque in rem trahendo (an. 789).

XXVIII. Suum hoc consilium jam inde ab adventu Caroli in Italiam patefecit (an. 775, 774). Invictam Caroli potentiam non negavit Langobardorum regno finem attulisse; at conjectando addidit, *rotas aliquot secretas* Desiderii ruinam expeditiorem faciliorem que reddidisse. Pietate Carolum Pippino patri non concessisse fassus est, at **311** cum regno Langobardorum acquisito, haud sibi admodum placeret etiam quae promiserat retinere *non insuave illi fuisse conjecit*. Denique litteras a Carolo et Adriano *de Desiderio abjiciendo* ultro citroque missas conjectura assecutus, minime ad nos pervenisse dolet. Hujusmodi autem conjecturis, quae illius animum in recensione epistolarum satis superque aperiunt, nihil promovet. Nam tertia ex iis tantum qua scriptis hinc inde litteris de negotio actum putat, historia nititur; cumque haec reperiatur integra apud Anastasium, conjecturis non indiget. Bis legatos cum litteris missos esse in Franciam discimus ex Adriani gestis. Primum postquam pontifex victis Desiderii artibus, per quas Francorum regnum dividere ac serere discordias inter pontificem et Francos vaferrime moliebatur, ditionem sanctae sedis Romamque ipsam irae illius obnoxias vidit · tum enim Urbe ad resistendum munita, « direxit suos missos marino itinere cum apostolicis litteris » nil aliud quaerens quam praesentem opem, suorum praedecessorum exemplo. Erat tunc Carolus bello Saxonico implicitus, quod Eginharti et Annalium testimonio coepit anno 772, Adriani primo, sub cujus finem legatio ista adornatur. Praeterea Desiderius sibi metuens ab invicto illo rege, suos et ipse legatos miserat, se sanctae sedi omnia restituisse significans. In his rerum ambagibus Carolus Italicum bellum ea occasione intempestivum aversurus, simulque pontificis et Desiderii legatorum repugnantiam noscendi cupidus, Georgium episcopum, Wulfardum abbatem, et Alcuinum deliciosum legatos suos ad pontificem misit. Iisdem re plene cognita revertentibus Adrianus dedit socios « suos missos ad praefatum excellentissimum Francorum regem cum apostolicis admonitionum syllabis. » Binas hasce litteras extremo anno 772 et sequentis initio a pontifice datas esse discimus ex Adriani gestis.

XXIX. Fateor equidem me non assequi quomodo istae duae epistolae neque in Franciam venerint, neque in scriniis Lateranensibus remanserint. Si enim eo venissent, Carolus haud dubie illas ad se praecipue spectantes in codicem retulisset. Et si earum exempla servata essent in archivo, Panvinius et postea Magdeburgenses inter alias epistolas recensuissent. Quidquid autem de hac re sit, pontifex primo impense oravit Francorum regem, « ut sicut ejus pater sanctae memoriae Pippinus, et ipse succurreret ac subveniret sanctae Dei Ecclesiae, et afflictae Romanorum seu exarchatus Ravennatium provinciae, atque plenarias beati Petri justitias, et ablatas civitates ab eodem Desiderio rege exigeret. » Deinde eadem urgens rogavit Carolum, « adjurans cum **312** fortiter, ut ea quae beato Petro cum genitore suo sanctae memoriae Pippino rege pollicitus est adimpleret, et redemptionem sanctae Dei Ecclesiae perficeret; sed universa quae ablata sunt a perfido Longobardorum rege, tam civitates quam reliquas justitias sine certamine reddere, beato Petro principi apostolorum faceret. » Summa hujus historiae omnino convenit cum iis quae Eginhartus aliique scriptores Franci enarrant.

Juvat ex monacho Engolismensi huc afferre nonnulla quæ spectant ad extremum anni 772 et sequentis initia, quippe quæ de uno tantum legato agunt, rationem reddunt *marini itineris*, et litteras silent : « Inde perrexit ad hiemandum in Theodonis villa. Ibi venit ad eum missus domni apostolici Adriani Petrus per mare usque Arelatum, et inde per terram, et invitavit gloriosum regem et Francos ejus pro divino servitio et justitia sancti Petri contra Desiderium regem et Longobardos. Et ideo maritime venit, quod Romanis clausæ fuerant viæ a Longobardis. Et præcelsus rex Carolus sumpto consilio una cum Francis quid ageret, promisit se auxilium Romanis præbiturum. » Totidem fere verbis cum varietate aliqua rem narrant sæpe laudati Annales Francor. ad an. 775.

XXX. Longum esset posteriores chronologos et annalium scriptores hac de re loquentes in testimonium adducere. Illud certum mihi, atque exploratum est, nulli unquam scriptorum veterum venisse in mentem, ut sanctissimo pontifici Adriano regique Carolo pietate conspicuo talem notam inureret. Quamobrem uterque vindicandus mihi erit contra nuperi annalistæ opinionem, qua nescio an alia credibilior propinari poterat, ut Adriani epistolarum inversione vocaretur in dubium dominatio pontificum voluntate populorum cœpta, magnisque aucta incrementis a regibus Francorum Pippino et Carolo. Exemplis planiora hæc fient. Ex supra laudata epistola (55, al. 60) quam initio anni 776 certissime scriptam hic auctor temere distulit ad 780, præter indicia illa minime dubia pontificii dominatus in Urbe, testimonium valde apertum suppetit Tusciæ Langobardicæ sancto Petro donatæ a Carolo anno 774 cum primum Romam venit, et donationi patris sui instauratæ propriam adjecit, majoremque ad validitatem posuit supra corpus beati Petri. Nam pontifex Clusini ducis invasiones querens in ea provincia, unam ex Tusciæ civitatibus appellat *civitatem nostram Castelli Felicitatis*. Hujusmodi autem donationem illusoriam iste esse contendit (an. 788), præpostere accipiens epistolam 89, al. 90, quasi Adrianus orct regem eo anno, nempe quartodecimo post donationem, ut 313 sibi per suos missos tradi faciat singulas Tusciæ civitates. Falsitatem interpretationis detegent epistolæ verba : « Missis vestris dirigere dignemini, ut nullo modo ad vos remeare audeant, nisi prius sub integritate civitates in partibus Beneventanis, sicut eas per vestram sacram oblationem beato Petro et nobis contulistis, in omnibus contradere valeant, et justitias de Populonio et Rosellis nobis facere sub integritate studeant. » Adrianus igitur civitatum, quas nuper donarat Carolus ante suum tertium ex Italia discessum, an. 787, necdum sibi traditæ fuerant, possessionem inire cupit per regios missos, quorum item auxilio res, quæ Populonii et Rosellarum possessiones integræ decrant, obtinere optat. De cæteris autem Tusciæ civitatibus haud similia quærit; sed exemplo earum anno jam quartodecimo possessarum utitur, ut Beneventanæ sibi tradantur eodem modo possidendæ : « Sicut in partibus Tusciæ civitates, id est Suana, Tuscana, Biterno, et Balneo Regis, cæterasque civitates cum finibus et territoriis earum beato Petro offerentes condonastis, ita in eo modo civitates in partibus Beneventanis contradere nobis protinus faciatis. »

XXXI. Clarius id patet ex posterioribus litteris (92, al. 86), nam horum nihil ab iis missis factum esse ait, seque eo misisse duces suos una cum regiis aliis missis; sed vix civitates cum earum clavibus obtinuisse absque earum habitatoribus : « Nos quippe, prosequitur, in eorum libertate permanentes, sicut cæteras civitates in partibus Tusciæ donis vestris regere et gubernare eos cupimus, omnem eorum habentes legem. » Itaque plenum pontificis dominium in Tusciæ civitatibus, quæ iterum in exemplum adducuntur, in dubium vertere mentiri est. Perinde in sex Campaniæ civitatibus dominatum esse pontificem, epistolæ hujus codicis non docent. Ex litteris tantum (91, al. 88) quæ datæ videntur sub finem anni 788 discimus, principem earum Capuam sacramentum fidelitatis præstitisse pontifici, qui rem Carolo nuntiavit his verbis : Capuanos in confessione protectoris vestri beati Petri apostolorum principis jurare fecimus, in fide ejusdem Dei apostoli, et nostra, atque vestræ regalis potentiæ. » Cujus rei testes sunt aliæ litteræ Adriani, quarum fragmentum refert Mabillonius ex authentico Dionysiano, in phylira (*Supplem. ad Diplom.* pag. 70). Etenim præ cæteris hæc ibi narrat de Capuanis, « petentes nobis beatissimi Petri et nostri essent subjecti, sicut per donationem præcellentissimi domini regis agniti sunt; » quare consilium petit num sacramentum recipiat, necne? quod postmodum recepisse audivimus. Ex alio autem fragmento litterarum 314. Maginarii unius ex missis regiis (*Ibid.*, pag. 96). Beneventanæ fidei levitatem agnoscimus, qui regiis ipsis missis insidias struere non dubitarunt, « et illas civitates quas sancto Petro, vel domno apostolico donastis, illis relax... nullo modo vestram jussionem complere volunt; » quæ non multo ante prædictum sacramentum evenerant (ep. 90, al. 92). Quapropter civitatum istarum donationem æque certam esse video atque earum Tusciæ; at unam eamdemque subjectionem pontifici utrinque affirmare non ausim. Tuscia enim a Carolo subacta ab eoque omnino pendens, continuo post donationem a pontifice possessa fuit, nequidquam contra allatas epistolas nitente annalista. At de Campaniæ civitatibus secus fuit : namque ii principes præsentem Carolum metuentes omnia sunt polliciti; post ejus discessum, non modo fefellerunt promissa, sed regios etiam missos insidiis petere ausi sunt. Carolo igitur donationem suam acerrime vindicanti apostolicæ sedi turpem notam illusoris inurere est indignitas non ferenda. De Adriano vero cujus consilia et pacta cum Carolo pro deturbando Desiderio e solio majorum deplorantur amissa, unum id dico, quod tanto pontifici insignem adeo injuriam conjectando tantum inferre fabulatoris est, non historici.

XXXII. Antequam recenseo ipsas epistolas ex quibus huc usque dicta planiora fient, de Sabinensi territorio quod certe integrum sancta sedes possedit ex Caroli liberalitate post alterum ejus adventum in Italiam, nonnihil subjiciam oportet. Etenim annalista, præter litterarum inversionem, qua historiam subridicule persequitur, dilemma istud projicit in medium : « Aut Sabina non erat tunc temporis in ditione Romani pontificis, quia in ducatu Spoletano comprehendebatur, aut si a Romano ducatu pendebat, eo clarius appareret pontificem neque Romæ, neque ejus ducatus dominum tum fuisse. » Sed argumenti utraque pars corruit; nam neque in Spoletano ducatu, neque in Romano id territorium in monumentis veterum occurrit. In gestis Zachariæ apud Anastasium narratur Trasamundum Spoleti ducem suos populos recuperasse, id est « Marsicanos, Forconinos, Balvenses, seu Pinnenses. Deinde ingressi per Sabinense territorium venerunt in Reatinam civitatem. Qui Reatini continuo et ipsi se subdiderunt. » Et infra regem Langobardorum reddidisse pontifici « Sabinense patrimonium, quod per annos prope triginta fuerat ablatum. » Ac Reatinos quidem Sabinensi territorio finitimos, Spoletani juris esse patet ex gestis Steph. III, ubi agitur de Christophoro et Sergio Romam venientibus cum milite adversus pseudopapam Constantinum : « cum Reatinis, et 315 Furconinis, atque aliis Longobardis ducatus Spoletini. » Etsi distingui videantur in gestis Adriani sub primum adventum Caroli : « Spoletini, et Reatini, et aliquanti eorum utiles personæ, antequam Desiderius et Longobardorum ejus exercitus ad Clausas pergerent, illi ad beatum Petrum confugium facientes prædicto sanctissimo Adriano papæ sese tradiderunt. » Luculentius autem separatim Sabinense territorium a ducatibus Romano, et Spoletino in nostro Codice. Adrianus antiquas donationes enumerans (ep. 59, al. 49) : « In partibus, ait, Tusciæ, Spoleto, seu Benevento, atque Corsica, simul et Savinensi patrimonio. » Et dignum notatu est, quod quemadmodum duo ducatus, Spoletanus et Beneventanus, et provincia Tusciæ necnon insula Corsica, ubi sita erant patrimonia, memorantur, ita Savinense territorium nominatum esset, nisi et Patrimonium et territorium una eademque res fuisset, ad Sabinense quod attinet : ita ut ea diœcesis seu modica provincia, quæ hodieque audit Sabina, inter Reatinos et Latium consistens, patrimonium seu territorium esset sanctæ sedis hinc inde usurpatum, nec nisi a Carolo postliminio, ut ita dicam, revocatum.

XXXIII. Nil melius rem istam comprobat, quam litterarum hujus Codicis testimonium. Ac primo sic profitetur Adrianus Carolo (ep. 71, al. 56) : « Testem enim invoco Deum, quia nullorum fines irrationabiliter appeto, sed sicut ex antiquitus fuit, ipsum jam fatum patrimonium, et id in integro beato Petro concessistis, ita suscipere optamus. » Item (epist. 72, al. 76) ; « Poscentes direximus de Savinensi territorio, ut ea quæ pro mercede animæ vestræ, pariterque spiritalis filiæ nostræ atque commatris, necnon vestræ nobilissimæ prolis, beato Petro apostolorum principi in integro concessistis, adimplere per fidelissimos missos vestros, qui et causam ex parte examinaverunt, sicut et antiquitus fuit, contradere nobis jubeatis. » Hinc liquet patrimonii ac territorii Sabinensis nomen indifferens ; nec peti plus quam possidebatur antiquitus. Captu tantum difficile videtur, quomodo concessio appelletur jus antiquum ; at alia ex epistola id etiam patet (epist. 73 , al. 78) : « Justitiam, quam beatus Petrus apostolus protector vester ex ipso territorio habet, præsentaliter jam fatus Maginarius missus vester vidit, tam per donationes imperiales, quam per ipsorum protervorum regum Langobardorum ipsum territorium cum masis sibi pertinentibus enucleatius designantes. Si vero perfidus Desiderius dudum rex non sub integritate, sed tantummodo masas nobis quantum reperiri potuit quas ex 316 antiquitus sancta Romana Ecclesia tenuit, ut nullus ex illis partibus Langobardorum ausus est resistere, quanto magis vestræ a Deo protectæ regali potentiæ in omnibus obedientes existentes jussa vestra adimplere debuerant? Nos quidem neque imperatoribus, neque regibus gratias agimus, nisi tantummodo vestræ triumphatorissimæ excellentiæ, quia noviter cum beato Petro apostolorum principi sub integritate condonastis. » Tantæ igitur massæ erant illius territorii, ut fere totum illud constituere viderentur patrimonium sancti Petri ; Carolus vero omnes aliorum donationes instaurans, suæque liberalitatis aliquid adjungens, totum id territorium sancto Petro et successoribus concessit.

XXXIV. Quod adeo certum est, ut in dubium revocari omnino non possit, nam totalis ista concessio aliis in litteris (epist. 67 , al. 69) quæ jam allatas præiverunt, conceptis verbis enuntiatur : « Multis, ait Adrianus, documentis, de vestris allatis muneribus Ecclesia beati Petri enituit, tam de civitatibus quam de diversis territoriis sub integritate eidem Dei apostolo a vobis offertis; et ideo poscentes vestram a Deo promotam regalem clementiam petimus, ut sicut a vestra prærectissima excellentia beato Petro nutritori vestro pro luminariorum concinnationibus atque alimoniis pauperum, Savinense territorium sub integritate concessum est, ita id tradere

[a] B. et Cent., *Ausfridum*. In marg. Bar., *Ansfridum*. GRETS.
[b] Arg. Panv. (*Cod. Vat.* 26) : « In vigesima sexta [vig. sexta] Carolo gratulatur pro victoria, quam ipsi Ausfridus Pisanus abbas narraverat; quam diligenter

integrum eidem Dei apostolo, præsidiante vestro præcellentissimo annisu dignemini. » Unum deerat, ut data integra ejus patrimonii possessio ex Adriani epistolis discereretur ; at (præterquam quod perpetuum silentium sequens datæ ejus possessionis nos admonet) Carolus has collegit anno 791, et Adrianus usque ad 795 superstes fuit. Idcirco finiti hujus negotii epistola nequidquam quæritur. In diplomate autem Ludovici Pii puram putam Caroli patris sui donationem recenseri comperio juxta Codicis hujusce sententiam ; quare et Sabinensis territorii causam fuisse absolutam nullus dubito. Ait enim : « Eodem modo territorium Sabinense sicut a genitore nostro Carolo imp. beato Petro ap. per donationis scriptum concessum est sub integritate; quemadmodum ab Itherio et Magenario abbatibus missis illius inter idem territorium Sabinense atque Reatinum definitum est. » Cum vero ista aliaque multa ex subjectis epistolis planiora sint futura (namque aliud i on est Ludovicianum diploma, quam veteris dominii maximique quod habuit incrementi per Pippini et Caroli donationes compendiaria repetitio) spectari nunc oportet singillatim epistolas Adriani, queis veluti certissimis monumentis ditiones fere omnes apostolicæ sedis inhærent.

LI.

317 ITEM ADRIANI PAPÆ EPISTOLA
AD DOMNUM CAROLUM REGEM,
PER GAUSFRIDUM [a] ABBATEM DIRECTA,

In qua continetur de victoria ipsius prædicti regis, et de episcopis Pisano et Lucano, ut ad proprias sedes atque ecclesias pro sua pietate remeare concederet [b].

(An. Dom. 774, *Cod. Car.* LV, chron. 50.)

ARGUMENTUM.— Postquam Carolus Roma discesserat, redieratque in castra prope Ticinum haud dum expugnatam, Gausfridus Pisanus inde profectus in patriam, decidit in Allonis ducis Lucensis insidias, quas evasurus Romam fugit, retulitque pontifici victorias Caroli. Eumdem pontifex cum suo misso Anastasio ad regem remittit; cui gratulatur victorias. Istas se cum clero, monachis et universo populo assidue implorare precibus affirmat a die ejus discessus Roma. Orat, ut Pisarum, Lucæ ac Regii episcopos ad eorum sedes reverti permittat.

Domno [c] excellentissimo filio Carolo, regi Francorum et Langobardorum, atque patricio Romanorum, Adrianus papa.

Reversus a vestris a Deo dilectis regalibus vestigiis præsens Gausfridus habitator civitatis Pisanæ, nostrisque præsentatus obtutibus, retulit nobis de immensis victoriis quas vobis omnipotens et redemptor noster Dominus Deus, per intercessiones beati Petri, principis apostolorum, concedere dignatus est, - sed et de vestra prosperitate nos certos in omnibus reddidit. Quo audito, vehementi exsultationis lætitia noster in Domino ovans relevatus est animus; et protinus extensis palmis ad æthera Regi regum et Domino dominantium opimas laudes retulimus, enixius deprecantes ineffabilem ejus divinam clementiam, ut et corporis sospitatem et animæ salutem vobis tribuat, et multipliciter de hostibus victoriæ pro ipso preces faciant indicat. Ausfridum Carolo commendat; pro Pisano et Lucano [Lucensi] episcopis orat, ut ipsos pro sua pietate ad proprias sedes, atque ecclesias redire sinat (permittat). » CENN.

[c] Summ. 26, Bar. et Cent. GRETS.

318 Et certe, crede nobis, magne Christianissime rex, bone præcellentissime fili, maximam habeto fiduciam, quia dum tu fideli studio in amore ipsius principis apostolorum secundum tuam promissionem permanseris, et cuncta eidem Dei apostolo adimplere studueris, et salus tibi et immensa victoria ab omnipotenti Deo tribuetur indesinenter; et quidem nos Deum proferimus testem cui omnium cordium occulta reserata existunt, ab illo tempore, die [a] quo ab hac Romana urbe in illas partes profecti estis, quotidie momentaneis etiam atque singulis horis, omnes nostri sacerdotes, seu etiam religiosi Dei famuli, monachi, per universa nostra monasteria, simulque et reliquus populus tam per titulos quam per diaconos [b] trecentos Kyrie eleison [c] extensis vocibus pro vobis Deo nostro ad clamandum non cessant; flexisque genibus eumdem misericordissimum Dominum Deum nostrum exorantes, ut et veniam delictorum vobis, et maximam prosperitatis lætitiam, etiam et copiosas victorias vobis multipliciter e cœlo concedat, tribuat, omnesque barbaras nationes vestris substernat vestigiis.

319 Ipse retulit nobis siquidem Gausfridus, dum a vobis absolutus reversus est, voluit eum interficere [d] Allo dux; unde dum vellet ipse Gausfredus ad vestra denuo reverti vestigia, posuit exploratores, atque insidiatores in itinere qui eum interficerent: Quo cognito, apud nos refugium fecit [e], et dum se petisset ad vestra absolvi vestigia, dum jam aderat, tum habuimus Anastasium nostrum missum ad vestram excellentiam dirigendum, eum ad vestram præsentiam cum ipso nostro misso absolvimus; quem petimus, ut pro amore beati Petri, et nostra postulatione benigne suscipere, et protectionis atque favoris vestri opem illi impertiri dignemini, deprecantes et hoc ut massas illas [*Forte*, mansos illos], quas ei concessistis, per vestram auctoritatis largitatem possideat. Sed et hoc nimis quæsumus atque postulamus benignitatem tuam, ut episcopos illos, id est civitatis Pisanæ, seu Lucanæ Regii [*Lamb.*, et Regii], ad proprias sedes, atque ecclesias, et plebes eis commissas absolvere jubeatis reverti, quia ita, bone rex, excellentissime fili, animæ tuæ expedit ut ipsi episcopi propriis sedibus restituantur, omnesque Dei Ecclesiæ suis præsulibus ornatæ consistant, et cunctus Dei populus in magna lætitia vestris felicissimis temporibus degere valeat, vobisque hoc respiciat ad æternam mercedem. Nos itaque firmi in vestra charitate permanentes, **320** ideo ea quæ pertinere cognoscimus ad salutem animæ tuæ, fiducialiter vos satagimus deprecari, ut Deus noster omnipotens vestris semper placatus existat piis operibus, et copiosam vobis ex hoc in præsenti et

---

[a] Tam Lambecius quam Gentilotus legunt in cod. *ab illo die* absque ea voce *tempore;* nam Carolus adhuc in Italia erat, cum data est hæc epistola, quam cum Cointio Pagius (an. 774, n. 9) recte ad hunc annum refert, invito Muratorio (an. 775) qui conjectando ad annum differt 785, non videns tum temporis Carolum appellari perpetuo *compatrem*, quia Caroli filium e sacro fonte susceperat an. 781. Cenn.

[b] *Diaconias* haud dubie legendum. Hujusmodi mendis codicem scatere jam monui, quæ solœcismis ævi illius addita inficetam lectionem reddunt, at sententiam non mutant. Octo et viginti tum titulos seu basilicas, septem diaconias pro ecclesiasticarum regionum numero exstitisse Romæ, docent antiqui Ordines Rom. I et III, apud Mabillon. (*Mus. Ital.* tom. II) et auctores apud eumd. in comm. præv. Io.

[c] Litaniæ genus. In tractatu contra Græcos a Stevartio ex biblioth. Bavar. in lucem edito (Canis. ex recens. Basnag. tom. IV, p. 66) inter malas eorum consuetudines hæc recensetur : « Quod Christe eleison nunquam concinunt, Kyrie eleison frequentissime cantant in officiis suis ; » quasi Christum minus posse quam Dominum putent. Attamen memoria revocandus canon 3 concilii Vasen. (Labb. tom. IV, p. 1680) in quo anno 529 ita decernitur : « Et quia tam in sede apostolica, quam etiam per totas orientales atque Italiæ provincias dulcis et nimium salutaris consuetudo est intromissa, ut Kyrie eleison frequentius cum grandi affectu et compunctione dicatur, placuit etiam nobis; ut in omnibus ecclesiis nostris ista tam sancta consuetudo et ad matutinum, et ad missas, et ad vesperam Deo propitio intromittatur. » Ducang. addit cap. 205 lib. vi Capitular. et capit. Herardi. Hujus cap. 58 recitatur in addition.: « Ut exsequiæ mortuorum cum luctu secreto et cordis gemitu fiant. Et psalmos ignorantes, Kyrie eleison ibi canant. » Unde et *Kyrie eleisare* apud eumdem. Quare liquet consuetudinem illam, quæ in Græcis improbatur, in occidente etiam obtinuisse per octavum sæculum et præcedentia. Tametsi et *Christe eleison* diceretur, teste Greg. M. (lib. vii, ep. 64) præcipue in missis quotidianis : « Quod, inquit, a Græcis nullo modo dicitur. » At Adrianus, qui plebis rationem habuit, quæ psalmos ignorabat, trecentos *Kyrie eleison* pro Carolo in cunctis Urbis ecclesiis cani mandavit, dum Ticini obsidio per eum fiebat. Vide infra (ep. 84 , al. 91, not.). Io.

[d] Allonis fit etiam mentio infra epist. 65. Grets.

[e] Allonis ducis Lucensis mentionem se invenisse ait Murator. in chartis archivi Lucensis post an. 782, idcirco epistolam differt ad consecuta eum annum tempora. At præter *compatris* titulum quo caret epistola, Gausfridi Pisarum incolæ historia non docet Carolum in Italia esse. Quare non longe a vero quis abeat, si Francis militibus in Italia constitutis Allonem præfuisse putet, cui postea Lucæ administratio demandata fuerit. Gausfridus siquidem in patriam rediens decidit in Allonis insidias, ac retro iter flectens ad Francorum castra rediturus, novas deprehendit illius ducis insidias; quare finitimam Ecclesiæ ditionem ingressus Romam confugit, unde a pontifice cum suo legato ad Carolum remittitur, ejusque gratia hæc epistola scripta videtur, quippe in qua illius præsertim causa agitur. Quæ autem sequuntur de tribus episcopis in suas sedes restituendis, utcunque obscura, perspicue tamen demonstrant, secutos eos esse principem in Italico itinere, atque adhuc degere in Caroli comitatu; quare pontifex fortasse metuens ne eum sequerentur in Franciam non modico cum ecclesiarum eis commissarum incommodo, ad suam quemque sedem remitti curat. Victoriæ autem, quas vocat *immensas*, ac beato Petro intercedente a Deo concessas dicit, non aliæ sunt quam Langobardi devicti, Ticinum expugnatum, captique Desiderius cum uxore et filia, omnes thesauri et cunctæ civitates in deditionem acceptæ. *Annal. Francor. et Fulden.* Pagius (an. 774, n. 9) putans datam hanc epistolam ante Ticini expugnationem, ansam dedit Muratorio ut negaret ullam a Carolo victoriam relatam esse in Langobardos. Uterque vir doctus hallucinatur. Cenn.

LII.
ITEM EPISTOLA EJUSDEM PAPÆ
AD DOMNUM CAROLUM REGEM DIRECTA,

In qua continetur de protervia Leonis archiepiscopi Ravennatium civitatis [a].

(An. Dom. 774, Cod. Car. LIV, chron. 51.)

ARGUMENTUM. — Confecto Italico bello Carolus in Franciam reversus erat, quo pontifex audiit missos Leonis archiep. Ravennatis directos esse sibi adversandi causa. Nam illico post regis discessum Ticino invaserat Faventiam, Forumpopuli, Forumlivii, Cæsinas, Bobbium, Comiaclum, ducatum Ferrariæ, seu Imolas, atque Bononias, sibi aiens donatas a Carolo cum Pentapoli. Pentapolenses a servitio sancti Petri avelli non potuisse, at in Æmilia archiepiscopum pontificis actoribus ejectis suos posuisse. Stephani II exemplo jus tuetur apostolicæ sedis. Anastasium cubicularium missum suum legat plura coram nuntiaturum. Archiepiscopum ad officium revocari oportere, ne pejor conditio sit sanctæ sedis post exactos Langobardos, quam antea fuerit; Anastasium cum prospero nuntio, et effectu causæ remitti orat.

Domno [b] excellentissimo filio Carolo, regi Francorum et Langobardorum, atque patricio Romanorum, Adrianus papa [c].

Pervenit ad nos eo quod protervus et nimis arrogans Leo **321** archiepiscopus Ravennatium civitatis suos ad vestram excellentissimam benignitatem ad contrarietatem nostram falsa suggerendo, direxit missos ; etenim, præcellentissime magne rex, postquam vestra excellentia a civitate Papia [d] in partes Franciæ remeavit, ex tunc tyrannico atque procacissimo intuitu rebellis beato Petro et nobis exstitit, et in sua potestate diversas civitates Æmyliæ detinere videtur, scilicet Faventiam, Forum populi, Forum Livii, Cesinas, Bobium, Comiadum, ducatum Ferrariæ, seu Imolas atque Bononias, asserens quod a vestra excellentia ipsæ civitates una cum universa Pentapoli illi fuissent concessæ, et continuo direxit Theophylactum missum suum per universam Pentapolim hoc ipsum denuntians, cupiens eosdem Pentapolenses a nostro servitio separare ; sed ipsi nullo modo se illi humiliare inclinati sunt, nec a servitio beati Petri et nostro recedere maluerunt, magis autem firmi in nostris apostolicis mandatis [e], quemadmodum exstiterunt sub nostro prædecessore, domno Stephano papa, cui sanctæ recordationis genitor tuus simulque et præclara excellentia tua ipsum exarchatum sub jure beati Petri permanendum tradidit, in omnibus firmiter permanere noscuntur [f].

Nam prænominatas civitates, ut dictum est, Æmyliæ ipse nefarius archiepiscopus in sua potestate detinens, ibidem actores quos voluit constituit, et nostros quos ibidem ordinavimus projicere visus est. Sed et cunctas actiones infra civitatem Ravennatium ipse ordinavit, et ecce, quod nunquam speravimus, in magnam humilitatem sancta spiritalis mater tua, Romana Ecclesia venisse dignoscitur, et nos etiam in nimiam deminorationem atque despecti esse videmur, dum ea quæ potestative temporibus **322** Langobardorum detinentes ordinare ac disponere videbamur, nunc temporibus vestris a nostra potestate impii atque perversi, qui vestri nostrique existunt æmuli, auferre conantur, et ecce improperatur nobis a plurimis nostris inimicis, exprobrantes nos et dicentes : Quid vobis profuit, quod Langobardorum gens est abolita et regno Francorum subjugata ? et ecce jam nihil de his quæ promissa sunt adimpletum est ; insuper et ea quæ antea beato Petro concessa sunt a sanctæ recordationis domno Pippino rege, nunc ablata esse noscuntur ; etenim illud quod antefatus nefandissimus archiepiscopus asserit proponens occasionem, in ea potestate sibi exarchatum Ravennatium quam Sergius archiepiscopus habuit, tribui, nos, excellentissime fili, quemadmodum tempore domni Stephani papæ, qui illuc in Franciam profectus est, cui et ipse exarchatus traditus est, ita et nostris temporibus eum sub nostra potestate disponere atque ordinare volumus, et omnes in hoc cognoscere possunt, qualem potestatem ejus beatitudo [Lamb., Gent., Ter-beatitudo], in eamdem Ravennatium urbem et cunctum exarchatum habuit, qui etiam archiepiscopum Sergium exinde abstulit, dum contra ejus voluntatem agere spiritu superbiæ nitebatur [g].

---

[a] Argum. Panv. (Cod. Vat. 31). « In trigesima prima [trigesima pr.] iterum vehementer Leonem Ravennatem archiepiscopum accusat, quod inobediens et protervus factus sit ab illo tempore quo a Carolo rediit ; et Carolum orat ne Petro [sancto Petro] auferri patiatur quæ ab ipso et Pippino patre ejus ipsi Petro [sancto Petro] oblata sunt. » CENN.

[b] Sum. 51, Bar., Cenf. GRÆTS.

[c] In Cod. Vat. Panvinii hæc epistola cum duabus sequentibus leguntur ordine inverso. Perinde etiam in Cod. Carolino tres sequentes inverso ordine isti, de qua agimus, præmittuntur. Cointius, Pagius aliique tres illas differunt ad an. 776. Muratorius sequenti anno 777 eas tribuit. Aliud mihi suadetur rebus in unaquaque earum narratis missisque inibi enuntiatis. Hanc recte Pagius (an. 774, n. 12) consignat hoc anno ; perperam Muratorius 777, illud præterea monens, quod Leo archiep. Ravennæ dominari cœperat in exarchatu ab an. 774. Tantam in Adriano socordiam quis poterit cogitatione complecti. CENN.

[d] Mense Maio vel ineunte Junio Papiam expugnatam esse inter auctores constat, nec multo post Carolum rediisse in Franciam, ubi Saxonum audaciam eodem anno repressit, annalistæ omnes testantur ad an. 774. CENN.

[e] Antequam omnia hæc fierent, menses aliquot elapsos esse res ipsa docet : quare Novembri aut Decembri mense datam fuisse hanc epistolam puta, non autem tardius. Adrianus quippe ditionis suæ majori parte exutus, continuo Carolum rei conscium esse voluit. ID.

[f] Diploma donationis Carisiaci datum an. 754 a Pippino rege, subscriptumque a Carolo et Carolomanno hic laudatur. ID.

[g] Vide supra (ep. 43, al. 27, in not.). Hanc certe singularem historiam, quam nostro Codici acceptam referimus, Agnello schismatico auctori Gestorum archiepp. Ravennæ præferendam esse omnes vident. Qua tamen Agnellus (in Serg. cap. 4) huic epistolæ fidem adjungit, non rejiciendus. « Judicavit, inquit, a finibus Perticæ totam Pentapolim, et usque ad

Etenim ipse noster prædecessor cunctas actiones ejusdem exarchatus ad peragendum distribuebat, et omnes actores ab hac Romana urbe præcepta earumdem actionum accipiebant. Nam et judices ad faciendas justitias omnibus vim patientibus in eadem Ravennatium urbe residentes ab hac Romana urbe direxit, Philippum videlicet illo in tempore presbyterum, simulque et Eustachium **323** quondam ducem, et ut plenius de hoc satisfacere Christianissima excellentia vestra potest, dignetur advocare prædictum Philippum episcopum, eoque de hujusmodi re inquisito, certissime veritatem agnoscere potestis, quia omnia ita sunt quemadmodum innotuimus, et non tibi placeat, bone et excellentissime fili, ut in tantum despectum atque humilitatis deminorationem sancta Dei Ecclesia Romana, spiritalis mater tua, quæ caput est omnium Ecclesiarum Dei, veniat, sed magis peto te coram Deo omnipotente ut ita disponere jubeas, eumdemque archiepiscopum sub nostra potestate contradere digneris, ut a nobis cunctus exarchatus disponatur ª, sicut sæpe fatus domnus Stephanus, beatissimus papa, temporibus sanctæ memoriæ genitoris vestri domni Pippini disponere visus est, quatenus vestris felicissimis temporibus ipsa sancta universalis Dei Ecclesia exaltata permaneat, et ex hoc in præsenti vita suffragiis apostolorum beati Petri et Pauli regni gubernacula longo senio cum immensis victoriis possidere, etiam et in futura beatitudine cœlestia regna adipisci mereamini. Ecce enim magnopere direximus ad vestra regalia vestigia præsentem Anastasium, fidelissimum nostrum cubicularium ᵇ, cui et in ore posuimus quæ nostra vice vestræ excellentiæ enarrare debeat, quem in omnibus vobis commendantes cuncta illi credere, et ad nos cum prospero nuntio et effectu causæ absolvere jubeatis. Incolumem excellentiam vestram gratia superna custodiat.

LIII.
324 ITEM EPISTOLA EJUSDEM PAPÆ
AD DOMNUM CAROLUM REGEM DIRECTA, PER ANDREAM ET ANASTASIUM,
Pro justitia sanctæ Dei Ecclesiæ, et de Leone archiepiscopo, qui ad jam-præfatum dominum regem properavit ᶜ.
(An. Dom. 775, Cod. Car. LIII, Chron. 52.)

ARGUMENTUM. — Reversi ab aula missi apostolici Andreas episcopus et Anastasius cubicularius Caroli constantiam in promissis adimplendis testantur. Pontifex lætatur et gratias agit; rogat nihilominus, ut quantocius donationem suam adimpleat, ut beatus Petrus, qui ei Langobardorum regnum subjecit, victorias etiam concedat contra barbaras nationes. Leonem archiep. eumdem Carolum adiisse, quod regiis ex litteris audierat, non improbat; at se inscio, qui suum missum cum eo conjunxisset, profectum esse non laudat.

Domno ᵈ excellentissimo filio Carolo, regi Francorum et Langobardorum, atque patricio Romanorum, Adrianus papa.

Revertentes ad nos missi nostri quos ad vestram a Deo illustratam præcellentiam nuper visi sumus direxisse, scilicet Andreas reverendissimus frater noster episcopus et Anastasius cubilarius ᵉ, detulerunt nobis honorandos atque mellifluos benignissimæ Christianitatis vestræ apices, quorum series, dum nostris recitaretur auribus, liquido cuncta in eis annexa didicimus, sed et ipsi præfati vestri missi indeminute nobis omnia quæ illis a vobis irjuncta sunt detulerunt, plenissime asserentes de vestra benevola puritate et magna cordis constantia, quam erga beatum Petrum, principem apostolorum et nostram mediocritatem secundum vestram **325** promissionem habere videmini, pro quo nimio repleti gaudio, illico extensis palmis ad æthera, omnium creatori Domino Deo nostro immensas tulimus grates, impensius pro vestra prosperitate ejus divinam exorantes clementiam ut confirmet idem Dominus Deus noster hoc ipsum in vestro florigero pectore, quatenus velociorem atque copiosum fructum sancta spiritalis mater vestra, Romana nostra Ecclesia, caput omnium Ecclesiarum Dei ᶠ, de vestra consequatur promissione.

[Triges.] orat Carolum ut meminerit quæ Petro apostolo promiserit, quanta etiam ab ipso beneficia acceperit, scilicet provinciam Langobardorum, et quod ejus circumvallatus suffragiis cæteras omnes nationes sibi subjicere possit. De Leone archiepiscopo Ravennatensi [Ravennate] indicat, gratum sibi esse quod ad Carolum profectus sit. » CENN.

ᵈ Summ. 50, Bar et Cent. GRETS.

ᵉ In præced. epist. unus tantummodo Anastasius cubicularius ad Carolum legatus fuit : hic collegam ejus esse videmus Andream episcopum in reditu ex Francia. Nullam porro ex Hadriani litteris in codicem relatis collegio isto missorum insignem videre est. Aut igitur Andreas episcopus ante, vel post cubicularium missus fuerat, modico quidem intervallo (namque uterque *nuper* profectus erat) aut post datas litteras una cum cubiculario eodem Roma discessit. Certe hæc epistola præcedentem secuta est. CENN.

ᶠ Ita et in præcedenti definitam esse Romanam Ecclesiam vidimus. Plurima hujusmodi exempla suppetunt eruditis non ignota. Erit mihi instar omnium

Tusciam, et usque ad mensam Walami, veluti exarchus, sic omnia disponebat, ut soliti sunt modo Romani facere. » Hac igitur ex causa Romæ agebat sub Paulo pontifice, cum aliæ illi motæ sunt lites, quia uxoratus esset. Rubeus, Ughellus, Bacchinius nimiam habuerunt fidem Agnello. Stephanum quippe II archiepiscopi opera usum esse in novæ ditionis administratione concedam ultro; sed nimium sibi tribuentem ab Stephano eodem dejectum esse tam perspicue constat ex hac epistola, ut recentiorum opinionibus nulla fides adhibenda esse videatur. CENN.

ª Pentapolensium fidem nuper laudavit adversus archiepiscopi molitiones, quare unius exarchatus nunc satagit. ID.

ᵇ Similitudo nominis cum Anastasio, qui in præcedenti epistola Gausfridum civem Pisanum reduxit ad Carolum in Italia adhuc degentem, tametsi cubicularii munus ibi sileatur, eumdem videtur designare; quod chronologiæ utriusque epistolæ haud nocet: medii quippe sunt menses quatuor aut quinque inter utramque legationem. ID.

ᶜ Argum. Panv. *(Cod. Vat.* 30 *)*: « In trigesima

Sed, bone dulcissime atque præcellentissime fili, domine mi, a Deo institute magne rex, deprecor et obnixe peto, tanquam præsentaliter coram tuis assistens obtutibus, cum magna fiducia, ut velociter ea quæ beato Petro pro magna animæ tuæ mercede et a Deo protecti regni vestri stabilitate, beato apostolorum principi Petro, cœlorum regni clavigero' per tuam donationem offerenda spopondisti, adimplere jubeas, quatenus idem princeps apostolorum multo amplius tibi protector et auxiliator apud divinæ majestatis potentiam existat; plenissime enim satisfactus es, præcellentissime regum, qualis fortissimus ac validus ipse janitor regni cœlorum, beatus Petrus, tuæ exstitit excellentiæ adjutor, et quomodo ejus sacris interventionibus omnipotens Dominus Deus noster, victoriam tibi tribuit regnumque Langobardorum tuæ tradere jussit potestatis ditioni, et in antea magnam habeto fiduciam, quia ejus suffragiis circumvallatus, tuis regalibus vestigiis cæteras barbaras nationes omnipotens Dominus substernet [a]: quia nos omnino satisfacti sumus et magnam **326** habemus fiduciam in vestri cordis constantia celeriter vos omnia perficere, quæ eidem apostolo apostolorumque principi spopondistis: optime enim cognoscimus qualis firmitas et integritatis stabilitas inter nos, Deo auspice, in apostolica aula corroborata est [b], et scimus cui credidimus, et certi sumus.

De eo vero quod innotuistis ad vos properasse Leonem archiepiscopum, nos quippe, ut testatur Veritas, libentissime acceptamus eos qui ad vestra regalia accelerant vestigia; quoniam una dilectio, una charitas, eademque puritatis affectio inter nos consistit; et si præfatus archiepiscopus nobis direxisset ad vestri se præsentiam velle proficisci, gratuito animo nostrum missum cum eo direxissemus [c]. Itaque præsens vester missus aliam nobis obtulit præcellentiæ vestræ epistolam, cujus confertam pa-

ginam discentes, valde noster lætatus est animus in vestræ mentis benigno proposito [d], redemptorem nostrum multipliciter deprecantes, ut longo ac prospero senio, cum magna de hostibus victoria, cœlestis regni gubernacula, pariter cum excellentissima et a Deo protecta filia nostra benignissima et vere Christianissima regina, fidelissimaque amatrice beati Petri, dulcissima vero vestra conjuge atque amantissimis natis vos perfrui annuat, tribuens vobis et cœlestis regni cum sanctis perenniter possidenda gaudia. Incolumem excellentiam vestram gratia superna custodiat.

LIV.

327 ITEM EPISTOLA EJUSDEM PAPÆ

AD DOMNUM CAROLUM REGEM DIRECTA,

In qua continentur uberrimæ benedictiones pro exaltatione sanctæ Dei Ecclesiæ, et de epistola Joannis patriarchæ Gradensis [e].

(*An. Dom.* 775, *Cod. Car.* LXI, *chron.* 53.)

ARGUMENTUM.— Diu exspectatis regiis missis cum regiæ domus prosperis nuntiis, tandem ipse scribit. Cum præcipue litteras a Joanne patriarcha Gradensi acceperit die 27 Octobris, quas ei transmittit, eas vero se accepisse ait resignatas a Leone archiep. ut Arichim ducem Beneventanum, cæterosque suos et Caroli æmulos earum sententiam edoceret. Etenim post reditum ex Francia dominabatur in Æmilia, nullumque ad sanctam sedem diplomata petiturum accedere permittebat, actoribus etiam sanctæ sedis expulsis et Bononiam præsertim atque Imolam sibi concessas jactans a Carolo.

Domno [f] excellentissimo filio Carolo, regi Francorum et Langobardorum, atque patricio Romanorum, Adrianus papa.

Dum tanta amoris dilectio et firma charitatis integritas, inter nos Deo auspice corroborata existit, magnum nobis imminet fervoris desiderium de vestra immensa prosperitatis lætitia certos effici. Quapropter paterno sinceritatis affectu vestram a Deo

---

sancti Bonifacii I auctoritas (Constant. pag. 1057) Thessaliæ episcopis : « Hanc ergo (Romanam) ecclesiis toto orbe diffusis velut caput suorum certum est esse membrorum, a qua se quisquis abscidit, et Christianæ religionis extorris, cum in eadem non cœperit esse compage. » Propterea eodem loco Bonifacius testatur Nicænam synodum non esse ausam quidquam de eadem constituere canone nimirum sexto, qui in concilii Chalcedon. act. 16 (Labb., tom. IV, p. 812), principium hoc præsefert: « Quod Ecclesia Romana semper habuit primatum. » Sequioribus sæculis gliscente paulatim inscitia, sive, ut melius dicam, desuescente vero Ecclesiæ nomine, templi aut basilicæ alicujus parietibus primatum tribui comperimus, quem Adrianus, rudis licet sæculi spissis tenebris obvolutus, Romanæ Ecclesiæ ab apostolorum principe fundatæ semel et iterum recte adjudicat. CENN.

[a] Insignem Carolus victoriam retulit hoc anno de Saxonibus; cum tamen adversus eos non processerit nisi exeunte Julio mense, ut probat Pagius (an. 775, n. 5), Adrianus hanc scribens epistolam ante id temporis, Langobardicæ tantum victoriæ meminit, quam superiori anno assecutus fuerat, Saxonicam ominatur. ID.

[b] Quæ hic breviter indicantur, superiori anno evenerant Sabbato sancto, dieque ipso Paschalis, seu diebus 2 et 3 April., et late enarrantur apud

Anastas. in Vita Adr. (sect. 316 et seqq.). ID.

[c] Allucinatur Pagius (an. 776, n. 5) putans Leonem adiisse Carolum dum in Italiam rediit ann. 776 adversus ducem Forojulianum; nam infra pontifex reginæ etiam salutem impertit. In Franciam igitur archiepiscopus se contulerat, invasiones haud dubie tuiturus gratia regis adversus pontificem, aut extremo anno 774, aut ineunte hoc eodem anno 775, dum flagrabat ejus indignatio, nullumque lapidem non movebat ut invasorem exarchatus reprimeret. Neque enim de Langobardis res erat; sed de episcopo sibi subdito, qui tyrannidem usurpaverat. ID.

[d] Quis fuerit hic regius missus, quidve continerent litteræ, quæ lætitiam afferunt pontifici, divinabunt alii. Ravennatem certe archiepiscopum eæ non spectant. Quin etiam pontifex occasionem nactus, de eo sermonem abrumpens luculenter ostendit, se profectionem illius in Franciam improbare. ID.

[e] Argum. Panv. (*Cod. Vat.* 29) : « In vigesima nona [vigesima nona] uberrimæ benedictiones, vel potius adulationes pro [benedictiones pro] exaltatione sanciæ Dei Ecclesiæ continentur. Indicat se mittere epistolam Johannis [Joannis] Gradensis patriarchæ. Hanc a Leone archiep. Ravennatensi [Ravennate] prius apertam et lectam fuisse queritur. Ideoque Leonem iterum accusat. » ID.

[f] Summ. 19, Bar. et Cent. GRETS.

protectam excellentiam ter et in domno plurimum osculantes, quæsumus ut nos clarius de vestra sospitatis integritate atque præcellentissimæ filiæ nostræ, a Deo illustratæ magnæ reginæ dulcissimæ filiæ nostræ, nec non et excellentissimorum filiorum [a], nos lætos quantocius efficere studeatis in eo quod exspectantes **328** usque fuimus vestros suscipere missos, sed nondum ad nos pervenerunt [b], et ob hoc maxima nos dilectionis affectio cogit sinceram cordis nostri puritatem vestro regali culmini enucleanter proferre, dum nimirum vestra salus nostra est lætitia, et prosperitatis vestræ commoditas nostra est exsultatio. Itaque innotescimus excellentiæ tuæ, suscepisse nos epistolam directam nobis a Joanne patriarcha Gradense; vicesima septima enim die Octobris mensis ipsa ad nos pervenit epistola, et protinus nec potum nec cibum sumpsimus neque nos, neque hujus scriptor nostræ apostolicæ relationis, sed eadem hora eodemque momento ipsam antefati patriarchæ epistolam cum his nostris apostolicis syllabis vobis transmisimus. Itaque valde tristes effecti sumus, quoniam asifoniatas [*Lamb.*, siphoniatas] bullas ejusdem epistolæ reperimus [c], a Leone archiepiscopo, primitus relecta nobis directa est, et in hoc comprobare potest excellentissima Christianitas vestra qualis est fraudulenta fides ipsius Leonis archiepiscopi; quia non pro alio præsumpsit eamdem epistolam primitus reserare ac relegere, nisi ut omnia quæ ibi ascripta sunt ut certe omnibus manifestum est, annuntiaret tam Arghiso duci Beneventano quam reliquis nostris vestrisque inimicis [d]; et dubium non est cuncta **329** jam præfatis æmulis ab eodem archiepiscopo esse annuntiata, nos quidem, veritate testante, coram Deo dicimus puriter et fideliter in vestro permanentes amore, juxta quod inter nos præsentaliter in aula apostolica confirmatum est [e], ea quæ ad nos perveniunt de præsenti, cum magna cautela vobis studemus denuntiare, quia post Deum et beatum Petrum alibi nostra spes et fiducia non est nisi in vestra a Deo protecta excellentia; tu enim, dulcissime magne a Deo illustrate rex, noster cum Deo defensor et protector existis, quia per te 'sancta Dei Ecclesia spiritalis mater tua exaltata magno exsultat gaudio, confidentes cuncta a vobis beato Petro permissa velociter effectui mancipanda.

Sed Deus omnipotens, in cujus manu omnia mundi regna consistunt, sua vos multipliciter foveat gratia, et beatorum apostolorum principum Petri ac Pauli intercessionibus longo ac prospero senio regni gubernacula possidere, et pariter cum excellentissima filia nostra regina et amantissimis natis gaudere, et cœlestia præmiorum cum sanctis perenniter vos faciat adipisci regna incolumem excellentiam vestram gratia superna custodiat.

– EMBOLUM.

De Leone archiepiscopo [f].

Etenim innotescimus excellentissimæ Christianitati vestræ, eo quod, quando a vestra regali vestigio reversus est Leo antefatus archiepiscopus, in magnam superbiam tyrannicam elationem pervenit, et nullo modo sicut antea nostris apostolicis obtemperare inclinatus est mandatis, et nullum ex Ravennatibus, vel Æmilia pro accipiendis præceptis de diversis actionibus **330** ad nos venire permisit, ita eis indignatus comminatus est dicens, quod si quis ex eis ad nos venire præsumpsisset, non potuisset venire. Nam Pentapolenses omnes obedientes existentes in nostro apostolico servitio, ad nos proni, sicut tempore præ-

---

[a] Antequam duceret uxorem Hildegardem extremo anno 771 susceperat filium Pippinum ex Himiltrude (ex filia Desiderii, quam intactam remisit ad patrem, nullam habuit prolem); quot hucusque ex Hildegarde susceperit, incertum. At plures fuisse ejus filios an. 777 testatur Saxonum juramentum (*Annal. Franc. et Fulden.*) quo promittunt « fidelitatem domini Caroli regis et filiorum ejus. » Pagius quatuor fuisse conjicit (an. 783, n. 3) verbis Eginharti prolatis, qui sex enumerat Hildegardis filios: « Tres filios, Carolum videlicet, Pippinum et Hludovicum, totidemque filias, Rothrudim, Bertam et Gislam genuit. » Carolum majorem natu an. 772 mense Martio; Rotrudem circa Febr. 775, Adhelaidem in castris ad Ticinum, ut tradit Paul. Diac., De episcopis Meten., id est. an. 774, Bertam an. 775. Vid. Pagium cit. l. qui et de aliis duobus matri præmortuis Lothario et Adhelaide, et de Hildegarde, quæ 40 tantum dies matri superstes fuit, ab Eginhardo non recensitis, et de Pippino Himiltrudis loquitur. Summa est quod currenti anno quatuor aut quinque filii erant Carolo, quos pontifex salvos esse cupit. CENN.

[b] Paulo infra constat, hanc epistolam datam esse sub finem Octobr., neque adhuc missi regii Romam venerant post Caroli discessum ex Italia; idcirco tam vehementer cupit eorum adventum. Specie quidem angitur de regis regiæque familiæ salute. Revera archiepiscopi Ravennatis molimina eum turbant quem scilicet prius per legatos, deinde ipsum per se adiisse norat, dominium exarchatus usurpasse videbat, neque exploratam satis habebat Caroli mentem super ea re. ID.

[c] *Disbullare* pro *sigillum avellere*. Ducang. novit. ap. interpretem sextæ synodi act 15: *Et disbullata est hujusmodi charta*. Item *dissignare*, *dissigillare*. Quid autem proprie esset *asifoniata bulla, seu siphoniata*, ut legit Lambecius, parum liquet. ID.

[d] Arcana hæc haud dubie respiciunt Græcos. Inimicorum autem sanctæ sedis et Caroli qui Langobardos reges ex Italia exegerat, primus omnium erat dux Beneventanus Arichis II. De eo Chron. Anon. Saler. utcunque fabulis ubique scatens, ait (cap. 9): « Solus dux Arichis Beneventi remansit, jussa ejus contemnens pro eo quod capiti suo pretiosam deportaret coronam. » Alter erat Rodgausus Forojulianus, qui sequenti anno audaciæ pœnas luit; tertius vero Hildebrandus dux Spoletii, qui omnes mox occurrent (ep. 57, al. 59). ID.

[e] In præcedentis epistolæ not. [b], col. 287, aiebam, historiam ibi et hic indicatam repeti oportere ap. Anastas. (sect. 316 et seqq.) ID.

[f] Embolum, quod embolis et embolim Græci fere voce appellatum invenitur, nobis est postscriptum, seu additio epistolæ jam scriptæ, ut notat Ducangius. Hujus autem sententia perquam similis est emboli sequentis epistolæ. Bononiam utrobique et Imolam, quas ante Adrianum non liquet possessas esse ab apostolica sede, Ravennas archiep. sibi vindicaverat, in cæteris civitatibus tyrannidem exercebat. Præcipue Dominicum a Carolo commendatum pontifici, qui comitem Gabeli eum designaverat, vinctum, Ravennam ductum, conjectumque in carcerem Adrianus exaggerat, ut Carolum adversus archiepiscopum excitet. ID.

decessoris nostri Domini Stephani papæ, properaverunt, et præcepta de singulis eorum civitatibus more solito acceperunt. De reliquis vero civitatibus Æmiliæ, simulque et Gabello, qui a nobis ibidem ordinati sunt, ab eo exinde projecti sunt et alios ex eis in vinculis detinet. At vero de civitatibus Imulensi seu Bononiensi ita profanizat dicens quod vestra excellentiá ipsas civitates minime beato Petro et nobis concessit, sed sibi ipse archiepiscopus a vobis fuisse concessas ac traditas asserit sub sua potestate permanendas. Unde nullum hominem ex eisdem civitatibus ad nos venire permisit, sed ipse ibidem actores quos voluit sine nostra auctoritate ordinavit et in sua eos detinet potestate; et non tibi placeat, excellentissime fili, ut tanto despectui hanc apostolicam habeat sedem, non reputans de sua promissione, quam beato Petro et ejus vicariis jurejurando adhibuit, sed sicut transgressor mandatorum Dei in perjurii reatus incidit; etenim nos firmiter credimus et magnam habemus fiduciam, quod omnia quæ beato Petro per vestram donationem offerenda promisistis, adimplere pro magni regni vestri stabilitate et æterna vobis conferenda retributione studeatis.

LV.

331 ITEM EPISTOLA EJUSDEM PAPÆ
AD DOMNUM REGEM CAROLUM DIRECTA,
In qua continentur gratiarum actiones pro exaltione sanctæ Dei Ecclesiæ, et de missis domini regis, qui autumni tempore Romam venire debuerunt a.

(An. Dom. 775, *Cod. Car.* LI, chron. 54.)

ARGUMENTUM.— Nuntiasse sibi Andream episc. missum suum autumno affuturos missos a Carolo, qui donationem suam per eosdem explesset; se per totum Novembrem exspectasse, misisse tandem sciscitatum Ticinenses judices, qui in præsens regios missos venturos negarunt; propterea se mittere eumdem Andream episc. et Pardum egumenum cum instructione eorum quæ coram referant. Orat ut quæ cum Pippino patre promisit et postea ipsemet suis manibus confirmavit sancto Petro perficiat. De Leone archiep. eadem fere nuntiat, quæ in superiori; addit, Dominicum sibi a Carolo commendatum, et ab se Gabeli comitem constitutum, a Leone non modo prohibitum fungi suo munere, sed vinctum duci jussum Ravennam ubi sub custodia eum tenet.

Domno b excellentissimo filio Carolo, regi Francorum et Langobardorum, atque patricio Romanorum, Adrianus papa.

Dum in tanta securitatis lætitia spiritalis mater vestra sancta Dei catholica et apostolica Romana Ecclesia consistens exsultat, ob noc opinatissima nominis vestri memoria in universo orbe terrarum dilatata atque laudabiliter permanet divulgata, etiam ab apostolica aula c ob vestrorum veniam delictorum sedulo a nobis et cunctis Dei sacerdotibus orationum vota et sacrificiorum **332** hostiæ divinæ offeruntur majestati. Itaque præcellentissime fili, recordari credimus a Deo protectam Christianitatem vestram nobis direxisse in responsis per Andream, reverendissimum et sanctissimum fratrem nostrum episcopum, quod hoc autumni tempore vestros ad nostri præsentiam studeretis dirigere missos, qui nobis omnia secundum vestram promissionem contradere deberent d, et exspectantes fuimus usque hactenus per totum Septembrem, et Octobrem, et præsentem Novembrem mensem e, ipsos vestros suscipere missos, et de vestra sospitate per eos agnoscere; et dum minime ad nos advenissent, direximus nostras apostolicas litteras usque Papiam, ad judices illos quos ibidem constituere visi estis f, ut nobis significare deberent de adventu corumdem vestrorum missorum, qui ita nobis direxerunt in responsis, nequaquam ad nos vestros nunc esse profecturos missos. Unde magnum desiderium nostrum imminet cordi et interea mentis nostræ viscera in vestro ardentius fervescunt amore; idcirco cupientes de vestra prosperitate certos lætosque effici, magnopere studuimus præsentes nostros missos, scilicet antefatum Andream, sanctissimum fratrem nostrum episcopum, et Pardum Deo amabilem, dilectum filium nostrum egumenum, ad vestra regalia transmittere vestigia g visitantes et sa lutantes per eos tam præcellentissimam Christianitatem vestram, quamque **333** excellentissimam filiam nostram amantissimam conjugem vestram, a Deo ilctæ sedi, quæ nondum ab eadem possidebantur. ID.

e Chronologia ista nil desideratur illustrius: epistola hæc mensis fere unius spatio præcedentem secuta est. Id et Cointius, et Pagius viderunt, at utramque postponunt Carolinæ victoriæ de Forojuliano duce (an. 776, n. 6 seq.) quod cum historia pugnat. ID.

f Annal. Francor. an. 774 habent : « Carolus rex ipsa Italia subjugata et ordinata, custodiam Francorum in Papia civitate permittens, etc. » Annales Meten. iisdem fere verbis rem narrant ap. Pag. (an. 774, n. 7). Perinde et monach. Engolism. (*edit. Pith.* part. II, p. 19). Adrianus hac in epist. præter custodiam judices etiam qui rempublicam administrarent designatos docet. ID.

g Legatio ista attendi debet : ne Andreas episcopus sæpe adhibitus in legationibus causa sit cur nonnullæ invertantur epistolæ; quod collega ejus non utique attendatur. Pardus igitur abbas, seu Græca voce *hegumenus*, hac occasione Andreæ socius est profectus in Franciam. De eodem rursus infra (ep. 59, al. 50). ID.

---

a Argum. Panv. (*Cod. Vat.* 33) : « In trigesima tertia [trigesima tertia] gratiarum actiones continentur, cum petitione pro exaltatione sanctæ Dei Ecclesiæ. Item de missis [legatis] Caroli regis, qui autumni tempore Romam venire debuerant.» CENN.

b Summ. 33, Bar. et Cent. GRETS.

c Quanquam et sacris aliis ædibus tributum id nominis animadvertant Mabillonius (*An. Ben.* lib. XLII, n. 21 et 55) et Maurini PP. in additionibus ad Glossarium, nullum tamen templum aut basilicam magis decet quam Vaticanam, ubi sacratissimi cineres apostolorum principis requiescunt. De ea siquidem vere dici potest cum magno pontifice Nicolao III : « Hæc est domus Dei ædificata firmter supra petram, in qua et ipsius Petri corpus sacratissimum honorifice requiescit ; hoc est divinum tabernaculum choris dilectum cœlestibus et toti sæculo venerandum. » (*Bull. Vat.* tom. I, pag. 202.) Quanti apud Francos eadem esset, præcipue apud Carolum Magnum codex iste epistolaris passim docet. CENN.

d Quod minus aperte in præcedentibus litteris dixerat, hic perspicue enuntiat. Regii missi possessionem civitatum et locorum tradere debebant san-

lustratam reginam, et dulcissimos ac nobilissimos natos vestros, prædictis quidem nostris missis cuncta in ore subtilius posuimus, eosque diligenter informavimus, quæ de singulis causis vestræ a Deo protectæ excellentiæ nostra vice enarrare debeant, eosque benigne atque hilari vultu a vobis suscipi petimus, eorumque sermonibus quos nostra vice protulerint credere, et aurem benignitatis vestræ accommodare, cunctaque perficere et adimplere dignemini, quæ sanctæ memoriæ genitor vester, domnus Pippinus rex beato Petro una vobiscum pollicitus, et postmodum tu ipse, a Deo institute magne rex, dum ad limina apostolorum profectus es, ea ipsa spondens confirmasti, eidemque Dei apostolo præsentialiter manibus tuis eamdem obtulisti promissionem [a]. Nos enim magnam fiduciam habemus in vestri cordis firma constantia, et certi sumus omnino de benigno mentis vestræ proposito.

Unde et copiosum a vobis suscipere præstolamur fructum, ut sicut cœpisti bonum opus perficias, tuisque temporibus sancta Dei Ecclesia multo amplius exaltata permaneat; quatenus omnipotens Dominus, intercedente beato Petro principe apostolorum, dignam vobis remunerationem tribuat, et in cœlestibus regnis cum sanctis et electis post hujus vitæ longævitatem perenniter exaltandos vos recipiat; per te enim, bone victoriosissime rex, præfata sancta universalis Dei Ecclesia, de inimicorum impugnationibus erepta, magno, ut dictum est, triumphat gaudio, et orthodoxa Christianorum fides, vestro præsidio **334** in pristino venerationis statu permanet immutilata. Pro quo obnixe quæsumus, ut de vestra prosperitate nos quantocius certos reddere jubeatis, quia vestra salus nostra est securitas, et vestra lætitia nostrum esse comprobatur gaudium. Unde firmi in vestro amore et dilectionis charitate permanentes incessanter divinam deprecamur clementiam, ut sua vos gratia multipliciter tueatur, tribuens præcellentiæ vestræ, atque excellentissimæ filiæ nostræ reginæ, et amantissimis natis vestris, longævis ac prosperis temporibus regni gubernacula possidenda, vestrisque vestigiis cunctas barbaras nationes prosternat, dilatans multipliciter terminos regni vestri, etiam et cœlestis regni gaudiis vos faciat esse participes. Incolumem excellentiam vestram gratia superna custodiat.

[b] EMBOLUM DE PROTERVIA LEONIS ARCHIEPISCOPI.

Et hoc vestræ a Deo protectæ excellentiæ innotescimus, eo quod postquam a vobis reversus est Leo archiepiscopus [c] in nimiam superbiam elevatus, nullo modo nostris præceptionibus sicut antea obedire voluit, sed brachio forti usque hactenus in sua potestate detinere videtur Imolam atque Bononiam, dicens quod easdem civitates nullo modo beato Petro neque nobis concessistis, nisi tantummodo eidem Leoni archiepiscopo. Unde dirigentes ibidem nostrum missum, id est Gregorium sacellarium, qui judices earumdem civitatum ad nos deferre deberet, et sacramenta in fide beati Petri et nostra, atque excellentiæ vestræ a cuncto earum populo susciperet, sed nequaquam idem archiepiscopus eumdem nostrum sacellarium illuc ire permisit; nam **335** et Dominicum, quem nobis in Ecclesia beati Petri tradidistis atque commendastis, comitem constituimus in quamdam brevissimam civitatem Gabellensem, præceptum ejusdem civitatis illi tribuentes, sed minime illum permisit ipsum actum agere, sed dirigens exercitum, vinctum eum Ravennam deduxit et sub custodia habuit. Nam et de aliis civitatibus Æmiliæ, id est, Faventia, ducatu Ferrariæ, Comiado, et Foro Livii, et Foro Populi, Cæsnia et Bobio, seu tribunatu decimo [d], nullum hominem exinde ad nos pro suscipiendis præceptis actionum advenire permisit, nam illi omnes parati erant ad nos conjungere.

De reliquis vero civitatibus utrarumque Pentapoleos ab Arimino usque Eugubium [e] omnes mora

---

[a] Inter scriptorem Vitæ Adriani (ap. Anastas. sect. 319) et hasce Adriani ejusdem litteras tanta convenientia est, ut neutri fides negari possit. En verba ipsa : « Factaque eadem donatione, et propria sua manu ipse Christianiss. Francorum rex eam corroborans, universos episcopos, abbates, duces etiam, grephiones in ea ascribi fecit. Quam prius super altare beati Petri et postmodum intus in sancta ejus confessione ponentes tam ipse Francorum rex tamque ejus judices beato Petro et ejus vicario sanctiss. Adriano papæ, sub terribili sacramento sese omnia conservaturos quæ in eadem donatione continentur promittentes tradiderunt. Apparem ipsius donationis per eumdem Etherium ascribi faciens, ipse Christianiss. rex Francor. intus super corpus beati Petri, subtus Evangelia, quæ ibidem osculantur, pro firmissima cautela et æterna nominis sui ac regni Francorum memoria, propriis suis manibus posuit. » Hæc de donatione Pippiniana per eum confirmata, et longe aucta. CENN.

[b] Centur. *chartam insertitiam* vocant. GRETS.

[c] Propter istam rebellionem et pervicaciam meruit Leo iste collocari ab Illyrico in catalogo testium veritatis pag. 68. Scilicet quo quis est contumacioris et inflexibilioris cervicis, eo plus gratiæ apud Illyricum reperit, et eo omni exceptione Lutheranæ veritatis major testis est. Et tamen, si Leo iste revivisceret, Illyricum, tanquam nefarium novatorem, exsecraretur, et in malam crucem abire juberet. Observa autem Illyricum ex imperitia nescivisse, qui sint apud Addianum pontificem *oletani canones*; non enim a loco ita nominantur, sed a vetustate, nam *oletanum* Adriano nihil est aliud, quam vetustum et priscum. CENN.

[d] Fontanin. de Parmæ et Placentiæ Dominio (pag. 23) putat per tribunos administrari consuevisse exarchat. hujus loci auctoritate ductus. At decipitur; locus enim ipse indicatur Sassina, seu prope Sassinam. ID.

[e] Divisio hæc Pentapolis in maritimam et mediterraneam notanda. Greg. II, in epist. ad Leonem Isaurum an. 726. (Labb., *Conc.* tom. VII, pag. 19) : exarchatum una cum Pentapoli vocat Decapolim : « Longobardi et Sarmatæ cæterique qui ad Septentriofiem habitant, miseram Decapolim incursionibus infestarunt, ipsamque metropolim Ravennam occuparunt; » nomine quidem improprio; sola enim Pentapolis civitates plusquam decem continebat. Quare Adrianus bipertito hanc dividens, Pentapoles rectius appellat. Supra etiam Paulus (ep. 26, al. 28) maritimarum civitatum meminit, sed unicam Pentapolim designavit. ID.

solito ad nostri advenerunt præsentiam, et præcepta actionum de ipsis civitatibus a nobis susceperunt, et in nostro servitio atque obedientia fideliter cuncti permanent, nisi solummodo ipse archiepiscopus in sua ferocitatis superbia existit; sed petimus te coram Deo vivo, præcellentissime fili, ut nullo modo hoc tibi placeat, ut ea quæ sanctæ memoriæ genitor tuus et tu ipse beato Petro concessistis atque obtulistis, quod absit, temporibus vestris auferantur, et Ecclesia beati Petri per malignos homines qui iniqua immittunt humilietur, sed magis semper per vos exaltata permaneat.

LVI.

336 ITEM EPISTOLA EJUSDEM PAPÆ
AD DOMNUM [CAROLUM] REGEM DIRECTA,

In qua continetur de transitu Constantini imperatoris, et de Reginaldo duce Clusinæ, præfatus papa postulans ut ipsum [ducatum] actum domnus rex et habere non permitteret, eo quod multa mala in castello Felicitatis indesinenter agere non desistebat [a].

(An. Dom. 776, Cod. Car. LX, chron. 55.)

ARGUMENTUM. — Se nuntiis præcurrentibus accepisse Copronymum esse mortuum, at rem incertam nuntiare noluisse; nunc Stephani episc. Neapolitani litteras adnectere acceptas die 7. Februarii præsentis. Reginaldum olim castaldum Castelli Felicitatis, nunc ducem Clusinum multa damna Ecclesiæ inferre, et nuper cum copiis se contulisse ad eamdem civitatem Castelli ditionis sanctæ sedis, et sustulisse castellanos. Eum orat ut ducem ex Tuscia amoveat, tanquam sibi et Ecclesiæ damnosum.

Domno [b] excellentissimo filio Carolo, regi Francorum et Langobardorum, atque patricio Romanorum, Adrianus papa.

Excellentissimæ et a Deo protectæ Christianitati vestræ his nostris apostolicis innotescimus apicibus pervenisse ad nos, nuntiis præcurrentibus, quod Constantinus imperator divina evocatione de hac subtractus esset luce, sed quia certum non didiceramus, hac de re vestræ a Deo protectæ excellentiæ indicare distulimus. Nunc vero suggessit nobis sanctissimus ac reverendissimus frater noster Stephanus, Neapolitanæ urbis episcopus, per has syllabas ea ipsa nobis intimare, quas et septima die præsentis Februarii mensis suscipientes easque peragrantes confestim vestro regali culmini significare maturavimus, et pro magna **337** sublimitatis vestræ satisfactione eosdem affatus infra hæc nostra scripta vobis directa posuimus [c].

Interea et hoc vestræ præcellentiæ, dulcissime et amantissime fili [d], dirigimus de perfido illo et seminatore zizaniorum, atque instigatore humani generis æmulo Raginaldo, dudum in Castello Felicitatis castaldio [e], qui nunc in Clusina civitate dux esse videtur [f] eo quod plurima mala per suas iniquas summissiones, spiritali matri vestræ, sanctæ Dei Ecclesiæ et nobis ingerere non desinit, dum omnino ea quæ beato Petro principi apostolorum a vestra excellentia pro animæ vestræ mercede oblata sunt, per suum iniquum argumentum abstollere anhelat et in suo proprio servitio ea habere desiderat; unde et per semetipsum cum exercitu in eamdem civitatem nostram Castelli Felicitatis [g] properans; eosdem castellanos abstulit, et nequaquam credimus, benignissime fili et Christianissime rex, quod pro prædicti Raginaldi ducis exaltatione mutationem fecisset **338** vestra a Deo corroborata regalitas [h] una cum excellentissima filia nostra regina atque dulcissimis natis vestris, vel cuncto a Deo instituto Francorum exercitu, nisi pro sustentatione amatricis vestræ sanctæ Dei Ecclesiæ, ut in vestro benigno certamine perenniter permanens eniteret.

Idcirco poscimus et nimis supplicando insistimus

---

[a] Argum. Panv. (*Cod. Vat.* 21): « In vigesima prima [vigesima prima] Constantinum imperat. obiisse indicat, adjunctis ea de re litteris Stephani Neapolit. episcop. Raginaldum ducem Clusanæ accusat, quod multa mala in Castello Felicitatis indesinenter agere non desistat [continuo committat] beati Petri bona auferendo. Petit ut officio amoveatur. » CENN.

[b] Summ. 21, Bar. et Cent. GRETS.

[c] De hujus epistolæ ætate et sententia uberrime est actum in commentar. præv. (num. 26. seqq.). Recte omnes unanimi consensu ad annum referunt 776. Idcirco autem aliis eodem anno datis præmittendam duxi, quia principio Febr. scriptam vidi; quæ autem sequuntur, provecto eodem anno datæ videntur, ut mox patebit. CENN.

[d] Post verbum *fili* Lambecius legit *petendum*; hoc enim verbum in manuscripto deprehendes, sed subducta linea deletum. ID.

[e] *Castaldus, castaldio, gastaldus, gastaldio, gastaldius, gastaldens*, eadem significatione a Longobardis institutum officium. Administrator erat villæ alicujus regiæ, seu etiam civitatis, sed in plebem jus ejusdem se extendebat. Vide Ducangium V. *Gastaldus*, late hac de re agentem. Murator. (*Antiq. Ital.*, diss. 40) comitem et gastaldum fuisse unum et idem in ducatu Benevent. contendit, eidemque civitates etiam alibi committi solitas probat exemplis. In.

[f] Idem Murator. (*Ant. Ital.* tom. 1, diss. 5) duces majores et minores in Italia distinguit. Minoribus siquidem civitates gubernandas esse datas pluribus exemplis demonstrat; majoribus vero provincias.

Quod et in Francia olim factum videmus, ipsos enim majores domus Carolinos eorumque prædecessores ducum nomine appellatos comperimus. Ibidem hanc quoque epistolam adhibet contra Florentinium et Cosmam *della Rena*, qui Lucæ duces contendunt universæ Tusciæ præfuisse. Addit epist. 74 nobis 80, in qua sermo est de Gundibrando duce Florentino, ac recte concludit, plures in Tuscia duces fuisse per octavum sæculum. Inter hujusmodi minores duces et Clusinum recensendum esse nemo in dubium vertet. ID.

[g] Jam dixi in comment. præv. (n. 50) etiam Tusciæ Langobardicæ civitates a Carolo concessas fuisse apostolicæ sedi. Rei argumentum firmius est pontificem Pippinianæ donationis nullatenus meminisse, sed ab eodem Carolo Castellum Felicitatis donatum esse testari. Situm civitatis usque ad hunc diem inexploratum, crediturnque ubi modo est Tifernas, seu civitas de Castello (*Murat. Annal.* 780), nihil moror: satis mihi est civitatem Tusciæ Langobardorum invenire, quæ a pontifice appellatur *nostra* ut cæteræ Romani ducatus et exarchatus, nec non utriusque Pentapolis. IN.

[h] Quid clarius? Suspicatur Adrianus num forte Castellum-Felicitatis a Carolo sit concessum Reginaldo post factam donationem sancto Petro; ex sequentibus autem patet. Pontificem aliud loqui, aliud credere; nam Reginaldum amoveri petit ab officio Clusini ducis: quia et cum erat gastaldus ejusdem civitatis sub Desiderio rege, molestiam ingerebat sanctæ sedi, proindeque malus erat finitimus. ID.

vestram a Deo illustratam potentiam, ut, ob amorem beati Petri apostoli, nullo modo prænominatum Raginaldum ibidem in Tusciæ partibus esse permittatis. Sed neque illum ei agere cedatis [concedatis], et non vobis hoc durum pareat, pro dilectione qua in invicem compaginati sumus, fiducialiter hoc petere deducimus et obtinere speramus, eo quod et sub Desiderii temporibus jurgia et scandala frequenter seminare non omittebat. Sed, excellentissime fili, ut nos post Deum in tuo fortissimo brachio una cum universo nostro populo speramus, et die noctuque pro vestra sospitate atque victoriis [a] divinam exoramus clementiam, ita cum omnibus causis sanctæ Dei Ecclesiæ disponere acceleretis, ut sancta Dei Ecclesia et nosmetipsi tuis felicissimis temporibus permaneamus, ut sicut temporalia largitus est, ita et cœlestia tribuat possidenda. Incolumem excellentiam vestram gratia superna custodiat.

LVII.

339 ITEM EPISTOLA EJUSDEM PAPÆ,

AD DOMNUM CAROLUM REGEM DIRECTA,

Pro exaltatione sanctæ Dei Ecclesiæ, et de Possessore et Rabigaudo [Rabigando], ipsum apostolicum despicientes Spoleto ad Hildebrandum ducem perrexerant, et inde Beneventum parvenerant [b].

(An. Dom. 776, Cod. Car. LVIII, chron. 56.)

ARGUMENTUM. — Regiorum missorum adventu sibi nuntiato, Possessoris nempe episcopi et Rabigaudi abbatis, se obviam iis misisse ut æquum erat. Ipsos vero Perusio flexisse iter Spoletum ad Hildebrandum, inde Beneventum, nec primum venisse Romam, juxta regium mandatum. Meminisse eum debere quæ sancto Petro ante ejus confessionem promiserat, Spoletanum ipsum ducatum ab eo eidem apostolorum principi oblatum esse. Rogat ut fidem suam servet, perque alios missos nimiam qua afficiebatur sollicitudinem levet.

Domno [c] excellentissimo filio Carolo, regi Francorum et Langobardorum atque patricio Romanorum, Adrianus papa.

Omnino confidimus et certi sumus quod tua a Domino protecta excellentia in his quæ pariter loquentes inter nos convenerunt, firmiter atque immutabiliter permanere studeat; et charitatis vinculum in medio nostrum corroboratum toto mentis admisu atque sincero affectu observare procuret; dum nos Deo propitio in ea ipsa habita in invicem dilectionis concordia cum magna sinceritate mentis satagimus perseverare; quia, Deo teste dicimus, a quo cum vestra melliflua Christianitate in alterno amicitiæ amore colligati sumus, maximam in tua a Deo inspirata benignitate habere videmur fiduciam, quod omnes

A **340** causas sanctæ Dei Ecclesiæ et provinciæ nostræ salubri mancipentur effectui [d].

At vero, excellentissime et a Deo servate fili, bone et optime rex, tuæ per hujus nostræ apostolicæ relationis seriem deducimus notioni, quod dum ad nos pervenisset de fidelissimorum vestrorum missorum adventu, scilicet Possessoris sanctissimi fratris nostri episcopi, seu et Rabigaudi religiosi abbatis, in magno gaudio noster relevatus est animus, quoniam desiderabilissimum est assidue missos excellentiæ vestræ solite cum magno gaudio et decenti honore suscipere, et per eos de vestræ sublimitatis sospitate certos esse. Unde nos illico, secundum qualiter missos vestræ regalis potentiæ decet, omnem præparationem seu et caballos obviam eis direximus [e].

B Illi nempe, dum Perusium conjunxissent, relaxantes recto itinere ad nos conjungendum, secundum qualiter a vestro a Deo protecto culmine directi fuerunt, et ut vestros honorandos apices relegentes invenimus, nos despicientes ad Hildebrandum in Spoletium perrexerant, dirigentes nobis per nostros missos quod tantummodo cum Hildibrando loquimur, et deinde, ut directi sumus, una vobiscum apud domnum apostolicum conjungemus. Postmodum enim, dum cum prædicto Hildebrando locuti fuissent et apud eum diutius morarentur, nostras apostolicas eis adjurantes direximus syllabas: per Deum omnipotentem et vitam excellentissimi filii nostri domini Caroli Magni regis, ut directi estis ad nos **341** conjungere satagite, ut unanimiter pertractemus quod ad

C exaltationem sanctæ Dei Ecclesiæ pertinuerit, et ad laudem regni vestri [Lamb., nostri], præcellentissimi filii, agere studeamus, et tunc per dispositum, ut ejus præcellentiæ decet missos, apud Beneventum vos proficisci disponemus.

Sed illi, nescimus quid pertractantes, statim a Spoleto in Beneventum perrexerunt, nos in magna derelinquentes ignominia, et Spoletinos ampliaverunt in protervia. Unde valde hanc nostram perturbaverunt provinciam, et pro hac re in magna tristitia noster jacet animus; quia quantum per illos exspectabamus suscipere sperata nuntia de exaltatione sanctæ nostræ Ecclesiæ, sicut et in vestris reperimus honorandis apicibus et nostri nobis tulerunt missi, qualiter a vestra regalitate injunctum habuerunt, in tanta afflictione et deminoratione conati sunt.

D Sed recordari te credimus, dulcissime atque amantissime fili, qualiter nos benignissimo vestro ore affati estis, dum ad limina beatorum principum apo-

---

[a] Lamb. habet *victoriis concedendi*; Gentilotus quidem verbum *concedendum* in manuscripto legit, sed subducta linea deletum.

[b] Argum. Panv. (Cod. Vat. 24): «In vigesima quarta [vigesima quarta] queritur se despectum a Possessore episcopo et Rabigando abbate Caroli legatis. Indicat ipsos non venisse Romam, sed Spoletum ad Hildebrandum ducem, et inde Beneventum profectos esse. In quanto ob id mœrore constitutus sit, scribit; orat Carolum, ut se consoletur exaltando Ecclesiam Romanam, Spoletinum [Rom. et Spolet.] ducatum restituendo.» CENN.

[c] Sum 24, Bar. et Cent. GRETS.

[d] Per integrum fere biennium missos ex Francia summopere optaverat Romam advenire, quibuscum de magni momenti rebus agendum erat, ac præcipue Carolina donatio integra executioni mandanda. Ab iisque tandem advenientibus se delusum ratus, amicitiæ vinculi, quo ante corpus sancti Petri conjuncti invicem erant, Carolum admonet. CENN.

[e] Nulli regio misso hucusque legimus quali apparatu obviam itum. Hinc regias legationes excipiendi morem discimus. ID.

stolorum Petri et Pauli properati estis, quia non aurum, neque gemmas, aut argentum, vel litteras, et homines conquirentes, tantum fastidium [Lamb., fatigium] cum universo a Deo protecto vestro Francorum exercitu sustinuissetis, nisi pro justitiis beati Petri exigendis, et exaltatione sanctæ Dei Ecclesiæ perficienda, et nostram securitatem ampliare certantes, sed tanquam præsentaliter coram vestris mellifluis regalibus obtutibus assistentes, obsecrantes petimus vestram a Deo fundatam regalem potentiam, ut de tanta et tali tribulatione, in qua nos ipsi vestri dereliquerunt missi, velociter per fidelissimos et benignissimos vestros missos, nos consolari et lætificari jubeatis, quia et ipsum Spoletinum ducatum vos præsentaliter obtulistis protectori vestro beato Petro principi apostolorum, per **342** nostram mediocritatem, pro animæ vestræ mercede [a], et ita obnixe quæsumus, præcellentissime fili, ut nostram deprecationem de prædicta afflictione et prænominato Spoletino ducatu celerius effectui mancipetis, quatenus dignam a misericordissimo Deo nostro, intercedente beato Petro apostolorum principe, pro cujus amore et reverentia aurem nostris petitionibus accommodare inspiratus fueris, suscipias mercedem, quia, Deo teste dicimus, nil nisi vestram cupimus exaltationem et lætitiam, dum, annuente Deo, magna inter nos atque insolubilis charitatis concordia corroborata est, permanentes in his quæ mutuo inter nos asserentes confirmavimus. Incolumem excellentiam vestram gratia superna custodiat.

LVIII.
343 ITEM EPISTOLA EJUSDEM PAPÆ,
AD DOMNUM CAROLUM REGEM DIRECTA,
In qua continetur quod Hiltibrandus et Aragis [B. et Cent., Arogis], *atque Rodgans, nec non et Regimbaldus* [Al., *Raginaldus, Reginaldus*] *duces consilium inierant qualiter se in unum conglobarent cum Græcis et Adalgiso, terra marique, ad dimicandum contra Romam et Italiam, et sub nimiis adjurationibus postulans adjutorium contra eos* [b].

(An. Dom. 776, Cod. Car. LIX, chron. 57.)

ARGUMENTUM. — Possessore et Rabigaudo Benevento per Spoletum ad Urbem venientibus, Hildebrandum ait pontifex ab se petiisse salvum conductum, ut rogaturus veniam huc veniret. Se eo misisse Stephanum saccellarium, qui missos ibi reperit Arichis Beneventani, Rodgausi Forojuliani, et Regimbaldi Clusini consilia ineuntes de suscipiendo bello una cum Græcis et Athalgiso Desiderii filio, proximo mense Martio : Romam nempe invasuri et Langobardorum regnum instauraturos. Orat ut celerrime opem ferat Romamque eripiat ab imminenti periculo, ac de communibus hostibus triumphet.

Domno [c] excellentissimo filio Carolo, regi Francorum et Langobardorum atque patricio Romanorum, Adrianus papa.

Reminisci consideramus a Deo protectam excellentiam vestram, quod sæpius vobis innotuimus de Hiltibrando Spoletino duce, seu Arigiso Beneventano duce, atque Rodgauso Forojuliano de sævissimo consilio quod erga nos atque vos gerere non differunt [d]. Nunc vero dum fidelissimi vestri missi, revera **344** sanctissimus frater noster Possessor episcopus, atque Rabigaudus religiosus abbas, a Benevento repedantes, per prædictum Hildibrandum ad nos properant, nimis vos obsecrantes propter nominati H.ltibrandi noxam ut ei veniam tribueremus, asserentes ut apud eum nostrum indiculum et obsides pro sua dubitatione [e], et Hildibrandus nostris se præsentaret obtutibus [f]; nos quippe, secundum fidelissimorum missorum vestrorum dictum, illuc usque Spoletum direximus Stephanum nostrum fidelissimum dudum

[a] Et Tuscia Langobardorum et Spoletanus ducatus oblati erant sanctæ sedi, hoc tamen discrimine, quod civitates Tusciæ perpetuo possidendæ ac supremo jure administrandæ concessæ fuerant pontifici, at Spoletanus ducatus, quemadmodum etiam Tuscanus (Tusciam Regalem appellant), oblati fuerant retento supremo jure, ita ut census tantummodo, seu tributum pendi solitum Langobardorum regibus ante eorum dejectionem, sanctæ sedi concederetur, supremum vero dominium ad Francorum reges pertineret. Hinc est, quod Adrianus nunquam *nostras* appellat civitates eorum ducatuum, quemadmodum castellum Felicitatis ab eo *civitatem nostram* vocari nuper vidimus aliasque tum provinciæ Romanæ, tum Exarchatus et Pentapolis passim nuncupari compertum est. Quod sane discrimen quia nequaquam animadverterunt nonnulli, et supremum jus et precarium in dubium vertunt, donationes confundunt, veritati fucum faciunt. CENN.

[b] Argum. Panv. (*Cod. Vat.* 22) : « In vigesima secunda [viges. sec.] queritur Hildebrandum, Arogin, Rodgaum, necnon [et] Raginaldum duces consilium iniisse cum Græcis et Adalgiso terra marique contra Romam et Italiam dimicare [ut terra, marique Ro. et Ital. oppugnent]; quare multis adjurationibus a Carolo auxilium contra eos postulat. » ID.

[c] Summ. 22, Bar. et Cent. GRETS.

[d] Hanc epistolam una cum præcedenti Cointius, Pag., Murator. ad annum referunt 775. Cum autem utraque scripta fuerit Februario mense (nam infra, *proximo*, ait pontifex, *Martio mense adveniente*), rerum series, quæ evenerunt, utramque ad hunc annum differendam suadet. Ineunte enim 774, dum Carolus obsideret Ticinum, Adalgisus Verona fugiens, Constantinopolim se contulerat, et Spoletani soluti metu ad pontificem venientes, se dederant sancto Petro, et ab eodem pontifice Hildebrandum ducem ab ipsis electum confirmari obtinuerant, ut est ap. Anastas. (sect. 312). Quo videlicet anno 774, et Catal. Farfen. en Ann. Bertin. et Sigon. eum ducem cœpisse testantur. Septem circiter mensibus a Caroli discessu ex Italia et Hildebrandus et alii duces consilia inierint adversus sanctam sedem et Carolum. ea pontifex detexerit, sæpius significaverit Carolo, hic demum *reminisci* debuerit pontificia monita, quæ nonnisi recentissima esse poterant, si litteræ ad an. 775 Febr. mensem pertinerent, nulli omnino hominum persuasum erit. Contra ann. 775 (ep. 53, al. 52), vere pontifex Carolo nuntiarat de illis ducibus, *nostris vestrisque inimicis*. Et nota quod extremo anno 774 (ep. 51, al. 54) plura coram enuntianda commisit Anastasio cubiculario. Perinde an. 775, præter prædicta scriptis mandata, multa credidit fidei Andreæ episc. et Pardi hegumeni, quæ iidem enarrarent regi (ep. 54, al. 51). Eoque haud dubie arcana eorum ducum consilia spectabant. Idcirco sæpius se innotuisse ait illorum molimina. CENN.

[e] *Mitteremus*, vel aliquid simile deesse videtur. GRETS.

[f] Queri desinit de regiis missis, quorum iter Spoletum ac Beneventum eum sollicitarat. Sensit enim iniquis eorum consiliis per eos legatos modum alla-

sacellarium, qui cum eum affatus fuisset, et tunc nostros ibidem destinassemus obsides, ipse nempe noster missus cum apud eum conjunxisset, in magna eum invenit protervia, eo quod missos Arigisi, Beneventani ducis, seu et Rodcausi Forojuliani [a], nec non et Regnibaldi Clusinæ civitatis ducem, **345** in Spoletio cum præfato reperit Hiltibrando, adhibentes adversus nos perniciosum consilium, qualiter, Deo eis contrario, proximo Martio mense adveniente, utrosque se in unum conglobarent, cum caterva Græcorum et Athalgiso Desiderii filio, et terra marique ad dimicandum super nos irruant, cupientes hanc nostram Romanam invadere civitatem et cunctas Dei ecclesias denudare; atque ciborium fautoris vestri beati Petri auferre, vel nosmetipsos, quod avertat Divinitas, captivos deducere, nec non Langobardorum regem integrare et vestræ regali potentiæ resistere.

Ob hoc, præcellentissime rex et dulcissime fili, peto te, et tanquam præsentaliter assistens cum divinis mysteriis conjuro coram Deo vivo et vero et ejus principe apostolorum beato Petro, ut sub nimia festinatione et maxima celeritate nobis subvenias, ne pereamus; quoniam post Deum in tuis manibus nostras omnium Romanorum commisimus animas, ne nos derelinquas, [b] aut differas solatiandum, ut [c] dicant gentes, quæ in cuncto orbe terrarum sunt : Ubi est fiducia Romanorum quam post Deum in regem et regnum Francorum habebant? et ut de omnibus, a Deo protecte dilectissime fili, ante tribunal Dei eris redditurus rationem, quoniam, ut præfati sumus, tuæ dulcissimæ sublimitati, per Dei præceptionem et beati Petri, sanctam Dei Ecclesiam et nostrum Romanorum reipublicæ populum commisimus protegendum; et ita ad limina protectoris tui beati Petri apostolorum principis properare satagite, ut cunctos adversarios sanctæ Dei Ecclesiæ atque nostros seu vestros, regalis vestri culminis substernantur **346** vestigiis, et ea quæ eidem Dei apostolo, vestris propriis pro animæ vestræ mercede obtulistis manibus, ad effectum perducatis, ut fructum

[a] Pontifex innotuerat, ut dixi, et scripto et voce missorum suorum, Forojuliani ducis et aliorum molitiones sub finem superioris anni. Dum ejus missi cum aliis consilia ineunt Spoleti adversus Carolum et sanctam sedem Febr. mense, dux ipse armis de improviso est petitus a Carolo, vitamque una cum ducatu amisit, paulo post Spoletanum congressum. Annales Francor. id perspicue docent anno 776. « Tunc Carolus rex Italiam ingressus est per partes Fori Julii iter peragens, Ruodgandus occisus est, et dominus Carolus rex apud Tarvisium civitatem Pascha (14 April.) celebravit, et captis civitate Forojulii, Tarvisio, cum reliquis civitatibus quæ rebellarant, et disposuit eas omnes per Francos, et iterum in prosperitate et victoria reversus est in Franciam. » Fuldenses breviter anno 775: « Ruodgaudus Langobardus Italiæ regnum affectat. » Et 776: « Carlus contra Ruodgaudum in Italiam profectus, eumdem interficit. » Vide et Baron. (h. a. n. 5) et Pag. (n. 2) recte liæ

bonum offerens in futuri examinis die merearis dicere : Domine meus, princeps apostolorum beate Petre, cursum consummavi, fidem tibi servans Ecclesiam Dei a superna clementia tibi commendatam de manibus persequentium defendens liberavi, et assistens immaculatus coram te, offero tibi pueros quos mihi commisisti de manibus inimicorum eruendos, sospites atque incolumes existentes; tunc et qui in præsenti vita regni gubernacula tenes, etiam et in futuro sæculo cum Christo regnans cœlestia præmiorum gaudia adipisci merearis audiens illam paternam desiderabilem vocem illam inquientis: *Venite, benedicti Patris mei, percipite regnum, quod vobis præparatum est ab origine mundi (Matth.* xxv*).* Incolumem excellentiam vestram gratia superna custodiat.

LIX.

347 ITEM EPISTOLA EJUSDEM PAPÆ,
AD DOMNUM CAROLUM REGEM DIRECTA,

In qua prædictus papa postulans ut domnus rex revertens a Saxonia ad limina sancti Petri properaret, quemadmodum ei pollicitus fuerat [d].

(An. Dom. 776, Cod. Car. LXIII, chron. 58.)

ARGUMENTUM. — Possessorem et Rabigaudum pervenisse Romam cum regiis litteris, quæ summum omnibus ordinibus gaudium attulerunt, nam Carolum e Saxonia reducem in Italiam esse venturum testabantur, fortasse etiam ad Urbem. Lætitia ob id exsultans necessitudinem memorat, qua simul conjuncti fuerant coram confessione principis apostolorum. Præterea regios missos multa laude prosequitur, eosque illi commendat ut regi et sanctæ sedi maxime fideles.

Domno [e] excellentissimo filio Carolo, regi Francorum et Langobardorum atque patricio Romanorum, Adrianus papa.

Dum tanta securitatis lætitia spiritalis mater vestra sancta Dei catholica et apostolica Romana Ecclesia dilatata laudabiliter permanet, etiam in apostolica aula ob vestrorum delictorum veniam, sedulo a nobis et cunctis Dei sacerdotibus orationum vota et sacrificiorum hostiæ divinæ proferuntur majestati [f]. Itaque, præcellentissime fili, conjungentes ad nos fide re cum auctoribus antiquis decernentes. Quare inutile fuit quidquid missi seu legati eorum ducum decreverunt. Carolinæ deliberationis fuisse inscios missos regios non crediderim; sed fidos arcani custodes ad utrumque ducem properasse iter, ut iis nescientibus adventum Caroli, hujus expeditio suum consequeretur effectum, quod evenit. ID.

[b] Hæc et sequentia satis perspicue ostendunt pontifici nullatenus patuisse expeditionem Caroli, missi enim, qui uni rem voce significassent, alio diverterant, necdum Romam venerant. ID.

[c] Lamb. et Gent. legunt : *solatiandum, ne dicant;* Gretserus autem : *differas solatium, ne.*

[d] Argum. Panv. (*Cod. Vat.* n. 18) : « In decima octava [Dec. oct.] de suo ac populi amore erga Carolum multa scribit; et orat ut quod pollicitus fuerat, revertens a Saxonia ad limina Petri [sancti Pet.] apostoli properet, et legatos ejus Possessorem episcopum, et Rabigandum a fidelitate in servitio sancti Petri commendat. CENN.

[e] Summ. 18, Bar. et Cent. GRLTS.

[f] Aut victorum Caroli de Forojuliano duce, quæ, sociorum consilia evertit, pontifex rescriverit, aut Spoletani et Beneventanum duces socii casu ter-

delissimi vestri missi, scilicet Possessor sanctissimus frater noster episcopus et Rabigaudus religiosus abbas, detulerunt nobis desideratissimas 348 vestræ sublimitatis syllabas [a], quas et cum nimia amoris dulcedine acceptantes suscepimus, relegentesque et de vestra immensa prosperitate agnoscentes, magnas omnipotenti Deo nostro tulimus laudes, qui nobis tam benignissimum ac Christianissimum regem suæ Ecclesiæ detulit defensorem. Continebatur quippe in ipsis vestris regalibus apicibus, quod, Domino protegente, remeantes vos a Saxonia, mox et de præsenti Italiam vel ad limina protectoris vestri, beati apostolorum principis Petri [b], ad implenda quæ ei polliciti estis properare desideratis; de quo audito nimis noster lætatus est animus una cum universo nostro populo, eo quod nimis desiderabiles sumus prominentissimum vestrum conspicere vultum.

Quoniam satisfaciat tibi veritas, dulcissime et amantissime fili atque a Deo institute magne rex, in eadem sponsione qua in invicem ante sacram ejusdem Dei apostoli confessionem annexi sumus, firmi atque incommutabiles diebus vitæ nostræ cum universo nostro populo permanere satagimus. Unde et charitas vestri regalis culminis nos provocat sedulo de vestra sospitate addiscere; et cognoscat vestra conspicua excellentia, quia si mora de vestro adventu provenerit, magna nobis imminet voluntas ibidem in vestrum adventum, ubicunque vos valuerimus conjungere, obviam proficisci.

349 Interea notioni vestræ excellentiæ deducimus de prædictis vestris fidelissimis missis, quia sicut ad nos pervenerant, et vestræ regali potentiæ per nostros apices intimandum direximus, dum nobis præsentati fuissent ipsi missi vestri, fideles in servitio fautoris vestri beati Petri apostolorum principis, et nostro atque vestro reperimus, pro quo petimus ut benigne eos suscipere jubeatis [c].

His prælibatis, divinam exoramus clementiam, ut sua vos gratia multipliciter tueatur, tribuens vobis, atque excellentissimæ filiæ nostræ reginæ, et amantissimis vestris natis longæva ac prospera tempora, regni gubernacula possidenda, vestrisque vestigiis cunctas barbaras nationes prosternat, dilatans multipliciter terminos regni vestri, etiam et cœlestis regni gaudiis vos faciat esse per infinita sæcula participes. Incolumem excellentiam vestram, domine fili, superna gratia custodiat.

LX.

350 ITEM EPISTOLA ADRIANI PAPÆ,

AD DOMNUM CAROLUM REGEM DIRECTA,

In qua continentur gratiarum actiones pro vita et sanitate domni regis, et uxoris, vel filium [L., G., filiorum] ejus, nec non et pro exaltatione sanctæ Dei Ecclesiæ, et postulans ut filium suum ex sacro baptismatis fonte suscipere mereretur [d].

(An. Dom. 777, Cod. Car. XLIX, chron. 59.)

ARGUMENTUM. — Revertentes ex Francia Philippus episcopus et Megistus archidiaconus nuntiant constantem Caroli amorem in sanctam sedem, eumdemque cum regina Hildegarde venturum Romani, ut Paschate adveniente filium suum Pippinum recens natum baptizari faceret, quem pontifex e sacro fonte susciperet. Cum autem non venisset, pontifex suum desiderium aperit se jungendi spirituali eo vinculo cum regibus. Deinde rerum Ecclesiæ satagens, ad eum legat suos missos Philippum et Andream episcopos, ac Theodorum ducem nepotem suum cum catalogo donationum a Constantino, et successoribus, atque patriciis factarum in provinciis Tusciæ, Spoleti, Beneventi, Corsicæ, et Sabinæ, exemplo educto ex archivo apostolico, eæ siquidem a Langobardis jamdudum invasæ, nondum fuerant restitutæ. Orat ut Constantini felicia tempora instauret exaltando apostolicam sedem.

Domno [e] excellentissimo filio Carolo, regi Francorum et Langobardorum atque patricio Romanorum, Adrianus papa.

Dum nimio provocati amore aptum duximus, primitus quidem a Deo protectæ excellentiæ vestræ, seu spiritalis filiæ nostræ reginæ proles, etiam episcopos et presbyteros, nec non et universos optimates cunctumque præclaræ gentis vestræ Francorum populum, ad vestrum a Deo confortatum regnum pertinentem, his nostris apostolicis visitare apicibus,

---

ritos despondisse animum regii missi nuntiaverint, singularem sanctæ sedis lætitiam significat, quod ingens sibi metus ereptus fuerit binis præcedentibus litteris expressus. Pagius (an. 775, n. 7) secutus Cointium hanc duabus iisdem epistolis præmittit. At uterque vir doctus dormitasse videtur. Si enim Perusio diverterant Spoletum, inde Beneventum, reducesque Spoleto iterum transeuntes, dum veniebant Romam, ut luculenter in utraque epistola continetur, hæc utramque secuta est, non contra. CENN.

[a] Supra (ep. 56, al. 58) dum eosdem missos alio digressos insimulabat, se relegisse ait *vestros honorandos apices*. Quod sane accipiendum de litteris missorum adventum nuntiantibus; nam hinc perspicue constat ipsos per se attulisse regias litteras. ID.

[b] In Annal. Francor. legitur Carolum e Saxonia reducem an. 775 accepisse Forojulianum ducem res novas meditari, atque ea propter in Italiam iter instituisse adversus eum, quod initio sequentis anni suscepit, ut nuper est dictum. Litteræ a missis redditæ, tanquam datæ eodem an. 775 exeunte fortasse agunt de eodem itinere, quod persuadet missorum eorumdem aditio ad Spoletanum et Beneventanum duces; non enim sponte, sed secreto ex Caroli mandato colloquia cum iis serebant, dum ipse Carolus res armis gerebat in ducatu Forojuliano: eoque id magis persuadent litteræ ipsæ a missis retentæ usque ad eorum adventum Romam, ne scilicet Caroli profectio Italica vulgaretur, tametsi novæ Saxonum rebelliones eo Carolum ex Italia revocarunt. ID.

[c] Quæ adversus eos jam scripserat, quodammodo oblitterans, quia pro Ecclesiæ, pontificis, Carolique bono Spoletum ac Beneventum eos petiise compertum habuit, præsentia eorumdem antiquata esse ait quæ suspiciose scripserat, valdeque commendatos in Franciam remittit. ID.

[d] Argum. PANV. (*Cod. Vat.* 55) : « In trigesima quinta [trig. quin.] gratiarum actiones continentur, et plurimæ petitiones pro restitutione patrimonii beati Petri. Meminit donationis Constantinianæ [Constantini] temporibus Silvestri [sancti Silv.] papæ factæ, et aliorum, qui pro animæ suæ mercede [salute] multa donarint beato Petro, quæ a Langobardis erepta sunt, ac dicit in Lateranensi scrinio eas donationes haberi. Carolum novum Constantinum nominat; orat ut sibi filium ejus ex sacro baptismate suscipere liceat. » ID.

[e] Summ. 55, Bar. et Cent. GRETS.

et certos de vestra **351** salute ac lætos effici, impensius prosperitatis ambientes integritatem. Igitur dum ad nos reversi fuerunt missi spiritalis matris vestræ sanctæ Dei Ecclesiæ, a vestigio a Deo protecti regni vestri, id est, reverendissimus frater noster Philippus episcopus, et Megistus dilectissimus filius noster archidiaconus [a], retulerunt nobis de fidei et charitatis vestræ constantia, quam erga beatum Petrum apostolorum principem et nostram humilitatem habere dignati estis pro vestræ animæ mercede. Hoc audito, magno gaudio noster relevatus est animus, et cœpimus Deo laudes referre et beato principi apostolorum Petro, pro exaltatione regni vestri atque filiæ nostræ reginæ conjugis vestræ, prolis etiam, et pro cunctis Francis, fidelibus beati Petri apostoli atque vestris.

At vero illud unde vestræ eximietati per jam dictos nostros missos, scilicet reverendissimum fratrem nostrum Philippum episcopum et dilectissimum nostrum Megistum archidiaconum dignati estis nobis repromittere, ut in sanctam diem Paschæ ad limina beati apostolorum principis Petri, una cum spiritali filia nostra regina, Domino auxiliante, properare debuissetis, ut filium qui nunc vobis procreatus est a sacro baptismate in ulnis nostris susciperemus, sicut terra sitiens imbrem, ita et nos exspectantes fuimus mellifluam excellentiam vestram; et dum appropinquasset ipse dies sanctus Paschæ, et nullum mandatum de adventu vestro suscepissemus aut de missis vestris, secundum placitum [b] quod inter nos exstiterat, valde tristes effecti sumus [c]. **352** Sed obnixe te petimus, præcellentissime et magne rex, ut secundum quod inter nos constitit, pro ipso sancto baptismate nostrum adimplere jubeas desiderium, de eodem eximio vestro filio, quatenus duplex Spiritus sancti gratia in medio nostrum accrescat, et gemina festivitatis lætitia nobis celebretur, et hoc deprecamur vestram excellentiam, amantissime fili et præclare rex, pro Dei amore et ipsius clavigeri regni cœlorum, qui solium regni patris vestri vobis largiri dignatus est, ut secundum promissionem quam pollicitus estis, eidem Dei apostolo, pro animæ vestræ mercede et stabilitate regni vestri, omnia nostris temporibus adimplere jubeatis, ut Ecclesia Dei omnipotentis, id est beati Petri apostoli, cui claves [Lamb., par claves] regni cœlorum ab omnium opifice facinorum nexus solvendi simulque ligandi attributa est facultas, in omnibus amplius atque amplius sancta Dei Ecclesia exaltata permaneat, et omnia secundum vestram pollicitationem adimpleantur, et tunc vobis in cœlestibus arcibus ascribatur merces et bona opinio in universo mundo.

Et sicut temporibus beati Sylvestri, Romani pontificis, a sanctæ recordationis piissimo Constantino Magno imperatore, per ejus largitatem sancta Dei catholica et apostolica Romana Ecclesia elevata atque exaltata est, et potestatem in his Hesperiæ partibus largiri dignatus est, ita et in his vestris felicissimis temporibus atque nostris, sancta Dei Ecclesia, id est, beati Petri apostoli germinet atque exsultet, et amplius atque amplius exaltata permaneat, ut omnes gentes quæ hæc audierint edicere valeant (*Psal.* XIX) : *Domine, salvum fac regem, et exaudi nos in die, in qua invocaverimus te* : quia ecce novus Christianissimus Dei Constantinus imperator his temporibus surrexit, per quem omnia Deus sanctæ suæ Ecclesiæ beati apostolorum principis Petri largiri **353** dignatus est, sed et cuncta alia, quæ per diversos imperatores, patricios etiam et alios Deum timentes, pro eorum animæ mercede et venia delictorum, in partibus Tusciæ, Spoleto, seu Benevento, atque Corsica, simul et Savinensi patrimonio, beato Petro apostolo, sanctæque Dei et apostolicæ Romanæ Ecclesiæ concessa sunt, et per nefandam gentem Langobardorum per annorum spatia abstracta atque ablata sunt, vestris temporibus restituantur. Unde et plures donationes in sacro nostro scrinio Lateranensi reconditas habemus, tamen et per satisfactionem Christianissimi regni vestri, per jam fatos viros, ad demonstrandum eas vobis direximus, et per hoc petimus eximiam præcellentiam vestram ut in integro ipsa patrimonia beato Petro et nobis restituere jubeatis [d], et dum omnia per vestrum congruum dispositum sancta Dei Ecclesia effectum susceperit, ipse princeps apostolorum, beatus Petrus, ante tribunal omnipotentis clementiam pro vestra sospitate atque longævitate, et exsultatione a Deo confortati regni vestri deprecetur. Magnopere [*Lamb., Gent., Opere*] enim direximus apud vestram eximiam præcellentiam, id est reverendissimum et sanctissimum fratrem nostrum Philippum et Andream episcopos seu Theodorum ducem nostrum [e], quibus et in ore po-

---

[a] Quandonam quibusve cum litteris collegium istud missorum in Franciam profectum fuerit, incertum. Hinc tamen conjici jure potest, salutationis gratia duntaxat et societatis atque amicitiæ confirmandæ causa, pontificias litteras officii plenas iis missis a pontifice ad Carolum datas esse, quod luculentius per sequentia comprobatur. CENN.

[b] De varia placiti significatione vide Ducangium; hic nihil aliud est quam conventio. Gregor. Turon. (lib. VII, c. 6) : « Deprecor, ut placita, quæ inter nos post patris mei obitum sunt innexa, custodiantur. » ID.

[c] Ex tota hac narratione, et multo magis ex proœmio falsi arguuntur viri docti Cointius et Pagius, qui epistolam referunt ad an. 776, cum Carolus Italico bello erat implicitus contra ducem Forojulianum. Non enim regina, filii, proceres, Franciæ omnes

una cum episcopis et presbyteris erant in castris Caroli, quos omnes Adrianus *visitare* se ait suis litteris, nec vacabat tum temporis Romani pacifice proficisci cum regina et filio nuper nato, hiemali præsertim tempore. At hæc verba sunt. Vide supra (ep. 57, al. 59, not.) ID.

[d] Desipiunt Muratorius aliique Adriano objicientes donationem Constantinianam hauddum natam. Ex Actis enim Silvestri, quæ, licet supposita, tamen in libros apocryphos rejecta non erant, mutuatus est Adrianus quæ hic habentur. Vide Comment. præv. (num. 20, et seqq.) ID.

[e] Philippum episcopum legationis principem vix credibile est in Franciam iterum mitti, cum inde non multo antea redierit cum regiis litteris. At non est cur alium cognominem inducamus. Summa potius fide

suimus ut vestræ **354** a Deo protectæ excellentiæ minutius enarrare debeant; quibus et eis in omnibus credere debeatis, et solita benignitate eos suscipere jubeatis, pro amore fautoris vestri beati Petri apostoli, ut dum ad nos reversi fuerint cum effectu causæ, ante confessionem ipsius Dei apostoli cum omnibus episcopis et sacerdotibus, atque cuncto clero, senatu, et universo nostro populo, pro vestra sospitate atque longævitate et exaltatione regni vestri Domino fundere valeamus preces, ut ævis temporibusque eximietatem vestram conservare dignetur, ad exaltationem spiritalis matris vestræ sanctæ Dei Romanæ Ecclesiæ, et sicut terrena gaudia largitus est, ita et cœlestia tribuat sempiterna. Incolumem excellentiam vestram gratia superna custodiat.

LXI.

355 PAULUS PRESBYTER [a], VENERANDUS PRESBYTER, FAROALDUS, ADALBERTUS, GAUDIOSUS, BENEDICTUS DIACONUS, JOSUE DIACONUS, HERMENFRIDUS, RAGINBERTUS, AUTSCARIUS [*Gent.*, AUTGARIUS], GREGORIUS, AGEMODUS, DAVID, GAIDUALDUS, ARIOLFUS, STEPHANUS, GARIBALDUS, GREGORIUS, SAVINUS, ALDOSINTO, ROTHBERTUS, RATCHIS, HARIBERTUS, LEO, MARTINIANUS, ALLO, MAJO, BEAPTULFUS [*Gent.*, SCAPTULFUS], CUNUALDUS, LEMINOSUS, MAGNUS, URSUS, AUTBALDUS, ALDEFUSUS, PETRUS, ANSUALDUS, ALLO, PETRUS, GRATIOSUS, FAROALDUS, URSUS, ADUALDUS.

(An. Dom. 777, *Cod. Car.* LXXIII [b], chron. 60.)

ARGUMENTUM. — Paulo post missorum discessum mense Maio audiens ex regiis litteris, Francorum fines a Saracenis invasum iri, ad assiduas preces diu noctuque se vertit cum toto Romano clero, idque solatii ergo illi nuntiat ac victoriam ominatur. Beneventanos fœdere juncto cum Cajetanis et Tarracinensibus, nec non cum patricio Siciliæ Cæieiæ degente consilium cepisse eripiendi sanctæ sedi Campaniæ Romanæ civitates et patricio eidem subjiciendi. Se per legatos primum egisse, at nequidquam; quare illuc mittere exercitum deliberasse. Orat ut missum deleget Beneventanis cum

increpatoriis, ut ad officium redeant; se ne ad consecrationem quidem episcoporum eos recipere, tanquam sanctæ sedis et Caroli hostes. Denique ut faciat quæ per missos petiit eum precatur.

Destinavit nobis per vestros apices a Deo constituta regalis potentia, quia, Deo sibi contrario, Agarenorum gens cupiunt ad debellandum vestros introire fines [c]. Hoc vero cognito, in magna exinde tribulatione atque afflictione positi sumus; sed nequaquam Dominus Deus noster talia fieri permittat, nec **356** beatus apostolorum Petrus princeps. Nos vero, dulcissime fili et magne rex, incessanter provobis cum omnibus nostris sacerdotibus atque religiosis monachis, et cuncto clero vel universo populo nostro, Domini Dei nostri deprecamur clementiam, ut ipsam nec dicendam Agarenorum gentem vobis subjiciat et vestris eam substernat pedibus, ut minime prævalere adversus vos valeant, quia sicut populus Pharaonis demersus est in mari Rubro eo quod non crediderint Deo, ita et in hac vice Dominus Deus noster, per intercessiones beati Petri apostoli, in vestris eos tradat manibus [d]. Confortamini autem et estote robusti, quia Dominus omnipotens confidentibus in eum vestri regni dabit victoriam de inimicis vestris atque nostris, et sicut indesinenter die noctuque ante confessionem ejusdem Dei apostoli, Domini deprecamur majestatem, ut vestrum dilatet regnum, ita nos faciat de vestra sospitate et exaltatione regni vestri semper in Domino exsultare, in quibus et ante aliquantos dies istius Maii mensis quod vestros suscepissemus apices, direximus apud vestram a Deo protectam excellentiam, Andream et Philippum sanctissimos episcopos, atque Theodorum eminentissimum nostrum nepotem, pro consolatione atque visitationis causa, et prosperitatis vestræ lætitiam agnoscere [e]; et hoc petimus te, amantissime fili, ut pro amore fautoris vestri beati apostolorum principis

---

virum suspiciamus ob munera ei commissa; nam abhuc presbyter ab Stephano II designatus fuit judex Ravennæ cum collega Eustachio duce anno 756 (ep. 51, al. 54), legationemque obivit Pauli I ad Pippinum anno 764 (ep. 37, al. 20). Deinde factum episcopum semel et iterum legatione Adriani functum hic videmus. Haud minori dignus observatione est legatorum tertius. Is enim una cum iisdem missis memoratur etiam infra (ep. 61, al. 75), ubi pontifex eum vocat *eminentissimum nostrum nepotem*, iterumque legatione fungentem cum Agathone diacono anno 781, (ep. 67, al. 69) appellat *Theodorum eminentissimum consulem et ducem nostrumque nepotem*. Hæc autem dignitas eminentissimi ducis et consulis diruit disputationes omnes eruditorum super depravato illo Continuatoris Fredegarii loco, de quo satis est dictum in admonitione ad litteras Gregor. III (num. 6). Nam licet eminentissimi inter officia palatina illi essent qui postea illustres sunt appellati, ut notat Gothofredus (tom. III, p. 271, *Cod. Theod.*) nihilominus appellatione etiam illustrium obtinente, consuli eminentissimus tribuebatur, ut videre est in Diurno Rom. Pont. (cap. 1, tit. 5, et cap. 2, tit. 6). At Garnerii animadversio non negligenda : « Ea tempestate, inquit, consulatus, qui fuerat olim apex dignitatum, eousque depressus erat, ut inanis fere titulus foret. Suppressus pene fuit a Justiniano, sed a consequentibus impp. etsi quoquo modo restitutus est, pristinum tamen splendorem non recuperavit. » CENN.

[a] Omnes ex clero Romano. GRETS.
[b] Argum. Panv. (*Cod. Vat.* 12, inter epist. Pauli I) : « In duodecima [duod.] narrat de Beneventanorum injuria, et petit [injuria. Petit] ut Pippinus litteris eos increpet; et si nolint parere, ut consentiat in expeditionem contra eos institutam. » Ex contextu epistolæ patebit falsitas hujusmodi argumenti, qua Caroli consensus petitus dicitur; non enim consensum, sed societatem armorum petebat Adrianus. CENN.
[c] Synodus Paderbornæ habetur pro Saxonibus stabiliendis in fide, quam nuper susceperant. Placitum et conventus ab annalistis dicitur, quo Ibimalarabi cum sociis venit (Saraceni erant ex Catalonia) a rege eorum deficientes et Caroli præsidium implorantes; quare seq. anno Carolus arma in Hispaniam tulit. Annal. Francor. Fulden. aliique ap. Pagium (777, n. 4; 778, n. 1). Labbe (*Concil.* tom. VI, p. 1825). ID.
[d] Quæ pontifex ominatur minime evenerunt; nam seq. anno post captas aliquot urbes, dum in Franciam rediret adversus Saxones qui rebellaverant, magnam accepit cladem in Pyrenæis, ut Eginhardus testatur, ad Roscidam Vallem, vulgo *Roncisvalle*. Vide Pagium (an. 778, n. 4). Annal. Francor. et Fulden. hac de re altum silent. ID.
[e] Ad eumdem hunc finem se legatos istos mittere aiebat præcedenti epistola paulo aliis verbis, hoc tantum discrimine, quod illic Andreæ Philippum, hic Philippum Andreæ præmittit, incomperta mihi ex

Petri, benigne eos solite suscipere jubeatis, ut cum gaudio et effectu causæ, et exaltatione sanctæ Dei Romanæ Ecclesiæ, ad nos remeantes, 357 celeriter eos absolvere dignemini, ut ipse princeps apostolorum pro vobis intercedat ante Domini Dei nostri majestatem, ut amplius vestrum dilatet regnum et victorias tribuat [a]; nosque etsi peccatores ante confessionem ipsius Dei Apostoli fundere valeamus preces.

Et hoc agnoscat a Deo protecta præcellentia vestra, quia aliquantas civitates nostras Campaniæ operantes æmuli vestri atque nostri, nefandissimi Beneventani, ipsi nostro populo persuadentes subtrahere a nostra ditione decertant, una cum habitatoribus Castri Cajetani, seu Terracinensium, obligantes se validis sacramentis, cum ipso patricio Siciliæ, qui in prædicto Castro Cajetano residet, et decertant a potestate et ditione beati Petri et nostra eosdem Campanos usurpare et patricio Siciliæ subjugare [b]. Nos vero dum hoc ipsum agnovissemus viribus atque vicibus admonere et prædicare per nostros episcopos et fideles beati Petri eis direximus, cupientes eosdem Campanos nos salvos habere, ut aliqua malitia eis minime eveniret, ut ad nostri præsentiam conjungerent, aut per unamquamque civitatem primatos quin-

que ad vestram a Deo fundatam præcellentiam destinarent. Sed neque ad vestri præsentiam eos dirigere valuimus, nec ad nostros 358 obtutus conjungere voluerunt. Tamen et reverentissimum fratrem nostrum Philippum, seu et Paschalem nostrum nepotem, eis direximus, ut nostris se præsentarent obtutibus aut apud vestram regalem potentiam conjungere properarent. Nec tunc nostris admonitionibus se accommodare voluerunt [c]. Dum vero eorum nequitiæ prævalere minime potuimus, disposuimus cum Dei virtute atque auxilio una cum vestra potentia generalem nostrum exercitum illuc dirigere, qui eos constringere debeant et inimicos beati Petri atque nostri seu vestri emendare [d].

Sed petimus te, amantissime fili, coram Deo vivo, ut nefandissimos et Deo odibiles Beneventanos per vestra scripta atque fidelissimum vestrum missum protestando dirigere jubeatis, ut a tali iniqua operatione resipiscant, et in nostris Campanis talia non immittant, quia nos per nullum tenorem ipsos nefandissimos Beneventanos, aut eorum missos recipere volumus; sed nec ad consecrationem episcoporum suscipere, dum contrarii beati Petri 359 atque nostri et vestri effecti sunt [e]. Interea petimus te, magne rex et dulcissime fili, ut sicut a vobis poscere

causa. Eosdem tamen esse nullus dubito, quippe corum video mentionem fieri ut legatorum quos mense Maio paucis diebus ante acceptas regias litteras miscrit, non autem ut legatorum quos iterum mense eodem mittat. Imo cum nullus alius nominetur aut regius aut pontificius missus, sed hi potius infra commendentur, hæc epistola ad eosdem videtur ocissime transmissa ut eam cum altera iidem ferrent, nisi forte Wilcharius et Dodo, quorum mentio est in seq. epist., latores hujus fuerint. Cenn.

[a] Ipsissima hæc verba proferunt Magdeburgenses ex epistola quam inter Paulinas 12 perperam relatam viderunt. Ubi dixerunt : « Et pro regno amplificando in epist. 12 ad Pippinum. » Nam ex epistolæ contextu ista educunt : « Ut ipse princeps ap., etc. (Cent. 8, cap. 10). » In.

[b] Pereginius agens de finibus duc. Benev. (Diss. 5, ap. Pratill. tom. V, pag. 231), statuit epistolæ hujus auctoritate Terracinam « Græcis a Carolo Magno ademptam, Romanæque Eccl. contributam, iterumque ab iis consilio Arichis princ. Beneventi receptam. » At bona cum venia viri docti Adrianus hic agit de Beneventanis fœdere junctis cum patricio Siciliæ suam sedem habente in Castro Cajetano et cum ipsis Cajetanis et Tarracinensibus, ut Campaniæ Romanæ civitates invaderent, neque ullum omnino indicium præbet acquisitæ amissæve illius civitatis. Longe major allucinatio est Cointii et Pagii, qui hanc sequitur (an. 788, n. 1 seqq.). Hanc enim epistolam differunt ad an. 788, quippe qui Campaniam Beneventani ducatus in Adriani litteris memorari sunt rati, cujus civitates aliquot concessæ fuerant sanctæ sedi a Carolo, qui an. præcedenti 787 suam in potestatem eum ducatum redegerat. Qua in re Peregrinius non est deceptus (l. cit.) : locum enim epistolæ Adriani proferens, ubi venit ad nomen *Campaniæ*, continuo subdit *Romanæ*. Muratorius Pagio et Cointio adhæret, ut fere semper, nisi suæ adversarius opinioni; cumque locum invenire nequiverit isti epistolæ, ad annum refert 791 tanquam incertæ ætatis, pro certo affirmans, datam esse post. an. 787, quod ante eum annum Beneventani, ac proinde Campani Carolo Magno haud parebant. Attamen et Cointius, et pagius, et Muratorius *Campaniæ* voce decepti, quia

non senserunt Adrianum de ea Campania agere, de qua (ep. 39, al. 14) Paulus I loquebatur, an 765, excusatione digni viderentur, nisi se vidisse faterentur eadem in epistola *amantissime fili*. Id vero inexcusabiles reddit ; quæcunque enim data est post an. 781, aut in inscriptione, aut in contextu *compatrem* appellat Carolum, ut quisque videre potest. Quare ante eum annum scriptam esse certo affirmari debet. Cumque missi iidem memorentur qui in præcedenti, utramque ad mensem Maium anni 777 pertinere non est dubium. In.

[c] In præcedenti epistola ne verbum quidem fieri de Beneventanis ista molientibus in Campaniæ Romanæ civitates nihil mirum, primo quia missis plura secreto enarranda crediderat, deinde quia sperabat eosdem aut ad Carolum, quicum societatis fœdere juncti erant, aut Romam adituros noxæ veniam imperandi ergo. Nunc eorum resipiscentiæ spe omni abjecta, rem omnem patefacit. In.

[d] Deliberatio pontificis serio attendenda. Vi et armis Beneventanos cogere vult ut a fœdere Græcorum avellantur; ea propter generalem Ecclesiæ exercitum, nempe ex tota ditione quæ tunc erat eo mittere constituit. Ditio autem tota, ut constat ex superioribus, erat provincia Romana, seu Roma et ejus ducatus, Exarchatus et Pentapoles duæ, ac Tuscia Langobardorum. Generali huic exercitui Caroli auxilia, puta ex ducatibus Tusciæ Regalis et Spoleti, deliberavit adjungere. Duo hinc dilucide eruuntur : primum, Adriani absoluta potestas in ecclesiastica ditione ; alterum precaria ejusdem dominatio in ilis ducatibus, quos Carolus per suos duces administrans pro supremo jure quod sibi retinuerat, divi Petri et pontificis potestati subjecerat; ut paulo infra (ep. 65, al. 65) erit evidentius; quam rem ipse Muratorius (an. 785), olfecit. Sed vicariam conjiciens potestatem pontifici concessam in toto regno Italiæ, confundit jura, neque nullum huic rei præsidium affert. In.

[e] Antequam Beneventum sæc. x, archiepiscopalem dignitatem assequeretur a Joanne XIII, cum aliis Samnii episcopis Romano pontifici etiam Beneventanus suffragabatur. In Samnio numerantur ap Labbeum Rom. Pont. olim subjecti : « Aliphanus, Beneventanus, Bovianensis, Frequentinus. Ortho

per Andream et Philippum sanctissimos episcopos nostros et Theodorum eminentissimum nostrum nepotem direximus, ita in omnibus nostram postulationem adimplere jubeatis [a], ut angelus Dei omnipotentis vos præcedat, et faciat vestram præcellentiam triumphantem, atque cum magnis victoriis et exaltatione ad proprii regni vestri culmen una cum omni Deo dilecto Francorum exercitu incolumem reverti.

LXII.

360 ITEM EPISTOLA EJUSDEM PAPÆ,

AD DOMNUM CAROLUM REGEM DIRECTA,

In qua continetur de fide et constantia ipsius, et Anastasio misso ipsius apostolici, qui in Francia demoratus fuerat [b].

(An. Dom. 777, Cod. Car. L, chron. 61.)

ARGUMENTUM. — Cum Wilcharius archiepiscopus et Dodo abbas Roma in Franciam revertentes Carolo nuntiassent quanto amore quantisque honoribus Romæ accepti, et quanta cum benignitate auditi essent, Carolus rei admonet pontificem. Hic vero ab se ita semper fieri respondet, sibique esse in more positum statim regios missos dimittere; idque amoris ergo, qui erit perpetuus in optimum regem, ita ut contra asscrentibus nulla fides adhibenda sit. Suam testatur lætitiam, eo quod viderit in regiis litteris, eum proximo mense Octobri, dum in Italiam venerit, expleturum omnia quæ divo Petro promisit. Se cum regiis missis Possessore episcopo et Dodone abbate non mittere Pardum Hegumenum juxta illius desiderium una cum Andrea episcopo, quia valetudine laborabat, sed ejus loco Valentinum episcopum. Denique dolet ob retentum a rege Anastasium missum apostolicum ob quædam imprudenter dicta, nam violari videbatur jus gentium; oratque ut eum ad se remittat discutiendum, atque juxta merita puniendum cum duobus aliis nefariis hominibus.

Domno [c] excellentissimo filio Carolo, regi Francorum et Langobardorum atque patricio Romanorum, Adrianus papa.

Desiderantissimæ vestræ excellentiæ scripta suscepimus, in quibus tantum de absenti collocutione gavisi sumus, quantum et ipsum qui locutus est semper mihi cupio esse præsentem; quas relegentes et de vestra immensa prosperitate agnoscentes, nimis sumus gratulati quoniam vestra prosperitas nostra esse comprobatur lætitia, et vestra exaltatio nostra existit post Deum securitas. Ferebatur enim in ipsis regalis vestræ potentiæ apicibus, quod remeantes ad vos missi vestri, scilicet Wulcharus sanctissimus 361 frater noster archiepiscopus et Dodo religiosus abbas [d], vobis retulissent quod ea, quæ eis a vobis injuncta fuissent, benigne atque amabiliter a nobis essent suscepta. Sed cognoscit omnipotens Deus noster, cui arcana cordis reserata assistunt, quia omnem missum a vestris regalibus obtutibus directum, cum nimio amore et decenti honore suscipere studemus, et omnem vestram voluntatem sincera mentis integritate implere satagimus, atque cum prosperitate ad vos repedandum absolvere festinamus, neque ullis nos posse hujus mundi transitoriis ac labentibus opibus vel humanæ suasionis blandimentis, ab amore et dilectione vestræ mellitæ sublimitatis, vel ab eis quæ vobis polliciti sumus declinare dum hic advixerimus, sed firmi et stabiles in vestra permanemus charitate.

Absit namque a nobis, charissime et nimis nobis dulcissime fili, ut ea quæ inter nos mutuo coram sacratissimo corpore fautoris tui beati apostolorum principis Petri confirmavimus atque stabilivimus, per quemvis modum irrita facere attentemus; quoniam et nos satisfactus [e] vestrum culmen deprecari visus sum, si quis de nobis nequissima dicta vestris auribus proferre maluerit cupiens per fallaciam se vobis commendare, nullam credulitatis illi admittatis copiam [f], quia, ut prædiximus, nos firmi in vestra permanemus dilectione, magis dum et Salvator 362 designanter expressit dicens (*Joan.* XIII): *In hoc cognovimus, quod mei estis discipuli, si dilectionem habueritis in invicem.*

Interea continebat seriens Excellentiæ vestræ, quod accedente proximo mense Octobri, dum Deo ut in ipsos vindictam exerceat, et Petri [sancti Petri] justitias quas promisit faciat. Indicat se Carolo Paulinum quemdam vinctum misisse, quod male de eo locutus esset; ipsumque conjurat [adjurat] ut idem de suis inimicis faciat. » CENN.

[c] Exstat hujus Epist. Summar. apud Bar. tom. IX, anno Christi 795. Summ. 52, et apud Cent. GRETS.

[d] Quandonam et cur legati isti venerint, non constat. Monebam in præcedenti (not. [e].) ejusdem latores forsan fuisse. Certe Dodo archiepiscopus cum Possessore episcopo redierat Romam legati munere fungens dimissusque est septembri mense, ut paulo infra planum fiet. Quatuor mensium spatium ad ultro citroque eumdem satis superque est. CENN.

[e] Lamb. et Gent. legunt : *Satisfacti sumus, et vos in nostra charitate firmiter esse permansuros. Sed peto te coram Deo, charissime fili, sicut jam olim per nostros affatus......*

[f] Hic locus a Lambecio et Gentiloto restitutus ex ms. Cod. hinuere videtur quæ an. 774 de Leone archiepiscopo Ravennate scripserat, quippe qui falsa suggerendo per suos missos Carolum demereri tentaverat, mendaciis 'n Adrianum conflatis (ep. 51, al. 54) ut civitates Æmyliæ ab se invasas Caroli consensu retineret. CENN.

nensis, Samninus, Sæpinas, Sulmonensis, Theatinus, Valvensis. » Cum igitur horum aliquis consecrandus erat, aliqui ex clero et populo Romam venire cum electo consueverunt, ut patet ex lib. Diur. (cap. 3, tit. 2) hisce enim verbis advocabantur : « Jam fatum virum religiosa violentia tenete, et ad sanctam nostram sedem perducere festinate. » CENN.

[a] Per laudatos missos, ut est in præcedenti epistola, Carolo transmiserat donationes authenticas patrimoniorum « in partibus Tusciæ, Spoleto, non Benevento, atque Corsica, simul et Savinensi patrimonio.» Illa autem omnia, ut pote extra ecclesiasticam ditionem sita, et tunc peticrat, et modo iterum petit ut sanctæ sedi restitui curet. Nam ad pauperum et peregrinorum sustentationem, ad fovenda ecclesiarum lumina piasque ad alias erogationes addicta erant. Dum contra quæ ex civitatibus locisque ecclesiasticæ ditionis proveniebant, ad nutriendos exercitus, aliosque ad reipublicæ usus necessaria erant. ID.

[b] Argum. Panv. (*Cod. Vat.* 52) : « In trigesima secunda [trig. sec.] multa admodum de fide, et constantia sui amoris Carolo scribit. Admonet illum, ut amicitiæ et promissionis ad confessionem Petri (beati Petri) factæ recordetur. Cum eodem expostulat, quod legatum suum Anastasium in Francia detineat. Accusat Longobardos, hortaturque Carolum,

favente in partibus Italiæ adveneritis [a], omnia quæ beato Petro regni-cœlorum clavigero et nobis polliciti estis, ad effectum perducere maturabitis : lætitia enim patris est profectio filiorum, et de eorum provectu naturalis affectus congaudet; quapropter salutis tuæ agnoscentes perfectionem hilares redditi sumus, et quia pro augmento et exaltatione matris suæ sanctæ Dei Ecclesiæ in Italiam destinatis properare, ut perficiatur magis magisque optamus. Sed Deus et Dominus noster Jesus Christus faciat nobis in propinquo de vestra præsentia gaudere et una vobiscum in invicem exsultare.

De missis nempe nostris, Andrea videlicet coepiscopo, seu Pardo egumeno [b], unde nobis intimandum direxistis, ut cum missis vestris Possessorem fratrem nostrum episcopum, atque Dodonem religiosum abbatem, a vestris regalibus vestigiis [c] repedantes [d] dirigeremus, ita adimplere velocius destinavimus. Sed Pardus egumenus propter imbecillitatem corporis sui proficisci minime valuit, et direximus in vicem illius Valentianum episcopum.

Illud vero quod de Anastasio misso nostro nobis indicastis, quod aliqua importabilia verba quæ non expediebat vobis **363** locutus fuisset, unde valde tristes effecti fuistis, et pro hoc adhuc apud vos eum detinetis [e] nimis noster frangitur animus, dum Langobardi et Ravennates fatentur, inquientes quia nullo modo rex in apostolica permanet charitate, dum ejus missum apud se detinet. Sed neque ab ipsis mundi exordiis cognoscitur evenisse, ut missus protectoris tui beati Petri, magnus vel parvus, a quacunque gente detentus fuisset; sed jubeat nobis eum vestra sollicitudo dirigere, et severissime eum sciscitantes juxta noxam ei repertam, eum corripiemus.

Nam de Langobardo illo qui cum eodem Anastasio misso nostro ad vos properavit, nomine Gaidifridus [f], unde nobis significastis, ut dum in nostro fuisset palatio, fraudem agebat adversus vestram regalitatem, insuper et vestro suasisset notario falsas conficere litteras, per quas nos cupiebat in scandalum vobiscum mittere, quod avertat Divinitas, neque invenietur homo qui nos possit per quemvis modum adversus vos in iracundiam provocare, sed testis nobis est Deus qui occulta hominum cognoscit, per nullum argumentum eum infidelem vobis cognovimus; sed, ut brevius dicamus, si ille qui ab amatore tuo beato Petro ad vos destinatur talia **364** suscipere meruit, quid considerandum est de nefandissimis et nimis strophariis Paschali et Saratino, qui talia, ut et vos per honorandos vestros apices insinuastis, in hac Romana urbe agere ausi sunt, quale nunquam ab exordio mundi auditum est; fortasse et dum talia egissent et vestris obtutibus se conjuxissent, non ambigentes pro reatu quem operati sunt, vos deprecati sunt ut eos in nostram reduceres gratiam; sed magis coram vestra præsentia et nostris missis detractionibus vacabant et miror valde quod illos, qui talia et inaudita de his coram vestris obtutibus proferebant verba, in magnis deliciis habere dignosceris [g]. An nescit vestra præcellentia quia si quæcunque persona, de qualibet gente, adversa aut inania de vestra eximia celsitudine retulisset verba, dignam in eum exercentes vindictam, vinctum eum usque ad vestram direxissemus excellentiam, sicut et de Paulino egimus. Pro quo deprecamur atque conjuramus præcellentiam vestram, dulcissime fili, per redemptorem Dominum nostrum Jesum Christum, ut viriliter Deo vobis inspirante exsurgatis, et miseræ et flagitiosæ præsumptionis,

---

[a] Extremo Augusto mense aut Septembri data videtur hæc epistola, quam an. 777 ascribo cum Cointio et Pagio, quia res bene gestas video in Saxonia apud annalistas, præcipue *Francor. et Fulden.*, ac propterea itineris in Italiam instituendi opportunius tempus contingere haud potuit Carolo, qui bellum meditabatur in Saracenos Hispaniæ, quod seq. anno suscepit ac feliciter gessit, quanquam in reditu, Wasconum insidiis est petitus in saltubus Pyrenæis, dum in rebellantes Saxones summa celeritate exercitum reduceret; vide epistolam præced. (not. [d]). CENN.

[b] Hegumeno, id est monachorum præfecto seu antistite. GRETS.

[c] Gent. legit : *ad vestris regalis vestigiis*, et Tengnagelium hæc verba in *a vestris regalibus vestigiis* correxisse admonet.

[d] Recte et opportune monuit Gentilotus legi in ms. Cod. *ad vestris regalis vestigiis*, juxta elegantiam illius ævi, et Tengnagelium correxisse (melius dixerat depravasse) hunc locum. Possessor siquidem episcopus et Dodo abbas revertebantur ab Urbe in Franciam, non contra. CENN.

[e] Anastasius cubicular. an. 775 redierat ex Francia cum Andrea episcopo, cujus collega legationis fuerat sub finem anni præcedentis. Anni ejusdem 775 extremo mense Andream iterum cum Pardo hegumeno legatos eos missos videmus, nec sequenti anno ullius mentio occurrit, quanquam epistolæ quatuor ad Carolum sint allatæ. Anastasium alicujus ex his

epistolis latorem fuisse hinc potest colligi; si enim pontifex detineri *adhuc* suum missum quereritur anno 777, jampridem igitur illuc profectus erat, adeoque præcedenti saltem anno. CENN.

[f] Hic est ille *habitator civitatis Pisanæ*, quem Gausfridum et Gausfredum nominabat Adrianus an. 774 (ep. 50, al. 55), cum Anastasio misso apostolico reducendum dedit ad Carolum adhuc in Italia degentem. Idem, quem genere Langobardum hune fuisse discimus, Carolo in suspicionem venerat fraudulenti hominis ac dissidia meditantis inter pontificem et Francos : quare nihil mirum si de apostolico etiam misso, qui socium itineris eum habuerat, suspicari aliquid cœperat; adeoque oblata occasione novæ legationis, dictis aliquot parum prudenter accedentibus, illum apud se detinebat. Adrianus autem Gausfrido breviter et suæ duntaxat scientiæ auctoritate defenso, Anastasium detineri queritur, inauditum ante eum diem affirmans, ut sanctæ sedis legatus detineretur. Summa est, violatum jus gentium jure doluisse pontifici ejusque causam ad se spectare non dissimulasse. ID.

[g] Par hoc nequissimorum hominum, qui tot sceleribus coinquinati fraudulenter Caroli gratiam inierant, coramque eo missisque apostolicis eo identidem proficiscentibus, de aliena fama detrahebant, Romam remitti ad judicium petit, sui enim juris erat eos plectere. Id velim ab iis animadverti, qui Romæ id temporis rerum administrationem obscuram dictitant. ID.

ut pium regem [a] decet, regalem [Gent., legalem] vindictam vobis de eis exercere jubeatis [b], ut in hoc cognoscant gentes, quia ob amorem beati Petri magnam in nobis habeatis dilectionem, ut qui 365 nobis dolentibus condolent, ita et nobis lætantibus congaudeant; aut nobis eos dirigere digneris ut omnipotens Deus respiciens de excelso, pro justa vindicta [c] a nobis eis inferenda, concedat tibi, una cum excellentissima filia nostra regina et amantissimis natis, longa spatia vitæ per metas annorum, et ego licet peccator, dum de eis perfectam suscepero justitiam, magis ac magis, ut ago, ante ipsius janitoris regni cœlorum sacram confessionem assiduo pro vestra incolumitate fundere valeam preces. Incolumem excellentiam gratia superna custodiat.

LXIII.

366 ITEM EPISTOLA EJUSDEM PAPÆ,

AD DOMNUM CAROLUM REGEM DIRECTA,

Pro exaltatione sanctæ Ecclesiæ, et de orationibus ipsius apostolici [d].

(*An. Dom.* 778, *Cod. Car.* LXII, *chron.* 62.)

ARGUMENTUM. — Carolo Saracenis Hispaniæ bellum inferenti nuntiat de assiduis orationibus diu noctuque cum universo clero pro ejus victoria. Se futurum confidere, ut nunquam a fide, charitate, et promissione deficiat, quam coram divo Petro fecerat, sibique invicem polliciti erant.

Domno [e] excellentissimo filio Carolo, regi Francorum et Langobardorum, atque patricio Romanorum, Adrianus papa.

A Mellifluæ et a Deo protectæ tuæ excellentiæ, benignissime fili, honorabiles suscepimus syllabas, quibus et cum nimio amore liquido informati sumus [f], sed omnipotens, clemens, et misericors Deus, in cujus manu cor excellentiæ tuæ, bone et Deo imitabilis fili, regitur, corroboret cor et mentem tuam et brachium suæ potentiæ tibi extendat. Nos quidem die noctuque nunquam desistimus, cum sacerdotibus cunctoque Christiano populo, in confessione beati Petri principis apostolorum, suppliciter exorare [g], ut una cum excellentissima filia nostra regina, et præcellentissima vestra nobilissima prole, victorem te 367 super omnes barbaras nationes faciat, quatenus omnes sub tuo brachio humiliati vestigia pedum tuorum prorsus osculentur, et Ecclesia Dei a

B vestra a Deo instituta regali potentia nimirum [*Grets.* nimium] exaltetur; nunquam enim credimus, quod semel pollicitus es super venerabile corpus beati Petri clavigeri regni cœlorum, ut quælibet falsa potestas seu principatus poterit tuam firmissimam excellentiam segregare a charitate, et amore, quem a cunabulis tuis [h] beato Petro principi apostolorum habuisti; sed in ea fide et dilectione, simulque et promissione te confidimus permanere, in qua et nos firmi et stabiles quod facie ad faciem polliciti sumus, Domino præsidente et beato Petro principe apostolorum mediante, usque in finem manemus. Unde omnipotens, pius, et misericors Deus, longo ac prospero senio, una cum præcellentissima filia

---

[a] Lamb. legit : *ut pote pius rex*; Gentilotus : *ut pote pium regem*, et monuit verbum *decet* in manuscripto deesse, sed interpolatum fuisse a Tengnagelio qui sic exinde habet : *ut pium regem decet.*

[b] Hunc locum qua male exceptum, qua depravatum a Tengnagelio, legas juxta Lambecii et Gentiloti recensionem : *et miseræ et flagitiosæ præsumptionis, ut pote pius rex* [Al. *pium regem*] *legalem vindictam nobis de eis exercere jubeatis.* Etenim jubere, ut Cangius allatis exemplis comprobat, est *dignari, velle*: et pontifex jus suum exercere volens, Carolum orat, ut scelestos illos dignetur Romam mittere, quemadmodum ipse Paulinum reum in Franciam miserat: quam rem hodieque faciunt principes, ut suo quisque jure utatur in subditos sibi populos. CENN.

[c] Vindicta hujusmodi *legalis* nuper appellata, seu legitima et juxta leges, exercebatur tum temporis a pontifice opera præfecti urbis, quemadmodum nostro ævo, modico cum discrimine fieri solet. Ex Adriani ejusdem epist. ap. Anast. (sect. 298) in

D causa necis illatæ Sergio secundicerio : « Universi siquidem primates Ecclesiæ atque judices militiæ ascendentes unanimiter cum universo populo in Lateranense patriarchium prostrati apostolicis vestigiis obnixe eumdem almificum pontificem deprecati sunt, ut vindictam atque emendationem fieri præcepisset de tanto inaudito piaculo..... Tunc præfatus sanctissimus præsul precibus judicum universique populi Romani, jussit contradere antefatum Calvulum cubicularium, et prænominatos Campanos præfecto urbis, ut more homicidarum eos coram universo populo examinaret. » Postea narrare pergit, quemadmodum Calvulus *in eodem carcere crudeli morte amisit spiritum*, cæteri exsilio damnati. Juxta hanc *legalem vindictam* a pontifice exerceri solitam jure principatus sui, *perfectam suscipere justitiam* volebat de duobus iis scelestis hominibus, qui Caroli officiis redire cupiebant in pontificis gratiam. ID.

C [d] Argum. Panv. (*Cod. Vat.* num. 19) : « In decima nona [dec. n.] orat pro exaltatione sanctæ Dei Ecclesiæ, et simul de orationibus Romanorum pro Carolo et suis indicat. » CENN.

[e] Summ. 19, Bar. ibid. GRETS.

[f] Celat prudenter quæ amicus Carolus nuntiarat de itinere nimirum Hispanico et bello quod susceptus erat in Saracenos. Annal. Fulden. brevi : « Carlus cum exercitu in Hispaniam usque Cæsaraugustam venit. Pampilonem urbem destruit. De Ainalarabi et de Habitabu præfectis Saracenorum obsides accepit, Wasconibus et Navarris subactis revertitur in Franciam. Annal. Francor. tradunt Carolum celebrasse « Pascha in Aquitania in Villa, quæ dicitur Cassivogla : » seu Casinogilo, ut ait Regino, aliique. Datæ igitur hæ litteræ, cum Carolus id bellum suscipere deliberaverat, fortasse etiam responsum pontificis ante cœptum iter acceperat ; nam Pascha eo anno fuerat 19 Apr. Petrus de Marca (*Marc. Hisp.* lib. III, cap. 7) et ex eo Pagius (an. 778, num. 1 seq.) propositionem istam ab Eginharto, et scriptor. Francis narratam colligit, breviore sermone complectitur. Baron. (an. 778, n. 4) suppositam sancti Ludgeri epist. Hispanici et Saxonici belli testem adhibet. Henschen. ap. Pag. (eod. a. n. 9) quam vana, et futilis sit illa epistola ostendit. CENN.

[g] Argumentum certum suscipiendæ expeditionis. Orationes autem fieri cœptas superiori anno, cum primum est auditum Romæ de Saracenis Hispaniæ, credibile est ; nam pontifex earum rationem reddit, quæ tum fiebant, non earum, quæ deinceps fierent. ID.

[h] Exaggeratio est : nam Carolus anno post avi sui Caroli Martelli mortem, videlicet 742 natus erat ; quare cum Pippinianum, seu paternum diploma Carisiaci confirmavit an. 754 ætatis duodecimum agebat. Neque initium isto altius amoris ejus in beatum Petrum dari potest. ID.

nostra regina et nobilissima sobole, regni gubernacula faciat perfrui, et vitam æternam vobis tribuat possidendam. Incolumem Excellentiam vestram gratia superna custodiat.

LXIV.
368 ITEM EPISTOLA EJUSDEM PAPÆ,
AD DOMNUM CAROLUM REGEM DIRECTA,

In qua continetur de venundatione mancipiorum genti paganæ Saracenorum facta; et prædictus papa excusans Romanos nunquam tale scelus perpetrasse, sed a Langobardis et Græcis eos traditos esse dicit [a].

(An. Dom. 778, Cod. Car. lxv, chron. 65.)

ARGUMENTUM. — Gratulatur Carolo de incolumitate ejus et totius regni Francorum, aitque se cum omni clero et populo perennes ei victorias et regni dilatationem precari. Falsum esse suos Romanos vendidisse mancipia Saracenis, sed illa Græcos a Langobardis emisse. Se nequidquam duci Alloni scripsisse, ut Græcos caperet, combureretque eorum naves; sibi enim nec navigia nec nautas ad id suppetere; nihilominus ad illud mali avertendum, comburi fecisse Græcorum naves in suo portu Gentumcellensi, Græcos carcere aliquandiu detinuisse. Romanos sacerdotes incontinentiæ accusari falso ab iniquis hominibus.

Domno [b] excellentissimo filio Carolo, regi Francorum et Langobardorum, atque patricio Romanorum, Adrianus papa.

Insignis præconii vestræ a Deo fundatæ regalis potentiæ syllabas suscepimus, et Deo omnipotenti gratias egimus [c], qui nos certos reddidit de sospitate a Deo protecti regni vestri, simul et de spiritali filia nostra regina, dulcissima vestra conjuge, et prole [d], et pro cunctis episcopis, diversis sacerdotibus, senatu, et universo a Deo conservato populo Francorum; cognitor 369 enim et scrutator cordium et renum Deus noster, quia et sincere sine qualibet occasione in vestra melliflua regalis potentiæ permanemus charitate, et deprecamur Dei omnipotentis clementiam cum nostris episcopis, sacerdotibus, clero, atque senatu, et universo nostro populo, ut vobis indesinenter victorias tribuat et vestrum dilatet regnum [e], ad exaltationem spiritalis matris vestræ sanctæ Dei Romanæ Ecclesiæ et salutem populi nobis a Deo commissi, quia vestra exaltatio nostra est lætitia; et semper desideramus et cupimus quæ nona sunt atque prospera de vestro a Deo protecto regno et omnium Francorum salutaria addiscere, quia nos post Deum in alio fiduciam non habemus nisi in vestro fortissimo brachio; et sicut prædecessor noster, domnus Stephanus papa, bonam habuit fiduciam in genitore vestro sanctæ recordationis domno Pippino rege, ita et nos multo amplius in vestro fortissimo regno confidimus et certi permanemus.

Reperimus etiam in ipsis vestris mellifluis apicibus de venalitate mancipiorum, quasi per nostros Romanos venundati fuissent genti nefandæ Saracenorum; sed nunquam, quod absit, in tale declinavimus scelus, aut per nostram voluntatem factum fuit, sed in littoraria Langobardorum semper navigaverunt nec dicendi Græci, et exinde emebant ipsam familiam, 370 et amicitiam cum ipsis Langobardis fecerunt, et per eosdem Langobardos ipsa suscipiebant mancipia [f]. In quibus et direximus exinde Alloni duci, ut præpararet plura navigia, et comprehenderet jam dictos Græcos, et naves eorum incendio concremaret; sed noluit nostris obtemperare mandatis [g], quia nos nec navigia habemus nec nautas et pro Christianissimis regibus, ut Deus et Dominus noster subditas illis faciat omnes barbaras nationes ad nostram perpetuam pacem. » Si enim legas *pro Christianissimo rege Carolo*, orationem ipsam tempore Adriani habebis. Perinde est de precibus ferial. ad laudes, *Domine, salvum fac regem*, aliisque quæ in desuetudinem abierunt. Certe diurnæ nocturnæque preces frequenter in his epistolis memorantur, quarum auctor fuisse Adrianus videtur. CENN.

[f] Mancipia ista, ni fallor, Carolus deprehendit in Hispania. Hac autem epistola docemur Græcos fecisse piraticam et Langobardos, qui Carolo tum subditi erant, non fidei levitate, sed suadente fame, ut paulo infra dicit Adrianus, id sceleris perpetrasse. Non autem video cur contra fidem hujus epistolæ Annalista Italicus huc vocet littoralia Ligurum; Luca enim ejusque finibus Langobardorum littoralia terminabantur, ac de iis hic agitur. ID.

[g] Putat Annalista idem (eod. a. 785) Adriano creditum esse Italiæ regimen a Carolo (qua in re eum falli mox patebit) arguitque eos qui credunt Lucensi duci totam Etruriam paruisse, Regimbaldo Clusino duce ac Gundibrando Florentino in exemplum allatis, qui unius civitatis non autem provinciæ administrationem pro illius temporis consuetudine obtinuerant. Cæterum Allo, ut mihi videtur, nulli præerat civitati, sed militaris ejus administratio erat, ut aicbam supra (ep. 50, al. 55, not.). Idcirco a pontifice jubetur parare classem adversus Græcos piratas, eos comprehendere, atque eorum navigia comburere. Id vero non obscure innuit, Tusciam Regalem, seu *ducatum Tuscanum*, ut Carolus eam appellat in Testamento (Pith. part. II, p. 84) una cum Spoletano ducatu, sancto Petro et Romano pon-

---

[a] Argum. Panv. (Cod. Vat. 16): « In decima sexta [dec. sex.] de suis et Romanorum orationibus pro Carolo indicat. Romanos excusat, quod non vendiderunt Saracenis Christianos, sed in Longobardos et Græcos culpam istam transfert. Sacerdotes etiam suos excusat [defendit] quod non sint polluti libidinibus, de quibus ad [apud] Carolum accusati erant. Invocationem sanctorum tradit. Gloriatur quod [erant. Quod] Græcorum naves combusserit plurimas, et [combuss. et] ipsos Græcos in vinculis detinuerit [detinuerit, ipsum demum monet]. » CENN.

[b] Summ. 16, Bar. et Cent. GRETS.

[c] Cum primum rediit Carolus ab expeditione Hispanica, de rebus a se feliciter gestis amicum pontificem monuit. Non alio spectant gratiarum actiones hic memoratæ. Annalista Italus (an. 785) veteribus chartis sæpe deceptus hanc epistolam nullo jure ad annum 785 differendam putat. Vide commentationem præviam, num. 26. CENN.

[d] Videtur aliquid deesse pertinens ad preces fusas pro Carolo et universi regni statibus. GRETS.

[e] Multa ad nos usque pervenerunt ab Adriano instituta, quæ in solemnibus Ecclesiæ precibus hodieque obtinent, et circa hæc tempora originem habuerunt. In ordine Rom. I. ap. Mabill. (*Mus. Ital.* tom. II, p. 47) de Sabbatis Quadrages. legitur: « Sabbato tempore Adriani institutum est, ut flecterctur pro Carolo rege; antea vero non fuit consuetudo. » Item fer. IV et VI majoris hebdomadæ (*Ibid.*, p. 19, et 25) de solemnibus orationibus: « Dicit orationem pro rege Francorum, deinde reliquas per ordinem. » Unde facili negotio assequimur, cujusmodi esset oratio illa: quam et in Missali Gallicano veteri (Thomas. tom. VI [. 390] ita conceptam videmus: « Oremus

nautas, qui eos comprehendere potuissent, tamen in suæ protectionis dextera vos conservare dignetur ad quantum valuimus, Domino proferimus teste, quia exaltationem sanctæ Dei Romanæ Ecclesiæ. Incolu magnum exinde habuimus certamen, cupientes hoc mem excellentiam vestram gratia superna custodiat. ipsum scelus vetare, qui et naves Græcorum gentis in portu civitatis nostræ Centumcellensium comburi fecimus, et ipsos Græcos in carcere per multa tempora detinuimus [a]; sed a Langobardis, ut præfati sumus, multa familia venundata fuit, dum famis inopia eos constringebat, qui alii ex eisdem Langobardis propria virtute **371** in navigia Græcorum ascendebant, dum nullam habebant spem vivendi.

De sacerdotibus autem nostris, quod vobis falso et contra Deum et animam eorum suggerere ausi sunt, mentita est iniquitas sibi, et nulla est Domino annuente in nostris sacerdotibus pollutio, nec talia credere debet vestra sublimitas. Dum vero, Domino cooperante, per intercessiones sanctæ semper virginis Mariæ dominæ nostræ et beati Petri apostolorum principis, in vinculo charitatis atque dilectionis nos annectere dignatus est, nunc vero quærunt æmuli nostri, qui semper zizania seminaverunt, aliquam, illis Deo contrario, inter partes malitiam seminare. Sed Domino auxiliante, per intercessiones beati Petri apostoli prævalere minime habebunt, quia nos cum Domini virtute talem in vestro regali culmine habemus fiduciam, dicit enim Psalmista (*Psal.* XI): *Disperdat Dominus universa labia dolosa, et linguam maliloquam* [*magniloquam*], qui talia nobis inaudita mala suggerunt et crimina in nostris sacerdotibus ponunt. Deus autem noster

LXV.

372 ITEM EPISTOLA EJUSDEM PAPÆ,

AD DOMNUM CAROLUM REGEM DIRECTA,

In qua continetur de Mauricio episcopo, quod Histrienses ei oculos eruissent [b].

(*An. Dom.* 778, *Cod. Car.* LVII, *chron.* 64.)

ARGUMENTUM. — Mauricium episcopum in territorio Histriensi a Græcis ibidem morantibus excæcatum esse, quasi Carolo id territorium tradere meditaretur. Se eum misisse ad Marcarium ducem Forojuliensem, cui orat ut mandet excæcati episcopi restitutionem, tanquam Carolo et sanctæ sedi fidelis, qui ad colligendas inibi pensiones sancti Petri ab eodem Carolo erat destinatus.

Domno excellentissimo filio Carolo, regi Francorum et Langobardorum, atque patricio Romanorum, Adrianus papa.

Credimus, quod jam ad vestræ a Deo protectæ excellentiæ aures pervenit de episcopo Mauricio Histriensi [c], qualiter, dum eum fidelem beati Petri et nostrum cognovissent, nefandissimi Græci qui in prædicto ibidem territorio residebant Histriensi, et dum per vestram excellentiam dispositus fuit prænominatus Mauricius episcopus, ut pensiones beati Petri quæ in superius nominato territorio exigeret [d] et eas nobis dirigere deberet, zelo ducti tam prædicti Græci quamque ipsi Histrienses, ejus **373** oculos eruerint [e], proponentes ei ut quasi ipsum

tifici subjectam esse an. 774, cum Carolus primo Romam venit, supremo licet dominio in utrumque ducatum retento. Quare donatio illa *per fines* ap. Anastasium, quæ auctoris rerum inscii dictitatur non labili nititur fundamento. At vicaria, inquiunt, potestate utebatur pontifex in regno Italiæ, sic volente Francorum rege. Hæc vero levis conjectura est: neque enim Ticini aliarumque civitatum Italiæ regni usquam invenitur pontifex sategisse, ullamque in iis potestatem, utcumque vicariam, exercuisse; ut in Tusciæ Regalis ac Spoletani ducatus civitatibus eum fecisse comperimus. Vide Comm. præv. (n. 12 seq.) et notas ad ep. 90. al. 92. CENN.

[a] Supremi dominii Rom. pontificis in ducatu Romano, quem uni spontaneæ populorum deditioni referebat acceptum, Adrianus ista suppeditat argumenta, quæ vanas tot recentiorum quæstiones eludunt. Primo nec navigia nec nautas sibi esse affirmat; igitur Augustis Orientis, qui eo genere apparatus abundabant, cum Romanis nil rei erat. Deinde Centumcellas cum suo portu appellat *civitatem nostram*. Non igitur ab anno 800 duci debet initium dominationis pontificiæ. Demum quotquot Græcorum naves in portum se receperant, comburi, homines in carcerem trudi jusserat. Obsequii genus erga Orientis Augustos! Qui pontificis supremum dominium hic non videt, conclamatum de illo est. ID.

[b] Argumentum Panvinii desideratur : litterarum ætas incerta. In novissima edit. Duchesnii collocatur inter annum 774 et 781. Equidem Forojulianum ducem Rodgaudum supra constitui cum Annal. Franc. (Ep. 57, al. 59) devictum esse a Carolo an. 776. Eodem anno excæcatio episcopi Histriensis facta videtur. Aut igitur hoc anno, aut præcedenti datam hanc epistolam consecutæ res demonstrant. Murator. differt ad 779. ID.

[c] Sex erant tum temporis sedes episcopales in Istriæ provincia, quarum hodie duæ Tergestum, et Petinum Austriacis parent, Justinopolis, Pola, Parentum, Æmonia, Venetis. Quartus inter antistites hujus postremæ sedis, quæ et Civitas Nova hodie dicitur, fuisse creditur Mauritius in novissima edit. Ughelli (Tom. V, pag. 229), cujus memoria est in gradu baptisterii adhærentis ecclesiæ cathedrali : *Baptisterium digno marmore Mauritius episcopus Æmonen .... In*.

[d] Res est de patrimonio Istriæ (S. Greg. lib. IV, Ep. 49), non enim sancta sedes jus ullum habuit in ea provincia, at Carolus in sua donatione illam nominat inter fines ecclesiasticæ ditionis extremam. ID.

[e] Animadvertit Zanettus (*Hist. Langob.* p. 675) ab aliquo affirmari, quod Istria paruerit Græcis usque ad an. 789. Murator. (an. 779) auctoritate hujus epistolæ aliqua saltem ex parte Istros in Græcorum potestatem rediisse docet; horum alterutri habeatur fides, Adriani sententia corruit. Ughellus, et qui eum sequuntur, Græcis Gothos et Langobardos, atque his Francos vicissim successisse autumantes in provinciæ dominatu, Adrianum integerrimum testem contrarium habere videntur. Si enim crudelitatis causam Græci et Histri adducebant metum ne episcopus ille provinciam tradere Francorum regi moliretur, non igitur ea Francis subdita erat. Sed Carolus, Forojuliano ducatu in potestatem redacto, Histriam, quæ illius pars fuisse traditur, intactam reliquisse haud credendus. Ipse enim episcopo Æmoniæ, civitatis maritimæ, ac longe dissitæ ab eo ducatu, rerum sanctæ sedis satagere jusso, et Histriam Forojuliani ducatus vices secutam esse testatur. Tametsi Histri primo aut novum dominium detrectantes, aut a Græcis ibidem existentibus seducti scelus illud perpetrarunt. ID.

territorium Histriense ᵃ vestræ sublimi excellentiæ tradere debuisset.

Propterea petimus a Deo protectam excellentiam vestram, amantissime fili et magne rex, ut jubeas dirigere Marcario duci præcipiendum, ut jam fatum Mauricium episcopum, qui in visione vestræ excellentiæ præsentatus est ᵇ, ut cum in suo episcopio reverti faciatis pro vestræ animæ mercede, eo quod ipse jam dictus episcopus ad nos properavit, et nos cum iterum direximus ad Marcarium ducem Forojuliensem, ut qualiter a vobis fuerit dispositus, ita peragere debeat ᶜ. Et hoc petimus excellentiam vestram ut per vestrum congruum dispositum ipsa [*Lamb.*, *Gent.*, ipse] apprehendatur, prout salus populi qui ibidem commoratur proveniat. Incolumem excellentiam vestram gratia superna custodiat.

LXVI.

374 ITEM EPISTOLA EJUSDEM PAPÆ,

AD DOMNUM CAROLUM REGEM DIRECTA,

In qua continetur quod Neapolitani cum Græcis civitatem Terracinensem invasissent ᵈ.

(An. Dom. 780, *Cod. Car.* LXIV, *chron.* 65.)

ARGUMENTUM. — Græcos et Beneventanos consilio Arichis Benev. ducis invasisse Terracinam, quam ipse acquisierat sanctæ sedi. Orat ut Wulfuinum jubeat Romæ adesse, Kalendis Aug. cum Tuscanis, Spoletanis, ac Beneventanis pro Terracina recipienda, expugnandisque Cajetano Castro et Neapoli. Antea convenisse sibi cum Petro Neapolitanorum misso ut quindecim sibi obsides nobiles darentur, quos una cum Terracina redderet, si per eorum patricium Siciliæ Patrimonium sancti Petri recuperare licuisset; Arichim obstitisse, ne darentur obsides, quia Desiderii filium præstolabatur ex Græcia, cum eo rem gesturus contra Carolum et sanctam sedem.

Domno ᵉ excellentissimo filio Carolo, regi Francorum et Langobardorum, atque patricio Romanorum, Adrianus papa ᶠ.

Nullum plus credimus victoriosissimæ regalis excellentiæ vestræ uti præsidium, quam quod ᵍ erga beatum Petrum apostolorum principem, et pro ejus sanctæ Ecclesiæ exaltatione, sicut cœpistis, usque in finem decertari ʰ, quatenus salutantes triumphatorissimæ erga vos benivolentiæ vestræ ⁱ per hos nostros affatus enucleatius vobis de partibus istis insinuamus, qualiter nefandissimi Neapolitani et Deo odibiles Græci, præbente maligno consilio Arighis duce Beneventano, subito venientes Terracinensem **375** civitatem, quam servitio beati Petri apostolorum principis, et vestro atque nostro antea subjugavimus, nunc autem invalido consilio, iterum ipsi jam fati nefandissimi Neapolitani, cum perversis Græcis invasi sunt ʲ. Nos quidem sine vestro consilio nullatenus ibidem dirigere voluimus. Sed poscimus vestram a Deo promotam regalem excellentiam, ut sicut solita est, pro amore beati Petri clavigeri regni cœlorum, disponere debeat, et celeriter nobis Wulfrinum dirigere ᵏ, ut hic apud nos Kalendis Augusti paratus esse festinet, atque talem eidem mandationem facere jubeatis, ut cum omnibus Tuscanis seu series rerum quas continet ad hunc circiter annum spectare palam facit. Quare Cointio et Pagio adhæreo. At Muratorii nimiam libertatem damno, qui ad annum 787 eam differt, eoque anno ac sequenti congerit tot epistolas, tantamque molem rerum digerit, ut historiam omnem misceat; qua de re suo loco dicendum erit. CENN.

ᵍ Lamb. legit : *quam nos eo quod*; Gent. : *quod quam*.

ʰ Lamb. : *decertare non cessetis*.

ⁱ Lamb. : *triumphatorissimam erga nos benevolentiam vestram*.

ʲ Historiam istam a pontifice luculente narratam non modo Annalista Italus, sed ante eum Cointius et Pagius, mirum in modum depravarunt. Ii siquidem epist. 73 Cod. Car. (nobis 60) ætatem minime assecuti, eam perperam ad an. 788 distulerunt; quare rebus in ea narratis haud edocti rectam hujus sententiam assequi omnino non potuerunt. Anno igitur 777 aut sequenti, quod est probabilius, Romani cum Tuscanis et Spoletanis arma inferentes Beneventanis, qui cum Tarracinensibus fœdus percusserant adversus civitates Campaniæ Romanæ, Tarracinam expugnarunt, Cajeta, ut videtur, non tentata, quamquam et Cajetani fœderati essent, cum patricius Siciliæ (prorex hodie diceretur) ibidem haberet suam sedem. Vide ep. 60, al. 73, n. 8. Eamdem civitatem hoc anno Neapolitani cum Græcis conjuncti, consilio præbente Arichi, receperunt. CENN.

ᵏ Ducem hunc pontifici notum tractandis armis insignem Adriano acceptum referunt scriptores Franci, cujus quippe neque apud veteres, neque apud recentiores Scriptores mentio occurrit. Ni fallor, idem auxiliorum ductor fuerat, quæ Adrianus in laudata epistola 60, al. 73 generali Romanorum exercitui se adjecturum aiebat. Ex Tarracinæ expugnatione hic memorata colligimus eum exercitum illuc ductum, vacuumque istud pontificiæ historiæ aliquatenus supplemus. ID.

ᵃ Territorium Histriense semel, iterum, ac tertio hic nominatum pro tota provincia usurpatur ab Adriano. Non uno in loco Cod. Theod. neque una significatione adhibitum invenitur. Pro tota possessione cujusque decurionis l. II *de Exaction.* ut notat Gothofr. Exemplum autem haud remotum a sententia Adriani adducitur a Du-Cangio ex Siculo Flacco : « Bellis gestis victores populi terras omnes, ex quibus victos ejecerunt, publice atque universaliter Territorium dixerunt. » Infra totam provinciam Sabinensem *Territorium* pariter appellari compertum erit. Vide comm. præv. (n. 32 seq.) CENN.

ᵇ Si excæcatus episcopus ad Carolum ductus erat, id igitur contigit ipsa in expeditione Forojuliensi ann. 776, antequam Carolus inde discederet, vixdum rerum sancti Petri exactione eidem demandata, quæ res causa fuit invidiæ unde scelus profluxit. ID.

ᶜ Itio ista et reditio ad Marcarium, quem Carolus Rodgaudo suffecerat, necnon Romana profectio episcopi commode fieri potuere anno 777, aut primis mensibus anni insequentis absolvi. Propterea epistolam de tanta re agentem non diutius differendam sum ratus. ID.

ᵈ Argum. PANV. (*Cod. Vat.* 17) : « In decima septima ad Carolum [Dec. sept. apud Car.] Neapolitanos ac Græcos accusat, quod consilio Arichis Beneventanorum ducis civitatem suam Terracinensium [Tarracinam] invaserint; et a Carolo Petri [sancti Petri] amore auxilia postulat, ut ipsam et alia in ducatu Neapolitano ad beatum Petrum pertinentia recipere possit : quod [quia] virtus atque gloria papæ [pontificis] una cum beato Petro Carolus sit [Petro ipse Car. sit]. » ID.

ᵉ Summ. 17, Bar. et Cent. — Principium corruptum est. GRETS.

ᶠ Ante annum 781 datam esse hanc epistolam est certo certius; nam, ut sæpe dixi, *compatris* titulus Carolo, *commatris* reginæ non tribuitur. Præterea

Spoletanis [a], atque cum ipsis nefandissimis Beneventanis in servitio vestro pariterque nostro ad recolligendam ipsam civitatem Terracinensem adveniant, simulque Domino annuente ad expugnandum Cajetam [b], seu Neapolim, nostrum recolligentes patrimonium quod ibidem in territorio Neapolitano ponitur, occurrant; ut eos in omnibus subjugantes, sub vestra atque nostra sint ditione [c].

376 Placitum quidem cum ipsi fallaces Neapolitani (*Grets.*, ipsis fallacibus Neapolitanis) per missum eorum nomine Petrum in festum sanctum Paschæ habuimus, patrimonium nos beati Petri apostoli qui ibidem in Neapoli ponitur exquirentes, et in vestro servitio eos subjugare desiderantes, ut quindecim obsides ex nobilissimis eorum filiis nobis dantes, ipsam civitatem Terracinensem illi colligerent, sub ea videlicet ratione, ut issent ad patricium eorum in Sicilia, et si nostrum patrimonium reddere voluissent, ipsam civitatem et obsides reciperent. Sed nos sine vestro consilio neque obsides neque ipsam civitatem reddere habuimus, eo quod pro vestro servitio ipsos obsides apprehendere cupiebamus [d], quia eorum malignum consilium aliud non est, nisi una cum infidelissimo Arighi (*Grets.*, Arichi) duce Beneventano tractantes, et quotidie missos nefandissimi patricii Siciliæ ipso Arighi suscipiente, impedimentum jam fatus Arighis solus fecit, ut minime nos obsides a jam dictis Neapolitanis reciperemus; quia quotidie ad istam perditionem filium nefandissimi Desiderii [e] dum nec dicendi regis Langobardorum expectat, ut una cum ipso pro vobis nos expugnent [f]. Sed hoc petimus vestram a Deo promotam excellentiam, ut nulla qualisvis persona vobis pro hoc impedere (*Lamb.*, impedire) valeat, pro amore beati Petri et nostro, quia nullo modo **377** potest eos sinere, ut vobiscum pariter ab illis derideamur, quia nostra virtus atque gloria una cum beato Petro apostolorum principe vos estis. Nos quidem pro nihilo deputamus (*Lamb.*, reputamus) ipsam civitatem Terracinensem, sed ut non per illum (*Id.*, illam) vitium incurrat, ut infideles Beneventani sicut desiderant locum invenientes, a vestra subtrahantur fide [g]; idcirco ista vobis insinuantes dirigimus, ut per vestrum adminiculum, sicut fati sumus, Ecclesia protectoris vestri beati Petri apostoli exaltata, laus vestra atque victoria in universo mundo sonetur, et in perpetuum una cum excellentissima filia nostra regina, atque præcellentissimis vestris suboles, cum sanctis omnibus regnare mereamini. Incolumem excellentiam vestram gratia superna custodiat.

LXVII.

378 ITEM EPISTOLA EJUSDEM PAPÆ,
AD DOMNUM CAROLUM REGEM DIRECTA,

In qua continetur de camerado vel trabibus seu lignamine, quod necesse erat ad ipsam ecclesiam sancti Petri faciendum, et de corpore sancto quod Fulgatus [Fulradus] petiit [h].

(*An. Dom.*780, *Cod. Car.* LXI, *chron.*66.)

ARGUMENTUM. — Adone diacono misso regio adve-

Supra ad epist. 60 et 63, al. 73 et 75, de ducatibus Tuscano et Spoletano a Carolo oblatis sancto Petro spontanea, ut est in diplomate Ludovici, donatione, nonnihil dixi. En novum argumentum. Auxilia utrinque efflagitat Adrianus; sed quia supremum ibi dominium sibi Carolus reservaverat, a Carolo ipso vult eos milites imperari ducemque iisdem dari. Beneventanos etiam ut pote Carolo tanquam Langobardorum regi subjectos ab eodem juberi petit exercitui pontificio opem ferre, magno tamen cum discrimine: nam iis ex ducatibus, ubi juris aliquid Ecclesia habebat, omnes milites accersiri petit. De Beneventanis autem cum stomacho loquitur, et flocci faciens eorum opem. CENN.

[b] Cajetam ait expugnandam, non autem recipiendam, ut Tarracinam. Quia scilicet cum ante triennium eo processit Romanus exercitus, Cajetam, ut nuper dixi, patricii tum præsentia haud dubie munitissimam ne tentavit quidem. ID.

[c] Anno 769, Stephanus III, ut vidimus (ep. 46, al. 54, not.) laudat Itherium missum Bertradæ reginæ viduæ, Carolique regis filii ejus, quod in partes Beneventani ducatus se contulerat, recuperandi causa alterum e duobus patrimoniis celeberrimis, in Gregorii Magni Regesto, nempe Campanum, quod num sancta sedes receperit, incertum. At Neapolitanum, quod nonnisi expugnando urbem Neapolim recuperari posse Adrianus innuit, a Campano seu Beneventano distinctum erat. Cæterum ab expugnatione civitatum Neapolis et Cajetæ, post Tarracinæ recuperationem magna securitas ditioni pontificiæ et Carolinæ proventura erat; nam Græcis inde expulsis inferior tantum Calabria in Italia remanebat amplissimo ducatu Beneventano disjuncta, ipseque ducatus Carolo Italiæ regi subjectus, minus commode moliri poterat res novas cum Græcis. Quare prudentissimum erat Adriani consilium, si perfici potuisset. ID.

[d] Inutilis ea conventio facta cum Neapolitanis per Petrum eorum missum in Paschali solemnitate, quæ contigit die 26 Martii, de accipiendis obsidibus hisque una cum Tarracina restituendis, si patrimonium illud sanctæ sedi redderetur, Neapolitanis Græcisque occasionem præbuit, exstimulante Arichi, ut de improviso Tarracinam aggrederentur facerent. Quare deliberatio ista pontificis de bello iterum iis inferendo, ad Maium mensem pertinere videtur. ID.

[e] Arichis Adelbergam Desiderii filiam, Adelgisi sororem, jampridem uxorem duxerat, prolemque ex ea susceperat. Quare de Adelgiso in paternum regnum restituendo fuisse sollicitum nihil mirum. ID

[f] Aut suspicio esset, aut vere Græci cum Beneventanis ecclesiasticam ditionem aggressuri essent, ut Francorum injuriam ulciscerentur; desipiunt qui Romanos Græcorum juris adhuc esse dicitant. ID.

[g] En luculenter explicatam causam, cur nidum illum Græcorum infido Beneventani ducatus principi nimis vicinum amovendum omni conatu censet. Beneventani, vellent nollent, Carolo Langobardorum regi subjecti erant. At Arichi occultæ perfidiæ homini Græcorum vicinitas metuenda erat. ID.

[h] Argum. PANV. (*Cod. Vat.* 20) : « In vigesima [viges.] per Oddonem diaconum missæ trabes, seu ligna ad Ecclesiam sancti Petri [sancti Petri cooperiendam] a Carolo petit. Orat etiam ut Vuilchanus archiepiscopus Romam mittatur; de corpore sancto, quod Oddo diaconus, cum Julrado [Fulrado] abbate olim sibi dari petierat, indicat quomodo absterritus sit ad ipsum mittere. Promittit se missurum Candidi martyris corpus, si petat Carolus. Quod Beneventani ac Neapolitani consultare cum Græcis soleant indicat [aperit :] sed quid Oddonem diaconum indicaturum promittit. » ID.

niente se audivisse de constanti ejus voluntate erga sanctam sedem. Petit quantocius advehi Romam condicta ligna e Spoleti partibus pro reficiendo tectorio arcuato in basilica sanctiPetri, apta enim non reperiebantur in ditione ecclesiastica. Adonem ipsum cum Fulrado abbate olim venientem petiisse corpus sanctum; se ab iis movendis territum visione quadam; suum praedecessorem Paulum concessisse Aciulpho presbytero corpus sancti Candidi quod erat apud Wilcharium archiep., idque illi se concedere. De Neapolitanorum congressibus cum Graecis et Beneventanis, de quibus antea scripserat, se cum Adone communicasse quae coram referret.

Domno [a] excellentissimo filio Carolo, regi Francorum et Langobardorum, atque patricio Romanorum, Adrianus papa [b].

Directus a vestigio regalis excellentiae vestrae Ado [Addo], Deo amabilis diaconus, noster vesterque fidelis, multa nobis consueta, quae erga nos et beatum Petrum apostolorum principem geritis, retulit. Quatenus omnipotenti Deo et ejusdem apostolo gratias egimus, indesinenter orantes pro vestra sospitate atque ampla victoria. Porro, dilectissime atque excellentissime fili, sicut direxistis nobis [c] nostram petitionem adimpleri pro trabibus ad restaurationem sanctae Ecclesiae, poscimus vestram a Deo promotam excellentiam, ut Kalendis Augusti, hic ad limina beati Petri fautoris vestri, si fieri potest, paratae inveniantur, ut exinde sempiterna memoria vestra et hic et in futuro permaneat. De camarado autem, quod est ypochartosa [*Lamb.*, hypochartosis], ad renovandam in basilica beati Petri apostoli [d] nutritoris vestri, prius nobis unum dirigite magistrum, qui considerare debeat ipsum lignamen, quod ibidem necesse fuerit, ut sicut antiquitus fuit, ita valeat renovari, et tunc per vestrae regalis praecellentiae jussionem dirigatur ipse magister in partibus Spoleti, et demandationem [*Fors.* de mandatione] ibidem de ipso faciat lignamine, quod in praedicto ypochartosin, hoc est camarado, necesse fuerit, quia in nostris finibus tale lignamen minime reperitur [e] et pro hoc sanctissimus frater noster Wulcharius archiepiscopus [f] nunc minime fatigetur venire, dum ipsum lignamen per semetipsum siccetur, quia dum viride est non audemus exinde opera qualiacunque facere.

---

[a] Summ. 28, Bar. et Cent. GRETS.

[b] Annalista Italus hanc epistolam ad an. 786 perperam differt ex causis saepe dictis. Compatris praecipue titulus deficiens ad annos praecedentes 781 eam revocat. Idcirco noviss. edit. Duchesni eam incerto anno consignat inter 774 et 781. Recte Zacagnus (Cod. ms. num. 157) animadvertit datam paulo post praecedentem. Extrema ejusdem narratio de Neap. Benev. et Graecis simul consilia ineuntibus a praecedenti disjungi non posse comprobat. CENN.

[c] Praecipuum Adonis munus erat responsum Caroli afferre de trabibus Spoleto advehendis pro sancti Petri basilicae instauratione, ut hinc perspicue patet. Adriani litteras hac de re in Codicem non esse relatas innuere videtur Carolum eas tantummodo collegisse, quae ad sanctae sedis utilitatem spectabant, neglectis iis quas familiares dicimus : ita siquidem praefatur in Cod. ms. : « Ita omnia exarans, ut nullum penitus testimonium sanctae Ecclesiae profuturum suis deesse successoribus videatur. » Cur autem Romae idem factum sit non intelligo, quanquam enim consuetudo ingens, quae Adriano cum Carolo intercedebat, hunc cum illo suam collectionem communicasse persuaderet ; attamen argumentorum dissimilitudo, et ordo varius epistolarum secus docent. Itaque credibilius est, de hujusmodi minutis rebus missorum voce actum esse, quam scriptis litteris. Et vero nullas pontifex ab Adone sibi redditas memorat, quae suarum responsum sint. Voce igitur facta erat petitio trabium, cui par responsio a regio misso defertur. ID.

[d] Hoc loco utitur Du-Cangius *camaradum* explicaturus : « Est autem, inquiens, hypocartosis, tectorium, sive crusta, qua parietes et camerae inducuntur. » *Hypocartosim* autem Graecam vocem idem significanter adhiberi ait ab Adriano pro ipso ligneo fornice et ipsa concameratione. Quae cujusmodi olim esset, peti oportet ex tabulis in archivo Vatic. basil. exstantibus, quae etiam occurrunt apud Ciampin. (*de Sacr. Aedif.* cap. 4), huc enim non spectat de his rebus tractatio. Caeterum Adrianus, juxta Du-Cangium, *hypocartosim* pro mera concameratione trabium minus recte adhibet, nam in ejus gestis ap. Anastas. (sect. 542) vera significatio conceptis verbis exprimitur : « Cameram vero beati Petri apostolorum principis in omnibus destructam atque dirutam exemplo olitano exsculpens, diversis coloribus a novo fecit. » Neque hujus instaurationis tectorii a Carolo factae mentio ulla in iisdem invenitur. Imo eorumdem gestorum auctor ne concamerationis quidem Caroli opibus confectae usquam meminit. Ex Eginharto (*Vit. Car.* cap. 27) constat, Carolum nil habuisse « antiquius, quam ut urbs Roma sua opera suoque labore veteri polleret auctoritate, et ecclesia sancti Petri Apostoli per illum non solum tuta ac defensa, sed etiam suis opibus prae omnibus Ecclesiis esset ornata ac ditata. » ID.

[e] Hujusmodi magistrorum inopem fuisse Romam Adriani tempore, qui suis omnibus praedecessoribus tecta ecclesiarum instaurando aliisque id genus operibus longe anteivit, ne cogitari quidem debet. Unum prae caeteris exemplum adduco ipsius basilicae sancti Petri ab Adriano instauratae (ap. Anast. sect. 335), haud evocatis aliunde hominibus : « Mitteus Januarium vestarariorum suum, cognoscens eum idoneam personam, cum multitudine populi, mutavit ibidem trabes numero quatuordecim, atque totum ejusdem basilicae tectum, et porticus noviter restauravit. » Hic vero juxta quod convenerat inter pontificem et Carolum aut scripto aut voce, Wilcharius archiepiscopus Galliarum operi praeesse debebat ; petiturque magister operae, qui necessarias instaurationi trabes consideret, easque postmodum in ducatu Spoletano excidi jubeat ac Romam duci. Quorsum haec ? Instauratio scilicet Francorum regis opibus facienda erat, adeoque summae fidei exemplo imitatione digno, cum sacra loca liberalitate principum aut exstruuntur aut instaurantur, Wilcharium archiepiscopum faciendae operae Adrianus praefecit. Praeterea in Spoletano ducatu, quanquam sanctae sedi oblato, Carolus supremum jus sibi reservarat ; neque aequum erat ut inde aliquid auferretur nisi Carolo eodem jubente. Ita et Carolus, ut infra planum erit, cum ex palatio Ravennate musiva et marmora exoptabat (ep. 81, al. 67) a pontifice, cujus erat supremum jus in exarchatu, sibi concedi petiit. Caeterum tanta cum religione Adrianum peragi omnia voluisse per homines fideles Caroli, res erat singularis prudentiae ; nam postea eidem regi plus sibi tribuenti quam par erat ob assentatorum consilia, restitit suique exemplum Carolo imitandum proposuit (epist. 93, 97, al. 71, 85). ID.

[f] Senonensis archiep. est Pagio (an. 782, n. 5), ejusdemque sedis archiepiscopum (quod nomen tum temporis commune erat metropolitis omnibus) putat fuisse Mabillonius in Annal. Bened. (lib. XXIV,

Præfatus autem Addo Deo amabilis diaconus, olim dum cum fratre nostro Fulrado, Deo amabili, religioso abhate et presbytero [a], huc venisset, petiit nos ut ei corpus sanctum tribueremus, sed nos, sicut jam dudum vobis direximus, per revelationem **381** territi, nullo modo audemus ex ipsis sanctorum corporibus amplius quid exagitare [b], sed si vestra voluntas fuerit in corpore beati Candidi martyris, quod apud Wulcharium fratrem nostrum archiepiscopum rejacet, si mutatum non est ; sed ipsum est, quod sanctæ recordationis prædecessor noster domnus Paulus papa concesserat dudum Aciulfo presbytero [c], una vobiscum ipsum illi concedimus sanctum corpus, quia per concilium et fide dignas personas testimonium reddentes, ejus locum atque Ecclesiam reperimus, unde a jam fato domno Paulo papa ipsum sanctum corpus apud jam dictum Aciulfum presbyterum concessum est [d].

De partibus autem Neapolitanis, sicut cum nefandissimis Græcis seu Beneventanis conciliant (*Lamb.*, *Gent.*, *Grets.*, consiliant), qualiter vobis insinuantes **382** per nostras apostolicas syllabas direximum. 76). Alibi autem (lib. XXI, n. 55) annalista idem docet, Wilcharium Viennensem episcopum an. 740 ecclesiam suam a laicis direptam indignantem secessisse in monasterium Agaunense, quod sancti Mauritii etiam audit, quo tempore Sedunensis item episcopus memoratur Wilicarius, crediturque a nonnullis unus et idem esse, quod improbatur a Mabillonio (*Annal.* l. XXIV, n. 6) ; non enim fieri potuisse credit, ut abdicata ecclesia Viennensi, Sedunensi postmodum præfuerit. Certe an. 765 Attiniacensi conventui interfuit Wilicarius episcopus ex monasterio sancti Mauritii, et 769 Wilcharius archiepiscopus Senonensis primus ex duodecim præsulibus Franciæ subscribit concilio Lateran. Stephani III, quem Sammarthani fratres in editione altera auctiori Galliæ Christianæ aiunt occubuisse mortem eodem anno celebrati concilii, cum antea ex Agaunensi monasterio Thebæorum martyrum reliquias in Senonensem sedem advexisset. Fateor equidem a veritate minus abhorrere, quod Wilcharius idem Viennensis ecclesiæ abdicator ante annum 769 Senonensis archiepiscopus crearetur, ac trigesimo tandem post abdicationem anno decesserit. At eumdem fuisse superstitem an. 780, cum instaurationi basilicæ sancti Petri præfectus fuit, annisque insequentibus, cum Ægilam Illiberitanum episcopum ordinavit et in Hispaniam misit, incredibile prorsus videtur : nam præter eos annos quibus Viennensem sedem tenuit ante abdicationem, alii plusquam quadraginta tribuendi illi essent, quod abhorret ab omni fide. Iterum de hoc loquar (ep. 69, al. 95). CENN.

[a] Quantum allucinetur Annalista Italus hanc epistolam differens ad an. 786 hinc luculente patet; nam Fulradus Dionysianus abbas an. 784, XVII Kal. Aug. occubuit mortem, ut late ostendit Mabillon. (*Annal.* lib. XXV, num. 43). Vide insignis viri laudes apud Pagium (an. 784, n. 8). ID.

[b] Sæculo sexto exeunte exstant Gregorii Magni litteræ ad Constantinam Aug. caput sancti Pauli efflagitantem (*Regestr.* lib. IV, ep. 50, ind. XII). Post centum octoginta annos, dum reliquiarum translationes fieri consueverunt, maxime ad eludendam Græcorum impietatem; talia testari Adrianum de sanctorum corporibus Romæ existentibus non obiter advertendum.‥Paulus siquidem Adriani prædecessor, paulo infra laudatus in hac epistola, « cernens plurima sanctorum cœmeterior. loca neglecta..... atque jam vicina ruinæ posita, protinus eadem sancta cor-

mus [e], omnia minutius in ore posuimus fidelissimis vestri missi, scilicet Addoni diacono, quod vobis enucleatius simulque per ordinem enarrare debeat [f], ut sicut semper et nunc per vestram a Deo confirmatam regalem potentiam, sancta Ecclesia exaltata triumphet (*Lamb. add.* et vos) in ampliato honore, una cum spirituale filia nostra regina, seu præcellentissima vestra prole, a terreno regno fulgentes in perpetuum cum sanctis omnibus regnare mereamini. Incolumem excellentiam vestram gratia superna custodiat.

LXVIII.

383 ITEM EPISTOLA EJUSDEM PAPÆ,

AD DOMNUM CAROLUM REGEM DIRECTA,

In qua continentur gratiarum actiones pro exaltatione sanctæ Dei Ecclesiæ, et de territorio Savinensi, quemadmodum prædictus rex sancto Petro pollicitus fverat, quod in integro contradere jubeiet [g].

(*An. Dom.* 781, *Cod. Car.* LXIX, *chron.* 67.)

ARGUMENTUM. — Cum Carolus, mense Aprili, dum Romæ erat, territorium Sabinense concessisset pora de ipsis dirutis distulit cœmeteriis ›, et in urbem transtulit, ut est ap. Anast. (sect. 259). Præterea Chrodegango Metensi episcopo tria concessit corpora sanctorum martyrum, nempe Gorgonii, Naboris, et Nazarii, quorum translatio in Franciam apud annalistas et martyrologos celebris anno 765, ut refert Pagius ex Mabill. aliisque (an. 764, n. 1). Itemque Aciulpho aliud, teste Adriano, illuc pari modo translatum. Quare Adrianus modum imposuit hujusmodi translationibus, visione præsertim territus, cujus meminit. ID.

[c] In Missali Gothico, quod Bona, Thomasio, Mabillonio viris doctissimis testibus ad Galliam Narbonensem (possessam olim a Gothis) pertinuit, magnoque tota Gallia usui fuit, est missa sanctorum martyrum Agaunensium seu Thebæorum, qui apud Agaunum sunt passi prope Sedunum. Mauricii tantum nomen exprimitur; sed ap. Ruinartium (*Act. Sinc.* pag. 242, edit. Veron.) inter præcipui memorantur, Mauritius primicerius, Exsuperius campiductor, et Candidus senator, quæ omnes sunt militares dignitates. Candidi etiam Sebasteni mentio occurrit apud Adonem (11 Mar.) et antiquiores martyrologos. Romani autem hujus Candidi historia his tantum litteris refertur accepta, historia tamen obscuritatis plena, cui nulla lux affulget aut ab aliis litteris Codicis, aut a veteri ullo monumento. Num Adonis prior adventus Romam cum Fulrado, ejus petitio, et visionis aut revelationis quæ pontificem terruit narratio, scripto an auribus commendata fuerint, incertum : Aciulfus ipse presbyter sanctique martyris traditio eidem facta ignorantur. Id unum, docente Adriano, certo scimus, sancti martyris corpus apud Wilcharium archiep. servari, contra Panvinianii argumenti sententiam; et Adonem illud petiisse, non Fulradum, ut perperam affirmatur in argumento hujus Cod. Car. ID.

[d] Ecclesiam locumque, unde corpus extractum fuerat, cœtu fidelium convocato, ac personis fide dignis auditis, Adrianus reperit. Res igitur in urbe ipsa, ipsisque cœtaneis tunc etiam obscura. ID.

[e] Indicatio minus dubia præcedentis epistolæ. ID.

[f] Græcos videlicet una cum Neapolitanis consilio Benev. ducis recepisse Tarracinam ; de bello iis iterum inferendo, ejusque præcipuo fine; ac de rebus aliis in præcedenti singillatim enarratis. ID.

[g] Argum. Panv. (*Cod. Vat.* 14) : « In decima quarta [dec. quar] continentur gratiarum actiones

sanctæ sedi, pontifex mittit suos legatos Agathonem diaconum ac Theodorum consulem et ducem nepotem suum, qui ejus territorii possessionem petant. Victorias hucusque ab eo relatas divo Petro ascribendas esse, cui quæ territoria et civitates largitus erat, grata oblatio fuerat summo Deo, per quem vicerat, regnumque ejus, ac regia familia in universo terrarum orbe celebris effecta erat.

Domno [a] excellentissimo filio nostroque spiritali [b] compatri Carolo, regi Francorum et Langobardorum atque patricio Romanorum, Adrianus papa.

Beatus David rex et propheta, Spiritu sancto repletus, pro futuri regni vestri erga beati Petri apostolorum principis sanctam Ecclesiam benivolentia dignaque solatia ac splendidissima rutilantia orans, canit et dicit (*Ps.* LXVII) : *Manda, Domine, virtutem tuam, confirma hoc, Deus, quod operatus es in nobis a templo sancto tuo, quod est in Jerusalem; tibi offerunt reges munera.* Ex quibus muneribus ditata spiritalis mater vestra sancta catholica et apostolica Romana Ecclesia, per vestra a Deo **384** protecta laboriosa certamina, relevata exsultat, a templo sancto beati Petri fautoris vestri. *Confirma hoc, Deus, quod operatus es* [*Lamb.*, confirmat. . . . operatus est] *in nobis*, crebro orantibus in vobis triumphum, et mandat quotidie virtutem suam per beatum Petrum apostolorum principem, vobis subjiciens omnes barbaras nationes, dilatans atque amplius exaltans in toto orbe terrarum vestrum splendidissimum regnum ; et quoniam non valet linguæ nostræ ferculum ut dignum est de vestro præcelso mihique dulcissimo amore explicare, apostolica voce proclamamus dicentes (*Hebr.* 1) : *Multifarie multisque modis olim Deus loquens patribus in prophetis, novissime diebus istis,* per unigeniti sui magnificæ operationis virtutem ostendit magnalia in orbe terrarum, donans vobis per beatum Petrum pro exaltatione sanctæ Dei Ecclesiæ ; et de territorio Savinensi [agro Sabinensi] petit, ut sicut pollicitus fuerat, in integro [in integrum] contradi jubeat. » CENN.

[a] Sum. 14, Bar. et Cent. GRETS.
[b] Hic semper titulus in sequentibus epistolis occurrit ; quare Annalistæ Italo easdem cum relatis miscenti non audiendum, ut aiebam in comm. præv. Cointius, et cum eo Pagius (782, num. 4) recte hanc epistolam aliis præferunt de Terr. Sabin. At epistolæ ipsius exordium patefacit, primam omnium quæ sequuntur conscriptam esse. Propterea Adrianum, qui mense Aprili, dum Carolus Romæ erat, Sabinensis territorii donationem acceperat, octo fere menses de ineunda ejus possessione siluisse parum credibile est. Huc accedit, quod iter missorum ultro citroque euntium eadem de causa, et quidquid gestum ab iis fuit, jubente semper Carolo, coarctari in anni unius angustias non debent, adeoque prima hæc saltem epistola huic anno tribuenda est. Quod ex sequentibus palam fiet. CENN.
[c] Monebam supra (ep. 64, al. 57, not. [c]) ab Adriano æque Histriensem provinciam ac Sabinensem, *Territorii* nomine designari. Vide quæ ibi sunt dicta de aliis territoriis. ID.
[d] Memoria repetendum est quod anno 777 (ep. 59, al. 49) de patrimoniis Tusciæ, Spoleti, Beneventi, Corsicæ, et Sabinæ, iampridem donatis sanclavigerum regni cœlorum, victorias, quas [*Grets.*, quibus], dextera Dei cooperante et protegente, multis documentis de vestris allatis muneribus, Ecclesia beati Petri enituit, tam de civitatibus quam de diversis territoriis sub integritate [c] eidem Dei apostolo a vobis offertis [*Id.*, oblatis], et ideo poscentes vestram a Deo promotam regalem clementiam petimus, ut sicut a vestra prærectissima excellentia beato Petro nutritori vestro, pro luminariorum concinnationibus, atque alimoniis pauperum, Savinense territorium sub integritate concessum est [d], ita id tradere integrum eidem Dei apostolo, præsidiante vestro præcellentissimo annisu, dignemini. Quidquid enim regni cœlorum janitori beato Petro apostolo affertis, in sempiterna memoria pro vobis simulque et præcellentissima filia nostra et spiritali commatre [e] **385** domna regina, et pro vestris nobilissimis atque excellentissimis natis, nec non et pro omni Christo dilecta genealogia vestra, sacrificium purissimum atque holocaustum divinæ suavitatis odore fragrante in ara vestri pectoris ejus invisibili majestati mactatis, et pro tam magna vobis concessa a Deo super omnes reges per beatum Petrum gratia, nullus sit de adversariis qui vestro mellifluo cordi suadere valeat, ab amore beati Petri apostoli protectoris vestri seu a nostra dilectione, quam usque optantes permanemus [*Lamb.* add. recedere], ut non deficiat laus vestra per totum orbem terrarum de ore hominum victorias vobis a Deo concessas prædicantium ac diffamantium.

Magnopere [f] [*Lamb., Gent.*, Opere] enim direximus, vestræ regali potentiæ fidelissimos missos nostros, videlicet dilectissimum filium nostrum Agathonem diaconum, seu Theodorum eminentissimum consulem et ducem, nostrumque nepotem [g], qui vice nostra vobis enucleatius sicut ejus in ore posuit ctæ sedi aiebat pontifex. Id enim discriminis memoratas provincias occurret, quod unica Sabinensis vocatur *Savinense patrimonium ;* qui scilicet patrimonium et territorium indifferenter appellabatur ea provincia, ut dixi in Comm. præv. (num. 52). Id si Pagius animadvertisset, haud invenisset epistolas hac de re agentes, ut territorium a patrimonio secernerent, quod nihilominus non fecit ; sed totam turbavit historiam (ann. 781, n. 1; 782, n. 4), nam Cointii allucinationem non sensit. Notari autem debet, non modo nomine, sed etiam conditione, territorium istud patrimonia imitari, utpote peregrinis, pauperibus, ac luminaribus addictum. ID.
[e] Titulum *commatris* semper deinceps invenies, quandiu Hildegardis regina superstes fuit, quod non modico adjumento est ad litterarum chronologiam stabiliendam. ID.
[f] Codicis lectionem restituunt Lambec. et Gentilot. Quid autem sibi velit adverbium *opere* in hisce litteris non semel occurrens Ducang. forte non assecutus, vocem præteriit. Eadem est usus Steph. II (ep. 9, al. 6) simili prorsus notione ; ait enim, *opere namque direximus*, ut hic Adrianus : quare hoc adverbium pro *idcirco* aut simili ab utroque adhibitum videtur. ID.
[g] In epistola nuper laudata 59, al. 49, de illustri hoc viro est dictum (not.). ID.

mus poscentes suggerant; quos petimus pro amore beati Petri apostoli, benigne cum nimio amore eos suscipere, et illis pro causis beati Petri principis apostolorum vestræ a Deo protectæ regali potentiæ suggerentibus, dignemini obaudire preces, ut dum a vobis remeaverint et nobis vestram renuntiaverint prosperitatem, referentes simul de causis ejusdem Dei apostoli effectum, et noster pro hoc relevatus fuerit animus, digne valeamus cum propheta psallentes orare (Ps. XIX) : *Domine, salvum fac regem, et exaudi nos in die qua invocaverimus te.* Omnipotens itaque Deus in vobis gratiam suam quam cœpit perficiat, atque vitam vestram, una cum præcellentissima filia nostra et spirituali commatre domna regina, vestraque nobilissima prole, et hic per multorum annorum circula extendat, simul gubernacula annuat **386** in ampliori culmine victoriis perfrui, et post longa tempora senioque profecto [Grets., provecto], in cœlestis vos patriæ congregationem recipiat, ut ibidem sine fide regnare mereamini. Incolumem excellentiam vestram gratia superna custodiat.

LXIX.
ITEM EPISTOLA EJUSDEM PAPÆ,
AD DOMNUM CAROLUM REGEM DIRECTA,

In qua continetur de territorio Savinense, qualiter Itherius et Maginarius missi domni regis ipsum territorium in integro partibus sancti Petri reddere voluerunt, sed propter iniquos homines minime potuerunt [a].

(An. Dom. 782, Cod. Car. LXVIII, chron. 68.)

ARGUMENTUM. — Ut Sabinense territorium traderetur possidendum sanctæ sedi, venerunt missi regii Itherius abbas et Maginarius capellanus, qui una cum pontificiis continuo in id territorium profecti sunt. At variis ex causis quas, ut ait Adrianus, referent iidem missi, rem integram relinquere debuerunt. Quare erat pontifex, ut cum Stephano

[a] Argum. Panv. (*Cod. Vat.* 13) : « In decima tertia [dec. ter.] epistola ad Carolum indicat Ittherium [Itherium] et Monegarium territorium [agrum] Sabinense partibus sancti Petri [Sab. sancto Petro] reddere voluisse, sed propter iniquos homines minime potuisse [id minime præstari valuisse]. » CENN.
[b] Summ. 13, Bar. et Cent. GRETS.
[c] Hæc depravata sunt. GRETS.
[d] Lamb. legit : *quotidie, quatenus per hæc bonitatis suffragia.*
[e] Gratiarum actiones hujus epistolæ alio non spectant quam ad regios missos qui Romam cum pontificiis venerant juxta præcedentis petita. In Cod. Carol. fortuito obtinet suam sedem. In Vaticano item ordine inverso collocatur, quod alias factum vidimus. Pagius eam differt ad annum 783, post reginæ Hildegardis mortem, quia caret ejus nomine, at neque filiorum fit mentio, quare tam ipse quam Zacagnus, aliique ejus opinionem secuti decipiuntur ; nam posteriores quæ paulo infra referentur, et reginam et filios laudant. Est potius cur credamus epistolam ocissime scriptam discedentibus missis, dum summa tantum rei attingitur, omissis cæteris. At infra (ep. 71, al. 56) quæ hic fere indicantur, planiora atque explicatiora videre erit, post binas litteras de Hispanorum erroribus, quæ cum spectent ad hunc annum, diutius differri nequeunt. CENN.
[f] De Hitherio abbate monasterii sancti Martini Turonensis, qui erat Caroli cancellarius plurisque

Saccellario misso suo alterutrum ex iis remittat, qui fines constituat inter partes et possessionem antiqui patrimonii tradat sanctæ sedi.

Domno [b] excellentissimo filio, nostroque spiritali compatri Carolo, regi Francorum et Langobardorum atque patricio Romanorum, Adrianus papa.

Ad referendum præcellentissimæ regalis potentiæ vestræ beneficiis gratias, mens humana, ut reor, fari non potest de tantis laboriosis certaminibus quæ erga fautorem vestrum beatum Petrum apostolorum principem et nos geritis, **387** [c] quotidie bonitas suffragia, quatenus [d] ab ipso Dei apostolo dignam retributionem, et hic et in futuro vestra protectissima excellentia procul dubio credat habere [e].

Euntes autem apud Savinense territorium nostri vestrique fidelissimi missi, videlicet filius noster Itherius venerabilis abbas, seu Maginarius religiosus capellanus [f], sicut per vestrum bonum dispositum, voluerunt nobis contradere in integro jam fato Savinense territorium, et minime potuerunt, mittentes varias occasiones perversi et iniqui homines, tamen et ipsi jam fati fidelissimi missi omnia vobis subtiliter vice nostra referre possunt. Quapropter vestræ a Deo protectæ regali potentiæ reverendissimum missum nostrum Stephanum [g], dudum sacellarium, direximus suggerendum, ut pro mercede animæ vestræ, sicut cœpistis [h], ita in integro jam fato territorio [Lamb., fatum territorium] Savinense beato Petro regni cœlorum clavigero contradere jubeatis, ut ipse Dei apostolus pro vestra a Deo promota regali præcellentia præcipue suffragans, cum sanctis omnibus regnare mereamini ; quatenus pro ejusdem Dei apostoli amore et mercedis animæ vestræ, unum e duobus jam fatis missis cum præfato Stephano misso nostro nobis **388** dirigere jubeatis, ut sicut exantiquitus fuit et in veritate jam fati vestri fideles missi satisfacti sunt [i], in integro nobis contradere obivit legationes ad sanctam sedem, ac de ejus collega Maginario, qui Fulrado abbati Dionysiano successit anno 784, post diem 16. Jul. hujus emortualem, infra non semel in Adriani epistolis mentio est. Uterque in diplomate Ludovici Pii laudatur, quod juxta hic petita inter Reatinos et Sabinenses stabiliri fuerint fines per utrumque abbatem, videlicet post prædictum an. 784. Mabill. Annal. Bened. tom. II, pluribus in locis. ID.
[g] Idem an. 776 Spoletum adiens patefecerat Adriano iniqua consilia quatuor Italiæ ducum res novas molientium (ep. 57, al. 59), et an. 784 interest placito seu concilio in causa Pothonis abbatis sancti Vincentii ad Volturnum (epist. 78, al. 72). ID.
[h] Cœptum opus de tradenda possessione integri territorii non obscure indicat, hanc epistolam minus recte a Pagio, Mabillonio aliisque loco moveri, et postremam omnium quæ hic habentur recenseri. ID.
[i] Plenius agitur de his omnibus in prædicta epist. 71, sed notandum quod utrobique optatur, ut alteruter ex missis redeat ; hic autem proficisci Roma dicuntur cum Stephano, cuique eodem alteruter iterum mitti enixe petitur ; illic neque de missorum discessu, neque de unius reditu cum Stephano agitur, quia scilicet missi illi jam erant in Francia, neuterque iterum venerat : quæ res novam eam epistolam ejusdem omnino sententiæ produxit. ID.

præcipiatis, et signa [a], inter partes constituentes ut sine qualibet contentione aut controversia maneamus, ut opinatissima vestra memoria pro hoc in cœlestibus regnis maneat ampliata. Incolumem excellentiam vestram gratia superna custodiat.

LXX.
389 ITEM EPISTOLA ADRIANI PAPÆ,
AD EGILAM EPISCOPUM IN PARTIBUS SPANIÆ MISSA,
Pro fide orthodoxa tenenda, et pro jejunio vi *feria et sabbato celebrando* [b].
(*An. Dom.* 782, *Cod. Car.* xcv, *chron.* 69.)

ARGUMENTUM. — Ægilæ episcopo Hispano rectam fidem servare cupienti, catholicam Romanam Patrum auctoritate comprobatam litteris valde prolixis se emisisse ait. Quas cum minime ad eum pervenisse comperiat, cumque Carolus per Petrum Ticinensem episcopum flagitarit ut Ægilæ amico suo iterum mittantur, se earum exemplum ex archivo eductum ad illum tradere missis suis Bellerephonso et Joanni. Multa eum monet ut ab hæreticis sibi caveat. De jejunio fer. vi et Sabbati agit.

Adrianus [c] episcopus servus servorum Dei dilectissimo Egilæ episcopo [d]. Dudum præcipua gnaraque dilectio tua ad sedem apostolicam, quæ est caput totius [*Lamb.* add. mundi et omnium Dei] Dei Ecclesiarum, directos affatus, secundum vibrantissimam fidem quam erga beatum Petrum apostolorum principem et nos ex intimo gerit corde, cum nimio amore suscepimus, ad ea quæ ejus poposcit solertia, ex divino fonte oriri nitidius ac saluberrime sanctæ nostræ catholicæ et apostolicæ Ecclesiæ [*Grets.* add. vetusto] olitano ritu, orthodoxæ fidei exarantes, imo sanctorum Patrum venerandam institutionem sine macula speculantes, per earum tunc transvectores 390 tuæ emisimus almitati; et quoniam, ut fertur, nequaquam ipsi apostolici ad te profecti sunt apices, no-

stris eos habentes registris exaratos, infra rescribentes per harum gerulos, scilicet Bellerefonsum seu Johannem clericum direximus denuo [e] sicut nobis per fidelissimum missum suum, videlicet reverentissimum et sanctissimum Petrum Ticinensis ecclesiæ episcopum [f], præcellentissimus ac præfulgidus filius, et spiritalis compater noster domnus Carolus rex Francorum et Langobardorum ac patricius Romanorum, pro tua insigni dilectione poscendum emisit, et per ejus regale adminiculum tuis faventes votis adimplere prorsus studuimus. Illos vero procaces ac hæreticos homines, qui tuam subvertere nituntur orthodoxam fidem, et undique te coartantes, angustias et varias tempestates seminant, apostolico indutus præcepto simulque apostolicis imbutus disciplinis, seu saluberrimis orthodoxæ fidei sanctorum Patrum repletus institutis, eos qui tuas noluerint amplecti rectæ fidei prædicationes, post unam et secundam admonitionem seu increpationem, tanquam ethnicos et publicanos deputans, habeto pro nihilo eorum infrunitas insidias, propheta testante, qui ait (*Ezech.* III): *Si autem annuntiaveris impio, et ille non fuerit conversus ab impietate sua, et a via sua impia, ipse quidem in impietate sua morietur, tu autem animam tuam liberasti;* quatenus oportet te, vas [*Lamb.*, vasis] electionis, beati Pauli apostoli imitari præcepta ac vestigia sequi (*II Thess.* III): 391 *Subtrahere te ab omni fratre ambulante inordinate.* Et constans esto (*Rom.* VIII): *Quia diligentibus Deum omnia cooperantur in bonum.* Potius nempe si doctrinam sanctæ catholicæ et apostolicæ Romanæ Ecclesiæ secutus fueris, non timebis mala, quia fortissimus auctor ac ejus fundator beatus Petrus claviger regni cœlorum, tecum est usque in finem, Domino pollicente (*Matth. ult.*): *Ecce ego vobiscum sum omnibus diebus, usque ad consum-*

---

[a] Signa hic pro terminis accipiuntur. Cujus rei luculentissimum suppetit exemplum ex Wisigoth. lege (lib. x, tit. 3, § 3) ap. Ducangium: « Quotiescunque de terminis fuerit orta contentio, signa, quæ antiquitus constituta sint oportet inquiri, id est aggeres terræ, sive arcas, quas propter fines fondorum apparuerit fuisse constructas; lapides etiam, quos propter indicia terminorum sculptos constiterit esse defixos. Si hæc signa defuerint, etc. » (Glossar. v. *Signum* 3). Hosce autem terminos fuisse constitutos ab utroque misso constat ex diplomate Ludovici Pii, quo partes etiam nominantur, inter quas ii termini fuerant positi: « Quemadmodum ab Itherio et Magenario abbatibus missis illius inter idem territorio Sabinense, atque Reatinum diffinitum est. » Factum id post annum 784, non enim antea Maginarius erat abbas, ut supra (col. 334, not. [f]) dictum est. At tempus certum definiri non potest, quia litteris testatum in Codice isto non reperitur, CŒNN.

[b] Argum. Panv. (*Cod. Vat.* post 44): « Scripsit etiam ad alios quosdam, ut ad Egilam in Hispania episcopum, ipsumque hortatur de fide orthodoxa tenenda; pro jejunio sexta feria ac sabbato celebrando. » Abutitur sacræ Scripturæ testimoniis: *Ecce ego vobiscum sum usque ad consummationem sæculi,* illam promissionem pro Petro citat. — Postrema hæc pars, a verbo *abutitur* incipiens, a Panvinio deleta visitur in codice. ID.

[c] Baron. ib. post Sum. 44, ut et Cent. GRETS.

[d] Ex inscriptione hujus et sequentis epistolæ, nec-

non 82, al. 97, patet, non falli eos quibus videntur pontifices, cum præcellentibus quibusdam personis scriberent, nomen suum postposuisse, cum inferioribus, præposuisse; quam rem negat Garnerius (*Append. ad lib. Diurn.*, p. 144). Egilanem hunc episcopum appellant auctores Hispani sedisque Illiberitanæ, quæ Granata non multum distat, episcopum fuisse contendunt: quod vix credibile videtur, cum Hispania fere omnis sub Maurorum jugo gemeret, CŒNN.

[e] Epistola sequens est exemplum ejus quæ hic laudatur, authographum quippe in archivo sanctæ sedis servabatur. Itaque multo antea data fuerat; cum autem incertæ ætatis sit, ordinem cod. retinui. ID.

[f] Episcopi hujus mortem Cointius et Pagius consignant anno 785 ac proinde statuunt ætatem hujus epistolæ inter annum 781 et 785, nam titulus compatris Carolo tributus antiquiorem, Ticinensis episcopi mors recentiorem putari prohibent. Forte episcopi Ticinensis legatio adornata erit a Carolo, antequam ex Italia discederet an. 781, eodemque epistola data erit: at viris doctis adversari non lubet in re nullius momenti. Id certum esse contendit Basnag. apud Canis. (*Ant. Lect.* tom. II, pag. 286). Felicianæ hæresis natalem annum 785 a Pagio recte constitui auctoritate Adriani, qui in illam invehit (ep. 82, al. 97) non utique ad eum annum referendam esse Adriani epistolam illam tenet cum Pagio, sed rejicit ad annum 785, quam ego opinionem sequor, ut dicam ibi. ID.

mationem sæculi. Nulla quippe hebetudo atque quælibet ambiguitas ascendat in suavissimam sacramque mentem tuam, eo quod (*Matth.* v), *Qui persecutionem patiuntur propter justitiam, quoniam ipsorum est regnum cœlorum*. Et iterum (*Heb.* xi) : *Sancti per fidem vicerunt regna* [a].

Porro in ipsis referebatur apicibus tuis, qualiter vobis nimis intentio est de sexta feria et Sabbato, quod istos duos dies dicimus jejunio mancipandos. Nequaquam hæreticorum hominum ignaviam, atque impiam perversamque amentiam inanesque ac mendaces sequere fabulas, sed magis doctorum nostrorum, sanctorum Patrum, sicut nobis intimant, videlicet beati Sylvestri, atque Innocentii papæ [b], pariterque almi Hieronymi [c], seu Isidori, divinos sermones annecte, et ex nostra apostolica olitana regula, Sabbato jejunare, firmiter atque procul dubio tenens [d] tua non desinat sanctitas; si enim a regia non vis discedere via, prædictorum **392** sanctorum Patrum censuram non deseras, et beati Augustini opuscula legere non prætermittas, ubi egregium prædicatorem atque doctorem suum sanctum Ambrosium [e] meminit pro jejunio sabbati sanctam catholicam et apostolicam nostram Romanam nimis laudasse Ecclesiam, et quia, gerente Spiritu sancto, nullis tentationibus superari tuam almitatem conjicimus,

[a] Tota hac exhortatione, pro ejus temporis barbarie satis clara, confirmat episcopi constantiam adversus Hispanorum errores, quos haud singillatim recenset quippe quos aliis litteris expresserat, quarum exemplum adnectit; sequentem nempe epistolam, quæ hanc ordine præit. CENN.

[b] Quidquid sit de Silvestri decreto ap. Euseb. in ejus Vita, Innocentius in celeberrima epist. decretali ad Decentium Eugub. (cap. 4) ita nos edocet : « Non ergo nos negamus sexta feria jejunandum, sed dicimus, et sabbato hoc agendum, quia ambo dies tristitiam apostolis, vel his qui Christum secuti sunt, indixerunt. » ID.

[c] Sanctus Hieronymus Lucino Bætico (ep. 28) sic fatur: « De sabbato quod quæris utrum jejunandum sit, et de Eucharistia an accipienda quotidie, quod Romanæ Ecclesiæ et Hispanicæ observare perhibentur, ego illud te breviter admonendum puto, traditiones ecclesiasticas (præsertim quæ fidei non officiunt) ita observandas ut a majoribus traditæ sunt, nec aliorum consuetudinem aliorum contrario more subverti. » Vide auctores ap. Ducang. V. *Jejunium sabbati*, ubi et hæc epist. laudatur, præcipue autem diss. sextam Quesnel. ad sanctum Leonem adesis uberrime hac de re agentem. ID.

[d] Lamb. et Gent. legunt : *tenens instar celebrari*; quæ verba subducta linea deleta sunt, ut notat Gentilotus.

[e] Ambrosii verba Augustinus refert in epist. ad Casulan : « Quando hic (Mediolani) sum, non jejuno sabbato; quando Romæ sum, jejuno sabbato » (Aug. ep. 86), non enim ecclesiæ suæ consuetudinem improbabat. Sed Greg. Magnus (ad Aug. *interrog.* 5) aiebat : « Non enim pro locis res, sed pro bonis rebus loca nobis amanda sunt; » quippe qui eas tantum consuetudines non improbat, quæ meliores Augustino monacho viderentur quam Romanæ. Adrianus hic pro Romana consuetudine absolute pugnat. Ita etiam Nicolaus insequenti sæculo Hincmarum et Gallicanos alios præsules edocens : « Præcipue, inquit, cum de jejunio sabbati tempore sancti Silvestri confessoris Christi sit satis discussum et disputatum, atque ut

eas quas superius polliciti sumus, liquida exarationis pagina instituemus series.

LXXI.

393 ITEM EPISTOLA ADRIANI PAPÆ,

AD EGILAM EPISCOPUM, SEU JOANNEM PRESBYTERUM,

De eorum sacratione, vel constantia in partibus Spaniæ prædicandum, et de paschali festivitate, et de prædestinatione hominis, sive ad bonum, sive ad malum, et de coinquinatione eorum tam in escis quamque in potu, seu et de diversis erroribus, et de eorum pseudosacerdotibus, qui vivente viro sortiuntur uxores, et de libertate arbitrii, vel multis aliis capitulis in partibus illis contra fidem catholicam ortis [f].

(An. Dom. 782, Cod. Car. XCVI, chron. 70.)

ARGUMENTUM. — Exemplum litterarum quæ fuerant directæ Ægilæ episcopo et Joanni presbytero in Hispaniam ad prædicandum euntibus. In iis errores plures hæreticorum exagitantur. Feliciana hæresis siletur, quia nondum eruperat. Nicæna constitutio de die Paschatis conciliorum et decretorum pontificum auctoritate firmatur contra Hispanorum errores. De prædestinatione, gratia, et libero arbitrio iidem male sentientes, pluribusque aliis erroribus irretiti arguuntur. Eos errores cum Prisciliana hæresi jam exstinctos fuisse; sedulo cavendum ne jampridem damnati reviviscant.

Adrianus [g] episcopus servus servorum Dei dilectissimo nobis Egilæ episcopo seu Joanni presbytero [h].

Audientes orthodoxam vestræ dilectionis in Christo constantiam, atque ita vos antiquæ fidei communio-

celebraretur per omnia definitum, nullusque post hæc ausu temerario contra illud statutum venire, aut saltem mutire præsumpserit; cum potius e diverso sedis apostolicæ institutio, et Ecclesiæ Romanæ sequens observantia, ejusdem salutiferi constituti executrix fuisse hucusque reperiatur. » (Nicol. I, ep. 70). Ratio autem est, quia et in Hispania Adriani tempore et in Galliis ævo Nicolai, non bonæ Ecclesiarum consuetudines, sed errores fovebantur contra apostolicam sedem. Vide Baron. (an. 57, n. 204 et seqq.) et ibi Pagium, qui Quesneliana Dissert. nuper laudata utens pugnat pro Rom. Eccl. consuetudine jejunandi sabbato. Non enim uno Silvestri constituto ex ejus actis pseudepigraphis ducto, quo maxime inhæret uterque pontifex, consuetudinem istam niti, sed ipsis ab apostolorum temporibus repetendam non obscure demonstratur. CENN.

[f] Argum. Panv. (*Cod. Vat.* post 44) : « Idem ad Egilam episcopum seu Johannem [Joan.] presbyterum de consecratione vel constantia [et continentia] in Hispaniæ partibus prædicanda epistolam scripsit, et de paschali festivitate ut eo tempore celebretur [coleretur] quando a Romana celebratur Ecclesia; item [item eum monuit] de prædestinatione hominis sive ad bonum, sive ad malum; de coinquinatione eorum tam in escis quamque in potu, seu et de [quam in potu; de] diversis erroribus, et de eorum pseudosacerdotibus, qui vivente viro sortiuntur uxores, et de libertate arbitrii, ac alia multa capitula in partibus illis contra fidem catholicam orta. In fine ipsos monet, ut omnes sint concordes, ut canones sciant, ut omnes non obedientes salubribus præceptis excommunicent. » ID.

[g] Meminerunt hujus epistolæ Bar. et Cent. GRETS.

[h] Hæc epistola, cujus præcedens est veluti appendix, nam aliquid de disciplina continet, quod in ista minime existit, est responsio ad Ægilæ litteras continuo post ejus consecrationem datas, mensiumque aliquot spatio illam præcedit, fortasse etiam plusquam annuo, nam Carolum nosse oportuit, has minime in Hispaniam pervenisse, ut rogaret pontificem earum exemplum. Id quidem aut notariorum igna-

nisque sinceris traditionibus inhærentes, **394** ut mentem Christianæ deditam veritati, nullatenus inficerent prævaricatorum vicina contagia, magnificavimus Dominum charitatemque vestram indesinenter laudavimus, quatenus per earum latores, videlicet Saranum diaconum et Victorinum clericum, suscipientes vestræ dilectionis affatus, enucleatius eos reserantes liquido informati sumus; et quoniam pro sedis apostolicæ principatu, cujus sollicitudo delegata divinitus cunctis debetur Ecclesiis, quam laudabiliter fidei veritatem noveritis et quam sollicite Dominico gregi devotionem officii pastoralis impendatis, frater noster Wulcharius archiepiscopus provinciæ Galliarum a, cui et licentiam dedimus de vestris ordinationibus atque auctoritatem dirigere, vos pro orthodoxæ fidei sanctæque catholicæ Ecclesiæ prædicatione, in partibus Spaniensis provinciæ b pro vobis nobis insinuavit, magnisque gaudiis triumphamus, cum ubique terrarum Dominum Sabbaoth semen puræ confessionis reliquisse **395** cognoscimus quod non in petrosa deveniens, æstu tentationis exaruit, nec viæ proximum cecidit vagantibus inimicis expositum, nec in spinis irruit suffocandum, sed in bonam terram piæ devotionis vestra cœlesti satione dispersum in tricesimum et sexagesimum fructum centenariumque proficit; perfectionem scilicet frumenti Dominici mystica locutione designans.

Quapropter exsultantibus animis confidentius incitamus, ut ab omni pestis incursu pectora vestra sapienter intemerata servetis, quoniam *Qui perseveraverit* [Lamb., Gent., *usque*] *in finem, hic salvus erit* (*Matth.* XXIV): *Dominus prope est, nihil solliciti sitis* (*Phil.* IV): siquidem major est qui in nobis est quam qui in hoc mundo, regnumque Domini intra nos esse Scriptura testante sit certum. Quamvis ergo magna lecorum intervalla nos dividant, si in unitate fidei nostræ perseveraveritis, vobiscum sumus; tantum ut sit auxiliante Domino constantia perseverans, dicente Apostolo (*Philipp.* 1): *Vobis enim datum est pro Christo, non solum ut in eum credatis, sed etiam ut pro ipso patiamini.* Ad quam fortitudinem sanctarum mentium roborandam, dilectionem vestram jam fatus sanctissimus archiepiscopus [*Grets. add.* ad] nos illi licentiam cedentes, pro apostolicæ fidei amore direxit, quibus merito persistentes integritate ornari usque ad coronam bravii exoptare non dubitamini.

Ferebatur siquidem in ipsis vestris apicibus quod multi in partibus illis in insipientiam atque cordis dementiam devoluti, nostræ relationis atque admonitionis seriem, secundum venerandi Nicæni concilii institutionem de paschali festivitate editam c, connioni astipulatur conditio Gallicanæ ecclesiæ nondum restitutæ in suas ecclesiasticas provincias, ut patebit infra (ep. 86, al. 87), anno siquidem 786 metropolis Bituricensis instauratio ab Adriano facta est. Et notandum, quod prædicto Lateran. concilio an. 769, cui aderat Hermembertus episcopus Joajonæ, subscripsit Herminarius ep. Bituricensis, cui, ut aiunt Sammarthani fratres, obeunti an. 774 successit Deodatus, et huic anno 783 Hermembertus, qui post triennium accepto pallio est creatus archiepiscopus. Quod si Herminarius, qui sexto loco inter Gallicanos præsules, cedens senioribus, consedit in concilio Lateranensi, duos habuit successores, Wilcharium seniorem cæteris concilio illi tandiu supervixisse dicendus erit? Si duos Hermembertos tertio accedente Hermemberto presbytero (ep. 93, al. 71) eodem fere tempore in Galliis florere compertum est, cur duo item Wilcharii non admittantur? ID.

c Concil. Nicænum, quartadecimanis damnatis, controversiam sustulit de die Paschatis celebrandi, ut Eusebius et Theodoretus docent. Præterea patriarchæ Alexandrino id munus demandavit, ut plenilunium Martii quotannis exquireret, ac nuntiaret Rom. pontifici, qui ad omnes ecclesias paschales litteras daret: « Omnem hanc curam (ait Leo Magnus ep. 64) Alexandrino episcopo delegante, quoniam apud Ægyptios hujus supputationis antiquitus tradita esse videbatur peritia, per quam qui annis singulis dies prædictæ solemnitatis eveniret, sedi apostolicæ indicaretur, ut hujus scripti ad longinquiores ecclesias judicium generaliter percurreret. » Quod tandiu factum esse ab iis patriarchis, quandiu in catholica fide perseverarunt, nonnulli affirmant, repugnante controversia inter Alexandrinos et Latinos. Cæterum Romani pontifices, ut ante Nicænum concilium, ita post Alexandrinorum defectionem Paschatis diem nuntiarunt ecclesiis. Exstat formula (*Diur. Rom.* c. 3, tit. 10) paucis hisce verbis concepta: « Bene valete, fratres, in nomine Domini. Dominicum erit Pascha die ill. mensis ill. indict. ill. » Vide plura hac de re ap. Baron. (an. 325, n. 5 seqq.) et auctores ap. Ducangium verbo *Paschalis epistola.* Cyclus præcipue de

---

via, aut illius desidia a quo relatum fuit in Codicem, quandoque mendosum, non semel etiam mutilum invenies; sed facilis emendatio est, indidem quippe desumpta majorem partem fuit epistol. 82, al. 97, unde peti poterunt, quod Gretserus monuit, quæ in isto exemplo desiderantur, et minus exacte exscripta emendari. CENN.

a Jam dixi (ep. 66, al. 61, not. 6) rem esse difficilem creditu archiepiscopum hunc Senonensi sedi præfuisse, quod Mabillonius et Pagius consensu unanimi affirmant. Iterum hic illum videmus an. 782, superstitemque esse certo constat, quia licet epistola sit exemplum alterius antea scriptæ, non vocatur sa. record. perinde ac est in 82 nuper memorata, quam cum Basnagio ad annum 785 differendam sum ratus. Quamobrem quinto et quadragesimo anno post Viennensis abdicationem episcopatus, si addantur incerti illi, cum sedem Viennensem moderabatur, et alii minimum triginta ante adeptum episcopatum, pro disciplina jampridem canonibus stabilita in Oriente, et in Occidentis potissimum provinciis Gallia et Hispania (Neocæsar. can. 11, Agathen. can. 16, 17, Bracaren. III can. 20) longævum habebimus seniorem, non modo imparem suscipiendo Romam itineri, ut Vaticanæ basilicæ instaurationi præesset, sed episcopali etiam oneri ferendo. Videant eruditi, num Wilcharius alter sit credendus a Senonensi illo, qui anno 769 Lateranensi concilio interfuit, ibique *archiepiscopus Galliarum,* et *archiep. provinciæ Senonensis* appellabatur. ID.

b Hispaniam omnem in quinque aut sex provincias divisam *Spaniensem provinciam* appellat, quam Egilæ prædicationi destinatam infra ait (ep. 82, al. 97) ea conditione, ut *nullam quamlibet alienam sedem ambiret vel usurparet, sed solummodo animarum lucra Deo offerret.* Non secus facere videtur de Gallis; Wilcharium quippe *provinciæ Galliarum* archiepiscopum vocat. Num forte Wilcharius, ut olim Augustinus in Anglia et nuper Bonifacius in Germania, utebatur auctoritate in Gallias omnes effusa? Id scilicet sibi velle crediderim veniam illam ab Adriano petitam, ut Hispaniensis ecclesiæ satageret; cui opitemnere **396** audent. Quod si [a] plenilunium, quarto decimo scilicet die lunæ [b], sanctum Pascha minime sit celebratum, sed prætermisso eodem quintodecimo die, in alio sequentis septimanæ Dominico, quod est vicesimo secundo lunæ die, paschalis festi gaudia pronuntiantur celebranda. Quod si interius mente perpenditur magni ac venerandi Nicæni concilii trecentorum decem et octo sanctorum Patrum simul convenientium promulgata Paschalium festivitatum ratio, procul dubio omnis error omnisque ambiguitas ab hæsitantium cordibus auferetur; sed dum plerique propria commenta, ut acuti, perspicaces et mundanæ scientiæ gnari, spiritalis vero eruditionis ignari, vendicare desudant, olitanam Patrum traditionem desidiosa ignavia prætereunt, et vera mendacio obumbrare inhiant.

In eodem quippe magno Nicæno concilio decennovennali cyclo Patrum confirmato sententia, ita inter cætera ibidem fertur promulgatum: quod non amplius quam usque ad vicesimam primam lunæ diem hujus sacræ festivitatis solemnia dilatentur [c]. Quam Paschæ rationem et Antiochenum demum venerandum **397** corroborans concilium, inter reliqua, ita inibi, in primo scilicet capitulo, constat exaratum: « Omnes qui ausi fuerint dissolvere definitionem sancti et magni Nicæni concilii, congregati sub præsentia piissimi et venerandissimi principis Constantini, de salutifera sancti Paschæ solemnitate, excommunicandos et ab Ecclesia esse abjiciendos censemus [d]; » etsi tamen contentiosius adversa ea quæ bene sunt statuta perstiterunt, atrocioribus porro [*Lamb.*, fore] summissuros interdictionibus censuerunt. Nam et beatissimus Dionysius ea quam de ratione Paschæ promit epistola, ita ait: « A duodecimo Kalendarum Aprilium die cunctorum Orientalium sententia, æquinoctii cursus vernalis consequatur, decreverunt [e] maxime Ægyptiorum peritiam; qui, ut hujus calculationis gnari doctique sunt, inquirendam specialiter adnotatur [f], in quo etiamsi luna quartadecima celebrandum Pascha, sancta synodus [g] Nicæna sine ambiguitate firmavit [h]. »

Attendite, dilectissimi nobis, et illud quod beatus Proterius Alexandrinæ ecclesiæ præsul, prædecessori nostro beatissimo Leoni papæ, ob piæ memoriæ Marciani principis jussum, direxit; post plurima enim ita ait: « Olim quippe Dominus **398** per Moysen [*Lamb.* add. *tempus paschale*] significans dicit (*Exod.* XII): *Mensis iste vobis initium mensium, primus erit in mensibus anni; et facies Pascha Domino Deo tuo, quarta decima die mensis primi.* » Et post pauca subjunxit dicens: « Si quando in die Dominico quarta decima luna reperta, in sequenti septimana est dilatanda festivitas, sicut et veteres Patres nostri fecerunt, quartasdecimas lunas occurrentes in aliam Dominicam transferentes [i]. »

Unde constat, dilectissimi, non amplius hujus ve-

---

cemnovennalis, seu aureus numerus, ab eadem synodo institutus, Ambrosio teste (ep. ad episc. Æmil.) magno adjumento fuit ad id præstandum Alexandrinis. Discrepantiam inter Latinam et Alexandrinam Ecclesiam vide ap. Card. Noris *de Paschali Latinorum cyclo.* Tom. II, edit. Veron. Nostra enim non interest multiplicem de Paschate doctrinam huc asferre. Quando pontifices desierint eas litteras paschales mittere in provincias, incertum. Adrianum vero ex veteri instituto id fecisse hinc evidens est. CENN.

[a] Locus corruptus. Quorumdam in Hispaniis hæc erat sententia, ut si plenilunium existeret die sabbati, atque adeo 14 luna sabbatum esset, pascha non celebraretur sequenti 15 die, licet esset Dominica, sed differretur in XXII diem. Hanc opinionem oppugnat pontifex eamque synodo Nicænæ adversari ostendit. Hæc tamen ex sequenti epistola, ubi de eodem argumento iterum disseritur, corrigere licebit. Peccavit enim librarius omissione quorumdam. GRETS.

[b] Lamb. habet: *lunæ, sabbato contigerit, alio die Dominico, videlicet quintodecimo lunæ die.*

[c] Noris (l. c. p. 686) animadvertit, usque ad an. 457, Leone Magno pontifice, Latinos inter ac Orientales controversum fuisse pascha luna decima quinta, ac Victorii Aquitani verbis utitur, queis ostendit cur Latini pascha differrent ad lunam XXI. « Potius, inquit, in lunam XXII diem festi paschalis extendi, quam Dominicam passionem ante lunam XIV ullatenus inchoari. » Quare Hispanorum error communis olim erat Latinorum. At sexto tandem sæculo cyclum a Dionysio ad Alexandrinum amussim reformatum, ut notat idem Noris (p. 724), in Italia præsertim admiserunt, servaruntque orthodoxi usque ad Kalendarium Lilianum a Gregorio XIII probatum, ac propterea dictum *Gregorianum* a tanti assertoris nomine. Idcirco Adrianus Hispanos jure arguit exsoletum jamdiu morem revocantes. Vide Dionysii Exigui episto-

las in apparatu Baronianæ edit. Lucen. (pag. 247 seqq.). CENN.

[d] En tibi canon versioni Dionysianæ proximus, quanquam aliquatenus varians, quod porro nos admonet falsæ illorum opinionis, qui sanctæ sedi eam versionem appingunt ab ipsa ejus origine. Vide comment. præv. (num. 15 seqq.). ID.

[e] Lamb. addit: *decreverunt festum paschale nonnisi post illum diem celebrandum, et maxime...*

[f] Hæc corrigi possunt ex sequenti Epistola. GRETS.

[g] Lamb. addit: *inquirendam esse. Ibidem quoque specialiter adnotatur, quod si luna quartadecima sabbato contingat, sequenti Dominico luna quinta decima celebrandum sit Pascha, quod etiam sancta synodus.*

[h] Non est hic alius quam Dionysius Exiguus, cujus epistolas nuper laudabam. At pontifex haud dubie Alexandrinum credidit. Ex earum autem prima restituendus hic locus, non ex ejusdem Adriani epistola, ut monet Gretserus et Lambecius exsequitur, ubique enim mutilus ac depravatus occurrit. Ita igitur Dionysius: « Quæ (luna) quia cum solis cursu non æqualiter volvitur, tantorum dierum spatiis occursum vernalis æquinoctii consequatur, qui a duodecimo Kalendarum Aprilium die cunctorum Orientalium sententiis, et maxime Ægyptiorum qui calculationis præ omnibus gnari sunt, specialiter adnotatur. In quo etiamsi luna decima quarta sabbato contigerit (quod semel in nonaginta quinque annis accidere manifestum est), sequenti die Dominico, id est undecimo Kalendas Aprilis luna decima quinta celebrandum pascha eadem sancta synodus sine ambiguitate firmavit. » CENN.

[i] Proterius Alexandrinus jussu Marciani Augusti, quem pontifex enixe oraverat ut rem paschalem ei diligenter examinandam committeret (*Inter Leonis epist. post* 63), celebrem illam epistolam Leoni scripsit, cujus meminit Beda (*De rat. temp.*, c. 42) et quæ pontificem coegit acquiescere in Paschate celebrando an. 455. Inde Adrianus pauca hæc decerpsit

nerandæ festivitatis: solemnitatem differri [*Lamb.* add. fas esse] quam usque in vicesimam primam lunæ diem, jure [*Lamb.*, *Gent.*, rite] observantes hebdomadæ dierum numerum, dum solaris cursus a lunæ cursu omnino discordat; quoniam in sex quidem diebus creator omnium Dominus æthereum firmamentum omnemque ejus ornatum, rutilantia æquoris, atque telluris gignentia, ac elementorum materiam, et cunctorum reptilium animantia patravit, et postrema e limo hominem finxit feria [a], et in septimo die requievit ab omni opere quod patrarat. His nempe septem diebus a quarto decimo lunæ die, quod est plenilunium, si Dominica tamen occurrerit quæ est prima et sancta dies, pro eo quod non oportet in ea jejunare, intermissis in alia Dominica quæ est sancta et prima dies vicesimaprima luna, rationis ordo exigit a Christianis sanctum Pascha celebrandum; nam si in sabbato quartadecima luna advenerit, non est intermittenda subsequens Dominica, quintadecima videlicet lunæ dies, venerantes eamdem Dominicam, quæ est prima sabbatorum dies, in qua lux, jubente Deo, in ipso mundi exordio prodiit, in qua et vera lux Salvator noster ab inferis carne resurrexit. Nam si octo dies a xiv lunæ die, quando jejunium solvitur, intermittuntur, ut in xxii die lunæ paschalis festivitas dilatetur, ergo jam non septimana, id est hebdomada, sed ogdoada [b], ut stolidi quique et vecordes definiunt [*Lamb.*; profanizant], dicenda atque observanda est. Intuendum quippe et illud ratio suadet, quod septem hebdomadæ et non octo intermittuntur a Paschali festivitate usque ad sanctam Pentecostem, in qua Paraclitum

A. Spiritum a Patre redemptor noster, Dei vivi Filius, post gloriosam resurrectionem suam sanctis suis apostolis misit; pro quo regia gradimur via, et non declinabimus penitus per tortuosum et dumis ac tribulis repletum callem; pergant per eam hi qui cupiunt nova figmenta et scelerum monumenta componere, ut merito spinæ et tribuli generentur eis.

Jam quidem dudum decessores et prædecessores nostri sancti pontifices, pro hac quæstione simulque hæresi illis compatribus [*Grets.*, compartibus] monitorium atque adhortationem dirigentes, congruis epistolis beati Cyrilli, atque Theophili [c], nec non et aliorum sanctorum Patrum, quas dinumerare longum est, promulgantes docuerunt, quas vestræ dilectioni gnaras esse dubium non est; pro quo non silemus, charissimi, impensius commonere ut a falsis fratribus caveatis, et in eo modo quo sancta nostra Romana Ecclesia, caput omnium Ecclesiarum Dei, Paschalem celebrat solemnitatem, et vos procul dubio celebrare studeatis ut sicut pares nos Christianorum fidei religio efficit, æquales nimirum in festivitatibus efficiat.

Insinuavit dilectio vestra et hoc quod quidam pollicentes [*Lamb.*, polluentes], atque in errore perseverantes prædicant, ut qui non ederit pecudum aut suillum sanguinem et suffocatum, rudis est aut ineruditus; nos quidem apostolicis præceptis imbuti atque eruditi, confirmantes prædicamus, quod si quis pecudum aut suillum sanguinem vel suffocatum manducaverit, non solum eruditionis totius alienus, sed ipsius quoque intelligentiæ communis prorsus extraneus, sub anathematis vinculo obligatus, in laqueos incidat diaboli [d].

ad rem suam; at quia tum hic, tum in altera ejus epistola admodum diversa occurrunt, ex ipsa Proterii epistola ap. Labbeum (*Conc.* tom. III, p. 1350 seqq.) ita restituo: *Olim quidem Dominus per Moysen tempus paschale significavit, dicens: Custodi mensem novorum, primum hunc esse pronuntians*; sicut iterum dicit: *Mensis iste vobis initium mensium primus erit in mensibus anni, et facies pascha Domino Deo tuo quartodecimo die mensis primi* .... *Nam et priscis temporibus siquando die Dominico XIV luna reperta est, in sequentem septimanam est dilata festivitas, sicut in octogesimo nono, et nonagesimo tertio anno a Diocletiani probatur imperio* .... *Sicut patres nostri fecerunt, decimas quartas lunas occurrentes die Dominico, differentes.* CENN.

[a] In cod. ms. legunt Lambec. et Gentilot. *postremum e limo hominem finxit arvæ*: nec erat cur Tengn., vocem illam minime assecutus, introduceret *feriam*, eamque postremam nuncuparet, nam feria sexta non est hebdomadis extrema, nec Pontifex feriarum meminit. *Arva* igitur, quam Ducang. usurpatam invenit pro *agro, regione, provincia*, quod probat allatis exemplis, ab Adriano hic adhibetur latiori significatione pro terra in genere, juxta illud Apostoli (*I. Cor.* XV, 47): *Primus homo de terra terrenus*; et Joannis (III, 31): *Qui est de terra, de terra est et de terra loquitur.* Nam Deus ipse ejecturus Adam de paradiso (*Gen.* III, 19, 23): *In sudore*, inquit, *vultus tui vesceris pane, donec revertaris in terram, de qua sumptus es* ... *Emisit eum Dominus Deus de paradiso voluptatis, ut operaretur terram, de qua sumptus est.* Cur autem obscura hæc vocabula identidem reperiantur in Codice si forte quis quærat, repono elegantias tum visas esse, quæ obscuriorem sententiam redderent. ID.

[b] Cyclus decemnovennalis, de quo supra, bipertito dividebatur in *ogdoadem*, quæ octo annos comprehendebat, et *hendecadem* quæ undecim; de quibus Dionys. Exiguus in altera epistola paschali (*apparat. Bar.* p. 249), et, præter Bucher. et Petav. Card. Noris de cyclo paschali Ravennate (*Oper.* tom. II, p. 819 seqq.). Minus proprie hic adhibetur pro octo diebus; enumerando autem a die Dominico hebdomadæ dies, luculentius aperit Tengnagelii depravationem inducentis feriam sextam pro die ultima hebdomadis, est enim dies mundialis opificii ultimus, seu sextus, non utique hebdomadæ, cujus reliqua est feria septima, cum a catholicis jejunium solvitur. ID.

[c] Ap. Bucherium et Petavium exstant, quæ uterque scripsit de cyclo paschali. Eos consule, si plura cupis. ID.

[d] Apostoli conc. III Jeros. lege quadam positiva præceperunt abstinendum a sanguine et suffocato. Rationem reddit Baron. (an. 51, n. 24) et Binius (Labb. *Conc.* tom. I, p. 21; tom. II, p. 430) compaginationis nimirum, seu conglutinationis causa, quo facilius Christiani, Judæi, ac gentes simul habitantes in unum populum coalescerent. Sed cessante causa non omnes continuo, sed quidam paulatim id præstare destiterunt, quod demum, ut Baron., totius Occidentalis Ecclesiæ consensu est æque laudabiliter antiquatum. Certa autem ætas ejus cessationis definiri non potest. Certe, ut Binius observat, sancti Augustini ævo (lib. II, cap. 13, *contra Faust.*) ea lex aliquatenus desueverat. Sed Baron. concilia laudat Aurelian. II, c. 20, et Wormatien., c. 65, eam legem

401. Illud autem, quod alii ex ipsis dicunt, quod praedestinatio ad vitam, sive ad mortem, in Dei sit potestate [a] [*Lamb.* add. et non nostra; isti dicunt: Ut quid conamur vivere, quod in Dei est potestate?]; alii iterum dicunt: Ut quid rogamus Deum, ne vincamur tentatione, quod in nostra est potestate, quasi libertate arbitrii? Revera enim nullam rationem reddere vel accipere valent, ignorantes beati Fulgentii episcopi ad Eugippium presbyterum contra sermones cujusdam Pelagiani opuscula directa, quibus infra multa idem pater docens haec verba subjungit [b]: « Illi autem, dum pro se gratiam solum reprehensibiliter intromittunt, in se damnabiliter calcaverunt, qui alios ad vitam, alios ad mortem asserunt destinatos, adverte quibus se impietatis nexibus ligant. Si ad bonum praedestinatus sum, contra malum resistere necesse mihi non erit; si vero ad malum natus, bonum mihi exercere nihil proderit. Ac sic in utraque parte intercluso appetitu laudis et gloriae, unus securitate, alius desperatione torpescit, ac per haec otiabitur omnis justitiae exercitatio, oratio cessabit, languebit operatio. Sed non ita est, quin potius incessanter oremus, quia ipse Dominus dicit: *Sine intermissione orate, ne intretis in tentationem*. Nihilominus contra omne peccatum non solum oratione, sed etiam labore luctemur, quia ipse Dominus praesenti lectione testatus est, quia unusquisque propriam mercedem accipiet secundum suum laborem.

« Haec verba quibus auctor sermonis illius veritatem praedestinationis nititur oppugnare, inconsiderate atque indiscrete prolata, Deo nos adjuvante, monstramus, etc. »

402. Et post caetera: « Opera ergo misericordiae ac justitiae suae praeparavit Deus in aeternitate incommutabilitatis suae, et sicut futurorum operum suorum nunquam fuit ignarus, sic in eorumdem operum praeparatione nunquam improvidus; praeparavit ergo justificandis hominibus merita; praeparavit iisdem glorificandis et praemia, malis vero non praeparavit voluntates malas aut opera mala, sed praeparavit eis justa et aeterna supplicia; haec est aeterna praedestinatio futurorum operum Dei, quam sicut nobis apostolica doctrina semper insinuari cognoscimus, sic etiam fiducialiter praedicamus: beatus enim Paulus, praedestinationem eorum quos Dominus gratis salvat et evidenter et frequenter insinuat; ipse enim dicit de Deo: *Nam quos praescivit et praedestinavit, conformes fieri imaginis filii ejus, ut sit ipse primogenitus in multis fratribus* (*Rom.* VIII); et post: *Quos autem praedestinavit, hos et vocavit; et quos vocavit, hos et justificavit: quos autem justificavit, illos et glorificavit*. Non utique alios, sed quos praedestinavit hos vocavit, hos justificavit [*Lamb.*, *Gent.*, hos justificavit, hos glorificavit]. Nihil incertum in Dei operibus nutat, quia nihil suae praedestinationis evacuat; praedestinationis igitur suae opera vocatione Deus inchoat, glorificatione consummat. Non tamen in omnibus quos vocavit, sed quos secundum propositum vocat; *diligentibus enim Deum omnia cooperantur in bonum, his qui secundum propositum vocati sunt* (*Ib.*, v. 28). »

Item post multa: « Teneatur ergo praedestinationis veritas a fidelibus cunctis, quia quisquis divinum non credit in hac praedestinatione consilium, non perveniet ad gloriosum ejusdem praedestinationis effectum; quisvis autem non est praedestinatus ad gloriam, invenitur sine dubio praescitus ad poenam; quae ideo in Dei nomine praeparatione praedestinata cognoscitur, ut per eam infidelitas atque iniquitas puniatur; propter quod beatus Judas apostolus (*Jud.* v. 4) quosdam destinatos dicit in judicium, his verbis: *Subintroierunt enim quidam homines impii, qui olim praescripti et praedestinati erant in hoc judicium Dei nostri*. Vigilanter autem in doctrina Spiritus sancti praedestinatos impios non dicit ad peccatum, sed ad judicium, id est non ad impietatem, sed ad punitionem. Non enim praedestinati sunt ad hoc, quod vitiosas impietates admittunt, sed ad illud quod judicio aequitatis divinae recipiunt. Ipsorum enim opus est quod impie faciunt, Dei autem opus est quod juste recipiunt. »

403. Item post caetera: « Proinde quod auctor illius sermonis subsequenter adjunxit dicens: Quin sanguinem alicujus bestiae quis manducare, aut bibere praesumat; quod si quis fecerit, quadraginta dies poeniteat. Illam quoque innuit Adrianus in compendiaria traditione canonum quam Carolo exhibuit, Gangrensem 2 sic enuntians: *Si quis religiose carnes edentem exsecratur, anathema sit*. Hac autem in epistola inscios, alienosque a caeteris fidelibus legis ejus inobservantes luculenter declarat. Quare Ivo etiam et Gratianus (*Dist.* 50, *Si quis carnem*) in suas quisque collectiones eumdem canonem aliis licet verbis a Dionysianis transtulere. Recte autem Glossa monet: *Quod autem dicit de sanguine, et de carne suffocata hodie non tenet; quia tantum in figura fuit istud prohibitum*. Caeterum complura alia damna in disciplinam invexere collectiones rudi illa aetate, contra morem majorum acceptae in ipsa Urbe. CENN.

[a] Haec omnia reperies quoque in Epistola sequenti. GRETS.

[b] Quae sequuntur de praedestinatione et libero arbitrio ex beato Fulgentio Ruspensi episcopo, contra alium Hispanorum errorem non satis esse videntur Basnagio (Canis. tom. II, p. 286) ad confutandum errorem. CENN.

---

instaurantia. Et quidem Aurelian. II an. 535 celebratum fuit, Wormatiense autem post an. 868, Adriano II pontifice. Fons et origo adoptatae legis, cessante etiam causa, quam habuerunt apostoli, sunt Graecae regulae per Occidentem divulgatae, et a Dionysio Exiguo circa extrema quinti saeculi, seu potius sexto ineunte elegantius Latine factae. In eadem quippe est canon Gangren. 2, qui juxta Dionys. vers. sic se habet: *Si quis carnem edentem, praeter sanguinem, et idolis immolatum, et suffocatum cum religione et fide, condemnat velut spem propter hujusmodi perceptionem non habentem, anathema sit*. Hinc Hispani, alia licet versione usi, in suum codicem (lib. VI, tit. 5) retulerunt regulam: *De iis, qui praeter idolothytum et suffocatum carnes comedentem damnant*. Hinc Galli laudatum canonem 20 Aurel. II confecerunt. Hinc Theodorus aliique in Anglia poenitentiales suos libros locupletarunt. Hinc demum Roma Cresconii collectionem amplexa exsoletam jamdiu legem, per octavum saeculum revocarunt. Quamobrem in Greg. III *Judiciis* c. 29 (Labbe *Conc.* tom. VI, p. 1483) conceptis hisce verbis lex illa exprimitur: *Suffocatum nullatenus manducetur, nec*

potius incessanter oremus, quia ipse Dominus dicit (*Matth.* XVI): *Sine intermissione orate, ne intretis in tentationem;* et post: « Nihilominus contra omne peccatum, non solum oratione, sed etiam labore luctemur. » Et iterum : « Sic laborantes vocat Dominus dicens (*Matth.* XI): *Venite ad me, omnes qui laboratis et onerati estis, et ego vos reficiam.* Sed nos a Deo humiliter gratiam poscamus, quam collaborantem jugiter habeamus, per quam nos Deus et in labore custodiat, et ad mercedem peracto labore perducat. »

Porro, dilectissimi, diversa capitula quæ nobis innotuistis, id est, quod multi dicentes catholicos se [*Lamb.*, *Gent.*, esse], communem vitam gerentes cum Judæis et non baptizatis paganis tam in escis quamque in potu, seu et diversis erroribus, nihil polluisse inquiunt; et illud quod inhibitum est, ut nulli liceat jugum ducere cum infidelibus; ipsi enim filias suas cum alio benedicant et sic populo gentili tradentur; et quod sine examinatione præfati presbyteri, ut præsint, ordinantur; et alius quoque immanis invaluit error et perniciosus, ut etiam vivente viro muliere in connubio sibi sortiantur ipsi pseudosacerdotes, simulque et de libertate arbitrii, et alia multa, sicut fati estis, quæ longum est dicere. Quid multis [*Lamb.*, *Gent.*, multa] vobis hæresum singula scribam? quia olim tempus est, quod Prisciliani dogmatis impleverunt [a]. Quapropter, dilectissimi, oportet vestram industriam solertissime vigilare, et sicut decet Domini sacerdotes, nullos vos canones ignorare, nec quidquam facere quod Patrum possit regulis obviare. Quæ enim a nobis res digna servabitur, si Decretalium norma constitutorum, pro aliquorum libito licentia populis permissa frangatur? **404** Unde constat, ut si quis de prædictis capitulis obnoxius reperietur, profecto is regulariter consortio fidelium Dei, ut pote corruptor Patrum traditionum, extorris efficiatur et in æterna condemnatione inveniatur.

Cavendum ergo dilectioni vestræ est, magnaque diligentia prohibendum, ne per hujusmodi homines exstincta dudum scandala suscitentur, et de exciso olim dogmate aliquid in provincia ejusdem mali germen oriatur, quod non solum in radicibus suis crescat, sed etiam sanctæ Ecclesiæ subolem [*Lamb.*, sobolem] veneno sui odoris inficiat. Qui correctos se videri volunt, ab omni suspicione se purgent, et obediendo vobis probent se esse nostros; quorum si quisquam salubribus præceptis satisfacere detractaverit, sive ille clericus, sive laicus, ab Ecclesiæ societate pellatur, ne perditor animæ suæ saluti insidietur alienæ, et sicut per nos, seu almum [b] archiepiscopum, in prædicatione orthodoxæ fidei directi sanctæ Romanæ Ecclesiæ, ob amorem beati Petri principis apostolorum, concordes prædicate, ut sicut unus est pastor noster Christus Dei vivi Filius, omnes simul in uno ejus efficiamur aggregati ovili, et quemadmodum unius capitis sumus membra unum efficiamur corpus in Christo Jesu Domino nostro, promerentes ejus, quam sanctis suis contulit cultoribus qui ejus præcepta custodiunt et ab initio mundi divinæ ejus placuerunt majestati, desiderabilem promissionem, quam ait (*Matth.* XXV): *Venite, benedicti Patris mei, percipite regnum vobis præparatum ab origine mundi*

§ LXXII.

405 ITEM EPISTOLA EJUSDEM PAPÆ
AD DOMNUM CAROLUM REGEM DIRECTA,
In qua continetur de fide vel constantia ipsius apostolici erga prædictum regem [c].

(An. Dom. 782, *Cod. Car.* LVI, chron. 71.)

ARGUMENTUM. — Patrimonii Sabinensis causam ab Itherio et Maginario discussam, jure antiquo sanctæ sedis integris testibus comprobato, ei commendat. Rogat ut eosdem missos, sive illorum alterutrum iterum mittat, per quem sancta sedes possessionem ineat antiqui juris; se enim præter istud nil aliud petere.

Domno [d] excellentissimo filio Carolo, regi Francorum et Langobardorum atque patricio Romanorum, Adrianus papa.

Recordari vos credimus [e], excellentissime et a Deo protecte fili et magne rex, quomodo disposuistis vestros prudentissimos ac fidelissimos missos, ut cum nostris pariter missis pergerent ad suscipiendum in integro patrimonium nostrum Ravennense, quod pro vestræ animæ mercede et venia delictorum beato Petro protectori vestro concedi jussistis. Dum vero nostri vestrique illuc pergerent missi [f], inventi sunt ibidem fidelissimi, atque seniores testes annorum plus minus centum qui testificantes super altare, intus ecclesiam sanctæ Dei genitricis Mariæ, in loco quidem Forobono [g], coram

---

[a] Congeriem istam errorum intactam relinquens, præcipue vero silens de Filio Dei, quem ore blasphemo adoptivum Felix Urgellitanus et Elipandus Toletanus prædicabant, omni procul dubio hæresim nondum natam testatur. De Priscillianismo autem, jam olim debellato, novam concertationem instituere abs re esse putat, omnia Ægilæ et Joannis curæ permittit. CENN.

[b] Quanti Adriano esset Wilcharius hinc colligitur: namque *almi* et *sancti* cognomentum idem erat. Ducang. (V. *Almus*). ID.

[c] Argum. Panv. (*Cod. Vat.* 25) : « In vigesima quinta [*Vig. quin.*] indicat quod Patrimonium sancti Petri apud Ravennatenses non in integro [Ravennates non integrum] receperit, testificantibus id senioribus ecclesiæ testibus ejusdem urbis. Petit patrimonium Savinense in integro [integrum] sanctæ Ecclesiæ restitui; indicat se nullorum irrationabiliter finibus indigere. » ID.

[d] Sum. 25, Bar. et Cent. GRETS.

[e] Nil aliud est hæc epistola, quam appendix superioris (ep. 68) ut monebam ibi (not. [g]). Ejusdem certæ sententiæ est; at quæ ibi propemodum indicabantur, in ista enucleatius enarrantur. Illius autem sensa in ejus memoriam revocans, non brevi temporis spatio unam ab altera distare docet. Quamobrem sub anni finem hanc datam esse crediderim, cum pontifex neutrum ex regiis missis rediisse cognovit, quod tum petierat, iterumque nunc urget. CENN.

[f] Hucusque utraque epistola omnino similis tibi erit, si utramque conferas. Circumstantiæ, quæ sequuntur, tunc seu pontificem latuerunt, seu auribus missorum sunt creditæ. ID.

[g] Luculentius in nova editione Ughell. (*Ital. Sac.*, tom. I, p. 155) nos admonet, Sabinam provinciam in tres episcopales sedes Curiensem, Nomentanam, Foronovanam olim divisam, sed prioribus duabus

sanctis Evangeliis, in **406** præsentia fidelissimorum ac nobilissimorum vestrorum missorum, scilicet Itherii et Maginarii tantummodo vestri missi, absque præsentia nostrorum missorum, affirmantes dixerunt, quod et ipsi vestri missi vobis suppliciter sicut testes illi jurati patefecerunt referre possunt, quomodo antiquitus ipse beatus Petrus sanctaque nostra Romana Ecclesia idem detinuit patrimonium, et minime ipsum suscepimus in integro patrimonium vel nostris missis contraditum est, sicut isti testes affirmantes, coram sanctis Christi Evangeliis testificantes dixerunt [a].

Sed petimus te, excellentissime fili et magne rex, atque spiritalis compater [b], ut vestram apprehendere debeant dexteram, et jurantes dicant ipsi vestri nobilissimi, quid de eodem patrimonio Savinensi beati Petri præviderunt atque cognoverunt; testem enim invoco Deum, quia nullorum fines irrationabiliter appeto, sed sicut ex antiquitus fuit ipsum jam fatum patrimonium **407** et id in integro beato Petro apostolo concessistis, ita suscipere optamus [c], quatenus petimus vestram præcelsam regalem potentiam, ut pro amore ejusdem Dei apostoli, atque nostro, ipsos jam fatos fidelissimos missos vestros, aut unum ex illis cum alia persona quæ vobis placuerit dirigere jubeatis [d], ut ipsum patrimonium Savinense, sicut cœpistis, in integro, justitia annuente, nobis contradatur. Quapropter usque in finem perseverare debeat vestra regalis potentia; sicut idem patrimonium in integro eidem Dei apostolo pro vestræ animæ mercede concessistis atque tradidistis, ut hic et in futuro, a Domino Deo nostro et ab ipso clavigero regni cœlorum retributionem boni operis suscipere mereamini, una cum excellentissima filia nostra, domna regina, nostraque spiritali commatre, et vestra nobilissima prole, atque memoriale vestrum in Ecclesia ejusdem Dei apostoli opinatissime in æternum permaneat. Incolumem excellentiam vestram gratia superna custodiat.

LXXIII.

408 ITEM EPISTOLA EJUSDEM PAPÆ,

AD DOMNUM CAROLUM REGEM DIRECTA,

In qua continetur de sacratione Petri episcopi, seu et [Lamb. om. et] *de territorio Savinensi* [e].

(*An. Dom.* 782, *Cod. Car.* LXXVI, *chron.* 72.)

ARGUMENTUM. — Petrum cum regiis litteris advenientem ut a pontifice ordinaretur episcopus, continuo consecrat, de Romanæ consecrationis gratia præferendum cæteris monet. Chalcedonensis concilii compendium ab eodem allatum, esse apochryphum. Apud sedem apostolicam servari integrum, ejusque breviarium rejici. Se sancti Leonis epistolam mittere, quæ ante concilii ejus primam actionem exstat, et qua Leo damnat latrocinalem synodum Ephesinam II, contra Flavianum et Theodosii imperatoris fidem commendat. Eadem occasione anxietatem suam significat possessionem ineundi territorii Sabinensis integri per suos missos, qui causam jam expenderant.

Domino [f] excellentissimo filio nostroque spiritali compatri Carolo, regi Francorum et Langobardorum atque patricio Romanorum, Adrianus papa.

Nectareas mellifluasque regalis excellentiæ vestræ per harum transvectorem Petrum reverendissimum et sanctissimum fratrem jam et coepiscopum nostrum, suscepimus syllabas [g], in quibus de ejus ordi-

deletis, in unam Foronovanam coivisse res sacras : hanc demum pariter deleta, cui hodie nomen *Vescovio*, rurali nempe ecclesiæ sub invocatione sanctæ Mariæ Majoris, Mallianum, oppidum ab Alex. VI, an. 1495 in civitatem erectum, episcopalem sedem translatam esse. Trium sedium prima Curiensis defecit, exstatque Gregorii epistola (lib. II, ep. 20) Ind. XI, seu an. 599 excidii ejus testis; nam Gratioso Numentano committit *curam gubernationemque sancti Anthemii Ecclesiæ in Curium Sabinorum territorio constitutæ* : adeoque sedis utriusque præsulem Numentanum instituit. Hujus sedes decimo declinante sæculo interiit. Dum stetit, occurrunt in conciliis et Nomentani et Sabinenses episcopi; sed hi Foronovani etiam appellantur ante sæculum septimum, a Foronovo episcopali sede, quæ sancti Euthymii appellata invenitur in synodo Symmachi an. 504. Nam sanctæ Mariæ ac sancti Euthymii titulo ecclesia illa nuncupatur, quod notat etiam Albertus in descriptione Italiæ (pag. 104). Quamobrem nullum dubium quin Adrianus hic de Foronovo loquatur, aut sic vocaretur id temporis a parum dissito Mentebono ei subjecto, aut missi apostolici errarint in nomine, quod vix credibile est, cum ei quæ ibi evenerant enarrarunt. CENN.

[a] Opinio erat apud sanctam sedem totum fere territorium Sabinense fuisse olim patrimonium sancti Petri, quanquam integrum nunquam possedisset. Idem sacramento affirmarant seniores ii testes missis regiis, ita ut donatio integri territorii a Carolo facta antiqui juris restitutio dicenda videretur. Ejus igitur possessionem *integram* nunc domnum efflagitat, quemadmodum prædicta epist. 68 per suum missum petierat, reluctantibus licet aliquibus (præcipue Rea-

tinis) qui fines suos latius protendi contendebant. Non enim ait pontifex se patrimonium illud non recepisse, sed *in integrum*, aut *sub integritate* non recepisse. Quare hisce in litteris non agitur de universo territorio seu patrimonio, ut recentioribus nonnullis videtur, sed de ejus parte ac de ea præsertim quæ erat Reatinis finitima, quos inter, ut dixit (ep. 68, not. [d]) cupiebat constitui terminos, quod factum testatur Ludovicus Pius (*Dipl. Lud.*). IDEM.

[b] Si Annalista Italus advertisset hunc titulum, et qui in fine litterarum legitur, *regina* scilicet *spiritali commatre*, non retulisset epistolam proprio lubitu ad an. 778, ut Caroli promissa sine ullo effectu venditare. ID.

[c] Videtur redundare, aut aliquid deest cum quo cohæreat. GRETS.

[d] In prædicta ep. 68 mitti oraverat alterutrum ex legatis una cum Stephano; cumque hic dicat cum alia persona, Stephanum sacellarium jam rediisse Romam ostendit absque regio misso. Neque assequor mente, cur omnes illam huic postposuerint. CENN.

[e] Argum. Panv. (*Cod. Vat.* 56): « In trigesima sexta [Triges.] Petrum Carolo maxime commendat, et orat ut Samense territorium Ecclesiæ Romanæ integrum [Sabinensem agrum | integrum Eccl. Rom.] restitui faciat. Dicit Romanam Ecclesiam totum quartum Chalcedonense concilium amplecti et venerari. » ID.

[f] Summ. 36, Bar. et Cent. GRETS.

[g] Non multo post datam præcedentem epistolam advenerunt Caroli litteræ absque regiis missis, quos impensius etiam quam antea mitti precatur pro terminanda causa patrim. Sabinensis. Quare hanc epistolam recte Cointius et Pagius ad hunc annum

dinatione reperientes, illico benignæ voluntatis vestræ mandata, sicut soliti sumus, implevimus [a]. Quem petimus pro amore beati Petri apostolorum principis, fautoris vestri, et nostra invicem firma dilectione, in omnibus eum tenentes amplius illum exaltare dignemini. Sic enim decet, ut qui ab apostolica sede ordinatus fuerit, omnibus in honore canonicæ institutionis, sicuti mos antiquitus fuit, partibus illis præcellat. Quantam enim fiduciam atque gloriationem in vestra præcelsa regali potentia habemus, lingua ut reor humana fari non potest; quatenus ipse jam fatus Petrus reverentissimus et sanctissimus frater et coepiscopus noster insinuare potest, quanta amoris ferventia cor nostrum in vestra triumphatissima præcellentia die noctuque existit; et dum tantam fiduciam de vestra a Deo protecta regali excellentia gerentes habemus, nimis exspectabiles sumus, sicut vobis poscentes direximus, de Savinensi territorio [b], ut ea quæ [*Lamb. add.* pro] mercede animæ vestræ, pariterque spiritalis filiæ nostræ atque commatris, nec non vestræ nobilissimæ prolis, beato Petro apostolorum principi in integro concessistis, adimplere per fidelissimos missos vestros, qui et causam ex parte examinaverunt, sicut et antiquitus fuit, et contradere nobis jubeatis, uti ab ipso regni cœlorum clavigero dignam retributionem hic et in futuro recipere mereamini.

Enimvero prædictus Petrus reverendissimus et sanctissimus frater et coepiscopus noster, obtulit nobis pseudopyctacium [c] a Paulino sicut fatus est pro Theodosio quondam interpretatum [d], et a vestra excellentia nobis directum; habens insuper a scri

---

referunt, at perperam anteponunt sexagesimæ octavæ ac præcedenti, ut patebit infra; nam territorii Sabinen. causam cognitam jam esse a missis regiis (puta Hitherio et Maginario) testatur, eosdemque iterum mitti orat. Cenn.

[a] Notanda disciplina. Jam statutum erat Nicæno concil. (cap. 6) confirmatumque in aliis conciliis, quorum canones ab ipsis Romanis pontificibus toties servare jussi erant episcopi, statutum erat, inquam, non ordinandos episcopos sine metropolitano. Præterea ex nupera disciplina tum in Anglia, tum in monarchia Francorum instituta Bonifacii Moguntini opera, metropolitæ ante acceptum pallium ab apostol. sede non ordinabant episcopos. Quare Joannes VIII, aliquanto post hæc tempora (ep. 94) mirabatur, se abusum invenisse in Galliis, quod nempe *metropolitæ antequam pallium a sede apostolica suscipiant, consecrationem facere præsumunt*. Et quidem jure, nam prædecessor ejus Nicolaus (*Bulg. resp.* 73) testatus erat *Galliarum omnes, et Germaniæ, et aliarum regionum archiepiscopos* ante pallii susceptionem consecrare episcopos non consuevisse. Nihilominus rex ordinari episcopum petit, pontifex continuo illum consecrat. Quis non stupeat, novæ argumentum disciplinæ tam antiquum? Et vero florere tum in Galliis Wilcharium archiepiscopum, cujus jurisdictio ab Adriano in Hispaniam effusa erat, nuper vidimus (ep. 71, al. 96, not. [b c]). Bituricensem quoque archiepiscopatum an. 786 esse instauratum traditione pallii et ibi deprehendimus, et infra planius fiet (ep. 86, al. 87), cæterasque metropoles alio tempore alias postliminio revocatas constat. Secus autem erat de episcopalibus sedibus. Ubique enim occurrunt episcopi, et Bituricensis ipse qui pallium obtinuit Romæ ante triennium consecratus fuerat in Galliis. Præterea Adrianus præeminentiam isti accessisse ait ex ordinatione apud sanctam sedem, atque ea propter præferri debere episcopis ordinatis in Galliis. Itaque et Romæ a pontifice universalis Ecclesiæ capite, et Occidentis patriarcha ordinabantur provinciarum episcopi, et a metropolitis juxta definita per canones. Leo quidem Magnus Viennensibus olim episcopis (ep. 89, cap. 6) aiebat : « Non enim nobis ordinationes vestrarum provinciarum defendimus, quod potest forsitan ad depravandos vestræ sanctitatis animos Hilarius pro suo more mentiri, sed vobis per nostram sollicitudinem vindicamus, ne quid ulterius liceat novitati, nec præsumptioni locus ultra jam pateat privilegia vestra cassandi. » Nil enim pontifices habuerunt antiquius quam jura metropoleon in conciliis stabilita et privilegia ab apostolica sede alicui eorum concessa vindicare. Et quis litem movere iisdem ausit, si quandoque jurisdictione in alienis provinciis ipsi utantur sua quam aliis communicant? Certe neque rex Francorum ordinari episcopum petens, neque pontifex continuo morem gerens petenti, neque episcopus Romæ ordinatus novi quidpiam in ea disciplina cognoverunt, Garnerius (*Diurn. Rom.* cap. 5, tit. 8). Indiculo sancti Bonifacii Moguntini Romæ consecrato pauca hæc subjicit, se videlicet formulas hujusmodi exhibere, ut intelligatur *quid discriminis interesset in ejusmodi sacramento, cum vel ab Italico, vel a Langobardo, vel ab alio extra Italiam posito præstaretur*. Vide et Thomassin. (II, II, cap 50). In.

[b] Hinc inferre potuerunt Cointius, Pagius, aliique, præsentem epistolam datam esse post illam (ep. 67, al. 89) quam omnium primam de territorio Sabinensi ipse etiam attuli superiori anno. At quæ sequuntur de discussione juris antiqui a missis regiis facta et de eorumdem nova legatione, bona cum eorum venia, binas eas litteras innuunt quas ipse nuper attuli, atque illi minus recte postposuerunt, quod legenti palam fiet. In.

[c] De *pyttacio, pittacio, pytatio, pittatiolo*, etc., eadem notione plura suppetunt apud Ducangium *Glossar.* Plura item habet Gothofred. (ad *l.* II *Cod. Theod. de Erog. milit. annonæ*). Unde discimus, antiquis fuisse *indicem, commentarium*, brevemque inscriptionem, cujusmodi etiam doliis apponi consuevit. Quo sensu hic debeat intelligi, res in eo contentæ demonstrant, quæ cum essent apocryphæ, *pseudopyttacii* nomen ei comparuerunt. Litteræ scilicet pro Theodosio II datæ et compendium synodi Chalcedonensis in pseudopyttacio isto continebantur. Itaque erat libellus, cujusmodi alios videre est ab utroque Hincmaro conscriptos. *Pittaciolum* ait Hincm. Remen. (ap. Bar. 871, n. 88 seqq.) missum sibi esse ab Hincm. Laudunen. quod *libellus* a Baronio appellatur, neque ab epistolæ forma abludit. In.

[d] Gentilotus ex ms. restituit *impdato*; quare libelli ejus summa fuisse videtur aut accusatio aut apologia a Paulino facta pro Theodosio Juniore. Quod ab Adriano quodammodo confirmatur, rejecto inter apocryphos eo libello, ac substitutis Leonis litteris Theodosii fidem vindicantibus. Ad Paulinum quod attinet, erat hujus nominis vir *litteris omnibus et formæ venustate conspicuus*, *Eudociæ apprime carus*, ut ait Theophanes, quem pomi cujusdam causa suspectum Theodosius in Cappadociam relegavit, ac trucidari jussit, ut constanter Græci omnes scriptores tradunt. Id autem Pagius animadvertit evenisse anno 448 (an. 446, n. 12), quamobrem Paulino huic magistri officiorum dignitate præstanti minus commode tribui potest libellus hic memoratus, nec quantum diligentiæ adhibuerim, alium reperi qui Theodosium jam mortuum (nam *quondam. imp.* dicitur) damnarit seu defenderit. Duos video Paulinos episcopos, Theodosiop. unum, alterum Apamenum concilio Chalcedonensi interesse : at minime illustrem episco-

ptione [*Grets.*, ascriptum] breviarium Chalcedonensis concilii a quodam Verecundo episcopo editum, quem in apocryphis reperientes falsidicus invenietur [a]. Sancta vero catholica et apostolica spiritalis **411** mater vestra Romana Ecclesia non breviter sed totum sanctum et venerabile quartum Chalcedonense amplectens [prorsus veneratur, et non audet relinquere sanctum et venerabile ejus constitutum, et exsequi a quodam factum breviarium, nullam consonantiam sanctæ institutionis habens. Nos quidem pro tanto amore quem erga vestram a Deo institutam regalem potentiam habemus, direximus vobis ex eodem sancto et venerabili concilio ante actionem ejus exemplar epistolæ sancti Leonis pontificis ad clerum et nobiles Constantinopolitanos, atque populum ejusdem civitatis directæ, post actum iniquum et perversum in Efesina [*Lamb.*, *Grets.*, Ephesina] urbe secundum concilium adversus sanctum et venerabilem Flavianum eumdem Constantinopolitanum episcopum, condemnans impiissimum Dioscorum atque profanum Eutychem [b], adhortans atque commonens prædictum populum ut in ea fide permaneat in qua Christianissimum principem eorum novit permanere; talis enim almus et venerabilis vir, atque in toto orbe sanctus Leo papa, noster præcessor opinatissimus prædicabilis fuit, ut si aliquid in fide adversus Theodosium imperatorem scandalizatum fuisset, nunquam post actum iniquum et latrociniosum secundo in Efeso factum, ipse præcipuus beatus Pater sanctus Leo hæreticos damnans, laudasset fidem Theodosii; **412** sed magis pariter pali titulo, ut Verecundum, audiens libelli auctorem, divinandum aliis relinquo, quisnam fuerit Paulinus iste. CENN.

[a] Apud Labbeum (*Conc.*, tom. IV, p. 94) est observatio editorum Romanorum, qui præ aliis notant Marciani orationem bis occurrere iisdem verbis : « Hujus autem iterationis occasionem, aiunt, fortasse præbuit vetustissimus liber Latinus concilii Chalcedonensis, qui in bibliotheca Vaticana asservatur, in quo prætermissa est prima actio, et ejus loco reperitur brevis quædam epitome ejusdem concilii, cui præfixa est hæc Marciani ad synodum oratio, et post epitomen sequitur secunda actio et aliæ per ordinem usque ad finem. » Breviarium Adriano missum a Carolo quid simile hujus epitomes esse debuit. Eutychianorum autem fuisse opus infertur ex primæ actionis defectu, quæ Dioscori et aliorum una cum Ephesina synodo damnationem continet. Quamobrem inter apocryphos jure amandatur a pontifice, ejus enim ævo totum Chalcedonense concilium a sancta sede accipiebatur, ut ipse docet. ID.

[b] Ap. Labb. (*Conc.*, tom. IV, p. 47, n. 22) exstat hæc Leonis epistola. Data eadem fuit, postquam Hilarus diac. cardinalis qui Leoni successit in apostolica sede, Dioscori Alexandrini audaciam in concilii præsides Roma missos deludens per devia perque immensa pericula Romam rediit, et latrocinalis synodi funestum eventum enarravit. Flaviani exsilium post plagas a Barsuma aliisque consentaneis eidem illatas in concilio, Hilarus Leonem edocuerat, sed mortem brevi consecutam ignoravit. Vide Henschen. ad d. 18. Februar. Epistola inscribitur : « Leo episcopus et sancta synodus, quæ in urbe convenit, clero, honoratis, et plebi consisten. ap. Constantinopolim dilectis filiis in Domino salutem. » Eamque alia ad eosdem consequitur data eodem die, nempe Idibus Octob.

A cum ipsis velut consentaneum eum damnasset [c].

Nos quidem, sicut fati sumus, apocryphos libros non sequimur, sed eos veneramur et amplectimur quos sancta catholica et apostolica suscepit Ecclesia, in qua fundati una cum filia nostra et spiritali commatre domna regina, atque vestra triumphatissima subole, per multorum annorum curricula regno perfrui dignemini, et cum sanctis omnibus præmia æterna in vita perpetua habere valeamini. Incolumem excellentiam vestram gratia superna custodiat.

LXXIV.
413 ITEM EPISTOLA
AD DOMNUM CAROLUM REGEM DIRECTA,

In qua continentur gratiarum actiones pro exaltatione sanctæ Dei Ecclesiæ, et de territorio Savinense, qualiter Machinarius [Lamb., *Maginarius*] *fidelissimus ejusdem præcelsi regis, ipsum territorium cum integritate partibus sancti Petri contradere voluit. Sed propter iniquos atque perversos homines minime potuit* [d].

(An. Dom. 783, *Cod. Car.* LXXVIII, *chron.* 73.)

ARGUMENTUM.— Maginarium venisse cum regiis litteris amoris plenis erga se et sanctam sedem. Eumdem tradere voluisse territorium Sabinense integrum, ut jussus fuerat, at propter malignitatem hominum non potuisse. Inspectas tamen ab eo esse donationes imperiales et Langobardorum restitutiones. Se neque imperatorias, neque regias largitates curare, uni Carolo Sabinense territorium integrum acceptum referre ; propterea opportune legaturum missos suos cum documentis, ut inde veritas elucescat et subsequatur effectus.

Domno [e] excellentissimo filio, nostroque spiritali **449**, catholicam doctrinam et damnationem Eutychetis et Dioscori, aliorumque in latrocinali synodo congregatorum exponens ; plures item exstant epistolæ eamdem causam spectantes, necnon Anatolii electionem in Flaviani sanctissimi episcopi locum ante primam actionem accidit. Quas profecto haud ignorabat Adrianus ; sed Theodosii fidem vindicaturus adversus libellum Paulino tributum, hanc unam quæ disertissime imperatoris fidem commendat, Carolo mittendam censuit. ID.

[c] Theodosium levitatis nimiæque credulitatis hominem historici omnes damnant. Præterea Chrysaphii eunuchi artibus deceptum Dioscori partes adversus Flavianum suscepisse omnes testantur, ut videre est ap. Baronium late hac de re agentem an. 449, qui etiam animadvertit divinæ ultioni obnoxium cito fuisse ; ac breviter ultionem ipsam describens (an. 450, n. 17) : « Qui quidem, inquit, attemperatam misericordia Dei vindictam expertus est ; quod datum illi sit ante obitum, admissum facinus intelligere, remedia quærere, in auctorem ulcisci, Romano pontifici obedire, eidemque communicare, ut datæ mutuo litteræ docent. » Nihilominus a fide recta eum descivisse unquam non constat, imo e contrario in eadem permansisse testatur sanctus Leo litteris ab Adriano laudatis. ID.

[d] Argum. Panv. (*Cod. Vat.* 11) : « Undecima laudes quasdam Caroli continet, et [commemorat eum] gratiarum actiones [actione] pro exaltatione sanctæ Dei Ecclesiæ. Indicat de territorio [agro] Sabinensi, quod Machinarius [Monegarius] fidelissimus ejusdem regis ipsum cum partibus sancti Petri contradere [ipsum sancto Petro tradere] voluerit, sed quod propter iniquos atque perversos homines minime potuerit [id minime præstari potuerit]. » ID.

[e] Summ. 11, Bar. et Cent. GRETS

compatri, Carolo regi Francorum et Langobardorum atque patricio Romanorum, Adrianus papa.

Divinitus præordinatam vestram a Deo protectam summam, regalem potentiam procul dubio credimus, quia super pristinos omnes ac fidelissimos orthodoxosque reges atque imperatores, erga sanctam catholicam et apostolicam spiritalem matrem vestram Romanam Ecclesiam veram dilectionem habentes, innumerabilia bona per vestra laboriosa certamina quotidie offertis, et pro hoc nempe certi facti estote, quia quantum caput totius mundi, eamdem sanctam [Gent. add. Romanam] Ecclesiam ejusque rectorem simulque pontificem amplectendo seu fovendo, honorabiliterque glorificando diligitis, tantum vos beatus Petrus, **414** apostolorum princeps, [Lamb. add. per] inconcussos facit triumphos hic et in futuro victores super omnes regnare reges; prorsus quippe confidimus, quia quantum per vos sancta catholica et apostolica spiritalis mater vestra Romana Ecclesia exaltata triumphat, tantum cœleste vos ambire atque hæreditare per intercessionem apostolorum principis concedit in perpetuum regnum ª.

Veniente igitur hic apud nos fidelissimo Maginario, denuntians nobis vestræ sospitates regalis potentiæ, nimis pro hoc nuntio noster relevatus est animus. Repleti sumus omni lætitia et exsultatione. Qualiter vero ei præcepit vestra a Deo promota triumphatissima excellentia pro Savinensi territorio, ut nobis sub integritate contraderet, sicut beato Petro clavigero regni cœlorum tribuistis minime propter malignos ac perversos homines potuit ᵇ; totam enim justitiam quam beatus Petrus apostolus protector noster ex ipso territorio habet, præsentialiter jam fatus Maginarius missus vester vidit, tam per donationes imperiales, quam per ipsorum protervorum regum Langobardorum ipsum territorium cum mansis sibi pertinentibus enucleatius designantes ᶜ. Si vero perfidus Desiderius dudum rex, non sub integritate, sed tantummodo masas ᵈ nobis, quantum reperiri potuit, quas ex antiquitus sancta Romana Ecclesia tenuit, ut nullus ex illis partibus Langobardorum ausus est resistere; **415** quanto magis vestræ a Deo protectæ regali potentiæ in omnibus obedientes existentes jussa vestra adimplere debuerant ᵉ?

Nos quidem neque imperatoribus, neque regibus gratias agimus, nisi tantummodo vestræ triumphatissimæ excellentiæ, quia noviter cum beato Petro apostolorum principi sub integritate condonastis ᶠ; pro hoc enim fidelissimos missos nostros una cum monitionibus nostris apto tempore vestræ regali potentiæ dirigimus, ut liquida perscrutatione divinitus inspiratus eas indagans, justitiæ beato Petro apostolo eveniant ad effectum, ut præcelsum a Deo promotum regale vestrum culmen atque memoria vestra in Ecclesia beati Petri nutritoris vestri usque in finem sæculi inter sanctos nominetur. Sed sicut semper in ejus sacratissima aula orantes pro vobis persistimus, omnipotens, clemens et misericors Deus in cujus manu cor excellentiæ vestræ regitur, una cum excellentissima filia nostra et spiritali commatre domna regina, seu domno Pippino excellentissimo rege Langobardorum et propria spiritali filio nostro, cæteraque vestra nobilissima prole, corroboret cor et mentem vestram et brachium suæ potentiæ vobis extendat, ut victores vos super omnes barbaras nationes faciat. Quatenus omnes sub vestro brachio humiliati vestigia pedum vestrorum osculentur, ut amplius Ecclesia Dei per vestram a Deo institutam regalem potentiam, nimirum [Grets., nimium] exaltata permaneat. Incolumem excellentiam vestram gratia superna custodiat.

LXXV ᵍ

(*An. Dom.* 783, *Cod. Car.* LXX, *chron.* 74.)

416 ʰ ARGUMENTUM.—Georgio episcopo regio misso referente quot beneficiis beatum Petrum seque

---

ª Cur tanta exsultet lætitia, tantisque laudibus prosequatur Carolum, ipsa epistola manifestat. Quod scilicet semel, iterum, tertio regem rogaverat in præcedentibus, tandem obtinuerat. Alteruter ex missis redierat Romam, jussusque erat a rege Sabinense territorium integrum tradere sanctæ sedi. CENN.

ᵇ Reatinos præcipue innui aiebam (ep. 71, al. 56, not.) qui tradi territorium integrum non sinebant, alios autem perinde aversatos esse ex sequentibus patet; Spoletanos crediderim.

ᶜ Ducangius antiquis chartis prolatis ostendit, quod *massa*, *massum*, *masa*, *masada* ejusdem notionis et originis sunt ac *mansa* et *mansus*, certus nempe agrorum modus, seu conglobatio et collectio quædam possessionum ac prædiorum. Infra autem voce *masa* utitur loco isto litterarum Adriani, atque interpretatur *villa vel casale*. Hujusmodi vero agrorum seu villarum restitutionis occasione Langobardos territorium integrum designasse Adrianus ait. Quorsum hæc? Quia nempe integer a Carolo concessus erat, finesque ejus ab Reatinis, fortasse etiam ab Spoletanis impugnabantur.

ᵈ *Mansos*. Sed rectum videtur *massas*, quo vocabulo utitur etiam Anastasius Bibliothecarius. GRETS.

ᵉ Argumento utens, quod appellant *a fortiori*, magis magisque comprobat de finibus rem esse; nam *masarum* restitutioni adversatus nemo erat, vel rerum potientibus Langobardis. CENN.

ᶠ Duo hinc valde perspicua eruuntur, territorium scilicet Sabinense integrum a Carolo donatum esse sanctæ sedi (cum secundo Romam venit anno 781), et possessionem integri ejus territorii initam nondum esse. Cumque hæc sit postrema Adriani epistola, in codicem relata super eadem re, constetque ex diplomate Ludovici Pii terminos esse positos inter Reatinos et territorium illud ab Hitherio, et Maginario abbatibus, post annum igitur 784 compositæ omnes lites finitimorum. Nam Maginarius Julio mense ann. 784 abbas sancti Dionysii est creatus post Fulradi mortem, quæ contigit die 16 Julii ejus anni. ID.

ᵍ *Admonitio.* Perioche hujus epistolæ in manuscripto codice nulla est. Ex Baronio igitur accipe istud summarium. « Carolus per Georgium episcopum papæ de suis certaminibus et laboribus pro beato Petro susceptis indicaverat; quare Adrianus ipsi gratias maximas agit, commendans ipsi Georgium episcopum. »

ʰ Argum. Panv. (*Cod. Vat.* 41): « Carolus per Georgium episcopum papæ de suis certaminibus et laboribus pro beato Petro indicaverat [susceptis indic.]. Quare papa ipsi [papa Adrianus epist. 41 ipsi] gratias maximas agit commendans ipsi Georgium episcopum [episc. in epist. quadrag. prima]. » CENN.

ejus successorem Carolus prosequi nitebantur, Petrum ipsum remuneraturum ait tam bene de utroque merentem; eumdem episcopum ei commendat; victorias de barbaris omnibus gentibus ominatur.

Domno [a] excellentissimo filio nostroque spiritali compatri Carolo, regi Francorum et Langobardorum atque patricio Romanorum, Adrianus papa.

Omnipotens Deus repertor omnium, in cujus manu sunt omnia jura regnorum, reperiens secundum cor suum vestram excellentissimam regalem potentiam ipse eam ad magnam consolationem atque exaltationem spiritalis matris vestræ sanctæ catholicæ atque apostolicæ concessit Ecclesiæ, quem vice apostolica poscimus, præmia vobis vitæ donari æternæ. Quapropter suscipientes Georgium reverentissimum et sanctissimum episcopum nostrum a vestra triumphatissima præcellentia, tanta bona de vestro laborioso certamine atque beneficia, quæ erga beatum Petrum clavigerum regni cœlorum et nos geritis denuntiavit; quæ si enucleatius exarare voluissemus, nullus ori nostro sufficeret sermo, ut opinor. Sed ipse princeps apostolorum, fautor vester beatus Petrus, pro cujus amore hæc omnia geritis, ipse vestrum protegat atque in omnibus dirigat in triumphis regnum.

417 Verum [*Lamb.* add. quippe] fidelem ipsum reverendissimum et sanctissimum præfatum episcopum, vestrum nostrumque reperientes, nimis eum vobis commendari poscimus, ut secundum suam scortam fidem atque dilectionem, quam erga vos et nos gerit, ita consolatus, prorsusque totus, nobis poscentibus a vestra præfulgida regali potentia mereatur per se clamare [*Grets. leg.* amari], ut dum per nostram suggestionem vestram ampliatam super se præcipuam habuerit undique benivolentiam, quietus pro vobis valeat fundere preces, nosque in confessione beati Petri apostolorum principis solitas orationes enixius pro vobis fundentes, super omnes barbaras nationes victores inveniamini, atque una cum præcellentissima filia nostra et spiritali commatre domna regina, vestraque nobilissima subole, regni gubernacula in ævum fruentes, in æthereis arcibus cum sanctis omnibus regnare mereamini. Incolumem excellentiam vestram gratia superna custodiat.

LXXVI.
418 ITEM EPISTOLA EJUSDEM PAPÆ,
AD DOMNUM CAROLUM REGEM,

In qua continetur de præda Persarum in finibus Græcorum facta, et de discordia quæ inter ipsos erat [b].

[a] Sum. 41, Bar. et Cent. GRETS.
[b] Argum. Panv. (*Cod. Vat.* 54): « In trigesima quarta [Triges. quarta] de præda Persarum in finibus Græcorum, et inter ipsos discordia indicat. » CENN.
[c] Sum. 54, Bar. et Cent. GRETS.
[d] Nullius fere momenti est quæ refertur historia, epistola ipsa una cum præcedenti omissa esset impune, ætatem ejus nosse nihil refert. Cum tamen in nova editione Duchesnii incerti temporis definiatur, ac vagari permittatur per decem eos annos, qui a 784 excurrunt usque ad 794, mihi fuit contrahenda intra illud biennium, quod a mense Maio anni 784

(An. Dom. 785, Cod. Car. XCIII, chron. 75.)

ARGUMENTUM. — Persarum deprædationes nuntiat sexagesimo milliario ab urbe Constantinopoli; discordias de regno esse inter patruum et nepotem, cui sceptrum ille usurpaverat.

Domno [c] excellentissimo filio nostroque spiritali compatri Carolo, regi Francorum et Langobardorum atque patricio Romanorum, Adrianus papa.

Dum nimis in nostro pectore momentis omnibus vester regnat amor, et multa nobis fiducia magnaque gloriatio apud præcellentissimam atque a Deo promotam vestram regalem potentiam existit, convenit nempe nos pro vestri præcelsi a Deo protecti regalis culminis sollicite quotidie inquirere salute, ut agnito juxta nostrum desiderium omnia prospera esse apud vestram excellentiam, summas sanctæ et individuæ Trinitati et dignas referamus grates. In quibus ad aures vestræ regalis potentiæ intimantes innotescimus de Constantinopolitanis partibus, quod in fines ejus gens Persarum invadentes atque deprædantes venerunt, usque in locum qui dicitur Moria a sexagesimo milliario ejusdem civitatis Constantinopolitanæ. Unde et prædam magnam comprehendentes secum detulerunt, et sicut audivimus atque fama fertur, Thius, regis Persarum princeps et dux exercitui nefandissimo ipsorum existebat, 419 qui dum reversus fuisset cum iniqua victoria, elatus in superbia mentitus est proprio nepoti suo, et ab ejusdem exercitu factus est rex Persarum; et infra se [*Lamb.*, Persæ] tumultuantes pugnare adinvicem pro nepote et Thio dicuntur.

Nos vero petentes divinam clementiam crebro pro vobis die noctuque orare prorsus non desinimus, ut ad exaltationem sanctæ Dei spiritalis matris vestræ Romanæ Ecclesiæ et nostram perennem lætitiam longiori ævo in triumphis, et celebri nomine regnantes una cum excellentissima filia nostra et spiritali commatre domna regina [d], vestraque præcellentissima prole, et sospites in præsenti vita et in æterna beatitudine vos conservare dignetur. Incolumem excellentiam vestram gratia superna custodiat.

LXXVII.
420 ITEM EPISTOLA EJUSDEM PAPÆ,
AD DOMNUM CAROLUM REGEM DIRECTA,

In qua continetur de fide vel dilectione quam erga beatum apostolorum principem Petrum habere pollicitus est, ut inconcussa et insolubilis permaneat, et nulla callida versutia ab apostolico amore ejus animus disjungi possit [e].

(An. Dom. 785, Cod. Car. LXXV, chron. 76.)

ARGUMENTUM. — In duos Ravennates Eleutherium et ad eumdem mensem 785 effluxit, cum regina Hildegardis obiit supremum diem. CENN.
[e] Argum. Panv. (*Cod. Vat.* 57): « In trigesima septima [Triges. sept.] ipsum fidei ac dilectionis quam erga beatum Petrum apostolorum principem habere pollicitus est, admonet, utque illam inconcussam et insolubilem [inviolatam conservet] et nulla callida versutia ab apostolico amore animum disjungi patiatur, orat. Postea Eleutherium et Gregorium quemdam accusat, et petit ne illos apud se agere permittat [sinat], sed Romani mittat. » ID.

Gregorium invehit; cum enim multa scelera perpetrassent, clam adiverant Carolum scelera dissimulantes, et simultates serebant inter regem et pontificem. Orat ut ab se rejectos dehonestatosque Romam mittat cum suis legatis, ibi enim in eorum scelera inquirendum erit. Sic Pippini donatio ab eo confirmata, jus nempe apostolicæ sedis in exarchatu inconcussum permanebit.

Domno [a] excellentissimo filio nostroque spirituali compatri Carolo, regi Francorum et Langobardorum atque patricio Romanorum, Adrianus papa [b].

Gratia sancti Spiritus igniti calore nulla quiescimus plus ratione, cuilibet terrenæ potestatis splendido, præter quam vestræ a Deo promotæ regali potentiæ, cum opportunitas datur ex totis nostris præcordiis intimare, quam tam firmam stabilemque annexam fideliter ac ita unanimes in unitate conglobatos esse speramus; ut nullo modo 421 credamus, quamlibet magnam parvamque personam inter apostolicam sedem et vestram excellentiam posse eam dirimere, talem prorsus vestrum præfulgidum in triumphis regnum erga amorem beati Petri apostolorum principis, fautoris vestri, et nostram dilectionem agnoscentes usque hactenus persistere et indissolubilem permanere, quod nunquam possit, quamlibet [Lamb., quælibet] callida versutia hominum ab amore clavigeri regui cœlorum disjungere, quem prorsus auxiliatorem in opinatissimis vestris triumphis, nobis poscentibus atque precantibus, credimus et propugnatorem habere, procedens et introducens vestrum præcelsum regalemque triumphum calcare super omnes barbaras nationes, quatenus semper pro vobis divinam exorantes clementiam, Deique timorem præ oculis habentes, atque pro anima sanctæ recordationis præcellentissimi genitoris vestri domni Pippini summi regis, et pro omnibus fidelibus Francis, siniulque divinum considerantes judicium, nitebamur emendare de pravis atque perversis actibus, videlicet Eleutherium et Gregorium, ineptos atque inutiles nugaces; qui pro eorum proterva contumacia non sinebant in eorum judicari partibus [c], Ravennæ inopes atque pusillos opprimentes misere, tum in venalitate hominum apud paganas venundantes gentes, quam de panis [d] [Lamb., de panibus] eorum absque ulla misericordia avide deglutiebant, ex qua pestilentia plurima pars deficientes atque ruentes dissipati sunt; insuper ignobilium vulgus catervamque cruentorum nequiter congregantes, non intermittebant quotidie nefandas perpetrare neces. Unde dum in 422 Ecclesia quadam die missarum celebrarentur solemnia, et eadem hora quidam diaconus sanctum Christi Evangelium populis prædicaret, intus in eodem sanctuario ab eorum impiissimis hominibus sanguis effusus est innocens, pro sacrificio laudis homicidium perpetrantes; et dum ipsi certi existerent quod nos tales iniquas terras atque perversas operationes minime illos ut Christiano populo peragere sineremus, idcirco superba arrogantia elati, conati sunt sine nostra scientia ad vestros properare regales obtutus, existimantes se per eorum infidelem atque iniquam fallaciam a fide puritatis et dilectione beati Petri et nostra vos separare; nescientes miseri et infelices, quia qui præcipui fideles ejusdem Dei apostoli sunt et vestri felicissimi regni fideles sunt, pariter et qui ejus inimici esse videntur, vestri procul dubio inimici sunt [e].

Quapropter poscentes quæsumus vestram a Deo protectam regalem potentiam, per beatum Petrum apostolorum principem cui a Domino potestas ligandi solvendique peccata in cœlo et in terra data est, et ipsum sanctum baptisma quod inter nos per Spiritum sanctum habere videmur, illorum procacitati vester præfulgidus aspectus et hilaris minime manifestetur. Neque recipere ipsos, nefandos vultu dignissimo dignemini, sed tanquam inimicos beati Petri et vestros existentes, eorum superbam gloriationem respuentes, ad nos dehonestati per fidelissimos missos vestros humiles veniant, ut omnia quæ fati sumus eorum comprobemus præsentia [f]; quatenus qui agunt talia iniqua atque perversa, per eos emendentur, et illibata oblatio quæ a sanctæ recordationis 423 genitore vestro domno Pippino magno rege allata, et vestris præfulgidis regalibus manibus in confessione beati Petri clavigeri regni cœlorum oblata, atque nimirum confirmata sunt, inconcussa et immaculata in æternum permaneant [g], ut ante

---

[a] Sum. 57, Bar. et Cent. GRETS.

[b] Hildegardis reginæ mortem Franci annalistæ unanimi consensu referunt ad annum 783 pridie Kal. Maias. Quamobrem recte hanc epistolam Pagius ad eumdem annum spectare putat. Reginæ enim nulla fit mentio, filii tantum memorantur. In nova editione Duchesnii refertur ad an. 784. Cum autem tradant annales Francorum et Fuldenses Carolum eodem anno Hildegardis emortuali uxorem duxisse Fastradam, Pagio potius adhærendum mihi videtur. CENN.

[c] Stephanus II qui omnium primus in exarchatu dominari cœpit, Philippum presb. et Eustachium ducem judices Ravennæ constituit ad *faciendas justitias omnibus vim patientibus*, ut Adrianus testabatur Carolo (ep. 51, al. 54). Triginta fere post annos exemplum ejus simile hinc suppetit nonnullis, qui pontificiæ dominationis ignari veritati fucum faciunt. ID.

[d] Locus corruptus. Num *de panibus?* GRETS.

[e] Scelestorum hujusmodi par aliud vidimus in urbe Roma (ep. 61, al. 50), quos pontifex idem Romam mitti petebat, ut ibi juxta eorum reatus punirentur. Vide monitum ad pseudopapæ Constantini litteras (num. 9 seq.). Id.

[f] In notis ad prædictam epistolam (not. 9 et 10) monebam, tam Carolum quam pontificem in sua quemque ditione jus suum in puniendis reis exercuisse. Idem hic luculenter patet; quare abjicienda Sigonii opinio de supremo jure quod sibi reservarint Pippinus et Carolus in exarchatu, licet Muratorio arrideat (an. 785). Uterque enim auctor Mutinensis voluntatem, quam rationem sequi maluit. ID.

[g] Notandum discrimen judicii a pontifice faciendi inter Romanos et Ravennates, tanta in causarum paritate. Duo siquidem Romani facinorosi repetuntur Paschalis et Saracinus; totidemque Ravennates Eleutherius et Gregorius, multis sceleribus utrique obnoxii, utrique damnandi. Ubi agit de Romanis, qui amicitiæ tantum et charitatis vinculo juncti erant cum

tribunal Christi ipse protector vester beatus Petrus apostolus dignus retributor vobis appareat, et sicut in hoc terrenum regnum una cum præcellentissima subole vestra [a], et omnibus fidelibus Francis in triumphis pollentes tuetur et protegit, ita et in æthereis arcibus cum sanctis omnibus faciat sine fine regnare. Incolumem excellentiam vestram gratia superna custodiat.

[LXXVIII.

424 ITEM EPISTOLA EJUSDEM PAPÆ,
AD DOMNUM CAROLUM REGEM DIRECTA,

In qua continetur de abbate venerabilis monasterii sancti Vincentii, qui apud domnum regem insons accusatus fuerat, et inde ablatus; ut eum venusto vultu ac vibrantissimo animo clementissime susciperet, quia falsa crimina ei objiciebantur [b].

(An. Dom. 783, Cod. Car. LXXIX, chron. 77.)

ARGUMENTUM. — Abbatem Pothonem sancti Vincentii ad Volturnum, falsis criminibus accusatum apud Carolum, huic vehementer commendat, ut universæ congregationi morem gerat, rogatque ut injuria dejectum restitui curet.

Domno [c] excellentissimo filio nostroque spirituali compatri Carolo, regi Francorum et Langobardorum atque patricio Romanorum, Adrianus papa [d].

Dum tanto ex puro cordis amore omnes generaliter agnoscunt, quod erga beatum apostolorum principem Petrum fautoremque vestrum et nos crebro fideliter vestra regalis potentia prorsus gerit, convenit nempe ex totis nostris præcordiis quæ ad salutem pretiosissimæ animæ vestræ pertinent libenti suggerere animo, proinde salutantes paternam dilectionem indicamus vestræ præcelsæ regali potentiæ, quia cuncta congregatio venerabilis monasterii sancti Christi martyris Vincentii unam conrege Francor., rogat Carolum, ut reos Romam mittere dignetur ad judicium, *ut in hoc cognoscant omnes gentes, quia ob amorem beati Petri magnam in nobis habeas dilectionem.* E contrario agens de Ravennatibus, quia exarchatum Francorum regibus referebat acceptum, pari modo rogat, ut judicandi Romam mittantur, quo Pippiniana donatio a Carolo confirmata *illibata, inconcussa, et immaculata* permaneat, Huc appello pedissequos Sigonii, Muratorii, aliorumque supremum jus vindicantium Francis in exarchatu Romæque ipsam titulo donationis asserentium Romanis pontificibus, ut nempe intelligant opiniones eorum pugnare cum factis certis, quare iisdem adhærere aliquando desinant. CENN.

[a] Hallucinatos eos esse aiebam (ep. 68, not.) qui Adriani epistolam loco moverunt, Pagio duce, quia reginæ nomen in eadem exstat notis; regia enim proles utique silebatur. Hac autem in epistola regiæ sobolis mentio est, regina penitus siletur, certum sane indicium ætatis Pagio etiam notæ. ID.

[b] Argum. Panv. (*Cod. Vat.* 40) : « In decima pro abbate venerabilis monasterii [Dec. pro ab. monast.] sancti Vincentii intercedit, qui falso apud Carolum accusatus fuerat. » CENN.

[c] Sum. 10, Bar. et Cent. GRETS.

Et hanc epistolam, ut nuper aiebam de alia (ep. 75, al. 93) vagari permittitur in nuperrima editione Duchesnii per annos decem. At revocanda ad an. 783, post agnitam ab Adriano Hildegardis mortem, nisi forte quis datam velit ineunte anno 784, antequam Fastradæ novæ reginæ nuntius Romam venerit. CENN.

[e] In celeberrimo monasterio ad Volturnum flu-cordiam pro hoc simul habentes poposcerunt a nobis, ut nostris apicibus pro abbate ipsorum qui insons apud vos accusatus est intercederemus, imo et per vestram præfulgidam jussionem exinde ablatus, vestris regalibus vestigiis præsentatus, eum vobis in omnibus commendaremus, **425** eo quod nullo modo vestræ regali potentiæ infidelitatis reum quispiam ex accusatoribus suis facere aut comprobare valebit, eo quod omnino falsum ei crimen objicitur [e], et ideo pro amore beati Petri regni cœlorum clavigeri magnopere petentes fiducialiter quæsumus, ut eum venusto vultu ac vibranti animo clementissime recipere jubeatis; justum quippe est, quemadmodum tam magnam congregationem religiosis moribus suis regulariter atque naviter regere valuit, a vestris præcelsis obtutibus sospitem absolvi et in pristinum statum clementissimis jussis vestris nobis poscentibus restitui, quia valde idoneum ad commissum sibi officium seu vestræ fidelitatis, sicut ab omni ejus congregatione didicimus, eum agnovimus [f].

Deus omnipotens in cujus manu omnia regna mundi reguntur, ipse per suffragia apostolorum principis Petri, semper nos faciat de vestro regali culmine lætari, et in hoc mundo una cum præcellentissima subole vestra [g] super omnes barbaras nationes dominantes, longo ævo regni gubernacula fruere valeatis atque in æthereis arcibus cum sanctis omnibus regnare mereamini. Incolumem excellentiam vestram gratia superna custodiat

[h] LXXIX.

(An. Dom. 784, Cod. Car. LXXII, chron. 78.)

426 [i] ARGUMENTUM. — Pothonis ejusdem causa ponvium in Beneventano agro erant id temporis abbates duo, Poto et Autpertus, res Mabillonio ipsi obscura. Putat Potonem aliquid contra Carolum dictitasse, quare, abbate alio suffecto, hunc accusatum Carolum fuisse accusatum (*Annal.* lib. XXIV, n. 74). Ex hac et seq. epistola historiam discimus. Interim, patrono Adriano qui monachorum suffragiis nitebatur, calumnia aliquot accusatorum detegitur. ID.

[f] Injuria abjectum restitui curat. Mabillonius (*Ibid.* lib. XXV, n. 36), Vulturnensi chronico prochronismis erroribus innumeris pleno nimium fidens, Potonis mortem hoc anno constituit, causamque ejus (lib. XXIV, n. 93) ventilatam ait ann. 779, cum et Autperti obitus contigit, juxta illum chronologum. Falsa omnia; accusatio enim ad hunc annum exeuntem pertinet aut ad sequentis initia. Nam cognito causæ, proindeque Autperti mors cum anno 784 minimum copulari debet, mentio quippe fit ab Adriano novæ reginæ Fastradæ, ut dicam ibi. ID.

[g] En perspicua ætas epistolæ, quam innuebam not. [d]. ID.

[h] Summ. ex Baronio. « Indicat quomodo contentionem monachorum ad se missorum composuerit. Et quod Potho abbas cum decem monachis ad Carolum regem proficisci voluerit, ut ibidem quoque de objectis criminibus se purgaret. » — Summ. 40 Baron. et Cent. GRETS.

[i] Argum. Panv. (*Cod. Vat.* 40) : « In quadragesima [Quadrag.] indicat quomodo contentionem monachorum ad se missorum composuerit et quod Potho abbas cum decem monachis ad Carolum regem proficisci voluerit, ut ibidem quoque de objectis criminibus se purgaret. » CENN

tifici cognoscenda permittitur a rege per missum suum Possessorem archiepum. Quare Adrianus nonnullis abbatibus convocatis coram Possessore causam discutit. Conjurationis crimen, quo insinuabatur, falsum esse deprehendit; sacramento cum aliis monachis se purgantem absolvit; ad regem proficisci omnes postulantes permittit. Omnia hæc pontifex nuntiat Carolo, quem etiam docet Autbertum ejusdem monast. Volturnensis abbatem mortem occubuisse in itinere, et Rodigausum monachum accusatorem stupri reum cum nepte repertum esse.

Domno excellentissimo filio nostroque spirituali compatri Carolo, regi Francorum et Langobardorum atque patricio Romanorum, Adrianus papa.

Præcelsas ac a Deo inspiratas, per reverentissimum et sanctissimum Possessorem archiepiscopum [a], fidelissimum missum vestrum, sagacissimas præcipuasque syllabas suscipientes, valde in his noster relevatus est animus, regales triumphos in eis atque sospitates reperientes, et pro hoc magnas omnipotenti Deo tulimus grates in aula fautoris vestri beati Petri apostoli divinam exorantes clementiam. Referebatur quippe in ipsis vestris regalibus apicibus, quia causa vestra nostra sit, et nostra vestra: in hoc vero freti existimus, quia divina inspiratione veritas hæc procul dubio a vobis exarata prorsus omnibus manifesta ac certa splendescit; et quo [Lamb., quoniam] ad nostrum judicium canonice simulque regulariter contentiones inter 427 monachos venerabilis monasterii sancti Vincentii et abbates ejusdem monasterii, scilicet Autbertum et Pothonem, discuti atque examinari vestra direxit præcelsa regalis excellentia [b]; ipse quippe præfatus Autbertus abbas, dum callem itineris peragraret, repentina morte occupatus minime nostris apostolicis valuit se manifestare præsentiis.

Quapropter convenientes plures ex primatibus monachis cum præfato Pothone abbate ipsorum, astiterunt omnes pariter in conspectu apostolici decreti nostri, qui residentes una cum reverendissimo et sanctissimo Possessore archiepiscopo, seu Ansoaldo abbate venerabilis monasterii sancti Petri, pariter Aquilino abbate [c], Devaregio atque Raginbaldo abbate venerabilis monasterii sanctæ Dei Genetricis, simulque Gisulfo abbate venerabilis monasterii sancti Petri [d], Hiltibrando duce, Taciperto et Prandulo, simulque nostris astantibus servitiis, Theophylacto bibliothecario, Stephano sacellario, Campulo notario, Theodoro duce [e] et cæteris pluribus; et dum ingressus fuisset 428 Rodigausus ejusdem monasterii monachus, referebat adversus eumdem Pothonem abbatem testimonium dicens: Domine, dum cursum horæ sextæ explessemus, et secundum consuetudinem pro regis incolumitate, ejusque prole, propheticum decantaremus psalmum, videlicet (*Psal.* LIII) *Deus, in nomine tuo salvum me fac*, subito surrexit abbas et psallere noluit [f]. Item referebat,

---

[a] Ebredunensem archiepiscopum esse putat Mabillon. (*Annal.* lib. XXIV, n. 58). Eumdem supra vidimus episcopali tantum dignitate insignem, dum regii missi munere fungebatur usque ad an. 777 (ep. 61, al. 50). Archiepiscopali nunc præditum dignitate illum audientes, Ebredunensem metropolim in honorem pristinum restitutam esse intelligimus. Gallicanæ enim metropoles fere omnes Caroli Magni opera splendorem suum adeptæ sunt, sed sensim, nec modico cum regis labore. Quicunque autem episcopus metropolitanam identidem dignitatem est assecutus, ab sancta sede pallium cum archiepiscopi nomine juxta novam disciplinam obtinuit, ut planius ostendam ad epistolam 86, al. 87. CENN.
[b] Locus corruptus. GRETS.
[c] Quamvis Carolus Beneventanum ducatum haud subegit ante annum 787, ut historici omnes constanter affirmant, regi tamen Langobardorum, quod sæpe est dictum, tam Spoletanus quam Beneventanus subditi erant. Quamobrem abbatem sancti Vincentii apud Carolum accusatum esse non est mirum. Ejus vero causam Adriano committi a rege Francorum, benevolentiæ ac venerationis argumentum est, quibus rex pontificem prosequebatur. CENN.
[d] Mabillonius (*Annal.* lib. XXIV, n. 94) dubii plenus monasteria nonnulla indicat queis præerant abbates hic recensiti. Ansualdum scilicet putat fuisse abbatem sancti Petri Beneventani; Aquilinum sancti Angeli de Baregio juxta fluvium Sangrum in Aprutio citeriori; Raginbaldum Farfensis. Nostra nihil interest in ista nomina magnam partem incerta inquirere. Id minime prætereundum quod nomina in epistolæ hujus calcem rejecta ad eos referri debent, qui conventui adfuerunt, nam Gretserus ad epistolam, quæ sequitur in fine codic (ep. 60, al. 75) arbitraria pertinere, non modo eidem perioches instar præmittit, sed omnes ex clero Romano esse affirmat: utrumque falsum. Nam perioche sive argumentum illius epistolæ peti debet ex duodecimo inter argumenta epistolarum Pauli I, ut ibi monui, et nomina fere omnia Langobardica, Francis aliquot intermistis, amovenda sunt a Romano clero. CENN.
[e] Servitia pro ipsis ministris adhiberi notat Ducangius ab Adriano in hac epistola, et a Ludov. Pio apud Petr. Chifflet. Ex ministris autem placito seu judicio astantibus nominatim recenset Theophylactum bibliothecarium P...vinio et Raspono ignotum (*de Ecc. Lat.* l. III, c. 16, p. 249), qui cancellarii munere id temporis fungebatur; Stephanum sacellarium, seu S. R. Ecclesiæ camerarium in superioribus laudatum, præcipue (ep. 68, not.); Campulum Adriani nepotem ac fratrem Paschalis, qui ann. 777 legationem obivit ad Beneventanos (ep. 60, al. 75). (Hic ex notario sanctæ sedis, id est protonotario ut modo dicimus, ad sacellarii officium pervenit, quo tempore ejus frater erat primicerius, et uterque in sanctum pontificem Leonem III, Adriani successorem, grande illud scelus perpetrarunt, quod alii alio modo narrant.) Denique nominat Theodorum ducem, probabiliter nepotem etiam ipsum, de quo non semel in superioribus (ep. 59, al. 49; 60, al. 75; 67, al. 69), nec deinceps fit ulla mentio hujus ducis in codice. Hujusmodi autem servitia, sive officia, seu ministri majestatis pontificiæ testes sunt locupletissimi. ID.
[f] Ex primo isto cap. accusationis morem invaluisse videmus in eo celeberrimo monasterio, ut pro rege Francorum oraretur post omnes horas. Orandi autem genus haud congruere videtur cum fine quem sibi monachi proponebant. Quamvis enim et psalm. LIII, ad precandum inscribatur, quid Caroli ac regiæ prolis incolumitati cum Davide Ziphæorum proditione periculis objecto ac Dei ope liberato? Cum autem hic agatur de psalmo cani solito post Sextam, resque in obscuro sit de psalmis post alias horas decantatis ad eumdem finem, precandi genus improbare non ausim. Valde obscuriora sunt reliqua duo capita, quæ aliis divinanda relinquam. Ut autem aliquatenus quid ego sentiam aperiam, ex Autberti hominis

quia pariter peragrantes, cœpit mihi abba dicere: quid tibi videtur de hac causa, quia exinde exspectavi signum videre, et minime vidi? Tunc ergo [*Lamb.*, ego] respondi : Deus omnipotens humiliet cor ipsius, et faciat nos incolumes reverti, quia non sunt talia nostra merita, ut taliter agnoscere mercamur; et dixit mihi abba iterum, quia si non mihi fuisset pro monasterio et terra Beneventana, talem eum habuissem sicut unum canem ; et iterum adversus eum addidit : quia tanti ex Francis remansissent, quantos ego in humero vedare [*Grets.*, vectare] valeo.

Et dum a nobis sciscitatus fuisset præfatus Potho abba si ita esset, cum nimia satisfactione respondit dicens, quia semper congregatio nostra pro ejus excellentia, simulque pro ipsius prole, procul dubio in monasterio psallit : sed dum in opera essem cum ipso, et cæteri infantes [a], expleta oratione, prostrati in terra initiantes psallerent (*Psal.* LIII) : *Deus, in nomine tuo salvum me fac*, subito surrexi pro opera quæ ad utilitatem ipsius monasterii 429 fiebat [b] ; de itineris vero collocutione, nullo modo ad injuriam ejus regalis excellentiæ quidquam locutus sum, nisi fatus sum quod si pro monasterii desertione, seu terra illa mihi non fuisset, omnino in talem pergere habuissem locum, ubi neminem curassem [c]. Porro de Francis quod fatus est, nullo modo talia protuli aut ex meo exivit ore; sed cum talia [*Lamb.*, *Gent.*, contagio] ex omni parte mihi opponit [d], et a nobis [*Lamb.*, Dum igitur a nobis] interrogatus fuisset prænominatus Rodigausus, si hæc alii cum eo audissent, tunc affirmavit quia solus esset et nullus secum alius audisset ; tunc plures ex ipsis priores monachi afferebant testimonia pro ipso Rodicauso dicentes : quia in stupro captus cum propria nepte sua, ex presbytero monachus effectus est, et tale crimen adversus abbatem nostrum imponere minime valebit, quia a sacris canonibus respuitur [e].

Et introducti sunt alii tres monachi, qui cum Hiltibrando duce venerunt, et cum Autberto abbate morati erant [f], asserentes adversus Pothonem abbatem, quia nos cupientes ad excellentissimum regem peragrare, a custodia comprehensi sumus et in carcerem missi. Ad hæc respondit ante dictus abba : Veritas est quia custodes habui in ponte, non ut eos qui ad regem irent devetarent, sed eos qui suam regulam relinquunt, 430 et ad suum vomitum in sæculo peccato imminente revertunt, eos comprehendere jussi, et tunc quando dicunt, ibidem minime fui, sed ad magnum regem iter carpebam.

Tunc nos liquidius pertractantes et sacrorum canonum instituta inquirentes, reperimus in concilio Chalcedonensi, cap. 18, confirmante ita : « Conjurationis et conspirationis crimen et ab exteris est legibus prohibitum, multo magis hoc in Dei Ecclesia ne fiat admonere convenit; et si qui ergo clerici vel monachi reperti fuerint conjurantes, aut conspirantes, aut insidias ponentes episcopis aut clericis, gradu proprio penitus abjiciantur. » Item, cap. 21 : « Clericos aut laicos accusantes episcopum, aut clericos passim et sine probatione [*Lamb.* add. ad] accusationem recipi non debere, nisi prius eorum discutiatur existimationis opinio. » Simul et in Africano concilio, cap. 8, fertur : « Præterea sunt quamplurimi non bonæ conversationis, qui existimant majores natu vel episcopos passim vageque in accusatione pulsandos, debent tam facile admitti, necne ? » Aurelius episcopus dixit : « Placet igitur charitati vestræ, ut is qui aliquibus sceleribus irretitus est vocem adversus majorem natu non habeat accusandi? Ab universis episcopis dictum est : Si criminosus est, non admittatur : placet [g]. » Et hæc omnia considerantes, et quoniam habet has proprias hostis insidias, ut quos in pravorum actuum perpetratione, Deo sibi resistente, decipere non valet, opiniones eorum falsas ad præsens simulando dilacerat, et quia utrum vera essent an non, districta diutius per triduum fecissemus inquisitione perquiri, et nullam in ea de his quæ dicta fuerant culpam invenissemus, sed ne quid nobis vi-

---

Franci electione in abbatem, Francisque aliis monachis in id monasterium introductis, utrumque accusationis caput profectum puto. CENN.

[a] Lamb. legit : *cum ipse et cæteri infamantes.*
[b] Miror Ducangii illustratores latuisse hunc locum, in quo opera pro fabrica luculenter accipitur. Quid enim aliud sibi volunt *esse in opera*, et *fieri operam ?* CENN.
[c] Ita correxit Tengnagelius. Gentilotus autem legi : *habui loco ubi a nemine curassem.*
[d] Videtur aliquid deesse. GRETS.
[e] Infra ipsi canones proferuntur, qui ad rem facere visi sunt. Mabillonius (*An.* l. XXIV, n. 94) Potonem causa cecidisse colligit ex Hainradi successione post Autpertum juxta chron. Voltur. Quæ vero fides consignandi ejus mortem an. 778 ante Caroli compaternitatem, Hainradi successoris quatuor fere annos, ac biennium cum mensibus quinque Potonis constituenti a. d. x. Kal. Maias a. 783, cum occubuisse mortem affirmat? Hæc omnia cum Adriani epistolis pugnant, quæ cum æquales ejus temporis sint, chronologo pluribus sæculis posteriori haud dubie præferri debent. CENN.

[f] Tres monachi qui cum Hildebrando venerant supra nominantur, nempe Gisulphus abbas sancti Petri, Tacipertus et Prandulus ejusdem monasterii , quod scilicet Volturnensi subjectum erat prope muros Beneventi, ut Mabillon. eruit ex privilegio Caroli Magni (*Ann.* l. XXV, n. 61). Id mihi probabilius videtur, quidquid Mabillonius suspicetur, num monasterium sancti Petri, cujus Ansoaldus erat abbas, Beneventanum credi debeat. Si enim cum Autberto morati erant, a Vincentino igitur monasterio pendebant; et si capti erant Potonis jussu dum Volturni pontem pertransirent, ut mox tradit epistola , finitimi ergo erant monasterii sancti Vincentii. De hujus primordiis ann. 707, deque tribus fratribus fundatoribus et abbatibus Paldone, Tatone, et Tasone, uberrime idem Autpertus abbas ap. Ughell. (*Ital. Sac.* tom. VI, p. 370 seqq.). Unde plura laxatæ jam disciplinæ, quæ hanc epistolam illustrant, eruuntur. ID.
[g] De his canonibus, qui accusatorem rejiciunt, vide quæ aiebam in commentatione præv. (n. 15) ad sanctæ sedis disciplinam illius ævi comprobandam. ID.

deretur omissum, aut vestro potuisset cordi dubium remanere, præfatum abbatem Pothonem sacramentum proferre decrevimus, quia nulla talia pro infidelitate regalis vestræ potentiæ dixisset. Sed nec aliquando eidem magno regi infidelis fuit, vel erit cunctis diebus vitæ suæ. Simul et alii decem primates monachi ipsius venerabilis monasterii, quinque ex genere Francorum [a] **431** et quinque ex genere Langobardorum, statuimus ut præberent sacramentum, quia nunquam audierunt ex ore abbatis quamlibet infidelitatem adversus vestram regalem excellentiam; ipsi vero petierunt se omnes pariter ad vestram regalem venire præsentiam; nos quippe illorum exquirentes fidem, erga vestram regalem venire potentiam sivimus properare, solite pro vobis in confessione beati Petri clavigeri regni cœlorum non omittentes fundi preces, ut una cum domna regina vestraque subole, multorum annorum curriculis hic pollentes cum sanctis omnibus sine fine regnare mereamini. Incolumem excellentiam vestram gratia superna custodiat [b].

LXXX.
432 [c] DE EPISCOPIS VEL PRESBYTERIS.

Ut non militarem induerent armaturam, sed spiritalem, id est, jejuniis et orationibus vacarent, seu de venalitate vel captivatione hominum, vel aliis illicitis causis, quæ a pravis hominibus perpetrata erant, seu de visione Joannis monachi, quæ falsa vel inanis esse videbatur [d].

[a] Hinc evidens est, in Volturnensi monasterio utriusque gentis homines monasticam vitam profiteri. Neque id quidem cœptum fieri exacto jam Desiderio, sed ab ipsis initiis amicitiæ Francorum cum Romanis, cum potentia eorum regum a Beneventanis metui colique per Romanum pontificem cœpta est. Nam vix dum Pippinus Aistulpho devicto et facta exarchatus donatione Romanis pontificibus, brevi Aistulphi ejusdem morte superveniente, Spoletani et Beneventani Pippino, quam Desiderio parere maluerunt, ut Stephanus II testatur (ep. 2, al. 8). Quare sub ejus successore Paulo I prædictum Autpertum ibidem degere certum est; nam ipse de se ita loquitur (*Cod. Reg. Vat.* 96): « Ambrosius, qui et Autpertus, ex Galliarum provincia ortus, intra Samnii vero regionem apud monasterium martyris Christi Vincentii maxima ex parte divinis rebus imbutus, non solum autem, sed et sacrosanctis altaribus ad immolanda Christi munera traditus, operante beata et inseparabili Trinitate, suffragantibus etiam meritis beatæ Mariæ virginis, temporibus Pauli pontificis Romani, necnon et Desiderii regis Langobardorum, sed et Arochisi ducis ejusdem provinciæ quam incolo, hoc opus confeci atque complevi, quodque propter facilitatem eum intelligendi, *Speculum parvulorum* vocavi. » Cenn.

[b] Sequitur in cod. catalogus monachor. cæterorumque simul congregatorum, quem recte Lambecius huic epistolæ subjecit. E contrario Gretserus posuit, in tantum periochem, epist. 60, al. 73, unde huc revocandus. Id.

[c] Lamb.: « *Item exemplar epistolæ ejusdem papæ ad domnum Carolum regem directæ, in qua continetur de episcopis.* »

[d] Argum. Panv. (*Cod. Vat.* 11.): « In undecima [Undec.] de episcopis ac presbyteris agit, ne arma militaria induant, sed spiritualia, id est jejuniis et orationibus vacent; et visionem Joannis monachi, qua admonitus erat, fidem Ecclesiæ Romanæ esse mortuam; pronuntiat vanam. » Apud Panvinium,

(*An. Dom.* 784, *Cod. Car.* LXXVII, *chron.* 79.)

ARGUMENTUM. — Garamanno duce mis o regio monente, se ait bene accepisse Joannem monachum, quem disciplinæ canonicæ, instar monachi Cyrilli, subjecisset, nisi summa in regem observantia esset prohibitus. Eumdem Joannem, ut regi pravos homines captivitatem aliaque illicita exercentes detulerat puniendos; ita sibi retulisse, quod Galliarum episcopi se improbante arma gererent. Id ne fieri permittat precatur, eumque commendat quod monachi ejusdem visiones contemptui habuerit.

Domno [e] excellentissimo filio nostroque spiritali compatri Carolo regi Francorum et Langobardorum atque, patricio Romanorum Adrianus papa.

Orthodoxæ fidei plenissimos atque nectareos vestræ a Deo promotæ regalis excellentiæ suscepimus affatus, quos reserantes vestram a Deo promotam salutem ac in triumphis victorias [f], seu præcellentissimæ filiæ nostræ domnæ reginæ, vestrorumque præcellentissimorum filiorum, **433** atque nostrorum vestrorumque fidelium sospitatem, simulque sinceritatem reperientes, magnas omnipotentis Dei clementiæ retulimus grates.

Illud autem quod nobis vestra innotuit regalis potentia, per suum fidelissimum missum, scilicet Garamannum, gloriosum ducem [g], pro Joanne monacho atque presbytero, qui, sicuti in vestris referebatur regalibus apicibus, de captivatione hominum et de aliis illicitis causis quæ a pravis perpetrantur

unde Baron. aliique hauserunt, ex argum. epistolæ 75 (al. 78) et hujus unum conficitur, omissis iis quæ sequuntur post *orationibus vacent*; ita ut hoc argum. primo loco ponatur, et sic fluat : *orationibus vacent. Laudes quasdam Caroli*, etc. CENN.

[e] Bar. ibid. Sum. 11. GRETS.

[f] Annales Fuldenses an. 783 Hildegardis morte narrata, Saxones bis a Carolo superatos esse referunt *immensa eorum multitudine interfecta*. De duplici hac victoria sermo est ni fallor. In laudata edit. Duchesnii hæc epistola una est ex undecim, quæ vagantur per id decennium ab anno 781 ad ætatem codicis. At certe post annum 783 data est, nam Fastradæ reginæ meminit, quam a Carolo ductam constat in fine anni ejus. Estque hic character haud dubius aliarum omnium quæ sequuntur; singulæ enim reginam nominant, nulla *commatris* titulum adjungit. Muratorius fortuito hanc recte consignat currenti anno; sed vaferrime, ut exarchatus dominationem perturbet, Caroloque tribuat supremum jus in Ecclesiæ ditione; illam autem postponit alteri (ep. 83, al. 84) ductus nomine ejusdem missi regii, quam posteriorem esse patebit infra. CENN.

[g] Carolomannus Caroli filius natus erat anno 776, ut statuit Pagius (an. 783, num. 3) auctoritate Adriani et ratione : quare nonus ejus annus fluebat; adeoque tametsi an. 781 adeptus Pippini nomen italiæ rex ab Adriano inunctus esset, puer adhuc erat novennis, ac proinde regno administrando impar, vixque Carolus natu major tirocinium per hæc tempora agebat sub patre. Hinc est, quod Italia an. 774 *subjugata et ordinata*, ut aiunt Annales Francorum, administrabatur per duces et comites, quos Carolus civitatibus præficiebat. Cujusmodi nonnulli occurrunt in his epistolis, ut duces *Clusinus* et *Florentinus*. Alii vero duces, quorum administrationi nulla civitas commissa invenitur, Francis militibus præfuisse videntur qui in Italiæ regno erant. Et sane hunc Garamannum seq. anno tali munere fungi compertum erit. ID.

hominibus vobis enuntiasset, ut, Deo propitio, per vestrum præcelsum regalem dispositum corrigerentur vel emendarentur [a], quemadmodum a nobis poposcit regalis potentia, libenti cum suscepimus animo, solite in omnibus vestris accommodantes votis. Talem prorsus scimus vestram regalem excellentiam, quia in his nullius eget monitione, quia, Domino coopitulante beatoque apostolorum principe Petro pro ipso semper suffragante, veram prædicationem orthodoxæ fidei quam ab ejus suscepit Ecclesia illæsam atque immobilem tenens, ultroque irreprehensibilem sine macula vibrans exsultat, atque in omnibus penitus fulget, et non desinit emendare sævos atque iniquos callidosque homines ab illicitis actibus.

Sed et captivos in sua propria reverti crebris fecit diebus; fatus quippe est nobis præfatus Joannes monachus, quia dixisset **434** vobis ut omnis episcopus spiritalia teneret arma et non terrena, quatenus si ita est quia militaria induunt arma; hortantes vestræ notescimus a Deo protectæ regali excellentiæ, ut nullo modo sic fieri permittat, sed quoscumque in quolibet deferri cupit loco, tam episcopi quam presbyteri, orthodoxæ fidei galeam et salutis induti arma, orationibus vacare gnaviter studeant, et cuncto populo ea quæ pro salute animæ sunt spiritale gerant officium [b]. Cæteri vero episcopi atque presbyteri in eorum degentes ecclesiis, canonice unusquisque per vestrum regale robustissimum præsidium suum valeant regere populum a Deo sibi commissum.

Porro de revelatione ejusdem Joannis monachi, sicut ejus referebat locutio, vere phantasma esse existimatur; dicebant [*Lamb.*, *Gent.*, dicebat] enim quod vidit primis in somnis cœlos apertos et dexteram Dei, deinde vidit postmodum somnium aliud, turrem magnam, et descendentes angelos, inter quos vidit speciem hominis alas habentis aquilæ mortuique existentis; et aliam speciem hominis alas habentem columbinas, et dicentem : quia hic est Filius Dei [c]; absit enim a fidelium cordibus, ut fides Christianorum mortua esse prædicetur [d]. Nos enim speciem aquilæ alas habentem, sicut a sanctis suscepimus Patribus, Joannem evangelistam testamur, qui secreta cœlestia hominibus prædicat (*Joan.* 1): *In principio erat Verbum*, etc. in specie vero columbæ Spiritus sanctus visus est. Nam nunquam legimus speciem hominis alas columbæ indutam. Quapropter **435** nimis vestram laudantes firmissimam atque laudabilem fidem, in hoc cognovimus quia vos phantasma ipsas reputastis visiones, in eo [*Lamb.* add.] quod] a nobis pro eo vestra poposcit regalis potentia, ut nequaquam a nobis condemnaretur, anathematizaretur, vel flagellaretur [e], neque aliquam adversitatem ei faceremus ; quatenus in his omnibus vestræ accommodantes regali petitioni, in quantum necesse fuit ipsum admonuimus monachum, atque in proprium suum locum illæsum absolvimus; nam si vestrum illi non profuisset regale adminiculum, ecclesiasticam illi disciplinam canonice inferentes, sicuti monacho Cyrillo a nobis correcto et emendato, monachicam regulam illi demonstrare irreprehensibiliter habuissemus [f]. Ob nimium vero amorem vestrum cum magna patientia

---

[a] Non recte infert Muratorius, duci huic mandatum a Carolo ut talia emendaret, non enim jus alienum invadere ausus erat (Vide ep. 63, al. 65), nec pontifex invasionem siluisset, ut alia occasione factum videbimus (ep. 93, al. 71). Quare credibilius est monachum de Caroli subditis loqui quam de ecclesiasticæ ditionis hominibus. Nam demereri eum cupiebat, ut sibi ap. pontificem patrocinaretur, ne pœnam subiret cui erat obnoxius. CENN.

[b] Lamb. et Gent. hæc quæ sequuntur a Tengnagelio omissa legunt in manuscripto : *seu æternam vitam adipisci prædicantes eorumque confessionem suscipientes irreprehensibiliter sacerdotale gerant officium.* — Plura hac super re in capitularibus inveniuntur (*Capit.* lib. vi, cap. 285 seq. lib. vii, c. 91, 103 seq.) quæ referuntur etiam a Labbeo (*Conc.* tom. VII, pag. 1162, seqq.). Hinc autem Caroli constitutionum originem petendam esse liquet. Sed locus integer juxta lectionem codicis restitui debet ex Lambecio et Gentiloto de episcoporum armis ab Adriano descriptis. Tengnagelius enim duo præcipua illorum munera, *prædicationem* videlicet *et confessionis susceptionem* prætermisit, nisi forte in typothetam culpa rejicienda sit, quem repetita vox *officium*, ut sæpe accidit, deceperit. ID.

[c] Lamb. hic legit : *hæc est fides Christiana.*

[d] Ex hac imaginatione quis non deprehendat fanaticum monachum? Similia non desunt exempla apud historicos. ID.

[e] Pœnæ obnoxium Carolus fatetur monachum, et pro eodem intercedit. Ad flagellationis pœnam quod attinet, Anton. Augustinus (ad cap. 50, al. 46, *Ingtir.*) notat ex capitularibus regum Francor. in collectionibus canon. irrepsisse id genus pœnæ, nec pontificii juris esse. Hoc autem loco Adrianus memorat disciplinam regularem. Sanctus Aurelianus cap. 41 de ea sic : « Pro qualibet culpa si necesse fuerit flagelli accipere disciplinam, nunquam legitimus excedatur numerus, id est triginta et novem. » Regula item sancti Bened. de excommunicatione, ac disciplina seu flagellatione cap. 23, 24, 28, 30. Præcipue vero reg. sancti Columbani cap. 10, seu *Pœnitential. de diversitate culparum*, ubi ad rem nostram statutum legimus : « Pro illusione diabolica ac pro modo visionis alii viginti quatuor psalmos in ordine, alii quindecim, alii duodecim indigentes pœnitentia psalmos decantare debeant. » Ex quibus patet, Carolum pro monacho intercedentem ne *damnaretur, excommunicaretur, flagellaretur,* haud fecisse id pro visione quam phantasmatis loco habuit, sed pro gravi alia culpa, quæ monachum impulerit ut Caroli patrocinium exquireret, ne pœnam subiret quæ in monasteriis quandoque erat severissima. Rem vidi in *Regula Magistri* (cap. 15) quam referens horresco. « Excommunicati vero fratres si ita superbi exstiterint, ut in superbia cordis perseverantes in tertia die hora nona satisfacere abbati noluerint, custoditi usque ad necem cedantur virgis. » ID.

[f] Pro ecclesiastica disciplina flagellationem accipi oportere non est dubium : id enim epistolæ contextus demonstrat, et præsertim regula hic memorata. Quam pœnam huic monacho alterius exemplo ad se emendati, Adrianus infligendam putayerit, non liquet; nam in regula sancti Bened. (cap. 24) abbatis arbitrio relinquitur : « Secundum modum culpæ excommunicationis vel disciplinæ mensura debet extendi, qui culparum modus in abbatis pendet judicio. » Canonice autem inferebatur disciplina, alia

atque benignitate susceptus commonitusque, ultro citroque divinis præceptis in pace absolutus est. Vestram regalem excellentiam una cum filia nostra præcellentissima domna regina, vestraque 436 præcelsa prole multorum annorum curriculis regni gubernacula perfrui divina faciat clementia, ut in hoc mundo super omnes barbaras regnantes nationes, in æthereis arcibus sine fine cum sanctis omnibus regnare mereamini. Incolumem excellentiam vestram gratia superna custodiat.

LXXXI.
ITEM EPISTOLA,
AD DOMNUM CAROLUM REGEM DIRECTA,

In qua continetur de monasterio sancti Hilarii confessoris in Calligata: orat ne ipsum a seu hospitales, qui per colles [Gent., valles] Alpium siti sunt, in susceptione peregrinorum, ut a nulla magna parvaque persona invadi [Lamb., Gent., invadere] sineret b.

(An. Dom. 784, Cod. Car. LXXIV, chron. 89.)

ARGUMENTUM. — Monasterium sancti Hilarii Galliatense et hospitalia in Alpibus sita pro peregrinis hospitio accipiendis, orat Carolum, ne ab ullo permittat invadi, corripiatque Gundibrandum ducem Florentinum, qui aliquot peculia Curtis Sasantinæ ad id monasterium pertinentis usurparat; similiterque alios terras ejusdem Curtis invadentes, atque omnia restitui curet monasterio.

Domno c excellentissimo filio nostroque spiritali compatri Carolo, regi Francorum et Langobardorum atque patricio Romanorum, Adrianus papa d.

Novimus regalis excellentiæ 437 vestræ benignitatem pro Domini amore, atque beati Petri apostolorum principis, a quo meritis et præclara est dignitate ditata Ecclesia, et sicut amans justitiæ e unicuique suffragium impertire. Quatenus petentés, quæsumus, ut pro ejusdem beati Petri fautoris vestri amore nostraque paterna dilectione, sicut solita est vestra perfulgida regalis potentia, piorum locorum sollicitudine restaurationis juvamina ferre. Ita et in subjectis [Grets., sanctis] monasteriis spiritalis matris vestræ sanctæ nostræ Romanæ Ecclesiæ, quibus aura [Lamb., a vestra, et Gent., a vra] vibrantissima regali in triumphis præcellentia concessa atque offerta sunt f. Scilicet monasterium sancti Hilarii confessoris Christi, qui pons [Grets., qui locus] in Calligata, una cum hospitalibus qui per calles Alpium siti sunt, pro peregrinorum susceptione g poscimus ut a nulla magna parvaque persona qualibet invasione brachium pati vestra eximia sinat clementia, sed in omnibus pro monachorum Deo servientium laudibus atque susceptione peregrinorum, justitiam illic conservare sicut solita est dignetur; et invasionem quam Gundibrandus dux civitatis 438 Florentinæ h in eodem monasterio ingerit, in curte quadam Sasantina, territorio scilicet Florentino, arripiens ex ea illicitter plura peculia quæ illi minime pertinent abstollenda, emendare jubemini [Grets., jubeatis]; simulque terras quas ex ipsa curte plures homi-

---

quippe erat regularis, alia sæcularis. Id patet ex capitibus Caroli Magni pro monachis (Labb. *Conc.* tom. VII, pag. 988), quæ, ut notat Sirmondus, ad annum pertinent 789, nam num. 16 hæc leguntur : « Ut disciplina monachis regularis imponatur, non secularis ; id est non orbentur, non mancationes alias habeant, nisi ex auctoritate regulæ. » Quæ explicantur can. 18 Francofordien. concilii : « Abbates qualibet culpa a monachis commissa, nequaquam permittimus cæcare, aut membrorum debilitatem ingerere, nisi regulari disciplinæ sui jaceant. » CENN.

a Desunt in ms. verba *orat ne ipsum.* GENT.

b Apud Baron. et Centur. subjiciuntur ista : *Ut Gundibrando duci Florentino mandet, ut quæ eidem monasterio abstulit reddat.* GRETS. — Argum. Panv. (*Cod. Vat.* 38) : « In trigesima octava [Trigesima octava] commendat Carolo legatos monasterii sancti Hilarii in Calligata. Orat ne ipsum, seu hospitales, qui [hospitales domos, quæ] per colles Alpium siti [sitæ] sunt in susceptionem peregrinorum, ab ulla magna parvaque persona invadi sinat [permittat]; ut Gundibrando duci Florentino mandet, ut quæ eidem monasterio abstulit reddat [restitueret]. » CENN.

c Summ. 38, Bar. et Cent. GRETS.

d Hanc epistolam incertæ et ipsam ætatis, quam cæteroqui indagare nihil refert, hic constituo, tum quia data post annum 783, tum quia ducem Florentinum memorat, quem in præcedenti (Col. 366 not. f) una cum aliis præesse aiebam uni aut pluribus civitatibus regni Italiæ adversus opinionem falsam de Garamanno misso regio. CENN.

e Lamb. et Gent. legunt : *A quo ob exaltationem sanctæ Dei Ecclesiæ præclaram dignitatem merita est, et sicut amantem justitiæ.*

f Mabillonius (An. lib. XXII, num. 28) an 748 sex minimum monasteria recenset in Tuscia, quorum unum est Galactense, seu Galiatense, de quo loquitur Adrianus, fundatumque ait ab Hilaro abbate. Idem Ra-

vennatensi archiepiscopo subjectum erat, licet intra fines Tusciæ. Sed ab anno 755 ad 759 juris fuit Anscausi Foropopiliensis episcopi. Etenim cum esset abbas ejus monasterii, beneque esset meritus de Steph. II in Franciam eunte an. 753, hic grati animi causa, cum exarchatus ditionem adeptus fuit, Anscauso monasterium concessit quoad viveret. Eo vero mortuo an. 759, monasterium rediit ad jus pristinum, ut patet ex diplomatibus pontificum et regum apud Ughell. (*de Archiep. Ravenn.*). Idem hodieque exstat, possidetur autem a Camaldulensibus, a duobus circiter sæculis. Mabill. (*An.* lib. XXIII, num. 5; Ughell. *de Arch. Rav. et de Episcopis Foropopilien.* tom. II, pag. 598). Vecchiazzanus addit Paulum I an. 757 confirmasse Ansauco abbatiam sancti Hilarii, ejusque rei testem affert diploma pontificium. CENN.

g Gravi harum litterarum auctoritate utitur Muratori. (*Antiquit. Ital.*, tom. IV, diss. 37) ad comprobandum tabernis diversoriis Italiam tum temporis caruisse, quo viatores se reciperent, rem dictu quam creditu faciliorem ; aliud enim est pauperibus peregrinis hospitium parare, qui est monasticæ regulæ mos vetustissimus, aliud viatores divites in hospitia compellere diversorii defectu : « Hospitalitatem sectantes, aiebat Macar. (*Reg.* cap. 20) per omnia, et ne avertas oculum, aut inanem dimittas pauperem ; ne forte Dominus in hospite, aut in paupere ad te veniat, et videat te hæsitantem, et contemnaris. » Clerici sub finem quarti sæculi (*Conc. Carth.* III, cap. 27) *tabernas* ingredi prohibentur, *nisi peregrinationis necessitate compulsi.* Et multo ante in Oriente erant prohibiti (*Concil. Laodic.* cap. 24). Vide et Cod. Theod. (lib. IX, tit. 7, leg. 4) et ibi commentar. Gothofr. ID.

h Sic supra (ep. 55, al. 60) Reginaldum memorabat ducem Clusinæ civitatis. Quare non est dubium quin Carolus uni etiam civitati ducem præesse voluerit. ID.

nes sine ratione abstulerunt, reddere vestra a Deo inspirata regalis potentia faciat, et pro amore ejusdem regni cœlorum clavicularii et nostro, præfati monasterii missos [a] mitissimo vultu ac benignissima hilaritate eos suscipientes, justitiæ quàm a vobis petierint clementissime sicut soliti estis accipiant effectum, ut dignam pro ipsis monachis seu peregrinorum susceptione suscipientes mercedem, potius valeamus in confessione janitoris regni cœlorum pro vobis, filiaque nostra domna regina, vestraque triumphatissima prole, divinam exorare clementiam, ut hic ævis temporibusque regni gubernacula fruentes in ætheriis arcibus consortes, cum ipso Christi confessore beato Hilario, effecti inveniamini. Incolumem excellentiam vestram gratia superna custodiat.

LXXXII.

439 ITEM EPISTOLA EJUSDEM PAPÆ,
AD DOMNUM CAROLUM REGEM DIRECTA,

In qua continetur de motivo [musivo] atque marmore palatii Ravennatæ [Ravennatis] civitatis; prædictus papa domni regis ditioni, vel quidquid exinde facere voluisset, libenti animo se tribuere dicit [b].

(An. Dom. 784, Cod. Car. LXVII, chron. 81.)

ARGUMENTUM. — Musiva, marmora, aliaque ex pala-

[a] Qui missis Francorum eamdem auctoritatem tribuunt ante adeptum imperium, qua illos per nonum sæc. usos esse testatur historia, aut eorum indolem non sunt assecuti, aut a veritate abeunt. Ii siquidem, qui ultro citroque ibant Adriani tempore, aliud non erant quam nuntii vel legati, quibus quandoque res momenti committebantur, flagitante pontifice. Quamobrem Adrianus, quod animadvertendum, eadem phrasi de missis monasterii Galiatensis loquitur, qua passim usum esse vidimus tam de apostolicis quam de regiis missis. CENN.

[b] Argum. Panv. (*Cod. Vat.* 12) : « In duodecima [Duodec.] Carolo regi mosivum ac marmor palatii Ravennatensis [mosiva, ac marmora urbis Ravennæ] tam in templis quam in parietibus, et stratis sita, sicut petierat, donat. Pro equo misso gratias agit; orat sibi mitti equos qui ad suam faciant sessionem ossibus atque plenitudine carnis decoratos. » ID.

[c] Sum. 12, Bar. et Cent. GRETS.

[d] Eumdem ducem alibi (ep. 92, al. 86) videre est modo ducem, modo comitem appellari; itemque (ep. 89, al. 90) comitis tantum titulo insignem. Ita promiscue nuncupatos Armoricæ principes, quandoque etiam Normanniæ dynastas ostendit Ducangius (V. *Comites*) plurimos apud historicos, Ditmari quoque auctoritate apud Burgundos non consuevisse comitem vocari, nisi qui ducis honorem possidebat, animadvertit. Cujusnam gentis esset Arvinus promiscue comes et dux nuncupatus, non attinet quærere. Notari id tamen oportuit, tum ne duo crederentur Arvini hisce in epistolis regia legatione functi esse, ut discrimen teneatur inter duces primæ stirpis Francorum regum, cum ipsi Carolini, qui postea reges facti sunt, duces tantum essent, et duces secundæ stirpis, seu eorumdem Carolinorum. Hi enim uni plerumque præerant civitati, ut nuper vidimus Clusinum ac Florentinum fecisse. Illi autem toti præerant provinciæ, subditosque habebant comites, qui singulas civitates administrabant. Et qui olim per comitivæ gradum ad ducatum ascendebant, nunc ducatum nomine, re comitivam assequebantur. Quare et duces et comites generatim omnes dici poterant. Perinde esse in ditione pontificia affirmare non ausim, nam video Adrianum (ep. 54, al. 51) constituisse comitem civitatis Gabelliensis, quam *brevissimam* vo-

tio Ravennæ concedit Carolo ea petenti per Arvinum ducem missum suum, per quem duos equos miserat pontifici, quorum alter defecerat in via. Gratias agit, at nobiliores pinguioresque alios petit.

Domno [c] excellentissimo filio nostroque spiritali compatri Carolo, regi Francorum et Langobardorum atque patricio Romanorum, Adrianus papa.

Præfulgidos atque nectareos regalis potentiæ vestræ per Arvinum ducem [d] suscepimus apices, in quibus referebatur quod palatii Ravennatis civitatis musiva **440** atque marmora, cæteraque exempla tam in strato quamque in parietibus sita, vobis tribueremus; nos quippe libenti animo et puro corde cum nimio amore vestræ excellentiæ tribuimus effectum, et tam marmora quamque mosivum, cæteraque exempla de eodem palatio vobis concedimus auferenda, quia per vestra laboriosa regalia certamina, multis bonis fautoris vestri beati Petri clavigeri regni cœlorum, Ecclesia quotidie fruitur [e], quatenus merces vestra copiosa ascribatur in cœlis.

Suscepimus etiam per eumdem Arvinum, equum utilem unum a vobis directum, alius autem qui per ipso directus est, defectus in ipso itinere, mortuus est. Unde ob vestram memoriam maximas referimus grates. Sed secundum nostrum amorem quem ex in-

cat, ac Ferrariensis ducatus ibidem meminisse: unde inferri posset majoribus civitatibus duces, comites minoribus præfecisse. Ac cum *judices* plerumque eos appellet, quo generali nomine tunc temporis utraque dignitas designari videtur, incompertum mihi esse fateor administrationis genus. Huc accedit, quod Stephanus II Adriano eodem teste (epist. 51, al. 54), ducem quidem misit ad Ravennatium urbem administrandam, sed presbyterum ejus collegam esse voluit (pro causis scilicet ecclesiasticis) et *judices* utrumque appellat Adrianus. Murator. (*Antiq. Ital.*, tom. I, diss. 5), quanquam falsis abductus opinionibus a veritate aberret, plura suppeditat hanc historiæ pontificiæ partem illustrantia. At de his opportunius agam infra. CENN.

[e] Eginhart., cap. 26, tradit ea marmora petita esse pro ornanda basilica miræ pulchritudinis a Carolo Aquisgrani exstructa; cæterum argumentum tam evidens pontificiæ dominationis in exarchatu Muratorius ipse (an. 784) in dubium vocare non audet. Neque enim Carolus ista a pontifice concedi sibi peteret, nisi supremo ibidem jure gavisus esset, neque pontifex ultro largitus eadem esset, pro tot benefactis quodammodo relaturus gratiam, ut luculenter declarat; sed rex aut tacitus auferret, aut ad se transmitti præciperet et pontifex haud gratiam quæreret ex munere quod juris regii esse cognosceret. Quid vero? Ne dominationem pontificis fateri compulsus, videatur asserere, continuo aliam epistolam Adriani subjicit (ep. 83, al. 84) qua pontifex mercatores Veneticos e sua ditione ejecisse juxta Caroli voluntatem significat. Inde autem colligit Carolum ibi dominatum esse, quasi vero rex *præceptionem* miserit pontifici; non hic officii ergo usus fuerit (quod frequenter factum videmus) *præcipiendi* verbo, ut debuit, ne, non dicam in principem tam bene de Ecclesia meritum obsequio, sed officio nuntium remisisse videretur. Nonne et inter privatos id factum semper, et hodie fit in litteris? At paulo infra eadem in epistola legere est: *per vestram clementissimam regalem præceptionem cum exinde expellere omnino dignemini*. Nam Adrianus Garamannum unum ex ducibus Caroli aliqua in civitate regni Italiæ constituto, qui ecclesiasticæ ditioni molestus erat, inde amoveri petit a rege, ut planius dicam ad eam epist. ID.

timo corde erga vestrum habemus præfulgidum regnum, tales nobis famosissimos emittite equos, qui ad nostram sessionem facere debeant, in ossibus atque plenitudine carnis decoratos, qui dum in omnibus aspectibus laudabiles existunt, vestrum præfulgidum triumphis laudare valeant nomen [a], et pro hujusmodi re, **441** sicut soliti estis, dignam ab ipso Dei apostolo suscipere valeatis retributionem, ut una cum domina regina vestraque nobilissima prole in hoc mundo regnantes, in ætheriis arcibus vitam æternam adipisci mereamini. Incolumem excellentiam vestram gratia superna custodiat.

LXXXIII.

442 ITEM EPISTOLA ADRIANI PAPÆ,

EPISCOPIS PER UNIVERSAM SPANIAM COMMORANTIBUS DIRECTA, MAXIME TAMEN ELIPHANDO VEL ASCARICO CUM EORUM CONSENTANEIS.

Pro hæresi vel blasphemia, quod Filium Dei adoptivum nominat, cum multis capitulis sanctorum Patrum eos reprehendens. Nec non et de Paschali festivitate, seu et de sanguine pecudum, et suillo, et sanguine [Lamb. om. *sanguine*] *suffocato, quem in errore prædicantes dicunt; ut qui ea non ederit, rudis et ineruditus est, quos sub anathematis vinculo obligatos, et ab Ecclesia extraneos dicit. Similiter et de prædestinatione Dei, quod si quis ad bonum prædestinatus esset, contra malum resistere necesse illi non erat: si vero ad malum notus* [*natus vel prædestinatus*], *bonum illi exercere nihil proderit. Pro quo capitulo apostolicis adhortationibus eos castigans, necnon et de hoc, quia communem vitam cum Judæis, et non baptizatis paganis, tam in escis quam in potu, seu et in diversis erroribus* [*agunt vel ducunt*], *nihil pollui se inquiunt, nec non et de filiabus eorum, quas populo gentili tradunt, vel de sacrationibus eorum, seu et de mulieribus, quæ vivente viro sibi maritum sortiuntur, simulque et de libertate arbitrii, vel aliis multis quæ enumerare longum est, eos castigans cum sanctorum Patrum traditionibus* [b].

(An. Dom. 785, Cod. Car. XCVII, chron. 82.)

ARGUMENTUM. — Universis Hispaniæ episcopis, audivisse se Ægilam bona fide ordinatum a Willicario archiep. Senonensi, et in Hispaniam ad prædicandum missum, Mingentii cujusdam magistri sui errores propalare. Monet ut stabiles in apostolicæ sedis vera doctrina ab ejusdem falsis doctoribus caveant. Elipandi item, **443** et Ascarici, aliorumque Nestorii blasphemias recoquentium hæresim multis Patrum auctoritatibus confligit. De Paschate etiam recte celebrando, de prædestinatione, gratia, et libero arbitrio fuse et sapienter agit; ut ab immensa errorum serie illos præmuniat, qui Feliciana jam hæresi erumpente in Hispania gliscebant.

Adrianus [c] papa episcopus servus servorum Dei dilectissimis nobis omnibus orthodoxis episcopis per universam Spaniam commorantibus [d].

Institutio universalis nascentis Ecclesiæ beati Petri sumpsit honore principium, in quo regimen ejus et summa consistit, ex ejus enim ecclesiastica disciplina, per omnes ecclesias religionis [*Gent.*, regionis] jam crescente cultura, fonte manavit. Nicænæ synodi non aliud præcepta testantur, adeo ut non aliquid super eam ausa sit constituere, cum videret nihil supra meritum suum posse conferri, omnia denique huic noverat Domini sermone concessa. Hanc ergo ecclesiis toto orbe diffusis velut caput suorum certum est esse membrorum, a qua si quis se abscidit, fit Christianæ religionis extorris, cum in eadem non cœperit esse compage [e]. Audivimus quippe quod quidam episcoporum in partibus vestris degentes, apostolicæ sedis doctrinam contemnentes, contra [*Lamb. add.* Romanam et] orthodoxam fidei traditionem novas introducere nituntur hæreses, prætermittentes **444** vasis electionis

---

[a] Sanctus Gregorius Magnus Petro subdiacono, qui patrimonio Siciliæ præfectus erat (lib. XII, ep. 30, ind. 7) præ aliis hæc scribit : « Unum nobis caballum miserum, et quinque bonos asinos transmisisti; caballum illum sedere non possum, quia miser est; illos autem bonos sedere non possum, quia asini sunt. Sed petimus, ut si nos continere disponitis, aliquid vobis condignum deferatis.» Sancti utriusque pontificis, præclaro utriusque genere nati simile factum conferas. In Gregorio pontificem videas, qui, quanquam humilis, omnique virtute præstans, majestatem tamen pontificiam non vult vilescere; in Adriano autem et pontificis et principis majestatem suspicias, qui utriusque satagens non utilitatem solum, sed etiam splendorem in exteriori apparatu desiderat. CENN.

[b] Arg. Panv. (*Cod. Vat. post 44*) : « Idem Adrianus [Hadr.] papa epistolam ad omnes Hispaniæ episcopos scripsit, maxime tamen ad Elephandum et Velascharium [Elipandum et Ascaricum]. In hujus epistolæ initio Romanam Ecclesiam caput omnium membrorum seu aliarum Ecclesiarum [caput Ecclesiarum] nominat et quicunque se ab hac abscidit, hunc Christianæ religionis extorrem fieri dicit. Deinde refutat Elephandi [Elipandi] seu Ascarici errorem, quo Filium Dei adoptivum dixerat, opponens inter alia dictum Rom. VIII, proprio filio non pepercit, et citat Athanasium Alexandrinum episc. pum, Gregorium Nazianzenum, Amphilochium Iconii episcopum, Gregorium Nyssenum, Chrysostomum, Augustinum, Hilarium, Leonem papam. » ID.

[c] Meminerunt epistolæ hujus Bar. et Cent. GRETS.

[d] Circa epistolæ ætatem malui Basnagio quam Pagio aliisque adhærere. Is siquidem suis in observationibus historicis ad Felicianam hæresim (Canis. *Ant. lect.* tom. III, p. 284, seqq.) rem diligentissime scrutatus non ante hunc annum datam epistolam demonstrat. CENN.

[e] Totum hunc locum ab *Institutio universalis*, etc. desumpsit Adrianus ex Bonifacii I epistola *Universis episcopis per Thessaliam constitutis*. Eam videsis in collectione Rom. Holstenii (par. I, p. 65) ubi etiam adnotatum reperies Nicolaum I (ep. 8 et 42) epistolæ ejusdem auctoritate usum esse; in fine secundæ partis (pag. 273.): *Totum principium hujus epistolæ transcripsit Adrianus I, ep. 97, Cod. Car.*, edit. Gretseri, p. 322. Tria peccat Adrianus, nisi forte in librarium rejicienda est culpa. Primo lin. 4 omittit *de*; legendum igitur *de beati Petri*. Deinde lin. 10 mutat genus, legique debet *super eum*; nempe, ut recte Holstenius, *super eum honorem beati Petri*. Quamobrem P. Coustantius in notis ad hanc epist. (pag. 1037. b) monet, canone VI Nicæni conc. in veteribus codd. legi *Ecclesia Romana semper habuit primatum*, at Quesnel. corrupte præferre, *semper habeat*. Demum lin. 44, leviter peccat Adrianus legendo, *a qua si quis se abscidit*; nam Bonifacius ait: *a qua se quisquis abscidit*. Cæterum Nicolaus, ut idem Holstenius animadvertit, *privilegia sancti Petri Christi statuta a Gelasio appellari docet*. Videant patroni Dionysianæ collect. num tanti momenti epistola eidem referatur accepta, numque ad illam coarctanda sit apostolica sedes. ID.

beati Pauli apostoli sententiam, quæ ait (*Gal.* 1) : *Si quis vobis evangelizaverit, præter quod evangelizatum habuistis, anathema sit.* Quapropter exsultantibus animis confidentius orthodoxam fidem vestram incitamus, ut ab omni pestis incursu pectora vestra sapienter intemerata servetis, et rectæ fidei doctrinam, quam a sancta nostra catholica et apostolica sede olim prædecessores vestri a sanctis nostris prædecessoribus susceperunt, usque in finem defendere atque observare nihilominus satagatis, *Quoniam* (*Matth.* x et xxiv) *qui perseveraverit usque in finem hic salvus erit* [a].

Quamvis ergo magna locorum intervalla nos dividant, si in unitate fidei nostræ perseveraveritis, vobiscum sumus; tantum ut sit, auxiliante Domino, constantia perseverans, dicente apostolo (*Philip.* 1) : *Vobis enim datum est pro Christo, non solum ut in eum credatis, sed etiam ut pro ipso patiamini.* Dudum vero quod Wulcharius archiepiscopus Galliarum suggessit nobis pro quodam Egila, ut eum episcopum consecraret, valde nimisque eum in fide catholica et in moribus atque actibus laudans, ut consecratum vestris partibus emitteret ad prædicandum [b]; nos vero prædicti Wulcharii archiepiscopi petitioni credentes, consuetam [c] illi licentiam tribuimus, ut canonice eum examinaret, 445 quatenus si post discussionem et veram examinationem, rectum et catholicum eum invenisset, episcopum ordinaret; et nullam quamlibet alienam sedem ambiret vel usurparet, sed solummodo animarum lucra Deo offerret; qui una cum Joanne presbytero in partibus vestris veniens, quod pejus est, ut ejus fama in auribus nostris sonuit, non recte ille Egila prædicat, sed errores quosdam Mingentii magistri sui [d] sequens, extra catholicam disciplinam, ut fertur, conatur docere, et alia plura capitula, quæ absque norma ecclesiastica [*Lamb. add.* sunt] aliis suadere videtur. Quod si ita est, vestra fidelissima dilectio quæ normam et disciplinam sanctæ nostræ Romanæ Ecclesiæ consequitur, nullo modo eorum insaniam credere vel sequi studeat; quia procul dubio minime nos [*Lamb.*, vos] credimus sanctæ Romanæ Ecclesiæ ignorare disciplinam, sed potius admonentes, ad veram et orthodoxam fidem eos reducere studeatis [e]. Porro et de partibus vestris pervenit ad nos lugubre capitulum, quod quidam episcopi ibidem degentes, videlicet Eliphandus et Ascaricus, cum aliis eorum consentaneis, Filium Dei adoptivum confiteri non erubescunt, quod nullus e qualibet hæresi antea talem blasphemiam ausus est oblatrare, nisi perfidus ille Nestorius, qui purum hominem Dei confessus 446 est Filium [f]. Quapropter nullo modo eorum serpentinum venenum, in qualibet parte vestram subripiat vel coinquinet dilectionem; sed sanctorum principum apostolorum Petri ac Pauli divinam tenentes confessionem, atque eorum sanctæ catholicæ et apostolicæ Romanæ Ecclesiæ sequentes traditionem, pariterque præcipuorum ac catholicorum probabilium Patrum dogmata amplectentes, firmi et stabiles, atque immobiles, et inconcussi, una nobiscum in eorum luculenta traditione perseverare irrefragabiliter et incunctanter nitimini.

[a] Sanctus Innocentius in decretali epistola ad Decentium Eugubinum : « Cum sit, inquit, manifestum, in omnem Italiam, Gallias, Hispanias, Africam, atque Siciliam, et insulas interjacentes nullum instituisse Ecclesias, nisi eos quos ven. apostolus Petrus aut ejus successores constituerint sacerdotes, aut legant, si in his provinciis alius apostolorum invenitur, aut legitur docuisse ; qui si non legunt, quia nusquam inveniunt, oportet eos hoc sequi, quod Ecclesia Romana custodit, a qua eos principium accepisse non dubium est, ne, dum peregrinis assertionibus student, caput institutionum videantur omittere. » Quam sane decretalem tanti habuerunt Hispani, ut singula ejus capita in suum codicem canonum transtulerint (lib. II, tit. 20 ; lib. IV, tit. 11, 15, 18, 36,), quemadmodum videre est ap. Card. Aguirrium (Tom. III. *Collect. Max.*), qui codicem illum prior edidit ; et in *Antiquit. Eccl. Hisp.* Tom. I, nam codex idem tam Aguirrio quam scriptoribus aliis eruditissimis ignotus, a me detectus castigatiorque editus, tantis antiquæ Hispaniensis Ecclesiæ tenebris dissipandis veluti fax lucidissima iter aperit. Eo scilicet duce non modo hunc litterarum Adriani locum assequimur, sed nulli alii, præter apostolorum principem ejusque successores, rectam fidei doctrinam Hispanos retulisse acceptam certo discimus ante octavum sæculum, quidquid de eorum traditione sæculo eodem nata credendum sit. Romanorum siquidem pontificum auctoritas et documenta alia secus docent. Cenn.

[b] Vide supra (ep. 70, al. 96, not.). In.

[c] In cod. ms. legitur *consuete* ex recensione Gentiloti. Quam ego vocem rejiciendam non puto ; nam video sanctum Leonem IX, eadem uti in bulla institutionis ritus Rosæ aureæ apud P. Calmet (*Hist. civil. et eccl. Lotharingiæ*, lib. xix, num. 101, p. 1040). Ibi enim legitur : « A nobis et successoribus nostris consuete portari in quarta Dominica. » Adrianus igitur ait se juxta sanctæ sedis consuetudinem concessisse archiepiscopo Galliarum, ut suæ jurisdictionis limites excederet, episcopum alienæ provinciæ consecrando. Vide præd. epist., not. Cenn.

[d] Nomen haud inauditum : nam Migetius exeunte sexto sæculo Narbonensis provinciæ metropolita interfuit concilio Tol. III, cum Reccaredo rege Leandri opera Ariana hæresis abjurata est an. 589, aliique pariter Toletano an. 597. Egilæ etiam nomen in Hispaniis notum per septimum sæculum. Quare hunc genere Hispanum, ex Occitania illum, quæ olim cum Hispania conjuncta erat, probabili admodum conjectura crediderim. Cæterum præcipuus Migetii error de Paschate, non erat Quartadecimanorum erroris instauratio, ut putat Basnag. (Canis., *Ant. Lect.* tom. II, p. 286), sed Dominicam proxime sequentem, si luna xiv contingeret sabbato, prætermittendam docebat, qua super re satis est dictum in laudata epist. 70 et ejus notis. In.

[e] Errores quos fugiendos mandat, et in prædicta epistola et in hac inferius recensentur. Vide notas ad eamdem ep. 70. In.

[f] Quam recte in Argumento Panvinii et Centuriator., necnon in synopsi hujus codicis litteræ datæ dicantur præcipue ad Elipandum et Ascaricum hinc patet. Nam uterque erroris Nestoriani primipili suggillantur. Quam profecto historiam fuse persequuntur Etherius et Beatus in epistola ad Elipandum (Canis., *Ant. Lect.*, tom. II, p. 297 seqq.). Vide et Mabillon. (*Ann.* lib. xxv, n. 52 seqq.) : summa erroris erat Christum Dei Filium esse adoptivum, non proprium. In.

In primis confessionem beati Petri principis apostolorum atque clavigeri regni cœlorum tenentes, qui ait : *Tu es Christus Filius Dei vivi* [a] (*Matth.* xvi). Deinde vas electionis beati Pauli apostoli [b] subposterium fidei, qui inquit : *Proprio Filio suo non pepercit Deus, sed pro nobis omnibus tradidit illum* (*Rom.* viii); et si ipsi principes apostolorum Filium Dei vivi et proprium confessi sunt, quomodo oblatrantes autumant hæretici, Filium Dei adoptivum dicere, quo solo audito omnis Christianus gemens pavescit? Unde beatus Athanasius Alexandrinus episcopus, antiquus et egregius prædicator, de divina Incarnatione Verbi consonante sancta prima synodo, quæ in Nicæa, infra cætera ait : « Si quis vero adversus divinam Scripturam dicet, alium dicens Filium Dei, et alium, qui ex Maria hominem secundum gratiam [c], qui ex Maria hominem; et si quis Domini nostri carnem de sursum dixit, et non ex Virgine Maria, aut immutatam 447 deitatem in carne, et confusam, aut alienatam, aut passibilem Domini deitatem, aut inadoratam Domini Dei carnem, sicut hominis, et non adorandam, sicut hominis et Dei carnem, hunc anathematizat catholica et apostolica Ecclesia, consentiente divino Apostolo et dicente : Si quis vobis evangelizaverit, præter quod suscepistis, anathema sit (*Gal.* 1). »

Sed et beatus Gregorius Nazianzenus, qui et Deiloquus, scribens ad Cledonium [d] infra cætera inquit : « Si quis duos introducit filios, unum quidem qui ex Deo et Patre, secundum vero qui ex matre, et non unum et eumdem, is adoptione excidat, quæ promissa est his qui recte credunt. Naturæ vero duæ, Deus et homo, et anima et corpus; filii vero non duo, neque dii. Neque enim hic duo homines; quamvis Paulus quod interius hominis et exterius appellavit (*I Cor.* xv). Si oportet continuo dicit, alium et alium ex quibus Salvator, sive non quod et ipsum invisibilem visibili et sine tempore, quæ sub tempore; non alius et aliud absit; utraque unum vero. » Et infra : « Si quis ex operibus perfectum, aut post baptisma, aut post ex mortuis resurrectionem adoptionem dignus est dicit, sicut quos pagani præscriptos [asscriptitios] introducunt, anathema sit [e]. »

Unde præcipuus Amphilochius Iconii episcopus in sermone suo 448 in sancta Epiphania nos docuit : « Nunc in Spiritu sancto propter adoptionis gratiam, impossibile enim te accipere auctoritatem adoptionis, et clamare : Abba Pater, nisi signante adoptionis spiritu. » Et post pauca : « Nisi ille passus fuisset servi forma, nullo modo tu gloriam adoptionis lucrareris. » Et post modicum : « Diligite imperiale donum; capite adoptionis dignitatem. » Sed et beatus Gregorius Nyssenus episcopus super Matthæum disponens [disserens], ita ait : « Si vero pacificus es, adoptionis gratia coronaris. » Quatenus et beatus Joannes Constantinopolitanus episcopus, qui et Chrysostomus, ad neophytos scribens instruit : « Benedictus Deus, iterum dicamus, qui facit mirabilia solus, qui facit universa, et convertit universa; ecce libertatis serenitate perfruuntur qui tenebantur ante captivi, et cives Ecclesiæ sunt qui fuerant in peregrinationis errore; et justitiæ in sorte versantur qui fuerant in confusione peccati; non enim sunt tantum liberi, sed et sancti; non tantum sancti, sed et justi ; non solum justi , sed et filii ; nec solum filii, sed hæredes; non solum hæredes, sed et fratres Christi; nec tantum fratres Christi, sed cohæredes; non tantum cohæredes, sed et membra; non membra tantum , sed et templum ; nec tantum templum , sed et organa spiritus. Benedictus Deus , qui facit mirabilia solus. Vides quot sunt baptismatis largitates, sed multis quidem videtur cœlestis gratia in peccatorum remissione tantum consistere, nos autem honores computavimus decem : hac de

---

[a] Uberrime hac de re idem Adrianus in epistola quæ præmittitur concilio Francoford., ann. 794 celebrato adversus Elipandum. Non enim unum aut alterum Scripturæ locum affert : sed ingenti locorum serie præmissa prosequitur Patrum auctoritatibus allatis, qui et ipsi Scripturas interpretantur , et catholicam doctrinam de Jesu Christo proprio Filio Dei acerrime vindicat (Labbe, *Conc.* tom. VII, p. 1014 seqq.). Cenn.

[b] Mendosus locus, nisi *subposterium* sit fundamentum vel suppositum. Gretս. — Gretserus putat mendosum locum ; at vere *suppostorium* a Gregorio Magno inter sacra ministeria reponitur, ut notat Cangius ; et continuatores sive illustratores adjungunt , pateram forte illam intelligi quæ oculo inter libendum supponitur. Quamvis igitur allusio minus propria videatur; ut Petrus *claviger regni cœlorum*; ita Paulus *vas suppositorium fidei* nuncupatur. Nam *subposturium, suppostorium* et *suppositorium* idem valent : librarii tantum incuria *e* pro *o* irrepsit. Id.

[c] Lamb. et Gent. : *secundum gratiam adoptatum, sicut vos, quatenus esse duos filios, unum secundum naturam Filium Dei, qui ex Deo, et unum secundum gratiam.*

[d] Forte *intra* vel *inter*. S. Greg. Nazianz., orat. 51 edit. novæ Parisiensis. Grets.

[e] Locus iste Nazianzeni totus ferme in apographo nostro corruptus est. In editione Billii ita habet convenienter Græco textui : « Si quis duos filios, alterum ex Deo et Patre, alterum ex matre , non autem unum atque eumdem induxerit, is ab ea quoque filiorum adoptione excidat, quæ recte credentibus promissa est. Quanquam enim Deus et homo duæ naturæ sunt, quemadmodum et anima et corpus, non tamen duo filii, nec dii : quemadmodum ne hic quidem duo homines, tametsi Paulus ad hunc modum internam et externam hominis partem appellaverit. Atque ut paucis rem complectar, aliud quidem atque aliud sunt ea, ex quibus Salvator (nisi vero id quod cerni non potest idem est cum eo quod in oculorum aspectum cadit ; et quod temporis expers est, cum eo quod tempori subest) non tamen alius , atque alius absit ; ambo enim hæc conjunctione unum sunt. » Infra : « Si quis ex operibus perfectum fuisse, aut post baptisma, vel resurrectionem a mortuis , in filium adoptatum dixerit ; quemadmodum quos Græci ascriptitios inducunt, anathema sit. » Id. — Uterque locus, Athanasii nempe et Nazianzeni in prædicta epistola Francoford. conc. præeunte affertur ubique discrepans a versione, qua hic utitur Adrianus. Uterque autem est mutilus, Athanasii in principio, Nazianzeni in fine : quæ enim hinc sequuntur, ibi desiderantur. Tametsi data opera ea pontifex prætermittit : « Sed, inquiens , hujus expositio capituli tempore reservatur opportuno. » Cenn.

causa etiam infantulos baptizamus, ne sint coinquinati peccato, ut eis detur justitiæ adoptio, hæreditas, fraternitas Christi, ut ejus membra sint omnes, ut spiritus inhabitatio fiant. »

Item idem ipse super Joannem evangelistam docuit : « Non enim inutilis fias erga beneficum, neque contrariis retribue, qui tibi fontem beatitudinis donavit, ubi enim adoptionis dignitas, ibi malorum amputatio, et bonorum omnium datum. » Idem ipse [*Lamb. add.* in] Psalmis : « Factum est istud, et est hoc mirabile in oculis nostris, ut nos, qui ante passionem **449** Domini sine testamento eramus et lege, adoptaremur in filios Dei [a]. »

Ecce, dilectissimi nobis, qualiter sancti Patres Orientales docuerunt, inter dona charismatum adoptionem esse, et nobis omnibus, qui in peccatis nati sumus, et iterum per baptismum renati, a Domino nostro Jesu Christo Filio Dei unigenito, concessam. Unde et beatus Augustinus egregius doctor in sermone de Natali Domini inquit : « Audite, filii lucis, adoptati in regnum Dei. » Et iterum in explanatione sancti Evangelii super Joannem pro hoc manifeste docuit : « Quotquot autem receperunt eum, quid eis præstitit? Magnam benevolentiam, magnam misericordiam. Unicus natus est, et noluit manere unus. Multi homines cum filios non habuerunt, peracta ætate, adoptant sibi, et voluntate faciunt quod natura non potuerunt, hoc faciunt homines; si autem aliquis habeat filium unicum, gaudet de illo magis, quia solus omnia possessurus est, et non habebit qui cum eo dividat hæreditatem, et pauperior remaneat. Non sic Deus; unicum eumdem ipsum, quem genuerat, et per quem cuncta creaverat, misit in hunc mundum, ut non esset unus, sed fratres haberet adoptatos; non enim nos nati sumus de Deo, quomodo Unigenitus, sed adoptati per gratiam ipsius, ille enim venit Unigenitus solvere peccatum, » etc. Item in alio sermone ejusdem libri : « Nullo modo autem possunt dicere habere se charitatem, qui dividunt unitatem. » His dictis subsequentia videamus : « Perhibuit Joannes testimonium, quia vidit. Quale testimonium perhibuit? quia ipse est Filius Dei; oportebat ergo ut ille baptizaret qui est Filius Dei unicus, non adoptatus; adoptati filii ministri sunt unici, unicus habet potestatem, adoptat in ministerium, licet baptizet minister, non pertinens ad numerum fratrum, quia male vivit et male agit, quid nos consolatur? Hic est qui baptizat, etc. [b]. »

450 Idem in alio sermone : « Nos enim de gentibus venimus; de gentibus autem non veniremus, ni-

si Deus de lapidibus suscitaret filios Abrahæ : facti sumus filii Abrahæ imitando fidem, non nascendo per carnem, sicut enim illi degenerando exhæreditati, sic nos imitando adoptati. » Et infra idem in alio sermone : « Pater diligit Filium, et omnia dedit in manu ejus (*Joan.* iii); adjecit, omnia dedit in manu ejus, ut nosses et hic qua distinctione dictum sit : *Pater diligit Filium*; quare ergo Pater non diligit Joannem? et tamen non omnia dedit in manu ejus; Pater non diligit Paulum? et tamen non omnia dedit in manu ejus; Pater diligit Filium, sed quomodo Pater Filium; non quomodo Dominus, servum. Quomodo unicum, non quomodo adoptatum [c]. »

Pariter beati Hilarii Pictaviensis episcopi super Matthæum inquit expositio : « *Beati pacifici, quoniam filii Dei vocabuntur*; pacificorum beatitudo adoptionis est merces, ut filii Dei maneant; parens enim omnium Deus unus est, neque enim aliter transire in nuncupationem familiæ ejus licebit, nisi oblivione earum rerum assumpta quibus possumus offendi, fraterna invicem charitatis pace vivamus. » Sed et beatus Leo egregius papa atque præcipuus doctor ex sermone sanctæ Epiphaniæ ita nos docuit (Serm. 5) : « Unde quod illustres viri, universarum gentium personam gerentes, adorato Domino sunt adepti, hoc in populis suis per fidem, quæ justificat impios, totus mundus assequitur, et hæreditatem Dei ante sæcula præparatam accipiunt adoptivi. et perdunt qui videbantur esse legitimi. » Et post cætera ex ipso sermone : « Illa nobis currenda est via, quam ipse Dominus se esse testatus est; qui nobis nullis operum meritis suffragantibus sacramento consuluit et exemplo, ut in adoptionem vocatos per illud proveheret ad **451** salutem, per hoc imbueret ad laborem. » Item ex ejusdem beatissimi Leonis pontificis sermone de passione Domini : « Nos autem, dilectissimi, qui ab ignorantiæ tenebris liberati, fidei lumen accepimus, et in Novi Testamenti hæreditatem per electionem adoptionis intravimus, festivitate, quam Israel carnalis perdidit, gaudeamus. » Item alius sermo ejusdem de Pentecoste : « Nos autem, dilectissimi, ad beatam hæreditatem et animæ et carnis per regenerationem sancti Spiritus adoptati, sacratissimum diei istius festum rationabili obsequio celebremus : confidentes cum beato Paulo apostolo, quod Dominus Jesus ascendens in altum captivam duxit captivitatem, dedit dona hominibus; ut Evangelium Dei per omne humanæ vocis eloquium prædicaretur, et omnis lingua confiteatur quoniam Dominus Jesus in gloria est Dei Patris. »

---

[a] Amphilochii, Greg. Nysseni et Joannis Chrysostomi auctoritates desunt in prædicta epistola. CENN.

[b] Ad Patrum Latinorum auctoritates quod attinet, magna occurrit discrepantia, ut conferenti utramque epistolam, qua sanctus Augustinus testis adducitur, apertum erit : ibi enim plura pontifex loquitur quam Augustinus : secus hic fieri liquet. ID.

[c] Hinc magna sequitur inter utramque epistolam discrepantia. Hilarii siquidem et Leonis loco illic Gregorius et Ambrosius adducuntur : tantaque est scribendi varietas, ut licet epistolæ invicem distent annis novem duntaxat, eumdemque auctorem præ-

seferant, posterior data a pontifice jam senio confecto, eleganctior ac vehementior priori, antiqui moris decretales referre videatur : hæc autem, quam versamus, a reliquis quæ in Codice continentur nullatenus discrepans privatum Adriani studium patefaciat. Eidem vero si addatur alia prolixior ad Carolum Magnum de sacris imaginibus, quæ exstat in concilio Niceno ii, maxima utriusque Ecclesiæ, Orientalis nimirum et Occidentalis, sollicitudo patesset quæ decebat pontificem vitæ sanctimonia et eruditione insignem. ID.

Si enim sanctorum omnium orthodoxorum Patrum pro hujusmodi opuscula vobis exarassemus, antea chartæ et scriptores deficerent quam divinus per eorum disputationes cessasset sermo; sed in his omnibus vestra fidelissima credulitas ad fidem catholicæ et apostolicæ Romanæ Ecclesiæ eos qui in errore positi sunt redigentes, fructum animarum Deo offerre studete, ut nobis vobisque potissimum lucrum accrescat; a pariterque et hoc pervenit ad nostras apostolicas aures, quod multi in partibus illis in insipientiam atque cordis dementiam devoluti, prædecessorum nostrorum sanctorum pontificum, et nostras relationum atque admonitionum series, secundum venerandi Nicæni concilii institutionem de Paschali festivitate, ita contemnere audent, quod si plenilunium quarto decimo scilicet lunæ die, sabbato contigerit, alio die Dominico, videlicet quinto decimo lunæ die Pascha sanctum minime celebratur, sed prætermisso eodem quinto decimo die, in alio sequentis septimanæ Dominico, qui est vicesimo secundo lunæ die, Paschalis festi gaudia pronuntiant celebranda. Quod si interius mente perpenditur magni ac venerandi Nicæni concilii trecentorum decem et octo sanctorum Patrum simul convenientium promulgata Paschalium festivitatum ratio, procul dubio omnis error omnisque ambiguitas ab hæsitantium cordibus auferetur; sed dum plerique propria commenta, ut acuti, perspicaces et mundanæ scientiæ gnari, spiritalis vero eruditionis ignari, vindicare desudant; olitanam Patrum traditionem desidiosa ignavia prætereunt, et vera mendaciis obumbrare inhiant. In eodem quippe magno Nicæno concilio decennovennali cyclo Patrum confirmato sententia, ita inter cætera ibidem fertur promulgatum, quod non amplius quam usque ad vicesimam primam lunæ diem hujus sacræ festivitatis solemnia dilatentur. Quam Paschæ rationem et Antiochenum demum venerandum corroborans concilium, inter reliqua ita inibi, in primo scilicet capitulo, constat exaratum : « Omnes qui ausi fuerint dissolvere definitionem sancti et magni Nicæni concilii, congregati sub præsentia piissimi et venerandissimi principis Constantini, de salutifera sancti Paschæ solemnitate, excommunicandos et ab Ecclesia esse abjiciendos censemus; » et si tamen contentius [contentiosius] adversus ea quæ bene sunt constituta perstiterint, atrocioribus submissuros interdictionibus censuerunt. Nam et beatissimus Dionysius, in ea quam de ratione Paschæ promit epistola ait : « A duodecimo Kalendarum Aprilium die, cunctorum Orientalium sententia æquinoctii cursus vernalis consequatur, decreverunt, maxime Ægyptiorum peritiam, qui hujus calculationis gnari doctique sunt, inquirendam, » specialiter adnotatur, in quo etiam si luna quarta decima sabbato contingat, sequenti die Dominico luna quinta decima celebrandum Pascha sancta synodus Nicæna sine ambiguitate firmavit.

Attendite, dilectissimi nobis, et illud quod beatus Proterius Alexandrinæ Ecclesiæ præsul, prædecessori nostro beatissimo Leoni papæ, ob piæ memoriæ Marciani principis jussum, direxit; post plurima enim ita ait : *Olim quidem Dominus per Moysen significans dicit : Mensis iste vobis initium mensium primus erit in mensibus anni, et facies Pascha Domino Deo tuo quarta decima die mensis primi* (*Exod.* x). Et post pauca subjunxit dicens : « Si quando in die Dominico quarta decima luna reperta est, in sequenti septimana est dilatanda festivitas, sicut et veteres Patres nostri fecerunt, quartas decimas lunas occurrentes in aliam Dominicam transferentes. » Unde constat, dilectissimi, non amplius hujus venerandæ festivitatis solemnitatem extendi fas esse quam usque in vicesimam primam lunæ diem, rite observantes hebdomadæ dierum numerum, dum solaris cursus a lunæ cursu omnino discordat, quoniam in sex quidem diebus, creator omnium Dominus æthereum firmamentum omnemque ejus ornatum, rutilantia æquoris atque telluris gignentia, ac elementorum materiam, et cunctorum reptilium animantia patravit, et postremum e limo hominem finxit agri b, et in septimo die requievit ab omni opere quod patrarat; his nempe septem diebus a quarto decimo die lunæ, quod est plenilunium, si Dominica tamen occurrerit, quæ est prima et sancta dies, pro eo quod non oportet in ea jejunare, intermissis in alia Dominica, quæ est prima et sancta dies, vicesima prima luna rationis ordo exigit sanctum Pascha a Christianis celebrandum; nam si in sabbato quarta decima luna provenerit, non est intermittenda subsequens Dominica, quinta decima videlicet lunæ dies, venerantes eamdem Dominicam, quæ est prima sabbatorum dies, in qua lux, jubente Deo, in ipso mundi exordio prodiit, in qua et vera lux Salvator noster ab inferis carne resurrexit; nam si octo dies a quarta decima lunæ die, quando jejunium solvitur, intermittuntur, ut in vicesimo secundo die lunæ Paschalis festivitas dilatetur, ergo jam non septima, id est hebdomada, sed ogdoada, ut stolidi quique et vecordes profani, zant, dicenda atque observanda est; intuendum quippe et illud ratio suadet quod septem hebdomadæ et non octo intermittuntur a Paschali festivitate usque ad sanctam Pentecosten, in qua paracletum Spiritum a Patre Redemptor noster Dei vivi Filius post gloriosam resurrectionem suam sanctis suis apostolis misit, pro quo regiam gradiemur viam, et non declinabimus penitus per tortuosum et dumis

---

a Hactenus de hæresi Elipandi et Felicis Urgellensis, qua Dei Filium adoptivum prædicabant. Errores cæteri de Paschate, de prædestinatione ac de libero arbitrio cum aliis pluribus enarrantur iisdem fere verbis, quæ superius vidimus ep. 70, al. 96. CENN.

b Ad eamdem epistolam (inter not.) arguebam Ten-

gnagelii incuriam reponentis feriam, loco *arvæ*, quam vocem hic quoque legunt Lambecius et Gentilotus. Quare ne *agri* quidem vox admittenda, tametsi *arva* etiam agrum significet. Illo enim ævo elegantius inflectebatur *arva, arvæ*, quam *arva, arvorum*. ID.

ac tribulis repletum callem, pergant per eum hi qui cupiunt nova figmenta et scelerum monumenta componere, ut merito spinæ et tribuli generentur eis. Jam quidem dudum decessores et prædecessores nostri sancti pontifices pro hac quæstione simulque hæresi illis partibus commonitorium atque adhortationem dirigentes, congrua capitula beati Cyrilli atque Theophili, nec non et aliorum sanctorum Patrum, quos dinumerare longum est, promulgantes docuerunt, quod vestræ dilectioni gnarum esse dubium non est, pro quo non silemus, charissimi, impensius vos commonere, ut a falsis fratribus caveatis, et eo modo quo sancta nostra Romana Ecclesia, caput omnium Ecclesiarum Dei, Paschalem celebrat solemnitatem, et recte, si Dei tenet traditiones, et vos procul dubio celebrare studeatis, ut sicut pares nos Christianorum fidei religio efficit, æquales nimirum in festivitatibus efficiat.

Verum etiam et hoc de partibus vestris audivimus quod quidam pollicentes, atque in errore perseverantes, prædicant ut qui non ederit pecudum aut suillum sanguinem et suffocatum, rudis est aut ineruditus. Nos quidem apostolica præcepta imbuti atque eruditi confirmantes prædicamus quod si quis pecudum aut suillum sanguinem vel suffocatum manducaverit, non solum totius est consolationis alienus, sed ipsius quoque intelligentiæ communis 455 prorsus extraneus, unde sub anathematis vinculo obligati in laqueos incidunt diaboli.

Illud autem quod alii ex ipsis dicunt, quod prædestinatio ad vitam, sive ad mortem, in Dei sit potestate, et non nostra; isti dicunt: Ut quid conamur vivere, quod in Dei est potestate? Alii iterum dicunt: Ut quid rogamus Deum ne vincamur tentatione, quod in nostra est potestate, quasi libertate arbitrii? revera enim nullam rationem reddere vel accipere valent, ignorantes beati Fulgentii episcopi ad Eugypium presbyterum contra sermonem cujusdam Pelagiani opuscula directa, quibus infra multa idem Pater docens, hæc verba subjungit: « Illi autem dum pro se gratiam solum reprehensibiliter intromittunt, in se damnabiliter calcaverunt, qui alios ad vitam, alios ad mortem asserunt destinatos, adverte quibus impietatis se nexibus ligant: si ad bonum prædestinatus sum, contra malum resistere necesse mihi non erit; si vero ad malum natus, bonum mihi exercere nihil proderit; ac sic in utraque parte, intercluso appetitu laudis et gloriæ, unus securitate, alius desperatione torpebit, ac per hoc otiabitur justitiæ exercitatio, oratio cessabit, languebit operatio. Sed non ita est; quin potius incessanter oremus; quia ipse Dominus dicit: *Sine intermissione orate, ne intretis in tentationem*. Nihilominus contra omne peccatum, non solum oratione, sed etiam labore luctemur, quia ipse Dominus præsenti lectione testatus est quia unusquisque propriam mercedem accipiet, secundum suum laborem. Hæc verba, quibus auctor sermonis illius veritatem prædestinationis nititur oppugnare, inconsiderate atque indiscrete prolata,

Deo nos adjuvante, monstramus. » Et post cætera: « Opera ergo misericordiæ ac justitiæ præparavit Deus in æternitate incommutabilitatis suæ, et sicut futurorum operum suorum nunquam fuit ignarus, sic in eorumdem operum præparatione nunquam improvidus: præparavit ergo justificandis hominibus merita; præparavit iisdem glorificandis et præmia; malis vero non præparavit voluntates malas aut opera mala, sed præparavit eis justa et æterna supplicia, hæc est æterna prædestinatio futurorum operum Dei, quam sicut nobis apostolica doctrina semper insinuari cognoscimus, sic etiam fiducialiter prædicamus; beatus enim Paulus prædestinationem eorum 456 quos Deus gratis salvat, et evidenter et frequenter insinuat; ipse enim dicit de Deo, *Nam quos præscivit, et prædestinavit conformes fieri imaginis Filii sui, ut sit ipse primogenitus in multis fratribus*, (Rom. VIII). Et post: *Quos autem prædestinavit, hos et vocavit: et quos vocavit, hos et justificavit; quos autem justificavit, hos glorificavit* (Ibid.); nihil incertum in Dei operibus nutat, quia nihil suæ prædestinationis evacuat, prædestinationem igitur suæ opera vocatione Deus inchoat et glorificatione consummat. Non tamen in omnibus quos vocat, sed quos secundum propositum vocat; diligentibus enim Deum omnia cooperantur in bonum his qui secundum propositum vocati sunt. »

Item et post multa: « Teneatur ergo prædestinationis veritas a fidelibus cunctis, quia quisquis divinum non credit in hac prædestinationis consilium, non perveniet ad gloriosum ejusdem prædestinationis effectum; quisquis autem non est prædestinatus ad gloriam, invenitur sine dubio præscitus ad pœnam, quæ ideo in Dei præparatione prædestinata cognoscitur, ut per eam infidelitas atque iniquitas puniatur; propter quod beatus Judas apostolus quosdam prædestinatos dicit in judicium his verbis: *Subintroierunt enim quidam homines impii, qui olim præscripti et prædestinati erant, in hoc judicium Dei nostri* (Jud. IV). Vigilanter autem in doctrina Spiritus sancti, prædestinatos impios non dicit ad peccatum, sed ad judicium, id est non ad impietatem, sed ad punitionem. Non enim prædestinati sunt ad hoc quod vitiosas impietates admittunt, sed ad illud quod judicio æquitatis divinæ recipiunt. Ipsorum enim opus est quod impie faciunt, Dei autem opus quod juste recipiunt. »

Item post cætera: « Proinde quod auctor illius sermonis subsequenter adjunxit dicens: Quin potius incessanter oremus; quia ipse Dominus dicit: *Sine intermissione orate; ne intretis in tentationem*, et post nihilominus; contra omne peccatum, non solum oratione, sed etiam labore luctemur, et iterum: sic laborantes vocat Dominus dicens: *Venite ad me omnes qui laboratis et onerati estis, et ego vos reficiam* (*Matth.* XI); sed nos a Deo humiliter gratiam poscamus, quam 457 collaborantem jugiter habeamus, per quam nos Deus et in labore custodiat et ad mercedem peracto labore perducat. »

Porro, dilectissimi, diversa capitula quæ ex illis audivimus partibus, id est, quod multi dicentes se catholicos esse, communem vitam gerentes cum Judæis et non baptizatis paganis, tam in escis quamque in potu, et in diversis erroribus nihil pollui se inquiunt : et illud quod inhibitum est, ut nulli liceat jugum ducere cum infidelibus, ipsi enim filias suas cum alio benedicent, et sic populo gentili tradentur, et quod sine examinatione præfati presbyteri ut præsint, ordinantur, et alius quoque impanis invaluit error perniciosus, ut etiam, vivente viro, mulieres sibi in connubio sortiantur, ipsi pseudosacerdotes, simulque et de libertate arbitrii, et alia multa, sicut de illis audivimus partibus, quæ longum est dici. Quapropter, dilectissimi, oportet vestram industriam solertissime vigilare, et sicut decet Domini sacerdotes, nulli vestrum liceat canones ignorare, nec quidquam facere quod Patrum possit regulis obviare, quæ enim a nobis res digna servabitur, si decretalium norma constitutorum pro aliquorum libito licentia populis permissa frangatur? Unde constat ut si quis de prædictis capitulis obnoxius reperietur, post unam et secundam adhortationem, si noluerit se corrigere, profecto is regulariter a consortio fidelium Dei, ut pote corruptor Patrum traditionum, extorris efficiatur, et in æterna condemnatione inveniatur. Cavendum ergo dilectioni vestræ est, magnaque diligentia prohibendum, ne per ejusmodi homines exstincta dudum scandala suscitentur, et de exciso olim dogmate aliquod in provincia ejusdem mali germen oriatur; quod non solum in radicibus suis crescat, sed etiam sanctæ Ecclesiæ subolem veneno sui odoris inficiat. Qui correctos se videri volunt, ab omni suspicione se purgent, et obediendo vobis probent, se esse nostros, quorum si quisquam salubribus præceptis satisfacere detractaverit, sive ille clericus, sive **458** sit laicus, ab Ecclesiæ societate pellatur; ne perditor animæ suæ saluti insidietur alienæ [a]. Sed vos, dilectissimi, nostræ sanctæ Ecclesiæ catholicæ et apostolicæ orthodoxam fidem amplectentes, prædicare nitimini ut sicut unus est pastor noster Christus, Dei vivi Filius, omnes simul in uno ejus efficiamur aggregati ovili, et quemadmodum unius capitis sumus membra, unum efficiamur corpus in Christo Jesu Domino nostro, prome-rentes quod sanctis suis contulit cultoribus qui ejus præcepta custodiunt, et ab initio mundi divinæ ejus placuerunt majestati, desiderabilem promissionem quam ait : *Venite, benedicti Patris mei, percipite regnum vobis præparatum ab origine mundi.*

LXXXIV.

459 ITEM EPISTOLA EJUSDEM PAPÆ,

AD DOMNUM CAROLUM REGEM DIRECTA,

In qua continetur de Veneciis [Lamb., Gent., Veneticis], *ut de Ravenna seu Pentapoli expellerentur, nec non et de Garamanno duce, qui possessiones* [Lamb., *res et p.*] *Ravennatis Ecclesiæ violenter invasisset vel exspoliasset* [b].

(*An. Dom.* 785, *Cod. Car.* LXXXIV, *chron.* 83.)

ARGUMENTUM. — Regiæ voluntati se statim obsecundasse : Veneticos nimirum negotiatores ejici mandasse de exarchatu, et Pentapoli atque insuper archiepiscopo Ravennæ præcepisse, ut ex omnibus locis ecclesiasticæ ditionis atque iis quæ juris erant Ravennatis ecclesiæ illos ejiceret. Contra eum orat, ut Garamannum ducem, qui Ravennatis ecclesiæ piorumque aliorum locorum prædia in ecclesiaticæ ditionis territoriis sita invaserat ac ponti- - ficias admonitiones suas deque habuerat, ab officio ei commisso amoveat.

Domino [c] excellentissimo filio nostroque spirituali compatri Carolo, regi Francorum et Langobardorum atque patricio Romanorum, Adrianus papa [d].

Ad aures clementissimæ regalis excellentiæ vestræ intimantes innotescimus, quia dum vestra regalis in triumphis victoria præcipiendum emisit, ut a partibus Ravennæ seu Pentapoleos expellerentur Venetici ad negotiandum, nos illico in partibus illis emisimus vestram adimplentes regalem voluntatem, insuper et ad archiepiscopum præceptum direximus, ut in quolibet territorio nostro et [Lamb., Gent. add. nostro] jure sanctæ Ravennatis ecclesiæ, ipsi Venetici præsidia atque possessiones haberent, **460** omnino eos exinde expelleret, et sic Ecclesiæ suæ jura manibus suis teneret [e].

Quid autem contigit de Garamanno duce qui subito irruit super prædia et possessiones sanctæ Ravennatis ecclesiæ in nostris territoriis sitas, et non solum eas occupavit, sed et omnes fruges a prædicta abstulit ecclesia, et de aliis piis locis? Nos quidem statim eum adhortari studuimus, ut si fidelis vester existeret, ipsas possessiones piorum locorum reddere prorsus non omitteret, quia et juris ecclesiæ Ra-

---

[a] Nonnullas mutationes, easque admodum tenues, deprehendimus in epistolæ parte ista quam ex anteriori alia desumpsit. Hæc reliquis major : nulla enim Wilcharii archiepiscopi Galliarum mentio fit. Non quia mortem occubuerit, nam principio epistolæ tanquam superstes laudatur, sed quia nil episcopis Hispaniæ cum Galliarum archiepiscopo negotii erat : contra Egilam, ad quem anterior illa epistola data fuit, ordinaverat, atque ad rectam doctrinam instruxerat. CENN.

[b] Argum. Panv. (*Cod. Vat.* 5) : « In quinta [quinta] indicat se jussisse, ut Veneti Ravenna, seu Pentapoli expellerentur ; tum Garmannum [Garam.] ducem res ac possessiones Ravennatis ecclesiæ invasisse. Quare [exponit. Quare] Carolum orat, ut pro more Petri eum expellat, ut sua territoria intacta permaneant. » ID.

[c] Summ. 5, Bar. et Cent. GRETS.

[d] Recte hanc epistolam collocari an. 785 contra eos qui vagari illam sinunt post 781 incerto tempore, vel inde constat, quod Garamannus dux, qui anno superiori Caroli legatione fungebatur, designatusque erat a Carolo eodem suorum armorum dux in Italia, suo jam munere fungebatur; namque in sanctæ sedis ditionem rapaces manus extendentem Adrianus petit removeri ab officio. CENN.

[e] Quid Carolus a Venetis mercatoribus timeret regno Italiæ, non liquet ; a pontifice tantum petiisse constat, ut tota ex Ecclesiæ ditione illos pelleret, ne iis quidem exceptis, qui jampridem illic habitantes possessiones etiam comparaverant, aliasque facultates, aut bona obtinebant in iis regionibus. Omnia pontificem aut per se, aut per archiep. Ravennatem explesse adeo planum est in litteris, ut sanctæ sedis dominium negari non possit. ID.

vennatium, sive talium locorum piorum esse videntur; **A** et in nostris territoriis sitæ sint. Ille vero nullo modo recordatus est, neque ipsas possessiones reddere voluit, sed illicite eas detinere conatur. Quapropter poscentes vestram in triumphis regalem potentiam, quæsumus, ut pro amore fautoris vestri beati Petri apostolorum principis, nostraque paterna dilectione, talia illi agere non sinatis, sed per vestram clementissimam regalem præceptionem [a], eum exinde expellere omnino dignemini, ut nostra territoria per vestram regalem tuitionem intacta permaneant, et quæcunque infra ipsa territoria esse noscuntur, irrefragabiliter eorumdem locorum possessione et jure fruamur [b], quemadmodum vestra in triumphis victoria, una cum domna regina vestraque nobilissima prole hic et in futuro sine fine **B** regnare mereamini. Incolumem excellentiam vestram gratia superna custodiat.

LXXXV.
461 ITEM EPISTOLA EJUSDEM PAPÆ,

AD DOMNUM CAROLUM REGEM DIRECTA,

In qua continetur de gente dudum perfida, scilicet Saxonum, qualiter Dominus ac Redemptor noster per præfati regis laboriosa certamina, ad Dei cultum [Lamb. add. *et*] *suæ catholicæ et apostolicæ Ecclesiæ rectitudinem fidei, seu ad sacrum baptismatis fontem usque perduxisset, et de litaniis, et de jejuniis, et orationibus pro hujuscemodi re* [c].

(An. Dom. 786, Cod. Car. xci, chron. 84.)

ARGUMENTUM. — Ex litteris Regiis per Andream Abbatem allatis se cum ingenti gaudio accepisse, Saxones debellatos esse, et ad orthodoxam fidem conversos. Constituisse juxta ejus desiderium, ut **C** pro giatiarum actione publicæ preces fierent in universa ditione Ecclesiastica tribus statis diebus Junii Mensis venturi: temporis eam dilationem sumpsisse, ut iisdem diebus publicæ eædem preces per totum Francorum-Regnum, et in transmarinis etiam regionibus Catholicis indici possent.

Domno [d] excellentissimo filio nostroque spirituali compatri Carolo, regi Francorum et Langobardorum atque patricio Romanorum, Adrianus papa.

---

[a] En causa, cur socio et amico principi morem gerens Adrianus vota illius plenissime explevit, ut omnem illi metum eriperet a suspectis hominibus. Remedium scilicet præsentius afferri cupiebat ditioni suæ per Garamanni ducis amotionem. Et notandum, quod minime utitur officiosis verbis, ut paulo ante fecerat, se exsecutum esse aiens quæ rex præceperat, sed *clementissimam regalem præceptionem*, seu chartam, aut diploma, aut præceptum **D** regium exposcit, cujus suprema auctoritate dux ille amoveretur. CENN.

[b] Lamb. legit: *a piis locis possessa eorum jura fruantur;* et Gent: *a piorum locorum possessa eorum jura fruantur.*

[c] Argum. Panv. (*Cod. Vat.* 44): «Indicaverat Carolus rex quod per laboriosa certamina Saxones ad fidem catholicam ac baptismatis fontem perduxisset. Petierat ob id ab Adriano [Hadr.] una ut duabus feriis litanias fieri. Respondet papa, in omnibus suis partibus [Papa ep. 44 Romæ in omnibus occidentis partibus] vigesima tertia, vigesima sexta, et vigesima octava mensis Junii debere [Junii, id est vigil. Joannis Baptistæ, natale sanctorum Joannis et Pauli, et vigilia sanctorum apostolor. Petri et Pauli debere] fieri litanias. Jubet ut Carolus iisdem diebus in omnibus suis regionibus litanias fieri [celebrari] curet.

Præstolatos nimisque nobis optabiles regales vestros suscepimus affatus, per fidelissimum vestrum latorem atque missum, videlicet Andream religiosum abbatem, quos reserantes reperimus in eis de vestræ præcelsæ regalis potentiæ et comparis subolisque vestræ, seu cunctorum præcipuorum **462** vestrorum nostrorumque fidelium sospitate et incolumi ac sincerissima prosperitate, in quibus Redemptori mundi consuetas retulimus grates; magis autem inibi de vestris a Deo præsidiatis regalibus triumphis comperientes, qualiter sævas adversasque gentes, scilicet Saxonum, ad Dei cultum et suæ sanctæ catholicæ et apostolicæ Ecclesiæ rectitudinem fidei, perduxeritis, atque Domino auxiliante et Petri Paulique apostolorum principum intervention suffragante, sub vestra eorum colla redacta sunt potestate ac ditione, eorumque opt'mates subjugantes divina inspiratione, regali adnisu universam illam gentem Saxonum ad sacrum deduxistis baptismatis fontem [e].

Unde nimis amplius divinæ clementiæ retulimus laudes, quia nostris vestrisque temporibus gentes paganorum in veram et magnam deductæ religionem atque perfectam fidem, vestris regalibus substernuntur ditionibus, in hoc quippe freta vestra a Deo fundata existat potentia, quia si, ut pollicita est fautori suo beato Petro apostolo et nobis, puro corde atque libentissimo animo adimpleverit, maximas ac robustiores illarum gentium suis præcipuis suffragiis vestris substernet pedibus [f], ut nemine eos persequente, vestris regalibus subjiciantur potentiis, et maximum fructum in die judicii, ante tribunal Christi, de eorum animarum salute offerre mereamini dignissimum unus [*Lamb.*, munus], **463** et pro amore animarum lucra infinita mereamini adipisci in regno cœlesti.

Illud autem quod vestra regalis intimavit excellentia, ut in uno mense vel in una die, pro hujuscemodi operibus, scilicet stabilitatis vestræ victoria, laudes Deo gerentes caneremus, et una vel duabus feriis

---

Indicat, quod Romæ indesinenter [continuo] pro Carolo gratias agant, et Deum orent, epistola quadragesima quarta. » CENN.

[d] Sum. 44, Bar. et Cent. GRETS.

[e] De hujus epistolæ ætate nulla controversia est, annales omnes veteres, præcipue Francor. et Fulden. conversionem Saxonum ad catholicam fidem illigant cum an. 785, quare principio hujus anni et missus et litteræ venerunt a Carolo tanti gaudii nuntiæ. Missus regius juxta Mabillon. (*Ann.* lib. xxv, n. 46) ex Cointio erat Luxoviensis abbas. Ex eod. auctore Pag. (an. 786, n. 8). CENN.

[f] Opportune Adrianus monet Carolum principis apostolorum patrocinium memoria revocandum, si modo pius princeps talis admonitionis indigebat. Quatuordecim quippe annis cum iis barbaris pugnatum erat; semper autem victi, nunquam debellati viduum metu liberos abeuntibus Francis se senserunt, resumptis armis Witichindo duce rebellarunt. Hoc tandem anno Carolus non modo eos devicit, sed ad catholicam fidem una cum Witichindo eodem perduxit. Id vero humanis viribus assecutus non fuisset, nisi Petro apud Deum intercedente, superior gratia in Saxonum cordibus operata esset, ut fulgeret *illis illuminatio Evangelii gloriæ Christi, qui est imago Dei* (II Cor. iv, 4). ID.

litanias perageremus, valde hoc nobis delectabile existit, quatenus apostolica exarantes censura decrevimus in omnibus nostris partibus quæ sub ditione spiritalis matris vestræ sanctæ Romanæ Ecclesiæ existunt, illico celebrari easdem una nobiscum, disponentes emisimus, Domino protegente, videlicet vicesima tertia die et vicesima sexta, atque vicesima octava hujus advenientis Junii mensis, quæ sunt in primis vigiliæ beati Joannis Baptistæ, et natalis sanctorum Joannis et Pauli, nec non et vigiliæ beati Petri apostoli [a]; similiter et 464 vestra regalis potentia in suis dirigat universis finibus, seu transmarinis partibus, ubi Christiana moratur gens similiter perficiendas triduanas litanias; et ideo tale protelatum emisimus spatium, propter tam longinquas Christianas nationes ultra vestrum regale morantes regnum [b]. Nos quippe non solum unam vel duas, ut nobis insinuasti, celebrandas litanias prævidimus, sed etiam pro vestra, ut soliti sumus, indesinenter orare excellentia cupientes, decrevimus perficere, et Redemptori mundi canere laudes, ut ipsæ gentes, quæ per vestrum regale certamen ad Christianam perductæ sunt fidem, usque in ævum per vestrum maneant adminiculum, et nostris vestrisque finibus omnes repelli faciat ægritudinis morbos et procul ejiciat pestilentiam, ut nostris vestrisque diebus populus nobis a Deo commissus in magna degentes ubertatis affluentia simulque sincerissimæ sospitatis lætitia, longiori ævo una cum domna regina vestraque nobilissima prole mereamini regni gubernacula perfrui, et in æthereis arcibus sine fine regnare, ut per vestra laboriosa certamina magis magisque spiritalis mater vestra, sancta Romana Ecclesia, maneat exaltata. Incolumem excellentiam vestram gratia superna custodiat.

[c] LXXXVI.

465 (An. Dom. 786, Cod. Car. LXXX, chron. 85.)

[d] ARGUMENTUM. — Itherio et Maginario, abbatibus missis regiis quærentibus, quænam pœnitentia indicenda esset Saxonibus ad paganismum reversis, reponit prudentia episcopali opus esse, et hujusmodi lapsos, si vere conversi fuerint, admittendos.

Domno excellentissimo filio nostroque spiritali compatri Carolo, regi Francorum et Langobardorum atque patricio Romanorum, Adrianus papa.

Vestræ a Deo protectæ regalis excellentiæ suscipientes missos, scilicet Itherium et Magenarium religiosos abbates [e], sciscitati sunt nos interrogantes de

[a] Ad epist. 50, al. 55, cum Adr. nuntiabat Carolo, se tercenties cani *Kyrie eleison* tota Urbe jussisse tempore obsidionis Papiensis an. 774, de eo genere litaniæ agebam, quod citra supplicationem fiebat extensis manibus in cunctis ecclesiis. Hic autem de celebrandis triduanis litaniis in supplicatione res est. De ratione eas celebrandi suppetit ap. Mabillonium (*In Ordd. Romm.* Comm. præv.) ex vetusto Rituali S. R. E. in cod. Cassinen. hujusmodi documentum : « In assumptione sanctæ Mariæ in ipsa vespera vigiliarum, præparatur quoddam portatorium in sancto Laurentio apud Lateranos ; suppositaque tabula imagine Christi Domini nostri insignita, a medio noctis concurrente populo exeunt cum litania ad sanctam Mariam Minorem, mundatis per viam plateis et suspensis per domos lucernis ; ibique in gradibus sanctæ Mariæ deposita aliquandiu icona omnis chorus virorum ac mulierum genibus humiliter ante eam flexis, pugnis etiam pectora cædentes una voce per numerum dicunt centies *Kyrie eleison*, centies *Christe eleison*, item centies *Kyrie eleison* ; fusisque lacrymis et precibus per sanctum Adrianum recta via vadunt ad sanctam Mariam Majorem, auditaque missarum celebritate ad palatium revertuntur. » Documentum spectat ad tempora Ottonis III, seu mavis ad exitum sæculi decimi. Quare triduanas litanias ab Adriano indictas probabile est a nuper laudata haud abludere : quæ duæ præsertim decernuntur celebrandæ vigiliis. Illustratores Glossarii Cangiani ex Capitular. (tom. I, col. 256) exhibent epistolam Caroli Magni hæc narrantem : « Nos autem Domino adjuvante tribus diebus litaniam fecimus, id est Nonis Septembris, quod fuit Lunis die incipientes, et Martis et Mercoris, Dei misericordiam deprecantes, ut nobis pacem et sanitatem, victoriam, et prosperum iter tribuere dignetur... Et vino et carne ordinaverunt sacerdotes nostri, qui propter infirmitatem aut senectudinem aut juventudinem abstinere poterant, ut abstinuissent... Et interim quod ipsas litanias faciebant, discalceati ambulassent. » Ex quibus, ni fallor satis lucis affulget litaniis cum supplicatione, sive ut vulgo aiunt, processione celebratis, eo tantum discrimine inter Romanas et Francicas, quod in Urbe quietis aliquid dabatur litaniam ter celebrantibus, at in Francia continuato tridui spatio,

Rogationum instar, eæ supplicationes agebantur, juxta disciplinam quæ per illam ætatem ibi obtinebat. CENN.

[b] Duo hinc certo colligimus. Primo, litanias a pontifice indictas occasione conversionis Saxonum in tota ecclesiastica ditione, totaque Francorum monarchia, utrobique statis diebus celebratas esse. Deinde utramque ditionem adeo luculenter distingui, ut qui dominationem sanctæ sedis in dubium revocare audet, non solum a veritate longe abire, sed manifeste mentiri dicendus sit. ID.

[c] Summ. ex Bar. Indicaverat Carolus rex Adriano per Itherium et Manegarium abbates, Saxones quosdam in paganismum relapsos esse, deque iis quid agendum esset interrogavit. Respondit Adrianus papa post longam pœnitentiam illos ad consortium Ecclesiæ posse recipi. — Sum. 9 Baron. et Centur. GRETS.

[d] Argum. Panv. (*Cod. Vat.* 9) : « Indicaverat Carolus rex Adriano [Hadr.] per Itherium [Ither.] et Monegarium abbates, Saxones quosdam in paganismum relapsos esse, deque iis quid agendum esset interrogavit. Respondet Adrianus papa [Hadr. papa epistola nona] post longam pœnitentiam illos posse recipi in epistola nona [illos ad consortium Ecclesiæ posse recipi]. » CENN.

[e] Pagius (an. 783, n. 15) hanc epistolam datam putat an. 783, quia reginæ mentionem non videt, eumque imitatur Zacagnus (ms. n. 165). Uterque allucinatur, ut dixi alias (ep. 68, not.); etenim pontifex disciplinæ tantum satagens de relapsis, nec reginæ, nec regiæ sobolis, nec temporalis alicujus rei mentionem facit. Præterea alio ex capite allucinatio emergit, quod ibidem (inter not.) admonui ; etenim Maginarius Dionysianus abbas successit Fulrado anno 784, post diem 16 Jul. quare epistola dari non potuit præcedenti anno, quam Maginarius abbas et ejus collega Hitherius missi regii attulerunt. Aut igitur ad hunc annum aut ad sequentem pertinet : ego vero statim post conversionem Saxonum eam constituo, quia materiæ affinitas ita faciendum suadet. Præterquam quod credibile admodum est, præcipiti ea in conversione ad ducis exemplum facta, nonnullos aut rudes, aut paganismo nimium addictos ad errorem continuo reversos esse. ID.

Saxonibus qui Christiani fuerunt et ad paganismum reversi sunt, qualem pœnitentiam eis sacerdotes indicare debeant. Hoc prædecessorum nostrorum sanctorum pontificum dudum decretum est, quod qui « resipiscentes, et ruinas suas cogitantes redire maluerint, sub longa pœnitentiæ satisfactione admittendi sunt [a], » et iterum « pœnitentiæ 466 satisfactione purgentur, quæ non tam temporis longitudine quam cordis compunctione pensanda sunt [b], » et ideo, excellentissime et a Deo protecte fili, oportet sacerdotes partibus illis pastoralem circumdare solertiam atque episcopalem induere vigilantiam, et in eorum arbitrio indicere pœnitentiam, considerantes piaculum tam voluntatis quamque extra voluntatem coacti ad suum revertentes vomitum [c]; et tunc canonica promere sententia, quatenus si veraciter reversi in fide orthodoxa maluerint perseverare, promissuros se omnem adimplere episcopalem prædicationem, indiculum [d] orthodoxæ fidei exarantes, secundum olitanam Patrum traditionem, ultum confitentes baptismum, sub jusjurando pollicentes fidem Christianitatis servaturos, in gremio suscipiantur orthodoxæ fidei Ecclesiæ, ut copiosa merces vobis ascribatur in cœlis. Incolumem excellentiam vestram gratia superna custodiat

LXXXVII.

467 ITEM EPISTOLA EJUSDEM PAPÆ,

AD DOMNUM CAROLUM REGEM DIRECTA,

In qua continentur gratiarum actiones pro exaltatione sanctæ Dei Ecclesiæ, et de honore pallii sacerdotalis concessi Ermenberto episcopo [e].

(An. Dom. 786, Cod. Car. LXXXVII, chron. 86.)

ARGUMENTUM. — Hermenbertum a Carolo missum ut ab apostolica sede pallium acciperet, nam Bituricensis metropolis erat episcopus, diligenter examinatum, si ulli subjiceretur archiepiscopo, ne quid fieret ecclesiasticæ disciplinæ adversum, sacro illo indumento decoratum remittit, regium implorans auxilium, ut archiepiscopali dignitate pacifice fungi valeat.

Domno [f] excellentissimo filio nostroque spirituali compatri Carolo, regi Francorum et Langobardorum atque patricio Romanorum, Adrianus papa.

Directus a regali potentia vestra reverentissimus et sanctissimus vir, scilicet Ermenbertus episcopus [g], nostrisque adpræsentatus apostolicis aspectibus, obtulit nobis præcelsæ excellentiæ vestræ sagacissimos atque honorabiles regales affatus, quos cum nimio

---

[a] De pœnis tum civilibus, tum ecclesiasticis pro hujusmodi flagitio constitutis vid. Cod. Theod. (*de Apostatis* l. II, seqq.) et ibi Gothofred. Item Concil. Illiber. (can. 1, et 21) cum Mendozæ commentar. (cap. 16 et 21). Siricius de iisdem ad Himerium (cap. 3) ait: « Si resipiscentes aliquando fuerint ad lamenta conversi, his quandiu vivunt agenda pœnitentia est. » Cæterum auctoritas hic adhibetur Innocentii I ex epist. 2 ad Victricium, cap. 8, (juxta Collect. Dionysianam cap. 16) minus proprie, ut verum fatear; Innocentius enim agit de non rebaptizandis iis, qui veniunt a Montensibus et Novatianis. At sanctam sedem Cresconiana collectione uti et sæpe dictum est, et luculentius hinc patet; non enim decretorum numerum recenset, sed clanculum auctoritatem adducit, pontifice nullo memorato; ita ut ne Lambecius quidem id olfecerit. Hujusmodi autem decretum consultationi non congruere evidens est ex iis verbis, quæ præcedunt: « Qui si forte, ait Innocentius, a nobis ad illos transeuntes rebaptizati sunt, hi si resipiscentes, etc. » Consultatio enim erat de paganis, qui baptizati erant et ad paganismum redierant. Paganis autem haud rebaptizare fas erat ad se redeuntes baptizatos. At difficile admodum erat decretum aptius reperire citra priora tria sæcula. Tum vero tantus erat rigor contra hujusmodi lapsos, ut vix in fine vitæ reconciliatio iis permitteretur, quod parum fecisset ad rem propositam, sæculo præsertim octavo, cum de rigore illo pristino nonnihil remissum fuerat. CENN.

[b] Alterum hoc decretum desumitur ex Leonis Magni epistola 79 ad Nicetam Aquileiensem cap. 5 (*Collect. Dionys.* cap. 47), agitque pontifex de vi, vel timore coactis ad iterationem baptismi, quod perinde ac prius exemplum alienum esse videtur a re proposita, at melius Adriano non suppetebat ex Cresconiana collectione, quæ Dionysianæ decretis inhæret. ID.

[c] Juxta decreti utriusque sententiam, quæ præter iterationem baptismi in reliquis ad rem facit, arbitrio episcoporum pœnitentiam indicendam iis lapsis decernit. ID.

[d] Indiculum seu professionem catholicæ fidei ab episcopis etiam ipsoque a Romano pontifice fieri consuevisse ac subscribi propria manu discimus ex Diurno Pontificum, cujus formulæ adhuc vigebant octavo sæculo. Eodem sensu hic accipiendum, affirmare non ausim, credere malim Adrianum loqui de indiculo ejus fere simili, quod Leo Magnus (ep. 87, cap. 3) a Donato Salicinensi mitti Romam optavit: « Donatum, ait Mauritanis episcopis, Salicinensem ex Novatianis cum sua plebe conversum ita Dominico volumus gregi præsidere, ut libellum fidei suæ ad nos meminerit dirigendum, quo et Novatiani dogmatis damnet errorem, et plenissime confiteatur catholicam veritatem. » Quam rem a Maximo exegit. *Instructio* item est, seu admonitio data legatis.(ap. Baron. an. 515, num. 24) ab Hormisda. Vide alias incertæ hujus vocis notiones ap. Cangium Glossar. Formulam, quam ait pontifex antiqua Patrum traditione niti, incompertam mihi esse fateor. ID.

[e] Argum. Panv. (*Cod. Vat.* 2): « In secunda [secunda] pro exaltatione sanctæ Dei Ecclesiæ gratias agit [regi agit]; Ermemberto episcopo, ut Carolus petierat, usum pallii concedit [Invocationem sanctorum, et primatum Rom. Ecclesiæ asserit.] » ID.

[f] Sum. 2, Bar. et Cent. GRETS.

[g] Herminarius Bituricensis sedis episcopus, ut aiebam (ep. 70, al. 96, not.) Lateran. conc. interfuit an. 769, diemque supremum obiit 774, succedente Deodato usque ad 783, quem excepit Hermenbertus, ut tradunt Sammarthani fratres, quorum fidei ætatem hujus epistolæ commendo, ne amplius vagetur tempore incerto. Opportune animadvertendum, quod an. 745, sanctus Bonifacius Moguntinus, synodo apud Francos celebrata præ aliis decretis hoc ediderat: *Metropolitanos pallia ab illa sede* (sancti Petri) *quærere*, ut ipsemet testatur in litteris (*Cod. Bonif.* 105) sancto Cuthberto Dorovernensi archiepiscopo. Nihilominus post annos 26 unus Wilcharius archiepiscopus Senonensis prædicto concilio Lateran. aderat sacro pallio ornatus suæ metropolis instauratæ testis haud dubius; cæteri omnes, minimum sex metropolitæ, quos inter Bituricensis, tanquam meri episcopi intererant. Quin etiam Bituricensis idem tertio et quadragesimo post anno Romam venit, ut vides, suæ metropoli honorem pristinum impetraturus. CENN.

amplectentes amore, regi regum, in cujus potestate sunt omnia regna mundi, gratias egimus, qui nos de vestra inclyta sospitate lætos crebro efficit, eo quod per hujus mundi regna, cœlestia [a] magis ambire atque hæreditare **468** concedit, per beatum Petrum apostolorum principem de sævitia adversariorum triumphantes [b].

Reperimus quippe in ipsis regalibus affatibus vestris, ut prælato Ermenberto episcopo pallium sacerdotalibus infulis decoratum ex apostolica auctoritate concederemus, quia civitas metropolis in Aquitania videtur esse patria, quæ Bituricas nuncupatur, ubi nunc præfatus venerabilis vir præesse dignoscitur curamque pastoralem devotus exercere videtur; quatenus ignorantes si canonice in provinciæ partibus illis jam ordinatus tam a prædecessoribus nostris quamque a nobis fuisset, enucleatius cum indagari curavimus, ne usurpationis locus aliquis sacerdotibus in alterius jure concedatur; qui præfatus sanctissimus vir nobis confessus est, ut sub nullius archiepiscopi jurisditione esse videretur [c].

Quapropter pro nimio vestro regali ex intimo cordis amore, prædicto Ermenberto, a nostra apostolica sacratissima sede atque auctoritate, archiepiscopo constituto in metropolitanam civitatem quæ Bituricas cognominatur, sicut dudum mos exstitit, sub jure sanctæ recordationis [d] Ecclesiæ degenti, usum pallii concessimus fruendi [e]; et ideo quæsumus ut per vestrum præcelsum regale adminiculum, ministerium sibi commissum digne sibi **469** valeat et canonice dispensare, sacerdotali moderamine suscipiente affectum [*Lamb.*, *Gent.*, effectum]; ut dum plebs sibi concessa ab insidiatoribus inconvulsa atque intacta permanserit, simulque a vestro regali culmine tuta fuerit, ab ipso clavigero regni cœlorum beato Petro apostolo dignam mereamini suscipere retributionem, ut una cum excellentissima et spirituali filia domna regina vestraque præcelsa subole, redemptor omnium Deus longo ac prospero senio amplius exaltati regni gubernaculo faciat perfrui, et vitam æternam pariter vobis tribuat possidendam. Incolumem excellentiam vestram gratia superna custodiat.

XXXVIII.

470 ITEM EPISTOLA EJUSDEM PAPÆ,

AD DOMNUM CAROLUM REGEM DIRECTA,

In qua continetur de trabibus majoribus ad ecclesias restaurandas, quas domnus rex ei dare præceperat; et ipsos actores negligentes, nihil exinde, sicut eis a dicto rege injunctum fuerat, fecisse dicit, et de stanno ad ipsam ecclesiam sancti Petri recooperiendam [f].

(*An. Dom.* 786, *Cod. Car.* LXVI, *chron.* 87.)

[B] ARGUMENTUM — Trabes pro instaurandis ecclesiis Urbis sæpe ab se petitas, nondum esse traditas. Rogat ut regius nuntius adveniat qui et trabes tradi faciat et stanni centenas libras (mille Carolus, totidem Itherius mittere spoponderant) dari jubeat ab Italiæ comitibus. Arichim Beneventanum ducem movisse arma in Amalphitanos, qui Neapolitanorum, quorum juris erant, auxiliis plures occiderunt, multis etiam eorum optimatibus captivis ductis.

Domno [g] excellentissimo filio nostroque spirituali compatri Carolo, regi Francorum et Langobardorum atque patricio Romanorum, Adrianus papa.

Sæpe vestræ a Deo protectæ regali potentiæ poscentes direximus, ut pro mercede animæ vestræ trabes majores ad ecclesias Dei restaurandas per vestrum regale præsidium emittere juberetis, et nul- [C] lum ab illis quibus præceptum est suscepimus effectum, quatenus et ipsæ ecclesiæ in quibus nobis trabes majores necessariæ sunt, ex parte ruerunt et alias ruere conspicimus, et ipsas trabes præstolantes, quid agemus nescimus et pro hoc in magna tristitia degentes existimus [h]. **471** Quapropter obnixe vestram triumphatorissimam excellentiam poscentes

---

[a] Lamb. legit: *pro hujus mundi regno regnum cœleste*.

[b] Ita supra (ep. 84, al. 91) Petri suffragiis cum triumphasse a.t de Saxonibus, quo hic respicere videtur; nisi forte de Britonibus hoc anno perdomitis, ut tradunt Annal. Francor. et Fuld., sermo est. CENN.

[c] Locupletissimum hinc suppetit testimonium disciplinæ in synodo, sancto Bonifacio præside, stabilitæ in Francorum monarchia, imo in toto Occidente, [D] nam disciplina eadem vigebat in Anglia, Africa et Hispania fere omni sub jugo Saracenorum gementibus; tum Bituricensis metropolis ante hunc annum minime instauratæ, nam pontifex magna utitur diligentia, ne fiat alieni juris invasor. ID.

[d] Videtur hic aliquid deesse. GRETS.

[e] Plura apud Thomassinum videsis (l. 1, c. 55, n. 12, et c. 55, n. 4); Aquitania enim in regnum erecta Bituricensis primatum in metropoles Burdigalensem et Ausciensem obtinuit; quæ res non paucas concertationes peperit, primatusque ille tandem corruit. Id vero ad nos non attinet. Disciplinæ tantum sacri pallii ab apost. sede petiti, juxta decretum synodale anni 743 attendi debet ac memoria teneri: nam seq. sæculo Hincmarus Rhemensis eam invertere ausus est, scriptoresque eruditissimos recentiores non paucos sectarios, aut potius audaciæ instauratores habuit. CENN.

[f] Argum. Panv. (*Cod. Vat.* 15): « In decima quinta [Dec. quin.] Carolum monet [rogat], ut trabes majores, quas ad ecclesiarum restaurationes pollicitus fuerat, mittat celeriter [fuerat celeriter], et stannum ad ecclesiam beati Petri cooperiendam [mitteret]. Præterea de dissidiis inter Neapolitanos et Amalfitanos scribit [Amalphit. nonnihil monet]. » ID.

[g] Bar. summ. 15. GRETS.

[h] Pro basilica tantum sancti Petri Adrianum petiisse constat majores trabes (ep. 66, al. 61) an. 780, antequam Carolum Romam iterum veniens compater esse cœperit. Hac vero epistola, quæ haud dubie post mortem H Idegardis novasque Caroli nuptias cum Fastrada, seu post an. 783 data est, ac tertium Caroli adventum 787 præivit, se poposcisse ait pro aliis et in ecclesiis. Cum autem nullæ ex hujusmodi petitoriis litteris existant in codice, hinc colligere est, a familiaribus quas dicunt epistolis recensendis Carolum se abstinuisse, nisi momenti aliquid insertum iis esset. Idcirco laudatam 66 et hanc non prætermisit, quia de Neapolitanis præcipue motibus nonnihil continent. Cæterum novissima in editione Duchesnii epistolam; quam versamus, ad hunc annum referri video, neque hinc movendam puto, ut mox dicenda planum facient. CENN.

quæsumus ut nulla deinceps eveniat mora, sed per vestrum a Deo protectum regale dispositum nobis ipsas trabes majores celerius emittere præcipiatis, ut nullo modo quemlibet neglectum ponere audeant, quia confidentes prorsus existimus, quantæ Dei ecclesiæ ex ipsis trabibus restauratæ fuerint, in vestrum sempiternum memoriale, seu domnæ reginæ vestræque nobilissimæ subolis restaurantur; quapropter poscimus ut vestrum proprium idoneum missum dirigere jubeatis, qui ipsos actores qui pro jam dictis trabibus neglectum ponere ausi sunt, distringere debeat, ut ipse nobis eas tradere per vestrum dispositum studeat, ut exinde magnam, ut fati sumus, recipere valeatis mercedem.

Porro et hoc vestræ regali potentiæ innotescimus, quia Arichis Beneventanus dux, justitias de hominibus suis quærens, exercitum duxit super Amalfitanos ducatus Neapolitani, et undique eos circumvallans incendit omnes possessiones eorum atque habitacula foris posita; quo audito, Neapolitani direxerunt in adjutorium ipsorum plures homines vincentes eos, interfecerunt plurimam multitudinem ducatus Beneventani. Unde cum cæteros plures, tum optimates captivos apud se habent; quod in his vero partibus actum est, vobis enucleatius enuntiare festinavimus [a].

472 Simili modo et hoc recordari credimus vestram a Deo promotam præcellentiam, qualiter pro amore beati Petri clavigeri regni cœlorum et ejusdem Ecclesiæ restaurationis, pro ipsius aulæ tecto vestra excellentia nobis est pollicita dirigere stamni libras mille. Simili modo et Itherius vester fidelissimus per vestrum eximium dispositum similiter alias mille libras dirigere promisit, pro quo poscentes peti, us vestram regalem præcellentiam, ut ipsum stannum nobis per vestrum bonum dispositum dirigere jubeatis, quia ipsa ecclesia fautoris vestri beati Petri, tempore verno ab aquis nimis invaluit, et unde ejus aulæ tectum restauremus minime habemus. Sed obnixe petimus ut per comites vestros qui in Italia sunt actores, ipsum jam dictum stannum dirigere jubeatis, per unumquemque comitem [b] libras centum, ut dignam pro hoc ab ipso Dei apostolo retributionem suscipere mereamini. Incolumem excellentiam vestram gratia superna custodiat.

LXXXIX.

473 ITEM EPISTOLA EJUSDEM PAPÆ,

AD DOMNUM CAROLUM REGEM DIRECTA,

In qua continentur gratiarum actiones seu benedictiones, pro cruce quam ei miserat, et de territorio Populoniensi seu Rosellensi, ut domnus rex suos idoneos missos dirigeret, qui sub integritate ipsas civitates cum suburbana [Lamb., *suburbanis*] *earum ei contradere debuisset* [c].

(*An. Dom*. 787, *Cod. Car*. LXXXI, *chron*. 88.)

ARGUMENTUM. — Carolo suis orationibus se commendanti reponit, se jugiter id præstare non solum pro eo, sed pro ejus parentibus, et conjuge Ildegarde vita functis. Gratias agit pro cruce missa; oratque ut missos dirigat, qui fines Populonienses et Rosellenses haud dum traditos integros vindicent sanctæ sedi; simulque integras tradant ducatus Beneventani civitates, juxta ejus donationem nuperrime factam.

Domno [d] excellentissimo filio nostroque spirituali compatri Carolo, regi Francorum et Langobardorum atque patricio Romanorum, Adrianus papa [e].

Præcellentissimos atque nitidissimos, Deo dicatæ regalis præcelsæ scientiæ vestræ mellifluos suscepi-

---

[a] Caroli victoriam de Britonibus, conjurationem adversus eum detectam, Italicum iter susceptum, ac Beneventanum ducatum armis petitum ab eodem Carolo annalista Fuldensis cum hoc anno illigat. At solis eclipsim memorans xv Kal. Oct., res quæ evenerunt seq. anno ad hunc se retulisse demonstrat; nam Calvisius tabulis etiam Prutenicis inspectis ad annum sequentem Irenes et Constantini octavum eam eclipsim pertinere nos docet. Rectius annales Francor. iter Caroli ad finem anni differunt; ita ut Natale celebrarit Florentiæ, inde Romam venerit sub initia sequentis anni. Iisdem fere verbis utitur annalista Meten. ap. Pagium (an. 786, n. 5). Quamobrem quæ ab Adriano narrantur de Beneventanis contra Neapolitanos, nihil pugnant cum itinere quod Carolus meditabatur, fortasse etiam susceperat cum hanc accepit epistolam. In Chron. Neapolitano (ap. Pratill. tom. III, p. 53) historia hæc uberrime narratur, statuiturque ætas hujus epistolæ. Nam sub finem ejus narrationis legitur, quemadmodum Cæsario Stephani episcopi et ducis filio rem gerente Beneventani superantur; et *postquam Cæsarius*, chronici verbis utor, *adepta victoriæ lætitia fugientem Aragisium manus suas vidit evasisse, suos ulterius persequi prohibet, et hoc accidit an.* 786. CENN.

[b] Italici regni administrationem in Pippini regis minori ætate hinc tenemus. Nam comites viginti hac occasione numerantur, qui totidem civitatibus præerant. Supra (ep. 81, al. 67, not.) Arvinum vidimus modo ducem, modo comitem nuncupari, et alibi duces Clusio et Florentiæ civitatibus præfectos. Num utrique promiscue duces et comites nuncuparentur, ut Arvinus, an. officia ista nullo discrimine præficerentur civitatibus per id tempus, incertum. Unusquisque ab Adriano comes et actor appellatur. Vide supra (ep. 81, al. 67, not.). ID.

[c] Argum. Panv. (*Cod. Vat*. 8): « In octava [Octava] pro cruce missa gratias agit; et scribit se semper pro Carolo orare, et pro genitore ejus sa. me. Orat ut legatos suos dirigat [sa. me. Pippino. Precatur, ut legatos dirigat], qui Romanæ Ecclesiæ Populoniense, et Rosellense territoria restituant cum partibus ducatus Beneventani [Populoniensem et Rosellanum agrum cum ducatu Beneventano restituant]. Mercedem a [ejus rei a] beato Petro promittit. » ID.

[d] Summ. 8, Bar. Cent. GRETS.

[e] Anno 787 ineunte Carolus Beneventanum ducatum adiens cum suo exercitu, Capuæ constitit, archiep. præ metu Salernum se recipiente. Ducatum omnem in suam potestatem redegit pacis potius quam belli artibus. Grimoaldum Arichis filium aliosque duodecim obsides transactionis pignus secum duxit, Romæ Pascha celebravit, quod incidit die 8 Aprilis, causaque Tassilonis pontifice intercedente tentata magis quam composita in Franciam rediit, cunctoque in Bajoariam exercitu Tassilonem in ordinem redegit. Hæc fuse narrantur in Annal. Francor. Item Baron. ex Reginone (an. 787, n. 64) et Pagius ex annal. Meten. (eo i. an., n. 6.) Eadem occasione Capuam et cæteras civitates Campaniæ seu ducatus Beneventani a Carolo donatas esse sanctæ sedi hac ex epistola perspicue constat. Pagius perperam differt ad hæc tempora Tusciæ donationem quam anno 774 cum primo Romam venit, esse factam pluribus argumentis est demonstratum. CENN.

mus versos, quos reserantes atque singillatim relegentes, eorum 474 robur cum nimio amplectimur amore*, et procul dubio vestra credere dignetur regalis potestas, quia omnino sicut per eos innotuistis, a nobis in omnibus perficietur, testem enim invoco Deum cui servio in spiritu meo, quod sine intermissione die noctuque semper memoriam vestri facio in orationibus meis obsecrans, tam pro vestra in triumphis regali victoria et perpetua stabilitate, quamque pro sanctæ memoriæ genitoribus vestris, simul conjuge vestra domna Hiltibranda [Grets., Hiltegarda] regina, filia et spirituali commatre nostra, et nempe eorum memoriale non derelinquetur in æternum b.

Crucem quam nobis misistis in sanctam nostram ecclesiam recondentes, vestra memoria in æternum in ea manebit c. De sospitate enim nostra quam vestra regalis cupit audire clementia, omnia erga nos, Deo favente, prospera existunt, quia et nos de vestra regali salute atque victoriis cerio audire desideramus, quoniam vestra salus nostra est, et hoc magnopere poscimus; et sicut per anteriores nostras syllabas vestram poscimus regalem potentiam, ita perficere dignetur, uti denuo eos missos suos dirigere jubeat, qui nobis contradere debeant fines Popolonienses seu Rosellenses, sicut 475 ex antiquitus fuerunt d. Nam ex parte nobis ex ipsis finibus non tradiderunt; sed quæsumus, ut vestræ regalis oblationis donatio fine tenus maneat inconvulsa; præsertim et partibus ducatus Beneventani idoneos dirigere dignetur missos, qui nobis secundum vestram donationem ipsas civitates sub integritate tradere, in omnibus va-

a Nusquam toto isto cod. sic appellatæ inveniuntur regiæ litteræ. Quare arbitror poetice scriptam hac occasione epistolam ab Adriano laudari, nam Carolus Alcuino præceptore id temporis liberalibus artibus dabat operam, ut ex Eginhart. Pagius (an. 782, n. n. 7). Item Mabillonius (Anal. lib. XXXV, n. 22) ad an. 781, ex eod. Eginhar. a Petro Pisano grammaticam, rhetoricam et dialecticam ab Albino eum didicisse commemorat. Cenn.
b Pii regis petita nil aliud fuisse quam orationes testatur pontifex, qui et pro defunctis Pippino atque Hildegarde jugiter se orare respondet. Eapropter non recte in noviss. edit. Duchesnii putatur epistola circa annum 782 data esse. Rectius Muratorius refert ad an. 788, quo plures conscriptæ fuerunt, ut mox ostendam; Equidem credo sub finem anni 787 hanc datam esse, nam spatio octo mensium post Caroli discessum Roma unicam, quæ hic memoratur, scriptam esse non est probabile, cum ista responsio sit Carolinis versibus forsitan allatis paulo post datam epistolam, cujus mentio est. Ip.
c Ap. Anastas. in Vita Leonis III (sect. 378) legitur: « In basilica Salvatoris Domini nostri Jesu Christi quam Constantinianam vocant, obtulit crucem cum gemmis hiacynthinis, quam almificus pontifex in litania præcedere constituit, secundum petitionem ipsius piissimi imperatoris. » Hanc postea subreptam Leo IV instaurasse ab eodem auctore dicitur (sect. 502) et in usum pristinum revocatam. Alius crucis a Carolo oblatæ non meminit. Hinc patet sancti Petri ecclesiam longe antea simili munere donatam esse. Eam quippe unam præ cæteris coluit, teste Eginharto (cap. 27) his verbis : « Colebat præ cæteris sacris et venerabilibus locis apud Romam ecclesiam beati Petri apost. in cujus dona-

leant e, ut ex hoc potissimam remunerationem una cum spirituali filia nostra domna regina, vestraque præcellentissima prole ab ipso regni cælorum clavigero beato Petro apostolo, suscipere mereamini. Incolumem excellentiam vestram gratia superna custodiat.

XC.

476 ITEM EPISTOLA EJUSDEM PAPÆ,
AD DOMNUM CAROLUM.

In qua continentur de adventu Adalchisi partibus Calabriæ, et ut Grimualdum in Benevento ducem non constitueret, et de civitatibus Beneventanis, et Rosellis, et Populonio f.

(An. Dom. 788, Cod. Car. xc, chron. 89.)

ARGUMENTUM. — Rorone et Beltone regiis missis sciscitatum venientibus num Athalgisus Desiderii filius in Italiam venisset, se nuper quæ audierat continuo indicasse Carolo per Arvinum comitem degere illum scilicet in Galabria prope fines Beneventanos : ita sibi nuntiari Cajeta et ex Pentapoli, litterasque utrinque acceptas adnectere. Sibi haud expediens videri Grimoaldum patri succedere; Beneventanos, nisi steterint promissis, milite ad cogendos. Nisi mittat exercitum a Kalendis Maii ad Septembrem, fieri posse ut Athalgisus cum Græcis aliqua moliatur in ipsum Carolum et sanctam sedem. Statim atque Grimoaldus pervenerit in Beneventanum ducatum, matrem ejus Adelbergam cum filiabus, obtentu orationis in Garganum, inde Tarentum abituram, ubi suos thesauros habebat. Orat ut suos missos redire prohibeat ante traditas Campaniæ civitates integras, finesque pari modo integros Populonii et Rosellarum. Sicut enim in Tuscia Suanam et cæteras civitates cum territoriis suis sancta sedes possidebat, ita æquum esse ut Campaniæ civitates integras cum suis territoriis possideret.

Domno g excellentissimo filio nostroque spirituali compatri Carolo, regi Francorum et Langobardorum atque patricio Romanorum, Adrianus papa.

ria magna vis pecuniæ tam in auro quam in argento, necnon et gemmis ab illo congesta est. » Ip.
d Agitur hic de finibus integre restituendis, non de civitatibus. Vide commentationem præv. (num. 30) Pagius ad an. 787 (num. 7, seqq.) Tusciæ donationem differt, cujus possessionem illico esse initam censet. At Castellum Felicitatis, quæ civitas juris erat sanctæ sedis ante alterum Caroli adventum in Italiam, opinioni huic adversatur. Vide supra (ep. 55, al. 60, not.), Tusciæ siquidem donatio facta, ut mihi videtur, an. 774, cum Carolus Romam primum venit. Idcirco pontifex Rosellarum et Populonii fines sibi tradi optat, sicut *ex antiquitus fuerunt*. At esto : duas istas civitates longe dissitas ab ecclesiastica ditione in parte Senarum maritima; ex Rosellæ enim ruinis Grossetum emersisse fertur, Massæque, finitima Populoniæ excisa, episcopaleın hujus honorem accessisse; duas inquam has civitates cum Carolus donaverit sanctæ sedi an. 787; idem de reliquis Tusciæ civitatibus affirmandum erit? ex sequentibus secus esse patefiet. Ip.
e Arichi in ordinem redacto, obsidibusque in subjectionis pignus acceptis, Carolus donavit sanctæ sedi sex Campaniæ civitates, Capuam, Theanum, Arpinum, Aquinum, Arces, Soram, in quarum possessionem pontifex per regios missos ire optat. Ita semper factum vidimus, ubi nova accessit donatio. Ip.
f Argum. Panv. (Cod. Vat. 42.) : « In quadragesima secunda [Quadr. sec.] indicat Adalchisum Desiderii filium in Calabriæ partes advenisse. Orat Carolum ut contra hunc bellum gerat; et Beneventanos cum aliis obedire cogat. Item ne Grimoaldum ducem Beneventanum constituat; ut Beneventum, Rosellas, Populonium, et alia loca sancto Petro reddat. » Ip.
g Sum. 42, Bar. et Cent. Grlts.

Venientes ad nos fidelissimi missi vestri, scilicet Roro capellanus, seu Beito, post vestram optabilem regalem sospitatem annuntiatam, sciscitati sunt a nobis de nefandissimo Athalgiso filio Desiderii tyranni regis, si ita fuisset quod, Deo sibi contrario, in partibus Italiæ venisset. Nos vero nuper quod de ipso Athalgiso audivimus, per fidelissimum missum vestrum Arvinum comitem vobis intimare non 477 omisimus, quia pro vestra regali victoria, Deo auspice, retractantes, nullum neglectum ex omni parte ponimus, vestræ præfulgidæ excellentiæ indicantes, ut, Domino opitulante atque beato Petro apostolorum principe comitante, præcipua vestra regali providentia prudentissime suam nostramque salutem procuret. Sic enim de jam dicto nequissimo Athalgiso nobis nuntiatum est, quia in veritate, Deo sibi contrario, cum missis imperatoris in partibus scilicet Calabriæ resideat, juxta confinium ducatus Beneventani, ut de ejus invalido adventu Campulus episcopus civitatis Cajetanæ per suas nobis significavit syllabas, similiter et de Pentapoli pro ejusdem Athalgisi arrogantia nobis in scriptis intimaverunt, quatenus ob nimium vestrum amorem infra alios misimus apices, tam Cajeta quamque Pentapoli series nobis destinatas; nempe quidem scimus quia ipse iniquus et perfidus Adalgisus pro nulla alia causa in istis declinavit partibus, nisi tantummodo pro vestra nostraque contrarietate. Unde oportet ut firmissima vestra sacra partibus Beneventanis emittere a vestra præcelsa regalis excellentia nitatur, ut undique per vestrum regale adminiculum imperturbati pariter maneamus b.

Nos vero hæc omnia considerantes, dilectissime nimisque amantissime, atque a Deo protecte prærectissime fili, nobis sic aptum esse videtur, ut sive voluntatem vestram fecerint ipsi Beneventani, non ullo modo expedit Grimualdum, filium Arichisi, Beneventum 478 dirigere c. Verumtamen sicut vobis ab omnipotenti Deo nostro prudentissima sapientia concessa est, ita sagaciter pro hujusmodi re pertractare atque congrue disponere jubeatis, ut ea quæ vobis nobisque expedibilia fuerint ad perfectum salubriter veniant, ut non in quolibet labore pariter eveniamus, sed si ipsi sæpius dicti Beneventani minime vestram regalem adimpleverunt voluntatem, sicut vobis polliciti sunt, statim ibidem taliter exercitus emittere studeatis, ut ad profectum sanctæ nostræ Ecclesiæ, vestræque regalis perveniant excellentiæ, et sic illis partibus disponatur, ut inimicus locum nocendi non inveniat, sed semper vestra in triumphis exsultet in Domino regalis victoria d.

Enimvero una cum fidelissimis missis vestris pertractantes considerantesque ut si minime ipsi Beneventani adimplere voluerint regalem vestram voluntatem ad Kalendas Maias, vester robustissimus exercitus in confinio præparatus super ipsos irruere Beneventanos inveniretur; et demum pariter penetrantes, in his confirmari, propter æstivi temporis ægritudinem, non audebimus, et iterum si super eos a Kalendis Maiis usque in Septembrem mensem exercitus non venerint, dubium nobis esse videtur ut forte, Deo sibi contrario, prædictus nefandissimus Adalgisus per insidias Græcorum non aliquam nobis vobisque conturbationem facere moliatur, quia jam dicti missi Græcorum cum eo esse noscuntur et alii in Neapoli residere videntur. Sed hæc existimantes in vestro robustissimo atque a Deo protecto regali arbitrio emisimus pertractanda, 479 ut qualiter vobis placuerit disponere celeriter dignetur, nobis intimando per suos regales afflatus suam nostramque securitatis salutem e.

Quapropter nimis poscentes, quæsumus vestram prærectissimam excellentiam, ut nullo modo pro causa Grimualdi filii Arichisi credere plus cuiquam jubeatis quam nobis. Nam pro certo sciatis quia si ipsum Grimualdum in Beneventum miseritis, Italiam sine conturbatione habere minime potestis, eo quod Leo episcopus secreta nobis sic fatus est, quia, Adalberga relicta, Arighis, tale habet consilium ut dum ipse Grimualdus filius ejus Beneventanos fines in-

---

a Videtur redundare. Grets.

b Non aliunde Carolus rescivit de Adalgisi in Italiam adventu quam ex Cajetani episcopi et Pentapolensium litteris ab Adriano transmissis per Arvinum comitem, ut ista ex narratione colligitur. Per eumdem Arvinum Arichis etiam mortem nuntiasse Carolo, ex iis quæ mox narrantur, infertur. Cointius et Pagius (an. 787, n. 14). Arichis mortem statuunt die 26 Aug. ejus anni. Sed ante eos id fecerat Baronius prolato epitaphio (an. 787, n. 65) cui hæc subjiciuntur : « Vixit autem quinquaginta tres annos, obiit. vii Kal. Sept., anno ab incarn. Dom. 787, et ex domna Adelperga principissa filios Romoald et Grimoald, Egisisum, Theoraldam et Adeleisam suscepit. » Epitaphium illud Paulo Diacono auctore novissime est editum inter Tumulos principum Langob. a cl. Pratillo (tom. III, pag. 505), qui nuper allata verba Camillo Peregrinio restituit ingratiis Pagii ea tribuentis Paulo Diacono. Cæterum epistola illa, cujus mentio est in præcedenti, non alia fuisse videtur quam quæ data dicitur Arvino comiti cum nuntiis de morte principis ac de Adalgisi adventu, annexisque laudatis epistolis Cajetani ep. et Pentap. Cenn.

c Romoaldus primogenitus præmortuus erat patri eodem anno, ut monet Pagius (loc. cit.). Quare ad Grimoaldum obsidem ap. Carolum successio pertinebat. Sed pontifici causæ aderant cur successionem istam improbaret. Eas et in litteris Arvino datis enuntiaverat, quod ipse testatur infra (ep. 92, al. 86) et iterum nunc enuntiat, seu potius in mentem revocat. Ip.

d Omnimoda sub potestate Caroli Beneventanos esse cupit, quare utitur hoc dilemmate : aut Beneventani servant fidem Francorum regi; Grimoaldum eorum ducem constituere non expedit; aut ab eorum promissis desciscunt, vi et armis continendi sunt in officio. Sapientissimum plane consilium, quod nihilominus Caroli remittit arbitrio. Ip.

e Mature facto opus esse urget, et quinque ad summum mensibus belli apparatum, militaremque actionem concludit. Et quidem jure : nam Adalgisus viduæ Adelbergæ frater, Græcorum ope fultus, in Calabriæ finibus degens, Grimoaldi sororis filii successionem præstolabatur in ducatu Beneventano, ut junctis viribus in sanctæ sedis ditionem, indeque in Italicum regnum irrumperet. Ip.

troierit, ingeniose cupit duas filias suas secum deferre, et quasi orationis causa, sanctum Angelum in Garganum pergere, et deinde in Tarantum, ubi et thesauros suos reconditos habet, quia tantum octoginta millia distat a sancto Angelo usque Tarantum [a]; sed in hoc minime vestra a Deo promota excellentia considerare debeat, quod pro nostra aviditate ipsas civitates adquirendum, quas beato Petro apostolo et nobis condonastis, talia vobis insinuare studuimus, sed pro magna securitate sanctæ Dei catholicæ et apostolicæ Romanæ Ecclesiæ, atque vestræ præcelsæ regalis exaltationis victoria, ea quæ audivimus et agnoscere potuimus, vestris regalibus auribus insinuare nullo modo neglexinus. Vestra quoque regalis excellentia, qualiter ei placuerit et aptum prospexerit, in omnibus his disponere provideat: Quapropter magnopere poscentes vestram clementissimam regalem benevolentiam, quæsumus, ut pro amore fautoris vestri beati Petri clavigeri **480** regni cælorum, nostraque in Christo spirituali paterna dilectione clariter atque specialiter per vestros regales honorabiles apices missis vestris dirigere digneminu, ut nullo modo ad vos remeare audeant, nisi prius sub integritate civitates in partibus Beneventanis, sicut eas per vestram sacram oblationem beato Petro apostolo et nobis contulistis, in omnibus contradere valeant, et justitias de Populonio et Rosellis nobis facere sub integritate studeant [b]. Quia sunt alii ex missis vestris qui contemnere moliuntur et fœdare vestram sacram oblationem; sed sicut in partibus Tusciæ civitates, id est, Suanam, Tuscanam, Biternum, et Balneum Regis, cæterasque civitates cum finibus et territoriis corum [c] beato Petro offerentes condonastis, ita in eo modo civitates in partibus Beneventanis contradere nobis protinus faciatis, ut dum missi vestri vestros susceperint regales firmissimos affatus, sine qualibet interposita dilatione, nobis eas contradere sub integritate valeant, ut nullus sit qui possit exstinguere vestrum illibatum sacrificium, sed hoc lucri potissimum præmium acquirentes digne mereamini una cum spirituali nostra filia domna regina, vestraque nobilissima subole in æthereis sine fine regnare arcibus. Incolumem excellentiam vestram gratia superna custodiat.

XCI.

481 ITEM EPISTOLA EJUSDEM PAPÆ,

AD DOMNUM CAROLUM REGEM DIRECTA,

In qua continetur de missis Græcorum cum [d] diuvitin; id est, dispositore Siciliæ, post reversionem Attonis diaconi, missi domni regis a Benevento, cum relicta Arichisi ducis conciliati [Lamb., consiliati] sint, qualiter ducatum Beneventanum a potestate prædicti regis per insidias subtrahere potuissent. [e]

(An. Dom. 788, Cod. Car. xcii, chron. 90.)

ARGUMENTUM. — Venientes regii missi Atto diaconus et Goteramnus ostiarius, postmodo Maginarius abbas et Joseph diaconus regiam voluntatem nuntiant pontifici, ejus nempe consilio agenda omnia esse. Censet igitur pontifex ut nunquam invicem separentur: præmittit priores duos versus ducatum Beneventi, ita ut in Valvæ oppido exspectent reliquos Romæ manentes et Liuthericum quintum missum. Ii consilii immemores Beneventum, haud exspectatis sociis, inde Salernum ad Adelbergam viduam processerunt. Tres reliqui Beneventum euntes ibi audiunt Salerni agitari consilia adversus Carolum et sanctam sedem; mox Goteramno superveniente, una cum isto aufugiunt Valvam in finibus Spoletani ducatus, ubi jussa regia præstolantur. Atto præ metu ad aram in ecclesia Salerni confugit, quem Beneventani ficte mitigant, eique ad Carolum litteras dant fidelitatis plenas. Hæc omnia pontifex Carolo. Deinde addit quod Capuani quidam recens subjecti apostolicæ sedi Romam venientes nuntiarunt, post Attonis discessum missos Græcos cum dispositore Siciliæ die 20 Januarii Salernum ad Adelbergam se contulisse; inde Neapolim deductos, magnoque cum honore susceptos, cum Stephano episcopo et Neapolitanis consilia agitare. Beneventanos videri erupturos æstivo tempore. Rogat ut eos præveniat, ne simul deficiant et civitates sanctæ sedi donatas invadant.

Domno [f] excellentissimo filio nostroque spirituali compatri Carolo, regi Francorum et Langobardorum atque patricio Romanorum, Adrianus papa.

Meminit vestra a Deo promota **482** regalis excellentia, qualiter ad nos emisit fidelissimos missos, scilicet Attonem religiosum diaconum, et Goteramnum magnificum ostiarium, et post tergum eorum ad nos venerunt, videlicet, Maginarius religiosus

---

[a] Iter istud ab Adelberga institutum in fines orientales ducatus Beneventani, quo et frater Adalgisus appulerat, statim atque Grimoaldus paternum ducatum adeptus esset, suspicionem pontificis haud esse inanem demonstrat. CENN.

[b] Ut in præcedenti, ita hic de Rosellæ et Populonii finibus, una cum sex prædictis Campaniæ civitatibus tradendis res est. Quamobrem quod ibi aiebam (col. 398, not. [d]) non est improbabile utramque maritimam civitatem concessam fuisse sanctæ sedi seorsim ab aliis Tusciæ, quod planius fiet ex sequentibus. ID.

[c] Vides hic Tusciæ civitates enumerari a Suana incipiendo, quæ occidentalior est cæteris; ita ut urbem veterem et Castrum Felicitatis, quas facit reliquas, intelligi oporteat, non autem Rosellas et Populonium, quæ cum Suana magis occidentales sint, priori loco debuissent recenseri. At contra ne ulla quidem fit earum mentio, cum infra de Campaniæ civitatum tradenda possessione agitur Tuscarum exemplo. Proinde quidquid de tempore donationis Rosellæ et Populonii censeas, de aliis Tusciæ statuas necesse est, primo in adventu Caroli an. 774 una cum Castello Felicitatis donatas esse adversus Pagii recentiorumque aliorum opinionem. ID.

[d] Diœceta, διοικητής, administrator. GRETS.

[e] Argum. PANV. (Cod. Vat. 23.) : « In vigesima tertia [Vig. tert.] indicat, quale consilium legatis ejus dederit. Item de [monet de] legatis Græcorum cum dispositore Siciliæ quod cum [Sicil. cum] relicta Arichisi ducis consiliati sint, qualiter [egerint quanam ratione] ducatum Beneventanum Carolo regi subtrahere possent [eriperent]. Orat itaque Carolum, ut sic omnia pertractet, ut suam et Ecclesiæ Romanæ securitatem procuret [tutelam proc.]. » CENN.

[f] Summ. 23, Bar. et Cent. GRETS.

[g] Epistola hæc a superiori non multum distat; verno enim tempore data est, cum superior media hieme scripta esse videatur. Cointii diligentia laudatur a Pagio (an. 788, num. 1 seq.) qui accuratam ejus numerationem sequitur, quod etiam fit in novissima editione Duchesnii. Muratorius confundit earum ordinem, adoptansque ineptias anonymi Sa-

abbas et religiosus Joseph diaconus [a], qui nobis fideliter intimaverunt ea quæ illis injuncta habuit vestra præerectissima regalis potestas, ut secundum nostrum apostolicum consilium, in partibus Beneventanis, ita peragerent; qui in nostri præsentia residentes prænominati quatuor missi, id est, Maginarius religiosus abbas, Atto, et Joseph religiosi diaconi, atque Goteramnus magnificus ostiarius, dum adhuc minime conjunxisset nostris apostolicis obtutibus Luthericus, qui cum præfato Maginario, seu Joseph, ad nos missus fuit, tale illis præbuimus consilium, ut nullo modo se alter ab altero separaret, sed præeuntes Atto et Gotteramnus, in oppido Valvæ ibidem exspectarent tam Maginarium et Joseph quam Liudericum, quem socii ejus apud nos morantes exspectabant [b], qui præcedentes, scilicet Atto cum Gotteramno, nullo modo nostris accommodaverunt consiliis; sed relinquentes penitus Maginarium seu Joseph et Liudericum, abierunt singulariter Beneventum; unde post tergum eorum euntes Maginarius cum Joseph et Liuderico, in Benevento, jam Attonem et Goteramnum nullo modo invenire valuerunt, eo quod in Salernum perrexerant ad Albergam relictam Arichis ducis; ubi dum Maginarius cum sociis suis a fidelibus vestris audissent, sicut nobis ipsi intimaverunt, eo quod infideliter agerent tam relicta prædicti Archisi ducis quamque cæteri Beneventani, erga vestram regalem excellentiam atque nostrum apostolatum iniqua atque adversa tractare non desinunt, fugam arripientes Maginarius cum Joseph et Liuderico, una cum Gotteramno qui ad eos alloquendum venerat a Salerno, introierunt in finibus ducatus Spoletini in præfato oppido Valvæ, et ibidem morantur usque ad vestram regalem in triumphis dispositam, Atto vero audiens, ut fertur, fugiens intus in ecclesiam Salerni præ timore, ejusdem ecclesiæ altare tenuit. Ipsi autem Beneventani suadentes, ut reor, et simulanter eum mitigaverunt, et vestrum clericum ficte miserunt, se ipsos fideles in omnibus commendantes [c].

Et ob nimium suavemque amorem quem erga vestrum invictissimum gerimus regnum, nullo modo valemus prætermittere, liquidius de omni causa vobis insinuare; venientes quippe ad nos de Capua quam beato Petro apostolorum principi pro mercede animæ vestræ atque sempiterna memoria, cum cæteris civitatibus obtulistis, videlicet Gregorius presbyter, Saductus, Pergulfus, Audemundus, Haimo, Landemarus, Warnefridus, Sigulfus, Audualdus, et Corbulus [d], intimaverunt nobis quod dum Atto diaconus rumque omnium caput, Adalgisus hujus frater præsidio Græcorum fultus in ducatus finibus, et Grimoaldi Adelbergæ filii quæsita successio haud ignota erant pontifici, quippe quæ Carolo per Arvinum nuntiarat, suumque non inanem metum eidem significarat, Quamobrem si gravissima hæc negotia concordiam illam spectare quis putet, conjectura, ut reor, non aberrabit. ID.

[c] Hac narratione satis perspicua pontifex culpam rejicere videtur in legatorum iter Salernum contra sua consilia, sequenti autem epistola infidelitas Beneventanorum patefiet, cui legatorum concordia nil profutura erat. ID.

[d] Apud Mabillon. (*Suppl. ad Diplom.*, pag. 70) ex authentico Dinonysiano in philyra exstat fragmentum epistolæ Adriani, qua petit consilium a magnate aliquo, incertum num suæ an Francorum ditionis, utrum Capuanorum aliquot juramentum fidelitatis seorsim ab aliis recipi ab ipso debeat. Cumque hujusmodi fragmentum summam cum hac epistola affinitatem habeat, huc illud transferre libuit . . . . intentionem prudentissim. . . . seu gloriæ vestræ deducimus, eo quod . . . . fuerunt aliquanti ex civibus Capuani, scilicet Gregorius presbiter, Saductus, Haimo, Au.... Erulphus, Landemaris, Walditridus, Andulphus, et Corbulus de quap. . . . s, et spiritalis compater noster inl. Carulus rex Francorum et Langobardorum . . . . que patricius Romanorum . . . . em beato Petro apostolo fautori suo, et . . . . cum suo præcell. conj. . . . h regi . . . . eorumque novilissimos suvoles, et cuncti . . . . novilissimi Franci petentes nobis beatissimi Petri, et nostri essent subjecti, sicut per donationem præcellentissimi domini regis agniti sunt . . . . vestrum petimus consilium, si eos in servitio beati Petri apostoli recipere debeamus . . . , nobis quippe meliorem . . . . si eos recipimus, ut inter eis dissensio fiat, et divisis inveniantur . . . . partem, atque effectum beati Petri apostoli, atque præcellentissimi filii nostri domini regis sic expedit, ut dum divisi fuerint, melius . . . . sine nostro vestroque favore. Sed et hoc nobis prælati . . . . nostrum missum una cum indiculo Adelperga relict. . . . . rechis dirigere deberemus . . . . pereuntes una cum omnes Beneben-

---

lernitani turbat historiam. Unum peccat Cointius, eumque secuti omnes, dum epist. 75 Cod. Car. mihi sexagesimam huc pertinere sunt rati, Campaniam Romanam pro Beneventana intelligentes. Eam vide supra, notasque ei subjectas. Hac equidem detracta, tam præsentis quam duarum sequentium ordinem retineo, quem impune mutari non posse mox patebit. CENN.

[a] Hos legatos longe antea Romam advenisse tum ratio loquendi, qua utitur Adrianus dum legationem Carolo in mentem revocat, tum epistolæ contextus luculenter demonstrant. Nam ante diem 20 Januarii Atto omnium missorum extremus Salerno discesserat; ingressique eam civitatem erant legati Græcorum, qui Acropoli Lucaniæ oppido triginta circiter millia passuum dissito ejus discessum præstolabantur, ita ut præcedenti minimum die Attonem profectum esse pro certo haberi debeat. Quamobrem quæcunque evenisse docet epistola, intra dies novemdecim coarctari nequeunt, at quantum temporis spatium ex superiori anno huc conferri oporteat, incertum. Id, ni fallor, minus dubium, quod ante Rononem et Bettonem hi legati advenerint, iisque mandari petebat Adrianus in præcedenti, ut ne in Franciam redirent ante traditam possessionem civitatum Campaniæ; non enim norat quæ iis adversa contigerant, sibique postmodum nunciata persequitur in hac epistola. Cointius et Pagius rei difficultatem evasuri, præcedentem epistolam ad superiorem annum retulere : at minime adverterunt menses Maium ac Septembrem ibi memoratos epistolam huic anno asserere, quanquam scriptam sub ejusdem initia, antequam pericula et fuga missorum qui in Beneventanum ducatum processerant, ad pontificis aures pervenirent. Itaque ad hunc annum utramque pertinere statui oportet, illam scilicet Januario mense, hanc Martio, fortasse etiam Aprili datam. ID.

[b] Cum de legatis non de armorum ducibus agatur, tantam pontificis sollicitudinem, ne invicem dividerentur, non facile assequimur, ea siquidem pendet a secretis colloquiis eos inter ac pontificem habitis, antequam Roma proficiscerentur. Nihilominus ducatus ille duce vacans, Adelberga vidua consiliorum re-

ad vestram reversus est excellentiam, statim missi Græcorum, duo spatharii imperatoris, cum diucitin [Grets., diœcete], qui Latine dispositor Siciliæ dicitur, in Lucaniæ Acropoli descendentes, terreno itinere Salernum ad relictam Arigisi ducis peragrantes, tertio decimo Kalend. Februar. pervenerunt, qui ibidem cum ipsis tres dies consiliantes Beneventani, post tertium diem usque Neapolim deduxerunt; Neapolitani vero cum magno obsequio cum signis et imaginibus eos suscipientes, Neapolim ingressi sunt, pariter et usque hactenus cum ipsis Neapolitanis atque Stephano episcopo ejusdem Neapolitanæ ecclesiæ pertractantes existunt [a].

485 Sed vestra a Deo promota prærectissima regalis excellentia, a Deo inspirata, taliter pertractare debet, ut suam et nostram in omnibus securitatem procuret et nullius hominis inanes fabulas attendat; neque muneribus suadere quispiam eam valeat, sed tantummodo pro exaltatione spiritalis matris suæ sanctæ nostræ catholicæ et apostolicæ Romanæ Ecclesiæ, suæque regalis excellentiæ et nostræ decertare nitatur, quia, ut arbitramur, ipsi Beneventani istud tempus vernum transire patientur, ut æstivo tempore, Deo illis contrario, vobis in perjurii reatum incurrant [b]. Sed vestra regalis potentia sic illis in triumphis præire satagat, ut et illorum proterviam procul dubio imminentem sub pedibus suis conculcet, et sua exaltatio in toto profametur mundo, tam de sua prudentissima regali victoria quamque de sacratissima oblatione, quam in partibus ipsis Beneventanis beato Petro fautori suo, puro corde, ob nimium amorem atque sempiternam memoriam condonavit [c], ut dum ipse claviger regni cœlorum beatus Petrus apostolus, fautor et protector vester, in integro vestram susceperit sacram donationis oblationem, digne valeamus in ejus alma confessione tam pro vobis quamque spiritali filia nostra domna regina vestraque nobilissima subole fundere preces, ut per multorum annorum curricula in hoc mundo regni gubernacula fruentes in æthereis arcibus sine fine regnare mereamini. Incolumem excellentiam vestram gratia superna custodiat.

XCII.
486 ITEM EPISTOLA EJUSDEM PAPÆ,
AD DOMNUM CAROLUM REGEM DIRECTA,

In quâ continetur de Arachiso duce Beneventano, qui [Lamb., quia] postquam rex Carolus a Capuana urbe revertisset, prædictus Arigisus, Deo sibi contrario, apud imperatorem missos suos direxerat, petens auxilium et honorem patriciatus, cupiens fidem, quam pollicitus fuerat, irritam facere, promittens se tam in tonsura quam in vestibus usu Græcorum perfrui [d].

(An. Dom. 788, Cod. Car. LXXXIII, chron. 91.)

ARGUMENTUM. — Nuntiata sibi per Carolum victoria de Bajoariis lætatur. Inde pergit res Beneventanas enarrare, Capuanos in præcedenti memoratos exhibuisse fidelitatis sacramentum ante confessionem sancti Petri. Postmodo Gregorium ex iis unum secreto sibi nuntiasse, quod præterito anno post Caroli discessum Capua Arichis per suos missos ab imperatore petierat patriciatum et ducatum Neapolitanum; nec non ut mitteret Athalgisum cognatum suum cum auxiliis. Imperatorem misisse duos spatharios qui patriciatum conferent, et direxisse Athalgisum Tarvisium aut Ravennam. Deum consilia eorum dissipasse, nam venientes Arichim esse mortuum invenerunt. Beneventanos tum Græcos noluisse Salerni accipere, quia Atto illic erat; hoc abeunte, Græcos receptos, et cum Adelberga tridui consilia agitasse; nil videlicet tunc agendum, quoad Grimoaldum advenire, quem ducem sibi dari a Carolo per Attonem petierant; eo adveniente factum iri, quæ Arichis non potuit; interim Neapoli eos degere oportere. Hinc eos nuntiasse imperatori mortem Arichis, quid facto opus esset audituros. Quatuor regios missos Spoletanos in apertam defectionem irrupturos, Ecclesiæque et Caroli ditionibus molestos futuros esse prænuntiat, nisi eos præveniat rex Carolus. Neque enim aliud præsagiebant Salernitana illa per triduum colloquia cum Græcis missis, atque ea deductio eorumdem Neapolim per ipsos Beneventanos, qua in urbe arcana consilia agitabantur tempore tam diuturno. ID.

[c] Quid enimvero æquitati magis congruum? Victoriam ominatur Carolo, sanctæque sedi sex civitatum Campaniæ possessionem tradi optat. Sacratissimam oblationem appellat, quæ res male olet scriptori nupero obtrectatori principum : vi enim et armis acquisita, jure an injuria, justitiæ plena illi sunt, donationes autem Ecclesiæ Romanæ factæ, injustæ, leves, mille præjudiciis obnoxiæ judicantur. ID.

[d] Argum. Panv. (Cod. Vatic. 1) : « In prima [Primal] queritur de Arechiso duce Beneventano, quod postquam Carolus rex a Capuana urbe revertisset [Capua reversus esset] ad imp. Constantinopolitanum missos suos [legatos] direxerit petens auxilium et honorem patriciatus, promittens tam in vestitu quam in tonsura similitudinem [cum Græcis similitud.]. Hæc Gregorius presbyter Capuanus Adriano papæ narravit. Adrianus Capuanos beato Petro, sibi et imperatori [regi] jurare fecit. Carolum imperatorem in auxilium vocat pro exaltatione sanctæ Ecclesiæ [Carolus in auxilium pro exalt. sanctæ Ecclesiæ vocatur]. » ID.

---

[a] Atto regius missus de Grimoaldi successione acturus cum rege susceperat in Franciam iter : vir enim probus sublestæ fidei homines haud novit. Non ita pontifex, qua erat prudentia ; idcirco haud vehementer Grimoaldi successionem aversabatur. Capuanorum autem relata, quæ in seq. epistola sunt ampliora et lucidiora, tum pontificis prævidentia sunt locuples testimonium, tum Muratorianam artem funditus evertunt. Is siquidem rerum serie reclamante (an. 788), litteras Adriani proprio arbitratu pervertit, sordesque anonymi Salernitani auctoritati earum præferens, historiam texit omnino aliam a vero, ut Adrianum a Carolo ipso delusum ostendat. Cæterum ex Chron. Neapolit. (ap. Pratill. tom III, pag. 34) huic epistolæ fides adjungitur, suppetuntque ipsa nomina missorum imperialium : « Venerunt Neapolim Iscamus et Leo ambaxiatores domini imperatoris, et excepti fuerunt cum magno honore et lætitia. » ID.

[b] Post vernum tempus, cum dabatur epistola, Be-

letum aufugisse, quod Neapolitanorum, Surrentinorum, et Amalphitanorum conjurationem cum Beneventanis in eorum necem deprehenderunt.

Domno [a] excellentissimo filio nostroque spiritali compatri Carolo, regi Francorum et Langobardorum atque patricio Romanorum, Adrianus papa.

Nectareos suavissimosque præcelsos regales apices vestros cum nimio cordis suscepimus amore, 487 quos reserantes reperientesque vestram regalem sospitatem, simul et spiritalis filiæ nostræ domnæ reginæ vestræque nobilissimæ prolis salutis prosperitatem, magnas omnipotenti Deo retulimus grates, qui vobis per intercessiones beati Petri apostoli fautoris vestri, nobis velut immeritis jugiter pro vobis exorantibus, indesinenter victorias ubique tribuit, et omnia circa vos salubriter disponit, tam marcas quamque confinia, magis quippe de subjectione Bajuariorum, sicut nempe prædiximus et optavimus, ita et præstolantes audivimus de vestra præcelsa regali in triumphis victoria [b].

Nempe quidem meminisse credimus, qualiter vobis per anteriores nostras apostolicas emisimus syllabas de Capuanis qui ad nos venerunt per vestrum regale adminiculum, quatenus dum ipsas nostras vobis emisissemus syllabas, post aliquantos dies præfatos Capuanos in confessione protectoris vestri beati Petri apostolorum principis jurare fecimus, in fide ejusdem Dei apostoli et nostra atque vestræ regalis

[a] Bar. ibid., Summ. 1. GRETS.
[b] Anno 787 Carolus Tassilonem in ordinem redegit, et sequentis initio in monasterium ire compulit, ducatu deposito, juxta Annales Francor Utramque rem tribuunt Fuldenses an. 787 quo auctores apud Pagium (n. 15) similiter utrumque factum consignant, Tassilonem insuper stetisse coram rege Carolo v nonas Octob., ex chron. alio comprobat. Certe ad Adrianum victoriæ nuntius venit anno 788 admodum provecto, ut patet ex his litteris. CENN.
[c] Quam recte Cointio duce Pagius, et novissimæ editionis Duchesnii auctor continuo post præcedentem hanc epistolam recenseant, hinc liquet. Neque ullius epistolæ tam certa tamique evidens ætas reperitur ex iis quas dedit Adrianus. Et vero per anteriores litteras se ait locutum de iisdem Campanis, de quibus nunc verba facit; illas autem litteras unanimi consepsu omnes, ne Muratorio quidem excepto, ad hunc annum referunt. Non igitur ad præcedentem annum haud dubie, ut is contendit (an. 788) posterior ista pertinet. Præterea Capuani narrant, quemadmodum Carolo ex urbe Capua profecto præterito anno, Arichis molimina cœperunt. Præ eritus autem ille annus erat 787 pari consensu omnibus, ac Muratorio ipso id fatentibus; qui ergo haud dubie præsens epistola ad illum annum referri debet? Hoc profecto est antiquis monumentis abuti, ut falsæ opiniones propinentur imperitis, ac pontificia historia ad arbitrium pessimo publico traducatur. Id præcipue factum videsis hoc anno 788 ab Annalista Italo tum pervertendo epistolarum ordinem, tum civitatum Tusciæ donationem ad eumdem annum differendo. Deinde quam recte hæc epistola præcedenti subjiciatur animadverte. Decem Capuani ab Adriano nominati ultro venientes Romam nuntiant Beneventanos dubiæ fidei, Attone regio misso in Franciam profecto, ut Grimoaldi successionem peteret illorum nomine, introduxisse Salernum legatos imperiales; quos, cum tridui consilia secreta agitassent coram Adelberga, deduxerunt Neapolim, ubi moliebantur

[A] potentiæ, et post actum sacramentum unus ex ipsis Capuanis, Gregorius presbyter, nobis petiit secreta loqui, asserens: quia nullo modo jam quidpiam celare possum, tale vobis præbens sacramentum; et dum a nobis enucleatius sciscitatus fuisset, retulit nobis dicens quia dum domnus Carolus, magnus rex, præterito anno a Capuana urbe reversus fuisset [c], Arichis dux suus ad imperatorem, Deo sibi contrario, 438 emisit missos, petens auxilium et honorem patriciatus una cum ducatu Neapolitane sub integritate, simul et suum cognatum Athalgisum cum manu valida in adjutorium sibi dirigi, promittens ei tam in tonsura quam in vestibus usu Græcorum perfrui sub ejusdem imperatoris ditione [d].

Hæc audiens autem imperator emisit illi suos legatos, scilicet spatarios duos in ditionem Siciliæ ad patricium eum constituendum ferentes secum vestes auro textas, simul et spatam, vel pectinem, et forcipes, sicut illi prædictus Arichisus indui et tonderi pollicitus fuerat [e], petentes Ramualdum ejusdem Archisi filium in obsidiatum [f]; de Athalchio vero cognito [Lamb., cognato], emisit ei dicens: quia nunc illum non dirigimus quem apud illum nunc dirigimus, sed eum dirigimus cum exercitu in Tervisio, aut Ravenna [g]; 489 qui venientes, Dei nutu, per suffragia apostolorum, malignantium consilia dissipata repererunt, eo quod Arichisum ducem, vel ipsius filium Waldonem, defunctum invenerunt [h]; et dum

[B]

quæ post Grimoaldi adventum facienda erant. Hæc narrat pontifex præcedenti in epistola, cui lucem majorem affert alia ejusdem pontificis, quam subjeci ex diplomat. Mabillonii. Consilium enim petit Adrianus non paucos istos seorsim a cæteris Capuanis (testimonium locuples minime deputatos esse a tota civitate, ut Muratorius de suo addit) ad fidelitatis sacramentum admittat. Hac vero in epistola Carolo in memoriam revocat, quæ de Capuanis dixerat per anteriores nostras apostolicas, deinde subjungit, post dies aliquot, dum ipsas emisisemus syllabas (consultationi Adriani responsum jam esse puta) id fidelitatis juramentum a Capuanis esse præstitum ante confessionem beati Petri. Ac demum historiam omnem sibi expositam ab uno ex iis Capuanis persequitur, sumendo exordium a Caroli discessu præterito anno a Capuana urbe. Num quidpiam desiderari potest illustrius ad tenendum, quanto cum veritatis dispendio hæc epistola non solum præcedenti præfertur, sed ad superiorem annum haud dubie pertinere dicitur. Cæterarum examen eruditis relinquo. ID.

[C]

[d] Id factum a principe Beneventano mense Aprili, ad summum Maio 787 intelligas. ID.
[e] Hac de re est dictum satis in Comment. præv. (n. 10). ID.
[f] Græco ni fallor imp. Arichis enuntiarat, Carolum una cum aliis obsidibus secum duxisse Grimoaldum Romualdi fratrem, idcirco hunc obsidem petit, natu licet majorem ac ducatus hæredem. ID.
[g] Locum a Tengnagelio corruptum Lambecius et Gentilotus restituunt. Hic siquidem monet, ad marginem cod. ms. duplicationem illam sententiæ fuisse positam. Uterque autem legit in hunc modum: De vero Atalchiso ejus cognato emisit ei dicens: quia apud illum non dirigimus, sed eum dirigimus cum exercito in Tervisio aut Ravenna. ID.
[h] Divinitus id factum, etiamsi Adrianus non diceret, unusquisque facili negotio assequitur. Nam Romualdus futurus obses Græcorum die 21 Julii ejusdem anni dum forte agitabatur Constantinopoli,

ibidem Salerno Atto fidelissimus vester missus fuisset, Beneventani ipsos Græcos minime recipere voluerunt, sed post reversionem prædicti Attonis diaconi, tunc eos terreno itinere a finibus Græcorum deferentes Salerno receperunt, et cum Athalberga, relicta Arichis, seu optimatibus Beneventanis, tribus diebus persistentes conciliati [*Lamb.*, consiliati] sunt, [a] suadentes ipsi Beneventani prædictis missis Græcorum dicentes : quia nos ad regem Carolum emisimus missos nostros, petentes ab eo Grimualdum ducem nostrum recipere [b]. Insuper et per Attonem diaconum, ipso nobis pollicente, rogam emisimus [c], ut penitus eum ducem consequenter suscipetemus; sed propter hoc morari vos Neapoli convenit, dum usque ipsum Grimualdum recipere possimus ducem; et quod genitor ejus Arigisus minime valuit adimplere, Grimualdus ejus filius, dum 490 culmen genitoris sui adeptus fuerit, prorsus imperialem voluntatem cum omni ditione sicut cum suo constitit genitore, in omnibus adimpleat, pariter nobis promissa explentibus [d]. Quapropter terreno itinere us-

A que Neapolim eos cum magno deduxerunt honore, qui Neapolitani ipsos Græcos cum bandis et signis suscipientes ibidem degentes prædictæ rei mæstolantes adventum, non desinunt cum Stephano episcopo et Constantino, civibus Neapolitanis [e], adversa perpetrantes tractare, mittentes ipsi Græci ad imperatorem de obitu Arichisi filiique ejus denuntiantes; et ab eo exspectant consilium quid agere debeant [f].

491 Sed in his omnibus, excellentissime et a Deo protecte fili, solertissima regalis potentia vestra nitatur pertractare tam pro exaltatione spiritalis matris vestræ sanctæ Romanæ Ecclesiæ nostraque salute, quamque, Domino protegente beatoque Petro clavigero regni cœlorum præsidiante, pro vestri invictissimi regni in triumphis securitate [g].

B Porro et hoc sicuti per se Gregorius presbyter Capuanus nobis innotuit de fidelissimis missis vestris, scilicet Magenario religioso abbate, seu Joseph, et Liuderico comite, atque Gotteranno hostiario [*Lamb.*, ostiario], quia Benevento reversi Spoletum, ideo exinde fugerunt, eo quod tale consilium Beneventani

contra divinum consilium, de Italia iterum tyranni li Langobardorum subjicienda sanctæque sedi Exarchatu auferendo, immaturam mortem occubuit; ut legitur sub ejus tumulo ap. Pratill. (tom. III, p. 304), Ughellum et alios : *Vixit an. 25, depositus est* XII *Kal. Aug. principante patre anno 30. Ind. percurrente* X. Pater autem ejus post mensem unum dies quinque, VII Kal. Sept. et ipse supremum diem obiit. Quare dum spatharii legati in ditionem Siciliæ pervenerunt, utriusque morte dissipata invenerunt secreta consilia. Athalgisus autem classisque inopinata re perterriti flexerunt et ipsi iter Calabriam versus, quod constat ex litteris Adriani supra allatis (ep. 89, al. 90), nam meminit alterius epistolæ per Arvinum missæ, quæ desideratur in Codice. CENN.

[a] Iisdem fere verbis eadem narrantur in præcedenti, nam Capuani ante etiam quam ad fidelitatis juramentum admitterentur, summa rerum capita attigerant. ID.

[b] Primum fidelitatis præstitæ argumentum, Capuanus presbyter Adriano suo principi secreta consilia hostium aperit, quod antea non potuisset fieri absque proditionis nota. ID.

[c] Ipsissima sententia est hujus vocis *rogam*, sive ut Lambecius legit *rogam*, quæ ad primam hujus Codicis epistolam (inter not.) declarata est. Inepte Pagius interpretatur *robam* (an. 788, n. 1) pauca ista fidenter proferens : *Erat roba laxior vestis olim regibus, episcopis, aliisque in usu, ut videre est in Glossario Ducangii.* Vide supra in Gregorii III epist. Admonit. (n. 4). Muratorius qui Lambecii recensionem Carolini Codicis non solum vidit, sed publicæ lucis fecit (*Rer. Italic.* tom. III, part. II, p. 75, seqq.), in annalibus primæ laudatæ epistolæ lectionem corruptam Tengnag. retinuit, legitque *regnum*; hic autem *rogam* interpretatur *sumptuosum munus*: utrobique parum scite. Nam Lambecii clariss. viri emendationem suæ opinioni posthabuit in priori illa epistola, hic vero notionem omnino novam dat rogæ. Ducangius siquidem plurimis allatis exemplis tam ex sacra quam ex profana historia, *donativum*, *honorarium*, *stipendium*, *eleemosynam* significari per eam vocem demonstravit. Quin etiam priori loco posuit *precationem* et *preces* auctoritate hujus epistolæ. Et donativa quidem, aut stipendia tum militibus, tum clericis dari solita statis temporibus, proceribus etiam data inveniuntur a summis principibus et pontificibus; at subditos populos principibus *rogam* dedisse nonnisi e Muratorianis thecis educitur. Quæres fortasse cur Lambecium

et Ducangium hac duplici occasione Muratorius, cætera eruditissimus, sus deque habuerit ? Reponam brevi : Voluit nobis imponere ac pontificium dominatum excindere. ID.

[d] Adriani tantam aversionem totque a Beneventanis pericula imminentia Carolus serio cogitans pontifici obtemperare maluit, qua suo res committebatur arbitrio, quam qua Grimoaldo principatum ne conferret rogabatur. Diu quidem anceps fuit; at tandem metuens ne Beneventani Græcis submitterentur maximo cum Italici regni atque ecclesiasticæ ditionis detrimento, principem patri succedere permisit, *malos in bono vincere potius animo confidens, quam eos severitate ad desperationem inducere*, ut recte animadvertit Pratillus (*Chron. duc. et princ. Benev.* tom. V p. 17). Id vero nequaquam factum nisi post annum a morte patris, anno nimirum 788 sub finem Augusti mensis. Vide et Muratorii notas ad anonym. Salern. (cap. 22, et 26). Cum hæc dabatur epistola, nondum Grimoaldus in Beneventanum principatum dimissus fuerat. ID.

[e] Lambecius et Gentilot. legunt in Cod. *constantineis* ejus evidenti librarii mendo pro *consentaneis*, et ita haud dubie legendum ; Stephanus enim episcopus non civis, sed dux Neapolitanus erat; cum præcipue mortuus hoc anno esset Cæsarius ejus filius, qui ducis munere fungebatur militiæ: *Mortuus est morte naturali Cæsarius cum magna displacentia ducis Stephani sui patris*, ut est in sæpe laudato Chron. Neap. ap. Pratill. (tom. III, p. 34). Credibile autem non est, eumdem Stephanum ducem, qui ante adeptum episcopatum Paulo Romano pontifici acceptissimus fuit, tanquam bene de Ecclesia meritus, ut dictum est in discursu prævio ad epist. Pauli (num. 20), una cum Græcis et Beneventanis in ejus perniciem consiliis implicitum fuisse cum episcopali etiam munere sanctissime fungebatur. In sequenti epistola videbimus secus esse. ID.

[f] Novum hoc arcanum pontifici patefactum a Gregorio jam subdito sanctæ sedis, quod ante juramentum non fecerat, magis magisque confirmat Muratorium abusum esse his epistolis in rem suam, dum hanc ad præcedentem annum haud dubie referendam decernit. ID.

[g] Prudentissimum pontificis consilium jure metuentis ecclesiasticæ ditioni et Italiæ regno, quod nihilominus regis arbitrio discutiendum permittit. ID.

cum Neapolitanis et Surrentinis, atque Amalfitanis habuerunt, ut foris civitate Salernitana juxta mare vestros missos applicare facerent, et nocte repentino cursu super eos ruentes Beneventani pariter cum Neapolitanis illos interficerent, et postmodum proferrent, quia Neapolitani, quasi super ipsos Beneventanos venientes, existimantes sese Beneventanos, eos clam occiderent, et præfati missi vestri hæc cognoscentes coacti fugam arripuerunt, vestram conquerentes regalem illusionem, quod si ipsi missi vestri [a] Salerno Neapolitani cum Amalfitanis et Surrentinis armati ibi absconsi fuerunt, ut irruerent cum Beneventanis super ipsos missos vestros, ut [*Teng.*, et] occiderent, quod nempe certi facti sumus omnia eorum nequam consilia ad nihilum rediguntur, eo quod talem amplissimam fidem atque ex intimo corde dilectionis amorem erga beatum Petrum principem apostolorum et nos vestram regalem potentiam omnino habere agnoscimus [b]; et idcirco omnia vobis, sicut ipsum Dei apostolum die noctuque petimus, suggerentes subjiciuntur et vestris præfulgidis regalibus plantis substernuntur.

De nostra vero sospitate, ut inquirendam direxistis, Domino coopitulante, vestram omnino agnoscentes salutem valentes pro vobis non desinimus fundere preces, ut in hoc mundo regni gubernacula multorum curriculo fruentes annorum, et in æthereis arcibus una cum domna regina, vestraque nobilissima subole, sine fine regnare mereamini. Incolumem excellentiam vestram gratia superna custodiat.

XCIII.
ITEM EPISTOLA EJUSDEM PAPÆ,
AD DOMNUM CAROLUM REGEM DIRECTA,
In qua continentur gratiarum actiones, et de Rosellis et Populonio, et de civitatibus Beneventanis, vel de insidiis Græcorum [c].

(*An. Dom.* 788, *Cod. Car.* LXXXVI, *chron.* 92.)

ARGUMENTUM.— Binis litteris, quarum priores comes Arvinus, alteras Roro et Betto missi regii attulerant, Carolus respondit gratias agens pontifici de prudenti consilio. Hic autem reponit, idcirco se aversatum esse Grimoaldi successionem, ut regi, sibi, et sanctæ sedi consuleret. Quæ Neapolitanus et Cajetanus episcopi sibi nuntiarant de Athalgisi machinationibus, eum visurum in annexis utriusque epistolis. Gratias agit quod Arvino et sociis mandarit tradendas Campaniæ civitates, finesque Populonii, et Rosellarum : sibi autem non esse tradita, nisi episcopia, monasteria et curtes publicas, cum clavibus civitatum sine hominibus; se velle ut Tusciæ civitates, ita et Campanas omnino administrare. Grimoaldum jactare, se uti gratia regis subditosque habiturum quos voluerit, idque Capuæ coram regiis missis, quare Græci Neapoli degentes insultabant sanctæ sedi. Rogat ne Grimoaldum præferat sancto Petro. A suis missis quos una cum regiis mittit plura auditurum.

Domno [d] excellentissimo filio, nostroque spirituali compatri Carolo, regi Francorum et Langobardorum atque patricio Romanorum, Adrianus papa.

Nectareas nimisque mellifluas regalis excellentiæ vestræ suscepimus syllabas, in quibus agnoscentes vestræ sinceritatis salutem, et spiritalis filiæ nostræ domnæ reginæ vestræque præcelsæ prolis, et quod in finibus vestris, Christo propitio, omnia prospera esse cernuntur, magnas omnipotenti Deo retulimus grates, qui nos de vestro regali triumpho crebro lætos efficit [e].

De apostolicis vero syllabis nostris quas vobis emisimus, primum quidem per Aruinum comitem, postmodum vero per sororem [*Lamb.*, Roronem] et Bectonem directas, et in vestris regalibus apicibus reperimus nobis exinde grates referri [f]; prorsus nobis vestra regalis excellentia credere velit, quia nunquam voluimus ut Grimualdus, filius Arichis, in Beneventum remeasset [*Lamb. add*, nullum alium ob finem]; nisi propter inimicorum vestrorum atque nostrorum machinationes atque insidias, sed verum etiam, sicut vestra promisit nobis regalis excellentia, pro exaltatione atque defensione sanctæ Dei Ecclesiæ et pro vestro nostroque profectu, quod vos, Domino opitulante et beato Petro Apostolorum principe comitante, omnimodis illis creditis cum summa virtute agere, procul dubio in his credimus, qui opus quod cœpistis pro exaltatione spiritalis matris vestræ sanctæ Romanæ Ecclesiæ finetenus perficietis; et magis magisque per vestra laboriosa certamina exal-

---

[a] Hunc locum Gretserus monet esse corruptum. ED.
[b] Exstat alia epistola, seu potius fragmentum epistolæ Maginarii abbatis ad Carolum Magnum apud eumd. Mabillonium (*Suppl. ad Dipl.* pag. 96) qua eorum omnium ratio redditur, quæ ipsi Maginario aliisque regiis missis evenerunt Beneventi et Salerni. Mutila ea quidem est ac lacunis ubique scatet; plura tamen continet quæ eo modo fidem faciunt relationi hujus Capuani, sed lucem sæpe afferunt rebus ab eo narratis in genere. Eam adesis; cum enim sit valde prolixa parumque ad rei summam necessaria, omitti impune potest. CENN.
[c] Argum. Panvinii (*Cod. Vat.* 3) : « In tertia [Tertia] gratias agit pro Rosellis, Populonio, et Beneventanis civitatibus [Benevento], quas Carolus [quas urbes Car.] ipsi dederat. Queritur de inobedientia horum, item de insidiis et malitia Græcorum. Exercitus, cum necesse fuerit, ut Carolus paratos habeat atque transmittat, sicut promiserat, petit. » ID.
[d] Summ. 3, Bar. et Cent. GRETS.
[e] Plura bella hoc anno congerunt annales Francor. Carolo semper victore præsertim contra Avares:

[f] Anno 787 litteras dederat Arvino comiti ad Carolum adversus Grimoaldi successionem, quæ tamen non exstant in toto Codice, aliæ enim reperiuntur eidem datæ (ep. 84, al. 67) pro marmoribus Ravennatis palatii, nulla prorsus mentione facta eorum quæ hic nuntiasse se fatetur; quare haud dubie præ termissas a Carolo cum familiaribus aliis affirmo. Alteras per Roronem et Bettonem transmissas (ep. 89, al. 90) jam supra vidimus ineunte anno 788. Pro utrisque Carolus agit gratias : quod ostendit eum libenter fuisse amplexurum pontificia consilia, nisi periclitari maluisset, num iniquos beneficiis cohiberet a scelere. ID.

tata manebit, quia pro hujusmodi vestrum regale nomen in libro æternæ vitæ ascriptum est [a].

Illud autem quod nobis vestra intimavit excellentia, ut quidquid de istis partibus compertum habuerimus, sub celeritate omnia vestræ regali excellentiæ significare niteremur, emisit nobis Stephanus, Neapolitanus episcopus, per suos apices diaconia [Greis., diaconiam] juris sanctæ nostræ Ecclesiæ sibi concedi, in quibus embolum posuit, **495** significans nobis de nefando Adalgiso, filio protervi Desiderii, et de insidiis Græcorum. Simili modo et Campulus, episcopus Cajetanus, per suas series ea ipsa nobis intimavit, quatenus pro nimio vestro amore idem embolum atque epistolam infra posuimus; sed taliter vestra præcellentia commendare atque disponere jubeat, ut exercitus a vobis demandati, ut nobis direxistis, præparati existant, et ubi nobis necesse fuerit celeriter occurrere satagant [b].

496 Reperimus etiam in ipsis vestris apicibus embolum de civitatibus in partibus Beneventanis, quas beato Petro apostolo et nobis devota obtulistis mente de Rosellis, et de Populonio, Aruino duci jussistis, qualiter cum cæteris fidelibus vestris missis [c], ita omnia complere debeat, sicut Deo placeat et beato Petro apostolo, et nos propterea in his pro vestra benevola excellentia non desinimus divinam exorare clementiam. Sed quid missis vestris contigit, vestra noluerunt adimplere de hujusmodi jussa, neque de Rosellis et Populonio, neque partibus Beneventanis [d]. Unde Crescentem et Adrianum duces cum fidelissimis missis vestris in partibus Beneventanis direximus, vestra regalia suscipientes

---

[a] Duo ista capita de sanctæ sedis et Caroli utilitate ex officio summi pontificis erga sanctam sedem, et summa ex benevolentia erga regem nascebantur. Utrinque autem catholicæ fidei securitas, Græcis Italia omnino pulsis, quod unum Adrianus prædecessoresque ejus tantopere desiderarunt. Hæc scilicet erat sanctæ Dei Ecclesiæ defensio, quam omnibus fere in epistolis Francorum regibus Pippino et Carolo patriciis Romanorum commendatam vidimus. Pro sancta autem Dei Ecclesia, Romanam accipi, quæ est caput et centrum universæ Ecclesiæ, ii tantum ignorant qui abscissi ab eadem sunt. CENN.

[b] Cajetanum episcopum patefecisse Adriano consilia Græcorum et Adalgisi molimina nihil mirum. Nam Cajeta et Tarracina juris erant sanctæ sedis, Ac de Tarracina quidem nullum dubium. Postquam enim Stephanus dux et episcopus Neapolitanus præterito anno pacem iniit cum duce Beneventano, filius ejus Cæsarius Tarracinam duxerat exercitum, Beneventano eodem duce consilium præbente. Rem narrat Chron. Neap. (*Pratill.* tom. III, p. 33, seq.) planissimis hisce verbis: « In seq. anno (787) Aragisius pacem inire voluit cum duce Stephano, et Cæsarius ad instigationem ipsius Aragisii profectus est cum suo exercitu Tarracinam, quod ægre tulit dominus papa. » Et quidem jure, nam anno 780 cum Græci et Neapolitani eamdem urbem invaserant, Adrianus (ep. 63, al. 64) querebatur subactam ab se civitatem eripi divo Petro, quam scilicet loco patrimonii Neapolitani sanctæ sedi erepti pontifex retinebat; quantocius redditurus, si patrimonium utique redderetur sanctæ sedi. Cumque id minime esset redditum, idcirco vel anno 787 in sanctæ sedis potestate ea permanebat. Allucinantur autem quicunque putant Pagium (ap. 787, n. 7) inter alias Campaniæ civitates Tarracinam et Cajetam numerare, quasi Carolus eas concesserit sanctæ sedi et in constitutione Ludovici Pii nominarentur. Nam Pagius de iis silet et constitutio patrimonii Neapolitani meminit, nulla earum civitatum mentione facta. Peregrinius etiam (*De fin. Benev. ad Merid. ap.* Pratill. tom. V, p. 250, seq.) est deceptus Adriani epistolarum ætate non explorata, nam 63, al. 64, datam putat ante 60, al. 73; quare statuit a Carolo donatam Tarracinam rursusque a Græcis consilio Arichis ereptam. Anno enim 777 ad quem spectat ep. 60, al. 73, Tarracina et Cajeta Græcorum ditionis erant, sed an. 780 quo spectat ep. 63, al. 64, Neapolitani et Græci Tarracinam invaserunt, quam pontifex perspicue fatetur se suis viribus subjecisse sanctæ sedi ac redditurum fuisse, si patrimonium Neapolitani restitutum esset. Vide notas utrique epistolæ subjectas. Idem autem cl. auctor recte subjungit utramque civitatem serius ocius ad sanctæ sedis dominium pervenisse, quod ex Joannis VIII epist. 69 et 74 colligit. Equidem testimoniis sæculo fere integro posterioribus non insistam. Id pro certo affirmare non dubito, Carolum Magnum neque Tarracinam neque Cajetam donasse sanctæ sedi, quod patet ex Ludovici Pii constitutione; sed Tarracinam prius subjugatam ab exercitu pontificio, deinde auxiliis Francorum receptam an. 780 (ep. 65, al. 64), eademque occasione Cajetam expugnatam Adrianus adjecisse videtur maritimæ ditioni, quæ ad Lirim usque protendebatur. Idcirco Carolus an. 787 mediterraneas civitates Campaniæ adjunxit, quæ tum dilatandæ ditioni ecclesiasticæ, tum maritimis illis civitatibus intra ejusdem ditionis fines concludendis necessariæ erant. Cujus rei argumentum fere certum præbet donatio Caroli qua Ecclesiæ dominatio ad Volturnum usque protenditur. Aliud præterea minus dubium argumentum suppetit ex relatione Cajetani episcopi de Atalgisi et Græcorum insidiis. — Eamdem rem præstitisse Stephanum Neapolitanum episcopum et ducem mirari quis posset, quippe quem Græcorum ac Beneventanorum consiliis in sanctam sedem et regem Carolum, Gregorii presbyteri Capuanorumque aliorum testimoniis implicitum audivit. Sed Capuani factum noluerant, dicta autem Stephani nosse non poterant. En testimonium locuples benevolentiæ ejus atque summæ in sanctam sedem reverentiæ: Ut enim anno 776 iconoclastæ Copronymi mortem pontifici nuntiarat (ep. 55, al. 60) qua super re, vide Comment. præv. (num. 27) unde magna orthodoxæ fidei securitas accedebat; ita nunc Atalgisi molimina in sanctam sedem nuntiat, ne inde ullum detrimentum accipiat. Nec omnia, quæ a fœderatis cogitabantur, singillatim aperiri potuissent, nisi et ipse Stephanus eorum consiliis adfuisset. Itaque et Capuanorum relatio certa et Stephani fides atque amor erga pontificem immutabilis. ID.

[c] Puta Arvinum ducem alia legatione functum an. 784, cum marmora et musiva Ravennatis palatii ad Basilicæ Aquisgran. ornamentum peterentur (ep. 81, al. 67) in Italiam esse missum, ut una cum Maginario cæterisque jussionem regiam exspectantibus Spoleti, possessionem traderet pontifici Campaniæ civitatum, finiumque Rosellæ ac Populonii. ID.

[d] Ne forte in regios missos culpa rejiceretur, propter obscuram epistolæ sententiam, reputanda quæ Maginarius Carolo scribebat, ap. Mabill. (*Dipl. supplem.* p. 96). « Et hoc afferebant.... firmitatem illis non fecisseumus, quod Grimaldo illis ad duce donare.... vel illas civitates, quas sancto Petro, vel domno apostolico donastis, illis relax.... nullo modo vestram jussionem complere volunt, etc. » Lambecius unica interrogatione apposita hunc locum illustrat. *Sed quid missis vestris contigit? Noluerunt*, etc. ID.

vota, sed nulla alia illis tradere voluerunt, nisi episcopia, monasteria, et curtes publicas, simul claves de civitatibus sine hominibus, et ipsi homines in eorum potestate introeuntes et exeuntes manent, et quomodo nos sine hominibus civitates illas habere potuerimus, si habitatores earum adversus eas machinarentur? Nos quippe in eorum liberlate permanentes, sicut cæteras civitates in partibus Tusciæ donis vestris regere et gubernare eos cupimus omnem eorum habentes legem [a].

Unde petimus vestram excellentiam, ut nullus hominum sit qui vestra sacra vota impedire valeat, et ne meliorem faciatis Grimualdum **497** filium Aragisi quam fautorem vestrum beatum Petrum claviger um regni cœlorum, eo quod ipse Grimualdus in Capua præsentibus missis vestris laudabat se dicens: quia dominus rex præcepit, ut qui voluerit homo meus esse, tam magnus quam minor, sine dubio est tam meus quam vel cujus voluerit [b]; quæ, ut nostris evenit auribus, optimates Græcorum in Neapoli sedentes, insultantes fremebant dicentes: Deo gratias, quia eorum promissa ad nihilum sunt redacta, sed eorum cachinnos nos et subsannationes pro nihilo reputamus, quamvis ipsi Græci referebant, quia missi apostolici jam duabus vicibus sine effectu reversi sunt [c]. Ecce enim hujusmodi remittimus in servitio beati Petri apostoli, cum vestris fidelissimis missis, nostros [Lamb., et nostris] qui vobis omnia liquidius suggerere debeant, et quæsumus ut taliter eos pro hac causa disponere jubeatis, ut fautor vester beatus Petrus apostolus, secundum vestram sacram oblationem, suscipiat effectum [d], ut hic et in futuro una cum domna

[a] Missis pontificiis in Campaniam profectis, ut sex civitatum possessionem adirent Adriani nomine, illusoria possessio tradita summam pontificis providentiam patefecit, quippe qui tam vehementer Grimoaldi successionem aversatus est, nec paucos illos Capuanos ad fidelitatis juramentum admittere voluit absque alieno consilio. Vide comm. præv. (n. 30, 31). Item ep. 89, al. 90, n. 8, de Tusciæ civitatibus jamdudum possessis. Cenn.
[b] Leo item archiep. Rav., si meministi, abutebatur gratia principis (ep. 51, al. 54); at paris causæ impar effectus. Leo siquidem quantocius ad officium redactus, adeoque dominatio libera sanctæ sedi est vindicata. Secus in Campania; etenim ne Græcis submitteretur amplissimus is ducatus qui totum fere Neapolitanum regnum complectebatur, multa Carolus prudenter tulit, multa etiam dissimulavit, neque ante Ludovici pii tempora, et multo etiam post, nova illa donatio Caroli cœpit aliquo in statu esse. In cod. isto nulla amplius memoria ejus fit. Id.
[c] Qui Græcorum dominationem ipsa in urbe Roma, tota reclamante historia, per hæc tempora præfracte tuentur, quæso ista reputent: dominatio scilicet Græca omnis sita est in irridendo pontifici et Romanis, quia eorum ditionis amplificatio in Campaniæ partibus suum non consequebatur effectum. Id.
[d] Testimonium isto clarius ex ore ipso pontificis desiderari non potest. Ante annum 791, cum collectio ista facta est, Campaniæ civitatum possessio integra ad Rom. pontificem non pervenit, tametsi decem ii Capuani, qui gratis deputati dicuntur ab eorum civitate, fidelitatem jurejurando promiserint divo Petro et pontifici. Id.

A regina vestraque nobilissima prole existat retributor. Incolumem excellentiam vestram gratia superna custodiat

XCIV.

(An. Dom. 789, Cod. Car. LXXI, *chron. 93.)*

498 [e] ARGUMENTUM. — Per Hermembertum presbyterum se accepisse commemoratorium de electione archiepiscopi Ravennatis, Leonis videlicet electioni adfuisse Huchertum missum regium pro honore patriciatus. Reponit Sergio mortuo, invasisse eam sedem Michaelium Desiderii ope, Hucbertum aliis de causis Romæ tum existentem eo missum fuisse ab Stephano, ut regia pollens auctoritate, transgressorem illum canonum dejiceret ac Romam duceret. Ad electiones Joannis et Gratiosi nec Pippinum, neque cum legasse ullum missum. Canonice ibi semper factam electionem auctoritate apostolica, uti et nunc in Gratiosi successore. Neminem unum sollicitiorem esse honoris patriciatus quam se; monet, ne iniquis adhibeat fidem.

Domno [f] excellentissimo filio notroque spirituali compatri Carolo, regi Francorum et Langobardorum atque patricio Romanorum, Adrianus papa [g].

Directus a vestra insigni regali præcellentia, videlicet Ermenbertus religiosus presbyter, inter responsionis suæ verba obtulit nobis commemoratorium [h], ut asserebat, vestræ excellentiæ exaratum, scilicet de electione episcoporum Ravennatis Ecclesiæ, quia quando Sergius archiepiscopus obiit, in electione Leonis archiepiscopi fuerunt missi vestri Huchaldus vel pares sui. In hoc enim omnino valde vestram excellentiam meminisse credimus, quia quando prædictus Sergius archiepiscopus **499** obiit, per suam arrogantiam Michaelius præsumptor invadere ausus fuit ecclesiam Ravennatem, et per auxilium Deside-

[e] Argum. Panv. (Cod. Vat. n. 39): « In trigesima nona [Trigesima nona] ipsum mendacii arguit, et objurgat quod Ravennam ad electionem novi pontificis missos [legatos] suos direxerit. » Id.
[f] Summ. 39, Bar. et Cent. Grets.
[g] Epistolæ hujus ætas a successore Gratiosi archiep. Ravennatis pendet. Cumque juxta Ughellum Gratiosus obierit diem suum VII Kal. Mart. an. 788, eodemque anno illi successerit Joannes septimus, ad eumdem annum referri hanc epistolam oportere non ad præcedentem, ut est in novissima edit. Duchesnii, res ipsa nos admonet. At Agnellus Joannem illum rejicit, statuitque Gratioso Valerium successisse: quare Bacchinius, et post eum Muratorius, Gratioso vitam producunt usque ad an. 794, cum Valerium successisse eidem contendunt. Sed cum eruditis illis Gratiosi sedem protrahendam ad an. 794, vetat collectio Codicis Carolini facta anno 791. Quamobrem Ughelli chronologia rejecta, biennii spatium superesset Gratiosi sedi adjungendum, quod ultro adjungerem, si ullum suppeteret documentum quo inhærerem. Quid igitur ? Quoad hujusmodi documentum alicunde proferatur, ab Ughello non recedo. Itaque epistolam hanc constituo an. 789 insequenti ad summum collocandam ingratiis Muratorii, qui ætatem Codicis non ignorans, talia peccat, ea procul dubio libertate ductus, qua cæterarum ordinem invertere in rem suam non dubitavit. Cenn.
[h] Hunc locum affert Ducangius in Gloss. Optati Milev. auctoritate aiens, esse *brevem*, *syngrapham*, *libellum*: qua etiam voce utitur Ambros. pro *inventario*. Id.

rii sævissimi regis ipsam enormiter invadens eccle-siam diu detinebat, et a suo proprio rectore destituta atque viduata manebat; tunc ad decessorem nostrum sanctæ recordationis domnum Stephanum papam prædictus Hucbaldus a vestra directus regali excellentia pro cæteris causis, ab eodem præfato domno Stephano papa, per vestrum a Deo roboratum regale adminiculum, Ravennam missus est, ut eumdem præfatum Michaelium invasorem ex ipsa Ravennate ecclesia expelleret, et huc Romam, tanquam transgressorem sacrorum canonum, deferret; nam nos nullo modo meminimus, neque a deprædecessoribus nostris sanctis pontificibus, neque a sanctæ recordationis præcellentissimo genitore vestro domno Pippino magno rege, neque a vestra in triumphis regali victoria missum ad electionem Ravennæ directum esse, tam in electione Joannis archiepiscopi, quam in electione Gratiosi archiepiscopi ejusdem [*Lamb.* add. sedis], [b] sed dum de hac luce contigisset migrare archiepiscopum civitatis Ravennatium, olitaria traditione clerus et plebes consistens sedis apostolicæ petebant immutilatam doctrinam quatenus una concordia, una eademque voluntate, unoque consilio conglobati, apostolicam suscipientes admonitionem, **500** talem sibi eligerent pastorem, qui nec a sacris canonibus respueretur; nec ullo extra capitulo possit obsistere: qui cum jucunditate decreti omnium manuum [*Lamb.*, manibus] subscriptione roborati ad nostram apostolicam sedem occurrebant, proprium sibi antistitem consecrandum, sicut et nunc canonice factum est [c], petentes.

Itaque his omnibus vestram suadentes regalem excellentiam quæsumus, ut linguas dolosas quæ adversus sanctam Romanam catholicam et apostolicam Ecclesiam garrire simulant, procul dubio longe a vobis respuantur, et nullo modo iis iniquis et dolosis credere jubeatis, quia, sicut in commonitorium illud referebatur, pro honore vestri patriciatus nullus homo esse videtur in mundo, qui plus pro vestra regali excellentia decertare moliatur exaltatione quam nostra apostolica assidua deprecatio [d], et sicut in nostris præcordiis, nisibus totis, ubique super omnes vos honoravimus et honoramus, ita amplius ac amplius honorem regni vestri præcellere omnibus qui in mundo esse noscuntur optamus; verumtamen et de ipsa benevolentia quam in vestrum gerimus culmen honoris, in universo intonuit mundo, sicut nempe omnibus patet, quia die noctuque in confessione fautoris vestri beati Petri non intermittimus fundere preces, ut una cum domna regina vestraque **501** præcelsa prole ævis temporibusque in hoc mundo victores regnantes, in vita æterna sine fine regnare mereamini. Incolumem excellentiam vestram gratia superna custodiat.

XCV.
ITEM EPISTOLA EJUSDEM PAPÆ,
AD DOMNUM CAROLUM REGEM DIRECTA,

In qua continetur de Constantino et Paulo ducibus ipsius apostolici, qui apud præfatum regem a perversis hominibus gratis accusati fuerant, [e] *postulans ut unum ex ipsis, scilicet Paulum, quem ejus obtutibus præsentandum miserat, ut* [*Lamb.* om. *ut*] *benigne eum suscipere dignaretur* [f].

(An. Dom. 789, *Cod. Car.* LXXXIII, *chron.* 94.)

ARGUMENTUM. — Constantinum et Paulum duces sanctæ sedi et Carolo fideles apud hunc falso accusatos tuetur. Constantinum scilicet meminisse eum optat, sibi ab eodem fuisse commendatum in aula sancti Petri ut probum et fidelem. Paulum vero ad regem ire cupientem ultro dimittit.

Domno [g] excellentissimo filio nostroque spirituali compatri Carolo, regi Francorum et Langobardorum atque patricio Romanorum, Adrianus papa.

Ut reor, dici non potest quantum erga vestram a Deo concessam in triumphis potentiam atque regalem præcellentiam noster ex intimo cordis existit amor, et ideo non desinimus nostros vestrosque fideles crebro vestræ commendare **502** ampliæ regali

---

[a] Vide hac de re comment. præv. (num. 9) et Admonit. in epist. Steph. III (num. 9, seq.). CENN.

[b] Quamvis Adrianus duos tantum archiepiscopos postremos memoret, altius nihilominus repetenda Ravennatium historia. Constantinopolitanorum patriarcharum audaciam Ravennates imitati essent, nisi Romani pontifices obstitissent. Card. Noris (*De syn.* v, cap. 10) ambitionem istam effrenem, ut eam vocat, natam esse animadvertit, quod Ravennæ Honorius et Valentinianus Augg. primum, deinde Theodoricus, aliique Gothorum reges, ac demum exarchi sedem habuerunt. Autocephaliam eorumdem præsulium in historiis celebrem ex prædictis causis natam prætermitto. Illud dicam, quod anno 708 Justiniano Juniore imperante iterum Felix archiep. juxta veterem consuetudinem ordinatus Romæ diuturni schismatis finem attulit, quidquid sit de ejus defectione post reditum Ravennam. Felici successit Joannes V, al. VI, an. 748. Huic Sergius anno circiter 752. Quem excepit Leo an. 770, ante pontificatum Adriani, quo demum Pontifice Joannes VI, al. VII, an. 777, et Gratiosus 784 eam sedem tenuerunt rite omnes Romæ ordinati, tametsi schismatis non omnino obliti essent. Nam Sergius, ut legitur ap. Anast. in Vita Constantini, *solitas in scrinio noluit facere cautiones, sed per potentiam judicum exposuit quod maluit.* Clerus quippe schismatis retinentissimus fuit.

Et cum paucos post annos exarchatus in sanctæ sedis potestatem liberalitate Francorum regum pervenisset, tam Sergius quam Leo, ut in superioribus dictum fuit, aliud molestiæ genus in Romanos pontifices excogitarunt, quod utique compressum fuit. Schismatici cleri (ex cujus genere erat Agnellus caute admodum legendus) suggestionibus, ni fallor, archiepiscoporum ambitionis fautor, id minime sentiens fiebat Carolus hac occasione; sed pontificem invenit acerrimum sanctæ sedis jurium assertorem. In.

[c] Hinc liquet Gratiosi successorem rite electum Ravennæ, Romam se contulisse, unde suscepta consecratione Ravennam reversus erat, antequam Carolus hanc daret epistolam. In.

[d] En argumentum valde apertius, Ravennatem clerum ambitionis pristinæ suorum archiepiscoporum immemorem non fuisse. Infra (ad. ep. 97, al. 85) iterum de patriciatu. Verum ut ejus indoles teneatur, consulenda commentatio prævia (n. 7, seqq.). In.

[e] *Postulans* deest in ms., sed Teng. posuit. GENT.

[f] Argum. Panv. (*Cod. Vat.*, n. 6) : « In sexta [Sexta] Paulum ducem suum Carolo commendat, qui ad ipsum missus fuit, ut se, et Constantinum ducem de mendaciis falso apud Carolum sparsis purgaret. » CENN.

[g] Sum. 6, Bar. et Cent. GRETS.

clementiæ; propterea venientes ad nostros apostolicos obtutus [a], scilicet Constantinus et Paulus [b] duces et nostri vestrique, cum nimio mœrore cordis intimaverunt nobis quod auditum illis fuisset se apud vestram regalem potentiam a perversis hominibus gratis accusatos, et dum nimis eos fideles erga beati Petri apostolorum principis vestri nostrique servitium agnoscimus, idcirco unum ex illis, scilicet Paulum, gloriosum ducem, ad vestram triumphatissimam regalem potentiam gratuito absolvimus animo. Atque nimis petentes poscimus vestram a Deo institutam præcellentiam, ut sicut vester amor nostrum complexus est auxilium, ita cum benigne suscipere jubeamini, et familiarem apud vestram regalem potentiam commendatum habere dignemini.

Meminisse enim credimus vestram regalem excellentiam qualiter in aula fautoris vestri beati Petri apostoli præfatum Constantinum atque Romanum nobis commendare dignati estis, confirmantes procul dubio, ut nostri vestrique essent fideles, quos nempe subditos cum omni humilitate fideliter servientes vobis nobisque reperimus, nunquam in sua vacillantes fide; sed proni in vestro nostroque servitio et amore semper manentes, qui dum in omnibus eis [Lamb., quare dum in omnibus pro eis] vestras regales accommodaveritis aures, et ipsum præfatum 503 Paulum gloriosum ducem regali tuitione circumvallatum amplectemini [e], fructum boni operis per eum suscipientes bonitatis effectum ante beati Petri principis apostolorum corpus, divinam pro vobis atque spirituali filia nostra excellentissima domna regina vestraque nobilissima prole, exorare valeamus clementiam, ut longiori ævo in hoc mundo regni gubernaculo fruentes, in vitam æternam cum sanctis omnibus sine fine regnare mereamini. Incolumem excellentiam vestram gratia superna custodiat.

[a] Lamb., Gent. legunt: *Venientes nostris apostolicis obtutibus repræsentandi.*
[b] Duces isti Adriano subditi, qui laudantur ut sanctæ sedi et Carolo fideles, militibus præfecti fuisse videntur, nulla enim civitas ab iisdem administrata memoratur, nullumque civile officium eis demandatum. Equidem fateor, me, quantamcunque adhibuerim diligentiam post cl. Muratorium (*Antiq. Ital.* tom. I, diss. 5), nil novi comperisse de ducibus istis, quos minores vocant, quibusque aut civitatis, aut etiam minoris loci administratio demandabatur, aut palatinum committebatur officium, seu etiam militare per octavum sæculum. Quamobrem colligendum mihi fuit ex rebus per eosdem gestis quanam dignitate civili aut militari illustres essent. Qua in re, tametsi non omnino mihi placeam, cum tamen rei summam non mutet qualecunque officium iis tribuatur, malui probabiliora de iis proferre, quam inter obscuritatis tenebras officia illorum relinquere. Summa est, quod tam reges Francorum quam pontifices ejusmodi officia habuerunt. Id monui etiam alibi (ep. 8, al. 4, not.). CENN.
[c] Lamb. legit: *regalis tuitionis circumvallaveritis dminiculo.*
[d] Argum. Panv. (*Cod. Vat.* 43): « In quadragesima tertia [Quadrag. ter.] indicat, Offæ regis Anglorum missos [legatos] cum Caroli missis honorabiliter a se susceptos, quod [Oratoribus honorifice ab se susceptos fuisse, quod] Carolus per suos lega-

XCVI.
ITEM EPISTOLA EJUSDEM PAPÆ,
AD DOMNUM CAROLUM REGEM DIRECTA.

In qua continetur de missis Offæ regis Anglorum, qui simul cum missis præfati regis Caroli Roma properarent [Lamb., *Romam properarunt*] *et qualiter prædictus papa ipsos missos Anglorum honorabiliter suscepisset; quemadmodum ei prædictus rex Carolus per suos legatos mandaverat, seu et de aliis capitulis* [d].

(An. Dom. 789, Cod. Car. LXXXIX, chron. 95.)

ARGUMENTUM.—Confictam a male feriatis hominibus fabulam, Offam videlicet Anglorum regem suasisse Carolo, ut, Adriano deposito, alium suæ gentis pontificem crearet, despexisse rem Carolus hic laudat. Deinde se non ab hominibus ait, sed a Christo Jesu toti orbi Christiano præfectum esse; propterea regibus ac populis annuntiare verbum vitæ ac veritatis. Se benevole excepisse Offæ missos cum regiis advenientes, eisque quæ Carolus petierat concessisse, ut gratias eidem agant.

Domno [e] excellentissimo filio nostroque spirituali compatri Carolo, regi Francorum et Langobardorum atque patricio 504 Romanorum, Adrianus papa [f].

Sagacissimos nectareosque a vestra præcipua regali in triumphis potentia directos suos suscepimus liquidos affatus, quos cum nimis solito reserantes amore, ea quæ jugiter præstolabamur agnosci prius comperimus, scilicet de inclyta sospitate atque prosperitate vestra, simulque spiritalis filiæ nostræ domnæ reginæ, tam de præcellentissima vestra regali prole quam de cuncta ejus fidelissima familiaritate; sicut enim a vestra regali clementia fertur, quod magnum habet desiderium ut frequenter per nostros apostolicos apices auf per missum, qualiter erga nos esse decernitur, intimaremur [Lamb., intimaremus]; ita potius crebris nos assidue sistimus desideriis inhianter audire, tam per vestram regalem exarationem quam per præcipuum vestrum missum tos petierat. Totus est pro primatu; multa scripturæ dicta congerit nihil ad propositum pertinentia. Scribit se non ab hominibus, nec per hominem electum esse, sed per Dominum nostrum Jesum Christum vocatum in Evangelium ejus, et prædestinatum. Scribit se permittere divinum verbum gentibus prædicari [per nuntios petierat. Adjicit se permittere divin. verb. gent. prædicari]. » CENN.

[e] Summ. 43. Bar. et Cent. GRÆS.
[f] Hæc epistola est una ex iis undecim, quæ in novissima edit. Duchesnii vagantur per annos decem ab anno 781 ad ætatem Codicis. *Compattris* enim titulo inspecto, at *Commatris* defectu haud pensi habito tempus epistolæ incertum toto illo spatio fuere creditum est. Contrahi tamen debuit post Fastradæ nuptias ab Adriano cognitas anno 784, ita ut septem duntaxat annis epistola vagaretur. Cui potissimum ex iis annis tribuenda sit, definire non ausim. Huc tamen distuli, quia majorem habet affinitatem cum sequentibus quam cum hucusque relatis. Nulla deinceps mentio est civitatis alicujus aut traditæ aut tradendæ, sed unius donationis in genere Pippini exemplo perficiendæ. Quod scribendi genus initium ducit ab hac epistola. Quare quidquid de Rosellæ et Populonii finibus, necnon de Campaniæ sex civitatibus post an. 788 evenerit, ex paucis quæ remanent epistolis deduci nequaquam potest. CENN.

de vestra in triumphis victoria atque prosperitate, imo præfatæ domnæ reginæ, simulque vestræ nobilissimæ subolis, pariterque cunctorum fidelissimorum vestrorum subjectorum sinceritate atque incolumitate. Nempe quidem credere dignemini, quia nullo modo nostra apostolica desinunt suffragia in confessione beati Petri clavigeri regni cœlorum divinam pro vobis exorare clementiam, quia prorsus certiores sumus, quod non desinit vestra præcelsissima regalis benevolentia, pro exaltatione matris suæ sanctæ Romanæ Ecclesiæ, quæ est caput omnium ecclesiarum [a] et nostra apostolica paterna **505** prosperitate, penitus summo annisu tractare; sicut olim sanctæ recordationis genitoris tui domni Pippini, almi regis normam suscepit, quia sicut cœpit, fine tenus immutilate perfecit; cujus adepti doctrinam celsior suffragiis apostolorum et nostris assiduis interventionibus vestra in omnibus existit regalis potentia.

Porro in ipsis regalibus apicibus vestris referebatur, quod Offa, gentis Anglorum rex [b], vestræ direxisset regali excellentiæ, significandum indiculum, ut aliqui æmuli vestri ac sui [c] ad nostra apostolica **506** vestigia indicarent, quod idem Offa rex vobis suggereret, ut per suam videlicet adhortationem atque suasionem, nos a sede sancta dignitatis nostræ, quod absit, ejicere deberetis, et alium ibidem de gente vestra institueretis rectorem, quod valde nefandissimum ac contrarium in oculis vestris apparuit scriptum, et hoc omnino falsum esse a vestra excellentia pro certissimo dignoscitur, quia nec ipse Offa hanc hortationem minime vobis fecit, et nullatenus in corde aliter ascendit, nisi ut paternitas nostra, per Dei misericordiam, ejus temporibus sanctam Dei Ecclesiam regere et gubernare valeat, ad profectum videlicet omnium Christianorum, in quibus nos omnino procul dubio de vestra regali potentia confidentes existimus, quia erga nostram apostolicam paternitatem ejus benevola atque inexpugnabilis orthodoxa fides, fervens [Grets., fervet] in Spiritu sancto, quia ut ignis ardens præcellens manebit, et nullo modo antiqui hostis versutia in qualibet hæresi concutere eam valebit, contra catholicam apostolicamque orthodoxam fidem, sed, sicut speculum sine macula ejusdem orthodoxæ fidei nostræque summæ sedis verax et fulgens defensor vibrantissime in ævum manebit [d]; præfatæ vero illuvies assertionis quam fateris, ut dici nefas est, Offæ

---

[a] Sic Steph. II. (ep. 10, al. 5) Petri nomine aiebat : « Catholica et apostolica Rom. Ecclesia caput omnium ecclesiarum Dei ipsius redemptoris nostri sanguine super firmam fundata petram. » Et rursus (ep. 11, al. 8) ore proprio : « Sancta omnium ecclesiarum Dei mater et caput fundamentum fidei Christianæ Romana Ecclesia. » Hæc siquidem Patrum sententia est : « Habes Romam, ait Tertullianus (de Præscr. c. 36), unde nobis quoque auctoritas præsto est. Ista quam felix Ecclesia, cui totam doctrinam apostoli cum sanguine profuderunt! ubi Petrus passioni Dominicæ adæquatur, ubi Paulus Joannis exitu coronatur; ubi, apostolus Joannes posteaquam in oleum igneum demersus nihil passus est, in insulam relegatur!» Cyprianus, ep. 55 : « Ad Petri cathedram atque ad Ecclesiam principalem, unde unitas sacerdotalis exorta est : » et aliis in epistolis passim. Mitto cæteros in re satis nota. At velim animadverti quæ vera sententia esset Rom. Ecclesiæ ante annum millesimum. Sequioribus enim sæculis ea vera sententia seu notione amissa inter Romanas basilicas orta quæstio, quæ inter eas videretur esse major. Levis quidem quæstio, quam summis viribus utrinque exagitatam non ignoramus. Non enim reputatur, quod Adrianus ipse prædecessores ap. Lateranum degentes id temporis sancti Petri ecclesiam tunc extramœnianam cæteris urbis ecclesiis præferunt. Regesque Francorum alliique principes aliam non videntur acepisse pro Romana, quam Vaticanam, ubi sacrum divi Petri corpus requiescit. Quare Eginhartus (V. Car. c. 27) affirmat, quod Carolus « colebat præ cæteris sacris, et venerabilibus locis apud Romam ecclesiam beati Petri apostoli... Et ecclesia sancti Petri apostoli per illum non solum tuta ac defensa, sed etiam suis opibus præ omnibus ecclesiis esset ornata ac ditata. » Nihilque toto in isto Codice frequentius occurrit, quam Petrus apud Deum intercessor pro victoria de barbaris nationibus, ac pro amplificanda iis devictis Francorum monarchia, regnum ipsum ad Carolinam stirpem a Petro per successores suos per vicarios, ut tum audiebant, translatum dicitur in eodem Codice, bona demum temporalia et æterna per clavigeri regni cælorum patrocinium Francorum regibus promituntur. Quæ potissimum male olent Magdeburgensibus : utinam et non alicui ex nostris! qui quanta historiæ pontificiæ eruditione præditus sit, patefacit : non enim vidit Adrianum suorum prædecessorum sententiis esse usum. Et vero Bonifacius quatuor fere sæculis antea episcopos Illyrici sic monebat : « In cujus contumeliam quisquis insurgit habitator cœlestium non poterit esse regnorum, Tibi, inquit, dabo claves regni cœlorum, in quæ nullus sine gratia janitoris intrabit » (Ap. Constant. p. 1041). « Cum certum sit, ut ait principio epistolæ, summam rerum ex ejus deliberatione pendere. » Adeantur orationes et preces antiquæ ad maximum hunc Ecclesiæ universæ patronum, non enim vacat rebus per se claris immorari. Cran.

[b] Offæ Merciorum regis res gestas ejusque prædecessorum historiam, quoad fieri potuit minus obscuram recensuit ex Beda Natalis Alex. (sæc. VII, cap. 8, § 7). At Polydorum Virgilium secutus cum Baronio (775, n. 10) Offæ vitia virtutibus majora, quorum punitionem metuens Romam venit regnumque suum sanctæ sedis vectigale fecit, concludit an. 775 quod Pagius ad eumdem annum (n. 10) notat esse falsum, et cum annalibus Alfordi rem differt ad an. 794. Ex hac Adriani epistola deceptos constat, qui cum Baronio et Natali Polydoro habent fidem. In.

[c] Ann. 787. Calchutense concilium ab sanctæ sedis legatis Gregorio Ostiensi et Theophylacto Tudertino episcopis est celebratum, cui aderat ipse Offa, de quo legati ad Adrianum (Labb. concil. tom. VI, p. 1862) loquuntur his verbis : « Pervenimus ad aulam Offæ regis Merciorum. At ille cum ingenti gaudio ob reverentiam beati Petri et vestri apostolatus honorem, suscepit tam nos quam sacros apices a summa sede delatos. » Hæc vero satis superquo ostendunt tam Carolum quam Offam summa cum fide audaciam improborum hominum patefacere ipsi Adriano, Præterea notandum, quod apostol. legatis Caroli missus adhæserat, actumque est in concilio de plurimis emendandis vitiis, quæ res improbis hominibus ansam dedit, ni fallor, confingendi regio nomine audacissimas illas litteras, quæ indiculi nomine memorantur. In.

[d] Hæc videntur referenda ad prædictum concilium cujus primo cap. orthodoxa fide juxta Nicænum con-

regis, nos usque hactenus talia minime audivimus, sed neque nunc audientes credidimus, quod talia, si etiam, ut absit, paganus fuisset, perpetrare cogitasset, quanto magis a prædecessoribus suis regibus, semper subjectis in obedientia atque fideli amore sanctis prædecessoribus nostris pontificibus et a nobis existentibus, hæc inaudita versutia incredibilis a nobis existimatur [a]?

507 Attamen si *Deus pro nobis, quis contra nos? Dominus mihi adjutor est, non timebo, quid faciat mihi homo* (Ps. cxvii). Et iterum : *Dominus illuminatio mea et salus mea, quem timebo? Dominus defensor vitæ meæ, a quo trepidabo* (Ps. xxvi)? *Omnis enim plantatio, quam pater cœlestis plantabit, nullus eradicare valebit* (Matth. xv). *Quia omnia per ipsum facta sunt, et sine ipso factum est nihil* (Joan. 1). Nos quippe vel immeriti sedem apostolorum adepti, vicem beati Petri principis apostolorum suscipientes ac tenentes, atque cunctum populum Christianum nobis a Deo commissum regentes [b], non ab hominibus neque per hominem electi sumus, sed per Jesum Christum Dominum nostrum vocati in Evangelium ejus prædestinati sumus, sicut vas electionis beatus Paulus apostolus docuit (Rom. viii, 29, 30), *quos præscivit et prædestinavit; quos prædestinavit, hos et vocavit; quos vocavit, hos et elegit; quos elegit, hos et glorificavit;* et iterum beatus Jacobus apostolus instruit et docet (Jacob. 1, 17): *Omne datum optimum, et omne donum perfectum desursum est, descendens a patre luminum, apud quem non est transmutatio, nec vicissitudinis obumbratio, voluntarie enim genuit nos verbo veritatis* [c]; et idcirco voluit adamantem et silicem (esse) propheticum confirmantes sermonem; nihil metuentes non desinimus divinum verbum gentibus prædicare, sicut scriptum est (*Ezech.* xxxiii) : *Speculatorem dedi te domui Israel, et audiens de ore meo verbum, annuntiabis eis ex me;* beati enim Petri clavigeri regni cœlorum præcepta censentes, prædicare non desinimus regibus ac populis verbum veritatis at-

que vitæ, pro cujus amore, una cum fidelissimis missis vestris, ut nobis direxistis, prædicti Offæ regis missos libenti animo suscipientes, congrue hilari vultu super eos pro vestra inclyta excellentia respeximus, eorum explentes vota, quemadmodum **508** gratias vestræ a Deo promotæ regali in triumphis potentiæ referre valeant, quia solite nos vestram satagimus adimplere sicut et vos nostram voluntatem [d]. Quibus usque in finem perfecte observatis, divina majestas vos hujus mundi regni gubernacula ævis et temporibus una cum domna regina vestrisque nobilissimis filiis faciat perfrui, et in perpetuum cum sanctis omnibus triumphantes gaudere. Incolumem excellentiam vestram gratia superna custodiat.

XCVII.

509 ITEM EPISTOLA EJUSDEM PAPÆ,
AD DOMNUM CAROLUM REGEM DIRECTA,

In qua continetur de diœcesibus vel parochiis episcoporum partibus Italiæ atque Tusciæ, quas alterutrum invadentes, et de veste monachica, quam contra sanctos canones relinquentes, iterum sæcularibus vestibus induebantur, et sibi illicito matrimonio sociabant [e].

(An. Dom. 790, Cod. Car. xciv, chron. 96.)

ARGUMENTUM. — Ad se perlatum esse Langobardos episcopos propriis diœcesibus non contentos alios aliorum fines invadere. Orat Carolum ut eos admoneat ne canones et decreta pontificum spernant. Monasticum ibi institutum infringi; nam Raginaldus et Ragimbaldus filiam Ermenaldi monacham Nazario nepoti uxorem dederunt, quorum exemplo alii multi id sceleris perpetrarunt. Rogat ut talia scelera prohibeat et una secum ad exstirpanda cooperetur.

Domno [f] excellentissimo filio nostroque spiritali compatri Carolo, regi Francorum et Langobardorum atque patricio Romanorum, Adrianus papa. [g]

Si in rebus sæcularibus suum cuique jus et proprius ordo servandus est, quanto magis in ecclesiasticis dispositionibus nulla debet induci confusio, ne ibi discordia locum inveniat, unde pacis debent procedere, quod hac veneratione [h] servabitur, si deinde non tanti apud pontificem fuisse Offam, ut quidquid peteret ab apostolica sede impetraret absque intercessione Caroli, cui nihil, modo æquum esset, negari consuevit. ID.

cil. stabilita, in reliquis tam multa, quæ irrepserant, vitia emendantur. CENN.

[a] Quamvis exemplis majorum Offam a fictione illa immunem omnino credat, rei tamen insolentiam obiter attigisse ne videatur, de divi Petri successoribus pro dignitate locuturus, ne pagano quidem talia in mentem venire potuisse affirmat. ID.

[b] Prærogativam hanc divi Petri successorum qui auctoritatis ejus hæredes sunt, ideoque et Petri vices agere, et vicarii Petri diu sunt dicti, late P. Constant. (*Præf.* n. 13). Sequentia verba, quæ ab Apostolo (*Galat.* 1) mutuatur, ad supremam jurisd. attinent in univ. Eccl. quam soli Deo acceptam refert. ID.

[c] Hæc convenire in alios etiam episcopos possunt, quare parum roboris argumento adjungunt. Adriani potius mentem sinceram sanctique institutam moribus demonstrant pravumque e contrario ac perversum ejus ingenium, qui epistolæ huic periochem præmisit. ID.

[d] Quid Merciorum rex per suos missos petierit, nusquam invenire datum est. Duo tamen hinc certo discimus : primo audacissimas illas litteras injuria tribui Offæ regi, qui Adriano legationem adornat;

[e] Argum. Panv. (*Cod. Vat.* 27): « In vigesima septima [Viges. sept.] indicat, quod in partibus Italiæ atque Tusciæ alterutrum episcopi diœceses [ep. quidam alienas diœceses] et parochias [invadant] vestem monachicam [monasticam] contra sanctos canones relinquant, matrimonia contrahant, vestibus sæcularibus indui. Orat itaque Carolum ut ista emendet, ut fidem [emend. fidem] catholicæ et apostolicæ sanctæ Rom. Ecclesiæ amplexum [semel amplex.] in ævo sine errore astruat [continuo tueatur] ut cum sanctis omnibus permaneat [felix permauere possit]. » ID.

[f] Summ. 27. Bar. et Cent. GRETS.

[g] Recte hanc epistolam Pagius, eumque secutus editor nuperrimus Duchesnii ad hunc annum referunt ; sed perperam ei præmittunt sequentem, quasi anno superiori data sit, quod infra erit evidens secus esse. CENN.

[h] Gretserus legit : *pax deberet procedere. Quod hac vera ratione.*

nihil potestati sed totum æquitati tribuitur. Perlatum siquidem ad nos est quod Langobardorum episcopi, alter alterutrum invadentes opponunt periculum, simulque 510 ecclesiastica statuta enormiter deposcentes conantur invadere, et aliorum partes illiciter detinentes, in pristino errore perseverare moliuntur [a]. Olim quippe eorum gens in errore existens vestræ a Deo protectæ regali potentiæ servata est a talibus malignis et infidelibus actis emendari [b], ut unde gloriosiores cæteris regibus eminetis, inde omnipotenti Domino qui dat salutem regibus perfectius placeatis, et fidem quam catholice et apostolice per beatum Petrum apostolorum principem ejusque vicarium orthodoxe venerantes colitis, adjutricem in omnibus habere mereamini.

Quapropter poscentes vestram a Deo promotam regalem excellentiam, quæsumus ut eorum errores contemnentes, canonice unusquisque suam diœcesim sacerdotali moderamine tenere, atque disponere officio ecclesiastico valeat, et sicut termini sæculares pro territoriis existunt, atque in judicio sub jure civitatis et ditionis actoribus disponuntur, ita ejusdem civitatis ecclesiæ episcopo diœcesis atque parochiæ non omittantur, ut dum unusquisque episcopus, per instituta sanctorum canonum atque prædecessorum nostrorum pontificum sanctorum, privilegiorum et sanctionum jura receperint [c], in eorum parochia atque diœcesi, in omni sacerdotali officio ministrantes, digne valeant pro vestra 511 a Deo instituta regali in triumphis ampla victoria et præcellentia fundere preces.

Porro et hoc vestræ suggerentes regali excellentiæ innotescimus errorem illum, qui in eadem gente Langobardorum callide regnare, in stupris et spurcitiis diaboli non desinit ; semel quippe Deo se voventes et veste fusca monachico habitu induentes, iterum retrorsum revertentes, quod dici nefas est, sæculares vestes circumferentes, illicito copulari matrimonio perhibentur ; quatenus pro hoc sæpius admonuimus per Guntfridum et aliis gasindis [d] vestris epistolas dirigentes Raginaldo et Raginbaldo, ut iam detestabile stuprum devitarent, sed ipsi nolentes acquiescere, per eorum contumaciam filiam Ermenaldi monachico habitu circumdatam suo nepoti, nomine Nazario, diabolica versutia copulaverunt, et nostris apostolicis adhortationibus assensum tribuere noluerunt, et eorum adimplentes iniquam præsumptionem ministri diaboli effecti sunt, et plures in Italia eorum invitari exemplo [Lamb., imitari exempla] non desinunt; prorsus nempe freti existimus, quia pro hoc canonicas dispositiones vestro a Deo protecto regali culmini incognitas non esse credimus [e], qualiter talia tetra connubia 512 eorum vetantes gladii ancipitis sanctionibus feriunt; et idcirco petimus ut nostris vestrisque temporibus canonice in omni Christiano populo nobis a Deo commisso tale illicitum scelus emendetur, ut pro hoc vos amplius dignos cultores omnipotentis Domini demonstretis; quemadmodum ab omni errore Christiano populo eruto valeat cum propheta clamare (Ps. xix) : Domine, salvum fac regem, et exaudi nos in die qua invocaverimus te ; quia crebro in virtute tua lætatur et super salutare tuum exsultat vehementer, et fidem sanctæ catholicæ et apostolicæ Romanæ Ecclesiæ amplectens in ævo, sine errore astruens cum sanctis omnibus permanebit, nosque in hoc ovantes et gra-

---

[a] Duo exstant canones, qui præ aliis luculenter id prohibent ; scilicet Carthag. 1, c. 10 : Ne episcopus alterius episcopi plebes aut fines usurpet. Et Carth. III, c. 20, ut nullus parochiam alienam præsumat. Exstat præterea epist. Innoc. ad Florentinum episcop. Tiburtinen. (In Conc. Labb. 8, ap. Coustant. 40.) CENN.

[b] In capitulari Aquisgranen. ann. 789, x Kal. Apr. (ap. Labb. Conc. tom. VII, p. 972), decretum erat (cap. 11) ne episcopi in alterius parochia aliquid præsumerent, auctoritate canon. Antioch. 13, et Sard. 18. Epistola etiam Innoc. ad Florentin. allata. Num ante id tempus Langobardos seorsim episcopos compescuerit, ut indicare videtur Adrianus, incompertum mihi esse fateor. ID.

[c] Zosimus ad epist. Galliæ (ep. 1, c. 3) hac de re : Omnes sane admonemus, ut quique finibus territoriisque suis contenti sint. Sed magis consentanea ad Adriani tempora, cum Diurni formulæ obtinebant, erit promissio episcopi in sua ordinatione (cap. 5, tit. 6), quæ præ cæteris continet : Præterea promitto, nunquam me parochiam aut jura alterius cujuscunque ecclesiæ sub jurisdictione episcopatus mei usurpare. Ad quæ Garner. Gregorii II litteris ad Serenum Forojul. allatis, ne unquam aliena jura invaderes, aut temeritatis ausu usurpares jurisdictionem cujuspiam, inde constare ait, id imperatum fuisse episcopis forensibus, cum mitteretur pallium, quod ordinatione suburbicariis, ut suis se finibus continerent. ID.

[d] Gasindos male Pagius interpretatur camerarios; juxta primam eorum notionem in Glossario. Melius Muratorius (Antiq. Ital. tom. I, diss. 4, p. 129) inter familiares primi ordinis, nimirum duces et comites, eos recenset, tametsi gardingis Gothorum similes eos esse putet, quod officium ex historia Wambæ apud Duchesn. (tom. I, p. 222) colligitur fuisse gradum ad comitivam et ducatum apud Gothos : sibi adjunctis Rangindo provinciæ Tarraconensis duce, et Hildigiso sub gardingatus adhuc officio consistente, cum gasindi e contrario apud Langobardos, necnon apud reges Francos e magnatum genere essent. Cæterum Muratorius de gasindis pro dignitate loquitur, locumque hunc epistolæ adducit cum aliis documentis ad rem probandam. Raginald. Ragimb. et Nazarius ignota mihi nomina, multæ tamen auctoritatis fuisse oportet, quos Adrianus per magnates Italici regni admonendos censuit, pravumque ait exemplum præbuisse Italis, quod sequerentur. ID.

[e] Plures hac de re canones conditi, plura decreta pontificum edita. Concil. Chalcedon. (can. 16), Siricius ad Himer. (cap. 6), Innoc. ad Victric. (cap. 12), Leo ad Rusticum (cap. 15) modo suppetunt, quæ satis sunt ad rem probandam. Anno hanc epistolam sequenti Paulinus Aquileiensis concilium celebravit, cujus canon 14 (Labb. tom. VII, p. 1006) cum hac et seq. epistola summam habet affinitatem. Statuit siquidem, ut virgines quæ nigram vestem induerint, si postea sese sive clanculo corruperint, seu publice nupserint, dignis quidem mundano judicio corporalibus coercitæ vindictis, segregentur ab invicem, et agant cunctis diebus vitæ suæ pœnitentiam, et a communione corporis et sanguinis Chisti piventur, nisi forte pontifex, rescita illarum pœnitentia, etc. ID.

tias omnipotenti Domino referentes, ejusque divinam exorantes clementiam pro vobis, ut regni gubernacula longiori ævo, una cum domna regina atque præcellentissima subole fruentes, in æthereis arcibus sine fine regnare mereamini. Incolumem excellentiam vestram gratia superna custodiat.

XCVIII.
513 ITEM EPISTOLA EJUSDEM PAPÆ,
AD DOMNUM CAROLUM REGEM,

In qua continetur de parochiis episcoporum, et de eorum sacratione, et de honore patriciatus domini regis, et alia capitula [a].

(An. Dom. 790, Cod. Car. LXXXV, chron. 97.)

ARGUMENTUM. — Bernardo episcopo et Radoni protonotario regiis missis gratas litteras afferentibus, ac multa ore nuntiantibus se ait singillatim respondisse. Langobardos episcopos canonice emendare se niti, ut ab invasione alienorum finium desistant. Ermenaldi filiam ab eo missam ut puniretur, nondum advenisse. Simoniacam labem longe lateque diffundi magno cum Ecclesiæ rerum detrimento. Nunquam se canonicis electionibus miscuisse, quod æque fieri optat a rege. Breviter de recta disciplina ordinationum et de summa sanctæ sedis auctoritate. Orat ut Ravennates et Pentapolenses, quod et præterito anno scripserat, sibi remittat, ut duci Beneventano fecerat. Illos pontifici obedientiam præstare detrectantes, ad Carolum absque licentia confugere; idcirco minime audiendos, at remittendos Romam ad judicium. Se valde sollicitum esse de patriciatu regio, ita et eum esse oportere de patriciatu sancti Petri. Propterea quemadmodum ex Francia Romam venit nemo sine regio permissu, sic Romana ex ditione in Franciam neminem absque pontificia licentia ire oportere. Utrinque autem advenientes monendos esse, ut in fide et charitate erga suum principem maneant. Similiter et missos tam regios quam pontificios ultro citroque euntes in pretio habendos atque honoribus afficiendos, quia beato Petro et sibi maxime fideles agnovit

Domno [b] excellentissimo filio nostroque spiritali compatri Carolo, regi Francorum et Langobardorum, atque patricio Romanorum, Adrianus papa.

Quanto amoris adnisu pro vestro a Deo promoto et ampliato regno fervescimus, tantum in ejus præfulgida regali dulcedine et firma stabilitatis constantia permanemus; quanta enim jucunditatis lætitia erga vestram 514 triumphis regalem potentiam cor nostrum exsultat, si sermonibus promere voluerimus, nulla, ut opinor, scripturæ propagata sufficere valebit series, neque ullus sermo explicare potest qualiter de vestris immensis victoriis atque sospitate, crebro præstolantes nuntios, die noctuque penitus divinam pro vestra regali præcellentia exoramus clementiam, quatenus regales nectareosque vestros per fidelissimos missos suscipientes affatus, scilicet reverendissimum et sanctissimum Bernardum episcopum, nec non Radonem, dilectissimum protonotarium vestrum atque abbatem [c]; reperimus in eos vestris præcelsis memoriis, pariterque filiæ nostræ domnæ reginæ, vestræque nobilissimi prole, simulque omni populo vobis a Deo commisso [d] nostris meminerimus orationibus; freta prorsus quippe existat vestra a Deo promota regalis præcellentia, quia immensas pro vobis in confessione beati Petri fautoris vestri, jugiter totis viribus, nostris apostolicis suffragiis ingementes fundimus preces, ut ubique ipse princeps apostolorum vos comitans, omnium adversantium colla sub vestris prosternat pedibus [e]. De nostra vero prosperitate, quia promittis gratissimam atque ineffabilem habere lætitiam, sanctæque 515 spiritalis matris vestræ, Romanæ Ecclesiæ status super vos redundat [f]; nam si aliter, quod absit, evenerit, sine vestra difficile est manere tristitia: nempe in his certi sumus, quia amat anima amantem se, et dilectio compaginat nos, nec dirimere eam quispiam valebit, eo quod in vestra prosperitate nostra existit lætitia, et nostram sospitatem vestram credimus esse in ævum jucunditatem; et dum iniqui ac procaces, qui adversus matrem vestram sanctam

---

[a] Argum. Panv. (*Cod. Vat. 4*): « In quarta [Quarta] multa de suo erga ipsum amore indicat. Item quod pro eo in confessione beati Petri totis viribus preces fundat. Gratulatur Carolo, quod per ejus laboriosa certamina Petro [divo Petro] suffragante, hostium Ecclesiæ cervices ad nihilum redacti sint. Male citat dictum, *Qui perseveraverit usque in finem salvus erit.* [Hortatur, ut usque in finem perseveret.] Quod promiserat, se nihil pro Ecclesiæ deminoratione, sed pro ejus exaltatione omnia facturum, gratias agit. Si quis mendacia de se sparserit, ut Romam mittat [eum ut Romam mittat rogat] ut secundum sua perversa merita puniatur, Carolum orat [puniatur]. Postea multa habet de parœciis episcopor. Totus est pro invocatione sanctorum et primatu [Multa scribit de parœciis episcoporum]. CENN. »

[b] Summ. 4, Bar. et Cent. GRETS.

[c] Rado hic celeberrimus abbas monast. sancti Vedasti apud Atrebatas usque ab anno 778 archicancellarii munere fungebatur; cum enim esset unus ex notariis regiis, Hiterius abbas sancti Martini officium archicanc. ei concessit frequentibus legationibus impeditus ad Adrianum papam, ut tradit Mabillon. (*Annal*. l. XXIV, num. 87). Idcirco documenta occurrunt cum subscriptione *ad vicem Radonis* annis 784, 785, et 786 ap. eumdem annalistam (lib. XXV, n. 20, 54, et 58). Cum autem anno 796 (*Ibid.* lib. XXVI,

n. 47) Hiterii mortem cum Alcuini successione in abbatia sancti Martini Turonensis, et Radonis in officio archicancellarii componat, quem factum ait eodem tempore abbatem sancti Vedasti, hanc sibi epistolam ignotam fuisse ostendit. Ea siquidem anno 794 relata in codicem Adriani jussu, eodem anno tardius dari non potuit. Rado igitur multo antea sancti Vedasti abbas creatus erat. Cancellarii vero munere (protonotarii enim titulus idem sonat, Ducang., verb. *Cancellar*. et *Notar*.) una cum Itherio fungebatur, tametsi solus esse cœperit post ejus mortem. CENN.

[d] Ita quidem apographum, sed omnia videntur mendosa, legendumque: *reperimus in eis, ut vestræ præcelsæ memoriæ, pariterque*, etc., *vestræque nobilissimæ prolis, simulque omnis populi vobis a Deo commissi.* GRETS.

[e] Annales Francor. habent hoc anno : *Rex conventum habuit in Wormatia, et ipse annus transiit sine hoste.* Perinde Fuldenses : *Hic annus a bellorum motibus quietus fuit, quem rex apud Wormatiam transegit.* Quod item testatur Eginhartus ap. Pagium (790, n. 5 et 6), qui præcedentem epistolam perperam huic posthabitam hoc anno refert, istam superiori. CENN.

[f] Lamb. legit : *Ecclesiæ, sospitate redundante.*

Romanam Ecclesiam perversa moliebantur perpetrare, Domino cooperante, cœlorumque clavigero suffragante, per vestra laboriosa certamina demoliti ad nihilum redacti sunt, in veritate comperimus, quia ut vestra regalis potentia deprompsit, illæsa cum felicitatis gaudio permanens relevata exsultat [a], scriptum quippe est (*Matth.* xxiv, 13): *Qui perseveraverit usque in finem, hic salvus erit.*

De cunctis vero quæ per legatos et epistolas nostras vestra cognovit excellentia, et ex parte per nostros respondit missos, quibus ore fari prædixit, liquidius nobis omnia innotescentes, solito more benigne atque amabiliter eos audientes, accommodavimus aures et singillatim reddidimus congruum aptumque responsum. Reperimus quippe in ipsis regalibus apicibus vestris, nil pro diminutione sanctæ Romanæ Ecclesiæ ac apostolatus nostri, sed magis pro exaltatione et honore, mysteriique [Grets., ministeriique] nostri 516 servanda rectitudine vestram illaborare excellentiam, ac petere ut nullatenus iniquo ori ad ejus mendacium præberemus assensum, quia nec terrenarum facultatum ambitio, vel quælibet seductio hominum, vos aliquando ab iis quæ beato Petro apostolo pollicili estis separare poterit, sed neque a nostra charitate vel firma dilectione; cum procul dubio scimus quod vestra regalis potentia, quia non pro deminoratione, sed semper pro exaltatione spiritalis matris vestræ sanctæ Romanæ Ecclesiæ decertavit, fama in omnem gentem divulgata fine tenus dedita atque exaltata manebit; potius autem nos A quæsumus vestram regalem excellentiam, ut nullatenus subdolo et homini mendaci, sicut tertis, præbeatis assensum [b], qui si talia adversus nos mentiens inventus fuerit, nostris apostolicis obtutibus una cum misso vestro dirigere dignemini, et si mendax apparuerit, secundum sua perversa merita, puniatur [c], sicut polliciti estis claviculario regni cœlorum beato Petro; ita persistere dignemini, quia nostra promissio immutilata atque inconcussa sine quolibet manebit dolo.

Illud autem, quod fertis in nostris apicibus reperisse quod diœceses Langobardorum episcopi alter alterius invadentes ac 517 illiciter tenentes in pristino permanerent errore [d]; omnino sicut vobis placabile est secundum canonica instituta emendare co- B namur, quia alterius arripere anhelantes parochias, in perjurii reatum incurrunt; Langobardorum regum terminos atque censuram servantes [e], procul ab observatione canonum in eorum transgressionem labentes, et jurgia atque discordias gignentes in molem incidunt errorum; idcirco apostolica prævidimus auctoritate, ut, sicut canonice in decretis eorum consistunt, et quando a nobis ordinantur, olitana consuetudo proclamatur, *clerus et plebs consistens Ecclesiæ civitatis illius, elegerunt sibi episcopum illum* [f], sic parochiam ejusdem civitatis præ manibus teneat, et si in eorum decretis atque nostræ apostolicæ ordinationis scriptis canonice promitur atque statuitur, cur non in ejusdem civitatis territorio, ubi ordinatus est, habeat in integro parochiam suam?

---

[a] Constantinopolitanæ classis quicum Adalgisus C advenerat inutiles conatus (Adalgiso ipso e vivis sublato juxta Theophanem, Græcisque debellatis) Adrianus haud dubie commemorat. Hæc autem in annalibus Francor. et Fuldens. evenisse dicuntur anno 788. Annales alii probabilius anno sequenti. Quis enim credat, Grimoaldum in paternum ducatum venientem sub finem mensis Aug. an. 788, fœdere Beneventanorum cum Græcis disrupto, Beneventanos eosdem adversus illos concitasse gratia Caroli sibique junctis Francis et Spoletanis, ac belli apparatu facto tantis in augustiis temporis rem feliciter cum Græcis gessisse, ditionemque Ecclesiæ atque Italiam omnem metu liberasse? Hildebrandi Spoletani ducis mors objici posset a nonnullis consignata an. 788; at non desunt qui sequenti anno decessisse illum affirmant auctoritate chronici Farfensis: quare et pugnæ adesse potuit cum suis et Winigiso Francorum militum ductori ad Spoletanum ducatum aperire viam aut cæsus, aut morbo decedens an. 789, cum D Græcis devictis Italiæ quies comparata est, nam Hildebrando suffectum esse constat ex Erchemp. (num. 5) *ap.* Anastas. in Leone III (sect. 571). CENN.

[b] Quibus super rebus falsa isthæc relatio versatur, facili negotio assequimur. Nam Roma et ejus ducatus, quod constat ex superioribus (comm. præv. n. 7) pleni juris erat sanctæ sedis ex populorum voluntate, et Francorum regum non infrequenti assertione. Exarchatus et utraque Pentapolis, nemine amplius adversante, ex eorumdem Francorum regum liberali concessione possidebantur. Perinde erat de civitatibus Tusciæ, ut patet (ep. 89, al. 90, et ibi notatis ep. 92, al. 86, et Comment. præv. n. 30 seq.); nec secus de territorio Sabinensi putandum est, quanquam initæ possessionis testimonium certum hisce in epistolis non habeatur. Itaque super Campaniæ civitatibus finibusque Rosellæ ac Populonii falla-

cia omnis versabatur. Adriano siquidem referebatur Carolum earum civitatum possessionem minime traditurum esse. Carolo autem fiebat relatio injuriosa pontifici, quasi dixerit regem haud servaturum promissa (puta Grimoaldi gratia, quem fidelem expertus erat), ideoque nec in amore ac benevolentia erga illum perseveraturum. Si divinare fas aliquando est, nil aliud ex hac epistola inferri divinatione potest, modo animo reputentur contenta in præcedentibus. ID.

[c] Non semel dixi, præcipue in monito ad litteras pseudopapæ Constantini (num. 9) de jurisdictione coactiva Romani pontificis. En novum ejus exemplum. ID.

[d] Argumentum evidens, datam hanc epistolam post præcedentem, adversus Pagii et aliorum opinionem, qui præpostere eas recitant. ID.

[e] In præced. epist. (col. 425, not. [e]) laudabam juramentum episcopi de non invadenda aliena diœcesi: quæ res canonum auctoritate ac pontificum decretis nititur. Ad hæc Adriani verba intelligenda facit *Indiculum episcopi de Langobardia* (*Diur.* cap. 5, tit. 8) ubi præ aliis legitur: « Promitto pariter festinare omni adnisu, ut semper pax, quam Deus diligit, inter remp. et nos, hoc est gentem Langobard. conservetur, et nullo modo contra agere vel facere quidpiam adversum, quatenus fidem meam in omnibus sincerissimam exhibeam. » Quam eorum fidem non improbat, neque improbare potest; tunc enim temporis Pippinus Caroli filius rex erat Langobardorum, cui sinceram ab episcopis fidem servari Adrianus cupit, sed contemni ab iisdem canones ægre admodum fert. ID.

[f] In Ord. Rom. 8, ap. Mabill. (p. 88), qui est summæ antiquitatis, legitur : « Cleros et plebs consentiens civitatis tal. cum adjacentibus parochiis suis elegerunt sibi illum talem diaconum vel presbyterum episcopum consecrari. » ID.

sed qui terminos antiquorum Patrum transgredientes suam conantur immoderationem atque imperitam adimplere voluntatem, judicium sibi canonum committunt [a].

519 De filia vero Ermenaldi, quæ veste mutata iterum post tergum reversa illicitum sortita est matrimonium, nostris directa, ut perhibuistis, obtutibus canonice judicanda, prorsus minime ad nos properavit [b]. Nos omnium Ecclesiarum pastoralem curam habentes, divina prædicare præcepta non sinimus de consecrationis vitio, quod in partibus Italiæ et Tusciæ per hæresim simoniacam fit; attamen multis locis non sinitur, et imo et Ravennatium ecclesiæ civitatis, sicut missi vestri, ut fertis, vobis retulerunt, assolet fieri unde multæ pecuniæ per talem nefandam dationem alienatæ esse cernuntur; ut aurum et argentum jam non habentes, et jam ipsæ res ecclesiarum per emphyteuses manu conscriptas existant alienatæ, et per nefandam dationem afflictæ et depopulatæ esse cernuntur [c]. Absit enim a nobis, ut super tales viros, veritate comperta, manus consecrationis imponeremus, sed nec ad audiendum aures inclinaremus, etiamsi quælibet nobis potestas tales acanonistos [d], viros poposcisset consecrari, quia nunquam nos in qualibet electione nobis [*Lamb. add.* subjecta] invenimus, nec invenire habemus; sed neque vestram excellentiam optamus talem rem incumbere, sed qualis a clero et plebe cunctoque populo electus canonice fuerit, et nihil sit quod **519** sacro obsit cordi [e] solita traditione illum ordinamus; nos quippe cum subscriptione decreti a cuncto populo roborati electum suscipientes [f], et ne videatur viduata morari ecclesia a proprio rectore, sicut canonum instituta censuerunt, nostris apostolicis præsentatus, ipsum deducentes electum, enucleatius cum de singulis indagantes capitulis singillatim orthodoxæ fidei atque divinorum voluminum, interrogamus an habeat peritiam; et postquam nobis fidelem responsionem edixerit, et a cæteris olitanis capitulis quæ a sacerdotibus cavenda sunt mundum se esse [g] perhibuerit, maxime hæresi simoniaca, obtestantes sciscitamur videlicet [h] aliquam promissionem cuiquam aut dationem fecerit, quia simoniacum et contra canones est; et dum coram omnibus a nobis interrogatur respondit : absit, et nos dicimus : tu videris, et si conscii sunt, capiti eorum respiciat periculum [i]. Unde simili modo sub jusjurando in scriptis respondent, nunquam se aliquid accepturos de manus impositione [j]. Quanta enim auctoritas beato Petro apostolorum principi ejusque sacratissimæ sedi concessa est, cuiquam non ambigimus ignorari : utpote quæ de omnibus ecclesiis fas habeat judicandi, neque cuiquam liceat de ejus judicare judicio, quorumlibet sententiis ligata Pontificum sedes beati Petri apostoli jus habebit solvendi, **520** per quos ad unam Petri sedem universalis Ecclesiæ cura confluit, et nihil unquam a suo capite dissidet [k].

Interea reperimus in ipsis regalibus apicibus vestris exaratum, sicut præterito anno vobis direximus, pro hominibus Ravennatibus et Pentapolensibus de quibus scripsimus, ut eos nobis dirigeretis sicut Beneventano duci fecistis [l], et, ut fertis, de parte apostolatus nostri nihil mali, sed magis quæ bona sunt retulerunt. Sed neque eis, neque cuilibet homini ul-

---

[a] Res pluribus statuta canonibus usque ab initiis disciplinæ : Nam can. apostolor. 14, et Nic. 16, ac lucuientius Antioch. 9, decernit, ut « Unusquisque episcopus habeat suæ parochiæ potestatem, ut regat juxta reverentiam singuli competentem, et providentia ii gerat omnis possessionis, quæ sub ejus est potestate; ita ut presbyteros et diaconos ordinet, et singula suo judicio comprehendat. » Res, inquam, pluribus statuta canonibus. Adriani tempore digesta omnia erant in Ordine et Diurno, quo spectat hic pontifex, utcunque laudet etiam canones. CENN.

[b] En aliud argumentum certius datæ hujus epistolæ post præcedentem. In ea siquidem hanc monialem nupsisse aiebat, in hac vero puniendam sibi a Carolo missam esse testatur. ID.

[c] Conc. Chalced. (can. 2) Symmach. ep. 5, ad Cæsarium (tit. 2), Hormisda ad episcopos Hispaniæ (ep. 25, cap. 2) fidem faciunt, lapsis etiam sæculis late pervagatam hanc hæresim. Hinc autem discimus eam obtinuisse per octavum sæculum in Italia proprie dicta, in Tuscia et in exarchatu, maximo cum ecclesiarum detrimento; quippe quarum bona immobilia in emphyteusim concedebantur, ac se moventia dissipabantur. Hujusmodi vitia sequioribus sæculis longe aucta comprimi oportuit, episcoporum consecrationes Romam evocando. ID.

[d] Illustratores Glossarii notant Sirmondum ad calcem Supplem. Conc. Gall. interpretari *acanonistos* qui contra canones aliquid faciunt, nullo prolato exemplo. Locupletissimum hisce ex litteris suppetebat, quo violatores canonum ac decretorum acanonisti appellantur ab Adriano. ID.

[e] Lamb. legit : *Nullus sit qui ejus sacro obsit ordini.*

[f] Haud dubie innuit Adrianus Caroli petitionem injustam superiori anno (ep. 93, al. 74). cum suos missos Ravennatis archiep. electioni adesse optabat. Et notandum quam firma esset id temporis electio canonica, quam pontifex adeo vehementer astruendam suscipit. CENN.

[g] Omnia hæc patent ex prædicto Ord. Rom. 8 ap. Mabillon. (c. 2, n. 5). Capitula autem cavenda præ cæteris, cum jampridem desuev erint, prætereunda non videntur : « Eum inquirat (archidiac.) de quatuor capitulis secundum canones, id est arsenochita, quod est masculo; pro ancilla Dei sacrata, quæ a Francis nonnata dicitur; pro quatuor pedes, et pro muliere viro alio conjuncta. » ID.

[h] Lamb. legit cum Gent. : *Vide ne aliquam*; Tengnagelius : *videlicet an aliquam*.

[i] Uberiora et paulo aliter expressa ista videsis in cod. Ord. CENN.

[j] Hoc genus scripti Cautio appellatur in Diurno (cap. 3, tit. 7), chirographum a Zacharia, ut ibi notat Garner. ID.

[k] Postrema hæc verba desumpta sunt ex Leonis decretali epistola ad Anastas. Thessalonicen. (ep. 84, c. 11). Cætera, suprema scilicet Romani pontificis potestas in universam Ecclesiam, irreformabile ejus judicium, atque appellationes ad sanctam sedem, cum disjungi nequeant a primatu (quanquam sequioribus sæculis sint disjuncta et in quæstionem vocata), Adrianus ex communi prædecessorum et Patrum loquendi ratione mutuatus est; nec luce majori indigent illa, quam catholici canonistæ ac theologi doctissimi eidem tot scriptis voluminibus attulerunt. ID.

[l] Epistola hic memorata una est es ex iis quæ in Cod. non sunt relatæ, tametsi ejus sententia per

latenus in nostra adversitate præberetis consensum, sed statim si tales reperissetis, et hominem et causam ad nostrum judicium mitteretis, nos ab initio et usque in finem talem erga vestram regalem excellentiam habemus fiduciam, quod pro nullo terreno homine, ab amore et charitate beati Petri apostolorum principis nostraque dilectione, ut polliciti estis, recedetis; quia et nos in ea quam vobis polliciti sumus fide usque in finem permanebimus. Ipsi vero Ravenniani et Pentapolenses cæterique homines, qui sine nostra absolutione ad nos veniunt, fastu superbiæ elati, nostra ad justitias faciendas contemnunt mandata, et nullam ditionem, sicut a vobis beato Petro apostolo et nobis concessa est, tribuere dignantur; tamen fidelissimi vestri præfati missi viderunt ipsos Ravennianos, quos vobis præsentaverunt qualiter nobis in superbia exstiterunt, sed quæsumus vestram **521** regalem potentiam, nullam novitatem in holocaustum quod beato Petro sanctæ recordationis genitor vester obtulit et vestra excellentia amplius confirmavit, imponere satagat; quia, ut fati estis, honor patriciatus vestri a nobis irrefragabiliter conservatur, etiam et plus amplius honorifice honoratur; simili modo ipse patriciatus beati Petri fautoris vestri, tam a sanctæ recordationis domno Pippino, magno rege genitore vestro, in scriptis in integro concessus, et a vobis amplius confirmatus, irrefragabili jure permaneat [a]. Sicut enim vestra regalis excellentia in suis tulit apicibus, minime ei contrarium videretur quicunque de episcopis, aut comitibus, seu cæteris hominibus partibus vestris, aut nostra jussione complendi, sive propria voluntate ad nos venire voluerint; sed nec nostræ paternitati displicere rectum est qualiscunque ex nostris aut pro salutationis causa, aut quærendi justitiam, ad vos properaverit, nihil durius vobis exinde apparet; sed sicut vestri homines sine vestra absolutione ad limina apostolorum neque ad nos conjungunt, ita et nostri homines qui ad vos venire cupiunt, cum nostra absolutione et epistola veniant [b]; quia sicut nos semper vestros homines suscipientes commonemus ut in vera fide atque puritate cordis totis eorum viribus in vestro maneant servitio, ita et vos simili modo, qui-

cunque ex nostris hominibus ad vos venerint, eos omnino obtestari atque commonere vestram regalem prudentiam quæsumus, ut, sicut genitor vester sanctæ recordationis domnus Pippinus, magnus rex, eos beato Petro ejusque vicario concessit, et demum excellentia confirmavit, sic admonere atque obtestari jubeamini, ut nullo modo audeant se in superbiam elationis efferre quando ad vos properaverunt, sed **522** potius subjecti atque humiles in servitio beati Petri et nostræ præceptionis maneant subjecti, et hortamini eos; quia omnino in servitio et ditione [c] beati Petri apostoli usque in finem sæculi permanebimus; qui si tales non reperti fuerunt, a vestra excellentia simulque a nobis maneant correpti [d].

Et hoc pariter poscimus vestram a Deo protectam regalem potentiam, ut fidelissimos nostros missos simulque vestros, pro amore Dei et beati Petri apostolorum principis nostræque dilectionis, eos ultro citroque fovere atque commendatos habere dignemini, quia nimis erga præsidiatorem et protectorem vestrum beatum Petrum apostolorum principem et nos fideles eos reperimus; et ideo petimus ut amplius per vestrum regale adminiculum, nobis poscentibus, elevati atque exaltati pro nostro amore in vestro præfulgido regno existant; quia quantum caput totius mundi, sanctam Romanam [*Lamb. add.* Ecclesiam], ejusque rectorem simulque antistitem [e] amplectens honorabilis terque glorificanda vestra divinitus præordinata summa excellentia diligit, tantum eam beatus Petrus apostolorum princeps, una cum domna filia nostra excellentissima regina, vestraque nobilissima subole, et hic longiori ævo regni gubernaculo perfrui, et in futuro inconcussa faciet soliditate victrice gaudere. Incolumem excellentiam vestram gratia superna custodiat.

XCIX.

523 ITEM EPISTOLA EJUSDEM PAPÆ,
AD DOMNUM CAROLUM REGEM DIRECTA,

In qua continentur gratiarum actiones seu benedictiones pro exaltatione sanctæ Dei Ecclesiæ, et de Sacramentario exposito a sancto Gregorio immixtum, quatenus eum domnus rex poposcerat, per Joannem monachum atque abbatem civitatis Ravennantium [Lamb., Ravennatium] miserat [f].

---

hanc planissime teneatur. Quod autem data fuerit præterito anno, et in ea proponeretur exemplum hominum quos Carolus ad Grimoaldum remiserit, magis magisque comprobat allucinationem Pagii, præsentem epistolam anno superiori scriptam contendentis. Cenn.

[a] Tam de dominatione pontificia hic perspicue descripta, quam de patriciatu sancti Petri, et regis Caroli consulenda commentatio præv. (num. 7 seq.). Ip.

[b] Qui ex omnimoda paritate officii subditorum regis et pontificis, supremi utramque dominii paritatem non videt, conclamatum de illo est. Ip.

[c] Sequentia verba quæ apud Lamb. et Gent. legimus, in textu desiderantur, scilicet: *Beati Petri ejusque vicario nunquam vos subtrahemus, sed in ea fide et puritate quam polliciti sumus beato Petro apostolo usque.*

[d] Antea querebatur (ep. 92, al. 86) Campaniæ civitates sibi traditas absque hominibus, id est

absque subditis, contra quam factum jampridem fuerat de civitatibus Tusciæ. Hic autem civitatum exarchatus ac Pentapolis homines a Pippino primum, deinde a Carolo sanctæ sedi subjectos fuisse Adrianus testatur ipsi Carolo. Quid desideratur illustrius? Cenn.

[e] Rectoris titulo præsul etiam accipitur: at rector, et præsul seu antistes principatum et pontificatum designat. Frustra autem notionem istam ad principes cæteros niteremur extendere: nam optimus pontifex de se humiliter sentiens non alium sibi titulum tribuit, quam quo diaconi, notarii, defensores ac regimen patrimoniorum Ecclesiæ mitti soliti appellabantur. Hæc epistola a primo ad ultimum pontificii principatus monumentum est adeo præclarum ut omnes, Muratorio non excepto, dominatum fateantur, saltem in exarchatu et Pentapoli. Eum consule (an. 789) inscite admodum, et procul a vero agentem de hujusmodi dominatu certo. Ip.

[f] Argum. Panv. (*Cod. Vat.* 7) : « Septima gra-

(An. Dom. 791, Cod. Car. LXXXII, chron. 98.)

ARGUMENTUM. — Hucberto episcopo ad sacra limina veniente cum regiis litteris, se ex iis accepisse Caroli voluntatem pro exaltatione sanctæ sedis etiam citra suas petitiones. Ob id cœleste illi præmium pollicetur et perpetuam nominis memoriam. Sacramentarium sancti Gregorii, quod petebat, se jampridem misisse per Joannem abbatem Ravennatem a Paulo grammatico expetitum.

Domno [a] excellentissimo filio nostroque spirituali compatri Carolo, regi Francorum et Langobardorum, atque patricio Romanorum, Adrianus papa [b].

Iter peragratum adnectens limina **524** beatorum principum apostolorum Petri ac Pauli, reverendissimus et sanctissimus Huchbertus episcopus desiderii sua vota adimplens, obtulit nobis præfulgidos eximiosque vestros in triumphis regales affatus, quos cum nimio cordis amore reserantes atque relegentes, reperimus in eis vestram vibrantissimam ac mellifluam nobis destinatam salutem, sed nimirum, quod potius [c] molem desiderantes præstolabamur [d], de vestra præcelsa regali in triumphis victoria atque

A sospitate, imo et cunctorum vestrum fidelium prosperitate, pariterque et de profectu atque exaltatione spiritalis matris vestræ, sanctæ catholicæ et apostolicæ Romanæ Ecclesiæ, in ipsis vestris regalibus mellifluisque speculantes apicibus, in his omnibus noster relevatus est animus, et Redemptori mundi retulimus grates, præcipue satagentes in confessione clavigeri regni cœlorum, fautoris vestri beati Petri apostolorum principis, non omittimus crebro suppliciter divinam pro vobis exorare clementiam; tanta quippe erga vestram regalem clementiam utimur, quia nobis sive in silentio, sive poscentibus [e], pro profectu atque exaltatione spiritalis matris vestræ sanctæ Romanæ Ecclesiæ, non intermittitis **525** decertare, ut per vestra laboriosa certamina, magis

B magisque permaneat irrefragabiliter et congrue exaltata, et dignum vestrum nomen ascriptum in libro vitæ cœlestis, et regalis memoria in sæculum sæculi hæreat [f].

De Sacramentario [g] vero a sancto prædecessore nostro, Deifluo Gregorio papa disposito, jam pri-

---

tiarum actiones, seu benedictiones continet : et simul indicat Sacramentarium, quod Carolus rex petierat per Joannem monachum, atque abbatem civitatis Ravennatum [abb. Ravennatem] misisse. » CENN.

[a] Summ. 7, Bar. et Cent. GRETS.

[b] Hæc quoque epistola incertæ ætatis per decennium vagatur in novissima edit. Duchesnii ab anno 781 ad 791. Ego vero non modo ut alias nonnullas certo differendam sentio post annum 783, cum nuntius seq. anno Romam venit de nuptiis cum Fastrada nova regina, sed post 789. Petitio siquidem Sacramentarii me movet. Cum enim constet inter eruditos, cantum et liturgiam Romanam Pippini et Caroli ope in Galliis obtinuisse, ad cantum quod attinet, anno 787, ut cum Baronio Pagius ostendit (n. 9) ex auctoritate monachi Engolismensis, Carolus Roma secum duxit Theodorum et Benedictum, quorum unus Metas, alter Suessionem sunt missi, qui totam Franciam cantum Romano ritu edocerent, multumque enixide laboravit, ut Ambrosianum officium antiquaretur, et Gregorianum more Romano ubique reciperetur, quod minime factum tenui labore, ut ait Durand. (lib. v, c. 2, n. 5). Anno autem 789 constitutum video (Capitular. Aquisgr., c. 80) ut *Monachi cantum Romanum pleniter et ordinabiliter per nocturnale vel gradale officium peragant, secundum quod beatæ memoriæ genitor noster Pippinus rex decertavit ut fieret, quando Gallicanum cantum tulit ob unanimitatem apostolicæ sedis, et sanctæ Dei Ecclesiæ pacificam concordiam.* Iterumque post annos quindecim, anno scilicet imp. quinto decretum aliud Caroli

D reperio (Labb., Conc. tom. VII, p. 1183) exstans (Capitular. App. 1, c. 2) quo statuitur, *ut cantus discatur, et secundum ordinem et morem Romanæ Ecclesiæ fiat, et ut cantores de Metis revertantur.* Et hæc quidem de cantu Romano in Gallias invecto ab an. 757 (ep. 16, al. 25 et 35, al. 43), quem Carolus admodum vitiatum restituisse dicitur optimis magistris Roma ductis an. 787, qui per duodeviginti fere annos Gallicanos ad eumdem instituere. — Secus est de liturgia Romana, quam primus omnium Carolus constituit ut Gallicani amplecterentur; etenim nonnisi Capitularium lib. v, cap. 219, ut Bona animadvertit (Liturg. lib. I, c. 12, n. 1) et etiam cap. 70, ut notat Vezzosius (ad Præf. Thomas. tom. VI, n. 25, not. 5) de missa Romana in Galliis agitur. Et vero libros quatuor cum tribus appendicibus capitularium ab Ansegiso Fontanellensi abbate collectos esse liquet an. 827, ipsomet auctore id fatente. Sequentes autem

libros tres cum appendice quarta Benedictus Levita adjecit an. 845, ut contendit Pagius (n. 17), seu 847, ut putat Baron. (n. 12), quare uterque auctor in re chronologica testis est parum fidus. Ansegisus siquidem et Caroli et Ludovici Pii capitularia certa simul confudit; et Benedictus certa incertis admiscens, Pippino ipso antiquiora congessit, Labbeana collectio tutior : cum autem an. 789 nulla omnino mentio flat (Capitul. Aquisgr. cap. 70, et duob. seqq.) liturgiæ Romanæ, nullum dubium est quin Carolus de eadem in Galliis evocanda post id temporis cogitarit. Quamobrem Sacramentarium Roma quæsitum, missumque, ut epistola hæc testatur, tempora Aquisgranense capitulare subsequentia indicet necesse est. CENN.

[c] Videtur redundare. GRETS.

[d] Juxta Lambecii lectionem videtur pontifex aliquandiu regiis litteris caruisse : idcirco malui ad hunc annum referre epistolam, tametsi eodem omnes relatæ dicantur in codicem. CENN.

[e] Revera superioribus quinque epistolis post Grimoaldi reditum Beneventum pontifex altum siluit tam de Campanis civitatibus quam de Rosellæ ac Populonii finibus, quæ duo adhuc deerant, ut Carolina donatio plenum sortiretur effectum. ID.

[f] Gent. legit : *Regalem memorialem prorsus in sæculum sæculi credere nitemini.*

[g] Sacramentarium , et Librum Sacramentorum promiscue dici librum ecclesiasticum sacras liturgias continentem ad sanctissimæ Eucharistiæ sacramentum conficiendum Ducangius affirmat. Ante eum card. Thomasius in præfatione ad quatuor sacramentorum Codices, quos edidit, testimonio Patrum nititur, qui antonomastice appellant sacramenta Christi corpus et sanguinem. Ibidem præ aliis multis, quæ erat summa ejus eruditio ecclesiasticarum rerum, animadvertendum vult hujusmodi libros *non ad meram eruditionem conscribi, sed ad usum potissimum ecclesiarum.* Ea propter cum argumentis pluribus demonstrarit, codicem quo ipse utitur referre Gelasianum Sacramentarium, rationem reddit cur multa etiam præseferat post Gregorii tempus adjuncta. Præ aliis feria VI in Parasceve (nov. edit. tom. VI, p. 65) in oratione pro imperatore legitur : *Respice pro, itius ad Romanum, sive Francorum benignus imperium.* Quæ plane res ut scriptum codicem demonstrat ad nonum sæculum pertinere; sic Gregoriani ritus usum apud Francos (ibi enim scriptum esse multa comprobant) sero admodum obtinuisse.

dem Paulus grammaticus a nobis eum pro vobis petiit, et secundum sanctæ nostræ Ecclesiæ traditionem per Joannem monachum atque abbatem civitatis Ravennatium ª vestræ regali emisimus excellentiæ, quatenus optantes pro vestra regali invictissima excellentia, eumdem Dei apostolum vestrumque protectorem poscentes, quæsumus ut semper **526** ubique vos comitans, victores super omnes barbaras nationes efficiat, et una cum domna spiritali filia nostra excellentissima regina, vestræque prosapiæ nobilissima prole, longiori ævo in hoc regnante mundo, in vitam æternam, cum sanctis omnibus regnare sine fine, ejus interventionibus faciat. Incolumem excellentiam vestram gratia superna custodiat.

Ea propter, cum Sacramentarii mentionem nunc primum et extremum audiam, probabile mihi videtur epistolam per hæc tempora datam esse, ut nuper aliis rationibus demonstravi. Mabillon. (*Ann.* l. XXIII, n. 35) nil certi statuit de Romanæ liturgiæ principio in Galliis; notat solum varietatem Gallicanæ ex responsis Gregorii ad Augustinum, et ex litteris Zachariæ ad Bonifacium. Ex hac autem epistola principium, ni fallor, Carolinæ operæ apertum est. Ap. eumd. Mabillon. (*Ann.* l. XXVI, in fine) notitia suppetit *Libri sacramentorum*, quo usus est Menardus in Gregoriani editione, scripto scilicet ann. 800, Godelgaudi monachi presb. jussu a Lantberto pro cœnobio sancti Remigii. Quæ res confirmat et liturgiam Romanam, et Sacramentarium ab Adriano missum tota Francia paulatim vulgatum esse regis opera. Cenn.

ª Monasterium Ravennense indicatur, quod post annos aliquot a Paschali I donatur Petronacio archiep. Namque, ut constat ex diplomate apud Ughellum (tom. II, pag. 344), prope palatium situm erat, nec aliud tunc temporis intra urbem fuisse videtur. Verba diplomatis sunt: *Monasterio vero sancti primi mart. Stephani, qui sic nominatis fundamenta, et se jacet juxta palatium*, etc. Hujus autem monasterii B abbas, si divinare licet in tanta antiquitate, erat Joannes ille, quem Ughellus recenset in archiepp. catalogo inter Gratiosum et Valerium, reclamante Bacchinio, ut aiebam supra (ep. 93, al. 71, in not.). Id neque novum neque insolens, ut eruditi norunt. Abbates enim monasteriorum prope cathedrales quandoque archiepp. catalogis sunt inserti. Ip.

INDEX

RERUM ET VERBORUM QUÆ IN PRIMO CODICIS CAROLINI JUXTA EDITIONEM CENNII TOMO CONTINENTUR.

(Numeri hujus indicis respondent numeris crassioribus in textu insertis.)

A

Acanonistæ seu violatores canonum, num. 518.
Aciulphus presb. a sancto Paulo I obtinet corpus sancti Candidi mart., 581.
Acta et Constitutum Silvestri obtinent per octavum sæculum, 504, 508.
Acta supposita Romæ in deliciis, 50.
Actionum præcepta, seu diplomata per civitates Pentap. a pontifice obtinentur, 555.
Adalgisus. *Vide* Athalgisus.
Adelberga, Desiderii filia, Athalgisi soror, Arichis Beneventani ducis uxor quinque filios ei peperit, 477. Machinatur adversus Carolum, 479. Machinationes eruptura erant post Grimoaldi adventum ex Galliis, 479, 485. Grimoaldo filio patriciatum ab imperatore flagitat, quem Arichis morte præventus assequi non potuerat, 489.
Adeodatus subd. regionar. ævo Gregor. III, 9.
Adrianus papa collectionem integram Gr. canonum dat Carolo ad Ecclesiæ Gallic. discipl. instaurandam, 53. Nonnullis eorumd. canonum emendatis, 55. Constantinianæ donationis nondum natæ meminisse perperam dicitur, 505. Ex ejus epistolis ditio sanctæ sedis patet; nequidquam invertendo easdem contrarium sustinetur, 508 seq. Publicas orationes instituit pro remissione peccatorum, et pro victoriis Caroli de barbaris nationibus, 318. Preces instaurat Carolo in Saracenos Hispaniæ movente anno 777, 556, 566. Pro debellatis ab eodem Saxonibus et ad fidem conversis jejunia generalia indicit, 462. Assiduas fundit preces pro parentibus et regina Ildegarde defunctis, 474. Inscite traducitur quasi temporalium tantum satagens, 510 seqq.
Leonis archiep. Rav. iter ad Carolum improbat, 526. Copronymi mortem nuntiat, 336. Compatris honorem petit a Carolo, 351. Donationis integræ possessionem flagitat, 543. Stephani II exemplo supremum dominium in exarchatu comprobat, 369. Sabinam uni Carolo acceptam refert, 415. In Tarracinenses et Cajetanos Romanum exercitum mittit, 558. Ejus prudentia in Ecclesiæ sancti Petri instauratione expensis Caroli, 580. Placitum habet in causa Volturnensium abbatum, 427. Gregorii Magni exemplo equos insignes pro dignitate pontificis quærit, 441. Nuntiat Carolo Athalgisi adventum, 477. Beneventanos defectionem spectantes armis continendos suadet, 478. Grimoaldi successionem in Benev. ducatu improbat, arbitrio tamen Caroli omnia permittit, 479, 491, 494. Carolo æqua petenti nihil negat, 508. Paulinum reum illi mittit, similiter secum fieri optat ut quisque princeps in subditos sibi homines animadvertat, 564. Adulteri septem annos pœniteant, 54.
Ægila antiquam episcopor. nomen in Hisp., 445. Episcopus Hisp. ab Adriano instituitur una cum Joanne presb. ad cathol. fidem contra errores Hispanor., 390, 593. Ordinatus a Wilicario Senonensi errores disseminat in Hisp., 442 seqq.
Æmiliæ civitates enumerantur, 321, 355; ejus populi Ravennates appellantur, 329.
Æva tempora pro perpetuis, 137, 170, 184, 198, 351, *et alibi passim*.
Afiarta Paulus Desiderii amicus machinatur in sanctam sedem et pontificem, 262.
Aimoini continuator Fredegarii continuatori objicitur, 5.
Aistulphus rex Langobardor. tyrannidem exercens cogit Romanos ad opem Francorum implorandam, 57. Ticini obsessus a Pippino anno 755, exarchatum restituere jurejurando pollicetur, 63; perjurus, 74; crudelis in Romanos, 80; a Deo percussus moritur, 190.
Alboinus dux Spoletanus a Desiderio male habitus, 184.
Alcuinus Caroli Magni præceptor, 474.
Alexandrino patriarchæ paschalis dies inquirendus committitur a conc. Nicæno, 395.
Ambrosianum officium in Francia desuescit, Gregoriano admisso Caroli Magni opera, 525.
Ambrosius primicerius Stephani II legatus ad Aistulphum, 75.
Amphilochii episc. Iconii doctrina de adoptione filiorum hominum, 448.
Anastasius episcopus primus ex legatis pontificiis a Greg. III ad Carolum Martellum missus, 7.
Anastasius cubicularius legatus Adriani ad Carolum Magnum an. 774 exeunte, 525; detentus a rege repetitur a pontifice, 363.
Anastasius Bibliothec. concil. Nic. II Latine factum inscribit Joanni VIII, 38.
Anchard fidelis Caroli Martelli legatus a Gregorio III mittitur ad eumdem principem, 22, 24.
Ancona. *Vide* Pentapolis.
Angeli (Sancti) in Gargano sanctuarium ab Adelberga relicta Arichis politice invisendum, 479.

Angilramnus episc. Meten. auctor 80 capitum Adriano ascriptorum, 51.

Angla, quam Pippinus deperibat, miraculo territa resipiscit, 284.

Annalista Fuldensis de Car. Martello, 8.

Annalista Meten. de legatione Gregor. III, 3.

Ansegisus abbas Fontanellen. collector capitularium libr. quatuor cum trib. appendicibus, an. 827, Benedicto Levita cætera colligente, 524.

Antiochenum conc. de Pasch. rite celebrando juxta conc. Nicæni sententiam, 452.

Antiphonarii Romani usus in Francia, 128.

Archiepiscopus ante susceptum pallium suo munere non fungitur, 409.

Archivum Vaticanum donationes custodiebat, quas Adrianus misit Carolo Magno, 555.

Archicancellarius protonot. nomine indicatus, 514.

Arichis dux Benev. a Desiderio instituitur anno 758, filia Adelberga in matrimonium illi tradita. Socero asportato in Franciam, Langobardorum regi subjici desiit, 125. In Liutprandi locum, qui aufugerat, successit, 154. Athalgisum uxoris fratrem restituturus Neapolitanos commovet in Adrianum et Carolum, 376. Amalphitanos bello petit, qui Neapolitanor. auxiliis eum vincu it, 471. Anno 787 a Carolo in ordinem redigitur, 475. Moritur anno post 477, dum omnia parata erant ad patriciatus honorem ei conferendum Græci imp. auctoritate, etc., 488.

Ariminum. *Vide* Pentapolis.

Artabasdus Constantino dejecto invadit imperium, 16, 25.

Arva arvæ, pro arvorum, inflectitur et sumitur pro terra Adriani ævo, 435.

Arvinus comes et dux, 439, 477.

Adrianus per eum nuntiat Carolo Athalgisi adventum in Calabriam cum Græcis, 476.

Athalgisus Desiderii fil. qui patre in Franciam ducto Constantinopolim aufugerat, a fœderatis in Ital. accersitur, 545. Anno 786 in Calabriam venit, 476. Post biennium moritur, 515.

Athanasii (sancti) doctrina de Chr. Filio Dei, 446.

Attiniacensis synodus anno 766 habetur ex voto Pippini regis pro sacris imaginibus et donatione exarchatus et Pentap. [præsentibus pontificiis et Græcorum legatis, 229 *seqq.*

Atto Abbas Volturnensis legatus Stephani II ad Aistulphum, 57.

Atto unus ex quinque legatis seu missis Caroli anno 788, a Beneventanis missus ad Carolum cum rogo, seu libello supplici pro successione Grimoaldi; et ejus vices Salerni, 482, 489.

Augustini (sancti) doctrina de jejunio sabbati, 592; de adoptione hominum per misericord. Dei, 449.

Aula sancti Petri pro sacra ejus confessione, 224, *seq.*, 417, 426. Dicta etiam aula apostolica, 329, 331.

Ausimum cum Ancona et Humana deerant possessioni per Fulradum initæ anno 756, 110. Nec nisi post an. 774 in pontif. potestatem venit.

Autbertus fil. abbas Volturnensis, Pothone calumniis affecto ac dejecto, 425, ad placitum veniens in causa Pothonis, de improviso moritur, 427.

B

Balneum regis. *V.* Tuscia.

Baronius Vener. card. Casta ejus scribendi ratio de sancto Gregorio III, 5. Nonnullas Codicis epistolas ex Bibl. Vat. edidit, alias nequidquam conquisitas præterire compulsus, 114. Rebus Ecclesiæ tractandis Panvinio melior, 118; argumenta Panvinii aliquatenus mutat, 119.

Basilicæ fundandæ in proprio fundo leges, 50.

Bavari seu Bajoarii anno 787 a Carolo subjugati, 487.

Benedictus Levita capitularium collectioni Ansegisi addit tres libros et appendicem quartam anno 845, vel post bienn., 324.

Beneventani una cum Langob. Romam obsident, omnia circum vastant, 85. Crudeles et impii, 86, 92. Pippini veniam per Steph. II implorant, 110. Cum Græcis consilia ineunt sanctæ sedi contraria, 381; a Neapolitanis cæsi optimatibus captis, 471. Adelberga agente tumultuantur in sanctam sedem et Francos, 483. Legati Caroli, detectis eorum insidiis, fuga sibi consulunt, 491.

Beneventanus ducatus ab Arichi versus in principatum, 125; subactus a Carolo, 475.

Bertrada regina uxor Pippini, 206. Stephanus III ad eam post Pippini mortem, filiumque ejus Carolum dat litteras, 237. Desiderius ab altero filio Carolom. eam abstrahere subdolis artibus nititur, ejusque et Caroli gratiam inire, 268. Ejusdem et Caroli auctoritatis consortium, 273.

Bibliothecæ Vat. veteris origo et progressus. Novæ auctor Sixtus V 116.

Biturica metrop. Aquitaniæ restituta per pallii concessionem an. 786, 468.

Blancus Horatius, Pauli Diac. adnotator, 7.

Bobium, seu Sassina, 353.

Bonifacius I (sanctus). Ejus epistolæ sententia adhibetur ab Adriano in litteris ad Ægilam, 443.

Bononia et Imola ab Aistulpho non traduntur Fulrado, 108; neque a perjuro Desiderio, 111; a Carolo cum reliquis sancto Petro vindicatas, Leo archiepisc. Ravennas sibi concessas mentitur, 330, 334.

Brundusium ducatus Benev. terminus or., 154.

Bulla seu sigillum plumbeum apostolicis litteris nomen dedit; ejus antiquum exemplum, 195.

C

Caballi insignes a temp. Greg. Magni pro usu pontificum quæsiti, 440.

Cajeta armis pontificiis expugnata, 493.

Cajetani et Tarracinenses Campaniam Romanam invadere moliuntur cum patricio Siciliæ, 357.

Calumniæ in Adriano et Carolo confictæ super sex civitatibus Campaniæ, 516.

Camaradum, seu ligneus fornex confessionis sancti Petri, 179.

Campaniæ sex civitates Capua, Theanum, Arpinum, Aquinum, Arces, Sora anno 787 a Carolo donantur sanctæ sedi, 475. Adrianus earum possessionem inire cupit per regios missos, 480. Monumenta hanc donationem asserentia, 484. Data earumdem possessio subdola, 496. Incertum utrum possessæ vere fuerint, 504.

Campulus epist. Cajetanus Adriano nuntiat Athalgisi adventum in Calabriam, 476.

Candidi (sancti) corpus in Franciam missum, 381.

Canon seu collectio canonum sanctæ sedis, 28.

Canones apostolorum 50 in concilio Steph. III, anno 769, a sancta sede recepti, 32. Suppositi litteris Joannis III eruditos decepere, *ibid.*

Canones et decreta pontificum a prædicatoribus ignorari non debent, 403. Sceleris reum testem rejiciunt contra episc. cler. vel mon., 450. Eorum observantia commendatur Hispanis, 437. A Langobardis episcopis violantur invadendo alienas diœceses, 511, 517.

Cautus Romanus in Franciam vectus a Steph. II anno 753, 208, 523.

Capitula quatuor antiqua, super quibus examinabantur episcopi, 519.

Capitularia regum Francorum ab Ansegiso et Benedicto collecta, 524.

Capua cum aliis Campaniæ civitatibus anno 787 donatis sanctæ sedi, 475. Ejus cives decem seorsim ab aliis præstant juramentum fidelitatis Adriano, 481, 487.

Cardinales dicebantur episcopi et præsbyteri addicti alicui ecclesiæ, 44 *seq.*; in privatis oratoriis aut basilicis non constituendi, 50.

Cardinales sanctæ Romanæ Ecclesiæ presbyteri et diaconi tantum assequebantur pontificatum Caroli ævo, 269. Paulus I cardin. presbyt. tit. sancti Chrysogoni creat Marinum, Pippino rege expetente, 143.

Carisiaci stipulatur prima omnium donatio a Pippino rege, quam Carolus et Carolomannus filii confirmant, 74.

Carolomannus Caroli Martelli fil. Pippini fr. sancti Bonifacii opera Ecclesiæ Gallicanæ satagit, 26. An. 747 monachum induit, 27, 41, 57. Aistulphi præcepto et metu Optatus ab. Cass. legatum mittit ad fratrem, ut ab expeditione Italica eum averiat, 61; moritur in Francia, 143.

Carolomannus Pippini fil. Caroli Magni fr. An. 754 creatur rex et patricius una cum patre et fratre, 75. Post patris mortem nata inter fratres discordia componitur, 275. Gilbergam uxorem duxerat, ut Carolus Hilmiltrudem, vivente patre, 283. Quamobrem Desiderii filiam superinducere iam ipse quam frater prohibentur a Steph. III, 281. An. 771 moritur, 279.

Carolus Magnus, qui post Cod. Car. tempora fuit imperator, 61, 63. Catholicæ fidei et Ecclesiæ perpetuus defensor: idcirco Moysi comparatus, 140. Quæ duo ab eodem exigebat Paulus I, patre superstite, 169. Davidis nomine ob pietatem et fortitudinem appellatus, 140. Constantino Magno comparatus, 352. Ecclesiam siquidem Romanam exaltavit, ut beato Petro ante ejus confessionem sponpondit, 511. Petri ecclesiam præ cæteris semper coluit, 474, 503. Adriani orationibus se commendat, 474. Præceptores cantus Romani ab Urbe in Franciam ducit an. 787, 523. Tam pius princeps immerito traducitur ab Italo annalista, 310. Principio sui regni obsequentior matri quam pontifici, filiam Desiderii uxorem ducit, quam infra annum auctoritate sanctæ sedis repudiat, 264. Ducta filia Ildegarde ex qua filios suscipit, 527. Ejus amor ingens in beatum Petrum et assiduæ preces Adriani barbaras omnes nationes ei subjiciunt; de Langobardis insignem victoriam refert, 318. Saxones post diuturnam plurium annorum dimicationem debellat, perducitque ad catholicam fidem, 462. De Saracenis Hispaniæ triumphat, 368. Hostes Rom. Ecclesiæ superat, Forojulianum ducem debellat, 348. Beneventanos superat. 475, 487. Eosdem spectantes defectionem, consilio pontificis insuper habito, b neficiis afficit. Grimoaldum exoptatum ducem concedens, 490, 494. Ter Adriano pontifice Romam venit: an. 774, cum paternam donationem ab se confirmatam integram vindicavit, Tuscia Langobardorum adjuncta, 297, 321; an. 781, cum territorium Sabinense integrum Petro et successoribus concessit, 585, 415; et an. 787, cum sex Beneventani ducatus civitates concessit, 475 seqq. Supremam pontificis auctoritatem in ecclesiastica ditione declarat, petens musiva et marmora palatii Ravennatis ab Adriano, 440. Veneticos ab exarchatu et Pentapoli expelli ab eodem flagitans, 459. Et ab illo exquirens num regii missi electioni archiep. Ravenn. interesse deberent, 498. Spiritualem potestatem venerans, causam Volturnensium ablatum vult ab eo cognosci, 427. Et pro conversione Saxonum universale jejunium indici per triduum orat, 402. Contra Adrianus Caroli opera Langobardos episcopos canonum viola ores compescit, 508, 510.

Carolus Martellus majordomus Franciæ et subregulus, 7. Inversor fuisse dicitur ecclesiarum, 26, 28. Sex ejus filii numerantur, 77.

Cassiodori judicium de collectione Dionysiana, 56.

Castrum Felicitatis in Tuscia Langob. juris sanctæ sedis ab anno 774 subjectionis totius Tusciæ argumentum, 357.

Castrum Valentis in Campania Romana, 224.

Catholicæ fidei et Ecclesiæ defensio, munus patriciatus Pippini, 180, 202, et Caroli, 334, et passim.

Catholicam fidem et disciplinam Adrianus exponit Ægilæ Hispaniar. episcopo, 589 seqq.

Centumcellis naves Græcorum exustæ pontif. jussu, 570.

Centuriatores nonnullas Cod. Car. epistolas edidere, 114.

Chalcedonense concil. ejus canones ab ap. sede sæc. vii declinans non recepti, 29, 303. Ejus concilii compendium apocryphum, 410.

Chirographum episcopor. Tusciæ Langob., 9.

Chorepiscopor. officium et subjectio, 45 seqq.

Christophorus primicer. integerrimus et summæ fidei vir declaratur a Paulo an. 764, 216. In Constantini schismate abolendo et Steph. III electione an. 769 suæ probitatis argum. præbet, 245 seqq. Idem cum Sergio filio orbantur oculis a Desiderio, 262, 267. Stephanus III videtur eos declarare majestatis reos in epistola sublestæ fidei, 268.

Christus erroneæ filius Dei adoptivus ab Hispanis dicitur, 445 seqq.

Civitates quatuor Amelia, Horta, Polimartium, Blera Romani ducatus a Langobard.s invasæ, 9.

Civitates exarchatus et Pentapolis, quarum sancta sedes per Fulradum regium missum possessionem init, 65 seq. Quarum non init, 66, 105. Eas Paulus vocat civitates nostras reip Romn., 165.

Civitates Tusciæ Langob. donatæ in primo adventu Caroli, 480.

Civitates cum territoriis integris sunt donatæ sancto Petro a regibus Francorum, 384.

Claves confessionis sancti Petri, 5, pro supplici libello ad Carolum Mariel. missæ, 22. Deum enim et beatum Petrum conjungi convuevisse a pontificibus constat in eorum petitionibus conjurationibusve ad reges Franciæ, 147, 157, 158, et alibi passim.

Clerici et monachi in proposito non permanentes qua pœna afficiantur, 47.

Clerus Romanus incontinentiæ accusatus apud Carolum ab Adriano defenditur, 371.

Clusina civitas duci obtemperat, 337.

Collectio canonum Dionysiana primum adhibita a sancto Zacharia, 28. Eadem præcipuis decretalibus caret, 37. Romana nulla Adr. tempore, 303. Omnium collectionum ingenium, 57.

Comaclum Æmiliæ civitas a Leone archiep. Rav. invasa, 521.

Comita missus Steph. II, 89, 96. Vide Missi pontif.

Comites et duces promiscue civitatibus præsunt, 459.

Compatres Franciæ regum fieri summopere avebant pontifices. Idcirco pari antiquitate compatres et patricii reges Francorum inveniuntur: nam Steph. II an. 754 Pippini filios e sacro fonte suscepit, postmodum patricios fecit, 75. Successor ejus Paulus I vix creatus Pippini filiam suscepisse absens gloriatur, 157. Stephanus III a Carolomanno effiagitat eodem honore frui, 279. Denique Adrianus an. 781 Romæ suscipit Carolomannum Caroli filium, Pippinum deinceps vocandum, 309, 331, 353.

Concilia quatuor generalia sæc. vii declinante ab apost. sede omnino recepta, 30. Sex generalia cum Græcar. regularum compendio Carolus ab Adr. accipit in primo ejus adventu, 54, 299. Calchutense an. 787 a legatis sanctæ sedis de plurimis Anglorum vitiis emendandis celebratur, 503. Hierosolymitanum anno circiter 760 de sacris imaginibus, 236.

Confessio sancti Petri, ubi continuæ orationes pro Carolo, 417. Vide Aula, Petri (sancti) confessio.

Constantinopolitana classis adversus Rom. Ecclesiam Græcique omnes conatus a Beneventanis Grimoaldo duce elusi an. 789, 515.

Constantinopolitani canones a sancta sede non recepti ante vii sæc. finem, 29.

Constantini baptismum Adrianus laudat ex Actis Silvestri, 505.

Constantinus Copronymus Zachariæ donat massas Nymphas et Normias, 16. Repetit exarchatum a Langobardis, 11. Steph. II auxilium ab eo petit, ibid. Romæ opem ferre renuit, 58. Ejus incuria pontificio dominatui utilis, 64. An. 776 moritur, 336.

Constantinus pseudopapa dictus neophytus, 240, 243.

Constantius et Paulus duces calumniis affecti apud Carolum ab Adr. defenduntur, 502.

Constitui Constantiniani excerptum obtinet viii sæc., 507.

Consulatus modica auctoritas Romæ Adriani tempore, 5, 353.

Cosmas patr. Alexandrin. Paulo de sac. imag., 192.

Cresconii Breviarium capitibus 500 comprehensum plures canones et epistolas indicat unoquoque cap., 32. Canones et epistolæ ex coll. Dionys. desumptæ, 28.

Crux a Carolo dono missa an. 787 in eccl. Vat. locatur ab Adriano, 474. Aliam postea misit Leoni III qua in supplicationibus uteretur, ibid.

Cyclus decemnovennal. a conc. Nic. probatur, 596.

D

Decreta pontificum et canones contra invasores diœcesis alienæ, 517.

Decretales et canones non ignorandi a prædicatoribus, 403.

Defensor, Opitulator. Vide Patricius.

Desiderius Fulrado adnitente rex Langob. eligitur, 109. A Steph. II laudibus effertur ob promissam restitutionem omnium civitatum quæ deerant Pippinianæ donationi, 66, 110. Fidem fallit, 121, 157. Cum Georgio Misso Imperiali mala orditur in Romam, 155. An. 758 Romæ agit subdole de restituendis Imola cæterisque civitatibus donationi, ut suos obsides ex Francia recipiat, 155. An. 761 Beneventani, Spoletani, et Tusci ei parebant, 176. Pecuha restituti, territoria civitatum et patrimonia retinet, iterumque invadit quæ restituerat, 187. Filiam Tassiloni nuptam traditurus missos pontificios ire in Franciam vetat, 215. Ejus malignitas et audacia in pontificem, 219. Ablata invicem ab exercitibus restituit et recipit, 231. Romam venit orationis obtentu, 262. Romæ et in exarchatu serere discordias non cessat, 265. A Steph. III extorquet litteras adversus Dodonem missum Carolom. et Christophorum ac Sergium excæcatos, sibique favorabiles, 269. Steph. idem Carolo, et Carolom. testatur Desiderium nihil restituisse, 277. Tyrannus ab Adriano appellatur, 476.

Deus et Petrus a Romanis pontificibus proponi consueverunt Francis, ut Ecclesiam alacrius defenderent, 22, 345, 567 Langobardorum profligatio utrique ascribitur, 73. Arichis et ejus filius natu major Romualdus mortui, dum Neapoli agebatur cum Græcis in sanctam sedem; Dei miraculum evidens, 489.

Diaconi et presbyteri arcentur a pœnitentia, 49.

Diaconus Paulus II st. Langob. scriptor, 4, 7.

Dimissæ munere aut viro non licet nubere, 48.

Diœceta, seu dispositor Siciliæ una cum Neapolitanis fovent Beneventanorum machinas in sanctam sedem, 484.

Dionysius Exiguus pro sancto Dion. Alexandrino accipitur ab Adriano, 397, 452.

Disciplina aliquatenus restituitur in Francia, 27. Monastica, seu regularis severissima, 455.

Ditio suprema pontificia ante donationes, 80, 84, 91, 95. Post donationes et Langobardos exactos, 358. Spoletium non comprehendebat, 379. Resp. Romanorum appellatur, 345. Civitates et territoria integra continebat, 384, 440.

Dodo missus Caroli Magni Desid. artibus majestatis insimulatur, 268.

Domna appellatur regina Beltrada, 210. Gisla, 337.

Domni Pippinus, Carolus, et Carolom., 237, 285, 322, 325, et passim in titulis litterarum.

Donatio prima omnium facta a Pippino in Francia a filiis regibus propria manu firmata an. 754, 81. A Steph. III appellatur augmentum Romanæ ditionis, 85, 91, dilatatio provinciæ a S. P. Q. Romano, 244, facta Petro et ejus vicario, 239, ob veniam peccatorum, 228.

Donatio altera Caroli Magni an. 774, 297, 321, facta divo Petro et ejus vicariis pro mercede animæ, 325, 330, 335, 341, 384. Vide Carolus.

Donatio Constantini supposititia medio sæculo ix emersit, 301, 506. Certa

ejusdem Constantini, patriciorum, et aliorum, 355.
; Donationes omnes factæ pro mercede animæ, 403.
Droctegangus abbas missus Pippini agit Romæ de profectione Stephani II in Franciam, 69. Ejus litteras ad regem defert, 58.
Dromones, naves bellicæ Siculorum, 153. *Vide* Stolum.
Ducatus Beneventani fines orientales, 154.
Ducatus Spoleti et Tusciæ a Carolo oblati sancto Petro, retento supremo dominio, 542.
Duces tam pontifici quam regibus Francor. erant, 502.
Duces civitatum, 457.
Duces Franc. ab Steph. II orantur, ut Pippino ferenti opem Ecclesiæ adsint, 72.
Duces quatuor Spoletanus, Beneventanus, Forojulianus, et Clusinus fœderati adversus pontificem et Carolum, 514.

E

Ecberti Liber pœnitentialis, 304.
Ecclesia et catholica fides a Pippino et successoribus defendendæ suscipiuntur, 142, 334.
Ecclesiæ contra Græcorum hæresim defensio a pontificibus semper quæsita, 494. Ejus bona dissipantes ob simoniam Adrianus queritur, 518.
Ecclesiæ sancti Petri præstantia, 303.
Electio canonica ab Adriano vindicata, 518 *seq.* Ravenn. archiep. subjecta sanctæ sedi, 499.
Elipandi et Ascarici episcopor. Hisp. error de Filio Dei adoptivo, 445.
Embolum, seu postscriptum, 329, 334.
Ensis benedictio ante patricium nulla, 189.
Episcopi precibus pugnanti populo victorias impetrant, 42. Arma temporalia tractare prohibentur, 434. Desertores recipiens excomm., 51. Juramentum episcoporum Tusciæ, 9. Pisanum, Lucanum, et Regensem ad suas ecclesias remittere oratur Carolus, 319.
Epistolæ fere excisæ argumentum a Carolo jubetur in Cod. referri ad hom. Ecclesiæ utilitatem, 153. Data Arvino pro reb. Benev. desideratur, 494.
Equi insignes pro majestate pontif. petuntur, 441.
Ermenaldi filia, relicto monasterio, nubit, 511, 518.
Examen episcopor. ante consec. Adriani ævo, 519.
Exarchatus a Langobardis invasus, 11. Ipse et Pentapolis restitui dicuntur, quia juris sancti Petri, 76. Utramque provinciam S. P. Q. R. vocat *dilatationem* Romanæ ditionis, 144. Desideru artibus ad defectionem proclives, 263. Earum populi subditi pontificis, 522. *Vide* Donatio.

F

Fastrada uxor Caroli post Hildegardem, 424, 431, 435.
Faventia, Imola, Ferraria a Desiderio restitui promittuntur, 109.
Felicianæ hæresis origo, 785, 790.
Ferrandi collectionem Cresconius sequitur, 37.
Ferrariæ ducatus et Comaclum a Leone archiepiscopo Ravennæ invaduntur, 521.
Fidei catholicæ et apostolicæ sedis defensio duo patriciatus munia, 140 *seq. et passim in Cod.*
Fines ditionis pontificiæ et monarchiæ Francor. perspicue nominantur, 464.
Flagellatio monachis errantibus indicta, 433.
Fleury carpit epistolam Petri nomine scriptam intempesta eruditione, 98.
Folradus abbas Hieronymi fratris Pippini filius, 77, possessionem init civitatum exarchatus et Pentapolis pro sancta sede, 65. Idem cum sociis suis Langobardorum sævitiæ oculati testes fiunt, 80.
Formata metropolitæ necessaria episcopis itinerantibus, 51.
Forobonum hodie Foronovum in Sabinis, 223, 406.
Forojuliensi duci Rodgaudo devicto, Carolus Marcarium substituit, 572.
Franci rogantur Romanis opem ferre, 1 *seqq.* Negligentes annis quatuordecim non quæsiti, 11. Ut primum in Italiam veniunt sanctam sedem defensuri, victores in Franciam redeunt. Inde amor ingens in principem apostolorum cœpit, 23, 76.
Fredegarii continuatoris locus corruptus de legatione duplici Greg. III, 2, 7.
Fulgentius (sanctus) ad Eugyppium contra Pelagian. de prædestinatione, 445 *seqq.*

G

Gabeli comes dominicus a Leone archiep. Rav. male habetur, 335.
Galliatensis monast. sancti Hilarii historia, 457.
Gallicani episcopi decretor. pontificum veneratores, 52.
Garamannus Caroli dux in regno Italiæ ab Adriano removeri petitur, quia exarchatus bona invaserat, 460.
Garinodus dux et Grimoaldus missi Desiderii ad sanctam sedem, 110.
Gasindi Langobard. simile officium gardingis Gothorum, 511.
Gausfridus Langobardus in Allonis insidias decidit, 517, 519. Carolo in suspicionem venit, 565.
Georg. card. episc. Ostiensis Steph. II comitatur in Franciam, 83. Ejusdem pontificis missus ad Pippinum, 88. Iterum cum Joanne regionario et sacellario, 112. Idem cum Petro presb. cardinali detinetur a Pippino in Francia Pauli pontif. consensu, qui contra detinet Romæ Wulfardum et Collegam, 230 *seq.*
Georgius primicerius cantorum moritur, 203.
Georgius protosecreta, cum Joanne silentiario legatione imperatoris fungitur ad Pippinum an. 755, 112. An. autem 758 fœdus init cum Desiderio pro capienda Ravenna, et expugnando Hydrunto, ope Siculorum accedente, 133.
Germanis nuper conversis dispensatio in quarto gradu conceditur a Gregorio II, 33.
Gilberga Carolomanni uxor, post hujus obitum, apud Desiderium se recipit cum filiis, 279.
Gisila Pippini filia postea abbatissa monast. Calensis, 157. Negata Constantino Copronymo pro filio suo, 283. Desiderius nequidquam pro filio Athalgiso eam petit a Bertrada, 287.
Græci minis semper, nunquam armis terrent Paulum I, 128. In Romam et Ravennam moturi dicuntur, 176. Piraticam exercent, ab Adriano eorum naves exustæ Centumcellis, 570. Eorum vicinitas ducatui Beneventano metuenda videtur Adriano, 577. Consilia ineunt cum Beneventanis sanctæ sedi contraria, 381. Dominatio eorum in Italia non extenditur citra Calabriam et Neapolim, 497.
Gregorianum officium Ambrosiano rejecto Galli recipiunt, 525.
Gregorius Magnus (sanctus) quatuor synodos ut quatuor Evangelia veneratur, quatenus hæreses damnant, 29. Testatur suo ævo corpora sanctorum non moveri, 381. Pontificis majestatem dedecere equos miseros aut optimos asellos, 441.
Gregorius III Carolo Martello binas litteras scribit, 1. Quarum sententia eruditi abutuntur in rem suam, 17. Numerat annos imperatoris, 23. Scribit librum pœnitentialem, cui nomen *Judicia*, 30.
Gregorius Nazianzenus (sanctus) de duabus Christi naturis, 447.
Gregorius Nyssenus de adoptione filior. hominum, 448.
Gregorius presb. Capuanus Adriano detegit Adelbergæ et Beneventanorum molimina, 487, 489.
Grimo abbas monast. Corbeiensis. *Vide* Missi regii.
Grimoaldus Arichis ducis Benev. fil. mortuo patre, et Romualdo fratre majori natu, petitur successor a Carolo, angit quem erat obses, 5, 477. Carolus eum mittit Adriano invito, 489.
Gundibrandus dux civitatis Florentiæ, 457.

H

Haistulphus rex Langob. urbem obsidet, 21. *Vide* Aistulphus.
Hegumenus seu abbas, 632.
Heleutherius et Gregor. Ravennates pravi homines, 421.
Hermembertus nomen frequens in Galliis, 395. Bituricen. archiep. Romam venit pro pallio, 407. *Vide* Missi regii.
Hiems valida an. 764 in Oriente et Occidente, 209.
Hilarii (sancti) Pictav. episc. doctrina de adoptione, 450.
Hilarii (sancti) monast. Galliaten. ab Hilaro abb. fundat., 457.
Hildebrandus Spoleti dux moritur an. 789, 513.
Hildegardes regina Adr. commater moritur an. 783 prid. Kal. Maii, 420.
Hildericus a Langobardis dux Spoleti factus, 21.
Hispanæ eccl. fundator Petrus, et successores, 444. Ante Adr. testatus illud erat sanctus Innocentius, *ibid.*
Hispanorum error de Paschate a Quartadecimannorum diversus, 443, 451; alii eor. errores, 457.
Histriensis insulæ episcopus excæcatus, 572. Territorium non erat juris sanctæ sedis, 573.
Homicidæ voluntario negata communio usque ad vitæ exitum; involuntario post septem aut quinque annos pœnitentiæ, 53 *seq.*
Horologium nocturnum Pippino missum a Paulo I, 148.
Hospitalia in montibus pro peregrinis suscipiendis, 437.
Hucbaldus Caroli Magni missus Michaelium Ravennæ intrusum, Steph. III id petente, in ordinem reducit, 263.
Hugbertus episc. venit ad limina Caroli litteras deferens, 524.
Hypocartosis. *Vide* Camaradum.

Imagines sacræ a Græcis violatæ defectionem Romanorum pariunt, 14. A Langobardis incensæ, 86, 92. Pippino vindicandæ proponuntur ab Steph. II,

111. Earum et catholicæ fidei defensio, præcipua cura pontificum, 126 *et passim in Cod.* Causa item præcipua Græcorum aversionis a sancta sede, 128, 177. Ab orientis patriarchis acerrime vindicatæ, 192, 256. Asserendi causa earum cultum in Francia, eo translata corpora sanctorum Gorgonii, Naboris et Nazarii, 215.

Immo Pippini missus Stephano II, 154. *Vide* Missi regii.

Imola cum aliis civit. quarum possess. Folradus non iniit subdole promittuntur restitui sanctæ sedi a Desiderio, 150. Eamdem cum Bononia sibi arrogat Leo archiep. Rav., 330.

Imperatores Græci per legatos et litteras conciliare sibi curant Francorum reges, 126. Paulum I commercii litterarum Constantinopoli accusant; quas scilicet pro sacrarum imaginum defensione scribebat, 216.

Indiculum orthodoxæ fidei ab ipso pontifice emitti consuevit octavo etiam sæculo, 466.

Innoc. I (sanctus) de jejunio fer. vi et sabbati, 591.

Italia modica ejus pars octavo sæc. imp. Orientis paret, 127. Civitatibus præerant duces et comites, 472. Langobardia commendatur Carolo, tanquam vitiis obnoxia, præsertim simoniaca labe laborans, 511, 518.

Itherius Bertradæ, et Caroli missus ab Adr. laudatur, 272. *Vide* Missi regii.

J

Jejunium feriæ vi et sabbati auctoritate Patrum, 591; indicitur triduo pro conversione Saxonum, 462.

Joannes VIII decernit canones omnes et decretales accipiendas, 58.

Joannis Chrysost. (sancti) de adoptione hominum doctrina, 448.

Joannis diaconi liber de eccl. Later. suppositus, 247.

Joannis monachi visio incredibilis, 454.

Judices, videlicet duces et comites in Francia, 227, a Carolo constituuntur Papiæ, 332.

Julianus presb. card. disciplinæ sollicitus collectionem Dionysianam promovet, 37.

Juramentum fidelitatis sancto Petro, pontifici, et Carolo in exarchatu, 334.

Justellus de collectione canonum minus recte, 36.

Jus vetus sanctæ sedis falso ponitur in collectione Dionysiana, 37.

K

Kyrie eleison ccc pro Caroli victoriis de barbaris nationibus, 318.

L

Labbeus Gretserianam editionem Cod. Car. videns argumenta epistolarum emendatiora edidit, 120.

Langbard. missus Pippini. *V.* Missi regii.

Langobardicæ expeditionis tempus, 21.

Langobardorum sævities et impietas, 84, 86, 92. Minaces litteræ et pertinacia in sanctam sedem, 223, 240. Eorum difficili tempore plura auribus quam litteris committi consue erunt, 261. Mancipia vendunt Saracenis, 569. Pravum perdent exemplum ex monasterio ad sæculum redeundi, 511. Alienas diœceses episcopi invadunt, 509, 517. Eorum regnum Carolo eripere tentant dux Forojulianus et fœderati, 345. *V.* Aistulphus, Desiderius, Pippinus, Carolus.

Lapis porphyreticus basilicæ Vaticanæ. *V.* Mensa.

Legati sanctæ sedis celebrant concil. Calchutense, 305.

Leo (sanctus), ejus doctrina de adoptione hominum in filios Dei, 450.

Leo archiep. Ravennas electus, intruso Michaelio, deportatur Ariminum, 266; invadit exarchatum et tentat Pentapolenses per suum missum Theophylactum, 521. Sergium imitans Adriano negotium facessit, 525. Ad Carolum-se confert, Adriano invito, 526. Patriarchæ Gradensis litteras ad pontificem intercipit, fractumque ab eo sigillum Adrianus dolet, 528.

Leo imperialis Sergium archiep. Rav. corrumpere nequidquam molitur, 178.

Leo et Constantinus Græci Augusti impii, 14.

Libri pontificalis cum Cod. Carol. concordia, 110.

Litaniæ per sæc. x centum Kyrie, centum Chr. et centum Kyr., 463.

Litteræ Cod. Car. ob metum Langob. confictæ, 124.

Liuthericus. *V.* Missi regii.

Liutprandus cum Hildebrando filio Langobardorum reges, 20.

Liutprandus dux Beneventanus Desiderii metu Hydruntum fugit, 154.

Ludov. II testimonium de Francis regibus auctoritate apostolica, 60.

Luminaria, pauperes, et peregrini ex fructibus patrimoniorum alebantur 111.

M

Magdeburgenses Panv. cod. Vat. norunt, 117.

Maginarius abbas Dionysian. Fulradi success. *V.* Missi regii.

Mallianum sedes hodie episcopalis Sabinæ, 406.

Mancipia Saracenis veneunt a Langobardis, 569.

Mansionarius confessionis sancti Petri legationte fungitur, 227.

Marcarius dux Forojulen. creatus a Carolo an. 776, 572.

Maria virgo, angeli, etc., invocantur a Steph. II Pippini opem implorante pro defensione Urbis et Ecclesiæ, quo tempore Græca impietas maxime vigebat, 75, 81.

Marinus petitione Pippini creatur card. tit. sancti Chrysogoni, 148. Reus majestatis, 129. Ne in perditionem ruat, Paulus rogat Pippium, ut episcopum creari sinat in Gallus a Wilcano apost. sedis vicario, 160. Restituitur in pristinum, 209.

Martinus Bracarensis collectionem canonum edit clero et laicis utilem, 58.

Mauritius episc. Histriensis excæcatus, 572.

Mauritius dux Ariminensis societate inita cum Desiderio Pentapolim turbat, 266.

Mensam altaris donatam Stephano II a Pippino, et a regiis missis in confessione beati Petri constitutam Paulus consecrat, 224. Missam super eadem celebrat, perpetuo ibi permansuram decernit, 225. Fortasse ipsissima est quæ, parieti basilicæ hærens, divisionis ossium inscribitur, *ibid.*

Metropolitæ auctoritas in provincia, 43.

Michaelius post Sergii obitum Rav. sedem invadit, 265.

Migetius nomen p. iscum in Occitania, 443.

Missi Imperiales. An. 754, Joannes silentiarius et Georgius protosecreta, 112, 160; Silentiarius in Francia constitit, litteras regias ad imp. obtinuit, *ibid.* Post annos decem Synesius eunuchus et Anthimus. Hic remittitur, detinetur alter in Francia, 215. An. circiter 765 Constantinopolim petunt missi regii et pontificii, 208. An. 787 Ischamus et Leo veniunt cum Athalgiso in Calabriam, 477. Sequenti anno Neapolim, ubi Beneventana defectio dirigitur contra sanctam sedem et Carolum, 485.

Missi monasterii Galliatensis, 458.

Missi Pontificum Romanorum.

Gregorii III Carolo Martello Anastasius episcopus, Sergius presbyter, 5. An 759, Anchartus, 22.

Stephani II. An. 754 Wilharius ep. Nomentan., 78, 83. An. 755 Georgius card. ep. Ostiensis, Warnicarius abb. missus regius, Thomaricus, et Comita, 88, 96. An. 756 idem Georgius ep. et Joannes regionarius et saccellar., 112,

Pauli I. An. 757, anonymi, 134, 137, 146. An. 758, Gregorius ep. et Steph. presb., 151. An. 759, Petrus presbyter, 164, Georgius ep., 167. An. 761, Petrus primicerius defensorum, 181, 184. An. 763, Joannes subdiac. et abbas, Petrus primus defensor, 202. An. 764, Joannes subd. et abb., Pamphilus defensor regionarius redeunt ex Francia cum Flavino regio misso, 212. Philippus presb., Ursus fidelis pro Tassilone Bajoarior. duce, 215. An. 766, Petrus notarius regionar. et Joannes mansionarius confess. sancti Petri, 227.

Constantini Neophyt. Anno 777, Christophorus presb., Anastasius notar. regionar., 256.

Stephani III. An. 768, Sergius nomenclator, 259. Anastasius primus defensor, et Gemmulus ad Desiderium, 263. An. 770, Petrus presb. Pamphilus defensor regionarius, 287.

Adriani. An. 774, Anastasius, 319. Andreas episcopus et Anastas. cubicularius, 323. An. 775, Andreas episc. et Pardus hegumenos, 332. An. 776, Stephanus saccellarius Beneventum, ubi fœdera tractabantur, 344. An. 777, Philippus episc. et Megistus archidiac. quorum legationis tempus incertum, hoc enim loco memorantur reduces. Philippus, et Andreas episcopi, ac Theodorus consul Adriani nepos, 355, 356. Andreas et Valentinus episcopi, 362. An. 781, Agatho diaconus et Theodorus cos., 385. Anno 782, Stephanus olim saccellar., 387. An. 788, Crescens et Adrianus duces Beneventanum in ducatum cum regiis missis pro sex civitat. possess., 496.

Missi regii princip. Francorum.

Caroli Martelli: Grimo abbas Corbejen., Sigibertus reclusus sancti Dionysii. An. 732.

Pippini regis. An. 754, Folradus presb. et abbas cum sociis, 77. An. 755, Warnearius abbas, 88, 97. An. 756, Folradus et socii, 108. An. 757, Immo, 154; Folradus et Rodbertus, 156; Wulfardus et socii, 137; Langbard, 145. An. 759, Remigius Rothom. archiep. Fr. regis, et Autharius dux, 163. An. 760, Droctegangus, et Wulfardus abbates, 169, 171. An. 761, Wilcharius ep., Felix religiosus, et Ratherrtus vir illuster, 175; Vidmarius et Gerbertus abbates, et Hugbaldus vir ill., 186. An. 763, Haribertus abbas et Dodo comes, 200. An. 764, Flavinus Cappellanus, 211. An. 765, Andreas et Gunderius, 222, 230. An. 766, Wulfardus et socii, 228. An. 767, Wilcharius ep., Dodo, et Wichardus fidelis., 239.

Caroli, Carolomanni, et Bertradæ. An. 769, Dodo Carolom., 267; Itherius Ciroli et Bertradæ, 272. An. 770, Gauzibertus ep., Fugbertus religiosus, Ansiredus, Helmgarius, Caroli et Carolom., 275; Beraldus abbas, Aubertus vir ill. Carolom., 278. An. 773, Hucbaldus Caroli, 265, 499.

Caroli Magni. An. 776, Possessor ep., Rabigaudus abb., 340, 347. Au. 780, Ado diac., 378. Au. 782, Itherius abbas et Maginarius capellanus, 387; Petrus episc. Ticinen. pro Ægila, 590. An. 783, Maginarius abbas pro territorii Sabinen. traditione, 414; Georgius ep., 416. An. 781, Possessor archiep. Ebredunen, 426; Garamannus dux, 435; Arvinus dux, pro musivis et marmoribus ab Adr. obtinendis ex palatio Ravenn., 459. An. 786, Andreas abbas Luxoviensis, 461; Itherius et Maginarius abbates, 463. An. 788, Roro cappellanus et Betto, 476; Atto diac. Gotteramnus ostiar., Maginarius abbas, Joseph diac. et Liutherius, quinque missi tempore commotionis Beneventanæ, 481 seqq. An. 789, Hermenibertus presbyter, pro ritu electionis archiep. Rav., 498; anonymi cum missis Offæ Merciorum regis, 507. An. 790, Bernardus ep. et Rado abbas protonotarius, 514. Summo cum honore excipiebantur, ubi in Eccl. ditionem perveniebant, 310. Placita habebant Romæ flagitante pontifice, 151. Ubi gravis aderat causa, Romæ defiuebantur, 155. Quandoque mittebantur possessionem civitatum, etc., tradendi causa Rom non pont., 332. Pari honore regii ac pontificii habendi erant Romæ, et in Francia, 522. Plura iis tractanda committebantur, quæ in litteris non sunt expressa, 225.

Monachi clericatum assecuti in proposito manere debent, 49. Ad episcopatum per gradus venire possunt, ibid. Desertores puniuntur, 54. Item a proposito abscedentes, 47. Voltumenses ad Carolum ultro se conferunt calumnias repulsuri, 431. Remigii fr. Pippini cantum Rom. ediscunt a Simeone primicerio cantorum, 204.

Monachismus uniform's in Galliis tempore sancti Bonif. Moguntini, qui ordinem sancti Bened. propagavit, 43. Monasterium sancti Silvestri a Paulo I fundatur in domo propria, 236. Soractense sancti Silvestri, cum tribus aliis subjectis Pippino concessum, 193. Galliatensis historia, 437.

Moniales ab altari arcentur, hominumque officio fungi prohibentur, 46. Non velatæ, si nubant, ad pœnitentiam adiguntur, 32. Velatæ seu professæ si nubant, a pœnitentia arcentur donec maritus vivit, 52. Sponte propositum suscipientes si nubant ante professionem peccant, 55.

Moria locus erat 60 mill. a Constantinopoli, 418.

Moyses et David compuratur Pippinus, quia Ecclesiam ab oppressione liberavit, 107. Vide Carolus Magnus.

Moysis et Josue exemplo episcopi orantes victorias assequuntur, 42.

Musiva et marmora palatii Ravennatis concessa Carolo ea petenti, 440.

N

Narnia Romani ducatus civitas Pippini metu restituitur Romanis ante donationis effectum, 66. Eadem cum aliis civitatibus Romanorum a Langobardis invaditur, ante possessionem exarchatus, 87, 93.

Natalis Alexander et Petrus Marca de jure pontificio veteri et novo minus recte, 39

Neapolitani ficte agunt cum Airiano, Arichi Benev. duce sic suadente, 376.

Nestorius blasphemans Dei Filium purum hominem dixit, 445.

Nicœni concilii doctrina de Christo Filio Dei, 446. De Paschate rite celebrando, 452. Differendum docuit usque ad diem xxi lunæ non xxii, juxta Hispanorum errorem, 454.

Nicolaus V Bibl. Vat. instituit, Sixtus IV explet, 116.

Notarius et cancellarius quandoque idem, 514.

Nuptiæ cum duobus fratribus, aut duabus sororibus vetitæ, gradus affinitatis explicati, 55.

Nymphas et Normias massas Ecc'esiæ Romanæ donat Constant. Copron., 16.

O

Offa rex Merciorum in Anglia. Fabula et indiculum ei affictum, 505, 506. Suum regnum sanctæ sedis vectigale facit, 505.

Officia militaria et civilia pontificum regis persimilis, 502

Officia septem palatina: primicerius, etc., 247.

Opere pro idcirco, aut simili, 3°5.

Optatus abbas Cassinensis missus Stephani II ad Aistulphum, una cum Attone Volturnensi, 57, 70. Repetit suos monachos ex Francia, 113.

Orationes assiduæ pro Carolo ejusque parentibus vita functis, 474.

Oratorii, seu basilicæ in proprio fundo erigendæ leges, 50.

Ordinationes episcoporum Romæ ex alienis diœcesibus octavo sæculo, 408.

Organum a Constantino Copronymo dono missum in Franciam, 148

P

Pallii disciplina a sancto Bonif. Mogunt. stabilita in Galliis an. 743, Caroli Magni ævo obtinet, 467. Nequidquam Hincmarus, ejusque sequaces rec entiores labefactare eam nituntur, 468.

Panvinius litteras Cod. Car. testatur, suo ævo in bibl. Vat. existere, 115. Est auctor argumentorum ap. Centuriat. et Baron., 118. Quæ apud Labbeum emendatiora occurrunt, 120. Eorumdem ratio habenda, 135. Idem auctor sero et brevi tempore rebus Ecclesiæ dans operam de pontificibus, et cardd. opus confecit, 116, 119.

Pardus hegumenus. Vide Missi pontif.

Parochia pro diœcesi accipi consuevit, 310.

Pascha quando celebrandum, 452. Vera doctrina paschalium terminorum et controversia inter Latinos et Alexandrinos, 396.

Patriciatus Francorum regum ab Steph. II collatus Pippino, ejusque filiis an. 753 per unctionem regiam, 11, 60. Ejusdem vera indoles. Defensio catholicæ fidei et Ecclesiæ Rom., 73, 189, 460, 500. Patriciatus Petro adscriptus in exarchatu, Carolo in urbe, 291, 521.

Patriciatus imperialis longe alius, 74, 205, 488.

Patricius Romm. appellatur in Cod. tutor, 136; defensor, 142; auxiliator, 144; defensor, et liberator Ecclesiæ, 150; liberator sanctæ Dei Ecclesiæ, et ejus peculiaris populi, 135.

Patrimonia Calabritanum et Siculum a Græcis invasa, 15, repetuntur, 111. Campanum a Steph. III quæsitum, 272, a Neapolitano diversum, 376; Sabinense, dictum etiam territorium,

581; Tusciæ, Spoleti, Beneventi, Corsicæ vetustissimæ concessionis Græcorum impp., etc., pro remedio animarum suarum, 533.

Paulinus quidam scribit pro Theodosio II apocrypha, 197.

Paulus I ante pontificatum missus Stephani II fratris sui ad Aistulphum, 57. Eidem succedit, 114. De fide catholica et sacris imaginibus magis sollicitus quam de temporali dominatione, 126. Ejus tempore nullum incrementum donationi Pippinianæ factum, 125. Ejus epistolarum ordo turbatus, 129 seq. Argumenta apud Centur. et Baron., 114. Timore ancipiti semper vexatur Langobardor. et Græcorum, 121. Græcorum molimina nuntiat regi, 178. Missum regium Romæ commoraturum contra eosdem efflagitat, 181. Sex patricios cum classe advenire nuntiat, 219. Scribit litteras Pippino ex Desiderii voto, 149. Aliis litteris priorum fidem diluit, 158. Langob. regis amicitiam se culturum promittit, si fidem servarit, 197. A calumnis se purgat, 207. Concedit privilegium monasterio sancti Silvestri, 236.

Pentapoles duæ mediterranea et maritima, 555. Ejus civitates una cum exarchatu a Pippino donatæ ab Arimino usque Eugubium, ibid. A Desiderio hostilia patiuntur, 154. Pontifici quam Leoni archiepiscopo Rav. obtemperare malunt, 521. Athalgisi adventum Adriano nuntiant, 476.

Persarum excursio prope Constantinopolim, et magna præda, 418.

Petasius in Tuscia Rom. rebellis, 14.

Petronilla (sancta) ejus oratorium in basil. Vat., 156.

Petrus (sanctus) dimittit peccata, 71; concedit victorias, 75; per suum vicarium unxit in reges Pippinum et filios, 76, 82, 91, 185, 189, 222 et alibi passim. Victoriam Pippino miraculose concessit de Langob., 79. Francos reges in suos peculiares elegit, 82. Continuo post Deum ponitur in vehementioribus petitionibus, 87, 345, 367. Potestas clavium, 140 et passim in Cod. Steph. II intra urbem obsessus, maximisque in angustiis Petrum ipsum quasi deprecantem inducit, 98. Pippinus Petro et ejus vicarius donationem fecit pro animæ mercede, 151, 156, 201, 223, 276, 521. Carolus confirmat, et amplificat super ipsum sacratiss. corpus, 367 et alibi passim in Cod. qui constanter docet in basil. Vaticana quiescere tantum thesaurum, 100, 361, 367. Quare præ aliis a Carolo dilecta et locupletata, 474, 505.

Petrus et Paulus una simul invocantur, 223, 275, 462. Utriusque doctrina de Filio Dei vivi, 446.

Petrus de Marca de jure pont. veteri, et novo minus recte, 59.

Philippus presb. et Eustachius dux judices missi ab Steph. II ad regimen exarchatus, 523.

Pippinus majordomus Franciæ, 41. Zachariæ auctoritate rex, 69, 73. Ejus donatio Carisiaci facta, 521. Integra servatur in archivo sanctæ Ecclesiæ, 65. Novus Moyses et novus David, 140, 200, 233. Tanquam fidelis Deo et beato Petro a Paulo I proponitur imitandus Carolo et Carolom., 184, 190. Constanter appellatur in omnibus Pauli epistolis protector et defensor fidei catholicæ et Ecclesiæ, seu auxiliator et liberator, 182, 186 seq., 220. Sacrarum imaginum defensor, 196. Ejus amor in sanctum Petrum et pontificem, 146. Græcorum missos nonnisi coram pontificiis audit, 212 Constantia in sanctæ sedis et Romm. defensione, 214. Sollicitudo de sanctæ sedis et pontificis statu, 207. Paulo Græcorum litteras communicat, 215. Paulus filium cognominem Pippini a sacro fonte suscipere optat, 168. Monet ne, Bertrada divissa, Anglam ducat, 284.

Pippinus antea Carolomannus Caroli fil. ab Adriano suscip. e sacro fonte, postea Italiæ rex inungitur, 351, 383.

Placita Romæ habita a missis Pippini, 131.

Pœnitentes ad clerum non admittantur, 49.

Pœnitentiales libri tota Europa pervagantur, 30.

Polorum arbiter, polorum et tellurum creator Deus, 207, 217.

Pontificalis liber Anastasio tributus, 7, 9.

Pontificis et regis par potestas in sua cujusque ditione, 521.

Populonii et Roseli fines an. 787 nondum possessi, 474 seq., 480.

Possessio exarchatus et Pentapolis an. 756, 107.

Pothonis abbatis Volturn. causa, 587, 424 seqq., 451.

Prædestinatio et liberum arbitrium ab Hispanor. errore vindicantur, 401, 433.

Præfectus urbis criminales causas cognoscebat, 247, 563.

Presbyteri et diaconi pœnis obnoxii, 47, 50 seq.

Primicerius cantorum sanctæ sedis, 204.

Principatus Langob. minoris initium, 123.

Priscillianismus in Hisp. redivivus viii sæc., 403.

Provinciale Gallicanum Carolo Adrianus, 219.

Ptochium hospitale pauperum seniorum, 48.

Pyttacium et pseudopyttacium quid? 410.

Q

Quartadecimani a concilio Nicæno damnati, 393. Eorum error falso Hispanis tributus, 443.

R

Ravenna metuit Græcorum arma, 176.

Ravennates dicuntur Æmiliæ populi, 329.

Ravennates archiepiscopi Constantinopolitanos patriarchas imitati conflant schisma, 499. Rite electi consecrantur Romæ, 501.

Ravennates et Pentapolenses judicandi Romæ, 520.

Reginaldus Clusii dux malus Eccl. finitimus sub Desiderio amovendus, 338, 344. Ante ducatus honorem casaldus Castri Felicitatis, 337.

Responsale Rom. Pippino missum a Paulo, 148.

Respublica sancta perperam vocatur sac. Rom. imperium, 15.

Rodicausus monachus Pothonis abb. Volturn. accusator a canonibus rejectus, quia stupri reus, 429.

Rodgaudus dux Forojul. Italiæ regnum affectat, 343; a Carolo devictus, 347; ab eodem dejectus, 372.

Rodigangus ep. Meten. et Autcharius dux missi regii ducunt Steph. II in Franciam, 58, 69, 77.

Rogationum genus Caroli Magni ævo, 463.

Rogus, seu supplicatio pro Francorum ope impetranda, 3, pro successione Grimoaldi in Benev. ducatu, 489.

Roma et ejus ducatus juris pontif. ante donationes, 12; perperam donationibus accensentur, 68. A sævitie Langobardor. liberantur, 147. Imperatoribus Græcis nequidquam paruisse dicuntur, 128, 176. Id Græci ipsi fatentur, 210, 313.

Romanam Eccl. Adr. appellat Ecclesiam Dei, id est beati Petri, 332.

Rom. pontifex a Deo eligitur, 507. Electionis ritus An. 769, 260. Ex presbyteris tantum et diaconis cardinalibus eligebatur usque ad exitum sæc. ix, 291. Ante consecrationem electus inscribitur, 114. Ante Gregorium III ordinatio seu consecratio confirmationem principis sequebatur, 289; a Greg. III ad Leonem III consecratio libera, 154, 241, 290, 292. Vicarius Petri passim in Cod., 183, 259. Summa ejus potestas in spiritualibus, 520. In temporalibus, 521 seq. Romæ et in ejus ducatu princeps, 67, 293, 370, usque ad an. 728, 13. Græcis dominium si resipiscerent redditurus, 16, 58; in exarchatu ab an. 756, 261, 425, 440; potestas ejus quam vocant coactiva, 564 seq, 516, 520. S. P. Q. R. eum dicit *dominum nostrum a Deo decretum*, 143. Ditionis ejus a regum Francorum ditione perspicua distinctio, 465 Nulla utitur collectione canonum ante Zachar., 52, 42, 501; in regibus vel minima extollit, 474. Ejus opera reconciliationes principum quæsitæ, 215.

Romualdus fil. Arichis natu major præmoritur patri, 489.

Ruinartius duas tantum Greg. III epistolas novit, 2, 5.

S

Sabanum, non sabarium, linteum quo ex sacro fonte excipiebantur baptizati, 156.

Sabinense territor. seu patrimonium, 314, 381, 414 seq.

Sacramentarium sancti Greg. in Franciam, 323, 325.

Sacramentum episcopor. Tusciæ, 9; ab Adr. exactum pro innocentia monachor. Volturn., 431.

Salæ sancti Petri seu domus rusticæ, 20 seq.

Salvatoris sac. Imago in processionibus, 463.

Sanctor. corpora non movenda Adr docet, 381.

Sanguis, et suffocatum olim vetita, 400, 454.

Saraceni emunt mancipia a Langob., 369. An. 777 a Carolo profligati in Hispania, 336.

Sasantina curtis monast. Galliaten., 438.

Saxones tandem debellati an. 785 cum Widichindo eorum duce ad fidem convertuntur, Caroli opera, 462. Nonnulli ad paganismum reversi ad pœnitentiam admittendi, 463.

Schisma Raven. archiepiscoporum, 499.

Scriptura Rom. Langobardica Adr. ævo, 120.

Secundicerius cantorum primicerio succedebat, 204. Tertii cantoris officium, 204.

Sedes (sancta) Crescentii collectione utitur, 74.

Senogallia juris Rom. pontificis, 224.

Sergius archiep. Rav. uxoratus Romæ filium implicitus, 138; nimium sibi tribuens dejicitur a Steph. II, 522. Restitutus grati animi ergo nuntiat Paulo Græcor. insidias, 178.

Signum pro termino adhibitum, 388. Sirmondus de coll. Dionys. deceptus decipit, 28, 39

Spatha apallarea, 159.

Spoletanus, et Benev. duces Pippino fidelitatem jurant, 134; uterque ducatus Langobardis subjectus, 176; uterque a Carolo oblatus sanctæ sedi, 298, 341, 379.

Stephan. II Constantinopoli auxilium petit, 70. A Francis obtinet, 11. In Franciam se confert, superat is Langobardor. insidiis, 58, 61. Ibi gravi morbo tentatus convalescit, 79. Pippini filios suscipit e sacro fonte, 75. Obtenta possessione exarchatus et Pentapolis, actores et judices eo mittit, 325. Moritur, 114, 133. Epistolarum ejus ordo certus, 59.

Steph. III. An. 758, missus Pauli ad Pippinum, 151. Creatus pontifex, canones apostolorum 50 accipiendos decernit, 52. Ex Desid. voto Ecclesiæ statum conturbantis simulatas litteras dat Bertradæ et Carolo, 262, 263, 291. Carolomanno compater fieri optat, 279. Connubium cum filia Desid. vehementer improbat, 284.

Stephanus episcopus et dux Neap. fidelis sanctæ sedi offert Paulo opem contra Græcos, 127, 179, 495.

Subdiaconis connubia vetita, 59, 48.

T

Tabernæ pro viatoribus antiquissimæ, 457.

Tarracina juris sanctæ sedis, quia subacta armis pontificis, et pro patrim. Neap. retenta, 495 A Neapolitanis, et Græcis invasa, 375.

Tarracinenses. V. Cajetani.

Territoria, seu provinciæ, et civitates donatæ sancto Petro, 373, 384.

Theodori Liber pœnitentialis, 30, 304.

Theophylactus protothecarius, 427.

Thius rex Persarum pugnat cum nepote, 419.

Trabes majores pro ecclesiis e Spolet. ducatu a Carolo Adr. petit; a Carolus musiva Raven. a pontifice Ravennæ domno quæsierat, 471.

Trasimundus dux Spoleti obsessus Romæ, 9, 21.

Tusciæ Langob. civitates juris sancti Petri, 475, 480, 496.

V

Veneteici fideles Serg. archiep. nuntiant molimina Græcor. in Ravennam, 179. Adrian. petente Carolo eos pellit exarchatu et Pentap., 489.

Verecundus ep. auctor compendii concilii Chalced. apocryphi, 410.

Viduæ non velandæ, 46.

Virgo sacra propositum deserens, 518.

Visio incredibilis a Carolo rejecta, 434.

Volturnense monasterium. V. Potho.

W

Waldipertus presb. Langob. et Gracilis tribunus majestatis rei, 243.

Wilcharii plures in Gallus coævi, 393.

Wilcharius Senonen archiep. præficitur basilicæ Vatic. instauration, 380; jurisdictio ejus in Hispaniam extenditur, 409. Ægilam ordinat et instruit, 438.

Williarius ep. Nomentanus missus, et postea socius Steph. II in Galliam euntis, 78, 83, 138.

Winigisus Hildebr. successor in ducatu Spolet, 513.

Z

Zacharias primus consecratur absque decreti missione ad principem, 241.

quatuor civitates Romani ducatus recuperat, 10. Scribit Pippino majori domus, 27, 41. Eumdem creat regem, 13. Liutprandi regis Langob. annos numerat insueto more una cum imperialibus, 26, 27. Primus omnium pontificum utitur collectione canonum Dionysiana, 30.

PRÆFATIO

EDITIONIS CAJETANI CENNII TOMO II PRÆFIXA.

I. Quæ de universi operis monumentis præfanda erant initio dixi. Ea propter novam de iisdem præfationem, quod superfluum quidem esset, non instituo. Si quando enim præstantium virorum auctoritate fretus, sententiam aliquam minus rectam amplexus fui, ac deinde, re penitius explorata, deserendam duxi, quod semel, iterumque, ac tertio per me esse factum invenies, rationem quoque audies cur illorum ab opinione discesserim. At novum constitui monumentum iis præmittere quæ altero in hoc volumine continentur : Notitiam videlicet provinciarum Ecclesiæ universæ, et Censualem librum sanctæ sedis genuinum; ut ipsis manibus teneas, quanta errent via recentiores historici, qui Ludovicianum diploma commentitium dictitare, ac proinde aliorum quæ sequuntur auctoritatem labefactare non sunt veriti. Nova scilicet provinciarum nomina Ludovici tempore fere omnia ignota *Sclavoniæ, Hungariæ, Dalmatiæ supra mare, Histriæ* pariter *supra mare, Croatiæ, Alamanniæ, Burgundiæ, Marchiæ, Marsiæ, Lombardiæ*; novas utique civitatum appellationes, nova jura sanctæ sedis tuis oculis subjiciam. Quod sane monumentum pluris faciendum esse puto, quia sæculi x ac duorum sequentium barbariem atque inscitiam præsefert, quam quia meliorem locorum ac rerum notionem exhibeat quam geographi posteriores, quorum studio improbo summæque diligentiæ et vetus et nova terrarum orbis descriptio refertur accepta. Aliud etiam non modicum monumento pretium accedit, quod medii ævi chorographiam Italiæ, quam anonymus (*Script. It.* tom. X) ex Ludoviciano diplomate sæpe falsus extudit, non semel neque obscure emendat, certas minimeque dubias provinciarum ac civitatum dispositiones suppeditando. Auctor ejus incertus, dubia etiam ætas; nam per annos fere bis centum vagatur. Cum autem descriptor sit certus, deque hujus ætate dubitari non possit, facili admodum negotio assequimur quæ earumdem provinciarum dispositio esset sæculo xi ac sequenti.

II. Albinus enimvero, de quo alibi sum locutus (*Præf.* n. 25) perspicue testatur se antiquioribus ex codicibus quidquid posteritati mandavit, desumpsisse : « Sollicitus, inquit, fui quando et ubi potui in hoc eodem fasciculo annectere, que cognoveram, vel inveniebam juris esse beati Petri per libros antiquitatum, vel ea que per me ipsum audivi et vidi a tempore Lucii III, » qui scilicet pontificatum iniit anno 1181. Antiquior autem ex additionibus ab se factis occurrit, cum de Hibernia sermonem habet; sic enim ait : « Tempore domini Eugenii pape III facta est divisio totius Ybernie in quatuor metropoles per Joannem Paparum presb. card. sancti Laurentii in Damaso ap. sedis legatum. » Itaque libris antiquitatum ante annum 1145, cum Eugenius III factus est pontifex, existentibus, pauca hæc Albinus adjecit. Isti vero sunt termini, citra quos veniri nefas est : non autem ætas certa cujusvis monumenti, unde sua decerpsit. Qua super re animadverti illud debet quod suæ is lucubrationi fecit hunc titulum: *Excerptum de historia ecclesiastica*. Propterea opus variis ex opusculis coagmentatum putari oportet, quod Albinus sua diligentia exegit, nobisque seris posteris commendavit. Idque planissimum per me factum iri confido, ubi ostendero, non unius ætatis, neque unius auctoris labores excerptos esse, verum ex aliis aliorum temporum notitiis, quas vocant, iisque non semel inter se pugnantibus, con-

A fectum fuisse opus ad medii ævi historiam ecclesiasticam, præcipue pontificiam, illustrandam utilissimum, et ad monumenta hujus voluminis asserenda necessarium. Quamobrem ut perspicue ac distincte de eodem loquar, sex in partes dividendum mihi esse duxi, quas brevi admodum sermone singillatim expendam. Inficetæ descriptioni Italiæ, quæ iis præmittitur, breves subjiciam notas, magis ne rudis illius ævi (sapit enim sæculum x) reliquias neglexisse videar, quam ut lectori commodi quicquam afferam; nullam quippe cum sequentibus notitiis convenientiam habet. Ordior ab earum prima.

III. Notitiam hujus similem jam pridem edidit Emmanuel a Schelstrate ex cod. ms. bibliothecæ reginæ Sueciæ cum var. lect. alterius cod. ejus iem regiæ biblioth. 1248 (*Ant. eccl.*, append., p. 649). Quo ex utroque cod. var. lect. apponam. Quid ipse de eadem senserit, non est negligendum : « Codex, inquit, ex quo hæc notitia desumpta est, scriptus fuit ante 688

B annos, ut patet ex Chronico quod initio cod. habetur, et ad annum millesimum desinit. . . . . Videtur vero notitia conscripta fuisse post Honorium et Arcadium, circa tempus Chalcedonensis concilii, quo Leo Magnus pontificatum obtinebat. Provinciam namque Narbonensem ad Galliam, Tingintanam, et insulas Baleares ad Hispaniam pertinuisse affirmat, quod ultra Leonis Magni pontificatum obtinuisse non puto. » Vir doctus fortasse non sensit auctorem in recensendis provinciis ut plurimum adhæsisse Notitiæ imperii, adeoque civiles potius provincias quam ecclesiasticas descripsisse. Iis vero ecclesiasticas non fuisse conformes eruditorum neminem latet. Equidem videns hanc Notitiam, neque omnino civiles, neque ecclesiasticas pro iis sæculis quæ illustranda sunt, continere, eam volens ac lubens procurandam alii, cujus magis intersit, relinquo. Etenim quæ sequuntur Notitiæ æque cum ista pugnant ac cum descriptione Italiæ quam Albinus loco principe collocavit.

C IV. Et vero continuo illam sequitur Notitia longe eadem antiquior, divisionis videlicet Galliarum in Gallias et septem provincias. Quam Sirmondus omnium primus in lucem edidit tom. I Conciliorum Galliæ, et Petrus de Marca (*Diss. de prim. Lugd.*); ac Pagius (374, n. 11), summo uterque studio ac diligentia interpretati sunt. (De Schelstratii indiligentia [*Antiq. Eccl.* tom. II, p. 658] non est quid loquar, cui Lugdunensis III provincia integra excidit.) Ea scilicet, qualis apud Sirmondum et Pagium visitur, sæculo quarto declinante conscripta est, ante ipsam Notitiam imperii. Qualis autem per me nunc primum prodit ex cod. Albiniano, undecimi sæculi characteres præsefert : quod eruditis planum fiet, si Germaniæ utriusque episcopales sedes suffraganeas considerent. Longum esset et abs re nostra singillatim omnia expendere quæ in hac Notitia continentur. Nostra interest provincialis hujus membra detegere, ut singulorum ætate cognita, quidquid scripti hujus codicis temporibus non convenit, haud

D Albino vertatur vitio, sed in præcedentium inscitiam rejiciatur, cum vetusta ea monumenta, quæ ipse congessit, aut nulla cum fide, aut cum additionibus mutationibusve aliquibus exscribebantur. Gallicanæ huic antiquissimæ brevis alia Notitia subjicitur Hungariæ regni, quæ sæculo xi vetustior dici non potest. Id enim regnum sancti Stephani opera ineunte eodem sæculo, proprios episcopos obtinuisse, eruditorum neminem præterit. Quin etiam cum videam recenseri Gurcensem episcopatum, anno tantum 1072 erectum, Notitiam in sæc. xii tutius rejiciendam esse crediderim. Huic adnectitur Notitia alia longe antiquior, cum Salona erat metropolis totius Dalmatiæ et Croatiæ: harum siquidem in regno duæ erant metropoles anno 1062, ut animadvertit Pagius eodem anno (num. 6): *Spalatensis*, quæ Salonitanæ jampridem excisæ successerat, et *Antibarensis*, quæ Ragusiæ postea suffraganea, tardius honorem pristinum recuperavit.

V. Succedit chorographicæ utrique notitiæ, extra ordinem hic insertæ, antiqua illa celeberrimaque Ecclesiarum Hispaniæ, quæ Wambæ Wisigothorum regi ascribitur, nulloque hactenus nostratium monumento comprobata fuit. Eadem exstat apud Labbeum (*Concil.* tom. V, pag. 878), sic inscripta: *Divisio terminorum diœcesium et parochiarum Hispaniæ a Wamba rege facta, ex mss. Ecclesiæ Toletanæ et Eccl. Oveten. cujus titulus est Ithacius, in quo historia regum Vandalorum et Alanorum in Gallœcia, et postea Suevorum, et demum Gothorum scribitur*. Hanc nostram ineditam cum illa per otium conferenti planum erit, civitates eodem ordine recenseri, secus autem metropoles; quarum ultima in Wambæ divisione est Narbonensis, hic vero Arelatensis, quod nulla in Notitia unquam legisse me fateor. Præterea Toletano metropolitæ subditas priores sedes *Oretum* et *Beatiam* sileri comperiet; inter Hispalensis suffraganeas inveniet *Eliberri, id est Granata*; Emeritensi quatuor sedes auferri, *Egeditaniam, Conimbriam, Veseum et Lamecum*, tribuique Bracarensi deprehendet; ac denique Tarraconensis Baleares insulas desiderari percipiet. Hæc vero Hispaniæ e Maurorum manibus magnam partem ereptæ nos admonent, adeoque veteris illius Notitiæ in sæculi xi extremo aut initio sequentis descriptæ, quam Albinus in suum codicem retulit post annos non bene centum. Quæ vero fuerint, quave in regione seu dominatione constitutæ essent Albini ævo provinciæ omnes ecclesiasticæ quæ hactenus enumeratæ sunt, colligi potest ex Notitia Cœlestino III conscripta a viro religioso, et Milone ejus abbate apud Schelstrat. (*Ant. Eccl.* tom. II, pag. 747), ex qua subjiciendas mihi esse duxi provincias omnes, alio licet ordine recensitas, regna semper aut principatus indicando, in quibus duodecimo exeunte sæculo existebant. Id profecto fit in sequentibus per me fiet, et quidem faciliori negotio. Si enim Angliæ regnum excipias, provinciarum Notitiæ tam alte petitæ neque occurrunt, nec poterunt occurrere. Sequentium enim Ecclesiarum fundationes octavo ad summum sæculo fieri cœptas esse constat.

VI. A Poloniæ regno initium ducit, S. Adalberti prædicatione ad fidem converso ineunte sæculo xi. In Alemannia tres tantum metropoles constituit, Bremensem, Magdeburgensem et Salisburgensem; quatuor enim, Maguntinam, Coloniensem, Treviorensem ac Tarantasiensem, inter septemdecim Galliarum provincias recensuerat, priscum in morem: neque aliæ metropoles in Alemannia erant. Angliæ vetustis duabus metropolibus, Cantuaria et Eboraco, recensitis, antistites Scotiæ, ut pote omnes exemptos, nulli metropolitæ subjicit. Nam usque ad Sixtum IV archiepiscopi honorem sancti Andreæ præsul non est assecutus. Prætermitti autem non debet, Scotos episcopos a Cœlestino III exemptos fuisse anno 1192, quod codicis ætatem demonstrat. Hiberniam a magna Britannia secernit, metropoleon institutionis ratione habita in regnis septentrionalibus. Quamvis enim Daniæ metropolim Urbanus II instituisse dicatur, tamen Innocentius III (*Regest.* lib. I, ep. 419, p. 247) Adriani IV et successorum privilegia tantum memorat; duasque reliquas Eugenius III instituit anno 1448, seu triennii spatio ante ordinationem Hiberniæ, quam idem pontifex fecit per suum legatum. Descriptionem quatuor metropoleon Hiberniæ tunc primum institutarum ven. card. Baronius (1151, n. 4) vidit in bibliotheca Vat. cum ecclesiis singulis unicuique earum subjectis: quam equidem eo lubentius exhibeo, quia ex titulo ipsissimam esse video quam Albinus accurate in suum codicem retulit: magna enim fides monumento isti accedit ex genuinis tabulis Ecclesiæ Romanæ, unde est confectum. Quamobrem de dispositione provinciarum ecclesiasticarum Italiæ, quæ post Hiberniam enumerantur, satis mihi est subjecisse omnium oculis, qualis erat sæculo xii. Perinde est de Orientalibus, quæ ante exitum sequentis sæculi ab immanissimis Christiani nominis hostibus passæ sunt excidium. De hisce autem ad incitas redactis nonnihil dicendum erit in notis ad codicem Rudolphinum. Veniendum modo est ad partem alteram monumenti hujus præstantissimi, nempe ad Censualem librum genuinum Ecclesiæ Romanæ, qui Cencio ascribitur.

VII. Cum Cencius de Sabellis erat sanctæ Romanæ Ecclesiæ camerarius, nam postea Innocentio III successit Honorii III nomine, edidit librum Censuum cum hac præfatione, quam posteritati commendavit Baronius (1192, n. 19), et ego opportune his exscribam: «Ecclesiæ Romanæ Censuum opus jam retroacto tempore a quibusdam aliis ordinatum, cur reordinare opus fuerit et necesse? Ego Cencius quondam felicis recordationis Clementis papæ III, nunc vero domini Cœlestini papæ III camerarius, Sanctæ Mariæ Majoris canonicus, breviter et aperte respondeo. Quod cum felicis memoriæ Eugenius I et Adrianus (*legendum omnino est* Eugenius III et Adr. IV) papa successor ipsius, et quidam alii deinde quædam memoralia semiplena tantum, nec authentice scripta, seu ordinata in scriptis de Censibus redegissent, et posteri, sive successores eorum per memorialia ipsa quæ ecclesiæ vel monasteria, hospitalia, seu domus eleemosynariæ (quod ferme idem esse dignoscitur) quæ etiam civitates, castella, villæ vel domus speciales, seu quæ reges aut principes in jus admissi et proprietatem beati Petri, et sanctæ Romanæ Ecclesiæ persistentes censuales esse, vel quantum deberent persolvere, instrui plenarie non valerent, eadem Romana Ecclesia detrimentum incurrebat non modicum et jacturam. Quod utique comperiens, et videns me de facili posse remedium huic damno præstare, recognoscens etiam personam meam sancta Romana Ecclesia primis a cunabulis educatam, promotam in omnibus et creatam, vigilanti atque vehementi meditatione motus census ipsos, sicut in tomis charticinis et voluminibus regestorum antiquorum pontificum Romanæ Ecclesiæ et modernorum, et aliorum librorum quorumdam, seu memorialium veracium inveni, etsi non omnes producens in medium, certis regnis, provinciis, episcopatibus atque locis a præmissis tantum Patribus sanctis primitus constitutos, in quantum facultas permisit, ut inferius adnotabitur, insignivi. Novos census, qui meo tempore in Romana fuerunt Ecclesia constituti, vel amodo statuentur in hoc volumine studiose depingendos ostendi, ex hoc successoribus meis præstans materiam universis, qualiter de cætero usque ad exitum mundi et census illos describant, qui suis de novo temporibus statuentur.» Velim equidem ista omnia in Cencium convenire, quemadmodum de se ipse testatur, nemine omnium ante hunc diem secus opinante. At præbendæ aliquantisper aures sunt Albino sui pariter testi.

VIII. Patria se Cajetanum esse fatetur, dum Richardi *longo tempore post* Urbevetani episcopi, liberalium artium magistri, se fratrem fuisse ait, et post mortem avunculi sui monachi, in magisterio adjutorem. Cum autem Richardus frater ejus episcopatum sit adeptus anno 1176 aut sequenti, ut constat ex monumentis ap. Ughellum (*It. Sac.* tom. I, p. 1468), ipseque post ea tempora accersitus sit Romam, hucigitur venit confirmata jam ætate. Vocatus autem in Urbem fuit, quod sui similibus omni tempore contigisse compertum est, fama, ut arbitror, prænuntiante indefessa ejus studia. Etenim collegerat novem libris utilia multa ex Patribus et Conciliis, de quibus loquens: « Adjunxi, ait, quosdam necessarios canones, quos de diversis Patrum opusculis non omnibus perviis, nec in editione Gratiani redactis, cum labore collegi. » Duos autem libros extremos, decimum et undecimum, confecit Romæ a tempore Lucii III qui ad summum fastigium est evectus anno 1181. Eosque idem auctor tanti faciebat, ut novem præcedentes præ iis contemptui haberet: « Quos, inquit, cum componerem, quia pauper erat intelligentia, securius peto super his et aliis inepte prolatis ab ea legentibus veniam. Omnia supradicta facta fuerunt inconstantis ætatis et infirmæ scientiæ. Cum autem factus sum vir, meritis peccatorum vocatus sum ad Romanam Ecclesiam, et ex tunc sollicitus fui, etc., » ut principio dixi. Hæc Albinus in præfatione codicis sui, cui titulus : *Incipiunt gesta pauperis scholaris Albini*. De libro x aliquid cursim delibabo.

IX. Orditur a Francorum regum donationibus, patrimoniis ac domocultis ex Libro Pontificali ; deinde lectorem admonet quod « quæ sequuntur sumpta sunt ex tomis Lateranensis bibliothecæ, et quoniam quædam propria nomina patrimoniorum in eisdem tomis alia ex toto, alia ex parte nimia vetustate consumpta sunt, in loco proprii nominis vel ex toto, vel ex parte nullatenus legi potuit, appositum est theta, de qua poeta dicit: -

O multum ante alias infelix littera theta ! »

Postea vero recenset patrimonia et massas sitas in territoriis Lucano, Pisano, Carfagnanæ, Rosellano, cæterasque censuum acquisitiones usque ad Gregorium VII. Decimi præsertim sæculi, cum Tusculani comites jus omne sanctæ sedis usurpasse dicuntur, plura exhibet documenta. Sint instar omnium illud Bonifacii VI pseudopontificis an. 984 : « Item in alio tomo ejusdem cartularii legitur VII papa Bonifacius locasse castellum Petram pertusam cum omnibus et pertinentibus cum placito, et districto eorum, et glandatico, et herbalico tam de eodem castello quam de villis ad se pertinentibus. Situm est in territorio Silve Candide : prestat annue decem auri solidos. » Et illud sequentis anni: « Item in alio tomo sub Johanne XV papa, Dagone judex et Ote senatrix, et filii eorum Misica et Lambertus leguntur beato Petro contulisse unam civitatem in integr., quæ est Schinesne de provincia Polanorum cum omnibus suis pertinentiis infra hos affines, sicut incipit a primo latere longum mare, fine pruzze, usque in locum qui dicitur russe : et fine russe extendente usque in Craccopin, et usque ad flumen Oddere, recte in locum qui dicitur alemure, et ab ipsa alemura usque in terram milze, et a fine milze recte intra Oddere, et exinde ducente juxta flumen Oddera usque in prædictam Civitatem Schinesgne. » Post charticios istos tomos bibliothecæ, ad pontificum regesta se vertit Honorii I, Gregorii II, Zachariæ, Alexandri II et Gregorii VII. Ac trium quidem priorum nonnisi locationes massarum ac fundorum recenset. Alexandri autem II et Gregorii VII census regum ac principum Angliæ, Galliæ, Hispaniæ, Saxoniæ, Hungariæ, Russiæ, Dalmatiæ et Croatiæ numerat. Deinde prosequitur cum diplomatibus, chartis, juramentis aliisque antiquis monumentis, quæ claudit cum excerpto ex historia ecclesiastica, quod mox sequetur. Ut autem paucis multa complectar, quæ Cencius anno 1192 se collegisse ait, ante annos minimum octo aut decem Albinus collegerat, et decimum in librum sui codicis retulerat, in cujus calce post Notitiam provinciarum, de qua diximus, librum Censuum qui tunc existebant, et nunc primum in lucem editur, collocavit.

X. Quæ cum ita sint, nemo, arbitror, assiduos labores Albini, qui vetustis licet monumentis colligendis assuetus, plures tamen annos in iis quæ ad sanctam sedem pertinent recensendis insumpsit, Cencio adjudicabit, qui fortasse aliquid ad summum adjecerit labori alieno. Fortasse, inquam ; si enim genuinus liber Censuum, de quo ipsemet præfatur, existeret, ab Albiniano parum aut nullatenus discreparet. Qui autem Muratorii opera ante annos aliquot prodiit (*Ant. Ital.* tom. V, p. 851) scriptus videtur post annos circiter centum ab editione Cencii : Honorius enim quartus ibi occurrens, ad Petri cathedram non ascendit ante annum 1285. Cum autem codex omnium facile antiquissimus, quo Panvinius usus fuit (*Cod. Vat.* 5924) hodie exstans in tabulario Molis Adrianæ, privilegium exhibeat (pag. CCCCLXXX) datum a Carolo IV Aug. an. 1368, editum a Lunigio (*Cod. It. Dipl.* tom. II, p. 791), Muratorianus multo recentior haberi debet, neque ullatenus ascribendus Cencio. Quam rem comprobat discrimen illud ingens eidem cum Albiniano intercedens. Monetarum genus plerumque aliud ; maxima in recensione censuum discrepantia ; ordo episcopatuum alius ; et provinciarum mistura non semel offenditur. Præterea consuetudo locandi oblationes, quam Muratorius seorsim una cum diplomatibus recensuit, præfert hunc titulum omnino falsum : *De proventibus quos dominus papa recipit de Confessione beati Petri, et basilica S. Sanctorum* circiter annum 1220. Qui si conferatur cum sequentibus conductoris oblationum oneribus, utcunque ibi miserandum in modum mutatis, iisdem minime respondere deprehendetur. Fortasse locatio ista sanctæ sedis dignitatem dedecere visa est. At vel centesimo sexto post anno Joannis XXII litteræ vicario Urbis episcopo Viterbiensi (*Bull. Vat.* tom. I, p. 272) secus docent : « Si, prout tu, frater episcope, nos per tuas litteras consultasti, pro nostræ cameræ commodo magis expedire videritis, arrendare, seu ad firmam dare jura omnia, redditus, et proventus ac obventiones altarariatus, seu helemosinariæ basilicæ principis apostolorum de Urbe, quam quod illa per nos colligi facere, seu levari..... Volumus autem, quod de quantitate pecuniæ, pro qua arrendatio, seu ad firmam datio fiet hujusmodi an seu quibus personis, pro quanto tempore, ac sub qua etiam cautione illam contigerit fieri, per vestras patentes litteras, vel instrumentum publicum, nos plenarie informetis. » Quamobrem de venerabili antiquitate nil movendum erat : nam si quæ a sequentium ætatum moribus abhorrent, deploranda potius erant prisca tempora quam emendanda, quod castitas integritasque historiæ vetant fieri.

XI. Ea propter Collectionis priorem illam partem, quam Albinus ex Romano Pontificali CXLVIII in suum codicem retulit, excerptam videlicet ex tomis chartaceis bibliothecæ Lateranensis, eidem asserere non ausim. Characteres quippe antiquioris collectoris in ea insunt, quæ aut Gregorio VII superstite, aut continuo post ejus mortem fuisse factam ostendunt. Ea, tam in codice Albiniano quam in edito apud Muratorium, incipit : « Hadrianus papa optinuit a Karolo, » etc.; explicite : « Item in quodam thomulo Lateran. inter cetera Spicioneus dux Boemie accepit licentiam a papa Nicolao sibi portandi mitram, et promisit se daturum omni anno centum libras argenti de terra sua sub nomine census. » Sed ante hanc supremam partem ex toto septimi Gregorii Regesto allatis pluribus, hæc subjiciuntur : « Ex synodo habita in Dalmatia a legatis VII pape Gregorii, scilicet a Zebizone tunc monasterii SS. Bonifacii et Alexii abbate, nunc vero Cesenate episcopo, necnon et a Folcuino Forosimpronii episcopo. Quæ synodus habetur in archivo sacri palatii Lateranensis. » Quæ etiam exstant modico cum discrimine apud Baronium (1076, n. 66). Igitur Lateranensis bibliothecæ foruli excutiebantur post annum 1083. Non enim ante eum annum Gebizo Dalmatina legatione functus, episcopalem dignitatem a Gregorio eodem obtinuit. Albinus autem non auctor, sed exscriptor puræ putæ hujus primæ collectionis haberi debet. De cæteris quamplurimis monumentis quæ sequuntur, non est expeditum judicium ferre, num plura ab aliis collecta invenerit, an singula ipse collegerit. Istud pro certo affirmari potest, quod antequam Cencius Camerarius ederet suum Librum Censuum, antiquis tot monumentis refertum, hæc jam, paucissimis exceptis, ab Albino collecta fuerant.

XII. Eugenii etiam III (non 1, ut perperam legitur in præfatione Cencii; nam sancti Eugenii ævo qua vicarii, qua successoris sancti martyris Martini I non conveniunt, quæ Cencius narrat), et Adriani IV temporum locationes, chartulæ, censusque alii collecti reperiuntur ab Albino in libro XI et ultimo Collectionis suæ. Quorum nonnulla invenientur infra, nonnulla parantur prelo, inserenda operi quod propediem editurum me in lucem confido : *De præstantia basilicæ Vaticanæ*. Præ aliis Ordo Romanus genuinus apud Albinum proferetur tam de festis diebus quam de coronatione Romani pontificis : qui fœde interpolatus in libro Censuum Cencio ascripto, Panvinium prius decepit, postea diplomaticæ scientiæ facile principem Mabillonium. Quorum uterque minus solerter patrocinatus est falsis tot ritibus in eum Ordinem introductis. Interim Provinciale et Librum Censuum exhibeo ex libro decimo, octo minimum annis ante Cencium conscripto. Quem Cencio eidem non patuisse nemo mihi persuaserit: auctor siquidem non alia de causa vocatus fuerat Romam, nisi ut sanctæ sedis utilitatibus navaret operam; cumque ejusdem Cencii æqualis esset, creditu proclivius est in hujus labores illum invasisse, quam cæteras inter collectiones Censuum accuratissimam Albinianam improbasse. Tanti enim non erat Cencius, ut cum Albino eruditione ac diligentia comparari valeat, qui, quanquam de se demisse loquitur, Gratiani tamen opus imperfectum esse sensit, et talia congessit monumenta quæ ingenium hebes non designant. Si quando ætas proferet librum genuinum Cencii, tunc planum fiet quam proximo intervallo a veritate distem. Etenim tam editum quam mss. in codd. tributum Cencio collectio alia præcesserat Nicolai Rosellii Tarraconensis ord. Præd., vulgo card. de Aragonia, qui natus anno 1314 obiit supremum diem 1362, ut est in codice præstantissimo, facileque omnium primo, nunc apud eminentissimum Passioneum, brevi cum aliis pluribus codd. in Vat. bibliothecam inferendo. Cui quidem collectioni hic titulus præfigitur : « Præsentem librum ordinavit et scribi fecit reverendissimus in Chr. Pater et Dominus D. Nicolaus card. Aragonie, quem compilavit ex diversis registris, et ex libris camere apostol. et ex aliis etiam libris et cronicis diversis cum magna diligentia et labore. » Unde in posteriores codices libri Censuum non pauca derivata esse conferenti perspectum erit. In utriusque opusculi editione hoc discrimen est servatum, ut scilicet Provinciali, quod maxime necessarium est ad monumentorum quæ in hoc volumine continentur illustrationem, variantes lectiones opusculi perquam similis amis aliquot posterioris cum brevibus notis subjiciantur. Censuale autem purum ac simplex, quale est in codice, erudito lectori exhibeatur, ut ipse interpres atque judex esse possit.

PROVINCIALE VETUS

SIVE

ECCLESIÆ UNIVERSÆ PROVINCIARUM NOTITIA.

EXCERPTUM DE HISTORIA ECCLESIASTICA.

Italia dicitur a Italo rege. Hec et Ausonia nuncupatur ab Auxo Ulixis filio. Italia ergo patria, sive regio Romanorum a Cirtio in Eurum extensa, habet ab Africo Tirrenum mare, et a borea Adriaticum sinum. Ab occidente autem obicibus Alpium obruitur. Porro Alpes a Gallico mari super Ligustium sinum exurgentes, primo Narbonensium fines, demum vero Galliam Rethiamque secludunt, donec in sinu Liburnio defingantur. Habet etiam Italia provincias XVIII. Quarum prima Histria nuncupatur. Secunda Liguria a leguminibus vocitatur, quorum ferax esse probatur : in qua est Mediolanum atque Papia. Tertia Rethia prima, cui connectitur Rethia II inter Alpes constituta [a]. Quarta Alpes Gothie a Gotio rege dicuntur. Quinta vero provincia Alpes Gotie nuncupatur, in qua Janua civitas sita est [b]. Sexta quoque provincia Tuscia nominatur, in qua Roma consistit [c] : cui adjungitur Imbria, in qua est Perusium, et Spoletum. Septima autem provincia Campania ab urbe sumit initium, et perstringit usque ad Siler fluvium, habetque opulentissimas urbes Capuam atque Neapolim [d] : Bricia provincia a quadam ipsius regina provincie vocatur [e]. Octava est Lucania, cui conjungitur Bricia a Sile fluvio usque ad fretum Siculum, superiora Tirreni maris perstringens, in qua Petulanius et Regium posite sunt civitates. Nona vero provincia in Alpibus Apenninis [f] sita est. De-

NOTÆ.

[a] In Notitiis omnibus Rhetias duas inveniri compertum est, Rhetiam I, Rhetiam II.

[b] Cottias Alpes in duas provincias dividi nunc primum audio.

In Notitia etiam Cod. II reginæ Suec. Schelstratius hæc legit. Id autem pugnat cum Notitia imperii cæterisque omnibus. In Latio enim et Campania urbs Roma ponitur.

[d] Campania Romana cum Campania Felice, quæ audit *Terra Laboris*, perperam conjungitur. Sed inscitiæ sæculi dandum est aliquid. Cum venerimus ad Ottonianum diploma ejusdem fere ætatis, Campaniam Romanam ignorari videbimus.

[e] Argutum interpretem! Sanctus Greg. Magnus in litteris ad Arichim ducem Benev. (lib. x, ep. 24) non juxta edit. Labbei, qui mendose habet *Britannorum*, sed juxta excerpta ab Hist. Pauli Warnefridi ap. Pratill. (*Hist. Princ. Lang.* tom. I, p. 6), hæc ad rem nostram scribit : « Indicavimus etiam propter ecclesias beatorum Petri et Pauli aliquantas nobis trabes necessarias esse; et ideo Sabino subdiacono nostro injunximus, de partibus Briccorum aliquantas incidere. » Non igitur novum *Bricia provincia :* novum atque inauditum *Bricia Regina*. Cæterum Brutia cum Lucania unam provinciam efficit.

[f] Alpes Graias et Penninas nullo discrimine appellatas, Galliæ provinciam fuisse constat, cujus metropolis Tarantasia. Pancirol. (ad *Notit.* c. 68) : « Alpes, ait, Penninæ et Graiæ ultra montes Cotios, seu montem Cinisium, ubi sunt Allobroges, sive Sabaudi, et Tarantasia, ac pars Helvetiorum. » In seq. etiam Notitia inter Italiæ provincias ultima recensetur, contra notit. imperii.

cima autem Emilia nominatur : hec incipit inter A Alpes Apenninas, et pergit juxta Padi fluenta versus Ravennam, et his locupletibus urbibus decoratur, Placentia, Parma, Bononia, et Cornelii Foro, quod modo castrum Imolas appellatur. Undecima autem Flaminia vocitatur, et est inter Apenninas Alpes et mare Adriaticum posita : et in ea sita est Ravenna [1]. Duodecima vero est Picenus habens ab austro Apenninos montes, et ex altera parte Adriaticum mare, et porrigitur usque ad Piscaniam. Apennine autem Alpes per mediam Italiam pergentes, a Punicis, hoc est ab exercitu Annibalis, qui per eas transi'um habuit, vocitantur. Tertiadecima quoque provincia Valeria nuncupatur, cui est adnexa Nursia. Hujus etiam pars occidua Etruria nominatur. Quartadecima vero provincia Samnium [2], a Piscaria incipit et inter Campaniam et mare Adriaticum pergit. Hujus caput est Beneventus civitas. Quintadecima autem Apulia est [3], consociata sibi Calabria, habens opulentas urbes Luceriam, Sipontum, Canusium, Brundusium, atque Tarentum. Sextadecima vero Sithilia [4] est, que mari Tireno seu Jolico alitur. Septimadecima autem Corsica [5] est ; et octavadecima Sardinia nuncupatur. Sciendum tamen est, quod Luguriam, et partem Venetie, et Emiliam atque Flaminiam veteres ystoriographi Galliam Cisalpinam appellavere. Siquidem antiquo tempore Brennus, qui apud urbem regnabat Senonensem, cum trecentis milibus Gallorum ad Italiam venit, et eam usque ad Senogalliam super mare Adriaticum sitam occupavit : et ibi ab invicem separati sunt Galli. Quorum centum milia Delphos adcuntes, Grecorum gladiis perierunt. Alia vero centum milia intra Greciam remanentes, primum Gallogreci a candore corporis; postea vero Galathe idem sunt appellati. Hii ergo sunt, quibus scribit apostolus Paulus. Alia autem centum milia in Ytalia remanserunt; Ticinumque, Mediolanum, Pergamum, et Brixiam construentes, Cisalpine Gallie nomen dederunt. Unde Gallia Transalpina que ultra Alpes habetur, et Gallia C Cisalpina que infra Alpes est, vocitatur [b].

INCIPIT NOTITIA.

I.

IN ITALIA PROVINCIE SUNT NUMERO XVII [6].

Campania in qua est Capua. Tuscia cum Imbria [7]. Emilia [8]. Flaminia, in qua est Ravenna. Picenum. Liguria, in qua est Mediolanum. Venetia cum ystris [9], in qua est Aquileia. Alpes Cotie [10]. Samnium. Apulia [11] cum Calabria, in qua est Tarentus [12]. Bruttia [13] cum Lucania. Retia prima. Retia secunda. Sicilia. Sardinia. Corsica. Alpes Graie [c].

GALLIARUM PROVINCIE SUNT NUMERO XVII [14].

Viennensis. Narbonensis I. Narbonensis II. Aquitania [15] I. Aquitania [15*] II. Novempopulania [16]. Alpes Maritime. Belligica [17] I, in qua est Treveris. Belligica [18] II in qua est transitus ad Britanniam [19]. Germania I, que est [20] super Renum. Germania II, ut superius [21]. Lugdunensis I, super Rodanum [22]. Lugdunensis II, super Oceanum. Lugdunensis III, super Ligerim [23]. Senona [24]. Maxima Sequanorum. Alpes Maritime [25].

IN AFRICA SUNT PROVINCIE NUMERO VI.

Proconsularis, in qua est Cartago [26]. Numidia. Bisanzium [27] d. Tripolis. Mauritania Sitifensis. Mauritania Cesariensis [28].

IN YSPANIA [29] SUNT PROVINCIE NUMERO VII.

Tarraconensis. Cartaginensis [30]. Betica. Lusitania, in qua est Emerita. Gallitia [31]. Insule Baleares. Tringitania [32] trans fretum, quod ab Oceano infusum terras intrat inter Calpon. vel Albivinam [e] [33].

IN ILLIRICO [34] SUNT PROVINCIE NUMERO XIX.

Dalmatia supra mare. Pannonia I, in qua est Firmium [35]. Pannonia II. Valeria [36]. Prevales. Missia [37] superior. Epirus ventus [38]. Epirus nomina [39]. Pampica Noricus Ripevus supra [40] Danubium. Noricus [41] mediterranea. Favia [42]. Dardania. Hermodontus [43]. Dacia [44]. Scythia [45] f. Creta insula. Achaia. Macedonia. Thessalia.

AUCTORIS ADVERSARIA.

[1] Flaminia, Aurelia et Emilia a sic dictis viris, qui Romam venerunt, vocabula trahunt. [2] Samnites ab astis quas ferre soliti erant vocantur; hasta enim Graece *senna* vocitata est. [3] Apulia a proditore cognominatur; celeriter enim ibi solis fervore virentia produntur. [4] Sithilia a Siculo duce denominatur. [5] Corsica a duce suo Corso, et Sardinia a Sardo Herculis filio denominantur.

VAR. LECT. EX CODD. REG.

[6] In Italia sunt provinciæ XII. *Cod.* 1; XVII. *Cod.* 2. [7] Umbria 1, in qua est Roma 2. [8] Æmilia. [9] Histris. [10] Cottiæ. [12] Appulia. [12] Tarentum. [13] Bruttium. [14] Nomina provinciarum vel civitatum quarumd. regionis Galliæ. In Gallia sunt pr. XVII. 2. [15] Aquitanica. [15*] *id.* [16] Novempopulana. [17] Belgica. [18] *id.* [19] Britanniam. [20] que est *deest.* [21] ut superius *deest.* [22] super Rodanum *deest.* [23] super Ligerim *deest.* [25] Lugd. IV, quæ et Senonia dicitur 2. [26] Grajæ. [26] Carthago. [27] Bazanzium 1 : Byzazium 2. [28] Cæsareensis. [29] Hispania. [30] Carthaginensis. [31] Gallicia. [32] Tingitana. [33] trans intrat inter Calven, vel Albinam 1. inter alpem, et appenninum 2. [34] Illyrico. [35] Sirmium. [36] Valesia. [37] Misia. [38] vetus. [39] nova. [40] Pampica Noricus Ripensis super. [41] Nordicus. [42] Savia 2. [43] Hermemontis. [44] Dacia. [45] Scitia 1. Scitia superior. 2. [f] *In Francia.*

NOTÆ.

[a] Duabus ex his provinciis Exarchatum profluxisse, D ejusque extensionem aliam tempore alio visuri sumus suo loco.

[b] Tota ex hac descriptione scientiam seu eruditionem ævi illius tenes. Huic vero diutius immorari otiosum est. Auctori, ut suimet interpres fiat, concedam ultro.

[c] Alpes Graias seu Penninas amovendas esse monet Notitia imp. earumque loco Valeriam substituendam, de qua Pancirol. (cap. 55) tradit : *Valeria regio a via et civitate Valeria dicta, quæ, ut tradit Strabo, a Tiburtinis initium capiens, ad Marsos et Corfinium Pelignorum metropolim extenditur, et partem Latii continet.* In ea Latii urbes sunt Valeria Bonif. IV pontif. patria, nunc exstincta, Arseoli et Alba, prope quam est civitas Cuculum. In Romæ vero conspectu sunt Tibur, Præneste, et Tusculum. Valeriæ metropolis erat Amiternum, hodie Aquila dicta.

[d] Byzacium, seu Byzacenam provinciam celebrem reddiderunt episcopi exsules in Sardinia. De quibus card: Noris (*Hist. Pelag.* lib. II, c. 18, p. 486) verba faciens : « Ingens erat, inquit, apud Sardiniam præsulum Afrorum numerus; at cæteros inter doctrinæ et sanctitatis fama eminebant Patres provinciæ Byzacenæ, quorum Dacianus antiquitate, Fulgentius vero Ruspensis episcopus scientia primas tenebant. »

[e] Herculeis Columnis nihil notius in fabulis. *Calpe* in Hispaniarum extrema ora Promontorium, et *Abyla* trans fretum in Mauritania Tingintana erant. Mendose in Cod. Albiniano, in Regiis vero depravatissime, ut vides, indicantur.

[f] Schelstratius adnotavit in margine, Illyrici provincias in Notitia imp. numerari sub diœcesibus tribus, Macedonia, Dacia, Illyrico. At non vidit *Hemimonthum* et *Scythiam* ex Thracia petitas esse. Hisce ego pro inciis medio ævo antiquatis, quarum loco

I.

IN TRACIA [1] SUNT PROVINCIE NUMERO VI.

Tracia [2] I. Tracia [3] II. Misia inferior. Scithia [4] inferior. Europa, in qua est Constantinopolis, que prius Licus dicta [5], sive Bizantium. Rodopa.

IN ASIA SUNT PROVINCIE NUMERO XII.

Asia ipsa, in qua est Ilium, id est Troja. Licia. Gallacia [6]. Lidia. Caria. Hellespontus. Pamphilia. Pissidia [7]. Frigia [8] I. Frigia salutaris. Licaonia. Cyclades [9].

IN ORIENTE SUNT PROVINCIE NUMERO X.

Siria Cilicie in qua est Antiochia. Siria Palestina. Siria Phenice [10]. Isauria. Sicilia [11] juxta montem Taurum. Cyprum [12]. Mesopotamia inter Tigrim [13] et Eufratem [14]. Eufratesia. Hordroene. Sophanie [15].

IN PONTO SUNT PROVINCIE NUMERO VIII.

Pontus polemaicus. Pontus amasia. Honorida. Bichinia [16]. Aflaconia [17]. Armoenia [18] minor. Armoenia [19] major. Cappadocia.

IN EGIPTO [20] SUNT PROVINCIE NUMERO VI.

Egiptus [21] ipsa, in qua est Alexandria. Angustamnis. Thebaida libia. Steca [22]. Libia [23] pentapolis. Archadia [24].

IN BRITTANNIA SUNT PROVINCIE NUMERO V.

Brittannia [25] I. Brittannia [26] II. Flavia. Maxima. Valentiana [27].

Fiunt simul provincie CXIII. Regiones XI : Italia. Gallia. Affrica. Yspania. Hillricus. Tracia. Asia. Oriens. Pontus. Egiptus. Brittannia [b].

II.

EN ADSUNT NOMINA CIVITATUM HARUM REGIONUM [c].

Provincia Lugdunensis prima habet civitates num. IV.

Metropolis civitas Lugdunensium. civitas Eduorum. civitas Lingonum. castrogabillonense. castrum Matisconense [28] d.

Provincia Lugdunensium II habet civitates VII.

Metropol. civitas Rotomagensium. civitas Bajocansium. civitas Abrincatum. civitas Ebreicorum. civitas Solarum [e], id est Sajorum. civitas Lixoviarum. civitas Constantia [?].

Provincia Lugdunensium III habet civitates num. IX.

Metrop. civitas Turonorum. civitas Cinnomannorum. civitas Redonum. civitas Andegavorum. civitas Nannetum. civitas Coriosopitum. civitas Ciantium [f], id est Venetum. civitas Ossismorum. civitas Diablintum, que alio nomine aliud, vel ad alia vocatur [29] g.

Provincia Lugdunensis IV habet civitates VIII.

Metropolis civitas Senonum. civitas Carnorum. civitas Autisiodorum. civitas Tricasium. civitas Aurelianorum. civitas Parisiorum. civitas Melchorum. civitas Neumnensium [30] h.

Provincia Belgica I habet civitates IV.

Metropolis civitas Treverorum. civitas Mediomatridorum, id est Metris. civitas Leucorum, id est Tullo. civitas Veredunensium [31].

Provincia Belgica II habet civitates XII.

Metrop. civitas Remorum. civitas Suessionum. ci-

VAR. LECT. EX CODD. REG.

[1] Thracia. [2] id. [3] id. [4] Scitia. [5] lis. ... dicta, 1. sic dicta est 2. [6] Galatia. [7] Pisidia. [8] Phrigia. 2. utrobique. [9] Ciclades. [10] Siriæ Phenicæ. [11] Cicilia. [12] Cyprus. [13] ortum Tigris. 2. [14] Euphratem. [15] Euphratesia: Hosdroene. Sophanee. [16] Bitania. 1. Bithynia. 2. [17] Paflagonia. [18] Armenia. [19] id. [20] Ægypto. [21] Ægyptus. [22] Lybia sicca. [23] Lybia [24] Arcadia [25] Britannia. [26] Valenciana. 1. Valentia 2. [27] In Burgundia. Archiepiscopatus Lugdunen. hos habet suffraganeos, Eduensem, Maticonensem, Gabillonen. Lingonen. [28] In Francia. Archiep. Rothomag. hos habet suffragan. Bajocensem, Abricen. Ebrolien. Sagiciensem, Lexovien. Constantien. [29] In Francia. Archiep. Turonen. hos habet suffragan. Cenomanen. Redonen. Andegaven. Nannecen. Corisopiten. Veneten. Maclovien. Briocen. Tregoren. Leonen. [30] In Burgundia. Archiep. Senonen. hos habet suffragan. Parisien. Carnoten. Aurelianen. Nivernen. Autissiodoren. Trecen. Melden. [31] In Alemannia. Archiep. Treviren. hos habet suffrag. Meten. Tullen. Verdunen.

NOTÆ.

audiri cœptæ *Sclavonia. Hungaria, Dalmatia, et Croatia*, quas infra inveniemus, non insisto : id tantum moneo, Romanos pontifices, præcipue Adrianum, jura sacra hujus regionis acerrime propugnasse, ut videbimus (Diss. I).

[a] Quare omnium ultima regio ista recenseatur in his codicibus, ingenue fateor me ignorare.

[b] Ap. Schelstr. numerus regionum, et provinciarum indicatur in principio. Ad quæ idem auctor adnotat : « Non XI region. sed XII diœces. constabat olim orbis Rom. ut patet ex antiqua imp. Rom. Notitia, in qua Illyricum in tres diœceses dividitur. » At hic non civibus, sed ecclesiastica dispositio designatur. Ea propter Illyricus tam occid. quam or. utpote sacri juris Rom. pont. pro una regione habetur. De jure illo a) Iconomachis invaso dicam infra. (Diss. I, n. X seq.)

[c] Titulus inconsiderate appositus. Quæ enim civitates enumerantur, nec nominibus, neque ordini regionum respondent ; præterea orientales fere omnes necessario prætereuntur.

[d] Notitiam provinciarum Galliæ a Sirmondo primum publicatam Petrus de Marca in dissert. de Primatu Lugdun. quam Labbeus etiam retulit in suam collect. (Conc. tom. X, p. 540, n. 62. seq.) et Antonius Pagius (574, n. 10. seqq.) illustrarunt. A Gratiano factam aiunt inter annum 369 et 374. Unde aliæ multæ profectæ sunt, mutato pro conditione temporum ordine, quas inter celebratur Carolo Magno tradita anno 774 ab Adriano Pontifice (Schelstr. Ant. Eccl. tom. II, p. 643). In hoc Cod. prior illa occurrit non modico cum nominum discrimine quod in var. lect. non indicavi ; opportunius enim visum est ecclesiasticas provincias Albiniani fere ævi ex alia Notitia subjicere, cum variæ ditiones agnoscebantur in Galliis, nempe *Burgundia, Francia, Alemannia, et Gasconia*. Civitates provinciis quandoque singulæ, aut binæ, aut etiam plures adjectæ inveniuntur, quas non prætereundas.

[e] Sagium vulgo *Seez* hodieque celebris in Lugdunensi II seu Normandia, *Sajorum* et *Sagiorum* in omnibus Notitiis appellatur, *Solarum* fortasse nunc primum auditur.

[f] Perinde est de hoc *Venetum* antiquorum novo nomine. Utrumque enim, ni fallor, civitatibus illis fuit inditum medio ævo, quod et de *Diablinti* alio nomine credendum videtur, talia enim apud antiquos non occurrunt; solaque in hac Notitia leguntur.

[g] Integra hæc provincia excidit Schelstratio. Ex aliis autem Notitiis, præsertim Adriani prædicta, post octavum sæculum nata illa nomina perspicuum est.

[h] Notitiæ omnes exhibent civitates VII; unde octava hæc profluxerit, ac quænam esset non est expeditum definire.

vitas Catalaunorum. civitas Veromandorum. civitas **A** Atravatrum. civitas Cameracensium. civitas Turnacensium. civitas Silvanettium. civitas Bellovacorum. civitas Aribanensium. civitas Morinum, id est Ponticum [a]. civitas Bononensium [1].

Provincia Germania prima habet civitates numero ...

Metropolis Maguntine suffraganei sunt Pragensis. Moraviensis. Babembergensis. Ehistetensis. Augustensis. Herbipolensis. Constantiensis. Curiensis. Argentinensis. Spirensis. Warmatiensis. Verdensis. Ilidemeensis. Halbestatensis. et Paldeburnensis [2].

Provincia Germania II civitates habet num. II.

Metropolis Colonie suffraganei sunt Leodiensis. Trajectensis. Monasteriensis. Misinensis. Osembrugensis [3] [b].

Provincia Maxima Sequanorum habet civitates num. x.

Metropolis Bisuntine subest civitas Equestrium, id est Nevidunus. civitas Elvetiorum, id est Aventium. civitas Nevidunum. civitas Basiliensium, id est Basilia. **B** Castrum Vindosnense. castrum Obrodunense. castrum Argentariense. castrum Rauracense. Portus Abucina [4].

Provincia Alpium Graiarum, et Peninar. habet civit. num. II.

Metropoli Tarentasie subest civitas Vallensium, id est Octodorus [c]. Expliciunt nomina civitatum regionum [5] [d].

Provincia Viennensis habet civitates xiv.

Metropolis civitas Viennensium. civitas Geroavensium. civitas Gliapolitana. civitas Albensium nunc Vivarium [e]. civitas Detensium. civitas Valentianorum. civitas Tricastinorum. civitas Vasionensium. civitas Aurasicorum. civitas Cabellicorum. civitas Avennicorum [f]. civitas Arelatensium. civitas Capentoratensium, nunc Vinclausca [g]. civitas Massiliensium [6].

Provincia Aquitanica I habet civitates num. viii.

Metropolis civitas Bituricum. civitas Arvennorum. civitas Rotenorum. civitas Albigensium. civitas Cadorcorum. civitas Lemovicum. civitas Gabalum. civitas Vallanorum [7].

Provincia Aquitanica II habet civit. num. vi.

Metropolis civitas Burdegalensium. civitas Agennensium. civitas Egolismensium. civitas Santonum. civitas Pictavorum. civitas Petrogoriorum [8].

Provincia Novempopulana habet civitates xii.

Metropolis civitas Ausciorum [h]. civitas Aquensium. civitas Lactoratium. civitas Convenarum. civitas Consuranorum. civitas Boatium, que est Bovis. civitas Berannensium, id est Benamu [i]. civitas Aturensium. civitas Vesatica. civitas Tussa, id est castrum Bigorra [j]. civitas Elloronensium. civitas Basaticum [9].

VAR. LECT. EX CODD. REG.

[1] *In Francia.* Archiep. Remensis hos habet suffraganeos : Suessionen. Cathalaunen. Cameracen. Tornacen. Morinen. Attrebaten. Ambianen. Novionen. Silvanecten. Beluacen. Laudunen. [2] *In Alemania.* Archiep. Maguntin. hos habet suffragan. Pragen. Moravien. Cisteten. Herbipolen. Constantien. Curien. Argentinen. Spiren. Warmacien. Verden. Ildesimen. Alberstaten. Paldeburnen. Pandeburgen. [3] *In Alemania.* Archiep. Colonien. hos habet suffrag. Leodiensem. Trajecten. Monasterien. Miden. Oscumburgen. [4] *In Burgundia.* Archiep. Bissuntinus hos habet suffrag. Basiliensem, Lausanen. Bilicen. [b] *In Alemannia.* Archiep. Tarentanen. hos habet suffraganeos : Sedunen. Augusten. [6] *In Burgundia.* Archiep. Viennen. hos habet suffr. Valentinum, Vivarien. Diensem. Gratiopolitan. Maurianen. Gebennen. [7] *In Francia.* Archiep. Biturcen. hos habet suffr. Claromonten. Thenen. Carturcen. Lemovicen. Mimaten. Albigen. Anicien. [8] *In Francia.* Archiep. Burdegalen. hos habet suffr. Pictavensem, Xantonen. Engolismen. Petragoricen. Agennen. [9] *In Gasconia.* Archiep. Auxitanus hos habet suffr. Aquen. Lectoren. Convenarum, Consuranum, Brigorien. Oloren. Vasaten. Bajonensem.

NOTÆ.

[a] Christoph. Cellarius (*Geogr. ant.*, l. II, c. 3, p. 244) plures vidit Notitias civitatum Galliæ. In una legit simpliciter, ut Sirmondus, *civitas Morinum*; in alia, *civitas Morinum Tarvanna Pontium*; rursusque in alia, *civitas Morinorum, id est Ponticum*, quæ se e concinit cum Albiniana. At subjicit : « Unde cognomen sit Ponticum fatetur Valesius se ignorare. »

[b] Bambergensis ecclesiæ fundatio, de qua dicam infra, non est antiquior sancto Henr. Aug.; quare Notitia ista ex antiquiori descripta videtur sæc. XI, quam sequenti Albinus in suum cod. retulit.

[c] Laudatus Cellar. (*ibid.* p. 158.) legit in Notitia : *civitas Vallensium Octodoro*, juxta denominationem Cod., alibi enim audit *Octodurus*, ut etiam in itiner. Anton.

[d] Ne quid deessem fidei cod. rubricam hanc posui, quam nescio cur Notitiæ auctor, seu Albinus ejus exscriptor, ante septem provincias Galliarum constituerit, nisi forsan civitates priori Notitiæ regionum non respondere demum sensit.

[e] Idem Cellar. (p. 148) de Gallicanis Notitiis loquens : « In quibusdam, ait, additur *Vivarium*, aut *nunc Vivarium*, et in veteri chronico apud Valesium, *civitas Albensium quæ et Vivarium*. » Unde patet, hujusmodi cognomina, et additiunculas Albino acceptas non referri.

[f] Infra inter provincias Hispaniæ, et in libro Censuum hæc civitas appellatur *Avinio*. Quando id nominis civitati Avennicor. factum fuerit, disquirere nihil attinet, celebritas potius attendi debet, cum annis

C septuaginta ibi constiterint Romani pontifices, quo tempore eorum juris esse cœpit. Nam Joanna Roberti Siciliæ regis hæres et neptis anno 1346 civitatem illam atque jura ejus omnia vendidit Clementi V octoginta millium florenorum auri pretio, pro iis temporibus satis amplo. Quare Comitatus Venayssini antiquioris juris sanctæ sedis caput evasit, metropolis subinde effecta, cui tres episcopi suffragantur.

[g] *Vindauscam* norunt geographi Gallicani, e cujus ruinis Carpentoractem emersisse aliquis eorum putat. Si autem codici habeatur fides, civitati nomen *Vinclausca*, et quidem medio ævo, quare Carpentoractis Plinio etiam noti oppidi, origo vetustior eo cognomine. Eamdem civitatem esse unam e tribus suffraganeis metropolis Avenionensis neminem latet.

[h] Quæ in veteri Notitia Sirmondi erat novissima, et in Notitia Adriani inter suffraganeas prima recensebatur, ipsa jam metropolis facta erat post octavum sæc. an. 1068. Concilium ibi celebratum ab Hug. Candido card. S. A. L. hunc titulum præsefert: *A.* 1068 *Inc. D. N. J. C. factum est Concilium apud Auscian civitatem metropolitanam*; ap. Labb. (tom. IX, p. 1195). **D**

[i] Pancirol. (*Not. imp. Occ.* c. 68) ex itinerario duodecim civitates enumerat, quas inter *Boatum quod est Bot, et Beranensium, id est Benainas.*

[j] Idem hanc civitatem appellatam invenit *Tarsaubicam Traluaorram*. At in Notitia Cellarius legit: *civitas Turba cum castro Bigorra*, quod in aliis Notitiis nullo fere discrimine occurrit, Sirmond. Pag. Schelstr.

Provincia Narbonensium I habet civitates num. VIII.
Metropolis civitas Narbonensium. civitas Tolosatium, id est Tolosa. civitas Beternensium. civitas Agathensium. civitas Neumasensium. civitas Magalonensium [a]. civitas Lutevensium, id est Loteva castrum. castrum Utiense, id est Astituecense [1] [b].

Provincia Narbonensium II habet civit. num. VII.
Metropolis civitas Aquensium. civitas Aptensium. civitas Regensium, id est Relus. civitas Forojulensis. civitas Vappensensium. civitas Stjesteriorum. civitas Antipolitana [2].

Provincia Alpium maritimarum habet civit. num. VIII.
Metrop. civitas Ebrodonnensium. civitas Diniensium, idest Dina. civitas Rigomagensium. civitas Solmensium. civitas Saniciensium, id est Senasio [c]. civitas Glannatena. civitas Celemensium. civitas Vinsiciensium, id est Ventio [3].

III.
CIVITATES UNGARIE NUMERO XII.

Metropolis civitas Strigoniensium. civitas Agriensium. civitas Nitriensium. civitas Watiensium. civitas Jeurtensium. civitas Bespennensium. civitas

A Quinque Ecclesiarum. civitas Guaradiensium. civitas Morisennensium [4].
Metropolis civitas Cólociensium. civitas Ultrasilvannensium. civitas Zagabriensium [5] [d].

CIVITATES DALMATIE ET CROATIE SUNT NUM. XX.

Metropolis civitas Salona. civitas Jadera. civitas Scandona. civitas Tragurium. civitas Belgradum. civitas Arbum. civitas Absara. civitas Vecla. civitas Sissia. civitas Ragusium. civitas Catara. civitas Stagnum. civitas Mucrona. civitas Bosna. civitas Dulcimium. civitas Suacium. civitas Antibarum. civitas Delmenia. civitas Nona [6] [e].

IV.
IN HYSPANIA.

B Metropolis civitas Toletum [f]. civitas Metesa. civitas Accis. civitas Asti. civitas Urci. civitas Dongasti. civitas Ilici. civitas Satiba. civitas Denia. civitas Valentia. civitas Secobrica [g]. civitas Arcabica. civitas Compluto, id est Calatrava [h]. civitas Seconcia. civitas Osma. civitas Secobia. civitas Palentia. Hee civitates sunt suffraganee Toletane sedis numero x et VIII [6].

VAR. LECT. EX CODD. REG.

[1] *In Gasconia.* Archiep. Narbonen. hos habet suffr. Carcasoen. Biterren. Agathensem, Letoven. Tholosanum, Magolonen. Nemausen. Uticen. Elnen. [2] *In Burgundia.* Archiep. Aquen. hos habet suffr. Aptensem, Regensem, Forojulen. Vapicen. Sistericensem. [3] *In Burgundia.* Archiep. Ebredunen. hos habet suffr. Dignensem, Mitiensem, Antepolitanum, Glandecen. Senecen. Vatinen. [4] Archiep. Strigonien. hos habet suffrag. Agrien. Nutrien. Varien. Jarien. Quinquecclesien. Vesprimien. [5] Archiep. Coloten. hos habet suffragan. Ultrasilvanum, Bagabrien. Waradien. Ceradien. [6] Archiep. Toletanus hos habet suffr. Seguntinum, Oxoniensem, Burgensem, Palentinum, Sagurbien. Segobien. Concensem.

NOTÆ.

[a] In Notitia Sirmondi sex tantum civitates tribuuntur Narb. I. Agatha enim et Magalona non recensentur. De harum ultima Cellar. (l. II, c. 2, p. 447) « Quæ in insula, inquit, sita est *civitas Magalonensium*, ut in Notitia vocatur, sive *Magalona* ut separatim appellatur a Theodulfo (*Parænesi ad Judices* vers. 155), magis ad medii ævi geographiam pertinet, quam temporum antiquorum, in quibus nulla ejus mentio reperitur. » Et revera in Notitia Adr. quæ ad octavum sæc. provectum attinet, in Narb. et Agatha, et Magalona reperiuntur.

[b] Idem Cellarius Lutevam affirmans non esse oppidum posterioris ævi, ejus quippe meminit etiam Plinius, laudat Notitiam, quæ unius litteralæ discrimine cum Albiniana concinit: *civitas Lutevensium, id est Luteva castrum.* Secus est de civitate altera, quam notat H. Valesio videri Vindomagum Ptol. quæ postea *Uccia*, sive *Ucetia* dicta fuit, namque in Notitia appellatam invenit *castrum Ucecense.* Quod maximo ab Albiniana distat intervallo.

[c] Cellarius in sua Notitia legit *Sanicio.*

[d] Civitatum numerus idem in Notitia Milonis abb. quam subjeci Albinianæ, nomina tantum varia, ut D per se ipse vides.

[e] Pleræque infra invenientur in Histria supra mare, et in Sclavonia ; *Jadera* videlicet, et *Ragusium* honore metropolitico insignes, aliæque illis suffraganeæ. Cum autem varia multiplexque earum historia abs re nostra sit, neque expediri possit in notis , lectori integrum per me erit Dalmatiam veterem reputare; mihi enim est satis Dalmatiam medii ævi non negligere, quod faciam infra.

[f] Divisio provinciarum a Wamba rege facta *Oretum* habet loco principe inter suffraganeas, deinde *Beatiam,* quarum utraque desideratur in cod. Oretum tamen, hodieque celebre oppidum, ut ait Garsias, ob cœnobium insigne militiæ Calatravæ, Saracenorum tempore Calatrava dici cœpta est. Cellarius hanc esse Taraphæ interpretationem, a Nonio improbatam, testatur (lib. II, c. 1, p. 79). Quare id cognomentum paulo infra tributum Compluto haud absonum vide-

retur; nisi communi omnium sententia *Alcala de Henares* Complutum, Oretum vero *Calatrava* audirent, quæ scilicet nomina Saracenicæ invasionis tempore iis civitatibus, ut aliis pluribus, accesserunt. Ad *Beatiam* quod attinet, civitatem videlicet in Oretanis locatam a Ptolemæo, nulla dubitatio est quin eadem ex causa sileatur in codice. Nam constat, Innoc. IV anno 1244 eam transtulisse Giennium, quod nomen Mauri iecerant *Mentesæ.*

[g] Secobricam in divisione Wambæ præcedit *Valeria.* Hanc vero a Mauris excisam esse animadvertit Garsias, sedemque ejus una cum Arcabricensi pariter desolata translatam fuisse *Concham,* munitissimum castellum expugnatum, ereptumque Mauris ab Alphonso IX, qui in civitatem illud vertit. Factum id tradit auctoritate Lucii III. Mariana auctoritate tantum Rom. pontificis factum tradit (lib. XI, cap. 15). Didacus de Castejon (*de Primat. Tol.* tom. I) inter pontificum diplomata Urbani III, qui Lucio successit, litteras affert Concham sedium episcopalium ultimam præsentes. At successores Urbani Cœlestinus et Innocentius III secus docent: « Complutensem, aiunt, parochiam, et Concham ei, tanquam metropoli subditas esse decernimus cum terminis suis, necnon et ecclesias omnes, quas jure proprio ab antiquo possedisse cognoscitur; confirmantes episcopales præterea sedes, quas in præsentiarum juste et canonice possides, scilicet Palentiam, Secoviam, Oxomam, Seguntiam. » Haud ita multo post Concham quoque episcopalem fuisse constat ex Notitia ab. Milonis, quam subjeci Albinianæ. At Lucii III auctoritate factum gratis asseri, quidquid sit de Urbani III litteris, Albini silentium testatur.

[h] Non Complutum, sed Oretum, ut nuper aiebam, versum in celebre id cœnobium. Mariana (lib. XI, c. 6) rem totam breviter enarrat: Raymundum videlicet abb. Cisterciensium Fiterii ad Pisoricam, suadente monacho Diego Velasquio olim claro Alphonsi milite ac pecuniis adjuvante Ioanne Tolet. archiep. Calatrava Mauros expulisse. Quamobrem *rex, ut præmium labori esset, Calatravæ principatum cum subje-*

Metropolis civitas Hispalis. civitas Ytalia. civitas Asidona. civitas Erepla. civitas Malaca. civitas Eliberru, id est Granata. civitas Astuci. civitas Cordoba. civitas Egrabo. civitas Tuci. Hee civitates sunt suffraganeæ Hispalensis sedis, numero x [a].

Metropolis civitas Emerita. civitas Pace. civitas Olisbona. civitas Exonoba. civitas Caliambria. civitas Salamantica. civitas Elbora. civitas Albia. civitas Cauria. Hee sedes sunt suffraganee Emeritensis Metropolis numero VIII [1].

Metropolis civitas Bracara. civitas Dumio. civitas Portugalen. civitas Colimbria. civitas Viseum. civitas Egitania. civitas Lamecu. civitas Tude. civitas Auriensis. civitas Luco. civitas Britonia. civitas Astorica. civitas Yria. Hee civitates sunt suffraganeæ Bracaren. Metr. num. XIII [2 b].

Metropolis civitas Tarracona. civitas Barcinona. civitas Exauria. civitas Gerunda. civitas Eupurias. civitas Ausona, civitas Auriello. civitas Hierita. civitas Hictosa. civitas Tortosa. civitas Cesaraugusta. civitas Oseti. civitas Pampilona. civitas Tirasona. civitas

A Calaorra. civitas Senona [c]. civitas Anca. Hee civit. sunt suffag. Tarrac. M. num. XVII [3].

Metropolis civitas Arelatum. civitas Massilia. civitas Tolonum. civitas Cabisillonum. civitas Vasonum. civitas Carpnttum. civitas Avinio. civitas Aurasica. civitas S. Pauli, et sunt num. VIII [4 d].

V.

IN POLONIA.

Metropolis Kenesen. habet in Polonia VIII. suffraganeas. Uredicilaten. Lubicen. Dachenacen. Liginicens. Butivicen. et Donicens. [5 e].

IN ALEMANNIA.

Metropolis Brema suffraganeos habet [6] Barduicen. Solesiucen. [7] Raskeburgen. [8] Michiliburgen. [9] Lubichen.

Metropolis Madeburgen. suffraganei sunt [10] Halvebergen. [11] Brandeburgen. Misens. Merseburgen. et Cicens. [12].

Metrop. Salzburgen. suffraganei sunt [13] Patavien.
B Ratisponen. Frixiens. Gurgen. [14] et Brixinen. [f].

VAR. LECT. EX CODD. REG.

[1] Archiep. Emeriten. hos habet suffrag: Abulensem. Placentinum, Salamantinum, Estoren. Caurien. Olixbonen. Legionen. Oveten. Zamoren. [2] Archiep. Bracaren. hos habet suffragan. Portugalen. Columbrien. Vicennum, Lameten. Aurien. Tuden. Lucen. Astoricen. Minduniensem. [3] Archiep. Terraconen. hos habet suffraganeos : Barchinonen. Geronden. Ausonen sive Vicen. Hylerden. Oscen. Tirasonen. Calargurhitanum, Urgelensem, Cæsaraugustanum, Dortesensem, Pampilonensem. [4] In Burgandia. Archiep. Arelaten. hos habet suffraganeos, Massilien. Avinionen. Arausicen. Vasionen. Caballicen. Tricastinum, Carpentoracensem, Tholonensem. [5] Archiep. Kenessensis hos habet suffr. Uredic. Lubic. Civavien. Plozen. Gracobien. Poznanien. Mazonien. Pomeranien. [6] Archiep. etc. [7] Soleluicen. [8] Kasleburgen. [9] Michiburgen. [10] Archiep. etc. [11] Hellebergen. [12] Bradeb. Misenum, Mehseb. Cicenum. [13] Archiep. etc. [14] Frisien. Gurcen.

NOTÆ.

cto agro dono dedit beatæ Mariæ Ord. Cisterc. atque ejus nomine Raymundo abbati et sociis jure perpetuo. Abbatis exemplo mutata vestis, quæ scilicet pugnando aptior esset. Ab Alex. III confirmatum esse Ordinem anno 1164. Narrationi epiphonema istud subjicit : Nunc rebus ab antiquo mutatis aulicorum deliciis regum libidine mancipantur, sic fere res humanæ a præclaro initio susceptæ degenerare consueverunt.

[a] Recte abb. Milo Hispalensem metropolim silet, non enim veterem, sed sui ævi statum provinciarum exhibet. Hispali vero ejecti non fuerunt Mauri ante annum 1247. Qua super re videndus Mariana (lib. XIII, c. 7). Quæ tunc suffraganeæ illi datæ fuerint, liquet ex posteriori cod. 1253, cujus var. lect. a Schelstratio adduntur Notitiæ: Archiep. Hispal. hos habet suffrag. Siennen. Corduben. Carthaginen. Sadacen.

[b] Callixtus. II anno 1410 Bracarensem metropolim cum detrimento Emeritensis instauravit, ut patet ex ejus litteris ap. Labbeum (Conc. tom. X, p. 830). Pelagio metropolitæ : quatuor enim civitates Emeritensi detractas Bracarensi subjectas videre est: Asturicam, Lucum, Tudam, Mindunium, Auriam, Portugale, Colambriam, et episcopalis nominis nunc oppida Niseum, Lamecum, Egitanium, Britoniam cum parochiis suis. Idem vero pontifex anno circiter 1124 sui pontificatus extremo Compostellam transtulit honorem quoque metropoliticum Emeritensis, quæ sub jugo Maurorum gemebat. Quod controversiarum seminarium fuit inter novam hanc metropolim et Bracarensem. Dum florebat Albinus, quatuor illi episcopatus Emeritensi ablati præ aliis in controversia erant. Innoc. III rem composuisse ratus est (Regest. lib. II, ep. 153.) Inter Compostellanum Emeritensis jura sibi asserentem et Bracarensem, huic Visensem et Colimbriensem concedendo, Lamecensem vero et Egitaniensem Compostellano. Quod factum anno 1199, cum Albinus jampridem excesserat. Quare in ejus Notitia status tantum præcedens habetur, nulla novi metropolitæ Campostellani dissidiorum ratione habita, quia Notitiam exscribebat illius creatione antiquiorem. De abb. autem Milonis

C Notitia admodum diversa res est, Innocentio eodem teste (Ibid. ep. 149.). Nam Compostellanus Colimbriensi, Visensi, Tudensi, Auriensi, Minduniensi, Lucensi, et Astoricensi, ecclesiis etiam sancti Victoris et sancti Fructuosi cum omnibus pertinentiis suis, et mediatæ illi Bracaren. renuntiavit in perpetuum in præsentia nostra et fratrum nostrorum. Cur Milo etiam pro Compostellano tot pontificum auctoritate confirmato Emeritensem archiep. habeat, mirarer, nisi alio in Cod. reg. 1253 Compostellanum legi testaretur.

[c] Quin ista civitas huc irrepserit dubitari non potest.

[d] Hæc provincia designat duodecimum sæculum, cum Barchinonenses comites comitatum provinciæ suæ adjecerant dominationi (Baluz. in App. ad Marcam Hispan.). Nulla alia in Notitia Hispaniæ provinciis annexa reperitur. Anno 1196 mortuo Ildefonso Aragonum rege provincia a comitatu Barchinonensi disjungitur, proprio ejus duce relicto Alphonso filio altero. (Pag. 1196, n. 6.)

[e] Baronius (999, n. 12 seq.) Gnesnensis metropolis initia ponit auctoritate Dimari in fine sæc. x, at D valde suspecta sibi esse fatetur, cum videat sanctum Greg. VII anno 1074 Bolesiao duci Poloniæ scribere : « Episcopi terræ vestræ non habentes certum metrop. sedis locum, nec sub aliquo positi magisterio, huc atque illuc pro sua quisque ordinatione vagantes, ultra regulas et decreta sanctorum Patrum liberi sunt et absoluti. Deinde vero quod inter tantam hominum multitudinem adeo pauci sunt episcopi, et amplæ singulorum parochiæ, ut in subjectis curam episcopalis officii nullatenus exsequi, aut rite administrare valeant. » Quare Basnagius ap. Canis. (tom. III, p. 55 seq.), Polonorum opinionibus rejectis, nonnisi post Gregorium, seu post solidum sæculum Gnesnæ hunc honorem tribuit. De suffraganeis hisce ecclesiis quid sentiendum sit, tute deliberà, nil præscribo.

[f] Hansizius Notitiam Milonis abbatis pro vetustiori monumento habet, quo metropolitæ Salisburgensis suffraganeæ quinque ecclesiæ comprohentur. Quare

IN REGNO ANGLIE [1].

Metropolis civitas Cantuaria has habet civitates sub se [2]. Londoniam. Rohecestriam:Cicestriam. Cestriam. Excestriam. Guintoniam. Salesberiam. Herefordiam. Guilicestriam. Bahadam. Nicholam. Norguicium. Helyam. Ingualia vero Menevia. Pangoria. Landaph. et S. Asaph. Sunt autem num. XVIII.

Metropolis civitas Emboracus, habet sub se Dunelmum. [3].

IN SCOTIA [4].

Scotia hos episcopos habet : episcopum S. Andree. episc. Glaseuensem, episc. Candide case. episc. Duncheldensem. episc. Dumblainensem. episc. Brechinensem. episc. Aberdonensem. episc. Murtuensem. episc. Resinarhinensem. episc. Catanensem. episc. de Arregaithel. Sunt autem num. XI [5].

IN REGNO NORWESIE [6].

Metropolis Trundum hos episcopos suffraganeos habet. Bergensem. Strangensem. Hamarchopensem. Halsflonensem. Habet quoque in regione Granellandia episc. Horchadensem. et in insula Islandia episc. Phare. Sunt igitur num. VII [7].

IN REGNO DANIE [8].

Metropolis Lundis hos episcopos suffraganeos habet sub se. Roscheldensem. Othenesiensem. Slevicensem. Ripensem. Wibergensem. Arusiensem, Burgalanensem. Sunt igitur num. VIII [9].

IN REGNO SUETIE [10].

Metropolitanus Ubsaiensis hos episcopos suffraganeos habet sub se. Arusiensem. Straganensem. Lingacopensem. Scarensem. Sunt igitur num. V [11] a.

IN YBERNIA SUNT PROVINCIE QUATUOR [12].

Tempore Dni Eug. pp. III, facta est divisio totius

A Ybernie in quatuor metropoles per Johannem paparum prbrum card. tt. S. Laur. in Damaso apostolice sedis legatum hoc modo [13].

Metropolitanus Armachie primas totius Yberníe hos habet suffraganeos sub se : episcopum Connerinensem. episc. Dedundalebglas. episc. Lugundunensem. episc. Cluaniraird. episc. de Conannas. episc. de Ardachad. episc. de Rathboth. episc. de Rathlurig. episcopum de Damliagg. episc. de Darrih [14].

Metropolitanus Dublinensis hos habet suffraganeos sub se. episcopum de Clendalacha. episc. de Ferna. episc. de Cainnig. episc. de Lethglenn. episc. de Celldara [15].

Metrop. Cassellennensis habet hos suffraganeos sub se : epm de Celdalva. epm de Luninech. epum de insula Gathu. epm de Celliunabrach. epm de Ymlech. epm de Roscreen. epm de Watifordia. epm. de Lismor. epm de Cluanuama. epm de Corchaja. epm de Rosailithir. epm de Ardfert. Due autem ecclesie sunt sub eodem archiepiscopo, que dicunt se debere habere episcopos, quarum nomina sunt hec : Ardinoi et Mungarath [16] b.

Metropolitanus Tuamensis hos episcopos suffraganeos habet sub se. epm de Mageo. epm de Cellalaid. epm de Rosconmon. epm de Culvanfert. epm de Achad. epum de Conarri. epm de Celmunduach [17].

VI.

IN DALMATIA SUPRA MARE c

Metropolis Aquileia XI habet [18] suffraganeos. Epm Veronensem. Paduanum. Vicentinum. Cumanum. Mantuanum. Tervisinum. Tridentinum. Concordien [19]. Senecensem [20]. Filtrensem [21]. et Belunensem [22].

AR. LECT. EX CODD. REG.

[1] In Anglia. [2] Archiep. Cantuarien. hos habet suffr. Londonien. Roffen. sive Rofecestren. Cicestren. Exoniensem, Vinconien. Batonien. Salseberien. Vigornen. Heridforden. Conventren. Lincolmen. Norwicen. Helien. Meneven. Laudaven. Bangoren. De Sancto Asaph. [3] Archiep. Eboracen. hos habet suffraganeos : Dunelmen. Carlocen. al. Carleonen. [4] In Scuetia. b Brethinen. Abedonen. Moranen. Rosmarchinen. Cathanen. Beareaattel. [6] In Norvasia. [7] Archiep. Nidrosien. hos habet suffr. Bergen. Stavangren. Hamorcopen. Hailonen. Horcaden. Sudetejen. al. Subtranen. [8] In Dacia. [9] Archiep. Lunden. hos habet suffrag. Rochildensem, Othemen. Slewicen. Ripen. Wibergen. Aruscen. Burglauen. [10] In Scuetia. [11] Archiep. Ubsalen. hos habet suffragan. Agurien. Straganen. Lincopen. Scaren. [12] In Hybernia. [13] hæc omnia desunt. [14] Archiep. Armachie, primatus totius Hybernie, hos habet suffrag. Connerinen. vel Dedundaletha's, Lugundunen. Cluaniraíro, Deconnennas, Deardachad, Deraboth, Derathurig, Dedamiliagg, Dedarrit. [15] Archiepiscopatus Dublinen. hos habet suffraganeos, Dedanlacht, Defernnum, Decamie, Deglen. Deceldarum. [16] Archiep. Cassullensis hos habet suffraggan. Decendelpanum, de Liminech, de insula, Gathay, Deymelech, de Cellimalwrach, Decroscreen, de Waltifordianum, de Lismoi, Deduavamam, Decoicaja, de Rosailicht, de Ardfret. [17] Archiep. Zuamen. hos habet suffragan. de Mageo, de Celliad, de Roscomon, Deculvamfret, de Achad, de Corriari, Decelinudvach. [18] Patriarchatus Aquileiensis hos habet : [19] Concordiensem [20] Senencensem [21] Feltrensem [22] adjunguntur sex primi Gradensis suffraganei.

NOTÆ.

a Schelstratio eam mutuatus in suum opus refert (Germ. Sac. tom. II, p. 7) ne manifesto quidem prochronismo rejecto ; nam confectam esse ait tempore Cœlestini III anno 1225 : hic licet pontifex, mortuus an.1198, Innocentium et Honorium III successores habuerit, cujus postremi annus nonus fluebat Chr. 1225. En longo aditium monumentorum, quo eædem illæ ecclesiæ inhæreant ; adeoque auctor sibi constet. Nam paulo post enarrat, quemadmodum Eberhardus II Salisburg. archiep. anno 1215 Chiemensem sedem, et 1218 Seccoviensem erigi curavit, ab Innocentio III primam, alteram vero ab Honorio III (Ibid., p. 8 et 522 seqq.), quæ duæ cathedrales non erat cur anno 1225 sileremur a Milone, si tunc Notitiam illam confecisset.

a Abb. Milonis indiligentia duo regna in unum coaluerunt, atque Ubsalensi metropolitæ in Suecia regno undecim Scoti præsules, omnes exempti, subjiciuntur. Hos infra invenire erit in fine episcoporum ad Rom. pontificis consecrationem pertinentium, præter Murtuensem seu Moranensem, ut abbas

D Milo eum appellat.

b Tam ista quam quæ supra aiebat de totius Hibernie divisione, summam auctoris diligentiam testantur, qui suimet est fides interpres.

c Duæ istæ metropolitanæ sedes olim celebres instabilitate ac schismate, unde earum patriarchalis honor emersit, Caroli Magni tempore magnam mutationem passæ sunt. Undecimo Eccl. sæculo nil melius iis fuisse testantur litteræ Leonis IX ap. Baron. (729, n. 5) episcopis Venetiæ et Histriæ : « Judicio sanctæ synodi hoc definitum fuit, ut nova Aquileia (Gradus) totius Venetiæ et Istriæ caput et metropolis perpetuo haberetur, secundum quod evidentissima prædecessorum nostrorum astruebant privilegia. Forojuliensis vero antistes tantummodo finibus Longobardorum esset contentus juxta privilegium Greg. II et retractationem tertii. » Pagius autem (799, n. 2) animadvertit anno 844, cum Carolus Magnus condidit testamentum, jam patriarchas Aquileienses Forijulii resedisse.

IN YSTRIA SUPRA MARE [a].

Metrop. Gradus habet [1] suffraganeos. Polanum [2]. Parentinum. Triestinum. Comaclensem [b]. epm de Capite Ystrie [3]. Maranensem [4]. epm [5] Civitatis Nove. Castellanum. Torsellanum [6]. Aquileusem [7]. Caprulensem et [8] Closensem [9].

Metropolis Jadera suffraganeos habet hos episcopos, videlicet [10] Signensem. Ausarensem, Veglensem. Arbensem. Nonensem.

Metropolis Spalatus [c] habet [11] suffraganeos Tranguriensem [12]. et [13] Signinum [14].

IN SCLAVONIA.

Metropolis civitas Ragusia hos habet episcopos [15] suffraganeos: Stagnensem. Bossenensem. Tribuniensem. Catarinensem [16]. Rose. Biduanensem. Antivarensem. Dulchinensem. Suacinensem. Drivastensem. Polatensem. Scodrinensem [17]. Arbanensem.

IN PROVINCIA FLAMINEA [18].

Metropolis Ravenna [d] suffraganeos habet xv [19]. Placentinum [20]. Parmensem. Reginum. Forolivium [21]. Adrian. Populien. [22] Ferrarien. [23]. Mutinensem. Bononiensem. Faventinum. Imolensem. Cesenaten. [24]. Cerviensem. Comaclensem. et [25] Sarcinensem [e].

IN LIGURIA [26].

Metropolis Mediolanum suffragan. habet xv [27]. Cremonensem. Brix Bergamen. Lauden. Novarien. Vercellensem. Hasten. Taurinen. Terdonen. Aquen. Alben. Saonen. Albing. [28] Vigintimil. Yporiensem [29].

IN ALPIBUS GOTIE.

Metropolis Janua habet [30] suffraganeos Bobiensem [f]. Apruniac. [31] In Corsica [32] Maranen.

IN TUSCIA.

Metropolis Pisa suffraganeos habet [33] Massanum. In Corsica [34]. Anconsem. Aleriensem [35].

IN SARDINIA.

Metrop. Calar. suffraganeos habet [36] Sulcitanum. Dolien. et Suellitanum [37].

Metropolis Turris suffraganeos habet [38] Sorren. Plavacen. Ampurien. Cisarcen. [39]. Castren. Ozanen. et Bosen. [40].

Metrop. Arvorec habet suffraganeos Usellen. epum S. Juste. episcopum de Terra alba.

In Galluri sunt duo episcopi nullius metropolis: Civitatensis, et Galtellinensis [41].

VAR. LECT. EX CODD. REG.

[1] Patriarchatus Gradensis hos habet [2] Polanensem [3] Capitis Ystriæ [4] Matriariensem [5] Epm utrobique deest. [6] Torcell. [7] Equilen. [8] et deest. [9] Closenum, Civitatis novæ: qui etiam Aquilejensi subjicitur. [10] Archiep. Jadrensis hos habet suffraganeos [11] Archiepiscopatus Spalatrensis hos habet [12] Traguriensem [13] et deest. [14] adjicit Scardonensem, Arbensem, Nonensem, Croatensem, Kerbanensem, Traguriensem. [15] Archiepiscopatus Ragusiæ hos habet [16] Caterniensem [17] Scodrunensem. [18] Flaminia [19] Archiepiscopatus Ravennatum hos habet suffrag. [20] hic deest. [21] Foroliviensem [22] Adriensem, Foropopuliensem [23] et hic deest. [24] Cæsenatum. [25] et deest. [26] In Lombardia [27] Archiepiscopatus Mediolanensis hos habet suffraganeos [28] Albigensem [29] adjicit Placentinum, Papiensem, Ferrariensem. [30] Post Apuliæ metropoles absque provinciarum mentione duo seqq. archiepp. sequuntur ordine inverso: Januensis metropolis hos habet [31] Aprumacen. [32] In Corsica deest. [33] Archiepiscopatus Pisanus hos habet suffr. [34] In Corsica deest. [35] addit Sagonensem [36] Archiepiscopatus Calaritanus hos habet suffr. [37] Suallensem. [38] Archiep. Turritanus hos habet suffr. [39] Gipharelensem al. Sisardensem [40] Othanensem, Bosanum. [41] Archiep. Arborensis hos habet suffraganeos, Usellenum, S. Justæ, Terræ Albæ, Civitatensem qui est domini papæ, Galltellinensem, qui est domini papæ.

NOTÆ.

[a] Pagius (806, n. 12) Eginhardi auctoritate comprobat Carolum in sua potestate habuisse *Histriam et Liburniam, atque Dalmatiam exceptis maritimis civitatibus*. Has quippe reliquit Græcis. Opportunius (Diss. 1, p. 48) de hac re iterum.

[b] Infra hæc sedes recte subjicitur Ravennatensi metropolitæ. Itaque duæ Notitiæ alia alio tempore scriptæ fuerunt; at nihil certum de re admodum incerta definiri potest.

[c] Baronius (1062, n. 113) et Pagius (*Ibi*, n. 6) ad litteras Alexandri II *archiepiscopo Dioclensis* et *Antibarensis ecclesiæ* animadvertunt, duas fuisse metropoles in regno Dalmatiæ et Croatiæ, Salonitanam jampridem translatam *Spalatum*, et *Antibarim*, quo Diocletana sedes excisa translata fuerat. At nostris in duabus Notitiis, quæ per totum. sæc. xii excurrunt, Antibaris suffraganea est Ragusiæ, nec nisi in Notitia posteriori episc. Catharensis ap. Schelstr. (pag. 754) invenitur Antibaris tertia Sclavoniæ metropolis, cujus suffraganei diversi sunt ab enumeratis in Alexandri II litteris. Nihilominus Pagio, seu potius Joanni Lucio adversari non ausim; decimo enim sæculo, et sequenti usque ad tempora Gregorii VII qui Dalmatiæ ducatum in regnum vertit, ut vidimus, dispositio provinciarum ecclesiasticarum fuerit juxta animadversionem Pagii, postea vero, qualem Notitiæ istæ exhibent.

[d] Æmiliæ, Flaminiæque metropolim fuisse Ravennam perspicue docet *Orbis Ecclesiasticus*. Propterea civitates etiam Langobardicas, Placentiam, Parmam, Regium, ac Mutinam suffraganeas habuit. Quo in statu sæc. etiam xii persistebat, ut patet ex Notitiis. Quidquid postea variatum fuit, novis excitatis metropolibus, huc non spectat. Memoria de tantum repeti oportet quæ sunt allata (*Cod. Car.* tom. I, p. 321, 329 et 333), Adrianum scilicet Caroli Magni ævo in Æmilia constituisse civitates, quæ hic ponuntur in Flaminia. Nam Exarchatus sanctæ sedi a Pippino primum, deinde a Carolo donatus, tres comprehendebat provincias, de quibus uberius loquar in dissertationibus, *Æmiliam* scilicet Bononiensi territorio definitam, et *Pentapoles* duas, mediterraneam unam, alteramque maritimam. Ex iis nullam Notitiæ istæ, decimum sæculum et duo sequentia complectentes, præseferunt. Sed Æmilia in *Flaminiam* versa, et duæ Pentapoles in *Marchiam*, ut paulo infra planum erit, dispositionem illam veterem jampridem obsolevisse demonstrant. Quæ igitur fides habenda est eruditis iis hominibus, qui tempora fidenter miscentes, Ludovicianum diploma antiquitatis illius testem integerrimum, sæculi undecimi factionem esse contendunt, cum quæ continet oblivione obruebantur? Quanti facienda est Ottoniani et Henriciani interpretatio, qua eruditi iidem homines se non tenuisse palam faciunt, nova locorum nomina discrepantiæ atque obscuritatis non parum attulisse?

[e] Hanc civitatem inter alias Æmiliæ Leo archiepiscopus Ravennas invasit Caroli Magni ævo, cum nomen illi erat *Bobio seu tribunatu decimo* (*Cod. Car.* tom. I, p. 335). De ea vero dicendum erit in notis ad diploma Ludovicianum. Hic satis superque est censores Monumentorum veterum admonuisse erroris sui, qui exsoleta nomina sæculo xi ascripserunt.

[f] Ditmarus apud Baron. (1014, n. 4) de hac civitate loquens: « In his partibus, inquit, Cæsar episcopatum, quod erat tertium devoti operis ornamentum, in Bobia civitate, ubi Christicolæ sancti, et confessores inclyti Columbanus et Attala corporaliter requiescunt, communi consilio et licentia comprovincialium episcoporum construxit. » Ea vero nonnisi anno 1132 suffragari potuit Genuæ, quæ anno

IN CAMPANIA [1].

Metrop. Surrentum [2] hos habet suffraganeos epos [3]: Lobrensem. Equesen. et epm. de Castello maris [4].

Metrop. Capua [5] hos habet suffraganeos epos: Aquinatem. Tränen. [6]. Calvensem. Calimulen. Casertanum. Sessanum [7]. Yserniensem.

Metrop. Neap. habet suffraganeos epos: Asisanum [8]. Nolanum. Putolanum. Cumanum. et Ysclanum [9].

Metropolis Amalphia [10] hos habet suffraganeos episcopos. Capritanum. Scalen. Reginum [11]. Litteren. [12].

Metrop. Salernum [13] hos habet suffrag. episcopos: Capacensem [14]. Policastren. Nusquitan. Sarnitan. Marsican. Acernen. [15].

IN SAMNIO.

Metrop. Beneventum [16] hos habet suffraganeos episcopos: Telesinum. S. Agathe. Alifien. [17] Montis Marán. Montis Corvin. Avellin. Vicanum. Frequentin. [18] Arianen. Bibinen. [19] Asculen. Licerinum [20]. Tortibulen. Draconar. Wlturar. Alarin. Civitaten. Termulen. Toccien. [21] Trivinen. [22] Bivinen. Guardien. [23] Morcon. [24] et Musanen.

IN APULIA.

Metropolis Consa [25] hos habet suffraganeos epos. epm [26] Moranensem. Sätrianensem. Montisviriden.[27] Laquedonen. S. Angeli de Lombardis. et Bisaccien. [28].

Metropolis Agerentia [29] hos habet suffraganeos epos. Potentinum. Tricaricen. Venusinum. Gravinen. [30] Anglonen.

Metrop. Tranum [31] hos habet suffr. epos. Vigilien. et Andrensem.

Metrop. Tarentum [32] hos habet sub se [33]: Mutulen. et Castellanum. [34] epos.

Metrop. Sipontus [35] hos habet suffr. epos: Vestanum [36].

Metrop. Barum [37]. hos habet suffr. epos. Botontinum [38]. Melfettanum [39]. Juvenacien. Rubestinum [40]. Salpensem. Cannen Menervinen. Bitettinum [41]. Con-

A versanum. Polignenen. [42] Caterinen. Lavellinum.

Metropolis Brundusium hos habet suffraganeos episcopos: Astunensem [43].

Metropolis Ydrontum habet episcopum [44] Castren. Gallipolitanum [45]. Licien. Ugentinum [46]. et Leucen.

Metropolis Regium [47] hos habet suffraganeos episcopos. Cassanen. Neocastren. [48] Catacensem. Crotoniensem [49]. Tropiensem. Opiensem [50]. Bovensem. Geratinum [51].

Metropolis Cosentia hos habet suffraganeos episcopos. Marturan. [52]

Metropolis Rossanum nullum suffragan. epum habet [53].

Metropolis sancte Severine [54] hos habet suffraganeos episcopos. Hembriacensem [55]. Stromensem [56]. Genecocastren [57]. Cotroniensem Gerentinum [58].

IN SICILIA.

Metropolis Panormum hos habet suffraganeos episcopos, quos Adrianus papa IV ei concessit: Agrigentinum, Mazarensem. et Milevitanum [59].

Metropolis Messana [60] hos habet suffraganeos episcopos: Pactensem [61]. Cephaludensem [62].

Metropolis Montis Regalis hos habet suffraganeos episcopos. Catheniensem, quem ei concessit Lucius papa III et Siracusanum, quem ei concessit Clemens papa III [63].

Omnes isti subscripti episcopi ad consecrationem Romani pontificis specialiter pertinent [64].

Albanensis. Hostiensis. Portuensis. Sancte Rufine [65]. Tusculanus. Sabinensis. Prenestinus. *(Hi sunt collaterales et consecratores Romani pontificis [66].)*

In Tuscia. Nepesinus. Sutrinus. Civitatensis. Ortanus [67]. Amelinus. Narniensis [68]. Tuscanensis [69] Balneoregensis. Urbevetanus. Clusinus. Soanensis [70]. Castrensis. Crossetanus. Massanus. Vulterranus. Senensis [71]. Aretinus. Fesulanus. Florentinus. Pistoriensis. Lucanus. Lunensis [72].

In Ymbria [73]. Tudertinus. Camerinus [74]. Fulginas. Nucerinus [75]. Spoletinus [76]. Perusinus [77].

In Marchia [a]. Ariminensis [78]. Pesulanus [79]. Fanensis. Senogalliensis. Anconitanus. Asculensis [80]. Firmanus. Humanensis [81]. Esulanus [82]. Asciscinas [83]. Oxi-

VAR. LECT. EX CODD. REG.

[1] *Campaniam et Samnium sub una prov. Apulia comprehendit ordine prorsus alio.* [2] Archiep. Surrentinus [3] *epos deest ubique.* [4] Equensem, Castelli maris. [5] Archiep. Capuanus [6] Tianen. [7] Suassanum, Venafranum, Soranum [8] Aversanum [9] Puteolan. Cuman. Isclan. aliter Insulanum [10] Archiep. Amalphitanus [11] Reginum deest. [12] Minorensem, Littanum. [13] Salernitana metrop. [14] Capudaquensem; [15] Slusquitanum, Saranen. Accerranum, Marsicensem, Ravellensem. [16] Archiepiscopatus Ben. [17] Amphiensem, [18] Frechentinum, [19] Bivanensem, [20] Licherinum, [21] Toccien. deest. [22] Terventinum, [23] Wardiensem, [24] Morcon. deest. [25] Archiepiscopatus Consanus [26] epm. deest. [27] Montis Turiden. [28] *hi duo extremi desunt.* [29] Archiep. Aggerentinus [30] Gavvinensem, [31] Tranensis metropolis [32] Archiepiscopus Tarentinus [33] Suffrag. [34] Mittulensem, Castellanum, [35] Sipontina metropolis [36] *addit* Trojanum, Melphiensem, Molopolitanum, Rapolensem. [37] Baren. Metropolis [38] Botuntin. [39] Melphetan. [40] Bubetitinum, [41] Betentinum [42] Pollinensem, [43] Brundusina Metropolis hunc habet Suffraganeum, Altinensem [44] Ydrontina metrop. hos hab. suffrag. [45] Gallipotanum. [46] Ungentinum. [47] Archiepiscopatus Reginensis. [48] Neucastren. [49] Troconiensem, [50] Oppensem, [51] *addit* Squillacensem. [52] Archiepiscopatus Cossentinus hunc habet suffraganeum, Marturanensem, [53] Archiep. Rossanus nullum habet suffragan. [54] Archiep. S. Severini [55] Ebriacensem [56] Troniensem [57] Geneocastrensem [58] *Hi duo desiderantur.* [59] Panormitana metropolis hos habet suffraganeos Agrig. Mazar. Miletanum. [60] Messana Metr. *in Calabr.* [61] Patensem, S. Marci, Miletensem, Cataniensem. [62] Cepheilonensem [63] Archiepiscopatus Montis Regalis hos habet suffraganeos, Siracusanum. [64] *Isti sunt episcopi sub Rom. pontifice, qui non sunt in alterius provincia constituti.* [65] S. Rufinæ *deest.* [66] *hæc desunt: adduntur episcopi* Anagninus, Signinus, Ferentinas, Alatrinus, *qui infra occurrent* in Campania. [67] *Hos quatuor episcopos ponit* in Marsia [68] *Hos duos* in ducatu Spolitano. [69] Viterbien. et Tuscanen. [70] Suanensis, [71] Massanus *et* Senensis *desiderantur.* [72] *addit* Castellanum, *aliosque quatuor, ut infra.* [73] *deest* in Umbria. [74] *Hos locat* in ducatu Spolitano [75] *hosque* in Tuscia. [76] *item* in duc. Spol. [77] *item* in Tuscia. [78] *ponitur* in Romania Ravennat. [79] Pesariensis [80] Esculanus [81] *Hi tres* in duc. Spol. [82] Esinas [83] Asisinas in Tuscia.

NOTÆ.

eodem metropolis facta fuit ab Innocentio II. Atque hæc, ni fallor, est certa ætas Notitiæ, quam Albinus retulit in suum codicem, nonnullis quandoque additis, quorum nil antiquius Eugenio III, nil Clemente pariter tertio recentius occurrit.

[a] Pentapolis nomini pridem obsoleto illud Marchiæ successerat. Nec vetustum illud nomen audiretur in Augustor. diplomatibus, nisi Nicolaus III reno-

vanda Ludovici, Ottonis, et Henrici diplomata transmisisset Rudolpho, ut suo loco planum fiet. Cætera provinciarum nova nomina tute confer cum priscis. De Italia enim tanta suppetit rerum copia, ut quemque inopem possit efficere. Neque ad breves notas coarctandæ mihi videntur, quæ fusiori calamo in dissertationibus tractatæ reperientur.

nensis [1]. Forumsinfron. Filtrensis [2]. Urbinensis. Aegubinus [3]. Callensis.

In Marsia. Reatinus [4]. Furconensis [5]. Valvensis. Teatinus. Pinnensis. Marsicanus.

In Campania. Tiburtinus. Anagninus. Signinus. Terracinensis. Fundanus. Gajetanus. Ferentinas. Verulanus. Alatrinus, Soranus, Rivellensis [6].

In Calabria. Bisignanensis [7]. Epus S. Marci [8]. Squillacensis [9]. Miletensis.

In Apulia. Trojanus. Melfiensis. Monopolitanus. Rapollensis [10].

In Dalmatia. Arbanensis [11].

In Sardinia. Gaitellensis. Civitatensis [12].

In Corsica. Maranensis [13].

In Lombardia. Papiensis. Bobiensis [14]. Placentinus. Ferrariensis [15].

In Burgundia. Anitiensis [16].

In Hyspania. Burgensis [17]. Legionensis. Ovetensis [18].

In Scotia. Epus S. Andree. Glascuensis. Epus Candide Case. Dulcheloensis. Dumbloinensis. Brechinensis. Arbedonensis. Resinarchinensis. Catanensis. Epus de Arrigaitel.

VII.

ANTIOCHENUS PATRIARCHATUS habet sub se hos metropolitanos, et episcopos suffraganeos.

Archiepiscopum Tharseñsem. Mamistenum [19]. Tulupensem [20]. Edessanum [21].

Episcopum Laodicensem. Gabulensem. Valenensem [22]. Anteradensem. Tripolitanum. Bibliensem.

Mimastrensis metropolis hos habet episcopos suffraganeos.

JEROSOLIMITANUS PATRIARCHATUS habet sub se hos epos suffraganeos, et metropoles inferius annotatas. epum Bethleem. episcopum S. Georgii. episcopum Ascalonc [23].

Metropolis Tyrus habet sub se hos suffraganeos episcopos: Aconensem. Sidoniensem. Berutensem [24].

Cesarea metropolis habet sub se hos epos: Sebastensem [25].

Nazarca [26] metropolis habet sub se Tiberiadensem [27] epum.

CONSTANTINOPOLITANUS PATRIARCHA habet sub se Cretensem archiepiscopum, qui habet sub se LX episcopos. Medonensem quoque habentem sub se... episcopos. Eracliensem habentem sub se... episcopos. Isti tres metropolitani dicuntur habere suffraganeos episcopos septingentos. Preterea idem patriarcha sub se dicitur habere apostolicos catholicos.

VAR. LECT. EX CODD. REG.

[1] Auximanus in duc. Spol. [2] Feretranus in Romania Ravennat [3] Eugubinus in Tuscia [4] in duc. Spol. [5] Furtinensis, qui cum Valvensi, et Marsicano *ponuntur* in Campania [6] Ravellensis in Salern. metrop. [7] *in Metr.* Rossan. [8] S. Marci et Milet. *in metr.* Messan. [9] *in metr.* Regien. [10] *in metr.* Sipont. [11] in Sclavonia. [12] *in judicatu* Galluri [13] *in metr.* Janue [14] ib. [15] Papien. Plac. Ferr. *in metr.* Mediol. [16] *in metr.* Bituricen. [17] *in metr.* Tolet. [18] *in metr.* Emeriten. [19] Archiepiscopatus Manistrensis. [20] Archiep: Tulup. qui etiam Elyospolitanus appellatur. [21] Arch. Edessenus; qui alio nom. dicitur reges Medorum. *Duos addit:* Apphanen. Cerizzen. [22] *hunc suffragan. facit* Apphaniensis. [23] Ebronensem, Liden. Ascalonen. [24] Beritensem, Paneensem. [25] Sebastiensem, quæ civitas, Sebastia scilicet, alio nomine dicitur Samaria. [26] Nazareth. [27] Tyberiaden.

LIBER CENSUUM GENUINUS.

DE REDDITIBUS OMNIUM PROVINCIARUM ET ECCLESIARUM QUI DEBENTUR ROMANÆ ECCLESIÆ.

PRIMO DE CIVITATE FERRARIE.

Romana Ecclesia debet habere censum de civitate Ferraria sol. L. Luccen in unoquoque anno. Medietatem tributi ripe, et districtum de mercato annuatim. Et totam arimanniam de plebe cornacervina. Et totam arimanniam masse fuscalie. Et totum publicum ejusdem. Et totam arimanniam de gabbiana. Et totam arimanniam de lungula. Et totam arimanniam de septepullesino. Et totam curiam sive districtum de massa. Et totum districtum sive proprietatem de ciniscelli, et de cavalto. Et totam arimanniam, et totum publicum de sadriano. Et totam arimanniam, et totum publicum de trecenta. Et totam arimanniam de hanniolo, et totum publicum. Et totam arimanniam de villa nova, et totum publicum. Et totam arimanniam de maneggio, et totum publicum. Et totam arimanniam de sancto Martino, et totum publicum. Et totam arimanniam de lucarano, et totum publicum. Et totam arimanniam de sancta Maria, et totum publicum. Et totam arimanniam, et publicum de villa comede. Et totum publicum de gognano. Et totum publicum de villa marthana. Et totam arimanniam de arcuada, et totum publicum. Et totum publicum de bonisciago. Et totum publicum de agnano. Et totam arimanniam de pontiado, et publicum. Et totam arimanniam de filthatico, et publicum. Et totam arimanniam de runci, et publicum. Et totam arimanniam de cirpilliatica. Et totam arimanniam de bratica. Et totam salariam. Et totum ficarolum. Et tres partes de ripafico, et partes tres portus de rupta ficaroli. Et totam arimanniam de trenta. Et totam arimanniam de leone. Et totam arimanniam de gello. Et totam arimanniam de fabriciano. Et totam arimanniam de sancto Donato. Et totam arimanniam de flesso, et de ficarolo, et toto comitatu ejus. Baliam de omnibus criminibus. Et omni anno bis, scilicet in madio, et in sancto Martino generale placitamentum.

Item Ecclesia de ficarolo IIII sol. luc. pro villa salaria. Ecclesia S. Gregorii I morab.

HEC DEBENT DNO PAPE ILLI QUI EMUNT CONFESSIONEM BEATI PETRI.

Hec sunt que dominus papa recepturus est ab illis qui emunt Confessionem beati Petri, secundum tenorem preteritorum ementium. In primis in camera singulis diebus III libr. cere, et per singulos menses I aquariciam olei, et I libr. de olibano: In pascha xx libr. de cera, super hoc quod debet habere in camera. In facula pro sabbato sancto x libr. de cera, et decem libr. pro agnus, et de balsamo III db. ad pondus laterani, et III ad sanctum Petrum. v libr. de cera ad sanctum Petrum pro facula baptismali. Ampullas XII, VI majores, et VI minores. Fanones VI. In festo sancte Marie xx libras pro rosta Salvatoris Domini. In nativitate Domini xx libr. cere in camera super illas III libr. que dantur singulis, diebus, et duas libr. de olibano. In purificatione sancte Marie X libr. et IIII dn. pro jungis. In annuntiatione similiter. In nativitate X libr. de cera, et IIII dn. pro jungis. Acolitis in dominica palmarum XII denariis pro palmis ex consuetudine. In majori ebdomada episcopus sancte Rufine jus quod consuvit habere, videlicet arcam et altare, ex quo pulsatur ad matutinas, usquedum finitur officium; et ex quo pulsatur ad missam usque ad finem misse. salvo jure cantorum, quod habent in altari cum episcopo. In die Jovis sancti ex quo pulsatur ad officium matutinale, et ad missam usque ad finem officiorum, similiter. In die sancto Veneris, similiter. In sabbato sancto ex quo pulsatur ad officium matutinale et ex quo pulsatur ad officium baptismale nocte et die tota usque ad finem misse majoris in Pasca habeat jus suum. Quando dn. papa non est in urbe, hostiariis dantur XII dn. pap. per singulas ebdomadas, et in dominica de palmis II sol. et in singulis festivitatibus sancte Marie unam cere, decinam pro faciendis cereis. Sancto Laur. de palatio datur per unumquemque mensem I aquaricia olei, et I libr. de cera, et dimidium de olibano. Quando dns. papa pergit ad sanctum Petrum in stationibus XX sol. dns. papa habet, et duas aquaricias de potione. Et capellani cum sociis suis medietatem altaris ex quo tubalia extenditur super altare. Cardinales V sol. papien. in statione habent. Cantores quando cantant responsorium in ammone XVIII dns. pp. In Pascha de mad. duas aquaricias de potione dns. papa habet ad Laterahum. A festo sancti Gregorii usque ad Pentecosten unoquoque die XII dns. pp. dantur dno. pape. In letaniis majoribus XXVII libr. lucc. pro prbrio crucium episcoporum cardinalium, et lectis et lobio. Ad luminaria ante altare beati Petri XIII candele et in corpore XIII die noctuque. n unoquoque capitello una candela accendatur, per totam noctem, donec missa finiatur: In stationibus in magno capitello IIII et in capitello minori cum porticalibus III. In rete XII. In virga XVIII. Ante Veronicam die, noctuque una. In sancto Processu die noctuque I. In sancta Maria de Cancellis in nocte I. In Vaticano in nocte I. In sancta Cruce in nocte I. In sancta Lucia in nocte I. Ante crucifixum in nocte II. In virga III, in rete III. In secunda fer. post Pasca. Ego sum pastor bonus. In Ascensione. In Pentecoste. In festivitate sancti Petri. In dedicatione ipsius Ecclesie. In Epyphania. In Cathedra, et in letania majori debent accendi retia. Et in festo sancti Petri tantum rete magnum ante portas argenti. In resarciendo tecto, et in mutandis fractis trabibus ecclesie beati Petri dantur II dn. unicuique magistrorum, et unicuique manualium, donec compleatur opus. Quando sandalarii capiunt trabes beati Petri, habent inde II sol. dn. pp. et IIII libr. cere in festo... Ecclesia sancti Andree II aquaricias de oleo et clerici sancti Petri qui faciunt officium II sol. dn. pap. cardinalis, qui habet custodiam beati Petri IIII dn. pp. unoquoque die. Pro elemosina unaquaque ebdomada extra id quod datur ejectis XII sol. Rotomagen. dum strata currit. Unicuique de comestabilibus II dn. pp. unoquoque die. Sorrentiales prefecti quando suspendunt aliquem V sol. et quando decollant V sol. quando cecant XII pro unoquoque oculo, quando truncant aliquod membrum XII dn. similiter. Sancta Rufina pro elemosina una aquaricia olei, X libr. cere, et dimidium olibani. Sancti quatuor, et sanctus Clemens, et sanctus Pancratius habent elemosinam inde IIII dn. pp. magistris pro carea, et quatuor funes, quando accendunt rete, exceptis ebdomadalibus cardinalium, et ecclesie beati Laur. in palatio et clericorum beati Petri, et cantorum et dominicalibus diaconorum cardinalium. In stationibus vero unum par facularum ad vesperas II librarum, et ad missam II librarum. Familia quoque dni. pape consuevit habere aliquam benedictionem. Quando dns. papa prolongatur a Roma plusquam una dieta, ei siquidem non datur cera pro camera. Preterea calices, cruces, turibula, et bacilla aurea, sive argentea, camisii, amicti, stole, manipuli, cor-

poralia super chalices, et manutergia de alamannia, et pallia super VI libr. affortiatorum, que ad altare offeruntur, dni pape sunt. Altare autem, cum necesse fuerit, tres trabes in navi singulis annis mutabit, et II dn. pap. pro victualibus magistris sancti Petri, cum in ipsa ecclesia operantur, dabit. Benum etiam prandium dabit canonicis sancti Petri, cum fuerit tota nocte in vigiliis palleorum Romani pontificis, patriarcharum, archiepiscoporum, et quorumdam episcoporum, que quotiens necesse fuerit, parabit prior basilice, et cum diaconis cardinalibus intererit dationi ipsius pallei [a].

REDDITUS IN URBE ROMA.

Monasterium S. Pauli panem pro persona dni pape. Canonici Lateranenses similiter. Ecclesia S. Marci X sol. dn. pap. pro massa, quam papa Celestinus ei concessit. Ecclesia S. Petri XX. sol. lucc. Ecclesia S. Susanne unum scifatum, et unum morab. Illi qui tenent turrim in capite pontis Judeorum III dn. pap. Ecclesia S. Egidii cum hospitali sita juxta civitatem Leonianam XL sol. affortiatorum, in festo S. Andree. Ecclesia S. Praxedis unum scifatum. Ecclesia S. Abbaciri I morab. Petrus latro I morab. pro castro cere.

In episcopatu Albanensi. Ecclesia S. Donati de maritimis I morab. Hospitale de Cantaro. I libr. cere.

In episcopatu Portuensi. Petrus Latro II morab. pro castro cere.

In Marchia et ducatu Spoletano.

In Senogalliensi.

In Anconitano.

In Oximano. Homines montis S. Petri III sol. lucc. Ecclesia S. Petri ejusdem loci II sol.

In Numan. Ecclesia S. Fabiani de Racanati XII dn.

In Firman. Hospitale de aqua sancta XII podien. per annum.

In Asisin.

In Camerino. Monasterium sancte Marie de Frastra II. lib. cere Monaster. sancte Marie de villa magna I libr. cere pro censu, et I bisant. pro pensione cujusdam terre. Monasterium de Cliente I lib. de cera, et I bisantium pro his que tenet ab eccl. Romana.

In foro Simpron.

In Urbinati.

In Callensi. Ecclesia S. Gerontii XII affort.

In Esino. Ecclesia S. Marie de silva XII dn. pap.

In Montifeltrano. Ecclesia S. Anastasii XII dn. argenti.

In Nucerino.

In Egubino. Monasterium S. Emiliani III solidos affortiator. Monasterium S. Amb. III sol.

In Fulginat.

In Perusino. Ecclesia S. Petri de monte Teuzi III sol. affor. Ecclesia S. Marie posita in monte Feriol. III dn. pap. et I facula pro unoquoque anno.

In Amelin.

In Tudertino.

In Narniensi. Monaster. S. Nicolai unam libr. cere.

In Esculano.

In Spoletano. Ecclesia S. Petri juxta ipsam civit. II sol. lucc. castrum quod Moriciola vocatur, ex redditione Gisleri, sicut invenitur in Registro Gregorii pape VII, B. Petri juris est. Et monasterium S. Petri de Bovaria V sol. luccen.

In Reatino. Monasterium S. Salvatoris.

In Valvensi. Monasterium de Bominac. I romanatum.

In Marsicano. Monasterium S. Marie de Appamia III sol. provenien. et I libr. cere.

In Teatino. Monasterium de Magella I morab. Monasterium S. Stefani I unc. auri.

In Pinnensi.

---

[a] Plura hic vides capita discipline veteris, que illustratione indigent. Id vero per me factum invenies in libro De præstantia Basil. Vat., si quando prohibet in lucem. Perinde est de sequentibus.

IN TUSCIA.

In episcopatu Castellane civitatis. Ex ipsa civitate, que antiquitus vocabatur Castrum Felicitatis, xxv sol. affort. Ecclesia S. Salvatoris xii affort.

In Sutrino. Episcopus ipsius loci unum morab. pro locatione cujusdam casalis.

In Castellano.
In Urbevetano.
In Balneoregensi.

In Tuscanensi. De civitate Vetralla ii marabuttin. Ecclesia S. Johannis de insula juxta Cornetum v sol. Eccl. S. Sintii v sol.

In Castren. monaster.

In Clusino. Monasterium S. Salvatoris de Monte Amato ii morab.

In Soanensi.

In Massano. Plebs de petra. . . . sol. et homines ipsius loci. . . . sol. Monasterium Aque vive ii sol.

In Grossetano. Monasterium S. Prancatii xii affort.

In Senensi. Ecclesia S. Leonardi ii sol. Lucc. Ecclesia S. Trinitatis de Turri ii sol. Hospitale silve Rodulende xii dn. Ecclesia S. Mustiole ii sol.

In Aretino. Plebs de peccioli i morab. Ecclesia S. Justi iii sol. lucc.

In Fesulano.

In Florentino. Hospitale situm in loco qui dicitur ad pontem bonici secus stratum vi paria ferri. Ecclesia S. Laurentii de Cortina ii sol. Ecclesia S. Cresci ii sol. Ecclesia S. Donnini ii sol. Ecclesia S. Petri de Colle ii sol. Hospitale S. Petri de Calvariis situm in confinio Fesulani, et Senensis episcopatuum vi dn. Lucc. Ecclesia S. Agnetis sita in podio bonithi i morab.

In Vulterrano. Ecclesia S. Barthol. de Scalocla xii dn. Comes Panocla iv morab. de tota terra sua. Ecclesia S. Nicolay de Monterio i morab. Ecclesia S. Faustini de valle Else ii sol lucc. Monasterium de Serena i mor. Monasterium de Insula ii sol. Ecclesia S. Johannis de Colle xii dn.

In Pistoriensi.

In Lucano. Ecclesia S. Fridiani juris B. Petri. Cens. ejus unum par guanti de corio. Monasterium Sextense ii morab. Ecclesia S. Alexandri sita in Lucana civitate ii morab. Ecclesia S. Marie filiorum Corbi iii sol. Monasterium S. Petri in Cortina ii bisant. Ecclesia S. Salvatoris in Mustolia xii dn. Monasterium S. Pontiani iv mor. Hospitale pontis de popli i libr. cere.

In Pisano. Monasterium de Verruca ii morab. et pro campo S. Petri sito circa buitim vi dn. Ecclesia S. Nicolay de Paratino ii sol. Pisanus archiep. iv morab. pro quibusdam beati Petri terris. Monasterium S. Quirici xii dn.

In Lunensi episcopatu. Monasterium de Ceperano i morab.

IN APULIA.

In episcopatu Beneventano. Ecclesia S. Marie de Sambuco in ipsa civitate i unc. auri. Eccla S. Marie de monte Drobi i scifatum. Eccla S. Thome in ipsa civitate iii Romanat. et iii paria de obbates cum candel.

In episcop. Sorano. Monaster. sancti Dominici xii dn. pap.

In episcop. Elesino. Monrium, quod in ipsa civitate situm est, i unc. auri.

In episcop. Venafrano. Monrium S. Vincentii ii morab.

In archiep. Consano. Monrium S. Marie de Ylice unc. i auri.

In episcop. Melfien. Monrium Vulturnense i unc. auri. Monasterium S. Angeli de bandi i unc. auri.

In archiep. Sipontino. Ecclesia S. Leonardi i unc. auri. Monrium S. Joh. in Lama unc. i auri. Eccla S. Thome i libr. olibani. Monrium Pulsan. ii bisant.

In episcop. Trojano. Monrium terre majoris unciam i auri. Monrium S. Marci de fora iv libr. olibani.

In episcop. Vestano. Monrium de Calena i unc. auri.

In episcop. Monopolitano. Monrium S. Stephani unc. i auri.

In episcop. Telesino. Monrium S. Salvatoris unc. i auri.

IN CALABRIA.

Monasterium de Mileto, quod est sedes episcopalis, i unc. auri.

In episcop. Rossanen. Ecclesia S. Trinitatis. . . . Monasterium S. Eufemie unc. i auri.

In episcop. Catenzani. Monrium S. Juliani, unc. i auri.

In episcop. Teatino. Monrium Magelle i morab.

REDDITUS APULIE, CALABRIE ET MARSIE.

Rex Sicilie debet pro Apulia, Calabria, et Marsia mille scifatos.

In archiep. Brundusino. Ecclesia S. Marie unc. i auri.

Ecclesia S. Marie de Nerto unc. i de tar. per annum.

In episcop. Cassanen. S. Marie Camiliani ii scifat.

In episcop. Scquillac. Monrium de Carra i morab.

IN SICILIA.

Anno xvii pontificatus Alexandri pape III, w. secundus rex Sicilie construxit Monrium beate Marie Montis regalis juxta Panormum, et subjecit illud Romano pontifici sub annua pensione centum Tarenorum.

IN SARDINIA.

Judex Calaritanus ii lib. argenti pro censu. Archiep. Calar. vi libr. argenti. Episcop. Dolien. ii lib. Episcop. Sulcitanus ii lib. Episcop. Barbarie ii lib. Ecclesia S. Saturnini. ii lib.

Judex arboren. ii lib. Archiep. Arboren. vi lib. Episcop. S. Petri de Teralba ii lib. Episcop. de Osello ii lib. Episcop. S. Justi ii lib.

Judex Turritanus ii lib. Archiep. Turritanus vi lib. Episcopus de Pragi ii lib. Episcop. de Ampuri ii lib. Episcop. de Serra ii lib. Episcop. de Chisarpo ii lib. Episcop. de Castro ii lib. Episcop. de Ozano ii lib. Episcop. de Bosea ii lib. Abbas de Sacharia ii lib. Abbas de Plajano ii lib. Abbas de Thergo ii lib. Prior de Salvenero i lib. Summa horum omnium continetur in lviii libris argenti.

In Arborea. Ecclesia S. Thome cum omnibus suis bonis pro censu iii bisant. omni anno. Ecclesia S..... quæ dicitur Camja ii sol. exigusin. singulis annis.

DE CORSICA.

Corsicam concessit papa Innocentius Janue sub annuo censu unius libre auri. Et exinde privilegium ei fecit.

CENSUS DE NOVO IMPOSITI, DE QUIBUS NESCIO IN QUIBUS EPISCOPATIBUS SUNT POSITI.

Monaster. S. Stephani positum in monte de medio. pro cadem Ecclia omni anno pro censu iii sol. provesin. Ecclia S....., posita in castro Valentio omni anno pro censu ii sol. luc.

IN LOMBARDIA.

In archiepiscopatu Mediolanen. Monrium S. Agathe vi dn. mediol. Monrium de Sexto xii dn. Monrium de Modoetia xii dn. Monrium de Brugula xii dn. Monrium de Lambrugo xii dn. Monaster. de Partificagia vi dn. Monrium de Subiate vi dn. Monrium de Buginago vi dn. Monrium de Basiliano xii dn. Ecclia S. Johannis de Perminago i sol. Ecclia de Propello....... Ecclia de Bibulgo....... Monrium S. Nicolai xii affor. Ecclesia S. Trinitatis de ponte guinicelli vi dn. Ecclesia de Bisantio i dn. et i cerev. Ecclia S. Petri de Bifolca vi dn. Hospitale apud S. Blasium vi dn. Homines habitantes in villa que dicitur Morniaco de plebe arzaco xii imperial. singulis annis.

In episcopatu Placentino. Ecclesia de Misericordia ii sol. placen. singulis annis.

In episcop. Laudensi. Ecclia S. Michabelis xii dn. Ecclia sancti Pauli xii dn. Mnrium S. Michahel xii dn. Mnrium S. Stef....... Mnrium S. Andree per manum Abbatis S. Savini i unciam....... Monaster. de Dovario xii dn. Ecclia de Ripa alta xii dn. Monaster. de Cerreto iiii dn. mediolan. Ecclia de Cerreto iiii dn. mediol. Ecclia S. Petri de Palude xii mediol. veteres.

In episcop. Cumano. Hospitale de Blunzone in monte Abrica.

In episcop. Bergomensi. Ecclia S. Firmi i sol. Ecclia S. Juliani de Subvexio i sol. Ecclia S. Sigismundi de Ripa alta i sol. Monaster. S. Ambrosii de Ripa alta i sol. Monaster. de Donaria i sol. Ecclia S. Fabiani Cellula ipsius i sol. Ecclia S. Marie de Villa suari in colle Thoris i sol. Ecclia S. Ambrosii de Calcu iii dn. Ecclesia S. Trinitatis de Virgi. i sol. Ecclia sita in loco qui dicitur Mesina viiii dn. mediol. monete. Ecclia S. Alexandri...... Ecclia S. Mathei....... Monasterium de Bonate vi dn. Ecclia S. Marie in Turri xii dn. mediol.

In episcop. Brisiensi. Ecclia S. Petri Cremiguano xii dn. mediol. Monaster. de Caramagna i morab. Monaster. Aque nigre i morab. Monrium Montis Clari dimid. unc. auri.

In Cremonensi episcop. Ecclia S. Agathe i sol. Monasterium S. Stephani de Cornu i sol. Ecclia S. Salvatoris iiii dn. Ecclesia S. Marie de Castaneto vi dn. Monrium S. Johannis juxta Papiam xii dn. veteris monete. Hospitale S. Leonardi de Bangia xii dn. mediol. vet.

In Novariensi. Ecclia. S. Petri ii sol. Ecclesia SS. Philippi et Jacobi de Paliarina ii sol. mediol.

In Vercellensi. Monrium de Bessa i morab. Monrium S. Stephani i morab. Ecclia S. Jacobi ii sol. mediol. Ecclia S. Marie sita in eadem civitate i morab. Monrium S. Marie de Astura xii dn. veteris monete.

In Taurinensi. Monrium de Pinarol. i unc. auri. Ecclesia S. Petri Savilianensi i morab. Ecclia S. Petri ultra flumen Sture cum hospitali ibidem sito i morab. Hospital. de Ponticell. i morab.

In Albensi. Ecclia de Ferranica i morab. Monrium S. Gaudentii dimid. unc. auri. Monrium S. Martini dimid. unc. auri.

In Astensi. Monrium de Caramagna i morab.

In Aquensi. Ecclia S. Crucis de Melagio. i morab.

In Tardonensi Ecclia de principiano ii morab. Habitatores loci, qui dicitur Sala iii lib. cere basilice S. Laurentii.

In Saunensi. Monaster. S. Eugenii i morab. In capite nauli Ecclia. S. Jule iiii dn.

In Januensi. Monfium S. Andree de Sexto i morab. Ecclesia S. Fidis i lib. piperis. Ecclia. S. Nicolai juxta mare i lib. cere.

In Albinganensi. Mnrium. S. Martini in insula Gallinaria i morab.

In Vintimiliensi.

In Papiensi. Monrium S. Marini i morab. Ecclia S. Marie major. de Laumello i morab.

In Bobiensi. Monrium S. Columbani iiii bisantios.

EXARCATUS RAVENNAE.

Canonica S. Marie in porticu..... morab. pro Ecclia. S...... Monaster. S. Johannis Evangeliste i sol. Ecclia S. Petri ad vincula iii sol. luc.

In episcop. Placentino. Eccla. scor. Gervasii, et Protasii i cereum et i dn. Ecclia S. Johannis de viculo dimid. auri unc. Ecclesia de Monte Bello ii sol.

A luc. Ecclia S. Petri de Cerreto iiii dn. Mediol. Hospitale de Verzario i morab.

In Parmensi. Monrium S. Alexii ii morab. Monast. de Berselli i morab. Mnrium S. Genesii i morab. Mnrium S. Siri de Fontanell. ii dn. de papia monete veteris.

In Regino. Plebs de Warstalla iii morab. Mnrium Canusinum xx sol. Ecclia de Gonzago i unc. auri.

In Mutinensi. Mnrium Fraxinon. unc. auri. Monast. Nonant. ii morab. Hospitale S. Germiniani juris beati Petri.

In Bononiensi. Mnrium de Musiliano vi sol. affort. Epus Bononien. lib. ii puri argenti. Monrium S. Cesarii iii morab.

In Faventino.

In episcop. Florent. Ecclia S. Peregrini juxta Saltu. xii imperial.

In Ymolensi.

In epatu Foroliviensi.

B In epatu Bobiensi. Mnrium S. Ambr. xii dn. pap. Cella S. Johannis inter ambas partes i bisant. Mnrium S. Marie in Trivo i bisant.

In epatu Populiensi.

In epatu Feretrano.

De massa Arni. Ecclesia S. Justini unc. i auri pro unoquoq. anno. et de Castello arno, a Guid. et sociis xii lucc. pro unoquoq. anno.

De massa Fiscalia. Cervien. epus de plebe S. Vitalis xii imperial.

De massa S. Petri. Eccla S. Salvatoris xii luc. pro unoquoq; anno.

In epatu Ferrariensi. Ecclia de Ficarolo iiii sol. luc. pro villa Salaria. Ecclia S. Georgii i mor. Ecclia major i morab. per annum.

In episcopatu Ariminensi. De ripatico per manum episcopi i lib. argenti. De plebe S. Paterniani ii sol. luc. De ecclia S. Georgii i lib. cere. Ecclia S. Pauli C de Monte Scutulo ii sol. luc. Ecclia S. Salvatoris ii sol. luc. Ecclia S. Gauderitii iiii bisant. Monast. S. Petri xii affort. Monast. S. Ggii xii dn. Hospitale botrie ii dn. Hospitale de dna Emilia positum circa herim ii sol. imperial. Ecclia S. Marie in Leura i sol. pro unoquoq. anno.

In Fanensi. Mnrium S. Laur. in Campo. L. spatulas f. xxv sol. affor.

In Croniet. Ecclia S. Nicolai de Croniet pro censu i morab. sing. annis, et lib. ii piperis.

IN PATRIARCHATU AQUILEJENSI.

In epatu Vicentino. Capella de insula xx sol. veronensium. Ecclia S. Lucie de Fonte nivis ii mor. Ecclia SS. Firmi et Rustici i mor.

In epatu Feltrensi.

In epatu Tridentino.

In epatu Senecen.

In epatu Paduano. Ecclia S. Marie de pratalia iiii D morab. Ecclia sancte Crucis de monte Syon ii morab.

In Mantuano. Ecclia S. Marie de Hyspid. i morab. Monrium S. Johannis ii sol. luc. Monasterium S. Benedicti. unc. i auri. Hospitale de Aquadocia xv dn. mediolan. Hospitale juxta Venonam xii mediol.

In Veronensi. Ecclesia S. Marie in loco Marellensi i bisant. Ecclia S. Nycolai in Arena i lib. cere et i dn. Ecclia S. Marie apud albaredum xii dn. mediol. Ecclia SS. Simonis et Jude i lib. cere.

In Tarvisino. Monrium S. Eustach. iii sol. Hospitale S. Marie i lib. cere, et incensi. Ecclia S. Laur. juxta forum iiii dn. luc. Monasterium S. Eufemie ii bisant.

In Cenetensi Ecclia. Hospital. de Blavi i lib. cere, et i incensi.

In episcop. Pole. Monrium S. Marie de Canneto ii bisant.

In Comaclensi, Monrium Pompos. iii sol. affort.

IN PATRIARCHATU VENETIE GRADENSI.

Ecclia S. Marie de Caritate I aureum. Ecclia S. Marie de Alnaria.
In episcop. Torsellano.
In Cesenate. Ecclia. S. Crucis XII affort.
In Pensauriensi.

CENSUS HISPANIE.

In episcop. Colombriensi. Ecclia S. Crucis juris beati Petri II morab. singulis annis pontifici Romano persolvit.

In episcop. Portugalen. Canonica, que vocatur Ecclesiola, II morab. Adefonsus Portugalensis dux IIII unc. auri.

In episcop. Lucen. Monrium de Ursaria I morab. auri.

In episcop. Legionensi. Monrium S. Facundi juris beati Petri est II sol. Monrium S. Ysidori I morab.

In episcop. Palentino. Ecclia vallis Oliveti xxv morab.

In episcop. Toletano. Monrium S. Servandi x morab.
In episcop. Avilen. Monrium............ I morab.
In episcop. Burgen. Monrium Oniense ijuris beati Petri est. unc. I auri. Monrium S. Dominici juris beati Petri est. v morab. Monrium de Cardinia I morab.

In episcop. Tirasonensi. Ecclia S. Marie sita in castro Tutele II sol.

REGNUM ARAGONIE.

Juris beati Petri est D auri mancusios ad cuneum Jacce singulis annis.

In episcop. Oscensi. Monrium S. Johannis de Pinna juris B. Petri est. unc. I auri. Ecclia montis Aragonis juris beati Petri est. unc. I auri. Ecclesia S. Petri de Lasis IIII morab.

PROVINCIA TERRACONENSIS.

In episcop. Ilardensi. Monrium S. Victoriani juris beati Petri est. Dimid. unc. auri.

In episcop. Urgellensi. Monrium. S. Saturnini per spatium octo annorum I lib. argenti. Ecclia Aggerensis IIII morab. Ecclia S. Petri de Devotis tertiam partem fructus allodii in quo sita est. Ecclia. S. Marie Urgellensis I unc. auri. Ecclia gerrensis I unc. argenti.

In Tudensi episcopatu Ecclia S. Marie de Rehorios II marabutinos. Comes Urgellensis IIII unc. auri. Raymundus Guilielmi de duobus Castris, Saltevola videlicet et Lobariola, IIII unc. auri.

In episcop. Barchinonensi. Monrium S. Pauli I morabut. Comes Barchinonensis de toto honore suo, et precipue de civitate Terracona, sicut continetur in Registro Urbani pape, singulis septenniis xxv libr. argent.

In episcop. Gerundensi. Ecclia S. Johannis Rivipolensis IIII morabot. Monrium. S. Petri bisildunen. v sol. Ecclia S. Marie ejusd. loci II sol. Monrium Arelatense.......... Monrium S. Marie de Cardin. XII Mergol. monete. Monrium S. Marie de Campo II sol.

In episcop. Helenensi. Monrium S. Martini de Canicornis juris beati Petri r arulense.

PROVINCIA NARBONENSIS

In episcop. Narbonen. Monrium Crassense v mor. Monrium S. Amantii II sol. Monrium S. Pontii II sol. Ecclia S. Petri de Arignano I morab. Electen. Monrium I lib. argenti per triennium.

In episcop. Biterrensi. Ecclia S. Jacobi I mor. Ecclia S. Petri de Mari I morab.

In episcop. Rutinensi. Ecclia S. Antonii v sol.

In episcop. Tolosano. Ecclia S. Volusiani in loco qui vocatur Fluxas v sol. pictav. Ecclia S. Saturnini x sol. pictav.

In episcop. Uticensi. Guillelm. de turre pro eo quod Romana Ecclia habet in mansodi II malach. Dnus ville Acantici II aureos.

In episcop. Carcasonensi. Monrium Electuense I

A lib. argenti per triennium. Ecclia Magalonensis I unc. auri Guill. de Monte Pessulano II morab. Comes Merguriensis I unc. auri. Bernard. de Antusia II morab.

PROVINCIA ARELATENSIS.

In episcop. Arelaten. Monrium. Montis Majoris IIII sol. pro castro autem biduini III lib. turis per quinquen. Monrium S. Gervasii de fossis..... sol.

In Lodev. Ecclia S. Marie de Corneliano II sol. Ecclia S. Marie de Sarebona II sol.

In episcop. Albiensi. Monrium S. Bernardi de Castris v sol. mergurien

CENSUS PROVINCIE

In episcop. Avinionensi. Apud montem Andaonem Monrium S. Andree IIII lib. cere; et pio Ecclia S. Petri de Tathone II lib. cere.

In episcop. Arausice. Guills. dns ejusdem ville dimid. marc. argenti. Monrium S. Egidii, et psalmod. Montis Majoris. Ananiense. S. Wi. S. Pontii. Crasseu. S. Saturnini. S. Johanris Rivipollen. S. Victoris montis Arag. proprii juris beati Petri sunt.

In episcop. Aquensi. Petrus de Lambisco I morab.

In episcop. Sixtaricen. Ecclia S. Mart. de Croco I morab.

In episcop. Aptensi. Ginand. cum fratribus et nepotibus suis III morab.

IN PROVINCIA EBREDUNENSI.

Ecclia Crossiensis juxta burgum, qui vocatur Malturtel. I morab.

In episcop. Forojulensi. Ecclia Pinnac. VII sol. mergur. monete veteris. Ecclia bariolen. I morab.

In episcop. Albinganen. Monrium S. Martini juris beati Petri est, quod est situm in insula Gallinaria, I morab.

PROVINCIA GUASCONIA.

In episcop. Aquensi. Hospitale delsuath. I bisant. et monaster. de Sorduha v sol.

In Gasconia. Monaster. Generense II unc. auri. Monrium Condomense v sol. moil.

In episcop. Vasaten. Monrium Blavii Monis v sol. burdegal. monete.

In episcop. Aduren. Monaster. S. Severi v sol. pictav. monete.

PROVINCIA BURDEGALEN.

Monaster. S. Crucis I mor. Monast. S. Macharii I sol. Ecclia de Bledo Monte v sol.

In episcop. Xadonen. Monrium beate Marie xadonen. v sol. Ecclesia S. Petri de Arciaco III sol. affor.

In episcop. Engolismensi. Ecclia de Cella froin...., sol. Monaster. sancti Eparchii II morab.

In episcop. Petragoricensi. Monaster. Tostoriacen. I morab. Monrium Sarlaten. I mor. pro se, et I pro Fiteusi, et I pro Ysaensi. Ecclia Sancti Austerii I mor. Capella S. Orricii sita in Castello de Gorzon. x sol. Ecclia S. Frontonis. II mor. e principalis sedes II mor.

In episcop. Pictaven. Monrium S. Crucis I unc. auri. Monrium Malliacen. xx sol. Pictav. du. Ecclia S. Trinitatis de Malo Leone II morab. Monrium Yscercense I mor. Monrium fontis Everaldi I mor.

In episcop. Lemovicensi. Ecclia S. Petri de Osca I mor. Ecclesia Stirpen. I mor. Ecclia Usercen. I mor. Ecclia Briven. II sol.

In episcop. Claromonten. Monrium Case Dei juris B. Petri est. Et ecclia Brivaten. I mor. Monrium de Monte Ferrando I mor. Monrium Aureliacen. x sol. pictav. pro se, et pro Soliaco v sol. et pro sella Maurcien. v sol. Comes Guills. dimid. marcam argenti. Ecclia Brivaten. I morab.

In episcop. Rutinense. Ecclia S. Petri singulis bienniis I mor. Ecclia S. Marie de Candabria xv sol. Monrium Nanneten. x sol. f. II mor.

In episcop. Albiensi. Ecclia S. Petri de Farnaria I mor. Castrum scurie II unc. arg.

In episcop. Caturcensi.

PROVINCIA TURONENSIS.

Ecclia S. Sepulchri III sol. pictav. monete. Majus monrium juris beati Petri est. Singulis septenniis I lib. arg. et pro ecclia sancti Guincoloei x sol. cenomanen. monete. Ecclia S. Martini unc. I auri. Monrium Nucariense I mor. Monrium S. Sepulchri I morab. Ecclia S. Marie de Loccis v sol. pictav. Ecclia S. Juliani I morab.

In episcop. Cenomanen. Ecclia S. Guincolei XII dn. de castro Cadurciar.

In episcop. Nanneten. Monrium S. Salvatoris III aureos.

PROVINCIA SENONENSIS.

Monrium Ferrariense juris beati Petri est I unc. auri singulis trienniis. Monrium S. Columbe vir. juris beati Petri est.

In episcop. Parisiensi. Monrium S. Genovefe, et S. Germani, et S. Dionisii juris beati Petri sunt.

In episcop. Altissodor. Vizeliacen. Monrium juris beati Petri est I libr. argenti. Dnus de Donzi II unc. auri.

In episcop. Nivernensi. Monrium Saviliacen. I morab.

In episcop. Cataloüen. Ecclia S. Nicolai in insula Lourz. x sol. illius monete.

PROVINCIA REMENSIS.

In episcop. Ambianensi. Monrium S. Ricc. in Pontivo unc. I auri. Monrium Corbejense, quod proprii juris beati Petri est, I unciam auri.

In episcop. Suessionensi. Monrium et Medardi dimid. libram argenti.

In episcop. Teruanensi. Hospitale S. Gefelt. t. alletia.

PROVINCIA MAGUNTINA

Ecclia S. Marie sita in loco qui dicitur Potenbabe. I morab. Ecclia S. Johan. Bapt. in Selbot. I mor. Monrium quod dicitur Cella Dne Pauline mor. I Reineresbrunnen. II sol. erphordien. monete. Ecclia regularium in Flaheim. aureum unum.

In episcop. Argentinensi. Monrium sanctor. Philippi et Jacobi in Silva Sacra I mor. Monrium Monialium in Andala subtil. panni linei ulnas. Monrium quod dicitur Bugeshouen I mor.

In episcop. Basiliensi ecclia S. Petri I mor. Ecclia Remorigen. I monetam auri. Monrium S. Vincentii I mor.

In episcop. Constantiensi. Monrium Burense I mor. De alodio qui vocatur cella S. Petri I mor. Monrium Wibelingen. I mor. Monrium Blaburra I mor. Monrium Zueveltun I mor. Ecclia in Rota mor. I. Monrium in Bregance mor. I. Monrium in Isnin XII dn. constantien. monete. Monrium in Wingart. mor. I. Ecclia in Augea Parva mor. I. Monrium in Suarewalde S. Georgii mor. I. De alodio qui vocatur Asneheun I mor. Ecclia S. Benedicti I mor. Ecclia S. Martini de Butro I mor. Ecclia S. Marie in ripa fluminis Danubii I morab. Ecclia de Monte Anglor. I monetam auri. Monast. Aug. II eques albos, textum epistolar. et sacramentor. Monaster. in Alpersbach. I mor. Cella S. Marie stolam singulis bienniis. Monaster. S. Blasii mor. I Monast. Scashuseh I unc. auri. Monrium in Mure aureum I.

In episcop. Albestatensi. Abbatissa de Quintilingiburg. I lib. argenti. Monast. S. Ciriaci I marc. argenti.

In episcop. Augusten. Monrium S. Odalrici I mor. Ecclesia S. Marie de Rectinbbuc albam et stolam. Ecclia in Dieze mor. I. Ecclia imper. emrith. albam et amictum, per biennium. Ecclia in Rockenburt mor. I. Ecclia S. Crucis mor. I. Monaster. sancti Martini de Ihsan I mor. Monrium S. Johannis de Stangan I morab. Monast. in Ausen. mor. I. Monast. in Werdhe mor. I. Monast. in Nernesheim mor. I.

A Monast. in Lorica mor. I. Monast. in Ekenchenbrunen. XII dn. augusten. monete.

In episcop. Maraviensi.

In episcop. Curiensi. Monaster. S. Marie in Monte I morab.

In episcop. Augustensi. Monaster. S. Martini. I morab. Ecclia S. Aug. de Riccombore. I mor. Ecclia S. Joh. Bapt. de Staengan. I morab.

In episcop. Pragen. Ecclia S. Petri in Wisgrade XII marc. arg. annuatim.

In episcop. Vespresiensi. Ecclia S. Stephani regis apud Castrum Bellegrave I marc. auri pro unoquoque anno.

In episcop. Babberburgen. Episcop. palafridum album pro sella dni. pape vel XII marcas boni argenti. Monaster. Winzine I aureum.

In episcop. Frisigensi. Monast. Boten. I mor. Monast. apostolorum Philippi et Jacobi in predio Puriberg. singulis trienniis albam cum amictu basilice
B S. Laurent. Lateranen. debet. Monast. S. Martini I mor. Ecclesia Undensis I mor. Ecclia Undenestorven. I mor. Monast. Squircnse I morab.

In episcop. Pataviensi. Ecclia de Nudilith. I mor. Ecclesia S. Marie de Cella I morab. pro se, et alium pro quodam predio. Ecclia S. Marie de Burgo Novo I mor. Ecclia S. Benedicti de Conversano dimid. unc. auri.

PROVINCIA LUNDENSI.

IN ANGLIA.

De denario beati Petri CCC marc. singulis annis, videlicet de unaquaque domo I sterling.

In episcop. Cantuariensi. Monast. S. Salvatoris de Ferreschan. I marc. argenti.

In episcop. Linconiensi Monrium S. Albani I unc. auri. Monaster. Malvebien. I unc. auri.

In episcop. Saresberiensi Monaster. S. Adelmi
G proprii juris beati Petri est, et I unc. auri singulis annis solvit Rom. pontifici.

In episcop. Wintonensi Monast. S. Petri de Certeseia IIII aureos.

In episcop. Conventrensi. Monaster. de Bredeleia II bisant.

In Londoniens. Canonica, que fuit capella regis. Ecclia de Walchan.

IN DANIA.

Excerptum ex Registro Paschalis pape II, lib. v, cap. 15 circa finem.

Episcopis per Daniam constitutis inter cetera: De censu etiam, quem beato Petro predecessores vestri singulis annis instituerunt. Fraternitatem vestram una cum eodem fratre nostro..... Lund. archiep. volumus esse sollicitam, ne in ipso negotio fraudem Rom. Ecclesia ulterius patiatur : set integre hujusce Karitatis debitum, prudentia vestra satis
D agente suscipiat. Dat. Laterani VIII id. Maji.

IN SUETIA.

Singule domus I dn. monete ipsius terre. Episcopus Arusiensis II marc. pro unoquoque anno.

IN UNGARIA.

Hospitale S. Stephani unc. I auri pro unoquoque anno.

IN SUEVIA.

Episcopus Lingacopen. XI marc. pro unoquoque anno ad pondus Colonie.

IN RUSSIA.

IN NOROGUEIA.

Singuli lares I monetam ejusdem terre.

IN SCOTIA.

Ecclia S...... n malach. Monasterium Jedugudurnen. II mor. et II canipulos pro unoquoque anno.

PROVINCIA COLONIE.

In episcopatu Coloniensi.
In episcop. Einstensi. Monast. in Castele mor. I. Monrium in Ahusen. mor. I.
In episcop. Podebornensi.
In episcop. Warmatiensi. Ecclia in Hagene I aureum.
In episcop. Spirensi. Ecclia B. Marie juxta villam Nottenhem I unc. auri. Monast. de Wigolthberg I mor. Monast. in Hirsiaugia mor. I. Monrium in Goteshowe I dn. spiren. monete.
In episcop. Ratisponensi, Monrium Scottorum S. Jacobi I aureum. Monrium S. Emerammi VII aureos.

PROVINCIA SALZBURGEN.

In archiep. Salzbur. Ecclia S. Petri Patescarmen. I mor. Monast. de Godoxia I mor. Ecclia S. Pauli I Bizant. Monrium S. Lamberti de Carinthia I mor. Monast. S. Salvatoris Mistaten. I mor.
In episcop. Boumbergensi. Ecclia S. Margarite I romanatum per annum.

PROVINCIA TREVERENSIS.

In episcop. Metensi. Canonica de Standalmut. I mor. Monaster. S. Petri de Monte. morab. Ecclia S. Marie de Fraystor. I mor.
In episcop. Tullensi. Monrium Viveniacen. VI argenteos virdunen. monete. Ecclia S. Deodati I mor. Abbatia Calmoviacen. I stolam.
In episcop. Leodien. Ecclia de monte S. Johannis I monetam auri Ecclia S. Egidii I mor. Hospitale de Wanze I monetam auri.
In episcop. Basiliensi. Monrium S. Crucis II unc. auri pro rosa in Letare Jerusalem.

PROVINCIA BISUNTINA.

Monrium de Lustra, quod situm est in parrochia Bisuntina X sol. Basilien. monete.

PROVINCIA BREMENSIS.

Monrium Roseweldense I mor. Monrium S. Marie in Rarestaden, II unc. auri.
In episcopatu Halvestaden. Ecclia de Stendale I unc. auri per annum.
In episcopatu Mindensi

PROVINCIA MADEBURGEN.

In episcop. Avebergen.

IN PATRIARCHATU JEROSOLIMITANO.

Monaster. de Valle Josaphat I unc. auri.

---

¹ DE SANCTI LEONIS III

AD CAROLUM IMPERATOREM EPISTOLIS

DISSERTATIO.

§ I. — *Multo plures editis a Conringio adhuc latent.*

I. Jure querebatur Gretserus (*Cod. Car.* præf.) petulantiam Illyrici, qui Leonis III, sanctissimi pontificis, litteras *prorsus rudes et barbaras* vocat (*Catal. test. Verit.*, p. 127). Si enim Flaccius rudis illius ævi rationem habuisset, scribendi genus istud inelegans ætati potius quam pontifici convenire deprehendisset. Cæterum quod insuave videbatur Flaccio, jucundissimum nobis accidit, qui Adriani epistolis insuevimus. Utinam quas ille improbabat, posteritati mandasset! Vix enim credibile est pontificem diuturno duodeviginti annorum tempore, cum familiaritate Caroli usus est, decem tantum epistolas ad eum dedisse, quas Hermannus Conringius anno 1647 post Gretseri mortem exceptas ex Helmstadiensis academiæ Juliæ bibliothecæ membranis publicavit. Paucas quidem istas tanta aviditate homines sibi comparârunt, ut Helmstadiensi prelo iterum committi eas oportuerit anno 1655, aliquantulum emendatiores. Cujus secundæ editionis exemplum nactus Labbeus, in magnam Conciliorum collectionem denas hasce litteras retulit 2 post trinas illas antiquiores, Gretsero etiam notas, nihilque ad nostram rem facientes, quæ tanti pontificis ac tam longævi (nam anno 795 Adriano succedens, per viginti et fere dimidium, ad 816 pervenit) ante laudatam Conringii editionem nostris majoribus perspectæ fuerant: verum Labbeus admonitiunculam istam posuit ad marginem (*Conc. tom.* VII, pag. 1115) per quam tanta editionis utriusque raritas patet. « Hanc et novem sequentes edidit anno 1655 Helmstadii Hermannus Conringius, sed pro solemni hæreticorum more fœdissimis adversus Ecclesiam catholicam ejusque supremos pontifices criminationibus atque calumniis conspurcatas. » Inter hujusmodi autem dicacitates intempestivas, homineque usu rationis prædito, nedum honesto, prorsus indignas, neque aliud præter sterilem inertium desidum-que nomunculorum risum promoventes, duæ res isti conducent ostendunt doctissimi ac venerabilis viri sententiam (ven. card. Bona, *Rer. Liturg.* lib. I, c. 12, n. 2) adversus Flaccium Illyricum, qui catholicæ Ecclesiæ damnum illaturus, missam Latinam edidit: « Excæcavit illum, inquit, malitia sua; nam e contrario orthodoxæ fidei dogmata, receptique Ecclesiæ ritus ex ea passim confirmantur: » confessio supremæ dominationis pontificum, et renovati ab iisdem imperii.

II. Et vero fatetur primum, quod negare non potest (Præf.) summam Romani pontificis potestatem; « Jure omni, aiens, Cæsarum soluti, bonæ etiam parti Italiæ regia potestate dominarentur. » Postmodum aperte mentiens, subjungit quemadmodum Leo III vini passus a suis adactus fuit, « expetentibus præsertim idem civibus Romanis, ut Cæsareæ iterum auctoritati pontificiam sedem subjiceret, in Cæsarem electo Carolo Magno. » Quare et litterarum omnium inscriptiones conclusionesque italico, ut vocant, charactere procudendas curavit, ut primo obtutu in legentis oculos incurrerent, « domino piissimo, et serenissimo victori, ac triumphatori filio, amatori Dei ac Domini nostri Jesu Christi Karolo Augusto, » necnon « piissimum domini imperium gratia superna custodiat: » quæ vult conferenda cum Cod. Car. epistolis, quas Gretserianas appellat, ut discrimen teneatur. Quid vero? hæc verba sunt; neque eruditorum ullus Conringio nuperisque scriptoribus ei adhærentibus negat, Leonem III imperatoria majestate Carolum prosecutum esse, nullumque ex titulis tantæ dignitatis propriis prætermisisse. At Leo (ep. 2, al. 10) imperatorem sic affatur: « Ab ipso clavigero Regni cœlorum, qui vos in suis utilitatibus defensores constituit. » Perinde (ep. 4, al. 6) loquens de suscipiendo Pippino 3 rege Romam venturo: « quantum condecet, filio tam magni defensoris sanctæ Dei Ecclesiæ: » passimque in aliis epistolis « defensorem sanctæ Dei

Ecclesiæ » imperatorem appellat, ut prædecessor suus Adrianus patricium nuncupaverat eumdem Carolum. Præterea dolet (ep. 3, al. 1) calumniatos sibi esse aliquos, quod in legatos imperiales difficilis esset, subditosque in suam gratiam recipere dedignaretur, si patrocinium imperiale implorassent : « Non solum, inquit, missi vestri timent vestram portare legationem ad nostram pusillitatem, verum etiam alii jam non sunt ausi quærere a vobis auxilium, quia nullus est, qui vestram quæsivit clementiam, ut dicunt, qui postmodum ad plenam potuisset pervenire gratiam nostram. » Mitto institutiones ducum in ditione ecclesiastica, armorum apparatum pro defensione oræ maritimæ, actusque alios summum principem designantes, de quibus opportunius agetur in notis; erantne ista « Cæsareæ iterum auctoritati pontificiam sedem subjecisse? » Miseros falsæ opinionis patronos! telo utuntur ancipiti, quo dum vulnera putant infligere, vulnerantur.

III. Quid? quod Siciliæ atque Sardiniæ sollicitudo ob molimina Maurorum adversus utramque insulam Leonem urget (ep. 8 et 9, al. 3 et 2)? Quid? quod Gregorio patricio Siciliæ, licet Græco imperatori morem gereret, commercium litterarum erat cum Carolo et Leone? « Suscepimus, ait pontifex, Gregorii patricii Siciliensis, responsum scilicet serenitatis vestræ epistolæ, quam illi per hominem nostrum emisimus. » Num de donatione illius insulæ sanctæ Romanæ Ecclesiæ agebatur, quæ amplissimis Calabritani et Siculi patrimonii reditus jampridem injuste spoliata erat, ne Agarenorum assidue illi inhiantium faucibus, divo Petro intercedente, absorberetur cum evidenti ac perpetuo littorum Pontificiæ ditionis et regni Italiæ periculo? Certe ante annos quinque, seu anno 808, ex hisce epistolis liquet Corsicam insulam pontificiis paruisse imperiis (ep. 4, al. 6) easdem ob causas, ni fallor; minora licet essent in illam jura sanctæ sedis, quæ unicum illi patrimonium habebat, dum e Siculo patrimonio amplissimis antiquos reditus Orientales, commutationis titulo, exigere quotannis debuisset: « De autem insula Corsica, inquit, unde et in scriptis et per missos vestros nobis emisistis, in vestrum arbitrium et dispositum committimus, atque in ore posuimus Helmgaudi comitis, ut vestra donatio semper firma et stabilis permaneat, et ab insidiis inimicorum tuta persistat, per intercessionem sanctæ Dei genitricis et beatorum principum apostolorum Petri ac Pauli, et vestrum fortissimum brachium. » Et Ludovicus Pius Caroli filius in suo diplomate, de quo infra, tres istas insulas in Caroli donatione recenset. Quæ res eruditis aliquot recentioribus persuasit, ut diploma Ludovicianum interpolatum crederent.

IV. Quæ cum ita sint, plures Leonis epistolas desiderari negaverit omnium nemo. Cum præcipue ex Conringianis antiquior ad annum spectet 806, ac Leo esset pontifex ab anno 795. Interea dum feliciori alii e situ illas eruere datum erit, decem istis, quæ maximæ sunt reliquiæ integri dominatus pontificii, majestatisque imperatoriæ incunabula nobis exhibent, recensendis insistam. Ne autem qui Carolini Codicis epistolas tam accurate digessi, parum diligentiæ adhibuisse arguar in recensione harum et captu faciliorum et longe pauciorum numero, easdem omnino leges mihi servandas præscripsi, quas in procurandis illis secutus sum. Tametsi ad lectionis varietatem quod attinet, Helmstadiensis membranæ ab uno eodemque auctore iterum inspectæ emendationes potius quam variantem lectionem suppeditasse dicendæ sint. Nihilominus singulare id nostra editio præseferet, quod primas alterasque curas Conringii ob legentium oculos ponet. At quia imperatoria majestas fuit præcipuus Conringii scopus, cum Leoninas epistolas in lucem edidit, me quoque ejusdem majestatis a Leone tertio institutæ, vel si mavis instauratæ, satagere æquum erit. Quamobrem ab ipsa instauratione ordiens veram illius indolem objiciens non modo iuris-

A consultis Germanicis, sed præcipue annalistæ Italo, qui (*Ann. It.* 800) Romæ ducatusque ejus supremam dominationem Græcis Augustis asserit usque ad annum 800. Tunc vero, captata occasione mulieris Constantinopoli imperantis, pontificem et Romanos, in Carolum jure Græcorum translato, se illi subjecisse autumat, nullo annalium monumento nullaque gravi auctoritate ductus. Quamvis enim et annalista Lambecianus apud Pagium (800, n. 9) et alii, male omnes, Orientalis imperatoris defectum, renovati Occidentalis fuisse causam putent, dominium tamen supremum hucusque Græcorum fuisse ac deinceps Francorum, neque affirmant, neque affirmare poterant. Unam omnino causam imperatoriæ majestatis renovandæ in Occidente synchroni auctores afferunt, necessitatem scilicet continendi populos, pontifici Romano jampridem subditos, in officio; reliquæ omnes causæ inductiones sunt scriptorum, qui longe post ea tempora florentes non vera, sed vero similia, litteris B consignarunt. Defensio enim catholicæ fidei et Romanæ Ecclesiæ patricii munus erat, quo quam egregie Carolus functus fuerit, ex Codicis Carolini litteris compertum fuit. Nec majestas imperatoria necessaria erat, ut munere eodem fungi pergeret. At de his aliquanto inferius dicam. Nunc quæ post Carolini Codicis ætatem Carolus patricius pro fide orthodoxa et Ecclesia Romana præclare gessit, memoria repeti oportet, ut de imperialis dignitatis instauratione planior atque utilior sermo fiat.

§ II. — *Fides catholica, et Romana Ecclesia a Carolo Magno patricio Romm. egregie defensa, et pontificia dominatio dilatata.*

V. Nil profecto apud historicos tum veteres tum recentiores celebrius iconomachorum vesania per octavum Ecclesiæ sæculum. Inde enim Italiæ defectio ab Augustis orientis, Romanæ Ecclesiæ dominatio, vicissitudo Exarchatus, regni Langobardorum C excidium, ac præcipue Carolingiorum regum initia et potentia, quæ iidem principi apostolorum longa successoribus retulerunt accepta. De quibus omnibus constat ex litteris Leonis III prædecessorum in Carolinum Codicem relatis. Orthodoxa fides, et *traditio Patrum* (ita sacrarum imaginum veneratio in iis litteris appellatur) impense commendantur Francorum regibus. Præcipue sancti Petri imago toto terrarum orbe celebratissima vindicanda piissimis iis regibus inculcatur. Eam quippe Isaurus ore blasphemo se confracturum minitatus erat Gregorio II sub ipsa impietatis initia, ut constat ex ejusdem litteris a Frontone Ducæo Latine factis, apud Baronium (726, tom. XII, p. 352) et apud Labbeum (*Concil.* tom. VII, p. 7 seqq.); conceptis enim verbis, « Romam mittam, inquit, et imaginem sancti Petri confringam; sed et Gregorium illinc pontificem vinctum adduci curabo. » Idcirco prima in legatione ad Francorum principem Carolum Martel D lum adornata, claves Petri, symbolum scilicet potestatis aperiendi claudendve cœlorum regnum, missæ tanto cum successu; ut, quod Carolo non licuit, filius ejus Pippinus rex Carolinorum primus Petri auctoritate per vicarium seu successorem ejus, rex creatus una cum filio Carolo Magno ac patricii, seu defensores Petri et ejus successorum, et peculiaris populi, Romanorum scilicet, et totius Romani ducatus incolarum designati, nil antiquius, nihil sanctius habuerint, quam *clavigeri regni cœlorum et peculiaris ejus populi* defensionem atque exaltationem apostolicæ sedis. Id vero quanto cum fenore uterque rex fecerit, barbaræ tot gentes profligatæ, catholicæ fidei dilatatio, timorque ingens impiis illis Augustis incussus abunde docent. Quare Carolus legationibus Constantinopoli advenientibus fatigabatur, licet ancipiti aut vano plerumque eventu; quanto enim majori cum alacritate Carolus pro sacris imaginibus pugnabat, tanto detestabiliori cum impietate de iis conterendis agehatur a Græcis. Quæ omnia constant ex monumentis Carolini Codicis.

VI. In isto autem Codice, utpote anno 791 exarato, præcipuum desideratur testimonium defensionis, qua Carolus patricius sacras imagines asseruit sedemque apostolicam exaltavit. At concilium generale Nicænum II nobis posteris tantæ rei memoriam conservat (Labbe, *Conc.* tom. VII, p. 915 seqq.). Ea scilicet est epistola Adriani *Carolo regi Francorum et Langobardorum ac patricio Romanorum*, data, ut Labbeus animadvertit, anno 794 post concilium Francofordiense adversus Nicænæ prædictæ synodi oppugnatores. Cujus sententiam ut assequamur, aliquantulum retrocedi oportet. Mortuo Constantino Copronymo, ut diximus (t. I, p. 336), anno 776, Leo IV ejus filius imperii ac paternæ impietatis hæres successit, qui ex Irene Aug. suscepit filium Constantinum, brevique immatura morte sublatus successorem sub tutela matris reliquit anno 780. Hisce Augustis rerum potientibus, momentanea lux affulsit post diuturnam sexaginta fere annorum tempestatem. Id sentiens Petri navis rector Adrianus, epistolam utrique inscriptam dedit VII Kal. Nov. Ind. IX, sive anno 785, quam referunt Baronius (785, n. 14 seqq.) et Labbeus (*Conc.* tom. VII, p. 99 seqq.), neque id quidem inutiliter. Namque II principes ad catholicam fidem instaurandam proclives generale concilium cogi permiserunt, quod anno exeunte 787 Nicææ celebratum fuit. Actis hujus concilii delatis in Franciam, alterum ipsius canonem sinistra interpretatione perceptum, in Francofordiensi concilio damnatum fuisse liquet. Hic autem super re, cum minime insistendum sit, prolixis quæstionibus, quæ a proposito nos avertant, videndi annales Baronii, Sirmondi animadversiones ad id concilium, et præcipue Petrus de Marca (*De Conc.* lib. VI, cap. 25). Quod ad nos attinet, Francofordienses Patres canonem illum juxta sinistram prædictam interpretationem stylo admodum virulento persecuti sunt in capitulari, quatuor in libros diviso, qui per summam injuriam tribuuntur Carolo, quia eosdem Adriano confutandos misit, adeoque Carolini appellantur: quod falsum esse Adrianus docet in supra laudata epistola, qua capitulare istud doctissime configit.

7 VII. Et vero ad ultimum caput veniens (*Conc.* tom. VII, p. 960) totum illud recitat: « Ultimum capitulum est, ut sciat domnus apostolicus, et pater noster, et cuncta simul Romanorum Ecclesia, ut secundum quod continetur in epistola beatissimi Gregorii, quam ad Serenum Massiliensem episcopum direxit: Permittimus imagines sanctorum, quicunque eas formare voluerint tam in ecclesia, quamque extra ecclesiam, propter amorem Dei et sanctorum ejus. Adorare vero eas nequaquam cogimus qui noluerint. Frangere vel destruere eas, etiamsi quis voluerit, non permittimus. Et quia sensum sanctissimi Gregorii sequi in hac epistola universalem catholicam Ecclesiam Deo placitam indubitanter libere profitemur. » Deinde Carolo sic reponit: « Hoc sacrum et venerandum capitulum multum distat a totis supradictis capitulis. Et idcirco eum agnovimus vestræ a Deo servatæ orthodoxæque regalis excellentiæ esse proprium in eo, ubi rectæ fidei plena, penitus confessa est sensum sanctissimum Gregorii sequi. Meminit enim vestra præ rectissima regalis præexcelsa scientia, qualiter in ipsa sancti Gregorii papæ epistola Sereno episcopo Massiliensi directa fertur inter cætera contineri, ubi eumdem episcopum increpans, inquit: Aliud enim est picturam adorare, aliud per picturæ historiam quid est adorandum addiscere. » Et prosequitur variis ex Gregorii ejusdem epistolis venerationem sacris imaginibus debitam demonstrando longe aliam ab adoratione, quæ debetur uni trinoque Deo. Perinde fecerat pius princeps, cum ante Francofordiense concilium, hæreticas opiniones ab audacissimo Elipando litteris consignatas accepit, doctorum examini subjiciendas; namque easdem ad Adrianum afferri curans, sobriam illam valdeque prolixam eliciut epistolam ad Hispaniæ Galliciæque episcopos (*Conc.* tom. VII, pag. 1014) qua divini salvatoris depositi custos intemeratam doctrinam episcopos illos edocuit. Quamvis enim apud se haberet Alcuinum virum doctissimum, cujus præceptis instituebatur, tamen cum de fidei controversiis ageretur, ad infallibilis doctrinæ fontem se vertebat, ut fidei orthodoxæ dogmata acciperet, cujus vindex erat acerrimus, ut sæpe vidimus in primo hujus operis volumine.

VIII. Cæterum summam illam venerationem, qua Carolus præ aliis sanctis principem apostolorum prosequebatur, Adrianus pro exemplo adhibuit in laudata epistola ad Constantinum et Irenem, eosdem admonens, ut instar *Caroli regis Francorum et Langobardorum ac patricii Romanorum*, Petri patrocinium implorarent; namque ait: « Super 8 omnes barbaras nationes beato Petro principe apostolorum vobiscum comitante, eritis in triumphis imperantes victores, sicut filius et spiritualis compater noster dominus Carolus rex Francorum et Langobardorum ac patricius Romanorum, nostris obtemperans monitis, atque adimplens in omnibus voluntates, omnis Hesperiæ occiduæque partis barbaras nationes sub suis prosternens conculcavit pedibus, omnipotentiam illarum domans, et suo subjiciens regno adunavit. Unde per sua laboriosa certamina eidem Dei apostoli Ecclesiæ ob nimium amorem plura dona perpetuo obtulit possidenda; tam provincias, quam civitates, seu castra, et cætera territoria, imo et patrimonia, quæ a perfida Langobardorum gente detinebantur, brachio forti eidem Dei apostolo, cujus et jura esse dignoscebantur. Sed et aurum, atque argentum quotidie pro luminariorum concinnatione, seu alimoniis pauperum, non desinit offerendo, quatenus ejus regalis memoria non derelinquatur in sæculum sæculi. » Religioni duxi de sententia quidpiam præterire, quippe quæ Pii Ludovici Caroli filii diplomatis verba fere ipsa continet, magnum sinceritatis argumentum: « Has omnes, inquit, suprascriptas provincias (Æmiliam, Pentapolim, Tusciam), urbes et civitates, oppida et castella, viculos et territoria, simulque et patrimonia. » Quæ notari velim a Pagii et annalistæ Itali falsæ opinionis patronis, qui Carolini Codicis litterarum inversione ad annum 787 Tusciæ donationem differunt, ut facilius datam possessionem in dubium revocent. Si enim Adrianum anno 785 Græcis principibus donationes istas nuntiabat; solas igitur civitates Campaniæ ad tertium Caroli adventum, seu ad annum 787 differri oportet.

IX. Quid? quod effusa ista liberalitas patricio Romanorum ascribitur? Nonne oblitteratam prorsus esse Græcam dominationem Romæ id demonstrat? Duo, scilicet complectebatur patriciatus, ut animadvertit Marca (*de Conc.* c. 12) doctrinam approbante Pagio (740, n. 8): jurisdictionem qua reges Francorum utebantur ipsa in urbe Roma ex consensu pontificis populique Romani, ac defensionem Romanæ Ecclesiæ. Quibus addi omnino debet orthodoxæ fidei patrocinium, quod patriciatus præcipuum esse munus sæpe vidimus. Neque id novum accidebat Græcis, qui non semel conati nequidquam fuerant et Exarchatum et Romam in suam redigere potestatem. Quamobrem qui summam asserunt dominationem Græcis usque ad octavi sæculi extremum, veritati fucum faciunt. Quæ enim fiducia esset pontificis, principibus 9 insultare, quos catholicam ad religionem redituros sperabat? Secus se gessisse compertum est Stephanum II (tom. I, p. 16, 58) qui per legatum, seu missum imperialem, perque supplices litteras Copronymum ad Urbis defensionem invitaverat, dominatum lubens abdicaturus, modo Urbi defensio non deesset. Adriani autem ævo, cum Romæ magnus defensor adesset, sancta respublica ab annis fere sexaginta Græcam dominationem exuisset, pauciqueadmodum superessent qui præter pontificem in Urbe alium dominatum esse meminissent; Adrianus Romæ princeps cum principibus Constantinopoleos loquebatur pro dignitate ac majestate sua. Talis profecto in Urbe, talis in Galliis Romanus pontifex habebatur. *Dominum nostrum a Deo decretum* S. P. Q. R. eum fassus erat anno 757 (tom. I, p. 143), et Alcuinus Caroli præceptor, qui Francorum omnium instar erit (ep. 27, al. 72), de summis pontificibus ita loquitur : « Semper sanctæ Romanæ sedis beatissimos, quantum valui, principes et pastores amavi. » At minime dimittenda est Adriani principis ad Constantinum et Irenem principes epistola, quam versamus. Quandoquidem jura tum sacra tum civilia, per tot annos invasa, Adrianus repetit ab iis principibus, si catholicam fidem amplecti velint, hunc in modum :

X. « Si veram et orthodoxam sanctæ catholicæ Ecclesiæ Romanæ nitimini amplecti fidem, sicut antiquitus ab orthodoxis imperatoribus, seu a cæteris Christianis fidelibus oblata atque concessa sunt patrimonia beati Petri apostolorum principis fautoris vestri, in integrum nobis restituere dignemini pro luminarium concinnationibus eidem (ejusdem) Dei Ecclesiæ, et alimoniis pauperum. Imo et consecrationes archiepiscoporum, seu episcoporum, sicut olitana constat traditio, nostræ diœcesis existentes; penitus canonice sanctæ Romanæ nostræ restituantur Ecclesiæ. » Ad sacra jura quod attinet, Siciliæ, Calabriæ, Venetiæ item, et utriusque Illyrici antistitum consecrationes repetebantur. Civilia vero minus late patebant, Calabriæ enim et Siciliæ limitibus circumscribebantur. De utrisque admodum erudite Alemannus (*De Later. Pariet.* c. 15). Ea vero tam vehementer repetebat Adrianus, ut post annos novem in litteris ad Carolum, queis Capitulare, seu libros Carolinos a novatoribus appellatos refellit, Constantinum, qui matrem in suam ipsius perniciem ab imperii consortio abjecerat, ab hæresi haud emersum testetur ; nisi jura illa restituat : « Dudum quippe, ait, quando eos pro sacris imaginibus erectione adhortati sumus, simili modo et de diœcesi tam 10 archiepiscoporum, quam episcoporum sanctæ catholicæ et apost. Romanæ Ecclesiæ; quæ tunc cum patrimoniis nostris abstulerunt, quando sacras imagines deposuerunt, et nec responsum quodlibet exinde dederunt ; et in hoc ostenditur, quia in uno capitulo ab errore reversi, ex aliis duobus in eodem permaneant errore. » Et infra : « Unde si vestra annueret a Deo protecta regalis excellentia, eodem adhortaremur impetu pro sacris imaginibus in pristino statu erectione, gratiam agentes. Sed de diœcesi sanctæ nostræ Romanæ Ecclesiæ tam archiepiscoporum, quam episcoporum, seu de patrimoniis iterum increpantes, commonemus, ut si noluerit ea sanctæ nostræ Romanæ Ecclesiæ restituere, hæreticum eum pro hujusmodi erroris perseverantia esse decernemus. Plus enim cupimus salutem animarum, et rectæ fidei stabilitatem conservare, quam hujusmodi habitum mundi possidere. » Sic Adrianus anno 794. Sequenti autem exeunte occubuit mortem, nec diuturno in viginti annorum pontificatu sancti Leonis III patrimonia illa ad Ecclesiam redierunt. Interim Saraceni Siciliæ inhiantes, ejus invasionem sæpe periclitati, anno demum 827 insula invasa Græcos, tota Italia perpetuum ejecere. Cumque duobus amplius sæculis insulæ incubassent, Normannorum ope sancta sedes antiqua illa jura recuperavit.

XI. Quare Adrianus patrimonia illa tam vehementer repetebat, Alemannus docet prolatis verbis Theophanis : « Appellata patrimonia sanctorum principum apostolorum, qui apud veterem Romam in veneratione sunt, illorum Ecclesiis jam olim persolvi solita auri talenta tria et semis, hoc est libras auri tercentum quinquaginta, » quæ « ad nostram rationem, ait idem Alemannus, conficiunt summam triginta quinque millium aureorum in annos singulos. » Adeoque cum pontifex ea repetebat, aurea fere vicies centena millia in alimoniam pauperum et concinnationes luminum eroganda, per summum nefas ablata fuerant ab iconomachis ex patrimoniis Calabritano et Siculo; quo , faciliorem ad exactionem translatum fuerat quidquid Constantinus Magnus successoresque Augusti, patricii, atque alii *pro animæ remedio* contulerant in Oriente prædictis ecclesiis. At de his iterum sermo erit, cum de diplomate Ludovici Pii disseretur. Nunc serio animadverti velim causas, cur Romani pontifices adeo impense patrimonia Ecclesiæ repeterent, ex Regesto sancti Gregorii Magni in uno Siculo, dum illo fruebatur Ecclesia. Et viri et mulieres cujuscunque ordinis, ne ecclesiasticis quidem exceptis, ad victum ac vestitum necessaria quoad viverent, obtinuere 11 (lib. I, ep. 18, 44, 65 ; lib. v, ep. 58 ; lib. vii, ep. 58). Alieno ære gravati et carcere ob paupertatem detenti levamen, libertatem, ac vitæ præsidium sunt assecuti (lib. II, ind. 11, ep. 56). Victus charitati integræ diœceseos duobus millibus tritici modiis subventum (lib. v, ep. 4). Innumeras necessitates alias minores omitto. In libro Pontificali videre est consuetudinem Ecclesiæ laudatissimam, sui ortu congenitam, thesauros in pauperes profundendi atque ecclesiarum decori consulendi. Perinde est in Annalibus ecclesiasticis, quorum ven. parens Baronius (175, n. 10) plura effusæ in pauperes pontificiæ liberalitatis exempla se allaturum spondens, iis præludit insigni illo Gregorii XIII suis diebus vita functi, qui pontificatus annis tredecim incompletis vicies centena millia aureorum distribuit. Quamobrem, præter provincias et civitates, patrimonia potissimum sanctæ sedi asseruntur in diplomatis principum consilio pontificum, quibus non erat liberum ex publico ærario in pauperes et ecclesias effundere, quæ in officia tum militaria quam civilia, in copias militum, in opera publica, resque in alias tum Romæ, tum aliis in civitatibus et locis ecclesiasticæ ditionis eroganda erant.

XII. Distinctius hic pecuniæ usus fuit in causa, cur Adrianus non semel quæsierit opem a Carolo in sarta tecta basilicæ sancti Petri (*Cod. Car.* ep. 66, al. 61 ; 87, al. 66), et Leonina civitas ædificari cœpta a Leone III, ut est in libro Pontificali (sect. 552) consummari non potuisset a Leone IV, nisi Lotharius Aug. fratresque ipsius *non modicas argenti libras* suppeditassent. Patrimoniorum ecclesiæ indolem rex Carolus, natura sua in pauperes et ecclesias liberalissimus, optimisque institutus disciplinis, probe norat. Idcirco num videns Adriani constantiam diuturnamque Græcorum contumaciam, quorum artes experimento didicerat, fictamque amicitiam pro Italici regni et apostolicæ sedis tranquillitate colebat, Siciliam insulam, antequam imperator fieret, sanctæ eidem sedi concesserit una cum Sardinia et Corsica ; an postea, cum principis apostolorum patrocinio plusquam armis defendi posse a Saracenorum incursionibus cognovit, res est in conjectura posita, nullo siquidem monumento veteri concessio hujusmodi comprobatur. Anno duntaxat 808 ex Leonis III epistolis discimus Corsicæ insulam juris esse sanctæ sedis liberalitate Caroli, et post annos novem, Sardiniam quoque et Siciliam paternæ donationi adjungi a Ludovico pio compertum habemus. Itaque apostolica sedes jura sua in illa insula, sin continuo possedit ob contumaciam Græcorum, quam Saracenica excepit invasio, Carolo tamen aut patricio aut imperatori refert accepta. Equidem malim 12 patricio ut Carolina donatio integra imperatoriam præverteret majestatem Caroli : at conjectando rem tanti momenti affirmare non ausim. Pergam de reliquis disserere, quæ ante renovationem tam conspicuæ dignitatis in Occidente sanctæ sedi cum patricio Romanorum intercesserunt.

XIII. Adriano vita functo VIII Kal. Januar. anno 795, continuo ad magnum Ecclesiæ defensorem legatio missa de amici pontificis transitu. Hanc alia secuta est Leonis postridie electi, consecratique post biduum, quam ipse pontifex adornavit. De hac loquitur monachus Engolismensis (*V. Car. M.* ap. Pith., pag. 45) his verbis : « Adrianus papa obiit, et Leo mox ut in locum ejus successit, misit legatos cum muneribus ad regem ; claves etiam confessionis sancti Petri, et vexillum urbis Romæ ei direxit. » Super hujusmodi muneribus alii alia : mihi prolixas recentiorum disputationes non vacat expendere. Monachus idem Engolismensis (*ibid.* pag. 52) quid de iis sentiendum videatur, definiet, munera horum similia enarrans a patriarchæ Hierosolymorum legatis allata : « Benedictionis causa claves sepulchri Dominici, ac loci Calvariæ, claves etiam civitatis, et montis Oliveti cum vexillo detulerunt. » Annales Laureshamenses, ut eos vocat Cointius, quos Pagius, Duchesnius, aliique tribuunt Eginhardo, hac occasione rem falsam projiciunt : « Rogavitque, aiunt de pontifice, ut aliquem de suis optimatibus Romam mitteret, qui populum Romanum ad suam fidem atque subjectionem per sacramenta firmaret. » Id vero esset patricio plus æquo tribuere. Quamobrem annalista, quicunque is fuerit, miscet tempora, nec secernit, ut debuit, imperatorem a patricio. Quamvis enim par utriusque munus esset Ecclesiæ Romanæ defensio, tamen impar fuit Romanorum obsequium erga utrumque. Basnagius, qua erat eruditione, id sensit (Canis. *Ant. lect.* tom. II, pag. 418), quare maluit prochronismum effundere antevertens Caroli dignitatem Angusteam, quam rei certæ ineruditus videri. « Hæc epistola (inquit de Alcuini ep. 27, al. 72) scripta est Leoni III anno 796, cum, mortuo Adriano, Leo, qui ejus vices subierat, imperatori Carolo magno claves confessionis Petri transmittens, postulavit, ut legatione ad ipsum missa fungerentur aliqui ex optimatibus, ut populus Romanus novo sacramento imperatori obstringeretur : ideo delectus est Angilbertus, qui jam bis Romam petierat. »

XIV. Annalistæ Itali, qui fato sui nominis quæcunque Pontificiam dominationem enervare atque imperialem astruere sibi videbantur, amplexus est, confutandis opinionibus non insistam; se enim ipsa diluunt **13** quæ huc spectant. Et vero anno 796 adversatur Pagio nullam fidem adhibenti tribuentibus Carolo regi dominium Urbis; ac per sacras claves confessionis id significari ait, ut Carolo olim Martello per claves fuit exhibitum regnum Romæ. Anno autem 800 arguit Baronium, quasi argumento sibi contrario utatur, dum exemplo clavium Hierosolymis missarum *benedictionis gratia* una cum *vexillo*, rejicit argumenta eorum qui per claves confessionis et vexillum dominium Urbis Carolo regi esse traditum autumant. Atque interim sui immemor Græcis usque ad prædictum annum dominium idem astruit. Recte autem Pagius (796, n. 10) vexillum pro defensione urbis Romæ interpretatus erat, fuseque Marcam et Cointium Græcorum dominationem protrahentes ad extremum octavi sæculi, ante annalistam Italum, confutaverat. Istæ autem aliæque similes illationes amandantur litteris ipsius Caroli apud Labbeum (*Conc.* tom. VII, pag. 1128) quæ inscribuntur : *Carolus gratia Dei rex Francorum et Longobardorum ac patricius Romanorum, Leoni papæ perpetuæ beatitudinis in Christo salutem.* Principem primis verbis eum fatetur : *Perlectis excellentiæ vestræ litteris.* Prosequitur cum gratiarum actionibus, quia pontifex decretum suæ electionis transmiserat, non ex necessitate, nam erat consecratus, sed officii gratia, ut electionis unanimitas citra omne vitium patefieret, fidemque ei promiserat se perpetuo servaturum. Et post multa, quæ animum piissimi principis aperiunt, Angilberto se injunxisse ait, « quæ vel nobis voluntaria, vel vobis necessaria esse videbantur, ut ex collatione mutua conferatis quidquid ad exaltationem sanctæ Dei Ecclesiæ, vel ad stabilitatem honoris vestri, vel patriciatus nostri firmitatem necessarium intelligeretis. Sicut enim cum beatissimo prædecessore vestræ sanctæ paternitatis pactum inii, sic cum beatitudine vestra ejusdem fidei et charitatis inviolabile fœdus statuere desidero; quatenus apostolicæ sanctitatis vestræ, divina donante gratia, sanctorum advocata precibus, me ubique apostolica benedictio consequatur, et sanctissima Romanæ Ecclesiæ sedes, Deo donante, nostra semper devotione defendatur. »

XV. Quod verbo est pollicitus, comprobavit facto. Nam sancto huic pontifici necessaria fuit defensio, quæ patricii Romanorum est propria. Cumque id factum sit Caroli patriciatus extremum atque unica imperatoriæ dignitatis origo, rem totam, quemadmodum se habuit, diligenter enarrabo. Leonis III pontificis anno quarto, seu 799, VII Kal. Maias, in litaniis majoribus immane illud facinus relatu horridum est **14** perpetratum, quod parvo cum verborum discrimine apud veteres omnes scriptores occurrit (*Lib. Pont.* in V. Leon III. et A. A. ap. Bar. et Pag. an. 799, n. 1 seqq.). Sacrilegæ conjurationis capita Paschalis et Campulus, uterque Adriani nepos, officio palatino uterque insignis (*Cod. Car.* ep. 60, al. 75), nam Paschalis erat primicerius, et Campulus sacellarius. His primatibus adhærentium nomina silentur, causa etiam conspirationis silentio involvitur. Summa est sancto pontifici vim fuisse illatam media in supplicatione, prope monasterium (sancti Silvestri in Capite) quod Stephanus II patriciatus Francorum regum auctor, ejusque germanus frater sanctus Paulus condiderant in domo propria, effossioque oculis ac lingua amputata, frequenti tum temporis immanitatis genere, semivivum relictum esse. Quamobrem in prædictum monasterium ductus a suis, ubi et visum et linguam mirabiliter recepit (quod unum qui terrena tantum sapiunt, in dubium revocant), indeque in sancti Petri basilicam. Hinc Winigisi Spoletani ducis accurrentis cum copiis, ut sanctum pontificem contra impios tueretur, præsidio fultus sanctus pontifex per Spoletum in Franciam confugit. Ibi summis honoribus pro dignitate susceptum, et Paderborne aliquandiu moratum cum regiis missis rediisse Romam comperimus; ubi a fidelibus subditis magna cum lætitia exceptus fuit, quod per totam ecclesiasticam ditionem factum erat, extremo mense Novembri, ut legitur in libro Pontificali, unde ab aliis sincera ista narratio desumpta est. Post solidum fere annum Carolus ipse Romam venit (Baron. 800, n. 3, Pag. n. 8) octavo scilicet Kal. Decembris an. 800.

XVI. Antequam Carolus Italiam versus iter susciperet, ut tantum negotium, cujus simile nec regio suo genitori, nec sibi urbs Roma unquam facessiverat, sapienter et juste expediretur, flagitii Romanorum Alcuinum monasterii sancti Martini Turonensis abbatem ætate, sapientia, virtutibusque aliis præstantem, præceptorem suum sibique acceptissimum admonuit, quidve in re tanta agendum sibi videretur, consuluit. Quid iste reposuerit, audiendum ex ejus litteris apud Canisium (*Ant. lect.* tom. II, p. 392; ep. 4, al. 11) quarum partem Baronius etiam et Pagius (799, n. 6, 3) recitant : « Tres, inquit, personæ in mundo altissimæ hucusque fuere : id est apostolica sublimitas, quæ beati Petri principis apostolorum sedem vicario munere regere solet. Quid vero in eo actum sit, qui rector præfatæ sedis fuerat, mihi veneranda bonitas vestra innotescere curavit. Alia est imperialis dignitas, et secundæ Romæ sæcularis potentia. Quam impie gubernator imperii **15** illius depositus sit (Constantinus Irenæ matris jussu excæcatus, ac præ dolore mortuus) non ab alienis, sed a propriis et concivibus ubique fama crebrescit. Tertia est regalis dignitas, in qua vos Domini nostri Jesu Christi dispensatio rectorem populi Christiani disposuit, cæteris præfatis dignitatibus potentia excellentiorem, sapientia clariorem, regni dignitate sublimiorem. » Paulo infra, ad rem veniens, prosequitur : « Nullatenus capitis cura omittenda est. Levius est pedes dolere quam caput. Componatur pax cum populo nefando, si fieri potest; relinquantur minæ, ne obdurati fugiant, sed in spe retineantur, donec salubri consilio ad pacem revocentur. Tenendum est quod habetur, ne propter acquisitionem minoris, quod majus est amittatur. Servetur ovile proprium, ne lupus devastet illud. Ita in alienis sudetur, ut in propriis damnum non patiatur. » Iterumque aliis litteris, quëis a Carolo invitabatur, ut secum iter arriperet Romam versus (*ibid.* ep. 7, al. 15) reponit, se malle Turonis quiete vivere, ac pergit in priorem sententiam: « Roma vero, quæ fraterna discordia initiata est, mistum dissensionis venenum hucusque tenere non cessat, vestræque venerandæ dignitatis potentiam ad hujus partis cognoscendam perniciem e dulcibus Germaniæ sedibus festinare compellit. Nos vero lacrymis absentiam, et precibus iter vestrum continuis prosequimur, divinam humiliter obsecrantes clementiam, quatenus suos vestrosque simul cum omni prosperitate sanos ducat, et reducat gaudentes. »

XVII. Priores Alcuini litteras aliquatenus posterioribus illustratas alii alias interpretantur. Eccardi opinio (*Rer. Franc.* lib. xxv, cap. 11) in quam annalista Italus propendet, est Carolo cum Romanis suaviter agendum esse, ne in Romanos animadversurus patriciatu et dominio Urbis ab efferatis iis civibus spoliaretur. Pagius autem sentit: ne alienam tuiturus ditionem, propriam amitteret, videlicet Italiæ regnum. Neutri adhæreo. Eccardi enim opinio manifeste falsa est; Pagii vero, quanquam credibilior, nimis violenta videtur. Alcuinus de Caroli exercitu loquitur, quem minime committendum suadet cum tumultuantibus Romanis natura ferocibus, quemque sospitem reduci optat. Cæterum comparatio ista trium magnorum principum, pontificis, imperatoris, et regis Franciæ, non parvi momenti est. Pontificis quidem potestatem supremam indicari fateor, de qua idem Alcuinus alia in epistola (27, al. 72) sermonem habens, aiebat subjectam esse « omnem Christi gregis multitudinem suo pastori, licet in diversis terrarum pascuis **16** commorantem. » Hic tamen *rectorem* Romanæ urbis appellari eum audimus, ditionemque *alienam* Romanam appellari. Quamobrem defensio Ecclesiæ Romanæ, cujus caput Roma, minime confundenda est cum dominatu. Eginhardus, qui non ignorabat herile munus patricii, seu defensoris, ubi de ecclesia sancti Petri verba facit (cap. 28) qua nihil sanctius fuit Carolo: « Quam, inquit, cum tanti penderet, tamen intra 47 annorum quibus regnaverat spatium, quater tantum illo votorum solvendorum ac supplicandi causa profectus est. Ultimi adventus sui non solum hæ fuere causæ, verum etiam quod Romani Leonem papam multis affectum injuriis, erutis videlicet oculis linguaque amputata, fidem regis implorare compulerunt. Idcirco Romam veniens propter reparandum, qui nimis conturbatus erat, Ecclesiæ statum, ibi totum hiemis tempus protraxit. Quo tempore imperatoris et Augusti nomen accepit, quod primo tantum adversatus est, ut affirmaret se eo die, quamvis præcipua festivitas esset, ecclesiam non intraturum fuisse, si pontificis consilium præscire potuisset. » Sic post sex et quadraginta annorum spatium patriciatus Francorum regum anno 754 a Stephano II institutus, desiit anno 800 nomine tenus, illustriori scilicet imperatore substituto, cui munus idem defensionis inhærebat, ut mox planum fiet.

XVIII. At priusquam mutatio ista insignis, ipsique regi Carolo inexspectata accideret, placitum regii missi habuerant in palatio pontificio, quod minime prætereundum videtur, quippe in Libro Pontificali relatum (sect. 376 seqq.) quo integrior testis harum rerum inveniri tota in antiquitate non potest: unde etiam Labbeus in suam collectionem transtulit (*Conc.* tom. VII, pag. 1155). Post narratum, quemadmodum anno 799 « Romani omnes generaliter in vigilia beati Andreæ apostoli cum nimio gaudio » pontificem ex Francia reducem « susceperunt, » continuo sequitur: « Et post aliquantos dies fidelissimis missis, qui cum eo venerant in pontificale obsequium, videlicet Hildebaldo et Arno reverendissimis archiepiscopis, et Cuniperto, Bernardo, Attone, et Jesse reverendissimis et sanctissimis episcopis, necnon et Flacco electo episcopo, virum etiam Helmgoth, Rotticario et Germario gloriosis comitibus, residentibus in triclinio ipsius domni Leonis papæ, et per unam et amplius hebdomadam inquirentibus ipsos nefandissimos malefactores, quam malitiam a pontifice habuissent, tam Paschalis quam Campulus cum sequacibus eorum, nihil habuerunt adversus eum quod dicerent. Tunc illos comprehendentes **17** prædicti missi magni regis, emiserunt eos in Franciam. » Placita hujus similia ipsa in Urbe esse habita Pippino rege ab ejus legatis seu missis, jam dixi alibi (*Cod. Car.* tom. I, p. 131). Præclarum istud duplici ex capite plaudentibus annalistæ Italo proponendum duxi. Primo videlicet ut norint, se expiscantes unum aut alterum placitum imperatorum tempore, ut dominationem horum extundant, in urbe Roma, aquam tundere; nam similia fiebant regum ævo, cum de hujusmodi dominatione quærere ne ipsi quidem audent. Deinde ut manibus ipsis teneant, non expugnatione Urbis, aut spontanea deditione populorum Romam et civitates alias Romani ducatus venisse in potestatem Caroli: neque arcanis utilibusve hinc inde tractatibus rem istam confectam esse, sed metu pontificum, qui, cœlestibus quam terrenis rebus assuetiores, continere in officio subditos non valebant; ac præsertim egregio patriciatus, aut defensionis munere, quo piissimus princeps Carolus rex Francorum et Langobardorum ac patricius Romanorum functus erat. Jam vero de ipsa imperatoriæ majestatis instauratione in Occidente, ut vera ejus indoles patefiat, disserendum est.

§ III. — *De renovatione imperii a sancto Leone III facta anno 800.*

XIX. Carolum Magnum de improviso ac pene invitum corona imperiali redimitum esse auctores omnes veteres consensu affirmant. « Cum ad missam, ait monachus Engolismensis, ante confessionem beati Petri apostoli ab oratione surgeret, domnus Leo papa coronam capiti ejus imposuit. » Similia nuper audivimus ab Eginhardo tradi, qui Carolo erat a secretis. Ademarus et Liber pontificalis cum utroque concinunt, constanterque omnes tradunt, quemadmodum post improvisam coronationem istam, « a cuncto Romanorum populo acclamatum est: Carolo Augusto a Deo coronato magno et pacifico imperatori Romanorum vita et victoria. » Liber autem Pontificalis (sect. 376), minutiorum rerum testis, adjungit puram putamque causam populi omnis acclamationum: « Universi fideles Romani, videntes tantam defensionem et dilectionem, quam erga sanctam Romanam Ecclesiam et ejus vicarium habuit, unanimiter altisona voce, Dei nutu atque beati Petri clavigeri regni cœlorum, exclamarunt: Carolo Aug., etc. » Quæ unius pontificis deliberatio a Ludovico II exaggeratur in litteris ad Basilium imperatorem, quas ex anonymo Salernitano (cap. 102) descriptas **18** alii referunt, ut aiebam in præfatione (tom. I, n. 4) post narratam Romani pontificis coronationem: « Præsertim, aiens, cum sæpe tales ad imperium sunt asciti, qui nihil divina operatione per pontificum ministerium propositi solum a senatu et populo, nihil horum curantibus, imperatoria dignitate potiti sunt. Nonnulli vero nec sic, sed tantum a militibus sunt clamati, in imperio stabiliti sunt, ita ut etiam eorum quidam a feminis, quidam autem hoc, aut alio modo ad imperii Romani sceptra promoti sunt. » Estque adeo certum, ab scelere isto Romanorum profectam esse imperatoriam majestatem, ut perpetuum nil tale cogitantis pontificis monumentum exstet triclinium paulo ante factum a Leone ipso, ubi placitum celebratum fuisse vidimus in ejus causa an. 799. Nam visuntur Leonis Carolique imagines musivo opere elaboratæ, quarum quæ Carolum repræsentat patriciatus insigne vexillum exhibet; præterea inscriptio utrique superposita est hujusmodi :

SCSSIMUS D. N. LEO PAPA D. N. CARULO REGI.

Quæ perperam interpretatur Alemannus (*de Later. Pariet.* c. 15) pro Carolo jam coronato, ut recte animadvertit Pagius (796, n. 8 seqq.) falsus et ipse in cæteris ad triclinium spectantibus : quod planum facere non est hujus loci.

XX. Incorruptis atque integris hujusmodi testimoniis nequidquam annalista Lambecianus auctoritatis ætatisque incertæ, atque Joannes diaconus, qui Neapolitanorum episcoporum Vitas scripsit nono sæculo declinante, objiciuntur. Hic siquidem : « Leo, inquit, fugiens ad Carolum, spopondit ei, si de suis illum defenderet inimicis, Augustali eum diademate coronare: » quod scilicet ex facto certo scriptor hic deduxit. Perinde annalista Lambecianus ex facto certo illationem falsam deducens, « Leoni » visum esse ait « et universis sanctis Patribus qui in ipso concilio aderant, seu reliquo Christiano populo, ut ipsum Carolum regem Francorum imperatorem nominare debuissent, qui ipsam Romam tenebat. » Somnia. Die 1 Decembris concilium est congregatum, cui nomen *canonica purgatio Leonis papæ*. In quo pontifex de objectis sibi criminibus, super quatuor Evangeliorum libro se sacramento purgavit sponte; cujus sacramenti formulam affert Labbeus (*Conc.* tom. VII, p. 1158). Coronatio autem constanti scriptorum synchronorum testimonio facta est die sancto Natalis Domini in basilica sancti Petri, affluentis ob solemnitatem populi frequentissima, qui improvisæ pontificis deliberationis acclamator fuit. Quamobrem uterque scriptor ad Italicas res illustrandas in lucem editus (*Scrip. Ital.* tom. I, par. II) relinquendus mihi videtur iis, quos imperatoriæ dignitatis instaurationem ignorare juvat, ne scripta eorum corruant. Luitprandus quoque, qui centum post annis florebat, præpostere id factum narrat, longe tamen ab annalistæ Lambecciani atque Joannis diaconi mendaciis affirmatis : « Post hæc, inquit, die Natalis Salvatoris nostri ab omnibus prædictus rex Romanorum imperator Augustus est constitutus, et a papa nominato pontifice coronatus » (*de Pont. Rom. Vitis*, p. 268). Quod Luitprando verti vitio non debet pontificum gesta aliunde petita in compendium redigenti. At Liber Pontificalis Anastasio tributus, quo, id iterum urgeo, harum rerum integrior testis non suppetit, rationem etiam affert cur acclamationes populi consecutæ sint coronationi, quia videlicet a consecratione pontificis ritu desumpto, acclamationes illæ aliud in summa non erant, quam laudes fieri, aut cani solitæ ante confessionem sancti Petri continuo post coronationem, ut videbimus (Dissert. VI, § 5) ubi ritus ipse proferetur. Interim audienda Libri pontificalis verba, ut res planior fiat : « Carolo piissimo Augusto a Deo coronato, magno, pacifico imperatori vita et victoria : ante sacram confessionem beati Petri apostoli, plures sanctos invocantes ter dictum est, et ab omnibus constitutus est imperator Romanorum. »

XXI. Inauguratio ista Augustorum Occidentis, quæ inter sacras cæremonias relata, et quibusdam identidem additis eo majestatis pervenit, quæ in cæremonialibus, ante editum patricii conspicitur, res prorsus nova est, quæ ut jurisdictionem, ita indolem omnino aliam imperatoriæ majestatis renovatæ in Occidente manifestat ab ipso initio, nequidquam se torquent qui Orientali utramque similem fuisse contendunt. Quamvis enim et in Oriente mos invaluerit imperatorem per manus patriarchæ Constantinopoleos coronandi, quod Leo ipse testatur (ep. 10, al. 4), non tamen erat patriarchæ imperatorem constituere, sed electum acclamatumque solemni ritu coronare.

At contra in constituendo Carolo imperatore coronatio per pontificem facta, non fuit cæremonia, sed vera imperatoris institutio, ita ut successorum nullus per tot sæcula imperator dici aut esse potuerit quin diadema susciperet a Romano pontifice, et ante confessionem sancti Petri. Quemadmodum enim reges et patricii perpetuo dicuntur a Leonis prædecessoribus beato Petro acceptum referre patriciatum : « In reges per suum apostolum beatum Petrum vos unguens, defensores sanctæ suæ Ecclesiæ atque fidei orthodoxæ constituit » (*Cod. Car.* tom. I, p. 189); ita imperatores, ut ab ipso Petro per successores suos constitui viderentur, novæ hujus dignitatis institutor Leo ante sacratissimum 20 ejus corpus, et de ejus altari coronam suscipere voluit. Quæ quidem opinio tam alte ipsorum principum mentibus sedit, ut ex iis duo, Henricus IV et Ludovicus Bavarus, cum nec minis, nec precibus imperialem coronam assequi potuissent, juxta formam a Leone III constitutam, per pseudopontifices inaugurari voluerint in sancti Petri basilica ad sacrum illud altare, unde « coronam non gloriæ sed confusionis » susceperunt, ut ait Bertoldus de Henrico IV ap. Baronium (1084, n. 2). Rem exemplis demonstrabo : plurimi enim refert. ad falsas opiniones rejiciendas, nullum dubitandi locum relinquere.

XXII. Undecim omnino Augusti numerantur ante anarchiam sæculi x, quam abstulit Magnus Otto Germanorum primus imperator : Septem videlicet Carolinæ stirpis, *Carolus Magnus*, *Ludovicus Pius*, *Lotharius I*, *Ludovicus II*, *Carolus Calvus*, *Carolus Crassus*, *et Arnulphus*, qui supremum diem obiit anno 899, III Kal. Decembres. Sed inter Carolum Crassum et Arnulphum duo alienæ stirpis imperatores inseruntur, *Guido* Spoleti dux, filiusque ejus *Lambertus*, annis circiter octo. Denique duo Augustæ dignitatis competitores *Ludovicus III* Bosonis filius ex Hirmingarde filia Ludovici II, et *Berengarius* dux Forojuliensis Everardi filius ex Gisla filia Ludovici Pii, qui ad annum pervenit 924 anarchiæ octo et triginta annorum primum. Quæ constant ex Francorum historia, unoque fere ictu oculi aspicuntur in Exercitatione Genealogica Joannis Adami Bettingeri de familia Augusta Carolingica septem tabulis expressa. Per totum id 124 annorum spatium nullus imperialem dignitatem est adeptus alia ratione, quam descripta in litteris Ludovici II ad Basilium, sacram-videlicet unctionem et diadema imperiale de manu pontificis suscipiendo, ne Ludovico quidem Pio excepto, qui singulari exemplo imperii coronam accepit in Francia a Stephano IV qui continuo post consecrationem suam eo se contulit, tum ne Leonina institutio detrimenti quid acciperet; tum præsertim ut diploma illud celebre ac fundamentale, quod Ludovicianum recentiores appellant, conficeretur, de quo disseram suo loco.

XXIII. Hac super re scriptores summæ fidei Eginhardus et Theganus factum narrant, quod primo aspectu indolem hanc certam renovati Occidentalis imperii turbare videtur. Quandoquidem Carolus Magnus senio jam confectus « consortem, ait Eginh., sibi totius regni et imperialis nominis hæredem constituit, impositoque capiti ejus diademate, imperatorem et Augustum jussit appellari. » Et Theganus (cap. 6) cum eo concinens, narrat Carolum a primatibus regni consiliums petiisse 21 « si eis placuisset ut nomen suum, id est imperatoris, filio suo Ludewico tradidisset : » illis autem consentientibus, ad ecclesiam die Dominico profectum esse cum filio, quem paterna admonitione allocutum jussisse auream coronam propriis manibus sibi imponere « ob recordationem omnium præceptorum quæ mandaverat ei pater : » clauditque narrationem his verbis : « Ille perrexit in Aquitaniam, et dominus imperator tenuit regnum, et nomen suum honorifice sicut dignum erat. » Prosequitur seqq. capp. quemadmodum anno post Carolo imperatore mortuo, « Ludewicus de partibus Aquitaniæ venit Aquisgrani palatium, et suscepit omnia regna, quæ Deus tradidit patri suo; sine ulla contradictione. Qui est an. Incarn. D. 814; qui est primus annus regni ejus. » Legationes postea suscepit regnorum eorumdem, quas inter Beneventanam, et Bernhardum fratris filium Italiæ regem. Tandem anno tertio *regni sui* Stephanum IV pontificem summo cum honore atque obsequio ait exceptum Remis a rege, qui postmodum una cum Irmingarda regina diadema imperiale suscepit, et exinde imperator semper appellatur. Hinc annalista Italus conjecturis indulgens, ut solet, de Leonis consensu Ludovicum imperatorem esse creatum a patre colligit (an. 815). « Non enim, ait, a proceribus Franciæ Romæ dominationem acceperat una cum imperatoria dignitate : » Miror talia proferri ab erudito viro post visam Thegani sinceram narrationem, qui inter Caroli regna perspicue Italicum et Beneventanum recenset, interjacente pontificia ditione prætermissa. Præterquam quod Eginhartus et Theganus unanimes luculentissime affirmant, Carolum concessisse, primatum consensu, *nomen suum imperatoris*, quod erat designare, non creare imperatorem, quemadmodum procedente tempore rex Romanorum, seu futurus imperator cœpit eligi, qui nisi a pontifice imperiale diadema susciperet, imperator non erat.

XXIV. Neque Carolo Magno succensendum fuit, quasi societatis et amicitiæ immemor, sanctæ sedi injuriam fecerit, ipse siquidem Ludovicus Pius patrem imitatus Lotharium filium regnorum hæredem atque imperii consortem fecit. Rem narrat Theganus (cap. 21) iisdem fere verbis : « Supradictus vero imperator denominavit filium suum Lotharium, ut post obitum suum omnia regna, quæ ei tradidit Deus per manus patris sui, susciperet, atque haberet nomen et imperium patris : et ob hoc cæteri filii indignati sunt. » Quid vero? Quod Carolo non licuit ob vitæ brevitatem, ni fallor, Ludovicus filium imperii consortem Romam misit, ut a sancto Paschali I imperiale diadema obtineret : quod **22** factum esse testantur ejusdem Lotharii litteræ ap. Mabillonium (sæc. IV, Bened. p. 543) quibus patri nuntiati promotionem suam : « Coram sancto altare, inquit, et coram sancto corpore beati Petri principis apostolorum a summo pontifice, vestro ex consensu et voluntate, benedictionem, honorem, et nomen suscepi imperialis officii; insuper diadema capitis, et gladium ad defensionem Ecclesiæ. » Perinde factum esse cum Ludovico II ambigi nequaquam debet, tum quia consors et ipse factus fuit a patre, ut testantur annales Bertiniani ap. Pagium (ann. 850, n. 6) missusque Romam ad Leonem IV ut coronam acciperet : « Lotharius filium suum Ludoicum Romam mittit; qui a Leone papa honorifice susceptus, et in imperatorem unctus est; » tum quia idem Basilio testatur Occidentale imperium longe esse potius Orientali, quia imperatores a summo pontifice inungi et coronari consuevere, ut sui prædecessores abavus, avus, et pater atque ipsemet inuncti coronatique fuerant. Et quod maxime huc spectat, licet alibi a me allatum (tom. I, Præf. n. 4) gloriatur, se Romanos, et « Urbem divinitus gubernandam, et matrem omnium Ecclesiarum Dei defendendam atque sublimandam » suscepisse, quod, ut sæpe vidimus, patricii officium erat.

XXV. Quid igitur, inquies, discriminis inter patricium et imperatorem invenitur? Ex brevi et vero potius quam lepido Trevirensis ecclesiæ chorepiscopi Thegani opusculo, quale illud definivit Walafridus Strabo, discrimen istud, proindeque imperialis novæ dignitatis vera indoles patet. An. 816 (cap. 17) Leonis III morte indicata, « Stephanus, inquit, post eum successit, qui statim postquam pontificatum suscepit, jussit omnem populum Romanum fidelitatem cum juramento promittere Ludewico. » En discrimen. Romani, qui sacrilegum facinus perpetraverant in sanctum Leonem III, eumque compulerant ut potesta-

tis consortem ad eosdem in officio continendos Carolum patricium, seu defensorem assumeret, majestatem imperatoriam pepererunt; neque id quidem cogitatum factumque est a sancto pontifice Leone, ut sanctum Petrum successoresque ditione sua spoliaret, quod non modo pontifice, sed homine omni indignum fuisset; neque Carolus summa pietate princeps qui tam vehementer jura sua vindicaverat sanctæ sedi, eadem sibi restitui, sive tribui passus esset; verum ut subditos sibi populos imperatoria potestate accedente facilius regeret. Quare Lothario Pii Ludovici filio, cui fidelitatis juramentum Romani non præstiterant, cum consors imperii factus fuit, necdum anno 844 cum ab iisdem illud exigebat pro filio **23** Ludovico II Italiæ rege; Sergius II, ut est in Libro Pontificali (sect. 487) hæc reponi voluit per suos missos : « Quia, si vultis domno Lothario magno imperatori hoc sacramentum ut faciant, solummodo consentio, atque permitto, nam Hludovico ejus filio, ut hoc peragatur, nec ego, nec omnis Romanorum nobilitas permittit. » Ex juramenti autem formula, in annalibus Fulden. apud Marquard. Freher. (tom. I, pag. 66) præstiti scilicet Arnulpho Carolinorum extremo patefiet, quis potestate suprema in Urbe dominaretur : « Juro per hæc omnia Dei mysteria, quod, salvo honore, et lege mea, atque fidelitate domini Formosi papæ, fidelis sum, et ero omnibus diebus vitæ meæ Arnolpho imperatori, et nunquam me ad illius infidelitatem cum aliquo homine sociabo; et Lamberto filio Agildrudæ, et ipsi matri suæ ad sæcularem honorem nunquam adjutorium præbebo, et hanc civitatem Romam ipsi Lamperto, et matri ejus Agildrudæ, et eorum hominibus per aliquod ingenium, aut argumentum non tradam. »

XXVI. Audis Romanos præstare juramentum imperatori, *salvo honore et lege mea*. Qui igitur Romanos tanquam pecus vile atque imbelle traducunt, antiqua tempora se ignorare ostendunt. Alcuinus, ut supra vidimus (num. XVI), valde alios Carolo Magno eos depinxit. Idcirco Eginhardus (cap. 58) de additionibus ac mutationibus legum factis a Carolo, sermonem habens : « Post susceptum, inquit, imperiale nomen, cum adverteret multa legibus populi sui deesse (nam Franci duas habent leges plurimis in locis valde diversas), cogitavit quæ deerant addere et discrepantia unire, prava quoque ac perperam prolata corrigere. Sed in iis nihil aliud ab eo factum est, quam quod pauca capitula, et ea imperfecta legibus addidit. » Francorum scilicet ac Langobardicæ. Romanæ autem, id licet valuisset, de consensu pontificis, ne apicem quidem attigit. Romani enim, ne id quisquam auderet, inviolatam sibi servari ab imperatoribus, ipso in juramento, quo suam fidem spondent, pacisceuntur; deinde consortium illud imperatoriæ potestatis legitimæ dominationi pontificiæ posthabent : *Salva,* inquiunt, *potestate domini mei N.* Quæ duo satis mihi esse videntur ad percipiendum, quod imperatoria potestas Romæ, nisi eadem aliquis abuteretur, nihil aliud erat quam societas et communicatio pontificiæ : quam Pagius, pro jam sublimi dignitate minus loquens, delegationem potestatis fuisse arbitratur. Ea propter ineptire mihi videntur ii qui disputant utri dominatio Urbis tribuenda sit? Suprema enim **24** omni procul dubio erat pontificis, ipsis imperatoribus testibus omni exceptione majoribus in suis pactis, seu *privilegiis de regalibus confirmandis*; quippe qui supremo jure sibi reservatio in ducatibus Tusciæ et Spoleti nominatim, cætera omnia confirmant pleno jure pontificibus, quemadmodum pleno jure aut possidebant ante donationes, aut obtinuerant a regibus Francorum Pippino et Carolo, quem non constat, num Siciliæ, Sardiniæ, et Corsicæ insulas ante aut post coronam imperii donaverit, neque creditu proclive est, annis tredecim indonatam Romanam Ecclesiam reliquisse. Hujus vero supremæ pontificiæ potestatis in Urbis personas et res, ad regimen quod ' attinet, ac defensionem, ut ait Ludovicus II, participes fiebant imperatores per imperialis diadematis impositionem; ita tamen ut inibi *nullum placitum, aut ordinationem* facerent *de omnibus que pape et Romanis pertinent*. Quæ tamen conditio ab Ottone tantum cœpit anno 962 una cum Germanico imperio. Nam Carolingios et dum regali utebantur potestate, jure patriciatus, et postquam imperatores sunt creati, habuisse placita in ipsa Urbe compertum est.

XXVII. Ex iis quæ habita sunt a regibus attuli supra (num. 8) insigne illud a missis regiis celebratum anno 799 in causa sancti Leonis III. Audiamus nunc a monacho Engolismensi placitum Caroli jam imperatoris in eadem causa : « Post paucos autem dies jussit, eos qui papam anno superiori dehonestaverant, exhiberi ; et habita de eis quæstione secundum legem Romanam, ut majestatis rei, capite damnati sunt. Pro quibus tamen papa pio affectu apud imperatorem intercessit, et vita et membra eis concessa sunt, sed pro facinoris magnitudine exsilio deportati sunt. » Vides Carolum, supremæ potestatis pontificiæ participem, animadvertere in *reos majestatis*, qui scelus perpetrare ausi erant in summum principem, simulque vides salvam legem Romanam ab ipsa origine imperatoriæ majestatis instauratæ. Celebre aliud placitum refertur in Libro Pontificali (sect. 555) habitum a Ludovico II : « cum sanctiss. Leone (IV) pontifice, omnibus Romanis proceribus pariter et optimis [*Fors*. Optimatibus] Francis in domo, quam be. me. Leo III papa juxta Ecclesiam beati Petri apostoli fecerat, sedentibus, placitum habuit. » In eo, accusatio hujusmodi audita est ex ore Danielis magistri militum : « Gratianus Romanæ urbis superista, quem erga vos fidelem esse creditis, mihi soli in domo sua nimium super Francos murmurans, dixit secrete : Quia Franci nihil nobis boni faciunt, neque adjutorium præbent, sed magis, quæ 25 nostra sunt, violenter tollunt. Quare non advocamus Græcos, et cum eis fœdus pacis componentes, Francorum regem et gentem de nostro regno et dominatione expellimus ? » Accusatio falsa detecta est, accusatore ipso calumnian confitente. Quare, « clementissimus imperator, nolens contra instituta veterum Augustorum peragere Romanorum, eos secundum Romanam legem instituit judicare. Quo judicio ipse Daniel multorum verbis reprehensus ore proprio manifestavit se falsum super eum dixisse. Ideo jam dicto Gratiano ante omnes est traditus, ut quidquid de eo facere vellet, potestatem haberet. Sed cum iam traditum Danielem imperator a Gratiano multa et humili supplicatione petivisset, Gratianus assensit. Quem ille statim plenaria sibi reddita gratia libenter suscepit, et sic de mortis est periculo liberatus. »

XXVIII. Equidem mente non assequor cur placito isto utantur Pagius (855, n. 5) aliique recentiores, ut Ludovici Aug. supremum in Urbe dominium extundant. Agitantur scilicet consilia adversus Francos, quia *non præbent adjutorium*. Hinc vero evidens est majestatem imperatoriam patriciatus munere fungi debuisse. Agitur de fœdere iciendo cum Græcis, Francos pellendi ergo de *nostro regno et dominatione*. Igitur de Romano dominatu ambigi haudquaquam potest, in quo Franci milites stationes habebant, ut Ecclesiæ præsidio essent, præcipue adversus Saracenos Italiæ et Romanæ ditioni ium temporis molestissimos. Quem videlicet dominatum a regno Italiæ et ducatu Beneventano distinctum fuisse, ut hodie est, eodemque jure a pontifice et Romanis administrari, quo suum a Francis, patet ex Constitutione Lotharii ejusdem patens Lotharius Eugenio II instigante ac probante fecerat (*Holst. Coll. Rom.* par. II, p. 210). Capite enim septimo constituitur pro utriusque dominationis concordia hoc pacto : « Præcipimus, etiam ut

A deprædationes in confinio nostro non fiant ; quæ factæ sunt, et ceteræ injustitiæ, secundum legem ab utrisque partibus emendentur. » Prætereo illud dicere, quod sententia juxta legem Romanam lata, falsum accusatorem *multa et humili supplicatione* ab accusato repetere, supremum dominium non redolet. Ad placita vero quod attinet, video, eadem ex causa, nimirum evincendi causa dominationem imperialem in Urbe, peti ex archivo Farfensi (ap. Mabill. *Ann.* tom. II, Append. n. 52) placitum habitum a missis imperialibus in palatio Lateranensi anno 829, Ludov. Pio et Lothario Augg. Libenter autem audirem, quid ii discriminis deprehendant placito isti cum aliis tempore regis Pippini habitis 26 an. 761. (*Cod. Car.* ep. 29, al. 17.) 765 et 767. (Ib. ep. 59, 42, al. 14, et 19). Cum cæteroqui nulli unquam in mentem venerit Pippino dominium Urbis asserere. Horum primum lubet ob oculos omnium ponere conferendum cum prædicto, quod eruunt ex archivo

B Farfensi, atque usque adeo exaggeratur in annalibus Italicis.

XXIX. Narrat Paulus Pippino regi Francorum et patricio Romanorum, quemadmodum, « præfati denique missi vestri in nostri præsentia cum Langobardorum missis necnon et Pentapolensium ac singularum nostrarum civitatum hominibus assistentes, comprobatio coram eis facta est de habitis inter utrasque partes aliquibus justitiis, etc. » Farfensis autem archivi placitum est super invasionibus, quas monasterio factas asserebant monachi a summis pontificibus Adriano et Leone III. Missi igitur imperiales aiunt : « Residentibus nobis ibidem in judicio in palatio Lateranensi in præsentia domni Gregorii papæ, et una simul nobiscum aderant Leo episcopus et bibliothecarius sanctæ Romanæ Ecclesiæ Theodorus episcopus, Sirinus primicerius, Theophylactus numinculator, Gregorius fil. Mercurii, Petrus dux de Ravenna, Ingoaldus et Acceris abbates, Alboinus, Lanfridus, Emmo, et Maximus vassi do-

C mini imperatoris, gastaldi, et alii plures. » Aliquid discrepantiæ esse inter missos regios et imperiales negari non potest ; similis tamen causa, judicium simile. Annalistæ Italo (an. 829) videtur argumentum adeo evidens supremæ imperatoriæ potestatis, in Urbe ipsa, et in pontificiis ædibus pro tribunali agere, ut osorem veritatis habendum putet quicumque secum non sentit. Solertior Pagius (839, n. 5) ita de eodem placito loquitur : « Certe non pauca monumenta publica, et antiquorum loca recte intelligi non possunt, nisi sciatur penes quem Romæ potestas judicandi hoc tempore fuerit. » Utrique erudito scriptori brevi aliquid reponendum. Annalistæ scilicet monasterium Farfense in ducatu Spoletano situm, ad imperiale jus supremum tunc temporis pertinere, atque ea propter privilegia et jura illius ab imperatore vindicanda esse. Itaque cum inter ipsum et sanctam sedem de possessionibus controversia verterit, adeoque pontifex necessario au-

D diendus esset ex eo monasterio abbas Romam ducitur, qui coram pontifice, ut summa dignitas exigebat, suam causam diceret, assidentibus una cum legatis seu missis imperialibus, duobus episcopis, quorum alter erat sanctæ sedis cancellarius, primicerio, aliisque officiis palatinis, quæ satis superque sunt ad demonstrandum, quod missi imperiales non residebant pro tribunali ; sed more illius ævi in concilio, seu congressu, pro maxima 27 quæ tunc erat concordia sacerdotii et imperii, causas ecclesiasticas cognoscebant. Pagio autem reponendum est communicationem illam pontificiæ potestatis, de qua diximus, satis lucis afferre monumentis publicis, locisque antiquorum obscuris.

XXX. Præterire non debeo cl. nuperrimi historici Langobardiæ minoris, seu ducatus Beneventani (*Pratil.* tom. II, p. 196 seq.) animadversionem ad verba illa Ludovici II in ep. ad Basilium • « Quorumque gentem et Urbem divinitus gubernandam, et matrem omnium Ecclesiarum Dei defendendam atque sublimandam suscepimus. » Putabat scilicet vir cl. Romam cum ejus ducatu in potestatem Romm. pontt. venisse ex Ludovici Pii cessione, quod falsum esse Cod. Car. epistolis planissime demonstravi. Nihilominus veritatis amore impellente : « Non itaque, inquit, Ludovicus Pius Aug. Romanæ urbis dominium aliquod sibi reservarat in celebri illa Constitutione, sive donationis Diplomate (quod pene omnes, etiam H. Grotius, P. Marca, Labbeus, aliique Galliarum, et Germaniæ scriptores, tanquam veram, legitimam, certamque modo fatentur), in quo apertissime legitur, pontifici jurisdictionem in Ro.nanum ducatum cessisse, sibi tantummodo reservato intercedendi jure pro recurrentibus, atque pro Ecclesiæ defensione, ac tutela, quam iidem reges sibi cum attributis juribus ac privilegiis (patriciatus nempe, seu patronatus) sibi suisque successoribus reservarunt. » Deinde ineluctabili argumento allato ex Testamento Caroli Magni, a Ludovico Pio ad verbum hac in re exscripto, dum tribus filiis uterque commendat, « ut curam, et defensionem Ecclesiæ sancti Petri simul suscipiant, etc. , » continuo subjungit : « Hæc ideo a me repetenda duxi, ut futilia quædam argumenta, quæ nuperi scriptores afferunt, quibus Romanam urbem sub imperatorum Occidentalium dominio fuisse contendunt, diluantur, et rejecta satis habes apud Romani pontificatus vindices. » Huc placita quæcunque inveniantur, huc monumenta publica referantur necesse est, ut vera eorum sententia teneatur. Ea propter ut Caroli Magni regis missi in Leonis III causa placitum habentes, Carolusque ipse imperator coronatus in eadem causa novum placitum celebrans, non alio quam patricii, seu defensoris munere functi sunt: ita aut imperatores, quibus jus nullum novum accessit in Urbe, præter sæpe dictam communicationem potestatis in personas pontifici subditas, aut eorum missi placita, actusque alios jurisdictionis exercentes Romæ, iis tantum supremæ potestatis indicia præbent, qui sanctæ sedi infensi, laicæ potestatis assentatores, ac veritatis osores, inexplorata penitus antiquitate, eam illustrasse sibi blandiuntur.

XXXI. Defervuit, inficiari non ausim, priscus ille ardor, qui annis amplius centum viginti Pippinum, Carolum Magnum eorumque nepotes erga principem apostolorum successoresque ejus inflammavit. Neque inveniuntur post Ludovici II obitum tot suscepti labores pro Ecclesiæ Romanorumque defensione, cum maxime necessarii essent, ut docent epistolæ Joannis VIII, qui Carolum Calvum fr. Lotharii I ac Ludovici Pii filium coronavit anno 876, et Carolum Crassum filium Ludovici Germanici ejusdem Lotharii I fratris, anno 880. Quid vero? Ex socordia ista locupletius argumentum emersit veræ indolis imperatoriæ majestatis a Leone III instauratæ. Nam Carolinis, qui sui muneris fere obliti erant, prætermissis, aliunde patrocinium Ecclesiæ quæsitum est; cumque Italiæ principes Widonem Spoleti ducem, atque æmulum Berengarii solemniter acclamassent Italiæ regem Ticini anno 889, hunc Stephanus V anno 891 Romam accersitum imperatorio diademate ornavit; cujus filius Lambertus pari modo sequenti anno imperii consors est coronatus a Formoso, nec nisi Lamberto tyrannidem occupante, sanctæque sedi infenso, et Carolinæ stirpis extremum, nempe Arnulphum filium Carolomanni, qui Caroli Crassi frater erat, ad momentum ista dignitas rediit, ab anno 896 ad 899, idque admodum commode ad rem nostram, quippe ex juramento a Romanis huic præstito : *salvo honore, et lege mea, atque fidelitate domini Formosi papæ*, quod supra est allatum (num. 25), quæ esset potestas Carolinorum Augustorum in Urbe satis patet. Restaret aliquid de Ludovico III, Bosonis Burgundiæ regis filio ex Hirmingarde filia Ludovici II quem Benedictus IV coronavit anno 900, et de Berengario duce Foroju-

liensi, quem Everardus comes susceperat ex Gislà Pii Ludovici filia. At de horum utroque, ut de prædecessoribus a tempore Joannis VIII illud affirmare non dubito, ea a majorum exemplis descivere, ultimus præsertim ex iis Berengarius, qui cæsus a suis, Carolingiorum Augustorum seriem terminavit.

XXXII. Quod certo discimus ab iisdem Augustis ad plenam renovatæ majestatis indolem assequendam, in ipso actu coronationis publice legi faciebant pactum confirmationis, seu diploma, quo donationes et jura omnia sanctæ sedis confirmabantur. Id non ex sua quisque voluntate componere consuevit; sed juxta normam Roma missam a pontifice ad eum, qui diademate imperiali exornandus erat. In archivo siquidem sanctæ sedis donationes omnes et privilegia, seu diplomata prædecessorum Cæsarum servabantur, ut passim testatum videre est in libro Pontificali. Mitti autem consuevisse istam normam testatur Joannes VIII (ep. 63) Carolomanno, qui summopere optabat imperii coronam adipisci, quam frater ejus Carolus Crassus est assecutus : « Legatos, inquit, ex latere nostro ad vos solemniter dirigemus, cumque pagina capitulariter continente, quæ vos matri vestræ Romanæ Ecclesiæ, vestroque protectori beato Petro apostolo perpetualiter debetis concedere. » Neque alia putanda est, quam quæ a Ludovico Pio primum facta sancto Paschali, eidem pontifici a Lothario filio confirmata erat; a Ludovico II Leoni IV, sibique a Carolo Calvo. Namque alibi (ep. 84) Carolo Crasso imperatori nuntiari cupit Romanas calamitates : « Nobis, inquiens, apud beatum Petrum consistentibus (in civitate Leonina, cui nondum accesserat urbis nomen) nullam urbis Romæ potestatem a piis imperatoribus beato Petro principi apostolorum ejusque vicariis traditam haberemus. » Quibus verbis haud dubie lenocinatur imperatori, cujus opem implorat, nam Romam pontifici nemo concesserat, ut est demonstratum in Cod. Car.; at Ludovicus Pius una cum cæteris Romanæ Ecclesiæ juribus Romam etiam complexus erat, ad cujus normam tres Augusti successores suum quisque diploma composuit: quod satis fuit Joanni, ut traditam a piis imperatoribus Romam profiteretur. Quemadmodum Carolus Magnus et Ludovicus Pius inter principes bene de Romana Ecclesia meritos Carolum Martellum recensent, quia legationes a Gregorio III acceperat, queis rogabatur, in maximis Urbis angustiis, ut illi opitularetur.

XXXIII. Pontificem autem non latuisse, quibusnam regibus, Augustisve acceptæ referrentur donationes Romanæ Ecclesiæ factæ, concilium comprobat, in quo anno 877 electionem coronationemque Caroli Calvi superiori anno a se peractam confirmari voluit (Labbe, *Conc.* tom. IX, p. 295). In eo siquidem meritis prosequitur laudibus Carolum Magnum « qui remp. præliis auxit, victoriis dilatavit, sapientia decoravit. Qui cum omnes ecclesias sublimasset, semper hoc ei erat in voto, semper in desiderio, sicut in gestis, quæ de eo scripta sunt, legitur, ut sanctam Romanam Ecclesiam in antiquum statum et ordinem reformaret. Unde et hanc multis honoribus extulit, multis munificentiis et liberalitatibus ampliavit; adeo ut amissas olim urbes ei restituisset, et ex regni quoque sui parte alias non modicas contulisset. Sed pauca dicta sunt, nisi quæ circa religionis incrementum gessit, magna et sublimia memorentur, etc. » Deinde veniens ad Ludovicum Pium, multis ex capitibus eum commendat, sed nullam ab eo civitatem esse traditam memorat : « Cujus, inquit, filius divæ mem. Hludovicus max. imp. pater hujus a Deo electi principis Caroli semper Aug. patrium solium adeo religione imitatus, pietate laudabiliter æmulatus est, et paterna divini cultus vota, et erga prælatam principalem Ecclesiam liberalitatis insignia pius natus æquipararet, et roboraret (en tibi Ludovicianum diploma omnia confirmans, nihil addens); sed et uberioribus beneficiis et dapsilibus beneficentiis ut hæres gratissimus ampliaret. » Idemque Joannes mensibus aliquot, postquam imperatori lenociniatus, ut aiebam, Romam liberalitate Augustorum in Ecclesiæ potestatem venisse affirmabat, concilio Tricassino II una cum Ludovico Balbo interfuit anno 878 (*Ibid.*, p. 508). In eo autem, «promissio regum lecta est, et sacramenta quæ Pippinus et Carolus obtulerunt beato Petro' apostolo lecta sunt : » quia videlicet de excommunicandis Ecclesiæ rerum invasoribus agebatur. At quatuor Caroli successorum diplomata, quippe quæ nullam præseferebant donationem propriam, sed jura tantum vetera confirmabant, nullatenus memorantur. Tametsi ab unoquoque Augusto antequam diadema susciperet, seu imperator fieret, diploma hujusmodi dari consuevisse ambigi nequaquam potest.

XXXIV. Profecto si pactum istud confirmationis ab ullo Augustorum prætermitti potuisset, nec Wido, nec Lambertus, nec Berengarius, quorum nil intererat, quid Carolingii gessissent; præterea ad sublime illud fastigium præpotentia ac rebus prospere gestis pervenerant, omisissent. Nihilominus laudabilis hujus consuetudinis iidem perspicua testimonia præbent. Et vero concilium Ravennæ celebratum est anno 898 ab Joanne IX, cui intererat Lambertus imperator, qui eodem anno in venatione equo lapsus interiit (*Ibid.*, p. 507). Pontifex atque imperator vicissim constitutiones edunt. Inter pontificias, quæ huc spectant (cap. 6 seqq.) sunt hujusmodi : « Ut pactum, quod à be. me. vestro genitore domino Widone, et a vobis piissimis imperatoribus juxta præcedentem consuetudinem factum est, nunc reintegretur et inviolatum servetur. De locis autem, atque rebus, quæ in eodem pacto continentur, præcepta nonnulla illicita facta sunt, quæ petimus, ut in eadem synodo terminentur, et quæ non recte facta sunt præcepta, corrumpantur. Ut patrimonia, seu suburbana, atque massæ, et colonitiæ, necnon civitates, quæ contra rationem, quasi per præcepta largita sunt, petimus reddantur. » A Berengario vero non solum diploma consuetum fuisse editum, sed etiam ipsa in solemnitate **31** coronationis publice lectum fuisse, testatur anonymus Augusti ejus panegyrista ap. Leibnitium (*Script. Brunsw.* tom. I, p. 255). Enarrata siquidem illius coronatione per manus pont. Joannis X, die sancto Paschalis an. 915, prosequitur

.... Facta silentia tandem
Lectitat Augusti concessos munere pagos
Præsulis obsequio gradibus stans lector in altis;
Cæsare quo norint omnes data munera; prædo
Ulterius paveat sacras sibi sumere terras.

Quamobrem tuto affirmari posse videtur Carolingiorum omnium diplomata hunc sibi locum vendicasse in celebritate coronationis, cujus ritum opportunius describam dissertatione VI, cum de Codice Rudolphino sermo erit. Secus esse de diplomatis Augustorum Germaniæ compertum erit § sequenti.

XXXV. Prædictorum autem quinque Caroli Crassi successorum, qui hujus finem inglorium anno 888 ineunte exceperunt, non ea præcipua laus est, suo unumquemque diplomate jura Ecclesiæ omnia confirmasse. Id maxime attendi debet, quod regno Italiæ inter se diviso atque in factiones distracto, qui eos inter potentior videbatur, spondebatque se Ecclesiæ defensionem suscepturum, Romam a pontifice accersitus diadema imperiale adeptus est. Quod si eorum nullus eam dignitatem sibi armis asseruit, sed a pontificibus patrocinii spe illectis, impense quæsitam obtinuit, imperialis igitur majestas, quam Leo III instauravit in Occidente, per pontificiam coronationem ineunda erat, neque aliter ad sublime istud fastigium poterat pervenire. Quamobrem toto cœlo aberrat Goldastus (not. ad cap. 28 Eginh.) cum Sigeberto, qui tribus fere sæculis post renovatum im-

perium floruit, auctoritatem objicit Eginhardo oculato testi. Verba Sigeberti sunt : « Romani, qui ab imperio Constantinopolitano jamdiu animo desciverant, nunc accepta occasionis opportunitate, quia mulier excæcato imperatore Constantino filio suo eis imperabat, uno omnium consensu Carolo regi imperatorias laudes acclamant, eumque per manus Leonis papæ coronant Cæsarem et Augustum appellant. » Quam opinionem recentiores nonnulli diviis ulnis amplectuntur, minus advertentes hunc hominem fuisse infensissimum sancto pontifici Greg. VII, ut demonstrant eruditus adnotator Operum sancti Anselmi (ad ep. 56, lib. I, p. 557), ac Bellarminus (*de Scr. Eccl.*) et præsertim Baronius, qui pluribus in locis eum carpit, atque Henrico IV addictissimum fuisse evidenter comprobat, falsumque in plurimis, impostorem, **32** ac schismaticum suggillat. Quare illud mirandum subit, scriptores catholicos non puduisse hujusmodi hominis auctoritate res Romanorum infirmasse. Equidem veram certamque indolem renovati imperii monumentis veterum patefecisse arbitror; propterea fontes indicasse unde ex eruditis nonnulli opiniones falsas derivarunt, satis mihi est ad easdem rejiciendas. Venio nunc ad ita factæ atque institutæ majestatis imperatoriæ translationem ad Germanos, quæ quidem nonnullas mutationes passa est; de illius tamen indole nihil omnino mutatum fuisse compertum atque exploratum erit. Præmitti autem oportet statum, seu conditionem Urbis, quæ hanc translationem præcessit, ut clariora sint quæ deinceps dicenda erunt.

§ IV. — *De translatione imperii ad Germanos, ab Joanne XII facta anno 962.*

XXXVI. Quæ vidimus a Romanis inserta esse juramento, quod imperatori præstare consueverunt (sup. n. 25), *salvo honore, et lege mea, atque fidelitate domini N. papæ..... nunquam me cum aliquo homine sociabo..... Hanc civitatem Romam ipsi N. non tradam :* supremam quidem pontificis potestatem, cujus particeps per coronationem fiebat imperator, testatur; at simul potentiam Romanorum, eorumque administrationem reipub. luculenter designant. Quare in monumentis ejus temporis ac præsertim in Libro Pontificali, primates et proceres summis affectos honoribus videmus, tam laicos quam ex clero. Hujus ordinis sunt celebres in septem, qui judices, et palatina officia nuncupantur : primicerius, secundicerius, nomenclator, arcarius, primus defensor, sacellarius, et primiscrinius, qui frequenter occurrunt in Cod. Carolino. Ad laicos vero quod spectat, eminentissimos duces et consules Codex Carolinus suppeditat (ep. 59, 60, 67; al. 49, 75, 69), magistros item militum cum eodem honoris titulo, ac præ aliis superistam, qui Luitprandi continuatori (*Hist. Imp. et Reg.* lib. VI, cap. 6) est primatum omnium primus : « Ex primatibus, inquit, Romanæ civitatis Stephanus filius Joannis superista; » post quem alios decem numerando recenset. Quin etiam Liber Pontificalis (sect. 554) appellat « Romanæ urbis superistam » quam dignitatem, sive officium cum magisterio militum conjungit, atque palatii, et Romanæ urbis superistam nullo discrimine eumdem **33** nuncupat : « eminentiss. magister militum, et Romani palatii egregius superista, et consiliarius. » Ex quibus supremo principi Romano pontifici subjecta esse officia plurima, ut regibus Francorum in suo regno, planum fit; unde utrinque gubernatores urbium, militumque duces assumi, necnon legationes in gravioribus rebus adornari moris fuit. Nil autem melius comprobat quid Romani isti primates possent, quæve eorum partes in administratione essent, quam vacatio illa imperii per octo et triginta annos ab emortuali Berengarii 924 ad 962, cum Otto Magnus imperiale diadema est assecutus a Joanne XII. Romanis quippe invitis nullum ex Italiæ re-

XXXVII. Et vero præpotentia Tusculanorum comitum, quæ sub finem noni sæculi Arnulpho adhuc superstite emergens, dum magni duo æmuli Ludovicus III et Berengarius de regno Italiæ decertabant, adolevit, ac denique in tyrannidem apertam erupit, horridam Romæ ipsius faciem repræsentat. Quam equidem spectari malo apud Luitprandum et Baronium (ab an. 908, n. 5) quam ipse exponens, indignitatum illius ævi relator fieri, ut potentiæ Romanorum testimonia in medium afferam. Summa duntaxat capita excurram, quæ ad novam imperatoriæ majestatis institutionem juxta primævam Leonis III renovationem perducant : objicienda scilicet Struvio atque ejus opinionis assertoribus, qui tanti principis virtute abutentes, non pro defensione sanctæ Romanæ Ecclesiæ ac Romanorum a summo pontifice creatum imperatorem fatentur, ut debent, sed ipsum per se acquisito armis imperio potitum esse, dicitant. Tusculani igitur comites, usurpata tyrannide, ad sanctuarium quoque manus impias extendere non dubitarunt. E sua enim stirpe ineptos plerumque homines, et, si Luitprando fides, vitio genitos, vitiisque mancipatos ad principis apostolorum sedem evehere non sunt veriti, ut tutius potiri rerum perseverarent : ita ut, præter fidei depositum, adversus quam portas inferi non prævalituras infallibili divini Salvatoris oraculo edocemur, omnia pessum ierint. Celebres sunt præcipue senatrices illæ Theodora senior et junior, Marocia, ac Stephania, quarum opera tantæ indignitates perpetrabantur. Harum quippe artibus, qui Petri successores eligebantur, nulla fere auctoritate in civilibus rebus usi sunt. Fœdo in hoc rerum statu Hugo rex Italiæ Marociam, viro ejus mortuo, nempe Widone Alberici marchionis et comitis Tusculani filio, uxorem duxit, cumque ea ex Adriana Mole dominatus est Romanis, ut antea fecerat Theodora Marociæ mater. Nec 34 tamen diu; nam Albericus junior Alberici filius levi ex causa in vitricum Italiæ regem Romanos commovit. Quamobrem hic fuga elapsus vix tandem redemit pacem Alda filia sua cum Alberico in matrimonium conjuncta. Alberici ejusdem filius Octavianus anno 956 adhuc impubes pontificatum invasit. Tunc vero duplici ex capite Urbis dominus, cum a Berengario Italiæ rege ejusque filio Adelberto multa indigna passus esset, Ottonem Germaniæ regem in Italiam cum exercitu accersivit, eumque Ecclesiæ et Italiæ maximum defensorem expertus, imperatorem creavit anno 962.

XXXVIII. De Italiæ regis expulsione insigne suppetit testimonium Frodoardi (an. 933), qui refert quemadmodum Rhemensis ecclesiæ missi, Roma redeuntes cum pallio pro Artaldo archiepiscopo, « nuntiant, Joannem (XI) papam filium Mariæ, quæ et Marocia dicitur, sub custodia detineri a fratre suo nomine Albrico, qui matrem quoque suam Marociam clausam servabat, et Romam contra Hugonem regem tenebat. » De Alberici autem et Romanorum consilio post regis expulsionem Blondus (Dec. 2, lib. II) hæc narrat : « Romæ enim duo consules ex nobilitate quotannis tunc fiebant, qui ad vetusti consulatus exemplar summæ rerum præessent, et præfectus item ex nobilitate creatus populo jus dicebat. Ex plebe autem creati singulis annis duodecim, quibus decarconibus erat appellatio, senatus vices in conciliis et deliberationibus obtinebant. » Quam rerum administrationem principio etiam sæculi sequentis obtinere testatur Ditmarus apud Leibnitium (*Script. rer. Brunsv.* tom. I, p. 400) Henrici I coronationem enarrans : « Decursis a Dom. Incarn. post millenarii plenitudinem numeri annis tredecim, et in subsequentis anni secundo mense, ac hebdomada tertia, anno regni ejus tertiodecimo, et die Dom. ac VI Kal. Mart. Henricus Dei gratia rex inclytus a senatoribus duodecim vallatus, quorum sex rasi barba, alii prolixa mystice incedebant cum baculis. » Itaque Joannes ad Petri cathedram ascendens hujusmodi administrationem invenit Romæ a suo genitore, Romanisque primatibus institutam; cumque in uno eodemque homine, divino consilio conjungerentur invasio principatus et principis legitimi potestas, quod Agapitus II ante annos decem non potuit, facili negotio ejus successor Joannes perfecit. Otto siquidem potentissimus Germaniæ rex ab illo etiam pontifice invitatus advenerat, iteratisque victoriis Italiam a Berengarii ejusque filii tyrannide liberaverat. Cum vero, juxta pontificis ejusdem vota, in Urbem progressurus esset, per Albericum, 35 Romanosque non licuit, ut testatur Flodoardus apud Pagium (952, n. 1) : « Otto rex legationem pro susceptione sui Romam dirigit, qua non obtenta, cum uxore in sua regreditur. »

XXXIX. Secus accidit Joanne pontifice, ut Luitprandus integer atque oculatus testis affirmat, cujus verbis (lib. VI, cap. 6) lubet rem totam, quemadmodum se habuit, enarrare : « Regnantibus, imo sævientibus in Italia, et, ut verius fateamur, tyrannidem exercentibus Berengario atque Adelberto, Joannes summus pontifex, et universalis papa, cujus tunc Ecclesia supradictorum Berengarii atque Adelbertii sæviliam erat experta, legatos sanctæ Romanæ Ecclesiæ Joannem videlicet card. diaconum, et Azzonem scriniarium sereniss. atque piissimo tunc regi, nunc Aug. Cæsari Ottoni destinavit; suppliciter litteris et regum signis orans, quatenus pro Dei amore sanctorumque apostolor. Petri et Pauli, quos delictorum suorum cupierat esse remissores, se sibique commissam sanctam Romanam Ecclesiam ex eorum faucibus liberaret, ac saluti et libertati pristinæ restitueret..... Qui tanto Berengarium atque Adelbertum celerius regno expulit, quanto evidentius constat, quod commilitones Petrum et Paulum sanctissimos apostolos habuit. Bonus itaque rex dispersa colligens et confracta consolidans, quod cuique proprium fuit, restituit. Dehinc Romam similia facturus adiit, ubi miro ornatu miroque apparatu susceptus, ab eodem summo pontifice et universali papa Joanne unctionem suscepit imperii. Cui non solum propria restituit, verum etiam ingentibus gemmarum, auri et argenti muneribus ipsum honoravit. Jusjurandum vero ab eodem papa Joanne supra pretiosissimum corpus Petri, atque omnibus civitatis proceribus, se nunquam Berengario atque Adelberto auxiliaturum, accepit. Post hæc in patriam properanter repedavit. » Simile juramentum, si meministi (sup. n. 25), Romani præstiterunt Arnulpho. Quare ambigi non posse videretur, quin proceres formula eadem usi sint : *Salvo honore et lege mea atque fidelitate domini Joannis.* (De juramento præstito a pontifice similia proferre nemo ausit ; summus enim princeps alii principi, quem suæ potestatis facit participem in subditos, non fidelitatem seu subjectionem jurat, sed sacramento pollicetur; se illius hostibus non adhæsurum). Luitprandus autem ne Romanos quidem alio sacramento usos esse affirmat. Utroque juramento mirum in modum abutuntur scriptores apostolicæ sedi infensi, ut, pontificis auctoritate depressa, imperialem 36 plus æquo elevent : propterea res cominus aggredienda erit, ut quanto dissideant intervallo a veritate patefiat.

XL. Cum pontifex Joannes de imperatoria majestate ad Germanos transferenda cogitaret, non de improviso tanti momenti negotium peragendum censuit, ut Leo III ; alia enim tempora erant, alii mores. Sed per legatos suos, quod ex consequentibus liquet, duo sacramenta proposuit magno regi, quorum alterum pontifici, populo Romano alterum præstandum ab illo erat, antequam imperiale diadema susciperet ; ita tamen, ut pontifici sacramentum faceret per suos nuntios, antequam proficisceretur Romam versus, quod postea per se ipse, ut colligitur ex more successorum, in solemnitate coronationis repeteret. Pari modo Romanis semel ad radices montis Marii, iterumque Leoninam civitatem ingredientes Romanorum reges aliud sacramentum præstitisse vetera monumenta testantur. Ex præstantissimo codice Albiniano primum Ottonis sacramentum suppetit, locusque ipse, ubi servatur autographum: « *Juramentum nuntiorum Ottonis futuri imperatoris, quod est in Saxonia in monasterio, quod dicitur Liuneburg.* Domno Joanni pape XII rex Otto per nos promittit et jurat per Patrem, et Filium, et Spiritum sanctum, et per hoc lignum vivifice crucis, et has reliquias sanctorum, quod si permittente Deo Romam venerit, sanctam Rom. Ecclesiam, et eumdem dominum Joannem papam rectorem ipsius exaltabit secundum suum posse, si vivum eum invenerit. Sin autem, cum qui erit [et nunquam vitam, aut membra, et ipsum honorem quem habet] sua voluntate et suo consensu, aut suo consilio, aut sua exhortatione perdet neque ipse, neque aliquis successorum ejus. Et in Roma nullum placitum, aut ordinationem faciet de omnibus, que pape et Romanis pertinent [sine tuo consilio. Et quidquid in nostram potestatem de terra sancti Petri pervenerit, tibi reddam]. Cuicunque autem regnum Italicum permittet, jurare faciet illum, ut adjutor sit domino pape, et successoribus ejus ad defendendam terram sancti Petri secundum suum posse. Sic adjuvet Deus eumdem dominum regem Octonem, et hec sancta Evangelia, et hec sacrosancta sanctuaria. » Semel et iterum supplevi ex Gratiano (dist. 63, c. 33. Tibi Domino) quæ certo videntur deesse in apographo, quod Romæ nactus fuit Albinus, tum quia Baronius (960, n. 4) aliique eruditi omnes, ne annalista quidem Italo excepto, illud solum noscentes, religioni habuerunt quidpiam de eo detrahere, tum **37** quia successores Ottonis, quod majus est, quidquid Albiniano deest, per suos legatos expresserunt.

XLI. Huc accedit Luitprandi, seu mavis ejus continuatoris synchroni testimonium omni exceptione majus (lib. 6, cap. 6) qui narrat quemadmodum Otto pontificiis nuntiis querentibus obsideri sancti Leonis oppidum in monte Feretrano, quod sanctæ sedis juris erat, reposuit: « Omnem terram sancti Petri, quæ nostræ potestati subjecta est, Ecclesiæ promissimus reddere; atque id rei est, quod ex hac munitione Berengarium cum omni familia pellere laboramus. Quo enim pacto terram hanc ei reddere possumus, si non prius eam ex violentorum manibus ereptam potestati nostræ subdamus? » Quamobrem dubitari non potest quin Albinus in apographum inciderit minus accuratum. Cur autem istud a me præferatur alii ab eruditis omnibus accepto, causa est Gratiani licentia in veteribus monumentis proferendis. Quamvis enim rei summam non attigerit, ea de verbo ad verbum exprimere, ut debuit, minus laboravit. Quid enimvero necesse erat legatos Ottonis delegata principis potestate exuere, ut ipse princeps loqui eorum ore videretur? Nullum ex ejus successoribus reperire erit, qui hujusmodi exemplum sit secutus. Bono autem omine prodiit ex monasterio Lunæburgensi sancti Michaelis in Saxonia sacramentum Ottonis Saxonis, primi ex Germania imperatoris, quo editum a Gratiano ratum firmumque esse monstratur. Quamvis enim nulli eruditorum unquam in dubium venerit, locupletius tamen testimonium jurisconsultis Germanicis afferendum erat, ut vera indoles imperii ad Germanos translati teneretur. Non igitur Romanum imperium *a Carolo Magno acquisitum, deinde ab Ottone Magno denuo vindicatum, perpetuoque jure cum regno Germanico ita conjunctum, ut et nomen suum in istud transtulerit,* ut constanter omnes docent; sed Italia a tyrannide illius regum vindicata, Romanæque ditionis ac præcipue pontificis suscepta defensio et Carolo et Ottoni dignitatem, seu majestatem imperatoriam peperere. Hoc tamen inter utrumque magnum regem discrimine, quod Carolus de improviso per manus pontificis coronatus, dictusque imperator fuit, Romanis tantum patronum seu defensorem acclamantibus, Otto autem ad tam sublime fastigium non pervenit, nisi præmisso juramento, de quo loquimur, pontifici; alioque Romanis, de quo mox breviter dicam, fusiusque agam infra (Diss. 6).

XLII. Est profecto quod mirer, Conringium minime intellexisse hanc indolem ex paucis Leonis III epistolis, quas semel et iterum publicans **38** *Augusti tantum nominis* sategit. Attamen Leo testatus erat (epist. 3) Carolo Augusto, *vestram exspectamus defensionem, et consolationem . . . . vestra imperialis defensio ubique multipliciter resonat.* » Et alibi (ep. 8, al. 3) profitetur se cum suis sacerdotibus Deum orare, ut Carolum *ad exaltationem et defensionem Ecclesiæ per longa annorum curricula conservare et protegere lubeat.* De propria autem dominatione agens (ep. 5) primum dolet a Francis hominibus vectigalia Exarchatus usurpari in singulis civitatibus: *Secundum quod solebat dux, qui a nobis erat constitutus . . . . Unde ipsi duces minime possunt suffragium nobis plenissime præsentare.* Et alibi (ep. 2, al. 10) cum palatii Ravennatis reditus invaderentur: *Quæsumus,* inquit, *vestram-imperialem clementiam, ut sic de vestra a Deo accepta donatione, quam prædicto Dei apostolo obtulistis, peragere jubeatis, quatenus in nulla minuatur parte; sed maxime per vestrum laboriosum certamen firma, atque stabilis, et inconcussa perennis temporibus persistere valeat.* Rursusque alibi (ep. 3, al. 1) de iisdem civitatibus Exarchatus: *Oblatio,* ait, *quam dulcissimus genitor vester dominus Pippinus rex beato Petro apostolo obtulit, et vos confirmastis.* Hæc vero amandant jurisconsultorum imaginationes, qui Octaviani aut saltem Constantini temporibus, Caroli et Ottonis ætates æquiparando, imperium ab utroque armis quæsitum arbitrantur. Non regiones et provinciæ Romanum imperium constituebant, sed rex quicunque a Romano pontifice imperiali diademate redimitus, ditionibus suis pluribus paucioribusve, Italiæ regnum seu Langobardiam, Etruriam, et Spoletanum ducatum adjungebat, quæ cum terram sancti Petri, seu ditionem ecclesiasticam fere circumscribant, promptiorem pontifici, et sanctæ sedi defensionem pollicebantur.

XLIII. Quamobrem doctissimus abbas Godefridus (*Chron. Godw.* tom. I, l. II, c. 1, p. 149) ne reges quidem Romanorum appellatos animadvertit Germaniæ reges, ante Italici regni possessionem: « Si hunc, inquit, exactius consideremus regis Romanorum titulum, nec ab Ottonianis imperatoribus unquam, nec etiam in temporibus sequioribus ante actualem Italici regni possessionem adhibitus. » Et inferius (*ibid.* cap. 3, p. 163) ubi sermo est de Magno Ottone: « Observandum est, ait, nec reges nostros anteriores, Conradum scilicet et Henricum, nec Ottonem I ante susceptam Romæ coronationem, et sic ante obtentum imperium, cum sceptro ullo in sigillis repræsentari: » multisque ad rem probandam allatis, diligentissimus hic monumentorum **39** veterum scrutator (*ibid.* p. 166) definire non dubitat in hunc modum: « Ex quibus omnibus firmiter concludendum est, Ottonem I ante susceptam Romæ coronationem solo regis titulo in plurimis simpliciter, in nonnullis diplomatibus cum quibusdam additamentis, usum fuisse. » Eamdem rem compertam habuit annalista Italus diplomatum et chartarum auctoritate; quapropter in annalibus passim, præcipue an. 1453, 1493, 1519, affirmat nulli regi Romanorum imperatoris nomen tributum inveniri ante susceptam Romæ coronationem de manu pontificis. Hinc est, quod in ancipiti illa Germaniæ regum electione, Philippi scilicet atque Ottonis, Innocentius III (*de Negotio Imp.*, ep. 50, 53, 92) Germanos rem certam edocens: « Etsi, inquit, alibi coronam regni recipiat, ab apostolica tamen sede ultimam manus impositionem, et coronam imperii recipit imperator. » Pari modo Langobardis proponens exemplum Lotharii II ducis Saxoniæ, et Conradi fratris Friderici ducis Sueviæ, utriusque electi: « Romanus, ait, pontifex Lotharium coronavit, et imperium obtinuit coronatus. » Regibusque ipsis Germaniæ usque adeo persuasum erat hanc veram esse indolem renovati per Leonem III imperii, ut non pauci, præsertim e Suevica stirpe, sanctæ sedis osores pravitatem suam dissimularint, quoad coronam assequerentur, et Henricus IV ac Ludovicus Bavarus pseudopontifices creari curaverint, ut aiebam supra (num. 21), a quibus imperiale diadema susciperent, quod est testimonium omnium locupletissimum.

XLIV. Neque coronatio tantum Germanos Carolingiorum similes fecit, verum electio ipsa, ante constitutam certam eligendi formam consilio Romani pontificis post Fridericum II sæculo tertiodecimo. Et sane, cum Otto III novi aliquid deliberare præsumpserit super electione futuri imperatoris, connivente Gregorio V, tum quia regiæ ejusdem stirpis erat, tum quia Augusti opera ad summum fastigium ascenderat, Benedictus VIII, teste Glabro apud Baron. (1013, n. 5), sanctionem istam edidit, qua primævam indolem imperii confirmavit : « Ne quisquam audacter imperii Romani sceptrum præproperus gestare princeps appetat, seu imperator dici, aut esse valeat, nisi quem papa sedis Romanæ morum probitate delegerit aptum reip. eique commiserit insigne imperiale. » Quæ quidem Constitutio ab sancto imperatore Henrico roborata est præclaro sui exemplo, cum sequenti anno coronam imperii ab eodem Benedicto obtinuit. Rem narrat Ditmarus apud Leibnitium (*Scr. rer. Brunsv.* tom. I, pag. 400) conceptis his verbis uni annalistæ Italo (an. 1014) minus perspicuis : « Cum dilecta suimet conjuge Cunegunda ad ecclesiam sancti Petri papa exspectante venit, et antequam introduceretur, ab eodem interrogatus, si fidelis vellet Romanæ patronus esse et defensor Ecclesiæ, sibi autem suisque successoribus per omnia fidelis, devota professione respondit. Et tunc ab eodem inunctionem et coronam cum coutectali sua suscepit. » Quem Ditmari locum recte Nat. Alexander (sæc. XI, c. 9, art. 1, p. 617) interpretatus : « Jurata prius, inquit, Romanæ Ecclesiæ ipsique Benedicto ac successoribus fidelitate ac defensione, ut Ditmarus initio libri septimi testatur. » Unus annalista Italus aut non sensit, aut sentire noluit, rem esse de promissione seu professione in cæremonialibus libris celebri, quam Carolingii quoque super gradibus basilicæ sancti Petri emittere consueverunt. De qua licet opportunius agendum sit, cum tamen doctissimus Mabillonius et ipse interpretans allata verba Ditmari (*Mus. It.* tom. II, p. 216) minus recte affirmet, Carolingios haud dissimili formula usos esse, professionum discrimen hic in antecessum proponam necesse est.

XLV. Formula professionis qua usi sunt Carolingii exstat in antiquo illo Ordine apud Mabillonium (*ibid.* p. 215) et ap. Martene (*de ant. Ec. Rit.* lib. II, c. 9) parvo cum discrimine sic expressa : « *Promissio imperatoris.* In nomine Christi promitto, spondeo, atque polliceor ego N. imperator coram Deo, et beato Petro, me protectorem et defensorem esse hujus sanctæ Romanæ Ecclesiæ in omnibus utilitatibus, in quantum divino fultus fuero adjutorio, secundum scire meum et posse. » Eamdem aliquantulum variam ven. Baronius (800, n. 7) jampridem in sacros Annales retulerat jusjurandum appellans, quo Carolum et posteros usos esse contendit, ne hiscente quidem Pagio. Equidem video Leonem III (ep. 2, al. 10) loquendi genere usum esse, quod Adrianum minime adhibuisse deprehendi : *Qui vos,* inquit, *in suis utilitatibus defensores constituit*, quæ a professione non multum abludunt. Præterea animadverto promissionem *imperatoris* nuncupari, atque *imperatorem* professionem illam emittere, quod uni Carolo, qui de improviso coronatus dictusque imperator fuit, convenire potest. Quamobrem Baronii opinionem amplector, promissionemque istam, seu jusjurandum Carolo Magno ascribo. Secus est de Caroli successoribus; hos enim haud nomen imperatoris usurpasse ante coronationem constat ex litteris Lotharii supra allatis (num. 24) ad patrem suum Ludovicum Pium : *benedictionem, honorem, et nomen suscepi imperialis officii*, quibuscum vetera omnia monumenta concinunt, ut suo loco planum fiet. Hac tantum 41 in re cum Carolo illis convenisse intelligo, quod professionem, seu juramentum a sacramento Germanorum admodum diversum emiserunt, ii saltem, qui ex Caroli progenie orti, vere *posteri* cum Baronio appellari possunt. Postremi enim reges seriei Carolingicæ videntur et ipsi sacramentum fidelitatis præstitisse, tametsi documentorum inopia pro certo affirmari nequeat.

XLVI. Quod omni procul dubio affirmandum est, Germaniæ reges imperialia insignia non assequebantur nisi sacramento fidelitatis præmisso, quod in Ordine, seu Cæremoniali ad annum 1046 spectante (infra diss. 6, n. 24) sic fluit : « In nomine Domini nostri Jesu Christi. Ego rex N. Romm. et futurus imperator Romanorum promitto, spondeo, polliceor, atque per hæc Evangelia jure coram Deo, ac beato Petro apostolo, et beati Petri apostoli vicario domno N. papæ fidelitatem, tuisque successoribus canonice intrantibus, neque a modo protectorem ac defensorem fore hujus sanctæ Rom. Ecclesiæ, et vestræ personæ, vestrorumque successorum in omnibus utilitatibus, in quantum divino fultus fuero adjutorio, secundum scire meum ac posse sine fraude ac malo ingenio. Sic me Deus adjuvet, et hæc sancta Dei evangelia. » Num Otto Magnus cæterique Ottones duo, filius nempe et nepos, sacramentum hujus simile ediderint, præter allatum *Tibi Domino*; an successor Ottonis III, sanctus Henricus omnium primus fidelitatem sibi pollicitus, incompertum mihi esse fateor. Creditu tamen proclive est, sin verbis iisdem, nam titulus regis Romanorum non conveniebat Ottonibus, sententia eadem pollicitos esse fidelitatem. Cum enim de transferenda imperiali dignitate in potentissimum regem Ottonem a pontifice et Romanis primatibus deliberatum fuit, non temere tantum negotium pertractatum fuisse jam dixi (num. 40); magis autem ac magis confirmatur juramento alio quod Romani exegerunt ab imperatore electo, antequam diadema imperiale susceptusrus, civitatem Leoninam ingrederetur; nam neque Germaniæ regem ad jusjurandum faciliorem, nec Romanos ad id petendum audaciores reddere ossio poterat quam translatæ hujus dignitatis occasio, cum duodequadraginta jam annis duplici potestati morem gerere desueverant. Præterquamquod idem Magnus Otto non solum a pontifice, sed etiam ab *omnibus civitatis proceribus, se nunquam Berengario, atque Adelberto auxiliaturos*, jusjurandum accepit, ut Luitprandus testatur : quare ut pontifex, ita et proceres a rege Ottone juramentum exegisse non bigendum non videtur.

42 XLVII. Certo in antiquissimo illo Ordine anni 1046 exstat duplex id juramentum Romanis præstitum ab Henrico III Germaniæ rege, et in actis coronationis Henrici V apud Baronium (1111, n. 5) legitur : « Duo juramenta ex more fecit, unum juxta ponticulum, alterum juxta porticus portam populo fecit. » Quæ quidem consuetudo ad Henricum IV non refertur, quia non fuit coronatus; multo minus ad Henricum III qui, cum Romæ esset, duo illa juramenta alibi præstitit. Consuetudo igitur, seu mos vetustior in actis laudatur. Ea vero unde melius repetatur, quam a translatione imperii ad Germanos, non video. Quamobrem, tametsi conjecturis indulgere non soleo, mihi tamen persuasissimum est rei certæ originem ista certiorem inveniri non posse. Cæterum animadverti debet, quod promisso, seu professio Carolingiorum, in area super gradibus basilicæ sancti Petri solebat fieri; at sacramentum

Germanorum per sæculum XII fieri cœptum est in oratorio sanctæ Mariæ in Turri. Ibique repeti consuevit sacramentum per nuntios præstitum; talis enim locus præscribitur in cæremoniali libro veteri, quo usus est Clemens V (ap. Raynaldum 1311, n. 14) tametsi idem pontifex permittit arbitrio electi imperatoris renovationem sacramenti per nuntios præstiti alterutro in loco, dummodo non omittatur. « Renovet etiam sacramentum per suos procuratores præstitum suæ approbationis tempore coram nobis, secundum tenorem suprascriptum. Et si in adventu suo in gradibus, ubi eidem tu et legatus obviabitis, antefatus renovationem prædictam facere præligeret, contentamur. » Ex eodem vero Cæremoniali antiquo rem discimus, quæ præteriri omnino non debet. Aperta illa expressio *fidelitatis*, de qua satis dictum esse videtur, desuevit post Henricum III, juramenti tamen formula, a Carolingiorum promissione diversa et in ordinem coronationis relata remanente; adeoque Henricum V et Fridericum I jurasse invenimus *ex libro*, nempe ex Ordine, seu Cæremoniali. Quod si in Cæremoniali libro, quem Clemens V Avenione Romam transmisit pro Henrici VII coronatione, jurandi verbum desiderabatur, id factum puta, non quia juramentum exsoluerit, sed quia sacramentum; seu juramentum per nuntios præstitum, ab imperatore electo renovandum erat. Quare in Cæremoniali etiam patricii juramentum reperitur: cujus formulæ; ut fidelitatis sacramentum dici possit, nihil aliud deest quam vox ipsa *fidelitatis* expressa.

XLVIII. Quam rem luculenter comprobat Lotharii II sacramentum, in maximis Urbanarum rerum difficultatibus præstitum, novo exemplo, **43** ante fores basilicæ Lateranensis. Celebre illud est apud Baronium (1133, n. 2); mihi autem lubet ex Albiniano codice idem proferre uno aut altero verbulo varians a schedis Vat. unde illud exscripsit Baronius: « Hoc est juramentum quod dominus rex Lotharius tempore hæresis filii Petri Leonis domino pape Innocentio præstitit ante fores basilicæ sancti Salvatoris que Constantiniana appellatur, in die qua coronatus est ab ipso Innoc. antequam coronam acciperet, domino Censio Frajapañ [*Bar.* de Frajapanis] juramentum computante, et Octone nepote suo ac cæteris nobilibus Romanis ibi existentibus. Ego Lotharius rex promitto, et juro tibi domino pape Innocentio, tuisque successoribus securitatem vite, et membri (*Bar.* et in membris)' et male captionis, et defendere papatum et honorem tuum, et regalia sancti Petri que habes manutenere, et que non habes, juxta meum posse, recuperare. » Plenius profecto juramentum præstitere Lotharii decessor Henricus V atque Fridericus I ex libro Cæremoniali, ut habent utriusque acta; nihilominus conferenti summam hujus juramenti, dum præcipitanter fieri omnia compulit antipapa Anacletus validissimis armatorum cuneis Vaticanum, Adrianam Molem, aliaque munimenta occupans, planum erit, non modo a Carolingiorum promissione istud juramentum discrepare, sed fidelitatis sacramentum fore.

XLIX. Dum audis Lotharium in Lateranensi basilica esse coronatum, ne putes quid detractum esse de instauratæ imperatoriæ majestatis indole. Henricus etiam VII ibidem coronari debuit anno 1312. Nam Siciliæ rex Robertus, ut olim antipapa, Vaticanum invaserat, nec duræ necessitati lex ulla præscribi potest. Quin etiam idem Henricus et Carolus IV per legatos Clementis V et Innocentii VI diadema imperiale novo prorsus exemplo susceperunt. Id vero magis magisque comprobat non alibi quam apud sacratissimum Petri corpus faciendam esse coronationem. Avenione siquidem uterque existens, suam maluit facultatem delegare, quam locum coronationis mutare. Petro enim fidelitatis juramentum primo fiebat; deinde Romani pontifici ejus successori, ut ex allatis formulis patet: cujus videlicet Ecclesiæ,

proindeque Romani pontificis, ditionisque ecclesiasticæ defensio suscipiebatur. Eapropter cum Carolus V, qui omnium ultimus imperatorium diadema obtinuit, a Clemente VII Bononiæ coronatus fuit, quia periculum erat in mora, Germania tumultuante, ac Ferdinando fratre opem flagitante adversus Turcas; sancti Petronii ecclesia in Vaticanam conversa fuit, Jovio teste **44** (tom. II, lib. XXVII, pag. 224) in cujus oculis omnia fiebant. « Erant omnia, inquit, ad imaginem Vaticani templi constituta, et novæ sacellis appellationes impositæ, ut ea sigillatim ad veterem consuetudinem ex pontificis libris responderent. » Tam firma stabilisque erat indoles renovati Occidentalis imperii a sancto Leone III ante annos septingentos triginta! Quod autem est præcipuum, confessionem beati Petri sub altare majus, ad Vaticanam imaginem, constitutam esse refert Blasius de Martinellis, cæremoniarum magister, qui totum ritum ea occasione servatum posteritati mandavit. Quare Carolus sacramentum Petro ejusque successori Clementi præstitit, quod Lotharius II, ut nuper vidimus, non fecit in ipsa Urbe, quia procul a confessione in Lateranensi basilica diadema imperiale suscepit. Tria siquidem necessaria erant ad imperatorem constituendum, juxta renovationem a Leone III factam: 1° ut rex imperator designatus profiteretur se Romanæ Ecclesiæ ac pontificis defensorem futurum; 2° ut ante confessionem beati Petri inauguraretur; et 3° ut insignia imperialia de Romani pontificis manu susciperet. Quæ identidem addi oportuit, his necessariis conditionibus, est planissime demonstratum, quatenus ad instaurationem, seu instaurationem imperialis dignitatis pertinet. Plura siquidem dicenda erunt, cum de electione et coronatione disseretur.

L. Jamvero, ad epistolas Leonis III veniendum esset; at de primo ac tertio ex prædictis capitibus nonnihil adjungi oportet, ut omne dubium amoveatur, quin utrumque novam istam indolem imperii designet. Compertum est Euphemium Constantinopoleos patriarcham omnium primum anno 491 ab Anastasio professionem fidei exegisse, antequam coronaretur imperator, ut docent auctores Græci ap. Baronium (491, 7) quæ postea in ritum Byzantinæ coronationis relata est. Cui quidem professioni Occidentalem nihil simile continere patet, quia primum exigebatur a Græcis, qui ab orthodoxa fide alieni putabantur; deinde ab iisdem exigebatur, ne orthodoxæ eidem fidei adversarentur, dum contra Occidentales Augusti, catholici omnes, orthodoxam fidem adversus eosdem Græcos tuebantur absque ulla edita promissione, vel sacramento, quod unice Romanam Ecclesiam ac pontificem spectabat. Et ut propius ad nostra tempora accedamus, sub ipsa initia persecutionis sanctarum imaginum, patriarcha sanctus Germanus antequam inauguraret Leonem, spondere illum jusserat, minime turbaturum Ecclesiam, Deumque fidejussorem ab imperatore oblatum acceperat. Cujus rei testis est ap. Baronium (726, n. 7) idem sanctus Germanus: « Reducebat autem ad memoriam ejus patriarcha **45** sponsiones ipsius ante imperium factas, qualiter sibi Deum dederit vadem, in nullo commoturum Ecclesiam suis apostolicis et divinitus traditis ritibus. » Ex quibus patet quæ Græcorum professio esset, quibusve cæremoniis inaugurarentur. Edmundus Martene (*de Antiq. Eccl. rit.*, lib. II, c..9) utrumque ritum et utramque professionem exhibet, quæ si conferantur, manifestum discrimen tenebitur. Quamobrem omni proculdubio affirmandum erit, primo isto capite novam omnino indolem imperii designari. Perinde esse de altero capite late exposuimus in dissertatione, planiusque erit, cum de ritu coronationis sermo fiet. Pauca nunc asserenda de tertio capite.

LI. Duodetriginta imperatores usque ad Carolum V recensentur, ex quibus duo tantummodo, Henricus VII et Carolus IV, de pontificiis manibus imperialia insignia non susceperunt. Id vero eruditi norunt, esse *factum*, non vero *jus*. Exstant apud Raynaldum (1311, num. 7 seqq., 1355, n. 3 seqq.) litteræ Clementis V et Innocentii VI quæ utrumque luculenter exponunt. Ac primum de jure uterque ait : « Decernentes, sibi per nostras manus loco et tempore opportunis debere concedi unctionem, et ipsius imperii diadema, certum ad hoc ei terminum assignantes. » Deinde ordinem seu ritum coronationis inserunt, ab uno Romano pontifice peragendæ, locuples videlicet testimonium, quod annis quingentis Augusti tres et viginti « imperatoresque dicti sunt hi dumtaxat, qui a Romanis pontificibus ad hoc oleo sancto perfusi sunt; » ut Ludovicus II Basilium edocebat (*Anon. Salern.* cap. 106). Postea quæ prætermittenda sunt diligenter præscribunt. Ac denique conceptis hisce verbis jus suum astruunt : « Quia autem, ut ex prædictis apparet, multæ observantiæ, multaque solemnia; multæque reverentiæ et honorificentiæ, Romano pontifici competentia, propter nostram absentiam omittuntur, protestamur, et volumus, et Apostolica auctoritate decernimus, nullum ex hoc juris vel facti Romanæ Ecclesiæ, ac nobis nostrisque successoribus præjudicium generari; quin cum casus regis Romanorum in imperatorem coronandi occurreret; omnia exhibeantur, et fiant per coronandos Romanis pontificibus, sicut in forma, quæ in archivio Ecclesiæ, et pontificali Ordinario continetur superius descripta, seriosius est expressum. » Eratque omnibus adeo persuasum, a solo Romano pontifice coronationem faciendam esse ut iidem isti duo reges Romanorum locum potius mutari posse quam personam sint arbitrati. Quandoquidem uterque considerans pontificem Avenione consistentem, curisque innumeris a longo 46 in Italiam itinere suscipiendo retardatum, contra prædecessorum morem juramentum per nuntios præstitum ipsi pontifici sic terminant : « Et cum Romæ, vel alibi per vos in imperatorem coronandus fuerit dominus noster rex prædictus; dictum sacramentum, et aliud fieri consuetum ad requisitionem vestram tempore coronationis suæ personaliter renovabit. »

EPILOGUS.

LII. Hæc vero satis mihi esse videntur ad demonstrandam opinionis Struvii, eorumque, qui illam sequuntur, levitatem de renovati imperii translatione ad Germanos. Non me latet, Ottonem Magnum successoresque Ottones duos nimium sibi tribuisse, præsertim evehendo ad Petri cathedram, quos amicitia aut cognatio sanguinis, causave alia iisdem commendaret, quod senatrices et Tusculani comites antea fecerant. Id vero imperii conditioni haudquaquam nocuit, sed Romæ invidiam, audaciam, seditiones peperit, quas armis compescere opus fuit. Inde in utramque potestatem, pontificiam et imperatoriam, commotiones procerum, quæ quadraginta eorum imperii annos turbulentos, quandoque etiam funestos effecerunt. Horret animus Rotfredi præfecti urbis, Gencii, Crescentii rebelliones, ac cædes referre, quæ apud Baronium et Pagium (965, 974, 998) indicantur. Regis quoque Henrici IV, Augustorumque cognominum V et VI necnon Friderici utriusque tempora Romanæ Ecclesiæ infausta, dum assentatio, audacia, hæresis grassabantur, memoria reputans, oppressionem potius Ecclesiæ, pontificum, sacrarumque omnium legum video quam defensionem. Ista autem renovati Occidentalis imperii conditionem non oblitterant, sed scriptoribus apostolicæ sedi infensis, aliisque parum cautis, veritatis utrisque osoribus, obloquendi, errandique per devia occasiones præbent opportunissimas. Hos vero sciscitarer : quodnam laudis genus sit Ecclesiam et pontifices ab Augg. deceptos, Augustosque eosdem perjuros depinxisse? Venio ad epistolas Leonis III Augustæ majestatis instauratoris.

INCIPIUNT EPISTOLÆ DE PAPA LEONE
AD IMPERATOREM CAROLUM MISSÆ.

EPISTOLA PRIMA.
QUALITER QUIDAM EPISCOPUS EXSUL INVENTUS.
(*An. Dom.* 806, *Cod.* IX, *chron.* 1.)

ARGUMENTUM. — Fortunato Gradensi archiepiscopo e sua sede pulso a Græcis et Venetis, atque in Francia exsulanti Carolus impetrat a pontifice Polanam ecclesiam tunc vacantem, quoad Gradus recuperetur. Hac occasione pontifex archiepiscopi mores parum laudabiles tam in Italia quam in Francia enuntiat Carolo, ab eoque salubriter admonendum optat.

Domino piissimo et serenissimo, victori ac triumphatori, filio, amatori Dei ac Domini nostri Jesu Christi, Carolo Augusto, Leo episcopus servus servorum Dei [a].

Dum vestræ imperiales syllabæ de civitate in civitatem ad nos pervenissent, quæ et a nobis susceptæ ac relectæ fuissent, repperimus in eis, quatenus a Gradensi insula, ubi Fortunatus archiepiscopus suam propriam sedem habere videbatur, propter persecutionem Græcorum seu Veneticorum exsul esse dignoscitur [b]; et si congrue nobis apparuisset, pro causa necessitatis in Pola, ubi jamdudum Æmilianus quidam episcopus præfuit, quæ et diœcesis prædicti Fortunati archiepiscopi existit, illic suam sedem haberet; et qualiter vestra a Deo protecta 48 imperialis potentia sine consultu apostolatus nostri nequaquam eum alibi collocare voluit [c]. Nos vero de hac re pertractantes providimus. Ut secundum qualiter vestræ imperiali clementiæ complacuit, ut in Polana cuperandam Dalmatiam. Historiam valde prolixam vide ex Dandulo aliisque apud Ughellum (tom. V, p. 1094).

[a] Ætatem epistolæ hoc anno statuit Pagius (n. 10) monens Polanam ecclesiam ad provinciam Gradensem pertinuisse antequam Istria in Francor. potestatem veniret. Perinde Conringius: hoc quippe anno initium collocat belli Græcorum cum Carolo in mari Adriatico, quod 810 est absolutum. Continuator Ughelli (*It. Sac.* tom. V, pag. 476) utrique adhæret.

[b] Eginhartus ap. Pag. (num. 8) narrat Venetos et Dalmatas in Caroli amicitiam venisse; classemque a Nicephoro, duce Niceta patricio, missam esse ad re-

[c] Conclamatæ legis regiæ, seu constitutionis Adriani, qua Carolus jus acquirit in electione pontif. archiepiscopor., etc. ap. Goldastum (*Constit. Imp.* tom. I, p. 16) et Lunigium (*It. Dipl.* tom. I, p. 1) argumentum locupletissimum. Ne imperator quidem creatus inconsulto Rom. pontifice quidquam simile sibi arrogat.

ecclesia persisteret, ita maneat, sub eo prorsus tenore : ut si, Domino annuente et beato Petro apostolo protegente, per vestram in triumphis victoriam, ipsa sua sedes illi restituta fuerit, secundum qualiter praedicta Polana ecclesia integra cum omnia sibi pertinentia susceperit, sic iterum ea restituatur, et non de rebus ejus aut pecunia ad suam debeat subtrahere sedem, sed neque cuiquam ex ipsis rebus seu pecuniis atque speciebus dare quoquo modo praesumat, ut ipsa ecclesia semper irrefragabiliter cum suo antistite salva existere possit [a]. Reservatur siquidem in ipsis vestris imperialibus apicibus, quomodo in Aquis palatio nobiscum providistis de Aquileiensi ecclesia, velut una quae suam sedem haberet [b]. Credat enim nobis vestra clementia, et quod quidquid ibidem una vobiscum vel cum fratribus et coepiscopis nostris oratores vestri pertractavimus, omnia ad mercedem animae vestrae seu filiorum vestrorum esse conspicitur. Omnipotens et misericors Deus per intercessionem sanctae suae genitricis, suorumque apostolorum Petri et Pauli diu vos in hoc mundo conservare dignetur, et per multorum annorum curricula coelestia regna cum suis faciat adipisci. Piissimum domini imperium gratia superna custodiat, eique omnium gentium colla substernat.

49 EMBOLIM.

Et hoc vestrae serenitati intimare curavimus de praefato Fortunato, ut sicut semper pro illius honore temporali laboratis, ita et de anima ejus curam ponatis, ut per vestrum pavorem, suum ministerium melius expleat. Quia non audivimus de eo sicut decet de archiepiscopo, neque de partibus istis, neque de partibus Franciae, ubi eum beneficiastis [c]. Tamen gratias agimus Deo, quia omnia vobis incognita non erunt. Interrogate quidem fideles vestros, et omnia vobis nota fient, eo quod illi, qui vobis eum collaudant, hoc per munera et calciaria [d] faciunt. Quid nobis plus amabile est, quam vestra dulcissima anima? Et Deus cognitor est, quia post salutem animae vestrae haec omnia vobis insinuamus, eo quod de tanto amore, quem erga vestram serenitatem gerimus, ideo silere non possumus. Potestis interrogare fratrem nostrum Hildibaldum [e] archiepiscopum, et Ercanbaldum [f] cancellarium. Fortassis exinde aliquid cognoveritis, quia cognovimus eos animae vestrae fideles in omnibus.

50 EPISTOLA II.
QUALITER MISSI JUSTITIAM FACTURI DAMNUM FECERUNT.

(An. Dom. 807, Cod. x, chron. 2.)

ARGUMENTUM. — Per suos missos Joannem episcopum, et Basilium hegumenum, munusculum sancti Petri reliquiis insigne afferentes, queritur, praedia aliaque ad palatium Ravennate spectantia, pridem ab Hermino jussu Caroli restituta, iterum invadi. Oratque ut donationem a Pippino factam et ab eo confirmatam nulla ex parte patiatur imminui.

Domino piissimo et serenissimo, victori ac triumphatori, Filio, amatori Dei ac Domini nostri Jesu Christi, Carolo Augusto, Leo episcopus servus servorum Dei.[g]

Ad hoc omnipotens et invisibilis Deus noster vestram a Deo protectam imperialem potentiam sanctae suae Ecclesiae fecit esse custodem, ut ubique gubernatione laudabili ad augmentum gloriae vestrae vigilantior existeret, et quos consilio exterius regitis, perire interius non permittatis, quatenus per fructum piae sollicitudinis vestrae ad aeterna quae sanctis suis daturus est gaudia pertingere mereatis, atque ex bonorum vestrorum actibus dignam retributionem

---

[a] Formulae Diurni pontificum tunc maximo erant usui : quare haud canones et decreta adire oportuit de bonis ecclesiae non alienandis, etc. Eas consule (Diur. cap. 5) una cum Garnerii subjectis notis. Gregorii enim Magni litterae ab eo laudatae huc maxime spectant.

[b] Aquileia tum temporis videbatur derelicta. Hinc siquidem Gradum sedes patriarchalis jampridem translata fuerat, et post varias vices ap. Ughellum videndas, Forijulii tunc residebat patriarcha, quod Aquileiae municipium vocatur in actis Forojuliensis synodi a Paulino celebratae an. 791, ita ut in Caroli etiam testamento an. 811, non Aquileia metropolis, sed *Forumjulii* memoretur. Quid autem an. 804 pontifex cum Carolo de Aquileia deliberarint, facili negotio assequimur ex his verbis : *velut una, quae suam sedem haberet*. Ad Gradensem siquidem ecclesiam jura et bona Aquileiensis transierant; hinc autem Forojuliensis plura sibi asserebat; de ipsa patriarchali sede Aquileia in statum pristinum revocanda ne cogitabatur quidem. Quamobrem Leo egisse videtur cum Carolo neque Aquileiensi sede restituenda cum Forijulii detrimento. Id scilicet uterque Gregorius II et III periclitati erant declarantes Forum Julii metropolim solius ducatus Forojuliensis. At nihil de Aquileia perfectum esse ostendit Leo IX post annos 250. Nam de Forojuliensi metropoli utriusque Gregorii decreta instaurat; sed longe ut de Aquileia restituta quidquam proferat, Gradum novam Aquileiam appellat, eique Histriam et Venetiam subjicit.

Vide Baron. (an. 729, num. 5 seqq.). Huc etiam Conringius lectorem remittit, se nusquam reperire aiens quid de Aquileiensi ecclesia Aquisgrani conventum fuerit.

[c] Quam recte illius mores tenuerit pontifex, insecuta tempora patefecerunt. Nam an. 818 reconciliata cum Venetis gratia, ut ait Sigonius, ecclesiae Gradensem repetiit postmodum majestatis reus a Ludovico Pio accersitus, conscientia exstimulante, Constantinopolim est profectus (Bar. an. 821, n. 59, et ibi Pag.). Conring. in notis ad hanc epist. ex annalibus Francorum Eginharto tributis eadem refert plenius.

[d] Hanc vocem sumi pro quovis munere et quavis pensione admonet Ducangius tum hac in epist. tum in charta Athanasii III episc. Neap. et alibi; licet corrupte ap. Ughell. semper legatur *Calzarium*.

[e] In Vita Leonis III ap. Anastas. *Hildewaldus* archiep. obviam mittitur Leoni primum iter facienti ad Carolum : eratque archiep. Colonien. ut habent Hansiz. (Germ. Sac. tom. II) et Coring. (cit. l.)

[f] In annalibus Francor. ap. Baron. (an. 801, n. 20) Ercelbaldus notarius app.llatur, qui in Liguriam est missus a Carolo ad parandam classem. Utrique hinc patet, Fortunati pravos mores compertos esse.

[g] Epistolam hanc Conringius primae codicis, quae nobis tertia est, praeponendam conjicit; utramque dubitabundus consignat an. 807. Pagius omni procul dubio ad eumdem annum eas refert (num. 9 seq.).

multipliciter percipiatis. Misimus itaque præsentes oratores nostros, Joannem videlicet reverendissimum episcopum, et Basilium religiosum hegumenum, visitationis causa, ad vestram imperialem clementiam, cum benedictione beati Petri apostoli fautoris vestri [a]. Sed petimus serenitatem vestram, ne injuriosum ducatis quod non aliquid dignum munificentiæ vestræ vobis dirigere valuimus. Verumtamen de beati Petri apostoli rebus, quamvis parvæ sunt quæ offeruntur, pro magna semper benedictione suscipiendæ sunt, quoniam et hic vobis valebit majora impendere, et apud omnipotentem Deum beneficia æterna præsentare. Dum enim in hominibus post Deum et sanctos suos non nisi in vestram imperialem potentiam fiduciam habemus, 51 justum prosperximus ut et gaudium nostrum et angustias quas assidue patimur, vestris prius intimaremus auribus, ut oblationem quam vestri dulcissimi parentes et vos ipsi beato Petro apostolo obtulistis, accepta atque secura sit in conspectu ejus, quatenus ab ipso clavigero regni cœlorum, qui vos in suis utilitatibus defensores [b] constituit, dignam retributionem percipere mereamini, et vestra opinatissima imperialis munificentia in universo fideli populo laudabiliter diffametur, et nos pro causa negligentiæ ante tribunal Dei cum ipso Domino et nutritio nostro beato Petro apostolo in judicio minime provocemur, pro eo quod oppressiones populi Dei vestras non nuntiaverimus clementiæ. Misit igitur pia serenitas vestra missos suos, ut justitiam nobis facere debuissent,

A sed magis damnum quam profectum nobis fecerunt. Verumtamen missos vestros [c] qui ad nos venerunt interrogare dignemini, et ipsi viva voce insinuare possunt ea, quæ in nostris hominibus audierunt vel viderunt peracta. Sed et præsens Joannes episcopus missus noster per singula vestræ potest inhotescere imperiali potentiæ, quia omnia, quidquid per vestrum pium ac legale judicium de causa videlicet palatii Ravennatis recollectamus, unde et jussistis, ut nullus quilibet homo imposterum conquassare aut in judicio promovere præsumeret, tam de vulgaria quam etiam de mansis [d], quos per vestram dispositum Herminius fidelis vester nobis reconsignavit, omnia cum casis, vineis seu laboribus atque peculiis abstulerunt, et nihil exinde nobis remansit.

B Quamobrem quæsumus vestram 52 imperialem clementiam, ut sic de vestra a Deo accepta donatione, quam prædicto Dei apostolo obtulistis, peragere jubeatis, quatenus in nulla minuatur parte [e], sed maxime per vestrum laboriosum certamen firma atque stabilis et inconcussa perennis temporibus persistere valeat, et nos, licet impares, tantum Deo miserante vicem [f] ejusdem discipuli tenentes, securiter ac patienter Dei omnipotentis possimus exorare clementiam, ut vestrum robustissimum brachium fortiter contra inimicos sanctæ Dei Ecclesiæ extendat, et omnes barbaras nationes pede fortitudinis opprimatis. Piissimum Domini imperium gratia superna custodiat, eique omnium gentium colla substernat.

C

---

[a] Ineptit Conring, qui omne venenum suum evomit in sanctam sedem audacissimis in notis ad hanc epist. Non aliud hic est benedictio sancti Petri, quam munus cum reliquiis, ut ex sequentibus patet. Eæ vero non erant claves, nec scobs, seu limatura catenarum divi Petri, quæ ad viros principes mitti consueverunt, nomen quippe earum reticeri nusquam comperi. Ducangius, qui multa de hujus vocis notione congessit, hunc locum satis planum præterit. Neque obvium cuique est, nisi sectariis, dicacitatis argumentum inde extorquere.

[b] Hoc defensoris titulo passim appellari Carolum adhuc regem in Adriani epistolis vidimus. Imperatorem modo creatum a pontifice non aliter vocari ab eodem audimus. Aut enim patricius, aut imperator esset, nil sibi arrogavit Carolus præter defensionem ditionis apostolicæ sedis.

[c] Errat tota via Conring. par aliud missorum sibi fingens. Iidem illi missi, quos Carolus Ecclesiæ defensor a pontifice rogatus miserat, ut sua jura vindicarent sanctæ sedi, Romam se contulere; causam pro sancta sede se definire non potuisse ob rationes ab iis allatas, qui bona controversa sibi asserebant enarrarunt; ac vim pontificiis subditis seu exactoribus factam inspexerunt.

[d] Duo erant, quæ repetebat pontifex tanquam juris palatii Ravennatis, quæ ærarium in pontificium inferebantur ex reditibus Exarchatus: vulgaria et mansa. De vulgaria recte Ducang. ex Sirmondo admonet, eam esse scilicet prædia quædam seu prata, queis incolæ indivisim utuntur, communia et nobis dicta, quorum nonnulla locantur a principe, cujusmodi fuisse videtur ea de quibus epist. hic agitur. Certe Ducang. epistolæ hujus auctoritate rem astruit. Muratur (an 808) vulgariam putat tributum a vulgo solvi consuetum: bellam interpretationem! Mansa autem,

D quæ et mansi et mansæ appellabantur, fundas [fundos] puta, quorum nonnulli erant hodieque sunt proprii principum. At tum vulgariæ, tum mansorum reditus quorum mentio est, si sententia Caroli ita addicti fuerant palatio, ut judicium omne deinceps tolleretur; res igitur non erat integra, nec liquida; sed litibus obnoxii antea fuerant; et pars adversa suam causam adeo perspicuis documentis tuebatur: ni fallor, ut missi imperiales pro sancta sede decernere non potuerint.

[e] Pessume Muratorius (an. 808) percepit systema Exarchatus, quasi Pippinus, supremo sibi jure retento, dominium utile concesserit sanctæ sedi. Vide Cod. Carol. (ep. 81, al. 67) uno siquidem isto argumento systema corruit. Donatio, ait pontifex, in nulla minuatur parte: id est palatii reditus proprii, quos paulo supra se percipere (recollectamus) dixit, occupabantur non ab imperialibus missis, sed iis a Ravennantibus, qui fundos illos et communia sibi asserebant: adeoque donatio Pippiniana ex aliqua parte minuebatur. Id ne fiat summopere laborat Leo.

[f] Putidam Conringii dicacitatem super vicariatu sancti Petri, quem sibi diutissime tribuerunt pontifices sanctissimi, et juxta doctissimos, satis superque P. Coustant refellit in præfatione ad epistolas Romm. Pontt. (num. 43 et seq.) qui simul ostendit, et Christi vicarios, licet rarius, quia nomen id episcopis, quin etiam abbatibus commune erat, fuisse appellatos, initium ducens a sancto Cypriano; cujus dicta Conringio ipsi conducere mihi videntur: « Neque enim, inquit, aliunde hæreses obortæ sunt, aut natа sunt schismata, quam inde quod sacerdoti Dei non obtemperatur, nec unus in Ecclesia ad tempus sacerdos, et unus ad tempus judex vice Christi cogitatur (ep. 55, ad Cornel.). »

53 EPISTOLA III.

DE ACCUSATORIBUS.

(*An. Dom.* 807, *cod.* 1, *chron.* 3.)

ARGUMENTUM. — Redeuntes missi apostolici binas litteras et capitulare afferunt ab imp. Carolo. Iis scilicet propenso se animo esse in sanctam sedem Carolus testabatur; dolebat in capitulari nullum ex imperialibus missis placere pontifici, ut ferebatur; tamque eos, qui supremum diem obierant quam superstites, vituperio non carere, quare neminem jam reperiri, qui legationem obire velit Romam. Respondet Leo calumnias esse, nec faciles præbendas aures hujusmodi susurronibus; hos vero a Carolo vel a pontifice in judicium vocandos; interim legatum mittendum a Carolo, qui spectet quid utilitatis attulerint sanctæ sedi, qui ea fini advenientes pontifici displicuerant. Nullum prædecessorum de Francia melius esse meritum quam se, suaviter improperat; omnium ingratiis singulare adeo beneficium cessisse propalam dedignatur.

Domino piissimo et serenissimo, victori ac triumphatori, filio, amatori Dei ac Domini nostri Jesu Christi, Carolo Augusto, Leo episcopus servus servorum Dei [a].

Remeantes ad nos fidelissimi missi nostri, quos ad vestram imperialem potentiam direximus, retulerunt nobis de vestra benignissima bonitate, quam erga beatum Petrum apostolum et ejus vicarium geritis ex intimo cordis amore. Inter ea obtulerunt nobis honorabiles vestras epistolas, et capitularem.

Quod vero capitularem, post relectionem duarum epistolarum reserantes, inter cætera gaudia quæ præfatæ epistolæ cordi nostro effuderunt, sic primum capitulum ejusdem capitularis cor nostrum relevavit, ut cum propheta dicere cœpimus : Domine, salvum fac regem, et exaudi nos in die qua invocaverimus te. Cumque per ordinem ad sextum conjungeremus capitulum, quantum gaudium et lætitiam prædictæ epistolæ atque cætera capitula nobis ingesserunt, tantum mœrore et tristitia postmodum sumus repleti. Continebatur enim in ipso præfato sexto capitulo, quod missos invenire non valeatis, qui nobis placent : de qua re valde tristatur vestra serenitas; et nullus de ipsis qui jam ad nos fuit directus per suam voluntatem amplius missus erit [b], excepto quod obedientiam vestram voluntarie unusquisque adimplere cupit; et non solum missi vestri timent vestram portare legationem ad nostram pusillitatem [c], verum etiam alii jam non sunt ausi quærere a vobis auxilium, quia nullus est qui vestram quæsivit clementiam, ut dicunt, qui postmodum ad plenam potuisset pervenire gra iam nostram [d]; et quia plures directos habuistis missos fideles, ex quibus jam alii mortui sunt, et ipsi blasphemati fuere, et de ipsis rum legatione niti. Quidni Conringius eique adhærens Muratorius documentum aliquod proferunt, unde quæ docemur his litteris, dediscamus? Demisse admodum de se loquitur pontifex, quæ summa erat ejus humilitas, attamen ad se legationes adornari a Carolo, ut ipse adornabat ad Carolum, testatur. Quid enim est *portare legationem ad nostram pusillitatem*? Nonne id genus missorum indicat legatos, seu administros Caroli Aug. Erant profecto missi alii, qui habebant judicia in provinciis monarchiæ Francorum : imo et in ditione pontificia, nam pontifex subditorum audacia compulsus Carolo ad imperium evecto id potestatis largitus erat, ut justa et recta ab omnibus ubique fierent, imperatoriæ majestatis metu. Sed communicata ea potestas Ecclesiæ defensoris officium, non jus supremum Carolo astruit.

[d] Plures Adriani epistolæ hac de re agunt. Videnda præ aliis (*Cod. Car.* 97, al. 85). Causa enim certa inde suppetit cur pontifex subditos suos ad Carolum prodeuntes arguit. Falsum autem esse hoc loco testatur sanctus pontifex, quod ad Carolum confugientes, suam gratiam amiserint; idcirco calumnias vocat hujusmodi relationes Carolo factas, non quia falsæ omnino essent, sed quia ex juste et recte factis quidquid invidiosum erat decerpendo, usque adeo exaggeratum fuerat, ut veri nihil in iis remansisse videretur. Verum ipsa ex hujusmodi calumniatorum nequitia jus supremum emergit, quo pontifex in subditos sibi populos utebatur; si enim ii, qui confugiebant ad Carolum, gratiam pontificis amittebant, non igitur dominium utile duntaxat ad pontificem pertinebat, sed jure principis utebatur in subditos. Eapropter querebatur Adrianus (*Cod. Car.* ep. 92, al. 86) in Campania traditas sibi esse *claves de civitatibus sine hominibus*; Carolumque orabat ut reliquarum instar civitatum suæ ditionis, Campanæ etiam pleno jure sibi darentur. Remque istam planiorem reddit allato exemplo populorum Tusciæ Langobardicæ, quos idem Carolus subjecerat sanctæ sedi : *Sicut cæteri in civitatibus partibus Tusciæ donis vestris regere, et gubernare eos cupimus, omnem eorum habentes lega*…

---

[a] De chronologia minus laboro, quippe quam video tum a Pagio, tum a Conringio, probabili admodum ratione habita contentorum in litteris, constitutam hoc anno forsan exeunte. Ad *capitularem* quod attinet, Ducangius interpretatur libellum. At postmodum ad V. *Capitulum* 2 planius explicat sententiam capitularis, quod et fecerat ad V. *Capitulare*, hac Magnum etiam Gregorium usum esse ostendens, nihilque aliud esse quam res varias brevibus capitibus distinctas, quod et infra patet : nam pontifex se venisse ait ad sextum capitulum, quod lætitiam ex quinque præcedentibus, duabusque epistolis perceptam in mœrorem convertit.

[b] Ridenda Conringii versutia. Fundamentum ponit, legatos transmitti solitos ex more regio Francico Romam, et in alias terras pontifici subditas judiciorum habendorum causa, ac super eo jus supremum imperiale statuit : quod Muratorius manibus, pedibusque amplectitur. Conringii nomine haud prolato : nam Labbeiana in editione has litteras proferre se testatur in margine. At si ex more Carolus pro summo jure legatos mittebat in ditionem pontificiam ad habenda judicia, quid intererat, placerentne displicerentve pontifici? Si Carolus erat subditorum dominus, cur tanta ejus sollicitudo in missorum delectu, cur mœret minus acceptos pontifici audiens? Cur missi ipsi Romam venire dicuntur inviti?

[c] Num quidpiam desiderari potest apertius ad demonstrandum rem esse de obeunda legatione ad pontificem, non autem de tribunali erigendo Romæ, et in sanctæ sedis ditione? Per regios missos traditam possessionem civitatum, quas Pippinus et Carolus obtulerunt sanctæ sedi, ex Adriani ac prædecessorum epistolis Cod. Car. planissime constat; perque eosdem jura sua sanctæ sedi vindicata esse epistolæ illæ testantur. At petentibus semper pontificibus utramque rem factam compertum est atque exploratum ipso ex eo fonte documentorum uberrimo, quo nullum præstantius hac super re ad nos usque pervenit. Dictum quam re facilius Caroli legatos *ex more regio Francico* judicia habuisse Romæ et ante et post adeptum Augusti nomen; necnon Caroli ejusdem supremum jus in ditione sanctæ sedis ea misso-

qui vivunt nullus jam sine blasphemio esse videtur. Unde nobis, filii dulcissime, quid aliud agendum est, nisi preces pro his, qui talia vobis mentiti sunt, ad Dominum fundamus? Sicut scriptum est: *Orate pro inimicis vestris*. Credat enim nobis vestra serenitas, quia ea quæ ad animæ vestræ salutem cognoverimus nullo modo tacemus; et si ante tacuimus, nunc autem non cessamus, sive de bonis, sive de malis, vestræ intimare potentiæ. Nam qui per mendacium et malas machinationes vult filium separare a matre, judicium habebit cum ipso clavigero [a] regni cœlorum beato Petro apostolo. Quia mihi in hoc mundo nihil pretiosius est, quam animæ vestræ salus. Sed quia omnia quæ de vestra prosperitate atque exaltatione in corde nostro gerimus per singula exarare non valemus, sic nobis omnipotens Deus retribuat, sicut de vestro honore et sospitate cupimus. Verumtamen cum multo amore multaque fide erga vos constringimur, tacere nullo modo possumus, ut vos ipsi pro anima vestra vigiletis, scientes quia ista misera et caduca vita in modicum exterminatur et finem habet, et omnes rationem reddituri sunt Domino de vaniloquiis. Igitur hominibus non citius credatis ante satisfactionem [b]. Sed tamen si nos bene suscepimus et bene honoravimus pro vestro amore, Deus nobis retribuat bona, et vos satisfaciat, ut in causis beati Petri apostoli amplius et amplius decertatis; et si non vobis nuntiaverint quomodo eos honorifice suscepimus, quid aliud dicamus nisi ut Deus illis indulgeat [c]? Verumtamen si prope fuissemus, **56** adjuvante Dei omnipotentis misericordia, vos habuissetis veritatem et mendacium discernere; quia talem vobis a Deo datam esse sapientiam credimus, ut tale improperium atque confusionem non habuissemus in faciem nostram. Recordari credimus vestram serenitatem, quia vicibus nobis misistis, quod neminem de nobis male loqui permitteretis, neque locum illi tribueretis [d]. Sed quid igitur restat, nisi ut inter tantas accusationes, quæ de nobis et fidelibus nostris, qui aliquod profectum sanctæ nostræ Ecclesiæ faciebant, vobis dictæ sunt, cum lacrymis gratias agam Deo omnipotenti? Nam de illo amore, quem erga vos gerimus, nullus in hac vita nos separare potest, nisi sola mors, quandoque nobis obvenerit. Sed quid tantum fastidium facimus auribus vestris? Certissime in quantum nobis Deus largiri dignatus est, sic in nostro sensu cogitamus, quod nullus de antecessoribus nostris partibus istis cum tanto amore servierit, quantum nos servivimus. Sed nostrum servitium, ut videmus, nemini acceptum fuit [e]. De autem accusatoribus missorum vestrorum, de quibus nobis emisistis, ut aut in nostram, aut in vestram præsentiam ad discutiendum veniant, si placet pietati vestræ, missum vestrum dirigite absque illis, qui omnia liquidius inquirat, et vestræ imperiali potentiæ fideliter nuntiet, quid aut quomodo istis in partibus egerint, qualem profectum exinde sancta Dei Ecclesia mater vestra habeat [f]. Verumtamen omnia in vestro committamus sagacissimo arbitrio. His præmissis, **57** omnipotens et misericors Deus, per intercessionem sanctæ suæ genitricis semper virginis Mariæ dominæ nostræ, et beatorum principum apostolorum Petri ac Pauli, tale cordi vestro salubre consilium inspiret, ut oblatio, quam dulcissimus genitor vester dominus Pippinus rex beato Petro apostolo obtulit, et vos confirmastis, ipse claviger regni cœlestis ante conspectum Dei cum

---

[a] Nil frequentius audivimus in Cod. Carolino, quam hujusmodi titulum divo Petro tributum. Idem pene omnibus in epistolis Leonis, quæ exstant, videmus fieri, nec desunt alia monumenta medii ævi titulum illum præseferentia. Il scilicet divino hæret oraculo, dum claves regni cœlorum tropice traduntur Petro a Salvatore nostro, ut ligandi atque solvendi potestas designetur. Quamobrem Augustinus (Serm. 22 de SS.) aiebat: « Dignus certe, qui ædificandis in domo Dei populis lapis esset ad fundamentum, columna ad sustentaculum, clavis ad regnum. » Quo si respexissent recentiores eruditi, ubi nacti *claves ad regnum* in Gregorii III epistola ad Carolum Martellum (*Cod. Car.* ep. 1), licet mendose *regnum* pro *rogum* scriptum fuerit, in tot tamque varias opiniones falsas non abiissent. Aut enim Petrus appellaretur *clavis ad regnum*, aut symbolice mitterentur *claves ad regnum*, haudquaquam de regno Romanorum, quod nomen exitiosum semper fuit, accipiendum erat, sed de regno cœlorum, quod proprie innuunt claves a Christo Jesu traditæ apostolorum principi. Certe omnibus adeo persuasum erat id temporis, per Petrum patere aditum ad cœlorum regnum juxta divinum oraculum, præcipue Francorum regibus et populis, ut una ista causa fuerit cur sancta sedes e barbarorum servitute emergeret, ac tam magnifice exaltaretur. Idcirco tam frequens *clavigeri* titulus auditur.

[b] Suaviter arguit Carolum, quod aures præbuerit nimium faciles calumniatoribus, non explorata eorum fide. *Satisfactionis* hanc notionem nec Ducangius neque ejus illustratores senserunt.

[c] Deum appellari testem a pontifice sancto maximum argumentum est relatores istos calumniatos esse.

[d] Plures inter Adriani epistolas videre est in hanc sententiam conscriptas. Perinde esse factum a Carolo cum Leone hinc certum scimus. Argumentum minime dubium, quod una cum temporali dominatione sanctæ sedis invidia, et ex ea detractio duxerunt originem.

[e] Vide dissertationem (num. 25 seqq.).

[f] En, quod nuper aiebam (col. 523 not. [c]), rationem certam habendi judicii per Caroli missos ipsa in ditione sanctæ sedis. Pontifex scilicet summus princeps id petebat. Summa enim erat concordia tum temporis sacerdotii et imperii. Eapropter videmus Leonis successorem Stephano Ludovico, qui Carolo successit, nemine eum cogente, voluisse ut Romani sacramento fidelitatem pollicerentur, quod postea Carolinis omnibus Augustis factum esse comperimus. At pensanda formula, qua utebantur, cujusmodi exstat etiam apud Pagium (an. 896, n. 3) ex continuatore Annalium Fulden. « Juro per hæc omnia Dei mysteria, quod, salvo honore et lege mea, atque fidelitate domini Formosi papæ, fidelis sum et ero omnibus diebus vitæ meæ Arnolpho imperatori. » Cæterum ad Romanam urbem, Romanosque quod attinet, ex Carolinis nullum aut per se, aut per suos missos judicia habuisse, nisi volente ac præsente pontifice, tum Arnolphi successor Ludovicus III (*ap. Florentin.*) patefacit, qui « cum eodem summo pontifice in judicio resedit; » tum præcipue Otto Germanorum primus conceptis verbis in suo juramento id declarat: « In Romana urbe nullum placitum aut ordinationem faciam de omnibus quæ ad te, aut ad Romanos pertinent, sine tuo consilio » (Dist. 63, *Tibi Domino* 33, cap. *Romani principes*, de jurejuran. Clem. tit. 9. Baron. 960, n. 5; Murator. tom. V *Ann.*, p. 400).

ipsa donatione vobis præsentetur, quatenus gaudia æterna percipere mereatis. Piissimum domini imperium gratia superna custodiat, eique omnium gentium colla substernat.

EPISTOLA IV.

DE BENEFICIIS ACCEPTIS.

(*An. Dom.* 808, *cod.* vi, *chron.* 4.)

ARGUMENTUM. — Binis Caroli litteris de itinere Pippini filii, regis Italiæ, respondet; primis ab Helmengaudo et Hunfrido comitibus imperatoris missis sibi redditis cum magnis donis, quæ Pippinum media Quadragesima adfuturum Romæ testabantur, se eorum consilio per apostolicum legatum omnia disposuisse ad tanti imp. filium regem pro majestate excipiendum; alteris per ejusdem Pippini missos allatis die 25 Martii, dilatum iter post Pascha ferentibus, se semper paratum esse ad tantum hospitem suscipiendum; tertiis reconciliationis ergo regium iter institutum, calumniam esse; nullam sibi cum rege discordiam; unanimi consensu oras maritimas munire adversus paganos, se nimirum ecclesiasticæ ditionis, illum regni Italici : utrique consilium et auxilia Caroli opus esse. De rebus Corsicæ ab eodem donatæ beato Petro, se cum Helmengaudo comite collocutum, quid agendum putaret.

Domino piissimo et serenissimo, victori ac triumphatori, filio, amatori Dei et Domini nostri Jesu Christi, Carolo Augusto. Leo episcopus servus servorum Dei [a].

Magno munere **58** misericordiæ Dei totius mundi multiplicata sunt gaudia, cum pio et glorioso clementiæ vestræ studio erga sanctam Dei Ecclesiam nostramque pusillitatem geritis, largifluæ tuæ munificentiæ susceptis pulcherrimis munusculis, relectisque scriptis serenitatis vestræ, quæ in nostro corde melle condita sapuerunt, illico, ut decuit, gratiarum actiones tripudiantes gratulanter Deo retulimus. Quia non solum lætitiæ verba in ea reperimus, verum etiam et nostræ prosperitatis solertissimam curam agnovimus. Sed de tantis immensis beneficiis et muneribus, quibus jugiter nos ditatis, optamus ut ab ipso clavigero regni cœlorum, cujus vicem [b], Deo miserante, gerimus, dignam retributionem suscipiatis, cui tantum honorem assidue exhibetis. Scimus namque, et fideliter scimus, quia per omnia et in omnibus vobis pertinentibus nostrum gaudium vos esse facturos, sed commutatio excelsi, quæ pia facta probat et benigna solita pietate repensat, ipsa pro nobis digna præmia vestræ pietati retribuat. Post vero munerum offertionem insinuaverunt nobis fidelissimi missi vestri Helmengaudus videlicet, atque Hunfridus gloriosi comites, quod filius noster domnus Pippinus rex [c] ad limina **59** Apostolorum per vestram largitatem media Quadragesima cupit venire atque colloquium nobiscum habere. Unde in magnum gaudium cor nostrum relevatum est quod ipsi fidelissimi missi vestri viva voce vobis insinuare possunt, et continuo omnia cum ipsis disposuimus de prædicti dulcissimi filii

---

[a] De hujus epistolæ ætate non una opinio est. Pagius et Mabillonius (*An.* l. xxvii, n. 88) datam putant anno 806, Muratorius 807, Conringius 808, et sequenti parum scite præmittit, mense eodem, eodemque die scriptam utramque contendens. Profecto si spectes unumquemque annum imperii Caroli, post mediam quadragesimam Pippini regis missos advenisse comperies, præterquam anno 805. Pascha enim eo anno incidit in diem 20 Aprilis, et media quadragesima in 27 Martii, biduo post missorum adventum 25 ejusdem mensis. Atque ad eum annum referendam esse Leonis verba videntur innuere : *Dixerunt nobis, quod in media quadragesima minime conjungere potest.* Neque enim ita pontifex loqueretur, si media quadragesima elapsa jam esset. At ratio ista temporis pugnat cum historia, quam confinet sequens epistola data eodem anno. Quid igitur? alia ratio temporis ineunda est, nec quadragesimæ initium suni debet a fer. IV Cinerum juxta ævi nostri disciplinam, sed a feria ii post Dom. primam quadragesimæ. Qua super re consulendus Ven. Thomasius opusc. xxv (tom. VII, p. 187), nam quatuor dierum jejunium ante Dom. i multo ante Gregorium esse institutum ostendit contra Menardum; at nihilominus quadragesimale sex et triginta dierum incipere animadvertit fer. ii post Dom. i quatuor illis additis ad plenum 40 dierum numerum extra quadragesimam. Itaque anno 808 cum Pascha in diem 16 Aprilis incidit, media quadragesima erat 26 Martii post Pippini missorum adventum. Quare proprio etiam ore testari poterant, regem minime venturum media quadragesima, ut fecisse eos constat ex hac epistola. Dies autem medius quadrages. erat Dom. iv octodecim hinc inde jejuniis circumscripta : quod quidem nomen præfert in Responsoriali, et Antiph. sancti Gregorii Magni (*Thomas. tom.* IV, p. 225) cujusmodi libris Francia tunc abundabat Roma identidem missis, ut vidimus in Cod. Carol. Dominicam enim iv postea *de Rosa* et *Lætare* appellatam ibi videre est inscriptam *Dominica in medio Quadragesimæ.* Perinde in libro Missarum (*Thomas.*, tom. V, p. 60) ubi in notis Vezzos. varii codd. laudantur ejusdem sententiæ testes. Nec negligenda Astronomi auctoritas in Vita Ludovici Pii (ap. Pith. par. ii, pag. 254). « Quo consistenti medio quadrag. tempore, arridente etiam lætitia ipsius diei, et officii exhortante cantilena ecclesiastica, ac dicente : *Lætare, Jerusalem.* » Quamobrem Conringii opinio cæteris præferenda ; neque enim an. 806 cum Pascha incidit in diem 12 Aprilis, nec 807 cum in 28 Martii, Pippini missorum adventus mediam quadragesimam præcessit.

[b] Christi vicarios appellari olim consuevisse alios episcopos, imo et ipsos abbates monasteriorum liquet. Petri autem vicarii titulum singularem fuisse Rom. pontificis, quia in ipso, ut ait Leo Magnus (Serm. 2, c. 2; serm. 3, c. 4), Petrus perpetuo vivit, Coustant luculenter ostendit in præf. (num. 15); vide supra (ep. 2, al. 10, col. 522, not. f). Decretum postea, ut de aliis nominibus olim generalibus, ita et de Christi vicariatu uni Rom. pontifici tribuendo.

[c] Carolomannus primo quidem natus erat, ut Pagius animadvertit (an. 783, n. 4) anno 776, Romæque baptizatus quinquennis an. 781 et Pippinus vocatus, et rex Italiæ inunctus fuit ab Adriano, quare hoc anno ætatis tricesimum, 25 regni agebat. Huc accedit, quod ante biennium divisio regnorum tres inter filios facta erat a Carolo (ap. Pith. par. ii, p. 81) quam hodie a Baluzio acerrime vindicatam adversus objectiones Pithæi, consensu omnes amplectuntur (Pag. an. 806, n. 6). Nihilominus quoad Carolus vixit, filii precario velut jure suum quisque regnum administrarunt. Quare Pippinus absque paterna indulgentia Romanum iter non suscipit, et inferius hac ipsa ex epistola patet obtemperare cum debuisse paternis imperiis, ad pontificem adeundum alloquendumque quod attinet.

nostri itinere, missumque statim nostrum direximus, qui omnem præparationem facere deberet [a], quatenus cum lætitia ad limina apostolorum nostræque pusillitati conjungeret. Igitur post modicos, octavo scil. Kal. Apr., conjunxerunt ad nos missi præfati filii nostri domni Pippini regis, et obtulerunt nobis honorabilem epistolam vestram. Quam relegentes reperimus vestræ prosperitatis salutem atque solertissimam curam quam erga tranquillitatem sanctæ Dei Ecclesiæ vestra serenitas semper gerit, atque de adventu filii nostri domni Pippini, ut non antea esset venturus, nisi post diem sanctum Paschæ, apto videlicet tempore. Credat enim nobis vestra clementia, quia quocunque tempore ad nos conjunxerit, cum tanto gaudio tantaque lætitia eum suscipiemus, quantum condecet filio tam magni defensoris sanctæ Dei Ecclesiæ [b]: quia scimus, Domino opitulante, eo quod et nobis et illi profectum erit si eos conjunxerimus. Iterum postquam conjunxerunt ad nos ipsi prædicti missi filii nostri domni Pippini regis, et dixerunt nobis quod in media quadragesima minime conjungere potest, porrexerunt nobis præfati missi vestri, videlicet Helmgaudus et Hunfridus gloriosi comites, aliam epistolam serenitatis vestræ, ubi continebat ut ipsi fidelissimi missi vestri apud filium nostrum domnum Pippinum prius adirent et de vestro verbo ei præciperent ut ubi ambobus placuisset nobis obviam occurrisset [c] ut quod vos omnimodo optatis, cum Dei adjutorio veniat ad perfectionem, id est ut pax et concordia inter nos firma et stabilis, Deo mediante, constituatur. In veritate enim dicimus quia donavit nobis Dominus pacificum imperatorem, de quo Apostolus dicit: *Quam speciosi pedes evangelizantium pacem, evangelizantium bona!* Nam omnipotens Deus vestrum potest cor satisfacere; quia nullam discordiam nullamque iniquitatem circa eum habemus, sed sic eum diligimus et illius profectum cupimus, sicut de charissimo filio: sed qui zizania portant in conspectu vestro vel filii nostri domni Pippini regis, quod nos nec in corde habemus, omnipotens Deus, qui justus judex est, ante cujus conspectum omnia occulta patefiunt, ipse judicet inter nos et ipsos [d]. De vero Ecclesiis Dei ut suas habeant justitias, atque littoraria nostra et vestra [e] ab infestatione paganorum et inimicorum nostrorum tuta reddantur atque defensa, nos, quantum Dominus virtutem donaverit, cum ipso prædicto filio nostro studium ponimus: sed vestrum consilium et vestrum solatium et nobis et illi necesse est. De autem insula Corsica [f], unde et in scriptis et per missos vestros nobis emisistis, in vestrum arbitrium et dispositum committimus, atque in ore posuimus Helmgaudi comitis, ut vestra donatio semper firma et stabilis permaneat, et ab insidiis inimicorum tuta persistat, per intercessionem sanctæ Dei genitricis et beatorum principum apostolorum Petri ac Pauli, et vestrum fortissimum brachium, et Domino miserante, tempore apto, quantum plus celerius valuerimus, per fidelem vestrum nostrum omni utilitate sanctæ Dei

[a] Ita Adrianus (*Cod. Car.* ep. 58, al. 63), audito Caroli futuro itinere, *in vestri obviam,* ait, *ubicunque vos valuerimus conjungere, gradiendum proficisci volumus.* Et paulo ante (ep. 56, al. 58) regios accepturus missos, *Illico,* inquit, *secundum qualiter missos vestræ regalis potentiæ decet, omnem præparationem, seu et caballos in obviam eis direximus.* Nunc autem Italiæ regem accepturus legatum apostolicum præmittit, qui omnia disponat in sanctæ sedis ditione quæ ad tanti regis ubique susceptionem necessaria erant. Non secus hodie simili occasione fieret, nec secus factum constat præteritis sæculis, si quando imperator aut reges Romanum iter instituerent: discrimen tantummodo aliquod habuit, quod provinciæ præfecto aut rectori, qua imperator aut reges transituri erant, præparatio ista committebatur. Vide Cæremonial. (sect. 13, cap. 1 et seqq).
[b] Sæpe animadvertimus in Cod. Car. Francorum regibus Pippino et Carolo titulum aliud non tribui quam *Defensoris* sanctæ sedis. Eodem nunc audimus Carolum Augustæ dignitate insignem appellari a pontifice: id siquidem officii erat tam regi dum patricius erat Romanorum, quam imperatori, ut tutaretur, defenderet, protegeret Ecclesiam, neque aliam auctoritatem in ditione pontificia obtinebat, præter communicatam, seu delegatam, ut Pagii opinio est, ab ipso pontifice, summo principe. Idcirco hisce in Leonis epistolis nonnisi defensorem appellari liquet, præterquam in inscriptione ac subscriptione, obsequii causa erga dignitatem a Leone ipso excogitatam, solemniterque in eum collatam novo coronationis exemplo per ipsius pontificis manus in sancti Petri basilica.
[c] Vide supra, col. 528, not. [c].
[d] Non dedecet virum sanctum calumnias detegere, cum præcipue res esset manifeste falsa, idcirco Deum ipsum testem appellat, suæque causæ judicem facit.

[e] Serio hic notari velim *littoralia nostra et vestra.* Suprema enim potestas utriusque principis indicatur: pontificis nimirum, dum oræ maritimæ ditionis ecclesiasticæ appellantur *nostræ,* e contrario oræ maritimæ regni Italici, quæ ad Pippinum regem pertinebant, non Pippini, sed *vestræ* omnino vocantur: nam Pippinus regno inquam precario utebatur, quandiu Carolus vixit. Quis autem non videt discrimen inter Pippinianam et pontificiam auctoritatem; maximamque inter pontificiam et imperialem similitudinem? Vid. Cod. Carol., ep. 63, al. 65, necnon infra ep. 8, al. 3, ubi ait pontifex: « Semper postera et littoraria nostra ordinata habuimus. »
[f] Quo præcipue anno Insulam Carolus sanctæ sedi donaverit, nemo affirmat. Rem negare nemo audet. Muratorius (an. 807) effectu vacuam procedente tempore donationem visum iri minitatur. Conringius hinc arguit Ostiensem, qui Pippinianæ donationi Corsicam adjecit. Annalista Fuldensis præterito biennio (806-807) classem Pippini regis contra Mauros insulam infestantes processisse tradit: perinde Eginhardus apud Pagium (807, n. 5). At tuendi causa donationem antea factam, eo classem missam esse certo discimus ex charta divisionis regnorum Caroli nuper memorata, quæ Pippini regnum definit *usque ad mare australe et usque ad Provinciam.* Pontifice autem Sergio II qui cœpit an. 844, ex membranis Farnesianis (de quibus opportunius dixi in Præfatione n. 22 seqq.) habemus « Adelvertum marcensem et tutorem Corsicanæ insulæ » pro sancta Romana Ecclesia. Quod satis superque comprobat donationem effectu non caruisse adversus Muratorii opinionem et minas. Equidem pro certo habeo, quod donatio illa per fines in Librum Pontificalem ex apostol. archivo relata, ad annum 774 seu 781 aut denique 787, cum Carolus Adriano pont. Romam venit, referri non debet.

Ecclesiæ vestræ imperiali potentiæ liquidius innotescimus. Omnipotens igitur et omnium futurorum præscius Deus ipse vos faciat prosperis exaltari triumphis, et post longævam vitæ ætatem gaudia tribuat sempiterna. Piissimum domini imperium gratia superna custodiat, cique omnium gentium colla substernat.

EPISTOLA V.
GRATIARUM ACTIONIS.
(An. Dom. 808, cod. v, chron. 5.)

ARGUMENTUM. — Acceptis Caroli litteris, Helmengaudum comitem fideliter enarrasse agnoscit quæ ab se credita illi fuerant. Adjicit querelas adversus missos qui ad justitiam faciendam venerant. Eardulfum Nordanhimbrorum regem solio dejectum apud Carolum degere incolumem lætatur. De Cœnulphi Merciorum regis et archiep. Eborac. discordiis a Carolo vel ab se componendis, deque misso illuc legando alterutra ex aula cum litteris apostolicis archiepiscopum et socios accersendi causa consilium petit. In embolo ministerium credi episcopo cuidam improbat, et Ravennatis archiep. pravos mores Carolo defert.

Domino piissimo et serenissimo, victori ac triumphatori, filio, amatori Dei ac Domini nostri Jesu Christi, Carolo Augusto, Leo episcopus servus servorum Dei [a].

Explere verbis, clementissime fili, non valeo quantum vestro opere vestraque vita delector. Magnas igitur omnipotenti Deo gratias reddimus, quia in ore cordis experimento dulcis fit sapor charitatis. Cum impleatur quod scriptum sit : *Sicut aqua frigida sitienti, sic nuntius bonus de terra longinqua*. Serenitatis namque vestræ suscepta plena consolationis epistola, continuo, ut decuit, gratiarum actiones omnipotenti 62 Deo retulimus, qui vestram imperialem potentiam pacis ecclesiasticæ fecit esse custodem. Ipsa namque fides vos servat, quam erga sanctam Dei catholicam et apostolicam Ecclesiam, fautricem et auxiliatricem in omnibus petitionibus vestris, atque in sacerdotali unitate servatis. Cumque vos jugo pietatis cor vestrum humiliter nostræ pusillanimitati subditis, cœlesti gratia agitur ut omnia quæ circa Deum ex vestra purissima voluntate agere cupitis divino adjutorio suffragati ad perfectionem secundum vestrum benevolum desiderium deducitis, et vestrum brachium forte contra inimicos sanctæ Dei Ecclesiæ et vestros extenditis [b]. Dilectionem igitur atque firmam charitatem, quam erga serenitatem vestram gerimus, est Deus in cœlis, scrutator corda et renes, qui scit qualem amorem et sollicitudinem de vestra diuturnissima prosperitate quotidie habemus [c]. Quia post Deum et sanctos suos nullum consolatorem habemus, nisi solam vestram a Deo protectam imperialem potentiam, unde semper exspectamus defensionem et consolationem [d]. Relectis namque vestris imperialibus syllabis, reperimus in eis quatenus Helmengaudus comes vester nosterque fidelis nobis, quidquid a nobis audivit, vobis per singula nuntiavit. Sed si omnia quæ quotidie patimur vobis insinuasset tam ipse quam etiam cæteri missi vestri qui istis partibus veniunt, fastidium eos auribus vestris credimus facere. Nescimus enim si vestra fuit demandatio quod missi vestri qui venerunt ad justitiam faciendam [e], detulerunt secum homines 63 plures et per singulas civitates constituerunt, quia omnia, secundum quod solebat dux qui a nobis erat constitutus, per distractionem causarum tollerent [tollere], et nobis more solito nunc [annue] tribuere ipsi eorum homines peregerunt, et multam collectionem fecerunt de ipso populo, unde ipsi duces minime possunt suffragium nobis plenissime præsentare [f]. Sed valde nobis gravis esse videtur, si vobis fastidium facimus:

---

[a] Annales Fuldenses aliique apud Pagium (808, n. 10) Eardulfi dejectione definiunt ætatem hujus epistolæ. Carol. epistolis. Duo hæc item inter sacerdotium et imperium exoptabantur. Idcirco pontifex eorum testem Deum appellat.

[d] En iterum patriciatus et Augustæ dignitatis officium, defensio Ecclesiæ. Nil frequentius, iterum urgeo, in Cod. Carol. epistolis, cætera opiniones sunt : utinam non etiam commenta.

[e] Nescio an luculentior missorum distinctio desiderari possit. Alii erant missi qui legationem obire consueverunt ad pontificem, ut est *Helmengaudus*, et qui Romam veniebant : alii vero, qui ad justitiam faciendam mittebantur, sic volente pontifice, quod infra planius fiet ex archiep. Ravennatis pravitate ad Carolum delata. Hujusmodi autem missorum officium et auctoritas ne pluris æquo æstimentur, erui debent ex cap. 4 Constitutionis Lotharii sub Eugen. II (*Coll. Rom.* part. II, pag. 208). Ea siquidem sexdecim tantum annis distat ab ætate hujus epistolæ : « Volumus etiam, inquit, ut missi constituantur a domno apostolico et a nobis, qui annuatim nobis renuntient qualiter singuli duces et judices justitiam populo faciant, et quomodo nostra constitutio servetur. Decernimus itaque, ut primum omnes clamores, qui negligentia ducum aut judicum fuerint, ad notitiam domni apostolici referantur, ut statim aut ipse per suos nuntios eosdem emendari faciat, aut nobis notificet, ut legatione a nobis directa emendentur. »

[f] Ista non multum abludunt a Lotharii Constitutione. Ducum atque judicum munus erat populis ju-

confidimus enim in Dei misericordia quia in vestris temporibus sancta Dei Ecclesia tranquilla atque pacifica persistere habebit.

De autem omnibus bonis et prosperis quæ circa missum nostrum quem in partibus Britanniæ ad Anglorum gentem direximus, omnia pro amore beati Petri apostoli fautoris vestri operati estis, sicut solita est vestra clementia, magnas gratias vestræ pietati exinde agimus, quia semper in solatio sanctæ Dei Ecclesiæ et adjutorio orthodoxæ fidei decertatis. Sed sicut nobis per vestram honorabilem epistolam insinuastis, quod Eardulphus rex de regno suo ejectus fuisset, jam hoc per Saxones agnoveramus, unde maxime ipsum missum nostrum pro ipsa nequitia illic direximus. Magnum enim gaudium et magna lætitia in corde nostro ascendit pro eo quod vestra pietas misit missos suos et vivum eum ad vos usque perduxistis. Et valde de vita ejus delector, quia et vester semper fidelis exstitit, et ad nos missos suos dirigebat. Pro qua re vestra imperialis defensio ubique multipliciter resonat [a].

64 De vero epistolis quibus vobis Eanbaldus archiepiscopus et Cænulfus rex atque Wado emiserunt, relegentes, reperimus eorum dolositatem quam inter se habent. Unde valde contristamur. Quia iste Cænulfus [ipse prædictus] rex nec suum archiepiscopum pacificum habet, nec istum Eanbaldum idem archiepiscopum. Nam et de eorum divisione quotidie in [confessione] beati Petri apostoli, licet velut immeriti, preces fundimus, ut eos omnipotens Deus pacificet, et dicordiam quam inter se habent absolvat, et sicut cœpit vestra serenitas in ipsam pacem nobiscum decertare, sic incessanter elaborare dignemini, quatenus vestra merces copiosa accrescat in cœlis. Misistis siquidem nobis, ut nos ratione [nostræ] apostolicæ auctoritatis adhortatoriam epistolam sæpefato Eanbaldo archiepiscopo per idoneum missum nostrum mitteremus, ut ad hanc sanctam apostolicam sedem cum suis consentaneis venire debuisset, aut in vestra præsentia rationes deducendum [b]. Nos vero statim ipsam epistolam dictavimus et vobis emisimus. Sed si placet serenitati vestræ quod ipsam nostram epistolam per vestrum idoneum missum ipsi in partibus ad missum, quem itidem direximus, misissetis, ut una cum prædicto misso nostro ipsum archiepiscopum adhortasset, quatenus aut hic in nostra præsentia, aut ibidem in vestra una cum sociis suis conjunxisset, valde nobis recte visum fuisset; quia missum nostrum nondum suscepimus, et ipsi homines dolosi sunt, ut ne missos super missos suscipientes in dolositate eveniant. Verumtamen nos missum nostrum præparamus, donec secundum vestrum placitum demandetis, et si placet imperiali potentiæ ut missum nostrum ibidem dirigamus, vos nobis per vestram insinuationem significare lubeamini, et nos statim ipsum missum nostrum dirigemus secundum vestram voluntatem. Omnipotens enim et misericors Deus sua vos protectione **65** longa per tempora conservare dignetur, atque æterna gaudia per cum sanctis omnibus faciat possidere. Piissimum domini imperium gratia superna custodiat eique omnium gentium colla substernat.

[c] EMBOLIM.

Pro tanto amore tantaque dilectione atque fide quam erga vestram serenitatem gerimus, ea quæ agnoscere valemus silere non possumus. Jesse vero episcopus serviens vester aliud servitium vobis facere potest. Nam missaticum per patrias deportare non nobis videtur quod idoneus sit, neque ad secretum consilium provocandus. Sed rogamus vestram clementiam ut de hac re clementer considerare debeatis, quia nos omnes in vestro servitio salvi existere cupimus. De autem sacerdotalibus causis, unde nobis ad detrimentum venire speramus, quæ nos non

stitiam facere: missi autem ipsis ducibus atque judicibus insisterent necesse erat, ne suo fungi munere inertes negligerent: quidquid enim aut negligenter aut prave factum deprehenderent, pontifici quidem, si civitates erant ditionis pontificiæ, non imperatori, nuntiare debebant; ut ipse si fieri posset, per suos nuntios emendaret, sin aliter, imperatoris auctoritatem et potentiam imploraret. Et notandum quod missi ab officio episcoporum incipientes, ad inferiores Ecclesiæ ordines descendebant, inde at duces seu comites et judices veniebant; ita ut non modo civilis, sed ecclesiastica etiam administratio ibidem examinata ab iis esset. Vide capitulare Ludovici Pii an. 828 (Labbe *Conc.* tom. VII, p. 1579 seqq.). Idcirco missi isti a Leone accusati haud sibi arrogaverant ducum officia, sed homines secum duxerant qui munus illorum cum ærarii pontificii detrimento usurparant. Quod, quia novum et intolerabile visum est pontifici, jus enim suum invadebatur, fidenter nuntiat transitque ad alia.

[a] Eardulfi dejectionem ejusque reditum in regnum Nordanhimbrorum Leonis et Caroli ope Annales narrant ap. Baron. (n. 53 seq.), et apud Pagium (n. 10). De misso autem, quem Leo illuc legaverat, statim atque rem scelestam novit; et de missis Caroli, qui Noviomagum eum deduxerunt incolumem, inoffi-

ciosa brevitate silent: quo plane silentio nititur Conringii dicacitas.

[b] Nil sibi Carolus tribuit in archiepiscopi Eboracensis causa, qui litteris suis adorsus eum fuerat: pontificiæ auctoritati omnia subjicit, indeque privilegium petit ad illius causam audiendam: recuduisse videtur controversia illa ingens maximeque diuturna inter Cantuariensem et Eboracensem archiepiscopum de primatu. Quam anno 1072 Alexandro II Pontifice esse compositam Cantuariensi Eboracensem subjiciendo testatur Malmesburiensis. (Labbe *Conc.* tom. IX, p. 1211 seqq.). Videndus et Thomassinus (p: 1, *lib.* I, cap. 36). Inde enim liquet nec Leonem nec Carolum tum temporis concertationi modum imponere valuisse.

[c] Indolem episcopi probe norat pontifex. Conringius rem testatur: nam Ambianensis iste episcopus, qui ann. 802 legatione functus erat Constantinopolim, postea auctor fuit conjurationis filiorum in Ludov. Pium, et inde depositionis pœnam subiit (Thegan., n. 36-37). Jure igitur Leo persuadet Carolo ut legationes illi haud committat, neque ad secreta eum consilia adhibeat. *De Missatico per patrias deportando* sive legationibus per provincias obeundis Ducangius plurima, epistolæ etiam hujus exemplo allato.

sic possumus emendare, vobis insinuamus [a] ut interrogetis Helmgaudum et Hunfridum fideles vestros, quando a nobis absoluti sunt, et in Ravenna conjunxerunt, et ab archiepiscopo ad prandium invitati sunt, id est Dominico die ad Palmas : quales lectiones et quales admonitiones ante ipsam mensam recitans audierint, sicut decet in sancto Quadragesimali tempore, quando omnes de suis facinoribus Deum deprecantur, ut mereantur emendare. Sed et ea quæ ibidem audierunt nobis turpitudo est vobis in scriptis insinuare.

EPISTOLA VI.
66 INTERCESSIONES ET CÆTERA.
(An. Dom. 808, cod. VIII, chron. 6.)

ARGUMENTUM. — Subiratum Carolum quod ab Adulpho diacono misso apostolico et ab alio misso Eboracensis archiepiscopi deceptum se crederet, eosdemque fraudulenta legatione in Ardulfum regem functos putaret (uterque enim illo insalutato Romam advolaverat), pontifex primum mulcet: deinde utrumque falso accusari nequitiæ comprobat litteris pluribus ex Anglia sibi traditis, quas transmittit. Imprudenter utrumque egisse sæculi solertiæ inscium fatetur; idcirco venia dignos putans ad Carolum remittit, Adulpho in Angliam iterum destinato, ut periclitanti illi Ecclesiæ opituletur.

Domino piissimo et serenissimo, victori ac triumphatori, filio, amatori Dei et Domini nostri Jesu Christi, Carolo Augusto, Leo episcopus servus servorum Dei [b].

Omnes enim qui se nobis fideles asserunt, si vestræ imperiali potentiæ sic fideles non exstiterint, ita ut omnes pacem atque dilectionem quam, Deo miserante, erga sanctam Dei catholicam et apostolicam Romanam Ecclesiam matrem vestram et nos geritis, cognoscere valeant, vacua est spes eorum et labor eorum sine fructu, et inutilia sunt opera illorum, exceptis his qui per ignorantiam in aliquod ut homo fefellerint. Verumtamen et ipsi corrigendi esse judicamus. Misit siquidem nobis vestra serenitas, eo quod Adulphus diaconus, missus nostræ apostolicæ sedis, cum a vobis more solito benigne ac honorifice susceptus esset, et usque ad portum maris deductus, atque exinde ad navigationem commode absolutus, et cum verteretur, ad vos primum se velle venire profiteretur, noluit missum vestrum exspectare, qui eum usque ad vos deduceret, sed arrepto itinere quasi fugiens, eum [cum] vos illum per dies aliquot exspectaretis **67** ad vos venturum sperantes, spem vestram delusit [c]. Et quod missum Eanbaldi archiepiscopi, qui ipse litteras suas ad vos misit petens ut prædictum legatum ejus ad vos venientem benigne susciperetis, et eum ad vos venire permitteretis, sed neque ille secundum domini sui præceptum peragere studuit. Quamobrem credat nobis vestra serenitas, charissime ac dulcissime fili, quia per nullum iniquum quodlibet consilium hoc facere perpessi sunt, sed ignorationes sæculi hujus solertiæ hanc stolidam occursionem perfecerunt. Nos vero apostolica suffulti auctoritate, secundum vestram voluntatem vestræ imperiali potentiæ eos dirigere non omittimus [d]. Sed precamur clementiam vestram, ut pro amore beati Petri apostoli fautoris vestri, in cujus servitio prædictum Adulphum diaconum emisimus, imo etiam in ipsum quod nobis sub jurejurando pollicitus est, ut ad profectum sanctæ Dei Ecclesiæ et vestrum atque nostrum decertare debuisset, et pacem in ipsa insula seminare studuisset, iterum ipsis in partibus remittamus, nullam pro hoc sustineat tribulationem, ut cum Propheta dicere valeat, *Corripit me justus in misericordia*. Quis enim vestram a Deo datam sapientiam illudere valebit, cum superna gratia? sicut vos procul dubio credimus ut habeatis. Sed quia homines sumus et fallimur, petimus pietatem vestram ut hanc eorum noxam beato Petro apostolo concedere non dedignemini, ut ab ipso clavigero regni cœlestis præmium mercedis suscipere mereatis. De autem quod nobis emisit vestra serenitas, fraudulentam eos habere legationem, quam vobis ostendere timuerunt, et quia propter hoc tam festinanter profecti sunt, ut Ardulphi regis iter Romam prævenire potuissent, omnes epistolas quæ de partibus illis nobis perlatæ sunt, pro vestra satisfactione vobis emisimus legen-

---

[a] Nil melius comprobat morem illum a Lothario in sua constitutione firmatum male facta nuntiandi pontifici, qui nisi emendare illa posset, ab imperatore auxilium quæreret. Quare antiqua potius consuetudo ea constitutione instaurata videtur, quam novi aliquid excogitatum. Desipit, ut solet, Conringius sancto Gregorio VII infensus : canonibus quippe arceri laicos etiam principes ab ecclesiasticis judiciis constat; pontificio autem privilegio causas quoque ecclesiasticas agi per eos posse quis neget? Ad disciplinam vero quod attinet, si religione, prudentia et canonibus obtemperantia duce, etiam citra privilegium quid gesserint, movendam iis litem non esse docet Thomassinus, p. 2, lib. II, cap. 54. Hic de pravis moribus emendandis admonitione sive increpatione res est.

[b] Quanquam Eginhardo tributi Annales Ardulphi regis dejectionem, iter in Franciam, indeque Romam ejusque per Leonis et Caroli legatos reductionem in suum regnum hoc anno enarrent, tamen major fides habenda mihi videtur annalibus Fuldensibus, qui anno 809 reductum regem non edocent. Ita intra maximas temporis angustias multiplex rerum series non coarctabitur. Nec secus persuadent Westmonasteriensis verba apud Pagium (808, n. 10) : « Eardulpho Northumbrorum rege a regno fugato, Arfwoldus ei duobus annis successit. » Hæc tamen epistola recte a Conringio statuitur an. 808 ; etenim non modo silet de reducendo rege, sed etiam de illius adventu in Urbem. Data autem anni extrema die.

[c] Si meministi, Adrianus (*Cod. Car.*, ep. 56, al. 58) advenientibus Caroli tum regis missis, obviam misit, ut honorifice reciperentur; ab iis tamen est delusus, nam alio iter flectere iis visum fuit. En! Carolo jam imperatori a misso pontificio par pari redditum. Honorifice et ipse apostolicum missum suscepturus erat : seque deceptum cum Leone queritur, ut cum eo Adrianus questus fuerat. Modica hæc quidem videntur : notanda tamen eventuum paritas inter summos principes.

[d] Nonnihil hic discriminis in facti paritate deprehendimus : nam Adrianus per alios missos medendum petiit priorum illusioni; contra Carolus eosdem ad se remitti postulat. Par nihilominus rei eventus; uterque enim missus benigne acceptus a Carolo, et præcipue pontificius Caroli benevolentiam atque opem expertus fuit, ut ex sequenti epistola patefiet.

das ᵃ. Prædictum vero missum Eanbaldi archiepiscopi, in quantum Deo auspice agnoscere valuimus, in **68** omnibus Dei famulum eum comperimus. Unde obnixe quæsumus vestram imperialem potentiam, ut pro eo quod ad fautorem vestrum beatum Petrum apostolum directus est, melius illi sit et non deterius, sicut modis omnibus esse credimus, quanquam ignoranter fefellit. Quia valde pertimescimus, ne ipse populus acquisitionis sanctæ Romanæ Ecclesiæ, per quamlibet occasionem et certamen prædecessoris mei domni Gregorii beatissimi papæ, quod ipsis in partibus posuit, meis temporibus infructuosum existere videatur, nec mihi in judicio eveniat ᵇ. Quid plura dicimus? Sicut per eorum stultitiam agnovimus in aliquo vestrum furorem, ita per infusionem sancti Spiritus velocius a vobis vestram sentiamus misericordiam. His præmissis, omnipotens et misericors Deus sua vos a malis omnibus protectione custodiat, et quoniam vita vestra bonis omnibus valde est necessaria, post longa adhuc tempora vos ad cœlestis patriæ gaudia perducat. Piissimum domini imperium gratia superna custodiat, eique omnium gentium colla substernat. Prædictæ vero epistolæ quæ de Saxoniæ ᶜ partibus nobis missæ sunt magnopere precamur clementiam vestram, ut eas nobis remittere jubeatis, quia earum verba pro pignore retinemus. Absolut. prid. Kal. Januar.

EPISTOLA VII.
69 QUÆSTIONES SOLVENDÆ.
(An. Dom. 809, cod. VII, chron. 7.)

ARGUMENTUM. — Redeuntibus ex Britannia missis Leonis et Caroli, qui Ardulfum Nordanymbrorum regem in suum regnum reduxerant, piratæ occurrunt, Adolphum missum apostol. prædantur, in Britanniam ducunt, ubi redimitur. Rem Carolus nuntiat pontifici, simulque tres proponit quæstiones. Pontifex maxime sollicitum se fatetur de misso suo : quæstiones Hieronymi auctoritate solvit.

Domino piissimo et serenissimo, victori ac triumphatori, filio, amatori Dei ac Domini nostri Jesu Christi, Carolo Augusto, Leo episcopus servus servorum Dei ᵈ.

Remeante ad nos, Domino annuente, Sabino religioso episcopo ᵉ de partibus transmarinis, obtulit nobis serenitatis vestræ epistolam continentem de injuncta sibi legatione, vel captu atque redemptione Adulphi diaconi missi nostri, de quo in magno mœrore manemus, quousque omnipotens Deus illum ad nos usque per vestrum deducet solatium.

Reperimus etiam in ipsa honorabili vestra epistola tres quæstiones subjunctas. Unam quidem de eo quod scriptum est in Evangelio secundum Matthæum, ubi dicitur de Domino nostro Jesu Christo : *Et veniens Nazareth habitavit ibi : ut adimpleretur quod dictum est per prophetas, quoniam Nazarenus vocabitur.* Alterum de eo quod in principio Evangé-

---

ᵃ Fidem ac prudentiam pontificis animadverte : culpa detergenda erat, cui missi videbantur obnoxii. Quare haud mittit exempla litterarum ex Anglia eos a scelere vindicantium, sed ipsum earum autographum, ut patet ex fine epistolæ.

ᵇ Ex quo invaserunt magnam Britanniæ insulam Germaniæ populi, Angli, Saxones, Juttæ, circa dimidium quinti sæculi, Anglo-Saxones conflato nomine cœperunt dici : nec tamen nomen pristinum amisere. Iidem post varias vices devictis Britannis, et in Cambriam seu Walliam fugere compulsis, ubi quidquid religionis erat in insula est receptum, septem regna aliud alio tempore constituerunt. Juttarum regnum fuit Cantium, cujus metropolis Dorovernum seu Cantuaria : Saxonum tria fuerunt regna, Orientalium, Meridianorum, Occidentalium : totidem Anglorum, nempe Orientalium, Mediterraneorum, seu Merciorum, et Nordanhymbrorum. Augustinus monachus eo missus a Gregorio hanc heptarchiam invenit idololatriæ omnem misere mancipatam. Cantii regnum omnium primum ab Augustino convertitur ad catholicam fidem anno 597. Saxonia Orientalis hodie Essexia an. 604 ad fidem conversa. Northumbria ab episcopo Paulino, qui Eboracum fecit metropolim, ad fidem revocata est an. 627, et ne æquo longior sim, an. 661 omnia ea regna Christi fidem amplexa erant. Leo rem tantam jure tribuit sancto Gregorio Magno, qui obiit supremum diem anno 604. Ab ipso enim opus feliciter cœptum per divinos præcones illuc missos, facili consequio negotio perfectum est. Huc accedit quod archiepiscoporum Cantuariensis et Eboracensis controversia unum spectabat Gregorium ; nam ipse constituerat (Lib. XII, ep. 15) ut Eboracensis (quandocunque ad Christi fidem veniret Northumbria) pari honore uteretur cum Londoniensi, qui tamen postea Cantuariæ adhæsit, ut liquet. Vide etiam Labb. (Concil. tom. VII, p. 1110.)

ᶜ Ex breviter indicatis superiori nota inferri non potest Britanniæ insulæ accessisse nomen Saxoniæ ; Cantii quippe regnum, ubi metropolis Cantuaria, non erat Saxonum. Pariterque Northumbria, ubi Eboracum, ad Anglos, non ad Saxones pertinebat. Perinde Eardulfus rex Merciorum, sed Anglorum Mediterraneorum, Saxoniæ nomen rejicit. Conringio igitur adhærendum, qui Saxoniam transmarinam, Angliæ nomine hauddum recepto, tum insulam nuncupari admonet.

ᵈ Datam hanc epistolam an. 809 Eardulphi regis restitutio planum facit ; etenim annales Fuldenses aliique apud Conringium consensu id tradunt. Vide notam ad præced. epist.

ᵉ Annales Fuld. restitutum aiunt regem per *Legatos imperatoris et Leonis papæ.* Perinde Annal. Francor. queis utitur Conringius, qui rem narrabat uberius : « Postquam Ardulfus rex Nordumbrorum reductus est in regnum suum ; et legati imperatoris atque pontificis reversi sunt, unus ex iis, Adolphus videlicet diaconus, a piratis captus est, cæteris sine periculo trajicientibus, ductusque ab iis in Britanniam, a quodam Cœnulphi regis homine redemptus est, Romamque reversus. » Pari modo Annales Francorum sub Ludovico Pio, qui Eginhardo tribuuntur, ap. Baron. et Pagium (an. 808, n. 33 ; Pag. n. 10) primo dicunt, *per legatos Romani pontificis et domini imperatoris ;* deinde Adolphum duntaxat nominant, ac duos imperatoris : « cum eo ab imperatore missi duo abbates Rotfridus notarius et Nantharius abbas de sancto Adomaro. » Quare haud plaudendum videtur Mabillonio (Annal. lib. XXVII, n. 64), qui duobus tantum abbatibus a Carolo missis hanc gloriam tribuit. Equidem puto episcopum Sabinum hic memoratum, qui e transmarinis oris legatione functus revertitur, alium legatum pontificis fuisse : nam Adolphus exeunte superiori anno profectus erat, antequam pontifex Eardulfi causam discuteret, restituendumque eum regem decerneret. Is vero, quantum assequi licet, Eardulphum cum Sabino misso apost. apud Carolum exspectavit, ut una simul proficiscerentur : nisi forte cum duobus abbatibus eo se contulerat eamdem ob causam, rege postmodum adveniente cum altero legato pontificio.

lii secundum Marcum testimonium propheticum ita positum est: *Initium Evangelii Jesu Christi Filii Dei, sicut scriptum est in Isaia propheta, Ecce mitto angelum meum, qui præparabit* **70** *viam tuam ante te.* Tertiam de epistola egregii doctoris Pauli apostoli priore ad Corinthios, ubi dicit: *Si enim cognovissent, nunquam Dominum gloriæ crucifixissent; sed sicut scriptum est, Quod oculus non vidit, nec auris audivit, nec in cor hominis descendit, quæ præparavit Deus diligentibus se* [a].

Scribit enim beatus Hieronymus de quæstione prima, id est secundum Matthæum, quod hoc in Isaia scriptum habeatur, sed id magis juxta sensum usum beatum fuisse evangelistæ quam juxta sermonis proprietatem. Scriptum namque est in commentario ipsius evangelistæ ab eo beato Hieronymo: « *Et veniens habitavit in civitate quæ vocatur Nazareth, ut adimpleretur quod dictum est per prophetas, quoniam Nazarenus vocabitur.* Si fixum de Scripturis posuisset exemplum, nunquam diceret *quod dictum est per prophetas*, sed simpliciter, *quod dictum est per prophetam.* Nunc autem per prophetas vocans, ostendit se non verba de Scripturis sumpsisse, sed sensum. *Nazaræus* enim sanctus interpretatur; sanctum autem Dominum futurum omnis Scriptura commemorat. Possumus et aliter dicere, quod etiam eisdem verbis juxta Hebraicam veritatem in Isaia scriptum sit: *Exiet virga de radice Jesse, et Nazaræus de radice ejus conscendet.* »

De testimonio vero beati Marci evangelistæ, quod in principio sui profert Evangelii, dicens: *Initium Evangelii Jesu Christi Filii Dei, sicut scriptum est in Isaia propheta: Ecce mitto angelum meum ante faciem tuam, qui præparabit viam tuam ante te. Et iterum: Vox clamantis in deserto, parate viam Domini, rectas facite semitas ejus.* Sciendum est, quod e duorum testimoniis prophetarum unum contexuit corpus, Malachiæ videlicet et Isaiæ, quorum unius edixit, alterius vero tacuit nomen. Quod enim ait: *Ecce mitto angelum meum*, etc., de Malachia protulit. Quod vero adjecit: *Vox clamantis in deserto*, etc., Isaiæ vaticinium est. Sicut in ipsius Malachiæ expositione beatus profert Hieronymus dicens: « Marcus evangelista duo testimonia Malachiæ et Isaiæ sub unius prophetæ sermone contexens, ita exorsus est: *Initium Evangelii Jesu Christi, sicut scri-*

---

[a] Tres istæ quæstiones desumptæ ex Matth. II, 23; Marc. I, 1 2; I Cor. II, 8-9; nec Vulgatam neque Italam referunt. Eædem infra sancti Hieronymi auctoritate explicatæ abs re nostra sunt, quippe quæ neque historiam, neque discipliuam spectant. Ven. Thomas. in Præf. (Tom. I) versionem antiquam Latinam juxta LXX manibus omnium versari tum testatur.

[b] Isaiæ prophetia olim in capita 181 dividebatur, qualem exhibet laudatus Thomasius. Idem (sup. cit. l.) hac Leonis epistola utitur ad comprobandum suam editionem: « Id quod satis respondet, inquit, nostris hisce capitulis, si numerus unus addatur (qui facile scriptoris inadvertentia omitti potuit) legaturque CLXXI pro CLXX. » In Vulgata est cap. LXIV, v. 4, qui est ultimus antiquæ divisionis CLXXI, quod incipit a v. 15 cap. LXIII.

ptum est in Isaia propheta, Ecce mitto angelum meum ante te, qui parat viam tuam. Hoc, licet verbis aliis, in Malachia legimus. Quod autem sequitur: **71** *Vox clamantis in deserto*, etc., ab Isaia propheta dicitur. » Item, vero in commentario Matthæi idem beatus dicit Hieronymus: « Cum enim testimonium de Isaia Malachiaque contextum sit, quæritur quomodo velut ab uno Isaia exemplum putemus assumptum: de quo ecclesiastici viri plenissime responderunt. »

At vero testimonium beati Pauli apostoli, quod in Epistola ad Corinthios protulit, dicens: *Quod oculus non vidit nec auris audivit,* etc., in Isaia propheta scriptum habetur aliis quidem verbis, eodem tamen sensu. Sic namque scriptum est ibidem: *A sæculo non audiverunt neque auribus perceperunt, oculus non vidit, Deus, absque te, quæ præparasti exspectantibus te.* Requirat [b] prudentissima vestra imperialis potentia in capitulo centesimo septuagesimo, et ita inveniet. Quanquam beatus Ambrosius hunc sermonem in expositione ejusdem Epistolæ, juxta scriptum Apostoli, in Apocalypsi Eliæ in apocryphis scriptum esse affirmat.

His præmissis, omnipotens et misericors Deus sua vos protectione custodiat, atque per multorum curricula annorum vitam tribuat sempiternam. Piissimum domini imperium gratia superna custodiat, eique omnium gentium colla substernat.

EPISTOLA VIII.

72 DE OCCISIONE MAURORUM IN GRÆCOS.

(An. Dom. 812, cod. III, chron. 8.)

ARGUMENTUM. — Mauris minitantibus Siciliam invadere Michaelem imperatorem misisse classem cum patricio et spathariis; patricium auxilia obtinere non potuisse ab Anthimo duce Neapolis, qua non negata ab Amalphitanis et Cajetanis. Mauros latrocinatos in insulis Lampadusa, Pontia, Iscla. In sanctæ sedis ditione salva omnia esse: vix enim a Carolo nuntiatis Maurorum motibus, continuo cœpisse fines atque oras maritimas milite custodiri, jugibusque in confessione ad Deum precibus Ecclesiæ præsidium, longævam Carolo vitam implorari.

Domino piissimo et serenissimo, victori ac triumphatori, filio, amatori Dei ac Domini nostri Jesu Christi, Carolo Augusto, Leo episcopus servus servorum Dei [c].

---

[c] Ad ætatem hujus epistolæ quod attinet, Muratorius eam cum duabus sequentibus refert ad annum 813; inde autem arcetur duobus præsertim capitibus: primo quia Michael sequenti anno a Leone Armeno proditus imperare desinit, monachumque induit; quare non cohærent Gregorii patricii cum classe in Siciliam missio per Michaelem, ejusque objectio e solio Constantinopoleos. Deinde quia salva omnia ex parte Ecclesiæ hujus anni pugnant cum ærumnis per Saracenos allatis seq. anno: quod quidem caput Conringii sententiam ancipitem peperit, datam nimirum epistolam hoc vel seq. anno. Cum autem Septembri mense data sit, atque intervallo tantum bimestri epistola sequens distet; rerum inversio illa, quæ in hac penitus siletur, insequenti autem fuse narratur, omne amovet dubium quin alia anno alio data fuerit. Vide col. seq., not. [c].

Scimus igitur vestram a Deo protectam imperialem potentiam semper de integritate et exaltatione atque custodia matris suæ sanctæ Ecclesiæ ejusque finibus solertissimam habere sollicitudinem, et ideo notum facimus serenitati vestræ ea quæ nuper audivimus et ex parte certi sumus [a]. Vestræ siquidem a Deo datæ sapientiæ incognitum non est quod illa nefandissima Agarenorum gens partibus Siciliæ anno præsente venire consiliaverat. Nunc autem, sicut audivimus, in quibusdam Græcorum insulis conjunxerunt. Pro quibus vero misit Michael imperator patricium [b] et spadarios cum stolo, ut contra eos Christo **73** adjuvante dimicare debuissent. Cumque ipse patricius in Siciliam conjunxisset, direxit missos suos per Beneventum ad Anthimum [c] Neapolitanum ducem, ut cum toto ipso Neapolitano ducatu qui illi obedire voluissent navale auxilium ei præbere studuissent. Qui vero dux occasiones proponens in adjutorio ejus ire contempsit. Cajetani tamen et Amalphitani aliquanta congregantes navigia in auxilio ejus abierunt. Postmodum vero, ut audivimus, ingressi sunt ipsi nefandissimi Mauri, tredecim scilicet navigia, in insulam quæ dicitur Lampadusa, partibus Siciliæ constituta, et prædavere eam. Cumque de prædicto Græcorum stolo septem navigia itidem explorando perrexissent, ut sc. veritatem cognoscere potuissent, comprehendentes eos Deo odibiles Mauri, occiderunt illos : et dum exspectassent eos Græci qui miserunt illos ad explorandum, et minime essent reversi, abierunt generaliter super eos, et, Christo miserante, totos illos iniquos Mauros occiderunt, ita ut nec unum ex eis vivum reliquerint. Porro et hoc relatum est nobis : quadraginta naves de ipsis Mauris venerunt in insulam quæ Pontias vocitatur, ubi monachi residebant, et prædaverunt eam. Postmodum vero egredientes ex ea ingressi sunt in insulam quamdam quæ dicitur Iscla majore [d], non longe a Neapolitana urbe **74** milliaria [militaria] xxx ; in qua facta

---

[a] Notanda pontificis prudentia : non enim quæcunque scribit certa esse fatetur : sed audita tanquam dubia refert, secernitque ab iis quæ certo norat. Saracenorum appulsum ad insulas Græcorum ; Lampadusæ vastationem ab iisdem factam ; septem Græcas naves exploratum missas, prædatasque per Saracenos, hominibus ad unum cæsis, necnon e converso Mauros postmodum omnino deletos a Græcis, tanquam dubia, nuntiorum fidei commendat. Contra decrevisse Saracenos hoc anno Siciliam aggredi ; adventum Græcæ classis ; ab Anthimo negata auxilia, eademque a Cajetanis et Amalphitanis præbita ; et insularum Pontiæ atque Isclæ invasiones pro certis enarrat.

[b] In chronico Neapolitano apud Pratillum (tom. III, pag. 35) Michaelis nomen tribuitur patricio. Scriptoris incuriane id factum, an patricius eodem appellaretur nomine atque imperator, incerta res est : nullum quippe nomen præsefert in epistola. Muratorius nimis fidenter ei fecit nomen Gregorio : at patricii Siciliæ appellatione vir doctus et deceptus. Quod minime illi accidisset, nisi hanc epistolam ad sequentem annum distulisset ; nam cum anno eodem linæ litteræ datæ sint, quæ mox sequentur, et Gregorii patricii in utrisque mentio fiat, alium non esse ducem classis arbitratus est. Ita patricius, qui pro rege, ut hodie dicimus, in Siciliæ insula residebat, Græci imperii reliquiis præfectus, in præfectum maris ab eo convertitur. Pagius quoque istas epistolas datas omnes putat an 813, iisque utitur ad Saracenicæ historiæ continuationem ; patricio tamen præfecto maris nullum ausus est nomen facere, quippe anonymum apud Leonem invenit.

[c] Nil melius excogitari potest ad hanc epistolam illustrandam quam laudati Chronici Neapolitani a Pratillo editi testimonium : « Antimus qui noluit mandatis Domini imperatoris obedire, ut cum suo exercitu adversus Saracenos ire debuisset : quapropter illi pervenerunt usque Neapolim devastantes pagos et loca sine ullo obstaculo et impedimento : inculpatus fuit a Michaele patricio imperialis exercitus dux de intelligentia cum Saracenis apud Dominum imperatorem, dum poterat defendere loca illa, et reliquit indefensa. Exivit tum fama quod exercitus Domini imp. Neapolim veniebat, et non reverteretur, nisi prius non destruebat domus et omnia bona domini ducis Antimi ; qua de re dux Antimus volebat Romam fugere, et non potuit, et præ timore post paucos dies mortuus est, et ducatui successit anno 813 Theotistus. » Profecto si Antimus mœrore obiit diem suum an. 813, in hunc annum gesta omnia quæ mœroris causa fuerunt, huc rejici nequaquam possunt. Huc accedit quod si Michael initio sui imperii ex Eginhardo apud Baronium et Pagium (Baron. 812, n. 12; Pag. *ibid.*, num. 7) per legatos suos firmavit pacem Aquisgrani cum Carolo, et Romæ cum Leone : huc etiam referri debent quæ narrantur in epistola. Nam Carolus, vix dimissis legatis, de Italia servanda deliberavit in conventu Aquisgrani pariter coacto, « propter famam classis quæ de Africa et de Hispania ad vastandam Italiam ventura dicebatur » (Pag. *ibid.*, n. 9). Notandi etiam sunt legati ab imperatore missi : « Legatos suos direxit Michaelem scilicet episcopum et Arsaphium, atque Theognostum protospatharios. » Nonne igitur et alius Michael patricius, qui cum spathariis classem duceret in Siciliam Constantinopoli exstiterit ?

[d] Ænariæ insulæ, quæ et Inarime et Pithecusa olim appellabatur, Isclæ nomen accessisse a noni sæculi initio nulli auctores dicunt. Attamen epistola hæc de alia insula non loquitur, tametsi 30 mill. Neapoli abesse dicatur, cum sex tantummodo inde distet. Cur major vocetur non intelligo, nisi forte *Isciæ*, quæ aliis Pandataria, prope Pontiam (Plin. l. III, c. 7) ratio habeatur, quæ et ipsa tum temporis audiret Iscla. Quod autem attinet ad milliaria 30, video Conringium prima in editione an. 1647 posuisse *milliaria*, postea nova curata editione an. 1655 membranis iterum diligenter inspectis, *militaria* 30 emendasse, quasi Maurorum numerus illuc appellentium designetur. Et vero diceret illam Leo *non longe a Neap. urbe*, si triginta passuum millibus esset dissita ? Pecudes et familia Neapolitanorum inibi existere credi possent, nisi esset fere finitima ? Equidem reor, locum Chronici Neapolitani (Ap. Pratill. tom. III, p. 61) sæculi sequentis initio, huc referri debere : namque *illi de Isola viri belligeri*. Neapolitanam terram affligentes in mari sunt perdomiti, et plerique Neapolim deducti. Quare non *Isola*, sed *Iscla* ab scriptore antiqui illius chronici esse positum crediderim ; at Ubaldi exscriptoris, aliusve vitio *Isola* mendose scriptum. Ita profecto factum videre est in Critice Pagii ad Baron. (edit. Lucen. an. 813, n. 21). Ipsa enim hæc Leonis epistola pro *Iscla* præsefert *Isola*. Cæterum, quidquid sit de recenti nomine *Ischia*, quod insulæ factum volunt ab ejus oppido Coxendicis formam habente ; nam Coxendix Græce *Ischia* ἰσχίον dicitur, ut libere dicam quod sentio, utramque insulam esse appellatam *Isciam* minorem majoremve hac ex epistola intelligo ; a quonam vero *i* littera in *f* mutata fuerit, divinari ab aliis velim.

milia et peculia Neapolitanorum non parva invenerunt : et fuerunt inibi a xv usque ad xii Kal. Septembr. et nunquam ipsi Neapolitani super eos exierunt. Cumque totam insulam deprædassent, implentes navigia sua de hominibus et ejus necessariis reversi sunt post se. Cajetani autem, qui post desolationem jam dictæ insulæ ibidem fuerunt, dixerunt quod invenissent homines occisos jacere [a] et granum et scirpha quæ ipsi Mauri portare secum non potuerunt, sed et caballos Mauriscos, quos in suis ducebant navigiis, occisos ibidem dimiserunt. Ecce quæcunque [audire] potuimus de Græcorum partibus, serenitati vestræ intimare curavimus. De nostris autem terminis insinuamus vestræ tranquillissimæ imperiali potentiæ quia per intercessionem sanctæ Dei genitricis semperque virginis Mariæ dominæ nostræ, et beatorum apostolorum Petri ac Pauli, et per vestram prudentissimam ordinationem, omnia salva et illæsa existunt. A quo enim de illorum adventu vestra nos exhortavit serenitas, semper postera et littoraria nostra [b] **75** ordinata habuimus, et habemus custodias; nosque cum nostris sacerdotibus in ecclesia fautoris vestri beati Petri et Pauli [apostoli], Omnipotentis exoravimus clementiam ut suam sanctam Ecclesiam ab insidiis inimicorum custodire et defendere dignetur [c], vosque ad exaltationem et defensionem ejus per longa annorum curricula conservare et protegere lubeat, atque ad gaudia æterna per multa temporum spatia cum sanctis perducat omnibus. Piissimum Domini imperium gratia

A superna custodiat, eique omnium gentium colla substernat. Absoluta vii Id. Septembr.

EPISTOLA IX.

76 QUALITER SICILIENSES CUM SARACENIS PACTUM FECERUNT ET CAPTIVI REDDITI.

(*An. Dom.* 813, *cod.* ii, *chron.* 9.)

ARGUMENTUM. — Leoni traduntur litteræ a Gregorio patricio Siciliæ ad Carolum Aug. absque inscriptione : resignandæ scilicet, legendæ, atque apposito sigillo in Franciam transmittendæ, aut ipsæ aut earum exemplum; nam erant responsum Carolinis, utrasque missus pontificius ultro citroque tulerat. Pontifex integras ad Carolum mittit, putatque minime inscriptas, Leone imp. suo inconsulto, ad se autem remitti orat cum lectæ fuerint: eumdem missum nuntiasse quod patricius pepigerat inducias cum Saracenis in annos decem, captivis utrinque redditis; Michael Aug. monachum induerat, pleraque alia evenerant quæ singillatim enarrat.

Domino piissimo et serenissimo, victori ac triumphatori, filio, amatori Dei et Domini nostri Jesu Christi, Carolo Augusto, Leo episcopus servus servorum Dei [d].

Tertio igitur Idus Novembr. suscepimus epistolam Gregorii patricii Siciliensis : responsum scilicet serenitatis vestræ epistolæ, quam illi per hominem nostrum emisimus. Vobis siquidem, pro qua causa ignoramus, epistolam nomini vestro titulatam [e] non emisit. Illam tamen, quam nobis direxit epistolam, de qua vobis exemplar, aut postquam eam legeremus a nostro sigillo vestræ imperiali potentiæ dirigere petivit. **77** Nos pro vestra satisfactione neque eam

---

[a] In utraque editione Conringii, et ap. Labbeum legere est *lacere*: at Pagius et Du-Cangius (*Verbo Scirpha*) recte legunt *jacere*. Quæ res satis comprobat *j* ante vocalem, quæ in codicibus medii ævi quandoque sursum protenditur, tam hic quam in *Iscja* sumptum esse pro *I*. Hæc vero eludunt eruditiorum interpretationes, ut *Ischiam* a Græco nomine natam ostendant; nec non medii ævi scriptorum socordiam, qui rem minime negligendam aut silentio prætereunt, aut ignorare propalam fatentur.

[b] Terminos pontificiæ ditionis paulo ante indicatos hic luculenter designat duabus vocibus *postera* et *littoralia*. Per hanc postremam nulla dubitatio est quin oram maritimam a Populonio Tarracinam usque se protendentem intelligat. Per vocem autem *postera* nemo non videt Leonem accipere qua ditio sanctæ sedis finitima erat Neapolitano ducatui, quin etiam et Beneventano, usque Lirim flumen seu Garilianum; sequenti enim anno ora maritima, ac subsequentibus annis prædicti fines mediterranei Saracenorum invasionibus seu deprædationibus fuerunt obnoxii.

[c] Innumeris Veteris Testamenti exemplis utraque res probatur, preces ad Deum fusæ, et bellicus apparatus : non enim tentanda est Dei omnipotentia : oratio et preces necessariæ sunt, at una simul actione opus est. Ita scilicet sanctus Leo III successoribus exemplum præbuit quod sequerentur. Adrianum autem perinde se gessisse vidimus in Cod. Car.

[d] Tam perspicuæ sunt notæ temporis hujus epistolæ, ut minime mirum videri debeat, si consensu omnes ad annum 813 referendam putent : Junius siquidem mensis transactæ sextæ indict. annum indicat 813, ante Septembrem mensem; hinc vero incipit ind. vii, cum epistola data est undecima die Novemb. : præterea Indictio octava memoratur, tanquam futura; septima enim ad Septembrem anni sequentis perveniebat.

[e] Anno 814 Nicephoro imp. Orientis cæso a Bulgaris, Michael Curopalates levatus erat Octob. die 2, et die 5 a Nicephoro patriarcha coronatus. Is vero susceptis legatis ad Nicephorum missis a Carolo pro stabilienda pace, propriam legationem adjungit, paxque insequenti anno firmatur Aquisgrani, Eginhardo teste in Annal. ap. Pag. (812, n. 7, seq.) per eosdem legatos : pax tamen Græca, *Basileus* quippe Carolus appellatur a legatis, quem titulum Græci non modo negarunt Carolo, sed usurpatum ægre tulerunt semperque improbarunt, Multa conjectando recentiores ea de re disputant, quæ nullo antiquo hærent monumento. Incipiunt scilicet a Nicephori legatis an. 803. (Pag. *ibid.*, n. 5) et ineundæ pacis primordia, pro pace inita cum clausula *uti possidetis* venditare non dubitant (Murator., an. 803). Splendida somnia! Agitari jam cœptum de pace : anno autem 810, ut videre est ap. eumdem Pag. (n. 4) a Pippino subactis Venetis, pacem aliquam esse initam cum Carolo, qui Venetiam Nicephoro reddiderit, alii dicunt negantque alii. At anno demum 812 Carolum retentis Histria, Liburnia, et Dalmatia præter maritimas civitates, pacem aliquam statuisse cum Nicephoro, ut diximus, antiquorum fere constans opinio est. Nomen tantummodo imperatoris seu basilei, liberalitate legatorum tributum Carolo, tanquam invidiæ plenum rejectum a Græcis. Idcirco patricius Siciliæ inscriptione vacuam epistolam mittit Carolo per pontificem. Vide Pagium (an. 824, n. 10), qui ostendit Græcos basilei nomine tum imperatorem tum regem salutasse : adeoque si qui Græcorum eo titulo affecerunt Francos, reges tantum intellexere, neque usquam Romanorum sed Francorum basilei inveniuntur appellati.

ad legendum aperuimus, neque quod in ea continetur cognovimus [a], nisi quod per illum missum nostrum nobis in verbis direxit. Id est de illis Sarracenorum missis cum quibus pactum confirmavit ipse patricius in annos decem. Dicebat enim ad prædictos missos Saracenorum : Quale nobiscum pactum facere vultis, cum ecce jam anni sunt octuaginta quinque quod pactum nobiscum fecistis et firmum non fuit? Imo et Constantinus patricius, qui ante me præfuit, in decem annos vobiscum pactum firma it, usque ad futuram octavam indictionem [b], sed neque ipsum pactum firmum tenuistis. Nunc autem quale vobiscum pactum faciamus, nobis incognitum est. Ad hæc respondebant ipsi Saracenorum missi, dicentes : Pater istius Amiralmumin [c], qui nunc apud nos reguare videtur, defunctus est, et iste relictus est parvulus, et qui fuit servus factus est liber, et qui liber fuit effectus est dominus; et nullum se regem habere putabant; sed ecce nunc postquam omnia quæ pater suus habuit sibi subjecit, vult firma stabilitate hoc quod paramus pactum servare : de Spa-A nis [d] vobiscum non spondemus, quia non sunt sub ditione regni nostri : **78** sed in quantum valemus eos superare, sicut vos ita et nos contra illos in mare dimicare permittimus : et si soli nos non valemus, nos a parte nostra et vos a vestra Christianorum finibus eos abjiciemus. Post hæc vero convenit illis, et confirmavere in scripto inter se pactum in annos decem : et dedit eis missum nomine Theopistum notarium, et reddidit illis quantos habuit comprehensos de ipsis Saracenis, ut illos Christianos, quos de suis partibus prædaverant, reddidissent [e]. Et postquam jam dictum pactum inter se firmaverunt, et missus ab ipso patricio absolutus est, invenit in catena unum hominem sub nimia velocitate ad patricium nuntiare festinans, quod septem navigia B Maurorum prædaverunt unum vicum in Regio, et duæ naves ex eis post eos ad littus exierunt vacuæ. Nam et hoc nuntiavit nobis ipse missus noster, quod audisset ab hominibus Saracenorum missis, quod isto Junio mense transactæ sextæ indictionis voluissent cum aliis centum navibus ad Sardiniam [f] peragrare,

[a] Summam pontificis fidem in rebus hujusmodi laudabam supra (ep. 6, al. 8, in not.); en ejusdem argumentum aliud luculentius. Quid Carolus scripserit, quidve Gregorius reposuerit, nullatenus nosse vult, ne obsequio aut officio desit in Carolum. Attamen animadverti velim quod si patricius Siciliæ a Leone petit ut litteras legat, earumque exemplum seu ipsas autographas ab se signatas in Franciam mittat, minime iis continebatur quidquam pontifici celandum : cum cæteroqui de Sicilia tum temporis a Saracenis frequenter vexata res esset. At num ageretur de ineundo fœdere cum Romanis ad repellendos Saracenos, an de commutanda insula cum provinciis Dalmatiæ Liburniæ aliisve, in obscuro omnia sunt. Unum tantummodo certum : quod Sicilia usque ad annum 827 imperatori Orientis paruit (Bar. an. 827, n. 2, Pag. *ibid*., n. 4); qua de re opportunius, cum agam de diplomate Ludovici Pii.

[b] Anno igitur 804 Constantinus patricius Gregorii prædecessor fœdus cum Saracenis in annos decem percusserat. Et nota quod patricii diu præerant Siciliæ, ut planius intelligas quam longe a vero abeat Muratorius, ubi patricium ducem classis, pro patricio præfecto Siciliæ accipit, quod monebam supra (ep. 8, al. 3, in not.).

[c] Animadvertit Pagius (an. 813, n. 24) *àmir* seu *emir*, præfectum seu regulum significare, at addito *Almumenin* denotare principem fidelium, seu calipham, cujus regia sedes Bagdadi. Elmacini item auctoritate notat de Aronis morte Leonem loqui, quam consecuta est eodem hoc anno die 25 Septembris D Alamini fratris cædes, et Almamonis alterius fratris inauguratio, quem inter caliphas vicesimum octavum numerant. Almumenim et Almamonem unum eumdemque esse facili negotio assequor : at nomen idem pro principe, seu calipha, esse accipiendum non intelligo. Ad rem nostram quod attinet, quanquam nonnihil falsi hac in epistola contineatur, mors tamen caliphæ juxta adnotata ejusdem Pagii certa est. Cœlsius etiam ex alio auctore consignat hoc anno Imin Amiræ mortem, ac Maimonis successionem. Quæ parva nominum discrepantia rem non mutat.

[d] Saraceni una eademque gens erant : sed postquam, Africa invasa, inde Hispaniam octavo sæculo ineunte occuparunt, eique incubantes, proprio regi paruerunt, præfectis ejus amplissimi regni provincias administrantibus, unde postea regna quatuordecim emersere: tum vero quasi perduelles a Saracenis caliphæ Bagdadis subjectioni haberi sunt cœpti. Quin etiam Maurorum appellatio iis accessit : ita ut Saracenos Hispaniæ appellatio ejusmodi a cæteris Saracenis secernat. Utriusque rei testis locupletissima est hæc epistola.

[e] De solemni hoc tractatu captivorum utrinque restitutione firmato, nil apud historicos invenitur : quare singularis notitia ista uni Leoni pontifici referri tur accepta. Certe usque ad annum 827 Saracenos Africæ molestos fuisse Siculis non docet historia : tum vero Euphemii Siculi proditione Siciliam in Saracenorum potestatem venisse et Baronius et Pagius (Bar. 827, n. 23; Pag. *ib*., n. 4) Græcorum auctoritate demonstrant. Leonis autem Ostiensis opinionem de adventu Saracenorum in Siciliam anno 820 jure Baronius refellit : nil enim certius invasione ista Sicula an. 827, post editionem chronici Siculo-Arabici inter scriptores Rer. Italicar. (Tom. I, part. II, p. 245). Quamobrem veritati fucum faceret qui Siciliæ insulam usque ad prædictum annum 827 possessam a Græcis, inde duobus amplius sæculis in potestate Saracenorum permanentem aut a Carolo Magno, aut ab alio e successoribus Carolinæ stirpis possessam fuisse diceret. Ea nihilominus in diplomate Ludovici Pii recensetur : quare autem ita factum, ostendam in Dissert. de eodem diplomate, quæ has epistolas consequetur.

[f] Narratio hæc de Saracenis Africæ ante pactas decennales inducias parum credibilis videtur. Leo ipse pluribus utens testibus rem valde dubiam scripto se mandare ostendit. Secus est de Mauris Sardiniam et Corsicam sæpe præda et cædibus vexantibus, Fuldenses annales et monachus Engolismensis, una cum Eginhardo, Carolum ejusque filium Pippinum regem classe tutatos esse eas insulas tradunt, ut dictum est (ep. 4, al. 6, in not.). Cunque neutra illarum pertineret ad Italiæ regnum, at Corsica e contrario donata esset sanctæ sedi, et ibidem demonstratum fuit, Sardinia eadem fortuna uti videretur. At nullum suppetit documentum quo res firmetur. Duo hæc duntaxat indicia fere certa insunt hac in re : insulam scilicet nec Græcorum, neque Francorum juris esse. Si enim Græca dominatio illuc tum pervenisset, Franci haud misissent illuc classem Saracenis arcendis : et si insula fuisset Francorum juris, haud terminasset Carolus Italicum regnum Tirrheno mari : « una cum ducatu Tuscano usque ad mare Australe et usque ad Provinciam. » (Ap. Pith., part. II, p. 84.) Equidem causam aliam non video cur classis ad tuendam insulam mitteretur a Carolo, præter eam

et dum venissent prope Sardiniam subito aperta **79** est maris vorago, et subglutivit illa centum navigia, et postmodum sic cum magno timore reversi sunt ipsi Saraceni, qui hoc dicebant, in Africam, et nuntiaverunt ad familiam de illis qui submersi sunt. Cumque ipse missus noster talia audisset, interrogavit illum notarium qui eum custodiebat si veritas esset quæ ab illis Saracenis audierat; et dixit ipse notarius quod ita esset, et ipse ore proprio legisset ad patricium illam epistolam quam ei unus Christianus amicus suus ab Africa direxerat [a], in qua de submersione de prædictis centum navigiis continebatur. Et hoc factum est mense Junio, quando illud signum igneum tanquam lampadem [b] in cœlo multi viderant. Ipsi vero missi Saracenorum in navigiis Veneticorum venerunt, et sic veniendo combusserunt igne navigia quæ de Spania veniebant. Ecce quod per hominem nostrum audivimus serenitati vestræ intimare curavimus; sed precamur serenitatem vestram ut postquam ipsa epistola Gregorii patricii relecta fuerit a vobis, nobis eam dirigere non dedignemini. Quare autem minime vobis epistolam ipse patricius misit, et in illam quam nobis direxit nomen vestrum non exaravit, cum a vobis perlecta fuerit statim vestra a Deo data sapientia cognoscere poterit, cur vobis epistolam ut decuit non emisit. Tamen si præsumptio non nobis imputatur, quod

amando ea quæ de hac re sentimus serenitati vestræ insinuamus, videtur nobis, quia sine consultu Leonis imperatoris sui non **80** ausus est vobis adhuc epistolam suam dirigere [c]. His præmissis, omnipotens et misericors Deus sua vos protectione custodiat, atque per multorum temporum annos ad gaudium æternum perducat. Piissimum domini imperium gratia superna custodiat, eique omnium gentium colla substernat. Absoluta III Id. Novembr. Dixit Gregorius patricius ad missum nostrum quod Michael imperator monachus effectus est cum uxore et filiis suis.

EPISTOLA X.
DE INIQUO CONSILIO FACTO.

(*An. Dom.* 815, *cod.* IV, *chron.* 10.)

ARGUMENTUM. — Novo ancipitique accepto nuntio a Græcis hominibus de Michaele a Bulgaris victo, deque ejus secessu in monasterium una cum suis; nec non de Leonis Armeni acclamatione et coronatione, novam hanc scribit epistolam. Summa ejus certa: at Græcorum narratiunculis aures nimirum faciles præbens, pugnantia et fabulosa nonnulla pontifex nuntiat tanquam certa.

Domino piissimo et serenissimo, victori ac triumphatori, filio, amatori Dei ac Domini nostri Jesu Christi, Carolo Augusto, Leo episcopus servus servorum Dei [d].

Postquam enim epistolam Gregorii patricii Siciletta est.) Alteram vero, quam copulat cum Michaelis monachatu, ac proinde ad hunc annum refert, prælio victam a Christianis Sardiniæ ait. Quare prodigium priori potius quam alteri videtur conducere. At Leo cum Junio mense hujus anni eam conjungens, de secunda aperte loquitur.

[b] Baronius (an. 814, n. 48) Eginhardo auctore tradit tribus Caroli annis ultimis cœlo terraque visa esse prodigia atque portenta, quæ mortem ejus præsagiebant: nimirum crebra lunæ solisque deliquia, Aquensis palatii, ubi degebat, frequens tremor, fulmina, ruina regiæ, incendia et alia plura. Eclipses a Calvisio notantur; signa cætera ab historicis memorantur, præcipue incendia: quamobrem cœleste hoc novum signum a pontifice memoratum non abhorret a fide; tametsi cum ingluvie maris conjuncta incredibilis videatur.

[c] Causa certa cur patricius epistolam non inscripserit Carolo imperatori, est pax superiori anno cum Græco Augusto per legatos firmata: titulus enim imperatoris Romanorum Constantinopoli male oluit, neque unquam tributus fuit Carolo et successoribus. Huc accesserant res novæ in Oriente: Michael quippe, abdicato imperio, postquam a Bulgaris victus inversionem rerum et gentium aspexit, induerat monachum, ut est in fine epistolæ, successeratque Leo Armenus impius ille Augustus, qui sacrar. imaginum persecutionem, præsulum monachorumque exsilio ac cæde instauravit. Quare impii hujus Cæsaris præfecti, ac præcipue patricius Siciliæ, qui reliquias Orientalis imperii tuebatur in Occidente, rem facere non essent ausi, quam ipsi Michaeli optimo principi norant displicuisse.

[d] Die quinta decima post præcedentem, seu 25 Novembris, datam hanc epistolam Leo ipse testatur in fine, absolutam aiens VII Kalendas Decembres. Quare vanum esset in epistolæ nihil novum afferentis majoremque partem inutilis ætatem diligentius inquirere.

---

quæ ad defendendam Corsicam illum movit: « ut nempe ejus donatio semper firma et stabilis permaneat. » (Ep. 4, al. 6.) Nulla, inquies, mentio est Sardiniæ, præter istam fortuitam, qua prodigium nuntiatur a pontifice. Reponam: ne Corsicæ quidem Leo meminit, nisi obiter. At quis non videt plurimas per duodeviginti annos ultro citroque epistolas Leonis ad Carolum Carolique ad Leonem missas esse, quæ omnes interierunt? Profecto ne decem istas quidem ad nos pervenisse gloriaremur, nisi Conringio, aliis fortasse neglectis, dignæ visæ essent quæ ederentur in lucem cum suis notis, quas recte Labbeus (*Conc.* tom. VII, p. 1113) definivit « fœdissimis adversus Ecclesiam catholicam ejusque supremos pontifices criminationibus atque calumniis conspurcatas. »

[a] Prodigii ejus prope Sardiniam nulla occurrens mentio apud Anastasium causa est cur fidei relatorum tam grande factum commendem. Namque aliud simile, postquam Saraceni basilicam sancti Petri desolarunt ann. 846, non siletur apud Anastasium (sect. 495-497). Verique admodum simile est sacrilegos cum præda mari absumptos esse. Concinit Joannes diaconus (apud Pratill. tomo III, pag. 46) enarrans facta post deprædationem basilicarum sanctorum Petri et Pauli: « Sed pelagi, inquit, vastitatem sulcantibus excitavit Dominus Austrum, quo dispersi atque demersi, paucissimi ex eis ad sedes remearunt suas. » Ignotius etiam Cassinensis, quem sequitur Leo Ostiensis, hanc rem narrat (*Ibid.*, tom. I, n. 9, p. 205). Animadverto autem, patricio Siciliæ rem nuntiari ab amico captivo, ut novi aliquid e transmarina ea regione referret; contra autem a pontifice id prodigium nuntiari Carolo, rei, temporis ac personarum circumstantiis adjunctis, ut fides major narrationi accedat: nonne hinc conjicitur pontificis non parum interesse, prodigio illo Sardiniam evasisse vastationem quæ a Saracenis imminebat? Cæterum monachus Engolism. duas Saracenorum expeditiones narrat in Sardiniam; de prima, quæ ad superiorem annum referri debet: « Ea, inquit, classis quæ ad Sardiniam est delata, tota de-

liensis simul cum nostra emisimus serenitati vestræ, conjunxit ad nos unum navigium nostrum cum aliquibus Græcis hominibus : ex quibus unus dixit nobis quod dum esset Leo, qui nunc effectus est imperator, contra Bulgaros ad pugnandum, Procopia uxor Michaelis imperatoris habuisset quemdam amicum nomine Constantinum patricium, et exhortasse eum [eam] **81** ut sibi eum conjugio copulasset, promittens ei thesaurum absconditum multum, quod se abditum a patre suo habere dicebat, per quod populum erogare debuisset, quatinus imperatorem cum sibi elegissent. Tunc reductus [seductus] sermonibus ejus, paruit iniquo illius consilio, et pacavit sibi multos dans largiflua dona : post hæc vero intromiserunt eum in palatium imperiale, laudem canentes ei. Ipse autem Constantinus fecit ad se accerseri [accersiri] Nicephorum patriarcham, et dixit se coronare [coronari] sicut mos est imperatorum [a]. Ille igitur patriarcha, nolens coronare eum manibus propriis, interfectus est. Uxorem vero Leonis imperatoris exorbavit, et filium ejus parvulum interemit. Hoc cum audisset Leo imperator ubi erat in finibus Bulgarorum ad pugnam, cœpit afflictis sermonibus increpare patricios et optimates qui cum illo erant, dicens : Boni et Christianissimi viri, cur talem iniquitatem in me facere voluistis, quod elegistis me vobis imperatorem? et ecce nunc et uxorem meam et filium meum occiderunt et levaverunt sibi alium imperatorem. Tunc omnes stupore magno repleti dixerunt ei : Benignissime domine, nullam perturbationem ante faciamus, donec intra civitatem ingredi valeamus. Et inito consilio deposuit imperialem vestem et induit militarem, et tollens secum quinque millia viros armatos electos ad prælium, reversus est ad murum civitatis Constantinopolitanæ, et cœpit cum eis foris muros vocibus magnis laudare ac dicere : Constantinum Magnum imperatorem multos annos. **82** Cumque nuntiatum fuisset quod multi milites fugissent a Leone, et venissent ad eum laudantes illum, fecit eis aperiri portas civitatis, ut rogam eis dare debuisset. Illis autem ingredientibus, non pepercerunt neque viris neque mulieribus, sed neque parvulis quos in venire potuerunt. Et mortui sunt, ut fertur, xvi millia inter viros et mulieres. Tunc ipse Leo imperator misertus est populo suo, et petiit cum Constantino bellum committere, ne pro duobus viris tantorum Christianorum sanguis effunderetur. Post hanc vero petitionem ingressi sunt ambo in locum qui dicitur Ippodromio, et occisus est Constantinus a Leone imperatore. In eadem hora interfecit Theodorum patricium et omnes qui in ipso consilio fuerunt : Procopiam autem uxorem Michaelis imperatoris occidit, et membra ejus abscidens distribuit per murum civitatis. Cumque sibi vindictam taliter perfecisset et ordinasset congrue civitatem, reversus est ad exercitum suum in finibus Bulgarorum [b]. Postmodum vero conjunxit ad nos unum hominem Gregorii patricii, qui dixit nobis quod neque patriarcham occiderunt, neque uxorem Leonis imperatoris exorbaverunt, sed neque filius ejus interfectus est, nisi unam parvulam filiam suam fecit Procopia uxor Michaelis imperatoris interficere. Hæc vero de Græcis hominibus audientes serenitati vestræ intimare curavimus [c]. His præmissis, omnipotens et misericors Deus sua vos protectione custodiat, atque post multorum curricula annorum ad gaudia æterna perducat. Piissimum domini imperium gratia superna custodiat, eique omnium gentium colla substernat. Absoluta vii Kal. Decembr.

[a] Quanquam opinio sit a Marciano originem ducere coronationem impp. per manus episcopi, tamen Tillemontius anim dvertit (*Leon. I*, art. 1) non esse antiquiorem Leone 1, qui anno 457 ab Anatolio patriarcha est coronatus. Tanto viro, qui Augusteam historiam nulli secundus persequitur, non est cur fidem negemus. Ab anno igitur 457 imperatores Orientis coronari cœperunt a patriarchis Constantinopoleos. Sed coronatio ista nil commune habet cum coronatione a Leone III instituta, præter nomen. Nam Tillemontio eodem teste Græci auctores Anastasium an. 491 ab Ariadna coronatum tradunt (*In Anast. Dicor.*, art. 2); tametsi Theophanes et Cedrenus ab Euphemio patriarcha id factum narrent. Baron. (an. 491, n. 7) ex Theodoro lectore et Suida Euphemium ostendit aversatum esse coronationem hæretici hominis, aut saltem suspectæ fidei ; nisi prius catholicæ fidei professionem ederet ; at de coronatione per manus patriarchæ non loquitur. Cum tamen multo ante Leonem I a patriarcha coronatum liqueat, et anno 525 Justinus a Joanne I pontifice secundo coronari voluerit devotionis ergo, cum a patriarcha ante annos septem inauguratus esset, ut est apud eumdem Baronium (an. 525, n. 7), non est ambigendum quin ritus iste jam fuerit introductus. Quamobrem laud nova res a Leone III excogitata fuit, cum Carolum Magnum coronavit, circa ipsam coronam : sed circa ritum, quem non modo privatum esse voluit Romani pontificis, at prorsus novum excogitavit, tum professionis emittendæ ratione habita, tum cæteris adjunctis novi ritus attentis, de quibus vide Dissert., n. 50 seqq.

[b] Narratio ista tota fabulosa est : quam tamen pontifex, non solum credidit, sed Carolo credendam nuntiavit. Vera historia repetenda est ab auctoribus Græcis apud Baronium (an. 815, n. 1 seqq.) et apud Pagium, qui Constantini Porphyrogenneti aliorumque narrationibus prolatis, falsitatem omnem epistolæ hujus refellit (*Ibid.*, n. 4 seqq.). Summa est : Leonem Armenum a patriarcha Nicephoro rogatum, ut fidei symbolum profiteretur, antequam imperii coronam acciperet, id facere tum renuisse, facturum se tamen esse pollicitum, postquam rata firmaque esset acclamatio : quamobrem a Nicephoro coronatus sequenti die, quæ Julii erat undecima, datam fidem fefellit, malisque ingentibus Orientale imperium subjecit.

[c] Ne hæc quidem ex Græcorum auctore ullo suppetunt : quare ipsa etiam inter vulgi rumores rejicienda. Epistola autem Aquisgranum, ubi Carolus hiemabat, delata, paulo ante extremam ejus valetudinem ad tanti principis manus pervenit. Namque Januario mense in morbum incidens quinto Kal. Febr., ut tradit Eginhardus in ejus Vita, seu xv Kal. ejusd. mensis, ut habet monachus Engolismensis, supremum diem obiit, Baronius (an. 814, n. 57 seqq.), Pagius (eod. ann., n. 22 seqq.), et Georgius in animad. ad Pagium satis superque hac de re. Eos consule.

83 DISSERTATIO DE DIPLOMATE LUDOVICI PII

I. Inter vetera monumenta nullum frequentius in lucem prodiit Ludoviciano diplomate. Præ aliis Baronius ex optimis codicibus Vaticanis, et nostra ætate eminentiss. Antonellus, dum erat præfectus archivi Molis Adrianæ, ex apographo ejusdem archivi (autographum enim periit) accuratissime illud publicarunt. Instituti mei ratio exigit ut pretiosum adeo monumentum et ego in lucem edam; quare cum præsto habeam ex cod. Albiniano vetustissimum exemplum haud multum abludens ab apographo mollis Adrianæ, istud producam cum variantibus lectionibus ejusdem apographi. Credo equidem utriusque simile a Cencio relatum esse in librum Censuum, nam Panvinius, cujus ævo genuinus hic liber exstabat in bibliotheca Vaticana, in catalogo privilegiorum sanctæ sedis (*Cod. Vat.* 3924), ubi Ludovicianum recenset (pag. 45), sic loquitur: *Extractum ex libro Censuum Romanæ Ecclesiæ fol.* cx; deinde principium Diplomatis ponit: *Privilegium Ludovici imperatoris de regalibus confirmandis papæ Paschali. In nomine Domini Dei omnipotentis Patris, et Filii, et Spiritus sancti, Ego Ludovicus.* Quod est ipsissimum codicis Albiniani, si dempseris *Ludowici* nomen cum duplici *w* expressum, quæ vox cum aliis in diplomate occurrentibus, noni sæculi ingenium refert, cum monumentum dabatur: unde elicitur Albini major diligentia in exscribendis antiquis chartis, ac Ludovicianum privilegium sin ipso ex autographo, ex codice authentico archivi Lateranensis exceptum esse. Codicis auctor idem rei testis est, ut monebam in præfatione primi voluminis (num. 23). Nulli enimvero major fides adhibenda est, quam Albino et Cencio, quorum uterque Lateranense archivum excussit. Cum autem Cencii codex genuinus post Panvinii ævum subreptum fuerit ex bibliotheca Vatic., quod certo affirmo, nulli enim codici apud sanctam sedem existenti paginarum numerus a Panvinio citatus respondet, ex Albino, tum quia Cencio est antiquior, tum quia propria exaravit manu suum codicem, illustre hoc monumentum exhibeo. Unum adjungo, quod historiæ castitas atque integritas requirit, Albinum præsto habuisse diplomatis vetustum aliud exemplum, ejusque titulum priori subjecisse, qui est hujusmodi: *Ei pactum constitutionis imperatorum primi Ludovici, et primi Octonis, et primi* 84 *Henrici cum Romanis pontificibus.* Privilegio autem absoluto, sequitur in Cod. *Ex alio privilegio primi Octonis, et primi Henrici.* Deinde recensetur privilegium Octonis, omissis iis quæ idem Otto ex Ludoviciano accepit, confirmavitque. Postremo loco ponitur: *Ex privilegio Henrici imperatoris;* ex quo pari modo ea duntaxat afferuntur quæ ad Henrici donationem spectant, omissis cæteris.

II. Hinc, ni fallor, exscriptum fuit exemplum fere simile, quod in Cod. Vat. 1984 Dominicus Georgius nactus, ætatis videlicet Gelasii et Callixti II, seu ineuntis sæculi XII, in lucem edidit in nova editione Annalium Baronii (tom. XIII, pag. 627), objecitque Pagio et Muratorio, qui sectariis succenturiati sunt, circa Diplomatis sinceritatem. Eodem et ego usus sum alibi (*Orsi Dóm. Temp.* Append.) tanquam apographo aliis, quæ viderim, vetustiori. Haud dum quippe e situ erutum Albinianum codicem licuerat expendere. Cum autem codex iste quantivis pretii ad meas manus pervenit, diu multumque illum versans, et mutila illa diplomata Ludoviciano subjecta attente perlegens, in utroque omissionem deprehendi alicujus momenti. Ubi enim Otto et Henricus in suo quisque diplomate dixerat: *Necnon patrimonium Siciliæ, si Deus illud nostris tradiderit manibus. Simili*

modo, etc., in mutilo utroque legitur: *necnon patrimonium Siciliæ. Simili modo, etc.* Hujusmodi vero omissione ætatem trium diplomatum simul conjunctorum designari quis non videt? cum scilicet Northmannis principibus jam mansuefactis, et anathemate absolutis, Nicolaus II jura demonstraturus sanctæ sedis in Apulia cæterisque provinciis, eo se contulit, concilium ibi celebravit, ac sacramentum fidelitatis ab iis principibus accepit anno 1059, ut est in libro Censuum, et clarius apud Baronium (1059, n. 3 et 70 seqq.). Perinde factum a Nicolao III cum Rudolpho, cui tria eadem diplomata pariter mutila transmisit, suo loco videndum erit. Neque enim putari debet, diplomata illa fortuito contracta esse, conditionemve illam, *si Deus,* etc., mutilatam a librario utrobique. Northmannis siquidem non amplius infensis apostolicæ sedi, ostendendum erat Siciliam juris esse Romanæ Ecclesiæ, ut vere erat ob invasionem patrimoniorum Calabritani et Siculi, quam vidimus (Diss. præced., n. 10 seqq.) ab Adriano æquiparatam sacrarum imaginum persecutioni. Cum vero Ludovicus ante Saracenorum adventum dederit suum Diploma, concessionemque insulæ a Carolo Magno suo genitore factam confirmarit (optimo quidem jure, nam nonaginta jam annis per summum nefas possidentibus Græcis ea patrimonia, aureorum tricies centena ac centum quinquaginta millia, quanti 85 fortasse insula non erat id temporis, egenis et ecclesiis sublata fuerant; divinam aliquando ultionem provocatura) cum, inquam, Ludovicus diploma suum dederit ante Saracenicam invasionem, non erat cur conditionem illam apponeret, quam in Ottonis et Henrici diplomatibus necessario apponi debuit, quia scilicet sanctæ sedis jura vindicanda erant Saracenorum ejectione.

III. Nicolai autem pontificis tempore quia anno biscentum triginta Siciliæ insula sub Saracenorum jugo gemebat, Græcique illam recuperandi spem omnem deposuerant; Calabriam vero, Apuliam et Capuam, quæ postea Siciliæ cis Pharum appellari cœperunt, Northmanni armis acquisitæ possidebant, quibus sanctus Leo IX vi eamdem eripere, ut sanctæ sedi jus suum assereret, nequidquam periclitatus fuerat. Opportune igitur Northmannos divino haud dubie consilio sanctæ sedi reconciliatos Nicolaus adiit, secumque allatis imperatorum diplomatibus, eos brevius atque efficacius Ecclesiæ Romanæ jura edocuit, quam si prædictam summam fere triplicatam in pauperum et ecclesiarum fraudem demonstrasset, per quam jura eadem magis magisque confirmabantur. Rem cessisse ex voto testantur juramenta fidelitatis Roberti Wiscardi ducatum Apuliæ et Calabriæ, necnon Siciliæ e Saracenorum potestate eripiendæ, apostolica auctoritate consecuti; quæ exstant in Albiniano codice paulo post prædicta diplomata, et apud Baronium ex libro Censuum (1059, n. 70 seq.). Capuæ quoque principatus post biennium Richardo concessi exstat in Albiniano cod. juramentum Alexandro II præstitum: « Actum in aula Lateranensis sacri palatii VI Nonas Octobr. fer. III, indict. xv, anno videlicet 1064. Cujus simile Gregorio VII ab eodem præstitum habet Baronius (1073, n. 63) ex regesto ejus sancti pontificis ap. Labbeum (*Conc.* tom. X, p. 23) cum aliqua var. lect. in fine. Ad quorum juramentorum fidem spectat, quod Robertus *Et nulli,* ait, *jurabo fidelitatem, nisi salva fidelitate sanctæ Rom. Ecclesiæ,* quæ apud Baronium desiderantur quia scilicet in libro Censuum non invenit; omnino autem restituenda, Northmanni enim Apuliam et Calabriam themata Græcorum esse non ignorabant, adeoque Robertus illorum dominationem haud dum penitus deletam præservat, salva tamen suprema sanctæ sedis. Pari modo Richardus : *Regi vero Henrico*, ait, *cum a te admonitus fuero, vel a tuis successoribus, jurabo fidelitatem, salva tamen fidelitate sanctæ Romanæ Ecclesiæ*. At de his opportunius, cum de Ottonis diplomate sermo erit. Nunc observandum venit. Northmannos principes nequaquam potuisse omnia ista noscere, absque eorum diplomatum inspectione. Quamobrem **86** non conjectando, sed firmiter ex consequentibus arguendo, affirmare nullus dubito Nicolaum II mutilationis diplomatum prædictæ auctorem esse, atque idcirco anno 1058 vel sequenti factam esse.

IV. Absit vero ut vitio quis vertat pontifici factum istud, quasi eam conditionem subdole abstulerit. Utriusque enim diplomatis autographa hodieque in archivo castri sancti Angeli diligentissime custodiuntur, in quibus conditio illa patet, nihilque obstat donationi Siciliæ a Carolo factæ ante Saracenorum invasionem, et ab Ottone et Henrico confirmatæ, ita tamen ut ex eorum faucibus ereptam sanctæ sedi restituerent. Neuter quippe Augustus eam recuperaverat, ac proinde ad puram putam Caroli donationem confugi oportebat a successoribus confirmatam, quod fecisse Nicolaum liquet. Olfecit fortasse aliquid annalista Italus (anno 1059); sui enim oblitus (nam anno 817 subdititium depinxerat Ludovicianum contra doctissimorum hominum Baronii, Gretseri, Nat. Alexandri, P. de Marca, Cointii, Claudii de Fleury, Gootii etiam, Hottomanni et Basnagii opiniones, ut recentiores alios sileam, qui omnes legitimum Ludovicianum agnoscunt) per hæc tempora in lucem prodiisse autumat tria ista diplomata, cum additionibus juxta Romanorum pontificum vota. Ego vero ex Ottoniano et Henriciano aliquid potius esse ademptum demonstravi quam additum. De Ludoviciano autem, cujus pretium non in antiquitate, sed in rebus contentis consistit, futurum confido ut planum faciam quare laudati illi homines doctissimi legitimum Augusti ejus fœtum consensu unanimi declaraverint. Interim abs re non erit animadvertere, quod prædictum privilegium integrum Ludovici cum duobus cæteris inter prima monumenta sæculi xi recensitum in codice inscribitur : *Privilegium Ludovici imp.*, etc.; e contrario alia duo integra inseruntur monumentis sæculi xii atque inscribuntur : *Exemplum privilegii Octonis imp.*, etc. *Exemplum privilegii Henrici imp.*, etc. Itaque affirmari posse videtur, Ludovicianum Nicolai II tempore ex autographo descriptum fuisse, perinde ac duo reliqua, tametsi sæculo xii declinante, cum Albinus florebat, nullius autographum Romæ esset. Quidquid causarum afferrem, cur cæteris huc illuc translatis contigerit ut ad nos usque pervenerint, at Ludovicianum nusquam inveniri potuerit, divinatio esset; levis tamen jactura est, apographis optimæ notæ existentibus apud Albinum, et in archivo molis Adrianæ. Summa rei est patefacere ingenium diplomatis, quod, cum a nemine omnium factum esse videam, lubens ac volens in me recipio.

87 V. Ac primo ipsum diploma se manifestat *pactum confirmationis* semel et iterum, semelque et iterum *decretum confirmationis* se appellans. Chronographus sancti Vincentii ad Volturnum (Duchesne, tom. III, p. 684) in Vita Josue annalista, qui conventui Aquisgranensi intererat, ubi diploma istud datum fuit, *pactum constitutionis et confirmationis* illud nuncupat; quæ ipsamet verba usurpat chronologus Cassinensis Leo Ostiensis, creditus ab erudito Fontaninio (*Dif.* 1, p. 145) inductor novæ vocis *constitutionis*, quam diploma ipsum repellit. Mihi autem, ut dicam quod sentio, redundantia potius videtur verborum quam nova rei significatio. Aut enim simpliciter pactum juxta illius ævi consuetudinem, aut pactum constitutionis vocetur, semper erit instrumentum de compacto rogatum, seu stipulatio, cujus ingenium verbum *confirmationis* patefecit. In toto siquidem eo pacto ne ulnam quidem terræ invenire erit a Ludovico Ecclesiæ Romanæ concessam: quod neque Stephanus IV, neque per suum legatum Paschalis I, petierant ab imperatore; sed vetera jura ejus confirmari imperiali auctoritate optabant, ut prædicto pacto confirmationis actum fuit. Quare Astronomus Ludovici Pii coætaneus et ex ejus comitatu, qui ejusdem imperatoris Vitam descripsit : « Legationis, inquit, bajulus fuit Theodorus nomenclator, qui negotio peracto et petitis impetratis, super confirmatione scilicet pacti et amicitiæ, more prædecessorum suorum, reversus est. » Quin etiam Volturnensis idem chronographus, ut testatur Mabillonius (*Annal.* lib. xxviii, n. 45) asserit abbatem Josue adeo acceptum fuisse Paschali papæ, ut cum a Ludovico *pactum confirmationis acciperet*, inter Franciæ abbates pro parte sedis apostolicæ adesse voluerit : ubi, ut, vides *constitutionis* vocem, Fontaninio minus acceptam, silentio præterit. Ibidem vero chronographus gratis mihi testari videtur se in libro Pontificali Ecclesiæ reperisse confirmationis pactum; illuc siquidem donationes uberrimis verbis relatas invenies; at confirmationes earumdem, nisi nova cum donatione conjunctas haud deprehendes : adeoque libri Pontificalis silentium pacti hujus ingenio suffragatur. Albinus idem, seu potius Nicolaus II, et Cencius non alium titulum Josue præfigunt quam *privilegium Lud. imp. de regalibus confirmandis pape Paschali*; dum contra Ottonis et Henrici privilegiis titulum inscribant, *de regalibus beato Petro concessis* : nam novam uterque donationem adjecit.

VI. Id si Pagius assecutus esset, nec male affirmasset (787, n. 8), cum Ludovici diploma legitimum agnovit : « Ad alteram vero Tusciam, **88** qua potiti semper imperatores, pertinebant alia loca, quæ Ludovicus imperator eidem sedi concessit in partibus Tusciæ, ut anno 817 ostendemus. » Quod non sapit doctissimi ac ven. cardinalis censorem, sed virum allucinatione maximum. Quid? quod lector ad prædictum annum perveniens (817, n. 7) non sine admiratione Pagium invenit Molinæo et Goldasto adhærentem? « Donatio, inquit, quæ a Gratiano dicitur facta Ecclesiæ Romanæ a Ludovico Pio, non minus commentitia quam quæ Constantino Magno affingitur, ut jam aliqui viri eruditi viderunt. » Quæ sane opinio usque adeo arrisit annalistæ Italo, ut non solum obviis ulnis amplexus eamdem sit, sed chartarum solemnitates omnes forenses in vetustissimo hoc monumento requirens, earumdem defectu falsi illud arguat; tanto cum successu apud scriptores aliquos transmontanos æque catholicæ religioni ac sanctæ sedi maxime infensos, ut eorum aliquis, quasi de hoc diplomate conclamatum esset, sua scripta seu potius derisiones adversus apostolicæ sedis dominatum annalistæ eidem dedicaverit, pluribusque in locis professus sit, se illi acceptum referre quidquid deruendo præcipuo isti munimento pontificiæ dominationis in medium affert. Diploma ipsum, veluti rem contemptui habendam, non ex apographo aliquo bonæ notæ, aut ex tam multis ejus editionibus nulli eruditorum ignotis petitum, sed ex commentariis Urbanis Volaterrani fere omnibus ignotum (*Geogr.* lib. iii, p. 41) atque ex ingenio compositum, in calcem sui parvi voluminis rejecit. Titulum ejusdem proferam, magis ut liqueat quanto in pretio habeantur apud sectæ ejus homines non sine litteris suffragia catholici scriptoris in temporalem Romanæ Ecclesiæ dominationem, quam ut confutandis tot fallaciis velim insistere, quod esset oleum et operam perdere.

VII. « Christiani Guilielmi Francisci Walchii censura diplomatis, quod Ludovicus Pius imp. Aug. Paschali I pontifici Romano concessisse fertur.

Summo viro Ludovico Antonio Muratorio inscripta, et celeberrimo Patavinorum historico Antonio Sandino opposita. Accedit diploma ipsum, notatis lectionibus diversis. Lipsiæ, etc. » Quod si obiter scriptoris mentem lubet agnoscere, pauca hæc ex dedicatione accipe : « summis extollit laudibus Annales Italos, quod magno usui sint ad defendendum tuendumque « augustissimi nostræ Germaniæ imperatoris jus in Italiam constanti octodecim sæculorum usu confirmatum, repressa adversariorum impudentia. » Et infra : « De diplomate Ludoviciano disquisitionem, quam Hermanni Conringii summi viri inter gentis nostræ historicos exemplo eique imitatione censuræ 89 titulo ornatam ac celeberrimo tuo nomini prisco more vides consecratam, tibi offero, eamque ut benignius accipias summopere rogo te atque obtestor. » Scriptori catholico immerito talem notam inuri asseveranter dico. Non enim is loquitur cum sectariis de Italia omni, sed de Italia proprie dicta, seu de regno Italiæ, aut mavis Langobardia; licet potestatis supremæ participes fieri Augustos per coronationem Romanam non assecutus, de cadem cum pontificiæ detrimento scripserit, qua de re in superiori dissertatione egimus. Ludovicianum vero diploma suppositum putans, quia pari modo ingeniuc ejus non tenuit, scriptorem potius parum solertem se ostendit, quam fautorem sectariorum, ut censor existimat. Cæterum ne juventus incauta, a scriptore tanti nominis decepta, Ludovicianum diploma cum edicto seu donatione Constantini amandandum putet, de illius ingenio enucleatius disserere deliberavi, veritati potius litaturus quam falsas aliorum opiniones oppugnaturus. Ordiar ab ipsis causis quæ pactum istud confirmationis pepercrunt.

VIII. Annales Laureshamenses, Eginhardo perperam tributi, et Fuldenses apud Baron. et Pag. (815, n. 1), referunt quemadmodum « Romæ quidam primores in necem Leonis papæ conspirantes interficiuntur. » Fusius rem narrat Astronomus (cap. 58) ad annum prædictum : « Hoc anno, inquit, cursum vertente, perlatum est imperatori quod Romanorum aliqui potentes contra Leonem apostolicum pravas inierint conjurationes. Quos detractos atque convictos idem apostolicus supplicio addixerit capitali, lege Romanorum in id conspirante. Imperator autem audiens ægre hæc tulit, velut a primo orbis sacerdote tam severe animadversa. Ideoque Bernhardum Italiæ regem illuc misit, ut ipse resciens quid verum, quidve falsum de hac re rumor sparserit, per Geroldum sibi renuntiaret. Ipse autem Bernhardus rex Romam venit, et quæ visa sunt per nussum supradictum renuntiavit. Sed mox subsecuti missi ejusdem apostolici Leonis Joannes episc. Silvæ Candidæ, et Theodorus nomenclator, necnon Sergius dux, Leonem apostolicum criminibus objectis purgavere. » Animadverte quod Ludovicus, non imperator, ut eum vocat Astronomus, qui triginta fere post annos scribens præpropere id honoris illi tribuit, sed rex, ut recte eum appellat Theganus, pro munere sibi commisso a patre curam gerens Rom. Ecclesiæ, sciscitatum mittit num pontifex ipse animadvertisset in reos, remque edoctus quievit. Nam pontifices in hujusmodi causis se gerebant, ut liber Pontificalis (sect. 298 seq.) 90 de Adriano refert : « Sanctissimus præsul precibus judicium universique populi Romani jussit contradere antefatum Calvulum cubiculariuum et prænominatos Campanos præfecto Urbis, ut more homicidarum eos coram universo populo examinaret. Deductique Elephanto in carcerem publicum, illic coram universo populo examinati sunt. Sicque ipsi Campani, sicut prius, ita et in eadem examinatione confessi sunt. Calvulus vero, obdurans cor suum, vix confessus est ita omnia esse, qui tamen in eodem carcere crudeli morte amisit spiritum. » Verum post prædictam conjurationem in sanctum pontificem, hic tentator exercito morbo,

A quo et decessit sequenti anno : quare Astronomus prosequitur : « Cum Leo apostolicus gravaretur adverso incommodo, prædia omnia, quæ illi domocultas appellant, et noviter ab eodem apostolico instituta erant, sed et ea quæ sibi contra jus querebantur direpta, nullo judice exspectato, diripere, et sibi conati sunt restituere. » Quorum similia habent Annales Laureshamenses. Quid igitur mirum si Leonis successor Stephanus IV, continuo post consecrationem profectus in Franciam, de pacto confirmationis jurium quorumcunque apostolicæ sedis egit cum pio principe a se imperiali diademate redimito?

IX. Mors enim vero paulo post reditum secuta impedimento fuit quin Stephanus ex archivo Lateranensi eductis donationum omnium documentis, digestisque per ordinem, pactum seu diploma numeris omnibus absolutum conficeret, quod incipieas ab urbe Roma et ejus ducatu, quinque et viginti annis ante primam Francorum regum donationem sanctæ sedi subjectis, singula jura etiam antiquiora complecteretur : præterea disciplinam electionis consecrationisque Romanorum pontificum contineret. Quod autem spatio bimestri dierumque aliquot non potuit Stephanus, successor ejus Paschalis perfecit; atque adornata ad principem legatione, confirmari omnia obtinuit, ut laudati scriptores consensu affirmant, præcipue Astronomus (cap. 40) ad annum 817. Theganus, qui in pii Augusti moribus describendis est totus, hac de re silet : de Stephano autem (cap. 18) affirmaverat : « Quandiu ibi erat beatissimus papa, quotidie colloquium habebant de utilitate sanctæ Dei Ecclesiæ. » Cumque Astronomus (cap. 59) ad an. 816 addat : « Dominus apostolicus, cunctis quæ p poscerat impetratis, Romam rediit, » nullum remanere dubium mihi videtur quin Stephano cum Ludovico de pacto confirmationis convenerit, quod postmodum Paschalis obtinuit. His fidem adjiciant chronographi duo Volturnensis et Cassinensis. Quamvis 91 enim ab iis temporibus sint remoti; nam Volturnensis ad annum pervenit 1071, Cassinensis licet recentior videatur annalistæ Italo; et Cassinensis ad 1145, cum Leo Marsicanus, episcopus Ostiensis, qui Chronicon scripsit, vivere desiit : neminem tamen eruditorum fugit chronographos vetustis monumentis insistere, cum scribunt de rebus quæ ante sua tempora evenerunt. Volturnensis igitur ex actis Vitæ Josuæ abbatis, qui Aquisgranensi conventui aderat, hæc decerpsit : « Tunc quoque beatissimo sepe [pape] Paschali pactum constitutionis et confirmationis faciens, etiam propriæ manus et trium filiorum suorum signaculo illud corroborans, per legatum S. R. E. Theodorum nomenculatorem prædicto pape transmisit : in quo decem episcopos, octo abbates, comites quindecim, bibliothecarium, mansionarium et ostiarium subscribere fecit. » Leo autem Ostiensis verbis paulo aliis (l. I, c. 46) idem refert : « Hic Ludowicus pactum constitutionis et confirmationis fecit beato Petro apostolo ejusque vicario D domno Paschali, ad instar parentum suorum Pipini et Caroli, et propriæ manus signaculo ac filiorum suorum illud corroborans, decem episcopos, et octo abbates, et comites quindecim, bibliothecarium, mansionarium et ostiarium unum in illo subscribere fecit, et per legatum S. R. E. Theodorum nomenculatorem domno Paschali papæ transmisit. »

X. Chronici Cassinensis, seu Leonis Ostiensis testimonium alicui videbitur superfluere; at secus est. Leoni siquidem prima hujus diplomatis mentio temere tribuitur a Pagio (817, n. 7) : « Leo, inquit, Ostiensis sæculi duodecimi initio demortuus primus fuit, qui ejus meminerit : ideoque non molo antea excogitata fuerat. » Fiducia n hominis! Quod igitur Ducangius (Gloss., verbo Signaculum) ek tanc Caroli Magni, duo regalia præcepta Caroli Magni et Ludovici filii; et ex chronico sancti Vincentii de Vulturno (l. II, p. 634) hæc verba profert : « Proprie m ais et trium filiorum suorum signaculo illud corroborans? » Leo siquidem Ostiensis, « propriæ, » inquit, « manus signaculo, ac filiorum suorum. » Itaque non Ostiensi tribuenda est prima mentio diplomatis, sed monasterii Volturnensis vetustis monumentis. Dum enim Cassinensi chronico scribendo dabat operam, et Volturnense monumentum et Ludovicianum diploma se ob oculos habuisse demonstrat. Nam illinc rei summam petit, variantes autem lectiones ex diplomate ipsemet compingit: quare diplomatis verba illa : « Tibi beato Petro principi apostolorum, et per te vicario tuo domno Paschali, » monumenti Volturnensis, quod 92 exscribit, dictioni aptans, « Beato, » inquit, « Petro apostolo ejusque vicario domno Paschali, » et continuo subdit, « parentes suos Pip. et Car. imitatus; » eo quod in diplomate distincte recensentur Pippini et Caroli donationes. Cætera per se patent. Fallitur autem Ostiensis dum ait Ludovicum imitatum esse parentes suos, eorum quippe uterque donationis finibus se tenuerat; præterea tam Pippinus, primus amplificator ecclesiasticæ ditionis, provincias et civitates donavit beato Petro et successoribus, quam Carolus paternæ confirmator suam amplissimam donationem adjecit. Ludovicus e contrario longe latèque extra Francorum donationes excurrit, nihilque omnino largitur civitatum aut provinciarum. Quamobrem simplex ea chronographi Volturnensis traditio de pacto confirmationis præferenda est Ostiensi; qui non, juxta Pagii sententiam, primus diplomatis meminit, sed primus suis additionibus diploma disfiguravit. Jam vero diploma ipsum expendi debet.

XI. De illius titulo jam diximus satis multa. Exordium autem, seu invocatio Trinitatis, primo aspectu singularis, si attente consideretur, suæ singularitatis causam palam facit. Et vero doctissimus Mabillonius (*Dipl.* l. II, c. 5) contra Propylæum Papebrochii affert «invocationes ævi Carolingici : *In nomine Dei et Salvatoris N. J. C., In nomine Domini J. C., In nomine Patris et Filii et Spiritus S.* Quam rem Godefridus animadvertens (*Chron. Gotw.* tom. I, l. II, c. 1, p. 117 seq.) notat varium exstitisse notariorum stylum in iis formulis. Præcipue autem (c. 6, p. 251) de invocationibus variis Henrici I. « Non video, inquit, quare rejicienda sit in diplomate Henriciano Ecclesiæ Rom. concesso, et ab em. Baron. ad annum 1014, n. 7 producto, formula invocationis *In nomine Dei omnipotentis Patris, et Filii, et Spiritus sancti*, quam ut suspectam incusare voluit D. Frider. Hahnius in Hist. imp., part. II, c. 6; § 10, p. 208, lit. *h*, cum tamen in pluribus, Italicis præsertim, diplomatibus, stylo haud dubie notariorum Italicorum, eamdem reperiamus. » Viri eruditissimi observationi nemo, arbitror, repugnabit, quod attinet ad Augustorum diplomata, quæ Romæ fieri consueverunt, ne Carolo quidem magno excepto, quippe donationem suam in Urbe edidit. Sed de invocatione Ludoviciani diplomatis, utcunque a Stephano IV vel a Paschali digesti, in Francia tamen confirmati, secus judicandum esse videretur, nisi apud Baronium (811, n. 44) testamentum Garoli Magni, in Francia pariter factum, occurreret cum ista invocatione : *In nomine Dei omnipotentis Patris, et Filii, et Spiritus sancti.* Quæ item invenitur apud Labbeum (*Concil.* tom. VII, p. 1202) et præcipue apud 93 Bollandum (*Acta sanctorum,* tom. II, p. 887) qui sancti Caroli Magni Vitam ex Eginhardi duobus codd. mss. optimæ notæ, cum quinque aliis mss. melioribusque editionibus collatis profert, hoc tantum discrimine quod in omnibus legitur : *In nomine Domini Dei omnip.,* etc., ut in Ludoviciano apographo Adrianæ mollis, et in diplomatis Ottonis et Henrici cod. Albiniani juxta eorum autographa. Unde inferri tuto potest privilegia Carolingiorum omnia sancto Petro et successoribus concessa invocationem istam præsetulisse, quam et Otto et Henricus fuerunt initiati, stylo scilicet scriniariorum sanctæ sedis, quorum erat ex archivii monumentis ista conficere. Nullusque dubito quin Pippini

donatio si exstaret, invocationem ipsissimam præseferret quam successores omnes amplexi fuerint.

XII. Sanclaita illam rempublicam, Romam videlicet ejusque ducatum, quam vidimus multo ante regum Francorum donationes juris esse apostolicæ sedis, deditione scilicet populorum qui ab impiis Græcis defecerunt, loco principe Ludovicus confirmat. Ita enim cum imperatore convenerat Stephano IV, qui auctoritate imperatoria direptiones avertere simulque ditionis ecclesiasticæ loca omnia tam valido munimento protegere optabat. Rem ipse imperator docet conceptis verbis : « Sicut a prædecessoribus vestris usque nunc in vestra potestate et ditione tenuistis et disposuistis. » Deinde civitates singulas numerando recenset tam Tusciæ Romanæ quam Campaniæ; bipertito enim dividebatur ducatus, ut neminem eruditorum præterit, in Cistiberinum et Transtiberinum. Quas civitates ante ullam donationem juris esse apostolicæ sedis tam perspicue vidimus in litteris Codicis Carolini, ut otiosum videatur hic iterum id demonstrare. Satis superque erit modo memoria repetere quod Stephanus II Pippino, qui in Franciam redierat (*Cod. Car.* ep. 6, 7, al. 7, 9), significat, Langobardos donationem irritam reddidisse, « nec unius palmi terræ spatium » sanctæ sedi tradidisse : quin etiam lecisse « scamaras atque deprædationes seu devastationes in civitatibus et locis beati Petri. » Rursusque ad novam expeditionem suscipiendam illum urgens (*Ibid.*; ep. 8, 9, al. 4, 6), dum Roma a Langobardis obsideretur : « Nullum, inquit, augmentum nobis factum est, potius autem post desolationem totius nostræ provinciæ, » etc. Quid enim vero desideratur clarius ad tenendum, civitatem Romanam ejusque ducatum tam donationem omnium primam juris esse apostolicæ sedis? Indidem nihilominus suppetit testimonium locupletius : nam ihira idem pontifex, « Civitatem, ait, Narniensem, quam beato Petro tua Christianitas concessit, abstulerunt, et aliquas civitates nostras 94 comprehenderunt; » Narniam videlicet ducatus Romani civitatem a cæteris secernit, ac Pippino ingenue refert acceptam, quia olim invasam a Spoletano duce (*Lib. Pontif.,* sect. 254) primo in adventu Pippini territus Aistulphus regiis missis restituerat (*Ibid.* sect. 249, ex Cod. Reg., Maz., Thu.)

XIII. At quia pontificiæ ditionis partem istam Pagius aliique contendunt regiæ munificentiæ debitam esse, adeoque Ludovici verba *a prædecessoribus vestris* attingere contra constantem omnium codd. fidem non verentur, substituendo *nostris*, ita ut Pippinus et Carolus videantur Romam ejusque ducatum divo Petro et ejus successoribus tradidisse, operæ pretium erit non rationibus, quod feci in Cod. Carolini illustratione, sed propria eorum confessione contrarium ostendere. Carolum Martellum, quamvis tam multa de patriciatu ejus inani contentione disputent, inter prædecessores Ludovici non recensent : aiunt enim, anno 741 morte præventum opitulari periclitanti Ecclesiæ non potuisse. Quin etiam fatentur Romanos pontifices usque ad annum 755 in Græcos Augustos, utcunque impios, obsequium non desuisse. Sequenti autem anno in prima expeditione Pippini, aiunt Narniam unam ex ducatus Romani civitatibus, Francorum metu restitutam esse. Itaque quæcunque imaginentur ducatus Romani, cujus caput Roma, fuisse dominium, ditio ista, eorumdem confessione, antequam donatio Pippiniana suum sortiretur effectum, suo principi subdebatur. Quis autem iste esset, Pippinus idem (*Cod. Car.* ep. 15, al. 56) Romanis testatus erat unico post suam donationem anno, quod Romani ipsi non cdocenti in litteris, quas regiis reponunt : « Circa beatissimum, inquiunt, et coangelicum spiritalem patrem vestrum a Deo decretum dominium nostrum, Paulum summum pontificem. » Quamobrem *prædecessores vestri* Ludoviciani diplomatis ante donationem per annos 25 fuerant Gregorius III, Zacharias, Stephanus II, et post donationem Paulus I, Stephanus III et Adrianus. Namque iisdem fatentibus, quod negare non possunt, Pippiniana donatio exarchatus et Pentapolis finibus concludebatur, de Adriano eodem et successore Leone III ne hiscere quidem audent : tametsi alia via principatum eludere aliquis eorum periclitetur, quod uberrime demonstravi in notis ad Codicem Carolinum. Quare igitur Gratiano adhaerere malint, qui primus posuit *nostris*, quam constanti codicum testimonio suaeque ipsorum confessioni, non difficile captu est : nesciunt quid dicunt.

95 XIV. Ludoviciani diplomatis caput alterum Pippini donationem ipsam exhibet, non qualem Carisiaci factam esse diximus anno 754, et a Pippini duobus filiis Carolo et Carolomanno confirmatam, sed qualem Carolus Magnus Romae confirmavit anno 774. Prior scilicet in archivo Ecclesiae Lateranensis diligentissime custodiebatur, cum viginti post annos seu 774 Carolus veniens Romam « promissionem quae in Francia in loco qui vocatur Carisiacus facta est, sibi relegi fecisset, complacuerunt illi, et ejus judicibus omnia quae ibidem erant adnexa, » ut est in libro Pontificali (sect. 318), quam utique « propria sua manu ipse Christianissimus Francorum rex eam corroborans, universos episcopos, abbates, duces etiam et graphones in ea ascribi fecit. Quam prius super altare beati Petri, et postmodum intus in sancta ejus confessione ponentes, tam ipse Francorum rex quam ejus judices, beato Petro et ejus vicario sanctissimo Adriano papae, sacramento sese omnia conservaturos quae in eadem donatione continentur, promittentes, tradiderunt, » ut legebat suo aevo Albinus, parvoque cum discrimine habent omnes codd. tum editi, tum mss. Donatio tam solemniter, tam sancte confirmata a Carolo quam Adrianus non semel, nec injuria *oblationem* et *holocaustum* appellat in litteris, nequidquam alibi quaeritur, uno in Ludoviciano diplomate exstat integra. Diligentissimus veterum monumentorum collector Franciscus Blanchinus ex Cod. Farnesiano celeberrimo eam se optimo publico edidisse putat in lucem (Anast. tom. II, p. 57). Nam pretiosi illius codicis aequus aestimator, cum suo tempore Parmam translatus esset una cum Farnesiana bibliotheca, eo se contulit semel et iterum, specimenque characteris uncialis, aetatem codicis Carolo Magno supparem designantis excipiens, quod Holstenius et Schelstratius neglexerant, dum codex erat Romae, locum illum totum descripsit quem attuli, ubi de Stephani II epistolis agebam, tanquam Pippinianae donationis monimentum.

XV. At virum doctissimum decepit libri Pontificalis enarratio. Quamvis enim ibidem referatur quemadmodum Pippinus, ratum habens quidquid Carisiaci suo diplomate concesserat divo Petro et ejus successoribus, novo diplomate anterius illud roboravit, addito etiam Comaclo : tamen civitates ibi tantum recensentur quarum possessionem Fulradus Pippini missus iniit clavesque Romam detulit. Quapropter decem civitates deesse compertum erit in libro Pontificali, quae omnes in Ludoviciano diplomate reperiuntur, praeter Narniam ducatus Romani civitatem, cujus quoque possessionem inierat Fulradus, tametsi postliminio **96** redeuntem ad sanctae sedis ditionem veterem a donatione secreverat : quare Ludovicus recte inter civitates Romani ducatus eam recenset. Eadem vero Pippiana donatio integra tam exacte, tantaque cum distinctione recensetur in diplomate, ut mirum sit cur eruditi duo recentiores vel hinc a suspicando de sinceritate ejus non sint absterriti. Enim vero quanquam solam Pippini donationem referat, tamen eamdem non soli Pippino ascribit, sed Carolum ejusdem participem facit. Etenim viginti illis annis, qui donationem Pippinianam secuti, primum Caroli adventum in urbem praecessere, decem eae civitates, quarum possessio a Langobardis tradi noluit, saepe promissae, nunquam redditae inveniuntur. At Carolus, Langobardorum rege Desiderio capto, eorumque regno subacto, integram sanctae sedi donationem vindicavit. Rei testes sunt Cod. Car. epistolae duae (51, 53, al. 54, 52), paucos post menses a Caroli recessu datae, queis Adrianus regi nuntiat Leonis archiep. Ravennatis invasionem *Faventiae*, *Imolae*, *Ferrariae*, *Bononiae*, necnon Adriae, seu *Gabelli*, in qua comitem constituerat dominicum sibi a Carolo commendatum in ecclesia sancti Petri; adeoque omnes civitates Aemiliae a Romana Ecclesia possessas esse certo constat. De quatuor autem Pentapolensibus quin perinde esset, omne amovent dubium eaedem litterae, quippe quibus utramque Pentapolim *ab Arimino usque Eugubium* in fide apostolicae sedis persistere significatur. Praeterea territorium seu oppidum Valvense confugium fuisse quinque Caroli legatis in Beneventana commotione, ex aliis litteris (90, al. 92) liquet.

XVI. Aemiliam, inquies, inter civitates reliquas nominari non video in Cod. Carolino, quae continuo post Ravennam occurrit in diplomate. Ejusdem vero et in Laudatis epistolis et alibi comperio mentionem fieri, uti provinciae. Quare arbitror chorographum Italiae medii aevi vehementer allucinatum esse, ubi provinciam in civitatem convertere primus omnium est ausus. Nec falleris : deceptus et ego olim cum aliis opinionem istam sum amplexus. Quidni autem? Exarchatum angustioribus terminari limitibus videbam tempore Langobardorum quam Romanorum reipublicae, Aemiliamque provinciam bipertito divisam usque ad Bononiae territorium Italici regni partem facere, inde vero exarchatum incipere. Nihilo tamen minus Aemiliam absolute concedi apostolicae sedi comperiebam in hoc diplomate, quod legitimum esse tot viris doctissimis visum erat : hisce in angustiis quid facerem ? Singularis atque antea inaudita doctrina emergit chorographi, optimis, ut primo aspectu videntur, rationibus provinciae nomen auferentis Aemiliae in **97** exarchatu, in ejus sententiam ivi pedibus. Postea vero ad jura sanctae sedis vindicanda me serio vertens, neque ullas opiniones hominum admittens quae cum certis annalium monumentis pugnarent, tenui chorographum istum annalistae Italo acceptissimum, ut in aliis multis, ita in detrahendo provinciae honorem Aemiliae vehementer allucinatum esse. Non enim de sua conditione provincia ista excidit, quod patet ex provinciarum ecclesiasticarum divisione, sed civili in administratione angustior esse coepit. Quandoquidem in exarchatu Aemiliae nomen retinuit, in regno autem Italiae praeclarum istud regni nomen provinciale illud absorbuit. Quin etiam ipso in exarchatu exorta Pentapolis duplex, Aemiliam coarctavit : adeoque tres in exarchatu provinciae esse coeperunt, Aemilia videlicet, Pentapolis maritima, et Pentapolis mediterranea.

XVII. Quae ut vera sint, Fulradus possessionem initurus civitatum *Pentapoleos et Emiliae*, ut est in cod. Farnesiano, in exarchatum est progressus, « et ipsas clabes tam Rabennantium urbis quaque diversarum cibitatum ipsius Rabennantium exarchatus » Romam detulit. Civitates ipsae enumerantur in codice, nullo habito discrimine provinciarum exarchatus. Adrianus autem nuntians Carolo archiepiscopi Leonis invasionem (*Cod. Car.* ep. 51, al. 54) illum invasisse ait « civitates Aemiliae », deinde Pentapolenses ad defectionem sollicitasse; hos autem constantes permansisse in sanctae sedis obsequio, « quemadmodum exstiterunt sub nostro praedecessore domno Stephano papa, cui sa. rec. geniror tuus simulque et praeclara excellentia tua ipsum exarchatum sub jure beati Petri permanendum tradidit. » Pari modo in alia epistola (ep. 55, al. 52) provincias separatim recenset, perspicue docens Ravennates populosque in provincia Aemilia existentes a Pentapolensibus distinctos esse : « Nullum ex Ravinianis vel Aemilia; » inde

Pentapolensium fidem commendat. Quamobrem me pudet chorographo adhibuisse fidem hac in re, restituensque Æmiliæ honorem pristinum, auctoritate diplomatis illum confirmo. Ludovicus igitur donationem Pippini avi sui, a genitore Carolo instauratam confirmans, ipsissimam illam recitat; videlicet *Ravennam* caput et metropolim totius exarchatus: *et Emiliam*, unam ex provinciis exarchatus, civitates singulas numerando recensens, ne cui provinciam istam latius extendere in mentem veniat. Deinde aliam subjicit, *simul et Pentapolim* (quæ Pippini tempore nondum in duas provincias dividebatur, unde magis magisque sinceritas donationis agnoscitur) similemque in modum enumerat provinciæ illius civitates, utrobique territoria, 98 oppida, finesque ad eas pertinentes subjungens : idque adeo perspicue ac distincte, ut iidem illi fines quos ecclesiastica ditio hodieque habet, quibusve a Mutinensi ducatu Æmilia dividitur, describantur.

XVIII. Hanc sane provinciam scriptores magis celebres sæculi sexti decimi contra omnium veterum monumentorum fidem, juxta Romanæ reip. tempora latissime extendunt. Iis vero tum quia ecclesiasticæ provinciæ rationem habuere, tum quia illorum ætas parum illustris id ferebat, venia videtur aliqua adhibenda. Secus est de nostri ævi scriptoribus, quibus Codicem Carolinum et diploma Ludovicianum excidisse expediebat, quam, prædictorum vestigiis insistendo, utriusque monumenti assertores fieri. De amplificatione exarchatus, seu de civitatibus, quas donationi Francorum regum adjiciunt, alibi dicendum erit. Hoc autem loco præteriri non debet ex iis una, quam donationi eidem eripiunt. Ea scilicet est Bobium, hodie Sassina, aliquanto magis australis Cæsena, quam diploma omnium primam enumerat; Codex Carol. (ep. 51, 53, al. 54, 52) Cæsenæ proximam nominat; et Farnesianus codex inter Castellum sancti Marini et Urbinum recenset: antiqua Æmiliæ civitas, cujus episcopus quinto sæculo exeunte intererat conciliis Symmachi (Labb. *Conc.* t. IV, p. 1367-1376) et in libro censuum Albiniani codicis Bohiensis episcopatus cum tribus monasteriis inter Foroliviensem et Populiensem locatus visitur. Præterquam quod ex quinquaginta pagis Sassinæ subjectis quatuor Bobianum continuatum efficiunt, ut animadvertit Ughellus (*It. sac.* tom. II, p. 652). Hanc vero nobilem, et antiquam civitatem Æmiliæ Pippinianæ donationi eripientes, Bobium oppidum monasterio sancti Columbani celebre in Insubria substituunt, episcopali sede donatum a Benedicto VIII, sub initia sæculi xi (Ditmar. ap. Bar., 1014, n. 4; Ughell., Mabill. aliique plures). Quam recte extra limites Æmiliæ latissime sumptæ petatur ista civitas, lectoris judicium esto. Equidem video impossibilia disputationis æstu narrari : nam Fulradus Pippini missus, qui Bobii ut cæterarum civitatum, possessionem iniit, certe in longinquas adeo regiones non est profectus. Cumque habeam pro certo successores omnes divi Petri Adriani verbis (*Cod. Car.* ep. 71, al. 56) protestari : « Testem enim invoco Deum, quia nullorum fines irrationabiliter appeto; » fidenter dico Bobium Insubriæ nunquam fuisse juris sanctæ sedis. De civitatibus aliis, quas exarchatui adjungunt, secus esse fateor: non quia Pippiniana vel Carolina in donatione continerentur, quod affirmare æque falsum est, ac Bobium ex Insubria in Flaminiam traducere, sanctæque sedi nullo auctore vindicare; sed quia ex 99 alio capite ad apostolicæ sedis ditionem omnino pertinent, ut suo loco ostendam. Interim ut firmius constet de ecclesiasticæ ditionis finibus, pauca subdam ex Caroli divisione regnorum inter Ludovicum, Pippinum et Carolum filios. Pippino enim dedit *Italiam, quæ et Langobardia dicitur*, inter fratres dividendam, si forte iis præmoreretur : licet alibi (tom. I, pag. 298 seq.) eadem ad rem aliam allata fuerint.

XIX. « Ab ingressu Italiæ per Augustam civitatem accipiat Carolus Eborejam, Vercellas, Papiam et inde per Padum fluvium termino currente usque ad fines Regensium, et ipsam Regium, et Civitatem Novam, atque Mutinam usque ad terminos sancti Petri. Has civitates cum suburbanis, et territoriis suis, atque comitatibus, quæ ad ipsas pertinent, et quidquid inde Romam pergenti ad lævam respicit, de regno quod Pippinus habuit, una cum ducatu Spoletano, hanc portionem, sicut prædiximus, accipiat Carolus. Quidquid autem a prædictis civitatibus, vel comitatibus Romam eunti ad dexteram jacet de prædicto regno, id est portionem quæ remansit de regione Transpadana una cum ducatu Tuscano, usque ad mare australe, et usque ad provinciam, Ludewicus ad augmentum sui regni sortiatur. » Vides cum territorio Mutinensi Italiæ regnum terminari, quia Bononiense territorium, ut hodie, Mutinensi erat finitimum. Vides insuper divisionem istam designatam per fines ab ingressu Italiæ usque Mutinam : indeque non modicam illam Italiæ seu Langobardiæ partem, quæ ad lævam venientis Romam protenditur, ubi nunc Venetæ reip. amplissima dominatio est, una cum ducatu Spoletano, qui, licet beato Petro et successoribus oblatus, ad jus supremum imperatoris pertinebat, ut infra planum fiet, augmentum fore regni Caroli. Partem vero alteram Ludovico destinatam nihil melius explanat, quam designatio alia per fines ecclesiasticæ dominationis, quæ diplomate Ottonis continetur; ipsique Carolo tribuitur tum in eodem diplomate, tum in libro Pontificali, estque hujusmodi : « A Lunis cum insula corsica, deinde in Suriano, deinde in monte Bardonis, deinde in Berceto, exinde in Parma, deinde in Regia, exinde in Mantua, atque in Monte Silicis, atque provincia Venetiarum et Istria; » De qua iterum sermo erit in notis ad Ottonianum diploma. Interea Transpadanam Ludovico portionem Italici regni assequere; modo designatos fines non intelligas moenia ipsa urbium nominatarum, sed cujusque territorii extremum : præterea Tusciæ ducatum accipias, perinde ac Spoletanum, supremi juris imperatoris, tametsi apostolicæ sedi oblatus esset; quare 100 et in hujus ditione includitur, et Ludovici portioni adjungitur. Hactenus de donatione integra Pippini a Carolo Magno ejus filio confirmata Romæ, ante sacratissimum corpus principis apostolorum, anno 774. Veniendum modo est ad Caroli ejusdem donationes.

XX. Princeps hic magnus pietate in Deum, necnon obsequio, amore ac liberalitate in Petrum, quater omnino, ut in Cod. Carolino est dictum, Romam venit, annis videlicet 774, 781, 787 et 800. In primo adventu, præter instaurationem prædictam paternæ donationis ante illius apostoli beatissimos cineres, Tusciam Langobardicam, seu potius ejus partem, nam tota olim Langobardica dicebatur, quamvis a recentioribus Regalis nomen sit inductum, largitus est (*Cod. Car.* tom. I, p. 297, 321) : in altero territorium Sabinense integrum (*Ib.* 383, 415) : in tertio sex civitates ducatus Beneventani (*Ib.* 475 seqq.). Quid in quarto tradiderit *ob veniam peccatorum et pro mercede animæ*, ut semper tam ipse quam pater ejus fecerant (*Ibid.*, 228, 325, 330, 333, 341, 384), in Cod. Car. non habetur, quippe novem ante annis collecto; sed Corsicam, Sardiniam et Siciliam donasse videtur, tum quia Corsicæ mentio occurrit in litteris Leonis III ad Carolum imperatorem, tum quia Eginhardus fidem facit, Carolum non recessisse ab Urbe indonata sancta sede, tum denique quia Codex Carolinus, donationum testis omni exceptione major, altissimus hasce insulas silentio præterit. Quamobrem ante annum 791 est certo certius, earum nullam sanctæ sedi donatam esse. Quidni igitur anno octingentesimo, cum per imperiale diadema supremæ pontificiæ potestatis consors a sancto Leone tertio factus fuerat? Id tamen nullo veteri monumento confirmari fateor, præterquam Ludoviciano diplomate; ita ut diu adhæserim Balutio, Mabillonio ac

Leblanco interpolatum alicubi privilegium seu diploma istud putantibus. Cum vero accuratius illud expendens, Sardiniæ duntaxat et Siciliæ donationem in incerto versari cognoverim, istorum opinionem continuo posthabendam deliberavi Baronii cæterorumque doctissimorum hominum sententiæ, quam Grotius, Hottomannus et Basnagius amplexi sunt. Et sane jura sanctæ sedis in Siciliam minus dubia erant, ut late diximus in præcedenti dissertatione; Otto Magnus inter jura cætera istud vindicat sanctæ sedi, ut videbimus in sequenti; et sanctus Henricus non modo imitatur Ottonem, sed Ludovici diplomā ratum habet, nequidquam se torquentibus qui falsas opiniones suas ruere moleste ferunt. At de insulis istis nihil temere affirmandum est. Quamobrem earum donationem minime dubiam esse, tempus autem donationis incertum affirmo.

101 XXI. De cæteris Caroli Magni donationibus, ne actum agere videar, nihil adjungendum reor iis quæ uberrime sunt allata in commentatione prævia ad Adriani epistolas. Illud nihilominus præterire non debeo quod Sabinense patrimonium seu territorium in Ludoviciano diplomate idcirco ponitur continuo post Pippinianam donationem, quia regionum situs ratio haberi maluit quam temporis. Cæterum primum omnium Tusciæ Langobardicæ civitates, una cum ducatibus Tusciæ et Spoleti, a Carolo donatas esse fidem faciunt epistolæ Caroli dalæ onnes ante annum 781, in quibus et civitatum, et ducatuum aperta mentio est. Altera donatio, territorii videlicet Sabinensis, naquaquam facta fuit ante annum 781, cum Carolomannus Romæ baptizatus appellatusque ab Adriano faustissimo Pippini nomine, compatris cognomentum parentibus acquisivit. Id singulare in hoc diplomate percipitur quod Itherius et Maginarius abbates controversiam omnem inter sanctam sedem et Reatinos sustulerunt constitutis finibus hos inter et Sabinense territorium post annum 784: hoc enim anno Maginarius successit Fulrado abbati Dionysiano, per mensem Julium. Quæ res inveniri non poterat in epist. Cod. Car. (67, 68, 71, 72, 75, al. 70, 68, 56, 76, 78), utpote omnibus datis antequam Maginarius abbas fieret: Ildegarde enim superstite omnes datæ fuerunt, quæ anno 783 diem supremum obiit: Tertia autem donatio sex civitatum Campaniæ postremo loco recte constituitur : ad annum quippe pertinet 787, cum Carolus Beneventanis ad officium revocatis, secumque abducto Grimoaldo cum aliis duodecim obsidibus, Arichim Grimoaldi patrem Beneventanorum ducem, regionemque illam omnem suæ subjecit potestati.

XXII. Absoluta avitæ paternæque donationis recensione, una cum utraque confirmat patrimonia juris quidem sanctæ sedis, at non utique ab eadem possessis. Beneventanum loco principe numerat, quod Adrianus (Cod. Car. ep. 59, al. 49) Carolo testabatur, « diversos imperatores, patricios etiam et alios Deum timentes, pro eorum animæ mercede et venia delictorum, in partibus Tusciæ, Spoleto seu Benevento » largitos esse apostolicæ sedi. Et aliquot ante annos Stephanus III multa laude prosecutus erat Itherium, Bertradæ et Caroli legatum, quod « illico in partes Beneventani profectus est ducatus, pro recolligendo illis in partibus patrimonio (Ibid., ep: 46, al. 44). Sequitur Calabritanum, cui non adjungit Siculum, quia totam insulam paulo supra in donatione Caroli confirmaverat. De hoc patrimonio satis multis quæ dicta sunt, adjungi omnino debet, Stephanum II usque ab anno 756, **162** dum Pippino agebat gratias (Cod. Car. ep. 11, al. 8), de exarchatus possessione inita per Fulradum, serio egisse cum eodem rege : « Inspiratis, inquit, a Deo, et ejus principe apostolorum beato Petro, ita dispònere juberet de parte Græcorum, ut fides sancta catholica et apostolica per te integra et inconcussa per te maneat in æternum; et sancta Dei Ecclesia, sicut

ab aliis et ab eorum pestifera malitia liberetur et secura reddatur, atque omnia proprietatis suæ percipiat ; unde pro animæ vestræ salute indefessa luminariorum concinnatio Dei Ecclesiis permaneat, et esuries pauperum egenorum vel peregrinorum resecetur. » Tertio loco Neapolitanum patrimonium confirmatur, quod æque ac Calabritanum injuste detinebatur a Græcis, quemadmodum Beneventanum a Beneventanis, qui Græcis quam sanctæ sedi amiciores erant tunc temporis. Longum esset patrimonii hujus historiam persequi, quam repetere potes ex Cod. Carolino (pag. 495). Id satis modo erit innuere quod Adrianus Tarracinam pontificiis militibus subegit, quam retinebat loco ejus patrimonii. Cajeta quoque eadem de causa expugnata, sexque civitatibus Campaniæ postmodum donatis a Carolo, ditio sanctæ sedis ea in parte dilatata, unius Neapolitani patrimonii causa; quahil illud esset; ostendunt. Huc tamen non spectat magnorum trium patrimoniorum historia. Sed Siciliæ donationem quandocumque factam a Carolo, et a Ludovico confirmatam probabiliorem efficiunt. Præcipue vero annalistæ Itali animadversionem inopportunam, ne audaciæ plenam dicam, declarant.

XXIII. Antiquus hic pontificiæ dominationis æmulus (an. 1059) prodiisse ait per sæculum xi diploma istud cum additionibus, ubi agitur de Benevento, Calabria, Sicilia aliisque regionibus, pro rebus quæ tum temporis maxime sanctæ sedis intererant, non pro earumdem statu præcedentibus sæculis. Id vero persuadebit ignaro vulgo, et Walchio, sectæque ejus hominibus (Præf. pag. IV), annalistam Italum esse « antiquitatis rerumque gestarum thesaurum, ac præcipuum nostri ævi ornamentum : » at viris vera eruditione præstantibus ac pontificiæ historiæ gnaris, leges omnes historico præscriptæ repente violari videbuntur. Nonne enim falsitas, audacia, simultas inde emicant? Codicis Carolini monumenta certa annalistam nientiri fidem faciunt: Nicolaus II, suorum prædecessorum vestigiis insistens, injuriam sibi temere illatam repellit : annales ipsi hujusmodi rebus in pontificiam dominationem identidem respersi simulatem manifestant. At enim vero lubet concedere, in pacto confirmationis seu privilegio Siciliam fuisse insertam a Stephano IV **103** aut ejus successore sancto Paschali I Donationi Carolinæ, quippe quæ semel, iterum ac tertio, quin etiam quarto facta, novis semper regionibus expressis, conjungenda simul erat in eo pacto confirmationis: num Siculi patrimonii minus certa erant prisca jura quam Beneventani, utriusque Calabriæ ac Neapolitani ? Quid igitur Stephanus II an. 756, iisdem in litteris queis Pippino gratias agit de adepta civitatum exarchatus possessione, ut nuper aiebam, patrimonia Calabritanum et Siculum nomine proprietatis suæ apostolicæ sedi vindicanda eidem regi persuadet ? Quid Adrianus testatur Carolo anno 794 (Concil. tom. VIII, p. 965) se Orientalem Aug. pro hæretica habiturum; nisi cum episcoporum consecrationibus prædicta patrimonia reddiderit, ut supra in præcedenti dissertatione; num. 10, dictum fuit ? « Seu de patrimoniis iterum increpantes commonemus, ut si nolucrit ea sanctæ nostræ R. Ecclesiæ restituere, hæreticum eum pro hujusmodi erroris perseverantia esse decernemus. » De minoribus cæteris agam in notis.

XXIV. Quæ cum ita sint, illud animadvertendum subit; tantam esse hujus diplomatis sinceritatis vim, ut annalista idem, qui an. 817 suppositum illud depinxit, anno 1059 interpolatum tantummodo fuisse contendat. Ego vero, ni fallor, levitatem secundæ hujus opinionis susdeque habendam ostendi. Restat modo ut præcipuas rationes cur patrimonia tantum utrusque Siciliæ nominatim confirmentur, præter missis cæteris, compendiario sermone amplectar, ut magis magisque constet de legitima auctoritate diplomatis. Syracusanum et Panormitanum amplissima illa patrimonia Gregorii Magni epistolis celebratissima, quæ aliquando Siciliæ et postea Siculi unius vocabulo apud veteres appellantur, Siciliæ totius confirmatione, perinde ac patrimonium Sardiniæ; hujus item insulæ confirmatione, in diplomate recensita, cum cautum abunde esset Romanæ Ecclesiæ juribus ea recensione, inter patrimonia reliqua non memorantur. Secus est de utriusque Calabriæ et Neapolitano, sitis videlicet in regionibus Græcorum adhuc potestati subditis, ut Sicilia. Calabritani autem, ut pote nimium remoti, eamdem rationem esse habitam vidimus ac Siciliæ, tum ab Stephano II, tum ab Adriano : at de Neapolitano, qui Græcis eripi a rege Langobardorum per Beneventanos sibi subditos poterat, Pippinus ipse multo antea rem habuerat; quare Paulus I anno 766 gratias eidem egerat, quod jussisset Desiderium c regem Neapolitanos ac Cajetanos constringere ob restituenda patrimonia protectori vestro beato Petro illuc Neapoli sita (*Cod. Car.* ep. 40, al 26). Et Adrianus anno 780 (*Ibid.*, ep. 65, al. 64) **104** sublestæ fidei Neapolitanorum admonet Carolum, quod pacta conventa servare noluerint, ac restituere detrectaverint « patrimonium beati Petri apostoli, qui illidem in Neapoli ponitur. » Beneventani demum patrimonii, tametsi in Græcorum potestate non esset, diffinitum tamen conditionem fuisse etiam anno 788 perspicue docent trinæ Codicis Carolini literæ (89 seqq., al. 90, 92, 88). Quamobrem et hujus patrimonii, et illorum quæ in Græca potestate erant, necessaria fuit Ludoviciani pacti confirmatio, ne jura sanctæ sedis, quæ avus ac genitor nequidquam asserere conati erant, quid detrimenti acciperent, postliminio scilicet reditura, cum Deo optimo maximo visum esset. Idque denium evenisse vidimus per sæculum xi, cum annalista Italus, inexplorata penitus antiquitate, Nicolao II inureæ impostoris notam, nullo monumento, nulla historiola, nullo vel damnabili teste, non est veritus.

XXV. Duos hucusque titulos , sive, ut melius dicam, duo jura genera, queis dominatio pontificia nititur, dilucide ac distincte sunt demonstrata. Spontanea videlicet populorum deditio, post defectionem a Græcis, Romanis pontificibus Romam ejusque ducatum subjecit. Francorum autem regum Pippini et Caroli liberalitate provincias et civitates reliquas sunt adepti. Quæ omnia Ludovicus Paschali ejusque successoribus perpetuum confirmat, *ut in suo detineat jure, principatu atque ditione*. Sequitur prædictorum regum liberalitatis seu donationis genus aliud; de quo pontificibus minime conventum erat cum regibus, sed ipsimet sua voluntate apostolorum principi ejusque successoribus concesserunt. De hujus autem generis donationibus, utpote in diplomate non expressis, nonnihil disseremus cum ordo rerum nos ducet ad sancti Henrici privilegium, ubi de voluntariis omnium prædecessorum hujus Augusti donationibus sermo habebitur. Una hic spectanda est Carolina, quæ inutiles aliquot recentiorum quæstiones super dominii genere quo illas pontifices obtinuerint, amandat, imo detrudit. Anno igitur 774, cum Carolus primum in Urbem venit, non modo paternam donationem instauravit roboravitque; Tusciæ Langobardicæ adjecta parte non modica, sed partem aliam Tusciæ, ducatus nomine a priori distinctam (hoc recentiores fecerunt nomen Regalis) , quæ scilicet continebat civitates *Lunam, Pisam , Lucam , Volaterras, Senas, Pistorium, Florentiam, Arretium, Clusium novum*, simulque Spoletanum ducatum, ab Italia proprie dicta, sive a Langobardia utrumque disjunctum, obtulit divo Petro. Quam rem testatur Adrianus **105** (*Cod. Car.* ep. 56; al. 58). Anno siquidem 776. « Quia, inquit, et ipsum Spoletinum ducatum vos præsentaliter offeruistis protectori vestro beato Petro, principi apostolorum; per nostram mediocritatem, pro animæ vestræ mercede. » Tusciæ autem ducatus simile quid non suppetit ex *Cod. Carolini* epistolis. Conditio tantum ejus a Spoletano admodum diversa in iis deprehenditur. Plures quippe duces alii aliarum civitatum inveniuntur, *Clusinus, Florentinus, Lucensis*. (*Cod. Car.* ep. 55, al. 60, 80, al. 64; 50, al. 55) qui tum rei fidem faciunt; tum leves eorum conatus eludunt qui Tusciæ metropolim existantur id temporis. Cæterum tam Spoletanos ducatus, qui uni committebatur, quam Tuscanus, quem plures duces administrabant, a Carolo oblati divo Petro et successoribus, singularia sunt diplomatis Ludoviciani adjuncta, quæ non modo sincerum id declarant, sed supremam in reliquis ditionibus dominationem pontificiam locupletissime testantur.

XXVI. Enimvero dominii tantum utilis concessio; præceptum; seu diploma pontificium quo ipsi oblatori Carolo utriusque ducatus restituitur; ac perspicua declaratio supremi juris Carolo eidem reservati; sinceritatis adeo manifesta sunt indicia, ut probationem quamcunque aliam rejiciam. Præterea horum complexio, seu extrema illa clausula : « Salva semper super eosdem ducatus nostra in omnibus dominatione , et illorum ad nostram partem subjectione : » quo minus dubia suppeditat argumenta • 1. Vectigalia omnia horum ducatuum confirmari sancto Petro et successoribus, quæ paulo supra singillatim expressa fuerant per *census, pensiones et dationes*, ut recte apographum molis Adrianæ, non *donationes*, ut legit Codex scripturæ vitio. 2. Et tota in ecclesiastica ditione hos tantum ducatus ad supremam Rom. pontificis potestatem Ludovici tempore non pertinere. Namque imperator, ut pontifici morem gereret, imperiali auctoritate jura cætera ita confirmaverat, ut *in jure, principatu atque ditione sanctæ sedis persisterent, usque in finem sæculi* ; quod in sequentibus per eadem verba aliaque validiora significatur. Neque id quidem alia de causa nisi ut deinceps in regionibus per reges Francorum donatis, ac Romæ ex in ejus ducatu pontifices supremo jure dominari viderentur imperiali auctoritate, ad reprimendam subditorum audaciam, qui majestate imperatoria ad eumdem finem renovata cohiberi non potuerant ab appetenda insidiis supremi principis vita, atque Ecclesiæ prædiis invadendis; ut aiebam supra (num. 8). Qui secus putat, longe a veritate cum abire, tam multa dominationis argumenta quæ ante regum donationes perspicua sunt in Codice Carolino, **106** demonstrant: Post donationes autem, cum nihil jam timeretur a Langobardis; Francorumque patriciatus magno præsidio esset adversus Græcorum molimina, tot fere argumenta suppetunt ex eodem Codice, quot pontificum Romanorum epistolæ. Certiora atque evidentiora repeti possunt brevitatis ergo ex commentatione prævia ad epistolas Adriani et ex epistolis 63, al. 68; 76, al. 75; 81; al, 67 ; 97, al. 85.

XXVII. Id non effecisse laudatos sæpe duumviros (pedisequos totidem pluresve nihil moror) persuaderi mihi non potest. : utriusque siquidem inconstantia, nam diploma Ludovicianum modo legitimum, modo suppositum, modo interpolatum dictitant, perspicue docet, erroris quemque sui conscium sibi fuisse. Qui autem secus esse potest? Unica interpolatio primo obtulit trium insularum confirmatio esse videtur. At quæ sequuntur suspicionem avertunt : « ab territoriis, maritimis littoribus, portubus ad suprascriptis civitates et insulas pertinentibus. » Iterumque illa, ubi sanctæ sedis jura omnia in unum colliguntur : « de suprascriptis videlicet provinciis, urbibus, civitatibus, oppidis, castris, viculis; insulis, territoriis atque patrimoniis, necnon et pensionibus atque censibus. » Ac demum tertio, ubi una cum prædictis omnibus *insulas* se defensurum pollicetur, « ut omnia ea in illius ditione ac utendum; et fruendum, atque disponendum firmiter « perseverent. Quid? quod quacunque ex civitate sanctæ sedi subdita confugientes ad se homines aut pontificio dominatui se subtrahendi libidine, aut res novas moliendi animo, aut metu pœnæ, se hac tantum de causa susceptorum promittit, ut veniam iis petat, si levis culpa; si autem gravis, ut suo eosdem principi puniendos remittat, iis tantum exceptis qui aut vim passi, aut præpotentia aliorum civium oppressi imperatoria intercessione indigeant apud pontificem? Nec putes ista fortuito esse posita : non enim archiepiscopi Ravennatis Leonis audacia mente exciderat (*Cod. Car.* ep. 52, al. 53) qui, pontifice inscio, anno 775 ad Carolum se contulerat, res novas moliens in exarchatu : Adriani exemplum oblivione deletum non fuerat (*Ibid.*, cp. 61, al. 1), qui reos quosdam sibi subditos remitti a Carolo efflagitaverat, quemadmodum ipse subditum Caroli ante biennium eadem ex causa in Franciam remiserat : recentiusque aliud exemplum ejus pontificis tenebatur (*Ibid.*, ep. 97, al. 85), qui anno 790 repetierat a Carolo Ravennates quosdam ac Pentapolenses, qui ab ejus obedientia se subtrahere concupiebant. Quo exemplo Eccardus (*Rer. Franc.* lib. xxv, cap. 58) et annalista Italus **107** (An. 789) moti, ingenue fassi sunt Romanum pontificem tunc temporis in exarchatu et Pentapoli dominatum esse.

XXVIII. Video equidem non minus dilucida indicia esse dominationis in urbe Roma quam in exarchatu : etenim laudata in epistola (61, al. 50) Adrianus non solum subditos sibi homines repetit, sed puniendos repetit. Posfquam enim nefaria illorum crimina Carolo ipsi non exaggeravit, hisce eum verbis deprecatur : « ut viriliter Deo vobis inspirante exsurgatis, et miseræ et flagitiosæ præsumptionis, ut pote pius rex, legalem vindictam nobis de eis exercere jubeatis..... aut nobis eos dirigere digneris, ut omnipotens Deus respiciens de excelso pro justa vindicta a nobis eis illata, concedat tibi, etc. » Nec tamen miror quare in exarchatu dominationem fateantur, at eamdem negent Romæ. Quandoquidem alii alio anno exspectant, Urbis donationem fieri cum incerto dominii genere. Alte enim sedit scriptorum Francicorum mente, Romanos pontifices potestatem indirectam seu temporalem Francorum regum donationibus acceptam referre : quam opinionem esse omnino falsam tenemus, cum certum sciamus, quinque et viginti annis antequam Pippinus, qui omnium primus ditionem pontificiam amplificavit, exarchatus provincias Æmiliam et Pentapolim largiretur, Gregorium III, Zachariam, et aliquandiu Stephanum II, Romæ et in ejus ducatu dominatos esse. Scriptores vero alii, tum quia falsam eamdem opinionem imbiberunt, tum quia laudatos pontifices non deposuisse vident spem conversionis Græcorum ante annum 755, cum sanctæ sedi patrocinium quæsitum fuit ab eodem Stephano II in Francia, tum demum quia exarchatum duntaxat donatum esse a Pippino, neque aliud quidpiam usque ad primum Caroli adventum Romam ann. 774 Pippinianæ donationi esse additum norunt, Carolo eidem donationem Urbis ascribunt incerto anno, dominatu incerto, incerto auctore. Utriusque generis scriptorum allucinationes Adriani prædecessorum epistolis profligatas, non est cur iterum aggrediar. Discrimen autem ingens, quod Urbis ejusque ducatus dominationi cum reliquis apostolicæ sedis ditionibus intercedit, ad majorem Ludoviciani diplomatis perspicuitatem, quam fieri poterit brevius, demonstrabo.

XXIX. Quanquam de suprema pontificia dominatione Urbis, ac proinde ejus ducatus, constet ex pluribus Codicis Carolini epistolis, earum tamen nulla id melius comprobat quam illa ipsa (97, al. 85) qua patriciatus Petri cum Caroli patriciatu comparatur : unde Eccardus **108** et annalista Italus fateri compelluntur supremam eamdem dominationem in exarchatu, ut diximus. Si enim dominatio Caroli in Urbe nil aliud erat quam defensio Urbis, antequam imperator fieret, et postea consortium ejusdem supremæ potestatis pontificæ, cum igitur una cum patre suo Pippino et Carolomanno fratre patricius designatus fuit in Francia a Stephano II, an. 754, Romæ dominus erat idem Stephanus, ut prædecessores ejus Gregorius III et Zacharias fuerant, et ut Paulus I successor fraterque ejus a S. P. Q. R. *Dominus noster a Deo decretus* appellatur in litteris ad Pippinum regem et patricium Romanorum. Ea tamen dominatio non vacabat mistura senatus populique Romani, qui sacramentum fidelitatis pontifici, ut summo principi, præstabant; salva nihilominus lege seu jure civili Romanorum; adeoque Rom. pontifex tunc temporis erat quidem summus princeps, sed minime absolutus in republica gerenda. Nec Stephanus IV aut sanctus Paschalis quid novi moliti sunt in senatum et populum, cum suam ipsorum potestatem summam in Urbe imperiali auctoritate niti deinceps desiderarunt; non enim id unquam consueverunt Romani pontifices, sed ipsissimam illam, qua sui prædecessores usi fuerant, S. P. Q. R. administratione nullatenus imminuta, a Ludovico roborari voluerunt. Verba diplomatis sunt adeo evidentia, ut commentariis non indigeant : « Sicut, inquit, a prædecessoribus vestris usque nunc in vestra potestate et ditione tenuistis et dispossuistis. » Quamobrem hoc ratum firmumque esse velim, haud novam in Paschali dominationem incipere, sed illam ab Augusto Ludovico roborari, quam annos fere nonaginta S. P. Q. R., ab impiis Græcis deficiens, propria voluntate amplexus erat in Gregorio III, tanquam capite sanctæ reipublicæ, fassusque erat in litteris supra laudatis ad Pippinum regem, sine ullo propriæ auctoritatis detrimento, quod satis superque monstrarunt sequentia tempora, ut in præcedenti dissertatione palam feci.

XXX. In cæteris vero ditionibus ex liberalitate principum profectis solus Romanus pontifex, nulla senatus populique mistura absolutus princeps dominabatur : earum quippe dominium uni Petro ejusque successoribus concessum fuerat. Testes sunt omni exceptione majores Codicis Carolini epistolæ plures conceptis verbis id tradentes : « Quas beato Petro pro magna animæ vestræ mercede contulistis, » aiebat Paulus de civitatibus Pentapolis (ep. 18, al. 15); et alibi (ep. 40, al. 26) de concto exarchatu : « Ea, inquit, quæ beato Petro polliciti, et ob veniam **109** vestrorum concedere studuistis delictorum, illibato ejus jure perenniter permanenda conservare satagitis. » Item (ep. 42, al. 19) Donationem esse factam ait « Beato Petro et ejus vicario prædecessori nostro domno et germano meo sa. me. rec. Stephano papæ. » In eamdem sententiam Adrianus (ep. 52, al. 53) Carolum Magnum alloquitur : « Quæ beato Petro pro magna animæ tuæ mercede et a Deo protecti regni vestri stabilitate. » Leonem archiep Ravennæ accusat (ep. 55, al. 52) dicentem de Æmiliæ civitatibus, « quod vestra excellentia ipsas civitates minime beato Petro et nobis concessit. » Et, quod majus, in mentem revocat sequenti epistola, quemadmodum « eidem Dei apostolo præsentaliter manibus tuis eamdem offeruisti promissionem. » Ac denique (ep. 59, al. 49) de patrimoniis omnibus loquens : « Quæ, ait, per diversos imperatores, patricios etiam et alios Deum timentes pro eorum animæ mercede et venia delictorum in partibus Tusciæ, Spoleto, seu Benevento, atque Corsica, simul et Sabinense patrimonio beato Petro apostolo, sanctæque Dei et apostolicæ Romanæ Ecclesiæ concessa sunt. » Alia multa prætermitto quæ una cum istis opportune hic repetitis allata fuerunt in præcedentibus; pauca enim hæc discrimen illud magnum demonstrant quod regum donationibus cum dominatione Urbis, ejusque ducatus intercedit. Ea propter ne Suevi quidem Augusti, donationum hujusmodi invasores omnium maximi, Romanos imitati esse inveniuntur, qui solo principis nomine pontificibus relicto, temporalem reipublicæ administrationis tempore tam diuturno tamque obstinatis animis usurparunt. Usque adeo principis apostolorum patriciatus, seu defensio, defensioni Augustorum prævaluit!

XXXI. Absolutam quoque hanc dominationem in exarchatu Ravennates archiepiscopi turbare ausi sunt. Quid vero? Adrianus (*Cod. Car.* ep. 51, al. 54) refert Carolo, quemadmodum Stephanus II Sergium nimis sibi tribuentem dejecit: « Nos, inquit, excellentissime fili, quemadmodum tempore domni Stephani papæ, qui illuc Franciam profectus est, cui et ipsum exarchatum traditum est, ita et nostris temporibus eum sub nostra potestate disponere atque ordinare volumus, et omnes in hoc cognoscere possunt qualem potestatem ejus ter beatitudo in eamdem Ravennantium urbem, et cunctum exarchatum habuit, qui etiam archiepiscopum Sergium exinde abstulit, dum contra ejus voluntatem agere spiritu superbiæ nitebatur. » Leonis autem pertinaciam repressit vita brevis; anno enim 777 e vivis excessit, cum Adriano vix triennalem molestiam intulisset. Postea **110** vero similis audaciæ exemplum non reperitur. Quin etiam anno 790 idem pontifex parem rationem habet Francorum Carolo subjectorum ac Ravennatium, et Pentapolensium beato Petro et sibi subditorum (*Cod. Car.* ep. 97, al. 87) : « Sicut vestri homines sine vestra absolutione ad limina apostolorum neque ad nos conjungunt, ita et nostri homines qui ad vos venire cupiunt, cum nostra absolutione et epistola veniant. Quia sicut nos semper vestros homines suscipientes commonemus, ut in vera fide atque puritate cordis totis eorum viribus in vestro maneant servitio, ita et vos simili modo quicunque ex nostris hominibus ad vos venerint, eos omnino obtestari atque commonere vestram regalem prudentiam quæsumus, ut sicut genitor vester sa. rec. domnus Pippinus magnus rex eos beato Petro ejusque vicario concessit et demum excellentia vestra confirmavit; sic admonere atque obtestari jubeamini, ut nullo modo audeant se in superbiam elationis efferre, quando ad vos properaverunt, sed potius subjecti atque humiles in servitio beati Petri et nostræ præceptionis maneant subjecti, et hortamini eos quia omnino in servitio et divino beati Petri ejusque sedis vicario nunquam vos subtrahemus, sed in ea fide et puritate quam polliciti sumus beato Petro apostolo usque in finem sæculi permanemus. »

XXXII. Jam vero planum fecisse. mihi videor cur Ludovicus confirmans dominationem pontificum Romanorum in Urbe et ejus ducatu, conditione illa utatur : « Sicut a prædecessoribus vestris usque nunc in vestra potestate et ditione tenuistis et diposuistis. » E contrario ditiones « per donationis paginam » sedi concessas, quavis conditione prætermissa, perspicue confirmet « Paschali summo pontifici et universali pape ejusque successoribus usque in finem seculi, eo modo , ut in suo detineant jure principatu atque ditione. » Magni id quidem momenti erat ad sinceritatem Ludoviciani diplomatis vindicandam ejusque ingenium aperiendum. Cum autem pleraque omnia quæ hucusque disserui ex novem et nonaginta Codicis Carolini epistolis, et decem Leonianis, a Conringio editis, constent; epistolaris hujus historiæ anacephalæosim jure appellavi diploma istud, quippe quo jura omnia sanctæ sedis breviter collecta roborantur. Post hæc disciplina electionis et consecrationis Romani pontificis confirmatur : quæ res, ad Stephani IV prædecessores quod attinet, tum ex commentatione prævia de epistolis Adriani (n. 2 seqq.), tum ex monito ad epistolas pseudopapæ Constantini poterit. Summa est quod libera omnino erat electio, et ordinatio, **111** seu consecratio Romani pontificis. Quod magis magisque confirmatur Pippini regis legati præsentia consecrationi Pauli I (*Cod. Car.* ep. 12, al. 15). Cum enim pervenisset Romam quo tempore electio pontificis fiebat : « Cum eo loquentes, ait *Paulus*, una cum nostris optimatibus, aptum perspeximus eum hic detineri, donec Dei providentia sacra apostolica benedictione illustrati fuissemus, et tunc plenius satisfactus de nostra, vel cuncti populi puritate, et dilectione quam erga tuam benignissimam excellentiam et cunctam gentem Francorum gerimus, eum ad vos repedandum cum nostris missis apostolicis absolveremus; » *Qui scilicet regi testarentur, pontificem* « in ea fide et dilectione, et charitatis concordia, atque pacis fœdere, quæ prælatus beatiss. me. domnus et germanus meus sanctissimus pontifex vobiscum confirmavit » *permansurum.*

XXXIII. Ea vero disciplina eligendi et consecrandi pontificem, postmodum ad Franciæ regem legatos mittendi, qui prædictam regni et sacerdotii concordiam instaurarent, adeo firma constansque est, ut nullum prorsus exemplum quod illi adversetur inveniatur. Et vero ipse invasor Constantinus nonnisi post detestabilem electionem ordinationemque suam (*Cod. Car.* ep. 43, al. 98) legatos ad regem misit, promittens se Stephani Pauliique exemplo « permansurum in vestra charitate ac fide dilectione, atque sincera amicitia ». Quod iterum ac tertio repetit, urgetque sequenti epistola. Stephani III et Adriani legationes et litteræ post consecrationem ad reges missæ non exstant: sententia tamen eadem suppetit ex aliis utriusque pontificis litteris (*Ibid.*, ep. 47, 62). Stephanus quippe Carolo et Carolomanno fratribus. « In vestro, ait, amore atque charitatis dilectione firmiter usque ad animam et sanguinis effusionem una cum universo populo permanemus atque permanebimus. » Et Adrianus Carolo Magno « In ea fide et dilectione simulque et promissione te confidimus permanere, in qua et nos firmi et stabiles, quod facie ad faciem polliciti sumus, Domino præsidiante, et beato Petro principe apostolorum mediante, usque in finem manemus. » Leonem III, post suam consecrationem, Adriani obitum suamque exaltationem nuntiasse, fidem faciunt Caroli regis litteræ apud Labbeum (*Conc.* tom. VII, p. 1428) per Angilbertum missæ; queis protestatur se velle instaurare concordiam illam sacerdotii et regni quæ vigebat sub Adriano : « Sicut enim, inquit, cum beatissimo prædecessore vestræ sanctæ paternitatis pactum inii, sic cum beatitudine vestra ejusdem fidei et charitatis inviolabile fœdus statuere **112** desidero. » Quæ cum ita sint, libenter audirem a Pagio et annalista Italo quidnam discriminis hisce in diplomatis Ludoviciani verbis introspiciant? « Eum, quem divina inspiratione et beati Petri intercessione omnes Romani uno consilio atque concordia, sine aliqua promissione, ad pontificatus ordinem elegerint, sine aliqua ambiguitate vel contradictione more canonico consecrari. Et dum consecratus fuerit, legati ad nos vel ad successores nostros reges Francorum dirigantur, qui inter nos et illos amicitiam et charitatem, ac pacem socient. » Attamen ii duumviri hinc diploma esse commentitium fidenter pronuntiant quod colligunt ex Leonis successorum legatione et litteris ad Caroli Magni filium Ludovicum Pium, ab Astronomo memoratis anno 816 et anno. De Stephano enim in Franciam proficiscente; « præmisit tamen, inquit, legationem, quæ super ordinatione ejus imperatori satisfaceret. » Et de Paschali : « Post expletam consecrationem solemnem, legatos cum epistola apologetica et maximis muneribus imperatori misit, insinuans non se ambitione, nec voluntate, sed electione et populi acclamatione huic succubuisse potius, quam insiluisse dignitati. » Aiunt enim has litteras imperatoriæ confirmationis indicia esse minus dubia. Eruditum par!

XXXIV. At enim vero iis quæ anno 769 in concilio Lateranensi decreta erant, ne summa electionis et consecrationis pontificiæ aliunde detrimentum acciperet, adjungi videmus hoc loco : *sine aliqua promissione.* Id autem magis magisque confirmat diplomatis integritatem. Quod enim olim ad Simoniacam hæresim avertendam constitutum fuerat (*Conc. Chalc.* c. 2 ; Symm. ad Cæsar. ep. 5, tit. 2 ; Hormisd. ad epist. Hisp. ep. 25 , c. 2), novis decretis sanctionibusque instauratum invenitur pro Italia seu regno Langobardiæ, Tuscia et exarchatu, imo etiam pro Francorum regno ; illa enim pestis longe lateque pervagabatur id temporis. Ea propter Adrianus an. 790 (*Cod. Car.* ep. 97, al. 84) scribebat Carolo: « Multæ pecuniæ per talem nefandam dationem alienatæ esse cernuntur, ut aurum et argentum jam non habentes etiam ipsæ res Ecclesiarum per emphyteuses manu conscriptas existant alienatæ. » Et paulo infra de ordinatione episcoporum eorumque examine: « Obtestantes, ait, sciscitamur: Videne aliquam promissionem cuiquam aut dationem fecisses; quia Simoniacum et contra canones est. » Ipse etiam Carolus anno 795 in commonitorio (*Conc.* tom. VII, p. 129) id præcipue admonendum Leonem pontificem vult ab Angilberto: « De Simoniaca subvertenda hæresi diligentissime suadeas illi, 113 quæ sanctum Ecclesiæ corpus multis male maculat in lobis. » Quid plura? eodem anno 816, cum Stephanus IV, quem sequenti anno imitatur Paschalis, post suam consecrationem Augusto Ludovico electionem suam omni labe carentem nuntiat, idem imperator edidit capitulare (lib. I, cap. 84) relatum etiam a Labbeo (*Conc.* tom. VII, p. 1479), in quo hæc leguntur: « Sacrorum canonum non ignari, ut in Dei nomine sancta Ecclesia suo liberius potiretur honore, assensum ordini ecclesiastico præbuimus, ut scilicet episcopi per electionem cleri et populi secundum statuta canonum de propria diœcesi, remota personarum et munerum acceptione, ob vitæ meritum et sapientiæ donum eligantur. »

XXXV. Quæ cum ita sint, non sine admiratione legi potest apud Pagium (817, n. 7) post recitatam diplomatis particulam illam de legatione mittenda « ad nos, vel ad successores nostros, reges Francorum, » falsitatis et audacia plena illatio ista. « Quod merum commentum est, cum ipso Ludovico Pio vivente Eugenius II papa, ad postulationem Lotharii imperii paterni collegæ, statuerit ut pontifex Romanus non consecretur nisi in præsentia legatorum imperialium. » Non enim sapit hominem ratione utentem propositio hujusmodi: Disciplina creationis Romani pontificis in diplomate Ludoviciano confirmata anno 817 commentitia est, quia anno 825 Lotharius Ludovici filius ab Eugenio II privilegium impetravit, ne in posterum Romani pontifices consecrarentur, nisi legatis imperialibus præsentibus. Huc accedit privilegii ejusdem falsitas Baronio, Cointio, Natali, Papebrochio, passimque auctoribus catholicis perspecta; annalistæ etiam Italo id privilegium (an. 825) est valde suspectum, tametsi quod opinioni suæ accommodatum, cum Eccardo mutata chronologia, obviis ulnis illud amplectitur. At neque Eccardus neque annalista remedio isto temporis falsitatem auferunt. Non enim gravi ulla auctoritate privilegium nititur; sed exstat ejus mentio in supplemento Langobardicæ historiæ, quod Paulo Warnefridi ab impostore ascribitur, juxta morem id genus hominum, qui fidem conciliaturi suis consarcinationibus, ab illustri aliquo scriptore nomen mutuantur. Post libellum igitur de Metensibus episcopis, ita legitur: « An. 825 Lotharius imperator iterum ad Italiam veniens missam sancti Martini Romæ celebravit, hoc est juramentum quod Romano clero et populo ipse et Eugenius papa facere imperavit: Promitto ergo ill. per Deum omnipotentem, et per ista sacra quatuor evangelia, et per hanc crucem Domini nostri Jesu Christi, et 114 per corpus beatissimi Petri principis apostolorum, quod ab hac die in futurum fidelis ero dominis nostris imperatoribus Hludovico et Hlothario diebus vitæ meæ juxta vires et intellectum meum sine fraude atque malo ingenio, salva fide quam repromisi domino apostolico, et quod non consentiam, ut aliter in hac sede Romana fiat electio pontificis, nisi canonice et juste secundum vires et intellectum meum: et ille, qui electus fuerit, me consentiente consecratus pontifex non fiat, priusquam tale sacramentum faciat in præsentia missi domini imperatoris et populi, cum juramento, quale dominus Eugenius papa sponte pro conservatione omnium factum habet per scriptum. »

XXXVI. Ut Pagii atque eorum qui cum sequuntur allucinatio teneatur, veram constitutionem Eugenii et Lotharii datam in atrio beati Petri apostoli anno 824 huc afferendam puto (*Coll. Rom.* par. ii, p. 207) quam in Ottonis et Henrici privilegiis fere omnem videbimus confirmatam. Ad electionem igitur pontificis quod attinet, pontifex et imperator ita constituunt, cap. 111: « In electione autem Romani pontificis nullus sive liber, sive servus, præsumat aliquod impedimentum facere. Sed illi solummodo Romani, quibus antiquitus concessum est constitutione sanctorum Patrum, sibi eligant pontificem. Quod si quis contra hanc nostram constitutionem facere præsumpserit, exsilio tradatur. » Equidem negare non ausim pontificum consecrationem imperialis confirmationis jugo iterum succubuisse. At hujus subjectionis certa est ætas, causæ certæ, certa demum conditio, quæ a veteri illa Gothorum atque imperatorum Orientis usurpatione longe aliam fuisse demonstrant. Ætatem videlicet definiunt annales Bertiniani ad annum 844 conceptis his verbis: « Gregorius (IV) Romanæ Ecclesiæ pontifex decessit, cui Sergius (II) succedens, in eadem sede substituitur. Quo in sede apostolica ordinato, Lotharius filium suum Hludovicum cum Drogone Mediomatricorum episcopo dirigit, acturos ne deinceps decedente apostolico quisquam illic præter sui jussionem, missorumque suorum præsentiam ordinetur antistes. Qui Romam venientes, honorifice suscepti sunt, peractoque negotio, Hludovicum pontifex Romanus unctione in regem consecratur, cingulo decoravit; Drogonem vero episcopum sui vicarium Galliarum Germaniarumque partibus designavit. » Quod si privilegium hujusmodi non est anno 844 vetustius, non igitur Eugenius II ante annos viginti Lotharii Ludovici filio illud 115 concessit; sed Sergius II Ludovico Lotharii filio largitus est. Consarcinator autem pseudodiaconus, nomina atque annos pervertens, ex privilegio vero, falsum illud quod audivimus, conflavit.

XXXVII. At consarcinatorem Pagiumque, et uno verbo omnes apost. sedi in suam perniciem infensos, consarcinatio ipsa falsi arguit. Nam privilegia Ottonis et Henrici, unde conciliant fidem rei falsæ, constanter legunt: « Qualem (promissionem) domnus et venerandus spiritualis pater noster Leo sponte fecisse dignoscitur. » Quod magis magisque privilegii ætatem comprobat; Leo enim IV Sergio II succedens, quanquam Saracenicæ irruptionis metu, absque jussione principis consecratus, tamen promissione sponte facta privilegium a decessore concessum proprio exemplo ratum habuit. Et veri et falsi privilegii testis omni exceptione major liber Pontificalis accedet. En totam electionis et consecrationis Valentini, qui Eugenio II successit anno 827, celebritatem sine imperialis missi præsentia, et sine ulla promissione aut sacramento: « Almæ plebis (sect. 455) et cujus utriusque militiæ Romanorum electus est vocibus in sede pontificum. Ac deinde condignis gloriæ laudibus et honoris amplitudine ad Lateranense patriarchium ab ipsis deductus, et in pontificali est posito throno. Cujus ovanter ab omni Romanorum senatu pedibus osculatis, et omnibus quæ explenda erant rite ac veneranter peractis, magna sobrietas, magna in totius sexus et ætatis populo lætitia mansit. Ejusque consecrationis die sercho jam illucescente, cum lumine jam dictum antistitem ad beati Petri apostolorum principis ecclesiam omnes pariter Romani a Palatio deducentes eum, majestate divina auxiliante, in alto throno summum consecravere pontificem. » E contrario de Sergii II successore Leone IV (sect. 497): « Hoc timore, inquit, et futuro casu perterriti, eum sine permissu principis præsidentis consecrarunt. » Et de ejusdem Leonis successore Benedicto III (sect. 558): « Clerus et cuncti proceres decretum componentes propriis manibus roboraverunt, et ut consuetudo prisca poscit, invictissimis Lothario et Ludovico destinaverunt Au gustis. » Ita post Gregorium III anno 107 instaurata est prisca illa consuetudo mittendi decretum electionis ad principem; anno videlicet 847 in Leonis IV electione, tametsi Urbi periculum imminens impedimento fuit, quin jussio ac missi imperiales exspectarentur. Quamobrem hujusmodi instaurationis ætas est adeo certa, ut ex documentis sublestæ fidei extundi nequaquam debeat.

116 XXXVIII. Certam hanc pristinæ subjectionis instaurationem præcessit causa æque certa, cur Sergius apostolicam sedem jugum jampridem excussam subire iterum pateretur, Ludovicum videlicet ratam habuisse canonicam electionem Gregorii IV anno 827. Quandoquidem Valentino post brevem quadraginta dierum pontificatum decedente, Gregorius IV rite electus constanter adeo summum honorem regnavit, ut Ludovici auctoritas accessisse in veniatur ante electi pontificis consecrationem. Id testatur Astronomus in Vita Ludovici Pii : « Gregorius presbyter tit. sancti Marci electus est, dilata consecratione ejus usque ad consultum imperatoris, quo annuente et electionem cleri et populi probante, ordinatus est in loco prioris. » Quam rem annales Eginhardo tributi, et Bertiniani verbis aliis confirmant : « Non prius ordinatus est, quam legatus imperatoris Romam venit, et electionem populi qualis esset, examinavit. » His quidem testimoniis Pagius alique utuntur ad suppositam Eugenii et Lotharii constitutionem, de qua diximus, roborandam; sed cum iidem annales Valentini electionem et consecrationem; nulla consensus imperialis mentione facta, referant, Gregorii potius renuentis causa imploratam auctoritatem imperatoris; ut canonicam justamque electionem tueretur, demonstrant, quam pio imperatori injustam hujusmodi usurpationem ascribant. Præterquam quod si hujusmodi artibus disciplinam ab eodem Ludovico Aug. confirmatam anno 817 in diplomate de quo agimus, posterioribus hisce argumentis infirmare contendunt, jam dixi (n. 35) quanti oporteat fieri argumenti istud genus: Cæterum causa certa instauratæ subjectionis est prædicta imperialis auctoritatis imploratio: instaurator autem Sergius II petente Lothario Ludovici filio. Hic quandiu pius genitor vixit nil novi molitus est, Ludovico autem mortuo anno 840, et ineunte 844 decedente etiam Gregorio IV, cum Romani pro illius temporis disciplina Sergium elegissent atque ordinassent, inconsulto imperatore, hic Ludovicum filium in Urbem misit; ut prædictum privilegium obtineret ab apostolica sede.

XXXIX. Equidem definire non ausim, num Lotharius ob simultates, quæ sibi cum Gregorio intercesserant, quia Ludovici patris sui amicitiam deserere; ac sibi adhærere noluerat; an arcana alia de causa, exempla Gregorii ejusdem imperiali auctoritate pontificatum subeuntis allato, ab apostolica sede id privilegium quæsierit. Hoc certum scio, nec Lotharium, filiumque ejus Ludovicum ex Carolingiis Augustis, neque ex Germanis aliquem Gothos Orientalesve imperatores imitatum esse hac **117** in re. Non enim veluti annexo imperatoriæ dignitati privilegio, sed concessione apostolica, quoad vixerunt, Romanorum pontificum electiones ratas habuerunt, quod pontificum eorumdem spectatis electionibus planum fiet. Caroli Magni et Ludovici pii temporibus Leo III, Stephanus IV, Paschalis I; Eugenius II, Valentinus; et Gregorius IV sunt electi; nec nisi hujus postremi necessaria prædicta electionis confirmatio reperitur, quam fortuito, meraque ex necessitate electi renuentis petitam esse à clero et populo, ineluctabile argumentum est electio Sergii II qui Gregorio IV successit, ejusque consecratio, Lothario nullatenus consulto. Aliud quoque argumentum suppetit ex Gregorio eodem : non enim ut sanctus Gregorius Magnus prædecessor, sive ut sanctus Gregorius VII quorum tempore confirmatio imperatoria vigebat; supplices ad Augustum litteras dedit, ne suam electionem confirmaret; sed disciplinæ non inscius; quæ suo ævo obtinebat, primum latebris, deinde constantia tantum onus se aversari scrio testatus est. Postquam autem Ludovicus II Lotharii patris sui jussu apostolicum privilegium obtinuit, Leo IV, Benedictus III, Nicolaus I, Adrianus II; et Joannes VIII, quinque et viginti annorum spatio; juxta constitutam hanc pontificia auctoritate disciplinam, inaugurati fuerunt. Secus est de novem successoribus Joannis VIII sexdecim annorum spatio ab anno 882 ad 898 electis, videlicet Martino II, Adriano III, Stephano V, Formoso, Bonifacio VI, Stephano VI, Romano, Theodoro II, et Joanne IX, quos omnes absque jussione principis missorumve præsentia ordinatos compertum erit. Quæ res Carolo Crasso et successoribus personale id privilegium defuisse demonstrat.

XL. Tres, Carolo Crasso imperante, electi consecratique sunt pontifices, quorum postremum Stephanum V ignota nobis ex causa imperator ægre tulit, se inscio creatum esse. Rem tradunt annales Fuldenses ap. Freherum (tom. I; p. 60) simulque docent, quam inutilis fuerit Augusti expostulatio : « Romani pontificis sui (Adr. III) morte comperta, Stephanum in locum ejus constituerunt. Unde imperator iratus, quod eo inconsulto ullum ordinare præsumpserunt, misit Liutwardum; et quosdam Rom. sedis episcopos, qui cum deponerent : quod perficere minime potuerunt. Nam prædictus pontifex imperatori per legatos suos, plusquam 30 episcoporum nomina, et omnium presbyterorum, et diaconorum cardinalium, atque inferioris gradus personarum, necnon et laicorum principum regionis scripta destinavit, qui omnes unanimiter eum elegerunt; et ejus **118** ordinationi subscripserunt. » Opiniones aliorum alias, præcipue illorum qui Adriano III decretum tribuunt de consecrationis libertate pristina deinceps recipienda, brevitatis ergo prætermittam; id autem affirmare nullus dubito, quod Carolingios inter Augustos prædicti duo duntaxat privilegio isto personali usi sunt. Cum vero sexdecim iis annis qui octavi Joannis obitum consecuti sunt, usque ad Joannis IX creationem anno 898 multa mala evenerint, ejusdemque Joannis electionem Sergianum schisma perturbarit, sensit hic pontifex non esse inutile imperiali auctoritate tantum negotium pertractare; Quamobrem eodem anno concilio congregato (Conc. tom. IX, p. 502) præ gravibus aliis causis de privilegio isto renovando decernens : « Quia, inquit cap. 10, sancta Romana Ecclesia cui Deo auctore præsidemus, plurimas patitur violentias pontifice obeunte, quæ ob hoc inferuntur, quia absque imperatoris notitia et suorum legatorum præsentia pontificis sit consecratio; nec canonico ritu, et consuetudine ab imperatore directi intersunt nuntii, qui violentiam et scandala in ejus consecratione non permittant fieri : volumus id, ut deinceps abdicetur; et constituendus pontifex, convenientibus episcopis et universo clero eligatur, expetente senatu et populo, qui ordinandus est, et sic in conspectu omnium celeberrime electus ab omnibus, præsentibus legatis imperialibus consecretur. Nullusque sine periculo juramentum, vel promissiones aliquas, nova adinventione ab eo audeat extorquere, nisi quæ antiqua exigit consuetudo, ne Ecclesia scandalizetur, vel imperatoris honorificentia minuatur. »

XLI. Quam inutiliter facta fuerit privilegii hujus instauratio, comperiet quicunque historiam eorum temporum consulat. Anno siquidem 899 exeunte Arnulphus Aug. Carolingiorum extremus mortem occubuit Joanne IX superstite : « Circa confinia memorali anni Arnulphus imp. migravit à sæculo, iii Kal. Dec., sepulusque est honorifice in Odingis, ubi et pater ejus (Caroloman. fr. Caroli Crassi) tumulatus jacet, » ut tradunt annales Metenses. Fuldenses ap. Freher. habent 900, parvo unius circiter mensis discrimine. Eodem anno declinante Joannes moritur, nulloque imperatore Benedictus IV eligitur et consecratur. Ab hoc pontifice imperiali diademate redimitus Ludovicus III anno 902, ab æmulo Berengario captus et excæcatus miseram incertamque vitam vivere orsus est sub eodem pontifice Benedicto. Quamobrem quin successores ejus sex Leo V, Christophorus, Sergius III, Anastasius III, Landus, et Joannes X electi, consecratique fuerint sine ullo imperatoris **119** assensu, nullum dubium. Joannes autem decimus Berengarium coronavit imperatorem anno 916, qui pontifice eodem vivente mortuus, etiamsi privilegium obtinuisset, quod nemo affirmat, uti eodem non potuisset. Quæ postea evenerunt, Marocia et Tusculanis comitibus per annos octo et triginta dominatum Urbis ducatusque ejus usurpantibus, neque amplius pontificiæ simulque imperiali potestati subjici volentibus, apud Luitprandum videsis. Ven. card. Baronius perversitatem sæculi jure detestatus (900. a num. 1 ad 8) ita concludit : « Ita quidem omnia Romæ tam sacra quam profana factionibus miscebantur, ut pences illam partem esset promotio ad apostolicam sedem Romani pontificis, quæ potentior appareret, ut modo Romanorum proceres, modo Etruriæ principes intruderent sæculari potentia quem vellent, et dejicerent quem possent Romanum pontificem a contraria factione promotum. Quæ toto hoc ferme sæculo sunt actitata, quousque Germaniæ imperatores Ottones medii intercessere utrique parti contrarii, arrogantes licet et ipsi sibi pariter papæ electionem atque electi dejectionem. »

XLII. Invasionem istam principum depravatæ potius disciplinæ ferreo illo sæculo X argumentum, quam privilegii ab apostolica sede concessi Augustis continuationem esse nemo non videt. Præterea ex sequentibus privilegiis liquido constat, Joannis IX decreto prætermisso ab Ottone et Henrico, ut pote nunquam usu recepto, Eugenii tantum II et Leonis IV temporum disciplinam confirmari ; adeoque privilegii duntaxat mentionem fieri, quod Sergius II Ludovico petente, Augusto ejus genitori Lothario concessit, quo eumdem quoque Ludovicum esse usum compertum, exploratumque est. Istud autem personale fuisse in Germanis quoque imperatoribus, si qui eodem usi esse reperiuntur, patet ex decreto Nicolai II in concilio Romæ habito anno 1059, (*Conc.* tom. IX, p. 1104) de electione Romani pontificis : « Eligatur autem, inquit, de ipsius Ecclesiæ gremio, si reperiatur idoneus ; vel si de ipsa non invenitur, ex alia assumatur, salvo debito honore et reverentia dilecti filii nostri Henrici, qui in præsentiarum rex habetur et futurus imperator, Deo concedente, speratur, sicut jam sibi concessimus, et successorum illius, qui ab apostolica sede personaliter hoc jus impetraverint. » Monumentum isto opportunius ad eludendas Pagii et annalistæ Itali opiniones, qui æque fidenter, ac temere jus imperatorium fuisse contendunt electionis pontificiæ confirmationem, excogitari non poterat. Quandoquidem Nicolaus planissimis verbis declarat se concessisse **120** id privilegium Henrico IV regi, eodemque usuros, quicunque illud ab apostolica sede personaliter obtinuerint, quemadmodum usum eodem esse Henricum acta Vaticana creationis sancti Gregorii VII ap. Baronium (1073, n. 27) testantur. Nam electus Gregorii Magni exemplo « nuntios ad regem Henricum celeriter destinavit, per quos et electionem desuper factam ei aperuit, et ne assensum præberet attentius exoravit. Quod si non faceret, certum sibi esset quod graviores et manifestos ipsius excessus nullatenus impunitos toleraret. Rex vero ut electionis veritatem cognovit, electioni ejusdem assensum præbuit, et Gregorium Vercellensem episcopum Italiæ regni cancellarium ad Urbem transmisit, quatenus auctoritate regia electionem ipsam confirmaret, et consecrationi ejus interesse studeret, quod sine dilatione factum est. »

XLIII. Id vero notam illam omnino avertit a Carolingiis Germanisque Augustis, quam sæpe laudati duumviri sectariis adhærentes utrisque inurunt. Quasi Odoacrem Orientalesque imperatores irritati rem sibi attribuerint, quæ, absque apostolicæ sedis auctoritate, mera usurpatio est. Non enim soli Augusti, qui cum diademate imperiali consortium supremæ potestatis pontificiæ acquirebant, sed ipsi reges, quibus constanti omnium confessione nil rei erat cum Urbe urbanisque negotiis, hujusmodi privilegium a summis pontificibus obtinuerunt. Quid? Quod sancto eidem Gregorio VII, qui pontificatum declinaturus regis privilegium agnovit, visum fuit prædecessorum exempla non sequi, sanctamque sedem a subjectione illa penitus liberare? « Mentiar, ait Baronius 1085, n. 12, nisi ista jam experimento rerum præsentium monstrari possint, per Gregorium nempe vindicatas e manibus principum ecclesiarum investituras, liberam electionem Romanorum pontificatum postliminio restitutam, disciplinam ecclesiasticam collapsam penitus reparatam, et alia innumera bona parta. » Et revera nusquam invenietur deinceps imperialis, regiusve consensus requisitus pro Romanis pontificibus ordinandis. Quamobrem affirmari tuto potest, duos duntaxat Augustos ex Carolingiis, et Henricum regem ex Germanis, privilegio isto usos esse. De sex Augustis Germanis, qui cum regem præcesserunt, secus sentire oportet. Nam tres Ottones depravatam x sæculi disciplinam amplexi, nullatenus attendi debent. Sanctus Henricus Aug. a Benedicto VIII coronatus a recto et æquo nullatenus discessisset, quæ erat illius religio ; sed tam ipso quam Benedicto, parva dierum intercapedine obeuntibus supremum diem anno 1024 Joannes XIX ex laico ad **121** pontificatum assumptus largitione pecuniæ, ut ait Glaber ap. Baron. (1024, n. 4), a nemine est confirmatus. Benedictum IX perinde electum a Conrado Salico confirmatum esse nusquam reperitur. Unus Henricus II Aug. rex Germaniæ tertius privilegio isto usus esse videretur ; cum vero apostolica auctoritate illud non obtinuerit, ne hunc quidem cum duobus Carolingicis comparandum existimo ; Petrus enim Damiani (*Discept. inter reg. adv. et Rom. Ecclesiæ defens., Concil.* tom. IX, p. 1159) ante me sententiæ ejusdem fuit.

XLIV. Verba ipsa huc afferam ; non parvi enim momenti est ad unum Henricum IV regem id privilegium redigere, quod annalistæ Italo jus imperatorium est visum. Regius advocatus inducitur sic loquens : « Pater domini mei regis piæ mem. Henricus imperator factus est patricius Romanorum, a quibus accepit in electione super ordinando pontifice pincipatum. Huc accedit, quod præstantius est, quod Nicolaus papa hoc domino meo regi privilegium, quod ex paterno jam jure susceperat, præbuit, et per synodalis insuper decreti paginam confirmavit. » Romanæ Ecclesiæ advocatus Henrici Aug. jus populi Romani auctoritate nitens insuper habet ; sanctæque tantum sedis auctoritatem veneratus reponit : « Privilegium invictissimo regi nostro ipsi quoque defendimus, et ut superplenum illibatumque possideat optamus. » Deinde Alexandri II ordinationem esse factam eo inconsulto demonstrat, quia adhuc erat impubes ; et sane Alexandri successorem Gregorium privilegii ejusdem fuisse memorem nuper vidimus. De hac re qui secus sentit, depravatæ disciplinæ subsidium adhibet, atque usurpationem, cum pontificem tolerantia quodammodo necessaria, miscens, plus æquo Augustis tribuit, maximo cum pontificiæ auctoritatis detrimento. Hactenus de privilegio Henrici IV. Cum autem Otto et Henricus in suis privilegiis Eugenii II constitutionem, et Leonis IV spontaneam promissionem laudent, unde consarcinatio profecta est, quæ supra est allata (n. 35) ; ut teneatur quæ vera electionis consecrationisque pontificiæ disciplina esse debuerit Germanorum tempore, quidve Eugenio, quid Leoni tribuendum sit, operæ pretium est rei veritatem nosse ex historicis fere synchronis.

XLV. Narrat Astronomus in Vita Ludovici Pii (Pith. edit. p. 222) quemadmodum Lotharius a patre Romam missus, «libentissime ab Eugenio papa susceptus est; cumque de his quæ accesserant quereretur, quare scilicet hi, qui imperatori et Francis fideles fuerant, iniqua nece peremptí fuerint et qui supervixerent ludibrio reliquis **122** forent et haberentur; quare etiam tantæ querelæ adversus Romanorum pontifices judicesque sonarent, repertum est, quod quorumdam pontificum vel ignorantia vel desidia, sed et judicum cæca et inexplebili cupiditate multorum prædia injuste fuerint confiscata. Ideoque reddendo quæ injuste erant sublata, Lotharius magnam populo Romano creavit lætitiam. » Eamdem rem annales Eginharto tributi referunt : « Cui (Eugenio) cum injuncta sibi patefecisset, statum populi Romani jamdudum quorumdam perversitate præsulum depravatum, memorati pontificis benevola assensione ita correxit, ut omnes qui rerum suarum direptione graviter fuerant desolati, de receptione bonorum suorum, quæ per illius adventum, Deo donante, provenerant, magnifice sint consolati. » Eugenii prædecessores fuerant sanctus Leo III, Stephanus IV, et sanctus Paschalis I; quare melius Astronomus judices avaritiæ insimulans, pontifices inscios desidesve appellat, quam annalista, quicunque fuerit, perversos. Præter quam quod privilegia Ottonis et Henrici « pontificum irrationabiles erga populum sibi subjectum asperitates causantur. » Et constitutio ipsa ab Eugenio et Lothario facta nimiam annalistæ hujus licentiam perstringit, ut videbimus, ubi de iisdem privilegiis sermo erit. At mittamus ista levia : juramentum a Lothario et Eugenio injunctum Romanis, ut dicitur in præfata consarcinatione de canonica et justa electione pontificis, sin certum, veri admodum simile est. Quod autem patenti mendacio ibidem asseritur de promissione sponte facta ab Eugenio, bona cum Eccardi et annalistæ Itali venia, imposturam pseudo-Warnefridi aperit, Ottone, et Henrico, seu potius apostolico archivo, et libro Pontificali testibus, adeoque ad Leonis IV consecrationem anno 847 promissio illa spontanea differri debet, post privilegium triennio ante concessum a Sergio II, quam scilicet Leo idcirco fecisse dicitur sponte, quia præ metu Saracenorum, nec jussio, nec missi imperatoris exspectati fuerant : quamobrem neque illa promissio necessaria erat.

XLVI. Hanc sane disciplinam Lothario et Ludovico Augustis obtinuisse jam vidimus, eamdem obsoletam a Joanne IX nequidquam instauratam fuisse anno 900, summaque in illa depravatione sæculi x confirmatam ab Ottone et Henrico, at minime usu receptam; ac denique in sola Gregorii VII creatione servatam deprehendimus, qui eam abolevit. Jam vero ad Pagii objectionem revertamur, qui Ludovicianum diploma *merum commentum esse* autumat, quia disciplinam præsefert omnino aliam ab ista, triginta fere post annos instituta : nonne id est de rebus **123** prorsus inexploratis judicium ferre? Objectiones reliquas cordatus quisque floccipendet. Ubi enim ait nullum ex Romanis pontificibus Ludovicianæ donationis meminisse, ac perinde Ottonem et Henricum Pippini et Caroli donationes recensere, at Ludovicianam silere, se ipse inscitiæ arguit, quia diplomatis ingenium ne ipse non assecutus, in quo jura omnia sanctæ sedis confirmantur, ne ulna quidem terræ priscis donationibus adjuncta. Similiter ubi putat Siciliam, et cæteras insulas a Ludovico apostolicæ sedi concessas esse, pace sua dixerim, turpiter allucinatur. At enim vero ad falsi arguendum diploma, quod homines doctissimi legitimum agnoscunt, deteriose in eo verba et formulas necesse erat, quæ ab ætate illius abluderent, quemadmodum Ludewigius (Præf. ad rel. mss. omn. ævi, § 22) Caroli Magni diploma suppositium pro Frisia enuntiavit, quia mentionem in eo esse vidit : *Juris feudalis;* *semper Augusti; Saxoniæ ducatus; ab imperio pendentium feudorum; regis Saxoniæ; consilii fidelium; consensus principum imperii; subscriptorum regis Bohemiæ; marchionis Misniæ; landgravii Thuringiæ.* Quantam enim, quantam diligentiam adhibeant commenti alicujus effectores, ut ætatis ab se remotæ indolem imitentur, quandoque in sui temporis mores labantur necesse est. Profecto si horum aliquid Pagius et annalista Italus objecissent, puderet me tam vehementer pro validitate diplomatis pugnare. At Pagii objectionibus, quas contemptui potius habendas quam diluendas dixi, unam addit annalista laudatus, quæ causas agenti convenientior est, quam vetera monumenta ad trutinam revocanti (an. 817); diploma scilicet ex Ludovici *cancellaria* minime profectum esse, quia caret *dato*, quod est indicium, informe tantum ejus exemplum supercesse. Quis autem eruditorum affirmare unquam est ausus, Pippini, Caroli Magni, et Ludovici diplomatum autographa ad nos seros posteros pervenisse? Attamen tanta iis fides accedit ex Codice Carolino, aliisque annalium monumentis, ut levis admodum jactura constanter judicetur autographorum defectus. Chorographus etiam Italiæ medii ævi Pagio et annalistæ succenturiatur, nihilo tamen minus præcipuo isto munimento quidquid veri est in sua tabula nititur, ita ut similis illi esse malit, qui navim perforat, in qua ipse naviget, quam prædictis auctoribus, in quorum verba jurat adversari.

XLVII. Cæterum *dati*, seu *datæ* defectus, externum scilicet vitium, commune aliis etiam monumentis non tantæ antiquitatis Ludoviciano parum nocet. Datum quippe est in Aquisgranensi conventu anno 817, vi Kalendas Julias, ut principio ejus legitur (*Conc.* tom. VII, p. 1507) **124** : « Anno incarn. Domini nostri Jesu Christi 817, imperii vero gloriosissimi principis Ludovici quarto, vi Idus Julias, cum in domo Aquisgrani palatii, quæ Lateranis dicitur, abbates complures una cum suis resedissent monachis, etc. » Quos inter recensetur Josue abbas Volturnensis monasterii, pontifici acceptissimus, ut docet Mabillonius (*Annal.* lib. xxviii, n. 45) qui chronographo ejusdem monasterii rei monumentum suppeditavit, ut diximus (n. 9 seq.). Quod autem maxime attendi oportet in diplomate, subscriptiones antiqui moris, quales fuisse comperimus jam a Pippino rege primum factæ Carisiaci, subjunguntur. De Pippiniana siquidem liber Pontificalis (sect. 318) hæc tradit in Vita Adriani : « Promissionem illam, quam ejus sa. me. genitor Pippinus rex, et ipse præcellentiss. Carolus cum suo germano Carolomanno, atque omnibus judicibus Francorum fecerant beato Petro, et ejus vicario sa. me. domno Stephano juniori papæ. » Ac de eadem alibi (sect. 255) dixerat : « A beato Petro, atque a sancta Rom. Eccl. vel omnibus in perpetuum pontificibus ap. sedis possidendam, quæ et usque hactenus in archivio sanctæ nostræ Ecclesiæ recondita tenetur. » A quibus non video quid discrepet Ludoviciani diplomatis finis : « Per legatum sanctæ Romanæ Ecclesiæ Theodorum nomenculatorem domno Paschali papæ direximus; » et subscriptiones imperatoris, filiorum, episcoporum, abbatum, comitum, officiorumque palatinorum quorum numerus tantum affertur tam a Volturnensi quam a Cassinensi chronographo, quemadmodum ipso in diplomate numerantur. Id vero esse maximum antiquitatis indicium colligitur ex Anselmo Lucensi (nisi forte aliquantulum recentior est auctor collectionis ei ascriptæ) qui eodem anno 1073, cum Gregorius VII pontificatum, Lucensem episcopatum iniit. Nam suam in collectionem canonum a Gratiano postea amplificatam, retulit ex Ottonis et Henrici privilegiis caput de electione pontificis (lib. vi, cap. 35), aitque in fine : « Et subscripserunt ambo imperatores quisque suo tempore, et episcopi xxiii, et abbates vi, comites xiii, optimates xvii, quorum nomina infra videbimus in utroque privilegio; decem scilicet episcopor. In Ottoniano, XIII in Henriciano; et sic de cæteris ab Anselmo simul conjunctis. Quanobrem Ludoviciani diplomatis negari non potest apographum ad nos pervenisse, sed apographum inultæ antiquitatis, quippe quod Anselmo eidem A notum (lib. IV, cap. 35) æque ac duo superiora, non ex autographis, sed ex iis exemplis, de quibus principio dixi (num. 2 seq.), et quorum caput erat Ludovicianum integrum, duobus cæteris contractis: quod patet ex subscriptionum recensione.

125. PRIVILEGIUM LODOVICI IMPERATORIS
DE REGALIBUS CONFIRMANDIS PAPÆ PASCHALI.

In nomine Dei omnipotentis Patris, et Filii, et Spiritus sancti [b]. Ego Ludovicus [c] imperator Aug. Statuo et concedo per hoc pactum confirmationis nostre tibi beato Petro principi apostolorum, et per te vicario tuo domno Paschali summo pontifici et universali papæ, et successoribus ejus in perpetuum, sicut a predecessoribus vestris [d] usque nunc, in vestra potestate et ditione tenuistis et disposuistis, civitatem Romanam cum ducatu suo et suburbanis, atque viculis omnibus, et territoriis ejus montanis, ac [e] maritimis, littoribus ac portubus, seu cunctis civitatibus, castellis, oppidis ac viculis in Tuscie partibus, id est: Portum, Centumcellas, Chere, Bledam, Manturanum [Maturanum], Sutrium, Nepe, Castellum, Gallisem, Hortem [Ortam], Polimartium, Ameriam, Todem, Perusium cum tribus insulis suis, id est

[a] Dantur variantes lectiones ex apographo archivi Castri sancti Angeli.
[b] De Carolingiorum invocationibus variis vide dicta supra (Dissert. num. 11). Hanc diplomata etiam Ottonis et Henrici exhibent: argumentum valde probabile talem habuisse diplomata Pippini et Caroli M. quæ desiderantur. Ex Archivo enim apost. petebatur exemplum præcedentium hujusmodi concessionum; quarum formulas mutare, ut videtur, religio fuit. Walchius (Censur. Dipl. p. 12 seq.) nequaquam invocationibus tunc usu receptis infirmare conatur diploma.
[c] Ex insueto principio diplom. idem constat: nam Otto et Henricus eodem utuntur. Mabillon. (An. Bened. App. n. 26) diploma Pippini affert cum hac subscript.: « Ego Pippinus et conjux mea Bertrada. » Qua ex subscribendi simplicitate colligi posset, tam ipsum quam filium Carolum, ac proinde nepotem Ludovicum, alia formula uti noluisse.
[d] Recte Baronius, Harduinus, Lecointe, Sigonius cum Cencio retinent vestris; ita enim constanter habent omnes codices, et ita sententia procedit: nam Paschalis a suis prædecessoribus Romam et ejus ducatum per manus acceperat. Perperam vero Gratianus, Annales Reicherspergen., Baluz., Muratorius, Walchius aliique legunt nostris, quasi Pippinus et Carolus Romam dederint pontificibus, quod manifeste falsum. Vide Dissert. num. 12 seqq.
[e] Ducatus Romani pars non ignobilis lacus prope Perustum. Is enim est Trasimenus, in hist. Rom. celeberrimus victoria Annibalis. Vide Cellar. (Geogr. ant. l. II, c. 9). Tres insulas hic memoratas in lacu esse atque incoli testatur Elbertus (Etrur. Medit.) qui dolet ap. cosmographos et geogr. hujus la us mentionem non reperisse. Chorogr. Anon. (Script. Ital. tom X, tab. sect. 20) uberrime.
[f] Narniam unam ex toto ducatu invenies pontifices acceptam referre Francis regibus (Cod. Car., ep. 8, 9, al. 4, 6); nam Steph. II questus Langob. eam invasisse, quam, ait Pippino, beato Petro tua Christianitas concessit. Eam Spoletani olim invaserant (Anast. sect. 254); sed Aistulphus primo adventu Pippini territus illam restituerat. Anast. (sect. 249).
[g] Remotiores Latii seu ducatus Romani civitates in parte Cisliberina enumerantur, ... seu di-

majorem et minorem pulvensim [pulvensim et lacum], Narniam [f], Utriculum, cum omnibus finibus ac territoriis ad suprascriptas civitates pertinentibus

Simili modo in partibus Campanie Segniam, Anagniam, Ferentinum, Alatrum, Patricum, Frisilunam cum omnibus finibus 126 Campaniæ, necnon et Tyburim cum omnibus finibus ac territoriis ad easdem civitates pertinentibus [g].

Necnon et exarchatum Ravennatem cum [sub] integritate, cum urbibus, civitatibus, oppidis et castellis, que pie recordationis domnus Pipinus rex, ac bone memorie genitor noster Karolus imperator [h] beato Petro apostolo et predecessoribus vestris jamdudum per donationis paginam restituerunt: hoc est civitatem Ravennam, et Emiliam [Æmiliam] [i], Bostrictus Romani civitatibus generaliter comprehensis in suburbanis: Otto nullam Campaniæ civitatem memorat, omnes enim in ducatu et suburbanis una expressas intelligit. Vide infra notas ad ejus diploma.

[h] Huc omnes diplomatum interpretes omnesque historiæ pontificiæ scriptores nuperos pergunt. Ludovicus primum loquitur de apostolica ditione amplificata per Pippinum et Carolum, ne avo et patri injuriam faciat: « Quæ, inquit, piæ rec. D. Pippinus rex ac bo. me. genitor noster Carolus imperator, etc. » Pari modo infra de territorio Sabinensi: « Sicut a genitore nostro Carolo imp. » Item inferius de donationibus spontaneis; « Quas piæ record. donnus Pippinus rex avus noster, et postea donnus et genitor noster Carolus imp. » Et paulo post de diplomate Adriani pro Spoletano ducatu: « Inter sa. me. Adrianum papam et donnum ac genitorem nostrum Carolum imp. convenit. » Ac demum in fine agens de amicitiæ, charitatis et pacis fœdere instaurando a quovis pontifice post suam consecrationem, « sicut, ait, temporibus piæ rec. donni Caroli atavi nostri, seu donni Pippini avi nostri, vel etiam Caroli imp. genitoris nostri consuetudo erat faciendi. » Ludovicus itaque nunquam majores suos prædecessores appellat, sed nomine et agnationis titulo eos prosequitur. Veniant nunc Gratianus, annalista Reicherspergensis, Baluzius recentioresque alii, et contra Cencium codicesque omnes mss., Baronium doctissimosque alios viros fidenter mutent vestris in nostris, ut ex eorum voto Roma et ducatus donationis naturam induant. Quodnam monumentum proferunt, quod vel levissimum adminiculum iis suppetit, quo rem adeo novam sustentent? Post diploma istud annis circiter quinquaginta ab Joanne VIII, aut lenocinandi causa imperatoribus, aut quia vere in imperatorum diplomatis Romana etiam ditio confirmabatur, Roma ipsa concessa a piis imperatoribus enuntiatur. At perperam: nam Ludovicus et successores non concedunt Romam et ejus ducatum; sed Romæ et ducatus ditionem confirmant, pontificibus ita volentibus, qui non minus a populis sibi subditis quam ab hostibus, jure timebant.

[i] A Pippini et Caroli donatione ordiens exarchatum integrum prius nominat, deinde ejus civitates singulas recenset cum omnibus territoriis ad civita-

bium,[a] Cesenam, Forum Populi [Pompilii], Forum Livii, **127** Faventiam, Immolam [Imolam]; Bononiam, Ferrariam, Comiacrum [Comiaclum], et Adrianis, que et Gabelum [Gabellum], cum omnibus finibus, territoriis atque insulis in terra marique ad supradictas civitates pertinentibus [b] : simul et Pentapolim [c], videlicet Ariminum, Pisaurum, Fanum, Senogalliam, Anconam, Ausimum [Auximum], Humanam, Hesim, Forumsimpronji, Montem Feretri, Urbinum et territorium Valvense [Balnense], Callem, Luciolis, Egubium [Eugubium] cum omnibus finibus ac terris ad easdem civitates pertinentibus.

A Eodem modo territorium Sabinense, sicut a genitore nostro Karolo imperatore beato Petro apostolo per donationis scriptum concessum est, sub integritate, quemadmodum ab Itherio et Majenario abbatibus missis illius inter idem territorium Sabinense atque Reatinum definitum est [d].

Item in partibus Tuscie Langobardorum castellum Felicitatis, Urbivetum, Balneum Regis, Ferenti Castrum, Viterbium, Orclas, **128** Martam, Tuscanam, Populonium, Suanam, Rosellas [e], et insulas Corsicam [f], Sardiniam et Siciliam sub integritate, cum omnibus adjacentibus ac territoriis maritimis, litto-

tes *pertinentibus*, quas singillatim enumeravit. Eas inter non est *Mutina*, neque *Parma*, nec *Placentia*, celeberrimæ urbes usque a temporibus reip. In donatione per designatos fines Parma a Tuscia Langobardorum, seu regia non dissita, nominatur pro confinio. Et in divisione regnorum inter filios eædem civitates partem regni Pippiniani conficiunt. Viris eruditis XVI sæculi visæ sunt eæ civitates in exarchatu esse, quam opinionem amplexi sunt nostro ævo viri clarissimi, scriptisque eruditis voluminibus opinionem suam maxime credibilem effecerunt. Digladiari cum nostratibus nolo : id tamen dico, Æmiliæ mentionem in Ludoviciano diplomate non civitatem, sed provinciam innuere. Duas quippe in provincias exarchatus dividebatur id temporis : Æmiliam, cujus civitates seorsim recensentur, et Pentapolim, cujus civitates pari modo seorsim enumerantur. Ita etiam in Cod. Car. primæ provinciæ exarchatus a Pentapolensibus secernuntur (ep. 51, 53, 54, al. 54, 52, 51), nec secus audiunt quam *civitates Æmiliæ*, quas sibi archiepiscopus Ravennas usurpaverat. Certe hac in re Muratorius et Chorographus recte sentiunt : Mutina, Parma, Placentia, ut ut civitates Æmiliæ, quarum episcopi suffraganei erant Ravennatis metropolitæ, ad Pippini Caroliique donationem non pertinent. Plura videsis in dissertatione, num. 16.

[a] Civitatem monasterio sancti Columbani celebrem in Cottiis Alpibus sitam hic non memorari inde liquet quod episcopali dignitate non est fruita ante sæc. XI, Benedicti VIII auctoritate (Ditm. ap. Bar. 1014, n. 4 ; Ughell., Mabill., etc.). Sassinam, seu Sarsinam, intelligi oportet urbem antiquam, cujus episcopus Bobiensem se appellat in conciliis Symmachi: vide Dissert. n. 18.

[b] Chorogr. Anon. totidem civitates in exarchatu expiscatur ex Agnello, Blondo, Anastasio, Cluverio, quæ duplicant numerum (*Tab. chorogr.* sect. 16). At conditio et chronologia novorum nominum attendi debent ; prætereaque enim castra erant in finibus exarchatus civitatum comprehensa ; nonnullæ jam nominatas exprimebant, ut nuper Bobium et Sarsinam unam eamdemque esse vidimus ; Adriamque et Gabelum unam eamdemque civitatem esse docet diploma. Exarchatus autem sub integritate est donatus a Pippino et Carolo, qualis tunc erat, Bononia territorio definitus, quod constat ex prædicta divisione regnorum. Qui autem contendit, juxta antiquiorem extensionem fuisse donatum, monumentis id probantibus destituitur.

[c] Notanda temporum varietas. Anno 726 scribebat Gregorius II Leoni Isaurico in impietate persistenti (Labbe, *Conc.* tom. VII, p. 19) hunc in modum de toto exarchatu : « Longobardi et Sarmatæ, cæterique qui ad septentrionem habitant, miseram Decapolim incursionibus infestarunt, ipsamque metropolim Ravennam occuparunt, et ejectis magistratibus tuis, proprios constituere magistratus. » Cum Pippinus an. 754 Carisiaci exarchatum sanctæ sedi contulit, nullum habuisse discrimen videtur Æmiliæ et Pentapolis. Pentapolenses sæpe in Pauli epistolis lau-

B dantur. Et Adrianus in supra laudatis litteris non solum discrimen illud servat, sed (ep. 54, al. 51) quandoque bipertito ipsam Pentapolim dividit, mediterraneam scilicet et maritimam.

[d] Vide epistolas Cod. Carol. (59, 67, 71, 72, 75, al., 49, 69, 56, 76, 78) et commentar. præv. ad epistolas Adr. n. 52 seqq. Inde historiæ hujus principium suppetit : reliqua non habentur in eo Codice, nec definiri tuto potest quandonam Itherius et Maginarius abbates fines illos posuerint inter Reatinos et Sabinenses. Certum tamen est Maginarium minime assecutum esse dignitatem abbatis nisi anno 784, cum Fulrado abbati Dionysiano successit. Quamobrem nonnisi post eum annum territorium Sabinense possidendum sanctæ sedi traditum est. Cum autem Dionysianus abbas Maginarius obierit supremum diem anno 795, Itherio superstite ad annum 796, cum Alcuinus ei successit in sancti Martini Turonensis monasterii præfectura : hinc est quod inter annum 791, cum Cod. Car. epistolæ colligebantur, et 795, Maginarii emortualem, territorii Sabinensis controversia finem habuisse videtur. Si ita

C se res habet, tantam causæ procrastinationem, ejusque exitum haud sciremus, nisi diploma istud exstaret : etenim ex Adriani litteris liquet, rem prædictis abbatibus commissam esse, sed difficultatibus semel iterumque et tertio exortis, non potuisse finiri.

[e] Quanquam hæ duæ civitates maritimæ territorii nunc Senensis æque ac cæteræ ex Tuscia Langobardor. juris essent sanctæ sedis ex donatione Caroli, eas tamen pacifice nunquam, nunquam integre sancta sedes possedit VIII sæculo (*Cod. Car.*, epp. 88, 89, al. 81, 90). Ineunte sæc. XI ap. Albinum et Cencium, parvo discrimine, hæc habentur : « In quodam tomo carticlo, qui est in cartulario juxta Palladium legitur papa Benedictus (VIII) locasse civitatem et comitatum Suanesem cum castellis et villis, et cum omnibus suis pertinentiis. Et civitatem, et comitatum Rosellensem cum villis et castellis, et suis pertinentiis, et districto, et placito, et cum omni datione et redditu suo. Præstat unaquæque civitas IX sol. » Cæterum Populonium et Rosellæ haud ita

D multo post exidere. Nam Rosellenses episcopi, sæculo duodecimo ineunte, Grossetani dici cœperunt, Rusella olim Romana colonia jampridem excisa (Cellar., *Geogr. ant.*, l. II, c. 9, p. 454, edit. Lond.), quæ erat prope Grossetum, ut Populania prope Plumbinum (Cellar. ibid.), manifestis utrobique aut quis ruderibus. Populoniensis episcopatus unitus Massæ. Ughellum consule (*Ital. Sac.* tom. III, p. 655 et 704.

[f] Insulæ hujus donatio certa, certus item donator Carolus, tempus vero incertum. De duabus insulis reliquis satis est dictum in superioribus; nonnihil adjicietur ad diplomata sequentia. Jura earumdem, præcipue Siciliæ, antiqua et certa : sed Caroli inter donationes recenseri a Ludovico, Steph. IV et Paschalis consilio, causa est cur conjiciam chartam vere aliquam exstitisse tum temporis in apostolico archivo, qua Carolus tres illas insulas dono dederit. Is siquidem, ubi Adrianum vidit tantopere sollicitum

ribus, portubus ad suprascriptas civitates et insulas pertinentibus.

Item in partibus Campanie Soram, Arces, Aquinum, Arpinum, Theanum et Capuam [a], et patrimonia ad potestatem et ditionem vestram pertinentia, sicut est patrimonium Beneventanum 129 et Salernitanum [b], et patrimonium Calabrie inferioris et superioris, et patrimonium Neapolitanum, et ubicumque in partibus regni atque imperii a Deo nobis commissi patrimonia vestra esse noscuntur [c]. Has omnes suprascriptas provincias, urbes ac civitates, oppida atque castella [castra], viculos ac territoria, simulque et patrimonia, jam dicte Ecclesie tue, beate Petre apostole, et per te vicario [tuo] spirituali Patri nostro donno Paschali summo pontifici, et universali pape, ejusque successoribus usque in finem seculi eo modo confirmamus, ut in suo detineat [detineant] jure, principatu atque ditione.

Simili modo per hoc nostre confirmationis decreto patrimonia Calabritanum et Siculum (unde pingues antiquissimi reditus pro egenorum sustentatione et ecclesiar. decore jampridem inferri desueverant in ærarium pontificium) a Constantino et Irene redderentur, in litteris ad eum datis an. 794 (Conc. tom. VII, p. 963) remque postmodum omnem fuit edoctus; tam certa jura nequidquam toties repetita esse ægre ferens, de subjicienda Sicilia, ut Beneventanum ducatum fecerat, cogitarit. Interim vero totam insulam sanctæ sedi concessam puto ejus parum dissimili conditione quam in Ottonis diplomate expressam videmus, *Si Deus nostris illud tradiderit manibus*. Nam constat Siciliam paruisse Græcis usque ad annum 827, cum Saraceni illam invaserunt. Unde enim in Ottonis diploma id de Sicilia profluxit, nisi ex charta aliqua archivii, unde Ludovicianum diploma et alia nonnulla adjecta sunt? Et nota, quod in Ottonis diplomate, cujus Henricianum exemplum est, conditionalis ea concessio Siciliæ non ponitur inter spontaneas Caroli donationes, neque donationi propriæ adjicitur; argumentum certum quod Sicilia tanquam a Carolo donata, et quidem conventione habita cum pontifice, habebatur. Quare autem Ludovicus eam conditionem siluerit, non est petendum, nam jura omnia a confirmabat sanctæ sedi, nilque ei novum concedebat; nec nisi ineptum fuisset Siciliam sub conditione a Carolo donatam confirmare.

[a] Has Campaniæ civitates a Carolo donatas fuisse nullum dubium. Ita scilicet constat ex litteris Cod. Carolini (ep. 88, 89, 92, al. 81, 90, 86). Capuanos etiam præstitisse juramentum fidelitatis ante confessionem beati Petri discimus (ep. 91, al. 88). Et licet in adeunda earum possessione eædem supervenerint difficultates quæ in territorio Sabinensi et in duabus ex Thusciæ civitatibus, Populonia nimirum et Rosellis, jura tamen non exciderunt, nam una cum cæteris Neapolitani regni ope Northmannorum a pontificibus vindicata sunt sæculo XI, ut dicam infra.

[b] In Campania duplex patrimonium erat Gregorii Magni tempore. Et Joannes diac., qui florebat post Ludov. Pium, Joanne VIII pontifice, duo patrimonia diserte nominat, Neapolitanum et Campanum, in Greg. Vita (lib. II, n. 55). Totidem in diplomate Ottonis et Henrici numerantur. Quid igitur tria Ludovicus? Salernitani mentio nusquam mihi fuit obviam præterquam in hoc diplomate. Quid autem dico tria patrimonia? unicum est Ludovico patrimonium Beneventanum et Salernitanum, tametsi duobus illud nominibus designet; quæ res non parum negotii facessit certam causam exquirenti. Narrat siquidem Erchempertus (n. 14) Siconulphum esse factum Sa-

tum firmamus donationes quas pie recordationis donnus Pippinus rex avus noster, et postea donnus et genitor noster Carolus imperator beato apostolo Petro spontanea voluntate contulerunt [a]. Necnon et censum et pensiones, seu ceteras donationes [dationes], que annuatim in palatium regis Langobardorum inferri solebant, sive de Tuscia Langobardorum, sive de ducatu Spoletino [Spoletano] : sicut in suprascriptis donationibus continetur. Et iter same. Adrianum papam, et donnum ac genitorem nostrum Carolum imperatorem invenit, quando idem pontifex eidem de suprascriptis ducatibus, id est Tuscano et Spoletino sue 130 auctoritatis preceptum confirmavit [e]. Eo scilicet modo ut annis singulis predictus census Ecclesie beati Petri apostoli persolvatur, salva super eosdem ducatus nostra in omnibus dominatione et illorum ad nostram partem subjectione [f].

Ceterum, sicut diximus, omnia superius nominata Ierni principem a primoribus Beneventanis, qui a principe Radelchisio defecerunt, quam rem omnes cum Peregrinio ad annum referunt 840. Exstatque capitulare Radelchisii princ. Benev. anno 851 (ap. Pratill. tom. III, p. 214), quo statuuntur fines utriusque principatus cum Siconulpho, ita ut exinde duo principatus nosci cœperint. Quamobrem si Ludovicianum diploma ea tempora secutum esset, tum quod novum edocemur, patrimonium videlicet sanctæ sedis in utroque principatu esse, bene haberet. At quinque et viginti fere annis diploma illud Siconulphi principatum præcedit. Quamobrem Ludovicum non aliud sibi voluisse arbitror quam utriusque civitatis districtus, in quibus patrimonium illud bipertito divisum situm esset, designare, id scilicet suggerentibus Stephano IV et Paschali, quos minime latebat patrimonii illius conditio et situs.

[c] Puta Tuscum, Istrianum, Dalmatinum, Illyricianum, Liguriæ, Germanicianum, Gallicanum, et si quæ alia erant in Gallicana monarchia quæ specialis mentionis non indigebant ut sanctæ sedi vindicarentur, ut pote extra Græcam dominationem.

[d] Quænam fuerint spontaneæ istæ donationes colligi potest ex historia; eæ vero singillatim enumerari non possunt. Vide Dissert. ad Henrici diploma, n. 14 seqq.

[e] Argumentum isto evidentius ad quorumdam opiniones refellendas desiderari non potest. Disputant ii siquidem de jure Romanis pontificibus concesso in civitatibus et provinciis donationum, num scilicet utile an supremum esset. En luce ipsa clarius definitum jus supremum in cæteris, exceptione hac ducatuum. Iidem quoque in eamdem supremam potestatem venissent, nisi Adrianus ea quæ divi Petri jam erant, suo præcepto seu diplomate eidem largitori Carolo concessisset, uti convenerat eidem cum Carolo.

[f] De reliquis sanctæ sedis ditionibus aut actu possessis, aut quæ juris ejusdem erant, perspicue dictum erat *in suo detineant jure, principatu, atque ditione*, quibus jus supremum definitur : at hic supremum ad Carolum pertinere, dominium utile ad pontificem declaratur. Statimque, ne suspicio ulla subrepat supremæ dominationis pontificiæ in reliquis omnibus, clausula eadem supremi juris non modo enuntiatur iterum, sed planissimis verbis explicatior redditur. Id latuisse eruditos illos ne suspicari quidem possumus; idcirco ad suppositionis remedium unicum confugiunt. At nequidquam : eadem quippe occurrunt in Ottonis et Henrici diplomatibus, quæ falsi arguere dementia est.

ita ad nostram [vestram] partem per hoc nostre confirmationis decretum ⁿ roboramus, ut in vestro vestrorumque successorum permaneant jure, principatu atque ditione, ut neque a nobis, neque a filiis vel successoribus nostris per quodlibet argumentum sive machinationem in quacunque parte minuatur vestra potestas, aut vobis de suprascriptis omnibus vel successoribus vestris inde aliquid subtrahatur, de suprascriptis videlicet provinciis, urbibus, civitatibus, oppidis, castris, viculis, insulis, territoriis atque patrimoniis, necnon et pensionibus atque censibus. Ita ut neque nos ea subtrahamus, neque quibuslibet subtrahere volentibus consentiamus : set [sed] potius omnia que superius leguntur, id est provincias, civitates, urbes, oppida, castella, territoria et patrimonia, atque insulas, census et pensiones Ecclesie beati Petri apostoli, et pontificibus in sanctissima illius sede in perpetuum residentibus, in quantum possumus, nos defendere promittimus ad hoc ut omnia ea in illius [nullius] ditione ad utendum et fruendum, atque disponendum firmiter valeat optineri [obtinere].

Nullamque in eis nobis partem, aut potestatem disponendi, vel judicandi subtrahendive, aut minorandi vendicamus, nisi **131** quando [quatenus] ab illo qui eo tempore hujus sancte Ecclesie regimen tenuerit rogati fuerimus ᵇ. Et si quilibet homo de supradictis civitatibus ad vestram Ecclesiam pertinentibus ad nos veniret [venerit], subtrahere se volens de vestra ditione vel potestate, vel aliam quamlibet iniquam [aliquam] machinationem metuens, aut culpam commissam fugiens, nullo modo eum aliter recipiemus, nisi ad justam pro eo faciendam intercessionem : ita duntaxat, si culpa quam commisit venialis fuerit inventa : sin aliter, comprehensum vestre potestati eum remittamus [remittemus] ᶜ. Exceptis his qui violentiam vel oppressionem potentiorum passi ideo ad nos venerint [veniunt] ut per nostram intercessionem justitiam accipere mereantur. Quorum altera conditio est, et a superioribus est valde disjuncta.

Et quando divina vocatione hujus sacratissime sedis pontifex de hoc mundo migraverit, nullus ex regno nostro aut Francus, aut Langobardus, aut de qualibet gente homo sub nostra potestate constitutus licentiam habeat contra Romanos aut publice aut private veniendi, aut electionem faciendi ᵈ : nullusque in civitatibus vel territoriis ad Ecclesie beati Petri apostoli potestatem pertinentibus **132** aliquis [aliquod] malum propter hoc facere præsumat ᵉ. Set [sed] liceat Romanis cum omni veneratione et sine aliqua perturbatione honorificam pontifici suo exhibere sepulturam ᶠ, et eum quem divina inspiratione et beati Petri intercessione omnes Romani

---

ᵃ Non abs re vox *pactum*, cæteroqui satis nota, et in Ottoniano, et Henriciano diplom. non mutata, hic iterum per *decretum* exprimitur; nam de confirmandis spontaneis quoque donationibus agitur, quæ minime ex pactis conventis factæ erant.

ᵇ Hanc rem testatam invenies pluribus Carolini Codicis epistolis : at præcipue consulenda commentatio prævia ad epistolas Adriani (n. 7 seqq.). Postrema verba in Ottoniano non reperiuntur, sed rerum et temporum mutatio ingens facta erat. Præterea in juramento, quod fieri cœptum ab Ottone successores omnes emittere consueverunt, multo ampliora et dilucidiora leguntur, quæ ad Francos minime pertinebant. Id præcipue expressum videas adversus eos qui Romam ipsam subjicere Augustis non verentur : « In Romana urbe nullum placitum aut ordinationem faciam de omnibus, quæ ad te, aut ad Romanos pertinent, sine tuo consilio. » (Dist. 63, c. 33.)

ᶜ Hæc, quæ jure silentur ab Ottone et Henrico, ad quos nullatenus pertinebat reciproca illa sacerdotii et regni observantia, societatis et amicitiæ fœdere eam exigente; ediscenda sunt ex Codicis Carol. epistolis, præsertim epp. 76, 97, al. 75, 85. Inde patebit nimia facilitas damnandi monumenta vetera, si opinioni propriæ adversentur.

ᵈ Stephanus III in concilio Lateran. anno 769 de electione Rom. pont. ita decrevit : « De castris autem Tusciæ vel Campaniæ, vel de aliis locis nullus audeat Romam ingredi, nec a quopiam invitentur, aut intra civitatem introducantur. Sed nec quisquam ex servis tam cleri quamque militiæ in eadem electione inveniatur : nec ullus penitus cum armis et fustibus. » Item « Si quis juvare aut introducere in hanc civitatem Romæ præsumpserit, quemquam de quacunque civitate, aut castro, vel loco pontificis prius discessum quousque in sede beati Petri pontifex ordinatus fuerit, anathema sit. » Horum similia de Francis aliisque populis Ludovico subditis decreta vides consilio pontificis, ut plena esset libertas electionis. Serio autem animadvertas disciplinam. Stephani III tempore ditio pontificia non extendebatur ultra Latium seu Tusciam et Campaniam Romanam antiqui juris, et exarchatum seu Æmiliam et Pentapolim ex donatione Pippiniana : quare Stephanus decernit ne de Tuscia et Campania sive de aliis locis ullus homo introducatur in Urbem, quoad pontifex ordinatus fuerit a clero et populo Romano, juxta canonicam electionem, et plenam libertatem consecrationis quæ tunc vigebat. Tempore autem Ludovici Pii Langobardis, eorum regibus exactis, dominabantur Franci, quorum præsidia in regni Italiæ urbibus morabantur : idcirco utraque gens prohibetur libertati electionis obsistere, aut Romam ingredi turbandi causa electionem ad solos Romanos jure pertinentem. Viden Ludovicum intactam relinquere pontificiam ditionem, suamque constitutionem ad Francos, Langobardos subditasque alias sibi gentes duntaxat extendere? Ita scilicet Stephanus III de suis tantum populis decreverat.

ᵉ Astronomus in Vita Ludovici Pii, de Leonis III suprema infirmitate loquens, refert Romanos, occasione captata Leonis III extremo morbo laborantis, prædia Ecclesiæ diripuisse atque usurpasse, ut aiebam supra, ipsis Astronomi verbis allatis (Dissert. num. 8). Ex quibus liquet, tum Stephano IV, Leonis III successori, non longe petenda fuisse hujus rei exempla; tum Ludovicianum diploma rebus certis et præsentibus inhærere. Octavo inde anno, nempe 824, Eugenii II auctoritate Lotharius Ludovici filius in atrio beati Petri constituit : « Ut deprædationes, quæ hactenus fieri solebant, nullo modo fiant, neque vivente pontifice, neque defuncto. Si quis vero ulterius hoc fecerit, sciat, se legali sententia condemnandum. Quæ vero retro factæ sunt, legaliter emendentur. » Cætera infra occurrent in diplomatis Ottonis et Henrici qui alienam constitutionem suam facere videntur. Plura invenies in admonitione ad litteras Steph. III et in Comment. præv. ad epistolas Adriani. Vide etiam Dissertationem ad epp. Leonis III.

ᶠ Statim ac pontifex morti erat proximus deserebatur per ea tempora fere ab omnibus, non souno consilio atque concordia, sine aliqua promissione [a], ad pontificatus ordinem elegerint, sine aliqua ambiguitate vel contradictione more canonico consecrari [consecrare], et dum consecratus fuerit, legati ad nos vel ad successores nostros reges Francorum dirigantur, qui inter nos et illos [illum] amicitiam et charitatem ac pacem socient [b] sicut temporibus pie recordationis donni Caroli attavi [atavi] nostri, [c] seu donni Pippini avi nostri, vel etiam donni Caroli imperatoris genitoris nostri consuetudo erat faciendi.

133 Hoc autem ut ab omnibus fidelibus sancte Dei Ecclesie et nostris firmum esse credatur, firmum ut de successore rite eligendo ageretur; verum etiam ut vis aliaque incommoda arcerentur: nec de honore funeris quidquam cogitabatur. Stephanus III, in allocutione ad praedictum concilium, rem docet: « Quando domnus Paulus papa de hac vita recessserat, omnes eum derelinquentes, nisi ego funeris assistebam custodiam ob sepulturae tradendum. » Idcirco Steph. IV et Paschalis ad ejusmodi avertendum incommodum auctoritate imperiali ita decerni voluerunt.

[a] Vide supra, Dissert. n. 54.
[b] Consule eamd. Dissert. (n. 55). Videnesque tantam disciplinae convenientiam cum monumentis ejus aevi, judex esto num Pagii aliorumque falsi misinulantium diploma, hoc praesertim ex capite, cortina veret.
[c] Tam Carolus Magnus in praefatione ad epistolas Codicis Carolini, quam Ludovicus, Carolum Martellum recensent. Ille scilicet inter Ecclesiae Romanae defensores, unde tot eruditorum concertationes de patriciatu eidem collato, quas rejeci in Admonitione ad litteras Greg. III. Ludovicus autem ad eum vult missos legatos post ordinationem pontificis, quod falsum esse clamat Fredegarii continuator ad tempora ultima Gregorii, hujus legationibus dilatis. Qua super re consulenda laudata Admonitio. Praeterquam quod Gregorius idem tertius, quo superstite Carolus Martellus est mortuus, ad exarchum Ravennae obsequii causa decretum electionis misisse dicitur pontificum omnium ultimus. Nec tamen otiosa est hic mentio Caroli Martelli: nam legatio illa memoratur, quae tandiu post ordinationem in Franciam est missa. Cumque ejusdem naturae Gregorii successorum legationes a Ludovico definiantur, hinc perspicue discimus, quod pluribus Carolini Codicis testimoniis est demonstratum, legationes a pontificibus post consecrationem missas fuisse, *amicitiae, charitatis et pacis*

A miusque per futuras generationes ac secula ventura custodiatur, proprie manus signaculo et venerabilium episcoporum atque abbatum, vel etiam optimatum nostrorum sub jurejurando promissionibus et subscriptionibus pactum istud nostre confirmationis roboravimus, et per legatum sancte Romane Ecclesie Theodorum nomenculatorem donno Paschali pape direximus [d].

Ego Ludovicus misericordia Dei imperator subscripsi, et subscripserunt tres filii ejus, et episcopi x, et abbates viii, et comites xv, et bliviothecarius [bibliothecarius] [e] unus, et mansionarius [f], et hostiarius [ostiarius] [g] unus.

B confirmandae causa cum iis regibus, tum ante, tum post collatam imperii dignitatem. Quod ita fieri perseveratum est usque ad Sergii II tempora, qui Lothario et Ludovico II privilegium concessit confirmandi electionem, ut late demonstravi in Dissertatione. Iis vero qui ex inexplorata in Pagii, Muratorii, chorographi anonymi et sectariorum omnium verba jurare non dubitant, consilium praebeo ut meis verbis fidem nullam adhibeant, sed monumenta per me allata serio expendant, deinde judicent num opiniones recentiorum iisdem monumentis praeferri debeant.

[d] Aquisgrani enim fiebat diploma, et per missum apostolicum mittebatur Romam. Hujusmodi clausulam difficile admodum in diplomatibus invenies. Erit igitur suppositum? Imo qui documenta supponunt, usque adeo imitantur legitima, ut sapientes ipsos viros decipiant: et nisi aut stylus, aut formulae, aut voces suppositionem manifestent, pro certis et authenticis habentur quae sunt haud dubie falsa. Quamobrem nequidquam Walchius, Annalistae Itali auctoritate audacior factus, externas formulas Ludovicani diplomatis carpit: qua quidquid singulare habent, Pippini et Caroli donationibus in archivo Ecclesiae Romanae tunc existentibus acceptum referunt.

[e] Dignitatem fuisse in palatio regum Franciae sub Carolo Magno Ludovico Pio, et usque ad tempora Caroli Calvi, notat Ducangius in Glossario.
[f] Idem auctoritate Hincm. (*De offic. palatii*, c. 16 et 25) hanc quoque esse dignitatem palatii Francorum regum demonstrat, precariam quoque laudans sub Ludovico Pio, cui subscribit Gauzlinus Mansionarius.
[g] Goteramnus magnificus ostiarius missus, seu legatus Caroli regis et patricii an. 788 (*Cod. Car.*, p. 482) quanti esset palatina ista dignitas ostendit.

APPENDIX.

134 DISSERTATIO DE DIPLOMATE OTTONIS I AUG. ET OTTONIS II REGIS.

I. Quanquam exstet in tabulario Molis Adrianae autographum hujus diplomatis aureis litteris exaratum, ejusdem tamen exemplum ex cod. Albiniano in lucem prodire jussi non una ex causa. Primo siquidem Ecclesiae Annalium parens abs re non esse duxit (962, n. 2) duplici exemplo ex Vaticanis codicibus diligenter collato cum autographo, variantibusque aliquot lectionibus exceptis, illud emittere; unde Labbeus aliique plures exceptum in sua opera transtulerunt. Deinde quia cum autographum non prae-

D seferat ullum titulum, quod aliorum diplomatum solemne est, editores alii alium apposuere: praeque iis Goldastus (*Const. Imp.* tom. II, p. 44) et Lünigius (*Cod. It. Dipl.* tom. II, p. 693, et *Spic. Eccl. Contin.*, p. 159) licentius quam decuit hunc illi titulum fecerunt: « Ottonis I imperatoris pactum confirmationis, quo ditiones et civitates Romanae Ecclesiae a praedecessoribus suis donatas confirmat, nonnullasque addit A. D. 962, ind. v, mense Febr. xiii die, anno Ottonis imp. 27. » Roma enim aliaeque civitates Romani ducatus ab imperatorum donationibus secernendæ erant, ut late monstravimus in præcedenti Dissertatione, atque ipse Otto fatetur, constanti autographi et omnium codicum testimonio : « Sicut a prædecessoribus vestris usque nunc in vestra potestate ac ditione tenuistis, ac disposuistis. » Quare Baronius recte ex ipsius diplomatis sententia istum elicuit : « Diploma Ottonis imp. de confirm. jurium Romanæ Ecclesiæ. » Et in cod. Albiniano legitur : « Exemplum privilegii Ottonis imp. de regalibus beato Petro concessis. » Ac denique quia, cum em. Antonellus, dum tabularii ejusdem erat præfectus, ex annoso illo autographo alicubi perceptu difficillimo diplomatis exemplum publicaverit, lectori pergratum futurum est, exemplum aliud non bene centum post annis ex eodem exceptum, autographi variante lectione non prætermissa oculis subjectum fidelibus meditari. Eruditi enim omnes ægre admodum ferunt, nostra hac ætate tam illustri, diploma istud, quod tantæ semper fuit auctoritatis apud veteres, interpolatum dictitari (*Annal. Ital.* 1059) et quidem ab apostolica sede, ut alienas **135** sibi ditiones auctoritate principum assereret. Quod quam injuste prolatum fuerit, nil melius docere poterit quam præclarum istud monumentum summa cum fide formis cusum.

II. Ne autem quis miretur quare Ottonianum diploma, contra morem jampridem usu receptum, aureis litteris exaratum fuerit, redire eum oportet in memoriam donationis Ariperti Langobardorum regis, de qua Liber Pontificalis (sect. 168) sic loquitur : « Aripertus rex Langobardorum donationem patrimonii Alpium Cutiarum, quæ longa per tempora a jure Ecclesiæ privata fuerat, ac ab eadem gente detinebatur, in litteris aureis exaratam jure proprio beati apostolorum principis Petri reformavit. » Et quod propius ad rem nostram accedit, sæpe laudati Godefridi abbatis Gotwicensis animadversio (tom. I, lib. II, p. 82) audienda est tam de hoc diplomate Ottonis I quam de alio Ottonis II similiter scripto in membrana purpurea, Leukfeldio teste (*Antiq. Boëtd.* c. 8, § 1, p. 29), necnon de Henriciano an. 1014, aliisque. Notat scilicet vir doctissimus, communiorem in scribendo liquorem fuisse atramentum, quamvis ob majorem regiæ majestatis splendorem aureum liquorem adhibitum repererit; additque : « Ex quibus regum ac imperatorum nostrorum Teutonicorum in diplomatibus magnificentia ac majestas sacro illo encausto apud imperatores antiquos, Græcos præsertim ita celebrato ac decantato, longe augustior ac splendidior elucescit. » Iis fide adjungit rei diplomaticæ facile princeps Mabillonius annis aliquot vetustior Godefrido; qui cum anno 1685 Romæ versaretur Octobri mense, eadem liberalitate ac benevolentia usus fuit cardinalis Ottoboni, qua ego sextodecimo jam anno utor em. card. Dominici Passionei ad benemerendum de litteris, litteratisque omnibus natura instituti. Narrat igitur vir doctissimus (*It. Ital.* par. I, p. 96) quemadmodum inter non paucos veteres codices laudati cardinalis benignitate ad se transmissos, ut commodius atque utilius domi eos versaret atque expenderet, in horum altero indicem reperit privilegiorum Ecclesiæ Romanæ : « Quorum aliqua, ut ibidem legit, ad perpetuam rei memoriam conservandam per fel. rec. Innocentium papam IV in concilio Lugdunensi sub bulla sua et sigillis quadraginta prælatorum, qui præsentes fuerunt, sunt annotata et transsumpta, et eisdem transsumptis sic, annotatis dictus dominus Innocentius, prædicto approbante concilio, fidem decrevit perpetuo sicut originalibus adhibendam. »

136 III. Primum locum inter imperatoria occupare dicuntur privilegia duorum Ottonum, primi et secundi, cum Henrici Augusti : « Litteris aureis per totum scripta, quorum primum non est sigillatum, licet ex tenore ipsius appareat, quod debuit sigillari; sed secundum est sigillatum aurea bulla imperiali, non tamen est data apposita in eodem, et in utroque sunt positæ subscriptiones ipsorum imperatorum, ac prælatorum, et principum suorum. » Quamobrem vir doctissimus exsultans gaudio sua omnia confirmari ait, quæ in opere de re diplomatica observavit. Hinc patet, quanta cum fide Romani pontifices jura sua vindicaverint apostolicæ sedi. Non enim Pippini, aut Caroli, et Ludovici diplomata, unde Ottonum et Henrici privilegia profecta sunt, transcribi probarique tam solemniter Innocentius voluit, quorum apographa tantum exstabant, sed ea duntaxat quorum autographa præsto erant. Quin etiam autographorum si qui erant defectus, archivi monumenta non silent. Quæ omnia, mirum est cur fiduciam non neminis haud represserint, qui opinionem suam præfracte sustinens, de talium privilegiorum fide aliquid detrahere non est veritus. Et vero cum vetera monumenta in tot codicibus inconstanter scripta reperiuntur, æqua et recta de iisdem suspicio suboriri potest : at cum autographum eorum exstat (quod certo affirmare possum; namque illud flagitanti mihi meis oculis cernere ac diligenter conferre a sanctiss. domino nostro Clem. XIII concessum fuit), tum vero de iis ullatenus dubitare audacia est. Profecto si Innocentius mirabilis typographicæ artis præsagus fuisset, tam multa authentica exempla illa jure non curasset. Bene autem id nobis cessit. Etenim ex iis unum servatur in archivo Adrianæ Molis una cum eodem autographo in purpurea membrana litteris aureis, conscripto, unde plenissimam fidem accipit. Eorum plura diligentissime custodiri in archivo Cluniacensi capsa ferreis laminis circumducta testatur oculatus testis em. card. Dominicus Passionei in hujusmodi veteribus monumentis indagandis nulli secundus. Mabillonius ipse ibidem exempla illa authentica se vidisse testatur (*It. Ital.* ubi sup.). Inde, sin Goldasto sanctæ sedi hosti infensissimo, annalistæ Italo (962, 1014, 1023, 1059), tot monumentorum veterum editori, facile admodum fuit, per accuratum aliquem inspectorem quidquid suspiciosum illi erat, acquirere. Sic Pagium, quem Ludoviciano diplomati adversantem sequitur, imitatus esset, qui (962, n. 2) a Goldasti objectionibus Ottonianum privilegium, illud jure vocat *certissimum antiquitatis monumentum*.

137 IV. Quæ duæ res jure objici posse viderentur primo aspectu, defectus sigilli et annus imperii 27, si attente examinentur, evanescunt. Privilegium siquidem est datum die 15 Februarii, dieque crastino imperator ab Urbe profectus est, quod ex Cod. Vat. 1340 per id tempus conscripto, animadvertit Georgius (*ad Baron.* 962, n. 1); de Joanne enim XII ita ibidem legitur : « Hujus tempore scilicet, anno inc. Domini 962, primum venit Romam Otto imp. cum Adelaida mense Jan. die 31, fer. VI, et stetit ibi diebus 15 et exiit inde m. Febr. die 14 in festo sancti Valentini ind. ». » Quid vero facilius, brevi aliquot horarum intercapedine, accedente adolescentis pontificis desidia, ejusque ætatis mira scriniariorum inertia, quam necessariæ appositionis sigilli prætermissio? Præterquam quod, ut Godefridus (*Chron. Gotw.* tom. I, l. II, c. 3, p. 163) animadvertit de sigillis Ottonis : « In regiis imberbis plerumque et vultu adhuc dum juvenili, capite vel nudo, vel clausa saltem corona redimito, in manibus vel baculum regium, vel lanceam, et umbonem gestans apparet. Cum e contra in imperialibus barba quodammodo prolixa, corona superne clausa, pomoque et sceptro ornatus repræsentetur, quale quid in Zyllesiano sigillo Heineccius observavit. » Forte igitur cælatum nondum fuerit. Ita scilicet conjicere posset qui autographum non vidit. Secus sentiet qui illud vidit : perforata enim membrana duobus consuetis locis in extrema parte ostendit sigillum indiligentia custodum perisse. Ad chronologiam quod attinet, similis privilegio apposita pro monasterio Laurishamensi apud Freherum (*Rer. Germ.* tom. I, p. 119) occurrit « Data VII Kal. Febr. anno incarn. D. N. J. C. 965, ind. vi, regnante pio imperatore Ottone anno 28. Actum Papiæ feliciter. » Huic vero Struvius in nova edit. Freheri statim subjicit alterius diplomatis hanc subscriptionem : « Data II Non. Maii anno incarn. Dominicæ 965, indict. VIII; anno regni domini Ottonis 30, imperii vero 3. Actum Herestein Palatio, in Dei nomine feliciter. Amen. »

V. Ven. Card. Baronius, quæ erat summa ejus eruditio (962, n. 12), continuo post subscriptiones et datum : « Ita numerans, ait, a tempore adepti regni eosdem annos jungens cum imperio, cujus hic primus est annus numerandus, reliquos autem annos præteritos proprios esse regni, ejusdem Ottonis diplomata docent atque acta synodalia cuncta, quibus nihil constantius. » Godefridus autem (loc. cit.) Laurisham, monasterli privilegio laudato ex antiqua editione Freheri, ut demonstraret singulare non esse illud Ecclesiæ Romanæ, subjungit, **138** se in aliis observasse regni annos ab iis imperii separari. Quam rem annalista etiam Italus affirmat, secus enim esse non potest, cum denominatio imperatoris, atque imperium non inciperent, nisi ab suscepto de manu pontificis imperiali diademate. Præter hæc duo admodum levia, nihil posse objici mox planum fiet. Quamobrem chorographus (*Script. Ital.* tom. X, princ.) qui Ludovicianum, cujus ope suam tabulam confecit, tam male accepit, de Ottonis et Henrici privilegiis (n. 20, 22, 30 et 99) cum sermonem habet, quo passim utuntur qui eruditi videri volunt, sibique admodum placent, cum imposuerint vulgo : « Et bina, inquit, diplomata, nisi et hæc in discrimen vocentur, Ottonis I et Henrici I. » Quid autem hisce immoror? Nec sigilli defectus, neque chronologia minus exacta privilegii conditionem mutant. Ejus siquidem autographum exstat, confectumque est ex Ludoviciano diplomate et chartis donationum archivi Romanæ Ecclesiæ. Plura in eodem sunt, quæ in Ludoviciano haud leguntur, nonnulla etiam in isto existentia in privilegio Ottonis desiderantur. Ea vero negotium nobis posteris facessere, at privilegio fidem minuere nequaquam possunt. Itaque nostrum est explorare, cur ita factum, non autem damnare quæ aut mente non assequimur aut cum nostra opinione pugnantia negligimus. Atque hæc satis sint de sinceritate diplomatis, cujus capita singula aggredior expendere.

VI. Quæ fori magis quam veterum monumentorum indolis satagentes in Ludoviciano desiderant, ea in Ottonis privilegio non desunt. Otto enim I *Dei gratia* imperator, et *divina providentia* rex, Otto II appellantur. Id novum in diplomate, quod nullo Carolingiorum exemplo una cum imperatore filius rex Germaniæ, cui nil cum Romanis eorumque rebus, diploma conficit, omniumque fit compos quæ uni imperatori debentur : tanta tum temporis Romæ inertia erat, tanta præcipuarum rerum oblivio! Quid enim Germaniæ regi cum ordinatione pontificis? Attamen vel imperatoris, vel filii regis missorum præsentia decernitur promissioni pontificiæ ante consecrationem. Quid regi eidem cum regno Italiæ? Attamen paternæ spontaneæ donationis sex civitatum ex eodem regno rex filius fit particeps. De confirmandis quibuscunque juribus sanctæ sedis nihil dico, nam et Carolus et Carolomannus Pippini regis filii donationem Exarchatus Carisiaci confirmarunt, quod pluribus ex Cod. Carol. epistolis constat. Quare Otto Carolingios omnino imitaturus, seu potius bibliothecarius et scriniarii, qui donationes habuerant ob oculos, parvipendentes, num regiæ an imperiales essent, diploma **139** confecerunt a prisco more absonum, quo scriptores posteri aut in dubium revocato, Ottoni Magno gloriam imprudentes eriperent, aut abutente jus imperatorium cum regio confunderent ; quod satis superque esse factum ab jurisconsultis Germanicis nostratibusque aliquibus competent est. Eoque id magis quod Otto, ut nuper vidimus, nullo inter regnum et imperium servato discrimine, aliquot in privilegiis ad regni annos præ-

teritos, imperiales tunc incipientes adnexuit. Miror, novum iis argumentum suppeditatum verbis illis *spondemus, atque promittimus*, non esse arreptum ad spissiores tenebras effundendas pontificiæ historiæ. At confirmandi roborandique subsequentibus vocibus deterriti, præterea sermonis similitudine in juramento per nuntios præstito (Diss. 1, num. 40) intelligentes, majorem vim inesse promittendi ac spondendi vocibus Germaniæ Augustorum, quam statuendi et concedendi Carolingiorum, necnon Henricum *concedendi* voce usum esse in spontanea donatione sua, novum illud argumentum, ut arbitror, deseruerunt.

VII. Romæ et ejus ducatus confirmatio fit juxta Ludovicianum diploma, tametsi omittitur *et successoribus in perpetuum*, titulusque additur Petro *clavigero regni cœlorum*, quod postremum factum puto insinuandi causa etiam Germanis amorem Carolingiorum erga tantum principem. Successorum autem omissio infra emendatur in generali omnium donationum collectione, apponendo : *Ejusque successoribus usque in finem sæculi*. Quod majoris momenti est, Campania et ejus civitates silentio præterentur, regio scilicet celeberrima tum Caroli Magni tempore (*Cod. Car.* ep. 60, al. 73), tum Ludovici ejus filii, a quo præ aliis recensetur *Patricum* non ignobile oppidum nono sæculo, ut patet ex antiqua *Notitia* (*Cod. Vat.* 1184), quæ tribuitur Leoni Sapienti apud Schelestratium (*Ant. Eccl.* tom. II, p. 681), ac proinde ad nonum sæculum spectat. Oppidulum hodieque exstat, cui nomen *Pratica*, ubi olim celeberrima urbs Lavinium, ut accurate Philippus Ametus adnotat in suis tabulis Latii. Et chorographus Italiæ medii ævi (*Scr. It.* tom. X, p. 227), quod maxime notari velim, observans locum Magino quoque haud ignotum, laudansque Ortelium aientem : « Patricum Romani ducatus in Latio oppidum : » Holstenii opinionem rejicit, putantis Patricum esse, ubi olim Linternus, in terra Laboris ; inde : « Si in Latio, inquit, sive in Campania Romana Patricum habemus juxta Ludovicianum, cur illud peterea longinquo et extra ducatum? » Ita ille vetustissimi Ludoviciani diplomatis auctoritate hanc civitatem astruit, quam nescio an aliter quis repererit præterquam in Leonis Sapientis **140** Notitia, et in hoc diplomate. Equidem nullo in Provinciali, seu Notitia, civitatem istam invenio : quare a Saracenis vastatam, fortasse etiam excisam nono eodem sæculo, aut metu illorum desertam ab incolis credibile est. Certe ex Joannis VIII epistolis maxima Italiæ damna, præsertim in oræ maritimæ oppidis, illata esse constat. Et Liber Pontificalis (sect. 476) testatur oppida etiam munitiora Ostiam et Portum ante annos quinquaginta magno in discrimine fuisse versata ; quare Gregorius IV novis munitionibus Ostiam cinxit, ne a Saracenis diriperetur, et Portus muniendi sollicitudinem habuit.

VIII. Ex iisdem vero epistolis Joannis passim, ac præsertim 217, 246, 277, 286, 295, 299, novum nomen jam tunc accessisse Campaniæ in civili administratione comperimus. Suburbanas enim civitates una cum aliis omnibus Campaniæ, *terræ* et *territorii* nomine appellatas deprehendimus. Quare idem pontifex Berengarium orat, ut imperatori referat (ep. 85), quemadmodum Lambertus comes, Spoletanus, *collecta populi multitudine*, *omne territorium sancti Petri invasit*. Nec dubitari posse videtur, quin Campania Romana omnis, territorium sancti Petri appellaretur, quia regiones cæteræ priscum nomen retinebant, ut patet ex concilio Ravennæ habito ab eodem pontifice anno 877, apud Labbeum (*Conc.* tom. IX, p. 303), cujus can. 17 ita decernitur : « Sancimus, ut amodo et deinceps nullus cujuslibet gentis, vel ordinis homo monasteria, cortes, massas, et salas tam per Ravennam, et Pentapolim, et Æmiliam, quam et per Tusciam Romanorum atque Langobardorum, et omne territorium sancti Petri apostoli constitutas præsumat beneficiali more, aut scripto, aut aliquolibet modo petere, recipere, vel conferre. » Terræ postea nomine: cunctas provincias a Radicofano usque Cæperanum dictas esse vetera monumenta testantur. Quin etiam Otto in suo Juramento (diss. 1, n. 40, p. 56) Joanni XII per nuntios præstito, *terræ sancti Petri* nomine ecclesiasticam omnem ditionem amplectitur. Sed hoc in ejusdem diplomate nec terræ, nec territorii nomen auditur, suburbanis, Campaniæque civitatibus uno ducatus nomine comprehensis. Ita etiam tempore Innocentii III, cum Tuscia utraque patrimonium appellabatur, uno ducatus nomine pars ejus Cistiberina, seu suburbanæ, et consules civitates a Tuscia secernebantur, ut videre est apud Baluzium (*Gest.* n. 124). Innocentius enim « ad suam præsentiam convocavit episcopos, et abbates, comites, et barones, potestates, et consules civitatum de Tuscia, Ducatu, et Marchia, » quantumvis eo tempore Campania latius **141** extenderetur, ac bipertito divisa Campaniæ et Maritimæ nominibus clara esset. Hæc adnotasse satis sit ad illustrationem diplomatis annis 145 a Ludoviciano distantis.

IX. Ad Exarchatus donationem omnium primam venitur, quæ recte admodum Pippino et Carolo tribuitur, tum quia Carisiaci uterque eam fecisse sæpius dicitur in Cod. Car., tum quia Carolus civitates, quarum possessionem inire per Langobardos non licuerat, sanctæ sedi omnes asseruit. At perperam imperatores ambo nuncupantur, quæ res sine dubio ascribi debet crassæ illius ævi ignorationi. Qui ex Ludovici silentio colligunt Ludovicianum diploma supposititium esse, suam ipsorum allucinationem patefaciunt: in Henriciano enim, quia Ottonum etiam nomina proferre libuit, Ludovicum quoque nominari oportuit, non quia de Exarchatu quidquam ad illius liberalitatem pertineat, sed quia donationes avitam et paternam confirmavit, quas postea Ottones et Henricus similiter roborarunt. Hujusmodi autem censorum solertiam satis mirari non possum. Si enim usquam Ludovici nomen desiderandum erat, in Urbis Romanique ducatus concessione, quæ neque a Pippino, neque a Carolo facta esse ullo in loco reperitur, probabilius desiderátum esset, non vero in donationibus tam ex convento, quam sponte factis, quarum auctores chartæ et monumenta apostolici archivi exhibebant. Audacia quidem ingens fuisset autographi verba illa: « sicut a prædecessoribus vestris usque nunc in vestra potestate ac ditione tenuistis et disposuistis: » prorsus abjicere, eorumque loco ponere: « Quæ piæ recordationis Ludovicus prædecessor noster exc. imp. jamdudum per donationis paginam contulit. » At non minor audacia est Ludovicianum diploma commentitium declarare, quia Otto illius mentionem non facit, dum Pippini et Caroli donationem recenset. Equidem pro certo habeo, neque Henricum prolaturum fuisse illius nomen, nisi necessario apponendum fuisset, ut pari afficerentur honore Germani principes Henrici prædecessores: non enim Ludovici quam Ottonum minus intererat jurium sanctæ sedis vindicem in solemni diplomate appellari, in quo aut silentio præteriri Ottones, aut Ludovicum, qui in Pippiniana et Carolina donatione confirmanda utrumque præcesserat, iisdem præmitti oportuit. Notanda etiam est vox illa *restituerunt* Ludoviciani diplomatis, mutata in *contulerunt*, quia scilicet causæ, cur antiquitus erat adhibita, ignorabantur Ottonum ævo. Attamen Liber Pontificalis in Vita Stephani II de donatione, quam rex Langobardorum eludere ausus fuerat, **142** *reddendi* ac *restituendi* vocibus sæpe sæpius utitur. Et licet Pippinum (sect. 254) legato imperiali protestatum fuisse dicat « quod nulla eum thesauri copia suadere valeret, ut quod semel beato Petro obtulit, auferret: » paulo post subjungit: « restituit ipsas civitates prælatas, addens et castrum, quod cognominatur Comiaclum: » Usque adeo verum est, monumenta vetera grammaticis censoribus non indigere.

X. De pluribus Caroli unius donationibus Ottonianum diploma a Ludoviciano nonnihil discrepat, ita tamen, ut perspicue monstret, una cum Ludovici diplomate, monumenta archivi esse adhibita. Si easdem recensendi ordinem spectes, exemplum Ludoviciani agnoscis; si nonnullas detractiones atque additiones iis intermistas consideres, non aliunde profectas esse quam ex archivo intelligis. Et vero Sabinensis territorii pura puta donatio recensetur. Controversia autem finium, quæ possessionem diu distulerat, tandemque sublata erat a regiis missis Itherio et Maginario abbatibus, siletur. Eam siquidem Ludovici ævo, tum quia recens memoria erat, tum quia ob constitutos certos fines necessaria visa fuit, religioni habitum esset non exprimere. Tempore autem Ottonis, diuturna possessionis nunquam interruptæ præscriptio, secus faciendum persuadebat. In Tusciæ Langobardorum civitatibus enumerandis tanta inter duo diplomata convenientia est, ut unum fere atque idem esse utrumque videatur. Sed post Rosellas trium insularum donatio penitus reticetur ab Ottone, ita ut viris doctissimis, mihique aliquandiu interpolatio Ludoviciani apographi suboleverit. Quid vero? Ex Leonis III epistolis e situ erutis a Couringio Corsicæ donatio certa suppetit, et ipso hoc in diplomate continuo sequitur donatio alia per designatos fines, quæ a Lunis cum insula Corsica orditur, et infra confirmatur donatio Siciliæ cum ea conditione, *si Deus nostris manibus tradiderit*, quia videlicet sub jugo Saracenorum anno jam centesimo tricesimo quinto infeliciter gemebat. Corsica etiam et Sardinia fortuna eadem utebantur; hoc tamen hisce cum illa discrimen maximum intercedebat, quod amplissimi reditus in egenos et Ecclesiarum decorem erogandi nulla unquam oblivio delesset patrimonium Siculum; Sardiniæ autem et Corsicæ vectigalia admodum angusta nullo fere loco habebantur a sancta sede, ita ut, nisi donatio illa per designatos fines in archivo reperta esset, ne Corsicæ quidem nomen ab Ottone prolatum iri credendum sit. Hac tantum in re inter illas convenit, quod Germaniæ Augusti nullam unquam sollicitudinem de iis habuerunt, nisi cum aliena ope ad sanctam sedem postliminio redierunt. Tunc **143** enim illos, Siciliæ præsertim et Sardiniæ, inhiasse historia nos docet.

XI. Cæterum de Sardinia digrediar, quæ in privilegio Ottonis desideratur, iis quidem non adhæreo, qui præcipitem fidem adhibent actis Silvestri in Librum Pontificalem relatis, in quibus Sardinia donata fuisse dicitur ecclesiæ sanctorum Marcellini et Petri. Nam septimo sæculo ineunte sanctus Gregorius Magnus (lib. XI, ep. 59) Vitali defensori jura sanctæ sedis illic administranti: « Quoniam vero, inquit, possessores nos Sardiniæ petiverunt, ut quia diversis oneribus affliguntur, Constantinopolim debeas pro eorum remedio proficisci, licentiam tibi eundi concedimus.» Romani quidem defensores Sabinus et Vitalis, necnon Petrus notarius a nunciis, legative apostolicis parum discrepare videntur (lib. II, ind. XI, ep. 36; l. IV, 9; l. VII, 66; l. IX, 10; l. XI, 53, 59). Nam monasteria, ecclesiæ vacantes, episcopi, et presbyteri totius insulæ iis committuntur. At de temporali dominatione sanctæ sedis ante iconomachos mussitare, mentiri est. Secus reperitur Caroli Magni ævo, præcipue post renovationem imperii. Cum enim Saraceni Hispaniæ fere quotannis in Sardiniam et Corsicam excurrerent, magnamque iis insulis molestiam inferrent, anno 806 et sequentibus Pippinus Caroli filius rex Italiæ Burghardum comitem stabuli misit in Corsicam cum classe, illam tuiturus, ut arbitror, sanctæ sedi, cui per eadem tempora donatam fuisse vidimus (pag. 60). Annales Fuldenses id testantur, quibuscum concinunt Eginhardo tributi, Bertiniani, aliique, quorum verba ipsa refert Aimoinus (lib. IV, c. 94), quæ cum sint alicujus momenti, audienda sunt: « Qui juxta consuetudinem suam de Hispania egressi, primo ad Sardiniam appulsi sunt, ibique cum Sardis prælio commisso, et multis suorum amissis, nam tria millia ibi cecidisse perhibentur, in

Corsicam recto cursu pervenerunt. Ibi iterum in A quodam portu ejusdem insulæ cum classe, cui Burchardus præerat, prælio decertaverunt, victique ac fugati sunt, amissis 13 navibus, et plurimis suorum interfectis. » Annales Fuldenses aliique hanc pugnam ad annum referunt 807, quare cum Leonis III litteræ spectent ad sequentem annum, præivisse etiam posset donationem; idcirco num Pippinus paterna jura, an sanctæ sedis defenderit, discerni non potest. Quod tuto affirmandum est, Græci tunc temporis ægre admodum tuentes Siciliam, quam tandem anno 827 amiserunt, jure omne exciderant in duabus illis insulis. Nec liquet, num Sardinia perinde ac Corsica in Caroli potestatem venerit, nam de Corsica tantum annales loquuntur.

144 XII. Hauddum vero e situ erutum esse monumentum vetus, quo averteretur dubitatio omnis, non facit ut diploma Ludovicianum temere arguatur falsi. Nam sæculo XI jura sanctæ sedis non modo in Sicilia, de qua est dictum satis, sed in duabus etiam B aliis insulis postliminio redierunt. Exstant apud Labbeum (*Conc.* tom. X) Gregorii VII epistolæ hujus rei testes. Corsos videlicet (lib. V, ep. 4) anno 1076 valde commendat, quod ad apostolicæ sedis ditionem reverti cupiant, ut ei significaverant; auxilium pollicetur, « habemus, inquiens, per misericordiam Dei in Tuscia multas comitum et nobilium virorum copias ad vestrum adjutorium, si necesse fuerit, defensionemque paratas; » ad eos se mittere ait legatum Pisanum episcopum, cui fidelitatem præstent, « præmissa tamen sancti Petri, et nostra, nostrorumque successorum; » ac denique ad fidei constantiam hortatur. Cum Sardis negotium pontifex ipse inchoat (lib. I, ep. 29); dans enim litteras « Mariano Turrensi, Orzocco Arborensi, item Orzocco Calaritano, et Constantino Callaurensi judicibus Sardiniæ,» dum adhuc Capuæ esset an. 1073 ad pristinam obedientiam eos hortatur, ac propediem se ad eos missurum promittit legatum suum, multa interim demandans Constantino Turrensi archiepiscopo, quem C consecraverat Capuæ. Quid litteræ istæ profuerint, colligitur ex aliis sequenti anno datis (*Ib.*, ep. 41) ad Orzoccum judicem Calaritanum, qui pontifici scripserat se venturum Romam. Ex iisdem vero litteris liquet, quid Constantino archiep. in mandatis dederit; quidve pontifex de sanctæ sedis jure deliberaverit: « Admonemus, inqu't, prudentiam tuam, ut de causa, quam per archiep. Constantinum Turrensem hoc in anno a nobis Capuæ consecratum tibi mandavimus, cum cæteris Sardiniæ judicibus loquaris; et firmiter inter vos communicato consilio, quidquid vobis inde cordi, et animo sit, celeri nobis responsione notificate, scientes, quoniam nisi in hoc anno certa nobis super hac re ratione respondeatis, nec amplus vestra responsa quæremus, nec tamen ulterius jus et honorem sancti Petri irrequisitum relinquemus. »

XIII. Persuasissimum esse vides sancto pontifici, Sardiniam juris esse sancti Petri; ex aliis autem D ejusdem litteris (lib. VIII, ep. 10) ad eumdem judicem datis anno 1080 perinde intra et extra Italiam pro certo haberi mox intelliges. Populonii episcopum legatum suum magno cum honore susceptum in Sardinia, adeoque sibi et sancto Petro debitam devotionem esse præstitam gratias Deo agit; deinde inter cætera ad cœptum negotium pertinentia hæc subdit: « Præterea nolumus, scientiam tuam 145 latere, nobis terram vestram a multis gentibus esse petitam, maxima servitia, si eam permitteremus invadi, fuisse promissa, ita ut medietatem totius terræ nostro usui vellent relinquere, partemque alteram ad fidelitatem nostram sibi habere. Cumque hoc non solum a Northmannis, et a Tuscis, ac Longobardis, sed etiam a quibusdam Ultramontanis crebro ex nobis esset postulatum, nemini in ea re unquam assensum dare decrevimus, donec ad vos legatum nostrum mittentes, animum vestrum deprehendere-

mus. Igitur quia devotionem beato Petro te habere in legato suo monstrasti, si eam, sicut oportet, servare volueris, non solum per nos nulli terram vestram vi ingrediendi licentia dabitur; sed etiam si quis attentaverit, et sæculariter, et spiritualiter prohibebitur a nobis ac repulsabitur. Auxilium denique beati Petri, si in ipsius fidelitate perseveraveritis, procul dubio quod non deerit vobis et hic et in futurum, promittimus. » Si cui lubet in sectariorum gratiam mendacii arguere sanctum pontificem, quia opinionibus suis suisque conjecturis parum faxet, bene illi sit. Equidem video, cum quatuor hisce judicibus, qui, totidem quasi reges, in Sardinia dominabantur, sanctum pontificem agere eadem fere ratione, qua cum Corsis ultro se beato Petro more majorum subjicientibus, ante annos quatuor gesserat. Quamobrem haud ita multo post apostolicæ sedi obsequium priscum ab utraque insula esse præstitum, antequam Pisani et Genuenses post sæculi sequentis dimidium de illarum possessione acerrime decertarent, crediderim.

XIV. Sub initia ejusdem sæculi supremum sanctæ sedis dominium utrobique esse cognitum, testis est omni exceptione major liber censualis codicis Albiniani, cujus auctoritate usus sum in præfatione (n. 49). Ibi enim tres judices Sardiniæ, excepto Gallurensi, suum tributum quotannis solvere apostolicæ sedi perspiciuntur; « Judex Calaritanus II lib. argenti pro censu, judex Arborensis II lib. et judex Turritanus II lib. » præter archiepiscoporum, episcoporum, et ecclesiarum totius insulæ tributa. Ad Corsicam quod attinet, Innocentius II qui pontificatum iniit anno 1130, concessisse dicitur eam insulam « Januensibus sub annuo censu unius libræ auri. » De utraque insula in libro censuum edito a Muratorio (*Antiq. Ital.* tom. V, col. 851) sermo fit admodum diversus; nam et consulibus Januensibus census Corsicæ præscribitur; et Gallurensis Sardiniæ judicis census enuntiatur, Calaritani judicis omisso; at cum in eo codice publici juris facto pro libro censuum Cencii, Honorii III fiat mentio, qui anno 1285 ad Petri cathedram ascendit, 146 nemo non videt, quanti faciendus sit pro sæculi undecimi ac sequentis juribus sanctæ sedi asserendis. Ne in genuino quidem Cencii, si alicubi latet, quicumque cum possidet, Albiniani veterem sinceritatem reperiet. Nam Cœlestini III pontificis ævo, cum Cencius ei conscribendo dabat operam, non parva in provinciis discrepantia erat, ut patet ex *Notitia ecclesiastica* ejus temporis apud Schelestratium (*Ant. Eccl.* tom. II, p. 754). Id tamen commodi ex posteriori eo libro censuum suppetit, quod usque ad Bonifacii ætatem, et ad nigrationem sanctæ sedis in provinciam juris apostolici sub finem sæculi XI in utraque insula instaurata continuationem, utcumque a Pisanis et Genuensibus disturbatam, quos nonnulli ex Germaniæ imperatoribus sunt imitati, perspicimus : quare investigras utriusque insulæ fieri cœptas ab eodem Bonifacio VIII Aragoniæ regibus, non juris, sed census novam indolem induxisse compertum erit. Si cui monumenta hujusmodi propriis oculis usurpare lubet, Raynaldum adire potest (1295, n. 24; 1297, n. 2; 1303, n. 29; 1304, n. 16; 1305, n. 8; 1306, n. 10). Satis enim mihi esse videntur quæ sunt allata, ad illustrationem Ottoniani diplomatis, in quo nulla fit mentio Sardiniæ.

XV. In calce donationis ejus per designatos fines, cui diploma Ottonis Corsicæ nomen acceptum refert, Spoletanus et Beneventanus ducatus donati dicuntur sanctæ sedi; sed verba illa ex Libro Pontificali haud dubie desumpta, interpretationis egent. Nam Spoletanum una cum Tusciæ ducatu apostolicæ sedi oblatum fuisse et Codex Carolinus (ep. 56, al. 58), et diploma Ludovicianum testantur, sed « salva semper super eosdem ducatus nostra in omnibus dominatione, et illorum ad nostram partem subjectione. » Quamobrem tam Tusciæ intra designatos fines comprebensæ, quam Spoleti ducatus seorsim nominati donatio certa est, ad censum, seu pensionem sanctæ sedi solvendam quod attinet; suprema autem utriusque dominatio ad regem Italiæ ab ipsa origine ante renovatum imperium pertinuit. Secus est de ducatu Beneventano, quamvis enim modica ejus pars, videlicet Capua cum quinque aliis civitatibus, donata fuerit a rege Carolo anno 787, illius tamen modicæ partis Adrianus jus supremum obtinuit, ut dictum fuit *(Cod. Car.* tom. I, p. 473, 484, 487). Quod si in Librum Pontificalem Spoletanus sine ulla declaratione et Beneventani pars modica, generali nomine ducatus, relata fuit bibliothecarii ejus temporis incuria, non falsi arguenda est rei summa, quod nimis fidenter faciunt sæpe laudati duumviri, sed historia secerni debet, ut veritas eliciatur. Perinde est de Ottoniano diplomate : nam desidia eorum temporum donatio ista libri **147** Pontificalis alia visa est ab allata in Ludoviciano diplomate; quare utraque minus solerter est inserta, ita ut primum absolute donati inveniantur ducatus Spoletanus et Beneventanus, deinde hujus civitates tantum sex, et illius pensio duntaxat seu tributum reparatur. Quæ pugnant inter se, adeoque quod Scriniarii temporum Joannis XII parum solertes addiderunt Ludoviciano diplomati, rejiciendum est, aut nullo loco habendum. Ecclesia seu monasterium sanctæ Christinæ prope Olonnam palatium regium in Insubria, fundatum a Langobardis, ut putat Mabillon. *(An.* lib. XXIX, n. 37; lib. XXXIX, n. 65), valdeque commendatum a Glabro, duobus hisce ducatibus non alia de causa adjunctum videtur, nisi quia positum extra designatos fines. Ad monasterii hujus abbatem Gisulphum exstant litteræ Joannis VIII (ep. 239), quibus eidem alterius monasterii cura apostolica auctoritate committitur. In Libro autem Pontificali ejus nomen desideratur.

XVI. Quæ sequitur confirmatio juris in sex Campaniæ civitates, instar Ludoviciani diplomatis, prædictam Beneventani ducatus donationem explicatiorem reddit simulque ostendit, scriniariorum desidia unam eamdemque rem duplici modo narratam. Quæ duæ civitates adduntur in fine, videlicet Caieta et Fundi, magis magisque comprobant, Campaniam Romanam ducatus, seu territorii Romani nomine acceptam esse, cum cæteroqui latior, ac bipertito divisa sequentibus etiam sæculis esset celebris, *Campania* scilicet, et *Maritimæ* appellatione (*Chron. Fossæ novæ* 1160, 1165, 1186, 1194, 1196). Et in antiquis Notitiis ap. Schelestr. (*Ant. Eccl.* tom. II, p. 760), et ap. Baron. (1057, n. 19, seqq.) decem episcopales sedes illi ascribuntur. Imo in Provinciali cod. Albiniani, *Ravellensis* etiam ex provincia Salernitana extremus Campaniæ episcoporum recensetur : « In Campania Tiburtinus. Anagninus. Signinus. Terracinensis. Fundanus. Gaietanus. Ferentinas. Verulanus. Alatrinus. Soranus. Ravellensis. » Fundano, Gaietano, et Tarracinensi quacunque in notitia occurrentibus. De Tarracina et Caieta dixi alibi (tom. I, p. 495) utramque civitatem armis pontificiis expugnatam, variis licet possessam partibus, juris esse sanctæ sedis; Fundosque inter utrumque oppidum, ab Ottone inter Campaniæ civitates numerari hic videmus, Tarracina prætermissa, quæ haud dubie cum cæteris ducatus romani civitatibus comprehendi credita fuit. Num Joanne VIII pontifice, ut putat chorographus Italiæ medii ævi, an antea, constitui debeat harum civitatum dominationis initium, nostra nihil refert inquirere. Id enim certum, ratumque est, **148** a Ludovico in neutra ex duabus Campaniis recenseri : Ottonis autem ævo dominationem pontificiam, quocunque nomine aut Terræ, aut Territorii, aut Campaniæ appelletur, ad Lirim usque, vulgo Garilianum, pervenisse. Qua de re in sequentibus uberius dicendum erit. Duo siquidem majoris momenti, quæ sanctæ sedi confirmantur in diplomate, Neapolis videlicet et Sicilia, exigunt, ut non-

A nihil adjiciam iis, quæ in præcedenti dissertatione dixi de sanctæ ejusdem sedis antiquo jure in Siciliæ insulam, ob diuturnam patrimonii Calabri Siculique invasionem

XVII. Patrimonia omnia Romanæ Ecclesiæ pontifices sedulo vehementerque repetiisse ab invasoribus Græcis, ut pote ecclesiarum decori et pauperum inopiæ addicta, passim vidimus in primo hujus operis volumine. Sollicitiores autem invenimus nunquam eosdem pontifices, quam de duobus prædictis ac de Neapolitano. Eo usque venit Adrianus, ut Tarracinam vi expugnatam, pignoris loco retinuerit, ut patrimonium istud recuperaret (*Cod. Car.* ep. 65, al. 64). Ex hoc loco diplomatis discimus, de Neapolitano ipso ducatu asserendo pontificibus agi, quod iisdem verbis ab Henrico fieri compertum erit. Fallaces vero fuerunt spes pontificum, vana utriusque Augusti pollicitatio. Nondum enim divinitus constitutum erat, ut patrimonia illa ad apostolicam sedem reverterentur, nec Germaniæ imperatoribus tantæ rei

B gloria destinata erat. Romani ipsi pontifices potenti Northmannorum ope jus suum omne vindicarent sanctæ sedi necesse erat. Factumque id, vacante imperio, maximoque Pontificiæ utriusque potestatis contemptore Henrico IV impubere. A majori cœptum : Calabritanum videlicet, Siculumque ab annis 333 invasa, Northmannis principibus apostolica auctoritate concedendo anno 1059. Deinde octoginta annorum intercapedine ducatum quoque Neapolitanum iis permittendo, censu annuo constituto, qui priscos patrimoniorum reditus æquipararet. Divino autem consilio factum est, ut, quemadmodum nulla imperatorum ope Calabria et Sicilia ad jus pristinum Romanæ Ecclesiæ pervenerant, ita Neapolitanus ducatus Conrado Friderici ducis Sueviæ fratre Germaniæ rege, imperiali diademati nequicquam inhiante, anno 1139 Calabriam et Siciliam sit imitatus. Quin etiam cum Robertus Wiscardus Apuliæ dux, nondum integra insula e Saracenorum manibus erepta, juramentum fidelitatis fecerit Nicolao II, censumque promiserit supradicto anno 1059 quod postea rehovavit Gregorio VII Nicolai successori, qui eidem investituram confirmavit. Rogerius Northmannorum primus ab **149** Innocentio II anno 1139. Regis titulum, et Siciliæ regni (ita enim deinceps insula appellatur), necnon ducatus Apuliæ et Calabriæ ac principatus Capuæ investituram accepit. Quare tum institutio regni utriusque Siciliæ, ut procedente tempore appellata est insula, et terra omnis citra pharum, usque ad ecclesiasticæ ditionis terminos; tum generalis, investitura, censusque omnis, nullo imperatoris interventu, conatu ejus nullo, suam habuerunt originem. Credo equidem, ita divinitus constitutum esse, quia neque Henricus IV neque e suorum stirpe aliquis, Ludovici, Ottonis, et Henrici pietatem, aut in apostolicam sedem obsequium imitati essent, quod satis superque comprobant illorum acta.

XVIII. Omnia perspicue constant ex sacramentis prædicti Roberti duobus pontificibus præstitis, quæ

D exstant apud Baron. (1059, n. 70 seq. 1080, 56), suntque a me diligenter collata cum cod. Albiniano, a quo nihil discrepant, tametsi post fidelitatem Romanæ Ecclesiæ præstitam, codex pauca hæc adjungat : « Et nulli jurabo fidelitatem, nisi salva fidelitate sanctæ Romanæ Ecclesiæ. » Primum horum sic se habet : « Ego Robertus Dei gratia et sancti Petri dux Apuliæ et Calabriæ, et utroque subveniente futurus Siciliæ, ad confirmationem traditionis, et ad recognitionem fidelitatis de omni terra, quam ego proprie sub dominio meo teneo, et quam adhuc nulli Ultramontanorum unquam concessi, ut teneat ; promitto, me annualiter pro unoquoque jugo boum pensionem scilicet duodecim denarios papiensis monetæ persoluturam esse beato Petro, et tibi domino meo Nicolao pape, et omnibus successoribus tuis, aut tuis, aut tuorum successorum nuntiis. Hujus autem pensionarie redditionis erit semper terminus, finito vero anno sanctæ resurrectionis die Dominico. Sub hac conditione hujus persolvende pensionis obligo me, et omnes meos sive heredes, sive successores tibi domino meo Nicolao papæ et successoribus tuis. Sic me Deus adjuvet et hæc sancta Evangelia. » Sequitur sacramentum fidelitatis aliquanto prolixius cum indicata additiuncula, quod videsis apud Baronium. Lapsu viginti annorum plura evenerunt, quæ non modicas inter sanctam sedem et Robertum simultates peperere; Richardo interim Capuæ principe suum sacramentum fidelitatis exhibente pontifici Gregorio VII, dum Capuæ erat anno 1075, quod apud eumdem Baronium exstat (eod. a. n. 63). Robertus autem sua dominatione longe aucta, præsertim in Sicilia , in gratiam . rediit cum Gregorio , cui sacramentum præstitit aliquanto aliud ab eo , quod Nicolao II præstiterat. Discrepantia notatu digna est. « Ego Robertus Dei gratia et **150** sancti Petri, Apuliæ, et Calabriæ, et Siciliæ dux. » Et post promissam defensionem regalium sancti Petri, prosequitur : « Excepta parte Firmanæ Marchiæ , et Salerno, atque Amalphia, unde adhuc facta non est diffinitio , et adjuvabo te, ut honorifice et secure teneas papatum Romanum. Terram sancti Petri, quam nunc tenes , vel habiturus es, postquam scivero tuæ esse potestatis, nec invadere, nec acquirere quæram. »

XIX. Appositæ istæ conditiones lucem accipiunt ab ipsa pontificis investitura, quæ continuo sequitur in regesto Greg. VII in cod. Albiniano, et apud Baronium : « Ego Gregorius papa investio te, Roberte dux, de terra quam tibi concesserunt antecessores mei ss. me. Nicolaus et Alexander. De illa vero terra , quam injuste tenes, sicut est Salernus , et Amalphia, et pars Marchie Firmane, nunc te patienter sustineo in Dei et tua confidentia , ut tu postea exinde ad honorem Dei et sancti Petri ita te habeas, sicut et te agere, et me suscipere decet, sine periculo anime tue et mee. » Ita Gregorius aperte invasiones declarat tam quæ in ditione pontificia factæ erant , quam quæ in Campania, ut pote pertinentes ad Capuanum principem, a quo idem Gregorius fidelitatis sacramentum acceperat. Pacta enim conventa a pontificibus cum Roberto erant de Apulia, Calabria et Sicilia, dummodo hinc Saracenos ejiceret. De Capuæ autem principatu convenerat cum Richardo , quem Neapolitanos duces pari modo expellere oporlebat. Chronicon Cavense genuinum, variis licet lacunis scatens, editum a cl. Pratillo (*Hist. Princ. Langob.* tom. IV, pag. 386 seqq.) de utraque re non obscure agit. « An. 1059. A Nicolao apostolico..... Wischardo occupata in tota Calabria, et Apulea, et etiam in Sicilia, quatenus a Saracenis liberaret..... Riccardo honorem principatus Capue, si expulsaret Landulfum. Propterea Noritmani consociati sunt cum apostolico, et hostes Ecclesie supmiserunt. » Et ad annum 1072 loquens de Roberti progressibus in Sicilia : « Viscardus , ait , post captam Panurmi urbem , dedit Rogerio comiti totam Siciliam , tantummodo reservans sibi prefatam civitatem cum castro suo, et Messanem. » Quidquid alteruter, extra concessas sibi terras, acquisivisset, invasio erat. Nec alio nomine Gregorius Roberti acquisitiones appellat. In eodem chronico adducuntur causæ invasionis Campaniæ, anno 1075. « Vischardus sub pretextu , quod Gesulfus cognatus suus fecisset illum anathematizare a papa Gregorium, opsedit Salernum post Kl. Aprilis, et post septem menses summisit eam..... Vischardus post **151** captam Salernum, apprendit etiam Malfiam. » Synchroni hujus scriptoris auctoritati si adjicias juramenta fidelitatis nuper allata , pontificiæ dominationis in utraque Sicilia certam epochem tenes , simulque intelligis , trium Augustorum diplomata nil aliud esse , quam præclara monumenta antiqui juris, quod ipsi pontifices aliena ope sibimet suisque successoribus vindicarunt.

XX. De civitate tantum Neapolitana cum omnibus ad eam pertinentibus, de qua Ottonis et Henrici diplomata obscure admodum loquuntur, addendum esse aliquid videtur, ut Siciliæ citra pharum, pars nulla novæ probationis indigeat, cum de utriusque Siciliæ regno subsecutis temporibus sermo erit (Diss. 7, § 2, n. 17). Capuanum principatum jam diximus Richardo esse traditum a Gregorio, ita tamen ut Neapolitanum ducatum acquireret. Id ante annum 1139, sextum et sexagesimum post ejusmodi investituram, non accidit. Namque eo anno cum Innocentius II contra Rogerium duxisset exercitum, captusque esset per insidias ac ductus in regia castra prope Beneventum, « se destitutum virtute et armis, et desolatum aspiciens, ait Falco ad eumdem annum, precibus regis, et petitionibus assensit, et capitularibus et privilegiis ab utraque parte firmatis, rex ipse, et dux filius ejus, et principes 17 die stante mensis Julii ante ipsius apostolici præsentiam veniunt, et pedibus ejus advoluti misericordiam petunt, et ad pontificis imperium usquequaque flectuntur. Continuo per evangelia firmaverunt beato Petro et Innocentio papæ, ejusque successoribus canonice intrantibus fidelitatem deferre, cæteraque quæ conscripta sunt. Regi vero Rogerio statim Siciliæ regnum per vexillum donavit, ejus duci filio ducatum Apuliæ, principi alteri filio ejus principatum capuanum largitus est. » Diploma pontificium, quod suo loco afferetur, uni Rogerio omnia concedit. Paulo infra idem Falco narrare pergit, quemadmodum « in his diebus cives Neapolitani venerunt Beneventum, et civitatem Neapolim ad fidelitatem domini regis tradentes , ducem filium ejus duxerunt, et ejus fidelitati colla submittunt. » Hunc habuerunt finem Neapolitani duces, ut animadvertit Pratillus ad Chron. Neap. (tom. III, p. 80), qui simul initium fuit Northmannorum dominationis fiduciario jure, ac præscriptio illa tot sæculorum, quæ annalistam Italum fateri compulit, de jure Romanorum pontificum dubitari amplius non posse. Infra in seq. Diss. (n. 13 seqq.) de hac re iterum.

152 XXI. Non secus sensisset, ut arbitror, de antiquo jure si penitus illud expendisset. At breviter videamus quæ restant de Ottoniano diplomate. Septem civitates elargitur *pro animæ nostræ remedio nostrique filii et nostrorum parentum de proprio nostro regno.* Spoletanum quippe ducatum ad supremum jus imperatorum pertinere, apostolicæ licet sedis esset dominium utile ab ævo Caroli Magni regis , eruditorum fallit omnino neminem. Quare autem paulo infra ex Ludoviciano referantur ad verbum quæcunque spontanea donatione Carolus de censu et pensione illius ducatus constituit, suprema dominatione sibi reservata tam in eo, quam in Tusciæ ducatu, difficile assequimur, nisi donationem istam Ottonis liberalitate factam ab ejus cancellario insertam putemus diplomati, quod scriniarii de more digesserant, illius prorsus inscii. Certe septem illas civitates Otto ita se donare profitetur *pro animæ remedio,* quod iterum urget, ut Romani pontifices perpetuo illas detineant, *in suo jure, principatu atque ditione.* Id vero aperte pugnat cum subjecta illa conditione: *salva super eosdem ducatus nostra in omnibus dominatione.* Idcirco non minus inertiæ deprehendimus ferreo illo sæculo in scriniariis sanctæ sedis, quam in Ottonis cancellaria. Hujusmodi autem repugnantia cum aliis, quæ supra vidimus, magis magisque comprobant sinceritatem diplomatis, cujus nisi exstaret autographum, factio ipsa indolem comprobaret. Et vero scriniarii ex libro pontificali transferunt Spoletani ducatus donationem integram, quæ certa est, tametsi conditione vacet supremi dominatus apud largitorem Carolum remanentis ; deinde in Ludoviciano diplomate ipsissimam illam donationem aliis expressam verbis, cum prædicta conditione offendentes, aliam putant a priori illa libri Pontificalis; quare eam quoque recensent ab Ottone confirmandam ; denique cancellarius Ottonis spontaneam domini sui donationem inserit, duabus aliis intactis, quanquam prior illa ex libro pontificali desumpta abjicienda esset, altera vero quam diploma Ludovicianum præsefert distinguenda, ne civitates donatæ pristinum onus subirent cum reliquis, aut donatio uno eodemque in diplomate illusoria videretur. Verum si ita factum fuisset, ingenium sæculi illius esset minus evidens.

XXII. Quod si ex prædictis de diplomatis Ottoniani sinceritate constat, ex sequentibus Ludovicianum respuentes falsi ac temeritatis arguuntur. Ac de disciplina quidem consecrationis pontificiæ dixi in præcedenti dissertatione. Ab iis verbis, *Prætereą alia minora*, nil aliud occurrit quam Lotharii constitutionis anni 824 Eugenio II assensum **153** præbente, paulo alius quandoque verbis ordineque aliquantulum alio, fidelis exscriptio. Ponitur enim loco primo caput 3, deinde caput 1, atque ex utroque compingitur constitutio, quæ apud Anselmum Lucensem (lib. VI, c. 35) audit *constitutio imperatorum primi Othonis, et primi Henrici*; at revera est Lotharii, ut patet ex capite ejus 4 integre allato post duo prædicta, quod in constitutione iis Augustis tributa, licet scriniariorum compositio esset, desideratur. Utramque per otium consule apud Holstenium (*Coll. Rom.* par. II, p. 208 et 214). Tuum inde judicium esto, num Ludovici diploma nil horum continens, quia nondum constitutum fuerant, recte commentitium, juxta præcipitem sectariorum sententiam, nuncupetur. Mihi enim sedulo consideranti Ottonianum diploma, quod Pagio est certissimum antiquitatis monumentum, et Ludovicianum, quod commentitium eidem videtur, hoc sinceritatis plenum apparet, quia historiam ac disciplinam sui temporis continet; ac donationes, quæ tunc in archivo erant, diligenter nullaque cum repugnantia enuntiat. Ottoniani vero sinceritatis indigesta rudisque compositio, donationum confusio ac repetitio, necnon disciplina creationis pontificiæ a Ludoviciano ævo admodum varia, mihi videntur præseferre. Videntur autem? imo illud pro certo affirmare non dubito, quod Ludoviciano, unde Otto, scriniariorum sanctæ sedis opera, et officio, in suum transtulit quæcunque inter se nihil pugnant, ac diligentiam scriniariorum veterum demonstrant, falsitatis notam inurere audacia, Ottonianum vero in dubium vertere, mentiri est.

XXIII. Unum mihi adnotandum exciderat, quod prædicta omnia ad disciplinam electionis confirmationisque Rom. pontificis parum solerter creduntur incipere ab iis verbis *secundum quod*, etc., etenim a conditione illa *salva in omnibus potestate nostra*, etc., incipiunt, alias sententia caret principio. At ita faciendum fuit a scriptoribus sanctæ sedi infensis, ut pontificibus quod suum erat, eriperent, tribuerentque principibus quod suum non erat, ne falsæ eorum opiniones de pontificia dominatione corruerent, ac videretur jus imperatorium, potestas quæ privilegio sanctæ sedis innititur. Nil facilius, quam ista pervertere in exscribendis diplomatibus, de quibus loquitur Joannes Heumannus (*Comment. de re Dipl.* cap. 1, § 18, p. 11) ex Mabillonii observatis (l. I, c. 11, n. 15, *de re Dipl.*), quod apud Godefridus abbas (*Chron. Gotw.* tom. I, L 1, § 6) et quicunque post tantum virum scripsere, confirmant: « Antiqua diplomata uno quasi nexu, nullis distinctionis signis interpositis cohærent. Qui tabulas transcripserunt, varias notas ascripserunt, quarum **154** arbitrium rectius forte lectori relictum fuisset. Carolus Magnus equidem Alcuini, et Caroli Warnefridi ope codices interpunctionis illustrandos curavit; eas tamen chartæ aliquanto serius receperunt. » Quod dictum velim pro iis qui Ottoniani autographum non viderunt. Fortasse enim persuasum iisdem erit, omnia distinctionis signa inde etiam abesse, ac propterea prædicta verba ad superiora referri impune posse. At secus est in Ottoniani diplomatis autographo: suis quippe interpunctionis varietas sententiarum distinguitur. Tametsi scripturæ continuatio nullum ex iis capitibus admittat, in quæ ego, Baronii exemplum secutus, illud pro rerum varietate distribui. Locus

autem, de quo agitur, hunc in modum exprimitur: *Firmiter valeant optineri. Salva in omnibus potestate nostra, et filii posterorumque nostrorum secundum quod in pacto et constitutione ac promissionis firmitate Eugenii pontificis successorumque illius continetur, idem ut omnis clerus*, etc. Fateor equidem me non assequi mente, cur Codices omnes constanter legant *idest*, cum in autographo litteris valde perspicuis legatur *idem* quod haud dubie pro *item* est positum; d enim in t et vicissim frequentem mutationem invenire apud veteres compertum est. Quamobrem tria referri debent ad potestatem principis, sive ad honorificentiam, aut honorem et reverentiam eidem debitam, ut Joannes IX et Nicolaus II (*Concil.* tom IX, p. 502 et 1104) eam appellant: Promissio, seu professio pontificis, instar Eugenii II; sacramentum cleri et populi de canonica et justa electione; et pontificia eadem professio coram missis imperialibus facienda Leonis IV exemplo: Promissionem vero istam eo respexisse arbitror, ut quemadmodum rex Romanorum antequam imperator per coronationem fieret, sacramento fidelitatis se astringebat Romano pontifici, ita Rom. pontifex vicissim se imperatori obligaret, quod Eugenii II ævo fœderis nomine exprimi consuevit. Certe Luitprandus, sive ejus continuator (*De reb. Impp. et Reg.* l. VI, c. 6) refert, Joannem XII hujusmodi sacramentum præstitisse Ottoni: « Jusjurandum vero ab eodem papa Joanne supra pretiosissimum corpus Petri, atque omnibus civitatis proceribus, se nunquam Berengario atque Adelberto auxiliaturum accepit. » Itaque quod in diplomate Ludovici sancitum fuisse vidimus, ut post pontificis consecrationem, « Legati ad nos, vel ad successores nostros reges Francorum dirigantur, qui inter nos, et illos amicitiam et charitatem ac pacem socient, » hinc colligitur, Eugenium II qui Paschali I successit, atque Eugenii successores in promissione, seu professione, consecrationis tempore societatem illam **155** amicitiæ et charitatis, pacisque expressisse, quam legati ad imperatorem deferrent. Quæ res a Leonis IV successoribus fieri cœpit coram imperialibus missis, quod liquet ex superioribus.

XXIV. Diplomatis pars extrema, seu confirmatio, et signum imperatoris, atque optimatum, sive episcoporum et comitum subscriptiones sinceritati utriusque diplomatis suffragantur. Non enim aliunde consortium Ottonis filii petitum est, quam ex Ludoviciano, cui tres Ludovici filii subscripserunt. Quamvis autem Otto filius non subscribat, ut illi fecerant, quia scilicet puer in Germania remanserat, tamen una cum patre inducitur, sanctæ sedis jura confirmans, quod minime factum fuisset, nisi a Ludovici filiis paternam confirmationem roborari perspectum esset. Inter subscribentes autem palatii Francorum officia, seu dignitates, bibliothecarius, mansionarius, hostiarius non reperiuntur, namque alia erant tempora, alii Germanorum mores. Præterea illud *proprie manus signaculo* in Ottonis et Henrici diplomatibus hisce occurrens, undenam profluxisse credendum est, nisi ex diplomate Ludovici, quod præ manibus scriniariorum fuit, haud dubie etiam Ottonis oculis subjectum? Profecto abbas Gotwicens. sæpe laudatus (*Chron.* tom. I, L. II, c. 3, p. 177), quo scrutator alius Germaniæ regum atque Augustorum diligentior non invenietur, Ottonis subscriptionibus variis in medium allatis, tres inde regulas certas educit: I. Ottonem *manu propria*, vel *manus propriæ signo* constanter uti in diplomatibus. II. *Annuli, et sigilli* vocem promiscue usurpare. III. *Insigniri, subsignari, roborari, corroborari, sigillari, affigi, firmari, muniri, confirmari*, vocabula semper adhibere. Unam saltem ex tribus hisce regulis servasset Otto in hoc diplomate, ut morem suum imitatus esse videretur! At contra pro manus propriæ signo, *proprie manus signaculo*; pro annulo, vel sigillo insigniri, etc. *bullæ nostræ impressione obsignari*. Falsi igitur insimuletur diploma?

Imo vero singularitatis causæ aliunde quærendæ sunt. Ludovicianum scilicet diploma propriæ manus signaculo, et optimatum subscriptionibus roboratum Ottoni et Henrico exemplum præbuit, quod sequerentur. Ad sigillum vero quod attinet, cum Ludovicus diploma illud dederit in conventu Aquisgranensi, filiorumque, episcoporum, abbatum, comitum, et officiorum palatii diploma confirmantium nominibus propriæ manus subscriptionem præposuerit, nulla sigilli mentione habita, hac tantum in re Ottoni et Henrico integrum fuit suo modo agere. Quamobrem Otto Francorum consuetudinem imitari maluit, quam consuetum sibi morem. In Spicilegio Acherii (tom. V, p. 407 seqq.) **156** plura Ottonis exempla videre est non bulla utentis, sed sigillo, quæ res chronologi Gotwicensis doctrinam confirmat. Glossarii autem illustratores observant, Ottonem Magnum omnium ultimum bullæ appellatione usum esse, quod hujus diplomatis auctoritate-comprobatur.

XXV. Optandum sane erat, ut quemadmodum pretiosum istud antiquitatis monumentum ex ferreo illo sæculo per tot sanctæ sedis vices ad nos usque seros posteros pervenit, bullam quoque, quæ illi certissime annexa erat, præseferret. Cum enim Godefridus (*Chron. Gotw.* l. II, c. 5) annotarit discrimen inter regia et imperialia Ottonis sigilla, ex bulla ista doctissimi viri observatis fides, ni fallor, adjecta esset. Præterea quod Mabillonium legisse aiebam in Cod. Ottoboniano : « Non est sigillatum, licet ex tenore ipsius appareat quod debuit sigillari, » bulla eadem confirmatum fuisset. Cæterum Ottonianum istud diploma tela serica aureum scriptum protegente, obvolutum, ac tubo ex tenui metalli lamina inclusum diligentissime servatur in apostolico archivo Molis Adrianæ, et est hujusmodi : Membrana oblonga colore purpureo introrsus infecta, modico cum ornatu in utroque margine, aureis litteris magnam partem nostris etiam diebus lucidissimis inscripta, a primo ad ultimum scriptionem, rara duntaxat interpunctione sermonem dirimente, continuat. Non litteræ grandiores, ut moris est, in invocatione, non monogramma consuetum in fine, non denique cancellarii recognitio apparet. Sed omnia indicant Ludovicianum exemplar esse adhibitum in Ottonis et Henrici diplomatibus exarandis. Forma characteris nequidquam quæritur in cæteris Ottonianis juxta specimen a Papebrochio exhibitum (*Bolland.* April. tom. II, p. 12) similitudo maxima habetur in diplomate Ottonis III quatuor et triginta post annos dato in eadem hac urbe Roma pro ecclesia sanctorum Bonifacii et Alexii, quod opportunius indicabo (dissert. 6, n. 14). Ex litterulis nonnullæ exciderunt, nonnullæ in aliqua sui parte detrimenti aliquid passæ sunt. Verum duodecimo etiam sæculo detritas fuisse aliquas testatur Albinus, qui Ottonem vocat Octonem ; nam duæ istæ litteræ *c* et *t* similes omnino sunt inferne, tenui tantum linea in superiori parte istam ab illa secernente. Num idem evenerit *dicioni* post Albiniana tempora, quæ semper legitur in autographo, incertum. Albinus *ditionem* ubique posuit. Jam vero pretiosum hoc monumentum lectoris oculis ex Albiniano codice, et simul ex autographo subjiciam.

157 [a] EXEMPLUM PRIVILEGII OTTONIS IMPERATORIS

DE REGALIBUS BEATO PETRO CONCESSIS [b].

In nomine Domini Dei omnipotentis Patris, et Filii, et Spiritus sancti. Ego Octo [Otto] Dei gratia imperator Aug. una cum Octone [Ottone] glorioso rege filio nostro, divina ordinante providentia spondemus atque promittimus per hoc pactum confirmationis nostræ tibi beato Petro, principi apostolorum et clavigero regni cœlorum, et per te vicario tuo donno Johanni summo pontifici, et universali XX [XII] pape sicut a predecessoribus vestris usque nunc in vestra potestate ac ditione tenuistis et disposuistis, civitatem Romanam cum ducatu suo et suburbanis suis, atque viculis omnibus [et] territoriis ejus montanis ac maritimis, litoribus ac portubus, seu cunctis civitatibus, castellis, oppidis ac viculis Tuscie partibus. Id est portum, centumcellas, cerem, Pledam, [Bledam] Marturianum, Sutriam, nepem, Castellum Gallisem, Ortem, Pollimartium, Ameriam, Tudam, Perusiam cum tribus insulis suis, id est majorem [majore] et minore, pulvensin [Pulvensin] Narniam et Utriculum cum omnibus finibus et territoriis ad supra scriptas civitates pertinentibus [c].

158 Nec non exarchatum Ravennatem sub integritate cum urbibus, civitatibus, oppidis et castellis, que pie recordationis donnus Pippinus ej donnus Carlus excellentissimi imperatores, predecessores videlicet nostri, beato Petro apostolo et predecessoribus vestris jam dudum per donationis paginam contulerunt : hoc est civitatem Ravennam, et Emiliam [Emeliam], Bubium, Cesenam, Forum populi, Forum Livii, Faventiam, Imolam [Immolam], Bononiam, Ferrariam, Comaclum [Comiaclum] et Adrianis, atque Gabellum cum omnibus finibus, territoriis, atque

[a] Bantur inter uncos conclusæ lectiones variantes codicis autographi.

[b] Autographum in archivo Arcis sancti Angeli nullum præsefert titulum. Apographum ibidem exstat in bulla Innoc. IV, quam dedit Lugduni in concilio III Id. Jul. pont. an. 3 seu 1245 nulla plumbea munitam et XL prælatorum sigillis. Ejusdem plura exempla similia fieri voluit, quorum nonnulla sub arctissima custodia in archivo Cluniacensi servata se vidisse testatur Mabillon (*It. Ital.* part. I, p. 96). In eodem archivo apographum seu transumptum Ottoniani privil. exstat ab Joanne de Amelia cum tribus publicis notariis factum « Assisii loco Fratrum Mmor. in palatio domini papæ » an. 1359, jussu Bened. XII, nam ibi tum exstabat autographum, et dicitur « scriptum litteris aureis in charta coloris violati rubei. » Summa transumptorum consensio, quamvis diversis temporibus facta fuerint, transumptis iisdem, et multo magis autographo, maximam fidem conciliat : quæ nimirum congruit fonti unde provenit utrumque diploma, id est Ludoviciano, cujus autographum periit una cum Pippini et Caroli Magni antiquis chartis, levi tamen jactura.

[c] In confirmatione antiquæ ditionis sanctæ sedis nil mutatum videas, quamvis 145 annis Ottonianum diploma distet a Ludoviciano ; præter verba aliquot, de quibus dixi in Dissertatione, intactis iis quæ summam attingunt, cujusmodi sunt principium Ludoviciano simile *Ego Otto*, revocans antiquiora tempora, *et sicut a prædecessoribus vestris*, pontifices rerum dominos designans qui Joannem XII præcesserant, quemadmodum Ludovicus indicarat Paschalis prædecessores. Cistiberini etiam ducatus civitates aliquot, Campaniæ scilicet Romanæ, quas Ludovicu. recensaverat, silentio prætereuntur, forsan quia latius patebat Campania, quippe quæ ad Lirim usque perveniebat. Præterea Patrici de qua in Diss., mentio non reperitur, x sæc. incertum num a Saracenis excisa fuerit. Quare omnes Campaniæ civitates voce illa *ducatus*, *cum suburbanis* comprehenduntur, exceptis Cajeta et Fundis, nam olim ad Campaniam Romanam non pertinebant, adeoque antiqui juris sanctæ sedis non dicuntur, sed seorsum nominantur, ut videbimus paulo infra.

insulis terra marique ad supradictas civitates pertinentibus [a]. Simul et Pentapolim, videlicet Ariminum, Pensaurum, Phanum, Senogalliam, Anconam, Ausimum, Humanam, Hesim, Forum Simpronii, Montem feltri, Urbinum, et territorium Balnense, Callis, Luciolis, et Eugubium cum omnibus finibus et territoriis ad easdem civitates pertinentibus. Eodem modo territorium Sabinense, sicut a donno Carolo imperatore antecessore nostro beato Petro apostolo per donationis scriptum concessum est sub integritate [b].

Item in partibus Tuscie Longobardorum Castellum Felicitatis, Urbem veterem, Balneum regis, Ferentum, Viterbum [Ferenti Viterbum], Orchem, Martham, Tuscanam, Suanam, Popalonium, Roselles cum suburbanis atque viculis omnibus, et territoriis, ac maritimis oppidis ac viculis, seu finibus omnibus [c].

159 Itemque a Lunis cum insula Corsica, deinde in Suriano, deinde in monte Bardonis, deinde in Berceto, exinde in Parma, deinde in Regia, exinde in Mantua, atque in monte Silicis, atque provincia Venetiarum, et Istria [d], necnon et cunctum ducatum Spolitanum [e], seu Beneventanum una cum ecclesia sancte Christine posita prope Papiam juxta padum III miliario.

Item in partibus campanie Sora [Soram], Arces, Aquinum, Arpinum [Arbinum], Teanum, et Capuam [f], necnon et patrimonia ad potestatem ei ditionem vestram pertinentia, sicut est patrimonium Beneventanum, et patrimonium Neapolitanum, atque patrimonia Calabrie superioris, et inferioris [g]. De civitate autem Neapolitana cum castellis, et territoriis, ac finibus et insulis suis sibi pertinentibus, sicut ad easdem aspicere videntur, necnon patrimonium Sicilie, si Deus illud nostris tradiderit manibus [h]. Simili modo civitatem Gaietam et Fundim cum omnibus earum pertinentiis [i].

160 Insuper offerimus tibi, beate Petre apostole, vicarioque tuo donno Joanni papę, et successoribus ejus pro nostre anime remedio, nostrique filii, et nostrorum parentum de proprio nostro regno civitates et oppida cum piscariis suis, idest Reatem, Amiternum, Furconem, Nursiam, Balvam, et Marsim, et alibi civitatem Teramnem cum pertinentiis suis ʲ.

Has omnes suprascriptas provincias, urbes et civitates, oppida atque castella, viculos ac territoria, si-

[a] Ex Ludovicano pariter dipl. derivatur donatio Exarchatus et Pentapolis, quæ recte tribuitur Pippino et Carolo; hic enim præter quamquod Carisiaci donationem paternam confirmaverat, anno postea 774 Langobardorum regibus exactis exarchatum ex parte aliqua ab iis invasum, Romanæ Ecclesiæ asseruit integrum. At *excell. impp.* uterque appellantur manifesto mendacio. Quare aut Ludovicus substituendus, ut est in Henriciano, aut legendum *Imperator*, uti legitur in Ludovici diplomate. Posteriora monumenta hujusmodi donationes repetentia a Ludovici tempore, Ludovicum huc revocant, licet Ottoniani ævi inscitia persuaserit, eam ejus quam successorum Carolingicorum nomina silenda, quia nihil addiderunt donationibus Pippinianæ et Carolinæ.

[b] Nulla fit mentio finium constitutorum a Maginario et Itherio ablatibus, ut in Ludoviciano: forsan quia infra Spoletanus ducatus integer ab eodem Carolo donatus dicitur. Quæ quidem omissio Ludoviciano fidem adjungit, quod historiam haud plene narratam in Adriani epistolis tradit: eorumque examen minus accuratum demonstrat, qui suppositionem sibi olfecisse videntur.

[c] Tres insulæ Corsica, Sardinia, Sicilia, quas triplici donationi Carolinæ insertas vidimus in Ludovici diplomate, omittuntur ab Ottone et Henrico. Et quidem jure: nam continuo sequitur Corsica in Donatione per designatos fines, et de Sicilia, quæ tunc erat in potestate Saracenorum, infra agitur tanquam de ditione sanctæ nulla vindicanda. Sardiniæ nulla fit mentio, incertum, num scriniariis nonnulis chartas et donationes simul congerentibus exciderit, an certa illius jura tum neglexerint, Greg. VII (lib. 1, ep. 29) in suorum prædecessorum negligentiam rejicit culpam omnem; anno scilicet 1073 quæ sequentibus sæculis evidentia erunt, præsertim Innocentio III pontifice, cum Fridericus Œnobarbus, Otto IV et Fridericus II sibi illam asserere sunt moliti tanquam juris imperii, quod falsum omnino est. Italiæ enim regnum terminabatur Australi mari, ut constat ex divisione regnor. Caroli.

[d] Designatio ista per fines, quam recitavi in dissert. de dipl. Lud. Pii (n. 19) ita accipienda est, ut præter Corsicam, quæ inter pontificias ditiones per conjunctionem *cum* recensetur, civitates et loca enumerata excludantur; inde serio expendatur, si notioribus locis nominatis præcipue civitatibus (earum haud dubie territoria, oppida, vicula et omnia ad eas pertinentia solo civitatis nomine comprehenduntur) recte sunt constituti fines dominationis sanctæ sedis, qui hodieque iidem sunt, præter eos, qui Tuscano ducatui circumscribuntur. Atque ii quidem tunc recti erant, nam

ducatus Tuscanus, et Spoletanus oblati erant sancto Petro a rege Carolo, at reges Italiæ in iis dominabantur supremo jure ex concessione et privilegio sanctæ sedis, juxta pacta conventa inter Adrianum et Carolum, tributo tantum soluto apostolicæ sedi, quod quemadmodum evanuerit in ducatu Tusciæ, Spoletano sanctæ sedis potestati omnino subjecto, nil attinet nunc exquirere.

[e] Ducatum Spoletanum oblatum, seu donatum esse integrum sanctæ sedi, constat ex Adriani litteris (*Cod. Car.* ep. 56, al. 58). Beneventanum nullo alio ex monumento liquet, quam apud Anastasium et duobus hisce ex diplomatibus, quo haud dubie illatum ab scriniariis fuerit ex ipsomet Libro Pontificali, qui Anastasio tribuitur.

[f] Donatione harum civitatum in tertio Caroli adventu Romam an. 787 nihil certius, ut sæpe in superioribus est dictum. Subjecto enim ducatu Beneventano, sex illas civitates beato Petro obtulit, quarum princeps Capua sacramentum fidelitatis præstitit Rom. pontifici Adriano ante confessionem ejusdem principis apostolorum (*Cod. Car.* ep. 91, al. 88).

[g] In Ludov. dipl. Beneventanum patrim. dividitur in Benev. et Salern. de quo vide dicta ad dipl. Ludov. (in not.).

[h] Tempore sancti Greg. III tria erant amplissima patrimonia in Siciliæ insula: Siciliæ, Siracusanum, Panormitanum; sequioribus sæculis omnia simul conjuncta patrimonium Siculum audierunt. Prioris trinæ divisionis testes sunt plurimæ epistolæ ex regesto Gregor. Magni. Alterius testimonium locuples præbetur a Theoph. (*Chronogr.* p. 273) Adriano in epistola ad Carol. Magnum (*Concil.* tom. VII, p. 965), Nicolao I (*epist. ad Michael. imp.*). Ottonis tempore Sicilia tota Ecclesiæ patrimonium audiebat, ut hinc patet, et ex dipl. Henrici, ac multo magis ex investitura totius insulæ a Nicol. II Northmannis tradita, qua de re in dissert. (n. 17 seqq.).

[i] Juris erant sanctæ sedis, ut habent notitiæ veteres (Dissert. n. 16). At principium hujusmodi juris incertum aliis Joannis VIII ævum reputantibus, aliis alia tempora.

[j] Paulo supra cunctum Spoletanum ducatum esse donatum sanctæ sedi testabatur. Et recte, nam Carolus Magnus totum obtulerat sancto Petro; sed ab Adriano iterum receperat, tributo tantum penso sanctæ sedi. Hic septem civitates ejusdem ducatus ab Ottone donantur : jus igitur suum abdicat imperator in ea non modica parte ducatus, quod sanctæ sedes acquirit.

mulque et patrimonia pro remedio anime nostre, et filii nostri, sive parentum nostrorum, ac successorum nostrorum, et pro cuncto a Deo conservato, atque conservando Francorum populo [a], jam dicte ecclesie tue beate Petre apostole et per te vicario tuo, spirituali patri nostro donno Joanni summo pontifici, et universali pape, ejusque successoribus usque in finem seculi eo modo confirmamus, ut in suo detineant jure, principatu, atque ditione [b].

Simili modo per hoc nostre delegationis pactum confirmamus donationes quas pie recordationis donnus-Pipinus [Pippinus] rex, et postea donnus Karlus excellentissimi imperatores [excellentissimus imperator] [c] beato P. [Petro] apostolo spontanea voluntate contulerunt: necnon et censum, vel pensionem, seu ceteras dationes, que annuatim in palatium regis Longobardorum inferri solebant, sive de Tuscia, sive de ducatu Spoletano, sicut in suprascriptis donationibus continetur, et inter sancte memorie Adrianum papam, et donnum Carlum [Karlum] imperatorem convenit, quando idem pontifex eidem de suprascriptis ducatibus, id est Tuscano, et Spolitano, **161** sue auctoritatis preceptum confirmavit: eo scilicet modo, ut annis singulis predictus census ad partem ecclesie beati Petri apostoli persolvatur [d]. Salva super eosdem ducatus nostra in omnibus dominatione, et illorum ad nostram partem per hoc nostre confirmationis et filii nostri subjectione [e]

Ceterum, sicut diximus, omnia superius nominata ita ad vestram partem per hoc nostre confirmationis pactum roboramus, ut in vestro permaneant jure, principatu, atque ditione; et neque a nobis, neque a successoribus nostris per quodlibet argumentum, sive machinationem, in quacumque parte vestra potestas imminuatur, aut a [aut da] vobis inde aliquid subtrahatur, de suprascriptis videlicet provinciis, urbibus, civitatibus, oppidis, castris, viculis, insulis, territoriis, atque patrimoniis; necnon et pensionibus, atque censibus; ita ut neque nos ea facturi simus, neque quibuslibet ea facere volentibus consentiamus. Set [Sed] potius omnia que superius leguntur, id est provincie, civitates, urbes, oppida, castella, territoria, et patrimonia, atque insulas [f] [insulæ], censusque, et pensiones ad partem ecclesie beati Petri apostoli, atque pontificum in sacratissima sede illius **162** residentium nos, in quantum possumus, defensores esse testamur: ad hoc ut ea in illius ditione ad utendum, et fruendum, atque disponendum firmiter valeant optineri.

Salva in omnibus potestate nostra, et filii, posterorumque nostrorum, [g] secundum quod in pacto, et constitutione ac promissionis firmitate Eugenii pontificis, successorumque illius continetur: idest [idem] ut omnis clerus, et universi populi Romani nobilitas propter diversas necessitates, et pontificum irrationabiles erga populum sibi subjectum asperitates retundendas, sacramento se obliget, quatinus futura pontificum electio, quantum uniuscujusque intellectus fuerit, canonice et juste fiat [h]. Et ut ille qui ad hoc sanctum atque apostolicum regimen eligitur, nemine consentiente consecratus, fiat pontifex, priusquam talem in presentia missorum nostrorum, vel filii nostri, seu universe generalitatis, faciat promissionem pro omnium satisfactione atque futura con-

---

[a] Notat Du-Cang. in Gloss. Francorum nomen late patuisse, ita ut ad Germanos etiam extenderetur: quæ res nulli eruditorum ignota, cum Carolus Magnus ejusque successores Francorum monarchiam regebant. Otto ipse susceptus erat ab Henrico Germ. rege ex Mathilde uxore sua Ludovici Balbi filia ut tradit Will. Nangius in chron. quare ex Caroli Magni stirpe licet feminea, erat progenitus. Nihilominus Franci a Germanis distinguebantur id temporis. Quare melius in Henriciano legitur *Christianorum*. At Romæ Ottonis tempore tum Carolina ætas instaurari credebatur, tum Ludoviciani diploma chartæque aliæ nil nisi Francorum liberalitatem præseferebant: quare precatio illa, quæ passim legitur in Codicis Carolini epistolis pro Francorum populo, hic videtur adhibita.

[b] Notanda clausula, de qua dixi in dissert. præcedenti.

[c] Hoc loco Pippinus inter Augustos non recensetur in autographo, sed suus utrique titulus certus tribuitur, Ludovici verbis, quod supra factum non fuerat (col. 605, not. a).

[d] Quod sæpe est dictum supra, nil melius comprobat, quam spontaneas inter donationes Caroli, ducatuum Tuscani et Spoletani tributorum seu pensionum recensio. Et sane caliginoso illo Ottonis ævo tam accurate narrari poterant donatio integri illius ducatus, ejusque concessio ab Adriano facta Francorum regi cum annua pensione, nisi apostol. archivum documenta omnia suppeditasset? Ludoviciani diplomatis verba ipsa essent adhibita, nisi idem scriptori Ottoniani fuisset ob oculos? Pensio quidem juxta Carolina, seu Ludoviciana tempora Ottoniano ævo parum congruit. Nam septem illæ civitates e ducatu Spoletano avulsæ, et sanctæ sedi donatæ ab eodem Ottone, integro tributo aliquid debuissent detrahere: at neque id temporis melius agi poterat, neque nos seri posteri divinare possumus, qua ratione, quove auctore id diploma digestum fuerit. Hoc solummodo est certo certius, diploma Ottonianum ex Ludoviciano profectum esse.

[e] Jam dixi ad dipl. Ludov. (in not.) hac tantum occasione dominatum et subjectionem reservari. Nunc adjicio, singulari hac cautione satis superque instrui, qui aut ignorant, aut ignorare simulant, quod cæteræ omnes ditiones erant supremi juris pontificum, talesque ab Augustis confirmabantur: verba illa *per hoc nostra confirm.* haud dubie ex sequentibus imprudenter desumpta sunt, nam desunt in autographo.

[f] Ne ulla suboriatur suspicio, quin de Sicilia, Sardinia, Corsica hic agatur, inspiciendus est ordo, quo semel et iterum tam in Ludoviciano, quam hic recensentur. Atque in Ottoniano quidem parum scite. Nam Corsicæ facta erat mentio in donatione per designatos fines, et Siciliæ, dum promittebatur ejus restitutio sanctæ sedi, si e Saracenorum manibus illam eripere contigisset: de Sardinia vero ne verbum quidem fit in diplomate. Ea propter quæ Ludovicus de tribus prædictis insulis asserebat, ea minus conducunt Ottoni, qui Sardiniam silet, et Siciliam ita se vindicaturum promittit sanctæ sedi, si Saracenis eripuerit. At necessitas assuendi Ludoviciano- diplomati quæ congruebant tempori, et rudis illa ætas talia ubique inseri coegerunt, quæ aut minus conveniunt præmissis aut secum pugnant. Id vero et Ludoviciani, et Ottoniani diplom. sinceritatis est argumentum locupletissimum.

[g] Perperam a sectariis apud Dietericum Hermannum (*Introd. ad J. pub.* lib. I, cap. 15, n. 8) sequentia referuntur ad omnia supradicta, nam quæ deinceps narrantur hærent in salebra, nisi ab ea conditione, *salva nostra potestate*, sustineantur. Præterquam quod non *potestate*, sed *dominatione* positum esset, ut de ducatibus Tuscano et Spoletano factum vidimus. At de his dictum est in dissert. (num. 23).

[h] En quo extendebatur imperatoria potestas, ad tria scilicet ista capita. Primum inhærebat promissione Eugenii II et successorum; alterum pontificii constitutione ut clerus et populus Romanus, ad quos unice pertinebat electio, sacramento se obligarent ad canonicam et justam electionem: quod ut fieret, visum est Eugenio imperatoriæ auctoritatis metum proponere. Sacramentum ejusmodi non erat novum, nova erat potestas imperatoris, quam cæteroqui obtinebat auctoritate apostolica. Hanc rem aliquanto fusius in seq. dissertatione tractatam invenies.

servatione, qualem donnus et venerandus spiritualis pater nóster Leo sponte fecisse dinoscitur [a].

Preterea alia minora huic operi inserenda previdimus, videlicet ut in electione pontificum neque liber, neque servus ad hoc venire presumat, ut illis Romanis, quos ad hanc electionem per constitutionem sanctorum patrum antiqua admisit consuetudo, aliquod faciat impedimentum. Quod si quis contra hanc nostram constitutionem ire presumpserit, exilio tradatur [b]. Insuper etiam ut nullus missorum nostrorum cujuscumque impedilionis argumentum componere **163** in prefatam electionem audeat, prohibemus [c]. Nam et hoc omnimodis instituere placuit, ut qui semel sub speciali defensione donni apostolici, sive nostra fuerint suscepti, impetrata juste utantur defensione. Quod si quis in quemquam illorum qui hoc promeruerunt, violare presumpserit, sciat se periculum vite sue esse incursurum. Illud etiam confirmamus, ut donno apostolico justam in omnibus servent obedientiam, seu ducibus, ac judicibus suis ad justitiam faciendam [d].

Huic enim institutioni hoc necessario annectendum esse perspeximus, ut missi donni apostolici, seu nostri semper sint constituti, qui annuatim nobis, vel filio nostro renuntiare valeant, qualiter singuli duces ac judices populo justitiam faciant, hanc imperialem constitutionem quomodo observent. Qui missi decernimus, ut primum cunctos clamores, qui per negligentiam ducum [seu judicum] fuerint inventi, ad notitiam donni apostolici deferant, et ipse unum e duobus eligat; aut statim per eosdem missos fiant ipse necessitates emendate, aut misso nostro nobis renuntiante, per nostros missos a nobis

[a] Caput tertium, quo imperatoria potestas extendebatur, in eo situm erat, ut missi imperiales consecrationi interessent, coram quibus pontifex electus promissionem seu professionem emittere debebat, qualem Leo IV absque missorum præsentia consecratus, emisit ultro. Quænam ista fuerit nusquam reperitur. Quare summam ejus diplomati huic, et sequenti referri oportet acceptam.

[b] Ex Constitut. quam Lotharius fecit Eugen. II consentiente in atrio sancti Petri an. 824, cap. 3, hæc desumuntur, verbis aliquatenus mutatis, sententia integra. Holsten. (Coll. Rom. par. II, p. 208).

[c] Pauca hæc desunt in constitutione prædicta, neque ibidem esse poterant : nam Lotharius viginti amplius annis postea privilegium obtinuit, ut missi imperiales consecrationi interessent. Hinc autem liquet, quam vehementer pro libertate canonicæ electionis pugnaretur.

[d] Laudatæ constitutionis cap. 1 quod Francorum regum temporibus magis conducit quam Augusti Saxonis, ut patet.

[e] Ejusd. constit. cap 4 aliquatenus ut cætera immutatum, sententia intacta. Quæ tria capita si quis attente contulerit cum historia eorum temporum,

directos emendentur [e]. Hoc ut ab omnibus fidelibus sanctæ Dei Ecclesiæ, et nostris firmum esse creditur, proprie manus signaculo, et nobilium optimatum nostrorum subscriptionibus hoc pactum confirmationis nostre roboravimus, et bulle nostre impressioni adsignari jussimus [f].

† Signum donni Octonis serenissimi imperatoris, ac suorum episcoporum, abbatum, et comitum. † Signum Adalgagi [Adaldagi] Hamaburgensis ecclesie archiepiscopi. Signum Arberti [Hartberti] Curiensis ecclesie episcopi. Signum Driogonis Osnaburgensis [Dryog. Osnabrugguensis] ecclesie episcopi. Signum Octonis Argentinensis [Yotonis Argentenensis] ecclesie episcopi. Signum Otuvini Hilunesemensis [Hiltinesemen.] ecclesie episcopi. Signum Landuvarci [Landwarti] Mindonensis ecclesie episcopi. Signum Otgeri Nemetinensis ecclesie episcopi. **164** Signum Gezonis Tortunensis ecclesie episcopi. Signum Huberti Parmanensis ecclesie episcopi. Signum Guidonis Mutunensis [Mutuenensis] ecclesie episcopi. Signum Hattonis Fuldensis monasterii abbatis. Signum Guntharii Herolfeifeldensis [Herolfesfel.] monasterii abbatis. Signum Heberharti comitis. Signum Guntharii comitis. Signum Burgarti [Burgharti] comitis. Signum Ytonis comitis. Signum Conrates [Crourates] comitis. Signum Ernustes. Signum Thiecheres [Thiesteris], Ricdages. Liupen. Harviges. Arnolfes. Ingilthies, Burgarthes, Retinges. Anno Dominice incarnationis DCCCCLXII, indic. V, mense Feb., XIII die ejusdem mensis, anno vero imperii donni Octonis [Ottonis imperii] invictissimi imperatoris XXVII, [g] facta est hec pactio feliciter.

facile intelliget assumentum esse parum conducens Ottoniano ævo, cum Romani imp. potestatem aversabantur.

[f] Vide dissertationem (n. 24).

[g] Nil chronologia ista rectius, si pro anno vicesimo septimo imperii, primus esset positus. Baronius (an. 962, n. 12) ex diplomatibus et actis synodalibus constare ait præcedentes annos ad regnum spectare, non ad imperium. Eruditi omnes unanimi consensu idem affirmant. Nam revera anno 936 Henrico I rege Germaniæ mortuo, Otto ejus filius Aquisgrani coronatus erat rex; quare hoc anno 962 vicesimus septimus fluebat. At anno vix 961 rex Italiæ, et 962 Februar. mense imperator est coronatus Romæ. Verum Gotwicensis abbas sæpe laudatus animadvertit, diploma aliud existare apud Freherum, in quo annus sequens dicitur 28 imperii (Chron. tom. I, l. II, c. 3, p. 189), tametsi aliis in diplomatibus, ut idem observat, regni anni secernuntur ab annis imperii. Pagius et Muratorius cum eruditis cæteris consentiunt, Germanici tantum scriptores, quos certe latet indoles imperialis dignitatis ab ap. sede instauratæ seu institutæ, secus sentiunt.

---

165 DISSERTATIO DE DIPLOMATE HENRICI I.

Quanquam mihi videor patefecisse magni Ottonis diplomate, quam similis Carolo magno princeps in tot tantisque apostolicæ sedis atque Italiæ omnis ærumnis, ex Germania accersitus sit Romam, atque imperiali diademate a pontifice redimitus supremæ suæ potestatis consors factus, et ecclesiæ defensor constitutus : quia tamen ipso in hoc magno principe jurisconsulti tot falsitatis fundamenta ponere non verentur, operæ pretium est, quæ brevi admodum sermone principio operis amplexus sum (Præf. n. 1 seq.) aliquanto fusius explicare, antequam de Henrici diplomate, quod Ottoniani exemplum fere est, nonnihil disseram. Anno igitur imperii altero ea evenerunt Romæ, quæ jure ac merito iratum principem in Urbem iterum evocarunt. Hac quidem occasione eum communicatæ sibi potestatis limites transcendisse cum causa, annales docent, nec nostra est a ven. card Baronio recedere, ut quæ pontifex adolescens imprudenter gessit, contra historiæ castitatem tueamur. Summa est pontificem Joannem depositum, ac Leonem VIII pseudopontificem creatum fuisse : cætera huc non spectant. Vir iste nec rite ad tantum fastigium evectus, neque ulla pollens auctoritate sanctionem edidit, quam ex Cod. Vat.

1984 genuinam cadit in lucem Georgius in nova editione annalium Lucensi, conferendam cum edita a Theodorico Niemo, quam Goldastus transcripsit (*Const. imp.*, tom. I, p. 221). Equidem neque eamdem, multo antea publicatam a Gratiano (dist. 65, c. 23) indeque sumptam a Baronio (964, n. 22), neque istam nuperam Baronianæ subjectam a Georgio, utramque nullius ponderis, legentium oculis proponam, sed commentitiam illam impostorum licentia mutatam, ineptisque oppletam additionibus, quæ apud Goldastum prostat; quippe quam immensis fere commentariis oneratam prædicti jurisconsulti adhibent ad falsam ingerendam indolem renovati imperii, quod Romano-Germanicum appellant. Quin etiam, cum sordes istas movere nisi coactus non soleam, partem ejus duntaxat, quæ ad rem facit, excerpam, omissis cæteris, quanquam ad impostoram tenendam accommodatissimus. Ea vero est hujusmodi.

II. « Idem enim sanctus vir (Adrianus) synodum congregavit, et in præsentia omnium, eorumque auctoritate Domino Carolo invictissimo **166** regi Francorum et Langobardorum ac patricio Romano, suisque successoribus regnum Italiæ, patriciatus dignitatem, ac ordinationem sedis apostolicæ concessit, insuper et episcopatuum investituras, velut ipsi cum discretione et reverentia libitum fuerit, præter quos tam pontifici summæ sedis, quam archiepiscopis ipse Carolus reliquit. Igitur nos Leo servus servorum Dei episcopus, ad idem exemplum Adriani, cum cuncto similiter clero, et universo populo Romano, omnibusque ordinibus hujus almæ Urbis, sicut in suis scripturis apparet, constituimus, confirmamus, et corroboramus, et per nostram apostolicam auctoritatem concedimus atque largimur domno Ottoni primo Augusto Teutonicorum regi prudentissimo, spirituali in Christo filio nostro; ejusque successoribus hujus regni Italiæ in perpetuum tam sibi facultatem eligendi successorem quam summæ sedis apostolicæ pontificem ordinandi: ac per hoc archiepiscopos, seu episcopos, ut ipsi tantum ab eo investituram accipiant et consecrationem ubicunque pertinuerit, exceptis his, quos imperator pontifici et archiepiscopis concessit. Ita demum asserimus, quod nemo deinceps cujuscunque gradus, vel conditionis, aut dignitatis, seu religionis eligendi regem vel patricium, sive pontificem summæ sedis apostolicæ, aut quemcunque episcopum, vel ordinandi habeat facultatem, sed soli regi Romani imperii hanc reverendam tribuimus facultatem, quam absque omni pecunia disponet, ac reget, utpote rex, et patricius Romanus. » Hactenus de commentitia ista constitutione, cui nequid desit, indicatæ legis regiæ Adriano afflictæ titulum (Goldast., *Const. Imp.* tom. I, p. 16; Lünig., *C. It. Dipl.*, tom. I, p. 1) subjiciam: « Lex regia imperii Francorum, sive constitutio Adriani I pont. max. repubblicæ Rom. qua in Carolum Magnum Romanum imperatorem ejusque successores jus pontificem Rom. nec non archiepiscopos et episcopos eligendi cum directo simul in urbem Romanam ejusque territorium dominio est translatum, » quam scilicet legem latam aiunt anno 774, id est sexto et vigesimo ante renovationem imperii.

III. Titulos etiam senatus-consultor. perinde suppositorum adjiciam (Goldast., *ibid.*, p. 217, 221; Lünig., *Spic. Eccl.* cont. 11, pag. 65, p. 1, pag. 139), quippe quæ mihi videntur ex una eademque figlina profecta una eademque fortuna usa esse. Eorum primum hunc titulum præfert: « Senatusconsultum Romanorum de lege regia, qua a papa S. P. Q. R. jus omne, et potestas Ottoni I imperatori, in eum confertur. **167** Item de electione Rom. pontificis, et investituris episcoporum. » Altero vero hic præfigitur: « Senatus consulum Romanum de restituendis Romano imperio omnibus temporalibus, quæ per reges, ac imperatores Ecclesiæ Romanæ collata fuerant. » Cujusmodi putida figmenta Italus annalista offendens

A in chron. Reicherspergensi usque adeo detestatur (An. 964), ut Baronii, Pagii, aliorumque h s imposturas refellentium sedulitatem summopere ei invidet. Hisce omnibus alia constitutio accedit Ottoni III ascripta, qui septemdecim circiter annorum adolescens diadema imperiale suscipiens a Gregorio V affini suo an. 996 post triennium, ut dicitur, illam edidit, ab iisdem auctoribus relatam (Goldast. *ibid.*, p. 226; Lünig., *Cod. It. Dipl.*, tom. I, p. 7; et *Spic.* p. I, pag. 140), quæ ap. Lunigium inscribitur: « Ottonis III Rom. imp. constitutio, qua sedi Romanæ certum ex civitatibus quibusdam patrimonium constans, assignat; famosissimamque Constantini Magni imp. donationem memoratæ sedi factam, et a Carolo Magno imp. confirmatam pro ficta et suppositia declarat. » De supposititii hujus patrimonii civitatibus octo « Pisauro, Fano, Senogallia, Ancona, Fossabruno, Callio, Esio, et Ausimo, » et de aliis omnibus, quæ continet, animadversioni Pagii (999, n. 5)

B nihil addam : « Tot, inquit, fere mendacia, quot verba. » Jurisconsulti ipsi constitutionem aliis utendam reliquerunt, utpote cui cum lege regia et antipapæ Leonis minus conveniat.

IV. Utraque harum, veluti suostructionibus nititur, jurisperitus de quo agimus, quod scriptores ipsi palam fatentur. Erit omnium instar Struvius (*de J. Pub.*, c. 1, § 5) qui ejusdem antipapæ constitutioni inhærens : « Ex hoc pacto, inquit, jura imperii Rom. quod hucusque Franci possederant, ad Germanos delati, sunt petenda; dum Romani a Francis pro derelicto habiti jura dominii directi una cum imperio Romano in Ottonem, ejusdemque successores reges Germaniæ contulerint; ita ut nexu nunquam violando, pacto in perpetuum valituro, imperium Romanum cum regno Germanico jungeretur. Ex quo initia et fundamenta juris publici imperii Romano-Germanici, de quo agimus, sunt petenda. » Factum negare inscitia esset. Nam Conradus Friderici Sueviæ ducis frater, ut coronam imperii quam vehe-

C menter optabat, assequeretur, atque Italiæ regis titulum ad id non sufficere intelligeret, Germanici regni coronam adipisci modis omnibus curavit, quam æmulo Lothario II decedente adeptus fuit anno 1158, neque ullus ex inclytis Alemannorum principibus ad imperatoriam majestatem pervenit, quin Germaniæ rex creatus esset. Quare, quod Carolingiorum tempore **168** non fuit in more positum, ea consuetudo post Ottones inducta est, ut in Germania rex Romanorum, futurus imperator coronaretur, deinde Italiæ regni diadema susciperet, ac demum Romæ imperator fieret a Romano pontifice, ut late est demonstratum (Diss. 1, n. 43 seqq.): At de jure secus dicendum est. Neque enim quicunque rex Germaniæ creabatur, simul fiebat imperator: cujus rei testes sunt Henricus rex Germaniæ IV, prædictus Conradus Germaniæ rex II, Rudolphus, (de electis tempore fatalis interregni, quod illi appellant, nihil dicam) Acolphus, Albertus I, Ludovicus Bavarus, Wenceslaus,

D Robertus, Albertus II et Maximilianus reges Romanorum futuri imperatores electi, qui ad supremum istud fastigium non pervenere. Quandoquidem eorum nullus a Romano pontifice imperialia insignia suscepit, juxta congenitam renovatæ majestati indolem. Neque Romanum imperium in illud Romano-Germanici est conversum nisi a scriptoribus commentitia ea monumenta secutis, quæ supra attuli, quemadmodum infra planum faciet Rudolphinus codex commentorum hujusmodi eversor, et aurea bulla Caroli IV qua sanctus monumentum jurisconsulti iidem constantissime affirmant non reperiri. Utrobique enim Romanum in perium; at Romano-Germanicum, neque ibi, neque usquam reperitur: id quippe, si nesciunt, Romani majestatem imperii lebefactat, quod nec pontifices, nec imperatores cogitasse unquam credi pronum, proclive est.

V. Quod absolute negandum non videtur, Gregorius V ad quem haud dubie imperatoria res præcipue pertinebat, una cum Ottone III aut affinitate, aut alia causa id utrique persuadere, de futuri imperatoris electione constitutionem ediderunt, non ea quidem de numero electorum aliquid statuentes, quod Blondus et Platina affirmant, sed ad Germaniæ principes electionem coarctantes. Quamobrem verba illa Platinæ, quamvis Blondo auctore eadem protulerit, nolim omnino rejici, ubi agit de Gregorio V. « Is autem, inquit, cognita imperii imbecillitate, varietateque fortunæ, quo diutius apud Germanos summa potestas remaneret illeque cæteris præesset, qui virtute ac dignitate cæteris præstaret, sanctionem retulit haud abnuente Othone de imperatore eligendo an. Chr. M ac secundo, quam usque ad tempora nostra servatam videmus, videlicet solis Germanis licere principem deligere, qui Cæsar, et Romanorum rex appellatus, tum demum imperator et Augustus haberetur, si eum Romanus pontifex confirmasset. » Chronologia enim manifeste falsa (nam an. 1002 ineunte Otto est mortuus, eratque tunc pontifex Silvester II) rejecta, cætera procedunt. Missa siquidem opinione 169 Septemviralis collegii tunc instituti, quam minime admitti posse ostendam infra (Diss. 6, n. 7), animadverti debet, quod « Otto Ottonis II filius a consilio conjugali, mortua conjuge, ex qua sibi filium masculum minime genuerat, alienus, » ut tradit Landulphus senior sæculi undecimi scriptor (Script. Ital., tom. IV, 1. II, c. 18) probe norat, se extremum fore ex Ottonibus Augustis, pluresque adesse causas cur imperatoria dignitas aut rediret ad Francos, aut aliunde alii accersito, ut quatuor et triginta ante annos evenerat, cum Ottoni Magno avo suo collata fuerat, imperiale diadema imponeretur. Præterea pontifex, cujus æque atque Augusti, suæ gentis decor intererat, perpetuandi cupidus tantum honorem in Germania, id consilii cepisse dicitur, quo nil veritati magis congruens. Huc accedit usque adeo certum esse uni Rom. pontifici ejus majestatis institutori deberi innovationem electionis, ut ipsi jurisconsulti legem regiam Adriani et pseudopapæ Leonis institutionem pro fundamento sui Romano-Germanici imperii posuerint.

VI. Quod autem maxime comprobat, a Gregorio V et Ottone, ut olim ab Eugenio II et Lothario, constitutionem hujusmodi factam esse, Henricus rex Germ. II imp. I omnium primus rex Romanorum appellatus invenitur (Chron. Gotw. tom. I, 1. II, c. 6, p. 235) in duobus diplomatibus et in bulla Benedicti VIII. Neque ambigendum quin titulum istum ille adhibuerit, nam plura Henrici IV diplomata inscribuntur, Regis Romanorum III nomine. Et sigillum Zyllesianum Henrici regis Germaniæ III imperat. II epigraphem exhibet: Henricus Dei gratia III rex Romanorum. Quæ utcunque id singulare habeat, quod regni Germanici rationem init, Henrico etiam V exemplum in suis diplomatibus sequente, tamen constitutionis editioni suffragatur. Etenim regis Romanorum titulum jam obtinere fidem facit. Cumque duos inter Henricos Augustos I et II medius Conradus rex Germ. II cognomento Salicus, cujus diploma nullum exstat in laudato chronico cum regis Romanorum titulo, plura e contrario exstant Conradi III qui primus in sigillo habet Romm. rex. Hic autem in diplomatibus Romani et Germanici regni rationem habens, titulum regis Romanorum II in pluribus, in aliis etiam III sibi tribuit. Præclarum exstat exemplum ex autographo ap. Jo. Frideric. Falke (Tradition. Corbeien. p. 907) spectans ad an. 1147, quod et in principio et in sigillo exhibet regem Rom. secundum, hoc tantum discrimine, quod principium habet: Cunradus divina favente clementia Romanorum rex secundus; sigillum autem: Cunradus Dei gratia Romanor. rex II. Heineccius vidit in eodem archivo 170 Corbeiensi hoc diploma aureis litteris membranæ purpureæ inscriptum (de Sig. Germ. par. 1, cap. 4, § 3), quale est Ottonianum supra laudatum (dissert. 3, n. 25). Hæc autem nova

forma a nullo ex tribus Ottonibus adhibita statimque adhiberi cœpta a successore Ottonis III I DVI aliquid statutum esse significat. Præterea Henricum non regem Germaniæ tantum electum esse, sed futurum imperatorem colligitur ex regni Italiæ acquisitione per eum facta, expulso Harduino tyranno, quem principes Itali sibi elegerant post mortem Ottonis III absque prole mascula, ut præ aliis tradit Adelboldus ap. Bollandistas (tom. III Jul. p. 747 seq., n. 20, 23) auctor coævus summæque fidei. « Rex in regnis singulis antecessoris sui præter Italiam et Alemanniam receptus, et ab omnibus unanimiter collaudatus, etc. » Et infra: « Eodem tempore quidam episcopicida Harduinus nomine non regnabat, sed vitiis in se regnantibus, subserviebat in Italia. Audita enim morte imp. Ottonis, Longobardi surdi, et cæci, et de futuro non providi hunc elegerunt, et ad pœnitentiam festinantes in regem sibi coronaverunt. » Quem postmodum ejecturi, ad Henricum legatis precibusque confugiunt, tanquam ad verum regem.

VII. Quæ cum ita sint, non omnino, inquam, abjicienda est Blandi Platinæque affirmatio illa de regis Romanorum futuri imperatoris (modo eum pontifex probasset) electione in Germania apud principes ejus gentis facienda. At de his opportunius disseram (diss. 6, n. 4 seqq.). Nunc enim de primi hujus regis Romanorum confirmati, et aurea corona imperatoris instituti diplomate dicendum est. De ejus ætate homines doctissimos disputare compertum habeo; nec tamen aut Baronius, et qui eum sequuntur, illud referentes ad annum 1014 (id enim erat in more positum Carolingiorum, ut diploma hujusmodi in solemnitate coronationis legeretur); aut Mabillonius ad annum 1024, quia inter subscriptiones legit Richardum abbatem Fuldensem, quam dignitatem non esse assecutum putavit ante annum 1023 (Annal. l. LIII, n. 97), certi aliquid præscribunt de ætate diplomatis, quod nullam designat; cujusmodi plura hujus imperatoris reperiuntur; quam rem tum Mabillonius, tum abbas Gotwicensis (Chron. cap. 6, p. 243) observarunt. At Mabillonius ætatem certam, ni fallor, deprehendisset, modo se in Fuldensis subscriptione non stitisset. Præ aliis est Eberhardi Bambergensis episcopi subscriptio, qui se appellat Romanæ sedis subditum. Ea vero indicat tempora profectionis pontificis in Germaniam consecuta. De qua legitur apud Jansenium (lib. II, c. 46) ubi narrat uno ductu fundationem, dedicationem et 171 commutationem Bambergensis ecclesiæ: « Hic idem Augustus ex proprii patrimonii sumptibus construxit ecclesiam ad honorem sancti Georgii in Babembergense, et advocans Benedictum papam, ab ipso illam consecrari fecit, atque episcopalem in ea sedem constituens, beato Petro ex integro obtulit, statuto censu per singulos annos equo uno optimo albo, cum omnibus ornamentis, et faleris suis, et censum marcheis argenti. Postmodum vel o Leo IX papa variationis gratia Beneventum ab Henrico Cluonum filio recipiens, prædictum episcopium Bambergense, sub ejus ditione remisit, equo tamen, quem prædiximus, sibi retento. » At multo antea ipse Benedictus pontifex (apud Bolland. Jul. tom. III, p. 771) Bambergensi eidem episcopo Eberhardo suis litteris testatus erat de episcopatus fundatione, ejus subjectione sanctæ sedi, et censu prædicto stabilito, aliquo tamen cum discrimine.

VIII. Quem enim Leo refert, longe posterior est priore illo per pontif. cum Henr. fundatore constituto; ut patet ex Benedicti verbis ipsis: « Ita sane, ut singulis quibusque indictionibus, sub nomine pensionis, equum unum album nobis nostrisque successoribus persolvat cum sella conveniente Rom. pontifici. » Cui fidem adjungit liber censuum Cencio antiquior in cod. Albiniano: « In episcopatu Babberburgen. episcopus palafridum album pro sella domini papæ, vel XII marcas boni argenti. » Ista autem minime facta esse ante annum 1019 J.-B. Sollerius (*Ibid.* p. 742) scriptorum veterum auctoritate demonstrat. Perinde fecerant Baronius et Pagius, Janningo tantum adversante, qui Hermanni contracti fusiori chronico inhærens ad seq. annum profectionem illam differt. Quam equidem chronologiam nec probo nec rejicio : aut enim Benedictus Bambergam venerit anno 1019 aut sequenti; ea occasione diploma istud, de cujus ætate quæstio est, datum fuisse pro certo habeo. Et sane idem pontifex in laudata epistola : « Venimus ergo, inquit, Babenbergam, ubi ab eodem imperatore suscepti sumus, prout poterat, et noverat melius, ecclesiam autem cum omni integritate episcopatus, sanctæ Romanæ Ecclesiæ, cui Deo auctore præsidemus, et nobis obtulit. » Quod autem factum esse pontifex narrat, Henricus in suo diplomate ita exponit, ut nullum dubitandi locum relinquat, quin Bambergæ una cum confirmatione aliorum jurium sanctæ sedis, episcopatus oblationem fecerit. Recito locum diplomatis valde planum : « Sub tuitione præterea sancti Petri, et vestra, vestrorumque successorum prætaxatum episcopium Babenbergense offerimus. Unde sub pensionis nomine cquum unum album faleratum ex ejusdem loci episcopo vos annualiter suscepturos sancimus. » **172** Quod vero diplomatis ætatem prohibet citra annum 1020 differri, Hermannus idem, qui Janningum compulit profectionem Benedicti a superiori anno removere adversus Baronii et Pagii observata, ad annum 1021 Moguntini et Coloniensis archiepiscoporum, qui diplomati subscribunt, obitum refert. « Henribertus, inquit, Coloniæ Agrippinæ archiepiscopus, vir magnæ sanctitatis hac vita decessit, multis miraculis claruit, eique Piligrinus successit. Erchenbaldo quoque Mogontiensi archiep. defuncto Aricho [*Al.* Aribo] archipræsul efficitur. »

IX. Equidem Hermanno coævo majorem fidem habendam puto, quam posteriori chronographo Richardum Fuldensi monasterio præficienti anno 1025 quem sequitur Mabillonius. Quamvis enim de se ipse testatur anno 1020 : « Ego Herimannus litteris traditus sum xvii Kal. Octobris, » tamen cum plenius illius chronicon ap. Canisium (tom. III, par. II, p. 193) aut ab ipso parente auctum formatumque fuerit, ut putant Canisius et Urstisius, aut ab eruditis illo utentibus emendationes et additamenta acceperit, ut vult Basnagius, si qua auctorem adolescentem fefellere de episcoporum obitu et successione, haud difficile fuit ex necrologiis catalogisque ecclesiarum emendare, Quamobrem non Richardi Fuldensis principium incertum, nulloque hærens veteri monumento, chronologiam diplomati Henriciano præscribere, sed diploma ipsum Richardi initia retrahere debet ante annum 1020, seu mavis præcedentem, cum dabatur in Bambergensi oppido. Mabillonius enim non penitus explorata re, præcipuos Germaniæ archiepiscopos excessisse non sensit, dum Richardi præfecturam constituens anno 1023, diploma ad sequentem annum distulit. Ne autem putes gravi alia auctoritate nisum esse, cum Baronii chronologiam deseruit, ipsum audi (*An.* l. LIV, n. 28) ad annum 1016. « Boppone mortuo, vacavit etiam Fuldensis abbatia, quam Brantho seu Brantohus, ante annos tres ab Heinrico exauctoratus, recepisse videtur, idque colligitur ex Lamberti chronico, in quo Brantho abbas Fuldensis anno 1023 Alberstati episcopus factus fuisse dicitur, eidemque in Fuldensi regimine Richardus successisse. » Quod scribendi genus, ut dicam quod sentio, nullo loco habendum est : propterea non sine animadversione video verbis ipsis Mabillonii rem istam falsam in chronico Gotwicensi affirmari (cap. 6, p. 243), et Lunigium a Baronio, Labbeo, Goldasto, Rousseto recedere, ut Mabillonio adhæreat in recensione diplomatis. Hactenus de ætate quam mihi videor assecutus esse, tametsi causas tamdiu dilati ejusdem, non alias comperiam, quam Bambergensis ecclesiæ subjectionem sanctæ sedi, adeoque nullus dubitem,

quin Henricus ipsa **173** in solemnitate coronationis more prædecessorum, jura Romanæ Ecclesiæ confirmaverit; nam diplomata hujusmodi in monumentis annalium memorata, si novi nihil afferebant, tam a pontificibus quam ab imperatoribus laudari consueverunt in genere; Ludovici tantum, Ottonis, et Henrici diplomatibus in medium prolatis, quia singula necessario proferri oportuit, ad .sanctæ sedis jura omnia comprobanda.

X. Et vero dominabantur Romani pontifices Romæ et in ejus ducatu, antequam Exarchatus provinciæ duæ Æmilia et Pentapolis ad eorum ditionem per reges Francorum Pippinum et Carolum accederent ; Tuscia Langobardorum, seu verius ejus pars, Regalis nomine postea adinvento, territorium Sabinense, et census seu tributum ducatus Spoletani, partisque alius Tusciæ Langobardorum, quæ et ipsa ducatus nomine agnoscebatur, ac denique Capua cum quinque aliis ducatus Beneventani civitatibus liberalitate Caroli ejusdem, juris evaserant sanctæ sedis. Præterea patrimonia Calabritanum, et Siculum, Neapolitanum, Beneventanum, aliaque in aliis provinciis ex antiquissimis donationibus imperatorum Orientis et patriciorum, quæ a Græcis eorumque amicis Beneventanis detinebantur, ad sanctam eamdem sedem pertinebant. Hæc omnia variis donationum chartis expressa, et in archivo Rom. Ecclesiæ existentia, ut imperiali auctoritate confirmata tutiora essent, Steph. IV flagitante, Ludovicus suo diplomate roboravit, quod a Carolingiis omnibus postularatur die ipso coronationis. Idem istud Otto Magnus roboravit, addita donatione per designatos fines, quæ quidem nihilo ampliorem dominationem pristinam efficiebat, sed ipsemet sponte sua ex ducatu Spoletano, cujus supremum jus imperatorum erat, tanquam partis Italiæ regni, septem civitates adjecit donationibus priscis : quare Ottones duo II et III necnon Henricus Ottonianum istud diploma roborasse in solemnitate coronationis credendi sunt, quanquam Otto II paterni diplomatis consors esset. Ea propter, quemadmodum ab anno 817 cum Ludovicianum, ad 962 cum Ottonianum est datum, Ludovici solius diploma memoratur, quia successorum similia erant : ita ab anno prædicto 962 ad 1020, Ludovici et Ottonis diplomatum mentio erat. Tum vero Henricus quidquid reliqui erat Spoletani ducatus ad Italiæ regnum spectans, *omnem illam terram, quam inter Narniam, Teramnem, vel Spoletum ex regni nostri parte habuimus.* ecclesiæ sancti Petri concessit. Atque exinde Ludovici, Ottonis et Henrici diplomata a sucessoribus confirmari sunt cœpta nominatim, generali imperatorum et regum prædecessorum nominatione aliis comprehensis.

174 XI. Animadverti tamen debet Capuam cum quinque aliis civitatibus ducatus Beneventani, nec Ludovici, neque Ottonis, neque Henrici tempore a sancta sede possessas fuisse, quippe quæ non solum fortuna eadem utebantur, qua patrimonia cætera vastissimæ regionis, quæ hodie audit Siciliæ citra pharum, sed proprio suberant principi ab anno nongentesimo, qui Capuanus appellabatur. Propterea Ludovici tempore, dum recens memoria erat donationis Carolinæ (*Cod. Car.* ep. 88 seqq., al. 81, 90, 92, 88, 86) factæ scilicet anno 787, Capuanos juramentum fidelitatis præstitisse Adriano ; possessionem fuisse datam, licet non integram, apostolicis missis ; earumque possessionis integræ Adrianum sategisse, ut patrimonii seu territorii Sabinensis ; jure ac merito inter Caroli donationes recenseri debuit : non enim populorum levitas jus acquisitum obliterare poterat. Ottonis autem et Henrici ævo pristina eadem jura confirmabantur. Quare cum sex et triginta post annos Nicolaus II Richardo Northmannorum principi eas civitates concessit, usus est jure suo perinde atque in cæteris utriusque Siciliæ patrimoniis, imposito censu qui priscos reditus non excederet. Illud autem prætermitti non debet, quod Henricus paucis annis post confirmata jura sanctæ sedis, in auxilium vocatus ab iis populis adversus Græcos, Northmanni enim hauddum prævalebant, Capuani principatus omnem curam gessit, acsi suprema ad eum potestas pertineret, ut videre est apud Ostiensem (*Chron. Cass.* lib. II, cap. 41 et 58); Chronica etiam anonymi Cassinensis, et Cavense apud Pratillum (*Hist. Princ. Lang.* tom. IV, p. 71 et 432 seqq.) rem tradunt. Cavensis præcipue narratio est hujusmodi: « An. 1022 prefatus imp. Heinricus in Apuliam profectus est, et cepit Trojam, Traconarium, et Asculum. Pandulphus Capuanus captus est, et in Teutoniam relegatus. Landulphus Benev. princeps cum Aug. paciscitur, et in Benev. magno honore eum recepit, et cum sublimi triumpho hospitatus est: quod quidem accidit paucos dies ante sanctum Pascha Domini mense Aprili. Hoc etiam fecit Vaimarius princ. Sal. et consul quoque Neapolis, qui seipsos, et sua in Heinrici homagium tradiderunt, quia videbant suos Grecos jam pene destructos. Imp. deinde ivit Capuam, et fecit principem ibi Pandulphum Tianensem nepotem Pandulfi relegati, et inde profectus est in Casinum. »

XII. Præceptum Pandulphi Theanensis comitis principis instituti, post Pandulphi IV dejectionem, exstat ap. P. Ab. Gattolam, in regesto Petri Diac. et apud Pratillum, « datum II Non. Januar. an. Dom. incarn. 1022, an. vero domini Henrici regnantis 21, imp. vero ejus 8, Ind. 6. **175** Actum Poderbrunnon feliciter. » Eodem utitur annalista Italus, ut, quod eruditorum nemini, præter sectarios, in mentem venit, Henricianum diploma pro Romana Ecclesia in dubium revocet. Idcirco exemplum diplomatis illud vocat, transversaque hujusmodi argumentatione falsi arguit, quam Latine ad verbum facio : « In exemplo diplomatis, quo idem Henricus inter imperatores primus dicitur an. 1014 Ecclesiæ Romanæ confirmasse ejus ditiones, legimus: *In partibus Campaniæ Sora, Arces, Aquinum, Arpinum, Theanum, Capuam, civitates principatum Capuæ componentes.* Si ita fuisset, adeo immemor sui, adeoque religionis expers credi non potest Henricus imperator sanctus, ut postea eadem Capua et ejus principatu Pandulphum, hujusque filium Joannem investiverit. Quod etiamsi fecisset, Romanus pontifex reclamasset: cujus rei nullum vestigium apparet. Quid igitur dicendum est de exemplo diplomatis anni 1014 a Baronio relati? » Dicendum, bona cum ejus venia, diplomatis autographum, tametsi cum Ottoniano non exstet, authentice exscriptum, et 40 episcoporum sigillis pendentibus roboratum servari in archivo Molis Adrianæ, in eodem, ut duobus præcedentibus, confirmari quæ juris erant sanctæ sedis, licet non possessa, Henricum satis contulisse utilitati publicæ ejus principatus amovendo principem minus probum, melioremque et populis acceptiorem alium substituendo; pontificem inopportunam expostulationem non fecisse, quia sua jura vindicandi tempus nondum advenerat; ac denique ne chronographum quidem Italiæ medii ævi ausum esse de certissimo hoc antiquitatis monumento tale quid proferre: etenim si quando videri voluit de eodem dubitare, postmodum ratum habuit, dicens, quod « Charta Ottonis fuerit bona sanctaque credulitate recepta, et firmata a piissimo Henrico. » Quamobrem vetera monumenta, quæ non assequimur, exploranda potius relinqui debent feliciori ingenio, quam de iis longe a vero quippiam aut definiri, aut ad definiendum proponi.

XIII. Id enimvero occasione illius præcepti observari æquum erat, supremam Augustorum auctoritatem in ducatu Beneventano, quanquam plures in dynastias diviso, et Northmannorum, Græcorum, Saracenorumque molestiis obnoxio, esse aliquam. Etenim non multos post annos Northmannis eas regiones suæ potestati subjicientibus, Romanæ Ecclesiæ jus pristinum postliminio rediit, imperatorium vero prorsus excidit. Nam imperatores ipsi se exuerunt jure omni, quantumcunque Northmanni earum gentium domitores reliquerant. Siquidem Henricus rex Germaniæ III imp. II cum sancto Leone IX illud omne quod Rom. Ecclesia transmontanis **176** in regionibus possidebat, anno 1052 commutavit. Rei testis est Hermannus Contractus, quo integrior haberi non potest; penultimo enim ejus vitæ anno id factum ita recenset : « Imperator cum domino papa, multisque episcopis, et principibus Natalem Domini Vormatiæ egit : ubi cum papa, sicut dudum cœperat, Fuldensem abbatiam, aliaque nonnulla loca et cœnobia, quæ sancto Petro antiquitus donata fuerunt, ab imperatore reposcens exegisset, demum imperator pleraque in ultra Romanis partibus ad suum jus pertinentia pro cisalpinis illi per concambium tradidit. Cumque idem papa de Nordmannorum violentiis, et injuriis, qui res sancti Petri, se invito, vi tenebant, multa conquestus esset, ad hos etiam inde propulsandos imperator ei auxilium delegavit. » Ita ille ad annum 1053, quem inchoat a Natali Domini (*Canis.* tom. III, par. I, p. 272 seq.). Cum co concinit chronicon Cavense, tametsi caput ejus principatus duntaxat nominet : « Beneventum in manus apostolicis contraditum est ab Henrico pio imperatore, quod invidiam et livorem dedit Noritmanis, qui illam urbem pro se ipsis optabant in regnum. » Perinde Ostiensis, ut aiebam supra (n. 7), Beneventi tantum meminit; sed commutatam eam civitatem dicens cum Bambergensi episcopio, non excludit cætera cum Fuldensi, aliisque cœnobiis et locis similiter commutata. Certe neque imperator deinceps invenitur contra Northmannos vindicans antiqua jura in iis regionibus, neque pontifex e converso in transmontanis quærens apostolicæ sedis proprietates. Quæ satis sunt ad Sigonii recentiorumque aliorum disputationes eludendas hac super re.

XIV. Quod si Beneventum, idque omne quod imperialis juris remanserat de amplissimo alias ducatu Beneventano, ad sanctam sedem jure commutationis pervenit, Capuanus principatus Carolinæ donationis jure ad eamdem rediit, terraque in omni citra pharum, necnon in Siciliæ insula, quas postea Northmanni Græcis ac Saracenis devictis acquisierunt, jura patrimoniorum Calabritani et Siculi Northmannis iisdem censum, seu tributum sacramento pollicentibus, revixerunt : non igitur sola tot sæculorum præscriptione nititur jus pontificium in utramque Siciliam, ut veritatis faterl compellitur annalista Italus, sed prisci juris instaurati per ipsos Romanos pontifices ope Northmannorum certa epoche, cum hujusmodi præscriptionis origine, conjuncte incipit. Longe forsan videar vagari ab Henriciano diplomate, dum de civitate Beneventana aliisque rebus ad imperatorium jus pertinentibus in ducatu olim Beneventano, cum iis quæ sanctæ sedis juris erant ultra montes commutatis sermonem habui.

177 At necessario hujusmodi commutationis tempora cum diplomatis ætate conjunxi, ut spontaneis Pippini, Caroli, Ottonis, atque Henrici donationibus in eodem confirmatis lucem aliquam afferrem. De Pippini enim donatione id tantum apud Anonimum (lib. IV, c. 62) comperi, Stephanum III ab eo rege accepisse « quamdam villam nuncupatam Palatiolum, sitam in pago Parisiaco perpetuo habendam regali præcepto »; et monasterium Soractense (*Cod. Car.* ep. 41, al. 16) donatum, seu potius restitutum Paulo I, qui quatuor ante annos regi eidem illud concesserat (*Ibid.* ep. 52, al. 12). Carolus autem Magnus, qui « suis opibus præ omnibus ecclesiis, » sancti Petri basilicam ornavit, ditavitque, ut ait Eginhardus (*Vit. Car.* c. 27), plura est elargitus præter census, seu pensiones ex ducatibus Tusciæ et Spoleti. Nam sancto Gregorio VII teste (lib. VIII, ep. 23), inter cæteras largitates, « Carolus imp., cum legitur in tomo ejus, qui in archivo ecclesiæ beati Petri habetur, in tribus locis annuatim colligebat mille et ducentas libras ad servitium apostolicæ sedis, id est Aquisgrani,' apud podium sanctæ Mariæ et apud sanctum Ægidium. » Quod tributi genus eleemosynam Pagius appellat (804, num. 8). Ottonis liberalitatem non obscure designat Spoletani ducatus dimidium sancto Petro et successoribus concessum ; quemadmodum sancti Henrici largitatis argumentum est reliqui ejusdem ducatus concessio, tametsi commutationis nomine appelletur. Facta autem rerum omnium ultra montes commutatio, quam retuli ex Hermanno, cum Beneventana civitate, cæterisque juris imperii, prædecessorum Henrici III spontaneas donationes non modicas fuisse planissime ostendit.

XV. Quos inter prædecessores minime numeratur Ludovicus Pius, qui aliorum donationes roborans, de suo nihil addidit. Ea propter in Henrici diplomate semel nominari illum audis, ubi de Exarchatus provinciis Æmilia et Pentapoli agitur: *Donnus Pippinus, et donnus Carolus, et donnus Ludovicus, et Otto , et itidem Otto filius ejus, prædecessores videlicet nostri* ; Ludovicus enim præteriri hic non debuit, quia scilicet Ottonum nomina recenseri libuit, ut aiebam in præcedenti dissertatione (n. 9). Iterumque memoratur in genere, ut Augusti cæteri, cum Sabinense territorium, et reliqua a Carolo donata, et a successoribus roborata confirmantur: *sicut a prædictis imperatoribus antecessoribus nostris.* Cum vero ad spontaneas donationes venitur, numerando recensentur *Pippinus rex, Carolus excell. imperator , et Ottones piisimi*, ubi et illud notari debet, Ottones videlicet imperatores non appellari quia Otto II regio tantum titulo illustris erat, cum diplomati **172** paterno inserebatur : hinc enim est evidens, neque ipsum, neque Ottonem III filium ejus novi quidquam adjecisse suis diplomatibus, alias non omitteretur ab Henrico, si quid liberalitati eorum Romani pontifices acceptum retulissent. Pari modo cum paulo supra Spoletani ducatus civitates recenserent, prædecessores Ottones imperiali honore prosecutos non fuerat ; e contrario ducatus ejusdem oblationem antiquam confirmans : *Sicut*, inquit, *inter san. mem. Adrianum papam, et donnum Carolum imperatorem convenit.* Quod planius ostendit honorem illum semel et iterum Ottonibus negatum esse data opera : nam Carolus Adriani tempore Augustæ titulum assecutus certe non fuerat, sed nihilominus imperator Carolus ab eodem pontifice investitus esse dicitur de Spoleti et Tusciæ ducatibus, quos magnus idem rex Francorum annis sex et viginti sancto Petro obtulerat, antequam a sancto Leone III diadema imperiale adipisceretur. Ad Ludovicum vero quod attinet, elegans certe est Antonii Pagii (1014, num. 2) et chorographi Italiæ medii ævi (*Tab. Chor.* n. 20) objectio: Nomen istud uterque *addititium* esse contendit. Goldasto etiam succenset chorographus, quia id non viderit. Profecto si ex autographis quidquid non assequimur mente, abjiciamus manu, nostris opinionibus quanquam falsis, nihil adversum, obscurum nihil reperiemus. Tum vero quid de posterioribus monumentis constanter, ut in re nostra, retinentibus, quæ abjicimus, sentiendum erit? Nil facilius : quæ *addititia* nobis semel visa sunt, ubique abradi debent. Itane vero? Scribendi genus istud aliis integrum per me relinquitur.

XVI. Henriciani diplomatis, ac proinde duorum præcedentium pondus non prætteriit Molinæum, Wolfium, Goldastum, aliosque ejus sectæ homines, quorum eruditio ex scriptis eorum patet, at voluntas eorum in sanctam sedem iniqua veritatem rerum in sensus alios solertissime transformavit. Quamobrem tria ista diplomata, ut pote suis ipsorum conatibus adversantia, sublestæ fidei declararent necesse erat. Proferret aliquando ætas ingenia fervida eorum vestigiis inhærere non verentia, ut opiniones suas tuerentur. Quibus equidem reposuisse mihi videor, quæ satis sunt ad vetera hæc tria antiquitatis monumenta integritati suæ vindicanda. De Henriciani parte illa, quæ disciplinam spectat, nonnihil adjiciendum puto iis quæ in secunda dissertatione (num. 32 seqq.) uberrime disputavi. Interea ne forsan privilegia, seu diplomata Ottonianum et Henricianum (maxima enim inter utrumque similitudo est) detrimenti quidpiam inde accipiant, plurimum utriusque integritas comprobatur, animadverti oportet, modicam locorum mutationem in **179** iisdem occurrere, quia Ludoviciani normam plerumque sequuntur. At in sequenti dissertatione (n. 16 seqq.) planum fiet quanta nominum varietas sæculo x et sequenti in monumentis inveniatur. In Beneventano præsertim ducatu, ubi umbratilem fere semper invenies imperatorum Occidentis dominationem, stantibus etiam Carolingiis, tot exortæ dynastiæ angustos admodum limites principatui ætatis Henrici III circumscripserant. Præterea Marsiæ et Apuliæ, aliaque minora nomina vetus illud absorbuerant. Cumque Augusti ex Germania peti cœperunt, magna rerum locorumque mutatio facta erat. Quare Sigonius recentioresque alii exquirentes, num sola civitas Beneventum , an alia etiam loca juris Cæsarei commutata fuerint, quæstionem mihi videntur inanissimam constituere. Nam constat ex Falconis Beneventini chronico, cum ampliorem illi fuisse sanctæ sedis ditionem (an. 1115 et seqq.), adeoque majorem fidem esse adhibendam Hermanno tradenti, Henricum III anno 1052 exeunte omnia quæ juris erant imperii cum pontifice commutasse , quam chronistæ Cavensi solam illam civitatem traditam affirmanti, nisi eam, quod probabile est , tanquam principatus caput, nominare, perinde esse credidit, ac cætera omnia non silere.

XVII. Continuator Ostiensis (lib. IV, c. 19) me falli non sinit : hoc siquidem monumentum exhibet ad annum 1098. « Anso rector Beneventani principatus ad fidelitatem Romanæ Ecclesiæ, et nobiles viri fratres sui Dauferrus, et Atenulfus , Joannes, et Berardus, Petrus, et Alfanus, et Liuprandus filii dompni Dacomari Beneventani præsidis optulerunt sancto Benedicto ecclesiam sancti Nycolai constructam sursum in Turre Nova Beneventanæ civitatis quæ vocatur Pagana. » Præcepti seu donationis hujus antigraphum Peregrinius (*Præl. ad Falc. Benev.*) relegens i i regesto ejusdem continuatoris pag. 283, Ansonem hunc vidit principem appellari : quare Urbani II conniventia Benevent. dominium usurpasse illum existimavit, quod successor Paschalis II unio pacto tolerarit, ut liquet ex Falcone. Cæterum præter assiduas Northmannorum infestationes, Beneventum intestina discordia laboravit hoc pontifice, quo sub finem anni 1112 illuc adeunte, civium audacia aliquantulum repressa ; cum enim rectorem alii plium sibi eligere inconsulto pontifice deliberassent, Northmannorum deprædationibus avertendis, pontifex consilio habito Landulphum de Græcia virum strenuum comestabulum illis instituit mense Martio anni 1113. Remedium exitiosum foris, et domi inutile : nam cum Northmannis ægre pugnatum, et in comestabulum seditio facta est, quare archiepiscopus, cui etiam nomen **180** Landulpho, conspirationis caput, vix armuo magistratu functum abdicare compulit. At postea archiepiscopo per Paschalem deposito, comestabulus fuit restitutus anno 1115, ut ait Falco : « Hoc anno Landulphus Beneventanus archiep. cap'us est, et Landulphus de Græcia, qui expulsus fuit de civitate Beneventana, reversus est, accepta comestabilia. His omnibus, et aliis ita peractis, apostolicus ipse ix Kal. Sept. Trojam tetendit, ibique concilium statuit. » Quo ex compendio historiæ, fusiori calamo a Falcone enarratæ, Beneventanus principatus, ad civitatem ipsam cum castris castellisque ad ejus territorium spectantibus, videtur redactus fuisse a Northmannis, quorum insuper molestiæ territorium erat obnoxium : at sexaginta jam anni erant, cum commutatio facta fuerat, paucisque post annis Apulia tota cum Calabria concessa erat a pontifice duci Northmannorum Roberto Wiscardo. Quare nihil mirum, si Northmanni, qui ægre tulerant provinciæ illius caput pontifici cui tunc infensi erant, subjectum esse, positis etiam simultatibus eidem inhiabant; et si iisdem omnia cætera fiduciario jure possidentibus, Capuanum etiam principatum ejusdem gentis principe pari jure obtinente, sola civitas cum territorio apostolicæ sedis juris fuisse deprehenditur.

XVIII. Quin etiam una in ista civitate proprietatis Romanorum pontificum satis modica regalia ad eosdem perveniebant, ut constat ex monumento, ad hæc tempora spectante, quod in codice Albiniano exstat ex regesto Paschalis II suppletque Falconis historiam : « *Proprietas*, *quæ remansit curie de regalibus Benev.* Hec sunt, quæ in dominicatu pape remanserunt. Quatuor molendina de Donno. Duo molendina de sancta Barbara. Et molendina de Burgo. Turres et plateaticum porte summe. Ortos de Turre Corvula. Plaza de ponte majori, et omnes plancas cum plateatico piscium et foliorum. Tingta Judæorum. Plateaticum de ponticello, et pontili. Domos que sunt circa palatium. Alanetum totum; et Salicetum totum de ponte leproso, et vineas scullais, et vineam de Vardia, et vineas de cirdo, et vineas principis. Iscla de Callarulo cum posta. Pratum Dominicum, viridarium, balneum, et furnum. Planca piscium, et curatura de brudo porte rufine. Vineam de Cantaro. Terram de vinea Veterana. Ecclesias omnes. Vineam de Cellarulo medietatem. Domum Christiani de burgo porte auree. Monetam, et electam, id est bannum. Medietas reddituum de placitis, de forfacturis, et scadentiis peregrinorum, et extraneorum. Scadentia Beneventanorum **181** tota. » Quantulacunque autem regalia fuerint, possessionis tam certæ, tam diuturnæ monumentum istud, valida comprobatio est. Quamobrem id ratum ac firmum esse debet, Beneventanam civitatem, perinde ac exarchatus, seu provinciæ Æmilia, et Pentapolis, et uno verbo quidquid donatione principum nititur, excepta Roma in ducatu, quorum aliam rationem habendam, fuit uberrime demonstratum, esse juris proprii Romanorum pontificum, tanquam sancti Petri successorum sine ulla Romanorum principum mistura; qui, si aliquando aliquid sibi vindicarunt quocunque prætextu, Ecclesiæ bonorum invasores, ut Augusti aliquot, habendi sunt. Quandoquidem uni Petro, Romanisque pontificibus imperatores Orientis, et patricii, reges Francorum, atque imperatores Occidentis pro remedio animarum suarum concesserunt, ut in eorum *ditione ac principatu permanerent usque ad finem sæculi*; suprema tantum dominatione sibi reservata in ducatu Spoletano, qua Otto et Henricus se penitus exuerunt, ut eorundem diplomata planum faciunt. Venio nunc ad ea quæ disciplinæ ordinationis pontificiæ adjicienda sunt.

XIX. Video equidem multi operis rem esse disciplinam omnem electionis consecrationisque Romanorum pontificum persequi. Eapropter alio in opere (*De præstantia Vat. Basil.*) singillatim expositoris quæ vera sunt de inthronizatione, benedictione, coronatione, aliisque nonnullis in libro cæremoniali occurrentibus, hic tantum dicam, quæ plenius illustrent Ottoniani et Henriciani ævi disciplinam. Nonnulla siquidem disserui (tom. I, p. 260 et 289 seqq.); plura deinde attuli (tom. II, p. 110 seqq.); ex quibus patet discrimen Ludovici temporum, cum Rom. pont. e corpore sacerdotale Romanæ Ecclesiæ, sive ex presbyteris et diaconibus desumptus consecrabatur, cum ætate Ottonis, quando jam cœperant extra illud corpus, et episcopali etiam dignitate insignes contra morem majorum et statuta Patrum ad summum Ecclesiæ universæ apicem promoveri. Iis vero adjiciendum primo, quod octodecim illi modi creationis pontificis a Panvinio excogitati, admodum contrahendi sunt; sexque illi, quos contraxit doctissimus Mabillonius (*Comm. Præv. in Ord. Rom.* c. 17, p. 109) aliter pertractandi. Hic quippe nimium adhæsit Panvinio profana quam sacra eruditione præstantiori, atque iis temporibus florenti, cum necessaria critice, infantilibus licet tegumentis obvoluta, exhorrebatur. Et vero incomparabili haud dubie doctrina scriptor ejusdem ævi card. Baronius de pseudopapæ Leonis VIII constitutione Panvinio acceptissima (an. 774, n. 15) verba faciens, « Nos, inquit, et hanc contendimus **182** esse imposturam, et commentitium esse decretum priori simile (fictitiæ legi regiæ Adriano suppositæ): etenim totum, quod asseritur, falsum esse monstratur. » Cui Petrus de Marca et Pagius novis allatis rationibus astipulantur; Sigeberto duntaxat vindicato ab aculeatis ejusdem contra illum sententiis, quasi synodum illam ipse confinxerit, quia in editione Sigeberti a Mirœo curata ad codd. mss: fidem nulla synodi mentio est. At Mabillonius, Gratiano et Ivone nimium credulis Panvinii opinionem tuentibus, novam hanc falsam disciplinæ periodum a Carolo Magno ad Formosum pontificem statuit, Anastasio etiam teste adhibito, quanquam nihil in libro pontificali hac de re inveniatur, quo ostendit Mabillonium a Panvinio deceptum esse.

XX. Qui enim falsa hujusmodi doctrina in librum Pontificalem referri poterat in Adriano I, aut etiam in Leone III, si in Adriano II; qui annis fere quadraginta a Leone distat, permitti noluisse dicitur, ut legati Ludov. II Rom. pontificis electioni adessent? Ratio quoque apertis hisce verbis redditur : « Ne videlicet legatos principum in electionem Romanorum præsulum exspectandi mos per hujusmodi fomitem inolesceret. » Quod si ne Ludovici quidem (qui privilegium a Sergio II obtinuerat Lothario patri suo ante annos quatuor et viginti, quo ipse etiam utebatur, ne absque imperialium missorum præsentia consecratio fieret) legatis fuit permissum ut electioni interessent, libro Pontificali teste, potestne libri ejusdem auctoritate affirmari, ab Adriano facultatem esse concessam « Carolo eligendi pontificem et ordinandi apostolicam sedem? » Perinde est de Ottone, ad privilegium seu diploma ipsius; cujus exemplum est Henricianum, si respicias; secus si consideres quæ ille ac duo successores cognomines usurparint. Nam Tusculanos comites imitati, eligere ausi sunt Romanos pontifices, non modo extra corpus Romanæ Ecclesiæ, sed etiam extra episcopos cardinales; quod manifeste pugnat cum diplomate. Henricus quidem Augustus, quæ erat ejus pietas, ne verbum quidem sui diplomatis violasset, si pontificis electio aliqua eo superstite facta esset. Idcirco serio animadverti debent quæ ille confirmat ab iis verbis : *Salva in omnibus potestate nostra*, etc. Ut videlicet clerus et universa nobilitas sacramento se astringeret juxta Eugenii II constitutionem, nullum electum iri; nisi « canonice et juste; » ut decretum electionis more pristino ad imperatorem mitteretur, quod, licet in diplomate non exprimatur, ex eo tamen colligitur, quia missi imperiales ante consecrationem exspectandi erant; propterea liber Pontificalis, ut supra est dictum (diss. 2, n. 57, p. 115) **183** hanc rem luculente testatur; ac denique ut pontifex consecrandus præsentibus imperialibus missis coram omnibus professionem seu promissionem illius similem faceret, quam Leo IV sponte exhibuit, et de qua satis superque est dictum in superioribus.

XXI. Quoniam vero eruditi aliquot recentiores tanto habent in pretio privilegium in fine libelli de episcopis Metensibus Lothario Aug. et Eugenio II pontifici tributum, operæ pretium facturus esse mihi videor, si ostendero, consarcinationem istam, ut merito illud appellabam (diss. 2, n. 55), nihil novi in pontificiam disciplinam inferre. Præmittitur inopportune sacramentum; seu juramenti fidelitatis a Romanis præstari solitum imperatori ab ipsa renovatione imp., ut alibi demonstravi (diss. 1, n. 25, p. 22), at sine insolito illo principio, magna cum inertia conflato ex formulis posterioris ævi : id quam apposite, tute vides. Sequitur sub eodem sacramento promissio electionis *canonicæ et justæ.* At ego jampridem edidi fragmentum concilii Lateranensis quatuor et septuaginta annis ante pontificatum Eugenii II a Steph. III habiti, in quo Christophorus primicerius notariorum congregatos patres sic alloquitur : « Assertis in eadem domo pusillitatis meæ sacrosanctis Christi quattuor evangeliis, et venerabili crismate, et cæteris Dei mysteriis, sacramentum mutuo præbuimus, quod nullus extra alium electionem pontificatus egisset, sed eum, quem ex suo consilio divina providentia tribuisset ex corpore sanctæ nostræ Ecclesiæ, videlicet de sacerdotibus et diaconibus, juxta hujus apostolicæ sedis traditionem nobis eligeremus antistitem : et præstito inter nos eodem sacramento, eorum credidimus sponsioni, affirmantes et hoc in eodem sacramento fœdere, ut neminem rusticorum hujus Romanæ urbis subjacentium castrorum in hanc civitatem ingredi permitteremus. » Nonne et istud longe antiquius sacramentum est de canonica et justa electione? Eruditi illi igitur de re usu jam recepta digladiantur, ut imperatoriæ majestati novi honoris aliquid tribuisse videantur. Quod novum in ea consarcinatione occurrit, est pars extrema, videlicet non consecrandum pontificem sine præsentia unius missi imperialis, et promissionem factam esse *sponte per scriptum* ab Eugenio II. Quæ cæteroqui ab Ottone et Henrico falsi arguitur, substituendo duos saltem missos imperiales, et promissionem sponte factam a Leone IV quorum neutrum a veritate abhorret. Fateor equidem haud captu proclive esse, cur ejusmodi suppositionis auctor in re certa mentitus sit. Summa enim disciplinæ una eademque est. Præterea Lotharii lex certa, quam fere **184** omnem Otto, et Henricus suo quisque diplomati inseruerunt, consarcinationem istam penitus amandat.

XXII. Negare non ausim, ab Eugenio II aliquid novi constitutum esse super juramento a clero populoque Romano præstando de futura electione juxta canones; at siquando e situ eruta hujusmodi constitutio emerget, certum scio eam minime exhibituram sacramentum fidelitatis imperatori præstandum. Nam Otto et Henricus perspicue docent, in eo situm esse cleri populique sacramentum, ut electio *canonice et juste fiat*, quæ erat indoles illius ævi in capitularibus, aliisque monumentis expressa, quod eruditorum neminem latere arbitror. Ut autem clerus et populus eo sacramento se astringerent, imperiali auctoritate injunctum sibi esse non ignorarent, necesse erat. Utinam fortuna eadem usa non esset promissio a Leone IV sponte facta *pro omnium satisfactione, et futura conservatione.* Ea siquidem, nisi quis velit novum atque inauditum ritum in creationem Romani pontificis introductum, professio erat, quæ in libro Diurno audit *indiculum pontificis* (Garner. cap. 2, t. 9) et a sæculo x appellari cœpit *professio*, quæ sequebatur decretum electionis, sive, ut melius dicam, consecrationis initium erat, necessaria scilicet mora interposita : breviori, dum consecratio libera Dominico tantum die ab electione disjungebatur ; longiori, dum decreti confirmatio exspectabatur a principe, ejusque legatorum adventus. Utramque rem temporibus, queis versamur, monumenta comprobant. Adriani electionem anno 772, cum clerus et populus plena libertate utebantur, ut videre est ap. Mabillonium (*It. Ital.* tom. I, par. II, p. 38) continuo post decretum ordinatio, seu consecratio secuta est.: « Explicit electio. Ipse etiam ven. Adrianus in initio ordinationis suæ indiculum rectæ fidei hujusmodi composuit : Ego, etc.» E contrario electio Leonis IV, quia Sergius II privilegium Lothario concesserat, ut more pristino decretum electionis confirmaret, novumque in morem legatos mitteret, qui consecrationi adessent, duobus mensibus diebusque quindecim ordinationem præcessit, diutius quoque differendam, nisi periculum Urbi imminens a Saracenis, negligi jussionem principis coegisset, ut testatur liber Pontificalis. Qua quidem in professione non est dubium quin ea Leo IV adjecerit, quibus cum sententia diplomatum conveniret : *Promissionem pro omnium satisfactione, et futura conservatione,* aiunt Otto et Henricus, *qualem donnus et venerandus spiritualis pater noster Leo sponte fecisse dignoscitur.*

185 XXIII. Mentiar, nisi additio illa hic indicatur, quæ in professione contra indiculum publicata a Garnerio exstat, ubi de Ecclesiæ rebus non alienandis sic pontifex profitetur : *Et indiminutas res Ecclesiæ conservare* (neque alienare, seu in feudum, censum, vel emphyteusim dare, quomodolibet, ex quacunque causa) *et ut indiminutæ custodiantur operam dare.* Quamvis enim quarti Leonis tempore hauddum feudi nomen obtineret, posterioribus tamen sæculis, cum professio ista usu recepta erat, mutatio unius voculæ facta fuit, ut res significantius exprimeretur. Certe opportunior occasio hæc adjiciendi *pro omnium satisfactione et futura conservatione,* se nunquam obtulit, quam post Sergii II pontificatum, quem incompto admodum stylo descriptum videsis ap. Vignol um (Anast. tom. III *in Serg. II*, a n. 40 ad 4») seu potius ex membranis Farnesianis diligentissime excerptum ab eruditiss. præsule Franc. Blanchinio, per me alibi in lucem editum (G. 1755, p. 292). Qualiscunque autem fuerit professio Leonis IV, ea missis imperialibus præsentibus ante consecrationem fieri præcipitur in utroque diplomate. Quam, quia necessario absque missorum præsentia Leo præstitit, sponte illam fecisse dicitur. Jure autem ac merito iniquissimis iis temporibus instaurantur decreta Eugenii II de canonica et justa electione ; et Leonis IV de consecratione coram imperialibus legatis. Nam antequam in diuturna illa vacatione imperii sæculi decimi Ecclesiæ Romanæ disciplina omnis pessumdaretur, Joannes IX utrumque collapsum in Romano concilio restituere, licet nequidquam, nixus erat (Diss. 2, n. 40, p. 118), alioque in concilio Ravennæ habito (Bar. 904, n. 16; Labbe tom. IX, p. 509) querebatur cap. VII violatum esse diploma imperiale Widonis et Lamberti Augg. alienando, seu in censum vel emphyteusim dando Ecclesiæ bona (Diss. 1, n. 54); quamobrem ab imperatore aliquod remedium afferri efflagitabat. Unde patet quam necessaria esset iis temporibus instauratio imperialis auctoritatis, ne horum similia committerentur, modo Augusti Germ niæ Carolum Magnum posterosque ejus fuissent imitati, scientes, se suscepisse *Urbem divinitus gubernandam, et Matrem omnium ecclesiarum Dei defendendam, atque sublimandam,* ut aiebat Ludovicus II in epis'. ad Basilium.

XXIV. Quæ sequuntur, jam dixi in præcedenti dissertatione desumpta esse ex Lotharii constitutione Eugenio II consentiente anno 824, ordine tantum rerum immutato, verbisque quandoque aliis adhibitis. Unum hic mihi addendum esse video, Pagium videlicet eruditosque alios, qui eam conditionem, *salva in omnibus potestate nostra,* etc., ad superiora **186** referunt, ictu ancipiti quæ præcedunt et quæ sequuntur destruere. Si enim imperatores quascunque res juris apostolici confirmatas, supremo tantum dominio sibi reservato in ducatibus Tusciæ et Spoleti, conditione illa complectuntur, fallax igitur confirmatio est. In Romani autem pontificis creatione, nec decreti electionis confirmandi, nec legatos mittendi, « qui violentiam et scandala in ejus consecratione non pemittant fieri, » ut decernitur in concilio Joanni IX potestas ulla imperatoribus remanet, sed consecrationi duntaxat interesse videntur cum clero et populo, incertum quo jure Romam venerint. E contrario si conditio illa referatur ad constitutionem Eugenii II et successorum, qua imperiali auctoritate clerus et populus sacramento astringerentur ad canonicam et justam electionem, et ad spontaneam promissionem, seu professionem Leonis IV, qua coram imperialibus missis se canones et decreta prædecessorum ac præsertim res Ecclesiæ conservaturum pollicetur : tum vero perspicua est imperialis potestas in Romani pontificis creatione. At Pagii aliorumque opinio, qui scilicet, ut Occidentis imperatoribus jus confirmandæ electionis vindicent, gravem iis injuriam faciunt, dum Odoacris et Augustorum Orientis usurpationem iisdem attribuunt, convellitur. Nam Otto et Henricus hanc imperatoriam potestatem, quam uterque vult salvam, non Lothario et Ludovico Augustis, sed Eugenio qui de electione decrevit, et Leoni IV qui pontificum omnium primus in exsecutionem misit Sergii II constitutionem, qua Lotharius et Ludovicus potestatem illam obtinueran', referri testantur acceptam. Quamobrem jus illud imperiale, pro quo asserendo tam multa disputant; tamque vehementer digladiantur, imperatores ipsi respuunt, seque apostolicæ sedis privilegio in re tanti momenti habere potestatem fatentur, quam sibi suisque posteris salvam fore constituunt. De subscriptionibus cæterisque ad extremam partem diplomatis pertinentibus, dixi in præcedenti dissertatione.

187 EXEMPLUM PRIVILEGII HENRICI IMPERATORIS

DE REGALIBUS BEATO PETRO CONCESSIS.

a In nomine Domini Dei omnipotentis, Patris, et Filii, et Spiritus sancti. Ego Henricus Dei gratia imperator Aug. b spondeo atque promitto per hoc pactum confirmationis nostre tibi beato Petro principi apostolorum et clavigero regni celorum, et per te vicario tuo donno Benedicto summo pontifici, et universali pape, sicut a predecessoribus vestris usque nunc in vestra potestate ac ditione tenuistis, et disposuistis c civitatem Romanam cum ducatu suo, et suburbanis suis, atque viculis omnibus, et territoriis ejus montanis, ac maritimis, litoribus, ac portubus, seu cunctis civitatibus, castellis, oppidis, ac viculis Tuscie partibus, id est Portum, Centumcellas, Cerem, Pledam, Marturianum, Sutriam [Maturianum, Sutrium], Nepem, Castellum Gallisem, Ortem [Orcem], Pollimartium, Ameriam, Tudam, Perusiam cum tribus insulis suis, id est majore et minore, Pulvensim [, et lacu], Narniam, et Utriculam [Utriculum] cum omnibus finibus et territoriis ad supradictas civitates pertinentibus.

Necnon et exarchatum Ravennatem sub integritate B cum urbibus, civitatibus, oppidis, et castellis, quepie recordationis domnus Pippinus, et donnus Carolus, et donnus Ludovicus, et Octo filius ejus predecessores videlicet nostri beato Petro apostolo, et predecessoribus 188 vestris jamdudum per donationis paginam contulerunt d, hoc est civitatem Ravennam, et Emiliam e, Bobium [, et], Cesenam, Forumpopuli, Forumlivii, Faventiam, Imolam, Bononiam, Ferrariam, Comiacclum [Comiaclum], Adrianis, atque Gabellum, cum omnibus finibus, territoriis, atque insulis terra marique ad supradictas civitates pertinentibus. Simul et Pentapolim, videlicet Ariminum, Pensaurum, Fanum, Senogalliam, Anconam, Aximum [Ausimum] Humanam, Hesim, Forumsimpronii [F. Sempronii], montem feltri, Urbinum, et territorium Valvense [Balnense], Callis, Luciolis, et Eugubium cum omnibus finibus ac territoriis ad easdem civitates pertinentibus. Eo [Eodem] modo territorium Sabinense f, sicut a predictis imperatoribus antecessoribus nostris g beato Petro apostolo per donationis scriptum concessum est sub integritate

C

---

a Dantur uncis inclusæ variantes lectiones, ex authentica Innocentii IV desumptæ.

b De invocatione et principio semper simili in tribus diplomatibus est dictum satis in dissertationibus. De imp. Augusti titulo, quem sibi tribuit, notandum adversus Germanicos scriptores, qui etiam Henricum patrem Ottonis inter imperatores recensent, diplomata hujus diligenter inspecta a Gotwicensi abbate aliud vocabulum, quam regis non præseferre, nulla additione aut Germaniæ, aut Francorum, aut orientalis Franciæ (Chron. tom. I, l. II, c. 2, p. 451). Id minime annotassem, nisi apud Glossarii Cangiani continuatores (V. Imperium vacans) additionem inscitiæ et audaciæ plenam offendissem. Eam consule; mirare fiduciam hominum, vide quid possint studii causæ cum assidua sectarior. lectione conjunctæ. Chartas quæ afferuntur nemo cordatus admittet : at imperialem dignitatem a Leone III institutam, totque monumentis testatam eruditi probe norunt.

c Annis fere trecentis pontifices in Romano ducatu, cujus caput Roma, dominati erant, dominatu illo a prædecessoribus in successores, ut sæpe dictum, per manus transeunte. Id constanter affirmant epistolæ Cod. Carol. et alia monumenta vetera jam allata usbue ad Caroli Magni mortem ; et exinde imperatorum omnium diplomata, quorum instar sunt tria hæc quæ expendimus, incipiendo a Ludovico Pio, quem Stephanus IV et Paschalis I imperiali auctoritate roborare voluerunt jura omnia sanctæ sedis, non exceptis iis quæ ab aliis injuste tenebantur; quippe quæ sanctæ sedi olim vindicatum iri sperabant, neque eas spes fallaces fuisse compertum est.

d En luce clarius donationum initium. Donatores siquidem expresse nominantur, quod fieri nequaquam potuit, ubi de Romm. pontificum dominio agebatur : non enim liquet, num Gregorius II an III fuerit primus princeps, et quænam administratio fuerit, absoluta scilicet, an senatus populusque legibus admista. Idcirco conditione illa sicut tenuistis dominii qualitas relinquitur in ancipiti.

e Vellem astipulari iis qui, nimio sanctæ sedis amore ducti, extendunt Æmiliam usque Placentiam, unde vere provincia illa incipiebat Romm. tempore. Provincia item erat sæculo VIII et seqq., ut patet ex monumentis veterum : præ aliis luculenter id testatur Ravennatensis concilii an. 877 canon 17 (Labbe, Conc. tom. IX, p. 502) : « tam per Ravennam, et Pentapolim, et Æmiliam, quam et per Tusciam Romanorum atque Longobardorum, et omne territorium sancti Petri apost. » Sed provincia erat valde angusta, cujus fines territorium Bononiense ex parte una, ex altera vero Pentapolis. Quare Ludovicus, Otto, et Henricus Exarchatus et Pentapolis civitates enumerant. Placentia et Parma, aliisque ultra Bononiam silentio altissimo prætermissis. Estne credibile, D Gabellum tantulam civitatem, quam Adrianus brevissimam vocat (Cod. Car. ep. 54, al. 51) recenseri, nullamque ex celebrioribus ultra Bononiam nominari ? Mereturne ullam fidem qui in donatione per designatos fines Parmam aperte videns cum Mutina excludit a dominatione sanctæ sedis, allucinationes auctorum decimi sexti sæculi monumentis objicit venerandæ antiquitatis ? Mihi quidem tam errat qui diplomatibus hisce detrahit, quam qui adjungit terræ ulnam. Vide notas ad dipl. Lud. Pii.

f Satis de hoc territorio in Cod. Car. et in dissertationibus. Vide etiam notas ad Lud. Pii dipl. et ad Otton.

g In dipl. Ludovici Pii leges, sicut a genitore nostro Carolo, in Ottonianos, sicut a domino Carolo imp. antec. nostro : utrobique recte ; nam Carolus unus territorii Sabinensis largitor fuerat. Hic autem vides imperatores omnes paulo supra nominatos indicari, nempe Carolum, Ludovicum, Ottones, non quia lar-

Etem [Et est] ª in partibus Tuscie Longobardorum Castellum Felicitatis, Urbivetum, Balneum Regis, Ferenti, Viterbium, Ortem [Orthem], **189** Martam, Pledam, Tuscanam, Suanam, Populonium, Rosellas [Roselles], cum suburbanis, atque viculis, et omnibus territoriis, ac maritimis oppidis, seu finibus omnibus.

Itemque a Lunis [alunis] cum insula Corsica in Suriano, deinde in monte Bardonis, deinde in Berceto, exinde in Parma, deinde in Regia, et exinde [Regia, exinde] in Mantua, atque in monte Silicis, atque provincia Venetiarum, et Ystria [Istria]. Necnon et cunctum Spoletanum ducatum, seu Beneventum [Beneventanum] una cum ecclesia sancte Christine posita prope Papiam juxta padum, quarto miliario.

Item in partibus Campanie Sora, Arces, Aquinum, Ariminum, Teanum [Arpinum Theanum], Capuam, necnon et patrimonium ad potestatem et ditionem vestram pertinentia, sicut est patrimonium Beneventanum, et Neapolitanum, atque patrimonium Calabrie superioris, et inferioris. De civitate autem Neapolitana, [cum] castellis, et territoriis, ac finibus et insulis sibi pertinentibus, sicuti ad easdem aspicere videntur, necnon patrimonium Sicilie, si Deus nostris tradiderit illud manibus. Simili modo civitatem Gajetam [Cajetam], et Fundum cum omnibus earum pertinentiis ᵇ.

Super hec [hoc] confirmamus vobis Fuldense monasterium, et abbatis ejus consecrationem, atque omnia monasteria, cortes, et villas, quas in ultramontanis sanctus Petrus habere dinoscitur, absque antesna uiunj reruga, sancti uuillnbach [Vumiteringa, sive Urullmbach], que a sancti Petri ecclesia per conventionis [commutationis] paginam episcopo nostro Babembargensi [Babembergensi] collate sunt ᶜ. Pro quibus sepedicte Ecclesie sancti Petri transcribimus, concedimus, et confirmamus omnem illam terram, quam inter Narniam, Teramnem, vel Spoletum ex regni nostri parte habuimus. Sub tuitione preterea sancti Petri, et vestra vestrorumque successorum. pretaxatum episcopium Babembargense [episcopum Babembergensem] offerimus. Unde **190** sub pensionis nomine [nostræ] equum unum album faleratum ex ejusdem loci episcopo vos annualiter suscepturos sancimus ᵈ.

Offerimus insuper, firmamus, et roboramus tibi beato Petro, ac vicario tuo donno Benedicto, et successoribus ejus prout bone memorie pape Joanni, suisque successoribus a predecessoribus nostris Octonibus [Ottonibus] factum est, civitates et oppida cum piscariis suis, Reatem, Amiternam [Amiternum], Furconem, Nursiam, Balvam, et Marsiam, et alibi civitatem Teramnem cum pertinentiis suis ᵉ.

Has omnes supradictas provincias, urbes, et civitates, oppida, atque castella, viculos, ac territoria, simulque patrimonia pro statu regni nostri cunctoque populo Christiano [Christianorum populo] conservando jam dicte Ecclesie tue, beate Petre, vicarioque tuo Benedicto, ac successoribus ejus usque in finem seculi eo modo confirmamus, ut in suo detineant jure, principatu, atque ditione ᶠ.

Simili modo per hoc nostre delegationis pactum confirmamus donationes, quas pie recordationis Pipinus rex, et postea donnus Carolus excellentissimus imperator, ac deinceps ditiones [Ottones] piissimi beato Petro Christi apostolo voluntate spontanea contulerunt ᵍ, **191** necnon et censum, vel [et] pensionem, seu ceteras donationes [dationes], que [quæ annuatim] in palatium regis Longobardorum inferri solebant sive de Tuscia, sive de ducatu Spoletano, sicut in suprascriptis donationibus, et inter sancte memorie Adrianum papam, et donnum Karolum imperatorem convenit, quando idem pontifex eidem de supradictis [suprascriptis] ducatibus, id est Tuscano et Spoletano sue auctoritatis preceptum confirmavit. Eo scilicet modo ut annis singulis predictus census ad partem ecclesie sancti [beati] Petri persolvatur, salva super eosdem ducatus nostra in omnibus dominatione et illorum ad nostram partem subjectione ʰ

---

gitores et ipsi fuerint, sed quia Carolinam donationem confirmaverant. Pagio Ludovicus amovendus videtur, nam declaravit commentitium diploma Ludovici. Mihi vero, qui non modo certum, sed aliorum fontem Ludovicianum esse demonstravi, Ludovicus cum aliis Augustis est certissime retinendus. Negligentia enim Ottoniani ævi, quæ Ludovicianum diploma transcribendum exhibuit, auctoremque ipsum diplomatis silentio præteriit, damnanda potius quam in falsæ opinionis patrocinium vocanda.

ª Mendosa lectio, quæ tamen mendosior occurrit in Codd. Baronii. At facile emendari potest ex superioribus diplomatis, quæ legunt: *Item in partibus*, etc.

ᵇ Hucusque ab Ottoniano nihil discrepat. Vide quæ ibi diximus in notis.

ᶜ Bambergensem ecclesiam impense ab Henrico dilectam an 1007 concil. Francofordii habitum privilegio nitens Joanni XVII in episcopatum erigit (Labbe, *Concil.* tom. IX, p. 784). Ditmarus, qui concilio interfuit, rem narrat: quæ ibi desunt hinc suppetunt.

ᵈ Vide dissertat. (num. 7 seq.). Baron. (an. 1019, num. 1 seqq.) et ibi Pag us Benedicti VIII adventum Bambergam statuunt eod. anno 1019. Janningus auctoritate fusioris chron. Hermanni, rem differt ad seq. annum. Alterutro evenerit, episcopatus tum fuit subjectus sanctæ sedi. Quare diplomatis ætas non est an. 1014. Nam episc. Bamberg. subscribit *Rom. sedis subditus*.

ᵉ Duo hic notanda. Primo Henricum donationi suæ propriæ in Spoletano ducatu (sive, ut melius dicam, commutationi, cujus dominium est valde firmius) subjicere civitates ab Ottonibus donatas, quare ducatus omnis juris sanctæ sedis est factus. Deinde quavis procul ambiguitate *prædecessoribus* suis *Ottonibus* donationem istam tribuere. Unde facile assequeris, paulo supra ageutem de territorio Sabinensi haud exclusisse ullum e suis *antecessoribus*, qua in re libertate minus ferenda Pagium vidimus usum esse, Ludovici nomen detrahendo. Paulo infra res clarior fiet.

ᶠ Summa est, diplomata omnia constanter confirmare jus pontificium supremum omnibus in provinciis, et civitatibus, ac locis hucusque enumeratis, ita ut tam in antiqua ditione sanctæ sedis, quam in ejus amplificatione a Pippino et Carolo, necnon ab Ottone et Henrico facta, princeps absolutus Romanus pontifex declaretur.

ᵍ Ludovicum hic sileri nihil mirum: namque, ut sæpe est dictum, nihil prorsus donasse cum constat sanctæ sedi. Est tamen notatu digna hujusmodi donationum confirmatio. Nam Ludovicus hoc loco pro pacto *decretum* adhibuit; et Otto atque Henricus, pactum *delegationis* pro *confirmationis* appellant. Loquendi varietas aperta est: Ludovicum quippe *decreti* nomine usum esse pro *pacto*, seu constitutione inter partes composita, intellectu arduum non videtur; at pacti voce non mutata, *delegationem* pro *confirmatione* substitui, aliquantulum obscuram notionem reddit. Notat tamen Ducangius (V. *Mediatores*) in chartis ejus ævi *delegationis* voce designari rationem acquirendi per monasteria. « Delegatione firma, in cujus manum delegatio eadem per manum nostram prius fuerat facta. » Quare ab re nostra delegationis nomen non abludit. Ad spontaneas Ottonum donationes quod attinet, nulla alia comperta mihi est, præter septem civitates Spoletani ducatus: sed ea ipsa satis est ad eorum nomina recensenda, rejecto Ludoviciano.

ʰ In dissertationibus et notis præcedentium diplomatum singula fere capita sunt exposita, quæ sanctæ

Ceterum, sicut diximus, omnia superius nomina [nominata] ita ad vestram partem per hoc nostre confirmationis pactum corroboravimus, ut in vestro permaneant jure, principatu, atque ditione, et [ut] neque a nobis, neque a successoribus nostris per quodlibet argumentum, sive machinationem, in quacunque parte vestra potestas imminuatur, aut a vobis inde aliquid subtrahatur. De supradictis vero provinciis, urbibus, civitatibus, oppidis, castris, viculis, territoriis, atque patrimoniis, necnon et pensionibus, atque censibus; ita ut neque nos facturi simus, neque quibuslibet ea facere volentibus consentiamus. Set [Sed] potius omnia, que superius leguntur, id est provincie, civitates, urbes, oppida, castella, terras, patrimonia, atque insule, censusque et pensiones ad partem ecclesie beati Petri apostoli, atque pontificum in sacratissima sede illic residentium, nos in quantum possumus, defensores esse testamur: ad hoc ut eam [ea in] illius ditionem ad utendum, atque disponendum firmiter valeant optineri [obtineri].

Salva in omnibus potestate nostra, posterorumque nostrorum [a], secundum quod in pacto, et constitutione, ac promissionis firmitate **192** Eugenii pontificis successorumque illius continetur: ut omnis clerus et universi populi Romani nobilitas propter diversas necessitates, et pontificum irrationabiles erga populum sibi subjectum asperitates retundendas, sacramento se obliget, quatinus futura pontificum electio, quantum uniuscujusque intellectus fuerit, canonice et juste fiat. Et ut illi [ille], qui ad hoc sanctum apostolicum regimen eligitur, nemine consentiente consecratus fiat pontifex, priusquam talem in presentia missorum nostrorum, seu universe generalitatis faciat promissionem, pro omnium satisfactione atque futura conservatione, qualem donnus, et venerandus spiritualiter [spiritualis] pater noster Leo fecisse dinoscitur [sponte fecisse dignoscitur].

Preterea alia minora huic operi inserendum previdimus [inserenda providimus]: videlicet, ut in electione pontificum neque liber, neque servus ad hoc venire presumat, ut illis Romanis, quos ad hanc electionem per constitutionem sanctorum patrum antiqua admisit consuetudo, aliquod faciat impedimentum. Quod si quis contra hanc nostram constitutionem ire presumpserit, exilio tradatur. Insuper etiam ut nullus missorum nostrorum cujuscumque impeditionis argumentum componere audeat in prefatam electionem prohibemus. Nam et hoc omnimodis instituere placuit, ut qui semel sub speciali defensione donni apostolici, sive nostra fuerint suscepti, impetrata juste utantur defensione. Quod si quis in quemquam illorum, qui hoc promeruerunt, violare presumpserit, sciat, se esse vite sue periculum incursurum. Illud etiam confirmamus, ut donno apostolico justam in omnibus servent obedientiam, seu ducibus, et judicibus suis ad faciendam justitiam.

Huic enim institutioni hoc necessario annectendum esse perspeximus, ut missi donni apostolici, seu nostri semper sint constituti, qui annuatim nobis renuntiare valeant, qualiter singuli duces, ac judices [populo] justitiam faciant, hanc imperialem constitutionem quomodo observent. Qui missi decernimus, ut primum cunctos clamores, qui per negligentiam ducum, vel judicum fuerint inventi, ad notitiam donni apostolici deferant, et ipse unum e duobus eligat: aut statim per eosdem missos fiant necessitates emendate, aut misso nostro nobis renuntiare, per nostros missos a nobis directos emendentur. **193** Hoc ut ab omnibus fidelibus sanctæ Dei Ecclesiæ, et nostris [vestris] firmum esse credatur, proprie manus signaculo subscriptionibus hoc pactum confirmationis nostre roboravimus, et sigilli nostri impressione adsignari jussimus. † Signum donni Henrici gloriosissimi Romanorum imperatoris Aug. Signum Erchandildi [b] Maguntin. archiepiscopi. Signum Herberti [Heriberti] Coloniensis archiepiscopi. Signum Bobonis [c] Treverensis [Trevirensis] archiepiscopi. Signum Thiederici [d] Metensis episcopi. Ego Heberhardus [e] Babemburgensis [Bambergensis] ecclesie episcopus Romane sedis subditus s-s [f]. Ego Macelinus Wirciburg. episcopus s-s. Ego Waltius [Walterius] Spirensis episcopus s-s. Ego Ruodardus [Ricodardus] Constantien. episcopus s-s. Ego Rodalricus Kuriensis [Zodalricus Curien.] episcopus s-s. Ego

sedi jus suum apertissime vindicant. Nihilominus notari velim et istam formulam pro illius ævi elegantia plurimi faciendam. Procedunt scilicet pari gressu *ad vestram partem*, ubi res est de ditione sanctæ sedis, et *ad nostram partem*, ubi agitur de imperiali dominatione. Vide exempla plura ap. Ducangium (V. *Pars. Ad partem alicujus solvere*). Ex quibus omnibus infertur, quod, nisi temere negentur diplomata quæ tot veterum monumentis roborantur, jura civilia apostolicæ sedis validissimis hærent fundamentis.

[a] Quæ sequuntur usque ad finem, jam notavimus ad Ottonianum diploma: eadem enim sunt de disciplina ordinationis Rom. pontificis nullatenus varia, quod spectat ad Romanos ipsos pontifices, tametsi secus evenerit ex parte Ottonum nimium sibi arrogantium, qua de re in calce dissertationum satis pro re nostra disseruimus.

[b] Codex ms. Baronii unus legit *Erkinbaldi*, cæteris autographi lectionem retinentibus. At Mabillon. (*An. Ben.* lib. LIII, n. 89 et alibi) *Erchanbaldum* legit, seu *Erkembaldum* cum chron. Saxon. Hunc autem esse mortuum an. 1021 testatur idem chronicon. ap. Mabill. (*Ibid.*, lib. LIV, n. 105). Quin etiam Henrico tum degenti Merseburgi, ubi Pascha celebravit, Heriberti etiam Coloniensis archiepiscopi mors nuntiata fuit ex eod. chron. Quamobrem est cur miremur eumdem Mabillonium hæc referre, cum antea dixerit (*Ibid.*, l. LIII, n. 97) Richardum abbatem Fuldensem, qui diplomati subscribit, vix ante annum 1025 eam dignitatem assecutum esse. Et sane concilio Salegunstadiens. an. 1022 celebrato subscribit Aribo, qui Erchembaldo successerat in sede Mo-

guntina (Labb. *Concil.* tom. IX, p. 844).

[c] Popponem hunc vocatum invenire est in factis monumentis. Mabillon. (*Ibid.*, l. LIV, n. 42) Megingaudo successisse tradit anno 1016, biennio post ætatem diplomati assignatam a Baronio.

[d] Ditmarus, qui Bambergensi concilio aderat in dedicatione ejus basilicæ, an. 1012, Theodoricum appellat (Labb. *Concil.* tom. IX, p. 806) et hæc de eodem narrat: « Posthæc synodus hic fuit magna in qua Gebehardus Ratisponensis eccl. præsul ab archiepiscopo suimet arguitur, et Metensis ecclesiæ præsul Theodoricus a rege increpatur, eo quod epistola suimet hunc injuste apud papam (Serg. IV) accusaret. » Vide Baron. et Pag. (1011, n. 1 seqq.).

[e] Labbeus (*Append.* tom. IX, *Conc.* p. 1248) ex chronico Hildesheimensi hæc tradit de monasterio Bambergensi: « Venerabile monasterium, ipsius domini regis nobile ac speciale studium ab Eberhardo primo ejusdem sedis episcopo cum consensu et conventu omnium cisalpinorum præsulum II Non. Maii consecratum est (an. 1012). » Henrici cancellarius dicitur a Mabillonio (*Ibid.*, l. LII, n. 94). Hoc in dipl. *sanctæ sedis subditum* se opportune subscribit, quæ res annum indicat 1020, ut aiebam in dissertat. (n. 7). Nam vix annis 22 Bambergæ subjectio illa perseveravit. Hæc discimus ex Hermanno Contracto in fine anni 1052, quem ille vocat 55, namque a Natali Domini orditur annos. Cumque is obierit anno sequenti, summam meretur fidem. V. dissert. (n. 5 et seqq.)

[f] Hæ duæ litteræ nil aliud valent quam *subscripsi*, ut eruditi norunt.

Adalbertus Basiliensis episcopus s-s. Ego Heimmo [Hemmo] Vverdunensis episcopus s-s. Ego Walti Heihsteidensis [Walter Heicsteden], episcopus s-s. Signum Richardi Fuldensis [Fuld. abbatis]. Signum Arnoldi Herfendensis abbatis. Signum Bruchardi abbatis. *Signum Ryodhois Eluanen. abbatis* [a]. Signum Gottifredi ducis. Signum Beringardis [Beringardi] ducis. Signum Thiedericis [Thiederici] ducis [b]. Signum Welphonis [Velphonis] comitis. Signum Cuno- nis comitis. Signum **194** Cunradi [Kunradi] comitis. Signum Octonis [Ottonis] comitis. Signum Adilbrahtis [Adilbrrahtis] comitis. Bobonis [Signum Bob.] comitis. Signum Frederici comitis. Signum Bezelini comitis. Signum Ezonis comitis palatini. Signum Frederici Camerarii. Signum Ezonis inferioris [Infercorum]. Signum Heinzonis [Heunzonis] pincernarii. Signum Huzis Alimunberenger. Adilman. Adhilbero [c].

[a] Ista subscriptio deest in authent. Innocentii IV.
[b] Post signum Thiederici ducis in authent. Innocentii IV legitur : *Signum Simonis comitis.*

[c] In authen . Innocentii IV sequitur : *Ego Wicelinus Astrarburgensis episcopus. Signum Ryodhois Fluvanen. abbatis.*

195 DISSERTATIO

DE CHARTULA COMITISSÆ MATHILDÆ

SEU DONATIONE S. SEDI SEMEL ET ITERUM FACTA.

CAPUT PRIMUM

De nomine, conditione, situ, vicibus terræ Mathildis.

I. Quanquam duo Romanorum reges, post sanctum imperatorem Henricum, diadema imperiale susceperint, Conradus Salicus anno 1027 a Joanne XIX, ejusque filius Henricus a Clemente II an. 1046, ac proinde jura omnia sanctæ sedis suo uterque diplomate confirmaverint, quod usu receptum erat, eorum tamen neutrum ditiones sanctæ sedis amplificasse diplomata sequentium imperatorum demonstrant. Permutatio tantum Beneventanæ civitatis facta est a prædicto Henrico cum transalpinis Ecclesiæ juribus, ut præcedenti dissertatione (n. 13 et seqq.) vidimus, dum sanctus Leo IX Wormatiæ degeret anno 1053. Duo autem singularia undecimo Ecclesiæ sæculo evenerunt, quæ maximum Ecclesiæ ditionibus incrementum attulere. Primo scilicet Romani pontifices Northmannorum ope antiqua jura sanctæ sedi vindicarunt in Apuliæ et Calabriæ ducatu, et principatu Capuæ, ex quibus Neapolitanum regnum coaluisse postmodum constat : et in Siciliæ insula, septem jam sæculorum præscriptione confirmata ; deinde magna illa comitissa Mathildes, absque prole decedens, bonorum suorum omnium apostolorum principem heredem instituit, ut ait Domnizo :

> Propria clavigero sua subdidit omnia Petro ;
> Janitor est cœli suus hæres, ipsaque Petri :
> Accipiens scriptum de cunctis Papa benignus

De primo ex duobus his capitibus nonnihil est dictum in superioribus, et opportune aliquid adjiciendum erit. At de altero, seu de Mathildica donatione, cum opinio aliorum alia in editis tot libris reperiatur, serio agam necesse erit in præsentia.

II. Donationem hujusmodi semel et iterum factam esse inter omnes tum veteres quam recentiores constat. Primum scilicet Canusii anno 1077 postquam Mathildes deprehendit Henrici IV regis Romanorum **196** pœnitentiam fuisse falsam, sibique metuere ab eodem cœpit. Rem narrat Domnizo comitissæ ejusdem capellanus, et hujus auctoritate uberius card. Baronius (1077, n. 25) et Florentinius (*Memor.* lib. II, p. 181), Petrus Diaconus Leonis Ostiensis continuator, quem Baronius aliique Ostiensem ipsum minus recte appellant; non enim senserunt continuationem Ostiensis incipere a cap. 34 libri III *De renovatione Ecclesiæ sancti Martini*; Petrus, inquam, Diaconus (lib. III, cap. 49) Domnizoni astipulatur, « Anno autem, aiens, Dominicæ incarnationis 1077, Mathilda comitissa Liguriæ et Tusciæ, iram imp. Henrici sibi infesti metuens, Liguriam et Tusciam provincias Gregorio papæ et S. Rom. Ecclesiæ devotissime obtulit. Hæc ergo causa inter pontificem et Romanum imperium dissensionis et odii fomitem ministravit. » Diploma istud primum periisse constat ex altero, quod comitissa eadem quinque et viginti post annos condidit, anno videlicet 1102 juxta illius tenorem ; exstatque hoc postremum apud Baronium (eod. an. n. 20), Leibnitium (*Scriptor. rer. Brunsw.*, tom. II, p. 687), Muratorium (*Rer. It. Script.*, tom. V, p. 384) pluresque alios, quos prætermitto una cum Lunigio (*Cod. It. Dipl.* tom. II, p. 701 ; et *Spic. Eccl. contin.* I, p. 163). Nam compertum habeo editiones omnes profectas esse ex pervetusto illo codice Vaticano olim card. Sirleti, unde illud transcripsit card. Baronius. Quod Leibnitius luculenter testatur (*Ib.*, tom. I, Introd.) : « Adjeci, inquit, et chartulam comitissæ Mathildis super concessione bonorum suorum facta Romanæ Ecclesiæ, quæ in eodem codice ascripta reperitur, neque scio an ejus authenticum exemplar alibi habeatur. » Deinde usum se esse fatetur ill. Laurentii Zacagni bibliothecæ Vat. custodis ope in recensendo tum ipsam chartulam, tum Vitam Mathildis ab ejus capellano Domnizone conscriptam.

III. Chartulæ ejusdem exemplum, quod per me prodit in lucem, præferendum haud dubie est quibuscunque aliis undelibet desumptis. Albiniano enim ex codice præstantissimo, unde monumenta alia meo lectori exhibui, non uno ex capite describendum atque evulgandum mihi esse intellexi. Primo siquidem auctor codicis Cencio antiquior, et, verbo absit invidia, in colligendis vetustis monumentis diligentior atque accuratior fuit. Deinde Leibnitianam recensionem pluribus in locis mendosam ostendit. Postremo emendationes a Muratorio factas aliorum diplomatum ope inutiles reddit, ipsumque se prodit ex comitissæ autographo exceptum. Quamobrem ad diploma quod attinet, nullum ex tot apographis ante hunc diem in lucem prodiit Mathildianæ chartulæ magis simile. Utinam **197** chartulæ ipsius summa non esset ubique eadem ! Unus siquidem apostolorum princeps instituitur hæres bonorum omnium magnæ comitissæ ; at bona ista non ut in pluribus ejus diplomatibus pro variis monasteriis atque ecclesiis singillatim enumerantur, sed aut bonorum suorum omnium, aut propriæ terræ generali nomine designantur :

> Cui propriæ sortem telluris subdidit omnem,

ait supralaudatus Domnizo, quo integrior testis haberi non potest. Quæ res multæ inter antiquos recentesque auctores dissensionis causa fuit. Alii siquidem provincias, civitates et castra alii, aliique prædia duntaxat bona propria Mathildis fuisse contendunt. Leonis Ostiensis continuator Liguriam et Tusciam pontifici et S. R. Ecclesiæ donatas affirmat, quod fieri nequaquam potuit. Dominicus Mellinus, qui anno 1589 librum edidit pro sua ætate satis eruditum de rebus Mathildis, et post quinquennium libri ejusdem apologiam adversus D. Benedictum Luchinum Mantuanum ord. Ben., opinionem sequitur Joannis Villani (lib. IV, c. 20) de quibusdam oppidis a Beatrice coemptis, aliisque a Mathilde ædificatis, deque multis hujus opibus et prædiis, quæ nostram quæstionem integram relinquunt. Luchinus prædictus (*Chron.* c. 5) Beatrici dotem constitutam fuisse ait a consanguineo Henrico II *Mutinam, Lucam, Regium, Parmam.* Felix Contelorius, vir maxime eruditus in sua Mathildis genealogia (p. 61 seq.), de nuptiis ejus loquens cum Welfone Bavariæ ducis filio, affert Mathildianas litteras ex chron. Bohem. Cosmæ Pragensis, quibus *totius regnum Lombardiæ*, plurimasque civitates et oppida Welfoni promittit. At regnum Langobard. juris imperii erat.

IV. Hisce autem ex auctoribus ingentes Mathildis divitias veras falsasve discimus, nihil vero lucis acquirunt bona propria sanctæ sedi relicta. Secus esse videretur de Francisco Maria Florentinio, qui anno 1642 librum edidit, cui fecit nomen *Memorie di Matilde la gran contessa d'Italia*. At si monumenta dempseris, quæ plurimas Mathildis donationes, et decreta, chartasque continent, per devia eum abire comperies. Idem vero allodialia tantum bona donata esse putat (lib. II, c. 344). Quid vero? Post annos quatuor et quinquaginta, seu 1696, D. Benedictus Bacchinius, aliis omnibus facile præferendus, sua in absolutissima historia monasterii sancti Benedicti de Padolirone agens de hac donatione (lib. II, p. 74), inter causas iræ maximæ, qua Henricus IV exarsit in Mathildem, « donationem omnium suarum ditionum, quam fecit Mathildes sanctæ sedi, » recenset. Infra autem (lib. III, p. 141 seqq.) quæstionem **198** movet, num allodialia tantum, an etiam regalia bona intelligi debeant. Deinde aiens abs re sua esse istud inquirere, quæstionem discutiendam permittit tractantibus hanc materiam ex professo. Quod profecto est Florentinii opinionem ad trutinam revocare, atque integram rem relinquere.

V. Attamen incredibile dictu est, quanto cum plausu Godefridus Guillelmus Leibnitius, Ludovicus Antonius Muratorius, nostrisque diebus Christianus Ludovicus Scheidius Jctus, Florentinii opinionem acceperint. Quam quidem consultius deseruissent cum Bacchinio, ut ex dicendis fiet evidens. Leibnitius qu.ppe in ipsa sui operis introductione : « Notandum autem est, inquit, ea tantum donasse Mathildem, quæ jure proprietario, seu allodii possidebat. Itaque ducatus Spoleti, aut Tusciæ marchia, et quæ alia beneficio Cæsarum feudalia majores ejus habuerant, comprehendi donatione non potuisse. » Muratorius (cujus epistolam de duabus lineis Guelficis Mutinensi et Brunswicensi Leibnitius, tanquam sibi amicissimi hominis, primo sui operis volumini adjecit) passim sequitur eamdem opinionem, præcipue in Annalium tomo IV et alibi (*Scr. Ital.* tom. V, p. 566). Nemo tamen affluentius causam istam egit Scheidio, qui quatuor magnis voluminibus originales Guelficas est amplexus. De Mathildiana enim donatione disserens (tom. 1, a p. 448 ad 463) eam cum Leibnitio et Muratorio ad prædia et castra duntaxat coarctat ; deinde auctoritate Muratorii usus aliquod etiam ex iis castris, propriis Ecclesiæ Romanæ, eripere non veretur : « Cl. Muratorius, inquit, non absque ratione putat Henricum nunc etiam castellum Canossæ in feudum dedisse avo Guidonis et Rolandini, quibus Fredericus primus imperator anno 1185 ejusdem investituram innovavit diplomate, cujus editionem pollicetur. » Eruditum par ! Henricus V donationem susdeque habuit, invasitque hæreditatem Mathildis; Frederici autem

A diploma, quod promittitur, licet post pacem Constantiæ factum, nullo loco habendum difficili in eo statu, non solum sanctæ sedis, sed Italiæ omnis, de quo uberius et opportunius dicam.

VI. Præterire hic non possum, nec debeo, Joannis Friderici Joakim Hallensis dissertationem anno 1735 elaboratam pro asserendo Mathildicam donationem Magnæ Britanniæ regi Brunswico-Luneburgensi electori. Idque non alia fini, quam demonstrandi causa, male admodum feuda post Mathildem nata a priscis illis beneficiis ævi Mathildiani secerni. Ponit primum iste auctor (Præf. p. 1, et c. 2, p. 29) terram comitissæ **199** ab eruditis definiri « marchiam Tusciæ, ducatum Ferrariensem, ducatum Parmensem, Placentinum, Mantuanum, Spoletanum, marchiam Anconitanam, Lucam. » Deinde harum ditionum priorem ab aliis affirmari ait post cæteras traditam esse Bonifacio viro Beatricis, ac patri Mathildis a Conrado Salico jure feudi : feuda vero nondum nata esse, proindeque tum Tusciam quam ditiones cæteras, quarum Mathildes hæres fuit, allodia esse contendit. « Ipsi autem (Bonifacio) tradita a Conrado Salico, ut propria : adeoque erant allodia, in quibus Bonifacii posteri omnesque ex ejus familia succedere debebant. » Ita ille (cap. 3, § 3 seq. p. 46). Mitto cætera : non enim illi adhæreo quatenus recensitas provincias, quia feuda nondum nata erant, allodialium vult naturam induisse. Etenim alia dono dari, alia beneficio, seu beneficiario jure concedi consueverunt, modico cum discrimine inter beneficium et feudum. Utriusque rei chartæ plures in annalibus exstant, novæque in dies a recentioribus eduntur in lucem. In codice sæpe laudato Albiniano est « Transcriptum cartule Odonis de Poli de totā terra sua, quam beato Petro et S. R. Ecclesiæ in proprietatem donavit m. prop. ind. v, » anno scilicet 1157. Eodemque anno « Aliud transcriptum cartule domini pape de eadem terra, quam eisdem comitibus in beneficium concessit. » Et notandum, quod ante biennium in eodem cod. mentio feudi reperitur : « De medietate civitatis Tusculane data Jonathe in feudum, que post mortem ejus debet ad Romanam Ecclesiam libere reverti. » Itaque nata essent necne Mathildiano ævo jura feudalia, parum refert : beneficiaria erant, quæ a donationibus in proprietatem distinguebantur.

VII. Quamobrem recte Sigonius (*de Regno It.* an. 1115), Mathildis morte narrata : « Ita, inquit, Parma et Mantua ad eum (Henricum V) pervenit. Ferraria quam Thedaldus avus a Joanne XIII pontifice acceperat, Romanam ad Ecclesiam rediit. » Non enim aliter loqui debuit illius ævi rationem habens. Et sane hanc historiæ partem Baronium et Pagium ex auctoribus synchronis certisque monumentis petitam in annales retulisse quis ignorat ? Ditiones sanctæ sedis et Italiæ regnum ad rem nostram faciunt. Hæc serio animadverti oportet apud laudatos auctores: compertum quippe erit (Bar. 1110, n. 2 seqq.) in pactis conventis inter Paschalem II et Henricum V ante coronationem duo ista capita existere : « Patrimonia possessionesque beati Petri restitueret, sicuti a Carolo, Ludovico, Henrico, aliisque imperatoribus concessa sunt, libera, servaretque ea beato Petro pro viribus. » Et paulo infra : « Quæ **200** omnia postquam impleverit rex, papa juberet episcopis astantibus in die coronationis ejus, ut regalia imperatori dimitterent, quæ a temporibus Caroli, Ludovici, Henrici, aliorumque prædecessorum ad regnum pertinebant. » Quæ sacramento Henrici et principum imperii, necnon Petri Leonis pro pontifice confirmata fuerunt (*Id.*, 1111, n. 1 seqq). Quidquid sacrilege a perjuro Cæsare actum fuit die ipso coronationis, privilegia per vim et metum a pontifice captivo extorta, eademque in concilio episcoporum et cardinalium cassata legi apud Baronium malo, quam tragicis hisce rebus enarrandis plus, æquo digredi a re proposita. Id unum memoria teneri cupio, tum regnum italiæ, tum ditiones pontificias Henrici IV temporibus in eo magno ac diuturno sacerdotii et regni certamine disturbatas, ad statum pristinum revocari non potuisse ante Mathildis mortem, ac proinde antequam sanctæ sedi hæreditatem adire fas esset.

VIII. Ne Mathilde quidem decedente an. 1115, Paschali II illius adeundæ facultatem fuisse constat: nam Henricus quintus jure propinquitatis hæreditatem omnem invasit (Bar. et Pag. n. 8, 7). Nec nisi post Augusti hujus mortem anno 1125, die 22 Maii, Honorius II sanctæ sedi vindicans jura sua, Alberto duci et marchioni Tusciæ investituram tradidit illius hæreditatis, ut docet Muratorius (*Antiq. Est.* par. 1, c. 30, p. 293) qui donationem affert ab eo factam monasterio Padolironensi: « Albertus Dei gratia marchio et dux, lege vivens Salica, cooperante gratia, et beati Petri et domini papæ Honorii ejus vicarii munere ad hujus honoris provectus fastigia, ad petitionem conjugis suæ, ac etiam pro mercede animæ, dominæ Mathildæ comitissæ, etc. » Perinde Honorii successor Innocentius II anno 1133 Lotharium II et Richizzam Aug. investivit, exstatque hujusmodi præceptum apud Baronium (1133, n. 3) et apud Labbeum (*Conc.* tom. X, p. 946) quod hic transcribere non gravabor ex codice Albiniano aliquanto varium, quod inscribitur: « Innoc papa II Lothario imp. Aug. et Rigette imperatrici. Allodium bo. me. comitisse Mathilde, quod utique ab ea beato Petro constat esse collatum, vobis committimus, et ex apostolicæ sedis dispensatione concedimus, atque in præsentia fratrum nostrorum archiepiscopor., episcopor., abbatum, necnon principum, et baronum, per anulum investimus, ita videlicet ut centum libras argenti singulis annis nobis et successoribus nostris exsolvas, et post tuum obitum proprietas ad jus et dominium S. R. Ecclesie cum integritate absque diminutione et molestia revertatur. Quod si nos, vel fratres nostros 201 in eamdem terram venire, manere, vel transire oportuerit, tam in susceptione quam in procuratione, atque securo conductu, prout apostolicam sedem decuerit, honoremur. Qui vero arces tenuerint, vel rector terræ fuerit, beato Petro, et nobis, nostrisque successoribus fidelitatem faciant. » Utramque investituram brevem admodum fuisse colligitur ex ejusdem indole: non enim ad successores transibat, sed eo decedente, qui investituram acceperat, ad jus ac dominium sanctæ sedis revertebatur. Idcirco Albertus marchio septem circiter annis eam terram retinuit, Lotharius autem non bene quinque; nam anno 1137, die 3 Decembris, excessit e vita.

IX. Hinc vero per annos fere septem et septuaginta usque ad 1213, Arnaldistis rege Romanorum Conrado in Urbe grassantibus, Friderico postmodum Ænobarbo jura sanctæ sedis ubique invadente, ac pontificibus ob rerum maximam difficultatem longe ab Urbe vagantibus, nulla reperitur investitura. Prædicto autem anno Innocentius III, qui ab initio pontificatus ditiones Ecclesiæ præcipuas recuperaverat, Salinguerræ Ferrariensi partem Mathildianæ hæreditatis concessit. Cujus rei monumentum a Raynaldo relatum (1215, n. 40) hic subjiciam, qua pertinet ad rem nostram, ex juramento prædicti Salinguerræ: « Id totum, inquit, quod mihi concessistis in feudum de terra quondam cla. me. comitissæ Mathildis, videlicet Medicinam, et duas partes Argellatæ, Mombarozzone cum plebatu sanctæ Mariæ, Carpum, Carpinetum, Besinatum, Mandrinam, Bibianellum, Castrum Ariani, Foscundum, Mozzole, Bondenum, Ardumi, Pigniacium cum universis curtis, et pertinentiis, juribus, et honoribus omnium prædictorum castrorum et locorum, et cuncta jura, et reditus, responsiones, jurisdictiones et honores, usus et albegarias, quæ sunt dicti poderis prædictæ comitissæ Mathildis piæ memoriæ in iis locis, sive pertinentiis, videlicet in Sablono, Gazolo, Belegaria, Biolotorta,

Dianzano, Casalemagno, Casale ligogno, Fregasso, Pregnano, Caviano, Runcaliis, Planzo, Castro Canpisiæ ejusque curiæ, Fontana, Campogiano, sancto Martino de Riosustinolo, Padis, Corregia, Fossacanalis, Miliare, Gurgatellis, Fossulis, Brundiono, Soleria. Et in toto podere q. Cavalcacomitis, ac universo Imolæ comitatu, et in toto eo, quod est in prænominato podere. In episcopatu Bononiensi, Mutinensi, Regino, Parmensi, cæterisque aliis episcopatibus adjutor ero ad retinendum et defendendum quæ habet, et quæ non habet ad recuperandum, et cum recuperata fuerint, 202 ad retinendum et defendendum contra omnem mortalem. Eamdemque vero terram nec teneo, nec tenebo nisi a Romana tantum Ecclesia, et pro ipsa solvam ei singulis annis, nomine census, quadraginta marchas argenti, et serviam ei pro ipsa terra meis sumptibus: in Lombardia et Romania cum centum militibus; in Tuscia vero, Vallespoletana, vel Marchia cum quinquaginta. Ab Urbe autem et infra versus Apuliam per Campaniam, et totum regnum Siciliæ cum viginti, per mensem integrum singulis annis, quandocunque fuerro requisitus, tempore veniendi et recedendi minime computando, et deinde, cum sibi placuerit, in suis duntaxat expensis. Legatos et nuntios apostolicæ sedis in terram venientes prædictam devote recipiam et honorifice pertractabo. »

X. Versipelli huic homini pontificem adhibuisse nimiam fidem posteriora facta monstrarunt; ista vero huc non spectant. Investituræ bonorum Mathildis exemplum aliud, atque omnium extremum, ni fallor, exstat apud Raynaldum (1221, n. 29 seq.) ex libro Censuum, et alio ex cod. Bullar. ms. Tametsi hujusmodi investituram verius restitutionem appellabimus, nam Fredericus II voce investiendi utitur, dum Honorio pontifici terram Mathildianam restituit: « Tam de castro prædicto (Gonzagæ), inquit, quam de aliis castris, scilicet Pepugnano, Bondeno, necnon de toto ipso comitatu, podere, ac terris comitissæ prædictæ dictos capellanos nomine Romanæ Ecclesiæ investimus, et eos constituimus possessores, et mandamus de castris prædictis per ven. episc. Taurinensem vicarium nostrum in corporalem possessionem induci. » Fridericum II fuisse superstitem usque ad annum 1250, deinde interregni trium et viginti annorum, ut Germanicis scriptoribus placet, quinque annorum spatio diuturnioris, ut verius alii sentiunt, finem esse allatum a Rudolpho Augustæ domus Austriacæ progenitore compertum atque exploratum est. Eumdem autem Rudolphum jurium ac bonorum omnium sanctæ sedis, post Suevicas tot invasiones, instauratorem, hæc suo diplomate distincte ac dilucide exprimere voluit Nicolaus III. « Ad has pertinet tota terra, quæ est a Radicofano usque Ceperanum, marchia Anconitana, ducatus Spoletanus, terra comitissæ Mathildis, civitas Ravennæ, et Æmylia, Bobium, Cæsena, Forumpopuli, Forum Livii, Faventia, Imola, Bononia, Ferraria, Comaclum, Adriam, atque Gabellum, Ariminum, Monsferetri, territorium Balnense, Pentapolis, Massa Trabaria, cum adjacentibus terris. » Diploma istud cum aliis præcedentibus 203 ab Alberto Rudolphi filio confirmatum Bonifacio VIII, videsis apud Raynaldum (1303, n. 9) cum hac additione e schedis Card. Baronii: « Albertus imp. (scil. electus, seu rex Romm.) per suas litteras datas Norimbergæ sub hoc anno fecit homagium papæ, et juramentum fidelitatis, confirmavitque omnia privilegia et donationes factas de terris per prædecessores, fuitque ab ipso pontifice confirmatus in imperatorem, ut habetur libro privilegiorum Rom. Ecclesiæ. »

XI. Hic vero sistendum mihi esse sentio. Non enim satis esse video Mathildianæ donationis per ducentos annos jura, possessionem, invasiones, restitutionesque indicasse, cum nihil de conditione seu ingenio ejusdem decreverim: quod profecto maxime necessarium erat, allodialia aliis, aliisque regalia etiam comprehendi ea in donatione volentibus. Bona igitur Mathildis propria penitus expendi oportet, præmisso eorumdem situ, juxta Radevici gravissimum testimonium in appendice ad Ottonem Frisingensem, quo etiam utitur Florentinius (lib. II, p. 552). De iisdem loquens Radevicus (lib. II, cap.16) « Quorum, inquit, prædiorum magnitudinem, ejusque terræ copiosam opulentiam qui ripas Eridani pervagati sunt, non ignorant. » His subjicienda comitissæ verba ipsa Canusiæ reficientis diploma : *tam ea quæ ex hac parte montis habebam, quam illa quæ in ultramontanis partibus ad me pertinere videbantur.* Ista scilicet pronuntiat de primo diplomate, quo Gregorium VII hæredem instituit. Mox eadem confirmans Paschali II adjungit, *que in ultramontanis partibus habeo, vel habitura sum sive jure hereditario, sive alio quocumque jure, pro mercede, et remedio anime meæ et parentum meorum.* De ultramontanis luculenter agens Domnizo (lib. I, cap. 10, et lib. II, c. 4) ab Henrico IV invasa fuisse illa bona testatur :

Præsertim villas et oppida, quæ comitissa
Hæc ultra montes possederat a genitrice.

Nam Beatrix Friderici Lotharingiæ ducis filia, quam iste susceperat ex Mathilde filia Hermanni Sueviæ ducis, adeoque Conrado Salico et Henrico III Augg. sanguine juncta erat, cum Bonifacio marchioni Tusciæ secundo nupsit, obtinuisse quidem fertur (Luchin. *Chron.* cap. 5) Lucam, Mutinam, Regium, et Parmam citra montes pro dote : at plura etiam possedisse ultra montes (tametsi Domnizo *villas et oppida* non enumeret) vetera monumenta testantur, quorum haud dubie præcipuum est Mathildiana ipsa chartula, seu donatio. Nihilominus de bonis 204 ultramontanis ab Ecclesia Romana nunquam possessis vana disquisitio esset; Cismontana duntaxat, eaque juxta ripas Eridani, ut Radevicus ait, quærenda sunt.

XII. Ac primum serio animadvertendum mihi videtur, quod bona ista propria Mathildis variis nominibus appellata in veterum monumentis inveniuntur, *allodium* videlicet, *terra, domus, podere, comitatus* olim appellabantur. Quæ quidem generalia nomina latius patent, quam nostro more metientibus ætatem illam videatur. Et vero, narrat Radevicus apud Baronium (1159, n. 16) legatos Adriani IV Friderico Ænobarbo præ aliis capitibus proposuisse : « Nuntios imperatoris in palatiis episcoporum recipiendos » non esse. Quibus Fridericus : « Concedo, inquit, si forte aliquis episcoporum habet in suo proprio solo, et non in nostro palatium. Si autem in nostro solo et allodio sunt palatia episcoporum, etc. » Ei siquidem persuasissimum erat universum terrarum orbem suo esse subjectum imperio. Significatio ista latior allodii difficile invenietur. Ducangius (verb. *Alodis*) de multiplici alodii usu in vetustis chartis erudite disserit, at simile nihil affert; neque aliud colligitur ex innumeris fere exemplis, quam allodialia bona esse prædia immunia nullique prægstationi aut oneri obnoxia. Quam profecto definitionem haud convenire Mathildiano allodio, ut illud appellat Innocentius II allata monumenta planum faciunt. Imo ipsamet Innocentii ejusdem investitura semel *allodium* vocans, sæpius *terram* bona illa propria Mathildis, deinde tyranna fidelitatis ab arcium custodibus terræque rectoribus exigens, censum injungens, denique ad certum tempus ea concedens, perspicue docet donationem Mathildicam plus aliquid fuisse quam prædia libera : ac proinde Radevici sententiam haud multum abludere a re nostra. Huc accedit, quod in laudatis capitibus Adriani IV eodem nomine appellantur bona propria Mathildis, quo duæ Tusciæ Romana et Langobardica, quæ civitates plures amplectebantur : « Totius terræ comitissæ Mathildis. Totius terræ, quæ ab Aquapendente est usque Romam. » Chronicon etiam Weincartense apud Leibnitium (tom. I, pag. 785) voce

eadem utitur : « Feminam, inquit, virilis animi, quæ ad instar fortissimi principis totam terram illam suo dominio subjugavit (n. 9). »

XIII. Quid, quod idem chronista (num. 13) vetusto Augustæ domus exemplo, quæ totum Romanum imperium amplectebatur, domum Mathildis eam terram appellat? Narrat ille scilicet quemadmodum Fridericus Ænobarbus « avunculo suo Guelfoni marchiam Tusciæ, ducatum 205 Spoleti, principatum Sardiniæ, domum comitissæ Mathildis in beneficio tradidit. » Insignem hunc invasorem ditionum sanctæ sedis talia præstitisse aliunde etiam constat : quo jure, non est quærendum in præsens. Attendi potius lebent, quæ sequuntur in chronico paulo infra : « Civitates, castella, seu villas per totam domum Mathildis pertransiens, negotia terræ civiliter pertractat. » Præter hæc nomina, quibus bona propria Mathildis designantur, alia duo reperiuntur apud veteres, quæ præteriri non debent. Exstat siquidem apud Margarinum (*Bull. Cass.* tom. II) constitutio Philippi fratris Henrici VI, cui titulus : « Philippus Dei gratia dux Tusciæ, et dominus totius poderis comitissæ Mathildæ. » Et Raynaldus (1221, n. 29) ex libro Censuum diploma exhibet Friderici II supra laudatum, cujus autographum servatur in archivo castri sancti Angeli, in quo, et terra, et podere, et comitatus Mathildiana bona sæpe sæpius nuncupantur : « Cum, inquit, ad resignationem comitatus, terræ, et poderis quondam comitissæ Mathildis faciendam S. R. Ecclesiæ ven. matri nostræ, ad quam pertinet pleno jure, serenitas nostra contra quoslibet detentores speciale mandatum dederit, etc. » Itaque bona juris proprii Mathildis quocumque nomine appellata inveniantur in monumentis XI sæculi et sequentis, magna prædia, oppida, arces, ac civitates fuisse videntur. Adeoque si Paschali II adire hæreditatem illam licuisset, ambigendum non esse crediderim, quin civitates etiam domus Mathildicæ adepturus esset. Cum vero Henrici V Germaniæ regis aviditas ac præpotentia possessionem toto vitæ suæ tempore distulisset, usque ad annum 1125, cum die 22 mensis Maii, nulla sui prole relicta, occubuit mortem, credito proclive est civitates quoque illas, ut Langobardicæ aliæ, in libertatem se vindicasse post mortem Mathildis, qua superstite, infelici eventu id tentaverant. Certe nusquam reperire erit, Romanos pontifices civitatem ullam repetiisse, cum ex adverso terram a civitatibus invasam sanctæ sedi asserere et vehementi objurgatione litterarum et legationibus non desierint.

XIV. Quæ ut vera sint, magnus ille pontifex Innocentius III, quo majorem suarum ditionum vindicem Romana Ecclesia nunquam habuit, principio sui pontificatus, ut est in Gestis apud Baluzium (tom. I, cap. 15) jura possessionum sanctæ sedis indesinenter asseruit : « Cum autem per legatos suos ad hoc specialiter destinatos requireret terram comitissæ Mathildis a civitatibus detinentibus eam, licet illæ civitates vellent eamdem per Romanam Ecclesiam sub certis pactionibus recognoscere ac tenere; quia tamen pactiones illæ convenientes non erant, 206 noluit ex ipsa terra quidquam concedere, præter id quod concessit episcopo Mantuano. » Tanti enim pontificis tempore civitates omnes Langobardicæ a suis consulibus ac magistratibus jampridem administratæ, non solum imperatoria majestate posthabita jus quæque suum tuebatur armis, sed singulæ potentiam suam longe auxerant. Decedente siquidem Lothario II, qui terram Mathildis obtinuerat ab Innocentio II quandiu viveret, ab anno ejus emortuali 1137 usque ad 1155, cum Fridericus Ænobardus imperiale diadema suscepit, per annos duodeviginti neglectu Conradi Italiæ regis, ac postmodum Friderici ejusdem odio, vires ab externis hominibus sibi comparaverant. Quamobrem anno 1175 fere omnes, icto fœdere, in Fridericum arma sumere ausæ sunt, validioresque ut essent, singulæ territorium prisco more instaurarunt : quæ res Mathildianam hæreditatem seu donationem, mirum in modum disturbavit. Huc accedit, quod Fridericus idem in celebri pace Constantiæ anno 1183 civitatum libertatem ratam habuit, modo supremum imperatoris dominium agnoscerent. Idcirco Innocentius III castra, villas et prædia a civitatibus invasa repetiit, quæ serius ocius recuperata ab eodem esse testantur prædicta concessio facta Salinguerræ et Mantuano episcopo alia, cujus mentio in Gestis occurrit. Mantuano autem præsuli concedens hæreditatis Mathildianæ partem, ab illa terra, seu domo civitates propalam excludit; nam Mantua, Regium Mutina, et Parma sunt civitates illæ, quas jure proprietario possidebat Mathildes, et de quibus seorsim agendum erit. Nunc magis ac magis confirmandus est situs certus terræ, domus, poderis, aut comitatus Mathildis contra eorum opinionem qui aliena jura perperam illi tribuunt, propria vero contra æquum et rectum eidem detrahunt.

XV. Id autem melius fieri nequaquam potest, quam laudatis Gestis Innocentii III inhærendo, quæ ditiones sanctæ sedis ab eo pontifice vindicatas singillatim enumerant. Quanquam enim novis ingruentibus motibus in Siciliæ regno, Innocentius distulerit illius terræ recuperationem, adeoque oppida et loca omnia enumerata in iis Gestis non reperiantur, tamen ditiones cæteræ, quas recepit, angustis adeo finibus domum Mathildicam circumscribunt, ut per sanctæ sedis ditiones vagari non sinant, duplexque oppidorum, arcium, prædiorum ab Innocentio facta concessio episcopo Mantuano et Salinguerræ, situm fere ipsum definiant intra Parmæ, Mutinæ, Regii, et Mantuæ territoria. Et vero cum Henr. VI decessit an. 1197, maxima invasionis Henricianæ portio **207** erat apud Marcualdum, qui gratia principis plurimum utens, testamenti ejus exsecutor designatus fuerat (*Gest.* num. 9). Is nempe cum esset « senescalchus imperii, dux Ravennæ et Romaniolæ, marchio Anconæ et Molisii, » nullum non movit lapidem, ut marchiam fiduciario jure retineret; sed nequidquam : « Obtulit domino papæ pecuniam copiosam, annuum censum promittens, si recepta fidelitate concederet ei terram. Quod cum dominus papa facere nollet, quia suspectam habebat fraudem ipsius, reliquit marchiam et regnum intravit. Reducta est igitur tota marchia, præter Asculum, ad dominium et fidelitatem Ecclesiæ, videlicet Ancona, Firmum, Auximum, Camerinum, Fanum, Esim, Senegallia, et Pensaunium cum omnibus diocesibus suis. » Pari modo Conradus Suevus dux Spoleti et comes Assisii « multis modis tentavit, si posset apud dominum papam gratiam invenire, offerens ei decem millia librarum incontinenti, et annuum censum centum librarum argenti, et obsequium ducentorum militum per patrimonium Ecclesiæ a Radicofano usque Cæperanum. » Præterea sui suorumque juramentum fidelitatis, propriosque filios obsides pollicebatur. Omnia pontifex rejecit Italorum gratia, queis exosi erant Theutones, qui tyrannidem exercuerant, miseramque in servitutem eos redegerant : « Recuperavit ergo Romana Ecclesia ducatum Spoleti, et comitatum Assisii, videlicet Reatem, Spoletum, Assisium, Fulgineum, et Nuceriam, cum omnibus diocesibus suis... Recuperavit etiam Perusium, Eugubium, Tudertum, et civitatem Castelli cum comitatibus suis, recepto juramento fidelitatis a civibus, baronibus, et catanis. »

XVI. Marchiam, olim Pentapolim, alteram ex amplissimis duabus provinciis, queis Pippinus rex Francorum sanctam sedem donavit et Spoletanum ducatum a Carolo Magno sanctæ sedi oblatum, supremo jure sibi reservato, ab Ottone Magno partem non modicam Romanæ Ecclesiæ concessum cum summo jure, ac demum ab sancto Henrico traditum ex alia parte in concambium Benedicto VIII postliminio rediisse audis ad sanctam sedem, homine qui-

A dem mutato, prisco autem jure a possessoribus, invasoribusve nullatenus oblitterato. Perinde est de Exarchatu, cui Romandiolæ nomen accesserat, Innocentii tempore : non quia invasoris Henrici VI beneficio illum possidens archiepiscopus, Marcualdi et Conradi exemplo, dejectus fuerit, sed quia sanctæ sedis jura sunt confirmata tum in Exarchatu, tum in parva alia ditione ibidem nata, quæ audiebat terra Cavalcacomitis, cujus caput castrum olim Sussubium in Pippiniana **208** donatione celebre, Britonorium postea dictum. Hujus siquidem castri, præter jus antiquum, novum accesserat ex donatione facta Venetiis ab ipso Cavalcacomite anno 1177, cum ibi consisteret Alexander III concordiæ sanciendæ causa cum Friderico Ænobarbo Henrici VI genitore. Rem testantur Acta ejusdem Pontificis ap. Baronium (1177, n. 29) et melius Nicolaus Rosellius Aragonius patria Tarraconensis ord. Præd. vulgo card. de Aragonia, qui natus anno 1314, ad 1362 vitam per-
B duxit (Cod. ms. fol. 98). Namque Acta illa genuina præsto habuit nonnihil varia a Baronianis, « C. comes, inquit, de Brectanoro absque liberis apud Venetiis defunctus est, qui pro remissione peccatorum suorum, suorumque defunctorum seu parentum, et castrum ipsum Brectonorium, quod alio nomine vocatur Subsubium (*Bar. legit* Sussulianum), et totam terram suam, licet ab antiquo beati Petri fuerit, sacrosanctæ Romanæ Ecclesiæ in propriam hæreditatem donavit. » Quamobrem Innocentius (*Gest.* n. 12) post prædictas provincias recuperatas, « misit præterea nuntios et legatos ad recuperandum Exarchatum Ravennæ, Brictonorium, et terram Cavalcacomitis. » Quid vero? « Archiep. Ravennas asserebat Exarchatum antiquitus fuisse concessum a Romanis pontificibus Ecclesiæ Ravennati, et privilegia ostendebat. Brictonorium quoque concessum fuisse de novo ab Alexandro papa, dum Venetiis moraretur. Supersedit ergo dominus Innocentius prudenter ad tempus, magis quam super hoc vellet ali-
C quid experiri. Permisit tamen ut archiepiscopus Ravennas, salvo jure apostolicæ sedis, recuperaret Brictonorium, et teneret. » Quod quam prudenti consilio pontifex gesserit, archiepiscopi conditio planum facit.

XVII. Hunc scilicet variis appellatum nominibus tradit Ughellus (*It. Suc.* tom. II, pag. 373) Guillelmum, Guillelmottum, Otthonem Curianum, ad quem exstant Henrici VI litteræ « inter cæteros mundi prælatos membrum sacri imperii speciale » illum appellantes, queis Augustus summa imperii negotia eidem committit. Henrici obitus altero ejus archiepiscopatus anno, et magni pontificis Innocentii res præclare gestæ sub ipsa pontificatus initia haud dubie fuerunt in causa, cur pontifica tantum auctoritate Exarchatum et Britonorium sibi assereret. Et de Exarchatu quidem, bene ; nam Gualterius præ-
D decessor suus anno 1125 obtinuerat ab Honorio II Exarchatum sibi confirmari, concessum videlicet antiquioribus apostolicis privilegiis : quod patet ex bulla ap. Ughellum (*Ibid.*, p. 565) octodecim cardinalium subscriptionibus roborata : **209** « Præterea confirmamus vobis Exarchatum Ravennæ, qui Romanæ Ecclesiæ juris est. » Secus est de concessione speciali Britonorii ab Alexandro facta Venetiis, ut dicitur, quamvis Gerardus eidem pontifici familiarissimus Ravennæ archiepiscopus esset : non enim constat de hujusmodi privilegio. E contrario Acta memorata docent Fridericum fœdifragum, statim atque Venetiis discessit, Britonorium obsessum ivisse, pulsisque quos miserat Alexander novæ hæreditatis possessionem initum, illud invasisse : « Ipsos de castro ejecit, et sine conflictu ac pugna inexpugnabile castrum illud cœpit, et sibi ac filio suo regi ab omnibus ipsius loci jurare fecit obedientiam (Bar. 1177, n. 89). » Friderici filio Henrico VI usque ad extremum diem Britonorianos paruisse abunde comprobat hujus testamentum (*Gest. Inn. III.* n. 27

et ap. Bar. 1197, n. 8) in quo hæc leguntur ad rem nostram : « De imperio ordinamus, quod dominus papa et Ecclesia Romana illud filio nostro confirment, et pro hac confirmatione imperii et regni volumus, quod tota terra nostra comitissæ Mathildis restituatur domino papæ, et Rom. Ecclesiæ, præter Medisinam et Argelatam cum earum pertinentiis. Et insuper ordinamus et volumus, ut tota terra de monte Payle cum Monte Fortino liber dimittatur domino papæ usque Ceperanum, et quod Ecclesia Romana habeat montem Flasconem cum omnibus pertinentiis suis. Insuper præcipimus Marcualdo senescalco nostro, ut ducatum Ravennæ, terram Brittenorii, et marchiam Anconitanensem recipiat a domino papa et Romana Ecclesia, et recognoscat etiam ab eis Medisinam et Argelatam cum suis pertinentiis. De quibus omnibus bonis securitatem ei juret, et fidelitatem ei faciat sicut domino suo. »

XVIII. Pretiosum istud monumentum Dei optimi beneficio ad Innocentii manus pervenit, postquam prædictas provincias recuperavit. Nam Henricus morti proximus aut pœnitentia ductus anteactæ vitæ, aut infanti filio et Aug. uxori metuens a Siculis, præcipue ob biennalem lanicenam, testamentum condidit anno 1197, at Marcualdus illud celavit, incertum qua fini, usque ad annum 1200. Tum vero in Sicilia devictus, versusque in fugam, supellectili omni amissa, testamentum quoque in scrinio reconditum cum Henrici aurea bulla prædam victoribus dereliquit. Continuo tamen post mortem Henrici, ut Rogerius in Anglicanis annalibus apud Baronium (1197, n. 9) testatur, « Magna pars Tusciæ, quam idem imperator et prædecessores sui abstulerant Romanis pontificibus, reddita est domino Cœlestino summo **210** pontifici, videlicet Aquapendente et sancta Crispina et Mons Faliscorum, et Radicofanum, et sanctus Quiricus cum omnibus pertinentiis eorum, redditæque sunt ei Sicilia, Calabria, Apulia, et omnes terræ, quæ fuerunt regis Siciliæ, sicut proprium patrimonium sancti Petri, de quibus ipse, ut supra dictum est, constituit Fridericum Henrici Romm. imp. filium regem. » Quapropter in Gestis Innocentius non dicitur Tusciam, ut cæteras provincias, recuperasse, aut saltem jura ejusdem vindicasse apostolicæ sedi. Imo «civitates (Gest. n. 11) Tusciæ, quæ propter importabilem Alemannorum tyrannidem quasi gravem incurrerant servitutem, societatem hanc ad invicem inierunt, præter civitatem Pisanam, quæ nunquam potuit ad hanc societatem induci ; et obtinuerunt a summo pontifice ut et civitates Ecclesiæ quæ sunt in Tuscia et ducatu Spoleti se illis in hac societate conjungerent, falso semper in omnibus apostolicæ sedis dominio et mandato. Constituerunt ergo singulos rectores de singulis civitatibus, et unum priorem, cui tempore sui prioratus omnes intenderent ad societatis negotia peragenda, omnesque tam rectores quam alii juraverunt, quod societatem servarent ad honorem et exaltationem apostolicæ sedis, et quod possessiones, et jura sacros. Romanæ Ecclesiæ bona fide defenderent, et quod nullum in regem, vel imperatorem reciperent, nisi quem Romanus pontifex approbaret.»

XIX. Tusciæ autem Romanæ *patrimonii* nomen, cuilibet Ecclesiæ possessioni olim tributum, proprium evasisse ante sæculum XIII comprobant tum exhibitio « ducentorum militum per patrimonium Ecclesiæ a Radicofano usque Ceperanum, » quam Conradus Suevus fecit Innocentio III, tum præcipue largitio facta Joanni Brenneensi regi Jerusalem ab Innocentii successore Honorio III, quam Raynaldus refert ex ejus regestis (1227, n. 5). Regis istius a Friderico II spoliati rebus omnibus, calamitas movit pontificem, ut quo poterat modo principem sublevaret. Quare administrationem Tusciæ illi concessit : « Totum, aiens, patrimonium, quod habet Romana Ecclesia a Radicofano usque Romam, excepta Marchia Anconitana, ducatu Spoleti, Reate, ac Sabinia, curæ regimini et custodiæ ipsius regis duximus committendum, tenendum, custodiendum, et servandum, quandiu de nostra et Ecclesiæ Romanæ fuerit voluntate : nominatim Radicofanum, Precenam, Aquapendentem, Montesflasconem, Martam, Valentan. insulam Martan. cum aliis locis, quæ ab olim consueverunt **211** jurisdictioni castellani Montisflasconis subesse, Verall. Peuronian. salvis proventibus dilecto filio nostro R.S. Mariæ in Cosmedin dia conocard. concessis, Orde, Montaltum, Centumcellas, Cornetum, Perusium, Urbemveterem, Tudertum, Balneoregium, Viterbium, Narniam, Sanctumgeminum, Struncon., salvis proventibus dilecto filio nobili viro Petro Capucio consanguineo, et ostiario nostro concessis, Tuscan. Ortam, Ameliam, Nepe, civitatem Castellanam, Gallesium, salvis proventibus concessis dilecto filio nostro Ægidio sanctorum Cosmæ et Damiani diac. cardinali, Sutrium, et alia, quæ ipsa Ecclesia Romana habet., vel tenet infra terminos prænotatos cum pertinentiis suis et juribus universis. » Animadverti autem velim, usque ad initia sæculi XIV patrimonium latioribus finibus circumscribi ; quidquid enim *a Radicofano usque Ceperanum*, civitatum, castrorum, locorumque aliorum erat, patrimonium appellabatur : ea propter in monumentis invenitur terra eadem absque ulla patrimonii mentione ; ita tamen ut *tota terra, quæ est a Radicofano usque Ceperanum, marchia Anconitana, ducatus Spoletanus, terra comitissæ Mathildis* perspicue ac distincte recensentur, ut pluribus in Rudolphi diplomatis apud Raynaldum videre est (1275, n. 38 ; et 1279, n. 1 seqq.) : quod profecto abunde comprobat allucinari eos qui aut in Marchia, aut in ducatu Spoletano, aut demum in Tuscia Mathildianam hæreditatem constituunt.

XX. Præ aliis autem allucinatio Florentinii vix ferenda esse mihi videtur. Docet siquidem, sub finem libri secundi, Henricum VI testamento mandasse ut patrimonium Mathildis pontifici redderetur, si Friderico ejus filio puero imperium et Siciliæ regnum confirmasset ; a Cœlestino III id esse factum, quare magnam Tusciæ partem, Rogerio teste, fuisse redditam Ecclesiæ ; suo tamen instituto minus conducere pervestigationem quantitatis redditi patrimonii, num videlicet tota terra, quæ a Radicofano usque Ceperanum a Mathilde donata erat Ecclesiæ, juxta Æneam Sylvium (*Hist. Boem.* c. 21), ad eamdem Ecclesiam pervenerit sæculo XII exeunte. Hoc nihilominus serio animadvertendum putat, terram Mathildis sæculi unius spatio inter pontifices et imperatores controversam, si quandiu apud laicos fuit principatus nomen obtinuit ; cum denique ad successores beati Petri est translata, perpetuo tantæ liberalitatis monumento patrimonii antiquum nomen adeptam esse. Id vero non est historiam caste integreque scribere, sed potius illam pervertere. Henricus siquidem, ut nuper vidimus, primum **212** omnium restitui mandat terram totam comitissæ Mathildis, præter « Medisinam et Argelatam, » quæ duo oppida juris Mathildici in territorio Bononiensi, una cum ducatu Ravennæ, marchia Anconitana, Bretonoriique terra infra in eodem testamento mandat Marcualdo, ut in feudum accipiat a pontifice. Deinde « Et insuper, ait, ordinamus et volumus, ut tota terra de monte Payle cum monte Fortino libere dimittatur domino papæ usque Ceperanum. » Itaque Rogerii testimonium de magna parte Tusciæ reddita Cœlestino ad donationem Mathildis nullatenus pertinet. Namque Innocentius III Cœlestini successor post vindicata jura Exarchatus, qui a territorio Bononiensi definitur, terram Mathildis Exarchatui conterminam a civitatibus eam detinentibus præterquam ab episcopo Mantuano, repetiit. Præterea illius terræ parte n concedens Salinguerræ, castra, villas locaque alia nominat non in Tuscia, sed in ducatu Mutinensi nondum nato existentia. De cujus origine seorsim dicam sequenti capite, cum de civitatibus terræ Mathildis sermo erit. Nunc de patri monio dilucidius aliquid breviter afferri oportet, ad Florentinii opinionem falsam, quam cum vulgo eruditi aliquot imprudenter sequuntur, rejiciendam.

XXI. Tripertito divisam fuisse Tusciam ab ævo Francorum regum, quæ postea divisio per tria fere sæcula perseveravit, ex dictis in præcedentibus dissertationibus liquet, in Romanam videlicet, Langobardicam, et regalem. Hanc postremam, quæ hodie audit Etruria, una cum ducatu Spoletano, esse oblatam apostolorum principi, utili tenus dominio, summo autem jure reservato imperatoribus, diplomatis omnibus, quæ attuli, luculente ostendi. Discrimen etiam, quod intercedit Etruriæ cum Spoleto, palam feci, hunc siquidem ad Ecclesiam paulatim pervenisse compertum habuimus, dum e contrario Tuscia regalis una cum regno Italiæ imperatoribus paruit. Langobardicam vero Tusciam cum singulis suis civitatibus a Carolo magno donatam esse apostolicæ sedi, Carolini codicis litteræ planum faciunt, et Ludovici, Ottonis, atque Henrici diplomata confirmant. Denique Romanam fuisse partem ducatus almæ Urbis, a nullo unquam rege, aut imperatore apostolorum principi ejusque successoribus donatam, sed prædictis diplomatis ad majorem firmitatem cum cæteris ditionibus roboratam, ita scilicet petentibus Romanis pontificibus, qui Romam ejusque ducatum spontaneæ populorum deditioni referebant accepta, demonstravi. Duabus autem hisce Tusciis post sancti Henrici ævum, certe ante duodecimi sæculi exitum, patrimonii nomen esse factum, nuper aiebam. Id vero nominis principio latius patuit, **213** quam ab initio sæculi xiv, dum pontifices Avenione consistebant. Quod patet ex litteris Henrici VII datis Lausanæ anno 1310 ad Clementem V, et relatis a Raynaldo (1311, n. 3 seqq.) ex archivo castri sancti Angeli, et codd. Non enim ut antea quidquid terrarum est a Radicofano usque Ceperanum, patrimonii nomine nuncupatur, sed ad prædictas duas Tuscias coarctatur, civitatibus Perusii et Castelli detractis, aliisque nominatis ad alias provincias pertinentibus : « Patrimonii etiam beati Petri in Tuscia cum civitatibus Tuderti, Narniæ, Urbis veteris, et Reate. » Cujusmodi mentio usque ad ejusdem sæculi dimidium in apostolicis litteris reperitur (*Bull. Vat.* tom. I, p. 272, 289, 340). Etenim Joannes XXII anno 1326 Pandulfo de Sabellis agit grates, quod « rectori patrimonii beati Petri in Tuscia » opem tulerit. Benedictus XII anno 1339 scribit « thesaurario patrimonii beati Petri in Tuscia, » Et anno 1350 Clemens VI « rectorem patrimonii beati Petri in Tuscia » præesse vult militibus pro peregrinorum securitate ibidem dispositis.

XXII. Hujus vero pontificis tempore, ut legitur in cod. Vat. 2040, pag. 51, ap. Raynaldum (1350, n. 6) ecclesiasticæ ditionis proceres in pontificem perduelles, varios injustos principatus condidere : « Hujus tempore fere omnes civitates, terræ, et castra patrimonii sancti Petri, marchiæ Anconitanæ, et Romandiolæ, se rebellaverunt sedi apostolicæ, et ipsius in illis partibus rectoribus et officialibus. Omnes devenerunt in manibus tyrannorum : videlicet patrimonium in manus Joannis de Vico præfecti Viterbii, Marchia in manibus dominorum de Malatesta et Galiotti de Ariminio, etc....; Romandiola vero, etc. » Matthæus etiam Villanus (lib. I, cap. 80; lib. III, cap. 16; lib. IV, cap. 7) semel, iterum, et tertio patrimonium memorat, cum Romani aciem duxerunt adversus præfectum de Vico, cumque hic se dedidit cardinali legato Ægidio Albornotio, Tusciæ nomine suppresso. Quamobrem nudum patrimonii nomen, ut hodie audit, medio sæculo quartodecimo adhiberi cœptum esse crediderim, ut sub finem xii sæculi appellabatur, tametsi terra a Radicofano usque Ceperanum frequentius diceretur sæculo xiii, et patrimonium beati Petri in Tuscia ante prædictum annum 1350. Num utique fidem essent fines quos hodie novimus, in maxima illa rerum ditionumque

Italiæ inversione, factionibus Guelfica et Gibellina alternatim prævalentibus, fateor incompertum mihi esse. Unus auctor Tabulæ Chorographicæ Italiæ medii ævi adjumento esse poterat perversas hasce ætates perscrutanti. At, ni fallor, perterritus difficultate rerum, quæ post sæculum decimum evenere, ista summis tantum labiis, **214** aut minus recte attigit. Mihi erunt instar omnium pauca hæc de donatione Mathildis (*Tab. Chor.* n. 22). Præmissa duplicis chartulæ historia : « Utut sit, inquit, si diplomata, sive donationes Pippini, Caroli, Ludovici, Ottonis, et Henrici enuntiatæ, sunt legitimæ, certo sequitur, vigore harum donationum imperialium, regiones et urbes, quas Mathildis possedit, prius fuisse juris Ecclesiæ, ut ex illis invicem collatis manifestissime apparet. Ideoque suppositis donationibus illorum imperatorum omnem alienationem prohibentium, nequit dici proprie loquendo, donationem fecisse Mathildem, sed justam restitutionem ; adeo ut ea decedente sine hæredibus, ut decessit, ejus bona de jure sine alia legitima dispositione in Ecclesiam devolverentur. Etenim bona Mathildis, ejusque ascendentium vel ab imperatoribus provenerant, vel ab Ecclesia.... Si ab Ecclesia, ad Ecclesiam redire debebant jure devolutionis et restitutionis, non donationis, ut non recte dictum *dono, donatio mea*, neque more illius temporis. Si ab imperatoribus, arguant desides, cum necessaria sit illatio. »

XXIII. Tam alte sedebat ejus menti marchiam Anconitanam et ducatum Spoleti inter bona juris Mathildis recenseri ! Mitto quæ inscite admodum scripta a Florentinio de Tuscia inutiliter rejicit (*Ibid.*, num. 98), prætermissis quæ de Tusciæ marchia serio agenda erant. Ea siquidem præcipua ditio fuit comitissæ, quam a Bonifacio patre sibi relictam, jure beneficiario, seu mavis concessione (instar nati postmodum feudi) imperiali ad mortem usque retinuit ; quemadmodum Ecclesiæ ditiones, quas idem recte devolutas dixit, perperam donatas putavit, permissu pontificum administravit quandiu vixit. Quas inter ecclesiasticas ditiones, etiamsi utraque Tuscia Mathildi paruisset, quod nusquam reperietur, nec Tusciæ Romanæ, antiquissimæ ditionis sanctæ sedis jure deditionis, nec Tusciæ Langobardicæ donationis Carolinæ jure nitentis, et hodierni patrimonii partem meliorem facientis deterior conditio erat, quam Spoletani ducatus et marchiæ Anconitanæ. Itaque tam auctor Tabulæ Chorographicæ, quam Florentinius, hanc mihi dent veniam, errant toto cœlo. Donatio enim, seu podere, domus, terra Mathildis non in pontificia ditione, sed in regno Italiæ quærenda erat : ibi enim tum liberalitate imperatoria et regia, tum opibus atque armis comparata fuerant bona propria Mathildis, quorum hæres instituta ab eadem fuit apostolica sedes. Id luculenter testatur Bertholdus apud Baronium (1092, n. 1) antequam Mathildiana chartula iterum prodiret in lucem : « Henricus quoque, ait, **215** impius imperator, in Longobardia jam biennio morabatur ; ibique circumquaque terram Welphonis Italici ducis præda, ferro, et incendio devastare non cessavit, ut eumdem ducem et prudentissimam ejus uxorem a fidelitate sancti Petri discedere, sibique adhærere compelleret, sed frustra. » Nec putes, dum audis Italiæ ducem, Welphoni Langobardiam, sive Italiæ regnum ab imperatore commissum, ut meris erat. Nam plures Langobardicæ civitates, contra Henricum fœderatæ, Welphonis potentiam longe auxerunt sequenti anno, ut tradit idem auctor : « Civitates quoque de Longobardia Mediolanum, Cremona, Lauda, Placentia contra Henricum in viginti annos conjuraverunt, qui omnes prædicto duci adhæserunt » (ap. Baron. 1093, n. 2). Quamobrem nullum omnino dubium est quin terra Mathildis in Langobardia esset, iisdemque fere limitibus circumscriberetur queis Mutinensis postea ducatus, cujus epoches brevi palam fiet.

XXIV. Mathildis quidem dominatio quidquid juris

imperatorii erat in Italiæ regno amplectebatur. Nam Tusciæ marchiam et Langobardiæ regnum, beneficio imperatorum, ditionem illius propriam longe lateque protendisse constat ex monumentis. Wippo siquidem narrat quemadmodum Raynerius Tusciæ marchio imperatori Conrado Salico parere noluit; quare post annum 1027 Raynerii loco Bonifacius marchio inveniretur, quem Muratorius colligit eodem anno ad eam dignitatem evectum fuisse, post Raynerium a Conrado devictum atque ejectum. Et Domnizo refert Henricum V anno III a Romana coronatione reducem tridui moratum esse Bibianelli cum Mathilde,

Cui Liguris regni regimen dedit in vice regis.

Nihilominus desiperet videretur qui regnum Italiæ et marchiam Tusciæ inter bona propria Mathildis recenseret. Perinde est de illis qui Romanæ Ecclesiæ ditiones a propriis iisdem bonis non secernunt. Ne harum quidem invasores Suevi Augusti Mathildis ditionem cum ecclesiasticis conjunxere. Cujus rei testem attuli Weincartense chronicon apud Leibnitium, quod Friderici Ænobarbi invasionem refert; et Florentinius (*Mem. Math.* lib. II, pag. 350) ex Archivo Lucensi laudat privilegia plura Welfonis Friderico invasas ditiones referentis acceptas, in quibus constanter inscribitur: *Welfo, Dei gratia dux Spoleti, marchio Tusciæ, princeps Sardiniæ, dominus domus comitissæ Mathildis.* Propterea Sigonii opinionem ratam habui, qui Ferrariam unam Tedaldo avo Mathildis a Joanne XIII concessam novit, aitque post ejus mortem ad Ecclesiam rediisse. De hujusmodi concessione Domnizo (lib. I, cap. 2):

216 Romanus papa, quem sincere peramabat,
Et sibi concessit, quod ei Ferraria servit.

XXV. Nolim vero tam iners existimari, ut negem Mathildem in Ferrariensi etiam comitatu, ut in Bononiensi Argelatam et Medicinam, nonnulla jure proprio possedisse; id enim semper solemne fuit summorum principum, ut allodialia in alienis ditionibus retinerent, quod hodieque fieri neminem latet. Præterquam quod illustre affertur monumentum seu chartula Mathildis ab Ughelli (*Ital. sac.* tom. II, pag. 170) pro monasterio Nonantulano, in hanc sententiam: *Omnesque res territorias, quas in toto comitatu Ferrariæ videor possidere; omnes scilicet res supradictas, quas prælibatæ sanctæ Romanæ Ecclesiæ jure proprietario tradidi, et nunc ab ea videor possidere.* Quid vero? Leibnitio (*Scr. Brunsw.* tom. I, Introd.) et exscriptori ejus Scheidio (*Orig. Guelf.* tom. I, pag. 449) audiam, qui sanctæ sedi donata esse contendunt a Mathilde « quæ jure proprietario sui allodii possidebat? » Id facerem ultro, nisi uterque auctoritate Muratorii nixus (*Rer. Ital.* tom. V, pag. 385) relationem de fundatione Canusinæ Ecclesiæ, opinionis suæ testem adhibuerit. In ea siquidem legitur: « Tandem transmisso thesauro Romam per assensum et voluntatem papæ (Greg. VII), qui chartam offertionis de omnibus prædiis prædictæ comitissæ ab ea receperat. » Cum autem auctor relationis multo post ea tempora floruerit, nam infra, « Demum vero, inquit, post concordiam papæ Paschalis cum imperatore, et post mortem comitissæ Mathildæ, etc., » hinc est, quod major chartulæ seu donationi fides habenda, quam relationi hujusmodi videtur. Ibi autem conceptis verbis legitur: « Dono et offero omnia bona mea, tam que nunc habeo, quam que in posterum Deo propitio acquisitura sum, et tam ea que ex hac parte montis, quam que in ultramontanis partibus habeo, vel habitura sum sive jure hereditario sive alio quocunque jure, pro mercede et remedio anime mee et parentum meorum. Que autem ista mea bona juris mei superius dicta una cum accessionibus et ingressibus, seu cum superioribus et inferioribus suarum, qualiter supra legimus in integro ab hac die in eadem Ecclesia dono, et offero, et per hanc cartulam oblationis ibidem habendum confirmo. » Et supra dixerat: « sive jure successionis, sive alio quocumque jure ad me pertinerent. »

XXVI. Quod si Mathildes Nonantulano cœnobio « res omnes territorias » Ferrariensis comitatus donavit, Romanæ autem sedi omnia bona quocunque jure ad eam pertinentia, non igitur, bona cum venia scriptoris **217** relationis prædictæ, opinionesque ejus obviis ulnis amplectentium Muratorii, Leibnitii, ac Scheidii, chartula seu donatio, de qua agimus, erat prædiorum, seu rerum territoriarum, ut sententia utar Mathildis; sed oppida, sed villæ, sed civitates, quæ terram, domum, comitatum, podere magnæ ejus principis efficiebant. Et vero jure hæreditario habebat Mathildes « villas et oppida » ultra montes, Domnizone teste, citra montes autem « civitates, castella, seu villas, » chronista Weincartinsi testante possidebat, inque iis insignia duo oppida Argelatam et Medicinam territorii Bononiensis, Henrico VI invasore maximo id fatente prope Judicii portas. Terram ipsam plurima continentem oppida villasque et loca alia Innocentius III partim episcopo Mantuano, partim Salinguerræ fiduciario jure concessit. Quæ omnia cum late in superioribus exposuerim, hic satis superque esse duco in memoriam revocasse. De Carfagnana, quæ utique erat juris proprii Mathildis, Florentinius (lib. II, p. 306, et Append. p. 75) diploma profert comitissæ datum Ponteremuli anno 1110 quo confirmantur « plebi castri veteris de Garfagnana » decimæ, quas Ugolinellus comes patronus ei donaverat. Et Gregorius IX iteratis litteris, ut animadvertit Raynaldus (1230, n. 19, 1234, n. 11) Lucanis censuras interminatur, nisi Carfagnanæ castra quæ invaserant, quantocius restituerent. Nostra tandem ætate optimo publico vir cl. Joseph Garampius Basil. Vaticanæ canonicus et præfectus utriusque archivi apostolici, Vaticani scilicet et castri sancti Angeli, paucis ante diebus (*Antiq. sigill. Garf.* p. 14 seqq.) documenta edidit hanc rem illustrantia, ac præ iis juramentum fidelitatis nobilium et baronum Carfagnanæ præstitum Cencio capellano et subdiacono pontificis Gregorii IX, ac rectori ejus provinciæ die 25 Novemb. 1128, quod exstat in regesto libri censuum (*Archiv. secr. Vat.* p. 265), pluresque epistolas genuinas ex regestis Romm. pontificum, quæ omne dubium amovent quin Carfagnanæ oppida pertinerent ad apostolicam sedem iure hæreditario Mathildis.

XXVII. Quamvis enim curtes et massæ plures tam in præstantissimo codice Albiniano, quam apud Cencium, recenseantur juris apostolicæ sedis, castra tamen et oppida Carfagnanæ ad eam minime pervenerunt, nisi ex donatione Mathildis. Quin etiam antiquæ illæ curtes et massæ, quæ in libro bibliothecæ Lateranensis, qui *Benedictus* inscribebatur (incertum num octavus, ac nonus intelligi debeat), confuse admodum recensentur hunc in modum: « Item in alio tomo, cui præscriptus est papa Benedictus, leguntur posita esse in comitatu Luccensi et in **218** comitatu Cornino, et in comitatu Rosellano, et in comitatu Pisano hæc patrimonia. » Infra autem appositum invenitur in margine « Garfagnana »; textus vero habet: « Masse et terre, que ponuntur in Θ Terra in Dimizano. Terra in funo agnio. Terra in timpaniano. Terra in decimo. Terra in leojana. Terra in Pastrino. Masse in vane et masse in rojo. et masse et terra in convalli. Terra et masse in anclauno. Terra et masse in lacune. Masse et terra in controni: fuit in casa Basciana vel in buliano, sive ecclesiæ S. Petri in Cisarana cum omnibus suis pertinentiis. Villa miliana, et villa ariana. Villa in bargano, seu ros in duza, in villa majore, in Bacano, in Toscana, et curte in Castellione. Villa a colle masse siliquano rojana. Masse in caricino. Masse in rojo. Masse in casatico. Corte Cesarana cum ecclesia S. Andree, et curtis quæ dicitur vicus, et Ecclesia S. Rufine cum curte sua. et curtis in piscaria in integrum. Et curtis de campaniatico. Masse et terra in cascania, seu in corsine, seu in Petroniano, in castello de Curfiniano. Curtis in Vasignano. Masse que dicuntur Grisomolecio, que ponuntur inter paternum, et petronium. In capruniana : in Vipiliano : in ba Θ in Ceruliana. In Gragnio. In gragniana, Cahalia, et alia gragniana, in icano. Curtis Faloniana cum pertinentiis suis. Curtis in coscuniana curtis in Θ ia. Et curtis in. Lactaria cum introitu et exitu earum, et cum omnibus ad omnes suprascriptas curtes et terras generaliter, et in integro pertinentibus. » Locum exscripsi integrum, ne iis quidem possessionibus prætermissis, quas scriptor codicis per græcam litteram Θ designavit, ut pote exæsas in vetustis chartis, unde illas desumpsit, ut liqueat nullum omnino castrum, oppidumve aut in Garfagnana, aut in territorio Lucensi juris fuisse apostolicæ sedis ante Mathildicam donationem, proindeque, pontificum expostulationes ob castra invasa referri oportere ad tempora comitissæ obitum consecuta, sive annum 1126, cum Honorius II hujus allodium concessit Alberto Tusciæ marchioni, quod initæ possessionis argumentum est certo certius.

XXVIII. Itaque, inquies, terra, seu domus Mathildis, non erat, more aliarum ditionum, regio aut provincia ab aliis separata, sed castra et possessiones hac illac dispersa corpus illud efficiebant, cujus hæres apostolica sedes instituebatur; nec longe a veritate aberrant, qui Marchiam, Spoletum, Tusciam in ista hæreditate comprehendi autumant. Ubique enim bona propria Mathildis deprehenduntur. Ita scilicet putandum videtur primo aspectu, secus autem esse ostendunt Gesta Innocentii III **219** supra laudata. Magnus siquidem iste pontifex, cæteris Ecclesiæ Romanæ ditionibus recuperatis, juribus [ue Exarchatus et Britonorii vindicatis usque ad Mutinensis hodierni ducatus limites, continuo de terra Mathildis recuperanda per legatos et nuntios serio egit, ut aiebam supra (num. 14). Quanquam igitur et in Ferrariensi, et in Bononiensi, et in aliis episcopatibus propria bona Mathildis existerent, nihilominus erat terra propria, in qua rector instituebatur, custodiebantur munitiones, Romanus pontifex, aut cardinales eo venientes, atque ibi consistentes honorifice excipiebantur. Hanc vidimus (num. 9) in juramento Salinguerræ designari « in episcopatu Bononiensi, Mutinensi, Regino, Parmensi ; » a Radevico juxta ripas Eridani collocari ; et a Friderico Ænobarbo lustrari « civitates, castella, seu villas per totam domum Mathildis. » Præterea compertum exploratumque est, in diplomatibus imperatorum et regum Romanorum usque ad initia sæculi xiv, terram Mathildis memorari seorsim a patrimonio Tusciæ, seu *terra a Radicofano usque Ceperanum*, Marchia Anconitana, ducatu Spoletano, et Exarchatu. Quin etiam Imola, Bononia, Ferraria, in quarum comitatibus fuisse constat castra et prædia Mathildis, secernuntur a terra ejusdem propria, sive, ut loquar pro ævi nostri more, a magnæ comitissæ principatu. Neque enim creditu proclive est, mulierem potentia singularem in Italia, beneficio tantum Cæsarum in Tuscia regali, et in Liguria dominatam esse ; nec non pontificum beneficio Ferrariam urbem administrasse, at proprii juris castra, solum et oppida possedisse. Civitates Mutinam et Regium numerandas esse inter bona propria Mathildis ; imo Parmam quoque et Mantuam iisdem probabili admodum ratione adjungendas mox ostendam. Id tamen pro certo affirmare non dubito, nullam unquam ex iis civitatibus ab apostolica sede jure illo hæreditatis aut quæsitam, aut repetitam esse. Causæ ex dictis patent. Primo siquidem in libertatem una cum cæteris Langobardiæ urbibus se vindicarunt ; deinde proprium principem elegerunt. Mutina præ aliis et Regium, quæ Atestinis marchionibus paruerunt, principes tam bene de Romana Ecclesia meritos elegisse gloriantur, ut a pontificibus honore et ditionibus (fiduciario tamen jure, quod licitum est de rebus Ecclesiæ) semper auctos ante Julium II aspexe-

rint. Tum vero momentaneas vices passæ, non quia, ut bona propria Mathildis ob annis fere quadringentis, donatæ dicerentur, sed quia Exarchatus fines latius protendi sunt crediti. Quam opinionem nostra etiam ætate tuitos esse præstantissimos viros non mirari non possum. Monumenta siquidem certa apud Raynaldum irritos eorum **220** conatus demonstrant, minusque justæ causæ patronos eosdem fuisse palam faciunt : quod sequenti capite demonstrabo.

CAPUT II.

De civitatibus Parma, Regio, Mutina et Mantua juris olim comitissæ Mathildis.

I. Cum de Ottonis Magni, primique Henrici Augustorum diplomatibus res fuit, æque celebris atque obscura illa designatio ditionum S. Rom. Ecclesiæ per fines fuit exposita, quam opportune huc afferre oportet : « Item a Lunis cum insula Corsica, deinde in Suriano, deinde in monte Bardonis, deinde in Berceto, exinde in Parma, deinde in Regia, exinde in Mantua, atque in monte Silicis, atque provincia Venetiarum, et Istria. » Hanc quidem designationem finium Carolo Magno tributam, tametsi pius Ludovicus ejus non meminerit, cum finibus Italiæ regni ab eodem Carolo præscriptis filiis suis, comparatam, obscuri aliquid præseferre ostendi alibi ; cum Mutinam in Ecclesiæ ditione, ut videtur, comprehendi mirabar, et ex adverso in regnorum divisione dilucide includi, « usque ad fines Regensium, et ipsam Regium, et Civitatem novam, atque Mutinam usque ad terminos sancti Petri. » Quis vero ausit vetustis adeo monumentis fidem minuere, quia illorum sententiam non assequitur ? Consuevit Carolus, ut patet ex divisione regnorum, solo civitatum nomine amplissima earum territoria complecti, quampluribus horum oppidis villisque silentio prætermissis. Quamobrem non mœnia civitatum, sed fines territorii cujusvis per dicta nomina designantur. Cumque incompertum sit utrum Regiense an Mutinense territorium magis finitimum esset ecclesiasticæ ditioni, non nostra est designationem illam improbare. Certe infra descriptos fines, qui tunc ducatum Tusciæ (sanctæ sedi oblatum a Carolo, utili tenus dominio) a regno Langobardico secernebant, ævo Mathildis, propria hujus bona contineri colligimus ex dictis præcedenti capite. Indidem didicimus, non solum castra, et villas, sed quatuor etiam civitates, *Regium* et *Mutinam*, sine ullo dubio ; nec non *Parmam* et *Mantuam*, tametsi non suppetant monumenta satis firma, quibus dominii proprietas comprobetur, ad Mathildianam hæreditatem referendas esse. Chartulæ donationis absoluta sententia omnium bonorum juris cujuscunque **221** alios in aliam opinionem pertraxit ; nemo tamen, iis exceptis qui ad prædia donationem imprudenter redegerunt, ex propriis illis bonis civitates detraxit : in ecclesiasticis siquidem provinciis sitas esse censentes, aut jure dotali traditas Beatrici in Langobardia, ad filiam pervenisse aientes, bona illa propria civitatibus vacua esse non putarunt. Quamobrem futurum videtur operæ pretium, quæ vere civitates in Mathildis terra, seu domo essent, disquirere, tametsi cum aliis Langobardicis libertatem adeptæ nec pontificibus, neque Augustis, nisi apparenter paruerint.

II. In diuturna illa vacatione imperii post Carolinæ stirpis Augustos, dum res Italici regni male admodum habebantur, Atto, seu Azzo Sigefridi filius, proavus Mathildis, potentia et opibus maxime insignis, Canusinam arcem in Regii Lepidi comitatu a fundamentis erexit. Hunc præclaro comitis nomine appellatum animadvertit Muratorius (*Ant. Ital.* diss. 28, *Annal*. 958), nec nosse se fatetur cujusnam civitatis. Regii tamen fuisse, arx ipsa Canusina non longe ab eadem civitate existens nobis facile persuadet. Præterea Otto Magnus anno 962 diadema imperiale assecutus a Joanne XII ut gratias eidem referret, ob Adelaidem insontem periculis ereptam, atque in arce eadem inexpugnabili servatam, civitales aliquot dono dedit. Rei testis est Domnizo (lib. I, c. 2):

> Muneribus magnis Attonem ditat, et aitis.
> Cui nonnullos comitatus contulit ultro.
> Per quem regnabat nil mirum, si peramabat.

Per comitatus autem civitates intelligi oportere nos docet præ aliis eorumdem fere temporum monumentum Ottoni III ascriptum, tametsi Baronius (1191, n. 37) integrum illud producens, manifestæ falsitatis arguat; et Pagius (999, n. 5) per sæculum XI a male feriato homine confictum ostendat; et uno verbo eruditi omnes putidum figmentum appellent, penitusque amandent, ut æquum est. Quod vero attinet ad rem nostram, monumenti potius indoles quam sententia attendi debet. « Octo igitur comitatus pro amore magistri nostri domini Silvestri (II) papæ sancto Petro offerimus, et donamus, ut ad honorem Dei et sancti Petri cum sua et nostra salute habeat, et teneat, et ad incrementa sui apostol. nostrique imper. ordines. Hos autem sibi ad ordinandum concedimus Pisaurum, Fanum, Senogall. Anconam, Fossabrunum, Callium, Esium et Ausimum. » Itaque quidquid sit de figmento isto, comitatuum nomine civitates designantur. Quidni civitates erunt, quas comitatus vocavit Domnizo? quidni Atto jampridem comitis cognomentum præseferens, ac proinde Regiensis forsan civitatis administrator, deinde Ottonis liberalitate et Regii et Mutinæ summum dominium adeptus erit? Attoni Tedaldus filius successit, de quo idem Domnizo:

> Qui post Attonem totum servavit honorem,
> Amplificans terras proprias dives nimis exstans,
> Regibus existit carus notissimus illis.
> Romanus papa, quem sincere peramabat,
> Et sibi concessit, quod in Ferraria servit.

III. Utrumque Muratorius (Ant. Ital., diss. 6) marchionis titulo insignem reperit in monumentis: quare suspicatur quatuor ex civitatibus Regio, Mutina, Parma, et Mantua conflatam fuisse marchiam, cui uterque præfuerit. Equidem conjecturis ægre admodum indulgeo, quanti enim sint in rebus facti, probe novi. Regium quippe et Mutinam utrique subjectas fuisse ex monumentis certis eruitur. Hujusmodi unum refert Bacchinius in monasterii Padolironis historia: « Adalbertus, qui et Atto, gratia Dei comes Mutinensis. » Et apud Ughellum (tom. II, p. 269) est diploma ad annum spectans 964, quod dedit Otto Magnus, « interventu, et petitione Adelberti inclyti comitis Regiensis, sive Mutinensis. » Muratorius utrumque vidit (Ant. Ital. tom. I, diss. 8), tertiumque adjungit, nempe placitum Tedaldi anno 1001, in quo legitur, « Teudaldus marchio et comes istius Regiensis comitatus. » At duabus de aliis civitatibus idem affirmare non ausim. Mantuam quippe incertum, num Otto II Teodaldo avo Mathildis, an ejus genitori Bonifacio Conradus, cui ob res præclare gestas erat acceptissimus, concesserit. Secus est de Parma, tametsi pro certo haberi debeat, quatuor hasce civitates cum suis territoriis terram, sive, ut nostro more loquamur, principatum comitissæ Mathildis effecisse; non autem marchiam, nomen illa in regione insolens, imo inauditum. Otiosum esset placitorum, diplomatum, aliorumque hujusmodi monumentorum auctoritate Mathildis domum comprobare; ea siquidem prostant in nova ejus Memoriarum editione. Ex eorumdem autem loco, subscriptionibus testium, concessionibus variis, ac præsertim episcopis una cum comitissa convenientibus, *terra*, *domus*, *podere*, *comitatus*, de quo est dictum uberrime præcedenti capite, quatuor istis civitatibus earumdemque territoriis definiri ea colligitur. Castra vero alia, et prædia alibi existentia, ut Medicinam et Argelatam in Bononiensi episcopatu, res territorias in Ferrariensi, ac prædia in Imolensi, cum in aliena ditione essent, quis non videt, accessiones potius quam terram propriam dicendas esse?

223 IV. Civitates, inquies, regni Italiæ juris erant imperialis, quare beneficio, aut in feudum concedebantur. At donabantur etiam: idcirco Otto Magnus *de proprio nostro regno civitates et oppida* se donare aiebat apostolorum principi, ejusque successori Joanni XII, idemque eodem jure Attoni Regium et Mutinam, successoresque Mantuam donavere. Nonne Henricus IV triennali obsidione non expugnatam, proditione Mantuam acquisivit, ut testatur Domnizo? Nonne civitatis illius domina, ut recte eam appellat Mabillonius (An. B. lib. LXVII, n. 5; lib. LXX, n. 54; lib. LXXII, n. 105), antequam moreretur, in suam potestatem redacta civitate, eo « reversa est, ubi sacramentum fidelitatis a subditis recepit? » Ad Parmam quod attinet, documenta exstant apud Ughellum, quibus evincitur totum comitatum Parmensem episcopo Hugoni concessum esse a Conrado Salico, semel anno 1029, iterum 1035, ac tertio 1036, quem Cadolaon confirmavit Henricus II, 1047 (It. sac. tom. II, p. 164 seqq.): « Perpetua, inquit Conradus, donatione largimur sanctæ Parmensi ecclesiæ, cui Hugo præest episcopus, totum comitatum Parmensem, tam infra urbem quam extra per circuitum. » Et altero in diplomate post annos sex: « Totum prorsus et integrum tam intra muros quam extra comitatum per suos certos fines, et antiquæ descriptionis limites, sicut illum sanctæ Parmensi ecclesiæ jamdudum fideli devotione contulimus. Videlicet quantum episcopatus ipsius comitatus distenditur a Pado usque ad Alpes, et a termino illo, quo divisio est inter prædictum episcopatum, et episcopatum Placentinum usque ad terminum illum, quo divisio præfati Parmensis episcopatus et Rhegiensis est extra præscriptum Parmensem episcopatum suprascriptas curtes ad prædictum episcopatum pertinentes castrum Arriani, Saxolum, castrum Picicoli, Palazanum, Longura cum omnibus pertinentiis earum, per hanc remunerationis nostræ paginam confirmamus. » Ac demum novo diplomate donationem confirmat sequenti anno 1036. Ipsissimis autem verbis *comitatum tam intra urbem quam extra*, Henricus II Conradi filius Cadolao confirmant anno 1047, adeoque gratis asseritur civitatem illam hæreditario jure ad Mathildem pervenisse, quia scilicet Beatrici assignata fuerit pro dote ab Henrico II ejus consanguineo anno ut creditur 1037, cum Bonifacio nupsit, quæ est opinio Benedicti Luchini (Chron. cap. 3). Quidni potius Bonifacium Italiæ marchionem agnoscam cum Hermanno Contracto? Hic siquidem tunc temporis vivens, ad annum 1052: « His diebus, inquit, Bonifacius Italiæ marchio ditissimus Beatricis nobilissimæ comitissæ 224 maritus a duobus militibus sagittis toxicatis vulneratus moritur, et Mantuæ honorifice sepelitur. » Et cum eo concinens Domnizo,

> Cui juravere, patre tunc vivente, fideles
> Servi, prudentes proceres, comites pariterque.

V. Comites quippe, queis comitatus seu civitas una cum territorio subjecta erat, marchioni, qui ducis instar provinciæ præerat, morem gerere tenebantur. Idcirco imp. Conradus eodem anno 1037, cum Hugonem Parmensem episcopum creavit comitem, Bonifacio marchioni seditionem Parmensem compescendam demandavit. Quare nisi veritati fucum facere, aut cum Muratorio novas marchias conjectare velimus animo effingere, Bonifacium marchionem temporibus Conradi Salici, et Henrici II Augg. Italiæ et Tusciæ præfuisse fateamur necesse erit. Quin etiam Beatricem cum Mathilde in iisdem provinciis eodem jure dominatas esse usque ad annum 1061, cum Cadolaus episcopus et comes Parmensis apostolicam sedem sacrilege invasit, suntque exortæ illæ maximæ simultates regni et sacerdotii, quæ pristinam Italiæ civitatum subjectionem disturbarunt, pro certo haberi debet. Ac Beatricem quidem id temporis, nempe usque ad annum 1076, cum obiit Pisis supremum diem, in Tuscia et in Langobardiæ provincia, seu Italiæ regno, præter avitum principatum, jure fiduciario dominatam esse colligitur ex monumentis. At Mathildem ejus filiam perpetuis fere bellis ab Henrico IV agitatam et avitam terram latius extendisse jure belli, et ab anno IV quidquid imperatoriæ potestatis erat in Italia, pro rege administrasse, compertum exploratumque est. Et vero cum Henricus IV, quem, utpote imperiali diademate nunquam redimitum, Italiæ civitates præcipuæ detrectabant, anno 1084 ex Guiberti pseudopontificis manu coronam perditionis, ut ait Baronius, accepit, in campis Sorbariis adeo infelici Marte confixit cum Mathilde, ut Italiam fere omnem amiserit. Interim civitates nonnullæ excusso priscæ subjectionis jugo reipublicæ formam induerant, seque ipsæ per suos magistratus regebant; quare post annos decem, ut supra est dictum, referente Bertholdo apud Baronium (1093, n. 2), Mediolanum, Cremona, Lauda, Placentia juncto fœdere, in Henricum cecinere classicum, ac Mathildi adhæserunt. Quod sane fœdus non esse initum etiam a civitate Parmæ, terræ Mathildis contermina, suspicandi locum præbet num terræ ejusdem pars esset?

VI. Quid, quod factis comprobatur jus supremum Mathildis in eadem civitate? Et vero antequam comitissa Italiæ regnum, seu potius **225** illius reliquias pro rege administrarel, Parmenses cives anno 1104 immane sacrilegium perpetrarunt in Bernardum card. apostolicæ sedis legatum (quem postea episcopum sibi dari efflagitarunt). Mathildes re audita eo convolat cum milite, in reos, pro tanto scelere animadversura, tametsi Bernardi precibus mota, ad officium tantummodo Henriciani schismatis fautores revocavit (Baron., an. 1102, n. 24; 1106, n. 31). Nonne hinc patet, civitatem istam inter ea bona comitissæ recenseri, de quibus aiebat in chartula donationis: *tam que nunc habeo, quam que in posterum Deo propitio acquisitura sum..... sive jure hereditario, sive alio quocumque jure?* Unum id obstaret, quod aiebam præcedenti capite (num. 7) si regnum Italiæ juxta pacta conventa instauratum esset, quale fuerat sancti Henrici ac prædecessorum temporibus. Longe autem ut Henricus V staret pactis, et Paschalem II pontificem et cardinales, violato sacramento, in captivitatem abduxit; privilegium jure *pravilegium* appellatum a pluribus, per vim extorsit a Paschali eodem, qui suæ aliorumque captivitati finem allaturus, pacique publicæ litaturus hostiis majoribus, investituras, ante eum diem damnatas in principibus laicis, eidem concessit; ac demum pejor patre pontificias ditiones invasit, et Mathildis postmodum decedentis hæreditatem totam sibi arrogans, donationem sanctæ sedi ab ea factam elusit. Quamobrem nec pontifex præcipere debuit, aut potuit episcopis præsentibus die coronationis, « ne intromittant se vel invadant eadem regalia, id est civitates, ducatus, marchias, comitatus, monetas, mercatum, advocatias, et curtes, quæ manifeste regni erant, » ut erat in pactis apud Baronium (IV, n. 2). Multo autem minus Mathildem spoliare poterat bonis suis, quæ olim ad regnum Italiæ pertinebant, et quorum hæres instituta fuerat sancta sedes. Quam rem probe intelligens Henricus, fortasse etiam meditans quæ post comitissæ obitum facturus erat, in Germaniam rediens post coronationem, bidui cum illa substitit Bibianelli, fretusque illius potentia et opibus, Italiæ regni administrationem eidem commisit: quare post annos quatuor ea decedente et quæ regni erant, et quæ terræ seu domus Mathildis, consanguinitatis obtentu, sibi arrogavit.

VII. Hoc in statu usque ad Callisti II tempora, seu ad annum 1122 rem permansisse constat. Tum vero plurium annorum diro certamini, quod armis et schismate sacerdotium afflixerat, finis demum aliquando est allatus; et Henricus jurejurando hæc præ cæteris est pollicitus: « possessiones et regalia beati Petri, quæ a principio hujus dis-

cordiæ **226** usque ad hodiernum diem, sive tempore patris mei, sive etiam modo ablata sunt, sive habeo, eidem S. R. Ecclesiæ restituo, quæ autem non habeo, ut restituantur fideliter juvabo. » Cætera videsis ap. Baronium (1122, n. 5 seqq.), exstantia etiam in præstantissimo cod. Albiniano quo utor, non modico cum rerum verborumque discrimine. De Mathildiana hæreditate ne mussitatum quidem esse ab Romano pontifice, altiora vulnera sanctæ sedi inflicta sanaturo, inde liquet, quod nonnisi post Henrici mortem Honorius II possessionem illius inivit an. 1126, possessionem vero mutilam; terram quippe civitate qualibet vacuam tum Honorius, tum Innocentius II, tum denique Innocentius III, jure proprietario aliis concessisse traduntur. Ex iis tamen pontificibus nullus aliud quam prædia, castra, villasque concessit, quia scilicet tertii Innocentii ævo Langobardicæ civitates omnes sui juris erant; cumque longe ante Honorium et Innocentium II nonnullæ in libertatem se vindicarint, credibile admodum est, Parnam, et reliquas terræ Mathildis aliarum exemplum secutas esse, tametsi rei monumentum non exstet. Utcumque autem fuerit, pro certo habendum est, Mathildem aut acquisitionis, aut alio quovis jure Parmam, quemadmodum hæreditario Rhegium, Mutinam et Mantuam possedisse. Propterea nullus dubito, quin istæ quatuor civitates, nisi primum invasio, deinde libertas obstitissent, una cum reliquis bonis propriis testatricis ad apostolicam sedem pervenluræ essent. Tanti momenti rem comprobare videtur placitum ejusdem existens ap. Ughell (*It. Sac.* tom. II, p. 171) cujus partem huc afferre non gravabor:

VIII. « In nomine sanctæ et individuæ Trinitatis. Mathildis Dei gratia si quid est. Dum olim apud Montem Baruncionem essemus, et præsentibus domino Bernardo Parmensi, et Bonoseniore Rhegiensi, atque Manfredo Mantuanorum venerabilibus episcopis, quædam negotia tractaremus, venerunt homines de Monticulo conquerentes, quosdam malos et injustos usus per nostros ministeriales sibi fieri, qui nunquam antecessoribus illorum fuerunt impositi.... Notum igitur esse volumus omnibus nostris fidelibus tam præsentibus quam futuris, nos omnes malos et insuetos usus, quos a tempore hoc. Beatricis matris nostræ habuerant, aut per nos et nostros ministeriales eis injuste impositi fuerant, omnibus hominibus de Monticulo deinceps remisisse.... Dominus autem Bernardus prenominatus Parmensis episcopus per se suosque successores nobis, nostrisque successoribus e converso refutavit, quod nostris arimannis de Monticulo nullos alios usus, vel factiones deinceps requisierit, nisi quos ejus **227** antecessores, videlicet Cadalus et Eberardus Parmenses episcopi solummodo in pace, et non in guerra ex illis habuerunt. Actum est an. Dom. inc. 1114, VII Kal. Jul., Ind. 7, ap. Mont. Baruncion. » Hinc profecto elucent plura supremi juris indicia. Placito siquidem episcopi aderant e domo Mathildis, Mutinensi excepto, quem aliunde constat ex eadem domo, seu terra fuisse. Præterea ministeriales in comitatu seu territorio Parmensi ab ævo Beatricis, subjectio Bernardi episcopi Parmensis; ac denique arimanni, quos Mathildes immunitate vult gaudere sub suis etiam successoribus, summum dominium Mathildi vindicant; tametsi incompertum mihi esse fatear, an origo ejus ab Sorbariensi pugna, seu potius ab initio schismatis petenda sit. Quamobrem apostolica licet sedes nullius ex quatuor civitatibus possessionem nunquam ob allatas causas inierit, negari tuto non potest, Parmam quoque inter bona juris proprii Mathildis recenseri. Quæ cum ita sint, quanquam obscuritatis plurimum in designatione illa per fines Ottoniani diplomatis inesse aliquibus videatur, attamen si Parmensis, Rhegiensisque, ac Mantuani comitatuum fines ecclesiasticæ ditionis terminis adhærentes considerent, tum Italiæ regnum ab apostolicæ sedis dominio, tempore Ottonis secernent, tum Mathildis terram, domum, comitatum, podere, sive principatum tenebunt.

IX. Quare autem ab sæculi xiv initiis nulla amplius memoria occurrat bonorum proprii juris Mathildis, quorum hæres institutus fuerat sanctus Petrus, facili negotio quis intelliget, si diuturnam reputet vacationem imperii ab anno 1245, cum Fridericus II exauctoratus fuit ab Innocentio IV in Lugdunensi concilio ad 1275, cum Rudolphus, magnus ille progenitor augustissimæ domus Austriacæ rex Romanorum electus fuit. Quam scilicet vacationem quinque annis breviorem, nempe a Friderici prædicti emortuali anno 1250 ad Rudolphum, Germanici scriptores fatale interregnum appellant. Illa siquidem in diuturna vacatione Langobardicæ civitates, excussa subjectione omni, quam in pace Constantiæ videbatur subiisse, aut singulæ, aut plures simul proprium sibi principem cœperunt eligere. Exemplum imitatæ quatuor civitates terræ Mathildis suum et ipsæ principem elegerunt, quanquam Mantua tantum novi regis Romanorum electionem prævenerit, nam anno 1269 Pinamontem Bonacossium acclamavit. Aliquanto tardius, Rudolpho jam regnante, Mutina anno 1288, et post biennium Rhegium, Opizzoni marchioni Atestino ultro se subjecerunt. Parma etiam, licet subjectione minus diuturna, anno 1305 Gisberto Corregiensi se subdidit, rege Romanorum Alberto Rudolphi filio. Novis hisce principibus, præter civitates, comitatus 228 earum integros paruisse inde colligitur, quod terræ Mathildis nulla in diplomatis mentio fit post Rudolphinum. Albertus quippe Rudolphi filius, qui omnium ultimus illam confirmare videtur Bonifacio VIII (ap. Rayn. 1305, n. 9) Ludovici et Ottonis diplomata confirmat ex libro Decretorum (dist. 63) præque aliis paternum conceptis hisce verbis : « Recognosco et fateor, omnia et singula quæ a divæ mem. Rodulpho patre meo Romanorum rege, et etiam a quibuscunque prædecessoribus ejus Romanorum regibus vel imperatoribus sive super fidelitatis juramento, sive super quibuscunque aliis recognita, confessata, promissa, facta, jurata, confirmata, innovata, remissa, seu de novo donata fuerunt simul, vel diversis temporibus ; et ipsa ratifico, innovo et confirmo, et ea juro, et promitto, me inviolabiliter servaturum ; et ex nunc similia in præsentibus litteris meis patentibus meo magno signatis sigillo remitto, facio, et de novo concedo. » Terræ autem Mathildis mentionem ullam specialem neque Albertus, neque Romanorum regum, imperatorumve ullus, qui Albertum secuti sunt, fecerunt ; neque Romanus ullus pontifex, majorum exemplum sequens aut invasam repetiit, aut in feudum alicui concessit.

X. Quamobrem cum annis fere ducentis Romanos pontifices jura sancti Petri asserendo, ac Germaniæ reges, atque Augustos eorum invasionem nunc tuendo, nunc ultro dimittendo tantopere sollicitos atque anxios viderimus, altum adeo silentium de improviso natum non mirari non possumus. Cum præsertim ii dem pontifices, qui auctoritate et opibus in provincia plurimum valebant, ut provincias cæteras, ita terram Mathildis ex aliorum manibus eripere annis potuissent. At serio animadverti velim quod Romani pontifices ubi sedem in provincia posuerunt, de pristino Italiæ regno, utcunque in varias dynastias diviso, sollicitiores fuerunt, quam de Mathildiana hæreditate. Cum præsertim vacante imperio ipsimet supremo jure uterentur in eodem regno. Quod facile assequemur mente, si repetamus postremam partem Clementinæ *Pastoralis* (*Clem.* l. II, tit. 11) omissis quæ ad septimi Henrici Aug. et Roberti Siciliæ regis simultates pertinent, ut pote ubi res redit ad : « Nos, inquit Clemens V, tam ex superioritate quam ab imperio non est dubium nos habere, quam ex potestate, in qua vacante imperio imperatori succe-dimus. » Hæc plane verba male audiunt apud scriptores nostri ævi, quia scilicet majestatem imperii Romano-Germanici tunc etiam temporis obtinuisse arbitrantur, neque veram indolem tenent imperialis dignitatis a Leone III institutæ, et constanti omnium imperatorum auctoritate firmatæ, quam videlicet nullo unquam tempore 229 assecuti sunt Cæsares, nisi diadematis imperialis per Romanum pontificem impositione. Tunc vero præter supremæ auctoritatis consortium in populos pontifici Romano subditos, Italiam et Tusciam veluti tantæ dignitatis dotem jure possidebant, cum cæteroqui unum, aut plura regna, ditionesve aliæ regum, qui ad summum illud fastigium evehebantur, ad eam dignitatem nullatenus attinerent. Ea propter Clemens V non de Germania, Burgundia, aliove regno, sed de Italia tantum (de Tuscia loquitur, sive, ut suo tempore audiebant, de Langobardia et Etruria. Quas profecto provincias ævo Mathildis a rege Henrico IV deformatas, et ab se alienatas, deinde ab Suevis Augustis successoribus tyrannica administratione ad nullum fere statum redactas, et factionibus obnoxias Romanorum pontificum sollicitudine, diuturnæ vacationis prædictæ occasione, aliquantulum sublevatas reperit Rudolphus, ut infra palam fiet, ubi de Rudolphino codice sermo erit.

XI. Prædictus autem Clemens non verbis tantum sententiam suam expressit, sed factis palam habuit. Nam vacante tunc imperio ob præproperam Henrici mortem, Robertum ipsum ejus Augusti æmulum, imperii vicarium in duabus iis provinciis instituit ; ita tamen ut rege Romanorum electo, vicariatum dimitteret, quod ille captata occasione pacifici electionis, nam quinque electores Ludovicum Bavarum, duo reliqui Fridericum Austriæ ducem elegerant, non fecit. Quare ab anno 1314 usque ad 1322, cum Fridericus in bello captus fuit a Ludovico, pro summa rei utroque invicem decertante, rex Siculus impune molitus est Italiæ totius dominationem assequi. Postea vero res illi fuit cum Bavaro, quem Gibellini Roberto regi, ac Beltrando card. pontificis legato Guelforum ducibus superandis impares, in Italiam vocarunt anno 1327. Interea prædicto anno captivitatis Friderici, Placentini exosi tyrannidem Galeatii, Matthæi vicecomitis vicarii Mediolanensis filii, quem Henricus VII anno 1313 Placentiæ vicarium instituerat, spontanea deditione, Verzusii Landi opera, pontificiam dominationem subierunt (*Scr. Ital.* tom. XVI Chron. Plac.). Paulo post Parmenses legato eidem apostolico se subjecisse constat ex monumento ap. Raynaldum (1322, num. 13), in quo præ aliis hæc leguntur : « Item ad confitendum, recognoscendum , et asserendum realiter, et cum effectu regimen civitatis, et districtus Parmensis, vacante Romano imperio, sicut nunc vacare dignoscitur , ad dominum nostrum summum pontificem, et Romanam Ecclesiam pertinere ; et quod 230 ipsum regimen, et rectores ipsius recipient, et tenebunt deinceps nomine præfati domini nostri summi pontificis, et Romanæ Ecclesiæ supradictæ, quandiu et quotiescunque vacabit imperium supradictum, sicut reciperent et tenerent ab imperatore, si dictum imperium non vacaret. » Huc profecto si respexissent qui exarchatum Pippinianæ donationis Placentiam usque, ut priscis Romanorum ætatibus extendunt, non tribuissent pontifici, Romanæque Ecclesiæ quod pontifex et Romana Ecclesia sui juris factum nondum esse luculenter ostendunt.

XII. Eoque id magis, quod Joannes XXII, ut notat Raynaldus (1322, n. 10 seqq.), apostolicis ejus litteris allatis , de Mediolanensibus eadem affirmat : « Ad nostram, inquit, et Ecclesiæ Romanæ devotionem et obedientiam, a qua deviarant , per devia et errores currendo præcipites, utentes saniori consilio redierunt, intendentes, nobis et eidem Ecclesiæ, ad quos imperii regimen, imperio vacante, sicut et nunc vacare dignoscitur, pertinet, obedire fideliter, et parere nostris et ipsius Ecclesiæ beneplacitis et mandatis. » Atque hæc quidem consectaria sunt Clemen tinæ *Pastoralis*, adversus quam Marsilius Paduanus hæresiarcha, ut Ludovico Bavaro assentaretur, reclamavit. At neminem eruditorum latere arbitror, tum Marsilium, tum Joannem de Janduno, qui Italiam et præcipue Romam, suis scriptis infecerunt, Bavari clientes fuisse. Cum autem id temporis Gibellini viderentur Guelfis prævalere, antiquiora et certiora jura sanctæ sedis audacia scriptorum in dubium verti, ac factiosorum armis invadi consueverunt. Marchio ipse Atestinus Opizzo, a quo nil tale metuebatur, Ferrariam primo, deinde simulato tantisper reditu ad obsequium sanctæ sedis, Comaclum et Adriam oppressit. Quamvis enim pontifices Avenione tunc morantes non essent desides, imo utrumque gladium exerentes, novosque armorum duces quotidie acquirentes legatorum opera, prisca jura efficacius assererent sanctæ sedi quam sui prædecessores; nihilominus nisi Italiæ regnum apostolicæ sedis ditioni conterminum ad suas partes traherent, ne quidquam legati operam bellique artem armorum duces impendissent. Inde enim defensio, inde securitas apostolicæ sedis ditioni sub ipsis Carolinis exspectabatur. Testes mihi erunt Berengarii æmulus Wido Spoleti dux, filiusque ejus Lambertus ad imperatoriam coronam vocati, Arnulpho stirpis Carolinæ posthabito, quia potentissimi reges erant Italiæ: testis Berengarius eadem de causa Ludovico III prælatus, testis Germanorum primus Augustus Otto Magnus quem Agapetus II bellica **231** virtute insignem in Italia, imperatorem coronasset, nisi præpotentes Romani obstitissent, quemadmodum post annos aliquot Octavianus (Joannes XII) ex iisdem præpotentibus civibus ad apostolicam sedem evectus, imperiali diademate redimivit; testis denique virilis animi Mathildes, quæ, quia formidabilis in Italia erat, tum magno præsidio fuit Rom. Ecclesiæ ac pontificibus, tum ab iisdem maxime culta, nonnullas apostolicæ sedis ditiones in beneficium obtinuit.

XIII. Quoniam vero cavendum erat, ne quid detrimenti ab infidis Italiæ regni ac Tusciæ gubernatoribus ecclesiasticæ ditioni inferretur, Joannes XII eumque imitati successores sacramento ab electis imperatoribus præstando adjiciendum voluerunt eorumdem gubernatorum juramentum, quod exacturum se promisit per suos nuntios Henricus VII. « Quandocunque in Lombardiam aut Tusciam aliquem mittet, pro terris aut juribus suis gubernandis, quoties mittet, faciet jurare eum, ut adjutor vester sit ad defendendum terram Rom. Ecclesiæ, et Romanam Ecclesiam secundum suum posse (Rayn. 1314, n. 7, Bull. Vat. tom. I, p. 248). » Cujusmodi præscriptum postea visitur in Cæremoniali Patritii (lib. I, sect. 5, c. 2) præstandum scilicet, ab imperatore electo priusquam agrum Romanum ingrediatur: « Cuicunque Italicum regimen commisero, jurare faciam illum, ut adjutor suæ sanctitatis sit ad defendendam terram sancti Petri secundum suum posse. » Quod plane juramentum an exigi posset anno 1488, cum illud Patritius librorum cæremonialium quam historiæ consultior præscribebat, eruditos non latet. Cum autem Blasius de Martinellis juramentum iisdem conceptum verbis apud Gatticum (*Diar. Cær.* tom. II, p. 102) a Carolo V præstandum anno 1530 exhibeat, operæ pretium facturus mihi esse videor, si Mediolanensis historiæ summam huc attulero, quippe quæ una cum libri Cæremonialis minus opportune præscripto, simul terræ Mathildis silentium ex Italiæ regni, seu ducatus Mediolanensis vicibus natum demonstrat.

XIV. Mediolanensis civitas, quæ Rom. pontifici sacramentum fidelitatis præstiterat vacante imperio, vixdum Ludovicus Bavarus in Italiam venit, ad vicecomites rediit, quibus ad annum usque 1395 morem gessit. Illo autem anno Joannes Galeatius cognomento Comes virtutis, ab Wenceslao ineptissimo principe Caroli IV filio, qui regis Romanorum titulum pretio emerat, insignem ducis honorem multis florenorum millibus mercatus est. Anno vero sequenti ab eodem principe tam pro se quam pro descendentibus, ducatus dotem accepit Papiam et reliquas **232** civitates, quas invaserat, easque inter Placentiam et Parmam quæ cæteroqui nunc defectione a pontificio dominatu, nunc proditione, variis possessæ partibus fuerant (Rayn. 1331, n. 19; 1335, n. 27). Hæc fuerunt initia ducatus Mediolanensis, sub finem sæc. XIV. Sequenti sæculo vicecomitibus successerunt Sfortiæ; quibus devictis eodem exeunte ducatus in Gallorum potestatem venit. Non multo post, Julium II icto fœdere cum Maximiliano aliisque principibus, expulisse Gallos historia eorum temporum docet. Tum vero Maximilianum Mariam Sfortiam a fœderatis principibus Mediolani ducem designatum esse, Parmamque et Placentiam Julio redditas fuisse, anno videlicet 1512, ex Paridis Diariis constat ap. Raynaldum (1512, n. 70). Easdemque anno sequenti, audita Julii morte, Sfortia ad momentum invasas, Leoni X postmodum electo tum sponte sua, tum Maximiliani Aug. voluntate restituit. Quæ res ut firmior esset, anno 1515 pactis conventis inter Cæsarem et pontificem, roborata fuit (Id. 1515, n. 40). At Ludovico XII Gallorum regi eodem anno vita functo, Franciscus I successit, statimque per suos duces Mediolanensi ducatu in potestatem redacto, Parmam quoque et Placentiam, aliis de causis non renuente pontifice, aliquandiu retinuit, quoad pontifex juncto fœdere cum Carolo V adversus Gallos, illas anno 1521 Carolo plaudente iterum bello acquisivit. Caroli ejusdem litteræ exstant ad cardinales tempore Clementis VII in hanc sententiam: « Parmam, et Placentiam a Romani imperii feudo disjunctas, sedi Romanæ nullo jure coacti possidendas restituimus. » Eæ vero datæ fuerunt post celebre Urbis infortunium anni 1527, cum Clemens ex castro sancti Angeli evasurus, utramque civitatem una cum aliis nonnullis Cæsari se daturum spopondit, quod minime tum factum traditur, tametsi ex laudatis litteris, quas vidfeatis apud Fontaninium (*Domin. Parm. et Plac.*) serius ocius in Cæsaris potestatem venisse utramque constet. Post hujusmodi restitutionem pacifice utramque possessam ab sancta sede Paulus III Petro Aloysio Farnesio concessit jure fiduciario, anno 1545. Cæso post biennium Aloysio, Carolus, qui anno 1535 a Francisco Sfortia absque liberis decedente Mediolanensis ducatus hæres institutus fuerat. Placentiam invasit, ad Mediolanensem ducatum eam spectare contendens, nec nisi morti proximus anno 1554 testamento mandavit Philippo II filio, ut sanctæ sedi illam redderet: quod utique factum liquet.

XV. Ex historiæ hujus summa ab ill. Fontaninio et aliis uberrime pertractata (utinam studii causis omnibus procul habitis) plura capita illustrantur. Ac primum spatio illo annorum maxime diuturno a 1395 **233** ad 1535, dum stetit Mediol. ducatus, longe a veritate abire Patritium et Blasium Martinellium cæremoniarum magistros, dum regi Romanorum imperatorium diadema suscepturo præscribunt juramentum pristinum: *Cuicunque Italicum regnum commisero*. Deinde Parmam et Placentiam olim Italici urbes, ad Mediolanensem ducatum minime attinentes, præter antiquiora jura, novum illud acquisitionis præseferre, nihilo infirmius jure ducum Mediolanensium; nam semel Julius II anno 1512 iterumque legatus Leonis X 1521, utramque armis asserunt sanctæ sedi. Tertio, easdem civitates post diuturnam concertationem ævo Clementis VII de qua Conringius (*de Finib. imp.* c. 20, p. 312) Romanæ Ecclesiæ fuisse redditas, eumdemque in modum Placentiam post Caroli V controversiam annorum plurium, ad sanctam sedem postliminio rediisse, id præcipiente eodem Carolo. Legitimo isti sanctæ sedis juri, possessionis fere ducentenariæ illud cuicunque alii præferendum accedit. Quarto demum per hujusmodi regni Italici eversionem, quæ in plures illud dominationes discerpsit, antiquatam omnino esse terræ, domusve Mathildianæ mentionem, cujus loco Julii II ævo exarchatus prætendebatur, tum quia olim Placentiam usque pervenit, tum quia ecclesiastica provincia pro civili parum scite accepta est. Et vero quænam fuerit civilis, seu exarchatus Pippiniano ævo a regno Langobardorum divisus, ex donatione Pippiniana luce clarius patet, nam civitates ejus omnes, quarum ultima est Bononia, recensentur. Ecclesiastica vero qualis, quantaque fuerit usque ad sæculum XII docet antiquum provinciale sæpe laudati codicis Albiniani : « In provincia Flaminea metropolis Ravenna suffraganeos habet xv : Placentinum, Parmensem, Reginum, Forolivium, Adrian., Populien., Ferrarien., Mutinensem, Bononiensem, Faventinum, Imolensem, Cesenaten., Cerviensem, Comaclensem et Sarcinensem. » Sub finem duodecimi sæculi aliquatenus variam hanc provinciam exhibet provinciale ap. Schelestratium (*Ant. Eccl.* tom. II, p. 750); Placentinus quippe, et Ferrariensis inter suffraganeos Mediolanensis metropolitæ recensentur, ut apud Cencium editum a Muratorio : utrumque autem Flaminiam provinciam exhibet, Æmiliam omnino silet, rei falsæ defensorum ingratiis.

XVI. Ad Italiæ autem regnum revertens animadverti et illud velim, quod Carolus IV maximus ille assertor Germanici majestatis imperii, cujus tantopere celebratur Aurea bulla, suo in diplomate apud Raynaldum (1347, n. 5) ex autographo quod servatur in tabulario nobis Adrianæ, septimi Henrici exemplo jurejurando : « Item promittimus, **234** ait, et juramus, quod quandocunque in Lombardiam et Tusciam vel earum alteram aliquem, vel aliquos mittemus pro terris et juribus imperii gubernandis, quoties illum vel illos transmittemus, faciemus eum, et eos jurare, ut adjutor, vel adjutores domini papæ sint ad defendendum terram sancti Petri, et Romanæ Ecclesiæ, secundum suum posse. » At Sigismundus, qui primus post Carolum imperialia insignia est assecutus (Wenceslaus ejus frater ob suffragia pretio empta, dignitate regis Romanorum motus anno 1400, et Robertus comes palatinus pius et clemens, at vecors, majestatis imperatoriæ honorem non fuerunt adepti), Langobardiam alienatam reperit a fratre, adeoque simile juramentum non præstitit. Itaque ab ineunte sæculo xv, nulla amplius mentio reperitur Italici regni, seu Langobardiæ et Tusciæ ; in utriusque enim locum successerunt ducatus Mediolanensis et civitates Etruriæ liberæ, quæ sæculo eodem exacto in ducatum evasere. Harum princeps Florentia, ut pote opulentior ac potentior cæteris, perpetuis fere bellis finitimas remotioresque alias petens late jam dominabatur, cum Leonis X et postmodum Clementis VII Mediceæ gentis pontificum consilio, et opibus, familia eadem exaltata, magnum Etruriæ ducatum ad nostram usque ætatem magna cum felicitate, parique gloria moderata est. In regno autem Italiæ, præter ducatum Mediolanensem, et Parmæ ac Placentiæ ducatum alium, de quo nuper est dictum, aliud longe antiquius, nec minus gloriosum marchionis Estenses dominium excitarant, quod terram Mathildis fere omnem absorbuit, Romanique pontifices memoria, ni fallor, reputantes, Mathildem nupsisse Azzoni Atestino, ac præcipue sibi, et apostolicæ sedi consulentes, longe ut reclamarent, tum virtute atque opibus illorum tuiti sunt Ecclesiæ Romanæ ditiones veteres, tum harum aliquibus eos præfecere, ac præsertim Ferrariam, ut olim ævo Mathildis, iisdem in feudum concessere. Sed antequam hæc fierent, dum per duodecimum sæculum in magna Italiæ civitates perturbatione erant, Ferraria variis paruisse dominis apud historicos invenitur. Hinc est, quod a recentioribus nonnullis, aut pontificiæ ditioni temere aufertur, aut Mathildicæ donationi imprudenter adjugitur. Quare cum suppetat ex Albiniano codice monumentum haud dubie antiquius mutilo, ac mendoso illo, quod exstat in libro censuum Censii camerarii, quin etiam ævo pontificis Lucii III qui sedere cœpit in Petri cathedra anno 1181 vetustius : omnium oculis subjiciendum puto, ut jus suum pontifici, beneficium, feudumve aliis vindicetur, fiatque palam aliena invasio.

235 XVII. « De redditibus omnium provinciarum et ecclesiarum, qui debentur Rom. Ecclesiæ. Primo de civitate Ferrariæ. Romana Ecclesia debet habere censum de civitate Ferraria sol. L Luccen. in unoquoque anno. Medietatem tributi ripe, et districtum de mercato annuatim. Et totam arimanniam de plebe Cornacervina. Et totam arimanniam masse Fuscalie. Et totum publicum ejusdem. Et totam arimanniam de Gabbiana. Et totam arimanniam de Lungula. Et totam arimanniam de Septepullesino. Et totam Curiam sive districtum de Massa. Et totum districtum sive proprietatem de Ciniscelli, et de Cavalto. Et totam arimanniam et totum publicum de Sadriano. Et totam arimanniam et totum publicum de Trecenta. Et totam arimanniam de Banniolo, et totum publicum. Et totam arimanniam de villa nova, et totum publicum. Et totam arimanniam de Maneggio, et totum publicum. Et totam arimanniam de sancto Martino, et totum publicum. Et totam arimanniam de Lucarano, et totum publicum. Et totam arimanniam de sancta Maria, et totum publicum. Et totam arimanniam et publicum de villa Comede. Et totum publicum de Gognano. Et totum publicum de villa Marthana. Et totam arimanniam de Arcuada, et totum publicum. Et totum publicum de Bonisciago. Et totam arimanniam de Agnano. Et totam arimanniam de Pontiado, et publicum. Et totam arimanniam de Filthatico et publicum. Et totam arimanniam de Runci et publicum. Et totam arimanniam de Cirpilliatica. Et totam arimanniam de Bratica. Et totam Salariam, et totum Ficarolo, et tres partes de Ripatico, et partes tres portus de rupta Ficaroli. Et totam arimanniam de Trenta. Et totam arimanniam de Leone. Et totam arimanniam de Gello. Et totam arimanniam de Fabriciano. Et totam arimanniam de sancto Donato. Et totam arimanniam de Flesso. Et de Firacolo et toto comitatu ejus Baliam, et districtum de omnibus criminibus. Et omni anno bis, scilicet in Madio, et in sancto Martino generale placitamentum. » Cum hic de censibus, aut tributis agatur, placitamentum pro laudimii genere cum Ducangio malim accipi, quam dissimile illud a tributo seu censu cogitari.

XVIII. Est revera in eodem codice privilegii Ferrariensium particula aliquanto antiquior, cum sanctæ sedis actionarii eam civitatem administrabant, antequam beneficio aliis concederetur, quæ sic habet: « Excerptum de privilegio Ferrariensium. Et semel in anno si a nobis requisitum fuerit, ante nostrum apostolicum nuntium, si preco imposuerit **236**, per tres dies custodiant generale judicium, et usque tertia hora scribantur clamores, et querimonia ; postea per mensis circulum clamati justitiam faciendo, si vocati fuerint, custodiant judicium. » Ætatis privilegii nullum indicium exstat, cum tamen in codice subjiciatur locationi Præenstinæ civitatis, quam fecit Joannes XIII anno 970 eidem suppar videtur : cumque idem pontifex avo Mathildis civitatem beneficiario jure concesserit, ex utroque monumento ejus civitatis conditio, antequam beneficio traderetur Tedaldo, et post reditum ad apostolicam sedem, luculenter patet usque ad sæc. XII fere exactum, eum scriptor codicis Albinus vivebat, litterisque mandabat ab se collecta vetera monumenta. Quanto igitur in errore versantur, qui vera Mathildis donatione posthabita, Ferrariam ab ea sanctæ sedi oblatam contendunt ! Estque id profecto admiratione dignum quod ubi extra ecclesiasticam ditionem de terra, seu bonis propriis Mathildis verba fiunt, ea nihil aliud sunt, quam prædia, sive ad summum castra, citra ullam civitatem. Cum autem in Tuscia Langobardica, seu patrimonio Tusciæ, in ducatu Spoletano, in Marchia, pro alia aliorum falsa opinione bona eadem collocantur, quidquid civitatum in iis provinciis est, Mathildia nam ad donationem pertinet. Quid de nuper aunahsta Italo dicendum erit, qui transverso itinere conationem funditus excidere periclitatur (*Script. Ital.* tom. V, p. 566)? hæc nimirum iste ad chartulam Mathildis animadverit: « Invaluit eo sæculo ac potissimum Gregorii VII papæ temporibus mos offerendi non castra solum, sed et integra regna apost. sedi, eaque rursus ab illa accipiendi in feudum. Id præstitit Demetrius Russorum rex duobus ante pacem Canusinam annis, nempe anno 1075, tum alter Demetrius Croatiæ et Dalmatiæ dux, sive rex. Bertramus quoque Provinciæ comes omnia sua eidem obtulit anno 1081. »

XIX. Non sæculi consuetudine, sed Gregorii VII magnanimitate reges, et principes a beato Petro, quam a Teutonicorum rege Henrico IV regni aut principatus investituram accipere maluerunt. At nec Mathildis donatio, nec Bertrami oblatio ejusdem generis sunt. Quod luce clarius patebit ex litteris (lib. ii, ep. 74) sancti ejus pontificis Demetrio Russor. regi et reginæ: « Filius vester, inquit, limina apostolorum visitans ad nos venit, et quod regnum illud dono sancti Petri per manus nostras vellet obtinere, eidem beato Petro apostolorum principi debita fidelitate exhibita, devotis precibus postulavit, indubitanter asseverans illam suam petitionem vestro consensu ratam fore, ac stabilem, si apostolicæ auctoritatis gratia ac munimine 237 donaretur. » Estne id offerre primum, ac deinde in feudum accipere principatus et regna? De alio Demetrio, quem in synodo habita in Dalmatia legati ejusdem Gregorii (*Cod. Albin.* Cencii; *lib. Cens.* Baron. 1076, n. 66) ex duce regem fecerunt, satis mihi erit ven. annalistæ sententia: « Idem Gregorius papa, inquit, qui Henricum regem regno privavit, ejus impietate id ab invito scilicet extorquente, pietate exigente, ducem Croatiæ atque Dalmatiæ in regem evexit. Admiratione plane digna res accidit, ut quo anno Henricus rex se schismate ab Ecclesia separavit, rex barbarus eidem se conjunxerit, subditumque constituerit, fidelitatem juraverit, tributumque sponte spoponderit, magnam ex eo accessionem ad suam gloriam comparari existimans, si ex libero principe efficiatur subditus sancto Petro, ejusque diceretur esse fidelis. » Prostat monumentum citatis locis, cujus, cum sit valde prolixum, et abs re, brevi hac Baronii sententia summam attuli. Ex adverso Bertrami oblationem utcunque obviam in regestis Greg. VII (lib. ix, ep. 12) et ap. Baronium (1081, n. 53) integram præmittam chartulæ Mathildis, quæ mox sequetur, ex eodem cod. Albiniano; tum quia in regestis, et apud Baronium admodum varia exstat, quod solemne est monumentis non authenticis, ex scriptorum licentia, qui præteritis ætatibus variari, atque ad sua tempora accommodari chartas veteres impune posse arbitrabantur; tum quia una cum Mathildiana donatione, quicum maxima ejus convenientia est, falsi arguit annalistam nuperum, pessimo publico, dissimilia congerentem, ad sanctæ sedis jura labefactanda. « Juramentum Bertrami comitis Provincie. Ego Bertramus Dei gratia comes Provincie ab hac hora et deinceps fidelis ero sancto Petro, et domino meo pape Gregorio, et S. R. Ecclesie, et cunctis successoribus tuis, qui per meliores cardinales intraverint. In nullo vestro dampno, vel S. R. Ecclesie, me sciente, consentiam. Sic me Deus adjuvet, et hec sancta evangelia. Preterea pro remissione peccatorum meorum, et parentum meorum offero, concedo, dono omnem honorem meum, quantum ad me jure parentum meorum pertinet, omnipotenti Deo, et sanctis apostolis ejus Petro, et Paulo, et domino meo VII pape Gregorio, et prefatis successoribus ejus; ita ut quicquid eis placuerit deinceps de me, et de toto honore meo sine ulla contradictione faciant. Ecclesias autem omnes, quæ in mea potestate sunt, in eorum potestate omnino dimitto. » Jam vero ipsa magnæ comitissæ chartula audienda est.

238 CARTULA COMITISSE MATHILDE [a].

In nomine sancte et individue Trinitatis. Anno ab incarnatione Domini nostri Jesu Christi millesimo centesimo ii, quinto decimo die Kal. decembris Ind. x. Tempore dni [b] Gregorii VII pape in Lateranensi palatio. In cappella S. Crucis. In presentia Centii Frajapan. [Frangipane], Gratiani, Centii [Cencii] Franculini, et Alberici de Petro Leonis, Cice, et Beneincasa [P. Leone, et Benincasa] fratris ejus, et Uberti de Tascio [ejus Uberti de Tuscia], et aliorum plurium. Ego Mathilda [Mathildis] Dei gratia comitissa pro remedio anime mee, et parentum meorum dedi, et optuli Ecclesie S. Petri per interventum [c] domini Gregorii VII pape [papæ VII] omnia bona mea jure proprietario [d] tam quod [quæ] tunc habueram, quam ea que in antea acquisitura eram, sive jure successionis, sive alio quocumque jure ad me pertinerent [pertinent]. Et tam ea que ex hac parte montis [montium] habebam, quam illa que in ultramontanis partibus ad me pertinere videbantur [e], omnia sicut dictum est, per manum dni Gregorii VII pape Romane Ecclesie dedi et tradidi, et cartulam inde fieri rogavi. Set [Sed] quia cartula nunquam [nusquam] apparet, 239 et timeo, ne oblatio et oblatio mea in dubium revocetur; ideo ego que supra comitissa Mathilda iterum a presenti die dono et offero eidem Romane Ecclesie per manum Bernardi cardinalis et cæterique Augusti exemplo Ludovici Pii confirmarunt varias per pontifices.

[a] Cod. ms. add.: *Mathildis super concessione bonorum suorum facta Rom. Ecclesiæ.*

[b] Muratorius in sua edit. semel et iterum legit *domni* Greg. Cod. Vat. *domini,* ut habet Leibnitius, cui major fides, quia ill. Laurentium Zacagnum adjutorem adhibuit in collatione codicis. Præterquam quod in monumentis sæc. xii dominum non domnum appellari pontificem compertum est: et in nostro codice semper legitur *dominus* in hac cartula. E contrario in diplomatis Ludov., Ottonis, et Henrici semper *domnus,* quod animadverti debet pro majori monumentor. fide.

[c] Opportune Ducangius (verb. *Intervenire*) animadvertit, voces istas *per interventum,* seu *interventu,* quæ in hujusmodi concessionibus reperiuntur, sumi pro intercessione, aut mediatione: quæ res infra clarius explicatur *per manum.* Unde patet, donationem factam esse Ecclesiæ Romanæ, eadem prorsus ratione, qua Pippinus, Carolus, Otto, Henricus suas donationes fecerunt principi apostolorum per Stephanum II, Adrianum, Joannem XII, et Benedictum VIII,

[d] Quamvis donaret propria juris sui tam quæ tunc habebat quam quæ jure quovis acquisitura erat, tamen ancipiti ex loquendi genere vix intelligimus, num ipsa utatur erga Rom. Ecclesiam jure illo validissimo, quo domini et legitimi possessores utuntur, ut firmior donatio sit, et quo se excidisse fatetur post donationem, beneficiario exinde utens, an jure proprietario deinceps uti debeat Ecclesia Romana. Murator. (*Script. Ital.,* tom. V, p. 566) ad Domniz. morem invaluisse ait: « offerendi non castra solum, sed et integra regna apostolicæ sedi, eaque rursus ab illa accipiendi in feudum; » quam rem prolatis exemplis comprobat. Sed donatio Mathildis non est ejus generis, ut patet ex iis quæ sequuntur, iametsi quoad ipsa donatrix superstes fuit, iisdem bonis frueretur. Nam vera hæredis Ecclesiæ Romanæ institutio fuit, ut non semel Domnizo ait.

[e] De bonis propriis trans, et citra Alpes vide dissertat.

legati ejusdem Romane Ecclesie [a], sicut illo tempore dedi per manum dni Gregorii VII pape, omnia bona mea tam que nunc habeo, quam que in posterum Deo propitio acquisitura sum; et tam ea, que ex hac parte montis [montium], quam que in ultramontanis partibus habeo, vel habitura sum sive jure hereditario, sive alio quocumque jure [b], pro mercede et remedio anime mee, et parentum meorum. Que autem ista mea bona juris mei superius dicta una cum accessionibus, et ingressibus, seu cum superioribus, et inferioribus suarum qualiter supra leginus [c] [legavi], in integro: ab hac die in eadem Ecclesia dono et offero, et per presentem cartulam oblationis, ibidem habendum [d] confirmo. Insuper per cultellum, festucam nodatam, guantonem, et guuasionem [e] terre [gantonem et vascionem terræ], atque ramum arboris, et me exinde foras expuli; guarpivi [garpivi], et absentem me feci [f], et a parte ipsius Ecclesie, **240** habendum reliqui faciendum exinde pars ipsius Ecclesie, aut cui pars ipsius Ecclesie dederit, a presenti die quidquid voluerit [g], sine omni mea et heredum, ac proheredum meorum contradictione. Si quid vero, quod futurum esse non credo, si [sive] ego Mathilda comitissa, quod absit, aut ullus de heredibus ac proheredibus meis seu quelibet opposita persona contra hanc cartulam oblationis ire quandoque agere temptaverimus, aut eam [h] per quodvis ingenium infringere quesiverimus, tunc inferamus ad illam partem, contra quam exinde litem intulimus [intulerimus], multa [mulctam], quod est pena auri optimi libras mille argenti pondera IIII milia. Et quod [i] repetierimus, vendicare non valeamus. Set presens cartula oblationis cunctis temporibus firma permaneat, atque persistat. Et bergamena [pergamena] cum atramentario de terra levavi, pagine Guidon s notarii tradidi, et scribi rogavi. In qua subter confirmans testibus optuli roborandam [j]. Actum Canusie feliciter. Mathilda Dei gratia si quid est, in hac carta a me facta s-s [k] ✠ Ego Ardericus judex interfui, et s-s et † Ego Ubaldus judex interfui, et s-s et Signum manus Attonis de Monte Barranzonis, et Bonivicini [Bonivicini] de Canusia rogati testes. Ego Guido notarius sacri palatii scriptor, et hujus cartule oblationis [l] post traditam complevi et dedi.

[a] De hoc Bernardo ex abbate Vallumbrosano in cardd. collegium cooptato, ejus virtutibus ac vicibus in civitate Parmæ vide Baron. (1102; n. 22 seq.) ac præcipue Ughellum in Episcopis Parm. (tom. II, p. 168 seqq.).

[b] Cod. ms. habet: *habeo, quam que in posterum Deo propitio acquisitura sum alio quocumque jure*.

[c] Locus admodum depravatus, quem tamen omnes ita legunt, utpote ex cod. Vat. recensione profectum. Baronius (1102, num. 20), qui præter eum cod. alium etiam consuluit ejusmodi antiqua monumenta continentem, sic illum profert: *una cum accessionibus, et ingressibus, seu superioribus, seu inferiorib s qualiter supra legavi*. Murator. animadvertit, vulgarem eorum temporum formulam esse, *qualiter supra legitur*, neque aliter hic legendum putat. Lectio nostri codicis ab emendatione ista parum abludit.

[d] Et hic Murator. notat usitatam esse notariorum formulam *habendum*. Animadversioni hujusmodi noster codex fidem adjungit.

[e] Monet Baron. formulas hasce, natas ex idiotismis ejus temporis, in hujusmodi diplomatibus reperiri, quæ modo exoleverunt. Per hujusmodi autem formulas fiebant investituræ bonorum, ut multa exempla videre est ap. Ducangium in Glossar. (verb. *Investitura*). Præ aliis hanc affert ex Miræo (tom. I *Dipl. Belg.*; p. 570): « Et per præstitem chartulam offertionis ibidem habenda confirmo; insuper per cultellum, festucam nodatam, gantonem, et guvascionem terræ, atque ramum arboris. » Leibnitius legit *guantonem* ut in nostro cod.; definitque cum vocabuli; item *guvascionem* cum Miræo; explicatque *cespitem*. Videndus omnino Ducangius tum loco citato; tum ad singulas voces; nam longum esset tam multa exempla, quibus rem comprobat, hic congerere.

[f] Idem Leibnitius post prædictas formulas investituræ addendum putat *tradidi*; quod tamen ubique desideratur. Quæ sequuntur sunt fere synonyma: *Carpire* enim *quod et guerpire, et verpire* in chartis invenitur, valet possessionem rei alicujus dimittere:

unde Leibnitius explicans *ejeci* recte innuit, Mathildem a bonorum suorum possessione se ejecisse ipso in actu donationis. Proinde Ecclesia eorum dominium adepta est anno eodem 1102, tametsi possidenda utendaque remanserint Mathildi usque ad annum 1115, cum eadem obeunte supremum diem, ab Henrico V invasa fuerunt, nec nisi post annos plures Ecclesia Rom. possessionem eorumdem iniit ut dictum est in dissertatione.

[g] Locus alter ad intelligendum difficilis. Baronius ope alterius codicis mendosati, sic legit: *et a parte ipsius Ecclesiæ habenda reliqui facienda exinde papæ, aut cui papa illius Ecclesiæ dederit, a præsenti die quidquid voluerit*. Leibnit. recte restituit *habenda*; at barbarum declarat illud *faciendum*, et vocem *dederit* arbitratur redundare. Sententiam vero hanc esse ait: *et ut faciat exinde pars ipsius ecclesiæ quidquid voluerit.*

[h] Leibn. legit *tam*, recte Muratorius scribendum putat *aut eam*: male autem Leibnitius castigat *etiam*.

[i] Apud Leibn. legitur *quo*. Baronius habet *quod*, quam lectionem probat Leibnitius idem.

[j] Lectio Baronii explicatior: *Pergamenam cum atramento de terra levavi, paginam Guidoni notario tradidi*. Quæ postrema verba Leibnitio arriserunt. Formula est antiquissima: nam Ducang. (verb. *Pergamenum*) ex Tabular. Casaurien. profert exemplum Ludovici Loth. F: Ad rem nostram nil accommodatius charta apud Murator. (*Ant. Est.*, pag. 100), in qua hæc leguntur septuaginta annis duntaxat ante chartulam Mathildis: « Et bergamena cum atramentario ego qui supra Adeleyda de terra levavi, et Aginoni notario sacri palatii tradidi, et scribere rogavi, in qua subter confirmans, testibusque obtuli roborandam. »

[k] Apud Baronium legitur *subscripsi*; et ita in sequentibus: *Interfui, et subscripsi*. Neque aliud innuit appositum signum s-s.

[l] Leibn. aliique semper legunt *offersionis*.

DE CODICE RUDOLPHINO,
SEU DE RUDOLPHI EPISTOLARUM LIBRIS TRIBUS
DISSERTATIO.

241 PROOEMIUM.

I. De imperatoriæ majestatis in Occidente instauratæ ingenio satis mihi videor disputasse, cum dissererem de epistolis Leonis III. De Rudolphi regis Romanorum epistolis nunc dicturus: capita duo præmittam necesse est; sine quorum cognitione earumdem sententiam assequi nequaquam possumus. Ea sunt imperatoris electio et coronatio. Hanc si quidem Rudolphus, tametsi non est adeptus, impense adeo a pontificibus petiit, tantoque cum apparatu ad assequendam venturum se testatur pluribus in litteris, ut negotii magnitudinem ac necessitatem palam faciat. Illam vero recte ait Bœclerus (tom. II, *Comit. imp.* p. 870) « per solos electores, ut hodie vocantur, absque cæterorum principum et statuum consilio in Rudolpho comite Habspurgico cœptam, et ad hæc usque tempora continuatam. » Quamobrem electionem hujusmodi spectare oportet ante et post Rudolphum. Ad coronationem vero quod attinet, cum eadem semper fuerit (unus enim Romanus pontifex diadematis imperialis impositione imperatorem poterat instituere, unaque in principis apostolorum basilica tanta solemnitas celebranda erat), non coronatio ipsa, sed accessiones illi identidem factæ, ritusque pro temporum conditione varius expendantur necesse est. Propterea cum de electionis negotio, ac de septemviroum, seu sacri Romani imperii electorum certa origine, quidquid necessarium erit attulero, tunc de coronatione provinciam nec facilem, nec brevem suscipiam, eamque, ni fallor, explicatissimam reddam. Præterea falsam opinionem illorum evertam, qui novæ hujus dignitatis indolem non assecuti, ab Octaviano, seu veriori, ut putant, illatione, a Magno Constantino repetendam putant. Tum pauca de ipsis epistolis dicam.

242 § I. — *De Caroli Magni successorum Carolingiorum electione.*

II. Quandiu stetit Carolina stirps, ab anno videlicet 814 ad 887, cum Carolo Crasso exauctorato, Arnulphus ex Caroli ejusdem fratre Carolomanno nepos, Germaniæ rex electus fuit, in sex illis Augustis, qui Carolo Magno successerunt; *Ludovico Pio, Lothario I, Ludovico II, Carolo Calvo, Carolo Crasso, et Arnulpho*, electio admodum parabilis fuisse deprehenditur. Pius enim Ludovicus patris regnorum hæres, a patre ipso Carolo Magno electus fuit. Perinde Lotharius I a Pio Ludovico ejus patre, et a Lothario Ludovicus II sunt electi, atque omnes a Romano pontifice confirmati. Tres reliqui, utpote qui parentibus non successere, absque ulla ad imperialem dignitatem designatione electi reges Alemanniæ et Galliæ, Romanis potius pontificibus electionem ad Romanum imperium retulerunt acceptam, quam suis principibus aut parentibus. Testem appello concilium Rom. anno 877 celebratum pro Caroli Calvi confirmatione (Labbe, *Conc.* tom. IX, p. 296); quandoquidem Joannes VIII fratres sic affatur : « Quia pridem apost. me. decessori nostro papæ Nicolao id ipsum jam inspiratione cœlesti revelatum fuisse comperimus, elegimus hunc merito, et approbavimus una cum annisu et voto omnium fratrum et coepiscoporum nostrorum. » Ex Arnulphi autem, postremi eorum, pontificia hujusmodi electione indoles tantæ majestatis a Leone III instauratæ dignoscitur, Stephanus enim V post Caroli Crassi obitum, non Arnulphum ejus nepotem, qui eodem exauctorato rex Germaniæ fuerat electus anno 887, sed Widonem Spoleti ducem ad imperialem dignitatem assumpsit, quem sequenti anno imitatus est Formosus, Lambertum Widonis filium consortem imperii eligens cum patre. Quia scilicet talix regnum ii tenebant, spesque major defensionis apostolicæ sedis ab utroque horum affulgebat, quam ab Arnulpho. Cum vero experientia secus esse docuit, tunc Formosus idem Lamberto adhuc superstite Arnulphum ad avitam dignitatem vocavit. Ludovicum III Burgundiæ et provinciæ regem Benedictus IV anno 900 suffecit Arnulpho, non quia ex Hirmingarde Ludovici II filia a Bosone genitum, Carolina stirpe profectum, sed quia sanctæ sedi defensio, admodum necessaria tum temporis, quærebatur. Berengarium, quem comes Eyerardus ex Gisla **243** Ludovici Pii filia susceperat, a decimo Joanne ad imperium designatum anno 916, dum Berengarii æmulus Ludovicus oculis privatus inutilem adhuc vitam sustinebat, ratio eadem tuetur, quæ Widonem ejusque filium Lambertum, ab anno siquidem 888 rex erat Italiæ potentissimus, nec sanctæ sedi præsentius videbatur præsidium inveniri posse. Quamobrem affirmari posse arbitror, nullam aliam formam electionis excogitatam esse, quandiu Carolina stirps stetit.

§ II. — *De trium Ottonum eorumque successorum usque ad Fridericum II electione.*

III. Berengario feliciter imperante anno septimo, juxta rectam eorum opinionem, qui ab ipso die natali Domini anni 915 imperialem illius coronationem repetunt, sive anno 924, Italiæ populi Rudolphum Burgundiæ regem contra Berengarium ad Italiæ regnum invitant, atque Italico diademate redimitum adversus imperatorem, a quo defecerant, sequuntur. Quamobrem Berengarius regnum civili bello recuperandum, post duo prælia infeliciter commissa, deseruit, ac post triennium Veronæ a conjuratis cæsus, Carolingiorum imperii finem attulit anno 923. Hinc per annos fere quadraginta reges Italiæ fuerunt, prædictus Rudolphus, Hugo Provinciæ marchio, ejus filius Lotharius, et Berengarius II una cum filio Adelberto, qui tyrannice dominantes, et Ecclesiæ ditioni maxime infensi, tum Italiæ principes, tum præcipue Romanum pontificem ad imperialem majestatem instaurandam impulerunt. Forte evenit ut Octavianus Alberici II filius, qui patris aviæque Marociæ exemplo pontificium dominatum invaserat, ad Petri cathedram XII Joannis nomine ascenderet. Inde is luculentius aspexit, quæ Italiæ, quæ sanctæ sedi maxima damna inferrentur a tyrannis. Quare Ottonem Germaniæ regem rebus præclare gestis in Italia tyrannos commendatum, et ab Agapeto II prædecessore ante annos decem ad imperialem coronam frustra quæsitum, ipse elegit. Perinde factum de II Ottone coronato imperatore una cum patre, et de hujus filio Ottone III quod electionem spectat, non contendo : at utriusque electionem a Rom. pontifice probatam fuisse antequam diadema imperiale ab eodem obtinerent, priorum Carolingiorum instar, nullus dubito. Qui secus sentit, errorem illorum sequitur, qui electionem Germaniæ regum pro imperatoria accipiunt. **244** At considerare eosdem oportet, Conradum Franconiæ, et Henricum Saxoniæ duces pari modo electos Germaniæ reges, neutrum tamen aut imperatorem, aut Romanorum regem in diplomatibus appellari, quanquam uterque aciem ducens regum Romanorum, et imperatorum cognominum, scriptores imperitos deceperit; ita ut Henricos septem enumerent, cum sex tantummodo Romanorum reges, et quinque imperatores exstiterint; Conrados autem tres, cum duo tantum reges Romanorum fuerint, unicusque imperator.

IV. Diplomatum scrutator diligentissimus Godefridus abbas (*Chron. Godwic.* lib. II, tom. I, p. 119) diplomata Conradi I apud Browerum et Schanat exhibentia in titulo *Romanorum et Francorum rex*, falsi arguit, remque comprobat genuinis diplomatis, et auctoritate scriptorum ejus ævi, Reginonis, Witichindi, Luitprandi, aliorumque. Perinde in Henrici I diplomatis semper vocabulum regis inveniri testatur (*Ibid.*, p. 154) nulla additione vel Francorum, vel Germaniæ, vel Orientalis Franciæ. De tribus Ottonibus vero, qui diadema imperiale sunt assecuti, absolute pronuntiat *regis Romanorum* titulum ab iis nunquam esse adhibitum. E contrario Henricum II Germaniæ regem, primumque imperatorem reperit (*Ibid.*, p. 235) cum titulo *regis Romanorum*, ut supra est dictum (Diss. 4, n. 6) post allata verba Platinæ, qui Blondi sententiam planiorem reddidit. Ea vero est hujusmodi : « Paulo enim postquam redierat

Gregorius papa scilicet, eam fecit de imperatoris electione sanctionem, quam hucusque super annos quadringentos, servatam videmus, solis licere Germanis, qui inde electores dicti sunt, principem deligere, qui Cæsar tunc, et Romanorum rex dictus, si a Romano pontifice coronabitur, imperator Augustus appelletur. » Decipitur is quidem, et cum eo Platina septemvirale collegium a Gregorio institutum putans, quod infra luculenter ostendam. Sed futuri imperatoris, cum titulo regis Romanorum, electionem ab eodem pontifice sancitam esse posteriora monumenta planum faciunt.

V. Primum omnium occurrit decretum Benedicti VIII antequam Henrico II Germaniæ regi diadema imperiale tribueret. Illud refert Glaber apud Baronium (1115, n. 5), et est hujusmodi : « Ut ne quisquam audacter imperii Romani sceptrum præproperus gestare princeps appetat, seu imperator dici, aut esse valeat, nisi quem papa sedis Romanæ morum probitate delegerit aptum reipublicæ, eique commiserit insigne imperiale. » Quibus explicatur conditio illa, **245** quam recte Blondus apponit, *si a Romano pontifice coronabitur*. Constatque inde, electioni Germaniæ regis a principibus ejus gentis factæ unum, idque præcipuum, deesse, approbationem scilicet Romani pontificis. Gregorium autem V et Ottonem III constituisse aliquid de electione regis Romanorum videtur dubitari non posse, nam tum Henricus successor Ottonis, ut nuper diximus, tum successores omnes Henrici, *reges Romanorum* se appellant ante coronationem Romanam in diplomatibus, ut videre est apud laudatum Godefridum (*Ibid.*, p. 269, 284, 510, 526, et 544). Præterea Henricus rex Germ. III in promissione, seu professione ante coronationem, anno 1046, propalam se profert *Ego rex N. Romanorum*, ut patet ex ordine Romano, quem producam ubi de coronatione sermo erit. Quamobrem, quod eruditis fere omnibus persuasum est, non ab anno 1138, cum Conradus III Germaniæ rex electus, coronatusque est Aquisgrani, titulus *regis Romanorum* deduci debet, sed ab electione Henrici II qui anno 1002 coronatus fuit Moguntiæ. Persuasio autem eruditorum profluxisse videtur ex Conradi-ejusdem sigillo, quod primum inveniri cum titulo regis Romanorum, et a successoribus omnibus exemplum secutis, quod minime factum erat a Conradi prædecessoribus Germaniæ regibus (Vid. diss. 4, n. 6).

VI. Nec prætereundum mihi esse arbitror, quod sæpe laudatus Godefridus, ubi ex tribus Ottonibus nullum eo titulo usum esse recte affirmavit (*Ibid.*, p. 119), minus caute subjunxisse videtur : « Nec etiam in temporibus sequioribus ante actualem Italici regni possessionem adhibitus. » Et vero Henricos Germaniæ reges III et V qui in diplomatibus eo titulo utuntur, Langobardicæ coronam adeptos esse nusquam apparet. De III duntaxat annalista Italus (an. 1046) more suo conjicit, post congressum Ticini habitum coronam accipere eum potuisse Mediolani a Widone metropolita ; sed præterquam quod conjecturas historia rejicit, angustiæ temporis secus docent. Etiam de quinto Henrico Gualvanus Flamma et recentiores alii, suam ætatem cum prisca illa componentes, eandem rem affirmant. At Pagius (1110, n. 2) Landulphum , Ottonem Frisingensem, scriptoresque alios synchronos nil tale tradentes iis objicit, quam sane objectionem confirmat Grossolani archiepiscopi absentia. Quid plura? Conradus Friderici ducis Sueviæ frater anno 1128, ut refert Landulphus apud Puricellum et Pagium (eod. an. n. 15) ab Anselmo metropolita Mediolanensi inauguratus fuit rex Italiæ primum Modoetiæ, deinde Mediolani. Nihilominus titulus regis Romanorum in suis diplomatibus non legitur, nisi post annum 1138, **246** cum Aquisgrani Germaniæ coronam accepit. Itaque non Italici regni actualis possessio, sed electio et coronatio Germanica instituebat regem Romanorum futurum imperatorem, nisi Romanus pontifex abnuisset. Hactenus de electione futuri imperatoris, ante Rudolphum Magnum Austriacæ domus progenitorem. Nunc de eadem electione dicam, quæ a Rudolpho eodem incipiens, ad nostram usque ætatem perseverat, re scilicet redacta ad septemvirale amplissimum collegium.

§ III. — *De septem electoribus sacri Romani imperii.*

VII. Damnorum pertæsi omnes, quæ Italiæ et Romanæ Ecclesiæ fuerant illata non paucorum spatio annorum a Suevicæ stirpis Augustis, eo tandem devenere, ut Fridericum II in generali concilio Lugduni habito anno 1245 exauctorandum decreverint. Id factum auctoritate Innocentii IV qui concilio præerat. Magnum inde illud interregnum cœpit octo et viginti annorum, ut Rudolphi epistolæ testantur, seu trium et viginti, ut Germanici scriptores autumant, a Friderici obitu illud ineuntes, quod fatale apud eosdem appellatur. Namque eo tempore præ aliis, « cœpisse, aiunt, septemviralem senatum, qui reliquos Germaniæ principes ab electione regis Romanorum rejecit » (Kemmerich, *Int. ad J. publ.* lib. II, cap. 1, art. 6). Qua quidem a sententia Puffendorfi cæterorumque juris publici scriptorum communi, Bœcleri supra allata auctoritas non abludit, qui Rudolphum omnium primum a septemvirali eo senatu electum tradit, ut audivimus. Ea quippe regis Romanorum electio diuturni hujus interregni finem attulit. Equidem Besselii (*not. ad Eginh.* cap. 9) opinionem, qui aut Friderici II tempore, aut paulo ante, id collegium institutum putat, et glossarii illustratorum sententiam, qui ad Caroli IV auream bullam anno 1356 editam ejusmodi institutionem differunt, omnino deserendas censeo, jurisque publici scriptoribus adhærendum. Nam Gregorii X litteræ ad Alphonsum Hispaniæ regem sub interregni finem, apud Raynaldum (1272, n. 34) secus fieri non posse admonent : « Inter cætera, inquit, tangebatur, quod cla. me. Richardi in Romanorum regem electi electoribus non vocatis, vel saltem denuntiatione aliqua non facta eisdem, non erat ad expeditionem petitionum hujusmodi procedendum, cum eorum videatur specialiter interesse, utpote qui jus eligendi regem Romanorum, in imperatorem deinde **247** promovendum sibi vendicent, et in pacifica esse dicantur ipsius possessione, vel quasi. Ex quo etiam arguebatur, non posse, nec debere inhiberi eisdem, quominus hujusmodi sua possessione libere uterentur, alium, si eis videretur expediens, eligendo. »

VIII. Quod si electores jus suum tuentur possessione, non pontificia constitutione, quæ nulla usquam reperitur neque imperiali, quæ interregni tempore fieri non poterat : spectanda igitur attentius monumenta vetera, ut septenarii istius senatus origo certa teneatur. Ac primum audiendus est Parisius auctor synchronus, de quo Baronius (966, n. 63) ita loquitur : « A quo si quis demat calumnias, invectivas, dicacitates et blasphemias in apostolicam sedem frequenter iteratas, aureum sane dixerit commentarium, utpote quod ex publicis monumentis totidem verbis redditis egregie contextum et coagmentatum inveniatur. » Parisius igitur Mallinkroti auctoritate contra Gewoldum ostendit, Germaniæ olim reges cunctorum ordinum conventu eligi consuevisse ; at Innocentium IV anno 1245 exauctorato Friderico II, ut princeps Ecclesiæ commodior subrogaretur, id negotium dedisse septem principibus ex omni numero delectis, Eos infra recenset hoc ordine : « *Magnates Alemanniæ, non tamen electores imperatorum*: rex Bohemiæ, dux Lotharingiæ; dux Bruneswichiæ, dux Suaviæ, landgravius Thuringiæ, dux Lemburgiæ, dux Carinthoniæ, dux Saxoniæ, comes de Gelria. *Electores imperatorum laici* : dux Austriæ, dux Bavariæ, dux Saxonum, dux Brabantiæ, ut et Lavaniæ. *Prælati principales* : archiep. Coloniensis, archiep. Moguntinus, Salsburgensis. Isti ducentur in insulam quamdam Rheni, et dimittentur soli in ea, et amovebuntur omnes naviculæ, et ibi tractabunt de electione imperatoris; nec adveniet aliquis ad eos, donec omnes sint concordes. Huic negotio præerit archiep. Coloniensis, secundus Moguntinus, tertius Salsburgensis. His a domino papa directa est diligentissima admonitio cum supplicatione ut sibi alium imperatorem eligerent; promisitque eis sui et totius Ecclesiæ consilium, et principio sub spe potioris successus quindecim millia librarum argenti. Prævenit autem, et prævaluit Friderici dissuasio, qui eis, et maxime duci Austriæ vinculo affinitatis est confœderatus. Unde monitis et precibus papalibus electores minime paruerunt. » Sic gravissimus id ætatis rerum Anglicarum scriptor, ut ait Hansizius Soc. Jesu (*Germ. Sac.* tom. II, p. 959).

248 IX. Antonius Pagius (996, n. 14), et post eum Raynaldus (1257, n. 6) Parisio tribuunt alium catalogum Germaniæ principum omnino diversum ab eo quem retulimus, opus videlicet scriptoris minus gnari Germaniæ rerum, qui Parisii Chronicon continuavit, recensuitque ex suo ingenio principes ad annum 1258. At nosse poterant, Parisium, se teste, annum 1250 non præteriisse. « Hic terminantur, ait, Fr. Matthæi Parisiensis monachi sancti Albani chronica, quæ pro utilitate posteritatis subsecuturæ, Dei pro amore, et beati Albani Anglorum protomartyris honore, ne memoriam eventuum modernorum vetustas, aut oblivio deleat, litteris commendavit :

Virginis a partu jam mille volumina Phœbus
Cum bis centenis et quinquaginta peregit
Annua. Sed visum non est sub tempore tanto
Aprilis sexto fuerit quod Pascha Kalendas,
Dum quinquagenus orbem percurreret annus ;
Hoc tamen evenit anno cui terminus hic est.

Fluxerunt utique ab incarnatione Domini viginti et quinque annorum quinquagenæ. » Nil chronologia ista luculentius, quam si Pagius animadvertisset, quemadmodum (an. 996, n. 15) affirmavit, « pontifices Romanos, a quibus renovatum imp. Occidentale, jus suum illæsum conservasse, et electiones aut approbasse, aut improbasse : » ita pro certo asseruisset, anno 1245 non constitutione ulla, sed consilio Innocentii IV septenarium electorum numerum habuisse originem. Ex iis quatuor haud ita multo post mutati, quia Friderico adhærebant : arch. Salisburgensis, cui substitutus fuit Treviensis ; et Austriæ, Bavariæ, Brabantiæ duces, quorum loco allecti sunt Bohemiæ rex, palatinus Rheni, et marchio Brandeburgensis. Quod testatur Albertus abbas Stadensis (ap. Baron. 996, n. 47) auctor synchronus, qui chronicon sui ævi perduxit ad annum 1256. « Ex prætaxatione, inquit, principum, et consensu eligunt imperatorem Trevirensis, Moguntinus, et Coloniensis. Palatinus eligit, quia dapifer est ; dux Saxoniæ, quia marescalcus ; et margravius de Brandeburg, quia camerarius. Rex Bohemiæ, qui pincerna est, non eligit, quia non est Theutonicus. »

X. Septenarii autem senatus electio ex Innocentii IV consilio principibus aliis Theutonicis jus a Gregorio V et Ottone III permissum principio **249** non antiquasse videtur. Nam et in concilio Lugdunensi post pronuntiatam sententiam in Fridericum II (Labbe, *Conc.* tom. XI, p. 645) hæc subjiciuntur : « Illi autem, ad quos in eodem imperio imperatoris spectat electio, eligant libere successorem : » et Innocentius IV sequenti anno (Rayn. 1246, n. 2) in eamdem ancipitem sententiam scripsit epistolam « archiepiscopis et nobilibus aliis principibus Theutoniæ habentibus potestatem eligendi Romanorum regem, et in imperatorem postmodum promovendum. » Quin etiam Henrico landgravio Hassiæ, qui electus fuerat, infra biennium decedente, idem pontifex Lugduni adhuc degens pro eligendo Willelmo Hollandiæ comite varias dedit litteras (Rayn. 1247, n. 4 seqq.) ad Germaniæ principes, qui e septenario electorum numero nequaquam erant. Quamobrem

A quamdiu Fridericus II vixit, pro certo affirmari non potest, ad septemviros illos devolutam esse electionem. Secus est deinceps : litteræ enim exstant Alexandri IV apud Raynaldum (1256, n. 5 seqq.) quibus archiepiscopus Moguntinus Conradini electionem aversari jubetur in hæc verba : « Aliis vero coelectoribus tuis tam ecclesiasticis quam sæcularibus nostra firmiter inhibeas. » Et seq. anno facta duplici auctoritate electione, de ea sic loquitur Heinricus Stero in chronico apud Canisium (tom. IV, p. 191) : « Principes regni pro eligendo rege jamdiu habitis diversis conventibus, tandem diffinitivum electionis diem in octava Epiphaniæ statuerunt in Frankefurt celebrandum, ubi dum quidam convenissent, Moguntinus et Coloniensis archiep. et Ludwicus comes palatinus Rheni, et frater suus dominus Heinricus dux Bavariæ in Richardum fratrem regis Angliæ convenerunt. Et electus ab ipsis subsequenter in die Ascens. Dominicæ apud Aquisgranum in regem ungitur, et potenter in regni solio collocatur. Dominus autem Treverensis episcopus cum aliis quibusdam principibus consentire nolens electioni prædictæ, in media Quadrages. fretus litteris, et auctoritate regis Bohemiæ, ducis Saxoniæ, marchionum de Brandeburg, et multorum principum, elegit dominum Alphonsum regem Hispaniæ. »

XI. Steronis narrata nullatenus dissentiunt ab Alexandri, Urbani, Clementis IV et Gregorii X epistolis, aliisque monumentis apud Raynaldum videndis de diuturna illa controversia super duplici electione, dum Richardus suamque Alphonsus suam uterque electionem a pontifice ratam haberi cupientes, ut minime prohiberentur diadema imperiale assequi, et litteris, et nuntiis Romanos pontifices fatigare non destiterunt. Sint **250** omnium instar binæ Urbani IV litteræ (1262, n. 5. seqq.; 1263, n. 45 seqq.). Primis Ottocarum Bohemiæ regem alloquens : « Venerabilis, inquit, fr. noster archiep. Moguntinus tibi et aliis principibus regni Theutoniæ, ad quos Romani regis in imperatorem promovendi spectat electio. » Et clarius alteris Richardum sic affatur : « Novit siquidem circumspectionis tuæ prudentia, quod cariss. in Chr. filius noster rex Castellæ ac Legionis illustris se a majori parte principum in electione regis Romanor. vocem habentium electum affirmans, tibi, etc. » Quod si quatuor illi principes, in electione regis Romanorum vocem habentes, qui anno 1257 elegerunt Alphonsum, pars major electorum appellantur, nullum igitur dubium est, quin septenarius tum senatus obtineret. Et quidem ab ipso anno 1245, cum consilio pontificis res ad septem principes redacta est, aliter Gregorius X pacificam eorum possessionem non appellaret. Certa igitur origo septemviralis senatus : principio varia et subobscura, ut aliarum rerum origines, postmodum valde perspicua, et in electione Rudolphi evidens, ut constat ex pluribus ejusdem epistolis infra afferendis. Notanda præ iis (lib. I, ep. 51) quam scripsit regi Bohemiæ Ottocaro, qui licet « cum aliis comprincipibus » in electionem convenerit, continuo tamen a Rudolpho defecit ; quippe, ut ait Gerardus de Roo (*Hist. Austr.* l. I, p. 18) contemptim illum habebat, quia paulo ante præfectum equitum, seu marescalcum viderat in sua aula : « Rudolphum nihili faciebat, uti quem famulum suum paulo ante fuisse diceret. » Quamvis etiam Stadensis, ut vi limus, e septenario numero eum esse neget, quidquid ævo scriptoris hujus fuerit, et Greg. X in litteris ad Salisburgensem archiep. (Rayn. 1274, n. 56) inter electores eum recenset : « Regis Bohemiæ illustris, qui sibi jus in eligendo imperatore competere asserit ; » et Rudolphus cum Gregorio concinit in iis litteris.

XII. Objici forsan posset diploma electorum, quo sanctæ sedis juri omnia confirmantur, Rudolphi ejusdem epistolis incertum (lib. III, post ep. 47) Las enim subscriptiones præsefert : « Nos principes imperii Henricus Trevirensis, Siffridus Coloniensis

Wernerus Moguntinensis archiep. Ludovicus comes palatinus Rheni utriusque Bavariæ dux, Joannes dux Saxoniæ, Albertus dux Saxoniæ, Joannes marchio Brandenburgensis, et nos Ottones marchiones Brandenburgenses. » Hinc enim liquet, plures ejusdem familiæ principes subscribere, adeo ut electoralis dignitas non personæ, sed domui tributa videatur: quare assequimur, cur Alphonsus a majori parte electorum electum se jactaret, quia **251** Trevirensis archiep. rex Bohemiæ, dux Saxoniæ, et marchiones Brandemburgenses eum elegerant, tametsi totidem elegisse videantur Richardum, archiepiscopi scilicet Moguntinus et Coloniensis, comes palatinus Rheni, et frater ejus dux Bavariæ. Duo siquidem hi postremi pro uno tantum electore accipiendi sunt, cum Bavariæ duces inter electores tum temporis non recenserentur. At Bohemiæ regis nomen in prædictis subscriptionibus desideratur. Animadverti autem oportet, Ottocarum Bohemiæ regem perpetuum Rudolphi hostem, ab eodem semel et iterum profligatum, anno demum 1278 cæsum fuisse. (l. II, ep. 32 seq.); diploma vero est datum sequenti anno, cum Wenceslaus Ottocari filius puer octo annorum Ottonis Brandenburgensis tutelæ commissus erat. Quamobrem aut Brandenburgensium Marchionum subscriptionibus Wenceslai quoque subscriptionem continere credamus, aut minime necessariam putemus, septenario senatui nullum detrimentum infertur. Perinde est de charta, seu epistola (lib. III, ep. 1), qua electores « una cum aliis nostris coelectoribus, » ut aiunt, rata habent bona, castra, terras, et possessiones a Rudolpho concessas Annæ uxori suæ.

XIII. Huic postremo electionis generi, quod nostris etiam temporibus viget (duo postremi electores duces Bavariæ et Hannoveræ huc non spectant) decoris multum, multumque majestatis adjectum esse aurea bulla Caroli IV neminem latet. Summa tamen est eadem. Id tantum discriminis occurrit a Maximiliani tempore, quod rex Romanorum, *imperator electus* nuncupari est cœptus, ac sensim adjuncto illo relicto, *imperator* passim audit: cum enim coronatio Romana, quæ una imperatorem facit, post Carolum V desueverit, ac plura sint quæ coronationi æquipollere judicantur, præcipue sanctæ sedis confirmatio, et primæ preces, jampridem est, cum neque pontifices, neque reges Romanorum, sive imperatores electi imperatoriam majestatem constituunt in diademate per manus Christi vicarii super electi caput imponendo, ante principis apostolorum sacratissimum corpus, quemadmodum fiebat Rudolphi tempore, ut plures ejus epistolæ planum facient. Sed tanto olim in pretio fuisse habitam coronationem nihil mirum. Pontifices enim patrocinii ac defensionis indigebant, non solum adversus Romanæ Ecclesiæ hostes, sed etiam pro continendis in officio populis sibi subditis, de quibus est dictum satis in dissertatione 1. Imperatores vero per ejusmodi coronationem supremæ potestatis pontificiæ consortes fiebant in ipsa urbe, ita scilicet volentibus pontificibus, quorum intererat. Idcirco Rudolphus tam impense eam quærebat, nec sibi videbatur, quidquam esse, nisi *opus Dei*, ut **252** verbis illius utar (lib. II, ep. 1) a Romano pontifice perficeretur. Quod quia nunquam est factum, nullum ejusmodi jurisdictionis monumentum reliquit nobis posteris. E contrario, prædecessorum ejus, qui coronam sunt adepti, placita et diplomata exstant, quæ recentioribus nonnullis (hos eruditos vocant, veriusque harum rerum inscios appellarent) summæ imperatoriæ potestatis cum detrimento pontificiæ documenta videntur. Propius veritati Pagius pontificiæ potestatis delegationis vocat (825, n. 1), Ottonum, et præcipue III plura exstant diplomata queis bona et privilegia ecclesiarum in ipsa urbe, de hujusmodi jurisdictionis acta opportuniora nunquam fuisse videntur. Urbs enim ejus temporibus agitabatur factionibus Crescentio duce, queis comprimendis imperialis auctoritas necessaria erat. Quare anonymus auctor Vitæ sancti Adalberti Pragensis apud eumdem Pagium (996, n. 5) de coronatione illius loquens: « Novus imperator, inquit, dat jura populis, dat jura novus papa. »

XIV. Cæterum ex memoratis diplomatis unum affert Ughellus in episcopis Veron. (*Ital. Sac.* tom. V, p. 750) datum x Kal. Junii. Aliud Margarinus (*Chron. Cassin.* tom. I) datum VIII Kal. Jun. Et aliud Muratorius (*Ant. Ital.* diss. 8, et an. 996) datum VI Kal. Jun., ac demum eruditissimus abbas Hieronymianus Felix Nerinius aliud protulit inter plurima historica monumenta, quæ congessit in præclaro opere de Templo et cœnobio sanctorum Bonifacii et Alexii (pag. 372). Cumque ex vetusta membrana illud ediderit, nec sibi penitus placeret, quoad ipsius autographum deprehenderet, post annos aliquot repertum exsultans mecum communicavit. Ejus autem pars postrema, quæ in membrana desideratur, ita fluit: « Signum domini Ottonis invictissimi (*locus sigilli*). Heribertus cancellarius ad vicem Petri Cumani episcopi; et archicancellarii recognovi. Data pridie Kal. Junii anno Dominice incarn. 996, indictione IX. Anno regni domni tertii Ottonis XIII, imperii vero primo. Actum Rome feliciter. » Hujusmodi autem documentorum, quæ jurisdictionem indicant, ut indolem assequamur, memoria repeti oportet, quæ ipso imperator juramento promiserat; priusquam coronam assequeretur: « In Romana urbe, inquit, nullum placitum, aut ordinationem faciam de omnibus, quæ ad te, aut ad Romanos pertinent sine tuo consilio. » Quorum similia, quoad Carolinæ stirpis imperatores steterunt, in diplomate, seu pacto confirmationis jurium sanctæ sedis prolata inveniuntur: « Nullamque in eis nobis partem aut potestatem disponendi, vel judicandi, subtrahendive, aut minorandi **253** vendicamus, nisi quando ab illo, qui eo tempore hujus sanctæ Ecclesiæ regimen tenuerit, rogati fuerimus. » Cum enim Leo III Carolum patronum ac defensorem Ecclesiæ, dignitate imperiali auxit, haud abstulit apostolorum principi, ejusve successoribus dominationem, quod nefas erat, sed sapienti consilio populos sibi subditos auctoritate hujusmodi continere, præsertim Romanos deliberavit. Idcirco successores Caroli continuo post susceptum diadema, antequam ex urbe discederent, diplomata, placitave ibi dabant; aut tenebant, consensu semper pontificis accedente, quibus jurisdictio, sive auctoritas principis manifestabatur, at nullo cum pontificiæ auctoritatis detrimento. Idcirco iidem Romani fidelitatis juramentum facientes novo principi, *salva*, aiebant, *fidelitate pontifici præstita*; ut late demonstravimus in dissert. 1, ubi et de cæteris ad coronationem spectantibus aliquatenus disseruimus. Nunc de ritu vario ejusdem coronationis dicam, ut Rudolphi epistolis lux inde major affulgeat.

§ IV. — *De ritu coronationis Carolingiorum Augg.*

XV. In coronatione omnium prima ritus aliquis servatus nequidquam exquiritur. Nam Eginhardus, qui Carolo Magno erat a secretis, et omnia norat (*Vita Car. M.*, c. 28), auctor Vitæ Leonis III apud Anastasium (sect. 576), cæterique auctores cœævi, ac præ iis monachus Engolismensis de improviso factam testantur: « Cum ad missam, ait monachus, ante confessionem beati Petri apostoli ab oratione surgeret, domnus Leo papa coronam capiti ejus imposuit. » Nihilominus quia Ludovicus II in celebri epistola ad Basilium imp. Orientis (*Anon. Salern.* cap. 102) unctionem præcessisse testatur. « Carolus Magnus abavus noster unctione hujusmodi per summum pontificem delibutus, primus ex gente et genealogia nostra, pietate non ea abundante, et imperator dictus est, et christus Domini factus est; » quia, inquam, Ludovicus II inunctionem addit, hanc et coronæ impositionem constituisse totum ritum coronationis

Caroli Magni non improbabile est. Ludovici Pii coronationem singulari exemplo factam in Francia Theganus (cap. 17) describit his verbis : « In proxima die Dominica in ecclesia ante missarum solemnia, coram clero et omni populo, consecravit eum et unxit ad imperatorem, et coronam auream miræ pulchritudinis et **254** pretiosissimis gemmis ornatam, quam secum apportaverat, posuit supra caput ejus. » Et Lotharius Pii Ludovici filius consors patris coronatus ita genitorem rei admonet : « Coram sacro altare, et coram sacro corpore beati principis apostolorum a summo pontifice, vestro ex consensu et voluntate, benedictionem, honorem, et nomen suscepi imperialis officii, insuper diadema capitis, et gladium ad defensionem Ecclesiæ. » Quod refert Mabillonius (sec. IV Bened., p. 513) filium hujus Ludovicum II non est, quid simili modo coronatum anno 850 a Leone IV ostendam, cum ipse sui, et prædecessorum sit testis in laudata ad Basilium epistola. De Carolo Calvo Lotharii filio et Ludovici II fratre, iisdemque fere verbis de Carolo Crasso Ludovici fratris Lotharii filio, annalista Bertinianus apud Pagium (876, n. 6; 880, n. 7) hæc habet : « In die Nativitatis Domini beato Petro multa, et pretiosa munera offerens in imperatorem unctus et coronatus, atque Romanorum imperator appellatus est. » In conc. Rom. an. 877, ap. Labbeum (tom. IX, p. 295) pro confirmatione Caroli Calvi, præter unctionem, coronam, et gladium, sceptri etiam fit mentio. Nil novi suppetit de Widone, ejusque filio Lamberto inter Carolinos insertis ex chron. Casaurien. ap. Continuator. Freherianum, et Pagium (892, n. 2).

XVI. Aliquantulum explicatior occurrit apud eumdem auctorem (896, n. 5) ritus coronationis Arnulphi extremi ex descendentibus Caroli Magni a Formoso peractæ : « Apostolicus, inquit, paterno amore diligendo regem ante paradisum, loco qui dicitur gradibus sancti Petri suscipiens, et honeste ad basilicam beatorum principum apostolorum lætificando introduxit, et secundum morem antecessorum suorum imperialem consecrationem capiti sibi imponens Cæsarem Augustum appellavit. » Istud quidem testimonium *basilicam principum apostolorum* appellans ecclesiam sancti Petri, et *Cæsarem Augustum* vocans imperatorem, ac proinde sequioribus temporibus scriptum nullo loco haberem, nisi anonymus panegyrista Berengarii, qui seriem Carolinorum explet, Freheriani continuatoris narratorum summam veram esse ostenderet. Carmine is perquam obscuro ritum persequitur, at clariorem, et in compendium redactum a Pagio (915, n. 7) eum proferam. Ita igitur exceptus et coronatus est Berengarius : « Franci, Langobardi, Saxones, Anglique in scholas turmasque divisi patria quisque lingua laudes ei dixere, et Petrus papæ frater, ac Theophylacti consulis Romanorum filius, illum ad Joannem pontificem deduxere, in gradibus basilicæ beati Petri apostoli, vel in atrio super **255** gradus ejus basilicæ sedentem. Postquam gradus omnes ejusdem basilicæ conscendit Berengarius, Joannes X, qui in sella aurea considebat, assurrexit regi demum, eumque osculatus est. Post basilicæ ingressum, et factam a Berengario professionem, fusasque ad sepulcrum beati Petri preces, Joannes papa ei in palatio suo cœnam exquisitissimam dedit, tandemque die dominica resurrectionis, seu Paschatis, quo die Christus Deus et homo e sepulcro suo surrexit, eum corona imperiali exornavit, et Berengarius litteras dedit, quibus omnium superiorum principum donationes confirmabantur. »

XVII. Quæ a panegyrista numerantur scholæ, Berengarii tempore intra mœnia erant, sed priorum quatuor imperatorum Caroli Magni, Ludovici Pii, Lotharii et Ludovici II extramœnianæ. Nam liquet Leoninam civitatem anno 852 a Leone IV conditore dicatam esse. Cum tamen eas tantum scholas memoret, innuere videtur, ab ipsis Carolinis desumendum

esse principium excipiendi imperatorem ad portam castelli, quod in Germaniæ regum exceptione solemne fuit, et usque ad novissimum Romæ coronatum Fridericum III perseveravit. Verum quia cæremonia ista multum discrepat ab exceptione regum Romæ fieri solita, et Carolo Magno fieri cœpta cum Romam primo venit an. 774, ex libro Pontificali (sect. 314 seq.) huc illam afferam : « Direxit in ejus occursum universos judices ad fere triginta millia ab hac Romana urbe in locum qui vocatur Novas, ubi eum cum bandora susceperunt. Et dum appropinquasset fere unius milliarii spatio a Romana urbe direxit universas scholas militiæ una cum patronis, simulque et pueris, qui ad discendas litteras pergebant, deportantes omnes ramos palmarum atque olivarum, laudesque omnes canentes, cum acclamationum earumdem laudum vocibus ipsum Francorum susceperunt regem, obviam illi ejus sanctitas dirigens venerandas cruces, id est signa, sicut mos est ad exarchum, aut patricium suscipiendum, eum cum ingenti honore suscipi fecit. » Infra autem de ipso pontifice regem excepturo : « Cum universo clero, et populo Romano ad beatum Petrum properavit ad suscipiendum eumdem Francorum regem, et in gradibus ipsius apostolicæ aulæ eum cum clero suo præstolatus est. » Et de regis accessu : « usque ad prænominatum pervenit pontificem. Ubi in atrio super gradus juxta fores ecclesiæ assistebat. Eoque suscepto mutuo se amplectentes, tenuit isdem Christianissimus rex dexteram manum antedicti pontificis, et ita in eamdem venerandam aulam beati Petri principis apostolorum ingressi sunt.

256 XVIII. Occursum, exceptionemque hujusmodi, quorum similes fuisse advenientis regis coronandi ex laudato panegyrista colligimus, ritus ipse coronationis excipiebat, quem ex codice præstantissimo Albiniano hic subjiciam.

Incipit ordo Romanus ad benedicendum imperatorem, quando coronam accipit.

Promissio imperatoris. In nomine Christi promitto, spondeo, atque polliceor ego N. imperator coram Deo, et beato Petro, me protectorem, atque defensorem esse hujus sanctæ Romanæ Ecclesiæ in omnibus utilitatibus, in quantum divino fultus fuero adjutorio secundum scire meum ac posse.

Dehinc orationem primam det Albanensis episcopus ante portam argenteam basilicæ beati Petri : Deus, in cujus manu corda sunt regum, etc.

Orationem vero secundam det episcopus Portuensis intra ecclesiam beati Petri in medio rote. Deus inenarrabilis auctor mundi, conditor generis, etc.

Deinde vadant ante confessionem beati Petri apostoli, et prosternat se pronum in terra, et archidiaconus faciat litaniam. Qua finita episcopus Ostiensis ungat ei de oleo exorcizato brachium dextrum, et inter scapulas, et dicat hanc orationem : Domine Deus omnipotens, cujus est omnis potestas, etc. *Sequitur hæc oratio :* Deus Dei Filius Jesus Christus Dominus Deus noster, qui a Patre oleo exsul, etc.

Demum vero pontifex Romanus sursum ante-altare imponit ei diadema in capite, dicens : Accipe signum gloriæ in nomine Patris, et Filii, et Spiritus sancti, ut spreto antiquo hoste, spretisque contagiis vitiorum omnium, sic judicium et justitiam diligas, et ita misericorditer vivas, ut ab ipso Domino nostro Jesu Christo in consortio sanctorum eterni regni coronam percipias. Qui cum Patre et Spiritu sancto viv.

XIX. Brevissimum hunc Romanum ordinem primus omnium edidit in lucem Raynaldus (1209, n. 18) scriptum putans ævo coronationis Ottonis IV. Deinde Mabillonius in sua collectione (*Mus. It.* tom. II, Ord. XII, n. 88) eumdem evulgavit, tanquam Cencii opus. Denique Martene (*de aut. Eccl. rit.* l. II, c. 9, Ord. VII) pleniorem cæteris eum emisit ex cod. Arelatensi, nil de ætate definiens. At una promissio, seu professio, *Ego N. imperator præseferens*, ordinem ad

Carolinos rejicit. Nam primus omnium Germaniæ regum, quem duo sequentes imitati **257** sunt, neque in diplomatibus plurimis, ut Godefridus animadvertit (*Chron. Godwic.* tom. I, p. 466) neque in celebri juramento a Gratiano etiam relato, aliud sibi nomen vindicat quam regis. Video equidem Carolum Magnum, Eginhardo teste in ejus Vita (cap. 28) nonnisi post coronam *imperatoris et Augusti nomen* accepisse, quod et successorum stirpis Carolinæ solemne fuit; sed professio defensionis *Ecclesiæ in omnibus utilitatibus* nonnisi Carolinis conducit, Germani siquidem profitebantur una cum Ecclesiæ defensione, defensionem et exaltationem *rectoris ejus*, quod infra planum erit. Itaque, hanc milii dent veniam eruditi hujus ordinis editores, ejusdem ætatem non sunt assecuti. Neque ego dixerim ab ipso imperatoriæ dignitatis initio cum ordinem obtinuisse, cum nulla apud auctores mentio servati ritus inveniatur, præterquam apud panegyristam Berengarii; at hujus testimonium satis superque est ad ordinem istum retrotrahendum, removendumque ab ætate, quam illi tribuunt, rati Cencium Camerarium omnium primum recensuisse eum ritum. Nam propediem videbimus, ante medium sæculum xi obtinuisse alium ordinem pleniorem et Germaniæ regibus convenientiorem. Huc accedit, quod orationes a tribus cardinalibus dicendæ, ut in nostro cod. et in quovis antiquo ordine indicantur duntaxat; ita et Cencii ævo, cum notissima res erat, imperatoris titulum consequi coronationem, aut loco imperatoris princeps, seu rex fuisset positus, aut indicata tantum esset prima oratio ab episcopo Albanensi dicenda. Nec secus esse compertum erit, si quando genuinus ordo a Cencio insertus Censuali libro emerget.

XX. Præterea istud debet animadverti (quod potissime ordinem illum vindicat Carolinis) neque ullam fieri mentionem missæ, nec locum relinqui eam imaginari volenti, ut ordini eidem inserat. Nam statim atque Ostiensis episcopus regem inunxit, pontifex diademate imposito ritum explet. Idcirco in ordine legitur : *Demum vero pontifex*, etc., quod aperte indicat ritus omnis complementum. Quin mis-a postea celebraretur non est dubium, nam et Dominica, aut solemnis dies ad coronationem electa id exigebat; et de missa consecuta coronationem Ludovici Pii luculenter ait Theganus (cap. 17): Stephanus IV « in proxima die Dominica ante missarum solemnia coram clero et omni populo consecravit eum, et unxit ad imperatorem. » Qua quidem in missa præter orationem diei propriam, alteram pro imperatore fuisse additam, nemo negare ausit. Ea vero non ex cæremonialibus petebatur, qui ad missæ sacrificium non erant usui, sed ex libro Sacramentorum, uti **258** hodie fieret ex missali. Non erit abs re huc missam afferre ex eodem libro Sacramentorum (Thomas. tom. VI, p. 202) conferandam scilicet cum illa, quæ in libris cæremoniarum legitur : « Deus regnorum omnium, et Romani maxime protector imperii, da servis tuis regibus nostris ill. triumphum virtutis scienter excolere ; ut cujus constitutione sunt principes, ejus semper munere sint potentes. Per. *Secreta*. Suscipe, Domine, preces et hostias Ecclesiæ tuæ pro salute famuli tui ill. supplicantis, et protectione fidelium populorum antiqua brachii operare miracula, ut, superatis pacis inimicis, secura tibi serviat Christiana libertas. Per. *Post communionem*. Deus, qui ad prædicandum æterni Regis Evangelium Romanum imperium præparasti, prætende famulis tuis ill. principibus nostris arma cœlestia, ut pax Ecclesiarum nulla turbetur tempestate bellorum. Per Dominum. » In cæremonialibus nomen imperatoris, loco principis, ubique legitur : at minime id abhorret a ritu coronationis Carolinorum, qui ante missam imperatores appellabantur. Cum vero inter missarum solemnia coronatio fieri cœpta est, primæ orationis nomen mutari omnino debuit. Quare autem in Henrici III Germaniæ regis coronatione, necessario facta inter missarum solemnia, mutatum non fuerit, mox videbimus.

§ V. — *Ritus coronationis Germaniæ regum, postquam electio regis Romanorum constituta est.*

XXI. Post diuturnum 38 annorum interregnum, dignitas imperialis iterum Romæ claruit anno 962 in Ottone Magno, qui primus inter Germaniæ reges imperiali diademate redimitus Augustorum ejus gentis aciem ducit, quod inter omnes constat. Sed suum coronationis ritus alius, aliudque imperiale insigne reperitur in priscis monumentis. Nam coronatio cœpta fieri inter missarum solemnia imperatori novum decus attulit ; et coronæ, sceptro, gladioque Carolinorum insignibus, pomum aureum pontifices addiderunt. Animadvertit Dufresnius (*Diss. de inf. ævi numism.*, § 19) Stephanum Baluzium delineare fecisse imaginem Caroli Calvi gestantis sinistra globum crucigerum. At quantam quis adhibeat diligentiam, monumenta vetera id comprobantia non inveniet. Ottone primo auspice Germanos imperatores observat sæpe laudatus Godefridus ex ejusdem sigillis (*Chron. Godw* tom. I, p. 463) pomo ejusmodi **259** usos esse : « In regiis, ait, imberbis plerumque, et vultu adhuc dum juvenili, capite vel nudo, vel clausa saltem corona redimito, in manibus vel baculum regium, vel lanceam et umbonem gestans apparet. Cum e contra in imperialibus barba quodammodo prolixa, corona superne clausa, pomoque et sceptro ornatus repræsentetur, quale quid in Zyllesiano sigillo Heineccius observavit. » Quamobrem Glaber Rodulphus ap. Baronium (1013, n. 5 seq.) loquens de Benedicto VIII quem falso ejus globi auctorem faciunt : « Licet, inquit, insigne illud imperiale diversis speciebus prius figuratum fuisset, ven. tamen papæ Benedicto sedis apostolicæ jussum est admodum intellectuali specie. Qui idem insigne præcepit fabricari, quasi aureum pomum, atque circumdari per quadrum pretiosissimis quibusque gemmis, ac desuper auream crucem inseri. »

XXII. Hinc patet aureum pomum, quo Ottonem primum Godefridus insignem vidit, a Benedicto VIII novam formam accepisse post Ottones, Henrico scilicet II Germaniæ regi, ac primo regi Romanorum tradendum. Sed inter imperialia insignia in solemni coronatione tradi solita, non recensendum ab initio, discimus ab eodem Glabro referente, quemadmodum Benedictus cum Henrico « Romam venienti obviam cum maxima virorum, et sacrorum ordinum multitudine processisset ex more, eique ejusmodi insigne, scilicet imperii, in conspectu totius Romanæ plebis tradidisset, etc. » Coronatio enim sequenti anno facta est. Quin etiam neque Conrado Salico, qui Henrico successit anno 1027, neque Henrico III hujus successore, qui anno 1046 est coronatus a Clemente II, fuitque imperator hujus nominis secundus, inter alia insignia pomum crucigerum esse traditum docet ordo Romanus, quem mox omnium oculis subjiciam. Qui omnium primus ea inter insignia pomum accepisse videtur, est Fridericus I Ænobarbus ab Adriano IV coronatus anno 1155. Videtur, inquam ; nam acta apud Baronium (1155, n. 17) illud inter cætera non recensent : « Rex ad pontificem coronandus accessit, et præsentatus imperialibus signis, gladium, sceptrum, atque imperii coronam de manibus ejusdem papæ suscepit. » Nihilominus Gotfridus Viterbiensis presb. capellanus et notarius Conradi III regis Germaniæ, et imperatorum ejusdem Friderici I et Henrici VI (hic suum chronicon absolvit anno 1186, dedicavitque Urbano III Friderico superstite, adeoque alia nulla coronatione inspecta) pomum inter alia insignia numerat (ap. Dufresn. *de inf. ævi numism.* § 19), sic illud describens :

260 Aureus iste globus pomum, vel palla vocatur, Unde figuratum mundum gestare putatur. Quando coronatur, palla tenenda datur.

Et, quod majus, Friderici I successor Henricus IV « a bo. me. papa Cœlestino prædecessore nostro, ait Innoc. III, post susceptam ab eo coronam, cum aliquantulum abscessisset, rediens tandem ad se ab ipso de imperio per pallam auream petiit investiri » (*Regest.* tom. I, p. 697); tanti tunc temporis habebatur id insigne, universum orbem repræsentans! Ea siquidem opinio sensim invaluerat, quod pluribus Rudolphi epistolis testatum videbimus, ut temporalis imperatoris potestas tam longe lateque extendi putaretur, quam spiritualis Romani pontificis: non quia imperatores regnorum, ditionumque alieni juris se dominos crederent, sed quia, ut pontifex nullis limitibus circumscripta potestate utitur in orbe universo, patriarchis, metropolitis, episcopisque omnibus sua jura retinentibus, ita imperator nullo cum regum, principumve quorumlibet juris detrimento, summus universi orbis princeps imperialis diadematis impositione fieri videbatur. Quæ quanquam non esset vera indoles hujus dignitatis a Leone III institutæ, non modo Romanis pontificibus vana insolensque non videbatur, sed ipsimet solis et lunæ comparatione utentes, pontificem atque imperatorem universi orbis dominos designabant.

XXIII. Quod autem spectat ad coronationem cœptam fieri inter missarum solemnia, vetera monumenta docent, Henricum filium Conradi Salici, qui II imperator audit, necessario coronatum fuisse contra morem eo usque servatum, inter missarum solemnia. Nam prius consecrari aut benedici pontificem oportuit, a quo ipse imperialia insignia suscepturus erat. Idcirco ante *Gloria in excelsis* post Clementis II benedictionem coronatus fuit, anno 1046. Multa tunc nova et singularia evenerunt, quæ ad nos seros posteros pervenerunt in cæremoniali ea occasione conscripto. Sedulus antiquarum rerum indagator Onuphrius Panvinius inter ordines Romanos ab se collectos cæremoniale istud inexploratum recensuit (*Cod. Vat.* 6112) indeque erutum P. Joannes Baptista Gatticus abbas canon. reg. Later. quidnam esset ignorans, evulgavit anno 1753 (tom. I, p. 215). Equidem sensi cæremonialis pretium, ipsemet cod. Vatic. inspexi; exempla duo reperi (fol. 102, et 121) non pauca editorem peccasse contra fidem codicis deprehendi; quæ magis necessaria **261** erant emendavi, neglexi cætera. Tanti pretii monumentum utinam alicubi reperiretur autographum! qualecunque nobis servavit Panvinius cum cæteris a Mabillonio editis, ne ullum eruditorum lateat, prælo iterum committendum ratus sum, et quidem occasione, qua opportunior offerri non poterat. Et vero narrat Hermannus Contractus, cui tanquam synchrono eruditi fidem habent, quemadmodum post concilium Sutrinum, ubi Greg. VI abdicavit, Henricus cum Agnete uxore sua, et Suidgero Bambergensi episcopo Romam venit in pervigilio Nativitatis Domini anno 1046, unde ille sequentem annum orditur. Suidgerum ab iis qui Sutrii convenerant electum esse, et die ipsa Nativitatis consecratum, « qui mox, prosequitur, ipsa die Henricum regem et conjugem ejus Agnetem imperiali benedictione sublimavit, peractisque missarum solemniis ipse dominus papa, et imperator cum imperatrice, ita ut erat coronatus, ad Lateranense palatium cum ingenti gloria proficiscuntur, cunctis civibus Romanis mirantibus, honoremque singulis quibusque pro facultate obiter impendentibus. » Sic pius monachus Augiensis historiam certam angustia temporis incredibiliter reddit. Etenim ne cogitatione quidem amplecti quis poterit, pontificem contra traditionem, morem majorum, consuetudinem consecratum esse feria v in quam Nativitas Domini eo anno incidit, et, quod superat omnem fidem,

A spatio aliquot horarum congregatos clerum, populum, præsulesque, qui Sutrii convenerant, electum, inthronizatum, et consecratum pontificem, parata omnia ad tantam solemnitatem pro triplici coronatione, quæ neque antea unquam, neque postea facta est, ac demum descriptam cæremoniam illam novam et singularem, quæ tunc fuit adhibita. At cæremoniale ipsum melius deteget errorem Hermanni.

ORDO ROMANUS *continens ritum servatum an. 1046 in benedictione Clementis II et coronatione Henrici II et Agnetis.*

XXIV. Incipit Ordo Rom. ad benedicendum imp. quando coronam accipit a domno papa in basilica beati Petri apostoli, ad altare sancti Mauritii M. Die dominico summo mane electus imp. cum conjuge sua descendit ad sanctam Mariam Transpadinam, quæ est juxta Terebinthum, ibique recipitur honorifice
B a præfecto urbis, et comite palatii Lateranensis, et uxor ejus a dativo judice, et arcario, **262** et deducitur per porticum, clericis urbis omnibus indutis cappis, planetis, dalmaticis, et tunicis cum thuribulis cantantibus: *Ecce mitto angelum meum*, usque ad suggestum areæ superioris, quæ est in capite graduum ante portas æreas sanctæ Mariæ in Turri. Ibi sedens domnus papa in sede sua, circumstantibus episcopis, et cardinal. diaconib., et cæteris omnibus ordinibus Ecclesiæ. Tunc electus imperator cum conjuge, et omnibus baronibus suis clericis, et laicis osculatur pedes domni papæ, et regina in partem cum supradictis ductoribus suis recedente, electus jurat fidelitatem domno papæ in hunc modum: *In nomine Domini nostri Jesu Christi. Ego rex N. Romanorum, et futurus imperator Romanorum promitto, spondeo, polliceor, atque per hæc Evangelia juro coram Deo, ac beato Petro apostolo, et beati Petri apostoli vicario domno N. papæ fidelitatem, tuisque suc-*
C *cessoribus canonice intrantibus, meque amodo protectorem, ac defensorem fore hujus sanctæ Romanæ Ecclesiæ, et vestræ personæ, vestrorumque successorum in omnibus utilitatibus, in quantum divino fulctus fuero adjutorio secundum scire meum ac posse, sine fraude ac malo ingenio. Sic me Deus adjuvet, et hæc sancta Dei Evangelia.*

XXV. Ibique camerarius domni papæ electi pallam accipit sibi habendam; deinde quærit ab eo domnus papa ter, si vult habere pacem cum Ecclesia; eoque ter respondente *Volo*, domnus papa dicit: *Et ego do tibi pacem, sicut Christus discipulis suis*; osculaturque frontem ejus, ac mentum (rasus enim esse debet) et ambas genas, postremo os. Tunc surgens domnus papa ter quærit ab eo, si vult esse filius Ecclesiæ. Quo respondente *Volo*, domnus papa dicit: *Et ego te recipio in filium Ecclesiæ*, et subjicit eum sub manto, et ille osculatur pectus domni papæ, et accipit eum per dexteram manum, et cancellarius
D ejus sustentat eum cum sinistra. Electus vero ducitur per dexteram ab archidiacono domni papæ, et sic intrat per portam Æream, clericis beati Petri psallentibus, et cantantibus: *Benedictus Dominus Deus Israel*, usque ad portam Argentariam. Ibi dimittit eum domnus papa orantem, quem lente subsequitur gradu regina cum suis ductoribus, usque ad supradictam portam Argenteam. Electus vero completa oratione surgit, et episcopus Albanens. dat super eum hanc primam orationem: *Deus, in cujus manu sunt corda regum, inclina ad preces humilitatis nostræ aures misericordiæ tuæ, et principi nostro famulo tuo N. regimen* **263** *tuæ appone sapientiæ, ut haustis de tuo fonte consiliis, et tibi placeat, et super omnia regna præcellat. Per.*

XXVI. Postea domnus papa ingreditur ecclesiam beati Petri, clericis ejusdem ecclesiæ cantantibus resp. *Petre, amas me.* Quo completo domnus papa benedicit, deinde sedet in sede sibi præparata in dextra parte [a] ejusdem rotæ, et completa oratione Albanensis episcopi, ingreditur electus, et sedet in predicta sede, archipresbytero cardinali, et archidiacono hinc inde cum ductantibus, et juxta eum sedentibus, ut doceant qualiter debeat domno papæ in scrutinio respondere. Domno autem papæ facienti scrutinium, respondent in hunc modum, septem episcopis sedentibus ad dexteram suam, secundum ordinem suum, et episcopi Theutonici sedeant ad dexteram electi cardinales, et ceteri ordines Ecclesiæ sedeant. Domnus papa dicit : *Antiqua sanctorum patrum institutio docet, et præcipit, ut quisquis eligitur, ut præesse debeat, antea diligentissime examinetur cum omni charitate de fide sanctæ Trinitatis, et interrogetur de diversis causis, et moribus, quæ huic regimini congruunt, ac necessaria sunt retineri secundum apostoli dictum :* Manus nemini cito imposueris, *ei ut etiam is qui ordinandus est, antea erudiatur, qualiter eum in ea prælatione constitutum oporteat conversari in Ecclesia Dei, et ut excusabiles sint qui ei manus ordinationis imponunt. Eadem itaque auctoritate, et præcepto interrogamus te, dilectissime fili, charitate sincera, si omnem prudentiam tuam, quantum tua capax est natura, divino servitio mancipare volueris?* Respondet : *Ita toto corde volo in omnibus obire et consentire.* Interrogat : *Vis mores tuos ab omni malo temperare, et quantum poteris, Domino adjuvante, ad omne bonum commutare?* Resp. *Volo.* Interr. *Vis sobrietatem cum Dei auxilio custodire?* Resp. *Volo.* Interr. *Vis super divinis esse negotiis mancipatus, et a curis turpibus alienus, quantum te humana fragilitas consenserit posse?* Resp. *Volo.* Interr. *Vis humilitatem et patientiam in teipso custodire, et ad hoc alios inclinare?* Resp. *Volo.* Interr. *Vis pauperibus, et peregrinis, omnibusque indigentibus esse, propter nomen Domini, affabilis et misericors?* Resp. *Volo.* Et dicat domnus papa : *Hæc omnia, et cætera bona tribuat tibi Dominus, et custodiat te, atque corroboret in omni bono.* Et respondent omnes : *Amen.* **284** *Credis secundum intelligentiam,* etc. Et dicatur ei : *Hæc fides augeatur* [b], etc. Tunc vadit domnus papa ad secretarium, et induit se pontificalibus indumentis usque ad dalmaticam, qua indutus sedet. Interim episcopus Portuen. in medio rotæ medianæ dat hanc or. super electum. *Deus inenarrabilis,* sicut in unctione regis.

XXVII. Finita oratione vadit electus ad chorum Gregorii cum prædicto cardinalium archipresbytero et archidiacono, quibus quasi magistris uti debet in toto officio unctionis, et induunt eum amictu, et alba, et cingulo, et sic deducunt eum ad domnum papam in secretarium, ibique clericum facit eum, et concedit ei tunicam, et dalmaticam, et pluviale, et mitram, caligas et sandalia, quibus utatur in coronatione sua, et sic indutus stat ante domnum papam. Verum completo scrutinio exit Ostien. episcopus ad portam Argenteam, ubi regina cum judicibus et suis baronibus præstolatur, et dat ei hanc orationem : *Omnipotens æterne Deus* [c], etc. Qua oratione completa unus de cardinalibus presbyteris, cui prior præceperit, de diaconibus similiter unus, cui archidiaconus jusserit, reginam deducant usque ad altare sancti Gregorii; ibique exspectet, donec domnus papa cum sua processione exeat. Completisque omnibus supradictis ministri induant domnum papam planetam et palleum, et imposita mitra procedat, ordinibus de more procedentibus. Post que vadat electus cum supradictis ductoribus suis, quem sequatur uxor ejus usque ad arcam beati Petri. Tunc primicerius cantat introitum cum schola, et *Chirie eleyson,* et silet. Domnus papa ascendit ad altare, et post confessionem dat pacem diaconibus, et incensat. Post incensum ascendit ad sedem. Electus vero inter hæc, et uxor ejus proffunduntur ante aream beati Petri, et archidiaconus facit litaniam; qua finita exuitur solo pluviali dimisso. Episcopus Ostiensis ungit brachium dextrum de oleo exorcizato, et inter scapulas, et dicit : *Domine Deus omnipotens,* etc.; *justitiæ libamine,* etc., sequitur oratio : *Deus Dei Filius, Jesus Christe Domine noster,* etc. Post regis unctionem sequatur benedictio reginæ ante altare : *Deus, qui solus,* etc. *Sacri unctio olei in pectore reginæ Spiritus sancti gratia humilitatis nostræ officio copiosa descendat,* etc.

XXVIII. Post hæc domnus papa descendit a sede, et vadit ad altare sancti Mauricii, sequente electo, et regina; et domno papa stante super limen in introitu altaris, electus stat ante eum in medio rotæ, ad cujus dexteram stet regina, sex episcopis palatii Lateranensis in rotis, quæ ibi positæ sunt, circumstantibus; septimo in officio altaris domno papæ serviente. Tunc oblationarii prior, et secundus sumant coronas electi, et reginæ de altari sancti Petri, et ponant super altare sancti Mauricii. Tum domnus papa det anulum electo, et dicat : *Accipe anulum, signaculum videlicet sanctæ fidei, soliditatem regni, augmentum potentiæ, per quem scias triumphali potentia hostes depellere, hæreses destruere, subditos coadunare, et catholicæ fidei perseverabilitati connectere.* Per. Oratio post anulum datum : *Deus, cujus est omnis potestas et dignitas, da famulo tuo prosperum suæ dignitatis effectum, in qua te remunerante permaneat, semperque teneat, tibique jugiter placere contendat.* Per. Hic cingit cum gladio, et dicit : *Accipe hunc gladium cum Dei benedictione tibi collatum, in quo per virtutem Spiritus sancti resistere, et ejicere omnes inimicos tuos valeas, et cunctos sanctæ Ecclesiæ Dei adversarios, regnumque tibi commissum tutari, ac protegere castra Dei per auxilium invictissimi triumphatoris D. N. J. Christi, qui cum Patre in unitate Spiritus sancti vivit, et regnat in sæcula sæculorum.* Amen. Oratio post gladium : *Deus, qui providentia tua cœlestia simul et terrena moderaris, propitiare Christianissimo regi nostro, ut omnis hostium suorum fortitudo virtute gladii spiritalis frangatur, atque illo pugnante penitus conteratur.* Per. Hic coronetur. Tunc archidiaconus accipiat coronam de altari sancti Mauricii, et porrigat domno papæ, quam cum domnus papa posuerit super caput electi, dicat hanc orationem : *Accipe signum gloriæ* [d], etc. Impositio coronæ super caput reginæ : quam cum imposuit domnus papa super caput ejus, imponant manus VII episcopi, et dicat domnus papa alta voce, et VII episcopi taceant : *Accipe coronam regalis excellentiæ, quæ licet ab indignis episcoporum,* etc., *ingredi mereatis. Qui cum Deo Patre.* Hic det domnus papa sceptrum imperatori, et dicat : *Accipe sceptrum regiæ potestatis insigne, virgam scilicet rectam regni, virgam virtutis, qua teipsum bene regas, sanctam Ecclesiam, populumque Christianum tibi a Deo commissam regia virtute ab improbis defendas, pravos corrigas, rectos pacifices, et ut viam* **266** *rectam tenere possint, tuo juvamine dirigas, quatenus de temporali regno ad æternum pervenias, ipso adjuvante, cujus regnum et imperium sine fine permanet in sæcula sæculorum.* Amen. Oratio post datum sceptrum : *Omnium Domine fons bonorum, cunctorumque Deus institutor profectuum, tribue quæsumus famulo tuo N. adeptam bene regere dignitatem, et a te sibi præstitum honorem corroborare dignare; honorifica eum præ cunctis*

---

[a] Deest dispositio sedium vitio ejus, qui descripsit codicem. Utrumque exemplum Panvinii vitiosum. Crederem legendum *rotæ contra sedem præparatam electo* in sinistra parte.

[b] Petenda ex Pontificali, *De consecratione electi in episcopum.* Apud Panvinium legitur per extensum.

Equidem rem minime necessariam lubens prætermitto.

[c] Codd. alii de coron. reginæ legunt *sempiterne Deus* f. Ap. Panvin. exstat integra. Perinde est de sequentibus quatuor.

[d] Ap. Panvin. exstat integra.

regibus terræ; uberi cum benedictione locupleta, et in solio regni firma stabilitate consolida, visita eum in sobole, præsta ei prolixitatem vitæ; in diebus suis semper oriatur justitia, ut cum jucunditate, et lætitia æterna glorietur in regno. Per Dominum.

XXIX. Post hæc domnus papa cum suis ministris ad altare beati Petri revertitur. Tunc præfectus urbis, et primicerius judicum deducant imperatorem; imperatricem vero præfectus navalium, et secundicerius judicum. Quibus in locis suis jam stantibus, domnus papa incipit: *Gloria in excelsis Deo;* et schola respondet: deinceps dicit hanc orationem: *Deus regnorum omnium,* etc.; qua finita archidiaconus cum cæteris prælatis, diaconibus, et primicerio, et subdiaconibus intra crucem et altare incipit has laudes: *Exaudi Christe;* schola cum notariis in choro respondente: *Domino nostro C. a Deo decreto summo pontifici et universali papæ vita;* et hoc ter. Iterum dicit archidiaconus cum astantibus sibi: *Exaudi Christe;* et schola cum notariis respondet: *Domino nostro a Deo coronato magno, et pacifico imperatori vita et victoria.* Trib. vicib. *Exaudi Christe.* Resp. schola cum notariis: *Dominæ nostræ ejus conjugi excellentissimæ imperatrici vita.* Tribus vicibus. Item *Exaudi Christe.* Resp. *Exercitui Romano et Theutonico vita et victoria.* Tribus vicibus. Item *Salvator mundi.* Resp. *Tu illos adjuva.* Item *sancta Maria.* Resp. *Tu. Sancte Michael.* Resp. *Tu. Sancte Gabriel.* Resp. *Tu. Sancte Raphael.* Resp. *Tu. Sancte Petre.* Resp. *Tu. Sancte Paule.* Resp. *Tu. Sancte Joannes.* Resp. *Tu. Sancte Gregori.* Resp. *Tu. Sancte Maure.* Resp. *Tu. Sancte Mercuri.* Resp. *Tu illos adjuva,* ter. *Christus vincit, Christus regnat, Christus imperat.* Respondent alii similiter: *Christus,* etc. *Spes nostra.* Resp. *Chr. Victoria nostra.* Resp. *Chr. Honor noster.* Resp. *Chr. Gloria nostra.* Resp. *Chr. Murus noster inexpugnabilis.* Resp. *Chr. Laus nostra.* Resp. *Chr. Triumphator noster.* Resp. *Chr. Ipsi laus, honor, et imperium per immortalia sæcula sæculorum. Amen.*

267 XXX. Hac laude finita, legitur epistola, et cantatur gradale, et alleluia. Post quæ imperator et imperatrix deponunt coronas. Tunc legitur evangelium, post quod imperator deponit gladium, et ascendit ad sedem domni papæ, imperatrice sequente, et offert domno papæ panem, simul et cereos, et aurum: singillatim vero imperator vinum, imperatrix aquam, de quibus debet ea die fieri sacrificium. Quibus finitis revertuntur ad loca sua. Cum autem præfatio incipit, imperator extrahit pluviale, et induitur manto proprio. Cum dicitur: *Pax Domini,* ascendit ad communicandum indutus proprio manto, et imperatrix cum eo; et accepta communione redeunt ad loca sua.

XXXI. Finita vero missa accedat ad imp. comes palatii, et discalciet eum sandaliis et caligis, et calciet eum ocreas imperiales, et calcaria sancti Mauritii; et acceptis coronis sequantur domnum papam pergentem ad equitandum, deducti usque ad equos a supradictis ductoribus. Cum domnus papa venerit ad equum, imperator teneat stapham, et coronetur, et intret in processione. Imperatrix vero cum ductoribus suis sequatur imperatorem, cæteri barones sequantur. Clerici urbis omnes, sicut soliti sunt, faciant laudes, per loca sua. Judæi similiter in loco suo. Coronetur civitas. Campanæ sonentur omnes. Camerarii imperatoris præcedant, et sequantur nummos projicientes, ut equitantium iter non impediatur. Cumque pervenerint ad ascensorium. Prior cardinalium sancti Laurentii foris Muros incipiat laudes, sicut mos est, et cæteri respondeant. Quibus finitis imperator descendit, et tenet stapham domno papæ descendenti, deposita prius corona. Deinde ducitur domnus papa ab imperatore et præfecto urbis usque ad cameram majoris palatii, ubi inde separentur. Imperatrix deducitur a primicerio et secundicerio judicum usque ad cameram Juliæ imperatricis, in qua ipsa comedere debet cum episcopis et cæteris

A baronibus suis. Camerarii imperatoris cum camera riis domni papæ dent presbyterium omnibus ordini bus sac. palatii pontifice, et imperatore in camera pausantibus.

XXXII. Quo peracto comedat imperator ad dextram domni papæ, cæteris in locis suis sedentibus. Finito prandio surgat unus ex diaconibus, quem archidiaconus jusserit, et legat lectionem. Qua perlecta surgant cantores, et cantent quod soliti sunt. Finito cantu surgant omnes cum benedictionibus. Domnus papa redeat ad **268** cameram suam. Imperator ad cameram Juliæ. Electus descendens de Monte Gaudii, et veniens ad ponticellum, jurat hoc sacramentum Romanis: *Ego N. futurus imperator juro me servaturum Romani bonas consuetudines, et firmo chartas tercii generis, et libelli sine fraude et malo ingenio.* Ad portam Collinam similiter jurare debet; in gradibus sancti Petri similiter.

XXXIII. Tantæ vetustatis, tantæque fidei monu-
B mentum, quod ipsum se prodit, cur Panvinius non noverit, editorque Gatticus nullatenus olfecerit, non intelligo. Tres enim uno eodemque die coronis redimitos, pontificem C. et imperat. cum imperatrice in tota serie Augustorum non deprehendes, præter Clementem II, Henricum II et Agnetem. Mihi satis est ætatem detexisse, non enim vacat sigillatim expendere tot venerandæ illius antiquitatis characteres, quos eruditorum oculis subjiciendos duxi. Eos tamen non præteream, qui maxime ad rem faciunt. Ac primo juramentum Romanis præstitum necessario collocatur in fine, quia Henricus Romam veniens vacante sede, neque *ad ponticellum* juravit, neque solemniter fuit exceptus, ut sui prædecessores. At electo pontifice, dieque benedictionis ejus cum solemnitate coronationis conjuncto, præstitit ad portam Collinam, quæ erat in ripa ulteriori fluminis prope castellum Adriani, juramentum, quod præscribitur ad ponticellum ad radices montis Marii; alterum vero præstandum ad portam Castelli, præstitit
C in gradibus sancti Petri. Sequiorum temporum Ordines perperam collocant in fine quod hic necessario ponendum fuit, et portam Castelli pro Collina accipiunt. Hujus certum situm describit canonicus Benedictus (*Mus. Ital.* tom. II, p. 145) fer. II paschatis deducens pontificem a Laterano: «Transiens, inquit, ante sanctum Trifonem juxta posterulas usque ad pontem Adrianum intrat per pontem, et exit per portam Collinam ante templum et castellum Adriani, proficiscens ante obeliscum Neronis, intrat per porticum juxta sepulcrum Romuli, ascendit ad Vaticanum.» Astipulantur Benedicto chron. Fossæ novæ, et chronicon Romualdi (*Cod. Vat.* 3975), in quo recensitis portis Urbis, supremo loco ponitur «Porta Collina ad castellum Adriani.» At cum in Vita Leonis IV ap. Anastasium (sect. 537) legatur idem pontifex aperuisse posterulam, «ubi mirum in modum castellum præeminet, quæ vocitatur sancti Angoli,» hinc est quod hæc posterula civitatis Leoninæ in posterioribus ordinibus parum scite sumpta est pro porta Urbis, Collina per XI sæculum et sequens nuncupata. Eos recte Patritius arguit, tametsi et ipse deceptus nomen duntaxat putat falsum, situm nihil morans:
269 quare nomen Collinæ ad antiquam remp.
D rejiciens, documentis certis medii ævi imprudens adversatur. Duplex tamen juramentum Romanis præstari solitum recte præmittit ingressui regis Romanorum in civitatem Leoninam. Ita scilicet acta coronationis Henrici V ap. Baron. (1111, num. 5), quæ prima secuta est Henrici III, qui et imp. II dicitur, coronationem, nam Henr. IV non est coronatus a Rom. pont.: «Duo juramenta ex more fecit: unum juxta ponticulum, alterum ante Porticus (civitatis Leoninæ nomen id temporis) portam populo fecit. Ante portam a Judæis, in porta a Græcis canentibus exceptus est. Illuc omnis Romanæ urbis clerus ex pontificis præcepto convenerat.»

XXXIV. Postrema hæc non parum lucis afferunt antiquo ordini, quem exhibuimus. Et vero Henricus cum Agnete, qui in pontificio palatio Lateranensi hospitabantur, veniunt per portam Collinam ad ecclesiam sanctæ Mariæ in Transpadina, quæ tum temporis prope castellum Adriani sita erat, non longe a posterula Leonis IV seu porta castelli : ubi etiam modica cum distantia erant terebintus Neronis, sepulcrum Romuli, seu meta, aliaque in ordinibus memorata loca, quorum mediam fuisse aream cum concha testatur cæremoniis præfectus in coronatione Sigismundi, ap. Rayn. (1433, n. 14); « Ubi ad concham areæ castri Sancti Angeli pervenere, mutuum sibi dixere vale : ac pontifex in palatium Vat. retrocessit, etc. » Namque ista area erat locus ad recipiendum futurum imperatorem, deducendumque ad basilicam designatus, quo similiter post coronationem equitans cum pontifice revertebatur diademate redimitus. Cæterum Henricus V juramentum faciens *ex more*, innuit ejusmodi juramentum Romanis fieri consuevisse ante Henric. III Germaniæ regem, cujus coronatio una Henricum V præcedens non videtur sufficere ad inducendum morem. Quamobrem ab antecessoribus una cum juramento fidelitatis pontifici aliud etiam Romanis esse præstitum credibile est. Quod novum hic occurrit, Henricus confirmat chartas *tertii generis et libelli;* charta autem tertii generis erat scriptura cessionis castri aut loci, cujusmodi exemplum affert Mabillonius (*Ann.* B. l. LIII, n. 17, 114) de castello Tribucco inter abb. Farfensem et Crescentium, quam quidem chartam Henricus I irritam esse jussit. *Libelli* autem chartas Ducangius precarias et præstarias interpretatur, quæ duo capita salva esse Romanorum ejus temporis maxime intererat. Castra siquidem et prædia in emphyteusim accepta ab ecclesiis, facili negotio iisdem ecclesiis vindicari poterant imperiali diplomate, **270** cujusmodi plura vidimus data esse ab Ottone III post imperiale diadema susceptum. Quam profecto auctoritatem coronæ annexam esse pontifices sapienter voluerunt optimo ecclesiarum publico, ut iras potentiorum ab se averterent, firmiusque iis præsidium comparent. Animadverti autem velim non præfecturam urbis (nisi aliquando per invasionem), non ulla palatina officia, non alia summi principis jura ad imperatorem per diadema imperiale pervenisse, sed inviolata apud pontificem permansisse.

XXXV. Hinc est, quod sacramentum fidelitatis a rege Romanorum præstari solitum, antequam per portam æream sanctæ Mariæ in Turri ad portam argenteam duceretur, in hoc ordine planissimis verbis expressum, ante annos tres et triginta exhibitum fuerat Benedicto VIII a sancto Henrico I, ut testatur Ditmarus ap. Baron. (1014, n. 1), et ap. Leibnitium (*Scrip. rer. Brunsw.* tom. 1, p. 400) : « Decursis a Dom. incarn. post millenarii plenitudinem numeri annis tredecim, et in subseq. anni secundo mense ac hebdomada tertia, anno autem regni ejus tertiodecimo, et die Dom. ac VI kal. Mart. Henricus Dei gratia rex inclytus a senatoribus duodecim vallatus, quorum sex rasi barba, alii prolixa, mystice incedebant cum baculis, cum dilecta suimet conjuge Cunegunda, ad ecclesiam sancti Petri, papa exspectante, venit, et antequam introduceretur, ab eodem interrogatus, si fidelis vellet Romanæ patronus esse, et defensor Ecclesiæ, sibi autem suisque successoribus per omnia fidelis, devota professione respondit. » Quod si cui sacramenti fidelitatis nomen displicet, lubetque priscum *promissionis seu professionis* recentius adhibere, per me licet, modo certum firmumque habeat, sub diversitate nominis summam eamdem esse. Ea siquidem in librum cæremonialem relata, Henrico V qui primus post Henr. II diadema suscepit, ad portam argenteam est exhibita, ut acta ap. Baron (1111, n. 5) testantur : « Ibique ex libro professionem imperatoriam faciens, a pontifice designatus est imperator. » Perinde ann. 1155 Fridericus I Ænobarbus, actis pariter id testantibus, « ad ecclesiam beatæ Mariæ in Turri, in qua eum ante altare pontifex exspectabat, profectus est, et manus imponens, consuetam professionem et plenariam securitatem, secundum quod in ordine continetur, publice exhibuit. » Ea vero sic fluebat : « Ego N. rex Romanorum, annuente Domino, futurus imperator promitto, spondeo, et polliceor, atque juro Deo et beato Petro, me de cætero protectorem et defensorem fore summi pontif. et S. R. Ecclesiæ in omnibus necessitatibus **271** et utilitatibus suis, custodiendo et conservando possessiones, et honores, et jura ejus, quantum divino fultus fuero adjutorio, secundum scire et posse meum, recta et pura fide. Sic me Deus, etc. » (*Mus. It.* tom. II, p. 598).

XXXVI. Audisti Henricum V non in area super gradibus ante portam æream sanctæ Mariæ in Turri, sed ad portam argenteam contra morem majorum professionem fecisse; et Fridericum Ænobarbum in ecclesia sanctæ Mariæ in Turri. Tragicam Henrici coronationem lubens prætereo. Ad Friderici autem professionem, quam omnium primus præstitit in prædicta Ecclesia, est animadvertendum, quod Durantes (*Rational.* lib. II, c. 8, n. 6), qui florebat Nicolao III pontifice, ac proinde antiqui ordinis rationem habet, nam ab ineunte sæc. XIII nulla coronatio facta erat, de imperatore sic loquitur : « Quoniam in die ordinationis suæ receptus primo in canonicum a canonicis sancti Petri ministrat domino papæ in missa in officio subdiaconatus, parando calicem, et hujusmodi faciendo. » In eamdem sententiam Clemens V de coronatione Henrici VII rite facienda principio sæc. XIV, legatos admonet : « Ipsoque pontifice descendente pro perficiendis missarum mysteriis ad altare, imperator more subdiaconi offerat calicem, et ampullam. » Cum autem anno 1046 nil tale factum fuerit ab Henrico II, hujusque successor Henricus rex Germ. IV coronam non obtinuerit, Henrici V cororatio insolens ritum omnem rejiciat, ac denique Lotharius II necessitate impellente coronam præcipitanter susceperit ab Innocentio II in Lateranensi basilica, hinc est, quod ad Fridericum Ænobarbum anno 1155 coronatum ab Adriano IV descendere oportet. Hunc profecto cur omnium primum inter canonicos recenseamus nulla suppetit ratio certa, præter ritum in antiquo ordine præscriptum in ecclesia sanctæ Mariæ in Turri, qui cum actis Adriani IV fere concinit : « Relicto ibidem rege, aiunt acta, pontifex ad altare beati Petri conscendit. » Ordo autem antiquus : « Deinde summus pontifex cum omnibus ordinibus suis ad altare procedit, et facta ibi oratione, ad sedem ascendit, rege cum suis, et tribus episcopis, videlicet Ostiensi, et Portuensi, et Albanensi, in ecclesia sanctæ Mariæ in Turribus remanente, ubi a canonicis sancti Petri receptus in fratrem, imperialibus induatur insignibus, dato ipsius pallio camerario domini papæ. »

XXXVII. Quid vero? Petrus Mallius, qui sub eodem Ænobarbo florebat, eratque e sancti Petri canonicorum collegio, rem istam non modici honoris perpetuum silet, cum e contrario de basilicæ consuetudinibus **272** loquens (Bolland. tom. VI Jun. par. II, p. 39) hæc de ritu inunctionis, atque imperialium insignium traditione posteritati commendet : « Juxta hoc altare (sancti Silvestri) per directum est altare sancti Mauritii m. ad quod scilicet altare de antiqua consuetudine Romanorum imperator a dominis episcopis cardd. benedicitur et ungitur. Ad altare vero majus sancti Petri a domino papa benedicitur et coronatur, et de sacrosancto altari ejus per manus Romani pontificis ad defendendam Ecclesiam gladium accipit. » Num consuetudo ista inunctionis ab Henrici V coronatione in maxima illa rerum perturbatione anni 1111 repetenda sit ; an potius ab aliquantulum feliciori Friderici I, cujus anno circiter vicesimo Mallius de ea scribebat, incompertum mihi est. Certe inter Henricum II et Fridericum I spatio annorum decem et centum solus Henricus V in basilica Vaticana ab Ostiensi episcopo est inunctus, magisque probabile est ritum adhiberi cœptum anno 1111 antiquam consuetudinem ab scriptore Friderici cœtaneo nuncupari, quam in Friderici ejusdem coronatione incipientem. Nihilominus malo in incerto antiquitatem ritus relinquere, quam annis non bene quinquaginta vetustiorem conjecturis ostendere. Perinde est de rege Romanorum inter canonicos recipiendo : præstat siquidem ad sæculi XIII principium differre hanc cæremoniam, cum Innocentius III anno 1209 imperiali diademate Ottonem IV redimivit, quam aut Friderico I, aut Henrico VI ejus successori rem ascribere, quæ nullo hæret documento veteri. Nam antiqui ordinis a Clemente V laudati, et Durantis testimonia supra allata nullum ex dilatione ista detrimentum accipiunt, rectiusque Innocentio III nova hæc institutio tribuitur, quam aut Adriano IV qui Fridericum Romanis invitis coronavit inter arma ; aut Cœlestino III qui fere coactus, et singulari ut fertur ratione Henricum VI una cum uxore ad imperialem dignitatem provexit. Nam prisco ritui aliquid se addidisse Innocentius ipse testatur, cui nisi canonicatum adjecisset, non video quid novi ei referretur acceptum. Et vero insignia imperialia, corona, gladius, sceptrum et pomum jam ipsa in coronatione ad altare majus in missarum solemnis, post epistolam, tradi consueverant. Professio in ecclesia sanctæ Mariæ in Turri a Friderico I fieri cœperat. Inunctio ad altare sancti Mauritii, ejusdem Friderici ævo antiqua consuetudo nuncupabatur a Mallio scriptore synchrono. Equitatio demum pontificis cum imperatore coronato usque ad aream Molis Adrianæ, ubi coronandus exceptus fuerat, vetustate alios etiam ritus anteibat. Jure igitur canonicatus Innocentio III relinquitur, eumque consequens officium subdiaconi ad missam.

273 XXXVIII. At enimvero ipse pontifex basilicæ ejusdem canonicum se fuisse tantopere gloriabatur, ut ad Petri sedem evectus, inde sumat præcipuam obsequii causam erga illam (*Bull. Vat.* tom. I, p. 77). Ita enim canonicos affatur : « Attendentes quod inter cæteras ecclesias per universum orbem diffusas basilicam principis apostolorum, utpote sedem nostram, specialius diligere ac honorare tenemur, sicut qui olim in ipsa vobiscum pariter canonici beneficium assecuti, nunc de filio in patrem ejus divina sumus miseratione promoti. » Et in litteris ad ipsum regem Romanorum, apud Baluzium (tom. I, p. 702), quibus electionem illius confirmat : « In te, inquit, progenitorum tuorum devotionem suscitare plenius, et abundantius remunerare volentes..... tanto ipsos in hoc præcedes amplius, quanto te a nobis magis intelliges honoratum..... Serenitatem tuam in eo de consilio fratrum nostrorum honorare volentes, ultra quod in sæculo sæcularis princeps nequeat honorari. » Quæ indicia sunt valde perspicua ordinis ab Innocentio III amplificati, numerisque omnibus absoluti, quem Clemens V pontificiæ ordinarium appellat, et cui additiones postea factæ a cæremoniarum præfectis, quorum novissimus fuit Patritius Pientinus episcopus, caliginem potius quam splendorem attulisse dicendi sunt.

XXXIX. Quæ ut vera sint, antiqui omnes codices Romanorum ordinum, si illum excipias, quem supra obtinuisse aiebam Carolinorum tempore et Germanorum aliquot Henrici II prædecessorum, usque ad annum 1046 cum primum coronatio fieri cœpta est inter missarum solemnia, codices illi, inquam, orationes omnes indicant duntaxat; nonnullas siquidem mutari oportuit, ut quam dicebat Albanensis episcopus ad portam Argenteam, et quam decantabat pontifex ante epistolam; electus enim imperator ante diadematis susceptionem *princeps*, ut in codice quem supra edidimus, aut *rex* vocari debuit, non *imperator*. Quod testantur diplomata et documenta omnia a Godefrido Godwicensi abbate, Ludovico Muratorio et eruditis illis accurate examinata. Ab uno cod. Vaticano 4757, principio sæculi XV conscripto, in recentiores alios ordines error dimanavit. Quin etiam in antiquos ab scriptoribus parum cautis error idem est invectus. Sic Raynaldus (1355, n. 8) ad litteras Innoc. VI quibus est insertus antiquus ordo ab Innoc. III recensitus : « Exstant, inquit, harum precum formulæ in vetusto pontificio Cæremoniali (*Ms. Vat.* 4757, p. 90), ex quo ipsas describere visum est. » Sic bullarii Vatic. editor (tom. I) ex Raynaldo iisdem in litteris **274** Innocentii VI; sic consarcinator ordinis, qui Jacobo Gajetano tribuitur; sic denique alii ordines apud Gatticum, qui ms. illum Vaticanum a Raynaldo adhibitum, publicam in lucem emisit, lectori gratum facturi, errorem istum propalarunt. Fuissent hic gradum, ferenda res esset. Formulas, queis pontifex imperialia insignia tradens utebatur, historia reclamante, adulterare non est veritus laudati codicis scriptor, indeque Raynaldus et cæteri in rituales libros intulerunt. Formula tradendi gladii in vetustis ordinibus usque ad Innoc. VI indicatur hoc pacto : « Accipe gladium ad vindictam malefactorum, etc. » In laudato autem codice inserta sunt quæ uncis claudam : « Accipe gladium (desuper beati Petri apostoli corpus sumptum per nostras manus, licet indignas, vice tamen et auctoritate beatorum apostolorum consecratas, imperialiter tibi concessum, nostræque benedictionis officio in defensionem sanctæ matris Ecclesiæ divinitus ordinatum) ad vindictam, etc. »

XL. Additamenti interpretationem relinquo integram erudito lectori, qui paulo ante (n. 57) a Mallio canonico est edoctus, *de sacrosancto altari* Petri desumptum gladium a pontifice tradi solitum post susceptum imperiale diadema ; novitque ex antiquissimo ordine apud Mabillonium (*Ord.* IX, n. 2) moris olim esse ut « archidiaconus tolleret orarios de confessione, qui de hesterna die repositi sunt ibi ; » nec non pallia archiepiscopalia nostra etiam ætate indidem sumi, quia de spirituali potestate res est. Pari modo relinquo integram inversionem illam imperialis officii ad missam documentis certis, valdeque perspicuis inhærentis. Recentiores quippe ordines non subdiaconum faciunt imperatorem, sed diaconum. Quo tamen munere unus Carolus V functus est Bononiæ Blasio de Martinellis cæremoniam dirigente (Rayn. 1530, n. 51 ; Gattic. tom. II, ined. pag. 149), ut constat ex actis : « Aliquantulum semoto cardinali de evangelio loco ejus Cæsar subintravit ad altare , ministrando papæ patenam cum hostia, et inde calicem cum vino et aqua porrigendo pontifici, et simul offerente , et ministrante quam pulchre et egregie fungente officio diaconi. » Has equidem depravationes antiquorum ordinum integras relinquo. Illam vero de equitatione pontificis cum imperatore, quippe aliarum omnium facile principem, præterire non possum. Ejus terminum fuisse semper aream castri Sancti Angeli ex dictis liquet. Postremæ autem duæ equitationes Eugenii IV cum Sigismundo anno 1433, et Nicolai V cum Friderico III anno 1452, rem ponunt extra omnem aleam. Auctores synchroni ap. Raynaldum (1433, n. 14) **275** de Eugenio cum Sigismundo aiunt : « Ubi ad concham areæ castri Sancti Angeli pervenere, mutuum sibi dixere vale, ac pontifex in palatium Vaticanum retrocessit : Imperator ad Ælium Pontem progressus, etc. » De Nicolao item · V cum Friderico III apud eumdem annalistam (1452, n. 2). Nauclerus : « Equo conscenso, inquit, usque ad ecclesiam sanctæ Mariæ una profecti sunt. Tunc papa in palatium rediit, Cæsar in pontem Adriani profectus est. »

XLI. Quæ cum ita sint, ne cogitatione quidem assequi possumus, cur Pientino episcopo in mentem venerit ritum Romanis quibuscunque ordinibus, synchronisque auctoribus comprobatum, ac septem et viginti Augustorum exemplis constabilitum, transformare. Attamen (sect. 5, cap. 4) ad Rubricam

De processione pontificis et Cæsaris per Urbem, ita commentatur: « Recta via per Campum floræ et Judæorum plateam devenient ad ecclesiam sanctæ Mariæ in Cosmedin, et ibi pontifex, si rosam habet, illam eques imperatori equiti dono dat. Et ad dextram conversus, per Transtiberim cum suis omnibus ad palatium revertitur. Cæsar autem via, qua sibi melius placeat, rosam manu gestans, ad pontem Adrianum redit. » Romæ, quod optandum erat, nulla post Fridericum III coronatio peracta est. Romanæ autem sic transformatæ imago Bononiæ exhibita, compendio licet viarum et rituum maxime decurtata, functionem usque adeo incommodam ipsi magistro cæremoniarum repræsentavit; ut cibo potuque interrumpendam fassus fuerit, ne vires ad perficiendam deficerent. « Condolui ego apud papam, quod nos Itali non fuissemus ita providi, sicut Hispani pro principe suo, cui refectionem præordinaverant; nos autem nihil cogitaveramus pro nostro pontifice, qui multum defatigatus remanserat, hora jam tarda prope 21 et adhuc equitaturus cum Cæsare per civitatem processionaliter per duas alias horas. » Sic Blasius de Martinellis apud Raynald. (1530, n. 55). Quod si post duas horas equitationis cum Cæsare, hic ad pontem Adriani reverti debuit, ibique tercentum fere equites nudo ense ter singulos percutiens, designare: inde vero ad Lateranensem basilicam, illius canonicatum, quem ad finem nescio, assecuturus progredi, pontifexque per Transtiberim ad palatium reverti, uterque cum pompa; lectoris judicium esto, quota hora imperator a tot tamque diversis laboribus quiesceret. Mihi quidem videtur ritus iste tam diuturnus ad priscum morem revocandus esse, nam ipse se manifestat scriptum, cum coronatio Romana desueverat.

276 § VI. — *De libris tribus epistolarum Rudolphi.*

XLII. Jam vero ad Rudolphi epistolas venio, quibus necessarium præmitti oportuit quæcunque sunt dicta de electione regis Romanorum, deque ejus coronatione Romana per manus pontificis, quam quia Rudolphus impense sæpius petitam nunquam fuit assecutus, imperatoris nomen non est adeptus. Narrat Nauclerus (*Gen.* 43) quemadmodum Gregorius X post mortem Richardi, cui sancta sedes adhærebat, Alphonso Sapiente superstite, vel vehementius quam antea coronam appetente, denuntiavit electoribus, se, nisi regem Romanorum quantocius eligerent, apostolica auctoritate eum renuntiaturum. Quamobrem die quarta Octobris anni 1273, septemvirorum consensu Rudolphus electus fuit. Interea Gregorius eodem anno ex Urbeveteri Florentiam se contulerat medio mense Junio, hinc Placentiam in patriam suam progressus, indeque Mediolanum, die circiter duodecima Octobris Lugdunum profectus est, ubi concilium celebrandum erat sequenti anno. Qua in urbe moratum esse usque ad an. 1275, pridie Id. Maias Raynaldus (eod. an. n. 1) regestis Vaticanis demonstrat. Tum vero Belliquadrum petiit collocuturus Castellæ regem, quem multi adversus Rudolphum sequebantur; unde Septembri mense progressus est Viennam, et postmodum Lausanam, ubi cum Rudolpho colloquium habuit mense Octobri. Die duodevicesima Novembris in dedicatione basilicæ sancti Petri promulgavit processus contra invasores bonorum Ecclesiæ, Mediolani in basilica sancti Ambrosii. Postmodum Placentiam iterum adiit, et die 18 Decembris Florentiam. Denique Aretium se contulit, ubi, sequenti anno 1276 ineunte, obiit supremum diem 10 Januarii. Circa ista tempora versatur epistolarum liber primus. Epistola ultima libri alterius hosce habet characteres valde perspicuos diei 26 Augusti an. 1278 *in crastino beati Bartholomæi... mane vero sextæ feriæ.* Liber autem tertius pervenire videretur ad Martini IV tempora, nam *Rudolphi regis semper Augusti* diplomate clauditur, quod est datum *Hagenauæ* IV *nonas Decembris, Indict.* II, *anno* 1283, regni vero nostri anno 10. Cum autem diploma istud præcedatur diplomate altero principum imperii anno 1279, nonnullæque epistolæ ad anteriores annos referendæ videantur, tempus certum definiri nequaquam potest. Hactenus de chronologia.

277 XLIII. Cur litteræ istæ non viderint lucem ante hunc diem, si aliquot demseris ab Austr. Pietatis auctore vulgatas, nonnullasque alias ad Salisburgensem archiepiscopum pertinentes, quas P. Hansizius in lucem edidit, facili negotio assequimur, spectata carumdem sententia de imperii finibus, de coronatione Romana, de primis precibus deque aliis capitibus, quæ scriptores Germanicos longe a veritate aberrasse planum faciunt. Ac primum civitates Germaniæ Rudolphi regis Romanorum electioni plaudentes (lib. I, ep. 6) regis Romm. sedem Germaniam esse testantur: *Lætetur, et gratuletur totis visceribus lætabunda et laudans invicta Germania:* sic una ex civitatibus suo regi obedientiam promittens. Et ipse Rudolphus X Gregorio significat (*Ibid.* ep. 12), quod *principes, barones, civitates, castra, et alia bona sacri imperii per Alemanniam nostræ obediunt unanimiter ditioni.* Italiæ vero regnum, et Tusciam, quæ olim regalis dicebatur, hodie autem magnus Etruriæ ducatus, imperii finibus contineri ex hisce epistolis patet. Notanda præ aliis quam Pisani Gibellini ad Rudolphum dederunt ejus opem contra Guelphos implorantes (*Ibid.* ep. 20), ita siquidem in cives loquuntur: *Leges asserunt, usus approbat, antiquitas protestatur, quod Romano principi, ut de cæteris taceam, Tuscorum regio serviat sub tributo.... Ecce provincia Tusciæ, quæ sui propinquitate ad Romani imperii piam sedem tanquam principale membrum suo deberet capiti familiarius respondere.... Luget Pisana civitas inimicorum hostili gladio summi pontificis, ac regii culminis vulnerata.* Ad quæ Rudolphus (*Ibid.* ep. 21) se legatos misisse Lugdunum ait ad pontificem, *ut de suo beneplacito et consensu finalibus desideriis vestris plene satisfieri valeat super his quæ vestra petitio continebat.* Dissidii causæ inter pontificem et Pisanos videndæ apud Raynaldum (1273, n. 32 seqq.).

XLIV. Damna etiam patent ex Rudolphi epistolis, quæ continuata Germaniæ Augustorum, Suevicæ præsertim stirpis, invasio Ecclesiæ ditionibus intulerat. Duas profecto provincias Exarchatum et Pentapolim Francorum regum Pippini et Caroli Magni donationibus nitentes quibuscunque aliis donationibus esse antiquiores latet omnino neminem. Perinde omnes norunt Innocentium III, post recuperatas ditiones cæteras, « misisse nuntios et legatos ad recuperandum Exarchatum Ravennæ, Brictonorium, et terram Cavalcacomitis, » ut est in ejus Gestis (num. 12). Qua occasione « archiep. Ravennas asserebat Exarchatum antiquitus fuisse concessum a Romanis pontificibus ecclesiæ Ravennati, **278** et privilegia ostendebat. Brictonorium quoque concessum fuisse de novo ab Alexandro papa dum Venetiis moraretur. Superseditergo dominus Innoc. potenter ad tempus magisquam super hoc vellet aliquid experiri. » At postmodum Ottonem IV ac Fridericum II prædecessorum omnium invasores facile principes, antiqua et certa hujusmodi jura, pene oblitterasse constat. Quamobrem Rudolpho varietate præsertim nominum decepto, usque adeo persuasum erat, utramque provinciam, Romandiolæ seu Maritimæ nomine vocitatas, imperii finibus contineri; ut (lib. I, ep. 24 et seqq.) eas appellare non dubitet *gloriosum imperii pomœrium;* præterea illarum administrationem comiti Furstembergio committat, pluresque hac de re scribat epistolas, quarum primæ titulus fluit: *Egregiis et prudentibus viris marchionibus, comitibus, nobilibus, capitaneis, civitatum potestatibus, ancianis, et populis universis per Romaniolam et Maritimiam constitutis.* Contra æquum et rectum id factum esse intelligimus. Nihilominus rei veritate etiam cognita, et sacramento pollicitus Rudolphus, se jura omnia vindicaturum sanctæ sedi, nonnisi post biennium de injusta hujusmodi possessione decessit.

XLV. Et vero anno 1274 in actione tertia Lugdunensis concilii Otto præpositus sancti Widonis Spirensis cancellarius, cæterique oratores Rudolphi in consistorium admissi, ac mandato exhibito, quo plena iis potestas a rege Romanorum fiebat agendi regio nomine, diplomata omnia Ludovici, Ottonis, Henrici, omniumque Rudolphi prædecessorum, necnon Friderici II diploma quo Siciliæ regnum declaratur minime obnoxium imperio, confirmarunt die 6 Jun., ut patet ex monumentis ap. Raynaldum (1274, n. 5 seqq.). Præterea Rudolphus ipse in colloquio Lausanæ cum pontifice die 20 Octobris sequentis anni, quo idem tantopere gloriatur (lib. I ep. 54) non solum confirmat, ratumque habet quidquid cancellarius et reliqui oratores Lugduni peregerant; sed, quod minime factum ab iis erat, Exarchatum et Pentapolim expresse nominat, subjiciens : « Has omnes pro posse meo restituam, et quiete dimittam cum omni jurisdictione, districtu, et honore suo. » (ap. Rayn. 1275, n. 37). Attamen nonnisi post biennium duas illas provincias dimisisse compertum est. Cum autem paulo post Rudolphi cancellarius ejusdem nominis, absque regio mandato, quin etiam illo inscio, juramentum fidelitatis a multis civitatibus Exarchatus regio nomine excepisset, Rudolphus datis litteris ad Nicolaum III, IV kal. Jun. an. 1278, irrita omnia fecit, quæ cancellarius ausus erat, iterumque Exarchatum integrum sanctæ sedi vindicavit (Rayn. 1278, n. 51 seq.). **279** Rei documenta certa servantur in tabulario Motus Adrianæ. Miraberis fortasse rem adeo certam tandiu protelatam esse. At memoria repetas oportet, quot annorum spatio nostris temporibus manifesta invasio Comacli eodem in Exarchatu scriptis tot voluminibus projusta possessione habita fuerit. De Rudolphi causa plus æquo detinentis Exarchatum non dissimile judicium fieri oportere satis superque comprobat cancellarii factum nuper allatum. At de his omnibus opportune agam in notis ad epistolas (lib. II, ep. 35, 37), ac præsertim dissertatione 7 de Rudolphi diplomatibus per sacri Rom. imperii electores confirmatis.

XLVI. Ex quibus patet quanta erraverit via imperii finium amplificator Conringius (Tom. I *de Finib. Imp.*) et quam imprudenter Gœbelius in fusissimis ad eum notis, contra monumentorum fidem, ausus fuerit imperii Romani fines protendere ultra præscriptum ab ipsis Augustis invasoribus terminum, teste Rudolpho Romanorum rege, qui rem penitus assecutus, et prædecessorum invasiones et deceptionem suam planissime declaravit suis litteris. Major tamen audacia illorum est, qui negant Rudolphum, quandiu vixit, imperiali diademate per manus Romani pontificis accepto, imperatorem fieri vehementer optasse. Ii scilicet acquiescentes apologo illo, quo Trithemius (*Chron. Irsaug.*) et Godefridus Hectius (*Germ. Sac.* par. II, lib. 11 de Statu Relig.) eumdem esse usum referunt, veritati adversari non verentur ; apologi sententiam arbitratu suo, ni fallor, prædicti auctores expressere, nam verba ista in Rudolphi ore posuerunt : « Multos Alemannorum reges Italia consumpsit. Non ideo Romam. Rex sum, nec minus pro utilitate reipublicæ me facturum confido, quam si Romæ fuissem coronatus. » Rem siquidem eamdem ex Nierembergio refert auctor Pietatis Austr. (lib. I, c. 128) hunc in modum : « Suadentibus profectionem respondebat per apologum Æsopi, Leonem belluarum regem desiderasse et impetrasse, ut minor animantium populus ægrum se invisere t; vulpem posteriore loco venisse, monitamque ingredi abstinuisse, eo quod vestigia ingredientium plurima observasset, redeuntium nulla : nempe priora in alimentum ægroti cessisse, sibi, nisi imprudenter perire vellet, non arridere periculum. Et Rudolphus pluribus imperatorum contigisse aiebat, ut aut in hoc itinere perirent, aut inglo-

rii reverterentur : Se neutrorum exemplo fore prodigum Majestatis » Summa est eadem, at veritati propior postrema hæc narratio videtur, quam brevis illa, gravis, ac Rudolpho **280** insueta locutio, majestatis imperatoriæ contemptrix, quam Romana tantum coronatione acquiri posse non ignorans, tanquam præcipuum imperii negotium et litteris, et legatis, et suis apud sanctam sedem oratoribus commendare nunquam desiit usque ad extremos vitæ annos, cum septuagenario major anno 1291 mortem occubuit. Equidem fateor mihi incredibile non videri, quod magnus ille princeps, ut natura ejus ferebat, lepori, ac facetiis quandoque indulgens, suos familiares illo apologo recrearit ; id vero ab eodem serio esse factum fidenter nego. Absit enim ut mendacii tantum regem arguere leviter velim, fidemque majorem scriptori cuipiam, licet gravissimo, habeam de Rudolpho aliquid affirmanti, quam Rudolpho ipsi et verbis et factis id neganti. Sed vanum est ratiocinando rem asserere, quam litterarum Rudolphi chronologia extra omnem aleam ponit.

XLVII. Et vero statim atque electus fuit rex Romanorum, sequentem epistolam scripsit Gregorio X, quam, nescio cur prætermissam in isto cod., auctor Pietatis Austr. (lib. I, c. 4, p. 32) ex cod. Cæsareo nobis exhibet : « Romano jampridem vacante imperio, principes electores, quibus in Romani electione regis jus competit ab antiquo, die locoque præfixis, ab omnique sic convenientes in unum, post multos et varios de futuri regis electione tractatus, tandem sub deliberationis prolixæ consilio, quam negotii qualitas exigebat, licet poterant in nonnullos alios longe clariorum virtutum titulis insignitos, longeque majoris meriti claritate conspicuos consensisse, nos tamen ad tam honorabilis oneris, et onerosi honoris fastigium, nullo prorsus ambitu, teste conscientia, aspirantes ad imperii regimen evexerunt, acceptione nostra nihilominus importuna instantia postulata. Nos itaque licet animo trepido revolventes, quæ et qualis esset hujus divinæ dispositionis vocatio, utpote nostræ multiplicis insufficientiæ non ignari, formidavimus conscendere tantæ speculæ dignitatis, quodam nimirum attoniti tremore et stupore, in eo tamen, qui alto et ineffabili cura Divinitatis consilio conditiones et statum terrestrium, prout vult, et variat, et alternat, quique robur multiplicat, et balbutientibus eloquentiam tribuit, confidentes et spiritum fortitudinis assumentes, ad laudem et gloriam regis regum, ob reverentiam sanctæ matris Ecclesiæ, et catholicæ fidei fulcimen, tum tam laboriosæ sollicitudinis exercitio, et tam onerosæ curæ regimini, et quod superni consilii altitudo decreverat, scissionis, aut rupturæ **281** dispendio contingeret infirmari, subjiciendo humeros imbecilles, sperantes, quod nobis tam Dei quam sacrosanctæ matris Ecclesiæ, nec non apostolicæ gratiæ plenitudo, atque paterni vestri favoris clementia debeat non deesse. Jactatis igitur cogitationibus nostris in eo, cujus imperio vivimus, et in vobis anchora spei nostræ totaliter collocata, sanctitatis vestræ pedibus provolvimur, supplicando rogantes, quatenus nobis in assumpto negotio de benignitate consueta favorabiliter aspirantes, auxiliatricibus apud altissimum hostis adjuvare dignemini. Causam nostram, imo totius reipublicæ specialem, ut in suo beneplacito dirigens gressus nostros per suorum dignetur nos ducere semitam mandatorum. Ut igitur salubrius, et felicius ea, quæ sibi sunt placita, et Ecclesiæ suæ sanctæ sunt grata, jugiter prosequi valeamus, placeat vestræ, quæsumus, sanctitati nos imperialis fastigii diademate gratiosius insignire. Nos enim potentis, et volentis animi armatura præcingimur, quæcunque nobis vos et alma mater Ecclesia dixeritis imponenda. »

XLVIII. Rudolphi electionem non esse confirmatam a Rom. pontifice, nisi anno sequenti in consistorio Lugdunensi, annales docent. Tum vero Gregorius (Rayn. *ex Regest.* 1274, n. 53 seq.) electo regi Romanorum scripsit in hanc sententiam: « Cum inchoata feliciter ad ejusdem culmen imperii tui promotionis auspicia, non prosecutionis procrastinatione differri, sed festina deinceps consummatione compleri utilitas manifesta suadeat, serenitatem tuam hortamur, et sincero tibi affectu et consilio suademus, quatenus sic te præpares, sic disponas; ut cum te ad unctionem, consecrationem, et imperialis diadematis coronationem de nostris recipiendas manibus duxerimus avocandum, ad quod terminum in proximo, prout circumstantiæ pensandæ permiserint, intendimus assignare, non improvisus, sed sicut tanti negotii solemnia exigunt, paratus appareas, et ad præmissa non morosus, sed promptus et festinus occurras. Expedit autem ut aliquos, qui super ejusdem assignatione termini, qui tuæ commoditati congruat, et alias plene tuam super hoc per omnia voluntatem nobis insinuare valeant, cito ad præsentiam nostram mittas. Dat. Lugduni vi Kal. Octob. an. 111. » Pontificiæ sollicitudinis præcipuam fuisse causam Castellæ regis Alphonsi pertinaciam, supra innuimus; quare hac, aliisque causis, utpote non necessariis, prætermissis, rem propositam enarrare **282** pergam. Haud longa temporis intercapedo effectum, rege Romanorum hoc unum vehementer appetente, distulisse videtur. Nam pontifex sub anni finem archiepiscopo Salisburgensi rem totam enuntians, « Nuper itaque, inquit, ipsius regis Romanorum nuntiis super hoc a sua magnificentia destinatis in nostra et fratrum eorumdem præsentia, in publico, et solemni consistorio nomine suo petentibus, sibi ad præmissa terminum assignari, nos cum eisdem fratribus collatione habita, et iis, quæ circa hæc attendenda putavimus perpensa deliberatione discussis, ipsi regi Romanorum ad petitas unctionem, consecrationem, et coronationem imperialis diadematis in basilica principis apostolorum in Urbe recipiendas per manus nostras, Domino favente sermoni, festum omnium sanctorum primo venturum, terminum de ipsorum fratrum nostrorum consilio duximus assignandum. » Pontificiam vero sollicitudinem, regiamque alacritatem negotiorum moles nimio plus retardavit. Quamobrem Lausanæ in Helvetiis collocuti rex et pontifex die 20 Octobris anni 1275 terminum coronationi præfixum, eo quod immineret, ad festum Pentecostes, quæ anno 1276 in diem 24 Maii incidebat, prorogarunt.

XLIX. Dum autem pararentur omnia ad tantam solemnitatem, principesque ac civitates, acceptis a rege Romanorum suscipiendi itineris nuntiis, ad eum prosequendum quo splendidiori possent obsequio præsto essent (lib. I, ep. 34, 35, 36, 38), Gregorius Aretii sanctam mortem occubuit. Nec propterea Rudolphus destitit a proposito, ut ipsemet fatetur in litteris ad cardinales (*Ibid.* ep. 42), sede vacante: *Nos*, inquit, *et nostros accinxeramus ad iter, ut juxta quod vestro mediante consilio fuerat ordinatum, si fata favissent, suscepissemus de suis manibus sacrosancti imperii diadema . . . . adhuc tamen in ipso procedendi proposito parati pariter, et accincti, perseverantes immobiles, et de matris Ecclesiæ invariabilitate sperantes, ipsum iter duntaxat suspendimus, et relaxamus in tempus, donec per vos aut futurum summum pontificem, quorum beneplacitis semper in omnibus promptitudine spiritus obedire disponimus, nos perfectius informari contigerit, quid nunc ulterius devoto Ecclesiæ filio sit agendum.* Litteras regias; pontifice jam creato, cardinales acceperunt, neque exstat in codice illorum responsum; gratulatoria tamen Rudolphi ejusdem epistola (lib. II, ep. 1) continuationem propositi nobis exhibet: namque Innocentium V **283** sic affatur: *Colligite, quæsumus, filium singularem vestris et matris Ecclesiæ beneplacitis semper in omni spiritu promptitudine pariturum, opus Dei benigne perficientes in nobis ex tradita vobis desuper potestate.* Quæ quidem epistola ineunte Februario mense scripta est; præterea suppetit ex nostro cod. alia epistola ejusdem regis Romanorum ad eumdem pontificem (lib. I, ep. 28) qua juxta terminum Lausanæ constitutum se Romæ adfuturum die Pentecostes pollicetur: *In proximo nunc instanti festo resurrectionis Dominicæ in Mediolano præsentes, hinc juxta Beatitudinis beneplacitum e vestigio ad coronam imperii procedemus.* Ex quibus constat epistolam datam esse mense Martio, nam Pascha anni 1276 in diem quintam Aprilis incidebat; atque eapropter Rudolphum a tempore creationis suæ usque ad prædictum mensem duobus annis ac mensibus fere sex nil habuisse antiquius coronatione Romana. Cur autem ad extremum usque annum Nicolai III seu 1280 de Italico itinere suscipiendo siluerit, causa petenda est ab apostolica sede.

L. Raynaldus (1276, n. 24) ex ms. cod. Vallic. didicit Rudolphum ab eodem Innocentio prohibitum esse Italiam ingredi ante compositas controversias cum Carolo Siciliæ rege. At cardinalium litteræ ad eumdem Rudolphum sede vacante anno 1277 rem gravius et luculentius docebunt (Rayn. 1277, n. 48). Hæc scilicet de Innocentio referunt: « Cum expediret omnino, et suæ propterea voluntatis existeret, ut iter ad veniendum in Italiam non assumeretis, et si assumpseratis, nequaquam assumptum prosequeremini, antequam præmissa forent soliditate congrua roborata, ven. fr. Bernardo episcopo tunc electo Albiensi ad vestram propter hoc præsentiam destinato, qui causas utiles et necessarias, quæ non immerito pontificem ipsum Innocentium ad ista movebant, et voluntatem suam super illis, quanquam in prædictis litteris patenter expressam, manifestius aperiret, quam ex affectu sincero consuluerit, et cum fratribus suis consulta deliberatione præhabita voluerit adimpleri. » Innocentii exemplum secutos esse Adrianum V et Joannem XXI iidem testantur. Nicolaum vero tertium prædecessorum vestigiis institisse ex pluribus annalium monumentis, et ex iis, quæ dicam in notis ad epistolas, compertum erit. Unam ex Rudolphi epistolis (lib. II, ep. 57) maxime attendendam reor, utpote scriptam post Austriam, Styriam, cæterasque provincias in suam potestatem redactas, quandoquidem omni prosequens obsequio summum pontificem recens electum, duosque ei **284** mittens legatos, ut de coronatione, aliisque imperii negotiis agant, eum obsecrat, atque obtestatur ut se, imperium ac legatos dirigere non dedignetur, videlicet super difficultatibus expediendis, quæ coronationi erant impedimento, sive, ut verbis illius loquar, *super principali negotio;* ægre enim ferebat ab Italico itinere suscipiendo se arceri, ac proinde ab imperatoriæ majestatis assecutione, quam unus Romanus pontifex, imperiale diadema regio capiti imponens, elargiebatur. Nihilominus usque ad extremum ejus pontificis annum ferri oportuit vehemens illud desiderium iter instituendi ad Romanam coronationem. Tum vero principes, et Ecclesias iterum se parare ad prosequendum Rudolphum Romam venientem, testatur episcopi excusatio (lib. III, ep. 15) qui gravissimis impeditus incommodis demisse orat, ut *regia majestas in his mihi compatiens a via pro coronatione sua agenda me misericorditer eximat, et meæ discat impotentiæ misereri.* Verum quæ ad fœdus ineundum inter Rudolphum et Carolum attinebant, non adeo tempestive facta, ut Nicolai subsecuta mors differendæ iterum coronationis causa non fuerit.

LI. Et vero Rudolphus die 28 Martii anno 1280 juxta concordiæ leges Provinciam attribuit Carolo Siciliæ regi, ut patet ex diplomate apud Raynaldum (1280, n. 2), in cujus fine « promittentes, ait, nihilominus prædicta omnia et singula, postquam imperiale diadema, dante Domino, susceperimus, renovare ad majorem et perpetuam firmitatem. Actum et datum Viennæ v Kal. Apr. Ind. VIII, A. D. 1280, regni vero nostri anno 7. » Vicissim Carolus diploma suum de pace cum imperio servanda dedit « Neapoli A. D. 1280, die 10 Maii, VIII Indict., regnorum nostrorum

Jerusalem an. 4, Siciliæ vero 18. » Cum autem Nicolaus Augusto mense decesserit, nonnisi sequenti anno hujus successor Martinus IV pacem istam firmavit; qui et regis Romanorum vicariis in Etruria constitutis Gurcensi episcopo, et Rudolpho cancellario populorum obsequia conciliavit (Raynald. 1281, num. 17). Sic duæ illæ præcipuæ controversiæ super Provinciæ et Etruriæ principatibus, quæ Rudolphum ab Italico itinere arcuerant, sexto demum anno sublatæ sunt. Nec tamen Rudolphus aluisse legitur hoc pontifice spem sub Nicolai extrema conceptam. Num senatoria Urbis dignitas Carolo, contra Nicolai constitutionem, a Martino eodem restituta, an tragici Siciliæ eventus anno 1282, qui Romam atque Italiam omnem concussere, seu causæ aliæ impedimento fuerint, quin Rudolphus coronationis negotium prosequeretur, non liquet. Id **285** certum est, Carolo Siciliæ rege mortuo sub initium anni 1285, ac trium fere mensium discrimine Martino etiam decedente IV Kal. Apriles, eodem anno declinante, Rudolphus Honorio IV Martini successori splendidam legationem adornavit, pro assignatione termini ad imperiale diadema suscipiendum. Litteræ datæ sunt « Lausanæ x Kal. Decemb. Ind. XIV, A. D. 1285, regni vero nostri anno 13, » earumque autographum servatur in archivio Molis Adrianæ, unde illas accepit Raynaldus (1285, n. 22). Quæ quia non parvi momenti sunt ad nonnullorum opiniones falsas avertendas, huc integræ afferantur necesse erit.

LII. « Sanctissimo in Chr. Patri domino Honorio divina providentia sacros. R. E. summo pontifici Rudolphus Dei gr. Romm. rex semp. Aug. cum filialis obedientiæ et reverentiæ promptitudine devotissima pedum oscula beatorum. Quia de fide sincera et devotione purissima honorabilium virorum magistrorum Leupoldi de Wistdingin, Willelmi de Sellofforti, et Petri præpositi et electi ecclesiæ Maguntinæ, Capellani nostri dilecti, ac strenui viri Marguardi de Hyfendal, familiarium nostrorum dilectorum, quoniam in ipsis laudabilibus et præclaris operibus sumus experti multoties fructuose et quotidie experimur, præ cæteris fiduciam gerimus ampliorem, ipsos quibus secreta cordis nostri aperuimus ad beatitudinis vestræ pedes fiducialiter destinamus, dantes eis auctoritatem plenariam et liberam potestatem, ac speciale mandatum petendi, impetrandi et acceptandi diem nobis de vestra paterna providentia præfigendum pro suscipiendo de vestris sacrosanctis manibus imperiali diademate, et imponenda nobis corona Cæsareæ dignitatis, et jurandi in animam nostram super observatione omnium illorum, quæ circa præmissa, ab eisdem vestra reverenda paternitas duxerit requirenda, ratum et gratum habituri quidquid prædicti acceptaverint, ordinaverint, seu fecerint in præmissis. In cujus rei testimonium præsens scriptum exinde conscribi, et Majestatis nostræ sigillo fecimus communiri. Datum Lausanæ, » ut supra. His responsum Honorii exstat apud eumdem Rayn. (1286, n. 1) post sex solidos menses, videlicet II Kal. Julii anno II, nisi forte posteriori alteri epistolæ super eadem re Honorius rescribit; ait enim: « Nuper ven. fr. nostro H. Maguntinensi archiep. tunc episcopo Basiliensi propter hoc a tua magnificentia destinato, in nostra et fratrum nostrorum præsentia tuo nomine cum instantia postulante ad unctionem, consecrationem, et imperialis **286** diadematis coronationem de nostris recipiendas manibus tibi terminum assignari. » Utcunque sit de una vel duplici legatione, « festum Purificationis primo venturum de ipsorum fratrum consilio assignamus, » ait pontifex, et commodiorem aliam diem, si aliquod impedimentum supervenerit. Ita enimvero accidit, ut pontifex præsagiebat. Enim non modo anno 1287 stata die, commodiorive alia non venit Romam, sed ne anno quidem sequenti. Ne autem imitemur eos, qui rebus inexploratis, veritati cuum imprudenter faciunt, cur vehementer optatum iter non susceperit, causas explorare oportet.

LIII. Terminus ab Honorio de fratrum consilio præfixus fuerat festum Purificationis, seu dies secunda Februarii anni 1287. Is vero terminus nimia laborabat angustia, nam octo spatio mensium legati Germaniam repeterent, pararentur omnia pro regio itinere, ac rex ipse hiemali tempore cum nobili comitatu adveniret necesse erat. Duobus inde mensibus Honorius moritur, ejusque obitum sequitur interpontificium decem mensium, videlicet a die tertia Aprilis, ad 22 Februarii anni 1288, cum Nicolaus IV ex ordine Minorum primus electus fuit. Quare autem nonnisi anno sequenti maximum id negotium urgere Rudolphus cœperit, gravia in Germania impedimenta fuerunt in causa. Idem pontifex Nicolaus regis Romanorum litteris respondens quemadmodum se res habuerit sui prædecessoris, ac suo tempore, brevi enarratione complectitur: « Nos autem, inquit, super iis cum fratribus nostris contulimus diligenter, et tandem consideratis attentius, perpensaque deliberatione discussis quæ in tanti prosecutione negotii requiruntur, quia præfixus de tuo ad coronam adventu terminus, supervenientibus impedimentis effectum non habuit, honori regio credidimus expedire, ut ad te nostrum nuntium mitteremus, per quem et tuæ nobis intentionis processus pateret apertius, et nos, certitudine habita pleniori, possemus celsitudini regiæ melius et competentius respondere. Nam alii tui nuntii contra nostrum eis impensum consilium, dum eramus in minori officio constituti, se ad brevitatem termini nimium arctaverunt. » Hæ litteræ datæ sunt die 15 Aprilis, quas integras videre est apud Raynaldum (1289, n. 46 seqq.). Erat tunc Rudolphus septuagenario major, paucisque ultra biennium mensibus superstes fuit. Quamobrem supremam quoque hanc ejus voluntatem, tanta ex parte pontificis accedente comperendinatione, suo caruisse effectu non est mirandum. Id potius dignum admiratione est, non neminem nostra etiam ætate reperiri, **287** qui scriptoribus sæculi XIV et sequentis majorem fidem habeat, quam monumentis certis, adeoque Rudolphum, qui usque ad extremum spiritum diadema imperii vehementer optavit, coronationis Romanæ, sin contemptorem, minus curantem, dicere non vereatur.

LIV. Qui autem diadema imperiale contemneret, quo majestas imperatoria conferebatur cum maximo illo auctoritatis incremento, de quo est dictum in superioribus? Aliud siquidem est præesse imperio, quod jus rex Romanorum, seu futurus imperator, in electione acquirebat, aliud imperiali diademate ornari a summo pontifice, qui supremæ suæ potestatis in universo terrarum orbe participem in temporalibus efficiebat. Nil melius declarat, quid esset imperium Rudolphi tempore (nam olim, præcipue sub Carolingiis, longe aliud erat, ut vidimus) quam tractatus a Nicolao III habitus cum Rudolpho, quem Raynaldus (1280, n. 28) ex ms. cod. Vat. Jordani refert.

« Tractabat quoque, ait, idem pontifex cum dicto rege super novitatibus faciendis in imperio, ut videlicet totum imperium in quatuor divideretur partes: in regnum Alemanniæ, quod dabatur posteris Rudolphi in perpetuum; in regnum Viennense quod dabatur in dotem uxori Caroli Martelli filiæ dicti Rudolphi; de Italia vero præter regnum Siciliæ duo regna fiebant, unum in Lombardia, aliud in Tuscia. » Quam rem paulo aliter Blondus et Platina posteritati mandarunt. Nec multum hinc abludit consilium fr. Humberti de Romanis ord. Præd. ante concilii Lugdunensis II celebrationem, relatum a cl. P. Mansio in notis ad Rayn. (1273, n. 6) his verbis: « Ut eo vacante (imperio) vicarius constituatur: vel rex deinceps per successionem, non per electionem fieret; et quod contentus ille Germania sua, Italiam uni vel duobus regibus ex consensu prælatorum et communitatum eligendis, permitteret: elec'i vero in certis casibus possent deponi per apostolicam sedem, vel denique rex in Longobardia constitutus vicariam imperii potestatem exerceret in Tuscia, imperio vacante. » Imperatoria vero majestas, quam Leo III instituerat, ut subditos sibi populos in officio contineret, supremæ suæ potestatis, ad temporalia quod attinet, imperatore per coronationem facto participe, auctoritatem longe majorem regi Romanorum afferebat, quo enim pontificis spiritualis potestas effundebatur, eo temporalis imperatoria effundi credebatur. Hinc duorum luminarium majorum celebris illa comparatio; hinc duorum hominum in terrarum orbe auctoritas non semel hisce in epistolis occurrens; hinc denique, ut Rudolphi utar verbis, divini operis complementum ab 288 uno Christi vicario perficiendum. Regiam quippe omnem potestatem a Deo esse quis ignorat? Hanc vero Rudolphus, aliorum regum instar, adeptus fuerat, imperatoriam autem majestatem, cum illo auctoritatis incremento quod regiæ accedebat, Romani tantum pontificis beneficio per diadematis imperialis impositionem reges Romanorum, seu imperatores electos, fuisse assecutos, vetera omnia monumenta testantur.

LV. Ea inter principem sibi locum haud dubie vindicant tam multæ epistolæ hujus codicis, aliæque nonnullæ aliunde sumptæ, quæ occurrent in notis. Quandoquidem et imperii, et majestatis imperatoriæ vera indoles earum auctoritate fit usque adeo evidens, ut Germanicorum jurisconsultorum excogitatio illa recens imperii Romano-Germanici nullatenus aptari possit imperatori, aut Romano imperio ante auream bullam. Quid de subsecutis temporibus dicendum sit, integrum esto aliis: ad meum quippe institutum non pertinet de imperii Germanici majestate disserere. Pergam igitur de nonnullis aliis capitibus loqui, quæ in codice Rudolphino continentur. Cæteras inter epistolas quatuor occurrunt (lib. I, ep. 14 seqq.) de primis precibus, de jure illo scilicet semel nominandi personam aliquam ad cathedrales et collegiatas ecclesias, quod, cum dicatur antiqua et probata consuetudine imperatoribus et regibus competere, nulloque apostolicæ sedis privilegio inhæreat, non parum negotii canonistis facessit. Quamobrem operæ pretium facturus esse mihi videor, si originem, naturamque harum precum demonstravero. De origine obscuritas magna, magna ubique apud scriptores allucinatio reperitur. Audax quoque sectariorum mendacium non deest; quale est illud Vitriarii (J. Pub. lib. III, tom. II, n. 9) cui adhæret Couringius (not. ad Bull. Innoc. X). Contendit nimirum « hoc jus esse ejus generis, quale illud, quod vi coronationis imperator fiat Aquisgrani quidem canonicus collegii sanctæ Mariæ, et ecclesiæ majoris Coloniensis; Romæ vero collegii divi Petri. Quæ itidem papis haud debentur, sed potius tenues sunt reliquiæ antiqui juris Cæsarei, circa collationem episcopatuum, abbatiarum, aliorumque beneficiorum ecclesiasticorum. » Quæ vigilantium somnia satis superque ostendunt, harum precum originem prorsus ignotam eis fuisse. Felicitas major haud occurrit apud canonici juris peritos. Ernat instar omnium Thomassinus (De discipl. II, 1, c. 54, n. 7) et Chokier (Proæm. Scholior. ad prim. Prec.). Uterque enim ex addition. ad abbatem Urspergensem formulam affert ex Rudolphi litteris petitam; tametsi neuter puram formamque exhibet, qualem legimus in litteris. Quid vero utor remotis hisce argumentis? Rudolphus episcopo et abbati 289 primas eas preces offert; renuenti episcopo eas admittere, inconsulto pontifice; « Necessarium esse, inquit, non credimus, quod ad receptionem et provisionem ipsius N. in tua Ecclesia auctoritas apostolica requiratur; » abbati autem succenset, quod « nostris mandatis et precibus parvipensis » clericum noluisset admittere. Neutri tamen rationem aliam adducit, præter exemplum aliarum ecclesiarum morem gerentium et antiquam consuetudinem.

LVI. Cum Rudolphus est electus rex Romanorum anno 1273, is erat quartus et septuagesimus ab electione Friderici II, quem biennem esse electum constat anno 1196, patre ejus Henrico VI adhuc superstite. Inde autem qui ejusmodi precum originem ducendam esse censeret, erraret tota via; non enim Germanicam coronam accepit ad easdem preces necessariam. Quam rem Rudolphus ipse testatur: « Dum, inquiens, in nostræ sublimationis exordio quælibet Ecclesia in Romano imperio constituta super provisione unius personæ primitias precum nostrarum ex antiqua et approbata consuetudine sancti imperii admittere teneatur; » et dilucidius confirmat Carolus IV anno 1350 in sua charta apud Marquardum Freherum: « Ex coronationis nostræ solemniis ad Romanorum regnum, quæ in nobis nutu divino dudum sunt completa, in quolibet monasterio in imperio constituto unam tantum personam virtute primariarum precum nostrarum ad beneficium ecclesiasticum facere possimus promoveri; » ac denique Wenceslaus anno 1376 delegans Ruperto comiti palatino Rheni facultatem suam: « Concedimus, inquit, per præsentes quod in omnes primarias preces ratione nostræ coronationis in Romanorum regem, hodie videlicet die 6 mensis Julii Aquisgrani divina favente clementia solemniter susceptæ, per civitatem et diœcesim Spirensem et Wormatiensem, etc. » Quamobrem omni procul dubio consuetudo ista, in cujus originem inquirimus, regis Romanorum coronationi Germanicæ annexa erat. Fridericus autem Germanica corona non est redimitus ante annum 1215, ut tradunt auctores apud Reynald. (1215, n. 55). Nam Philippus Henrici VI frater ab imperatore in Italiam vocatus, ut puerum electum regem Romanorum in Germaniam ad coronationem adduceret, audita in itinere morte fratris anno 1197, in Germaniam est reversus, factusque invasor imperii, coronam sibi fecit imponi Moguntiæ. At contra eum electus rex Romanorum Otto IV, Henrici Leonis Bavariæ et Saxoniæ ducis filius, Aquisgrani est coronatus; tumque cœpit magnum id negotium imperii, quod finem habuit anno 1209, cum idem Otto ab Innocentio III imperii coronam 290 obtinuit; ut videre est apud Baluzium (Innoc. III. Reges'. tom. I, p. 687 seqq.). Quærere autem primarum precum originem discordiæ hujus tempore, vel ipsa in coronatione Friderici II, dum Otto IV tyrannice moderabatur imperium, nec nisi post triennium decedens, Friderico viam ad imperium aperuit, esset inanem operam ludere.

LVII. Eoque id magis, quod preces istæ indolem præseferunt gratiarum, quas vocant exspectativas. Quarum licet rudimenta cœperint Adriano IV quem passim auctorem earumdem faciunt (Thomassin. de disc. II, 1, c. 43, n. 2), non tamen usus ita invaluit; ut Adriani successor Alexander III anno 1179 in conc. Lateranensi III beneficia promitti non vetuerit (Labbe Conc. tom. X, p. 1512), ut decent verba ipsa can. 8, œcumenici ejus concilii: « Nulla ecclesiastica ministeria, seu etiam beneficia, vel ecclesiæ, alicui tribuantur, seu promittantur, antequam vacent, ne desiderare quis mortem proximi videatur, in cujus locum et beneficium se crediderit successurum. » Quo respiciens Innocentius III toties disciplinam istam asseruit, ut videre est in ejus regesto apud Baluzium. Una ex pluribus epistolis pertinens ad annum 1211 (Innoc. III Ep. l. XIV, ep. 161, tom. I, p. 588) erit instar omnium: « Ad audientiam nostram vobis intimantibus est delatum, quod ad multorum instantiam importunam de non vacantibus beneficiis promissiones sæpius facere vos contingit. Unde nobis humiliter supplicastis, ut vobis super his dignaremur misericorditer providere. Volentes igitur vestræ devotioni super hujusmodi gravamine præcavere, ac attendentes, quod id contra statuta

Lateranensis concilii attentatur, promissiones hujus modi decernimus irritas, et inanes, auctoritate vobis præsentium districtius inhibentes, ne contra præfatum concilium beneficia promittere non vacantia cuiquam de cætero præsumatis. » Quapropter incredibile est, eodem hoc pontifice Ottonem IV et Fridericum II post coronationem Germanicam petiisse ab ecclesiis beneficia primo vacatura, proindeque duos hos Rudolphi prædecessores obtulisse primarias preces. Multo minus credi debet Henricum VI corona Germanica coronatum anno 1169, qui et ipse post rudimenta exspectativarum cum duobus prædictis recensetur, id præstitisse : Rudolphus enim non singulari utitur exemplo, sed *divis*, ait, *imperatoribus et regibus* consuetudine id privilegium indultum esse.

LVIII. Quæ cum ita sint, cumque ante Rudolphum nullus omnino inveniatur ea formula usus esse, quam ante hunc diem continuatori Urspergensis abbatis referebamus acceptam, hodie autem quater repetitam **291** videmus in his litteris, non continuo consuetudinem, quasi certa constansque esset, admittamus oportet; sed expendi eam decet attente, ut quo loco haberi debeat, assequamur. Primo igitur reputandum, nec Rudolphum, qui ætatis annum agebat 55 cum electus fuit rex Romanorum, neque ex aulicis, viventibusque hominibus ullum consuetudinem illam, quam vocant, usu receptam vidisse; non quia sexaginta fere anni ab ultima coronatione Aquisgranensi elapsi erant, nam vidimus, neque Friderico II, neque Ottoni IV, etiamsi consuetudo certa esset, uti eadem licuisse; sed quia unicum exemplum coronationis Henrici VI anno 1169, quod nonnisi falsi arguendo Rudolphum, asserri posset, ab hujus coronatione distat annis quinque supra centum. Rudolphus igitur a nemine omnium visam, sed ab uno aut altero ex consiliariis suis auditam consuetudinem laudat. Deinde animadvertendum, tam abbati, quam episcopo, eas preces rem novam visas esse : abbati videlicet, quia, ni fallor, concilii œcumenici Lateranensis decretum supra allatum, et Innocentii III litteræ plures illud asserentes, contra importunitatem beneficia vacatura petentium, non erant ignotæ; episcopo autem, quia non modo canones et decreta pontificum nota illi erant, sed quia pro iisdem pugnare ex officio debebat, magnumque admisisset piaculum permittens ut ea tantillum violarentur sancta sede inconsulta, quæ una privilegium istud laicis, utcunque magnis principibus, concedere poterat, adversus canonum decretorumque pontificiorum statuta, si e re Ecclesiæ publica futurum nosset. At enimvero tribus Rudolphus utitur argumentis ad rem probandam : antiquam scilicet, atque approbatam esse consuetudinem; nullum eam latere imperii angulum; et ecclesias Germaniæ alias regiis precibus et mandatis obtemperare. Sed, bona cum venia, ejusdem generis hæc argumenta sunt, cujus erant illa alia, queis Exarchatum et Pentapolim sibi asserebat, ut supra dixi (n. 44), et infra uberius explicabo (Diss. 7, n. 5 seqq.). Consuetudo enim neque antiqua, neque approbata esse potest, quippe quæ a nullo ex prædecessoribus usu recepta deprehenditur, et concilio œcumenico Lateranensi III adversatur; elegans illud dictum, *nullum latere angulum imperii*, cum omni historia pugnat, cum nullibi reperiatur hujus rei notitia; ac denique quod ecclesias Germaniæ alias admitti primarias preces, principi potius obsequium, quam disciplinæ peritiam comprobat.

LIX. Utinam veteris ac novæ disciplinæ auctor (P. II, lib. I, cap. 54. n. 7) integras hasce epistolas vidisset, quemadmodum vidit fragmentum Rudolphinæ epistolæ apud Urspergensem abbatem ! Ex ejus enim sententia **292** non conjecisset « ecclesias omnes cathedrales, abbatiales, collegiales ci servituti fuisse obnoxias; » nec misceri « præcepta precibus. » Is enim non erat piissimus princeps, qui ser-

vitutem ecclesiis vellet imponere, atque ecclesiasticis rogando præcipere. Testem appello Rudolphum ipsum, qui Leodiensi capitulo commendans novum canonicum (lib. III, ep. 22), *Prudentiam vestram*, inquit, *rogamus affectu quo possumus ampliori, quatenus super eadem residentia, pro nostra reverentia, et utilitate propria, congrua ipsum gratia prosequentes, eumdem ad curiam nostram quantocius studeatis remittere vestris, et Ecclesiæ prænotatis servitiis inibi fructuosius institurum.* De obsequio erga episcopos nihil dico : plures enim epistolæ occurrunt ad eos datæ, queis ipsos rebelles veneratur ut patres. Quamobrem non est ambigendum, quin rex Romanorum recens electus, nimiam consiliariis fidem adhibens juribus ac decori imperii plus æquo studuerit. Bene autem cessit primariis precibus; nam privilegio apostolico accedente invaluere, hodieque vigent. Primus omnium pontificum Clemens VI primas preces regi Romanorum Carolo IV concessisse videtur. Etenim in charta supra laudata, « Cum itaque, ait, nobis tam de jure, quam de antiqua et approbata consuetudine a divis Romanorum imperatoribus, et regibus prædecessoribus nostris hactenus observata competat, etc. » Quem postea Wenceslaus, cæterique sunt imitati, non amplius consuetudine, sed jure atque antiqua consuetudine sibi illas vindicantes. Quidquid igitur sit de *antiqua* illa, *et approbata consuetudine*, quæ uni Rudolpho refertur accepta, postquam apostolica sedes ratam illam habuit, jus imperatorium evasit, quod ne Tridentinum quidem concilium (sess. 24, cap. 19) sustulit, ut sacra congregatio declaravit, Gregorio XIII ejus decretum roborante. Thomassinus (P. II, lib. I, cap. 54, n. 10 seq.) hac de causa contendit, primarias preces niti privilegio apostolico, quia Pius IV et Gregorius XIII eas prædictum in modum ratas habuerunt. Sed longe antiquiori apostolico privilegio nituntur.

LX. Et vero Carolum IV consuetudini jus proprio arbitratu addidisse nemo dixerit, cum præcipue constet, hunc principem Clementi VI acceptissimum, ejus opera electum esse, pluribusque ab eodem beneficiis affectum. Nihilominus, quia nullum apostolicum privilegium reperitur, pro certo affirmari non potest, a medio sæculo quartodecimo, in hoc rege Romanorum, auctore aureæ bullæ, primarias preces niti cœpisse apostolico privilegio. Quod minime dubium est, Fridericus III integro post **293** sæculo, videlicet anno 1452, cum diadema imperiale suscepit a Nicolao V, pontificio diplomate sibi concedi obtinuit primarias preces, quod successoribus omnibus usque ad nostra tempora est renovatum a sancta sede post eorum electionem ab eadem confirmatam. Exstat idem diploma in archivo secr. Vat. publicatum a card. Corradino, ineunte nostro sæculo, ut refert Georgius (*Vit. Nic. V.* p. 116 et 156), et laudatum a Clemente XI (*Epist. et Brev.* tom. I, p. 308), in litteris ad capitulum et canonicos Hildesien. ecclesiæ : « Quod si, ait, idem Fridericus, et qui eum subinde consecuti sunt imperatores ante tempora cla. me. Leopoldi nuper defuncti primarias preces direxerunt, id contigisse constat, quia illi omnes post sui confirmationem a Romano pontifice obtentam, apostolici apostolico indulto curarunt. Quo quidem indulto quoniam destitutus erat idem Leopoldus, factum est, ut primarias preces, a quibus ipse non abstinuit admittere, et executioni demandare episcoporum ac præsulum, nec non capitulorum Germaniæ non exigua, neque contemnenda pars libertatis hujusmodi memor, et acerrima custos detrectaverit. » Quamobrem annis amplius centum viginti apostolico privilegio nitebantur eæ preces, cum sacra conc. Trid. congregatio sublatas non esse declaravit : unde Thomassinus sanctæ sedis auctoritatis initium deducit. Ab anno autem prædicto 1452 ejusmodi privilegio personali utentes imperatores, aut reges Romanorum jure offerunt primas preces; si qui vero illud impetrare neglexerint, nequidquam vetustæ consuetudinis obtentu ecclesiarum Germaniæ libertatem iis precibus conati sunt infringere, ut Clementis XI litteris edocemur. Namque episcopi et abbatis exemplo, qui Rudolphi preces detrectarunt, neglecta quæ prætendebatur antiqua consuetudine, episcopi et capitula preces nullo jure oblatas respuunt, ac pro ecclesiasticis juribus acerrime pugnant.

LXI. Iniquissimo id quidem animo tulerunt ecclesiastici ab ipsa origine : cujus rei testis est Æneas Sylvius, qui postmodum electus pontifex, Pii II nomen assumpsit, nam Bartholomæo Medico (ep. 372) ita rescribit : « Non nos decet contra primarias preces imperatoris attentare, quia illas impetravimus, et sæpe defendimus; et imperatoriæ majestatis honorem tueri debemus, quia ab illa promoti et magnificati sumus. » At nihilominus neque concordata Germanica inter Nicolaum V et Fridericum III inita pro libertate collationum statis mensibus, quæ primariis precibus contraria videbantur, privilegio illi obstiterunt, neque postea exspectativarum excidium illi obfuit. Quapropter primariæ **294** preces a Rudolpho primum adhibitæ anno 1274, opinione potius quam consuetudine innitentes, quarum rara admodum vestigia occurrunt spatio annorum 178, ubi certo apostolicæ sedis privilegio se sustentare ac tueri cœperunt, omnia evasisse pericula, nostramque ad ætatem illæsas se pervenisse gloriantur. Magnum tamen discrimen antiquis illis precibus, cum precibus sanctæ sedis beneficio impetratis intercedit. Quandoquidem illæ Germanicam coronationem secutæ primum regni annum non excedebant; istæ vero, quæ ab apostolico pendent indulto, cum Friderico III concessæ fuerint post coronationem imperialem, successoribus concedi consueverunt post electionis imperialis confirmationem ab apostolica se le factam, quæ postquam imperatoria coronatio desuevit, plures annos ab electione illa distabat. Sit exemplo Joseph Augustus, qui rex Romanorum electus anno 1690, ac Leopoldo patri succedens in imperio anno 1705, dum anno 1711 confirmatio et privilegium expediebantur, variolarum morbo decessit. De quo inopinato casu loquens in consistorio Clemens XI (*Orat. Consist.* p. 117) die 17 Aprilis an. 1711, « Omnia, inquit, parata erant, ut quidquid demum hic agendum supererat tam circa apostolicam confirmationem electionis ejusdem Josephi de fraternitatum vestrarum consilio explendam, quam circa indultum, quod vocant primariarum precum. » Itaque vix anno vicesimo altero post regis Romanorum electionem, aut sexto post Leopoldi patris mortem, apostolico privilegio usus esset, nisi mors immatura obstitisset. Quid? quod Leopoldus, qui a Ferdinandi III, Augusti genitoris obitu, seu ab anno 1658 (quindecim enim mensium interregnum intercessit) imperio præfuit, sanctæ sedis indultum nunquam obtinuit? Attamen precistæ, ut novo inducto vocabulo appellantur ii, qui primis precibus beneficia se obtinuisse contendunt, tempore etiam apostolici indulti cessantis, ad dignitatum, aliorumve beneficiorum vacationem comparuere, quasi primis precibus ad eadem jus acquivissent. Videsis Clem. XI (*Epist. et Brev.* tom. I, par. II, p. 408, 414 seq. et 605). Quin etiam pontifice eodem teste (*Bullar.* p. 104 seqq.), imperio vacante, ejusdem vicarii preces offerre non dubitarunt.

LXII. Id vero, utpote nec veteri consuetudine, nec jure apostolici privilegii factum, merito ecclesias Germaniæ, ac summum pontificem qui unus privilegia sive indulta hujusmodi potest concedere, adversus hujusmodi abusum compulit reclamare. Magnum sane negotium Clementi inde factum, nec tamen infractum ejus animum legimus. Augustano enim episcopo (*Ibid.* p. 409) scripto declaravit, « cum, qui canonicatum **295** hoc medio obtinuit, legitimum ejus possessorem nequaquam esse, nec lacere fructus suos; » neque alio modo sollicitudine se exemptum iti significat, quam « precista canonicatus detentore ab indebita ejusdem possessione repulso. » Pari modo ab apostolico nuntio admonitus, « quemdam precistam, ut vocant, magno nunc studio contendere, ut decanatus collegiatæ ecclesiæ sancti Mauritii sibi assignetur, » in civitate videlicet Monasteriensi, ab episcopo ejus civitatis enixe petit, « ut memorati precistæ petitio penitus rejiciatur. » (*Ibid.*, p. 549.) Ex quibus patet, primarias preces, cum niti credebantur consuetudine, tametsi nullo jure porrigerentur, nullum inflexisse vulnus disciplinæ collationis. Etenim reges Romanorum corona Germanica redimiti primo tantum anno regni, et semel unicuique ecclesiæ cathedrali, collegiatæ, aut monasteriali offerebant preces suas, quasi jure patronatus, pro canonicatu aut beneficio vacante, aut primum vacaturo. Dum e contrario a precistis altissimum disciplinæ eidem vulnus infligitur. Nam juxta novum morem, in quem adeo vehementer invehebatur Clemens XI, cum primum vacaret canonicatus, dignitas, beneficiumve aliud in quavis ecclesia, eadem prorsus inscia, clam emergebat precista, non solum electione imperatoris non confirmata per apostolicam sedem; sed etiam vacante imperio, contendebatque canonicatum, dignitatem, beneficiumve jure primariarum precum sibi deberi. Ex hisce autem quatuor Rudolphi epistolis non solum origo earum precum, sed rectus earumdem usus, cum præsertim hodie offerantur auctoritate apostolica, est perspicuus. Ac de his hactenus.

LXIII. Restaret nunc ut de aliis capitibus, quæ in iisdem litteris continentur, aliquid dicerem, præcipue de ardore illo ingenti, quo Rudolphus flagrabat, ferendi arma in Syriam, non modo ut Terræ sanctæ reliquias tueretur, sed etiam ut sanctam civitatem Jerusalem ad vicina loca Jesu Christi sanguine consecrata, quæ Christianorum desidia iterum occupata erant a barbaris, ex horum manibus eriperet. Dictu miserum! Acconem, seu Ptolemaidem patriarcha Jerosolymorum, a concilio jampridem pro administratione novi illius regni majores constituerant, redactum erat. Undique desolationes, insidiæ, metus modicos miserrimosque eos populos petere cogebant opportuna auxilia a Rudolpho, quem causæ vehementiores aliæ illuc invitabant, ac præ aliis Alberti sapientis patris sui cineres Accone jampridem sepulti. Quod ipsemet Gregorio X testatur (lib. I, ep. XII) cum gratias agit de confirmata sua electione :« Ad quod, inquiens, ardor desiderii in nobis eo vehementius **296** accenditur, quo naturalis genitoris nostri ossa, ob crucifixi gloriam, extra natalem solum peregre inibi quiescentia sollicitius quotidie in nostris cordibus revolvuntur; et quis prohibere poterit filium ex intimis cordis concupiscere in paterno tumulo exulem pro eo fieri, qui exilio et miseriæ se tradidit, delitiis affluens paradisi? » Tametsi de ingenti hoc desiderio accidit, quod de alio pariter vehementi suscipiendi imperialis diadematis in Urbe a Romano pontifice; ingruentia enim bella intra fines imperii necessarium auxilium Terræ sanctæ tandiu distulerunt, ut Rudolpho eodem adhuc superstite Acconis expugnatio, Christianorumque omnium cædes, perquam paucis transfretantibus, debito cum mœrore sint auditæ (lib. III, ep. 40). At de his omnibus opportunius agam in notis. Quod præmitti omnino debet, magni hujus progenitoris Augustæ domus Austriacæ insignes virtutes, quæ ab auctoribus celebrantur, præclara indoles, modestia, studium pacis, clementia, humanitas, liberalitas, longanimitas adeo luculenter in hisce epistolis describuntur, ut aliena testimonia non sint opus.

LXIV. Equidem præstantissimi codicis editionem reipublicæ litterariæ op assem numeris omnibus absolutam exhibere, at exiguis meis viribus minime datum est grave ac nullatenus ferendum onus subire nullo alicunde accedente levamento. Etenim præterquam quod litteræ fere omnes carent persona, loco, et tempore, illarum collector inofficiosus, nulla ordinis ratione habita, in tres libros eas divisit, quasi varia esset materia et tempus certum; cum e contrario utrumque desideretur in codice, adeoque litteræ unius libri ad alterum referri debeant, ubique rerum similitudine ac confusione temporum occurrente. Wenceslaus Adalbertus Czerwenka auctor annalium et actorum Pietatis Habspurgo-Austriacæ, quem brevitatis ergo auctorem Piet. Austr. passim appello, de codice Rudolphino loquitur (lib. I cap. 4, p. 57) hunc in modum : « Magnam equidem laudem meritus est reverendissimus et doctissimus D. Joannes Seifridus vigilantissimus quondam abbas Zwethallensis ordinis Cisterciensis, quod cura et studio ex antiquis duobus monasteriis sanctæ Crucis, et monasterii Zwethalfensis codd. ms. epistolas 149 partim, et quidem præcipue, ab ipso, partim ad ipsum, partim de ipso Rudolpho scriptas collegerit, et in tres libros diviserit; summam laudis attigisset, si personas, et annum, quo, et ad quas datæ sunt, expressisset. Has ipsas epistolas clarissimus Petrus Lambecius ad prelum parabat, et Syntagmati suo rerum Germanicarum inserere volebat, additis non solum Seifridianis, verum **297** etiam suis annotationibus cum tabula chronologica, et variantibus lectionibus ex augustissimæ bibliothecæ Cæsareæ antiquo codice membranaceo inter codices mss. philosophicos et philologicos latinos 262 in quo eædem exstant, quem mihi inspicere hactenus non obtigit. Ipsi vero Lambecio hunc ingenii partum, utpote morte prævento, non licuit eniti, quo lucubrationes suas coronaret. » In eamdem sententiam de eo cod. loquitur (lib. I, cap. 20, p. 118). Verum Hansizius (Germ. Sac. tom. I, p. 446) laudat cod. Cæsareum jur. civ. 77, cumque aliquam ex epistolis (lib. II, ep. 33) tam ab auctore Piet. Austr. (lib. I, cap. 15, p. 75), quam ab Hansizio prolatam (Germ. Sac. tom. II, p. 388) accurate contulerim, Cæsareo cod. utrumque usum esse deprehendi. Quamobrem variantes lectiones, quas apposui epistolis nonnullis, absque ulla hæsitatione ex cod. Cæsareo desumptas affirmo, apud alterutrum ex laudatis auctoribus occurrerint epistolæ, quas diligenter contuli. Neque id fortuito a me factum putes, rem enim penitus examinavi, antequam consilium istud caperem.

LXV. Animadverti primum, tam Lambecium in catalogo librorum ab se edendorum, quam auctorem Pietatis Austriacæ, epistolarum 149 mentionem facere; deinde vidi Seifridum in sua Genealogia domus Austriacæ nonnullas epistolas laudare ex cod. monasterii sanctæ Crucis ordine alio in eum relatas. Exempli gratia, quæ prima occurrit in nostro cod. illi est 55; quæ in cod. est 20, lib. I, Seifrido est 59 ; ac demum quæ in Cod. est 29 libri primi, illi est 130; ac demum in fragmentis harum litterarum variantes lectiones deprehendi, quæ plane ostendunt, codicem quo usus est auctor Piet. Austr., diversum esse ab illo monasterii sanctæCrucis. Inde vero has 126 fuisse collectas, et in tres libros diges'as ab eodem Seifrido cui non persuadeant priores litteræ, idcirco præmissæ aliis omnibus, quia ad Cisterciensem suum ordinem spectant? Huc accedit privilegii cujusdam (lib. III, ep. 36) suppositio aut interpolatio, in Zweytalensis monasterii favorem. Quid? quod Lambecius ingenue fatetur, se diligenter conquisitos Seifridianos codices nusquam reperire potuisse (Præf. tom I, n. 59)? Auctor Piet. Austr. (lib. I, cap. 4, p. 33 et 37), Seifrido tribuit laudatum a Lambecio cod 149 epistolar. ac proinde tantum virum falsi arguit, qui Seifridianos codd. se ullibi reperisse negat. Sed Lambecianus codex, seu Cæsareus, quo usus est etiam Hansizius, easdem exhibens omnino similes iis, quas profert idem auctor Piet. Austr., secus docet. Noster vero codex, qui prodit ex monasterio ipso Zweytalensi, omne dubium amovet, quin Seifridianum opus haberi debeat. Commodior **298** certe fuisset Cæsareus codex 149 epistolarum; continuata siquidem illarum series minus operæ præbuisset ad redigendas in ordinem quæ vitio collocationis laborant; cumque aut nullos, aut longe alios epistolarum titulos præseterat, parte illa oneris me allevasset, quæ subeunda fuit, ut sententia litterarum patefieret, suaque historiæ integritas vindicaretur. Nam Seifridus, Auctor sæculi decimi septimi ineuntis, suæ magis ætatis rationem habuit, quam priscorum temporum, ut suo loco animadvertam in notis.

LXVI. Quod quidem potui, singulis epistolis argumenta præmisi, ut necessarium feci, cum codicis Carolini litteras in lucem edidi. Minor certe necessitas ad idem præstandum me adegit in Rudolphini cod. editione : plures enim epistolæ, quæ Lambecio magno usui fuissent pro Syntagmate Germanicarum rerum, mihi rem pontificiam et majestatem imperatoriam curanti superfluæ sunt; quas idcirco examinandas iis relinquam quorum pluris refert. At collectoris licentia in apponendis periochis unicuique epistolæ, cohibenda fuit, atque emendanda supinitas. Enim vero id mihi ferendum esse non duxi, ut Rudolphum, qui regem Romanorum se semper appellat, quippe imperiali diademate redimitus non fuerat, in adjunctis iis periochis frequenter imperatorem dictitet, falsamque non raro sententiam epistolarum prænuntiet. Quæ duo non levia incommoda quia non licuit avertere substituendo titulos, quos eædem epistolæ præseferunt in veteri codice Vindobonensi, seu Cæsareo, brevia earumdem argumenta confeci. Licentia vero collectoris evidens fiet uno ex titulis cod. Cæsarei, qui ab Hansizio integre profertur ad epistolam archiepiscopi Salisburgensis, quæ in nostro cod. est (lib. 2, ep. 29), brevis enim et simplex ita fluit : *Epistola archiep. scopi Salzburgensis, et suffraganeorum ad summum pontificem.* Audienda nunc perioche collectoris : *Archiepiscopus Salisburgensis ac ejusdem suffragnæi summo pontifici Romano læti nuntiant, per Rudolphum imperatorem, cujus virtutes ac laudes mirifice deprædicant, liberatam ab Ottocari Bohemi tyrannide Austriam.* Ego vero non potui, quin brevitatem sinceritatenique tituli a collectore minus recte explicatam sequenti argumento interpretarer : *Salisburg. archiep. et suffraganei post primam Rudolphi victoriam de rege Bohemiæ Ottocaro, Joanni XXI novo pontifici de ejus electione gratulantes, ejusdem regis tyrannidem et audaciam in se, aliosque omnes episcopos reduces a concilio. Lugdunensi exaggerant, quam videlicet exercuerat inhibendo decimas pro subsidio Terræ sanctæ, obtemperationis* **299** *sanctæ sedis mandatis, et obsequium regi Romanorum apostolica auctoritate confirmato, nec non illicita extorquendo juramenta, subvertendo ecclesias incendiis et rapinis, atque jungendo fædere cum Tartaris tyrannis. Subinde faustissimis Rudolphi progressibus uberrime enarratis pro liberatione Austriæ, tantum regem, tamque de rep. et de ecclesiis bene meritum ei commendant grati animi ergo.*

LXVII. Ad variantes lectiones quandoque occurrentes quod attinet, desumptas eas omnes dico ex cod. Cæsareo, tametsi epistolæ apud auctorem Piet. Austr. typis editæ, dicantur ab eodem excerptæ ex Mss. cod. Seifridiano. Nam trigesima tertia epistola libri secundi, quam idem auctor profert e suo Ms. tantam habet convenientiam cum eadem ab Hansizio vulgata ex cod. Cæsareo, ut dubitari non possit quin utraque editio ab uno eodemque cod. profecta sit. Præterea ternas litteras ex eodem cod. quem Seifridianum vocat, primæ nostri codicis præmittit (lib. I, c. 4, p. 32 seqq.) videlicet : Rudolphi ad Greg. X, Engelberti Coloniensis archiep. ad eumdem pontificem, et S. R. E. cardinalis ad Rudolphum; et alibi (lib. I, c. 16, p. 94) exhibet privilegium salis monasterio Zweytalensi concessum ex eodem codice, qui Lambecii testimonio 149 epistolas continebat; epistolæ autem, quibus var. lect. subjiciuntur, sunt omnino duodeviginti, quæ, ne sit ignotum, cui referantur acceptæ, hic mihi enuntiandæ videntur. Libri igitur primi epistolæ 1, 2, 5, 12, 42, editæ sunt in lucem ab auctore Piet. Aust. Ejusdem autem libri 58 Hansizius publicavit. Libri secundi epistolæ 1, 3, 4 et 34 debentur auctori prædicto; 8, 9, 10, 11, 12, 15, 22, 24 (hæc mihi excidit in præfatione, ubi falso 13 recensui) et 29 Hansizio; ac 33 utrique. Octo demum epistolæ libri tertii, nempe 13, 19, 24, 25, 26, 27, 30 et 36 omnes auctori Piet. Austr. referuntur acceptæ. Quæ autem duo diplomata exstant in fine nostri codicis absque ulla numeratione, in Cæsareo desiderantur, ut patet ex eodem auctore, qui (lib. I, cap. 17, p. 102) alterum eorum exhibet ex annalibus Bzovii (An. 1283, n. 15); at de eo dicendum erit in fine hujus voluminis, quo illud rejicimus. Nec prætereundum videtur, quod laudatus auctor (Ibid. p. 103, seqq.) binas ait litteras a se repertas in Seifridiano cod. ad Philippum III Francorum regem datas pro monasterio Aureæ Vallis (Cod. 19 et 24), quas recitat, 20 nostri codicis omissa, utpote in eo, quem Seifridianum reclamante Lambecio appellat, desiderata, quanquam multo plures ibidem reperiantur, **300** quam in vero Seifridiano codice, qui nunc demum in lucem prodit, qualicunque mea opera. Codex revera præstantissimus, quippe qui epistolas continet ex ipsis autographis descriptas: quod facile colligitur ex iis signis (') non semel obviis, quæ consuetum codicum fere omnium vitium, summamque exscribentis fidem palam faciunt, modo earum periochæ nullo loco habeantur.

LXVIII. Ex dictis patet Rudolphinas hasce epistolas modico alicujus verbi discrimine in cod. antiquo membranaceo Augustæ bibliothecæ Vindobonensis existere, unde Hansizius eas decerpsit, quæ ad archiepiscopum Salisburgensem spectant, et auctor Piet. Austr. alias ad suum institutum facientes, nisi forsan aliena opera usus, unde exscriptæ illæ fuerint, ignoravit, nam codicem 149 epistolarum Seifrido tribuendum affirmat, quem Lambecius negat. Illum utique codicem idem Lambecius prelo committere deliberaverat in suo Syntagmate rerum Germanicarum. Id vero quam commode mihi cesserit jura ac privilegia sanctæ sedis vindicanti optimis monumentis, hoc unum ostendit, quod, quæ duo facile cæteris præferenda, operis hujus cardines esse volui, tanti viri commendatione, gratissima eruditis omnibus sunt futura. Utinam codex ipse Cæsareus ad meas manus

venisset, quemadmodum Carolinus, quem Syntagmatis Lambeciani principio typis cusum, monumentorum pontificiæ dominationis primum esse volui! Ultima enim primis responderent, ipsosque in eruditissimi hujus viri labores successisse gloriarer, ut principis apostolorum, ejusque successorum jura et privilegia omnia a magno Augustæ domus Austriacæ progenitore confirmata, majorisque validitatis ergo donationes prædecessorum refectas ex integro, publicam in lucem ederem; ac tanti regis auctoritate imperatoriæ majestatis veram indolem demonstrarem. At quoniam ex voto id non accidit, Seifridianum istum codicem, a Cæsareo per Lambecium publicando levissime discrepare ostendi prædictarum duodeviginti epistolarum collatione. Deinde allata prima ex 149 Lambecianis, quæ in Seifridiano desideratur (supra num. 47) nec non duabus sequentibus (lib. I, ep. 11, n. 2; lib II, ep. 20, n. 5), quæ pari modo a Seifridiano exsulant, eamdem indolem ex ore ipsius Rudolphi, et unius ex S. R. I. electoribus Coloniensis archiepiscopi expressi; atque aliis epistolis, in cod. Seifridiano exstantibus (lib. I, ep. 12, 38, 42; lib. II, ep. 1) cum Cæsarei cod. litteris diligenter collatis, confirmavi. Cætera, quæ ad jura et privilegia spectant, cum autographa eorum exstent in archivo Molis Adrianæ, alia testificatione non egere videntur. Nihilominus **301** fateor prorsus incredibile mihi esse, unam tantum epistolam (lib. II, ep. 37) reperiri eorum vindicem; nullusque dubito, quin plures ex illis tribus et viginti a Seifridiano cod. exsulantibus, ad tanti momenti negotium spectent. Futurum autem confido, ut augustissimæ bibliothecæ Vindobonensis præfectus, prædecessorum suorum vestigiis insistens, præcipuam regis Romanorum Rudolphi gloriam diutius latere non patiatur. Interim has epistolas qualicunque meo labore curatas prodire in lucem jussi. E re enim publica esse existimo tam multas eruditorum opiniones falsas hujusmodi monumentorum auctoritate amandare. Diplomati principum S. R. I. electorum, quod in fine epistolarum legitur, Rudolphinum præmitti oportere res ipsa docet. Quamobrem de illo agendum mihi erit sequenti dissertatione, qua totum opus absolvam.

303 RUDOLPHI I

CÆSARIS AUGUSTI

EPISTOLARUM LIBRI TRES.

LIBER PRIMUS.

EPISTOLA PRIMA.

Rudolphus electus in regem Romanorum ad stabilienda imperii sui auspicia petit a religiosorum congregatione orationum suffragia [a].

(An. Dom. 1273, cod. Cæs. LIII, cod. Rud. I.)

ARGUMENTUM. — Rudolphus rex Romanorum electus,

[a] Tituli omnes a collectore appositi. Raro iis convenit cum epistolis. Qui religiosi appellantur, sunt monachi Cistercienses, ut patet ex sequenti epistola. Erant enim sanctitate celebres. Innocentius etiam III (*Regest.* lib. I, ep. 176) pontificatum auspicatus erat suimet commendatione *abbati et conventui Cisterciensi*, nec non *abbati et conventui Claravallensi*. Quin etiam exstant ejus litteræ apud Raynaldum (*Regest.* lib. IX, ep. 119) queis pontificatus anno IX Rom. Ecclesiam in magnis rerum angustiis commendat *universis abbatibus in generali Cistercienci capi-*

de imperiali diademate assequendo sollicitus, territusque horrido Imperii ob diuturnam vacationem aspectu, cœnobitas Cistercienses, sui amoris ac munificentiæ admonitos, regiique patrocinii spe illectos, precatur ut sibi orationibus divinam opem implorent.

Assumpti divinitus ad Romani imperii dirigenda

tulo congregatis. Pontificia ipsa verba, queis non modica convenientia est cum Rudolphinis, recito : « Cum inter tot et tanta pericula constituti, vestris indigeamus meritis et orationibus adjuvari, oramus et obsecramus vos per viscera misericordiæ Dei nostri, quatenus nobis in maris altitudine fluctuantibus charitatis vestræ suffragium impendatis, et remis orationum vestrarum piscatorem et naviculam sublevantes, illum, qui mari et ventis imperat, exoretis, etc. »

molimina, dum in eminentis speculæ celsitudine, cui **A** nos manus Domini virtuosæ præfecit, ad deorsum subjacentis abyssi faciem oculos retorquemus, dum incultum hactenus agrum ejusdem imperii circumquaque prospicimus, tempestatum insurgentium densitate quotidie sylvescentem [a], quodam nimirum timore pariter et tremore [b horrore] demittimur **304** ex præmissis incerta formidine merito trepidantes. Verum rejectis interdum ad primitivæ nostræ sublimationis auspicia nostræ considerationis obtutibus, attendentes quod manus Altissimi de tam humilis locis tugurio ad tam celsa, tam [celsata et] fastigiosa palatia nos provexit [c] in eo cujus admiranda potentia dat per gratiam esse stabilia quæ sunt fragilia per naturam, nostræ fiduciæ spem locamus, præsumentes fiducialiter, quod opus, quod omnipotentiæ suæ dignoscitur ineffabili dispensatione contextum, felici præsagio consummabit [d]. Porro cum ad hoc justorum preces assiduas nobis summopere necessarias æstimemus, devotionem vestram **B** attentius exhortamur, quatenus debita gratitudine diligentius advertentes, quod in vestris agendis regia vobis celsitudo libenter aspirat, piarum orationum vestrarum suffragiis nos divinæ clementiæ commendetis.

[a] Olomucensis episcopi litteræ ad Gregor. X, aliaque monumenta ap. Raynaldum (1275, n. 10 seqq.) miserrimum imperii statum illius ævi demonstrant. Ad bella et seditiones fere universales accedebant prædonum assiduæ vexationes. Facinorosorum hujusmodi receptacula, seu nidos Rudolphus excidisse fertur ad octoginta (*Piet. Austr.* lib. i, c. 5. p. 40) sui regni tempore. Præterea cleri populique flagitiis Germania turpiter laniabatur; principesque libertati assueti imperatorem iniquo animo ferebant sibi dari. Finitimis regionibus nil melius erat. Hungariam præcipue præ bellorum malis schismatici et hæretici affligebant.

[b] Dantur variantes lectiones ex codice Cæsareo. **C**

[c] Constanti scriptorum testimonio Austriacum genus inclytum celebratur. Nihilominus princeps optimus humilitatem patriæ non dissimulat. Nec video quid sibi velit Conringius (*de Fin. Imp. Germ.* tom.1, p. 285) dum de Rudolpho ait : « Hic est auctor dignitatis Cæsareæ in domo Austriaca. Fuit comes Habsburgensis, Habsburgum autem est civitas in Helvetia, et tenetur hodie ab urbe Berna. Inde familia Austriaca et reges Hispaniæ orti sunt. » Summa enim prudentia, militaris virtus, morum integritas, innata pietas aliæque excelsæ animi dotes, quibus erat præditus magnus hic progenitor augustæ domus Austriacæ, fuerunt in causa cur omnibus Germaniæ principibus præferretur in regis Romanorum electione.

[d] Recentia regum Romanorum Richardi et Alphonsi exempla Rudolphum sollicitant. Uterque cum ab Alexandro et Urbano IV reges Romanorum appellati, ac proinde imperatores designati. At corum neutri diadema imperii tam impense quæsitum Romanus pontifex imposuit : quod erat regem Romanorum electum ad imperatorem majestatem extollere, ut Rudolphus ipse dilucidius explicat in sequentibus litteris.

[e] In capitulo generali regiæ litteræ lectæ sunt; quorum primum Cistercii in Burgundia habitum, ut creditur, anno 1116, deinceps annuum esse cœpit. Cujusmodi generalia capitula celebrandi exemplum a Cisterciensibus præbitum esse Benedictinis docet Mabillonius (*Ann.* lib. LXXII, c. 119). Tunc autem temporis, duodevicesimo scilicet anno a fundatione, quatuor duntaxat monasteria erant, proindeque abbates totidem congregari poterant. Sed postmodum progressu fere incredibili ordo ille undique diffusus eo devenit, ut tertio et quinquagesimo fundationis anno, seu 1151, decerni oportuerit, ne ullum amplius monasterium fundaretur, ut verbis Matthæi

305 EPISTOLA II.

Fr. Joannes sancti Cisterciensis ordinis abbas generalis respondet ad superiores Rudolphi litteras ordinem suum ipsi commendans.

(An. Dom. 1275, cod. Rud. II.)

ARGUMENTUM. — Frater Joannes abbas Cistercii reponit regiis litteris, lectas easdem esse in capitulo generali, auditumque ab omnibus lætanti animo, spem vetusti amoris et patrocinii confirmari. Missarum sacrificia, statasque preces pro cuncta domo regia indictas esse ordini Cisterciensium universo, cujus privilegia et indulta régio patrocinio commendat.

Serenissimo Rudolpho Romanorum regi electo frater Joannes in illo feliciter agere, qui regibus dat salutem. Sublimitatis regiæ vestræ litteras susceptas cum reverentia debita legi feci coram fratribus de diversis mundi partibus congregatis [e] : et quia eædem quasi duplici fungentes officio nostrorum fratrum vestræ excellentiæ devotorum exhiberi vobis devotarum orationum suffragia postulabant [f], et vos eorumdem singularem dominum, dilectorem **306** præcipuum, et provisorem munificum testabantur, Parisii asserit Thomassin. (I, l. III, c. 68, n. 5) : « In capitulo Cisterciensi statutum est, ne de cætero aliqui novam construerent abbatiam, quia numerus abbatiarum illius ordinis ad quingentas excrevit. » Quam rem aliunde confirmat Mabillonius (*Annal.* lib. LXXX, n. 9), tametsi generali in capitulo anni 1153, ita decretum esse testetur. Ea propter cum Innocentius III Cisterciensi, Claravallensi, Pontiniacensi, de Feritate, et universis abbatibus Cisterciensis Ordinis quinquagesimam partem redituum-indixit pro subsidio Terræ Sanctæ (*Regest.* ap. Baluz. l. II, ep. 268, pag. 514), sine dubio quingentis abbatibus id tributum est indictum. Incredibile autem videtur **C** quingentos abbates congregatos fuisse an. 1244, cum sanctus Ludovicus IX ad generale capitulum se contulit, ut in fraternitatem et communionem precum ordinis adoptaretur, ut idem Thomassinus interpretatur Parisii verba : nam ipsemet (II, l. III, c. 42, n. 13) in constitutionibus, seu statutis capitulorum animadvertit, multo antea decretum fuisse, ut abbates Iberniæ, Scotiæ et Siciliæ ad generale capitulum convenirent quarto quoque anno; Norvegiæ, Græciæ, Livoniæ, Syriæ quinto ; Hungariæ singulis trienniis. Quamobrem verba illa Parisii (pag. 459) : « Et ecce omnes abbates cum universo conventu, videlicet, quingenti eis appropinquantibus cum processione occurrerunt ob honorem domini regis ; verba, inquam, Parisii de monachorum omnium numero, non de solis abbatibus accipienda sunt. Cæterum hinc aperte colligitur, quanto in Cisterciensium monachorum conventu hæc Rudolphi epistola lecta fuerit, quantusque orationum suffragiis **D** augustæ domus Austriacæ primordia a Deo optimo maximo capienda duxerit magnus ejusdem progenitor Rudolphus rex Romanorum electus.

[f] Sancti Ludovici exemplo summos alios principes Cisterciensium fraternitatem requisivisse non reperitur. Insignia tamen petitæ fraternitatis exempla non desunt. Celebre est monumentum apud Hansiz. (*Germ. Sac.* tom. II, pag. 529) ex chron ms Cæsareæ bibliothecæ, quo « capitulum Salzburgense a toto ordine Cisterciensi in generali abbatum capitulo in fraternitatem recipitur. » Quod hic subjiciam, ut pateat discrimen inter orationum suffragia, quæ Innoc. III et Rudolphus petierunt, et fraternitatem : « Frater Guillelmus de Monteacuto dictus, abbas Cistercii, totusque conventus abbatum Capituli generalis Cisterciensis, viris venerabilibus et discretis præposito et capitulo in Salzburg. salutem et orationum suffragium salutare. Exigente piæ dilectionis affectu erga ordinem nostrum, quem, inspirante vobis Domino, sin-

non solum auditæ fuerunt libentius et gratius intellectæ, verum etiam ipsarum petitio efficaciter et hilariter meruit exaudiri. Noverit igitur vestra serenitas, quod pro vestræ conservatione salutis pariter et [in] augmento, pro illustrissima domina Anna [a] vestræ magnificentiæ participe et consorte, nec non pro præclarissima vestra prole [b] universis et singulis fratribus totius ordinis nostri missæ, et aliarum orationum suffragia sunt imposita et injuncta, ab eisdem eo libentius 307 et celerius divinæ clementiæ offerenda, quo vos patrem recognoscunt benevolum, et ipsorum fervidum zelatorem, quos licet ex abundanti vestræ excellentiæ propius recommendo, pro indultis eisdem gratiis et favoribus [c], ad gratiarum vobis multiplices actiones assurgens, paratus nihilominus ea promptiori animo juxta modum facultatis propriæ effectu prosequente complere, quæ accepta novero vestræ beneplacito voluntatis.

EPISTOLA III.

Rudolphus itidem petit a sanctimonialibus virginibus pro se et consorte sua orationum suffragia.

(An. Dom. 1275, cod. Rud. III.)

ARGUMENTUM. — Binis sequentibus litteris eadem de causa et ad eumdem finem scriptis ad moniales diversi ordinis, Rudolphus petit earum ferventes orationes, quas efficaces futuras putat, utpote quæ a sanctimonialibus sanctissimæ Virgini acceptissimis ad ejus Filium Jesum Christum dirigentur.

Ad speculam dignitatis regiæ ordinatione divina cere in Christo dilligitis, et fovetis, petitioni vestræ, quæ per ven. coabbatem nostrum Raitehaselach nobis proposita fuit, benigno duximus occurrendum assensu. Concedimus igitur vobis bonorum omnium, quæ fiunt tam in missis quam in orationibus et cæteris bonis operibus, et de cætero facienda sunt in toto ordine nostro, participationem plenariam in vita vestra pariter et in morte. Ita quidem cum obitus vester generali capitulo fuerit nuntiatus, tantum fiet pro unoquoque per ordinem universum, quantum pro unoquoque nostrum fieri consuevit. Datum Cistercii anno gratiæ 1228, tempore cap. gener. »

[a] Cum Albertus comes Habspurgicus mortem obiisset in Syria, et Accone sepultus esset, filius ejus Rudolphus, quem nonnulli seculum esse tradunt Castra Friderici II, in patriam reversus, uxorem duxit. Gerardus de Roo (*Histor. Austr.* lib. I, p. 8) rem totam paucis complectens : « Rudolphus, inquit, a parentis obitu domum profectus pactas cum Anna Hohembergica nuptias perfecit anno supra mille ducentos quadragesimo. » Ætatis scilicet agebat annum 22, nam 1218 Hedvigis filia Hermanni comitis Kyburgensis, et Alberti uxor enixa eum erat Kalendis Maii.

[b] De Rudol. liberorum numero varia est Auctor. opinio. Auctor Piet. Austr. septem recenset : *Rudolphum* duodecimo ætatis anno mortuum ; *Albertum*, qui post Adolphum patri successit, augustamque Austriacam domum propagavit ; *Hartmannum* et *Fridericum*, qui sine liberis decesserunt ; *Rudolphum* alterum Sueviæ ducem, qui Ottocari filiam Agnetem uxorem duxit ; *Hermannum* seu Hartmannum alterum, qui antequam matrimonio jungeretur cum Margarita Eduardi Angliæ regis filia in Rheno submersus est ; ac denique *Carolum* in pueritia mortuum. Filias totidem constanter auctores recensent : *Euphemiam*, quæ matris exemplum secuta inter sanctimoniales monasterii Tullnensis ordinis sancti Dominici vitæ sanctioris institutum amplexa est ; *Gutham*, seu Jutam aut Juditham Wenceslai Ottocari filii uxorem ; *Mechtildim* Ludovici Bavariæ ducis uxorem ; *Agnetem*, quam Albertus Saxoniæ dux et elector uxorem duxit ; *Catharinam* Ottoni Bavariæ Duci nuptui traditam ; *Annam* aliis Hedwigem Ottonis marchionis Brandeburgici uxorem ; et *Cle-*

provecti, dum importabilia onera nostris humeris incumbentia diligenter attendimus, dum in trutina continuæ meditationis appendimus propriarum imbecillitatem et insufficientiam virium, et suscepti laboris inspicimus gravitatem, quodam [quod jam] nimirum timore et tremore stupere compellimur, et gradus præeminentiam, et perspectam deorsum abyssi faciem formidantes, ne loci forsitan terribilis altitudo plerumque nos terreat, ex fiducia tamen divinæ clementiæ relevamur sperantes, quarum [quorum] et procellosi maris illæsi transire possimus angustias, si salutis et gratiæ nobis impetretis auxilium, quæ cœlesti sponso in conscientiæ vestræ deliciis lectum floridum præparastis. Quid enim vobis a pietate divina 308 negabitur, quæ [quanquam] semper illam meremini habere propitiam virtutum candore et fragrantia operum beaterum [Beatorum?]. Quid apud reginam præfulgidam matrem [d] Dei vestra non poterunt obtinere præconia, quarum [quorum] meritis fulget Ecclesia, viget mundus exemplis, et proficit religio Christiana? Quid illa clarissima civium acies superiorum vestris votivis non impetrabit affectibus, quæ vobis propitia redditur pro laudis divinæ præconiis et pro vitæ meritis innocentis? Ecce igitur qui cum Martha multiplicis perturbationis inquietamur incommodis, opportunum auxiliationis solatium exspectantes ab acquiescentibus cum Maria, universitatem vestram, quam regis æterni gratiam et cœlestis curiæ favorem claris habere argumentis præsumimus, votis supplicibus duximus requirendam, quatenus nobis ac inclytæ Annæ [e] Romanorum reginæ consorti nostræ charissimæ divinæ

mentiam Carolo Martello regis Siciliæ nepoti ex filio loca am. De iis Gerardus prædicius (*Hist. Austr.* p. 16) : « Sunt, ait, qui eo libentius in hanc electionem consensisse principes volunt, quod Moguntinus inter alia dixerat, esse Rudolpho sex filias eximia forma atque indole, in quibus elocandis magna fore ad principes inter se conjungendos momenta... Ipse autem rex antequam Aquisgrano discessum est, Moguntino admittente, Machtildis Rudolphi filia Ludovico Palatino, Agnes Alberto Saxoni, et Hedvigis Ottoni Brandeburgico despondentur. » Hanc postremam Henricus Stero (ap. Canis. *Ant. lect.* tom. IV, p. 201) nescio cur prætereat. Tres enim istas ipso anno coronationis tribus prædictis electoribus nupsisse alii omnes tradunter ; ac tres reliquas annis sequentibus, videlicet Catharinam Ottoni Henrici filio anno 1276 post hujus reconciliationem cum Ludovico fratre ; Gutham Wenceslao filio Ottocari post paternam cædem anno 1278, ac denique Clementiam, quam Stero et Gerardus silent, nepoti Caroli Siciliæ regis anno 1280, ut chron. et Hist. Austr. apud Freherum docent, et infra planius fiet.

[c] Thomassinus (I, lib. III, c. 28, n. 12 ; III, l. III, c. 23, n. 5) animadvertit, usque ad Innocentium IV Cistercienses nullis privilegiis usos esse, adeoque expertos fuisse adeo propitios episcopos, quibus subjecti erant, ut monasteria construxerint ad duo millia. Postea vero eodem pontifice illos absolvente, nec statutis capitulorum generalium, nec Bernardi sanctissimis legibus a privilegiis opibusque exquirendis esse prohibitos.

[d] Innata Augustæ domui Austriacæ erga beatissimam Virginem pietas a magno ejus progenitore ducens originem, insignes de infensissimis catholicæ fidei hostibus semper victorias peperit.

[e] Hinc facile conjicitur has litteras datas esse ad moniales ordinis sancti Dominici. Nam traditur Hedwigis Rudolphi mater post Alberti Habspurgici obitum in Syria, emisisse professionem inter moniales ordinis Prædicatorum cujus exemplum postea secuta est Euphemia Rudolphi filia, incertum, num ante an post patris electionem in regem Romanorum. Constat autem Rudolphum fundasse monasterium

omnipotentiæ gratiam vestris piis interventionibus acquiratis, ut ejus admiranda potentia faciat per gratiam esse fortissima, quæ sunt fragilia per naturam; debilitatem nostram robore fulciat, et virtute corroboret; detque nobis ab alto prosequi quod commisit et tradidit, quatenus in gloriæ suæ convalescat augmentum, et Christianus populus [a] una nobiscum in pulchritudine pacis et requie opulenta consideat tandem claritatis perpetuæ radiis illustrandus.

309 EPISTOLA IV.
Ejusdem cum superiore argumenti, et iisdem pene verbis conscripta.

(An. Dom. 1275, cod. Rud. IV.)

In præcelsæ dignitatis honore, quo nos prætulit exaltator humilium, quasi onus importabile nostris est humeris alligatum, cujus dum magnitudinem venerandam ac stupendam attendimus, non immerito formidamus. Verum sicut ex fragilitatis nostræ consideratione mergimur, sic ex fiducia divinæ clementi.e quodammodo relevamur, sperantes quod hujus procellosi maris prospere transire possimus insidias, si nobis impetretis salutis auxilium, qui cœlesti sponso in vestræ conscientiæ deliciis lectum floridum præparastis. Quid enim vobis a Dei pietate denegabitur illam merentibus habere propitiam candore virtutum? Quid apud reginam præfulgidam matrem Dei angelorum dominam gloriosam vestra conversatio non obtinebit, quorum meritis splendet Ecclesia, exemplis viget et proficit religio Christiana? Quid illa beatorum acies vestris votivis non impetrabit affectibus, quæ vobis propitia redditur, et pro laudis divinæ præconiis, et vitæ meritis innocentis? Ecce regis æterni gratiam et cœlestis curiæ vos habere favorem claris argumentis præsumitur, et signis perspicuis comprobatur. Digne itaque vestram universitatem per Dei misericordiam obsecramus, quatenus pia meditatione pensantes quantum ex eo possit imminere stuporis, quod qui pulveris et cineris essentiam gerimus, regentis in sæcula per temporalem gladium vicarii facti sumus [b], piis orationum vestra-

rum præsidiis nobis [c] gratiæ divinæ suffragia impetretis, humili supplicatione postulantes, ut ejus admiranda potentia det per gratiam esse fortissima quæ sunt fragilia per naturam, debilitatem nostram et robore fulciat, et virtute perfundat, **310** detque sic nobis prosequi quod impotentiæ nostræ tradidit, et humilitati commisit, quatenus in gloriæ suæ augmentum transeat, et populus Christianus per nos pace et tranquillitate proficiat, et tandem illis ac nobis æternæ claritatis radius illucescat.

EPISTOLA V.
Ruao.pus electus in regem Romanorum scribit ad universos imperii status de pace reformanda, et ut sibi debitam exhibeant obedientiam [d].

(An. Dom. 1275, cod. Rud. V.)

ARGUMENTUM. — Divina ope per religiosos viros ac sacras virgines implorata, serio cogitans de restituendis imperii Romani rebus accisis, encyclica hac epistola universos ejusdem imperii principes tam ecclesiasticos quam laicos, ad præstandum homagium et fidelitatis sacramentum invitat.

Ad Romani regni gubernacula vocati illius vocatione, qui superborum fastigiorum superbiam elidens, devotam humilitatem humilium collocat in sublimi, mente disponimus et pervigili meditatione pervolvimus, qualiter in excelso per excelsum et sublimem regem regum majestatis solio constituti in reformatione pacis jamdudum disperditæ reipublicæ consulamus, oppressorumque bactenus, et subjectis tyrannorum tyrannidi dispendiosis periculis cautius caveamus: sperantes ex hoc, et in talis agone certaminis, qui mentem affligit interius et quietem sensibus exterioribus non concedit, supernum nobis provenire subsidium et humani favoris incremento [e] proficere nos debere. Hinc est quod cum in suprema dignitatis specula simus ad hoc positi, quod universa sacro Romano imperio, et ad nos per devota servitia fidem gerentia membra [f] claris obtutibus, et sinceris affectibus nostram serenitatem **311** deceat contemplari, universos vos, et singulos omni benignitate,

Tullnense in inferiore Austria, eoque Norimberga accessisse virgines ordinis sancti Dominici, cujus ordini id monasterium obtuli; quod scilicet in honorem sanctæ Crucis ædificaturum se voverat ante prælium cum Ottocaro Bohemiæ rege. Diploma fundationis exstat apud auctorem Piet. Austr. (lib. I, cap. 15, p. 87) : « Datum Viennæ per Godefridum aulæ nostræ protonotarium, et præpositum Passaviensem prid. Kal. Sept. in VIII ind. post. Nativit. Chr. 1280, regni nostri septimo. »

[a] Cum Leo III Occidentale imperium renovavit, Romanæ Ecclesiæ, summo pontifici, ac præsertim orthodoxæ fidei defensionem quæsivit. Perinde Joannem XII ad Germanos eam dignitatem transferendo, seu potius in Germanis confirmando Caroli Magni ex Germanis Augustis primi majestatem, se gessisse constat ex juramento Ottonis I (diss. 1, n. 40). Cum cœpit cæremonia tradendi imperialia insignia, in traditione sceptri (diss. 6, n. 28) aiebat pontifex: « Sanctam Ecclesiam, populumque Christianum tibi a Deo commissum regia virtute ab improbis defendas. » Hinc postea cœpit opinio imperatoriæ potestatis in temporalibus, ut in spiritualibus pontificiæ, nullis finibus coarctatæ: unde et duorum luminarium majorum comparatio

[b] Prædictæ opinionis argumentum luculentius. De pontificia quidem nullum dubium : « In speculis a Deo constituti, ait Cœlestinus, ut vigilantiæ nostræ diligentiam comprobantes, et quæ coercenda sunt resecemus, et quæ observanda sunt sanciamus. Circa quamvis longinqua spiritalis cura non deficit, sed se per omnia, qua nomen Dei prædicatur, extendit. » Sic admonebat episcopos Viennen. et Narbonen. ap. Coustant. (*Ep. Rom. Pontiff.* tom. I, p. 1066). In hanc

sententiam de temporali potestate sæpe loquentem Rudolphum audiemus, tametsi nil juris sibi tribuentem unquam inveniemus in aliena ditione.

[c] In præcedentibus litteris non solum pro se, sed etiam pro Anna regina Romanorum preces effundi flagitabat: quæ res meam opinionem confirmat, illas nimirum datas esse ad moniales ordinis sancti Dominici, quas inter Rudolphi mater et filia recensebantur.

[d] Titulo nil magis ab re. Litteræ istæ se ipsæ produnt: princeps optimus arduam suscepturus provinciam, post imploratam divinam opem ad universos imperii feudatarios dat litteras encyclicas, ut dixi in argumento, ne suo quisquam desit officio.

[e] Inter principem electum et natum id esse discriminis constat, quod electus favoris et benevolentiæ indiget, præsertim electorum, quibus parentem plerumque regiminis relinquit eadem fini (sic) : quod in principe hæreditario non contingit. Præ aliis rex Romanorum imperator designatus, qui inter electores suos habet regia etiam dignitate conspicuos, utriusque indiget. Idcirco Rudolphus post divinam opem subditarum gentium ac principum favorem exquirit. Et quidem jure : nam Ottocarum Bohemiæ regem et Henricum Bavariæ ducem adversarios expertus est, ut infra planum erit.

[f] In A. B. (cap. 2, § 8) electores vocantur *propinquiora sancti imperii membra*. Reliqui principes Germaniæ universæ, Italiæ seu Langobardiæ, et Tusciæ, sive, ut hodie audiunt, ducatus Mediolanensis, et Etruriæ, membra imperii sunt, quos omnes Rudolphus alloquitur hisce litteris.

quæ serenitatem decet regiam [a], complectimur animo gratioso credentes, et absque omnis ambiguitatis scrupulo præsumentes, quod affectus noster, quem ex impendenda vobis nostræ serenitatis gratia poteritis experiri, per devotum vestræ fidelitatis obsequium opportunam suis vicibus per vos · recipere debeat omnimodam recompensam [b].

EPISTOLA VI.

Civitas quædam gratulatur Rudolpho de electione, gratiasque agit de offensa remissa, eidem se commendans.

(An. Dom. 1273, cod. Rud. VI.)

ARGUMENTUM. — Basileensis civitas Rudolphi armis nuper obsessa, mox accepto electionis nuntio liberata, et litteris benevolentiæ et spei beneficiorum plenis provocata rescribens, ingentem lætitiam, gratiarum actionem, oblivionem præteritorum, ac debitum obsequium, atque obedientiam testatur. Postremo illum orat ut jura et bonas consuetudines sibi confirmet.

Lætetur et gratuletur totis visceribus lætabunda et laudans invicta Germania [c], quam post calamitates varias et ærumnas rex cœlestis de excelso respiciens cœlorum habitaculo, dignatus est electionem Romani principis in veritate divina potius quam humana misericorditer visitare. Cujus quidem principis generis ac morum ingenuitas, animi virtus præclara, et indefessa magnanimitas per famam in remotis mundi partibus habitantium est auribus inculcata [d]. Porro quoniam ex abundanti regiæ majestatis gratia, 312 nobis immeritis dignati estis dirigere scripta vestra, inter dulcia regalis eloquia clementiæ continentia manifeste, quod videlicet quidquid raucoris ad nostram civitatem erga vos exstitit, relegato prorsus totius futuræ quæstionis scrupulo, benignitate regia remissis. Quapropter serenitatis vestræ excellentiæ assurgimus humiliter inclinantes cum omni quo valemus genere gratiarum, omnem penitus offensam, quam nobis universis universaliter et singulis singulariter, antequam ad culmen imperialis fastigii Dominus vos evocaret, pro qualitate temporum intulistis, remittentes integre et in toto, oblivionis scilicet perpetuæ rubigine superinducta [e], ad memoriam id poeticum revocantes :

Lædere qui potuit, aliquando prodesse valebit.

Unde dominationis vestræ magnificentiæ totis viribus, et affectibus supplicamus, quatenus munificentiæ vestræ benignitate largiflua in conservandis nostræ civitatis juribus, et bona consuetudine, quæ est apta legum interpres, sicut transmissæ nobis nuper a vestra serenitate litteræ pollicentur, nos velitis prosequi [f], ut speramus, favore gratiæ specialis, cum et nos parati simus, et esse inviolabiliter intendamus, ad vestræ majestatis imperia et mandata, prout justum fuerit et consonum æquitati, pro qualitate nostrarum virium fideliter exsequenda.

313 EPISTOLA VII.

Alia item civitas Rudolpho gratulatur de electione ejusdem in regem Romanorum, eidem se submisse commendans.

(An. Dom. 1274, cod. Rud. VII.)

ARGUMENTUM. — Cum Rudolphus, Germanici regni corona Aquisgrani suscepta, per provincias imperio Rom. subditas nuntios misisset, exemploque excepturos a civitatibus totius Germaniæ, ex iis una, eo dilato, legationem ad Rudolphum adornat, quæ munere illo magnificentius fungatur. In eximias laudes coronati regis effunditur; omnipotenti Deo gratias agit, quod se ab invasorum tyrannide liberaverit, suamque subjectionem ecclesiastico principi per pacta conventa firmatam, moderandam suppliciter petit.

Benedictio, claritas, sapientia et gratiarum actio, honor, virtus, et fortitudo sedenti in throno, viventi in sæcula sæculorum. Qui vergente mundi vespere in diebus nostris Romani monarchiam imperii jam veluti pedibus fictilibus titubantem, aureo capite decoravit, rege honore et gloria coronato [g]. Quem rex regum dives in omnes, qui eum unxit præ omnibus ordinibus summo cum honore excipitur. Cives ei, tanquam Cæsari, fidei sacramentum præstant, abolita veterum offensionum memoria. »

[f] Romanos quoque a rege Romanorum petere consuevisse, ut bonas consuetudines suas conservaret, compertum est, atque exploratum. Magnum tamen Romanis cum Basileensibus discrimen intercessit. Hi siquidem demissis precibus id obtinere nituntur ; at Romani e contrario, antequam rex Romanorum Leoninam civitatem ingrederetur, imperiale diadema de manu pontificis suscepturus, quo supremæ pontificiæ potestatis consors efficiebatur, juramentum a rege eodem exigebant semel et iterum. Ipseque auctor A. B. quod imperii majestas omnis declaratur, de more bis juravit (*Cærem. Ro.* lib. I, c. 2) conceptis hisce verbis : « Ego Carolus rex Romanorum futurus imperator juro me servaturum Romanis bonas consuetudines suas. » Quod quidem lubenti animo præstabant edocti exemplis Henrici V, Friderici II, aliorumque prædecessorum, qui Romanos experti erant infensos ; quippe quos non latebat, spontanea subjectione Romano pontifici majores suos se subdidisse, proindeque imperatorem consortium potestatis adipisci aliquanto diversæ ab illa, qua pontifex in cæteris ditionibus, largitate principum acquisitis, utebatur, in quibus Romani nullam sibi partem vindicare audebant.

[g] Ineunte anno 1274 factam esse coronationem Aquisgrani tutior opinio est quam superiori, ut alii putant. Sceptrum ea occasione defuisse constanter tradunt Stero, Gerardus, aliique, adeoque plures præstare homagium renuisse. « Rudolphus, aiunt, statim exegit a principibus clericis et laicis fidei juramentum. Quod cum recusarent propter sceptri

---

[a] Litterarum initium est *Romani regni*. Regiam serenitatem hic suam dignitatem appellat. Tali se semper honore dignatur, imperatorio nunquam, in isto cod. Id æquum erat Seifridum animadvertisse, ut minori uteretur titulorum liberalitate, quos ipse Rudolphus rejicit.

[b] Collationem scilicet, seu investituram feudorum, quæ a solo rege Romanorum fieri poterat et debebat, quod postea constitutum fuit in A. B. (cap. II, § 8). Privilegiorum quoque et jurium confirmatio ad eumdem pertinebat. Quæ omnia uno verbo indicantur.

[c] Non imperium Romano-Germanicum, recentissimum æque, ac falsum nomen ; sed Germania lætari jubetur ob electionem regis Romanorum, ut paulo infra sequitur.

[d] Gerardus de Roo (*Hist. Austr.*, p. 8) tradit Rudolphum et ante et post nuptias cum Anna Friderici II castra in Asiam secutum esse. Quare in transmarinis etiam regionibus ejus nominis fama celebrabatur. De principe hoc laudatissimo præclara Siffridi apud Raynaldum (1273, n. 9) testificatio exstat : « Æquus judex divili et pauperi exstitit, ecclesiastis et hospitalia defendit, et protexit. Cum videret milites humilibus personis secum loqui cupientibus accessum ad se prohibere, dixit : « Per Deum date hominibus accedendi licentiam, non enim propter hoc ad imperium sum electus, ut hominibus in arca præcludar. »

[e] Belli causæ inter Rudolphum et episcopum Basileensem fuisse dicuntur Brisacum et Neopurgum, utroque sui juris esse contendente ; unde populationes, incendia, cædes sunt secutæ. Horum omnium oblivionem civitas facto testata est anno sequenti, ut Gerardus refert (*Hist. Austr.*, p. 13) ; namque eo Rudolphus se conferens : « Ab omnibus civitatis

consortibus, argentei pectoris prudentia Salomonis, atque divitiis, ferro victorioso militiæ gladio, ac ære omnium virtutum præconio in omnem terram, et in fines orbis terræ in sibi prædestinato imperio stabilem faciat, et per sæcula gloriosum. Huic imperiali vestræ excellentissimæ majestati, noster singularis et totius orbis universalis domine ª, cum fiducia ad thronum gratiæ accedentes, civitatem, omnem substantiam, et personas nostras confidenter offerimus, certi quod gratiam invenicmus in auxilio opportuno, qui dudum ab alienis possessi dominis, quibus vagum jus est, in misera fuimus servitute. Firmetur quapropter clementia thronus regis, et dum ab alienis ad proprium de multis ad dominum unum convertimur, cum modo nostra temporalis salus in manu vestra sit, Domine, oculi pietatis vestræ nos respiciant, ut regi nostro lætissime serviamus. Sane quod hanc professionem debitæ servitutis, atque fidelitatis a nuntiis vestræ majestatis requisiti non fecimus, non aliud fuit dilationis occasio, nisi quod affectavimus nos personaliter conspectui vestræ magnificentiæ præsentare per latores præsentium, quos propter suam honestatem ex omnibus nobis elegimus, nostræ legationis ministerium in vestra imperiali curia prosequendum. Ad hoc quamplurimum indigemus, ut pro nobis recitata fide solliciti, dum in nobis jurisdictionem imperialem vendicatis, commissionem et pactum illud, quo rex Romanorum N. tunc moderator imperii ᵇ, nos venerabili domino N. subjecit, sic concorditer cum ipso disponere dignemini, ut ex hoc prædictus princeps nullam contra nos habeat actionem, quin imo pro vestri culminis excellentia adjutor noster sit in necessitatibus opportunis.

EPISTOLA VIII.

Quidam Rudolpho scribit, et pontificis maximi opera et mirabili sui sublimatione Ecclesiæ et imperii statum hactenus collapsum reformatum iri
(An. Dom. 1274, cod. Rud. VIII.)

ARGUMENTUM. — Diuturno interregno post Friderici absentiam, ipse electus signum crucis accipiens talia dixisse fertur : Ecce signum, in quo nos, et totus mundus est redemptus. Et hoc signo utamur loco sceptri. Et deosculata cruce omnes principes tam spirituales quam sæculares ipsam crucem loco sceptri osculantes, recipientes feuda sibi fidelitatis juramentum præstiterunt. »

ª Juxta opinionem, de qua superius est dictum, quam generalem omnium esse hinc conjicimus.

ᵇ Supra dixerat imperialem majestatem et imperialem curiam : nunquam tamen imperatorem appellat regem Romanorum, sed regio semper titulo eum prosequitur. Constabat enim Romana duntaxat coronatione imperatorem fieri, tametsi imperium moderaretur quicunque ad illud fastigium per electores eveheretur.

ᶜ Septem et viginti annos interregni reputat, cum imperium sublato lumine fluctuabat.

ᵈ Extra Germaniam mala ista extendi Bruno Olomucensis enarrat Gregorio X ap. Raynald. (1273, n. 12). Italiam in factiones divisam Ezelinus et Manfredus ad extremum miseram effecerant. Quare Carolus Andegavensis accersitus fuerat, ut rempublicam Romanorum in statum aliquem erigeret.

ᵉ Comitiis prorogatis in tertium fere annum die prima Septemb. an. 1271 Viterbii electus fuerat Gregorius X, Theobaldus nomine, patria Placentinus, archidiaconus Leodiensis, cum exercitu Christianorum degens in Syria. Quamobrem sequenti anno veniens Romam, consecratusque, præcipue cordi habuit Syriam, quo ut auxilia mitteret, generale concilium Lugduni indixerat, Ecclesiæ et imperio tranquillitatem parere nitebatur vacabatque Italiæ factionibus exstinguendis. Quæ omnia comparationem solis ab eodem non abludere luculenter ostendunt.

cum II allegorice descripte, dum tyranni, facinorosi, irreligiosi omnia jura divina et humana pervertebant, Dei miseratione ait constitutum in Petri sede Gregorium X, virtute et sanctitate conspicuum, quasi solem et Rudolphum lunæ instar fluctuanti imperio esse tributum : communem omnium spem esse, utroque ex luminari serenitatem pristinam restitutum iri.

Superni consilii sapientia, quæ secretum utique cœli gyrum sola circuit increata, primi parentis in posteros sentiens derivari discrimina, et ex sui plasmatis exorbitatione, quod naturalem quodammodo normam transgressionis amplectitur, irritata, plerumque humani generis patitur imbecillitatem, nunc peste, nunc clade, nunc involvi fluctibus bellicæ tempestatis. Luna quidem diu quasi sublata de cœlo ᶜ, condensata tenebrarum umbrosa caligine, facta fuit nox gravis, et plena periculis, in qua transierunt sylvæ bestiæ catervatim, leonum catuli rugientes, ut raperent innocentes. In medio autem Ægypti, spiritu mixto vertiginis, in oblivionem veritas venerat, claves Petri quodammodo lapsæ fuerant in contemptum, libertates Ecclesiæ contorpuerant furibunda tyrannide conculcatæ ᵈ. Sed Dei et hominum mediator Altissimus, qui in ira continere misericordiam non consuevit, post multiplices diræ persecutionis angustias, quibus orbis attritus emarcuit, quibus Christianæ compagis est soluta junctura; scissuræ dispendiis agitata, sic afflictorum miserandæ miseriæ misertus, jam visus est fidelium lacrymas dextera gratiosæ consolationis abstergere, et singultuosorum lamenta lugubria cohibere. Disposuit enim in apostolica sede virum secundum cor suum, veluti splendidissimum solare sidus, præcellentia virtutis, sanctitatis operibus, et justitiæ radiis præfulgentem ᵉ. In vestra etiam sublimatione mirabili arbitrari quilibet fidus, et æquus interpres potest, quod nutu divino lunaris globi lumine reparato ᶠ, fluctivagi hactenus imperii status nebula nubilosa detersa ᵍ, universali expectationi fidelium utriusque luminaris ʰ

ᶠ Sicut luna nullum splendorem habet nisi a sole, sic rex Romanorum a pontifice auctoritatis con sortium accipiens imperialis diadematis impositione, recte comparatur lunæ. Hoc tamen loco lunæ comparatio eo tantum adhibetur, ut dissipandis Germaniæ tenebris lumen admotum esse significetur

ᵍ Fluctuantis imperii causa præcipua ex Olomuc. opisc. nuper laudati litteris Gregorio audienda : « In his, quæ per experientiam didicimus, quod scimus loquimur, et quod vidimus protestamur : quoniam secundum Apostolum, periculosa tempora jam venerunt, in quibus homines seipsos amantes, præponunt commodo reip. rem privatam. Unde non solum in regno Alemanniæ, sed ubique hæc pestis tantum invaluit, quod quantum est in hominibus sive spiritalibus, sive sæcularibus, horrentes juga superiorum, in regum electionibus et in crearum prælatorum, aut tales eligunt, quos eis subesse potius oporteat, quam præesse, aut in diversos dividunt vota sua : duabus forsan de causis, ut plus emungant a pluribus quam ab uno; aut ideo si voluerit unus procedere per rigorem justitiæ contra ipsos, per alium defendantur (ap. Rayn. 1275, n. 7). » Notari tamen debet hunc episcopum Bohemiæ regi æmulo Rudolphi adhæsisse; quapropter veniens ad exempla; « Exemplum, inquit, hujusmodi coram vestris oculis est, et nostris jam præteritum, et jam instans : præteritum in electione regis Hispaniæ et comitis Richardi; et nunc regis Hispaniæ, et comitis Rudolphi. » Quod falsum esse liquet ex jam dictis.

ʰ Sanctus Gregorius VII (lib. XII, ep 25) Wuilhelmo Anglorum regi : « Sicut enim, inquit, ad mundi pulchritudinem oculis carneis, diversis temporibus repræsentandam solem et lunam omnibus aliis eminentiora disposuit luminaria, sic ne creatura, jucunda serenitas amodo clarius et irradiantius illucescat, **316** ut restituatur Jerusalem a sicut fuerat in diebus antiquis, et ponantur ipsius deserta quasi deliciæ, et solitudinis invia quasi hortus.

EPISTOLA IX.

Princeps quidam scribit pontifici maximo de electione Rudolphi, ipsum eidem commendans.

(An. Dom. 1274, cod. Rud. ix.)

ARGUMENTUM. — Princeps N. ejusdem interregni calamitates exaggerans, ac Rudolphum divinitus electum esse regem Romanorum ad pœna improbos, bonos autem præmio afficiendos intelligens; Gregorium X impense orat, ut eidem regi sit præsens, pro instauranda pace, pravitate hæretica exterminanda, ac dilatanda orthodoxa fide in Syria.

Humanæ cognitionis dignitas suæ primitivæ originis non immemor, quia omnes ab initio liberi nascebantur, nec præsidentis eminentiam cognoverant, visa est servitutis jugum excutere, et dominii præcellentiam refutare. Verum impunita delinquentium licentia incentivum malevolis tribuens delinquendi, tot malitiæ semina in areola matris Ecclesiæ sparserat, quod urticæ et aliarum nocentium herbarum venenositas visæ sunt triticum Dominicum suffocare. Prospiciens itaque de Cœlo justitia ad præmiandum justorum merita, et reprimendam malitiam perversorum, animatam præfecit in terris legem de sui profunditate consilii dominum Rudolphum serenissimum Romanorum regem cunctis mortalibus b, **317** quoad temporalia reverendum, a quo, veluti ratio juris præcipit, feuda una cum meis filiis, nec non Orientalium partium principibus recepi solemnitate, qua decuit, manifesta c. Supplicando piissimæ paternitati vestræ, quatenus dicto domino meo favoris plenitudine, et affectu benignitatis solitæ tam paterne tamque pie ad bonum statum Christiani populi dignemini assistere, ut pax deperdita refloreat, pravitas hæretica exsultet, et orthodoxæ fidei plantatio contra crucis Christi æmulos ad Christi gloriam se dilatet d.

quam sui benignitas ad imaginem suam in hoc mundo creaverat, in erronea et mortifera traheretur pericula, prævidit ut apostolica et regia dignitate per diversa regeretur officia. ⟩ Et Innocentius III ap. Baluzium (de Negot. Imp. ep. 52) post annos amplius centum viginti : ⟨Sicut in eclipsi lunæ, ait, tenebræ amplius tenebrescunt et majoris caliginis obscuritas invalescit, sic ex imperatoris defectu hæreticorum vesania et violentia paganorum contra catholicos et fideles perfidius et crudelius malitia multiplicata consurgunt.⟩ Ex quibus patet, genus istud loquendi obvium in codice Rudolphino, haud esse insolens.

a Allegorice hic etiam loqui auctorem hujus epistolæ non crediderim : non enim video, cur imperium aut Germania designari possint hoc nomine. De vera igitur civitate Jerusalem sermo est. Syria enim id temporis pontifici, imperatori, aliisque principibus maxime cordi erat, maxime indigebat militaris præsidii, quod undique colligebatur. Et, ni fallor, ab aliquo ecclesiastico viro, qui in exercitu Christianorum erat in Terra sancta, scripta est hæc epistola : atque indidem data est quæ sequitur.

b Hoc loquendi genus nullibi frequentius quam in aurea Bulla octoginta post annos data (cap. II, n. 1, 5, 4, 5) : ⟨ Bonum et utilem eligere valeant in regem Romanor. futurumque Cæsarem, ac pro salute populi Christiani. Cum Dei adjutorio eligere volo temporale caput populo Christiano, id est regem Romanorum in Cæsarem promovendum. Nec amodo de jam dicta civitate Frankenford separentur, nisi prius major pars ipsorum temporale caput mundo elegerit, seu populo Christiano regem videlicet Romanorum in Cæsarem promovendum. Rector, seu temporale caput fidelium. ⟩ Quamobrem

EPISTOLA X.

Civitas quædam lætatur de promotione Rudolphi, eidem se totam devovens.

(An. Dom. 1274, cod. Rud. x.)

ARGUMENTUM. — Una ex tam multis imperii provinciarum civitatibus a tyrannide invasoris se emersuram confidens Rudolpho obsequium debitum præstat; imperatoriam dignitatem pro illius ævi opinione, et imperatoris officium pro virili commendat.

Non est mirum, si de promotione vestra damus incessanter Domino gloriam et honorem, cum ipse de talento suo nobis contulit margaritam, nec sine ratione cedit hoc nobis ad plenitudinem gaudiorum; cum Dominus nobis misericorditer providens nostris desideriis annuendo, excussa rubigine, de argento nobis contulit vas purissimum, nostræ captivitatis fiduciam et nostri exterminii redemptorem. Nam priusquam montes fierent, aut formaretur **318** terra et orbis, a sæculo primitivo prædestinatum fuit, quod deberetis in throno imperialis celsitudinis residere, ante cujus tribunal naturalia et civilia jura tremiscunt, libenter audita conscientia revelatur, imperitia detegitur, justitia roboratur et iniquitas effugatur. Unde omnes qui Christiano nomine gloriantur, debent, et possunt ad vestræ imperatoræ majestatis clementiam recurrere, cum fiducia pleniori e. Nam vobis Dominus contulit potestatem gladii temporalis, ut serenitati vestræ sit proprium, orbemque terræ freno juris et justitiæ constringere, ac etiam æquitatis. Fecit namque vos Dominus imperatorem f in terris, quem proprium recognoscimus Dominum, en cujus nostra subjacet civitas g, ut vos sitis contra hostes fidei clypeus, juris defensor, amator æquitatis, exstirpator malitiæ, sedator scandali, et refugium impotentium. Nam potestas Cæsaris sperantes in justitia non relinquit, oppressos relevat, relevatos sustentat, viduas protegit, orphanos protuetur, imbecilles defensat, refovet debiles, prostratos erigit, et erectos corroborat in virtute.

comparatio majorum luminarium primo cum apostolica et regia potestate, ac deinde cum apostolica et imperatoria, opinionem peperit, quæ Rudolphi tempore invaluerat, et consecutis temporibus omnium communis evasit.

c Feuda, jura, et privilegia ex A. B. constitutione (cap. 2, n. 8) continuo post Germanici regni susceptum diadema confirmari debent : ⟨ Absque dilatione et contradictione confirmare et approbare debeat per suas litteras et sigilla; ipsisque præmissa omnia innovare, postquam imperialibus fuerit infulis coronatus. ⟩ Principes cæteri feudorum confirmationem recipere consueverunt alii alio tempore, prout commodum unicuique erat pro majori minorive locorum distantia. Spontanea vero dilatio datariorum apertum infidelitatis indicium erat. Semper tamen (*Ibid.* n. 9) ⟨ primo, suo nomine regali jaciet, et deinde sub imperiali titulo innovabit. ⟩

d Nil credibilius quam ignotum istum principem, qui una cum Orientalibus principibus feudorum confirmationem acceperat, in Syria esse, indeque ad Gregorium dedisse hanc epistolam.

e De opinione hac omnium communi, satis est dictum in notis ad duas præcedentes epistolas, quas consulesis.

f Imperialis celsitudinis et imperatoriæ majestatis mentio superius occurrens ferenda esse videtur: imperatorem eruditi omnes, et præ iis Rudolphus unanimi consensu rejiciunt. Itaque civitatis hujus assentatio aut inscitia notanda est.

g Perperam titulatæ ait civitatis hanc totam se devovere regi Romanorum. Eum quippe legitimum dominum agnoscit, quo in pristinam conditionem restitui optat.

EPISTOLA XI.

Gratam habet gratulationem sibi factam.

(An. Dom. 1274, cod. Rud. xi.)

ARGUMENTUM. — N. episcopo gratulatorias litteras per legatum acceptas multa prosequitur laude. Earum sententiam, et legati suo munere provide fungentis interpretationem se ex memoria nunquam depositurum ; ipsique et Ecclesiæ illi commissæ semper fauturum pollicetur.

Placida nobis tuæ applausivæ congratulationis affamina super nostræ sublimationis prosperis auspiciis cum cujusdam voluntariæ gratitudinis, et devotionis exhibitione gratuita, nostro nuper culmini **319** venusto suavitatis eloquio præsentata, ex suæ mellifluosæ natura dulcedinis nostra præcordia delectationis immensæ fragrantia refecerunt. Infuit equidem themati laudando verborum tam pulcher lepos in cortice, et sententiarum egregiæ venustati accessit tam amabilis condimenti saporositas in radice, ut si (quod absit) ulterioris etiam consequentiæ nullus deinceps unquam fructus erumpat ex flosculis, spei tamen rivus manere non desinit ex præmissis. Sane nuntium tuum legationis suæ verba discrete ac provide proponentem benigne suscepimus, et tenaciori memoriæ duximus commendanda tam ea, quæ nuntius ipse proposuit, quam quæ litteræ continebant, integritatem fidei tuæ ac animi puritatem, quam ad regales titulos provehendos [a] te indesinenter habere perpendimus, prosequentes uberius actionibus gratiarum ; et nihilominus in tui et Ecclesiæ tuæ [b] agendis, et in opportunitatibus tuis nos experieris ultraneos et devotos.

320 EPISTOLA XII.

Rudolphus Gregorio X pontifici maximo gratias agit quod cancellarium ablegatum suum benigne audierit, promittens se semper in omnibus Ecclesiæ Romanæ obsequentissimum filium futurum.

(An. Dom. 1274, cod. Rud. xii.)

ARGUMENTUM. — Rudolphus Gregorio X quod in con-

[a] In aliis principibus regius titulus honoris culmen designat. Secus est de rege Romanorum, cujus apex est imperatoria majestas. De hac sollicitum fuisse episcopum, adeoque tam litteris quam legati voce suum desiderium Rudolpho aperuisse, ut regius titulus ad eam majestatem proveheretur, facile hinc colligitur. Quare Rudolphus ideo præsertim acceptam habens gratulationem, quia summus honor in regia tantum dignitate constitutus non fuerat ; præcedentis epistolæ assentationem, seu inscitiam rejicit, qua falso imperator appellabatur.

[b] Quamvis gratulatoria epistola quam Rudolphus laudat, eadem illa non sit quam auctor Piet. Austr. (l. 1, c. 4, p. 54) tanquam a S. R. E. cardinali scriptam affert, nihil enim de provehendo regio titulo in ea continetur ; imo de Ecclesia agitur litterarum auctori commissa ; nihilominus, ut pateat discrimen inter epistolas quæ gratulationem, et illas quæ hominium præseferunt, lectoris oculis eam subjiciam : plurium quippe titulorum fallaciam aperiet in isto cod. : « Sublimitatis vestræ gloriosa promotio ad totius orbis imperiali lumine orbati diutius claritatem, ad sanctæ matris Ecclesiæ propugnaculum et juvamen, ac Christianæ fidei propagationem et gloriam divinis auspiciis procurata, quam cito mihi innotuit relatione veridica, tanta cor meum lætitiæ suavitate perfudit, quod ipsam nec calamis possum scribere, nec verbis plenarie declarare, cum ex hoc manifeste collegerim, quod pater misericordiarum super desolatione populi Christiani oculos pietatis aperiens, finem intestinis discordiis, quæ specialiter intra viscera Romani imperii diutius exarserunt, velit imponere, et per vestræ victricis potentiæ brachium mundo pacem, quæ multis retro temporibus exsula-

sistorio Lugdunensi Ottonem legatum suum benigne audierit, uberrimas gratias agit ; filialem in omnibus obedientiam promittit ; Terræ sanctæ, ubi paterni cineres quiescunt, valido præsidio se subventurum pollicetur. Cum eo colloqui se vehementer cupere de pace inter Christianos componenda. Suam controversiam cum Sabaudiæ comite, interprete utrinque misso, arbitrio pontificis delegatum iri. Principes omnes, barones, et cæteros per Alemanniam sibi morem gerere ; ac se mandatis pontificiis omnino pariturum esse significat.

Pater patrum amantissime, a cunctis filiis hominum super omnia qui sub nostræ mortalitatis vivunt habitu reverende, in vestra assurgentes laudis præconium, non quas tenemur, sed quas possumus actiones referimus uberes gratiarum pro eo quod sinceræ nostræ devotionis proposito, seu promptitudinem per virum utique commendabilem N. (Ottonem præpositum) in vestræ sanctitatis fratrumque vestrorum præsentia expositam, et oblatam audistis clementius, et propositis benignius intendistis solitæ gratia pietatis [c]. Propter quod nos in solidati [insolidati] persistentes propositi corde, pura [corde puro], non ficta conscientia, ad honorem Dei et exaltationem Romanæ Ecclesiæ semper ultronei volumus totis conatibus inveniri, omnes ecclesias et personas ecclesiasticas favoris continuatione confovere, in exhibenda justitia ipsis fore faciles, et in conferenda gratia, prout honorem decet imperii, liberales, ad universalem orbis pacem omni nisu orituræ radicem discordiæ medullitus evellere, in cavendaque **321** dissensionis materia sedis apostolicæ placitis et mandatis filialiter obedire [d]. Gerentes ferventi spiritu in mentis desiderio, illi Terræ sanctæ vestræ bonitatis consilio nobis, seu auxilio suffragante [e], quam unigenitus Dei Filius, multiplici beneficio omnibus mundi partibus prætulit, ipsamque consecrando, aspersione sui sanctissimi sanguinis rubricavit, tam potenter quam patenter [patienter] succurrere, quod [quo] Dei populus per multa tempora ab hostibus crucis Christi afflictus pariter et constrictus ad Christi gloverat, seminare. Et quoniam ad comprobandum conceptam de vestra exaltatione lætitiam juxta cordis nostri desiderium, certis causis prohibentibus, non possum personaliter comparere, virum providum et omni ratione multipliciter fide dignum ad vestram duxi celsitudinem dirigendum, qui suppleat in expressione gaudii mei quodammodo viam meam, et me dominationi vestræ, licet absentem, præsentialiter paratum ad vestra regalia imperia repræsentet. »

[c] Legatio ad pontificem Lugduni agentem adornata. Ejus princeps Otto præpositus sancti Widonis Spirensis cancellarius cum regio mandato, « Dato Rodemburc A. D. 1274 in crastinum Dominicæ qua cantatur : *Quasi modo geniti,* » seu die 10 Apr. fer. II post Dom. in Albis. Idem legatus cum Germ. principibus, archiepp. et epp. qui concilio aderant, consueta juramenta præstiterunt, et sanctæ sedis jura confirmarunt Rudolphi nomine « mense Jun. die Martis 6, mensis ejusdem. » Cujus rei monumenta omnia exstant apud Raynaldum (1274, n. 10 seq.).

[d] Optimi principis æqua et recta promissio, quæ suum effectum sortita est, ut in sequentibus planum fiet. Similem sanctæ sedes a Suevis Augustis non habuit, quos terribili sacramento astrictos, ut diadema imperiale susciperent, brevi perjuros infensissimosque hostes experta est.

[e] Infra videbimus (ep. 23) duodecim marcharum millia, seu aureorum sex et triginta millia gratuito largitum esse pontificem pro sacra expeditione : quippe quo instructior nemo erat Syriæ rerum. Inde enim ad Petri cathedram accersitus, eodemque cum Rudolpho transfretaturus erat post ejus coronationem, nisi mors illius votis obstitisset.

riam sepulcrum Domini intrepide valeat visitare. Ad quod ardor desiderii in nobis eo vehementius accenditur, quo naturalis genitoris nostri ossa, ob crucifixi gloriam, extra natale solum peregre inibi quiescentia, sollicitius quotidie in nostris cordibus revolvuntur : et quis prohibere poterit filium ex intimis cordis concupiscere in paterno tumulo [a] exsulem pro eo fieri, qui exsilio et miseriæ se tradidit delitiis affluens paradisi ? Inter cætera vero desiderantius concupita desiderium est indefessum una vobiscum habere colloquium, et tractatum, qualiter pax jamdiu disperdita inter Christicolas reformetur. Super omnibus tractatibus per vestræ melliffuæ pietatis dulcedinem cum nostro cancellario habitis, offerentes animam, corpus, honores, res et omnia nostra ad vestræ beneplacita sanctitatis. Et ut verbo consonet operis gratitudo , beatitudinis vestræ pedes devotis osculis, cum vobis placuerit, volumus contingere, ac facie ad faciem personæ vestræ sanctissimæ perfrui visione [b]. Ad hæc super controversia, quæ inter nos ex parte una, et clarissimum comitem Sabaudiæ fidelem vestrum ex altera vertitur, amicabiliter, vel justitia mediante, sine strepitu sopienda , taliter **322** ambo convenimus, quod nos unum, et ipse comes alterum viros idoneos ad vestram curiam transmittemus, qui nos concordandi adinvicem habebunt plenariam potestatem. Ipsis vero non valentibus in unam concordare sententiam, ambo promittimus bona fide verbo arbitrii vestri stare, certam habentes in Domino fiduciam, quod ex quo post Deum, ad nullum alium quam ad vos et sacrosanctam Romanam Ecclesiam habere volumus refugium seu propugnaculum, quod omnia nostra negotia tanquam dilectissimi filii semper habeatis paternaliter commendata [c]. Et ut prosperorum successuum nostrorum auspicia vos nunc non lateant, vobis præsentibus notum fiat, quod principes, barones, civitates, castra, et alia bona sacri imperii per Alemanniam nostræ obedienti unanimiter ditioni [d]. Supplicamus itaque vestræ sanctissimæ pietati [e], quatenus dictis N. credentes ministerio vivæ vocis nobis dignemini patefacere vestræ beneplacita voluntatis [f] [g].

323 EPISTOLA XIII.

Rudolphus cuidam cardinali gratias agit quod partes suas in curia Romana unice foverit.

(An. Dom. 1274, cod. Rud. XIII.)

ARGUMENTUM. — N. S. R. E. cardinali, quem noverat, suis legatis referentibus, in consistorio Lugdunensi firmiter constanterque opinatum esse, ut Alphonso posthabito, sua electio rata haberetur , gratias agit ; oratque, ut posito fundamento excelsum culmen perfici curet, imperatoriam videlicet majestatem a summo pontifice sibi deferri.

Provenit nobis ad immensæ jucunditatis tripudium, quod ubi nulla nostrorum meritorum causa præcesserat, nulla prævenerat vestræ familiaritatis noti ia, solo, ut firmiter credimus, divinæ benignitatis instinctu ad nostros sic assurrexistis amplexus, et sicut fideli narratione accepimus, fida manu primarium jactaveritis lapidem , gradumque primordialiter posueritis, cui nostræ promotionis scala initiatur, et ad ardua conscendendi solidiora visa sunt jam surgere fundamenta [h]. Quocirca, pater egregie, laudibus prætermissis, quarum diffuso præconio multipliciter meruit vestra perfectio commendari, ad grates, quas possumus, vobis ex intimis inclinantes, paternitatem vestram suppliciter exoramus, quatenus laudabilia circa nos inchoata principia medio laudabiliori et fine peroptimo ex innata præstantia bonitatis concludere satagatis [i]. De nobis enim potestis secure fiduciæ **324** plenitudinem obtinere, quod ad omnia, quæ sacrosanctæ Romanæ Ecclesiæ piissimæ matri notus, et frater Henricus de ordine Minorum tuæ celsitudinis nuntii... aperient. »

[h] Alphonsus Castellæ rex jampridem electus rex Romanorum nullum non movebat lapidem, ut a pontifice confirmaretur : quare et legati ipsius Lugduni aderant, qui certatim cum iis Rudolphi, officiis et promissis domino quique suo dignitatem imperatoriam regia confirmatione obtinere nitebantur. Tametsi adjuramentis Rudolphi tantum legatis admissis, Alphonsini re infecta recesserint. Ex hisce autem litteris discimus præcipuum hunc fuisse ex fratribus, quorum consilio rex Romanorum apostolica auctoritate est designatus Rudolphus. Qua tamen designatione fundamentum tantummodo esse positum, super quo imperatoria majestas extolleretur, Rudolphus idem testatur. Quo integrior testis ad veram imperii indolem tenendam post quinque fere sæcula ab ejus origine, desiderari non potest.

[i] Quod paulo ante fundamentum dixerat imperatoriæ majestatis, modo principium appellat. Medium et finem Gregorius in nuper laudatis litteris complectitur : « Cæterum, aiens, cum inchoata feliciter ad ejusdem culmen imperii tuæ promotionis auspicia non prosecutionis procrastinatione differri, sed festina deinceps consummatione compleri utilitas manifesta suadeat, serenitatem tuam hortamur, et sincero tibi affectu et consilio suademus, quatenus sic te præpares, sic disponas, ut cum te ad unctionem, consecrationem, et imperialis diadematis coronationem de nostris recipiendas manibus duxerimus evocandum, ad quod terminum in proximo, prout circumstantiæ pensandæ permiserint, intendimus assignare, non improvisus, sed sicut tanti negotii solemnia exigunt, paratus appareas, et ad præmissa non morosus, sed promptus et festinus occurras. Expedit autem, ut aliquos, qui super ejusdem assignatione termini, quid tuæ commoditati congruat, et alias plene tuam super hoc per omnia voluntatem nobis insinuare valeant, cito ad præsentiam nostram mittas. »

---

[a] Albertum Rudolphi parentem sub auspiciis Frid. II in Syriam profectum esse, ibique obiisse supremum diem, Accone sepultum, Gerardus refert (*H. Austr.* p. 7).

[b] Lausanæ colloquium istud est habitum seq. anno mense Octobri , ut videbimus infra (ep. 34), actumque de sacra expeditione ac de rebus ad sanctam sedem totamque Italiam pertinentibus (Rayn. 1274, n. 5 seqq.).

[c] Ptolomæus Lucensis tradit , Rudolphum, ut assereret jura imperii, misisse filium suum natu majorem in terras comitis Sabaudiæ cum armatorum copiis. Aliunde constat Ludovicum Sabaudiæ comitem adhæsisse Carolo Andegavensi in Siciliam venienti. Quod præcipue notari debet, rex Romanorum suam causam omnem pontificis arbitrio submittit. Quare pontifex conatus est eumdem comitem, Galliarumque et Siciliæ reges in Rudolphi amicitiam adducere ; litteras pontificias rei testes laudat Raynaldus ex Cod. Vallic. (1274, n. 60).

[d] Ottocarum Bohemiæ regem, Henricum Bavariæ ducem, hisque alios adhærentes, sibi adversari noverat , sed fortasse in contumacia non perstituros sperabat. Interea consensum principum nuntiat, qui necessarius erat, ut sua electio confirmaretur, deinde imperialia insignia a pontifice obtineret.

[e] Deest in cod. Cæs. verbum *pietati*

[f] Hæc sequuntur in cod. Cæsareo : *Ita se totumque imperium Deo et sedi apostolicæ Cæsarea reverentia devovit.*

[g] Gregorii responsum his litteris exstat ap. Rayn. (1274, n. 55) datum « Lugduni VI Kal. Octobr. anno 111 » Ibi inter cætera : « Licet itaque, ait, non sine causa distulerimus hactenus tibi denominationem ascribere, cum fratribus tamen nostris nuper deliberatione præhabita, te regem Romanorum de ipsorum consilio nominamus. Causas autem salubris dilationis, imo potius consultæ accelerationis hujusmodi ad totius orbis et ad ipsius maxime profuturæ pacem imperii, ut speramus, dilectus filius Tridentinus ele-

stræ accepta noverimus, juxta prudentiæ vestræ consilium specialiter habilitari disponimus, et in vestris beneplacitis fervere continue reverentia filiali [a].

EPISTOLA XIV.

Offert abbati primarias preces pro ecclesiastico beneficio cuidam conferendo.

(An. Dom. 1274, cod. Rud. XIV.)

ARGUMENTUM. — Quatuor sequentibus epistolis antiquam obtendens consuetudinem abbati, capitulo, episcopo offert primarias preces pro beneficio aut canonicatu vacante, seu quamprimum vacaturo. Renuentem abbatem regia auctoritate hortatur. Pari modo episcopum sancta sede inconsulta id fieri posse negantem iteratis precibus, atque amoris et gratiæ spe proposita aggreditur.

Dum in nostræ sublimationis exordio quælibet ecclesia in Romano imperio constituta super provisione unius personæ primitias precum nostrarum ex antiqua et approbata consuetudine sacri imperii admittere teneatur [b], primarias tibi offerimus preces nostras, devotionem tuam attentius exorantes, ac regia tibi nihilominus auctoritate mandantes, quatenus latori præsentium, ad cujus honores augendos et commoda provehenda non solum suæ probitatis merita, sed etiam acceptæ paternæ, nec non avitæ st.enuitatis obsequia nos efficaciter provocarunt. Nobis etiam de sufficienti **325** scientia commendato, de ecclesiastico beneficio ad tuam collationem spectante, si quod vacat ad præsens, vel quamprimum obtulerit se facultas, cures liberaliter providere ob nostram et sacri imperii reverentiam specialem, ita quod te exinde et tuam ecclesiam condignis teneamur honoribus ampliare.

EPISTOLA XV.

Secundario, sed cum minis [c] interpellat abbatem ae ecclesiastico beneficio eidem, pro quo antea intercesserat, conferendo.

(An. Dom. 1274, cod. Rud. XV.)

Licet alias pro N. direxerimus primarias preces nostras, ut ipsi secundum antiquam et approbatam consuetudinem de ecclesiastico beneficio ad vestram collationem spectante studeretis liberaliter providere, vos hujusmodi nostris mandatis et precibus parvipensis, non attendentes quod eædem regiæ preces in se continent speciem mandatorum, easdem, ut nobis innotuit, admittere noluisti. Quapropter denuo devotionem vestram exhortandam affectuose duximus, et monendam, regia nihilominus vobis auctoritate mandantes, quatenus facientes de necessitate virtutem, eidem de dicto beneficio, si quod vacat ad præsens, vel quamprimum ad id obtulerit se facultas, curetis liberaliter providere. Jus nostrum in hac parte taliter servaturi, quod jura vestra et monasterii vestri versa vice recognoscere eo favorabilius indu-

[a] Cardinalitiam dignitatem cum episcopali divinitus instituta comparandam, liber Pontificalis in Evaristo aperte docet, nam titulos Romæ instar diœcesum, seu parochiarum, ut vocabantur, instituit. Et Cyprianus (ep. 15, al. 20) Ecclesiæ Christi moderatores agnoscens presbyteros et diaconos cardinales sede vacante illorum opinionem eludit, qui parochiarum postea institutarum quid simile autumant cum cardinalium titulis, et parochorum cum cardinalium officio. Inde enim exemplum desumptum esse ad parochias et parochos instituendos negari non potest, principem vero Ecclesiæ universæ clerum cum iisdem comparare, scriptoris ineruditi est. Rudolphus pari honore illos prosequitur cum primis Germaniæ archiepiscopis, iisque, tanquam patribus, filialem reverentiam exhibet.

[b] Quantam quantam diligentiam quis adhibeat, exemplum hujusmodi precum Rudolpho antiquius non comperiet. Auctores nacti unam ex quatuor

camur, nec oporteat nos super hoc contra vos stimulum quærere impellentem.

326 EPISTOLA XVI.

Ejusdem cum duabus superioribus argumenti.

(An. Dom. 1274, cod. Rud. XVI.)

Regiæ majestatis splendescens serenitas sic aliorum jura et consuetudines protegit et tuetur, quod unicuique suum esse tribuitur et servatur. Quanto magis ipsa regia magnificentia propria jura tenetur defendere, quæ aliorum nititur conservare? Cum igitur antiqua et approbata jus nostris antecessoribus divis imperatoribus et regibus contulerit consuetudo [d], quod singulæ personæ in singulis cathedralibus et aliis collegiatis ecclesiis ad primarias preces regias recipi debeant in canonicos et in fratres, præbendam, cum se facultas obtulerit, adepturi. Nos eorumdem prædecessorum nostrorum vestigiis inhærentes, per N. primarias vobis dirigimus preces nostras, rogantes cum omni instantia et affectu, regia nihilominus auctoritate mandantes, quatenus considerata idoneitate personæ, eumdem nostri amore in vestrum collegium canonicatus honore recipere non negetis, præbendam, si qua nunc vacat, vel quamprimum ad id obtulerit se facultas, sibi, cessante occasione qualibet, collaturi. Taliter facientes, ut dum jura regia non minuitis, regalem libeat clementiam libertatem vestræ ecclesiæ non minuere, sed augere, nec oporteat super promotione prædicti N. iterato vobis dirigere scripta nostra.

EPISTOLA XVII.

Commendat episcopo quemdam primariis precibus in canonicum.

(An. Dom. 1274, cod. Rud. XVII.)

Si diligenter inspexeris decus et decorem Romani imperii, quod in omnium principum oculis, velut in speculo meruit collocari, utpote a quo ipsi principes principatus insignia contrahunt, largis ab eo largitionum amplificati beneficiis, et honorum **327** prærogativa dotati; si demum in tua trutina considerationis appenderis, quantum locum discretus vir N. in curia nostra tibi et ecclesiæ tuæ tenuerit hactenus, et adhuc tenere poterit in futurum, profecto non ambiges, nec vacillabis ut dubius, quin ad promotionem ipsius ex pluribus rationibus tenearis. Nullum etenim angulum latet imperii, quin ex antiqua et approbata imperii consuetudine, nobis nostrisque prædecessoribus divis Romanorum imperatoribus et regibus a quibuslibet prælatis ecclesiasticis unius personæ provisio debeatur. Propter quod necessarium esse non credimus, quod ad receptionem et provisionem ipsius N. in tua ecclesia auctoritas apostolica requiratur, eo quod N. ecclesia ab ecclesiis aliis regni nostri, quæ illis, pro quibus primarias preces nostras obtulimus, congrua promptitudine hisce formulis absque principis nomine, et sine ulla nota temporis, indicata consuetudine rem omnino incertam tuentur. Consule Dissertationem (n. 55 seqq.).

[c] Si epistolarum collector hanc attente perlegisset, optimo principi non inussisset hujusmodi notam. Quis enim vero amantior et juxta reverentior Rudolpho erga omnes Ecclesiæ viros, at præsertim cœnobitas? *Sed cum minis?* li teræ ipsæ testantur, qua moderatione abbatem inobsequentem in re, quam esse æquissimam putabat, tolerarit.

[d] Quamquam juris vocabulo utatur in his litteris, non tamen intelligit de jure per privilegium sanctæ sedis acquisito. Quod scilicet una sancta sedes laicis principibus conferre potest, et subsequentibus temporibus contulit, ut in dissertatione est dictum. Ipse Rudolphus id testatur, consuetudine tantum niti hanc rem affirmans.

providerunt et provident incessanter, in conditionum disparitate non discrepet, nec exemptionis alicujus privilegio fulciatur. Et hinc est, quod fraternitatem tuam affectu plenario duximus exhortandam [a], quatenus juri nostro , et imperii consonum præstiturus applausum, prædictum N. per litteras regias recipi facias in canonicum et in fratrem, præbendam secundum receptionis suæ ordinem obtenturum. Hoc enim non præjudicabit ecclesiæ. nec receptis officiet, sed conservabit apud nos, et tibi, et ei favoris et gratiæ connulum, et fecundioris benevolentiæ copiam vendicabit. Quid autem super hoc finaliter tuæ voluntatis et intentionis exstiterit, per latorem præsentium lucide nobis pandere non omittas.

328 EPISTOLA XVIII.

Remittit servitia vacante imperio non præstita.

(*An. Dom. 1274, cod. Rud. xviii.*)

ARGUMENTUM. — Præstationes seu tributa imperio debita ratione feudorum, aliaque bona imperii, causa ingruentium bellorum absumpta, toto interregni tempore, fidelibus principibus, seu baronibus P. et H. condonat.

Dignum judicat nostra serenitas et decernit, quod sicut personarum est distinctio et locorum, s¹c et meritorum quorumlibet dispar respectus, et dissimilis retributionis qualitas habeatur, tantumque unicuique augeatur gratiæ et favoris, quantum sua obsequiosa fidelitas cæteris noscitur præpollere [b]. Cum itaque vos P. et H. tam devotos, tamque fideles sacro Romano imperio sciamus, quod de similibus vobis sit non modica certitudo, nec perinde vobis cupientes impendere munus et munificentiam gratiæ specialis, omnia servitia [c], quæ tempore vacantis imperii usque ad nostram creationem, cuique imperatori, vel regi debuistis impendere, quidquid etiam de bonis impe.¹. medio tempore occasione bellorum vos opprimentium recepistis, hæc omnia de benignitate regia vobis misericorditer ac liberaliter indulgemus, nullam vobis pro culpa pœnam, vel pœnæ comminationem aliquatenùs inferendo, sed vos potius in omni favore et gratia consolationis uberrimæ et protectionis beneficio consolando.

329 EPISTOLA XIX

Grates ag¹¿ pro gratulatione sibi facta.

(*An. Dom. 1274, cod. Rua. xix.*)

ARGUMENTUM. — principi, baroni , alii ve Germaniæ optimati ad adfuturum pollicenti ad solemnitatem coronationis reponit, se vicissim quæ ad illius honoris incrementa conducent curaturum.

Audivit nuper nostra serenitas, unde nobis novum accumulatum est gaudium, unde materia renovatæ jucunditatis accrevit, quod vos videlicet, quem virtus nativis etiam potentiis una cum generosi sanguinis claritudine, for.unatioris auspicii beatitudine quasi quibusdam amplexibus individuis convivit , sublimationis nostræ auspiciis et fastigiis applausivo congratulantes affectu, ad ea vos promptos impenditis et benevolos exhibetis, quæ titulos nostri honoris, et profectus amplificent aperitores [d] [*Fo¹s.* aptiores]. Quamobrem vice reciproca provocati ad omnia revera, quæ similiter vestris adjicere poterunt incrementis, ad cuncta quæ vestrum demulcent animum, nos exponimus vobis ul:roneos, et offerimus nos conformes. Datæ.

---

[a] In præcedentibus ad abbatem et canonicos , obsequio erga ecclesiasticos viros adjecit *regia nihilominus auctoritate mandantes :* episcopum vero, utcunque ex sua ditione, veneratur ut patrem, nec regiæ auctoritatis mentionem facit, tametsi renuentem expertus fuerit multo magis, quam abbatem; etenim citra pontificiam auctoritatem regias preces se exaudire non posse protestatus erat. Opportune huc afferendum mihi videtur, quod Valsinghamus ap. Thomassin. (II, l. 1, cap. 54 , n. 6) refert de Ludovico VII, Galliarum rege, e Palæstina reduce : « Cui, inquit, cum quidam clericus papale privilegium attulisset, quod in omni ecclesia regni sui primam vacaturam haberet, cum fructibus medio tempore provenientibus, ille confestim combussit litteras, dicens se malle tales comburere litteras, quam animam suam in inferno torqueri. » Quod quidem exemplum quanquam a primariis precibus diversum est, pontificum tamen liberalitatem erga principes in ecclesiasticis beneficiis , aliisque Ecclesiæ reditibus ostendit, dum bellum sacrum vigebat : Quamobrem nil mirum esset primarias etiam preces imperatoribus aut regibus Romanorum fuisse concessas. At Rudolphus non apostolico privilegio, sed consuetudine illas tuetur. Quod nullo antiquiori exemplo comprobatur, ut aiebam in dissertatione.

[b] Præ aliis virtutibus gratificatio in Rudolpho eminuit. Celebre illius exemplum suppetit ap. auctor. Piet. Austr. (lib. ɪ, c. 5, p. 41) : « Dum Moguntiæ moraretur hoc anno, Jacobum Mullerum gregarium militem equestri ordine decoravit. Stupentibus principibus : « Hic, inquit, cum contra baronem Regenspergium pugnans, multisque affectus vulneribus, ab omnibus fere desertus valde periclitarer, me suo equo imposituum a periculo liberavit. »

[c] Tametsi servitium nude occurrens in chartis clientelarum, utplurimum servitium militare significet , ut recte animadvertunt illustratores Glossarii Cangiani : hoc tamen loco non de servitio personali agitur in militia vel in placitis, quod nomen ad ipsa palatina officia designanda se extendit , ut vidimus (*Cod. Car.* tom. I, p. 427), sed de servitio feodali , quod patet ex sequentibus, adeoque res est de censibus, tributis, vel præstationibus annis fere triginta non solutis.

[d] Gregorius X paulo post ratam habitam Lugduni electionem Rudolphi die 26 Septembris, ad eumdem dedit litteras, queis eum admonuit, ut quantocius mitteret, qui termini assignationem peterent pro coronatione , simulque qui regia auctoritate muniti adessent pro regis Siciliæ et Sabaudiæ comitis controversiis terminandis. Quibus litteris vidimus supra (ep. 12) a Rudolpho responsum fuisse. Alias vero litteras Gregorius dedit eodem fere tempore ad Germaniæ proceres, ut regem Romanorum ad imperialia insignia suscipienda Romam venientem comitarentur. Quare ab eorum aliquo hanc epistolam Rudolpho scriptam esse arbitror, tametsi in re incerta nihil lectori præscribo. Raynaldus ex suo Cod. Vallic. (1274, n. 56 seqq.) hasce litteras indicat, aliasque eodem anno scriptas episcopo Salisburgensi super termino coronationis jam condicto totas recitat. In iis præ cæteris ait pontifex : « Suasimus, ut se sic pararet, quod cum eum ad unctionem, consecrationem, et imperialis diadematis coronationem de nostris recipiendas manibus vocaremus, ad quod tam sibi quam tibi, et aliis principibus, et Magnatibus , ac universitatibus Alemaniæ denuntiavimus nos terminum celeriter, prout permitterent pensandæ circumstantiæ præfixuros, ut paratus, sicut solemnia tanti negotii exigunt , apparet. » Prosequitur ,. quemadmodum ipsis nuntiis advenientibus , festum omnium sanctorum *primo venturum*, seu anni 1275, pro coronatione constitutum fuerat in consistorio Lugdunensi ; deinde eum hortatur , ut regem Romanorum comitetur , quo « tua, et aliorum principum in itinere, ac in ipsius coronationis solemniis gloria, et comitiva stipatus cunctis gloriosus appareat. »

330 EPISTOLA XX.
Pisani invitant Rudolphum ad sedandos Thusciæ motus.
(An. Dom. 1274, cod. Rud. xx.)

ARGUMENTUM. — Legati Pisanæ civitatis allocutio, qua regem Romanorum universæ civitatis nomine etiam atque, etiam orat, ut intestinas civium discordias sedaturus in Italiam quamprimum veniat. Pergratum id fore non paucis nobilibus ex patria pulsis, ac præcipue Romano pontifici.

Leges asserunt, usus approbat, antiquitas protestatur, quod Romano principi, ut de cæteris taceam, Thuscorum regio serviat sub tributo. [a] Hac igitur consideratione fretus, unus pro multis, solus pro pluribus, vobis loquor, qui ad faciem principis credor [*Fors.* mittor] pro omnibus intercessor. [b] Ecce provincia Thusciæ, quæ sui propinquitate ad Romani imperii piam sedem, tanquam principale membrum suo deberet capiti familiarius respondere, jacet in numerositate schismatum lacerata bellis, et plusquam civilibus laceratur. [c] Collidunt in utero gemini, et tandem in Jerusalem malitia prævalet Is maelis dum hostis amicum, alienus domesticum, Guelfus persequitur Gibellinum, filii fiunt exsules, et in exsilium sede digni exsilio exsulantur. Luget Pisana civitas inimicorum hostili gladio summi pontificis ac regii culminis vulnerata. [d] Ad cujus protectionem tanto teneri creditur regia celsitudo, et ad repulsionem ejus gravaminis ardentius anhelare, **331** quanto a suis progenitoribus ipsi celsitudini inhæsit [e] puritate fidei firmioris, et amplioris est ipsa gratiæ privilegio sublimata [f]. Ad celeritatem igitur adventus altitudo regia excitetur, imitanda [*Fors.* invitanda] favoribus gentilium non paucorum, et brachiis apostolici numinis amplectenda, ne ob adventus tarditatem nos ulterius irrideant inimici [g].

EPISTOLA XXI
Rudolphus Cæsar respondet Pisanis.
(An. Dom. 1275, cod. Rud. xxi.)

ARGUMENTUM. — Rudolphus reponit, se misisse ad pontificem legatum suum una cum Pisanæ reipu-

[a] Quam hic regionem, et infra provinciam appellari audis, Caroli Magni ævo ducatum Tusciæ, qui una cum Spoletano ducatu sanctæ sedi oblatus fuerat, suprema tamen dominatione apud eumdem Carolum et successores remanente appellari compertum est. Idem nomen Ludovici, Ottonis, et Henrici diplomata præseferunt. At sæculo xi declinante, Bonifacii, ejusque filiæ Mathildis tempore marchia Tusciæ vocabatur. Deinde, cum pleræque omnes Tusciæ civitates, Langobardicas imitatæ, se in libertatem vindicassent, dilitteratis vetustis nominibus, Tusciæ regio, seu provincia dicta est; quæ demum magni Etruriæ ducatus hodiernum nomen adepta fuit. Quocunque autem nomine nuncuparetur, una cum regno Italiæ, seu Langobardia imperatori subjecta erat.

[b] In duas et ipsa factiones, ut cæteræ, divisa erat. Legatus vero, qui universæ civitatis nomine videtur loqui, Gibellinæ factionis esse in sequentibus se prodit.

[c] Aliquot ante annos magnæ iis fuerant simultates cum Romano pontifice, quare Gregorii prædecessor Nicolaus IV archiepiscopum iisdem abstulerat. Caput simultatum præcipuum erat, quod Carolum Siciliæ regem detrectaverant tum paciarii munere fungentem, tum postmodum imperii vicarium apostolica auctoritate constitutum; adhæserantque Conradino, Carolum armis petere nequaquam veriti. Gregorius, ut videre est ex ejus litteris apud Raynaldum (1273, n. 33 seqq.), humiliter redeuntes ad Ecclesiam amplexatur, deinde archiepiscopalem honorem iisdem

blicæ legato, ut eodem non dissentiente illorum votis obsecundet.

Industrium virum N. ambassatorem vestrum, ad majestatis nostræ præsentiam nuper destinatum a vobis, benigne recepimus, et libenter audivimus verba vestra in ore suo posita et commissa, diserti sermonis eloquio diligenter et legaliter proponentem. Sane quia nostro facile applicatur ingenio quidquid in vestræ generalitatis et specialitatis [h] augmentum et commodum poterit redundare, petitioni vestræ, per eum nostro culmini porrectæ, libenter et liberaliter aures benevolas inclinantes, nuntium nostrum una cum nuntio vestro ad curiam domini papæ dirigimus, ut de suo beneplacito et consensu finalibus desideriis vestris plene satisfieri valeat super his quæ vestra petitio continebat. [i] Parati **332** enim sumus, et experiemur a vobis ultronei ad quæcumque, quæ juxta favoris apostolici gratiam vobis honoris et commodi cedere valeant incremento. Datæ.

EPISTOLA XXII.
Rudolphus mittit legatum ad summum pontificem.
(An. Dom. 1275, cod. Rud. xxii.)

ARGUMENTUM. — Mortuo Ottone præposito Spirensi et cancellario Rudolphi, ejusque oratore apud pontificem, alium mittit, qui præcipue de coronatione imperiali, aliisque negotiis tam imperii quam suis propriis apud Gregorium agat.

Plurima, beatissime pater, interpretis Scripturæ mysteria, quibus paternis aspectibus filialis est repræsentata devotio, de nostri pectoris calamo hactenus effluxerunt, internæ mentis affectum, quem ad sacrosanctam Romanam Ecclesiam matrem nostram invariabiliter gerimus, imperfectius indicantia et insufficienter exprimentia votum nostrum. Quia igitur aliunde absentium desideria plenius et planius vivæ vocis explicantur oraculo, quam annotatione tacita litterarum; ecce quod honorabilem virum N. multa virtuositate conspicuum, moribus et scientia præditum, nobis suæ probitatis meritis acceptum, vobis etiam et Ecclesiæ Romanæ devotum ad beatitudinis vestræ pedes fiducialiter destinamus, vestram sancti-

restituit. Publica ista reconciliatio intestina odia non abstulerat, ut hinc patet.

[d] Pro factione Gibellina exsule legatum intercedere nullus dubito. Guelphos enim contemptui habens, suos plus æquo collaudat; quos fortasse Carolus tranquillitatis ergo exsulatum miserat.

[e] Perpetua hæc regibus Romanorum adhæsio idem evincit. Privilegia vero quæ exaggerantur, Henrici videlicet IV et V ap. Ughellum (*It. Sac.*, tom. III, p. 365, 567, 576) et si quæ alia ad civitatis fidelitatem roborandam exstant, luculentius rem demonstrant.

[f] Omnia hæc desunt in codice monasterii sanctæ Crucis Cisterciensium, ut monet Seifridus (fol. 69). Qui cum Lequile abutitur hac epistola, ut Rudolpho Anicianum genus appingat. Quod quam abs re verba eadem ibi desiderata planum faciunt.

[g] Guelphica scilicet factio, quæ nobiles cives ejectos esse gloriabatur.

[h] Per hæc designari totius civitatis, ac seorsim factionis Gibellinæ preces non obscure conjicimus. At litteræ Pisanorum, ni fallor desiderantur, queis Rudolphus rescribit. Nam ex præmissa allocutione legati nil aliud eruitur, quam regis invitatio in Italiam.

[i] Rex Siciliæ Carolus constitutus fuerat vicarius imperii in Tuscia, ut nuper diximus. Quamobrem Rudolphus, cujus intererat, ad res Italiæ quod attinet, a Pontifice nullatenus dissentire, et Pisanorum petita, et suum his obsecundandi desiderium per legatum significat Gregorio, qui Lugduni adhuc degebat; inde enim non recessit ante Idus Maias anni 1275, quo probabile est has litteras datas esse.

tatem rogantes, quatenus ip.um, quem verum prædecessoris sui jam credimus per laudabilis actionis insignia sectatorem, et etiam successorem, [a] habere dignemini propitiatione, **333** qua convenit, recommissum, eidem super principali nostro et imperii negotio, nec non super aliis petitionibus æque justis, quas vestræ sanctitati porrexerit, gratiosæ auditionis et favorabilis exauditionis effectum benignius impensuri [b]. Datæ.

EPISTOLA XXIII.
Rudolphus petit a summo pontifice Romano ut ultra prius mutuum det sibi tria millia marcar. mutuo

(An. Dom. 1275, cod. Rud. xxiii.

ARGUMENTUM. — Rudolphus acceptis a Gregorio duodecim marcharum millibus gratuito pro apparatu expeditionis in Syriam; alia tria millia sibi confici petit mutuo cum debita cautione. Præterea ducem se elegisse strenuum scribit, quem propediem mittet cum copiis in Etruriam, quod petierat pontifex.

Si salva vestræ paternæ benevolentiæ reverentia loquimur, nullo in vestris piis præcordiis displicentiæ spiritu excitato, de illa duodecim millium marcarum subventione gratuita [c], in qua nobis tam liberaliter providistis, et pro qua vobis ad grates uberrimas **334** filialis devotio se ferventer inclinat, videtur nobis ex verisimilibus conjecturis, quod ponderata negotii quod agitur magnitudine, ac inspecta temporis brevitate, tam grandi, tam ce'ebri apparatui ipsa subventio aliquantulum insufficiens reputetur. Possumus itaque vultu verecundia et rubore resperso, quatenus ne prædicto negotio, quod post Deum potissime apostolica dextera dirigit, al,qua possit objici difficultas, prædictis duodecim millibus adhuc tria dignemini affluenter adjicere nomine mutui [d], prius tamen idonea cautione suscepta. Nos enim de capitaneo, seu rectore magnanimo, et circumspectione probato jam vobis providere curavimus, qui militiam congregans opportunam, ut præsit et prosit in Thuscia, consopitis vetustæ calamitatis horroribus, ad eamdem provinciam diriget e vestigio gressus suos, [e] etc.

EPISTOLA XXIV.
Mittit in Italiam gubernatorem comitem de Furstemberg.

(An. Dom. 1275, cod. Rud. xxiv.)

ARGUMENTUM. — Rudolphus putans Exarchatum et Pentapolim, quæ suo tempore audiebant Romandiola et Maritima, esse juris imperii, eas provincias committit duci Furstembergio, quem istuc venientem civitatibus commendat.

Rudolphus, etc. Egregiis et prudentibus viris marchionibus, comitibus, nobilibus, capitaneis civitatum, potestatibus, ancianis, et populis universis per Romaniolam et Maritimam **335** constitutis [f]. suam salutem et benevolam voluntatem. Speciali postquam montes transiisset. » Ad marchæ valorem quod attinet, in Ducangii additionibus invenies chartam anni 1327 in qua legitur : « Videlicet florenos de viginti quatuor quaratis auri fini, et debeant intrare in marcha curiæ Romanæ sexaginta quinque de dictis florenis, et non plures. » Ita ut si marcha quælibet fuisset illius valoris, nummorum summam fere incredibilem effecissent. At n ilitia ejus temporis et pontificium ærarium opulentum adeo largitionem respuunt. Argenteæ igitur marchæ putandæ sunt, cujusmodi expresse nominat idem Gregorius anno 1274, in litteris ad Rogerium de Merlomonte exigendas pro decimis ap. Hansiz. (*Germ. Sac.*, tom. II, p. 573.) Quarum valor ex Grimaldo (*de Veron.*) erant nummi tres ba. 75, adeo ut nummos nongentos supra sex et triginta millia. Gregorius dederit gratuito, et 9225 mutuo petat Rodulphus.

[d] Quid Gregorius reposuerit, audiendum ex ejus litteris ap. Rayn. (1275, n. 4) : « Scire quidem te volunus, quod propter fratrum nostrorum, et etiam mercatorum absentiam, perquirendo tibi mutuo vacare nequivimus, nec vacandum credidimus, ne carissimo in Chr. filio nostro regi Castellæ ac Legionis illustri nobis jam valde vicino, et infra paucos dies futuro nobiscum, hujusmodi tua necessitas non sine grandi tuo periculo panderetur. »

[e] Pontifex in iisdem litteris de duce seu capitaneo quantocius mittendo cum copiis loquitur, se ad litteras anteriores referens, quæ apud eumdem Raynaldum exstant. Ibi autem in *Lombardiam* mittendas copias ait, adjiciens, « Saltem circa finem instantis Maii cum bono capitaneo et probato sit in partibus supradictis. » Quare autem Rudolphus pro Insubria Tusciam sibi muniendam dicat, minime expeditum est intelligere. Certe Gregorius rescribens de petito mutuo has a Rudolpho litteras accepisse videtur nisi forsan sopitis Insubriæ rebus, iterum de eadem rescripserit, nec pontificiis, nec Rudolphinis litteris ullibi existentibus, quod ferme improbabile est.

[f] Prima Pippini Francorum regis donatio, qua sancta resp. seu Roma ejusque ducatus ab impiis Græcis deficientes amplificati fuerant, ut luculenter constat ex Codice Carolino, exarchatus videlicet, a Carolo Pippini filio Augusto Exarchatus et Pentapolis nomine appellatus, quem duplici isto nomine Ludovicus successoresque omnes, cumque iis Rudol-

---

[a] Raynaldus principio hujus anni ex cod. Vallic. affert epistolam Gregorii X ad Rudolphum hujus sententiæ : « Nosti, fili carissime, quod bo. me. Otto sancti Guidonis Spirensis præpositus, cancellarius et procurator tuus habens ad hoc legitimum, speciale mandatum, nuper in concilio Lugdunensi, præsentibus et consentientibus principibus, et aliis prælatis, et magnatibus regni Alemanniæ, qui tunc temporis in concilio ipso convenerant, quædam privilegia regum Romanorum prædecessorum tuorum, et alia concessa per ipsos reges Romanæ Ecclesiæ recognoscens, ac ea nomine tuo innovans et concedens; te illa primo, ut regem Romanorum, et postea suscepto imperiali diademate, ut imperatorem, innovaturum et etiam concessurum, præstito in animam tuam juramento promisit. Licet itaque ad unctionem, consecrationem, et coronationem de nostris recipiendas manibus tibi per alias nostras litteras absolute videamur terminum assignare, serenitatem tamen regiam volumus non latere, quod inter nos et fratres nostros hoc expresse actum est, et tam nostræ quam ipsorum intentionis existit, quod ante ipsum terminum præmissa omnia, quæ memoratus cancellarius, ut præmittitur, de consensu prædictorum principum et magnatum, qui eadem præsentialiter inspexerunt, solemniter nomine tuo promisit, per te ut per regem Romanorum plenarie impleantur, per nos nuntio, vel litteris fueris requisitus. » Ottoni datum esse successorem hæ litteræ testantur. Cætera in colloquio Lausanensi anno declinante peracta esse videbimus.

[b] Hoc genus litterarum credentiales appellant. Non modica tractanda erant negotia : Caroli Siciliæ regis et comitis Sabaudiæ controversiæ; abdicatio Alphonsi Castellæ regis; subsidia pro apparatu sacræ expeditionis; aliaque tum commissa oratori, tum identidem committenda. In iis autem primum sibi locum vindicabat solemnitas futuræ coronationis, qua rex Romanorum imperatoriam majestatem induens, imperator dicendus erat.

[c] Quam recte summa hæc marcharum tradita dicatur mutuo Rudolphus ipse testatur. Et Auctor Piet. Austr. (l. 1, c. 7, p. 49) ex chron. Colmarien. refert « jussisse pontificem, ut Basileensis episc. cui collectionem decimarum ad bellum sacrum commiserat in Germania, 12 millia marcharum Cæsari numeraret,

quadam inter tot et tantos negotiorum ingruentium fluctus, quibus assidue pectori nostro materia cogitationis infunditur, meditatione peranguimur, et anxietate pervigili me litamur, qualiter illa nobilis Romaniola et Maritima regio, utpote gloriosum imperii pomœrium [a], in quo regiæ majestati, ex sui placidi cultus amœnitate, non infima delectatione complacuit, rediviva quiete refloreat, et post diræ longæque fatigationis hostiles angustias, et eximios bellicæ turbines tempestatis in portu votivæ tranquillitatis, et pacis pulchritudine conquiescat. In hac siquidem regione suos imperium recognoscit alumnos [b]. Hic est enim hortus imperii delicatus, in quo gratæ subjectionis veruantes et floridos flores colligit, et devotæ dulcedinis poma gratiosa decerpit. Nimirum ergo circa cultum et munimen ipsius regiæ celsitudinis curiosa versatur intentio, et propensioris vigilantiæ studium adhibetur, ut et illa per devotionem sincerum puritatis respiret odorem, et per fidelitatem integram expectatum constantiæ fructum reddat. Verum quia tunc utiliter regio regitur, dum directi ducatu rectoris dirigitur, et vigilis præsidentis industria gubernatur, nos cupientes, quod ipsa provincia duce gaudeat **336** circumspecto, illustrem H. comitem de Furstemberg consanguineum nostrum, quem ex parte circumspectionis et fidei merita nobis reddunt amabilem, et probata strenuitas efficit clariorem, vobis et toti provinciæ prænotatæ præficimus in rectorem ejusdem provinciæ, regnum vice nostri nominis exsequendum sibi plenarie committentes, ut ejus studioso ducatu præservetur a noxiis, et in salutarium solio solidetur. Vos itaque, quæsumus, puræ fidei, et sinceræ devotionis alumni præsentibus nostræ serenitatis [Fors. litteris] armati, nostram in sua præsentiam figurantes, cum comes idem sit ex ossibus nostris, et caro de carne transumptus, eumdem quasi familiaris dilectionis et gratiæ pignus A eximium hilares et devoti suscipite, ac in omnibus quæ ad creditum sibi spectant officium reverenter ei parete, ac humiliter promptis affectibus obedire curetis, ut devotionis vestræ constantiam liberalitatis augustæ provisio, quæ servitia remunerare novit fidelium, digna proinde vicissitudine prosequatur [c], pro firmo scituri, quod obedientiæ signa, quæ sibi vestra devotio monstraverit, æquo favore benevolentiæ complectemur, ac si monstrari contigerit specialiter nobis ipsis.

337 EPISTOLA XXV.
Ejusdem cum superiori argumenti.
(An. Dom. 1275, cod. Rud. xxv.)

ARGUMENTUM. — Magistratui, civibusque, ut videtur, Ravennæ eumdem ducem singulariter commendat, tanquam in ea civitate suam sedem habiturum, indeque omnem regionem moderaturum.

B Egregiis et prudentibus viris ancianis, consulibus, et civibus universis N. etc. [d] gratiam suam, ac benevolam voluntatem. Dum conscientiæ nostræ volumina volvimus, dum subjectas imperio civitates, nostro culmini puræ devotionis exempla præstantes in speculationis regiæ speculo speculamur, ad vestram specialiter civitatem aciem mentis nostræ convertimus nobis fidei illibatæ primitias offerentem. Sane quam placide, quamque gratanter accepimus, quam sit acceptabile, quamque generativum fecundi tripudii quod nativæ bonitatis accensi fragantia, quæ in vestris præcordiis clariori fidei rutilat scintilla, vos nostris ad vocem tantum jussionis unius devoventes obsequiis nuntios nostros, quos ad vos transmisimus, tam solemniter, et tam honorifice suscepistis, affectum nostrum profecto super hoc perfecte nequivimus exprimere per effectum. Hæc sunt enim præclara laudandæ virtutis indicia, hæc sunt, inquam,

phus per legatos in consistorio Lugdunensi, et ore C humiliter adierit, etc. » Vide Ughell. (*Ital. Sac.* proprio Lausanæ hoc eodem anno sanctæ sedi vindicarunt, Ro nandiolæ ac Maritimæ superinductis vocabulis agnoscebantur id temporis. tom. II, p. 571 seqq.), et infra dissertationem ult., (n. 4 seqq.).

[a] Ex monumentis illius ævi *pomœrium* pro pomario accipi compertum est. Non alio sensu utramque provinciam accipit Rudolphus his litteris. Usque adeo persuasum illi erat, Suevicam invasionem personato illo nomine latentem ab Exarchatu aliam esse!

[b] Notatu dignum est Bonifacii Raven. archiepiscopi nullam mentionem fieri, cum nonnulli ejus prædecessores inveniantur imperii principes appellati. Hos inter celebratur Wido fil. Widonis Blandradæ comitis a Friderico I intrusus anno 1158, unde schismata ac violentæ electiones per annos fere viginti, usque ad Alexandrum III, Widoni Fridericus in gratiam redit. Eidem quippe, ut *principi Romani imperii*, privilegia omnia antiqua confirmavit, tametsi ab apostolica sede pallium nunquam obtinuerit, ecclesiamque illam semper administraverit tanquam electus. Guillelmo etiam Curiano, qui post Gerardum, Widonemque juniorem, laudato Widoni successit, exstant litteræ Henrici VI, datæ anno 1192 : « Dilecto principi suo G. vener. patri archiep. Ravennaten. gratiam suam, et omne bonum. Cum inter cæteros mundi prælatos, sis membrum sacri imperii speciale... requirimus attentius et monemus, quatenus viros nobiles, qui de Arimino, Ravenna, et Faventia, ac aliis civitatibus et castris Romandiolæ per Fridericum quondam imperatorem tunc super eos regnantem de domibus propriis sunt ejecti, etc. » Hubaldus quoque, cujus electionem Innocentius III ratam habuit, privilegium obtinuit ab Ottone IV anno 1209, cum Romæ coronatus fuit, in quo legitur : « Universorum imperii nostri fidelium tam futura quam præsens ætas cognoscat, qualiter dilectus princeps noster Hubaldus venerab. sanctæ Ravennatis ecclesiæ archiepiscopus nostræ majestatis præsentiam

[c] Num juxta Rudolphi desiderium tota provincia novo isto duci obsequium præstiterit ea in rerum omnium inversione, cum factiones vicissim dominabantur, admodum incerta res est. Rudolphum vero prædecessores augustos imitatum detinuisse hanc certissimam, omniumque antiquissimam donationem dubitari non potest, nam Gregorii successores omnes usque ad Nicolaum III eam repetere nunquam destiterunt, ut dicam in sequenti dissertatione.

[d] Nemo, ut arbitror, ignorat Ravennam fuisse Exarchatus metropolim tum tempore Pippini regis, cum pro unica provincia accipiebatur, tum Caroli Magni ævo, cum Exarchatus bipertito divisus Æmiliam et Pentapolim continebat, ita ut Ravenna loco principe, inde Æmilia et Pentapolis cum suis utraque civitatibus nominarentur. Perinde esse subsecutis D temporibus usque ad sæculi undecimi principium diploma Henricianum testatur. Quare Pancirolo (*Not. imp. Occid.* cap. 59), Alberto aliive qui Carolo Magno tribuunt novum illud nomen Romandiolæ, nulla fides adhibenda est. *Romania* primum audiri cœpit sub finem sæculi duodecimi, quod patet ex Notitia apud Schelestratem (*Antiq. Eccl.* tom. II, p. 747), et ex chron. Farfensi. Sequenti autem sæculo *Romanola* audiebat, ut constat ex hisce epistolis, et vicissim *Romandiola* appellatur in notitia episcopi Catharensis ap. Schelestr. (*Ib.*, p. 761, 763), quæ spectat ad sæculum xiv. Cæterum tam Exarchatus quam Æmiliæ, Romaniæ, Romaniolæque metropolis ubique reperitur Ravenna. Nibilominus ducalem sedem Ravennæ dubitanter constituo; namque, ut opportunius dicam (Diss. ult., n. 5), Exarchatus a Romandiola distinguebatur tunc temporis. Præterea versus finem hujus epistolæ Rudolphus, *quem vobis*, ait, *totique circumpositæ regioni præfecimus*: quæ Ravennæ Maritimæ civitati non conveniunt.

certa experimenta constantiæ, et infallibilia probitatis eximiæ argumenta, in quibus Deo quæ Dei, Cæsari quæ ipsius sunt, hactenus congrue reddidistis [a]. His ergo veluti **338** multæ suavitatis oblectamento deliciose refecti, super tam grati et tam ultronei exhibitione servitii, quo vos generositatis avitæ nequaquam immemores regio beneplacito coaptatis; ad grates vobis uberrimas inclinamus, invariabili animo disponentes, vos et civitatem prædictam (quam indelebiliter unione tenacitatis in nostros familiares amplexus assumpsimus) amplis propter hoc magnificare favoribus, et honorum ac beneficentiæ titulis ampliare, ut in adventu Cæsarei potentatus, qui terribilis inquietis rebellibus b, vobisque mansuetus adveniet, pulsis e medio bellicæ tempestatis horroribus, cujus longa calamitas faciem fatigavit imperii, sedatis in pulchritudine pacis ac requie opulenta, nostrique jugo dominii nil suavius, vel jucundius merito sentiatis. Porro ut vestræ tenebras regionis Romani jam sceptri fulgor illuminet, eademque regio incrementa suscipiat florida novitatis, universitatis vestræ prudentiam ampliori qua possumus precum instantia duximus exhortandam, quod nobilem virum H. comitem de Furstemberg consanguineum nostrum charissimum, quem vobis totique circumpositæ regioni præfecimus in rectorem pro nostra et imperii reverentia, congruis prævenire curetis honorum insigniis; et eidem in his quæ nostrum et reipublicæ bonum generale ac speciale respiciant, cum in eo qui mittitur, mittens honorari consueverit, gratiosis astare consiliis et auxiliis opportunis.

339 EPISTOLA XXVI.

Ad quemdam Italiæ principem de eodem.

(An. Dom. 1275, *cod. Rud.* XXVI.)

ARGUMENTUM. — Cuidam Italiæ principi (Neapolioni forsan Turriano) qui Mediolani dominabatur, gratias agit de singulari in se regem Romanorum electum obsequio; sinceram fidem laudat; erga illum suosque regiam liberalitatem se demonstraturum promittit; ac ducem de Furstemberg consilio ejus'ab se in Italiam missum etiam atque etiam ei commendat.

Ex parte præclaruit fidei tuæ strenuitas qua Romanum imperium incessanter amplecteris, et ad decus et decorem ipsius magnificis titulis ampliandum intrepide militas inter alios ejus indefessos athletas et imperterritos pugiles gloriose coruscans. Hoc equidem inter cætera tua magnalia regiæ Majestati gratissima valde nobis gratanter apparuit, valde votis nostris applausit, quod legatorum nostrorum adventu prægnoscito, mox de hostibus, quos obsidio circulata potenter ambierat, signa retraxisti victricia, parcens eis ob nostri reverentiam nominis et honoris, quos tuo de facili potuisset imperio triumphaliter subdidisse [c]. Super quo denique tibi ad grates uberrimas inclinantes, et fidei tuæ præstantiam digno laudum præconio commendantes, invariabili mente concepimus **340** te et tuos largifluis beneficentiæ nostræ donis attollere et honoribus congruis ampliare. Porro quia de tui fidelitate consilii, sub fide tuæ promissionis tuique favoris illustrem H. comitem de Furstemberg consanguineum nostrum charissimum regioni Romandiolæ et Maritimæ præfecimus in rectorem [d]. Sinceritatem tuam affectu plenissimo duximus deprecandam, quatenus ei ferventer assistere studeas fructuosis consiliis et auxiliis opportunis. Hæc siquidem erga te ac tuos perpetuo volumus grata largaque vicissitudine promereri.

---

[a] Quæcunque hæc fuerit pontificiæ ditionis civitas dominium fecerat Rudolpho, qui eam esse juris imperii arbitrabatur. Neque id mirum : siquando enim factio Gibellina prævalebat Guelphicæ, legitimum pontificis dominium detrectabat. Indeque inter et confusio scriptorum parum solertium, aut sanctæ sedi infensorum, qui populorum inconstantiam pro jure accipiunt. Ii vero aut nesciunt aut nescire simulant naturam bonorum, quæ principes divo Petro et successoribus in perpetuum concesserunt *pro remedio*, seu *mercede animæ suæ*: quasi enim armis acquisita essent, injustæ possessionis, invasionisve eamdem rationem habent, ac legitimi juris, sive dominationis.

[b] Puta Guelphos, qui æquam causam tuebantur adhærentes pontifici. At Rudolpho, cui persuasum erat Romandiolam esse ditionem imperii, rebelles videbantur. Fallax vero fuit hujusmodi pollicitatio biceps. Nam sequenti anno ab Innocentio V, quem successores sunt imitati, in Italiam descendere est prohibitus, et Romandiolæ possessionem malæ fidci Romanis pontificibus veris legitimisque dominis restituere jussus fuit Gibellinorum ingratiis.

[c] Caput istud historiæ explicandum relinquo feliciori alii, cujus magis intersit. Id tantum moneo, incredibile omnino esse, quod Rudolphus duci huic Exarchatum commiserit, Gregorio X aut superstite, aut sciente. Nam Innocentius V sub finem Januarii mensis anni sequentis electus, qui Ecclesiam gubernavit mensibus tantum quinque, Rudolphum suis litteris admonuit, ut Exarchatum restitueret. Cujus rei teste utor sacro cardinalium collegio sede vacante anno 1277, ap. Raynald. (*Ib.*, n. 52) in epistola ad eumdem Rudolphum : « Cæterum quæ circa ejusdem Ecclesiæ terras et specialiter exarchatum Ravennæ ac Pentapolim, iidem pontifices Innocentius et Joannes a vestra magnificentia per prædictos suos nuntios et litteras petierunt, nos cum precum instantia repetentes, affectuose deposcimus et rogamus, nunc saltem celeri exsecutioni compleri. » Non enim steterat promissis Lausanæ factis Gregorio X die 20 Octobris anno hoc vertente, se scilicet adjutorem fore ad recuperandum restituturumque terras, et nominatim *Exarchatum et Pentapolim*, Romanæ Ecclesiæ, a suis prædecessoribus invasas. Imo ducem, seu rectorem in Romandiolam mittens, Exarchatum et Pentapolim vindicabat imperio. Atque eum quidem mutatio nominis decepit; at Gregorius novitate nominis haud deceptus, rectoris missionem silentio præterire nullatenus potuisset, quemadmodum successor ejus Innocentius non præteriit. Quamobrem hæc epistola cum duabus præcedentibus differenda est ad hujus anni exitum post diem 22 Novembris, cum Gregorius Placentiam in patriam suam est ingressus, unde sequenti mense Parma Florentiam pertransiens Arretium se contulit, ubi ægrotans die x januarii occubuit mortem. Quare autem collector eas recensuerit ante Lausanense colloquium facili negotio assequimur. Nam Rudolphus in epistola has præcedente capitaneum seu rectorem se brevi missurum scripserat Gregorio. Collector itaque nulla locorum, rerumque ratione habita, litteras quavis nota temporis carentes continuo subjecit, loco scilicet movenda's impune ab eo, qui sententiam earum expenderit.

[d] Gregorius anno 1275 Lugdunum proficiscens Mediolani aliquandiu substitit mense Octobri, a Turrianis multo cum honore acceptus. Huc rediens anno 1275 novembri mense, Neapolionem Turrianum, qui majori eum honore prosequebatur, quam ante biennium, eratque vir potens, ac populo charus, grati animi ergo benigne accepit, ac patrocinari desiit, ut fertur, Ottoni vicecomiti Mediolanensi archiepiscopo illius æmulo. Quamobrem non est improbabile, hujus consilio Rudolphum misisse ducem in Italiam : e re siquidem Neapolionis erat tum Rudolphum magis magisque demereri, tum principem præcipue consanguineum regis Romanorum, difficillimis iis Italiæ temporibus adhærentem habere.

EPISTOLA XXVII.

Religiosum quemdam legatum mittit.

(An. Dom. 1275, cod. Rud. xxvii.)

ARGUMENTUM. — Patentes litteræ ad omnes magistratus civitatum Italiæ juris Romani imperii, quibus religioso N. plena facultas regia conceditur omnia de eorumdem consilio disponendi pro regis Romanorum decore et utilitate imperii.

Rudolphus, etc. Strenuis, etc. Egregiis viris, marchionibus, comitibus, nobilibus, capitaneis, potestatibus, et communibus universis per Romanum imperium constitutis, ad quos litteræ istæ pervenerint, gratiam suam et benevolam voluntatem. Tenore præsentium universitatis vestræ notitiæ declaramus quod nos de circumspectione ac fide religiosi et honorabilis N. fiduciæ plenitudinem obtinentes, eumdem ad transalpinas imperii partes duximus destinandum [a], dantes sibi speciale mandatum et potestatem plenariam **341** statuendi, ordinandi, et omnia procurandi de vestro consilio, quæ honori Cæsareo et utilitati imperii viderit opportuna [b]. Hinc est quod universitatis vestræ prudentiam votivis affectibus exhortamur, quatenus super his ei pro nostra, et imperii reverentia favorabiliter aspirantes consiliis et auxiliis gratiosis de aliis viæ hujus necessariis sibi, et tam libenter quam liberaliter providere curetis. Ut propter hoc apud nos vestra devotio debeat merito commendari.

EPISTOLA XXVIII.

Ad papam promittit se venturum Mediolanum ad coronationem.

(An. Dom. 1276, cod. Rud. xxviii.)

ARGUMENTUM. — Romano pontifici scriptis his litteris dat fidem, se in Paschali solemnitate adfuturum Mediolani, atque inde profecturum Romam ad imperialia insignia de illius manu suscipienda.

Sanctissimo, etc. [c] Ut de nostro felici processu [d] ad suscipiendum de sacrosanctis apostolicis manibus vestris imperii diadema, absterso cujuslibet ambiguitatis involucro, fides audiendorum habeatur : **342** ecce quod bona fide promittimus, et ad hoc

[a] Quæ nobis cisalpinæ regiones, eæ Rudolpho in Germania commoranti transalpinæ videbantur. Huc religiosum istum mittit cum regio mandato. Id factum puta ante Furstembergium designatum rectorem Romandiolæ falso crediderit juris imperii, tametsi Langobardia et Tuscia, quæ vere ad imperium attinebant, extra fines Furstembergio præscriptos sitæ essent.

[b] Fallacem hanc deputationem difficilia Italiæ tempora reddiderunt, quamvis post Lausanense colloquium spes aliqua affulserit, dum Gregorius X erat in vivis, factiones componendi, et majores controversias auferendi, quæ cisalpinas regiones disturbabant.

[c] Has litteras ad Gregorium X non esse datas facili negotio assequemur, si pontificem Lugduni adhuc consistere reputemus, cum Rudolphus Mediolani se adfuturum pollicetur. Nam enim 1275 Pascha in diem quartamdecimam Aprilis incidebat; Gregorius vero Lugduno haud recessit ante diem 14 Maii ejusdem anni. Præterea Rudolphum non latebat, coronationis terminum esse constitutum diem festum omnium sanctorum; interim vero pontificem cum Alphonso collocuturum pro abolenda omni discordia, quæ sibi cum illo intercedebat, præcipue cum Italiæ pars non modica illi adhæreret; deinde secum alicubi sermonem habiturum de pluribus negotiis, quod ipsemet petierat (sup. ep. 12) ac vehementer optabat. Quamobrem et hæc epistola loco movenda est, atque ad sequentem annum post mortem Greg. X ejusque successoris electionem differenda.

[d] Alphonsus Gregorii opera jam abdicaverat, Lausanæ colloquium pontifex habuerat cum rege Romanos tenore præsentium obligamus, quod nos ab omnibus aliis quibuscunque difficultatibus taliter explicare disponimus, quod in proximo nunc instanti festo resurrectionis dominicæ in Mediolano præsentes, hinc juxta beatitudinis beneplacitum [e] e vestigio ad coronam imperii procedemus, transmittentes vobis has litteras nostras patentes in testimonium super eo.

EPISTOLA XXIX.

Rudolphus gratias agit Gregorio X pontifici Romano pro confirmatione suæ electionis.

(An Dom. 1275, cod. Cæs. cxxx, cod. Rud. xxix.)

ARGUMENTUM. — Rudolphus, ubi cognovit ad universos Germaniæ principes datas esse litteras a Gregorio hortatorias, ut regem Romanorum honorifice comitarentur ad imperialia insignia suscipienda venientem, gaudio exsultans, de tanta benignitate gratias agit, priora omnia beneficia commemorans, atque insigni legationi aliquandiu dilatæ ob ihstantia comitia præmittit nuntium, seu legatum Probum cognomine.

Immensæ serenitatis amœnitas apostolicæ tubæ flatu, jam undique cunctis fidei orthodoxæ circumfundenda cultoribus, nunc de novo, veluti nova lux cœlitus novis aucta fulgoribus, pulsa omni obumbratione caliginis, nobis ex eo præsertim apparuit, et claruit evidenter, quod vestræ beatitudinis zelus, qui justas dirigit causas et detestatur injustas, non sinens ultra nos impeti calumniosis insultibus æmulorum, paterni favoris affectum, quem ad nos pii et generosi præconii clarificavit in organo et in æquitate justitiæ applausivis immixta dulcoribus, opus Altissimi, quod in vestra **343** persona mirifice dextera sua contexuit, manifeste deduxit in publicam notionem super expressione favoris hujusmodi, principibus nostris et subditis apostolicæ gratiæ litteras omnis benevolentiæ plenitudine floridas dirigendo [f]. Pro quibus utique beneficentiæ vestræ copiosis muneribus nobis inexplicabili gaudio fecundatas ad redhibendam condebitam gratitudinem gratiarum, non sufficit lingua carnis, cum non sit humanæ potentiæ super hoc affectum in mente conceptum perfecte posse exprimere per effectum. O mira paternæ clementiæ pietatis, quæ non est dedi-

norum; cumque terminus coronationis necessarie mutandus esset ob imminentem diem festum omnium sanctorum, in eodem colloquio id factum fuisse testantur annales Colmarienses : « Rex, aiunt, plusquam 900 marchas expenderat in vestes pretiosas. Papa regi consuluerat, ut Romam ad festum Pentecostes cum duobus millibus militum veniret, ut eum in imperatorem Romanorum solemniter coronaret. » Eadem refert Bernardus Thesaurarius auctor cœvus (*Chron. ap.* Martene *Monum.* tom. V), qui hoc anno claudit chronicon suum. Quæ Raynaldus (1275, n. 26) Gregorii litteris deceptus, queis festum omnium sanctorum præscribitur, falsi arguere non veretur. Hæc autem epistola termini mutationi fidem facit. Nam Rudolphus se venturum pollicetur juxta condictum tempus, et Mediolani adfuturum die 5 Aprilis, in quam Pascha incidebat an. 1276; coronam suscepturus Romæ die Pentecostes 24 Maii. Idem Raynaldus (1276, n. 24) refert ex cod. Vallicell. Rudolphum parasse expeditionem Italicam, ut dissipata diuturno interregno imperii Romani jura recuperaret, atque insignibus imperialibus sibi a Gregorio X promissis ornaretur : at Innocentium misso Albinensi electo Bernardo eum vetuisse Italiam ingredi ante compositas cum Carolo Siciliæ rege controversias.

[e] Hariolantur, qui Rudolphum aiunt de coronatione sollicitum non fuisse. Innocentius et successores fuerunt in causa, cur tandiu coronatio differretur ut, natis subinde causis aliis infra exponendis, eva nuerit.

[f] Jam dixi in notis ad epist. 19 sub finem præce-

gnata nobis a primis nostræ creationis nascentibus exordiis compassionis exhibere mamillum, ubera lacteis irrorata liquoribus porrigere, redolentia [reddentia] grave pignus amoris? O ineffabilis gratitudo favoris, stupenda dilectionis affectio, quæ nos pridem in regno tenellos in ulnis educationis deliciose suscipiens, fovit inter impuberes [puberes], et adultos [a]! Licet igitur pervigil ad hoc nostra suspiret intentio, licet in hoc nostrum fervens desiderium immobiliter perseveret, quod super tam gratis et placidis sic per vos, et almam Romanam Ecclesiam matrem nostram piissimam nostro progressui prælibatis auspiciis correspondeat in condignæ decentiæ repensiva devotio filialis; quia tamen ad hoc ut humiliter recognoscimus, possibilitas nobis data non sufficit, divinum cogimur implorare præsidium, ut ex suæ superabundantia bonitatis, quod nobis deficit, in virtute perficiat, quæ in vestris sint oculis placita persequendi [b]. Porro quoniam solemnes nuntios nostros, quos propter hoc et alia, quæ nobis incumbunt, negotia ad vestræ beatitudinis pedes destinare concepimus [c], ob vicinam instantiam curiæ nostræ solemnis, jam **344** in proximo celebrandæ [d], ad iter adhuc distulimus expedire, ut principum nostrorum, qui ibi conveniunt, communicato consilio, committenda legatio celebrius et festivius adornetur. Ecce quod N. cognomento Probum [e], virum, cujus actio virtuosis pollens operibus ab effectu cognominis non discordat, ad sanctitatis vestræ præsentiam fiducialiter duximus destinandum, seu etiam præmittendum, humillima precum instantia deposcentes, quatenus super his, quæ vestris auribus duxerit inculcanda, libenter eadem audire dignemini, et exauditione gratuita favorabiliter prævenire. Datæ.

EPISTOLA XXX.

Petit a civitate quadam pro celebrandis comitiis imperialibus pecuniarium subsidium.

(An. Dom. 1275, cod. Rud. xxx.)

ARGUMENTUM. — Cum diuturnum interregnum, aliis alia invadentibus, atque omnium nemine servitia debita solvente, ærarium imperiale in maximas angustias redegerit, Rudolphus comitia habiturus opem quærit ab imperii civitatibus.

Fluctivagi jamdudum status imperii gravem lapsum, et miserabilis populi Christiani pressuras et gemitus amarissimos miserantes affectu, ut nostro felici tempore reipublicæ reformata floriditas salutari pacatæ quietis proficiat incremento....... Quapropter tali **345** die apud N. solemnem curiam duximus edicendam [f]. Cujus utique celebrationi magnificæ decenter providere regium condecet apparatum. Verum cum tanti negotii magnitudini, et ad tam grandis sarcinæ supportandam molimina, per nos sumptuosæ festivitatis agenda solemnia, per nos ipsos sufficere non possimus, oportet nos a vobis et aliis nostris fidelibus opportunum interpellare suffragium, et comportationis hujusmodi participio vos et ipsos fiducialiter onerare. Hinc est quod vestram prudentiam, qua possumus, exhortationis instantia duximus attentissime requirendam, quatenus tam evidenti necessitate perplexis, de tot marcis, ultroneis et hilaribus animis providere el subvenire curetis, in termino vobis a dilecto fideli nostro N. finaliter exprimendo [g], cujus etiam verbis, quæ vobis nostro nomine pronuntianda decreverit fidem adhibere credulam vos petimus, sicut nostris. Exsurgat igitur grata semper et operose probata fidelium promptitudo, quæ super hoc regalibus beneplacitis prompta et consueta benevolentia se coaptet. In aliis enim incommutabilis animi dispositione concepimus, sic allevationis antidoto, ut recompensationis vicissitudine, vestros animos complicare, quod revera gaudebitis, vos tam gratiosum obsequium gratis Domini usibus impendisse. Porro vestra prudentia non ignorat, quod regiæ dignitati indecentia maculam, nec non vobis cederet nocumento, si, quod absit, necessariarum rerum cogente defectu, pro nostris debitis vos et alios nostros fideles contingeret pignorationis incommodo molestari [h]. Datæ.

---

dentis anni Gregorium scripsisse universis Germaniæ principibus, ut cum Rudolpho ad coronationem venirent. Id vero cum Rudolphus agnovit, teneri non potuit, quin liberalissima hac epistola gratias ageret pontifici, referendas aiens a Deo opt. max. quas se non posse humil ter affirmat.

[a] Duabus hisce periodis Seifridus et Lequile apud auctorem Piet. Austr. (proœm. p. 24) mirum in modum abutuntur. Nec sane de comparatione cum aliis Germaniæ principibus antiquæ nobilitatis, quia ipse novus accesserat, intelligenda sunt, sed de imperatoriæ majestatis auspiciis in electione regis Romanorum, quam Gregorius in solemni consistorio ratam habuerat; deinde sollicitus fuerat, ut quæ ad tantum opus necessaria erant, explerentur.

[b] Optimi principis ingenuitas! Magna et æqua Romanæ coronationis existimatio!

[c] Refert Raynaldus (1275, n. 3) in annalibus Colmarien. nominari ducem de Tect regium cancellarium, et electum Basiliensem decretos oratores ad petenda imperialia insignia. Quos utique advenisse testabatur Gregorius episcopo Salisburgensi, ut aiebam (ep. 19, n. 1), quam hauddubie hæc præcessit, qua eosdem se missurum pollicetur.

[d] Gerardus (*Hist. Austr.* l. i, p. 22) bina memorat comitia hoc anno habita, Norimbergæ Idibus Maii, deinde 24 Junii Augustæ Vindelicorum. Iidem quippe principes, ait Goldastus (*Const.* tom. I, p. 311) in variis civitatibus congregabantur. Hansizio nolim credi, qui (*Germ. Sac.* tom. II, p. 379, 381) Norimbergæ primum die sancti Martini an. 1274. Deinde Wirzburgi conventum principum esse factum die festo Pentecostes 31 Maii, iterumque sequenti mense die festo sancti Joannis Baptistæ congregatos principes apud Augustam affirmat anonymi Leobiensis auctoritate. Equidem duo tantum cum Gerardo admitto. Ac de Augustanis, quibus aderat Bernardus Seccoviensis episcopus pro rege Bohemiæ Ottocaro, habuitque orationem audacissimam in Rudolphum principibus maxime ingratam, dicam infra. Itaque hæc epistola data est ante celebrationem comitiorum Norimbergensium 31 Maii.

[e] Anno 1287, Herbipoli concilium episcoporum et conventus principum sunt celebrata. De conventu laudatus Gerardus mentionem faciens : « Verba, inquit, faciente Probo ex divi Francisci familia Tullensi episcopo maximo suo incommodo. » Similitudo et raritas nominis, nec non consuetudo Rudolphi mihi persuadent, ut credam, minoritam istum, antequam dignitatem episcopalem assequeretur, legatione Rudolphi functum esse. Quod certum est, magna tum temporis minoritarum existimatio erat apud pontifices aliosque principes. Sanctimonia vitæ ac vera doctrina homines sine ulla commendatione majorum ad honorem et dignitates semper extulit.

[f] De primis comitiis apud Norimbergam celebrandis agi, ipsa difficultas rei palamfacit. Nec vero epistolam præmittendam esse præcedenti ratio rerum demonstrat. Ibi enim Rudolphus comitia instare, hic autem convocanda testatur : quare et ad præced. annum referri posset.

[g] Hinc liquet Leobiensis anonymi opinionem deserendam esse : hæc enim omnia temporis opportunitatem exigunt.

[h] Hisce incommodis Gregorius X (*Conc. Lugd.* II, cap. 28) præcedenti anno pro ecclesiasticis consulens, ita decreverat : « Etsi pignorationes, quas vulgaris elocutio represalias nominat, in quibus alius pro alio prægravatur, tanquam graves legibus et æquitati naturali contrariæ, civili sint constitutione

346 EPISTOLA XXXI.

Cuidam principi, qui ab ipso defecit [a].

(An. Dom. 1275, cod. Rud. xxxi.)

ARGUMENTUM. Rudolphus pluribus epistolis periclitatus animum Henrici Bavariæ ducis et electoris palatini, qui suæ electioni consenserat, deinde aversans electum, feuda petere neglexerat, contumaxque esse perseverabat; ei minitatur, se a coelectoribus petiturum consilium et justitiam in re non diutius toleranda.

Qualiter una cum aliis tuis comprincipibus in personam nostram concordi voto consenseris [b], nos in regem Romanorum solemniter eligendo, qualiter etiam postmodum mutabilitate consilii te a nostra devotione retraxeris, tergum vertens regiæ majestati, et a nobis regalia feuda tua requirere negligens [c], imo, ut verisimili conjectura perpenditur, in superbia et abusione contemnens, crebro per litteras requisitus, licet nonnunquam ad nostram propter hoc accedendi præsentiam libera tibi suffuerit [*Fors.* defuerit], et secura facultas a tua conscientia excidisse non credimus, cum transierit ad remotus [d]. Quia igitur absque nostri et imperii nota dedecoris tuam contumaciam ultra dissimulare non possumus, nec debemus, sinceritatis tuæ notitiam volumus non latere, quod ad eosdem tuos comprincipes indilate recurrimus, petituri ab eis instantius vocibus querulosis, ut super hujus casus articulo nobis adjudicent quod dictaverit ordo juris [e]. Datæ.

347 EPISTOLA XXXII

Rudolphus cuidam principi qui regi Boemiæ adhæsit [f].

(An. Dom. 1275, cod. Rud. xxxii.)

ARGUMENTUM. — Eidem in eamdem fere sententiam iterum scribens, pervicaciam exprobrat, quippe quem nec litteræ, neque iterati nuntii potuerant flectere, ut feudorum investituram peteret ab se prohibitæ, ut tamen earum prohibitio in personis ecclesiasticis tanto amplius timeatur, quanto in illis specialius inhibeatur, etc. » In Germania præsertim prava ista consuetudo inolevarat, ut tradunt annales Altahen. ap. Canis. (*Ant. Lect.* tom. IV, p. 217).

[a] Constat Rudolphum, ineunte anno 1274, cum Germanici regni coronam suscepit Aquisgrani, antequam ex urbe illa recederet, tres filias suas Moguntini consilio despondisse totidem electoribus: Machtildem scilicet Ludovico Palatino, Agnetem Alberto Saxoni, et Hedwigem Ottoni Brandenburgico. Ingratum id fuisse aiunt Henrico Ludovici fratri, indeque ortas fraternas simultates, et aversionem a Rudolpho. Non alii scripta videtur hæc epistola. Cæteri enim electores laici, cognati erant; et Ottocarus electioni neque adfuit, neque assentitus fuit, neque litteræ a Rudolpho ullæ ei missæ usquam inveniuntur. Præterquamquod regius titulus Ottocaro debitus hinc absens litteras ab eodem prorsus avertit.

[b] Henrico electioni consensisse adeo certum, ut Ludovico fratri ejus totum electionis negotium commissum fuisse Gerardus tradat (*H. Austr.* l. 1, p. 45). « Principes, inquit, ne iterum in diversa abiretur studia, Ludovico Palatino eligendi potestatem deferunt. Ille diu reluctatus, cum teudere eos videret, iv Non. Oct. Rudolphum Habspurgicum Cæsarem dicit: reliqui auctores flunt, et faustis acclamationibus Rudolphi nomen ingeminant. »

[c] Scilicet sequenti anno Aquisgrani, cum prædictis nuptiis se inconsulto jus consanguinitatis violari visum fuerat.

[d] Aurea B. constitutum postea fuit (cap. 2, n. 8) feuda et privilegia electoribus confirmanda esse *absque dilatione et contradictione*. At Rudolphi tempore id non erat in more positum, ut patet ex hac et sequenti epistola.

[e] Præcipuam causam habendi comitia fuisse Otto-carum Bohemiæ regem, Bavariæ ducem Henricum, marchionem Badensem, et Eberhardum comitem Wirtembergensem, aliosque in ipsa Germania Rudolphi electionem aversantes facili negotio hinc colligitur.

[f] Collector nomina nunquam apponens luculenter hic Henricum Ludovici palatini fratrem designat. Ex electoribus enim nullus regi Bohemorum adhæsit, præter Henricum.

[g] Henricum non ut Bavariæ ducem, sed ut palatinum Rheni suffragatum esse Rudolphi electioni pro certo habeas. Etenim tam ipse quam frater ab eodem Rudolpho ap. Hansiz. (*Germ. Sac.* tom. I, p. 413) alios inter principes suo diplomati præsentes. *Ludovicus et Henricus fratres comites palatini Rheni duces Bavariæ* recensentur. Tunc autem temporis, ut alibi dictum fuit, plures ex eadem domo electoris dignitate fruebantur.

[h] Scriptores imperatoriæ indolis ignari, Rudolpho ipso docente, desinant regem Romanorum appellare imperatorem quo majestatis non perveniebatur nisi per coronationem Romanam: adeoque rex Romanorum futurus imperator dicebatur.

[i] Tantæ moderationis, tantæque tolerantiæ affinitas, ni fallor, causa fuit potior innata mansuetudine, quam Rudolphus exaggerat, nulla affinitatis ratione habita.

[j] Post Norimbergensia comitia scripta videtur hæc epistola, cum per nuntios ultro citroque missos tam Ottocari quam Henrici animo explorato, ut ait Gerardus (*Ibid.*, p. 24 seqq.), serio agebatur de utroque denuntiando hoste imperii, quod factum fuisse in Augustanis comitiis die 24 Junii celebratis dicitur. Atque ad Ottocarum quidem missi Henricus episcopus Basileensis, et Fridericus burggravius Norimbergensis, qui Austriam, Styriam cæterasque provincias imperii nomine ab eo repeterent; ut Gerardus idem

EPISTOLA XXXIII.

Promittit pontifici se ejus reformationem contra exorbitantes Germaniæ episcopos exsecuturum.

(An. Dom. 1275, cod. Rud. xxxiii.)

ARGUMENTUM. — Rudolphus Gregorio X pollicetur se omnem operam viresque omnes adhibiturum, ut ejus decretum adversus Germaniæ episcoporum depravatam disciplinam, nulla personarum acceptione, executioni mandetur.

Crescentibus semper augmento fervidæ charitatis igniculis, quos paterna præcordia erga filium singularem, quasi de camino jam copiose flagranti educunt, certa relatione menti nostræ sic est infusa diffusius, et interioribus nostris expressius est impressa vestri favoris benevola plenitudo, quibus nos vestra benignitas prosequitur incessanter, quod ex hoc ad laudis divinæ canticum gratulabundi exsurgentes, ad redhibitionem gratuitam æterno Patri, Ecclesiæ suæ sanctæ, nec non etiam vobis, beatissime pater, vehementer accendimur, et ex hominis utriusque potestate [a] [potentatu] desiderabiliter **349** excitamur totum id quod sumus et possumus vestris specialissime nutibus exponentes. Porro in vestro prædicabili zelo justitiæ, velut in aromatum exquisita fragrantia delectati, pro eo videlicet quod exorbitantes hucusque pontifices [b] et in devium obliquatos animadversionis debitæ gladio percullistis, paternæ providentiæ pollicemur, quod si contingat ex eis fortassis quempiam, quantumlibet etiam nobis consanguinitate vel affinitate conjunctum, qui fuerint reprobati a Deo, et per os Ecclesiæ suæ sanctæ, contra mandata vestra calcaneum indevotionis erigere, ad illius superbiam edomandam, dummodo sanctitati vestræ placuerit, res exponere volumus cum persona. Datæ.

EPISTOLA XXXIV.

Rudolphus cuidam principi pro litteris missis gratias refert, et significat se cum pontifice familiare Lausanæ colloquium celebrasse.

(An. Dom. 1275, cod. Rud. xxxiv.)

ARGUMENTUM. — Rudolphus principi amico, quicum commercium litterarum habuerat, scribit lætitiæ plenus de colloquio habito Lausanæ cum summo Pontifice Gregorio X, et de condicta die ad suscipienda in urbe de ejusdem pontificis manu insignia imperialia.

Litteras vestras quas nostro misistis culmini consuetæ benignitatis alacritate suscepimus, et in eis vestræ sinceritatis dulcorem profecto recollegimus intellectu. Sane quia earum accepta nobis et grata placiditas nostri cordis intrinseca copioso congaudio fecundavit, super his vobis ad grates maximas inclinantes, vestra volumus desideria non latere, quod nuntios nostros solemnes ad vestram sumus in proximo missuri præsentiam, nostri propositi fideles interpretes, qui super communium nostrorum conformitate votorum vos condecenter expedient, et de omnibus opportunis, et congruis plenius et planius informabunt. Porro ut status nostri **350** continuata felicitas vestra præcordia quadam delectabili refectione lætificet, harum vos volumus sapore percipere, nos cum patre nostro sanctissimo domino summo pontifice, nuper in tali loco [c] familiare celebrasse colloquium, a quo quidem in cunctis agendis imperii ineffabili pietate suscepti, auditi, et plenius exauditi in proximo nunc instanti festo N. [d] suscipiemus in urbe de sacrosanctis ejus manibus gloriosum imperii diadema [e]. Datæ.

EPISTOLA XXXV.

Ejusdem argumenti ad quamdam civitatem.

(An. Dom. 1275, cod. Rud. xxxv.)

ARGUMENTUM. — Pari alacritate civitatem imperialem colloquii ejusdem admonet; coronationem brevi futuram Romæ; quo ab ea legatos mittendos esse significat, ut tanta solemnitas rite fiat.

Ut vestræ devotionis auditum de fortunatis nostræ felicitatis eventibus nova gratiosa lætificent, et fortunatioris auspicii gaudia præfulgeant, ecce hoc liquido vobis stylo describimus, quod a patre nostro sanctissimo domino N. papa nuper affectione paterna suscepti, auditi benigne in agendis imperii, imo benignius exauditi, in proximo recepturi sumus in urbe de sacrosanctis ejus manibus sacrum imperii diadema [f]. Verum cum ad agenda tantæ festivitatis solemnia nuntiorum vestrorum ibidem præsentiam **351** omnino necessariam arbitremur, fidelitatem vestram hortamur et monemus, quatenus juxta requisitionem honorabilis viri N. nuntios vestros industrios et auctoritate præsignes, ad dictæ coronationis nostræ celebria dirigatis, ut super omnibus ibidem pro bono statu reipublicæ et fidei Christianæ salubriter ordinandis, possitis eorum relatione commodius et perfectius edoceri [g]. Datæ.

---

et auctor Piet. Austr. (lib. I, c. 11, p. 65) tradunt. Ad Henricum autem palatinum Bavariæ ducem qui missi fuerint indicatur in hac epistola per initiales litteras.

[a] De hac opinione tum temporis communi spiritualis videlicet pontificiæ potestatis, et imperatoriæ temporalis nullis limitibus circumscriptæ sæpius est dictum. Hac vero occasione de pontificia et regia potestate Rudolphus loquitur; quisque enim rex in suo regno eadem potestate temporali utitur, tanquam externum Ecclesiæ brachium, ut vocant.

[b] Bruno Olomucensis episc., ut dixi (ep. 8, n. 5) de disciplina depravata in electionibus episcoporum pontificem admonebat. De clericorum quoque et laicorum corruptissimis moribus uberrimum sermonem ab eodem esse habitum invenies apud Raynaldum (1275, n. 14 seqq.). At de episcoporum flagitiis, de quibus Rudolphus loquitur, silet; nec aliunde mihi est datum assequi quæ is præsertim intelligat, grandia certe et animadversione pontificia digna, ut hinc discimus.

[c] Annal. Colmarien. ap. Raynald. (1275, n. 56) de re quam scriptores unanimi consensu affirmant, sic loquitur : « Pridie Nonas Octob. Gregorius papa venit Lausanum. Rex Rudolphus venit ad eum festo Lucæ cum regina et pene cum liberis suis universis. » Cum autem Rudolphus nuper esse habitum id colloquium fateatur, mense igitur Novembri datas has litteras, ad summum sequentis initio, pro certo haberi debent.

[d] Nempe post menses quinque die festo Pentecostes 14 Maii, ut laudatus annalista testatur : « Ut Romam ad festum Pentecostes cum duobus millibus militum veniret. » Qui scilicet dies necessario præfigendus fuit mutato priori termino in Lugdunensi consistorio stabilito, quia festum omnium sanctorum decem tantum diebus distans, opportunius aliud festum exigebat.

[e] En tria illa necessaria ad imperatoris nomen assequendum ipsius Rudolphi ore prolata : ut Romæ ea solemnitas celebraretur; ut diadema imperiale regi Romanorum imponeretur; et ut idem rex de manu Romani pontificis illud susciperet.

[f] Necessariæ tres conditiones prædictæ iisdem fere verbis repetuntur a Rudolpho. Alia siquidem via ad tantam majestatem veniri non poterat; neque ullus ex ejus prædecessoribus, præter Ludovicum Pium singulari exemplo coronatum in Francia, ad eam pervenerat.

[g] Qui Romanam coronationem venditare non verentur pro simplici cæremonia, errant tota via. Ea siquidem non modo necessaria fuit, quia summa erat renovati Occidentalis imperii a sancto Leone III, sed quia principes et legati civitatum ad tantam solemni-

EPISTOLA XXXVI.

Cuidam principi gratias agit quod ad coronam imperii suscipiendam ipsum præcedat in Italiam.

(An. Dom. 1275, cod. Rud. xxxvi.)

ARGUMENTUM. — Uni ex Germaniæ principibus, qui magnifico apparatu iter in Italiam susceperat, coronationi adfuturus, gratias agit, opportune se relaturum promittens. A legato quem mittit pontifici auditurum sui adventus certum diem, ut non progrediatur, reliquum itineris secum prosecuturus, hortatur.

Quantum nobis in tuæ devotionis exhibitione complacuit, quam nunc de tuæ, quæ non mutat [*Fors.* mutatur], aut deviat, fidei puritate præsumimus, non est facile verbis, aut litteris explicare. Quod enim pro nostri honoris et sacri imperii reverentia B tuis famosis et commodis laribus derelictis in igne discriminis, ad proficiscendum nobiscum ad coronam imperii te ad partes Italiæ apparatu magnifico transtulisti [a], pro grato valde recepimus, tibi propter hoc ad grates uberrimas inclinantes, et erga te ac tuos pro loco et tempore procul dubio disponentes affluere tot beneficiis gratiarum, quod nullatenus pœnitere te debeat, pro provectu nostri nominis **352** attollendo [b], laborum aut sumptuum onera pertulisse.. Quocirca sinceritatem tuam affectione qua possumus, attentissime requirimus et hortamur, quatenus vias nostrorum progressuum ad imperii diadema perutiles diligenter excogitans et exquirens, nostram non tædeat te præsentiam præstolari [c], omnes tuos aliosque quos poteris ad obsequia nostra allectitiis [d] [*Fors.* allectivis] inductionibus excitando, sciturum certissime, quod in termino, quem N. quem ad pedes domini papæ transmittimus, nostro nomine tibi pandet expressius [e], nostra te aliosque fideles C nostros desiderata præsentia debeat consolari [f]. Datæ.

tatem convenientes a Romano pontifice de recta administratione rerum et de catholica fide conservanda edocebantur.

[a] Sub anni finem hanc epistolam esse datam oportet, nam principes Romam versus instituerant iter, die quartadecima mensis Maii magnam solemnitatem celebraturi.

[b] In hanc sententiam Rudolphus semper loquitur; regis enim Romanorum nomen ad imperatoriam majestatem extolleretur necesse erat.

[c] Gregorius Germaniæ principes hortatus fuerat, ut regem comitarentur, ut solemnior ejus adventus redderetur; quare idipsum Rudolphus petit a principe, qui præiverat.

[d] Collectoris mendum recte notat exscriptor : hac enim voce utitur Rudolphus etiam alibi (lib. II, ep. 3) et Du-Cangius novam non esse ostendit in Glossario.

[e] Gregorius post Lausanense colloquium superatis Alpibus Mediolanum se contulit, ubi consistens die 18 Novembris in dedicatione basilicæ principis apostolorum Clementis IV bullam, quæ audit *In Cœna Domini*, publicavit. Hinc Placentiam in patriam suam divertit, paucisque ibidem diebus moratus, Florentia Aretium sub anni finem profectus est. Huc Rudolphi legatus adveniens pontificem extremo morbo laborantem invenit.

[f] Ab eodem legato princeps auditurus erat expresse regis Romanorum adventum, quem comitari ad Urbem, ut solemniori cum apparatu illuc accederet, debuisset. Itaque Rudolphi ad coronationem adventui primum impedimentum fuit Gregorii multiplex digressio trans Alpes, qua priorem terminum festi omnium sanctorum anni 1275 elabi effectum est; deinde

EPISTOLA XXXVII.

Conatur eumdem principem cum fratre suo conciliare.

(An. Dom. 1275, cod. Rud. xxxvii.)

ARGUMENTUM. — Henricum palatinum Bavariæ ducem multa subiratus edocet, eum fœdere juncto cum rege Bohemiæ, imperii hoste jampridem denuntiato, in terris Ludovici fratris sui hostilia nequidquam agere; Alphonsum Castellæ regem cujus ope nitebantur hostes imperii, titulum regis Romanorum, spemque omnem imperatoriæ majestatis assequendæ omnino deposuisse; fraternam reconciliationem ab se tandiu inutiliter quæsitam opportunam illi fore; ac demum Boemiæ regis cum Ladislao concordiam ab eo nullatenus tractandam esse, ne videatur et ipse hostis imperii.

Quod solitæ tibi salutationis forma ex regiæ prodiens affabulationis benevolentia non dirigitur, si in tui armario pectoris inditæ tibi discretionis thesauros æqua lance justique pensamine judicii **353** librare volueris, ratio minime naturalis fluctuat [g]..... tuis remurmurans actibus, quam ob causam quod aliis scribitur, tibi digne subtrahitur, nullatenus admiratur [h]. Ecce enim, princeps inclyte, quod ob tui conservationem status boni, ad reformanda inter te et fratrem tuum Ludovicum [i] solidæ pacis fœdera jampridem non sine magnis expensis partes nostras interposuimus fide bona, tu autem quorumdam non tua, sed sua potius quærentium consiliis acquiescens in tui fratris exterminium, et si bene deliberaveris in tui ipsius tuorumque (ne ullum dicamus) non magnum profectum, dicti fratris tui territoria demoliri niteris associato tibi hoste socio imperii H. [i], et aliis suis complicibus, incendiis, et rapinis, et quod plus est non solum princeps imperii fidelis violenter invaditur, verum etiam ipsum imperium in suis propriis districtibus hostiliter impugnatur. Attende itaque, illustris dux, et considera, volve et revolve in te ipso, diligens sis scrutator in habitaculo cordis tui, qualiter imperium tibi, et tu imperio sitis invicem

pontificis ejusdem inexspectata mors iter jam cœptum retardavit.

[g] Deest aliquid.

[h] Collectoris supinitas patet. Præcedenti epistola officii plena cum principe amico Rudolphus benefac- is certat. Hic, affinitatis ergo iram comprimit; omne tamen officium deserit, exprobantis ingenium non dissimulat. Non igitur ad eumdem principem data est epistola.

[i] Aperte designatur Henricus, de quo supra (ep. 31, et seqq.). Hunc denuntiatum esse hostem imperii una cum Ottocaro aiunt in Augustanis comitiis habitis die 24 Junii. Cum autem sub Lausanensis colloquii tempora Alphonsus regis Romanorum titulum D prorsus abjecerit, qua de re agitur his litteris, eisdem testibus secus esse, censendum videtur. Et vero post Bernardi Seccoviensis episcopi audacissimam orationem pro Ottocaro cujus erat legatus, Henrici nuntius in iis comitiis longe aliter se gessisse dicitur (*Hist. Austr.* p. 23) a Gerardo : « Moderatius se gessit Henricus præpositus OEtingensis, qui Bavari nomine legatus aderat, excusationes afferens viro principe non omnino indignas. » Præterea Gregorius Lausana digressus, moramque agens diebus aliquot Seduni, ut notat Raynaldus (1275, n. 43) ex regesto pontificio, Ebredunensi archiepiscopo ad colligendas decimas in Germaniam eunti horum principum reconciliationem injunxit. Ac demum hac in epistola per eadem fere tempora scripta reconciliationi eidem vehementius insistitur, neque indicium inde ullum habemus, cum hoste imperii denuntiato rem esse.

[j] Ponendum haud dubie N. ut in cæteris locis, nam Ottocarus indicatur.

colligati, et te umbra transicns non alliciat [a]...... non illaqueet, ut momentaneum non delectet. Ut autem evidenter possis intelligere, qualiter quidam in tui diminutionem status circumvenire te hactenus sunt conati, baculum regis Castellæ ad te sustentandum tibi harundineum prætendentes, nolumus amplius te latere, quod dictus rex omni juri, actioni, et quæstioni, quam sibi in imperio competere asserebat, in manibus summi pontificis simpliciter renunciavit, et ex toto imperiali dignitati, quam hucusque sibi illicite ascribebat, nomine ac re cessit, nobis tanquam vero Romanorum **354** regi, quidquid hucusque sibi juris in imperio vindicavit, liberaliter resignando [b]. Unde tibi regali clementia consulimus, quatenus motus tuos temperans et refrænans, sic regiis te beneplacitis habilites, et coaptes, sic in agendis omnibus finem prospicias, quod sacrum imperium in te suum principem semper habere delectet membrum nobile, et tu ipsius imperii columna nobilis realiter, non veribaliter, pro ciditudinis imperatoriæ videaris solium solide sustentare. Et licet alias incassum nostras ingesserimus operas, ut cum fratre tuo prædicto reduci posses ad fraterne concordiam unionis, non piget tamen adhuc, dummodo tempestive acquiescere volueris, ad concordandum vos omnem adhibere sollicitudinem et laborem [c]. Cæterum cum rex Bohemorum manifestus sit hostis imperii, et in proscriptione regia perseveret, tibi firmiter et imperialis gratiæ præcipimus sub obtentu, quatenus ad concordandum N. cum ipso N. te nullatenus intromittas, quia hujusmodi concordia videtur in conspirationem contra nos et sacrum imperium manifestius aspirare. Alioquin si contra inhibitionem nostram concordare dictos reges aliqualiter attentares, hostibus et inimicis nostris favere luce clarius videreris [d], nosque amodo te tanquam fidelem principem sacri imperii promovere et diligere non possemus [e]. Datæ.

EPISTOLA XXXVIII.

355 *Saltzburgensis promittit se venturum ad coronationem.*

(An. Dom. 1275, cod. Rud. xxxviii.)

ARGUMENTUM. — Acceptis Rudolphi litteris, queis ad coronationem invitabatur, reponit se maxime exsultare quod periclitanti Syriæ sacerdotium et regnum unanimi voto constituent ferendam opem. Se coronationi adfuturum, si per Ottocarum aliquantulum respirare licuerit : alias per suos legatos tantæ solemnitati interventurum.

Serenissimo domino, etc. Saltzburgensis, etc. [f] Perseverantem devotionis et fidei famulatum regalibus litteris, quarum tenor nova nobis plena felici dulcedine nuntiavit, proximo consolati [consolatis] clare nobis innotuit, lætæque collegimus ex eisdem, diem solemnem, diem festum, diem illum desideratum Romæ fore, a sanctissimo in Christo patre nostro et domino summo pontifice constitutum [g], in quo sancta mater Ecclesia filium suum charissimum principem et patronum [h] imperiali diademate coronabit, in quo larga reipublicæ latitudo privatis abusibus hactenus angustata lætabitur,

[a] Deest aliquid.
[b] Alphonsus qua adversis in Hispania rebus ob Mauros in sua regna irruentes, qua censurarum interminatione compulsus, præterea decimarum exhibitione illectus, imperii spem fallacem abjecit, dum pontifex Lausanæ erat. Quare ibidem Rudolphus agnovit quæ Henricum amplius latere non patitur.
[c] In chron. Austr. ad ann. 1276 de simultatibus et reconciliatione horum fratrum legitur : « Ludwicus comes palatinus Rheni et Henricus dux Bavariæ, carnales fratres, qui ob invidiam electionis Rudolphi regis, duobus annis et mensibus sex inimici erant ad invicem, et mutuo terras præda et incendiis dissipabant, annuente papa Innocentio V et pacis concordiam redierunt. » Cui si fides adhibeatur, die quinta Aprilis anno 1276 reconciliatio ista facta est, ab electione enim Rudolphi totidem anni et menses fluxere. At Gerardo simultatum causa sunt nuptiæ fratris cum filia Rudolphi, quare bimestri tempore tardius reconciliatio secuta esset, videlicet Junio mense. Certe duo fratres erant in castris Rudolphi cum ille in Austriam arma ferebat, ut liquet ex regio diplomate ap. Hansiz. (*Germ. Sac.* tom. I, p. 415) « Dat. Pataviæ in Castris VI Kal Oct. Ind. IV A. D. 1276, regni vero nostri anno tertio. » Reconciliationis etiam causas alias Gerardus adducit pag. 26). Nam referens, quemadmodum Rudolphus Bavariam versus movit castra : « Henricus vero, ait, imparem se viribus cernens, cum Ludovico fratre prius in gratiam redit, quo et Mactilde ejus uxore deprecantibus, pacem a Cæsare ac veniam impetrat. »
[d] De juvene rege Hungariæ Ladislao intelligit, quicum Ottocaro veteres recentesque simultates erant, quas tunc fovere, quam componere opportunius videbatur. Propediem videbimus, Rudolphum icto fœdere cum Ladislao contra Ottocarum conjunctim arma ferre, deque eodem insignem victoriam reportare.
[e] Lenocinio verborum periclitatur continere principem, ne sibi noceat, illecebris quoque beneficiorum delinire illum conatur, ut simulatam iram teneat, nec de regia gratia penitus excidisse se sentiat.

[f] Hanc epistolam refert Hansiz. (*Germ. Sac.* tom. II, p. 579) ex cod. Cæsareo, absque ullo titulo; nam quos noster codex præsefert, collector apposuit, ut dixi alibi.
[g] Raynaldus ad annum 1274 refert Gregorii epistolam Salisburgensi archiepiscopo, de qua in notis ad ep. 29 sum locutus. Eidem archiepiscopo Rudolphus scripsisse videtur, ante diei mutationem Lausanæ factam ; imo sententia litterarum subobscura diem coronationis hauddum constitutum esse persuadet. Hansizius, ad præcedentem annum eas pertinere, ac de primo termino seu de festo omnium sanctorum Salisburgensem loqui arbitratur. At quæ sequuntur hostilia Ottocari hunc annum designant, videlicet postquam episcopi a Lugdunensi concilio redierunt, et antequam in comitiis Augustanis rex ille denuntiaretur hostis imperii. In his siquidem Austriæ vicinarumque provinciarum legati, Ottocari tyrannidem questi sunt, præque iis Fridericus archiepiscopus Salisburgensis multa querimonia persecutus fuit incendia, rapinas, cædes ob Milotam præfectum Styriæ in suas ditiones nuper immissum, quod antea Rudolpho significaverat (lib. II, ep. 15) per litteras a collectore perperam in sequentem annum rejectas.
[h] Recta imperatoris definitio, juxta indolem imperii a Leone III renovati in Carolo Magno de qua uberrime est dictum in dissertatione prima. Quamvis enim reges omnes in suis quisque ditionibus Ecclesiæ patroni seu defensores esse debeant, Romano imperatori Ecclesiæ Romanæ defensio incumbit. Propterea cum reges coronantur (*Pont. Rom. de bened. et coronat. regis*), jurant in hæc verba : « Promitto coram Deo et angelis ejus, deinceps legem, justitiam, et pacem Ecclesiæ Dei populoque mihi subjecto pro posse et nosse facere ac servare, salvo condigno misericordiæ Dei respectu, sicut in consilio fidelium meorum melius potero invenire. Pontificibus quoque ecclesiarum Dei condignum et canonicum honorem exhibere. » E contrario rex Romanorum seu electus imperator, antequam de manu Pontificis imperiale diadema suscipiat (*Cærem. l. I, sect. 5, p. 23*) hujusmodi juramentum emittit : « Ego N. rex Romanorum, adjuvante Domino, futurus imperator promitto, spondeo et polliceor, atque

et videbit se juxta formam potentiæ suæ pristinæ sub vestro felici nomine iterum dilatari. In quo desique regnum et sacerdotium sub æquali-mentium puritate pariter considebunt, ut tractent et ordinent, quando et qualiter digne et ordinabiliter Terræ sanctæ necessitatibus jam, proh dolor, neci proximis succurratur : terræ **356** quidem, in qua unigenitus Dei filius humanatus mortalitatis humanæ miserias induit, ut nos suæ divinitatis factos participes efficeret etiam misericorditer immortales. Iis itaque sacris solemniis, in quibus cœli rorem salvificum distillabunt in terras, prout nostra interest, toto nisu disponimus interesse, et ibidem communibus populi Christiani gaudiis congaudere sperantes [a], dummodo frequens et frequenter accrescens in nobis æmuli vestri intolerabilis impetus attrahere spiritum et paululum respirare concedat [b]. Quod si forte peccatis hominum aggravantibus onus nostrum festivitatis vestræ prædictæ cœlitus ordinata solemnia nequiverimus honorare nostra præsentia corporali, quod absit, solemnibus tamen nuntiis exsolvemus ibidem nostræ devotionis munia [c], ut diem illum celebrem, quem secundum nostri nominis, et honoris officium decorare non possumus, humilibus saltem obsequiis frequentemus. Datæ.

EPISTOLA XXXIX.

357 *Ultima Gregorii X ægroti Aretii in Thuscia ad Rodulphum epistola* [d].

(An. Dom. 1276, cod. Rud. xxxix.)

ARGUMENTUM. — Gregorius extremo morbo laborans, præscius futuræ mortis officiosis Rudolphi litteris respondet. Monita saluberrima optimo principi conducentia ei præbet, ac præmissis sui erga illum amoris certis argumentis, vicem amoris repetit erga Ecclesiam Dei quam illi etiam atque etiam commendat.

Juro Deo et beato Petro, me de cætero protectorem, atque defensorem fore summi pontificis, et sanctæ Romanæ Ecclesiæ in omnibus necessitatibus et utilitatibus suis custodiendo et conservando possessiones, honores, et jura, ac jus, quantum Divino fultus adjutorio fuero secundum scire et posse meum, recta et pura fide. » Quod licet in superioribus annotatum sit, Rudolphi tamen ævo opportune repetendum memoria est. Nam scriptores nonnulli captata occasione opinionis de imperatoria in universam Ecclesiam potestate, veram Romani imperii apostolica auctoritate renovati indolem obliterare moliuntur.

[a] En prædictæ opinionis novum testimonium.

[b] Argumentum minime dubium Ottocari ferocientis in adhærentes Rudolpho, post ejus confirmationem in conc. Lugd. II.

[c] Quod aiebam supra (ep. 35, n. 2) de legatis civitatum, a principibus etiam fieri consuevisse hinc patet, si forte impedimento aliquo prohiberentur per se adesse.

[d] Exstant Gregorii litteræ ap. Raynaldum, quæ datæ dicuntur Florentiæ. Iis Carolo Siciliæ regi significat, « Quod illo gressus nostros dirigente, qui novit, et iter prosperum faciente, qui potest, xviii Kal. Januar. prospere ad locum qui dicitur Sancta Crux diœcesis Florentinæ pervenimus, ubi pro ut solito itineris intermisso labore, deinde versus Aretium procedentes festum nativitatis Dominicæ ibi proponimus celebrare. Cujus et aliorum sequentium, quorum id celebritas exigit inibi peractis solemniis cœptum iter versus terras patrimonii, prout status noster permiserit, Deo præduce, prosequemur. » Quæ cum præsenti epistola comparata fidem eidem conciliant, quatenus incommodam valetudinem se ait contraxisse dum in remotis regionibus agebat, ut imperialem majestatem illi assereret. Cum autem dierum 15 et 16 mensis Decembris rationem habeat, auctoresque omnes constanter tradant, Aretii eum deliberasse de itinere suscipiendo in Syriam cum imperatore post coronationem, gravi igitur morbo correptus infra paucos dies pretiosam mortem occubuit. Quare vix credibile est, Rudolphum ægritu-

dinis nuntio accepto, consolatorias litteras dedisse, ac pontificem tempestive iis accepta hanc epistolam, quæ imposturam olet, rescripsisse. Credibilius videtur, legatum Rudolphi, de quo nuper (ep. 36) Gregorium extremo morbo laborantem reperisse, cui litteras ad eumdem dederit, quas collectio corruperit. Easdem, tametsi ab omnium nemine usquam visas, non rejicio, attamen ad trutinam revocandas puto.

[e] Exstant quatuor apud Raynaldum (1275, n. 2 seqq.) epistolæ consulendæ per otium. *Serenitatem regiam, celsitudinem regiam, excellentiæ regiæ, in ipsis quasi tuæ promotionis auspiciis, regalis magnificentiæ solium*, ibidem videre erit. In his vero *imperialis culminis altitudo, imperiales litteræ, Christianissimus imperator* audiuntur. De cæteris nihil dico ; tute videsis.

[f] Seria hæc sancti pontificis morti proximi admonitio Gregorium non dedecet.

[g] Ista non modo cum sancti pontificis ingenio, sed cum cæteris hujus codicis epistolis integris pugnant.

[h] Hæc quoque Gregorium decent, si detranas *patrio solo relicto*, pontificis enim patria Placentia erat. Cum pontifex est creatus degebat in Syria, quo Leodiensem archidiaconatum relinquens zelo catholicæ fidei se contulerat cum exercitu Christianorum. Inde Romam accersitus, et consecratus Lugdunum generale concilium indixit, ubi præ aliis multis ad disciplinam et mores pertinentibus, de Terræ sanctæ negotio agendum erat, quo ad extremum usque spiritum reverti vehementer optavit. Illuc profectus, concilium celebravit in quo cæteris paratis pro sacra expeditione, rataque habita Rudolphi electione, ut eidem imperialem dignitatem corona imposita largiretur, qui sacræ ejusdem expeditionis dux futurus erat, per legatos et litteras Alphonsum æmulum ab affectando imperio removere conatus fuit. Eadem fini Lugduno Belliquadrum est digressus, et quanquam in variis hisce itineribus non semel tentaretur febribus, quibus erat obnoxius, tamen Aretium pervenit incolumis, ut nuper diximus.

Litteris respondet. Monita saluberrima optimo principi conducentia ei præbet, ac præmissis sui erga illum amoris certis argumentis, vicem amoris repetit erga Ecclesiam Dei quam illi etiam atque etiam commendat.

Quod imperialis culminis altitudo lætis gaudet ubique successibus, gratum nobis est non modicum et acceptum, utpote qui honorem imperii tuæque felicitatis augmentum ita semper amavimus et amamus, ut tuæ magnificentiæ commodum, nostrum specialiter reputemus [e]. In his itaque tanquam charissimo in Christo filio paternis affectibus congaudentes sublimitatem qua præeminens admonemus, ut quantumcunque successus humanæ prosperitatis arrideat, nullatenus excellentiam considerationis internæ a superni conditoris amore deflectat pariter et timore, quia sine dubio vana delectatione deducimur, si quantolibet fastigio mundanæ sublimitatis elati transitoriæ felicitatis eventibus oblectemur [f]. Serenitati tamen tuæ gratiarum referimus actiones, quod de nostra infirmitate sollicitus gratum nobis solatium per imperiales litteras obtulisti [g], **358** nec immerito quidem, quia sicut nobis conscientia nostra respondet, nullus potest in articulo hujus temporis infirmari, vel infirmitate succumbere, qui felicitatem et gloriam tuam sinceriu et fidelius noscatur hactenus dilexisse. Ipsa enim ægritudo quam patimur, in eo loco et tempore nos invasit, quo pro honore tuo, quem sincera semper affectione dileximus, patrio solo relicto, ad remotas accessimus regiones [h]. Unde magnificentiam tuam in hujusmodi dilectionis recordatione propensius adhortamur, quatenus hæc omnia suis oculis mentis pia meditatione proponens, et bonam nobis vicissitudinem rependens, sive nos Deus de labore hujus infirmitatis eripiat, sive de ergastulo corporalis fragilitatis educat, Ecclesiam ejus semper diligas et honores [a]; eique sicut princeps piissimus et Christianissimus imperator pacem conferre satagas, et quietem, ut sive vivimus, sive morimur, in ejus præsentia, de tuis bonis operibus gloriemur, cui etiam in præsenti vita pro debito nostræ servitutis assistimus, et ad quem de sua misericordia præsumentes, si nos evocare voluerit, cum fiducia procedemus. Datæ.

359 EPISTOLA XL.

Scribit cuidam in Romana curia, et se a sinistra suspicione purgat.

(An. Dom. 1275, cod. Rud. xl.)

ARGUMENTUM. — Rudolphus Lausanæ semper habitus liberaliter a magistro Bernardo (ni fallor, thesaurario sanctæ sedis), de ejus frontis nubecula semel deprehensa sollicitus delegato viro religioso, additisque officiosissimis litteris, se excusat, ne cogitatione quidem eum læsisse sibi conscius.

Rudolphus, etc. Honorabili et prudenti viro magistro Bernardo [b]. Blandæ faciei vestræ serena placiditas mysticum cordis repræsentans indicium agendorum regalium hactenus non ignara, non pavida procuratrix, et fotrix sic erga nos instinctibus virtuosis incaluit, sic valuit præpollenter, quod patre nostro sanctissimo papa domino [c] duntaxat excepto, non immerito principaliter vobis ascribimus quidquid honoris, et gloriæ nostræ sublimationis progressui dextera apostolicæ consolationis adjecit. Vobis enim fidentissime quælibet mentis nostræ interiora detexinus, vobis [*Fors.* vestris] humeris pondus curæ totius, et sollicitudinis sarcinam imprimentes, ex quo utique processit peroptata utilitas et provectus prodiit exoptatus. Verum de novo, quod gravi corde referimus, visum est nobis quibusdam notabilibus conjecturis, quod erga nos **360** verisimiliter immutata sit illa laudabilis vultus vestri serenitas, et exasperata sit lenitas vestræ mentis, super quo merito vehemens admirationis aculeus intima perculit, ex inopinabili hujus rei novitate perplexa. Testis enim est incontaminata conscientiæ veritas quavis testium depositione solemnior, quod per nos nihil unquam verbo vel opere exstitit attentatum, seu etiam cogitatione præsumptum, quod vobis debuerit displicentiæ spiritum peperisse, imo semper in votis habuimus, et adhuc in animo gerimus incessanter vobis, et vestris, cum ad hoc opportuni temporis aptitudo se offeret, gratiosis et amplis adesse favoribus, et beneficentiæ nostræ profusionibus affluentibus abundantius aspirare. Hæc autem (qualicunque fundetur initio motus noster) arbitrio vestro secure subjicimus, juxta quod vestræ provide circumspectioni libuerit, libere decidenda [d]. Hinc est quod vestram attente deposcimus honestatem, quatenus excusationem nostram velitis mansueto animo suscipere, ac a mentis vestræ sacrario quidquid nebulæ vel rancoris sinistræ suspicionis impressit suaserat, scopa rectæ opinionis abstergere, hospite veritatis charitativius introducto. Et ecce quod honorabilem et religiosum virum propter hoc specialiter duximus ad vos destinandum [e] attente petentes ut ei, velut innocentiæ nostræ veridico prolatori, super his fidem non dubiam adhibere curetis. Datæ.

361 EPISTOLA XLI.

Responsiva ad præcedentem epistolam.

(An. Dom. 1276, cod. Rud. xli.)

ARGUMENTUM. — Bernardus contra : si forte suspicioni occasionem præbuerat, quod eum ipse per se non visitaverat Lausanæ, multitudine negotiorum regio comitatui non ignota, qua diu post utriusque curiæ recessum ibi remanere debuit, fuisse impeditum. In reliquis se potius laudem quam de suo ingenio suspicionem mereri; se, obloquentium ingratiis, immutabilem esse et fore: De pontificis morte nihil se addere, successoris electionem nuntiaturum.

In litteris, quas mihi novissime vestra excellentia destinavit, querelam de mei erga vos mutatione formatam oculus abhorruit, et animus non absque gravi stupore miratus discussit attentius, diligentius scrutabatur, quid querelæ hujus potuit formare principium, quid mutationis, quam veritas profecto non novit inordinatæ forsan fantasiæ cujusque vel levia indicia præstitit, quid qualemcunque præbuit conje-

---

[a] Perinde ista sancto pontifici conveniunt : quamobrem epistolam neque omnino rejiciendam, neque omnino admittendam esse arbitror. Cum venero ad libri tertii ep. 36, certiora suppositionis indicia patefaciam. Id præsertim fuit in causa, cur codicis Cæsarei epistolas relatas ab Hansizio, et ab auctore Piet. Austr. accurate contulerim, ne collectoris, quicunque fuerit, audacia in apponendo titulos, epistolasque ipsas temere adulterando, de fide codicis quidquam detraxisse in reliquis crederetur.

[b] Quare hunc thesaurarium existimem, officium ex litteris patens est in causa. Aut enim vicecancellarius, aut camerarius, aut thesaurarius tali officio fungi poterant. Vicecancellarium non fuisse testantur Panvinius (*de Eccl. Later.* l. III, c. 16) et Cohellius (*not. Card.* c. 38, p. 249), nam usque ad annum 1274 *magister Joannes Lecacorvius Placentinus*, inde ad annum 1277 *magister Lanfrancus archidiaconus Bergomensis* eo munere functi sunt. De camerario autem ne cogitandum quidem, præclaro siquidem isto munere S. R. E. cardinales fungebantur. Ea propter thesaurarium fuisse hunc Bernardum oportet. Cl. Muratorius (*Script. Ital.* tom. VII, p. 657) ex ms. cod. bibliothecæ Estensis in lucem edidisse sibi persuadet Bernardi thesaurarii librum de acquisicione Terræ sanctæ, quem ait in præfatione Gallice scriptum fuisse, et anno 1320 Latine factum a Fr. Francisco Pipino Bononiensi ord. Præd., qui tamen desinit anno 1250, tametsi Bernardus ad annum perveniat 1275. Eadem historia utens Edmundus Martene (*Vet.*

Monum. tom. V, cap. 204) num Gallice, an Latine scripta fuerit, nil moratur : « Hæc, inquit, ex historia Damiatæ sumpta sunt. Sed de discessu regis Joannis, et qualiter Christiani Damiatam soldano reddiderunt, et nonnulla, quæ secuta sunt postmodum, sic scribit Bernardus thesaurarius. » Et rursus. (capitulo 297) : « Hæc de gestis regis Joannis sumpta sunt ex historia Bernardi thesaurarii. Qualis autem fuerit exitus non inveni : vel quod historiam non compleverit, vel quod codex unde sumpsi fuit imperfectus. » Quidquid autem sit de Latina historia, similitudo nominis, ætas, et officium mihi persuaserunt ut crederem, ad hunc Bernardum datas esse has litteras. Quod nihilominus pro certo affirmare non ausim.

[c] Ex Bernardi responso, quod has litteras sequitur, ætas earumdem elicitur, videlicet sub finem mensis Decembris. Nam pontifice vita functo Bernardus rescripsit. Quam igitur fidem meretur assertio illa præcedentis epistolæ de litteris consolatoriis Rudolphi ad ægrotantem pontificem ?

[d] Optimi principis ingenium! Sola enim suspicio ingenuam excusationem ex ejus corde educit. Latet nihilominus alia causa, cur benevolentiam Bernardi tam impense inviolatam cupiat, quam in præcedentibus litteris vidimus (ep. 25) et mox confirmatam videbimus.

[e] Officii dignitas et Rudolphi sollicitudo hinc luculentius emicant.

quram. In his procul dubio scrutantis defecit scru-
tinium, discussionis sententia nihil invenit: quomodo enim invenire poterat quod non erat? Nam si
ad ea quæ Lausanæ acta fuerant querelæ ipsius
referatur intentio, id nequaquam exacti labores in
expediendis vestris negotiis patiuntur [a], nisi forsan
ex eo quævis insurgat conquestionis occasio, quod
ad vestram præsentiam in vestræ tunc habitationis
hospitio personaliter non accessi [b], quod novit Altissimus eorumdem negotiorum occupatio, quæ me
ibidem prout vestri noverunt post discessum curiæ
utriusque detinuit, non permisit. Si vero ad ea quæ
venerabili **362** patri N. commissa fuerunt [c], et
quæ postmodum per mercatores de speciali mandato
fel. rec. domini Gregorii [d] per meas litteras aliquibus
vestris familiaribus reseravi, eadem quomodo dirigantur, ipsa facti sui qualitas, quæ meriti præconium potius exspectabat, quam mutabilitatis aliquam
imposturam, innocentiam tueatur. Cæterum, princeps inclyte, non est opus excusationibus immorari,
ubi teste illo, qui est testis in cœlo fidelis, nullus
etiam coniti [conjici] potest accusationis instinctus,
quem forsan detractoris alicujus nocere intendentis
et vobis, et mihi tertia lingua formavit. Circa hoc
ergo regalis celsitudinis [e] sollicitudo quiescat, quia
mea, ut sine jactantiæ nota sit sermo, per Dei gratiam nota constantia, et de varietate qualibet usque
adhuc expers infamiæ, hactenus immota perstitit,
et dum vitalis spiritus artus aluerit, Deo auspice immutata, solida illibataque persistet. Sane super aliis
vos contingentibus cum N. habita est plene collatio,
et ipse sicut simul condiximus, ut æstimo plenius
vobis scribit [f]. De vocatione vero memorati patris
præsens litterula consulto subticuit, quia cum sit

[a] Præcipuum ex negotiis ibi pertractatis fuerunt
sexennales decimæ tota Germania colligendæ pro
apparatu sacræ expeditionis. Cui rei Gregorius archiep. Ebredunensem præfecit. Raynaldus (1275,
n. 43) sacramentum exhibet præstandum ab exactoribus, ut summa cum fide exigeretur ubique decima
a sede apostolica pro subsidio Terræ sanctæ concessa.
Aliud non levis momenti erat coronatio, sine qua
imperator esse non poterat, sed instar Castellæ
regis, auspicio tantum imperii gloriabatur. Quod
quanti esset, ipsemet fatetur in confirmatione jurium
sanctæ sedis: « Si propter negotium meum, inquiens, Romanam Ecclesiam oportuerit incurrere
guerram, subveniam ei, sicut necessitas postulaverit,
in expensis. » Quæ alia tot Bernardi labores requisierint, Rudolphus duobus tantum verbis amplexus
erat: *utilitas et provectus*: utilitate enim ac decimas,
et quidquid subsidii obtinuerat, comprehendit; provectu autem constitutum jam diem Pentecostes,
quo ad imperii fastigium provehendus erat Romæ
imperiali diademate a summo pontifice redimitus.

[b] Duo prædicta negotia, et minora alia nonnulla
brevi aliquot dierum mora quam Rudolphus fecit
Lausanæ, expedienda, fuisse causam cur officio in
tantum principem deesset, haud creditu proclive
est. Haud dubie Bernardus meum sortitus erat ingenium: otium scilicet litterarum quibusvis officiis
præferebat.

[c] Innuere videtur archiepiscopum Ebredunensem
exactioni decimarum præfectum postquam Lausana
discedens pervenerat Sedunum.

[d] Alia igitur subsidia decreta erant Rudolpho.
Cum enim ante aliquot menses pontifici minus opportunum visum esset regiam necessitatem Alphonso
patefacere (ep. 22) ac præterea mercatores abessent, marcarum summa quam mutuo se accepturum
pollicebatur, in majorem opportunitatem dilata fuerat: neque omnia quæ simul collocuti erant Lausanæ, mandata litteris inveniuntur. De re autem pecuniaria hic rem esse nemo non videt. Ætas etiam
litterarum notanda est, nempe post diem Januarii
decimam Gregorii emortualem. Quod magis magis-

dolor meminisse dolorem, de repetitione subtractionis ipsius non putavi vestrum exulcerandum animum [g], sed de substituti sanctitate ac justitia dulcorandum [h]. Datæ.

363 EPISTOLA XLII
*Ad cardinales, post mortem Gregorii X, ut bonum
eligant pontificem.*

(An. Dom. 1276, cod. Rud. XLII.)

ARGUMENTUM. — Rudolphus accepto infausto nuntio
dum proficiscebatur ad imperiale diadema suscipiendum, substitit, scripsitque sacro cardinalium
collegio, multa et vera laude mortuum pontificem
efferens, cujus funus universi orbis ac suis præcipue lacrymis prosequendum ait, a quo super
omnes reges exaltatus et paterno amore dilectus
fuerat. Sperans successorem electum iri, qui cœptum opus perficiat, eos precatur ut optimum
successorem ocissime eligant, qui statuta eorum
consilio solemni die imperialia insignia sibi largiatur. Se iter non prosecuturum sine eorum aut
futuri pontificis deliberatione.

Ex horto militantis Ecclesiæ hortulano præsigni
translato ad cœlicas mansiones, felicis videlicet
recordationis domino Gregorio summo pontifice,
cujus præsentia mundus utique videbatur indignus,
ad requiem evocato [i], licet in excelsis exsultet jam
angelica turba cœlorum, licet illa beata supernorum
civium agmina pro tam gloriosi conciris accessu
placidas Deo concinant conciones [j], plangit tamen in
terris fidelium turba terrestrium pro decessu [k].
Lugeat itaque Græcia suo conversore propitio desolata, nam drachma quæ longo tempore fuerat

que comprobat consolatorias litteras pontifici ægrotanti, quæ appinguntur Rudolpho, suppositionem
olere, ut aiebam supra (ep. 59).

[e] Hic verus titulus, atque hujus similes in cod.
isto et in omnibus monumentis constanter invenietur, quod semper urgeo, ut licentia, seu inscitia
collectoris firmius teneatur.

[f] In sæpe laudatis litteris cardinalium sede vacante, ap. Raynaldum (1277, n. 48) ita legitur:
« Ut vestris gressibus in via pacifica positis vestræ
promotionis negotium quietius procederet, et securius duceretur; ad quod, sicut nostis, varios idem
pontifex (Greg. X) perutiles tractatus assumpsit,
quos finaliter consummari, ejus, prout Domino
placuit, de hoc mundo vocatio non permisit. » Quæ
ad præcipua illa duo negotia, et alia, quæ seq. nota
indicabo, referenda sunt. De minoribus aliis se
condixisse ait cum regio oratore ap. sanctam sedem.
Quæ vero illa fuerint divinandum aliis relinquo.

[g] Raynaldi brevem de Gregorio X ad superos
evolante narrationem (1276, n. 1) præterire non
debeo: « Ingenti, ait, sui relicto desiderio e vivis
discessit, irreparabili Terræ sanctæ damno, ad
quam e Saracenorum manibus eripiendam cum imperatore sacrando, ac Francorum, Angliæ, Siciliæ,
Aragonum regibus, aliisque principibus innumeris
erat profecturus. » Apud eumdem annalistam exstant litteræ pontificis, quæ narrationi fidem faciunt.

[h] Infra decem eos dies, qui inter Gregorii mortem
et Innocentii V electionem intercesserunt, has litteras datas esse hinc liquet.

[i] Modico illo undecim dierum intervallo, quo sedes vacavit, datæ fuerunt hæ litteræ ad sacrum cardinalium collegium, ut ex iisdem patet.

[j] Opinio piissimi principis fallax non fuit, nam
beatum pontificem veneratur Ecclesia, ejusque nomen Bened. XIV jussu in martyrologio est relatum.

[k] Merito fideles omnes mœrebant, nam virum
sanctum amiserant, qui continuo clarere cœpit miraculis. V. Auctores ap. Raynal. (1276, n. 2 seqq.).

perdita, suo est munere [numero] reinventa, et ovis quæ diu per desertum indevotionis erraverat, gregi sociata Dominico, per eumdem nunc salutaribus pascuis satiatur. [a] Educant Latini singultuosa suspiria de profundis, quorum **364** mores idem pater virtutis direxit in semitam et salutis. Plangant et ululent super se insuper omnes tribus terræ de patris subtractione fidelis, sed illi potissime qui assumpto vivificæ crucis victorioso signaculo sub ejusdem patris securo ducatu contra blasphemos nominis Christiani hostes potenter insurgere gestiebant [b]. Prodeat ergo iste planctus communis in omnem terram, et in fines orbis hujus dolor lamenti perveniat, quia tanti Patris occas s multorum deposcit lacrymas, qui nonnullos exemplo beatitudinis affluentius irrigabat [c]. Verumtamen inter omnes alios reges et principes omnis terræ præcipue compassionis affectu oculi nostri præ inopia languerunt, lacrymarum jam copia desiccati, eo quod idem pater sanctissimus thronum nostrum super reges et regna constituens, nos dum viveret piis confovebat amplexibus, et paterno favore stipabat [d]. Porro cum ad hujus reparanda dispendia opes et artes humanæ deficiant, quæ potius dispositionis supernæ provisio nec non fati generalis æqualitas consolatur, doloris ejusdem remedium, cujus vix unquam de nostro pectore cicatricis occiduæ signa transibunt, ex animi fortitudine in hoc propinavimus nobis ipsis indubitatæ fiduciæ spe concepta, quod qui electo famulo suo Moysi non concessit educere populum, alium loco sui meritorum claritate non disparem subrogabit, consummaturum cuncta feliciter, per **365** prædictum sanctum patrem in zelo Dei salubriter ordinata [e]. Ad hoc igitur quæsumus, pii patres universalis Ecclesiæ cardines et columnæ ferventes, exercete vigilias et officiosas curas et operas applicate, ut relegato cujusque contentionis obstaculo, ocius mundo acephalo præsul necessarius erigatur, ubi divinus instinctus vos incitet et pondera subeant æquitatis. Cæterum licet, ut legitur et infallibilibus est notorium argumentis, generatio pereat, generatione altera subsequente, quia tamen terra stat stabilis in æternum, Ecclesia scilicet Dei vivi in suis agendis, et ordinationibus agendorum matura deliberatione decoctis [de eo et is] immobilis perseverat, antequam de morte præfati patris sanctissimi ad nos rumor infestus et nubilus pervaserat, nos et nostros decenter accinxeramus ad iter, ut juxta quod vestro mediante consilio fuerat ordinatum, si fata favissent, suscepissemus de suis manibus sacrosanctis imperii diadema [f]. Sed licet visum sit aliter in Excelsis apud omnium conditorem, qui

[a] Græcos tandem in concilio Lugdunensi œcum. II professos esse processionem Spiritus sancti a Patre Filioque, et quartadecima vice ut aiunt, in communionem latinæ Ecclesiæ receptos fuisse compertum est. Hanc vero gloriam uni Gregorio acceptam se referre testatur Michael Palæologus Græcus imperator apud Labbeum (tom. XI, p. 950) : « Licet antea, inquiens, pergeremus ad viam unionem serentem, et festinaremus ad hoc negotium ab antiquo, quod communem Christianorum utilitatem exhibet, nunquam sine sollicitudine tanti operis moraremur; nunc tamen ex quo ad nos vestræ sanctitatis litteræ pervenerunt, multo magis instituimus, et cum ardore animæ festinantes, opus suscepimus peroptatum. » Ex Græcorum præsulum juramento apud eumdem Labbeum (Ibid., p. 971) alia etiam capita unionis palam fiunt. Namque eorum nuntius pro omnibus catholicam prius fidem profitetur, deinde addit: « Primatum quoque ipsius sacros. Rom. Ecclesiæ, prout in præmissa serie continetur, ad ipsius Ecclesiæ obedientiam spontaneus veniens fateor, recognosco, accepto, et sponte suscipio. Et ipse omnia præmissa tam circa fidei veritatem quam circa ejusdem E. R. primatum, et episcoporum recognitionem, acceptationem, susceptionem, observantiam, ac perseverantiam servaturum, præstito corporaliter juramento, promitto, et confirmo. » V. ap. Rayn. (1274, n. 14 seqq.) similem ipsius imperatoris professionem, reique totam narrationem documentis comprobatam.

[b] Omnium quæ in eodem concilio peracta sunt, exstat nota brevis apud Labbeum (tom. XI, p. 955, seqq.), in cujus fine : « Dominus papa allocutus est concilium narrans prædictas tres causas vocationis concilii, et quomodo negotium Terræ sanctæ, et Græcorum erat inceptum, et feliciter Domino favente consummatum; et inter alia dixit, quod prælati faciebant ruere totum mundum, et quod mirabatur, quod aliqui malæ vitæ et conversationis non corrigebantur, cum particulares malæ vitæ, et bonæ vitæ et conversationis venissent ad ipsum instanter petentes cessionem. Unde monuit eos, quod ipsi se corrigerent, quia ipsis correctis non erat necesse condere aliquas constitutiones super reformatione eorum, alioquin dixit se dure acturum cum ipsis super reformatione morum. Super ordinatione vero parochialium ecclesiarum ne fraudentur rectorum suorum præsentia, et viri idonei ponantur in eis, et super aliis dixit se cito, dante Domino, apponere remedia opportuna. Quod usque in ipso concilio fieri non potuit, propter multorum negotiorum occupationem. »

[c] Alphonsum Castellæ et Legionis regem, atque Eduardum Angliæ, quibus concessit decimas, præ aliis principibus designari arbitror.

[d] Vide notas epistolæ 29 subjectas.

[e] Quamvis multos perutiles tractatus Gregorius assumpserit, quos consummare non potuit, ut aiunt cardinales sequenti anno, omnes tamen ne apparatu quidem pro sacra expeditione excepto, eo collineabant, iisdem testibus, ut Rudolphi promotionis negotium quietius procederet et securius duceretur. Nam sacræ expeditionis dux Rudolphus imperiali diademate redimitus, seu imperator esse debebat.

[f] Annal. Colmarien. de adventu pontificis Lausanam agentes, de Rudolpho aiunt : « Rex plusquam 900 marchas expenderat in vestes pretiosas. » Has vero hinc discimus, non pro colloquio Lausanæ faciendo, sed pro solemnitate coronationis comparatas fuisse. Quandoquidem post duos tantum menses omnia præsto erant ad suscipiendum iter Italiam versus. Ne autem de re tanti momenti quidquam inobservatum præteream, cum an. 1274 exeunte constitutus fuit primus terminus coronationis dies festus omnium sanctorum anni seq. id factum fuit non modo cardinalium votis auditis, sed etiam Rudolphi voluntate explorata, ut ait Gregorius in litteris ap. Rayn. (1274, num. 56) ad archiep. Salisburgensem : « Aliquem vel aliquos ad nostram præsentiam destinaret, qui super ejusdem assignatione termini, quod suæ commoditati congrueret, et alias plene super hoc ejus nobis exprimeret voluntatem. » Non secus factum puta, cum Lausanæ necessario mutatus fuit terminus in sanctum diem Pentecostes anni 1276. Id quippe rationi consentaneum erat, ut tanti principis desiderium, seu voluntas cuivis deliberationi præmitteretur. Sic Clemens V anno 1311 diem pariter Pentecostes Henrico VII assignaverat, nihilominus commodior alia dies a principe est electa; « Super hoc, matura deliberatione præhabita, festum assumptionis B. M. V. proxime venturum pro termino ad recipiendum in basilica principis apostolorum de Urbe more solito unctionem hujusmodi, et ipsius imperii diadema, aliaque inibi solemnia peragenda recepit, prout nobis per solemnes suos ambaxiatores, ac nuntios, et speciales litteras intimavit suo regali sigillo pendenti munitas. » (Ex Regest. Vat. Clem. V, anno 6, ep. 754, fol. 186; Rayn. 1311, n. 7; Bull. Vat. tom. I, p. 248.) Quamobrem Rudolphi verba pontifici et cardinalibus statum diem tribuentia ita accipi debent, ut votum regis non excludant.

disponet in apostolica sede virum secundum cor nostrum, ut credimus; adhuc tamen in ipso procedendi proposito parati pariter et accincti perseverantes immobiles, et de matris Ecclesiæ invariabilitate **366** sperantes, ipsum iter duntaxat suspendimus, et relaxamus in tempus, donec per vos aut futurum

A summum pontificem, quorum beneplacitis semper in omnibus promptitudine spiritus obedire disponimus, nos perfectius informari contigerit, quid nunc ulterius devoto Ecclesiæ filio sit agendum [a]. Datæ.

[a] Testimonium isto præclarius objiciendum iis, qui negant Rudolphum serio cogitasse de coronatione Romana excogitari non potest. Usque ad interpontificium Gregorii X quod ab Januarii anni 1276 die decima ad primam et vicesimam ejusdem mensis, cum successor electus fuit, numeratur, rex Romanorum nil habuit antiquius, quam imperialia insignia Romæ de pontificis manu suscipere. Quare post mortem Gregorii X annis aliquot ab iisdem petendis destiterit, paulo infra palam fiet. Interim pius princeps sacro cardinalium collegio testatur, se iter suspendere, quoad ipsi aut pontifex electus decreverint, quid sibi deinceps agendum fuerit.

---

367 LIBER SECUNDUS.

EPISTOLA PRIMA.
Rudolphus gratulatur Innocentio V papæ de ejus electione in Romanum pontificem.
(An. Dom. 1276, cod. Rud. 1).

ARGUMENTUM. — Rudolphus in eamdem sententiam, iisdemque fere verbis quæ in præcedenti epistola ad sacrum cardinalium collegium adhibuit, gratulatur novo pontifici electo Innocentio V. Eximiis eum laudibus effert, se uti filium singularem ei subjicit, aitque se juxta Gregorii determinationem imperiale diadema ejus manibus, Deo sic disponente, accepturum. Henricum Basileensem episcopum suum oratorem mittit tam de coronatione quam de aliis negotiis apud eum acturum.

Lætentur cœli et terra in voce festivæ jucunditatis exsultet; adsunt enim catholicæ fidei festa celebria; adsunt sacrosanctæ matris Ecclesiæ nova congaudia post lamenta; nam Dominus, qui a sponsa sua quandoque serenitatem avertit, ut iterum se convertat ad eam in claritate lætitiæ potioris, suam ab ipsa misericordiam non abscidit, Ecclesiæ faciem, quam in obitu fel. rec. domini Gregorii X summi pontificis beatissimi et gratiosissimi patris nostri, nubilo luctuosi mœroris obduxerat, radio successivæ consolationis illustrans, et ei quam novo semper fœtu multiplicat, novum patrem suscitans

B pro defuncto, meritorum candore conspicuum, et virtutum præstantia luminosum, per cujus jucundiferæ substitutionis effectum quidquid profluvii lugubris in maxillam illius eruperat pro repente sublato, speratur indubitanter abstergi. Et licet pro tanti patris occasu præ inopia oculi nostri languerunt lacrymarum jam copia desiccati, eo quod, præter alia plurima gloriosa et prædicabilia, quæ pro bono statu catholicæ fidei orthodoxæ concepit et statuit, thronum nostrum super reges et regna constituens nos, dum viveret, piis confovebat amplexibus et paternis favoribus ampliabat; ex eo tamen mœstitiæ nostræ, cujus vix unquam de nostro pectore cicatricis occiduæ signa transibunt, jam propinavimus nobis ipsis remedium, quod qui electo famulo suo **368** Moysi non concessit educere populum, virum secundum cor nostrum in apostolica sede disposuit, qui prædecessoris sui sanctissimi inhærendo vestigiis, cuncta debeat consummare feliciter per eumdem prædecessorem salubriter ordinata [a]. Porro cum generatio quæque prætereat, generatione altera denuo subsequente, terra tamen stat stabilis in æternum, Ecclesia scilicet Dei vivi in suis agendis, et ordinationibus agendorum matura deliberatione decoctis, immobilis, prout operum docuit evidentia, perseverat. Propter quod, beatissime pater, de cujus creatione divinitus ordinata revixit omnino spiritus no-

---

[a] Sacra expeditio et coronatio regis Romanorum haud dubie sunt negotia præcipua, de quibus agendum erat. Nihilominus controversia, quæ Rudolpho cum rege Siciliæ Carolo intercedebat, post Gregorii mortem tanti momenti res esse cœpit, ut Rudolpho eidem impedimento fuerit, quin Italicum iter susceptum prosequeretur. Et vero Innocentius Aretio, ubi fuerat electus, Romam profectus, die 22 Februarii mensis ibi consecratur; rex autem Siciliæ, cujus intererat senatoriam dignitatem, sive Urbis regimen, et vicariatum Tusciæ retinere, paucis post diebus, videlicet 2 Martii homagium fecit novo pontifici de Siciliæ regno, et terra citra Pharum apud P. Lazzari (*Miscell.* tom. II, p. 18 seqq.), quod pontifex suis apostolicis litteris inseruit, hæc adjungens in fine : « De fratrum nostrorum consilio declaramus, quod pro eo quod per te, vel per alios egisti hactenus, de beneplacito sedis apostolicæ dominium, senatoriam, seu regimen Urbis, ac vicariam Tusciæ, non venis'i in aliquo, nec fecisti contra conditiones contentas in instrumento, seu litteris confectis de collatione regni Siciliæ, ac totius terræ, quæ est citra Pharum usque ad confinia terrarum Ecclesiæ Romanæ, civitate Beneventana cum suo territorio, districtibus et pertinentiis excepta, tibi facta sedis ap. auctoritate per bon. mem. Anibaldum Basil. XII apostolorum presbyterum, et dilectos filios nostros Richardum S. Angeli, Joannem S. Nicolai in Carcere Tulliano, et Jacobum S. Mariæ in Cosmedin diaconos cardinales, nec pœnas in eisdem conditionibus expressas, vel earum aliquam incurristi, nec juramentum super eisdem conditionibus plenarie adimplendis et inviolabiliter observandis a te præstitum aliquatenus violasti, nec quandiu deinceps eadem dominium, senatoriam, seu regimen urbis toto tempore tibi ad hoc ab eadem sede concesso, aut vicariam Tusciæ de nostris vel prædictorum nostrorum concessione seu beneplacito gesseris, contra conditiones easdem in aliquo veniens aut faciens, nec prædictas pœnas aut aliquam ipsarum incurres, nec præfatum juramentum propterea violabis. Actum in palatio nostro Lateranensi. 4 Martii, pontif. nostri anno primo. » Quæ duo capita, regimen videlicet Urbis Romæ et vicariatus Tusciæ, confirmata Carolo per totum spatium annorum decem, quod ad Septembrem anni 1278 perveniebat, cum coronatione Rudolphi pugnabant. Quamobrem Innocentius eum admonuit, « ut iter ad veniendum in Italiam non assumeretis, et si assumpseratis nequaquam assumptum prosequeremini, » ut aiunt cardinales totum negotium enarrantes ap. Rayn. (1277, n. 48). Carolo enim præsenti in Urbe pontifex negare non poterat, quod jampridem ab apostolica sede obtinuerat; at metuens, ne forte armis controversia decideretur, eam prius componendam, deinde ad coronationem deveniendum censuit.

ster tripudio ineffabili fecundatus, in sinum gratiæ vestræ colligite quæsumus filium singularem vestris et matris Ecclesiæ beneplacitis semper in omni spiritus promptitudine pariturum, opus Dei benigne perficientes in nobis ex tradita vobis desuper potestate [a]. Verisimiliter quippe non arbitrari non possumus, **369** quod tam arduæ rei consummatio vestræ sit cœlitus gloriæ reservata, ut in dextera vestra perficiat, cujus gratiosi præsidii a sublimationis nostræ principio se non sensit expertem. Ecce ergo venerab. fratrem Henricum Basiliensem episcopum, etc., [b] vobis et Ecclesiæ Romanæ devotum ad beatitudinis vestræ pedes fiducialissime duximus destinandum supplici devotione petentes, ut ei, in quem transfudimus intima cordis nostri, auditum præbere benevolum, et in omnibus nostris agendis fidem credulam adhibere dignemini, sicut nobis, exauditione [ex auditione] gratuita subsequente.

EPISTOLA II.

Rudolphus scribit cardinali post mortem Gregorii X pont. max., et eidem commendat legatum suum.

(An. Dom. 1276, cod. Rud. II.)

ARGUMENTUM. — Eadem occasione sacrum cardinalium collegium admonet, se ad novum pontificem, et una simul ad eos oratorem mittere; destinasse Basiliensem episcopum, qui suis negotiis vacaret, eumque omnibus commendat.

Mutato, Domino ut placuit, sacrosanctæ matris Ecclesiæ statu inopinabiliter his diebus [c], in cujus mutatione tam subita noster stabiliri non potuit, quin cum eo mutationis incommoda sustineret. **370** Ecce quod vener. N. cui nostra cordis arcana communicata sunt omnia, velut imaginarium nostræ præsentiæ ad beatitudinis apostolicæ pedes, et ad vos [d] fiducialiter duximus destinandum, rogantes attentius, et hortantes, quatenus super universis et

singulis vobis ipsius eloquio proponendis, eidem fidem credulam adhibere curetis, nobis ad expeditionem eorum, gratuitam opem et operam, prout de vestra benignitate confidimus, efficaciter applicando [e].

EPISTOLA III.

Gaudet de novo electo pontifice, et procuratorem in Romana curia constituit.

(An. Dom. 1277, cod. Rud. III.)

ARGUMENTUM. — Per hoc regium diploma constituit novum procuratorem, seu legatum suum apud sanctam sedem cum necessariis facultatibus. De rebus gerendis eum instruit, præmia pro iisdem bene gestis pollicetur.

Exaltator humilium Deus vota nostra ab excelso prospiciendo desideratum, imo virum desideriorum Ecclesiæ suæ sanctæ sponsum prævidit idoneum, et si quid, si audemus dicere, in suis antecessoribus exstitit imperfecti, quasi per formam completam in sanctissimo nunc patre nostro domino papa perficere misericorditer est dignatus [f]. Sane in ipso noster requiescit animus, in ipso ponimus anchoram spei nostræ, ut ipse nobiscum regnum regat, in imperio imperet, ordinet, et disponat, quæ utriusque hominis sunt **371** salutis [g]. Præterea credimus, imo certum gerimus, quod apud ipsum noster esse debeas [debeat] oculus non dormitans, auris patens, dextera manus facta nostra dirigens et gubernans; sic ut nostra directio et in sacro Romano imperio provectio tibi tuisque a progenie in progenies ad exaltationem cedere debeat nominis et honoris [h]. Porro apud ipsum sanctissimum patrem nostrum, te nostrum procuratorem constituimus ad consulendum, et allectivis persuasionibus impetrandum omnia sacro Romano imperio profutura, sanctissimi votis non contraria, sed per omnia sibi consentanea [i] suum namque velle, suum nolle a nostro non discrepabit ullo tempore

---

[a] Ad hæc tempora pertinere videntur patentes litteræ (lib. I, ep. 28) queis Mediolani se adfuturum pollicebatur die sancto Paschatis, seu 5 Aprilis, inde ad Urbem progressurum. Non enim credibile est, datas fuisse postquam Rudolphus est vetitus progredi. Num autem uno eodemque tempore datæ fuerint cum gratulatoriis istis, an seorsim, expeditum non est decernere. Certe ante prædictam Innocentii admonitionem utræque scriptæ sunt; utrobique enim de imperiali diademate suscipiendo agitur, juxta Gregor.i deliberationem.

[b] Litteras aliquandiu ante oratoris adventum esse allatas Romam colligitur ex laudata cardinalium epistola, eum siquidem supervenisse dicunt, dum de componenda controversia agebatur : « Tandem ven. fr. Basiliensi episcopo vestro tunc nuntio ad sedem apostolicam accedente, ac excellente principe domino Carolo illustri rege Siciliæ charissimo ipsius Ecclesiæ filio apud sedem existente prædictam, præfatus pontifex Innocentius laboravit sollicite, ac diligenter interposuit partes suas, ut tractatus hujusmodi optatum exitum sortirentur. Sed eodem pontifice Innocentio, sicut de dispositione processit Altissimi, eum incurrente infirmitatis articulum, in quo temporalis cursum vitæ finivit, tractatus ipsi desideratæ consummationis effectum consequi minime potuerunt. » Unde patet, destinatum fuisse oratorem, ut habent litteræ, sed ejus adventum et prædictam Siciliæ regis homagium, et pontificias litteras Rudolpho persuadentes, ut iter Italicum aut non susciperet, aut suspenderet, prævisse oportet. Secus enim cardinalium litteris cum Rudolphinis minime conveniret, quod ne cogitandum quidem de tam integris rei testimoniis.

[c] Ætas litterarum innuitur paulo post B. Gregorii mortem. Unde magis magisque confirmatur, Rudolphum de oratoris destinatione loqui, quem cardinales post menses aliquot Romam venisse aiunt.

[d] Quidquid in negotio coronationis, cæterisque tractatibus ad Rudolphum spectantibus actum fuerat, ex consilio sacri collegii factum vidimus. Quare jure destinatur legatus ad pontificem et cardinales, sive ad apostolicam sedem.

[e] Notandum discrimen : pontificis auctoritas, cardinalium patrocinium exquiritur.

[f] Fallitur haud dubie collector ad Innocentii V pontificatum spectare putans hoc diploma, quod insuper pro litteris gratulatoriis, iterum falsus in titulo, se demonstrat accipere. In cod. etiam Cæsareo eumdem titulum legit auctor Piet. Aust. (lib. I, c. 9, p. 56). Recte autem ætatem differt ad Nicolai III pontificatum, qui cœpit sub finem anni 1277. Si enim de Innocentio sermonem haberet Rudolphus, in antecessoribus imperfecti aliquid suspicari non auderet. Uni enim Gregorio Innocentius successerat, de cujus benevolentia ac liberalitate tam multa dixit in præcedentibus litteris. Itaque loco movendum est diploma istud, et ad annum 1277 pene completum transferri debet.

[g] Magnum revera obsequium, magna in principis apostolorum successores reverentia! Sacerdotii et regni concordiam indicat per utrumque hominem, nempe per pontificem maximum, et se futurum imperatorem.

[h] Cum documento valde utili quibusvis summorum principum administris conjungit præcipuum negotiorum omnium, provectionem videlicet ad imperium per Romanam coronationem, a qua per biennium Nicolai prædecessores Innocentius et Adrianus V atque Joannes XXI pro bono pacis eum arcuerant.

[i] Præclarius ejusdem concordiæ testimonium, perpetuum magni hujus progenitoris Augustæ domus Austriacæ monumentum. Quæ scilicet constans pii principis voluntas ab ipsa electione originem ducit : « Subjicimus, inquit, humeros imbecilles, sperantes

voluntate. Pro nobis vigila, ministerium tuum imple, opus fidelis viri perfice, de reliquo a nobis coronam [curam] justitiæ præstolare.

372 EPISTOLA IV.
Innocentius pontifex commendat Rudolpho imperatori Coloniensem Ecclesiam et archiepiscopum.
(An. Dom. 1276, cod. Rud. iv.)

ARGUMENTUM. — Innocentius V Siffridi Coloniensis archiepiscopi necnon Ecclesiæ suæ angustias atque injurias iniquissimo animo ferens, utrumque etiam atque etiam regi Romanorum commendat.

Innocentius etc. [a] Charissimo in Christo filio Rudolpho. Ecclesias et personas ecclesiasticas eo tibi fiducialius commendamus quo erga ipsas zelum te habere novimus promptiorem, et per quem gratum obsequium Deo præstas, et hominibus te reddis merito gratiosum [gratiosissimum]. Sane, sicut accepimus, nobilis G. [b] comes Juliacensis non contentus, quod jamdudum ecclesiam Coloniensem gravibus affecit injuriis et pressuris, adhuc Ecclesiam ipsam et vener. fratrem nostrum Coloniensem episcopum [c] innumeris angustiis et variis persecutionibus affligere non veretur. Quia vero confidimus, quod per tui favoris auxilium eadem Ecclesia quam paterno zelamur affectu a suis debeat angustiis respirare, celsitudinem tuam affectuose rogamus et hortamur attente, quatenus archiepiscopum et ecclesiam prædictos habens pro divina et nostra reverentia propensius commendatos, ipsis in suis juribus assistas, et tradita tibi divinitus potestate defendas eosdem; ita quod propitiationem 373 divinam exinde uberius merearis, et nos devotionem tuam possimus merito commendare [d].

EPISTOLA V.
Gratulatur pontifici novo de pontificia dignitate, eidem se submisse commendans.

(An. Dom. 1276, cod. Rud. v.)

ARGUMENTUM. — Rudolphus castra moturus in Austriam adversus Ottocarum Bohemiæ regem, festinanter rescribit, et gratulatur novo pontifici Joanni XXI ad quem opportunius se missurum promittit nuntios idoneos, et solemnes. Interim se, suosque omnes pontificiæ voluntati submittit : ac demum de expeditione continuo suscipienda contra Ottocarum illum admonet.

Sanctissime, etc. [e] Laudabilis et gloriosus in æterna sæcula Dei filius, benedictus, et benedicens omnibus in ipso confidentibus, æternorum, ac transitoriorum ordinator inscrutabilis, sanctam matrem Ecclesiam uberrimæ consolationis uberibus consolatus, oleo lætitiæ ipsam perungere, perunctam in tuta statione reponere est dignatus. Quippe ad supremæ dignitatis apicem summum et sanctissimum apostolatus gradum vobis, ad reformationem quidem imperii et salutem Terræ sanctæ pretioso Christi sanguine rubricatæ divinitus elevatis, eadem sancta Mater Ecclesia redivivæ jucunditatis gaudiis renovata, votivæ fecunditatis exsultationibus gratulatur. Nec mirum ; Deus enim pacis et dilectionis, immensæ bonitatis in ipsa signa posuit, cum vos sibi patrem disposuit, suo gregi 374 pastorem misericorditer præelegit. Hujus immensæ jucunditatis materia, etsi cunctos movere debeat, qui se membra capiti adhærentia recognoscunt, nos primo et principaliter exaltationi vestræ tanto jucundius congaudemus, quanto limpidius cognoscimus ad optatæ salutis bravium per infinitæ vestræ bonitatis, et subventionis consilium et auxilium nos vocatos [f]. Hoc illius testimonio, qui scrutator cordium est et renum, non tam litteris, aut nuntiis possumus explicare, quam in corde gerimus et in mente. Ex tanta igitur, quam de vestra sanctitate concepimus, cle-

[e] Adriano V septem et triginta dierum pontifici electo, non consecrato, has litteras missas esse videtur innuere chronologia pontificia et regia. Quandoquidem die 12 mensis Julii Adrianus eligitur, moritur 18 Augusti, ac post interpontificium dierum 28 Joannes XXI eligitur die 15 Septembris. Rudolphus ex Alsatia Campidunum castra movet die 4 Augusti. Inde Ratisbonam, duce Bavariæ prius compresso, ac demum Pataviam, quo pervenit 26 Septembris. Itaque Rudolphus cum pontifici nuntiabat, se validum exercitum comparare, *fortiter accingimur ad debellandum*, nondum castra movisse videtur ex Alsatia, ubi nuntium electi novi pontificis acceperit mense Julio ; eodemque mense, antequam sequenti moveret castra, hanc epistolam dederit.

[f] De Adriano, antea card. diacono sancti Adriani, Innocentii IV nepote ex fratre, qui Ottobonus vocabatur, natione Genuensis, multa narrant historici, quæ summa cum laude gessit pro sancta sede. Clemens IV legatione Anglicana prudenter, constanterque perfuncto : « Laborasti, inquit, satis diu, et te Dominus in tuis laboribus honestavit, et humano judicio jam complevit eosdem, » ap. Raynald. (1267, n. 54). Attamen ad rem nostram nihil suppetit apud historicos. In cod. tantum Vallic. exstant litteræ card. Joannis Cajetani, postmodum Nicolai III quas idem Raynaldus (1276, n. 26) indicat ; ex quibus constat, ipsum cardinalem cum Jacobo sanctæ Mariæ in Cosmedin. diac. card. missos Viterbium ab Adriano statim electo, ut cum Carolo Siciliæ rege componerent controversias eidem cum Rudolpho intercedentes. Quid vero ? Cardinales in sæpe laudata epistola ad Rudolphum, idem testantur : « Sed, continuo addunt, quia prædictus pontifex Adrianus post promotionem suam brevissimo tempore supervixit, assumpta prosecutio ad id, quod prosequentium intendebat instantia, non pervenit. » Quamobrem ab istis Adriani cœptis abludit hæc Rudolphi testificatio. E contrario cum gestis Joannis XXI cujus nomen

quod nobis tam Dei quam sacros. matris Ecclesiæ, nec non apostolicæ gratiæ plenitudo, atque paterni vestri favoris clementia debeat non deesse. » Piet. Aust. (lib. i, cap. 4, p. 55) ut suis in litteris ad Gregor. X aiebat, quas integras adduximus (pag. 280).

[a] Titulatoris novum crimen ! Regem Romanorum propria auctoritate imperatorem appellat. In cod. Cæsareo, quem vidit auctor Piet. Aust. ne Innocentii quidem nomen exprimitur : quare Joanni tribuendam epistolam credidit. At animadvertere illum decuit, probabilius Innocentium natione Burgundum, atque archiepiscopum olim Lugdunensem de Coloniensi archiepiscopo et ecclesia fuisse sollicitum, quam Joannem Lusitanum, cujus ardor laudatur pro Terræ sanctæ reliquiis conservandis. Noster codex quæstiones omnes removet, Innocentio enim reddit male illi ablatam hanc epistolam.

[b] Guillelmus, qui et Wilhelmus. De eo Trithem. (an. 1277) « Wilhelm. comes Juliacensis cum tribus filiis suis et 468 armatis regale oppidum ad Aquasgrani obsedit, » suamque in potestatem redigere molitus est in odium Rudolphi, cæsusque est cum omnibus suis. Sic pœnas luit injuriarum, quibus ecclesias et ecclesiasticos affecerat.

[c] Siffridus præcedenti anno ex præposito Moguntino assumptus, Engelberto de domo nobilium de Walckemburg successerat. Hic multo graviora passus fuerat a suis civibus. V. Raynald. (1264, n. 41 seqq.). Iisdem civibus adhærens anno 1276, Juliacensis anno 1277, archiepiscopum victum captumque teterrimo carceri mancipaverat, ut ait Trith. Huc pontificem respexisse non est dubium.

[d] Aiebam supra (l. i, ep. 58, in not.) reges omnes jurejurando se astringere ad suæ quemque ditionis ecclesiarum defensionem. Hic vero pontifex regem Romanorum hortatur ad Coloniensis ecclesiæ atque archiepiscopi electoris ulciscendas injurias, tanquam futurum imperatorem ac pontificiæ universali potestati, in temporalibus obsecundaturum

mentia sine ullo deliberationis, aut consultationis ambiguo nostram ipsius personam, conjugem, liberos filios et filias, res et honores habita et habenda [a] vestræ sanctitatis manibus tradimus et mandatis, humilitatis nostræ caput in sinu vestræ misericordiæ reclinantes, ut vere possimus dicere cum sapiente : *In omnibus requiem quæsivi, et in hæreditate Domini morabor ;* secure morabimur, qui omnem sollicitudinem nostram in vos projicimus, quia scimus quod vobis cura est de nobis. Quomodo igitur a semitis vestris declinabimus? et a via mandatorum vestrorum aliquatenus recedemus? qui omnia vobis subjicimus, cuncta vestris manibus tradimus, vobis vivere et in regno vos rectorem habere volumus sic, ut inter nos sit identitas mentium, et inseparabilis unio voluntatum [b]. His paucis, pater sanctissime, mentis nostræ gaudium per secretum et familiarem nuntium sub quadam festinantia duximus exprimendum, continuis post **375** hunc idoneis et solemnibus nuntiis vestræ sanctitatis præsentiam visitando [c]. Porro sanctitatem vestram nosse cupimus, quod divina nobis favente clementia, totius nostri Romani regni principes pro recuperatione rerum, jurium, et honorum imperii favorabiliter nobis astant, ipsorumque consilio, viribus, et auxilio fortiter accingimur ad debellandum inclytum virum regem Bohemiæ, nostrum et sacri Romani imperii unicum contemptorem injuriosum, multorum principatuum detentorem [d]; sperantes in illius misericordia, qui est resistens superbis, humilibus autem dat gratiam, quod intentum nostrum de ipso laudabiliter perficere debeamus.

EPISTOLA VI.

Rudolphus rescribit Ungariæ regi, et se excusat quod preces ejus non admiserit.

(An. Dom. 1276, cod. Rud. VI.)

ARGUMENTUM. — Ladislao Ungariæ regi petenti pro camerario suo quosdam districtus in terris juris imperii ab Ottocaro occupatis, reponit, incerto adhuc jure terrarum, minus opportunum fore quidquam in iisdem concedere : et regium animum demerendi causa, eidem exhibet quidquid sine juris læsione concedi valeat.

Regalibus vestris litteris [e] nuper culmini nostro

Petri Juliani cardinal. episcopi Tusculani minus celebre invenitur apud historicos, non modica convenientia est, ut palam fiet infra nota [c].

[a] Honori regis Romanorum, seu imperatoris electi nihil aliud deerat, quam diadema imperiale, quod se assecuturum sperabat post compositas controversias, cui rei maxime se incumbere suis litteris nuntiaverat Joannes pontifex, ut patet ex hoc Rudolphi responso.

[b] Quanquam pius optimusque princeps hujusmodi semper obsequio principis apostolorum successores prosequatur, fateri tamen oportet pontificiis litteris, quibus rescribit, ad hoc animi sensa exprimendi genus, reverentiæ atque amoris plenum adactum esse.

[c] Narrant cardinales in prædicta epistola, quemadmodum Basileensi episcopo, aliove quovis Rudolphi mandatum habente a Romana curia absentibus, controversiis illis componendis vacare non potuerat : deinde aiunt : « Propter hoc laudabiles in iis eorumdem prædecessorum suorum semitas prosequens, magnificentiam vestram per suas litteras attente rogavit, et hortatus est in Domino Jesu Christo, ut cum omni festinantia, qua possetis, aliquos viros idoneos, pacis et concordiæ zelatores plenum a vestra celsitudine ad præmissa mandatum habentes, ad eadem vestro firmanda nomine ad ipsius præsentiam mitteretis...... Voluit quoque idem pontifex Joannes, ut prænuntiaretis eidem, quando viros eos venturos ad suam præsentiam verisimiliter crederetis

directis affectione benigna recepetis, et ut decuit eis lectis et plenius intellectis, super earum serie celsitudini vestræ taliter duximus respondendum. **376** Quod licet ad omnia esse velimus ultronei, quæ vestrum demulcere possunt animum et affectum, et licet spectabilem virum N. camerarium vestrum, suis claris et virtuosis exigentibus meritis gratiosæ benevolentiæ ulnis patentibus amplexemur, quia tamen nos ipsi, et dilecti principes nostri N. et N. in quibusdam terris, quas inclytus rex Bohemiæ occupare dignoscitur, nos contendimus jus habere, non minus reprehensibile videtur, si sic repente, sic præcipitanter ad collationem aliquorum districtuum ad easdem terras spectantium, hujusmodi declaratione, seu discretione neglecta, cui videlicet, quibusve de jure competerent, nos contingeret prosilire [f] ; ideo vestra nobis porrecta petitio pro dicto N. ad præsens est effectu frustrata, quæ utique mentem regiam displicentiæ spiritu non perturbet, cum sint, ut nostis, agendorum processus hujusmodi æquis trutinandi judiciis, et maturis examinandi consiliis, et exactis, ne possit mutabilitatis et inconstantiæ argui præsidentia principalis. Verumtamen ad vestræ gloriæ titulos attollendos tam fervide gerimus inconcussæ sinceritatis affectum, ut quod libuerit vobis et nobis super hoc, in benevolentiæ singularis uberi affluentia quantum sine juris possumus injuria libenter et liberaliter aspirare [g].

377 EPISTOLA VII.

Rudolphus promittit se de perpetrato quodam facinore ultionem sumpturum.

(An. Dom. 1275, cod. Rud. VII.)

ARGUMENTUM. — Principem sibi adhærentem a fide Ottocari defecturum scripto seu diffidatione, ut tunc moris erat, admonet, ut illum maneat denuntiari hostem imperii; hostilia cujusdam Ottocaro adhærentis nuntiat; flagitium in presbytero admissum detestatur.

Rem horribilem et perniciosam exemplo, quæ nuper ad aures nostras de cujusdam presbyteri vasis seminariis amputatis, te annuntiante pervenit, amaro commiserantes affectu, parati sumus ad libitum emendationis patrati facinoris inhiare. Super diffida-

ut interim procuraret, quod et præfatus rex (Carolus) de suis provideret propter hoc nuntiis, etc. »

[d] Pataviæ, ni fallor, pontificias litteras accepit. Ibi enim pro certo affirmare poterat, *totius nostri Romani regni principes* consilio, viribus et auxilio sibi adesse : nam Bavariæ duce Henrico nuper compresso, qui castra ejus sequebatur, debellandus remanebat rex Bohemiæ unicus Rom. imperii contemptor.

[e] Mortuo Hungariæ rege Stephano an. 1272 circiter Kal. Aug., duo filii impuberes successerunt. Ladislaus scilicet natu major sceptrum regni adeptus est; Andreas ducatum Sclavoniæ (infra, cp. 16). Ladislao rex Siciliæ Isabellam filiam nuptui tradidit, incertum quo anno; certe non 1272, tametsi Raynaldus (n. 52) litteras Gregorii X ad eumdem referat, in quibus eum admonens ut fideles administros eligat : « Qui, ait, erga tuam, et charissimæ in Christo filiæ nostræ reginæ Ungariæ illustris consortis tuæ, charissimi in Christo filii Caroli regis Siciliæ natæ personas fidelitatis ac devotione debita polleant; » erat enim impubes, ut constanter auctores tradunt.

[f] Indicium certum, has litteras datas esse ante debellatum Ottocarum, postea enim neque consulto, neque mature facto opus fuit.

[g] Princeps *justitiæ cultor, pollens consilio*, ut ait Engelbertus Coloniensis archiep. (*Piet. Austr.*, lib. I c. 4, p. 34) æquam repulsæ rationem reddit, et incerti Martis eventus enuntiat; deinde regem adolescentulum benevolentia et liberalitate demereretur.

tione [a] regis Bohemiæ, ut scripsisti, consultius exi-stimantes, ut magis congrui temporis opportunitate captata, quando videlicet contra eum fuerit difinitum [*Fors.* diffinita] prolata sententia [b], ut processus omnino calumnia careat, ipsa diffidatio celebretur. Porro ut rumores, quos nuper accepimus, te profecto non lateant, tuæ sinceritati describimus, quod N. in favorem N. de novo compluribus curribus et equitibus quamdam civitatem N. violenter intravit, exterminans eam incendiis et rapinis [c].

378 EPISTOLA VIII.

Archiepiscopus Saltzburgensis, apud Rudolphum Cæsarem episcopum Secoviensem suffraganeum suum accusat.

(*An. Dom.* 1275, *cod. Rud.* VIII.)

ARGUMENTUM. — Fridericus archiep. Salisburgensis, qui cum Conrado Frisingensi in Styriam et Carinthiam excurrens, a suffraganeo suo Bernardo Seccoviensi traductus, tanquam populos Ottocaro subditos ad defectionem suscitaret, fuga sibi consulere compulsus fuerat; illum accusat legationis ad Augustana comitia, jactantiæ adversus imperium et sanctam sedem, ac subversionis cleri et populi. Eumque orat ut in unius proterviam et aliorum exemplum animadvertat.

Domine, sciatis [d], quod episcopus Secoviensis [Seccoviensis] suffraganeus noster, prohibentibus nobis et invitis, assumit legationes Deo et vobis contrarias [e], spreta devotione Romanæ Ecclesiæ, qua vobis et nobis tenetur. Dum nuper nos idem episcopus pertransiret, ipsum super hoc fraterne corripuimus et occulte; ipse vero nostra correctione temere vilipensa, adversum nos, et ven. fratrem nostrum Conradum prorumpens in stultiloquium, multis magnis viris astantibus publice proclamavit et dixit nos ambos ad terras sui domini regis non ob aliud descendisse, quam ut ipsarum statum in vestrum favorem proditorie turbaremus; tantumque factionis suæ

[a] Quod Romana resp. per feciales gerere consuevit, alii alium in modum faciebant Rudolphi tempore. Diffidatio per scriptum solemnior erat. V. Du Cang. Glossar.

[b] Hinc ætas litterarum patet, datæ scilicet sunt ante Augustana comitia, seu ante diem 24 Junii 1275.

[c] De iis quæ Ottocarus hostiliter gessit hoc anno in Salisburgensem ecclesiam, dicam infra (ep. 15). Illi adhærentes, seu quibuscum Ottocarus fœdus inierat, similia facere testantur hæ litteræ. Horum præcipui erant Henricus dux Bavariæ, marchio Badensis, et Eberhardus comes Wirtembergensis. De quo hic agatur inexploratum mihi est. Huc referri debet epist. xv, quæ infra ponitur in cod. extra locum suum.

[d] Hansizius (*Germ. Sac.* tom. II, pag. 380 seqq.) Friderici archiep. Salisb. novem affert epistolas, quarum prima in nostro cod. est lib. I, ep. 58, altera est lib. II, ep. 15, quam sequitur præsens de episc. Seccov. nullaque ordinis discrepantia succedunt reliquæ, præter 29 hujus libri, quam Hansizius retulit (tom. I, p. 416) de episcopis Pataviensibus cum suo titulo, qui licentiam collectoris redarguit, ut videbimus.

[e] Legationem haud dubie innuit pro Ottocaro susceptam ad Augustana comitia. Vide supra (lib. I, ep. 29, in not.). Summa legationis, ut monet auctor Piet. Aust. (lib. I, c. 11, p. 62) in hoc sita erat, ut protestaretur. « Rudolphum vitio creatum Cæsarem, adeoque pro legitimo, qui comitia generalia imperare, aut de rebus imperii disponere possit, non agnoscendum. »

[f] Carinthia et Styria provinciæ clientelares imperii ab Ottocaro detinebantur qua dotali, qua hæreditario jure, una cum Austria, ac provinciis cæteris, quæ a Rudolpho repetebantur, tanquam juris imperii, quasque Ottocarus renuens restituere, in comitiis

contra nos fautores et complices provocavit, quod per vias devias nos fugiendo a terris illis cum magno nominis nostri vituperio recedere oportebat [f]. Idem episcopus de quibusdam verbis fatuis in angusta [*Fors.* Augusta] gloriando se jactitans [g] non solum laicos a devotione vestra 379 retrahit et avertit, verum etiam clericis et religiosis viris inflat et suggerit non tantum imperio, sed et sedi apostolicæ rebellare [h]. Consilium itaque nostrum, quod precibus immiscemus, est istud, ut toto conamine cogitetis, qualiter episcopo dicto, qui solus se inter suffraganeos aliosque prælatos erigit, et protervit, et aliis est occasio delinquendi, per effectum pœnalis operis ostendatis quam sit temerarium tam atrociter et proterve Romanam lædere majestatem. Scimus enim, quod si oris ejus temerarii manus et labia cæterorum stulte surgentium ex adverso [i].

380 EPISTOLA IX.

Saltzburgensis archiepiscopi gravissima querela de Ottocaro rege Bohemiæ post mortem Gregorii X pont. max.

(*An. dom.* 1276, *cod. Rud.* IX.)

ARGUMENTUM. — Ottocarus post mortem Gregorii X, laxatis habenis iræ suæ adversus adhærentes Rudolpho, in tantas angustias archiep. Salisburgensem conjecit, ut regium præsidium implorare coactus fuerit. Quamobrem mittit nuntium, qui oretenus mala omnia narret; præterea de novi pontificis creatione, et de futura ejus coronatione Rudolphum sciscitatur, seque in fide erga illum constanter in quibusvis periculis permansurum promittit.

Serenissimo domino suo Saltzburgensis promptissimam cum devotis orationibus ad quævis beneplacita voluntatem [j]. Qui adversus sanctam Romanam Ecclesiam, sacrumque Romanum imperium se jamdudum vibratis suæ rebellionis cornibus, contumaciter Augustanis hostis imperii denuntiatus fuerat. Itaque Salisburgensis earum populos sibi subditos ad fidem regi Romanorum exhibendam cohortans, ab æquo et recto nullatenus recedebat.

[g] Vide infra epist. 24 et notas ei subjectas.

[h] Exstant ap. Raynaldum (1275, n. 40) Gregorii litteræ increpatoriæ ad Ottocarum datæ « Belliquadri XI Kal. Aug. anno 4, » in quibus, ni fallor, episcopi hujus ingenium perstringitur: « Quid hic tuus, inquit, vel potius prout verisimiliter præsumimus, tuorum consiliariorum inconsultus conatus habuit, nisi culpam? . . . . Sic enim personam tuam solitæ charitatis vinculis amplexamur, ut præmissa, quæ usque adhuc facilitati, vel aliorum malitiæ credimus imputanda, donec a te illa perceperimus ex sententia dicta esse. » Nisi enim regi consilium dederat, ut per nuntium et litteras debitum erga Christi vicarium obsequium desereret, ipsemet ab eodem clerum populumque avertebat. Præterea probrosi quidam libelli circumferebantur in Rudolphum, quorum auctor idem episcopus putabatur. Quod tamen ille asseveranter negavit in suis litteris ad Rudolphum, quarum sententia eruitur ex laudata Rudolphi ad eumdem epistola 24.

[i] Rudolpho indicum natura erat, ut Ecclesiæ viros summa veneratione coleret. Quamobrem episcopum, utcunque majestatis reum regiæ indignationis admoneri suo nomine contentus, evicit, ut clementia, qua erat abusus, ad saniora consilia revocaretur, atque iteratis epistolis veniam efflagitaret, ut infra planum erit.

[j] Titulus et salutatio apud Hansizium desiderantur, qui recte animadvertit tam istam quam tres sequentes epistolas ab hoc anno removeri non posse. Quandoquidem, ut mox videbimus, ante æstatem hujus anni datæ omnes sunt.

erexerunt, post decessum beatissimi patris et domini nostri papæ Gregorii exsultantes in rebus pessimis insolescunt sic atrociter et audaciter, acsi utraque dignitas et potestas, quas Deo propitio credimus immortales, per mortem unius hominis sint deletæ [a]. Hoc in nobis et ecclesia nostra facile, sed miserabiliter [mirabiliter] est videre, qui pro eo solo persecutionem patimur, sustinemus opprobria, nostrumque exterminium exspectamus, quod tam sedi apostolicæ quam Romano imperio debitam et devotam libenter impendimus servitutem; quibus ad fidelitatis obsequia recognoscimus nos teneri, prout lator præsentium, qui angustias nostras innumerabiles bene novit, plene sublimitati regiæ [b] recitabit. Quem etiam specialiter misimus ad regalis gloriæ aspectum, ut nobis de creatione summi pontificis, vestroque processu [c] quem feliciorem nostro statu cupimus, qui **381** non stamus, sed labimur, investiget sagaciter et solerter, necnon conditionem nostram miserabilem eidem commisimus majestati regiæ exponendam, utque nobis gratiæ vestræ consilium referat, cujus præsidio inter angustias nostras, quarum pondus et numerus de die in diem gravius augmentantur, hoc periculoso tempore dirigantur. In hoc enim deliberationis nostræ propositum constantia stabili inviolabiliter est firmatum, ut nullius adversitatis pondere, nullusque periculi tempestate pereat, sed appareat magis et luceat circa vos et Romanum imperium fides nostra. Placeat igitur gloriæ vestræ, princeps et domine gloriose, sano vestræ informationis consilio consolari nostram miseriam, cujus finem et numerum non videmus, secundum ea quæ lator præsentium vestris auribus explicabit [d].

EPISTOLA X.

Item Salisburgensis episcopi ad Rudolphum gravior querela de Ottocaro rege Bohemiæ, a cujus tyrannide se, et suos petit liberari.

(An. Dom. 1276, cod. Rud. x.)

ARGUMENTUM. — Sævitia hostium invalescente, iterum archiep. auxilium efflagitat: constantiam suam nequidquam tentatam scribit; se suosque populos mori malle quam deficere ab imperio; multa passum, ut nonnullos deficientes a miserabili servitute abducere; Rudolphum rogat ut quantocius adveniat, redempturus eas provincias atque in iis dominaturus.

Serenissimo domino suo, etc. Salisburgensis cum orationibus sedulam devotionem fidei indefessæ [e]. Hactenus eum qui salvum me **382** faceret inter angustias positus, morti expositus, et quotidie pro justitia moriens exspectavi vos, dominum salvatorem, impulsus et versus frequenter ut caderem; sollicitatus multotiens, ut efficerer adversus vos apostata fidei et transfuga veritatis, immobilis perstiti, fide grandis effectus cum Moyse, negavi peccatum regis Ægyptii, negavi et nego me filium filiæ Pharaonis [f]. Ego quidem ferocibus furiis hominum, sine delicti proprii crimine conculcatus, et ab omnibus fere meis charissimis derelictus, et habitus in derisum, te dominum non negavi; a notis et proximis meis propter te sustinui opprobrium, passus sum contumelias et terrores, igne et gladio perdidi me et meos, ut lucrifacerem et salvarem alios, qui a devotione imperii discedentes, se ipsos in miserabilem servitutem pretio sui [pretiosi] sanguinis vendiderunt. Vivat igitur anima tua, domine, vivat et valeat, veniat et non tardet, ut non videamus mortem; ejus [cujus] timor est proximus, mihi quidem et illis viris corde et fide fortissimis, qui pro zelo justitiæ, pro imperii legibus elegerunt, velut alteri Machabæi, aut glorioso certamine triumphare vobiscum, aut pro vobis, si oportuerit, honorabili morte quiescere potius in sepulcris, quam vivendo calamitates innumeras exspectare quotidie, et demum sordida et ignobili morte mori [g]. Attraxi quidem eos quos potui, consolabar debiles, pusillanimes confortavi, et in fide sustinui plurimos usque modo, adeo quod non restat vobis aliud quam venire, regnum accipere et reverti. Quid dicam amplius? Quidquid eveniat, quacunque facie fortuna, quæ casus hominum variat, nunc serena, nunc turbida se ostendat, nunquam tamen circa vos et Romanum imperium deficiet fides mea. Aut enim in meam provinciam vos afflicti populi redemptorem cum jubilo introducam, aut fugiam non visurus amodo faciem persequentis. Nuntios nobis remittite lætis rumoribus expeditos.

383 EPISTOLA XI

Idem Salisburgensis mittit notarium suum ad Rudolphum Cæsarem, eumque ut ad sui suorumque liberationem quamprimum accingatur, etiam atque etiam hortatur [h].

(An. Dom. 1276, cod. Rud. xi.)

ARGUMENTUM. — Tertio effusiores preces fundens, notarium suum quo usus erat pertrahendis ad ejus obsequium populis, mittit omnia luculenter enarraturum. In celeritate rei summam consistere, ne afflictio continuata desperationem, desperatio defectionem afferat. Ad victoriam omnia parata esse; Rudolphi nomen aversantibus formidolosum, triumphos portendere. Illum monet ut vitæ suæ curam habeat, caveatque sibi a novorum amicorum insidiis.

Domine charissime, quidquid hactenus apud illos homines super vestris et eorum negotiis ordinavi; hoc fere totum per istius hominis notarii mei ministerium exsequebar. Cujus diligentiam, quanta fuerit, commendant et probant opera veritatis. Hunc nunc ad vos mitto, ut ex suis sermonibus, et aliis certis indiciis, quæ vobis ostendet, et mei laboris frequentiam, et propositum illorum hominum colligatis, vobisque magis quam ipsis [ipsi] curetis prospicere, attendentes sub quanto vitæ suæ periculo vestræ gratiæ se submittunt. Inter spem et metum fluctuant, et utinam desperatio, quam mora vestra posset inducere, illorum pauperum afflictorum fiduciam non submergat. Quidquid neglectum fuerit hac æstate [i], furere desinebat.

---

[a] Juxta ejus ævi opinionem duorum luminarium majorum, seu pontificiæ et imperialis potestatis in universo terrarum orbe.

[b] Qui perpetuum novit imperium, in Rudolpho non majestatem imperatoriam, sed sublimitatem regiam agnoscit. Regalem quoque gloriam, regiamque majestatem infra admonet, se, quoad vixerit, fidelem futurum Romano imperio.

[c] Duo per suum nuntium sciscitatur: num Gregorii successor electus fuerit? et quandonam ad Urbem pro imperiali diademate profecturus sit? id siquidem sibi vult regis Romanorum processus, quem suo misero statu esse feliciorem desiderat: quicum se iturum promiserat superiori anno (lib. I, ep. 38) si rex Bohemiæ respirare eum permisisset, haud præscius, majus sibi infortunium imminere post Gregorii mortem: cujus pontificis reverentia, seu metu, Ottocarus aliquando

[d] Nil frequentius in cod. Carolini litteris, quam hujusmodi commissio legatis tempore hostili.

[e] Etiam in ista desunt titulus et salutatio apud Hansiz.

[f] *Fide Moyses grandis factus negavit se esse filium filiæ Pharaonis. Magis eligens affligi cum populo Dei, quam temporalis peccati habere jucunditatem* (Hebr. xi, 24, 25). Huc respexit archiepiscopus: num eomode, alii judicent.

[g] Hanc utique Machabæorum similitudinem expendendam relinquo aliis.

[h] Titulus deest in cod. Cæsareo.

[i] En certa ætas trium epistolarum Ottocari audaciam et sævitiem enarrantium post Gregorii mortem, menses videlicet æstivum tempus præcedentes.

vix de cætero convalescet. Ecce quia propter te relinquunt omnia, et se ipsos exinaniunt, quid ergo erit eis? Esto eis turris fortitudinis a facie inimici. Hoc teneo tanquam certum et verum, quod omnes et singuli qui ad te venient et venerunt, lætanter intrabunt tecum, et pro te mortis periculum subibunt, nec si eos tecum mori oportuerit, te negabunt; ad hoc ut carnis et spiritus cruciatus, quibus in seipsis et servis charissimis quotidie moriuntur, una finiant [finiat] agonia; credo rem esse de cætero facilem, et vincendi, si libet vincere, bene dispositam facultatem. **384** Adversantibus tibi vultus et animos sic tremulos et dejectos formidine, sic video viribus destitutos, ut qui nondum te cognitum metuunt, nondum te visum vident, a facie arcus fugiunt, et abhorrent nominis tui vocem. Quid facient, et qualiter a voce tonitrui formidabunt, cum venerint aquilæ a super eos in similitudinem fulguris coruscantis? Later præsentium bene meruit, et adhuc merebitur amplius, ut in petitionibus suis piis et justis in oculis vestris inveniat gratiam et favorem. Sis cautus custos, et provisor diligens vitæ tuæ. Caveris tibi ab illorum insidiis, qui circumstant aliquoties latus tuum. Multi qui persequuntur et tribulant me, sed prius vita quam fides mihi deficiet, nec a testimoniis tuis, in quibus legem et finem [fidem] posui, declinabo b.

385 EPISTOLA XII.

Rudolphus respondet episcopo Salisburgensi, gratias ipsi agens pro singulari ejus circa ipsum cura ac igilantia.

(An. Dom. 1276, cod. *Rud.* xii.)

ARGUMENTUM. — Rudolphus trinis archiep. Salisburg. litteris præcedentibus respondet ex castris post comitia Campiduni habita, gratias illi agens plurimas de loquendi agendique sinceritate et constantia. De Ottocari calliditate aliquid innuit, cæ-

tera litterarum latori oretenus edicenda se ait commisisse.

Super tam pura et integra vestræ amicitiæ incontaminata ferventia, quam ad nos promptissima mentis alacritate portenditis, aliena verborum argumenta non quærimus, et effectus operis dicto præponderans, certa nobis experimenta dilucidat; et conscientia nostra testis quantalibet testium depositione solemnior interpellat. Scimus etenim, imo indice facto probavimus, quod in vestris præcordiis erga nos concepta non algeant, sed quo plus labuntur in tempora, eo gratiosius adolescant. Patet hoc utique clarius omni claro per ea quæ missæ nobis vestræ litteræ continebant. Ex quarum tenore probabili conjectura perpendimus, circa latera nostra vigilantis vos vigiliis officium exercere, et regalium excubiarum negotium tam salubriter quam fideliter adimplere, cum nihil possit nobis occurrere tam tempestuosum, tam turbidum, tamque luci impervium et opacum, quin vestræ luminosæ prudentiæ jubare serenetur c. Super his igitur salutaribus vestris monitis et reformatione gratuita, quibus nos utiliter instruxistis, paternitati vestræ grates et gratias exsolventes, et propter hæc et alia dulcifluæ vestræ bonitatis et voluntatis indicia, nos et nostra qui uslibet vestris nutibus exponentes, de nostræ prosperitatis eventi us, quos audire libenter vos credimus, vestris desideriis **386** duximus hæc pandenda d. Quod curiam nostram solemnem in tali loco e, et tali die, copiosa nobis principum assidente caterva, et prælectæ stipati militiæ comitiva, cui temporibus nostris vix est visa consimilis, celebravimus condecenter in regio potentatu, constitutionibus congruis pluribus editis, cingulo militari multis tyronibus decoratis f, et omnibus aliis quæ sedentem in throno regem magnificant et regalem exornant curiam g rite actis, et de contingentibus nil omissis, licet sedentis ab aquilone regis Bohemiæ calliditas visa fuerit in occulto, cum nequiret in publico nostris exhibebant.

a Romanos constat imposuisse aquilam vexillis legionum, nummis, libris, marmoribus, modo ut pop. Rom. potentiam, modo ut majestatem imperatoris, modo ut Cæsarum relationem inter divos, quam apotheosim vocant, significarent. Post renovatum in Occidente imperium auctoritate apostolica, primus aquilæ usus reperitur in sceptris : neque ille quidem dum Carolingii steterunt, sed postquam transiit imperatoria majestas ad Germaniæ reges. Ditmarus (*Annal.* lib. iii) refert Ottonem II aquilæ signo usum esse. Henricus etiam II Aug. aquiligero sceptro usus invenitur. Tardius in vexillis adhiberi cœpta est, eaque non nigri, sed aurei coloris. Quod docet Rigordus anno 1215 de Ottone IV sermonem habens : « Ab opposita parte, inquit, stabat Otto in medio agminis confertissimi, qui sibi pro vexillo erexerat aquilam deauratam super draconem (nempe pannum oblongam, cujusmodi sunt vexilla), pendente in pertica oblonga erecta in quadriga. » Itaque Aquilæ signum nonnisi Saxonibus imperium moderantibus cœpisse statuendum est, eamque usque ad Rudolphi tempora non nigram, sed deauratam fuisse usui pro comperto haberi debet, ut Dufresnius (*de inf. ævi numism.* § 12) et Godefridus (*Chron. Godw.* libro ii, capit. 8, p. 265 seqq.), animadvertunt. Nec audiendi sunt Berosi et Aventini nugas secuti, qui nigræ bicipitisque aquilæ imaginem a renovati Occidentalis imperii origine deducunt. Nam Dufresnii diligentiam effugit, cur et quando occidentales aquilam nigram introduxerint, putatque factum proprii coloris ratione habita. Bicipitem vero Sigismundus ad summum in vexillis præsetulit Constantinopolitano imperio ad exitum properante, in utriusque imperii signum, ut creditur. Quæ cum ita sint, Rudolphi igitur vexilla, in codice isto non semel memorata, nec nigram, nec bicipitem aquilam, sed simplicem ac deauratam

b Scripturæ locis utens, sive abutens archiepiscopus, ut fidem et constantiam suam roboret, animi potius candorem quam mentis aciem patefacit.

c Trinis archiep. litteris Rudolphum semel rescribere facile intelligemus, si Salisburgensem tot pressum angustiis ope celeri egere consideremus, adeoque ut Stephanus olim II Pippinum contra Langobardos, Rudolphum adversus Bohemos litteris fatigare : ubi enim suadet necessitas, officii leges deseruntur.

d Hansiz. breviter et recte (*Germ. Sac.* tom. I, p. 414) de Rudolpho : « Magno, ait, et pontificum et principum favore regnum gerebat: pontifices reverentia et facilitate, principes justitia et comitate, utrosque modestia et pietate conciliaverat. Adversabatur tamen Bohemiæ rex. » Contra hunc cum exercitu progrediebatur, cum dabat has litteras. Fusius annal. Althen., licet rem differat in seq. annum, factaque plura simul congerat.

e Comitia hæc Aventinus tradit habita esse Campiduni in Suevia, ubi et exercitus recensitus fuerit, antequam castra moverentur in Bavariam ; hæ litteræ Aventino fidem conciliant.

f Auctor piet. Austr. (lib. i, c. 42, p. 75) ex Gerardo, aliisque refert, inter plurimos, quos Rudolphus militari dignitate, sive equestri, insignivit, centum Tigurinos fuisse, qui omnes in pugna cum Ottocaro strenue pugnantes occubuerunt, eorumque insignia gentilitia Tiguri in fratrum Minorum ecclesia depicta adhuc videri.

g Paulo supra *in regio potentatu* habita esse comitia aiebat : nunc *regem et curiam regiam* pronuntiat. Hæc quare collectoris licentiam in epistolæ mox sequentis, aliarumque non paucis titulis, in una aut altera epistolarum, non frenaverint, mente non assequor.

tam celebribus obviare progressibus, tamque proficuis et festivis solemniis intentatione [in tentatione] nefaria contraire; quæ [qui] tamen dextera Domini faciente virtutem, in sua defecit astutia, non profecit [a]. Cætera vero dilectus familiaris [famulus] noster N. præsentium exhibitor explicabit lucidius oraculo vivæ vocis.[b]

387 EPISTOLA XIII.

Idem Salisburgensis Rudolpho imperatori [c] conqueritur contra comitem quemdam de violenter occupato monasterio sancti Pauli in Carinthia.

(An. Dom. 1279, cod. Rud. xiii.)

ARGUMENTUM. — Idem archiepiscopus narrat, sibi provinciam suam obeunti, dum Pataviæ esset, relatum fuisse sacrilegium a comite N. in monasterio sancti Pauli in Carinthia perpetratum. Electum scilicet N. suffraganeum suum inde extractum, ad castrum N. ad eum spectans deductum fuisse, idque per vim et metum comiti transcribi ab eodem captivo extortum esse. Hujusmodi sacrilegium emendandum esse ab eodem comite, ne terræ illæ diutius subjaceant interdicto, et ne prælati omnes, tanto scelere impunito, hujusmodi flagitiis sint obnoxii : quod omnium nomine etiam atque etiam exposcit.

Serenissimo domino suo etc. Salisburgensis constans et fidele propositum serviendi [d]. Nuper nobis apud Patavium in vestra provincia constitutis, tristis in Carinthia casus occurrit, quem cum gravi querimonia et dolore referimus regiæ majestati ; comes N. de P. post præstitum et transmissum vobis et imperio sacramentum, spiculatores suos misit in vener. monasterium sancti Pauli in Carinthia, qui cum armorum strepitu et impulsu, idem intrantes monasterium, dominum N. captivatum extra ipsum monasterium cruentis manibus extrahere præsumpserunt, vinctumque duxerunt ad quoddam castrum N., quod idem electus in sua tenuit potestate, et dum requisitus ab ipsis castrum nostrum eis tradere moraretur, prostraverunt ipsum ad terram, gladiisque nudis tribus vicibus ejus collo appositis, aliisque injuriis corporalibus et atrocibus irrogatis, eidem metu mortis instantis ipsi comiti tradidit nostrum castrum, ablatis in ipso castro per eumdem multis victualibus et pluribus rebus aliis pretiosis [e]. Licet autem persecutionis tempore [f] 388 Salisburgensis provincia in clero suo multis molestiis sit turbata, tam atrocem tamen injuriam nunquam sustinuit, in cujus gravi turpitudine universi et singuli partium nostrarum incolæ merito obstupescunt et metuunt cum stupore. Quæ nisi recens hujus et cruenta temeritas a regali potentia vindicetur, insurgent multi alii, qui ad instar comitis supradicti, statum clericorum et ecclesiarum pedibus conculcabunt. Supplicamus ergo regiæ majestati vestræ nomine omnium nostræ provinciæ prælatorum, quatenus dictum comitem, qui sacrilegio duplici sancta Domini in loco sacro et persona sacrata, præsumptione diabolica violavit ; quique debitæ nobis fidelitatis homagium non attendens, castrum nostrum tam dolosis insidiis quam apertis injuriis occupavit, pro excessu hujus faciatis per dominum N. comitem tempore commissi criminis, et adhuc in illis partibus constitutum [g] taliter emendari, ut et nostræ et totius ordinis clericalis injuriæ satisfiat, et alii clerici et prælati eventus similes exspectantes, de vestro præsidio non desperent, dum in nostra et vener. episcopo Chimensis personis (cujus idem comes frater carnalis existit) [h] qui sic perseveranter vobis adhæsimus, et fuimus primi aliorum, hujus maleficium impune viderint perpetratum. Debet etiam vestra pietas tanto commisso sceleri obviare, ne terræ, quæ ex statuto provincialis nostri concilii [i] dudum habiti, interdicto ecclesiastico sunt subjectæ, diu divinis careant, 389 et ne populus, qui adhuc vacillat in dubio, in erroris et scandali devium, quod ex facili fieri poterit, abducatur. Sed væ homini illi per quem scandalum istud venit. Interdictum etiam propter formam statuti, quod ob metum domini regis Bohemiæ jampridem fecimus, sicut N. et N. episcopi plene noscunt, nec extenditur usque ad Rudolphi adventum in Austriam, mense videlicet septembri anni 1276. Cumque annis sequentibus usque ad vernale minimum tempus archiepiscopus semper Rudolpho adhæserit, natura sua litteræ negant se datas esse id temporis ; quia persecutionem memorant, et quia ab archiepiscopo provinciam suam obeunte scriptæ sunt.

[g] Mehinardum comitem Tyrolensem hic indicari nullus dubito, tum quia infra per M litteram innuitur, tum quia duce Philippo amoto Rudolphus Carinthiam aliasque provincias Mehinardo gubernandas tradidit, quem postea anno 1282 Carinthiæ ducem designavit.

[h] Mehinardi germanus frater Joannes Chimensis episcopus opportune declaratur. Nam Rudolphus, qui ob egregie navatam operam Mehinardum Carinthiæ præfecerat, potiori jure fraternas injurias diluendi auctoritatem illi delegassent.

[i] Loquitur de synodo Salisburgensi celebrata anno 1274 mense Novembri, quæ apud Labbeum et Harduinum continet constitutiones 24, cæ vero in cod. Cæsareo, ut animadvertit Hansiz. (Germ. Sac. tom. II, pag. 378) sex et viginti numerantur, sexta siquidem in duas partes dividitur, aliaque inedita post sextamdecimam adjungitur. Exstant quoque ap. Canisium (*Ant. lect.* to 11. IV, p. 90). Quæ autem hic laudatur, est 22 sic fluens : « Præsenti constituimus edicto, ut si, quod absit, archiepiscopum vel episcopum ex nobis captivari contingat, aut ecclesias nostras, vel alterius nostrum sic hostiliter et injuriose invadi, ut de subversione status ipsius probabiliter timeatur, ex tunc per totam provinciam Salzburgensem cessetur generaliter a divinis, postquam de captivitate aut persecutione hujusmodi per provinciam innotuerit manifeste. »

[a] Hæc referri posse videntur ad Salisburgensis epistolam alteram, qua Rudolphum monebat ut sibi ab insidiis caveret.

[b] Id principum solemne est, cum præcipue instructo exercitu adversus hostem arma ferunt, ea tantum mandare litteris ; quæ, si forte interceptæ fuerint, deliberationes momenti alicujus non patefaciant. Ciphris hodie utuntur, commodiori consilio. V. Hoffman. Lex.

[c] Collectoris licentiam in titulis jam tenemus. Non igitur novum hoc loco : imo novum non erit infra (epp. 14, 17,18, 29, et lib. III, ep. 1 et 14) eumdem licentia eadem uti, cum cæteroqui litterarum contextus eum passim falsi arguat, audaciamque ubique perstringat.

[d] Nusquam reperiri hanc epistolam vix credibile est. Attamen Hansiz. Friderici archiep. rerum omnium scriptor diligens neque in cod. Cæsareo, neque alibi eam vidit.

[e] Sacrilegium istud exquirendum relinquam iis, quorum magis intererit. In chron. autem Salisburgen. ap. Canis. (*Ant. lect.* tom. III, part. II, pag. 487) hæc lego ad annum 1279 : « Dietricus Gurgensis episcop. obiit, cui succedit Joannes Chyemensis episcopus : eidem substituitur dominus Chunradus de Hindperch canonicus Pataviensis. » Quem Hansiz. (*Germ. Sac.* tom. I, p. 424) animadvertit chronologos fere omnes tradere, consecratum fuisse a Paulo Minorita episcopo Tripolitano S. A. legato anno 1280, III Nonas Maii. Cum autem infra mentio fiat Chimensis episcopi, tanquam ex primis Rudolpho fidelibus, hanc epistolam scriptam esse antequam Joannes ad Gurgensem sedem transferretur, conjicio, videlicet sub finem anni 1279.

[f] Tempus persecutionis Ecclesiæ Salisburgensis

audemus, nec possumus relaxare, nisi prius injuria retractetur, quam comes M., si voluerit, poterit plene reformare [a]. Sumus etiam ad præsens in itinere constituti, quo intramus Carinthiam et Styriam [b] pro vestri honoris augmento, et abinde ad partes Austriæ descendemus.

EPISTOLA XIV.

Patriarcha Aquilegensis scribit Rudolpho imperatori [c] de multis, præsertim de rege Bohemiæ domando.

(An. Dom. 1276, cod. Rud. xiv.)

ARGUMENTUM. — Raymundus Turrianus patriarcha Aquileiensis Rudolphi litteris rescribit, se gaudere, quod Turrianorum fide et consiliis inhæreat, inferatque bellum Bohemiæ regi Ottocaro. Adversus eum, sibi et Ecclesiæ suæ infestum, auxilia promittit. Nihil sibi dissensionis esse cum N. futurum tamen, ni destruat castrum nuper erectum contra jura et privilegia ecclesiæ suæ. Se ad ecclesiam suam continuo rediturum, ut inde ad ejus obsequia promptior paratiorque sit.

Serenissimo, etc. Aquilegensis [d]. Regios apices, qui puræ fidei promptæque devotionis exempla exigunt et signa requirunt, suscepi honorificentia promptiori, quibus affectuosissimo perlectis **390** affectu, concepi lætitiam tam ingentem, quod spiritus, mens, imo sensus singuli sunt præ gaudio renovati. Est mihi siquidem jucunditatis et exsultationis materia præcipua et votiva, quod celsitudo regia de mea meorumque fida fide confidens, juxta nostrum consilium quasi salubrius sibi oblatum dirigi processus Cæsareos eligit, atque regi [e]. Est etiam et mihi specialiter superaffluens cumulus gaudiorum, quod vestra serenitas imperialis solii decus virtuosis operibus, quæ tanti domini gloriam condecent, decorare procurans, contemptores vestros, qui tanquam columnæ ac bases imperii cum omni promptitudine in via vestrorum deberent currere mandatorum, sub

[a] Forma statuti, quæ jampridem facta esse dicitur, continuo sequitur post allata verba : « Personis tamen illustribus decoratis principum dignitate, pro ipsorum reverentia deferentes, præsens edictum ad eos et terras eorum extendi nolumus, nisi prius admoniti, cessare contempserint ab offensis hujusmodi, nec emendare voluerint infra unius mensis spatium quod fecerunt. »

[b] Duo exstant diplomata fundat. monasterii virginum Tullnensis. Primum datum Viennæ « prid. Kal. Sept. in octava Indict. post Nativitatem Christi 1280, regni nostri septimo. » Alterum vero novem mensium intercapedine, « xii Kal. Jun. Ind. ix, an. Chr. 1281, regni nostri anno octavo : » quæ afferuntur ab auctore Piet. Austr. (lib. i, c. 15, seq., p. 87 et 91). Priori Salisburgensis non aderat, alteri vero testis aderat omnium primus. Quamobrem magis magisque comprobatur has litteras datas esse ab archiepiscopo sub finem anni 1279 ex itinere, cum amplissimam suam provinciam obibat, quod ante Septembrem mensem anni 1280 non confecit. Si Hansizius hanc epistolam vidisset, mani conjectura non institisset, ut Salisburgensem otiosum Viennæ detineret, subintroducta æmulatione cum legato apostolico, quo nil incredibilius id temporis, ut monumentis comprobatur.

[c] Vide col. 765, not. [c].

[d] Raymundus Turrianus, Ughello Martini filius, dum erat episcopus Comensis, Pagani, cum ad Aquileiensem patriarchatum est translatus. (It. Sac. tom. V, p. 500 et 94.)

[e] Neapolionem et Franciscum Turrianos, qui dominabantur Mediolani, a Gregorio jussos esse Alfonso Castellæ regi affectanti imperium resistere, dum Rudolpho ubique obsequium comparabat, docet Raynaldus (1275, n. 5) apostolicarum litterarum

potentiæ vestræ dextera humiliare intendit, et rebellionis exigente protervia, depressionis merito malleo conculcare : ut qui modo tranquillus in præceptis suis despicitur, iratus in vindicta postmodum sentiatur, quemque fideles universi et singuli, qui excellentiæ vestræ fidelitatis debitæ debitum repræsentant, dulcem et pium dominum noverunt, in confusionem propriam sentiant æmuli correctorem. Quanto enim puniendæ temeritates magis augentur excessibus, tanto major est delinquentibus adhibenda correctio, ut et ipsi facinus suum pœna saltem vindicante cognoscant, et alios ab illicitis pœnæ timor coerceat et vindictæ. Porro cum scribentis animus adeo sit in exaltationis vestræ promotione defixus, ut desideriorum meorum summa principalius cupiat honoris et nominis vestri decus sermone et opere procurare, magnificentiam vestram scire cupio, quod viris et viribus congeram posse meum, ut quam cito de processu vestro felici contra regem Bohemiæ (qui contra Deum et omnem justitiam meis et ecclesiæ meæ juribus [f] existit injurius et honoribus inhonorus) mihi **391** constiterit, me reddam pro viribus ad excellentiæ vestræ servitia præparatum [g]. Cæterum litterarum vestrarum favorabilis inductio habuit, ut cum N. ad compositionem me disponere procurarem. Super quo sic per præsentes explico velle meum, quod inter me ac ipsum non viget ad præsens alicujus dissensionis materia vel rancoris, nec ex me circa ipsum discordiæ scrupulus orietur ; quin inter nos amicitiæ ac dilectionis integritas vigeat et virescat. Verumtamen est, quod ipse me in vestris servitiis existente, in præjudicium ecclesiæ meæ, ac contra ipsius privilegia et jura publica erigi fecit castrum quoddam, quod nisi forsan ipse viam æquitatis et juris eligens ab injuria hujusmodi tam indebita et violenta destiterit, malevolentiæ inductivum esse poterit, et plusquam expediat, nutritivum [h]. Cæterum licet in partibus istis pro dirigendis vestigiis vestris, vestrisque parandis processibus, moram nunc usque duxerim protrahendam, ecce in terram meam in instanti redire festino [i], ut ad obsequia auctoritate. At eorum consiliis patriarcha suffragante, in gravioribus imperii negotiis usum esse, hinc discimus.

[f] Ad imperii provincias, quæ ab Ottocaro detinebantur, jura patriarchatus extendi omnes norunt. In sola Carinthia dux Ulricus fiduciario jure obtinebat illius oppida *Tyfer*, *Treven*, *Windischgraz*, *et Clemau*, *civitatem sancti Viti*, *Clangenfurt*, *et sancti Georgii*. Quæ post ejus mortem Philippus frater invasit, viam sibi paraturus ad insulas Aquileienses, quas nequidquam ambiebat. At Ottocari jussu ea oppida Ecclesiæ Aquileiensi restituere coactus fuerat. Cum autem Rudolphus rex Romanorum electus fuit, idem Philippus, ut aliarum provinciarum alii principes, ab eodem Rudolpho Carinthiæ investituram obtinuit, quam tamen rex ubi anno 1276 una cum cæteris, in suam potestatem redegit, Philippo oblatam Mehinardo comiti Tyrolensi administrandam concessit. Cum vero Raymundus Ottocari injustitias quereretur, haud dubie Philippus, aliarumque provinciarum duces, qui adhæserant Rudolpho, eadem fortuna utebantur, qua Salisburgensis archiepiscopus, ac proinde jura Aquileiensis ecclesiæ furentis Ottocari rapinis atque incendiis erant obnoxia.

[g] In nullo ex monumentis, quæ ego viderim, Raymundum inter præsules, qui castra Rudolphi sequebantur, inveni.

[h] Num de Philippo duce Carinthiæ, an de finitimo alio principe hæc dicantur, ignoro. Hinc certe lux aliqua affulget Italicæ historiæ : nam Raymundus videtur Rudolpho præbuisse obsequium in Langobardia suis Turrianis adhærens, qui bello impliciti erant cum vicecomitibus. Alias castri ejus erectionem sensisset.

[i] His prædicta comprobantur, terra enim sua erat patriarchatus Aquileiensis. Sedes Utinæ, quo ex Ger-

vestra paratiorem et promptiorem me reddere valeam juxta fervens desiderium cordis mei.

392 EPISTOLA XV.

De capitaneo Styriæ, qui nomine Ottocari regis Bohemiæ omnia bona Ecclesiæ Salisburgensis devastavit; idem Salisburgensis Rudolpho scribit, petens ab eo festinum auxilium.

(An. Dom. 1275, *cod. Rud.* xv.)

ARGUMENTUM. — Archiep. Salisburgensis Rudolpho nuntiat, in Austria, Carinthia, Styria, hostilia omnia esse persequente Ottocaro quoscunque regi Romanorum fideles; ac demum copias in Salisburgensis ecclesiæ jura immisisse, quæ rapinis et cædibus fere omnia pessumdederunt; nullo alio pacto mitigari velle hostem, quam ecclesiæ et imperii fidem deserendo. Celerem opem ab eo petit, ne modicum quod remanserat corrumpatur.

Indignatio, quam concepit indigne adversus Salisburgensem [Salzburgensem] ecclesiam dominus rex Bohemiæ [a], sicut experimento didicimus, non quiescet donec nostrum et ecclesiæ nostræ vestigium deleatur a terra. Postquam enim omnes et singuli perierunt in Austria, Styria et Carinthia qui colebant justitiam, et Romani imperii legibus paruerunt, postquam fidelis nostra devotio removeri non potuit vel mutari, multis tentata terroribus, variis illecta promissis, et a rege prædicto sollicitata quam pluribus blandimentis. Ecce quod tali die capitaneus Styriæ nomine regis prædicti omnia ecclesiæ Salisburgensis prædia, fora, castra et oppida exercitu congregato invasit hostiliter, captis hominibus, et plerisque occisis, deductis rebus mobilibus, immobilibus vero per ignem et gladium tam crudeliter devastatis, quod jam de omnibus suis rebus superesse nihil cernitur ecclesiæ memoratæ, quod non sit ab maniæ provinciis reversurus erat, ut mihi videtur. Quæ omnia, utpote conjectando assecutus, aliis relinquo integra, nihil negans, nihilque affirmans.

[a] His litteris lucem afferunt aliæ ab eodem archiep. scriptæ ad Gregorium X, quas refert Hansiz. (*Germ. Sac.* tom. II, p. 381) continuo post datas ad Rudolphum : « Multa, inquit, necessitate compellimur, ut afflictionum nostrarum multitudinem ad apostolicas vestri sanctam clementiam deferamus. Illustris siquidem princeps noster post reditum nostrum a conc. generali, gravi adversum nos indignatione concepta, omnes ecclesiarum nostrarum reditus et proventus sic integraliter occupavit, quod plerisque ex nobis tot temporalia, quæ octo dierum necessitati sufficerent, non reliquit : homines, possessiones, et prædia nostra edicto regio annotata non nobis, sed sibi serviunt et intendunt. Civitates, oppida, et castra nostra hostiliter occupantur, et ab hac valida persecutione nullus excipitur, præter eos qui se juramentis et aliis cautionibus astrinxerunt, quod nec ad Romanæ Ecclesiæ jussionem, nec ad regis Romani præceptum quidquam eorum faciant in futurum, quod eidem regi valeat displicere. Talia juramenta illicita, et improbæ factiones tam a sæcularibus quam regularibus extorquentur. Nos autem, qui horrendam extorsionem hujusmodi, imo conspirationem damnabilem abhorremus, apud regem prædictum locum veniæ invenire non possumus, sed præsentibus graviores injurias pro conservatione justitiæ præstolamur. Et licet incumbentia nobis ista pericula, quæ ad subversionem ecclesiarum nostrarum, et nostri interitum diriguntur, timoris pariter et doloris sufficientem nobis materiam subministrent, ex hoc tamen cruentius cruciamur, quod a promotione subsidii terræ sanctæ, ac prædicatione crucis salutiferæ, ac prosecutione sancti negotii, in quo status fidei Christianæ agitur, omnes communiter prætextu dicti discriminis prohibemur. Aspiciat igitur ab altitudine sedis apostolicæ vestra clementia, pater sancte, quæ tribulationes nostras respiciat, et de manu hostibus conculcatum [b]. Quamvis autem cum devota humilitate prostrati pacis gratiam, vel saltem treugarum inducias petiverimus ab eodem rege, nulla tamen certa hæc conditione perficere quivimus, nisi adversus Romanam Ecclesiam, sacrumque Romanum imperium temerato fidei nostræ debito voluissemus effici infideles. Nos igitur in angustiis pro Augusti reverentia constituti, imploramus auxilium, et subsidium exspectamus vestræ felicissimæ majestatis, cum dolore et gemitu postulantes, quatenus saltem reliquiis dictæ ecclesiæ miserabiliter derelictis, ne id ipsum tenue et modicum facultatis, quod ab unguibus deprædantium cecidit, absorbeatur iterum ab eisdem, festino suffragio succurratis, antequam nos contingat totaliter consummari

394 EPISTOLA XVI.

Rudolphus ad proceres regni Hungariæ scribit se brevi ultionem sumpturum de ipsorum hoste rege Bohemiæ.

(An. Dom. 1276, *cod. Rud.* xvi.)

ARGUMENTUM. — Rudolphus Hungariæ proceres de fide et sollicitudine in adolescentem Ladislaum regem ducemque Andream, ab se adoptatos in filios, collaudat; factisque comprobaturus dicta eos allicit ad petendos honores in regno Romano, sive in aula, sibi esse cordi affirmans, pristinam ejus regni gloriam instaurare, æmulique Ottocari audaciam, Deo auspice, infringere.

Quod illibatæ fidei vestræ virorum et decus potentiæ naturalis illuminant, quod invariabilis animi vestri robore rutilantior puritatis scintilla resplenduit, lucidis operum argumentis apparuit et realibus claruit documentis [d], dum inclytos Ludovicum [e] regem Hungariæ et Andream ducem Sclavoniæ filios nostros charissimos sorte fatalitatis humanæ paternis tribulantis injuste nos eruat tribulatos dignetur que vestra benignitas serenissimi nostri domini Romani regis potentiam ad redemptionis nostræ subsidium, et ad sui ipsius injuriam propulsandam quam nos pro ipso patimur, excitare ; nisi enim prompto nobis succurrat auxilio, Ecclesiæ nostræ in præcipitio positæ subvertentur. » Atque hæc quidem epistola ad Gregorium præferri debet 58 libri prior, ut statim subjicienda ista quam versamus, nam sæviendis Ottocari nova continet argumenta.

[b] Chron. Salisburg. ap. Canisium (*Ant. Lect.* tom. III, par. II, p. 487) damna illata brevi sermone complectens : « Anno, inquit, 1275, rex Bohemiæ Salzburgensem ecclesiam hostiliter invadit ad æstimationem publicam ad quadraginta tres marcas eamdem damnificando, et maxime in distractione et exustione prædiorum. » Memoratus capitaneus erat Milota Zawischius Styriæ præfectus. Qua de re archiepiscopus haud ita multo post in Augustanis comitiis die 24 Junii celebratis acerrime disseruit, ut ait Gerardus (*Hist. Austr.* lib. I, p. 22). Etenim post auditas Austriacorum injurias, ipse « de recenti ejus injuria, qua misso in ipsius ditiones Milota præfecto, omnia ferro atque igni fœdaverat, verba faciens orat et obsecrat Cæsarem, reliquosque principes, uti conatubus illius in tempore obviam eant. »

[c] De tota litterarum sententia uberrime constat ex allata ad Gregorium epistola, præterquam de Milotæ præfecti missione, quæ posterior fuit, ut ex earumdem silentio colligitur.

[d] Hanc epistolam præferendam esse illi, quam supra attulimus (ep. 6), res ipsa docet. Camerarius enim Ladislai, exhibitione hac liberali permotus, commendatione sui regis terras aliquot sibi concedendas petiit, quæ nondum ereptæ fuerant ex invasoris manibus.

[e] Mendum evidens collectori, aut exscriptori tribuendum, nam recte alibi (ep. 6 et 20) Ladislaus appellatur.

orbatos solatiis (quos ut carnem ex carne nostra, et os velut ex ossibus nostris amplexu sinuque paterno fovendos assumpsimus a) gratis non desinitis prævenire servitiis, et eisdem in suis et regni agendis officiosis et indesinentibus non cessatis amplexibus inhærere. Super quibus utique laudabilibus actibus vestris, in quibus nimirum nobis, velut in delectabili quadam refectione complacuit, redibitionibus gratiarum amplissimis studia vestra prosequimur et commendatione laudabili collaudamus. Volentes igitur erga vos propter hoc realiter potius quam vocaliter affluentius abundare, pro munere petimus speciali, quatenus in quæ in regno Romano vel apud nos hujusmodi prærogativæ refulgeant, quod ex his vester animus oblectetur, a nobis eas cum obtinendi fiducia requiratis. Sic enim procul dubio nobis est cordi et curæ illud magnificum **395** et famosum Hungariæ regnum in antiquæ gloriæ fascibus rediviva reformatione dirigere, sicque ipso illæso persecutoris illius illidere fertitatem b, quod nulla prorsus personarum aut rerum dispendia evitare proponimus, quin ad edomandam ejusdem fastuosi superbiam sub victricibus aquilis c, duce Domino exercituum, intendamus : ut discat amodo, posito supercilio per seipsum, quam sit durum quamque difficile contra stimulum calcitrare.

EPISTOLA XVII.

Rudolphus imperator d commendat filium suum primogenitum, quem in Austriam cum copiis militaribus præmittit, cuidam principi, ut ipsum in omnibus adjuvet.

(An. Dom. 1276, cod. Rud. xvii.)

ARGUMENTUM. — Castra moturus versus Egram, præmissoque Alberto primogenito in Austriam cum valido exercitu, eidem ab N. iter dari petit per suos fines, promittens gravem haud futurum locis aut hominibus, rogatque ut populos sibi subditos jubeat præsidio esse eidem Alberto, jugum scilicet excussuros, quod illis jampridem Ottocarus imposuerat.

Rudolphus etc., Turbatur non immerito nostræ serenitatis animus, et ad iram concitamur vehementius, ac tanto justius quanto te et cæteros sacri imperii principes et fideles propter fidei puritatem quam ad Romanum geris imperium, gravius per illustris regis Bohemiæ rabiosam tyrannidem perpendimus tribulari. Sane multiformis dilectionis animum et affectum, quem ad **396** te nostra gerit serenitas, curantes ferventibus atque irremissis desideriis, tibi cæterisque nostris principibus inique tribulatis, similiter et oppressis, operoso ac festino succursu et subventione potenti ostendere disponimus, et in voto gerimus versus Ægram e una cum filio L. f, rege regum dirigente feliciter gressus nostros, festinis progressibus nos conferre, primogenito nostro versus partes Austriæ cum armatorum multitudine et armatorum militum copiositate apparatu decentissimo destinato. Qui cum necesse habeat tuos transire terminos absque alicujus hominum læsione, dispendio, vel jactura, petimus ut eidem nostro primogenito viam et introitum, juxta quam de tua fidelitate et discretione inconcussam fiduciam gerimus, studeas præparare; faciens et disponens quod fideles tui de suis munitionibus eidem, imo sibi ipsis subveniant, atque ipsorum negotium in subventione nostri primogeniti tam ardenter et tam strenue prosequantur, quod abjecto servitutis jugo per prædictum regem ipsis dudum imposito, in amœnitate tranquilla pacis valeant respirare g. Dictum nostrum filium tuæ fidei puritati examinatæ discretionis consilio in totum committimus, et quasi pro filio tibi tradimus instruendum, gubernandum, et ad omnia, quæ liberationem patriæ respiciunt, dirigendum h.

---

a Hist. Aust. ad annum 1277 habet : « Circa festum omnium sanctorum Romanorum, et rex Ungar. in confinio circa Haimburgam colloquium habuerunt, ubi rex Romanorum eumdem regem Ungariæ in filium adoptavit. Et omnes regi Rom. servire promiserunt. Eodem tempore rex Romanorum eumdem regem Ungariæ apud Brucam ad prandium invitavit. » Eadem sententia est Gerardi (*H. Aust.* p. 29). At infra videbimus (ep. 31) in eo congressu, seu colloquio non adoptionem, sed fœdus sancitum esse. Quamobrem Rudolphus dum proceribus alacritatem additurus, regiis adolescentibus paternum solatium non defuturum affirmat, eosdem jam adoptasse significat.

b Stephanus adolescentium pater in tractatu pacis cum Ottocaro ap. Rayn. (1271, n. 50 seq.) sibi retinuit « Hungariam, Dalmatiam, Croatiam, Ramam, Serviam, Gallaciam, Lodomeriam, Cumaniam, Bulgariam, totumque ducatum Sclavoniæ cum attinentiis eorum. » Juri autem omni cessit « in ducatibus Styriæ, Carinthiæ, Carniolæ, et Marchiæ. » Quem sane tractatum sequenti anno 1272 Gregorius X ratum habuit apostolica auctoritate. At moriente Stephano eodem anno, pax evanuit. Nam Bela dux, Ottocari consobrinus, proditionis apud Ladislaum insimulatus ac cæsus iracundia exæstuantem Ottocarum coegit pacem abrumpere : et quamvis Gregorius, Caroli etiam Siciliæ regis opera invocata, erup uram iram reprimere conatus sit, ferocissimum animi motus comprimere non potuit. Idcirco Rudolphus procerum fidem curamque egregiam commendat, ac parentis vices se gesturum promittit, eosque beneficiis affecturum, ac regni æmulo arma quantocius illaturum.

c De aquila in vexillis vide supra (ep. 41, n. 2).

d Corrige, titulatoris ingratiis (Rudolpho sic perpetuum volente) *Rudolphus rex Romanorum.*

e Has dedisse litteras puto post recensitum exercitum Campoduni, quæ civitas Sueviæ in Algoia *Kempten* hodie audit ; ex quibus patet iter utriusque exercitus in Austriam, Rudolphi nempe per Franconiam versus Egram in Bohemiæ finibus ; Alberti autem per Tirolensem comitatum et Carinthiæ fines.

f Nulli ex Rudolphi filiis nomen fuit per L. litterarum incipiens, ut suo loco dixi (lib. I, epist. 11, num. 4) : H. igitur aut R. reponi debent, quibus in dicentur Hermannus, aliusve filius patri cognominis, qui tirocinium sub strenuo genitore agens, in castris esset. Quandoquidem *Alberto, Hermanno, et Rudolpho, et eorum hæredibus masculis* feuda sequenti anno concessa inveniuntur a Petro Pataviensi episcopo, in duobus diplomatibus apud Hansizium (*Germ. Sac.* tom. I, p. 418 seqq.).

g Philippum Carinthiæ ducem in comitiis Norimbergensibus provinciæ illius investituram accepisse compertum est (ep. 14, n. 4) ; tametsi eodem hoc anno Rudolphus eam provinciam una cum aliis Austriacis acquisitam Meinardo comiti Tirolensi administrandam dederit. Quamobrem fidelitati et discretioni hujus ducis exercitum commendari credi posset : quæ, cum fallaces hac occasione perspectæ fuerint dejectionis causa postea exstiterint. At quæ sequuntur, Philippo convenire nequaquam possunt.

h Hæc sane non hominem una tantum occasione cognitum, cum feudorum investituram et restitutionem in integrum (ab Ottocaro enim dejectus fuerat ex Carinthia, et Carniola) a Rudolpho obtinuit ; sed spectatæ fidei virum, cui Albertus tanquam patri commendaretur, qualis erat Salisburgensis archiepiscopus. Cui tamen scriptam epistolam affirmare non ausim, cum supra viderim (ep. 12) officii verborumque discrimen huic epistolæ cum litteris ad archiepiscopum intercedens.

397 EPISTOLA XVIII.

Rudolphus imperator [a] *duci cuidam significat se moturum contra Bohemum, et ut castra viciniora occupet* [b].

(An. Dom. 1276, cod. Rud. xviii.)

ARGUMENTUM. — Iter sibi tutius comparaturus adversus Bohemiæ regem, hortatur N. ut occupet castra hostis suæ ditioni finitima quæcunque poterit. Præmium promittit laudem atque honores.

Quam versutæ calliditatis insidiis, quam calumniosæ intentationis insultibus, temerarius hostis imperii N. in exhæreditationem ejusdem imperii machinetur, satis, ut credimus, tibi in vicino est cognitum quod jam transiit ad remotos. Sane cum ad recuperandum possessiones præclaras imperii per eumdem hactenus occupatas [c], imperialia potentiæ signa movere in proximo, duce altissimo exercituum Domino, disponamus, sinceritatem tuam, de qua non modicam obtinemus fiduciam, amplissima qua possumus precum instantia duximus exhortandam, quatenus ad occupationem castrorum prædicti regis, quæ tuæ sunt viciniora potentiæ, [Fors. provinciæ], omnes animi tui curas et studia opportuna convertere non omittas, ut ad invasionem ipsius per eadem loca liberior nobis transitus pateat, et ingressus habilior [d] in perpetuum suæ desolationis exterminium nobis et nostris valeat præparari. Per hoc enim procul dubio tu et tui condignis a nostra magnificentia præconiis præveniri poteritis et præcelsis honoribus exaltari.

398 EPISTOLA XIX.

Rudolphus Cæsar excusat se apud pontificem Romanum, quod ad constitutum tempus non venerit pro corona imperii suscipienda.

(An. Dom. 1275, cod. Rud. xix.)

ARGUMENTUM. — Rudolphus protestatur Gregorio X se post Lausanense colloquium nil habuisse antiquius quam magnificum apparatum pro Italico itinere suscipiendo ad imperialem coronationem

---

[a] Corrige ut in col. 771 (not. [d]).
[b] Ottocarum superiori anno denuntiatum fuisse hostem imperii chronicorum præsidio vidimus: Rudolphi testificatione nil certius desiderari potest.
[c] Carinthia, Styria, Carniola, cæteræque Austriæ provinciæ nequidquam per legatos repetitæ, antequam hostis imperii denuntiaretur.
[d] Per Bavariam iter habiturus erat: attamen de illius duce Henrico, ejusque ditione semper silet. Ubi venit, sola ostentatione armorum eum compressit. Tum vero Austria omnis patuit usque Viennam.
[e] De colloquio Lausanensi eum loqui, et quidem cum Gregorio X pro certo haberi debet. Cumque post pontificis mortem cardinalibus affirmet se jam paratum esse ad veniendum, necessario hæ litteræ retro trahendæ sunt, præferendæque illis ad cardinales (l. 1, ep. 42). Eæ vero ante diem 20 Januarii anni 1276 scriptæ fuerunt: quare istæ sub finem præcedentis datæ videntur, teste Rudolpho ipso, qui non diu, sed aliquantulum se esse detentum ait a prædicto itinere suscipiendo.
[f] Jam diximus terminum primo constitutum fuisse diem festum omnium sanctorum anni 1275; at eodem imminente, dum rex cum pontifice Lausanæ consistebat, ad diem pentecostes anni sequentis dilatum esse. Quamobrem inepte titulator ponit Rudolphum se excusare quod non venerit: ipse enim Rudolphus « ait regio apparatu accingeremur ad iter, quo sperabamus incedere. » Quid sibi velit hujusmodi frequentius transformationibus, lector judex esto: mihi quidem collector, seu exscriptor iste est sublestæ fidei.
[g] Ex superioribus patet longe ante Lausanense colloquium hostilia omnia esse ab Ottocare adver-

---

die sancto Pentecostes, ut constitutum fuerat; sed aliquandiu impeditum fuisse gravibus negotiis, quæ suus legatus enarrabit.

Is, beatissime pater, zelus circa paterni beneplaciti peragenda mysteria incessanter exuberat; is revera in pectore filialis devotionis effectus effervet assidue, circa afferti Ecclesiæ ministerium cultu honorifico prosequendum, quod amodo cum ab amabili vestra nos contigit abiisse [e] præsentia, nullis omnino pepercimus sumptuosis laboribus, quin regio apparatu decenter accingeremur ad iter, quo sperabamus incedere ad suscipiendum in termino nobis a vestra benignitate præfixo, de sacrosanctis manibus vestris imperii diadema [f]. Sed votis hujusmodi successiva processuum aptitudo non abfuit [Fors. adfuit]. Imo et casuum inopinabilium postmodum ingruentium intricata congeries promptum spiritum a tam grati operis exsecutione gratuita aliquantulum sequestravit [g]. Quæ quidem negotiosa obstacula vestræ sanctitati potius fidi interpretis eloquio duximus disserenda **399** quam scripto. Propter quod religiosum et honorabilem N. virum utique fide ac devotione conspicuum, cœlibis vitæ candore nitentem, nobisque prælucidis meritis suæ probitatis acceptum, in cujus os super præmissis et aliis verba nostra perfecte transfudimus, ad beatitudinis vestræ pedes, ut casus hujusmodi referat, fiducialissime destinamus, humillime supplicantes, ut ei super his, veluti nobis ipsis, dignemini fidem credulam adhibere [h].

EPISTOLA XX.

Excitat Ladislaum regem Hungariæ, et Andream ducem Sclavoniæ, contra regem Bohemiæ.

(An. Dom. 1276, cod. Rud. xx.)

ARGUMENTUM. — Rudolphus Ladislao Ungariæ regi, fratrique ejus Andreæ duci Sclavoniæ, tanquam adoptatis in filios, ac fœdere secum junctis, nuntiat se eos, regnumque eorum a tyrannide Ottocari liberaturum; excelso magnoque animo eos

-sus archiepiscopum, aliosque principes, barones, et comites, qui ab eo defecerant, ut regi Romanorum adhærerent. Hæc tamen causa, utcunque gravissima, impedimento non erat, quin Gregorio superstite ad duo illa maxima, omniumque præcipua serio incumberetur, expeditionem Syriacam, et coronationem Rudolphi, ejus quippe duces futuri erant imperator, et pontifex, ut constanter auctores affirmant. Alia igitur impedimenta supervenerant, quæ legatus enarraturus erat, quibusque postea se explicaturum pollicetur Innocentio V_1 (lib. 1, ep. 38) ut stato die præsto sit in Urbe.

[h] Minoritæ ut plurimum legationibus fungebantur id temporis apud pontificem principesque summos. De quibus minime prætereunda mihi videtur concilii Lugdunensis præclara testificatio, tam pro iis quam pro ordinis Prædicatorum religiosis. Utrique enim maxime putabantur Ecclesiæ necessarii, cum de novis religionibus improbandis res erat: « Sane, aiunt Patres, ad Prædicatorum et Minorum ordines, quos evidens ex eis utilitas Ecclesiæ universali provenieus perhibet approbatos, præsentem non patimur constitutionem extendi. Cæterum Carmelitarum, et Eremitarum sancti Augustini ordines, quorum institutio dictum concilium generale (Later. sub. Innoc. III, c. 42) præcessit, in suo statu manere concedimus, donec de ipsis fuerit aliter ordinatum. De utro autem ordine hic religiosus fuerit, duo præsertim serio animadvertenda nobis præbet, sanctos nimirum hominum mores, eorumque animi sinceritatem, magnam esse commendationem apud summos principes; et utriusque ordinis religiosos, antequam rigor ille pristinus defervesceret, summo loco esse habitos in Ecclesiæ reique publicæ utilitatibus; infra exemplis confirmatum hoc videbimus.

esse jubet : etenim cum æquo ac fortunato principe sunt pugnaturi.

Placidæ parentelæ conjunctio, quæ identitatis alternæ nos unit amplexibus, sic est nostris infixa præcordiis, sic revera convaluit radicata tenaciter, et memoriæ nostræ plantariis insita jugiter coalescit, quod inter cætera, 'quorum crebra sollicitudo nos afficit, illud inhæret potissime votis nostris, qualiter vos et inclytum N. quos ut carnem ex carne nostra, et velut os ex ossibus nostris amplexu, sinuque paterno fovendos sumpsimus, a tyrannide **400** furibunda persecutoris iniqui possimus eripere [a], ac avitæ hæreditatis vestræ funiculos congruis finibus ampliare. Sic enim proculdubio nobis est cordi et curæ illud magnificum et famosum Hungariæ regnum in antiquæ gloriæ fascibus rediviva reformatione dirigere, sicque ipso illæso persecutoris illius illidere feritatem, quod nulla prorsus personarum aut rerum dispendia evitare proponimus, quin ad edomandum ejusdem fastuosi superbiam sub victricibus aquilis, duce Domino exercituum, intendamus. Ut discat amodo, posito supercilio per se ipsum, quam sit durum quamque difficile contra stimulum calcitrare [b]. Eia ergo princeps, in quem proavorum generosa strenuitas vires et animos derivatione gratuita propagavit, virum induite virtuosum, vos robore fortitudinis accingentes. Confidimus autem in divina clementia, quod non deerit vobis prosper eventus ad omnia, dum in causa facili et æqua militabitis, et sub principe zelatore justitiæ fortunato [c].

401 EPISTOLA XXI.
Rudolphus ducem exercitus ad militiam invitat [d].

(An. Dom. 1276, cod. Rud. xxi.)

ARGUMENTUM. — Ducem cum parte copiarum in provincias imperio recuperandas præmissum, ob res præclare gestas eximiis effert laudibus; eique nuntiat se propediem profecturum in Austriam cum magnifico apparatu, regiaque illum munificentia prosecuturum.

[a] Magna hujus epistolæ similitudo cum sextadecima facit ut datam utramque credam uno eodemque tempore. Cumque in utraque ii adolescentes regii adoptati dicantur, fateor me non intelligere cur Austriacæ historiæ auctor Gerardo nimiam fidem adhibens adoptionem differat in sequentem annum. Vide supra (col. 771, n. [b]).

[b] Iisdem fere verbis Ungariæ proceres alloquitur.

[c] Vanum esset tantum principem, tantisque ornatum virtutibus cum Cæsare aliisve ethnicis principibus comparare. At Engelberti Coloniensis episcopi testimonium silentio præteriri non debet, qui Gregorio X electum regem Romanorum sic describit (*Cod. Cæsar. ap. auct. Piet. Austr.* l. i, c. 4, p. 54):
« Et ut de regis electi, sic et coronati persona sacros. Romanæ Ecclesiæ matris nostræ nova gaudia cumulentur, idem rex est fide catholicus, ecclesiarum amator, justitiæ cultor, pollens consilio, fulgens pietate, propriis potens viribus, et multorum potentium affinitate connexus, Deo, ut firmiter opinamur, amabilis, et humanis aspectibus, ut cernitur, gratiosus; insuper corpore strenuus, et in rebus bellicis contra infideles fortunatus. Propter quod speramus in eo qui reges et regna constituit, quod sub ejus principatu pacifica quies regno proveniet, pax ecclesiis, concordia plebibus, et moribus disciplina : ita quod gladii conflabuntur in vomeres, cornu Christi sui a rege regum magnifice sublimato. Vos itaque quæsumus, pater sancte, suscipite filium singularem, quem procul dubio sentietis intrepidum matris Ecclesiæ pugilem, et invictum fidei catholicæ defensorem. Processum vero tam rite, tam provide, tam mature de ipso sic habitum, gratiosæ approbationis applausu benevolo prosequentes, ac ex affluenti paternæ dulcedine pietatis opus perficientes Dei in

Satis est regiæ celsitudini patens et cognitum, quanta in te virtus eniteat, satis claris et placidis elucescit indiciis et notoriis claruit argumentis, quanta strenuitatis et fidei rutilas puritate, dum nostræ gloriæ sitibundus et avidus, personarum et rerum dispendia non evitans, ad exaltationem imperii prosilire non cessas intrepidus, creditæ tibi nostræ militiæ agmina gloriose ac strenue dirigendo [e]. Super quo utique tuæ constantiæ, quæ in operis exhibitione complacuit, commendamus effectum. Sane tua volumus desideria non latere, quod in proximo, Deo duce, ad partes Austriæ in regio potentatu et apparatu magnifico nos conferre disponimus, digna pro meritis te beneficentia liberaliter præventuri, et juxta industriæ tuæ consilium fine salutari [f] negotio provisuri [g].

402 EPISTOLA XXII.
Fridericus archiepiscopus Salisburgensis absolvit suos diœcesanos a juramento præstito cuidam principi.

(An. Dom. 1276, cod. Rud. xxii.)

ARGUMENTUM. — Archiepiscopus Salisburgensis provinciales suos a juramento fidelitatis absolvit, quo regi Bohemorum astringebantur; ac de suffraganeorum consilio se anathemate percussurum minatur quemcunque juramenti ejus obtentu non adhærentem Rudolpho.

Fridericus Dei gratia, etc., omnis boni plenitudinem cum salute. Ex quo jurisjurandi sancta religio non est iniquitatis vinculum, sed confirmatio potius veritatis, viri prudentes et providi, de quorum vos numero æstimamus, illud plene intelligunt et reputant apprehendunt, quod illustri principi N. per vos et aliis præstita sacramenta adversus sacrum imperium, dominumque vestrum serenissimum, nec tenent, nec ligant vos, quod contra ducem et justitiam statumque reipublicæ indebite sunt extorta [h]; et quoniam eadem juramenta observari non possunt sine præjudicio vestræ salutis et mortali periculo ipso, eumdem cum vestræ sanctitati placuerit, et visum fuerit opportunum, ad imperialis fastigii diadema dignemini misericorditer evocare : ut sciant et intelligant universi, quod posuerit vos in lucem gentium Dominus, et per vestræ discretionis arbitrium, orbi terræ post nubilum exoptata serenitas elucescat. »

[d] Lector, judex esto, num titulus conveniat epistolæ. Regio exercitui rex ipse cum uno ex filiis præerat : jamque omnia erant disposita ad movendum castra. Tunc vero exercitui eidem quærit ducem ?

[e] Meinhardum comitem Tirolensium præmissum fuisse in Styriam et Carinthiam auctores constanter tradunt. Qui cum Rudolphus Patavian pervenit die 26 Septembris, in castris regiis reperitur, diciturque utramque eam provinciam adegisse in verba. Mentiar, nisi ad hunc strenuum ducem epistola data est. Quin etiam Albertus primogenitus Rudolphi, quem supra vidimus (ep. 17) præmissum pari modo in Austriæ provincias, cum comite Meinhardo fuisse videtur. Certe cum credita sibi militia res gesserat dignas, quæ a Rudolpho maxime commendarentur.

[f] Hic videtur aliquid deesse.

[g] Eodem hoc anno Philippo Carinthiæ duce dejecto, Meinhardum provinciis præfecit, ut animadvertit Hansiz. (*Germ. Sac.* tom. II, p. 565), cujus verba non negligam. « Cum Rudolphus anno 1276 provincias occupasset, eas non Philippo, sed Meinhardo Tirolensium comiti, propter egregie navatam operam tradidit : Philippo modulum suum apud Urbem Chrembsium ad exitum usque tolerante. Decessit an. 1279.

[h] Quæ juramenta Ottocarus extorserit, vide supra, ep. 15.

animarum vestrarum, nos auctoritate Dei omnipotentis ipsa vobis remittimus et absolvimus [a], imo non esse ligatos denuntiamus ad observantias eorumdem. Nos etiam de consilio venerab. fratrum suffraganeorum nostrorum per excommunicationis sententiam adversus omnes et singulos procedemus, qui prætextu juramentorum taliter præstitorum in erroris concepti devio vagari magis elegerint, quam reduci ad semitam veritatis apertæ, quam [Fors., qua] Romanum imperium Deo jam præduce nos præcedit [b].

403 EPISTOLA XXIII.
Rudolphus scribit regi Ungariæ pro auxilio contra Bohemum [c].

(An. Dom. 1278, cod. Rud. XXIII.)

ARGUMENTUM. — Rudolphus Viennæ consistens jam inde a recessu Ottocari, et undique auxilia contrahens contra eumdem rebellantem, seque ad ultimum conflictum parantem, regem Ungarorum orat, ut sibi præsidio sit in ducatibus Austriæ et Styriæ, quo si hostis se vertat, eum insequi a tergo se constituisse, regem admonet.

Cum inter reges orbis, et principes affinitatis interdum et amicitiæ fœdera contrahuntur, tanto majoris inter eosdem affectionis unio debet merito suboriri, quanto majores aliis in celsioribus positi speculis dignitatis, virtutum inferioribus debent exempla disserere, quantoque per unanimes voluntates ipsorum pax firmior crescit in populis, ampliantur honores alterutrum, et suorum roborantur in posterum jura regnorum. Sane contracta feliciter inter nos jampridem alternæ connexitatis identitas sic revera inexstinguibiliter est in nostris radicata præcordiis, sic in intimis nostri cordis affectibus est firmata tenaciter, quod delectat nos exsequi per effectum quidquid regalem vestrum demulceat animum, quidquid vestræ majestatis honoribus arbitraturi fuerimus adauctivum, incommutabili animo disponentes, conflubulationis hujus vinculum indissociabiliter observare [d]. Hinc est, quod sic contractæ inter nos inviolabilis amicitiæ debitum vice reciproca repetentes a vobis, juxta quod vester procurator et nuntius spopondisse dignoscitur, et ad hoc vos solemniter obligasse [e], serenitatem regiam ampliori qua possumus precum affectione deposcimus, et hortamur quatenus mutuo nobis in nostris necessitatibus subveniatis auxilio, et fidelibus ac fautoribus nostris in Austriæ et Styriæ ducatibus efficax opportuni patrocinii prætendatis umbraculum et solatiosi consilii et auxilii fulcimentum, prout dilecti fideles nostri N. N. celsitudinem regiam duxerint informandam [f]. Nos enim in civitate nostra Viennensi [g], ut pote regi Bohemiæ satis contermina, moram utilem ista vice contrahimus, ut si rex prædictus temerarios impetus sui gressus in attritionem ipsorum nostrorum fidelium forte direxerit, ipsum a tergo viriliter insequentes, eumdem regem, prædictis fidelibus nostris illæsis, allidere valeamus. Vos itaque quæsumus nobis cum festinatione rescribite, quid super præmissis in vestro proposito geritur et in beneplacito continetur [h].

EPISTOLA XXIV.
Rudolphus recipit cujusdam excusationem, ita tamen ut nolit ipsum esse inter se et regem Bohemiæ pacis mediatorem.

(An. Dom. 1276, cod. Rud. XXIV.)

ARGUMENTUM. — Bernardi episcopi Seccoviensis deprecationi optimus princeps liberalissime respondet. Pacis arbitrum inter se et Ottocarum negat se illum accepturum, nisi prius Ottocarus immensa damna episcopis illata resarcierit: tum vero præbiturum aures rebus rationi congruis.

Litteras vestras nobis postremo transmissas affectione benigna suscepimus, ut pote quæ fermenti, quod litterarum vestrarum prioritas discriminarat et sparserat, vos reddentes innoxios, velleris verecundi velamina revelarunt [i]. Sane nunquam

---

[a] Cum næc gereret archiepiscopus, in tuto erat, Rudolphus enim castra sequebatur. Hist. Austral. post Rudolphi adventum in Austriam, eamdem rem sic enarrat: « Quem ministeriales honorifice ac solemniter recipientes, relicto et abjecto prædicto rege Boemiæ, Rudolpho adhæserunt, obliquæ sunt pacti et juramenti quod pepigerant cum eo, postpositis hæredibus eorum, quos eis in obsides tradiderant, ac per consilium et informationem Prædicatorum et Minorum fratrum, et totius cleri, qui auctoritate papæ tollentes juramentorum scelera, omnes regem Rudolphum in dominum receperunt. » Fratrum clerique consilium accesserit, necne, non quæro: episcopali auctoritate populos absolvi a juramento certum hoc monumentum luculentissime testatur.

[b] Populorum studio, qui ab Ottocari tyrannide liberari avebant, spiritualibus armis accedentibus, civitates et castra se Rudolphi dominio subdiderunt, excepta civitate Viennensi, quam obsidione cinxit, ut breviter Eberardus Altahen. et fusius alii constanter tradunt.

[c] Loco hujus epistolæ ponenda erat 29, cum autem religio mihi fuerit ordinem codicis ullatenus immutare, ne istam quidem evidentem inversionem attingam, cum præcipue quæ mox sequetur epistola, superiori præmittenda sit, pluresque aliæ vagentur a propria sede, ut videbimus. In antecessum potius notari debet, anno 1276 die 19 Novembris Elisabeth Sacro Bohemiæ regem in genua provolutum jurasse fidem Rudolpho coram multis principibus: quam rem uberrime enarratam videbimus infra (ep. 29).

[d] De affinitate per adoptionem contracta est dictum supra (ep. 16 et 20): hic autem initi etiam fœderis fit mentio, cujus conditiones habentur infra (ep. 31). Quare eadem isti præmittenda erat, quæ ad annum spectat 1278.

[e] Ante sancitum fœdus a rege Romanorum cum rege Hungariæ, legatis ultro citroque missis pactiones factæ erant, riteque omnia peracta, quæ in hujusmodi magnis negotiis fieri solent, ut Rudolphus luculenter affirmat. Quamobrem chronistæ Altahensis, aliorumque breviloquentiam de amicitia invicem contracta, cum mira factorum celeritate conjunctam secerni oportet, ita ut sanciendo fœderi plures menses, nec pauciores apparatui novi belli tribuantur: nam rei utriusque effectus ante Augusti mensis extrema anno 1278 non apparuit (ep. 52 seq.).

[f] Rudolphus et Ladislaus reges conjunctis exercitibus dimicarunt, quod litteræ eædem docent. Bohemus enim castrametatus in Austria Rudolphi consilia elusit ad Styriæ ducatum quod attinet.

[g] In hac urbe rex Romanorum moratus est usque ad Annæ reginæ decessum an. 1281. Tunc Alberto primogenito Austriæ, aliarumque provinciarum administratione dimissa, profectus est ad Rhenum.

[h] Quanquam vi fœderis ad tegendum et nocendum initi non defutura esse auxilia viderentur a fœderato rege, Rudolphus tamen scripto sibi significari optat ab eodem rege, num opem sit laturus, necne? Confligendum quippe erat cum rege hominum sui ævi fortissimo, ac bellicosissimo, nec non victoriis assueto, ut tradit chron. Pragen. præterea cum rege irato.

[i] Bernardi scilicet Seccoviensis episcopi, Ottocaro addictissimi, qui anno præterito regia legatione fungens in Augustanis comitiis temere invectivam habuerat in Rudolphum, quem Bohemi potentia fretus tanquam hostis hostem contempserat.

[j] Has igitur litteras aliæ præcesserant, quibus opinionem ab se averterat, qua probrosos in regem Romanorum libellos effudisse dictitabatur. Neutram

hactenus regia celsitudo de vestræ rectitudinis inobliquabilitate decredidit, sed in vobis quidquid in puri pectoris hominem ministeriosæ naturæ potuerit artificium infudisse, semper existimavit divinitus inditum esse vobis. Ex his igitur, quæ sincera præcordia rubiginosæ non susceptibilia cicatricis, jam verisimiliter produxerunt in lucem celebris opinionis vestræ præstantiam, et constantiæ firmitatem condigno laudum præconio commendantes, excusationem vestram libenter admittimus, et nitentis innocentiæ titulos approbamus. Viderint tamen illi, qui vobis insciis veritatis vacuos dictavere libellos, quid honoris et gloriæ ex commentis hujusmodi consequantur.[a] Porro super his quæ inter cætera celsitudini nostræ scripsistis vos velle libenter ad bonum concordiæ inter nos et regem Bohemiæ per mediatoris solliciti modum interponere partes vestras, sic vobis duximus respondendum. **406** Quod cum idem rex ad principes nostros archiepiscopos et episcopos, veluti ad pupillam oculorum nostrorum utramque manum hostilis invasionis extenderit, in eorum continuum exterminium graviter debacchando, penitus incongruum arbitramur et indecens, eo sic proterviente ferociter, in eventuum tractandorum et dubiorum involucro nos involvi. Verum si manum retraheret ab offensis, et male facta corrigeret restitutionibus ablatorum, ad ea quæ forent congrua rationi possemus facilius inclinari [b].

EPISTOLA XXV.

Rudolphus cognatum hortatur, ut secum contra regem Bohemiæ proficiscatur.

(An. Dom. 1276, cod. Rud. xxv.)

ARGUMENTUM. — Principem aut comitem consanguineum hortatur, ut sibi opem ferat adversus Bohemiæ regem Ottocarum, magnis eum præmiis sua-

epistolam codices præseferunt. Ex hoc autem Rudolphi responso, cujus frustum ab Hansizio recitatur (*Germ. Sac.* tom. II, p. 585), patet Bernardum istis litteris egisse causam suam. Harum ætatem facili negotio assequemur, si animadverterimus, vi Kal. Octob. Bernardum non adfuisse cum aliis episcopis Pataviæ in castris Rudolphi, at Novembri declinante una cum Salisburgensi archiep. et suffraganeis dedisse litteras gratulatorias ad Joannem XXI quibus Austriæ aliarumque provinciarum liberationem a tyrannide exsultantes nuntiant. Itaque metu primum, cum Rudolphum favore principum, et armorum terrore adventare in Austriam vidit; deinde exemplo Henrici Bavariæ ducis resipiscentis litteris deprecari veniam cœpit; quam utique obtinuit, antequam Rudolphus ex Bavaria moveret castra.

[a] Magnanimitate principis ac mansuetudine raro admodum obvia, episcopi excusationem admittit, atque auctoris libellorum, quicunque fuerit, conscientiam malefacti arbitram relinquit. Quare Bernardus tanti beneficii æstimator tertiam regi Romanorum epistolam scripsit, quam refert Hansiz. ex cod. Cæsareo (*Ib.* p. eadem), quæ cum in nostro desideretur, audienda est : « Revixit spiritus meus exsultationis insperatæ gaudio excitatus. Sedenti in tenebris, et umbra mortis lux est mihi visa cœlitus exoriri. Pulsis jam e medio rancorum nebulis, quas suis follibus fabri induxerant Aquilonis, repente quidem vestræ serenitatis jubar lucidum mihi gaudeo arrisisse. Complector, et teneo super aurum et topazion litteras vestras, quas mihi quidem detulit Angelus pacis, in quibus ramum olivæ ore columbino porrectum ad instar Noe fluctuantis me profiteor recepisse: denique annuente Domino, gaudium magnum, quemadmodum gallo canente spes rediit. Refusa est salus ægro, restituta sanitas semivivo. Cæterum anima mea turbata est valde, quod in me visa est vestra gratuitas perturbata et exasperata lenitas. Id meis peccatis prorsus imputo, quibus iram merui, et vestram deminui gratiam, dum in me transie-

que beneficentia ipsum, ejusque familiam se prosecuturum esse pro meritis promittens.

De generosi sanguinis unione qua nobis astringeris [c], te degenerare nullatenus arbitrantes, sinceritatem tuam, de qua non dubia fide confidimus, ampliori qua possumus precum instantia duximus exhortandam, quatenus tractus naturalis funiculo parentelæ qua jungimur, digne pensans, quod regiæ sublimitatis auspicia nobis attributa divinitus tua sint, tuæque posteritatis egregiæ **407** incrementa perpetua et magnifica fulcimenta, nobis nostrisque fautoribus studeas in instantis casus articulo, contra grassatoris iniqui potentiam, tam viriliter quam constanter assistere, et nos impugnantes fideliter expugnare. In hac etenim causa tua res agitur procul dubio sicut res nostra. Quare si prompto aggressus fueris animo quæ petuntur, condignis te ac tuos regia celsitudo magnificabit honoribus, et fecundis beneficentiæ suæ revera favoribus ampliabit.

EPISTOLA XXVI.

Rudolphus defert cuidam principi officium in imperio, eumque invitat ad societatem belli, et per illum alios.

(An. Dom. 1276, cod. Rud. xxvi.)

ARGUMENTUM. — Consanguineo alteri principi in provincia Ottocari faucibus exposita confert officium imperii a principibus ratihabendum, cum ad imperialem aulam accedet. Interim ei constantiam in fide commendat, eumque impense orat, ut avunculos suos ad eadem, spe præmiorum alliciat

Duplex tibi suppetere non ambigimus incentivum, quod nobis et Romano imperio adeo ministeriosus, ut apis argumentosa, deservis : quorum alterum sanrunt iræ vestræ taliter et terrores; ex quo non est accusare alium, quam meipsum, qui liquido confiteor, me peccasse. Ego autem si quid in eo est vel opere, vel sermone commissum, in quo vestra sit vel exasperata benignitas, vel utilitas diminuta, vestrum subeo spontaneum satisfactione judicium, quatenus vos æqua discretionis lance pondus libretis examinis, per quod et confitenti sit venia, et innocenti non imputetur de cætero hæc offensa ; veniatque Auster, qui ollam indignationis, fallace Aquilone succensam, mitioris auræ temperamento refrigeret, atque in thalamo Salomonis medium cubile charitate constituens in quietis tranquilla planitiem, mentis vestræ redigat tempestatem. » Præterea facto confirmavit quæ litteris amplexus erat. Nam una cum cæteris principibus certatim subvenit indigentiæ Rudolphi in prosecutione belli adversus Ottocarum. Cujus rei monumenta videsis apud eumdem Hansiz. (*Ibid.*, p. 386 seq).

[b] Tituli fallaciam hæc arguunt. Rudolphus siquidem præbere aures faciles conventioni alicui non recusat · dummodo Ottocarus male facta emendet.

[c] Hæc et sequens epistola inscitiæ insimulant scriptores , qui in magno hoc progenitore Augustæ domus Austriacæ inclytum genus, et potentiam ab electione ejus in regem Romanorum desumunt. Recte de eodem Coloniensis archiepiscopus, ut supra vidimus (ep. 20, in not.) sub ipsam electionem *multorum potentium affinitate connexum* descripsit Gregorie X rectius haud dubie dicturus, si *et consanguinitate* adjecisset. Certe inter potentes affines hauddum recensebantur Albertus Saxoniæ dux, cui Rudolphus Agnetem filiam, et Otto Brandeburgicus, cui Hedwigen despondit : namque id factum Aquisgrani post coronationem sequenti anno. Ex potentibus autem consanguineis Henricum Furstembergium (ep. 24 et seqq. lib. 1) præcedenti anno præfecit provinciis, quas putabat juris imperii : alios duos modo hortatur, ut potentissimo regi Ottocaro suas vires objiciant.

guinis efficit claritudo qua jungimur, alterum vero A fidei debitum naturalis, quo te imperio cognoscis astringi [a], quodque rupturæ non patitur cicatricem. Virilis igitur viri, quem nec blanda subvertunt, nec terrent adversa, constantiam digno laudum præconio commendantes, et incommutabili animo disponentes, te, velut insigne signaculum positum in cor nostrum, condignis magnificare honoribus, et honoribus congruis exaltare, fidelitati tuæ describimus quod officium N. tibi committimus usque ad nostræ beneplacitum voluntatis [b]. Nos enim jurejurando firmavimus, quod imperialia bona sine consilio principum prorsus alienare non possumus, sed ob tuæ meritum probitatis, cujus præstantia pollet semper et viguit fides tua, cum ad præsentiam 408 nostram veneris, ipsos principes ad hoc facile credimus inclinare, quod non solum in istis, sed etiam in secundioribus beneficentiæ nostræ solatiis debeas merito honorari. Porro cum nobilis N. [c] sic a præsentia nostra recesserit, quod ipse una cum B aliis suis contra hostes imperii Romani potenter exsurgere debeat, et patenter votivum tibi patrocinium impensurus, prout ab ipso et coadjutoribus suis, si nuntios tuos ad eos transmiseris, plenius poteris edoceri, sinceritatem tuam attente requirimus et hortamur, quatenus animum tuum alicujus impressione formidinis non dimittens, et ab insidiantium laqueis tuta te providentia cautum reddens, in inchoato proposito strenuitate concepta viriliter perseveres. Avunculos tuos, erga quos uberi affluentia præmiorum similiter volumus redundare, ad assistendum nobis, etc., in ipso negotio quibus possis inductionibus efficaciter allecturus; nos enim tam erga te quam erga ipsos beneficentiæ nostræ dulcoribus sic exuberare concepimus, quod laborum efficienter immemores, copiosa superveniente dulcedine præmiorum.

409 EPISTOLA XXVII.

Rudolphus cuidam principi gratulatur de concordia inita, eumdemque incitat contra Bohemum.

[a] Erat igitur potens hic consanguineus ex principibus imperii.

[b] Quare officium absolute non conferat, in sequentibus declarat. Unde liquet, qua lege astringeretur rex Romanorum, seu imperator electus, antequam Aurea Bulla quidquam de ea re constitueretur.

[c] De Tirolensi comite Meinhardo in Carinthiam præmisso videtur sermo esse. Cum autem singularia hujusmodi ex litteris hisce suppetant, quæ in Austriaca historia, chronicisque aliis non reperiuntur, haud expeditum est decernere, num principes Campiduni congregati in comitiis ista promiserint Rudolpho, nam plures hic memorantur; an eorum aliquis cum copiis præmissus cum sibi adhærentibus aggressurus esset Ottocari fideles. Quod certo constat, Albertus Rudolphi primogenitus, et prædictus comes Tirolensis in provincias ab Ottocaro invasas Rudolphi exercitum præcessere.

[d] Jam, diximus (lib. I, ep. 37) reconciliationem istam esse factam die 5 Aprilis hujus anni, quod ex chron. Austr. collegimus. De eadem loquitur Hist. Austr. hunc in modum. « An. 1276 (Rudolphus) Ratisponam usque pervenit, ducemque Henricum Bavariæ (qui tunc temporis prædicto regi Bohemiæ per suas pecunias adhæsit) potenti manu devicit; filiam quoque suam Ottoni filio præfati ducis matrimonio legitime copulavit, et ab ipso rege Rudolpho sæpe dictus dux terram suam recepit titulo feudali. Igitur Rudolphus rex Bavariam potenter pertransiens, Patavium pervenit » die videlicet 26 Septembris. Antequam Bavariam ingrederetur, has litteras datas esse nemo dixerit; de nuptiis enim antequam in or-

(*An. Dom.* 1276, *cod. Rud.* XXVII.)

ARGUMENTUM. — Rudolphus Henrico Bavariæ duci, qui optimo publico reconciliatus erat cum Ludovico fratre comite palatino, gratulatur, eumque orat, ut nuntios de nuptiis celebrandis cum Ottone ejusdem filio et regia filia remittat; Ottocarum ab suo latere invadat, quem ipse aggredietur ab altero, ut medius inter duo incendia non possit effugere.

Grandem cordi nostro materiam exsultationis induxit, quod quiescente jam intumescentiæ spiritu quem inter vos et inclytum filiæ nostræ sponsum fragor horridæ tempestatis invexerat, ejus disponente clementia qui post nubilum dat serenum, eidem sic estis votivæ reconciliationis in osculo et fraterna dulcedine couniti, quod utique sicut vobis ad gloriam, sic subjectis fidelibus cedet ad exoptatæ quietis augmentum [d]. Verum ex eo admirationis causa præcordiis nostris infunditur, quod nuntii nostri ad vestram jamdudum transmissi præsentiam, super matrimonio consummando, tam longam et diuturnam moram in vestra curia contraxerunt, quos quidem finaliter petimus expediri [e]. Et quia nostri fideles in Austria diris adversantis æmuli quatiuntur insultibus, et amaris persecutionum intentationibus impetuntur, serenitatem vestram, de qua stabili fide confidimus, ampliori qua possumus precum instantia deposcimus, quatenus invasores eorum ab illo latere cum 410 viriliter quam potenter invadere satagatis [f]. Nos enim in digito Dei confisi, qui causæ nostræ justitiam comitatur et dirigit, eos ab isto latere taliter impugnare ac expugnare conabimur, in virtute Germanici potentatus, quod invasores prædicti inter malleum et incudem sera ducentur pœnitudine patratorum. Sic autem non solum ademptos vobis avitos recuperare poteritis terminos, sed ad ampliora funiculos extendetis. Unde si placet, mox visis præsentibus, C nobis insinuetis expressius quid super his in vestro proposito geritur et in beneplacito continetur.

dinem redigeretur, minime actum esset. Quamobrem credibile proclive est, modica temporis intercapedine reconciliationem Henrici cum fratre, ejusdem reditum in gratiam Rudolphi, et desponsationem prædictam contigisse. Chron. Salisb. ap. Canis. (*Ant. lect.* tom. III, part. II, p. 487) anno 1278 habet : « Dominus Henricus dux Bavariæ pro filio suum generum regem (regis) Romanorum laborat ad regis gratiam, quam tandem consequitur per resignationem terræ inter Danubium et Anasum positæ, quam ab ipso rege Romanorum receperat titulo hypothecæ propter hoc specialiter ut Rom. imperium contra regem Bohemiæ adjuvaret. » Quare Henricus in fide non perstitisse videtur, et quidquid primo in gratiam reditu acquisivit, amisisse in altero.

[e] Rudolphus filiam Catharinam despondit Ottoni Henrici filio post hujus reditum in gratiam, ut animadvertit Gerardus (*Hist. Aust.* p. 25). Quapropter diuturnitatem legatorum querens moræ potius impatientem se ostendit, ob imminens certamen cum Ottocaro, quam negotium plus æquo dilatum reprehendit jure.

[f] Consilia ista elusit præceps defectio Austriæ tam superioris quam inferioris, una excepta Vienna. Octo spatio dierum tradunt utramque Austriam defecisse ab Ottocaro, quem populi experti erant immitem atque asperum. Hansiz (*Germ. Sac.* tom. I, p. 415) Rudolphum a populis invitatum observat in antiquis monumentis : « Provinciales, ait, Ottocaro ob tyrannidem infensi dudum antea Rudolphum invitaverant. Austria universa, quæ cis Danubium est, vix octidui labore indiguit. »

EPISTOLA XXVIII.

Rudolphus scribit cuidam de defectione Carinthiorum ab Ottocaro Bohemiæ rege.

(An. Dom. 1276, cod. Rud. XXVIII.)

ARGUMENTUM. — Meinhardo, ut videtur, Carinthiæ populos ad sui obsequium pertrahere nitenti nuntiat, ad se accessisse ex ejus provinciæ finibus N. et N., veniaque petita statim recessisse indicturos bellum Ottocaro, locaque in iisdem finibus invasuros. Id cum suis fidelibus communicandum censet, ut alacriores fiant.

Accedentibus nuper ad majestatis nostræ præsentiam N. N. et cum eisdem habito diligenti tractatu sub forma hujus informativi, simpliciter abierunt a nobis, quod statim rege Bohemiæ diffidato, circa fines Carinthiæ manus invasionis extendent in eum, et strenue bellicos attentabunt insultus N. et N. nostris obsequiis in eodem confinio corde et animo, ac opere, prout verisimiliter creditur, applicandis. Hæc igitur dic et manda fidelibus, quos de fortunatis nostris auspiciis arbitraveris gavisuros, ut sicut honorum nostrorum sunt avidi, sic et gloriæ participio gratulentur, et longe pulsa formidine, augustali brachio confidant se tutari, contra calumniantium impetus [a] et insidias æmulorum.

EPISTOLA XXIX.

Archiepiscopus Salisburgensis ac ejusdem suffraganei summo pontifici Romano læti nuntiant per Rudolphum imperatorem [b], *cujus virtutes ac laudes mirifice deprædicant, liberatam ab Ottocari Bohemi tyrannide Austriam.*

(An. Dom. 1276, cod. Rud. XXIX.)

ARGUMENTUM. — Salisburgensis archiepiscopus et suffraganei post primam Rudolphi victoriam de rege Bohemiæ Ottocaro, Joanni XXI novo pontifici de ejus electione gratulantes, ejusdem regis tyrannidem et audaciam in se aliosque omnes episcopos reduces a concilio Lugdunensi exaggerant, quam videlicet exercuerat, inhibendo decimas pro subsidio Terræ sanctæ, obtemperationem sanctæ sedis mandatis, et obsequium regi Romanorum apostolica auctoritate confirmato: nec non illicita extorquendo juramenta, subvertendo ecclesias incendiis et rapinis, atque jungendo fœdere cum Tartaris tyrannis. Subinde faustissimis Rudolphi progressibus uberrime enarratis pro liberatione

---

[a] Quinque calumniatorum genera novit interpres legis Arcadii et Honorii de calumniatoribus (*Cod. Th.* lib. IX, tit. 39, l. 3), quorum quartum est: *Calumniatores sunt, qui sub nomine fisci facultates impetunt alienas, et innocentes quietos esse non permittunt*. De hujusmodi calumniatoribus sermonem hic fieri arbitror.

[b] Reprimenda iterum titulatoris licentia auctore cod. Cæsarei, cujus titulum exhibuimus.

[c] Brevissimum Adriani V pontificatum excepit Joannes XXI die 15 Septembris hujus anni trium pontificum funeribus memorandi.

[d] Cur Hansizius ista siluerit non video; etenim pro eorum temporum more sacræ Scripturæ loci usurpantur, magis etiam apte quam in præcedentibus; præterea liquet, aliunde pervenisse ad sanctam sedem tantæ rei notitiam, at certam rerum seriem, rectamque eventuum declarationem ex hisce tantum litteris suppetere.

[e] Ex præcedentibus ejusdem archiep. litteris tot malorum series patet. De illicitis quoque juramentis constat ex litteris 15 et 20.

[f] Hoc vero fœdus cum barbaris percussum novi non parum affert. Præcipuam quippe causam, cur provincias imperii nollet dimittere, hanc Ottocarus

---

Austriæ, tantum regem, tamque de republica et de ecclesiis bene meritum ei commendant grati animi ergo.

Sanctissimo [c], etc., tales episcopi, etc. Elevatis in cœlum manibus redemptori nostro Dei Filio Jesu Christo læti laudes exsolvimus, et ipsius eximiæ pietati ad grates quas valemus humiliter inclinamus, qui Ecclesiæ suæ sanctæ precibus exoratus paternitatem vestram sanctissimam collocavit in speculam eminentem, ut ab alto luceat, et relucens ad instar fulgidæ margaritæ mentes illuminet populi Christiani. Hoc eodem felici tempore, quo divina gratia revelante, beati Petri apostolorum principis, pater apostolice, meruistis ascendere principatum, Dei Filius benedictus in sæcula visitavit in partibus Alemaniæ plebem suam et erexit cornu salutis nobis. Cornua quidem justi Dominus exaltavit hoc tempore, et confregit cornua peccatorum, quæ adversus corpus totius Ecclesiæ corrumpendum et in necem nostram specialiter ferebantur elata. Et licet multi, ut credimus, hujus rei apud vestram clementiam fuerunt relatores, nos tamen paternitati vestræ rei gestæ seriem et ordinem veritatis præsentibus revelamus. Nuper [d] nobis ad propria redeuntibus a concilio Lugdunensi, et volentibus ea prosequi quæ in ipso concilio fuerant salubriter ordinata, illustris Ottocarus rex Bohemiæ ad sui præsentiam nos vocavit, vocatis expresse prohibuit, ne decimam deputatam in Terræ sanctæ subsidium in suis territoriis colligi faceremus, neve aliquis nostrum salutiferæ crucis gloriam prædicaret. Postulavit etiam ut jurejurando et aliis diversis cautionibus caveremus eidem, quod nec ad mandatum sedis apostolicæ, nec prætextu sententiæ vel præcepti a quocunque hominum proferendi, aliquid faceremus, quod a suo distaret proposito; quo sanctæ sedi apostolicæ et Romano imperio proterve resistere disponebat, non solum a nobis, verum etiam ab inferioribus quibuscunque prælatis nostrarum partium exigens metu terribili illicita juramenta. Nobis autem nolentibus inquinari hoc scelere, servitutis asperæ jugum imposuit, et defixa mente tandem disposuit innocentiam nostram perdere, exquisitis tortoribus et tormentis, ecclesiarum nostrarum civitates et castra, villas et oppida a fundamentis subverti constituit per incendia et rapinas [e]. Et quamvis tantorum malorum cumulus ad nostrum exterminium suffecisset, ex hoc tamen formidine fecit nos prorsus exanimes rex prædictus, quod cum tyrannis et regibus Tartarorum fœdo societatis fœdere se conjunxit [f]. Has nostras miserias et Christi injurias adducebat, ut chronici ut historia testantur, quia per annos plures ab iisdem barbaris eas frequentibus præliis defensaverat. Sit instar omnium annalista Althaensis ad annum 1277. « Otakerus, inquit, quintus Bohemorum rex, qui Austriam, Styriam, Karinthiam, Carniolam, ac portum Naonis tempore vacantis imperii tenuerat, resignare noluit, dicens quod easdem terras bona fide et justo titulo possideret, ac ex mandatis et commissionibus apostolicorum, qui tempore suo fuerant, contra insultus Ungarorum, Comanorum, et Tartarorum per 24 annos cum gravibus sumptibus et laboribus, imo et multa impensa suorum sanguinis defensasset (Ap. Canis. tom. IV, p. 218).» Ex hisce autem episcoporum litteris discimus Ottocarum cum Tartaris perpetuis nominis Christiani hostibus fœdus junxisse summo cum catholici principis dedecore, maximoque cum Christianorum et ecclesiarum detrimento. Profecto iisdem litteris fides integra adhibenda est: nihilominus animadverti debet, quod mense Julio superioris anni Ottocarus iniquo isto fœdere non erat implicitus. Nam Gregorii litteræ increpatoriæ apud Rayn. (1275, n. 40 seqq.) « Dat. Belliquadri XI Kal. Aug. anno 4 » alia inter capita reprehensione digna istud omnium maximum non recensent. Quamobrem turpe hoc fœ-

413 Christianus princeps, et dominus noster charissimus Rudolphus serenissimus Romanorum rex audiens, et frequenter auditas exaudivit preces nostras, congregata fortitudine militaris exercitus, ab ultimis Alemaniæ finibus castra movit, longa terrarum spatia et diversas pertransiens nationes, circa festum sanctorum omnium intravit districtus terræ Austriæ, non formidans prærupta cacumina montium, non abhorrens temporis intemperiem hiemalis, nec deserens [defectus] altis nivibus gelidæ regionis. Postquam principatus Austriæ, Styriæ, etc., triumphali gloria triumphavit, civitatem Viennensem inter alias paritum nostrarum optimam, quam adhuc rex Bohemiæ in sua tenuit potestate, copioso cinxit exercitu, navibus nihilominus apparatu bellico mirifice ordinatis, quibus latum flumen Danubii transire disposuit, ut prædictum regem Bohemiæ jam de fugæ præsidio cogitantem in corde Bohemiæ, velut profugum occuparet. Dictus vero Bohemiæ rex sano quidem, sed tardo fretus consilio, paucorum dierum treugas [trewgas] petiit, petitas obtinuit, infra quos [quas] ad prædicti nostri Domini [Rudolphi] venit exercitum, et ibidem nobis præsentibus, fracto quidem animo et genibus incurvatis, devote petitam veniam obtinuit, resignatis prius obsidibus, civitatibus, castris, et oppidis universis, quæ dictis principatibus attinebant. De terris vero Bohemiæ et Moraviæ præstito fidelitatis homagio meruit investiri [a]. Hunc itaque principem gloriosum vestræ committimus sanctitati, pater piissime, **414** supplicantes humiliter et [non tam humiliter quam] devote, quatenus propter Deum principaliter vobis habere dignemini recommissum prædictum dominum nostrum, in cujus manibus his diebus [b] prout signis apparuit evidentibus divina justitia laudabiliter triumphavit.

EPISTOLA XXX.

Rudolphus regem Ungariæ laudat de suscepto secum bello contra regem Bohemiæ

(An. Dom. 1278, cod. Rud. xxx.)

ARGUMENTUM. — Cum Ladislaus rex Ungariæ se opportune laturum auxilia rescripsisset, Rudolphus lætitia exsultans, in laudes eximias, uberrimas gratias, promissionesque amplissimas effunditur.

Insignem ei legationem adornat, similem ab eo recepturus, si libuerit.

Illustri et magnifico principi domino domino L., etc., affectum paternæ dulcedinis cum salute [c]. O quam celebre, quam insigne præsagium affuturæ lætitiæ! O quam grandis, quam eximiæ virtuositatis indicium nostris inditum est præcordiis de filio tam præclaro, tam **415** excelso præ regibus terræ, qui gradatim ad culmina probitatis ascendens, in annis teneris præmaturis nititur adornari morum annosorum insigniis, et adulti viri uxore [d] vestiri. Sane quam immensæ, quam inexplicabilis cordi nostro materiam exsultationis infuderit, quod ad ulciscendas nostras et vestras injurias [e], quæ quibusdam individuis nexibus uniuntur, contra communem hostem imperii Romani et regni Ungariæ, vestram potentiam tam potenter et magnanimiter excitastis, non sufficit lingua depromere, vel scribentis calamus dignis condecentiis exarare. Propter quod in divinæ laudis præconium organi nostri jubilum attollentes, ad uberiores quas possumus regiæ celsitudini grates et gratias inclinamus, magnopere pollicendo, quod nunquam vobis hostilitatis adversitas pacta vobis indissociabilia fœdera poterit aliqualiter incurvare, quin causam vestram in omnibus proprie propriam reputemus [f]. Ecce igitur nuntios nostros solemnes ad præsentiam vestram de latere nostro transmittimus, ut vobiscum provide tractent et ordinent, qualiter nobis et vobis ultra sit magnificentius et consultius procedendum; quod tamen omnino dispositioni vestræ relinquimus, cujus nutui nostra desideria coaptamus, et si fortassis vestræ regali prudentiæ videatur expediens, quod cum ipsis nuntiis nostris ad nos discretos nuntios vestros de vestro latere destinetis, id valde gratum habebimus, eos qua decebit benevolentia recepturi et ad vos cum expeditione gratuita remissuri.

416 EPISTOLA XXXI.

Rudolphus cuidam significat conditiones fœderis inter ipsum et Ungariæ regem initas.

(An. Dom. 1277, cod. Rud. xxxi.)

ARGUMENTUM. — Rudolphus enuntiat quemadmodum ab se tandem fœdus est initum cum Ladislao rege Ungarorum, quod pridem fieri cœptum per legatos ultro citroque missos, deinde ratum habi-

dus nuper esse initum credi debet, cum provincias certatim ab se deficere ille sensit, quanquam episcopi prave facta ejus enumerantes nullam temporis rationem habeant.

[a] Id factum laudatus annalista Altahensis breviter enarrat, « Civitates, aiens, ibidem et castra se suo dominio subdiderunt, excepta civitate Wiennensi, quam etjam obsidione cinxit, nec tamen per violentiam cepit, sed per quoddam arbitrium, quod ipsi ambo reges inierunt, incepit ipsam civitatem Wiennensem, et totam terram Austriæ trans Danubium versus meridiem pacifice possidere, altera parte ejusdem trans Danubium versus Aquilonem, sive Bohemiam trans Danubium eidem regi Bohemiæ per idem arbitrium remanente.» Historiæ autem Australis auctor ad hanc epistolam propius accedens, ait : « Regem Bohemiæ in castris regis Rudolphorum cum 36 vexillis ante Viennam circa Danubium flexis coram eo genibus in præsentia multorum principum spiritualium ac sæcularium terras susceptas supradictas, regique Romanorum obedire et adstare fideliter juratum compromisisse..... Tunc primo Viennam et alias civitates ad resignationem ipsius regis Ottocari regi Romanorum esse apertas. Quibus testimoniis omni procul dubio præferri debet epistola. Quod autem narrat Dubravius de tentorio ita concinnato, ut decidentibus lateribus Ottocarus genuflexus a multitudine aspiceretur, excogitatum videtur ad conflandam Rudolpho invidiam, tribuendamque causam rebel-

lioni Ottocari : neque enim hæc epistola, nec vetus ullum monumentum id tradunt, et, quod majus, ab Rudolphi ingenio est prorsus absonum.

[b] Hinc patet, paulo post diem undevicesimam Novembris epistolam datam esse, cum Ottocarus veniam obtinuit, præstititque Romanorum regi homagium pro Bohemia et Moravia.

[c] Diximus supra (ep. 23) Rudolphum Viennæ consistentem auxilia quærere adversus rebellantem Ottocarum : hæ autem litteræ consectariæ illarum sunt, ideoque ad annum spectant 1278.

[d] Mendum evidens : forte legendum *virore*.

[e] Gerardus petiit per Rudolphum auxilii mentionem faciens (*Hist. Austriac.*, p. 25) de Hungariæ rege sic loquitur : « Jam antea Ottocaro infensus, quod Bibesburgum, Tirnaviam, Posingam, Altenburgum, Cherlburgum, Musenburgum, et alia quædam Hungarici regni loca Posonio vicina teneret, auxilia pollicetur. »

[f] Magna initi fœderis, magna auxiliorum opportunitas. Historiæ Australis auctor anno 1277 refert, quemadmodum Ottocarus « iterato collecto exercitu grandi Austriam intravit, et omnes munitiones novis instrumentis et machinis, qui cati vocantur, potenter expugnavit, et sic dissensio et guerra gravis orta inter eos. Nam tota hieme Australes Moraviam, et contra Bohemi Austriam diversis rapiniis, prædis et incendiis vastaverunt. »

tum litteris publicis, ac demum utriusque contrahentis juncta dextra, sacramenti loco, absolutum fuerat. Ejusdemque præcipue initi adversus Bohemorum regem conditiones enarrat

Ordinator boni consilii et rectarum dispositor voluntatum nos cum magnifico principe domino L. sic uniformiter concordavit, quod alter nostrum in alterius damnis et lucris, commodis et incommodis factum proprium versari æstimet et suum speciale reputet interesse [a]. Nuper quidem nobis convenientibus, et læta spectantibus visione N. universas et singulas promissiones seu ordinationes hinc inde per nostros consiliarios diversis temporibus inchoatas, et tandem utriusque nostrum patentibus litteris approbatas nos ambo reges pariter constituti ratas et gratas habere, et perpetuo conservare promisimus, fide data alter alteri manualiter, quam vice et loco præstitimus sacramenti [b]. Hoc etiam de communi adjecimus voluntate, quod in litibus et quæstionibus super damnis datis et injuriis irrogatis, vel aliis quibuscunque quas habemus adversus 417 illustrem regem Bohemiæ, unus alterum tam fideliter quam viriliter adjuvabit, nec unquam sine alterius beneplacito et consensu cum prædicto rege treugas, pacem vel concordiam celebrabit; nec de ipsis tractatum habebit, ad quod nos astrinximus sub ejusdem fidei sponsione [c]. Cæterum de terminis terrarum nostrarum legaliter distinguendis et distinctis in pace et concordia observandis, taliter duximus ordinandum, etc.

EPISTOLA XXXII.

Rudolphus quemdam principem certiorem facit de obtenta insigni a rege Bohemiæ victoria.

[a] Solemne istud fœdus, de quo non semel est dictum in superioribus (ep. 16, 20, 23, 30), tam luculenter explicatur his litteris, ut quidquid adjiciatur, superfluum videri possit. Chronologia tantum statuenda, quam collector mirum in modum disturbavit.

[b] De isto congressu vide supra (ep. 16, in not.); nam historiæ Australis testimonium ibi allatum, adoptionis removendæ causa ab hoc anno, ad rem facit. Inde igitur discimus, anno 1277 circa initia mensis Novembris in Austria, atque Hungariæ confinio utrumque regem diuturnæ de ineundo fœdere consultationi felicem exitum attulisse. Quamobrem hanc epistolam non modo præcedenti, sed etiam 23 præferri oportet. Illæ autem ad annum 1278 differri debent. Quippe quarum priore auxilium petitur a fœderato rege, altera vero impetratum dicitur. Continuo autem post ictum fœdus non esse petitam opem Rudolphus ipse in laudata epistola 23 testatur : ait enim, *contracta feliciter inter nos jampridem alternæ connexitatis identitas.* Quæ profecto ad reliquos duos menses anni 1277 non referuntur. Præterea, ut nuper aiebam (ep. 30, in not.), hist. Austral. auctoritate, tam Bohemi in Austria, quam in Moravia Austriaci per totam hiemem, id est usque ad vernum tempus anni 1278 hostilia gesserant. Exstant quidem ap. Hansiz. (Germ. Sac. tom. I, p. 419) Rudolphi tabulæ dona gratuita episcoporum recensentes, *Datæ Viennæ anno D. 1277, v Kal. Junii* : quæ scilicet facta erant reparando bello adversus rebellem Ottocarum : at fœdera juncta, magnique exercitus congregati pro generali conflictu nondum fuerant. Cumque Augusto mense fere exacto pugnatum sit anno 1278, ipsa per se docet, omne id factum esse eodem anno. Ex litteris autem Rudolphi (ep. 53) mox planiora ista fient.

[c] Ex capite isto, quod juncti fœderis est præcipuum, magis magisque comprobatur. Ottocarum a fide recessisse, at nondum indixisse bellum Rudolpho.

[d] In omnium neminem ista melius conveniunt, quam in Salisburgensem archiepiscopum, qui magno conflictui non adfuerat. De eodem sic chron. Salis-

(*An. Dom. 1278, cod. Rud. XXXII.*)

ARGUMENTUM. — Nuntiat amico principi insignem de Ottocaro victoriam ab se ac fœderato rege Hungarorum reportatam, cum Ottocari plurimæque Bohemorum nobilitatis cæde. Tantum de potentissimo hoste triumphum uni Deo acceptum referri, cujus clementia in extremo periculo morti ereptus fuerat. Ipsi et beatæ Mariæ virgini gratias referendas.

Quantis opprobriis et probrosis injuriis indesinens reipublicæ disturbator quondam Ottocarus rex Bohemiæ illustris nos impulerit, ut ad ejus conatus nefarios refrenandos manum nostræ potentiæ levaremus, nemo te novit melius, nemo vidit apertius quam tu, princeps charissime, qui conspirationes quas idem rex adversus nostram salutem fecerat, insidiarum jacula quæ tetenderat, laqueos quos absconderat, non ignoras. Et quoniam de torrente tanti discriminis aliquando nobiscum laqueos amaritudinis, haustus felleos accepisti [d], dignum credimus ut et nunc lætificatus 418 ex nostra triumphali victoria feliciter satieris, postquam rei gestæ perceperis ex his nostris litteris qualitatem. Scias itaque quod nos feria quinta proxima post festum beati Bartholomæi apostoli eo loco locavimus castra nostra, quo a tentoriis dicti regis Bohemiæ vix ad spatium dimidii milliaris Teutonici distabamus. Mane vero sextæ feriæ [e] subsequentis, una cum dilecto filio nostro [f] rege Hungariæ procedentes, cuneos acierum nostrarum adjunximus hostium stationi, sicque hora diei quasi sexta [g] inter nos gravis pugna committitur, in qua dictus rex Bohemiæ, more strenui pugilis viriliter se defendens, tandem victus occubuit, non a

burg. ap. Canis. « Ipse enim, et dominus Petrus Patavien. episc. recta devotione perspicui, et velut lampades inter alios principes imperii coruscantes, licet multo ingenio tentarentur ab hostibus reip. qui eorum fidem horrendo studio quasi lenones ad lupanar perfidiæ procabantur, velut columnæ immobiles perstiterunt, eligentes potius rerum et corporum sustinere jacturam, quam Rom. imperium desolatum, solum relinquere, et profanis hostibus prostituere fidem suam, qua in conversatione hominum nihil utilius invenitur. Quamvis autem in acie triumphante non fuerunt, tamen triumphantium, et triumphi non ultimi, sed quasi præcipui promotores. » Cum vero Hansizius archiepiscopi rerum scrutator diligens, hanc epistolam non repererit, eademque careat officio erga archiep. consueto, ad laicum potius principem scripta esse videtur, qui Bohemo finitimus ejusque tyrannidi obnoxius fuerit. Hæc autem epistola tum Hansizium, tum auctorem Pietatis Austriacæ, quorum uterque vidit cod. Cæsareum, præteriit.

[e] Chronologia ista nihil certius. Sancti Barthol. festa dies anno 1278 erat fer. IV, ut B littera Dominicalis demonstrat; quinta autem feria proxime sequenti Rudolphus castra metatus prope hostem, in diem sequentem 26 Augusti certamen distulit : namque habuit in more positum, si integrum sibi liceret, feria VI in memoriam passionis D. N. J. C. seu sanctissimæ crucis venerationem, majoris momenti negotia differre. Expeditiones præsertim et pugnas tali die susceptas auctores observant cum Gerardo (*H. Austr.* p. 29) quibus omni procul dubio Rudolphi ipsius testificatio præferenda est.

[f] Hoc loco deceptus, ni fallor, epistolarum collector, unum ex Rudolphi filiis indicavit per litteram L. (ep. 17, in not.). Hic vero de Ladislao in filium adoptato loquitur; ibi de legitimo filio sermonem habebat.

[g] Sequenti epistola hora pugnæ non indicatur, e quod paulo ante dimidium milliare dixit, in eadem milliare fere integrum appellatur, at leve istud discrimen rei summam non mutat.

nostra virtute prostratus, sed Deo potius impugnantes rempublicam subito expugnante collisus [a]. In quo etiam bello nobiles regni Bohemiæ potiores aut mortui gladio ceciderunt, aut victi certamine, dum se ad præsidium fugæ converterent, ab insequentibus, sunt detenti. Verum cum ex veris et certis indiciis nobis constet quod non nostra sed summi Dei vitam nostram in tanto discrimine misericorditer protegentis potentia triumphavit, præsentem præclaram victoriam illius titulis et honori ascribimus, qui ad nostræ humilitatis angustias finiendas, immensæ clementiæ suæ misericordes oculos tunc misericorditer inclinavit, dum extremæ necessitatis periculum imminebat, [b]. Tu igitur, princeps charissime, grates Altissimo 419 referas, et ad laudes gloriosæ Mariæ virginis [c] cor revolvas, quorum præsidiis vita nostra morti proxima salva substitit, et honor Romani imperii miserabiliter incurvatus virtute mirabili respiravit.

EPISTOLA XXXIII.

Idem Rudolphus eamdem victoriam summo pontifici Romano significat.

(An. Dom. 1278, cod. Rud. xxxiii.)

ARGUMENTUM. — Nicolao III summo pontifici insignem eamdem victoriam enuntians, de Bohemorum regis perjurio, ac de pugnæ hujus extremæ causis certis, certoque principio diligenter disserit.

Intimandum fore credimus apostolicæ sanctitati [d], quis eventus finiverit litem illam, qua quondam illustris rex Bohemiæ infatigabilis reipublicæ fatigator, nostræque salutis et vitæ notorius persecutor

[a] Auctor. histor. Austral. « Ipse autem, inquit, rex Bohemiæ inclytus ab hostibus capitur, trahitur, percutitur, ab equo ejicitur, a Berchtoldo dapifero de Emretwerch, ac aliis multis nobilibus nimium fessus ad terram dejicitur, et per cervical lancea perforatur; ac aliis plagis affectus ultimo gladio transfixus, in eodem loco mortuus est. » Quæ valde congruunt cum narratis in epist. seq. quidquid alii aliter rem certam enarrent.

[b] Annal. Altahen. rem ab aliis etiam narratam aliquanto diligentius describens : « Rex Bohemiæ, inquit, cuidam strenuo militi promisit plurima se daturum, si vel Romanorum regem, vel saltem equum ejus occideret in congressu; qui miles hac promissione accepta, cuneum fortissimorum militum penetrans, ipsum regem Romanorum vehementi ictu ad terram prostravit et equum ejus occidit. Sed nobiles, qui latus regis stipaverant, eumdem captivaverunt militem et regem in equo alio locaverunt. Sed ecce mirabilem prædicti Romanorum regis clementiam, quia eumdem militem sibi captivum præsentatum postea abire permisit illæsum. » Gerardus Herbotum Tullenstainium Polonum hunc militem appellatum tradit.

[c] Novum Augustæ domus Austriacæ obsequii erga Deiparam testimonium ab ipsa origine. Insignes de immani Turcarum gente victoriæ sanctissimæ Virginis patrocinio reportatæ monumentis annalium et nostræ ætatis hominum ore celebrantur.

[d] Nicolaus III, electus die 25 Novembris anno 1277, paulo post, die videlicet 12 Decembris, per apostolicas litteras Rudolphum conciliare conatus fuerat, prædecessorum exemplo, cum Carolo Siciliæ rege, quod et cardinalem se una cum fratribus fecisse testabatur. Petitiones, hortamenta et cetera omnia instauraverat, quæ prædecessores sacrumque cardinalium collegium fecerant (Raynald. 1277, n. 54). Quamobrem Rudolphus Conradum minoritam Romam miserat regia auctoritate munitum, ut bona et jura omnia sanctæ sedi confirmaret (Id. 1278, n. 47 seqq.), dans etiam litteras ad pontificem Viennæ iv Kal. Jun. anno 1278, quibus cancellarii sui cogno-

A se adversus nos, et Romanum imperium improvide elevavit, post præstita nobis et ab ipso male contempta fidelitatis et homagii sacramenta. Dictus siquidem rex in festo Pentecostes proxime præterito [e], contra terras imperii castra movens, ipsasque 420 rapinarum et incendiorum vastitati subjiciens castra quædam et oppida hostiliter expugnavit. Tot et tantis damnosis injuriis, et probrosis contumeliis, et contemptibus nos impellens, quod ad statum reipublicæ defendendum, cujus idem rex pene suffocerat fundamenta, oportuerit saltem sero gladii nobis a Deo commissi educere potestatem [f]. Sic itaque in crastino beati Bartholomæi (festo) nos et filius noster Ludovicus [g] rex Hungariæ eo loco locavimus castra nostra, ubi ab exercitu regis Bohemiæ vix ad milliare Teutonicum distabamus. Mane vero sextæ feriæ subsequentis æterni Dei auxilio invocato processimus, signisque belligeris elevatis [h] eo pervenimus, ubi rex Bohemiæ dispositis aciebus finem B prælii exspectabat. Illic milites utriusque, dum signa hinc inde prospiciunt, fero impetu glomerantur in unum, illic de virium paritate inter nos strictis ensibus disputatur. Tantus quoque inerat parti utrilibet triumphandi affectus, ut morte victoriam comparare et vivere moriendo rem dignam et debitam quilibet æstimaret. Illic milites strenui equorum ungulis substernuntur, illic tanto sanguine humano terra perfunditur, ut nedum pugnantibus, sed et pugnæ duritiam intuentibus vitæ tædium esse posset. Tandem vero militia nostra non sua, sed omnipotentis Dei virtute prævalens, milites regis Bohemiæ in vicinum amnem impulit, ubi fere omnes aut gladio interempti, aut flumine suffocati, aut capti, ab hostibus defecerunt. Sicque fugæ præsidium paucis prominis factum in Exarchatu, de quo est dictum in dissertatione, abolevit. Quæ omnia sunt facta ante initia belli extremi contra Bohemiæ regem, de quo his litteris Rudolphus loquitur.

C [e] Pentecostes hoc anno in diem quintam Junii mensis incidebat, octavo videlicet die postquam Rudolphus cancellarii sui temeritatem, qua *absque nostro consensu, conscientia, vel mandato* juramentum fidelitatis exegerat a civitatibus Exarchatus, condemnavit suis litteris datis ad pontificem (*Ibid.*; n. 51), ac proficiscenti suo legato Gothifredo præposito Soliensi mandavit, ut sanctæ sedis jura omnia in integrum restituerentur, *volentes et consentientes expresse, quod per hoc nullum jus nobis accrescat, vel Ecclesiæ Romanæ depereat, tam circa possessionem, quam circa proprietatem in civitatibus*, etc.

[f] Antiquis chronologis atque annalistis haud dubie Rudolphi auctoritas præferenda est. Quamobrem quidquid dicitur fuisse actum hostiliter ab Ottocaro ante eam diem, latrocinali more actum erit, susque deque habendum Rudolpho visum fuerit. Cum vero defectio erupit, hostisque eum rite diffidavit, « Allato hujus rei nuntio, ait Gerardus, adeo defectionem D Ottocari ægre ferebat, uti diceret, mori se potius velle, quam hanc injuriam non persequi : cumque litteras ejus legisset : Quoniam, inquit, jurisjurandi religione spreta, et mihi et imperio Romano fidem obsequiumque renuntiat, sentiet Deum rupti fœderis et sacramenti vindicem justæ causæ propugnatoribus contra vim et perfidiam, suam opem laturum. » Post hujusmodi declarationem Rudolphum petiisse auxilia ab Hungarorum rege (ep. 25), viræsque undique collegisse ipsa pugnandi necessitas docet.

[g] Vide col. 788, not. [e] et [f].

[h] Jam diximus (ep. 11, in not.) in vexillis Rudolphi auratam aquilam exstitisse. Sed auctor pietatis Austriacæ (lib. 1, c. 5, p. 39, etc., 12, p. 69) animadvertit in plerisque vexillis militaribus crucifixi imaginem depictam fuisse, tametsi ex aquila imperiali hostes didicisse affirmat, qua in castrorum parte Rudolphus pugnaret.

fuit, nam fere omnes apud nos [aut] capti, aut mortui remanserunt. Licet autem rex prædictus **421** militum suorum agmina dissipata videret, seque fere ab omnibus derelictum, adhuc tamen victricibus signis nostris cedere noluit, sed more et animo giganteo virtute mirabili se defendit, donec quidam ex nostris militibus ipsum mortaliter vulneratum una cum dextrario dejecerunt [a]. Tunc demum ille rex magnificus cum victoria vitam perdidit, quem non nostræ potentiæ fortitudo, sed Dei excelsi dextera causam nostram misericorditer judicans interemit. Nos igitur hæc et alia beneficia ab eo qui eadem nobis contulit humiliter cognoscentes, et ad laudem et gloriam sui sanctissimi nominis referentes, ad omne illud quod gratum altissimo regi Dei filio Jesu Christo [b] esse sciverimus, devotiori promptitudine nostram sollicitudinem convertemus [c].

EPISTOLA XXXIV.

Rudolphus victor indulget Ottocari victi liberis.

(An. Dom. 1278, cod. Rud. xxxiv.)

ARGUMENTUM. — Pars diplomatis, quo Rudolphus clementiam suam, optimorum principum exemplo, in pupillos Bohemiæ liberos demonstrat, suamque iis gratiam et dilectionem elargitur.

Rudolphus, etc. [Dei gratia Romanorum rex semper Augustus], omnibus in perpetuum. Divi principes, qui divino nutu terrenum imperium tam armis quam legibus direxerunt, illam sibi virtutem, quasi proprie propriam attraxerunt, **422** ut non minus victis parcere et prostratis pie compati quam rebelles vincere et superbos reprimere cogitarent. Sicque reipublicæ victricem potentiam misericordia temperabant, sic quoque terribiles hostibus et devotis amabiles se fecerunt [d]. Horum principum et majorum nostrorum vestigiis inhærere volentes, ad pupillos quondam Ottocari [Ottogari] illustris regis Bohemiæ [e] oculos nostræ mansuetudinis clementi intuitu convertentes, ipsis pueris gratiæ nostræ gremium, plenique favoris securum refugium aperimus, etc.

EPISTOLA XXXV.

Privilegium civitatis Brunensis in Moravia.

(An. Dom. 1279, cod. Rud. xxxv.)

ARGUMENTUM. — Libertates, consuetudines, jura, privilegia, ab Ottocaro approbata Brunensi civitati Moraviæ, rata habet, nonnullis eorum ampliatis. Rerum et personarum immunitatem perpetua sanctione roborat. Judæos civium oneribus fore obnoxios juxta consuetudinem decernit.

Romani vires imperii pietate potius quam tyrannide dilatare volentes illis venas clementis veniæ liberaliter aperimus, qui ad portum nostri refugii veniunt gratiam petituri. Hinc est quod dilectos fideles nostros cives Brunenses, qui seipsos et ipsam civitatem nostro potentatui humiliter subjecerunt, ad plenitudinem nostri favoris et gratiæ gratiosa colligimus voluntate, eisdem civibus tenore præsentium hujus dimissi [*Fors.*, hinc dimissis] confirmantes omnes et singulas **423** libertates, jura, privilegia et consuetudines, quæ, vel quas ex indulto quondam Ottocari illustris regis Bohemiæ sine contradictione cujuslibet tenuerunt [f]. Ex quibus aliquas gratias ipsis factas præsentibus ampliamus. In primis volumus, ut telonium quod ad usus civitatis ejusdem dictus rex octo annis continuis, ut dicitur, deputavit, duodecim annis continuis ad usum civitatis pertineat, ad gratiam dicti regis annos quatuor apponentes. Hoc etiam statuimus, ne prædicti cives per diversas civitates et loca imperii pro suis necessitatibus transeuntes, prætextu damnorum vel promissionum a rege Bohemiæ cuicumque factorum per aliquem pignorentur in facultatibus vel personis [g]. Illam etiam gratiam qua per terras Bohemiæ et Moraviæ sine solutione telonii hactenus transierunt, ratam perpetuo robore volumus permanere. Cæterum si prædicti cives probaverint legitimis documentis, quod duæ villæ Curin et Streletz ipsis per regem Bohemiæ pro marcis trecentis et quinquaginta pignori fuerint obligatæ, nos eidem obligationi centum quinquaginta marcas apponimus, et sic pro quingentis marcis nexu pignoris tenebuntur. Insuper areæ quæ ad usum civitatis antiquitus pertinebant ad ejusdem civitatis commodum revertantur sine præjudicio alieno. Ad hæc perpetua sanctione statuimus, ut nullus baronum seu nobilium terræ infra muros civitatis in rebus aut personis civium aliquam violentiam perpetrare præsumat. Cordi quidem nobis est, ut quæcunque immunitas vel libertas eisdem civibus a munificentia regum Bohemiæ est collata et integra adhuc observata, jure perpetuo roborata nova sit ratio vincendi, ut misericordia et liberalitate nos muniamus (*ad Attic.* lib. IX, post ep. 8). [b]

[a] Vide col. 789, not. a.

[b] Laudatus auctor Piet. Austr. ibidem observat, tesseram militarem in castris Ottocari fuisse *Praga*; in Rudolphi autem castris *Christus* certum futuræ victoriæ omen.

[c] Idem auctor ex cod. Cæsareo exhibet partem epistolæ, qua Nicolaus gratulatur regi Romanorum de prædicta insigni victoria, simulque eum orat, ut confirmari curet a principibus electoribus jura et privilegia apostolicæ sedis. Quod utique factum fuisse constat ex diplomate eorumdem in fine hujus codicis, cujus autographum servatur in apostolico archivo Molis Adrianæ. Propter illam epistolæ ut pote non parvi momenti, huc lubet afferre : « Ut, inquit, affectus tuæ devotionis, quem sic gratanter inhærere sensibus nostris inspicimus, in effectum perfectæ soliditatis appareat, et residere in omni puritate probetur. Et ut prosperitates tuorum successuum, videlicet de hostium tuorum depressione victoria, quos diebus istis in manibus tuis divini judicii virga conclusit, in mansuetudinis gratia, quæ post triumphum regales actus adornat, te nobis gratum et aliis repræsentet acceptum, ac de regia gratitudine post felicitatem majorem, nobis, et Ecclesiæ mansueta præsagia repromittat, et successive nos reddat de tua sinceritate majori perfectione securos, etc.» Datum Romæ xv Kalendas Decembris an. 1278.

[d] H. Grotius *de Jure bell. et pac.* lib. III, c. 15, plura ad rem istam facientia affert, præcipue in fine, ubi Cæsaris verba Oppio Cornelio adhibet: « Hæc

[e] Duo memorantur Bohemiæ regis liberi, Wenceslaus octo annorum puer, et Agnes. Hanc pater jam desponderat Rudolpho regis Romanorum filio anno 1276, cum Viennæ homagium illi fecit : nuptias celebratas tradunt Iglaviæ, cum pax sancita est inter Rudolphum et Ottonem Brandeburgicum filium Beatricis sororis Ottocari, qui Wenceslaum puerum defensurus, novum fere prælium victori exhibuit, brevi tamen rebus compositis evanescere. Wenceslao autem Rudolphus Gutham seu Juditham despondit, quam, ubi major est factus, Pragæ duxit regio luxu anno 1285, prolemque ex ea suscepit (*Hist. Austral.* 1285; et *Chron. Aust.* 1286) apud Freherum. Eadem in urbe post annos quatuor Rudolphus regis Rom. filius, Sueviæ dux, qui cum Agnete reges visitatum venerat, decessit, anno videlicet 1290, cum vix 21 ætatis ageret. Auct. Piet. Austr. (l. I, cap. 22, p. 128).

[f] Liberalitatem Rudolphi in Wenceslaum Ottocari filium detrimemti nihil attulisse victoriæ, epistola hæc et sequens palam faciunt. Moravia siquidem et Bohemia in regis Romanorum potestatem venerunt. Utriusque autem provinciæ civitates non ad victorem, sed ad amantiorem, liberalioremque dominum transisse Brunensis civitas fidem facit.

[g] De hujusmodi pignorationibus, quæ in Germania præsertim obtinebant, est dictum supra (l. I, ep. 30, in not.).

subsistat, nec cujusquam ausu temerario ad injuriam nostri culminis temeretur. De Judæis quoque taliter judicamus, ut in civitatis oneribus una cum civibus sustinendis servatas hactenus consuetudines non offendant [a].

424 EPISTOLA XXXVI.

Rudolphus regem Hungariæ certiorem facit de statu Bohemiæ et Moraviæ.

(An. Dom. 1279, cod. Rud. xxxvi.)

ARGUMENTUM. — Ladislao Hungariæ regi, quem merita effert laude ob validum auxilium in extremo conflictu cum Ottocaro, omni asseveratione affirmat, nec fœdus, nec amicitiam, quoad vixerit, defecturam. Episcopum Olomucensem et proceres Moraviæ sibi et imperio homagium fecisse coram religiosis, qui de statu etiam Bohemiæ illum instruent. Hinc suos obsides ei restitutum iri commutatione nobilium Bohemorum existentium apud Hungaros. Joannem et fratres utrique olim infensos se noluisse in suam gratiam et patrocinium recipere, neque id facturum deinceps, nisi eisdem, miseratus ipse, indulserit : imo secum ulturum injurias, si id maluerit.

Magnifico principi, etc. Rudolphus, etc. [b] Luminosa sunt opera probitatis quibus vestra regia celsitudo tempore quo oportuit nobis contulit experiri certæ societatis vestræ plenam constantiam et immaculatæ fidei infallibilem veritatem, nec non ut amodo discernamus ab aliis [*Fors.*, discurramus apud alios], quid de vobis præsumere debeamus, cum vestræ fidei certitudo apud nos fidis operibus sit probata. Meruit quoque juvenilis animi vestri valida fortitudo, ut dum de nostris fautoribus et amicis nobiscum late conferimus, vos aliis omnibus præferendum præ cæteris diligamus [c]. Et licet dilectus nobis quondam N. illustris filiæ nostræ sponsus [d], ut dicar, cursu, proh dolor! nimis præpeti metam transiverit brevis vitæ, nostræ tamen societatis et amicitiæ vobiscum initæ fundamentum immobile dum vixerimus permanebit. De quo, fili et amice charissime, certa vobis sit et indubitabilis certitudo. Sane viri religiosi, viri utique vestri honoris fervidi zelatores, de processu nostro in regno Bohemiæ habito clare vos instruent, in quorum præsentia vero Olomucensis episcopus [e], et quidam barones Moraviæ nobis et Romano imperio 425 fidelitatis homagia præstiterunt. Quamvis autem facile nobis esset tam regnum quam pueros extremæ subjicere vastitati, multis tamen salubrius et Deo gratius videba-

tur, ut ad vestrum et nostrum propositum consequendum, sine tot hominum et maxime puerorum perpetuo exterminio veniremus. Nec dubitet regia celsitudo, quod sive fiat, sive deficiat vobis dicta assignatio puerorum, vestrum in hac parte negotium fideli constantia sicut nostrum proprium prosequemur [f]; et quia quidam Bohemi nobiles a vestris baronibus detinentur per quos posset rerum vestrarum restitutio de facili promoveri, serenitati vestræ consulimus et ex animo supplicamus, quatenus pro liberatione quatuor personarum dignemini laborare ; quarum absoluto vestræ et nostræ ut diximus voluntati [g] ..... Cæterum Joannes comes nos multum sollicitat, ut sibi factam nobis injuriam ex animo remittentes, ipsum volentem ad nos divertere sub protectionis gratia colligamus : cui aliud non curavimus respondere, quam quod régis et regni Hungariæ indevotos ad servitia nostra colligere dedignamur. Quod si forte dicti Joannis et fratrum suorum excessibus dignatio vestra regia dignum duxerit misereri, attente petimus ut damnorum nostrorum innumerabilium per ipsos nobis hostiliter illatorum mentio habeatur. Certos quoque vos reddimus, quod eosdem sine vestro expresso beneplacito nullatenus colligemus, sed si de vindicta communis injuriæ cogitare curabitis, utilitatem nostri fidelis et potentis auxilii in his et in omnibus aliis sentietis.

426 EPISTOLA XXXVII.

Summo pontifici Romano Rudolphus scribit, et Ecclesiæ Romanæ quæcunque hactenus ab ipso postulavit, liberalissime concedit.

(An. Dom. 1277, cod. Rud. xxxvii.)

ARGUMENTUM. — Nicolai III hauddum consecrati epistolæ, prædecessorum suorum repetita per Nuntios et apostolicas litteras singillatim renovanti, reponit, se quantocius obsecuturum filiali obedientia. Se et imperium sanctæ sedi submittit. Orat ut legatos suos de coronatione, societate cum Carolo Siciliæ rege, cæterisque negotiis acturos benigne audiat et dirigat. Ac denique clerum, quem nuper liberalissimum expertus fuerat, ejusque causas omnes ei prorsus vehementer etiam atque etiam commendat.

Sanctissimo, etc. Rudolphus, etc. Sinceræ devotionis integritas et affectus congrui promptitudo, quæ circa sacrosanctam Romanam Ecclesiam matrem nostram piissimam pridem in pectore nostro tenaciter radicata coaluit, nunc novissime his diebus [h], quibus

---

[a] Benè admodum fuit Judæis Brunensibus, si oneribus tantum civium erant obnoxii. Vide hac super re Ducangium, et ejus illustratores.

[b] Harum litterarum certa ætas patebit infra, not.

[c] Grati animi causa ob egregie navatam operam adversus Ottocarum die 26 Aug. elapsi anni præclara ista laude regem adolescentem prosequitur.

[d] Quisnam filiæ Rudolphi sponsus indicetur, non est pronum dicere. Tum quia filiarum mariti omnes erant superstites, Wenceslaus item et Carolus Martellus, quibus Juditha et Clementia desponsatæ fuerant, incolumes adolescebant ; tum præsertim quia nullius eorum interfuisse videtur quod de initi fœderis immobilitate subjungitur.

[e] Bruno Olomucensis episcopus, de quo hic agitur, Ottocaro jam addictissimus, post hujus cædem, cum Otto Brandeburgicus Wenceslai partes tuiturus, novum Rudolpho exercitum objecit in Moravia cum Salisburgensi archiepiscopo de pace tandem stabilienda est collocutus. Cumque postmodum bini utrinque pararii pacis ex conventione delecti essent, idem Bruno et marchio a Sagitta Brandeburgici partes fecerunt, Meinhardo comite Tirolensi, et Henrico Burggravio Norimbergensi regis Romanorum causam agentibus.

Conventione postmodum Iglaviæ roborata matrimonio reciproco, itum Viennam, ut ex Orneggio Hansizius refert (*Germ. Sac.* tom. II, p. 389). Num omnia hæc facta fuerint quadrimestri illo tempore, quod præcessit annum 1279 post insignem prædictam victoriam, an priorius ejusdem anni mensibus, incompertum mihi est. At litteræ istæ posteriora etiam facta continent, omni procul dubio ad annum spectant 1279, antequam Ladislaus ad Romanos deficiens, Romano pontifici, ac per eum Rudolpho atque episcopis maximam inferret sollicitudinem pro Christiana fide. Qua de re videndus Rayn. (1279, n. 50 seqq.).

[f] Ita scilicet agere tenebatur ex fœdere (ep. 31). Cæterum quod aiebam (ep. 16, n. 4) iram Ottocari non fuisse compressam, hac personarum et rerum repetitione confirmatur.

[g] Deest aliquid.

[h] Nicolaus III die 25 Novembris anno 1277 electus Viterbii, statimque profectus Romam, antequam consecraretur, die videlicet 12 Decembris, litteras dedit ad Rudolphum exstantes apud Raynaldum (1277, n. 54). Quibus Rudolphus rescripsit statim atque ad eum sunt allatæ, ut patet ex hoc præciso loquendi genere. Quamobrem hæc etiam epistola loco movenda est, et retrotrahenda sub finem an. 1277, undeviginti

nobis et Christiano popu.o providentia summi patris de apostolico patre providit ad votum ᵃ, sic pullulat et excrescit uberius, sic in omnem justitiæ semitam nostræ mentis interiora convertit, quod non solum in nobis mali suspicio, qua nos eadem mater Ecclesia poterat habuisse notabiles, jam perfécte rescinditur, sed et omnis mali species, quæ in re gesta oculata conjecturatione perpendi potuerat, ut intentio filialis, quæ nunquam revera declinavit **427** in devium, claro clarius elucescat, in patris aspectibus penitus amputatur ᵇ; Ecce igitur universa et singula quæ a nobis hactenus alma mater Ecclesia postulasse dignoscitur tam per nuntios quam per litteras speciales, applausu benevolo et assensu gratuito liberaliter approbantes, in his et omnibus aliis concepimus apostolicis beneplacitis æquanimiter conformare ᶜ, supplicantes humiliter vestræ clementissimæ sanctitati, quatenus nos, et creditum cœlitus nobis imperium ad honorem Altissimi et salutem populi Christiani dignemini provida dispensatione dirigere, nec non apostolicæ gratiæ beneficio confovere ᵈ. Porrò industrios et prudentes viros N. et N. ad beatitudinis vestræ pedes fiducialiter destinamus, ut super principali negotio, super amicitia inter nos et inclytum N. juxta providentiæ vestræ consilium, si hoc voto nostro consideat, solidanda, et super omnibus aliis reipublicæ Christianæ negotiis, quæ per vestræ pietatis industriam promoveri desiderant, nutus vestri fotamine dirigantur ᵉ. Idcirco petitiones nostras et etiam specialiter **428**

enim dies, qui sunt reliqui ejusdem anni, satis superque erant ultro citroque mittendis litteris Roma Viennam, atque hinc ad Urbem, quo fortasse pervenerint sequenti anno ineunte cum Raynaldus (1278, num. 45) insignia imperialia eum petiisse affirmat. Huc accedit rescribendi celeritas pontificiis litteris inculcata regiis auribus. Primo siquidem : « Præter Ecclesiæ morem, inquit, secundum quem solent litteræ apostolicæ promotionem Romani pontificis nuntiantes præsertim ad principes, quascunque alias ipsius pontificis prævenire, nos celsitudini regiæ pacem prius paternis exhibemus affectibus, quam-litteratoriis ad hoc conceptis affatibus nuntiemus. » Deinde pressius celeritatem ipsinuans hortatur, ut nuntios mittat, « cum pleno mandato ad tractatus eosdem tuo nomine prosequendos, consummandos pariter et firmandos ad sedem eamdem, sublata qualibet, prout opportunitas curiose captanda permiserit, dilatione transmittas, tuis prænuntiaturus litteris, quando eos ad ipsam sedem æstimes verisimiliter perventuros. »
ᵃ Nil Rudolpho erat antiquius coronatione. Huc præcipue collineabant diuturni illi tractatus de amicitia stabilienda inter ipsum et Carolum Siciliæ regem, qui biennii fere spatio ab Italia eum arcuerant, quosque a Nicolao nunc audiebat celerrime terminandos ; quare pontificem juxta suum desiderium esse creatum affirmat.
ᵇ Præfatæ Nicolai litteræ sic ordiuntur : « Solet nota principum unio, ut pauca dicam exprimamus, e multis obstruere ora iniqua loquentium quærentium inter ipsos suis susurris disseminare discordias, dissensionum accendere incentiva. » Deinde prosequuntur fusissime enarrantes Gregorii X, Innocentii et Adriani V, nec non Joannis XXI sollicitudines de duobus capitibus, videlicet de discordia ejus cum rege Siciliæ, et de Exarchatu et Pentapolis restitutione, quas provincias a Suevis Augustis invasas, ac Romandiolæ nomine appellatas Rudolphus putans diversas ab Exarchatu et Pentapoli, quas Lugduni per nuntios et Lausanæ per se ipse sanctæ sedi confirmaverat, acsi juris essent imperii adhuc retinebat. Ad discordiam cum Siciliæ rege quod attinet, donec per legatos utriusque partis composita sit, ab Italia prædecessorum exemplo illum arcet : « Interim tamen, ait, contra præmissam provisionem et intentionem providentium in Italiam non venturus, nec missurus aliquam militiam, sive gentem. » Quod vero spectat ad caput alterum. « Petitionem autem super ejusdem Ecclesiæ terris, ac specialiter Exarchatu Ravennæ ac Pentapoli regali excellentiæ toties inculcatam absque ulteriori procrastinatione rogamus et petimus efficacis exsecutionis promptitudinem adimpleri.
ᶜ Prædictis duobus capitibus brevi respondet contra titulatoris opinionem, qui pro liberalitate venditat Rudolphi officium. Non secus nostra ætate orator Caroli VI Aug. Benedicto XIII antiqui moris pontifici Comacli restitutionem pro Cæsarea munificentia exaggerabat (*Ottieri Hist.* tom. VIII, p. 131), cum a pontifice serium hoc responsum accepit : *Aliena non repetimus. Comaclum Cæsar, si juris sui esse putat, sibi habeat. Si autem novit, ut nobis persuasissimum est, Ecclesiæ juris esse, consulat conscientiæ suæ, reputetque censuras, queis ecclesiæ bonorum invasores obnoxii sunt. Ea siquidem principes aut largitate, aut pro remedio animarum suarum concessere : idcirco restitutio Comacli non beneficii, sed officii loco habenda est.* Sic ad verbum italice.
ᵈ Cum magno in hoc progenitore Augustæ domus Austriacæ hujusmodi testimonia certa obsequii erga principis apostolorum successores invenio, non possum, quin meum lectorem animadvertere illa jubeam.
ᵉ Duo hi nuntii a Rudolpho missi una cum litteris de *principali negotio*, seu de coronatione, ac de prædictis duobus capitibus, aliisque negotiis imperii acturi erant : non autem regia mandata obtinuerant, quæ pontifex cupiebat, præcipue super controversia cum rege Siciliæ. De provinciarum vero restitutione expedite absolutum fuisse negotium colligitur, quia Rudolphus diplomate dato Viennæ xiv. Kal. Feb. anno 1278 omnia restituit sanctæ sedi, fratremque Conradum minoritam in Urbem misit, qui regia auctoritate ad majorem validitatem omnia firmaret, ut fecit in consistorio « quarto die mensis Maii, Ind. vi, pontificatus vero domini Nicolai Papæ III anno 1. » Et quia interim Cancellarius Rudolphi cognominis illicita juramenta exegerat a civitatibus Exarchatus, rege Romanorum inscio, continuo diploma novum « iv Kal. Junii, » novumque legatum Gotifredum præpositum Soliensem Romam misit, qui pari modo in consistorio Viterbii « pridie Kal. Jul. » Cancellarii factum irritum esse dixit, iterumque jura omnia sanctæ sedis confirmavit. Harum rerum monumenta certa exstant in archivo apostolico Molis Adrianæ, et ap. Raynaldum (1278, n. 45 seqq.) Vide Dissert. ult., n. 8. Majoris molis erat caput alterum : Carolus quippe senatoria dignitate et vicariatu Tusciæ spoliandus erat, deinde vera concordia inter eos stabilienda. Nihilominus absolutum id quoque esset, nisi mors pontificis superveniens rem in sequentem annum distulisset. Omnia liquent ex monumentis apud eumdem Raynaldum. Regiam epistolam huc lubet afferre (1278, n. 64) de matrimonio Constantiæ filiæ Rudolphi cum Carolo Martello regis Siciliæ nepote ex filio, quas nuptias ipse Nicolaus conciliaverat. — « Sanctiss. in Chr. patri ac domino D. Nicolao divina providentia sacros. R. E. summo pontifici Rudolphus Dei gratia Romm. rex semper Aug. cum filialis obedientionis reverentia, devotissima pedum oscula beatorum. Gerentes tanquam devotissimus vester, et E. R. filius de inobliquabilis sanctitatis vestræ rectitudine, qua cuilibet quod suum est sine personæ delectu tributis æqua lance, et ex fervore charitatis intrinsecæ, qua inter quoslibet Christianæ religionis et potissime inter illustres et superillustres ut reges et principes, ex quorum dissidentia tanto gravius suboriri posset periculum, quanto majori præeminent dignitate, concordiam, unionem, et amicitiam tanquam pater piissimus toto corde diligitis indubitatæ fiduciæ plenitudine. Ecce

clericorum nostrorum, qui gratis et fructuosis [a] obsequiis nobis valde se placitos exhibent ac acceptos, seu quæ ministerio nuntiorum ipsorum eosdem vequod super familiaritate, confœderatione, et indissolubilis amicitiæ unione inter nos et inclytum Carolum regem Siciliæ nomine nostro tractanda, facienda, firmanda, seu solidanda per matrimonia et quascunque obligationes, et modos alios vestra sanctitas viderit expedire, vestræ beatitudini nos ducimus committendum, super hoc concedentes, quantum in nobis est, plenam et liberam, ac omnimodam potestatem : constituentes nihilominus honorabiles viros fratres Conradum de ordine Minorum ministrum superioris Alemanniæ, et magistrum Godefridum præpositum ecclesiæ Soliensis vestrum capellanum, nostrumque protonotarium procuratores nostros ad informandum nostro nomine vestram paternitatem de facti et negotii circumstantiis, cum necesse fuerit, et a vestra sanctitate fuerint requisiti : ratum habentes et gratum quidquid paternitatis vestræ providentia super bono concordiæ familiaritatis et amicitiæ, et ipsius solidatione sub forma præmissa egerit, fecerit, sive nostro nomine duxerit ordinandum. In cujus testimonium, et evidentiam pleniorem præsentes litteras sanctitati vestræ transmittimus majestræ sanctitati proponi contigerit, exoptatæ propitiationis vestræ dulcedine petimus efficaciter exaudiri.

statis nostræ sigilli robore communitas. Datum in Castris apud Dyax Nonis Septembris, Ind. vi, A. D. 1278, regni vero nostri anno v, decimo videlicet die post insignem de Ottocaro victoriam reportatam.

[a] Rei testimonium exstat apud Hansiz. (*Germ. Sac.* tom. I, p. 417), diploma videlicet Rudolphi « Datum Wiennæ A. D. 1277, v. Kal. Jun. Ind. v, regni vero nostri anno iv, » septimo videlicet mense post datas has litteras. In quo fatetur, quod deficientibus sibi necessariis sumptibus prosequendo bello episcopi « principes nostri moti precum nostrarum instantia voluntarie consenserunt, ut tam de bonis ipsorum dominicalibus, quam de prædiis monasteriorum et ecclesiarum eorum jurisdictioni in partibus Austriæ, Styriæ, Carinthiæ, Carniolæ et Marchiæ subjectorum subsidium tolerabile peteremus, per quod tantæ necessitatis articulus, qui nos et imperium coarctabat, per eorum suffragia et digne recolenda subsidia tolleretur. » Subinde cavet, ne exemplum sui successores sequantur cum ecclesiarum detrimento.

LIBER TERTIUS.

EPISTOLA PRIMA.

Sacri Romani imperii electores confirmant donationem Annæ imperatrici primæ uxori [a] factam a Rudolpho imperatore.

(*An. Dom.* 1279, *cod. Rud.* I.)

ARGUMENTUM. — Sacri Rom. imp. electores ratam habent donationem mille marcarum annui reditus [b] a Rudolpho rege Romanorum factam Annæ reginæ uxori suæ ex castris, terris et possessionibus suo arbitratu deputandis, modo earum custodes jurejurando promittant, regina obeunte eos reditus ad jus imperii restitutum iri.

Virtutum candor eximius et laudanda præsentia bonitatis, quibus inclyta domina nostra Anna regina [c] prædicabiliter adornatur, ex suæ nos delectamento fragrantiæ taliter recreando gratificant, et gratificando delectant, quod ab ipsius honorem et commodum ampliandum libenter assurgimus, et ad cuncta, quæ sibi in salutem proficiant, liberaliter invitamur. Hinc est quod nosse vos volumus universos, quod non una cum aliis nostris coelectoribus [d] in hoc motu voluntario consentimus, et plenum ac liberum impertimur assensum, quod serenissimus dominus noster Rudolphus inclytus consors thori sui eidem dominæ nostræ in bonis, castris, terris, et possessionibus aliis usque ad mille marcas auri redditus in locis sibi opportunioribus, ubi et expedientius viderit, valeat assignare, ab ipsa domina nostra ad tempora vitæ suæ pacifice possidenda [e]; ita tamen, quod custodes castrorum, terrarum, possessionum hujus modi, ad hoc jurejurando se obligent, quod mox ipsa domina nostra Anna regina inclyta sublata de medio, eadem bona ad proprietatem et jus imperii fideliter restituant et reducant [f].

EPISTOLA II.

Civitas quædam Rudolpho gratulatur de prosperis successibus.

(*An. Dom.* 1277, *cod. Rud.* II.)

ARGUMENTUM. — Cum ad remotas imperii provincias fama pervenisset, Rudolphum suam in potestatem redegisse Austriam et cæteras provincias, civitas quædam fidelis subdita regi gratulatur de prospero

---

[a] In contextu diplomatis nullus dubito, quin pro *aui* legendum sit *annui*, ut fidenter posui. Incredibile enim videtur, centum quinquaginta aureorum millia ex paucis castris, terris, et possessionibus collectum iri quotannis; creditu autem est proclivius, tria millia septuaginta quinque nummorum in annos singulos reginæ concessa esse. Vide (ep. 25, lib. I, in not.) inter argenteas, aureasque marcas discrimen : summamque aurearum prædictam mihi fere incredibilem nosces.

[b] Licentia titulatoris acquirit vires eundo : non contentus regi Romanorum imperatoris titulum tribuisse, Reginam quoque pari honore dignatur. At se ipse condemnat, Annam appellans *primam uxorem*, cum enim ipsa decesserit anno 1281, nec Rudolphus alteram duxerit usque ad annum 1287, Agnetem nomine, ut Peucer. Cuspin. Annal. Suev. tradunt; tituli igitur posteriori manu sunt adjecti, adeoque sus deque habendi.

[c] Prædictam tituli licentiam electores arguunt. Rudolphus comes tunc Habspurgicus Annam Nohembergicam duxit uxorem an. 1240, ut est dictum

(lib. I, ep. 2, in not.).

[d] Vide dissert. penult., § 3, n. 7.

[e] Nisi *auri* mutetur in *annui*, difficile intellectu est, num assignatio ista menstrua sit, an annua. Præterea qui nuper vidimus angustum adeo fuisse ærarium imperii, ut donum gratuitum ab ecclesiis peti oportuerit, ne cogitatione quidem assequi possumus, quid novus provinciarum dominus, qui tanquam salvator ab iisdem ingenti cum anxietate exspectabatur, cum primum advenit, tam gravi onere illas oppresserit, ut pro sola regina aureorum centum quinquaginta millia exigerentur.

[f] Cautio ista non perfunctorie notanda est. Si enim de juribus imperii, ne per hujusmodi assignationem æquam et rectam interirent, hunc in modum sancitur, quid de bonis ecclesiæ quorum indoles longe potior est, sacra enim sunt ab ipsa origine, sacrisque canonibus fulciuntur, putari debet? Attamen non nemo aut diuturnitate alienæ possessionis, aut silentio pontificum, vero falsove fretus, certum sanctæ sedis dominium alicubi revocare in dubium non est veritus.

eventu, felicioremque omnans, demisse orat, ut scriptis ad se litteris rei veritatem significare non dedignetur.

Excellentissimo, etc. N. Civitas promptissimum devotæ fidelitatis obsequium [a]. Quantas possumus omnipotenti Deo gratias agimus, quod ad regiæ respiciens causæ justitiam donare voluit, prout audivimus, ut serenitatis vestræ consiliis atque actuum processibus prospera cuncta succedant. De quo devotionis et fidei nostræ credulitas ad hoc, quod desiderat, facile applicata, conceptis gaudiis in lætitia reflorescit, ardenter appetens fructum notitiæ certissimæ **431** veritatis. Quapropter vestræ dominii majestatis devotione reverendissima supplicamus, quatenus de processibus et successibus vestris quos utinam providentiæ divinæ justitia bene promovendo, custodiat et perducat ad melius, velitis avidam nostræ devotionis fidem scripti veritate regii declarare, ut gaudium quod in auditu concepit prona devotorum credulitas, in portum certitudinis optatæ perducat infallibilis vestræ veritas majestatis, cujus est de nobis præcipere ac vetare, atque statuere sicut libet, quibus promptum est, et erit omnia jussa capere, atque pro posse perficere, quæcunque metuendæ majestatis mandatum injunxerit, nullatenus negligendum.

EPISTOLA III.

Ejusdem cum superiori epistola argumenti.

(An. Dom. 1279, cod. Rud. III.)

ARGUMENTUM. — Alia civitas audita insigni victoria de rege Bohemorum rebellare auso adversus Rudolphum justissimum principem, eidem se gaudio exsultare significat ob recentem triumphum, summaque cum devotione illum orat, ut sibi de tantæ ejus gloriæ certissimo nuntio sollicitæ, regias litteras mittere dignetur.

Serenissimo, etc. N. Civitas ad cuncta obsequia se paratos [b]. Necesse habet, inconcussum esse veritatis divinæ promissum, et omnis potentia ad nihilitatem conteritur, quæ contra nutum summi principis communitur. Scriptum est enim, quidquam maligni non posse adversari justo regi cum sederit super sedem, et est Spiritus Dei qui loquitur, adversus quem frustra se attollere omnis arrogantia congrassatur. Audivimus, justissime rex, quosdam in rebellionis audacia contra majestatem regiam præsumpsisse, et conatos fuisse sedi justitiæ adversari; quos excellentia vestra triumphaliter superando subegit [c], ad planum sedavit obicis asperum, fecit dura mollescere, ac inimicas elationes cornua stabilia non habere. Super quibus corda nostra conceptis gaudiis adimplentur, et **432** non desinunt in felicitate regia reflorere, tripudiorum recentibus ornamentis. Hic est namque præcipuus nostræ mentis ardor, hæc intimorum votiva, ut sublimitas vestra cunctis septa prosperis incrementis assiduis condensetur. Verum quia efficacius declarata plus valent, et lætius principis assertio gloriosa subintrat, sacræ regiæ majestati devotissime supplicamus,

[a] Ex epistolæ sequentis sententia facili negotio colligitur, hanc datam esse ineunte an. 1277, nisi forsan in præcedentis extremo, cum magnæ illius expeditionis in Austriam felix eventus est cognitus. De eo siquidem loquens annal Altahen: « Civitates, inquit, ibidem et castra se suo dominio subdiderunt, excepta civitate Viennensi, quam etiam obsidione cinxit: » acceptoque ab Ottocaro juramento fidelitatis, totam Austriam suam in potestatem redegit.

[b] Diversam civitatem esse, argumentumque diversum contra titulatoris opinionem, genus salutationis aliud, totusque epistolæ contextus demonstrant. Neutram noscere interest rei nostræ.

[c] Ottocarum Bohemiæ regem et Henricum ducem Bavariæ utrumque adversantem Rudolpho, in ordinem redactos esse anno 1276 sæpe diximus. Hic quatenus de processibus, quibus providentia divina suppeditat, velitis aliquid iutimare, per quod avida vestrarum exaltationum nostra devotio inter adeptos lætæ tranquillitatis modos tutissime foveatur.

EPISTOLA IV

Committit cuidam defensionem monasterii devastati.

(An. Dom. 1279, cod. Rud. IV.)

ARGUMENTUM. — Rudolphus abbatis N. precibus motus, qui plures monasterio suo illatas esse injurias querebatur a perversis hominibus, monasterium istud, fratres, res, et personas ad idem spectantes committit N. juxta abbatis desiderium, regia auctoritate illi mandans, ut nulli deinceps molestiæ obnoxium esse permittat.

Imperatoriæ dignitatis diademate [d] ac dextera fortitudinis manus sceptrigeræ insigniis renitentes, dum rimamur mentis nostræ secretarium, revolventes, quid unctio, quid sceptrum, quid corona regia [e] significet divinitus nobis data, in sacræ delibutionis oleo, quo armi regii sunt peruncti, clementiam, seu misericordiam in afflictos et attritos exercendam, in corona præeminentiam, in sceptro potestatem defendendi oppressos per fortitudinis dexteram intelligimus, colligimus et perpendimus evidenter. Quapropter cordi nobis est omnes Romano imperio subditos, præsertim autem ecclesias et ecclesiasticas personas ab insultibus maleficorum quorumlibet protegere, et ad reprimendam perversorum astutiam consurgere toto posse. Sane honorabilis vir N. abbas monasterii N. ad nostram venit præsentiam, nobis lamentabiliter conquerendo, **433** quod quidam, maligni spiritus seducti impulsibus, Deum non timentes, nec homines reverentes, ejus monasterium in suis hominibus et possessionibus per rapinas et spolia multis injuriis affecerunt. Timens igitur idem pater venerabilis, et præteritorum eventibus conjecturam pessimam futurorum, nostræ majestati humiliter supplicavit, ut præfectum monasterium tuæ devotioni committeremus cum omnibus suis defendendum ab incursibus malignorum. Nos itaque ipsius precibus inclinati tuæ fidei puritatem præsentibus duximus requirendam, regia nihilominus tibi auctoritate mandantes et concedentes, quatenus prædictum monasterium fratrumque conventum, homines, ipsorum possessiones, bona mobilia et immobilia, nec non omnia ad ipsum monasterium pertinentia vice nostri manuteneas, protegas, defendas, nec permittas ex nunc et in antea ab aliquo indebite molestari.

EPISTOLA V.

Rudolphus regi Franciæ [f] de contracta cum ipso affinitate congratulatur

(An. Dom. 1279, cod. Rud. v.)

ARGUMENTUM. — Cum per nuptias a Nicolao III conciliatas Clementiæ filiæ suæ cum Carolo Martello Caroli regis Siciliæ nepote, affinitatem optatam contraxisset cum inclyta domo Franciæ, lætabundo vero de rebellibus res est, nec alii certe indicantur quam Ottocarus eique adhærentes non pauci.

[d] Mentiar nisi monasterium istud est ordinis Cisterciensis. Certe litterarum collector citra titulos licentia uti non consuevit nisi in monasteriis sui ordinis.

[e] En imperatorium diadema in *regiam coronam* versum, quam paulo infra sequuntur *armi regii*. Hic scilicet Rudolphus loquitur, ibi autem impostor: imperatoria enim dignitas Romæ a Romano pontifice conferenda erat.

[f] Philippus III cognomento Audax filius erat sancti Ludovici IX, fraterque patruelis Caroli II patris Caroli Martelli cui desponsata fuerat Clementia Austriaca.

dus Philippo III regi officiosissimis litteris rem significat, suam benevolentiam opportune utilem fore promittens.

Inter cætera quælibet augustalium titulorum insignia nobis attributa divinitus, inter multa votivæ felicitatis auspicia, quibus dextera Domini latera nostra circumdedit, incessanter id animo nostro revera suavitatis arrisit in osculo, id immensæ lætitiæ poculo nostra præcordia fecundavit, quod inter nos et vos, in quem utique proavita strenuitas vires et animos propagavit, affinitatis amicæ connubia sunt contracta [a]. Quæ quidem eo indissociabilius, 434 eo indisjunctius semper servare non solum, sed et corroborare disponimus, quo cum inclyta domo Franciæ couniri nos desiderabilius delectat. De nobis igitur quæsumus regia celsitudo fiduciæ plenioris ex litterarum nostrarum affatibus argumenta suscipiat, quod in opportunitatibus vobis nostra sollicitudo non deerit, sed ad cuncta quæ vobis honoris et gloriæ incrementa cessura noverimus, se officiose benevolam et ultroneam exhibebit [b].

EPISTOLA VI.

Rudolphus scribit civitati cuidam fidelitatem ejus landans.

(An. Dom. 1279, cod. Rud. VI.)

ARGUMENTUM. — Civitati Tusciæ, quæ suam fidem testata erat erga Romanum imperium, respondet, se eam magnopere commendaturum Romano pontifici, mittitque ad eam legatum, qui suo nomine nonnulla proponet in exsecutionem mittenda.

Rudolphus, etc. Litteras vestras quas regio culmini direxistis affectione benigna suscepimus, vestræ devotionis et fidei quam ad sacrum imperium geritis expressivas. Sane memorabilem probitatis vestræ constantiam, quæ vos in agendis imperii decoravit pro sua commendatione prosequimur circa ea quæ vestræ quietis vestrique provectus augmenta respiciunt, vigilanter intendere disponentes, apud sanctissimum patrem nostrum dominum summum pontificem, ut paternæ benevolentiæ vobis prætendat umbraculum, curas nostras et operas, quan-

tum poterimus impensuri [c]. Porro universitatis vestræ prudentiam exhortamur 435 attentius et rogamus, quatenus N. familiari dilecto super his quæ vobis nostro nomine proposuerit, fidem adhibere non dubiam et effectus congrui beneficium impertiri velitis, ut propter hoc vobis ad cuncta quæ vobis profutura noverimus semper specialiter astringamur

EPISTOLA VII.

Rudolphus dolet quemdam terram suam transiisse incognitum.

(An. Dom. 1279, cod. Rud. VII.)

ARGUMENTUM. — Principi amicissimo suaviter succenset, quod per Austriæ provincias currendo pertransiens, mutuo utrumque solatio collocutionis orbaverit. Legatum mittit mutuæ excusationis interpretem.

Rudolphus, etc. [d] Quod transitus vester per terræ nostræ districtus tam clandestinus exstitit et festinus, ut nobis vestræ visionis et allocutionis amabili recreari solatio non liceret, id non levem nobis materiam conturbationis intrinsecæ generavit, ut pote cum quo unum cor et eamdem fore animam placide nos delectat. Eo etenim vehementius dolemus super eo, quo amplius et vos affectasse confidimus, nostra potiori præsentia frui versa vice. Ut igitur hinc et inde super his excusationis amicæ remediabile beneficium intercedat, ecce quod N. credentialis, [e] etc.

436 EPISTOLA VIII.

Rudolphus contrahit cum cardinale quodam amicitiam.

(An. Dom. 1279, cod. Rud. VIII.)

ARGUMENTUM. — S. R. E. cardinalem, cujus nomen in Germania ore omnium celebrabatur, tanquam consilio, et auctoritate apud sanctam sedem plurimum valentis, et quicum rarum habuerat commercium litterarum, ut frequentius deinceps habeat, ad suam necessitudinem adjungere optat, seque illum brevi coram allocuturum sperat.

Venerabili, etc. Rudolphus, etc. Tot et tanta de virtuosis actibus vestris apud nos rumorum invaluere

---

[a] Nicolaus III suis in litteris ad Rudolphum ap. Raynaldum (1279, n. 10) datis videlicet « III Non. Jun. » se nuptias istas conciliasse testatur. « Quia, inquit, indissolubile matrimonii vinculum, divinitus institutum, ex institutione sui virtutem in se obtinet connexivam inter alia non sine multa discussione providimus, quod inter te ac regem eumdem charitatis unitas affinitatis linea conjungatur. » Septem iis mensibus qui erant reliqui, inter regem Romanorum et Carolum Siciliæ regem concordiam desponsatione prædicta absolutam esse compertum est. Filiam autem Rudolphi nonnisi declinante sequenti anno dimissam esse a regio genitore ex Hornekio et diplomatibus colligit Hansiz. (Germ. Sac. tom. II, p. 390). Tum vero Rudolphus Styriam lustrans, inde cum Rudolpho cancellario, Joanne Gurcensi, et comitibus de Sayn, et Wertenberg Clementiam dimisit, Nicolao III jam mortuo.

[b] Et concordiæ et amicitiæ argumenta suppetent ex aliis litteris (ep. 19).

[c] Cum Carolus Siciliæ rex anno 1278 die decima sexta Septembris una cum dignitate senatoria Urbis, vicariatum Tusciæ abdicasset, Nicolao III pontifice sic volente, inter Tusciæ civitates, quæ singulæ juris erant imperii, unam hanc, incertum, num Lucam, Pisas, an Florentiam ad legitimum principem se vertisse, non est credibile: at litteræ hujus tantum suppetunt. Neque a vero forsan abierit, qui Pisas reputet quippe quam urbem Carolo etiam imperii vicario ad Rudolphum per suum legatum confugerat (l. I, ep. 20) impetratura opem adversus æmulam factionem: nam fere omnes id tem-

poris in factiones divisæ erant, ne pontificiis quidem exceptis, præcipue Bononia, ut sæpe sæpius est dictum. Quamobrem affirmare non ausim, civitatem universam Rudolpho scripsisse, sed Gibellinam tantum factionem, ut ante annos quinque fecerat, dum Greg. X Lugduni morabatur.

[d] Ungariæ regem aliumve summum principem putari vetat præmissio nominis, quod Rudolphus non solet cum summis principibus. Equidem conjecturis indulgere in re nullius momenti, nec debeo, nec soleo, mihi tamen videtur archiep. Salisburgensi epistola scripta esse. Principes enim ecclesiasticos pluraliter Rudolphus alloquitur, et Salisburgensis jurisdictio per Austriæ provincias extenditur: quæ duæ res hanc opinionem tuentur. Accedit necessitudo, cujus testem nolo alium quam ipsum Rudolphum (lib. II, ep. 12).

[e] Ducangius in Glossario (7 *Credentia*) docet chartarum et historicorum auctoritate, credentiam *apud Italos fuisse publicum civium conventum de rebus publicis deliberandi causa coactum* : indeque credentiarios appellatos, quod in secretorum reip. partem adhiberentur. Ex charta Friderici I anno 1185 *ad terminum, quem consules Mediolani cum consilio credentiæ nobis dixerint*. Ex annal. Januen. ad annum 1282. *Creatum fuit de novo quoddam consilium in Janua de hominibus* 15, *quod credentia vocabatur*. Et ex aliis chronicis Italiæ *sapientes a credentia*, ac *senatores credentiæ* nuncupatos ostendit. Ejus generis fuisse credentialem istum Rudolphi legatione fungentem arbitror.

præconia, tot et tantis alma mater Ecclesia vestræ prædicabilis famæ, vestri ministeriosi consilii decoratur insigniis, et auctoritatis eximiæ titulis adornatur, quod plurimum nos delectat familiaritatis alternæ, vobiscum inire solatia et affectuum mutuorum conformi dulcedine ᵃ. ... ... Licet igitur hactenus vobis locorum inhabilitate distantibus, rara nostræ salutationis epistola, nostræ mentis interiora suggesserit, licet non crebra litterarum vestrarum allocutione fuerimus recreati, spei tamen conceptæ de vestra benevolentia rivulus manare non desinit, sed augmento continuo fecundatur. Nos enim deinceps, opportunitate captata, non solum vos litteris visitare disponimus, verum in proximo, duce Altissimo, vobis præsentialiter offerre nos ᵇ, ut gratæ dilectionis affectio successivis concreta profectibus in profusos et proficuos gratiosi germinis palmites adolescat. Ecce igitur honorabilem, etc.

437 EPISTOLA IX.

Rudolphus scribit cardinali ᶜ se ipsi commendans et negotia imperii.

(An. Dom. 1279, cod. Rua. IX.)

ARGUMENTUM. — Oratorem, sive procuratorem suum apud sanctam sedem ab omnibus legatis Roma redeuntibus multa laude affectum, spe præmiorum allicit, ac regiæ gratiæ et benevolentiæ lenocinio alacritatem addit, ut ad sua et imperii negotia laudabiliter pergat.

Rudolphus, etc., Honorabili, et prudenti viro N. ᵈ, etc. Nuntiorum nostrorum pro diversitate temporum de Romana curia redeuntium increbrescens et fida relatio laudes fidei vestræ purissimæ, quam ad nos et imperium animo geritis indefesso, in comitatu regio tam profuso præconio texuit et diffudit, quod vestræ gratæ devotionis obsequia mente sedula recensentes, ad ea ferventer allicimur, quæ honoris vestri pariter et vestrorum accessura noverimus incremento. Vestram igitur honestatem affectu plenissimo duximus exhortandam, quatenus de benevolentiæ nostræ privilegio gratioso securi, laudabilis vestri propositi curas et operas circa nos et nostra negotia laudabilioris continuationis officio prosequi non cessetis ᵉ.

ᵃ Deest aliquid.
ᵇ Controversias omnes tum veteres, tum recentiores cum Carolo Siciliæ rege compositas fuisse testimonium isto evidentius desiderari non potest. Cessante scilicet gravi causa, quæ Rudolphum a suscipiendo in Italiam itinere per quatuor fere annos arcuerat; rex idem Romanorum cardinali amico fidem facit, se brevi adfuturum in Urbe, ut videlicet imperiale diadema suscipiat a Romano pontifice. Raynaldus (1278, n. 45) ex litteris Nicolai III deducit Rudolphum ineunte prædicto anno petiisse imperialia insignia, cum vero illas non proferat, fides apud eum sit. Secus est de formula, quam Nicolaus idem (*Ibid.*, n. 85) regi Romanorum præscripsit in diplomate utendam; etenim in ejus fine legitur : « Promittimus insuper quod postquam Romam ad recipiendam unctionem, coronationem, et imperiale diadema pervenerimus, ipsaque perceperimus, infra octo dies præmissa omnia et singula innovabimus, et de novo integre et plenarie faciemus. » Quam suo loco in diplomate expressam videbimus. Quibus si hoc Rudolphi gravissimum testimonium adjicias, ineptire eos fatearis necesse erit, qui verbis elegantissimis Rudolphum mendacii arguere non verentur.
ᶜ Collectoris supinitatem ! tanti erat *venerabilis* titulum præcedentis epistolæ cum *honorabili* hujus conferre? Nomen regis in illa postpositum, præpositum vero in ista, simile officium important?
ᵈ Publicis tabulis, queis Conradus minorita jura et privilegia sanctæ sedis regio nomine confirmat (ap.

438 EPISTOLA X.

Cives Leodienses conqueruntur de quibusdam clericis.

(An. Dom. 1279, cod. Rud. x.)

ARGUMENTUM. — Cives Leodienses conturbati ob privilegium clero civitatis antiquitus concessum, et a Rudolpho renovatum ac declaratum, quod nuper publicatum ab eodem fuerat : eo siquidem civitatis et provinciæ totius leges ab ejusdem Rudolphi prædecessoribus conditæ subvertebantur; ad eum confugiunt queribundi circumventionis obtentu, ut quoniam conditor legis ipse est ejusdem interpres et castigator, paci publicæ civitatis et provinciæ consulat, privilegium illud abrogando.

Serenissimo domino suo cives Leodienses, etc. Quia Dei, a quo omnis potestas egreditur, ordinatione summa reipublicæ potentia vestræ dignoscitur clementiæ attributa, ut per vestræ magnitudinis vigorem conservetur justitia, et injuriæ exstirpentur, fidelium debilitas relevetur, et fortium rebellio comprimatur, omnia justo legum libramine in Salvatoris servitio dirigendo, ad majestatis vestræ clementiam de penultimis Romani imperii finibus ᶠ recurrentes, sub vestræ gratiæ confidentia speciali celsitudini regiæ duximus non absque dolore et perturbatione cordium intimandum, quod honorabiles viri clerus civitatis N., licet ipsum omni qua possumus veneratione colamus, civitatis tamen et totius patriæ nostræ ᵍ quietis et pacis impatiens, cum de illis nihil suspicaremur adversi, quoddam privilegium hactenus inauditum a vestra magnificentia sibi, ut asserunt, innovatum, confirmatum, seu etiam declaratum nuper apud nos fecit in multorum præsentia publicari. Quod perceptum et in publicationem deductum, quamvis tanquam improvisi tonitrui ictibus et fulminis terrore attonitam turbam turbaverit universam, ipsum tamen propter vestri venerationem felicis nominis audivimus reverenter, ipsiusque recepta copia, et deliberatione super hoc matura præhabita, quia per idem si dici debet privilegium, tota lex civitatis et nostræ patriæ pene 439 penitus absorbentur, et decolorantur status nostræ patriæ generalis ab antiquis temporibus a vestris divis prædecessoribus ordinatus, post diversa consilia habita cum sapientibus et colloquia in communi, nostra deliberatio tandem in hoc

Raynald. 1278, n. 50) subjicitur : « Actum Romæ ap. sanctum Petrum in prædicto papali consistorio præsentibus, etc. Magistro Paulo de Interamna clerico et procuratore in audientia curiæ Romanæ prædicti domini Rudolphi regis. » Anno igitur 1278 magister Paulus de Interamna erat procurator regius. Ante eum fuerat Basiliensis episcopus (lib. II, ep. 1 seqq.) anno videlicet 1276, quo tamen declinante eum abfuisse Roma testantur litteræ sæpe laudatæ cardinalium sede vacante, nam ad castra Rudolphi advolaverat in Austria.
ᵉ Anno, ut videtur, 1280 prædictus magister Paulus vitam cum morte commutavit : quare beneficiis, quæ Rudolphus liberalissime polliceretur, frui non potuit. Magnæ ejus fidei novum testimonium suppetit ab eodem rege Romanorum, cum ejus mortem agnovit (Infra ep. 58).
ᶠ Belgium Germaniæ inferioris limes ultimus Leodiensem provinciam recte penultimos imperii fines appellari ostendit : nostra autem ætate alia provinciarum ratio est, quod neminem latere arbitror.
ᵍ Patriæ significationem, ut arbitror, nemo melius exponit, quam Arnobius ap. Ducang. (*Gloss. V. Patria*). Ait enim : « In quibus linguis gentes sunt patriarum quadringentæ sex, non diversarum linguarum, sed ut dixi diversarum patriarum : verbi gratia, cum una lingua Latina sit, sub una lingua diversæ sunt patriæ Brutiorum, Lucanorum, Apulorum, etc. » Perinde Leodienses provinciam cognominem appellant.

resedit, quod quia ejus est legem interpretari, vel emendare, cujus est condere [a], ad vestræ majestatis audientiam, quam in hac parte calliditate impetrantium credimus circumventam, sub certa forma duximus communiter et solemniter proclamandum. Sperantes, et in Altissimo confidentes, quod cum vobis patuerit inconvenientia et pericula ex tali privilegio proventura, vestra provida et benevola sapientia remediis fidelium subjectorum invigilans, a tantis nos turbationibus et totius patriæ gravaminibus relevabit, et ad statum pacificum et antiquum, amputatis noxiis novitatibus, salubriter omnia reformabit.

EPISTOLA XI.
Rudolphus cives Maguntinos hortatur ad concordiam.

(An. Dom. 1280, cod. Rud. xi.)

ARGUMENTUM. — A legato Moguntinorum admonitus simultatum inter cives et ministeriales, qui rem armis decidere constituerant : simulque rogatus, ut regia objecta auctoritate imminenti conflagrationi occurrat, respondet prudentia et moderatione utendum, ut stricti enses ab æmulis deponantur. Eadem fini se deputasse G. comitem, ut consiliis cum eo communicatis incendium exstinguant

Rudolphus, etc., civibus Maguntinis. Exortæ discordiæ odiosa turbatio, quæ in finibus vestris seminaria suscipit simultatum [b], 440 per industrium virum N. regiæ celsitudini nuper exposita, tanto duriori nos pungit compassionis aculeo, quanto graviora sentimus ex ea totius terræ discrimina suboriri, volentes ad exstinctionem ipsius incendii studia nostra libenter et liberaliter applicare. Sane visum est nobis expediens, et consulimus bona fide, quod tantæ ruinæ dispendia præcaventes, qui estis animalia oculata [c], in hujus casus articulo per modestiæ semitam incedatis. Jusjurandum, quod cum ministerialibus [d] inivistis, ea rectitudinis linea directuri, quod juramenti forma super communi pace præhabita, prorsus aliqua læsionis injuria non tangatur, sed ministeriales eosdem ad pacis et concordiæ unionem ferventer inducere satagatis. Sic enim salvis vobis et domibus vestris, poterit ignis vicinus parietibus applicari. Quia domus in conflagrationis medio constituta, etsi non consumatur incendio, infirmatur tamen exhaustis compagnium viribus ad ruinam. Rogamus igitur et attentius exhortamur, quatenus mox prosilientes in medias exterminii partes, tantæ scissuræ discrimina studeatis innatæ prudentiæ moderamine reparare [e]. Et ecce infra triduum post recessum nuntii vestri de nostra præsentia, nobilem virum G. comitem propter hoc ad vestram præsentiam destinare proponimus ut ipsius cooperante consilio per vos stricti enses de altercantium manibus rapiantur.

441 EPISTOLA XII.
Rudolphus de eadem concordia clero Moguntino scribit.

(An. Dom. 1280, cod. Rud. xii.)

ARGUMENTUM. — Cleri Moguntini futura damna prævidentis precibus exoratus, in eadem causa reponit, quod lubens efficacem navabit operam incendio illi præfocando, ut exitus brevi palam faciet

Rudolphus, etc., decano et capitulo Maguntino. Tribulationum et calamitatum crudeles angustias, quibus bellicus impetus fines vestros invadere formidatur, tanto compassiviori nimirum commiseramur affectu, quanto ex his perniciosiora sentimus discrimina pullulare. Propter quod ferventibus vestris allectionibus excitati ad stabile bonum concordiæ, et ad exstirpanda totaliter germina simultatum libenter intendimus, efficaces et sedulas interponere partes nostras [f], prout auctore Domino, operis evidentia vos docebit.

EPISTOLA XIII
Rudolphus providet cuidam domui regulari de ordine Pœnitentium.

(An. Dom. 1280, cod. Rud. xiii.)

ARGUMENTUM. — Ægre ferens domum religiosam mulierum pœnitentium in spiritualibus et temporalibus male admodum administrari, S. R. E. cardinalem enixe orat, ut provisores removeri obtineat a summo pontifice, eamque domum provinciali fratrum Minorum committi cum facultate ingrediendi claustrum pro Ecclesiæ sacramentis administrandis.

Quia in civitate nostra N. quædam est domus regularis de ordine Pœnitentium, quæ pati dicitur tam in spiritualium quam in temporalium provisione defectum, nos ipsi domui eo compatientes instantius, quo illius sexus infirmitas propior est ad casum, 442 paternitatem vestram affectione qua possumus amplissima deposcimus et hortamur, quatenus cum personæ præfatæ domus ex provisorum suorum, qui sibi [ibi] nunc præsunt, incuria, gravia possent suæ famæ suæque salutis incurrere nocumenta, apud dilectissimum patrem nostrum dominum, summum pontificem [g] cum effectu dignemini procurare, quod ipsa domus ex provisorum hujusmodi inutilium

---

[a] « Non debet tamen legis auctor legem tollere, nisi probabili de causa, peccaturus alioqui in regulas justitiæ gubernatricis. » Verba sunt Grotii (*De Jur. bell. et pac.* ii, 20, 24,) qui alibi clarius, (ii, 14, 9) de rege : « Si eas revocet, nemini facit injuriam. Peccat tamen, si sine justa causa id faciat. » Quamobrem Leodienses dum petunt abrogationem novæ legis privatæ clericorum, quæ pugnabat cum publica civitatis et patriæ, justam afferunt causam, cur eam revocet sine clericorum injuria.

[b] Trithemius ap. Calvis. ad annum 1280 : « Moguntinus, ait, et Joannes de Spanheim comes bello decertant; comes vincitur, et multi præstantes viri captivi abducuntur, qui sequenti anno die 12 Decembris captivitate liberantur, interponente se imperatore, qui Burgundum sibi rebellem invadit, et prælio superat, et, ad deditionem cogit, multas præterea urbes Rheni, quæ fœdus inter se fecerant, in rebellione capit, et auctores rebellionis occidit, vel proscribit. » Apud auctorem sit fides ad chronologiam quod attinet ; cætera his litteris convenire admodum mihi videntur.

[c] Laudis genus! Sententia quidem est Joannis (*Apoc.* iv, 6, 8) adeoque sacrosancta : *Et in medio sedis, et in circuitu sedis quatuor animalia plena oculis ante et retro. Et in circuitu et intus plena sunt oculis.* At comparatio ista nostra ætate aliquantulum friget.

[d] Ex charta ejusdem Rudolphi ap. Ludewig. (tom. IV, *Reliq. Ms.* p. 262) intelligimus, qui essent ministeriales. « Monetam quoque, ait, quæ singulis annis, avaritia exposcente, solebat renovari in præjudicium commune habitatorum ejusdem terræ, ex nunc volumus sine consilio communi ministerialium majorum Stiriæ per aliquem futurorum principum terræ nullatenus renovari. » Multa suppetent ex Glossario Ducangii de ministerialibus Germanis varii generis. At ministeriales Moguntiacos Stiriis non dissimiles fuisse harum litterarum historia luculenter demonstrat.

[e] Huc refertur comparatio prædicta animalium oculatorum.

[f] Epistola præcedens fida est hujus interpres. In utraque perspicua est præclara Rudolphi indoles, qua constanti auctorum testimonio « vires ac fortunam bellicam quærendæ tantummodo paci intendebat » (*Piet. Austr.* l. i, c. 24, p. 139).

[g] Ptolomæus Lucensis, ap. Raynaldum (1280, n. 27 seqq.) testatur Nicolaum III summopere dilexisse

vinculis absoluta, de cætero provisioni provincialis fratrum Minorum, ut circa eamdem dexteræ fiat Excelsi mutatio committatur. Ita quod ipsis personis in ordine pristino permanentibus Pœnitentium, provincialis prædictus per se, vel fratres ordinis sui idoneos, visitationis, et correctionis officium in easdem valeat exercere, et liceat ipsis fratribus ad id provide deputandis ipsarum Pœnitentium claustrum intrare ad ministrandum ecclesiastica sacramenta, cum fuerit opportunum.

EPISTOLA XIV.

Quidam ex curia Romana commendat quemdam Rudolpho imperatori [a].

(An. Dom. 1280, cod. Rud. xiv.)

ARGUMENTUM. — Procurator regis Romanorum in urbe illi commendat N. optime de eo meritum in negotio coronationis, ut præmio atque honoribus ab eodem affectus exemplo aliis sit, quod cum alacritate animi sequantur.

Serenissimo, etc. [b] Ad incrementum vestræ gloriæ pertinere dignoscitur, si apud vestram celsitudinem benemeriti commendati 443 recipiant suæ præmia probitatis, quo exemplo cæteri de bono in melius animentur. Unde quia vir discretus N. nobis in exaltationis vestræ negotio [c] fideliter astitit, et commendabilem se ostendit, honorem vestrum pro suis viribus promovendo, eumdem vestræ excellentiæ quamplurimum recommendo, vestræ magnificentiæ pro eodem supplicans studiose, quatenus ipsum, cum ad vos venerit, de regia clementia benigne recipere, et in omnibus gratiose dignemini pertractare, tam debitæ justitiæ quam gratiæ vestræ effectum eidem liberaliter impendentes, ut tam ipse quam reliqui exemplo simili provocati ad magnitudinis vestræ servitium studeant festinare.

EPISTOLA XV.

Episcopus quidam gravamina sui episcopatus Rudolpho exponit.

(An. Dom. 1280, cod. Rud. xv.)

ARGUMENTUM. — Episcopus multis a Rudolpho beneficiis affectus, adeoque maxime ei devinctus, ægre admodum ferens non posse eum prosequi ad solemnitatem coronationis, quod sua sedes alieno ære gravis ac finitimorum insidiis obnoxia erat, præterea ipse privatis personæ incommodis detinebatur; se excusat obsequio non defuturum post ejus reditum promittens.

Serenissimo domino N. episcopus salutem cum obedientia, omni reverentia et honore. De regalis abundantia largitatis confiteor me quam plures gratias et concessiones datas liberaliter recepisse, quæ me adeo sui efficacia convicerunt, ut quamquam ex debito subjectionis de fidelitate majestati regiæ astrictus tenear, in hoc tamen dilatata voluntas debitum superat, et ejusdem respectu debitum ipsum, licet in se grande sit, pene nullius est momenti. Propter quod me, et mea, ac quidquid sum excellentiæ vestræ 444 totaliter offero; non desperans apud Deum reperire gratiam, apud quem largitionum atque gratiarum abyssus altissima sibi sedem aptissimam collocavit. Postulo igitur humiliter, ut patienter attendens regia serenitas quæ hic styli officio designantur, ex his me excusatum habeat, mihi parcat et deferat, suam mihi nihilhominus gratiam conservando. Sane cum ad creditum mihi episcopatum de novo personaliter advenissem, in novo adventu novum debitorum ingressus labyrinthum, a furore creditorum adeo undequaque sum oppressus, importune lacessitus, ut vix sufficiant tempora consiliis, vix reditus suppetant, quibus fauces inhiantium compescere valeam, quibus possem clamores pestiferos reprimere creditorum. Hisque accedit infortuniis, quod nobiles circumvicini episcopatus mei violenter jura certatim occupant, jurisdictionem meam non solum impediunt, sed quantum in ipsis est, ipsam enervare funditus moliuntur. Qui mihi et Romano imperio quotidie multam possent generare molestiam, si non esset qui conatibus resisteret eorumdem. Quibus etiam cedit in mei adjutorium nocumenti, quod, etc. Propter quæ et alia sic pecunia exhaustus sum, sic facultatibus denudatus, ut ad præsens reddar immobilis ad prosequenda promissa, cæteris insolubilibus alligatus, infirmitate corporis, quæ mihi licet odiosa, indefessa tamen comes efficitur, his importunitatibus scrupulosis perturbationibus et molestiæ cumulum adjungente. Propter quæ regia majestas in his mihi compatiens a via pro coronatione sua agenda [d], me misericorditer eximat, et meæ discat impotentiæ misereri. Quoniam in felici regressu, cum assumpta triumphali corona [e] redierit, vos visitabo personaliter, et grati impensa servitii, præteriti temporis profecto non omittam redimere tarditatem.

445 EPISTOLA XVI.

Commendat comitibus et baronibus, etc., noviter electum episcopum.

(An. Dom. 1275, cod. Rud. xvi.)

ARGUMENTUM. — Siffridum Coloniensem archiepiscopum [f] Lugduno a Gregorio X sibi remissum com-

---

fratres Minores, qui sanctimonia vitæ tantum sibi æstimationis collegerant, ut rei ecclesiasticæ reparandæ nulli iis utiliores putarentur : « Ipsos, ait, specialiter dilexit, et ipsorum protector semper fuit usque ad papatum. » Factusque pontifex, ut tradit ibidem Jordanus, Matthæo Rubeo diac. cardinali eos committens : « Damus tibi, inquit, melius quod habemus; damus tibi desiderium cordis nostri, et pupillam oculorum nostrorum. » Quamobrem nil opportunius Rudolpho potuit accidere; cætera per se patent.

[a] Chorda semper aberrat eadem. Vide supra (l. II, ep. 13, in not.).

[b] Magister Paulus de Interamna clericus et procurator Rudolphi apud sanctam sedem, de quo supra (ep. 9, in not.) commendatius has litteras scribit pro N. in Germaniam proficiscente.

[c] En aliud argumentum controversiæ omnis compositæ, quæ Rudolpho intercedebat cum Carolo Siciliæ rege (V. ep. 8, in not.); negotium scilicet exaltationis regis Romanorum aliud non erat, quam diadematis aliorumque insignium imperialium susceptio de pontificis Romani manibus, unde imperatoris nomen et auctoritas in ipsa Urbe proveniebat. De qua

post mortem Gregorii X ineunte anno 1276, nequidquam actum semper erat : prædicta enim controversia absolvi nunquam potuerat, eaque propter Rudolphus in Italiam venire semper prohibitus fuit usque ad annum 1279 declinantem, cum Nicolaus III tantam rem terminavit. Quare et hujus et sequentium aliquot epistolarum, in quibus negotii ejusdem absoluti mentio est, ætatem certam habemus, annum 1280 ante Nicolai III mortem, quam occubuit xi Kal. Septemb.

[d] Indicium minime dubium, imperii principes et ecclesias nuntios accepisse futuri Italici itineris, pro consummando negotio imperii omnium maximo.

[e] Recte triumphalem appellat coronam, quam Rudolphus vindicatis in libertatem tot ecclesiis, totque provinciis a tyrannide liberatis, suscepturus erat a summo pontifice coram sacratissimo Petri corpore.

[f] In Catalogo archiepiscopor. Colonien. Levoldi a Northof apud Meibomium (*Rer. Germanicar.* tom. II, p. 4) Sigfridus de Westerburg electus fuisse dicitur post mortem Engelberti de Walckenborch a Gregorio X in concilio Lugdunensi. Sammarthani (*Gall. Christ.* tom III, p. 694) tradunt Sigfridum creatum archiepiscopum ex præposito Moguntino, et conse-

mendatumque, ut ad ecclesiam et diœcesim maxime turbulentas id temporis, et in archiepiscopos suos injuriosas, non sine regia protectione transire permittat, comitibus cæterisque ita commendat, ut illum lædere perinde esse sciant, ac regiam majestatem offendere : obsequium fidelitatis tam sibi quam illi præstent, priscisque simultatibus in oblivionem amandatis tranquillam pacem deinceps colant.

Rudolphus, etc., universis comitibus, baronibus, etc. Infinitæ misericordiæ Deus tribuatam jam diutius civitatem et diœcesim H. [a] compassionis et misericordiæ contuens oculis, exclusis ac amotis bellorum ac altarum adversitatum periculis [b], de pastore sciente, volente et valente memoratas civitatem et diœcesim depressas hactenus non absque culpis hominum, ut credimus, proinde relevare, et de honesto viro N. dignatus est misericorditer providere [c]. Hic siquidem sanctissimo patri domino nostro notissimus, et quanto notior tanto inde gratior, multæ commendationis ad nos beneficia reportavit [d]. Porro nos prædicti sanctissimi patris nostri **446** instructi monitis et mandatis, memoratum N. et ipsius ecclesiam cum omnibus sibi commissis, tum suæ probitatis merito, tum pro charissimi patris nostri gratiosissimo interventu [e], specialis gratiæ et favoris affectu prosequi cupientes, omnes injurias, si quas ipsum ex nunc sustinere contingeret, nobis volentes ascribere, ac dignantes ipsas prosequi tanquam nostras, quapropter vobis mandamus sub obtentu gratiæ nostræ firmiter et districte, quatenus eidem N. electo principi nostro charissimo, membro sacri Romani imperii, tanquam vestro episcopo, intendatis in omnibus fideliter et devote, sicque vestræ fidelitatis obsequium tam apud nostram majestatem quam apud ipsius paternam providentiam mereatur meritum reportare. Vosque cum A ipso patre vestro in amœnitate pacis et tranquillitate mentis, nova succrescente gaudiorum materia abstersis lacrymis consistere valeatis.

EPISTOLA XVII.
Privilegium civitatis Hallensis.
(An. Dom. 1280, cod. Rud. XVII.)

ARGUMENTUM. — Rudolphus Hallensem Sueviæ civitatem ob constans sibi et imperio præstitum obsequium regia munificentia libertate donat, ita ut cives utriusque sexus causas suas persequi, aut in judicium vocari extra civitatem Hallensem non possint.

Ad hoc ad supremæ dignitatis apicem a supremo et primo regnorum omnium conditore cognoscimus nos vocatos, **447** quod cum cunctis sub tutela nostri regiminis constitutis in jure, sive exhibitione juris faciles debemus existere, et in gratia liberales, illis ampliorem gratiam et majoris gratiæ plenitudinem dignum ducimus impertiri, qui a nostris et imperii servitiis nullis adversitatum turbinibus avelluntur. Cum itaque dilecti filii N. civitatis Hallensis tam devota fidelitatis servitia nobis impenderunt et impendunt [f], quod ipsorum preces apud nostram majestatem exauditionis gratiam et effectum ejus quem desiderant mereantur, nos ipsorum humilius precibus inclinati, volumus, et pro speciali gratia hanc ipsis libertatem tradimus, tradiiam, et concessam auctoritatis regiæ præsentis decreti munimine confirmamus, quod nemo civium civitatis Hallensis utriusque sexus extra civitatem Hallensem stare judicio compellatur, sive realis, sive personalis, seu alia contra ipsum quæcunque actio attemptetur. Imo si quis contra quemquam civium prædictorum quidquam habuerit actionis, illam coram judice civitatis ejusdem juris ordine prosequatur, etc. [g] Nulli ergo, etc.

---

cratum Dom. Palmarum anno 1275, nimirum Lugduni, ubi pontifex constitit usque ad Idus Maias ejusdem anni. Hinc patet harum litterarum ætas, quibus haud dubie præferri debent quæ infra occurrunt (ep. 18); utræque autem retro trahendæ sunt ac præmittendæ litteris Innocentii V (lib. II, ep. 4) quæ et ipsæ citra suam sedem vagantur, ut suo loco diximus. Ad Siffridi autem historiam quod attinet, satis est tres istas epistolas ponere hoc ordine 18 et 16 hujus libri, anno 1275. Quartam vero libri alterius ex eo loco oportet constituere. Sic res procedant.

[a] Legendum absque hæsitatione N. ut in reliquis, Coloniensis enim ecclesia designatur.

[b] Difficilia Engelberti tempora reputat. Ab eodem contumeliis affecto anno 1263, Colonienses cives per vim et metum sacramentum extorserant, quo pollicebatur se nullo unquam tempore ulturum sacrilegum eorum scelus qui sacram ejus personam in carcerem detrudere ausi erant. Sequenti anno Urbanus IV eo sacramento Injuste illum absolvit, ut videre est ap. Raynaldum (1264, n. 41). Post annos aliquot iidem cives seditiose comitis Juliacensis præsidio freti archiepiscopum iterum capiunt, carcerique mancipant, nec seditio quiescit usque ad annum 1270, Alberto Magno intercedente. Nec tamen penitus exstinctam esse concilii Lugdunensis tempore, cui aderat infelix archiepiscopus Engelbertus, ibidem vita functus, ex his Rudolphi litteris liquet. Imo in antecessum vidimus comitis Juliacensis audaciæ obnoxium fuisse Siffridum etiam anno 1276; incertum num cives regia auctoritate contempta illi adhæserint.

[c] Siffrido videlicet, de quo nuper (col. 808, not. [f].)

[d] Gregorius igitur non eum elegerat; canonica enim electio violanda non erat, sed electum consecravit, pallioque ornatum, ut ferebat disciplina, Rudolphi patrocinio fovendum censuit. Rei fidem facit Rudolphi juramentum Lausanæ præstitum sub finem hujus anni : « Illum igitur, ait, abolere volentes abusum, quem interdum quidam prædecessorum nostrorum exercuisse noscuntur, et dicuntur in electionibus prælatorum, concedimus et sancimus, ut electiones prælatorum libere et canonice fiant, quatenus ille præficiatur ecclesiæ viduatæ, quem totum capitulum, vel major et sanior pars ipsius duxerit eligendum, dummodo nihil desit de canonicis institutis, ut videre est apud Raynaldum (1275, n. 58). Quæ quidem verba non adhibuit omnium primus Rudolphus, sed confirmavit Gregorio X quæ ante eum Otto IV et Fridericus II spoponderant.

[e] Nil in diplomatibus solemnius, nil utique eruditis notius *interventu*, pro intercessione, cum reges et principes ecclesiis, alive aliquid concedebant *interventu* pontificis card. legati, episcopi, etc. Id magis magisque comprobat disciplinam electionis canonicæ jampridem instauratam Rudolphi tempore viguisse, quam postea anno 1448 Nicolaus V in concordatis perpetuavit. Atque hæc quidem ad electionis disciplinam quod attinet. Quod vero spectat ad sanctæ sedis approbationem, improbationemve, animadverti debet, quod eæ solæ cathedrales ac regulares ecclesiæ accedebant ad sanctam sedem, quæ in variis mundi partibus immediate illi erant subjectæ, aut appellatione ad eam devolvebantur, ut docet Nicolaus III (*Cap. Cupientes in 6, de Elect.*). Quamobrem Gregorius X non eligens, neque approbans, sed intercedens et commendans recte dicitur in his litteris.

[f] Tres in Alemannia civitates hujus nominis celebrantur : una in Tirolensi comitatu ad OEnum fluvium ab OEniponte vix duabus leucis distans; altera in Saxonia superiori ad Salam fluvium inter Torgam et Lipsiam, inde septem leucis distans; tertia demum in Suevia, urbs libera inter Nordlingam et Wimpinam, hinc quatuor, octo illine leucis dissita. De hac postrema rem esse servitia Rudolpho præstita in præcedentibus bellis, constansque in imperium fides videntur innuere.

[g] Inter liberas civitates Alemanniæ, imperiales a ias

EPISTOLA XVIII.

Rudolphus commendat Coloniensem electum pontifici Romano.

(An. Dom. 1275, cod. Rud. XVIII.)

ARGUMENTUM.—Siffridum canonice electum Coloniensem archiepiscopum multis effert laudibus apud pontificem Lugduni commorantem, oratque ut consecratum et sacro pallio de more ornatum ad suam sedem ingentibus obnoxiam calamitatibus quantocius mittat, nisi forte sublimiori loco exaltandum deliberaverit.

Inter cætera quorum nos pervigil cura sollicitat, quorum desiderabilis expeditio mentem nostram exagitat incessanter, illud revera tranquillo sanctæ matris Ecclesiæ statui, reformationi 448 divulsionis imperii, ac subsidio Terræ sanctæ potissimum credimus expedire, quod ecclesiæ regni Alemaniæ destitutæ pastoribus nova novorum sponsorum substitutione refloreant, et provisionis optatæ solatio recreentur. Inter quas utique quanto præsignius cunctis veneranda Coloniensis ecclesia renitet, quanto etiam graviorum persecutionum procellis impetitur, et inmaniorum perturbationum calamitatibus impulsatur, tanto celerioribus indiget vestræ paternæ provisionis auxiliis sublevari [a]. Et quia N. [b] laudabili perhibente testimonio plurimorum, a juventutis suæ primitiis semper fuit caterva virtutum stipatus, honestæque conversationis et vitæ præconio insignis; pro eo beatitudini vestræ piissime supplicamus affectu quo possumus ampliori, quatenus cum ipsa ecclesia scienter expostulet suo salutari regimine dirigi, et amabili sua præsentia confoveri, eumdem electum ad ipsam ecclesiam gubernandam quantocius destinare

aliasque Hanscaticas esse eruditorum neminem latet. Hallensis autem civitas ex hoc privilegio suæ libertatis initium sumit.

[a] Per sacrum pallium archiepiscopos nomen et munus obtinere latet omnium eruditorum neminem. Huc spectat expedita provisio, quam petit Rudolphus. Nam, ut est in Pontif. Rom. « Quia pontificalis officii plenitudo confertur per pallium, antequam obtinuerit quis pallium, licet consecratus, non sortitur nomen patriarchæ, primatis, aut archiepiscopi; et non licet ei episcopos consecrare, nec convocare concilium, nec chrisma conficere, neque ecclesias dedicare, nec clericos ordinare, etiamsi pallium in alia ecclesia habuisset, cum oporteat petere novum pallium. »

[b] Vide supra ep. 16, n. d.

[c] Ex decreto electionis in ordinibus apud Martene (De Sac. Rit. l. I, cap. 8, art. 2) quod legi consuevit ante consecrationem electi suppetunt peculiaria, quæ hic indicantur in genere. Summa tamen est cadem, hoc tantum discrimine, quod Rudolphus exponit in litteris, quæ populus et clerus in decreto exarabat.

[d] Trevirensis sedes pro sublimiori loco accipi nequaquam potest, namque hujus sedis, ut etiam Moguntinæ, quæ electorali pariter dignitate præstant, superstites erant archiepiscopi Henricus et Wernerus, qui una cum Engelberto Siffridi prædecessore interfuerant Lugdunensi concilio, et una simul cum Siffrido subscribunt diplomati, quo Rudolphinum confirmant anno 1279. Patriarcha item Hierosolymitanus Thomas Agni de Lentino (Infra ep. 27) florebat in Syria, quæ æque pontifici ac regi Romanorum summo habebatur loco, et quidem jure, quippe quæ Salvatoris nostri sanguine illustrata fuerat. Num igitur de eo cooptando inter S. R. E. cardinales intelligit?

[e] Auctor Piet. Austr. affert hanc epistolam (lib. 1, c. 17, p. 103) ex cod. Cæsareo, modico cum discrimine, ut patet ex var. lect. Sed eamdem multo aliam, nequo uno in loco mutilam reperire est apud Martene (Anecd. tom. I, p. 1154). Inscriptio ejusdem et datum opportune ibidem occurrunt : nam datum

A nare dign mini ex innata paternæ clementiæ compassione celeriter expeditum [c], nisi forsitan ipsum sublimioris loci regimini, ad quod procul dubio reputatur idoneus, vestra pia circumspectio, suæ multimodæ probitatis obtentu decreverit deputandum [d]. Speratur quippe certissime, quod per eum, velut per columnam immobilem fulcietur imperium, et in domo Domini idem electus nihilominus ut oliva fructifera germinabit.

449 EPISTOLA XIX.

Rudolphus commendat Philippo regi Francorum monasterium Aureæ vallis Cisterciensis ordinis [e].

(An. Dom. 1276, cod. Rud. XIX.)

ARGUMENTUM.—Rudolphus a Cisterciensibus cœnobii Aureæ vallis diœcesis Trevirensis rogatus, ut quoniam in imperii ultimis finibus constituti graves patiebantur molestias ab iniquis hominibus, sub regis Franciæ patronicio eos poneret, eidem regi petitiones monachorum exponit, eorumque votis plenissime obsecundat.

In regum thronis sublimibus, et quibuslibet aliarum tribunalibus potestatum, quæ catholicæ fidei fulgor illuminat, ubi præsertim locorum habilitate contigua vicinantur, ea præcipue debet votorum vigere conformitas, ea convalescere debet indissociabilitas animorum, ut alterutrius imminente dispendio, effectivo compassionis alternæ solatio recreentur [f]. Quod utique, quia vestræ serenitati libenter offerimus vobis, et vestris [in] opportunitatibus profuturum, idipsum a vobis sub firmæ spei fiducia non immerito vice reciproca præstolamur. Sane porrecta nobis religiosorum virorum N. et N. abbatis, et conventus Aureæ vallis Cisterciensis ordinis [g] peti-

ætatem litterarum certam suppeditat : inscriptio sic fluit : « Illustri et magnifico principi domino Dei gratia Francorum regi Rudolpho eadem gratia Romanorum rex semper Augustus salutem, et integræ dilectionis augmentum. » Datum vero sic : « Datum Nurenbergi IV Nonas Februarii Ind. IV, regni nostri anno III, anno vero ab Incarnatione Domini 1276, » videlicet antequam castra moveret in Austriam. Nolim equidem epistolam esse mutilam, ne Anecdotorum Thesauro fidem minueret : quare et de nota ista temporis suspicio subreperet. Sed aliæ litteræ, quæ infra occurrent, ætatem harum confirmabunt.

[f] Nullum exstans contractæ affinitatis indicium, de qua supra (ep. 5), male dilatam tandiu esse hanc epistolam a collectore palam facit.

[g] In prædicta editione Martene adjicitur Trevirensis diocesis, qua videlicet additione imperii fines extremos luculenter designari compertum erit, spectato cœnobii Aureæ vallis situ. De eo Mabillonius (An. B. l. LXIII, n. 69, et l. XLIX, n. 39) ad originem quod spectat, videndus omnino, in comitatus Chiniensis loco peramœno silvæ Arduennæ fundatum docet anno 1070 a monachis quibusdam Calabris ad prædicandum missis in Lothar ingiam. Anno autem 1151, « Adalbertus, inquit, Virdunensis episc. e Chi iensium comitum stirpe ortus, locum sancto Bernardo Claravallensi abbati obtulit... Illic renovata nostro tempore Cisterciensium primigenia institutio insigne religiosæ vitæ exemplum toti provinciæ, imo et Galliæ præbet. » De eodem infra sermonem habens, ubi quatuor minimum locos in Gallia esse animadvertit. Aureæ vallis nomine insignes : « tertium, ait, in Luciliburgensi, in quo Aureæ vallis monasterium redivivo primitivi Cisterciensis instituti fervore celeberrimum. » Iterum de eodem agens (lib. LXXIV, n. 100) consecrationis ecclesiæ factæ septennio antequam ad Cistercienses transiret hoc monumentum exhibet : « Anno ab Incar. Dom. 1124, Ind. III, pridie Kal. Octob. dedicata est ecclesia in honorem sanctæ et perpetuæ virg. Mariæ in Aurea valle a domino ven. episcopo Henrico Virdunensi, jussu et petitu domini archiepiscopi Trevirensis

tio continebat, ut cum ipsis a Romani imperii **450** corde valde sepositis, et in extremis finibus ejusdem imperii constitutis sub imperialis protectionis umbraculo respirare non liceat, malignorum in eos protervia sæviente, apud vos eisdem dignaremur assistere, quod eorum quieti et paci velletis intendere cum effectu [affectu]. Quia igitur de regali vestra benignitate confidimus quod [in] indito cœlitus vestris præcordiis a clarorum vestrorum progenitorum propagatione sinceræ devotionis ardore, super hoc pio negotio curas vestras et operas nostris desideriis applicetis; celsitudinem vestram attente duximus exorandam, quatenus divinæ pietatis intuitu, ordinisque reverentia, et pro vestra salute, prædictis abbati et conventui, juxta continentiam privilegii quod ipsis concessisse dignoscimur, in omnibus possessionibus, hominibus et personis, juribus atque rebus quibuslibet universis, quocunque nomine censeantur, et ubicunque locorum in imperio consistant, nec non super omnibus libertatibus sibi per quoscunque concessis, contra quoscunque prædicti imperii, cujuscunque conditionis existant, qui adversus eosdem violenter aut injuriose protervient vestræ gratiosæ defensionis et opportunæ protectionis auxilium, patrocinium, et levamen ex regia benignitate dignemini tam libenter quam liberaliter perpetuo impertiri. Hoc enim proculdubio vobis cedet ad meriti cumulum apud Deum, et apud homines ad magnifici nominis incrementum, si dictum monasterium et personas in jure suo manutenueritis, eorumdem injuriatores, **451** malefactores [eorumdem adjuratores, male fautores], violentos prædones, et oppressores ubique locorum in imperio, tanquam vestros subditos pœna plectentes condigna [a].

EPISTOLA XX.

Rudolphus revocat et irrita facit omnia contraria superiori epistolæ privilegia concessa et concedenda.

(An. Dom. 1277, cod. Rud. xx.)

ARGUMENTUM. — Cum subreptitia et obreptitia quædam privilegia ostentarentur contraria prædictæ subjectioni, Rudolphus tam prius concessa quam deinceps concedenda, quæ cum eadem pugnent, irrita esse declarat nulliusque roboris.

Quia meminimus [b] nos illustrem et magnificum principem dominum Philippum Francorum regem interpellasse per litteras speciales nostra regali auctoritate munitas, ut religiosis viris abbati et conventui monasterii Aureæ vallis Cisterciensis ordinis contra quorumlibet invasorum proterviam congruum patrocinium et levamen exhibeat et impendat, nos ipsos abbatem et conventum magnopere cupientes ejusdem regis defensione perpetuo communiri, præsentibus duximus statuendum, quod quidquid per falsi suggestionem et veri suppressionem a nobis contra hanc nostram gratiam per quoscunque jam impetratum existit, vel impetrari contigerit in futurum, omnino careat robore firmitatis, nos enim illud in irritum revocamus, etc.

452 EPISTOLA XXI.

Rudolphus ut concordia inter principem et cives fiat mittit legatum [c].

(An. Dom. 1279, cod. Rud. xxi.)

ARGUMENTUM. — Metuens Rudolphus ne discordia principis N. cum suis civibus graviora damna parturiat, ei legatum mittit pacis interpretem, cui tanquam sibi faciles aures accommodet : obsequium isto majus atque acceptius sibi ab eo præstari nullum posse significat, ut lenocinio verborum iras ejus frangat.

De tua quiete statuque pacifico crebra meditatione revera solliciti, tanto amplius circa stabile bonum concordiæ inter te ac cives nostros in interioribus nostris præcordiis anxiamur assidue, quanto major promittitur ex ipsius votiva consolidatione securitas, quantoque gravioris jacturæ discrimina ex discordiæ præparari dissidio prævidemus. Sane quia inter alia votis nostris accommoda salutarem concordiæ unionem desiderabilius affectamus, ecce quod N. fervidum tui honoris proculdubio zelatorem ad tuam præsentiam propter hoc velut imaginarium nostræ præsentiæ, fiducialissime destinamus, affectuosissime te rogantes, quatenus suis, quæ tibi nomine nostro proponet, exhortationibus acquiescens pro nostra et imperii reverentia, imo etiam proprio tuæ commoditatis instinctu ad pacem omnimodam tuum animum studeas efficaciter et finaliter inclinare vel applicare, sciturus certissime quod in nullo casu, in nullo prorsus eventu tam gratum, tam placidum nobis obsequium poteris exhibere. Ideirco verbis ejusdem super omnibus fidem plenissimam adhibere te petimus, sicut nostris.

453 EPISTOLA XXII.

Rudolphus commendat quemdam canonicum Leodiensi Ecclesiæ [d], et ut ipsum quamprimum in curiam remittant.

(An. Dom. 1279, cod. Rud. xxii.)

ARGUMENTUM. — Ecclesiam Leodiensem præclara *quatenus pro divina sacrique Rom. imperii reverentia, et pro vestra salute, nostram in hoc casu absentiam supportantes, prædictis abbati et conventui vice nostra, et auctoritate præfati imperii juxta continentiam privilegiorum, quæ ipsis concessisse dignoscimur in personis, et rebus quibuslibet, nec non super omnibus libertatibus sibi per quoscunque concessis, et juribus contra quoscunque cujuslibet conditionis, qui adversus eosdem violente aut injuriose protervient, salvo jure ipsius imperii, vestræ, etc.* Num Martene, an codex uterque Cæsareus, et Zweytalensis potiori fide sint digni, non est expeditum decernere.

[b] Hoc loquendi genus aliquam temporis intercapedinem importat. Idcirco epistolam, certa licet nulla de causa, minimum differendam puto ad sequentem annum.

[c] Tempus, persona, locus, obscura omnia. Jactura levis. Ad annum autem 1279 litteras refero, quia sopitis jam belli turbinibus datas video, dum provinciis imperii ordinandis sedulam operam navabat.

[d] Epistolam supra attulimus (ep. 10) civium Leodiensium privilegio clericorum subverti leges suas querentium. Illi vero hanc præferri oporteret non est improbabile. Is enim non erat Rudolphus, qui civium querimoniis insultans cleri honores se amplificaturum promitteret. Præterquam quod si privilegium illud amplissimum iis contulisset, non aliunde

---

[a] Plura desideraveris apud Martene, præcipue illud *et in extremis finibus ejusdem imperii constitutis;* et quæ sequuntur in fine post *nominis incrementum.* Plura item mutantur quemadmodum illa : *Celsitudinem vestram attente rogandam duximus, et hortandam,*

laude prosequitur, seque ad illam protegendam et honestandam paratum exhibet. Deinde A. suum aulicum in ejus canonicorum collegium cooptatum, quem mittit ad possessionem ineundam, ad se quantocius remitti orat, negotiis ecclesiæ utilius adfuturum in regia curia quam in choro Leodiensi.

Insigne speculum regni Germaniæ nobilis illa ecclesia, quæ in oculis nostræ benevolæ gratiæ et benevolentiæ gratiosæ continue collocatur, sic animum nostrum suo præclaro candore gratificat, sic splendoris sui lumine intima nostræ mentis illustrat, quod nimirum in suæ suavitatis fragrantia, velut in agri pleni odore, cui Dominus benedixit, potissime delectamur. Idcirco non immerito promptum in nobis est, commoditatibus suis libenter intendere, ac honoribus ampliandis in omni promptitudine spiritus aspirare. Sane licet honestus vir A. qui, præclaris suis exigentibus meritis, in conspectu regio valde gratiosus assurgit, de nostra licentia ad præsentiam vestram accedat, ad primæ suæ residentiæ ministerium in ecclesia vestra, devotione qua convenit offerendum, quia tamen conditionis et status ejusdem ecclesiæ circumstantiis provide trutinatis, et nobis utilius et ecclesiæ vestræ longe consultius arbitramur, quod adhuc eidem ecclesiæ vestræ in curia nostra deserviat quam in choro; prudentiam vestram rogamus affectu quo possumus ampliori, quatenus super eadem residentia pro nostra reverentia et utilitate propria, congrua ipsum gratia prosequentes, a eumdem ad curiam nostram quantocius studeatis remittere, vestris et ecclesiæ prænotatis servitiis, inibi fructuosius instituturum, **454** scituri certissime, quod propter commodorum augmenta, quæ vobis exinde provenient, nos in vestris agendis quibuslibet semper experiemini promptiores b.

EPISTOLA XXIII.

Rudolphus confirmat episcopi Leodiensis sententiam de terminis duellorum præfigendis.

(An. Dom. 1279, cod. Rud. xxiii.)

ARGUMENTUM. — Decretum Leodiensis episcopi de proroganda die ad singulare certamen præstituta, arbitrio principis imperii coram quo est confligendum, ratum habet in tota Leodiensi provincia, ac regia auctoritate mandat ab omnibus observari.

Rudolphus, etc., egregiis viris nobilibus, ministris,

petitæ ab eodem essent causæ, cur novum canonicum ad regiam aulam remitti efflagitaret : quod patet ex aliis hujus generis litteris.

a Puta pro perceptione fructuum : dispensatio enim a residendo canonicorum auctoritatem transcendit, tametsi obsequium principis, communi accedente causa, legitima dispensatio est.

b Hinc patet privilegium cleri hauddum emersisse, canonicumque istum, qui apud Rudolphum permanere debebat, a collegis haud mora remissum cum onere, ni fallor, apud regem procurandi antiqui illius privilegii confirmationem, seu instaurationem.

c « Detestabilis duellorum usus fabricante diabolo introductus, ut cruenta corporum morte animarum etiam perniciem lucretur, ex Christiano orbe penitus exterminetur. Imperator, reges, duces, principes, marchiones, comites, et quocunque alio nomine domini temporales, qui locum ad monomachiam in terris suis inter Christianos concesserint, eo ipso sint excommunicati. » Ita concilium Tridentinum (sess. 25, de refor., c. 19) pridie Nonas Decemb. anno 1563 privata piorum principum atque episcoporum decreta amplectens, decrevit contra monomachiam, pœnas etiam graviores constituens, quæ citato cap. legi possunt. Antea vero singularia ista certamina ubique erant usui : cumque hac de re scriptores plurimi diligenter egerint, quos fere omnes Ducangius laudat in Glossario, quæ ejus leges essent, quive

vasallis, et hominibus universis Leodiensi episcopatui subditis. Præsidentibus nobis nuper in civitate nostra N. pro tribunali solemniter die sabbati, etc., et procuratore venerabilis Leodiensis episcopi, principis nostri charissimi, inibi comparente, ac requisitionem et justitiam personæ ejusdem, omnium circumstantium applaudente caterva et etiam approbante, sententialiter exstitit judicatum, quod quilibet princeps imperii jurisdictionem obtinens temporalem, cujuscunque conditionis existat, coram quo committi consueverunt certamina duellorum c, si die præfixo, sive statuto pugilibus ad conflictum ex causis necessariis et honestis, duelli hujus pugnæ non valeat personaliter interesse, opportuna et utili mutabilitate **455** consilii, sine ulla injuria partium, idem princeps alium tacite possit diem pro sua commoditate præfigere pugnaturis, ipsinsque duelli conflictum usque in tempus habilius prorogare d. Hinc est quod nos auctoritate regia dictam sententiam, utpote rite latam, solemniter approbantes, universitati vestræ edicto districtius duximus injungendum, quatenus super hujusmodi prorogatione conflictuum duellorum, quam per venerabilem A. prænotatum episcopum hactenus fieri contigerit aut contingeret in posterum, ei pareatis humiliter et devotione qua convenit intendatis e.

EPISTOLA XXIV.

Rudolphus iterum regi Francorum commendat monasterium Aureæ vallis.

(An. Dom. 1277, cod. Rud. xxiv.)

ARGUMENTUM. — Cœnobium Cisterciensium Aureæ vallis Luxemburgensis Philippo III Francorum regi iterum commendat, juxta formam priorum litterarum : nondum enim patrocinium illorum suscepisse eum audierat.

Licet religiosi viri abbas, et conventus monasterii Aureæ vallis sub imperatoriæ potestatis umbraculo debeant respirare, quia tamen plerumque nobis in remoto agentibus, perversorum impetus infesta tyrannide quatiunter, quorum calumniosos insultus poteritis [poterimus] facile refrenare, serenitatem vestram attentius duximus deprecandam, quatenus juxta nostrarum patentium continentiam litterarum, quas regiæ celsitudini alias f super eorum tuitione direximus, **456** eis libenter et benigne dignemini vestræ protectionis vestrique præsidii beneficium et sola-

apud varias gentes ritus, inde peti oportet. Interim ex hoc loco percipimus, coram principibus imperii jurisdictionem habentibus duella Germanica fieri consuevisse.

d Duello vadiato, ut aiunt, quadragesimus dies, præter quam in causa homicidii, tum enim tertius a domino vel judice indicebatur, ut Ass.s. Hierosolym. c. 95, ap. Ducang. Quod sancte adeo custodiri consuevit, ut privilegium istud Leodiense singulare videatur.

e Principem adeo pium de re tam detestabili serio decrevisse, pro Leodiensis episcopi decreto confirmando, nihil mirum. Sancti enim Ludovici stabilimenta etiam exstant super singularibus hisce certaminibus, qui cæteroqui ea fieri prohibuit in suis terris duntaxat, non autem in terris vassallorum. Nam usus, quantumvis damnabiles, cum invaluerunt ubique terrarum et gentium, tolerantur, sin probantur.

f Auctor Piet. Austr. hanc epistolam subjicit superius allatæ (ep. 19), quippe quæ de eadem re agit, estque ejusdem sententiæ. Cum autem Rudolphus fateatur, se alias regem rogasse, ut patrocinium monachorum susciperet, certe hanc dedit, postquam inutiles fuisse priores accepit. Ni fallor, impedimento fuerat, quin rex Francorum Rudolpho morem gereret, jactatio illa privilegiorum (ep. 20) quæ rex idem Romanorum nullius roboris fore declaravit.

tium impertiri, ut gratiam apud Deum et homines vobis exinde comparetis uberius, et nos in vestris agendis si se locus ingesserit experiamini merito promptiores.

EPISTOLA XXV
Rudolphus Hospitalarios domus Teutonicæ in suam specialem protectionem accipit [a].

(An. Dom. 1285, cod. Rud. xxv.)

ARGUMENTUM. — Equites Hospitalarios, seu domum sanctæ Mariæ Theutonicoru n a Rom. pontifice in spiritualibus, et in temporalibus ab imperatoribus excultam magnisque auctam incrementis, horum vestigiis insistens sub speciali protectione accipit, ejusque privilegia omnia, libertates atque immunitates confirmat, et renovat, diplomati suum sigillum apponens.

Multifariam variisque modis Christianus populus diversarum virtutum jubare radians, et præclarus sacrum ac felix Romanum imperium cunctis mundi præferri principatibus, et quibuslibet barbaricis præpollere nationibus fecit in præterito, et disponente omnium Domino efficiet in futuro. Nempe publicæ rei tuitio de stirpe gemina pullulans, virnque suam exinde muniens, cœlibi videlicet militia et terrestri regnum Juda Leviticæ tribui confœderat, et utroque gladio se juvante, sacerdotium imperium, et vicissim regalis auctoritas [b] dignitatem sacerdotii solidat et confirmat, sicque alterutrum utriusque eminentia extollitur, et perversorum malitia extra mundi terminos profligatur. Ea propter non tantum in nostris armis, et armatis militibus, seu bellorum 457 ducibus, quam in religiosorum assidue Deo militantium devotis intercessionibus, ac aliis piis operibus nostræ spei anchora figitur, et coruscantis nostræ gloriæ solium sublimius et solidius in speculam elevatur [c]. Religiosam itaque vitam ducentibus serenitatem nostram convenit prospicere ipsorum commodis, et incommoda instantia propellere, futura pericula præcavere. Inter cæteros autem illi præcipue nostri gratiam beneficii et benevolentiam promerentur, quibus hospitalitatis piissimæ et defensionis reipublicæ, nec non alia pietatis opera suffragantur, qui, abjectis rebus suis, propriis voluntatibus abdicatis, spretoque suorum corporum cruciatu, ascendentes ex adverso, pro Romano imperio et pro domo Israel se murum non formidant exponere, et in proprio sanguine pro fide catholica et paternis legibus animarum suarum pallia rubricare. Veluti venerabiles ac in Christo charissimi magister et fratres Hospitales sanctæ Mariæ domus Teutonicæ in Jerusalem [d], quorum sancta religio ab imperialibus beneficiis circa promerendam specialem gratiam, et impetratam multarum libertatum, ac privilegiorum indulgentiam, apostolicæ sedis in spiritualibus sumpsit initium, ac imperialis aulæ hortus floridus, imperatorum plantula est structura a nullo principum tantum, quantum ab imperatoribus in rebus temporalibus habuit incrementum, quippe 458 qui præter Romanum regem, nullum alium habent advocatum, seu defensorem n. Divinæ itaque recordationis [e] N. imperatoris, aliorum prædecessorum [f] ejusdem vestigiis inhærentes dictam domum tam in capite quam in membris, fratres et confratres ipsius domus, nec non subditos eorum negotia gerentes, cum omnibus bonis mobilibus et immobilibus, quæ per universum

---

[a] Auctor Piet. Austr. (l. I, cap. 19, p. 112 seq.) hanc et sequentem epistolam ex suo cod. refert ad ann. 1285. Cumque nulla suppetat causa, cur illas inde amoveam, malo eidem adhærere quam incertam litterarum ætatem proprio arbitratu definire.

[b] Recta comparatio esset a sacerdotio imperium, et vicissim ab imperio sacerdotium solidari et confirmari. At Rudolphus ne sibi arroget majestatem, quam assequi vehementer cupiens, nondum adeptus fuerat, minus recta comparatione utitur regem se esse, non imperatorem clamans, adversus collectorem litterarum, cujus audaciam suggillat.

[c] Constanti auctorum testimonio de summa ejus pietate cum militari virtute conjuncta, ingenua oroprii oris confessio addenda est.

[d] Anno 1191 Crucesignatis Ptolemaidem seu Acconem obsidentibus, « cives Bremenses ac Lubecenses hospitale in honorem B. M. Virginis ad opus infirmorum tempore obsidionis ex velis navium fecerunt, » ut ait Nauclerus ap. Pagium (1198, n. 2). Qui ex interpolatore chronici Aquicinctini ad prædictum annum 1191 hoc testimonium ibidem affert: « Ordo militum Teutonicorum inchoatur, quem anno 1191, Febr. die 22, Cœlestinus papa confirmavit. Primus hujus ordinis magister creatus fuit Henricus Walpot. » Confirmatio autem Cœlestini ad annum sequentem pertinet, ut recte idem Pag. Cui hospitali fuit titulus B. M. Virginis domus Teutonicorum in Jerusalem. Baronius tradit hos equites sancti Augustini regulæ subjectos fuisse, neque alios censitos esse sub eo ordine quam nobiles Germanos, datamque iis Henrici VI rogatu vestem albam cum cruce nigra, quod indumenti genus Templariorum insigne erat. Hujusmodi similitudinem iniquo animo ferebant Templarii, qui a rege Jerusalem Balduino instituti fuerant septuaginta amplius annis antea, anno videlicet 1118 pro defensione peregrinorum. Quamobrem Innocentius III (lib. XIII, ep. 125 seq.) magistro et fratribus Hospitalis Teutonicorum Acconensi, et patriarchæ Jerosolymitano Templariorum querelas significans, indumenti similitudinem illam sustulit. Cæterum ordini equitum Teutonicorum major est affinitas cum ordine sancti Joannis Jerosolymitani, de quo ad seq. epistolam loquar, quam cum Templariis : uterque enim ordo simul est hospitalarius et militaris, cum Templarii militares tantum essent. Tres isti ordines Rudolphi tempore vigebant, Templarios autem, tametsi anno 1311, vicesimo post ejus mortem ob prave facta exstinguere oportuerit, nec patrocinio, nec privilegio ullo piissimum regem esse dignatum invenio. Neque id miror : namque eos reperio ab annis aliquot ausos esse apostolicæ sedi se subducere (Rayn. 1265, n. 5). Quales autem essent Rudolphi tempore, docet Clemens V in sententia de eorum exstinctione in concilio Gener. Viennensi apud Labbeum (Conc. tom. XI, p. 1557 seqq.). Hæc præ cæteris ibidem legere est : « Variis et diversis, non tam nefandis quam infandis, proh dolor! errorum et scelerum obscenitatibus, pravitatibus, maculis, et labe respersos, quæ propter tristem et spurcidam eorum memoriam præsentibus subticemus. » Quare toto approbante concilio ordinem illum exstinxit, transtulitque in ordinem inclytum sancti Joannis Jerosolymitani « ipsam domum militiæ Templi, cæterasque domos, ecclesias, capellas, oratoria, civitates, castra, villas, terras, grangias, et loca, possessiones, jurisdictiones, redditus, atque jura, omniaque alia bona immobilia et mobilia, vel se moventia cum omnibus membris, juribus, et pertinentiis suis ultra et citra mare, ac in universis et quibuslibet mundi partibus consistentia. » Quæ videlicet annis fere biscentum acquisierant, donec impinguati et incrassati recalcitrarunt.

[e] Fridericus II ultimus imperator, ut in sequentibus litteris appellatur, evidenti mendo in utroque cod. pro *divæ*, divinæ mem. appellatur. Hic post diuturnam atque omnino damnabilem procrastinationem, sacram expeditionem suscepit, cumque eo Rudolphus processisse dicitur. Inde redux Hospitalariis aliquot secum ductis Borussiam concessit, quo alii etiam se recepere post amissam Syriam anno Rudolphi emortuali 1291.

[f] Prædecessores Friderici duo tantum erant : Henricus VI cujus ævo Teutonicorum equitum ordo cœpit, et quartus Otto.

Romanum imperium rationabiliter possident in præ- senti, et justo titulo in posterum poterunt adipisci, seu sint civitates, etc., sub nostra speciali protectione suscipimus, et omnia privilegia, libertates, et immunitates, et scripta quælibet, quæ a dictis imperatoribus et regibus [a] juste et rationabiliter sunt concessa et indulta, approbantes et confirmantes præsentibus innovamus, pendentis sigilli nostræ majestatis typario præsentem paginam roborantes.

459 EPISTOLA XXVI

Rudolphus fratres Hospitalis sancti Joannis in Jerusalem recipit in tutelam et eorum privilegia confirmat.

(An. Dom. 1285, cod. Rud. xxvi.)

ARGUMENTUM.—Equites sancti Joannis Jerosolymitani pro Christianæ religionis fideique catholicæ defensione contra Saracenos intrepide dimicantes, exoratus sub speciali protectione suscipit una cum bonis eorum omnibus tam acquisitis quam deinceps acquirendis, confirmatque et instaurat privilegia, donationes, et jura omnia, quæ a Friderico II et prædecessoribus obtinuerant.

Etsi de regalis procedat benevolentiæ largitate, universos [universas] regulares observantiæ professores [professiones] sollicitæ protectionis et gratiæ patrocinio communire, honorabiles tamen fratres sacri ordinis hospitalis sancti Joannis in Jerusalem [b], qui, spreta sæculari militia, contra paganicæ pestilentiæ agmina producentes intrepide vexilla victoriæ Christianæ, suæque signa militiæ rubricante in sanguine gloriosi martyrii, strenue dimicando cum barbaris nationibus pretiosæ morti se tradere non formidant, a regiæ celsitudinis brachio tanto debent attentius confoveri in omnibus, tantoque sublimius honorari, quanto ferventius pro defensione catholicæ fidei dignoscuntur in castris Dominicis militare. Noverit, etc. Quia igitur prælibatum ordinem fratrum Hospitalis sancti Joannis Jerosolymitani, cujus utique sanctitatis odor ut odor agri pleni, cui Dominus benedixit, suavitatis oblectamento præcordialiter nos refecit, prærogativa favoris amplectimur singularis, et quia ordo dignoscitur titulis ab antiquo florere conspicuus, ac honorum et libertatum eximiis dotibus insigniri, nos intimo desiderio cupientes, quod sui famosi nominis nequeat obnubilari serenitas,

[a] Sub ipsa instituti ordinis initia Hungarorum rex Andreas, ut videre est ap. Rayn. (1224, num. 36) terram Bozæ amplissimam in Syria iis equitibus dono dedit, quam Honorius III eorum precibus sanctæ sedi subjecit. Alios etiam reges in ordinem liberales exstitisse hinc docemur.

[b] Teutonicis equitibus feliciores antiquioresque esse Jerosolymitanos, qui Melitenses hodie audiunt, utpote anno 1104 institutos, maximeque virtute et honoribus florentes, nemo nescit. Hos vero ingens fuisse semper propugnaculum catholicæ religioni adversus immanissimos Saracenos satis est memorasse. Qui plura cupit, adeat Willelm. Tyrium (lib. xviii, c. 5), Vitriacum (*Hist. Jer.* cap. 64), Jacobum Bosium, ac præcipue Sebastianum Pauli cong. matris Dei (*Cod. Dipl.*).

[c] Serio animadverti velim a scriptoribus nuperis, qui veritatem suæ opinioni posthabent, genus loquendi quo Rudolphus utitur. Friderici scilicet diplomata, ante latam depositionis sententiam, laudat; si qua postea lata sunt, nullo loco habet. Itaque cum anno 1245 ab Innocentio IV in Lugdunensi concil, I Fridericus II exauctoratus fuit, imperator esse desiit. Fidesque major adhibenda est Rudolpho testi integro et oculato, quam Dupinio (*de discipl. diss.* 7, p. 545) et jurisconsultis Germanicis veritati fucum ubique facientibus.

[d] Fridericum II imperatores præcesserant quinque, Henricus V, Lotharius II, Fridericus Œnobarbus,

nec status sui prosperitas laceretur in aliquo, vel dispendiose tangatur, devotis N. supplicationibus 460 inclinati, prædicti ordinis fratres et omnes possessiones eorum et bona quæ in præsentia [præsenti] nunc rationabiliter possident, aut in posterum justitia mediante poterunt adipisci, sub nostra speciali protectione ad imitationem divorum imperatorum prædecessorum nostrorum, et regum Romanorum prædicta privilegia, prout superius sunt notata, et universos et singulos suos articulos, omnes insuper donationes, indulgentias, gratias, libertates, et jura præfati ordinis fratribus a præclaræ memoriæ Friderico ultimo Romanorum imperatore prædecessore nostro ante latam in eum depositionis sententiam [e], et a suis antecessoribus imperatoribus, et regibus Romanorum [d] rite ac provide tradita et concessa, ac si prædicta omnia de verbo ad verbum præsentibus inseri [ingeri] contigisset, expresse de benignitate regia liberaliter innovantes, et auctoritate regalis culminis, et præsentis scripti patrocinio confirmantes. Nulli ergo, etc.

461 EPISTOLA XXVII.

Patriarcha Jerosolymitanus Rudolphum hortatur ad vasagium, expositis periculis Terræ sanctæ.

(An. Dom. 1285, cod. Rud. xxvii.)

ARGUMENTUM. — Patriarcha Jerosolymitanus, et officiales Terræ sanctæ præpropero indigentes auxilio adversus sultanum Babyloniæ cum immenso exercitu usque ad ejus provinciæ fines pervadentem, terrore omnia implentem, machinasque innumeras pro expugnatione urbium parantem, ad Rudolphi potentiam supplices se vertunt, pericula imminentia exponunt, ac futuri discriminis metu auxilia petunt opportuna ante generale passagium.

Excellentissimo, etc. Frater Thomas [e] etc., [f] cum devota Terræ sanctæ recommendatione se ipsos, et salutem in eo qui pro salute humani generis dignatus est Jerosolymis misericorditer crucifigi. Quanto divina potentia sublimavit vestram gloriosius majestatem, quantoque donis gratiarum uberius vos inter alios orbis terræ principes regis æterni Filii omnipotentia edotavit, tanto in his, quæ tangunt, crucifixi negotium, recurritur fiduciosius ad vestræ serenitatis confugium, tantoque promptius opportuna subsidia vestri culminis, pro conservandis hujus modicæ Christianitatis reliquiis imploratur.

Henricus VI et Otto IV. Rex autem Romanorum unus Conradus III, qui cum imperiale diadema e manu pontificis non susceperit, majestatem imperatoriam non est adeptus. Quare igitur, inquies, plures Romanorum reges laudantur hoc loco? At quinque illi imperatores . antequam a pontifice coronarentur, annis pluribus diplomata sua dederunt, tanquam reges Romanorum.

[e] Thomas Agni de Lentino, seu Leontino Siculus ord. Præd. primo Bethleemit. episcopus et legatus apostol. Alex. IV, deinde Cusentinus archiep. creatus a Clem. IV, ac demum anno 1272 patriarcha Jerosol. ac per totum Orientem legatus a Greg. X designatus. Quem Ughellus (Tom. VIII, par. II, p. 216) mortem obiisse ait anno 1276, alii, quos inter cl. Mansius (in Rayn. 1277, n. 18) vitam ejus producunt ad sequentem annum. Vide Rayn. (1272, num. 17; Bremon. *Bullar.* tom. I, p. 505, 505; Le Quien *Or. Chr.* tom. III, p. 1261, n. 23).

[f] Laudatus Mansius ut Thomam patriarcham fuisse superstitem anno 1277 mense Julio demonstret, documentum profert concordiæ inter Venetos et Tyrios « in campis in territorio Acconensi sub anno 1277, Ind. v, Kal. Jul. » Cujus concordiæ testes sunt « Thomas ex ord. Præd. patriarcha Jerosolymitanus, Bonacursus Tyriensis archiep. Goffridus episc. Ebronensis, Guillelmus de Bellojoco, magister domus templi, Nicolaus magister Hospitalis, Conradus magister Theutonicorum. »

Et quoniam, prout omnium tenet firmiter indubitata credulitas, de dirigendo negotio terræ hujus feliciter cogitatis, et anhelatis propterea de statu ejus frequentius informari, præsentia quædam tantum, et breviter, quæ terræ hujus indigenas continua quadam fluctuatione concutiunt, præteritis retentis silentio, ne forte narrationis prolixitas regium offendat auditum, magnificentiæ vestræ præsenti chirographo nuntiamus. Noverit **462** igitur regia celsitudo, quod hostis Ægyptius [a] cum ingenti exercitu suo exiit novissime de Babyloniæ finibus, et usque ad loca vicina nobis progrediens, ac sua solita calliditate nunc versus Armeniam, nunc versus Tripolim, sed et [sedet] nunc circa Tyrum, et Acon, et alia nostrorum loca discurrens, graves nobis et toti provinciæ machinatur insidias, et virium suarum experientiam celerem nobis pro paucitate nostrorum timentibus merito, comminatur apparatus necessarios ad expugnationem urbium, et alia quæ sui exercitus infinitati conveniunt, studiosius præparando [b]. Sed quid futura dies parturiat, in quos arcum suæ pravitatis intendat, quisve futurus sit rerum præmissarum exitus ignorantes, sub irruentium periculorum angustiis anxiamur, et quasi sub gladio positi hostili [soli], furoris impetum timore continuo formidamus. In dexteræ tamen potentis vestræ auxilio respirantes, pro qua totus populus cismarinus continuas fundit orationes ad Dominum, præeminentiam vestram unanimiter exoramus, quatenus de magnificentia regia terræ prædictæ calcatæ Christi pedibus et suo sanctissimo sanguine rubricatæ negotium assumentes, dignemini pro ejus custodia interim, donec per generale passagium [c] eruatur de faucibus hostis Christi, de competenti et opportuno sibi et fluctuanti periculis subsidio providere. Vivat et valeat vestra majestas regia per tempora longiora, cui nos et terræ prædictæ negotium devotissime commendamus.

Bendocdar, quem historici soldanum nunc Babyloniæ, nunc Ægypti appellant; fatisque cessisse aiunt die 15 Apr. anno 1277. (Sanut. apud Rayn. 1277, n. 18).

[b] Tyranni Babylonici primos motus enarrat, cum adhuc incerta res erat, quo evasurus esset illius furor. Id vero ætatem litterarum esse annum 1275 palam facit : nam Sanutus et Jordanus ap. Rayn. (1275, n. 51) non modo vastationem Armeniæ illigant eum eodem anno, sed auxilia etiam ex Occidente illuc submissa esse tradunt. Longe autem errat a vero auctor Piet. Austr. (lib. I, c. 23, p. 132) qui has litteras refert ad annum 1291, cum patriarcha et tyrannus jampridem abierant quisque in viam suam.

[c] Quanquam sacram expeditionem in concil. Lugd. II decretam esse anno 1274 omnes norint, abs re tamen futurum non esse arbitror Gregorii verba ipsa proferre ex litteris ad archiep. et episcopos Eboracensis provinciæ datis « Luguduni xv Kal. Octob. anno 2 » quæ cum in regest. Vat. inscribantur Eboracen. et in cod. Vallicellano Rhemensibus, recte appellantur a Rayn. (1274, n. 40) encyclicæ ad universos catholici orbis episcopos : « Post subsidium, inquit, pecuniarum communi consensu Terræ deputatum, eidem (concilio) convenit omnium sententia in idipsum, videlicet ut in generali passagio, cujus celeriter, auctore Domino, terminum præfigemus, universi Christicolis contra blasphemias eosdem conflantibus vires suas, quanto erit Christianorum virtus unita potentior, tanto ad liberationem Terræ prædictæ sit via securior, sit opportunitas promptior, et de illa Deo auspice spes certior habeatur. » His autem litteris patriarcha, ut cæteri episcopi, quin etiam præ aliis episcopis, de generali hoc passagio edoctus, ac superveniente Babylonici tyranni prædicta irruptione, illud Rudolphi auxiliis opportune

463 EPISTOLA XXVIII.

Rudolphus scribit Tridentino episcopo de amicabili compositione cum comite Tyrolensi facienda.

(An. Dom. 1276, cod. Rud. xxviii.)

ARGUMENTUM. — Cum Rudolphus componendam recepisset controversiam inter Tridentinum episcopum et Meinhardum Tirolis et Goritiæ comitem super quibusdam castris et redibitus, Laudumque emisisset, cui episcopus non steterat gravatum se dictitans, atque interim obsequio uterque defuerat, cum maxime necessarium erat, nunc tandem illam omnino compositurus incommoda Ecclesiæ suæ illi exaggerat, occasionemque valde utilem proponit, se ab æquo et recto non discessurum spondens.

Rudolphus, etc., venerabili Tridentino episcopo, etc. [d] Si attentis nostris laboribus, quos ad tuas et viri spectabilis Tyrolensis comitis quæstiones gessimus, amicabiliter concordandas fructus gratior respondisset [e], et si uterque vestrum serenius aspexisset, quod nos nostris profectibus, sed vestris utilitatibus in eisdem tractatibus vacabamus, Romanum imperium hoc suæ necessitatis tempore nec vestris obsequiis caruisset [f], nec sincera nostra intentio, quæ vestris utilitatibus serviebat, sinistræ vocis interpretes passa esset [g]. Et quamvis mentis nostræ judicium discussionibus sedulis examinatum nil aliud nobis dicat, quam quod in omni parte, quantum per nos fieri potuit, cavimus et prospeximus juri tuo, tu tamen, ut dicitur, te a nobis gravatum conquereris, causaris offensum, innocentiæ nostræ non deferens, qui te aliquoties loco **464** nostri defensionis nostræ clypeum posuisti. Sane si te rei experientia et eventus difficiles docuerunt, quod ad tuum commodum et profectum nostra consilia te trahebant, adhuc nostro consilio acquiesce, et sustine cum profectu, ut ecclesia tua gravibus sau-

præveniri efflagitat

[d] Henricus II Eginomi successor, hæresque controversiarum inter Tridentinam ecclesiam et Meinhardum Tirolensem comitem. Vide Ughellum (It. Sac. tom. V, p. 605 et seqq.). Quamvis enim hanc historiam male admodum tractet, Coleti additiones ibi exstant optimis monumentis eamdem illustrantes.

[e] Nicolaus Coletus Benedicti Gentiloti præfecti biblioth. Cæsareæ Vindobonensis opera usus præclara; multa documenta attulit ad hanc rem illustrandam, quibus hæc epistola, quæ Gentiloti diligentiam præteriit, inserenda est. Ea locum sibi vindicat post Laudum « dat. ap. Augustum anno D. 1275, Ind. III, xv Kal. Junii, regni nostri anno v [leg. II], et ante amicabile fœdus, quod tandem illuxit A. D. 1276, Ind. IV, viii Kal. Junii. »

[f] Imperii necessitas cœpit post Ottocarum imperii hostem denuntiatum in comitiis Augustanis die 24 Junii hujus anni; cumque concordia per annum fere integrum inde distet, expeditum non est decernere, num anno 1275 an sequenti sit data hæc epistola; anno autem 1276 ad summum ineunte datam esse prædicta concordia demonstrat.

[g] In diplomate quod dedit Rudolphus die 21 Julii ; « In vigilia sanctæ Mariæ Magdalenæ apud Ulmam A. D. 1276, regni vero nostri anno tertio : » post concordiam, continuo sub initium : « Suborta, inquit, inter vener. Henricum episcopum Tridentinum principem nostrum dilectum ex una, et virum clarissimum Meinhardum comitem Tyrolensem super castris, munitionibus, possessionibus, injuriis, et aliis pluribus capitulis ex parte altera, odiosa natura quæstionis. » Unde statum quæstionis novimus. Quid autem optimus princeps ob bene factum apud quosdam male audiret, rei monumenta non docent : hinc tamen ita esse non obscure discimus.

ciata periculis, nobis intervenientibus restauretur, si tamen tui arbitrii liberam potestatem voluntatibus alienis minime subjecisti. Adest quidem per Dei gratiam plena possibilitas et voluntas, ut utrique vestrum discordandi materiam amputemus, dummodo vobis placeat pari proposito acquiescere illi quam semper sequi proponimus veritati, nec ex eo segnius vestræ quieti et commodo intendemus quod ad aliqualem injuriam nostram vestra contentio replicata resedit. ^a

EPISTOLA XXIX
Rudolphus scribit reginæ Franciæ de homagio renovando.
(An. Dom. 1274, cod. Rud. XXIX.)

ARGUMENTUM. — Cum Berengarius comes provinciæ decessisset absque prole mascula, nec licuisset interregni tempore comitatus provinciæ et Forkalquerii fiduciario jure a rege Romanorum obtinere, tanquam juris imperii, Margaritha Berengarii filia natu maxima per suum oratorem Rudolpho homagium præstiterat, se ejusdem oratori illud renovaturam pollicita, quem Rudolphus mittit cum plenipotentia homagium pactasque alias conditiones exigendi regio nomine.

Rudolphus, etc. Illustri reginæ Franciæ, etc.
^b Licet industrio viro N. quem pridem ad nostram præsentiam pro recipiendis vestro, et procuratorio

^a Ex Rudolphi alio diplomate dato « Viennæ III Nonas Novemb. Ind. VI, A. D. 1277, regni vero nostri anno V, » patet non nihil discordiarum esse reliquum, quibus etiam Henrici successor frater Philippus Bonaccoltus obnoxius fuit, Nicolao IV pontifice episcopi causam contra Meinhardum protegente.

^b Margarithæ reginæ viduæ Raymundi, Berengarii Provinciæ et Forkalquerii comitis filiæ natu maximæ, atque uxori sancti Ludovici IX, Francorum regis, qui eam duxerat anno 1234, et altera in sacra expeditione, quam susceptit anno 1270 sancto fine quiescens reliquerat. (Sur. ap. Rayn. 1270, n. 6). Tres aliæ filiæ fuerant Berengario, reginæ omnes : Alienora Anglorum, Sanctia Richardi regis Romanorum electi uxor, et Beatrix Caroli Siciliæ regis fratris sancti Ludovici, quam natu minimam duxerat anno 1246, dum erat comes Andegavensis, et, quasi jus regnandi causa violandum esset, paternos uxoris comitatus invasit, nulla sororum ejus reginarum, nullaque imperii ratione habita, quod discordiæ seminarium fuit. Præ aliis Margarita jus suum tutata est quandiu vixit. Verum sancto Ludovico superstite, accedente præsertim opera Romanorum pontificum, controversia sopita esse videbatur, quæ vehementius exarsit post ejus mortem, Alienora Anglorum regina in consortium veniente adversus Carolum, Raynaldus (1272, n. 47) inutilem Gregorii sollicitudinem ex cod. Vallicellano nobis exhibet, controversiamque extractam monet ad tempora Nicolai III, quod certum est.

^c Quam inutilis deputatio pontificia fuerit, hinc liquet, episcopum scilicet Sylvanectensem, et abbatem sancti Dionysii Gregorius pro ea concordia tractanda delegerat. Sed regina cum primum audiit, regem Romanorum electum fuisse ante etiam quam confirmaretur ab eodem Gregorio, suum legatum ad eumdem mittit, ut suo nomine investituram accipiat comitatuum Provinciæ et Forkalquerii tunc vacantium, quasi res integra esset, quia illos Carolus nullo jure possidebat.

^d Cum Rudolphus Nicolai III opera hos comitatus Carolo Siciliæ regi concessit, in diplomate, quod exstat apud Raynaldum (1280, n. 2) sic loquitur : « Licet igitur comitatum et marchionatum Provinciæ (intendentes hæc duo nomina scilicet comitatum et marchionatum esse synonyma et unum, non diversa supponere) ac comitatum Folkalker cum omnibus jurisdictionibus, juribus et pertinentiis eorum-

nomine tunc vacantibus nobis, et Romano imperio comitatibus N. et N. ^c principatibus cum solemnitate qua decuit destinatis ^d, principatus eosdem nomine vestro duxerimus concedendos, recepto ab ipso eodem nomine vestro homagii et fidelitatis debitæ juramento. Quia tamen concessionem et receptionem principatuum eorumdem pactiones hujusmodi prævenerunt, quod idem fidelitatis et homagii juramentum, quamprimum super hoc nostro nomine vos requiri contingeret, nuntio nostro solemni teneremini personaliter innovare. Ecce quod honorabilem N. ad celsitudinis vestræ præsentiam destinamus in fidei debito, quod nobis et imperio vos astringit, vos præsentium serie requirentes, quatenus ei vice nostra nostroque nomine debitum nobis super præmissis fidelitatis et homagii juramentum solemniter innovetis ^e. Conditiones alias etiam dicto N. tunc temporis interjectas nobis et eidem imperio Romano similiter in persona prædicti N. liberaliter adimplendum juxta quod idem præpositus eas duxerit exigendas. Nos enim in ipsum super præmissis omnibus, et spectantibus ad præmissa transfundimus plenitudinem potestatis, ratum habere per omnia pollicentes et gratum quidquid per sæpe dictum præpositum in præmissis universis, et singulis fuerit ordinatum, seu etiam procuratum, ac si personæ nostræ propriæ id contingeret exhiberi.

dem, ac omnia, quæ infra comitatus ipsos consistentia, Romanorum imperatores per eorum privilegia quondam domino Raymundo Berengario comiti et marchioni Provinciæ, ac comiti Folkalker, ipsiusque prædecessoribus donaverunt, per speciale privilegium confirmemus, etc., promittentes, quod per nos, vel alium, seu alios, nullam donationem, confirmationem, investituram, concessionem, vel contractum, aut aliquid cum domina Margarita regina Francorum illustri, vel ejus procuratoribus, aut nuntiis, seu aliis quibuscunque personis ecclesiasticis, vel sæcularibus fecimus, per quæ hujusmodi confirmatio, etc, infirmetur. » Ex quibus patet, prædictos comitatus minime erectos fuisse in principatus, ut Rudolphus destinaverat, titulumque marchionatus, quo Provinciam decoraverat, nil aliud valere quam comitatum. Propterea tam Carolus I rex Siciliæ invasionis tempore, quam Carolus II post Rudolphi concessionem, non alio utuntur titulo quam comitum, quemadmodum videre est in utriusque diplomatibus insertis bullæ Clementis V. (*Bull. Vat.* tom. I, p. 242 seq.). Invasor siquidem anno 1266 hunc in modum orditur : « Nos Carolus Dei gratia rex Siciliæ, ducatus Apuliæ, et principatus Capuæ, Andegaviæ Provinciæ et Forkalquerii comes.» Carolus autem III legitimus possessor anno 1295 : « Carolus II Dei gratia rex Jerusalem, Siciliæ ducatus Apuliæ, et principatus Capuæ, Provinciæ et Forkalquerii comes.»

^e Otho præpositus sancti Widonis Spirensis anno 1274 Lugduni in consistorio de 6 mensis Junii confirmavit Rudolphi nomine privilegia omnia et jura sanctæ sedis, ap. Rayn. (1274, n. 10). Loci vicinitas et similitudo nominis mihi persuadent ut credam Othoni eidem a Rudolpho istud etiam munus commissum fuisse. Cæterum concessionis prædictæ, quam fecit Carolo, auctor fuerat Nicolaus III, qui leges regi Romanorum præscripsit fœderis ineundi cum 'Siculo, quas Raynaldus (1279, n. 11) in compendium redigit : « Ut Rudolphus Carolo ac posteris Provinciæ et Forkalquerii comitatus jure fiduciario traderet, profiteretur tamen sui esse consilii Margaritæ Francorum reginæ juribus non detrahere, nec ad nuncupandum, nisi oratoris opera fidei sacramentum obstringeret, vocaretve in judicium, illatas præteritis regibus Romanorum (puta in fluctuatione imperii tempore interregni) ob negata obsequia injurias remitteret. » Quidquid autem actum fuerat cum regina Francorum, suppetit ex his litteris.

EPISTOLA XXX.

Rudolphus scribit ad archiepiscopum, ut juste judicet.

(An. Dom. 1280, cod. Rud. xxx).

ARGUMENTUM. — Archiepiscopum N. cui tanquam sublimi imperii principi una cum cæteris privilegiis jus vitæ et necis in toto ejus principatu confirmaverat, admonet ut supremi æterni regis exemplo sine ulla personarum acceptione judicet, pro certo habens regalem potentiam atque auctoritatem, si opus fuerit, justis ejus sententiis non defuturam.

Rudolphus, etc. N. archiepiscopo, etc. Ex concessione tuorum regalium, quibus te nostra serenitas jamdudum [a] apud N. locum investivit, plenam et liberam potestatem in tuis districtibus et territoriis judicandi, more majorum nostrorum principum in causis civilibus et criminalibus accepisti. Cum enim te esse ex sublimibus principibus Romani imperii cognoscamus, dubitari a nemine volumus quin merum imperium tuo principatui sit annexum, **467** per quod habes jus advertendi in facinorosos homines et gladii potestatem, per alium tamen, prout ordini et honori tuo congruit, exercendam [b]. Cæterum cum juxta legitimas sanctiones delictum omnem emunitatem [c] auferat et privilegium omne tollat, nosque servos et mandamus, quatenus omni privilegio, nobilitate, seu dignitate cessantibus justo etenim judicio judices, et judicari facias pro qualitate criminum criminosos tam in facultatibus quam personis [puniendo]. Tu igitur formam boni præsidis induens, ad cujus sollicitudinem maxime pertinet, ut provincia sibi commissa malis hominibus expurgetur, ad judicandum sine delectu et differentia personarum viriliter accingaris, æterni regis intuens imperium, qui præcepit dicens : Ita judicabitis magnum et parvum [d], nec dubites quin propter tuas justas sententias quas protuleris exsequendas regalem potentiam, si opus fuerit, adducamus. Illud enim nostro proposito et Romanis legibus est adversum, ut pro cujuslibet criminosi crimine puniendo, regalis auctoritas specialiter requiratur, cum juxta statuta divorum principum Romanorum non crimina, sed vindictæ criminum sint regiis auribus inferendæ.

---

[a] Annis 1274 et sequenti investituras feudorum factas esse compertum exploratumque est. Cum autem Rudolphus jamdudum se investisse dicat archiepiscopum, post annos aliquot scripsisse has litteras credibile est. Equidem non fortuito ad annum 1280 referendas censeo : nam Trithemius hoc anno Moguntinum archiep. cum comite Joanne de Spanheim feliciter decertasse tradit, neque ab eo multum abludunt adjuncta illa principis sublimis, et animadversio in facinorosos sine personarum acceptione.

[b] Ita Romanum pontificem, cujus exemplum principes ecclesiastici sequi debent, per præfectum urbis consuevisse in facinorosos animadvertere, non semel est demonstratum in Cod. Car.

[c] *Emunitas* pro immunitate rem novam credidit epistolarum exscriptor. Vide ap. Ducang. in Glossario exempla plura hujus vocis.

[d] Acceptatione personarum nihil indignius, nihilque injustius. Spiritus sancti præceptum optimus princeps habet præ oculis (*Sap.* VI, 8) : *Non enim subtrahet personam cujusquam Deus, nec verebitur magnitudinem cujusquam, quoniam pusillum et magnum ipse fecit, et æqualiter cura est illi de omnibus.*

[e] Hoc de jure principum variæ occurrunt leges in utroque codice. Videsis Gothofr. (*Cod. Th.* tom. III p. 517) de metallis et metallariis.

[f] Est in Helvetia celeberrimum eremi monasterium ord. sancti Benedicti Einsildense nuncupatum, cujus abbas erat princeps Rom. imperii, Rudolphi ævo, quem nonnulli ejus principatus auctorem putant, at falsi arguuntur diplomate Rudolphi, apud auct. Piet.

EPISTOLA XXXI.

Rudolphus cuidam concedit montes quosdam excolendos.

(An. Dom. 1280, cod. Rud. xxxi.)

ARGUMENTUM. — Alberto Lincke et sociis montes argenti fodinam habentes excolendos concedit cum onere solvendi ærario regio consueta jura.

Successu temporis ab humana recedit memoria quod non firmat auctoritas, et testimonia non roborant litterarum. Id attendens **468** nostra serenitas, ea quæ de quibusdam argenti fodinis [e] facienda decrevimus, præsentibus litteris dignum duximus annotanda. Noverint igitur tam præsentium ætatum homines quam successio futurorum, quod nos Alberto dicto Lincke et suis sociis montes, etc., concessimus excolendos, et eorum usibus servituros. Ita quod de iisdem montibus jura, quæ et ab aliis similium montium cultoribus, nobis exsolvantur, etc. In cujus, etc.

EPISTOLA XXXII.

Rudolphus episcopo cuidam quemdam abbatem commendat.

(An. Dom. 1274, cod. Rud. xxxii.)

ARGUMENTUM. — Vacante abbatia, cujus abbas erat princeps imperii, duobusque ad illam assequendam nitentibus, quæ res mortui principis desiderium et ecclesiæ illius discrimen Rudolpho suggerebat, idem rex Romanorum episcopo Constantiensi etiam atque etiam commendat illum qui in ecclesiæ possessione erat, tanquam virum providum et probum atque ecclesiæ eidem solatio futurum.

Ut mea vos sicut et nos argutæ mentis oculata fide possetis agnoscere, quot et quantis ærumnarum pressuris sacrum Romanum concutitur imperium, concussis columnis quibus idem imperium vires recipere debuit subsistendi ; hæ pressuræ in abbatia N. [f] duabus personis in contrarium laborantibus pro eadem, in tantum se sensibus ingerunt singulorum, quod non solum nos defectum **469** tanti principis [g] sustinemus, verum etiam ipsa ecclesia, si veloci subventione careat, recuperandæ salutis spe sit perpetuo caritura. Id ex compassione loquimur, et extrema

---

Austr. (lib. III, c. 13, p. 455), quo titulus connumeratur Udalrico II, A. D. 1274. « Rudolphus Dei gratia Romm. rex semper Aug. universis sacri imp. fidelibus, ad quos præsens scriptum pervenerit, gratiam suam et omne bonum. Stipari caterva multiplici inclytorum principum sacri exornat imperii principatum. In multitudine etenim splendescentis cohortis refulget princeps principum titulis gloriæ coruscantis. Cum itaque ven. monasterium eremitarum ordinis sancti Benedicti Constantiensis diœcesis per devotionem puritatis et sinceritatem fidei præsidentium tantæ gratiæ tantique honoris a divis imperatoribus et regibus nostris prædecessoribus promeruerit incrementum, ut quicunque prædicti cœnobii debeat abbas existere, idem imperiali sceptro a Romanorum rege de administratione temporalium investitus principum consortio debeat refulgere, nos speculo circumspectionis regiæ speculantes honorificentiam ven. abbatis Ulrici memorato monasterio abbatiæ titulo præsidentis, eumdem collegio nostrorum principum aggregantes, sceptro regio principatus apicibus fecimus insignitum. Mandantes universis prædictæ abbatiæ ministerialibus, militibus, subditis, et subjectis, quatenus eidem tanquam suo principi, in omnibus ad administrationem temporalium pertinentibus devote ac fideliter pareant, et intendant. Datum Thuregi VII Kal. Febr. A. D. 1274. indictione II, regni nostri anno primo. »

[g] Alios in Germania abbates esse principes Romani imperii, eruditos non latet. Quare autem mihi videatur epistola de Ensidlensi loqui proindeque

veritatis conscientia dicimus, quod N. in possessione ipsius ecclesiæ nunc existens, ipsi præesse et prodesse scit et potest, ac per ipsius sollicitudinem memorata ecclesia ad statum felicitatis pristinæ pervenire. Vos itaque, pater reverende, amicorum sincerissime, inspecta causa justitiæ supradicti N. ipsum nostri causa, quantum cum Deo et honestate poteritis, promovere precum nostrarum intuitu studeatis, sic quod prædicta ecclesia tam provido, tamque probo, sicut ipsum esse credimus, et ex certis signis cognoscimus, pastore gaudeat, et abjectis mœroribus, tandem consolationis beneficia per eumdem et nos recipere mereatur.

EPISTOLA XXXIII.

Rudolphus cuidam compatitur, et eumdem consolatur.

(An. Dom. 1277, cod. Rud. xxxiii.)

ARGUMENTUM. — Principem, aut comitem in angustiis positum ab æmulis imperii excusat, quod sibi auxilium ferre non possit exercitum comparanti, eumque solatur spe levamenti possibilis.

Exposuit nobis honorabilis vir N. dilectus notus noster fervidus tui zelator honoris, pressuras immensas et varias persecutionum angustias, quibus utique his diebus tempestuosi temporis procellosus te turbo turbavit. Super quibus internæ revera compassionis incommoda non sentire nequivimus, utpote pacem tuam, et tranquillitate votivis affectibus exspectantes. Ex his igitur quadam verisimili conjectura perpendimus, quod non potes, ut cupis, hac vice te nostris habilitare servitiis et necessitatibus commodare. ª Sciat itaque tua sinceritas pro constanti, quod tuo disponimus aspirare levamini et inquietudini tuæ, prout poterimus, bono modo deferre.

EPISTOLA XXXIV.

Rudolphus concedit cuidam principi facultatem cudendi monetam.

(An. Dom. 1280, cod. Rud. xxxiv.)

ARGUMENTUM. — Diploma de facta potestate episcopo N. imperii principi cudendi monetam; quo eam admitti per totum imperium præcipitur, dummodo legalis fuerit.

Etsi ad omnes Romani imperii fideles munificentiæ ad Constantiensem episcopum scripta esse plura capita effecerunt. Inter collimatas queis fulcitur imperium recenseri, seu iis investiri more aliorum principum, ad comitia imperialia evocari, ut exemplis allatis idem auctor comprobat (Ibid., p. 457), in patria seu regione Rudolphi existere, ac denique abbates Udalrici prædecessores elegisse pro advocatis seu defensoribus comites Rapersvillenses, tametsi jus supremum ad imperatores pertineret, ut animadvertit abbas de Longuerue (*Descript. hist. et géogr. de la France*, lib. III, p. 273 seqq.) ex chron. monasterii: hæc omnia mihi persuaserunt, ut crederem has litteras Constantiensi episcopo scriptas esse ineunte anno 1274, cum successu, ut patet ex diplomate nuper allato.

ª Ad annum 1277 declinantem spectare hanc epistolam conjicio ex apparatu bellico, quem fieri oportuit adversus hostem imperii Ottocarum, qui rebellaverat.

ᵇ Super hoc et sequenti diplomate nihil aliud suppetit annotandum quam discrimen inter duo privilegia de eadem re iisdemque de causis a rege Romanorum concessa. Monetam siquidem principis episcopi ni fallor Pataviensis ubique locorum et gentium per totum Romanorum imperium vult admitti, quod privilegium singulare est: monetam vero nobili cuidam concessam ejus ditionis finibus circumscribit.

ᶜ Binas hasce litteras ad annum 1280 referre libuit, quia Rudolphus præmiis et honoribus præcipue affecit illos quorum fidem expertus erat in

nostræ dexteram debeamus extendere debitricem, principes tamen veluti bases egregias, quibus imperii celsitudo potenter innititur, speciali prærogativa nos decet attollere, et condignis beneficentiæ nostræ favoribus ampliare. Ea propter nosse volumus universos tam posteros quam præsentes, quod nos accepta et placida gratæ devotionis obsequia, quæ per N. nobis impensa sunt hactenus et adhuc impendi poterunt, nobis et sacro imperio gratiora, benignius intuentes, et propter hoc magnopere cupientes, ut ipse ac episcopatus ipsius votivis congaudeant commodis, et augmentis continuis prosperentur, quod idem N. in civitate N. monetam legalis numismatis cudi libere faciat, sibi ex liberalitate regia liberaliter et libenter annuimus, et præsentium sicut duximus concedendum, universis et singulis sub districtu Romani imperii ᵇ constitutis, dantes hoc edicto regali districtius in mandatis, ut ipsam monetam, quatenus legalis exstiterit, omni contradictione postposita, reverenter admittere non omittant.

EPISTOLA XXXV.

Rudolphus mandat ut moneta cujus cudendæ facultatem cuidam nobili concesserat, sine impedimento aliquo recipiatur.

(An. Dom. 1280, cod. Rud. xxxv.)

ARGUMENTUM. — Cuidam nobili facultatem facit cudendi monetam, quam admitti jubet, dummodo sit legalis, in omnibus civitatibus et locis ejusdem in jurisdictione existentibus.

Augustæ magnificentiæ potentatus augendi honoris imperii sitibundus illorum augmentis et commodis se libenter habilitat et inclinat, qui generositate spectabiles erga sacrum imperium fidei rutilant lumine clarioris ᶜ. Sane cum nobilis N. suis præclaris obtinuerit meritis apud regiam majestatem, quod sibi perpetuo cudere liceat infra terræ suæ districtum monetam legalis numismatis de licentia nostra et regalis plenitudine potestatis, universitati vestræ auctoritate regali districte committimus et mandamus, quatenus ipsam monetam legali impressione formatam ᵈ, quam cudi fecerit idem nobilis, ut superius est expressum, in locis vestris et civitatibus reverenter admittere studeatis,

præcedentium annorum præliis contra hostes imperii.

ᵈ Tam hic quam in præcedenti diplomate monetam legalem vult fieri: *lega* enim ut vulgo dicitur quæ *lex* etiam audiebat alicubi, ut videre est in Glossario Cangiano, per sæculum decimum tertium, id est Rudolphi temporibus, monetæ valorem potius designat quam metallorum misturam. Quicunque ab imperatore vel a rege cudendi monetam obtinuerat facultatem, non utique arbitrium obtinuerat ab imperatoria regiave lege recedendi. Quin etiam si quando imperatorem aut regem ærarii angustiæ ad vilitatem monetæ effundendam impulere, apud illos etiam qui eam cudendi privilegium habebant, eamdem vilitatem reperiri necesse erat, commercii causa. Exemplum suppetit Friderici III ex chronographo apud Hansiz (*Germ. Sac.* tom. II, 494), quod licet duobus fere sæculis recentius, quia facit ad rem nostram, afferre non gravabor: « Fridericus imperator fabricari fecit monetam vilem et despectam, quæ a populo vocabatur *schinderling*; quod intelligentes alii principes, videlicet Albertus dux Austriæ, Joannes dux Monaci, Ludovicus dux Landshuettæ, Otto dux de Neumarki, comes de Otting, in Rhetia . . . . . Udalricus episcopus Pataviensis etiam fabricaverunt talem monetam, ne ipsi exinde sentirent damnum. Inter quos etiam dominus Sigismundus archiepiscopus impulsus fuit monetam æqualis valoris fabricare, quia non potest recusare monetam imperatoris in terris suis. »

472 EPISTOLA XXXVI.
Rudolphus confirmat cujusdam monasterii privilegium. [a]

(An. Dom. 1281, cod. Rud. xxxvi.)

ARGUMENTUM. — Rudolphus concedit monasterio Zweytalensi liberam deductionem duorum talentorum salis per Danubium : quod privilegium jampridem concessum eidem fuerat a Friderico Austriæ duce.

Imperialis thronus extollitur et Augustalis honoris titulus decoratur, cum ad loca religiosa consideratio benigna porrigitur, et eorum status et commoditas liberali munificentia promoventur. Ea propter notum fieri volumus fidelibus nostris tam modernis quam posteris universis, quod nobis Viennæ præsentibus, promovente Domino feliciter nostri culminis incrementum, et ducatibus Austriæ et Styriæ dominio nostro prospera sorte subactis, abbas 473 et conventus N. privilegium ab A. dicto monasterio clementer indultum nostræ celsitudini præsentarunt, suppliciter postulantes, ut ipsum privilegium de verbo ad verbum transcriptum innovare, et quæ continentur in eo confirmare de nostra gratia dignaremur. Cujus tenor, etc. Nos igitur, qui ad ampliandum ecclesiarum statum et locorum religiosorum commoditates augendas pio favore tenemur intendere, privilegium ipsum de verbo ad verbum præsenti privilegio inseri jussimus, singula quæ in eo continentur de imperiali gratia confirmantes, statuimus et imperiali sancimus edicto, ut nulla persona alta vel humilis, ecclesiastica vel sæcularis, prædictos abbatem et conventum monasterii nominati super præmissis contra præsentis privilegii nostri tenorem ausu temerario molestare præsumat, etc. [b]

EPISTOLA XXXVII.
Rudolphus infamem restituit in pristinum gradum.

(An. Dom. 1280, cod. Rud. xxxvii.)

ARGUMENTUM. — Cuidam ob grave delictum proscriptionis sententia damnato non modo flagitii pœnam remittit, sed ipsum flagitium delet. Quare illum omni ab infamiæ nota liberum esse decernit restituitque in integrum, ac si nulli unquam crimini fuisset obnoxius.

Nobile opus sedentis in solio, clementia suadente, prosequimur. Si per lubrica culpæ deliramenta cadentibus, ad sublevandi 474 remedia cito se nostra manus habilitat, et indulgemus obnoxiis veniam post reatum, ut dum primi parentis in posteros derivata discrimina in naturalem transgressionis normam fluxisse cognoscimus, reparationis gratiosæ suffragia libenter supplicibus largiamur. Ea propter nosse volumus universos, quod cum N. fuisset ob noxæ cujusdam infamiam proscriptionis sententia, dictante justitia, condemnatus [c], nos ex innatæ nobis humanitatis phi Romanorum regis exhibuit, petens illud sibi et suo conventui innovari de nostra gratia speciali. Est autem ipsius privilegii per omnia talis tenor: *Rudolphus Dei gratia, etc. Datum Viennæ quinto Kal. Maii, indict. nona, A. D. 1281, regni vero nostri an. octavo.* Nos itaque dicti abbatis humilibus precibus favorabiliter inclinati prænominatum privilegium, et in eo contentas gratias innovamus, approbamus, et scripti præsentis patrocinio communimus, dantes has litteras sigillo nostro roboratas in testimonium evidens super eo. Nulli ergo liceat hanc nostræ innovationis et approbationis paginam violare; quod si secus fecerit, indignationem nostram se noverit incurrisse. Datum Viennæ xvii Kal. Maii, A. D. 1291.

[a] Privilegium istud Rudolphi Romanorum regis non esse fideliter dico. Collector litterarum hujus codicis aliquando titulorum limites transgressus (lib. i, ep. 59) sententias et stylum Gregorii pontificis aut imitatus fuit, aut interpolavit. E contrario hic neque stylum neque sententias Rudolphi, quantum diligentiæ adhibeas, reperies. Privilegium ipsum confectum contra Rudolphi morem deprehendes. Nil autem melius rem ponet ob oculos quam duo privilegia certa eidem monasterio concessa, quæ auctor Piet. Austr. (lib. i, c. 46, p. 94, et lib. ii, c. 1, p. 228) nobis exhibet; primum videlicet Rudolphi ex cod. Cæsareo sæpe laudato, alterum Alberti filii paternum inserentis. Tuis, erudite lector, oculis utrumque subjiciam:
« Rudolphus Dei gratia Romanorum rex semper Augustus. Universis Romani imperii fidelibus præsentes litteras inspecturis gratiam suam et omne bonum. Regalis serenitas libenter intendit commoditatibus subditorum, ut cæteri ex ea suscipiant purioris devotionis et fidei incentivum. Noverint igitur universi tam posteri quam præsentes, quod nos honorabilibus et religiosis viris abbati et conventui de Zwetal Cisterciensis ordinis hanc gratiam de benignitate regia duximus faciendam, quod iidem duo talenta salis majoris ligaminis, prout ipsis illustris quondam Fridericus dux Austriæ per suum privilegium dignoscitur indulsisse, singulis annis in Danubio libere possint traducere sine muta, concedentes ipsis has nostras litteras in testimonium super eo. Hujus rei testes sunt illustris Albertus dux Saxoniæ princeps noster charissimus, nobiles viri Fridericus burgravius de Nuremberg, comes de Hardeck, Lettoldus et Henricus de Kunnring fratres, Henricus, Conradus, et Syboto fratres de Pottendorff, et alii quamplures. Datum Viennæ quinto Kal. Maii anno Domini millesimo ducentesimo octuagesimo primo, regni vero nostri anno octavo. » Hoc vero privilegium confirmavit Albertus Rudolphi filius post annos decem:
« Nos Albertus Dei gratia dux Austriæ et Styriæ, dominus Carniolæ, Marchiæ, ac Portus Naonis, scire volumus universos, ad quos præsentes pervenerint, quod accedens ad nostram præsentiam religiosus vir Ebro monasterii Zwethalonsis abbas Cisterciensis ordinis, quoddam nobis privilegium serenissimi domini et genitoris nostri charissimi Rudolphi Romanorum regis exhibuit, petens illud sibi et suo conventui innovari de nostra gratia speciali.

[b] Auctor idem Piet. Au tr. l. i. c. 20, p. 119) istud privilegium affert, ingenue fatens se ignorare locum et personam, quæ in ipso indicantur. Ego vero nullus dubito, quin spectet ad monasterium Zweytalense : at quale exstat in cod Cæsar. ab Alberto Rudolphi filio confirmatum, cui convenit argumentum a nobis præfixum huic diplomati quod Rudolpho supponitur. Quis enim non videt *imperialis thronus, imperiali gratia, imperiali edicto,* vocabula esse insueta Romanorum regi in toto isto codice? Quis non sentit structuram verborum a primo ad ultimum omnino aliam esse a Rudolphina? Quis demum non legit in littera illa initiali A. Albertum Rudolphi filium? Equidem Seyfrido Zweytalensi abbati hanc notam inuri nolim, quod imperialis, ut dicitur, privilegii condendi licentiam sibi arrogaverit : credi potius malim, a Rudolpho II, cujus imperium florebat ineunte sæculo xvii, ipsius opera confirmatum esse privilegium Alberti, quo Rudolphinum continebatur, dataque opera hisce Rudolphi I epistolis insertum fuisse, ut nominis similitudo posteritatem deciperet, adeoque Rudolpho I tribueretur quod secundo debetur. At subjecto illa ducatum Austriæ et Styriæ, aliaque adjuncta Rudolphum primum indicantia meis votis adversantur. Utcunque autem se res habeat, Rudolpho I privilegium tribui nequaquam debet.

[c] Maleficii et magiæ criminis infamia plurimis senatorum laborantibus a Valentiniano Seniore indulgentiam totus Romanus senatus petit. Cui Augustus A. D. 571 vita rescripsit. « Indulgentia, patres conscripti, quos liberat, notat nec infamiam criminis tollit, sed pœnæ gratiam facit. In uno hoc, aut in

præogativa ª pensantes, quod si culpa non esset, locum venia non haberet, et cupientes misericordiæ condimento justitiæ temperare rigorem, præsertim cum post injuriam fuerit satisfactum, prædictum N. de regalis mansuetudinis beneficio plene ac integre restituimus pristino ordini suo, mandantes tenore præsentium universis, ut sicut prius ad omnes actus civiles et publicos admittatur.

475 EPISTOLA XXXVIII.

Rudolphus mortuo procuratore alium substituit in Romana curia.

(An. Dom. 1280, cod. Rud. XXXVIII.)

ARGUMENTUM. — Deplorat mortem magistri Pauli de Interamna oratoris, seu procuratoris sui apud sanctam sedem, atque officiosissimis verbis cardinalem amicum, illi substitutum maturo consilio, deneretur, eique sua negotia promovenda committit.

Propinatum nobis nuper ex lugubri obitu piæ record. N. ᵇ diræ nimis amaritudinis calicem lacrymosis singultibus haurientes, dum consideramus in intimis, nos ex amissione ipsius irrecuperabile damnum passos, ad unicum recurrimus sedula meditatione consilium, quod ex quo manus Altissimi tam gravi punctura nos pupugit, et tam vigili promotore privavit, in vos fiducialiter omnium agendorum nostrorum congeriem congeramus, utpote qui et nostris et vultis necessitatibus amicorum sincere consulere ᶜ, ac remediabiliter subvenire. In vobis igitur anchoram spei nostræ post Deum præcipue collocantes, paternitati vestræ ᵈ piissimæ supplicamus, quatenus nostris

duobus reis ratum sit : Qui indulgentiam senatui dat, damnat senatum. » (*Cod. Th.* tom. III p, 298). Qua super lege erudite, ut solet, Gothofredus disserit, indulgentiæ præferens commonitorium securitatis, aut evocatoriam cum illa siquidem infamia conjungitu". Rem comprobat exemplis, sancti Aug. etiam prolata sententia ex epist. 259 seu 151 ad Cæcilianum : Nec indulgentia illis danda visa est, ne vel sic aliquo crimine notarentur, sed tantum commonitorium, quo eos ab omni molestia liberos dimittere juberetur. » Ita scilicet priscis is temporibus. At imperatores ab apostolica sede renovati in Occidente, quin etiam Romanorum reges, seu imperatores electi per indulgentiam a pœna simul, et ab infamia eximunt ; ut patet ex hac epistola incertæ ætatis, quam nulla causa est cur removeam ex ordine quem habet in cod.

ª « Nihil magno ac præclaro viro dignius placabilitate atque clementia, » ut ait Cicero (*de Off.* I, c. 25). Quibus verbis utitur Grotius (*Bell. ac pac.* l. II, c. 24, § 3) omnino videndus hac super re. Ad Senecæ præsertim sententiam de clementia principis : « Magni animi esse injurias in summa potentia pati, nec quidquam esse gloriosius principe impune læso. » Sancti Joannis Chrysostomi præstantiorem hanc adjungit : « Omnem illa (clementia) hominem ornare insigniter potest, maxime vero eos qui in imperiis sunt constituti. Nam cum regia potestas omnia permittat, semet retinere, ac divinam legem actionibus suis ducem præficere, egregium est ad famam gloriamque. » Jure autem gloriatur Rudolphus, natura inditam sibi esse clementiam, qui Bernardo episcopo Seccoviensi (lib. II, ep. 24) et procacium libellorum auctori, quibus regia sua majestas lædebatur, injuriam remisit. Clementiæ exempla cætera apud auctores obvia nihil moror, ea quippe uno isto absorbentur.

ᵇ Magistri Pauli de Interamna clerici, quem supra vidimus (ep. 9) oratoris seu procuratoris munere fungentem pro Rudolpho apud Nicolaum III anno 1278, virum scilicet summæ prudentiæ ac summæ fidei, qui regis animum sibi devinxerat.

ᶜ Non alium hic alloquitur, quam S. R. E. car-

promovendis et expediendis negotiis, salutaribus velitis adesse consiliis et auxiliis opportunis.

476 EPISTOLA XXXIX.

Rudolpho scribit Cypri rex, ut sibi de suis successibus scribat.

(An. Dom. 1275 cod. Rud. XXXIX.)

ARGUMENTUM. — Rex Cypri magnopere optans Rudolphi felicitatem nosse, solatio futuram infelici statui Terræ sanctæ, sibi ab eodem nuntiari cupit, quomodo procedat negotium subsidii pro Terra sancta. Seque, dum scribit, esse sospitem nuntians, idem de eo audire desiderat. Innovationes aliquot factas in Syria, pariterque alia nonnulla arcana a legato, quem mittit, auditurum dicit.

Excellentissimo, etc. Cypri rex ᵉ, etc. Quoniam continuis desideriis affectamus audire votivos successus magnifici status vestri, cujus prosperitas ad magnam indubitanter consolationem cederet lacrymabilium eventuum Terræ sanctæ ᶠ, imperialem excellentiam vestram, affectu quo possumus, imploramus, quatenus prosperos rerum quæ circa nos aguntur eventus ᵍ, quos indesinentibus optamus proficere incrementis, nobis sæpius per dominabiles vestras litteras significare velitis, vestra beneplacita et mandata fiducialiter injungentes. Scientes quod in confectione præsentium plena vigebamus per Dei gratiam cordis sospitate, hoc idem affectuose de vestra magnificentia desiderantes audire, et affectuosius, si possibile foret, cordialibus oculis intueri. Statum vero Terræ sanctæ præfatæ, et ea quæ nunc sunt innovata, per N. majestatis vestræ imperialis ʰ ma-

dinalem, cum videlicet, ad quem superiori anno (ep. 8) de ineunda familiaritate dederat litteras, ut puto.

ᵈ Ex superioribus epistolis liquet Rudolphum officio isto prosequi non episcopos, aut cardinales. Quamvis autem anno 1276 episcopus Basileensis procuratorio eodem munere functus fuerit (l. II, ep. 1 seqq.), de episcopo aliquo suspicari non possumus, nam litteræ indicant virum consilio et auctoritate præstantem, atque in Urbe degentem, qualis erat cardinalis prædictus.

ᵉ Hugo Lisinianus, qui anno 1267 die natali Domini successerat Hugoni consanguineo, qui præcedenti mense satis cesserat, ut tradunt auctores apud Rayn. (1267, n. 65). Cumque an. 1276, Maria Boemundi principis Antiocheni filia jus suum, seu titulum regis Jerusalem transfuderit in Carolum Siciliæ regem, unde maximæ illi cum rege Cypri controversiæ intercesserunt, quarum nulla mentio hic occurrit, idcirco ad præcedentem annum, aut saltem ad præcedentes eam tituli cessionem menses, referri debet hæc epistola.

ᶠ Bendocdaris tyranni Ægyptii, de quo in seq. epistola, infelicia tempora indicantur. Vide supra (ep. 27, col. 820, not. ᶠ, et 821, not. ª).

ᵍ In Oriente compertum erat, auxilia undique comparari, Gregorio agente, qui una cum Rudolpho supremo duce transfretare in Syriam statuerat, ac deliberaverat post traditum eidem Rudolpho imperiale diadema. Quod cum fieret anno 1274 et sequenti, magis magisque comprobat ætatem litterarum nempe Cyprii. Quanquam enim usque ab anno 1273 Gregorius ei nuntiasset suis litteris auxilia quantocius in Syriam missum iri, tamen se regi Franciæ ea de re scribere, et in concilio (Lugdunensi II) de eadem deliberaturum ait (Rayn. 1273, n. 56), necdum rex Romanorum electus fuerat. Tempora igitur electionem regiam et concilii celebrationem consecuta, cum imperialis tantum coronatio deerat sacræ expeditioni, et præcedentia Gregorii mortem, quæ illam suspendit, cogitanda sunt.

ʰ Supra dixerat excellentiam imperialem : hic majestatis imperialis titulus auditur : incertum num le-

477 EPISTOLA XL.

Rudolpho patriarcha Jerosolymitanus pro subsidio Terræ sanctæ.

(An. Dom. 1275, cod. Rud. xl.)[1]

ARGUMENTUM. — Patriarcha Jerosolymitanus et officia Terræ sanctæ iterum auxilia petunt a Rudolpho, quem utpote Christianissimum Syriæ rerum non inscium impensius rogant, ut necessitatis atque egestatis nobilium et plebis misereatur. Tyranni Babylonici immanitatem in Christianos Armeniæ enarrant, in Antiochena regione castra metuum pavorem late effundere aiunt, ita ut, infirmioribus locis relictis, ad munitiora omnes confugiant, quæ pro viribus ad furorem hostium repellendum aptabantur. Se non posse nisi lacrymis alienas angustias sublevare; multa munitionum genera sibi deesse ad resistendum hosti validissimo, perituros nisi opportuna veniant auxilia. Legatum mittunt, equitem diutissime versatum in Syria, eumque Rudolpho etiam atque etiam commendant.

Excellentissimo et potentissimo principi, etc. Frater Thomas[a] humilis peregrinus in Jerusalem Ballianus, comestabulus regni Jerosolymitarum, et vinocinio verborum Rudolphum demereatur, an litteræ ad eum imperiali diademate jam coronatum pervenituras existimans; tali eum honore prosequatur. Alterutrum faciat nihil promovet contra constantem monumentorum omnium ac totius codicis testificationem.

[a] Auctores synchroni historiam hujus temporis valde incertam, ad chronologiam quod spectat, reliquerunt. Vide quæ diximus supra (ep. 27). Profecto si binis hisce litteris patriarchæ et cæterorum, ac præcedentis regis Cypri nota temporis subjecta esset, nec Sanuti, nec Bernardi Thesaurarii, nec recentiorum opinionibus in varias sententias distraheremur de Boamundi principis Antiocheni, ac Bendocdaris impii tyranni emortualibus annis, a quibus pendent tam patriarchæ quam regis Cypri infaustæ narrationes. Magnam nihilominus lucem accipiunt res Syriacæ ex tribus his monumentis sinceritatis plenis.

[b] Hisce officiis præstitisse balianum, seu bailivum colligitur ex eo quod refert Sanutus de Rogerio comite sanctæ Severinæ, quem Siciliæ rex Carolus eo misit ad possessionem regni ineundam (Rayn. 1277, n. 17). Cujus verba hic opportune audienda sunt: « Mittitur itaque ex parte regis Caroli Rogerius comes sanctæ Severinæ bailivus regni Jerusalem, et applicuit Ptolemaidem cum sex galeis 1277, septima die Junii. Statim autem in adventu ipsius balianus de Ybely domino Arsus evacuato castro illi cessit. » Pro rege igitur Jerosolymitani regni reliquias, Accone residens administrabat: quare nihil mirum si officiis cæteris præstat. Accone, inquam, in ea siquidem civitate, cui etiam nomen Ptolemaidi et patriarcha et officia prædicta ab anno 1191 in spem recuperandi Jerusalem, totamque Terram sanctam, per centum annos constiterunt. Etenim ex quo Saladinus anno 1187 expugnavit Jerusalem, res Christianorum accisæ erant, nisi virtute modicæ Christianitatis, quæ Ptolemaidem suadente desperatione obsedit, excita Latina auxilia eo advolassent, illudque Barbarorum munimentum an. 1191, die 12 Julii per deditionem acquisivissent, ubi, ut aiebam, per annos centum permanserunt, quoad anno 1290 capta a Barbaris illa urbe Christiani omnes aut cæsi, aut pulsi totam Syriam amiserunt. Infra diuturnum istud spatium temporis, ab anno 1229 ad 1244, per annos quindecim, ex pactis Friderici II cum soldano Olequemel, Christiani Jerusalem et Nazareth possedere. At utinam non possedissent! namque iis expletis

carius regnorum Jerusalem et Cypri, etc. cum Terræ sanctæ supplici recommendatione se ipsos[b]. Magnitudinem regiam latere non credimus, quantis oporteat cismarinæ Christianitatis residuum cautelis adversus hostiles insidias munitionibus 478 contra inenarrabilem[c] tyranni potentiam remediis atque præsidiis contra draconis virus, quo regio tota confunditur, præmuniri. Latere etiam vos non credimus quanta et patriarcha Jerosolymitanus humilis et religiosæ domus[d], et cæteri tam nobiles quam plebeii, cujus conditionis et gradus propter præterita guerrarum discrimina, malitiam temporum, locorum excidia, et casus varios populorum paupertatis mole premuntur, quantisque afficiuntur miseriis et egestatis extremæ articulo, nulla eis data requie, nulloque illis in tantorum periculorum constitutis discrimine suffragante subsidio conteruntur. Latere postremo vos non cupimus, in quantam hostis Ægyptius ex insufficientia virium nostræ partis est elatus superbiam, quam immaniter idem manibus madescens, et gladio in sanguine Christi fidelium, miserabiliter regni Armeniæ per dierum viginti spatium, circa stragem viventium, incendia villarum et urbium, et finalem depopulationem omnium, quæ potuit impetuose attingere, debacchatur[e]; ibidem immisericorditer rabiem ab olim concepti furoris explevit, et regno dissipato hujus et totaliter desolato, in regionem Antiochenam[f] pervenit, ibique, cæsi fuerunt Christiani omnes ibi reperti, ad quinque millia, et sacra illa loca contaminata et excisa, ut est in Epitome Bellor. Sac. ap. Canis. (tom. IV, p. 438).

[c] Jam vidimus ex patriarchæ hujus litteris (ep. 27) et ex aliis regis Cypri quantis angustiis premerentur id temporis, Bendocdaris potentia omnia circum vastante. Hinc autem vires tyranni ejusdem esse insuperabiles, nisi auxilia præsto essent, intelligimus.

[d] Templarii videlicet, equites sancti Joannis Jerosolymitani, et domus Teutonicorum, de quibus supra (ep. 25 seq.).

[e] Quæ Sanutus refert ad hunc annum apud Rayn. (1275, n. 51) ex hoc loco epist. admodum illustrantur: « Eodem anno, inquit, Bendocdar, qui vocabatur Malec Madavar, percurrit planum Armeniæ, et percussit in ore gladii ultra viginti millia hominum, captivos trahens secum pueros et puellas usque ad decem millia; «quos vero et animalia majora et minora usque ad trecenta millia. »

[f] Antiochenam regionem audis: nam usque ab anno 1268 patriarchalis illa civitas, in qua princeps apostolorum primum sedit, nomenque Christianorum primum auditum fuit, Christiano ultimo ejus patriarcha ab eodem tyranno excisa erat. Sanutus apud Raynald. (1268, n. 53) excidium illius sic narrat: « Soldanus venit Tripolim et destruxit Vividaria; deinde processit contra Antiochiam, et 29 Maii civitatem absque ullo belli tumultu cepit, et post captionem usque ad 17 millia personarum interfecta sunt, et ultra centum millia captivata sunt, et facta est civitas tam famosa quasi solitudo deserti. » Excidii tam deplorabilis causas Gregorius X in litteris ad Jerosolym. patriarcham Thomam harum auctorem (Rayn. 1272 n. 17) vitia hominum fuisse contendit: « Nec te latet, inquit, qualiter per voluptuosos vitiorum servos, et servituti carnis expositos, motus sequentes ipsius, sic inibi divinæ majestatis oculi offenduntur, quod variæ terræ partium illarum, sicut Antiochiæ ac aliorum plurium locorum, directæ destructio, manibus inimicorum expositæ in eversionem, et ipsarum incolæ in excidium devenerunt. » Quibus adjiciendum esse arbitror Leandri Alberti apud Boschium (Acta sanctorum Jul., tom. IV, p. 141) præclarum elogium Christiani ultimi patriarchæ prædicti. Hic siquidem « Sacris infulis ornatus cum quatuor fratribus ante aram procumbens cum lacrymis Deo suum et civium finem, quorum ploratus, horrendo

479 ut fertur, cum toto potentt suo exercitu immoratur, sed omnino ignoratur ab omnibus quo ejus efferatur intentio, vel in quod ejus effrena voluntas inebriata triumphis præteritis et spoliis fidelium humefacta frequentius impellatur. Ex his igitur et aliis infinitis periculis et timoribus per diversas litteras, et speciales nuntios intimatis fideliter tanto regi [a], quibus usque ad cordium viscera et fundamenta concutimur, loca nostra, quæ sui situ et bellatorum auxilio furori hostis resistere posse confidimus, muniuntur, juxta munientium facultates, et ab expugnabilibus eorum incolæ non absque gravibus detrimentis rerum et corporum angustiis, cum filiis, rebus, et familiaribus suis ad loca tutiora confugiunt, laribus propriis derelictis. Cæterum cum illorum miseriis et ærumnis, a quibus et super quibus diversimode, et frequenter, importune ac importune requirimur, necessariis nequimus subvenire remediis, doloris acerbitate confodimur, et in defectum virium, compassionis vel affectuum exsolvimus et lacrymas charitatis [b]. Novit equidem excellentia vestra vires habitatorum Syriæ, ac statum flebilem provinciæ cismarinæ, novit insuper Ægyptiorum potentiam, novit præterea extremas patriarchæ Jerosolymitani prædicti, ac religiosorum omnium paupertates, novit ad hæc quantis munitionibus murorum, machinarum, garridarum, galearum, ac bellicorum instrumentorum copia sanctæ Terræ nostræ muniendæ indigeant, novit finaliter nos carere sufficientia defensorum, et ex nobis vel aliunde potentium pro stipendiis non habere, unde et nobis et locis debilibus possimus de munitionibus prædictis defensorum opportunitate, ac competenti subsidio providere [c]. Provideat ergo quæsumus tanti **480** regis clementia circa exposita filiorum pericula succurrat dextera vestræ potentiæ festino remedio nobis lupi rapacis insidiis circumceptis, palpet beata manus regia plagas nostras et vulnera, unguenta salutifera illis misericordiæ, priusquam illorum sanies medullis inhæreat, infundendo. Dominum Eliam de Insat militem latorem præsentium et in terra diutius conversatum magnitudini vestræ propensius commendamus. Vivat et valeat majestas regia per tempora longiora, cui nos et Terram sanctam devotissime commendamus.

EPISTOLA XLI.

Rudolphus recipit in tutelam pupillum quinquennem.

(An. Dom. 1280, cod. Rud. XLI.)

ARGUMENTUM. — Rudolphus pupillum, qui annum ætatis quintum nondum evegit, regia sub protectione accipit ; ejusque bona omnia tam mobilia quam immobilia se regio patrocinio tuenda suscepisse hoc diplomate per totum imperium denuntiat [d].

Ad hoc nostris humeris regiæ dignitatis est impositus principatus, armique nostri sacræ delibutionis oleo sunt perimoti, ut manu fortitudinis, brachioque extento simus omnium sub Romano imperio degentium defensores [e]. Sed etsi teneamur ad hoc om-

---

ululatus, lamenta, vocesque ingentes moerentium exaudiebat, ob direptiones, vulnera, stupra, et occisiones per barbaros factas commendabat. Cum sic oraret, ecce nefandissimi homines templum ingrediuntur, ipsumque cum dictis fratribus ante sacram aram procumbentem crudeliter peremere. » Hac autem in regione ante annos octo in solitudinem versa, Christianorum sanguine satiari cupiens, sua castra fixerat Bendocdar.

[a] Duo hic animadvertenda. Primum anno eodem 1275 sæpius ad Rudolphum litteras, et nuntios missos esse, quo nil credibilius rebus trepidis. Alterum Cypri regis Hugonis liberalitatem, seu potius assentationem a patriarcha emendari, dum Rudolpho alium titulum quam regium non tribuit.

[b] Jordanus ap. Raynald. (1275, n. 51) refert, octobri mense aliquot subsidiarias copias Ptolomaidem appulisse ex Occidente submissas, dum generalis apparatus fiebat. « Circa finem Octobris, ait, dominus Guillelmus de Rosseylon applicuit Ptolomaidem cum 40 militibus, et aliis 60 equitibus, et cum quadringentis ballistariis ad stipendia Ecclesiæ. » Quare harum litterarum ætas ante id temporis constitui debet : quæ enim sequuntur, nullum omnino subsidium eo pervenisse luculenter demonstrant.

[c] Rudolphus in suis litteris ad Gregorium X (l. I, ep. 12) testatus erat, se eo magis ad sacram expeditionem accendi, *quo naturalis genitoris nostri ossa ob Crucifixi gloriam extra natale solum peregre* ibi quiescebant. Idcirco usque ad extremos suæ vitæ dies illuc proficisci desideravit ; at anno 1291 Francofurtum ad comitia properans, quæ ad eumdem finem in liceat, morbo tentatus interiit. Quamobrem omnia ista, quæ probe nosse dicitur in his litteris, antequam rex Romanorum crearetur, perspecta illi erant, eædemque litteræ fidem faciunt, recte affirmari a Gerardo aliisque scriptoribus, Rudolphum ante annum 1240, cum uxorem duxit, in Syria moratum esse cum patre, tametsi incredibile videatur, cum castra secutum fuisse Friderici II, ut nonnulli affirmant ; nam anno 1228, cum Fridericus transfretavit, Rudolphus puer erat decennis. Vide supra (l. I, ep. 2, not. [a], col. 705).

[d] Singulare hoc diploma, cujus simile nusquam me reperisse ingenue fateor, principem piissimum regis regum imitatorem ostendit. De eodem et illud narratur, increpasse aliquando satellites, qui humiles ac tenuioris fortunæ homines amovebant, conceptis his verbis : « Per Deum, sinite homines ad me venire. Non enim ideo ad imperium creatus sum, ut in arcula includar » (Lips. *Mon. Pol.* c. 7).

[e] Qui nunquam nisi regis titulum usurpat tot in epistolarum numero, hic regiam inunctionem se accepisse gloriatur, eorum ingratiis, qui imperatorem cum regia confundunt, regesque omnes Romanorum, imo etiam Germaniæ imperatores appellant, cujusmodi est collector harum litterarum, qui non semel Rudolphum ipsum, repugnante eodem, imperatorem appellat. Verba orationis, quæ in regis inunctione proferuntur, audienda ex Pontif. Rom. « Constitue, Domine, principatum super humerum ejus, ut sit fortis, justus, fidelis, providus, et indefessus regni hujus, et populi tui gubernator, etc. » Nec mireris Rudolphum pro regno imperium proferre. Regi enim Romanorum gubernandum committebatur imperium, quo regnum etiam aliquod inter feudatarios principat. continebatur. Imperatoria vero inunctio non regnum imperiumve certis finibus circumscriptum designabat, sed quacunque Ecclesia Dei extendebatur, imperatoris potestatem effundebat : ita ut, jure proprio pontificis, regum, summorumque aliorum principum nullatenus imminuto, imperator ad catholicam religionem asserendam ubique terrarum et gentium temporaliter, quemadmodum pontifex spiritualiter, dominari diceretur. Nil melius comprobat hanc rem, quam orationes pro hujusmodi inunctione institutæ (*Cærem.* Sect. 5, cap. 5, p. 24) quas lubet opportune huc afferre : « Deus omnip. cujus est omnis potestas et dignitas, te supplici devotione atque humillima prece deposcimus ut huic famulo tuo N. prosperum imperatoriæ majestatis concedas effectum, ut in tua protectione constituto, ad regendum Ecclesiam tuam sanctam, nihil ei præsentia officiant, futura nihil obsistant ; sed inspirante sancti Spiritus dono, populum sibi subditum æquo justitiæ libramine regere valeat, et in omnibus operibus suis te semper timeat, tibique jugiter placere contendat. Deus Dei filius J. C. D. noster, qui a Patre oleo participationis unctus est præ participibus suis, ipse per præsentem sacri unguenti infusionem Spiritus

nibus **481** ex cura suscepti regiminis obligati, illos tamen præcipue volumus, et debemus protegere, quos divinum oraculum nostræ protectioni commisit specialius, cum præcepto clamans: *Pupillo et orphano tu eris adjutor* [a]. Sane dilectus noster N. paterno solatio destitutus non tantum propter pupillarem statum, verum etiam propter infantiæ teneritatem, cum nondum sit quinquennis, se ipsum non potest defendere vel juvare. Ea propter eumdem nostram recipimus in tutelam, omnia bona sua mobilia et immobilia sub nostri muniminis, præsidii, et protectionis clypeo asserentes. Quapropter omnibus Romani imperii fidelibus præcipimus nostræ gratiæ sub obtentu, ne quis dictum infantem, seu bona sua audeat invadere, seu aliqualiter perturbare. Si quis autem hoc præsumpserit, sciat se taliter puniendum, quod ipsius pœna erit cæteris in terrorem.

482 EPISTOLA XLII.

Rudolphus expostulat cum quodam.

(An. Dom. 1277, cod. Rud. XLII.)

ARGUMENTUM. — Rudolphus acceptis litteris N. rebellis [b] perfidiæ culpam ab se amoventis inani obtentu suspicionis et convicia in eum inferentis, rescribit se alias gravioribus injuriis ab eodem affectum ista cum patientia tolerare: at quoniam

paracliti super caput tuum infundat benedictionem, eamdemque usque ad interiora cordis tui penetrare faciat, quatenus hoc visibili et tractabili dono invisibilia percipere, et temporali regno justis moderationibus exsecuto æternaliter conregnare ei merearis, qui sine peccato rex regum vivit cum Deo Patre in unitate Spiritus sancti Deus. Per. » Itaque Rudolphi certo testimonio errat quicunque aut Rudolphum ipsum, aut aliquem ex suis prædecessoribus successoribusque coronatum regem Romanorum pro imperatore accipiendum contendit, nisi in unctione, ac proinde coronatione imperatoria a Romano pontifice imperator fuerit constitutus. Illud negare non ausim, post Carolum V, qui omnium ultimus a Rom. pontifice est corona imperiali redimitus anno 1530, ut dictum fuit suo loco, regem Romanorum, seu imperatorem electum in missali sacro Romano legi fer. VI in Parasceve; nihilominus summis efferre laudibus cogor Augustam Mariam Theresiam Caroli VI primogenitam, germenque gloriosissimum Rudolphi piissimi principis, quæ quia imperiali diademate non est exornata a Romano pontifice, magni sui progenitoris magna imitatrix, quæ imperatricis sunt, ad perpetuam posterorum memoriam mirum in modum exercet, nullo autem alio nomine appellari vult quam reginæ, tametsi oribus, obsequiis, studiisque omnium pia, felix, invicta Augusta imperatrix prædicetur.

[a] Qua lege moveatur, ut pupillo patrocinium regium exhibeat, non est longe petendum: ipsemet divino præcepto se moveri testatur: *Pupillo*, inquit, *et orphano tu eris adjutor* (Psal. IX, 35). Quamvis enim in codd. omnibus inveniatur aut *pupillo* aut *orphano*, nullibi vox utraque, ut legitur hoc loco ignota nobis ex causa, quam exquirere nihil attinet: sententia tamen est eadem, quam ven. card. Thomasius in aureo Commentariolo explicat: *Et tu pupillo humana ope destituto aderis adjutor*: Deus scilicet, quem propheta deprecatur, Rudolphus autem quasi regibus, sibique præsertim regi Romanorum id præciperetur, sibi divinitus præceptum esse luculenter affirmat.

[b] Nisi mea me fallit opinio, regi Bohemiæ Ottocaro hæ litteræ scriptæ sunt, sententia enim earumdem unum illum designare videtur, idemque nobis posteris persuadent octodecim eorum mensium, qui inter juramentum fidelitatis Ottocari, et apertam ejus rebellionem intercedunt, compendiaria chronicorum et historiarum narratio.

[c] Ottocarum natura sua furentem, quia cessionem provinciarum die 19 Novembris factam Rudolpho, cum fidelitatis juramento præstito coram tot principibus in tentorio congregatis, concoquere non poterat, a regina Kunegunde uxore sua indignissime exceptum, habitumque pessime, Dubravius historicique alii consensu tradunt. Quamobrem credito proclive est, eum pacta pacis continuo rescidisse, ac propalam dictitasse, dolo sibi ereptas provincias, cœpisseque inire fœdera, novumque exercitum comparare: Quod Stero et annalista Altahensis una cum conflictu extremo conjungunt: « Tandem, aiunt, per tres vel duos annos prædicto scisso arbitrio præfatus rex Bohemiæ de terris suis, scilicet Bohemia et Moravia, et etiam de aliis terris, scilicet Polonia, Pomerania, Saxonia, Michsna fortem exercitum congregans, castrametatus est super flumine March in campo qui dicitur Marchveldt, prope Cistesdarff. » Quæ utique molimina Rudolphus per nuntios seu legatos conatus est deruere ab ipsa origine; at nequidquam, ab æmulo siquidem et rebelle supervenere felleæ illæ litteræ, quibus respondet. Nec putes diffidatorias quæ tunc temporis mitti etiam solitæ erant sultano, ut notat Ducangius (Glossar. Verb. Diffidare). Nam docet chron. Austral. ad an. 1278 eum in Austriam ingressum esse, « quamvis, quod dictu nefas est, nunquam litteras diffidentiæ regi Romanorum præmisisset. » Iisdem scilicet rebellionis crimen excusans Rudolphum fraudis insimulabat, bellum vero eidem non indicebat.

[d] Hic reputa orationem audacissimam Bernardi Seccoviensis episcopi ejus legatione fungentis in comitiis Augustanis die 24 Junii 1275, ac libellos probrosos, queis rex Romanorum traducebatur, aliaque Bohemi facta vel dicta in eumdem, ac mirare principem invictum ac fortunatum exprobrando immorari.

[e] Indicium certum Rudolpho visum esse iratum æmuli animum posse tractatu aliquo compesci, antequam extremum ad armorum remedium recurreretur: quod postmodum fieri oportuit.

[f] Tranquillis jam rebus hanc epistolam scriptam esse intelligo, adeoque post annum 1279 illam constituo. At utrum provinciæ, an civitati scripta sit, divinandum alii relinquo: cætera per se patent.

483 EPISTOLA XLIII.

Rudolphus scribit contra indebite exigentes telonium.

(An. Dom. 1280, cod. Rud. XLIII.)

ARGUMENTUM. — Telonearios ac tributorum exactores ab advenis telonium indebite exigentes, illosque inique angariantes, desistere jubet ab illicitis, ne pax ubique stabilita turbetur.

Exsurgit adversum vos terra clamoribus, et ad aures regiæ celsitudinis pauperum gemitus introivit, et ex eo quod generalis pacis [f] observationi rebellio-

legatione nihil profecit, alio modo cum illo agendum deliberasse.

Si vestra littera de pectoris integri puteo processisset, super odibili negotio perfidiæ, manus non arguisset innocuas, nec necasset pungitivæ suspicionis aculeo cor fidele [c]. Sed quia frequenter fit, quod tamen in vobis locum habere non arbitror, ut quod quis se sentit, de alio suspicetur, contra tam hostilis injectionis insultus patientiæ scuto me protego, temperantiæ armatura præcinctus ac munitus. Revera non credebam, hæc pati de æmulo, nec convicia tam enormia præstolabar ab hoste, præsertim cum multo graviores injurias, si recolitis, ante hæc tempora tolerarim a vobis [d]. Ut autem irreprehensibilis innocentiæ meæ in publicum prodeat integritas, per N. vobis credidi satisfactum. Quod utique cum effectu careat optato, vobis aliter fieri demandavi [e].

nis calcaneo renitentes pro vestræ libitu voluntatis a transeuntibus præsumitis extorquere telonium, et indebitis non 'cessatis eos angariis onerare. Quocirca prudentiam vestram affectuose requirimus et hortamur, regia vobis nihilominus auctoritate mandantes, quatenus manus illicito cohibeatis ab opere, et ad licita reflectatis. Alioquin scire vos volumus pro constanti, quod ad hujusmodi pacis pulchritudinem, ut pristino decore refloreat, omnes vires, curas et animos acuemus.

484 EPISTOLA XLIV.

Rudolphus commendat quemdam pro beneficio quodam ecclesiastico.

(An. Dom. 1280, cod. Rud. xliv.)

ARGUMENTUM. — Ob præbendam N. notario suo, imo sibi promissam ultro, gratias agit episcopo forsan Leodiensi; remque sibi gratissimam factum iri profitetur, qua collator sibi et ecclesiæ suæ regium patrocinium demereatur, si spontanea promissa fecerit. Annuitque, ut præbendam assecutus, aut residendo in ecclesia, eidem laudabiliter serviat, aut jussu collatoris in regia curia permanendo illius et ecclesiæ negotia procuret.

In tuæ [a] devotionis exhibitione gratuita plurimum delectati, pro eo quod nos et Romanum imperium puræ fidei stabilitate reveritus, provido viro N. dilecto notario nostro, imo potius nobis in ecclesia tua provisionis suæ tam laudabiliter spem dedisti, tanto fecundius tibi ad grates assurgimus, quanto per amplius et perfectius te in nostri cultura dominii per hoc excitari perpendimus, quantoque votivius ad ipsius profectum, in cujus utique fructuosis obsequiis nobis bene complacuit, anhelamus [b]. Et certe sic gratum, sic placidum per promotionem ipsius serenitati nostræ servitium exhibebis, quod tibi et eidem ecclesiæ tuæ in cunctis opportunitatibus incessanter adesse concepimus, et favorabilibus desideriis aspirare. Ut igitur quæ circa promissa tua laudabilis præconcepit intentio, animo studii promptioris adimpleas et habitiori benevolentia prosequaris, sinceritati tuæ libenter annuimus, quod cum dictus N. præbendam divina favente clementia fuerit assecutus, in ecclesia prænotatæ plantario, velut fructifera plantula residentiæ fructum faciat exoptatum, nisi fortassis quoque contingat eumdem pro tuis

[a] Cuinam scribatur epistola incertum : certe episcopo. Quamvis enim Rudolphus episcoporum paternitatem soleat revereri, adeoque non *tuæ* sed *vestræ* fere semper pronuntiet, Tridentinum tamen episcopum, ut supra vidimus (epistol. 28), et archiepiscopum ignotum (ep. 59) pari officio prosequitur, quo hunc pariter ignotum. Num igitur Leodiensi episcopo scripta erit? Capitulo siquidem illius ecclesiæ canonicum commendat (ep. 22), qui ex regia curia ad ineundam possessionem canonicalis proficiscitur, ad eamdem reversurus, juxta Rudolphi desiderium.

[b] His multa convenientia est cum prædicta epistola, tametsi in illa notarii nomine familiarem suum non appellet, quo dubium omne amoveretur.

[c] Henricum Tridentinum episcopum Lausanæ exstitisse apud Rudolphum anno 1275, die 20 Octobris, et sequenti, comprobant ejus subscriptiones duobus diplomatibus regiis in Ap. Actor. veter. de summo apostolicæ sedis dominio in Comaclum ; quæ cum aliis a Gentiloto exhibitis laudantur a Coleto (Ughell. *It. Sac.*, tom. V, p. 608). Quare nulli magis convenire videtur, quam huic episcopo Rudolphi collocutio de veteri ea discordia componenda.

[d] Diximus ad ep. 28 quæ huc referri posse videntur. Eam adesis (not. [e]). Quibus adde quæ leguntur in tabulis concordiæ an. 1276, viii Kal. Jun. apud eumdem Ughell. (*Ibid.*, p. 610), dum Henricus et ecclesiæ tuæ negotiis procurandis in nostra curia te jubente utilius occupari.

485 EPISTOLA XLV.

Rudolphus scribit de rebellione cujusdam.

(An. Dom. 776, cod. Rud. xlv.)

ARGUMENTUM. — Meinhardo, ut videtur, comiti Tyrolensi scribit super veteri discordia, quæ illi cum episcopo Tridentino intercedebat, cui amice componendæ se ait deputasse pacis interpretem ; at postmodum mutasse consilium, ubi accepit discordiam invalescere. Eumdem orat ut statum quæstionis, et consilium suum pandat, ut opportunum remedium valeat afferri.

In discessu N. a nostra præsentia inter te ac ipsum taliter ordinasse credidimus, quod vix poterat unquam in cor nostrum ascendere, quod rebellionis contra te calcaneum esset aliqualiter erecturus [e]. Sed ex quo, sicut vehementius admirantes, imo stupentes audivimus, in contrarium res est versa, super exorta turbationis inopinatæ discordia non potuimus non turbari, concipientes in animo N. propter hoc ad partes illas in continenti dirigere, qui scissuræ dispendio reparato, in amicabili fœdere te ac ipsum N. indissociabiliter colligaret. Verum quidam rumor infestus auribus nostr.s insonuit, per quem dicti N. fuit emissio retardata. Quocirca exhibitorem præsentium tibi remittimus, postulantes affectu quo possumus ampliori, quatenus statum et conditiones negotii statim nobis annunties, et consilium tuum pandas, qualiter suscitati rancoris ineptiam valeamus opportuno remedio penitus consopire [d].

486 EPISTOLA XLVI.

Rudolphus commendat quemdam litteratum.

(An. Dom. 1283, cod. Rud. xlvi.)

ARGUMENTUM. — Aulicum suum litteris moribusque præstantem honorare pro meritis cupiens, ideoque de promotione ejus ad episcopalem sedem sollicitus ; quia plurimis negotiis impeditus, per se non potest, in suæ sollicitudinis partem vocat N. remque ei committit integram.

Regalis munificentiæ consueta benignitas merita personarum sic provida dispensatione discernit, ut eos, qui litterarum scientia [e], morum et conversa-

Meinhardus « compromiserunt in ven. viros Rudolphum imp. aulæ cancellarium, et dominum Henricum illustrem comitem de Wirstemberg tanquam in arbitros, et arbitratores, et amicabiles compositores communiter electos, etc. » quibus rege ipso Romanorum accedente pax demum stabilita esse videbatur.

[e] Non possum quin huc afferam locum auctoris Piet. Austr. (l. 1, c. 4, p. 32) ad perpetuam augustissimæ domus Austriacæ memoriam : « Occupatus licet, inquit, rebus bellicis ante Basileam civi Argentinensi historico librum sibi de bellis Germanorum cum Romanis, et proprietates belli ducis describentem dedicatum, aurea catena, quam collo pendulam gestabat, una adjuncta portione æris, regratificatis est. Cumque eam ob rem a burgravio Norimbergensi Friderico Zollerensi, ex sorore nepote, reprehenderetur, quod non potius in militum remunerationem impendisset, ita respondit : *Sine etiam doctos homines nostra facta laudare, et per hos ad bella animosiores reddere. Utinam plus temporis ad legendum nanciscerer, et impensas, quas sæpius in inutiles milites expendo, in doctos homines transferre possem!* Qua in re nactus est imitatores Rudolphus omnes ex sua augustissima domo Austriaca oriundos, et vel maxime imperatores usque ad nostram ætatem, quos ingenerata quadam benignitate maximos fuisse eruditionis et eruditorum amatores constat, eorumque ex numero Maximilianum, non tantum gessisse

tionis splendidiori nitore renitgent, favoris gratia efferat amplioris, et uberioribus studeat beneficiis honorare. Sane illud vir providus et honestus N. in domo regia amabiliter ambulans cum consensu, circa nos et nostros suæ diffuso thesauro peritiæ, tam eximie exercuerit, et adhuc indesinenter exerceat opera probitatis, quod ipsum teneamur beneficentia gratiæ specialis attollere, et honoribus congruis exaltare [a]; quia tamen influentium agendorum, quæ latera nostra plerumque circumsilit, frequens et negotiosa congeries de promotione sua nos cogitare non patitur, 487 juxta desideria mentis nostræ, dum temporis ad hoc se habilitat aptitudo [b], nos de prudentia tua fiduciam obtinentes, quod per te redimi valeat negligentiæ jam commissæ defectus, discretioni tuæ committimus [c], etc.

EPISTOLA XLVII.

Rudolphus capitula quædam contra hæreses edita a Friderico imperatore approbat [d].

(*Ann. Dom.* 1280, *cod. Rud.* XLVII.)

ARGUMENTUM. — Regia auctoritate confirmat constitutionem adversus hæreses a Friderico II editam die coronationis suæ, hortante et approbante Honorio III summo pontifice; et ad ejus observantiam se, omnesque in Romano imperio constitutos obligat.

Rudolphus Dei gratia Romanorum rex semper Augustus. Universis Christi fidelibus præsentem paginam inspecturis salutem cum notitia subscriptorum [e]. Quoniam pestilentes hæreticæ calliditatis 488 argutias Deo abominabiles et hominibus odiosas, quæ sua contagione commaculant oves gregis Dominici, tanquam amaritudinis felle bajulas detestandas indesinenter prosequimur, et propter hoc ad exstirpationem earum omnimodam libet extendere crediti nobis divinitus gladii potestatem [f], quædam capitula constitutionum per dominum Fridericum quondam Romanorum imperatorem, prædecessorem nostrum contra hæreticos editarum [g], quæ integra, non cancellata, non abolita, nec in aliqua sui parte vitiata, sigillo suo vidimus consignata, præsentibus duximus annotanda, statuentes ea ab omnibus, qui Christiana professione censentur, fideliter observari. Est autem constitutionum hujusmodi tenor talis :

constitutiones, leges, et jura, atque decreta in regno et omnibus terris nobis subjectis tam per nos, nostrosque successores, quam per duces, comites, barones, nobiles, judices, officiales, ac populos universos regni nostri, et terræ nostræ jurisdictioni subjectæ perpetuis temporibus inviolabiliter observentur. » Elisabeth quoque regina ejus mater pro suis ducatibus in eamdem sententiam peculiari sanctione decrevit. Ab his non abludunt quæ infra leguntur in diplomate hoc Rudolphi. Quamobrem aut Rudolphus Nicolai monitu, aut Ladislai exemplo motus diploma dederit, ante hunc annum illud dedisse non videtur.

[e] Nisi pontificis hortatio aut præceptio præivisset, is non erat Rudolphus. Qui ante susceptum imperiale diadema imperii fines transcenderet. At fortasse infra ejusdem limites se continuit : nam suæ constitutionis observantiam imperio soli demandat. Itaque universi Christi fideles imperii, non autem orbis terrarum putandi erunt.

[f] Priscos Orientales Augustos una cum Romanis pontificibus catholicæ fidei puritatem suis constitutionibus asseruisse uterque codex testatur. Quamvis enim causæ hujusmodi ad Rom. pontificem et ad concilia spectent, nisi tamen accedat externum Ecclesiæ brachium, seu potestas principis, qui temporalibus pœnis pro suprema potestate adjectis, privitates istas eliminet, pontificis et conciliorum sanctissimæ leges algent. Eapropter Rudolphus in colloquio Lausanensi Gregorio X est pollicitus, se omnem operam daturum, ut ea pestis exstirparetur, quod regio edicto ad perpetuam rei memoriam confirmavit : « Super eradicando autem hæreticæ pravitatis errore auxilium dabimus, et operam efficacem. » Servatur id monumentum cum cæteris in archivo molis Adrianæ, estque editum a Raynaldo (1275, n. 38). Ætas ejus certa notatur in fine «1275, Ind. IV, XII Kal. Novemb. » At Gregorii mors præpropera, brevisque trium successorum pontificatus, regia vota ad Nicolai III tempora distulerunt. Nec tamen putes Nicolai III, vel successorum ejus Martini IV, Honorii IV, et Nicolai IV litteras ullas exstare, quæ facti hujus testes sint. Sed Rudolphus, ut arbitror, pollicitationis suæ Lausanensis memor, et mulierem quoque adversus hæreticam pravitatem exsurgere intelligens, Friderici prædecessoris sui constitutionem renovavit.

res magnas, verum etiam ad imitationem primi Romanorum imperatoris Julii Cæsaris, rerum a se gestarum commentarios conscripsisse. » Hic scilicet erat genius Augustorum priscæ ætatis, quos alii hodie principes imitantur. Valentiniani Senioris celebratur lex (*Cod. Th.*, l. XIV, t. IX ; l. 1 ; t. V, p. 220) de studiis liberalibus urbis Romæ, in duodecim capita distributa, quorum extremum ad rem facit : « Similes autem breves etiam ad scrinia mansuetudinis nostræ annis singulis dirigantur : quo meritis singulorum, institutionibusque compertis, utrum quandoque nobis sint necessarii judicemus. » Litterati igitur principibus, nisi semper, quandoque sunt necessarii.

[a] Mentiar, nisi Godefridus præpositus Soliensis, protonotarius Rudolphi, de quo sæpius in dissertatione præced. commendatur a Rudolpho eodem pro sede Pataviensi vacante. Auctores Hansiz. (*Germ. sac.*, tom. I, p. 426) perquam similia horum de illo narrant. Præ aliis Bruschius : « Virum, ait, doctrina et prudentia clarum præfuisse, ut episcopum decet, pie ac fideliter : commendatione Rudolphi regis, ut fidei suæ ac laborum pro regno ac rege toleratorum haberet justam remunerationem, a senatu Pataviensium canonicorum unanimi suffragatione electum anno 1283. »

Sedis Pataviensis vacatio designari videtur, quæ per Wicardi obitum die natalis Domini anno 1282 vidua erat.

Rudolphus anno præcedenti Austria relicta ad Rhenum profectus erat. Quamobrem improbabile non esset Alberto filio Austriæ duci negotium istud commissum esse, tametsi nullum in litteris indicium suppetat ; proindeque minus tutum sit certi quidpiam affirmare.

[d] Hujus diplomatis ætatem nusquam reperire potui. Auctor quidem Piet. Austr. qui cod. Cæsareum inspexit ejusque meminisse omnino debuit, utpote cum sui operis argumento maxime conjuncti, sub mortem Gregorii X illud profert (l. 1, c. 7, p. 50). Mihi vero inde removendum videtur. Quare autem illud constituerim anno 1280 genus aliud negotiorum, quod ante eum annum sollicitasse Rudolphum, compertum exploratumque est, atque ingenium ætatis Nicolai III fuerunt in causa. Hoc scilicet pontifice per suum legatum jubente, Ladislaus rex Hungariæ : « Mandavit in regno suo servari per officiales suos omnes constitutiones, et statuta ecclesiastica contra hæreticos facta, in quibus obligavit se, ac successores suos » ; ut ex Baronii schedis edidit Raynaldus (1280, n. 9) ; et ut idem loquitur in ipsa constitutione Baronii observatis subjecta ex codd. Vat. et aliis : « Statuentes, quod hujusmodi statuta.

[g] Ista etiam, ut aiebam præcedenti nota, pro Christianis totius imperii accipienda sunt. Nec tamen omni procul admiratione formula illa pensanda est, *integra, non cancellata*, etc. Etenim Rudolphinum morem non sapit.

Incipiunt, etc. [a]. Nos itaque, qui pro tuitione fidei catholicæ **489** principaliter, teste Altissimo, regiæ dignitatis honorem et onus assumpsimus, præmissa universa et singula in eradicationem hujusmodi sectæ nefariæ, et corroborationem fidei Christianæ pie ac provide instituta solemniter approbamus, et ad observantias eorumdem nos testificatione præsentium obligamus, volentes pariter et mandantes hæc eadem ab omnibus, ad quos Romanæ ditionis imperium se extendit [b], firmiter et inviolabiliter observari. In quorum testimonium, etc.

[a] Exstat in Authenticorum calce constitutio Friderici II cui titulus *Constitutiones Friderici II imperatoris incipiunt*. Nam plures contitutiones sunt, Ecclesiasticæ omnes, at non omnes contra hæresim. Earum principium et finis animadverti debent. Fridericus igitur sic orditur : « In die qua de manu sacratissimi patris nostri summi pontificis recepimus imperii diadema, curavimus ad Dei et Ecclesiæ suæ honorem edere quasdam leges, quas in præsenti pagina jussimus annotari per totum nostrum imperium publicandas. Per imperialia vobis scripta præcipiendo mandamus, quatenus eas quisque litteras in suo districtu irrefragabiliter, et inconcusse servet, et sunt hæ leges. » Imperialium hujusmodi constitutionum robur in parte earum extrema consistit, quæ sic fluit : « Nos vero Honorius episcopus servus servorum Dei has leges a Friderico Romanorum imperatore filio nostro charissimo pro utilitate omnium Christianorum editas laudamus, approbamus, et confirmamus, tanquam in æternum valituras; et si quis ausu temerario, inimico humani generis suadente, quocunque modo has infringere tentaverit, indignationem Dei omnipotentis, et beatorum Petri et Pauli apostolorum se noverit incursurum. » Ex his patet, Fridericum utut corona imperiali redimitum, ultra imperii Romani limites non transire, quos inter Roma ipsa comprehendebatur, cujus supremus dominus erat Romanus pontifex: quia videlicet per coronationem communicata illi fuerat suprema eadem potestas pontificia, ut late demonstravimus in superioribus. Regna enim erant potentissima, eaque amplissima Galliarum, Hispaniarum, Angliæ, Hungariæ, Poloniæ, aliique principatus, ad quos imperatorium jus minime perveniebat. Romani autem ex pontificis auctoritate, quæ nullis limitibus circumscripta, quacunque Christi nomen, seu Ecclesia Dei extenditur, Salvatoris nostri regum regis immutabili ordinatione porrigitur, Friderici constitutioni maximum incrementum accedit : non enim Christiani, *per totum nostrum imperium*, sed quicunque Christiano nomine censentur, toto quam longe lateque patet terrarum orbe ea constitutione imperatoria obligati declarantur. Exstant præterea Friderici ejusdem constitutiones aliæ adversus hæreses in comitiis Patavinis latæ anno 1224, die 22 Februarii, ut cl. Mansius ad Rayn. (1225, n. 47) observat, proferens ex Annalibus contractis hæc verba : « Permovit etiam Honorius Fridericum imp. qui tum Patavii principum Italorum solemnes cœtus cogebat, ut sanctissimas leges ad excindendam hæreticam impietatem ferret : quæ postea ab Innocentio IV confirmatæ fuerunt. » Utras Rudolphus hoc diplomate confirmet, incertum. Id vero est minime dubium, eum scilicet iatas habere constitutiones pontificia auctoritate nitentes, adeoque nil aliud agere, quam exsequi quod regio edicto promiserat Gregorio X, ut est dictum (col. 842, n. [f]).

[b] Dum se ait *regiæ dignitatis honorem* suscepisse, et *Romanæ ditionis imperium* ad suæ constitutionis observantiam astringere, æquum suimet agit interpretem, ut animadverti (col. 842, n. [e], [g]), et undelibet error fluxerit, omnino emendandus, legendumque *Romani ditiones imperii*. Etenim *Romanæ ditionis imperio* dominatus tantum pontificius designatur ; ad eam vero ditionem, præter quamquod rex Romanorum jus nullum habebat, Rudolphi constitutionem extendi ne cogitandum quidem.

491 DISSERTATIO

DE RUDOLPHI REGIS ROMANORUM DIPLOMATE

A SACRI ROMANI IMPERII ELECTORIBUS CONFIRMATO

§ 1. — *Jura omnia sanctæ sedis confirmantur.*

I. Romanæ Ecclesiæ ditionem ab ipsa origine angustis admodum finibus circumscriptam, maximis deinde auctam incrementis a Francorum regibus Pippino et Carolo cui cognomentum Magno, Pippini filio, ac demum ab Ottone I et sancto Henrico Augustis amplificatam, cui Mathildiana hæreditas seu donatio accessit, prolatis diplomatibus laudatorum principum demonstravi. Quanquam enim nullum diploma exstet Pippini, cui sancta sedes exarchatum et Pentapolim, nullumque Caroli, cui Tusciam atque alias provincias et civitates refert acceptas, Pii tamen Ludovici diploma exstat, quo nihil exactius desiderari posse planum feci. In eo siquidem Roma et ejus ducatus a regum Francorum largitionibus secernuntur, et præter Pippini et Caroli donationes, patrimonia quælibet antiqui juris sanctæ sedis et privilegia omnia enumerantur, quæ postea successores Otto et Henricus omnino confirmantes suo nterque diplomate, atque adjicientes nova jura, exemplum, quod futuri omnes imperatores sequerentur, ediderunt. Utinam utinam secuti essent ! at plerique, Suevicæ præsertim stirpis Augusti, pessimo Henrici IV regis Germaniæ exemplo illecti, apostolicæ sedis ditionem provinciis ac civitatibus ablatis coarctare, quam novis largitionibus ampliorem efficere maluerunt. Ea propter in eorum diplomatibus, quæ necessaria omnino erant ad imperialia insignia per manum pontificis accipienda, insolens illud audiri cœptum : « Possessiones etiam quas Ecclesia Romana recuperavit ab antecessoribus nostris, seu quibuslibet aliis ante detentas, liberas, et quietas sibi dimittimus, et ipsam ad eas retinendas bona fide promittimus adjuvare. Quas vero nondum recuperavit, ad recuperandum pro viribus erimus adjutores, et quæcunque ad manus nostras devenient, sine difficultate ei restituere satagemus : » ut legitur in sacramento Ottonis IV apud Baluzium. **492** (*Regest. Innoc. III*, tom. I, pag. 765). Quamvis enim invasiones longe ante annum 1209 cum Otto IV coronabatur, incœperint, formula iis verbis concipi serius cœpit. Haud ita multo post novi etiam aliud excogitatum invenitur, diploma scilicet imperiale ab imperii principibus confirmari. Quod factum constat Honorio pontifice anno 1220 in Francofordiensibus conventibus (Rayn. 1275, n. 41). Etenim quæ Fridericus II Innocentio III spoponderat de Siciliæ regno : « ita quod imperium nihil cum ipso regno habeat unionis, vel alicujus jurisdictionis in ipso, » ea principes illi suis appositis sigillis ad majorem validitatem confirmarunt.

II. In Rudolphi diplomate aliud etiam novum animadverti oportet, confirmationem videlicet omnium jurium ac privilegiorum sanctæ sedis novo ac singulari exemplo a rege Romanorum factam *regali auctoritate* post susceptum diadema imperiale infra octo dies confirmandam. Quod subinde regium diploma septem principes electores omni cum solemnitate roborarunt, Nicolao III id exigente, quemadmodum Honorius III ab imperii principibus fieri voluerat : non enim id temporis ad septemvirale illud collegium summa rerum, seu regis Romanorum electio redacta erat, cujus auctoritas deinceps omnium principum instar esse cœpit. Hæc autem omnia, quæ diploma Rudolphi a præcedentibus diversum efficiunt, fuerunt in causa cur istud etiam non semel editum in lucem typis iterum committendum duxerim. Huc accedit quod pius iste magnusque augustæ domus Austriacæ progenitor invasionibus Cæsarum suo diplomate finem attulit : quamvis enim Ludovicus Bavarus prisca sanctæ sedis incommoda instaurarit, Italiæ populi; eosque inter audacissimi scriptores, assentatoresque Itali damnandi æque videntur, ac ipse princeps, quod historia eorum temporum aliqua ex parte in superioribus exposita palam facit. Præterquam quod Rudolphus ipse testatur (lib II, epist. 57), pontifices plures, sacrum collegium, omnesque eos quorum intererat, nunquam efflagitare destitisse, ut ecclesiastica ditio a prædecessoribus Augustis pessumdata instauraretur : *Quæ a nobis hactenus alma mater Ecclesia postulasse dignoscitur tam per nuntios, quam per litteras speciales.* Cumque in regio ejus diplomate, juxta Nicolai III petita, Ludovici, Ottonis, et Henrici diplomatum partes singulæ omnino confirmentur, Mathildis donatione non prætermissa, nil plane opportunius afferri potest pro necessarii hujus operis coronide, quam diploma ipsum, quod ab electorum septemvirali collegio confirmatum fuit. Exstat quidem illius autographum in apostolico archivo 493 Molis Adrianæ semel, iterum, et tertio summa cum fide vulgatum, primum scilicet ab Odorico Raynaldo (1279, n. 1), deinde a Laurentio Zacagno biblioth. Vat. custode (*diss. hist. de domin. S. Sed.*, append.), ac demum ab em. Antonello: nihilominus aliæ accesserunt causæ cur editis per me monumentis diploma istud, quod cæterorum complementum dici potest, adjiciatur.

III. Harum potissima sunt annales Itali, qui non semel typis editi vernaculo idiomate, Germanice etiam factu circumferuntur. In iis siquidem de pluribus Rudolphi diplomatibus non pauca, nimia cum libertate, promulgantur, quæ cum Rudolphi ejusdem epistolis aperte pugnant, ne' hujusmodi annalium summa privilegiis juribusque apostolicæ sedis contraria, detrimenti aliquid accipiat. Exemplo erunt quæ ad annum 1278 affirmantur de exarchatus cessione solemni per eumdem Rudolphum facta. Ea scilicet in compendium redacta, sunt hujusmodi : « Exarchatum utcunque ab Augustis diadema imperiale suscipientibus diplomate confirmatum sanctæ sedi; tamen a pluribus sæculis in potestate Italiæ regum atque Augustorum, Romanis pontificibus altum silentibus, permansisse; Rudolphum post diuturnam cum Nicolao III concertationem iniquissimo tandem animo e suis manibus exarchatum dimisisse, dimissionis etiam causas accessisse, ingens bellum imminens cum Ottocaro; metum, ne tantum pontificem ab se alienaret, Carolo Siciliæ regi fautorem compararet adversus imperium; ac demum Cruciatæ votum ab se violatum, quare Friderici II exemplo censuris obnoxius fieri poterat. Super quibus annalista lectorem remittere non veretur ad annales Raynaldi : continuo tamen subdit pauca hæc ex chronici Parmensis auctore: *Semper Romani pontifices de republica aliquid volunt emungere, cum imperatores ad imperium assumuntur;* non constare, num Ferraria et Comaclum agnorint supremum pontificis dominium; Bononiam pactis certis conditionibus reservationibusque agnovisse; nonnullas civitates in pontificis potestatem ultro venisse, alias vero renuisse. » Hæc ille, ad imponendum aptissima, veluti ex cortina pronuntiat, inexploratis monumentis annalium, quo lectorem imprudenter remittit. Itaque objiciendi prius erunt annales Raynaldi speciosæ isti doctrinæ quam annalista Italus promulgat; deinde ad Rudolphi causam deveniendum. Compertum sane atque exploratum erit, ne unius quidem sæculi spatio invasionem exarchatus perstitisse; Nicolai III prædecessores non fuisse 494 desides, ubi de præcipua ex donationibus regum Francorum vindicanda res fuit; Rudolphum a suis deceptum aliquatenus distulisse restitutionem, et minime invitum Ecclesiæ jura instaurasse; causasque cæteras partim conjectando, partim e scriptis nullo loco habendis allatas, leves esse, atque historico indignas nostra hac ætate tam illustri.

IV. Et vero ne Innocentii III tempore sub finem sæculi XII de summo jure Romani pontificis in exarchatu dubitari possit, validissima duo suppetunt argumenta ex gestis ejusdem Innocentii (num. 12 et 27). Primo siquidem archiepiscopus Ravennas vetustis inhærens privilegiis pontificiis et exarchatum retinuit et imperavit, ut « salvo jure apostolicæ sedis recuperaret Britonorinm et teneret. » Deinde Henricus VI, qui Marcualdo senescalco suo nonnullas Ecclesiæ ditiones contulerat, morti proximus testamento præcepit, « ut ducatum Ravennæ, terram Brittonorii, et marchiam Anconitanorum recipiat a domino papa, et Romana Ecclesia, et recognoscat etiam ab eis Medisinam et Argelatam cum suis pertinentiis. De quibus omnibus bonis securitatem ei juret, et fidelitatem ei faciat, sicut Domino suo. » Quod si Ravennas archiepiscopus, cujus prædecessores ab ipsis Caroli Magni temporibus gratia et præsidio principis dominationem in exarchatu sibi arrogare ausi erant, et Henricus Sueviæ stirpis Augustus, proindeque Ecclesiæ ditionum invasor maximus, duodecimo sæculo exeunte, Romani pontificis jus supremum fatentur, ac magnus ille pontifex Innocentius sanctæ sedi acerrime vindicat jura sua : non igitur Italiæ reges atque Augusti plurium spatio sæculorum, silentibus pontificibus, exarchatum retinuerant, sed octoginta ad summum annis ab Innocentio III ad Nicolaum pariter tertium, duobus extremis imperatoribus Ottone IV et Friderico II e Suevorum gente; nec non ingenti in ea fluctuatione imperii, quæ fatale interregnum apud Germaniæ scriptores audit, invasio illa perseveravit, qua deceptus Rudolphus pro una ex imperii ditionibus Romandiolam accipiebat. Imo ne octoginta quidem iis annis siluisse pontifices mox patebit. Interim animadverti debet, Nicolai III prædecessores Augustorum sacramento acquiescentes, de nova sanctæ sedis jurium possessione ineunda nullatenus cogitasse, Nicolaum vero ipsum possessionem exarchatus iniisse ratione admodum diversa ab Stephani II exemplo. Iste siquidem, Fulrado Pippini regis legato singularum civitatum claves deponente super sancti Petri corpus, earumdem possessionem accepit. At Nicolaus Rudolpho rege cessante juramenta fidelitatis, quæ 495 cancellarius Rudolphus ab Exarchatus civitatibus nullo jure exegerat ; quod patet ex documentis apud Raynaldum (1278, n. 53 seqq.). « Et sic dictus papa possessionem obtinet. »

V. Nil autem mirum, bona cum venia annalistæ Itali, Rudolphum prædecessores imitatum confirmasse exarchatum et Pentapolim per legatos ac per se ipsum, sed nihilominus exarchatum retinuisse. Sueviæ siquidem invasionis tempore exarchatui Romandiolæ nomen factum fuerat; præterea exarchatus, nova intra Romandiolam ditio, et comitatus Romandiolæ apud scriptores veteres inveniuntur. Nam Ptolomæus Lucensis (*Sacr. Ital.* tom. XI, pag. 1166) de Rudolpho ait: « Tunc etiam restituit Ecclesiæ comitatum Romandiolæ cum exarchatu Ravennæ. » Et Jordanus apud Raynaldum (1278, n. 54) de Nicolao III : « Secundo, inquit, sui pontificatus anno Nicolaus III Rudolphum regem Alemanniæ requirit super resignatione exarchatus Ravennæ, qui erat principatus super sex civitates Romandiolæ, quæ a comitatu distinguebatur. » Prædictum utique novum principatum Innocentii III ævo *ducatum* appellari vidimus in testamento Henrici VI. Perinde vidimus, Rudolphum *Romandiolæ*, ac *Maritimæ* nominibus exarchatum designasse (lib. I, ep. 24 seqq.). Plura tibi apud Ughellum de locorum ac rerum inversione ista suppetent : mihi enim est satis lectori proposuisse arduum illius ævi negotium de omnium maxime antiqua donatione apostolicæ sedis ex alienis manibus avellenda. Nicolaus III id sensit : propterea Rudolpho haud misit monumenta pontificum et regum novas illas ditiones memorantium, sed Ludovici, Ottonis, atque Henrici diplomata, quibus singulæ exarchatus et Pentapolis civitates recensentur, atque insuper prædecessorum suorum exemplo ecclesiasticæ ditionis loca omnia perspicue ac distincte enumeranda præscripsit in regio diplomate, quod postea imperiali auctoritate ratum haberet necesse erat. Cæterum utrum Rudolphus exarchatum iniquo animo, et ex allatis ab annalista causis dimiserit, docebit historia ex documentis certis apud Raynaldum petita et in compendium redacta, ne superius dicta, iterum afferendo, lectori molestia ingeratur.

VI. Et Lugduni anno 1274 in consistorio præpositus Spirensis Rudolphi cancellarius, et Lausanæ sequenti anno Rudolphus diplomata omnia prædecessorum Cæsarum Gregorio X confirmarunt. In Lausanensi diplomate ap. Rayn. (1275, n. 56 seqq.) die 20 Octobris, seu XIII Kal. Nov. hæc recensentur : « Tota terra, quæ est a Radicofano usque Cæperanum, exarchatus Ravennæ, Pentapolis, marchia Anconitana, **496** ducatus Spoletanus, terra comitissæ Mathildis, comitatus Brittenorii cum adjacentibus terris expressis in multis privilegiis imperatorum a tempore Ludovici. » Eodemque in diplomate : « Postquam autem, inquit, Romam ad recipiendam unctionem, coronationem, et imperiale diadema pervenerimus, ipsaque perceperimus præmissa omnia et singula innovabimus, seu de novo faciemus, et sine aliqua difficultate juramenta præstabimus, quæ imperatores Romanorum hactenus præstiterunt. » Id vero satis superque fuit illius ævi scriptoribus, ut Romandiolam sanctæ sedi redditam esse affirmarent, ut Bernardus thesaurarius fecit, in chronico ap. eumdem Raynaldum : « Pervenit Vienna Lausanam, ubi dictus Rudolphus rex cum regina uxore sua, filiisque et filiabus suis veniens, juramentum eidem papæ fecit, et Romandiolam cum exarchatu Ravennæ Ecclesiæ Romanæ restituit. » Eadem occasione Gregorius, qui Bernardo eodem teste cum imperatore ac Francorum rege, aliisque principibus, « Terram sanctam intendebat visitare, ex illa vitam finire, » unde ad pontificatum accitus fuerat, Rudolpho, reginæ, aliisque nobilibus crucem dedit. Quamobrem magnus ubique apparatus fiebat, et haud dubie post imperatoriam coronationem sequenti anno faciendam, expeditio illa suscepta esset. Sed alia fuerunt divina consilia. Ineunte anno 1276 Gregorius Romam rediens Aretii occubuit mortem, neque amplius de illa expeditione serio cogitatum est. Quin etiam coronatio imperialis, quæ præmittenda erat, necessario tum dilata fuit varias ob causas, quarum præcipuam fuisse comperio non ingens in Austria bellum cum Bohemiæ rege Ottocaro ; at simultates cum Siciliæ rege Carolo, de quibus est dictum (Diss. præced. n. 50 seq.), et hic opportunius quæ ad rem faciunt adjicientur.

VII. Cum anno 1265 Clemens IV Carolo Andegavensi Siciliæ regnum et totam terram citra pharum fiduciario jure possidenda concessisset, proindeque perpetuam sanctæ sedis sollicitudinem de illo regno sustulisset, ad intestinas Urbis seditiones compe-

A scendas novum istum Siciliæ regem creavit senatorem ad decennium die 16 Septembris anno 1268. Cui scilicet præcedenti anno Etruriam quoque factionibus Gibellinis et Guelphicis laborantem componendam commiserat, generalis paciarii titulo eum exornans : quod constat ex apostolicis litteris ad Florentinos Guelphorum præcipuos : « Regem eumdem, inquit, e vestigio suam militiam secuturum in vestris partibus constituendum duximus usque ad nostrum beneplacitum paciarium generalem, ut dum vacat imperium, **497** cujus tuitio ad eum pertinet, tam vicina patrimonii nostri regio perversorum malitia nequeat lacerari. » Plura videsis apud Raynaldum (1267, n. 5 seq.). Quanquam autem Carolus dignitatem illam se abdicaturum sacramento promisisset, statim atque rex Romanorum electus confirmatusque esset ab apostolica sede, Rudolpho tamen electo et confirmato, Etruriam non dimisit : quamobrem ortæ simultates eum inter et Rudolphum, qui eam provinciam, utpote juris imperii, repetebat. Eas

B Gregorius X componere nequidquam conatus est (Id. 1274, n. 60). Perinde Innocentius V, Adrianus V et Joannes XXI, anno emortuali Gregorii 1276, trium pontificum funeribus memorabili, eamdem rem frustra periclitati sunt. Facti seriem prolixa admodum epistola (Id. 1277, n. 48 seqq.) cardinales sede vacante per suum nuntium Rudolpho exponunt, eorumdemque pontificum exemplo illum deprecantur, ne in Italiam veniat cum militibus, quoad composuerit controversias cum Carolo. Denique Nicolaus III vixdum electus officiosis litteris regem Romanorum aggreditur, queis prædicta omnia singillatim enumerat (Id. *ibid.*, n. 54 seq.), pariterque admonet, ne in Italiam descendat ante initam concordiam cum Carolo. Datæ sunt litteræ die Decembris undecima : diebus tantum octo et triginta interjectis responsum optimi principis (*Cod. Rudolph.* l. II, ep. 37) est allatum a fratre Conrado ord. Minorum nuntio et procuratore ejusdem principis, qui plenam ei facultatem in man-

C datis dederat omnia, quæ Nicolai, ejusque prædecessorum et cardinalium litteris continebantur, exsequendi.

VIII. Duo in iis magni momenti capita existebant. Primum de prædictis controversiis, alterum de exarchatu et Pentapoli vere ac realiter restuendis : « Petitionem autem, ait Nicolaus, super ejusdem Ecclesiæ terris, ac specialiter exarchatu Ravennæ ac Pentapoli, regali excellentiæ toties inculcatam absque ulteriori procrastinatione rogamus et petimus efficacis executionis promptitudiue adimpleri. » In diplomate igitur Rudolphi, quod datum est Viennæ 1278, XIV Kal. Febr. hæc præ aliis leguntur : « Concedimus insuper et consentimus, quod Ecclesia Romana per se et per alios accipiat, nanciscatur, intret, et apprehendat absque ulla nostra, vel alterius requisitione, auctoritate, vel mandato obtentis, sive petitis possessionem, et quasi omnium contentorum in prædictis privilegiis : » quæ videlicet Lugduni ab

D Ottone præposito Spirensi in consistorio anno 1274, et Lausanæ 1275, die 20 Octobris ab ipsomet Rudolpho data fuerant. Cum enim Gregorii X immaturus obitus, trium successorum brevis admodum **498** pontificatus, ac diuturna sex mensium vacatio sedis, biennii spatio ac mensium trium aquam sanctæ sedis petitionem suo fraudasset effectu, is non erat Rudolphus, qui eamdem sanctam sedem diutius eludi pateretur. Itaque frater Conradus in consistorio die 4 Maii prædicti anni 1278 « ad domini mei regis conscientiam serenandam, et ut prædicta omnia plenarie solidentur, stabiliantur, firmentur, compleantur, et perficiantur, » ut protestatur, quidquid contrarium prædictis diplomatibus aut rex ipse, aut ejus administri gesserint, ita revocat, atque irritum esse decernit, ut « per hoc nullum jus ipsi domino meo regi accrescat ; vel in aliquo Ecclesiæ Romanæ depereat tam circa possessionem, quam circa proprietatem. » Cætera videsis apud Raynaldum (1278, n. 47 seqq.).

Dum hæc Romæ agebantur, cancellarius regis Romanorum, qui Rudolphus et ipse appellabatur, veneratque in Italiam recuperandi ergo jura imperii, eadem persuasione illusus, quæ Romanorum regem deceperat, ab exarchatus civitatibus fidelitatis juramentum regio nomine exegerat. Quam rem ipse rex admonitus a pontifice non solum ægre admodum tulit, sed regiis litteris professus est a cancellario factam se inscio et contra suum mandatum. Verba ipsa audienda sunt, quippe quæ valde perspicua summæque auctoritatis esse noscuntur.

IX. Datæ fuerunt hæ litteræ Viennæ IV Kal. Junias ejusdem anni. In iis Rudolphus jura omnia sanctæ sedis singillatim jujerurando confirmat : « Verum, inquit, quia postmodum absque nostro consensu, conscientia, vel mandato Rudolphi cancellarius noster a civibus Bononiensibus, Imolensibus, Faventinis, Foropopuliensibus, Cæsenatibus, Ravennatibus, Ariminensibus, Urbinatibus, necnon et aliis aliarum civitatum atque locorum illarum partium juramentum fidelitatis nostro nomine dicitur recepisse, nos dilectum familiarem clericum nostrum magistrum Gotifredum præpositum Soliensem regalis aulæ protonotarium transmittimus ad vestræ præsentiam sanctitatis, cui damus præsentibus nostris patentibus litteris in mandatis, ut, quidquid per eumdem cancellarium, seu quemcunque in prædictis civitatibus, locis, et terris, seu per homines ipsarum civit. terrar. atque locor. actum, gestum, recognitum exstitit, et prædicta juramenta specialiter revocet, casset, annullet, irritet; cassa, nulla, et irrita manent, ac omnibus viribus vacuet : volentes et consentientes expresse, quod per hoc nullum jus nobis accrescat, vel Ecclesiæ Romanæ depereat tam circa possessionem, quam circa proprietatem in civitatibus, etc. » Mandata regia **499** omnino adimplevit Gotifredus in consistorio Viterbii sequenti mense pridie Kalendas Julias edito instrumento publico, missisque ad singulas civitates prædictas litteris, queis religione sacramenti cancellario præstiti omnes solvit. Quare Nicolaus card. Latino ep. Ostiensi apost. sedis legato in Æmiliam misso, Caroli etiam Siciliæ regis petita ope, nam Guido de Montefeltro, Geremienses, et Lambertatii provinciam impacatam reddiderant, de sanctæ sedis juribus recuperandis serio egit. Bononia præ cæteris laudatur studium in sanctam sedem. Caput istud concludam Raynaldi verbis, ad quem annalista Italus nos remittit, ut melius pateat, unde sua hic Italos in annales retulerit. Ricordani prius calumniam rejicit de Syria per Nicolaum posthabita, ut potiretur Bononia (1278, n. 56), deinde prosequitur : « Nec minus a rei veritate abhorrent convicia, quæ ob recuperatam ab Ecclesia Bononiam totamque Flaminiam evomunt novatores (Cent. XIII, c. 7, col. 726). Cæterum historiæ veritas ea est Rodulphum prudenter se gessisse, ac restituisse Nicolao jura Ecclesiæ, ut imperii jura, quæ in Etruria Carolus legati imperii nomine obtinebat, sine bello recuperaret. » Quæ quanta cum veritate Raynaldus affirmet, epistolæ Rudolphi superius allatæ uberrime ostendunt.

X. Et sane quatridui antequam Rudolphus Gotifredo mandaret realem exarchatus restitutionem, Nicolaus jussit Carolum senatoriam dignitatem dimittere, tametsi usque ad diem Septembris XVI, juxta Clementis IV privilegium dignitatem, non renuente pontifice, retinuerit. Atque insuper, quod opiniones omnes contrarias amandat, vicariatum Etruriæ Carolo eidem ademit, ut sua jura Rudolpho assereret. Quod quia factum post veram Exarchatus restitutionem, Nicolai prudentiam commendari malim, qui sanctæ sedis jura imperialibus præmitti voluit, quam Rudolphi iniquum animum exaggerari, qui statim atque se deceptum invasione prædecessorum agnovit, sanctæ sedi jura sua restitui tam impense curavit. Cæterum quia regium Rudolphi diploma ab imperii principibus confirmatum ; ut sanctæ sedis jura tutiora deinceps essent ab invasionibus imperatorum, ab iisdem principibus, et ex eorum numero eligendorum, plura nova præsefert, præcipue ista : « De novo libere, plenarie concedimus, conferimus, et donamus, ut sublata omnis contentionis, et dissensionis materia, firma pax, et plena concordia inter Ecclesiam et imperium perseverent : » quia, inquam, multa nova exhibet; præterea id singulare est diplomatis, quod regia tantum auctoritate nititur; duo animadverti oportet : primo scilicet, legi in fine **500** diplomatis : « Promittimus insuper, quod postquam Romam ad recipiendam unctionem, coronationem, et imperiale diadema pervenerimus, ipsaque perceperimus, infra octo dies præmissa omnia et singula innovabimus, et de novo integre, ac plenarie faciemus; » quare utcunque variis semper causis accedentibus in Urbem nunquam venerit, diploma istud regium pluris quam si imperiale esset, faciendum esse. Deinde Urbis atque omnis pontificiæ ditionis eorum temporum statum persuasisse Nicolao pontifici, ut sanctæ sedis juribus diligentius quam sui prædecessores consuleret. Quæ ut evidentia fiant, reputari oportet, qualis tunc Roma esset, quidve rerum in Urbis territorio totaque in ecclesiastica ditione peragerentur.

XI. Inter cæteras Romani populi defectiones a supremo principe, illa maxime celebratur, quæ supremo pontificatu Innocentii II anno, videlicet 1143, evenit. Nam laicorum animi hæresi Arnaldi Brixiensis infecti, obtentu pristinæ Romanorum gloriæ instaurandæ, senatum pro civili Urbis administratione adversus pontificiam auctoritatem instituerunt. Quam porro institutionem perpetuam reddituri ab ipsa ejus origine inire annos senatus cœperunt, quod patet ex monumentis. Horum unum affert Baronius (1188, n. 23 seqq.) ex libro Censuum, initæ videlicet pacis a senatoribus cum Clemente III « actum 44-anno senatus, ind. VI, mensis Maii die ultima. » Triginta Innocentii II tempore fuerunt instituti; totidemque sub Clemente III exstitisse inde colligitur, quod senatores et senatus ordo frequenter occurrunt in eo monumento, in quo pontifici se subjiciunt : « Ad præsens, aiunt, reddimus vobis senatum, et urbem, et monetam tamen : tamen de moneta habebimus tertiam partem, sicut inferius continetur; item ecclesiam beati Petri absolutam reddimus, etc. » Quod etiam fecerant ante annos decem, cum a Friderico Ænobarbo se derelictos rati, ac metuentes pontificiam potestatem cum imperatoria conjunctam, supremo principi Alexandro III se subdiderunt, ut Acta ap. Baronium (1178, n. 1 seq.) testantur : « Totius populi Romani consilio et deliberatione statutum est, ut senatores, qui fieri solent, fidelitatem et homagium domino papæ facerent, quod beati Petri ecclesiam atque regalia, quæ ab eis fuerant occupata, libere in manibus et potestate ipsius pontificis restituerent. » Triginta autem illos ad unum redegit quidam Benedictus Cœlestino III pontifice, senatoriam dignitatem sibi arrogans, et cum Henrico IV invadendis Ecclesiæ juribus certans, quod docent Gesta Innocentii III (n. 8) apud Baluzium : « Status Romanæ Ecclesiæ pessimus erat pro eo quod **501** a tempore Benedicti Cariscum senatum Urbis perdiderat, et idem Benedictus seipsum faciens senatorem subtraxerat illi Maritimam et Sabiniam, suos justiciarios in illis constituens; Henricus autem imperator occupaverat totum regnum Siciliæ, totumque patrimonium Ecclesiæ usque ad portas Urbis, præter solam Campaniam, in qua tamen plus timebatur ipse quam papa. »

XII. Eumdem Innocentium ecclesiasticæ ditionis vindicem maximum novi senatoris audaciam repressisse constat ex iisdem Gestis : nam « exclusis justiciariis nostris apostolicis, qui ei fidelitatem juraverat, suos justiciarios ordinavit, electoque per medianum suum alio senatore tam infra Urbem quam extra, patrimonium recuperavit nuper amissum. » Nihilominus ut efflagitanti populo morem gereret, anno 1208 sex et quinquaginta senatores instituit (*Gest.* num. 141, seq.) prædicens pessimo publico tantum eorum numerum creatum iri : « Senatores autem, sicut dominus papa prædixerat, tam male in officio regiminis se gesserunt, ut a quolibet tam intra Urbem quam extra, maleficia committerentur impune, pace ac justitia penitus relegatis. Unde populus cœpit adeo exsecrari, ut oportuerit dominum papam ad communem populi petitionem unum eis senatorem concedere. » Quid vero? aut unus, aut plures essent senatores, magno semper impedimento ea dignitas fuit, quin pontifices summa uterentur auctoritate in Urbe et in ejus territorio. Quin etiam factiosi Romani potentem unum, alterumve principem ad senatoriæ dignitatis gradum ausi sunt provehere (dum sancta sedes, pontificesque defensionem, vacante imperio, aliunde quærere sunt compulsi) qui Urbem ipsam proprio arbitratu regere, aut seditiosorum civium consilia potius sequi quam summi principis obtemperare mandatis sperabantur. Tales fuerunt Carolus Provinciæ et Andegaviæ comes perpetuus senator designatus anno 1264, et Henricus Castellæ regis frater anno 1267 senator factus. Cum enim Urbanus IV periclitanti Ecclesiæ opem validam quæsivisset a sancto Ludovico Francorum rege, adeoque Siciliæ regnum illi obtulisset, sancti regis consilio Andegavensis comes frater ejus ad illud regnum capessendum est accersitus. Romani autem probitate pontificis abutentes, propria auctoritate senatorem perpetuum designant eumdem Carolum. Res pontifici et cardinalibus indigna visa est, externo principi urbem Romam cum pontificiæ auctoritatis detrimento committi. Nihilominus consilio habito, in summis difficultatibus electionem non improbant, sed certis legibus constitutis Carolum quinquennii ad summum spatio dignitate illa 502 frui permittunt, ita tamen ut a populo ad pontificem creandi senatoris facultatem redire curet, et statim atque Siciliæ regno potiatur, dignitatem illam abdicet (Rayn. 1264, n. 4 seqq.). Quam rem officiosis admodum litteris ei significarunt, nondum enim in Italiam venerat, quod Manfredi superatis insidiis fecit sequenti anno. Triennio post, turbis in Romana Urbe gliscentibus, Henrico regis Siciliæ consanguineo, deinde æmulo, senatoria dignitas a factiosis, plerisque omnium invitis, confertur. Id vero fuit in causa cur Clemens IV Urbi consulens assiduis seditionibus laboranti, Carolum ipsum Andegavensem senatorem ad decennium designaret anno 1268, die 16 Septembris, ut supra diximus : quam ille dignitatem Nicolao III pontifice anno 1278 prædicti mensis eadem die abdicavit.

XIII. Quamvis autem pessimus Romæ, atque ejus territorii status Clementem IV quodammodo audaciæ Romanorum obsecundare compulisset, Nicolaus tamen III ne supremæ successorum potestati damnosum exemplum posteri unquam imitarentur, constitutionem illam celeberrimam (Fundamenta, de Electo, Electi potest. in 6) edidit Viterbii xv Kal. Aug., qua plurima damna sanctæ sedi illata ab exteris senatoribus exaggerat; præcipue ab Henrico regis Castellæ fratre, qui religionem ipsam in discrimen adduxit, et « ipsam Urbem speculum fidei tanta respersit infamia, ut a matre sua Romana Ecclesia filia prædilecta deviare compulsa quondam Conradinum (qui de venenosa radice Friderici quondam Romanorum imperatoris colubri tortuosi justo Ecclesiæ ipsius judicio reprobati prodiisse videbatur in regulum, quique ad exterminium Romanæ matris Ecclesiæ manifestis indiciis una cum suis fautoribus aspirabat) in contemptum Dei, suæ matris, ac ipsius Urbis opprobrium patenter exciperet, recepto faveret, constituens, se per hoc tam patentis hostis suæ matris Ecclesiæ filiam adjutricem. » Deinde hunc in modum decernit : « De fratrum nostrorum consilio, hac irrefragabili et in perpetuum valitura constitutione sancimus, ut quandocumque et quotiescunque senatoris electio, vel alterius, quocunque nomine censeatur, qui quocunque modo, quocunque titulo ipsius Urbis debeat præesse regimini, in posterum imminebit, nullus imperator, seu rex Romanorum, aut alius imperator, vel rex, princeps, marchio, dux, comes, aut baro, vel qui alterius notabilis præeminentiæ, potentiæ, seu potestatis, excellentiæ, vel dignitatis existat; frater, filius, vel nepos eorum ad tempus, vel in perpetuum, seu quivis alius ultra 503 annale spatium quovis modo, colore, vel causa per se, vel per aliam personam quomodolibet submittendam, in senatorem, capitaneum, patricium, aut rectorem, vel ad ejusdem Urbis regimen, seu officium nominetur, eligatur, seu alias etiam assumatur absque licentia sedis apostolicæ speciali, per ipsius sedis litteras concessionem licentiæ hujusmodi specialiter exprimentes. »

XIV. Religioni duxi constitutionis partem istam præterire, unde supremum pontificum dominium in urbe simulque auctoritas, quam imperator princepsve alius acquirere in eadem poterat a supremo eodem domino, tam evidenter patent, ut eorum quæ hucusque disserui complexio dici possit. Enimvero dum pontifex constitutionem istam edidit, Urbis regimini præerat senatoria dignitate conspicuus rex Siciliæ Carolus, Rudolphus rex Romanorum seu imperator electus brevi profecturus erat Romam imperialia insignia de pontificis manu suscepturus : nihilominus pontifex pro suprema auctoritate in Rudolphum et Carolum prædicta constituit. Quis igitur non videt Ludovici, Ottonis, et Henrici verba a successoribus usque ad Ottonem IV ratihabita, « sicut a prædecessoribus vestris usque nunc in vestra potestate et ditione tenuistis et disposuistis civitatem Romanam cum ducatu suo. » Necnon alia ab Ottonis IV ævo usurpari cœpta, *tota terra, quæ est a Radicofano usque Ceperanum*, non indicare dominium Urbis, ejusque ducatus ab Augustis concessum pontifici, sed Paschalis I successorumque sapiens consilium, ut præcipuum ex Ecclesiæ juribus imperiali auctoritate, ut omnia cætera, niteretur? Qui enim alias Romanos cives populis cæteris ad deficiendum procliviores continuissent? Jam liquet sacrilegum horum facinus in sanctum Leonem III fuisse in causa, cur Roma ejusque ducatus Augustorum diplomatibus confirmari cœperit cum sanctæ sedis juribus cæteris; estque uberrime demonstratum Augustos ipsos proprio periculo Romanorum audaciam reprimere conatos esse. Id probe novit Rudolphus, in cujus ore aliqui ponunt quæ supra attuli (Diss. de Rudolphi epist. lib. III, n. 46) videlicet, *multos Alemannorum reges Italiæ consumpsit*. Quæ ab eodem pronuntiata aliquando esse, tametsi ad extremum usque spiritum Romanam coronationem exoptaverit, negare non ausim.

XV. Vix enim credibile est, præteriisse illum exempla majorum. Quod si cruenta Italiæ bella prædecessorum novit, multo magis Romanorum ingenium ei fuisse perspectum, coronationes in Urbe toties faciæ testantur. Tempora Carolinorum prætereo, de iis quippe Rudolphus 504 nullam rationem habet. Trium Ottonum opera seditiones compressas, eosdemque simulato Romanorum obsequio dum aderant, id suadente metu, affectos, injuria, et contemptu absentes, compertum exploratumque est. De sancto imperatore Henrico Ditmarus (lib. VII, princ.) hæc refert : « In octavo vero die inter Romanos et nostrates magna oritur commotio in ponte Tiberino, et utrinque multi corruerunt, nocte eos ad ultimum dirimente. » De successore ejus Conrado Salico Otto Frisingensis apud Baronium loquens (1027, n. 1) testatur, quod « in ipsa Paschali hebdomada tumultu orto inter milites imperatoris et cives, gravis pugna committitur, cæsisque multis, Romanis fugientibus imperator victoria potitur. » E contrario post annos centum cum Henricus V lætitiam coronationis sacrilege disturbavit, « Romani post alterum diem collecti, in hostes Ecclesiæ impetum facientes, de Porticu (nempe de civitate Leonina) fugere compulerunt, interfectis multis de suis, et perditis equis, tentoriis, pecuniis, et infinita supellectili, ut scribit Joannes episc. Tusculanus Albanensi episcopo ap. Bar (1111, n. 13 seq.), cui astipulatur Petrus Diaconus æqualis eorum temporum : « Eadem nocte, eumdem apostolicum secum abducens tanto metu cum omni exercitu profugit ex Porticu, ut non modo sarcinas, verum et socios plurimos in hospitiis relinqueret. » Quid, quod Romanis, invitis ne in Urbem quidem ingredi fas erat Augustis? Ita scilicet Friderico Ænobarbo, Henrico VI et Ottoni IV accidisse compertum est. Quin etiam horum extremum, commeatu intercluso abire compulerunt. Nec nisi unus aut alter ex duodecim Augustis Germanicis Rudolphi prædecessoribus, utcunque cum exercitu ad Urbem accesserint, Romanorum ingenium ferox non sensit.

XVI. Huc accedit, quod Nicolai tempore imperialis in Italia auctoritas fere nulla erat, quod patet ex Rudolphi epistolis supra allatis. Nam licet hujus regionis populi, Friderici II tyrannidem aversantes, nequidquam conati essent auctoritatem illam exstinguere, cum tamen exauctoratus iste fuerit in Lugdunensi concilio anno 1245 imperatoris nomen spatio annorum plusquam triginta sensim obsoleverat, præcipue post adventum Caroli Andegavensis, in quem pontifices tantum auctoritatis transfuderant. Quamobrem non parvæ molis esse imperatoriæ auctoritatis in Italia instaurationem Rudolphus intellexit : propterea tum iteratis litteris, tum per procuratores suos tantam causam serio egit Romæ. Ubi ne priscam quidem illam auctoritatem imperiali diademati annexam assecuturum fuisse constitutio pontificia nuper allata planum 505 facit : quippe qua cavetur, ne Urbis regimen ipsi imperatori, ut cæteris principibus, absque licentia speciali pontificis, et ultra annum conferatur. Quapropter annalista Italus, et quicunque ratiocinando assecuti sibi esse videntur causam Ecclesiæ jura restituendi, metum scilicet, ne Caroli auctoritas a pontifice amplificaretur, longe a veritate abeunt. Non enim futura Siculi regis auctoritas, sed præsens, statusque Urbis atque Italiæ omnis Rudolpho metum incutere, si modo aliquid metuebat, debuissent. Restitutio autem Romandiolæ non ex metu, aliave ex allatis causis profecta est, sed primum ex cognitione erroris, quam assentatio foverat, et populorum divisio confirmarat, deinde ex causis aliis supra enumeratis, quarum præcipuam fuisse potentiam Caroli, præsertim in Etruria, non est ambigendum. Cæterum ut eo revertar, unde necessario digressus sum, Rudolphi Romanorum regis diplomata a Germaniæ principibus confirmata non solum jura omnia et privilegia sanctæ sedis acerrime vindicant, roborantque, sed de Sicilia, ut absolute Insulam appellat Ludovicus, aut Siciliæ patrimonio, quemadmodum Otto et Henricus eamdem vocant, ita loquitur, ut certam ejus conditionem nostro ævo celebrem designet : « Adjutores erimus, inquit, ad retinendum et defendendum E. R. regnum Siciliæ cum omnibus ad ipsam spectantibus, tam citra Pharum quam ultra. » Ita Rudolphus in diplomate, quod dedit Lausanæ ap. Raynaldum (1275, n. 38) ; et principes imperii, seu electores illud confirmantes : « Et regno, aiunt, Siciliæ cum omnibus ad ipsam spectantibus, tam citra Pharum quam ultra. » Itaque operæ pretium facturus esse mihi videor, si rem tanti momenti ab ipsa origine, breviori quam fieri possit enarratione complectar : ut, quod minime factum esse ab aliis video, planum faciam, tam regni originem et conditionem, quam annui sensus varietatem apostolicæ sedis auctoritate validissima niti.

§ II. — *De Siciliæ regno, tam citra Pharum quam ultra.*

XVII. Petri Leonis antipapæ audaciam adversus legitimi pontificis Innocentii II auctoritatem Baronius et cum eo eruditi omnes detestantur. Propterea nemo sapiens fundamentis adeo infirmis regni Siculi gloriam inhærere dixerit, qualia exosum istud caput posuit suo diplomate apud Baronium (1130, n. 52) v Kal. Octobris, utcunque Rogerium regis præclaro nomine appellatum apud scriptores parum solertes inveniat, ante certam legitimamque originem illius regni, post 506 annos novem. Nihilominus ne forte Innocentius II ejus institutor de conditione regni aut census quidpiam detraxisse videatur, antipapæ prædicti, qui Anacleti nomen assumpsit, verba ipsa proferre non gravabor : « Concedimus, inquit, et donamus, et authorizamus tibi, et tilio tuo Rogerio, et aliis filiis tuis, secundum tuam ordinationem, in regnum substituendis, et hæredibus suis, coronam regni Siciliæ, et Galabriæ, et Apuliæ, et universæ terræ, quarum tam nos quam et prædecessores nostri prædecessoribus tuis ducibus Apuliæ nominatis Roberto Guiscardo, Roberto ejus filio, dedimus et concessimus, et ipsum regnum habendum, et universam regiam dignitatem et jura regalia jure perpetuo habendum in perpetuum et dominandum. Et Siciliam caput regni constituimus. » Infra autem de censu sic loquitur : « Tu autem censum..... et hæredes tui, videlicet sexcentos schifatos, quos annis singulis Romanæ Ecclesiæ persolvere debes, si requisitus fueris : quod si requisitus non fueris, facta requisitione persolvas, nulla de non solutis habita occasione. » Ita habet documentum a Baronio prolatum ex bibliotheca Vaticana : ex quo, licet obscuro ac mutilo, et regni et census conditio satis perspicua est. Scilicet Siciliæ insula, Calabria, Apulia, et tota terra a Romanis pontificibus concessa Rogerii prædecessoribus Northmannis, puta principatum Capuanum, præter civitatem Beneventi, efficiebant Siciliæ regnum, cujus caput eadem Sicilia erat. Census autem schifati sexcenti

XVIII. His positis, vera regni origo censusque antiqui novum nomen detegantur necesse erit. Innocentius igitur II multa et gravia passus a Rogerio, quæ ex Falcone aliisque scriptoribus allata videri possunt apud Baronium et Pagium, postremo ejusdem Rogerii fit captivus. Quid vero? Falconis (apud Pratill. *Hist. Lang.* tom. IV, pag. 504) verbis ipsis ad an. 1159 rem narrabo : « Apostolicus itaque se destitutum virtute et armis, et desolatum aspiciens, precibus regis et petitionibus assensit, et capitularibus et privilegiis ab utraque parte firmatis, rex ipse, et dux filius ejus, et princeps XVII die stante mensis Jul. ante ipsius apostolici præsentiam veniunt, et pedibus ejus advoluti misericordiam petunt, et ad pontificis imperium usquequaque flectuntur. Continuo per evangelia firmaverunt beato Petro et Innocentio papæ, ejusque successoribus canonice intrantibus fidelitatem deferre, cæteraque, quæ conscripta sunt. Regi vero Rogerio statim Siciliæ regnum per vexillum donavit; ejus duci filio ducatum Apuliæ; principi alteri filio ejus principatum Capuanum 507 largitus est. Die vero illa, in qua prædictus apostolicus pacem cum rege firmavit, beati Jacobi apost. festivitas celebrabatur VII Kal. Aug. » Diploma ipsum pontificis datum sequenti die Baronius ad annum (1139, n. 12) ex basilica Vat. transcriptum exhibet; unde huc afferam solummodo quæ ad rem faciunt : « De potentia tua, ait Rogerio, ad decorem et utilitatem sanctæ Dei Ecclesiæ spem atque fiduciam obtinentes, regnum Siciliæ, quod utique, prout in antiquis refertur historiis, regnum fuisse non dubium est, tibi ab eodem antecessore nostro (Honorio II) concessum, cum integritate honoris regii et dignitate regibus pertinente excellentiæ tuæ concedimus et apostolica auctoritate firmamus. Ducatum quoque Apuliæ tibi ab eodem collatum, et insuper principatum Capuanum integre nihilominus nostri favoris robore communimus, tibique concedimus.... Census autem, sicut statutum est, id est sexcentorum schifatorum a te, tuisque hæredibus nobis nostrisque successoribus singulis annis reddatur. » Ad quam videlicet summam redigitur priscus ille census duodecim denariorum pro unoquoque jugero, de quo est dictum (p. 149 seq.).

XIX. Animadvertit Baronius, Innocentium, ne antipapæ vestigiis inhærere videatur, Honorii exemplo usum esse, quanquam hic titulo tantum ducis Rogerium insignierit. Quomodocunque autem se res habuerit, Cencius Camerarius (Ant. It. tom. V, p. 853) in libro Censuum accurate initium regni et conditionem census ita enarrat : « Tempore quo Robertus Wiscardus ultramontanus cœpit regnum Siciliæ, juravit dare tactis sacrosanctis evangeliis pro se et suis hæredibus domino Nicolao papæ et suis successoribus pro unoquoque jugo boum duodecim denarios Papiensis monetæ. Processu vero temporis dum papa Innocentius iret Gallutium, Rogerius tunc rex Siciliæ constituit ipsi dare annualiter pro Apulia et Calabria DC squifatos. Postmodum vero Willielmus rex ejus filius pro Marsia, quam occupaverat tempore ipsius Innocentii papæ, superaddidit cccc squifatos tempore Adriani (IV), quando ipsi fecit hominium et fidelitatem apud Beneventum. » Quod confirmatur brevi hoc certoque nomine in codice Albiniano, qui per ea tempora scribebatur ante prædictum librum Censuum : « Rex Siciliæ debet pro Apulia, Calabria et Marsia mille scifatos. » Unde corrigendum venit diploma Willelmi regis Siculi ap. Baron. (1156, n. 6) quod pro *Marsia* legit *Marchia*, et pro cccc legit D, et quidem Innocentii III auctoritate, qui cum Constantiam Aug. filiumque ejus Fridericum II de regno eodem investivit **508** (Bar. 1097, n. 66; Rayn. 1198, n. 67) hunc seorsim alloquens : « Cum autem tu, inquit, fili rex, favente Domino ad legitimam ætatem perveneris, nobis et successoribus nostris, ac Ecclesiæ Romanæ fidelitatem, et ligium hominium exhibebitis, censum vero sexcentorum squifatorum de Apulia, et Calabria, quadringentorum vero de Marsia, vel æquivalens in auro vel argento, vos ac hæredes vestros statuistis Ecclesiæ Romanæ annis singulis soluturos, nisi forte impedimentum aliquod interveniat, quo cessante census ex integro persolvetur. » Quo si respexisset annalista Italus (An. 1156), haud lusisset inanem operam quærens, de quanam marchia sit sermo, quam se ignorare ingenue fatetur. Quid fuerit Marsia tum temporis, eruitur ex Provinciali cod. Albiniani : « In marsia Reatinus. Furconensis. Valvensis. Teatinus. Pinnensis. Marsicanus. » Ulterior disquisitio huc non spectat.

XX. Regnum vero ita factum atque institutum annis tantum quadraginta stetit apud Northmannos: nam Willelmo II Willelmi filio, ac nepote Rogerii regis omnium primi, mortuo absque liberis anno 1189, Constantiam ejus amitam Henrici VI Germaniæ regis, (post biennium coronati imperatoris a Cœlestino III) uxorem succedere æquum erat. Sed regnum invadente Tancredo, ingens ea discordia nata est, quæ tandiu Innocentium III et successores exercuit. Nam licet Innocentius idem Constantiam puerumque filium ejus Fridericum de Siciliæ regno investiverit, ut nuper aiebam, hunc tamen constat, post acceptam imperii coronam ab Honorio III anno 1220, de sancta sede Romanisque pontificibus fuisse adeo male meritum ut in concilio Lugdunensi anno 1245 exauctorari illum oportuerit. Nec tum quidem Siciliæ regno melius fuit : nam Conrado Friderici filio illud invadente, eodemque exstincto veneni haustu, Manfredus Friderici filius nothus pro Conradino Conradi filio Siciliæ regnum sibi asseruit. Cujus ejiciendi causa primum Eadmundo filio Henrici III Angliæ regis ab apostolica sede fuit exhibitum ; deinde sancto Ludovico IX ac demum, utroque id detrectante, Carolo Andegavensi sancti Ludovici fratri est concessum, ut supra dictum fuit. Qua super re Rudolphus longe ut pontifici aut Carolo succenseret, quod de vicariatu Etruriæ constanter

A fecisse demonstratum fuit in litteris codicis Rudolphini, tam ipse quam principes imperii, seu electores suis diplomatibus jus minime dubium sanctæ sedis, nullamque Siciliæ regni connexionem cum imperio professi sunt. Quod ante eos fecerat Fridericus II quinquennio ante susceptum diadema imperiale, **509** parique modo imperii principes omnes in Francofordiensibus comitiis septem fere mensibus antequam Fridericus Romæ coronaretur. Ex utroque diplomate ap. Raynaldum (1215, n. 58; 1275, n. 41), cum maximi momenti sint, audire oportet, quæ ad rem faciunt.

XXI. Fridericus igitur, qui una cum Constantia investituram regni Siciliæ jampridem acceperat, ne forte imperator factus jura imperii cum pontificii detrimento augeret, luculentam hujusmodi declarationem Argentina Innocentio III transmisit : « Cupientes tam Ecclesiæ Romanæ quam regno Siciliæ providere, promittimus et concedimus statuentes, ut postquam fuerimus imperii coronam adepti, protinus filium nostrum Henricum, quem ad mandatum nostrum in regem fecimus coronari, emancipemus a patria potestate, ipsumque regnum Siciliæ tam ultra pharum quam citra, penitus relinquamus ab Ecclesia Romana tenendum, sicut nos illud ab ipsa sola tenemus; ita quod ex tunc nec habebimus, nec nominabimus nos regem Siciliæ, sed juxta beneplacitum vestrum procurabimus illud nomine ipsius filii nostri regis usque ad legitimam ejus ætatem per personam idoneam gubernari, quæ de omni jure atque servitio Ecclesiæ Romanæ respondeat, ad quam solummodo ipsius regni dominium noscitur pertinere : ne forte pro eo quod nos dignatione divina sumus ad imperii fastigium evocati, aliquid unionis regnum ad imperium quovis tempore putaretur habere, si nos simul imperium teneremus et regnum per quod tam apostolicæ sedi, quam hæredibus nostris aliquod posset dispendium generari. » In diplomate autem principum imperii, quod etiam a Lunigio refertur (*Cod. It. Diplom.* tom. II, pag. 873), regium confirmatur his verbis : « Sicut olim ad petitiones et preces, nec non et mandatum prædicti domini nostri regis Friderici, tempore bo. me. domini Innoc. III papæ, pro bono pacis ad omnia scandala evitanda, ipsi S. R. Ecclesiæ super privilegiis ipsius regis sibi datis nostrum tunc voluntatem præbuimus et consensum ; sic nunc eamdem voluntatem et consensum nostrum noviter innovamus, et per omnia approbamus. Et ut hæc nostra voluntas, et approbatio, sive innovatio a nobis ipsi S. R. Ecclesiæ in perpetuum observetur, ut liqueat in effectu in testimonium illi ad perpetuam memoriam nostri, hoc præsens scriptum inde fieri fecimus, nostrorum sigillorum munimine roboratum super omnibus privilegiis ab ipso rege usque nunc sibi datis, et etiam adhuc dandis tam super facto imperii quam super facto regni Siciliæ : **510** ita quod imperium nihil cum ipso regno habeat unionis, vel alicujus jurisdictionis in ipso. Acta sunt hæc anno Dominicæ Incarnationis 1220. Dat. ap. Franchenfort in solemni curia, IV Kal. Maii. »

XXII. Ac Fridericum quidem pater suus Henricus VI morti proximus testamento (*Gest. Innoc. III.* n. 27) valde pio, ut illud vocat Baronius (1097, n. 8) pridem jusserat sanctæ sedis jus agnoscere, ac pontifici hominium facere : « Imperatrix consors nostra, et filius noster Fredericus domino papæ et Ecclesiæ Romanæ exhibeant omnia jura, quæ a regibus Siciliæ consueverunt habere, et domino papæ securitatem faciant, sicuti reges Siciliæ summo pontifici, et R. Ecclesiæ facere consueverunt. Si vero prædicta consors nostra præmoreretur, filius noster secundum ordinationem suam remaneat. Et si filius noster sine hærede decesserit, regnum Siciliæ ad R. Ecclesiam deveniat. » Quia scilicet regnum illud invaserat, atque iniquo facti conscientia, æquum et rectum in vitæ extremo sequi, ni fallor, videri voluit. Quamobrem ad jus quod attinet, ab ipsis duobus Augustis, qui illud invadere non sunt veriti, locupletissima suppetunt testimonia. Rudolphus autem non modo vestigiis institit Friderici, cum sanctæ sedis jura, omnimodamque regni disjunctionem ab imperio fassus est, verum etiam regni ejus possessorem, ab apostolica sede constitutum, legitimum agnovit, eumque defendere est pollicitus: « Nec offendemus, ait in Lausanensi diplomate, per nos, vel per alium vasalos Ecclesiæ ipsius, et specialiter magnificum principem dominum Carolum regem Siciliæ illustrem, seu hæredes ipsius; nec volentibus ipsum offendere præstabimus auxilium, consilium, vel favorem publice vel occulte. Nec regnum Siciliæ, quod idem rex Carolus ab eadem Romana tenet Ecclesia, vel aliquam ejus partem occupabimus, aut invademus. » Quod utique præ aliis ratum habent roborantque imperii principes, seu electores: « Nec non super civitate Romana, et regno Siciliæ cum omnibus ad ipsam spectantibus tam citra pharum quam ultra. » Denominatione scilicet audiri cœpta primo anno pontificatus Innocentii III (*Regest.* lib. I, ep. 413), qui epistolæ ad Siciliæ præsules subjicit: « In eumdem modum archiepiscopis, episcopis, abbatibus, prioribus, et universis ecclesiarum prælatis per regnum Siciliæ citra pharum constitutis: ita quod ubi ponitur *In regnum Siciliæ duximus destinandum*, ponatur *legatum in Siciliam et totum regnum duximus destinandum.* »

511 XXIII. Quamobrem in apostolicis litteris Clementis IV apud Dacherium (*Spicil.* tom. IX, pag. 214), pluribusque in codd. mss. card. de Aragonia et aliorum, nil frequentius occurrit regno Siciliæ et terra quæ est citra Pharum. Et quod præcipue animadverti debet, iisdem in litteris census imponitur toti regno tam ultra quam citra Pharum, quod antea minime factum erat: « Pro toto vero generali censu ipsorum regni et terræ octo millia unciarum auri ad pondus ipsius regni in festo beati Petri, ubicunque Rom. pontifex fuerit, ipsi Romano pontifici et Romanæ Ecclesiæ annis singulis persolventur: » hac sane lege, ut excommunicationem incurrerent non solventes infra duos menses post primum terminum; regnum totaque terra interdicto subjacerent post alterum terminum; ac denique post tertium, « ab eisdem regno, et terra cadetis ex toto, et regnum ipsum, et terra ad Romanam Ecclesiam integre et libere revertentur. » Et infra: « In quolibet etiam triennio dabitis vos et vestri in dicto regno hæredes Romano pontifici unum palafredum album pulchrum et bonum. » Quod sancte adeo servatum fuit, ut si quando gravi ex causa ipsemet pontifex solutionis terminum prorogasset, nova constitutione caveret ne ullum prior illa fundamentalis detrimentum acciperet. Sic Gregorius X (Rayn. 1275, n. 47) Carolo solutionem differens ad festum sancti Michaelis: « Dictum terminum, inquit, prorogamus: ita tamen quod per prorogationem hujusmodi ejusdem solutionis faciendæ in festo apostolorum terminus in posterum nullatenus immutetur; sed fiat deinceps eadem solutio in prædicto festo apostolorum annis singulis sub pœnis statutis et ordinatis, sicut in conditionibus et conventionibus inter eamdem Ecclesiam et te habitis plenius continetur. » Et revera ad nostram usque ætatem id moris pervenisse latet omnino neminem. At quia non parum discriminis nostris hisce temporibus cum illis pristinis intercedit non in re, summa saltem capita non modicæ hujus variationis attingam necesse erit: video enim mirari aliquos, non secus ac si diminutio census ab ipsis regibus sine apostolica auctoritate profecta esset, quod falsum esse mox patebit.

XXIV. Ac primo id certum ratumque esse debet, Siciliæ regnum, quocunque nomine appellatum inveniatur, videlicet: « Siciliæ et Apuliæ, Calabriæ ac Marsiæ, » ut Northmannorum tempore; « Siciliæ citra Pharum et ultra; » aut « Siciliæ et terræ citra Pharum; » aut denique « Neapolis et Siciliæ, » ut post Northmannos nuncupatum fuisse constat, **512** ab anno 1059 ad nostram usque ætatem, seu sæculis septem, variis licet vicibus obnoxium, semper fuisse juris apostolicæ sedis. Longum esset sacramenta regum omnium recensere, qui Romanis pontificibus fidelitatem et hominium præstitere. Sit instar omnium, duobus iis admodum notis prætermissis quæ Carolus Andegavensis exhibuit Clementi IV et Joanni XXI, apud Raynaldum (1266, n. 4; 1276, n. 39), iisdem fere verbis ab eo præstitum Innocentio V, qui aliquot mensibus Joannem prævivit, quale nuper fuit editum in lucem ab erudito P. Lazzeri soc. Jesu (*Miscell.* tom. II, pag. 9) litteris pontificiis insertum: « Ego Carolus Dei gratia Rex Siciliæ, ducatus Apuliæ et principatus Capuæ, ad honorem Dei omnipotentis Patris, et Filii, et Spiritus sancti et beatæ et gloriosæ virginis Mariæ, beatorum quoque apostolorum Petri et Pauli, et Ecclesiæ Romanæ legium homagium facio tibi, domino meo Innocentio papæ quinto, tuisque successoribus canonice intrantibus, et ipsi Ecclesiæ pro regno Siciliæ, et tota terra quæ est citra Pharum, usque ad confinia terrarum ejusdem Ecclesiæ; quæ utique regnum et terram, excepta civitate Beneventana, cum toto territorio et omnibus districtibus et pertinentiis suis, mihi et hæredibus meis prædicta Ecclesia Romana concessit. » Homagium hujus simile idem Carolus præstitit Nicolao III, tenui hoc tantum discrimine in subscriptione: « Actum Romæ ap. sanctum Petrum in papali palatio, an. 1278, mense Maii 24, ejusdem VI indict., regnorum nostrorum Jerusalem an. II, Siciliæ vero XIII. » Nam Maria regum Hierosol.-stirpe progenita, præterito anno nubens Carolo, jus et titulum in eum transfuderat. Hæc tempora excepit funesta illa vicissitudo, quæ audit *Vesperæ Siculæ* in Annalibus celebris; unde regni ejus cœpit dominatio biceps, dissensionibus non modicis obnoxia maximeque diuturna: ea vero jus sanctæ sedis nullatenus immutatum minutumve censum monumenta testantur, quæ jampridem in lucem edita neminem latere possunt.

XXV. Et vero Petrus III Aragoniæ rex, qui Constantiam Manfredi filiam uxorem duxerat, eoque jure Siciliam invasurus cum classe advenit, Siculos alias ob causas ad defectionem paratos reperit; idcirco facili negotio insulam suæ potestati subjecit, quam ipse successoresque ejus tutati sunt armis nonaginta annorum spatio. Dum autem post eum Jacobus filius, Fridericus II frater, Petrus hujus filius, ac Petri filius Ludovicus invasionis titulo Siciliam ultra Pharum obtinebant; Andegavenses Carolus II ejusque filius Robertus, ac neptis Joanna I legitimo jure dominabantur citra Pharum. Res quam aliquando composuit **513** Gregorius XI, anno 1372, inter Joannam reginam et Fridericum III, Ludovici fratrem. Quo ex tractatu valde prolixo ap. Raynaldum (1372, n. 5 seqq.) decerpam quæ ostendant, apostolicam sedem acerrime vindicasse jus suum in Siciliæ insula. Siciliam novo excogitato nomine Trinacriam deinceps vocatum iri decernitur; ita ut « Fredericus ex hac causa nullo unquam tempore possit se intitulare titulo regni Siciliæ, sed tantum titulo Trinacriæ; ipsaque regina, hæredes et successores sui intitulentur et vocentur titulo Siciliæ: ita tamen quod intitulatio regni Siciliæ nullum afferat præjudicium intitulationi regni Trinacriæ, nec contra: imo quodlibet regnum per se distinctum suum habeat titulum, nec alteri per alterum derogetur. » Itaque Gregorius tractatum ratum habens: « Primo, inquit, quia jura sacrosanctæ Romanæ Ecclesiæ sponsæ nostræ conservare, protegere et defendere ex officii nostri debito obligamur, ordinandum providimus quod Joanna et Fredericus præfati recognoscant, ad nos et Ecclesiam Rom. spectare et pertinere de jure directum dominium in toto regno tam ultra quam citra Pharum; cui directo dominio et juri quod in toto regno tam ultra quam citra Pharum nos et Ecclesia Romana habemus, non intendimus in aliquo derogare; sed ea volumus et intendimus remanere illæsa, et quod tale et totum jus nobis et Ecclesiæ Romanæ remaneat in dicta insula et adjacentibus insulis (quæ regnum Trinacriæ intitulabuntur) quale et quantum habemus in terris citra Pharum. » Sequitur homagii pontifici et successoribus præstandi formula ab eodem Gregorio præscripta : quod utique esse præstitum, « pro insula Siciliæ una cum insulis adjacentibus, quæ regnum Trinacriæ nominatur : » videsis ap. eumdem Rayn. (1374, n. 20); ex tractatu enim isto aliud magis necessarium decerpi oportet.

XXVI. De annuo censu injungendo res operosior videbatur. Non enim regi Trinacriæ (nominis videlicet concordiæ causa excogitati) novo prorsus exemplo imponendus; nec regi Siciliæ, quem titulum pontifex Joannæ ac successorum proprium esse voluit, juxta præscriptum libri Censuum Romanæ Ecclesiæ, ac præcedentium investiturarum subeundus omnino erat. Quid igitur pontifex? Id totum oneris Joannæ ac successoribus imponit : « Ad prædicta omnia et singula alia dicta Joanna, et successores sui in regno Siciliæ integraliter Ecclesiæ Romanæ perinde remaneant obligati, sicut si regnum ipsum Siciliæ cum ea integritate qua dicto domino Carolo infeudatum exstitit, totaliter possideret. » Deinde Friderico regi Trinacriæ partem censum injungit, quam scilicet **514** in festo sanctorum apostolorum Philippi et Jacobi, seu Kalendis Maii reginæ Joannæ persolveret, adeoque censum integer Siciliæ reginæ ac successorum magnopere allevaretur : « Uncias auri, ait, tria millia ad rationem præmissam de florenis quinque, aut ad pondus generale regni Siciliæ pro qualibet uncia, quæ reductæ ad florenos auri ad pondus et rationem prædictam, faciunt summam florenorum quindecim contingentium dictas insulas, seu regnum Trinacriæ ratione debiti per ipsam reginam S. R. Ecclesiæ et apostolicæ sedi : » octo videlicet unciarum, seu florenorum quadraginta millium. Eapropter successor Gregorii Urbanus VI cum regnum Joannæ in Carolum Dyrrachinum transtulit (Rayn. 1381, n. 3, 13 et 14), ac si Trinacriæ regnum non existeret, Clementis IV vestigiis insistens concedit Carolo « regnum Siciliæ et totam terram quæ est citra Pharum usque ad confinia terrarum Romanæ Ecclesiæ, excepta civitate Beneventana cum toto territorio et omnibus districtibus et pertinentiis suis : » censumque injungit integrum « octo millium unciarum auri ad pondus ipsius regni. » Carolusque ipse in sacramento fidelitatis : « Promitto, inquit, quod pro toto generali censu ipsorum regni et terræ octo millia unciarum auri ad pondus ipsius regni in festo beati Petri apostoli, de mense Junii ubicunque Romanus pontifex fuerit, ipsi Romano pontifici et Romanæ Ecclesiæ annis singulis persolvam....... Item promitto quod in quolibet termino dabimus ego et mei in dicto regno hæredes vobis et successoribus vestris Romanis pontificibus canonice intrantibus unum palafredum album pulchrum et bonum, in recognitionem veri dominii eorumdem regni et terræ. » Ubi pro *termino* legendum *triennio* liquet ex supra allatis, et ex adversariis ipsius Raynaldi, undecunque error manifestus irrepserit.

XXVII. Quid autem plura? Exstant apud Raynaldum (1458, n. 37, et 1492, n. 13) Pii II et Innocentii VIII, investituræ factæ Ferdinando, et Alphonso, ac Ferdinando filio iisdem omnino formulis servatis : « Pro toto vero generali censu ipsius regni et terræ octo millia unciarum auri ad pondus ipsius regni in festo beati Petri apostoli..... In quolibet etiam triennio dabis tu et tui in dicto regno hæredes nobis et successoribus nostris Romm. pontt. canonice intrantibus unum palafredum album pulchrum et bo-

num. » Et, quod rem luce ipsa clarius ostendit, hujusmodi formula juramenti Alphonso et Ferdinando præscribitur : « Ego Alphonsus dux Calabriæ, Ferdinandi Dei gratia regis Siciliæ III primogenitus, si me, decedente præfato Ferdinando **515** rege, in regno et terra præfatis in regem succedere contingat, et ego Ferdinandus princeps Capuæ dicti Alphonsi ducis primogenitus in tempore obitus dicti Ferdinandi regis prædefuncto dicto Alphonso duce genitore meo superesse me Dei gratia præfato Ferdinando regi in regno et terra præfatis, juxta tenorem litterarum nobis super hoc concessarum succedere, et regem Siciliæ et terræ præfatorum esse contingat, plenum homagium ligium et vassallagium faciens vobis domino meo domino Innoc. papæ VIII et Ecclesiæ Romanæ in regno Siciliæ, et tota terra quæ est citra Pharum, et quantum spectat ad terram citra Pharum, usque ad confinia terrarum ipsius Ecclesiæ, excepta civitate Beneventana cum toto territorio ac omnibus districtibus pertinentiisque suis secundum antiquos fines territorii pertinentiarum, etc. » Itaque ad initium usque sæculi xvi neque a pontificibus neque a regibus quidpiam de censu (de jure siquidem integrum ne pontifici quidem erat quid attingere) qualis quantusve fuerit, ante et post Clementem IV mutatum unquam fuit. Secus est de consecutis inde temporibus

XXVIII. Eodem anno 1492, cum Innocentius VIII utramque Siciliam prisco more Alphonso ac Ferdinando filio ejus concessit, pontifice eodem e vivis abeunte, Alexander VI ad summum dignitatis fastigium evectus fuerat. Hic vero, sexto decimo ineunte sæculo, terram omnem citra Pharum bipertito divisit, ut videre est in ejus diplomate ap. Raynaldum (1501, n. 53 seq.), unde etiam historia temporum suppetit : « Neapolitanam, inquit, et Cajetanam civitates ac totam Terram Laboris et provinciam Aprutinam pro eorum justo valore Ludovico Franciæ cum titulo regis Neapolis et Jerusalem : ducatus vero et omnes provincias Calabriæ et Apuliæ cum tota eorum terra etiam pro eorum justo valore Ferdinando et Elizabeth Hispaniarum regi et reginæ, cum titulo ducis et ducissæ Calabriæ et Apuliæ... concedimus et elargimur. » Veniensque ad impositionem census (*Ibid.*, n. 63), intactam relinquit summam a Clemente IV injunctam regi Siciliæ pro generali censu regni citra Pharum et ultra; sed novo ab se instituto regno Neapolis seu terræ citra Pharum omne istud onus imponit : « Pro toto vero, ait, generali censu regni Neapolis quatuor, ac pro censu ducatuum Calabriæ et Apuliæ prædictorum etiam quatuor millia unciarum auri ad pondus ipsorum regni et ducatuum in festo beati Petri apostoli de mense Junii ubicunque Romanus pontifex fuerit, ipsi Romano pontifici et Romanæ Ecclesiæ per dictos reges et regnum, **516** ac suos in dicto regno et ducatibus hæredes annis singulis persolventur..... In quolibet etiam triennio ipsi reges et regina, suique in dictis regno et ducatibus hæredes dabunt nobis et successoribus nostris Romanis pontificibus canonice intrantibus, quilibet unum palafredum album pulchrum et bonum in recognitionem veri dominii eorumdem regni et ducatuum. » Alexandrina autem ista divisio inter gentem et reges æmulos aliquandiu armis ægre defensa post annos quatuor in unum coaluit, Ferdinando totam terram citra Pharum suam in potestatem redigente.

XXIX. Rei monumentum suppetit ex diariis Paridis de Grassis ap. Raynaldum (1505. n. 14) : Franciscus enim de Roxas Ferdinandi regis Catholici orator, censum et equum exhibens Julio II, his verbis pontificem est allocutus : « Beatissime Pater et sanctissime domine, serenissimus, potentissimus atque invictissimus princeps et dominus, dominus Ferdinandus Dei gratia Aragoniæ, utriusque Siciliæ citra ultraque Pharum ac Jerusalem rex Catholicus, sanctitatis vestræ et S. R. Ecclesiæ devotissimus filius et dominus meus, dictique regni Siciliæ citra Pharum verus et legitimus rex et pacificus possessor, cupiens reddere quæ sunt Dei Deo, mittit sanctitati vestræ hunc equum album decenter ornatum, et censum eidem sanctitati vestræ et S. R. Ecclesiæ pro dicto regno Siciliæ citra Pharum hoc anno debitum, etc. » Ludovicum nihilominus de jure quod in novum regnum Neapolitanum ab Alexandro VI adeptus erat, non excidisse ante annum 1510 testatur historia omnis. Tunc vero variis de causis, præcipue ob alienata jura quæ a Romana Ecclesia acceperat, ab Julio damnatus, regno exutus fuit, quod idem pontifex Ferdinando concessit ob insignia illius merita. Alexandrina quoque divisione antiquata, in statum pristinum terram citra Pharum reduxit: « In eum statum, inquit, in quo ante divisionem prædictam existebat, reponentes, restituentes et plenarie reintegrantes, regnum ipsum Siciliæ et Jerusalem cum tota dicta terra citra Pharum usque ad confinia terrarum dictæ Ecclesiæ Romanæ excepta civitate nostra Beneventana cum territorio et pertinentiis. » Perinde censum juxta veterem formulam expressit: « Pro toto vero generali censu regni Siciliæ et Jerusalem octo millia unciarum auri.... In quolibet etiam termino (*legendum haud dubie* triennio) ipse Ferdinandus rex ejusque in dicto regno Siciliæ et Jerusalem hæredes et successores dabunt nobis et successoribus nostris canonice intrantibus unum palafrenum album pulchrum et bonum 517 in recognitionem veri dominii ipsius regni Siciliæ et Jerusalem. » Diploma exstat ap. Rayn. (1510, n. 25 seqq.), et in Corpore Diplomatico (Supplem., tom. III, p. 20), hoc tamen discrimine quod Raynaldus prætermittit formulas, quippe quas præcedentium diplomatum omnino similes agnovit. In Corpore autem Diplomatico singulæ exhibentur, et in nuper relata generalis censu duplicem lectionem admittit: « Octo millia ducatorum [*al.*, unciarum; *at retinendum* ducatorum.]. » Etenim Leo X omnium primus imposuit, « pro solito annuo censu septem mille ducatos auri cum palafrenio albo; » quem successores imitati sunt.

XXX. Cæterum Julius, juxta ingenium sæculi, parum solerter de terra aut Sicilia citra Pharum loquitur: eam siquidem *regnum Siciliæ et Jerusalem* passim appellat: quasi vero transmarinum id regnum, cujus merum titulum Maria Carolo Andegavensi attulerat, in terra citra Pharum situm esset, ut credidit successor ejus Leo X, cum Carolum V, de utroque regno investivit (*Bull. Rom.* tom. XIV, pag. 245; *Lunig., Cod. It. Dipl.*, tom. IV, part. II, pag. 1347 et 1354), quod sententia ejus litterarum testatur: « Proprio juramento fateatur et recognoscat expresse regnum Siciliæ et Jerusalem, ac totam terram eorum quæ est citra Pharum usque ad confinia terrarum ipsius Ecclesiæ Romanæ, excepta civitate Beneventana. » Eodem sensu a successoribus Julio III, Clemente VIII, Gregorio XV, Alexandro VII atque Innocentio XIII, in diplomatibus queis Philippus II, III et IV, necnon Carolus II et VI, de utraque Sicilia investiuntur, terram eamdem accipi compertum erit citatis locis. Luculentius etiam patet ex regii oratoris verbis, queis censum exhibens stato die pontificem alloquitur: « N. N. dominus meus clementissimus mittit sanctitati vestræ hunc, quem ego regio suo nomine præsento, equum decenter ornatum, et septem millia ducatorum pro solito censu regni Neapolitani; Deum optimum maximum exorans ut eumdem per multos annos vestra sanctitas recipere possit pro bono Christianitatis nostræque sanctæ fidei catholicæ augmento: quod sua regia majestas optat, et ego enixe voveo. » Quæ autem reponit pontifex, juxta veterem formam, nihil omnino de apostolicæ sedis jure in regnum Siciliæ et terram citra Pharum esse mutatum aut detractum patefaciunt: « Censum hunc nobis et sedi apostolicæ debitum pro directo dominio regni nostri utriusque Siciliæ cis ultraque Pharum libenter accipimus et acceptamus. Charissimo in Christo filio nostro N. salutem et optatissimam prolem a Domino precamur; eique populis ac vassallis apostolicam benedictionem impertimur. 518 In nomine Patris, et Filii, et Spiritus sancti. Amen. » Ita scilicet Innocentius XIII Cæsareo oratori respondit, ut docet Otterius in sua Historia (Tom. VIII, pag. 24), cujus auctoritate libenter utor, ut quæ nos quotannis propriis auribus accipimus monumentis annalium commendata lectoris oculis subjiciam.

XXXI. Quæ cum ita sint, sex animadverti oportet hujusmodi census periodos, auctoritate apostolica omnes inhærentes. 1. Northmannis a Nicolao II anno 1059 impositi fuerunt denarii duodecim pro unoquoque jugero, de quo in superioribus satis multa. 2. Innocentius II loco antiqui ejus census, anno 1139 Rogerio primo Siciliæ regi sexcentos squilatos injunxit, quadringentique additi ab Adriano IV Willelmo successori Rogerii pro Marsia; ita ut mille squilati, seu aurei nummi, de quorum valore non constat, totum annuum censum efficerent. 3. Clemens IV anno 1265 Carolo Andegavensi octo mille uncias auri, seu quadraginta florenorum millia pro censu generali utriusque Siciliæ imposuit. 4. Gregorius XI anno 1372 Trinacriæ seu Siciliæ ultra Pharum regi unciarum tria millia aut quindecim millia florenorum imponit, solvendorum videlicet possessori Siciliæ citra Pharum, qui censum integrum sanctæ sedi persolvere tenebatur. 5. Alexander VI anno 1501 eumdem censum unciarum auri octo millium, bipertito divisum, totum injungit Siciliæ citra Pharum, quem postmodo Julius II reducit in statum pristinum. 6. Ac denique Leo X anno 1521 annuum censum nostri ævi auctoritate apostolica stabilivit: « Obligavit et obligat eumdem Carolum regem et regnum ipsum Siciliæ citra Pharum pro tempore obtinentes, quod ipsi pro recognitione veri et directi dominii teneantur solvere singulis annis in perpetuum cameræ apostolicæ septem millia ducatorum auri de camera in festo ejusdem beati Petri, ultra solitum censum parafreni albi. » Ita in capitulis inter Leonem et oratorem Caroli V, insertis diplomati ejusdem pontificis quod exhibet Raynaldus e schedis Baronii (1521, n. 81 seqq.). Hujusmodi autem « census septem millium ducatorum auri ratione novæ concessionis feudi dicti regni de novo impositi » mentio iterum occurrit: aliisque in apostolicis litteris (n. 92) semel, iterum ac tertio memoratur, tanquam auctus censui parafreni albi, altissimo obrutis silentio octo unciarum millibus, quæ antea consueverunt imponi.

XXXII. Totidem solvebantur a Carolo Andegavensi pro generali censu utriusque Siciliæ, cum Rudolphus Gregorio X et sacri Rom. imperii electores confirmabant Nicolao III « regnum Siciliæ cum omnibus ad 519 ipsam spectantibus tam citra Pharum quam ultra. » Cum vero similis fere census, quinque videlicet ac triginta aureorum millia; ad mille schisfatos redacta olim fuerint ab Innocentio II en Adriano IV, non est mirandum, auri uncias octo mille, ad septem millia ducatorum auri apostolica auctoritate redactas esse. Multo minus mirari oportet, Terræ, seu Siciliæ citra Pharum, aut etiam regno Neapolis, quæ tria nomina idem valent, totum onus esse impositum. Ita enim fuit Northmannorum tempore; et, si annos dempseris circiter sexdecim Caroli Andegavensis, cum patenti eo nomine generalis census Sicilia etiam ultra Pharum census obnoxia esse declaratur, compertum exploratumque erit, possessori tantum Siciliæ citra Pharum censum alio tempore alium esse impositum, *palafreno*, seu equo albi coloris excepto, qui utriusque Siciliæ directum dominium, quo utitur sancta sedes designat: *in recognitionem veri domini eorumdem regni et terræ.* Illud vero mirandum valde esset, Siciliam insulam, quæ una cum Calabria donationum omnium, quas

Orientales Augusti, patricii, aliique fideles *pro remedio animarum suarum* fecerunt sanctæ sedi, ab iisdem Augustis addicta fuerat solutionis trium talentorum ac semis; sive aureorum quinque et triginta millium, et pro qua vindicanda summi pontifices acerrime pugnarunt, ex male percepta terræ citra Pharum significatione, juris ancipitis credi. Omnia enim monumenta certa tum in annales relata, tum in mss. codicibus exstantia, secus docent. Atque hæc satis sint de *Sicilia citra Pharum et ultra* a Rudolpho, et imperii principibus, seu electoribus confirmata. Mox sequentur diplomata; Rudolphinum quidem ex autographo quod servatur in tabulario Molis Adrianæ; electorum autem ex ipso codice Rudolphino, quem exhibuimus, in fine enim ejusdem diploma istud cum alio Rudolphi reperitur. Idem autem dabitur diligenter collatum cum autographo ejusdem tabularii.

I.

520 *Diploma Rudolphi regis Romanorum cum sua bulla pendente.*

Sanctissimo in Christo Patri, et domino D. Nicolao papæ III [a] Rudolphus Dei gratia Romanorum rex semper Augustus. Ad perpetuam rei memoriam.

[a] An. 1278 Nonis Junii Nicolaus III suis litteris inseruit privilegia Ludovici Ottonis, et Henrici, eaque Rudolpho transmisit: « Ne, aiens, per hæc nos aliquod novum petere, vel a tuis prædecessoribus imperatoribus Romanis insolitum existimes postulare, ad tuam conscientiam plenius serenandam, qualiter illa certi prædecessores tui Romani imperatores expresserunt, qualiter illa ad Romanam Ecclesiam pertinere sub expressis terrarum distinctionibus declararunt, tibi de verbo ad verbum tenores privilegiorum ipsorum imperatorum, sicut in archivis Romanæ Ecclesiæ reperimus, sub bulla nostra transmittimus; » multa etiam Conrado minoritæ Rudolphi oratori communicavit, regi eidem Romanorum ad pleniorem fidem referenda. Præterea formam ei præscripsit aliis litteris, qua uti deberet in privilegio. Etenim quæ a Rudolphi legatis Lugduni an. 1274 et quæ anno 1275 ab ipso Rudolpho Lausanæ erat adhibita coram Gregorio X, quia civitates exarchatus nominatim haud recensebat, causa erroris fuerat ea siquidem juxta ejus ætatis morem ecclesiasticas ditiones ita exprimebat: « Ad has pertinet tota terra, quæ est a Radicofano usque Ceperanum, marchia Anconitana, ducatus Spoletanus, terra comitissæ Mathildis, comitatus Brittenorii exarchatus Ravennæ, Pentapolis, Massa Trabaria cum adjacentibus terris, et omnibus aliis ad Rom. E. pertinentibus. » Nicolaus igitur inter *Mathildis* et *Pentapolis*, hæc adjungenda transmisit: « Civitas Ravennæ, et Æmilia, Bobium, Cæsena, Forumpopuli, Forumlivii, Faventia, Imola, Bononia, Ferraria, Comaclum, Adria, atque Gabellum, Ariminum, Monsfeltri, territorium Balnense, Pentap. » Et post alia multa: « Omnia igitur supradicta tam propriis, seu specialium provinciarum, terrarum, civitatum atque locorum expressa vocabulis, quam etiam non expressa, et quæcunque alia pertinent ad Rom. Eccl. de voluntate et conscientia, consilio, et consensu principum imperii libere illi dimittimus renuntiamus et restituimus: nec non ad omnem scrupulum removendum, prout melius valet et efficacius intelligi, de novo concedimus, conferimus, et donamus, ut sublata omni contentionis, et dissensionis materia firma pax, et plena concordia inter Ecclesiam et imperium perseveret. » Ac demum in fine: « Promittimus insuper quod postquam Romam ad recipiendam unctionem, coronationem et imperiale diadema pervenerimus, ipsaque perceperimus, infra octo dies præmissa omnia et singula innovabimus, et de novo integre et plenarie faciemus. » Juxta

[A] Summa reipublicæ tuitio de stirpe duarum rerum sacerdotii et imperii divina institutione proveniens, vimque suam exinde muniens, humanum genus salubriter gubernavit in posterum, et regat Deo propitio in æternum. Hæc sunt duo dona Dei, maxima quidem in omnibus a superna collata clementia, videlicet auctoritas sacra pontificum et regalis excellentia potestatis. Hæc duo Salvator noster mediator Dei et hominum Jesus Christus sic per seipsum actibus propriis et dignitatibus distinctis exercuit, ut utraque ab ipso, tanquam ex uno eodemque principio manifeste procedere omnibus indicaret.

Ab eo igitur solo vivo et vero Deo recognoscentes omnia, a quo reges et regna sumpsere principia et sacrosanctæ Romanæ **521** Ecclesiæ beneficia erga nos innumera recolentes, plenis excitamur affectibus ea quæ possumus illi retribuendo rependere, a qua nobis et nostris prædecessoribus regibus Romanorum tam grandia, tam excellentia dona conspicimus esse tributa [b].

Præfati itaque prædecessores ad magnificentiam munerum et gratiarum quodammodo ineffabilem largitatem, quam de ipsius matris Ecclesiæ uberibus susceperunt, faciem gratitudinis convertentes, nec minus attendentes, quod eadem mater Ecclesia ipsos in dulcedinis benedictione præveniens, transferendo de Græcis imperium in Germanos [c], eisdem dederat

pontificiam hanc instructionem monumentis comprobatam, Rudolphus diplomata duo edidit, quæ exstant ap. Raynaldum (1279, num. 1 seq.), quemadmodum alia apud eumdem exstant annis præcedentibus (1274, n. 5 seqq., 1275, 38 seqq., 1278, 45 seqq.). Quod ex autographo archivi castri S. Angeli promulgamus, est omnium ultimum, quo præcedentia omnia rata habentur.

[b] Exordio isto nihil æquius: Deo, a quo omnis potestas, et principis apostolorum successoribus acceptam refert regis Romanorum futuri imperatoris dignitatem; beneficia sibi suisque prædecessoribus a sancta sede concessa exaggerat, quibus se fatetur moveri ad referendam, grati animi ergo, confirmationem præteritorum omnium privilegiorum, gratiam. Quæ beneficia prædecessores acceperint, monumenta annalium testantur, quæ vero ipse, ex superius allatis epistolis patent. Illud præcipue magnum ac singulare reputat imperatoriam maiestatem a sancta sede renovatam in Occid.

[c] Tantum abest ut de Græcia in Occidentem sit translatum imperium, ut Græci imperatores usque ad initia sæculi tertii decimi perseveraverint: tum vero per annos fere sexaginta Latini imperatores eorum loco, Balduino Flandriæ comite aciem ducente, regnaverint, ac demum per Michaelem VIII Palæologum Græco imperio restituto ab anno 1260 ad 1453, cum Mahometes II Constantinopolim cepit, in Constantino XI Græcum idem imperium defecerit. Quamobrem Roma Friderici III coronationem omnium ultimam vidit ante imperii Græcorum defectum: renovatio autem imperii in Germanis facta fuerat a sancto Leone III anno 800, sexcentesimo et quinquagesimo ante hujusmodi defectum. Quin etiam Innocentius III translationem illam a Græcis schismaticis in Balduinum catholicum ratam habuit, ut patet ex ejus regesto ap. Raynaldum (1205, n. 10), et Honorius III (*Id.* 1217, n. 4 seqq.) Petrum Antissiodorensem comitem e Galliis advolantem Romam, *in ecclesia sancti Laurentii foris Murum*, ut habet chron. Fossæ Novæ, *cum magna gloria et decore* Græcum imperatorem coronavit; datisque ad patriarcham Constantinopolitanum litteris, id ab se factum, *sine tuo, vel alterius præjudicio, vel contemptu variis de causis, quas* matura*t, protestatus est. Eapropter Rudolphus de imperatoria dignitate, seu majestate intelligit, quo etiam sensu vetus inscriptio Caroli Magni ævo *Renovatio imperii* accipienda est. In Germanos autem transla*t*am jure dicit, quia Fran

id quod erant, ut grati prædicarentur filii laudabilis recognitionis effectu [a] : inter cætera, quæ ipsi Romanæ Ecclesiæ confirmarunt, dimiserunt, seu etiam concesserunt, totam terram, quæ est a Radicophano usque Ceperanum [b], **522** marchiam Anconitanam [c], ducatum Spoletanum [d], terram comitissæ Mathildis [e], comitatum Brictenorii [f], exarchatum Ravennæ, Pentapolim, massam Trabariam, cum ad,acentibus terris, et omnia alia bona, terras, possessiones, et jura ad Romanam Ecclesiam pertinentia in multis privilegiis imperatorum a tempore Ludovici expressa sive contenta [g], ipsi beato Petro cœlestis regni clavigero, ejusque successoribus, et Romanæ Ecclesiæ dimiserunt, renuntiaverunt, restituerunt, et confirmarunt; et ad omnem scrupulum removendum, prout melius valeret, et efficacius posset intelligi, contulerunt, concesserunt, et etiam donaverunt, sicut in eorum privilegiis, seu litteris continetur [h]. Nosque postmodum, prout Domino placuit, ad regacorum monarchia Caroli Magni tempore Germaniam amplectebatur, discissam postmodum : ita ut cum Otto I Germaniæ rex an. 962 imperator designatus fuit, recte constanterque translatum dicatur imperium a Francis ad Germanos. Albertus Rudolphi fil. extra aleam rem ponit in suis litteris ad Bonif. VIII, quarum autogr. exstat in archivo Molis Adr. et apogr. ap. Rayn. (1303, n. 10) : « Rom. imperium, inquit, per sedem apostolicam de Græcis translatum est in persona magnifici Caroli in Germanos. »

Dum fatetur, uni Romano pontifici ab imperatoribus referri acceptum quidquid sunt, quod olim Ludovicus II Basilio, perspicue docet, Romanos tantum pontifices imperatoriæ illius dignitatis instauratores, sive institutores, per coronationem conferre imperium.

[b] Puta civitatem Romanam cum suo ducatu a Ludovico Pio et successoribus insertam privilegiis, Romano pontifice supremo principe sic volente, Tusciam Langobardicam ; et territorium Sabinense ex Caroli Magni donatione : quæ omnia Rudolphi tempore uno Terræ nomine appellabantur.

[c] Partem maritimam Pentapolis versam in Marchiam, quandocunque id factum fuerit, in qua erant civitates, Ancona, *Firmum, Auximum, Camerinum, Fanum, Esim, Senegallia, et Pensaumum*, (necnon *Asculum*) *cum omnibus diœcesibus suis*, ut est in gestis Innocentii III apud Baluzium (Tom. I, p. 3).

[d] Septem videlicet civitates ab Ottone I *pro nostræ animæ remedio, nostrique filii, et nostrorum parentum* Petro apostolo ejusque successoribus donatæ anno 962, cæterærque omnes ab Henrico I concessæ anno 1020 titulo compensationis, simul conjunctæ ducatum Spoletanum olim efficiebant. Sed Rudolphi ævo ingens mutatio facta fuerat : quare in prædictis gestis Innoc. III legitur : « Recuperavit Rom. Ec. ducatum Spoleti, et comitatum Asisii, videlicet Reatem, Spoletum, Asisium, Fulgineum, et Nuceram cum omnibus diœcesibus suis. »

[e] De hac satis est dictum dissertat. antepenult. : quam consule.

[f] Forilivii vetut appendix in Pippiniana donatione ap. lib. pontific. Castrum Sussubium recensebatur, ut alibi dictum fuit (Tom. I, pag. 65) cujus ne mentio quidem occurrit in privilegiis Ludovici et successorum. Nunc vero specialis dominatio, seu comitatus erat, quæ Cavalca comes Venetus moriens tempore Alexandri III sanctæ sedi restituerat (*V*. diss. antepenult. n. 17).

[g] In dissertatione (num. 5) dixi, qualis, quantusque esset id temporis exarchatus. De Pentapoli ejusdem temporis judicare quisque potest, marchia Anconitana detracta. Summa est, varia ista nomina, exceptis ducatu Spoletano et terra Mathildis, nil aliud designare, quam Pippinianam donationem a Carolo Magno integram sanctæ sedi vindicatam.

lis excellentiæ culmen assumpti, ut de susceptis donis innumeris, quæ de manibus dictæ matris accepimus, **523** non minoris recognitionis, debitum solveremus, prædicta omnia in præsentia recolendæ memoriæ domini Gregorii papæ X [i] recognovimus, ac ea omnia et singula ipsi pro Romana Ecclesia, se suisque successoribus recipienti, confirmavimus, innovavimus, et de novo concessimus, atque donavimus, ipsa nihilominus proprio præstito corporaliter juramento firmantes [i].

Verum quia postmodum absque nostro consensu, conscientia, vel mandato Rudolphus cancellarius noster a civibus Ravennatibus, Bobiensibus, Cæsenatensibus, Foropopuliensibus, Forliviensibus, Faventinis, Imolensibus, Bononiensibus, Urbinatibus, ac hominibus Montis Feretri, Bertenorii, necnon et aliis aliarum civitatum, atque illarum partium et locorum, quæ ipsius Ecclesiæ Romanæ juris existunt, juramentum fidelitatis nomine nostro dicitur

[h] In privilegiis Ludovici et successorum, quibus Rudolphus inhæret; nullam ex his modicis ditionibus reperire erit. Quid enim vero speciali denominatione opus erat *massæ Trabariæ*, si Pentapolenses omnes civitates, hasque inter Urbinum *cum omnibus finibus ac terris ad easdem civitates pertinentibus* nominatæ erant? Nova siquidem ista nomina, locorumque divisiones fuerunt in causa cur pontifices ipsi, qui Avenione constiterunt, sua et Ecclesiæ jura ignoraverint. Testem appello Joannem XXII, qui an. 1319 capitulo Vaticano (*Bullar. Vat.* tom. I, p. 255) significat, rectorem marchiæ Anconitanæ indigere : « transumptis privilegiorum super concessionibus factis Ecclesiæ Romanæ de Provincia marchiæ Anconitanæ, massa Trabaria, Terra sanctæ Agathæ, ac civitate, quondam comitatu Urbini. » Et seq. anno rectori ducatus Spoletani pari modo necessaria documenta tradenda præcipit ab eodem capitulo : « Cum regesta jurisdictionem ducatus Vallispoletanæ tangentia penes vos fore dicantur, dictaque Regesta dilecto filio rectori ducatus prædicti fore necessaria dignoscantur, etc. » Utrinque et ex massa Trabaria, et ex ducatu Spoletano trabes ad basilicæ aliarumque ecclesiarum Urbis instaurationem necessarias peti consuevisse constat (*Cod. Car.* ep. 66, 87, al. 64, 66), concessumque a pontificibus jus capitulo eas incidendi utrobique compertum est. Ex laudatis etiam litteris liquet, in archivo basilicæ, librum privilegiorum Romanæ Ecclesiæ, ac regesta pontificum existere : at Pentapolim tot nominibus designatam, Spoletanumque ducatum Vallis Spoletanæ nomine appellatum in vetustis privilegiis inveniri nemo dixerit. Pontificem vero in Ecclesiæ Romanæ ditionibus ob nova inducta nomina peregrinari nemo negaverit.

[i] Anno videlicet 1275, Lausanæ apud Rayn. (1275, n. 57) conceptis hisce verbis enumerando recenset Ecclesiæ ditiones : « Ad has pertinet tota terra, quæ est a Radicophano usque Ceperanum, exarchatus Ravennæ, Pentapolis, marchia Anconitana, ducatus Spoletanus, terra comitissæ Mathildis, comitatus Brittenorii cum adjacentibus terris expressis in multis privilegiis imperatorum a tempore Ludovici. » Quæ alio ordine Lugduni recensita nuper vidimus (col. 863, not. [a]). Quamobrem diplomate isto superiora omnia complectitur.

[j] Eo in juramento Lausanæ præstito. « Vobis etiam, ait, domino meo Gregorio papæ et successoribus vestris omnem obedientiam et honorificentiam exhibebo, quam devoti et catholici imperatores consueverunt sedi apostolicæ exhibere. Et si propter negotium meum Rom. Ecclesiam oportuerit incurrere guerram, subveniam ei, sicut necessitas postulaverit, in expensis. Omnia vero prædicta tam juramento quam scripto firmabo, cum imperii fuero coronam adeptus. » Electores fidelitatem adjiciunt.

recepisse, nos conspicientes id in præjudicium juris dictæ matris Ecclesiæ subsecutum, quidquid per eumdem cancellarium, seu quemcunque alium in prædictis civitatibus, locis, et terris, seu per homines ipsarum civitatum, terrarum, atque locorum actum, gestum, recognitum exstitit, sive juratum, et specialiter prædicta juramenta, remittimus, relaxamus, et eis expresse renuntiamus, ac prædicta omnia revocamus, cassamus, annullamus, irritamus, cassa et irrita nuntiamus, ac omnibus viribus vacuamus; volentes, statuentes, et consentientes expresse, quod per id nullum jus nobis et imperio accrescat, vel ipsi Ecclesiæ Romanæ depereat tam circa possessionem, quam circa proprietatem in civitatibus, terris, et locis præfatis, ac hominibus, juribus, et jurisdictionibus eorumdem [a].

Et quia decet regales actus in omni claritate procedere, ut omnem obscuritatem, quam frequenter generalitas consuevit inducere, 524 nostra tollat regalis expressio, ac jura ipsius matris Ecclesiæ per nostram declarationem, quam decernimus esse perpetuam, plenarie solidentur; recognoscimus, fatemur, et oraculo præsentis edicti ad æternam memoriam declaramus, civitatem Ravennatem et Æmiliam, Bobium, Cæsenam, Forumpopuli, Forlivium, Faventiam, Imolam, Bononiam, Ferrariam, Comaclum, Adriam, atque Gabellum; Ariminum, Urbinum, Montemferetrum, territorium Balnense [b], suprascriptas provincias, civitates, loca, et territoria, nec non et omnia supradicta cum omnibus finibus, territoriis, atque insulis in terra marique, ad provincias, civitates, territoria, et loca supradicta quoquomodo pertinentibus, ad beatum Petrum cœlestis regni clavigerum, et ad vos patrem beatissimum dominum Nicolaum papam tertium, et ad successores vestros Romanos pontifices, et ad ipsam Ecclesiam Romanam pleno jure, ac integre non solum in spiritualibus, sed etiam in temporalibus, in solidum pertinere, ac vestri et ipsius Romanæ Ecclesiæ pleni juris, ditionis, ac principatus existere [c].

Et ad omnem dubitationis scrupulum in posterum abolendum, et ut nostra devotio erga ipsam matrem Ecclesiam clarius enitescat, prædicta omnia et sin-

gula tam propriis seu specialibus provinciarum, terrarum, civitatum, atque locorum expressa vocabulis, quam etiam non expressa, prout melius valet, et efficacius intelligi, ipsi beatissimo Petro, et vobis, sanctissime pater domine Nicolae papa III, et per vos successoribus vestris Romanis pontificibus, et ipsi Romanæ Ecclesiæ [d] de novo libere et plenarie concedimus, conferimus et donamus, ut sublata omnis contentionis et dissensionis 525 materia, firma pax et plena concordia inter Ecclesiam et imperium perseverent [e].

Ut autem hæc omnia vobis memorato sanctissimo Patri nostro domino Nicolao sacrosanctæ Romanæ Ecclesiæ summo pontifici, vestrisque successoribus [f], et ipsi Romanæ Ecclesiæ per nos et nostros successores Romanorum reges et imperatores in perpetuum observentur, firmaque semper, et inconcussa permaneant, præsens nostræ recognitionis, declarationis, concessionis et donationis privilegium, de conscientia nostra, et expresso mandato conscriptum, jussimus aurea bulla typario nostræ majestatis impressa muniri, ac ipsum ad perpetuam soliditatem et certitudinem vobis et ipsi Romanæ Ecclesiæ exhiberi. Promittimus insuper, quod postquam Romam ad recipiendam unctionem, coronationem, et imperiale diadema pervenerimus, ipsaque perceperimus, infra octo dies præmissa omnia et singula innovabimus, et de novo integre ac plenarie faciemus [g].

Testes autem hi sunt : venerabiles Fridericus archiepiscopus Salzburgensis, Joannes Kymensis, et Wernhardus Secoviensis ecclesiarum episcopi; Giffridus decanus ecclesiæ sancti Audomari Mormensis diœceseos domini papæ cappellanus, Henricus abbas Admontensis, Nicolaus archidiaconus Tudertinus; Illustres Albertus et Hartmannus fratres de Habspurch et de Hyburch comites, lantgravii Alsatiæ, filii nostri ; ac spectabiles viri Fridericus burgravius de Nuremberch, Heinricus Marchio de Habperch, Burchardus de 526 Hohenberch, et Heinricus de Furstenberch comites, Heinricus Sluzzellinus cappellanus noster, magister Chunradus de Herwelingen, magister Angelus canonicus sancti Valentini de Feren-

---

[a] Hac de re abunde est dictum in dissertatione (num. 8 seq.).

[b] In forma quam Nicolaus more prædecessorum Rudolpho præscripsit, ut videre est, relatam a Raynaldo (1278, n. 62), ex regesto Nicolai III supremum locum tenent Pentapolis et massa Trabaria, sed Rudolphus, cum eas recensuerit superius, hoc loco utramque præterit.

[c] Opportune declarat Ludovici et successorum planissima illa verba : *in suo detineant jure, principatu, atque ditione* : addendo *in spiritualibus et temporalibus*. Nam recentiores nonnullos Arnaldi Brixiensis discipulos sequi non pudet, ne dicam sectæ alius homines, tantaque in luce errare delectat.

[d] Quamvis in Ruldolphino diplomate nihil apertius nihilque significantius desideretur ad apostolicæ sedis jura quod attinet, quod tamen Pippini, Caroli, Ottonis, Henrici solemne fuit, *pro remedio*, seu *mercede animæ* offerendi Petro et successoribus provincias et civitates nusquam auditur. Pippinus enim Ecclesiæ Romanæ ditionem angustis finibus circumscriptam amplificans exarchatus donatione ; Carolus Tusciæ, Sabiniæ, Campaniæ provincias adjungens ; atque Otho, et Henricus ducatum Spoletanum largientes, optimo quidem jure illis vocibus usi sunt. At Rudolphus, qui Ludovicum imitatus alienas donationes verbis amplissimis confirmat, ditionesque invasas restituit, de suo nihil addens, easdem voces adhibere nec poterat, nec debebat.

[e] Novum atque antea inauditum genus confirmandi Ecclesiæ jura apertissimis verbis ad concordiam sacerdotii et imperii coarctat. Quamvis enim rebelles pontificii principatus subditi non parum ne-

gotii pontificibus facesserent, tamen concordia inter sacerdotium et imperium manente, omnia in tuto erant. Nam renovatæ huic tantæ majestati ingenita est defensio Ecclesiæ, quod uberrime demonstratum fuit.

[f] Ex nominum mutatione id novi accidit, quod absoluta etiam dominatio Urbis ac Romani ducatus, quæ a nullo unquam rege aut imp. donata reperitur, asseritur, Romano pontifici. Ludovicus siquidem et successores Otto et Henricus, conditione apposita, *sicut a prædecessoribus nostris usque nunc in vestra potestate et ditione tenuistis et sposuistis*, populi partes non excluserant, sed ex quo per XII sæculum cœpta est audiri *Terra a Radicofano usque Ceperanum*, Roma ejus terræ caput cæterarum donationum naturam induisse videtur.

[g] Prædecessores Rudolphi cum exercitu ad coronationem venerant, quæ res valde erat incommoda fodri causa. Rudolpho autem militum numerus præscriptus fuit, ut annales Colmarienses tradunt apud Rayn. (1275, n. 56) ubi res est de colloquio Lausanensi : « Papa, inquiunt, regi consuluerat, ut Romam ad festum Pentecostes cum duobus millibus militum veniret, et eum in imperatorem Romanum solemniter coronaret. » Itineratio enim pontificis causa Alphonsi, reique difficultas colloquium Lausanense protraxerat sub festum omnium sanctorum pro ea solemnitate condictum : quare eamdem differri oportuit ad Pentecosten ; cumque interim pontifex obierit diem suum, aliæque dilationis causæ supervenerint, de quibus in dissertatione sum locutus, tandiu solemnitas dilata fuit, ut eam celebrandi spes tandem omnis evanuerit.

rino, Heinricus de Loubenberch, et Joannes de Hedingen milites hostiarii nostri, et quamplures alii.

Signum domini Rudolphi Romanorum regis invictissimi.

Locus monogrammatis.

Ego Rudolphus [a] imperialis aulæ cancellarius vice domini Wernheri archiepiscopi Maguntini, ac per Germaniam sacri imperii archicancellarii recognovi.

Acta sunt hæc anno Domini 1279, indictione vii, regnante domino Rudolpho Romanorum rege glorioso, anno regni ejus vi.

Datum Viennæ per manus magistri Gotfridi [b] præpositi Soliensis protonotarii nostri xvi Kal. Martii.

II.

Diploma principum imperii super donatione Rudolphi I imperatoris [c] et confirmatione privilegiorum sedis apostolicæ

Nos principes imperii (Henricus Trevirensis; Siffridus Coloniensis; Wernerus Moguntinensis archiepiscopus; Ludovicus 527 comes palatinus Rheni utriusque Bavariæ dux; Joannes dux Saxoniæ; Joannes Marchio Brandenburgensis; et nos Ottones marchiones Brandenburgenses [d]). Universis præsentem paginam inspecturis. Complectens ab olim sibi Romana mater Ecclesia quadam quasi germana charitate Germaniam, illam eo terreno dignitatis nomine decoravit, quod est super omne nomen, temporaliter tantum, præsidentium super terram [e]: plantans in ea principes tanquam arbores præelectas, et rigans illas gratia singulari, illud eis dedit incrementum mirandæ potentiæ, ut ipsius Ecclesiæ auctoritate suffulti velut germen electum, per ipsorum electionem illum qui frena Romani teneret imperii germinarent [f]. Hic est illud luminare minus, in firmamento militantis Ecclesiæ, per luminare majus Christi vicarium illustratum. Hic est, qui materialem gladium ad ipsius nutum excutit et convertit, ut ejus præsidio pastorum pastor adjutus oves sibi creditas spirituali gladio protegendo communiat, temporali refrenet, et corrigat, ad vindictam malefactorum, laudem vero credentium et bonorum [g].

Ut igitur omnis materia dissensionis 528 et scandali, seu etiam rancoris occasio inter ipsam Ecclesiam, et imperium auferantur, et ii duo gladii in domo Domini constituti debito fœdere copulati se ipsos exerceant, in utilem reformationem regiminis universi, et nos in actu voluntatis et operis invenimur filii devotionis et pacis, qui tam Ecclesiam quam imperium confovere tenemur; quidquid per dominum nostrum Rudolphum Dei gratia Romanorum regem semper Augustum sanctissimo patri, ac domino nostro domino Nicolao papæ III ejusque successoribus et ipsi Romanæ Ecclesiæ recognitum, confirmatum, ratificatum, innovatum, de novo donatum, declaratum, sive concessum, juratum, et

---

[a] Ottonis Spirensis successor, qui ab exarchatus civitatibus juramentum fidelitatis exegit, quasi ea provincia ad imperium pertineret, anno videlicet 1278. De eo, qui postea Salisburgensem archiepiscopatum est adeptus, videndus Hansiz. (*Germ. Sac.* tom. II, pag. 394).

[b] Rudolphus in litteris ad Nicolaum III datis iv Kal. Jun. prædicto anno, ait se mittere « dilectum familiarem clericum nostrum magistrum Gotifredum præpositum Soliensem regalis aulæ protonotarium » (Rayn. 1278, n. 52), cum plena auctoritate rescindendi quæcunque cancellarius inconsulta regia majestate gesserat. Utriusque subscriptione regio huic diplomati nil opportunius.

[c] Novum crimen collectoris. Raynaldus (1279, n. 6) diplomati nullum titulum præfigit. Zacagnus ex autographo Molis-Adrianæ illud proferens (*Append. Diss. Histor.*, 1709) præmittit hunc titulum: « Diploma imperii electorum, quo ratam habent præcedentia Rudolphi Romanorum regis confirmationem. » Quem equidem affirmare non dubito, diplomati minus congruere: quare aliorum exemplo et ipse titulum apponam, qui veram diplomatis sententiam enuntiet: « Diploma principum imperii Rudolphi Romanorum regis diplomata omnia præcedentia et quævis alia scripta pro asserendis juribus sanctæ sedis approbans, et rata habens, ac voluntatem ad assensum præbens faciendi in posterum. » Atque hæc quidem nimiam collectoris licentiam compescunt: ipse autem Rudolphus, principesque imperii, seu mavis electores, sæpissime *regem Romanorum* objicientes, suppositum a collectore esse *imperatoris* nomen patefaciunt.

[d] Principum electorum nomina uncis clausi; quippe quæ in autographo archivi apostolici Molis Adrianæ desiderantur, tametsi impressa exstent in sigillis novem pendentibus hunc in modum: « Henrici Trev. arch. Sifridi Colon. arch. Warneri Magunt. Ludovici Com. Palat. Joh. ducis Saxon. Alberti ducis Saxonie. Joh. march. Brandenb. Ottonis march. Brand. Ottonis march. Brand. » Sigillum primi Ottonis parvum est et caput hominis exhibet, secundi autem est majoris formæ, ac repræsentat virum stantem atque armatum. Quæ idcirco animadvertenda mihi esse duxi, tum ut plenus electorum subscribentum numerus habeatur, quia Saxoniæ dux Albertus deest in codice; tum ut pateat quod alibi est dictum (Diss. in Cod. Rud., n. 10, p. 249), principio plures ex eadem familia inter electores reperiri nec tamen septenario eorum numero incrementum inde accedere. Idque magis ac magis confirmatur diplomatis hujus exemplis, nam seorsim iidem principes eamdemque in sententiam diploma suum dederunt, non personarum, sed familiæ ratione habita. Propterea Johannes et Albertus Saxoniæ duces diploma unum; ac tres marchiones Brandeburgenses pari modo unum Ottonis nomine edidisse reperiuntur tam in apostolico eodem archivo, quam apud Baronium (996, 43 seq.).

[e] Aut de instituta imperatoria dignitate in Carolo Magno intelligas aut eamdem in Ottone primo instauratam accipias, sancta sedes tantæ majestatis effectrix prædicatur ab omnibus Romani imperii principibus, jurisconsultorum ingratis.

[f] Cum de Septemviralis inclyti collegii institutione agerem (Dissert. in Cod. Rud., n. 10) non constitutioni, sed consilio pontificis illud referre acceptam originem suam aiebam: en collegii ejusdem testimonium omni majus exceptione. Electores ipsimet se ab apostolica sede institutos, universis suum Diploma inspecturis testantur. Luculentius rex Romanorum Albertus Rudolphi filius ap. Rayn. (1303, n. 9) Bonifacio VIII profitetur, « quod regem in imperatorem postmodum promovendum certis principibus ecclesiasticis et sæcularibus est ab eadem sede concessum, a qua reges et imperatores, qui fuerunt, et erunt pro tempore, recipiunt temporalis gladii potestatem ad vindictam malefactorum, laudem vero bonorum. »

[g] Comparationis ista nil frequentius in codice ad spiritualem et temporalem potestatem indicandam, quasi utrinsque iidem, id est nulli, in orbe terrarum essent limites. In aurea etiam B. (cap. 2, n. 5) imperator dicitur: *rector seu temporale caput fidelium*: non quia alienorum regnorum et principatuum esset dominus, quod Ænobarbo persuasissimum erat (etenim ne ipse quidem pontifex metropolitarum et episcoporum catholici orbis jura sibi vindicat), sed quia omnium regum et principum caput, ut episcoporum omnium episcopus est pontifex, Romanorum imperator putabatur: ita ut quacunque summa pontificis potestas, seu spiritualis gladius, temporalis etiam imperatoris extenderetur. Quam quidem comparationem non esse omnino æquam si contendas, non repugno. Opinionem duntaxat eorum temporum monumentis testatam expono.

actum, seu factum est per privilegia, vel quæcunque alia scripta quorumcunque tenorum [a] super recognitionibus, et ratificationibus, approbationibus innovationibus, confirmationibus, donationibus, concessionibus, et factis, seu gestis tam aliorum imperatorum, et regum Romanorum prædecessorum regis ejusdem; quam ipsius regis, et specialiter super fidelitate [b], obedientia, honorificentia, et reverentia per Romanos imperatores, et reges Romanis pontificibus, et ipsi Ecclesiæ impendendis, ac possessionibus, honoribus, et juribus ejusdem Ecclesiæ, et nominatim super tota terra, quæ est a Radicofano usque ad Ceperanum, marchia Anconitana, ducatu Spoletano, terra comitissæ Mathildis, civitate Ravenna [Ravennæ], et Æmilia, Bojo [Bobio], Cæsena, Foropopuli, Forlivio, Faventia, Immola [Imola], Bononia, Ferraria, Comaclo, Adrianis, atque Gabello, Aremino [Ariminio], Urbino, Monteferetri, **529** territorio Balnensi, comitatu Brettonorii [Brectenorii], exarchatu Ravennæ, Pentapoli, Massa Trabaria cum adjacentibus terris et omnibus aliis ad prædictam Ecclesiam pertinentibus, cum omnibus finibus, territoriis atque insulis in mari terraque ad provincias, civitates, territoria et loca prædicta quoquo modo spectantibus; nec non super civitate Romana [c], et regno Siciliæ cum omnibus ad ipsam spectantibus tam citra Pharum quam ultra, Corsica quoque atque Sardinia [d], et cæteris terris ac juribus ad ipsam Ecclesiam pertinentibus. Nos nostri nomine principatus in omnibus ac per omnia approbamus et ratificamus, ac iisdem omnibus et singulis, et quibuscunque aliis super eisdem per eumdem regem quoquo modo factis et in posterum faciendis, voluntatem nostram, ascensum atque consensum unanimiter atque concorditer exhibemus [e]. Et promittimus quod contra præmissa, vel aliquid præmissorum nullo unquam tempore veniemus. Sed ea omnia et singula pro posse nostro procurabimus inviolabiliter observari. Et ut hæc nostra voluntas, approbatio, ratificatio, assensus [*Autogr. add.* consensus], atque promissio a nobis eisdem Romanis pontificibus et Ecclesiæ in perpetuum observentur, hoc præsens scriptum inde fieri fecimus, nostrorumque sigillorum munimine roboravimus [roboratum]. Actum et datum anno Domini millesimo ducentesimo septuagesimo nono, ind. VII, **530** regnante prædicto domino nostro domino Rudolpho Romm. rege glorioso regni ejus anno 6 [f].

III

Diploma quo Rudolphus ecclesiastica jura severo edicto tuetur. [g]

Rudolphus Dei gratia Romanorum rex semper Aug. universis Romani imperii fidelibus præsentes litteras inspecturis gratiam suam et omne bonum. Quia regalem decet clementiam sic libertates impendere et benemeritis liberalitatis et munificentiæ suæ gratiam impartiri, quod ex eo imperio [h], ac ecclesiis, et ecclesiarum prælatis nullum prorsus in suis juribus præjudicium irrogetur, ad universorum tam præsentium quam futurorum notitiam volumus pervenire, quod per libertates illas, quibus a creationis nostræ tempore civitates et loca quæcunque dotavimus, nullum volumus imperio et ecclesiis ac ecclesiarum prælatis in suis juribus et hominibus præjudicium generari [i]. Sed volumus quod imperium **531**

---

[a] Hinc tituli quem diplomati præmittendum dixi (col. 869, not. [e]) pars prior comprobatur; præscriptus aliis, minus rectus declaratur, ac præsertim appositus a collectore epistolarum hujus codicis, falsi arguitur.

[b] Quæ de sacramento fidelitatis sunt dicta (Diss. in Cod. Rud., n. 46 seqq.) unanimi testimonio principum roborata, magis magisque comprobant indolem imperii Occidentalis a summo pontifice renovati, præsertim post Carolingiorum seriem, cum Otto I imperialia insignia suscepit. Quia super re audiendus iterum Albertus Rudolphi filius Bonifacio VIII, sic loquens : « Pia devotione et sincero corde profiteor, quod Romanorum reges in imperatores postmodum promovendi, per sedem eamdem ad hoc potissime ac specialiter assumuntur, ut sint S. R. Ecclesiæ advocati, catholicæ fidei, ac ejusdem Ecclesiæ præcipui defensores. »

[c] Quanquam urbs Roma ejus terræ caput, quæ a Radicofano ad Ceperanum pervenit, inter donationes principum recensita videatur, ut aiebam in notis ad Rudolphinum diploma, quia tamen eximio æquum et rectum ejus dominatio cum cæteris confunderetur, seorsim a principibus nominatur. Cæterum distinctæ hujus nominationis necessitas patet ex præsenti rerum statu, quem videsis in dissertatione præcedenti, n. 15 seqq.

[d] De tribus hisce insulis Rudolphus in diplomate nominatim non loquitur, tametsi quæ in præcedentibus confirmarat instauret. At principes quidquid Rudolphus scripto mandaverat, ratum habentes, hic respicunt ad celebre edictum ap. Rayn. (1275, n. 38 seqq.) datum Lausanæ altera die post colloquium cum Gregorio X, ubi legitur : « Adjutores erimus ad retinendum et defendendum Ecclesiæ Romanæ regnum Siciliæ cum omnibus ad ipsum spectantibus tam citra Pharum quam ultra : nec non Corsicam et Sardiniam, ac cætera jura, quæ ad eam pertinere noscuntur. » De quibus insulis in eadem dissertatione abunde disserui.

[e] Singulare hoc genus comprobandi etiam futura Rudolphi diplomata, aliave scripta pro sanctæ sedis uribus asserendis, magna exprobratio est nuperorum aliquot scriptorum, qui rebus penitus inexploratis, novatorum opiniones a doctissimo ac ven. card. Baronio jampridem confutatas, et pro sui ævi armorum genere et copia protritas, recoquere maluerunt; quam Baronio eodem duce, optimis tot monumentis, quæ ætas protulit, inhærendo, principi apostolorum, ejusque successoribus jura ipsa clariora cum Rudolpho et Germaniæ principibus vindicare.

[f] Septemvirorum illustre collegium imperii omnes principes exhibens, una cum sanctæ sedis juribus Rudolphi majestatem regiam vindicat semel, iterum, et tertio adversus inscitiamve assentationem recentiorum. Annum siquidem 1279 regnantis Rudolphi regis Romm. sextum regni appellat.

[g] Bzovius hoc edictum in annales retulit; unde illud excepit auctor Pietat. Austr. (lib. I, cap. 17, p. 102), animadvertens permultos id temporis conatos esse ecclesiis auferre jura sua. Quamobrem Rudolphus pro eorum immunitate id sanxit. Raynaldus de eadem constitutione loquens (1285, n. 61) : « Addendum, ait, rebus Germanicis videtur, Rodulphum Cæsarem constitutionem hoc anno edidisse, qua prærogativas ecclesiasticis concessas confirmavit. » Ex contextu patet, tam auctorem prædictum quam Raynaldum non esse assecutos hujusce constitutionis veram sententiam.

[h] Non igitur ecclesiarum atque ecclesiasticorum duntaxat jura vindicat, sed præcipue imperii: quod æqui ac boni principis proprium est, ea scilicet privato cuilibet non elargiri quæ aut principatui, aut sacrosanctis ecclesiis detrimenti quidquam inferant.

[i] Plura hujusmodi privilegia in codicis Rudolphin. epistolis vidimus : quæ inter nonnulla reperiuntur civitatibus Bohemiæ et Moraviæ confirmata, quæ ab Ottocaro obtinuerant, ut (lib. II, ep. 45) Bruna Moraviæ civitas amplissimis ab eodem privilegiis ditata, post insignem de illo victoriam reportatam anno 1278, cum ejusdem cæde, ab Rudolpho eorumdem confirmationem non sine aliquo augmento obtinuerat eodem aut sequenti anno. Hujusmodi autem privilegia, si quidquam imperio aut ecclesiis nocerent, constitutione ista moderatur.

et prælati ecclesiastici omnibus illis juribus gaudeant, quibus ante libertatem hujusmodi civitatibus et locis a nobis indultum usi fuerunt, et quæ in eis ante tempora libertatis ejusdem habuisse noscuntur ª. In

ᵃ Leodiensis civitas, ut vidimus (l. III, ep. 10) reclamavit adversus privilegium a Rudolpho concessum ecclesiasticis, at nequidquam. Ex constitutione enim ista privilegia civitatibus, locisque concessa neque imperii neque ecclesiasticorum juribus damnum aliquod inferendum caveri deprehendimus. Non autem privilegia ecclesiastics concessa, ne quid inde civitates et loca detrimenti acciperent, revocari, aut imminui indidem comperimus.

ᵇ Duo super hac nota temporis observanda veniunt. Primo scriptorem codicis, qui diem mensis numero Romano indicat, indictionem arabico parum accurate signare : non enim II, sed XI excurrebat anno 1283. Deinde a Rudolpho indictionem pontificiam, quam vocant, adhiberi, quæ incipit a Kalendis Januarii, quandocunque ita fieri cœptum sit; per undecimum enim sæculum ab initio Septembris prisco more, qui Græcorum dicitur, desumi consuevit. Pagius (Diss. Hypat. par. III, cap. 2, n. 13) vel sæculo sexto alicubi reperiri indictiones cum anno civili

A cujus rei testimonium præsens scriptum majestatis nostræ sigillo jussimus communiri. Datum Hagenaune [in Hagen] IV Nonas Decemb. ind. II. ᵇ anno 1283, regni vero nostri anno 10.

incipientes a Kal. Januar. animadvertit, quod certe diplomaticæ rei periti non admittent. Ducangius in Glossario, ut Constantinianam seu Cæsaream in Germania semper obtinuisse, hodieque obtinere demonstret, duo affert diplomata : unum scilicet Ottonis II anno 892, VI Kal. Octob. ind. XI ; alterum vero Henrici anno 1224, V Kal. Januar. ind. XIII (Fridericus II tum temporis, non Henricus imperabat). Id vero tam probat, Constantinopolitanam a Kalend. Septembris, quam Constantinianam a 24 ejusdem mensis incipientem in Germania obtinuisse. At Cæsaream semper usu receptam apud Germanos pro comperto habeatur. Rudolphus Lausanæ conurmat quæ acta erant Lugduni, anno Domini 1275, ind. III, XIII Kal. Novembr. Attamen Octobri mense tam Constantiniana, quam Constantinopolitana indictio IV fluet at. Rursusque in hac constitutione undecimam indictionem consignari aspicimus, cum duodecima Cæsarea ab octavo Kalendas Octobres, Constantinopolitana ab ipsis Kalendis Septembris effluerct.

INDEX

RERUM ET VERBORUM QUÆ IN SECUNDO JUXTA CENNII EDITIONEM CODICIS CAROLINI TOMO CONTINENTUR.

(Numeri hujus indicis respondent numeris crassioribus in textu insertis.

A

Abbas eremitarum monasterii Einsidlensis princeps Romani imperii, 498.

Abbates ord. Cisterc. congregati Cistercii rogantur orationum suffragia ab Innoc. III, 503, et a Rudolpho rege Romanorum, 504. Fraternitatem a sancto Ludov. IX et a Capitulo Salisburgensi, 506.

Abbatiarum Cisterciensium num. 505. Privilegia apostolica, 507.

Acclamationes pop. Rom. post improvisam Caroli Magni coronationem, 17.

Accon al. Ptolemaïs a Turcis capta, 296. Quidquid dignitatis nominisque Christiani erat in Syria, ibi consistebat, 477.

Adelais cum Ottone Romam venit, 137.

Adelboldus de Henrici I regis Romanorum electione, 170.

Administri principum apud sanctam sedem quomodo se gerant, 371.

Adolphus Nassaviæ rex Romanorum successor Rudolphi, 506.

Adrianus I (sanctus) rectus Carolinor. libror. interpres, 7. Perperam fit auctor legis regiæ commentitiæ, 166. Ejus legatus apost. officio deest in Carolum Magnum regem Francorum, 67.

Adrianus IV coronat Fridericum Ænobarbum, 271 seq.

Adrianus V septem et triginta dier. pontifex, 373. Prohibet Rudolphum in Ital. venire, 283. Ejus gesta, 374.

Adulphus diac. legatus Leonis III in Angliam, 66.

Ægra civitas in Bohemiæ finibus 596.

Æmilia provincia perperam in civitatem versa, 96. Civilis angustior ecclesiastica Langobardor. ævo, 97, a scriptoribus sæc. XVI et nonnullis recentioribus male accepta pro amplissima Rom. reip. provincia, 98, 126, 188

Affinitates Rudolphi cum principibus, 306. Cum Philippo III Francorum rege, 433.

Agnes Rudolphi filia, uxor Alberti ducis Saxoniæ S. R. I. electoris, 306, 346.

Agnes Ottocari regis Bohemiæ filia, uxor Rudolphi filii Rudolphi regis Romanorum, 305, 422.

Albericus comes Tusculanus novam Urbis administrationem inducit, 34.

Albertus dux ab Honorio II investituram obtinet Mathildianæ hæreditatis, 200.

Albertus Rud. pater in Syria moriens Accone sepelitur, 295, 306, 321.

Albertus Rudolphi fil. cum exercitu in Austriam præmittitur, 395, 401. Eligitur rex Romanorum, 506. Dignitatem imperialem renovatam esse in Germanis, non in Carolo Magno testatur, 521. Bonifacio VIII confirmat inter cætera jura sanctæ sedis terram Mathildis, 205. Zweytalensi monasterio paternum privilegium salis confirmat, 472.

Albertus Saxoniæ dux S. R. I. elector, 306.

Albinum codicis præstantia; 154.

Albornotius Ægydius card leg. præfectum de Vico in ordinem reducit, 213.

Alcuinus Romanum pontif. summum principem agnoscit, 14. Ejus epistola prudens Carolo Magno, 15.

Alemannia, Langobardia, et Tuscia ad imperium spectant, 310, 522.

Alexander VI Siciliam citra pharum bipertito dividit totoque censu octo unciar. mill. onerat, 515.

Alienora Raym. Berengarii filia regina Angliæ, 464.

Allodium quid sæculo XI et seq., 204.

Alphonsus rex Castellæ rex Romanorum electus, 278. Cedit jus omne Rudolpho, 383.

Amiralmum n Calipha XXVIII success. Haronis, 77.

Anacletus antipapa. Vide Petrus Leonis.

Andreas Sclavoniæ dux, frater Ladislai Ungariæ regis, 378.

Anglicana ecclesia a Greg. Magno instaurata sollicitat Leonem III, 64, qui eam fovet, 68.

Anna Rudolphi regis Romanorum uxor, 251, 306, mille marcas argenteas annui reditus obtinet in Austria, 429.

Anna al. Hedwigis Rudolphi filia uxor Ottonis marchionis Brandeb., 306.

Anselmi, ut creditur, testimonium de Lud. diplom., 124.

Anthimus dux Neapolis negat auxilium Græcis Siciliam contra Saracenos propugnaturis, 75.

Antiochia patriarchatus urbs celeberrima a Bendocdare suldano Ægyptio excisa, 478.

Antonellus S. R. E. card. olim præfectus archivo Mohs Adrianæ monumenta edidit ditionem sanctæ sedis, 83, 154.

Apologus Æsopi, quo Rudolphus usus dicitur, ne in Italiam veniret, 279.

Apulia, Calabria e. Marsi ferunt onus census regni Siciliæ, 507.

Aquilæ imperialis historia a communi opinione diversa, 384, 595.

Aquileiensis patriarchatus vices, 18.

Raym. Turrianus patriarcha pollicetur auxilium Rudolpho, 389.

Aretium pervenieus Rudolphus ex Gallia redux, ibi brevi morbo tentatus moritur, 276, 282.

Ardulphus al. Eardulphus Angliæ rex in suum regnum unde expulsus fuerat, restituitur, 66.

Argelata et medicina J. Mathildici in territorio Bononiensi, 217. Postea J. sanctæ sedis, 494. Quod Henric. VI agnoscit, ibid.

Arichis dux Benev. subactus a Carolo Magno, 101.

Aripertus rex Langob. donationem Alpium Cottiar. aureis litteris instaurat, 135.

Arnaldus Brixiensis animos romanorum pervertit, 500. Ejus discipuli, et sequaces de sanctæ sedis ditione perperam sentiunt, 524.

Arnulphus eligitur et coronatur imperator a Formoso, 242.

Artaldus Rhemen. archiep. pallium obtinet a Romano pontifice, 31.

Assisii palatium pontificium, 157.

Augustini (sancti) sententia de discrimine inter indulgentiam et commonitorium, 474. Ejus ordo toleratus duntaxat, 599.

Augustinus monachus magnum instar missionum, 68.

Aurea Bulla de feudis, et privilegiis a rege Rom. confirmandis, 546.

Aureæ Vallis monast. *Vide* Monasterium.

Aureis litteris exarata diplomata Ariperti, Ottonum, Henrici I, 135.

Austria cum Styria, Carinthia, aliisque provinciis detenta ab Ottocaro, 378. Vastata, 392. Ab eodem delicit, 410. A tyrannide liberatur, 413.

Austriacæ Augustæ domus primordia. *Vide* Rudolphus. Singularis ejus pietas in beatissimam virg. Mariam, 508. Existimatio et liberalitas continuata in litteratos, 486.

Autographa diplomatum in archivo Mohs Adrianæ Ottonis I, 157. Rudolphi, 320. Electorum S. R. I, 326. Ottonis III in monasterio sanctorum Bonifacii et Alexii, 252. Conradi III regis Romanorum, in archivo Corbeiæ, 169.

Autographum litterarum a Leone III transmittitur Carolo Magno ne exemplum earum sit suspiciosum 68.

B

Bacchinius Benedictus de donatione Mathildis, 197.

Balduinus Flandriæ comes orientalium imp. primus, 521.

Bambergensis ecclesiæ fundatio, 171. In episcopatum erectio, 189. Subjectio sanctæ sedi, ibid. Commutatio cum Beneventano principatu, 175, 179.

Bambergensis episcopus Henrici I diplomati subscribens se vocat subultum sanctæ sedis, 193.

Basilea obsidetur a Rudolpho, qui electus rex Romanorum obsidionem solvit, 311. Obsidionis causæ, 312

Basileensis episcopus. *Vide* Henricus.

Basileus appellatur Carolus a Michaelis Aug. legatis, quod nomen Græci aversantur, 76.

Bavariæ dux. *Vide* Henricus.

Beatrix Berengarii-Provinciæ comitis filia, Caroli Siciliæ regis uxor, 464.

Beatrix mater Mathildis, 205. Uxor Bonifacii, Parmæ domina, 224.

Bendocdar soldanus et tyrannus Ægypti appellatus Christianum sanguinem sitiens, 462, 476, 478.

Benedictus VIII de imperatore eligendo, aut confirmando auctoritate apostolica decernit, 214

Benedictus XIV G egorium X in martyrol. retulit, 363.

Benedictus canonicus sancti Petri verum situm portæ Colinæ designat, 268.

Benedictus Cariscum dictus senatoriam urbis dignitatem usurpat, senatum perdit, Eccl. ditiones invadit, 501.

Beneficia ecclesiastica a laicis principibus non conferenda, 527.

Beneventanus ducatus. Sex ejus civitates a Carolo Magno donantur sanctæ sedi, 101. Ejus duces Arichis et Gimoaldus, *ibid*. Memoratus in libro Pontif. explicatur, 146 In plures dynastias divisus, 165. Cum bonis omnibus transmontanis juris sanctæ sedis commutatus, 179. Ejus regalia, 180.

Berengarius Aug. solemniter coronatur, 254. In eadem solemnitate legitur diploma confirmans jura et privilegia sanctæ sedis, 51, 254.

Berengarius Raymundus comes Provinciæ et Forcalqueri moritur sine prole mascula, 464. Quatuor ejus filiæ reginæ omnes, Margarita Franciæ, Alienora Angliæ, Sanctia Richardi regis Rom. electi uxor, et Beatrix Siciliæ de hæreditate decertant, *ibid*.

Bernardus ap. sedis legatus a Parmensibus male admodum acceptus, 225.

Bernardus electus Albiensis, 285

Bernardus Seccoviensis episcop. Ottocari legatus ad comitia Augustana, 353, 578, 482, a Gregorio X increpitus, 579, cum Rudolpho se excusat, 404.

Bernardus Thesaurarius historiæ sui temporis scriptor, 339. Rudolpho valde acceptus, 561.

Bertramus comes Provinciæ sua bona subjicit sanctæ sedi, 256

Bibliothecarius dignitas palatii Francorum, 135.

Blanchinius Franciscus civitates, quarum Fuldadus possessionem init, pro integra donatione Pippini accipit, 95.

Blondi opinio falsa de Greg. V et Ottonis III constitutione super Regis Romanorum electione, 244. Ea tamen non omnino rejicienda, 168.

Boluum hodie Sassina a non nemine pro Bobio Insubriæ per eram accipitur, 92.

Boeclerus S. R. I. electores Carolo IV antiquiores non faciens, decipitur, 241, 246.

Bohemia et Moravia Rudolpho parent, 424.

Bohemiæ rex pincerna imperatoris, 248, unus e septem electoribus, 250. *Vide* Ottocarus, Wenceslaus.

Bollandi continuatores actorum et monumentorum veterum accurati editores, 170.

Bona ven. card. Flaccium irridet, 2.

Bonifacius maritio Tusciæ pater Mathildis dominatur Parmæ, 224.

Bononia restituitur sanctæ sedi, 498, 524.

Brictonor an olim castrum Sussubium, 208, ab Alex. III concessum archiep. Rav., *ibid*.

Bruna civitas Moraviæ privilegia obtinuit ab Ottocaro, quæ Rudolphus confirmat et amplificat, 425.

Bruno Olomucensis episc. Gregorio X de infelici statu Germaniæ, 505, 513, pacis interpres inter Rudolphum et Ottonem Brandeburg, 424, una cum Moraviæ proceribus homagium facit Rudolpho, 425.

Bulla Clem. IV quæ audit *In Cœna Domini* a Gregor. X Mediolani publicatur, 552.

Bullæ nomine pro sigillo Otto Magnus omnium ultimus usus esse dicitur, 156.

C

Cadolaus comitatum Parmensem sibi confirmari obtinet ab Henrici II, 223.

Cœnulphus rex Anglor archiepiscopis Cantuar. et Eboracen infensus, 64.

Cajeta et Fundi juris sanctæ sedis, 147, 159.

Cajetani cum Amalphitanis Michaeli patricio auxilium præbent contra Saracenos Siciliam aggressos, 75.

Calabria et Apulia Northmannis traditur a Nicolao II, 150.

Calabritani et Siculi patrim. annuus reditus 33 M. aurei, 10, acerrime vindicata ab ap. sede, 105.

Calumniatorum genus quintuplex, 410

Calvulus cubicular. et Campani majestatis rei, 90.

Campania Rom. bipertito divisa, 147. Ejus extensio, 157. Ottonis temp. cum territorio Rom. confusa, 140.

Campaniæ ducat. Benev. sex civitates a Carolo Magno donatæ sanctæ sedi, 128.

Campidunum hodie *Kempten*, Sueviæ civitas in Algoia, 596.

Canonicatus Leodiensis petitur a Rudolpho pro familiari suo, 453, 484.

Canonicatus sancti Petri conferri cœptus regi Romanorum in solemnitate coronationis, 272.

Cantuariensis archiep. cum Eboracensi discordia de primatu composita, 64.

Canusina arx fundatur, 221. Ejus ecclesiæ thesaurus Romam defertur, 216.

Capitaneus a Rudolpho in Italiam mittendus, 334, a rege Bohemiæ in Salisburg. provinciam missus, 592.

Capitulare plurib. capitib. multa continens, 53.

Cardinalium S. R. E. præstantia, 524.

Carlagnana juris sanctæ sedis ex donatione Mathildis, 217.

Carinthia. *Vide* Meinhardus.

Carmelitarum ordo toleratus, 599.

Carolingii Augg. *Vide* Imperatores. Iisdem Ecclesiam Romanam defendere desinentibus imperatores aliunde quæsiti, 28, eorum finis, 243.

Caroli libri falso ascripti Carolo Magno, 6.

Carolus Martellus inter Ecclesiæ defensores recensitus, 132.

Carolomannus cum fratre paternam donat. confirmat, 95.

Carolus Magnus Ecclesiæ R. defensor ante et post adeptam coronam imperii, 2, 54, 59, in rebus fidei dogma spectantibus consulit sanctam sedem, 7. Veniens Romam quomodo excipitur, 253, in sancti Petri ecclesiam, et Rom. pont. liberalissimus, 8. Quater veniens Romam provincias et civitates largitur sanctæ sedi, 103. Ultimo in adventu coronatur imp. Aug. 16. De hujusmodi coronatione opiniones falsæ, 18. Lud. filium regnorum hæredem institutum imperatorem designat, 20. Imperium non armis, s.d defensione sanctæ sedis adipisci vir, 57. Ecclesiæ custos dicitur a Leone III, et *defensor in suis utilitatibus*, 50 seq. Gradensi archiepisc. a sua sede pulso impetrat Polanam eccl., 48. Regna dividit inter filios, 55, 99, a legatis pont. sede delusum putans placatur a Leone III, 66, cum Michaele imp. Or. pacem aliquam init, 76. Electio Rom. pont. ei tributa, commentum, 181, moritur, 82.

Carolus Calvus eligitur et confirmatur in concilio, 243, coronatur a Joanne VIII, 28, 254.

Carolus Crassus eligitur, 242, coronatur a Jo. VIII, 28, 254.

Carolus Rudolphi fil. in pueritia mortuus, 306.

Carolus IV, auctor A. Bullæ, 516, primus obtinet privil. apostol. primar. precum, 392, ultimus præstat juram. de mittendo in Italiæ regnum gubernatore, 254.

Carolus V singulari modo coronatur Bononiæ a Clem. VII, 43, in coronatione fungitur officio diac. contra morem majorum, 274, instituitur hæres ducatus Mediol., 232.

Carolus Andegav. frater sancti Ludovici IX in Italiam accersitus, 313. In Tuscia fit Paci urbis, et postmodum vicarius imp. 330, 496, fit senator Urbis ad decennium, 502. Siciliam obtinet cum censu octo mill. unciar. auri, 511, juramentum præstat Rom. pont., 512. Controversias habet cum Rudolpho, 283, 368, 428, 496. Eapropter arcetur ab Italico itinere, 283. Regni Jerus. possessionem init per legatum suum, 477. Isabellam filiam nuptui locat Ladislao Ung. regi, 373 Provinciæ investituram accipit a Rudolpho, 284, a Martino IV iterum creatur senator Urbis, ibid.

Castelli porta locus designatus ad excipiendum regem Romanor. coronandum, 268.

Catharina Rudolphi filia uxor Ottonis Bavariæ ducis, 306, 409.

Cavalca comes Brictonorium antiqui juris sanctæ sedis, eidem iterum donat, 208.

Census pro Siciliæ regno institutus pro aliis temporibus alius, 506 seq., 513, 518, integer impositus Siciliæ citra pharum, 515. Leo X eum reducit ad septem mille ducatos, 517.

Censuum liber antiquior Cencio Camerario, 143.

Chartula donationis. Vide Mathildæ.

Chiemenses episcopi Joannes, Chunradus, 587.

Chokier de primis precibus minus recte, 288.

Chorographia Itanæ medii ævi notator, 123, 138, 214.

Christianus patriarcha ultimus Antiochen. cæditur, 478.

Christinæ (sanctæ) Ecclesia in Insubria juris sanctæ sedis, 147.

Chronologia epistolar. Rudolphi, 276; diplomatis Ottoniani, 137, Henricianii, 171, Chartulæ Mathild., 196.

Chrysostomus (sanctus Joannes) clementiam principis commendat, 474.

Cisterciensium monachi sanctitate celebres, 505; eorum orationum suffragia, aut fraternitas a summis principibus quæruntur, 506 Abbatiarum numerus, 505. Primum privilegia obtinent ab Innoc. IV, 507; eorum capitulum generale primum, 505.

Civitas Leonina a Leone IV dedicatur, 255.

Civitates Langobardiæ in libertatem se asserentes bona Mathildis invadunt, 205 seq., earum quatuor juris proprii Mathildis, 226. Etruscæ liberæ in magnum ducatum erectæ, 254.

Claves confessionis sancti Petri, et sancti sepulcri benedictionis gratia missæ Carolo Magno, 12.

Claves regni cœlorum a Domino committuntur apostolorum principi, 55; quare appellatur claviger regni cœlorum, 67, 139.

Clemens III cum senatu Rom. pacem init, 500.

Clemens IV Carolo Andegav. Siciliam concedit, 496.

Clemens V coronat per legatos Henric. VII, 45, 565. Constitutione Pastoralis decernit, pontificem vacante imperio in Langobardia et Tuscia succedere imperatori, 228.

Clemens VII coronat Carolum V, 43.

Clemens XI primarum precum satagit, 293.

Clemens XIII auctori concedit, ut propriis oculis inspiciat, diligenterque con erat autographa diplom. apostolici archivi Molis Adrianæ, 136.

Clementia summis principibus necessaria, 474.

Clementia Rudolphi filia uxor Caroli Martelli nepotis Caroli Siciliæ regis, 506, 433.

Clerus et pop. Rom. regem Romm. excipiunt et ad basil. Vat d ducunt in solemnitate coronationis, 233.

Codex Carolinus annis novem ante imperii renoval. scriptus, 100.

Codex Farnesianus libri pontif. ævi Caroli Magni, 93.

Codex Rudolphinus Zweytalen., 296. Continet epistol 126 quarum duodeviginti sunt jampridem editæ, 2J9.

Collina porta prope castrum S. Angeli, 268.

Comaclum sanctæ sedi restitutum Benedicti XIII hortatu, 427.

Comitia Norimbergensia et Augustana, 344, 385, 395, Campidum, 586.

Concilia Lateran. III de benefic. collatione, 290, Lugdunen. II de sacra expeditione in Syriam, 462, Nicænum II pro sacris imaginibus, 6, Tridentinum de abolendo duellorum usu, 454.

Concordata Germanica, 446.

Concordia sacerdotii et imperii, 371.

Conjuratio in sanctum Leonem III et in reos animadversio, 89.

Conradus I rex Germaniæ scriem Augustor. turbat, 244.

Conradus II Salicus coronatur Aug. 169, 195, 215, 259.

Conradus III imp. coronam non est adeptus, 400, regem Romanor. II se appellat, 169.

Conradus Frid. II filius Siciliæ regnum invadit, 508, veneni haustu moritur, ibid.

Conradus Suevus oucat. Spolet. et comitatum Assisii restituit sanctæ sedi, 207.

Conradus Fr. Minorita Rud. legatus ad Nicol. III, 419, 457.

Conradus Hermannus sancti Leonis III epistolas 10 semel et iterum edit in lucem, 1 seq., 78. De genere et patria Rudolphi Rom. reg. loquitur; 304.

Constantiniana donatio commentitia, 89.

Constantinus Copronymus moritur : Leo IV fil. succed., 6.

Constantinus Leonis IV fil. sub tutela matris Irenes, 6.

Constitutio Lothari cum consensu Eug. II, 63, 152, falso aschribitur Ottoni et Henrico, 153.

Corona imp. qua formula imponi consuevit, 283, 436.

Coronatio imp. ab uno Rom. pont. facienda, 19. Ea sola constituit imp., 39. Carolingios coronandi ritus, 254. Germanos coronandi solemnitas, 260. O m ante missarum solemnia fieri solita, 273.

Coronatio imp. Or. cœpta fieri ab Anatolio patriarcha in Leone I anno 457, 84.

Coronatio imperialis a Rud. semper optata, unoquam obtenta, 523. Ejus terminus assignandus a pont. non sine reg. Rom. assensu, 583. Ejusdem negotium ab Innoc. III tractatum pro Ottone IV, 275, pro Rudolpho a Nicolao III, 443, cui numerus militum secum ducendor. præscribitur, 523.

Corsica sanctæ sedi donata a Carolo Magno, 3, 60, a Mauris vexatam Franci defendunt, 78. Ejus donatio, ut Siciliæ et Sardiniæ, facta post ann. 791, 100, 128. Jura sanctæ sedis in eam insulam, 144.

Credentia et credentiales, 435.

Cypri rex scrib t Rudolpho de infelici statu Syriæ, 476.

D

Damiani Petrus de apostolico privil. confirmandi electionem Rom. pont., 121.

Decarcones. Vide Senatores.

Decimæ in Germania colligendæ pro bello sacro, 383, 562. Alfonso regi Castellæ concessæ, 554.

Defensio Eccl. Rom. et summi pont. est vera causa imperii in Occidente renovati, 57.

Defensoris titulus Carolo Magno tribuitur post coronationem, 2, 54, 59, 62.

D legato pro acquisitione bonorum Eccles. accepta, 190.

Demetrius Croatiæ et Dalmatiæ dux a Greg VII regis titu 6 insignitus sua bona subjicit sanctæ sedi, 236.

Demetrius Russorum rex bona sua subjicit Petri sedi, 238.

Desiderio exacto Langob. regno finis affertur, 98.

Designatio ditionis Eccl. Rom. per fines Carolo tributa, 99.

Diffidatio, seu indictio belli, 377. Sultano etiam mitti consuevit, 482. Rudolpho haud mittitur ab Ottocaro, ibid.

Diploma confirmationis privilegiorum sanctæ sedis Carolingior. tempore in solemni[?] coronationis legi solitum, 51. Julia ogni dies fieri a Germanis cœptum, 492, 500.

Diploma Ottonis autogr. aureis litteris exaratum in archivo Molis Adr, 134, 136, 156; sigillum perill, 137; ejus sinceritas, 138, 161.

Diplomata antiqua nullum titulum præseferunt, 154; eorum ingenium, 135.

Diplomatum Otton's et Henrici exempla plura ex autographis accurate exscripta, ac sigillis 40 prælator. roborata in concil. Lugd., I, 135. Post annos triginta a Rudolpho per legatos confirmatur una cum Ludoviciano in conc. Lugd. II, 278. Trium horum excerpta a Nicol. III Rudolpho transmissa, ut suum inde conficeret, 520.

Disciplina creationis Rom. pont. Ludovici tempore; 131, 174, 181. Ottonis ævo, 155 seqq Henrici, 181.

Ditionis ecclesiasticæ fines Orientales et littora, 74. Occidentales nostræ ætati similes, 98. Nomina eorum varia Rudolphi temporibus, 495. Romanis ipsis pontificibus Avenione degentibus ignota, 520.

Divisio regnorum Caroli inter filios, 99.

Dominatio pontificum Romæ et in ducatu aristocratica, 109. In exarchatu cæterisque donationibus monarchica, ibid.

Dominici et Francisci (sanctorum) ordines Ecclesiæ utiles probantur in conc. Lugdunensi II, 599.

Dominicus quidam a Carolo commendatur Adriano pro aliqua gubernatione in ditionibus sanctæ sedis, 96.

Domus appellantur bona omnia Mathildis, 205 Vide Mathild.

Donatio Pippini instaurtur a Carolo, 100. Carolina quater facta, 8, 100. Donationes omnes fiunt pro mercede animæ et ob veniam peccatorum, 100. Nec Ludov. nec Rudolph. ea formula uti vicar, quia nihil donant, 524. Sponte sua Pippini et successorum, 177.

Drogo Mediom tr. episc. a Sergio II fit vicarius apostol. Galliæ et Germaniæ, 114.

Ducatus Mediolan. origo, 231. Carolus V ejusdem hæres institutus, 252.

Ducange Carolus dissert. de infer. æri numism., 238.

Duellum permittebatur sæc. XIII, 454; in conc. Trid. omnino sublatum, ibid.

E

Edmundo Henr. III, Angl. regis fil. exhibetur Siciliæ regnum, 508.

Eambaldus archiep. Eboracen., 64, 67.

Eardulphus rex Nordanhimbr. expulsus restituitur, 65, 66, 69.

Eccardus et Muratorius jus supremum Rom. pont. in exarchatu agnoscunt, 106.

Ecclesiæ bona non alienanda, 48.

Eduardus Angliæ rex Margaritam fil. despondet Hartmanno Rud. filio, 306.

Eginhardus testis improvisæ coronationis Caroli Magni, 16

Einsidlense eremi monasterium in Helvetiis, 468. Ejus abbas princeps imperii, ibid.

Electio Rom. pont. Vide Rom. pontifex.

Electiones canonicæ in Germania vigent, 445.

El. ctionis decretum, 448.

Electivi principatus indoles, 510.

Electorum S. R. I. origo, 246, 527. Nomina, 247, mutatio, 248, numerus septenarius post Frid. II certus, 249. Plures ex eadem familia, 547. Diplomata regis Rudolphi confirmant, 429, 509.

Elephantus carcer publicus Romæ, 90.

Elias de Insat legatus Terræ sanctæ, 480.

Elisabet mater Ladislai regis Hungar. decreta in hæreticos roborat in suis ditionibus, 487.

Eminentissimi tituli Roman's procerib. tributus, 53.

Engelbertus archiep. Colonien. multa patitur a suis, 372, 445.

Episcoporum Germaniæ mores depravati, 348.

Epistolæ cod. Cæsarei in Zweytalensi desideratæ. Rud. ad Greg. X de sua electione, 280. Colonien. archiepiscopi ad eumd. pontuf., 400. S.R E. cardinalis ad Rud., 519. Bernardi Seccov. episc. ad Rud., 403. Nicolai III ad Rud. post cædem Ottocari, 421. Rudolphi ad Nicol. III post eandem cædem, 428. Privil. Rud. monast. Zweytal., 472.

Equitatio imperatoris cum pontif. post coronationem depravata, 275.

Equitatio Rom. pont. post coronationem ad Lateranense palatium, 267.

Equus albus pro censu Siciliæ utriusque, 511.

Ercambaldus cancellarius Caroli Magni, 19.

Eremi monast. Vi 'e Einsidlense.

Eridanus fluvius designat bona Mathildis, 205.

Estensium dominationis in Mutinensi ducatu initia, 234.

Etruria et Langobardia juris imp., 58. In Langob. ducatus Mediolanensis emersit, 231. In Etruria olim Tuscia magnus ducatus, 254, 510, 530.

Eugenius II de electione Rom. pont. aliquid sanxit, 184. Privilegium de confirm. electione ab imp. suppositum, 113, 122.

Euphemia sanctimonialis Rudolphi filia, 306.

Euphemius Constantinopolitanus patriarcha omnium primus anno 491 ab Anastasio imp. exigit professionem fidei, 44.

Euphemius Siculus proditorie subjicit Siciliam Saracenis, 78.

Exarchatus integer sanctæ sedi asseritur, 51. Caroli Magni ævo in tres provincias dividebatur, Ravennam seu Æmiliam, et Pentapoles duas m ritimani et Mediterraneam, 97. Earum caput civitas Ravenna, 537. Rudolphi ævo erat binominis Romandiola et Maritima, 278. Comitatus Romandiolæ distinguebatur ab exarchatu, 493 seq., 522. Hinc prædecessorum invasio Rud. videbatur jus imperii, 355 seq. Rem edoctus cancellarii sui facto improbato sanctæ sedis jura acerrime vindicat, 428. Olim archiep. Ray. privilegiis apostol. in Exarchatu dominabantur, 208, 277.

Exarchus imp. Or. qua solemnitate excipiebatur Romæ, 255.

Exceptio regum et impp. Romam venientium, 59

Exspectativæ gratiæ suboiatæ, 290.

F

Factiones Guelpha et Gibellina in Italia, 213.

Feriaria. Ejus vices, et subjectio certa sanctæ sedi, 234. Mathildis in ejus territorio multa possidenat, 216.

Feuda et privilegia imperii a rege Rom. conferuntur, 311. Electoribus statim post coronat. Germ., 346.

Fidelitatis sacram. a rege Rom. præstitum pontifici, 42, 262, 270, a Romanis imperatori, 25, 28, 56, a principibus Germaniæ regi Rom., 315.

Florentini alienatio insignis super patrimonio E. R., 197, 211.

Fodina Argentaria locatur a Rudolpho, 468.

Formula usu recepta : Non cancellata non abolita, etc. In diplomate Rud. reperitur, 488.

Formulæ tradendi insignia imperialia, 265, ac præsertim gladium, 272, 274.

Fortunatus Graden. archiep. a sua sede pulsus in Francia exulat, 47; mala ejus sors, 48.

Francisci et Dominici (sanctorum) ordines probati, 399. Sancti Francisci, seu Minoritæ Nicolao III ob vitæ sanctit. charissimi, 442. Monasterium mulierum pœnitentium iis committitur, 441. Vide Conradus.

Franciscus de Roxas Ferd. regis cath. orator ad Jul. II, 516.

Francofordiense concil. canonem Nic. II male perceptum damnat, 6.

Fraternitas ordinis Cister. a principibus quæsita, 50 ».

Fridericus I Ænobarbus primus Augustor. fit canonicus sancti Petri, 271, 272, 460.

Fridericus II Henrici VI fil bientis a patre rex e igitur, 389. Ipsi die coronat. imp. constitutionem edit contra hæreses ab Honorio III roboratam, 485, quam postea Rudolphus confirmat, 487. Exauctoratur in Conc. Lugd., II, 228, 508. (Hinc Rudolphus imperiegnum 28 annor. numerat, 460.) restituit sanctæ sedi terram Mathild., 202, fit maximus invasor ditionum sanctæ sedis, 508.

Fridericus III obtinet a Nicolao V privilegium primar. precum, 295

Fridericus Rudolphi filius sine prole, 506.

Fridericus II archiep. Salib. jubetur a Greg. X adesse coronationi Rud, 329. Scribit Rudolpho se adituium, 555. Accusat Seccoviensem episcopum,

578. Vexatus ab Ottocaro.auxilium petit a Rud, 380, 582. Militam cum copiis in suam provinciam immissum nuntiat, 392. Eccles asticor. et ecclesiar. statum infelicem nuntiat Gregorio X, ibid. Rudolphum monet ut sibi a domesticis ins diis caveat, 384. Sincera ejus fides a Rud. commendatur, 383. Provinciam visitat, 389. Populos a juramento, quod Ottocaro præstiterant, absolvit, 402. Una cum suffraganeis suis Joanni XXI nuntiat liberat. Augustriæ, 411.

G

Gabellensi in civitate comes instituitur ab Adr. Dominicus commendatus a Carolo, 96.

Garampius canonicus sancti Petri præfectus archivis Vaticano, et castri Sancti Angeli, 217.

Garlagnana. Vide Carfagnana.

Gatticus abbas c·monic. reg. ordd. Romæ collector, 2 0.

Gentilotus Benedictus Vindob. biblioth. præfectus in Ughelli edit. Coleto exhibet monumenta, 465.

Germania cinni. fideln. præst in Rud., 513. Status ejus misera post interregnum, 313. Ejus principes privil. obtinent eligendi regem Romanor., 169.

Germaniæ corona regem Rom. futurum imp. instituit, 246

Gladius imperatori traditur de sacro altari principis apostolorum juxta antiq. ordines, 272; juxta recentiores de super corpus sumptus, 274.

Godefridus præpositus Solien. subscribit Rud. diplomati pro sancta side, 526, a Rud. commendatur canonicus pro Pataviæ eccl. vac., 486.

Godefridus abbas Godwicen. monum. probat imperatorem nullum fuisse, aut se dixisse ante coron Rom., 59. Diplomata Ottonum et Henrici aureis litieris exarata testatur, 153. De antiquor. dipl. ingenio disserit, 155. De titulo regis Rom. minus accurate loquitur, 245.

Gothridus Viterb en. de pomo aureo, 259.

Gradensis ecclesiæ vices, 48.

Gratianus in monum. vet. referendis parum fidus, 37.

Gratianus superista accusatus op. pont. et imp., 24.

Gregorius IV consecrari renuens causa est, cur imp. auctoritas invocetur, 176.

Gregorius V cum Ottone III de electione regis Rom. constitutionem edunt, 168, 245.

Gregorius VI in conc. Sutrino pontificatum ab licat, 261.

Gregorius VII (sanctus) libertatem consecrationis Rom. pont. pos humio revocat, 120. Pontificiam et imperial. potest tem duobus majoribus luminibus comparat, 516.

Gregorius X (sanctus) Viterbii eligitur degens in Syria cum exercitu Christiano. um, 315. Ejus genus, patria, itinera, 337. Vix consecratus concil. Lugd. II indicit, 313. Principes imperii monet, ut veniant ad solemnitatem coronationis Rud., 281, 313. Ottocari Boh. regis cum Steph. rege Hung. pacem ratam habet, 393. Rudolpho prudenter negat favorem pecuniæ, 355. Vicecomite relicto adhæret Turrianis, 340. Mediolani publicat bullam Clem. IV quæ audit In Cœna Domini, 552. Cum Christiano exercitu in Syriam redire meditatur, 476. Moritur Aretii, 276, 282, 496; miraculis claret, 565 hjus epistola interpolata, 357

Gregorius XIII in pauperes liberalissimus, 11.
Grimoaldus filius Arichis Beneventi ducis a Carolo Magno obses in Franciam ducitur, 101.
Guido. *Vide* Wido.
Guillelmus. *Vide* Willelmus.
Gurgensis episcopus Dietricus moritur, 587.
Gutha al. Juditha Rudolphi filia nubit. Wenceslao filio Ottocari post hujus cædem, 422.

H

Hæreditarii princip. discrimen cum electivo, 510.
Hallensis civitatis privileg. Rudolphinum, 447.
- Hartmannus Rud. fil. moritur sine prole, 506.
Hedwigis Rud. mater monasterium ingreditur, 508.
Hedwigis al. Anna Rud. fil. nubit Ottoni marchioni Brandeburg, 506, 546.
Helmengaudus legatus Caroli Magni ad Leonem III, 5, 58.
Henricus I Germaniæ rex chronologiam Augustor. cognominum ap. historicos turbat, 244.
Henricus I (sanctus) sacram. fidelitatis præstat Bened. VIII, 39. Diplomate confirmat jura sanctæ sedis, 170.
Henricus II, al. III, Clementi II fidelitatem jurat, 42, 262. Jura sanctæ sedis transmontana cum Benev. principatu commutat, 195. Coronam Italicam non suscepit, 245.
Henricus IV rex Rom. III Mantuam juris Mathild. proditione capit, 221, ab ea vincitur in Sorhariæ campis, 224.
Henricus V rex Germ. Aug. III invadit bona Mathildis, 200. Coronam Italicam non suscipit, 245. Romanos habet infensos, 512.
Henricus VI Frid. I filius Frid. II filium biennem regem creat, 589. Male ablata sanctæ sedi restitui mandat testamento, 209. Siciliæ investituram ab eadem sede accipiendam præcipit, 510.
Henricus VII Galeatium Placentiæ vicarium instituit, 229. Fidelitatem pontifici per nuntios jurat Avenione, 42. Ex necessitate coronatur extra Basil. Vat, 43.
Henricus Bavariæ dux Ottocaro adhærens Rudolph. aversatur, 510, 546, 542, in ordinem redigitur, 597, hostis imp. non denuntiatur, ut Ottocarus, 555. Cum Lud. fratre reconciliatur pontificis et Rud. opera, 554, prohibetur tractare pacem inter Ottocarum et Hung. regem, *ibid*. Cum Rudolpho redit in gratiam, 409.
Henricus Castellæ regis Fr. a factiosis Romanis fit senator Urbis, 502.
Henricus Basileen. episc. collector decimar. pro bello sacro, 333. Legatus Rud. ad Innoc. V, 569, 437. Roma discedit, pontifice decedente, 575.
Henricus Tridentin. episc. cum Meinardo Tirol. comite discordias habet, 485, a Rud. arbitri pacis designantur, *ibid*.
Henricus Furstembergius a Rud. gubernator mittitur in Romandiolam, quam oredit juris imp., 554 *seqq*.
Herbipoli habentur concilium et comitia, 344.
Hermannus seu Hartmannus alter Rud. fil. cui desponsa fuerat Margarita Eduardi regis Angl. fil. mergitur in Rheno, 506.
Hermannus Contractus notatur, 261.
Heumanuus Joannes de antiq. diplom., 155.
Hildewaldus archiep. Coloniæ Leoni III ad Francos confugienti in occursum mittitur, 49.
Honorius II primus investit Albertum ducem de bonis Mathildis post mortem Henr V invasoris, 200.
Honorius III coronat imp. Fridericum II, 508
Honorius IV Rud. scribit de termino coronationis, 285.
Hospitalarii. *Vide* Teutonicor. ordo.
Hugo rex Italiæ Maroeiam uxorem ducit, cumque ea Romæ dominatur, 33. Ab Alberico Marociæ filio pel iitur, 34. Aldæ regis filiæ nuptiis pacem init, *ibid*.
Hugo Lisinianus rex Cvpri Rudolpho infelicem Terræ sanctæ statum describit, 476.
Humberti de Romanis consilium Nicolao III de dividendo Romano imperio, 287.
Hunfridus Caroli Magni legatus ad Leonem III, 58.

I

Illyrici Flacci petulantia in Rom. pont., 1.
Illyricus utraque ad consecrationem spectabat Romani pontificis, 9.
Imperator in Occid. renovatur a sancto Leone III, 19, 51, 44. Ejus coronatio ab uno Rom. pont. facienda, 59. Munus defensio sanctæ sedis et Rom. pontificis, 4, 14, 251, 481, 528.
Imperatores Carolingi septem, duobus alienæ stirpis insertis, totidemque additis ex feminis, 20.
1 Carolus Magnus a Leone III coronatus an. 800, die 25 Dec., mortuus 814, 28 Jan., 17, 253.
2. Ludovicus Pius fil. coronatus a Steph. IV, an. 816, mortuus 840, 20 Jun., 20.
3. Lotharius fil. coronatus a sancto Paschali, an. 823, mortuus 855, 28 Sept., 21, 254.
4. Ludovicus II fil. coronatus a sancto Leone IV, an. 850, mortuus 875, 13 Aug., 28.
5. Carolus Calvus fil. Ludov. Pii coronatus a Joanne VIII an. 876, mortuus anno seq 6 Octob., 28.
6. Carolus Crassus fil. Lud. Germanici ab eod. pontifice coronatus an. 880, exauctoratus 887, 11 Nov., seq. anno mortuus 12 Jan., 28.
7. Wido dux Spoleti Berengarii æmulus a Steph. V coronatus an. 891, moritur 894, 28.
8. Lambertus Widonis fil coronatus a Formoso an. 892, moritur 898, 28, 242.
9. Arnulphus fil. Carolomanni fratris Caroli Crassi coronatus ab eod. Formoso an. 896, moritur 899, 242.
10. Ludovicus III fil. Hirmingardis Ludov. II filiæ coronatur a Beued. IV an. 900, biennio post exæcatus a Berengario miseram vitam vixit, 28.
11. Berengarius thius Gislæ Ludov. Pii filiæ coronatus a Joanne X an. 916, Veronæ cæditur, 924, 28, 243. *Vide singulos suis locis*.
Horum sex primi jure successionis electi, cæteri spe defensionis Ecclesiæ, 242. Solemniter eorum exceptio, 254 *seq*. Solemnitas coronationis, 253. Pontifici professionem faciunt, 40. Jura et privilegia sanctæ sedis diplomate confirmant, quod in solemn. coron. legitur, 29. A Romanis juramentum fidelit. accipiunt, 22. Per coronam supremæ auctoritatis pontificiæ consortes fiunt, 24, 251, 287. Principium imp. Carolingiorum an. 800, 5m,9,253, 245.
Imperatores Germanici omnino duodecim præcesserunt Rudolphum regem Rom.
1. Otto Magnus coronatus an. 962 a Joanne XII, moriuus 973, 55, 157.
2. Otto II coronatus a Joanne XIII an. 967, moritur 983, 39, 504.
3. Otto III coronatus an 996 a Gregorio V, moritur 1002, 168, 504.
4. Henricus (sanctus) coronatus a Bened. VIII an. 1014, moritur 1024, 40.
5. Conradus Salicus coronatus a Joanne XIX an. 1027, moritur 1059, 195.
6. Henricus II coronatus a Clem. II an. 1016, moritur 1056, 42, 262.
7. Henricus rex Germ. V coronatus a Paschali II an. 1111, moritur 1125, 272, 512.
8. Lotharius II an. 1133 ab Innoc. II coronatus, moritur 1137, 43
9. Fridericus I Ænobarbus coronatus ab Adriano IV an. 1155, moritur 1190, 270.
10. Henricus rex Germ. VI coronatus an. 1191 a Cœlestino III, moritur 1197, 280, 504.
11. Otto IV coronatus an 1209 ab Innoc. III, moritur 1218, 372, 494, 504.
12. Fridericus II coronatus an. 1220 ab Honorio III, exauctoratus a Leone IV in conc. Lugd. II an. 1245, tametsi superstes fuerit usque ad 1250, 494.
Ottonum electio aut facta aut probata a Rom. pontif., 243. Sanctus Henricus primus o nium eligitur rex Rom. a Germ. principibus, 169, 244. In solemnit. coron. exhibent sacram. fidelit. Rom. pont., 40, 262. Ritus eos excipiendi ad portam castelli, 261, fieri incipiunt canonici sancti Petri, 271. Subdiaconi officio funguntur in missa coronationis, 274. Si qui coronam Rom. non assequebantur, non dicebantur imperatores, 547.
Imperatores quinque post Rud. usque ad Car. V obiter memorati.
1. Henricus rex Germ. VII coronatus an. 1312 a Clemente V per card. leg., moritur 1513, 271.
2. Carolus IV coronatus ab Innoc. VI per leg. card. an. 1355, moritur 1378, 43.
3. Sigismundus coronatus ab Eug. IV an. 1433, moritur 1437, 234.
4. Fridericus III coronatus a Nicolao V an. 1452, moritur 1493, 245.
5. Carolus V omnium ultimus coronatus a Clem VII an. 1530, moritur 1558, 43.
Imperatores electi, seu reges Romanor. usque ad Carol. V numero decem.
1. Henricus rex Germ. IV electus an 1053, moritur 1106, 491.
2. Coniadus rex Germ. III electus an. 1158, moritur 1152, 400.
3. Rudolphus el. an. 1275, moritur 1291, 276, 311.
4. Adolphus el. an. 1292, moritur 1298, 506.
5. Albertus Rudolphi fil. elect. an. 1298, moritur 1308, 203, 506, 395, 401, 472.
6. Ludovicus Bavarus electus an. 1514, mor. 1347, 229, 492.
7. Wenceslaus elect. an. 1376, amotus 1400, 231, 234.
8. Robertus elect. an. 1400, moritur 1410, 234.
9. Albertus II Austr. elect. an. 1438, mor. seq. anno, 506.
10 Maximilianus I electus an. 1486, mor. 1519, 481
Isti decem in actis et dipl. se vocant reges Romm. aut impp. electos, 481. Omnium electio auctoritate pontificia confirmata, 18. Coronationi quæ desuit in Carolo V æquivalere putan-

tur apostol. confirmatio regis Romanor. et indultum primar. precum, 231.

Imperatores Orientis, quorum fit mentio : Constantinus Copronymus; Leo IV fil. impietatis et imp. successor; et Constantinus puer sub tutela matris Irenes, 6, 8. Eorum electio multiplex, 18. A patriarcha Constantinopoleos coronari cœpti, 19, 81. Professio fidei ab iis exigebatur, 44. Eorum series continuata per annos 400 post renovat. imp. Occid a Leone III, 521. Interruptam a Latinis per annos fere 60 Michael Palæologus instaurat annis circiter 200 ante captam Constantinopolim, 1453, *ibid.*

Imperatoria potestas temporal. pro fidei cathol. defensione, ut spiritualis pontificia nullis limitibus circumscripta, 481. Quare ut pontifex soli, ita imp. lunæ comparatur a Gregor. VII et Innoc. III, 318. Medio ævo communis ea opinio erat, 260.

Imperialia insignia Carolingior. corona, gladius et sceptrum, 254. Germanorum præter tria illa, pomum crucigerum, 258, quandoque etiam annulum, 265.

Imperialis excellentia tribuitur Rudolpho a rege Cypri, 476.

Imperii principes confirmare incipiunt diploma imperiale jura sanctæ sedis asserens, 492.

Imperium a sancto Leone III renovatum in Occid., 4, ad Germanos translatum, ut dicitur, a Joanne XII, 32. Ejus sedes est Germania : Langobardia et Tuscia ad illud pertinent, 277, 287.

Innocentius II coronat Lotharium II, 43. Eumdem investit de bonis comitissæ Mathild., 200. Siciliæ regnum instituit, 506.

Innocentius III juris sanctæ sedis vindex acerrimus, 494 *seqq.* Salingherræ confert partem honorum Mathildis, 201. Cisterciensibus se et Eccl. Rom. commendat, 503. Greg. VII exemplo pontificiam potest. soli, imperialem lunæ comparat, 316. Ritum coronat. imp. amplificat, 273. Exspectativas gratias improbat, 290. Templarior. cum Hospitalar. dissidia componit, 457. Siciliam citra Pharum et ultra appellare incipit, 510. Translationem imp. Or. a schismaticis ad Latinos ratam habet, 521.

Innocentius IV in conc. Lugd. I diplomatibus jura sanctæ sedis confirmantibus exscriptis, et 40 prælator. sigillis roboratis fidem habendam decernit, ut autographis, 133. Ejus consilio septem electores originem acceptam referunt, 247.

Innoc. V quinque mensium pontifex plura gessit, 367. Archiep. et eccl. Colonien. commendat Rudolpho, 372.

Innoc. VI Carolum IV per legatos coronat, 43.

Innoc. VIII Siciliæ investituram concedit prisco more, 514.

Interregnum post Frider. II fatale dictum a Germanis, 227, 494.

Investitura Greg. VII Roberto Wiscardo, 150.

Invocationes diplomatum variæ pro locorum stylo, 92.

Isabella regis Sicil. filia nubit Ladislao regi Hung., 575.

Iscla Ins. olim Ænaria, Inarime, Pithecusa, 73.

Italia seu Ital. regnum aut Langobardia, 89. Ducatus Mediolan. postea effecta, 231. Ejus reges vacante imp. post Berengar., 243. Vacante imp. paret pontifici, 228. Ab ejus rectoribus pendet Romana securitas, 230. Regnum disturbatum, juraque pristina intereunt, 223. Factionibus, ut Tuscia, et aliæ provinciæ, obnoxia, 315.

Itherius et Maginarius abb. Sabinæ fines constituunt, 101.

J

Jandunus Joannes. *Vide* Marsilius. Jesse episc. Ambianensis accusatus, 65.

Joannes IX instaurat imperial. confirmationem electionis pontif. ex necessitate, 118.

Joannes XII ex Tusculanis comitibus invadit pontificatum, 31. Imp. ad Germanos transfert, 53, 243. Ottoni jurat se non adhæsurum ejus æmulis, 53, 41.

Joannes XXI successor creatur Adr. V, 373, 411. Rudolphum prohibet in Ital. venire, 283.

Joannes episc. Silvæ Candidæ legatus Leonis III, 89.

Joannes de Vico præfectus Viterbii tyrannidem usurpat in patrimonio, 213.

Joannes Spanheim infensus archiep. Moguntino, 261.

Joannis (sancti) Jerosol. equites a Rudolpho in protect. accipiuntur, 457 *seq.*

Josue abbas Aquisgrani adest diplom. Ludoviciano, 87, 121.

Judæi ahor. subditor. oneribus obnoxii in Moravia, 425.

Juliæ Academ. bibliotheca, 1.

Jura sacra et civilia sanctæ sedis æqua ratione repetuntur, 9.

Jura et privil. sanctæ sedis a Carolingiis diplomate confirmantur ipso die coronat., 29, a Germanis infra octo dies, 492, 500.

Juramentum Northmannorum pro Apulia, Calabria et Sicilia, 83. Caroli Andegavensis pro regno utriusque Siciliæ, 512. Aragonum post regnum bipertito divisum, 513.

Juramentum Carolingiorum regum pontifici ante coronationem, 40 Germaniæ regum, 36, 39, 42. Regis Romanorum, 262, 270. Rom pont. imperatori, 154. Electorum, 523.

Juramentum Lotharii II ante fores Later., 43.

Juramentum pop. Rom. imperat., 25, 28, 56, quod regi præstare nefas erat, 25, 41.

Juramentum regis Rom. pop. Rom., 42, 268.

Juramentum regium cum imperatorio comparatum, 253.

Juramentum Roberti Wiscardi pro utraque Sicilia, 149.

Juramentum Rudolphi Gregorio X Lausanæ, 523.

Juramentum quod Ottocarus extorsit a subditis, 592, 412.

Jurisconsulti Germanici de imperii renovatione minus recte, 57.

K

Karlus : sic semper in autographo dipl Ottonis, 158 *seqq*

Karolus semper scribitur in litteris Leonis III, 47 *seqq*

Kunegundis uxor Ottocari ejus iras incendit, 482.

L

Labbeus Leonis III epistolas ex altera edit. Conringii publicat, 1.

Ladislaus Hung. rex succedit patri, 375. Idem cum Andrea Sclavoniæ duce fratre adoptatur a Rud., 394, 403, fœdus jungit cum Rud., 416, 421, ab eodem invitatur ad jungendum fœdus, 399, ad extremum conflictum cum Ottocaro advocatur, 403. Quicum veteres et novæ simultates illi erant, 413, ad

Comanos deficiens sanctæ sedi negotium facessit, 423. Constituta omnia contra hæreses in suo regno servari mandat, 487.

Lambecius Petrus Rud. cod. publicaturus erat, 296.

Lambertus Widonis fil. consors fit imperii, 242.

Lampadusa ins. a Saracenis invasa, 73.

Landulphus de Græcia comestabulus Benev., 179.

Langobardia, hodie ducatus Mediol. erat juris imp, 38, 310, 340.

Langobardorum regni finis, 96.

Lateranensi in eccl. duo impp. necessario coronati Lotharius II et Henricus VII, 43.

Laudes, seu acclamationes in coronat. imp., 19.

Lausana urbs in Helvetiis, ubi Greg. X et Rodulphus colloquuntur, 521, 549, 598.

Lega seu lex cudendi monetam, 471.

Legati principum ab electione Rom. pont. arcentur, 182.

Legati principum et civitatum Germaniæ adesse debent imp. coronationi, 350, 356.

Legatus Terræ sanctæ ad incitas reductæ, 480.

Leges Francor. et Langob. a Carolo suppletæ, 25 *seqq.*

Legis regiæ Adriano suppositæ indoles, 48, summa, 166.

Legislator justa de causa legem emendat aut tollit, 459.

Leibnitius edidit chartulam Mathild. ex cod. Vat., 196.

Leo III Adr. successor, 2. Immani sacrilegio excæcatus ad Carolum patricium confugit in Franciam, 14. Reditus palatii Ravennatis juris sanctæ sedis repetit, 51. Mira ejus mansuetudo in calumniatores suos, 53, 60. Carolum subiratum legatis pont. qui officio defuerant, placat, 67, moritur, 90. Imp. Occid renovat., ut defensionem comparet pontifici et Rom. Ecclesiæ ac fidei orthodoxæ, 508.

Leo IV omnium primus cum Carolingior. Augg. permissu consecrari debebat, 115. Sponte professionem fecit quam successores aliquot coram missis imperial. exhibuere, 135, qua occasione non aliquid introductum videtur, 184. Civitatem Leoninam ab se ædificatam dedicat, 285.

Leo VIII pseudo-pontifex constitutionis commentitiæ auctor, 163. Baronius eam commentitiam novit, 181.

Leo X Siciliæ censum redegit ad 7 m. ducat., 517.

Leo I imp. Or. ab Anatolio patriarcha coronatur, 81.

Leo IV imp. Or. moritur Constantino puero sub tutela matris relicto, 6.

Leo V cognomento Armenus Michaeli succedit, 80.

Leodienses cives privil. cleri sibi noxium revocare petunt, 458.

Leodiensis ecclesia summis laudibus effertur a Rud., 455, 486.

Leodien. episc. legem fert de duellor. statu die prorogando, 454.

Leonina civitas dedicatur, 285.

Levoldus a Northof. de archiepp. Colonien., 447.

Libelli probrosi in Rudolphum scripti, 405.

Litterati a summis principibus in pretio habiti, 486.

Littoralia sanctæ sedis a littoral. regni Italiæ distincta, 60.

Locorum nomina in ditione eccl mutata, 179.

Lotharius I Aug. Ludov. Pii fil. a sancto Paschali imperii paterni consors coronatur, 21, 254. Cum Eug. II consensu de ditionis eccl. administratione legem edit, 63, 152. Eadem falso tribuitur Ottoni et Henrico, 153, 162. Privileg. obtinet confirmandi elect. pontif., 116.

Lotharii II juramentum Innoc. II, 43.

Ludov. Pius a patre hæres regnorum instituitur et imperator designatur, 20. Jura et privilegia sanctæ sedis confirmat, 30, 87, 92. Albinianum exemplum ejus diplomatis, 83 seq. Conjuratio in sanctum Leonem III hujusmodi diplomatis causa fuit, 90. A Gratiano aliisque alicubi adulteratum, 126. Cum n!hil Pippini et Caroli donationibus addiderit, in diplomate Ottonis Ludovici nomen silctur, 141. Ab Henrico nominatur ut alienæ donationis assertor, 179. Disciplina elect. pontif. est magnum sinceritatis ejus argumentum, 133.

Ludov. II renovati imperii indolem manifestat, 18.

Ludov. III Burgundiæ et Provinciæ rex coronatur imp. a Benedicto IV, 242.

Ludov. Bavarus in discordia electus, ab Italis Gibellinis accersitur in Italiam, 229.

Ludov. VII rex Galliar. privilegium apost. comburit, 527.

Ludovicus IX (sanctus) in fraternitatem recipitur a Cistercien., 505. Duellor. usum in suis ditionibus prohibet, 433. Siciliæ regnum sibi oblatum a pontif. renuit accipere, 508.

Ludov. dux Bavariæ elector Palatinus primas habet partes in electione Rudolphi, 246. Vide Henricus Bavariæ dux.

Ludov. Sabaudiæ comes cum Rud. controversias habet, 522.

Luminaria duo majora pontificiæ et imperatoriæ potestatis symbolum, 260, 308, 314, 318, 380.

M

Mabillon. de elect. Rom. pont. cum Panvinio agit minus recte, 181. De monasterio Aureæ vallis, 449 seq. Testatur Benedictinos Cisterciensibus referre acceptam celebrationem capitulor. general., 505.

Mahometes II Constantinopoli expugnata Orientali imp. finem affert, 521.

Malatesta et Galiotti de Arimino tyrannidem exercent in Marchia, 213.

Manfredus Siciliæ regn. invadit pro Conradino, 508.

Mansa, id est fundi proprii principis, 51.

Mansionarius, dignitas palatii Francorum, 135.

Mantua in principatu Mathildis, 222. Pinamonti Bonacossio se subjicit, 227.

Mantuanus episcopus ab Innoc. II obtinet partem terræ Mathildis, 206.

Marca duplicis generis, aurea et argentea, 335. Argenteas duodecim mille Greg. X donat Rudolpho pro sacra expeditione, ibid. et 362. Mille pariter argenteæ assignantur Annæ reginæ a Rud., 429.

Marcualdus senescalcus imp. tempore Henr. VI Marchiam invasam restituit sanctæ sedi, 207.

Margarita Raym. Bereng. comitis Provinciæ filia natu major sancti Lud. uxor a Rud. investituram accipit comitatuum, 464 seq.

Maria virgo (sanctissima) ab Austriaca domo semper culta, 508. Ejus patrocinio victoriæ plures obtentæ, 419. Oratorium ejus in atrio basil. Vat. dictum in Turri regis Rom. professioni et canonicatui addictum, 42

Maria Boemundi Antiochæ principis filia jus ad regnum Jerus. transfundit in Carol. Siciliæ regem, 476.

Maria Theresia Aug. magni progenitoris exemplo reginam se dicit, 481.

Marocia senatrix dominatur Romæ, 53.

Marsia Innocentii II tempore occupata a Willelmo Siciliæ rege pro qua censum cccx sclufator. s lvit, 597.

Marsilius Patav. et Joannes Jandunus hæresiarchæ clientes Ludov. Bavari scriptis suis Italiam inficiunt, 230.

Martene Edmundi Anecdotum, 449.

Martinelus (Blasius de) ritum coronationis Caroli V novitatibus plenum exhibet, 231.

Mathildæ chartula donationis iterum facta, 195. Ex cod Vat. editiones ejusdem plures, 196 De eadem opiniones variæ, 197 seqq Bona ejus cis et ultra montes, 203. Allodium, terra, domus, comitatus, podere appellantur, 204. Patrimonium Tusciæ perperam credita, 209. Eorum situs ubi Mutilensis postea ducatus, 214, 219. Ditiones Eccle iæ et imperii, quæ comitissæ subdebantur, 213 seqq. Ab initio sæc. xiv nulla eorum mentio, 228. Chartula ipsa ex cod. Albiniano, 238

Mauri seu Saraceni Hisp. non subjecti Caliphæ, 77.

Mauritii (sancti) altare in bas. Vat, ubi imp. inungebatur, 272.

Mechtildis Rud. filia Lud. ducis Bavariæ uxor, 306, 546.

Mediolanensis ducatus in regno Italiæ principium m. 1595, 231 ejus vices, 232. Vacante imperio Romano pontificio obtemperabat, 250.

Melinardus comes Tirolen. gubernator Carinthiæ, 388, 401.

Michael Curopolata imp. Or. a Leone Armeno proditus dejicitur, 72.

Michael VIII Palæol. agit cum Greg. X de Græcæ Ecclesiæ unione, 363. Orientale imperium instaurat, 521.

Michael patricius a Mich. imp. in Siciliam missus cum classe adversus Saracenos, 75.

Milota Zawischius præfectus Stiriæ ab Ottocaro in Salisburgensem provinciam immissus cum copiis, 392.

Ministeriales, servi, seu gens obnoxiæ conditionis, 440.

Minoritæ. Vide Francisci (sancti) ordo.

Missi seu egati Caroli Magni ad Leonem III Helmengaudus et Huntridus comites, 58.

Missi Leonis III ad Carol. Magnum Joannes episc. et Basilius hegumenus, 50. Joannes episc. Silvæ Candidæ, Theodorus nomenclator, et Sergius dux ad Ludov. Pium, 89.

Missi imperiales ad justitiam faciendam, 54, 62, diversi a prædictis legatis, ibid.

Moguntia intestinis discordiis laborat, 439.

Moguntinus clerus periculo imminente opem quærit a Rudolpho, 441.

Monasterium Aureæ Vallis Cistercien. in diœcesi Trevirensi a Rud. commendatur Philippo regi Francor., 449, 453. Ejus origo et optima institutio, 449 seq.

Monasterium devastatum ord. Cisterc. a Rud. commendatur alienæ curæ, 432

Monasterium eremi in diœcesi Constantiensi, 468.

Monasterium sancti Pauli in Carinthia, 587.

Monasterium Tullnense monial. a Rud. fundatum, 508, 389.

Monasterium Zweytalense privil. obtinet, 472. Vide Cod. Rud.

Monetam cudendi jus, 470 seq.

Moravia et Bohemia Rudolpho morem ge unt, 424.

Moyses fide grandis factus, 382

Muratorius Ludov. recte sentit de majestate imperatoria per Rom. coronationem obtenta, auctoritate diplomatum, 59. E us inconstantia super di Ilom. Lud. C tt. Henr., 86. Una cum Eccardo supremam pontificis potestatem in Exarchatu agnoscit, 107.

Muta vectigalis genus apud Germanos, 472.

Mutina et Regium ab Ottone donantur Attoni proavo Mathildis, 221. Estensibus se subjiciunt, 227.

Mutinensis ducatus initia, 254.

N

Narnia civitas ducatus Romani bis invasa, et restituta sanctæ sedi, 93, 125.

Neapolitanum patrimonium sanctæ sedi vindicatum a Rom. pontificibus, 102, 148.

Neapolitanum regnum instituitur, 513.

Neapolitanus ducatus sanctæ sedi vindicatur, 148, 151.

Nerinius Felix abbas Hieronymianus autogr. diplom. Ottonis III deprehendit in monast. sanctorum Bonif. et Alexii, 232.

Nicolaus II Nor hmannis jura sanctæ sedis exponit in diplomatibus Lud. Ott. Henr., 85, 87. Henrico IV regi Romanor. privil. concedit confirmat di electionem Rom. pont., personale illud esse declarans, 119.

Nicolaus III vix electus Rud. dat litteras pro n gotio imperii et exarchatus, 428, prædecessorum exemplo illum prohibet in Italiam venire, 283, ejus affinitatem cum rege Siciliæ conciliat, 453. Provinciæ investituram impetrat eidem regi, 485. Transmittit Rudolpho excerptum dipl. Lud. Otton. et Henr. et formam exprimendi in dipl. civitates juris sanctæ sedis, 520.

Nicolaus IV agit cum Rud. de termino coronationis per suum nuntium, 286 Interim moritur re infecta, ibid.

Nonantulanum monast. a Mathilde donatur prædiis suis in territorio Ferrariensi, 216.

Northmanni dominari incipiunt in utraque Sicilia sex concessione sanctæ sedis, 85, 87, 130. Dominationis eorum finis, 508.

Nota infamiæ non tollitur cum crimine, 474.

O

Octavianus Alberici fil. pontificatum invadit Joannis XII nomine assumpto, 243.

Officia seu dignitates tam cleri quam laicorum in Urbe, 32.

Olomucensis episc. Vide Bruno.

Opizo marchio Atestinus Ferrariam, Comaclum et Adriam, invadit, 230.

Orator Rudolphi ad Innoc. V, 369, ad Nicolaum III, 370. Saluberrima monita obsequii in sanctam sedem ei data, ibid., incertum, num episcopus, an cardinalis, 475.

Ordines Romani antiqui ritum coronationis imp. exhibent diversum a recentioribus, 273.

Ordo Rom. coronationis Carolingiorum Augg., 256

Ordo Rom. coronat. Augg. Germanor., 261 seqq.
Ostiarius dignitas palatii Francorum, 133.
Otto I Magnus fit imp. a Joanne XII, 55, 164. Ante annos decem id nequidquam tentaverat Agapetus II, 33. Ob defensionem Rom. Eccl. et pontifices eam dignitatem assequitur, 57. Jurat pontifici, se nullum placitum habiturum in Urbe sine ejus consilio, 56. Primus omnium pomum crucigerum defert in sigillis, 258. Diplomate contimat jura sanctæ sedis, 134, 157. Autographum ejus dipl. exstat in Arce S. Angeli, 135, 156, 164. Lotharii constitutio cum Eug. II consensu falso ei tribuitur, 133, nec non electio Romani pontificis, 181.

Otto II una cum Aug. patre confirmat jura sanctæ sedis, 138, 157. Nihil donasse reperitur Rom. Ecclesiæ, 178.

Otto III cum Gregorio V de electione futuri imperatoris apud Germaniæ principes decernit, 168, 245. Sanctæ sedi nihil donasse reperitur, 178. Diplomata ejus plura data in Urbe, 252 Exstat autographum dati pro eccl. sanctorum Bonif. et Alexii, 252. Commentitium dipl. ei tributum, 221.

Otto IV rex Romm. eligitur, 289.
Otto marchio Brandeburgen. Wencesl. fil. Ottocarii tutor, 231.
Otto præpositus sancti Widonis Spirensis cancellar. Rudolphi et ad concil. Lugd. legatus, 278, 465, moritur, 332.
Ottocarus rex Bohemiæ contemnit Rudolphum paulo ante præfectum equitatus sui, 250, perpetuus ejusdem æmulus, 310. Principes nonnullos adhærentes habet, 346, 577. Provincias imperii detinet, 578. Denuntiatur hostis imperii, 318, in proscriptione constans hostilia exercet in provinciis imperii, 334 seq., in ordinem redigitur a Rudolpho, 375, 413, cui fidelitatem præstat provolutus in genua, 403, 414. Rebellans fœdus icit cum Tartaris, 412, ultimus ejus conflictus cum Rud. et cædes, 417.

P

Pacti et decreti Ludoviciani discrimen, 130.
Pagius et Eccardus Alcuini sententiam interpretantur quisque ex sensu suo, 15. Pagii sermo inconstans de diplomate Ludovici, 88, 123.
Pal cologns. Vide Michael.
Palatii Francor. dignitates bibliothecar. mansionarius, ostiarius, 133.
Palla seu pallium regis Rom. coronandi donatur camerario papæ, 263, 271.
Pallium pro Rhemensi archiep petitum, 54, eidem inhæret archiepiscopi nomen et officium, 448.
Panvinius de electione Rom. pont. minus recte, 181, inter ordines Romm. collegit ritum coronationis imp. quidnam esset ignoratus, 260.
Parisius Matthæus septem electores consilio Innoc. IV institutos sensit, 247. Chronici ejus ætas, 248.
Parma in Pippini et Caroli donatione ab aliquibus parum solerter comprehensa, 188. Episcopis Parmensibus donata invenitur ab Augustis, 223, in principatu Mathildis deprehendatur, 222, sæculo xiv ineunte Gisberto Corregiensi se subjicit, 227. Beltrando card. sanctæ sedis legato sponte se subdit, 229, a Julio II acquiritur jure belli, 252. Paulus III eam concedit Petro Aloysio fiduciario jure, ibid.
Parmensium sacrilegium in Bernardum card. sanctæ sedis legatum,

223. Quem postmodum petunt, impetrantque episcopum sibi dari, ibid
Pascha an. 1250, die 27 Martii Parisio res singularis videtur, 248.
Paschalis I (sanctus) a Ludovico Pio confirmationem donationum obtinet, 90. Eid. nuntiat nil simoniacum in sua electione fuisse, 112.
Paschalis II. Vide infra Privilegium.
Paschalis et Campulus majestatis rei, 16.
Passagium seu sacra expeditio decreta in conc. Lugd. II, 462.
Passionens card. Dominicus ad benemerendum de litteris et litteratis factus, 135 seq.
Patria et lingua hoc discrepant inter se quod lingua plures patrias contiuet, 488.
Patriarcha Aquileiensis, 48, 389.
Patriarcha Gradensis, 48.
Patriarcha Jerosol. Vide Thomas Agni.
Patriciatus sanctæ sedis munera duo: defensio fidei orthodoxæ et sanctæ sedis Romaniæ pontificis, 8.
Patricium Latii antiquum oppidum, 125, 139.
Patrimonia Calabritanum in Siculum, 5, eorum reditus in pauperes et ecclesias erogandi, 10 seq., idcirco acerrime vindicantur, 103. Sæculum Gregorii Magni ævo in tres partes dividebatur, 139.
Patrimonia Neapolitanum, Beneventanum, Salernitanum, 102, 104, 129.
Patrimonium Tusciæ, 212 eq.
Patritius Augustinus Piccinus episc. cærem. magister juramentum de regni Italici gubernatoribus post regni ejusdem e ritum exigit, 251. Sanctam Mariam Trasponetinam vertit in Sanctam Mariam in Cosmedin, 275.
Paulus de Interamna orator et procurator Rud. in Urbe, 437, 442, moritur, 473.
Pentapolis pars maritima cœpta vocari Marchia, 522.
Petrus (sanctus) princeps apostolorum præcipuus Caroli Magni patronus, 8, ejus sanctuaria Carolo mittuntur a Leone III, 50. Claviger regni cælorum agnoscitur, 55, 67, 139. Constantino et Irenæ exemplum proponitur Carolinæ venerationis in tantum patronum, 8. Ejus imago impietati Græcorum obnoxia, 5.
Petrus III Aragon. rex Constantiæ uxoris jura asserturus Siciliam invadit, 512.
Petrus comes Autisiodorensis coronatur imp. Or. ab Honorio III, 521.
Petrus Diaconus de donatione Mathildis, 196.
Petrus Leonis antipapa Siciliæ regnum tenuisse dici ur, 506.
Petrus episcopus Patav. feuda largitur Rud. filiis, 396.
Philippus III, cognom. Audax, rex Franc. Rud. affinis, 435. Qui monastr. Aureæ vallis ei commendat, 449 seq.
Philippus frater Henrici VI invadit coronam Germaniæ, 289.
Philip. dux Carinthiæ amovetur, 388, 396
Pignorationes, seu repressaliæ vetitæ a Gregorio X in ecclesiasticis, 343.
Pipini donatio a sancta sede non possidetur integra usque ad primum Caroli Magni adventum in Urbem, 96, ejus et successorum spontaneæ donationes, 177.
Pippinus Caroli Magni fil. rex Italiæ Romam venit, 58.
Pisanæ Urbis Gibellini opem quærunt a Rudolpho, 277. Imperio subditam civitatem dicunt, 350, Rudolphus

sine pontifice nil se acturum reponit, 331.
»Pius .., cum erat Æneas Sylvius, pro primis precibus pugnat, 293. Siciliam concedit Alphonso more majorum, 514.
Placentia Verzusii Landi opera sanctæ sedi se subjicit, 229, conceditur Aloysio Farnesio una cum Parma, 232.
Placita ab imp. habentur Romæ coram pontifice, 24. Similia habita erant a regibus, 26.
Placitum missorum Caroli in Causa Leonis III, 16.
Platina cum Blondo sentiens de constit. Greg. V et Ottonis III non penitus rejiciendus, 163.
Polluca a Leone III appellatur solertia sæculi, 67.
Pomum aureum crucigerum a Bened. VIII fit mundi symbolum, 259.
Frideric I omnium primus illud accipit ab Adr. IV inter imperialia insignia, 260.
Populonium oppidum prope Plumbinum excissum massæ unitum, 128.
Porta Castelli. Vide Collina.
Prædicatores. Vide Dominici (sancti) ordo.
Præfectus Urbis in facinorosos animadvertit, 90, 467.
Præfectus Viterbii Jo. de Vico parrim. usurpat, 213.
Prælati jus gladii per alium exercent, 467.
Privilegium vocatur concessio investiturar. quam Henricus V a Paschali II extorsit, 225.
Preces a pontif. fundendæ, armis non neglectis, 75
Preces primariæ incertæ originis, 288. Antiquæ earum formulæ, 321. In conc. Trid. non sublatæ cum aliis exspectativis, 295. Privil. apostol. niti incipiunt, 294.
Preistæ nomen novum et consuetudo improbata, 294.
Presbyter per ignominiam castratus, 577.
Primatus Rom. pont. a Græcis agnitus, 564.
Principes electivi, et nati differunt inter se, 510 litteris non mandant res momenti, 286. Non subjiciuntur interdicto, nisi prius moniti in majestatis periistant, 589, 401. Summum eorum obsequium in sanctam sedem, 62.
Principes imperii confirmant Frid. II diploma de nulla Siciliæ regni conjunctione cum imperio, 509.
Privilegia religiosis detrimentum important, 307.
Privilegium apost. confirmandi elect. pont., 116 seq.
Privilegium Paschalis II Henrico V dictum privilegium, 225.
Probus minorita legatus Rud. ad Greg. X, 344.
Processio trium coronator. Clem. II, Henr. II, et Agnetis, 261.
Professio fidei impp. Or., 44, omnino diversa a promissione seu professione Augustor. Occid. Fide Juramentum.
Promissio seu professio Rom. pont. imperatori, 154.
Provincia a Rud. concessa fiduciario jure Carolo Siciliæ regni, 284, 465.
Ptolemais. Vide Accon.
Pupilli patrocinium a Rud. susceptum, 481.

Q

Quadragesima sæc. IX incipiebat fer. II post Dom. I, tametsi quatuor jejunia præcederent, 58. Unde Dom. Lætare dicebatur Dom. in medio Quadrages., *ibid.*

Quæstiones theologicæ a Carolo propositæ Leoni III, 69 *seqq*

R

Radevicus de situ bonorum Mathildis, 205.

Ravenna caput exarchatus, 537. Henricus VI Exarchatus invasor jus sanctæ sedis publicis tabulis testatur, 494. A Nicolao III una cum Pentapoli vindicatur sanctæ sedi post diuturnam invasionem, 428.

Ravennas archiep a Leone III accusatus ap. Carolum Magnum, 65 Ab Henr. VI Exarchatus invasore speciale membrum imperii appellatur, 208. Causæ cur a quibusdam Augg. id honoris obtinuerit, 555.

Ravennatis palatii reditus repetuntur a Leone III, 51.

Regalia Beneventi sæc. XII, 180.

Reges Italiæ venientes Romam, honorifice excipiuntur in tota ditione ecclesiastica, 59. Germaniæ corona accepta, Romanam assequuntur necesse est, ut fiant imperato es, 168.

Reges Russor. et Dalmatiæ sua regna sanctæ sedi subjiciunt, 236. Eorum investituram a Rom. pont. accipiunt, *ibid.*

Regia potestas est Ecclesiæ brachium externum, 248.

Regis inunctio, 480.

Regis Romanor. titulus ab Henr. I initium ducit, 244, a Conrado III in sigillis apponi cœptus, 245 Rudolphi epistolæ et diplomata huic constanter præseferunt, 511. Majestate quippe imperatoriam in votis tantum habuit, 519.

Reginum et Mutina donantur Attoni proavo Mathildis, 217.

Residentiæ dispensatio obsequium principis, 485.

Richiza al. Rigetta Aug. uxor Lotharii II, 200.

Ricordanus de Rom. pont. audacter mentitur, 499.

Ritus coronationis imp. a Patritio minus sollert r consarcinatus ex variis ordinibus Romanis, 274.

Robertus. *Vide* Wiscardus.

Rogerius primus Siciliæ rex ab Inn II institutus, 507.

Rogerius comes sanctæ Severinæ possess. capit regni Jerus. pro Carolo Siciliæ rege, 477.

Rogerius annal. Anglicor. scriptor, 209.

Roma et ejus ducatus Rom. pont. principem legitimum agnoscunt, 27. Utriusque populi ab impiis Græcis deficientes sponte se illi subjiciunt, 95. Romano tamen pop. et senatui suæ partes remanent in administratione rerum, 108, 512 In regibus Francorum magnum præsidium habuerunt, 5. Donationum diplomatibus inseruntur, sic volente pont., 521.

Romana, Romaniola, et Romaniora nova nomina Exarchatus post sæc. XII, 337. Rud. nova tantum ista nomina agnoscens, Romaniolam ab Exarchatu diversam putat, 335.

Romanum imperium in omnibus monum. ne Leonis quidem VIII pseudopapæ constitut. excepta, appellatur, 166. Romano-Germanici nomen est jurisconsultorum Germ. inventio, 167, 511.

Romanus pontifex Ludov. Pii ævo eligebatur et consecrabatur libere, 110, 181. Lotharii et Ludovici II priv. apostolico confirmatio electionis per annos 25 obtinuit, 114, 117. A Joanne IX renovatum, non fuit usu receptum, 118.

A Nicolao II concessum Henrico IV regi Rom. personale esse declaratur, 119. Tres omnino principes illo usu reperiuntur. Lotharius et Lud. Augg. atque Henr. IV rex Rom., 120. In hoc postremo sanctus Gregorius VII ratum habuit, postmodum prorsus sustulit, 121.

Rom. pontifex princeps absolutus donatio um absque S. P. Q. R. nostura, 109, 181, eodem jure sibi dominatur, quo Carolus in suis regnis, 54, 110, supremam ejus potest. Conringius fatetur. 2. Majestatem Alcuinus præfert imperatoriæ ac regiæ 14. Princeps summus a Romanis et Francis agnoscitur, 9. Græcis duntaxat exosus ob sanctarum imaginum cultum, 5. Qui nihilominus ejus primatum agnoscunt, 564, discrimen dominationis in urbe et ejus ducatu, cum dominatu in cæteris provinciis et civitat., 312. Rudolphi ævo hujusmodi discrimen non invenitur, 525. Vacante imp in Langobardia et Tuscia imp. vices gerit, 228. Ipse unus coronatione facit imperatorem, 43, ejus mortem olim sequebantur deprædationes et defuncti corporis derelictio, 132.

Romanus pop. juramentum fidelitatis exhibet imperatori, salvo eo quod præstiterat Rom. pont. tanquam proprio principi, 23, 28, 56 Non utique patricio, 12, aut regi Rom., 23, 41, ejus ingenium ferox plures imperatores experti sunt, 504, eidem Germani Aug. juramentum bis præstare consueverunt, 42, 269.

Ros. Hain episcopi sæc. XII Grossetani dici cœpti, 128.

Rotfridus et alii legati Eardulph. reg. in Angliam reducunt, 69.

Rudolphus Habspurgicus Aug. domus Austr. progenitor nascitur, 306, ex inclyto genere, 304, 406. Uxorem ducit Annam Hormbergicam, 306. Ex ea septem liberos, totidem filias suscepit, *ibid.* Basileam obsidens eligitur rex Rom., 276, 511. Coronatur Aquisgrani crucifixum pro sceptro arripiens, 513; electio confirmatur a Gregorio X, 320. Terminus pro coronatione. imp. illi assignatur, 282, 329, in colloquio Lausanensi nuper natur, 550, 565. Ibidem Greg. X juramentum præstat, 525. Eid. pont. agit gratias, quod principes ad coronationem invitarit, 545. Se eidem excusat ob dilatam aliquandiu iter, 398. Audita Greg. morte iter suspendit, 367. Innocentio V se affoturum Romæ scribit præscripto tempore, 541 ; ab eod. pont. et successoribus prohibetur in Ital. venire ob controversias cum Carolo Sicil. rege, 283, 571, 427, concordia sequitur, 284, spes coronationis resumitur, 426. Nicolaus III coronationem designat, 436. Pontif. decedente, Honorium IV de coronatione interpellat, 285. Deinde successorem ejus Nic. IV, 286. Coronam usque ad extremum spiritum desideratam novis semper de causis nunquam adipiscitur, 280, 286. Quare omnes ejus epistolæ ac diplomata omnia titulum tantum regis Romanor. præseferunt, 586, 595, 432, 456, 480, *et alibi passim*, quanquam aliquando ab aliis ignoranter imperator nuncupetur, 518, 572.

Rudolphus rex Rom. in Austriam castra movet adv. Ottocar., 575, 583. Viennam obsidet, Bohemiæ regem in ordinem reducit, 413. Eodem rebellante novas vires comparat, 406. Insignem de eo victoriam cum ejus cæde nuntiat amico principi, 417, et Nicol. III, 419.

Rudolphus rex Rom. Friderici II

constitutionem contra omnes hæreses confirmat, 488, ob singularem Christi Passionis venerationem certamina et res momenti suscipit fer. VI, 418. Summa ejus devotio in sanctissimam Virg., 508, obsequium singulare in ap. sedem, 520, 427, cui exarchatum restituit, quem nominis varietate deceptus detinuerat, 278. Ecclesiasticos omnes veneratur, 453. Primas preces consuetudine ratas niti, omnium primus offert, 290. Syriam, quo cum Frid. II processisse fertur, cordi semper habuit, 311, 479. Multis virtutibus illustris fuit : pietate, 308, mansuetudine, 405, clementia, 474, facilitate, 480, liberalitate in litteratos, 488, gratificatione, 528, sollicitudine erga amicos, 559. Pacis amator maximus, 432. Autographa omnium ejus diplomatum pro sanctæ sede servantur in archivio Motis Adrianæ, 495.

Rudolphus II Maximiliani II fil. imp. electus, 473.

Rudolphus Rud. fil. duodecimo vitæ anno mortuus, 306.

Rudolphus alter Rud fil. Sueviæ dux, maritus Agnetis, Ottocari filiæ, 306, moritur Pragæ, 422.

Rudolphus Rud. cancellarius, postea Salisburg. archiep., illicita juramenta exigit in Exarchatu, 488, eadem irrita declarantur a Rud., *ibid.* et 498. Subscribit dipl. Rud. quo inter cætera iura sanctæ sedis Exarchatus confirmatur, 526.

S

Sabaudiæ comes. *Vide* Ludovicus.

Sabinense patrimonium, seu territorium pacifice non possidetur a sancta sede ante an. 784, 101, ejus fines constituti, 127.

Sabinus ep. Leonis III legatus cum Adulpho pro Angliæ rege Eardulpho restituendo, 69.

Sacramentum. *Vide* Juramentum.

Sacrilegum facinus perpetum Adriani in sanctum Leonem III, 14. Parmensium in Bernardum card. sanctæ sedis legatum, 225. Germanorum in presbyterium, 377, in episcopum, 587.

Salinguerra Ferrariens. investitur ab Innoc. III de multis oppidis, aliisque bonis Mathildis, 201.

Salis deductio libera per Danubium ex privil. Rud., 472.

Salisburgense capitulum Cister. fraternitatem obtinet, 306.

Salisburgensis archiep. *Vide* Fridericus II.

Salisburgensis provincia a Milota Ottocari capitaneo vastatur, 295, 412.

Sancta Berengarii comitis provinciæ filia Richardi regis Romanor. tempore interregni uxor, 464.

Sanctimonialium monasterium a Rud. fundatum, 508, preces ab iisdem quæsitæ post electionem, 507.

Sanutus de rebus Terræ sanctæ, 478.

Saraceni Hispaniæ Siciliam aggressuri Lampadusam, Pontiam, Isclam invadunt et vastant, 72. Caliphæ Bagdadi non subjecti, proprio regi obtemperant : Mauri appellantur, 77. In reditu post basilicæ. sanctorum Petri et Pauli expilationem fere omnes mersi dicuntur, 79.

Sardinia sanctæ sedi donata a Carolo Magno, 3, 11, 24, siletur in diplom. Ottonis, 158, una cum Corsica a Saracenor. molestiis liberatur per Francos, 78, 143. Jura sanctæ sedis in eadem, 144.

Schifati mille, census Sicil. ante Carolum Andegav., 507.

Schinderling vilissimæ monetæ a

Friderico III factæ in maximis ærarii angustiis, 471.
Scriniarii sanctæ sedis desides sæc. -x, 147.
Scripturæ sac. versio LXX obtinet Caroli Magni ævo, 70.
Seccoviensis episcopus. *Vide* Bernardus.
Sedes (sancta) apostolica jura sacra et civilia repetit ab impp. Or. invasa, 9, 11. Obtrectatores habet ap. Carolum Leonis III ævo, 53. Dominatio temporalis invidiam, hæc æmulos ei comparavit, 56. Obsequium semper a principib. summis exegit, 62. Ejus ditiones a propriis ducibus administratæ, 63. Quibus legati pontificii et imperiales invigilant, *ibid.*
Seifridus abbas Zweytalen. floret sæc. xvii ineunte, 198, 473.
Senator Urbis esse non potest imperator rex Rom. aliusve summus princeps sine speciali licentia sanctæ sedis, 503.
Senatores duodecim ex plebe, decarcones etiam dicti cum duob. coss. et præfecto remp. Rom. administrant, 54, 270.
Senatores quinquaginta ab Innoc. III creati ut populo morem gerat, 501.
Senat ires Romanæ Theodoræ duæ, Marocia, Stephani i, 53.
Senatus Rom. instauratio tempore Innoc. II, 500.
Senatusconsulta duo concinentia cum lege regia et constitut. Leonis VIII commentitiis, 167.
Sergius II concedit privil. confirmandi elect. pontif., 114.
Sergius dux legatus Leonis III ad Ludov Pium, 89.
Sfortia Franciscus dux Mediolani ultimus moriens sine prole Carolum V hæredem instituit, 233.
Siciliæ antiqui juris sanctæ sedis ex donationibus, 158. An. 1327, Euphemii Siculi pro litione in Saracenor. potestatem venit, 78. Postliminio ad apost. sedem redit Northmannorum ope, nullo imperatore. interventu, 148 *seq.* Nullam cum imperio conjunctionem habet, 492, 509. Ejus regnum instituitur ab Innoc. II, 536. Sicilia citra Pharum et ultra dici cœpit ab Innoc. III, 510. Duplex ejus dominium inipit citra et ultra Pharum, 512. Tum Siciliæ insulæ inditum no uen Trinacria, 513. Ejus investitura et census a Leone X decernuntur ut nostra ætate, 517.
Siculum patrimonium ab Augustis Or. cum omnibus orientalibus commutatum, 3.
Siffridus archiep. Colonien. multa patitur a suis civibus, 372, 443, 447.
Sigebertus de synodo Ottonis ævo celebrata, 182.
Sigillum Ottonis regis aliud a sigillo ejusdem Augusti, 137, 176.
Sigismundus Aug. ineunte sæc. xv præterit juramentum de gubernatoribus in Ital. mittendis, quia alienata erat a fratre, 234.
Signa plura in cœlo ante mortem Caroli Magni, 79.
Signaculum propriæ manus, quo utitur Ludov. exemplo est Ottoni et Henrico, quod sequuntur, 155.
Simoniaca labes longe lateque vagatur in Italia et Francia Caroli Magni ævo, 112.
Solis et Lunæ symbolis pontifex et imperator designantur, 260.
Soriariensis conflictus Henr. IV cum Mathilde, 225.
Spoletanus ducatus a Carolo Magno oblatus sanctæ sedi, 104, 150, 146, 159, septem ejus civitates ab Ottone donantur sanctæ sedi, 152, 160, 522.

Reliquum omne a sancto Henrico cum bonis transmontanis sanctæ sedis commutatur, 189 *seq.* Rudolphi ævo magna in eo mutatio nonnuum facta erat, 522.
Spontaneæ donationes Pippini et successorum, 177.
Stephania senatrix dominatur Romæ, 53.
Stephanus II a Langobardis pressus Salisburgensi archiep. exemplum calamitatum præbuit, 385.
Stephanus III libere consecratur, 111.
Stephanus IV in Francia cum Ludov. Pio colloquitur de diplomate, quo jura omnia sanctæ sedis confirmanda erant, 90. De sua electione rite facta eum edocet post consecrationem, 112.
Stephanus V eligit imp. Widonem Spoleti ducem Arnulpho Carolingio um extremo posthabito, 242.
Stephanus Hungariæ rex cum Ottocaro pacem init conditionibus appositis, 393.
Stero de septem S. R. I. electoribus, 249.
Struvius aliique perperam de imperio agunt, 167.
Subscriptiones donation. Pippini et Caroli Ludovicianis forte similes, 124. Trium diplomatum examinantur, 185.
Suevi Augg. sanctæ sedi infensi, 521.
Suidgerus Bamberg. ep. fit papa Clemens II, 261.
Superista procerum Romm. primus, 52 *seq.*
Sussubium castrum postea Brictonorium, 203, 522.
Synodus Salisburg. an. 1274, 388.
Syriæ status fere nullus Rud. ævo, 295. Auxilia impense orat pontif. et Rudolphum, 316, 521, 461, 476, a Christianis amittitur, 458.

T

Tancredus Sicil. regnum invadens, maxima fit causa discordiar. usque ad Innoc. III, 508.
Tarracina expugnata ab Adr. retinetur loco pignoris pro patrimonio Neapolit., 148.
Tartari antea hostes fœdus jungunt cum Ottocaro advers. Rudolph., 412.
Telonium a pertranseuntibus exigi ventum, 483.
Templarii equites a Balduino R. Jerus. instituti, 457, a Clem. V exstincti translat s bonis ad equites sancti Jo. Jerosolymitani, 459, 478.
Tentorium artificiosum ad illudendum Ottocaro fidei ancipitis, 414, 432.
Terra Mathildis civitates continebat, quas tamen sancta sedes nunquam repetiit, 204 *seq.*
Terræ sanctæ status infeıix Rudolphi ævo, 476.
Testamentum Henrici VI divino consilio ad sanctam sedem pervenit, 209.
Teutonicor. ordo equestris impp. et regum privilegiis celebris, 456. Rudolphi patrocinium assequitur, 457. Amissa Syria Borussiam pro sede obtinet, 458.
Theodoræ duæ senatrices Romæ, 53.
Theodorus nomenclator legatus pontif. ad Ludov. Pium, 89.
Thomas Agni de Lentino patriarcha Jerusal., 448. Pessimum Syriæ statum Rudolph. nuntiat et opem petit, 461, 477.
Thomassinus de primis precibus minus recte, 288, 290
Thomasius ven. cardinalis aureum

commentar. in psalmos fecit, 481.
Tigurini centum equites cæduntur in conflictu contra Ottocarum, 386.
Trabaria massa in ducatu Urbini, 522.
Trasimenus lacus prope Perusium juris sanctæ sedis, 125.
Triclinium Leonian. exhibet Carolum regem cum insignibus patriciatus, 18. Placitum ibi habetur in sacrilegos Leonis III aggressores, 16.
Tridentini ep. controv. cum Meinhardo Rud componit., 465, 485.
Tripolitanus ep. Paulus minorita sanctæ sedis legatus, 588.
Tullnense monast. virg. in Austria inf. a Rud. fundatum, 508.
Turpiloquia Rav. archiep. coram legatis imp. dom. Palmarum, 63.
Turriani gratia utuntur Greg. X contra vicecomites, 340, 390.
Turrianus *Vide* Aquileiensis.
Tuscæ olim tres Romana, Langob. regalis, 212, Ro nana et Lang. J. sanctæ sedis societatem ineunt cum regali seu Etruria, 210.
Tusciæ ducatus cum spoletano a Carolo oblatus sanctæ sedi, 104, 150.
Tusculani comites dominantur Romæ sæc. x, 53.
Tyrannis late vagatur in ditionibus sanctæ sedis, dum pontifices Avenione resident, 213.

U

Ungari, Comani, et Tartari diuturni hostes Ottocari, 412.
Ungariæ regi Steph. succedit Stanislaus qui adoptatur a Rudolpho, 375, 394.
Urbanus VI Carolo Siciliam concedit prisco more, 514.
Urspergensis continuator de primis precibus, 288.

V

Valentinianus sen. studia litterar. promovet, 486.
Valentinus Eug. II successor libere consecratur, 115.
Vatic. Basil. archivum privilegia sanctæ sedis servat, 522.
Vexillum patriciatus insigne, 18.
Vexilluun Urbis et claves confessionis Carolo transmittit Leo III, 12.
Vicarii Petri diu appellati pontifices, 52. 58.
Victis parcere victoria est, 422.
Vienna a Rud. obsessa, 413.
Vitriarii et Corrugii somnia de primis precibus, 288.
Vulgariæ prædia vulgo communia, 551.

W

Walchius Christianus sua dicteria in Ludovicianum diploma Muratorio dedicat, 88, inepte illud carpit, 123.
Wello dux Italicus vir Mathildis, 218.
Wenceslaus rex Rom. primas preces offert, 289. Italiæ regnum vendit Galeatio : Mediol. ducatus incipit, 231, 234.
Wenceslaus Ottocari filius sub tutela, 251. Rud. filiam uxorem ducit, 422.
Wenceslaus Adalbertus, etc. auctor Pietatis Austriacæ, 296.
Wicardus Patav. ep. moritur, 487.
Wido dux Spoleti, et Lambertus ejus filius Augg. suis diplomatibus confirmant jura et privilegia sanctæ sedis, 50.
Willelmus Rogerii Sicil. regis fil. ecce schisatos pendit quotannis sanctæ sedi pro Marsia, 507.
Willelm. II primi fil. Northmanno-

B. CAROLI MAGNI

IMPERATORIS

SCRIPTA

SIVE

OMNIUM EJUS OPERUM PARS SECUNDA.

SECTIO PRIMA. — EPISTOLÆ.

EPISTOLA PRIMA.

AD OFFAM REGEM MERCIORUM,

Post devictos Longobardos et Saxones.

(Anno 774.)

[Ex Mansi Conc. Collect.]

Carolus gratia Dei rex Francorum et Longobardorum et patricius Romanorum viro venerando et fratri charissimo Offano Merciorum regi salutem, honorem et amorem.

Cum deceat reges potentes et famosos amicitiæ fœdere conjunciri et mutuis gaudiis ad invicem gratulari, ut in vinculo charitatis Christus in omnibus et ab omnibus glorificetur, vestræ serenitati hoc eulogium duximus destinandum. Cum nobilissimam Longobardorum civitatem cum suis civibus omnibus nostro dominatui subjugaverimus, et Italiam totam nostro imperio feliciter subjugaverimus Christi adjutorio, cui famulari desideramus, rex Desiderium Longobardorum, ducesque Saxoniæ, quos nostris nutibus inclinavimus, Withimundus et Albion, cum fere omnibus incolis Saxoniæ baptismi susceperunt sacramentum, Domino Jesu Christo de cætero famulaturi. Hoc igitur salubri mandato ego Carolus regum Christianorum orientalium potentissimus vos, o Offane regum occidentalium Christianorum potentissime, cupio lætificare et te in dilectione speciali amplecti sincerius.

EPISTOLA II,

SIVE DECRETUM DE SCHOLIS OSNABRUGENSIS ECCLESIÆ.

(Anno 787.)

[Ex Baronio Ann. Eccles.]

In nomine sanctæ et individuæ Trinitatis Carolus Imp. Augustus Romanum gubernans imperium, dominus et rex Francorum, et Longobardorum, necnon dominator et Saxonum.

Notum sit omnibus sanctæ Ecclesiæ fidelibus, nostrisque præsentibus et futuris, quod nos ob nostræ mercedis augmentum, Uuisioni episcopo Osnaburgensi suæ Ecclesiæ, quam nos primam in omni Saxonia, in honorem S. Petri principis apostolorum et sanctorum martyrum Crispini et Crispiniani construximus, quoddam nemus vel forestum intra hæc loca Farnewinchel, Rustenstheim, Angara, Osningsenethe, Dershosset, Egesterfeldt, innumera collaudatione illius regionis potentum, cum omni integritate in porcis silvestribus, cervis, avibus et piscibus omnique venatione quæ sub banno usuali ad forestum deputatur ad similitudinem foresti nostri Aquisgrani in Silveta Osningi, in perpetuum pietatis usum donavimus, ea videlicet ratione, quod si quispiam hoc idem nemus nostro banno munitum sine prædictæ sedis episcopi licentia studio venandi vel aliud agendi unquam introierit, sciat se tam divinæ quam regiæ ultionis vindictam incursurum, necnon pro delicto sexaginta solidos nostri ponderis, quos nobis pro banno violato debere statuimus, redditurum.

Insuper vero eidem episcopo ejusque successoribus perpetuam concedimus licentiam, libertatem et ab omni regali imperio absolutionem, nisi forte contingat ut imperator Romanorum et rex Græcorum conjugalia fœdera inter filios eorum contrahi disponant: tunc Ecclesiæ illius episcopus cum sumpta a rege vel ab imperatore adhibito, laborem simul et honorem illius legationis assumet. Et ea de causa statuimus quod in eodem loco Græcas et Latinas scholas in perpetuum manere ordinavimus, nec unquam clericos utriusque linguæ gnaros deesse confidimus. Et ut hæc auctoritas firmior habeatur, et diuturnis temporibus melius conservetur, manu propria subter ea roborare decrevimus, et annulo nostro sigillare jussimus. Dat. tertio Kalendas Januarii, anno quarto Christo propitio imperii nostri, trigesimo septimo regni nostri in Francia, atque trigesimo primo in Italia. Actum Aquisgrani in palatio in nomine Domini feliciter. Amen.

[a] EPISTOLA III.

AD BAUGULFUM ABBATEM FULDENSEM
De litterarum studiis.
(Anno 787.)
[Ex Miræo. Donationes Belgiæ.]

Carolus gratia Dei rex Francorum et Langobardorum, ac patricius Romanorum, Baugulfo abbati, et omni congregationi, tibi etiam commissis fidelibus oratoribus nostris, in omnipotentis Dei nomine amabilem direximus salutem.

Notum igitur sit Deo placitæ devotioni vestræ quia nos una cum fidelibus nostris consideravimus utile esse, ut episcopia et monasteria nobis, Christo propitio, ad gubernandum commissa, præter regularis vitæ ordinem atque sanctæ religionis conversationem, etiam in litterarum meditationibus, eis qui, donante Domino, discere possunt, secundum uniuscujusque capacitatem, docendi studium debeant impendere; qualiter sicut regularis norma honestatem morum, ita quoque docendi et discendi instantia ordinet et ornet seriem verborum, ut qui Deo placere appetunt recte vivendo, ei etiam placere non negligant recte loquendo. Scriptum est enim : *Aut ex verbis tuis justificaberis, aut ex verbis tuis condemnaberis* (*Matth.* xii, 37). Quamvis enim melius sit bene facere quam nosse, prius tamen est nosse quam facere. Debet ergo quisque discere quod optat implere, ut tanto uberius quid agere debeat, intelligat anima, quanto in omnipotentis Dei laudibus sine mendaciorum offendiculis cucurrerit lingua. Nam cum omnibus hominibus vitanda sint mendacia, quanto magis illi secundum possibilitatem declinare debent, qui ad hoc solummodo probantur electi, ut servire specialiter. debeant veritati? Nam cum nobis in his annis a nonnullis monasteriis sæpius scripta dirigerentur, in quibus quod pro nobis fratres ibidem commorantes in sacris et piis orationibus decertarent significaretur, cognovimus in plerisque præfatis conscriptionibus, eorumdem et sensus rectos et sermones incultos : quia quod pia devotio interius fideliter dictabat, hoc exterius propter negligentiam discendi lingua inerudita exprimere sine reprehensione non valebat. Unde factum est ut timere inciperemus ne forte, sicut minor erat in scribendo prudentia, ita quoque et multo minor esset, quam recte esse debuisset, in eis sanctarum scripturarum ad intelligendum sapientia. Et bene novimus omnes quia, quamvis periculosi sint errores verborum, multo periculosiores sunt errores sensuum. Quamobrem hortamur vos litterarum studia non solum non negligere, verum etiam humillima et Deo placita intentione ad hoc certatim discere, ut facilius et rectius divinarum scripturarum mysteria valeatis penetrare. Cum autem in sacris paginis schemata, tropi et cætera his similia inserta inveniantur, nulli dubium est quod ea unusquisque legens tanto citius spiritualiter intelligit, quanto prius in litterarum magisterio plenius instructus fuerit. Tales vero ad hoc opus viri eligantur, qui et voluntatem et possibilitatem discendi, et desiderium habeant alios instruendi. Et hoc tantum ea intentione agatur, qua devotione a nobis præcipitur. Optamus enim vos, sicut decet Ecclesiæ milites, et interius devotos, et exterius doctos, castosque bene vivendo, et scholasticos bene loquendo : ut quicunque vos propter nomen Domini et sanctæ conversationis nobilitatem ad videndum expetierit, sicut de aspectu vestro ædificatur visus, ita quoque de sapientia vestra, quam in legendo seu cantando perceperit, instructus, omnipotenti Domino gratias agendo gaudens redeat. Hujus itaque epistolæ exemplaria ad omnes [b] suffragantes tuosque coepiscopos, et per universa monasteria dirigi non negligas, si gratiam nostram habere vis : et nullus monachus foris monasterio judiciaria teneat, nec per mallos et publica placita pergat. Legens valeat.

EPISTOLA IV [c].

AD SUBJECTOS.
De Homiliario Pauli Diaconi, *monachi Casinensis.*
(Anno 788.)
(Ex Mabill. Vetera Analecta.)

Carolus Dei fretus auxilio rex Francorum et Lon-

---

[a] Epistola hæc de numero est illarum, quæ generales dicebantur, quod uno exemplo, paucis mutatis, ad diversos mitterentur, ad metropolitas, ad episcopos, ad abbates et ad alios, ut res postulabat. Tot enim gentes e Germania cis Rhenum, et ex Italia cis Alpes eruperant, ut publicæ penitus evanuerint scholæ, et curam privatarum ad eruditionem clericorum in episcopiis gesserint episcopi, ut abbates in cœnobiis ad monachorum instructionem, Unde studia delitescebant in solis episcopiorum monasteriorumque claustris. Sed quia tunc quoque eæ languebant, eas pristino splendori restituere Carolus etiam sategit, directis epistolis, de quibus supra. Verum cum privatarum hujuscemodi scholarum aditus laicis liber non esset, Carolus publicas instituit, et in ipso regio palatio alias erexit. Regis exemplum statim secuti sunt abbates et episcopi. Publicæ per episcopia, per monasteria mox strepuerunt scholæ, aliæ cœnobitis, aliæ sæcularibus edocendis destinatæ. Tunc Benedictini, qui a sui instituti primordiis litteras professi sunt, scholas illas duplicis generis in suis monasteriis habere voluere : de quibus legendus Trithemius in chronico Hirsaugiensi, ubi et cœnobia Benedictina litterarum cultu celebriora enumerat. De deside-

rio, quo ferebatur Carolus, quo litteræ, præsertimque sacræ, in regno suo vigerent, lege monachum San Gallensem lib. i, cap. 9. Hæc ex Pagio ad an. 787, num. 11.

[b] Notat Sirmondus hic scrinarii oscitantia quædam obrepuisse, quæ mutari oportebat, ut quæ metropolitano conveniant, non abbati.

[c] Epistolam hanc visum est edere, ut pote lectu dignam, et nonnulla continentem, quæ multorum, ut puto, notitiam fugiunt. Etsi enim cum Pauli Diaconi Homiliario typis edita est Spiræ apud Petrum Drach juniorem anno 1482 et Coloniæ apud Matthæum Cholinum anno 1557, tamen quia rariores sunt ejusmodi editiones, operæ pretium existimavi hic recudere pretiosum istud antiquitatis monumentum. Homiliarium hoc ab Alcuino adornatum elimavit, ac in duo volumina distribuit Paulus Diaconus Monachus Casinensis, uti Carolus in fine epistolæ testatur. Huc spectare crediderim Ansegisi abbatis Fontanellensis testamentum, legantis monasterio suo *Collectaneos duos super anni circulo, Pauli Diaconi volumina duo.* Insertæ sunt tamen homiliæ quædam a posteris, nempe Herici monachi Antissiodorensis, quem mortuo Paulo floruisse constat, regnante Carolo Calvo.

gobardorum, ac patricius Romanorum, religiosis lectoribus nostræ ditioni subjectis. Cum nos divina semper domi orisque clementia sive in bellorum eventibus, sine in pacis tranquillitate custodiat, etsi quidquam rependere ejus beneficiis tenuitas humana non prævalet; tamen quia est inæstimabilis misericordiæ Deus noster, devotas suæ servituti benigne approbat voluntates. Igitur quia curæ nobis est ut ecclesiarum nostrarum ad meliora semper proficiat status, oblitteratam pene majorum nostrorum desidia reparare vigilanti studio litterarum satagimus officinam, et ad pernoscenda sacrorum librorum [*Al.*, liberalium artium] studia nostro etiam quos possumus invitamus exemplo. Inter quæ jampridem universos veteris ac novi Testamenti libros librariorum imperitia depravatos, Deo nos in omnibus adjuvante, examussim correximus. Accensi præterea venerandæ memoriæ Pippini genitoris nostri exemplis, qui totas Galliarum ecclesias suo studio Romanæ traditionis cantibus decoravit; nos nihilominus solerti easdem curamus intuitu præcipuarum insignire serie lectionum. Denique quia ad nocturnale officium compilatas quorumdam casso labore, licet recto intuitu, minus tamen idonee reperimus lectiones : quippe quæ et sine auctorum vocabulis essent positæ, et infinitis vitiorum anfractibus scaterent; non suffius passi nostris diebus in divinis lectionibus sacrorum officiorum inconsonantes perstrepere solœcismos, atque earumdem lectionum in melius reformare tramitem, mentem intendimus : idque opus Paulo Diacono familiari nostro elimandum injunximus, scilicet ut studiose [a] catholicorum Patrum dicta percurrens, veluti florentissimis eorum pratis certos quosque flosculos legeret, et in unum quæque essent utilia, quasi sertum aptaret. Qui nostræ celsitudini devote parere desiderans, tractatus atque sermones et homelias diversorum catholicorum Patrum perlegens, et optima quæque decerpens, in duobus voluminibus per totius anni circulum congruentes cuique festivitati distincte et absque vitiis nobis obtulit lectiones. Quarum omnium textum nostra sagacitate perpendentes, nostra etiam auctoritate eadem constabilivimus, vestræque religioni in Christi Ecclesiis tradimus ad legendum.

Paulus Diaconus.   Carole princeps,
Utere felix   Atque togate
Munere Christi   Arbiter orbis,
Pluribus annis,   Dardanidæque
Luxque, decusque   Gloria gentis.
Magne tuorum

EPISTOLA V.
AD FASTRADAM REGINAM.
De victoria Avarica, et de Litaniis.
(Anno 792.)
[Ex Mansi Conc. Collect.]

Carolus gratia Dei rex Francorum et Langobardorum ac patricius Romanorum dilectæ nobis et valde amabili conjugi nostræ Fastradæ reginæ.

Salutem amabilem tibi in Domino per hos apices mittere studuimus, et per te dulcissimis filiabus nostris, vel cæteris fidelibus nostris tecum manentibus. Scientem te enim facimus quia gratias Deo sani et salvi sumus. Missus quidem dilecti filii nostri Pippini nomine ill. nobis nuntiavit de ejus sanitate ac domni apostolici, vel de salvatione confinium nostrorum illis partibus positorum; unde valde lætificati exstitimus. Et insuper retulit nobis qualiter illæ scaræ, quas prius de Italia jussimus pergere partibus Avariæ in ill. confinia residendum, perrexerunt infra fines ipsorum decimo Kalendas Septembris, et inierunt pugnam cum eis : et dedit eis Deus omnipotens pro sua misericordia victoriam, et multitudinem de ipsis Avaris interfecerunt, in tantum, ut dicunt, quod in multis diebus major strages de ipsis Avaris facta non fuit. Et exspoliaverunt ipsum vallum, et sederunt ibidem ipsa nocte, vel in crastina, usque hora diei tertia. Et acceptis spoliis reversi sunt in pace; et centum quinquaginta de ipsis Avaris vivos comprehenderunt, quos reservaverunt ut nostra fiat jussio qualiter exinde agere debeant. Fideles Dei ac nostri, qui hoc egerunt, fuerunt ille episcopus, ille dux, ille et ille comites. Ill. dux de Histria, ut dictum est nobis, ibidem bene fecit cum suis hominibus. Vassi vero nostri fuerunt illi. Nos autem Domino adjuvante tribus diebus litaniam fecimus, id est, Nonis Septembris, quod fuit Lunis die, incipientes, et Martis, et Mercoris, Dei misericordiam deprecantes ut nobis pacem et sanitatem atque victoriam et prosperum iter tribuere dignetur, et ut in sua misericordia et pietate nobis adjutor et consiliator atque defensor in omnibus angustiis nostris existat. Et a vino et carne ordinaverunt sacerdotes nostri, qui propter infirmitatem aut senectudinem aut juventudinem abstinere poterant, ut abstinuissent : et qui redimere voluisset quod vinum licentiam habuisset bibendi ipsis tribus diebus, ditiores et potentiores homines in unaquaque die solidum unum dedissent, minus potentes juxta possibilitatem ipsorum, et qui amplius dare non poterat, et vinum bibere volebat, saltem vel unum denarium donasset, eleemosynam vero unusquisque secundum propriam atque bonam voluntatem vel juxta possibilitatem fecisset. Et sacerdos unusquisque missam specialem fecisset, nisi infirmitas impedisset; et clerici qui psalmos sciebant, unusquisque quinquaginta cantasset : et interim quod ipsas litanias faciebant, discalceati ambulassent. Sic consideraverunt sacerdotes nostri, et nos omnes ita aptificavimus, et, Domino adjuvante complevimus. Unde volumus ut tu cum ill. et ill. vel cæteris fidelibus nostris considerare debeas qualiter ipsæ litaniæ ibidem factæ fiant. Tu autem juxta quod tua infirmitas permittit in tuo committimus arbitrio. Et mirum nobis fuit quia vester missus nec epistola, postquam de Ragenisburgo, ad nos non venit. Unde volumus ut sæpius nobis de tua sanitate vel de aliud quod placuerit significare debeas : iterumque salutamus te multum in Domino.

[a] *Al.*, tractatus atque sermones diversorum catholicorum Patrum.

EPISTOLA VI.

AD ELIPANDUM ET CÆTEROS EPISCOPOS HISPANIÆ.
In qua trium etiam superiorum libellorum fit mentio.

(Anno 794.)

[Ex Mansi Concil: Coll. 7.]

ᵃ Carolus gratia Dei rex Francorum et Longobardorum; ac patricius Romanorum; filius et defensor sanctæ Dei Ecclesiæ, Elipando Toletanæ civitatis metropolitano, et cæteris in partibus Hispaniæ consacerdotibus orthodoxæ fidei et fraternæ charitatis; in Christo Dei Filio proprio et vero optamus salutem.

Gaudet pietas Christiana divinæ scilicet atque fraternæ per lata terrarum spatia duplices charitatis alas extendere, ut materno foveat affectu quos sacro genuerat baptismate: Et maxima est sanctæ matris Ecclesiæ exsultatio, suorum adunatio filiorum, ut sint consummati in unum, qui redempti sunt ab uno, dicente eodem Redemptore Domino nostro Jesu Christo: *Pater sancte, serva eos in nomine tuo, quos dedisti mihi, ut omnes unum sint, sicut et nos unum sumus* (Joan. XVII). Unde et in Cantico canticorum de sancta dicitur Ecclesia: *Terribilis ut castrorum acies ordinata* (Cant: VI). Constipata exercitus ordinatio, et unanimis bellatorum fortitudo, magno solet hostibus esse terrori: sic filiorum sanctæ matris Ecclesiæ intra murum catholicæ fidei pacifica adunatio; aereis potestatibus nimium constat terribilis, et ignitis malignæ perfidiæ spiculis omnino impenetrabilis exstat, sicut et verissimus gentium prædicator, et fortissimus Ecclesiæ præliator præcipit, dicens: *In omnibus assumentes scutum fidei, in quo possitis omnia tela nequissimi ignita exstinguere* (Ephes. VI), et hoc sæculum nequam libero ad cœlestia volatu evadere: *Sine fide enim impossibile est placere Deo* (Heb. XI). Impossibile est quod omnino ab homine fieri non potest. Principium est salutis nostræ fides: qua intemerata, et integra sanitate confirmata, totius vitæ cursus per bonorum vestigia operum feliciter fine tenus currit. *Per fidem enim;* sicut idem præfatus doctor in Epistola ad Hæbreos testatur, *omnes sancti placuerunt Deo.*

Hanc igitur fidem orthodoxam, et ab apostolicis traditam doctoribus, et ab universali servatam Ecclesia, nos pro virium nostrarum portione ubique in omnibus servare et prædicare profitemur: quia non est in alia aliqua salus nisi in illa, quam pacifica ab initio salutis nostræ unanimitate semper servabat Ecclesia: pro qua etiam, viri fratres, et vestra bona devotio, quam vos habere decet in Domino, his partibus fidei vestræ litteras dirigere curastis, utrumque, et generales ad sacerdotales sanctissimas aures, ad nos quoque speciales. In quarum utique serie litterarum non satis nobis elucebat, an quasi ex auctoritate magisterii nos vestra docere disposuistis, an ex humilitatis discipulatu nostra discere desideratis. Tamen sive hoc, sive illud vestris inesset animis, petitionem vestram, charitate Christianæ religionis cogente, non spernen-

ᵃ Ex eodem Sirmondi apographo. HARD.

A dam esse censuimus: valde desiderantes, Deumque ex intimo cordis affectu deprecantes, quatenus in veræ fidei soliditate firmiter utrinque permaneamus, et inter fluctivagos hujus sæculi æstus, Spiritu sancto navigium vestri [*Ms.*; nostri. *H.*] cursus regente, ad portum perpetuæ tranquillitatis pervenire mereamur. Ad hanc autem tranquillitatem capiendam oculus cordis fide purificandus est, et assiduis sanctarum orationum precibus mentis acies illustranda; ut puræ veritatis lumen omni errorum nube expulsa contemplari valeat, ne in opinionis noxiæ falsitatis temeritas inordinata incautius gradientes præcipitet. Nec pigeat Christianum ubi hæsitet quærere; nec pudeat ubi nesciat discere: quoniam pia humilitas discendi sapientiæ intrat secreta; et melius est discipulum B esse veritatis, quam doctorem existere falsitatis. Ille ad altiora semper provehitur, iste ad inferiora semper dilabitur: et inde magister efficitur erroris, unde auditor contempsit esse veritatis.

Hanc igitur, fratres, perniciosam devitantes elationem, sanctorum Patrum et catholicorum doctorum sacris inhæreamus sensibus. Discamus quæ scripserunt, credamus quæ docuerunt, et non declinemus ad dexteram, neque ad sinistram, sed per viam regiam ad regem et Redemptorem; Deum et Dominum nostrum Jesum Christum concordi fidei et veritatis curramus professione. *Corde enim creditur ad justitiam, ore autem confessio fit ad salutem* (Rom. X), eodem attestante apostolo: *Justus autem ex fide vivit* (Rom. I). Si justus ex fide vivit, quomodo qui fidem C non habet rectam se vivere æstimat? Nos nempe non sumus infidelitatis filii in perditionem, sed fidei in acquisitionem animæ. Sequamur sanctorum Patrum venerabilia in charitate præcepta. Decet enim ut omnium Christianorum una sit fides, et unus animus, sicut est unum ovile et unus pastor. Qui vero extra ecclesiastici ovilis septa invenientur, lupina rabie devorabuntur, quia vocem boni pastoris non audiunt, qui ante suas oves ingredietur et egredietur, ut eos ad pascua vitæ perducat æternæ. Nobis itaque dictum intelligamus quod egregius prædicator suis charissimis filiis præcipiebat dicens: *Obsecro vos per nomen Domini nostri Jesu Christi, ut unum dicatis omnes, et non sint in vobis schismata: sitis autem perfecti in uno sensu et in eadem scientia* (I Cor. I). D Hæc habentes apostolicæ auctoritatis præcepta, concordate nobiscum. Diligimus vos: hoc vobis volumus in Domino, quod et nobis: quia perfecta quam habemus in Christo charitas congregare gaudet, non spargere; adunare, non scindere; et inconsultilem Salvatoris nostri tunicam integram servare, non dividere: prævidentes hoc idem in pace Christi custodire, quod milites in passione ejus observabant

His ita prælibatis, vestris in Domino valde congaudemus profectibus, ita ut in cordibus nostris fraterno vulnerati amore, vestram, quam patimini inter gentes, lacrymabili gemitu condoleamus oppressionem: sed majore multo tristitia lugemus, si aliquid diabolica fraude interius oppressionis per infidelitatem vel cujuslibet schismatici erroris patiamini in cordibus. Iste est continuus dolor pectoribus nostris, et pene irremediabile vulnus, nisi per ejus misericordiam, qui sanat contritos corde, et vult omnes homines salvos fieri, et agnitionemque veritatis pervenire, illi nos lætificent qui contristaverunt. Vestra igitur correctio nostra est lætificatio : desiderantes vos socios habere in fide catholica, et cooperatores in prædicatione veritatis, ut gaudium, quod Christus suis promisit discipulis, habitet in nobis, et gaudium nostrum impleatur in vobis.

Ad impletionem vero hujus gaudii, fraterna cogente charitate, jussimus sanctorum Patrum synodale ex omnibus undique nostræ ditionis Ecclesiis congregari concilium, quatenus sancta omnium unanimitatis firmiter decerneret, quid credendum sit de adoptione carnis Christi, quam nuper novis assertionibus et sanctæ Dei universali Ecclesiæ antiquis temporibus inauditis, vos ex vestris scriptis intulisse cognovimus. Imo et ad beatissimum apostolicæ sedis pontificem, de hac nova inventione, nostræ devotionis ter quaterque direximus missos : scire cupientes quid sancta Romana Ecclesia, apostolicis edocta traditionibus, de hac respondere voluisset inquisitioni. Nec non et de Britanniæ partibus aliquos ecclesiasticæ disciplinæ viros convocavimus, ut ex multorum diligenti consideratione veritas catholicæ fidei investigaretur, et probatissimis sanctorum Patrum hinc inde roborata testimoniis absque ulla dubitatione teneatur. Idcirco vobis per singulos libellos dirigere curavimus quid prædictorum Patrum pia unanimitas, et pacifica perscrutatio, auctoritate ecclesiastica inveniret, statuisset, confirmaret.

Primo quid dominus [*Ms*, domnus. *H.*] apostolicus, cum sancta Romana Ecclesia, et episcopis illis in partibus quaquaversum commorantibus, et catholicis doctoribus sentiret, sub unius libelli tenore statuimus.

Deinde secundo loco, quid ecclesiastici doctores et sacerdotes ecclesiarum Christi de propinquioribus Italiæ partibus, cum Petro Mediolanensi archiepiscopo, et Paulino Forojulianensi vel Aquileianensi patriarcha, viris in Domino valde venerabilibus, intelligi vel firmiter credi voluissent, suis propriis responsionibus exaratum posuimus libellum, quia ipsi quoque præsentes nostro synodali conventui adfuerunt.

Post hæc tenet et tertius libellus orthodoxam sanctorum Patrum episcoporum, et virorum venerabilium fidem, qui in Germaniæ, Galliæ, Aquitaniæ, et Britanniæ partibus dignis Deo deserviunt officiis, vestrisque objectionibus sanctarum Scripturarum testimoniis roboratas obtinet responsiones.

Dein quarto loco meæ propriæ unanimitatis, cum his sanctissimis prædictorum Patrum decretis, et catholicis statutis consensum subnexui, sicut vosmetipsi in vestra epistola, quam meo specialiter assignastis nomini, rogare curastis : id est, ne paucorum subdolis assertionibus consentirem, sed plurimorum testimoniis roboratam fidem firmiter tenerem. Facio certissime, Deo Domino meo Jesu Christo donante, horum me sanctissimæ multitudini et probatissimæ auctoritati in veræ fidei professione firmiter associans, nec vestræ me paucitati in consensione hujus novæ assertionis socium admitto : sed apostolicæ sedi, et antiquis ab initio nascentis Ecclesiæ, et catholicis traditionibus tota mentis intentione, tota cordis alacritate conjungo. Quidquid in illorum legitur libris, qui divino Spiritu afflati, toti orbi a Deo Christo dati sunt doctores, indubitanter teneo : hoc ad salutem animæ meæ sufficere credens, quod sacratissimæ evangelicæ veritatis pandit historia, quod apostolica in suis epistolis confirmat auctoritas, quod eximii sacræ Scripturæ tractatores, et præcipui Christianæ fidei doctores, ad perpetuam posteris scriptum reliquerunt memoriam. Cum his quoque doctoribus, et sanctæ Ecclesiæ pastoribus, veram prædico fidem, quos in præsenti tempore ille nobis dedit luminaria, qui dixit : *Ecce ego vobiscum sum omnibus diebus usque ad consummationem sæculi* (*Matth.* XXVIII).

Hi sunt propugnatores fidei nostræ; hi sunt rectores per diversas sedes civitatis Christi : cujus antemurale est fides catholica, et charitas firmissimus murus, et propugnacula divinarum testimonia Scripturarum : et divitiæ salutis in ea sunt sapientia, et scientia, et spes portarum custodia : quæ quatuor clavibus, id est prudentia, justitia, fortitudine, et temperantia, piis aperiuntur animis. Hujus vero civitatis ipse Dei verus et proprius Filius, Deus verus, homo verus, Jesus Christus, Dominus noster, regali præsidet potentia : cujus gratia totam illius civitatis structuram regit, defendit et exaltat. Quisquis ad hanc civitatem, recta sibi præviante fide, manus bonorum operum habens plenissimas, pervenire festinat; apertas inveniet portas, et regem regum cum millibus sanctorum agminum obviare sibi gaudebit. Sed et gratias vobis agimus de instantia orationum vestrarum, quibus memoriam nostri assidue vos habere dixistis : optantes ut preces vestræ acceptabiles sint Domino Deo Salvatori nostro, et ut ipse per suam misericordiam dignos vos efficiat exaudiri, et ad unitatem sanctæ suæ Ecclesiæ revocare dignetur, et ejusdem pietatis humeris in sanctæ matris Ecclesiæ reportet ovile, qua de cœlis veniens ovem requirere perditam, inventamque cum triumpho gloriæ ad sedem paternæ majestatis revexit.

Illud quoque, quod vobis nostram pietatem flagitare placuit, quatenus in præsentia nostra libelli vestri legeretur textus, et perscrutante plurimorum consilio, quod in eo rectæ fidei sanctionibus consentiens inveniretur : fecimus sicut petistis, collectis undique, veluti præfati sumus, ecclesiasticis doctoribus, et populi Christiani rectoribus : nobisque omnibus pacifico unanimitatis choro consedentibus eumdem libellum a capite calcetenus per distinctiones uniuscujusque sententiæ, et per interrogationes vel responsiones, prout cuique libuit, perlegere jussimus. Quid vero de eo libello præsules Ecclesiarum Christi, fideique catholicæ doctores intellexissent, non opus est mihi in hac mea iterare epistola, dum illorum libellus proprius hoc vobis evidenter ostendit.

Scriptam itaque in epistola vestra hujusmodi obsecrationem invenimus : Poscentes vos per eum, qui pro te in cruce manus innoxias extendit, et pro te sanguinem pretiosum effudit, et pro te mortem pertulit et sepulturam, ad liberandos electos ad infernum descendit, et pro te resurgens, tibi viam ad cœlos revertendi, scilicet ad cœlestem patriam, demonstravit, ut per teipsum arbiter sedeas. Ecce ego vestris petitionibus satisfaciens, congregationi sacerdotum auditor et arbiter assedi. Discrevimus, et Deo donante decrevimus, quid esset de hac inquisitione firmiter tenendum. Sed modo per eamdem obsecrationem vos iterum iterumque obtestor, ut in pacifica unanimitate et catholicæ fidei professione nobiscum firmiter maneatis : nec vos doctiores æstimetis universali sanctæ Dei Ecclesia. Eam fidem tenet, quam orthodoxi Patres in suis nobis symbolis scriptam reliquerunt. Et nolite plus sapere quam oportet sapere, sed sapere ad sobrietatem. Nec ratiocinando humano ingenio divina vos mysteria investigare arbitremini : sed magis credendo honorate quæ humana fragilitas temere perscrutando invenire non valet.

Exemplum mihi Constantini imperatoris proposuistis, cujus initium B. Isidorum laudasse dicitis, et finem doluisse : quod ne mihi accidat per quemdam beatum, quem Antiphrasium cognominastis, benigne suadetis. Hoc etiam, divina miserante gratia, præcavere satago : non ab illo tantummodo, sed etiam ab omnibus qui aliquid rectæ fidei contrarium docere videntur : assiduaque devotione Dominum deposco, et quoscunque ex filiis sanctæ matris Ecclesiæ valeo, mihi in hac petitione adjutores convoco, ne me alienjus verbosa adulatio, vel fraudulenta laudatio decipiens, a via veritatis avertat, sæpius cum propheta decantans, *Corripiet me justus in misericordia, et increpabit me : oleum autem peccatoris non impinguet caput meum* (Psal. CXLIII). Vos vero vobismetipsis cavete, quod nos fraterno admonuistis amore procurantes diligentissime . omnipotentisque Dei vobis assiduis precibus clementissimam convocate gratiam, ne callida antiqui hostis versutia sensus vestros in aliqua parte corrumpat, et pejus fiat interius diaboli servitium, quam exterius gentis inimicæ. Eumque exspectate Redemptorem, quem salutis vestræ habuistis auctorem. Illum glorificate in corde, et portate in corpore; et dignam in vobis illi præparate habitationem in fide, quæ per dilectionem operatur, quatenus vos illius gloriosa potentia, et ineffabilis misericordia, ab utriusque servitutis molestia, exteriore scilicet et interiore, liberet et custodiat, et in magno die ante conspectum gloriæ suæ cum multiplicibus laboris vestri divitiis

gloriosos stare concedat, et vocem optabilem cum operatoribus apostolicæ fidei audire faciat · *Venite, benedicti Patris mei, percipite regnum quod vobis paratum est ab origine mundi* (Matth. xxv . Paratum igitur vobis regnum ab origine mundi indubitata veritatis promissione speratis, si catholicæ fidei unanimitati vosmetipsos adjungere curetis. Exteriores servitutis molestias interna fidelitatis spe consolamini. · Oculos mentis vestræ ad eum erigite qui vos eripuit de potestate tenebrarum, et transtulit in regnum Filii dilectionis suæ.

Hactenus, antequam hujus adoptionis in Christo nomen a vobis exortum nostros offenderet animos, vos germanitatis amore dileximus: Etsi nos vestrum corporale servitium contristaret, rectitudo tamen fidei catholicæ lætificavit in vobis. Nunc vero duplici pro vobis affligimur mœrore, diabolica fraude decepti in corde, et inimica servitute oppressis in corpore. Sed redite, obsecro, ad unitatem sanctæ matris Ecclesiæ, ut vos eruat de angustia servitutis terrenæ, qui vos per baptismi gratiam a vinculo liberavit originalis peccati. Exspoliastis veterem hominem, quomodo iterum, fraude decepti maligna, induamini illo? Adoptionis filii Deo Patri facti estis per eum qui non est adoptivus, sed proprius : state per fidei inviolabilem confessionem in libertate filiorum Dei, et nolite infidelitatis jugum subire. Expellite vincula diabolicæ deceptionis de cordibus, quatenus Deus Christus, qui solvit compeditos, excutiat catenam gentis inimicæ de manibus vestris. Habetis nos, divina auxiliante gratia, cooperatores gaudii vestri, si vos nobiscum catholicæ fidei vultis esse prædicatores. Certissimum itaque ibi erit divinæ miserationis auxilium, ubi una est totius Ecclesiæ charitas, et una veræ fidei confessio. Ad multitudinem populi Christiani, et ad sacerdotalis concilii unanimitatem revertimini. Si enim duorum vel trium sancto pioque consensui, secundum suam promissionem, Dominum esse præsentem non dubitamus; quanto magis ubi tot sanctissimi Patres, tot venerabiles fratres, tot filii piæ matris Ecclesiæ, in nomine illius pacifica conveniunt unanimitate, eum adesse medium non est dubitandum, et illorum regere consilia, qui sui nominis laudem quærere dignoscuntur?

Ad confirmanda igitur corda vestra in fide et veritate, hanc nostri nominis, fraterna instigante charitate, epistolam scribere curavimus, optantes ut nostra, quam habemus pro fide catholica, proficiat devotio, et vos divina clementia ad fidem reducat catholicam. Ante igitur quam hujus sæpedicti scandali a vobis oriretur offensio, duplici charitate, sicut prædiximus, dileximus vos, id est, in orationibus nostris per omnes regni nostri Ecclesias habuimus socios, et vestri memoriam quotidie facientes : itidem quoque et Deo auxiliante, voluntatem habuimus vos liberare a servitio sæcularis necessitatis, secundum temporis opportunitatem, et vestri consilii adhortationem. Nunc vero hac duplici charitate (quod sine dolore non dicimus) fraudastis vosmetipsos, non intelligentes vos fraude diabolica esse deceptos, ut utroque juvamine vos denudaret, id est participatione fidei, et orationum nostrarum, vel solatio auxilii nostri. Videte, videte, quam grande malum adversum vosmetipsos habetis factum, quod nequaquam ausi sumus orare pro vobis, sicut pro fidelibus sanctæ Dei Ecclesiæ filiis; nec vos adjuvare quomodo fratres in vestris maximis necessitatibus. Quapropter revertimini ad hanc duplicem consolationem, et abjicite a vobis hanc malignam diabolicæ fraudis versutiam, ut possitis nobiscum consortium habere in omni charitate et auxilio opportuno. Post hanc vero correptionem, sive admonitionem apostolicæ auctoritatis et synodalis unanimitatis, si non resipiscitis ab errore vestro, scitote omnino vos pro hæreticis haberi, nec ullam vobiscum communionem pro Deo audemus habere. Currite dum lucem habetis, ne tenebræ vos anathematis apprehendant, unde non potestis pedes vestros explicare, sed æterna damnatione irretitos esse lugebitis. Adhuc enim pia mater Ecclesia revocat vos ad gremium suæ misericordiæ, volens vos Deo nutrire in filios. Tantum nolite vos abstrahere ab ejus pietate, qui vos vocavit in regnum Filii dilectionis suæ.

Credimus in unum Deum Patrem omnipotentem, factorem cœli et terræ, visibilium omnium et invisibilium. Credimus et in unum Dominum nostrum Jesum Christum, Filium Dei unigenitum, natum ex Patre ante omnia sæcula, et ante omnia tempora: lumen de lumine, Deum verum de Deo vero: natum, non factum: naturalem, non adoptivum: per quem omnia condita sunt, cœlestia et terrestria, unius essentiæ et unius substantiæ cum Patre. Credimus et in Spiritum sanctum, Deum verum, vivificatorem omnium, a Patre et Filio procedentem, cum Patre et Filio coadorandum et conglorificandum. Credimus eamdem sanctam Trinitatem, Patrem, et Filium, et Spiritum sanctum, unius esse substantiæ, unius potentiæ et unius essentiæ tres personas, et singulam quamque in Trinitate personam plenum Deum, et totas tres personas unum Deum omnipotentem : Patrem ingenitum, Filium genitum, Spiritum sanctum procedentem ex Patre et Filio : nec Patrem aliquando cœpisse, sed sicut semper est Deus, ita semper et Pater est, quia semper habuit Filium. Æternus Pater, æternus Filius, æternus et Spiritus sanctus ex Patre Filioque procedens: unus Deus omnipotens, Pater et Filius et Spiritus sanctus ubique præsens, ubique totus, Deus æternus, ineffabilis, incomprehensibilis. In qua sancta Trinitate nulla est persona vel tempore posterior, vel gradu inferior, vel potestate minor : sed per omnia æqualis Patri Filius, æqualis Patri et Filio Spiritus sanctus divinitate, voluntate, operatione et gloria. Alius tantummodo in persona Pater, alius in persona Filius, alius in persona Spiritus sanctus. Non aliud, sed unum natura, potentia et essentia Deus Pater, et Filius, et Spiritus sanctus. Credimus ex hac sancta Trinitate Filii tantummodo personam, pro salute humani generis de Spiritu sancto et Maria virgine incarnatam; ut qui erat de divinitate Dei Patris Filius, esset et in humanitate hominis matris Filius : perfectus in divinitate Deus, perfectus in humanitate homo : Deus ante omnia sæcula, homo in fine sæculi : verus in utraque substantia Dei Filius; non putativus, sed verus; non adoptione, sed proprietate : una persona Deus et homo, unus mediator Dei et hominum : in forma Dei æqualis Patri, in forma servi minor Patre : in forma Dei creator, in forma servi redemptor. Unus in utroque Dei Filius proprius et perfectus, ad implendam humanæ salutis dispensationem, passus est vera carnis passione, mortuus vera corporis sui morte : surrexit vera carnis suæ resurrectione, et vera animæ resumptione : et eodem corpore, quo passus est, et resurrexit, ascendit in cœlos, sedens in dextera Dei Patris : et in eadem forma, qua ascendit, venturus judicare vivos ac mortuos; cujus regni non erit finis. Prædicamus unam sanctam Dei Ecclesiam toto orbe diffusam, locis separatam, fide et charitate conjunctam : et veram remissionem peccatorum in eadem Ecclesia, sive per baptismum, sive per pœnitentiam, divina donante gratia, et bona voluntate hominis cooperante. Credimus et omnes homines resurrecturos esse, et singulos secundum sua opera judicari : impios æternis suppliciis damnandos cum diabolo et angelis ejus; sanctos vero æterna gloria coronandos, cum Christo et sanctis angelis ejus in sæcula sempiterna.

Hæc est fides catholica, et ideo nostra; optamus etiam et vestra : quia una est fides, et unum baptisma, et unus Dominus noster Jesus Christus, qui est Deus verus, et verus homo, verus Deus, et verus Dei Filius, in utraque natura unus idemque mediator Dei et hominum homo Jesus Christus, qui est Deus benedictus in sæcula. Hanc fidem vos, charissimi fratres, firmiter tenere in commune deprecamur : et si aliter antea in quolibet verbo sensistis, corrigite vosmetipsos, et ad unitatem sanctæ Dei Ecclesiæ pura fide festinate : et contentiones nominum, novitatesque vocum devitate, quia, juxta Apostolum, non est hæreticus nisi ex contentione. Vos igitur quia pauci estis, unde putatis vos aliquid verius invenire potuisse, quam quod sancta universalis toto orbe diffusa tenet Ecclesia? Sub tegmine alarum illius requiescite, ne vos avida diaboli rapacitas, si foris inveniat, nefando gutture devoret. Redite ad pium matris Ecclesiæ gremium. Illa vos foveat et nutriat, donec occurratis in virum perfectum, et in plenitudinem corporis Christi. Habetote nos cooperatores salutis vestræ, catholicæ pacis auxiliatores : et societas nostra sit in Christo Jesu Domino nostro, qui vos nobiscum incorruptos et immaculatos fide pariter et opere custodiat, et constituat ante conspectum gloriæ suæ incontaminatos et irreprehensibiles, et perpetuæ beatitudinis hæredes pariter perficiat in æternum. Amen.

EPISTOLA VII.

AD OFFAM REGEM MERCIORUM.
(Anno 795.)
(Ex Mansi, Conciliorum Collect.)

Carolus, gratia Dei rex Francorum et Langobardorum et patricius Romanorum, viro venerando et fratri charissimo Offae regi Merciorum salutem.

Primo gratias omnipotenti Deo agimus de catholicae fidei sinceritate quam in vestris laudabiliter paginis reperimus exaratam. De peregrinis vero, qui pro amore Dei et salute animarum suarum beatorum apostolorum limina desiderant adire, cum pace sine omni perturbatione vadant. Sed si aliqui non religioni servientes, sed lucrum sectantes, inter eos inveniantur, locis opportunis statutā solvant telonea. Negotiatores quoque volumus ut ex mandato nostro patrocinium habeant in regno nostro legitime. Et si aliquo loco injusta affligantur oppressione, reclament se ad nos vel nostros judices, et plenam jubebimus justitiam fieri. Cognoscat quoque dilectio vestra quod aliquam benignitatem de dalmaticis nostris vel palliis ad singulas sedes episcopales regni vestri vel Ethelfredi direximus in eleemosynam domni apostolici Adriani, deprecantes ut pro eo intercedi jubeatis, nullam habentes dubitationem beatam illius animam in requie esse, sed ut fidem et dilectionem ostendamus in amicum nostrum charissimum. Sed et de thesauro humanarum rerum, quem Dominus Jesus nobis gratuita pietate concessit, aliquid per metropolitanas civitates direximus. Vestrae quoque dilectioni unum balteum et unum gladium Huniscum et duo pallia serica duximus destinanda. Vale.

EPISTOLA VIII.

AD LEONEM III PAPAM,
Missa per Angilbertum abbatem Centulensem.
(Anno 796.)
(Ex Mansi, Conc. Collect.)

Carolus, gratia Dei rex Francorum et Langobardorum ac patricius Romanorum, Leoni papae perpetuae beatitudinis in Christo salutem.

Perlectis excellentiae vestrae litteris et audita decretali chartula, valde, ut fateor, gavisi sumus, seu in electionis unanimitate, seu in humilitatis vestrae obedientia, et in promissionis ad nos fidelitate. In quibus omnibus ex intimo cordis affectu divinae pietati agimus gratias, quia nobis post lacrymabile doloris vulnus quod animae nostrae dilectissimi patris et fidelissimi amici obitus inflixit, tale in vobis solita suae clementiae providentia solatium perdonare dignatus est. Unde et vestrae sanctitati, quasi vicario laetitiae munere, per ejusdem Dei et Domini nostri Jesu Christi misericordiam, qui sanctae suae Ecclesiae in vestrae beatitudinis exaltatione consuluit, nostram omniumque fidelium nostrorum demandamus prosperitatem, necnon et pacificam in Dei voluntate totius regni nostri innotescimus unanimitatem, ut aeque in nostrae devotionis gaudeatis sicut et nos in vestrae sanctitatis laetamur successibus. Sed et hoc vestrae sanctissimae benevolentiae innotescimus, quod

cum dilectionis munera patri meo dulcissimo praedecessori vestro dirigere paraveram, ut charitatis quam in eo habui munificentiae largitate monstrarem magnitudinem, et suavissimae inter nos familiaritatis fidelitas multorum ostenderetur oculis, ecce subito, quod sine dolore non dicam, sine lacrymis non cogito prae tristitia, obitus illius legatione consternatus sum, et ubi laetitiae paraveram insignia, ibi me tristitiae turbaverunt lugubria. Etsi Apostolus de mortuis contristari prohibet, tamen charitas lacrymas elicere non cessat. Non quasi mortuum plangentes, sed quasi melius cum Christo viventem recordantes, si nos corporali praesentia amisisse, non tamen spirituali suffragio illum nos amittere arbitramur. Sed magnum divina nobis praevidebat gratia solatium, dum vos, vir venerande, in locum illius subrogavit, ut esset qui quotidie apud beatum Petrum principem apostolorum pro totius Ecclesiae stabilitate, et qui pro salute mea meorumque fidelium, imo et pro totius stabilitate regni nobis a Deo dati intercederet, et paterna pietate nos in filium sibi adoptaret. Ad dilectionis pacificam unanimitatem Angilbertum manualem familiaritatis vestrae direximus sanctitati, quem prius, sicut promisimus per religiosos viros Camporum et Anastasium, beatissimo patri nostro praedecessori vestro dirigere curavimus; sed, ut praefati sumus, dum exenia omnia parata erant, lugubri paternae mortis nuntio repente tardatum est iter illius. Sed modo laetiores de vestrae sanctitatis successione facti, quod desideravimus in illo pio patre agere, in vobis perficere studemus. Illique omnia injunximus quae vel nobis voluntaria vel vobis necessaria esse videbantur, ut ex collatione mutua conferatis vel quidquid ad exaltationem sanctae Dei Ecclesiae, vel ad stabilitatem honoris vestri, vel patriciatus nostri firmitatem necessarium intelligeretis. Sicut enim cum beatissimo praedecessore vestrae sanctae paternitatis pactum inii, sic cum beatitudine vestra ejusdem fidei et charitatis inviolabile foedus statuere desidero; quatenus apostolicae sanctitati vestrae, divina donante gratia sanctorum advocata precibus me ubique apostolica benedictio consequatur, et sanctissima Romanae Ecclesiae sedes, Deo donante, nostra semper devotione defendatur. Nostrum est, secundum auxilium divinae pietatis, sanctam ubique Christi Ecclesiam ab incursu paganorum et ab infidelium devastatione armis defendere, foris et intus catholicae fidei agnitione munire. Vestrum est, sanctissime Pater, elevatis ad Deum cum Moyse manibus, nostram adjuvare militiam, quatenus vobis intercedentibus, Deo ductore et datore, populus Christianus super inimicos sui sancti nominis ubique semper habeat victoriam, et nomen Domini nostri Jesu Christi toto clarificetur in orbe. Vestrae vero auctoritatis prudentia canones ubique sequatur, quatenus totius sanctitatis exempla omnibus evidenter in vestra fulgeant conversatione, et sanctae admonitionis exhortatio audiatur ab ore; quatenus sic luceat lux vestra coram hominibus ut videant opera vestra bona, et glorificent Patrem vestrum, qui in cœlis est. Omnipotens Deus vestræ auctoritatis beatitudinem ad sanctæ suæ Ecclesiæ exaltationem per multa annorum curricula incolumem conservare dignetur.

EPISTOLA IX.
AD ANGILBERTUM ABBATEM.
Commonitorium Angilberto, qui cum superioribus litteris ad pontificem mittebatur.
(Anno 796.)
(Ex Mansi, Conc. Collect.)

Carolus, gratia Dei, rex et defensor sanctæ Ecclesiæ, Homero auriculario salutem [a].

Divina regente misericordia, iterum et prospere te adducente ad domnum apostolicum papam nostrum, admoneas eum diligenter de omni honestate vitæ suæ, et præcipue de sanctorum observatione canonum, de pia sanctæ Dei Ecclesiæ gubernatione, secundum opportunitatem collationis inter vos, et animi illius convenientiam. Ingerasque ei sæpius, quam paucorum honor ille, quem præsentialiter habet, annorum, quam multorum est perpetualiter merces, quæ datur bene laboranti in eo. Et de simoniaca subvertenda hæresi diligentissime suadeas illi, quæ sanctum Ecclesiæ corpus multis male maculat in locis. Et quidquid mente tenes sæpius querelis agitasse inter nos. Sed qualis mihi esset collatio cum beato Adriano papa prædecessore illius, de construendo monasterio ad sanctum Paulum, nullatenus dimittas suggerere illi, ut, volente Deo, revertens certum mihi responsum habeas referre. Dominus Deus ducat te, et dirigat in omni bonitate cor illius, ut faciens faciat quod sanctæ suæ proficiat Ecclesiæ, ut sit nobis pius Pater, et pro nobis præcipuus intercessor, ut idem Deus et Dominus noster Jesus Christus nos in sua florere faciat voluntate, et cursum qui superest nobis vitæ nostræ ad perpetuæ stabilitatis quietem perducere dignetur. Vade cum prosperitate, proficiens in veritate, reversurus cum gaudio, Homeriane puer.

EPISTOLA X.
AD MANASSEM ABBATEM.
(Anno 798.)
(Ex Labbe, Bibliotheca nova manuscriptorum.)

Carolus gratia Dei rex Francorum ac patricius Romanorum, abbati Manassæ Flaviniacensis cœnobii salutem.

Benedictum nomen Domini in sæculum, quod juxta monachorum tuorum laudabilem conversationem plurimum glorificatur in gentibus, eo quod laus ejus semper in ore vestro versatur. Petitionem itaque de constructione cœnobii apud Corbiniacum, quam per Theodulfum episcopum Aurelianensem æque [atque] abbatem cœnobii Floriacensis libenter suscepimus et clementer concedimus, et præcipimus ut monachi

---

[a] *Carolus.... Homero.* Angilberto Centulæ abbati, quem et Alcuinus quoque in epistolis, et Theodulfu

---

[b] Sirm. edidit an. 1640. LABB.

---

quos ibi mittetis, ne aliquando mandatorum Dei viam obliti, sæpius in Flaviniacum revertantur cœnobium, ibique officia sua confirment, et meliorati jussu tuo, et monachorum tuorum revertantur. Censum vero quemcunque statueris eis omni tempore solvant. Ab alio vero censu tuo amore liberos reddo, uti reddidi Flaviniacum. Mitto autem vobis capsam argenteam sepulcri Salvatoris, et S. Jacobi apostoli, fratris Domini, reliquias continentem : orans et supplicans ut mei memores pro me et filiis nostris assidue apud Dominum interveniatis. Saluto te, et omnem congregationem nostram. Ego Rado scripsi, dictavi anno 8 domini nostri prædicti regis Caroli, regnante Domino nostro Jesu Christo in æternum.

EPISTOLA XI.
Fragmentum epistolæ ad episcopos.
(Anno 799.)
(Ex Mansi, Concil. Collect.)

Et hoc vobiscum magno studio pertractandum est, quid de illis presbyteris unde approbatio non est, et semper negant, faciendum sit. Nam hoc sæpissime a nobis et progenitoribus atque antecessoribus nostris ventilatum est, sed non ad liquidum hactenus definitum. Unde ad consulendum patrem nostrum Leonem papam sacerdotes nostros mittimus. Et quidquid ab eo vel a suis perceperimus, vobis, una cum illis quos mittimus, renuntiare non tardabimus. Vos interdum vicissim tractate attentius quid ex his vobiscum constituamus una cum prædicti sancti patris institutionibus, ut murmur cesset populi, et nos his satisfacientes, illæsi, Domino auxiliante, ab utrisque maneamus.

EPISTOLA XII.
AD OFFAM, REGEM MERCIORUM.
Presbyterum Scottum accusatum mitit in patriam, ut ibi ab episcopo suo judicetur.
(Anno 800.)
(Ex Mansi, Concil. Coll.)

Carolus, gratia Dei, rex Francorum, et defensor sanctæ Dei Ecclesiæ, dilecto fratri et amico Offæ regi salutem.

Presbyter iste et Scottus apud nos moratus est aliquanto tempore in parochia Hildeboldi Coloniensis episcopi, sed reprehensibilis factus, ut fertur, a quodam accusatore, quod carnem diebus quadragesimalibus comedisset. Nostri vero sacerdotes judicare renuerunt, quia plenum testimonium accusantium super eum non invenerunt. Tamen nec eum loco consueto habitationis suæ propter infamiam diutius morari permiserunt, ne sacerdotalis honor apud imperitum vulgus vilesceret, vel rumigerula loquela aliqui hortarentur violare sanctum jejunium. Visum est nostris sacerdotibus illum ad sui episcopi, ubi Deo votum fecit, dirigere judicium. Idcirco vestram deprecamur providentiam, ut jubeatis illum, secun-

---

in versibus. nondum editis, Homerum similiter vocant. Atque ut Angilbertus hic Homerus, sic Richulfus Moguntinus episcopus Damœtas, Carolus ipse David, alii aliis tum inter familiares nominibus appellabantur. JAC. SIRM.

dum opportunitatem temporis et profectionis, in suam transponere patriam, ut ibi judicetur unde exivit. Nam ibi quoque sanctæ Dei Ecclesiæ puritas in moribus, et firmitas in fide, et honestas in conversatione, secundum canonicam sanctionem diligenter observari debebit, ut una, perfecta et immaculata columba, cujus pennæ deargentatæ, et posteriora ejus in specie auri clarescere debent. Vita, salus, et prosperitas tibi tuisque fidelibus a Deo Christo detur in æternum.

[a] EPISTOLA XIII.
AD ALBINUM ABBATEM.
(Anno 800.)
(Ex Operibus Alcuini, Edit. Froben.)

Carolus, gratia Dei, rex Francorum, imperator [b] Longobardorum ac patricius Romanorum, dilectissimo magistro, nobisque cum amore nominando Albino abbati in Domino nostro Jesu Christo æternam salutem.

Pervenit ad nos epistola missa a religione prudentiæ vestræ, quæ post laudes et benedictiones omnipotenti Deo debitas, nobis et progeniei nostræ benedictionem optabilem cum summa benevolentia [*Al.*, summamque benevolentiam] detulit. Post hæc textus illius inquirendo subsecutus [*Al.*, subjectus] est, cur Septuagesima et Sexagesima, nec non et Quinquagesima in ordine per dies dominicos ante Quadragesimam dicatur, vel scribatur. Inde arrepta ratione per campos arithmeticæ artis, quidquid ex hac re vestra sensit industria, se extendendo nobis pleniter significare studuit [*Al.*, statuit]. Sed dum mens nostra huc illucque discurreret, solerti indagatione consideravimus, non solum infra [*Al.*, intra] præscriptos a vobis dies, sed etiam per singulas hebdomadas, nec non et per totum anni circuli [*Gold.*, circulum] spatium [*Gold. om.* spatium], per intervalla horarum ac punctorum seu momentorum; mysteria numerorum posse ab his qui hujus artis peritia imbuti sunt reperiri. Unde quia tuæ charitati placuit nostram regalem aulam hac de re consulere, quidquid inde sentit [*Al.*, sensit] nostra serenitas, sermone commatico tibi patefacere non negamus [*Al.*, negavimus].

Exigente igitur inquisitione, et consideratione quærendum est, cur [*Al.*, considerata, cur; *Gold.*, considerata ratione cur] alii sex, alii septem, alii octo, nonnulli vero novem abstinerent hebdomadas? Argumentum sensus nostri tuæ familiaritati per hos apices significare studemus. Qui enim [*Cod. ms. S. Emmerami*, Quod sic solvendum est; qui enim] sex hebdomadas observantes se abstinentiæ tradunt, subtractis sex diebus dominicis in quibus jejunare minime licet, decimas dierum dantes [*Gold.*, dantes dierum] corporis sui, triginta sex dies, sicut beatus Gregorius mirabilis doctor edocet, jejunant. Et hoc tempus, licet in ipso duo superesse videantur dies usque ad sanctam Resurrectionem, Quadragesimam doctoribus sanctæ Dei Ecclesiæ nominari placuit. Religione vero crescente a Telesphoro pontifice, qui post Petrum apostolorum principem nonus in sancta Romana Ecclesia claruit, septem hebdomadæ in abstinentia dedicatæ sunt; et hoc tempus, quo alio nomine rectius vocari quam Quinquagesima in ordine rationabiliter debuerit [*Al.*, debuit; *Gold.*, vocare, quam Quinquagesimam... debuerunt]? Ex hinc et deinceps collecta ratione, qui octo hebdomadis [*Al.*, hebdomadas; *Gold. addit* · observare studuerunt Sexagesimam gradatim], Sexagesimam gradatim nominaverunt. Similiter qui novem Septuagesimæ, juxta præfatam rationem, nomen imposuerunt, et non ob numerum [*Al.*, ordinem numerorum] hebdomadarum vel dierum, sed tenorem nominis [*Al.*, numeris] servantes hæc nomina censuerunt [*Al.*, composuerunt]. Velut, si qui nunc fuissent, qui decimam hebdomadam addere pro aliqua justa ratione voluissent, et propter numerum hebdomadarum decagesimam [*Al.*, Decimagesimam], seu quolibet alio nomine, vel propter numerum dierum Septuagesimam, vel octuagesimam, ordine servato vocabulorum, tramite recto pergendo nuncupare debuissent.

Quia igitur, gratia divina opitulante, prout nobis visum fuit, de nomine Septuagesimæ et Sexagesimæ [*Al.*, Quadragesimæ], ac Quinquagesimæ, tuæ charitati scripsimus, nunc stylo percurrente de observantia et cultu harum (hebdomadarum) juxta capacitatem [*Gold.*, sagacitatem] sensus nostri tibi scribere curavimus. Quinquagesima vero ideo dicitur, et observatur a nonnullis, ut et decimas dierum, quas omnipotenti Deo offerre valeant, et imitari Dominum nostrum Jesum Christum, qui quadraginta diebus jejunium sacratissimum implevit. A Quinquagesima namque usque in Pascha septem hebdomadæ sunt, quæ faciunt dies quinquaginta: ex quibus si octo dies dominicos subtraxeris, in quibus jejunium non licet observare, remanent quadraginta duo dies, et hi duo dies, quinta [*Gold.*, sexta, *mendose*] videlicet et septima feria, qui quadragenarium numerum excedunt, apud quosdam jejunio dedicantur; apud quosdam in veneratione [*Al.*, refectione] propter Cœnam Dominicam et sanctum Sabbatum habentur. Sexagesima autem, ut æstimamus, propterea a nonnullis observatur, ut et decimas dierum corporis sui [*Al.*, corporibus suis] omnipotenti Deo dare possint, et Dominum nostrum Jesum Christum in quadragenario numero particulatim jejunando imitari, et ut primam,

---

[a] *Epistola.* Edit. Quercetani, pag. 1147. Hic eamdem castigatiorem exhibemus ex Codd. Salisb. et S. Emmerami. Hanc de Septuagesima epistolam scriptam esse anno 798 existimo, quo etiam Alcuinus huic Caroli epistolæ respondit per epistolam sequentem (Alcuin., edit. Frob., tom. II, p. 90). Occasionem de ea re inquirendi præbuerunt ejus discipuli, « eorum tunc temporum convenientia excitati. » Ergo scripta fuit ista epistola tempore Septuagesimæ ejus anni.

[b] *Imperator.* Hanc vocem non habent Codd. mss. Salisb. et San-Emmeramianus; nec exstat apud Goldastum, qui hanc epistolam edidit Constitut. imp. tom. III, pag. 157. Omittitur quoque in Chron. Centulensi, apud Pouget., pag. 624, not. a. Et bene, nam data est hæc epistola antequam Carolus imperator fuisset declaratus, ut diximus in not. antecedente.

vel quintam feriam a jejunio vacare valeant. A Sexagesima quippe usque in sanctum diem Resurrectionis Dominicæ octo hebdomadæ sunt, ex quibus si de singulis hebdomadibus primam et quintam feriam subtraxeris, et ipsum diem sanctum Paschæ, quadraginta tantum dies remanent in abstinentia. Melchiades vero natione Afer, vir per omnia apostolicus, tricesimus quartus post sanctum Petrum, cui successit beatus Sylvester in cathedra [*Al.*, cathedram] apostolicæ dignitatis; hic constituit ut nulla ratione, in prima vel quinta feria, jejunium quis de fidelibus agere præsumeret [a]. Nam cur in prima feria jejunium ipso tradente solvatur, non est necessitas texendo replicare. Quintam vero arbitrati sumus, propter magna mysteria quæ in ea continentur, ab eo solutam. In ipsa namque sanctum chrisma conficitur ad abluendas totius mundi primæ originis culpas [*Al.*, abluendam... culpam]; -in ipsa reconciliatio fit pœnitentium; in ipsa Redemptor omnium cœnando [*Al.*, redemptio omnium cænando] cum discipulis panem fregit, et calicem pariter dedit eis [b] in figuram corporis et sanguinis sui, nobisque profuturum magnum exhibuit sacramentum (*Matth.*, xxvi, 26, 27). Eo videlicet die, post multa mysteria, Deus et Dominus noster Jesus Christus, videntibus sanctis discipulis suis, gloriosa ascensione cœlos penetravit (*Luc.* xxiv, 51; *Act.* i, 9). Sed ne diutius sermo protrahatur; multa te legisse de hac solemnitate in sanctorum venerabilium orthodoxorum Patrum dictis non ignoramus. Septuagesima denique, ut æstimamus, propterea ab aliquibus observatur, ut et decimas dierum Deo [*Al.*, Domino] dare queant; et prima vel quinta, nec non et septima feria jejunium solvere [*Gold.*, observare, *mendose*] possint. A Septuagesima vero usque in Pascha, novem hebdomadæ sunt, quæ faciunt dies sexaginta quatuor [*Gold.*, tres], e quibus, si de unaquaque hebdomada tres præfatos subtraxeris dies, et Paschalem sacratissimum, triginta sex in abstinentia [*Al.*, abstinentiæ] remanent dies. Hi vero Sabbatum, in quo Deus ab omnibus operibus requievit (*Gen.* ii, 2), non solum ob superstitionem Judæorum, nec propter mandata legalia veteris testamenti, quæ sunt umbra futurorum, sed ne cum Judæis scandalizent [*Al.*, scandalizentur; *Gold.*, sabbaptizentur], jejunium solvere [*Gold.*, observare, *mendose*] conantur. Ea præcipue causa est, quia vesperascente ipso die, gaudium sanctæ Resurrectionis a fidelibus honorifice celebratur. Sed quia unusquisque in suo sensu abundat (*Rom.* xiv, 5), sive hoc, sive aliud sit, salva fide et religione nihil præjudicamus [*Al.*, præjudicavimus; *al.*, prohibetur; *al.*, prædicavimus].

[c] De hoc autem, quod cartula prosecuta vestra retulit, quod plurima hinc dici possint, sed noluisse te excedere modum cartulæ, et maxime quia cum sapienti paucis utendum sit verbis, ita et nos versa vice paucis pauca rescripsimus. Quod autem usurpastis verba reginæ Sabæ ad Salomonem de beatitudine servorum qui nobis assistunt, et audiunt verba sapientiæ nostræ, si hoc verum fore scitis, venite, assistite, audite et pariter in Domino in pratis vernantibus varietate florum Scripturarum jucundantes delectemur.

EPISTOLA XIV.
AD QUINQUE EPISCOPOS.
De gratia septiformis Spiritus
(Anno 800.)
(Mabill. Vetera Analecta)

Carolus divina misericordia rex Francorum et Langobardorum ac patricius Romanorum, Hiltibaldo (Coloniensi), Maginharto (Rothomagensi), Agino (Bergomensi), Gerhoho (Eisterensi), Hartricho (Tolosano), sanctis episcopis.

Gratias agimus sanctitati vestræ, quia ad familiariter a nobis interrogata familiare nobis responsum dare voluistis: et quæ charitatis instinctu vestræ dilectioni fuere proposita, eadem dictante charitate, juxta quod nobis visum est, sunt nobis absque retractatione soluta. Sed ipsius, quæ a vestra sanctitate nobis data est, responsionis ordo videndus, et apud vestram dilectionem intimi in ea sensus medulla perquirenda, et ut qualitas nostræ interrogationis appareat, et modus vestræ responsionis patentius elucescat. Sancti etenim Patres qui, ut Veteris Testamenti serie legitur, ab initio Deo placentes hanc ultimam, sed Christi adventu felicissimam sæculi ætatem probitate morum et meritorum multiplicitate præcesserunt, sancti Spiritus gratiam absque ulla ambiguitate et accepisse et habuisse credendi sunt. Quis enim unquam placuit Deo carens sancti Spiritus dono?

Sed, ut vestræ responsionis textu continetur, eadem sancti Spiritus dona singula singulos sanctorum habuisse, et in Christo cuncta pleniter inhabitasse cognovimus, quæ ut firma veritatis ratione subnixa probamus: sed nequaquam arbitramur quemlibet sanctorum Patrum unius singularitate doni fuisse contentum, cum hoc fieri non posse de ipsarum vocabulis gratiarum facillime possit adverti. Sapientia enim et intellectus adeo sibi naturalitatis nexu conjuncta sunt, ut unum sine altero nullo pacto subsistere queat. Quomodo enim sapit qui non intelligit? vel quomodo potest intelligere, quem constat non sapere? Sapientia sive intellectu privatus quis unquam consilium vel sibi habuisse, vel alio [alii] dedisse repertus est? Nam luce clarius constat, consilium nonnisi sapientium esse. Fortitudinem vero, si consilio careat, fortitudinem esse putandum non est, cum omnia inconsulte gesta fortiva potius quam fortia soleant nominari. Scientiam in quoquam sine sapientia et intellectu consistere posse valde est incredibile. Quid enim calvinistico, sed catholico, uti explicantur in opere D. Arnaldi, de Perpetuitate fidei, tom. I, pag. 765.

[c] *De hoc autem*. Hanc clausulam, quæ deerat in Editis, addidimus ex Cod. ms. Salisb., Goldasto, loc. cit., pag. 138, et D'Acherio, Spicil. tom. IV, pag. 470.

---

[a] *Nam cur*... In Cod. ms. San-Emmeramiano ita legitur: *Nam quur in prima feria jejunium non fiat ipso tradente Salvatore, non est necessitas texendo replicari.*

[b] *In figuram*. Cod. ms. S. Emmeramianus, et Goldastus: *In figura.* Hæc non intelligenda sensu

potest scire, qui nihil valet intelligere? Jam pietas et timor Dei qua arte sibi copulata sint, qui seipsum explorat facile cognoscit : quia nemo pius est, nisi qui judicium Dei timendo, in se peccanti dimittit proximo.

Hæc septem sancti Spiritus dona sicut in sanctis Patribus fuisse singula, sic in Christo adunata omnia non est mirum. Quid enim illi ex omnibus bonis deesse potuit, qui omnia bona simul cum Patre creavit? Nunquid magnum est si hæc in Christo mansisse dicantur, in quo omnis plenitudo divinitatis inhabitare cognoscitur? Nunquid magnum est, si ea quasi pro munere ascribas Domino, quæ diligenter considerans invenies in servo? Nunquid his tantum donis potest sublimari Dominus, quibus carens non est bonus servus? Absit ut his tantum gloriam ejus dicamus consummatam, cujus magnificentiam supra omne quod dicitur aut nominatur, sive in cœlo, sive in terra credimus sublevatam? Neque enim sensus comprehendere, aut sermo poterit explicare, quæ et qualia, vel quanta sint quæ ejus debeant ascribi gloriæ, qui cum Patre et Spiritu sancto vivit et regnat Deus sine fine. Sed ideo hæc et in Patribus singula, et in Christo simul omnia non miramur, quia in discipulis ejus per singulos singula computari, et in Petro simul omnia possunt inveniri. Quanquam eadem in Christo longe aliter quam in cæteris sanctis fuisse credenda sint. Nam sanctorum cuique pro varietate voluntatum quibus fragilitas humana non caret, nunc hoc, nunc illud donum accedendo vel recedendo aut adesse, aut abesse cognoscitur : Christo vero, qui est Dei virtus et Dei sapientia, cuncta sancti Spiritus charismata semel veniendo accesserunt, et in eo nunquam recedenda permanserunt.

Sed quid hæc de patriarchis et apostolis dicimus? cum neque nunc diffidendum sit plures quotidie intra sanctæ matris Ecclesiæ sinum posse reperiri, qui vel singulis, vel pluribus sancti Spiritus donis sint ditati. Verax enim est qui in se confidentibus præsentiam suam usque ad consummationem sæculi promisit non defuturam, quo et nobiscum et in nobis semper manente, nequaquam sancto septiformis gratiæ Spiritu carebimus, qui cunctorum largitorem bonorum credendo et bene faciendo possidemus. Spiritu etenim sapientiæ regitur, qui fidem sanctæ et individuæ Trinitatis tam ad sui quam aliorum profectum ediscere nititur ut per hanc et hæreticis resistere, et suos valeat confirmare. Spiritum intellectus tenet, qui divina præcepta audiens, quam necessaria sit eorum cognitio sensu cordis percipit, et juxta beatum Jacobum, *non obliviosus auditor factus*, sed operator strenuus, ea quæ intellexit mandata, studet ut a se fiant quam integerrime custodita. Spiritu consilii viget, qui in cunctis quæ agere disponit, an hæc Deo sint placitura præcogitat : melius existimans quæ et qualiter agenda sunt prius tacite considerare quam aliquid inconsulte inchoare, unde eum pœnitentia cogat ab incœpto desistere. Fortitudinis spiritum habet, quicunque diabolo et membris ejus, hæ-

reticis scilicet, fidei scuto ac verbi Dei gladio armatus resistere studet, et contra vitia quibus suggestu diaboli hæc mortalis vita quotidie maculatur, quasi contra inimici jacula fortitudinis armatur. Nam spiritum scientiæ possidet, quisquis dominici memor præcepti simplicitatem columbæ et prudentiam serpentis habet ; quique inter consimilia dijudicans, scit reprobare malum, et eligere bonum. Sæpe enim mista bonis mala inveniuntur, quæ nisi scientia difficulter discernuntur. Spiritu vero pietatis illi inesse dicimus, qui dominica præcepta non oblitus, in se delinquenti dimittit proximo : et non tantum in alios, sed etiam in semetipsum justam exercet pietatem, quia probus quisque cavere debet, ne dum suo debitori dimittendo malum existit pius, sua non tribuendo in semetipso existat impius. Spiritu autem timoris Domini illum dicimus adimpletum, qui judicium Dei timens, non tam delectatione regni cœlestis bona facere studet, quam timore gehennæ mala perpetrare non audet : et sic gaudet de promissione perpetuæ vitæ, ut non minus timeat de supplicio perennis pœnæ, atque hoc spiritu compunctus devertat a malo, et faciat bonum.

Hunc sanctum septiformis gratiæ Spiritum et in Patribus et in apostolis fuisse, et nunc in sanctæ matris Ecclesiæ filios, qui in Christo quotidie in augmentum populi sui renascuntur, divino munere credimus inspirari. In Christo vero, ut prædiximus, hæc talia non miramur, cujus immensitatem gloriæ humana mens non valet enarrare. Quæ dona qualiter in illo sint, quo nullo modo explicare valemus, restat ut nobis ea donanti laudes dicamus :

Christe, salus mundi, sanctorum gloria perpes,
Sit tibi laus et honor semper in arce poli.

Item de gratia septiformis Spiritus.

Spiritus sapientiæ fuit in Petro, quando relictis retibus et navi secutus est Dominum. Spiritum intellectus habuit quando, Domino interrogante quem homines esse dicerent Filium hominis, Christum Filium Dei vivi esse et intellexit et respondit. Spiritus consilii erat in illo, quando Simoni pecuniam offerenti, sancti Spiritus gratiam vendere nolens, ipsum Simonem cum pecunia sua in perditionem ire jussit. Spiritum fortitudinis habuit, quando exempto gladio auriculam Malco abstulit. Spiritum scientiæ possedit, cum cæteris discipulis in navi dubitantibus Dominum esse cognovit. Spiritus pietatis cum illo erat, quando Dominum quousque fratri in se peccanti dimittere debuisset interrogavit. Spiritu timoris Domini plenus erat, quando viso piscium miraculo consternatus, ad Dominum dicebat : Exi a me, Domine, quia homo peccator sum ego.

Item aliter.

Spiritus sapientiæ fuit in Andrea, fuit et in filiis Zebedæi, quando similiter ut Petrus relictis retibus et navi secuti sunt Dominum. Spiritus intellectus fuit in Thoma, quando palpatis vulneribus dominicis, ipsum Deum et Dominum suum et intellexit, et professus est. Spiritus consilii erat in cunctis discipulis quando futurorum curiosi, Dominum de fine mundi consulebant. Spiritum fortitudinis omnibus discipulis adfuisse nemo negat, nisi qui eos pro Christi nomine mortem pati noluisse confirmat. Spiritus scientiæ erat in Joanne, qui tam distincte de divinitate et humanitate Salvatoris in principio Evangelii sui disseruit, et non minus discrete de septem tonitruis in Apocalypsi, quæ silenda, quæque fuissent loquenda, conscripsit. Spiritus pietatis fuit in Stephano, qui in ipso mortis articulo pro persecutoribus suis exoravit. Spiritus timoris Domini fuit in omnibus apostolis, quia non solum bona faciebant, sed etiam propter amorem Dei mala facere non audebant.

EPISTOLA XV.

AD GARIBALDUM LEODIENSEM EPISCOPUM.

De cura quam instruendis populis præcipue ante baptismum abhibere debent pastores.

(Anno 800.)

(Ex Martene, Vet. Script. ampl. Coll.)

In nomine Patris, et Filii, et Spiritus sancti. Carolus serenissimus Augustus a Deo coronatus, magnus, pacificus, imperator, gubernans imperium, qui et per misericordiam Dei rex Francorum et Langobardorum, Garibaldo episcopo in Domino salutem.

Bene igitur recordari credimus sanctitati tuæ, qualiter sæpius in conventu et concilio nostro monuimus de prædicatione in sancta Dei Ecclesia unusquisque vestrum secundum sanctorum canonum autoritatem et prædicare et docere deberet. Primo omnium de fide catholica; ut et qui amplius capere non valuisset, tantummodo orationem Dominicam et symbolum fidei catholicæ, sicut apostoli docuerunt, tenere et memoriter recitare potuisset, et ut nullus de sacro fonte baptismatis aliquem suscipere præsumeret antequam in vestra aut ministrorum vestrorum sacri ordinis præsentia orationem Dominicam et symbolum recitaret, et sicut in proximo comperimus a in die apparitionis Domini multi fuerunt apud nos inventi, qui volebant suscipere infantes de sacro fonte baptismatis, quos jussimus singulariter et diligenter examinare et requirere, si orationem Dominicam et symbolum, ut supra diximus, scirent et memoriter tenerent; et plures fuerunt qui nulla exinde in memoriam habebant : quibus præcepimus abstinere, ut antequam orationem et symbolum scirent, et recitare potuissent, neque aliquem de sacro fonte baptismatis suscipere præsumerent. Et valde erubescentes fuerunt ex hac re, et spondere volebant ut si concessum eis fuisset, ad tempus hoc improperium a se potuissent auferre. In quo loco intelleximus quod non eis fuit convenientia, et sicut in capitulari nostro potestis reperire, discretionem factam habuimus, quanto tempore se unusquisque abstinere debuisset ab hoc opere, usque dum bonus fidejussor esse valeret in hoc negotio, scilicet, aut certe statim alium inveniret scientem, aut si infirmitas non impediret, exspectaret de Pascha usque in Pentecosten, donec ipse disceret ea quæ supra dicta sunt. Nunc autem denuo monemus ut memores sitis, sicut condecet de ministerio sacerdotali, et conventum habeatis cum vestris sacerdotibus, et diligenter omnem rei veritatem requirite et examinate : ita ut opus Domini non prætereat, nec aliqua requisitio vobis exinde fiat ante conspectum sanctæ majestatis.

EPISTOLA XVI.

AD GARIBALDUM EPISCOPUM.

Jejunium pro necessitatibus publicis, maxime pro fame, peste et bello indicitur.

(Anno 800.)

(Ex Martene, Vet. Script. ampl. Coll.)

In nomine Patris, et Filii, et Spiritus sancti. Carolus serenissimus augustus a Deo coronatus, b Ghaerbaldo episcopo, cum universis tibi omnipotente Deo et nostra ordinatione commissis in Domino salutem.

Notum sit dilectioni vestræ quia nos cum fidelibus nostris tam spiritualibus quam sæcularibus tractantes, cum consensu et pari consilio invenimus necessarium, et propter instantes quasdam necessitates, quas subter significaturi sumus, tria triduana jejunia ab omnibus nobis generaliter esse celebranda, atque ab eo in quo vivimus, movemur et sumus, auxilium esse quærendum, a quo quidquid juste ac rationabiliter fides vestra, spes certa, seu charitas perfecta postulat, sine dubio tempore congruo impetrat ; ipso Domino dicente : *Petite et dabitur vobis, quærite et invenietis, pulsate et aperietur vobis*. Ipsa autem jejunia, sicut nobis omnibus visum est, hac discretione posse fieri, Domino largiente, congruenter impleta, scilicet ut primum XI diebus post festivitatem sancti Andreæ transactis, id est III Idus, et Idus Decembris, et XVIII Kalendas Januarii tali ratione fiat, ut omnes a vino et carne his III diebus abstineant et usque horam nonam jejunent, excepto quæ aut ætas aut infirmitas non permittit, qui tamen secundum suam qualitatem vel vitæ suæ professionem, aut rationibus [*F.*, orationibus] satis, aut eleemosynis congruis, id ipsum, secundum consilium magistrorum, redimere studeat, quod jejunando et abstinendo complere non valet. Hora autem nona omnes generaliter ad ecclesias vicinas, ubi eis denuntiatur, devota mente occurrant, et si hora vel locus permiserit, aliquo spatioso loco litania procedant, atque psallendo ecclesiam intrantes, cum omni devotione missam audiant. Qua subacta, unusquisque domum redeat, et statutis cibis corpori satisfaciat, non ad voluntatem, sed ad necessitatem ac sobrietatem. Similiter quoque monemus unumquemque, ut eleemosynam faciant secundum quod commodum sub-

---

a Hinc apparet tempore Caroli Magni baptismum non solum in Paschate et Pentecoste celebratum fuisse, sed etiam in Epiphania : quod alias demonstravimus ex antiquissimo Sacramentorum libro monasterii Gellonensis ipsius tempore scripto. Vide lib. I de antiquis Ecclesiæ Ritibus, capite 4, art. 4.

b Sic manuscriptum Andaginensis monasterii sancti Huberti ante annos 800 exaratum ; alii vero *Garibaldum* nominant episcopum Leodiensem.

stantiæ suæ permiserit, et mentis devotio, Domino inspirante, suaserit; et unusquisque presbyterorum missam cantet, et alterius ordinis clericus vel monachus, sive Deo sacrata, qui psalmos didicit, L psalmum similiter cantet. Opera autem ea his diebus operare permittimus, quæ nec ad ecclesiam venire impediant, nec ante statutam horam manducare aut [a] bibere cogant. Duo quoque cætera triduana jejunia his diebus pari ratione per omnia erunt celebranda, unum post Theophaniam VII Idus, et IV Idus, et II Idus Januarii. Aliud vero post Septuagesimam, II Idus Februarii, et XV Kalendas Martii, et IV Kalendas Martii. Necessitates vero quas supra nos dicturos esse promisimus inter cæteras, quas tamen hac vice commemorare necessarium duximus, hæc sunt. Denique compertum habemus per fideles nostros, qui nobis de singulis regni nostri partibus hæc nuntiaverunt, quod insolito more, et ultra consuetum ubique terræ sterilitas esse et famis periculum imminere videtur. Aeris etiam intemperies frugibus valde contraria, pestilentia quoque per loca et pagorum gentium circa marcas nostras sedentia bella continua, multa præterea quæ et nunc enumerare longum est, et nobis experimentum possunt esse notissima, si recordare volumus, qualia incommoda singulis diebus propter merita nostra sentiamus, certissimeque ab his exterioribus colligere possumus, nos per omnia Domino non placere interius, qui tanta mala compellimur tolerare exterius. Quamobrem bonum nobis omnino videtur, ut unusquisque nostrum cor suum humiliare in veritate studeat, et in quocunque loco, sive actu, sive cogitatu, se Deum offendisse deprehenderit, pœnitendo tergat, flendo doleat, et semetipsum in quantum ipso largiente potest ab his malis in futurum cavendo custodiat, et hæc debet esse præmissæ orationis intentio, ut omnipotens Deus, qui non solum facta, verum etiam antequam fiant omnia, novit, corda nostra compungat, et nos sibi supplices atque subjectos in vera humilitate faciat, et unumquemque nostrum ab observantia mandatorum suorum, depulso a nobis omni errore, convertat, misereaturque, sive a nobis mala repellendo, sive bona quibus indigni sumus tribuendo, sicut ipse novit nos indigere, et tribuat ut in membris suis, id est in corpore sanctæ Ecclesiæ numerari mereamur, quam pacificare, adunare, et regere, atque ab omni malo protegere dignetur, nobis etiam in illa unitate comprehensis, qui ut gratiam illius promereri possimus, hæc jejunia atque has orationes ab omnibus vobis generaliter fieri decrevimus. Hanc quoque epistolam relegentes secundum tibi a Deo datam sapientiam coram omnibus diligenter relege, et tradere facias; ita ut omnes intelligant pro qua necessitate hæc agenda sunt;- et unusquisque vestrum per singulas ecclesias baptismales dirigite, et bonos interpretes mittite, qui omnia tradant, sicut superius diximus. Nam et per singula monasteria infra parochia tua ita facias.

EPISTOLA XVII.
AD PIPPINUM FILIUM REGEM ITALIÆ.
De pace ecclesiarum Dei et illis servientium.

(Anno 801.)
(Ex Mansi, Concil. Coll.)

Carolus serenissimus Augustus a Deo coronatus, magnus, pacificus imperator, Romanorum gubernans imperium, ac per misericordiam Dei rex Francorum et Langobardorum, dilectissimo filio nostro Pippino glorioso regi sempiternam in Domino salutem.

Pervenit ad aures nostras [*Al.*, clementiæ nostræ], quod aliqui duces, et eorum juniores, castaldii, vicarii, centenarii, seu reliqui ministeriales, falconarii, venatores, et cæteri per singula territoria habitantes vel discurrentes, mansionaticos et paraveredas accipiant, non solum super liberos homines, sed etiam in ecclesiis Dei, monasteria videlicet virorum ac puellarum, et xenodochia, atque diversas plebes, et super reliquos servientes ecclesiarum Dei, in eorum opera, id est, in vineis, et campis, seu pratis, nec non et in eorum ædificiis illos faciant operari, et carnaticos, et vinum contra omnem justitiam ab eis exactare non cessant, et multas oppressiones patiantur ipsæ ecclesiæ Dei, vel servientes earum. Ideoque, charissime fili, has litteras ad tuam dilectionem direximus, ut hanc causam diligenter ac prudenter inquirere facias, et, si veritas est quod ita factum sit, deinceps omnimodis emendare et corrigere studeas, quatenus in diebus nostris ac tuis pax ecclesiarum Dei; sive illarum servientium, in omnibus conservetur, et ut merces copiosa nobis ac tibi exinde jugiter accrescat. Audivimus etiam quod quædam capitula quæ in lege scribi jussimus, per aliqua loca aliqui ex nostris ac vestris dicant, quod nos nequaquam illis hanc causam ad notitiam per nosmetipsos condictam habeamus; et ideo nolunt eis obedire, nec consentire, neque pro lege tenere. Tu autem nosti quomodo vel qualiter tecum locuti fuimus de ipsis capitulis. Et ideo, admonemus tuam amabilem dilectionem, ut per universum regnum tibi a Deo commissum ea nota faciat, et obedire atque implere præcipiat. De episcopis et sacerdotibus occisis, sicut statutum habemus, et de reliquis quibuslibet causis. Verumtamen de presbyteris videtur nobis, ut si liber natus est presbyter, tripla compositione secundum tuam legem fiat compositus; et si plagatus fuerit, secundum qualitatem plagarum vel disciplinæ tripla compositione emendetur qui hoc perpetraverit. Si tamen presbyter servus natus fuerit, secundum illius nativitatis tripla compositione solvatur in plagis et disciplinis. Et de diaconibus similiter fiat. His expletis, bene vale semper in Domino, fili dilectissime.

---

[a] Hinc patet illicitum fuisse jejunantibus extra tempus refectionis bibere; unde colliges quam cæco illi laborant errore, qui liquidum non frangere jejunium docent, maxime si de vino agatur, aut alio potu confortativo et nutriente. Certe jejunantes hic etiam in refectione a vino abstinere jubentur.

a EPISTOLA XVIII.
AD ALBINUM MAGISTRUM ET AD CONGREGATIONEM SANCTI MARTINI MONASTERII.
(Anno 803.)
(Ex Froben., Opp. beati Alcuini.)

In nomine Patris, et Filii, et Spiritus sancti. Carolus, *et reliqua*, Albino venerabili magistro et omni congregationi monasterii sancti Martini.

Pridie quam ad nostram præsentiam a vobis missa venisset epistola, allatæ nobis sunt litteræ a Theodulfo episcopo missæ, querimonias continentes de inhonoratione hominum suorum, et non tam illorum quam episcopi hujus civitatis, vel contemptu jussionis imperii nostri; quam jussionem de redditione cujusdam clerici de custodia ipsius elapsi, et in basilica sancti Martini latitantis sub nostri nominis auctoritate conscribere jussimus; cujus etiam nobis exemplaria misistis [*F.*, vobis... misimus], in quibus nos nequaquam injuste aliquid decrevisse, ut vobis visum fuit, putamus. Sed cum utrasque epistolas, vestram scilicet, et Theodulfi, nobis relegere fecissemus, asperior multo nobis et cum iracundia composita vestra, quam Theodulfi videbatur epistola, et in nullo erga illum charitatis condimento respersa; sed potius quasi reum defendens, et episcopum accusans, et sub velamine quodam celati nominis continens vel posset vel admitti ad accusationem deberet; cum hoc omnino et divina et humana lege sancitum sit, b nulli criminoso alterum accusandi dari licentiam, quanquam a vobis ad hoc defensus et conservatus sit sub obtentu jussionis nominis nostri, ut qui jam accusatus, et c in conspectu populi civitatis suæ judicatus est, accusandi locum habere Cæsarei nominis appellatione deberet, ad exemplum beati Pauli apostoli, qui apud principes Judææ a gente sua accusatus, sed nondum judicatus, Cæsarem appellavit, et ab eisdem principibus ad Cæsarem judicandus missus est (*Act.* xxv, 10, 11), quod nequaquam præsenti negotio convenit. Paulus enim apostolus a Judæis accusatus, sed non judicatus, Cæsarem appellavit, et adire permissus est. Hic vero infamis clericus, et accusatus et judicatus, et in custodia missus, et de custodia elapsus, basilicam, quam nisi post pœnitentiam ingredi non debuerat, contra legem ingressus, et adhuc, ut fertur, perverse vivere non cessans, ut dicitis, sicut Paulus apostolus Cæsarem appellavit, sed nequaquam, ut Paulus, Cæsarem adi urus est. Illi enim, apud quem accusatus, et a quo judicatus atque in custodia missus est, et de cujus custodia evasit, præcipimus ut reddatur, et ille eum ad nostram audientiam, sive vera, sive falsa dicentem, adducat, quia non decet, ut propter talem hominem nostræ primæ jussionis ulla fiat immutatio. Sed et valde miramur, cur vobis solis visum sit nostræ auctoritatis sanctioni et decreto contraeundum, cum liquido pateat et ex consuetudine veteri, et ex constitutione legum [regum] decreta recta [*F.*, rata] esse debere, nec cuiquam permissum illorum edicta vel statuta contemnere. Et in hoc satis mirari nequivimus, quod illius scelerati hominis precibus, quam nostræ auctoritatis jussionibus obtemperare maluistis, cum nunc clarissime liqueat, cum eodem homine amorem discordiæ ex irruptione charitatis de hoc loco vetuit [*L.*, veluti] egredi. Ipsi quippe nostris, qui congregatio hujus monasterii ac servi Dei [et utinam vere!] dicimini, qualiter jam crebro vita vestra a multis diffamata est, et non absque re. Aliquando enim monachos, aliquando canonicos, aliquando neutrum vos esse dicebatis. Et nos consulendo vobis, et ad malam famam abolendam d magistrum et rectorem idoneum vobis elegimus, et de longinquis provinciis invitavimus, qui et verbis et admonitionibus rectam vitam instruere, et, quia religiosus erat, bonæ conversationis exemplo potuisset informare. Sed, proh dolor! aliorsum cuncta conversa sunt; et e diabolus vos quasi ministros suos ad seminandam discordiam, inter quos minime decebat, invenit, scilicet inter sapientes et doctores Ecclesiæ, et qui peccantes corrigere et castigare debuerunt, cogitis ad peccatum invidiæ atque iracundiæ prorumpere. Sed; illi, Deo miserante, nequaquam assensum vestris malis suggestionibus præbituri sunt. Vos autem, qui contemptores nostræ jussionis exstitistis, sive canonici, sive monachi vocamini, ad placitum nostrum, juxta quod præsens missus noster vobis indixerit, nobis

---

a *Epistola.* Magni momenti, inquit Baluzius in notis suis ad Capitularia, tom. II, pag. 1062, est ista Caroli epistola, a magno principe et jurium sacerdotii et imperii peritissimo scripta. Hic vides clericum ab episcopo suo secundum canones judicatum, et in custodia propter sua merita inclusum, ruptis, ut ita dicam, carceris vinculis, in ecclesiam sancti Martini confugisse et abusum sanctitate loci, ut pœnam evaderet, quæ in eum optimo judicio constituta fuerat. Vides deinde monachos, ut asyli sui religionem et auctoritatem venditarent, latebris illum suis occultasse, ejusque defensionem ita suscipere ausos adversus episcopum, ut etiam ei plurimas contumelias publice imponerent. Quæ res adeo demens et stolida visa est sapientissimo principi, ut non solum eorum stultitiam castigaverit asperioribus verbis, sed etiam clericum illum episcopo suo reddi jusserit, monachos porro ad se venire, ut condigna satisfactione inustum crimen elueruent. . . . Cæterum quod hic Theodulfo Aurelianensi episcopo accidit sub imperio Caroli M. idem ferme Hincmaro Rhemensi archiepiscopo postea evenit, ut docet Flodoardus, lib. III Hist. Rhem., cap. 21, ubi recensens epistolas Hincmari ait : « Eboni episcopo ecclesiæ Rhemensis alumno pro quodam fratre ab hac ecclesia fuga lapso et apud ipsum commorante, ut quantocius illum diligenti cura remittere studeat. »

Baluzius hanc epistolam primum ex veteri Codice ms. bibliothecæ Colbertinæ edidit tom. I Capitul., pag. 443, eamque scriptam putat anno 803, Mabillonius vero anno præcedenti.

b *Nulli criminoso.* Legitur istud in Capitulis Angilramni, cap. 43 et inde in libr. v Capitularium, cap. 187. Vide etiam libr. vii, cap. 85. BALUZ.

c *In conspectu populi.* Hic locus valde illustratur ex cap. 370, libr. v Capitular.

d *Magistrum.* Alcuinum utique?

e *Diabolus vos quasi ministros suos.* Ivo Carnotensis episcopus, epist. 266, loquens de monachis majoris monasterii Turonensis : « Monachi dæmoniaca invidia moti. » BALUZ., ibid.

vos assistere scitote. Et quamvis ad nos missa hic factæ seditionis vos excuset epistola, venite, et condigna satisfactione inustum crimen eluite.

EPISTOLA XIX.
AD LEONEM III PAPAM,
A Zmaragdo abbate edita.
(Anno 809.)
(Ex Mansi, Concil. Collect.

a Quæstio quæ de Spiritus sancti processione est nuper exorta, jamdudum est diligentissime a sanctis Patribus ventilata. Sed quia jam diu a quærentibus neglecta jacebat, non quievit quasi antiquitus ventilata, sed quasi quædam his temporibus nobis subito emersit occulta, quod divinitus spiratum fideliter credens non dubito. Crebris etenim quæstionum ictibus præsens ecclesia tunditur, ut doctrinis catholicis erudita, sanæque fidei confessionibus elimata, in æternum quandoque hæreditate filiorum percepta vivere cum Domino valeat feliciter regnatura. Sed quia, ut præfatus sum, hæc quæstio diu a quærentibus indiscussa jacebat, voluit omnipotens Deus in eamdem suscitare corda pastorum, ut negligentiæ

---

a Quæstio. Eginhardus, in Annal. de concilio Aquisgranensi anno 809 celebrato hæc habet: « Imperator de Arduenna Aquasgrani reversus, mense Novembrio concilium habuit de processione Spiritus sancti: quam quæstionem Joannes quidam monachus Jerosolymis primo commovit. Cujus definiendæ causa Bernharius episcopus Wormacensis et Alahardus abbas monasterii Corbeiæ, Romam ad Leonem papam missi sunt. Agitatum est etiam in eodem concilio de statu Ecclesiarum, et conversatione eorum qui in eis Deo servire dicuntur; nec aliquid tamen definitum est, propter rerum (ut videbatur) magnitudinem. » Idem habent reliqui Annalistæ ac Ado in Chronico, qui tamen loco Bernharii episcopi Wormaciensis mendose habet, *episcopi Cormaricensis.* Certum enim hoc tempore Bernharium episcopatum Wormaciensem gessisse, ut hoc anno, num. 8 et seqq. demonstrat Cointius, ubi et refellit Sirmondum, qui tom. II Conc. Gall. duobus illis legatis adnumerandum censet Jessen Ambianensem episcopum, quod Sirmondus ait constare ex Actis ipsius legationis, hoc est ex collatione cum papa Romæ a legatis habita, et ex Vita Caroli Magni, in qua tamen fatetur ibi depravatum nomen illius Ambianensis episcopi legi, et intelligit Vitam Caroli M. a monacho Egolismensi scriptam, quæ etiam Baronio num. 52 imposuit. Nam a quo alio id acceperit Baronius, non reperio. Verum in illis nulla fit mentio Ambianensis episcopi, sed in sola duntaxat inscriptione qua Jesse episcopus cum Bernhario episcopo et Adelardo abbate memoratur, ut videre est apud Baronium qui illam recitat. Hæc verba inscriptionis: « Ratio quæ habita est de Symbolo fidei, in secretario beati Petri apostoli, inter D. Leonem sanctissimum et coevangelicum papam Urbis Romæ, et Bernharium atque Jesse episcopos, seu Adelhardum abbatem missos D. Caroli imperatoris per indictionem secundam. » Nomen enim Jesse in ea inscriptione ab imperito quopiam positum esse, ut sæpe fit, patet primo ex initio Pontificiarum litterarum ad Riculfum archiepiscopum Moguntiacensem, quas Sirmondus prædictis legationis Actis subjecit. Hoc earumdem litterarum exordium: « Leo episcopus servus servorum Dei reverentissimo et sanctissimo Richulfo episcopo. Cum ad limina beatorum principum apostolorum Bernharius venerabilis episcopus una cum Adelhardo religioso abbate missi filii nostri domni Caroli serenissimi imperatoris conjunxissent. » Patet secundo ex inscriptione illam additamentum esse cujuspiam scioli, quia indictio secunda cum mense Augusto hoc anno absoluta est, et Annalistæ omnes testantur Aquisgranensem synodum mense Novembri congregatam fuisse, ideoque currente indictione tertia.

Per Bernharium Wormaciensem episcopum et Adelhardum abbatem Corbeiensem synodi Aquisgranensis legatos, Carolus imper. Leoni papæ litteras dedit ab Holstenio primum publicatas, quibus hic præfixus est titulus: *Epistola Caroli imper. ad Leonem III papam Urbis Romæ directa, a Zmaragdo edita.* In supplemento vero Conciliorum a Lalando collecto huic epistolæ hæc inscriptio præfigitur: *Epistola Caroli Magni imper. ad Leonem III papam Urbis Romæ directa, a Zmaragdo abbate sancti Michaelis in diœcesi Virdunensis, edita de Processione Spiritus sancti*, quam inscriptionem probat Mabillonius tom. II Vet. Analect. in notis ad Chronicon monasterii sanctis Michaelis in pago Virdunensi. Et litteræ ita exordiuntur: « Questio quæ de Spiritus sancti processione est nuper exorta, jamdudum est diligentissime a sanctis Patribus ventilata. Sed quia jamdiu a quærentibus neglecta jacebat, non quievit quasi antiquitus ventilata, sed quasi quædam his temporibus nobis subito emersit occulta; quod divinitus spiratum fideliter credens non dubito. Crebris etenim quæstionum ictibus præsens Ecclesia tunditur, ut doctrinis catholicis erudita, sanæque fidei confessionibus elimata, in æternum quandoque hæreditate filiorum percepta vivere cum Domino valeat feliciter regnatura. Sed quia, ut præfatus sum, hæc quæstio diu a quærentibus indiscussa jacebat, voluit omnipotens Deus in eamdem suscitare corda pastorum, ut, negligentiæ torpore sublato, exercitationis sanctæ brachio cœlestem valeant perfodere thesaurum. Sermonis etenim Domini sarculo sæpius divinarum Scripturarum pastores debent proscindere campum, ne zizania satoris iniqui semenque malignum formosi tritici valeat opprimere fructum, aut volans passim volucris hæretica semen catholicum a cordibus rapiat parvulorum, horridaque spinarum emersio Domini nitidam possit suffocare segetem. Lectionis etenim sacræ cognitio imbecillis baculum, nervosis arma ministrat, hostium subdolas fortiter premit insidias, et victoribus æternas feliciter promittit coronas. Ergo procul a pastoribus negligentiæ torpor abscedat; procul a mentis acumine inertia damnosa recedat, mollisque lascivia corporis membra relinquat, et altus sopor mollisque somnus in rigidas lucrosasque lectionis emergat excubias, ut Ecclesiæ ager optimus, doctorumque semine satus, valeat centenos Omnipotenti reddere fructus. Jam nunc aggrediar de Spiritu sancti processione; quam pluribus postea Scripturæ sacræ locis egregie probat.

Baronius existimat « non dubitatum vel tractatum in Aquisgranensi concilio, num Spiritus sanctus a Patre Filioque procederet, sed quod tum apud Hispanos tum apud Gallos additæ fuerunt Symbolo quatuor illæ syllabæ, *Filioque,* num id bene factum esset, ut et ita auctum symbolum in ecclesia caneretur. » Verum Cointius laudatus recte arbitratur motam esse quæstionem de ipsa Spiritus sancti processione, utrum scilicet Spiritus sanctus a Patre tantum, an a Patre Filioque procedat. Quotquot enim scriptores antiqui Aquisgranensis concilii mentionem faciunt, id manifestissime asserunt. Ado, qui uberiorem sermonem quam cæteri de hac synodo fecit, ait: « De Processione Spiritus sancti quæstio agitatur, utrum sicut procedit a Patre, ita procedat a Filio. » Monachus Egolismensis, in Vita Caroli M., concilium scribit habitum « de Spiritu sancto procedente a Patre et Filio. » Annalistæ Loiselianus, Fuldensis, Bertinianus, ac Metensis, Eginhardus in Annal. nec non incertus auctor in Vita Caroli, concilium testantur celebratum « de Processione Spiritus sancti; » nec ullus ex illis verbum facit de prædicto Symboli additamento in ecclesia, vel canendo vel non canendo. Secundo, « quæstionem Joannes quidam monachus Jerosolymis

torpore subiato, exercitationis sanctæ brachio cœlestem valeant perfodere thesaurum. Sermonis etenim Dominici sarculo sæpius divinarum Scripturarum pastores debent proscindere campum, ne zizania satoris iniqui semenque malignum formosi tritici valeat opprimere fructum, aut volans passim volucris hæretica semen catholicum a cordibus rapiat parvulorum, horridaque spinarum emersio Domini nitidam possit suffocare segetem. Lectionis etenim sacræ cognitio imbecillis baculum, nervosis arma ministrat, hostium subdolas fortiter premit insidias, et victoribus æternas feliciter promittit coronas. Ergo procul a pastoribus negligentiæ torpor abscedat; procul a mentis acumine inertia damnosa recedat, mollisque lascivia corporis membra relinquat, et altus sopor mollisque somnus in rigidas lucrosasque lectionis emergat excubias, ut Ecclesiæ ager opimus, doctorumque semine satus, valeat centenos omnipotenti reddere fructus. Jam nunc aggrediar de Spiritus sancti processione. Quod Spiritus Patris sit in Filio, idemque Spiritus et Patris sit et Filii, Isaias testatur, ubi vox Patris ait ad Filium : *Spiritus meus est in te, et verba mea quæ posui in ore tuo, non recedant de ore tuo, et de ore seminis tui amodo et usque in sempiternum* (Isai. LIX). Item in Isaia scriptum est : *Ibi obviaverunt sibi cervi, et viderunt facies suas mutuo. Transierunt; unus ex eis non periit, et Spiritus ejus congregavit eos.* Cervos hic apostolos prisci Patres intellexerunt, quos Spiritus Christi in Jerusalem congregavit, ubi se obviantes mutuo salutaverunt. Igitur quod Patris sit Spiritus, ipse Dominus apostolis ait : *Non enim vos estis qui loquimini, sed Spiritus Patris vestri, qui loquitur in vobis* (Matth. x). Et quod idem Spiritus Filii sit, Paulus testatur dicens : *Si quis autem Spiritum Christi non habet, hic non est ejus* (Rom. VIII). Itemque in Epistola ad Galatas ait : *Quoniam autem estis filii Dei, misit Deus Spiritum Filii sui in corda nostra clamantem Abba Pater* (Galat. IV). Beatus quoque Petrus in Epistola sua ait : *Reportantes finem fidei vestræ, salutem animarum. De qua salute exquisierunt atque scrutati sunt prophetæ, qui de futura in vobis gratia prophetaverunt, scrutantes in quod vel quale tempus significaret qui in eis erat Spiritus Christi, prænuntians eas quæ in Christo sunt passiones et posteriores glorias* (1 Petr. I). Et Dominus in Evan-

primo commovit,» ut scribunt Annalistæ, Loiselianus, Fuldensis, Bertinianus, ac Metensis, nec non incertus auctor et monachus Egolismensis, in Vita Caroli: nec ab his dissentiunt Eginhardus in Annal., et Ado. Ille enim ait : « Quæstionem Joannes quidam monachus Jerosolymis primo concitavit; » hic vero : « Hanc quæstionem Joannes monachus Jerosolymis moverat. » Quare quæstio de qua in Aquisgranensi concilio tractatum, primum Jerosolymis exorta. Quis autem sibi persuadeat a Græcis disputatum, an in Symbolo cantandum esset illud additamentum, *Filioque*, quod ipsi non recipiebant? Tertio Carolus Imp. in suis post Aquisgranensem synodum ad Leonem papam litteris, licet bene prolixis, quarum mox initium retulimus, nullum verbum habet de Symbolo vel canendo vel non canendo, sed totus est in conglobandis auctoritatibus ex utroque Testamento, et ex authenticis Patrum scriptis, ut quamplurimis testimoniis ostendat de Spiritu sancto, quod non a Patre tantum, sed a Patre et Filio procedit. Ergo in Aquisgranensi concilio, ut ait Ado citatus, agitata quæstio de processione Spiritus sancti, « utrum sicut procedit a Patre, ita procedat a Filio. »

Denique Theodolphus Aurelianensis episcopus hisce temporibus, cum quæstio de processione Spiritus sancti cœpit agitari, libellum de ea materia jussu Caroli conscripsit. In suo opusculo collegit sententias antiquorum Patrum, qui Spiritum sanctum a Patre Filioque procedere scripserunt. Horum indiculus ita texitur, Athanasius, Cyrillus, Hilarius, Ambrosius, Didymus, Augustinus, Fulgentius, Hormisda, Leo, Gregorius, Isidorus, Prosper, Pelagius, Afer, Proclus, Agnellus, Cassiodorus, Prudentius. Opusculum ipsum consule cum notis Sirmondi, qui Vigilium Thapsensem in Africa, Agnellum Ravennatem in Italia, episcopos agnoscit, et adjudicat Athanasio libros xi de Trinitate, qui citantur a Theodulpho, et Latino tantum sermone inter Athanasii opera circumferuntur, Theodulpho in sua lucubratione mens eadem ac Carolo in litteris ad Leonem papam jam memoratis. Uterque varia profert testimonia, quibus asserit Spiritum sanctum a Patre et Filio procedere. Theodulphus enim quid intendat in metrica operis ad eumdem Carolum præfatione sic exponit :

Imperii vestri, res inclyte, jussa secutus ,
Defero Theudulphus hæc documenta libens.

Quis Patre seu Nato procedere Spiritus almus
  Astruitur, legis hoc reboante tuba.
Hoc Evangelium, hoc promit apostolus auctor
  Hoc canit unanimis vox pia sacra Patrum.

Et paulo post quonam tempore hæc quæstio moveri cœperit, ita declarat :

Inclyta sanctorum mecum est sententia vatum
  Quos bene spiramen Flaminis hujus agit.
Tuque manum injicies, vegetat quem Spiritus ille
  Causa tuo cujus tempore cœpit agi.

Agitata igitur in Aquisgranensi concilio hæc quæstio, utrum Spiritus sanctus sicut procedit a Patre, ita procedat a Filio, illiusque quæstionis definiendæ causa directi Romam Bernarius Wormaciensis episcopus et Adhalhardus Corbeiensis abbas, quorum collocutio cum Romano pontifice, quam integram Baronius num. 54 et seq. recitat in annum sequentem rejici debet; cum concilium Aquisgranense mense Novembris coactum fuerit. Finis disputationis hic fuit. Symbolum cum additamento, *Filioque*, quod ei Romana Ecclesia nondum inseruerat, a Francis decantari moleste ferebat Leo; tamen id deinceps fieri non prohibuit absolute, sed rogavit hanc in Palatio sive in regia capella consuetudinem intermitti, ratus fore ut morem palatii lubenter omnis postea sequeretur Francia. Ipse autem, ut antiquitatis tenacissimum se præberet, et ne Græcos alienaret, in basilica sancti Petri duas tabulas argenteas ad confessionem ejusdem sancti Petri affigendas prudenter curavit, in quarum altera Symbolum Græce scriptum, in altera Latine exaratum legeretur, utrobique sine hoc additamento, *Filioque*. Meminit illarum tabularum Anastasius, cujus verba Baronius num. 62 refert. Perperam tamen scribit Cointius citatus indicare Patres concilii Arelatensis, post quinquennium celebrati, additamentum illud, *Filioque*, constanter a Francis in Symbolo retentum fuisse, quia hanc de Spiritus sancti processione confessionem ediderunt : *Spiritum vero sanctum nec creatum, nec genitum, sed procedentem ex Patre et Filio profitemur;* ait præterea illud eis a Clodovei M. temporibus traditum. At si hoc ultimum verum esset, in Actis collationis tacitum non fuisset, et primum ad rem non facit, cum quæstio tantum esset, an illud additamentum in missa cantandum. A. PAG.

gelio ait : *Cum venerit Paracletus Spiritus veritatis, qui a Patre procedit* (*Joan.* xv). Ubi suum esse Spiritum docuit, quia ipse est veritas, et Patris, a quo eum dixit procedere. Quod Spiritum sanctum dedit Pater apostolis, in Epistola ad Corinthios secunda scriptum est ; ait enim inter cætera : *Qui autem confirmat nos vobiscum in Christo, et qui unxit nos Deus, et qui signavit nos, et dedit pignus Spiritus in cordibus nostris* (*II Cor.* 1). Item in Epistola ad Thessalonicenses prima : *Non enim vocavit,* ait, *nos Deus in immunditiam, sed in sanctificationem. Itaque qui hæc spernit, non hominem spernit, sed Deum; qui etiam dedit Spiritum suum sanctum in nobis* (*I Thess.* iv). Et quod eumdem Spiritum sanctum dedit et Filius, in Epistola Joannis scriptum est : *In hoc intelligimus quoniam in eo manebimus, et ipse in nobis, quoniam de Spiritu suo dedit nobis* (*I Joan.* iv). Quod Spiritum sanctum effudit Pater in discipulos in Epistola ad Titum scriptum est : *Cum autem benignitas et humanitas apparuit Salvatoris nostri, non ex operibus justitiæ, quæ fecimus nos, sed secundum suam misericordiam salvos nos fecit per lavacrum regenerationis et renovationis Spiritus sancti, quem effudit in nos abunde per Jesum Christum Salvatorem nostrum* (*Tit.* iii). Quod et eumdem Spiritum sanctum effudit Filius, in Actibus scribitur apostolorum ; aiunt enim apostoli inter cætera : *Hunc Jesum resuscitavit Deus, cujus nos omnes testes sumus. Dextera igitur Dei exaltatus, et promissione Spiritus accepta a Patre effudit hunc quem vos videtis et auditis* (*Act.* ii). Item quod una sit a Patre et Filio Spiritus sancti effusio Joele testante didicimus ; ait enim vox Patris simul et Filii : *Effundam de Spiritu meo super omnem carnem, et prophetabunt filii vestri, et filiæ vestræ : senes vestri somnia somniabunt, et juvenes vestri visiones videbunt ; sed et super servos meos, et super ancillas meas in diebus illis effundam de Spiritu meo, et dabo prodigia in cælo et in terra* (*Joel.* ii). Quod Spiritus sanctus os sit Patris in psalmo trigesimo secundo legitur : *Verbo Domini cæli firmati sunt, et Spiritu oris ejus omnis virtus eorum* (*Psal.* xxxii). Et quod os sit Filii, in Isaia scriptum est ; ait enim idem propheta de Filio : *Percutiet terram virga oris sui, et Spiritu labiorum suorum interficiet impium* (*Isai.* xi). Cui sententiæ concordans Paulus in Epistola ad Thessalonicenses ait : *Et tunc revelabitur ille iniquus, quem Dominus Jesus interficiet Spiritu oris sui, et destruet illustratione adventus sui* (*I Thess.* ii). Quod Spiritus a Patre procedat, ipse Dominus testatur dicens : *Spiritus qui a Patre procedit, ille me clarificabit* (*Joan.* xv) ; et cætera talia plura in Evangeliis inveniuntur testimonia. Et quod idem Spiritus procedat a Filio, liber Job ore Dominico sacratus testis est, ubi hæc inter cætera ait : *Et audite auditionem in terrore vocis ejus, et sonum de ore illius procedentem* (*Job* xxxvii). Hoc in loco os Patris Filius est intelligendus. Sonus vero de ore illius procedens Spiritus sanctus, qui a Filio procedens cum sonitu super apostolos in igne descendens apparuit, sicut apostolorum testantur Actus, ubi scribitur : *Dum complerentur dies Pentecostes, erant omnes pariter in eodem loco ; et factus est repente de cælo sonus tanquam advenientis Spiritus validissimi, et replevit totam domum ubi erant sedentes. Et apparuerunt illis dispertitæ linguæ tanquam ignis, seditque supra singulos eorum, et repleti sunt omnes Spiritu sancto* (*Act.* ii). Beatus autem Gregorius hunc supradictum libri Job versiculum exponens, inter cætera sic ait : Potest autem per os Dei unigeniti Filius designari ; per sonum vero oris potest ejusdem Spiritus sanctus designari. Sonus igitur de ore Domini procedit, cum consubstantialis ejus Spiritus ad nos per Filium veniens surditatem nostræ insensibilitatis sumpsit. De hac igitur ipsa processione, qua Spiritus sanctus a Filio procedit sicut procedit a Patre, beatus Athanasius in libro quem scripsit contra Arium inter cætera sic ait : Ego credo Filium in Patre, et Patrem in Filio : Spiritum quoque paraclitum, qui procedit a Patre, et Filii esse et Patris, quia et a Filio procedit ; sicut in Evangelio scriptum est quod per insufflationem suam dederit in discipulis suis Spiritum sanctum, dicens : *Accipite Spiritum sanctum, quorum remiseritis peccata, remittentur eis* (*Joan.* xx), et cætera. Cyrillus quoque de hac ipsa Spiritus sancti processione contra Nestorium inter cætera sic ait : Quamvis enim in sua sit substantia Spiritus, et ejus intelligatur in persona proprietas, juxta id quod Spiritus est, et non Filius, attamen alienus non est ab illo ; nam Spiritus appellatus est veritatis, et veritas Christus est. Unde et ab isto similiter sicut et a Deo Patre procedit. Ambrosius inter cætera de Spiritu sancto sic ait : Non enim quasi ex loco mittitur Spiritus, aut quasi ex loco procedit, quando procedit ex Filio. Hieronymus quoque de hac ipsa Spiritus sancti processione in Symboli expositione inter cætera sic ait : Spiritus qui a Patre et Filio procedit, Patri Filioque coæternus et per omnia coæqualis est. Hæc est sancta trinitas, id est, Pater, et Filius, et Spiritus sanctus, una est deitas et potentia, una et essentia, id est, Pater qui genuit, Filiusque genitus, et Spiritus sanctus qui ex Patre Filioque procedit. Hæc tria unus Deus est. Augustinus quoque in expositione fidei catholicæ inter cætera sic ait : In illa igitur sancta Trinitate unus est Pater, qui solus de se ipso essentialiter unum genuit Filium ; et unus Filius, qui de uno Patre solus est essentialiter natus ; et unus Spiritus, qui solus essentialiter de Patre Filioque procedit. Item ipse adversus Maximinum-hæreticum : Quæris a me, si de substantia Patris est Filius ; de substantia Patris est etiam Spiritus sanctus ; cur unus Filius, et alius non sit Filius ? Ecce respondeo, sive capias, sive non capias. De Patre est Filius ; de Patre est Spiritus sanctus, sed ille genitus est, iste procedens ; ideo ille Filius est Patris de quo est genitus, iste autem Spiritus utriusque, quoniam de utroque procedit. Et post paululum ipse : Amborum est ergo Spiritus procedendo de Ambobus. Item ipse in libro de Trinitate inter cætera ait : Cum per Scripturarum sanctarum testimonia docuissem, de utroque procedere Spiritum sanctum : Si ergo, inquam, et de Patre, et de Filio procedit Spiritus sanctus, cur Filius dixit : *De Patre procedit* (*Joan.* VII)? Cur putas, nisi quemadmodum solet ad eum referre et quod ipsius est, de quo ipse est? Unde illud est quod ait : *Mea doctrina non est mea, sed ejus qui misit me.* Si igitur hic intelligitur ejus doctrina, quam tamen dixit non esse suam, sed Patris, quanto magis illic intelligendus est et de ipso procedere Spiritus sanctus ubi sic ait : *De Patre procedit,* ut non diceret, de me non procedit? A quo autem habet Filius ut sit Deus; si [*Forte, est*] enim de Deo Deus, ab illo habet utique, ut etiam de illo procedat Spiritus sanctus; ac per hoc Spiritus sanctus ut etiam de illo procedat sicut procedit de Patre, ab ipso habet Patre. Item ipse Spiritus sanctus. Spiritus vero sanctus nondum de Patre procedit in Filium, et de Filio procedit ad sanctificandam creaturam, sed simul de utroque procedit ; quamvis hoc Filio Pater dederit, ut quemadmodum de se, ita quoque de illo procedat. Hæc a nobis summo-opitulante opifice de Spiritus sancti processione multiplicia sanctarum Scripturarum aggregata sunt testimonia, ut divinorum librorum sententiis victus, multorumque orthodoxorum nube testium pressus veritati non valeat resistere inimicus; sed potius sententiis catholicis veridicisque suasus testimoniis, revertatur ad tutissimum ecclesiæ sinum, ut pariter catholico educatus in gremio, quandoque æternum cum filiis mereatur accipere regnum.

[a] EPISTOLA XX.
[b] AD NICEPHORUM IMP. CONSTANTINOP.
Gaudium suum significat de iterata legatione pro constituenda pace inter utrumque imperium.

(Anno 810.)

(Ex Froben. Opp. beati Alcuini.)

Cum in omni humanæ actionis initio Domini sit auxilium invocandum, maxime in hoc, quod modo inter nos, Deo mediante, agitur, negotio, Domini et Salvatoris nostri Jesu Christi omni modo sunt imploranda suffragia, ut qui nomine illius signati sumus, et in dispensatione passionis ejus ab æterno mortis periculo nos redemptos esse confidimus. ea quæ ipso inspirante inchoamus, ad honestum et utilem perfectionis terminum perducere mereamur. In cujus nomine atque honore legatum fraternitatis tuæ, quem ad bonæ recordationis filium nostrum Pippinum regem misistis, [c] Arsatium scilicet gloriosum spata-

[a] *Epistola.* Hæc epistola inter Alcuinianas apud Quercetanum 111 est, apud Canisium nona, missa, prout contextus habet, ad Pippinum Italiæ regem ipso anno quo is vivere desiit, nempe a. 810. Immerito igitur epistolis Alcuini diu ante defuncti inserta.
[b] *Ad Nicephorum.* Logothetam, qui anno 802, dejecta Irene imperatrice, imperium Constantinopolitanum occupavit. (*Ex Chronographia Theophanis, et aliis, apud Pagium, ad h. a., num. 2.*)
[c] *Arsatium.* Arsasium, Arsaphium vocant annalistæ illius temporis, ad annum 811.

A rium, ad nos cum verbis et litteris.... tuæ benigne atque honorifice suscepimus. Et quamvis ad nos missus non fuisset, veluti ad nos missum adhibita diligenti cura et audivimus, et cum eo de his, quæ detulit, quia prudentem animadvertimus, collocutionem habuimus. Nec immerito, cum tanta esset non tantum in litteris quas attulit, sed etiam in verbis, quæ ex ore illius nostris auribus insonuerunt, optatæ ac semper optandæ pacis copia, ut valde nobis et quibuscunque Deum amantibus hujuscemodi legatio placere potuisset; quæ utique tanto fuit charitatis ac pacis favo respersa, ut in palato cordis cujusque fidelis veram possent sapere dulcedinem, possetque judicari penitus insipiens, cui talia videntur insipida. Propter quod, postquam illum in fines regni nostri pervenisse comperimus, veluti præscii optimæ ac Deo complacidæ legationis ejus, temperare nequivimus, opportune eum ad nostram præsentiam venire fecimus, maxime tamen quod is, ad quem illum missum esse constabat, dilectus filius noster [d] Pippinus rex jam rebus humanis excesserat, neque nos illum cum infecto negotio tanto, ad quod perficiendum directus erat, vacuum reverti pati potuimus.

Et non solum propter hoc, sed etiam quod ex tempore, quo primo imperii tui anno [e] Michaelem metropolitanum et populum, assiduum [*Pouq.,* et Petrum Assiduum] abbatem, Calistumque gloriosum candidatum ad constituendam nobiscum pacem et fœderanda atque adunanda hæc duo in Christi charitate, longæva tua misit dilectio, veluti in specula positi longa fuimus exspectatione suspensi, præstolantes sive per legatum, sive per epistolam, quando meritorum scriptis nostris amabilia fraternitatis tuæ responsa susciperem. Jamque, ut se habet humanæ mentis infirmitas, prope desperatio cordi nostro incipiebat oboriri. Sed fidentes sperabamus in eo, qui nunquam deserit sperantes in se, quod secundum Apostolum labor noster in ipso vacuus et inanis esse non deberet, ac desiderium nostrum, quod, ut confidimus, ipsius inspiratione concipimus, secundum divitias misericordiæ suæ complere, et quandocumque ad effectum perducere deberet.

Idcirco audito adventu memorati legati dilectionis tuæ, Arsatii gloriosi spatarii, magnopere gavisi sumus, confidentes, nos de rebus incertis ad optatam certitudinem perventuros, et de his quæ prædictis missis tuis ad te deferenda dedimus responsum esse recepturos. Et revera ita factum est. Sensimus enim ex parte mea, quod desiderabamus ad completionem votorum nostrorum, divini favorem auxilii et in ver-

[d] *Pippinus rex jam rebus humanis excesserat.* Anno 810 VIII Idus Julii, ut annalistæ concorditer testantur.
[e] *Michaelem.* Aliter nomina legatorum recensent Annales Tiliani, Loiseliani, Mettenses et alii. « Missi sunt, inquiunt, Michael episcopus. Petrus abbas et Calistus candidatus..» Mettenses vero perperam duos faciunt Calistum et Candidatum. Calistus enim candidatus appellatur ob dignitatem, quam gerebat, de qua plura videas, si lubet, apud Canisium, in notis ad hanc epistolam.

bis ac litteris, quæ per legationem memorati legati perlata sunt, quamvis ad filium nostrum scripta et directa essent, non minimam nos desideratæ responsionis accepisse portionem.

Proinde omnipotenti Deo non quales debuimus, sed quales potuimus gratias agimus (*Al.*, egimus], quod cordi dilectionis tuæ, quam quæsivimus ac desiderabilem pacis voluntatem inspirare dignatus est, orantes, secundum Apostolum, ut Deus, qui vobis in hac pace velle tribuit, ipse perficere tribuisset. Propter quod nihil morantes, sed omni cunctatione ac dubitatione penitus abjecta, [a] legatos nostros præparavimus ad tuam amabilem fraternitatem dirigendos.

[b] EPISTOLA XXI.

[c] AD MICHAELEM IMPERATOREM.

De pace inter utrumque imperium firmanda.

(Anno 811.)

(Ex Froben. Opp. beati Alcuini.)

In nomine Patris, et Filii, et Spiritus sancti, Carolus, divina largiente gratia, imperator et Augustus, idemque rex Francorum et Langobardorum, dilecto et honorabili fratri Michaeli glorioso imperatori et Augusto, æternam in Domino nostro Jesu Christo salutem.

Benedicimus Dominum Jesum Christum verum Deum nostrum, et gratias illi, juxta virium possibilitatem et intelligentiæ nostræ quantitatem, ex toto corde referimus, qui nos ineffabili dono benignitatis suæ in tantum divites efficere dignatus est, ut in diebus nostris diu quæsitam, et semper desideratam pacem inter Orientale atque Occidentale imperium stabilire, et Ecclesiam suam catholicam sanctam et immaculatam, quæ toto orbe diffusa est, juxta quotidianas ipsius postulationes sicut semper regere ac protegere, ita etiam nunc idem in nostro tempore adunare atque pacificare dignatus est. Quod adeo [*F.*, ideo] tanquam peractum dicimus, quia quidquid de hoc ex nostra parte faciendum fuit, fecimus; vosque similiter de vestra parte facere velle non dubitamus, fiduciam habentes in illo qui hoc opus, quod in manibus habemus, id est, pacem fieri præcepit, quia fidelis et verax est, et omni bene operanti cooperator existit; qui etiam a nobis bene inchoata ad perfectionem, ut confidimus, deducturus est.

Hujus perfectionis desiderio accensi præsentes [d] legatos nostros Amalharium venerabilem Treverorum episcopum, et Petrum religiosum abbatem venerabilis monasterii sanctorum apostolorum ad tuæ dilectæ fraternitatis gloriosam præsentiam direximus, ut juxta quod fideles legati dilectæ fraternitatis tuæ Michahel venerabilis metropolita, et Arsasius ac Theognastus gloriosi protospatharii nobiscum fecerunt, suscipiendo a nobis pacti conscriptionem, tam nostra propria, quam et sacerdotum et procerum nostrorum subscriptione firmatam; ita et memorati legati nostri fœderis conscriptionem tuam et sacerdotum, patriciorumque ac procerum tuorum subscriptionibus roboratam, a sacrosancto altari tuæ manus porrectione suscipiant, et, Deo iter illorum prosperante, ad nos deferant, quia et ratio postulabat, et talis fuit nostra et legatorum tuorum convenientia, ut post profectionem illorum, cum primum opportunum navigandi tempus adveniret, legatos nostros ad tuæ dilectæ fraternitatis gloriosam præsentiam mitteremus, qui supradictam pacti sui fœderis conscriptionem, te dante, susciperent, et nobis afferrent.

Quapropter rogamus dilectam et gloriosam fraternitatem tuam, ut si tibi illa, quam nos fecimus et tibi misimus, pacti descriptio placuerit, similem illi Græcis litteris conscriptam, et eo modo quo superius diximus roboratam, missis nostris memoratis dare digneris, eosque, postquam ad te venerint, et a te, sicut in tua charitate est, fidimus [*Leg.* confidimus] benigne suscepti fuerint, absque non necessaria dilatione absolvere jubeas, ut de illorum reditu, et de tuæ dilectæ fraternitatis rescripto, Domino opitulante, gaudeamus, et tibi largitor omnium bonorum Deus digna recompensatione restituat, quod pacis, quam ille suos inter se habere præcepit, amator et confirmator esse certasti. Bene vale!

---

[a] *Legatos nostros præparavimus*, etc. Hos absoluto ac dimisso Arsatio spatario an. sequenti 811 Carolus Constantinopolim misit pacis confirmandæ gratia, nempe Haidonem, seu Hattonem, episcopum Basileensem, et Hugonem comitem Turonensem et Ajonem Langobardorum de Foro-Julii (*Annales varii*). Hermanus Contractus meminit Hodoeporici hujus legationis ab Hattone scripti, quod vel periit, vel etiamnum alicubi delitescit.

[b] *Epistola*. Hanc epistolam in acceptis ferimus industriæ viri præclarissimi D. Brequigny, quam is simul cum illis eruit e Codice ms. bibl. Harleianæ, et nunc primo in lucem prodiit.

[c] *Ad Michaelem imp.* Is anno 811 occiso in Bulgaria Nicephoro, a senatu et militaribus ordinibus imperator salutatur, ut refert Theophanes ad annum secundum Alex. 804, qui cum anno 811 æræ nostræ concordat, apud Pagium, ad hunc annum.

[d] *Legatos nostros*, etc. Legati, quos Carolus imp. anno 811 ad Nicephorum miserat, et quorum nomina in not. [a] supra dedimus, primum post obitum Nicephori Constantinopoli appulerunt; illosergo Michael imperator interea ad solium evectus, suscepit et absolvit, ut loquitur Eginhardus, in Annal., ad annum 812. Pulchre concordat narratio ejusdem Eginhardi cum hisce Caroli M. litteris, quam huc ad facti hujus evidentiam majorem transcribere libet: « Michael, inquit, factus imperator legatos domini imperatoris Caroli, qui ad Nicephorum missi fuerant, et Constantinopoli suscepit et absolvit; cum quibus et legatos suos direxit, Michaelem scilicet episcopum, et Arsaphium atque Theognostum protospatarios, et per eos pacem a Nicephoro inceptam confirmavit. Nam Aquisgrani, ubi ad imperatorem venerunt, scriptum pacti ab eo in ecclesia suscipientes more suo, id est, Græca lingua laudes ei dixerunt. Anno 813 *imperator Aquisgrani hiemavit, et incipiente verna temperie* (hoc enim tempus tanquam navigationis opportunum se exspectare velle imperator in hac epistola significabat) *Amalharium Treverensem episcopum et Petrum abbatem monasterii Nonantulas, propter pacem cum Michaele imp. confirmandam Constantinopolim misit.* »

EPISTOLA a XXII.
AD ODILBERTUM ARCHIEPISCOPUM.
(Anno 811.)
(Ex Mabill. Analect. Vet.)

In nomine Patris, et Filii, et Spiritus sancti. Carolus serenissimus Augustus a Domino coronatus, magnus, pacificus imperator, gubernans imperium quidem, et misericordia Dei rex Francorum et Longobardorum, Odilberto archiepiscopo, in Domino salutem.

Sæpius tecum, imo et cum cæteris collegis tuis, familiare colloquium de utilitate sanctæ Dei Ecclesiæ habere voluissemus, si absque molestia corporali id efficere potuisses. Sed quamvis sanctitatem tuam in divinis rebus tota intentione vigilare non ignoremus, omittere tamen non possumus, quin tuam devotionem sancto incitante Spiritu nostris apicibus compellamus, atque commoneamus, ut magis ac magis in sancta Dei Ecclesia studiose ac vigilanti cura laborare studeas in prædicatione sancta et doctrina salutari : quatenus per tuam devotissimam solertiam verbum vitæ æternæ crescat et currat, et multiplicetur numerus populi Christiani in laudem et gloriam Salvatoris nostri Dei. Nosse itaque per tua scripta aut per teipsum volumus, qualiter et tu et suffraganei tui doceatis et instruatis sacerdotes Dei et plebem vobis commissam de baptismo sacramento, id est cur primo infans catechumenus efficitur, vel quid sit catechumenus : deinde per ordinem omnia quæ aguntur. De scrutinio, quid sit scrutinium. De Symbolo, quæ sit ejus interpretatio secundum Latinos. De credulitate, quomodo credendum sit in Dominum Patrem omnipotentem, et in Jesum Christum Filium ejus, et in Spiritum sanctum ; sanctam Ecclesiam catholicam, et cætera quæ sequuntur in eodem Symbolo. De abrenuntiatione Satanæ et omnibus operibus ejus et pompis. Quid sit abrenuntiatio, et quæ opera ejus diaboli et pompæ. Cur insufflatur et cur exorcizatur. Cur catechumenus accipit salem. Quare tangantur nares, pectus ungatur oleo ; cur scapulæ signantur, et quare pectus et scapulæ lavantur. Cur albis induatur vestimentis ; cur sacro chrismate caput perungitur ; et mystico tegitur velamine, et cur corpore et sanguine dominico confirmatur. Hæc omnia subtili indagine per scripta nobis, sicut diximus, nuntiare satage; et si ita teneas et prædices, aut si in hoc quod prædicas te ipsum custodias. Bene vale, et ora pro nobis.

EPISTOLA XXIII.
AD ATHILARDUM [ÆDILHARDUM] ARCHIEPISCOPUM ET CEOLVULFUM.
Illis quosdam exsules commendat
(Ex Miræo, Opera diplomatica.)

Carolus gratia Dei rex Francorum et Langobardorum ac patricius Romanorum, Athilardo archiepiscopo [Cantuariensi] et Ceolvulfo coepiscopo illius, æternæ beatitudinis salutem.

Nullatenus vestram terræ longinquitatem vel procellosi maris latitudinem fœderatæ in Christo amicitiæ jura disrumpere fas arbitramur. Sed quanto longiore spatio humana dividitur conversatio, tanto probatiore fide pietatis pactum servari debebit, quia sæpe in præsentia timor vel erubescentia in facie foras ostendit quod homo intus in corde non retinet. Igitur sancta fides in absentia laudabilis exstat, et in præsentia venerabilis consistit. Unde et in ejus fiducia, quam pia olim allocutione præsentes pepigimus, hos miseros patriæ suæ exsules vestræ direximus pietati, deprecantes ut pro eis intercedere dignemini apud fratrem meum charissimum Offanum regem, quatenus pacifice et absque alicujus injustitiæ oppressione in sua liceat conversare patria, et cuilibet deservire. Nam dominus illorum Umbhringstan diem obiit ; qui, ut nobis visum fuit, fidelis suo fuisset domino, si in patria licuisset perseverare. Sed ut mortis evaderet periculum, ut dicere solebat, fugit ad nos, semper paratus se ab omni purgare infidelitate. Quem propter reconciliationem, non propter inimicitias, aliquantisper retinuimus apud nos. His vero contribulibus suis si pacem precari valeatis, remaneant in patria : sin vero durius de illis frater meus respondeat, illos ad nos remittite illæsos. Melius est peregrinari, quam perire : in aliena servire patria, quam in sua mori. Confido de bonitate fratris mei, si obnixe pro illis intercedatis, ut benigne suscipiat eos pro nostro amore, vel magis pro Christi charitate, qui dixit : *Dimittite, et dimittetur vobis* (*Luc.* vi, 57). Intercedentem pro nobis vestram sanctitatem divina pietas incolumem custodiat in æternum.

---

a Hæc epistola Odilberto Mediolanensi archiepiscopo inscripta, ex Mettensi Codice eruta per religiosum virum Placidum Beuvillonium congregationis sancti Vitoni, exemplum est litterarum encyclicarum quas Carolus Magnus universæ episcopis imperio suo subjectis direxit, ut quid de baptismo ejusque ritibus ac cæremoniis sentirent, eorum scriptis certior efficeretur. Hinc est quod Magnus Senonum archiepiscopus his litteris pulsatus, Theodulfum Aurelianensem antistitem impulit ad scribendum librum *de ordine baptismi*, quem librum Theodulfus eidem Magno dedicavit. Eodem spectat Alcuini epistola seu liber de Cæremoniis baptismi Carolo gloriosissimo et excellentissimo Augusto nuncupatus, cujus hoc exordium : « Domine mi Christianissime imperator, misistis ad servulum vestrum inquisitiones secundum vestram misericordiam de sacro baptismate per ordinem interrogantes, » etc, quæ apprime superiori epistolæ respondent. Sirmundus in notis ad Theodulfi librum superius laudatum duo potissimum observat, unum, ex quatuor hujus libri exemplaribus, quæ in manus ipsius venerant, tria esse quæ ad Magnum episcopum missum doceant librum, Virdunense, Divionense et Vaticanum : at quartum Corbeiense pro Magno Joannem habere, sed mendose, uti opinatur. Verum pace optimi viri existimo nullum esse mendum. Nam cum epistola Caroli universis Galliæ episcopis transmissa fuerit, non mirum si ex variis ejus exemplis, unum Magno Senonensi, alterum Joanni Arelatensi archiepiscopis inscripta sint. Alterum est, librum de sacro Baptismate ad Carolum, qui liber exstat inter Alcuini Opera, falsa conjectura, quod titulo cæreret, Alcuino ascriptum fuisse, cum auctor revera sit Amalarius episcopus Trevirensis, inquit Sirmundus, quod ex codice Petaviano se didicisse ait. Certe quæ sub ejus libri finem leguntur, episcopo recte, non vero Alcuino, conveniunt.

EPISTOLA XXIV.

AD FULRADUM ABBATEM ALTAHENSEM.

Illi præcipit ut cum hominibus bene armatis in loco qui dicitur Starasfurt compareat.

(Ex Miræo, Opera diplomatica.)

Carolus, serenissimus Augustus, a Deo coronatus, magnus, pacificus, imperator, qui et per misericordiam Dei rex Francorum et Langobardorum, Fulrado abbati.

Notum sit tibi quia placitum nostrum generale anno præsenti condictum habemus infra Saxoniam in orientali parte super fluvium Bota in loco qui dicitur Starasfurt. Quapropter præcipimus tibi ut pleniter cum hominibus bene armatis ac præparatis ad prædictum locum venire debeas XII Kal. Jul. quod est septem diebus ante missam sancti Joannis Baptistæ. Ita vero præparatus cum hominibus tuis ad prædictum locum venies, ut inde, in quamcunque partem nostra fuerit jussio, exercitaliter ire possis, id est, cum armis atque utensilibus, nec non et cætero instrumento bellico, in victualibus et vestimentis, ita ut unusquisque caballarius habeat scutum et lanceam et spatham et semispatham, arcum et pharetras cum sagittis, et in carris vestris utensilia diversi generis, id est, cuniadas, et dolaturias, taratros, ascias, fossorios, palas ferreas, et cætera utensilia, quæ in hostem sunt necessaria. Utensilia vero ciborum in carris de illo placito, in futurum ad tres menses, arma et vestimenta ad dimidium annum. Et hoc omnino præcipimus ut observare faciatis, ut cum bona pace pergatis ad locum prædictum. per quamcunque partem regni nostri itineris vestri rectitudo vos ire fecerit, hoc est, ut præter herbam et ligna et aquam nihil de cæteris rebus tangere præsumatis, et uniuscujusque vestri homines una cum carris et caballariis suis vadant, et semper cum eis sint usque ad locum prædictum, qualiter [quatenus] absentia Domini locum non det nominibus ejus mala faciendi. Bona vero tua, quæ ad placitum nostrum nobis præsentare debes, nobis mense Maio transmitte ad locum ubicunque tunc fuerimus : si forte rectitudo itineris tui ita se comparet, ut nobis per te ipsum in profectione tua ea præsentare possis, hoc magis optamus. Vide ut nullam negligentiam exinde habeas, siquidem gratiam nostram velis habere.

a Hanc epistolam edidit Bernardus Pezius tom. V Anecd. part. I, pag. 73, ex codice Altahensi cura Hermanni abbatis circa an. 1260 scripto

---

APPENDIX AD EPISTOLAS B. CAROLI MAGNI.

I.

AD CAROLUM MAGNUM

ODILBERTI ARCHIEPISCOPI RESPONSIO.

[Ex Mabill. Vet. Analect.]

Domino Christianissimo et a Deo conservato Carolo, invictissimo atque piissimo imperatori, Odilbertus servus servorum Dei, sanctæ vestræ Mediolanensis Ecclesiæ archiepiscopus et orator vester, perennem in Christo Domino salutem.

Igitur immensæ omnipotentis Dei nostri misericordiæ sine intermissione omnibus nobis peragendæ sunt gratiæ, quæ vos in tam sublimissimam dignitatem collocavit imperii : simulque provolutis genibus omnes ejusdem Redemptoris nostri supplicamus clementiam, ut vitam vestram atque incolumitatem per multorum annorum curricula ad profectum omnium ecclesiarum Dei, sive et fidelium populorum vobis a Deo commissorum conservare dignetur, quia in vestra tranquillitate salutem nostrorum omnium adesse cognoscimus atque tenemus, qui vos sollicitudinem habentes orthodoxæ fidei magis præ cæteris omnibus, qui ante vos Christiani imperatores in universo mundo fuerunt devotione quique et divino zelo commoti, id est Constantinus, Theodosius Major, Martianus, et Justinianus. Hi omnes, ut Christianum populum ab omni erroris macula liberarent divinitus inspirati, quæ Domini sacerdotes diffiniebant, illa tantum principalis auctoritas confirmabat. Quorum vos meritis et scientia præcellentes, David sanctum imitantes, qui se pro populi salute in typo nostri exhibuit Redemptoris, cujus vos strenuus cultor pro credulitate rectæ fidei divino amore accensi de Domino nostro Jesu Christo Dei omnipotentis Filio per omnia et super omnia, qui cum sit splendor gloriæ et imago substantiæ ejus et candor lucis æternæ, propter uiniam charitatem qua dilexit nos, semetipsum exinanivit, et juxta apostolicam auctoritatem vel cætera quæ sequuntur, exhibuit sibi gloriosam Ecclesiam non habentem maculam aut rugam: cujus abluens peccati contagium, pretioso sanguine suo redemptioni nostræ tribuens sacramenta, et peractum mysterium post ascensionem suam, qua ad Patrem ascendit, apostolica traditione nos confirmat, quam fidei integritatem universis gentibus apostoli prædicaverunt, ut nullis ventorum flatibus et ictibus adversantium conquassetur Ecclesia Christi, sed in vero atque perpetuo fundamine permanendo constabilita persisiat. Sic et nos confirmati sanctorum Patrum spiritualibus instrumentis, et corroborati inviolata fide et illibata, de credulitate Patris et Filii et Spiritus sancti rectam fidem credimus atque tenemus.

Sed quid religioso convenit principi, ut super omnes polleat adversos, nisi de bonis sit semper sollicitus libenter operibus? quod vestra sincera pietas summo amplectitur studio, ut neque in qualibet parte Ecclesia Dei vulneris maculis torpeat, aut in ea sanies ignorantiæ crescendo ebulliat : sed quod magis vestris felicissimis temporibus sacerdotum Dei corda accensa ad sollicitudinem evigilando vera et recta custodia perseverent, et vos pro tanti vestri laboris certamine æterna præmia a Domino consequi valeatis. Sed ne aliquem nostrum existimemus, qui verbis eloqui atque cogitatione capere possit, ut putet se omnia mysteria cœlestia liquido comprehensa tenere. Suscipientes nos itaque epistolam a pietate vestri imperii nobis emissam, qua perlecta redolentiam sensimus nectaris suavissimi nimio fragrante odore, multimodas Deo nostro gratias referentes, qui in corda vestra inspirare dignatus est pro statu Ecclesiæ suæ : quod a clementia vestra commoniti, rationem veræ fidei, et quæque per ordinem gerimus atque docemus, a nobis cognoscere debeatis. Itaque etsi ad id quod dominatio vestra flagitat plenius a nobis ipsis nequimus responsa proponi, oportet tamen ut quanto pauperiores nos cognoscimus esse in nostris responsis, tanto magis in Scripturis sanctis convenit fieri devotiores : ut qui propriis sermonibus minores sumus in dicendo, sanctorum quoque testimoniis accrescere valeamus, et de eruditissimorum labore, qui nihil in Scripturis divinis obscurum reliquerunt vel clausum quod ad veram non perducerent claritatem, et Davidicam clavem acceperunt ut aperirent nobis, etiam tribuendo proficerent in salutem, et labor sanctorum nos inertes securiores et paratos faceret ad danda responsa. Hæc nos vero non per prolixitatem verborum scribendi compendiose tentavimus, sed valde subjecti per humilitatem veram pietati vestræ constringentes breviter perscripsimus, currentes per sanctorum Patrum exempla ad significandum dignissimæ præsentiæ [*Forte, prudentiæ*] vestræ, quæ velut mirificis floribus ex nimio rutilat ornata fragranti odore, auri ac pretiosarum devincens gemmarum, crescente vobiscum late et sapientia, et adesse semper tenemus : a quo veluti vivo fonte, et ad instar fluminis, ad singulorum irriganda corda dulcedine nimia profluente, mellis et butyri emanante longe lateque decurrens, telluris ariditatem perfusione sui implet. Unde petimus ut dulcia nobis dona magnifici eloquii vestri tribuatis : sed sicut solis radii mundum illuminans, ita scientia nostra sanctæ vestræ doctrinæ dono circumfusa fulgescat, quia quod nobis adipiscendum pro nostra inquisitione laboriosum esse conspicimus, vos vero plenius dispensatione Dei, sancto affluente in visceribus vestris Spiritu, manifestare et aperire sacramenta divina valetis. Dominus omnipotens prolixa per tempora gloriam imperii vestri incolumen conservare dignetur. Amen.

II.

ᵃ EPISTOLA CAROLI MAGNI

AD OFFAM REGEM,

Mittit in Britanniam concilium Nicænum II.

Carolus gratia Dei rex Francorum et Longobardorum ac patricius Romanorum, viro venerando et fratri carissimo Offano Merciorum regi salutem, honorem et amorem.

Cum deceat reges potentes et famosos amicitiæ fœdere convinciri, et mutuis gaudiis ad invicem gratulari, ut in vinculo charitatis Christus in omnibus et ab omnibus glorificetur : vestræ serenitati hoc eulogium duximus destinandum. Cum nobilissimam Longobardorum civitatem cum suis civibus omnibus nostro dominatui subjugaverimus, et Italiam totam nostro imperio feliciter subjugaverimus, Christi adjutorio (cui famulari desideramus) rex Desiderius Longobardorum, ducesque Saxoniæ, quos nostris nutibus inclinavimus, Withimundus et Albion, cum fere omnibus incolis Saxoniæ, baptismi susceperunt sacramentum, Domino Jesu Christo de cætero famulaturi, Hoc igitur salubri mandato, ego Carolus regum Christianorum Orientalium potentissimus, vos, o Offane regum Occidentalium Christianorum potentissime, cupio lætificare et te in d'lectione speciali amplecti sincerius.

ᵃ Hæc epistola inter spuria reputatur. Edita est a Spelmanno in tom. I Concil. Angliæ, pag. 505, ac licet eam retulerit ad an. 792, in pagina tamen sequenti recte adnotavit eam videri datam an. 774 quo Longobardi et Saxones a Carolo devicti sunt, ut legitur in vetustis annalibus. Corrigenda igitur est inscriptio quæ exstat in tom. VII Concil., ubi ita legitur : *Epistola Caroli Magni regis ad eumdem. Mittit in Britanniam concilium Nicænum secundum.* Nulla enim isthic mentio concilii Nicæni, neque con-

III.

ᵇ EPISTOLA

AD CAROLUM MAGNUM IMPERATOREM.

De ritibus baptismi.

(Ex Martene, Thesaurus anecd.)

Hæc est epistola quam ad aures domni imperatoris direximus.

Placuit vestræ incomparabili prudentiæ, mi domine, gloriosissime imperator et princeps populi Christiani, a me servorum Dei infimo percunctari de sacrosancti baptismatis mysterio, quomodo illud intelligentes, eos doceamus qui nobis commissi esse videntur. Unde si quid secundum sensus mei capacitatem sentire.... Qui vero vestræ serenitati respondere non recusabo, ne crimen inobedientiæ videar incurrere, magis optans a vestra imperiali auctoritate reprehendendo corrigi, quam ab adulatore laudando decipi. Legimus quippe, velut nobis orthodoxi fidei catholicæ cultores scriptum reliquerunt, quod infans priusquam salutaris ablutione lavacri peccatorum suorum purgationem adipiscatur, catechuminus fit, id est audiens, sive instructus. Audire etenim illi convenit dum instruitur, ut unum Deum agnoscens colat. Animæ quoque suæ immortalitatem et æternam sanctis gloriam; malis vero æterna tormenta pro meritorum qualitate audiens credat, retribuenda fore. Et Dominus Jesus primo catechuminum fecit, cum luto oculos cæci linivit, ut post abluendus mitteretur ad Siloe, hoc est baptismi sacramentum. Scrutinium est exploratio, qua sæpius examinatur utrum post abrenuntiationem Satanæ operumque ac pomparum ejus, sacra verba data fidei menti radicitus teneat infixa. Exsufflatur etiam a catechumino malignus spiritus : ut eo fugato, Christo Deo vero paretur ingressus. Exorcizatur, id est, conjurando increpatur idem malignus spiritus per nomen Dei æterni, ut exeat et recedat, dans locum Spiritui sancto. Salem vero idcirco illi damus, ut ejus gustu condimentum sapientiæ percipiat, quo ejus putrida et fluxa peccata divino munere mundentur. Deinde ei salutaris et apostolici symboli traditur fides : ut pote domus a prisco habitatore relicta ejusdem fidei dogmate perornetur ad inhabitandum Deum. Græce etenim symbolum Latine collatio dicitur. Hanc igitur fidei catholicæ normam primitivæ Ecclesiæ ab apostolis traditam, et mentes quam ipsi post ascensionem Domini, dum omnes gentes docere baptizantes juberentur, in unum compositi conferendo subtilissimis composuere sermonibus, cathecuminis tradimus, instruentes eos secundum vividam symboli regulam, ut credant in Deum Patrem omnipotentem. Intelligentes quod sine ullo initio Deus : ita semper et Pater est, et omnipotens est; qui solo Verbi imperio cuncta creavit. Et in Jesum Christum Filium ejus, id est quo modo in Patrem, ita et in Filium credendum sciant, qui Jesus, id est Salvator, Christus vero a chrismate, id est unctus Spiritus sancti infusione. Conceptus est de Spiritu sancto : natus est ex Maria virgine, id est dono et gratia Dei tanta illius humilitas nobis concessa est, ut totum hominem susciperet dignaretur in utero Virginis, quem post passionem glorificatum super cœlos in dextra Dei Patris collocaret. Hunc quoque Filium tempore illo quo Pilatus in Judæa judex erat, passum in veritate

troversiæ de imaginibus. (BALUZIUS, *Capitular. tom. II, pag. 1032*).

ᵇ Hæc epistola cujus fuerit auctoris hactenus rescire non potui : esse tamen alicujus episcopi pro certo debet constare. Quippe hoc tempore Carolus Magnus imperator inter varias regni sollicitudines, res ad religionem spectantes semper habuit præ oculis, utque præsules ad sanctarum Scripturarum excitaret indagationem, eis varias de ordine baptismi proposuit quæstiones, quibus auctor hujus epistolæ et ipse episcopus respondet.

carnis, crucifixum, mortuum et sepultum credant, crucem ipsam in fronte gestantes. Eumque tertia die de sepulcro surrexisse et cœlos ascendisse, et in dextra Dei Patris, id est in majestate paternæ gloriæ secundum judiciariam potestatem sedere, et inde venturum in novissimo die ad judicandos vivos et mortuos firmiter teneant. Credant et in Spiritum sanctum. Re vera sicut in Patrem et in Filium, ita et in Spiritum sanctum nulli catholico credendum dubitare licet. Sanctam Ecclesiam catholicam scientes, videlicet quod Ecclesiam, non tamen in ecclesiam, quia non Deus, sed domus Dei est credere debeant. Catholicam, id est universalem. Sanctorum communionem, id est credant se teneri posse societate fidei et spei communione cum his qui hac defuncti sunt fide. Remissionem peccatorum, id est ut pleno affectu credulitatis teneant remissionem in baptismo Christi fieri. Carnis resurrectionem, carnem videlicet quam in hac vita mortalem portamus resurrecturam, esse immortalem intelligentes, credant. Vitam æternam consecuturos sperent, si hæc symboli sacramenta tenentes fideliter custodiant. Catechumino ad renuntiandum, id est funditus abnegandum in primis diabolo, qui est humani generis inimicus, cui fortiter et tota virtute resistere debemus, ejusque contradicere operibus et pompis. Opera diaboli manifesta sunt quæ Apostolus opera carnis nominavit. Pompæ sunt hujus sæculi vanæ et mortiferæ delectationes cupiditatesque noxiæ simul et idolorum servitus. Quibus omnibus abdicatis, tota spes in solum Deum ponenda est. Tanguntur catechumino nares et aures sputo, quia legimus sputum quod de capite Domini processit, gratiam Spiritus sancti designari, ut quandiu halitum naribus trahat, per gratiam Spiritus sancti inde auribus spiritalibus percepta perdurare studeat. Pectus quoque ungitur oleo, ut signo sanctæ crucis diabolo claudatur ingressus. Signantur et scapulæ, ut undique muniatur, et velut deposito diabolicæ servitutis jugo, transeat ad gloriosam filiorum Dei libertatem. Item in pectoris et scapulæ unctione intimatur fidei firmitas, et bonorum operum perseverantia. Et sic in nomine Patris, et Filii, et Spiritus sancti, homo qui ad imaginem sanctæ Trinitatis conditus est, trina submersione tinctus, ad ejusdem renovatur imaginem Trinitatis; et ut qui tertio gradu peccat, id est consensu cecidit in mortem, tertio elevatus de fonte per gratiam resurgat ad vitam. Tunc albis induitur vestimentis propter gaudium scilicet et solemnitatem regenerationis, ac castitatem vitæ angelicæ et splendoris decorem. Tum sacro chrismate caput perungitur, et mystico tegitur velamine, ut intelligat se diadema regni dignitatemque sacerdotii in mysterio suscepisse baptismi, secundum quod Apostolus, *Vos*, inquit, *estis genus regium et sacerdotale, offerentes vosmet Domino hostiam sanctam, et Deo placentem.* Corpore autem et sanguine Dominico *(a)* confirmatur, ut illius capitis membrum fieri possit, qui pro eo passus est et resurrexit. Novissime per impositionem manus a summo sacerdote septiformis gratiæ Spiritum accipit, ut roboretur per Spiritum sanctum ad prædicandum aliis, qui fuit in baptismo per gratiam vitæ donatus æternæ.

IV.

ANONYMI SCRIPTORIS RESPONSIO
AD CAPITULA ARCHIEPISCOPIS REGNI FRANCORUM MISSA A CAROLO MAGNO, ANNO CHRISTI DCCCXI.
(Ex Baluzio.)

Hæc sunt causæ quas domnus imperator Augustus a nobis ad utilitatem semper sanctæ Ecclesiæ ver sacram suam mandavit epistolam.

Cap. I. *Quomodo vel qualiter unusquisque Dei sacerdos plebem sibi a Deo commissam insinuat, prædicat atque gubernat.*

Resp. Nos igitur populum nobis commissum juxta nostram exigui intellectus scientiam prædicamus et ammonemus sicut sancti jam nobis Patres per illorum reliquerunt exempla, Augustinus, Cyprianus, Hieronymus, Ambrosius, Gregorius, Ephraim, Cassianus, Cassiodorus, cæterique usque modo verbi Dei prædicatores. Primum ineffabilem sanctam sacramque Trinitatem credant, fidem dogmaque ejus fideliter intelligant. Et quod debile est in Christi grege cum omni mystico fovemus medicamine, et quod sanum est, favente Christi gratia, cum omni lactea doctrina apostolica cupimus custodire. Et pro hoc hic plus non loquimur, ne sanctam prolixus offendat synodum sermo.

Cap. II. *De omni sancti mysterio baptismatis quo [si] ordine debemus celebramus.*

Resp. Baptismum Græce, Latine tinctio dicitur. Et ob hoc tinctio nominatur quia ibi homo Adæ de peccato fuscatur. Et hæc sunt sanctæ Ecclesiæ sacramenta, baptismum, chrisma, corpus et sanguis Christi. Et ideo sacramenta dicuntur, quamvis corporaliter acta sint, [quia] aliquid divinitus significant. Et baptismi mysterium non aliter est nisi sub Trinitatis designatione Patris, et Filii, et Spiritus sancti. Sicut enim in tribus testibus omne verbum, ita hoc sacramentum ternarius firmat numerus. Et propterea infans ter mergitur in sacro fonte ut sepulturam triduanam Christi trina demersio mystice designaret. Et ab aquis elevatio Christi resurgentis instar est de sepulcro. Et propterea hoc sacratissimum non celebratur mysterium nisi in Pascha et Pentecosten, id est, in veneratione resurrectionis Salvatoris et descendentis super apostolos Spiritus sancti. Et inde post lavacrum unguento linitur regio, hoc est chrismate. Chrisma enim Græce, unctio Latine dicitur, ex cujus nomine Christus nominatur. Inde Christiani. Nam sicut ex baptismo remissio peccatorum largitur, ita per unctionem sanctificatio sancti Spiritus adhibet: quia hoc antiqua tribuit auctoritas ut de chrismate reges et sacerdotes ungerentur ex quo Aaron a Moyse unctus est.

Cap. III. *Cur catechumenus fit, et cujus linguæ, et quid interpretatur.*

Resp. Catechumenus Græce, auditor Latine dicitur. Et ab hoc auditor nominatur dum de gentilitate per Dei ministrationem Verbi in corpus unitur Ecclesiæ. Et gentilis dicitur quasi ita genitus, nec tunc illa est imbutus doctrina. Propterea in sanctæ matris Ecclesiæ gremio catechumenus aliter agit. Audiat ac discat antequam ad sacrum accedat fontem mystica Christianæ religionis sacramenta. Et tunc discit fidem sanctæ Trinitatis et symbolum et cætera quæ Christiani admonet catholica lex.

IV. Cap. *De scrutinio ecclesiastico, cur scrutinium fit, et quo tempore, et quid est scrutinium.*

Resp. Scrutinium a scrutando dicitur, quia tunc scrutandi sunt catechumeni si rectam jam noviter fidem symboli eis traditam firmiter tenent.

Desunt hic plurima.

(a) Id est communicantur, ut constat ex variis antiquis Ritualibus.

BEATI CAROLI MAGNI

IMPERATORIS

SCRIPTA.

SECTIO SECUNDA. — LIBRI CAROLINI.

PROLEGOMENA.

BARONII DE CONCILIO FRANCOFORDIENSI DISSERTATIO.

I. Anno Redemptoris septingentesimo nonagesimo quarto, indictione secunda, Francofordiæ in Germania congregatum est concilium, quod ob numerositatem episcoporum, præsentiamque apostolicæ sedis legatorum, plenarium reperitur nominatum. Ex Italia namque, Gallia atque Germania frequentes, circiter trecenti numero episcopi convenere, quod magni momenti causa id postularet : siquidem de fide catholica quæstio verteretur, disputandumque esset de Filii Dei incarnationis alto mysterio. Num scilicet idem Dei Filius, secundum assumptam humanitatem, dicendus esset Filius Dei adoptivus an proprius. Licet enim sancta Dei Ecclesia catholica, nihil quod de his vel leviter dubitaret haberet, ut pote quod in concilio œcumenico Ephesino quid de his sentiendum esset, fuisset plenissime definitum, cum Nestorium condemnasset, duos filios Dei introducentem, alterum secundum divinitatem, alterum secundum humanitatem; atque nuper pariter damnasset Felicem Urgelitanum episcopum, asserentem Christum secundum carnem esse dicendum Dei Patris Filium adoptivum (quem erroris pœnitentem diximus recantasse Romæ palinodiam apud Adrianum Romanum pontificem), tamen quia infelix iste, ut canis reversus ad vomitum suum, et sus lota rediit ad volutabrum luti, rursus eumdem quem damnavit errorem et Romæ exsecratus est hæresim, professus publico ecclesiæ catholicæ fidei confessionem ad altare principis apostolorum : eamdem ardentioribus animis iterum defendere est aggressus magno damno fidelium animarum : iterum ne malum longius serperet, et infusum venenum sana membra corrumperet, fuit ad plenarium judicium revocandus, eo magis quod non solus tanti reperiretur assertor erroris, cujus ipse potius consectator quam auctor dicendus esset.

II. *Elipandus impœnitens perseverat.* Erat enim tantæ blasphemiæ restitutor primariæ sedis Hispaniarum antistes Elipandus archiepiscopus Toletanus, qui (ut vidimus) tantum abfuit ut admonitus ab episcopis atque presbyteris orthodoxis sibi subjectis emendaretur, atque damnatum ab illis detestaretur errorem, et fidem catholicam pœnitens sequeretur, ut conversus in arcum pravum, etiam longe positos Ecclesiæ catholicæ filios infectis veneno sagittis appetere non desisteret, factus hæresis non solum propugnator acerrimus, sed studiosissimus propagator. Siquidem nunquam destitit, neque quievit, donec reversum Felicem ad orthodoxos, revocarit ad castra impietatis, et potentius armarit ad prælium, et exacuerit diligentius ad certamen, prope sciens relabenti in crimen majora suppeti solere ab inferno subsidia, ut loco unius per pœnitentiam ejecti spiritus nequam, septena dæmonia uni in auxilium adjungantur (*Luc.* XI), eademque nequiora mittantur ad funestiora patranda.

III. *Elipandus satagit hæresim propagare.* — Quid amplius? vorax est omnis iniquitas, multoque magis insatiabilis hæresis, ut pote quæ ardentioribus inferni caloribus æstuet, ut secundum illud propheticum : *Absorbebit fluvium, et non mirabitur, fiduciam habens ut influat in os ejus Jordanis* (*Job* XL). Perinde ac si perangusti essent termini latissimarum Hispaniarum ad zizaniorum sementem, Gallias, Germaniasque laborat illis implere, spargensque per litteras pravum semen, eousque progressus, ut ipsorum regem Christianissimum, turrim munitissimam fidei orthodoxæ, in suam sententiam, si posset, conaretur adducere Carolum Magnum, scribens ad eum epistolam veneno refertam, sed tamen ita melle delibutam, ut nihil continere videretur amarulenti. Cum enim ipsum de sua sententia redderet certiorem, simul petit ut ubi quam scribit epistolam coram se legere fecerit, theologos, quid ea in re sentirent simul interrogaret, ut veritas posset exquiri, cujus se cupidissimum præseferret. Addidit his alia plura, quibus conciliaret sibi animum tanti regis, nempe se pro ipsius salute juges ad Deum preces offerre. Quibus præmissis, salubres admonitiones ingerere simulat, reddereque ipsum cautum aliorum exemplo, ne scilicet uti Constantinus bene cœptum opus (ut ait) male consummet, adeptamque ex pietate gloriam immensam obscuret; hæc et alia plura miscens, ipsum Christianissimumque regem ad suum dogma sollicitans, Nestorianum hæreticum reddere ex catholico studuit. Non exstant ipsæ quidem datæ ad Carolum litteræ Elipandi, sed hæc ipsa omnia quæ sunt dicta ipsas continuisse, ejus Caroli ad ipsum tunc redditæ litteræ docent.

IV. *Elipandi subdolæ artes.* — Qui igitur ad tantum regem ejus argumenti scripsit epistolam privatim ad ipsum datam, alias addidit publicas et generales ad omnes Galliarum episcopos. Erubescere nescit hæresis : hinc enim prophetice demonstratum Babylonen scriptum in fronte gestare blasphemiam (*Apoc.* XIII, XVII). Haud enim erubuit puduitve Elipandum ad Galliarum episcopos de hæresi sua scribere litteras, licet sciret eam haud pridem ab ipsis in Felice collega, et cum Felice fuisse damnatam. Sed quid callidus agit? ne sui turpitudine deformis atque infamis hæresis quam prodit, appareat insectanda diris et exsecrationibus explodenda : alienis indutam vestibus instar Æsopi graculi, laboravit repræsentare formosam, dum et divinæ Scripturæ dictis et sententiis sanctorum Patrum eam studuit exornare. Sed reddidit duplo deformem: nam ornamenta castissimæ Virginis, Ecclesiæ Christi sponsæ, nullatenus meretrici congruere fuit omnium sententia patefactum.

V. *Elipandus detegitur Nestorianus. Cur parcat Nestorio Elipandus.* — Sed veniamus ad ejus fidei confessionem, imo perfidiæ professionem, quam in eadem scripsit epistola, ipso ejus exordio. « Recitant eam Patres in redditis ad ipsum synodalibus litteris istis verbis : « Invenimus (inquiunt) in libelli vestri principio scriptum, quo vos posuistis; scilicet : Confitemur et credimus Deum Dei Filium ante omnia tempora, sine initio ex Patre genitum, coæternum et consubstantialem, non adoptione sed genere. Item post pauca in eodem loco legebatur : Confitemur et credimus eum factum ex muliere, factum sub lege, non genere esse Filium Dei, sed adoptione, sed gratia, » etc. Hæc sunt Elipandi venena, quæ Patres præparato antidoto, ne cui possent obesse, cavenda ab omnibus docuere. Ista quidem cum Nestorio ipsum sensisse (ne aliquo modo ex ignorantia excusari posset) ex eo haud dubium edidit argumentum, prodiditque signum evidens et manifestum, quod in eodem ad episcopos Galliarum dato libello sive scripta epistola, cum singulos nominatim damnat hæreticos, Nestorium indemnatum præteriit, quem primo loco, si bona fide rem egisset, nominatum omni execratione atque detestatione, exsecrari, detestari et anathematizare penitus debuisset, quo significaret, se quam longissime ab ejus sententia discrepare, licet eidem affinis existere videretur. Hinc jure Patres dum rescribunt ad ipsum : « Nonne olim (inquiunt) hæresis vestra in Nestorio ab universali sancta Ecclesia refutata est etiam et damnata? Quapropter forte illum anathematizare noluistis, dum alios, Bonosum scilicet, Arium et Sabellium, Manichæumque, qui prava de Filio Dei senserunt, in epistola anathematizastis? » etc., docentes Nestorium id ipsum de Filio Dei homine facto, quod ipse Elipandus, sensisse, ut pote qui duos diceret filios Dei, alterum secundum divinitatem, secundum vero humanitatem alterum et adoptionem. Ex consuetudine enim cum Mahometanis didicisse ita humiliter sentire de Christo secundum humanitatem, infelix Elipandus existimatur; inducens fortasse in animum, si hoc evincere potuisset, conjungeret simul Mahometanos et Christianos in unam fidem.

VI. *Fraudibus agit Elipandus.* — Quod insuper ter impius rem non ex inscitia, sed dolo malo ageret, ex eo etiam Patres persensere, atque omnibus patefecere, dum citatas ab eo sanctorum sententias, eas vel per ipsum depravatas esse, vel in pravum sensum longe a germano discrepantem detortas, in redditis ad eum litteris ostendere, quas si legeris, ipse intelliges. Ita plane a sanctis Patribus ipsis est demonstratum de sententiis illis e sacris Ecclesiæ doctoribus, ab illo citatis, sed corruptis ac depravatis. Sed ubi ab eo domestici sunt testes adducti, dum, inquam, ex Toletanæ Ecclesiæ ritualibus, sive ex suis prædecessoribus Toletanis episcopis nominatum esse Christum secundum carnem Dei Filium adoptivum idem asseruit : quod non esset in promptu Patribus illis citatos inspicere Cod ces ejus tantum Ecclesiæ proprios, neque communes omnibus aliis : iidem nimis impostori credentes, eodem modo quo ipsum Elipandum, ejus quoque impietatis quos citavit prædecessores, Eugenium, Ildefonsum et Julianum, qui tum ex vitæ sanctitate, tum etiam ex sacrarum litterarum doctrina, magnum in Hispania nomen fuerant consecuti.

VII. *Elipandus calumniose suos prædecessores consortes erroris tradit. Proscinditur injuste sanctus Ildephonsus.* — Ne vero justi cum impio condemnentur, et maledictionem iniquorum sancti possideant, quorum memoria in benedictione hactenus in Ecclesia catholica perseverat, vindicandi sunt isti in primis a tanta calumnia Elipandi et a synodi maledictione. Ut autem ipsa veritas clarius elucescat, hic tibi reddenda putamus quæ idem perfidus Elipandus in suo libello in Gallias misso de iisdem est mentitus prædecessoribus : reperiuntur enim ista repetita in litteris a Patribus ex synodo ad eum redditis his verbis: « Sequitur in eodem libello vestro: Item prædecesso-

res nostri Eugenius, Ildefonsus, Julianus, Toletanæ sedis antistites, in suis dogmatibus ita diverunt in missa de cœna Domini : Qui per adoptivi hominis passionem, dum suo non indulsit corpori. Item in missa de Ascensione Domini : Hodie Salvator noster post adoptionem carnis sedem repetivit deitatis, » etc. Hæc suo inseruit Elipandus libello fidei, non quod ista acceperit ex eorum quos nominat scriptis, sed quod scripta ea in missali Toletanæ Ecclesiæ (ut ait) in sacris oblationibus recitari solerent; sed an fideliter, vel ut in aliis fraudulenter, quod non adesset præ manibus qui esset Codex inspiciendus, ex quo (ut in aliis) idem Elipandus imposturæ convinci posset, Patres hæc tunc respondere : « Hæc ex parentum vestrorum dictis posuistis, ut manifestum sit quales habeatis parentes, ut notum sit omnibus unde vos traditi sitis in manus infidelium. Quia hominem Christum verum Dei Patris Filium esse negastis, vobis defensor esse noluit, sed tradidit vos in manus inimicorum suorum, qui dominentur vestri qui eum recipere noluerunt. » Et paulo post hæc in eumdem : « Et melius est testimonio Dei Patris credere de suo Filio quam Ildefonsi vestri, qui tales vobis composuit preces, in missarum solemniis, quas universalis et sancta Dei non habet Ecclesia, nec vos in illis exaudiri putamus. Et si Ildefonsus vester in orationibus suis Christum adoptivum nominavit, noster vero Gregorius pontifex Romanæ sedis clarissimus toto orbe doctor in suis orationibus semper eum unigenitum nominare non dubitavit, » etc. Hæc Patres, quod scilicet, ut ille perfidus asserebat, putarent, ea Ildefonso auctore in sacris missalibus vere legi. At quisnam fuerit certus et primus hujus erroris auctor in Hispania, dictum est superiori tomo, nempe successorem S. Isidori pseudoepiscopum, hæreticum hominem, qui et depositus transiit in Mahometanam impietatem, Theodiscum nomine, natione Græcum, hominem impostorem : hic, ut dictum est, anno Redemptoris sexcentesimo trigesimo sexto, primus in Hispania asseruit Christum Dei Filium esse adoptivum Dei Patris omnipotentis.

VIII. *S. Ildefonsus a calumnia vindicatur.* — Cæterum tantum abest ut S. Ildefonsus ejus erroris assertor fuerit, ut potius in suis scriptis, crebris sententiis tanquam spiculis tale monstrum sæpe confecerit. Est igitur in promptu, ut impostoris in eum tanta illata calumnia quam apertissime detegatur, nec ex dubiis quidem testibus, testimoniisque obscuris, sed ejusdem Ildefonsi germanis scriptis, quibus non semel totidem verbis ejusmodi Nestorianismum in Hispaniis disseminatum impugnet, negans penitus Filium Dei secundum carnem dici debere filium adoptivum.

In primis igitur illud adducamus in medium, quod habet in libro de Virginitate sanctæ Mariæ, et in necessariam deducitur assumptionem, ubi post multa secundum veritatem catholicam disputata: « Audisti, inquit, quod cum aliud sit Deus, et aliud homo, non tamen est alter Deus, et alter homo, sed unus est Dominus meus Jesus Christus, idem Deus et homo. » (S. *Ildefons. de Virgin. S. Mariæ*, c. 6.) Et inferius de S. Maria : « Ita in utraque natura unum generans filium, ut idem sit Filius Dei qui filius hominis, nec alter sit filius hominis quam sit Filius Dei (*Ibid.* c. 11).» Et in libro de perpetua Virginitate sanctæ Mariæ, et de ejus parturitione, quem haud pridem in lucem edidit vir doctissimus Fenardentius theologus Parisiensis, hæc item in eamdem sententiam : « Christus Deus nunquam non fuit ex quo homo factus est, et assumptus in unitate personæ semper mansit et permanet verus Deus homo; non duo quidem, ut esset alter Deus et alter homo; sed unus idemque Deus et homo. Quamvis enim aliud per quod Deus, aliud per quod homo, in utroque tamen Deus et homo, quia non fuit aliquando purus sine Deo conceptus vel natus homo : sed quia conceptus de Spiritu sancto ex virginea carne, et natus homo vere : mox ex ipsa conceptione ineffabili nativitate Deus verus processit et natus est homo. » Hæc cum ipse tradat, omnem excludit in Filio-Dei secundum carnem adoptionem, cum nunquam fuerit sine Deo homo qui in filium potuerit adoptari.

IX. *Testimonia Ildefonsi contra errores Elipandi.* — Possent quidem ista sufficere ad coarguendum calumniæ, sicut et impietatis, perfidum Elipandum; sed Deo agendæ sunt gratiæ, Deique matri sanctissimæ Virgini, quod laudator ejus Ildefonsus disertis verbis sæpe inferius omnem prorsus in Filio Dei Christo Jesu excludit adoptionem, ubi in eadem tractatione ista subjungit : « Ac per hoc talis partus non est communis legi naturæ, sed sicut mirabiliter conceptus, ita mirabiliter Deus et homo natus. Ergo non illum, ut cæteros filios Dei adoptio fecit filium, sed divinitatis natura illum in proprium Dei Filium exaltavit, donavit et illi nomen quod est super omne nomen, ut esset totus Dei Filius-homo et Verbum; quia nunquam non fuit Dei Filius sempiternus, permanet unici Genitoris unigenitus. » Et post nonnulla eodem argumento accuratissime disputata, hæc subjicit ex S. Gregorii papæ auctoritate : « Quoniam sicut ipse ait in eisdem Moralibus, aliud est natos homines gratiam adoptionis per eam accipere; aliud est singulariter per divinitatis potentiam Deum ex ipso conceptu prodiisse. » Ac post nonnulla, dum tuetur sicut in conceptione, ita in partu nullam contraxisse Mariam virginem corruptionem, ista mox subjicit : « Alioquin si ipse ex matre coinquinatus esset, aut materna viscera quasi pro peccato corrumperet, et sordibus ex vitio primæ damnationis coinquinaret, non esset Dei Filius, sed adoptivus, ut cæteri; quinimo nec adoptivus, et nullus esset per quem adoptaretur ipse, si non esset proprius. » Et inferius : « Et ideo non est ille adoptivus, sed adoptator (ut ita dicam) cæterorum; » ac subjungit: « Christus non adoptivus, sed proprius Dei Filius in plenitudine temporum venit, missus a Patre, natus ex muliere, factus sub lege, qui solus non eguit regenerationis sacramento, neque renasci, quoniam proprius Dei Filius, qui nobis per adoptionis gratiam sua dignatus est benignitate per lavacrum regenerationis largiri fraternitatis consortium. Unde Joannes : *Quotquot autem receperunt eum, dedit eis potestatem filios Dei fieri (Joan. I)*: quam sane potestatem a Patre genitus ipse ex sua natura in se habuit, et non aliunde ut proprius esset Dei Filius, et daret quibus vellet adoptionis gratiam. »

X. Hæc et alia ipse Ildefonsus, quibus omnibus magis magisque coarguas hæretici impostoris illatam in ipsum calumniam, vendicesque eum pariter a Patrium concepta de ipso sanctissimo atque doctissimo viro ex testificatione Elipandi mala existimatione atque asserta falsa sententia : ut plane appareat nihil adeo alienum fuisse a tanto Patre, quam de adoptione Christi Filii Dei secundum carnem assertio. Dolendum fuit, ejusmodi lucubrationes viri sanctissimi, dolo fortasse perfidi Elipandi, fuisse diu suppressas et occultatas ne proderentur in lucem, ex quibus ipse filius tenebrarum redargui posset a lumine, dum vocat lucem tenebras, et tenebras lucem. Gaudendum vero quod in tanto Hispaniarum naufragio, superfuerint tam præclara nobilissimi ingenii monumenta, eademque e latebris vindicata, atque in lucem edita a viro veritatis amantissimo, antiquitatum ecclesiasticarum studiosissimo, non Hispano (ne vel levis suspicio privatæ affectionis erga gentilem suum alicujus animum pulsare potuisset), sed Gallo, Parisiensi academiæ professore, cultore integritatis et pietatis, et claritudine nominis in Ecclesia catholica optime noto, quem nominavimus, Feuardentio.

XI. *Carolus Magnus generalem synodum convocare laborat.* — His igitur de Elipandi litteris ante synodum convocatam conscriptis jam enarratis, ad ipsam synodi indictionem veniamus. Ubi igitur Elipandi dictæ litteræ ad Carolum Magnum redditæ sunt : nihil

antiquius ipse habuit, quam ad universalem cogendam synodum ex totius Occidentalis orbis episcopis, operam dare, crebros ea de causa ad Adrianum Romanum pontificem legatos mittens, exploraturus ejus sententiam quid de proposita per Elipandum quæstione sentiret. Quale enim in his peragendis fuerit Caroli Magni vigilantissimum studium, a nullo fideliori teste, quam ex ipsius ad Elipandum redditis litteris cognoscemus, in quibus hæc inter alia de his leguntur : « Ad impletionem vero hujus gaudii, nempe hæreticorum conversionis, fraterna cogente charitate, jussimus sanctorum Patrum synodale ex omnibus undique nostræ ditionis Ecclesiis congregari concilium, quatenus sancta omnium unanimitas firmiter decerneret quid credendum sit de adoptione carnis Christi, quam nuper novis assertionibus et sanctæ Dei universalis Ecclesiæ antiquis temporibus inauditis vos ex vestris scriptis intulisse cognovimus. Imo et ad beatissimum apostolicæ sedis pontificem de hac nova inventione nostræ devotionis ter quaterque direximus missos, legatos scilicet, scire cupientes quid sancta Romana Ecclesia, apostolicis edocta traditionibus, de hac responderet voluisset inquisitione. Necnon et de Britanniæ partibus aliquos ecclesiasticæ disciplinæ viros convocavimus, ut ex multorum diligenti consideratione veritas catholicæ fidei investigaretur, et probatissimis sanctorum Patrum hinc inde roborati testimoniis absque ulla dubitatione teneatur. » Et inferius, vocatos ad synodum tradit Petrum Mediolanensem archiepiscopum, et Paulinum Forojuliensem vel Aquileiensem (ut ait) patriarcham, episcopos præterea ex Germania, Gallia, Aquitania atque Britannia. Paulinus autem Aquileiensis episcopus in libello Sacrosyllabo addit ex Hesperia, Liguria, Æmilia et Austria provinciis esse ad synodum vocatos episcopos.

Optio data hæreticis ab Adriano papa. — Ubi autem Adrianus papa crebris legationibus Caroli Magni permotus est, ut de sententia Elipandi decerneret; ea iterum examinata atque discussa, inventaque in hæresim declinare, publicas litteras conscripsit ad episcopos Gallæciæ et Hispaniarum, in quibus provinciis fuerat error disseminatus; de hisque disputans, pluribus confutat assertam de Christi adoptione sententiam; atque demum, ejusmodi oratione devios omnes a veritate in fine compellat sic dicens: « Priusquam libelli imponatur terminus finalis, adhibenda est litigatorum optio sententialis : eligant namque quæ volunt, vitam aut mortem, benedictionem aut maledictionem. Optamus namque et infinitam boni Pastoris Domini precamur benignitatis clementiam, qui ovem perditam ad ovile propriis humeris portavit (*Luc.* xv), ut relictis carnis anfractibus, in quibus malæ bestiæ, id est maligni spiritus commorantur, ut ad vitam quæ ducit ad vitam æternam fidei passibus, Christo redeant pertrahente; quatenus in sinu matris Ecclesiæ suscepti per lamentum pœnitentiæ sordes maculæ peccatorum, et infamata eorum modestia bonæ famæ recipiant pristinam dignitatem, nec honoris periclitentur naufragio, et a nostro non disjungantur consortio, ac per hoc reconciliati communioni catholicæ fidei, divina illos pietas cœlestium faciat esse participes gaudiorum. »

Adriani pap. sententia in hæreticos. — « Quod si exigentibus indignis meritis, tam insolubili eos malignus spiritus perfidiæ laqueo justo Dei judicio strangulavit, ut resolvi nequeant : ex auctoritate prorsus sedis apostolicæ ac beati Petri apostolorum principis, ac per eum qui illi magister et Dominus tradidit potestatem, et solvendi ligandique licentiam tribuit (quod sine gravi mœrore dicere non possumus), perpetuo eos anathematis vinculo religatos ultrici cum sequacibus suis judicamus vindicta plectendos, ac per hoc a gremio matris Ecclesiæ et a nostro consortio definio alienos. »

XII. *Orari vult pontifex pro hæreticis. Quid in synodo Carolus egerit.* — « Si quis autem fidelium

Deumque timentium charitatem eis benignitatis impertiendo, et Christi amore, pro eis precis [Al., precum] oblationem Domino offerre voluerit : non solum non inhibemus, sed ut faciat, apostolica admonitione et optamus, et salubri incitamus adhortatione, ut Deus omnipotens *a* qui neminem vult perire, et omnes homines propter niʼiam bonitatem suam vult salvos fieri (*I Tim.* II), revocet eos ad viam veritatis, et ad agnitionem pertingere (sicut dignum est) rectæ fidei, quæ est in Christo Jesu Domino nostro, › etc. Ista habent litteræ Adriani, quæ et postea sunt in hac de qua agimus synodo recitatæ.

Ubi igitur synodus convenisset, præsente Carolo Magno rege, ab eodem jussæ sunt legi litteræ Elipandi archiepiscopi Toletani : « Quibus recitatis (inquit Paulinus) statim surgens venerabilis princeps de sella regia, stetit super gradum suum, et locutus est de causa fidei prolixo sermone, et adjecit : Quid vobis videtur ? Ab anno prorsus præterito, ex quo cœpit hujus pestis, insania tumescente, perfidiæ ulcus diffusius ebullisse, non parvus in his regionibus, licet in extremis finibus regni nostri, error inolevit quem censura fidei necesse est modis omnibus resecari. Cumque imprecata et concessa esset morosa dilatio per dies aliquot, placuit ejus mansuetudini ut unusquisque quidquid ingenii captu rectius sentire potuisset, per sacras syllabas, die statuto, ejus clementiæ oblatum sui pectoris fidei munus styli ferculo mentis vivacitate deferret. › Hæc de jussione Caroli Magni Paulinus.

XIII. *Sententia ab Italiæ episcopis in hæreticos.* — Qui ingenii sui nobile edens fetum, commentariolum in criptum, libellum Sacrosyllabum, adversus novam resurgentem hæresim elaboratum, obtulit sanctæ synodo, cui placuit ut in Hispanias mitteretur ad confutandos exortos in eis errores. Exstat ipse integer, quem tu consulas : scriptus enim ab eo est non suo ipsius tantum nomine, sed et Petri Mediolanensis archiepiscopi et aliorum ipsis subjectorum episcoporum, ad cujus libelli finem ejusmodi adversus eumdem Elipandum atque Felicem sententiam profert istis verbis : « Elipandum namque atque Felicem novos hostes Ecclesiæ, sed veternosa fæce perfidiæ pollutos, nisi ab hac stultitia resipiscant, et per rectæ fidei satisfactionem lamentis se abluant pœnitentiæ, indignos et ingratos eos etiam qui post hanc tam saluberrimam definitionem, quam plenaria synodus sancto afflata Spiritu concorditer subtili sinceritate terminavit, falsissimis eorum assertionibus sive clam, sive in publica voce præbuerint assensum : simili eos sententiæ vindicta sancimus esse plectendos, reservato per omnia juris privilegio summi pontificis domini et Patris nostri Adriani primæ sedis beatissimi papæ. › Sed quod privilegium ? Illud nimirum quod, ut sæpe dictum est, novas condemnare hæreses et hæresiarchas, esset solius Romani pontificis : vel illud fortasse intelligit privilegium quo Romana Ecclesia, ut superius demonstratum est, conciliorum omnium acta cognoscit probatque vel improbat ipsa.

XIV. *Preces pro Carolo Magno. Synodalis epistola ad hæreticos.*—Denum vero pro ipso rege ejusmodi ad Deum obtulit pias preces. « Catholicum atque clementissimum, semperque inclytum dominum Carolum regem per intercessiones beatæ et gloriosæ semperque virginis Dei genitricis Mariæ, per quam meruimus auctorem vitæ suscipere, et beati Petri primi pastoris Ecclesiæ, omniumque sanctorum, verum etiam suffragantibus precibus vestris, omnipotens et S. Trinitas sua eum gratia circumcingat, suaque dextera semper protegat et defendat, ut faciat semper quæ illi sunt placita, quatenus cœlestibus fretus armis inimicos nominis Christi, auxilio fultus de cœlo, ad terram prosternat ; barbaras etiam nationes infinitas Deus omnipotens ditioni ejus potentiæ subdat, ut ex hac occasione ad agnitionem perveniant veritatis,

et agnoscant verum et vivum Deum creatorem suum, › etc.

Recepto autem atque perlecto a Paulino oblato nomine episcoporum libello ab ipsa sancta synodo condemnata est hæresis, et adversus eam et ab Elipando episcopo Toletano missum perfidiæ libellum scripta fuit synodalis epistola ad Hispaniæ episcopos, qua Patres confutaverunt singulas ab hæreticis assertas pro errore defendendo sententias. Exstat ipsa integra habens in fine admonitionem ad eosdem, ut, abdicato errore, sanam sequantur Ecclesiæ sanctæ doctrinam. Sed et ipse Carolus Magnus, quod privatas ab Elipando, ut diximus, pro errore defendendo litteras accepisset, ad eumdem et alios Hispaniæ episcopos scripsit epistolam tanto principe dignam, qui pietate et doctrina præstaret, eamdemque una cum litteris pontificiis, libelloque a Paulino conscripto, et synodali epistola (*a*) ad eos misit, qua omnibus suaderet ut ab errore Elipandi desisterent.

XV. *De rebus gestis in Francof. conc. adversus Nicænam synodum secundam.* —Quoniam autem est nonnullorum assertio, in synodo Francofordiensi damnatum esse Nicænum concilium secundum, idemque dictum, septimam synodum œcumenicam, verum ne id sit, et si aliquod attulerit præjudicium veritati, et dicta Nicæna synodus ex iis aliquod acceperit detrimentum, sollicitius investigandum remanet, et accuratius disquirendum, quod res sit gravissima maximique momenti. Scimus ex orthodoxis complures, cum objicerentur ista a novatoribus quam audacissime, nimirum in Francofordiensi concilio damnatam esse septimam synodum, eo confugisse, ut assererent non esse damnatam ibi eam septimam synodum, quam orthodoxi Nicææ in Bithynia congregarunt, sed eam quam iconoclastæ Constantinopoli sub Constantino Copronymo collegerunt, eamdemque pariter septimam synodum œcumenicam appellarunt. Favebant huic orthodoxorum responsioni, quod veteres qui asseruerunt, damnatam in Francofordiensi concilio septimam œcumenicam synodum, eam non Nicænam, sed Constantinopolitanam nominaverunt, quam fuisse constat hæreticorum.

XVI. *Damnata Nicæna synodus secunda in concil. Francof.* — Hæc quidem cum jure dici possent, nisi alia addita essent, evicta penitus causa fuisset : verum cum constet eam ab illis assertam septimam fuisse septimam synodum, quæ pro cultu sanctarum imaginum statuta fuit : utique ad Nicænam, non ad Constantinopolitanam, eamdem septimam damnatam synodum esse referendam, licet sit ab illis erratum in nomine : æquus arbiter judicabit ; nec nos tale judicium subterfugimus : gaudet enim innocentia veritate, nec indiget ficus foliis quibus pudenda, quæ nulla sentit, contegere debeat. Tantum abest igitur ut negemus Nicænam secundam synodum, eamdemque septimam œcumenicam dictam, damnatam dici in Francofordiensi concilio, ut etiam augeamus numerum testium id profitentium, et quidem haud dubiæ fidei, vel rejiciendæ auctoritatis. Sic igitur justæ causæ confisi, id sponte ac liberaliter concedimus adversariis, quod ab aliis penitus negatum sciunt ; ut nos nonnisi cupidos esse veritatis intelligant, remque agere sine fuco et fallaciis more majorum nostrorum sanctorum Patrum, ut quæ sint vera firmemus, et quæ falsa a quovis sint dicta negemus.

Tanti ponderis aggredientes nos quæstionem, in ipso ejus exordio (ne qua ambiguitate verborum currens veritas quasi compedibus teneatur) in sententiarum diversarum bivio constituti, quo quis gradiatur aperientes, illud in primis asserimus : longe inter se esse diversa, vel dicere esse damnatum aliquid in concilio, vel damnatum per concilium, ut primum actum habeat imperfectum, secundum do-

---

(*a*) Hanc beati Caroli epistolam require supra, col. 897, epist. 5.

ceat coi summatum. Cum enim aliquid in concilio agitur a male sentientibus, nec accedit consensus eorum quorum est statuta firmare, quo si careat, omne quod decretum est nullius est ponderis et penitus evanescit: tunc id statutum tantum dici potest in concilio, nec alicujus roboris esse, deficientibus necessario requisitis. Sed tunc per concilium, cum omnia ad actus perfectionem concurrisse, remque esse perfectam liquet. Sic igitur, quod ad rem de qua agimus spectat : Sic asserimus cum antiquis auctoribus, damnatam in Francofordiensi concilio Nicænam secundam synodum, ut deficiente consensu eorum quorum erat synodum comprobare, negemus omnino per Francofordiense concilium Nicænam secundam synodum esse damnatam; cum haud dubium, quæcunque ab illis facta fuissent, irrita penitus atque cassa reddita essent: ut non mireris, si quæ sunt ab eis tunc acta conscripta nusquam appareant, ut pote quod abolita, perpetuoque fuerint sepulta silentio, quæ non probassent l gati apostolicæ sedis, nec qui eos miserat Adrianus Rom. pontifex confirmasset.

XVII. *Nicæna synodus non est damnata per Francof. conc. Carolus secutus sententiam Rom. pont.* — Sane quidem contradixisse legatos apostolicæ sedis iis quæ adversus Nicænam secundam synodum ibi decreta fuissent, nec ipsi quidem novatores adversantes negant (*Magdeburg. Cent.* III, c. 9, col. 639). Sed et ab Adriano papa non solum non assensum, sed magnopere contradictum, ejus quæ exstat confutatio et redargutio adversariorum ad Carolum Magnum conscripta palam ostendit. Quin et cum Adriano alios episcopos paria sensisse, Hincmarus affirmat (*Hincm. episc. Rhem. contra Landun. episc.*, c. 20). Unde et ejusdem Caroli factum esse præcepto existimandum est, ut, explosis atque rejectis iis quæ contra Nicænam synodum gesta fuissent, ipsa tantum acta quæ contra Elipandum atque Felicem omnium consensu firmata fuissent, ejusdem synodi integri remanerent; quod probe sciret ipse Carolus, quod profitetur, nulla conciliorum decreta subsistere, quibus Romani pontifices contradicerent, quod et tum Latinorum tum Græcorum auctoritate sæpe superius apertissima luce declaratum constat : ut nec ipse quidem (quisquis ille fuerit, qui adversus Nicænam secundam synodum commentarium scripsit, qui fertur nomine Caroli) id negare audeat ; imo et firmissime asserat atque confirmet esse sententiam ejusdem Francofordiensis concilii, asserentis judicium ultimum controversiarum esse solius Romani pontificis ; quo argumento rejicit septimam synodum, ut quæ (quod turpiter mentiretur) non fuerit a Romano pontifice confirmata.

Sic igitur caruit his actis synodus Francofordiensis; quæ cum nullum acceperit a sede apostolica robur, sed ab ea penitus confutata atque damnata, fuerint etiam ejusdem Caroli principis maxime pii auctoritate rejecta, penitusque deleta. Quod affirmare ea saltem ratione necesse est, cum videlicet certum sit ipsum Carolum nequaquam contra Adrianum pontificem contentiosum funem trahere perseverasse, ut se ab ejus communicatione diviserit : nam et exploratissimum est eum non desiisse aliquando a communicatione et amicitia ejusdem pontificis : quem non tantum viventem coluit, sed etiam mortuum celebrarit, atque immenso honore fuerit prosecutus, ut ostendemus inferius quæ suo loco dicturi sumus. Sicque, ut diximus, affirmare necesse est, ipsum eidem pontifici in iis penitus acquievisse, atque ex ejus sententia male sancita damnasse.

XVIII. *Rom. Ecclesiam consuluit semper Carolus.* — Certe quidem nonnisi ad ipsam sedem apostolicam in ecclesiasticis controversiis ipsum Carolum recurrere consuevisse, ab eaque responsa accipere sollicite procurasse, atque ex ipsorum præscripto perficere omnia laborasse, ipsamet acta Francofordiensis concilii docent in ejusdem Caroli ad Elipandum epistola nuper reddita, ex qua hic illa de his est tibi repetenda sententia, qua ait : « Ad beatissimum apostolicæ sedis pontificem de hac nova inventione, nostræ devotionis ter quaterque direximus missos, scire cupientes quæ sancta Romana Ecclesia, apostolicis edocta traditionibus, de hac respondere voluisset inquisitione. » Et inferius de acceptis ab illa responsis sollicitius custoditis, subjicit ista : « Apostolicæ sedi, et antiquis ab initio nascentis Ecclesiæ et catholicis traditionibus tota mentis intentione, tota cordis alacritate conjungor. » Hæc ipse, tanto quidem principe digna ex ipso concilio scripta, quibus adeo perspicue ex ipsius verbis significatis, reliqua cur acta illa non exstant, intelligas, vindicesque a calumnia principem, quem novatores Nicænæ secundæ synodi destructorem conclamant : quem ab apostolicæ sedis sententia per Adrianum declarata vel latum unguem aliquando recessisse, nemo jure poterit affirmare, cum præsertim ipse Adrianus testatus sit epistola ad eum scripta (*Epist. ad Carolum Magnum de imagin.*), quod ea de imaginibus secundum antiquas Patrum traditiones, sub Gregorio secundo pontifice in Romano concilio fuerint constituta, et postea iterum alio itidem Romano concilio sub Stephano papa præsentibus episcopis e Francia missis fuimus confirmata.

XIX. *Caroli non esse librum ad Adrianum missum contra septimam synodum.* — Quod autem calumnia ista contra Carolum conflata a novatoribus sit ex libro illo contra Nicænum concilium scripto et ad Adrianum pontificem misso, quem esse ejusdem Caroli, qui illi præfatur, incertus auctor affirmat, nec non ex synodali epistola Parisiensis concilii sub Ludovico in eadem causa habiti : id ne verum sit, remanet accuratissime disquirendum. Erroris autem inde emanasse videtur occasio, quod cum ejus confutatio ad Carolum sit ab Adriano papa conscripta, ipsum scriptionis illius fuisse auctorem leviter existimarint, cum ad eum quis soleat rescribere litteras a quo scriptas acceperit. At non negandum de his scripsisse litteras Carolum ad Adrianum, quibus tamen alias non suas alligarit, fascem scilicet contradictionum illarum : quas tamen ipsius Caroli non fuisse, sed aliorum auctorum, licet missæ ab illo essent, ex eadem ipsius Adriani reddita ad Carolum responsione, si quis accurate perspiciet, facile intelligere poterit, vel illa una saltem ratione, quod cum sæpe Adrianus acerrime invehatur in adversarios, Carolum ipsum perstringit nunquam, nec leviter saltem de ipso queritur.

XX. *Non Carolus auctor scriptorum in conc. Nic.* — Verum nec libri illius aliquem certum fuisse demonstrat auctorem, sed plures fuisse, qui adversus Nicænum concilium contradictionis stylum exacuerunt, nam audi ipsum : « Addendum est, inquit, ad incredulorum satisfactionem et directionem Francicam. » Et paulo post : « O insania frementium contra fidem et religionem Christianam, ut asserant non colere aut venerari imagines, in quibus figuræ sunt Salvatoris, ejus Genitricis, vel sanctorum, quorum virtute subsistit orbis, atque patitur humanum genus salute ! » Et post pauca : « Absit talium nefariæ temeritatis cedere amentiæ : Patrum priscas sequamur traditiones, et ab eorum doctrina nulla declinemus ratione. » Hæc et alia his similia sæpe. Vides igitur non in Carolum, ut auctorem libri illius spicula dirigi, sed plane in multos, qui per Carolum ipsum ea ad Adrianum mitti curassent. Sicuti et cum post nonnulla idem de illis Adrianus subjicit ista : « In hoc capitulo qui hæc scripserunt, incriminari moliuntur, et contradicere veritati nituntur, » etc. Sed et omnibus intuentibus liquet ex ipso contextu rerum, quod non unus auctor in eo volumine a principio usque ad finem absque rerum ordine pergit impugnare Nicænam synodum, sed quæ ex adversariis quisque impugnanda suscepit (cum fuerint plures) in unum convecta cademque in uno simul fasciculo alligata, data Carolo curate perspectis iis quæ in eo essent consulta mendacia, conclamata fuerit in eodem Francofordiensi concilio damnatio septimæ synodi ejusdemque Nicænæ secundæ; quodque idem liber adversarius ubique vulgatus, et absque veritatis discussione receptus a compluribus fuerit; synodoque absoluta, æque putaverint in eo tractata retractatione minime indiguisse: ex his accidit ut nonnulli ejus dicto capitulari volumine, sive ex actis Parisiensis concilii, falsa ipsorum assertione decepti, putantes esse vera quæ in eis falso reperirentur asserta: absque ulla dubitatione id ipsum asseruerunt, nempe condemnationem Nicænæ synodi in Francofordiensi concilio.

XXIII. *Auctores qui asseruerunt damnatum Nicænum concil. in synodo Francoford.* — Sed jam ipsos singulos audiamus antiquiores auctores qui asserunt damnatum esse ipsum Nicænum concilium secundum, septimam synodum œcumenicam dictam, per Francofordiense concilium, eorumque singula verba reddamus, quo in tanta controversia ipsa veritas apertius elucescat, quæ adversantium densa caligine, ne appareat, obscuratur. Vetustissimum omnium chronicon hac ætate conscriptum sub Ludovico imper., Caroli filio in primis hæc habet, ubi agit de eodem Francofordiensi concilio hoc anno habito, deque damnata in eo, ut ait, hæresi Feliciana: « Synodus, inquit, etiam quæ ante paucos annos Constantinopoli sub Irene et Constantino filio ejus congregata, et ab ipsis non solum septima, verum etiam universalis erat appellata: ut nec septima nec universalis haberetur diceretur ve, quasi supervacua omnino ab omnibus abdicata est. » Hæc ibi. Eadem totidem verbis apud Aimoinum descripta leguntur. Chronicon itidem eodem tempore scriptum, a Pithœo nuper editum, hæc eodem anno de iisdem habet: « Pseudosynodus Græcorum pro adorandis imaginibus habita, ab episcopis damnatur, in eodem videlicet Francofordiensi concilio; et Ado Viennensis episcopus, qui scripsit sub Carolo, nepote hujus Caroli Magni, eadem verbis iisdem; idem Regino, sed et alii complures longe nobiliores auctores, quos inferius recensebimus. Verum de ipsis primis auctoribus, episcopis, inquam, qui interfuerunt eidem Francofordiensi concilio, primum pervestigandum est: quomodo ex adversantium scriptis, capitulari scilicet libro illo inducti sint, ut Nicænam synodum condemnarent.

XXIV. Certum quidem et exploratum omnino habetur, eos ipsos episcopos ab iisdem adversariis dolo malo deceptos esse, atque per imposturam et falsitatem cuncta esse transacta, ut locum nullum veritas inveniret. Hæc nisi tu ipse, lector, manu tetigeris, nolim credas. Non enim a longe petitis testificationibus utimur, sed ex ipsorum scriptis, ut nulla possit tergiversatione veritas falli. Qua in re sicut Patres illos qui synodo interfuerunt dolo caruisse facile dixerim, ita eorum oscitantiam non excuso. Quomodo inconsultis legitimis synodalibus actis, de re tanta, adversantibus præsertim legatis apostolicæ sedis, adversariis credere maluerunt? Et quonam pacto, eos quidem potuisse fallere, vel falli (quod humanum est) non putantes, omnem illis adhibere fidem in omnibus in re tanta minime detractarint? Hæc mihi diu cogitanti, et plane fateor obtupescenti, illud occurrit, his temporibus res Græcorum Francis pessime oluisse, ex eo quod Constantinus imp. Irenæ matris suæ impulsu recusarit pollicitas nuptias diu exspectatas filiæ Caroli Magni, ob idque quamlibet oblatam occasionem arripuisse rebus ab eo gestis, pietatem licet præseferentibus, detrahendi pariter et insultandi; atque adeo ipsam Nicænam synodum, ipsorum opera collectam et absolutam non sine stomacho audivisse: homines sumus, et quandiu in hac vita degimus, hisce interdum privatis pulsari affectibus inviti cogimur. Mitior sit ista reprehensio, et

Has autem ipsorum contradictiones cum capitulorum serie distinctæ essent, Capitulare, librum illum idem nominat Adrianus, quod multa adversus Nicænum concilium capitula contineret; quæ quidem scripta in eodem Francofordiensi concilio, et acta continere ejusdem concilii Francofordiensis, idem qui supra Hincmarus asserit, ejusdem ferme temporis scriptor, ut de his non sit dubitandum. Qui enim ea prurigine laborarunt, ut quæ statuta essent in dicto Nicæno concilio dissolverent, ea seorsum singuli eorum adversus idem concilium conscripsere, quæ, ab illis singulis contradictoribus oblata fuerunt ipsi Francofordiensi concilio. Ex his autem esse permotos episcopos, ut damnarent Nicænum concilium, ex eo liquet quod ex falsis ipsorum assertionibus ipsi pariter affirmarunt, idcirco damnandum esse Nicænum concilium, quod cultum latriæ uni Deo debitum tribuendum esse statuerit imaginibus. Quod plane falsissimum esse paulo inferius dicturi sumus.

XXI. *Liber non unius auctoris, sed plurium, missus a Carolo ad Adrianum papam.* — Ubi vero sensisset Carolus impugnari ab illis Nicænam synodum, defendi vero a legatis apostolicæ sedis, tunc illud more suo, salubre consilium iniit, ut collectas in unum propositas contradictiones illorum, easdem per legatum ad hoc opus ab eo delectum Angilbertum abbatem S. Ricarii mitteret Romam ad Adrianum pontificem. Quod cum plures testentur, profitetur idipsum Adrianus in epistola ad Carolum missa, in cujus ferme exordio ista leguntur: « Præterea directum a vestra clementissima præcelsa regali potentia suscepimus fidelem familiarem vestrum, videlicet Engelbertum [Angilbertum] abbatem, et ministrum capellæ, pene ab ipsis infantiæ rudimentis in palatio vestro enutritus est, et in omnibus consiliis vestris receptus, ut ideo sicut a vobis in omni familiaritate recipitur, ita et a nobis reciperetur et condecenter honoraretur.

« Unde pro nimio amore, quem erga vestram mellifluam gerimus regalem excellentiam, sicut misisti cum nimio amore dulcedinis eximiæ cum recipientes, prout voluit, et qualiter voluit cum magna familiaritate nobis enarrantem aure placabili, et mente benigna eum suscepimus, et quasi vestra corporali excellentia nobis narrante, ei patentius credidimus consilium ad profectum sanctæ nostræ Romanæ Ecclesiæ, et vestræ a Deo protectæ regalis potentiæ exaltationem. Inter quæ edidit nobis capitulare adversus synodum, quæ pro sacrarum imaginum erectione in Nicæa acta est. Unde pro vestra melliflua regali dilectione per unumquodque capitulum responsum reddidimus, non quemlibet (absit) hominem defendentes, sed olitanam traditionem sanctæ catholicæ et apostolicæ Romanæ Ecclesiæ tenentes priscam prædecessorum nostrorum sanctorum pontificum sequimur doctrinam, rectæ fidei traditionem modis omnibus vindicantes. » Hæc de misso adversariorum capitulari per Angilbertum præfatus est ad Carolum Adrianus. Cujus quidem operis cum plures fuerint auctores, Caroli Magni ultimum duntaxat esse capitulum, monet idem pontifex Adrianus, quod testatur, ad illud in fine respondens; nos vero reddemus ipsum inferius.

XXII. *Quid in synodo de imaginibus.* — Cæterum liquet pariter, ejusdem qui supra Hincmari auctoritate, in eodem Francofordiensi concilio, duo esse concilia condemnata, Constantinopolitanum hæreticorum, quo imagines confringi juberentur, et Nicænum secundum quod eas coli præciperetur: quod etiam ex capitulari illo libro ad Adrianum per Carolum misso intelligi potest; fuisseque eam sententiam episcoporum, rectæ fidei traditionem modis omnibus vindicantes. Hæc de misso adversariorum capitulari per Angilbertum præfatus est ad Carolum Adrianus, ut imagines non confringerentur, sed esse sinerentur, ita tamen ut non colerentur.

Quod igitur ex dicto capitulari volumine haud ac-

tolerabilior redargutio, quam eos omnes falsitatis arguere et imposturæ, dum illis acquievere qui his malis artibus in eamdem Nicænam synodum irrupere, in quos omnis culpa vertatur.

XXV. *Adversarii septimæ synodi fraudibus agunt.—* Etenim adversarii illi concinnatores mendaciorum, et fraudum architecti, dolis atque fallaciis circumvenerunt eosdem ipsos episcopos qui venerunt ad synodum, atque specie quidem pietatis ad condemnationem Nicænæ synodi permoverunt, mentientes in primis (ut apparet ex libro illo Capitulari dicto ad Carolum Magnum misso) Nicænam synodum minime confirmatam esse a Romano pontifice, sine quo (ut idem ibi auctor ait) concilium subsistere minime possit, quod omnis de fide controversia ad Romanum pontificem spectet. Sed et quod plane nefandum est, addiderunt eamdem synodum promulgasse manifestissimam impietatem, eo quod ex ea hæresis firmaretur; qua, ut aiunt, assererentur imagines eodem honore et cultu quo Deum; esse a fidelibus venerandas : hæc enim in præfatione ejusdem libri capitularis ad Adrianum missi leguntur, cum agitur de rebus gestis in Francofordiensi concilio : « Allata est (inquiunt) in medium quæstio de nova Græcorum synodo, quam de adorandis imaginibus Constantinopoli fecerant, in qua scriptum habebatur, ut qui imaginibus sanctorum, ut ut deificæ Trinitati servitium aut adorationem non impenderet, anathema judicaretur. Qui supra sanctissimi Patres nostri omnimodis adorationem et servitutem eis impendere renuentes, contempserunt, atque consentientes condemnarunt. » Citantur insuper in ipso capitulari acta ejusdem Nicæni concilii quibus falso assereretur Constantinus episcopus Cypri in eodem concilio Nicæno anathema dixisse iis qui non adorant imagines ea adoratione qua sanctissima Trinitas adoratur: quæ ad rem ipsam exploratius cognoscendam, hic voluimus descripsisse; sic enim se habent:

XXVI. « Quod infauste et præcipitanter sive insipienter Constantinus Constantiæ Cypri episcopus dixit : Suscipio et amplector honorabiliter sanctas et venerandas imagines : adorationem autem quæ fit secundum latriam, id est, Dei culturam, tantummodo substantiali et vivificæ Trinitati conservo; et qui sic non sentiunt, neque glorificant, a sancta catholica et apostolica Ecclesia segrego, et anathemati submitto, et parti eorum qui abnegaverunt incarnatam et salvabilem dispensationem Christi veri Dei nostri emitto (*Conc. Nic.* II, *act.* 3), » Hæc adversarii tanquam ex Nicæna synodo. Quos Adrianus jure redarguit, nimirum neque Constantinum, neque alios tunc cum eo ad Ecclesiam catholicam revertentes aliter se credere esse professos quam quæ ab eadem Nicæna synodo sunt statuta; nimirum sic imagines sacras venerandas esse, ut tamen latriæ cultus illi nullo modo daretur, qui soli Deo deberetur impendi.

Ita quidem, et non aliter, se habere Constantini episcopi Constantiæ Cypri assertionem, ipsa Nicæna acta quæ adhuc exstant integra docent his verbis : « Constantinus episcopus Constantiæ in Cypro dixit: In nullis peccantes cum videam litteras quæ nunc lectæ sunt, et ab Orientalibus episcopis ad Tarasium sanctissimum ac beatissimum archiepiscopum et universalem patriarcham missæ; item cum his camdem fidei confessionem cognoscam : ego indignus etiam assentior, et uno animo idem prædico. Suscipio enim et amplector venerandas imagines; adorationem autem quæ fit secundum λατρείαν, hoc est Dei culturam, tantummodo supersubstantiali et vivificæ Trinitati conservo; qui vero aliter sentiunt, quique gloriosos sanctos non approbant, a catholica et apostolica Ecclesia separo, et anathemati subjicio, et ad eos relego qui incarnatam Christi Dei nostri œconomiam pertinaciter negant. » Hucusque sententia Constantini Constantiæ episcopi, secundum assertionem recitatarum superius litterarum Orientalium ad Tarasium patriarcham, quas citat, qua declaratur Deiparæ et sanctorum imagines, non ut Dei, sed (ut habent) Dei amicorum coli debere.

XXVII. Sed et ipsa synodus Nicæna eadem his omnibus consentientia habet in fidei catholicæ definitione, Patrum omnium subscriptione firmata, verbis istis : « Definimus cum omni cura et diligentia, venerandas et sanctas imagines ad modum et formam venerandæ et vivificantis crucis e coloribus et taxillis aut alia quavis materia commode paratas dedicandas, et in templis sanctis collocandas habendasque tum in sacris vasis et vestibus, tum in parietibus et tabulis, in ædibus, in viis publicis, maxime autem imaginem Domini et Dei Salvatoris nostri Jesu Christi, deinde intemeratæ nostræ Deiparæ, venerandorum angelorum, et omnium deinde sanctorum virorum. Quo scilicet per hanc imaginum picturarum inspectionem omnes qui contemplantur, ad prototyporum memoriam et recordationem et desiderium veniant, illisque salutationem et honorariam adorationem exhibeant, non tamen secundum fidem nostram, veram latriam, quæ sola divinæ naturæ competit » (*Nic. concil.* II, *act.* 7). Hæc sacrosancta Nicæna synodus ex vulgata editione, in hoc non dissimili ab editione Anastasii, ex qua eadem sunt superius recitata. Habes igitur detectam fraudem, proditam imposturam, de textu falsato, et lectione vitiata, atque in contrarium penitus detorta sensum in synodo plena edita ad destructionem synodi œcumenicæ, a Patribus autem illis inconsulte nimis accepta absque aliqua facta inspectione legitimæ lectionis vel Græco inspecto textu, collationeque habita Codicum diversorum, ut in re tanti momenti perfici necesse erat.

XXVIII. *Alii adversarii septimæ synodi. Jonas Aurelianensis adversarius septimæ synodi.—* Sed quod deterius videri potest et magis admirandum, quod non solum apud Patres illos qui eidem Francofordiensi interfuerunt synodo, tot tantaque mendacia fidem invenere; sed apud posteros, et quidem viros eruditione conspicuos, et magni in eo sæculo nominis, existimantes atque scriptis affirmantes, a nostris coli ex præscripto ejusdem Nicæni concilii sicut Deum venerandas imagines. Hi enim duas constituerunt classes in sacris imaginibus errantium ; alteram eorum qui eas frangerent, exurerent vel quovis modo delerent : atque hac ex parte damnarunt septimam illam synodum Constantinopoli a Copronymo habitam ; alteram vero eorum qui, ut putabant, ex Nicæni concilii decreto assererent debito cultu esse colendas imagines : in hanc classem rejicientes omnes Nicænæ secundæ synodi professores, et Romanam quoque Ecclesiam inter eos annumerantes, quæ profiteri inveniretur eamdem synodum esse auctoritate Romani pontificis celebratam et confirmatam, atque scriptis defensam, posterioribusque conciliis roboratam. Ut plane obstupescas adeo leviter ex ipsorum falsa illa assumptione, qua dicerent, a Nicæno concilio statutum, ut adoratione latriæ colerentur imagines, Orientem simul et Occidentem, quod reciperent illam synodum, una eorum sententia damnationis inclusos.

Sed quod tam patens error, tamque apertum mendacium possit haberi pro monstro, nec fidem fortasse inveniat pro tanta sui deformitate apud fidelium aures : hic tibi ista dicentium catalogum texam, singulorum sententias verbatim referens. Fuerunt isti viri doctrina insigniores, qui sub Ludovico imp. Caroli Magni filio claruere, ut suo loco dicturi sumus, simulque alii qui in Parisiensi conventiculo tunc eadem ex causa collecto, in eumdem errorem ab iisdem traducti sunt, ut septimani synodum dicerent docuisse coli debere ut Deum imagines : quam ob causam et magna temeritate atque protervia aliqui ex illis etiam inhærebant in Romanum pontificem, qui ejusdem synodi ejusmodi decretum assereret atque probaret.

XXIX. Fuit ex eis unus et pars magna Jonas Aurelianensis episcopus, qui ea de causa tunc functus est legatione, ad Eugenium Romanum pontificem missus a Caroli Magni filiis imperatoribus Ludovico atque Clothario, ut ejusdem Parisiensis conventiculi acta significant. Hic enim dum adversus Claudium Taurinensem episcopum perfidum iconoclastam stylum exacuit, hæc de imaginum cultu, quæ ad propositum argumentum pertinent, in medium profert: « Illud quod imaginum adoratores tibi, ad suum errorem muniendum, respondisse scripsisti, ita inquiens: Non putamus imagini quam adoramus aliquid inesse divinum, sed tantummodo pro honore cujus effigies talis, eam veneratione adoramus; una autem reprehendimus ac detestamur; quia cum eorum scientiam non subterfugerit, imaginibus nihil esse divini, majori digni sunt invectione, eo quod debitum honorem divinitati impenderint infirmo et egeno simulacro. Quantumque hujus erroris sectatores ac defensores a vera exorbitent religione, non opus est per singula mea declarare narratione. Id ipsum etiam nonnulli Orientalium, qui eodem sceleratissimo mancipantur errori, se objurgantibus respondere solent. Tribuat Dominus sua gratuita pietate, ut tandem aliquando et isti et illi ab eadem eruantur superstitione, et apostolicis disciplinis salubriter instructi traditioni revocentur ecclesiasticæ. » (Jon., de Cultu imag., lib. 1.) Et paulo inferius ad Claudium, qui ejusmodi imaginum adoratores idolatras appellabat, ista subjicit: « Illi qui nimio et indiscreto amore ob honorem sanctorum imaginibus supplicant, nescio an temere idolatræ sint vocandi. Videntur sane potius ab hac superstitione, adhibito rationis moderamine revocandi, quam idolatræ, cum utique sanctæ Trinitatis fidem veraciter credant et prædicent, nuncupandi. Cætera vero in eadem assertione tua faciunt nobiscum, etc. » Hæc quidem Jonas, qui cum validissime pugnet adversus Claudium imaginum effractorem, æque exagitat et perstringit earumdem cultores, illud asserens, imagines in ecclesiis conservandas, tum ad ornatum ipsarum ecclesiarum, tum et ad populi historicam instructionem; idque, ut ait, ex sententia sancti Gregorii papæ, scribentis ad Serenum Massiliensem episcopum. Sed cum idem ipse adversus eumdem Claudium disserat toto illo quod reliquum est ejus operis, et imaginem sanctæ crucis adorandam esse confirmet, nitens in primis auctoritate ejusdem sancti Gregorii papæ et catholicæ Ecclesiæ traditione: totum quod ædificarat, destruit, vel potius erigit quod male destruxerat: nam si crucis imago est adoranda, cur non Christi imago pariter est colenda?

XXX. Walfridus et alii ejus æquales adversarii septimæ synodo. Hincmarus adversarius septimæ synodo. — Ejusdem plane sententiæ fuisse reperitur Walfridus Strabo, ejusdem sæculi auctor, qui duas pariter classes in hi errantium constituens, ait: « Nunc jam de imaginibus et picturis, quibus decus ecclesiarum augetur, dicenda sunt aliqua; quia et earum varietas nec quodam cultu immoderato colenda est, ut quibusdam stultis videtur; nec iterum speciositas ista est quodam despectu calcanda, ut quidam vanitatis assertores existimant. » Et inferius: « Notandum vero quod sicut quidam easdem imagines ultra quam satis est venerantur, ita alii dum volunt cautiores in religione videri, illas ut quasdam idolatriæ species respuant, » etc. (Walfr., de Reb. eccles., cap. 8). Citans autem concilia adversus destructores imaginum habita, reticens vero illa quæ pro imaginum cultu fuerunt antea celebrata, jam plane cujus ipse farinæ fuerit, liquido est aspicere, dum et illum tantum honorem docet sacris imaginibus tribuendum, ut non dejiciantur et conculcentur; nam subdit: « Non sunt omnimodis honesti et moderati imaginum honores abjiciendi: si enim ideo quia novimus non adorandas nec colendas iconas, conculcandæ sunt et delendæ picturæ, quasi non necessariæ vel nocivæ, ergo, » etc.; docens eas conservandas tantum ad ornatum et ad instructionem populi historicæ veritatis.

Ejusdem fuit classis Amalarius, Altigarius sive Elisagarus, Threuolphus, et Adegarius, ut ex dicto Parisiensi concilio sub Ludovico imper. apparet, una cum aliis qui eidem synodo interfuerunt. Inter hos est annumerandus Hincmarus Rhemensis episcopus, dum hæc ait: « Septima autem apud Græcos vocata universalis pseudosynodus de imaginibus, quas qui jam confringendas, quidam autem adorandas dicebant: neutra vero pars intellectu sano definiens sine auctoritate apostolicæ sedis, non longe ante nostra tempora Nicææ est a quamplurimis episcopis habita et Romam missa, quam etiam papa Romanus in Franciam direxit. Unde tempore Caroli Magni imperatoris, jussione apostolicæ sedis, generalis synodus in Francia, Francofordiæ scilicet, vocante præfato imperatore, celebrata, et secundum scripturarum tramitem, traditionemque majorum, ipsa Græcorum pseudosynodus destructa et penitus abdicata. De cujus destructione non modicum volumen, quod in palatio adolescentulus legi, ab eodem imperatore Romam est per quemdam episcopum missum. » Et paulo post de titulo universalis synodi ista subnectit: « Auctoritate itaque hujus synodi, Francofordiensis videlicet, nonnihil repressa est imaginum veneratio: sed tamen Adrianus et alii pontifices in sua opinione perseverarunt, et mortuo Carolo, suarum pupparum cultum vehementius promoverunt, adeo ut Ludovicus Caroli filius libro longe acriori insectatus sit imaginum cultum quam Carolus. » (Hincm. contra... episc., cap. 20.) Hæc ipse, et certe nimis inconsulte, atque a leo temere; si enim ipsa legitima acta Nicænæ Synodi, quam adeo impugnat, inspexisset, stylum a tanta insultatione continuisset, et magis sobrie rem egisset.

XXXI. Anastasius suggillat Francos septimam synodum non recipientes. — De his quidem intelligit, hosque omnes suggillat Anastasius Bibliothecarius in præfatione quam præmisit septimæ synodo a se in Latinum translatæ, dum ait, scribens ad Joannem octavum Romanum pontificem: « Quæ enim super venerabilium imaginum adoratione præsens synodus docet, Nicæna scilicet, hæc et apostolica sedes vestra, sicut nonnulla conscripta innuunt, antiquitus tenuit, et universalis Ecclesia semper venerata est, et hactenus veneratur, quibusdam duntaxat Gallorum exceptis, quibus utique nondum est harum utilitas revelata: aiunt namque quod non sit quodlibet opus manuum hominum adorandum; quasi non sit codex Evangeliorum opus manuum hominum, quem quotidie osculantes adorant, venerabilior canis, quem non esse opus manuum hominum, procul dubio non negabunt. Similiter et forma sanctæ crucis, quam se adorare omnes ubique Christiani fatentur, in quo videlicet considerare libet, quis si quamlibet crucem auream aut argenteam aut ligneam adoramus, quæ utique non eadem est ipsa crux in qua salus nostra parata est, sed figura et imago ejus: quare non adoremus figuram et imaginem ejus qui eamdem salutem operatus est in medio terræ? Venerabilior namque est qui salutem operatus; ac per hoc magis est adoratione digna imago Christi salutem operantis, quam imago crucis salutem tantummodo bajulantis. » Hæc Anastasius adversus Nicænæ synodi adversarios. Ex quo illud pariter accepisti (quod observare debes, ne decipiaris) non universalem Gallicanam Ecclesiam eo fuisse errore implicitam, sed (quod idem ait Anastasius) quosdam duntaxat Gallorum fuisse ejus perversæ sententiæ sectatores, suggillans eos quos superius nominavimus.

XXXII. De Adriani sententia quid garrierint adversarii. Calumnia patens in Adrianum. — Quoniam vero iidem ipsi qui Nicænæ synodo adversabantur, Adrianum quoque Romanum pontificem præstringebant, quem eamdem comprobasse scirent hic etiam de his agendum erit; et coacervata in eum mendacia confutanda. Post multos enim annos ab obitu ejusdem Adriani pontificis, qui sub Ludovico Pio ejus filio convenere in conventiculum illud Parisiense, eodem falso prætextu, quod idem Romanus pontifex Nicænam synodum comprobasset, quæ imagines veluti Deum (ut mentiebatur) venerandas esse sanxisset : adversus eum stylum exeruere, atque calumniose agentes non sunt veriti dicere eumdem Adrianum palinodiam recantasse, atque tandem eadem cum ipsis sensisse.

De his acturi te cupimus, lector, intentum, cum de re magni momenti sit sermo. Agamus hic igitur de eodem conventiculo Parisiensi, in his tantum quæ spectant ad Adrianum : de reliquis autem prolixior erit disceptatio suo loco et tempore opportuno. Adversarii igitur, qui illic convenerunt, in epistola synodali ad Ludovicum atque Lotharium imperatores, post multa adversus Adriani Apologiam pro Nicæno posteriori concilio scriptam, hæc habent : « Sed licet in ipsis objectionibus aliquando absona, aliquando inconvenientia, aliquando etiam reprehensione digna testimonia defensionis gratia proferre visus sit, in fine tamen ejus Apologiæ sic se sentire, et tenere, et prædicare, ac præcipere de his quæ agebantur professus est, sicut a beato papa Gregorio institutum esse constabat. Quibus verbis liquido colligitur quod non tantum scienter quantum ignoranter eodem facto a recto tramite deviaverit. Nisi enim in conclusione objectionum suarum retinaculis veritatis, beati scilicet Gregorii institutis astrictus iter devium præcavisset, in superstitionis præcipitium omnino labi potuisset. » Hæc ipsi de Adriano.

Sed quam ista mendacissima sint, tu ipse lector (quisquis es, nec hæreticum quidem excipio), cum legeris quæ Adrianus habet in fine dictæ epistolæ apologeticæ, satis intelliges : sumus enim ea proxime redditurі.

XXXIII. *Adversantes sept. synodo male utuntur auctoritate S. Gregorii. Ex Gregorio probatur cultus SS. imaginum.* — Sed primum, quæ priores adversarii in Capitulari libro misso Romam a Carolo ad Adrianum, in ipsum ex eodem S. Gregorio objecerunt adversus ipsam septimam synodum videamus, simulque et quomodo eosdem ipsos Adrianus confutet attendamus, ut facilior sit responsio ad ea quæ alii quos diximus post obitum objecerunt ex dicta synodo Parisiensi: ipsi enim eo prætextu potissimum aggressi sunt impugnare Nicænam posteriorem synodum, quod dicerent eam esse contra doctrinam sanctissimi papæ Gregorii, cum se tanquam firmissimæ anchoræ inhærere profiterentur, a qua divelli se nullo modo posse jactarent. Exstat enim ibi ejusmodi eorumdem adversariorum ad Adrianum scripta reprehensio verbis istis : « Quod contra beati Gregorii instituta sit, imagines adorare, seu frangere : et quia Vetus et Novum Testamentum, et pene omnes præcipui doctores Ecclesiæ consentiunt beato Gregorio in non adorandis imaginibus ; nec ut aliquid præterea adorare debeamus, in multis locis confirmat S. Gregorius papa. » Hæc adversarii.

His autem adversatus Adrianus ita respondet : « Nequaquam sacras contempsit imagines aliquando, sanctus Gregorius scilicet, sed magis constantissime observavit, et eorum veneratus est figuras. » Et inferius de earum veneratione probat ex verbis ipsius Gregorii in epistola ad Januarium Calaritanum, cum agit de imagine Dei genitricis et cruce illatis in Judæorum synagogam, et ut inde auferantur, admonet, ista ait : « His hortamur affatibus, ut sublata inde cum ea qua dignum est veneratione, imagine atque cruce, debeatis quod violenter ablatum est reformare, » etc. Quomodo igitur quis negare poterit in Gregorio venerationem imaginum, cum veneratione eas jubet e synagoga tolli, et in locum pristinum reportari?

XXXIV. *Quod S. Gregorius cultor et adorator SS. imaginum fuerit.* — Sed præter hæc omnia rursum adorationem ipsam sacrarum imaginum docuisse S. Gregorium idem Adrianus inferius post alias ad objecta defensiones sic docet : « Et ne aliquis propter adorationem quæ a prædecessoribus nostris sanctissimis præsulibus promulgata est, oblatrare præsumat, sciat ipsos talem adorationem docuisse, qualem prædecessor noster sanctus Gregorius egregius doctor et papa epistola sua, quam in præfato concilio domni Stephani papæ Herulphus episcopus provinciæ Galliarum civitatis protulit, ubi inter cætera Secundinum servum Dei inclusum Galliæ docuit, dicens : Scimus quia tu imaginem Salvatoris nostri ideo non petis, ut pro Deo aut quasi Deum colas, sed ob recordationem Filii Dei, ut in ejus amore recalescas cujus te imaginem videre consideras. Et nos quidem non quasi ante divinitatem ante illam prosternimur, sed illum adoramus quem per imaginem aut natum, aut passum, aut in throno sedentem recordamur, etc. » (*Greg., lib.* VII, *ep.* 53, *indict.* 2.) Hæc ibi ipse. Sed ponenda hic illa quæ idem habet in fine cum pluribus disserit de adorationis S. Gregorii circa cultum sanctarum imaginum, ut ex his appareat tantum abesse ut per Gregorii sententiam Adrianus resilierit a decretis Nicæni concilii, ut per eumdem S. Gregorium eadem firmare studuerit.

Sed ad confutandas penitus adversariorum calumnias, in quem usum dicta a S. Gregorio Adrianus acceperit, et quidnam Carolus, quidve de eodem cultu SS. imaginum ipse idem senserit Adrianus, non aliunde certius quam ex eorum scriptis id accipere posumus; in ultimo enim capitularis libri ab eodem Carolo ad Adrianum missi capitulo ista leguntur :

XXXV. *Quæ sententia Caroli de sacris imaginibus. Adrianus S. Gregorii sententias expendit.* — « Ultimum capitulum est : ut sciat domnus apostolicus et Pater noster et cuncta simul Romanorum Ecclesia, ut secundum quod continet in epistola beatissimi Gregorii, quam ad Serenum Massiliensem episcopum direxit. Permittimus imagines sanctorum, quicunque eas formare voluerint tam in ecclesia quamque extra ecclesiam, propter amorem Dei et sanctorum ejus : adorare vero eas nequaquam cogimus, qui noluerint. Frangere vel destruere eas si quis voluerit, non permittimus. Et quia sensum sanctissimi Gregorii sequi in hac epistola, universalem catholicam Ecclesiam Deo placitam, indubitanter libere profitemur. » Hactenus ultimum ejus libelli capitulum, quod unum esse Caroli Magni, reliqua vero adversariorum, testificatione ejusdem pontificis Adriani apparet, ubi ait mox subdens :

« Hoc sacrum et venerandum capitulum multum distat a totis supra dictis capitulis. Et idcirco cum agnovimus vestræ a Deo servatæ orthodoxæque regalis excellentiæ esse proprium in eo ubi rectæ fidei plena, penitus confessa est, sensum sanctissimi Gregorii sequi : meminit vestra præcelsissima regalis præexcelsa scientia, qualiter in ipsa S. Gregorii papæ epistola Sereno Massiliensi directa fertur, inter cætera contineri, ubi eumdem episcopum increpans, inquit (*Gregor. lib.* IX, *epist.* 9) : Aliud est enim picturas adorare, aliud per picturæ historiam quid est adorandum addiscere. Nam quod legentibus scriptura, hoc idiotis præstat pictura cernentibus : quia in ipsa etiam ignorantes vident quid sequi debeant, in ipsa legunt qui litteras nesciunt : unde præcipue gentibus pro lectione pictura est : quod magnopere te sequi qui inter gentes habitas, attendi decuerat. » Et post pauca : « Et quia in locis venerabilibus sanctorum depingi historias non sine ratione vetustas admisit ; » et intervallo : « Quia picturas imaginum, quæ ad ædificationem imperiti populi fuerant factæ, ut nescientes litteras, ipsam historiam intendentes, quid actum sit discerent. » Iterum post pauca « Sed hoc sollicite fraternitas tua admoneat, ut ex visione rei gestæ ardorem compunctionis percipiant, et in adorationem solius omnipotentis S. Trinitatis humiliter prosternantur. Simili modo et de alia sua epistola Januario Calaritano episcopo directa pro sanctarum imaginum veneratione, breviter superius exaravimus.

XXXVI. Sed et de epistola Secundino servo Dei clauso in Gallias directa similiter intimavimus ubi in ea ita fertur: « Imagines enim quas nobis tibi dirigendas per Dulcitium diaconem tuum rogasti : valde nobis tua postulatio placuit, quia illum in corde tota intentione quæris, cujus imaginem præ oculis habere desideras, ut visio corporalis quotidiana te semper reddat exercitatum, ut dum picturam vides, ad illam animo ardescas, cujus tu imaginem videre desideras. » Et post pauca : « Scimus quia tu imaginem Salvatoris nostri ideo non petis, ut quasi Deum colas, sed ad recordationem Filii Dei, in ejus amore recalescas, cujus te imaginem videre desideras. Et nos quidem non quasi ante Divinitatem, ante ipsas prosternimur, sed illum adoramus quem per imaginem aut natum, aut passum, aut in throno sedentem recordamur. Et dum nos ipsa pictura quasi scriptura ad memoriam Filii Dei reducit, animum nostrum, aut de resurrectione lætificat, aut de passione demulcet. Ideoque diremimus tibi surtarias duas, imagines Salvatoris, sanctæ Dei genitricis Mariæ, beatorumque apostolorum Petri et Pauli, per supra dictum filium nostrum diaconem, et unam crucem, et clavem pro benedictione, ut ab ipsa a maligno defensus permaneas, cujus signo te esse munitum credis, » etc. His et Gregorio recitatis, quæ ab adversariis in medium adduci solerent, mox idem Adrianus pontifex ista subdit :

XXXVII. *Adrianus ex S. Gregorii sententia docet et recipit cultum imaginum.* — « Et quoniam in his vestrum a Deo inspiratum regalem orthodoxum sensum [accepimus], memorandum est etiam et docendum qualiter sanctus Gregorius papa Sereno episcopo docuit de sacris imaginibus, ut ex visione rei gestæ ardorem compunctionis percipiant : hoc est, easdem sacras imagines aspicientes, in adoratione solius omnipotentis sanctæ Trinitatis humiliter prosternantur. Eo ipso tenore Secundino servo Dei incluso inquit : Ideo enim petis, ut non quasi Deum colas, sed ad recordationem Filii Dei in ejus amore calescas, cujus imaginem te videre desideras : Et nos quidem non quasi ante Divinitatem ante ipsas prosternimur, sed illum adoramus, quem per imaginem aut natum, aut passum aut in throno sedentem recordamur. Sicut vero innuit Sereno episcopo, aspicientem sacras imagines in adorationem humiliter se prosterni, solius omnipotentis sanctæ Trinitatis, sic et Secundino incluso servo Dei docuit, non quasi Deum colere, sed ante easdem imagines se prosternens, non quasi ante Divinitatem, ante ipsas prosterni, sed prosternente se, illum adorare, quem per imaginem aut natum, aut passum, aut in throno sedentem recordamur.

« Jam vero et nos cumdem ipsum irreprehensibilem et orthodoxum sensum sancti Gregorii papæ sequentes et amplectentes, dudum Irenæ et Constantino imperatori pro sacris imaginibus prædicandis, et ipsarum erectione emisimus dicentes : Quia in universo mundo ubi Christianitas est, ipsæ sacræ imagines permanentes, ab omnibus fidelibus honorantur, ut per visibilem vultum ad invisibilem Divinitatis majestatem mens nostra rapiatur spirituali affectu pro contemplatione figuratæ imaginis secundum carnem, quam Filius Dei pro nostra salute suscipere dignatus est, eumdem Redemptorem nostrum qui in cœlis est adoramus, et in spiritu glorificantes collaudamus : quoniam, juxta quod scriptum est, Deus spiritus est, et ob hoc spiritualiter divinitatem ejus adoramus. Nam absit a nobis ut ipsas imagines (sicut quidam garriunt) deificemus, sed affectum et dilectionem nostram, quam in Dei amorem et

sanctorum ejus habemus, omnimodo proferimus, et sicut divinæ Scripturæ libros ipsas imagines ob memoriam venerationis habemus, nostræ fidei puritatem observantes et reliqua. Quidquid namque de sanctis Patrum opusculis aliquantula ibidem exaravimus testimonia, in eodem sensu atque tenore (ut in præsenti diximus) cum prædecessore nostro S. Gregorio papa eumdem sensum fidei tenentes, emisimus prædicantes.

— XXXVIII. « Illi vero (ut nobis missi nostri, videlicet Petrus archipresbyter sanctæ nostræ Romanæ Ecclesiæ, Petrus religiosus presbyter et abbas venerabilis monasterii S. Sabæ viva voce dixerunt) statim nostras apostolicas amplectentes syllabas, concilium fieri jusserunt. Sed ab hæreticis seditione facta, in Siciliam insulam missi nostri, sine responso reversi sunt. Et denuo [*Al.*, demum] post eos mittentes iterum Constantinopolim eos ascendi fecere, et sic synodum istam secundum nostram ordinationem fecerunt : et in pristino statu sacras et venerandas imagines erexerunt. Et sicut de imaginibus sancti Gregorii sensus et noster continebatur : ita et ipsi in eadem synodi definitione confessi sunt : his osculum et honorabilem salutationem reddidere, nequaquam (secundum fidem nostram) veram culturam, quæ decet solum divinæ naturæ.

« Insuper et pseudosyllogum illud, quod ab hæreticis factum est sub Constantino hæretico, in primis anathematizantes, cum eorum sequacibus atque complicibus condemnaverunt. Et ad fidem orthodoxam sanctæ catholicæ et apostolicæ Ecclesiæ reversi, per libellos eorum fecerunt rectæ fidei confessionem. Et ideo ipsam suscepimus synodum : nam si eam minime recepissemus, et ad suum pristinum vomitum erroris fuissent reversi, quis pro tot millium animarum Christianorum interitu habuit reddere rationem ante terribile et tremendum divini Judicis examen, nisi nos solummodo? Si enim super unum peccatorem pœnitentiam agentem gaudium factum est in cœlis (*Luc.* xv), quanto magis de tot millibus Christianorum, qui sunt ab errore reversi, quis non gaudeat? et cum Psalmista canat : Accedite ad eum et illuminamini, et vultus vestri non erubescent ? et reliqua » (*Psal.* xxxiii).

XXXIX. *Quid actum ab Adriano cum imp. pro restitutione rerum ablatarum. Instat pro restitutione jurium et bonorum Rom. Eccles. Hæreticus arguitur qui monitus non restituit bona Ecclesiæ.* « Nos vero adhuc pro eadem synodo nullum responsum hactenus eidem imperatori reddidimus, metuentes ne ad eorum reverterentur errorem. Dudum quippe, quando eos pro sacris imaginibus erigendis adhortati sumus, simili modo et de diœcesi tam archiepiscoporum quam etiam episcoporum sanctæ catholicæ et apostolicæ Romanæ Ecclesiæ commonentes, admonivimus restitui eidem sanctæ catholicæ et apostolicæ Romanæ Ecclesiæ quæ tunc cum patrimoniis nostris abstulerunt, quando sacras imagines deposuerunt : et nec responsum quodlibet exinde dederunt.

« Et in hoc ostenditur, quia ex uno capitulo ab errore reversi sunt, et ex aliis duobus in eodem permaneant errore. Si enim ubique Christianorum Ecclesiæ canonice intactas suas possident diœceses, quanto amplius sancta catholica et apostolica Romana Ecclesia, quæ est caput omnium Ecclesiarum, sua diœcesi, videlicet archiepiscoporum et episcoporum, imo et patrimonia pro luminarium concinnatione atque alimoniis pauperum, irrefragabili jure et tenere et possidere omnibus modis debet?

« Unde si vestra annuerit a Deo protecta regalis excellentia, eumdem adhortamur, ut iterum pro sacris imaginibus, et in pristinum statum erectione gratium agentes. Sed de diœcesi sanctæ nostræ Romanæ Ecclesiæ tam archiepiscoporum quam episcoporum, seu de patrimoniis iterum increpantes commonemus. Et si noluerit ea sanctæ nostræ Romanæ Ecclesiæ restituere, hæreticum eum pro hujusmodi erroris perseverantia esse decernemus, plus enim cupimus salutem animarum, et rectæ fidei stabilimentum conservare, quam hujus ambitum mundi [*Al.*, hujusmodi habitum] possidere.) Hic audis, lector, transire in hæresim obstinatam occupationem jurium sanctæ Romanæ Ecclesiæ, et hæreticum esse dicendum et ut hæreticum condemnandum, qui in hujusmodi errore tentus, monitus non corrigit quod deliquit. Sed de his alias pluribus.

XLI. *Protectio S. Petri proficua regibus.* — Ad postremum vero ad ipsum Carolum Magnum convertens Adrianus orationem, apologeticam claudit epistolam istis verbis : « De vestra vero præcelsissima, a Deo protecta excellentia orthodoxæ fidei stabilitate roborata freti existimus, quia radix ejus firmissima, a pravis et infidelibus hominibus nequaquam concutitur vel movetur, sed in ea quam cœpit rectæ fidei traditionis doctrinam spiritualis [*Al.*, specialis] matris suæ sanctæ catholicæ et apostolicæ Romanæ Ecclesiæ tenere et amplecti, incunctanter usque in sæculum sæculi sine reprehensione manere credimus. Et ideo confidimus de Dei nostri potentia, quia quantum erga beatorum principum apostolorum Petri et Pauli Ecclesiam fidem geritis, et amorem semper pro ejus profectu et exaltatione, regali nisu, ubique certantes, habueritis : tanto brachii sui propitius in regalibus triumphis ab adversis et iniquis hominibus vos defendere et circumtegere dignabitur [*Al.*, dignetur] : ut una cum spirituali filia nostra, domina regina, vestraque præcelsa nobilissima prole longiori ævo in hoc regnantes mundo, in futuro sine fine vitam cum regno in arce poli habere mereamini. Incolumem excellentiam vestram gratia superna custodiat. » Hic finis epistolæ, ex qua videt quisquis legit, quam evanescant pudendæ adversariorum calumniæ de Adriano ab adversariis procaci stylo conscriptæ, quod ipse adversus septimam synodum, permotus auctoritate S. Gregorii, ei consentiens calculum tulerit, cum potius ad defensionem ejusdem synodi ipsius S. Gregorii testimoniis usus fuerit.

XLI. *Aliqua dissimulat Adrianus papa.* — Sed quod hac sua responsione Adrianus minime tetigerit ea Caroli verba quibus dixerat : « Adorare vero eas nequaquam cogimus qui noluerint, ratio id temporis postulabat ne cogendo schisma aliquod confiaretur, cum ut vicinus (jus sententiæ assert viri qui scientia in bc[ovi]rudi sæculo eminere viderentur; videbat enim prudentissimus pontifex id quod ex Anastasio recitavimus in epistola ad Joannem papam, eos, de quibus scribit, non in veritatis ejus esse capaces. Verum ipse Adrianus oblique verba illa reprehendit, dum laudat S. Gregorii papæ sententiam, ex qua colligeretur imagines quidem non esse adorandas, quasi eædem essent dii quidam, sed tantum esse venerandas ob relationem quam habent ad Christum et sanctos, quos effigie repræsentant. Et ideo caute Adrianus non laudat omnia quæ habentur in ultimo capitulo epistolæ Caroli, sed ea solum quæ pertinent ad sententiam S. Gregorii, quam recipi tum a Carolo cum ab adversariis (ut profitebantur) synodi Nicænæ videbat : sic enim loquitur Aquensis : « Et idcirco eum agnovimus, vestræ a Deo servatæ orthodoxæque regalis excellentiæ esse proprium, in eo ubi rectæ fidei plene penitus confessa est, sensum sanctissimum Gregorii sequi. » Visum est autem summo pontifici ad tempus dissimulare in eo, ut iidem non cogerentur sacras imagines quas habere solerent adorare, eo quod sic errantes nondum inter hæreticos erant annumerati sicut iconoclastæ, sed tolerabantur quandiu divinæ gratiæ lumine illustrarentur, quod postea factum est.

XLII. *Frustra laborant adversarii ne Gregorius probetur adorator sacrarum imaginum.* — Confutatis igitur iis quæ ab adversariis in eodem libro Capitulari ex Gregorii papæ scriptis objicerentur eidem Adriano pontifici, ad ea modo transeundum quæ longe post ejusdem pontificis obitum in conciliabulo Parisiensi ab iisdem adversariis habito ex eisdem Gregorii papæ epistolis sunt objecta. Atque primum quomodo adversarii ipsi conati sint trahere sanctum Gregorii verba in sui defensionem erroris, locumque in epistola ad Secundinum, quo feriuntur, in suam ipsorum sententiam detorquere, audi ex actis citatæ superius pseudosynodi Parisiensis, cujus hæc sunt verba : (*Concil. Paris. sub Ludov.*, pag 141.)

« Sed quia hic ordo verborum ita præposterus, nisi caute consideretur, ita a nonnullis minus capacibus intelligi possit, quasi beatus Gregorius id quod prius omnibus illicitum esse prædixit, se fecisse, sibique faciendi licitum esse testetur : quod quam absurdum, quamque contra Dei Ecclesiæ religionem de tanto ecclesiastico doctore sentire indignum sit, nullus qui dicta ejus scrutando vel legendo cognovit, ignorare permittitur. Nam ut sibi ipsi contrarius esse debeat, justitia vel rectitudo sanctæ Dei maximeque Romanæ Ecclesiæ sustinere non valet. Quod et si paupertas insipientiæ nostræ id intelligere non valet, melius, ut contra insipientiam, quam contra tantam a Deo datam sapientiam insurgere præsumat. Sed et si ipsum modicum sensum nostrum virtus misericordiæ Dei aliquantulum illuminare dignatur, quomodo id ipsum contrarium sibi non sit, facillime intelligetur.

XLIII. « Nam quia ab imaginum adoratione adorantes compescuerit, nulla dubitatio est; in eo vero quod ad Secundinum scripsit : Nos quidem non quasi ante Divinitatem, ante ipsam prosternimur, sed illum adoramus, quem per imaginem, natum aut passum vel in throno sedentem recordamur. Ubi, ut præmissum est, ac si sibi contraria dixerit, intelligentiæ nostræ se caligo confundit. Sed ne nos non necessaria ignorantia id non intelligendo, diutius torqueat; sensus ejusdem sententiæ talis est : Nos quidem ante ipsam non prosternimur, quasi ante Divinitatem, sed illum adoramus, etc. Quod tale est ac si regi, in throno sedenti dicas : Nos quidem, o rex, non quasi ante Divinitatem, ante te prosternimur, sed illum adoramus, quem per imaginem tuam, quia homo es, Dominum Jesum Christum hominem recordemur natum aut passum, vel in throno sedentem cujus imitator es tu sedens in throno. Nunquid tali dicto mox consequens est ut eumdem regem adorare compellar sedentem in throno ? Ita nec in eo quod dicitur : Nos quidem non quasi ante Divinitatem ante ipsam prosternimur, sed illum adoramus, etc.

« Ad imaginum adorationem invitamur, quia sicut in multis divinæ auctoritatis voluminibus sententias ordine verborum præpostero scriptas invenimus, ita quoque factum esse, eo sensu ut supra dictum est, hoc in loco minime dubitamus. Cum enim ibi scriptum sit : Nos quidem non quasi ante Divinitatem, ante ipsam prosternimur. Quis non animadvertat, id ipsum magis refutando, quam imperando, vel adorando eamdem adorationem imaginum dictum esse, ita ut dictum est ? Quanto magis (sicut supra factum [fatum] est) ordo verborum suo restituatur in ordine, omnem quemcunque ob nimiam simplicitatem errantem, in eo quod beatum sanctæ Dei Ecclesiæ doctorem adversum se ipsum sensisse gestimabat, corrigere poterit ? Insuper etiam si quemquam subtilius intelligentem hoc negligentius minusve intente legere contigisset, facillime se ipsum dijudicante, cur aliquando aliter senserit, ad sobrium intellectum revocare poterit.

XLIV. « Si quis autem (quod quidem a sano sapientibus omnibus absit) magis suum sensum sequendo, illum voluerit condemnare, quam se corrigere, nulli dubium quin ab universa, maxime tamen a sancta Dei Romana Ecclesia debeat condemnari. Nequaquam enim fieri potest ut hæ duæ sententiæ sibimet contrariæ non existant, una qua populus ab adoratione imaginum, ne criminis, id agendo, reus apparat, prohibeatur; altera vero quæ illum id

ipsum egisse, cæterosque ut hoc faciant docuisse puisse, clamasse (et pace eorum dixerim) insaniisse, perhibeatur. Sed absit hoc in tanto talique generali ut nihil reveriti œcumenicæ synodi majestatem, ne- catholicæ Ecclesiæ magistro, ut qui universas per- que tot pro ea pugnantium Romanorum pontificum plexas Scripturæ quæstiones, quæ sibi contrariæ potestatem, usi patentibus, ut vidisti, mendaciis; videbantur, eique ad explanandum vel tractandum male perceptæ Gregorii papæ sententiæ innitentes, occurrerunt, nunquam dissidentes relinquere consue- a communi Ecclesiæ catholicæ sententia resilierint, vit, sua sibimet dicta discordantia reliquisset.» Huc atque adversus ejus usum atque doctrinam scripse- usque in synodo Parisiensi sapientes illi, quos supe- rint, turbasque miscuerint, spicula calumniarum in- rius numeravimus, hærentes in salebris, in syrtibus torserint, aliaque plura conjunxerint sua ipsorum navigantes, e quibus emergere nesciant, præcluso existimatione prorsus indigna, dum in suum ipso- semel ab iisdem aditu veritati, qui si patuisset, aper- rum errorem Gregorium ipsum penitus reluctantem ta luce, ipsius veritatis radiante fulgore, perspicue et contra sentientem adducere, et ejus erroris aucto- intellexissent, his S. Gregorii scriptis ad Secundi- rem cogerent profiteri. num illustratam esse obscuritatem ejusdem litterarum ad Serenum, nimirum vetitum in illis a S. XLVI. *Gregorius cultor imaginis sanctæ crucis.* — At Gregorio cultum latriæ impendi imaginibus sacris, insuper et iidem ipsi asserunt fuisse Gregorium ima- rationi vero decentem assertum et suo exemplo de- ginis sanctæ crucis adoratorem: quod summa cum monstratum in dicta epistola ad Secundinum. laude magnaque gloria unus ex nominatis idem qui

XLV. *Adversarii reprehensione digni.* — Sed ut supra Jonas episcopus Aurelianensis adversus Clau- hæc certiora fiant, quid de hujuscemodi ante sacras dium Taurinensem episcopum agens, sic ostendit, imagines prostratione et adoratione ejusdem S. Gre- cum hæc ait: «Beatus Gregorius, de cujus dictis gorii papæ necnon Eleutherii viri sanctissimi idem nemo, nisi immemor salutis suæ, ambigit, in libro eodem volumine Adrianus pontifex scribat, sic ac- Sacramentorum ita meminit : Deus qui Unigeniti cipe: « Sed et S. Gregorius papa in monasterio suo tui Domini nostri Jesu Christi pretioso sanguine hu- publicum fecit oratorium, et ipsum diversis histo- manum genus redimere dignatus es, concede propi- riis pingi fecit, atque sacras ibidem erexit imagines: tius ut qui ad adorandam vivificam crucem adve- ubi et cum beato Eleutherio pro ægritudine stoma- niunt, a peccatorum suorum nexibus liberentur.» chi sui ingressus, in oratione pariter exauditi sunt. Hæc et alia plura quibus asseritur Gregorius S. cru- Et ille vir sanctus Eleutherius, quem dicunt et mor- cis imaginem adorasse, et alios ut idem facerent do- tuum suscitasse, ante ipsas sacras imagines se pro- cuisse, Jonas affert. sternens, divinam exorare clementiam cum sancto
Gregorio non dubitavit; sed fidem ferentes perfe- Sed qui bene offert, male dividit Jonas, dum vide- ctam, pariter exauditi sunt, et usque hactenus apud licet asserens in Gregorio cultum crucis, neget in nos eædem venerantur.» Hæc de sancto Eleutherio eodem cultum sacrarum imaginum. Cur male divi- atque Gregorio. dis quæ ipse bene conjungit? Nonne ipse simul ea-

Vidisti, lector, re ipsa prostratum ante sacras ima- dem veneratione imaginem sanctissimæ Dei genitri- gines sanctum Eleutherium cum Gregorio pro recu- cis et imaginem crucis ex Judæorum synagoga in peranda ejus valetudine exorasse, ut nihil sit quod ecclesiam voluit reportari, ut dictum est nuper ex quæras interpretationem verborum, ubi ipsa facta ejus epistola ad Januarium ? An non etiam idem ipse proclamant. Ex quibus pariter intelligas quam pro- simul imaginem Salvatoris crucis conjunxit imagini, cul absit ab adversariorum fatua illa assertione, dans ambas Augustino, ut iisdem munitus ingredere- quod Adrianus professus se cum S. Gregorio eam- tur (quod Beda testatur) in Angliam? Cur, inquam, dem sequi sententiam, adversus septimam synodum cultu male dividis, quas ipse una eademque religione adorationem sacrarum imaginum condemnarit, cum sanctæ pieque conjunxit imagines crucis et Salvato- potius ex ejus scriptis validissime roboraverit. ris? At nihil est quod in contrarium afferri possit:

Mirandum plane atque dolendum est præclariores hæc satis ad concilii Nicæni, Gregorii atque Adria- hujus sæculi ejus provinciæ viros nominatim supe- ni defensionem. Deducta jam e controversiarum spi- rius recensitos sub duobus imperatoribus Carolo et netis et carduis, in planum elatum campum emer- Ludovico adeo contentiose, et animo penitus refra- gat oratio. At Carolo nulla quies : qui post concilii ctario, pertinaci studio, indefeso conatu, inflexi- Francofordiensis tumultus, ad bellicos revocatus la- bili proposito voluntatis adversus adorationem san- bores, cum expeditione adversus Saxones rebellan- ctarum imaginum contra septimam synodum obstre- tes profectus, eos Dei beneficio in deditionem accipit :
hæc annales sæpe citati Francorum.

DE EADEM SYNODO.

[Ex Fabricio Biblioth. med. et inf. Latinitatis.]

Capitulare de imaginibus non frangendis nec ad- diosissimus, et proxime superiore ætate Nicolaus de orandis, sed ornamenti et memoriæ causa habendis, Cusa ex auctoritate ejusdem Hincmari: nostra vero in eadem Francofurtensi synodo, auspiciis Caroli, ætate Augustinus Steuchus, Eugubinus episcopus, Romam missum et distinctum in libros quatuor hoc bibliothecarius pontificis... Breviter, citatum honori- titulo : *Opus illustrissimi et excellentissimi seu spe-* fice hoc volumen et laudatum lego, damnatum, re- *ctabilis viri,* etc. (*Vide infra*). De hoc opere ita Geor- prehensum, imo vel notatum non lego. Quod si quis gius Cassander, epistola ad Joannem Molinæum data Carolum imperatorem contemnat, certe talis a scri- an. 1560, pag. 1103 Operum : « Quatuor illos libros toribus ejus ætatis habitus non est; et quod illi adversus synodum Græcorum de adorandis imagini- peritiæ rerum et sacrarum defuit, id assidua consue- bus Nicææ habitam *insignes* appellavi, primum quod tudine doctissimorum virorum suppleuit, in quibus illustrissimi regis Caroli nomine et auctoritate, as- facile princeps fuit Alcuinus, ab aliquibus Albinus sentiente universa synodo, cui et legati Romani dictus, cujus præcipue opera hos libros conscriptos pontificis intererant, conscripti et editi sint. Deinde ut credam, facile adducor, cum et ille rerum sacra- quod videam eos libellos in pretio et honore semper rum peritissimus fuerit, et Carolo familiarissimus, habitos fuisse; asservatur enim hoc volumen Caroli et stylus satis congruat; imo integrum quoddam Romæ in bibliotheca Vaticana penitiore, ubi non nisi caput in hos libros totidem fere verbis in commen- insignes et eximii libri reponi solent... Meminerunt tariis in Joannem ejusdem Alcuini positum depre- ejus apud veteres, qui de concilio Francofordiensi hendi, ut prorsus Alcuini esse videatur; quod tamen scripserunt, et Hincmarus archiepiscopus Rhemen- Carolus, sententiam totius synodi Francofordianæ sis, vir rerum ecclesiasticarum peritissimus et stu- secutus, pro zelo suæ fidei suo nomine conscribi et evulgari voluerit, Illud certe constat, synodum illam Græcorum Nicææ iterum habitam in celebri illa synodo Francofordiensi rejectam fuisse, qua parte statuebat imagines sanctorum adorandas, omnesque, Gallicanas præcipue Ecclesias, in eadem sententia fuisse, ut indiscretam illam imaginum adorationem, quam Græci exigere videbantur, improbaverint.

(a) DE SYNODO FRANCOFORDIENSI
FRANCISCI LAURENTII SURII AD LECTOREM ADMONITIO.
(Ex Mansi, ampl. Col. c. nc.)

Synodi apud Francofordiam habitæ non pauci scriptores meminerunt, et nostræ quoque ætatis hæretici plurimum eam jactitant, tanquam in illa damnata sit œcumenica synodus Nicæna secunda, quæ statuit imagines pie ac religiose venerandas. Atque ad hanc suam sententiam stabiliendam citant Reginonem, abbatem Urspergensem, et quosdam alios, cum tamen et in Reginone et Urspergensi non obscura utriusque depravati vestigia liceat animadverti, aut certe Urspergensis lapsus sit, dum sub Irene ait Constantinopoli synodum habitam : et si quos præterea allegant, id more suo faciunt, id est, fide non bona. Jam vero etiam ipsi hac in re tam belle inter se concordant, ut etiamsi illis accedere velis, nescias cui potissimum fides habenda sit. Verum hoc apud id genus homines jam antiquitus in more positum est nullius pensi habere qua fide rem gerant, modo suum errorem utcunque adstruxisse videantur. Hoc autem pro comperto habendum est, in synodo Francofordiensi nihil actum esse contra Nicænam synodum, sed eam potius damnatam esse quæ sub Constantino Copronymo imperatore impiissimo ab iconomachis habita est Constantinopoli contra imagines, quamque illi septimam œcumenicam dici voluerunt, sed impetrare frustra conati sunt. Hoc enim est quod Urspergensis ait, eam nec septimam, nec aliquid dictam esse, sed quasi supervacuam ab omnibus abdicatam. Porro ad synodum Francofordiensem frequentes admodum, id est, plus minus trecenti ex Germania, Gallia, Italia episcopi convenerunt, nec Adrianus pontifex suos voluit legatos abesse ; quæ res in causa fuisse putatur, quod Patres qui illi interfuerunt, eam plenariam vocarunt. Nec tamen sola imaginum controversia illic agitata est, et contra Iconomachorum pseudosynodum Constantinopolitanam prolata sententia, sed etiam Elipandi hæretici ; qui tum sedis Toletanæ in Hispaniis erat episcopus, impium dogma Christum Dei Filium adoptivum asserens profligatum est. Atque hæc pars sola in his, quæ jam edimus, exstat, aliis omnibus, quæ contra Iconomachos acta sunt, prorsus aut amissis, aut certe alicubi adhuc delitescentibus. Quod qui acciderit, etsi certo affirmare non possumus , tamen probabilis conjectura est, factum id esse opera illorum, qui quatuor illos libros contra Nicænam secundam synodum conscripserunt, qui hodie sub Caroli Magni nomine typis excusi visuntur, non absque insigni contumelia tam sancti et catholici principis, et putida fraude hæreticorum nostrorum, qui se evangelicos dici volunt : quorum incredibilis impudentia etiam in hoc apparet, quod cum modis omnibus docere velint in Francofordiensi concilio rejectum esse Nicænum secundum, afferunt pro se decretum Francofordiensis synodi, quo illorum deplorata mentiendi et quidlibet fingendi libido ita coarguitur, ut mirum sit illos unquam in cujusquam boni viri ausos esse prodire conspectum. Est autem decretum hujusmodi, aut potius decreti particula quædam : « Allata est, inquit, in medium quæstio de nova Græcorum synodo, quam de adorandis imaginibus Constantinopoli fecerunt. » Ubi homines versuti cum vellent lectori persuadere, Nicænam synodum hic intelligi oportere, decretum Francofordiense corruperunt quidem, sed mirabili Dei judicio, ut illorum impostura omnibus proderetur , obliti sunt Constantinopolim eradere, atque ejus loco Nicæam substituere. Jam vero dum Constantinopolis relicta est, nemo tam stupidus est, qui non animadvertat eam synodum Francofordiæ explosam esse, cujus supra meminimus, quæ sub Constantino Copronymo ab Iconomachis habita est Constantinopoli. Sed valeant isti cum malis artibus suis.

(a) *Francofordiense*. Sic dictum a Francofordia, quæ est ad Mœnum fluvium posita : de qua hæc Adrianus Rom. in Theatro urbium : « Francofordia ad Mœnum sita, vulgo *Francfurt am Mayn*, ad distinctionem alterius Francofordiæ ad Oderam sitæ, antiquitus Helenopolis, ab imperatrice Helena Constantini Magni matre vocata. Alii dicunt hanc civitatem anno 774 exstrui cœptam a Franconibus sub rege Carolo Magno, postea vero collapsam et a Franco Marcomiri IV filio (uti scribit Hunibaldus) duce Franconiæ restauratam, ab eoque denominatam. Civitas hæc in duas partes a Mœno perfluente distinguitur, quæ ponte lapideo connectuntur. De hac civitate ita canit quidam :

. . . . rapido quæ proxima Mœno
Clara situ populoque frequens, vicisque decora
Inde trahit nomen : nam Teutonus incola dixit
Francofurt : mihi sed liceat sermone Latino
Francorum dixisse vadum, etc.

Civitas hoc tempore est imperialis , ac binis nundinis quotannis celeberrimum nobilissimumque totius Germaniæ emporium. Hic Romanos reges eligi a principibus electoribus mos est : pluribus aliis privilegiis hæc civitas ab imperatoribus donata est.

IN EAMDEM SYNODUM MANSI ADNOTATIO.

Utrum hoc concilio acta concilii Nicæni II de cultu imaginum reprobata fuerint.

Ita docuerunt hoc tempore Alanus dialog. IV, cap. 18 et 19, et dialog. V, cap. 12 et 13 ; Sanderus lib. II de Imaginibus, cap. 5, et lib. VII de visibili Monarchia, num. 613 ; Surius in præfatione hujus concilii, verbo, *Concilium* ; Vasquius lib. II de Adoratione imaginum , disp. 7, cap. 5 et seq. ; Suarez, tom. I, pag. 3, disp. 54, sect. 5. Confirmatur auctoritate concilii Senonensis in decretis fidei capite 14, ubi sic ait : « Carolus Magnus Francorum rex Christianissimus Francofordiensi conventu, ejusdem erroris (iconomachiæ) suppressit insaniam quam infelicissimus quidam Felix in Gallias et Germaniam invexerat. » Platina in Vita Adriani sic ait : « Biennio post Theophylactus et Stephanus episcopi insignes Adriani nomine Francorum et Germanorum synodum habuerunt, in qua et synodus, quam septimam Græci appellabant, et hæresis Feliciana de tollendis imaginibus abrogata est. » Idem fere dicit Paulus Æmilius lib. II de Gestis Francorum prope finem : ait enim concilium Francofordiense egisse contra hæreticos damnantes imagines : « Et imaginibus, inquit, suus honos servatus est. » Blondus decad. 11, lib. 1; Sabell. lib. et enneade viii; Nauclerus generat. 27; Gablisardus Arelatensis in Chronol., ann. 816. Alanus prædicto loco refert hæreticum quemdam Anselmum Riid affirmasse Nicænam synodum pseudoseptimum concilium Constantinopolitanum de abolendis imaginibus tanquam hæreticum exsecrasse, idemque fecisse Adrianum papam et Carolum regem Francofordiæ.

Nicænam ii synodum a Patribus hujus concilii condemnatam esse sensit reverendissimus et illustrissimus cardinalis Baronius. Jam ante illum fere idem scripserat reverendissimus et illustrissimus etiam cardinalis Bellarminus libro vii de Imaginibus, cap. 14, etc. Sed ab eorum sententia me prope invitum abducunt duæ rationes, quarum prima est quod cum historiæ et acta concilii referant legatos summi pontificis Adriani, quos Ado in Chronico Theophylactum et Stephanum nominat, huic concilio interfuisse, fieri non potuerit ut totum concilium ignoraverit qua auctoritate vera septima synodus Nicæna congregata, et quid in ea definitum fuerit. Nam cum hæc synodus paulo ante sub eodem pontifice coacta esset, non potuerunt legati ejusdem pontificis auctoritatem et doctrinam illius ignorare. Ergo etiamsi falsi rumores sparsi essent de illa vii synodo, ut Genebrardus nescio quo fundamento affirmat, potuissent Patres concilii Francofordiensis a legatis summi pontificis instrui, ipsiusque vii synodi scriptis informari ac doceri. Imo cum celebratio Nicæni concilii esset in universa Ecclesia res celeberrima et maxime publicata, non est credibile quod inter episcopos universæ Galliæ et Germaniæ hoc loco congregatos nemo repertus fuerit, cui de congregata septima Nicæna synodo, ejusve per pontificem facta approbatione nihil plane constiterit. Accedit quod error ille adorandi imagines ut deos, potius est error gentilium, quam aliquorum hæreticorum, vel eorum qui fidem Christi profitentur. Ergo nulla ratione credibile est, quod Bellarminus et Baronius existimant Patres concilii Francofordiensis id existimasse, aut propter solos rumores falsos id temere credidisse, præsertim cum nulla tunc esset in Ecclesia illius erroris suspicio, piique et catholici fuerint episcopi hujus concilii, de quibus suspicari non liceat quod pravo aliquo affectu erga Orientales commoti, Patribus sacrosancti concilii Nicæni errorem attribuerint, vel eorum sententiam instar hæreticorum in deteriorem partem interpretati fuerint. Altera ratio, quæ me a Baronii et Bellarmini sententia compellit recedere, hæc est: quod Patres hujus concilii sæpe profiteantur se procedere sub obedientia Romani pontificis; et in libro Sacrosyllabo sub finem, dum sententiam contra hæreticos proferunt; subjungant hæc verba : « Reservato per omnia juris privilegio summi pontificis domini et Patris nostri Adriani primæ sedis beatissimi papæ; » item quod iidem Patres in hoc concilio sæpe profiteantur, se majorum traditiones sequi et ab eorum vestigiis non discedere; et quod Carolus Magnus, qui huic concilio interfuit, in epistola ad episcopos Hispaniæ dicat, se in primis consularibus apostolicæ sedis pontificem, quid de causa in illo concilio tractata sentiret : quodque paulo infra hæc verba subjungat : « Apostolicæ sedi, et antiquis ab initio nascentis Ecclesiæ et catholicis traditionibus tota mentis intentione, tota cordis alacritate conjungar. » Quæ sane Patres concilii profiteri non potuissent, si sacrosanctam Nicænam synodum a sede apostolica confirmatam condemnassent. Nam, ut supra probavi, ex falsa informatione non potuerunt in facto errare. Itaque si scienter et per errorem hæc fecerunt, utique cum pertinacia et hæresi ista fecerunt; atque ita de auctoritate sedis apostolicæ aliter senserunt, aliter locuti fuerunt. Quæ cum meo judicio de tanto et tali episcoporum cœtu non sint præsumenda, non est verisimile id, quod aiunt reverendissimi et illustrissimi cardinales Bellarminus et Baronius, ipsos Patres concilii coram legatis summi pontificis et principe catholico, septimam synodum auctoritate pontificia confirmatam condemnasse, et Adriano summo pontifici restitisse. Accedit quod si hujus synodi auctoritate Nicænum concilium damnatum, atque ita error iconomachorum ex mala etiam informatione reipsa approbatus esset, certe ante nostra tempora, illius erroris aliquis sectator ejus auctoritate se suamque sententiam munire studuisset : quod tamen nullus fecit, maxime cum paulo post Carolum Magnum in eadem Gallia exortus fuerit Claudius Taurinensis, qui errorem illum in Occidentalem Ecclesiam intro lucere voluit : quem sane plurimum confirmare potuisset auctoritate Occidentalis concilii, si errorem illum definitione confirmasset. At vero neque Claudius in suum favorem illud adduxit, neque Jonas Aurelianensis, qui contra illum eodem tempore scripsit, et illius fundamenta confutavit, quidquam de concilio Francofordiensi respondit, vel quoad hanc partem scripsit. Addo ad extremum, quod Romana Ecclesia nullum unquam provinciale concilium quoad partem aliquam etiam approbaverit et receperit, in quo alia qua dam ex parte cum pertinacia et hæresi aberratum fuerit. Hoc provinciale concilium, quoad cam partem quæ de servitute et filiatione Christi definivit, ab Ecclesia receptum et approbatum esse supra annotavi; non est ergo credibile quod eodem hoc concilio N cæna synodus ulla ratione condemnata fuerit. Quare non possum non hac in re illam tueri sententiam quæ auctoritatibus et rationibus supra allegatis munita, sacrosancti œcumenici concilii Nicæni ii auctoritatem contra omnes iconomachos plurimum defendit, exornat et auget. Sed dices, quid est respondendum ad auctoritates librorum Carolinorum, Hincmari, Aimoini, abbatis Urspengensis, Reginonis, Adonis et Joannis Aventini, qui omnes affirmant septimam synodum in concilio Francofordiensi damnatam esse? Respondeo, Diversi diversa sentiunt; Alanus, Sanderus et Surius locis supra allegatis dicunt, pseudoseptimam synodum sub Copronymo Constantinopoli habitam a Patribus hujus concilii condemnatam esse; sed cum prædicti historiographi scribant omnes illam synodum septimam hic condamnatam quæ pro adorandis imaginibus habita est sub Constantino et Irene, sine dubio non illam pseudoseptimam, sed potius veram septimam synodum eos intellexisse concedendum est; quia hæc, non illa pro adorandis imaginibus tempore Irenæ imperatricis celebrata fuit. Vasquius libro ii de Adorat. cap. 7, disputationis septimæ, aliique plures concedant, apud Hincmarum aliosque prædictos scriptores rerum Germanicarum de Nicæna synodo sermonem esse; sed id, quod referunt, falsum esse, falsaque pseudo-Caroli relatione deceptos ita sensisse, adeoque non majorem fidem ipsis quam pseudo-Carolinis libellis, attribuendam esse. Ego vero cum Francisco Suarez viro doctissimo opinor (Suarez, tom. I, disp. 54. sect. 5) hanc responsionem infirmis conjecturis et testimoniis niti, quæ sibi ipsis non constant:

« Nam inprimis, ut incipiamus a præfatione Eli-Phili, in qua totus discursus superioris responsionis præcipue fundatur, nulla fides ei adhiberi potest : nec verisimile est reliquos omnes historicos illi soli fuisse innixos.

« Primo quidem, quia auctores præcedentis opinionis dubitant an in illa præfatione ut est in suo originali, Francofordiense concilium nominetur : et probabilius credunt, parenthesim illam, in qua Francofordiensis concilii fit mentio, fuisse ab aliis interpositam. Quod si hoc verum est, neque Hincmarus, neque alii historici potuerunt ex hac præfatione sumere illam sententiam de damnatione synodi Nicænæ in Francofordiensi, sed ad summum, in aliquo conventiculo imperitorum et hæreticorum hominum, a quibus fortasse liber ille editus est.

« Unde sumitur secunda conjectura : nam omnium recte sentientium judicio liber ille non fuit a Carolo magno editus, sed ab aliquo vel aliquibus hæreticis, qui illum vel occulte vel palam Carolo obtulerunt : Carolus autem illum ad pontificem Adrianum misit, qui in scripto ad Carolum de imaginibus, librum illum ex professo confutavit. Quæ omnia late probant Alanus supra, et Bellarminus dicto libro secundo, capitulo decimoquinto; ergo non est verisimile Hincmarum virum catholicum et doctum, ex sola illius libri auctoritate factum illud concilio Francofordiensi attribuisse.

« Tertio, quamvis ille liber tempore Caroli editus fuerit, tamen de præfatione, quæ nunc ei præfigitur, merito Alanus et Surius dubitant an sit antiqua, vel nuper ab aliquo hæretico edita et supposita, vel saltem corrupta : nam qui præfatur, vel ficto vel ementito nomine Eli. Phili. se nominat, ut seipsum occultet, quod statim suspicionem alicujus deceptionis generat, præsertim in re adeo lubrica, et ex se suspecta. Et præterea, quantum ex his quæ Alanus capite decimo octavo refert, conjectare possum, ipse Eli. Phili. se alium a Carolo esse ostendit : nam ex professo in eadem præfatione ostendere conatur Carolum fuisse illorum librorum auctorem, re prius deliberata cum episcopis concilii Francofordiensis; fuit ergo auctor illius præfationis Eli. Phili., non Carolus : et illa præfatio non fuit edita tempore Caroli magni : ergo nihil probabile de illa credi potest, nisi quod ab eodem sit edita, a quo denuo liber ille inventus, vel typis mandatus ante quadraginta quatuor annos solummodo.- Et minimum improbabile fit Hincmarum et alios antiquos historiographos ab illa præfatione sententiam suam hausisse.

« Quarto obstat (quod Surius notavit) quia auctor præfationis dicit, synodum illam, quæ a Francofordiensi damnata est, Constantinopoli fuisse celebratam : hæc enim ejus verba referuntur : « Allata est in « medio quæstio de nova Græcorum synodo, quam « de adorandis imaginibus Constantinopoli fece- « runt : » ex quo verbo colligi potest, eum non de Nicæna, sed de Constantinopolitana synodo loqui : vel certe, cum dicat, in illa synodo actum esse de adorandis imaginibus : cumque etiam dicat (ut Bellarminus refert) Constantinopolim istam esse in Bithynia, colligitur hominem illum prorsus fuisse imperitum, nullaque fide dignum : aut certe inferri potest, eum ex aliqua traditione aut fama credidisse quamdam Constantinopolitanam synodum rejectam esse in Francofordiensi, ignorasse vero quid in ea actum fuerit, et ex errore id addidisse.

« Ex his etiam constat quam sit infirmum testimonium Hincmari, ut credamus eum testatum esse, concilium Francofordiense damnasse synodum Nicænam ex sola auctoritate præfationis libri Carolini; cum verisimilius sit Hincmarum talem præfationem non vidisse. Unde Alanus supra merito fidem non habet huic testimonio, nec credit esse Hincmari, quia nec liber ille Hincmari, unde sumptum dicitur, exstat, neque ad nos pervenit, nisi ex relatione Illyrici hæretici, cui nullam fidem adhibemus, neque scimus unde fragmentum illud decerpserit, præsertim cum Trithemius inter opera Hincmari illum non numeret. Deinde in illismet verbis multa sunt falsa, et inter se pugnantia, vel parum probabilia.

« Primum, quod asserit in quadam VII synodo Græcorum quosdam dixisse imagines esse confringendas, alias vero esse adorandas; nam hoc non in una synodo, sed in diversis accidit : et ita videtur utramque synodum confundere, nam utramque illam partem dicit, non sano intellectu esse ibi definitam. Deinde, quod ait synodum Nicænam sine auctoritate papæ fuisse habitam, et Romam missam.

« Rursus, quod ait Romanum papam illam synodum Nicænam ad se missam, et in Franciam directam ut ibi (sicut indicat) examinaretur, vel corrigeretur, est per se improbabile et ab omni vera historia alienum.

« Denique quod ibi dicitur de volumine contra Nicænam synodum edito, et ab imperatore Romam misso per quosdam episcopos, non consonat cum eo, quod Hadrianus refert, Carolum misisse ad se librum per Engilbertum abbatem.

« Denique de aliis historicis omnibus necessario est fatendum, aliquem errorem in eorum scriptis contineri, nam in primis Aimoinus, quem abbas Urspergensis secutus est, expresse dicit synodum Francofurti damnatam, Constantinopoli congregatam fuisse; cur ergo interpretabimur eos de Nicæna loqui?

« Dices, Qui addunt, *Sub Constantino et Irene*.

« Respondet Alanus, illos libros quoad hanc particulam ab aliquo Iconomacho fuisse corruptos. Verum quia hoc probari non potest, nec fieri satis verisimile, dicam potius Aimoinum errasse, ignorantem quo tempore Constantinopolitana pseudosynodus congregata fuisset.

« Deinde Regino, quem Aventinus imitatur, illam synodum vocat *pseudosynodum Græcorum*, quo nomine appellata est ab omnibus catholicis illa synodus Constantinopolitana VII, nam Nicæna nec pseudosynodus appellari potuit, cum verissima fuerit, nec Græcorum tantum, cum universalis fuerit, et summi pontificis auctoritate coacta, cujus contrarium de illa synodo ibi indicatur.

« Dices : Quomodo ergo dicit Regino illam synodum fuisse factam, *pro adorandis imaginibus*? Respondet Alanus, legendum esse, *pro non adorandis* : et particulam *non* vel incuria vel malitia fuisse sublatam. Sed est difficilis responsio, cum id probari non possit. Libentius dicerem ignorasse illos auctores quid in conciliis Græcorum tractatum ac definitum fuerit; sicut de Nicæna synodo prior opinio dicebat : nec sine fundamento, quia illa pseudosynodus Constantinopolitana nunquam est in Latinum conversa, quod nobis constet : et synodus etiam Nicæna post longa tempora Latinitate est donata; et ex historiis illorum temporum nihil fere certum scire potuerunt de his quæ in illis synodis tractata sunt.

« Ad verba Adonis Alanus acute respondet, verba illa, « pro adorandis imaginibus » non esse conjungenda cum præcedentibus, sed cum subsequentibus, interposito comate hoc modo, « pseudosynodus, quam septimam Græci appellant, pro adorandis imaginibus abdicata penitus, » id est, in defensionem adorationis imaginum, penitus abdicata est. Qui sensus est quidem satis consentaneus verbis ipsis : immo vix aliter commode construi possunt, quia nulla synodus appellata est *septima pro adorandis imaginibus*. Quod si hic sensus verus est, fortasse Regino verbis Adonis fuit deceptus, nam vel æquales fuere, vel Regino junior fuit : floruit enim Regino anno nongentesimo decimo, teste Trithemio, et tamen Ado texuit historiam usque ad annum octingentesimum septuagesimum septimum : fuit ergo Ado vel antiquior, vel, ut minimum, æqualis : fieri non potuit, ut Regino verbis Adonis non satis intellectis deceptus fuerit, et ab eis occasionem errandi sumpserint abbas Urspergensis et Joannes Aventinus, qui absque controversia sunt longe recentiores. Imo et de Aimoino, vel Annonio idem dici potest, si fortasse ille est quem sub nomine *Ammonii monachi* refert Trithemius scripsisse de rebus Francorum anno nongentesimo. Quod si hic sensus non probatur, potius dicendum est (sicut de aliis) ignorasse Adonem quid tractatum sit in pseudosynodo Constantinopolitana, falsoque existimasse, in ea esse definitum imaginibus esse perfectam latriam tribuendam, quam nomine pseudosynodi Græcorum, Nicænam synodum intellexisse.

« Ex his ergo omnibus saltem concluditur evidenter nullum ex historiis posse sumi firmum argumentum, quo existimemus, Concilium Francofordiense contra veram imaginum adorationem, aut contra synodum Nicænam aliquid definivisse. Ostendimus

Item manifestis indiciis et rationibus, non potuisse concilium Francofordiense, si in eo de causa imaginum actum est, aut sententiam Hadriani papæ, et Nicæni concilii veram definitionem et auctoritatem ignorare, vel ab eis sciens et prudens dissentire, supposita reverentia, quam ex ejus actis quæ exstant, scimus sedi apostolicæ detulisse. Relinquitur ergo, necessario fatendum esse vel historicos errasse, vel aliqua ex parte corruptos esse eorum codices, vel certe non de vera, sed de falso nominata septima synodo locutos fuisse. Et quidem de testimonio præfationis Carolinæ, et testimonio Hincmari, nulla omnino est habenda ratio: illius quidem, quoniam est ignoti auctoris, et suspecti, et quia non constat quo tempore aut loco scripta sit, aut edita, vel inventa, et quia aperta continet mendacia, et falsa testimonia, quæ Nicænæ synodo imponit: hujus vero, quia non constat tale testimoniu messe Hincmari, nisi ex relatione hominis hæretici, et hostis imaginum : et quia ea ipsa, quæ in illo testimonio referuntur, parum sunt verisimilia, et aliis certis historiis consentanea. Videatur integrum opus ipsius Hincmari quod editum est anno 1615 Parisiis, ubi sine ulla lectionis varietate *Constantinopoli* legitur. Quæ opuscula nunc integra reperies in bibliotheca veterum Patrum anno 1618 Coloniæ excusa. De reliquis vero auctoribus, cum negare non possimus errorem aliquem in eorum libris reperiri, omnino enervatur in hac parte eorum auctoritas. Propter quod posset aliquis libere negare, quidquam actum esse de imaginibus in concilio Francofordiensi, neque pro illis, neque contra illas, quia neque exstant acta illius concilii quoad hanc partem, neque ullus auctor catholicus ea se vidisse refert : nam quæ hæretici isto tempore sub hoc nomine divulgarunt, ab eis plane conficta sunt : unde neque exemplar designant ex quo illa transtulerint, neque locum in quo hactenus deliluerint, ipsique invenerint. Neque etiam ad verbum describunt acta concilii, sicut in aliis conciliis fit, et sicut nos habemus eam partem hujus concilii, quæ est de filiatione adoptiva Christi.

« Denique Jonas Aurelianensis, qui paulo post Carolum Magnum floruit, et contra Claudium Taurinensem in defensionem imaginum ad Carolum Calvum scripsit, initio illius operis mentionem faciens concilii Francofordiensis, solum dicit in eo damnatum esse errorem Felicis de filiatione Christi adoptiva, nullam mentionem faciens, quod causa imaginum in illo concilio acta fuerit ; et Walafridus Strabo in libro de Rebus ecclesiasticis capite octavo mentionem faciens erroris Græcorum circa imagines, dicit damnatum esse in concilio Romano sub Gregorio III, et subdit: « Ipsa denique querela Græcorum temporibus « bonæ memoriæ Ludovici imperatoris, in Franciam « perlata, ejusdem principis providentia scriptis syn- « odalibus est confutata. » De concilio autem Francofordiensi nullam mentionem facit, cum tamen Walafridus ejusdem fere ætatis auctor fuerit. Non ergo caret hic modus dicendi probabili conjectura.

« Quia tamen tot historiæ, quæ mentionem faciunt concilii Francofordiensis, referunt aliquid de imaginibus in eo actum esse, suspicari cogunt aliquod habuisse hujus rei fundamentum , et saltem traditione vel fama publica ad eorum aures pervenisse, qui hoc scribere cœperunt, Adonis nimirum, vel Aimoini, aut Reginonis. Quare credibile est Hadrianum papam cum legatos suos ad concilium Francofordiense mitteret, per illos etiam misisse acta concilii Nicæni, quod illo eodem tempore finitum fuerat, ut definitio illius toti Occidenti innotesceret. Atque ita fieri facile potuit, ut in concilio Francofordiensi nihil denuo de imaginibus ageretur, vel scriberetur, præter acceptationem concilii Nicæni, et consensionem illorum patrum in damnando pseudosynodo Constantinopolitana : et hoc fortasse est quod Ado brevibus verbis referre voluit juxta sensum supra traditum : et eadem est aliorum sententia, quamvis circa res alias vel circumstantias pertinentes ad illam pseudosynodum Constantinopolitanam, errorem aliquem ex ignoratione historiæ miscuerint. Quem errorem posteriores historici, ut vidimus, emendarunt, partim ratione et certa conjectura ducti , partim quia de Nicæna synodo clariorem notitiam adepti sunt. Sic igitur in re tam incerta merito concilium Senonense eam partem probabiliorem elegit, quæ ait concilium Francofordiense Nicæno II consensisse.»

EX NATALIS ALEXANDRI
DISSERTATIONE DE IMAGINIBUS
EXCERPTA.

§ I. — *Proponitur objectio Dallæi ex libris Carolinis petita.*

Dallæus Calvinista aliique ejusdem sectæ, et Forbesius aliique Lutherani scriptores, contra dogma catholicum de imaginum sacrarum veneratione, librorum Carolinorum doctrinam objiciunt, et probare nituntur eam septimæ synodi decretis plane esse contrariam, ejusque definitionem et fundamenta omnia convellere. Quæ luculentiora sunt, hic expono.

1. Ubi Scripturæ loca examinavit *Carolus Magnus*, quæ Nicæna synodus ad hanc causam protulerat, identidem testatur, quam illa constituit, imaginum « adorationem, neque per patriarchas, neque per prophetas, neque per apostolos, neque per apostolicos viros, uspiam institutam esse » (*Lib.* II, *cap.* 5); et toto ejusdem libri cap. 25 probat, « Nusquam ab apostolis, exemplis aut verbis, institutum fuisse imagines adorare. » Legendum etiam libri primi caput 30.

2. Lib. II illius operis, cap. 21, solum Deum religioso cultu colendum et adorandum probat libri illius auctor, indeque colligit nullum cultum religiosum esse imaginibus exhibendum. « Solum, inquit, Deum colere, ipsum adorare, ipsum glorificare debere, totius divinæ Scripturæ tuba terribilis intonat. Unde cavendum illis est, et modis omnibus pertimescendum, ne dum imaginum cultum et adorationem Christianæ religioni ingerere nituntur, singularem unius Dei cultum et adorationem frustrare videantur. Quæ duo ita inter se mutuo reluctantur, ut si unum steterit, aliud stare non possit.... Solus igitur Deus colendus, solus adorandus, solus glorificandus est; de quo per Prophetam dicitur : *Exaltatum est nomen ejus solius* (*Psal.* CXLVIII, 12). Cujus etiam sanctis, qui triumphato diabolo cum eo regnant, veneratio exhibenda est. Imagines vero omni sui cultura et adoratione seclusa, utrum in basilicis propter memoriam rerum gestarum et ornamentum sint, an etiam non sint, nullum fidei catholicæ afferre poterunt præjudicium : quippe cum ad peragenda nostræ salutis mysteria, nullum penitus officium habere noscantur. »

Et lib. I, cap. 2, Nicænæ synodi Patres sic perstringit : « Non gratiam Dei in ea veritate quærunt, de qua pia Veritas et vera Pietas dixit : *Si permanseritis in verbo meo, cognoscetis veritatem, et veritas liberabit vos* (Joan. VIII, 51, 52); sed in imaginibus artificum industria formatis, quæ spectatores suos plerumque, ob rerum gestarum memoriam, inducunt in admirationem; adoratores vero semper in errorem. Non enim mediocris est error, cum aliud adoratur religionis cultu quam is qui dixit : *Dominum Deum tuum adorabis, et illi soli servies* (Deut. VI, 13). »

3. Ne quis cavillator, inquit Dallæus, hic obtrudat solemnem latriæ et duliæ, cultusve absoluti et relativi distinctionem, Carolus omnem omnino adimit imaginibus in religione cultum, non adorationem modo divinitati debitam, sed etiam « cultum, observationem (*Lib.* II, *c.* 23; *lib.* III, *c.* 18), venerationem (*Lib,* II *c.* 27), honoremque eum qui collo inflexo (*Cap.* 30), vel capite summisso exhibetur (*Cap.* 1), vel thuris et luminarium oblatione (*Cap.* 2) » constat : quæ voces cultum quemvis religiosum, etiam latria inferiorem complectuntur, eumque adeo quem hodie Ecclesia Romana imaginibus deferendum putat. Vult enim Tridentina synodus fideles « imagines venerari, osculari, et coram iis caput aperire, ac procumbere. »

4. Negat Carolus eam imaginibus exhibendam, vel venerationem, quæ sanctis vita functis, vel adorationem, quæ viventibus ex charitatis et salutationis officio exhibetur; hoc est, civilem salutationem, quæ religioso cultu longe inferior est. « Si igitur angeli, inquit, sive homines, minime adorandi sunt, salva adoratione quæ charitatis et salutationis officio exhibetur, multo minus imagines, quæ rationis expertes sunt, nec salutatione nec adoratione dignæ, eo quod lamaetiae sint, adorandæ sunt : quæ si adorandæ non sunt, imo quia non sunt, duplex illi in hac parte deliquium patrare perhibentur; sive quia eas adorant, sive quia ut hoc facerent, ab apostolis sibi traditum esse mentiuntur. » Hæc lib. II, cap. 25.

5. Ne sacris quidem vasis æquiparari imagines patitur librorum Carolinorum auctor, aut divinarum Scripturarum Codicibus; Nicænisque irascitur, qui eas res inter se comparaverant. At qui imaginibus hodie defertur honos, longo intervallo superat eum qui vasis voluminibusque sacris in Ecclesia habetur. « Quanta (inquit) excellentia vasa divino cultui mancipata imaginibus emineant, divinæ legis instrumenta demonstrant; cum utique illa, præcipiente Domino per Moysen in testimonii tabernaculo condita, et instituente vatum sanctissimo David, per Salomonem in templo Hierosolymis condita atque dicata, et typicorum sensuum arcana significaverint, et in his quæ ad Dei cultum pertinent, diuturni ministerii officium gestaverint. Hæ autem, salva ratione cherubim sive boum et leonum, qui non ad adorandum, sed ad rerum futurarum significationem conditi sunt, non solum a quoquam sanctorum non conditæ, vel dedicatæ, sed pene cunctorum divinæ legis oraculorum testimoniis usquequaque sunt abdicatæ. Hæc quoque vasa, quæ ad peragenda nostræ redemptionis mysteria, sancta habet Ecclesia, semper sunt fidelibus necessaria, semperque in divino cultu officiosa. In vasis igitur Deo sacrificium, non in imaginibus offertur.... Denique sine imaginibus et lavacri unda, et sacri liquoris unctio percipi, et thymiamata adoleri, et luminaribus loca sacra perlustrari, et corporis et sanguinis Dominici consecratio effici potest; sine vasis vero nunquam. Nam et nostræ salutis auctor, cum et Veteri Testamento terminum et Novo initium poneret, non imaginem, sed calicem accepisse perhibetur : et per prophetam Dominus non ait : Mundamini, qui fertis imagines, sed : *Mundamini qui fertis vasa Domini »* (Isa. LII, 11). Hæc lib. II, cap. 29.

Et cap. 50 : « Divinæ Scripturæ libris, inquit, imagines rite æquiparari non possunt : cum Scripturæ divinæ sint à Deo prædestinatæ, et per momenta sæculorum ad humanæ salutis emolumenta clementi exhibitione concessæ, habeantque auctores sanctos et venerabiles viros virtutum lampadibus et miraculorum insignibus coruscantes, vel certe ipsum Dominum ; imagines vero et gentilium errorum vanitate prolatæ sint, et nullam salutis exhibitionem, nullam sacramenti alicujus mortalibus prærogativam adducant, sed oculis tantummodo faveant, per quos quasi per quosdam legatos gestarum rerum memoriam cordibus mandent...... Unde datur intelligi non picturas, sed Scripturas, ad nostræ fidei eruditionem esse concessas. Quàm ergo sit incautum, quamque a ratione remotum dicere : Sicut divinæ Scripturæ libros, ita imagines ob memoriam venerationis habemus, facile intelligere potest quisquis divinarum Scripturarum cognitionem habet. » Et post multa sacrarum litterarum elogia hæc subjungit ; « Nihil igitur horum quæ perstrinximus, sive his similium, quæ brevitatis studio prætermisimus, in imaginibus, o imaginum adorator, o rerum insensatarum cultor, invenire posse te constat, quæ dum his omnibus meritorum prærogativis careant, dolendus potius quam mirandus es, cur eas divinis Scripturæ libris, in quibus tot bona reperiuntur, æquiparare affectes. Tu qui fidei tuæ puritatem in imaginibus conservare te dicis, supplex eis astare memento, cum thymiamatibus : nos præcepta Domini solerti indagatione perquiramus in divinæ legis Codicibus. Tu luminaribus per lustra Venereris, nos frequentemus divinas Scripturas. Tu fucatorum veneratior esto colorum : nos veneratores et capaces simus sensuum arcanorum. Tu depictis demulcere tabulis, nos divinis mulceamur alloquiis. Tu figuris rerum insta, in quibus nec visus, nec auditus, nec gustus, nec odoratus, nec tactus est : nos instemus divinæ legi, quæ est irreprehensibilis, in qua testimonium Domini, justitiæ sive præcepta, timor sive judicia ejus inveniuntur. »

6. Idem auctor indignatur sanctorum martyrum et confessorum reliquiis et vestibus imagines a Nicænis in honore coæquari. Nullam ergo omnino religiosam venerationem imaginibus exhibuit ; cum apud omnes in confesso sit, eam quæ reliquiis defertur, longe infra latriam esse. « Sanctorum, inquit, corpora venerari, eorumque reliquiis honorem exhibere non sine causa vetustas admisit.... Dicant illi ubi unquam jubeamur imagines adorare ? Sancti in cœlestibus sedibus cum Christo vivere et eorum ossa quandoque resurrectura creduntur : at imagines nec vixisse unquam creduntur, nec resurrecturæ.... imaginibus ergo quæ nec vixisse unquam creduntur, nec resurrecturæ, sed aut ignibus aut carie consumendæ perhibentur, adorationem soli Deo debitam impartiri, aut segnitiei est, si utcunque agitur ; aut insaniæ, vel potius infidelitatis, si pertinaciter defenditur. Nos itaque nec cum Vigilantio, ejusque sequacibus, reliquias abnegantes, nec cum Simone ejusque complicibus imagines adorantes, et reliquiis sive sanctorum corporibus opportunum obsequium exhibemus ; et basilicas, prout libet, sanctorum imaginibus, sive etiam auro, argentove exornamus ; et servitium adorationis, sive culturæ, soli Deo, cui soli debetur, ipso opitulante, impendimus. » Hæc libro III, cap. 24.

Multo minus patitur imagines componi cum cruce, quia crucis vexillo antiquus hostis, non imaginibus, victus est ; et crucem jubemur tollere, non imagines. « Non sunt igitur imagines cruci æquiparandæ, non adorandæ, non colendæ, sed huic mundo cum cæteris quæ mundi sunt relinquendæ. » Hæc libro II cap. 26.

7. Hunc auctorem ne relativam quidem venerationem admittere constat ex libro III, cap. 16 : « Dicant igitur, inquit, quibus hoc tam peculiare est dicere, quia imaginis honor in primam formam transit : dicant si hoc legerint, aut quibus valeant testimoniis approbare ; Dominus namque et Salvator noster non ait : Quandiu fecistis imaginibus, sed : *Quandiu fecistis uni de minimis istis, mihi fecistis* (Matth. XXV, 40). Nec ait : Qui imagines, sed : *Qui vos recipit, me recipit »* (Matth. X, 40). Et lib. IV, cap. 10, de Epi-

phanio diacono sic loquitur : « Dixit enim, imaginem per nomen significationis, ad primæ formæ honorem, id est, ad sancti in cujus nomine prætitulatur, venerationem posse deduci, quod fieri posse, nullis rationis indiciis evidentibus potest approbari. »

8. Nonne is auctor ea quæ olim a Nicænis et Romanis « ante sanctorum imagines concinnantur luminaria, et adolentur thymiamata, » palam et verbis quidem acerbissimis insectatur? Nonne iis hoc nomine « vesaniam rationabiliter subsannandam » exprobrat? Nonne, quem damnat, hujus venerationis ritum sic describit, ut eumdem esse cum eo appareat, qui ab adversariis usurpatur? Nam de duarum pulchrarum feminarum imaginibus verba faciens, quarum una Mariæ sit, altera Veneris; « Ista, inquit, qui superscriptionem Dei Genitricis habet, erigitur, honoratur, osculatur. » Quæ nemo non videt, inquit Dallæus, eadem illa esse quæ hodie fiunt.

9. Eodem pertinet quod ille scribit lib. iv, cap. 21. Refert enim eo loco B. Virginem pingi solitam, aselli gestamine vectam, puerum in ulnis ferentem, Joseph prævio in Ægyptum descendentem. Ex ea autem pictura argumentatur : Si imago Virginis adoranda sit, adorandam itidem esse animantis imaginem, quod nullo pacto earum in adorando diremptio fieri possit : « Aut utriusque adoratio est spernenda, aut utræque sunt adorandæ. » Ergo cum hoc sit absurdissimum, illud ponendum atque confitendum esse concludit. Jam quis non intelligit, ea ratiocinatione quamlibet imaginum adorationem, seu absolutam, seu relativam, seu latriam, seu duliam, omnino funditusque subverti, cum istorum cultuum nullus, quantumvis exiguus, animantis imagini conveniat? « Cum ergo, inquit, altera ab altera dirimi sine dissidio nequeat, et utræque, ne forte animantis imago adoretur, adorari non debeant, restat ut utræque adorationis honore careant : et ornamentorum solummodo in basilicis, aut in quibuslibet locis loca teneant, et aspicientibus rerum gestarum memoriam præbeant. »

10. Præterea, Nicænos Patres imprudentiæ et præsumptionis arguit lib. iii, cap. 11, quod anathema dixerint totius mundi Ecclesiis, antequam a singularum provinciarum Ecclesiis, missa legatione, scriptisque epistolis sciscitati essent, « Utrum imagines adorari, aut non adorari deberent. » Illud eorum anathema « dementissimum » vocat; aitque, « Tolerabilius esse ab istis exsecrari, quam cum illis res insensatas contra divinarum Scripturarum instituta adorare. » His itaque aliisque de causis, Nicænam hanc synodum longe et ultra quam dici potest, ab illa distare ait quæ olim in eadem urbe contra Arii perfidiam habita fuerat : « Cum illa, inquit, Ecclesiam catholicam ab errore reducat, ista e contrario in errorem inducat ; illa a periculosissimo Arii naufragio eam depellat, ista eam in adorandarum imaginum naufragium coactam impellat ; illa Filium esse Patri consubstantialem et coæternum perdoceat, ista res insensatas adorare percenseat, etc. In illa exsecrentur eorum blasphemiæ, qui, Filium coessentialem Patri nec credunt, nec fatentur; in ista abominetur, eorum puritas, qui, spreta picturarum adoratione, soli Deo se servituros strenua mente et devoto pectore profitentur. » Ex quibus colligit Dallæus, cap. 5, novam tum temporis apud Christianos fuisse opinionem, quam nunc de imaginum veneratione tuemur, eamque catholicos tum impugnasse, sicut hodie protestantes oppugnant ; Carolum Magnum, inquam, totumque una Germaniæ ac Gallicanæ Ecclesiæ clerum.

§ II.—*Responsio illorum confutatur, qui libros Carolinos alicujus hæretici opus esse scripsere; et ostenditur illorum auctorem esse Carolum Magnum.*

Cum Surio, et Bellarmino, aliis nonnullis visum est libros Carolinos religiosissimo imperatori perperam ascriptos, et a nescio quo scriptos hæretico, ipsiusque oblatos majestati, ab eos missos ad Hadrianum Romanum pontificem per Angilbertum abbatem, ut eos refelleret; sed non ita se res habet. Fuerunt enim hi libri vel a Carolo Magno vel, eo jubente, ab alio, regio ejus nomine compositi ac vulgati.

Id vero probatur ex totius operis præfatione. « Quoniam, inquit, in Ecclesiæ sinu regni gubernacula Domino tribuente suscepimus, necesse est ut in ejus defensione, et ob ejus exaltationem, Christo auxiliante, toto annisu certemus. » Mox : « Quod opus, inquit, aggressi sumus, cum cohibentia sacerdotum in regno a Deo nobis concesso, catholicis gregibus prælatorum, non arrogantiæ supercilio, sed zelo Dei et veritatis studio. » Et libri i cap. sexto, « Pippinum regem venerandæ memoriæ genitorem suum » appellat ; cujus suaque cura effectum ait, ut Gallicanæ aliæque Occidentis Ecclesiæ, in psallendi ordine cum Romana concordarent.

Secundo, id probatur ex epistola synodali concilii Parisiensis sub Ludovico Pio in eadem causa habiti, ad Ludovicum et Lotharium imperatores, data. « Eamdem porro synodum, inquit, cum sanctæ memoriæ genitor vester coram se suisque perlegi fecisset, et nullis in locis, ut dignum erat, reprehendisset, et quædam capitula, quæ reprehensioni patebant, prænotasset, eaque per Angilbertum abbatem eidem Hadriano papæ direxisset, ut illius judicio et auctoritate corrigerentur: ipse rursus favendo illis, qui ejus instinctu tam superstitiosa tamque incongrua testimonia memorato operi inseruerant, per singula capitula in illorum excusationem respondere quæ voluit, non tamen quæ decuit, conatus est. »

Tertio, probatur ex Hadriani I responsione ad Carolum Magnum missa, qua primo testatus quanto cum amore Angilbertum abbatem suscepisset, addit : « Inter quæ edidit nobis capitulare adversus synodum, quæ pro sacrarum imaginum erectione in Nicæa acta est. » Tum per unumquodque capitulum responsum reddere aggreditur. Sunt autem ipsa Carolini operis capitula, mutato duntaxat ordine.

Quarto, Hincmarus Rhemensis archiepiscopus, lib. contra Hincmarum Laudunensem, cap. 20, de synodo septima loquens a Francofordiensi concilio abdicata, hæc subjungit : « De cujus destructione non modicum volumen, quod in palatio adolescentulus legi, ab eodem imperatore (nimirum Carolo) Romam est per quosdam episcopos missum, in cujus voluminis quarto libro hæc de universalis nomine scripta sunt. » Atque hoc loco Hincmarus vigesimum octavum libri quarti caput describit, plane idem cum eo quod legitur in libris Carolinis a Tilio editis.

Quinto, exemplaria mss. Vaticanum et Tilianum Caroli nomen præferunt. Postremi hunc fuisse titulum Tilius ipse Meldensis episcopus prodidit : « In nomine Domini et Salvatoris nostri Jesu Christi, incipit opus illustrissimi et excellentissimi seu spectabilis viri, Caroli, nutu Dei regis Francorum, Gallias, Germaniam, Italiamque, sive harum finitimas provincias, Domino opitulante regentis, contra synodum quæ in partibus Græciæ pro adorandis imaginibus stolide sive arroganter gesta est. » Itaque Carolus Magnus istius operis auctor est, aut certe eo jubente, ab alio ex ejus persona et nomine illud est editum.

Quatuor tamen operis Carolini libros ad Hadrianum pontificem a Carolo Magno per Angilbertum missos non existimo, quanquam asserere videatur Hincmarus, sed capitum duntaxat lemmata sive titulos. Primo, quia nec argumentis, nec conviciis quæ toto continentur opere, pontifex respondet, responsurus utique si legisset ; sed unicuique titulo simplicem ejus quod reprehensum ac improbatum est, defensionem subjicit. Secundo, quia nec ad singula capitum lemmata respondet, nec eo, quo in libris quatuor proposita sunt, ordine. Tertio, quia Hadrianus, in Apologiæ cap. vigesimo quinto, postremum capitulum ex misso ad se capitulari refert, in quo Francofordienses præsules ita loquuntur : « Ut sciat dominus apostolicus, et Pater noster, et cuncta simul Romanorum Ecclesia, ut secundum quod continetur in epistola beatissimi Gregorii, quam ad Serenum Massiliensem episcopum direxit, permittimus imagines sanctorum quicunque eas formare voluerint, » etc. Quod ultimum capitulum in libris Carolinis non exstat. Itaque non inanis est conjectura, Carolinos libros aliquot annis ante Francofordiensem synodum, jubente Carolo, vel eo etiam navante operam, fuisse couscriptos, nempe post triennium a Nicæna secunda synodo, id est, anno circiter Christi septingentesimo nonagesimo, ut ipsius Caroli opens præfatio testatur, postquam acta septimæ synodi, e Græco in Latinum translata, in Gallias perlata sunt. Quæ acta cum Francofordiensis concilii Patribus displicuissent, ea de re certiorem facere Hadrianum papam decrevissent, excerpta fuere ex libris Carolinis lemmata capitum, non eodem quo in libro erant, sed quo visum est collectori, ordine. Ideo *Capitulare* id vocat Hadrianus initio Apologiæ. Ut ut est, libros Carolinos Ecclesiæ Gallicanæ et Germanicæ tunc temporis de imaginibus sententiam exhibere constat, cum eadem trauant quæ Francofordiensis synodus, quæ Jonas Aurelianensis, quæ Agobardus, quæ Walafridus Strabo, quæ Parisiensis sub Ludovico Pio conventus.

Nunc audiendæ ac diluendæ Bellarmini rationes, quibus probare sibi visus est libros illos non a Carolo Magno, sed ab aliquo hæretico scriptos esse. Prima est quod exstet Hadriani ad Carolum apologia, qua refelluntur : ex qua intelligitur ipsos ab aliquo hæretico compositos, et a Carolo ad pontificem missos, ut ipsis responderet.

Responsio. Nulla est hæc ratio : dissimulavit enim prudentissimus pontifex, quod non ignorabat, nomen auctoris horum librorum, nec Carolo Magno tribuere ipsos voluit, qua parte reprehensioni obnoxii erant, ne illius animum offenderet; tribuit vero qua parte laude digni erant, ut ipsum demereretur. Quanquam non totum opus Carolinum ad Hadrianum pontificem missum est, ut mox diximus, sed excerpta ex eo capitum lemmata : e quibus Carolo Magno postremum tribuit pro sua prudentia, quod illud unum approbatione dignum esset, cætera ejus esse dissimulat. « Hoc sacrum (inquit) et venerandum capitulum multum distat a totis supradictis capitulis, et idcirco eum agnovimus vestræ a Deo servatæ orthodoxæque regalis excellentiæ esse proprium in eo ubi rectæ fidei plena penitus confessa est sensum sanctissimi Gregorii sequi. »

Secunda ratio Bellarmini. Constat ex historicis, Gregorium II, Adrianum I, Leonem III, imperatores Græcos excommunicasse, et imperium in reges Francorum transtulisse, quia Græci imperatores iconomachi erant : non est ergo verisimile Carolum Magnum eadem hæresi laborasse, et pro errore Græcorum contra Romanum pontificem scripsisse.

Responsio. Libri Caroli iconomachos sexcentis in locis impugnant damnantque, tantum abest ut iconomachorum sententiam tuearentur. Non sequitur ergo Carolum Magnum illorum auctorem non fuisse, quia iconomachorum hæresi infectus non fuit. De imperii translatione alias dicemus.

Tertia ratio Bellarmini. Claudius Taurinensis, iconomachiæ patronus, tempore Caroli Magni ne mutire quidem ausus est, teste Jona Aurelianensi episcopo. Summa igitur impudentia est libros contra imagines Carolo tribuere.

Responsio. Falsum semper supponit Bellarminus. Libri enim Carolini non favent iconomachis, cum destrui non permittant imagines; imo nec earum honorariam adorationem penitus improbent, sed cultum duntaxat latriæ, quem ipsis putabant a synodo septima decretum. Sicut ergo perperam colligeretur septimam synodum a concilii Francofordiensis trecentis Patribus, agente etiam Carolo Magno, damnatam non fuisse, quia Carolus Magnus religiosissimus princeps fuit, non iconomachus : ita perperam colligitur libros Carolinos eo auctore scriptos non fuisse, quia iconomachus non fuit. Eadem quippe sententia est concilii Francofordiensis et operis Carolini.

Quarta ratio Bellarmini. In concilio Gentiliacensi sub Pippino Caroli Magni patre, Græcorum error contra sacras imagines, præsentibus Græci imperatoris legatis, confutatus est ; et ad concilium Romanum sub Stephano pro restituendis imaginibus celebratum misit Carolus duodecim Gallicanæ Ecclesiæ præsules. Itaque immerito in iconoclastam transformatur Carolus Magnus.

Responsio. Totum concedimus; sed hinc non sequitur Carolum Magnum auctorem non esse librorum Carolinorum. Hi enim libri Gallicanorum præsulum sententiam exprimunt ac propugnant, imagines in templis ad ornatum, et ad rerum gestarum memoriam servandas, non vero adorandas. Quamobrem non transformatur in iconomachum Carolus Magnus, etsi eorum asseratur auctor.

Quinta ratio Bellarmini. Carolus et Hadrianus semper fuere conjunctissimi, defunctoque Hadriano epitaphium posuit Carolus. Vix igitur credi potest illum tam acri stylo in laudatum pontificem scripsisse, alteriusque fuisse fidei et religionis.

Responsio. Etsi conjunctissimi fuerint, sequiturne imperatorem a pontifice de cultu imaginum non dissensisse? Certe Ludovicus Pius conjunctissimus erat Eugenio II, a quo tamen in eadem quæstione dissensit, ut ex actis concilii Parisiensis compertum est. Sicut ergo Ludovicus Pius Jeremiæ et Jonæ Gallicanis episcopis in mandatis dedit, ut Eugenii animum leniter ad id quod optabant, inclinarent, et cum ipso reverenter agerent ac modeste: ita verisimile est Carolum Magnum in mandatis dedisse Angilberto abbati, ut venerabundo, non procaci animo cum Hadriano ageret, et excerpta ex libris Carolinis capita contra Nicænam synodum secundam cum eo communicaret. Hæc Hadrianus accepit, legit, confutavit. Nihil propterea venerationis et amicitiæ suæ erga summum pontificem remisit Carolus Magnus. Nec sequitur Carolum Magnum et Gallicanos præsules, alterius fuisse ab Hadriano fidei et religionis, quia imagines memoriæ tantum instructionisque causa habendas, non vero adorandas contendebant. Nondum enim erat eliquata et plane perspecta veritas (ut sancti Augustini verba usurpem sanctum Cyprianum et Africanos antistites excusantis, circa baptismum hæreticorum aliud a Stephano I pontifice maximo et reliqua Ecclesia sentientes), nec agnoscebant adhuc plenarium ea de re totius Ecclesiæ concilium. Neque enim cum septimam synodum impugnabant, rem sibi putabant esse cum œcumenica synodo, sed cum nationali duntaxat concilio Græcorum. Ita passim librorum Carolinorum auctor profitetur, queriturque quod illa sibi universalis aut septimæ synodi nomen arrogaret : Quam œcumenicam dici posse negat, ad quam soli Græci convenissent, reliquarumque provinciarum Ecclesiæ convocatæ, aut sententiam per epistolas encyclicas, more ecclesiastico, rogatæ non fuissent.

Sexta ratio Bellai mini. Certum est Carolum hominem Græce et Latine peritum, prudentem et ingeniosum fuisse : libri autem isti hominis barbari, imperiti ac levis esse videntur.

Responsio. Etsi rudes et inconditi fingantur hi libri, et tales videri possint, si cum scriptis elegantioribus conferantur, non tamen si cum aliis ejusdem ævi lucubrationibus componantur. Ingenium enim, eruditionem, facundiam tantam, quanta in præstantissimis illius sæculi viris effulgebat, sui auctoris testantur. Sed age, ea expendamus, quibus Bellarmini cardinalis censura nititur. Scriptor ille, inquit, Constantinopolim urbem notissimam in Bithynia esse dicit, cum nemo nesciat esse in Thracia ; in eaque urbe concilium pro cultu imaginum celebratum asserit, cum tamen Nicææ celebratum nemo nesciat, nisi qui nihil legit. Tum quædam de eucharistia dicta Patribus Nicænis tribuit, quæ non ipsorum, sed adversariorum erant. Sed hæ mentis non satis attentæ allucinationes, vel memoriæ lapsus sæpenumero exquisitis eruditisque ingeniis excidunt. Sine imperitia ergo et stultitia nescire potuit Carolus Magnus Constantinopolim Thraciæ, non Bithyniæ, urbem esse. Asserere etiam absque fœdæ ignorantiæ labe potuit, concilium pro cultu imaginum Constantinopoli celebratum, quia primo Constantinopolim convocatum fuerat, et postea ob iconomachorum tumultus, Nicæam translatum est. Tandem quod Nicænis Patribus iconoclastarum de eucharistia dicta tribuit, ex præcipiti Nicænorum actorum lectione factum est : cum enim Constantinopolitanæ contra imagines pseudosynodi acta Nicænis permista sint, proclive fuit ut auctor, qui illa cursim legit, vel forte illorum duntaxat excerpta collecta ab homine non satis accurato, per incogitantiam ea verba Nicænorum Patrum esse putaverit, quæ revera sunt iconomachorum.

Instat Bellarminus, librorum Carolinorum auctorem duo insignia mendacia de Nicænis Patribus, quo ipsis invidiam conflaret, per summam calumniam obtrusisse; unum quidem, quod ii synodicum decretum sine consensu Romani pontificis fecissent; alterum, quod definivissent, imagines cultu latriæ adorandas esse.

Respondeo, Carolini operis auctorem nullibi asserere quod Nicæna pro cultu imaginum synodus absque Romani pontificis auctoritate definitionem ediderit : imo scriptas a Constantino et Irene de synodo convocanda ad Adrianum I litteras diserte nominat : Adriani cum Tarasio Constantinopolitano patriarcha conjunctionem ad imaginum adorationem asserendam ac promovendam memorat : ac Joannem presbyterum objurgat quod Hadriani et Tarasii conspirationem in causa imaginum adulatorio commendasset (*Lib.* II, cap. 4), et detorto Davidici versiculi sensu : *Misericordia et veritas obviaverunt sibi*; *justitia et pax osculatæ sunt* (*Psal.* LXXXIII, 11). Scripsit quidem Hincmarus lib. contra Hincmarum nepotem, cap. 20, « Nicænam synodum de imaginibus definivisse sine auctoritate apostolicæ sedis. » Sed error Hincmari ad Carolum Magnum non pertinet.

Non imposuit etiam Nicænæ synodo Carolini scriptor operis, quod imagines latriæ cultu adorandas definivisset, sed ejus sensum non assecutus, existimavit rem ita se habere, quanquam disertis verbis id negassent Nicæni Patres : existimavit, inquam, synodum distinctione adorationis honorariæ et adorationis latriæ fucum fecisse, et errorem palliatum asseruisse, quem Constantinus episcopus absque verborum ambagibus protulisse visus erat. « Errorem, inquit, illi videntur plebibus ingerere palliatum. Aiunt enim : Non adoramus imagines ut Deum, nec illis divini servitii cultum impendimus, sed dum illas aspicimus et adoramus, illo mentis nostræ acumen defigimus, ubi eos, quorum illæ sunt, esse non ignoramus. » Hæc libro III, cap. 17.

§ III. — *Ad objectiones ex libris Carolinis petitas respondetur.*

Relicta igitur Bellarmini cardinalis responsione, relictis etiam responsionibus aliorum qui librorum Carolinorum auctorem, et totam eo tempore Gallicanam Ecclesiam, venerationem imaginum impugnasse leviter fatentur, respondeo, libros Carolinos solum cultum latriæ per se imaginibus abdicare, qui scilicet Deo soli debitus est. Hunc scilicet cultum a synodo Nicæna sancitum arbitrabantur Gallicani præsules et Carolus Magnus. Cultus enim quo imagines propter insidentem sanctitatem colerentur, et in ipsis collocarent Christiani spem suam, et ipsis servirent, qui vetitus est hoc præcepto legis divinæ : *Dominum Deum tuum adorabis, et illi soli servies* (*Deut.* VI, 13), est cultus latriæ. Hunc autem solum illicite deferri contendit imaginibus librorum Carolinorum auctor, quem a Nicæna synodo ipsis adjudicatum putabat. Id autem ipsi persuaserat partim æquivocum adorationis nomen quo illa synodus usa est, partim Constantini Constantiæ Cypri episcopi sententia, prout in actis ejusdem synodi Latine redditis legebatur, his conceptæ verbis : « Suscipio et amplector honorabiliter sanctas et venerandas imagines secundum servitium adorationis quod consubstantiali et vivificatrici Trinitati emitto; et qui sic non sentiunt, neque glorificant, a sancta catholica atque apostolica Ecclesia segrego, et anathemati submitto, et parti qui abnegaverunt incarnatam et salvabilem dispensationem Christi veri Dei nostri emitto. » Proclives erant præterea Galli nostri, et ipse imprimis imperator Carolus Magnus, ad credendum Græcam levitatem in eum errorem lapsam esse ut supremam adorationem imaginibus deferret. Offensus enim erat Constantino Græcorum imperatori Carolus, quod contempta sorore sua, quam ipsi desponderat, Mariam Armenam duxisset. Hinc inter principes et gentem utramque offensio et invidia. Politica itaque studia Carolum Magnum et Gallicanos Germanosque præsules in partes traxere contra synodum a Græcis Nicææ celebratam (hanc enim pro œcumenica non habebant); in eam strinxere calamum atque ut ingenii acumine et eruditione Græcis erant superiores, invidiose disputavere, ex æquivoco adorationis nomine ab ipsis usurpato, et ex Constantini episcopi sententia litigandi occasionem sumpsere; infirmas plerasque probationes ab ea synodo in medium adductas suggillavere. Constantinum et Irenem imprimis irridendos propinarunt, quod scripta sua *divalia* nuncupassent, quod seipsos prædicarent in epistola ad Hadrianum papam his verbis : « Elegit nos Deus, qui in veritate quærimus gloriam ejus; » quod gentili more de Deo scripsissent : « Rogamus tuam Paternitatem, et maxime Deus rogat qui neminem vult perire. » Quod scripsissent incongrue et superbe : « Per eum qui conregnat nobis Deus. » Synodum Nicænam rident, quod mulierem institutricem et doctricem habuerit, scilicet Irenem. In Tarasium patriarcham multa effutiunt, ipsi vitium ordinationis exprobrant, quod ex laico ad sedem Constantinopolitanam assumptus esset, quod rectam de Spiritu sancto fidem non profiteretur, quem non ex Patre et Filio, sed ex Patre per Filium procedentem dicebat, et novo absurdoque vocabulo, « Patri et Filio contribulum. » Suffragium Constantini episcopi acrius impugnant, tum aliud Eutymii Sardensis illius simillimum. Multa apocrypha, quorum auctoritate usi sunt Græci in synodo Nicæna, rejiciunt; locutiones nonnullas episcoporum paulo duriores carpunt : quod reprehensione dignum videatur, sive propter minus congruam rationem, sive propter æquivocationem, et ambiguitatem verborum, sive ob sermonis novitatem, aut barbariem, intactum dimittunt nihil. Conviciis etiam Græcos et eorum synodum afficiunt. Uno verbo totum opus Carolinum sui auctoris in Græcos offensionem et invidiam spirat. Unde mirum non est quod ex præjudicatæ mentis affectu ipse existimaverit Nicænam synodum adorationem supremam, seu cultum latriæ imaginibus sanxisse, eoque nomine ipsam impugnaverit impotentius.

Quod porro eam duntaxat adorationem imaginum impugnet librorum Carolinorum auctor, pluribus ostendunt. Primo ex cap. secundo libri primi. « Sed in imaginibus, inquit, artificum industria formatis, quæ spectatores suos plerumque ob rerum gestarum memoriam inducunt in admirationem, adoratores vero semper in errorem : Non enim mediocris est error cum aliud adoratur religionis cultu, quam is qui dixit : *Dominum Deum tuum adorabis, et illi soli servies* (*Deut.* VI, 13). » Adorationem absolutam, quæ objecto religionis debetur, alteri a Deo exhiberi posse merito negat, non autem venerationem quamlibet. Hanc enim cruci, sanctis et eorum reliquiis,

Codici Evangeliorum, vasis sacris deberi, in progressu operis agnoscit, hancque religionis cultum, id est, a religione imperatum, vocare non gravaretur, cum rem ipsam hoc vocabulo significatam admittat.

Et infra. « Ecce cernuntur plures stare imagines..... in quibus quidem, quantum in illis est, et imaginis similitudo, et superscriptio nominis una est : verbi gratia et imago Pauli est, et superscriptio : *Sanctus Paulus*. Sciscitandum ab eis est qui tanto errore laborant, ut eas pro arbitrio suo, et veritatem, et sanctas, et veras, et non potius, secundum venerabilium Patrum traditionem, sanctorum imagines dicunt, quæ cunctis comparata sanctior vel verior, quæ omnium sanctissima aut verissima esse credenda est, quas dum eos æquales dicere pro materiarum et magnitudinum, vel operum discretione, ratio non permiserit, et quasdam quibusdam sanctiores, et quasdam sanctissimas fateri compescuerit, profiteri compelluntur secundum veritatis indagatricem rationem, nec veritatis capaces nec sanctas dici debere. » Putabat imagines sanctas et veras a Græcis appellari propter internam aliquam sanctitatem, idque unum impugnat : non autem sanctas dici improbat ob respectum ad sanctos. Et si neque hac ratione sanctas vult appellari, solo de nomine litigat.

Secundo, idem colligitur ex capite decimo octavo ejusdem libri. « Jam vero, inquit, quia se imaginum inspectione salvandos credunt, sicut serpentis inspectione Israeliticus populus a serpentium morsibus sanabatur, si qua forte eis corporis inclementia accesserit, recurrant ad imagines, easque aspiciant, quatenus dum illarum inspectione minime sanati fuerint, revertantur ad Dominum, et per sanctorum intercessiones ab eo sanitatem se acceptaros credant, qui totius sanitatis et vitæ est auctor. » Falso supponit Nicænam synodum docuisse spem in imaginibus collocandam, divinam aliquam vim illis inesse, et beneficia posse ab ipsis exspectari aut rogari. Solam ergo adorationem quæ objecto spei nostræ et bonorum omnium auctori defertur, scilicet cultum latriæ, imaginibus sanctorum exhibendam negat. Cæterum vult per sanctorum intercessiones sanitatem a Deo exspectari ac rogari : si in omni loco, et maxime in ecclesiis quæ imaginibus ornatæ erant, cur non etiam coram imaginibus?

Tertio, idem colligitur ex cap. vigesimo quarto ejusdem libri. « Sed nec illud, inquit, quod scriptum est; *Vultum tuum deprecabuntur omnes divites plebis* (Psal. XLIV, 15), de quodam manufacto vultu intelligendum est : præsertim cum manufacti vultus ideo non deprecandi sint, quia nec exaudire queunt. Omne quod deprecatur, ideo deprecatur ut exaudiat : et omne quod exaudit, irrationale esse non debet : omne igitur quod deprecatur, irrationale esse non debet : quod si deprecari non debet, multo minus adorari, cum videlicet adoratio deprecationi emineat. Nam si manufacti vultus deprecandi et adorandi sunt, ut illi garriunt, necesse est ut deprecantes exaudire et adorantibus favere credantur : et si deprecantes exaudire, adorantibusque favere credentur, necesse est ut vita eis sensuum capax inesse credatur. Non autem inest eis vita sensuum capax : non igitur, ut illi garriunt, adorandi vel deprecandi sunt. » Errore facti septimæ synodi Patribus tribuit, quod imaginibus supplicandum senserint ac decreverint. Adorationem itaque supremam, aut cultum certe religiosum absolutum, qualem sanctis exhibemus, negat imaginibus sanctorum deferendum, non venerationem quæ rebus sacris propter aliud exhibetur; ex ea namque non sequitur illas rogari. Ita crux Domini, et ejus figura, Codex Evangeliorum, vasa sacra, sanctorum reliquiæ, loca sancta, veneratione digna librorum Carolinorum auctor agnoscit; quibus tamen non supplicatur, quia nec exaudire queunt.

Quarto, idem colligitur ex libri secundi cap. septimo.

« Non mirandum est, inquit, si fallantur in minimis, qui falluntur in magnis : nec in eo amplius illorum error admirandus est, quod ideo se justos, quia imagines adorant, esse gloriantur; nos autem qui eas adorare contemnimus, peccatores fateantur : cum ob illarum amorem et Scripturarum divinarum puritatem violare conentur, et potissimum suæ fidei emolumentum in his esse arbitrentur; et eos qui spretis his, sive cæteris hujuscemodi vanitatibus, soli Deo serviunt, eumque colentes adorant, anathematizare obstinata mente nituntur. » Ex æquivoco adorationis vocabulo Nicænis Patribus invidiam facit, et dicam scribit erroris, quasi adorationem et servitutem soli Deo debitam cum imaginibus partiti sint; quasi potissimum fidei suæ emolumentum in his constituerint; quasi Christianæ justitiæ præcipuam partem in adoratione imaginum positam sint arbitrati.

Quinto, idem colligitur ex cap. decimo tertio ejusdem libri. « Unde, inquit, sicut in cæteris, ita et in hoc exemplo assertio frustrabitur, qui suum errorem in adoratione imaginum enitentem in eo fulcire conentur, quod Silvester Romanæ Ecclesiæ præsul Constantino imperatori apostolorum imagines detulisse legitur. Detulit ergo eas illi ad videndum, non ad adorandum : detulit, non ut adorare, quem a simulacrorum cultu abstrahere, et ad solius Dei adorationem convolare hortabatur, compelleret : sed ut idem imperator, quos in somnis viderat, eorum vultus in picturæ fucis cognosceret. Detulit, non ut ab idolorum cultura fugientem, imaginum adorationi cedere informaret, et ab hostili gladio liberatum, intestini ensis rigore perimeret, sed ut per res notas ad res ignoratas ejus mentem extolleret. » Illam rursus adorationem duntaxat imaginibus abjudicat, quæ soli Deo debita est, et quam gentiles ad simulacra et idola transtulere. Sed venerationem inferioris gradus, sive adorationem honorariam imaginum Constantino jubere potuisse sanctum Silvestrum fatetur, quamvis illud exemplum in consequentiam trahi non deberet, etiamsi jussisset, quia recens converso principi lac propinandum erat, Christianis autem in fide firmatis cibi solidiores porrigendi, secundum Apostoli regulam. « Has igitur, inquit, ei etsi adorare jussisset, cum tamen non jusserit, ideo fortassis juberet, ut eum qui visibilium cultor erat, per visibilia ad invisibilia provocaret, non ut nos de invisibilibus ad visibilia revocaret. Nec ideo nobis, qui ad percipiendum solidum cibum vires accepimus, ad lacteam escam lactentium more infantium redeundum esset, si illi cui necdum per fidei teneritudinem solidus cibus impertiri poterat, sine dolo lac concupiscendum daretur in quo cresceret. » At si adorationem honorariam imaginum, sive illarum venerationem respectivam, propter sanctorum reverentiam et amorem, illicitam et divina lege vetitam existimasset librorum Carolinorum auctor, non dixisset Silvestrum Constantino lacteam escam porrexisse, ac ipsi SS. Petri et Pauli adorandas imagines proposuisset, sed potius escam lethiferam et venenum propinasse.

Sexto, ex cap. vigesimo primo ejusdem libri. « Unde, inquit, cavendum illis est, et modis omnibus pertimescendum, ne dum imaginum cultum et adorationem Christianæ religioni ingerere nituntur, singularem unius Dei cultum et adorationem frustrari videantur .... Ac per hoc si religionis Christianæ arx, sive munimen, et gloriosum insigne, unius Dei cultus et adoratio est; imo quia est, hanc imaginibus, vel quibuslibet rebus exhibere, contra religionem Christianam est, et si has non adorare seu colere, contra religionem Christianam est, ut illi delirant; solum Deum adorare, seu colere, ejusque cultus et adorationis arcem singularem esse fateri, contra religionem Christianam erit. Solus igitur Deus colendus, solus adorandus, solus glorificandus est. » Solam adorationem, quæ gloriosum insigne unius Dei est, imaginibus, vel aliis rebus exhibere, contra religionem Christianam esse contendit : non vero venerationem quamvis religiosam. Siquidem sanctis cum Christo regnantibus hanc asserit ibidem. « Cujus etiam sanctis, inquit, qui, triumphato diabolo, cum eo regnant, sive quia viriliter certaverunt ut ad nos incolumis Ecclesiæ status perveniret, sive quia eamdem Ecclesiam assiduis suffragiis et intercessionibus adjuvare noscuntur, veneratio exhibenda est. » Imaginibus quidem parem ac sanctis ipsis venerationem exhibendam negat, omnem cultum et adorationem ipsarum excludit absolutam, qua nimirum propter seipsas colantur, non autem relativam. Nec aliud significant hæc verba : « Imagines vero omni sui cultura et adoratione seclusa, utrum in basilicis propter memoriam rerum gestarum, et ornamentum sint, an etiam non sint, nullum fidei catholicæ afferre poterunt præjudicium. » Quod si pertinacius quis contendat respectivam quoque venerationem auctorem illum, et Gallicanos Germanosque præsules imaginibus sanctorum abjudicasse, dicemus ipsos non impugnasse venerationem illam ut illicitam et divina lege ex sese prohibitam, sed ut periculosam propter abusum imperitorum. Quod plane significant hæc verba : « Cavendum illis est et modis omnibus pertimescendum, ne dum imaginum cultum et adorationem Christianæ religioni ingerere nituntur, singularem unius Dei cultum et adorationem frustrari videantur. »

Septimo, idem colligitur ex cap. decimo sexto libri tertii. « Nam, inquit, dum nihil nos in imaginibus spernamus præter adorationem, quippe qui in basilicis sanctorum imagines, non ad adorandum, sed ad memoriam rerum gestarum, et venustatem parietum habere permittimus, illi vero pene omnem suæ credulitatis spem in imaginibus collocent, restat ut nos sanctos in eorum corporibus vel potius reliquiis corporum, seu etiam vestimentis veneremur, juxta antiquorum Patrum traditionem, illi vero parietes et tabulas adorantes, in eo se arbitrentur magnum habere fidei emolumentum, eo quod operibus sint subjecti pictorum. » Illam duntaxat imaginum adorationem impugnat, qua pene omnis spes credulitatis in illis collocatur. Hæc autem est adoratio latriæ ; aut certe veneratio illis propter se ipsas exhibita, cujus periculo quia imperiti exponuntur, dum illis adorandæ proponuntur imagines, censet cultum omnem ipsis abrogandum ; non quod per se sit prohibitus ac illicitus, quia doctos innoxie eas venerari agnoscit et colere cultu respectivo, sed quod rudioribus et imperitis erroris occasio disciplina hujusmodi esse possit, qui cultum respectivum ab absoluto non ita subtiles sunt ut distinguant. « Nam etsi, inquit, a doctis quibusque vitari possit hoc quod illi in adorandis imaginibus exercent, qui videlicet, non quid sint, sed quid innuant, venerantur ; indoctis tamen quibusque scandalum generant, qui nihil aliud in his, præter id quod vident, venerantur et adorant. »

Octavo, id colligitur ex capite decimo septimo ubi expendit sententiam Constantini Constantiæ Cypri episcopi. « Quam præcipitanter, inquit, et, ut ita dixerim, insipienter, Constantinus Constantiæ Cypri episcopus, cæteris consentientibus, se susceptorum et amplexurum honorabiliter imagines dixerit, et servitium adorationis, quod consubstantiali et vivificatrici Trinitati debetur, eis se redditurum garrierit, non est plurimum nostra disputatione discutiendum : quoniam omnibus, qui hoc vel legunt, vel audiunt, liquido patet illum non modici erroris voraginibus immersum ? quippe qui servitium soli Deo debitum Creatori exhibere se fatetur creaturis, et dum cupit favere picturis, reluctatur cunctis sacris Scripturis. Quis ergo unquam sani capitis talem absurditatem vel dixerit, vel dicenti consenserit, ut in tanto honore habeatur picturarum varietas, quanto sancta, vivificatrix et omnium creatrix Trinitas ? Et tale exhibeatur servitium picturæ, quale exhibetur Domino totius creaturæ ? . . . . Stet namque episcopus in ecclesia, et legat : Dominum Deum tuum adoravis, et illi soli servies ; et mox ut in conventu sederit, dicat : « Suscipio et amplector honorabiliter sanctas et ve« nerandas imagines, et illis servitium adorationis, « quod consubstantiali et vivificatrici Trinitati de« betur, impendo ; » sicque se in divinis verbis instabilem, se aliud ore profitentem, aliud corde credentem, aliud divinis paginis legentem, aliud in antro pectoris sui tenentem et divinis verbis obnitentem, et suas nugas Dominicis præceptis præferentem demonstret. » Ansam dabat illa Constantini sententia, quam versio actorum septimæ synodi minus accurata duriorem reddiderat, ipsi tribuendi erroris, quem verbis tenus exprimit, imo ipsum in totam synodum refundendi, quæ illum non emendasset. Hadrianus papa in epistola apologetica pro cultu imaginum ad Carolum Magnum, cap. 9, Constantini sententiam bonum in sensum trahit his verbis : « Ex prava revertentes hæresi, totis nisibus eorum tentaverunt sanctæ catholicæ et apostolicæ in ipsorum confessione satisfacere Ecclesiæ ; et ideo talem adorationem confessi sunt pro sacris imaginibus credere, qualis in definitione synodi constituta est inter cætera. » Quo loco Nicænæ II synodi definitionem in medium affert. Significat Hadrianus istos episcopos, qui iconoclastarum hæresim ejurabant, ut omnem ex audientium animis suspicionem abstergerent, cultum, quem imaginibus tribuendum putabant, efficacibus atque emphaticis verbis expressisse ; sed ita tamen ut eorum sententia sit ex ipsis, cui intererant, synodi definitione interpretanda. Neque adeo illam Constantini episcopi sententiam, quantumvis duram, fraudi esse debere concilio, cujus clara est et indubitata sententia infra latriam esse eum honorem qui imaginibus defertur.

At librorum Carolinorum auctor non ita fuit æquus in synodum Nicænam II, sed ex opinione præconcepta scribens, ipsi tribuit errorem quem Constantinus videbatur expressisse, et definitiones synodi ad faciendum fucum concinnatam ait, et ad dissimulandum errorem, quem minus callidus prodiderat Constantinus. Existimabant igitur Carolus Magnus et Gallicani Germanique præsules, totam Synodum Græcorum sensisse imagines eodem cultu adorandas qui sanctissimæ Trinitati defertur ; Constantinum episcopum id coram frequenti synodo professum, reprehensum non fuisse ; definitionem eumdem errorem, distinctionibus ad faciendum fucum idoneis palliatum, plebibus ingerere. Hinc Carolus Magnus, post laudata superius verba, de Constantini sententia subdit : « Nam cum sibi suisque dignoscatur in sua perversa sententia obesse, nobis e contrario qui illorum nugis reniti cupimus, dignoscitur prodesse ; cum videlicet errorem detegit infaustum, quem illi videntur plebibus ingerere palliatum. Aiunt enim : « Non adoramus ima« gines ut Deum, nec illis divini servitii cultum im« pendimus, sed dum illas aspicimus et adoramus, « illo mentis nostræ acumen defigimus, ubi eos, quo« rum illæ sunt, esse non ignoramus. » At contra iste illorum detegens errorem, et suam pandens absque ulla obumbratione cogitationem, fatetur se, quale sanctæ Trinitati, tale illis exhibere servitium, talemque adorationem ; sicque absurditatem, quam illi introrsus renitenti latenter, hanc iste egerit patenter. Nec latere quemquam potest illorum ignavia, cum hanc pandat hujusce professionis sententia. » Quam igitur adorationem imaginum impugnat librorum Carolinorum auctor, ea latriæ adoratio est, quam sanxisse arbitrabatur synodum Græcorum.

Nono, idem colligitur ex capite decimo octavo ejusdem libri. « Cum ergo, inquit, isti pene omnem auxilii sui spem in imaginibus defigant, non mediociter a sancta et universali dissentiunt Ecclesia, quæ spem auxilii sui non in picturæ fucis, non in manufactis artificum operibus, sed in Deo omnium creatore defigit. » Eam impugnat imaginum adorationem, quæ argumento est spem pene omnem in picturæ fucis collocari. At ex veneratione religiosa, quæ rebus sacris impenditur, colligi non potest, nos spem omnem in illis collocare, secundum illius auctoris sententiam, qui et reliquiis sanctorum et figuræ Dominicæ crucis, et codici Evangeliorum, et vasis sacris hujusmodi venerationem asserit; non impugnat igitur honorariam imaginum adorationem, seu venerationem.

Imagines quidem cruci Dominicæ, sacris Codicibus, sacratis vasis, sanctorum reliquiis, et multo minus sanctis ipsis, æquiparandas negat, synodi septimæ comparationes elevans. Sed in religiosi cultus ordine infra latriæ adorationem varii sunt gradus : alia per sese coluntur, et absoluto (ut vocant) honore, quam proprio meretur excellentia, ut angeli et sancti homines. Alia propter aliud ad quod ordinem habent, honorantur, ut reliquiæ sanctorum, crux Dominica, et ejus figuræ, Codex Scripturæ sacræ, vasa sacra, templa, imagines. Et in isto genere cultus respectivi plures sunt gradus. Quamvis ergo imagines sanctorum non tanto sint honore afficiendæ quanto crux Dominica et ejus figuræ, quantum vasa sacra, quanto Evangeliorum Codex, quanto sanctorum reliquiæ, et id probet librorum Carolinorum auctor, non tamen inde sequitur quod venerationem omnem ipsis abroget.

Decimo, idem colligitur ex capite decimo octavo libri quarti. « Hoc etiam exemplo, inquit, adeo cernimus imaginum usum inolescere, ut quæ prius ob ornamentum basilicarum, et memoriam erant compaginatæ rerum gestarum, inolescente paulatim nefario usu, adeo nunc a catholicis quibusque extollantur, ut adorentur, eisque luminaria, thymiamata, primitiæ, vel quædam munuscula offerantur, et quod nequius est (ut in Græciæ partibus factum legimus) pontifices qui solum Deum adorandum, solumque colendum, illique soli serviendum prædicare debuerant, et ipsi eis se servituros fateantur, easque colant et adorent, et earum contemptores soliusque Dei cultores verosque adoratores, ob earum contemptum, et hæreticos judicent, et anathematizare affectent. Uno namque et pene pari modo adorandorum et colendorum simulacrorum, vel potius dæmonum, et Gentilibus nequissimus usus inolevit, et catholicis (quod non sine quodam animi mœrore prosequimur) adorandarum imaginum ineptissima consuetudo accrescit ; et res ad aliud conditæ, ad aliud videntur usurpatæ. Non enim nos imagines in basilicis positas idola nuncupamus, sed ne idola nuncupentur, adorare eas et colere eisque servitium impendere recusamus, quoniam plerumque non res, sed causa rei pro scelere reputatur : dum videlicet multa, quibus bene potest uti, male usa in flagitium convertuntur ; sicque una eademque res bene utentibus non est causa piaculi, et male utentibus est causa periculi. Sollicite ergo præcavendum est, et summa industria procurandum, ne dum quidam nostrorum quasdam res, ultra quam ordo exposcit, sublimare affectant, vetustissimi illius et cariosi erroris redivivi illis cineres convalescant, et victoriam quam in campo adepti sunt, intra urbis mœnia perdant. » Non tam igitur cultum imaginum damnant Carolus Magnus et Gallicani Germanique præsules, quam ex cultu superstitionem reformidant ; usum prohibere videntur honorariæ imaginum adorationis, ne abusus oriatur, dum Ecclesia variis contentionibus distraheretur. Cultu imaginum quosdam bene uti posse fatentur, plurimos abuti, proinde ab illo abstinendum, cum occasio piaculi resecanda sit.

Undecimo, idem colligitur ex capite vigesimo sexto. « Unde, inquit, magna ex parte errare eos constat, cum eas sanctas esse asserunt, et in locis contaminatis statuendas esse decernunt. Patescit namque quodammodo in hoc eorum censura, qui eas in viis, seu in urbium vicorumque plateis poni percensent, quod hæc sanctitate careant, sicuti et carent, cum scilicet si sanctæ esse crederentur, in locis sanctis poni censeren-tur. » Ludit in æquivoco, quasi intrinsecam sanctitatem imaginibus Græci tribuerent.

Duodecimo, id confirmatur ex cap. vigesimo septimo. « Unde nimirum colligitur, inquit, quod illi qui pene omnem fidei suæ firmitatem in imaginibus ponunt, earumque adorationem inter bonorum operum instrumenta annumerare non erubescunt, et modo pulchras, modo fœdas adorant imagines, quodammodo fallantur. Nam si quælibet imago quanto pulchrior est, tanto amplius habet sanctitatis atque virtutis, necesse est ut ea quæ fœdior est, minus habeat sanctitatis atque virtutis : et si ea quæ fœdior est, minus habet, necesse est ut fœdissima quælibet aut nihil aut modicum habeat : et si ea quæ pulchrior est, ideo attentius adoratur, eo quod causa pulchritudinis, amplius habet virtutis, jam non ejus sanctitas ex quadam religione, sed ex artificis venit operatione. »

Et infra : « Falluntur vere, et merito falluntur, qui, cum Deus Creator omnium se solum adorari censuerit, res quasdam sensu carentes adorare nituntur : et dum putant se in adorandis imaginibus quamdam sanctis exhibere venerationem, soli divinæ adorationi quamdam prorogant communionem. Quia igitur solus Deus adorandus, martyres vero, vel quilibet sancti, venerandi potius sint quam adorandi, et in hoc opere jam diximus et egregii doctoris Hieronymi documentis roborandum est : qui dum contra Vigilantium quemdam hæreticum, qui martyrum reliquias nequaquam dicebat esse venerandas, scriberet, inter cætera ait : « Quis unquam, o insanum caput! martyres adoravit? » Si ergo secundum ejusdem sententiam, martyres non adorantur, multo minus eorum imagines a fidelibus adorandæ sunt. » Solo itaque adorationis vocabulo Gallicani præsules et Carolus Magnus offendebantur ; venerationem religiosam imaginibus delatam non impugnabant, quamvis ea inferiorem esse vellent quæ martyribus et eorum reliquiis exhibetur, imo ea qua vasa sacerdotali consecratione sanctificata. Modum igitur loquendi potius repudiabant quam rem ipsam, unde nec sanctas dici imagines patiebantur, sed solum imagines sanctorum. A Græcis in modo loquendi dissentiebant, in re non ita : mentem eorum non assequebantur : superstitionem, ut putabant, cum imaginum religiosa veneratione conjunctam, damnabant, non ipsam venerationem per se spectatam : cultum absolutum, quo res propter se coluntur ; non respectivum, quo propter aliud honorantur. Sancitum vero existimantes a synodo Nicæna, ut imagines per sese colerentur, et quatenus artefacta quædam sunt, et earum sic spectatarum adorationem a Græcis frequentari, passim illud inculcant, quod res insensatæ adorari non debeant. Falsa illa suppositione nititur inepta consequentia quam ducunt ex veneratione imaginis B. Virginem asello cum puero Jesu gestatam repræsentantis, adorandam scilicet effigiem pecudis, si tota honoretur imago. Id enim verum esset, si imagini propter se et ratione materiæ ac colorum impenderetur veneratio ; sed cum ratione prototypi, scilicet B. Virginis colatur, ejusque honor ad B. Virginem referatur, tota non honoratur, nedum animal. Falsam suppositionem allatam ex cap. vigesimo primo libri quarti verba produnt. « Cum ergo in quolibet horum imago sanctæ Virginis puerum tenens, pecualis animantis tergo suscepta adoratur, nunquid non ipsius animantis cum ea imago adoratur, nullo enim pacto in adorando utriusque imaginis, Virginis videlicet, sive animantis, quædam potest fieri diremptio ; præsertim cum unius sint materiæ, unoque artificis ingenio compaginatæ, aut utriusque adoratio est spernenda, aut utræque sunt adorandæ. »

Respondeo secundo, ad majorem eorum quæ hoc in paragrapho jam diximus, illustrationem, inter Gallicanos præsules et Græcos quæstionem potius fuisse de modo adorationis quam de re ipsa. Hoc est, venerandas imagines fatebantur et Galli nostri, sed non eo modo quem sanxerat Nicæna synodus, et quem Græci frequentabant, scilicet ingeniculatione, inflexione capitis, osculis, thymiamatibus, luminaribus coram accensis. Quanquam enim hæc signa honoris arbitraria esse non nescirent, et vel cum adoratione latriæ, vel cum cultu religioso inferioris ordinis, vel etiam cum mere civili veneratione conjungi; Deumque adorari in spiritu et veritate, et non coli nisi amore super omnia, in quo posita est soli Deo debita servitus : quia tamen hi ritus in externo Dei cultu adhibentur, et præcipue in incruento sacrificio, timebant ne fierent imperitis erroris occasio, si in imaginum quoque veneratione frequentarentur. Ipsos autem maxime commovebat, quod Nicæna synodus anathemate perculisse videretur eos qui ab hac disciplina abhorrerent. « Si quis, inquit, imagines non salutaverit in nomine Domini et sanctorum ejus, anathema sit. » Vel, secundum antiquam versionem : « Si quis non osculatur has, tanquam in nomine Domini et sanctorum ejus factas, anathema sit. » Ipsos commovebat pariter, quod Epiphanius diaconus, actione 6, plaudente synodo, vocasset eos *semipravos*, qui dicebant : « Imaginales formationes sufficere in commemorationem tantum haberi, et non etiam ad salutationem. » Licet autem hæc disciplina fuisset a Patribus Nicænæ synodi ad novam hæresim coercendam sanctissime constituta, Gallicani tamen Germanique episcopi, qui synodo non interfuerant, nec ea de re fuerant per litteras consulti, non putabant se astringi posse, et præceps ipsis videbatur anathema, quod in eos extendi non deberet, quorum Ecclesia alios mores habebat, aliamque disciplinam : Galli enim et Germani, duorum conciliorum contrariis definitionibus turbati, hinc Constantinopolitanæ iconomachorum, quæ imagines ex ecclesiis ejecerat; illinc Nicænæ, quæ ipsis honorariam adorationem decreverat, et salutatione, thymiamatibus, cereorum accensione, hanc significari vel jusserat, vel approbaverat, mediam viam elegere, donec lux major tenebras discussit. Imagines scilicet neque confringendas, neque adorandas apud se constituerunt, vel potius ab antiquo constitutum, et a sancto Gregorio magno confirmatum Ecclesiarum suarum morem retinuere. Id patet ex cap. vigesimo tertio libri secundi Carolini. « Imagines sane, inquit, quarum insolentissimæ adorationis amor Constantino et matri ejus Irenæ, necnon et Tarasio Constantinopolitano episcopo, exercendæ synodi causa exstitit, a B. Gregorio Romanæ urbis antistite et adorari prohibentur et frangi, etc. » Et recensitis sancti Gregorii verbis in epistola ad Serenum, ita concludit : « Ecce quo magisterio, quove documento venerandi pontificis imbuti, imagines in ecclesiis habere non renuimus, sed earum adorationem prorsus abdicamus : cujus institutis

contraire se, quisquis eas frangit, vel adorat, modis omnibus recognoscat. »

Et cap. trigesimo primo, utramque Græcorum synodum, primam contra imagines Constantinopoli, alteram pro imaginibus Nicææ habitam comparans, hæc habet : « Illi eas convellendas atque contemnendas esse censuerunt ab Ecclesia perpetua abdicatione : isti eas non solum habendas, verumetiam venerandas student supplici adoratione. Illi eas mancipavere crepitantibus ignibus : isti honorant odoriferis thymiamatibus. Illi eas effugiebant etiam cernere: isti non cessant amplecti. Illi effodere ad ornamentum ecclesiæ antiquis constitutas in parietibus : Isti nuper conditas oblatis perlustrant luminaribus. Illi eas studebant prorsus abominari : Isti sanciunt omnino osculari. Illi anathematizabant habentes : isti e contrario non adorantes. Quæ duo mala cum alterutrum sibi contraria sint, et a recto tramite remota, restat nobis ut viam regiam, secundum Apostolum gradientes, neque ad dexteram, neque ad sinistram declinemus : ut nec cum illis prorsus abolendas dijudicemus, nec cum istis adorandas decernamus : sed solum Deum adorantes, et ejus sanctos venerantes, secundum antiquam Patrum et ecclesiasticam traditionem, eas in ecclesia, in ornamenta, et memoriam rerum gestarum, si libet, habeamus. » Venerandas imagines Gallicani præsules arbitrabantur, sed non alio modo quam qui ab antiquo obtinuerat, et a sancto Gregorio Magno approbatus est ad Serenum episcopum Massiliensem scribente, ut scilicet in ecclesiis honorifice collocarentur : extensionem vero hujusmodi honoris, seu accessionem a Nicæna II synodo factam, et ex Græcia ortam, ut scilicet salutationibus, osculis, thymiamatibus, luminaribus, significaretur ipsarum veneratio, non recepere nisi post multos annos. Nec mirum, cum Nicænam synodum II pro œcumenica non haberent, sed eam spectarent ut synodum nationalem duntaxat Græcorum, ut inferius videbimus.

Tandem incredibile est Gallicanos episcopos, e quorum cœtu duodecim sacræ Scripturæ et canonum peritissimi Stephano quarto pontifici maximo in Romana synodo assidentes, venerationem sacrarum imaginum sanxerant, a traditione ita aberrasse, ut earum cultum omnem rejicerent. De qua synodo Hadrianus I in defensione synodi vii ad Carolum Magnum, cap. 5 : « Prædecessor noster sanctæ recordationis domnus Stephanus papa, cum episcopis partium Franciæ, atque Italiæ præsidens in basilica Salvatoris, præcessoris sui venerabile concilium confirmans atque amplectens, una cum omnibus episcopis præsidentibus, sanctorum Patrum testimoniis adhærens, adorare atque venerari sacras imagines statuerunt. » Idem testatur Anastasius Bibliothecarius in Vita Stephani IV

BEATI CAROLI MAGNI

REGIS FRANCORUM ET LONGOBARDORUM, PATRICII ROMANORUM, FILII ET DEFENSORIS SANCTÆ DEI ECCLESIÆ,

CAPITULARE DE IMAGINIBUS

CONTRA CONSTANTINI VII IMPERATORIS CONSTANTINOPOLITANI ET IRENÆ MATRIS DECRETUM, ET SYNODUM NICÆNAM II PSEUDOSEPTIMAM OECUMENICAM SIVE UNIVERSALEM; COMPOSITUM ET PUBLICATUM IN CONCILIO FRANCOFORDIENSI, ET ADRIANO PAPÆ MISSUM ANNO DOMINI 794.

Editum ex bibliotheca et studio Joannis Tilii Meldensis episcopi.

PRÆFATIO.

JOANNES TILIUS MELDORUM EPISCOPUS

CHRISTIANO LECTORI SALUTEM.

Facere potestatem huic libro in publicum exeundi nolim, nisi præfatus, ne calumniis appetatur, aut falsi et suppositionis insimuletur. Quorumdam enim historicorum vel fide mala, vel incuria, quæ de coactis conciliis agunt historiæ ubivis Græciæ, Italiæ atque etiam Galliarum super imaginum conflictu et turbulentia, bona ex parte nobis depravatæ remanserunt. Quare primum, ut res se habet, compendio referam quo modo omnia transacta fuerint : deinde testimonia et firmamenta proferam ad hujus operis certitudinem astruendam a tanto monarcha profecti, qui Occidui imperii architectus fuit, jam nunc in duas coronas dissecti et laceri, Germanici et Gallici : quod nimirum opus mirari nequeo satis tandiu non comparuisse, ac in tam profunda oblivione defossum usque latuisse. Sed jam accipe quod expiscatus sum, qui simulacra, quæ passim in Scripturæ canonicæ monumenta relata sunt pro rejectaneis et Deo detestabilibus, ob copiosam superstitionum et abusionis messem in Christianam rempublicam irrepserint ibique radicaverint. Jam vero Christus post supplantatam crucis suæ probro Judaicæ gentis cervicosæ et calcitrosæ violentiam et rabiem, ejusque confertim pessum ruentis et ad internecionem properantis missionem, apostolis strenue et fideliter provinciam suam obeuntibus, tropæum inter Græcos sustulit, genus hominum supra fidem idolatriæ mancipatum et auctoratum. Verum non ita radicitus exstirpata fuit superstitio, quin radiculæ aliquot restiterint. Tum ubi vera religio defervescere coepta est et refrigerari, occasionem nacti sunt repetendæ paulatim turpitudinis et infamiæ, quemadmodum sus lota rursus in volutabrum coeni provolvitur.

Primum cum plerique hodie tam perdite curiosi videantur, et conquirant undecunque et diligenter asservent pro rara quadam et visenda supellectile, veterum imperatorum aut aliorum quorumvis celeberrimorum et nominatissimorum virorum effigies etiam ethnicorum; quinetiam quemadmodum non solum lineamenta et figuram absentis cujusdam aut fato functi, cujus desiderio et amore tenemur, sed etiam munusculum ejus aliquod reponimus intel ea quæ nobis magno sunt in pretio : hoc obtentu effigies Christi etiam ipsius, ut ferebant, virginis matris, apostolorum et reliquorum qui provehendæ evangelicæ doctrinæ bonam operam navaverant, studiose quidam retinebant, sed ita tamen ut neque sanctitati neque religioni eas verterent. Qui religio-

suli videri studebant, illas imagines venerationi habere, atque ex illis alias fingere. Et natura nostra propendemus ad admirandum et effingendum nobis simulacra, atque in iis deliciandum. Spectate puerulos sibi indulgentes et ineptientes, num imagunculas, puppulas et id genus deliramenta sibi cudent, fatui ingenii et judicio carentis studia? Quam in proclivi fuit ut popularibus et idiotis impostura fieret ab idolorum fabris, quæ postea semper erexerunt in suis ædibus, et conclavibus, cellulisque deprecatoriis. Nam eos boni Ecclesiæ pastores non tulissent. Quin cum inolescerent simulacra supra modum, quod id exemplo futurum censebatur, eorum visu interdictum est, fuereque proscripta etiam a privatis et intimis ædibus singulorum : cum illo etiam sæculo, sanctione synodi Eliberinæ, coactæ non longe a Pyrenæis jugis, ab omnibus templis ablegatæ fuerint picturæ omnes et expunctæ. Quo animo, quæso, colosseas istas statuas et vastas imagines tulissent sancti illi patres?

Istis cautionibus non acquievere alii suo judicio iniquis, quo stantes excipiebant in id asservari sibi aut privatim retineri, non ut eas adorarent aut revererentur, verum pignoris tantum ergo et monumenti cujusdam : unde tantam turbam atque partes excitarunt, ut alii modum supergressi eas extulerint, alii contra perniciosi exempli esse statuerint.

Ac tum pendebat causæ bonitas a studio et propensione principum, penes quos rerum summa vertebat, superabatque pars altera potentia. Narrant sexta primum synodo Constantinopolitana, Constantino et Justiniano ejus fratre rerum potientibus, secundum illas imagines actam causam esse et pronuntiatam : ut tum fundamentum jecerint et coeperint obtinere. Verum ex actis illius synodi, quæ posteritati reliqua facta sunt, nihil mihi constare potest, et adducor ut credam jus pontificium septimam voluisse allegatam, cui Carolus magnus bellum indixit. Atqui veterum monumenta fidem mihi faciunt, Constantinopolim tanta exarsisse, tamque serali concussione contentione de imaginum cultura, ut ipsi etiam imperatores rerum ecclesiasticarum satagitantes, non leviter sint conflictati, tantaque turba defuncti. Philippicus Bardanes comminutas sacris ædibus summovit. Quo facinore in summam invidiam adductus et exoculatus ab Anastasio pulsus est, imagines propugnante. Postea a Theodosio restitutæ sunt, homine obscuro et ignobili, ab Anastasii adversariis coacto imperium capessere, atque cum monachatu inaugurari : qui et ipse postea a Leone vexatus et exagitatus sacris se præbuit imtiandum. Is autem Leo cum simulacris hostili et cruento animo depugnavit, unde nomen adeptus Εἰκονομάχος, pessime accepit illorum tutores et Germanum patriarcham suffecto alio deturbavit, cui nomen Anastasio : litterisque Gregorio papæ injunxit ut Roma tolleret. Verum morigerari detrectavit, reque deliberata concilio frequenti, uti narrant, ad asserendas imagines totam Italiam excivit, moliendamque imperatori rebellionem Constantinus filius æque exosa ista habuit simulacra ac functus ejus pater. Post eum Leo neque amavit, neque reveritus est magis, sed diadema prædives a Mauricio donatum et consecratum sustulit.

Ista autem pugna et concertatio de simulacrorum usu et cultu, Romam perlata, atque utcunque propugnata est : quod dico, quoniam historiæ pontificiæ nominatim tradunt, Gregorium, Adrianum et Stephanum ipsa tutatos conciliis et sanctionibus adversus imperatores Græcos.

Tandem rumor in Franciam disseminatus est, et pedetentim increbuit. Quamobrem Pipinus Græcorum et Romanorum conspecto dissidio, anno salutis 767 Ecclesiam suam Gentiliaci conscripsit, aliis placet Salmuri [Salmuniaci], ut ea de re decideretur, simul et de aliis controversiis de Trinitate.

Constantinus postremi Leonis filius cum matre sua Irene, quo studium et gratiam cleri Græci sibi demereretur, septimum conventum congregavit Nicææ. Ubi honos imaginibus decretus est et restitutus, suffragatione et astipulatione superstitiosis ipsius imperatricis, ut dictitant. Cum grassaretur et invalesceret magis isthæc opinio in Gallia, Carolus Magnus, patris institutum secutus, voluit ea de re certior per clerum fieri, moribusque majorum receptis, Francofordi anno salutis 794 edicto jussit magnum episcoporum gregem comparere ex omni sua ditione: ubi etiam discutienda veniebat hæresis quædam, quam Felix Urgelli et Eliphandus Toletæ episcopi scriptis etiam tutabantur. Ad hæc concilium illud Nicææ collectum et approbatum auctore puero, dominatione autem et superstitione muliebri, suspectum et favorabile videbatur, quod non satis legitime coiisset, conflictantibus inter se Græciæ ordinibus. Huc accedit quod videret in Gallia fidem Christianam sanctissime et integerrime excultam esse, ex quo Christo nomen datum fuerat, absque eo, ut fœda idolorum veneratione conspurcaretur jam olim proscriptorum, ut Christiani nominis essent professores : cum multæ provinciæ non ita pridem ad finem conversæ vicinos spectarent idolorum cultui etiam non mordicus inhærentes, veritus ne in eamdem abominationem revolverentur, auctor fuit hujus convocandæ synodi. Vix autem fidem adhibuero lepidis istis historiarum scriptoribus Eccles. Roman., quæ si tum meo judicio integram non servabat, certe multum referebat antiquæ sanctimoniæ, voluisse tam levi de causa imagines amplecti. Quodque dictitant illius tempestatis pontifices, conciliis atque decretis adversatos fuisse, imperatoribus eas deturbantibus hujus libelli argumento non magnopere refragabitur, quo nobis apparet Francofordiensi conventui papæ legatos interfuisse, atque eo damnatas rejectasque imagines quod ad earum cultum attinet, Nicænumque concilium in id de composito comparatum, ut adorandæ proponerentur, inductum et antiquatum : atque conscriptum hunc libellum ipsius Caroli Magni titulo in partem contrariam, quo sivit quidem imperator imagines pro templorum ornamentis et tapetibus ad refricandam rerum præteritarum memoriam, omni illarum reverentia et adoratione vetita. Quod vero ipso opere plurimam facit de papa Adriano mentionem, persuaderi non possum, ipsum aut Romanam Ecclesiam aliter sensisse, quidquid boni isti chronici jactitent,

neque mihi unquam contigit ut ejus librum adversus Græcum imperatorem scriptum legerem : neque existimo ipsum aut alios sanctissimos Patres tam acri studio illas sartas tectas voluisse, ut eas aliqua ratione adorandas sinerent. Longe lateque discrepant hæc inter se talem simulacrorum usum frequentare, qualis supra definitus est, aut vim aliquam religionisque persuasionem illis assignare. Haud dubium est quin pontificibus Romanis amarulentæ visæ fuerint turbæ a Græcis imperatoribus excitæ, ad disturbandas imagines et eliminandas opinione temeraria, quod tamen non evincit, conatus illorum ipsis admodum arrisisse, aut adbubuisse, qui in istas evehendas ita incubuerint, ut divinum honorem exhiberent : verum illas potius in mille fragmenta dissipatas tolerassent. Quin etiam Felicis hæresis ab ipso auctore jam recantata in aula Caroli Magni, ac coram Romano pontifice Adriano, quæ nihil commercii cum hac controversia habebat, tertio impietatis rea et comperta facta est, concilio Francofordiano. Annonius monachus, et Ado Viennensis episc., tum alibus Urspergensis et Sigisbertus parvis chronicis scribunt, quid sibi voluerit, præter certum et locuples testimonium nobis relictum libello quodam Paulini Aquileiæ episc., jussu nostri imperatoris adversus illam hæresin scripti, quemadmodum ipse hanc provinciam suscepit scribendi adversus illam adorationem, aut si non ejus fuerit is libellus, ea tamen et voluntate et religione fuit qua ejus nomine evulgatum opus ostendit : quod propterea fecit quia imperatorum quorumdam titulo imperatricisque Orientalis, ut supra dictum est, concilia Græciæ fabricabantur, quæ noster imperator juste atque divinitus impugnavit.

Magno documento Paulini libellus est, quam longe Felicis institutum discreparet ab imaginibus ut jam manifesti fiant malitiosi et stolidi delirii scripturientes, qui conturbare omnia et adulterare ita sustinuerint, ut cuncta in unum contulerint. His de causis adductus sum, ut calci hujus operis attexendum curarem.

Ad manum etiam mihi fuerant libri tres incerti auctoris, qui nihilo secius se isti concilio interfuisse testatur, eadem de re commentatus adversus Felicem, nusquam tamen illi impingit imagines : sed quia volumen nostrum supra justam molem excrevisset, illud in præsentia typis excusum nolui, vel maxime quod nomen auctoris præ se non ferebat.

Hujus igitur historiæ sola narratio, nobis summa fide ab optimis quibusque et vetustissimis auctoribus compilata et excerpta, quantumcunque turbulentiæ exhibuerit huc advecta et importata caligo, multorum sæculorum ignorantia et aliquorum malignitate satis superque fidei nostro operi astrueret. Volo autem succenturiari rationes solidas ac testes illabefactabiles, quod paucis perstringam. Primum præter exemplar hujus libri vetustum, in templo quodam majore augustissimo ac totius Galliæ antiquissimo repertum, idem habet summi pontificis bibliotheca elegantibus et priscis Langobardorum characteribus exaratum, ut Augustinus Steuchus, ei bibliothecæ præfectus, testatur in opere suo non ita pridem ædito in rem Constantinæ donationis adversus Laurentium Vallam : cujus exemplaris quum sextum ad verbum transcripsit, quod neque aliunde mutuari aut comminisci quivisset. Quin et ipsa dictio ac stylus eum librum suæ satis antiquitati vindicat : neque abhorret a loquendi ratione illius ætatis scriptorum. Certe calumniari nemo poterit hoc sæculo natum aut scriptum esse. In alio præterea musæo, supra modum etiam antiquo, volumen aliquod reperi quod mihi fidem facit solidam ac plenam, ut se habebat res. Continet autem, ut ab aliis negotiis discedam, hujus concilii acta, seorsum de singulis rebus agentia, quæ confectæ et definitæ fuere, istaque secunda nominatur materia ; prima vero, hæresis Feliciana : reliqua ad œconomiam et politiam attinentia premam, interim dum hos duos ocos profero, in aliud tempus rejiciens, cum aliis rebus ejusdem notæ et argumenti appositus quadrantibus : accessit etiam mihi dono ejusdem exempli volumen cum hoc nostro : ex quo utroque illum Paulini libellum hausi. Sed nunc ad principium actorum. « 1. Convenientibus Deo favente apostolica auctoritate atque piissimi domini nostri Caroli regis jussione, anno 26 principatus sui, cunctis regni Francorum seu Italiæ, Aquitaniæ, Provinciæ, episcopis ac sacerdotibus synodali concilio : inter quos ipse mitissimus sancto interfuit conventui ; ubi in primordio capitulorum exortum de impia ac nefanda hæresi Eliphandi, Toletanæ sedis episcopi, et Felicis Orgelitanæ, eorumque sequacibus, qui, male sentientes, in Dei Filio asserebant adoptionem. Quam omnes qui supra, sanctissimi Patres respuentes una voce contradixerunt, atque hanc hæresin funditus a sancta Ecclesia eradicandam statuerunt. 2. Allata est in medium quæstio de nova Græcorum synodo, quam de adorandis imaginibus Constantinopoli fecerunt, in qua scriptum habebatur ut qui imagines sanctorum ita ut deificam Trinitatem servitio aut adoratione non impenderent, anathemata judicarentur. Qui supra, sanctissimi Patres nostri, omnimodis et orationem et servitutem eis renuentes, contempserunt atque consentientes condemnaverunt. » Jam vero, quod majus est, ab ipsis testimonia petam qui hujus concilii acta falso citarunt et laudarunt : quo suo instituto commodius suffragarentur, idolorumque cultum defensarent. Quod scribit Joannes Eckius in suo Enchiridio de quatuor Caroli magni libris, nonne pro me plurimum facit, ac testatur suam his libris veritatem constare? quorum meminisse quidem, sed nunquam a se lectorum voluit. Nihil autem addubito quin nauseam illi civissent si illo superstite in publicum exiliissent. Liquet autem ea volumina, fando ad eum et fama pervenisse, sed bello isti somniatori pro ludo fuit, ea de re veritatis testimonium asserendo dicere, quam incompertam obtrudebat, qualem esse cupiebat. Tantæ impietatis aut tam subdolæ fidei traducere hominem nolim, ut rem reclamante conscientia asseruerit, et adulteratam sepelire voluerit. Quam festivum et jucundum spectaculum si quid tale doctor theologus designaret imposturæ sibi conscius !

Nonne frater Alfonsus de Castro, farraginum et centonum sutor adversus hæreses, monachus certe multæ variæque lectionis supra suorum sortem eruditus, refert : Claudium Taurini episcopum suis adorationem crucis Dominicæ interdixisse? quod causæ meæ non vulgariter patrocinatur. Is enim floruit temporibus [a] Caroli Magni ei ab intimis consiliis, vir summa ingenii acutie et eruditione, inter primos Parisiensis Academiæ fundatores. Sunt apud me et aliquot ejus opera nondum excusa.

De opere igitur nostro plus satis jam liquet. Quis vero jam controverterit sustinuerit tam prudentis piique imperatoris scripta; qui tantos totque labores exantlavit, fidem catholicam propugnando ac propagando? quemque postea sanctorum kalendario dignata est Ecclesia? Quis etiam crediderit, eo oblivionis apud Deum demersum, ut in decreto religionis tam insigniter laberetur? Quis vero usque adeo temerarius, aut tam inconsulta factio, ut labefactare et inficiari opus de sententia et judicio tam numerosæ synodi conscriptum, velit? Debemus igitur in tanti principis sententiam intrepide pedibus ire, deliberationemque et censuram tot venerabilium virorum amplecti qui liberæ conscientiæ et mentis dictamine id pronuntiarunt quod maxime videbatur ex Deo esse.

Quocirca in rem nostram vertamus, hodie manifeste cernentes, unde nobis prorepserint imagines, et quemadmodum desultoria Græciæ religio, omnis idololatriæ parentis et seminarii (quæ usque ab omni antiquitate sese lactavit, aluit, deliciata est in con-

fingendis recentibus patronis deorumque formis, cum quibus insigni superstitione et ementita religione fornicata est, donec unius ejusque veri Dei præconium increbuit), ex quo ejus Ecclesia in aula imperatorum cœpit locupletari, sinceriore doctrina proscripta, insignioris sanctimoniæ velamento, primas radices in Christiana republica culturæ simulacrorum peperit, degeneravitque cordatior pietas in picturas, pigmenta et aliorum ornamentorum ineptias. Cujus pestis contagium Romam ipsam afflavit et affecit, urbem nihilo melius moratam (bona cum venia dixerim) quam isthanc alteram, non ita multo post quam ejus Ecclesia fortunis auctior facta est : quod huic contigisse etiam infra Caroli Magni sæcula crediderim. Sed prævalida Francorum pectora, qui unica ruina idola deleverant, non tam facile allici poterant aut alligari adorationi tam impiæ et detestandæ, sed opes ipsam et avaritiæ illos huc lucrifecerunt, longeque augustiore veneratione restitutæ sunt quam unquam antehac, tantisper dum vera obdormisceret religio, si ita loqui ausim.

Cumque Ecclesiam virorum proborum atque eruditorum magna penuria invasit, monachi et doctores quidam, penes quos solos litteræ diversabantur, non plus tamen quam ipsis ex usu esset, ignorantia summa, dicere non ausim malitiam, ne eorum succidaneos successores exasperem legitimos imitatores, cum omnia sursum deorsumque bellorum procellis miscerentur, ut quam optime sese gesserint, eruditionem omnem et virtutem præpostere actas obtenebrarunt, nisi prorsus suo tempore eas amiserint : omnia suo arbitratu pervertebant, ut suos conatus et rapinas fucarent religionis specie. Ejusdem impudentiæ fuit quod manus a vitiandis historiis illis mire prurientes continere non potuerint, non perpendentes, perpetuo Deum Opt. Max. non sinere quin aliquot supersint qui, quo magis videntur improbi exstinctæ veritati parentare, aut deformatam eam fucare, eo studiosius illam ad se exceptam integram, felicioribusque ingeniis suo tempore restituendam promulgandamque reservent. Illos etiam fallit vehementer creatori nostro displicere, ut verbum evangelicum nostro judicio et ratione metiamur, quatenus nominis sui majestatem attingit : verum sancit et edicit ut voluntatem suam neque huc neque illuc divaricantes consectemur. Quam vim non potuit fex ista nebulonum calcare. Tanta posteriorum sæculorum calamitate et infelicitate non pauci docti et litterati viri intercepti et implicati fuere, ut non satis animadverse historias lectitabant, ut impostorum circumscriptiones olfacerent, quamvis secum ut plurimum pugnarent, suaque rescinderent : quorum imitatores iisdem erroribus irretiti et mentiti sunt juxta ac ii per quos in fraudem illecti fuerant sibique os oblitum fuerat.

Restat nunc excutiendum quod cum jam orbis hac consuetudine occaluerit, fanaque media fere parte simulacris exædificata sint picturisque distincta variis, quid de iis sentire debeamus : mordicusne retentanda sint, aut perrupto consensu publico confringenda, vel flammis mandanda, aut quid aliud, rogo, agendum? Nos qui, Christi inspiratu, Deum propius novimus eique fidimus, magis quam Judæi ab omnibus legis apicibus et maledictis manumissi, siquidem militemus sub signis summi Imperatoris nostri, nihil obvium reperimus neque creatum neque fabrefactum, aut alia quavis hominum arte confictum, cujus copia nobis denegetur aut illicita sit, quique foris nullum vulnus aut offensaculum accipere possumus, tantum interaneis et vitalibus noxii exposili, num citra fraudem aut piaculum imaginibus, simulacris et picturis uti poterimus, perinde ac alio quovis humano opificio, vel in usum ornamenti, vel simpliciter architectationem, aut indicem rerum memorabilium quarum exemplum frugiferum et me-

---

[a] Confundit Claudium Clementem Scotum Altisidiorensem cum Claudio Taurinensi.

moria recolenda : ita ut si his abutamur, totum id ascribi debeat nostro vitio, non ipsi objecto? Non diffiteor quod si populum viderem transversum in aliquam abusionem rapi, non impediturum iri me religione, quo secius fracta statim et comminuta simulacra pessum darem, exemplum et specimen daturus, nullis ea viribus pollere; contra vero cum nulli nocumento aut offendiculo sunt, sed in bonam acceptam partem decorant et insigniunt templa, non commissurum ut ea temere demoliar, alioquin sub easdem leges quidquid est rerum humanarum venire necessum esset, idemque fieri judicium : possunt enim omnes tam bene quam secus usurpari; verum ea etiam cautio adhibenda esset ne aliquam imaginem commentitiam, tabellam fabulosam, tapetes rerum nusquam gestarum admitteremus in templa. Hæc enim plus satis suam barbariem et paganismum resipiunt : quin ea omnia ad vivum expressa et archetypum oportebat. Cæterum quod vestiantur linteis lotis, sertis et floribus redimiantur, diebusque festis comptius ornentur, ob idque plura possint, facultatemque suam sedibus varient imagines, hic potentiores, alibi ignaviores, recens sculptæ, quam exesæ et vetustate marcescentes, aut fumigatæ, hac aut illa materia conflatæ, ne quemquam verbis titillem, vertigines istæ et vecordiæ mihi probari non possunt, neque dubium est quin omnis gesticulatio vel impudentiæ adumbratio longe summoveri debeat, cujusmodi etiam in privatis domibus visitur, eorum omnium qui Christianismi titulo sese venditant despuenda et putida.

Jam igitur colligam cum orthodoxa Caroli Magni et totius Gallicanæ Ecclesiæ illius temporis opinione, ut quemadmodum credo eas in abusionem ferendas non esse, ita etiam arbitror non tollendas, nisi abusus gliscat : sed in eum usum traducendas censeo, ut memoriæ subsidio compareant, decorisque gratia. Quare utriusque imaginum usurpationis, tum bonæ, tum etiam malæ, prudenti et consulto, id tantum sublatum cupienti quod noxium est, perjucundum mihi videtur, de negotio imaginum imposturam hanc et commentum e mundo profligare : gnarus item quantum publice interfuerit si tanti principis tam eximium opus a blattis aut tineis decoqueretur, aut alia quavis clade nobis interverteretur, ausus sum ista sacra monumenta in lucem revocare, triumphis cohonestanda iterum per totum orbem, et Deo optimo laudi maxime cessura, et ipsi imperatori potentissimo et Christianissimo honori futura. Id vero operis mea opera sibi suoque ordini restitutum est, non certe quam belle instructum oportebat tantum principis opus, sed quantum vireculis meis conniti potui, ut secundo ille in orbem nostrum remearet, hujus magni facinoris promulgatione omnium eorum, quæ unquam gessit, præcellentissimi. Certo autem polliceri mihi possum, candide lector, boni tibi consultum iri hunc librum, ejusque lectionem jucundam fore et exhilaratricem. Verbum unum restat efferendum, ne quis hic venetur dubitandi occasionem, quod videlicet reperiuntur Latina commentaria, eaque impressa, septimæ synodi Constantinopolitanæ (hoc nobis ab Irene ejusque filio Constantino impp. Constantinopolitanis, quorum plurimum illic valuit auctoritas, sortitæ, Nicææ tamen habitæ), ubi non eo omnia ordine narrantur quo per Carolum Magnum describuntur. Quod inde accidisse conjicio, vel quod ipsius acta in ipso originali diverse excepta fuerint et litteris tradita (quod fere fit in talibus negotiis, incolumi tamen sententia), postea autem Latine reddita : vel quod in manus imperatoris tantum pervenerint summa quædam capita, quæ breviter perstringent Græcorum decreta, veluti nuntia quædam, quæ succinctis paginis afferuntur : vel, tertio, quod tantum studuerit ipsum argumentum mutuari, statusque rerum primarios, quos convellere voluit adversus septimam Nicænam, tum adversus alias omnes adversarias, ductu et auspiciis præcedentium imperatorum in Oriente celebratas. Cum igitur in amplissima totius orbis monarchia ea quæstio excitaverit teterrimas et virulentissimas contentiones et rixas, pugnas atque imperiorum inclinationes et eversiones invexerit, atque hodie recrudescat, et pariat tantum tempestatis in Christiana republica, atque lernam quamdam malorum per universum orbem, impensissime nobis lætandum est quod hæc controversia definita et determinata nobis proponitur, consilio, labore et majestate ejus principis, quo non tulit præstantiorem aut triumphalem magis Christianus orbis : cum etiam primum decalogi articulum respectet, Deique optimi max. cultum et adorationem. Quicum precibus agere debemus ut principum nostrorum corda in ejus manu sita exstimulet ad magni illius imperatoris reipsa exprimendum exemplum, quo illis curæ sit et studio turbam et altercationem religionis, per totum Christianismum grassantem, componere, sanguini fidelium parcere, ecclesiasticas imposturas et doctrinæ corruptelam eliminare, obviam porro humanis commentis prodire cum puro verbo Dei pugnantibus quoad fieri poterit : suaque inexhausta misericordia propediem hujus rei conficiundæ gratiam illis et vires impertiat rex ille summus Dominus noster, cui æterno, immortali, invisibili, soli sapienti Deo, virtus et fortitudo, honor, benedictio et gratiarum actio, et gloria in sæcula sæculorum. Amen.

TESTIMONIA VETERUM SCRIPTORUM.

CAROLUS MAGNUS, lib. I, cap. 6, se hujus Capitularis auctorem hac indicia asserit : « Venerandæ memoriæ genitoris nostri illustrissimi atque excellentissimi viri, Pipini regis cura; et industria sive adventu in Gallias reverendissimi et sanctissimi viri, Stephani Romanæ urbis antistitis, etc. » Loquitur de unione cæremoniarum Gallicanæ Ecclesiæ cum Romana. — Et lib. IV, cap. 5 : « In eorum plerisque locis qui se imaginibus luminaria et thymiamata offerre gloriantur, a quibus nos, qui id facere contemnimus, scandalum pati putamur, ita loca divino cultui mancipata despicabilia sunt, ut sicut legatis nostris, sive illis qui tempore reverendæ memoriæ illustrissimi viri patris mei, sive eis qui a nobis illas sunt destinati in partes [Græciæ], referentibus comperimus, etc. »

ADRIANUS I papa Rom. in Capitulari responsionum ad hoc Caroli Magni Capitulare : « Domino excellentissimo filio nostroque spirituali compatri Carolo regi Francorum et Longobardorum ac patricio Romanorum, Adrianus papa. » Et post pauca : « Præterea directum a vestra clementissima præcelsa regali potentia fidelem familiarem vestrum, videlicet Engilbertum abbatem et ministrum capellæ, qui pene ab ipsis infantiæ rudimentis in palatio vestro enutritus est, et in omnibus consiliis vestris receptus : et ideo sicut a vobis in omni familiaritate recipitur, ita et a nobis reciperetur et condecenter honoraretur. Unde pro nimio amore quem erga vestram mellifluam gerimus regalem excellentiam, sicut misistis, cum nimio amore dulcedinis eximiæ eum suscipientes, prout voluit, et qualiter cum magna familiaritate nobis enarrantem voluit, aure placabili et mente benigna eum suscepimus, et quasi vestra corporali excellentia nobis narrante nostrum ei patientius credidimus consilium, ad profectum sanctæ nostræ Romanæ Ecclesiæ, et vestræ et a Deo protectæ regalis potentiæ exaltationem. Inter quæ edidit nobis Capitulare adversus synodum quæ pro sacrarum imaginum erectione in Nicæa acta est. Unde pro vestra melliflua regali dilectione per unumquodque capitulum responsum reddidimus, non quemlibet (absit) hominem defendentes, sed olitanam traditionem sanctæ catholicæ et apostolicæ Romanæ Ecclesiæ tenentes, priscam prædecessorum nostrorum sanctorum pontificum sequimur doctrinam, rectæ fidei traditionem modis omnibus vindicantes. » — Et Capitul. I respons. : « Hoc dogma Tarasius non per se explanavit, sed per doctrinam sanctorum Patrum confessus est, quorum capitula pro vestro nimio amore, quem erga vestram præerectissimam a Deo protectam regalem excellentiam gerimus, breviter exaramus, etc. » — Et Capitul. ult. respons. : « Hoc sacrum et venerandum capitulum multum distat a totis supra dictis capitulis. Et idcirco eam agnovimus vestræ a Deo servatæ orthodoxæque regalis excellentiæ esse proprium, etc. Meminit enim vestra præerectissima regalis præexcelsa scientia qualiter in ipsa sancti Gregorii papæ epistola, etc. » Et in fine capituli : « Unde si vestra annuerit a Deo protecta regalis excellentia, eodem adhortamur impetu (scilicet Constantinopolitanum imperatorem) pro sacris imaginibus in pristino statu erectione gratiam agentes, etc. De vero vestra præerectissima a Deo protecta excellentia, orthodoxæ fidei stabilitate roborata, freti existimus, quia radix ejus firmissima a pravis et infidelibus hominum unquam concutitur vel movetur; sed in ea, quæ cœpit, rectæ fidei traditionis doctrina spiritualis matris suæ sanctæ catholicæ et apostolicæ Romanæ Ecclesiæ, tenere et amplecti incunctanter usque in sæculum sæculi sine reprehensione manere credimus. Et ideo confidimus de Dei nostri potentia quia quantum erga beatorum principum apostolorum Petri et Pauli Ecclesiam fidem gesseritis et amorem, semper pro ejus profectu et exaltatione regali nisi, undique certantes habueritis, tanto brachii sui propitius in regalibus triumphis ab adversis et iniquis hominibus vos defendere et circumtegere dignetur, ut una cum spirituali filia domina nostra regina vestraque præcelsa nobilissima prole, longiori ævo in hoc regnantes mundo, in futuro sine fine vitam cum regno in arce poli habere mereamini. Incolumem excellentiam vestram gratia superna custodiat. »

Synodus Parisiensis in præfat. ad Ludovicum et Lothar. impp. : « Eamdem porro synodum (Nicænam II) cum sanctæ memoriæ genitor vester (Carolus Magnus) coram se suisque perlegi fecisset (in concilio Francofordiensi) et multis in locis, ut dignum erat, reprehendisset, et quædam capitula, quæ reprehensioni patebant, prænotasset, eaque per Angilbertum abbatem eidem Adriano papæ direxisset, ut illius judicio et auctoritate corrigerentur, etc. »

Hincmarus Rhemensis archiepiscopus in libro contra Hincmarum Laudunensem episcopum, cap. 20 : « Septima autem apud Græcos vocata universalis pseudosynodus, de imaginibus, quas quidam confringendas, quidam autem adorandas dicebant, neutra vero pars intellectu sano diffiniens sine auctoritate apostolicæ sedis non longe ante nostra tempora Nicææ est a quamplurimis episcopis habita et Romam missa, quam etiam papa Romanus in Franciam direxit. Unde tempore Caroli Magni imperatoris, jussione apostolicæ sedis, generalis synodus in Francia, convocante præfato imperatore, celebrata, et secundum Scripturarum tramitem traditionemque majorum, ipsa Græcorum pseudosynodus destructa et penitus abdicata. De cujus destructione non modicum volumen, quod in palatio adolescentulus legi, ab eodem imperatore Romam est per quosdam episcopos missum. In cujus voluminis quarto libro hæc de universali nomine scripta sunt : Sicut Ecclesia universalis est, etc. » Extant lib. IV, c. 28, quibus ista continuo subnectit : « Auctoritate itaque hujus synodi nonnihil repressa est imaginum veneratio : sed tamen Adrianus et alii pontifices in sua opinione perseverarunt, et, mortuo Carolo, suarum pupparum cultum vehementius promoverunt. »

Althelmus Benedictinus monachus beati Dionysii apud Parisienses in Annalib. Francor. anno 794 (Aimoinus, lib. IV, cap. 85) : « Rex ad condemnandam hæresim Felicianam æstatis initio, quando et generalem populi sui conventum habuit, concilium episcoporum ex omnibus regni sui provinciis in eadem villa (Franconofurt juxta Mœnum) congregavit. Adfuerunt etiam in eadem synodo legati Romani pontificis Theophylactus ac Stephanus episcopi, vicem tenentes ejus a quo missi fuerant, Adriani papæ. In quo concilio et hæresis memorata condemnata est, et liber contra eam communi episcoporum auctoritate compositus, in quo omnes subscripserunt. Synodus etiam, quæ ante paucos annos in Constantinopoli sub Irene et Constantino filio ejus congregata, et ab ipsis non solum septima, verum etiam universalis erat appellata, ut nec septima nec universalis haberetur diceretur ve, quasi supervacua, in totum ab omnibus abdicata est. »

Ado Viennensis episcopus, Chronic., ætate VI : « Synodus iterum facta contra supradictam hæresin in Franconofurt, legatis apostolicæ sedis præsidentibus [Leg. præsentibus] Theophylacto et Stephano episcopis, et auctoritate sanctorum Patrum convictus et damnatus est iterum Felix cum errore suo, perpetuoque exsilio apud Lugdunum relegatus est; quem ferunt in eodem ipso suo errore mortuum. Sed pseudosynodus quam septimam Græci appellant, pro adorandis imaginibus, abdicata penitus. »

Strabus Fuldensis monachus, in Annalibus, anno 794 : « Synodus habita in Franconofurt, in qua hæresis Feliciana coram episcopis Germaniarum et Galliarum Italorumque, præsente magno principe Carolo et missis Adriani apostolici Theophylacto et Stephano episcopis, tertio damnata est, et rata stipulatione damnatio roborata. Pseudosynodus Græcorum pro adorandis imaginibus habita, et falso septima vocata, ab episcopis damnatur. »

Egolismensis monachus in Vita Caroli Magni : « Anno sequenti dominus rex Carolus de Ragenesburg iter fecit navigio ad fossatum magnum inter Altmaniam et Radantiam. Ibi cum muneribus magnis missi apostolici præsentati sunt, et nuntiatum est ei Saxones iterum rebellasse. Inde per Radantiam navali itinere abiit in Mochin, et natale celebravit ad sanctum Chilianum in Wirzinburg, et Pascha in Franconofurt : et ibi congregata est synodus magna episcoporum Galliarum, Germanorum, Italorum, in præsentia ejus. Ibi fuerunt missi domini apostolici Adriani Theophylactus et Stephanus episcopi : et ibi tertio damnaverunt hæresim Felicianam. Quam damnationem per auctoritatem sanctorum Patrum in libro conscripserunt : quem librum omnes sacerdotes propriis manibus subscribendo confirmarunt. Pseudosynodus Græcorum, quam falso septimam vocabant, pro imaginibus, rejecta est a pontificibus. »

Anonymus episcopus sive abbas, Caroli Magni consiliarius, in Annalibus Francorum, anno 784. (Periit ea pars in qua de hoc concilio exsecutus est : eam conservavit Regino, qui fatetur se illius Annales sequi et Egolismensis.)

Regino Prumiensis abbas, Chronic. lib. II : « Anno Dominicæ incarnationis 794 celebravit rex Pascha in Franconofurt, ibique congregavit synodum magnam episcoporum, Gallorum, Germanorum et Italorum : ubi fuerunt missi apostolici Theophilus et Stephanus episcopi. In hac synodo tertio condemnata est hæresis Feliciana, quam damnationem per auctoritatem sanctorum Patrum in libro conscripserunt : quem librum omnes sacerdotes manibus propriis subscripserunt. Pseudosynodus Græcorum, quam pro adorandis imaginibus fecerant, a pontificibus rejecta est. »

SWARZAHENSIS MONACHUS in Chronico, quod Urspergensis abbas continuavit : « Anno Domini 794, Carolo in Franconofurt Pascha celebrante, synodus episcoporum magna collecta est ex omnibus regni provinciis : legati quoque Adriani papæ in ejus vice adfuerunt. In hac synodo hæresis cujusdam episcopi, Felicis nomine, damnata est, qui Christum, secundum hoc quod homo est, adoptivum Dei Filium dicebat : et liber contra eum communi episcoporum auctoritate compositus est, in quo omnes subscripserunt. Synodus etiam, quæ ante paucos annos in Constantinopoli congregata sub Irene et Constantino filio ejus, septima et universalis ab ipsis appellata est, ut nec septima nec aliquid diceretur, quasi supervacua ab omnibus abdicata est. »

HERMANNUS CONTRACTUS comes Væringæ et monachus Augiensis, in Chronico, anno 794. « Synodo magna in Franconofurt habita, hæresis item Feliciana damnata est : pseudosynodus Græcorum, pro adorandis imaginibus habita, ab episcopis damnata est. »

JOAN. AVENTINUS : « Carolus Decembri Reginoburgio exit Sualovoltas, et ad fossam superiorem navibus per terram tractis progreditur. Inde navibus in Rhœdonesso delatus in Mœnum, Virzeburgum (caput est antiquæ Franciæ, insigne sepulcro divi Chiliani) ultimo Decembri pervenit. Unde Francophoron migravit, ibique reliquum hiemis exegit. Huc frequentes coire pontifices Galliarum, Italiæ, Germaniæ imperat. Adfuere Romani pontificis legati, Theophylactus et Stephanus episcopi. Tertio ibidem condemnata est hæresis Feliciana, Eliphandanaque, de adoptione Filii Dei. Omnes subscripsere sacerdotes : ipse quoque Felix et Eliphandus, agnoscentes errorem, venia data dignitasque servata. Item acta Græcorum de imaginibus adorandis rescissa sunt. »

AUGUSTINUS STEUCHUS EUGUBINUS, bibliothecarius Vaticanæ pontificis Romani bibliothecæ, de Donatione Constantini adversus Laurentium Vallam, lib. II, num. 60 : « Sunt alia apud Græcos et Latinos præclara ac pervetusta monimenta, quibus quisque percipere possit, edictum donationis esse verissimum, a Magno Constantino editum, si per omnes hujus edicti partes animum vertens eas conferas cum his quæ dixi monimentis. Velut quod Constantinus sanxit, ut Ecclesia Romana sedesque Petri esset caput omnium Ecclesiarum, et ab ea totius religionis ordo dependeret, ab ea judicium in causis fidei exspectandum esse, eam esse in religione consulendam. Hoc sciens perceptumque habens Carolus Magnus imperator, eodem tempore quo Adrianus pontifex protulit in concilio historiam Sylvestri, scribeus et ipse de imaginibus, cum imperaret Constantinopoli Constantinus et Irene mater, recipiens quæ Magnus Constantinus statuisset, sic scribit libro primo, capite sexto (est autem liber vetustissimus litteris Longobardicis scriptus in bibliotheca Palatina, non credenti videndi fiet potestas) : Antequam, inquit, discutiendorum testimoniorum, etc. » Recitat totum cap. 6 lib. I.

F. BERNARDUS LUTZENBURGUS, ordinis prædicatorii monachus, artium et sacrarum litterarum professor in academia Coloniensi, in Catalogo Hæreticorum, lib. I, cap. 14 : « Carolus Magnus, imperator, Græce et Latine doctissimus, ante septingentos annos contra certos [Forte Græcos] hæreticos opus scripsit in quatuor libros partitum, quod habetur Romæ in Vaticana bibliotheca. »

JOANNES ECKIUS Suevus in Encheiridio locorum communium adversus Martinum Lutherum atque alios Ecclesiæ hostes (quod edidit anno Domini 1529), art. 46 : « Carolus Magnus quatuor libros scripsit contra volentes tollere imagines. Unde Thuricenses fundatorem eorum et patronum Carolum potius sequi debent cum Ecclesia catholica quam hæreticum Zuinglium. »

EPISCOPUS MELDENSIS hoc indice proscripsit : « Opus illustrissimi Caroli Magni, nutu Dei regis Francorum Galliæ, Germaniam, Italiamque, sive harum finitimas provincias, Domino opitulante, regentis, contra synodum quæ in partibus Græciæ pro adorandis imaginibus stolide sive arroganter gesta est. Item Paulini Aquileiensis episcopi adversus Felicem Urgelitanum et Eliphandum Toletanum episcopos libellus. Quæ nunc primum in lucem restituuntur. Anno salutis 1549. »

IN NOMINE DOMINI ET SALVATORIS NOSTRI JESU CHRISTI.
INCIPIT OPUS
ILLUSTRISSIMI ET EXCELLENTISSIMI SEU SPECTABILIS VIRI CAROLI,
NUTU DEI REGIS FRANCORUM,
GALLIAS, GERMANIAM ITALIAMQUE SIVE HARUM FINITIMAS PROVINCIAS, DOMINO OPITULANTE,
REGENTIS,
CONTRA SYNODUM QUÆ IN PARTIBUS GRÆCIÆ
PRO ADORANDIS IMAGINIBUS STOLIDE SIVE ARROGANTER GESTA EST.

CAROLI MAGNI PRÆFATIO.

Ecclesia mater nostra, pretiosissimo sponsi Christi sanguine redempta, et regeneratione salutaris gurgitis lota, [a] et salutifero edulio corporis, et haustu sanguinis satiata, et nectarei liquoris unguine delibuta, et per universum orbem terrarum in pace diffusa : aliquando externa, aliquando intestina perpetitur bella, aliquando exterorum concutitur incursibus, aliquando civium pulsatur tumultibus. Nonnunquam videlicet incredulorum vel hæreseorum impellitur infestationibus, nonnunquam vero schismaticorum vel arrogantium turbatur simultatibus. Est enim arca salvandas intra se continens animas, cujus typum antiqui illius patris arca gerebat, quæ in hujus sæculi sævissimas diluvii absque naufragii periculo transigit procellas, et nescit mortiferis præsentis sæculi alluvionibus cedere, nec infestantium minici edulio et sanguinis haustu satiati. » Fulgentius Placiades Carthaginensis de prisco serm., *Edulium ab edendo dicitur*, etc. Philoxenus Gloss. *Edulium*, τῶν βρωσίμων. Lego τὸ βρώσιμον, ut in Glossis Græco-Latinis. Papias Lombardus in Vocabulario.

---

[a] *Et salutifero œaicuto corporis et haustu sanguinis satiata*. Aliena hoc loco vox *œdiculo*, qua et analogia turbatur et relatum. Scripsi *edulio*, et id nunc firmo exemplis. Infra lib. I, cap. 17 : « In quo est manna cœlestis, videlicet pabuli edulium, de quo edulio David, etc. » Et lib. II, cap. 27 : in fine : « Corporis Do-

adversarum potestatum obsidione fatiscere, sed illo pro ea et maxime in ea pugnante, qui positus est in ea murus, dicente propheta : *Urbs fortitudinis nostræ salvator, ponetur in ea murus, et antemurale, et qui super ejus muros constituit custodes, qui tota die et tota nocte in perpetuum non tacebunt* (Isa. xxvi) : adversariis resistens, et tumultiferas inquietudines tolerat, et ad veræ fidei confessionem convolantibus in gremio susceptis, et eidem confessioni obstinata mente reluctantibus abdicatis, inconvulsa et intemerata perseverat, et cum David canere non cessat : *Sæpe expugnaverunt me a juventute mea, dicat nunc Israel, sæpe expugnaverunt me a juventute mea, etenim non potuerunt mihi* (Psal. cxxix) : quæ incessanter per partes trinæ orationis mysterium sanctæ Trinitatis exponit, dum et verba sua auribus divinæ majestatis percipienda, id est psallendi melodiam, quam sine intermissione exhibet, deprecatur; et clamorem intelligendum, id est cordis affectum, qui non auribus carnalibus, sed ineffabilibus divinæ majestatis auditibus mirabiliter excipitur, devota mente exorat, et orationis suæ vocem intendendam exposcit, ut scilicet declaret hanc esse orationem perfectam quam mentis affectus ardentis inflammat. Et quanquam metaphoricos mutatis verbis sensus nostros immisceat, divinam tamen naturam credit non partibus membrorum discernenda discernere, sed una virtute cuncta peragere, qui ea quæ a nobis videntur audit, et quæ cogitavimus sive cogitaturi sumus, intro inspicit : nec quidquam ejus ineffabili lumini potest abscondi : auribus etenim verba percipere, clamorem intelligere, voci orationis intendere, quanquam iterate sub varietate verborum, per id locutionis genus quod a rhetoribus metabole dicitur, proferantur : trina tamen repetitio unum idemque significat, quæ etiam in invocatione regis et Dei sive Domini, dum dicit : *Rex meus et Deus meus, quoniam ad te orabo, Domine* (Psal. v et xlviii) : tres personas et unam substantiam in Divinitate se credere et fateri demonstrat, cum trium nominum invocationi, non pluralia; sed singularia verba interserit. Est enim sancta mater, est immaculata, est præclara, est incorrupta, est et fecunda, quæ et virginitatem amittere nescit, et filios generare non desinit : quæ quanto amplius mundi adversitatibus feritur, tanto auctioribus sive excellentioribus virtutibus dilatatur : et quanto plus premitur, tanto altius exaltatur, quam propheta per ethopœian Deo sic introducit loquentem : *Cum invocarem te, exaudisti me, Deus justitiæ meæ, in tribulatione dilatasti me* (Psal. iv). Cujus quoniam

in sinu regni gubernacula Domino tribuente suscepimus, necesse est ut in ejus defensione et ob ejus exaltationem, Christo auxiliante, toto annisu certemus, ut ab eo boni servi et fidelis nomine censeri valeamus. Quod quidem non solum nobis, quibus in hujus sæculi procellosis fluctibus ad regendum commissa est, sed etiam cunctis ab ejus uberibus enutritis sollicite observandum est : ita tamen ut ab ejus unione, qui ejus membrum esse dinoscitur, nullatenus abscedat. Quoniam qui cum ea non est, adversus eam est : et qui cum ea non colligit, spargit. Hujus ergo rei causa loqui compellit, quod non sine quodam animi mœrore prosequimur, quippe qui cum infirmantibus infirmari, et cum scandalizantibus uri, apostolico perdocemur exemplo. Inflammavit igitur ventosæ arrogantiæ inflata ambitio, et vanæ laudis insolentissimus appetitus, quosdam orientalium partium non solum reges, sed etiam sacerdotes, adeo ut postposita sana sobriaque doctrina, et parvipendentes illud apostolicum, *Si quis evangelizaverit vobis, præter id quod evangelizatum est, etsi angelus sit, anathema sit* (Galat. i), et transgredientes contra propheticam institutionem terminos majorum, per infames et ineptissimas synodos Ecclesiæ inferre conentur quod nec Salvator nec apostoli intulisse noscuntur; et dum sublimare conantur suæ laudis fastigium, magnum accumulent suis animabus deliquium; dumque suorum gestorum ordinem volunt mandare memoriæ posteritatis, discindunt vinculum ecclesiasticæ unitatis. [a] Gesta sane est ante hos annos in Bithyniæ partibus quædam synodus tam incautæ tamque indiscretæ procacitatis, ut imagines in ornamentis ecclesiæ et memoria rerum gestarum ab antiquis positas incauta abolerent abdicatione : quodque Dominus de idolis præcepit, hoc illi de cunctis imaginibus perpetrarent; nescientes imaginem esse genus, idolum vero speciem : et speciem ad genus, genus ad speciem referri non posse. Nam cum pene omne idolum imago sit, non omnis imago idolum. Alterius et longe alterius definitionis est idolum, alterius imago : cum videlicet istæ ad ornamentum vel ad res gestas monstrandas fiant, illud autem nunquam nisi ad miserorum animas sacrilego ritu et vana superstitione inliciendas : et imago ad aliquid, idolum ad seipsum dicatur. Qui nimirum tantæ cæcitatis caligine obtenebrati fuerunt; ut cunctis qui eas habere in ecclesiis noscebantur vel habituri erant anathematizatis, inter cæteros errores hoc etiam suo errori inserrent [b] quod rex eorum Constantinus eos ab idolis liberasset : et ei qui exsultavit ut gigas ad curren-

---

[a] *Gesta sane est ante hos annos in Bithyniæ partibus quædam synodus*, etc. Aut ἀνιστορίζει, aut ἁμαρτάνει μνημονευτικῶς. Etenim non in Bithynia, sed Constantinopoli in palatio Hieriæ celebrata hæc synodus. Nisi si error cognati nominis librarios decepit, rescribendumque sit, *Hieriæ*, pro *Bithyniæ*, hoc modo : *in Hieriæ palatio quædam syn.* Quod mihi fit admodum verisimile.

[b] *Quod rex eorum Constantinus eos ab idolis liberasset.* Cave Magnum intelligas eum qui primus imperatorum idola ejuravit, sed Constantinum Caballinum,

cujus edicto Constantinopoli synodus illa fuit convocata, in cujus fine inter acclamationes solemnes legitur : *Omnem idololatriam vos obscurastis.* Ad quæ verba in actis Nicæni concilii n commentatur Epiphanius : « Si vero (ut ipsi aiunt) conventus episcoporum et robur imperatorum nos ab idolis liberavit, genus humanum a veritate fallitur. Nam cum ab errore idolorum Jesus Christus Dominus Deus noster nos liberavit, quomodo poterunt gloriari et jactare a se idipsum factum? O insanam jactantiam! » Quem locum indubie ob oculos habuit et respexit

dam viam, de quo dictum est, *Ecce vicit leo de tribu Juda, radix David (Apoc.* v), et triumphanti mundi spolia secum reportavit, victoriæ titulum derogare cupientes, regi suo adnecterent : cum non de eorum rege, sed de vero triumphatore Christo propheta prædixerit : *Ecce Dominus ascendet super nubem levem, et ingredietur Ægyptum, et commovebuntur simulacra Ægypti a facie ejus (Isa.* xix). Nubem levem, corpus videlicet humanum, quod ex virgine assumpserat nulla humanæ commissionis sorde prægravatum : Ægyptum mundum volens intelligi : quod et per Jeremiam pene iisdem verbis se dudum facturum esse promiserat, dicens : *Disperdam simulacra, et cessare faciam idola de Memphis* (*Ezech.* xxx). a Gesta præterea est ferme ante triennium et altera synodus illis in partibus, ab eorum qui priorem gesserant successoribus, vel a plerisque qui in priore fuisse narrantur : quæ tamen quanquam a priore distet voto, non tamen distat errore; et si dispar est negotio, est tamen compar flagitio; et cum sit posterior tempore, non tamen est posterior crimine. Nec immerito in unius baratri cœnosum lacum, quanquam per diversa fluitantes, confluere videntur, quæ ab unius jactantiæ et vanæ laudis fonte scaturiisse credantur. Hæc enim, anathematizata et abominata cum suis auctoribus priore, imagines, quas prior nec etiam cernere permiserat, adorare compellit; et ubicunque sive in divinæ Scripturæ locis, sive in sanctorum Patrum commentariis, quamcunque repererunt imaginum mentionem erga suæ voluntatis arbitrium vertunt in adorationem. Nec minoris absurditatis spiris hi connectuntur in habere et adorare, quam illi connexi sunt in imagine et idolo, cum illi imaginem et idolum, isti habere et adorare, unum esse putarunt, quæ tamen a se invicem distant, et diversitate rei et societate prædicamenti : quippe cum unum illorum sit habitus, alterum agere. Nam illa etsi magna distent differentia, saltem in eo junguntur, quod unum species, alterum genus est : hæc vero nec genere, nec specie, nec ulla hujuscemodi societate sibi cohærent, cum et adorari possint quæ non habentur, et haberi quæ non adorantur. Sicque rejectis moderaminis retinaculis, et neglecto quod ab antiquis non incongrue dictum est proverbio : *Ne quid nimis,* mediocritatis calle transmisso, per devia gradiuntur : veluti si quis cuidam multiloquio vacanti temperamentum in loquendo indicere curans, ille e contrario adeo silentio studeat, ut mutus efficiatur, et cui dedecus ingerebat inordinata loquacitas, dedecus nihilominus ingerat desidiosa taciturnitas. Aut si quis medicus ægrotantem temulentiæ arguat, ille pu-

A taus se medici parere dictis, non solum vini sed etiam laticum sibi interdicat humorem, adeo ut qui dudum languebat nimio vini haustu madefactus, omni sibi liquore interdicto, langueat siti arefactus: cum tamen, et si diversa sit causa languoris, unus tamen sit effectus desidiosi erroris. Interea cum in neutra parte neque isti neque illi temperantiæ teneantur habenis, sed utrique præcipites per abrupta discurrant, et dispari cursu ferantur, uno tamen occursu sponsæ Christi Ecclesiæ, cui ipse dicit in Canticis canticorum, *Tota speciosa es, amica mea, et macula non est in te* (*Cant.* II), maculam inferre conantur, dum et illi ei bene habita abjicere, et isti bene habitis male uti suadent; dum scilicet et illi ei ornamenta auferre student, et isti eam ornamenta adorare

B permovent; quæ duo mala, ut præfati sumus, de jactantiæ fonte pullularunt. Dumque volunt humanos favores, et vocari ab hominibus Rabbi, et suas laudes suis apicibus præfigunt, nec attendunt quod per quemdam sapientem dicitur: *Laudet te alii, et non os tuum, extraneus, et non lingua tua* (*Prov.* xxvii): relictis priscorum Patrum traditionibus, qui imagines non colere sanxerunt, sed in ornamento ecclesiarum habere siverunt, novas et insolitas Ecclesiæ nituntur inferre constitutiones, quibus ei maculam potius quam decorem ascribant. Nam si novas constitutiones Ecclesiæ ingerere jactantia est, schisma est : quod tamen in Ecclesia fieri non debet: quod si schisma est, macula est, quæ in Sponsa esse

C negatur. Si igitur novas constitutiones Ecclesiæ ingerere jactantia est, macula procul dubio est, quæ in sponsa esse negatur. Unde datur intelligi non eum esse amicum sponsi, qui adeo suæ laudis vult cumulare cacumen, ut per errorum notas non vereatur ecclesiasticum obtundere acumen; ac per hoc si sponsam macula non decet, eam ei nullus conari debet imprimere: quam si nullus conari debet imprimere qui conatur, sponso injuriam facit. Si igitur sponsam macula non decet, et revera non decet, qui conatur imprimere, sponso injuriam facit. Nos denique propheticis, evangelicis et apostolicis Scripturis contenti et sanctorum orthodoxorum Patrum, qui nullatenus in suis dogmatibus ab eo qui est *via, veritas et vita,* deviarunt, institutis imbuti, et sanctas et uni-

D versales sex synodos, quæ pro variis hæresecorum infestationibus a sanctis et venerabilibus Patribus gestæ sunt, suscipientes, omnes novitates vocum, et stultiloquas adinventiones abjicimus: et non solum non suscipimus, verum etiam tanquam purgamenta despicimus, sicut et eam quæ propter adorandarum imaginum impudentissimam traditionem in Bithy-

Carolus Magnus. Apud Theophanem in Hist. Miscel. leguntur episcopi, finita synodo « populum manus in altum tollere jubentes, lætum strepitum excitasse, atque illud protulisse, HODIE SALUS MUNDO : quandoquidem opera tua, o imperator, idolis liberati sumus. »

a *Gesta præterea est ferme ante triennium et altera synodus illis in partib.,* etc. Nicææ in Bithynia ab imperatore Constantino VII Porphyrogeneto et Irena

matre, an. Christi 787, indict. 10. Falsus ergo iste numerus, cum hæc synodus Francof. Nicæna illa toto septennio posterior sit : aut certe corruptus. Quid si legamus : *ante septennium et altera synodus Bithyniæ in partibus,* etc.? Quo pacto probe habebit locus vulgo male sanus, Nicæni hujus concilii acta exstant tom III Conc. general. Vide infra, lib. IV, cap. 13 et cap. 24.

niæ partibus gesta est, synodum. Cujus scripturæ textus eloquentia sensuque carens ad nos usque pervenit. Contra cujus errores ideo scribere compulsi sumus, ut sicubi forte aut manus tenentium, aut aures audientium inquinare tentaverit, nostri styli divinarum Scripturarum auctoritate armati invectione pellatur : et inertem, vel potius inermem Orientali de parte venientem hostem Occidua in parte per nos, favente Deo, allata sanctorum Patrum sententia feriat. ᵃ Quod opus aggressi sumus cum conhibentia sacerdotum in regno a Deo nobis concesso catholicis gregibus prælatorum, non arrogantiæ supercilio, sed zelo Dei et veritatis studio: quoniam sicut justis et licnestis rebus inhærere sanctum, ita nimirum pessimis et inordinatis rebus animum accommodare peccare est. Unde et David quod societates malorum fugerit, Deo quasi purum sacrificium offert, cum dicit : *Odio habui congregationes malignantium, et cum impiis non sedebo* (*Psal.* xxvi). Et Josaphat rex Juda eo quod Israeliticæ gentis pessimo regi amicitiis junctus sit, a Domino arguitur per prophetam (*II Par.* xix). Cum igitur præfatarum duarum synodorum conditores nec illius imperitiæ sermonem habeant qua se Apostolus imperitum dicit sermone sed non scientia, nec illius eloquentiæ cum spiritali sensu niterem, de quo ex persona sanctorum prædicatorum in Canticis canticorum Ecclesiæ dicitur, *Murenulas aureas faciemus tibi vermiculatas argento* (*Cant.* i): mirum ducimus cur tantæ vanitatis vento inflati sint, ut eas non solum agitare præsumpserint, sed etiam sex venerabilibus synodis adnumerare conati sint: quarum neutra quomodo non septima post Nicænam, sed aut tertia, priore servata post Ariminensem, aut secunda priore destructa computari debeat, in sequentibus, cum res exegerit, diligentius, annuente Domino, disputabimus, quæ scilicet haud secus sex synodis æquiparandæ sunt, quam Rubenitarum et Gaditarum, et dimidiæ tribus Manasse altare altari quod per legislatorem Domino jubente conditum est, æquiparari potuit : cujus auctores Israelitici gladii furor vastaret, nisi fraternas iras supplex confessio mista precibus præveniret. Nos denique Isaiæ vaticinio docti, qui dicit, *Hæc via, ambulate in ea, non declinabitis ab ea, neque ad dexteram neque ad sinistram* (*Isa.* xxx); et doctoris gentium prædicationi admoniti, qui nos viam regiam tenere instituit , imagines in ornamentis ecclesiarum et memoria rerum gestarum habentes, et solum Deum adorantes et ejus sanctis opportunam venerationem exhibentes, nec cum illis frangimus, nec cum istis adoramus, sed illius ineptissimæ synodi scripturam, quæ non solum illa locutione caret qua parva submisse, mediocria temperate, magna granditer proferuntur, sed etiam pedestris sermonis modum negligit, abnuentes, institutoris nostri, sermonis videlicet Dominici, nitimur fieri usquequaque sequaces. Quoniam igitur et patrum anathematizantium filios, et filiorum anathematizantium patres, mistim in præfata synodo hebetudinis continentur discursus, mistam utriusque reprehensionem noster, favente Domino, digeret stylus, nihil indiscussum, nihil intactum, nihil silentii cavernis obstrusum præteriens : nisi forte quod aut difficultas inordinati sermonis nostro intellectui impertire negaverit, aut puerilis dicti ineptiam, reverentia cohibente, noster sermo persequi despexerit.

ᵃ *Quod opus aggressi sumus cum cohibentia sacerdotum.* Emendavi, *cohibentia*, quod nomen est hujus ævi. Lib. iii, cap. 14 : « Nec synodum ob adorandas imagines sine conhibentia plurimarum catholicarum et Deo fidelium Ecclesiarum universalem nominare curarent. » Quod lib. iv, cap. 23, ita interpretatur: « Qui absque consacerdotum per diversas mundi partes constitutorum consensu, etc. » Balbus Januensis Catholico : Conhibeo : *habeo* componitur cum *con*, et retinet *n*, quæ aufertur in *cohibeo* et dicitur *cohibere*, id est, oculos claudere, et quia clausio oculorum signat assensum, ideo *conhibere* ponitur pro *assentire*, *obedire*; et tunc inde dicitur conhibentia. » Et paulo post : « Conhibentia, id est assensus , idem et convenientia et collibentia. Ut: Ille sine cohibentia vel conhiventia vel collibentia fratrum recessit, id est sine assensu. » Innuit aperte variatum in hujus nominis scriptura. Ego puto, et verum est, corruptam hanc vocem a barbaris et imperitis monachis jam Caroli Magni ævo, ex ea, quam Latine exprimere debebant, *collubentia*, sive *conlubentia*. Facilis lapsus in affinitate litterarum.

LIBER PRIMUS.

CAPUT PRIMUM.

De eo quod Constantinus et Hærena in suis scriptis dicunt, Per eum qui conregnat nobis Deus.

Plerumque humana fragilitas suæ impossibilitatis metas excedit, et quanto se ultra quam debet extollit, tanto ab eo qui in altis habitat, et humilia respicit in cœlo et in terra, recedit: quantoque ad eum qui excelsus super omnes gentes est , per sublimitatem appropinquare conatur, tanto ab eo propensius elongatur. Quæ si modum suæ conditionis non negligat, et superiora petere nitens, ad humiliora se devota mente submittat, poterit se inclinando eo conscendere a quo se exaltando noscebatur descendere: et quanto se prostraverit humo, tanto fiat proxima cœlo. Cum ergo nostrum esse tantum distet a Dei esse, et nostrum vivere ab ejus vivere, et nostrum regnare ab ejus regnare, delenda potius quam admiranda est illorum vecordia qui, inter cætera quæ sibi indiscrete usurpant, Deum sibi conregnare etiam dicunt. Illius enim esse, esse tantum novit: fuisse vel futurum esse, non novit. Non habet enim partem æternitatis, quam nos tempus dicimus, et in præsens, præteritum et futurum dividimus, sed totius æternitatis in suæ essentiæ incommutabilitate integritatem habens, esse tantum ei est. Unde et sancto Moysi dixit : *Ego sum qui sum*, et, *Qui est, misit me ad vos* (*Exod.* III). Nostrum autem esse, quibus præterita in recordatione, præsentia in intuitu, futura in exspectatione, illius essentiæ comparatum non esse est. Vivere namque ejus, nec initium, nec finem, nec mutabilitatem ullo modo sentit. Unde et in prophetis scribitur : *Vivo ego, dicit Dominus* (*Isa.* XLIX), et quidam sanctorum, « Vivit Dominus, dicere ausi sunt, id est, qui in ea vita vivit quam nec initium cepit, nec mutabilitas movet, nec finis intercipit. » Nostrum autem vivere ortum et occasum et mutabilitatem patitur; quanquam anima immortalis sit, tamen mutabilis esse dignoscitur : quæ mutabilitas ei plerumque pro morte ascribitur. Unde et primo homini dictum est, *In quacunque die comederis ex eo, morte morieris* (*Gen.* I, 2). Non quod statim ut præceptum Domini est transgressus, carnis sit morte multatus, sed quia ab ea sanctitate in qua Deo proximus stabat, per animi mutabilitatem sit longe digressus. Porro ejus regnare a nostro regnare, non minus quam ejus esse a nostro esse, et ejus vivere a nostro vivere distat: quippe cujus essentia sicut semper habuit esse et vivere, ita etiam et regnare. Nostrum enim regnare a nostro esse et vivere præceditur, a nostro interire succeditur : quæ dum ita se habeant, magnæ præsumptionis est Deum sibi quempiam dicere conregnare : cum hoc nec David dicere ausus est, de quo Dominus dixit, *Inveni virum secundum cor meum*, et illud, *Inveni David servum meum : oleo sancto meo linivi eum* (*Psal.* LXXXIX); nec Salomon cui a Domino dictum est, *Sapientia et scientia datæ sunt tibi, divitias autem et substantiam et gloriam dabo tibi, ita ut nullus in regibus nec ante te nec post te fuerit similis tui* (*II Par.* I); qui de se quoque ipse loquitur confidenter, *Deus docuit me sapientiam, et intellectum sanctorum cognovi* (*Prov.* XXX). Nec quisquam de regibus, nec de his quos meritorum prærogativa suffultos, nec de his quos superbia usos fuisse Scriptura commemorat, tale quid legitur dixisse. Interea *con* syllaba in conponendis verbis secundum eos qui litterariæ solertiam disciplinæ non nesciunt, pene nihil aliud quam *simul* significat : ut est, *Congregetur omnis Ecclesia Israel* (*Levit.* VIII); et, *conveniat ad diem festum* (*Dan.* III), id est, simul in gregem glomeretur, simul veniat; et Apostolus : *Si tamen compatiamur, ut et simul glorificemur* (*Rom.* VIII), id est, conglorificemur; et illud, *Super vitrei marginem fontis uterque consedit*, id est, simul sedit : et *consessor* dicitur simul sedens. *Simul* namque quædam juxta eos qui sagacissimæ logicæ arcana scrutantur, tribus modis dicuntur : tempore, natura et genere. Tempore, ut ait beatus Augustinus, cum quælibet simul existunt uno tempore vel apparent, ita ut neutrum de duobus vel prius sit, vel alterum consequatur, sed utrique ortus videatur esse communis; secundum quem modum nobis simul minime regnare dicendus est, quippe cum ille sit sempiternus, nos temporales, ille sine initio, nos cum initio. Natura, cum quædam naturaliter simul sunt, nullum tamen eorum præest alteri : ut verbi gratia simplum et duplum ponamus necesse simul esse naturaliter : sed neque duplum facit ut simplum sit, neque simplum efficit duplum; sed nec secundum hunc modum nobis simul regnare dici potest, cum tot distantiis natura ejus nostræ naturæ prior sit, totque modis creatrix creatam præcedat. Genere, quoties ex eodem genere manantia simul videntur esse natura, sed specie discernuntur, ut est animal. Nam et pedestre et aquatile animal dicitur, sed specie discernitur : nullumque alteri aliud prius est, sed simul omnia ab animali, id est, ab uno genere orta noscuntur. Qui tertius modus, non minus quam præcedentes duo, eum nobis simul regnare reluctatur, cum nullatenus natura nostra et ejus quadam substantiæ unitate conjuncta dignoscatur, et quadam specie discernatur; qui dum per potentiam divinitatis ubique sit, tamen non alicui conregnare dici recte potest. Aliud est enim ubique esse, aliud cum quoquam simul esse; aliud ineffabiliter regnare, aliud cuiquam conregnare. Conregnare igitur et considere et plurima hujuscemodi si absolute proferantur, nec quisquam cuiquam consedere vel conregnare dicatur, simul duos vel plures conregnare vel considere designat. Si vero quis cuiquam conregnare vel considere dicatur, significat eum præcedere cui conregnatur vel consedetur : illum vero ejus participem fieri qui conregnat et consedet, dicente Vase electionis Paulo : *Consepulti estis Christo* (*Rom.* VI); et iterum : *Si consurrexistis Christo, quæ sursum sunt quærite* (*Coloss.* III). Unde datur intelligi eum præcedere qui sepelitur et surgit, eos vero participare ei cui consepeliuntur et consurgunt. Nisi enim Redemptor humani generis pro nobis sepultus fuisset et resurrexisset, nos ei consepeliri et conresurgere minime poteramus. Quo documento colligitur, a cautela remotum esse Deum nobis dicere conregnare : qui non nobis in regnando participat, sed sicut omnium auctor est, ita omnes in esse, vivere et regnare præcedit. Quod si forte contentiosus quis hujus verbi astruere tentans errorem, ea quæ secundum formam servi de unigenito Dei Filio dicta sunt in testimonium trahat, dicens : Cur non conregnet nobis cui, secundum Apostolum, compatimur, consepelimur, convivificamur, consurgimus? cujus promissionis cohæredes et concorporales et comparticipes sumus in eodem Jesu Christo per Evangelium, in quo Deus coexcitavit nos simulque fecit sedere in cœlestibus ; de quo et evangelista dicit : *Convescens elevatus est* (*Act.* I); et iterum : *Illi autem profecti prædicaverunt ubique Domino cooperante* (*Marc.* XVI) : perpendat, abstersa nebulosæ mentis caligine, non hoc ex sua divinitate, sed ex nostra humanitate esse in quo nos ei compatimur, consepelimur, convivificamur. Sicut enim pati, sepeliri, vesci, in quo nos ei consepelimur, compatimur, et ille nobis convescens dictus est, proprie humanum est : ita et regnare proprie divinum est,

Psalmista attestante, qui ait: *Exaltatum est nomen ejus solius* (*Psal.* CXLVIII); et iterum: *Domini est regnum et ipse dominabitur genti* (*Psal.* XII); et idem, *Regnum tuum, Domine, regnum omnium sæculorum, et dominatio tua in omni generatione et progenie* (*Psal.* CXLV). Dicimur enim et nos regnare, sed abusive, non proprie. Nam regnare, immortalem et veracem esse, illi est naturale; cæteris vero qui hæc consequuntur illius largitione est attributum qui vere regnat, solus immortalis et verax est, doctore gentium prædicante, qui ait: *Est enim Deus verax, omnis autem homo mendax* (*Rom.* III); et rursus: *Qui solus habet immortalitatem* (*I Tim.* III); non quo, ut ait beatus Hieronymus, et angeli et cæteræ rationales creaturæ immortalitatem non habeant et veritatis sint amatores, sed quo ille solus naturaliter sit et immortalis et verax, cæteri vero immortalitatem et veritatem ex largitione illius consequantur, et aliud sit habere per semet, aliud in potestate donantis esse quod habeas. Si ergo recte dici possumus Deo commori et compati, qui immortalis et impassibilis est, ita et recte dici potest Deus nobis conregnare. Et si illud manifesta ratione dici contemnitur, et istud prudenti indagatione repudiatur. Compatimur enim Christo quando in ejus amore qui pro nobis crucis passionem perpessus est, carnem nostram crucifigimus, id est, mundum cum vitiis et concupiscentiis, et morimur mundo, et commorimur Christo, et sic carnem, id est corpus, crucifigimus, ut desideria ejus calcemus. Consepulti enim sumus cum illo per baptismum in mortem, ut quemadmodum Christus resurrexit a mortuis per virtutem Patris, ita et nos in novitate vitæ ambulemus: et sic baptizati consepulti sumus ei, ut de cætero hanc vitam sequamur, in qua Christus resurrexit. Baptismum resurrectionis pignus est et imago, ut jam in præceptis Christi manentes, ad præterita denuo non revolvamur. Convivificamur autem et consurgimus ei, si similitudini mortis ejus sumus complantati, id est, si in baptismo omnia vitia deponentes in novam vitam translati de cætero non peccemus. Similitudo enim mortis similem præstavit resurrectionem. Cohæredes autem et comparticipes ejus sumus, non quo aliqua inter nos possessio dividatur, sed quo ipse sit Dominus hæreditas nostra atque possessio. *Dominus quippe*, ait, *hæredita svestra est* (*Deut.* XVIII); et alibi, *Dominus pars mea et hæreditas mea* (*Psal.* XV; *Eccli.* XLV). Concorporales enim, quia quanquam diversas habeant gratias hi qui in Christo crediderunt, in uno tamen sunt Ecclesiæ corpore conglobati. Simul ergo sanctos fecit sedere cum Christo in cœlestibus non quo ei sancti consedeant quandiu in hoc mundo sunt et peregrinantur ab eo, sed quo, juxta præfati doctoris sententiam, mos iste sit Scripturarum ut interdum futura tempore præterito declinentur per schema quod dicitur prolepsis: verbi causa de cruce Domini: *Foderunt manus meas et pedes* (*Psal.* XXII); et alibi de passione ejus: *Quasi ovis ad victimam ductus est* (*Isa.* LIII); vel certe secundum spiritalem sensum, quo modo nequaquam in carne sancti sint cum vivant in carne, et habeant conversationem in cœlestibus cum gradiantur in terra, caro esse desistentes, toti vertantur in spiritum: ita eos in cœlestibus sedere cum Christo. Regnum quippe Dei intra nos est, et ubi fuerit thesaurus noster, ibi erit et cor nostrum; firmique et stabiles sedemus cum Christo, sapientia, verbo, justitia, veritate. *Prædicabant autem apostoli Domino cooperante* (*Marc.* XVI), id est, ad bona opera exercenda eis adminiculum præbente: et idcirco tantam vim illorum operatio habuit, ut ad eorum prædicationem tot millia hominum crederent, et naturæ viribus fractis et mortui vitam, et cæci oculos, et surdi aures acciperent. Cooperatur enim Dominus omnibus sanctis, secundum Apostolum, qui dicit, *Factus sum minister secundum donum gratiæ, quæ data est mihi juxta operationem virtutis ejus* (*Coloss.* 1). Peccatoribus autem in quantum peccant neque cooperari neque conregnare ullo modo credendus est. Si ergo et illud quod Apostolus dicit, *Si sustinuerimus et conregnabimus* (*II Tim.* II), putat sibi aliquod adminiculum in hac parte præstare, sentiat hoc ab eo quod ille dicit, tripertita ratione distare, id est, persona, tempore, merito: persona, quia non ille sanctis, sed illi sancti conregnaturi dicuntur; tempore, quia non conregnasse nec conregnare, sed conregnaturi dicuntur; merito, quia non quilibet, sed solummodo sancti ei conregnabunt. Ait enim: *Si sustinuerimus, et conregnabimus* (*Ibid.*), id est, si in hoc sæculo sustinuerimus, in futuro conregnabimus: vel certe post judicium, cum jam eum non per speculum et in enigmate, sed facie ad faciem contuebimur. Nam si adhuc in hoc mundo sumus, adhuc sustinemus; si adhuc sustinemus, necdum conregnamus. Si igitur adhuc in hoc mundo sumus, necdum conregnamus. Deinde si conregnamus ei, jam venit quod perfectum est; si jam venit quod perfectum est, jam evacuatum est quod ex parte est. Non autem evacuatum est quod ex parte est, non igitur conregnamus ei. Si ergo sancti quandiu in hoc mundo sunt non conregnant ei, multo minus ille conregnat eis, cujus est regnum et imperium, et cujus regni non erit finis: et si sanctis non conregnat, nullo modo peccatoribus conregnare dicendus est. Quando autem sancti ei conregnabunt, apostolo Joanne docente, didicimus: ait enim: *Charissimi, nondum apparuit quod erimus; scimus quoniam cum apparuerit similes ei erimus, quoniam videbimus eum sicuti est* (*I Joan.* III); ut dum apparuerit quod erimus, id est, immortales et gloriosi, in quo similes ei erimus. Similes dixit, non æquales. Similes videlicet non in corporis similitudine, sed in interiore homine, dicente beato Augustino in epistola ad Italicam virginem: « Quis autem dementissimus dixerit corpore nos vel esse vel futuros esse similes Deo? in interiore igitur homine ista similitudo est. » Videbimus ergo eum sicuti est, cum secundum suam pollicitationem diligentibus se manifestaverit seipsum sine fine existente : in quo Deum videbimus infinite, celebrantes perpetui sabbati solemnitatem, dicente nobis Domino : *Vacate et videte quoniam ego sum Dominus* (*Psal.* XLVI), quæ omnia non antea complebuntur in sanctis, nisi, juxta Apostolum, cum mortale hoc induerit immortalitatem, et corruptibile hoc vestierit incorruptionem. Nam si conregnamus ei, jam apparuit quod erimus ; si jam apparuit quod erimus, jam similes ei sumus ; si jam similes ei sumus, jam videmus eum sicuti est : non autem videmus eum sicuti est, nondum igitur conregnamus ei. Regnat ergo ille in nobis, non conregnat nobis : regnat videlicet, secundum beati Augustini sententiam, in credentibus, quia usque ad crucem et mortem infirmatus est : hoc autem modo Filius proprie regnat in fide credentium ; non enim Pater deus aut credi potest vel incarnatus, vel judicatus, vel crucifixus ; per speciem autem, qua æqualis est Patri, regnat in contemplantibus veritatem, non conregnat nobis, quia scilicet non participat nobis in regno. Ipsius enim proprie regnum est, sicut superius disputavimus. Nondum enim conregnamus ei quandiu hujus mortalitatis tunica induti sumus, quod tunc nos facturos esse per ejus misericordiam speramus, cum secundum contemplationem supernæ veritatis ad obtinendam beatitudinem nullo motu animi, nulla parte corporis resistente, nemine amante propriam potestatem, erit Deus omnia in omnibus.

CAPUT II.

De eo quod Constantinus et Hærena in epistola ad venerabilem papam apostolicæ sedis Adrianum directa scripserunt, Elegit nos Deus qui in veritate quærimus gloriam ejus.

Secundum Veritatis sententiam, qui a semetipso loquitur, gloriam propriam quærit. Quam prorsus hi qui in adorandis imaginibus exarserunt, adeo videntur quærere et amplecti, [a] ut prædecessores suos vel parentes cum actibus eorum non vereantur aspernari. Despectis enim illis atque spretis, jactant se in veritate gloriam Dei quærere, quos utique recte spernunt si ab ea Veritate quæ dixit : *Ego sum via, veritas, et vita* (*Joan.* XIV), ullatenus deviaverunt : qui ideo *via* dicitur quia per incarnationem bonis præbet vivendi exemplum. Dicitur etenim *veritas* Christus propter judicium quod in veritate exercet, sive quod in eo falsitas ulla penitus inveniri non possit. *Vita* propter deitatem, per quam est vitæ origo atque ei omnia vivunt : est enim recte ambulantium via ad vitam ducens æternam ; a qua via nos deviare propheta dissuadet cum dicit : *Apprehendite disciplinam ne quando irascatur Dominus et pereatis a via justa* (*Psal.* II). Cui viæ, de qua idem sanctus dicit, *Quoniam novit Dominus viam justorum* (*Psal.* I), auctor mortis contrarius est, de quo subjungitur, *Et iter impiorum peribit* (*Ibid.*). Nam si a veritate recesserunt, mendacio adhæserunt, mendaces effecti sunt. Si igitur a veritate recesserunt, mendaces effecti sunt, Ergo secundum denominativorum regulam, ut a veritate verax, a justitia justus, a pietate pius, a bonitate bonus, ita e contrario a mendacio mendax dicitur. Nam cum mendaces veritatem docere aut vix aut nunquam possint, mirandum est unde hi tam veraces tamque veritatis sectatores effecti sint : qui videlicet secundum suam opinionem a mendacibus docti et geniti sunt. Non ergo gratiam Dei in ea veritate quærunt, de qua pia Veritas et vera Pietas dixit : *Si permanseritis in verbo meo, cognoscetis veritatem, et veritas liberabit vos* (*Joan.* VIII). Sed in imaginibus artificum industria formatis, quæ spectatores suos plerumque ob rerum gestarum memoriam inducunt in admirationem, adoratores vero semper in errorem. Non enim mediocris est error cum aliud adoratur religionis cultu, quam is qui dixit, *Dominum Deum tuum adorabis et illi soli servies* (*Deuter.* VI). Veritas semper intemerata et inviolata perseverans unius modi est. Istæ vero pro voluntate artificis plura se demonstrant agere cum nihil agant. Nam cum videntur homines esse cum non sint, pugnare cum non pugnent, loqui cum non loquantur, audire cum non audiant, cernere cum non cernant, innuere cum non innuant, palpare cum non palpent, etc., hujuscemodi constat figmenta artificum esse, non eam veritatem de qua dictum est, *Et veritas liberabit vos* (*Joan.* VIII). Imagines namque eas sine sensu et ratione esse verum est, homines autem eas esse falsum est ; quas et si quis secundum æquivocorum rationem homines dici posse affirmet, ut, Augustinus fuit summus philosophus, et, Augustinus legendus est, et, Augustinus pictus in ecclesia stat, et, Augustinus illo loco sepultus est, animadvertat hæc omnia quanquam ab uno fonte, id est Augustino, processerint, hunc solum fuisse verum Augustinum, de quo dictum est *summus philosophus,* cætera vero aliud esse codicem, aliud imaginem, aliud corpus sepultum. Inter hominem autem pictum et verum, hoc principaliter interest quod unus illorum est verus, alter falsus, nec uspiam nisi in nominis societate junguntur. Nam cum hic verus sit, qui hac definitione definiri potest ut dicatur, animalis, rationalis, mortalis, risus sensusque capax, necessario ille falsus habendus est qui horum nihil habet ; et si ille qui iis omnibus caret falsus non est, nec ille verus est qui iis omnibus regulis subjacet. Ecce cernuntur plures stare imagines, quarum quædam sunt colorum fucis compaginatæ, quædam auro argentove conflatæ, quædam in ligno cælatoris scalpello figuratæ, quædam in marmore incisæ, quædam in gypso vel testa for-

---

[a] *Ut prædecessores suos vel parentes.* Ita perpetim in his libris, qui vulgo *prædecessores.* Similiter leges hoc lib., cap. 9, 20, 28 ; lib. II, cap. 23 et 31, lib: IV, cap. 6, 10, 13 et 22. Opinor ad eam formam qua jurisconsultis dicuntur, *proavus, propatruus, proabunculus;* etc.

matæ, in quibus quidem quantum in illis est; et imaginis similitudo, et superscriptio nominis una est : verbi gratia et imago Pauli est, et superscriptio, *sanctus Paulus*. Sciscitandum ab eis est qui tanto errore laborant, ut eas pro arbitrio suo et veritatem et sanctas et veras, et non potius secundum venerabilium Patrum traditionem sanctorum imagines dicunt, quæ cunctis comparata sanctior vel verior, quæ omnium sanctissima aut verissima esse credenda est, quas dum eos æquales dicere pro materiarum et magnitudinum vel operum discretione ratio non permiserit, et quasdam quibusdam sanctiores; et quarumdam sanctissimas fateri compescuerit, profiteri compelluntur secundum veritatis indagatricem rationem, nec veritatis capaces nec sanctas dici debere : quoniam quidem et pretio sunt inæquales, quo sibimet per comparationis gradus præferuntur, et sanctitatis et veritatis merito æquales, qua omnes omnino carent. Sicut enim pretiosa imago pretiosiorem et pretiosissimam admittit, ita sancta et vera sanctiorem et veraciorem, sanctissimam et veracissimam posset admittere, si tamen esset positivus gradus a quo comparativus et superlativus valerent emergere. Esto, inest depictæ imagini sanctitas : ubi antequam fieret fuit? an in ligno quod ex silva ad usus sumitur, cujus residuum ignibus mancipatur? an in coloribus qui plerumque rebus impuris conficiuntur? an in cera quæ et colorum et sordium capax est? Si in ligno, cur id quod secure retundente, ascia remordente, runcina radente abstrahitur, rogo consumptum, in favillas redactum, aut de coloribus manu artificis in diversa dilapsum, aut de cera nimio calore ignis liquefactum guttatim destitutum perit, cum sanctitas perire nesciat? Aut si in his quæ exsecuti sumus sanctitas non est, et revera non est, quærendum unde ei postquam ex pluribus materiis compaginata est, accedat; quæ dum neque per manus impositionem, neque per aliquam canonicam consecrationem ei accedere inveniatur, nec inesse credenda est. Quæ si inesset, quæri poterat utrum ea vetustate fatiscente cum ea fatisceret, an ad aliam quæ ex rudimentis conficeretur transiret? Nam si ei inesset, aliunde veniret; si aliunde veniret, ad aliam transiret. Non autem ad aliam transit, non igitur ei inesse credenda est. Quæ dum ita se habeant, quisquis eas veritatem dicit, ot in eis se gloriam Dei quærere asserit, longe a veritate discessit. Non autem in imaginibus manufactis gloriam Dei David senserat cum dicebat, *Super cœlos gloria ejus* (*Psal.* CXIII), neque cœlestis ille exercitus cum psallebat : *Gloria in excelsis Deo* (*Luc.* II), sed neque in vastissima eremo populo Dei in quadam imagine gloria Domini apparebat cum dicitur : *Apparuit gloria Domini* (*Exod.* XV; *Levit.* IX; *Num.* XIV, XVI, XX); et illud : *Operuit tabernaculum gloria Domini* (*Exod.* XL). Multa enim contra hujus capituli non mediocre deliramentum secundum sanctarum Scripturarum auctoritatem et secundum veritatis indagationem dici poterant : sed hæc breviter pro tempore dicta sufficiant, nec ad alia properantibus hæc obstaculo sint.

CAPUT III.

De eo quod Constantinus et Hærena gesta vel scripta sua divalia nuncupant.

Priscæ gentilitatis obsoletus error Christi adventu repulsus quoddam cernitur in his reliquisse vestigium, qui se fidei et religionis Christianæ jactant retinere fastigium, qui et intra Ecclesiam novas et ineptas constitutiones audacter statuere affectant, et se *divos* suaque gesta *divalia* gentiliter nuncupare non formidant. Unde fit ut quod protoplasti perpetravere florigera in sede virosa serpentis promissione illectu, hoc isti perpetrent in Ecclesia antiqui hostis fraude decepti : cum videlicet et isti per inanis gloriæ celsitudinem se *divos* nominare non renuant, et per avaritiæ rapacitatem, per quam vanæ laudis culmen adire tentant, Ecclesiæ novum aliquod inferre contendant. Quicunque ergo alta plusquam ordo exposcit appetit, et extraordinarie plus esse cupit quam est, ab eo qui humilia respicit et alta a longe cognoscit dejectus, minus incipit esse quam est. Quod illorum exemplo approbari potest, quorum dum alter sedem suam ab aquilone ponere disponens, angelico honore et consortio privatus tenebris caliginis hujus est deputatus; alter inobediens divinis præceptis et esse cupiens sicut Deus, deliciosissima sede ejectus immortalitate amissa ad hujus mortalitatis labores et ærumnas est destinatus. Quorum si vitandi sunt casus, fugiendi sunt actus; si fugiendi sunt actus, humilitatis amplectendus est usus. Si igitur vitandi sunt casus, humilitatis amplectendus est usus, per quem cum cæteris bonorum operum instrumentis et di possumus fieri, sicut ille cui dictum est, *Ecce constitui te deum Pharaonis* (*Exod.* VII), et filii Dei, juxta illud quod scriptum est, *Quotquot autem receperunt eum, dedit eis potestatem filios Dei fieri his qui credunt in nomine ejus* (*Joan.* 1). Nam cum essentialiter Deus dicatur creator omnium, juxta illud, *Quoniam Deus magnus Dominus et rex magnus super omnem terram* (*Psal.* XCV), est alius modus quo abusive di et superæ potestates et homines di vocantur, dicente Apostolo, *Et si sint qui dicantur di sive in cœlo, sive in terra, nobis tamen unus est Deus Pater* (*I Cor.* VIII); et Psalmista, *Ego dixi : Di estis* (*Psal.* LXXXII); tertio namque modo secundum sacrilegam superstitionem aeriæ potestates di nuncupantur, juxta illud, *Quoniam omnes di gentium dæmonia* (*Psal.* XCVI). Nam primo modo nullus essentialiter Deus dici potest, nisi ille qui est ineffabilis, incommutabilis, sempiternus, omnipotens, qui est summum bonum, singularis apex, trinus in personis, unus in natura, qui est super omnia Deus benedictus in sæcula. Secundo modo et angeli et homines di dici possunt : ad quod dignitatis nomen non nisi Deo obediendo, et humilitatem amplectendo, et arrogantiam spernendo, et ei per bonum opus inhærendo pervenitur. Tertius modus plures habet species nam et dæmonia di a gentibus, et sidera sive plura de creaturis mundi di putabantur et dicebantur ; et mundanarum quarumdam artium inventores, et urbium conditores, vel sceptra imperialia retinentes, post mortem in deos credebantur transferri, et divi vocabantur, et simulacra illorum di nuncupabantur. Quæ nomina aspernato vero Deo, contempta humilitate, dæmonica vel humana sibi arrogantia usurpavit : quæ ita Christianus odisse debet, sicut odit auctorem : quisquis enim auctorem mendacii sprevit, mendacium spernere debet; et qui mendacium spernit, mendax quoque nomen spernere debet. Qui igitur auctorem mendacii sprevit, mendax quoque nomen spernere debet : auctor autem mendacii ille est de quo dictum est, *Ab initio mendax fuit et in veritate non stetit* (*Joan.* VIII). Mendax nomen *divale* non immerito est, quod peccatores pro suis meritis æternis suppliciis mancipatos divinitatem astruere nititur esse adeptos. Si ergo hujus nominis amatores hoc ad divinitatem minime pertinere fatentur, audiant ipsos gentiles qui hoc nomine familiarius in suis litteris utebantur, et *divos* pro dis, et *deos* pro divis pene indifferenter ponere consuevisse : *divos* pro dis, ut est illud (Ex Virgilio) :

..... Tu das epulis accumbere divum ;

et iterum ,

..... Quæ sunt ea numina divum
    Flagitat,

id est, deorum. *Deos* autem pro divis, ut est illud ,

An Deus immensi venias maris, ac tua nautæ
    Numina sola colant.

Octaviano enim dictum est, quem post mortem in divum transferri putabant. Cesset igitur, cesset falsi nominis ambitio, destituatur antiqui erroris vestigium, facescat cæcæ superstitionis vocabulum, abdicetur procacis nominis supercilium, pellatur a fidelibus in divos transferendorum hominum gentile mendacium. Jam veritas de terra orta est, jam ortus est fidelibus sol justitiæ, jam qui sedebat in tenebris vidit lucem magnam, jam habitantibus in regione umbræ mortis lux orta est. Omnia falsa, veritate veniente, cassata sunt. Nam si falsorum deorum gentilis opinio falsa est, post mortem in divos transferendorum hominum fabula falsa est. At si post mortem in divos transferendorum hominum fabula falsa est, *divalis* nominis nuncupatio vana est. Si igitur falsorum deorum gentilis opinio falsa est, *divalis* quoque nominis appellatio vana est. Liquido ergo patet rem falsam falsum nomen habere, et falso nomine eos qui veritatis discipuli sunt nuncupari non debere. Nam etsi qui forte catholici defunctos quosque *divæ memoriæ* nuncupasse uspiam reperiantur, manifestum est eos usum fuisse secutos gentilitatis, sicut nomina dierum et mensium gentilium vanitatibus plerumque nominantur. Sed hæc et his similia Romana potius ambitio quam apostolica admisit traditio. Nos denique qui et veritatis sectatores, et ab ipsa veritate redempti sumus, sicut sprevimus gentilium deorum mendacium, spernere debemus gentilia vocabula, Apostolo docente qui ait, *Quæ societas lucis ad tenebras? quæ autem conventio Christi ad Belial* (*II Cor.* VI)? A qua conventione ipso annuente liberemur, qui nos, ereptos de tenebris et umbra mortis, transtulit in regnum Filii dilectionis suæ, in quo habemus redemptionem in remissionem peccatorum.

CAPUT IV.

De eo quod Constantinus et Hœrena in epistola sua venerabili papæ Adriano urbis Romæ scripserunt : Rogamus tuam paternitatem et maxime Deus rogat qui nullum hominem vult perire.

Qui Deum sibi *conregnare* procaciter, et sua gesta *divalia* superbe et gentiliter dicere audet, indubitanter et Deum, cujus est regnum et imperium, quempiam rogare dicere audebit : ut dum sibi temerariam celsitudinem prorogat, divinæ majestatis imperio quiddam derogare contendat. Nec mirandum est cur sua præsumat attollere, cum divina verbis indoctis nitatur submittere. Deus enim imperando lucem condidisse legitur, et aquas ab aquis discrevisse, et limitem his, ne denuo confunderentur, firmamentum posuisse, et terram multigenis seminibus fecundasse, et cœlum splendifluis siderum fulgoribus perornasse, [a] et aquas natalibus, aera volatilibus complevisse, et hominem sive omnium rerum creationem patrasse : et isti dicunt, « Rogamus tuam paternitatem, et maxime Deus rogat, qui nullum hominem vult perire. » De Moyse legitur eo quod *fecerit quod Dominus imperarat* (*Exod.* XL); et idem scribit : *Ad imperium Domini movebant castra filii Israel, et ad imperium Domini ponebant ea* (*Num.* IX); et iste dicit : maxime quidem Deus rogat, ut pote qui incommutabilis, ineffabilis, sempiternus est, et omnium visibilium et invisibilium naturam imperio creavit imperioque gubernat, *rogare* incipiat. Quod quidem verbum non potestatis, sed deprecationis est, non auctoritatis, sed necessitatis, non imperantis, sed obsecrantis. Nam cum in Deo indigentia nulla sit et *rogare* obsecrantis sit, et *obsecrare* indigentis, quisquis igitur Deum rogare quid dicit, ei procul dubio indigentiam ascribit. Cui si indigentia inest, et necessitas. Si necessitas inest, omnipotentia deest. Omnipotentia autem illi est, igitur indigentia deest. De eo enim scriptum est : *Excelsus super omnes gentes Dominus, et supra cœlos gloria ejus* (*Psal.* CXIII). Quod si forte ei convenire posse dicunt *rogare*, propter personam Filii, qui secundum Apostolum *semetipsum exinanivit, formam servi accipiens, in similitudinem hominum factus, et habitu inventus ut homo* (*Philip.* II); audiant eum dicentem, *Lazare, veni foras* (*Joan.* XI); et iterum, *Tolle grabatum tuum et vade* (*Joan.* V, XI), et iterum : *Talita cumi* (*Marc.* V); et rursus, *Adolescens, tibi dico, Surge* (*Luc.* VII), et cætera hujusmodi, quæ non rogantis, sed imperantis, non postulantis, sed jubentis, verba sunt : cujus imperii potestatem in ejus nomine etiam

---

[a] *Et aquas natalibus, et aera volatilibus.* Sic emendavit Lindenbruchius, cum in vulgatis legeretur *natalibus*, quod hic nihili verbum est.

apostolos legimus habuisse. Ait enim pastor Ecclesiæ cum Æneam curasset, *In nomine Jesu Nazareni surge et ambula (Act.* III*).* Ecce in nomine Jesu Petrus imperat, et illi Jesum rogare debere dicunt : servus imperio in Domini nomine dat languido sanitatem, et illi dicunt eum rogare debere sacerdotem. Non hoc prudentiæ, sed summæ amentiæ deputandum est. Qui si ad sui erroris munimen illud forte usurpare velint quod ipsa Veritas dicit, *Ego rogabo Patrem, et alium Paracletum dabit vobis* (Joan. XIV); et illud: *Pater, clarifica tuum nomen* (Joan. XII); perpendant non eum hoc dixisse secundum divinitatem, in qua unius cum Patre substantiæ æqualis Patri permanet de qua dicit, *Ego et Pater unum sumus* (Joan. X), sed secundum humanitatem, qua *Verbum caro factum est, et habitavit in nobis* (Joan. I), et de qua dicit, *Pater major me est* (Joan. XIV). Qui dum in forma servi minor sit Patre, in forma Dei æqualis ei procul dubio creditur : unde et Apostolus ait, *Non rapinam arbitratus est esse se æqualem Deo* (Philip. II), id est, non ei fuit tanquam rapina, quasi alienum appeteret : qui sicut coæternus, ita coæqualis est Patri; quem idem Apostolus verum hominem et verum Deum confitetur cum dicit, *Quorum patres, et ex quibus Christus, qui est super omnia Deus benedictus in sæcula* (Rom. IX). Cui si secundum illorum socordiam, quem piam rogare necesse est, alicui subest; et si alicui subest, non est super omnia. Super omnia autem est, non igitur ei quempiam rogare necesse est. Audiant ergo, audiant hujusce dicti auctores quid beatus Ambrosius contra quosdam fidei hostes de hoc verbo dixerit : « Sed lectum est quia *rogavit*, disce distantiam, rogat quasi Filius hominis, imperat quasi Dei Filius. An non defertis hoc Dei Filio quod etiam diabolus detulit, et vos majore sacrilegio derogatis. Ille dicit, *Si Filius Dei es, dic lapidi huic ut fiat panis.* Ille dicit, impera; vos dicitis, obsecra. Illo credit quod jubente Dei Filio elementorum rerumque in adversum natura vertatur : vos creditis quod nisi roget Dei Filius, nec voluntas ipsius impleatur. » Hoc quidem pugione lorica fidei munitus Ecclesiæ præliator contra hostes fidei dimicavit. Inter quos quisquis numerari formidat, talis dicti insaniam fugiat. Dicat interea sanctus evangelista quid Dominus discipulis formidantibus, cum jam navicula operiretur fluctibus, fecerit. *Tunc surgens*, inquit, *imperavit ventis et mari, et facta est tranquillitas magna* (Matth. VIII; *Marc.* IV; *Luc.* VIII). Dicat etiam quid centurio Domino ad domum suam pergere et puerum curare disponenti dixerit, *Domine, non sum dignus ut intres sub tectum meum; sed tantum dic verbo, et sanabitur puer meus* (Matth. VIII). O infausta locutio ! O exsecrabilis error ! O superbia tumorem potius quam fortitudinem ingerens, inflationem potius quam vires augmentans ! Centurio illudendum, flagellandum, passurum, mortem gustaturum, ad inferna descensurum verbo tantum imperii puerum sanare credit : et tu eum sedentem ad dexteram Patris in cœlestibus super omnem principatum, et potestatem, et virtutem,

et dominationem, et omne nomen quod nominatur non solum in hoc sæculo sed etiam in futuro, quempiam rogare dicis ! Non igitur ei necesse est rogare qui cœlestium, terrestrium et infernorum creditur potestatem habere.

CAPUT V.

Quod non parvi sit piaculi Scripturas sanctas aliter intelligere quam intelligendæ sunt, et ad hos sensus usurpatas accommodare quos illæ non continent : sicut in erronea synodo quæ in Bithynia, regnante Constantino; mediante Hærena matre ejus, residente Tharasio Constantinopolitano episcopo, gesta est.

Sacræ legis docente didicimus oraculo quod percussa petra latices sitienti profluxerint populo, et eamdem petram Christum sentire debere documento instituimur apostolico. Qui dum sit petra, cujus fluentis arentia corda irrigantur ; et flumen, cujus impetus lætificat civitatem Dei; et fons vitæ, a quo credentibus perpetua vita manat; et panis cœlestis, qui æternæ famis inediam a fidelium cordibus eradicat : quisquis ejus spirituales potus et spirituales escas aliter quam ille dat percipit, divinas videlicet Scripturas alio sensu, et non eo quo a sancto Spiritu traditæ sunt interpretari nititur, ab ejus pascuis alienus esse convincitur. *Eloquia namque Domini*, ait Propheta, *eloquia casta, argentum igne examinatum* (Psal. XII) ; quorum castitatem ille procul dubio adulterina labe vitiare appetit qui ea ad extranei sensus commistionem sociare contendit. Qui enim propter arrogantiæ et vanæ laudis appetitum ad sui erroris munimen astruendum, divinarum Scripturarum attrahit testimonium, quid aliud facit nisi castitatem divini eloquii probrose captivat in adulterium ? Et argentum igne divini Spiritus examinatum ad aliorum metallorum, id est extraneorum sensuum, protrahit inquinamentum. De talibus Dominus ita queritur per prophetam, *Dedi eis argentum et aurum, et illi fecerunt Baal* (Ose. II), id est, spiritalis intelligentiæ dignitatem et eloquii venustatem ad pravorum sensuum et inanis gloriæ verterunt immanitatem. Nam cum legislator dicat : *In dextera Domini ignea lex* (Deut. XXXIII), mirandum est quantæ sint hebetudinis qui nec ejus mulcentur candore, nec ejus terrentur ardore. Sicut enim eos qui ad eam intelligendam puro sensu et devota mente accedunt, perlustrat sui splendore candoris, ita e contrario qui ad eam sibi temere usurpandam appropinquant, perurit sui magnitudine ardoris. Sicque qui ei inhærent humili mente et sacratis sensibus, gressus habent munitos in præsentis vitæ stadio illius lampadis illuminatione ; illi vero qui eam petunt cum extraneis et temerariis sensibus, æterni ignis cremantur adustione, quod figuratum est in quatuor filiis Aaron. Nam cum Eleazar et Itamar juxta institutionem Moysi ignem sanctuarii Domino offerentes sacerdotalis infulæ dignitatem indepti sunt : Nadab vero et Abiu ignem alienum Domino offerre nitentes, formidolosissime atrocissimo mortis genere multati sunt; quorum quisquis vult vitare periculum, debet fugere exemplum. Quem ergo, quem in hoc facto qui bene dicta male interpretari arripiunt, imitantur, nisi eum qui quod de ingrediamur, dignum duximus ut qualiter sancta simplici viro justo dictum est, in mediatore Dei et Romana Ecclesia cæteris Ecclesiis a Domino prælata hominum interpretari conatur, cum dicit : *Scriptum* et a fidelibus consulenda sit, prosequamur : præsertim cum non ab aliis Scripturis nisi ab his quas illa *manibus tollant te, ne forte offendas ad lapidem pe-* inter canonicas recipit, testimonia sint sumenda, nec *dem tuum (Matth.* iv). Ut enim validus esset sui ten- aliorum doctorum nisi eorum qui a Gelasio vel cætamenti argumentum, divinorum apicum traxit exem- teris illius sanctæ sedis pontificibus suscepti sunt, plum, quo libentius abhauriretur suæ tentationis dogmata sint amplectenda : nec aliter atque aliter pro poculum, si sanctarum Scripturarum haberet condi- cujuslibet arbitrio, sed sane sobrieque quæ ab illis mentum. ᵃ Nam si in interpretandis Scripturis imi- dicta sunt, sint intelligenda. Ait enim beatus Augutandus est, et in fallacibus tentamentis sequendus : stinus cum institueret, quæ scripturæ essent recipiet si in fallacibus tentamentis sequendus est, et in endæ vel qualiter intelligendæ : « Erit igitur divicæteris moribus amplectendus : non autem in cæte- narum Scripturarum solertissimus indagator qui ris moribus amplectendus est, non igitur in interpre- primo totas legerit notasque habuerit Scripturas, etandis Scripturis imitandus. Ait enim beatus Hiero- si nondum intellectu, jam tamen lectione, duntaxat nymus, « Male diabolus Scripturas interpretatur. » ᴮ eas quæ appellantur canonicæ. Nam cæteras securius Siquidem et hæretici et schismatici, qui ejus utique leget, fide veritatis instructus, ne præoccupent imbesequaces sunt, male divinas Scripturas intelligunt, cillum animum, et periculosis mendaciis atque phanpejus interpretantur, pessime vero observant. Catho- tasmatis eludentes præjudicent aliquid contra sanam lici autem Veritatis eruditi exemplis et antiqui hostis intelligentiam. In canonicis autem Scripturis Eccleresistunt tentamentis, et hæreseorum obsistunt ma- siarum catholicarum quamplurimum auctoritatem chinamentis, et divini verbi manna puro et sano sequatur : inter quas sane illæ sint quæ apostolicas sensu suscipientes, ejus dulcibus aluntur alimentis : sedes habere et epistolas accipere meruerunt. » Nam quibus non importune collectum manna vermes cum hic cunctis per orbem constitutis sedibus apoebullit, id est non ejus conscientiæ arcana et sen- stolicis generaliter præferat sedes, multo magis illa suum intima superbiæ stimulis confodit. Discussis omnibus præferenda est quæ etiam cæteris apostoliitaque quæ vel arroganter vel indocte a Constantino cis sedibus prælata est. Sicut igitur cæteris discipuet Hærena ad venerabilem papam urbis Romæ Adria- lis apostoli, et apostolis omnibus Petrus eminet, ita num scripta sunt, sive quam brevissime digestis qua- nimirum cæteris sedibus apostolicæ, et apostolicis liter Scripturæ sanctæ non aliter intelligendæ, vel Romana eminere dignoscitur. Hæc enim nullis syninterpretandæ, vel pro suo cuique arbitrio proprio ᶜ odicis constitutis cæteris Ecclesiis prælata est, sed sensui accommodandæ sint, sed secundum sanam ipsius Domini auctoritate primatum tenet, dicentis, sobriamque doctrinam intelligi debeant, nunc testi- *Tu es Petrus, et super hanc petram ædificabo Eccle-* moniorum ordinem qui a sanctis Scripturis sive a *siam meam, et portæ inferni non prævalebunt adver-* sanctorum Patrum tractatibus digestus est, et inor- *sus eam : et tibi dabo claves regni cælorum, et quod-* dinate sive non proprie ab his qui in præfata synodo *cunque ligaveris super terram, erit ligatum et in cœlis :* sedisse noscuntur, usurpatus, ordine competenti do- *et quodcunque solveris super terram, erit solutum et in* mino favente exsequamur ponentes duntaxat sum- *cœlis (Matth.* xvi). Cui non incongrue beati Pauli matim quid sanctorum Patrum de his definierit sen- doctoris gentium est attributa societas, ut illius sanctentia, vel quomodo a venerabilibus viris prolata sint, ctæ Ecclesiæ omnino firmaretur auctoritas : quatequæ ad suum errorem astruendum illorum agglome- nus altero ad piscandas animas electo ex piscatore, ravit amentia : quibus pro tempore in præsentibus altero ad muniendam Ecclesiam ex persecutore : duobus primis voluminibus enumeratis, quid proprio ut in altero Dei Filii vera confessio, in altero appasensu minus docte et contra sanctorum Patrum in- reret divini verbi sacra prædicatio; cum alteri constitutionem ob adorandarum imaginum superfluam ᴰ cesserit idem Dei Filius claves regni cælorum, alteri protulerint constitutionem, sequentium duorum li- clavem aperiendorum legalium verborum : utrique brorum series Domino annuente discutiet, præmitten- tamen virtutem signorum, quo alter ad eum cruce, tes in sequenti capitulo qualiter sancta Romana Ec- alter gladio pergens, fidelibus arrhabonem corporalis clesia inter cæteras Ecclesias maxime venerationi sarcinæ relinquentes, et exempli fulgore, et verbi habita, pro causis fidei sit consulenda. decore, et sancto cruore supradictam Ecclesiam Romanam ei dicarent, quam supra solidissimam petram

CAPUT VI.

Quod sancta Romana, catholica et apostolica Ecclesia cæteris Ecclesiis prælata, pro causis fidei cum quæstio surgit omnino sit consulenda.

Antequam discutiendorum testimoniorum quæ absurde Orientales in sua synodo taxaverunt, silvam

fundatam nec descendens pluvia, nec venientia flumina, nec flantes venti ruere compellerent. Hæc ergo sanctæ fidei spiritalibus munita armis, et a fonte lucis et origine bonitatis, salutaribus satiata fluentis, et horrendis atrocibusque hæresum obsistit et in fallacibus tentamentis sequendus. Et si in fallacibus tentamentis, etc. » Nihil verius, et confirmat quod legitur lib. III, cap. 12 : « Et contemptis fallacibus diverticulis. »

ᵃ *Nam nisi interpretandis Scripturis imitandus est, et in facilibus tentamentis sequendus.* Locus pravatus et toto sensu aberrans. Restituam sensu exigente : « Nam si in interpretandis Scripturis imitandus est,

monstris, et melliflua praedicationis pocula catholicis per orbem ministrat Ecclesiis. Nam beatissimus Hieronymus, vir divinis legibus et multarum linguarum peritia eruditus, dum Bethlehemiticis moraretur in arvis, et a beato papa Damaso Romae posito de difficilibus consuleretur quaestionibus, eum pro causis fidei versa vice consuluisse dignoscitur, et sive tacendarum sive dicendarum hypostaseon, vel quibus in Orientalibus partibus communicare debeat humilimis apicibus ut apices accipiat deprecatur. Mira res et magnis praedicanda praeconiis. Interrogat a quo interrogatur, consulit a quo consulitur, qui magistrum se in interpretandis divinis Scripturis sentit, in causis fidei venerandi pontificis se discipulum minime erubescit : et cui sacrae legis quaestionum nexus enodat, utrum hypostasis dicere debeat, quibusve in Oriente communicare, efflagitat. Unde datur intelligi sanctos et eruditos viros per diversas mundi partes praedicationis et scientiae lampade coruscantes, non solum a sancta Romana Ecclesia non recessisse, sed etiam tempore necessitatis ob fidei corroborationem ab ea adjutorium implorasse. Quod regulariter, ut praefati sumus et exemplis docuimus, omnes catholicae debent observare Ecclesiae, ut ab ea post Christum ad muniendam fidem adjutorium petant : quae non habens maculam, nec rugam, et portentuosa haeresum capita calcat, et fidelium mentes in fide corroborat. A cujus sancta et veneranda communione multis recedentibus nostrae tamen partis nunquam recessit Ecclesia, sed ea apostolica eruditione instruente, et eo *a quo est omne donum optimum et omne datum perfectum* (*Jacob.* 1) tribuente, semper suscepit reverenda charismata. Quae dum a primis fidei temporibus cum ea perstaret in sacrae religionis unione, et ab ea paulo distaret, quod tamen contra fidem non est, in officiorum celebratione, venerandae memoriae genitoris nostri illustrissimi atque excellentissimi viri Pipini regis cura, et industria sive adventum in Gallias reverentissimi et sanctissimi viri Stephani Romanae urbis antistitis, est ei etiam in psallendi ordine copulata, ut non esset dispar ordo psallendi quibus erat compar ardor credendi; et quae unitae erant unius sanctae legis sacra lectione, essent etiam unitae unius modulationis [*Al.* modulaminis] veneranda traditione, nec sejungeret officiorum varia celebratio quas conjunxerat unicae fidei pia devotio. Quod quidem et nos, collato nobis a Deo Italiae regno fecimus, sanctae Romanae Ecclesiae fastigium sublimare cupientes, et reverentissimi papae Adriani salutaribus exhortationibus parere nitentes : scilicet ut plures illius partis Ecclesiae, quae quondam apostolicae sedis traditionem in psallendo suscipere recusabant, nunc eam cum omni diligentia amplectantur, et cui adhaeserant fidei munere, adhaereant quoque psallendi ordine : quod non solum omnium Galliarum provinciae, et Germania, sive Italia, sed etiam Saxones et quaedam Aquilonaris plagae gentes per nos, Deo annuente, ad verae fidei rudimenta conversae, facere noscuntur, et ita beati Petri sedem in omnibus sequi curant, sicut illo pervenire quo ille claviculatius exstat, desiderant. Ad quam beatitudinem nos pervenire, et in sanctae Ecclesiae consortio et unione ille nos faciat perseverare, qui Ecclesiam suam in Petro dignatus est fundare : et ipso interveniente cujus cathedrae sumus sequaces, regni coelorum, cujus ille claviger factus est, mereamur effici compotes.

CAPUT VII.

Quod non ad adorandas imagines pertineat quod scriptum est, Creavit Deus hominem ad imaginem et similitudinem suam (*Gen.* 1).

In hoc testimonio inconsequenter, et ultra quam inconsequenter, ab illis in sua synodo ob adorandarum imaginum astruendum errorem posito, non nostro ingenio plurimum est sudandum, cum tot indiciis ab eorum sit assertione alienum; quoniam ubi nulla est verisimilitudo, non magna in discernendo oritur disputatio. Quia ergo a nullo in quo sanae mentis viget acumen, illi rei creditur pertinere cui illi hoc nituntur accommodare, sed spiritale dictum spiritali disserendum est indagatione, restat ut quid de eo sanctorum Patrum protulerit stylus, sententiali brevitate notemus : quatenus quod ab illis est negligenter usurpatum, et a viris venerabilibus et Spiritu sancto repletis spiritualiter prolatum, lectoris industria sit diligenter acceptum. Ait enim beatus Ambrosius : «In principio ipsius mundi Patrem et Filium esse audio, et unum opus cerno : audio loquentem, agnosco facientem, et de Patris et Filii unam imaginem, unam similitudinem lego : similitudo haec non diversitatis, sed unitatis est. Non enim homo ad imaginem Dei nisi per imaginem Dei esse potest. Imago ergo Dei ex interioris hominis nobilitate est consideranda : primo quidem, ut sicuti Deus unus, semper, ubique totus est, omnia vivificans, movens et gubernans, sicut Apostolus confirmat, quod *in eo vivimus, movemur et sumus :* sic anima in suo corpore ubique tota viget vivificans illud, movens et gubernans. Nec enim in majoribus corporis sui membris major, et in minoribus minor, sed in minimis tota, et in maximis tota : et haec est imago unitatis omnipotentis Dei, quam anima habet in se : quae quamdam sanctae Trinitatis habet imaginem : primo in eo, quia sicut Deus est, vivit et sapit, ita et anima secundum suum modum est, vivit et sapit. Est quoque et alia Trinitas in ea, qua ad imaginem sui Conditoris perfectae quidem et summae Trinitatis quae est in Patre, Filio et Spiritu sancto condita : et licet unius sit illa naturae, tres tamen in se dignitates habet, id est intellectum, voluntatem et memoriam, quod idem licet aliis verbis in Evangelio designatur dum dicitur : *Diliges Dominum Deum tuum ex toto corde tuo, et ex tota anima tua, et ex tota mente tua* (*Deut.* vi), id est, ex toto intellectu, et ex tota voluntate, et ex tota memoria. Jam sicut ex Patre generatur Filius, ex Patre Filioque procedit Spiritus sanctus, ita ex intellectu generatur voluntas, et ex his item ambobus procedit memoria, sicut facile a sapiente quolibet intelligi potest. Nec enim anima perfecta esse potest sine his tribus, nec horum trium unum aliquod, quantum ad suam pertinet beatitudinem, sine aliis duobus integrum constat: et sicut Deus Pater, Deus Filius, Deus et Spiritus sanctus est, non tamen tres di sunt, sed unus Deus tres habens personas, ita et anima intellectus, anima voluntas, anima memoria, non tamen animæ tres in uno corpore, sed una anima tres habens dignitates. Atque in his tribus ejus imaginem mirabiliter gerit in sua natura noster interior homo. Similitudo vero in moribus cernenda est : ut sicut Deus creator, qui hominem ad similitudinem suam creavit, est charitas, est bonitas, et justus, patiens atque mitis, mundus et misericors, et cætera virtutum sanctorum insignia quæ de eo leguntur, ita homo creatus est ut charitatem haberet, ut bonus esset, et justus, et patiens atque mitis, mundus et misericors foret : quas virtutes quanto plus quisque in seipso habet, tanto propius est Deo, et majorem sui Conditoris gerit similitudinem. » Beatus quoque Augustinus ita hominem ad imaginem et similitudinem Dei factum esse disseruit ; « Cum exteriorem et interiorem hominem divina Scriptura commemoret, et tantum eos discernat, et ab Apostolo dictum est : *Et si exterior homo noster corrumpitur, sed interior renovatur de die in diem :* quæri potest utrum unus horum factus ad imaginem et similitudinem Dei ? Nam illud quærere stultum est, si unus quis eorum dubitat, eum potius qui renovatur quam eum qui corrumpitur dicere : utrum autem ambo, magna quæstio est. Nam si exterior homo est Adam, et interior Christus, bene ambo intelliguntur ; sed cum Adam sicut a Deo factus est bonus non manserit, et diligendo carnalia carnalis effectus sit, non absurde videri potest hoc ipsum ei fuisse cadere, imaginem Dei et similitudinem amittere : ac per hoc ipse renovatur, et ipse etiam interior. Quomodo ergo est ipse et exterior ac secundum corpus, ut interior sit secundum animam ; et interior sit resurrectio et renovatio, quæ nunc fit secundum mortem prioris vitæ, id est peccati, et secundum regenerationem novæ vitæ, id est justitiæ, quos idem duos homines sic appellat, ut unum veterem quem debemus exuere, alterum novum et cum induendum commemoret : quorum rursus illum appellat imaginem terreni hominis, quia secundum peccatum primi hominis geritur, qui est Adam ; alterum imaginem cœlestis hominis, quia secundum justitiam secundi hominis geritur, qui est Christus : exterior autem homo qui nunc corrumpitur futura resurrectione renovatur, cum istam mortem persolverit quam naturæ debet, lege illa quæ in paradiso pro præceptum data est. Quomodo autem non sit incongruum quod dicitur etiam corpus factum ad similitudinem Dei, facile intelligit qui diligenter attendit, quod dictum est, *Et fecit Deus omnia valde bona* (Gen. I). Nemo enim dubitat quod sit ipse primitus bonus ; multis enim modis dici res possunt similes Deo, aliæ secundum virtutem et sapientiam factæ,

quia in ipso est virtus et sapientia non facta, aliæ in quantum solum vivunt, quia ille summe et prime vivit, aliæ in quantum sunt, quia ille summe ac primitus est. Et ideo quæ tantummodo sunt, nec tamen vivunt aut sapiunt, non perfecte, sed exigue sunt, ad similitudinem ejus, quia et ipsa bona sunt in ordine suo, cum sit ille supra omnia bonus a quo bona sunt. Omnia vero quia vivunt et non sapiunt, paulo amplius participant similitudini : quod enim vivit, etiam est, non autem quidquid est etiam vivit. Jam porro quæ sapiunt ita illi similitudini sunt proxima, ut in creaturis nihil sit propinquius. Quod enim participat sapientiæ, et vivit, et est ; quod autem vivit necesse est ut sit, non necesse est ut sapiat. Quare cum homo possit particeps esse sapientiæ secundum interiorem hominem, secundum ipsum ita est ad imaginem, ut nulla natura interposita formetur, et ideo nihil sit Deo conjunctius ; et sapit enim et vivit et est : qua creatura nihil est melius. Quod si exterior homo vita illa accipitur qua per corpus sentimus quinque notissimis sensibus, quos cum pecoribus habemus communes (nam et ista molestiis sensibilibus quæ persecutionibus ingeruntur corrumpi potest), non immerito et ipse homo particeps dicitur similitudinis Dei, non solum quia vivit, quod etiam in bestiis apparet, sed amplius, quod ad mentem convertitur se regentem, quam illustrat sapientia, quod in bestiis non potest ratione carentibus. Corpus quoque hominis quia solum inter animalium terrenorum corpora non pronum in alvum prostratum est, cum sit visibile et in tuendum cœlum erectum, quod est principium visibilium, quanquam non sua, sed animæ præsentia vivere cognoscatur, tamen non modo quia est et in quantum est, utique bonum est, sed etiam quia tale est ut ad contemplandum cœlum sit aptius, magis in hoc ad imaginem et similitudinem Dei quam cætera corpora animalium facta jure videri potest : tamen quia homo sine vita non recte appellatur, non corpus solus homo exterior, neque sola vita quæ in sensu est corporis, sed utrumque simul rectius fortasse intelligatur. Neque inscite distinguitur quod aliud sit imago et similitudo Dei, qui etiam Filius dicitur, aliud ad imaginem et similitudinem Dei sicut hominem factum accipimus. Sunt etiam qui non frustra intelligant duo dicta esse ad imaginem et similitudinem : cum si una res esset, et unum nomen sufficere potuisse asserunt, sed ad imaginem mentem factam volunt, quæ nulla interposita substantia ab ipsa veritate formatur, quæ etiam spiritus dicitur, non ille Spiritus sanctus qui est ejusdem substantiæ cujus Pater et Filius, sed spiritus hominis ; nam ita hos discernit Apostolus : Nemo scit quid agatur in homine nisi spiritus hominis : et nemo scit quid agatur in Deo nisi Spiritus Dei (*I Cor.* II). Item de spiritu hominis dicit : Salvum faciat spiritum vestrum, animam et corpus ; et iste enim factus est a Deo sicut et cætera creatura. Scriptum est enim in Proverbiis hoc modo : Scito quoniam Dominus corda hominum novit, et qui finxit spiritum omnibus ipse scit omnia. Ergo iste spiritus ad imaginem Dei nullo dubitante factus accipitur, in quo est intelligentia veritatis : hæret enim veritati nulla interposita creatura, cætera hominis ad similitudinem facta videri volunt, quia omnis quidem imago similis est, non autem omne quod simile est etiam imago proprie, sed forte abusive dici potest. Sed cavendum in talibus ne quid nimis asseverandum putetur illa re sane salubriter custodita, ne quoniam corpus quodlibet per localia spatia porrectum est, aliquid tale credatur esse substantia Dei. Nam res quæ in parte minor est quam in toto, nec dignitati animæ convenit, quanto minus majestati Dei? » Ecce quam subtiliter quamque salubriter sancti viri hominem ad imaginem et similitudinem Dei factum esse, imaginem videlicet in anima, in qua est intellectus, voluntas et memoria; similitudinem in moribus, id est, in charitate, justitia, bonitate et sanctitate, quæ omnia incorporea sunt, intelligentes disseruere : a quorum sensu et doctrina quantum distent qui hoc testimonium imaginibus artificum manu formatis accommodant, non nostro est disserendum eloquio, sed lectoris reservandum judicio, ut quantæ in hac parte sint vecordiæ non noster eum stylus, sed suus permoneat sensus. Quisquis igitur ita hominem ad imaginem et similitudinem Dei factum esse, sicut ad imaginem hominis imaginem ab artifice formatam esse credit, aliquid in Deo corporeum, quod credere nefas est, credere se ostendit. Nam si id quod homo ad imaginem et similitudinem Dei factus est, manufactis imaginibus convenit, secundum corpoream speciem homo ad imaginem Dei factus est; et si homo secundum corpoream speciem ad imaginem Dei factus est, corporeus est Deus : incorporeus autem Deus est : non igitur id quod homo ad imaginem et similitudinem Dei factus est, manufactis imaginibus convenit.

CAPUT VIII.

Quæ sit differentia imaginis et similitudinis sive æqualitatis.

Quoniam, opitulante Deo, secundum sanam sobriamque doctrinam sanctorum Patrum sententiis imbuti, qualiter intelligendum sit quod *Deus hominem ad imaginem et similitudinem suam creaverit* (*Gen.* 1), exsecuti sumus, nunc operæ pretium est ut quæ sit differentia imaginis et similitudinis, seu etiam æqualitatis, breviter exsequamur : quatenus et illi qui ob adorandas imagines per patentes inanium assertionum campos effrenes feruntur, horum trium, quæ illi omnia pene unum putant, differentiam cognoscentes, in quanto sint errore perpendant, et studiosi quique hoc legentes ad quasdam intelligentiæ utilitates accedant. Hæc ergo tria distinguenda sunt, quia omne quod imago est, similitudo est, non tamen omne quod similitudo, imago est, et cum imago nunquam similitudine careat, similitudo vero multoties imagine careat, plerumque et similitudo et imago æqualitate carere noscuntur, quæ etiam æqualitas nunquam et imagini et similitudini copulari potest, quæ tria quanquam unius sint categoriæ quæ relatio dicitur, habent tamen inter se quasdam proprietates quibus aliæ carent. Nam imagini proprium est ut semper ab altero expressa sit, similitudini vero et æqualitati proprium est ut in sua substantia permanentes, non ab altero expressæ, sed aliis rebus assimilatæ vel coæquatæ hoc nomine censeantur, et imago magis vel minus non sibi admittat, similitudo vero et æqualitas admittant. Sicut enim dicitur magis similis vel minus similis, magis æqualis vel minus æqualis, non sic dici potest magis imago vel minus imago. Nam et in conversione earum quæ Græce antistrophe dicitur, subtilis quædam repugnantia est : quæ omnia persequi longum est, verumtamen ut horum trium nominum differentia lucidius pateat, beati Augustini verba ad medium deducenda sunt. Ait enim : « Ubi imago; non continuo similitudo, non continuo æqualitas : ubi æqualitas, continuo similitudo, non continuo imago, ubi similitudo, non continuo imago, non continuo æqualitas, ut in speculo est imago, quia de illo expressa est; est etiam necessario similitudo, non tamen æqualitas, quia multa desunt imagini quæ insunt illi rei de qua expressa est. Ubi æqualitas, continuo et similitudo, non continuo imago : velut in duobus ovis paribus quia inest æqualitas, inest similitudo. Quæcunque enim adsunt uni, adsunt et alteri, imago tamen non est, quia neutrum de altero expressum est : ubi similitudo, non continuo imago, non continuo æqualitas. Omne quippe ovum omni ovo, in quantum ovum est, simile est : sed ovum perdicis quamvis, in quantum est ovum, simile sit ovo gallinæ, nec imago tamen ejus est, quia non de illo expressum est : nec æquale, quia brevius est, est et alterius generis animantium. Sed ubi dicitur, non continuo, utique intelligitur quia esse aliquando potest : potest ergo esse aliqua imago in qua sit etiam æqualitas : ut in parentibus et filiis inveniretur imago, et æqualitas, et similitudo, si intervallum temporis defuisset. Nam et de parente expressa est similitudo filii, ut recte imago dicatur, et potest esse tanta, ut recte etiam dicatur æqualitas, nisi quod parens tempore præcedit, ex quo intelligitur et æqualitatem aliquando non solum similitudinem habere, sed etiam imaginem, quod in superiore exemplo manifestum est. Potest etiam aliquando esse similitudo et æqualitas, quamvis non sit imago, ut de ovis paribus diximus : potest similitudo et imago, quamvis non sit æqualitas, ut in speculo ostendimus : potest et similitudo esse, ubi et æqualitas et imago sit, sicut de filiis commemoravimus, excepto tempore quo præcedunt parentes. » His igitur hujus differentiæ regulis breviter prolatis, ad ea quæ incœpta sunt ordine competenti transeamus, et divinæ legis testimonia ab illis non recte usurpata, a nobis venerabilium Patrum documentis recte sint promulgata : quatenus et illorum volatus, his alis fractis quas sibi arroganter accommodaverunt, fatescat, et studiosorum lecto-

CAPUT IX.

Quomodo intelligendum sit quod scriptum est, Abraham adoravit populum terræ, filios Heth (Gen. XXIII), sive quod Moyses Jetro legitur adorasse : quibus exemplis hi qui propter adorandas imagines synodos faciunt, suum errorem fulcire affectant : et quia nec Jacob Pharaonem, nec Daniel Nabuchodonosor regem, ut illi dicunt, uspiam legantur adorasse.

Illi qui in adorandis imaginibus æstuant, hoc peculiariter atque familiariter exemplo utuntur quod Abraham filios Heth, et Moyses Jetro sacerdotem Madian adorasse leguntur. Quorum quidem adoratio tantum distat a pictæ imaginis adoratione, quantum pictus ipse homo a veri hominis ratione. Quantum enim verus homo a picto, rationalis ab irrationali, sensibilis ab insensibili, animatus ab inanimato in sui definitione secernitur, tantum procul dubio et hujus adoratio ab illius adoratione discernitur. Aliud namque est hominem salutationis officio et humanitatis obsequio adorando salutare, aliud picturam diversorum colorum fucis compaginatam, sine gressu, sine voce vel cæteris sensibus nescio quo cultu adorare. Fraternitatem autem diligendam, et dilectionem erga proximos exhibendam, et humilitatis gradum amplectendam, per quæ nos mutuo salutantes adoramus, pene omnium sanctarum Scripturarum perdocemur exemplis : imagines vero adorare, vel salutare, vel quasdam insensatas nænias colere inhibemur potius quam instituimur, pene in cunctis divinæ Scripturæ locis. Nam, ut cæteros taceam, sacratissimus pastor, super quem solidissimam petram Ecclesia sancta fundata est, non ait imagines, sed *fraternitatem diligite* (I *Pet.* II) ; nec *subditi estote* picturis, sed *omni humanæ creaturæ* (*Rom.* XIII ; I *Petr.* II), et Dominum Christum sanctificare non imaginibus, sed in cordibus nostris instituit. Dementissimum sane et ab omni ratione seclusum est, hoc ad astruendam imaginum adorationem in exemplum trahere quod Abraham populum terræ, et Moyses Jetro sacerdotem Madian leguntur adorasse : cum videlicet plerumque sancti viri per humilitatem qua Deo placuerunt homines salutationis gratia adoraverint, plerumque ne ab aliis adorarentur humiliter refugerint, plerumque rigore suæ sanctitatis erecti superbus quosque adorare contempserint. Imagines vero nusquam nec tenuiter quidem adorare conati sunt. Nam in eo quod Abraham sive Moyses homines humiles suis utilitatibus necessarios, adorasse leguntur, et Mardocheus Aman hominem arrogantem, et in populi Dei interitum inhiantem, adorare contempsisse reperitur, hoc evidenter ostenditur quod sancti viri erga humiles, sive ut eos ad meliora hortentur, sive ut ejusdem summæ virtutis munera non amittant, per eamdem humilitatem sunt socii : contra pravorum vero nequitias, sive ut malorum societates declinent, sive ut eos resipiscere compellant, for titer sint erecti. In eo igitur quod Joannes in Apocalypsi ab angelo cohibetur ne se adoret, dicente eodem angelo : *Vide ne feceris : conservus tuus sum* (*Apoc.* XIX *et* XXII) ; et pastor Ecclesiæ Petrus blande centurionis adorationem vitaverit, dicens, *Surge, frater, et ego homo sum sicut et tu* (*Act.* X) ; et vas electionis Paulus cum Barnaba Lycaonum adorationem valida reluctatione spreverit, procul dubio omni creaturæ adoratio quæ solum Deum decet, qui solus adorandus, solus colendus est, impendenda esse vetatur, salva tantummodo salutationis causa per quam humilitas demonstretur. Dicat igitur nobis, dicat sanctissimus Augustinus quid de hac adoratione Abrahæ vel Moysi senserit ; ait enim : « Insinuatur hic etiam humilitatis exemplum, quod Moyses cum quo Deus loquebatur, non fastidivit neque contempsit alienigenæ soceri sui consilium, quanquam et ipse Jetro, cum Israelita non fuisset, utrum inter viros Deum verum colentes religioseque sapientes habendus sit, quemadmodum et Job cum ex ipso populo non fuisset, merito quæritur, imo credibilius habetur (ambigue quippe posita sunt verba) vel utrum sacrificaverit Deo vero in populo ejus quando vidit generum suum, vel utrum eum adoraverit ipse Moyses. Quanquam de adoratione etiamsi expresse positum esset, honor videretur socero redditus eo modo quo solet hominibus honorificentiæ causa exhiberi a patribus : sicut de Abraham scriptum est, quod adoraverit filios Heth. » Sed nec illud silentio prætereundum est quod dicunt Jacob Pharaonem adorasse, sive Daniel Nabuchodonosor regem, quod quidem nec in Hebræo habetur, nec in nostris Latinis codicibus, qui a beato Hieronymo ex Hebraica veritate translati sunt, uspiam reperitur. Non enim amplius quam semel Jacob in conspectu Pharaonis fuisse legitur : quod quidem hoc modo Scriptura narrat : *Post hæc introduxit Joseph patrem suum ad regem, et statuit eum coram eo ; qui benedicens illi, et interrogatus ab eo, quot sunt dies annorum vitæ tuæ ? respondit Jacob : Dies peregrinationis et vitæ meæ centum triginta annorum sunt parvi et mali, et non pervenerunt usque ad dies patrum meorum quibus peregrinati sunt : et benedicto rege egressus est foras.* In quibus verbis non eum adorasse, sed benedixisse monstratur. Quod quidem et si fecisset, non ideo faceret ut inde adorandarum imaginum exemplum sumeretur, sed ut humilitas sancti patriarchæ Deum timentis, regem honorificantis monstraretur. Quæ dum ita se habeant, reor quod illi arbitrentur divinam Scripturam illo familiarissimo illorum loquendi genere, quod quidam acyrologiam nuncupant, uti, ut *benedicere* posuerit pro *adorare*, qui loquendi modus tanto eis peculiaris est, ut et *habere*, et *salutare*, et *osculari*, et *venerari*, pro *adorare* et ipsi ponant, et ab aliis positum accipiant, et ut ita dixerim pene omnia eis hujuscemodi verba in *adorare* conversa sint. Sancta vero Scriptura sicut cæteros errores, ita etiam hunc loquendi modum abnuit, sed puris, propriis, fixis sive prudentibus semper verbis sive sententiis utitur, Propheta attestante, qui ait : *Lex Domini irreprehensibilis* ; quæ si *benedicere* posuit pro adorare, impropriis dictionibus utitur. Si impropriis dictionibus utitur, reprehensibilis est : est autem irreprehensibilis, non igitur *benedicere* posuit pro *adorare*. Dic ergo tu, dic sancte Daniel, dic vir desideriorum, dic scrutator arcanorum, dic indagator Scripturarum, dic propheta qui Redemptorem mundi in eo apertius cæteris dixisse probaris, quia non solum scribis eum esse venturum, quod est tibi commune cum cæteris, sed quo tempore venturus sit doces, et reges per ordinem digeris, et annos enumeras ac manifestissima signa prænuntias : dic utrum Nabuchodonosor, ut illi garriunt, adoraveris? Non in meo volumine hoc, inquam, fecisse me legis: quod quidem et si fecissem, nulla ex parte inde illorum assertio fulciretur : ego proposui in corde meo ne polluerer de mensa ejus, neque de vino potus ejus, et illi me dicunt eum adorasse. Cadentem ergo in faciem suam, et me adorantem, et hostias et incensum sacrificare mihi præcipientem, et Deum deorum et Dominum regum et revelatorem mysteriorum, qui potest aperire sacramenta confitentem, et eum in me potius ob signorum magnitudinem, cujus ego habitaculum sum, quam me adorantem blandis alloquiis affatus sum et ab eo ut misericordiam semper exerceret in genere Israel, sive ut concaptivos meos, Ananiam, Azariam et Misaelem constitueret super opera provinciæ Babylonis postulavi, non adulatorie adoravi. Quem quidem et si adorassem, non rem quamdam insensatam adorarem, sed per humilitatis officium sublimiori potestati subditus manens, sciens non esse potestatem nisi a Deo, rationalem hominem salutando adorarem. Nam cum tam felicem quondam habuerim conversationem, ut quæsitis occasionibus ex latere regis quibus accusari possem ab invidis, et non in alio nisi in legitimis Dei mei accusatus fuerim, et in lacum leonum projectus, et nunc accuser adorasse quem non adoraverim, et a falsis testibus dicar egisse quod non egi, restat ut cum David clamem, *Insurrexerunt in me testes falsi, et mentita est iniquitas sibi (Psal.* XXVII): Cum ergo ob imaginum amorem et Jacob patriarcham et Danielem prophetam criminentur, et Scripturarum divinarum sensus ad peregrinas intelligentias convertere nitantur et suos prædecessores sive parentes contra legis imperium aspernentur, superest ut his tantum contenti sint, et earum patrocinio, si errorem suum corrigere nolunt, sicut et ipsi credunt, muniantur. Atque illi glorientur in imaginibus, nos autem gloriemur in cruce Domini nostri Jesu Christi, per quem nobis mundus crucifixus est nosque mundo.

CAPUT X.

De eo quod Joannes presbyter et legatus Orientalium incaute imaginum adorationem stabilire nitens, dixisse legitur, Erexit Jacob titulum Deo, quatenus et benedixit eum (Gen. XXXV).

Non mediocris socordiæ est hoc etiam ad imaginum adorationem astruendam exemplum proferre quod Jacob lapidem erexit in titulum, sicut Joannes presbyter et legatus Orientalium protulisse in eadem synodo quæ pro adorandis imaginibus agitata est, legitur : quoniam ille lapis non alicujus præteritæ rei imago vel similitudo fuisse creditur. Qui si ob alicujus præteritæ rei memoriam ab ejusdem rei similitudine expressus, et a sancto patriarcha ad adorandum fuisset erectus, quoddam fortassis posset illis ferre adminiculum, qui tanti erroris subire non formidavere periculum. Sed dum aliud sit quædam per patriarcham fieri ad præfigurationem futurorum, aliud a pictore pingi quædam ob memoriam præteritorum gestorum; aliud sit Spiritu sancto esse repletum, aliud pictoria arte imbutum; aliud iste gerat cœlesti munere fretus, aliud ille operandi usu expertus ; aliud sit Jacob in titulum erigere lapidem, aliud quemdam pictorem in pariete statuere imaginem ; aliud secundum typicam figuram desuper oleum fundere, aliud secundum vaniloquam assertionem adorare jubere; inutile et ultra quam inutile est hoc ad astruendam aliquam rem in exemplum proponere quod ab illa re omnium argumentationum diverticulis videtur distare. Nunquidnam Jacob illum lapidem ut adoretur erexit, aut alicujus rei in eo imaginem depinxit? Nam dum imagines pene nullum officium aliud nisi mentibus per sui intuitum memoriam inferendi habeant, lapis qui a patriarcha erectus est tria insignia et summo honore digna creditur officia habuisse. Primum, quod cervicem Israeliticam fulcierit, et pulvillis carenti patriarchæ pulvilli vicem præstiterit, et ejus capite fuerit oneratus, qui non solum scalam a terra usque ad cœlum pertingentem, et angelos per eam ascendentes et descendentes, sed etiam ipsum Dominum bona sibi pollicentem cernebat. Secundum, quod in insigne et titulum quo sanctus patriarcha illius sancti loci reminisceretur, erectus est, quo rediens prolis et conjugum affectu exhilaratus et magna rerum opulentia ditatus, sua Domino vota qui hæc sibi cuncta concesserat redderet. Tertium, quod typum gerebat nostri Mediatoris, qui factus est in caput anguli, et est mirabilis oculis nostris; qui unctus est a Patre oleo lætitiæ præ consortibus suis; quem et Daniel lapidem abscisum dicit de monte sine manibus præcidentium, absque coitu et humano videlicet semine ex utero virginali genitum. Quem et David petram nuncupat dicens, *Dominus petra mea et robur meum et Salvator meus (Psal.* XXXVII). De quo etiam in Isaia propheta scribitur : *Ecce pono in fundamentis Sion lapidem summum, angularem, probatum, electum, pretiosum, et qui crediderit in eum non confundetur (Isa.* XXIV). Qui idcirco angularis dicitur, eo quod duos parietes ex adverso venientes, ex circumcisione videlicet et præputio, vel etiam duo Testamenta in se summo, probato, electo et pretioso lapide conjungit, et in uno sanctæ Ecclesiæ cœtu, cujus ille caput est, connectit. De quo et per prophetam Zachariam paterna voce dicitur. *Ecce ego adducam filium meum Orientem : quia lapis quem dedi coram Jesu septem in eo oculi sunt (Zach.* III). In quibus septem oculis septiformis gratiæ Spiritus, qui a

Patre Filioque procedit, evidenter ostenditur : et per Isaiam prophetam : *Spiritus Domini spiritus sapientiæ et intellectus, spiritus consilii et fortitudinis, spiritus scientiæ et pietatis, spiritus timoris Domini nominatur* (*Isa.* xi). De quo etiam angulari lapide petra Ecclesiæ ait : *Sicut modo geniti infantes, rationabiles, sine dolo lac concupiscite, ut in eo crescatis in salutem : si tamen gustastis quam dulcis est Dominus, ad quem accedentes lapidem vivum, ab hominibus quidem reprobatum, a Deo autem electum et honorificatum* (I *Pet.* ii) ; et post pauca : *Vobis igitur honor credentibus, non credentibus autem lapis, quem reprobaverunt ædificantes, hic factus est in caput anguli, et lapis offensionis et petra scandali his qui offendunt verbo nec credunt in quo et positi sunt* (*Ibid.*). Quo documento monstratur illum et honorem fortitudinis credentibus, et scandalum duritiæ incredulis esse. Quod etiam per justum Simeonem hoc sensu prædictum est. Ait enim : *Positus est hic in ruinam et in resurrectionem multorum in Israel* (*Luc.* ii) : in ruinam scilicet incredulorum, in resurrectionem vero credentium ; qui etiam ignis nuncupatur, sive quod in se credentes æterni luminis fulgore perlustrat, sive quod incredulos æterni ignis ardore torrebit. De unctione vero hujus lapidis et paulo superius David oraculis prolatum est, et nunc præfati pastoris Ecclesiæ testimonio proferendum est, qui ait : *Jesum Nazarenum quem unxit Deus Spiritu sancto et virtute* (*Act.* x). Quia ergo Spiritus sanctus plerumque in divinis Scripturis olei nomine innuitur, Joannes apostolus testis est qui dicit, *Sicut unctio ejus docet nos de omnibus* (I *Joan.* ii). Cujus si inenarrabilis nectaris unctione delibuti sunt ob imaginum adorationem stabiliendam, synodos agitare et Scripturas sanctas ad extraneos sensus usurpare nequaquam debent.

CAPUT XI.

De eo quod præfatus Joannes dixit, In hominis forma luctatus est cum ipso, et vocavit eum Israel, quod est interpretatum : Mens videns Deum.

Sed nec illud quidem a reprehensione vacat quod idem Joannes presbyter et legatus Orientalium inter cætera deliramenta de Jacob dixisse fertur, *In hominis forma luctatus est cum ipso, et vocavit eum Israel, quod est interpretatum, Mens videns Deum,* cum hoc dictum et a re proposita longe distet, ª et in nominis interpretatione usitatiorem quamdam omittens, pene inusitatum quid personet. Nam dum quidam id nomen interpretentur, *Vir videns Deum,* quidam vero, *Fortis cum Deo,* nonnulli etiam veracius, *Princeps cum Deo,* nescio tamen an ullus eorum qui in canone recipiuntur, reperiatur hoc, *Mens videns Deum,* interpretatus fuisse : unde non solum ille reprehendendus est qui usitatioribus interpretationibus prætermissis pene inusitatum

quid protulit, sed et omnis illa synodus, quæ ei in pluribus somnianti assensum præbuit, quæ non solum dicenti non restitit, sed etiam dicta in volumine taxavit. Cum ergo sancta Ecclesia secundum sanctorum Patrum institutionem omne quod irreprehensibile est recipiat, omne vero quod reprehensibile abjiciat, hanc quoque eorum synodum, quæ utique reprehensibilis est abjicit : et si hanc quæ reprehensibilis est non abjicit, neque eas quæ irreprehensibiles sunt suscipit : suscipit autem eas quæ irreprehensibiles sunt, hanc igitur, quia reprehensioni patet, penitus suscipere non debet. Illas enim synodos sancta et universalis recipit Ecclesia, quæ pro diversis fidei sive religionis causis, diversis locis seu temporibus, a doctis et catholicis viris celebratæ, a sana sobriaque doctrina nullatenus deviare perhibentur. Præterea tanti patriarchæ cum angelo luctatio non quamdam imaginum adorationem, sed Dominicam præfigurasse dicitur in eodem populo passionem : qui populus et ei luctando prævaluit, quia crucifixit, et ab eo benedictionem in his qui in eum crediderunt accepit, et in his claudus qui in eum credere contempserunt, remansit, dicente beato Augustino : *Quod ab illo angelo desiderat benedici Jacob cui luctando prævaluit, magna est de Christo prophetia. Nam eo ipso admonet mysticum aliquid sapere, quia omnis homo a majore vult benedici. Quomodo ergo ab isto voluit quem luctando superavit ? Prævaluit enim Jacob Christo, vel potius prævalere visus est per eos Israelitas a quibus crucifixus est Christus : et ab eo tamen benedicitur in eis Israelitis qui crediderunt in Christum, ex quibus erat qui dicebat :* Nam et ego Israelita sum ex genere Abrahæ et tribu Benjamin (*Rom.* xi). *Unus ergo atque idem Jacob et claudus et benedictus. Claudus in latitudine femoris tanquam in multitudine generis, de quibus dictum est :* Et claudicaverunt a semitis suis (*Psal.* xviii). Benedictus autem in eis de qui*bui dictum est :* Reliquiæ per electionem gratiæ salvæ factæ sunt (*Rom.* xi).

CAPUT XII.

Quod non ad adorationem imaginum pertineat, nec in nostris codicibus qui ex Hebraica veritate translati sunt inveniatur, quod illi in sua synodo dicunt, Jacob suscipiens a filiis suis vestem talarem tabefactam Joseph, osculatus est cum lacrymis, et propriis oculis imposuit (*Gen.* xxxvii).

Non mirandum est si Jacob accusetur ab illis tunicam Joseph osculatus fuisse, et oculis imposuisse, a quibus etiam Pharaonem accusatur adorasse. Accidere etenim plerumque solet ut qui semel falli cœperit, crebro fallatur ; et qui semel a via recesserit, et tramitem sui itineris ducem sequi neglexerit, per abrupta et invia aßatim errore duce feratur. Tunica enim Joseph nec in Hebræis codicibus, nec in Latinis qui ex Hebraica veritate translati sunt

---

ª *Et in nominis interpretatione usitatiorem quamdam omittens, pene inusitatum quid personet.* Emendator, expreto τῷ *usitatiorem,* de suo substituit *visitatio*ɾ*em,* quo quid sibi velit non queo visitare. *Usitatio*ɾ*em,* subaudi ἀπὸ κοινοῦ *interpretationem.*

Astipulatur id quod sequitur : « Qui usitatioribus interpretationibus prætermissis pene inusitatum quid protulit. » Usitatior autem interpretatio est illa quam postremo loco ponit, *princeps cum Deo.*

a patre osculata vel oculis imposita fuisse narratur. Quod quidem et si factum fuisse narraretur, nullo modo in hoc facto vel tenuiter imaginum adoratio innueretur: cum tamen aliud sit adorare, aliud osculari, quod illi acyrologice unum putant: atque aliud pictam imaginem adorare, aliud a paterno affectu vestis filii qui exstinctus credebatur dolore compellente madescentibus fletu oculis imponi; aliud cuidam similitudini colla submittere, aliud præ cæteris dilecti filii vesti interna pietate osculum dare. Adeo itaque sanctus patriarcha angebatur animi procella turbati, ut non solum vestem filii quem inclementia mortis raptum credebat, oscularetur vel oculis imponeret, sed etiam consolatione postposita funereis vocibus lugubriter mala sua exaggerans, se etiam fore hunc ad infernum descensurum ediceret. Qualiter ergo beatus Jacob tunicam filii non osculatus fuisse, aut oculis imposuisse, sed vidisse tantum et cognovisse credatur, hoc ordine sancta Scriptura commemorat. Ait enim: *Tulerunt autem tunicam ejus, et in sanguine hædi quem occiderant tinxerunt, mittentes qui ferrent ad patrem, et dicerent: Hanc invenimus, vide utrum tunica filii tui an non. Quam cum agnovisset pater, ait, Tunica filii mei est: fera pessima comedit eum, bestia devoravit Joseph* (Gen. XXXVII). Denique quid hæc illius sancti viri tunica, per quam illi imaginum adorationem astruere nisi sunt, typicis præfiguraverit sacramentis et tacitis innuerit mysteriis, oportet ut breviter exsequamur, quo et illorum vana assertio destituatur, et lectoris animus mulceatur. Joseph namque, qui *augmentum* interpretatur, et ab Ægyptiis *Salvator mundi* est nuncupatus, illius typum gessit qui et genus humanum sua morte salvavit, et mundum spiritali frumento refecit, et in tantum augmentum suæ fidei semen crescere fecit, ut et totum mundum impleret, et per eamdem fidem terrena cœlestibus copularet. Ejus vestis hædi sanguine tincta est, quia in similitudine carnis peccati secundum Apostolum apparuit, et de peccato damnavit peccatum: vel etiam hostia pro peccatis effectus, peccata nostra portavit in corpore suo super lignum, ut a malis liberati cum justitia vivamus; cujus vulnere sanati sumus, qui veluti oves errabamus. Est etiam et vestis ejus sancta Ecclesia, quæ est corpus Christi, Paulo attestante, qui ait: *Gaudeo in passionibus meis, quia expleo ea quæ desunt passionum Christi in carne mea propter corpus ejus, quod est Ecclesia* (Coloss. I); quæ vestis polymita sive varia est, quia videlicet sancta Ecclesia de diversarum gentium sive linguarum varietate colligitur, Psalmographo docente, qui ait: *Astitit regina a dextris tuis in vestitu deaurato circumamicta varietate* (Psal. XLV). Solet etiam eadem vestis, quæ talaris fuisse describitur, sanctorum virorum, qui utique membra Christi sunt, perfectionem designare, qui perceptum boni operis indumentum ad talos, id est ad finem usque perducunt.

CAPUT XIII.

De eo quod inepte et inordinate dicunt, Si calumniaris me, quoniam ut Deum adoro lignum crucis, cur non calumniaris Jacob adorantem summitatem virgæ Joseph? sed manifestum est quoniam non lignum videns adoravit, sed per lignum Joseph, sicut et nos per crucem Christum.

Illud sane quod dicunt, Jacob etiam summitatem virgæ Joseph adorasse, non est omittendum, quoniam quidem magnum se ob adorandas imagines in hac re gratulantur habere exemplum: cum videlicet in Latinis codicibus non legatur, *Adoravit summitatem virgæ Joseph* (Gen. XLVII), sed in quibusdam, *Adoravit super caput virgæ* (Hebr. XI), et in Hebræa veritate, cui potissimum fides adhibenda est, nullam penitus vel tenuiter mentionem virgæ faciat, sed dicat tantum, *Adoravit Israel Deum conversus ad lectuli caput. In quo* utique, ut ait beatus Augustinus, *senex jacebat,* et sic positum habebat ut in eo sine labore quando vellet oraret. Quia ergo, ut præfati sumus, quidam Latinorum codicum habent, *adoravit super summitatem virgæ*, necesse est ut memorati doctoris documentis qualiter intelligendum sit explicemus, ait enim (quod habent Latini codices): Et adoravit super caput virgæ ejus. Nonnulli emendantes habent: Adoravit super caput virgæ suæ, vel in capite virgæ suæ, sive in cacumen vel super cacumen. *Fallit enim eos Græcum verbum, quod eisdem litteris scribitur, sive ejus, sive suæ: sed accentus dispares sunt, et ab eis qui ista noverunt in codicibus non contemnuntur. Valent enim ad magnam discretionem, quamvis et unam plus litteram habere possit, si esset suæ aut non esset* αὐτοῦ sed ἑαυτοῦ. Ac per hoc merito quæritur quid sit quod dictum est. *Nam facile intelligeretur, senem qui virgam ferebat eo more quo et la ætas baculum solet, ut se inclinavit ad Deum adorandum, id utique fecerit super cacumen virgæ suæ, quam sic ferebat ut super eam caput inclinando adoraret Deum. Quid est ergo, Adoravit super cacumen virgæ ejus, id est, filii sui Joseph? An forte tulerat ab eo virgam quando ei jurabat idem filius, et dum eam tenet post verba jurantis, nondum illa reddita, mox adoravit Deum? Non enim pudebat eum ferre tantisper insigne potestatis filii sui, ubi figuræ magnæ rei futuræ præsignabantur.* Dicant ergo, dicant quid contra hæc dicturi sunt, qui ob adorandas imagines tantum patriarcham criminari non formidant, et Scripturas sanctas vesana mente permutare affectant. Ecce Hebraica veritas eumdem patriarcham Deum adorasse ad caput lectuli clamat: ecce Latinorum bibliotheca eum aut super caput virgæ, aut in capite, aut in cacumine, vel super cacumen adorasse denuntiat: ecce vir eruditissimus Augustinus, et divini muneris flamine afflatus, solerti indagatione eum aut in suæ, aut in filii virgæ summitate Deum, non eamdem virgam nec eumdem filium adorasse personat.

Dicant quis sanctæ legis translator cum summitatem virgæ filii, et in eadem virga filium adorasse transtulerit: quis sanctæ legis studiosissimus indagator cum virgam filii vel filium potius quam Deum adorasse tractaverit: et cum hunc invenire nequiverint, depravatricem sive refragatricem, potius quam indagatricem suam intelligentiam divinarum Scripturarum esse persentiant. Jam vero quia pene omnis divinæ legis series ab illis ob imaginum adorationem aut mutilatur aut permutatur, nova necesse est post Moysen legis tradatur scriptio; nova post Ezram legis reperiatur restauratio; nova post Septuaginta Interpretes, Theodotionem et Symmachum et Aquilam, sive etiam beatum Hieronymum legis quæratur translatio; nova post apostolos et apostolicos viros Spiritu sancto repletos scrutetur tractatio, quæ adeo divinis Scripturis refragari queat, ut omnes imaginum adorationem spernentes anathematis vinculo nectat. Quæ sit præterea differentia crucis Christi et imaginum arte pictarum, vel quanto mysterio crux imaginibus emineat, sive quomodo humanum genus non per imagines, sed per crucem Christi redemptum sit, quæ duo illi vel paria vel æqualia putant, in sequentibus loco suo, Domino favente, explicabimus.

CAPUT XIV.

Non pertinere ad imaginum adorationem, ut illi dicunt, quod scriptum est, Jacob Pharaonem benedixit (*Gen.* XLVII).

Quod sæpe memoratus patriarcha Jacob Pharaonem non adorasse, sed benedixisse legatur, superius dictum est. Nunc vero quia in alia ejusdem vanissimæ synodi lectione *benedictio* quodammodo posita est pro adoratione, breviter exsequendum est. Quoniam quidem tantis est illius vanitatis scriptura ignorantiæ obsita caliginibus, ut nec sequentia præcedentibus, nec præcedentia convenire videantur sequentibus, et ut se habet vanitas mendacium, semper fugitiva, semper caduca, semperque libentia sequitur, dicente Salomone: *Qui incumbit mendaciis, hic pascit ventos, ipse autem sequitur aves volantes* (*Proverb.* X). Ut ergo imaginum adorationem, in quarum amore eorum mens pendet, et totius sanctitatis propositum est, stabiliant, plurima verba vel sensus quæ ad aliud pertinent in adorationem mutare affectant. Nam et hæc, quod idem sanctus vir Pharaonem benedixit, non ad eamdem benedictionem pertinere putant quam solent plerumque exsules civibus, subditi prælatis, pauperiores ditioribus, et quam maxime senes, qui sibi quædam commoda impendunt exhibere, sed ad nescio quam adorandarum imaginum picturam, quæ nimirum tanto inutilis est, quanto minus suæ utilitatis efficaciam potest loquendo edicere. Aiunt enim, *Benedixit Jacob Pharaonem*, sed non ut Deum benedixit; adoramus nos imaginem, sed non ut Deum adoramus. O inconveniens comparatio! O hebes conjectura! O stolidissima dictio! Similem dicis benedictionem, quam sanctus patriarcha regi exhibuit, qui præ cæteris dilectissimo filio insigne contulit potestatis: qui sibi cum universa prole uberem ad inhabitandum glebam concessit; qui sibi non cujuscunque provinciæ portionem, sed totius sui imperii terræ donavit optionem, adorationi quam imaginibus exhibes? Quæ adorantibus nihil præter rei memoriam cujus sunt, exhibere valent. Benedixit itaque Jacob Pharaonem, non ut Deum quem omnis creatura benedicit et laudat, neque ut picturam quam manus artificis aptat, sed ut hominem cui propter sublimitatem concessæ a Deo potestatis honor est exhibendus. Benedixit, inquam, eum, non ut imaginem insensatam, sed ut rationalem hominem; non ut industria pictoris compaginatum, sed ut ad Dei imaginem et similitudinem conditum; non ut in parietibus immobiliter stantem, sed ut sibi vel proli prospera commodantem: et, ut ita dixerim, benedixit Israel regem qui ejusdem spiritus nectare delibutus erat: qui postmodum per Apostolum dicturus esset, *Benedicite et nolite maledicere* (*Rom.* XII), qui non solum pro eo qui se et sobolem opulentia rerum ditabat, sed pro calumniantibus et persequentibus orare deberet. Non itaque hujuscemodi benedictio, quæ profecto bonæ retributionis causa exstitit celebrata, imaginum adorationi congruit, quæ neque se adorantibus, neque adorare spernentibus, quamdam pro qualitate meritorum possunt inferre retributionem.

CAPUT XV.

Quam absurde agant qui ad confirmandas imagines exemplum divinæ legis proferunt dicentes, propitiatorium et duos cherubim aureos et arcam testamenti præcipiente Domino Moysen fecisse.

Fecisse sanctus Moyses, præcipiente Domino, propitiatorium et arcam testamenti, et duos cherubim aureos, nec non et excidisse tabulas lapideas legitur; non tamen adorare jussisse, nec ea ob præteritarum quarumdam rerum memoriam, sed ob futurorum mysteriorum sacratissimam præfigurationem creditur condidisse. [a] Quæ dum ita se habeant, quantæ sint absurditatis, quantæ dementiæ illi qui his sacratissimis et summo honore dignis rebus, præcipiente Domino, a legislatore conditis, imagines æquiparare conantes, illarum adorationem his exemplis stabilire moliuntur, nec ferrea vox explicare, nec nostri sensus existimatio poterit indagare, præsertim cum illa sacratissimorum sensuum exuberent arcanis, hæc parum utilitatis habeant, excepta recordatione rei cujus sunt. Cum ergo arca testamenti Domini de lignis Setthim, jubente Domino, per legislatorem condita et inaurata sit, et introrsus habeat tabulas nihilominus fœderis et manna sive virgam Aaron, propitiatorium vero sit

---

[a] *Quæ dum ita se habeant, quantæ sint absurditatis, quantæque dementiæ illi, qui*, etc. In vulgatis legitur: « quantum ita sint absurditatis. » Pessime, et refellit locus geminus infra. c. 17 : « Quantæ sit absurditatis, quantæque dementiæ, pene infinitum est persequi. » Et lib. II, cap. ult. : « Quantæ sit arrogantiæ quantæque temeritatis parentes anathematizare. »

aureum in modum tabulæ, quod superimponebatur arcæ, ejusdemque longitudinis et latitudinis, tantæque formæ fieri sit jussum, qua et arca, ut eodem propitiatorio arca tegeretur, et duo cherubim aurei ductiles super ipsum propitiatorium essent, hinc atque inde alterutrum attendentes, ita ut vultus eorum in propitiatorium essent, et pinnis suis obumbrarent propitiatorium, et inde Deus loqueretur ad Moysen, de propitiatorio videlicet sive de medio cherubim, quis tam hebes tamque est demens, ut non solum habendarum, sed etiam adorandarum imaginum insolentissimum usum, horum tam terribilium tamque insignium mysteriorum comparatione conetur astruere? Nam dum istæ nihil aliud innuant, nisi interdum rerum gestarum ordinem, interdum non gestarum, sed fictarum mentiantur errorem, illa vero semper sanctis et excellentibus radiant mysteriis et rutilant sacramentis. Arca namque fœderis secundum quosdam Dominum et Salvatorem nostrum, in quo solo fœdus pacis apud Patrem habemus, designat, qui post resurrectionem suam ascendens in cœlum carnem quam assumpserat ex virgine, in Patris dextera collocavit. In quo sunt duæ tabulæ legis, duo videlicet Testamenta; in quo est virga Aaron, quæ fronduerat ei, quia ipse est rex et sacerdos: rex, quia de eo scriptum est: *Virgam virtutis suæ emittet Dominus ex Sion, et dominabitur in medio inimicorum suorum (Psal.* cx); sacerdos vero, quia de eo scriptum est : *Tu es sacerdos in æternum secundum ordinem Melchisedech (Psal.* cx *et Heb.* v); in quo est manna, cœlestis videlicet pabuli edulium, de quo edulio David egregius propheta dicit: *Panem de cœlo dedit eis, panem angelorum manducavit homo (Psal.* LXXVIII *et* IV, *Esd.* I); sicut et ipse in Evangelio dicit, *Ego sum panis vivus qui de cœlo descendi (Joan.* VI). Cui propitiatorium superponitur, quia scilicet legalibus sive evangelicis præceptis, quæ in eo fundata sunt, supereminet misericordia ejusdem mediatoris, per quam non ex operibus legis quæ fecimus nos, neque volentes, neque currentes, sed ejus miseratione salvamur; de quo etiam voce paterna dicitur, *Veritas mea et misericordia mea cum ipso, et in nomine meo exaltabitur cornu ejus (Psal.* LXXXIX); et qui per prophetam dicit: *Misericordiam volo et non sacrificium (Ose,* VI): et cui per Psalmistam dicitur, *Miserationes tuæ multæ, Domine (Psal.* CXVIII) : qui secundum Apostolum *propitiatio est pro peccatis nostris (Joan.* II). In quo sunt duo cherubim, scientiæ videlicet plenitudo, quæ in duobus Testamentis, ejus revelatione, monstrata est; qui invicem se attendunt, quia lex et evangelium magnam inter se consonantiam habent, dicente Domino, *Non veni legem solvere, sed adimplere (Matth.* v). Qui cherubim ideo versos vultus habent in propitiatorium, quia duo Testamenta spem semper in Dei misericordia ponendam omnino commendant. Desuper quo propitiatorio, id est, de medio cherubim loquitur Deus, quia idem Filius est Verbum Patris, *per quem facta sunt omnia (Joan.* I); et cum sit unius cum Patre substantiæ, sicut ipse in Evangelio ait, *Ego et Pater unum sumus* (*Joan.* X), sive ut Philippo ait, *Qui videt me, videt et Patrem (Joan.* XIV), Dei Patris in eo semper de medio duorum Testamentorum vox auditur : Secundum plerosque vero divinæ legis doctores qui hæc moraliter tractant, *aurum* sapientiam significat, *arca* secretum Dei. In arca jussa sunt poni lex et manna et virga Aaron. Per *virgam* potestas significatur, per *manna* gratia, quia nisi cum gratia non est potestas præcepta faciendi. Verumtamen quia lex a quovis proficiente non ex omni parte completur, propitiatorium est desuper : ad hoc enim opus est, ut propitius sit Deus; et ideo desuper ponitur, quia superexaltat misericordia judicio. Duo vero cherubim pinnis suis obumbrant propitiatorium, id est, honorant velando, quoniam ministeria ista sunt, et invicem se attendunt, quia consonant. Duo quippe ibi Testamenta figurantur, et vultus eorum sunt in propitiatorium, quia misericordiam Dei, in qua una spes est, valde commendant. Denique hinc se promisit locuturum Deus ad Moysen, de medio cherubim, desursum propitiatorii. Porro, si creatura rationalis in multitudine scientiæ, quoniam hanc interpretationem habent cherubim, duobus ipsis animalibus significatur, ideo duo sunt ut societatem charitatis commendent; ideo pinnis suis propitiatorium obumbrant, quia Deo, non sibi, tribuunt pinnas suas, id est Deum honorant virtutibus quibus præstant. Et vultus eorum non sunt nisi in propitiatorium, quia cuicunque profectui ad multitudinem scientiæ spes non est, nisi in Dei misericordia. Quia igitur tabulæ per quas duo Testamenta significari superius diximus, nullo terrore dantur, nullo strepitu ignium, nulla commotione nubium, nullo mugitu tubarum, sicut illæ quæ prius a Domino datæ et a Moyse comminutæ fuisse leguntur, quæ dum darentur Moysi, a populo dictum est: *Loquere tu nobiscum, et non loquatur ad nos Deus, ne forte moriamur (Exod.* XX), hoc evidenter innuitur, quod priores vetus Testamentum in quo terror erat, significaverint, posteriores vero novum, in quo dilectio. Quod vero priores opus Dei fuerint, secundæ opus hominis, et illæ conscriptæ digito Dei, istæ scriptæ ab homine narrentur, hoc apertissime declaratur, quod in illis vetus Testamentum, ut præfati sumus, significatum est, quia Deus ibi præcepit, sed homo non fecit. Lex enim posita est in veteri Testamento, quæ convinceret transgressores : unde et egregius prædicator ait, *Lex autem subintravit, ut abundaret peccatum (Rom.* V). Non enim implebatur timore, quæ non impletur nisi charitate : et ideo dicitur opus Dei, quia Deus legem constituit, Deus conscripsit; nullum opus hominis, quia homo Deo non obtemperavit, et eum potius reum lex fecit. In secundis autem tabulis homo per adjutorium Dei tabulas facit atque conscribit, quia novi Testamenti charitas legem facit. Unde mediator Dei et hominum legem non solvere, sed adimplere venit. Dicit autem et idem egregius prædicator, *Plenitudo legis charitas et fides quæ per dilectionem operatur* (Rom. xiii). Factum est itaque homini facile in novo Testamento quod in veteri difficile fuit, habenti fidem quæ per dilectionem operatur; atque illo digito Dei, hoc est Spiritu Dei, intus eam in corde scribente, non foris in lapide. Unde dicit Apostolus, *Non in tabulis lapideis, sed in tabulis cordis carnalibus* (II Cor. iii), quoniam charitas Dei qua veraciter impletur præceptum, diffusa est in cordibus nostris per Spiritum sanctum, qui datus est nobis. Hoc est ergo quod primo data est lex, ubi significatur vetus Testamentum, quod est opus tantummodo Dei et conscriptio digiti Dei, quod Apostolus dicit, *Itaque lex quidem sancta, et mandatum sanctum et justum et bonum* (Rom. vii). Lex ergo sancta et bona Dei opus est, ubi homo nihil agit, quia non obtemperat, sed reatu potius premitur lege minante atque damnante. *Peccatum enim,* inquit, *ut appareat peccatum per bonum, mihi operatum est mortem* (Ibid.); beatus autem homo est, cum hoc mandatum sanctum et justum et bonum adimplet. Est etiam opus ejus, sed per gratiam Dei. Hic enim sensus aptatur translationi veteri, in qua secundæ tabulæ a legislatore scriptæ fuisse memorantur. Cæterum quia in Hebraica veritate utræque, primæ videlicet et secundæ, a Deo scribuntur, hoc significatur, quia et vetus et novum Testamentum sancti Spiritus gratia, qui digitus Dei dicitur, conscriptum est, et in illo accipitur spiritus servitutis in timore, quia Deus jugum legis homini imponit, homo ferre non valet. In isto vero ubi tabulæ ab homine fiunt, a Deo scribuntur, homo obediendo accipit spiritum adoptionis. Hæc igitur insignia, arca videlicet et quæ in ea sunt, propitiatorium sive cherubim, semper a nobis spirituali intuitu cernantur, et tota mentis intentione quærantur. Nec ea in depictis tabulis sive parietibus quæramus, sed in penetralibus nostri cordis mentis oculo aspiciamus; et qui secundum Apostolum, revelata facie gloriam Dei speculantes in ejusdem imaginem transformamur, a claritate in claritatem, tanquam a Domini Spiritu non ambulantes in astutia, neque adulterantes verbum Dei, sed in manifestatione veritatis, non jam veritatem per imagines et picturas quæramus, qui spe, fide et charitate ad eamdem veritatem quæ Christus est, ipso auxiliante, pervenimus.

CAPUT XVI.

Quod nec inde adorandarum imaginum usus astrui possit, ut illi stultissime et irrationabiliter dicunt, eo quod in lege scriptum est : Ecce vocavi ex nomine Beseleel filium Ur, filii Hor de tribu Juda, et replevi eum spiritu sapientiæ et intelligentiæ, ad perficiendum opus ex auro et argento, et dedi ei Ooliab Achisama *(Exod.* xxxi).

Lex, ut ait Apostolus, *spiritalis est* (Rom. vii). Est enim nobis in præsentis sæculi caliginoso itinere ad dirigendos nostrarum mentium gressus a Deo collata, cujus jubare mentis acies perlustrata mysticorum sensuum possit intueri secreta. *Præceptum namque Domini lucidum,* ait propheta, *illuminans oculos* (Psalm. xix); atque idem, *Lucerna pedibus meis verbum tuum, Domine, et lumen semitis meis* (Psalm. cxix). De hac itaque per quemdam sapientem dicitur : *Lucerna est mandatum legis, et lux vitæ, et increpatio et disciplina.* Et Isaias dicit, *De nocte spiritus meus vigilat ad te, Deus, quia lux præcepta tua sunt super terram* (Isa. xxvi). Cujus lucis cum omnes eam non recte intelligentes expertes sint, hi nimirum prorsus expertes esse creduntur, qui ob nescio quam imaginum adorationem eam violenter ad suos sensus flectere nituntur, et in suo errore eam quodammodo sibi adminiculari affectant, cum ex ea, quanquam ad rem non pertinentia, tamen utcunque testimonia proferre tentant. Quia ergo Beseleel ad faciendum opus ex auro et argento a Domino sit electus, et spiritu sapientiæ et intelligentiæ et scientiæ repletus, ita hoc illi ad suum errorem muniendum in testimonium trahunt, ac si ea quæ per eum Domino jubente fiebant, et mysteriorum typicas figuras reddebant, adoranda forent. *Beseleel* igitur interpretatur, *in umbra Dei*; *Ur* ignis dicitur; *Hor,* lumen intelligitur. Cujus ergo iste *Beseleel,* qui, ut diximus, *in umbra Dei* interpretatur, typum gessit? nisi illius cui semper Ecclesia clamat, *Sub umbra alarum tuarum protege me* (Psalm. xvii), et, *Sub umbra alarum tuarum sperabo, donec transeat iniquitas* (Psalm. lvii), et de quo in Canticis canticorum sponsa dicit, *Sub umbra ejus quem desiderabam sedi* (Cant. ii). Hic enim filius Ur filii Hor dicitur, quia est splendor incnarrabilis, Deus ex Deo, lumen ex lumine, de quo per Habacuc prophetam dicitur, *Splendor ejus ut lumen erit* (Heb. iii). Deus namque, ut ait Moyses, *ignis consumens est* (Deut. iv et ix), quod et apostolus Paulus in epistola ad Hebræos iisdem verbis affirmat (Hebr. xii), et idem Dominus per Zachariam prophetam dicit, *Absque muro habitabitur Jerusalem præ multitudine hominum et jumentorum, et ego ero in circuitu ejus murus et ignis* (Zach. ii). Qui cum sit unius cum Patre substantiæ, et ad Moysen in igne loquitur, et ad discipulos in Evangelio ait : *Ignem veni mittere super terram, et quid volo nisi ut ardeat* (Luc. xii)? Nunquid non illo igne illorum pectora inflammata erant qui dicebant : *Nonne cor nostrum ardens erat in nobis, dum loqueretur in via, et aperiret nobis Scripturas* (Luc. xxiv)? Is ergo Beseleel ex nomine vocatur, quia ei paterna voce per Isaiam prophetam dicitur, *Et vocavi te nomine tuo, meus es tu* (Isa. xliii), et de quo per Moysen dicitur, *Ecce mittam angelum qui præcedat te, et custodiat in via, et introducat ad locum quem præparavi. Observa eum, et audi vocem ejus, nec contemnendum putes, quia non dimittet cum peccaveris, et est nomen meum in illo* (Exod. xxiii). Sed nec genus hujus Beseleel, qui ex nomine vocatus est, tacetur. Ait enim Scriptura : *Filium Ur filii Hor de tribu Juda.* Hic est enim de quo Israelitica voce ante prædictum est, *Catulus leonis Juda ad prædam, fili* mi, ascendisti (*Genes.* XLIX), id est, in crucem præ- daturus infernum, requiescens accubuisti *ut leo*, id est, in sepulcro; [a] *et quasi leæna, quis suscitabit eum?* quia per virtutem Patris tertia die a mortuis resurrexit. Per virtutem autem Patris illum resurrexisse audi Apostolum dicentem : *Hunc Deus suscitavit post diem tertium, et dedit illum manifestum fieri non omni populo* (*Act.* X). Dic, rogo, sancte Joannes, qui supra mediatoris Dei et hominum pectus recumbens, de æterni luminis fonte luciflua pocula hauriebas, unde quotidie ambrosei liquoris nectar Christicolis mentibus propinas, si nosti unde genus ducat iste Beseleel, cujus typum ille antiquus legalis quondam Beseleel gerebat. *Vidi*, inquam, *in dextera sedentis super thronum librum scriptum intus et foris, signatum sigillis septem. Et vidi angelum fortem, prædicantem voce magna. Quis dignus est aperire librum, et solvere signacula ejus? Et nemo poterat neque in cœlo, neque in terra, neque subtus terram aperire librum, neque respicere illum. Et ego flebam multum, quoniam nemo dignus inventus est aperire librum, nec videre eum. Et unus de senioribus dixit mihi: Ne fleveris; ecce vicit leo de tribu Juda, radix David, aperire librum, et solvere septem signacula ejus* (*Apoc.* V). Nam dum iste Beseleel, quem Christi figuram gestasse diximus, tantis virtutum prærogativis ornetur, ut et a Deo electus, et ex nomine vocatus, et Spiritu sancto repletus, et cujus filius vel de qua stirpe sit describatur, incassum ob imaginum adorationem firmandam in exemplum trahitur, cum videlicet cunctis pictoribus excellentior, cunctisque artificibus imagines formantibus credatur fuisse præstantior; cujus si operibus pictura vel cujuslibet opificio imagines conditæ assimilandæ sunt, illi quoque pictores vel cujuslibet artis opifices imagines condentes assimilandi sunt; et si illi pictores vel cujuslibet opificii homines imagines condentes assimilandi sunt, ipsi quoque opifices sive ab his conditæ imagines futurorum insignem præfigurationem gerunt : non autem pictores vel cujuslibet opificii homines nec opera eorum futurorum quamdam præfigurationem gerunt; non igitur illius operibus pictura vel cujuslibet opificio imagines conditæ assimilandæ sunt. Quia vero iste novus Beseleel, redemptor videlicet humani generis, spiritum sapientiæ, scientiæ et intelligentiæ habuerit, qui utique unius cum Patre et Filio substantiæ est, et a Patre Filioque procedit, Isaias propheta testis est. Ait enim : *Exiet virga de radice Jesse, et flos de radice ejus ascendet, et requiescet super eum spiritus Domini, spiritus sapientiæ et intellectus, spiritus consilii et fortitudinis, spiritus scientiæ et pietatis, et replebit eum spiritus timoris Domini* (*Isa.* XI). Et idem Dominus per eumdem prophetam dicit : *Spiritus Domini super me, propter quod unxit me* (*Isa.* LXI). Hic ergo quod facit ex auro et argento, facit in ornamentis tabernaculi, cum videlicet sanctos viros auro coruscantes, id est interiori intelligentia, *argento nitentes*, id est divinis eloquiis ornatos, et, ut ita dixerim, aurum in corde habentes, juxta illud, *Corde creditur ad justitiam*, argentum in confessione oris, juxta illud, *Ore autem confessio fit ad salutem* (*Rom.* X), in tabernaculo Dei, sancta scilicet Ecclesia, ad æternam patriam transituros constituit. Quæ duo *aurum* et *argentum*, id est, fidem et confessionem, Apostolus quærebat cum dicebat, *Quia prope est verbum in ore tuo et in corde tuo* (*Rom.* X) : quia si confessus fueris Dominum Jesum Christum, et credideris in corde tuo quod Deus illum suscitavit a mortuis, salvus eris. Quæ etiam ad exornandum tabernaculum Moyses quærebat, cum dicebat, *Sumite a vobis ipsis emptionem Domino : omnis qui conceperit corde, offerat initia Domino, aurum, argentum*, et cætera (*Exod.* XXXV). Qui etiam cum sit sapientia Dei Patris, in sanctis hominibus spiritali sensu exuberantibus habitare dignoscitur, dicente Scriptura : *Sapientia Dei super lapides pretiosos est, habitatio ejus in vasis aureis*. De qua sapientia alias per Salomonem dicitur : *Beatus homo qui invenit sapientiam, et affluit prudentia : melior est acquisitio ejus negotiatione argenti et auro primo, fructus ejus pretiosior est cunctis opibus, et omnia quæ desiderantur huic non valent comparari* (*Prov.* III). Quia ergo in argento eloquiorum divinorum nitor intelligitur, Psalmistæ testimonio approbandum est dicentis : *Eloquia Domini eloquia casta, argentum igni examinatum terræ purgatum septuplum* (*Psalm.* XI). Huic namque Beseleel ad peragendum opus in adjutorium datur Achisama. Quem namque Achisama iste qui adjutorium Christo præbet, nisi sanctos apostolos et apostolicos viros significat? qui nimirum dum per prædicationem, studia et bonorum operum exempla homines in Ecclesiæ gremio et virtutibus coruscare faciunt, et ad æternam patriam pertrahunt, Christo adjutores existunt. De quibus profecto erat ille qui dicebat : *Dei adjutores sumus, Dei agricultura estis, Dei ædificatio estis* (*I Cor.* III). Quæ igitur omnia dum allegoricis plena sint sensibus et tropicis per legislatorem prolata figuris, non solum dementissimum, sed etiam insanissimum est ea imaginibus, quas unusquisque opifex pro captu ingenii sui quales voluerit, imo quales potuerit, effecit, assimilare conari.

CAPUT XVII.

Quod non recte sentiant qui dicunt: Si secundum Moysi legitimam traditionem præcipitur populo purpura hyacinthina in fimbriis, in extremis vestimentis poni ad memoriam et custodiam præceptorum, multo magis nobis est per assimilatam picturam sanctorum virorum videre exitum conversationis eorum, et eorum imitari fidem secundum apostolicam traditionem.

Totum hoc capitulum commatice est considerandum, et per singula unicuique particulæ respondendum, quoniam, quanquam ad unius erroris tendat

---

[a] *Et quasi leæna quis suscitavit eum, quia per virtutem Patris tertia die a mortuis resurrexit.* Hiulca hæc sunt et ἄνοητα. Lego et distinguo ex originali : *leæna, quis suscitabit eum? quia*, etc.

propositum, ex multis tamen particulatim est erroribus compaginatum. Primo namque discutiendum est, cur purpuram hyacinthinam in eodem capitulo dixerint, cum videlicet alius color sit purpureus et alius hyacinthinus; et ª sicut non potest recte dici rubeus candor et candens rubor, velut si quis dicat argenteum aurum vel aureum argentum, ita nec recte dici potest purpura hyacinthina, ut converso ordine dici queat purpurea hyacinthus, quoniam talis derivatio reciprocata nullius sensus vigore manere poterit inconvulsa. Quoniam quidem, ut præfati sumus, alius color est hyacinthinus et alius purpureus, testis est ipsa lex a Domino per Moysen data, quæ singillatim hæc quatuor, hyacinthum videlicet, purpuram et coccum seu etiam byssum ad indumenta pontificis conficienda, vel cætera quæ ad sacrarium præparandum essent offerenda, designat. Quibus quatuor materiis majores nostri quatuor elementorum figuram, ex quibus mundus sive humanum corpus constat, significari dixerunt, et singulas tropologice virtutes innuere docuerunt. Hyacinthum ergo ad aerem referunt, quod et ipse indicat color, sicut et coccum ad ignem purpuram aquæ accommodant, eo quod de aquis accipiat fucum; byssum terræ, quia oritur ex terra. Denique et illud discutiendum est quod imaginum usum exemplo fimbriarum hyacinthinarum munire nituntur, cum præsertim illas priscæ legis in mysterium series in extremis vestibus poni jubeat, istas vero ut adorentur nec veteris nec novi Testamenti pagina uspiam in sacrariis poni præcipiat. Neque enim tanti erroris hoc exemplo valet astrui insania: quod per legislatorem idcirco collatum est, ut quæ jam arcani sensus innueret indicia, nec res bene jussa beneque gesta tanto deliramento poterit convenire collata. Illatis igitur Dominus per Moysen mandatis legis ad extremum intulit: *Ligabis ea in manu tua et erunt immota ante oculos tuos* (*Deut.* vi). Quæ nos spiritaliter dum opere complemus in manibus immota tenemus; et cum die ac nocte meditamur in eis, ante oculos collocata gestamus. Jussit quoque fimbrias hyacinthinas fieri in quatuor angulis palliorum, sive ad dignoscendum populum Israel, ut essent signum in veste, sicut circumcisio signum in corpore; sive ut nos, qui spiritalis Israel sumus, habeamus pro indumento justitiam et sanctam conversationem: hujus indumenti extremitas fimbriis hyacinthinis sit ornata, quatenus vita nostra sanctarum Scripturarum sit testimoniis erudita. Hic enim fimbriarum bonus usus et bene per legislatorem sive illi carnali Israeli, sive nobis spirituali bene concessus, male ab illis abusus potius quam habitus est. De quibus Veritas in Evangelio dicit: *Dilatant enim phylacteria et magnificant fimbrias* (*Matth.* xxiii). Cujus, quæso, isti, cujus exemplum tenent? nisi Pharisæorum qui dum volunt

vocari ab hominibus Rabbi, et quærunt primas in foro salutationes, primas in conventibus cathedras, dumque per appetitum vanæ laudis sua dicta vel facta cupiunt mandare memoriæ posteritatis, imagines quæ bene a quibusdam in basilicarum ornamentis constitutæ fuerunt, per ineptas et inutiles synodos male et ipsi adorant et alios adorare compellunt. Illi per inanem gloriam fimbrias magnificant, isti nihilominus per jactantiam imagines adorant; illi bene institutas male magnificando dilatant, isti bene conditas male adorando exaltant; illi putant Moysi præceptis parere fimbrias magnificando, isti putant se sanctis omnibus placere imagines adorando; ac per hoc quanquam per diversa discurrant et diversa diversis modis sequantur, ad unius erroris destinatam vesaniam tendere noscuntur: nec immerito, cum horum effectuum causæ sive efficientia nil aliud sint nisi ventosæ laudis gloria sive arrogantia. Ut ergo istius vanissimi capituli quod discutere commatice proposuimus, error expressius discutiatur, necesse est ut illius textus ex ordine repetatur. Garriunt enim: « Si secundum Moysi legitimam traditionem præcipitur purpura hyacinthina in fimbriis in extremis vestimentis poni ad memoriam et custodiam præceptorum, multo magis nobis est per assimilatam picturam sanctorum virorum videre exitum conversationis eorum. » Hoc quod dicunt, *multo magis*, quod pertinet ad *præcipitur*, ut subaudiatur, si populo præcipitur, multo magis nobis, nullum nec levem sensum quidem habere potest, quippe cum non solum multo magis non præcipiatur, sed nec æque quidem nec minus uspiam hic error præcipi videatur. Quod vero dicunt, *per assimilatam picturam videre exitum conversationis sanctorum virorum*, quantæ sit absurditatis, quantæque dementiæ, pene infinitum est persequi, cum videlicet in imaginibus non possit sanctæ conversationis virtus videri, sed solummodo illæ materiæ quibus ipsæ imagines formatæ sunt. Numquidnam virtutes et meritorum insignia, quæ illis utique in subjecto fuerunt; hoc est in animo, in his velut in subjecto quodam videri possunt, cum tamen in his non sit anima quæ subjacens esse possit virtutibus, in subjecto autem istis, hoc est in materiali corpore quodammodo colores sunt, virtutes autem his nec de subjecto, nec in subjecto esse possunt? Numquid igitur sapientiam et eloquentiam in istis cernere possumus, quam plerique illorum habuerunt? Numquidnam prudentiam aspicere in istis valemus, per quam agnitio veræ fidei et scientia divinorum apicum in illis fuit per quam trimodum illud intelligentiæ genus in divinis libris a prudentibus intelligitur? Quorum primum est per quod quædam ita accipiuntur historialiter, sepositis ænigmaticis vel allegoricis figuris, ut est decalogus legis. Secundum, per quod quædam in Scripturis

---

ª *Sicut non potest recte dici rubeus candor et candor rubeus, velut si quis dicat argenteum aurum vel auream argentum*. In his verbis nulla est reciprocatio, seu (ut inquit auctor) derivatio reciprocata;

ad cujus mentem probe locum (ut nobis videtur) redintegravimus, ad hanc faciem: « recte dici rubens candor et candens rubor, velut si quis dicat argenteum aurum, etc. »

mystice accipiuntur, tam secundum fidem rerum gestarum, quam etiam juxta figuram allegoricorum sensuum: sicut petra ex qua legislator latices elicuit et historialiter cautis fuit et aquas evomuit, et allegorice Christi figuram gessit, qui cum sit lapis in fundamento Sion fundatus, mellifluo spiritalis vitæ poculo credentium mentes satiat. Tertium genus est, quod tantum spiritaliter accipitur, sicut de Canticis Canticorum, in quibus nil historialiter, sed tantum spiritaliter, accipiendum est. An justitia in istis intueri potest, per quam sancti Deum timebant, religionem venerabantur, cunctis prodesse, nulli nocere curabant, fraternæ charitatis vincula amplecti, sive aliena pericula suscipere, vel etiam opem ferre miseris, nec non et boni accepti vicissitudinem rependere, seu æquitatem in judiciis conservare studebant? An illorum fortitudinem in pictorum coloribus perspicere possumus per quam magnanimes adversa æquanimiter toleravere, et his patienter cessere, et spretis illecebris fortiter restitere, per quam mordaces gazas et gloriæ appetitus effugerunt, per quam etiam nec adversis frangebantur, nec elevabantur secundis, cujus lorica induti fortes ad labores existentes, ad pericula contra improbos molestiis nullis cedentes animos paravere? An illorum temperantia in his imaginibus cernitur; per quam affectionem carnis moderantes restringebant appetitum? Cum ergo nil horum quæ prædiximus in istis videri possit, magnæ est temeritatis dicere, in *assimilata pictura videre exitum conversationis sanctorum*. Sequitur in eodem vanissimo capitulo, *et eorum imitari fidem secundum apostolicam traditionem*. Numquidnam eorum fides quæ secundum Apostolum per dilectionem operatur in imaginibus imitari potest? Sicut ergo non potest videri in his exitus conversationis sanctorum, sic nec fides imitari, quoniam quæ illis desunt in his nec videri nec per has imitari possunt. Omne quod caret vita, caret sensu; omne quod caret sensu, caret fide; omne igitur quod caret vita, caret fide. Nam cum sint spes, fides et charitas invisibiles et incorporalis qualitatis secundum proprietatem suæ substantiæ, in vero homine qui has habet, videri non possunt, nisi forte in operibus demonstrentur; sedes enim earum sicut et cæterarum virtutum, in anima est, quam constat esse invisibilem. Et si in vero, qui has utique habet, videri non possunt, multo minus in picto videri poterunt, qui non solum his, ut præfati sumus, sed etiam vita caret; et si in his videri non possunt, multo igitur minus imitari poterunt: unde datur intelligi vanam esse eorum fidem qui per imagines sanctorum fidem imitaturos se dicunt. Jam vero quia dicunt, Secundum apostolicam traditionem, dicant ubi ab apostolis aut exemplis aut verbis traditum sit per imagines videre exitum conversationis sanctorum et eorum imitari fidem. Exitum ergo conversationis sanctorum hoc modo demonstrat Apostolus, cum dicit: *Sancti omnes juxta fidem defuncti sunt non acceptis repromissionibus, sed a longe aspicientes et salutantes et confitentes quia peregrini et hospites sunt super terram;* sive cum dicit: *Sancti per fidem vicerunt regna, operati sunt justitiam, adepti sunt repromissiones, exstinxerunt impetum ignis, convaluerunt de infirmitate, fortes facti sunt in bello, vel cætera quæ sequuntur*. Quid ergo debeamus imitari evidentissime idem apostolus demonstrat, cum dicit: *Estote imitatores Dei, sicut filii charissimi (Ephes.* v); et in alio loco dicit: *Imitatores mei estote, sicut et ego Christi (I Cor.* ii). Unde liquido patet hanc esse apostolicam traditionem, ut non in picturis, sed in virtutibus videri possit sanctorum exitus conversationis, et eorum imitari fides, non imaginum fucis, sed in operibus bonis.

CAPUT XVIII.

Quod vana sit spes eorum qui salutem suam in imaginibus ponunt, dicentes: Sicut Israeliticus populus serpentis ænei inspectione servatus est, sic nos sanctorum effigies aspicientes salvabimur.

Spes eorum qui salutem suam in imaginibus ponunt ab Apostolo reprobatur, qui spem non in his quæ videntur, sed in his quæ non videntur esse disserit; ait enim: *Spes quæ videtur non est spes (Rom.* viii); quod enim videt quis, quid sperat? Si autem quod non videmus speramus, per patientiam exspectamus. Nam dum æneus serpens præcipiente Domino a Moyse conditus, et in sublimi fuerit, non ut adoraretur, positus, sed ut ad tempus ignitorum serpentium virosis obsisteret morsibus, falsæ spei ludificatione deluduntur, qui ita se manu factarum imaginum inspectione sanandos arbitrantur, sicut Israeliticus populus illius ænei serpentis inspectione ab ignitarum pestium mortiferis ictibus sanabatur, præsertim cum ille ut fieret, Moysi a Domino imperatum est: hæc vero ut fiant nullius Scripturæ textu sit institutum. Quid ergo serpens ille, cujus inspectione a serpentibus vulnerati sanabantur, significaverit, ipso Redemptore nostro docente cognovimus, qui ait: *Sicut Moyses exaltavit serpentem in deserto, ita exaltari oportet filium hominis (Joan.* iii); quem videlicet dum sedula mente internis oculis aspicimus, malignorum spirituum mortiferis tentationum morsibus superatis, æternæ mortis pericula evitamus. Præterea sicut in divinæ legis verbis ea quæ a sancto Spiritu bene in lege, prophetis, Evangelio sive apostolis dicta sunt, plerumque perversa intentione ab schismaticis male intelliguntur, ita etiam pleraque quæ idcirco a Patribus ut prodessent instituta vel facta sunt, decussis prolixorum temporum curriculis, a posteris male habita et in perversum mutata fuisse cognoscimus, sicut de phylacteriis et fimbriis, de quibus paulo superius dictum est, vel etiam de æneo serpente, de quo nunc dicere instituimus, qui, ut præfati sumus, ad tempus ut vulneratis a serpentibus prodesset, fuit necessarius, per quem postmodum inolevit excelsorum insolentissimus usus: cui cum vidisset Ezechias rex justus incensa adolere et quasdam culturas exhibere, magnaque ex parte populum periclitari, tanto persuasum errore, eum non distulit frangere, quem et per legislatorem ad profectum noverat conditum fuisse, et a populo cernebat celebrari vano cultu et superstitiosa religione. Laus ergo ejusdem Ezechiæ sanctissimi regis eo quod vanas superstitiones abstulerit, eumdemque serpentem confregerit, hoc modo in divinis litteris habetur : *Fecit,* inquit, *Ezechias quod bonum erat coram Domino, juxta omnia quæ fecerat David pater suus : ipse dissipavit excelsa et contrivit statuas, et succidit lucos, confregitque serpentem æneum quem fecerat Moyses : siquidem usque ad illud tempus filii Israel adolebant ei incensum, vocavitque eum Naastan. In Domino Deo Israel speravit, itaque post eum non fuit similis ei de cunctis regibus Juda, sed neque in his qui ante eum fuerunt : et adhæsit Domino, et non recessit a vestigiis ejus, fecitque mandata ejus quæ præceperat Dominus Moysi, et erat Dominus cum eo, et in cunctis ad quæ procedebat sapienter agebat* (*II Reg.* xviii). Hæc præterea et hujusmodi superstitiones, quas se quidam putant ob amorem Dei facere, sicut hi qui ob sanctorum amorem imaginibus luminaria accendunt, easque adorant, hoc modo beatus Hieronymus dum de fimbriis et phylacteriis Pharisæorum sancti evangelii lectionem exponeret, reprehendit dicens : « Hoc apud nos, inquit, superstitiosæ mulierculæ in parvulis evangeliis et in crucis ligno et in istiusmodi rebus, quæ habent quidem zelum Dei, sed non juxta scientiam, usque hodie factitant, culicem liquantes, et camelum glutientes. » Jam vero quia se imaginum inspectione salvandos credunt, sicut serpentis inspectione Israeliticus populus a serpentium morsibus sanabatur, si qua forte eis quædam corporis inclementia accesserit, recurrant ad imagines easque aspiciant, quatenus dum illarum inspectione minime sanati fuerint, revertantur ad Dominum, et per sanctorum intercessiones ab eo sanitatem se accepturos credant qui totius sanitatis et vitæ est auctor.

CAPUT XIX.

Quod magnæ sit temeritatis dicere, Sicut Judæis tabulæ et duo cherubim, sic nobis Christianis donata est crux et sanctorum imagines, ad scribendum et adorandum.

Sæpe in hoc opere dicere compellimur quod neque tabulæ neque duo cherubim, nec cætera hujuscemodi ad adorandum in Veteri Testamento facta fuisse credantur : quæ quidem isti omnia relicto mediocritatis et rectitudinis calle in eo ultra quam ordo exposcit, extollunt, quod ea ad adorandum fuisse collata proclamant, in eo vero ultra quam res exigit submittunt, quod illis imagines æquiparare affectant. Cum ergo dicunt, « Sicut Judæis tabulæ et duo cherubim, ita nobis Christianis data est crux et sanctorum imagines ad adorandum et ad scribendum, » quid aliud faciunt, nisi ut imagines exaltent, Christianorum res extenuent? præsertim cum illos qui sub lege erant dicant habuisse duos cherubim a Moyse conditos, de quorum medio Deus loquebatur, nos autem qui sub gratia sumus dicant habere cruces, quæ a quibuslibet artificibus efficiuntur ; illos qui umbram legis sequebantur habuisse fœderis tabulas, continentes legis decalogum, nos qui veritatem quæ Christus est sequimur habere opera quorumlibet artificum : illos qui spiritum servitutis acceperunt in timore dicant habuisse ea quæ Moyses faciebat, Domino insinuante; nos qui spiritum adoptionis accepimus, *in quo clamamus Abba, pater,* habere imagines quas quilibet pictor condit mundanæ tantum artis experientia perdocente. Nos enim, qui non sequimur litteram mortificantem, sed spiritum vivificantem; qui non carnalis, sed spiritalis Israel sumus ; qui spretis visibilibus invisibilia contemplamur, non solum imaginibus majora mysteria, quæ omni mysterio carent, sed ipsis tabulis seu duobus cherubim majora et eminentiora mysteriorum insignia a Domino accepisse nos gratulamur, cum videlicet tabulæ et duo cherubim exemplaria fuerint futurorum ; et cum Judæi habuerint carnaliter, resque typicis opertæ figuris præfigurationes fuerint futurorum, nos habemus in veritate spiritualiter ea quæ illis exemplaribus sive præfigurationibus carnalibus præfigurabantur. Quantum ergo eminet umbræ corpus, imagini veritas, figuræ res gesta, tantum eminet Veteri Testamento Novum : quippe cum illud dedicatum sit a Moyse cum lecto omni mandato legis universo populo, accipiens sanguinem vitulorum et hircorum cum aqua et lana coccinea et hyssopo, ipsum quoque librum et omnem populum aspersit dicens, *Hic sanguis testamenti quod mandavit ad vos Deus* (*Exod.* xxiv) ; istud vero dedicatum sit a mundi Redemptore Domino nostro Jesu Christo, qui *in qua nocte tradebatur, accepit panem et benedixit ac fregit, deditque discipulis suis dicens : Hoc est corpus meum quod pro vobis tradetur : hoc facite in meam commemorationem : similiter et calicem postquam cœnavit dicens, Hic calix Novum Testamentum est in meo sanguine, qui pro vobis et pro multis effundetur in remissionem peccatorum* (*I Cor.* xi). In illo sanguis hircorum et taurorum, et cinis vitulæ aspersus coinquinatos sanctificabat, ad emundationem carnis ; in isto sanguis Christi qui per Spiritum sanctum semetipsum obtulit immaculatum Deo, et mundat conscientias nostras ab operibus mortuis, ad serviendum Deo vivo et vero. In illo agnus per familias occidebatur, ejusque carnibus pascha celebrabatur ; in isto *Agnus Dei qui tollit peccata mundi* (*Joan.* i), qui est verus agnus immaculatus, Deo etiam est in sacrificium oblatus, dicente Apostolo, *Pascha nostrum immolatus est Christus* (*I Cor.* v). In illo Chananitidis gentis regnum rerumque corporalium affluentia pollicetur, in isto vita æterna regnumque cœlorum conceditur. In illo promittitur terra quæ lacte et melle fluit ; in isto pollicetur patria cœlestis, in qua datur quod nec oculus vidit, nec auris audivit, nec in cor hominis ascendit. In illo neomeniæ, id est novæ lunæ principia, colebantur ; in isto nova creatura in Christo accipitur, vase electionis Paulo attestante, qui ait : *Si qua nova in Christo creatura, vetera transierunt, ecce facta sunt nova* (*II Cor.* v). In illo sabbati otium et requies celebratur, in isto sabbati requies in Christo habetur qui dixit, *Venite ad me, omnes qui laboratis et* onerati estis, et ego vos reficiam, et invenietis requiem animabus vestris (*Matth*. xi). In illo pecoribus immolat's carnis et sanguinis hostiæ offerebantur, in isto sacrificium carnis et sanguinis Christi offertur, quod per illa animalia figurabatur. In illo jugum grave legis cervicibus impositum faciebat servos, in isto jugum Christi leve et onus suave per spiritum adoptionis facit filios. His ita se habentibus perversum, et ultra quam perversum est, ut alternatim converso ordine præstantioribus deteriora, deterioribusve præstantiora dentur, et adeo imaginum usus magnificetur ut Christianorum res quodam modo extenuentur.

CAPUT XX.

Quod non minus omnibus, sed pene cunctis plus Tarasius delirasse dinoscitur, dicens, Sicut veteres habuerunt cherubim obumbrantem propitiatorium, et nos imagines Domini nostri Jesu Christi et sanctæ Dei genitricis et sanctorum ejus habeamus obumbrantes altare.

Non est inconsequens ut Tarasius, qui, ut fertur, a populari conversatione ad sacerdotale culmen, a militari habitu ad religiosum, a circo ad altarium, a forensi tumultu ad prædicationem, ab armorum strepitu ad sancta mysteria peragenda extraordinarie provectus est, subditarum sibi plebium mentes ab spiritalibus ad carnalia, ab invisibilibus ad invisibilia, a veritate ad imaginem, a corpore ad umbram, ab Spiritu vivificante ad litteram mortificantem, ab spiritu adoptionis ad spiritum timoris, denuo redire compellat : ut quoniam ille spretis his quæ ei fortasse illicita non erant in laicali conversatione, ad sacerdotalis culminis gradum convolavit, quod ei illicitum erat ob subitaneam conversationem, ei etiam subditæ plebes a licitis spiritalium observationum mysteriis ad illicitas corporalium rerum observantias convolent per ejus prædicationem. Quia ergo melioribus contemptis, pejoribus uti hortatur, et quia veteres habuerunt cherubim qui per Moysen facti sunt, de quorum medio loquebatur Deus, obumbrantes propitiatorium, ideo fideles hortatur habere imagines, quæ a quibuslibet opificibus condantur, obumbrantes altare. Faciat arcam quæ non sit de lignis Setthim, sed salicum; nec sit auro tecta, sed plumbo; quæ non habeat circulos aureos, sed æneos; in quibus non sint vectes de lignis Setthim, sed fagorum; in qua non sint tabulæ quæ habeant decem verba legis, sed undecim quibus transgressio legis significetur; in qua non sit virga Aaron, sed cujuslibet baculus illius prædecessorum qui ab illo anathematizantur, vel a quibus ille anathematizatus est; in qua sit urna, non quæ habeat manna, sed cujuslibet germinis grana. Faciat et candelabrum ex plumbo purissimo, et mensam propositionis panum, quæ non appelletur sancta. Scribat et librum legis, qui cuilibet manus cito imponere jubeat, et neophytos ad episcopatum promoveri percenseat; qui etiam similitudines horum quæ in cœlo et quæ in terra sunt, fieri, colere et adorare perdoceat. Decursis igitur breviter his, quibus Tarasius ideo non recte prædi-

cet quia nec recte, ut fertur, sacerdotii culmen conscenderit, et quia dixit, « Pro cherubim habeamus imagines » quibusdam per eumdem locutionis modum, qui a quibusdam astismos nuncupatur, prolatis, nunc qualiter intra sanctam ecclesiam propitiatorium duobus cherubim obumbretur, sive secundum tabernaculi constitutionem quod in eremo a Moyse constitutum est, sive secundum templi ædificationem quod a Salomone Hierosolymis structum est, Domino auxiliante, spiritalibus spiritalia comparantes expediamus, ne ab insipientibus quiddam sanctis Scripturis derogare videamur, eo quod imagines non adoramus. Primo quærendum est cur Moyses cum tabernaculum faceret duos cherubim aureos fecerit, et in propitiatorio quod erat super arcam posuerit, Salomon vero alios duos multo majores addiderit, quibus in templo positis sub eorum alis arcam in medio collocaverit cum propitiatorio et cherubim prioribus, et in tabernaculo duo cherubim, in templo vero quatuor fuerint? Ad unam igitur eamdemque significationem utrique pertinent, nisi tantum quod Salomon qui *pacificus* interpretatur, et figuram Christi gessit, auctius sive latius duorum cherubim magnitudinem sublimavit. Quo in facto innuitur eo quod post incarnationem Dominicam Ecclesia latius esset ex diversarum gentium congregatione sublimanda et supernis civibus copulanda : qui sic conditorem de collato sibi munere beatitudinis conlaudant, ut de nostra quodam modo ereptione atque ad eamdem beatitudinem introductione congaudeant. Cherubim namque, sicut propheta Ezechiel evidentissime demonstrat, angelicæ dignitatis vocabulum est, numeroque singulari cherub, plurali vero cherubim dicitur. Unde et non incongrue in figuris cherubim quæ in oraculo erant facta evangelica ministeria intelliguntur, qui Conditori suo in cœlis assistentes de sua perpetua beatitudine lætantur. Alas enim ad invicem super arcam extendunt, cum ad laudem Domini Salvatoris referunt bonum omne quod acceperunt. Alteras alas ad oraculi parietes extendunt, cum sanctos etiam homines in sua societate videntes lætantur, eosque velut alarum suarum summitatibus tangunt, quos profecto consortes atque sequaces exstitisse in hac vita suæ puritatis exsultant. Duos autem æque parietes suis tangunt alis, quia fideles utriusque populi, Judæorum scilicet et gentium, compotes secum habent aulæ cœlestis, non quod in illa patria inter utrumque populum sit quædam distinctio localis, sed quia major fiat festivitas internæ beatitudinis de consortio adunatæ fraternitatis. Extendunt ergo Cherubim ad utrumque parietem oraculi alas suas, quia lætantes in cœlesti patria, justos utriusque plebis visione quoque suæ gloriæ ad laudem Creatoris excitant.

Nec solum de illorum quos secum intus habent hominum justorum felicitate lætantur agmina cœlestia, verum etiam nostri, qui foris adhuc positi de profundis ad Dominum clamamus, continuam curam gerunt. De quibus cherubim bene etiam in libro Paralipomenon scriptum est : *Ipsi autem*, inquit, *stabant erectis pedibus et facies eorum versæ erant ad exteriorem domum* (II Paral. III). Stabant etenim erectis pedibus cherubim, quia nunquam a via veritatis, in qua mox ut conditi sunt positi fuerunt, quodammodo aberrasse creduntur. Facies eorum erant versæ ad exteriorem domum, quia nos ab hujus peregrinationis ærumna ereptos ad suum desiderant pervenire consortium. Stabant ergo erectis pedibus, alas ad auro textos oraculi parietes extentas, et facies habebant versas ad domum exteriorem, quia videlicet ita angeli suam perpetuo innocentiam conservant : sic de animarum sanctarum in cœlis beatitudine congaudent, ut eis quoque quos in terris adhuc peregrinari conspiciunt electis opem ferre non desinant, donec et illos ad cœlestem patriam introducant. Possunt etiam, sicut jam in superiori capitulo exsecuti sumus, per duos cherubim duo Testamenta significari. Ideo igitur in oraculo sunt facti, quia in consilio divinæ provisionis, nobis utique inaccessibili atque incomprehensibili, ante sæcula dispositum est quando et qualiter quibusve auctoribus sacra Scriptura conderetur. De lignis vero olivarum sunt facti, sive quia per viros misericordiæ unctione Spiritus sancti illustratos divini conscripti sunt libri; sive quia lucem scientiæ tribuunt, juvante flamma charitatis Dei, quæ per Spiritum sanctum diffunditur in cordibus nostris. Decem cubitis sunt alti, quia per observantiam decalogi legis Deo serviendum prædicant, quia Deo fideliter servientes, denario se remunerandos esse regni cœlestis ostendunt. Geminas habent alas, quia testamenta per aspera æque et prospera indefesso proposito semper ad cœlestia tetendisse ac pervenisse declarant, quia hoc idem suis auctoribus faciendum esse demonstrant. Quinque cubitorum ala cherub una, et quinque cubitorum ala cherub altera, quia in omni labentium rerum varietate sancti universos corporis sui sensus in obsequium sui Conditoris extendunt, oculos habentes semper ad Dominum, audire desiderantes vocem laudis ejus, et enarrare universa mirabilia ejus, dulcia faucibus suis habentes eloquia illius super mel et favum ori suo, currentes in odore unguentorum ejus et donec superest halitus in eis, et spiritus Dei in naribus ipsorum, non loquentes labiis iniquitatem, nec in lingua sua stultitiam personantes; sicque per arma justitiæ a dextris et a sinistris incedentes ad perceptionem cœlestis denarii, quem summus paterfamilias cultoribus suæ vineæ repromisit, perveniunt. Quia ergo opus unum erat in duobus cherubim, hoc innuebat quia utriusque instrumenti scriptores una eademque castitate operis et charitatis devotione Deo serviebant, una et consona Deum voce ac fide prædicant. Quæque Novum Testamentum de Dominica incarnatione, passione, resurrectione, ascensione, gentium vocatione,

Judæorum expulsione, multimoda Ecclesiæ tribulatione facta narrat, hæc eadem Vetus Testamentum, si recte intelligitur, veraciter facienda prædicebat.

Adventum vero Antichristi, finem sæculi extremi, discrimen judicii et æternam bonorum gloriam, pœnamque reproborum, concordi utrumque Testamentum veritate profatur. Alæ igitur cherubim interiores super arcam se invicem contingebant, quia Testamenta pari de Domino attestatione consentiunt. Item alis exterioribus iste unum parietum, ille alterum contingebat quia Vetus Testamentum proprie antiquo Dei populo scriptum est, Novum vero nobis qui post incarnationem Dominicam ad fidem venimus, et secundo parieti, hoc est septentrionali, recte comparamur, quibus post figuram ac tenebras idololatriæ lucem veritatis cognoscere datum est.

Nam etsi primitiva Ecclesia maxime de Judæis effloruit, et omnis Israel circa finem sæculi salvandus esse credatur, plurimi tamen fidelium hujus temporis de gentibus congregantur ad Evangelii suscipienda sacramenta. Quibus hoc etiam divinitus donatum est ut revelatis oculis sui cordis manifeste cognoscant litteram Veteris Testamenti evangelicæ gratiæ plenam esse mysteriis. Versas habentes facies cherubim ad exteriorem domum, quia nos qui adhuc foris stamus non re ipsa, sed spe salvi facti sumus. Divini sunt libri conditi, quia scriptores eorum jam regnantes cum Domino illumque conlaudantes in cœlis curam nostræ gerunt salutis ª proque nostris erratibus apud ejus pietatem interpellant. Circumdati sunt auro cherubim, quia præclaris scriptorum suorum operibus confirmatur auctoritas Testamentorum, manifestata autem per orbem cognitione divinarum Scripturarum, sive interna gloria cœlestium agminum. Uterque enim cherub, ut diximus, et angelos et Testamenta designant.

CAPUT XXI.

Quod non bene Joannes presbyter senserit qui ut imaginum adorationem astrueret, dixit, Et Jesus Nave duodecim lapides statuit in Dei memoria.

Cum in eadem synodo quæ pro adorandis imaginibus facta est, cujus nos errores summatim discutiendos arripuimus, nullum testimonium ex divinis apicibus prolatum ad eamdem rem pertinere constet, nec hoc quoque pertinere constat quod Joannes presbyter et legatus Orientalium protulit dicens, *Jesus Nave duodecim lapides statuit in Dei memoria*. Quorum si historialiter cur ab amnis alveo educti et in Galgadis fuerunt positi, causa quæratur, ab eodem Josue aperitur : qui his non ad adorandas imagines instruendam fore Israelitarum posteritatem edocuit, sed memorem stupendo miraculo arefacti fluminis esse debere permonuit, qui ad posteros hanc sine voce legationem proclamantes deferrent : « Nos quos cernitis liquentis quondam elementi fuimus

---

ª *Proque nostris erratibus apud ejus pietatem interpellant.* Errat emendator, qui erratum in *erratibus* quærit, pro eoque reposuit *erratis.* Siquidem et hoc . in usu fuit. Balbus monachus Catholico : « Errare, id est exorbitare, et hinc verbalia, *hic erratus, tus, et hoc erratum, ti;* ambo pro delicto. »

habitatores, qui aridæ terræ nunc sumus exsules, quique tot sæculis Jordanis fuimus indigenæ, ejus exempti gurgitibus telluris nunc sumus advenæ. Quoniam cum ante faciem arcæ Domini, imo ante faciem Dei Jacob, sacerdotum perstrepentibus catervis, et populi cum magna exsultatione admirantibus cuneis, novum ille pateretur dissidium, inferiorem partem fuga lapsam æquoreis undis immergeret, superioremque in aera fastigiaret, obstupescentibusque populis lymphaticos ad alta montes sustolleret et plantis insolitum Israeliticis transitum arenti alveo præstaret ab antiquis sumus sedibus educti, et istic Israelitarum humeris allati isticque positi, [a] isticque sumus diu permansuri. » Si vero typice quid isti lapides præfiguraverint quæratur, novo Josue, Domino videlicet et Salvatore nostro Jesu Christo, qui æternæ nobis patriæ habitationem distribuit, docente, panditur, qui ut baptismi sacramentum per quod ad æternam patriam pervenitur, stabiliret, duodecim apostolos elegit, quibus et dixit, *Euntes docete omnes, baptizantes eos in nomine Patris, et Filii, et Spiritus sancti* (*Matth.* xxviii), qui usque in perpetuum sanctæ Ecclesiæ posteritati perhibent testimonium, dum eam ad cœlestia regna provocant per baptismi sacratissimum sacramentum. Per alios ergo duodecim nihilominus lapides qui in Jordanis alveo positi sunt, sanctorum patriarcharum et prophetarum profecto figura prætenditur, qui nimirum dum baptismi sacramentum sub umbra legis positi non aperte prædicaverint, sed per quasdam mysticas et obumbratas figuras innuerint, quasi flumineis fluctibus obruti sunt; quia videlicet quanquam aperte non videantur baptismum instituisse, non tamen creduntur ejus mysterio caruisse. Pro quibus patribus sanctæ Ecclesiæ nati sunt filii, id est apostoli, quos constituit principes super omnem terram qui memores sunt nominis Domini in omni progenie et generatione ut tam per illos quam etiam per istos sacrosanctis charismatibus referta et dogmatibus edocta, non imaginum fucis vel quibuslibet superstitiosis rebus, sed fide et operibus Dominum quærere non desistat.

CAPUT XXII.

Quod non sit æqualis adoratio, ut illi dicunt, Nathan prophetæ erga David regem, adorationi imaginum.

Non esse æqualem adorationem quam Nathan propheta David æque prophetæ regique sanctissimo exhibuit (*II Reg.* xii), adorationi quam quidam imaginibus exhibent, non necesse est multis approbare documentis, quoniam evidentissimis est approbatum indiciis, nec nostra indiget disputatione res quæ tam aperta tamque clara elucet ratione. Sed ne hoc silentio præteriisse videamur, oportet ut quiddam inde strictim breviterque exsequamur. Adoravit, inquam, Nathan propheta David regem, non ut colorum fucis compaginatam imaginem, sed ut a

Deo in regni apice sublimatam potestatem. Quippe qui ejusdem doni cœlestis munere satiatus erat, quo ille satiandus foret qui dicturus erat : *Omnibus potestatibus sublinioribus subditi estote. Non est enim potestas nisi a Deo, quæ autem sunt a Deo ordinatæ sunt. Itaque qui resistit potestati, Dei ordinationi resistit : qui autem resistunt, ipsi sibi damnationem acquirunt. Nam principes non sunt timori boni operis, sed mali. Vis autem non timere potestatem? bonum fac, et habebis laudem ex illa. Dei enim minister est tibi in bonum ; si autem malum feceris, time. Non enim sine causa gladium portat. Dei enim minister est, vindex in iram ei qui malum agit. Ideoque necessitati subditi estote non solum propter iram, sed propter conscientiam. Ideo enim et tributa præstatis : ministri enim Dei sunt, in hoc ipsum servientes. Reddite ergo omnibus debita : cui tributum, tributum; cui vectigal, vectigal; cui timorem, timorem; cui honorem, honorem; nemini quidquam debeatis nisi ut invicem diligatis* (*Rom.* xiii). De hac etiam re idem Vas electionis per Spiritum sanctum discipulum Titum sic instruit : *Admone illos, principibus et potestatibus subditos esse, dicto obedire, admone ad opus bonum paratos esse, neminem blasphemare, litigiosos non esse, sed modestos, omnem ostendentes mansuetudinem ad omnes homines* (*Tit.* iii). Adoravit itaque propheta regem : Spiritu sancto repletus, Spiritu sancto repletum ; vaticinii munere fretus, vaticinii munere fretum, meritorum insignibus coruscans, meritorum insignibus coruscantem. Non enim in eo quamdam insensatam rem superstitiosæ vanitatis cultu adoravit, sed virum inventum secundum cor Domini, virum sacri unguinis liquore delibutum, [b] virum in Dei landibus supra omnes excitatum, virum qui de Christi incarnatione, passione, a mortuis resurrectione, in cœlum ascensione, cunctis præcellentius prophetavit ; virum qui non solum Dei Filium venturum prophetavit, sed eju etiam typum gessit ; virum qui non solum ejus typum gessit, sed etiam secundum formam servi germinis prosapiam ministravit. Dilectionis affectu, humilitatis obsequio, prælationis debito, officiosa adoratione honorificavit, quem si non ei se subdendo ejusque monitis parendo honorificaret, illi Spiritui contraire videretur, qui per pastorem Ecclesiæ dicturus erat, *Subditi estote omni humanæ ordinationi propter Dominum* (*I Petr.* ii), sive regi tanquam præcellenti, sive ducibus tanquam ab eo in hoc ipsum missis ad vindictam malorum, laudem vero bonorum : quia sic est voluntas Dei ut benefacientes obmutescere faciatis stultorum hominum ignorantiam, ut liberi, non ut velamen malitiæ habentes libertatem, sed sicut servi Dei. Omnes honorate, fraternitatem diligite, Deum timete, regem autem honorificate. Cum ergo tot indiciis tantisque apostolorum prædicationibus reges honorificandi sint, absurdissimum est adorationem quæ imaginibus aniliter fit, adorationi quæ sanctissimo regi per prophetam fiebat,

---

[a] *Isticque sumus dius permansuri.* Legendum fortean, *subditi permansuri.*

[b] *Virum in Dei laudibus supra omnes excitatum.* Fors est, ut rectius sit, *exercitatum.*

æquiparare velle; cum videlicet ille Dei famulum et, ut ita dixerim, sancti Spiritus habitaculum et divinæ incarnationis ministrum salutando adoraverit; isti vero in imaginibus nil aliud nisi easdem materias de quibus illæ fianta dorent. Nam si æqualis est adoratio quæ David a propheta exhibita est, adorationi quæ imaginibus exhibetur, ipse quoque David imaginibus æqualis est; et si imaginibus æqualis est, non solum tot meritorum insignibus, sed etiam ipsa humana ratione caruisse credendus est: non autem tot meritorum insignibus, nec ipsa humana ratione caruisse credendus est, non igitur æqualis est adoratio quæ illi a propheta exhibita est, adorationi quæ imaginibus exhibetur.

CAPUT XXIII.

Quod in eo quod scriptum est : Signatum est super nos lumen vultus tui, Domine, sive : Vultum tuum, Domine, requiram, nihil manu factæ imaginis intelligendum est, ut illi dicunt.

Nil ad manufactarum imaginum vultus pertinet quod Psalmographus dicit, *Signatum est super nos lumen vultus tui, Domine* (*Psal*. IV); nec illud, *Vultum tuum, Domine, requiram*, ut in ejusdem vanissimæ synodi lectione habetur, quæ pro adorandis imaginibus facta est; cujus textus nil aliud quam materia est ubi stultitia magnitudinem suam exercuit. Nam si hic vultus cujus super nos lumen signatum esse Propheta decantat, et quem se requisiturum esse denuntiat, in manufactarum imaginum vultibus intelligendus est, quærendum magnopere est quale lumen habeant, aut quo modo id lumen super nos signatum sit, aut ubi idem propheta talem requisierit vultum. In corde etenim idem sanctus vir Deum non in manufactis vultibus quærebat, cum dicebat: *In toto corde meo exquisivi te, Deus, ne repellas me a mandatis tuis* (*Psal*. CXIX). Vultus ergo Dei cognitio Dei est, id est Filius, per quem ad cognitionem Divinitatis pervenimus. Est etiam imago Dei, dicente Apostolo, *Qui est imago Dei invisibilis* (*Coloss*. I); ideo videlicet imago, quia de illo est. Est enim, secundum eumdem Apostolum, *splendor gloriæ, et figura substantiæ ejus* (*Hebr*. I). Ideo splendor, quia dum sit Pater lux, ita Filius ab eo inseparabiliter quasi splendor ex luce procedit; ideo figura, quia suscipiens formam servi, operum virtutumque similitudine Patris in se imaginem atque similitudinem designavit. Est enim et facies Dei, quia per eum se Pater hominibus manifestavit, dicente eodem Domino Jesu Christo, *Qui videt me, videt et Patrem* (*Joan*. XIV). Hunc ergo vultum se David quæsiturum, non manufactas imagines pollicebatur, cum dicebat: *Vultum tuum, Domine, requiram*, hanc divinæ cognitionis claritatem exorabat, cum dicebat: *Illumina faciem tuam super servum tuum, et doce me justificationes tuas* (*Psal*. CXV). Ad hujus cognitionem per legem, non per imagines, pervenire anhelabat, cum aiebat: *Revela oculos meos, et considerabo mirabilia de lege tua* (*Psal*. CXV). Hanc divinæ majestatis manifestationem, non cujuslibet picturæ compaginationem nos quærere hortabatur, cum dicebat, *Quærite Dominum et confortamini, quærite faciem ejus semper* (*Psal*. CV). Quod quidem emolumentum adepturi sint quærentes Dominum in alio psalmo evidenter ostendit, cum dicit, *Inquirentes Dominum non deficient omni bono* (*Psal*. XXXIV). Qui quasi quæreremus ab eo qualiter Dominum inquirere deberemus, subjunxit, *Venite, filii, audite me, timorem Domini docebo vos*. Eum etenim inquirendum docuit per Domini timorem, non per imaginum adorationem; et eum qui vult vitam, et cupit videre dies bonos, non imagines adorare, sed labia a dolo et linguam a malo instituit cohibere. Nec picturam colere docuit, sed declinare a malo, et facere bonitatem, inquirere pacem et sequi eam usquequaque permonuit. Lumen ergo vultus Domini quod super nos signatum est, non in materialibus imaginibus est accipiendum, quæ utique sicut et cæteris dignitatibus, ita etiam lumine carent, sed in vexillo crucis, quod accepto baptismatis sacramento per sacrosanctum unguinis liquorem nostris frontibus imprimitur; et per illud sancto Spiritui, qui est lumen inenarrabile, qui etiam super discipulos in igne apparuit, ad nos veniendi aditus aperitur. In crucis etenim impressione lumen est vultus Dei, id est Spiritus, qui a Patre Filioque procedit, quia semper in eis noscitur radiare, qui suam innocentiam vel sanctitatem pravis operibus non patiuntur violare. Ut ergo ejus in nobis habitaculum non violemus, admonet nos Apostolus dicens, *Nolite contristare Spiritum Dei sanctum, in quo signati estis in diem redemptionis* (*Ephes*. IV). Quia igitur dicunt, *Signatum est super nos lumen vultus tui, Domine* (*Psal*. IV), ad imaginarium vultum attinere, dicant quo attinet quod in eadem periodo scribitur, *Multi dicunt: Quis ostendit nobis bona?* cum videlicet hæc duo commata ita sibi invicem et sensu et verbis cohæreant, ut unum sine alio vix intelligi possit. Est enim figura locutionis quæ a rhetoribus πεῦσις, id est percontatio, cui confestim sine introductione personarum responsio subjungitur, quæ etiam a quibusdam soliloquium nominatur: cum ad interrogata sibi a se cuique respondetur, cum quasi imputative interrogantibus, *Quis ostendit nobis bona?* a seipsis respondeatur, *Signatum est super nos lumen vultus tui, Domine*; ut sit sensus, Multi enim adhuc carnaliter sapientes dicunt quod nec pauci quidem dicere debuissent, *Quis ostendit nobis bona?* illa scilicet quæ prædicat semper Ecclesia, resurrectionem esse venturam, in qua justi omnes æterna præmia consecuturi sunt. Promittitur enim nobis quod penitus non videmus: desideramus quæ hic consequi non valemus. Quibus respondendo beneficium indicatur, quod etiam in præsenti sæculo possidetur, *Signatum est*, inquit, *super nos lumen vultus tui, Domine*. Quia per vexillum crucis et lumen Spiritus sancti ita sumus muniti, ut antiqui hostis fraudulenta machinatio et portentuosa versutia non valeat superare tentatos quos habebat primi hominis suasione captivos.

CAPUT XXIV.

Quod non ad ullam manu factam imaginem pertineat quod scriptum est, Vultum tuum deprecabuntur omnes divites plebis, sicut illi autumant.

Sed nec illud quod scriptum est, *Vultum tuum deprecabuntur omnes divites plebis* (Psal. XLV), de quodam manufacto vultu intelligendum est, praesertim cum manufacti vultus ideo non deprecandi sint, quia nec exaudire queunt : omne quod deprecatur ideo deprecatur ut exaudiat, et omne quod exaudit irrationale esse non debet : omne igitur quod deprecatur irrationale esse non debet : quod si deprecari non debet, multo minus adorari, cum videlicet adoratio deprecationi emineat. Nam si manufacti vultus deprecandi et adorandi sunt, ut illi garriunt, necesse est ut deprecantes exaudire et adorantibus favere credantur : et si deprecantes exaudire adorantibusque favere creduntur, necesse est ut vita eis sensuum capax inesse credatur. Non autem inest eis vita sensuum capax, non igitur, ut illi garriunt, adorandi vel deprecandi sunt. Nam haec duorum membrorum, quae quidem commata nuncupant, sententia, id est, *Vultum tuum deprecabuntur omnes divites plebis* (Ibid.), non Deo cujus imago et vultus Filius est, sed Ecclesiae, quae corpus Christi est, per Prophetam dicitur. Dixerat enim superius, per energian, *Audi, filia, et vide, et inclina aurem tuam, et obliviscere populum tuum, et domum patris tui : quoniam concupivit rex speciem tuam, quia ipse est Dominus meus : et adorabunt eum filiae Tyri in muneribus* (Ibid.), et in eadem energia perseverans subjunxit eidem cujus speciem concupisse regem dixerat, dicens, *Vultum tuum deprecabuntur omnes divites plebis*. Vultus ergo Ecclesiae doctrinae spiritalis eruditio est, quae ideo a divitibus deprecari dicitur, quia multi propter eam omnibus pompis saeculi et divitiis renuntiaverunt, qualiter ad eam pervenire et per eam ad aeternam patriam convolare valerent : hae sunt enim filiae Tyri adorantes in muneribus, hi divites plebis qui ejus vultum deprecantur. Una enim est Ecclesia cujus vultus deprecatur, et a quibus deprecatur, mater videlicet cum filiis, una sponsa, una regina, omnes ad Christum unum caput pertinentes, qui est aeternus et immortalis sponsus : cujus amicus erat ille qui eosdem divites plebis sic alloquebatur : *Praecipe divitibus hujus mundi non superbe sapere, neque sperare in incerto divitiarum, sed in Deo vivo qui praestat nobis omnia abundanter ad fruendum* (I Tim. VI); hi semper a sanctis praedicationibus exhortantur ut thesaurizent sibi fundamentum bonum in futurum, ut apprehendant veram vitam adorando in muneribus. Vultum ergo hujus reginae deprecantur divites plebis, cum ad eam concurrunt, et in ejus sinu eleemosynas faciunt, ne extra ejus collegium fiant. Hujus itaque reginae vultum, non imaginum fucos, deprecabantur, qui ad eam in muneribus veniebant, et ea quae portabant ad pedes apostolorum ponebant; hujus reginae vultus desiderio, non alicujus picturae, aestuabant illi, eamque in muneribus non aliquam insensatam imaginem deprecabantur. De quibus scriptum est, *Multitudini vero credentium erat cor et anima una, et nemo eorum quae possidebat quidquam suum proprium esse dicebat, sed erant eis communia omnia* (Act. II). Hujus reginae vultum, non alicujus tabulae colores, divitum opibus decorare volebat sponsus, cum dicebat : *Vendite quae possidetis, et date eleemosynam : facite vobis sacculos qui non veterascunt, thesaurum non deficientem in caelis, quo fur non appropiat, neque tinea corrumpit : ubi enim fuerit thesaurus tuus, illic erit et cor tuum* (Luc. XII); sive cum dicebat : *Verumtamen date eleemosynam, et ecce omnia munda sunt vobis* (Luc. XI). Quia ergo ad eamdem reginam divites in hypocrisi cum falsis muneribus quasi vultum ejus deprecaturi venire non debent, ipsa Veritas inhibet, cum dicit, *Cavete facere justitiam vestram coram hominibus, ut videamini ab eis* (Matth. VI). Quia vero ejus vultum semper clariorem et in propatulo splendidiorem fieri delectet, evidenter ostendit, cum dicit, *Luceant opera vestra coram hominibus, ut videant bona vestra, et glorificent Patrem vestrum qui est in caelis* (Matth. V). In quibus omnibus non imaginum adoratio, nec deprecatio, nec earum gloria, sed aut sponsi qui caput est, aut sponsae quae corpus est, indubitanter ostenditur. A quibus sensibus et a quorum ornamentorum insignibus quam expertes sint qui, *Vultum tuum deprecabuntur omnes divites plebis* (Psal. XLV), ad manufactarum imaginum vultus referunt non nobis est judicandum, sed lectoris arbitrio reservandum.

CAPUT XXV.

Inoportuna et deliramento plena dictio Leonis Fociae episcopi, qui in eo quod ad imaginum adorationem conversus est, sibi versiculum Psalmistae accommodat dicentis : Convertisti planctum meum in gaudium mihi, conscidisti saccum meum, et circumdedisti laetitia.

Cum pene nullum divinorum apicum testimonium competenter in saepissime memorata synodo fuerit positum, nec hoc quoque competenter a Leone Fociae episcopo constat esse prolatum, qui videlicet si quiddam sale conditum aut ad rem pertinens proferret, caeteris appareret dissimilis, cunctorumque sententiis refragator exisceret; sed dum se inaniter flevisse fassus est eo quod imagines non adoraverit, et laetari eo quod inanius se ad earum adorationem diverterit, quam sit delirus, quamque caeterorum consortio nexus evidentissime apparuit. Habuit enim, ut idem praefatus est, sine damno tristitiam, sine profectu laetitiam, sine perditione lacrymarum decursus, sine acquisitione cachinnabiles risus, iras sine calumniis, placationes sine honorificentiis, utpote puer in quaedam ludicra peragenda inhians, si a nutrice coercetur, singultibus verba intercipientibus ejulat, ad quae perpetranda si ei fuerit a nutrice concessa facultas, semiplenis vociferando sermonibus exsultat : sicque coercitus habet vanos fletus, et ea peragere permissus vanos nihilominus risus, cum videlicet nec in prohibitione fuerit causa deflendi, nec in data licentia causa ridendi. Versiculus namque iste, quem ille sibi in hac parte incassum accommodavit, id est, *Convertisti planctum meum in gaudium mihi, et conscidisti saccum meum, et præcinxisti me lætitia (Psal.* xxx), in persona totius Ecclesiæ a propheta per ethopœian dictus est, quæ scilicet dum in hujus sæculi mortalitate et ærumnis versatur, plangere dicitur; cum vero ad æternam remunerationem pervenerit, tunc lætitia præcingetur. Unde et idem sanctissimus prophetarum in eodem psalmo paulo superius dixit, *Ad vesperum demorabitur fletus, et ad matutinum lætitia (Ibid.),* vesperum scilicet hanc nostri temporis ætatem, in quo fines sæculorum devenerant, sive extremi judicii diem, matutinum vero resurrectionis tempus et sanctorum retributiones volens intelligi. Quod et per Isaiam prophetam sanctis hoc modo promittitur, *Sancti in terra sua duplicia possidebunt (Isa.* LXI), id est, post resurrectionem in æterna patria animæ et carnis jucunditate fruentur; unde et subditur : *Lætitia sempiterna erit electis meis, dum dedero opera eorum in veritate.* Tunc ergo saccus noster conscindetur, et præcingemur lætitia, cum, secundum Apostolum, corruptibile hoc indutum fuerit incorruptela, et mortale hoc indutum fuerit immortalitate, et fuerit sermo qui scriptus est, *Absorpta est mors in victoria (I Cor.* xv); sive cum in his membris, quæ nunc mortificamus super terram, Christo apparente vita nostra, nos quoque apparuerimus cum illo in gloria.

CAPUT XXVI.

Quod non pertineat ad imaginum adorationem contemnentes illud quod Psalmographus cecinit, Vana locuti sunt unusquisque ad proximum suum, labia dolosa in ore, etc.

Omne quod sine profectu est, inutile est; et omne quod inutile est, vanum est : omne igitur quod sine profectu est, vanum est; et omne quod inofficiosum est, profectu caret : et omne quod profectu caret, vanitate non caret : omne igitur quod inofficiosum est vanitate non caret. Quoniam ubi nulla utilitas, nullum emolumentum; ubi nullum emolumentum, summa vanitas : ubi igitur nulla utilitas, summa vanitas est. In imaginum ergo adoratione ubi nullus profectus, nullum emolumentum, nulla utilitas est, summa vanitas esse credenda est. Ob quam statuendam et muniendam quicunque conventus faciunt, et concilia aggregant, et eas prorsus adorare instituunt, procul dubio vana loquuntur unusquisque ad proximum suum. Nam neque in eo a vanitate sejunguntur quod divinorum apicum testimonia ad suos sensus violenter inflectere nituntur. Sicut et hunc Psalmistæ versiculum, quem quidem ille alio sensu divino afflatus Spiritu cecinit, alio isti vanitatis supercilio inflati intelligunt. Si ergo quærimus de quibus Propheta dixerit : *Vana locuti sunt unusquisque ad proximum suum, labia dolosa, in corde et corde locuti sunt mala (Psal.* XII), relegamus sanctorum Evangeliorum textum, et inveniemus Pharisæos et Sadducæos, vel cæteras Judæorum catervas semper Dominum tentasse et adversus eum concilia vana inisse. Qui dum obstinata mente in Christum credere renuerunt, vana loqui non desierunt. De quibus et in alio psalmo legitur, *Quia exacuerunt ut gladium linguas suas : intenderunt arcum, rem amaram, ut sagittent in occultis immaculatum : subito sagittabunt eum, et non timebunt (Psal.* LXIV). Linguas enim acuere, et labia dolosa habere, unum est, quia et uno dicendi genere dictum est, quo plerumque aut per id quod continet hoc quod continetur, aut per hoc quod continetur, id quod continet demonstratur. Item in alio psalmo de eisdem scriptum est : *Sepulcrum patens est guttur eorum, linguis suis dolose agebant, venenum aspidum sub labiis eorum, quorum os maledictione et amaritudine plenum est (Psal.* XIV). *Sepulcrum* ergo *patens eorum,* ora mendacia dixit, qui exitiabile malum contra Dominum loquentes, mortem ei infligere cupiebant, quod ideo patens dictum est, propter eorum apertam nequitiam, quæ fetorem potius quam odorem exaggerabat. Est enim rerum dissimilium facta comparatio per tropum qui nuncupatur parabole a grammaticis. *Vana,* inquit, *locuti sunt unusquisque ad proximum suum (Psal.* XII). Hæc est ergo vanitas omnes vanitates excellens, hic est dolus omnibus dolis tenacior, cum et Redemptor mundi non creditur, et isdem ab hominibus iniquis, quanquam ad aliorum salvationem, ad illorum tamen damnationem crucifigitur. Potest etiam hic versiculus et de hæreticis sive schismaticis intelligi : qui dum sint mundanæ sapientiæ versutia imbuti, et ad vanas investigationes et superfluas contentiones potius quam ad credendum prompti, vana loquuntur unusquisque ad proximum suum, quoniam dum male de Christo aut de Ecclesia sentiunt, ad eumdem errorem proximos suos, id est cæteros hæreticos, invitare non desinunt, quatenus majori infestatione Ecclesiam, quæ Christi vinea est, demoliri possint. De quibus in Canticis canticorum dicitur, *Capite nobis vulpes parvulas quæ demoliuntur vineas (Cant.* II) ; nam vinea nostra floruit : quia videlicet dum hæreses sive earum sequaces, hæresei hæreseorumve discipuli a sanctis et catholicis viris in suis erroribus capiuntur, vinea Domini, id est Ecclesia sacrosanctis charismatibus semper magis magisque exuberat, quatenus suo agricolæ qui pro ea sanguinem fudit, nectarei odoris pocula perpetim ministret.

CAPUT XXVII.

Quod non ad eorum parentes pertineat, sicut illi dicunt, Disperdat Dominus universa labia dolosa et linguam magniloquam *(Psal.* XII).

Versiculum etiam quem Psalmographus de perfidorum Judæorum labiis dolosis et linguis magniloquis protulit, qui consilium inierunt ut Salvatorem mundi dolo tenerent et occiderent, illi in sua synodo propriis parentibus ascribunt : qui quanquam fuerint cujusdam temeritatis in imaginibus ab ornamentis ecclesiæ abolendis, majoris tamen incomparabiliter majoris non dicam temeritatis, sed etiam crudelitatis illi fuerunt in Domino crucifigendo. Isti enim habuerunt zelum Dei, sed non secundum scientiam, cum imagines penitus abdicaverunt; illi simudantes se habere zelum legis, habuerunt zelum livoris et perfidiosissimæ iniquitatis, cum Dominum patibulo affixerunt; isti ecclesiarum indiscrete ornamenta quassavere, illi malitiose semetipsos Dominum contemnentes fregere. Labia ergo dolosa et linguam magniloquam perfidiosissima Judæorum cohors habebat, cum dicebat : *Scimus quia Moysi locutus est Deus, nunc autem unde sit nescimus* (Joan. IX). Nonne magniloquam et, ut ita dixerim, magniloquam linguam habebant, cum dicebant : *Nos legem habemus, et secundum legem mori debet, quia Filium Dei se fecit?* (Joan. XIX.) Nonne magniloquam linguam habebant, cum dicebant : *Et hunc scimus, et unde sit scimus : Christus autem cum venerit, nemo scit unde sit?* (Joan. VII.) Nonne magniloquam linguam habebant, cum dicebant : *Noli scribere regem : nos non habemus regem nisi Cæsarem ?* (Joan. XIX.) Unde liquido patet quod probroso imaginum instigantur amore qui ob earum abolitionem ea quæ de perfidis Judæis per prophetam dicta sunt, parentibus suis non erubescunt adnectere, et eisdem jaculis cives perfodere quibus Propheta Ecclesiæ, imo Christi, hostes noscitur perfodisse.

CAPUT XXVIII.

Quod non in eorum parentibus, ut illi dicunt, impletum sit quod scriptum est, Inimici defecerunt framea in finem, *et civitates eorum destruxisti* (Psal. IX).

Sed nec hujus versiculi, ut illi aiunt, prophetia in eorum prædecessoribus sive parentibus, eo quod imagines abdicaverint, est completa : qui etsi incaute loca divinis cultibus mancipata ornamentis expoliavere, longe tamen ab antiqui hostis nequitia, de quo hæc prophetia est, distavere ; quippe cum nequitia quæ ejus suasionem accidit humano generi minor sit nequitia ejusdem qui et suæ humanæ auctor et artificis fraudulenti, qui sicut est natura subtilior, ita et sagacitate callidior, et quem non gravat corporis fragilitas, acuit vafræ perversitatis iniquitas. Hujus ergo inimici framea defecerunt in finem, quia tentamenta nequissima mox ut ad Christum qui est finis legis ad justitiam omni credenti, qui est finis sine fine, ad quem cum venerimus, nihil ulterius quod quæramus habemus, collata fuerint, omnino deficiunt. Et ideo Propheta beatum dicit, *qui parvulos,* id est, cogitationes irrationabiles, *ad lapidem ,* ad Christum videlicet, qui est lapis angularis, *allidit* (Psal. CXXXVII) ; sive etiam, ut quidam volunt, inimici defecerunt framea in finem, quando gladius quo antiquus hostis bacchatur in consummatione sæculi omnipotentis Dei gladio interimendus est ; de quo in alio psalmo dicit, *Nisi convertamini, gladium suum vibrabit* (Psal. VII) ; et de quo [a] per prophetam Ezechielem dicit, *Vivo ego, dicit Dominus, acuam sicut fulgur gladium meum, et reddam ultionem inimicis meis.* Framea namque Hebraicus sermo est, quo in hoc loco antiqui hostis gladius innuitur. Inimici igitur in hoc loco non nominativus pluralis, ut plerique arbitrantur, sed genitivus singularis est, id est, inimici diaboli defecerunt framea, et est schema quod prolepsis nuncupatur, id est præoccupatio sive præsumptio, per quam ea quæ sequi debent anteponuntur. Quæ et in exordio Ezechielis prophetæ invenitur, cum dicit, *Et factum est in tricesimo anno* (Ezech. I). Et in Psalmo habetur, cum dicitur, *Fundamenta ejus in montibus sanctis* (Psal. LXXXVI). Civitates igitur destructas non in hoc loco Psalmographus , ut illi arbitrantur, eorum prædecessores sive parentes pro imaginum abolitione eversos decantat, sed infideles populos, sive malorum operum acervos, quos diabolus tanquam suæ civitatis mœnia inhabitat, Christi manifestatione dicit esse dirutos. Inanis igitur et vanus imaginum amor illorum pectora invasit qui, ut illarum adorationem statuant, ea quæ de antiquo hoste vel de incredulis Judæis prophetata sunt, de suis parentibus sive prædecessoribus dicta fuisse existimant.

CAPUT XXIX.

Quomodo intelligendum sit quod scriptum est : Domine, dilexi decorem domus tuæ ; *quem decorem isti imagines intelligunt.*

Domus Dei aut secundum allegoriam ecclesia est, aut secundum anagogen cœlestis patria, aut secundum tropologiam anima hominis : et idcirco in plerisque Scripturæ sanctæ locis cum domus Dei legitur ; non parietes nec quædam materialis ædificatio, sed spiritalis et inexistimabilis Dei intelligenda est habitatio ; quorum sensuum arcanis illorum mens penitus jejunat qui decorem domus Domini non Ecclesiæ existimant virtutes, sed materiales imagines. Nunquid nam idem eximius vates quasdam imagines vel certe parietum pulchritudines, aut ministeriorum pretiosissimos apparatus viderat, cum dicebat, *Domine, dilexi decorem domus tuæ, et locum habitationis gloriæ tuæ* (Psal. XXVI). Nunquidnam locus habitationis gloriæ Domini in manufactis quoquam credendus esse? Habet ergo sancta Ecclesia *decorem* quem Propheta diligebat, id est spiritales virtutes : habet *aurum,* id est, fidem sive interiorem sensum ; habet *argentum,* id est confessionem sive eloquii venustatem ; habet *columnas argenteas,* id est sanctos viros patientia rationabili et eloquiorum pulchritudine comptos : quæ columnæ habent bases argenteas, cum supra stabilitatem verbi Dei quod per prophetas et apostolos nobis traditur, collocantur. Hæ etiam habent caput deauratum, quia caput aureum fides est Christi, Apostolo attestante qui ait : *Omnis namque viri caput Christus est (I Cor. XI).* Habet etiam pro lignis imputribilibus scientiam quæ per lignum venit, sive incorruptionem castitatis quæ vetustatem nescit. Habet et pro bysso virginitatem , pro cocco confessionis gloriam , pro purpura charitatis fulgorem, pro hyacintho spem regni cœlorum. His materiis ejus sacerdotes induuntur, juxta David vocem qui ait, *Sacerdotes tui induantur justitiam (Psal. CXXXI) ;* quos et Paulus his verbis hortatur, cum dicit, *Induite vos viscera misericordiæ*

---

[a] Imo per Moysen, Deut. XXXII, 41.

(*Coloss.* III). Habent etiam ejus sacerdotes alia nobiliora indumenta, quæ idem Vas electionis designat, cum dicit, *Induite vos Dominum Jesum Christum, et carnis curam ne feceritis in concupiscentiis vestris* (*Rom.* XIII). Habet et bibliothecam, id est sanctos viros divinæ legis documentis eruditos, de quibus per Prophetam dicitur, *Beati immaculati in via qui ambulant in lege Domini : beati qui scrutantur testimonia ejus, in toto corde exquirunt ea* (*Psal.* CXIX); et iterum beatos dicit eos qui memoria tenent mandata ejus ut faciant ea. Habet decem atria distensa, cum non in uno tantum verbo legis, neque in duobus aut in tribus, sed in toto decalogo legis spiritalis intelligentiæ amplitudine dilatatur, sive cum fructum spiritus, id est, gaudium, pacem, patientiam, benignitatem, bonitatem, modestiam, fidem, continentiam, adjecta quæ est major omnium charitate profert. Habet etiam altare, id est firmitatem fidei, in qua orationum hostias et misericordiæ victimas offert Deo : in qua continentiæ cultro superbiam quasi taurum immolat, iracundiam quasi arietem jugulat, luxuriam omnemque libidinem tanquam hircos et hædos litat ; ex quibus dextrum brachium et pectusculum et maxillas sacerdotibus separat, id est, opera bona, opera dextra, in quibus sinistrum quiddam nullatenus reperitur. Habet et candelabrum luminis, sive quia Dominus lumen ejus est, sive quia sancti viri quorum lucernæ sunt ardentes et lumbi accincti, qui exspectant Dominum suum quando revertatur a nuptiis, lucivoma in ea prædicationis dogmata fundunt.

Quod candelabrum lucernarum in austrum habet collocatum ut ad aquilonem respiciat, id est, ut sancti viri vigilanter et sollicitius intueantur semper astutias diaboli, et pavida mente aspiciant unde sit ventura tentatio : quia et Propheta vidisse se dicit succensum lebetem vel ollam et faciem ejus a facie aquilonis : et in alio loco dicitur, *Ab Aquilone enim pandetur malum super universam terram* (*Jerem.* I). Et Petrus apostolus dicit, *Quia adversarius vester diabolus, sicut leo rugiens circuit quærens quem devoret* (*I Pet.* V). Habet et mensam propositionis habentem duodecim panes collocatam in parte aquilonis quæ respicit ad austrum, id est duodecim apostolos, quos quotidie indesinenter jubetur apponere quæ ad austrum respicit, quia videlicet quotidie adventum Domini præstolatur. *Dominus enim*, ait Propheta, *ab austro veniet* (*Hab.* III). Habet altare incensi, quia de ejus fidei firmitate semper orationum sanctarum fumus in conspectu Domini ascendit, et quotidie cum David clamat, *Dirigatur oratio mea sicut incensum in conspectu tuo* (*Psal.* CXLI); sive quia, secundum Apostolum, *Christi bonus odor sumus Deo* (*II Cor.* II). Habet propitiatorium et arcam et duos cherubim, de quibus superius in quodam capitulo disputatum est. Habet et pontificem summum de quo Paulus apostolus dicit, *Christus autem assistens pontifex futurorum bonorum per amplius et perfectius tabernaculum non manu factum, id est, non hujus creationis, neque per*

sanguinem hircorum et vitulorum, sed per proprium sanguinem introivit semel in sancta æterna redemptione inventa (*Hebr.* IX); sive cui per Psalmistam dicitur, *Tu es sacerdos in æternum secundum ordinem Melchisedech* (*Psal.* CX); qui est vestitus podere byssino, cum sancti ejus qui utique ei adhæreant castitatis lampade vestiuntur. Habet et humerale gemmatum, quia electi ejus operum fulgoribus coruscant, quorum opera videntes homines glorificant Patrem eorum qui in cœlis est : qui habet in pectore logium, quod rationale dicitur, quaterno lapidum ordine distinctum, quo sermo evangelicus significatur, qui quadruplicato ordine veritatem fidei nobis et manifestationem Trinitatis exponit. Habet et auri laminam in fronte resplendentem, quod petalum appellatur, id est, divinitatem quia unius cum Patre substantiæ est, quoniam sicut in metallis nil comparatur auro, ita et in creaturis nil comparari potest Creatori. Qui etiam pontifex habet in interioribus partibus operimenta sua, quia mysterium incarnationis ejus investigari difficile est, Joanne attestante qui ait, *Cujus ego non sum dignus solvere corrigiam calceamenti* (*Marc.* I, *Luc.* III). Habet etiam per indumenti circuitum tintinnabula quæ in extremo ejusdem vestimenti posita sunt, ut semper sonitum dent : quia videlicet sancti prædicatores, qui ejus utique indumentum sunt, de extremis temporibus et fine mundi reticere nesciunt, sed semper nos de futuris admonent, attendentes illud quod per quemdam sapientem dicitur, *In omnibus operibus tuis memorare novissima tua, et in æternum non peccabis* (*Eccle.* VII). Habet etiam hæc domus Dei, id est Ecclesia, cujus decorem brevissime enumeramus, Sancta sanctorum : quia videlicet in præsenti sæculo pro sanctis habet sanctam conversationem; pro Sanctis vero sanctorum, in quæ semel tantummodo intratur, transitam ad cœlum, quando visibilibus contemptis ad invisibilia transit. De quibus Apostolus dicit: *Charissimi, nondum apparuit quod erimus: scimus quoniam cum apparuerit, similes ei erimus, quoniam videbimus eum sicuti est* (*I Joan.* III). Hunc excellentissimum ergo et cœlestis patriæ decorem dilexerat vir ille sanctissimus, non imaginum et colorum fucos, non materialium picturarum similitudines. Ob hunc decorem, non ob materiales figuras, quasi quodam intolerabili desiderio resolutus erat; cum dicebat : *Hæc memoratus sum et effudi in me animam meam, quoniam ingredior locum tabernaculi admirabilis usque ad domum Dei* (*Psal.* XLII). De hac domo, non de his visibilibus parietibus Apostolus dixit: *Scimus quoniam si terrestris domus nostra hujus habitationis dissolvatur, quod ædificationem ex Deo habemus, domum non manufactam, æternam in cœlis* (*II Cor.* V). Hunc decorem Isaias, non pictorum opera respicienda considerabat, cum dicebat : *Respice Sion civitatem solemnitatis tuæ: oculi tui videbunt Jerusalem, habitationem opulentam, tabernaculum quod nequaquam transferri potest* (*Isa.* XXXIII). De hac domo per David dicitur : *Beati qui habitant in domo tua, in sæcula sæculorum laudabunt te* (*Psal.*

(xxxiv). Nunquidnam sancti Patres, ut cæteros taceam, Paulus, Antonius, Hilarion, vel omnis anachoretarum sive eremitarum caterva, qui decorem basilicarum sive imaginum depictarum non habuerunt, sed in quibusdam tuguriolis suas Deo animas dedicaverunt, idcirco sancti non sunt? et ideo aut non diligebant decorem domus Domini, aut locum habitationis gloriæ Dei flagranti pectore contemplari non desiderabant quia imagines non habebant nec adorabant? Intra se etenim sicut et cæteræ sanctæ animæ templum Dei et locum habitationis gloriæ ejus habebant, dicente Vase electionis : *Templum enim Dei sanctum est quod estis vos (I Cor.* iii). Plurimi præterea ex divinarum Scripturarum aureis pratis colligi ambrosei flores poterant, quibus et secundum tropologiam, et secundum allegoriam, et secundum anagogen, sanctæ Ecclesiæ decor monstraretur, si brevitatis cui studemus non præpediremur habenis. Hi ergo pauci pro pluribus prolati sufficiant, quibus diligens lector cætera quæ hic prolata non sunt indagare curabit, et domus Dei decorem, non in imaginibus materialibus, sed in virtutibus spiritalibus refulgentem esse videbit.

CAPUT XXX

Quod non pro manufactis imaginibus per Psalmistam, ut illi aiunt, dictum est, Sicut audivimus, ita et vidimus *(Psal.* xlviii).

Quoniam igitur manufactas imagines se vidisse gratulati sunt, Psalmistæ sibi versiculum accommodaverunt dicentes, *Sicut audivimus, ita et vidimus,* dicant, quæso, dicant ubi hoc ante audierint quod modo in imaginibus vident; dicant quis patriarcharum prophetarumve aut apostolorum hoc illorum auditui intulerit, quod modo illorum visibus patet: dicant quis illis hoc privilegium prædixerit, quod imagines non solum visuri, sed adoraturi forent, cujus pollicitationis compotes effecti merito dicant, *Sicut audivimus, ita et vidimus.* Nos autem qui, opitulante Deo, psalmorum prophetiam spiritaliter pro viribus intelligimus, non hoc comma de manufactis imaginibus dictum, sed de insignioribus et eminentioribus mysteriis prophetatum fuisse sentimus: qui videlicet sicut in lege de Christi adventu audivimus, in Evangelio videmus; sicut in prophetis de ejus incarnatione comperimus, in Novi Testamenti nunc serie cernimus, sicut in hagiographis et in cunctis sacris litteris de ejus nativitate, passione, resurrectione, ad cœlum ascensione, typicis videbamus præfiguratum fuisse mysteriis, nunc peracta cuncta fuisse in sanctis videmus Evangeliis : qui etiam eo annuente ad æternam patriam venturi, et in ea visuri sumus quæ in hujus mortalitatis ærumna de ejus felicitate audivimus, dicturique sumus, *Sicut audivimus, ita et vidimus;* id est, Sicut audivimus mortales, videmus nunc immortales; sicut audivimus corruptibiles, videmus nunc incorruptibiles; sicut audivimus in ærumnosa peregrinatione, videmus nunc in vivorum felicissima regione: quod audivimus cum patiebamur procellosissimas tempestates sæculi, videmus nunc cum potimur suavissima securitate paradisi; quodque audivimus cum timebamus periculosissimum naufragium, videmus nunc cum pervenimus ad cautissimum et nobis longe ante desideratissimum portum. In hoc sane articulo hunc primum librum cludendum esse putavimus, ut quoniam de portu mentionem fecimus, illum quoque in hoc loco ad portum deducamus, ut retroacta navigatione fatigati aliquantisper in portu spatiantes, resumptisque viribus, ad secundi libri navigationem, Domino auxiliante, vela tendamus.

LIBER SECUNDUS.

PRÆFATIO.

Tractatis in superiore libro quam brevissime divinæ legis quibusdam commatibus, quæ, ut crebro memoravimus, illi contra quos huic nostro stylo conflictus est, ob suæ vanitatis materiam fulciendam protulisse noscuntur, vel etiam quibusdam in eodem libro prolatis capitulis quæ de eorum reprehensione non inconsequenter proferenda erant, necesse est ut in præsenti, secundo videlicet libro, et divinæ legis sane sobrieque residua commata tractaturi, et quorumdam sanctorum Patrum male nihilominus sententias ab illis usurpatas propriis sensibus reddituri, Domino favente, aggrediamur. In quo etiam libro, quædam capitula inserentur quæ eorum errori ad mentes fidelium transeundi aditum intercipiant, quo res sanctitate sive auctoritate carentes sacratissimis rebus et ab ipso Domino institutis æquiparare nituntur; ut in his duobus voluminibus per duorum Testamentorum salutaria arma eorum vanissimis næniis obnitentes, ad tertium in cujus principio nostræ fidei fundamentum erit, liberius accedamus, ut quoniam sanctæ in eo et unicæ Trinitatis confessio continebitur, tertii quoque libri numerus habeatur exornetur que sacratissimo numero qui exornandus est sanctæ fidei mysterio : omnem siquidem nostræ disputationis sive cæterorum actuum spem non in mundanarum artium argumentosis allegationibus, sed in eo collocantes qui et per præsentiam corporalem ait: *Non enim vos estis qui loquimini, sed Spiritus Patris vestri qui loquitur in vobis (Matth.* x); et quondam per Prophetam dixerat, *Dilata os tuum et ego adimplebo illud (Psal.* lxxxi). Ideo igitur per quemdam gradiendi ordinem hujus nostræ disputationis quibusdam librorum intercapedinibus distinximus gressum, ne indistincti itineris tramitem inordinata prolixitas efficeret fastidiosum, nec libuit nobis quiddam afferre incompositum vel indigestum, ne operis inordinata congeries lectori perturbata vociferatione rusticum quemdam præberet tumultum : quia et iter carpentes congruis quibusdam temporibus spatiari non renuunt, et agrorum, vinearum vel etiam hortorum cultores per quasdam camporum intercapedines, vel etiam per agrorum dimensiones limites statuere consueverunt.

CAPUT PRIMUM.

Quod non propter eos scriptum sit qui imagines adorare contemnunt, sicut illi dicunt qui eas adorant, quod in psalmo legitur, Quanta malignatus est inimicus in sanctis tuis.

Est quoque et illud non mediocris insaniæ quod ea quæ de his longe ante prædicata sunt qui urbem Jerusalem everterunt et templum Domini incenderunt, isti de illis intelligunt qui imagines adorare contemnunt : præsertim cum aliud et longe aliud sit, de templo mare æneum et duos cherubim et vasa cæteraque ornamenta tollere, et aliud manufactas imagines non adorare; aliud urbicremis ignibus templi pulchritudinem mancipare, aliud imaginum adorationem vitare; aliud crudeliter sancta sanctorum diruere, aliud prudenter picturis colla deflectere inhibere. Denique quisquis nosse cupit de quo Psalmista dixerit : *Quanta malignatus est inimicus in sanctis tuis* (*Psal.* XLVII), non solum libri Regum historiis et Romanorum gestis perdocetur, quæ præteritum urbis Jesusalem et templi excidium narrant, sed etiam ipsius David egregii prophetæ vaticinio instruitur, qui futuras clades præfatæ urbis et eversionem sacratissimi illius templi per schema, quod prolepsis dicitur, futura quasi præterita modulavit dicens : *Deus, venerunt gentes in hæreditatem tuam, polluerunt templum sanctum tuum, posuerunt Jerusalem velut pomorum custodias, et cætera* (*Psal.* LXXIX); et in psalmo, cujus hic versiculus est, de quo nunc agimus, dicit : *Quanta malignatus est inimicus in sanctis tuis, et gloriati sunt omnes qui te oderunt : in medio atrio tuo posuerunt signa sua signa, et non cognoverunt tanquam in via super summum, tanquam in sylva lignorum securibus exciderunt januas ejus, bipenne et ascia dejecerunt ea; incenderunt igni sanctuarium tuum, in terra polluerunt tabernaculum nominis tui* (*Psal.* LXXIII); quod etiam in alio psalmo expressius dicto dicit : *Exterminavit eam aper de silva, et singularis ferus depastus est eam.* Sed ne quem moveat quod non dixit, *Quanta malignati sunt inimici,* sed *Quanta malignatus est,* advertat hoc per figuram locutionis dictum fuisse, quæ syllepsis nuncupatur, per quam et pro uno multi ponuntur, ut in Evangelio, *Et latrones qui cum eo crucifixi erant improperabant ei* (*Matth.* XXVII); sive, *Defuncti sunt enim qui quærebant animam pueri* (*Matth.* II); et pro multis unus, ut in Exodo legitur, *Ora ad Dominum, ut auferat a nobis serpentem* (*Num.* XXI); et in psalmo, *Misit in eis muscam caninam et comedit eos, et rana exterminavit eos* (*Psal.* LXXVIII). Quod et si quis secundum mysticam intelligentiam subtilius scrutetur, non incongrue sanctam Ecclesiam advertet et malignanter in ea hæreticos intelliget, qui eam semper pravis dogmatibus infestare nituntur; verumtamen a nullo eorum qui sanum sobriumque intellectum habent de imaginum adorationem contemnentibus intelligetur. Quanto ergo illi sani sensus expertes sunt, qui hunc versiculum de eis dictum fuisse autumant, tanto nimirum hi in sui sensus vigore permanent qui imagines non adorant.

CAPUT II.

Quod nec illud ad hanc rem pertineat, ut illi dicunt, quod scriptum est, Quoniam non est jam propheta, et nos non cognoscet amplius.

Nam et hic quoque versiculus in ejusdem synodi lectione incompetenter positus est, quoniam quidem nec nostra vox est qui Patrem in spiritu et veritate adoramus, nec illorum qui Deum ejusque sanctos in imaginibus adorare conantur : quia prophetam magnum habemus Jesum Christum dominum nostrum, de quo per Moysen dicitur : *Suscitabit Dominus Deus prophetam vobis, ipsum audietis* (*Deut.* XVIII, *Act.* III et VII); quem etiam secundum apostolum *advocatum habemus apud Patrem* (*I Joan.* II), quem quotidie spiritalibus oculis intuemur, et cujus vaticiniis sedule perdocemur : sed Judæorum excidium et dispersiones et clades et mortes gentis suæ, nec non etiam diruptionem templi, cæremoniarum abolitionem, a prophetia et a Dei cognitione recessionem deflentium et dicentium, *Quoniam non est jam propheta et nos non cognoscet amplius* (*Psal.* LXXIV); quod etiam per Osee prophetam prædictum est qui ait : *Quia diebus multis sedebunt filii Israel sine rege et sine principe, et sine sacrificio et sine altari, et sine ephod, et sine seraphim* (*Osee* III). Qui etiam eorum ad fidem conversionem quam circa finem mundi fore credimus, subsequenter adjunxit : *Et posthæc revertentur filii Israel et quærent Dominum Deum suum, et David regem suum, et pavebunt ad Dominum et ad bonum ejus in novissimo dierum.*

CAPUT III.

Quomodo intelligendum est, Domine, in civitate tua imaginem illorum ad nihilum rediges : *quod quidem capitulum sicut et cætera, illi aliter quam dicum est intelligunt.*

Civitas Dei figuraliter in sacris litteris interdum anima hominis, quæ a Deo inhabitatur, dicente Scriptura : *Habitabo in eis,* et iterum, *Anima justi sedes sapientiæ* (*Psal.* X), accipitur; interdum præsentis temporis Ecclesia, quam fluminis impetus lætificat, de qua prophetam dicitur : *Si oblitus fuero tui, Jerusalem, obliviscatur me dextera mea* (*Psal.* CXXXVI); plerumque cœlestis Jerusalem, quæ patriarcharum, prophetarum, apostolorum, martyrum, confessorum vel cæterorum fidelium agminibus constructa intelligitur; de qua per Apostolum dicitur, *Quæ autem sursum est Jerusalem, libera est, quæ est mater omnium nostrum* (*Gal.* IV); cui etiam per Isaiam prophetam a Domino pollicetur, *Non enim in occasum tertium veniet sol, et luna tibi non deficiet in æternum tempus* (*Isa.* LX); quam etiam Joannes in Apocalypsi vidisse se dicit descendentem de cœlo, ornatam monilibus suis (*Apoc.* XXI); de cujus beatitudine pene innumerabilia poterant dici, quæ hujus brevitatis stylo non valent digeri. In hac civitate imagines impiorum ad nihilum redigentur, quia illorum aspectus divinis non poterit apparere conspectibus; sed sicut polluerunt in se imaginem Domini in præsentis vitæ curriculo, ita in cœlesti Jerusalem illorum non apparebit imago, qui æterno quidem mancipabuntur incendio; de quibus alias per psalmistam dicitur : *Et homo cum in honore esset non intellexit, comparatus est jumentis insipientibus, et similis factus est illis* (*Psal.* XLIX), quia videlicet cum in tanto honore esset quod ad imaginem et similitudinem Dei conditus erat, non intelligendo, ad tantam labem vitiorum est devolutus, ut non immerito jumentis irrationabilibus esset comparatus. Ad nihilum ergo impiorum imagines rediguntur, quando se eis ipsa Veritas subtrahens ab ejus luce alienantur, nec similitudinem valent retinere, cujus beatitudinis expertes noscuntur usquequaque manere. Propter dolositatis itaque eorum apposita eis in superioribus dixerat mala, quia *Deus judex justus reddit unicuique secundum opera sua.* Dixerat etiam eos dejecisse cum allevarentur, quia *Deus superbis resistit, humilibus autem dat gratiam.* Dixerat eos *subito defecisse et periisse propter iniquitatem suam velut somnium exsurgentis,* quia sicut quibusdam præstigiis mortalium pectora in somnis eluduntur, et optata quæque subito se nactos fuisse gratulantur, cum aut desiderato quis potitur regno, aut cupito sublimatur aliquis ministerio, aut, paupertate fugata, aliquis subito ditatur, aut optato aliquis fruitur conjugio, aut debilis aliquis amissos artus se recepisse gratulatur, aut criminosus aliquis honorabilem se gaudet, aut aliquis ignobilis nobilem, aut insipiens sapientem se putat, et subito amittit evigilans quod acquisierat dormiens, et patefactis se dolet non videre oculis quæ gaudebat videre clausis : sic felicitas impiorum quasi per somnium quodammodo videtur, quia post modicum tempus non videbitur; sic illis evigilantes ea quæ subito per somnum acquisierant perdunt, sic morientes ea, quæ habere videbantur, amittunt : quoniam et illi præstigiosa lætitia quam sternentes nacti sunt, in momento carent, et isti vana, et ut ita dixerim, fumea mundi gaudia diu tenere non valent. Ob quorum impietates quasi quadam severitate accensus propheta subjunxit : *Domine, in civitate tua imaginem illorum ad nihilum rediges* (*Psal.* LXXIII), ut videlicet qui in se tui characteris decus malis operibus inquinaverunt, illorum facies in tua civitate non videantur, in qua est æterna felicitas, summa beatitudo, perpetuum gaudium; in cujus palatiis regnat rex, cujus regni non erit finis, cujus subsellia patriarcharum senatu resplendent, cujus curia prophetarum rutilat cuneis, cujus mœnia martyrum numerosa militia exornantur, cujus portæ apostolicis decorantur cœtibus, cujus plateæ redundant virgineis choris, cujus domicilia confessorum plena sunt legionibus, quæ non indiget sole, quia Dominus lux ejus est, per cujus omnes vicos Alleluia cantatur.

CAPUT IV.

Quomodo intelligendum est quod psalmographus cecinit, Misericordia et veritas obviaverunt sibi, justitia et pax se complexæ sunt (Psal. LXXXV*) : quod temere et adulatorie a Joanne presbytero et legato Orientalium in participatione venerabilis papæ Adriani et Tarasii patriarchæ dicitur esse completum.*

Misericordiam et veritatem sibi mutuo obviasse, justitiam et pacem invicem se complexas fuisse David vatum luculentissimus eleganter decantat : quod tandem constat esse completum, cum post incarnationem Domini duo Testamenta in unius compagem copulationis sunt adducta. Quoniam quanquam inter se diversa quodammodo cernantur, ad unum tamen bivium in Christo qui est pax nostra, qui fecit utraque unum, convenire noscuntur. In Novo enim misericordia est, in qua per gratiam genus humanum liberatur : in Veteri veritas, ubi legis et prophetarum annuntiatio continetur. Hæc autem duo sibi mutuo obviasse dicuntur, non ad contrarietatem exercendam, sed ad gratiam promissæ perfectionis implendam; unum quippe constat factum quod temporibus probatur esse divisum, et ut genus ipsum fœderis hymnidicus David evidenter exprimeret, hoc ipsum varia nominum iteratione geminavit, amplexu scilicet quodam dilectionis duas res, id est, justitiam et pacem, in mutuam protinus venisse concordiam; quem quidem versiculum et secundum somatopœian, id est corporis attributionem, per quem locutionis modum rebus incorporeis corpora tribuuntur, dictum esse constat, et per metaphoran, id est, rerum verborumque translationem, per quam plerumque a rebus animalibus ad animales, ab inanimalibus ad inanimales, ab inanimalibus ad animales translatio fit; quæ duæ locutionum figuræ ita inter se differunt, quod una rebus incorporeis corpora, altera et rebus corporeis membra et motus, et incorporeis et membra et motus et formas tribuit. Hunc denique versiculum temerarie et adulatorie Joannes presbyter in participatione venerabilis papæ Adriani, et Tarasii Constantinopolitani episcopi protulit, qui tamen presbyter quanquam episcopis in eadem synodo residentibus minor fuerit honore, non tamen legitur minor fuisse errore, qui et si præcedebant eum gradus sublimitate, superabantur tamen ab eo multiloqua procacitate; nec superari potuit a prælatis subjectus intemerariis loquacitatibus, qui subjectus a prælatis superabatur pontificalibus dignitatibus. Qui præsertim duplex in hac parte creditur patrasse deliquium, sive quia verba mysteriorum arcanis plena ab Spiritu sancto prolata ad res humanas inflectere nisus sit superstitiosa intentione adorandarum imaginum, sive quia eadem perversa intentione excæcatus in adulationis miserabile corruerit vitium : quod vitium adulationis expavit prophetarum ille nobilissimus, qui dixit : *Corripiet me justus in misericordia et increpabit me, oleum autem peccatoris non impinguet caput meum* (*Psal.* CXLI). Unde bene etiam et alia Scriptura dicit : *Melius est autem objurgari a justo quam a peccatore lau-*

dari; et iterum : *Qui vos felices dicunt , in errorem vos mittunt*; quoniam adulatores ut illiciant laudant, non ut ad æternam felicitatem provocent, quæ quidem felicitas nullo bono indiget.

CAPUT V.

Quoa non ad adorationem imaginum pertineat, ut illi dicunt, quod scriptum est, Exaltate Dominum Deum nostrum, et adorate scabellum pedum ejus, quoniam sanctus est (*Psal.* xcxix).

Hoc psalmistæ versiculo error qui ob adorandas imagines adeo in quorumdam pectoribus inolevit, ut ad eum statuendum synodos faciant, et ad eum muniendum Scripturarum sanctarum sibi testimonia usurpare contendant, tueri se posse credit, cum scabellum pedum Domini adorandum audit; hac casside apicem corporis munitam habere arbitratur, ne corusci ensis illisiones persentiat; hac lorica cæterum corpus munitum habere se putat, ne pilorum ictibus suæ stabilitatis jacturam incurrat; hoc clypeo tutelam se nactum esse credit, per quam spiculorum missilium volatus vulnificos non pertimescat, sed ita aut obcumbendo fatescet, aut delitescendo aufugiet his munimimbus exspoliatus, sicut his est incassum et inutiliter abusus, et tantum sentiet spiritalis gladii per sanctos viros illati rigorem, ut nec tenuem quidem sibi credat inesse vigorem. Nunquid quia scabellum pedum Domini adorari præcipitur a propheta, ideo erit imaginum adoratio statuenda? Quæ est ergo similitudo scabelli pedum Domini et materialium imaginum? aut quæ communicatio inenarrabilibus Dei operibus et imaginibus a quibuslibet conditis artificibus? aut quæ societas tam excellenti tamque præclaro mysterio et figuris insensatis humano patratis ingenio? aut ubi institutum est ut imagines adorentur, sicut institutum ut scabellum pedum Domini adoretur? Non enim ait David · Adorate imagines quorumdam sanctorum, sicut ait, *Adorate scabellum pedum Domini*; sed nec Dominus ait : Opera manuum hominum sedes mea sunt, imagines autem scabellum pedum eorum; sed ait : *Cœlum mihi sedes est, terra autem scabellum pedum meorum (Isa.* LXVI, *Act.* VII). Audi igitur dementissime vel potius insanissime error, audi incomparabilis dementia, audi ridiculosa segnities, audi beatum Ambrosium docentem quid sit scabellum pedum Domini, aut quomodo adorandum sit. Ait enim : « Adoraverunt apostoli Dominum, quia detulerunt fidei testimonium, acceperunt fidei magisterium; adoraverunt et angeli de quibus scriptum est : *Et adorent eum omnes angeli ejus*. Adorant autem non solum divinitatem ejus, sed etiam scabellum pedum ejus, quoniam sanctus est. » Et post pauca : «Sed ne forte propositum aliquos præterfugere videatur exemplum, qua ratione ad incarnationis Dominicæ sacramentum spectare videatur, quod ait propheta, *Et adorate scabellum pedum ejus*, consideremus. Non enim ex usu hominum æstimare debemus scabellum; neque enim corporalis Deus, aut non immensus, ut tanquam fulcrum pedibus ejus scabellum subjectum putemus; neque a lorandum quidquam præter Deum legimus, quia scriptum est. *Dominum Deum tuum adorabis, et ipsi soli servies (Deut.* VI) : quomodo ergo adversus legem propheta præciperet, sub lege nutritus, et eruditus in lege? Non mediocris igitur quæstio, et ideo diligentius consideremus quod sit scabellum. Legimus enim alibi : *Cœlum mihi thronus, terra autem scabellum pedum meorum (Isa.* LXVI). Sed nec terra adoranda nobis, quia creatura est Dei. Videamus tamen an terram illam dicat adorandam propheta, quam Dominus Jesus in carnis assumptione suscepit. Itaque per scabellum terra intelligitur, per terram autem caro Christi, quam hodieque in mysteriis adoramus, et quam apostoli in Domino Jesu, ut supra diximus, adorarunt. Neque enim divisus Christus, sed unus; neque cum adoretur tanquam Dei Filius, natus ex virgine negabatur. Cum igitur incarnationis adorandum sit sacramentum, incarnatio autem opus Spiritus sancti sit, sicut scriptum est : *Spiritus sanctus superveniet in te, et virtus Altissimi obumbrabit tibi : et quod nascetur ex te sanctum vocabitur Filius Dei (Luc.* I) : hoc etiam scabellum pedum Domini sanctus Augustinus diligentissimus exquisitor, corpus Domini, quod de Maria virgine sumpsit, scabellum divinitatis ejus asseruit sentiri debere, propter naturam humanitatis quam est dignatus assumere : quod utique illi virtuti sic est subjectum atque unitum, ut constet id omnibus creaturis esse excelsius, sicut dicit Apostolus : *Quod infirmum est Dei, fortius est hominibus (I Cor.* I). Et alibi de eodem mediatore Dei et hominum homine Christo Jesu Apostolus dicit : *Propter quod Deus exaltavit illum et donavit illi nomen quod est super omne nomen, ut in nomine Jesu omne genu flectatur cœlestium, terrestrium et infernorum (Philip.* II). Per pedum igitur Domini magnificentiam in hoc versiculo stabilitas divinitatis, quæ semper in naturæ suæ omnipotenti gloria, tanquam pedum indefessa firmitas perseverat, intelligitur. Possunt etiam tropologice pedes Domini extrema temporum, quando Dominus incarnari dignatus est, designari; unde et Joannes evangelista dicit : *Filioli, novissima hora est (I Joan.* II). Paulus quoque apostolus dicit : *Cum venisset plenitudo temporum, misit Deus Filium suum natum ex muliere, factum sub lege (Galat.* IV). Notandum sane quia non dixit : Quoniam sanctum est, sed *quoniam sanctus est (Psal.* XCIX), scilicet ut corpus Domini a divinitate non discernatur, salva utriusque naturæ proprietate, sed ad unam personam referatur. Unde dicit Evangelium : *Verbum caro factum est, et habitavit in nobis (Joan.* I). Hæc de scabello pedum Domini breviter promulgata sufficiant : nunc ad cætera transeamus.

CAPUT VI.

Quod nec de eo imaginum adoratio astrui possit, ut illi putant, quod scriptum est, Adorate in monte sancto ejus.

Sed nec in eo quoque imaginum adoratio astrui potest, ut illi fatentur, quod per eumdem sanctum prophetam, *Adorate in monte sancto ejus (Psal.*

xcix), cantatur, cum scilicet non montem, sed in monte sancto adorandum Dominum, idem sanctus vir harmonica modulatione decantet. Qui et si montem adorandum præciperet, non idcirco imaginum adoratio, sed Domini Jesu Christi a sanis mentibus intelligeretur, qui est mons cunctis montibus sublimior, cujus videlicet altitudo et virtus omnium sanctorum altitudinibus et virtutibus eminet; de quo per Isaiam prophetam dicitur : *Et erit in novissimis diebus præparatus mons domus Domini in vertice montium, et elevabitur super colles, et fluent ad eum omnes gentes, et ibunt populi multi (Isa.* II). Dicatur ergo, Adorate in monte sancto ejus (*Psal.* xcix), quia videlicet, non hic montem, sed in monte sancto Dominum propheta præcipit adorare, quod ad montem, Sion qui est Ecclesia, referri posse non dubium est, quæ est mons montium, et sancta sanctorum, cujus ipse habitator est Christus. Unde bene sanctum Dominum in sancto monte præcipit adorandum, quoniam sicut laus ejus non convenit ori pravo, ita nec ejus culturæ loci potest congruere turpitudo. Adoramus igitur in monte sancto ejus, non imagines vel quasdam superstitiosas res, sed eumdem Dominum qui illius montis caput est, et ut eumdem montem acquireret, non solum nasci, sed mori dignatus est; de quo per prophetam dicitur *Adduxit eos in montem sanctificationis suæ, montem hunc quem acquisivit dextera ejus (Psal.* LXXVIII); et de quo per legislatorem dicitur : *Introduc et planta eos in monte hæreditatis tuæ, in præparata habitatione tua quam præparasti tibi, Domine; sanctuarium tuum, Domine, quod præparaverunt manus tuæ, Domine, qui regnas in æternum et in sæculum sæculi et adhuc (Exod.* xv).

CAPUT VII.

Quod non, ut illi glorientur, propter illos dictum est qui imagines adorant, Quoniam non derelinquet Dominus virgam peccatorum super sortem justorum, ut non extendant justi ad iniquitatem manus suas (Psal. cxxv).

Non mirandum est si fallantur in minimis, qui falluntur in magnis, nec in eo amplius illorum error admirandus est, quod ideo se justos, quia imagines adorant, esse glorientur, nos autem qui eas adorare contemnimus, peccatores fateantur, cum ob illarum amorem et Scripturarum divinarum puritatem violare conentur, et potissimum suæ fidei emolumentum in his esse arbitrentur, et eos qui spretis his sive cæteris hujuscemodi vanitatibus soli Deo serviunt eumque colentes adorant, anathematizare obstinata mente nitantur. Quomodo ergo hujus versiculi textus, non ad eamdem rem pertineat, ob quam ab illis prolatus est, qualiterve eorum sensui reluctari credatur, quantisve ab eorum opinatione distet indiciis, non solum simplicibus lectoribus, sed etiam idiotis patet; quippe qui postpositis ænigmaticis sive allegoricis involucris aperte demonstret, quod non diu permittat Dominus flagellari justos ab impiis, ne in desperationis labem corruant diutinis addicti flagellis, sed si ad tempus ad probationem quibusdam eos ad versis macerat, secundis eos denuo diuturnitate temporis interrupta sublevat, qualiter eorum innocentia inconvulsa permaneat.

CAPUT VIII.

Quod non propter illos qui imaginum adorationem spernunt, ut illi delirant, per prophetam dicatur, Declinantes ad obligationem adducet Dominus cum operantibus iniquitatem (Psal. cxxv).

Ideo namque hunc versiculum singillatim nobis in nostro opere ponere libuit, quia etsi est cum superiore in unius psalmi textu, distat tamen ab eo in sensu; et quanquam ad unum errorem astruendum ab illis sit prolatus, diverso tamen loco in sæpe memoratæ synodi lectione hunc constat esse positum. Declinantes igitur ad obligationem non illi credendi sunt qui imaginum superstitiosam contemnunt adorationem, sed qui antiqui hostis retinaculis irretiti proni sunt ad iniquitatem, quantoque amplius peccare noscuntur, tanto nimirum strictius diabolicis spiris nectuntur. Unde profecto per quemdam sapientem dicitur : *Funibus peccatorum suorum unusquisque constringitur (Prov.* v) ; de qua etiam obligatione sanctus propheta Isaias dicit : *Væ qui trahitis iniquitatem in funiculis vanitatis, et quasi vinculum plaustri peccatum (Isa.* v)! Eos itaque qui ad hanc obligationem declinant, adducet Dominus cum operantibus iniquitatem, quia videlicet cum quibus in hoc peccant sæculo, cum his damnabuntur in futuro, et ad eum ignem qui auctori criminum et angelis ejus præparatus est, ibunt, cujus in hoc sæculo retinaculorum obligationem rumpere neglexerunt. A cujus obligatione ille nos liberos efficiat, qui nos in libertatem redemit, et nobis sedentibus in tenebris suæ claritatis lucem magnam ostendit, sive habitantibus in regione umbræ mortis ipse lux vera exortus est, atque idem ejus severissimæ damnationis nos reddat expertes, qui suæ clarissimæ fidei speique et charitatis fecit esse sequaces.

CAPUT IX.

Quod non ab eo quod Salomon dicitur in templo fecisse boves et leones, imaginum adoratio firmari possit, ut illi somniant qui in earum adorationem anhelant.

Salomon in templo boves et leones legitur condidisse, quorum conditione nos qui secundum Apostolum legem spiritalem esse scimus, quibusdam mysteriorum arcanis instruimur, illi vero qui imaginum adorationem diligunt suæ vecordiæ vanitatem firmare moliuntur ; nos mysticis sensibus perdocemur, illi in sui erroris magnitudine firmantur ; nos admoniti per umbram indagamus veritatem, illi decepti per rem bene gestam ad rem non gerendam sumunt auctoritatem. Cur ergo eos Davidica proles, cur Israelitice rex, cur sapientium sapientissime fecisti? Feci, inquam, eos, non ut adorari deberent, sed ut quædam mystica significarent ; non ut errori faverent, sed ut mysteriorum arcana monstrarent ; non ut offendiculum cæcis mentibus essent, sed ut magnum quiddam subtilia subtiliter scrutantibus innuerent. Cui si ideo succenseri debet, quia per ea quæ a me bene gesta sunt, a pravis pravum exem- A *conspectu sto (III Reg.* xvii) ; ne sit de illis quos per plum sumitur, legislatori nihilominus succensendum prophetam denotat dicens : *Verterunt terga ad me et* est, qui rem quidem multorum visibus necessariam, *non faciem (Jerem.* ii). Hortatur etiam ut vox ejus in eremo exaltavit, qua prava hominum voluntas sonet in auribus illius, quia paratus est ad exaudiendum sanctos suos, Psalmista attestante qui ait : *Cla-*ob memoriam rerum gestarum et venustatem condi- *maverunt justi et Dominus exaudivit eos, et ex omni-*tas basilicarum quodammodo abdicamus, cum per *bus tribulationibus eorum liberavit eos (Psal.* xxxiv). Moysen et Salomonem, quanquam in typicis figuris, Vocem ejus dulcem et faciem dicit esse decoram, eas factas fuisse sciamus, sed earum insolentissimam quia orationes sanctorum semper Deo acceptæ sunt, vel potius superstitiosissimam adorationem cohibe- eorumque grata præsentia qui de Christi lumine acmus , quam neque per patriarchas, neque per pro- ceperunt, ut in decore justitiæ permanerent. Esto, phetas , [a] neque per apostolos, neque per apostoli- convenit ut ad imaginum visionem aptari possit hic cos viros uspiam institutam esse repererimus. Sed versiculus, *Ostende mihi faciem tuam (Cant.* ii), sive ut ad proposita redeamus, Salomon in templo boves *facies tua speciosa*, quid de voce dici poterit, quam et leones fecit, quia et Christus in Ecclesia aposto- et suavem propheta decantat, et auditam sibi fieri los eorumque successores constituit, qui, juxta beati B hortatur? Quæ utique si anima non vegetantur, Gregorii sententiam , « bene agentibus per humilita- multo minus voce fruuntur ; et si voce non fruuntem sunt socii contra delinquentium vitia , per ze- tur, multo minus vocis suavitate potiuntur ; si igitur lum justitiæ erecti, quatenus et istos mansuetudo anima non vegetantur, nec vocis dulcedine potiunbovis sustentet, et illos feritas leonis stimulet. » Quod tur. Unde liquido patet, ut sicut in cæteris ex hoc utrumque pastoris Ecclesiæ exemplo colligi potest, negotio assertionibus illorum ad rem non pertinentia qui et Cornelium humilitate utentem blandis allo- dicta frustrantur, ita etiam et in hac parte frustrenquiis delinivit, et contra Ananiam et Sapphiram frau- tur, præsertim cum nec de earum faciei visione redulenter agentes se vehementer erexit. Sancti igitur cte dici possit, *Ostende mihi faciem tuam*, neque de viri aliquando mansuetudinem boum, aliquando fe- earum voce qua prorsus carent, *Et auditam fac mihi* rocitatem habent leonum quia et virgam tenent qua *vocem tuam, quoniam vox tua suavis est, et facies tua* fortes fortiter regant, et baculum quo infirmorum *speciosa.* debilitates sustentent.

CAPUT XI.

Quomodo intelligendum est quod per Isaiam prophetam scribitur, Erit altare Domini in medio terræ Ægypti *(Isa.* x) : *quod capitulum illi stolide et minus docte ad imaginum adorationem referre nitantur.*

CAPUT X.

Quomodo intelligendum est, quod in Canticis canti- C *corum scribitur,* Ostende mihi faciem tuam, et auditam fac mihi vocem tuam, quoniam vox tua suavis est mihi, et facies tua speciosa *(Cant.* ii) ; *quod quidem capitulum illi impudentissime ad imaginum visionem protulerunt.*

Facies Ecclesiæ quam Christus blandis nominum varietatibus alloquitur, modo eam columbam, modo formosam, modo amicam vocans ; quam surgere, id est, credere, properare , in operibus bonis excrescere, venire, ad æternam remunerationem accedere jubet, non corporalis, sed spiritalis est, quia et cætera quæ de ea in iisdem Canticis canticorum scribuntur, non carnaliter sed spiritaliter intelligenda sunt. Nam si hic versiculus cuidam corporali rei accommodari potest, ut illi somniant, qui hunc ad imaginum visionem D protulerunt, ergo et omnia quæ de sponsæ Christi Ecclesiæ membris scribuntur, corporalia credenda sunt ; et si hæc omnia non membris visibilibus, sed virtutibus conveniunt invisibilibus, ergo et facies ejus, virtus potius invisibilis quam cujusdam debet intelligi visus imaginis. Facies itaque Ecclesiæ cognitio virtutum ejus est, cujus pulchritudinis venustate ab sponso diligitur, cui bene per prophetam dicitur, *Quoniam concupivit rex speciem tuam.* Hortatur ergo Christus Ecclesiam, ut faciem suam ei ostendat, id est, ut semper eum contempletur fide et operibus, ut cum Elia dicere possit : *Vivit Dominus, in cujus*

Hanc prophetiam Josephus in Onia sacerdote qui profugus in Ægyptum plurimis Judæorum vallatus catervis descendit, altareque ibi et templum construxit, impletam fuisse narrat ; nos vero qui ea quæ de Christi adventu et vocatione gentium prophetata sunt, non ut futura auguramus, sed ut præterita devota mente tenemus et credimus , non hanc prophetiam completam fuisse sentimus per Oniam sacerdotem, sed per Christum Dominum, Dei et hominum mediatorem. Qui videlicet fidem in hoc mundo , qui plerumque *Ægypti* nomine designatur, constituit, in cujus soliditate a fidelibus orationum sacrificia et sanctorum meritorum libamina Domino litantur ; juxta cujus terminum titulum posuit, id est, Evangelium sive apostolicam doctrinam, quibus mentes fidelium ad peragenda bona opera informantur. Quod vero subjungit : *Et erit in signum et in testimonium Domino exercituum in terra Ægypti (Isa.* xix), signum et testimonium Dominicæ voluit passionis mysterium intelligi. *Tunc hi qui crediderint concurrentibus Ægyptiis contra Ægyptios, et pugnante viro contra fratrem suum, et civitate contra civitatem dimicante,* cum persecutionis scilicet tempus ingruerit, *implorabunt Domini misericordiam, statimque salvator adveniet,* id est Jesus (hoc enim in lingua nostra

---

[a] *Neque per apostolicos viros uspiam institutam esse repererim.* Emendator faciebat, *repererimus.* Malim, *revererimus*

sonat), *et cognoscetur Dominus ab Ægyptiis*, et cognoscent eum sive persecutores qui fuerunt superati, sive credentes præsenti auxilio liberati. Cum igitur iste sit sensus prophetici sermonis, et hic sit intellectus tituli et altaris, quis hunc ad imaginum adorationem asseverandam proferat, nisi quem suæ vecordiæ caligo excæcat? quisve per propheticum bene ab Spiritu sancto prolatum sermonem suum audeat astruere niti errorem, nisi quem erroris magnitudo suum usquequaque fecerit esse sequacem? Quomodo ergo quoddam vel leve quidem ex his sancti prophetæ verbis adminiculum poterit sumere imaginum adoratio, cum constet ea non ut historialiter in quodam altari sive titulo complerentur, sed ut spiritaliter in Christi fide et evangelio a fidelibus haberentur, dicta fuisse? Quæ tamen etsi de corporali altari sive titulo historialiter dicta fuissent, non idcirco imaginum poterat astrui adoratio, cum scilicet illa non adoranda fore, sed fore tantummodo propheta prædixerit. Aliud enim est *erit*, aliud adorabitur; aliud *altare Domini*, aliud cujuslibet imago; aliud *titulus juxta terminos*, aliud similitudo in quibuslibet materiis. Non ergo ait: Erit tempus quando nullus nisi imaginum adorator Deo placebit; nec ait: Tantus imaginum cultus inolescet, ut quisquis eas non adoraverit, neque thure et luminaribus sive quibusdam primitiis honoraverit, anathemate dignus erit, sed ait: *Erit altare Domini in medio terræ Ægypti, et titulus juxta terminum ejus Domini, eritque in signum et in testimonium Domino exercituum in terra Ægypti*; ac si patenter diceret: Erit fides in mundo et Evangelii prædicatio, per quam Dominicæ passionis et nostræ redemptionis manifestatio declarabitur.

CAPUT XII.

Absurdissime et incaute contra eos qui imagines adorare contemnunt, ab his qui eas adorant, prolatum testimonium sancti Evangelii; Nemo accendit lucernam et ponit eam sub modio (*Matth.* v, *Marc.* iv, *Luc.* xi).

O res inconsequens et risu digna, quod quædam nescio quo sensu in ejusdem vanitatis lectione de nobis qui imaginum adorationem spernimus, scribuntur, ex his quæ Dominus discipulos ad prædicandum mittens, instituit ut magnam haberent fiduciam prædicandi, et ne persequentium terrore exterriti delitescerent et similes essent lucernæ sub modio, sed omni metu postposito totis libertatis insignibus se proderent, et quod audierant in cubiculis in tectis prædicarent. Illi ergo lucernam suam, id est, imaginum culturam adorando, in suæ fidei fastigio ponant; nos vero si quis nobis scientiæ splendor est, in Christo, qui est lucis origo, conlocemus, quatenus nobiscum in sanctæ Ecclesiæ domo manentibus, et verbi et exempli splendorem exhibere valeamus.

---

[a] *Ad lacteam escam lactantium more infantium.* Corréximus *lactentium*, ex usu et consuetudine Latini sermonis, de qua sunt versus scholastici apud veteres

CAPUT XIII.

De eo quod ad suum errorem confirmandum dicunt beatum Silvestrem Romanæ urbis antistitem apostolorum imagines Constantino imperatori detulisse, cum tamen eas non legatur adorare jussisse.

Sæpe in hoc nostro speciali de imaginibus opere fateri cogimur quod illæ non haberi so adorari a nobis inhibeantur, nec illarum in ornamentis basilicarum et memoria rerum gestarum constitutarum fugienda sit visio, sed insolentissima vel potius superstitiosissima exsecranda sit adoratio. Unde sicut in cæteris ita et in hoc exemplo assertio frustrabitur, qui suum errorem in adoratione imaginum enitentem in eo fulcire conentur quod Silvester Romanæ Ecclesiæ præsul Constantino imperatori apostolorum imagines detulisse legitur. Detulit ergo eas illi ad videndum, non ad adorandum; detulit non ut adorare, quem a simulacrorum cultu abstrahere et ad solius Dei adorationem convolare hortabatur, compelleret, sed ut idem imperator quos in somnis viderat, eorum vultus in picturæ fucis cognosceret. Detulit, non ut ab idolorum cultura fugientem imaginum adorationi cedere informaret, et ab hostili gladio liberatum intestini ensis rigore perimeret, sed ut per res notas ad res ignotas ejus mentem extolleret, ut quos non poterat mentis oculo cernere, nec dum gentilitatis maculis exutus, spiritalibus miraculis cerneret, nimirum eorum imagines corporalibus conditas instrumentis. Has igitur ei et si adorare jussisset, cum tamen non jusserit, ideo fortassis juberet, ut eum qui visibilium cultor erat per visibilia ad invisibilia provocaret, non ut nos de invisibilibus ad visibilia revocaret: nec ideo nobis qui ad percipiendum solidum cibum vires accepimus, a ad lacteam escam lactentium more infantium redeundum esset, si illi cui necdum per fidei teneritudinem solidus cibus impertiri poterat, *sine dolo lac concupiscendum* (*I Pet.* II) daretur in quo cresceret. Unde et Apostolus novellæ Ecclesiæ ex circumcisione et gentilitate venienti, spiritalis lactis et olerum cibum dabat, id est, faciliora ad intelligendum documenta et leviora ad explendum præcepta, quibus carnales mentes quasi in quadam infantiæ teneritudine enutritæ ad percipiendum spiritalium arcanorum cibum capaces efficerentur. Libro igitur Actuum beati Silvestri, ubi de imaginibus Constantino imperatori delatis scribitur, ideo obniti potest, quia quanquam a pluribus catholicis legatur, non tamen ad ea quæ in quæstionem veniunt affirmanda plene idoneus perhibetur; quod in libro beati Gelasii Romanæ urbis antistitis qui inscribitur, *Decretalis de recipiendis sive de non recipiendis codicibus* (*Dist.* 15, *c.* 3), apertius demonstratur.

CAPUT XIV.

Quod non ita intelligenda sit sententia beati Athanasii Alexandrinæ urbis episcopi, ut illi eam intelligendam putant, qui hanc ad adorationem imaginum accommodare nituntur.

Sententia nempe beati Athanasii Alexandrinæ ur-

---

grammaticos:

Lacteo, lac sugo : lacto, lac præbeo nato.
Infans dum lactet, huic nutrix sedula lactat.

his episcopi, quam illi inconsequenter, sicut et cætera divinarum Scripturarum testimonia, ad suum errorem astruendum protulerunt, prorsus huic rei extranea esse detegitur, cum non in ea quædam cujuslibet imaginum adorationis vel tenuiter mentio fiat, sed ad comparationem rei de qua sermo fiebat fassus sit imagines in eadem materia atque elemento recuperari posse, dicens : « Sicut ea quæ scribitur in lignis forma abolita exterioribus sordibus, iterum necesse est in idipsum recuperari atque uniri his cujus est forma, ut innovari possit imago, in eadem materia atque elemento : per ejus enim formam et ipsa materia ubi et conscribitur, non dejicitur, sed in ea ipsa configuratur. » Dicant ergo quod eis adminiculum hæc sententia præbeat, dicant ubi imagines adorare percenseat, et cum hoc asseverare nequiverint, restat ut ita a sanis mentibus intelligatur sicut a venerabili viro prolata est.

CAPUT XV.

Quod male ad suum errorem astruendum sententiam beati Ambrosii Mediolanensis urbis episcopi, quam ex libro tertio capitulo nono esse mentiuntur, usurpent, qui per eam imaginum adorationem firmare cupiunt.

Facillime namque sanctorum prædicatorum sententias criminari audebunt qui divinæ legis et prophetarum oracula criminari non metuunt, nec formidabunt, ob sui erroris materiam stabiliendam, juniorum documentis quamdam inferre violentiam qui seniorum doctrinis imo senioribus non formidant inferre injuriam. Beati igitur Ambrosii Mediolanensis Ecclesiæ sacerdotis sententiam ut illorum errori faveret, ordine, sensu verbisque turbasse perhibetur. Ordine scilicet, quia non in libro tertio, capitulo nono, ut illi somniant, sed in libro nono exarata reperitur. Sensu, quia cum ille dixerit : « Nunquid cum et divinitatem ejus adoramus et carnem, Christum dividimus ? » Illi dixerunt : « Nunquid ne cum et deitatem et carnem ejus adoramus, dividimus Christum ? » Quæ quidem particula subjunctivæ conjunctionis *ne* tantam huic sententiæ permutati sensus ingerit jacturam, ut eam prorsus confiteri compellat quod illa negare contendit. Verbis, quod in sequenti commate, ubi ille posuit *veneramur*, illi *adoramus* posuisse deteguntur; et ut apertius nostræ disputationis sensus pateat, qualiter hæc sententia ab illustri viro et eloquentiæ cothurnis cum spiritali sensu compto prolata, qualiterve ab illis falsata sit, singillatim ponamus. Ille enim ut in duarum naturarum proprietatibus unam Domini verique hominis personam asseveraret, ait : « Nunquid cum et divinitatem ejus adoramus et carnem, Christum dividimus ? Nunquid cum in eo imaginem

- ^a *Nunquid ne quando et divinitatem et carnem ejus adoramus, dividimus Christum?* Ex actione 7 synodi Nicænæ II pseudoseptimæ, et Adriani papæ Capitulari, restituimus *deitatem et carnem*. Ambrosius *divinitatem et carnem* vocat divinam et humanam Christi naturam, id est, θειότητα καὶ ἀνθρωπότητα, si posterior vox ferri posset, pro qua Patres solent σάρκα cum apostolis hebraizantibus dicere : sed Latini hu-

Dei crucemque veneramur, dividimus eum? » Isti vero ex hac sententia imaginum adorationem astruere nitentes dixerunt : « Nunquid ne quando et deitatem et carnem ejus adoramus, dividimus Christum? aut quando in ipso et Dei imaginem et crucem adoramus dividimus eum? » per imaginem scilicet Dei quæ Christus est, et per crucem ejus, quæ in hoc loco propter mortalitatem carnis ejus posita est, imaginum introducere cupientes obstinata mente adorationem.

CAPUT XVI.

Quod non pro materialibus imaginibus, ut illi aiunt, beatus Augustinus dixerit, Quid est imago Dei, nisi vultus Dei in quo signatus est populus Dei?

Deum nemo vidit unquam (Joan. IV), ait Joannes apostolus, *nisi unigenitus Filius, qui est in sinu Patris* (Joan. I); et Moysi eadem summa majestas dixit : *Non enim videbit me homo et vivere potest* (Exod. XXXIII); qui si invisibilis est, imo quia invisibilis est, necesse est ut incorporeus sit; et si incorporeus est, necesse est ut corporaliter pingi non possit : igitur si invisibilis est et incorporeus, prorsus corporalibus materiis pingi non potest. Unde sollicitius nobis quærendum est quid sit imago Dei, quidve vultus ejus, in quo signatus est populus Dei. Interrogemus ergo egregium prædicatorem, forsitan ab eo docti nosse valebimus quid sit imago Dei. Dic, Vas electionis, dic, doctor gentium, quid sit imago Dei. *Gratias, inquam, agentes Deo Patri, qui dignos fecit nos in partem sortis sanctorum in lumine, qui eripuit nos de potestate tenebrarum, et transtulit in regnum Filii dilectionis suæ, in quo habemus redemptionem in remissionem peccatorum, qui est imago Dei invisibilis* (Coloss. I). Dixi de imagine, dico etiam de figura. *Novissimis diebus istis locutus est nobis Deus in Filio quem constituit hæredem universorum per quem fecit et sæcula, qui est splendor gloriæ et figura substantiæ ejus, portansque omnia verbo veritatis suæ* (Hebr. I). Ecce, Paulo apostolo docente, didicimus Christum esse imaginem Dei, et illi hortantur materiales imagines hanc intelligere debere. Iste dicit eumdem Filium qui est unius cum Patre substantiæ imaginem esse Dei et splendorem gloriæ et figuram substantiæ ejus, et illi dicunt opificum industria præparatas figuras imaginem esse Dei. O exsecrabilis error ! o impudens dementia ! o improvida vecordia ! tanto imaginum amore exæstuans, ut ea quæ de unigenito Dei Filio dicta sunt, materialibus figuris conferre non erubescas. Dicat etiam sanctissimus Augustinus quid sit imago Dei, qui ab illis hanc materialem existere dixisse criminatur. Ait enim : « In Deo conditio temporis vacat : non enim potest recte videri Deus in tempore generasse Filium per quem condidit tempora :

manitatem non refugerunt interpretari. Synodus Nicæna Ambrosii verba videtur Græce (videtur, inquam, nam non nisi Latinam versionem habemus) θεότητα καὶ σάρκα reddidisse. Quod imperator ut corruptelam reprehendit. Ego puto interpretis hanc culpam esse, qui synodum illam ex Græco sermone in Latinum contulit.

consequens autem est ut non solum imago ejus sit, quia de illo est, et similitudo, quia imago est, sed etiam æqualitas tanta ut nec temporis intervallum impedimento sit. » Dic itaque etiam tu, sanctissime Ambrosi, quid de hac imagine sentire te constet. Defende beatum Augustinum per te favente Deo ad fidei rudimenta conversum, quem vides nunc ab imaginum adoratoribus infauste criminatum. Præbe ei adminiculum, ut exuatur tanti criminis mole qui quondam per te exutus est hæretici dogmatis errore. « Prophetæ, inquam, dicunt Christum qui est imago Patris invisibilis et figura substantiæ ejus, quod ipse sit splendor lucis æternæ, et speculum sine macula Dei majestatis, et imago bonitatis illius. » Hoc ergo modo cum prophetis et apostolis Augustino meo, imo vero Dei cultori, tutelam conferre curabo. Vide quanta dicantur : splendor, quod claritas paternæ lucis in Filio sit; speculum sine macula, quod Pater in Filio; imago bonitatis, quod non corpus in corpore, sed virtus in Filio tota cernatur. Imago docet nos esse dissimiles, character expressum esse significat, splendor signat æternum. Imago itaque non vultus est corporalis, non fucis composita, non ceris, sed simplex de Deo, egressa de Patre, expressa de fonte : per hanc imaginem Philippo Patrem Dominus monstravit, dicens, *Philippe, qui me videt, videt et Patrem : et quomodo tu dicis, Ostende nobis Patrem? Non credis quia ego in Patre et Pater in me est. Vidit enim in imagine Patrem qui vidit in Filio* (Joan. xiv). Vide quam imaginem dicat : imago veritas est, imago ista justitia est, imago ista Dei virtus est; non muta, quia verbum est; non insensibilis, quia sapientia est; non inanis, quia virtus est; non vacua, quia vita est; non mortua, quia resurrectio est. Vides ergo quia dum imago dicitur, Patrem significat esse, cujus imago sit Filius, quia nemo potest ipse sibi imago sua esse. Quoniam igitur imaginem Dei non materiales imagines, ut illi garriunt, sed Dei Filium sanctorum Patrum sententiis approbavimus, restat ut qualiter in eo signati simus breviter explicemus. Signati itaque sumus in eo, quando secundum Apostolum in morte ejus baptizati sacrosancti unguinis liquore delibuti sumus, et accepimus Christiani nominis prærogativam, juxta illud quod ei in Canticis canticorum dicitur, *Oleum effusum est nomen tuum* (Cant. i); impleturque divinum per Isaiam prophetam quondam promulgatum oraculum, quo ait, *Servientibus vero mihi vocabitur nomen novum* (Isa. LXII). Signamur ergo in eo qui secundum Apostolum signavit nos, et dedit pignus Spiritus in cordibus nostris, in quo etiam Spiritus pignore signati sumus in die redemptionis : signati autem sumus Spiritu Dei sancto, ut et spiritus noster et anima imprimantur signaculo Dei, et illam recipiamus imaginem ad quam in exordio conditi sumus, quam peccando nec in totum amisimus, nec in totum in nobis intemerata remansit; quia si hanc in totum amisissemus, nequaquam diceretur : *Quanquam in imagine ambulet ho-*

[a] Imo Joannis.

mo, tamen vane conturbatur (Psalm. xxxix); et si hanc in totum intemeratam conservassemus, nequaquam Apostolus diceret : *Reformamini in novitate mentis vestræ* (Rom. xii); et illud : *In eamdem imaginem transformamur a claritate in claritatem* (II Cor. iii).

CAPUT XVII.
Quod Gregorii Nysseni episcopi, ex quo illi ad suum errorem astruendum testimonia trahunt et vita nobis et prædicatio sit incognita.

Quid in hac parte nobis observandum sit, apostoli [a] Pauli monitis perdocemur, qui ait : *Probate spiritus an ex Deo sint; et iterum : Noli credere omni spiritui, sed proba mentem* (I Joan. iv, in pr.); nam dum, ut præfati sumus, Gregorii Nysseni episcopi et vita nobis et prædicatio sit ignota, testimonia quæ de ejus opusculis proferuntur ad res dubias confirmandas, minus cernuntur esse idonea : unde ejus doctrina nec a nobis est insigni laude præferenda, nec admodum reprehendenda, sed illius dogmate cum cæterorum dogmatibus quos ignoramus postposito, restat ut post propheticas et evangelicas sive apostolicas scripturas illustrium etiam Latinorum doctorum quorum nobis et vita et prædicatio innotuit, sive Græcorum qui et catholici fuerunt et a catholicis æque in nostram linguam translati sunt, tantum dogmatibus contenti simus.

CAPUT XVIII.
Quod non ad adorationem imaginum pertineat testimonium quod de sexta synodo protulerunt.

Textus sane testimonii quod de sexta synodo in eadem nugarum agglomeratione, quæ pro adorandis imaginibus scripta est, taxasse perhibentur, talis est : « In quibusdam venerabilium imaginis picturæ agnus digito præcursoris monstratus designatur, quod in signum relictus est gratiæ, verum nobis per legem præmonstrans agnum, Christum Dominum nostrum. » Qui tamen quanquam non ita ab illis prolatus sit sicut in eadem synodo habetur, nec sic quidem ut ab illis usurpatus est, cujusdam imaginum adorationis quamdam fecisse dignoscitur mentionem; sed cum pene nullum habeat latinæ integritatis vigorem, sensuque sit tepidus verbisque illepidus, et quadam ex parte ratione nudatus, nullum tamen eorum errori adminiculum præbere monstratur.

CAPUT XIX.
Quod sententia Joannis Constantinopolitani episcopi, quam illi in testimonium adorandarum imaginum trahunt, non ad id quod illi putant pertinere dignoscitur.

Sed neque sententia Joannis Constantinopolitani episcopi, quanquam ab illis mutilata sit, sicut et cæteræ sanctorum Patrum sententiæ quas in ejusdem synodi scriptura depravatas ab illis reperimus, quoddam illorum errori deferre creditur adjutorium : quippe cum in eadem non illarum imaginum quædam mentio sit quæ in basilicis esse consueverunt, sed illarum quas gentili et superstitioso ritu Romanorum imperatores ostentabiliter ob sui favoris arrogantiam adorare censuerunt. Quam quidem sacrilegam impietatem ita nullos antiquorum regum reperimus habuisse, sicut et pene nullam gentem tantæ crudelitatis tantorumque idolorum servitiis subditam, ut illam, uspiam legimus exstitisse. Magnæ ergo crudelitatis et revera magnæ crudelitatis et fortitudinis quondam fuit, quæ a propheta Daniele in expositione quadrifidæ statuæ, quæ quatuor fortissimorum mundi regnorum præsagium fuit, post caput aureum, quod Assyriorum sive Chaldæorum regnum signavit; pectus vero argenteum, quod Medorum Persarumque regnum figuravit; femora vero ærea, per quæ Macedonum regnum monstratum est, in cruribus ferreis designata est: et quomodo ferrum conterit et domat omnia, ita hæc pene omnia regna edomuit. Quæ e iam a præfato propheta in quatuor bestiarum visione post læenam, per quam Babyloniorum regnum monstratum est, et ursum per quem Medorum et Persarum regni successio designata est, sive pardum per quem Macedonum regnum figuratum est, quarto nimirum loco sicut in statua in cruribus ferreis, ita etiam in bestiis quædam terribilis ac formidolosissima bestia dentes ferreos habere describitur, de qua nunc dicere longum est: in qua non sint, sicut in cæteris bestiis, singula, sed omnia quæ in superioribus fuere crudelitatis indicia, quæ gentes quas delevit, devorasse, quas vero tributis addixit, pedibus conculcasse dicitur, et in tantum dæmonum culturis inservivit, ut quarumdam gentium quas subegerat idola suis nihilominus idolis socians infeliciter adoraret. Unde vanissimum et ab omni ratione seclusum est, ab ea re intra sanctam Ecclesiam sumere exempla quæ propter gentilitatis maculam prorsus a catholicis creditur abdicata: nisi forte illud in hac parte concedatur, ut ab errore error fulciatur, et res vana rem nihilominus vanam habeat in exemplum, resque obliqua a re non recta putetur accipere posse munimen. Textus igitur sententiæ Joannis (si tamen ejusdem Joannis est) hoc modo in eadem dementissima synodi lectione taxatus habetur: « Nonne eum qui induetur injurias? nescis quia si quis imaginem imperatoris injuriat, ad eum ipsum imperatorem principaliter dignitati ejus affert injuriam? Nescis quia si quis imaginem ex ligno aut ex colore detrahet, non sicut ad elementum sine anima ausus judicatur, sed sicut adversus imperatorem dissegregata imaginem totidem imperatoris gestans ei, injuriam ad imperatorem deducit? » Et iterum idem de eodem Patre, sermone in quinta feria Paschæ: « Omnia facta sunt propter gloriam Dei: usu vero nostro nubes ad imbrium ministerium, terram ad fructuum abundantiam, mare navigantium absque invidia omnia famulantur homini, magis autem imagini Dei. Neque enim quando imperialis vultus et imagines in civitates introducuntur, et obviant judices et plebes cum laudibus, non tabulam honorantes neque effusæ ceræ scripturas, sed figuram imperatoris, sic et creaturam non terrenam speciem honorat, sed eadem ipsam cœlestem figura reveretur. » Quæ sententia quanquam locutionum phaleris et verborum eruditione careat, et procul a negotio cui imposita est evagari credatur, nec illorum assertioni eam præbere solatium, nec nostræ constat quoddam conferre dispendium, nec aliquod Christianæ religionis sensibus inculcare dissidium: præsertim quæ ne divinæ imaginis characterem in nobis malis operibus inquinemus, neve ei ad cujus imaginem et similitudinem conditi sumus peccando ejusque imaginem et similitudinem polluendo injuriam irrogemus, hoc dicere videatur, ut quisquis imperatoris imagini injuriam irrogat, non imagini, sed eidem imperatori injuriam irrogare creditur. Quod autem dixit, *nubes*, terram sive mare famulari imagini Domini, non hoc pro manufacta et irrationabili imagine dixit, si tamen idem quem illi dicunt aut quislibet catholicus dixit, sed aut pro Christo, qui est imago Dei, cui flectitur omne genu cœlestium, terrestrium et infernorum, aut pro homine, qui utique ad Dei imaginem conditus pene omnibus visibilibus creaturis prælatus est. Quod si quis contentiosus pro insensatis dictum fuisse arbitretur imaginibus, asseveret quo pacto, quove modo, quave familiaritate, nubes, terra, mare imaginibus famulentur, et mox assertionem suam magna ex parte fultam habere dignoscetur. Si ergo vulgus partim lætitia bacchatu effrenis, partim sæcularis pompæ novitate accessitus, partim ventosi honoris inflatione cupidus, partim adulationis vitio famulatus, partim publicæ securis metu perterritus, imperatorum imagines vanis et perniciosis laudibus honorat, quid ad nos, qui gloriamur in cruce Domini nostri Jesu Christi, per quem nobis mundus crucifixus est nosque mundo? quorum conversatio in cœlis est, qui cum Apostolo dicimus, *Nobis quibus Christus crucifixus est, quid nobis cum foro?* (I Cor. vi), qui tanto errori obniti potius quam assensum præbere debemus, qui non solum ab eo exemplum ad adorandas imagines minime sumere, sed etiam eum cum suis sequacibus prorsus exsecrari debemus.

CAPUT XX.

Quod non ad adorationem imaginum pertineat, ut illi asserunt, sententia beati Cyrilli in expositione Evangelii secundum Matthæum.

In eo etiam quod dicunt beatum Cyrillum Alexandrinæ urbis antistitem dixisse: « Depingitur enim fides quod in forma Dei existit verbum, sicut et nostræ vitæ redemptione oblatus est Deo, secundum nos similitudine et factus homo, » quanquam aut interpretis imperitia, aut scriptoris vitio semiplenum sensum habere videatur, non tamen ibi quodammodo imaginum adoratio innuitur: sed neque in eo quædam hujus erroris, non dicam affirmatio, sed nec etiam mentio fit, quod dicunt eum post pauca dixisse: « Imaginum nobis explent opus parabolæ significantium virtute, cui quomodo et oculorum adhiberi et palpatu manus afferri in vestigiis mentibus inadparabiliter habens visionem. » Quoniam ergo hic liber apud nos non habetur, qui utique Græco sermone editus esse a præfato doctore perhibetur, hujus capituli sensus in incompositis et in improperiis dictionibus ita nobis per conjecturam sensus quærendus est, veluti quis in pulvereis vel in cujuslibet materiæ sordidis involucris nummos quærat. Hoc enim, ut conjicimus, hujus capituli textus significare videtur, quod dum Christus in forma Dei existens Verbum, nostræ carnis similitudine indutus et factus est homo, et pro nostræ vitæ redemptione oblatus Deo in se vera Patris imagine ejusdem Patris visionem nobis ostendit juxta illud : *Qui videt me, videt et Patrem* (Joan. xiv); et in parabolarum imaginationibus, ita nostris sensibus mysteriorum significavit arcana, sicut in imaginibus, earum rerum cujus sunt imaginatio quodammodo monstratur : hoc quidem juxta conjecturæ ambiguitatem, cæterum exclusis dubietatis ambagibus, nullam hic imaginum adorationem designari manifestum est.

CAPUT XXI.

Quod non sit contra religionem Christianam, ut illi dicunt, non colere et non adorare imagines.

Magna quidem sunt Christianæ religionis instrumenta, quæ quanquam ex fidei soliditate et ex dilectione Dei et proximi pendeant, singillatim enumerare longissimum est : inter quæ nullum penitus locum imaginum cultus et adoratio tenent, quoniam quidem nullo antiquitatis instituuntur documento, vel fulciuntur exemplo, sed pene cunctarum divinarum Scripturarum abdicantur eloquio. ᵃ Solum namque Deum colere, ipsum adorare, ipsum glorificare debere, totius divinæ Scripturæ tuba terribilis intonat. Unde cavendum illis est, et modis omnibus pertimescendum, ne dum imaginum cultum et adorationem Christianæ religioni ingerere nituntur, singularem unius Dei cultum et adorationem frustrari videantur. Quæ duo ita inter se mutuo reluctantur, ut si unum steterit, aliud stare non possit. Si enim singularis cultus soli et uni Deo debitus inconvulsus erit, et revera inconvulsus erit, imaginum cultus modis omnibus cassabitur : et si imaginum cultus non convellatur, soli et uni Deo cultus debitus non erit singularis. Ac per hoc si religionis Christianæ arx sive munimen et gloriosum insigne unius Dei cultus et adoratio est, imo quia est, hanc imaginibus vel quibuslibet rebus exhibere contra religionem Christianam est ; et si has non adorare seu colere contra religionem Christianam est, ut illi delirant, solum Deum adorare seu colere, ejusque cultus et adorationis arcem singularem esse fateri contra religionem Christianam erit. Solus igitur Deus colendus, solus adorandus, solus glorificandus est, de quo per prophetam dicitur, *Exaltatum est nomen ejus solius* (Psal. cxlviii); cujus etiam sanctis qui, triumphato diabolo, cum eo regnant, sive quia viriliter certaverunt ut ad nos incolumis status Ecclesiæ perveniret, sive quia eamdem ecclesiam assiduis suffragiis et intercessionibus adjuvare noscuntur, veneratio exhibenda est : imagines vero omni sui cultura et adoratione seclusa, utrum in basilicis propter memoriam rerum gestarum et ornamentum sint, an etiam non sint, nullum fidei catholicæ afferre poterunt præjudicium, quippe cum ad peragenda nostræ salutis mysteria nullum penitus officium habere noscantur.

CAPUT XXII.

Quod non bonam habeant memoriam qui ut non obliviscantur sanctorum vel certe ipsius Domini, idcirco imagines erigunt.

Mihi autem, ait Propheta, *adhærere Deo bonum est* (Psal. lxxiii); qui cum sit spiritus, juxta illud, *Dominus Deus spiritus est* (Joan. iv), et in spiritu et veritate adorari debeat, non ei carnaliter, sed spiritaliter quis adhærere potest, nec corporalibus ei sensibus sed rationali animæ intuitu jungi valet. Quamobrem, ut ait sanctissimus Augustinus, «Saluberrime admonemur averti ab hoc mundo qui profecto corporeus est et sensibilis, et ad Deum, id est, veritatem quæ intellectu et interiore mente capitur, quæ semper manet, et ejusdem modi est quæ non habet imaginem falsi, a quo discerni non possit, tota alacritate converti. » Ad contemplandum itaque Christum, qui est Dei virtus et Dei sapientia, sive ad intuendas virtutes quæ ab eo in sanctis ejus derivatæ sunt, non corporeus nobis visus, quem communem cum irrationalibus animantibus habemus, sed spiritalis est necessarius, quem sibi impertiendum Propheta a Domino postulabat cum dicebat : *Revela oculos meos, et considerabo mirabilia de lege tua* (Psal. cxix). Hunc ergo spiritalem auditum non carnales aures, Dominus quærebat cum dicebat, *Qui habet aures audiendi audiat* (Matth. xi, Marc. iv, Luc. xiv). His sensibus privari pro culpa perfidiæ populum Israel, non membris debilitari jubet, cum Isaiæ prophetæ dicit : *Excæca cor populi hujus, et aures ejus aggrava, et oculos ejus claude, ne forte videant oculis suis, et auribus suis audiant, et corde suo intelligant* (Isa. vi). Quæ dum ita se habeant, magna se cæcitate obrutos esse fatentur qui vim illam animæ, quæ memoria nuncupatur, ita se vitiatam habere demonstrant, cui nisi imaginum adminiculum suffragetur, ab intentione servitutis Dei et veneratione sanctorum ejus recedere compellatur ; nec se idoneos arbitrantur mentis oculum supra creaturam corpoream levare ad hauriendum æternum lumen nisi creaturæ corporeæ adjutorio fulciantur. Sed ne forte sui erroris murum his tentent tueri munitionibus eo quod et nos ob memoriam rerum gestarum imagines quibuslibet habendas esse concedimus, his a nobis eorum firmitas arietibus, tantis veritatis quatietur impulsibus quod aliud est eas habere oblivionis tilegitur, *inter Dominum et homines verus interpres*, emendavimus, *Deum et homines*. Nec alibi semel huic vitio medicinam adhibuimus.

ᵃ *Solum namque Dominum colere*. Correxit Lindenbruchius, *Deum colere*, et placet. Natus error ex compendio scripturæ. Sic infra cap. 26, ubi vulgo

amore, aliud ornamenti amore ; aliud voluntate, aliud indigentia ; aliud idcirco videre ne Dei et sanctorum ejus valeat quis oblivisci, aliud ideo spectare ut gestarum rerum possit reminisci ; aliud est eas res videre quæ, nisi videantur, non obsunt, aliud eas quæ, nisi ut videantur, officiunt, cum videlicet sine imaginum intuitu homo salvari possit, sine Dei vero notitia omnino non possit. Cum ergo mens hominis ita ei inhærere debeat ad cujus imaginem condita est, ut nulla creatura interposita ab ipsa veritate, quæ Christus est, formetur, dementissimum est eam interpositis materialibus imaginibus ne ejus oblivionem patiatur admoneri debere, cum videlicet hoc infirmitatis sit vitium, non libertatis indicium. Quia vero descensio Christi ad inferos, sive ascensio ejus ad cœlos, sive spei nostræ fructus non in rebus visibilibus sed in corde tantum quærendus sit, Paulus apostolus testatur cum dicit, *Spes quæ videtur non est spes : quod enim videt quis, quid sperat ? Si autem quod non videmus speramus, per patientiam exspectamus* (Rom. VIII). Et iterum, *Ne dixeris in corde tuo, Quis ascendit in cœlum ?* id est, Christum deducere : vel *quis descendit in abyssum ?* Hoc est Christum ex mortuis revocare. Sed quid dicit Scriptura ? *Prope est verbum in ore tuo, et in corde tuo, hoc est, verbum fidei quod prædicamus, quia si confitearis in ore tuo Dominum Jesum, et in corde tuo credideris quod Deus illum suscitavit a mortuis, salvus eris : Corde enim creditur ad justitiam, oris autem confessio fit ad salutem* (Rom. x). Multa quidem ad rem pertinentia et huic negotio necessaria in hoc capitulo dici poterant, si brevitas, cui studemus, permitteret.

CAPUT XXIII.

Quod contra beati Gregorii Romanæ urbis antistitis sententiam institutum sit imagines adorare seu frangere.

Imagines sane quarum insolentissimæ adorationis amor Constantino et matri ejus Hærenæ necnon et Tarasio Constantinopolitano episcopo exercendæ synodi causa exstitit, quorum discutiendus error præsentis nobis disputationis materiam præbuit, a beato Gregorio Romanæ urbis antistite et adorari prohibentur et frangi, qui non longe a causa vagantibus verbis nullisque dubietatis ambagibus involutis sermonibus, sed proprie ac pure, quid in hac parte observandum quidve tenendum sit Sereno Massiliensi episcopo suis mandavit apicibus. Nam dum isti prædecessores sive parentes suos qui eas fregere exsecrabiliter damnare perhibeantur, et illi istos qui eas adoraturi erant abominabiliter damnasse credantur, inter has diversi erroris acies ad unius socordiæ bivium tenentes medium, [a] se præfatus interponit antistes, et utrique parti inter se mutuo confligenti arma præbet, cum et istos qui eas adorant cum illis qui eas fregere : et illos qui eas fregere cum istis qui eas adorant pontificalis teli cuspide ferit. Et istis hinc adorantibus, illis inde frangentibus spretis, nostræ partis sibi Ecclesiam asciscit, quæ mediocritatis callem recti itineris carpens, et in ornamentis ob memoriam habere concedit, et istos hinc adorantes, illos illinc frangentes despiciendo postponit: sic enim præfatum Serenum et laudasse quia adorare prohibuerit, et reprehendisse quia fregerit, idem venerabilis papa perhibetur : « Perlatum, inquit, ad nos fuerat quod inconsiderato zelo succensus sanctorum imagines sub hac quasi excusatione ne adorari debuissent, confringeres: et quidem qui eas adorare vetuisses omnino laudavimus, fregisse vero reprehendimus. » Et post pauca : « Frangi ergo non debuit quod non ad adorandum in ecclesiis, sed ad instruendas solummodo mentes fuit nescientium collocatum. Et quia in locis venerabilium sanctorum depingi historias non sine ratione vetustas admisit, si zelum discretione condisses, et ea quæ intendebas salubriter obtinere et collectum gregem non dispergere, sed potius poteras congregare. » Putabat enim idem venerabilis præsul in imaginum comminutione populares animos perturbatos, et ideo pusillorum scandalum pertimescens hæc inferebat. Unde et in subsequentibus eum instruit qualiter eas et habere in ecclesiis quibuslibet permittat, et adorare modis omnibus devitet. Ait enim : « Convocandi sunt diversi Ecclesiæ filii eisque Scripturæ sacræ est testimoniis ostendendum, quia omne manu factum adorari non liceat, quoniam scriptum est: *Dominum Deum tuum adorabis et illi soli servies:* ac deinde subjungendum, Quia picturæ imaginum quæ ad ædificationem imperiti populi factæ fuerant, ut nescientes litteras ipsam historiam intendentes quod dictum sit discerent, transisse in adorationem videras, idcirco commotus es ut eas imagines frangi præciperes: atque eis dicendum, Si ad hanc instructionem ad quam imagines antiquitus factæ sunt habere vultis, in ecclesiis eas modis omnibus et offerri et haberi permittas, atque indica quod non tibi ipsa visio historiæ, quæ pictura teste pandebatur displicuerit, sed illa adoratio quæ picturis fuerat incompetenter exhibita. Atque in his verbis eorum mentes demulcens eos ad concordiam tuam revoca : et si quis imagines facere voluerit, minime prohibe, adorare vero imagines omnibus modis devita : » Ecce quo magisterio quove documento venerandi pontificis imbuti imagines in ecclesiis habere non renuimus, sed earum adorationem prorsus abdicamus; cujus institutis contraire se, quisquis eas vel frangit vel adorat, modis omnibus recognoscat.

---

[a] *Se præfatus interponit Antestis.* Non recte emendator correxit, *antistes,* cum illud in toto hoc opere ad eam faciem constantissime scribatur. Huguitio in Vocabul.: « Antestor, scribitur ubique per *te*, non *ti*; unde *antestis.* »

CAPUT XXIV.

Cum præter Deum solum nihil aliud debeat adorari, aliud est hominem adorare charitatis et salutationis officio, aliud imagines manufactas.

Adeo genus humanum Deus dilexisse credendus est, ut in ipso conditionis ejus exordio non utcunque, sed ad suam imaginem et similitudinem id considerit, et creaturis cæteris prætulerit, et a florigeræ sedis felicitate per peccata ad hujus mortalitatis ærumnas transmissum stupendis miraculis et luculentis vatum oraculis erudire per momenta temporum non desierit: et angelis qui utique ab eo peccando discesserant, perpetua damnatione multatis, ut id denuo civibus æthereis pro quorum societate condiderat, sociaret, hominem assumere non despexerit, dicente Apostolo : *Nusquam enim angelos apprehendit, sed semen Abrahæ apprehendit* (Hebr. II). Unde datur intelligi aliud et longe aliud esse hominem adorare salutationis gratia, qui tot meritorum prærogativis pollet, aliud imagines quæ his omnibus carent; aliud est hoc homini humilitatis gratia exhibere qui opus Dei est, quam imagini quæ opus artificis est; aliud est illam naturam humilitatis officio adorare quæ in cœli rege ab angelis et archangelis adoratur, aliud illam quæ usibus non solum hominum, sed et cæterorum animalium adhibita famulatur. Quantum ergo opera Dei eminent humanis operibus, efficientia effectis, rationabilia irrationabilibus, sensibilia insensibilibus, viventia non viventibus, tantum adoratio quæ, ut prædicimus, humilitatis et salutationis officio erga homines agitur, adorationi quæ imaginibus superstitiose et superflue exhibetur.

Quoniam quidem homines Deus non imagines diligere jussit, propter homines Filium suum in mundum, non propter imagines misit; ab hominibus Pater vocari, non ab imaginibus voluit, et Dominus in Evangelio non ait : *Nolite scandalizare unam de imaginibus istis, sed, unum de pusillis istis: quoniam angeli eorum semper vident faciem Patris mei qui in cœlis est* (Matth. XVIII); et Apostolus invicem nos *honore prævenire* (I Pet. II), non imagines honorare hortatur. Quia ergo melior sit opifex opere et efficiens effectis, liber Sapientiæ testatur, ait enim: *Nemo enim sibi similem homo poterit Deum fingere: cum sit enim mortalis mortuum fingit manibus iniquis* (Sap. XV). Melior est enim ipse his quos colit, quia ipse quidem vixit, cum esset mortalis, illi autem nunquam; et beatus Augustinus ait : « Fateor tamen altius demersos esse qui opera hominum deos putant, quam qui opera Dei. » Hoc quidem de idolis eorumque cultoribus. Cæterum illi qui intra sanctam Ecclesiam in sacro eloquio solum Deum adorandum solumque colendum prædicant, et ut imagines adorentur synodos aggregant, videant ne forte domesticam pacem intestino bello perturbent et prosperitatem rerum nostrarum isto errore quasi quodam civili bello commaculent. Quod facillime vitare poterunt si intra metas propheticæ et evangelicæ sive apostolicæ prædicationis contineantur, et exclusis vocum novitatibus A sanctorum Patrum solummodo institutis contenti sint.

CAPUT XXV.

Quod nusquam ab apostolicis exemplis aut verbis, ut illi garriunt, imagines adorare institutum sit.

Ecclesiasticæ norma institutionis prophetarum et apostolorum vel ipsius Domini aliquando nobis commendatur verbis, aliquando exemplis, aliquando obumbratis, aliquando patefactis monstratur oraculis, nonnunquam etiam figuratis, nonnunquam simplicibus perdocetur eloquiis, inter quæ omnia omnium rerum adoratione inhibita, salva adoratione qua nos mutuo salutantes adoramus, solius Dei adoratio instituitur. Nam dum hanc imaginibus hi qui illarum cremantur amore exhibendam ab apostolis fateantur esse traditam, dicant necesse est quibus ab illis exemplis sit institutum, quibusve documentis constet esse promulgatum. An forte Petrus hanc imaginibus exhibendam instituit, qui Cornelium ne se adoraret blande compescuit? An Joannes, qui angelum adorare cupiens, ne id faceret, sed ut Deum adoraret audivit? An Paulus, qui hanc superstitiose Lycaonibus sibi inferre cupientibus expavit? An Barnabas qui hanc pariter cum Paulo refugiit? Cum ergo angelus et apostoli se adorari prohibeant, quis tam vecors tamque vesanus est qui dicere audeat eos imagines adorari instituisse : præsertim qui etsi se adorari deberent, cum videlicet alterius meriti alteriusve definitionis sint angeli, sive homines, et alterius imagines. Si igitur angeli sive homines, ut præsentis exempli ratio docet, minime adorandi sunt, salva adoratione quæ charitatis et salutationis officio exhibetur, multo minus imagines quæ rationis expertes sunt, nec salutatione nec adoratione dignæ eo quod insensatæ sint, adorandæ sunt: quæ si adorandæ non sunt, imo quia non sunt, duplex illi in hac parte deliquium patrare perhibentur sive quia eas adorant, sive quia ut hoc facerent ab apostolis sibi traditum esse mentiuntur. Apostolus denique Paulus evangelicus ille stabularius, qui a visione patriæ cœlestis genus humanum digressum, et ad hujus defectionis ærumnas dilapsum, et a malignis spiritibus vulneratum, a custode omnium ad sanandum prædicationis verbis lenibus et austeris accepit, cui Redemptor duplicis scientiæ sive duorum Testamentorum pecuniam concedit, et si quid ad erudiendum redemptum populum consilium dans supererogaverit, redditurum se ei esse promittit; nec in his de quibus libere præcepta dat, nec in his de quibus supererogans consilium dat, sicut de virginibus fecisse perhibetur, nihil tale de imaginum adoratione, ut illi somniant, uspiam instituisse vel præcepisse reperitur. Nam et idem doctor gentium cum discipulis Timotheo et Tito scriberet, instruens eos et docens de ordinatione episcopatus, presbyterii et diaconii et omnis ecclesiasticæ disciplinæ, sive de spiritali conversatione et hæreticis vitandis, ideo imaginum adorationem minime instituit, quia hanc a religione Christiana alienam esse cognovit: qui et in cæteris epistolis quas universo orbi scripsi, quæ vitanda essent quæve sequenda edocens, hanc penitus rem parvipendit, quam nec abnuere quemdam errorem, nec statuere quamdam credidit esse virtutem. Qui ergo has non adorare scelus, has autem adorare inter prima fidei sacramenta ab apostolis institutum esse delirant, perpendant quoniam idem Vas electionis nec eas spernere inter scelera enumerat, cum dicit : *Manifesta sunt autem opera carnis quæ sunt fornicatio, immunditia, impudicitia, luxuria, idolorum servitus, veneficia, inimicitiæ, contentiones, æmulationes, iræ, rixæ, dissensiones, sectæ, hæreses, invidia, homicidia, ebrietates, comessationes, et his similia quæ prædico vobis sicut prædixi, quoniam qui talia agunt regnum Dei non consequentur (Gal.* v). Nec eas adorare inter spiritales fructus enumerat, cum dicit, *Fructus autem spiritus est, charitas, gaudium, pax, patientia, longanimitas, bonitas, benignitas, fides, modestia, continentia : adversus hujusmodi non est lex : qui autem sunt Christi, carnem suam crucifixerunt cum vitiis et concupiscentiis (Ibid.).* Sed neque in eadem eloquentiæ venustate, qua sensus suos quibusdam rivulis per membra et cæsa et decentes circuitus rhetorico de flumine derivans ab anaphora incipit, et per σχέσεις ὀνομάτων decurrit, et contraria contrariis per topicorum argumentationem quam philosophi a contrariis nominant opponens, pulcherrimis antithetis, orationem suam honestat ; ubi hujus vitæ tempus acceptabile, pœnitentiæ videlicet aptum, et dies salutis id est ad bene agendum aptos, denuntiat, inter cæteras quas enumerat virtutes hujusce adorationis quamdam vel levem fecisse noscitur mentionem. Ait enim : *Ecce nunc tempus acceptabile, ecce nunc dies salutis : nemini dantes ullam offensionem, ut non vituperetur ministerium nostrum, sed in omnibus exhibeamus nosmetipsos sicut Dei ministros, in multa patientia, in tribulationibus, in necessitatibus, in angustiis, in plagis, in carceribus, in seditionibus, in laboribus, in vigiliis, in jejuniis, in castitate, in scientia, in longanimitate, in suavitate, in Spiritu sancto, in charitate non ficta, in verbo veritatis, in virtute Dei, per arma justitiæ a dextris et a sinistris, per gloriam et ignobilitatem, per infamiam et bonam famam, ut seductores, et veraces : sicut ignoti, et cogniti : quasi morientes, et ecce vivimus : ut castigati, et non mortificati : quasi tristes, semper autem gaudentes : sicut egentes, multos autem locupletantes : tanquam nihil habentes, et omnia possidentes (II Cor.* vi). In quo virtutum catalogo, ut præfati sumus, idem egregius prædicator imaginum adorationem insereret, si hanc harum sociam Ecclesiæque proficuam esse decerneret, quam dinumerare ideo distulit quia hanc utilem minime esse persensit.

CAPUT XXVI.

Quod non parvi sit erroris manufactas imagines arcæ testamenti Domini coæquare conari, ut illi in sua synodo facere conati sunt.

Magnæ absurditatis imo temeritatis est arcæ testamenti Domini imagines coæquare conari, cum tot mysteriorum indiciis ab illa noscantur differre ; et rei quæ condita est Dominicæ vocis imperio res assimilare quæ cujuslibet artificis conduntur arbitrio. Siquidem illa condita est Domino imperante, istæ conduntur artis industria juvante ; illa a sancto viro Moyse, istæ a quolibet opifice ; illa a legislatore, istæ a pictore ; illa redundet mysteriis, istæ colorum tantummodo fucis ; illa et præsentibus fuerit in miraculorum stuporem, et de futuris mystica quædam et arcana significarit ; istæ et præsentibus miraculis, et futurorum significationibus nudæ rei cujus sunt tantum memoriam ingerant. De cujus typicis præfigurationibus sive horum quæ intra eam sunt in superiore libro monstratum est, nunc vero quantum a manu factis imaginibus differat, breviter exsequendum est. Qui igitur materiales imagines a quibuslibet opificibus conditas, arcæ testamenti Domini, quæ Domino imperante, Moyse obediente, condita est, æquiparare contendunt, inveniant, si queunt, opificem qui Moysi meritis æquiparari queat, qui fluminis sit fluctibus expositus, cujus salus inter lymphaticos cursus Deo soli relinquatur, a quibus exceptus et matri restituatur, et ab his quibus perimi jussus fuerat, deliciosissime ali jubeatur : qui omni sapientia Ægyptiorum eruditus sit, qui videat arboreos ramos incendia pati et non uri, qui miretur fragilem materiam admirabili igne, nec modicum nulla ei dando alimenta pati dispendium, vel potius inde voce emissa se ex nomine vocari, et mystica sibi præcepta et spem liberandæ gentis et adipiscendæ paternæ promissionis dari ; qui obstupescat suæ virgæ rigorem in sinuosum conversum esse draconem, cujus administratione Nilicolæ decem prodigiosis feriantur plagis, qui Ægyptiis opibus ditatis cuneis, et æquoreos fluctus pede sicco transmeantibus, dux fieri valeat ; qui amaras aquas in dulcem convertat saporem, et jejunam silicem ictu virgæ undifluum cogat evomere liquorem ; qui extensione manuum hostiles tumultus vinci compellat, et suos victoria potiri concedat ; qui inter terrificos tubarum strepitus, et fulminum coruscationes, et nubis densissimæ obumbrationem, et crepitantium ignium rogos exterritus et tremebundus montem conscendat, legem accipiat, et inter Deum et homines verus interpres a Domino promulgata præcepta populis observanda demonstret ; qui secundum exemplar quod ei in monte monstratum fuerit, tabernaculum faciat, quod cum ingressus fuerit gloria Domini operiat ; qui sit mitissimus super omnes qui morantur in terra, ad quem loquatur Deus facie ad faciem, sicut loqui solet homo ad amicum suum ; qui donec sol quater decies ortum occasumque perficiat, omni cibo penitus potuque careat, cujus facies nimio splendore vix intueri queat ; qui de duobus regibus mirabiliter triumphet, qui quater tricenis annorum cursibus exemptis nec oculorum caliginem, nec dentium motionem patiatur ; qui faciat ex qualibet materia imaginem quæ tot redundet mysteriis et exuberet sacramentis, ut in ejus superficie tremenda audiantur oracula ; ante cujus conspectum hostica terrore quatiantur agmina, et per medium sui arcntem præstent transeuntibus tramitem flumina, et antiquæ urbis in momento funditus eversa pugnacibus legionibus ingressum undique præbeant mœnia, quæ vocetur scabellum pedum Dei nostri ; ad cujus introitum pavendis hostium regio feriatur flagellis, quam indomitæ contra naturam vaccæ vitulis post terga relictis ad Israeliticam terram plaustri novi gestamine trahant, ad cujus regressum stupendis indigenæ terreantur miraculis, antequam egregius propheta et rex infulatus magna cum exsultatione ludere non erubescat, et eam ad locum destinatum in musicis concentibus hymnorumque suavisonis modulaminibus introducat : quæ dum et suis et opificis tot signorum emicuerit prærogativis, non immerito arcæ testamenti Domini poterit coæquari. Cum ergo nec tanti meriti opifex, nec tantæ gloriæ opificium reperire valuerint, restat ut legislatorem nostræ ætatis hominibus, et arcam testamenti Domini manufactis imaginibus modis omnibus anteponant; nec res tam viles tamque mysteriis nudas rei tam sublimi totque mysteriorum insignibus exuberanti æquiparare conentur. Nam si, ut illi delirant, imagines arcæ testamenti Domini assimilari queunt, necesse est ut quiddam sit circa eas quod propitiatorio assimilari queat, necesse est ut metuenda inde oracula dentur. Non autem hic quædam oracula dantur : non igitur, ut illi desipiunt, imagines arcæ testamenti Domini assimilari queunt.

CAPUT XXVII.

Quod magnæ sit temeritatis ingentisque absurditatis sæpe memoratas imagines corpori et sanguini Dominico æquiparare velle, sicut in eadem vanitate quæ pro illis scripta est legitur.

Cum Dominus in Evangelio dicat : *Veri adoratores adorabunt Patrem in spiritu et veritate* (Joan. IV), miramur eorum vesaniam qui in adorandarum imaginum tantam exarsere socordiam, ut cum eas nec spiritum nec veritatem esse constet, non solum adorare, sed etiam corpori et sanguini Dominico æquiparare eas præsumant dicentes : « Sicut corpus Dominicum et sanguis a fructibus terræ ad insigne mysterium transit, ita et imagines artificum industria compaginatæ ad earum personarum in quarum similitudinem compaginantur, transeant venerationem. » Cum scilicet corporis et sanguinis Dominici sacramentum ad commemorationem suæ passionis et nostræ salutis nobis concessum ab eodem mediatore Dei et hominum, per manum sacerdotis et invocationem divini nominis conficiatur, imagines vero nullius manus impositionis vel consecrationis mysterio indigentes, non ab aliis nisi ab his qui pictoriæ artis experientia imbuti sunt et conficiendorum colorum peritiam habent, vel ab his qui fabrilis vel cælaturæ vel certæ alicujus artis comperta institutione et cognita vi materiæ vultus componunt, formari et compaginari noscantur. Et nimirum ad horum consecrationem sacerdos infulatus, circumstantis populi deprecationes suis precibus miscens, cum interno rugitu memoriam faciat Dominicæ passionis, et ab inferis resurrectionis, necnon et in cœlos gloriosissimæ ascensionis, et hæc perferri per manus angeli in sublime altare Dei et in conspectum majestatis deposcat : pictor vero patrandi operis loca congrua appetens, in harum formatione colorum tantum venustatem et operis supplementum quærat. Nimium igitur nimiumque a veritatis, rationis et discretionis tramite distat, qui corpori et sanguini Dominico imagines æquiparare conatur. Nam Melchisedech rex Salem, sacerdos Dei summi, in typo Dominici corporis et sanguinis, non imaginem quamdam, sed panem et vinum legitur obtulisse. Nam et Mosaico ore in præfiguratione nostri Redemptoris, cujus carnem in remissionem peccatorum sumimus, et sanguinis tinctione percutientis angeli impetum evadimus, agnus per familias comedi jubetur, et colendarum vel adorandarum imaginum usus omnino abdicatur. Psalmographus quoque et panem angelorum, Christum videlicet, ab hominibus manducandum, et imaginum conditores similes his quæ conduntur imaginibus fieri suavisona modulatione cantavit. Ipse namque auctor humani generis, qui pro salute nostra carnem nostri causa non est dedignatus accipere, cum et Veteris Testamenti terminum et Novi, appropinquante suæ sacratissimæ passionis die, salutiferum constitueret initium, et in se lapide angulari duos ex adverso parietes connectens, et secundum Apostolum faciens utraque unum, accepto pane, benedicto ac fracto, hoc salutare discipulis dedit præceptum : *Accipite*, inquit, *et manducate, hoc est corpus meum : similiter et calicem postquam cœnavit accipiens, dedit discipulis suis dicens, Accipite et bibite : hic est enim calix sanguinis mei Novi et æterni Testamenti qui pro vobis et pro multis effundetur in remissionem peccatorum. Hæc quotiescunque feceritis, in mei memoriam facietis* (I Cor. XI). Cum ergo istius evidentissimi et sacrosancti mysterii et per Veteris Testamenti mysticas figuras, et per Novi institutionem salutiferum et luce clarius teneat Ecclesia documentum, adorandarum imaginum huic non est coæquandus insolentissimus usus, qui videlicet non solum fieri non jubetur, verum etiam et per paginam Veteris Instrumenti interdicitur, et in Novi serie Testamenti non solum non conceditur, verum etiam reprehenditur. Qui enim dixit : *Caro mea vere est cibus et sanguis meus vere est potus* (Joan. VI); et : *qui manducat meam carnem et bibit meum sanguinem, in me manet et ego in illo* (Ibid.), non dixit : Imago mea vere est vita, et pictura nomini meo ascripta vere est salus, et qui pingit meam similitudinem, et adorat meam imaginem manufactam, in me manet et ego in illo. Et qui dixit, *Nisi manducaveritis carnem filii hominis, et biberitis ejus sanguinem, non habebitis vitam in vobis* (Ibid.), non dixit, Nisi depinxeritis meam imaginem, et adoraveritis meam pictoria arte constructam similitudinem, non habebitis vitam in vobis. Qui igitur dixit : *Ego sum panis vivus qui de cœlo descendi, si quis ex ipso manducaverit non morietur, sed habebit vitam æternam, et ego suscitabo eum in novissimo die (Joan.* VI) ; et iterum : *Sicut misit me vivens Pater, et ego vivo propter Patrem, et qui manducat me, ipse vivit propter me (Ibid.)*; et iterum : *Hic est verus panis Dei qui de cœlo descendit, et vitam tribuit mundo : qui manducaverit ex eo permanet in æternum, et panis quem ego dabo ei caro mea est pro mundi vita. Qui credit in me non esuriet neque sitiet unquam (Ibid.*), nihil tale uspiam de imagine legitur dixisse, cum videlicet, ut præfati sumus, commemorationem suæ sacratissimæ passionis non in artificum, non in mundanarum artium opificiis, sed in consecratione sui corporis et sanguinis constituerit, nec fidem et confessionem suam in picturis, sed in ore et corde fieri decreverit, dicente Scriptura : *Corde creditur ad justitiam, ore autem confessio fit ad salutem (Rom.* X). Cum enim dicit : *Si manseritis in me et verba mea in vobis manserint (Joan.* XV), evidentissime ostendit non imagines in nobis et nos in imaginibus permanere debere, sed nos in se per fidem, et verba sua in nobis per lectionis studium et operis complementum necessario mansura designat. Paulus quippe apostolus, Vas electionis, corporis et sanguinis Dominici sacramentum non omni sacramento æquiparandum, sed pene omnibus præferendum esse conspiciens dicit, *Probet enim se homo, et sic de pane illo manducet, et de calice bibat. Qui autem manducat et bibit indigne, judicium sibi manducat et bibit (I Cor.* XI). Cum ergo tantæ sollicitudinis studio probandos eos qui ad hæc sumenda accedunt ostendat, et qui negligenter et indigne ad hæc percipienda conveniunt, tantæ animadversionis telo feriat, nihil huic simile de his qui imaginum adorationem refugiunt profert, sed e contrario de his qui male imaginibus utuntur dicit : *Et mutaverunt gloriam incorruptibilis Dei in similitudinem corruptibilis hominis (Rom.* I), et cætera. Multum igitur, et ultra quam mentis oculo perstringi queat, distat sacramentum Dominici corporis et sanguinis ab imaginibus pictorum arte depictis : cum videlicet illud efficiatur operante invisibiliter spiritu Dei, hæ visibiliter manu artificis ; illud consecretur a sacerdote divini nominis invocatione, hæ pingantur a pictore humanæ artis eruditione ; illud angelicis manibus in sublime Dei deferatur altare, hæ humanis manibus per artem structæ ad mirantium intuitus ponantur in pariete ; per illud peccata remittuntur, per has si incaute abutantur adjiciuntur; illud in virtute nec quo crescat habet, nec ullo modo minuitur, hæ pro artificis ingenio in pulchritudine et crescunt et quodammodo minuuntur ; illud confirmat nova antiquitas et antiqua novitas, has plerumque corrumpit cariosa vetustas; illud est vita et refectio animarum, hæ cibus antummodo oculorum ; illud ducit per esum ad cœlestis regni introitum, hæ rerum gestarum deferunt memoriam per intuitum ; illud aboleri ab Ecclesia nec in persecutionibus potuit, harum interdum colorem guttarum inluvies abluit; et cum sine illius perceptione nemo salvetur, sine istarum vero observatione omnes qui rectæ fidei sunt salventur, constat eas a nullo eorum qui sanæ mentis intelligentiam habent, tanto mysterio æquiparandas. Qui ergo absolute omnes imaginum adoratione carentes anathematis vinculo nituntur obligare, quærendum ab eis est quid de apostolis sentiant, quos nulla docet catholicæ Scripturæ series imagines uspiam adorasse? et tamen nullus fidelium ambigit, non solum eos, sed etiam eorum sequipedas cœlestia regna penetrasse : quidve de martyribus, qui a fonte baptismatis confestim per lictorum manus sine adoratione imaginum ad cœlestia regna migrabant? quidve de infantibus, qui originali noxa per lavacrum regenerationis abluti, et necdum per corporales sensus aliquid hujuscemodi agere valentes, pene ante cœlestia regna quam terrenorum gressuum efficaciam appetere meruerunt ? Si omnes imaginum adoratione carentes secundum illorum falsissimam opinionem pereunt, infantes baptismatis unda loti et corporis Dominici edulio et sanguinis haustu satiati, qui necdum imagines adorare valuerunt et sic e sæculo migraverunt, pereunt : et si pereunt, Veritatis verbum cassatur dicentis : *Sinite parvulos venire ad me : talium est enim regnum cœlorum (Matth.* XVIII, *Marc.* X). Non autem Veritatis verbum infantibus regnum cœlorum promittentis cassatur, non igitur pereunt omnes imaginum adoratione carentes.

CAPUT XXVIII.

Quanta ratione mysterium Dominicæ crucis ab imaginibus distet, quas quidem illi eidem æquiparare contendunt.

Quot excellentiæ prærogativis quotve virtutum insignibus mysterium Dominicæ crucis manufactis imaginibus, quas illi temere ei æquiparare affectant, emineat, operæ pretium est breviter pandere, quanquam nostra prosecutione prorsus explicari nequeat. Hoc enim vexillo antiquus hostis, non imaginibus, victus est : his armis, non colorum fucis, diabolus expugnatus est ; per hanc, non per picturas, inferni claustra destituta sunt ; per hanc, non per illas humanum genus redemptum est. In cruce namque, non in imaginibus, pretium mundi pependit. Illa itaque ad servile supplicium, non quædam imago, ministra exstitit ; hoc est nostri regis insigne, non quædam pictura, quod nostri exercitus indesinenter aspiciunt legiones : hoc est signum nostri imperatoris, non compaginatio colorum, quod ad prælium nostræ sequuntur cohortes. Non igitur quædam materialis imago, sed Dominicæ crucis mysterium est vexillum, quod in campo duelli, ut fortius configamus, sequi debemus ; arma, quibus libertatem tueri valeamus ; munitio, qua infestantium hostium incursus evitemus. Est enim cassis qua diabolici ensis impulsio quatitur ; est clypeus, qui ad resistendum illius missilibus telis opponitur ; est thorax, quo illius spiculorum sive pilorum illisio ignita frustratur. Hoc est munimen, quo illius flexuosæ fraudis mæandres et callida machinamenta devincimus, ne vincere valeat tentatos, quos primi hominis tenuit suasione captivos. Per crucis lignum, non per imagines, antiqui illius sceleris facinus diluitur, quod in protoplasto per ligni esum contractum est. In crucis hamo, non in quadam pictura, criminum auctor captus est, cum ratione potius quam dominatione, et justitia potius quam potentia constrictus, prædam compulsus est evomere, quam absorptam jam dudum noscebatur tenere. Non ergo per materiales ab opificibus conditas imagines, sed per crucis mysterium, quæ a Judæis putatur scandalum, a gentibus stultitia, superba sæculi et inflata sapientia corruit. Nec per picturam quamdam, sed per crucem patuit, quod stultum Dei est quanto sit hominibus sapientius, et quod infirmum Dei est, quanto sit fortius hominibus. Interrogemus igitur doctorem gentium, interrogemus egregium prædicatorem : dicat nobis utrum in imaginibus an in cruce Christi glorietur. *Mihi*, inquit, *absit gloriari nisi in cruce Domini nostri Jesu Christi, per quem mihi mundus crucifixus est et ego mundo (Gal.* VI). Dicat etiam utrum ut Deo viveret, imaginibus an cruci confixus sit. *Ego*, inquit, *per legem legi mortuus sum, ut Deo vivam, Christo confixus sum cruci : vivo autem jam non ego, vivit vero in me Christus (Gal.* II). Dicat etiam utrum in intelligendis colorum fucis, et imaginum formis, aut materiarum qualitatibus, an ad intelligendum quæ sit latitudo crucis et longitudo, sublimitas, et profundum, illuminatos cordis oculos habere debeamus. *Ut possitis*, inquit, *comprehendere cum omnibus sanctis quæ sit latitudo, et longitudo, et sublimitas, et profundum (Ephes.* III). In exponendis igitur his tanti prædicatoris verbis nec nostros sensus temere ostentare, nec alienos furari debemus, sed hos quos a beato Augustino in libris de Doctrina Christiana positos reperimus, nos quoque ponamus. Latitudo ergo est transversum lignum quo extenduntur manus ; altitudo, quæ a transverso ligno incipiens superius eminet, ubi fuit caput ; longitudo vero est quæ a transverso ligno incipiens usque ad terram desinit ; profundum vero, quod terræ infixum absconditur, ex quo ligno crucis omnis vita sanctorum describitur, qui tollentes crucem suam et mortificantes membra sua quæ sunt super terram, Christum sequuntur : quorum quanto exterior homo corrumpitur, tanto interior renovatur de die in diem, et spe æternæ requiei gaudentes cum hilaritate bonis operibus insistunt. Hanc hilaritatem significat crucis latitudo in transverso ligno, ubi figuntur manus, per manus enim opus intelligitur ; per latitudinem, hilaritas operantis, quia tristitia facit angustias ; porro per altitudinem crucis, cui caput adjungitur, exspectatio sempiternæ retributionis de sublimi justitia Dei significatur, ut et ipsa opera bona non propter beneficia Dei terrena ac temporalia facienda credantur, sed potius propter illud quod desuper sperat fides quæ per dilectionem operatur. Jam vero per longitudinem, qua totum corpus extenditur, ipsa tolerantia significatur, ut longanimes permaneamus : unde longanimes dicuntur qui tolerant. Profundo autem, hoc est, parte illa ligni quæ in terræ abdito affixa latet, sed inde consurgit omne quod eminet, inscrutabilia indicantur judicia Dei, de quibus occulta ejus voluntate vocatur homo ad participationem tantæ gratiæ, alius sic, alius autem sic. Sed quid tantum in apostolicis sermonibus immoramur? Quid tantum per ejus sensus latissimos campos evagamur? Veniamus ad Dominum, sedeamus cum Maria ad pedes ejus, audiamus verbum ex ore ejus, audiamus eum in seipso, quem hactenus in Apostolo loquentem audivimus. Audivimus ergo quid de cruce dixerit doctor gentium, audiamus quid dicat Creator gentium ; audivimus egregium prædicatorem, audiamus rerum omnium Conditorem : *Si quis*, inquit, *vult post me venire, abneget semetipsum, et tollat crucem suam et sequatur me (Matth.* XVI; *Luc.* IX). O mirum præceptum, o salutifera exhortatio, o vitale tonitruum ! dixisti, o fons lucis, dixisti, o origo bonitatis, eo quod deponentes veterem hominem cum operibus ejus, denegemus nosmetipsos, tollamusque unusquisque crucem suam, et mundo crucifigamur, mundusque nobis crucifigatur, ut per carnales cruciatus et per mortificationem membrorum nostrorum quæ sunt super terram, vivamus tibi vel potius tu vivas in nobis: et tanto mysterium crucis extulisti, ut et tu per eam principatus et potestates et omnem inflationem mundi evacuares, et in crucis nomine, quæ quotidie te secuturis portanda est, ardorem tuæ dilectionis vel cæterarum virtutum emolumenta designares. Dic etiam quod de imaginibus præceptum, quas quidam sacratæ cruci æquiparare nituntur, constituas. *Reddite*, inquam, *quæ sunt Cæsaris Cæsari, et quæ Dei Deo (Matth.* XXII ; *Luc.* XII). Si ergo crucem tollere et te, qui per crucem triumphans terrena cœlestibus sociasti, sequi, et imaginem Cæsaris Cæsari reddere debemus, non sunt imagines cruci æquiparandæ, non adorandæ, non colendæ, sed huic mundo cum cæteris quæ mundi sunt relinquendæ, et tu solus adorandus, tu solus sequendus, tu solus colendus es, qui in unitate substantiæ cum Patre et Spiritu sancto perpetim regnas.

CAPUT XXIX.

Quod præsumptive et indocte eas Tarasius cum sequacibus suis sacratis vasis æquiparare non formidet.

Facile quisque falletur in minimis qui facillime fallitur in magnis, nec mirandum si brevium et pene invisibilium erroris jaculorum inevitabiliter perferat ictus qui evitare nequit immanes et ad evitandum faciles pilorum impulsus. Quid itaque mirandum est si sacris vasis Tarasius et, cui præfuit, synodus, imagines æquiparare nitatur, cum arcæ testamenti Domini et omnibus quæ in ea et quæ circa eam fuisse noscuntur, sive mysterio Dominicæ crucis, necnon corporis et sanguinis Dominici evidentissimo et nostræ salutis aptissimo sacramento, eas æquiparare conetur. Cujus videlicet in coæquandis his sacris vasis error cum magno poterat admirari stupore, nisi tanto præveniretur errore. Quanta ergo excellentia vasa divino cultui mancipata imaginibus emineant, divinæ legis instrumenta demonstrant : cum utique illa, præcipiente Domino, per Moysen in testimonii tabernaculo condita, et instituente vatum sanctissimo David per Salomonem in templo Hierosolymis condita atque dicata, et typicorum sensuum arcana significaverint, et in his quæ ad Dei cultum pertinent diuturni ministerii officium gestaverint. Hæ autem salva ratione Cherubim, sive boum et leonum, qui non ad adorandum sed ad rerum futurarum significationem conditi sunt, non solum a quoquam sanctorum non conditæ vel dedicatæ, sed pene cunctorum divinæ legis oraculorum testimoniis usquequaque sunt abdicatæ. Hæc quoque vasa quæ ad peragenda nostræ redemptionis mysteria sancta habet Ecclesia, semper sunt fidelibus necessaria, semperque in divino cultu officiosa. In vasis igitur Deo sacrificium, non in imaginibus offertur : in vasis thymiamata, luminaria vel cætera divinis cultibus apta, non in imaginibus dedicantur ; in quibus tamen et si quædam imagines sunt, non ideo sunt ut adorentur, aut quasi sine his sacrorum charismatum munus vilescere queat, sed ut pulchrior his impressis materiarum qualitas fiat : denique sine imaginibus et lavacri unda, et sacri liquoris unctio percipi, et thymiamata adoleri, et luminaribus loca sancta perlustrari, et corporis et sanguinis Dominici consecratio effici potest, sine vasis vero nunquam. Nam et nostræ salutis auctor cum et Veteri Testamento terminum et Novo initium poneret, non imaginem, sed calicem accepisse perhibetur, et per prophetam Dominus non ait, *Mundamini, qui ferti s imagines*, sed, *Mundamini qui fertis vasa Domini* (Isa. LII). Babylonicus ergo rex non ob alicujus injuriam imaginis corripitur, sed quia vasa divinis cultibus officiosa, quæ abavus de Judæa allata in deluliris suorum posuerat idolorum, religionis siquidem et reverentiæ causa, inter comessationes delubris eximi, et usibus humanis exhibita peregrinari censuerit, et præsago miraculi stupore attonitus, quæ sibi ventura essent audivit, et inter hostiles cuneos vitæ pariter regnique jacturam sensit. Qui prophetas scit, ea quæ dicimus cognoscit.

CAPUT XXX.

Contra eos qui dicunt, Sicut divinæ Scripturæ libros, ita imagines ob memoriam venerationis habemus, nostræ fidei puritatem observantes.

Si hic error quo divinæ Scripturæ libris imagines æquiparare nituntur, cæteris eorum erroribus comparetur, quanquam erga se sit magnæ enormitatis, aliis vero comparatus, quibus eas et arcæ Domini, et corporis et sanguinis Dominici sacramento, et crucis mysterio æquiparare nisi sunt, minor procul dubio reperitur, præsertim cum nec illis, nec istis rite æquiparari possint : cum videlicet illæ solius Dei altissimo arcanoque ac præsago judicio sint ante sæcula præ-destinatæ, et per momenta sæculorum ad humanæ salutis emolumenta clementi exhibitione concessæ, habeantque auctores sanctos ac venerabiles viros virtutum lampadibus et miraculorum insignibus coruscantes, vel certe ipsum Dominum, qui corporis et sanguinis sui mysterium sive crucis sacramentum nostræ saluti congruum concessit : istæ vero et gentilium auctorum vanitate prolatæ sint, et nullam salutis exhibitionem, nullam sacramenti alicujus mortalibus prærogativam adducant, sed oculis tantummodo faveant, per quos quasi per quosdam legatos gestarum rerum memoriam cordibus mandent. Eo etenim tempore quo Moyses cum populo Dei in eremo morabatur, et præcipiente Domino sacræ legis doctrinam et cæremoniarum sacratissimos ritus populo tradebat, et genus humanum ad divini cultus eruditionem informabat, Cecrops quidam rex Atheniensium dæmonico illectus veneno, rudes gentilium mentes ad imaginum simulacrorumque et ad variorum deorum culturas excitavit ; et quo tempore populus Dei mandata vitæ percepit, hoc ille illiciendis animabus perpetuæ mortis pocula et diuturni erroris seminaria præparavit : de quo est illud Sedulii :

Quos Iethale malum quos vanis dedita curis
Attica Cecropei serpit doctrina veneni.

Unde imaginum usus, qui a gentilium traditionibus inolevit, sacræ legis libris æquiparari nec debet nec valet, quia in libris, non in imaginibus, doctrinæ spiritalis eruditionem discimus. Non enim ait Paulus apostolus : Quæcunque picta sunt, ad nostram doctrinam picta sunt, sed ait : *Quæcunque scripta sunt, ad nostram doctrinam scripta sunt* (Rom. XV), ut per patientiam et consolationem Scripturarum spem habeamus ad Deum. Nec ait, Omnis pictura, sed, *Omnis Scriptura divinitus inspirata utilis est ad docendum, ad arguendum, ad erudiendum, ut perfectus sit homo Dei ad omne opus bonum instructus* (II Tim. III). Quinquagesimo denique die post agni immolationem et maris rubri transitum, Dominus in montem Sinai descendens, legem, non pictam, sed scriptam Moysi dedit, et in tabulis lapideis non imagines, sed apices qui indices rerum sive signa verborum esse perhibentur, tradidit. Idem quoque Moyses originem mundi non pingendo, sed scribendo edocuit, et omnia quæ per spiritum prophetiæ, sive de præteritis cognovit, ut ea quæ de mundi principio, de creatione hominis, de diluvio, sive de cæteris patriarcharum per ordinem historiis promulgavit, sive quæ præsenti sibi tempore fiebant, ut ea quæ per Balaam sive Balaac, sive per cæteros qui illi absentes erant, agebantur, comperit, sive ea quæ de futuris Spiritus sancti flamine afflatus intellexit, ut est illud quod de prævaricatione populi Judæorum sive de eorum captivitate vel etiam de adventu Christi dixisse legitur : in quinque libris adnotans non pingendo, sed scribendo sæculis post futuris Domino imperante mandavit ; nec de eo scribitur : Accepit picturas, sed, *Accepit librum Moyses et recitavit in aures populi verba libri* (Deut. XXXI). Unde et Apostolus scribit : *Lecto*

enim omni mandato legis a Moyse universo populo (Hebr. IX); et post pauca : *Ipsum quoque librum et omnem populum aspersit (Ibid.)*, ut nosse possimus legislatorem non fucatis picturis, sed saluberrimis Scripturis usum fuisse. Josue etiam successor ejusdem Moysi, qui cum populo Dei Jordanem sicco pede transiit, et Chananitidis gentis prostratis, regibus repromissionis terram filiis Israel sorte divisit, typumque mediatoris Dei et hominum gessit : qui transactis veteris legis ritibus per baptisma populum Dei ad terram repromissionis adducit, et prostratis vitiorum sive aeriarum potestatum tyrannis, patriæ cœlestis fidelibus prædia confert, cuncta, quæ tempore suo sibi, vel populo cui præerat, contigerunt, scribendo potius quam pingendo memoriæ posteritatis mandavit. Samuel quoque, magnæ sanctitatis et excellentiæ vir, qui matri petenti post magnum orationis instantiam divino munere collatus est, et ab ipsis cunabulis in Domini tabernaculo militia prophetali militavit, et in deliniendis regibus exemplar exstitit, historias Judicum, sive Ruth, vel etiam Regum usque ad David non imaginibus, sed apicibus prænotavit. Et post hunc per David res suo tempore gestæ conscriptæ, sive cæterorum regum historiæ aut per reges, aut per prophetas qui tunc temporis fuere, conscriptæ, usque ad Jeremiam, qui omnes regum historias in unum colligens, Malachim totum edidit ad nostram usque memoriam, non per picturam, sed per scripturam, delatæ sunt. Prophetæ etiam singuli qui libros habent, prophetias suas post futuris sæculis profuturas, non in picturis, sed in scripturis constituere. Unde et Daniel non in coloratis figuris, sed in libris intellexit numerum annorum quo populus Dei in captivitate Babylonica detineri deberet. Ait enim : *Ego Daniel intellexi in libris numerum annorum in quo factus est sermo Domini (Dan.* IX). David quoque sanctissimus prophetarum, qui de Christi incarnatione, nativitate, passione, morte, resurrectione, gloria, regno, sicut cæteris Patribus in ejusdem Domini secundum humanitatem genealogia prælatus est, ut videlicet idem Dominus filius David nuncupetur, ita etiam cæteris uberius apertiusque cantavit : ita in persona Christi dixisse legitur, *In capite libri scriptum est de me (Psal.* XL). Non enim ait pictum, sed scriptum : nec in capite parietum sive tabularum, sed in capite libri. In capite itaque libri Geneseos, qui utique cunctorum librorum caput est, ita scribitur, *In principio creavit Deus cœlum et terram (Gen.* I); in principio, id est, in Filio, ipse enim Judæis interrogantibus quis esset, respondit : *Ego sum principium, quia et loquor vobis (Joan.* VIII). Potest etiam et in hoc versu primi psalmi principium intelligi, qui de Christi incarnatione adoritur, et per octavam speciem definitionis quam dialectici κατ' ἀφαίρεσιν τοῦ ἐναντίου, id est per privantiam contrarii ejus quod definitur, Christum *non abisse in concilio impiorum (Psal.* I), id est, detestabiles cogitationes quas sibi genus humanum peculiariter vindicat, non habuisse demonstrat; *et in via pecca-*
torum non stetisse (Ibid.), id est, actus vitiosæ conversationis penitus evitasse, sed in mundo venientem mundi vitia immaculata conversatione transisse prædicat : nec eum in cathedra pestilentiæ sedisse, id est, doctrinas abominabiles, quæ pestilentis dogmatis venena disseminant, sed mundi vulnera medicabili prædicatione sanasse declarat : cumque tribus illis modis quibus humanos constat provenire errores, cogitatione, facto videlicet et dicto, modis omnibus caruisse commemorat; declaratque eum nec impium fuisse qui in Deum peccasset, eo quod nequaquam in Deum peccaverit qui semper utique voluntatem Patris fecerit; nec peccatorem qui in se deliquerit, qui utique ait : *Venit enim princeps mundi hujus et in me non invenit quidquam (Joan.* XIV); nec pestilentem qui nunquam proximum depopulatus sit atque læserit, qui in hoc venit *ut salvum faceret quod perierat (Luc.* XIX). Hæc enim figura apud grammaticos pro eo quod singula verba singulis quibusque apte clausulis ibi subjunguntur, ὑπόζευξις, et pro eo quod dictiones plures simili modo finiuntur, ut, *abiit, stetit, sedit,* ὁμοιοτέλευτον nuncupatur. Merito igitur hic psalmus qui est caput libri, et in cujus capite de Christo scriptum est, titulo caret : sive quia capiti nostro, quod est Christus, nihil præponi debet, qui est Verbum. principium; sive quia hic psalmus cæterorum psalmorum tituli et, ut ita dixerim, præfationis locum tenet : quoniam, quanquam alii psalmi de Christo multa dicant, nullus tamen de ejus quæ fuit in terris conversatione tam evidenter loquitur : qui cum eum per octavam speciem definitionis, per ea quæ non fecerit beatum definierit, protinus ad secundam nihilominus definitionis speciem, quæ ab artigraphis ἐννοηματική, id est notio, dicitur, convolavit, et per ea quæ egit quasi per quædam signa in notitiam devocata, non quid sit, sed quid egit, specialiter indicavit dicens, *Sed in lege Domini fuit voluntas ejus,* et cætera *(Psal.* I). Quia vero paulo longius capitis libri dulcedine capti a causa secedentes evagati sumus, restat ut ad propositum redeamus. Veniamus nunc ad Evangelia, videamus utrum evangelistæ, an ipse Dominus, imaginum an Scripturarum fecerint mentionem. Ait enim Evangelista : *Sicut scriptum est in libro sermonum Isaiæ prophetæ (Luc.* IV). Scriptum dixit; non pictum, in libro, non in quadam materia; et idem Dominus ac Redemptor noster dum antiqui hostis machinamenta destrueret, sive in plurimis suæ prædicationis locis, Scripturarum, non picturarum, exempla protulisse perhibetur : et dum mulier in adulterii reatu comprehensa, eique stipante caterva oblata fuisset, et Pharisæi illius deceptione pleni syllogismi qui a sæcularium litterarum magistris ὄφυχθος, id est, *inevitabilis,* nuncupatur, cornua evitans, qui nec crudelis esset sanguinisque effusionem consentiens, qui per severitatem legalis rigoris adulteram lapidare jussisset, nec legis transgressor peccatorumque fautor, qui contra legis sententiam eamdem indemnem dimittere jussisset, sed justus et mansuetus gravissimæ eos

propositionis telo, ut pote cœlestis philosophus, perculisset, illis sua quibusque facinora audire timentibus altero post alterum abeuntibus, digito in terra non pinxisse, sed scripsisse perhibetur, ut cujus digito olim in lapide propter significandam duritiam cordis Judæorum lex scripta est, ipsius nihilominus digito in terra cordis gentilium, quæ divini Verbi semina accipiens fructus dignos suo Conditori quotidie affert, evangelica lex scriberetur, quatenus et per lapideas tabulas rigor veteris testamenti et duritia Israeliticæ gentis, et per terram quæ digito Domini scripta est gentilium ad credendum et ad fructus afferendos mollia corda sive suavitas testamenti novi innueretur. Apostoli denique, de quibus per prophetam dictum est: *Quam pulchri sunt pedes qui annuntiant pacem et prædicant salutem* (*Isa.* LII)! qui euntes ibant et flebant mittentes semina sua, qui per multas videlicet temporales tribulationes divini verbi semina jaciebant, et cum exsultatione venturi sunt ad illud generale examen, portantes manipulos, populos videlicet per suam prædicationem ad fidei documenta conversos, non imagines, sed epistolas ad diversas mundi partes destinasse leguntur: nec per picturas genus humanum ab idolorum cultibus ad veræ fidei puritatem revocavere, sed per Scripturas, quibus Redemptor sensum aperuit, non ut intelligerent picturas, sed Scripturas. Scriptum est enim: *Tunc aperuit illis sensum, ut intelligerent Scripturas* (*Luc.* XXIV). In Evangelio quoque legitur: *Multa quidem et alia signa fecit Jesus in conspectu discipulorum suorum, quæ non sunt scripta in libro hoc. Hæc autem scripta sunt, ut credatis quoniam Jesus est Filius Dei, et ut credentes vitam habeatis in nomine ejus* (*Joan.* XXI). Joannes quoque qui de arcano Dominici pectoris nectarea hauriens fluenta, cœlestia pocula arentibus cordibus propinavit, dum Cæsareis jussibus in Pathmos insula relegatus Dominici calicis gustum ante sibi promissum acciperet, et cœlestibus plenus mysteriis secreta quædam, Domino revelante, audiret seu cerneret, scribere ea in libro, non pingere jussus est. Et in septem Ecclesiis unam sanctam catholicam sive apostolicam Ecclesiam septiformis gratiæ Spiritu plenam non pingendo, sed scribendo admonuit. Dictum enim illi supernæ vocis tonitruo est: *Quod vides scribe in libro, et mitte septem ecclesiis* (*Apoc.* I). Unde datur intelligi, non picturas, sed Scripturas ad nostræ fidei eruditionem esse concessas. Quam ergo sit incautum quamque a ratione remotum dicere: « Sicut divinæ Scripturæ libros, ita imagines ob memoriam venerationis habemus, » facile intelligere potest quisquis divinarum Scripturarum cognitionem habet. In illis inveniuntur arma quibus contra adversa configatur, quibus vitia reprimantur, quibus virtutes erigantur, quibus gulæ concupiscentia vigiliis et compunctione cordis reprimatur, quibus fornicatio contritione cordis et corporis afflictione, orationum instantia, laboris exercitio, metuque suppliciorum vel amore æternæ patriæ refrenetur; quibus invidia amore fraternæ dilectionis et cœlestis regni desiderio, quod non nisi concordes adipiscuntur, superetur; quibus ira modestissimæ patientiæ gravitate et acumine rationis et æquanimitatis munere frangatur; quibus avaritia eleemosynis et spe æternæ retributionis calcetur, quibus tristitia fraternis alloquiis, assiduis lectionibus vel orationibus pellatur, quibus arrogantia metu amittendarum virtutum, cum qua illæ haberi non possunt, et accessus vanæ gloriæ, qui est virtutum inimicus, secluditur; in quibus superbia metu diabolicæ ruinæ et exemplo humilitatis Christi conteritur. In illis inveniuntur instrumenta fructus justitiæ, id est, charitas, gaudium, pax, patientia, longanimitas, bonitas, benignitas, fides, modestia, continentia. In illis invenitur medela, qua nec sapientes in sua sapientia gloriantes, nec fortes in sua fortitudine confisi periclitentur, nec simplices sive infirmi sua impossibilitate dejiciantur; qua nec lætos nimia lætitia extollat, nec tristes nimia animi contritio afficiat; qua nec divites rerum opulentia elatos efficiat, nec pauperes rerum indigentia frangat. In illis invenitur norma per quam instruitur qualiter prælati erga subditos, et subditi erga prælatos agere debeant, qualiter conjugia diligantur, qualiter sæcularia consilia prudenti deliberatione tractentur, qualiter patria defendatur, hostes pellantur, extranearum domesticarumque rerum administratio habeatur, et ut cuncta breviter complectar, in illis et animæ perpetuus cibus, et præsentis vitæ doctrina et sapientia quæ decor est vitæ, et vitæ perpetuæ documenta continentur. Est enim thesaurus nullo bono carens, omnibus bonis redundans, ad quem quisquis devotus accedit, quidquid fideliter quærit, feliciter se acquisisse gaudet. Esto mundanæ sapientiæ et sæcularis scholæ quemquam amor oblectat, accedat ad divinæ legis armaria, quæ sapientes mundi sicut meritorum celsitudine, ita etiam tempore præcedit, et liberalium studiorum profunditates, quas scit cognovisse, et quas nescit invenisse se gaudeat. Illic inveniet et rectæ locutionis decorem, etymologias nominum, schematum varietates, tropicas perplexiones, de quibus beatus Augustinus ait, « Sciant autem litterati modis omnium locutionum, quos grammatici Græco nomine tropos vocant, auctores nostros usos fuisse; » quos tamen tropos, id est modos locutionum, qui noverunt, agnoscunt in Litteris sanctis, eorumque scientia ad eas intelligendas aliquantulum adjuvantur; inveniet etiam historias, metra, quæ omnia proprie artis grammaticæ sunt. Sed dicet fortassis aliquis, Non illic metrorum scansiones et temporum certas dimensiones invenio; cognoscat multa in divinis Scripturis metra, plures rhythmos esse, sed translatio linguæ non eadem sinit habere temporum intervalla in peregrina, quæ habentur in propria, cum tamen eosdem sensus easdemque rerum proprietates habeat: quia et si quis nobis debitor aurum reddat, non multum distat cum non unius sit monetæ cum illo quod acceperat, si tamen unius sit ponderis uniusque fulgoris. Nam ut beato Hieronymo Hebraicæ linguæ peritissimo docente didicimus, quædam divinæ Scripturæ Hebræo dactylo spondæoque, quædam anapæsto, quædam vero iambo juxta artis rigorem decurrunt. Illic etiam inveniet nitorem et copiam eloquentiæ, genera causarum et status; illic exordia quibus benevoli, dociles vel attenti auditores fiunt; illic narrationes apertas et breves, causas etiam et longas, quæ non nisi Spiritu sancto reserante panduntur; illic conclusiones quibus proprietas rerum monstratur; argumentationes quibus animi audientium concitantur ad implenda ea quæ dicuntur; illic leges sive sententiæ, illic magna granditer, parva submisse, mediocria temperate promuntur; illic prosopopœiam, ethopœiam vel omnes figuras locutionum quæ a rhetoribus traduntur inveniet, et plures' illis angustiores, quæ percepisse se gaudebit, ad quas nec grammaticorum nec rhetorum schola pertingere potuit; illic quoque inveniet isagogas, quæ ad inquirendas res lectorem utiliter introducunt; categorias, quæ prædicamentorum utilitate ad investigandas res excellunt; definitiones vel modos syllogismorum, quæ subtili indagatione ea de quibus dubitatur affirmant; topica quæ dum sint fontes sensuum et origines dictionum, omnibus communiter, grammaticis videlicet, poetis, oratoribus vel etiam philosophis argumenta præstant, quæ non solum scholastico, sed etiam vulgari et tumultuoso sermoni perpetuo cohærent. Nam quanquam tumultuosus, quanquam vulgaris sit sermo, si pro quibuslibet vitæ utilitatibus proferatur, ad topica veniet; per ea quasi per quædam magisteria locales regulas quibus evagari aut non possit aut non debeat, inveniet; in illis etiam terminum, qui sine sensus dispendio transgredi difficile sit, se reperisse cognoscet. Et ut cuncta breviter dicam, omnis sermo, nisi ad topica venerit, indefinitus procul dubio remanebit. Illic περὶ Ἑρμηνείας, quarum scrupulosis semitis et laciniosis diverticulis profunditas inveniendorum sensuum dubiorumque affirmatio invenitur, quibusque syllogismorum vel cæterarum argumentationum silva exoritur, quæ omnia proprie artis sunt dialecticæ. Illic in numeris per arithmeticam artem arcana sensuum profunditatesque reperiet, quoniam, dicente eadem Scriptura, *Omnia in mensura et numero et pondere Deus fecit* (*I Esdr.* VIII). Illic etiam musicæ non solum consonantias instrumentaque quibus plerique sanctorum Patrum usi sunt, sed etiam repertorem inveniet.

Inveniet quoque terrarum situs dimensionesque, quæ proprie artis sunt geometricæ. Nec non et quorumdam siderum cursus et positiones, et temporum varietates, mensium annorumque sive horarum curricula, diem etiam et causam conditionis siderum, quæ proprie artis sunt astronomiæ, illic reperisse se studiosus quisque cognoscet. Sed dicit forte aliquis, Nec nomina principaliter disciplinarum, nec uniuscujusque disciplinæ singillatim partes, nec uniuscujusque partis membra singillatim in sacris Litteris inveniuntur; quibus breviter respondendum

est: Omnia in Scripturarum sanctarum amplissimis pratis per partes inveniri posse quæ artigraphi in suorum hortorum areolis posuere: inveniuntur, inquam, virtute sensuum, non in promulgatione verborum; in radicum profunditatibus, non in foliorum lapsibus. Sic enim in profunditate divinarum Scripturarum liberales artes ab studiosis quibusque cernuntur, sicut vina in vitibus, segetes in seminibus, frondes in radicibus, fructus in ramis, arborumque magnitudines sensu contemplantur in nucleis. Est plane divina Scriptura verax, est fixa, est casta, est cœlestis magisterii instrumentum, et æterna prædicatio purissimo nitens eloquio, est lux mortalium, dicente Propheta : *Lucerna pedibus meis verbum tuum, Domine, et lumen semitis meis* (*Psal.* CXIX); est vivax et mori nesciens, dicente Apostolo : *Vivus est Dei sermo et efficax, et penetrabilior omni gladio ancipiti, et pertingens usque ad divisionem animæ ac spiritus* (*Hebr.* IV); est tenebrarum discussio, Salomone attestante qui ait : *Lucerna est mandatum legis, et lux vitæ, et increpatio, et disciplina* (*Prov.* VI); de quo per Isaiam dicitur : *De nocte spiritus meus vigilat ad te, Deus, quia lux præcepta tua sunt super terram* (*Isa.* XXVI). Semper enim vitalia, jubet, noxia prohibet, terrena removet, cœlestia persuadet. Est, inquam, fons æthereo de margine scaturiens, de quo quanto amplius hauritur, tanto minus expenditur, et quanto in plures partes derivatur, tanto amplius in sensibus augmentatur; est pecuniæ marsupium, de quo nec ea quæ dantur amittuntur, nec diminutionem assiduus dandi usus affert, sed quanto inde amplius dandi devotione ejicitur, tanto illud magis magisque completur. Nihil igitur horum quæ perstrinximus, sive his similium, quæ brevitatis studio prætermisimus, in imaginibus, o imaginum adorator, o rerum insensatarum cultor, invenire posse te constat, quæ dum his omnibus meritorum prærogativis careant, dolendus potius quam mirandus es cur eas divinæ Scripturæ libris, in quibus tot bona reperiuntur, æquiparare affectes? Tu qui fidei tuæ puritatem in imaginibus conservare te dicis, supplex eis astare memento cum thymiamatibus, nos præcepta Domini solerti indagatione perquiramus in divinæ legis codicibus. Tu luminaribus perlustra picturas, nos frequentemus divinas Scripturas. Tu fucatorum venerator esto colorum, nos veneratores et capaces simus sensuum arcanorum. Tu depictis demulcere tabulis, nos divinis mulceamur alloquiis. Tu figuris rerum insta in quibus nec visus, nec auditus, nec gustus, nec odoratus, nec tactus est; nos instemus divinæ legi quæ est irreprehensibilis, in qua testimonium Domini justitiæ sive præcepta, timor sive judicia ejus inveniuntur. Quæ singula pulchre Psalmographus per septimam definitionis speciem quam dialectici κατὰ μεταφοράν, id est *per translationem*, vocant, eo quod rem aliquam brevi præconio quæ sit ostendit, sub senarii numeri perfectione, qui juxta arithmeticæ experientiam disciplinæ perfectus habetur, eo quod suis partibus dimensus, et his iterum in unum redactis, absque ullo detrimento aut incremento sui in se redit; ita definivit dicens: *Lex Domini irreprehensibilis, convertens animas, testimonium Domini fidele, sapientiam præstans parvulis. Justitiæ Domini rectæ lætificantes corda, præceptum Domini lucidum illuminans oculos. Timor Domini sanctus permanens in sæculum sæculi, judicia Domini vera justificata in semetipsa, desiderabilia super aurum et lapidem pretiosum multum, et dulciora super mel et favum* (Psal. xix). Quæ omnia ideo senarii numeri perfectione decorantur, quia quanquam quodam modo inter se distare videantur, singula tamen ad perfectionem legis, qua viri sancti perfecti efficiuntur, pertinent. E quibus sicut uno subtracto sextus numerus minime adimpletur, ita si aliquid detrahatur, perfectionis integritas mutilatur. Lex enim irreprehensibilis est, quia perfecta veritate consistit, quæ per Salvatorem non reprehensa, sed potius probatur impleta: *Non veni,* inquit, *legem solvere, sed adimplere* (Matth. II). Et ut nosse possemus Evangelium quoque legem Domini esse, et duobus Testamentis, Novo videlicet et Veteri, legem consistere, adjunxit, *Convertens animas* (Psal. xix), quoniam Veteris Testamenti pagina rigorem habet irreprehensibilis severitatis; Novi vero convocationem et mansuetudinem, per quam errantes corrigantur, et ad Christi gratiam animarum conversio fiat. Testimonium ergo Domini fidele, quoniam quæcunque pollicetur Deus plenissima veritate complentur. Quod testimonium sapientiam præstat parvulis, non utique superbis nec tumida se elatione jactantibus, sed his parvulis de quibus Apostolus dicit, *Nolite pueri effici sensibus, sed malitia parvuli estote* (I Cor. xiv). Dat itaque testimonium Pater, dat Filius, dat et Spiritus sanctus; et sicut sunt unius essentiæ et naturæ, ita etiam in reddendo testimonio sublimes. De Patre in Evangelio legitur quod testimonium de Filio perhibuerit; de Filio autem Apostolus ad Timotheum scribit: *Præcipio tibi coram Deo qui vivificat omnia, et Christo Jesu qui testimonium reddidit sub Pontio Pilato* (I Tim. vi); de Spiritu quoque sancto idem Apostolus dicit: *Nam et ipse Spiritus testimonium perhibet spiritui nostro* (Psal. xix). Justitiæ itaque Domini rectæ ideo dicuntur, quia non aliter cognoscitur fecisse quam docuit, nec aliud illi in ore, aliud in opere est. *Lætificantes sunt corda, quia justorum mentes æternorum præmiorum collatione demulcent;* quorum præmiorum perceptione confisus erat ille qui dicebat, *De reliquo reposita est mihi corona justitiæ, quam reddet mihi Dominus in illa die justus judex* (II Tim. iv). Nam præceptum Domini recte *lucidum* dicitur, sive quia a Patre luminum procedit, sive metonymice, quod lucidos efficiat. Illuminat etiam oculos, non carnales, quos nobiscum animantia communes habere noscuntur, sed interiores, qui divini muneris jubare spiritualiter perlustrantur. *Timor* autem *Domini sanctus permanens in sæculum sæculi:* mista est cum pavore dilectio, quæ usu sæculari reverentia nuncupatur. In omni ergo sanctitate versatur qui suum judicem et timere cognoscit et amare. Inter timorem namque Domini et formidinem humanam hoc interest quod formido humana cum tempore commutatur; de ea, ni fallor, dictum est: *Perfecta charitas foras mittit timorem* (I Joan. IV). Timor autem Domini a proprio statu nulla temporali conversione mutatur, sed in idipsum sinceritate bonæ conscientiæ perseverat. Porro judicia Dei, quæ et vera et justificata in semetipsa a propheta describuntur, mandata sunt ejus, quæ in Veteri et Novo Testamento conscripta habentur, quia revera ex judicio sunt prolata. Vera, inquam, metonymice et justificata, quia veraces et justificatos observatores suos efficiunt. Inter judicium tamen Dei et judicia ejus hoc interest, quod judicium numero singulari illud generale examen est, judicia vero ejus numero plurali sacramenta sunt, quæ in duobus Testamentis, non in imaginibus nec in picturis inveniuntur, quæ idem Psalmographus per schema quod Græce αὔξησις, id est augmentum, eo quod paulatim ad superiora concrescat, ita expressit dicens: *Desiderabilia super aurum et lapidem pretiosum multum, et dulciora super mel et favum* (Psal. xix). Sicut enim lapides pretiosi auro præferuntur in pretio, ita nimirum auro et lapidibus pretiosis mel et favum dulcedine præfertur. Per hanc enim figuram idem Psalmista susceptorem suum, gloriam etiam et exaltantem caput suum Dominum esse decantat dicens, *Tu autem, Domine, susceptor meus es, gloria mea, et exaltans caput meum* (Psal. III). Et Apostolus ait: *Quis nos separabit a charitate Christi? tribulatio an angustia? an persecutio? an fames? an nuditas? an periculum? an gladius* (Rom. VIII)? in qua per augmenta nominum rei magnitudo sensim succrescit. Cui quanquam vicina sit figura, quæ Græce κλίμαξ, Latine *gradatio* dicitur, quando positis quibusdam gradibus sive in laude, sive in vituperatione, semper accrescit, ab ea tamen plurimum distat quod αὔξησις sine ulla iteratione nominum rerum procurat augmenta, γλῆψξ vero postremum verbum quod est in primo commate positum in sequenti membro modis omnibus repetit, sicque velut catena aliud semper in alio nectitur, ut est illud Apostoli: *Scientes quod tribulatio patientiam operatur, patientia probationem, probatio spem, spes autem non confundit* (Rom. v); item illud: *Nam quos præscivit et prædestinavit, eos et vocavit; quos autem vocavit, illos et justificavit: quos autem justificavit, illos et glorificavit* (Rom. VIII). Nam si forte tu, amator vel potius adorator imaginum, interiore pectoris rancore submurmures dicens: Quid necesse est tantum per schemata evagari? cognosces ea nobis amabiliora imaginibus sive pictis tabulis tuis esse, et ideo tantum in illis evagatos esse. Has etenim dulcedines, has refectiones in Scripturis sive in Scripturarum schematibus, nos sive cæteros Scripturarum amatores reperire cognosce, quas tu sive socii tui in figuris, neque in tabulis, in quibus cordis tui pu-

CAPUT XXXI.

Quod contra Dominicae vocis imperium faciunt hi qui parentes suos anathematizant; et si secundum eorum opinionem praedecessores eorum haeretici fuere, isti ab haereticis geniti, docti et consecrati sunt: sive de non judicandis his qui de saeculo recesserunt; vel quantum istorum error a parentum errore dissentiat, cum videlicet illi imagines frangere, isti adorare censuerint.

Denique illi qui eas corpori et sanguini Dominico coaequare praesumunt, tanto illarum instigantur amore, ut etiam parentes suos qui eas sprevisse noscuntur, anathematizare non dubitent, errorem errori nectentes; cum videlicet et illis incongruam et inordinatam exhibeant adorationem, et his vel a quibus per carnis materiam propagati sunt, vel hos per quorum consecrationem et baptismi sacramentum et caetera charismata sumpsere, inopportunam ingerant exsecrationem. Nam si secundum illorum vesaniam omnes imaginum adoratione carentes haeretici sunt, constat majores eorum qui eas non adoravere haereticos fuisse: qui si haeretici fuere, neque consecrationes faciendi, neque manus imponendi potestatem habuerunt; qui si hanc non habuerunt, hi qui ab eis hanc se accepisse putant, neque consecrationem neque manus impositionem habent. Item si prodecessores eorum, ut illi aiunt, anathemathis colligatione digni fuerunt, ligandi solvendique potestatem non habuerunt: quam si non habuerunt omnia quaecunque ab eis in Ecclesia gesta sunt cassanda sunt; si omnia abnuenda sunt, gradus et ordinationes abnuenda sunt: si igitur prodecessores illorum anathematis colligatione digni fuerunt, istorum gradus et ordinationes cassanda sunt. Non enim schismaticis et anathematis vinculo colligatis ligandi solvendique, sed idoneis et catholicis potestatem a Domino legimus esse concessam. Parentibus interea honorem impendendum, non solum legalis, prophetica et apostolica, verum etiam evangelica admonitio docet, dicente Domino, *Honora patrem tuum et matrem tuam* (Matth. xv). Qui enim et per paginam Veteris Instrumenti, et per sui corporis praesentiam hoc salutare praeceptum contulit, idem Mosaico ore promulgavit dicens, *Benedictus qui honorat patrem suum et matrem suam* (Exod. xx; Deut. v); et e contrario: *Maledictus qui non honorat patrem suum et matrem suam* (Exod. xxi; Matth. xv; Marc. vii). Unde perpendendum est et magnopere animadvertendum quantae sit arrogantiae, quantaeque temeritatis et, ut ita dixerim, sceleris, parentes anathematizare, si ille maledictioni subjacet qui eos convincitur non honorare. Nam cum lex dicat: *Non reveles turpitudinem patris tui* (Levit. xviii), et Apostolus: *Filii, obedite parentibus vestris* (Ephes. vi), isti utrique praecepto reluctari videntur, cum nec turpitudinem celare, nec honorem nituntur impendere. Sacri igitur canones de non contemnendis parentibus omni occasione seclusa, hanc videntur protulisse sententiam: « Quicunque filii a parentibus sub praetextu divini cultus abscedunt, nec debitam reverentiam dependunt illis, anathema sint. » Si vero hi qui eis debitam reverentiam non impendunt, anathematizantur, quo putas damnationis vinculo eos anathematizant connectantur? Saluberrimus namque a sanctis Patribus Ecclesiis traditus usus est pro defunctorum spiritibus Dominum deprecari, quem nos cum sancta omni catholica et universali Ecclesia amplectentes, non solum pro nostrorum parentum, verum etiam pro amicorum fidelium qui nos in pace Dominica praecesserunt spiritibus clementissimam Domini pietatem exposcimus. Cui venerandae et ecclesiasticae constitutioni non mediocriter contraire videntur qui defunctorum parentum spiritus non orationibus adjuvare, sed anathematis vinculo colligare nituntur; et qui orare etiam pro inimicis apostolicae eruditionis documento jubentur, pro suis hoc facere parentibus reluctantur. Nos nostris secundum ecclesiasticum usum per orationum et eleemosynarum instantiam deposcimus veniam, illi suis per innumium conciliorum conventus exoptant poenam. Nos nostris quietem exposcimus per missarum solemnia, illi suis ingerunt convicia per inordinata concilia. Nos nostrorum memoriam facimus in oratione, illi suis anathema jaciunt cum quadam abdicatione. Nos nostrorum spiritus requie potiri oramus in sinu Abrahae, illi suorum optant damnari animas cum Ario, Sabellio, Dioscoro, Nestorio et Eutychete. Nos nostros collocari postulamus parentes inter agmina beatorum, illi suos inter obstinatas turbas haereticorum. Quae cum ita se habeant, constat eos duplex in hac parte patrare deliquium, cum et parentibus honorem derogent contra Dominicae vocis imperium, et, contra Apostoli sententiam, his qui a saeculo migraverunt temerarium conentur inferre judicium. Quod non sit ergo temere judicandum de his qui jam e saeculo migraverunt, vel de rebus ad Deum solum pertinentibus, haec est beati Pauli sententia: *Nemo nostrum sibi vivit, et nemo sibi moritur; sive enim vivimus, Domino vivimus; sive morimur, Domino morimur: sive enim vivimus, sive morimur, Domini sumus. In hoc enim Christus resurrexit a mortuis, ut et vivorum et mortuorum dominetur. Tu autem quid judicas fratrem tuum, aut quare spernis fratrem tuum? omnes enim stabimus ante tribunal Dei. Scriptum est enim, Vivo ego, dicit Dominus, quoniam mihi flectet omne genu, et omnis lingua confitebitur Deo. Itaque unusquisque nostrum pro se rationem reddet Deo. Non ergo amplius judicemus; sed hoc judicate magis, ne ponatis offendiculum fratri vel scandalum* (Rom. xiv). De qua re etiam sanctae Ecclesiae Romanae antistes Anastasius Anastasio imperatori sic perhibetur scripsisse: « Ne quod sit in hoc offendiculum in Ecclesia, dum, quod facere non possumus, de his qui jam transierunt judicare conemur, observandum esse tranquillitas tua cognoscat. » Quia ergo nec a filiis parentes inhonorandi, nec a viventibus mortui temere judicandi sunt, divinarum Scripturarum paginis prolatum est. Nunc mentis oculo sollicite intuendum est quantum in supra memoratarum imaginum abolitione vel veneratione filiorum error a parentum errore dissentiat, cum utrinque sibi et istorum et illorum error repugnare non desinat. Illi enim eas convellendas atque contemnendas esse censuerunt ab Ecclesia perpetua abdicatione, isti eas non solum habendas, verum etiam venerandas student supplici adoratione. Illi eas mancipavere crepitantibus ignibus, isti honorant odoriferis thymiamatibus. Illi eas effugiebant etiam cernere, isti non cessant amplecti. Illi effodere ad ornamentum ecclesiæ ab antiquis constitutas in parietibus, isti nuper conditas oblatis perlustrant luminaribus. Illi eas studebant prorsus abominari, isti sanciunt omnino osculari. Illi anathematizabant habentes, isti e contrario non adorantes. Quæ duo mala cum alterutrum sibi contraria sint, et a recto tramite remota, restat nobis ut viam regiam secundum Apostolum gradientes, neque ad dexteram neque ad sinistram declinemus : ut nec cum illis prorsus abolendas dijudicemus, nec cum istis adorandas decernamus : sed solum Deum adorantes, et ejus sanctos venerantes secundum antiquam Patrum et ecclesiasticam traditionem eas in ecclesia in ornamento et memoria rerum gestarum, si libet, habeamus, et cum justitia hinc severitatem, illinc adulationem contemnentes; cum prudentia hinc versutiam, illinc hebitudinem declinantes; cum temperantia hinc libidinem, illinc insensibilitatem spernentes; cum fortitudine, hinc timiditatem, illinc audaciam abjicientes, cum sanctis Patribus qui eas in ornamento solummodo esse ecclesiæ siverunt, istis hinc adorantibus, illis hinc abominantibus postpositis, viam mandatorum Domini teneamus, qualiter ad eum qui est via, veritas et vita, ipso opitulante pervenire valeamus.

LIBER TERTIUS.

PRÆFATIO.

Constat hujus nostri operis stylum sive in superioribus qui jam Deo annuente digesti sunt libris, sive in præsenti in cujus inceptionis adorimur articulo, sive etiam in eo quem postmodum Domino opitulante digesturi sumus, adversus eorum insaniam vigilare, qui quanquam diversis temporibus diversisque voluntatibus synodos aut ut abdicari, aut ut adorari imagines in Ecclesia censeant, assolent aggregare. Et quoniam illius insaniæ scriptura, quam inani desiderio septimæ synodi vocabulo censeri ambiunt propriorum sensuum erroribus quasi membris concreta, et divinæ legis testimoniorum incompetenter sibi adhibitorum commatibus quasi quibusdam pinnis cernitur esse suffulta : libuit nobis in præcedentibus libris pinnarum subsidia ei, quibus incassum fulciri arbitratur, demere; in sequentibus vero eam vanorum compage membrorum, quibus subsistere se posse suspicatur, destituere, ut præcedentes ab ea pinnarum remigia auferant, sequentes ejus artus frustratim dirimant; præcedentes eam volatu, sequentes privent gressu : ut videlicet spiritalis intelligentiæ et divini eloquii pinnis, quibus enormiter vehi putabatur, abscisis, et propriis sensibus a quibus violenter in aliis peregrinari compellebatur restitutis, et catholicæ fidei fortis et inexpugnabilis pugni inpulsione, qua satis vacuarum et ratione carentium assertionum acervis, et congruis sensibus, et divinorum apicum testimoniis carens, omnibus appareat enervata, quæ non ab omnibus creditur esse digesta : quoniam quidem dum suorum intentat auctorum in sublime laudis insigne efferre, prosperitatem rerum domesticarum civili non formidat certamine perturbare; dumque pessum ad quarumdam rerum interdictam cives adorationem provocat, civium in se domestica arma territat, et spiculorum ictus quibus et libertas debuit tueri et hostili globo obniti in indigenas, proh dolor ! compellit intorqueri. Hanc igitur non versutis cavillationibus, non forensi facundia, non procul a causa vagantibus locutionum phaleris, non lepore lenociniosi cothurni, non callidæ exsecutionis nodosi argumentationibus, jactanter enervare decrevimus, sed puræ ac simplicis orationis ambitu divinorum eloquiorum tenacibus nervis concreto, et sanæ sobriæque doctrinæ eloquentia colorato, qui elationis ostentatione carens Ecclesiæ sanctæ potius profectus amator, quam suæ vel nostræ sit ventosæ laudis sectator. Quoniam igitur in præsentis libri textu, in quo nunc adoriri nos liquet, illorum sententias discutientes qui aliter quædam quam a sanctis Patribus tradita sunt in sua synodo posuere, de fide quodammodo disputaturi sumus, ordo exposcit ut primum nostræ fidei fundamentum jaciamus, hoc videlicet de quo ait Apostolus, *Fundamentum enim aliud ponere nemo potest præter id quod positum est, quod est Christus Jesus* (I *Cor.* III). Cujus venerandæ fidei sinceritatem, mox ut sicut corde credimus, ore protulerimus, et tanti fundaminis firmitate futuri operis primordia munierimus, liberius nostra fabrica surgens rectius solidiusque struatur, et illorum sicubi minus recte minusve solide surrexerit, facilius dejiciatur. Quia ergo primum nos munire nostraque firmare, et post contra adversa confligere, et oppositis resistere debemus, non solum sacrarum litterarum perdocemur documentis, sed etiam ipsius Romani auctoris (Sc., Ciceronis) eloquii monemur institutis, qui ait, « Argumentandum est ita ut primum nostra firmemus, dehinc adversa confringamus. »

CAPUT PRIMUM.

Confessio fidei catholicæ quam a sanctis Patribus accepimus, tenemus et puro corde credimus.

Credimus in Deum Patrem omnipotentem, cunctorum visibilium et invisibilium conditorem. Credimus et in Dominum nostrum Jesum Christum per quem omnia creata sunt, verum Deum, unigenitum et verum Dei Filium, non factum aut adoptivum, sed genitum et unius cum Patre substantiæ, atque ita per omnia æqualem Deo Patri, ut nec tempore nec gradu nec potestate esse possit inferior : tantumque esse confitemur illum qui est genitus quantus est ille qui genuit. Non autem quia dicimus genitum a Patre Filium, divinæ et ineffabili generationi aliquod tempus ascribimus, sed nec Patrem aliquando cœpisse nec Filium; non enim aliter confiteri possumus æternum Patrem, nisi confiteamur etiam coæternum Filium : ex Filio enim Pater dicitur, et qui semper Pater fuit, semper habuit Filium [a]. Credimus et in Spiritum sanctum, Deum verum ex Patre et Filio procedentem, æqualem per omnia Patri et Filio, voluntate, potestate, æternitate, substantia : nec est prorsus aliquis in Trinitate gradus, nihil quod inferius superiusve dici possit, sed tota Deitas sui perfectione æqualis est, ut exceptis vocabulis quæ proprietatem personarum indicant, quidquid de una persona dicitur, de tribus dignissime possit intelligi : atque ut confundentes Arium unam eamdemque dicimus Trinitatis esse substantiam, et unum in tribus personis fatemur Deum, ita impietatem Sabellii declinantes, tres personas expressas sub proprietate disjungimus, non ipsum sibi Patrem, ipsum sibi Filium, ipsum Spiritum sanctum esse dicentes, sed aliam Patris, aliam Filii, aliam Spiritus sancti esse personam. Non enim nomina tantummodo, sed etiam nominum proprietates, id est personas, vel, ut Græci exprimunt, ὑποστάσεις, hoc est subsistentias, confitemur. Nec Pater Filii aut sancti Spiritus personam aliquando excludit : nec rursus Filius aut Spiritus sanctus Patris nomen personamque recipit, sed Pater semper Pater est, Filius semper Filius, Spiritus sanctus semper Spiritus sanctus : itaque substantia unum sunt, personis ac nominibus distinguuntur. Ipsum autem Dei Filium, qui absque initio æternitatem cum Patre et Spiritu sancto possidet, dicimus in fine sæculorum perfectum naturæ nostræ hominem suscepisse ex Maria semper virgine, et Verbum carnem esse factum assumendo hominem, non permutando deitatem : nec, ut quidam sceleratissime opinantur, Spiritum sanctum dicimus fuisse pro semine, sed potentia ac virtute Creatoris operatum. Sic autem confitemur in Christo unam Filii esse personam, ut dicamus duas perfectas atque integras esse substantias, id est, deitatis et humanitatis, quæ ex anima continetur et corpore : atque ut condemnamus Photinum qui solum et nudum hominem confitetur in Christo, ita anathematizamus Apollinarem et ejus similes, qui dicunt Dei Filium minus aliquid de humana suscepisse natura, et vel in carne vel in anima, vel in sensu assumptum hominem his propter quos assumptus est fuisse dissimilem, quem absque sola peccati macula quæ naturalis non est nobis confitemur esse conformem. Illorum quoque similiter exsecramur blasphemiam, qui novo sensu asserere conantur a tempore susceptæ carnis omnia quæ erant deitatis in hominem demigrasse : et rursum quæ erant humanitatis in Deum esse transfusa, ut quod nulla unquam hæresis dicere ausa est videatur hac confusione, utraque exinanita substantia scilicet deitatis et humanitatis, et a proprio statu in aliud esse mutata : qui tam Deum imperfectum in Filio quam hominem confitentur, ut nec Deum vere nec hominem tenere credantur. Nos autem ita dicimus, susceptum a Dei Filio passibile nostrum, ut deitas impassibilis permaneret. Passus enim Filius non putative sed vere, omnia quæ Scriptura testatur, id est esuriem, sitim, lassitudinem, dolorem, mortem et cætera hujusmodi secundum illud passus est quod pati poterat, id est, non secundum illam substantiam quæ assumpsit, sed secundum illam quæ assumpta est. Ipse enim Dei Filius secundum deitatem suam impassibilis est ut Pater, incomprehensibilis ut Pater, invisibilis ut Pater, inconvertibilis ut Pater. Et quamvis propria persona Filii, id est, Dei Verbum suscepit passibilem hominem, ita tamen ejus habitatione secundum suam substantiam deitas Verbi nihil passa est, ut tota Trinitas quam impassibilem necesse est confiteri. Mortuus est ergo Dei Filius secundum Scripturas, juxta id quod mori poterat, resurrexit tertia die, ascendit in cœlum, sedet ad dexteram Dei Patris manente ea natura carnis in qua natus et passus est, in qua etiam resurrexit. Non enim exinanita est humanitatis substantia, sed glorificata, in æternum cum deitate mansura. Accepta ergo a Patre potestate omnium quæ in cœlo sunt et in terra, venturus est ad judicium vivorum ac mortuorum, ut et justos remuneret et puniat peccatores. Resurrectionem carnis ita credimus ut dicamus nos in eadem in qua nunc sumus veritate membrorum esse reparandos, qualesque semel post resurrectionem fuerimus effecti in perpetuo mansuros; unam esse vitam sanctorum, sed præmia pro labore diversa ; e contrario pro modo delictorum peccatorum quoque esse supplicia. Baptisma unum tenemus, quod hisdem sacramenti verbis in infantibus quibus etiam in majoribus esse celebrandum. Hominem si post baptismum lapsus fuerit, per pœnitentiam credimus posse salvari. Novum et Vetus Testamentum recipimus in eorum librorum numero quem sanctæ catholicæ Ecclesiæ tradidit auctoritas. Animas a Deo dari credimus quas ab ipso factas dicimus, anathematizantes eos qui animas quasi partem Dei divinæ dicunt esse substantiæ. Eorum quoque condemnamus dentem, volente et jubente Carolo infra cap. 3 et cap. 8, et Adriano papa in Capitulari.

---

[a] *Credimus et in Spiritum sanctum, Deum verum ex Patre procedentem.* Addidi, *ex Patre et Filio* proce-

errorem qui eas ante peccasse vel in cœlis conversatas fuisse dicunt quam in corpora mitterentur.

Exsecramur etiam eorum blasphemiam qui dicunt impossibile aliquid homini a Deo esse præceptum, et mandata Dei non a singulis, sed ab omnibus in commune posse servari, vel qui primas nuptias cum Manichæo, aut secundas cum Cataphrygis damnant. Anathematizamus etiam illos qui Dei Filium necessitate carnis mentitum esse dicunt, et eum propter assumptum hominem non omnia facere potuisse quæ voluit. Joviniani quoque damnamus hæresin, qui dicit nullam in futuro meritorum esse distantiam, nosque eas ibi habituros virtutes quas hic habere neglexerimus. Liberum sic confitemur arbitrium ut dicamus nos semper Dei indigere auxilio, et tam illos errare qui cum Manichæo dicunt hominem peccatum vitare non posse, quam illos qui cum Joviniano asserunt hominem non posse peccare : uterque enim tollit arbitrii libertatem. Nos vero dicimus hominem semper et peccare et non peccare posse, ut semper nos liberi confiteamur esse arbitrii. Hæc est catholicæ traditionis fidei vera integritas, quam sincero corde credimus et fatemur, et in hoc opere beati Hieronymi verbis expressam taxavimus. Hæc est vera fides, hanc confessionem conservamus atque tenemus, quam quisque inconvulse et intemerate custodierit, perpetuam salutem habebit.

CAPUT II.

Quod Tarasius ab errore errorem linire conatus sit, et quod ab ægritudine ad ægritudinem dilapsus sit, cum videlicet repente ex laico conversus et ad episcopatum promotus nititur hoc emendare in imaginum adoratione quod admisit in repentina consecrationis susceptione.

Peritorum vetus iste medicorum mos est, sic unius ægritudinis molestiis medicaminibus crebris curando instare, ut tamen alterius pestis nequitiæ non videatur adminicula præstare, quoniam quædam res sicut unius vires extenuant, ita adhibitæ alterius viribus alimenta ministrant : et spiritalis vineæ cultorum est, sic quorumdam convellere vitiorum stirpes, ut tamen aliorum nullis convalescant incrementis radices, quoniam quorumdam vitiorum pestifera plantatio aliorum abolitione vitiorum inolescit, sicque alii pesti subsidia præbens agro mentis officit, quæ per se officere non valens suis viribus exstirpata fatescit. Quorum utrorumque præstantibus moribus, sive peritorum medicorum, sive spiritalium cultorum, non mediocriter Tarasius perhibetur obniti, qui per rem penitus interdictam et nullatenus proficientem nititur emendare rem penitus interdictam et prorsus officientem. Et veluti si quis lutulentum quid ingesta impuritate eluere cupiens, dum lutulentis nihilominus eluere nititur aquis, quo magis abluere appetit, eo magis eisdem impuritatibus inficit : ita idem ex laico repente ad episcopatum, ut fertur, promotus, dum repentinam tanti gradus susceptionem per insolentem nisus est emendare imaginum adorationem, illicitum illicito apposuit, et quanto unum errorem altero errore linire putavit,

a tanto se majoribus errorum nexibus præpedivit. Nam si inopportuna imaginum adoratione inopportuna ordinatio stabiliri potest, facile res illicitæ rebus poterunt firmari illicitis, et si res illicitæ rebus poterunt firmari illicitis, facillime impura quæque quibusdam impuris ablui poterunt. Non autem impura quæque quibusdam impuris ablui poterunt : non igitur inopportuna ordinatio adoratione inopportuna nihilominus imaginum quoquomodo poterit stabiliri. Et si ecclesiasticæ ordinationis regula a sanctis Patribus tradita intemerata servanda est, imo quia servanda est, omnino corrumpi non debet : et si omnino corrumpi non debet, nec pro utili quadam re corrumpi quidem debet : et si pro utili quadam re nullatenus corrumpi debet, multo ergo minus pro inutili corrumpi debet; cum videlicet utrumque et imagines adorare, et sine ordine graduum pontificalem cathedram subire inutile sit. Sed quorsum ista? Accedamus ad Apostolum, veniamus ad Vas electionis, interrogemus egregium prædicatorem, intonet nobis quid de ordinatione episcopi censeat; qui procul dubio respondebit : *Manus cito nemini imposueris (I Tim.* v). Et rursus : *Non neophytum, ne in superbia elatus in judicium incidat diaboli (I Tim.* III); ne videlicet dum putat se non tam ministerium humilitatis quam administrationem sæcularis potestatis adeptum, condemnatione superbiæ sicut diabolus per jactantiam dejiciatur. Unde periculosissima est talis ordinatio, in qua diaboli judicium suspicatur : et formidolosissimum est ejus doctrina, qua imagines adorare censet, uti, in quo tam atrocis exempli ruina formidatur; cum prohibitum sit popularem hominem sacerdotii magisterium adimplere debere, cujus nec officium tenuisse, nec disciplinam creditur agnovisse, et eum ea docere posse quæ constat eum nequaquam antea didicisse. De tali itaque ordinatione hæc est beati Gregorii Romanæ urbis antistitis sententia : « Quidam desiderio honoris inflati defunctis episcopis tonsurantur, et repente fiunt ex laicis sacerdotes, atque inverecunde religiosi propositi ducatum arripiunt, qui nec esse adhuc milites didicerunt. Quid putamus, quid isti subjectis præstaturi sunt, qui antequam discipulatus limen attingant, tenere locum magisterii non formidant? Qua de re necesse est ut et si inculpati quisque sit meriti, ante tamen per distinctos ordines ecclesiasticis exerceatur officiis : videat quod imitetur, discat quod doceat, informetur ad id quod teneat, ut postea non debeat errare qui eligitur viam errantibus demonstrare. Diu ergo religiosa meditatione poliatur ut placeat : et sic lucerna super candelabrum posita luceat, ut adversa ventorum vis irruens conceptam eruditionis flammam non exstinguat, sed augeat ; nam cum scriptum sit, *Prius quis probetur, et sic ministret,* multo amplius ante probandus est, qui populi intercessor assumitur, ne fiant causa ruinæ populi sacerdotes mali. Nulla igitur contra hoc excusatio, nulla potest esse defensio, quia cunctis liquido notum est quæ sit in hujus rei diligentia sancta egregii sollicitudo doctoris, qua neophytum ad ordines vetat sacros accedere. Sicut autem tunc neophytus dicebatur qui initio sanctæ fidei erat conversatione plantatus, sic modo neophytus habendus est qui repente in religionis habitu plantatus ad ambiendos honores sacros irrepserit. Ordine ergo ad ordinem accedendum est. Non gradum sacrum recte appetit qui ad summa loci fastigia postpositis gradibus per abrupta quærit ascensum : et cum idem Apostolus doceat inter alia sacri ordinis instituta discipulum, manus non esse cuiquam citius imponendas, quid hoc celerius, quidve præcipitantius quam ut exoriatur a summitate principium, ut ante esse incipiat episcopus quam magister. » Contra quam ecclesiasticæ institutionis normam dum superius memoratus Tarasius sacerdotale culmen, ut aiunt, contendit, turbare potius quam gubernare dinoscitur plebes. Nec mirandum est si non recte prædicet qui ad prædicationis officium non recte pervenit. De cujus inordinata consecratione multa sanctorum Patrum poni testimonia poterant, quæ tamen brevitatis causa omissa sunt. Hæc tantum de hac re posuisse sufficiat.

CAPUT III.

Utrum Tarasius recte sentiat qui Spiritum sanctum non ex Patre et Filio secundum verissimam sanctæ fidei regulam, sed ex Patre per Filium procedentem in suæ credulitatis lectione profiteatur.

Nostris memorialibus nequaquam subtraxit oblivio sensibus quod in primordiis hujus nostri operis polliciti sumus nihil nos indiscussum relicturos, nihilque silentio præterituros, quod in eadem synodo quæ pro adorandis imaginibus gesta est, reprehensione dignum inveniretur, nisi forte quod aut difficultas inordinati sermonis nostro intellectui impertire negaret, aut puerilis dicti ineptiam reverentia cohibente nostra disputatio persequi despiceret; ideoque non est consequens ut ab hoc nostra suspendatur disputatio quod Tarasius Spiritum sanctum non ex Patre tantum, sicut quidam qui quanquam eum ex Filio procedere quodammodo tacuerint, tamen ex Patre et Filio procedentem omnino crediderunt, neque ex Patre et Filio, sicut omnis universaliter confitetur et credit Ecclesia eum procedere, sed ex Patre per Filium in suæ fidei professione procedere confessus est. In qua professione nisi puritas et sinceritas cordis sit quæ credat eum non creaturam esse, sed creatorem, nec Patre Filioque minorem, sed eis æqualem et consubstantialem et ab utroque procedere, perniciosum virus poterit exoriri. Omnium ergo rerum definitio talis esse debet ut, omnibus obscuritatibus seu ambiguitatibus explosis, ad demonstrandæ rei recto tramite tendat indicium, et si aliarum rerum definitio tam perspicua tamque debet esse dilucida, ut ea quæ demonstranda sunt, evidenter demonstret, multo magis fidei definitio dilucida et perspicua et omni ambiguitate sive tortuositate carens esse debet. In qua si aliquid aut tortuosum aut ambiguum, aut quodam nubilo verborum obductum fuerit, magnam affert dicenti vel audienti jacturam. Ex Patre enim et Filio Spiritum sanctum, non ex Patre per Filium procedere, recte creditur, et usitate confitetur : quia non per Filium ut pote creatura quæ per ipsum facta sit, neque quasi posteriori tempore, aut minor potestate, aut alterius substantiæ, procedit, sed ex Patre et Filio ut coæternus, ut consubstantialis, ut coæqualis, ut unius gloriæ, potestatis atque divinitatis cum eis existens procedere creditur. Alteram namque vim habet *ex* præpositio, et alteram *per*. Unde et Dei Filius natus ex homine non per hominem creditur, id est, non per coitum, non per humanam operationem, sed ex virgine carnem assumendo natus. Et idcirco quæri potest utrum recte dici queat, *Spiritus sanctus a Patre per Filium procedere*, ne dum incaute hæc propositio *per* in tanti mysterii professione ponitur, Ariani illius erroris virosum cuiquam poculum ministret, qui Spiritum sanctum creaturam esse, et per Filium sicut et cætera quæ creata sunt, creatum esse blasphemat : qui etiam sui baptismatis tinctionem non juxta fidem evangelicam, *in nomine Patris, et Filii, et Spiritus sancti* (*Matth.* xxviii), sed *in nomine Patris per Filium in Spiritu sancto* infelicibus quibusque ad se conversis impertivit. Spiritus namque sanctus non creatura, sed creator esse his testimoniis approbatur. Ait enim David : *Verbo Domini cœli firmati sunt, et Spiritu oris ejus omnis virtus eorum* (*Psal.* xxxiii); et Salomon dicit : *Ipse creavit ea per Spiritum sanctum* (*Eccli.* i); item David, *Emitte Spiritum tuum et creabuntur, et renovabis faciem terræ* (*Psal.* civ); et in libro Job scribitur: *Spiritus divinus est*, inquit, *qui creavit me* (*Job.* xxxiii); et in libro Judith, *Tibi*, inquit, *serviet omnis creatura tua : quoniam dixisti et facta sunt; misisti Spiritum tuum, et ædificavit* (*Judith.* xvi). Tantæ enim potestatis sive virtutis Spiritus sanctus ostenditur, ut ipso cooperante corpus Domini nostri Jesu Christi, quod est nostra redemptio, in utero virginis formaretur, evangelista dicente : *Ne timeas, Joseph, accipere Mariam conjugem tuam; quod enim in ea natum est, de Spiritu sancto est* (*Matth.* i); item, *Inventa est in utero habens de Spiritu sancto* (*Luc.* ii); non quod Salvatoris nostri Spiritus sanctus Pater dicendus est, ut duo patres credantur, sed quod Patris et Filii idem Spiritus sanctus cooperator et unius potestatis cum eisdem esse credatur, Domino affirmante, *Ite*, inquit discipulis, *baptizate omnes gentes in nomine Patris, et Filii, et Spiritus sancti* (*Matth.* xxviii). Sicut enim Dominus apostolos ad prædicandum destinavit, pari etiam modo Spiritus sanctus facere declaratur. Scribitur enim in Actibus apostolorum quod Petro cogitante de visione, dicit ei Spiritus sanctus : *Ecce viri quærunt te; exsurgens vade cum eis nihil dubitans, quia ego eos misi ad te* (*Act.* x); et item : *Segregate mihi Paulum et Barnabam ad opus ad quod elegi eos* (*Act.* xiii); et item : *Attendite vobis et universo gregi in quo vos Spiritus sanctus constituit episcopos (Act.* xx). Nam et universa cum Patre et Filio, ut ostensum est, procreavit, et Deus esse unius cum iisdem essentiæ his testimoniis approbatur. David enim ait : *Audiam quid loquatur in me Dominus Deus.* Luce itaque clarius constat quod omnes prophetæ non nisi per Spiritum sanctum annuntient vel loquantur, Domino attestante, qui ait : *Cum venerit Spiritus ille sanctus quem Pater mittet in nomine meo, ipse vos docebit et ventura annuntiabit vobis (Joan.* xv). Item per prophetam Dominus dicit : *Noluerunt audire sermones meos quos mandavi in Spiritu meo per os prophetarum priorum, dicit Dominus.* Paulus quoque apostolus ad Hebræos scribens ait : *Testificatur nobis Spiritu sancto, et hoc est testamentum quod dispono ad eos post dies illos, dicit Dominus (Hebr.* x). In Actibus quoque apostolorum ad Ananiam dixisse pastorem Ecclesiæ legimus : *Ut quid Satanas implevit cor tuum mentiri te Spiritui sancto (Act.* iv)? Et ostendens eum Deum esse, in subsequentibus dicit : *Non es mentitus hominibus, sed Deo.* Paulus quoque vas electionis ad Corinthios scribit : *Divisiones autem donationum sunt, idem vero Spiritus : et divisiones ministeriorum sunt, idem ipse Dominus : et divisiones operationum sunt, idem vero Deus, qui operatur omnia in omnibus (I Cor.* xii). Quibus apostolicis verbis Spiritus sanctus idem Deus, idem Dominus declaratur. Idem vero Dominus in Evangelio dicit : *Spiritus est Deus (Joan.* iv). Item ad Corinthios Paulus scribens ait : *Dominus autem Spiritus est (II Cor.* iii); et ad Ephesios : *Nolite,* inquit, *contristari Spiritum sanctum Dei (Ephes.* iv); item ad Corinthios : *An nescitis,* inquit, *quia membra vestra templum sunt Spiritus sancti quem habetis a Deo (I Cor.* vi)? et eum Deum in humanis corporibus habitantem ostendens adjungit, et dicit . *Glorificate ergo et portate Deum in corpore vestro.* Qui dum his testimoniis et creator et Deus approbetur, et ex Patre et Filio ab omni catholica Ecclesia procedere credatur, quærendum est utrum necesse sit eum per Filium a Patre et non potius ex Patre et Filio procedere profiteri, cum hujuscemodi professio neque in Nicæno, neque in Chalcedonensi symbolo a sanctis Patribus facta inveniatur. Per Filium enim super apostolos in igne apparuit, per Filium hominibus datus est, quoniam ab omnibus Spiritus sanctus accipi non nisi per Filium poterat. Per Filium vero eum a Patre procedere profiteri, synodicæ confessioni inusitatum est : quoniam Spiritus sanctus ut a Patre procedat non eget alterius adjutorio, ut per aliquem procedat, cum utique sit tertia in eadem sancta Trinitate persona et unius cum Patre et Filio sit potestatis atque essentiæ. Qui cum a se Deus sit, ad nos autem relative donum est, distribuens singulis prout vult gratiarum dona. Nam et prophetias quibus vult impertit, et peccata quibus vult dimittit, quæ sine illo non donantur : qui inde proprie charitas nuncupatur, vel quia naturaliter eos a quibus procedit conjungit, et se unum cum eis esse ostendit, vel quia in nobis id agit, ut in Deo maneamus et ipse in nobis : unde et in donis Dei nihil majus est charitate, et nullum est majus donum Dei quam Spiritus sanctus : ipse est et gratia, quæ quia non meritis nostris, sed divina voluntate gratis datur, inde gratia nuncupatur. Sicut autem unicum Dei Verbum proprie vocamus nomine Sapientiæ, cum sit universaliter et Spiritus sanctus et Pater ipse Sapientia, ita Spiritus sanctus proprie nuncupatur vocabulo charitatis, cum sit et Pater et Filius universaliter charitas. Est enim Spiritus Patris attestante, Domino, qui ait : *Non enim vos estis qui loquimini, sed Spiritus Patris vestri qui loquitur in vobis (Marc.* xiii). Est et Spiritus Filii, Paulo attestante, qui ait: *Quisquis autem Spiritum Christi non habet, hic non est ejus (Rom.* viii), ac per hoc Spiritus amborum dicitur, quia ex Patre et Filio procedens unius probatur esse substantiæ et naturæ: qui si ingenitus diceretur, duo patres profiterentur; si genitus, duo filii incompetenter dicerentur. Sed quia nec Pater est nec Filius, ideo nec ingenitus, nec genitus, sed ex utroque procedens dicitur. Pater enim solus non est de alio, ideo solus appellatur ingenitus, non quidem in Scripturis, sed in consuetudine disputantium et de re tanta sermonem qualem valuerint ad præsentium sive futurorum profectum proferentium : Filius solus de Patre est natus, ideo solus dicitur genitus; Spiritus sanctus solus de Patre et Filio procedit, ideo solus amborum nuncupatur Spiritus. Procedit enim ex utroque, non nascendo, ut alicujus filius dici possit. Diceretur autem filius Patris et Filii, si, quod abhorret ab omnium fidelium sensibus, eum ambo genuissent : non igitur ab utroque est genitus, sed procedit ab utroque amborum Spiritus. A Patre illum autem procedere Dominus noster Jesus Christus discipulos docuit dicens : *Cum autem venerit,* inquit, *Paraclitus, quem ego mittam vobis a Patre Spiritus veritatis, qui a Patre procedit, ille testimonium perhibebit de me (Joan.* xv). Et rursum ipse Dei et hominum mediator Dominus Jesus Christus post resurrectionem suam, ut ostenderet a se procedere Spiritum sanctum sicut et a Patre, insufflans in discipulos suos ait, *Accipite Spiritum sanctum (Joan.* xx); qui nisi ab eo procederet, nequaquam eum insufflans discipulis daret. Unus ergo est Spiritus Patris et Filii, unus, ut supra memoravimus, amborum Spiritus. Quod si quis quærat quomodo Filius a Patre nascendo procedit, Spiritus vero sanctus procedendo non nascitur; aut cur non uterque sint filii, cum uterque a Patre procedant; aut cur non et Spiritus sanctus dicatur ingenitus, sicut Pater; aut quomodo ab utroque procedat, aut cur Filius dicat : *Sicut habet Pater vitam in semetipso, sic dedit Filio vitam habere in semetipso (Joan.* v), quasi antea sine vita idem Filius exstiterit, et hanc Patre dante susceperit; aut quomodo Pater nunquam sine Filio, et tamen Pater genuit Filium; aut quomodo Filius nunquam sine Spiritu, et tamen ait: *Nisi ego abiero, Paraclitus non veniet ad vos (Joan.* xvi); aut quomodo Filius non de se, sed de Patre est, nec tamen ei est posterior de quo est; aut quomodo Spiritus sanctus de Patre procedit et Filio, nec tamen ab eis præcedatur a quibus procedit: sciat hæc et his similia humanæ fragilitatis sensibus inscrutabilia et incomprehensibilia esse. Quis enim ista consideret? quis ista comprehendat? Si enim humanæ nativitatis Christi secreta non capimus, divinæ naturæ mysteria quomodo capiemus? Verum quia in illa coæterna et æquali et incorporali et ineffabiliter immutabili atque inseparabili Trinitate difficillimum est generationem a processione distinguere, sufficiat hoc credere, hoc firmiter tenere, hoc toto corde fateri Patrem ingenitum, Filium genitum, Spiritum vero sanctum nec creatum nec genitum, sed ex Patre et Filio procedentem: ita duntaxat ut in confessione fidei omnes opinationes, omnes verborum novitates caveantur: et his verbis hisque sententiis fidelium confessio roboretur quæ sanctæ et universales synodi in symbolo taxaverunt.

CAPUT IV.

Utrum Theodorus episcopus Hierosolymorum recte sentiat, qvi cum Patrem sine principio penitus et sempiternum se credere dixerit, Filium nescio sub qua ambage verborum non aliud principium quam Patrem agnoscentem et ex ipso subsistentiam habentem professus sit.

Et superiore quidem capitulo exsecuti sumus, in sanctæ fidei confessione dilucidam et perspicuam definitionem fieri debere, et nunc necessario idipsum exsequimur. Quoniam nisi recto tramite, omnibus ambagibus hinc inde postpositis, ad demonstrandam rei veritatem sermo gradiatur, et de ejus a quo profertur fidei integritate ab audientibus dubitatur, et hæreticæ pravitati et si non voto, sono tamen appropinquare videtur. Unde cavendum est ne in professione fidei Theodori episcopi, qui dum Patrem dicat sine principio, et Filium non aliud principium quam Patrem agnoscentem, et ab ipso subsistentiam habentem, Pater Filium, aut tempore, qui sibi consempiternus est; aut substantia, qui sibi consubstantialis est; aut honore, qui sibi æqualis est, præcedere suspicetur. Quod quidem etsi a præfato viro recte et catholice creditur, ita tamen ambigue positum est, ut legenti de ejus fide possit oriri suspicio, quod plerumque non infirma credulitas, sed sermonis solet efficere difficultas. Quoniam igitur in hac professione non elucet evidenter utrum ejus fides aut probari aut improbari debeat, cum eam probandam potius quam improbandam esse nostra mallet intentio, restat ut quod de hac re a sanctis Patribus percepimus, credimus et tenemus, breviter exsequamur: hoc enim in tali professione expavescendum est, ne dum Pater sine principio dicitur, et Filius non aliud principium quam Patrem agnoscere, antiquior Pater Filio quia genuerit, et Filius posterior Patre quia genitus sit suspicetur, cum videlicet nihil sit in sancta Trinitate anterius posteriusve, ubi nihil ex tempore inchoatur, ut consequenter perficiatur in tempore. Quoniam sicut tres personæ consubstantiales sibi sunt, ita etiam consempiternæ. Et sine tempore generatio Filii de Patre intelligitur, sine tempore etiam processio Spiritus sancti de utroque. Est enim Pater Filio principium non creando, sed gignendo, non tempore procedendo, sed ineffabilis Pater ineffabilem Filium sine quo nunquam fuit, ineffabiliter sibi consempiternum generando. Est et Filius principium non Patri, sed rebus a se conditis; est et Spiritus sanctus principium omnibus quæ ab eo creata sunt, quia nullo modo separari potest ab appellatione Creatoris. Sunt Pater et Filius principium Spiritui sancto non gignendo, quia non est Filius, neque creando, quia non est creatura, sed dando, quia ab utroque procedit. Est item Pater et Filius et Spiritus sanctus unum principium, omnibus quæ a se solo et uno creatore creata sunt. Et cum sit Pater principium, et Filius principium, et Spiritus sanctus principium, non tamen tria principia, sed unum est principium, una divinitas, una substantia, una omnipotentia. Hæc enim quæ breviter perstrinximus, prædicatoris egregii Augustini verbis approbanda sunt. Ait enim: « Dicitur ergo relative Pater, idemque relative dicitur principium, et si quid forte aliud ipse Pater ad Filium dicitur: principium vero ad omnia quæ ab ipso sunt. Item dicitur relative Filius, relative dicitur et verbum, et imago, et in omnibus his vocabulis ad Patrem refertur, nihil autem horum Pater dicitur. Et principium Filius dicitur: cum enim diceretur ei, Tu quis es? respondit, Principium quia est et loquor vobis. Sed nunquid Patris principium? creaturæ se quippe ostendere voluit, cum se dixit esse principium, sicut et Pater principium est creaturæ quod ab ipso sunt omnia. Nam et creator relative dicitur ad creaturam, sicut dominus ad servum. Et ideo cum dicimus et Patrem principium, et Filium principium, non duo principia creaturæ dicimus, quia Pater et Filius simul ad creaturam unum principium est, sicut unus creator, sicut unus Deus. Si autem quidquid in se manet et gignit aliquid vel operatur, principium est ei rei quam gignit vel ei quam operatur, non possumus negare etiam Spiritum sanctum recte dici principium, quia non eum separamus ab appellatione Creatoris, et scriptum est de illo quod operetur, et utique in se manens operatur. Non enim in aliquid eorum quæ operatur, ipse mutatur et vertitur, et quæ operatur vide. *Unicuique*, ait Apostolus, *datur manifestatio Spiritus ad utilitatem: alii quidem datur per Spiritum sermo sapientiæ, alii sermo scientiæ secundum eumdem Spiritum*, et reliqua. Item idem post pauca: Nam et sigillatim si interrogemur de Spiritu sancto, verissime respondemus quod Deus sit, et cum Patre et Filio simul unus Deus est. Unum ergo principium ad creaturam dicitur Deus, non duo vel tria principia, ad se autem invicem in Trinitate, si gignens ad id quod gignit principium est, Pater ad Filium principium est, quia genuit eum. Utrum autem et ad Spiritum sanctum principium sit Pater, quoniam dictum est, *De Patre procedit*, non parva quæstio est: quia si ita est, non jam principium est ei tantum rei erit quam gignit aut facit, sed etiam ei quam dat, ubi et illud elucescit, ut pote quod solet multos movere, cur non sit Filius etiam Spiritus sanctus, cum et ipse a Patre exeat sicut in Evangelio legitur. Exit enim non quomodo natus, sed quomodo datus; et ideo non dicitur Filius, quia neque natus est sicut unigenitus, neque factus ut per gratiam nasceretur sicut nos. Quod enim de Patre natum est ad Patrem solum refertur, cum dicitur Filius, et [a] ideo Filius Patris est non et noster: quod autem datum est et ad eum qui dedit refertur, et ad eos quibus dedit. Itaque Spiritus sanctus non tantum Patris et Filii qui dederunt, sed etiam noster dicitur qui accepimus; sicut dicitur Domini salus quia dat salutem, eadem etiam nostra salus est qui accipimus. » Item idem post pauca: « Si ergo et quod datur principium habet eum a quo datur, quia non aliunde accepit illud quod ab ipso procedit, fatendum est Patrem et Filium principium esse Spiritus sancti, non duo principia, sed sicut Pater et Filius unus Deus: et ad creaturam relative unus Creator et unus Dominus, sic relative ad Spiritum sanctum unum principium, ad creaturam vero Pater et Filius et Spiritus sanctus unum principium, sicut unus Creator et unus Dominus. »

CAPUT V.

Quod Tarasius non recte Spiritum sanctum contribulum Patri et Filio dixerit, cum sufficeret dicere coæternum, consubstantialem, ejusdemque essentiæ et naturæ.

Dixisse quoque in suæ fidei professione Spiritum sanctum *Patri et Filio contribulum* Tarasius perhibetur: [b] quod absurdissimum et dictum et a catholicæ fidei confessione penitus convellendum, non solum ab eorum sensibus qui litterariæ solertiæ disciplinam non nesciunt, sed etiam ab eorum qui communibus tantum utuntur litteris prorsus respuitur, et modis omnibus abdicatur. Est enim in promptu animadvertere, quod sicut *consanguinei* dicuntur qui sunt unius sanguinis, et *consortes* qui sunt unius sortis, et *coætanei* qui sunt unius ætatis, qui etiam *coævi* dicuntur, et *conformes* qui sunt unius formæ, ita *contribuli* dicuntur qui de una tribu sunt. Quoniam loquelaris ista præpositio hanc vim obtinet ut ubicunque in compositione verborum ponitur, diversa quæque cohærere demonstret: sicut et in hac compositione duos aut plures homines cum *contribulos* vocamus, evidenter eos de una tribu esse ostendimus. Est enim *tribus* multitudo hominum quæ aut ab una stirpe genus ducit, sicut ab Jacob duodecim tribus processisse noscuntur; aut uno ministerio fungitur, sicut in exordio Romanæ urbis in tres ordines ab ejusdem urbis conditore Romanus populus dispertitus est, in senatoribus videlicet, militibus sive plebibus. Unde hactenus hujus nominis etymologia servatur, et qui eis præsunt *tribuni* vocantur; in Deo autem qui est summum bonum,

A unus apex, rerum singulare cacumen, unus in substantia, trinus in personis, nequaquam contribuli nomen inveniri potest, quia non alibi contribulus inveniri potest, nisi ubi invenitur et tribus. Spiritus autem sanctus non Patri et Filio contribulus sed consubstantialis est. Qui si contribulus est, tribus tantummodo aut affinitatis societate, quod profanum est dicere, jungitur; si, quod credere non solum absurdum, sed etiam impium est, tribus tantummodo aut affinitatis societate conjungitur, non est consubstantialis: est autem Patri et Filio consubstantialis, non igitur eis contribulus credendus est aut dicendus. In tanti enim mysterii confessione spretis dictionum novitatibus. suffecerat dicere Spiritum sanctum Patri et Filio coessentialem, coæternum, coæqualem, unius B potestatis et gloriæ, ita ut in tribus personis unitas substantiæ, potestatis et gloriæ summi Dei credatur et a catholicis confiteatur, qui est super omnia Deus benedictus in sæcula. Legat igitur quisquis hoc nomen in sancta Trinitate recte nominandum putat, et assertionibus fulcire affectat, lib. XIII beati Hilarii, et XV sanctissimi Augustini de eadem sancta et ineffabili Trinitate, subtilissime disputantes et viriliter intonantes, in quibus cum hoc nomen sanctæ Trinitati aptatum minime repererit, id ei minime aptare præsumat, quoniam si ullatenus sanctæ fidei confessioni conveniret, tot disputationum silvas effugere nequiret, nec esset tam eloquentibus tamque Latinitatis peritia eruditis viris in disputando alienum, si errori esset extraneum. Legat etiam cæte-C rorum catholicorum Patrum de fide opuscula, et cum hujusce nominis mentionem in tam sublimi tamque præclaro negotio non repererit, hanc supervacue alibi se invenisse cognoscat. Quoniam sicubi extra horum disputationes in sanctæ fidei confessione invenitur, aut ineloquentiæ, quæ imperitiæ de fonte procedit, aut alterius linguæ proprietati deputandum est, quæ plerumque dum ad aliam linguam transit, vim suam amittit.

CAPUT VI.

De eo quod Basilius Anchiræ episcopus in suæ fidei lectione post confessionem Patris et Filii et Spiritus sancti imaginum et lipsanorum osculationem et adorationem inseruerit, fidem se habere dicens participare ipsis sanctificatione: remissionem vero peccatorum, sive carnis resurrectionem, seu vitam futuram omnino tacuerit.

D Remissio peccatorum quæ a Basilio Anchiræ episcopo in suæ fidei confessione est prætermissa, inter summa ecclesiasticæ dignitatis est charismata numeranda. Hanc Propheta insigni laude præfert, cum eos beatos dicit quibus fit: *Beati*, inquiens, *quorum remissæ sunt iniquitates et quorum tecta sunt peccata* (Psal. XXXII). Hanc vox Verbi, vox Sapientiæ, amicus Sponsi inter prima evangelicæ tubæ tonitrua intonavit, sicut scriptum est: *Et venit in omnem re-*

---

[a] *Et ideo Spiritus Patris et noster.* Recte ex Lindenbruchii emendatione restituimus particulam negativam, quæ perierat, *non et noster.* Filius dicitur, solius Patris Filius, non etiam noster filius, sed vero frater. Spiritus sanctus autem non tantum Patris, et Filii Spiritus sanctus dicitur, a quibus datur, sed etiam noster Spiritus sanctus dicitur, quibus datur.

[b] *Quod absurdissimum et dictum et a catholicæ fidei confessione penitus non vellendum.* Emendavi, *convellendum,* id est, abjiciendum, segregandum, eliminandum. Infra cap. 17: « Ideo Christi plebem ab Ecclesiæ matris uberibus convellere. »

gionem circa Jordanem prædicans baptismum pœnitentiæ in remissionem peccatorum (Luc. III). Hanc mediator Dei et hominum, Agnus Dei qui tollit peccata mundi, pietate qua mundum redimere venerat dedicavit, cum et quibusdam ante passionem peccata remisit, et ut totius mundi peccata dilueret, se Deo Patri in sacrificium obtulit : et ut hanc perpetim Ecclesia consequi valeret, Spiritus ei ineffabile donum et sui characteris insuperabile signum, et sacrosancti baptismatis salutiferum sacramentum concessit. Hanc apostoli in collatione fidei, quam ab invicem discessuri quasi quamdam credulitatis et prædicationis normam statuerunt, post confessionem Patris, et Filii, et Spiritus sancti, posuisse perhibentur : et in tanti verbi brevitate de quo per prophetam dictum est : *Verbum abbreviatum faciet Dominus super terram* (Isa. x; Rom. IX), hanc ponere minime distulerunt, quia sine hac fidei sinceritatem integram esse minime perspexerunt. Nec cohibuit eos ab ejus professione illius symboli brevitas quam exposcebat sacræ fidei integritas, tantique doni veneranda sublimitas. Fit enim per Spiritum sanctum per quem remittuntur peccata, sive sanguinem Christi qui a nobis in sacramento sumitur, et pro nobis effusus est in remissionem peccatorum. Fit et per aquam baptismatis, in qua originalis noxæ antiquum et obsoletum vulnus diluitur. Unde et apostolus (I Joan. v) tres dicit testimonium perhibere, spiritum, sanguinem, et aquam, et tres unum esse : quia et per Spiritum sanctum et per sanguinem Christi et per aquam baptismatis ad unum compitum, id est, ad remissionem peccatorum pervenitur. Hanc quidam doctorum cum quid sit *canticum novum* luculenter dissereret, inter cæteras novitates quas in Christi incarnatione dixit esse completas, enumeravit dicens : « Novum est Filium Dei hominem fieri, novum est eumdem ab hominibus morti tradi, novum est die tertia surgere, novum est cum corpore ad cœlum ascendere, novum est remissionem peccatorum hominibus dari. » Novum itaque dixit remissionem peccatorum hominibus dari, quæ sicut in Novo Testamento datur, in Veteri non dabatur. Pagina enim Instrumenti Veteris peccata non diluit, sed ostendit. Carnis quoque resurrectio quam credere et fateri Christianorum, non credere vero Sadducæorum est, quam præfatus episcopus in suæ fidei professione reticuit, et Veteris Instrumenti lectione monstratur, cum et per Job virum evangelicum potius quam legalem dicitur : *Scio quod Redemptor meus vivit, et in novissimo de terra surrecturus sim, et rursus circumdabor pelle mea et in carne mea videbo Deum : quem visurus sum ego ipse, et oculi mei conspecturi sunt et non alius* (Job. XIX); et per Danielem virum sanctissimum et arcanorum Dei scrutatorem monstratur dicentem : *Multi de his qui dormiunt in terræ pulvere resurgunt, alii in vitam æternam, alii in opprobrium ut videant semper* (Dan. XII); et ipsa Veritate ad terras pro salute generis humani descendente, omnino commendatur qui eam et prædicationis suæ sacrosanctis oraculis edocuit, et suæ resurrectionis salutari exemplo monstravit. Si vero aliquis dicat, Job in hac sententia suam solummodo resurrectionem, non generalem omnium hominum dixisse, audiat eum in alio loco generalem omnium resurrectionem affirmantem et dicentem : *Lignum habet spem, si præcisum fuerit rursum virescit, et rami ejus pullulant : si senuerit in terra radix ejus, et in pulvere mortuus fuerit truncus ejus, ad odorem aquæ germinabit et faciet comam quasi cum primum plantatum est : homo vero cum mortuus fuerit et nudatus atque consumptus, ubi quæso est? quomodo si recedant aquæ de mari, et fluvius vacuefactus arescat, sic homo cum dormierit non resurget, donec atteratur cœlum, nec evigilabit, nec consurget de somno suo* (Job. XIV). Quod totum ita intelligendum est, ª *Nunquid lignum habet spem, revivescendi et homo non habet resurgendi?* nunquid quomodo si recedant aquæ de mari et fluvius vacuefactus arescat, sic homo cum dormierit non resurget? nunquid donec atteratur cœlum non evigilabit, nec consurget de somno suo? quibus verbis non suam solummodo, sed totius humani generis resurrectionem generalem demonstrat. Sequitur. Hanc etiam apostoli cum diversas quidem nationes non diversa fide, diversis linguis imbuti, non diversas constitutiones tradituri peterent, omnibus gentibus inter cætera mysteriorum spiritalium arcana tradiderunt : et ne oblivione dilueretur aut hæretica pravitate cassata per temporum incrementa frustraretur, in symbolo posuerunt, et in tam authentico fidei indicio, in quo totius fidei integritas admirabili brevitate complectitur, locaverunt. Hanc unus illorum qui fera gentium corda sacri styli doctrina perdomuit, inter cætera quæ de ea profatus est, in momento, in ictu oculi fore prædixit (I Cor. XV). Vita quoque futuri sæculi, quam idem Basilius negligenter reticuisse dignoscitur, et ab ipso nobis Domino pollicetur, et pene in omnibus sanctarum Scripturarum oraculis prædicatur, quippe cum sine ea carnis resurrectio nil valeat, et ob eam adipiscendam totius nostræ religionis desudet intentio. Unde datur intelligi non eum mediocriter delirasse, cum in suæ fidei confessione res tantis mysteriis plenas, et revera mysteriis plenas, sine quibus Christiana credulitas stare non potest, silentio præterierit et in earum loco res non necessarias et risu dignas protulerit. Non igitur ei ideo tantummodo succensetur quia eas profiteri distulit, si tamen eas corde credit, cum plerumque quædam aut brevitatis studio, aut quadam occasione in dicendo prætermittuntur quæ in credendo firmiter tenentur; sed quia in earum loco id intulit quod a nullo sanctorum Patrum

---

ª *Nunquid lignum habet spem revivescendi, et homo non habet resurgendi?* Restituimus, *revivescendi*, ut comparatio sibi constet. Consolationis plena meditatio et fidentes in spe certissima confirmans, qua Patres solent tempus vernum, cum arbores incipiunt revirescere, resurrectioni carnis nostræ comparare.

in fidei promissione illatum fuisse perlegit : quia et miles qui quondam pugnavit, aut quandoque pugnaturus est, non ideo arguitur si ad tempus non pugnet, sed si fuga lapsus et suam nobilitatem ignobilitet, et sociorum vires inutili exemplo enervet. Dixit enim præfatus episcopus, postquam imaginum adorationem et osculationem inter prima suæ fidei munimenta fassus est : « fidem se habere participare illis sanctificatione. » Nec immerito rebus insensatis, et non solum sanctificatione sed etiam vita carentibus, participare dignus, qui post confessionem sanctæ et unicæ Trinitatis in talibus næniis fidem se habere dixit, et ea quæ inter prima Christianæ religionis charismata enumeranda sunt, remissionem videlicet peccatorum, carnis resurrectionem et vitam futuri sæculi desidiose prætermisit. Esto denique, utile quiddam est imagines adorare, quid adimitur Christianæ religioni si inter primas fidei professiones illius quoque rei professio non detur, cum pleraque sint quæ inter cæteras ecclesiasticæ institutiones traditiones fidelibus tradita sunt, quorum etsi in fidei confessione professio tacetur, nihil tamen ideo sanctæ religioni adimitur? Aut in quo præjudicat, si earum adoratio taceatur, fidei integritati, cum a sanctis Patribus inhibita potius quam instituta credatur. Non enim eo modo præjudicat prætermissio imaginum adorationis sacræ fidei puritati, quæ interdicta potius quam instituta est, sicut præjudicant remissio peccatorum, carnis resurrectio et vita futuri sæculi si in confessione prætermittantur, quæ utique et in omnium Scripturarum sanctarum serie prædicantur, et, ut præfati sumus, ab apostolis in symbolo laudabili brevitate connexæ tenentur.

CAPUT VII.

De eo quod Theodosius Amori episcopus desidiose fidem sanctæ et unicæ Trinitatis tacuerit, de imaginibus vero incaute et extraordinarie dixerit : Confiteor et promitto, et suscipio, et osculor, et adoro imagines; *et post pauca :* Qui non instruunt diligenter omnem Christo dilectum populum adorare et venerari sacras et honorandas imagines omnium sanctorum qui a sæculo Deo placuerunt, anathema.

Basilium Anchiræ episcopum in superiore capitulo arguendum recte ostendimus, eo quod suæ fidei jacto fundamine in ædificio tam excellentis mysterii res valde necessarias superædificare neglexerit, et vice earum res ab omni penitus religionis fabrica abnuendas superædificare nisus sit : in præsenti vero Theodosium Amori episcopum rectius competentiusque arguendum decernimus, qui, nullo suæ fidei in præfata synodo posito fundamento, res tantum inanes et ratione seclusas inaniter et irrationabiliter ædificare cœpit. In illius enim ædificio si id quod inaniter surrexit dejicíatur, saltem id quod bene fundatum est remanebit; in istius vero si omne quod inane et frivolum est destituatur, nil quod remaneat erit : si ergo illi recte succensetur qui sanctæ et unicæ Trinitatis confessioni imaginum adorationem inseruit, multo rectius huic succensebitur qui illius summi et ineffabilis mysterii confessione postposita, de illarum adoratione frivola nescio quæ tantummodo somniavit. Ita enim exorsus est : « Confiteor et promitto, et suscipio, et osculor, et adoro imagines. » O mira confessio episcopi ! O pulchra dictio sacerdotis ! O laudanda devotio præsulis ! Tacet confessionem excellentissimæ majestatis, et insonat confessionem insolentissimæ vanitatis. Ab ejus confessione pedem retrahit qui dixit, *Omnis qui me confessus fuerit coram hominibus, confitebor et ego eum coram Patre meo qui est in cœlis* (Matth. x; *Luc.* xii) et in imaginum confessionem totis se gressibus infert. Tacet quod et ille fateri et cæteros ut faterentur debuit hortari, et fassus est quod nec ille fateri et ne cæteri faterentur debuit reluctari; et qui opponere murum pro domo Israel debuit et stare in prælio in die Domini, ipse ad deditionis dedecus, proh dolor ! sponte dilabitur ; quia videlicet qui debuit a prava confessione et a ridiculoso errore aliorum mentes coercere prædicationis studio, ipse primum illis errandi via efficitur pravæ confessionis exemplo. Quod vero anathematizat omnes qui non instruunt omnem Christo dilectum populum adorare et venerari imagines omnium sanctorum qui a sæculo Deo placuerunt, quam absurde quamque incaute agat, prudens lector advertat, præsertim qui anathema quod aliis temeraria præsumptione inferre contendit, in se suosque irreverenter intorquet, et telum quo sui erroris extraneam nititur perfodere partem, in suam civiumque deflectit necem. Nec liberat imaginum adoratio ab anathematis colligatione suos, quæ necetere tantummodo nitebatur exteros. Anathematizat enim qui non instruunt omnem Christo dilectum populum adorare imagines. Nunquidnam, ut cæteros taceam, in sibi commissa plebe omnes instruunt omnem Christo dilectum populum imagines adorare, qui nec instruendi habent officium, nec prædicationis gradum? nunquid et ipse omnem Christo dilectum populum instruit? Cum videlicet pene totus mundus Christi populo plenus sit : quoniam desiit tantummodo in Judæa notus esse Deus, sed in omnem terram exivit sonus apostolorum, et repleta est omnis terra gloria Domini, et omnes gentes veniunt et adorant in conspectu Domini, juxta Malachiæ vaticinium in verbo Domini dicentis, *Ab ortu solis usque ad occasum magnum est nomen meum in gentibus, et in omni loco sacrificatur et offertur mihi hostia munda* (*Malach.* ii), et, pastor Ecclesiæ, cui in figura disci diversorum animantium generibus pleni totus orbis diversis gentibus plenus ad Dei gratiam vocandus ostenditur, dicit : *In veritate comperi quoniam non est personarum acceptor Deus, sed in omni gente qui timet eum et operatur justitiam, acceptus est illi* (*Act.* x). Nam si secundum ejus deliramentum quicunque non instruunt omnem Christo dilectum populum, anathemate digni sunt, neque ipse idem, neque coepiscopi qui in eadem synodo fuisse perhibentur, neque illis subditæ plebes anathematis vinculo carere quibunt, quia etsi instruunt duarum aut trium vel certe plurimarum provinciarum gentes, non tamen omnem Christo dilectum populum instruunt, cum per tam prolixas tamque vastas mundi partes sit catholica Ecclesia, quæ utique Christi dilectus populus est, diffusa, et iam per inaccessas et ignotas nationes sit, Domino largiente, dilatata. Aut ergo omnem Christi Ecclesiam ab oriente usque ad occidentem, a septentrione usque ad meridiem, se suosque imaginum adoratione instruere perdocebit, aut secundum suæ vanitatis sententiam cum sociis sive subditis anathemati subjacebit : quoniam etsi omnem populum instruere possent, non igitur omnium sanctorum qui a sæculo Deo placuerunt imagines in quarum adorationem universitatem populi instruerent, habere poterant, quorum multitudo tanta est, ut de his per Prophetam ex persona Filii ad Patrem dicatur : *Nimis honorati sunt amici tui, Deus, nimis confortatus est principatus eorum : dinumerabo eos, et super arenam multiplicabuntur* (Psal. cxxxix). Quod etsi hyperbolice dictum sit, tanta eorum qui ab initio Deo placuerunt sunt agmina, ut nec pingi nec dinumerari possint ab alio, nisi ab eo in cujus libro eorum scripta habentur nomina. Nam si a se prolati idem episcopus anathematis jacturam vitare cupit, necesse est ut omnium sanctorum qui per diversas mundi partes ab initio Deo placuerunt, imagines et habeat et adoret; et si eas præ multitudine sui habere nequiverit, imo quia nequibit, a se ergo prolato anathemati colla submittat.

CAPUT VIII.

Quod pene de omnium fide ambigitur, cum Spiritum sanctum quidam a Patre tantum, quidam vero neque a Patre neque a Filio procedentem confessi sint.

Ex Patre et Filio Spiritum sanctum procedere, quantum attinet ad brevitatem hujus styli cui studemus, Domino annuente, in superioribus monstratum est. Nam cum pene omnes in præfata synodo hoc aut penitus tacuerint, aut ambigue protulerint, nos quasi homines humana imbecillitate cogitationum, et eorum quæ nec audimus nec legimus ignari, nec eorum fidei testimonium perhibemus qui hoc silentio prætierunt, nec eorum qui ambigue protulerunt, nec ideo eorum credulitatem abnuimus, quia hoc tacuerunt vel ambigue protulerunt. Quoniam qualiter teneant nescimus, sed hanc rem et indiscussam præferire, ne eis tacendo assensum præbere videamur, et quia non patenter elucet quid velit, improbare timentes, illius examini reservamus quem occulta non fallunt. Scimus denique eos haud procul ab errore esse, qui si ab eo ideo elongantur, quia bene de hac re sentiunt, ideo tamen ei appropinquant, quia quod recte sentiunt recte fateri neglexerunt, quod autem recte corde creditur ad justitiam, recte ore debet profiteri ad salutem.

CAPUT IX.

De eo quod si forte aliquis error in præfatorum episcoporum sententiis de fide prolatis indiscussus remanserit, propter difficultatem et enormitatem sermonis illorum remanebit, qui plerumque tanta ignavia obsitus est, ut quid significare velit quive sensus in eo intelligendus sit, minime pateat.

Cum multa elocutionum sint genera, quæ a grammaticis sive a rhetoribus copiose ac varie traduntur, omnium tamen sermonum sive dictionum series quadripertita ratione dividitur. Omnis autem sermo aut sapiens est et disertus, aut sapiens et non disertus, aut disertus et non sapiens, aut nec sapiens nec disertus. Sapiens ergo est et disertus, sicut plurimi divinarum Scripturarum libri, et ut cæteros taceam, ut est liber Isaiæ prophetæ, cujus sermo et sapiens est, utpote quem Spiritus sanctus dictaverit, et disertus, quia ab illustri et urbano viro prolatus est. Sapiens autem et non disertus, ut quidam in ipsis etiam divinis Scripturis habentur. Sapiens videlicet in sententiarum celsitudinibus divini flaminis nectare promulgatis, indisertus vero aut simplicitate sanctorum virorum, a quibus prolatus est, qui sensuum potius quam verborum venustatibus uti maluerunt, aut indigenarum loquendi usu, inter quos sancti viri divini verbi latores nati aut conversati fuisse noscuntur, sicut de beato Jeremia Hieronymus dicit, quod simplicitas sermonis de loco ei Anatoth in quo natus est accesserit. Disertus ergo et non sapiens, sicut gentilium scriptorum est, qui etsi venustus est humanarum artium eruditione, insipiens tamen est, quia et veri Dei notitia et salutifera caret exhortatione. Est et quorumdam hæreticorum sermo disertus, nec tamen sapiens, qui etsi humanorum ingeniorum industria est expolitus, sapientiæ veritate et virtutum documentis est omnino nudatus. De disertis vero nec tamen sapientibus per Isaiam prophetam dicitur : *Populum enim imprudentem non videbis, populum alti sermonis, ita ut non possis intelligere disertitudinem linguæ ejus in qua nulla est sapientia* (Isa. xxxiii). Nec disertus ergo nec sapiens est, sicut plurimorum qui temere ad quælibet docenda accedunt antequam sacratissimorum sensuum dapibus reficiantur et eloquentiæ ornamentis imbuantur, vel etiam ut istius synodi scriptura est, cujus errores discutere nitimur, in cujus sententiis nec sensuum reperitur ornatus, nec ex eloquentiæ flumine quidam deducitur rivulus. Et cum omnis scriptura aut culta sit et aperta, aut culta et non aperta, aut inculta et aperta, aut nec culta nec aperta, et hæc duabus primis istis speciebus est aliena, et duabus sequentibus omnino conserta, quia nec sermonum cultu aut eloquentiæ cothurno attollitur, nec puritate apertæ locutionis texitur, quod in altero ob sui puritatem ad intelligendum promoveat. Nec culta est et non aperta, quia non longis periodis involvitur, non variis topicorum perplexitatibus exornatur, nec lubricis syllogismorum conclusionibus ex industria dialecticæ artis venientibus catenatur : quæ omnia et culta sunt, utpote quæ sophistico poliuntur cylindro; et non aperta, quia a simplicium lectorum sensu procul remota eruditissimorum tantummodo se inferunt ingenio. Sed aut aperta est, quæ eruditione carens omnibus legentibus sive audientibus patet; aut inordinate et incompte digesta, et solœcismis mutilata, barbarismis corrupta, cæteris vitiorum nubilis obducta, et luculenta oratione carens, et ordine texendorum sensuum exploso, nec culta est nec aperta.

Ideoque si forte aliquis error in sententiis de fidei prolatis indiscussus remanserit, his a nobis se tuebitur armis, quia se talibus incompositarum dictionum abdidit involucris; et a nobis ideo deprehendi nequivit, quia ad nos difficultate sermonis quasi quodam pallio obsitus advenit.

CAPUT X.

Ridiculose et pueriliter dictum in sententia fidei Theodori episcopi : Mirabilis Deus in sanctis suis ; et *continuo*, sanctis qui in terra sunt ejus mirificavit omnes voluntates meas inter illos, *tanquam hic versiculus illum priorem subsequatur.*

Id vero quod Theodorus episcopus hos duos Psalmistæ versiculos ita interjecta particula adverbii *continuo*, in unum protulit, quasi alter alterum nulla intercapedine aliorum versuum interposita subsequatur, cum videlicet hic versiculus quem illum *continuo* subsequi dicit, non solum confestim non subsequatur, sed etiam ferme ante quinquaginta psalmos, cui postponitur præcedere noscatur, non ideo nobis reprehendere libuit quod fidei quoddam præjudicium afferat, sed quia ridiculo sui reprehensioni subjaceat et reprehendentibus deridendi materiam conferat, pateatque talem scripturam non esse idoneam, ut magna absque errore instruat, quæ in parvis absque vigore titubat, nec habere eam vim res dubias affirmandi et incognitas docendi, quæ non habet ingenium res non dubias narrandi et notas proferendi. Quomodo ergo illius synodi poterit recipi doctrina, cujus in tot locis reprehenditur scriptura ? aut quomodo cum cæteris synodalibus a sanctis patribus digestis vel susceptis scriptis societatis poterit adipisci dignitatem, quæ earum sensuum et verborum fugit societatem ? Illæ enim in nullo reprehenduntur, et ideo in omnibus suscipiuntur : hæc vero quia in multis reprehenditur, non immerito pene in omnibus repudiatur.

CAPUT XI.

Quod inutiliter et incaute Græci Ecclesiam catholicam anathematizare conati sint in eorum synodo, eo quod imagines non adoret, cum utique prius debuerint omnino scrutari quid uniuscujusque partis Ecclesia de hac causa sentire vellet.

Ecclesiasticæ tubæ prædicatio intonat, peccantem fratrem primo clam corripiendum; qui si audire noluerit, seorsum adhibitis fratribus vel corrigendi studio, vel conveniendi testimonio admonendus est ; qui si et illos audire contempserit, tunc multis res notescenda est, ut detestationi eum habeant, et qui nequivit salvari pudore, saltim opprobriis salvetur ; qui si neque multorum admonitioni assensum præbuerit, ethnicorum sive publicanorum more detestandus est. Cui prædicationi non mediocriter illorum Ecclesia contraire videtur quæ totius mundi Ecclesias priusquam more ecclesiastico per epistolare eloquium consulendo sive scrutando alloquatur, præsumptive, sive incaute, anathematizare conatur. Debuerat enim ad circumjacentium provinciarum Ecclesias legationem sciscitativam facere, utrum imagines adorari aut non adorari deberent, ut, juxta cujusdam sapientis vocem, per consilium et sequenda sequens et vitanda vitans, non eam postmodum pœnitere constaret, sed quidquid de hac re plures secundum apostolicam institutionem tenere vellent Ecclesiæ, ipsa quoque teneret ; et quæ pluribus consentientibus antiquis institutionibus obniti tentaret et obstinata mente ab universitate ecclesiastici corporis se dirimere vellet, hanc detestationi multaret. Nam quis furor est, quæve dementia ut unius partis Ecclesia rem quæ neque ab apostolis, neque ab eorum successoribus statuta est, nitens statuere, totius mundi Ecclesias conetur anathematizare, et compellantur aut apostolicis institutis contraire, aut ab illis prolato vanissimo anathemati subjacere ? Sed cum illorum dementissimum anathema illis potius quam nobis jacturam impertiat, dicente Apostolo, *Neque maledici regnum Dei possidebunt* (I *Cor.* vi), etiam si quodammodo lædere posset, tolerabilius nobis esset illud perpeti quam apostolorum sive cæterorum sanctorum Patrum monitis obniti, quippe qui cum Susanna dicimus, *Melius est incidere in manus hominum, quam derelinquere legem Dei nostri* (*Dan.* xiii), et pastoris Ecclesiæ verbis perdocemur *obedire oportere Deo magis quam hominibus* (*Act.* v). Sicut enim cuilibet civium sive principis societate fruenti a seditiosis quibusdam qui contra principem et cives agunt, tolerabilius est ab illis illata convicia sustinere, quam cum eis in seditionem conspirare, ita nimirum tolerabilius nobis est, ab illis exsecrari qui etiam suos parentes exsecrari non formidant, quam cum illis res insensatas contra divinarum Scripturarum instituta adorare. Exsecratio namque sine ratione, et ira sine potestate, et damnatio sine auctoritate, quantum eos contra quos inhiant minime lædunt, tanto auctores suos majoribus tædiis afficiunt, et magis desides et impatientes esse produnt. Nisi ergo eos vetusta pernicies et antiqua lues, dux mortis, radix malorum, quæ et angelos ab æthereorum civium societate, et homines a florigeræ sedis dignitate expulit, stimulis suæ nequitiæ inflammaret, nec synodum ob adorandas imagines sine cohibentia plurimarum catholicarum et Deo fidelium Ecclesiarum, aggregatam universalem nominare curarent, nec tot tantasque Ecclesias quæ utique corpus Christi sunt, tam insolenter anathematizare auderent, nec rerum insensatarum culturam et adorationem contra divinarum apicum institutionem statuere tentarent. *Nemo enim,* ait Apostolus, *in spiritu Dei loquens dicit anathema Jesu* (I *Cor.* xii). Unde cavendum est, ne dum Ecclesiam quæ est corpus Christi inconsulte et incaute anathematizare nituntur, illi qui ejus caput est injuriam inferre videantur. Tanta itaque dilectione sibi Christus Ecclesiam ascivit, ut inseparabiliter ei, utpote caput corpori, præmineat, et illa ei perpetim, utpote corpus capiti cohæreat, ut nequaquam corpori aut injuria aut honorificentia exhibeatur quod non ad caput referatur. Ecclesiæ etenim persecutionem a Judæis illatam suam Christus referebat, cum rapaci lupo Saulo, necdum Paulo, mane prædam in vastationem Ecclesiæ comedenti, vespere spolia in saluberrima praedicatione sive epistolarum missione divisuro, dicebat: *Saule, Saule, quid me persequeris (Act.* ix)? Non quod ille Christum persequeretur in aetheriis arcibus regnantem, sed Ecclesiam jam tunc pullulantem et in hujus saeculi horrisonis fluctibus natitantem. Christus ergo in corpore suo, quod est Ecclesia, etiam nunc persecutionem sustinet, non quidem corporaliter, ut dudum pro mundi salute, sed quadam pietatis miseratione, qua suorum membrorum, id est, fidelium in unitate sanctae Ecclesiae commanentium semper misereretur, de quibus erat ille qui dicebat: *Gaudeo in passionibus meis, quia expleo ea quae desunt passionum Christi in carne mea propter corpus ejus quod est Ecclesia (Coloss.* 1). Hanc passionem, quam Christus in sanctis suis sustinet, David praefigurabat cum dicebat: *Adhuc ludam et vilior apparebo (II Reg.* vi), quia dum se humilians usque ad mortem ad crucis perveniret mysterium, et a synagoga, quae sterilis ex tunc remansit, despiceretur, in sudore sanguineo membrorum suorum passiones ostendebat esse futuras, ac contra Ecclesiae exhibitam honorificentiam suam esse testatur cum dicit: *Qui vos recipit, me recipit (Matth.* x). Et, *Quandiu fecistis uni de minimis istis, mihi fecistis (Matth.* xxv). Si ergo illi de quibus sermo est, custodem virtutum, magistram bonorum, humilitatem amplecterentur, nec corpus Christi, quod est Ecclesia, impudentissime anathematizare tentarent, nec ob suae imo vanae laudis appetitum pro re tam inutili tamque inofficiosa synodum aggregarent.

CAPUT XII.
Quod magna ex parte mansuetudinem et patientiam abjecerint in non continendo os suum et inordinate loquendo.

Aggregata igitur synodo si in ea ecclesiastico more egissent, res necessarias et fidelibus profuturas pertractantes, omnes vocum novitates et inordinatas locutionum naenias evitarent, et mediocritatis callem tenentes neque ab apostolicis doctrinis, neque ab antiquarum synodorum institutionibus dissentirent, sed patientiae et mansuetudinis ornamentis ornati, nequaquam dicentes bonum malum et malum bonum, ponentes amarum dulce et dulce amarum, prophetico sermoni contrairent ; et ea quae necessario statuenda erant prudenter statuerent, et quae dicenda diligenter dicerent, et spreto supervacuo et extraordinario anathemate, res utiles perdocerent, res vero ambiguas aut certe inutiles silentio multarent, et nostrae partis sive caeterarum mundi partium Ecclesiae eorum statutis parerent. Sed quoniam impossibile est et eorum statutis assensum praebere et antiquis patrum institutionibus parere, cum videlicet inter se diversa sint, et quantum lux tenebris, vita morte, visio caecitate, probitas improbitate, puritas impuritate, sanitas aegritudine, tantum eorum instituta a sanctorum patrum institutis distent, idcirco, deterioribus spretis, potioribus contenti sumus, et contemptis fallacibus diverticulis certum ac regium tramitem tenere desideramus. Ubi, quaeso, praestantissima virtus man-

suetudo? vel tu fortissima, furiis sive cunctis levibus incitamentis inimica patientia? Quo abieratis? quo discesseratis, cum tam incautas tamque perversas constitutiones a tot sacerdotibus patrari videretis, cum Ecclesias tot anathematum vincula inferre cerneretis? Cur non saltim in duobus vel tribus hospitium habuistis? Cur omnes sprevistis? Cur cunctis vestram absentiam praestantastis? Cur non eos a tot nugis vestri moderaminis compescuistis fraenis? Cur non a tot deliramentis vestrae industriae coercuistis habenis? Stimulante namque jactantia sive ventosae laudis appetitu, et ministram suam, oris videlicet incontinentiam, contra nos pugnaturam impellente, quae omnia ut caetera malorum fomenta non incongrue nostrae legiones respuunt, ab eis abscessimus, et apud eos tandem hospitari nequivimus, quos talium errorum tumultibus invasos esse comperimus. Nulla enim est societas luci et tenebris, nec quaedam communicatio Christi et Belial, quoniam, juxta cujusdam sapientis sententiam, spiritus Dei, qui utique nostri exercitus dux est, effugiet fictum, non habitabit in corpore subdito peccatis. Non enim nos, in medio ejus, nec ille in medio nostri habitavit qui facit superbiam. Quoniam, juxta verba Jesu filii Sirach, *odibilis coram Deo et hominibus superbia*, et synagoga superborum non erit sanitas: *frutex enim peccati radicabitur in illis (Eccli.*, xiii). Tanto enim in eorum synodo discipula superbiae, oris scilicet incontinentia, viguit, quanto modestia sive prudentia vigere debuit, et cujus nec extrema quidem manus in tali actu duci debuit, principatum, proh dolor! tenuit; et quae principatum tenere debuit, nec extrema quidem ejus manus illorum coetibus interfuit. Tuo itaque instinctu, o incontinentia oris, quae gressus hominum in terra viventium dirigi prohibes, dicente Propheta, *Vir linguosus non dirigetur super terram (Psal.* cxxxix), et cujus anni sui peccatum non deest, juxta illud, *Ex multiloquio non effugies peccatum, parcens autem labiis sapiens eris (Prov.* x), et per quam anima laeditur, juxta sapientis vocem dicentis, *Qui multis utitur verbis, laedit animam suam (Eccli.* xx), et quae non solum respondere antequam audias, verum etiam sanctam Ecclesiam anathematizare, antequam alloquatur tuos sequaces, compellis, juxta illud, *Qui respondet verbum priusquam audiat, stultitia est illi, et opprobrium (Prov.* xviii), te urgente ita penitus nostrum abnuere consortium, ut nostra societas in eorum mentibus nec leve quidem posset imprimere vestigium. Nos enim sequi decor vitae est, et nos spernere error insaniae, et secundum magistrae nostrae sapientiae vocem, *Exitus nostri exitus vitae sunt (Eccli.* xxiv). Nisi enim legislator nostrorum monitorum sequax fuisset, et nostri moderaminis retinaculis gressus suae mentis connexos habuisset, dicente Scriptura: *Et erat Moyses mansuetus prae omnibus hominibus, qui sunt super terram*, nequaquam tantoties divinis alloquiis frueretur, neque tot mysteriorum arcanis, Domino insinuante, imbueretur, nec de eo ab eodem rerum omnium Domino diceretur: *At non sicut servus meus*

Moyses, ad quem loquor facie ad faciem, sicut loqui solet homo ad amicum suum (*Num.* xii). Patientiæ itaque et mansuetudinis virtus et ab illis prorsus abjecta esse perhibetur, qui pessum et extraordinarie ad catholicam Ecclesiam anathematizandam synodum aggregare nisi sunt, et eam quæ benedictione perpetua benedicta est, maledicere insanis ausibus conati sunt, et a nobis fidei brachio et dilectionis manu et cordis amplexu modis omnibus est adeunda et perpetim retinenda. Ait enim Psalmista : *Dulcis et mansuetus Dominus, propter hoc legem statuit delinquentibus in via: dirigit mites in judicio, docebit mansuetos vias suas* (*Psal.* xxiv). Unde datur intelligi, quod qui mansueti Domini sequax esse desiderat, mansuetudinem non debet spernere, sed ut de viis Domini doceatur, eam ei convenit amplecti. In Proverbiis quoque scribitur : *Mansuetus vir cordis medicus est : tinea autem ossibus cor intelligens* (*Prov.* xvi). Item ibi : *Melior est mansuetus cum humilitate, quam qui dividit prædam cum contumeliosis.* In Ecclesiastico quoque legitur : *Fili, in mansuetudine opera tua perfice, et ab omni homine diligere* (*Eccli.* xiii). Item ubi supra : *Esto mansuetus ad audiendum verbum, ut intelligas, et cum sapientia loquere responsum verum* (*Eccli.* v). Nam et præfectus Jesus filius Sirach ita intonat : *Fili, in mansuetudine serva animam tuam, et da illi honorem secundum dignitatem suam* (*Eccli.* x). Doctor itaque gentium ita ad Ephesios scribit : *Obsecro vos ego vinctus in Domino, ut digne ambuletis vocatione, qua vocati estis, cum omni humilitate et mansuetudine, cum magnanimitate, supportantes invicem in charitate, solliciti servare unitatem spiritus in vinculo pacis* (*Ephes.* iv). Et Jacobus apostolus dicit : *Quis prudens et sciens vestrum, monstret de bono opere conversationem suam in mansuetudine et prudentia* (*Jacob.* iii). Quibus omnibus præceptis illi procul dubio renisi sunt qui propter imaginum adorationem Ecclesiæ ausi sunt anathema inferre, quæ utique tanto est immunis ab eorum maledictione quæ injusta est, quanto a Christo qui eam redemit delinitur unctione lætitiæ, quæ immarcescibilis et perpetua est. De prudentia quoque et patientia et continentia oris scriptum est : *Qui parcit verbum proferre durum, prodest ei : patiens autem vir sapiens est.* Quod enim verbum potest esse durius anathemate ? quod si proferre incaute parcerent, non longe a via discederent. Aut quæ patientia aut prudentia in hoc negotio illis utilior esset, quam ut Ecclesiam per diversas mundi partes constitutam suis apicibus consulerent, et quod omnium assensus decrevisset, prudenter et patienter sancirent? Dicitur enim per quemdam sapientem : *Palpebræ tuæ præcedant gressus tuos* (*Prov.* iv). In quo dicto dum metonymice per palpebras providens ante acta consilium, et per gressus ipsas actiones significet, nobis perspicaciter innuit, ut semper nostrarum actionum exercitia provida et prudentia præveniant consilia, ut antea mentis oculus prævideat in quibus se postmodum actus extendat. A multiloquio igitur quo illi in sua synodo usi sunt, his verbis Psalmista se coercitum esse decantat : *Dixi, Custodiam vias meas ut non delinquam in lingua mea, posui ori meo custodiam* (*Psal.* xxxix); et ut coerceri rite valeat, his precibus Dominum implorare contendit : *Pone, Domine, custodiam ori meo, et ostium circumstantiæ labiis meis, ut non declines cor meum in verba malitiæ* (*Psal.* cxli). Si ergo omnia quæ per patientiam et mansuetudinem a sanctis patribus sive in Veteri, sive in Novo Testamento gesta sunt innumeremus, et e contrario quæ per superbiam sive oris incontinentiam a perditis quibusque perpetrata sunt, edicere curemus, et quibus testimoniis hoc vitium perhibeatur, non dicam unius capituli, sed nec quidem unius libri textus cuncta poterit continere. Nunc autem monstratis ex parte quæ egerint, quæve agere debuerint, et illorum nugis ex parte discussis, ad alia quæ huic operi necessaria sunt, Domino accedamus.

CAPUT XIII.

Quia mulier in synodo docere non debet, sicut Hæreña in eorum synodo fecisse legitur.

Cum pene in omnibus illa synodus quæ pro adorandis imaginibus aggregata est, divinarum Scripturarum saluberrimis institutis refragetur, in hac quoque parte oppido refragari illis videtur, quod mulierem institutricem sive doctricem habuisse perhibetur : quod quidem non solum divinæ legis documentis, sed ipsius naturæ lege inhibetur. Non enim eam sexus fragilitas sive animi mobilitas doctrinæ sive prælationis super viros apicem tenere permittit, sed tanquam infirmius vas et ad decipiendum facilius subditam et virili auctoritate repressam esse compellit. Unde et divinis legibus sancitum est, quædam feminarum vota virili deliberatione cassari posse, et humanis constitutum est, feminas innuptas, quamvis provectæ sint ætatis, propter ipsam animi levitatem, in tutela consistere debere. Novimus enim feminam causa prolis, causa adjutorii, causa incontinentiæ, viro concedi solere : causa vero docendi nusquam penitus legimus. Causa inquam prolis, ut in Genesi legitur : *Et benedixit eos dicens : Crescite et multiplicamini* (*Gen.* i). Hoc est enim matrimonium quod neque secundum Pelagium peccatum esse putandum est, neque secundum Jovinianum virginitati coæquandum : sed virginitas illi præferenda est propter munditiæ sanctitatem et corporis integritatem, dicente Apostolo : *Nupta cogitat quæ sunt mundi, quomodo placeat viro; virgo autem cogitat quæ sunt Domini, quomodo placeat Domino, ut sit sancta corpore et spiritu* (*I Cor.* vii). Illud vero quanquam altero sibi prælato non est abjiciendum, neque omnino postponendum, sed cum gratia his quibus competit appetendum, quoniam est et erga se non extraordinarium et erga virginitatem secundum. Est enim virginitatis seminarium, quia sicut uva non aliunde nisi ex vite nascitur, ita et virginitas non aliunde nisi ex matrimonio gignitur ; et quanquam sit virginitas centesimus fructus, habet tamen infra se tricesimum, id est matrimonium, inter quos medius sexagesimus est, qui in viduis non incompetenter accipitur. Causa itaque adjutorii femina viro concessa est, dicente Domino : *Non est bonum hominem solum esse, faciamus ei adjutorium simile sibi* (Ge. II). Causa vero incontinentiæ, juxta illud Apostoli : *Qui incontinens est, nubat* ; et iterum : *Melius est nubere quam uri* (I Cor. VII). Interrogemus ergo Apostolum, dicat egregius prædicator, dicat vas electionis, utrum feminas docere permittat, an in viros dominari. Ait enim ad Timotheum : *Mulier in silentio discat cum omni subjectione : docere autem mulieri non permitto, neque dominari in virum, sed esse in silentio* (I Tim. II). Qui quasi interrogaretur, cur eam et docere et dominari in virum prohibuerit, *Adam*, inquit, *primus formatus est, inde Eva;* et Adam non est seductus, mulier autem seducta in prævaricatione fuit : ut nosse possemus idcirco ei et doctrinæ et dominationis dignitatem ab Apostolo in virum minime esse concessam, quia non ut doceret, sed ut adjuvaret virum, nec ut ei præesset, sed subesset, condita esse perhibetur, sive quia animo est infirmior et ad tentandum facilior. *Non enim*, ut ait Apostolus, *vir propter feminam, sed femina propter virum creata est* (I Cor. XI). Nam si quis forte tanti erroris præsumptionem hoc ancili tueri nitatur, quod idem apostolus, cum de habitu et continentia anuum ageret, ait, *Bene docentes* (I Tim. V), sed prudentiam doceant, perpendant quod non eas docere quamdam insaniam vel quamdam traditionem sacrosanctis Patrum institutionibus resistentem, vel certe cujusdam insensatæ rei adorationem, sed prudentiam et bene vivendi exempla permiserit; nec eas id facere in ecclesia, neque in conventu, neque in synodo, sed privatim longævæ ætatis experientia et explosis propter ævi maturitatem vitiorum incentivis, inter domesticos permiserit; nec omnes, sed eas quæ in operibus bonis testimonium habent, quæ hospites recipiunt, quæ sanctorum pedes lavant, quæ tribulationem patientibus subministrant, quæ omne opus bonum subsecutæ sunt, quarum et ipse incessus, motus, vultus, sermo, silentium, quamdam sacræ continentiæ gestet honestatem. Aliud est enim matremfamilias domesticos verbis et exemplis erudire, aliud antestitibus sive omni ecclesiastico ordini vel etiam publicæ synodo quædam inutilia docentem interesse, cum videlicet ista quæ domesticos exhortatur, eorum et suum in commune adipisci cupiat profectum, illa vero in conventu ventosæ tantum laudis et solius arrogantiæ ambiat appetitum. Sicut igitur caput viri Christus est, ita nimirum caput mulieris vir, ac per hoc si mulier viris præesse debet, jam eorum caput est : et si illa eorum caput est, illi necessario caput Christi erunt. Non autem ullus caput Christi præter Patrem esse potest, secundum Apostolum qui ait, *Caput Christi Deus* (I Cor. XI), et de quo in Canticis canticorum dicitur : *Caput ejus aurum optimum* (Cant. V). Non igitur mulier viris se præferendo eorum caput esse debet, ne dum sexus inferior ultra se quam ordo exposcit, attollit, et superiori sexui præfert, caput quod præeminere cæteris membris debet, infima petat, et pedes qui cæteris membris præeminentibus infima loca tenent, cæteris præeminentes ad superiora tollantur, sicque naturæ ordo permutatis ac potius perversis legibus fœdetur. Nam si forte aliquis his sacrosanctis apostolicis institutionibus obniti tentans, mulieres viros docere virisque præesse, et synodos instituere debere, ideo affirmare nisus fuerit, quod secundum evangelicæ tubæ præconium mulieres crebro mediatori Dei et hominum ministraverint, ad pedes scilicet ejus sedentes, et verbum ex ore ejus audientes, ac circa frequens ministerium satagentes, et lacrymis pedes ejus rigantes, et capillis tergentes, et corpus ejus miro unguentorum liquore linientes, eumque ad passionem pergentem sequi non distulerint, et post resurrectionem ejus ad ejus monumentum recurrentes ejus sacratissimæ resurrectionis gloriosum mysterium et primæ cognoverint et discipulis nuntiarent, animadvertat quod aliud sit ad pedes Domini sedere, et cætera quæ præmisimus agere, aliud synodos statuere, in conventibus viros docere, perversas constitutiones tradere, et viris præferri appetere. Illæ etenim typum sanctæ Ecclesiæ gestantes Domino ministravere, et sacratissimis ejus alloquiis inhæsere : istæ vero si quæ sunt, Athaliæ nimirum exempla sequuntur, quæ dum viris præesse incompetenti desiderio appetit, pene omne semen regium extinxit, et sui nefandissimi capitis interitu ad ultimum indignam vitam digna morte finivit. Femina vero idcirco Domini et salvatoris nostri resurrectionis nuntiatrix esse existimatur, ut quia fuerat ei femina de cœlis ad terras venienti iter, fieret etiam ei a terris ad cœlos redeunti index, et quem venientem Maria virgo mundo edidit, redeuntem nimirum Maria a Domino sanata discipulis nuntiaret. Qui mediator Dei et hominum non idcirco de femina natus esse perhibetur, ut femineum sexum viris præferret, sed ut utrumque sexum in culpam lapsum suæ incarnationis mysterio redimeret : virum videlicet, quia vir fieri pro nostra salute dignatus est, juxta illud propheticum: *Ecce veniet vir, oriens est nomen ejus* (Zach. VI); de quo scribitur, *Jesum Nazarenum virum approbatum a Deo virtutibus et signis, quæ fecit per illum Dominus* (Act. II); feminam vero, quia de femina sine ullo masculini sexus contagio nasci dignatus est, et utriusque sexus sicut verus conditor, ita etiam verus permanet restaurator.

CAPUT XIV.

Contra eos qui dicunt, Dei cooperantes nos direximus congregare vos, *sive* congregavit vos Deus consilium proprium statuere volens.

In primo hujus operis libro in prima parte libri, cum eorum error discuteretur qui dicunt *Deum sibi conregnare*, aliquantulum disputatum est, unde hic quoque error, quo se *Dei cooperantes* superciliose jactant, cassari potest : quoniam et Deum sibi conregnare, et Dei cooperantes esse, non humiliter, non sanctorum regum exemplis contenti, non sanctarum Scripturarum institutionibus instructi, sed perperam et fastu arrogantiæ elati delirant; et dum appetunt id sibi usurpare quod non competit, timendum est ne id amittant quod competit, quia quisquis ambit illicita, amittere solet acquisita. Sed quoniam, ut præfati sumus, in superioribus hic error ex parte discussus est, nunc ad id quod ideo illos qui in eadem synodo fuisse noscuntur congregatos dicunt, ut per eos Deus consilium suum statueret, nostræ disputationis vertamus articulum. Dicunt enim : *Congregavit vos Deus consilium proprium statuere volens*, quasi non scriptum sit, *Qui vivit in æternum creavit omnia simul*, et quasi Deo quædam nova voluntas quæ antea non accesserat, accedat : de quo per prophetam scribitur : *Statuit ea in æternum et in sæculum sæculi, præceptum posuit, et non præteribit* (Psal. CXLVIII); aut quasi ullius adminiculo indiguus idcirco alios congreget, ut plurium deliberatione quid agere debeat statuat. Est enim *consilium* a consulendo dictum, quo aliquid aut faciendi aut non faciendi assidua consideratione decernitur. Est enim genus causæ quod oratores deliberativum dicunt, in quo genere de quibuslibet vitæ utilitatibus quid aut debeat aut non debeat fieri tractatur. Sunt enim in eo suasio et dissuasio, id est, de expetendo et fugiendo, de faciendo et non faciendo. In suasione autem duo sunt fortiora, spes et metus. Quia igitur Deus omnipotens est, ideo nullius est indiguus, ideoque nec alterius suasione ad ea quæ non vult peragenda promovetur, nec ab his quæ agere vult ullius dissuasione removetur, nec quodam metu ab aliquibus, quæ agere vult agenda hortatur, nec cum alio consilii sui deliberationem statuit. Quibus omnibus si indigeret, necessitatem pateretur, omnipotens non esset : est autem omnipotens, nullam igitur indigentiam habet, ac per hoc incautum est dicere : *Congregavit vos Deus consilium proprium statuere volens*. Consilium namque Dei Filius est, qui non statutus est a Patre quadam deliberatione, sed genitus ante sæcula ineffabili nativitate, quem Pater genuisse, et sine quo nunquam fuisse a fidelibus creditur. Est enim sapientia Dei Patris quæ ei consempiterna est, et quæ dicit : *Ante colles ego parturiebar, adhuc terram non fecerat, quando parabat cœlos, aderam illi; dum vallaret mari terminum, et legem poneret aquis, ego cum illo eram* (Prov. VIII). Quæ etiam celsitudinem suam his verbis demonstrat dicens : *Ego in altissimis habitavi et thronus meus in columna nubis* (Eccli. XXIV); et iterum : *Gyrum cœli circuivi sola, et in fluctibus maris ambulavi, in omni gentem et in omnem populum primatum tenui*; et iterum : *Ego quasi terebinthus expandi ramos meos. Ego feci ut oriretur lucifer in cœlo. Ego omnes qui me amant diligo. Exitus enim mei exitus vitæ sunt.* De hoc enim consilio Psalmographus dixit : *Consilium Domini manet in æternum, cogitationes cordis ejus in sæculum sæculi* (Psal. XXXV). Qui ideo consilium dicitur, eo quod incarnationis ejus arcanum ad consulendum humano generi sit concessum, quod consilium nulla ætate dissolvitur, sed in æternum manet, quia triumphalis mors Domini diabo-

licum perenniter exstinxit exitium. Cogitationes namque cordis ejus prædestinationem interni ejus judicii innuunt, in quibus cuncta reposita sunt quæ vel fuerunt vel sequentibus sæculis futura succedunt. Hominum etenim consilia plerumque frustrantur : Domini autem consilium permanet in æternum. Homo enim mortalis caduca sapit, æternus Dominus nunquam reprehendenda constituit. Unde et hoc consilium quod illi dicunt quod per eos Dominus statuisset, ideo a Domino statutum esse minime creditur, quia Dominicis præceptis contraire dignoscitur, cum videlicet et per Veteris et per Novi Testamenti paginam Deus se solum adorari seu coli instituerit, isti autem quasdam res insensatas adorandas sive colendas esse absurdissima deliberatione percenseant. Non enim Deus commutabilis est, ut quæ antea inhibuerat modo peragenda concedat, sed quod ante sæcula in consilio suo, hoc est, in Filio, constituit, semper stabilia esse permittit, Isaia attestante qui ex persona Dei Patris ait : *Omne consilium meum stabile erit, et omnia quæcunque cogitavi efficiam* (Isa. XLVI). Hoc etenim consilium, id est Filius, et testamentum dicitur, unde et Jeremias ait : *Si non esset testamentum meum in custodia die ac nocte, præcepta cœli et terræ non dedissem*. De quo testamento dicitur : *Et testamentum pacis erit in Jerusalem*. Quomodo ergo Deus illos ideo congregaret ut per eos consilium proprium statueret, ut illi somniant, in quo tanta est scientia ut nec præterita ei quædam, nec futura, sed omnia præsentia sint, cujus substantiam sicuti est, nulla potest attingere opinio, nulla complecti definitio, quoniam plus est quam quidquid dici aut cogitari potest? Est enim spiritus natura simplex, lux inaccessibilis, invisibilis, inæstimabilis, infinitus, perfectus, nullius egens, æternus, immortalis, cui omnia vivunt, a quo omnia initium consecuta sunt, venerandus, diligendus, metuendus, extra quem nihil est, imo id quo sunt omnia quæque sunt sursum deorsumve, summa et ima, omnipotens, omnia tenens, vere in omnibus dives, quia nihil est ubi non sit, nec aliquis ei locus absens est, exceptis impiorum cordibus, ubi quamvis sit per potentiam, non est tamen per gratiam, qui ubique esse his divinæ legis testimoniis comprobatur. Ait enim Psalmista : *Quo ibo ab spiritu tuo, et a facie tua quo fugiam? Si ascendero in cœlum, tu illic es, et si descendero in infernum, ades; si sumpsero pennas meas ante lucem, et habitavero in extremis maris, etenim illuc manus tua deducet me, et tenebit me dextera tua* (Psal. CXXXVIII). In Isaia quoque legitur : *Sanctus sanctus sanctus Dominus Deus Sabaoth, plena est terra gloria majestatis tuæ* (Isa. VI). Per Jeremiam quoque dicit : *Deus appropinquans ego sum, dicit Dominus, et non Deus de longinquo ; quod si absconsus fuerit homo in abditis, ego eum videbo. Nonne cœlum et terram ego impleo? dicit Dominus* (Jerem. XXIII). Liber quoque Sapientiæ dicit : *Sanctus enim spiritus sapientiæ, et non liberavit maledictum a labiis suis, quoniam renum illius testis est Deus, et cordis illius speculator est verus, et linguæ auditor, quia spiritus Domini replebit orbem terrarum (Sap. I). In Ecclesiastico quoque scribitur : Quoniam multa sapientia Dei, fortis in potentia, videns omnes sine intermissione; qui bonitate sua eum qui non erat creavit, justitia eum qui peccaverat condemnavit, misericordia imo magna misericordia eum qui perierat restauravit (Eccli. XVII). De quo per Prophetam dicitur : Magna opera Domini exquisita in omnes voluntates ejus : confessio et magnificentia opus ejus, et justitia ejus manet in sæculum sæculi (Psal. CV). Et iterum : Universæ viæ Domini misericordia et veritas (Psal. XXV); et cui per eumdem Prophetam dicitur : Et tu, Domine Deus, miserator et misericors, patiens et multæ misericordiæ et verax (Psal. LXXXVI). Nunquid eum quem dominationes adorant, tremunt potestates, et cœlestibus hymnis lætabunda angelorum collaudat militia, quem cherubim et seraphim, sublimes virtutes ejus scientia repletæ, ejus amore ardentes, sensu minime comprehendere valent, quem nemo novit nisi Filius qui utique unius est cum eo substantiæ, credere opportunum est ut alterius consilio egeat? et ideo alios convocet ut per alios consilium suum statuat? O dementissimum dictum, o insulsa locutio, o verba cunctis divinis verbis obnitentia! quæ si ab his quibus dicta sunt defendantur, insaniæ vicina sunt; si non defendantur, ignorantiæ et ignaviæ deputanda sunt. Adhærere enim Deo quis potest bonis actibus insistendo, sicut ille cupiebat qui dixit, Mihi autem adhærere Deo bonum est (Psal. CXLVII); consilium autem illi dare nemo potest, est enim auctor et fons omnium bonorum, et, ut crebro diximus, nullius indiguus. Magnus, ait Propheta, Dominus noster et magna virtus ejus, et sapientiæ ejus non est numerus. Dic, quæso sancte Isaias, dic nobilissime vatum, dic Dominicæ incarnationis et gentium vocationis evangelice potius quam prophetice narrator, dic utrum aliquis sensum Domini cognoscere potest, aut ei consiliarius effici valet? Quis enim cognovit sensum Domini? aut quis consiliarius ejus fuit? cum quo iniit consilium, et erudivit eum scientia, et viam prudentiæ ostendit illi (Isa. XL)? Item idem propheta dicit : Nunquid nescis et non audisti? Deus sempiternus Dominus qui creavit terminos terræ, non est deficiens, neque laborans, nec est investigatio sapientiæ ejus (Ibid.). Dicat etiam magister gentium quid de hac re sentiat. Ait enim : O altitudo divitiarum sapientiæ et scientiæ Dei : quam incomprehensibilia sunt judicia ejus et investigabiles viæ ejus (Rom. XI)! Cujus enim judicia incomprehensibilia et viæ investigabiles sunt, nullo modo credendus est alterius consilio ad res deliberandas egere, quia sicut natura, ita et sapientia super omnes est, et sicut coæquari ei quis nequit per naturam, ita nec ejus scientiæ potest aliquid conferri per consilium. Consilium enim ab eo quæritur, qui aut per naturam, aut per intelligentiam socius est. Deo autem nullus æqualis, nullus socius est, dicente Moyse : Quis similis tibi in dis, Domine? quis similis tibi, honorificus, sanctus, mirabilis, in majestatibus faciens prodigia (Exod. XV)? De quo etiam per Psalmistam dicitur : Quoniam quis in nubibus æquabitur Domino, aut quis similis erit Deo inter filios Dei? Deus qui glorificatur in consilio sanctorum, magnus et metuendus super omnes qui in circuitu ejus sunt. Domine Deus virtutum, quis similis tibi? Potens es, Domine, et veritas tua in circuitu tuo (Psal. LXXXIX).

- CAPUT XV.

Contra eos qui dicunt : Si enim imperiales effigies et imagines emissas in civitates et provincias obviabunt populi cum cereis et thymiamatibus, non cera perfusam tabulam honorantes, sed imperatorem, quanto magis oportet in Ecclesiis Christi depingi imagines salvatoris nostri Dei et intemeratæ matris ejus et sanctorum omnium?

Quisquis alicujus artis sedula meditatione cupit habere peritiam, non imperitorum, sed peritorum artificum monitis adhærendo discendæ arti præbet instantiam; nec affectat eorum sibi magisterium usurpare, quos videt in propria arte minus doctos et despicabiles esse, ne dum desiderat instanti opere ex adepta arte adipisci laudem, incassum et suum deperdat opus, et cæteris sit in subsannationem. Hoc a liberalium artium sectatoribus, hoc a medicis, hoc a metallorum conflatoribus sive sculptoribus, hoc a lignorum lapidumque cæsoribus, hoc ab agrorum cultoribus fixa ratione observatur : solum ab his observare negligitur, qui ut imagines adorare instituant, a pravis rebus exempla sumere affectant, et rem tam inutilem tamque perversam nonnunquam bonis rebus incompetenter, plerumque perversis astruere nituntur impudenter; et in modum temulenti, qui nimio madefactus mero trementibus membris, titubantibus gressibus, nudatis sensibus, modo barbaris, modo Latinis utitur verbis, modo ignium caloribus, modo pruinarum delectatur algoribus, modo insensate jacere, modo enerviter delectatur ludere, et in nulla parte fixam habens intentionem, huc illuceque nutabundam et rationis egenam efferre non desinit mentem : ita isti modo divinarum Scripturarum testimoniis incompetenter adhibitis, modo suarum assertionum deliramentis, modo mala, modo malarum quarumdam rerum malorumque actuum exemplis suum nituntur usquequaque firmare errorem. Nam quis furor est quæve dementia, ut hoc in exemplum adorandarum imaginum ridiculum adducatur, quod imperatorum imagines in civitatibus et in plateis adorantur, et a re illicita res illicita stabiliri paretur? Doctor enim gentium non vos imperatorum imitatores, sed suos, imo Christi fieri hortatur dicens, Imitatores mei estote sicut et ego Christi (I Cor. XI); et ut imperatorum fasces sive vulgi bacchatus a Christicolarum mentibus dirimeret, ait : Nobis quibus Christus crucifixus est, quid nobis cum foro (I Cor. VI)? Jam vero quia de forensibus sive publicis actionibus exempla sumere intra sanctam Ecclesiam affectant, cur non scenicas mimicasque nugas, vel etiam crudelitates quæ in theatris sive in orchestris de ludis gladiatoriis infeliciter fiunt, sibi usurpant? Cur non clerus cum antestite more secutoris populum velut retiarium insectatur? Cur non tota circi gentilia vel potius infelicia exempla sectatur, qui Christi custodit Ecclesiam? Sed absit catholicæ religione, ut actiones perversas quas pridem proterva gerebat gentilitas, nunc Christiana imitetur et servet gravitas. *Nostra enim conversatio*, ait Apostolus, *in cœlis est* (*Philip.* III). Ideoque quisquis illo tendere desiderat quo caput nostrum Christus præcessit, non debet fieri sectator forensium vel publicarum actionum, sed ipsius capitis nostri Christi, aut ejus membrorum, apostolorum videlicet sive apostolicorum virorum. Exempla enim prava ita catholicis vitanda sunt, sicut et seductio malorum hominum, sive societas injustorum, dicente Domino: *Non audies auditum vanum, non consenties cum injusto fieri testis injustus; non eris cum pluribus in malitia*. Odisse enim debet Christianus, exemplo Psalmistæ, eos qui oderunt Dominum et super inimicos ejus tabescere (*Psal.* CXXXIX). Neque enim Tobias vir probabilis et Deo charus filium suum exempla perversa sectari hortabatur, cum dicebat: *Vide, fili, ne sequaris iter iniquorum, et multitudo peccantium non suadeat te, quoniam stipendia eorum mors est; tu autem si operatus fueris veritatem, erit respectus Dei in operibus tuis, et cum omnibus qui faciunt justitiam hæreditabis vitam æternam* (*Tob.* IV). Quisquis ergo videns imagines imperatorum adorari a populorum frequentiis, hoc exemplo munitus imagines adorare percenset in basilicis, huic sancti viri præcepto non mediocriter reluctari convincitur, nec cum David dicere poterit: *Non sedi in consilio vanitatis, et cum iniqua gerentibus non introibo; odio habui congregationem malignorum, et cum impiis non sedebo; lavabo inter innocentes manus meas, et circumdabo altare tuum, Domine* (*Psal.* XXVI). Sed si fortasse hujusce erroris defensor dicet, imperatorum imagines adorare peccatum non est, perpendat quanta gloria tribus pueris id facere nolentibus in flagrante camino angelo cœlitus emisso, edacis rogi flammam excutiente et salutiferum rorem illis impertiente, collata sit, quantoque miraculo Babylonicus princeps inter eos se vidisse similem filio Dei testetur, non ad suam, sed ad illorum gloriam vel etiam ad suam pertinaciam refutandam. Audiant etiam beatum Hieronymum in commentario quem in libro Danielis edidit taliter dicentem: « *Ecce enim*, inquit, *Deus noster quem colimus potest eripere nos de camino ignis ardentis, et de manibus tuis, rex, liberare*. Unde putaverat se terrere pueros, inde cernit in eis materiam fortitudinis. Nec in longum differunt, sed præsens sibi pollicentur auxilium dicentes: Ecce enim Deus noster quem colimus, ipse nos et de eo quod minaris incendio, et de tuis potest manibus liberare. *Quod si noluerit*: Pulchre ad id quod dixerat: *Potest eripere nos*, non intulit contrarium, *si non poterit*, sed, *si noluerit*: ut non impossibilitatis Dei, sed voluntatis sit si perierint. *Notum tibi sit, rex, quod deos tuos non colimus, et statuam auream quam erexisti, non adoramus*. Sive *statuam*, ut Symmachus, sive *imaginem auream*, ut cæteri transtulerunt, voluerimus legere, cultores Dei eam adorare non debent. Ergo judices et principes sæculi qui imperatorum statuas adorant et imagines, hoc se facere intelligant quod tres pueri facere nolentes placuerunt Deo. Et notanda proprietas, deos coli, imaginem adorari dicunt, quod utrumque servis Dei non convenit. » Ecce sancti viri documentis instruimur, imperatorum imagines adorari minime debere. Et quis tam perversus eas non solum adorare decernat, sed ab earum adoratione exempla perversitatis ad aliarum nihilominus imaginum adorationem assumat? Et si homines mortales protervia vanitatis inflati, pompa sæculari elati, honorum ambitione cupidi, jactantia pleni, loco circumscripti, situ contenti, quia non ubique esse poterant, ideo imagines suas hominibus adorandas mandavere, quia in seipsis non ubique poterant adorari, quid necesse est Deum in imagine adorare, qui incircumscriptus est, qui ubique totus est, ubique mirabilis qui loco non continetur, situ non circumscribitur, quem, sicut ait Salomon, *cœlum et cœli cœlorum non capiunt* (*II Paral.* VI), quem non capit mundus, sed ille capit mundum? Cum enim tanta sit ejus virtus, tanta gloria, tanta potentia, non est quærendus in imaginibus, sed in mundis et sanctis pectoribus; non est adorandus in depicta tabula, sed in aula sancta, dicente Propheta, *Adorate Dominum in aula sancta ejus* (*Psal.* XXIX), qui non invenitur per picturam statutis locis, sed per opera a mentibus piis, quem non in loco, non in pictura, non tabulis Elias quærebat, sed ubique eum præsentem sciebat ei qui se instantia bonorum operum præsentem exhibuerat cum dicebat: *Vivit Dominus in cujus conspectu sto* (*III Reg.* XVII). In tabulis ergo Deum, qui in localis et omnipotens est, adorare velle, sicut gentiles reges suos locales sive mortales adorabant, profanum est et incredulitati vicinum. Nullam enim hoc scelus fecisse legimus gentem, nisi Babylonios et Romanos, vel eas gentes quæ ab his aut subactæ, aut finitimæ fuere, aut ab his exempla sumpsere, ut sicut in ferocitate sive in fortitudine hæc duo regna cæteris mundi regnis eminuisse noscuntur, ita etiam in colendis idolis et adorandis proniora fuisse credantur. Fuit itaque inter hæc duo fortissima regna magna concordantia, magna similitudo, magna crudelitas, magna etiam fortitudo, et revera fortitudo quæ cæteris mundi regnis suo tempore imperaverit. Nam ut illud ab oriente, ita nimirum istud eminuit ab occidente; illud mundo pubescente, istud jam mundo senescente. Nam omnem, ut aiunt historiæ, Babylonii regni hæreditatem et apicis cumulum Romanum suscepit imperium, et inter hæc duo regna quasi inter patrem senem qui jam posse desierit, et filium parvulum qui necdum dominandi vires acceperit, duo regna vice tutoris Persarum videlicet sive Macedonum fuisse traduntur. At dum hæres, id est, Romanum imperium, adolevit, hoc quod tutoris locum tenebat abscessit, et suscepit hæreditatem filius adolescens quam pater amiserat veteranus : quorum duorum regnorum consonantias sive concordias persequi longum est. Nam, ut cætera taceamus, in hac parte non minima eorumdem regnorum consonantia est, quod utraque reges suos in statuis sive imaginibus per campos sive plateas adorare censuerint, et hæc facere nolentibus diversa supplicia intulerint. Nam hoc malum cum cæteris malis quæ Christi adventu frustrata sunt, frustrari omnino debet, et non solum ab eo ad alia peragenda exempla sunt sumenda, sed idipsum a Christicolis radicitus est exstirpandum, ne qua, secundum Apostolum, *radix amaritudinis rursum pullulet et inquinet multos* (*Heb.* XII). Nam cum apostolicis instruamur documentis nullam nos dare debere occasionem maligno, cur talem gentilibus occasionem demus mortalium regum imagines adorando et ab his exempla sumendo? ut nobis ingerere possint dicentes : Nos eorum simulacra vel imagines adoramus quos vel vera religione deos credimus, vel antiquorum traditionibus docti deos non esse nescimus : vos vero, quibus istud abominatio est, cur imagines hominum vel ceris pictas vel metallis conflatas sub regum reverentia etiam publica adoratione veneramini, et, ut ipsi prædicatis, Deo tantum honorem debitum etiam hominibus datis? Quod si illicitum legique contrarium est, cur hoc facitis, Christiani, aut cur vestri non prohibent sacerdotes? ne id quod id ignorantibus nobis pro sacrilegio ascribitis, scientes sub officii excusatione subeatis. Quæ dum et his similia primis fidei temporibus a philosophis gentium nostris illata fuissent, nostri taliter respondisse feruntur : Hoc namque quod dicitis nec debemus probare, nec possumus, quia evidentibus Dei dictis, non elementa, non angelos, nec quoslibet cœli ac terræ vel aeris principatus adorare permittimur. Divini enim speciale hoc nomen est officii et altius omni terrena veneratione vel reverentia, sed sicut in hujusmodi malum primum adolatio homines impulit, sic nunc ab errore consuetudo vix revocat. In quo tamen incauto obsequio quanquam divinus non deprehendatur cultus, sed propter similitudinem amabilium vultuum gaudia intenta plus faciant, quam aut hi forte exigant quibus defertur, aut perfungi oporteat deferentes, reverentiores tamen et districtiores hanc consuetudinem perhorrent Christiani, quibus taliter illatis non apparet eos, tunc regum imagines adorare censuisse, quanquam rudes adhuc et necdum solidæ ad percipiendum solidum cibum mentes hominum fuerint de gentilitate conversæ. Jam vero quia dicunt exemplo imperialium imaginum imaginem Dei vel sanctæ Dei genitricis Mariæ vel omnium sanctorum adorari debere, quam sit absurdum, quamve inutile in promptu est, etiam sive hoc capitulo, sive in aliis ex parte monstratum est. Nullus enim præter Deum omnipotentem omnium sanctorum imagines vel nomina habere vel retinere potest, dicente Propheta : *Nimis honorati sunt amici tui, Deus, nimis confortatus est principatus eorum ; dinumerabo eos et super arenam multiplicabuntur*

(*Psal.* CXXXIX). Et Dominus Abrahæ dixerit: *Si possunt stellæ cœli numerari præ multitudine, semen quoque tuum numerari poterit* (*Gen.* XV). Semen autem Abrahæ omnes credentes esse, omnibus manifestum est. Ipse enim est pater gentium, in cujus semine, id est in Christo, benedicentur omnes gentes; qui secundum apostolum, non ex circumcisione, sed ex credulitate amicus Dei vocatus est, nec ei observatio legis, sed credulitas fidei ad justitiam reputata est.

CAPUT XVI.
Contra eos qui dicunt quod imaginis honor in primam formam transit.

Usitatissimum et oppido familiarissimum illis qui in adorandis imaginibus æstuant, hoc est, ut credant et asserant imaginis honorem in eamdem formam posse transire cujus imago est. Quod quidem quomodo fieri valeat, et utrum fieri valeat, nulla ratione percipitur, nec divinorum eloquiorum testimoniis approbatur. Nunquidnam sancti qui pro meritis suis cœlestia regna conscendere valuerunt, quorum illi inofficioso obsequio imagines adorare percensent, superstitiosos aut supervacuos honores ambierunt? Nunquid adorari se permiserunt? Quidam enim ex illis abjecti esse cupiebant, ut Domini gratiam mererentur : de quibus erat ille qui dicebat : *Elegi abjectus esse in domo Dei magis quam habitare in tabernaculis peccatorum* (*Psal.* LXXXIV); quidam vero flagellari potius quam venerari maluerunt : testis est ille qui dixit : *Ego autem non solum alligari, verumetiam mori pro Christo paratus sum*. Non enim eos honorum appetitores, sed spirituali vigore flagrantes et contra adversa munitos atque igne tribulationis decoctos et mundanis adversitatibus fortiores effectos, doctor gentium fuisse commemorat, cum quosdam ex illis dicit tantatos, ut Achiam; quosdam lapidatos, ut Zachariam et Stephanum; quosdam illorum sectos, ut Isaiam, qui per figuram syllepsis pluraliter ponitur; quosdam in occisione gladii mortuos, sicut plures prophetarum fuisse noscuntur; quosdam circuisse in melotibus, in pellibus caprinis, sicut Eliam et Joannem; quosdam angustatos sive egentes fuisse illisque dignum non fuisse mundum, sicut de pene omnibus sanctis passim credendum est, commemorat (*Heb.* XI) : quibus exemplis monstratur non eos honorum, sed virtutum desiderio æstuasse. Nam si ambitione honorum dum mortaliter viverent, uterentur, non hodie in cœlestibus tanta gloria fruerentur; dum ergo sit illis a Domino honor perpetuus attributus, non sunt transitoriorum honorum indigi.

Honor itaque digne sanctorum corporibus, reliquiis sive basilicis exhibitus, et omnipotenti Deo et sanctis ejus manet acceptus; incompetens vero et indecens, nec Deo nec sanctis ejus manet acceptus.

Hinc est quod beatus Joseph post prophetiam ossa sua cum adjuratione filiis Israel ad terram repromissionis venturis secum deferenda percenset, ne, dum Ægyptii memores essent illius, sive administrationis qua in magna egestate Ægyptum gubernaverat, ejus ossibus inutilem exhiberent venerationem; et qui erat in Dei creatoris devotione firmatus, et a vana superstitione Ægyptiorum omnino alienus, eo propensius suam ostenderet sanctitatem, quo et vivens humiliter et recte Deo servierit, et post obitum cineribus suis incompetens obsequium exhiberi recusaverit. Cum ergo sancti viri et Deo per omnia accepti vana obsequia hominum devitaverint, sicut Paulus et Barnabas Lycaonum superstitiosa obsequia devitasse noscuntur, et Petrus Cornelii devotam venerationem spreverit, angelus etiam in Apocalypsi Joannem ne se adoraret prohibuerit, quis eos credat imaginum adoratione delectari, aut picturarum obsequiis demulceri, aut qualiter ad eos honor picturis exhibitus quæ nec de illorum corpore, seu vestibus sunt, sed pro captu ingenii cujusque ab artificibus præparantur, poterit pervenire? Non enim deliniuntur pictorum operibus qui cum Christo regnant in cœlestibus, nec ambiunt ab opificibus in tabulis sive in parietibus pingi, qui a Christo in libro vitæ meruerunt ascribi. Dicant igitur quibus hoc tam peculiare est dicere, quod imaginis honor in primam formam transit, dicant ubi hoc legerint aut quibus valeant testimoniis approbare. Dominus namque et Salvator noster non ait: Quandiu fecistis imaginibus, sed, *Quandiu fecistis uni de minimis istis, mihi fecistis* (*Matth.* xxv); nec ait: Qui imagines, sed, *Qui vos recipit me recipit* (*Matth.* x); nec Apostolus ait: Diligamus imagines, sed *diligamus nos invicem, quia charitas ex Deo est* (*Rom.* xiii, *et 1 Pet.* i); nec imaginum onera, sed nostra alterutrum mutuo vehenda percensuit dicens: *Alter alterius onera vestra portate, et sic adimplebitis legem Christi* (*Gal.* vi). Nam cum imagines plerumque secundum ingenium artificum fiant, ut modo sint formosæ, modo deformes, nonnunquam pulchræ, aliquando etiam fœdæ, quædam illis quorum sunt simillimæ, quædam vero dissimiles, quædam novitate fulgentes, quædam etiam vetustate fatescentes, quærendum est quæ earum sint honorabiliores, utrum eæ quæ pretiosiores, an eæ quæ viliores esse noscuntur, quoniam si pretiosiores plus habent honoris, operis in eis causa vel materiarum qualitas habet venerationem, non fervor devotionis; si vero viliores eæ quæ minus similes sunt illorum quibus aptari parantur, injustum est, cum hæ quæ nec opere nec materia præcellunt, nec personis similes esse noscuntur, auctius propensiusque venerantur. Nam dum nos nihil in imaginibus spernamus præter adorationem, quippe qui in basilicis sanctorum imagines non ad adorandum, sed ad memoriam rerum gestarum et venustatem parietum habere permittimus, illi vero pene omnem suæ credulitatis spem in imaginibus collocent, restat ut nos sanctos in eorum corporibus vel potius reliquiis corporum, seu etiam vestimentis veneremur, juxta antiquorum Patrum traditionem; illi vero parietes et tabulas adorantes in eo se arbitrentur magnum fidei habere emolumentum, eo quod operibus sint subjecti pictorum. Nam etsi a doctis quibusque vitari possit hoc quod illi in adorandis imaginibus exercent, qui videlicet non qui sint, sed quid innuant venerantur, indoctis tamen quibusque scandalum generant, qui nihil aliud in his præter id quod vident venerantur et adorant. Unde cavendum est ne evangelicam sententiam subeant, qui tot pusillos ad scandalizandum impellunt, quoniam si is qui unum de pusillis scandalizaverit, formidolosissimæ sententiæ subjacet, multo magis exitiabili ille ferietur severitate, qui pene omnem Christi Ecclesiam aut ad imagines adorandas impellit, aut imaginum adorationem spernentes anathemati submittit. Quod utrumque cum magna cautela vitare necessarium est, ne dum in utramlibet partem plus se quis quam ordo exposcit, impegerit, jacturam suæ salutis evitare non possit.

CAPUT XVII.

Quod infauste et præcipitanter sive insipienter Constantinus Constantiæ Cypri episcopus dixit: Suscipio et amplector honorabiliter sanctas et venerandas imagines secundum servitium adorationis quod consubstantiali et vivificatrici Trinitati emitto; et qui sic non sentiunt neque glorificant, a sancta catholica et apostolica Ecclesia segrego, et anathemati submitto, et parti qui abnegaverunt incarnatam et salvabilem dispensationem Christi veri Dei nostri emitto.

Quam præcipitanter et, ut ita dixerim, insipienter Constantinus Constantiæ Cypri episcopus cæteris consentientibus se susceptorum et amplexurum honorabiliter imagines dixerit, et servitium adorationis, quod consubstantiali et vivificatrici Trinitati debetur, ei se redditurum garrierit, non est plurimum nostra disputatione discutiendum, quoniam omnibus qui hoc vel legunt vel audiunt liquido patet illum non modici erroris voraginibus immersum, quippe qui servitium soli debitum Creatori exhibere se fatetur creaturis, et dum cupit favere picturis reluctatur cunctis sacris Scripturis. Quis ergo unquam sani capitis talem absurditatem vel dixerit vel dicenti consenserit, ut in tanto honore habeatur picturarum varietas, quanto sancta, vivificatrix et omnium creatrix Trinitas? et tale impendatur servitium picturæ, quale exhibetur Domino totius creaturæ? Aut quis illum talia nauseantem potius quam loquentem audire pateretur? Aut quæ aures tanti facinoris noxam non abdicare potius quam percipere niterentur? Quoniam quidem perversum est ut quibuslibet rebus insensatis tale impendatur servitium adorationis, quale Deo omnipotenti cui non est similis, cui per Salomonem dicitur, *Domine, non est tibi similis in cœlo sursum nec in terra deorsum* (*II Paral.* vi). Cum qua ergo fronte, ut de cæteris taceam, hoc unum comma divinæ legis audit, *Dominum Deum tuum adorabis, et illi soli servies* (*Deut.* vi), qui hoc spreto non solum creaturis servit, sed earum servitium servitio Deo debito æquiparare contendit? Stet namque episcopus in Ecclesia, et legat, *Dominum Deum tuum adorabis, et illi soli servies*, et mox ut in conventu sederit dicat : « Suscipio et amplector honorabiliter sanctas et venerandas imagines, et illis servitium adorationis, quod consubstantiali et vivificatrici Trinitati debetur, impendo, » sicque se in divinis verbis instabilem, se aliud ore profitentem, aliud corde credentem, aliud divinis paginis legentem, aliud in antro pectoris sui tenentem, et divinis verbis obtinentem, et suas nugas Dominicis præceptis præferentem demonstret. Nam cum sibi suisque dignoscatur in sua perversa professione obesse, nobis e contrario qui illorum nugis reniti cupimus, dignoscitur prodesse, cum videlicet errorem detegit infaustum, quem illi videntur plebibus ingerere palliatum. Aiunt enim : « Non adoramus imagines ut Deum, nec illis divini servitii cultum impendimus, sed dum illas aspicimus et adoramus, illo mentis nostræ acumen defigimus, ubi eos quorum illæ sunt, esse non ignoramus. » At contra iste illorum detegens errorem, et suam pandens absque ulla obumbratione cogitationem, fatetur se quale sanctæ Trinitati, tale illis exhibere servitium, talemque adorationem, sicque absurditatem quam illi introrsus retinent latenter, hanc iste egerit patenter. Nec latere quempiam potest illorum ignavia, cum hanc pandat hujusce professionis sententia. Quia ergo omnes qui suo errore dissentiunt a sancta catholica et apostolica Ecclesia segregare et anathemati submittere, et illis qui Domini Jesu Christi incarnationem salutiferam credere recusaverunt, admittere nititur, quantæ sit fatuitatis cunctis legentibus liquet agnoscere, quippe qui suæ ignaviæ demersus barathro, dum cæteros ad se secum talia passuros protrahit, si quos tanti periculi voraginem vitare conspicit, eos conviciis et contumeliosis affatibus objurgare contendit. Nam quæ insania, vel quæ amentia est, ubi Christi plebem ab Ecclesiæ matris uberibus conari convellere, eo quod servitium soli Deo debitum rebus sensu carentibus obnititur exhibere ? Aut quæ perversitas est æquales judicare illos qui mediatoris Dei et hominum Christi Jesu vivificatricem incarnationem obstinata mente credere recusant, illis qui, spreto secundum divinæ legis imperium creaturarum omnium servitio, soli Deo, cui omnia famulantur, servire desiderant : aliud est enim mundi redemptionem non credere, aliud soli Deo velle servire; aliud est salutem mundi spernere, aliud imaginum adorationem contemnere ; aliud est salutiferis monitis refragari, aliud vanis et superstitiosis obsequiis reniti. Idem namque Dominus et Salvator cum et per paginam Veteris Testamenti imagines adorare inhibuerit, et per corporalem præsentiam imaginem Cæsaris Cæsari potius reddendam quam adorandam censuerit, talia in se credendi præcepta contulit dicens : *Qui credit in me, habet vitam æternam (Joan. VI)* ; et iterum : *Ego sum ostium et vita, si quis per me introierit salvabitur, et ingredietur et regredietur, et pascua inveniet (Joan. X)* ; et iterum : *Nisi quis renatus fuerit ex aqua et Spiritu sancto, non intrabit in regnum cœlorum (Joan. III).* Veritas hoc dicit, salus mundi hoc testatur, redemptor generis humani hoc protatur : et quis tam hebes tamque segnis parem illum judicat, qui his tam authenticis monitis contradicit, illi qui contemptis divinis eloquiis res sine sensu adorare contemnit ? Esto, imagines adorare virtus et bonum opus est : nunquidnam fidei æquari potest ? Cum tamen cunctis bonis operibus insistendum sit, nullum opus bonum ad perfectam salutem quemquam adducere valet, nisi fidei fundamento superponatur et ejus munimine fulciatur. Abraham denique non ex operibus, sed ex fide justificatus est ; Moyses fide grandis factus est ; sancti per fidem vicerunt regna, et sancti omnes juxta fidem defuncti sunt. Et Propheta dicit, *Omnia opera ejus in fide (Psal. XXXIII)* ; et Dominus in Evangelio, *Fides tua te*, inquit, *salvum fecit (Marc. X)* ; item idem : *Amen dico vobis, si habueris fidem et non hæsitaveritis, non solum de ficulnea facietis, sed et si huic monti dixeritis : Tolle et jacta te in mare, fiet ; et omnia quæcunque petieritis in oratione credentes accipietis (Matth. XXI).* Unde datur intelligi cæteris virtutibus fidem præeminere ; et quanquam ei spes et charitas connectantur, tamen per fidem ad eas pervenitur. Nec pari damnatione judicandus est qui in cæteris operibus quam qui in fide delinquit, quoniam quidem cum nullus absque fide imagines adorando salvari possit, innumerabiles in cœlesti patria sunt legiones quæ sive per martyria, sive per innocentiam, sive per solitudinem conversationis, cum imagines penitus nec habuerint, nec adoraverint, per fidei tamen observantiam cœlicolis cœtibus sociati perpetuis gaudiis perfruuntur.

CAPUT XVIII.

Quod Eutimius Sardensis episcopus a præfati Constantini errore non multum dissentit in eo quod ait ; Ex toto corde suscipio venerandas imagines cum condecenti honore et amplectibili adoratione. Illos enim qui aliter aut contrarie sentiunt aut dogmatizant contra sanctas imagines alienos catholicæ Ecclesiæ deputans et prædico et hæreticos annuntio.

Cum Eutimius Sardensis episcopus Constantino Constantiæ Cypri episcopo pene par sit in confessione, non ambiguum præsumus eos habere fidem paremque adepturos retributionem, nisi emendatio in utro illorum præcesserit. Ex toto enim corde uterque se confitetur suscipere imagines cum summo honore et amplectibili adoratione. O demens episcoporum confessio, o insana præsulum prædicatio ! Ecclesia catholica voce præsulum incarnationis Christi mysterium se suscepisse congratulans, Domino dicit : *Suscepimus, Deus, misericordiam tuam in medio templi tui*, et isti dicunt : *Suscipimus et adoramus imagines.* Caterva credentium Christum qui est pax nostra, qui fecit utraque unum, apostolos sive apostolicos viros suscipere precatur dicens : *Suscipiant montes pacem populi tui*, et isti dicunt : *Suscipimus imagines adoratione amplectibili.* Cum ergo isti pene omnem auxilii sui spem in imaginibus defigant, non mediocriter a sancta et universali dissentiunt Ecclesia, quæ spem auxilii sui non in picturæ fucis, non in manufactis artificum operibus, sed in Deo omnium creatore defigit, quæ habet adjutores apostolos et apostolicos viros, qui pro ea quotidie Dominum interpellant, et susceptum dono sancti Spiritus de supernis sedibus imbrem sanctæ prædicationis, utpote altiora in Ecclesia loca fidelibus plebibus sive rectoribus diffundunt, secundum Joel vaticinium dicentis : *Et erit in illa die, distillabunt montes dulcedinem, et colles fluent lac* (*Joel.* III); quod etiam his verbis Ezechiel intonat dicens : *Vestri autem montes Israel facient uvam, et fructum vestrum quem vos manducabitis populus meus.* Quæ uva et qui fructus, quanquam Christus Dominus intelligatur qui de montibus Israel processit, a patriarchis videlicet hominem assumens, potest etiam dulcedo prædicationis veteri et novo Testamento compaginata intelligi, quæ diffunditur per humilium fidelium mentes, et incredulorum corda ad credendum et ad fructum afferendum mollificat, et rectorum sensus æternæ spei retributione lætificat, eosque justitia indui et cum subjectis plebibus Deo hymnum canere exhortatur, impleturque illud propheticum : *Campi tui replebuntur ubertate, pinguescent fines deserti et exsultatione colles accingentur; induti sunt arietes ovium et convalles abundabunt frumento : etenim clamabunt, et hymnum dicent* (*Psal.* LXV). Levat enim oculos suos ad eos, cum dicit : *Levavi oculos meos ad montes, unde veniet auxilium mihi* (*Psal.* CXXI). Non enim ait : Levavi oculos meos ad res insensatas, ut ab his adjutorium adipiscerer; sed, *Levavi oculos meos ad montes*, ad eos videlicet montes super quos Ecclesia Christi fundata est, dicente Propheta, *Fundamenta ejus in montibus sanctis* (*Psal.* LXXXVII); qui etiam videntes liberari populum Dei a servitute Ægyptia, et ad terram repromissionis conscendere, id est, mundi hujus ærumnosam servitutem, fideles quosque spernere, et ad æternam patriam convolare exsultant, dicente eodem sanctissimo Prophetarum : *Montes exsultaverunt ut arietes, et colles sicut agni ovium* (*Psal.* CXIV). Quisquis ergo ad hos montes spreta cum cæteris vanitatibus creaturarum adoratione, soli Deo servitium exhibens, mentis oculos somno infidelitatis depulso levat, cum aeriæ potestates sive earum sequaces superbi quique ad exitiabiles Erebi densitates descenderint, non timebit, et cum cæteris hujuscemodi hominibus cum summa jubilatione cantabit : *Propterea non timebimus dum conturbabitur terra, et transferentur montes in cor maris. Sonuerunt et turbatæ sunt aquæ ejus, conturbati sunt montes in fortitudine ejus* (*Psal.* XLVI). Quia igitur antiquus hostis, cujus satellites in sacris litteris plerumque *montium* nomine designantur, illorum indubitanter montium, malignorum videlicet spirituum, de quibus per Nahum prophetam dicitur : *Montes commoti sunt ab illo, et colles tremuerunt* (*Nahum.* I); et de quibus Apostolus dicit : *Si habuero omnem fidem, ita ut montes transferam* (*I Cor.* XIII), omnium malorum suasor, et e contrario omnium bono-

rum dissuasor, idcirco hominibus persuasit creaturas colere, ut eos a creatore averteret, illius persuasionibus pessimis actum est, ut creaturarum adoratio inolesceret, quæ sub prætextu quodammodo religionis et reverentiæ sanctorum, magnum in his locum tenet, qui imagines se ex toto corde suscipere et adorare fatentur. Nam dum amborum error pene par, ut præfati sumus, sit, in eo namque quodammodo dispar esse dignoscitur, quod Constantinus eos qui servitium soli Deo debitum creaturis impendere recusant, infideles et incredulos judicat, Eutimius vero non eos ut incredulos, sed ut hæreticos damnat, qui tamen sunt, ut ait Sedulius de quibusdam,

Ambo errore pares quanquam diversa sequentes, qui videlicet ob unius erroris insaniam sanctam catholicam partim incredulam, partim hæreticam mentiuntur Ecclesiam. Nam si nos omnes generaliter Christiani, qui spretis creaturarum culturis servitium soli Deo debitum illi soli impendere cupimus, cui merito soli debetur, ideo hæretici, quia imaginibus non servimus, ab istis judicamur, illi proculdubio sive ante adventum redemptoris, sive post adventum, qui creaturis inserviebant, omnino catholici judicabuntur; et si illi increduli, et revera increduli, quia pro creatore creaturas colebant, modis omnibus judicantur, nos qui uni et soli Deo spretis vanitatibus servimus, et ejus sanctis consequens et congruum obsequium impertimus, catholici et fideles habebimur et judicabimur.

CAPUT XIX.

Inutile et dementia prolatum et risu dignum dictum Agapii Cæsareæ Cappadociæ episcopi reprehenditur in eo quod dixit : Scriptum est in nostris divinis Scripturis.

Et plerumque imperitia sons est, et insons; sed imperitia sons crebro ut officiat elaborat, imperitia vero insons officere nulli affectat. Sed dum utrumque genus non sit peccato subjectum, utrumque tamen est reprehensioni obnoxium, quoniam imperitia sons et peccato subjacet, utpote quæ probrosa officiendi impellitur voluntate, et reprehensioni, sive quia peccatum non caret reprehensione, sive quia quod vel profatur vel operatur, et insipienter id facit et inerudite; imperitia vero insons etsi in eo peccato careat, eo quod neminem lædit, reprehensione tamen non caret, quia omne imperitum ineruditum est, et omne ineruditum reprehensioni succumbit. Ac per hoc ridiculosissimum dictum Agapii Cæsareæ Cappadociæ episcopi, quod dixit : *Scriptum est in nostris divinis scripturis :* aut eidem reprehensioni quæ peccato obnoxia est, aut eidem quæ imperitiæ subjacet, cedere comprobatur, quoniam aut eo peccato obnoxia est, quod quo pacto principes eorum dum sint homines, cæteris mortalitate non dissimiles, Deum sibi congregnare dicunt, et se *divos* suaque gesta vel dicta *divalia* nuncupant, eo nimirum pacto *suas Scripturas divinas* nuncupant; aut in eo reprehensioni succumbit, quod eloquentiæ inscius, loquendi venustatis ignarus dum dicere de uerat, in nostris codicibus divinas Scripturas continentibus, aut aliquid hujuscemodi, id e contrario incomposite et ridiculose dixisse fertur, *in nostris divinis scripturis :* quod quidem, sicut præfati sumus, arrogantiæ fastu, quo et Deum sibi congregnare et se divos nuncupare præsumunt, protulisse creduntur, insania est. Si vero aliud dicere cupientes, aliud dixere, nec tanta in eis acuminis vis est, ut quæ corde concipiunt, vix certis ac propriis verbis significare queant, ignavia est: ac per hoc in utramvis partem per devia aut superbia feruntur elati, aut ignorantiæ caliginosis retinaculis creduntur addicti. Quis ergo unquam sani capitis tale quid dixerit? Quis sanæ mentis tale quid protulerit ? Quæ vecordia, quæve sit amentia hominem mortalem, passionibus subjacentem, dicere: *Scriptum est in nostris divinis scripturis?* Si ergo *nostris ,* quomodo *divinis ?* Et si *divinis,* quomodo *nostris?* Ab homine ergo derivatur *humanus,* a Deo derivatur *divinus.* Nostræ etenim scripturæ humanæ sunt, Dei Scripturæ divinæ sunt : de codicibus tamen sanctæ legis dicere nos ratio permittit, *nostri codices ,* de Scripturis vero divinis non aliter nisi divinas Scripturas recte et convenienter secundum rationem dicere valemus. Esto, hoc dictum rationabiliter stare poterat, cum tamen non possit, quo nec de jactantiæ fonte scaturisse nosceretur, nec de imperitiæ barathro manasse crederetur, in eo denique reprehendi modis omnibus poterant, quod cum sit inutile inutiliter ad rem inutilem, ad imaginum videlicet adorationem astruendam, prolatum fuisse monstratur?

ª Nec refragari ei potest quodam modo simplicitas, quæ plerumque rectis quibusque inhærere solet, cum id non pura, non recta, sed perversa voluntate prolatum esse constet. Si enim ex rusticitate sancta, quæ sibi solum interdum proficit, simpliciter et innocue, et non ad aliquid illicitum asserendum processisse dignosceretur, a Deo qui scrutator cordis et renum est, qui plerumque voluntates potius quam actus considerat, ei proculdubio ignosceretur. Sicut enim mala voluntas etsi non aliquid mali opere perpetret, tamen pro actu plerumque tenetur, ita nimirum bona voluntas pro bono opere semper accipitur. Quod ut exemplis illustremus, et Balaam mala voluntas qua populum Dei maledicere cupiebat, quanquam ad id quod desideraverat non pervenerit, a culpa non fuit indemnis ; et David bona voluntas qua templum Domino ædificare cupiebat, quanquam opere non fuerit expleta, divinis tamen est collaudata oraculis.

CAPUT XX.

De eo quod Joannes presbyter Theodosio abbate monasterii sancti Andreæ recitante verba Joannis Chrysostomi, et dicente : Vidi angelum in imagine persequentem barbarorum multitudinem, *dixit :* Quis est iste angelus, nisi de quo scriptum est: Quoniam angelus Domini percussit centum octuaginta quinque millia Assyriorum in una nocte in circuitu Jerusalem exercitantium.

Dixisse Joannem Chrysostomum Theodosius abbas monasterii sancti Andreæ in sæpe memorata vanissima synodo, quæ pro adorandis imaginibus gesta est, refert, *Vidi angelum in imagine persequentem multitudinem barbarorum.* Nam dum hi qui in eadem synodo fuisse memorantur, patriarcharum, prophetarum cæterorumque sanctorum et illustrium virorum verba ob imaginum adorationem stabiliendam perturbare nitantur, eos denique patriarchas quædam egisse quæ non egerint mentiantur, non est mirandum si etiam Joannem Chrysostomum talia dixisse criminentur. Nunquid enim præfatus vir tam eloquens, tam que eruditus diceret : *Vidi angelum in imagine persequentem barbarorum multitudinem,* cum sciret angelorum immortalem naturam nequaquam ut ab hominibus videatur picturarum esse indigam. Sunt enim natura spiritus, officio angeli, qui ut ab hominibus videri possint, corpora ex lucidissimo æthere, nec ex pictorum opificiis assumere creduntur: unde non est credendum ut a Joanne viro eloquentissimo tale dictum sit prolatum, quod nec verbis sit expolitum, nec sensu lucidum, nec ulla ratione subnixum. Est enim in eo vitium quod grammatici amphibolian, id est ambiguitatem dictionis nuncupant, quia dum dicitur, *Vidi angelum in imagine persequentem barbarorum aciem,* non evidenter elucescit, utrum angelum in imagine viderit qui alibi persequeretur barbarorum multitudinem, an angelum alibi visum fuisse et in imagine barbarorum persequi multitudinem : quod quidem dictum et si hoc vitio careret, aliis quoque indiciis tanti viri non esse appareret, qui dum ejusdem non fuerit ætatis, ridiculosissimum ac potius falsissimum esset eum dicere, *Vidi angelum barbaros persequentem,* qui, ni fallor, vidisse se in pictura eamdem historiam ab artifice depictam, qua angelus barbarorum pridem cuneos prostraverat, prosecutus sit. Multi etenim diserti et eloquentissimi viri in suarum disputationum vastissimis campis, prout ordo et ratio dictat, sicut et cæterarum rerum, picturarum etiam et imaginum faciunt mentionem. Quod dum illi qui illarum adorandarum æstu uruntur legentes repererint, totum pervertere ad earum conantur adorationem, ut videlicet iste contra nos, qui Domino annuente veri sumus adoratores in spiritu et veritate Patrem adorantes, suam inermem armatam efficere affectent assertionem, quod ab eloquentissimis viris quamdam imaginum factam fuisse reperiant mentionem, quasi de omnibus quorum mentio in tractatibus fit, continuo præcepta dentur. Joannes igitur presbyter, cui dum præfatus Theodosius abbas Joannem Constantinopolitanum episcopum dixisse mentiretur, *Vidi angelum in imagine persequentem barbarorum multitudinem,* protinus subjunxisse fertur et dixisse : *Quis est iste angelus, nisi de quo scriptum est? Quoniam angelus Domini percussit centum octuaginta quinque millia Assyriorum in una nocte in circuitu Jerusalem exercitantium.* Jam in pluribus illius vanæ lectionis locis quæ ex hoc

---

ª *Nec refragari ei potest quodam modo simplicitas,* Emendator reposuit, *suffragari.* At verbo *refragari* in hoc significatu etiam supra usus est lib. II.

negotio ab illis digesta est, plura notabiliter et incaute locutus fuisse deprehenditur. Pene omnibus enim ibi incautius locutus fuisse notatur, et quanto velocior in sermonibus, tanto nimirum segnior approbatur in sensibus, dicente Salomone : *Si videris virum velocem in verbis suis, scito quia spem habet insipiens magis quam ille (Prov.* XXIX). Nam dum de pictura dixisse referatur : *Quis est iste angelus nisi de quo scriptum est : Quoniam angelus Domini percussit* CLXXXV *millia Assyriorum?* et cætera, quam fuerit incautus, quamquè delirus apparuerit, cum non Assyrios ille angelus percusserit pictus, sed ille qui ad hoc explendum fuerit missus. Quod vero ait, *In circuitu Jerusalem exercitantium,* tanquam ita scriptum habeatur et in hoc sicut et in cæteris ineruditus esse detegitur, quoniam nusquam hoc ordine verborum scriptum esse reperitur. Quanquam enim Sennacherib rex Assyriorum pene omnes civitates Juda munitas ceperit, dicente Scriptura : *Et factum est in quartodecimo anno regni Ezechiæ, ascendit Sennacherib rex Assyriorum super omnes civitates Juda munitas, et cepit eas (IV Reg.* XVIII), nequaquam tamen ad Jerusalem pervenit, nec in circuitu urbis machinis murum feriturus castra posuit, sed de Lachis Rabsacen ad Jerusalem misit, qui stetisse legitur in aquæductu piscinæ superioris, in via agri fullonis. Quod iisdem verbis liber Verborum dierum, qui Hebraice דברי הימים, Græce Παραλειπομένων dicitur, qui est chronicon divinæ legis, testatur : *Misit Sennacherib rex Assyriorum servos suos Jerusalem. Ipse enim cum universo exercitu obsidebat Lachis (II Paral.* XXXII). Nam id quod præfatus Joannes more suo usurpasse dignoscitur, tanquam inibi scriptum sit, *In circuitu Jerusalem exercitantium,* in nullo sanctæ legis authenticorum codicum invenitur. Quod ut lucidius comprobetur, ipsa sanctæ legis verba, prout in codicibus habentur, per ordinem ponenda sunt. Ita enim in libro Regum legitur : *Factum est igitur in nocte illa, venit angelus Domini, et percussit in castris Assyriorum* CLXXXV *millia. Cumque diluculo surrexisset, vidit omnia corpora mortuorum, et recedens abiit, et reversus est Sennacherib rex Assyriorum, et mansit in Ninive (IV Reg.* XIX). Liber quoque sanctissimi ac disertissimi vatis Isaiæ hoc modo hanc texit historiam : *Egressus est autem angelus Domini, et percussit in castris Assyriorum* CLXXXV *millia, et surrexerunt mane, et ecce omnia cadavera mortuorum, et egressus est, et abiit, et reversus est Sennacherib;* et cætera *(Isai.* XXXVII). Liber quoque Verborum dierum, qui cum sit, ut præfati sumus, totius divinæ legis chronicon, historias tamen regum e latere libri Regum, quæ in eo prætermissæ sunt, enucleatim edisserit, hoc modo hanc narrat historiam. *Et misit Dominus angelum qui percussit omnem virum robustum et bellatorem et principem exercitus regis Assyriorum, reversusque est cum ignominia in terram suam (II Paral.* XXXII). In quibus exemplis, hoc quod a Joanne usurpatum est, minime invenitur.

CAPUT XXI.

Quod nulla auctoritate vigeat, neque in ullo authenticorum librorum reperiatur quod illi dicunt, per imaginem cujusdam Polemonis quemdam ab adulterii perpetratione coercitum fuisse, quod quidem æquare nituntur miraculo quod fimbria Dominicæ vestis actum est, quam mulier contingens exoptatam recepit sanitatem.

Inter cætera quæ ob suum errorem astruendum deliramenta in ejusdem vanissimæ synodi lectione conglomerasse deteguntur, hoc illis est familiarissimum, quod per imaginem cujusdam Polemonis quemdam asseverant ab adulterii perpetratione coercitum; quod quidem gestum, si tamen gestum esse credatur, quanquam in nullo vel Veteris vel Novi Testamenti authenticorum codicum sit repertum, nec ab ullo eorum doctorum, qui a sancta Romana, catholica et apostolica Ecclesia recipiuntur, sit prolatum, tamen id et ad suum errorem fulciendum, quasi quoddam probatissimum miraculum, proferunt, et miraculo quod Dominicæ vestis fimbria gestum est, æquiparare non metuunt. Quod quidem si, ut illi asseverant, gestum est, salutaribus Dominicis gestis nec debet nec potest coæquari, quoniam quanta est distantia inter nescio quem Polemonem et Dei et hominum Mediatorem, tanta nimirum distantia est inter gesta præfati Polemonis ejusque imaginis et sanctissima miracula Domini salvatoris, nec possunt similes actus habere, qui nimium nimiumque sunt dissimiles in virtute. *Quis in nubibus,* inquit Propheta, *æquabitur Domino? aut quis similis erit Deo inter filios Dei (Psal.* LXXXIX)? De eo etiam dicitur in Canticis canticorum : *Caput ejus aurum optimum (Cant.* V), quoniam sicut auro nullius potest metalli coæquari natura, ita creatori omnium, qui caput utique Christi est, nulla potest coæquari creatura? De quo etiam in eisdem Canticis canticorum ab sponsa dicitur : *Sicut malum inter ligna sylvarum, sic dilectus meus inter filios (Cant.* II), quoniam sicut malum cum sit pulchrum aspectu, odoreque suavissimum præeminet lignis sylvarum, ita nimirum redemptor noster, qui est odor vitæ in vitam, quem quotidie Ecclesia in odore sequitur unguentorum, cunctis præeminet cœtibus sanctorum, qui idcirco filiorum nomine censentur, quia non mundo cui nati sunt, sed Christo cui renati sunt, adhærere noscuntur. In Apocalypsi quoque vigintiquatuor seniores coronas suas ante Agnum projecisse leguntur, quia videlicet omnes sanctorum virtutes cunctæque illorum victoriæ, quibus ipso opitulante claruerunt, ejus virtutibus et victoriæ comparatæ minores esse cernuntur, quoniam et rivulus a perenni fonte derivatus minor esse perhibetur eidem fonti comparatus, et vilis pampinus vitis vivacibus radicibus vel etiam fructiferis palmitibus vilior omnino creditur comparatus. Esto, factum est, et credi possit, ut virtus Polemonicæ imaginis ab adulterii scelere quemdam compesceret, num ideo omnes imagines adorandæ sunt? Nunquid quia peccalis animantis lingua rudis humanas loquelas profundens arioli cujusdam perversam intentionem, qua benedicere populum maledicere nitebatur, compescuit, angelicosque terrificos ictus irrationale animal rationali homini vitare concessit, ideo animalia sunt pecualia adoranda? aut quia atrocium ferarum vulnifica ferocitate puerilis turba virum Dei vanis insultationibus lacessens est prostrata, ideo est ursorum rabies adoranda? Plerumque etenim casuali eventu res quodammodo accidentes noxiarum rerum perpetrationem quibusque perpetrare cupientibus inhibent, sed non ideo easdem res per quas hæc fiunt, adorare ratio permittit. Si ergo hoc quod de Polemone et imagine ejus dicunt, cujus adminiculo suum errorem fulcire cupiunt, in veritate gestum est, ideo imagines adorandæ non sunt, quia secundum exempla quæ breviter præmisimus, non omnes res quibus quædam utilia mortalibus inferuntur adorandæ sunt; si vero in veritate gestum non est, ut et nos arbitramur, nec illi plene rationabili auctoritate proferunt, qui nullis hoc in veritate gestum authenticis approbant indiciis, nec ideo vanissima sensu carentium rerum est adoratio stabilienda, quia mendaciis nec mendaciorum exemplis res quæ rationabiliter et in veritate fieri debet, nusquam legitur esse statuta, quoniam sicut veritas nunquam mendaciis assentiri dignoscitur, ita nimirum mendacia veritati semper refragari creduntur: quæ duo ita sibi e diverso venientia cernuntur opponi, ut sibi mutuo semper credantur reniti. Sicut ergo ignis fomitem nemo potest aquarum fluentis nutrire, vel e contrario aquarum fluenta nemo potest igneis fomitibus augere, ita etiam nemo potest veritatem, ut illi facere appetunt, mendaciis comprobare. Decussis igitur breviter et ex parte probatis quod gestum imaginis Polemonis, si tamen, ut illi fassi sunt, gestum est, gesto Dominicæ fimbriæ coæquari nec debet nec valet, sive, quod prorsus ambigitur, utrum gestum sit, quod illi gestum fuisse dicunt, an non, sive quod etiam si gestum fuerit, non idcirco imaginum adoratio astrui valebit, nec non et id quod mendaciis approbari seu constitui veritas nequeat, nunc operæ pretium est, ut quid fimbria Dominicæ vestis, quam illi imagini Polemonis coæquare contendunt, typicis innuerit arcanisque mysteriis, breviter exsequamur. Fimbria namque Dominicæ vestis fides est incarnationis, cujus attactu gentilitas ægritudinem amisit idolatricæ fœditatis. Sicut enim fimbria ad comparationem corporis sive totius indumenti pars minima est, ita nimirum incarnatio redemptoris divinæ et ineffabili generationi qua a Patre ante sæcula genitus est, comparata, minima esse videtur: de qua generatione per Isaiam dicitur, *Generationem ejus quis enarrabit* (*Isa.* LIII)? ubi subauditur, nullus. Humanam autem ejus generationem ita evangelista enarrat, *Liber generationis Jesu Christi filii David* (*Matth.* I). Mulier ergo post tergum fimbriam Dominicæ vestis attingens exoptatam sanitatem, quam medicorum industria longa per tempora negaverat, recepit, quia post passionem et resurrectionem sive in cœlum ascensionem Domini gentilis

credulitatis sanitatem quam nec patriarcharum nec prophetarum ei prædicatio quiverat impertire, Dominicæ vestis fimbriam tangendo, incarnationis videlicet ejus mysterium credendo, percepit, et cum ad ipsius Domini prædicationem vix modica discipulorum turba crediderit, ad prædicationem tamen apostolorum tanta multitudo celerrimo fidei ardore succensa est, ut una die quinque millia hominum, alia tria credidisse perhibeantur: quod et ipsa Veritas discipulis promisit dicens: *Qui credit in me, opera quæ ego facio et ipse faciet, et majora horum faciet* (*Joan.* XIV). Quod quidem et in miraculo quod per Petrum a Domino gestum est, quidam intelligi posse putant, quoniam dum Dominus imperio verbi sive tactu infirmos sanaverit, Petrus umbræ suæ tantum attactu infirmos legitur sanasse. Dominus ergo ad filiam archisynagogi suscitandam pergens, fimbriæ attactu feminam a profluvio sanguinis liberat, quia videlicet dum synagogam, quæ utique patriarcharum et prophetarum de stirpe descendit, somno incredulitatis evigilandam appetere tendit, gentilitatem a dæmonum insolentissimo cultu suæ fidei cognitione sanavit, et bonum quod illa perfidiæ culpa irretita percipere neglexit, ista fidei devotione percipere meruit. Ad synagogam ergo liberandam se Dominus venisse testatur, cum et per præsentiam corporalem dicit: *Non sum missus nisi ad oves quæ perierant domus Israel* (*Matth.* XV); sive cum discipulos in vias gentium abire, et in civitates Samaritanorum cohibet introire; et quondam allegorice per Salomonem in Canticis canticorum ad Israeliticæ gentis hortum se descensurum promittit dicens: *Descendi ad hortum nucum ut viderem poma convallis* (*Cant.* VI); quia scilicet dum ad Judaici populi hortum in quo erat lex in cortice pandens acerrimam austeritatem, in nucleo occultans incomparabilem suavitatem, per carnis susceptionem descendit, gentilicæ convallis abjecta opera invisit, eamque sibi fidei integritate ascivit. Porro quod sanata in itinere femina ad domum archisynagogi a Domino venitur, ejusque filia mortis vinculis destitutis suscitatur, synagoga quandoque somnum suæ diffidentiæ discussura, et Christo per fidem resurrectura, et ei perpetim victura monstratur, quandoquidem mox ut *plenitudo gentium*, secundum Apostolum, *subintraverit* (*Rom.* X), cæcitatem quæ ei ex parte in non credendo in mediatorem Dei et hominum contigit, a se discutiendo, et in eum credendo qui sibi per patriarchas et prophetas sacrorum oraculorum tonitruis olim annuntiatus est, credens, sic omnis Israel salvus erit. Cum igitur his et his similibus mysteriis quæ in Dominicæ fimbriæ gesto innuuntur, Polemonis imago penitus careat, non eo modo ut Dominici indumenti fimbria habenda est, nec debet ei coæquari in honore, quæ æquari nequit in tot mysteriorum fulgore.

CAPUT XXII.

Quod judices qui in præfata synodo fuerunt, insolenter et incongrue artem pictoriam extollere co-

nati sunt, dicentes : Pia enim est ars pictoris, et non recte eam quidam insipienter detrahunt, ipse enim Pater pictorem pie agentem commendat.

Si pestilens humor arcem corporis, id est, caput obsederit, facile ad cætera membra transfunditur, nec mirandum est si ad pedum ima transfusus eos vehementer lædat, si eum jam caput, quod omnibus membris præeminet, læsisse constet. Vesania igitur adorandarum imaginum quæ Constantini et Hælenæ matris ejus, sive etiam Tharasii Constantinopolitani episcopi cæterorumque illarum partium sacerdotum mentem irrepsit, non est plurimum magnipendenda, si ad judicum sive plebium usque mentes subripiendas descendit; quoniam ut superiori exemplo monstratum est, cum caput insolentia cujusdam rei invaditur, facile cætera invaduntur, quæ capiti subesse monstrantur. *Omne caput languidum,* ait Propheta, *et omne cor mœrens, a planta pedis usque ad verticem non est in eis sanitas* (*Isa.* I), quia videlicet dum a regibus et a sacerdotibus, qui exemplar bene vivendi subjectis plebibus esse debent, recte vivendi recteque agendi studium prætermittitur, de interna sanitate subjectarum plebium quodammodo dubitatur. Cum ergo in eadem synodo tot sacerdotum fuerint obsitæ mentes erroribus, quomodo non poterat error judicum inhærere mentibus? Aut quis ab errore reducat oves, si errandi ducatum teneant pastores? Sacerdotes etenim qui in errorem subditas plebes inducere noscuntur, talibus per Jeremiam prophetam increpationibus arguuntur : *Propterea hæc dicit Dominus ad pastores qui regunt populum meum. Vos dispersistis oves meas , et expulistis eas, et non visitastis eas* (*Jerem.* XXIII); ubi protinus quanta sit cura Dei erga populum, qualiterve amotis negligentibus studiosiores populo Dei dentur rectores, protinus subinfertur : *Ecce ego vindico in vos secundum mala studia vestra, et suscitabo illis pastores qui pascant eas, et ultra non timebunt neque terrebuntur, dicit Dominus* (*Ibid.*). In Ezechiel quoque propheta de talibus, quod quidem non sine ingenti animi angore prosequimur, qui stipendiis ecclesiasticis utuntur, et exemplis erroneis et incautis populum in errorem inducere creduntur, sicut hi fecisse perhibentur, qui in vanam imaginum adorationem exarserunt, et populum subditum prælati sibi in errore professionis sociaverunt, ita scribitur : *Et ideo, pastores, audite verbum Domini : Oves meas devoratis, et lanis eorum vos cooperitis, et quod crassum est jugulatis, et oves meas dispersistis; quod infirmum erat non confortastis, et quod male habebat non curastis, et contritum non alligastis, et quod errabat non convertistis, et quod perierat non requisistis, et fortem oppressistis labore, et dispersæ sunt oves meæ, eo quod non sint pastores, et factæ sunt in devorationem omnibus bestiis agri, et dispersæ sunt oves meæ super omnem montem et in omnem collem altum, et super faciem totius terræ dispersæ sunt, nec erat qui eriperet, neque qui revocaret* (*Ezech.* XXXIV). Non ergo in hujus negotii vanissima

professione tanta est nequitia judicum, quanta perversitas sacerdotum, sed in istis deprehenditur ignavia, in illis ingens redundat insania, præsertim cum illi se imagines adoraturos, eisque servitium quod sanctæ Trinitati debetur, exhibituros profiteantur; isti pictorum artem piam esse, et non debere subsannari, et pictorem pie agentem a Patre commendari professi sint dicentes : *Pia enim est ars pictoris et non recte eam quidam insipienter detrahunt, ipse enim Pater pictorem pie agentem commendat.* In quibus utrorumque professionibus evidenter ostenditur, tanto sacerdotes præeminuisse judicibus in errore, quanto nimirum præeminent per gradus sublimitatem in honore, nec coæquari potuisse laicos præsulibus in absurda professione, qui non coæquari possunt in sacerdotalis cathedræ sessione; sed dum in neutra parte reperiatur quod recte queat laudari, in utraque tamen parte cernatur quod merito possit vituperari, et præsulum error qui se imagines adoraturos eisque servitium soli Deo debitum exhibituros fassi sunt, ex parte discussus sit, restat ut judicum etiam error quo artem pictoriam piam esse asseverant, nostri styli invectione discutiatur. Dicunt enim artem pictoriam piam esse, quasi non cum cæteris mundanis artibus communionem pietatis aut impietatis sortiatur. Quid enim ars pictorum amplius habet pietatis arte fabrorum, sculptorum, conflatorum, cælatorum, latomorum, lignariorum, terræ cultorum, vel cæterorum opificum? Omnes enim quas præmisimus artes, quæ non nisi discendo possunt attingi, et pie et impie possunt ab his quibus exercentur haberi, nec in eas pietas aut impietas cadit, sed in hominibus qui earum sunt sequaces, qui plerumque aut vitiorum procacissimis tumultibus coarctantur, aut virtutum salutiferis cœtibus exornantur. Si ergo idcirco ars pictorum pia esse perhibetur, quia per eam plerumque piorum hominum actus et pia quædam gesta pinguntur, ergo et ideo impia perhibebitur, quia plerumque per eam impietates multæ, id est, trucidationes hominum, atrocitates bellorum, crudelitates sceleratorum, immanitates ferarum, impetus bestiarum vel cætera his similia depinguntur; et si ideo impia nullatenus esse creditur, quia hæc quæ executi sumus adumbrationibus vel etiam lineamentis quibusque humanis visibus impertiuntur, nec ideo pia erit quia per eam bonorum hominum gesta signantur. Sicut enim ferrum nec ideo impium dicitur, quia ex eo homines interimuntur, nec ideo pium, quia ex eo quædam instrumenta fiunt quibus et ensium vibrantium illisiones quatiantur, et homines tueantur, et a medicis saluti humanæ consulitur; ita et ars pictorum nec ideo impia, quia per eam crudelia, nec ideo pia, quia clementia quædam pinguntur.

Quod vero ei non recte a quibusdam insipientibus detrahi suspirant, a nullo qui sanæ mentis est ambigitur eos in hac quoque parte sicut et in cæteris dementiam sequi : quippe cum nullus sani capitis neque imaginibus detrahat, neque arti pictoriæ, sed eorum qui eas adorant eisque servitium inconsequens exhibent, abominetur vesaniam. Non enim vinum quia ebrietatem generat, reprehenditur, cùm plerumque Deo in sacrificium libetur; nec sylvæ quæ furibus hospitium præbent, quia plerumque hominum usibus multa quæ expediunt administrant; nec ideo igni imputatur, quia interdum edaciter domos vel cætera humanis stipendiis apta devorat, cum mortalium vitæ multis adminiculis suffragetur. Porro quod dicunt, *Ipse enim Pater pictorem pie agentem commendat*, cur Pater, aut ubi scriptum sit, pictorem commendet, nec illorum est approbare, nec nostrum credere, quippe cum in nullo oraculorum divinorum volumine pictorum laus perhibeatur inesse. Reperiant ergo illi in quolibet divinarum Scripturarum loco, in quo etiam secundum propriam asseverationem pictoris, ideo quod componendis imaginibus instent collaudet, et nos reperiemus qualiter eis respondere valeamus, quia omnipotens Deus non opera sed devotionem operum, nec actus sed voluntates actuum, nec res sed causas rerum, nec quisquis faciat, sed qua mente id faciat, plerumque aut probat aut improbat.

CAPUT XXIII.

Inutile et mendacio plenum dictum Joannis presbyteri et legati Orientalium dicentis : Non contraeunt pictores Scripturis, sed quidquid Scriptura dicit hæc demonstrant, quatenus concordes sunt Scripturarum.

Si omnia Joannis presbyteri et legati Orientalium deliramenta quæ in eadem synodo, in cujus inofficiosæ lectionis reprehensionibus noster stylus versatur, protulit, singillatim a nobis discutienda in unum fuissent congesta, magnorum voluminum tantæ disputationis sylva esset indigua. Sed nos ea partim brevitatis studio cui prorsus studemus, partim ordinem ipsius lectionis servantes, quo non singulorum singula seorsum, sed quorumdam passim per ordinem, prout quisque locutus est, vel etiam in eodem codice posita inveniuntur, discutienda in nostra disputatione ponentes, et brevissimæ disputationis cuncta articulo coarctare compellimur, et non singula seorsum, sed pene omnia sparsim, prout ordo dictavit, exsequimur. Est interea operæ pretium diligenter discutere, qualiter, ut idem profatus est, pictores haudquaquam credantur Scripturis contraire aut qualiter quidquid Scriptura dicit demonstrent, qualiterve concordes sint Scripturarum. Quamvis enim non eluceat de quibus Scripturis ille hoc dixerit, credendum est tamen eum de sacris Scripturis dixisse, quas usitate *Scripturas* solemus vocare, ut est illud in Evangelio : *Tunc aperuit illis sensum ut intelligerent Scripturas* (*Luc.* XXIV). S R. Picturæ interea ars cum ob hoc inoleverit, ut rerum in veritate gestarum memoriam aspicientibus deferret, et ex mendacio ad veritatem recolendam mentes promoveret, versa vice interdum pro veritate ad mendacia cogitanda sensus promoveret, et non solum illa quæ aut sunt aut fuerunt aut fieri possunt, sed etiam ea quæ nec sunt, nec fuerunt. nec fieri possunt visibus defert. Mendacium enim aut de his est quæ non sunt, sed fieri possunt, aut de his quæ nec sunt nec fieri possunt, de quibus in perihermenias a philosophis acutissima sive subtilissima disputatio est, quam huic operi interponere longissimum est. Nam dum dicat non contraire pictores Scripturis, et multa a pictoribus pingantur quæ Scripturæ divinæ tacent, et ab hominibus non solum a doctis, sed etiam ab indoctis falsissima esse comprobentur, quis non ejus dictum ridiculosissimum vel potius falsissimum esse fateatur? Nonne divinis Scripturis contraire noscuntur, cum abyssum figuram hominis fingunt habere, et lympharum inundationem affatim fundere? Nonne divinis Scripturis eos contraire haud dubium est, cum tellurem in figura humana modo aridam sterilemve, modo fructibus affluentem depingunt? Nonne divinis Scripturis eos contraire manifestum est, cum flumineos amnes in figuris hominum aut situlis aquas fundere, aut alios in alios confluere depingunt? Nonne cum solem et lunam et cætera cœli ornamenta figuras hominum, et capita radiis succincta habere fingunt, sanctis Scripturis modis omnibus contraeunt? Nonne cum duodecim ventis singulis singulas formas pro qualitate virium attribuunt, aut mensibus singulis pro qualitate temporum quid unusquisque deferat, quibusdam nudas, quibusdam seminudas, quibusdam etiam indutas diversis vestibus figuras dant, aut dum quatuor tempora anni singula diversis figuris depingunt, aut floribus vernantem ut ver, aut æstibus exustam; vel etiam segetibus onustam ut æstatem, aut vindemiæ labris vel botris oneratam ut autumnum, aut modo frigoribus algidam, modo ignibus se calefacientem, modo animantibus pabula præbentem, modo nimiis frigoribus marcidas volucres capientem ut hiemem, Scripturis divinis in quibus hæc ita minime continentur contraire noscuntur? Quomodo ergo a pictoribus qui poetarum vanissimas fabulas plerumque sequuntur, sanctis Scripturis minime contraitur? Finguntur enim per eos interdum res in veritate gestæ in alias atque alias incredibiles nænias; finguntur etiam quæ nec factæ sunt nec fieri poterant, sed aut mystice a philosophis intelliguntur, aut inaniter a gentilibus venerantur, aut veraciter a catholicis respuuntur : quæ omnia quanquam gentilium habeantur in litteris, a divinis tam prorsus sunt aliena Scripturis. An non divinis litteris alienum est quod ab illis Chymæra triceps a Bellerophonte fingitur interfecta, cum Bellerophon non bestiam, ut illi mentiuntur, prostraverit, sed montem, ut plerique intelligunt, habitabilem fecerit? An non divinis Scripturis alienum est, quod Vulcani claudi et Terræ filius Erichthonius esse, et in monte Ætna ferrum coquere, ejusque fornax Vesuvius mons Campaniæ esse fingitur, qui perpetuis ignibus ardere perhibetur? An non divinis Scripturis aliena sunt, quod Scylla capitibus fingitur succincta caninis? et Phyllis ob amorem juvenis cujusdam in arborem fingitur esse conversa? et altera Scylla eo quod Niso patri crinem absciderit purpureum, una cum patre, et Itys ob stuprum materteræ a patre gestum et homicidium matris sive materteræ in seipso patratum una cum parentibus sive matertera in volucres finguntur fuisse conversi? aut cum Syrenes ex parte virgines, et ex parte volucres finguntur? aut cum Ixion illusione Junonis cum Nube coiens Centauros fingitur generasse? aut cum Neptunus tridenti armatus marinis fingitur fluctibus dominari? An non divinis Scripturis alienum est, quod Perseus tres sorores Gorgonas adjutorio Minervæ interfecisse, atque cum alatus aversus volare fingitur, aut cum de sanguine ejus nasci fertur Pegasus, equus alatus, qui ungula sua fontem rupisse Musis depingitur? An non divinis Scripturis contrarium est, quod Prometheum homines ex luto finxisse inanimatos fingunt, et eumdem Prometheum a Minerva in cœlum levatum inter oras septemplicis clypei, et dum omnia cœlestia vidisset, fingunt eum ferulam Phœbiacis applicasse rotis, ignemque esse furatum, et pectusculo hominis quem finxerat applicato animatum reddidisse corpus? An non divinis Scripturis contrarium est, quod Tantalum fingunt in inferno in quodam lacu depositum, eique fallacem aquam gulosis labia titillamentis attingere, pomaque fugitivis cinerescentia tactibus desuper facie tenus pendula apparere, eique esse locupletem visum et pauperem effectum? An non divinis Scripturis alienum est, cum Phineus cæcus fingitur, cujus cibos Harpyiæ rapuisse, ejusque prandia stercoribus fœdasse pinguntur, quas Zetus et Calais Aquilonis venti filii fugasse a conspectu ejus mendaciter finguntur? An non divinis Scripturis contrarium est, cum Admetus rex Græciæ, ut Alcestæ conjugio frueretur secundum propositum soceri leonem et aprum ad currum simul junctos, Apollinis et Herculis adjutorium habuisse pingitur? Aut cum Hercules Cerberum tricipitem canem inferorum interemisse pingitur? An non divinis Scripturis contrarium est, quod Acteonem quemdam venatorem eo quod Dianam lavantem viderit, in cervum fingunt esse conversum, et a canibus suis non agnitum, eorumque morsibus devoratum? An non divinis Scripturis contrarium est, quod Berecynthia puerum formosissimum Atyn amasse, eumque zelotypiæ vanitate succensa castrasse, et semimasculum fecisse depingitur? An non divinis Scripturis contrarium est, quod Orpheus Euridicen nympham amasse et sono cytharæ persuasam uxorem duxisse pingitur, quæ etiam dum Aristei pastoris persecutionem non ferens fugeret, et in serpentem incidens mortua esset, eamque maritus insequens ad inferos descenderet, et legem acciperet ne eam conversus aspiceret, hanc conversus aspexisse et denuo perdidisse fingitur? An non divinis Scripturis alienum est, quod Venus cum Marte concubuisse et a Sole deprehensa, et Vulcano prodita, et ab illo adamantinis catenis una cum Marte pingitur fuisse religata? Hæc et his similia, quæ et nobis ad retexendum sunt fastidiosa, et poetis sive philosophis gentium vel ad cantandum suavia,

vel ad tractandum mystica, et pictoribus ad formandum familiaria, prorsus sunt, ut præfati sumus, a divinis litteris aliena. Nam, ut cætera taceamus, si quis pictor duo capita in uno corpore, aut in duobus corporibus caput unum, aut alterius animantis caput, alterius cætera membra, ut Hippocentaurum toto corpore equino et capite humano, et Minotaurum semibovem semivirumque affectet pingere, nunquid non Scripturis dicitur contraire? Ecquid est dicere, *Non contraeunt pictores Scripturis?* quasi non aliqua a pictoribus possint depingi quæ sacris litteris credantur refragari. In sacris etenim litteris, nihil vitiosum, nihil inconveniens, nihil impurum, nihil falsum, nisi forte id quod perversos quosque dixisse vel fecisse sancta Scriptura commemorat, penitus invenitur; in picturis autem plura falsa, plura vitiosa, plura inconsequentia, plura inconvenientia, et, ut singula taceam, pene omnia sive possibilia, sive impossibilia, ab eruditis pictoribus depinguntur: quibus documentis Joannes presbyter et legatus Orientalium in hac quoque parte, sicut et in cæteris delirasse convincitur. Quod autem presbyter idem ait, *pictores quidquid Scriptura loquitur demonstrare*, quam sit falsum quamque inutile, prudens lector advertat. Nunquidnam divinæ cuncta legis præcepta quæ a Domino per Moysen data sunt; ut est illud, *Audi Israel, Dominus Deus tuus Deus unus est (Deut. VI)*, et cætera hujuscemodi, in quibus nihil sonant quæ pingi possint, a pictoribus demonstrantur? Nunquidnam omnia verba prophetarum, in quibus doctrinæ, exhortationes, redargutiones, contemplationes, minæ, vel cætera his similia continentur, in quibus crebro invenitur, *Hæc dicit Dominus*, aut, *Juravit Dominus*, aut his similia, quæ ab scriptoribus potius quam a pictoribus exarantur, pictura secundum ejus vanitatem demonstrare valet? Nunquidnam verba ipsius Domini et apostolorum singula a pictoribus possunt demonstrari? Pictores igitur rerum gestarum historias ad memoriam reducere quodammodo valent, res autem quæ sensibus tantummodo percipiuntur et verbis proferuntur, non a pictoribus, sed ab scriptoribus comprehendi, et aliorum relatibus demonstrari valent, ac per hoc absurdum est dicere: *Non contraeunt pictores Scripturis, sed quidquid Scriptura loquitur, hoc demontrant.* Porro quod ait, *Concordes sunt Scripturarum*, quam sit insulsum, quamque absurdum, multis potest approbari indiciis. Qualem enim concordantiam possunt habere cum Scripturis sacris, cum illæ veraces sint, isti plerumque falsa confingant? et de illis dicatur, *Eloquia Domini eloquia casta (Psal XI)*, isti interdum fingant impura et incesta? Illæ semper suadeant honesta et salubria, isti multoties inhonesta et ludibria? Illæ semper instent humanæ saluti, isti plerumque vanitati? Illæ semper hortentur ad cœlestia dona, isti crebro depingant terrestria quæque et caduca? Quanta enim concordantia est inter id quod semper veritati innititur, et id quod plerumque veritatem, plerumque falsitatem insequi tur, tanta nimirum concordantia est inter Scripturas divinas quæ semper puras et fixas regulas tenent, et pictores qui mortalium more plures permutationes habent.

CAPUT XXIV.

Quod non sint coæquandæ imagines reliquiis sanctorum martyrum et confessorum, ut illi in sua erronea synodo facere nituntur, eo quod reliquiæ aut de corpore sunt, aut de his quæ in corpore, aut de his quæ circa corpus cujusdam sancti fuerunt : imagines vero nec in corpore, nec circa corpus fuisse vel fore creduntur illis quibus ascribuntur.

Sicut igitur sacratis rebus sive quæ per legislatorem, sive quæ per Dei et hominum mediatorem sacratæ sunt, sive etiam quæ quotidie a sacerdotibus divini nominis invocatione sacrantur, et in mysterium nostræ redemptionis sumuntur, imagines nequaquam coæquandæ sunt, ita etiam nec sanctorum martyrum seu confessorum reliquiis, quæ apud fideles ipsorum amore venerationi habentur coæquandæ creduntur. Quas quidem illi qui in earum adorationem exarserunt cum omnibus sacratis rebus et mysteriis plenis æquiparare nitantur, reliquiis etiam sanctorum martyrum insolenter atque absurde æquiparare nituntur. Cum ergo sanctorum corporibus aut certe corporum reliquiis, nec non et vestibus aut his similibus, quibus sancti dum mortaliter viverent usi sunt, isti picturas aut cælaturas sive sculptilia vel conflatilia quæque ab artificibus quibusque formata coæquare in honore moliuntur, non modicam sanctis injuriam inferre monstrantur, cum præsertim sanctorum vestes et his similia ideo veneranda sint, quia aut in corporibus eorumdem sanctorum, aut circa corpora fuisse, et ab his sanctificationem ob quam venerentur percepisse credantur, nec non et sanctorum corpora, vel etiam corporum reliquiæ, quoniam quanquam nunc in pulverem redacta fatescant, juxta mundi terminum cum gloria sunt resurrectura et cum Christo perpetim regnatura : imagines vero, quas illi inani voto his quæ præmisimus coæquare contendunt, ideo his minime coæquari queunt, quæ neque id sunt quod sanctorum corpora, neque in eorum corporibus vel circa eorum sacratissima corpora fuere, sed pro captu uniuscujusque ingenii, vel instrumentis artificii, modo formosæ, modo deformes, plerumque etiam rebus impuris fiunt. Unde datur intelligi non eos mediocriter errare qui illas sanctorum reliquiis nituntur æquiparare. Sanctorum itaque corpora venerari, eorumque reliquiis honorem exhibere non sine causa vetustas admisit. Nam Abraham pater gentium vir fide plenus, devotione summus, obedientia præcipuus, in præceptis Domini strenuus, non in quolibet loco, sed in agro studiose empto, conjugem legitur sepelisse, et ossa sua non in loco quolibet, sed in spelunca pulcherrima, in cujus interiore parte protoplastus sepultus fuit, juxta suum imperium a filiis tumulatus legitur fuisse. Isaac quoque utero senili profusus, atque Deo in sacrificium in figura nostri Redemptoris ad offerendum ductus, virque sanctitate et castimonia clarus juxta patrem secundum propriam jussionem creditur a filiis fuisse sepultus. Jacob quoque vir magnæ patientiæ divinis affatim roboratus oraculis et crebris repromissionibus exhortatus, cum famis inopiam vitare, et dulcissimum pignus quod exstinctum crediderat cernere cupiens, cum clara progenie Niliacas descendisset in oras, non se ibidem sepeliri permisit, sed corpus suum ad terram sibi patribusque suis repromissam, juxta ossa patris avique sepeliendum advehi sanxit ; et quia quartus in eadem spelunca, in cujus interiore parte Adam sepultus fuerat, juxta avum patremque sepultus est; loco nomen *Arbee*, id est, quatuor dedit (*Gen.* L). Joseph quoque qui typicis mysteriis a gentilibus, *salvator mundi* appellari meruit, et mira sanctitate inter fratres enituit, ossa sua filiis Israel ad terram repromissionis vehenda præcepit : quod quidem legislator idcirco minime agere distulit, quia id haudquaquam contra fidem esse cognovit. Viri itaque sancti corpus, qui de Juda ad arguendam nequitiam Israelitici regis in Bethel venerat, dum propter inobedientiam, quia cibos civitatis inhibitos sumpsit, a leone fuisset exstinctum, ab eodem nimirum leone legitur custoditum, sed culpa inobedientiæ mortis acerbitate soluta, non præsumpsit crudelis fera sanctum corpus prophetæ contingere, quem atrociter præsumpserat interimere. Prophetes itaque Bethel, nisi sanctis ossibus venerationem exhibendam sciret, nunquam se juxta ossa viri sancti sepeliri præciperet dicens: *Sepelite me juxta ossa prophetæ (III Reg.* XIII). Vir itaque sanctus Josias et antequam nasceretur ex nomine nuncupatus, idolorumque dissipator, et paternarum legum strenuus observator duorum prophetarum ossa, cum plurimorum hominum ossa ob altare profanum polluendum combureret, nequaquam intemerata servare præciperet, nisi sanctis ossibus venerationem exhibendam sciret. Ecce quibus exemplis, ut cætera taceamus, monstratum est sanctorum cineribus venerationem exhiberi debere : dicant illi ubi unquam jubeamur imagines adorare. Sanctis ergo corporibus honorem impendere magnum est fidei emolumentum : quo præsertim et illi in cœlestibus sedibus cum Christo vivere, et eorum ossa quandoque resurrectura creduntur. Imaginibus ergo quæ nec vixisse unquam creduntur, nec resurrecturæ, sed aut ignibus aut carie consumendæ perhibentur, adorationem soli Deo debitam impertire, aut segnitiæ est si utcunque agitur, aut insaniæ vel potius infidelitatis si pertinaciter defenditur. Nos itaque nec cum Vigilantio ejusque sequacibus reliquias abnuentes, nec cum Simone ejusque complicibus imagines adorantes, et reliquiis sive sanctorum corporibus opportunum obsequium exhibemus, et basilicas prout libet sanctorum imaginibus, sive etiam auro argentove exornamus, et servitium adorationis sive culturæ soli Deo cui soli debetur ipso opitulante impendimus.

CAPUT XXV.

Quod non ideo adorandæ sunt imagines quod per eas, ut illi dicunt, nonnulla signa monstrata fuisse putentur, cum tamen non omnes res adorentur per quas vel in quibus miracula apparent.

Hoc etiam illis ad suum errorem astruendum familiare est, quod per quasdam imagines nonnulla miracula facta fuisse perhibent : quod tamen nec Veteris nec Novi Testamenti pagina demonstrat, quæ quidem et si uspiam visa vel audita fuisse probarentur, dubitandum erat, ne forte tortuosi serpentis flexuosissimis meandris viderentur vel audirentur, qui cum sit teterrimus et tenebris suæ nequitiæ obsitus, transfigurat se in angelum lucis, audens se dicere lucem. Multa etenim signa, multaque miracula, per angelos refugas, vel etiam per eorum sequaces fiunt, qui dum sint spiritales potentiæ, et, ut ita dixerim, spiritales nequitiæ, et prophetias infelicibus quibusque impertiunt, et virtutes multas per suos satellites faciunt : de quibus erunt illi qui dicturi sunt, *Domine, Domine, nonne in nomine tuo prophetavimus et in nomine tuo dæmonia ejecimus, et in nomine tuo virtutes multas fecimus?* Quibus æternus arbiter dicturus est : *Nescio vos* (*Matth.* vii). Quia igitur signa plerumque diabolico instinctu fiunt, ideo beatissimus Gregorius sanctæ Romanæ Ecclesiæ antestes dixit : « Nolite, fratres mei, amare signa quæ possunt cum reprobis haberi communia. » Sanctissimus quoque Augustinus, a dæmonibus miracula fieri, similia miraculis quæ fiunt per sanctos servos Dei his verbis testatur. Ait enim : « Non oportet moveri cum magicis artibus miracula fiunt plerumque similia miraculis quæ fiunt per sanctos servos Dei : sicut scriptum est in Exodo, quod magi Pharaonis fecerunt nonnulla similiter sicut fecit Moyses. » Non ergo hæc oportet mirari, quia omnia quæ visibiliter fiunt, etiam per inferiores potestates aeris hujus non absurde fieri posse creduntur. Sed hoc interest, quod cum sancti talia faciunt in nomine Dei Domini omnium rerum, de sublimioribus apparatibus jubetur inferiori creaturæ; cum autem mali homines magicis artibus operantur similia in manus suas dantur cum exaudiuntur a dæmonibus. Digni sunt enim qui tali exauditione decipiantur, ut pœna illis fiat hoc quod videntur impetrare beneficium, cum eis exhibent quasi privatim inferiores potestates, quædam miracula, ut eos habeant subjugatos, permissu tamen divino pro meritis animarum sua cuique tribuuntur. Unde signa et miracula quæ illi dicunt in imaginibus apparuisse, si non apparuerunt, sicut et nulla hoc authentica tradit historia, mendacium est, et mendacio quicunque veritatis sunt servi uti non debent, quoniam ut ipsa Veritas ait, *Nemo potest duobus Dominis servire* (*Matth.* vi) : quæ si apparuerunt, et per phantasticas quasdam obumbrationes ad illiciendas mentes apparuerunt, periculosissimum est, ne forte calliditatis suæ astu antiquus hostis dum mira quædam demonstrat, ad illicita peragenda fraudulenter suadeat. Si vero apparuere in veritate signa, quod tamen fieri nullius certis lectionis probatur documentis, et nec mendacio illorum in hac parte sententia subjacet, nec fraudulentis hostis machinationibus secundum exempla quæ superius monstrata sunt, sed Dei operatione gesta probantur cui cuncta sunt possibilia, cui nihil impossibile est, animadvertendum summopere est quod cum multa et stupenda nutu Dei per quasdam creaturas, vel etiam in quibusque creaturis peracta fuerint, non omnia in quibus vel per quas facta sint adoranda credantur, quoniam quidem omnipotens Deus signa pleraque quæ mortalibus ostendit, quæ per res quasdam visibiles et tractabiles fecit, quatenus visibilium et mortalium hominum duritiam rebus visibilibus molliret, non ideo fecit, ut quarumdam rerum celebrandam statueret adorationem, quippe qui se solum adorare, solum præcepit et colere. Nunquidnam quia Dominus de rubo in igne Moysi locutus est, ideo rubi adorandi sunt? Non enim ideo in rubo apparuit, ut rubi materiam adorandam percenseret, sed ut per ejus spinas peccata pro quibus lex venerat demonstraret. Quia ergo rubus radicem non habet spinis armatam, cum in superioribus spinis densetur, in eo evidenter peccata non esse ex natura monstrantur. Quæ ideo ab igni non est combusta, ut innueret per legem peccata non esse delenda, sed tantummodo ostensa. Lex enim peccata tantummodo ostendit, gratia autem quæ per Christum data est, peccata quæ lex monstraverat curavit. Quia ergo in igne Dominus apparuit, non ideo ignem adorandum decrevit, sed in ea natura apparere voluit, quæ semper ad alta conscendere contendit. Quia igitur in monte dignatus est apparere, non montium adorationem creditur statuisse, sed quia rationabiliter factum est ut cœlorum rex in ea re appareret quæ semper alta appetit, et non in humili, sed in alto loco, ut et se altissimum demonstraret, et suos sequaces ad alta conscensuros evidentissime ostenderet. Nunquid quia circumcisione acutissimo lapide facta legislator tremendi judicis iram et mortis interitum evasit, lapides adorandi sunt? Merito enim legislator angelum in se tam infestum vidit, quia habitans in terra Madian, filium circumcidere neglexit, et qui Dei Abrahæ nuntius erat, signum fidei Abrahæ in filio non ferebat, in quo gloriari Judæos sciebat : qui non ideo lapide circumciditur, ut lapidum ex hoc facto adoratio firmetur, sed ut per Christum qui est lapis angularis, peccata amputanda et mortis pericula evadenda ostendantur. Nunquid quia virga toties in serpentem conversa, toties legitur in virgæ rigorem redacta, quæ typicis figuris Christum de vita in mortem, de morte innuit redisse ad vitam, aut quia eadem virga quam Christi diximus gestasse figuram maris Rubri, baptismatis videlicet, unda divisa ad terram repromissionis, id est, ad cœlestia regna populo Dei pergenti transitum præbuit, ideo virgæ adorandæ sunt? Nunquid quia aquæ amaræ ligno indulcatæ leguntur, quæ legem non immerito Christi ligno indulcatam, et spiritali dulcedine populorum mentes satiendas innuunt, ideo ligna adoranda sunt? Nunquid quia serpentis ænei inspectio, qui Christi mortem præfiguravit in ligno populum a serpentum morsibus, id est, ab spirituum immundorum mortiferis persuasionibus salvavit, ideo aut æs aut serpentes adorandi creduntur? Nunquid quia percussa silex exustis in arvis laticum fluenta produxit, et sitientem populum sitis ariditate liberavit, quæ nimirum Christi figuram gessit, qui est lapis de monte abscisus sine manibus præcidentium, qui evangelicæ prædicationis fluentis sitim incredulitatis a fidelium mentibus fugat, qui quotidie intonat, *si quis sitit veniat ad me et bibat* (Joan. VII), ideo aut lapides creduntur adorari, aut latices? Nunquid quia virga Aaron, qua beatæ virginis partus innuitur naturali lege calcata, nulla humanæ operationis irrigatione fecundata, floruit et fronduit, et protulit nuces, ideo virgæ adorandæ creduntur? Nunquid quia sancto Hierobaal sicca area madido vellere, aut madens area sicco vellere apparuit, quo miraculo totius mundi gentilitatem cœlesti rore immunem Israelitici solummodo generis, vellus madidum divini verbi imbre, ac postmodum pro culpa perfidiæ eumdem populum suæ infidelitatis siccitate arentem, mundique gentilitatem sacræ fidei rore perfusam significari manifestum est, ideo aut areæ, aut vellera adoranda sunt? Nunquid quia Samson mandibula asini mille viros peremit, ejusdemque mandibulæ molare evulso aquarum fluentis satiatus est, typum gerens nostri mediatoris, qui morte sua aerias potestates devicit, et spiritalibus fluentis fidelium, qui utique membra ejus sunt, arentia corda irrigavit, ideo mandibulæ, aut molares adorandi sunt? Nunquid quia Elias pallio suo, per quod Dominicæ incarnationis mysterium figuratum est, per quod Jordanis, baptismatis videlicet unda, introitur, Jordanem divisisse legitur, ideo pallia adoranda creduntur? Nunquid quia Naaman Syrus in flumineo lavacro lepræ contagio ablutus est, per quem gentilitas Christi baptismate ab idolorum contagione abluta figurata est, ideo flumina adoranda sunt? Nunquid quia viro sancto Eliseo Spiritus sancti adventus eatenus dilatus est, quatenus psaltes applicaretur, applicato vero psalte Spiritus sanctus illius se profudit præcordiis, per quem Judaicus populus significatur qui Spiritus sancti adventum ideo nunc minime recipit, quia et incarnationem Redemptoris minime in credendo suscipit, quam cum mox ut circa mundi terminum perceperit Spiritus sancti flamine, et omnium charismatum donis exornabitur, ideo psaltes adorari debebit? Nunquid ergo quia fimbria Dominicæ vestis, cujus attactu femina sanitatem recepit, quam Dominicæ incarnationis credulitatem per quam gentilitas sanata est significare superius jam diximus, ideo fimbriæ adorandæ sunt? Aut quia Petri umbra infirmi sanati sunt, ideo umbræ adorandæ sunt? Non igitur, ut superius præmisimus, omnes res per quas vel in quibus miracula quædam Dei ordinatione monstrata sunt, quodammodo adorandæ creduntur.

Quod si hæ res in quibus miracula apparuere ad orandæ non sunt, multominus imagines adorandæ creduntur, in quibus vel per quas quædam miracula apparuisse, nulla authentica lectione monstratur.

CAPUT XXVI.

Quod Theodorus Mirensis episcopus ridiculose et pueriliter egerit, qui ut imaginum adorationem astrueret somnia archidiaconi sui in eadem synodo retulit.

Cum in eadem vanitatis lectione quam illi septimæ synodi nuncupatione censeri æstuant, pene omnia somniorum imaginationibus et phantasticis quibusdam obumbrationibus similia sint, et pene nihil sit ibi quod non aut somnii vanitatem, aut alterius cujusdam deliramenti hebitudinem redoleat, cunctaque interiori palato degustata, insapidum insulsumque quemdam saporem referant, speciali tamen deliramento Theodorus Mirensis episcopus somnia archidiaconi sui ibidem legitur retulisse ut errorem, quem nec divinarum Scripturarum auctoritatibus nec ullis sanctorum Patrum doctrinis vel exemplis valuit fulcire, saltem somniorum delusionibus valeret astruere, nec immerito ad tam frivolum tamque vecors stabiliendum negotium dignum, et pene par exhibens adminiculum. Quanquam igitur somniorum usus nec in totum sit approbandus, quia plerumque dæmonum fallaciis exhibetur, nec in totum improbandus, quia interdum per eum quædam mysteria revelantur, ad astruendas tamen res dubias, et ea quæ in contentionem veniunt affirmanda nunquam idoneus invenitur. Quis enim unquam somnio suo rem dubiam valeat affirmare, cum utrum ita ut se vidisse profatur viderit, nullius testis testimonio valeat approbare. Ad rem ergo dubiam, et quæ in quæstionem venit roborandam, non somniorum ludificatrix vanitas, non apocryphorum acerbissima procacitas, non levium et inutilium verborum falsitas, sed divinorum librorum sive catholicorum Patrum authentica est requirenda auctoritas. Nam sicut res profuturæ et mysteriorum arcanis comptæ, cum per somnia innuuntur, per angelos revelantur, ita e contrario; dum res noxiæ et omni utilitate carentes per somnia demonstrantur, a dæmonibus demonstrari creduntur. Unde si somnium, quod ille in synodo retulit, ad imaginum adorationem stabiliendam ab angelo archidiacono ejus demonstratum est, imagines adorare proficuum est; et si imagines adorare proficuum est, cæteras res sensu carentes adorare proficuum est. Est autem res sensu carentes adorare noxium : non igitur archidiacono ejus somnium quod retulit ad imaginum adorationem stabiliendam ab angelo demonstratum est. Liquido namque patet id ei, cum ab angelo demonstratum non sit, ab incentore spiritu qui semper vanitatibus et rebus noxiis instat, illatum fuisse. Quod ut lucidius pateat, rationabili argumento firmandum est. Quoniam si incentor spiritus id ei minime intulit, an-gelus procul dubio intulisse credendus est : et si angelus intulisse credendus est, consensum rebus prohibitis angeli exhibent. Non autem angeli rebus prohibitis vel noxiis seu divinis monitis obnitentibus consensum exhibent, spiritus igitur incentor id ei intulisse credendus est. Cum ergo probatum sit id ei ab angelo sancto minime fuisse exhibitum, eo quod cum spiritus in sui conditoris laude continua permanentes et peccato prorsus carentes, res impuras et delictis obnoxias penitus abnuant, restat ut aut delusione nequissimi spiritus id sibi fateatur exhibitum, aut se prorsus testetur fuisse mentitum, quod utrumque servis Dei non convenit. Nam et spiritibus immundis catholico cuique resistendum est, dicente Apostolo, *Resistite diabolo, et fugiet a vobis (Jac.* IV) ; et mendacium spernendum est, dicente Scriptura : *Noli velle mentiri omne mendacium, assiduitas enim illius non bona (Eccli.* VII). Probandi interea, juxta apostoli sententiam, spiritus sunt, an ex Deo sint, et juxta Veritatis vocem a fructibus suis cognoscuntur. Unde ex fructu suo quo imaginum adorationem affectat, id somnium fulcire evidentissime deprehenditur ille spiritus qui id intulit, ex Deo non esse. Sed ne forte nostris solummodo argumentationibus hoc videamur edicere, recurramus ad divinas Scripturas, interrogemus legislatorem, dicat utrum somnia recipienda sint, dicat qualiter nobis erga somniatores agendum est. Dic, oro, sancte Moyses, dic mitissime virorum, dic vir nobilis et arcanorum Dei strenue inspector, dic vir clementissime et ineffabilis Dei fidelissime interpres, qui legem in monte peccatis contrariam et vitiis inimicam accipiens, glorificata facie vultum intolerabilem peccatori populo adduxisti, ut sicut lex quam deferebas peccatis contraria erat, ita nimirum vultus tuus spectantibus terribilis esset; dic, vir inclyte, qui typum veri Redemptoris gerens, mediator inter Deum et homines exstitisti; da præceptum utrum quælibet somnia credenda sint; fare utrum quibuslibet inclusionibus consensus exhibendus sit. *Si surrexerit in medio tui prophetes, aut somniator qui somnium vidisse se dicat, et prædixerit signum aliquod atque portentum, et evenerit quod locutus est, et dixerit tibi : Veni et sequamur deos alienos quos ignoras, non attendas verba prophetæ illius aut somniatoris, quia tentat vos Dominus Deus vester, ut palam faciat utrum diligatis eum ex toto corde vestro an non (Deut.* XIII). Ecce legislatoris auctoritate perdocemur quod verba somniatorum, quanquam effectum habeant, non attendantur. Dicat nunc Sapientia quid de somniis sentiat. Ait enim : *Ubi multa sunt somnia, plurimæ vanitates, et sermones innumeri : tu vero Deum time (Eccle.* V). Nam et Ægyptios somnia perturbasse creduntur, dicente Scriptura, *Somnia enim quæ illos turbaverunt (Sap.* XVIII); hæc significabant, ne inscii essent quare mala paterentur. Manifestum est enim divinæ legis auctoritatibus somnia et auguria vana esse, et quanto quis ea amplius timuerit, tanto cor ejus amplius fallit. Unde modis omnibus reprehendendum putavimus, quod præfatus episcopus, cui divinæ legis armis contra somniatores vel cæteras nænias confligendum erat, somnia archidiaconi sui ad rem inutilem roborandam in synodo retulit. Hæc enim parvi pendenda non solum divinæ legis oraculis, sed et in ipsis gentilium reperitur litteris. Ait enim philosophus Cato :

Somnia ne cures; nam mens humana quod optat,
Cum vigilat sperat, per somnum cernit id ipsum.

Nam si quis forte nobis succensere nitatur, eo quod gentilium verba nostro inseruimus operi, legat primum libros beatissimorum atque eruditissimorum virorum Hieronymi, sive Augustini, et mox ut in illorum opusculis, non solum philosophorum, sed etiam poetarum gentilium quædam verba repererit, nos magistros et auctores, quorum vestigia sequimur, habere cognoscet, cum quibus nec culpari abnuimus, nec reprehendi erubescimus. Nam ut altius repetamus, vas etiam electionis quiddam de gentilium verbis suis inseruit operibus, ut est illud : *Cretenses semper mendaces, malæ bestiæ, ventres pigri (Tit.* I). Præterea cum somniorum observationes, vel potius vanitates discutimus, non penitus illorum usum abdicandum esse testamur. Cum et patriarchis et prophetis, quædam sacratissima mysteria in somnis, vel potius in visionibus monstrata sint, et magi tres in somnis moniti ne ad truculentum redirent tyrannum, alterius callis tramitem tenentes proprias repedaverunt ad sedes, et viro sancto Joseph in somnis angelus apparuisse, et ei mysteriorum arcana multis retro sæculis a prophetis annuntiata legitur demonstrasse : unde ne quis his et his similibus exemplis somniorum insolenter appetat usum, et eas sequi vel credere, vel in conventibus recitare, aut ab his more Theodori res in contentionem venientes affirmare præsumat, idcirco est ut paulo superius præmisimus, a sanctis Scripturis prohibitum. Legimus etiam infidelibus ac profanis quibusque regibus quædam arcana per somnia demonstrata, quæ non illis revelata sunt ullis propriorum meritorum prærogativis, sed ut viri sancti qui ea illis Spiritu sancto revelante monstravere, honoribus sublimarentur, et suis valerent prodesse conceptivis. Quanquam ergo et visiones et somnia mixtim dici consuetudo admiserit, inter visiones vero et somnia hoc quidam distare dicunt, quod somnia ea sunt quæ plerumque falluntur : veniunt ergo nonnunquam ex revelatione, multoties vero aut ex cogitatione, aut ex tentatione, aut ex aliquibus his similibus; visiones vero dicunt, quasdam veraciores revelationes, quarum tria sunt genera, corporale videlicet, et spiritale, sive etiam intellectuale. Corporale igitur est, quod fit per corpus; spiritale, cum imagines eorum quæ videmus in memoria condimus; intellectuale nempe, cum ea quæ corporaliter videmus, et imaginaliter in memoria retinemus, intellectu discernimus. Intellectu igitur discernimus, quod illud sit corpus, illud similitudo corporis. Hunc quoque intellectum bestiæ et pecora atque volatilia nullatenus habent. Vident et ipsa per corpus, et eorum quæ vident imaginaliter spiritus informantur : unde et pecora præsepia recognoscunt, et aves ad nidos suos redeunt, sed nec seipsa intelligunt, nec illa quæ oculis cernunt. Postremo corporalis ista visio, sine spirituali esse non potest. Ergo cum avertimus oculos ab eis quæ vidimus, imagines eorum quæ non videmus, in memoria retinemus. Spiritalis vero visio sine corporali esse non potest : unde absentes homines recordamur, et in tenebris ea quæ non videmus, imaginaliter cernimus. Intellectualis nempe nec corporali indiget, nec spirituali. Intellectu nec corpus videmus, nec imaginem corporis : per hunc quippe videtur justitia, charitas, ipse Deus, ipsa mens hominis quæ nullum corpus habet, nullam soliditatem corporis. Hic interponendum de quinque generibus visionum, juxta Theodosium Macrobium. Cum ergo somniorum ac visionum tot tantaque sint genera a diversis partibus venientia, solerter intuendum est ne dum quis quid se in somnis vidisse cognoscit, statim ea firmiter teneat, atque ad res dubias deliberandas quasi quamdam authenticam auctoritatem in synodo proferat, ne dum vanitatem vanitatibus corroborare conatur, ipse, quod absit, in vanitatem labatur.

CAPUT XXVII.

Quod cum Deus illocalis sit, illi minus nocte dixerint : Veneramur et adoramus sicut locum Dei.

Dicunt etiam venerandas et adorandas imagines sicut locum Dei : quod si pro templo Dei dicunt, quod plerumque abusive locus Dei dicitur, vehementer errant. In templo enim Domini sacrificia, non in imaginibus, offeruntur; in templo, non in picturis, missarum solemnia celebrantur; in templo populus stans et precum suarum Deo libamina offerens, non in depictis tabulis, exauditur. *Dominus in templo sancto suo* (*Psal.* x), ait David, non in imagine sancta sua, nec in picturis, sed *in cœlo sedes ejus* (*Psal.* x). Nec ait : *Oculi ejus*, in arrogantes sive vanæ laudis sectatores, sed, *in pauperem respiciunt*, in pauperes videlicet, de quibus ipsa per se Veritas dicit : *Beati pauperes spiritu* (*Matth.* v). Et iterum, *In templo ejus* ait idem sanctissimus prophetarum, non in imaginibus, *omnes dicent gloriam* (*Psal.* xxvIII); et rursus, *Adorate Dominum*, non ait in picturis, sed *in aula sancta ejus* (*Ibid.*). Quantum enim distat inter templum quod multorum hominum capax est, et imaginem quæ præter memoriam visionis quam intuentibus infert, nullis est congrua officiis, tantum distare venerationem sive adorationem imaginum, a veneratione quæ templo Dei exhibetur, multis patet indiciis. Si vero locum Dei animam justi hominis dicunt, quæ familiarius locus Dei dici potest, quam Dominus sanctificando inhabitat, et inhabitando sanctificat, in hoc quoque vehementissime errant. Pro salute enim animarum, non pro salute imaginum Deus legem dedit; ad liberandas animas, non ad imagines Redemptor mundi ad terras descendit; propter homines qui animarum nomine plerumque tropice designantur, non propter imagines quæ ab artificibus formantur, Patri dixit : *Quos dedisti mihi, volo ut ubi sum ego, et ipsi sint mecum, ut videant claritatem meam quam dedisti mihi, quia dilexisti me* (*Joan.* xvII). Cum igitur Deus primum hominibus naturalem legem dederit, qua ab hominibus corrupta, dederit postea scriptam, qua etiam violata, sese per præsentiam corporalem videndum exhibuerit, et ante legem, et sub lege, et sub gratia semper humanæ saluti credatur consuluisse, nunquam uspiam tale aliquid imaginibus creditur contulisse. Ac per hoc venerationi quæ hominibus charitatis causa est exhibenda, imaginum veneratio nullatenus est coæquanda. Hoc quidem de loco Dei, aut de templo quod abusive, aut de anima hominis justi, quæ convenientius locus Dei dicitur, quibus nullatenus imagines secundum illorum vesaniam coæquandæ sunt, breviter dixisse sufficiat. Cæterum de loco Dei qui localis non est, qui loco non continetur, qui omnia continet, et locus non est, cui nihil de sex illis partibus loci accidit, cui nihil anterius posteriusve, dexterius aut sinistrius, superius vel inferius est, disputare subtilioris intelligentiæ est. Quanquam igitur decem illorum prædicamentorum, quæ a philosophis pertractantur, ordo de eo videatur ascribi, ut pro οὐσία ejus, quæ ineffabilis est, dicatur *Dominus Deus, Deus unus, Deus fortis, Deus potens* ; pro quantitate ejus quæ immensa est, *magnus Dominus et laudabilis valde* (*I Paral.* xvi); pro qualitate ejus quæ inenarrabilis est, dicatur *bonus omnium conditor* (*II Mach.* 1); pro relatione dicatur *Dominus omnium in se credentium pater* (*Ephes.* IV); pro situ, *qui sedes super cherubim* (*Psal.* LXXIX); pro tempore, *et anni tui non deficient* (*Psal.* cI); pro loco, *Dominus in cœlo paravit sedem suam* (*Psal.* cII); pro habitu, *abyssus sicut pallium amictus ejus* (*Psal.* cIII); pro agere, *suscitat a terra inopem, et de stercore exaltat pauperem* (*Psal.* cxII); pro pati, *laborare me fecistis in peccatis vestris* (*Isai.* xLIII)? tamen hæc omnia et his similia humano more de Deo, de quo nihil digne dici a mortalibus potest, dicta monstrantur. Est enim substantia nulli ad indagandum facilis, et ideo ineffabilis, quia nulli investigabilis. Est sine quantitate magnus, sine qualitate bonus, sine relatione omnium Dominus, et cætera his similia, quæ uberioris disputationis materiam quærunt. Nam ut de loco Dei aliquid dicamus, sancti Augustini verba ponenda sunt, qui Deum illocalem esse unius tantummodo quinque partiti syllogismi perplexionem probavit. Ait enim : « Deus non alicubi est. Quod alicubi est enim continetur loco; quod continetur loco corpus est; Deus autem non est corpus : non igitur alicubi est. » Ubi in sequentibus in alio syllogismo probavit eum et locum non esse, et omnia in illo esse. Ait enim : « Et tamen quia est et in loco non est, in illo sunt potius omnia, quam ipse alicubi : nec tamen ita in illo ut ipse sit locus. Locus enim in spatio est quod longitudine, latitudine, altitudine corporis occupatur; nec Deus tale aliquid est, et omnia igitur in ipso sunt, et locus non est. » Ubi in sequentibus parvo decentissimo commate, locum Dei abusive dici asseruit templum Dei, sed animam hominis melius posse dici : « Locus tamen Dei, inquit, abusive dicitur templum Dei, non quod contineatur, sed quod ei præsens sit, id autem nihil melius quam anima munda intelligitur. » Cum igitur illi ita venerandas dicant imagines, ut locum Dei, an pro templo Dei, an pro anima justi hominis hoc dicant, utrumque non convenit. Si vero in eo verbo aliquid de Deo locale sentiunt, multum illorum sensus a veritate dissentit. Nos ergo utpote cogitationum ignari, cum quo affectu quove sensu hoc dixerint nesciamus, ea tantum discutimus, quæ apicum indicio percepimus.

CAPUT XXVIII.

Inutile et demens et errore plenum dictum quod dicunt : Qui Deum timet honorat omnino, adorat et veneratur sicut Filium Dei Christum Deum nostrum, et signum crucis ejus, et figuram sanctorum ejus.

Est quoque et in hoc insanissimum et ab omni penitus cautela remotum, quod dicunt : *Qui Deum timet, honorat omnino, adorat seu veneratur sicuti Filium Dei, et signum crucis ejus, et figuram sanctorum ejus.* Quantum ergo distet mysterium Dominicæ crucis, ad quod intelligendum revelatos nos docet oculos habere Apostolus, ut intelligamus quæ sit altitudo, et longitudo, et latitudo crucis Christi, et profundum, in superioribus hujus operis partibus, Domino opitulante monstratum est; et quantum distet adoratio et cultura soli Deo debita ab adoratione et cultura quam illi imaginibus exhibendam asseverant, in hoc tertio libro verba Constantini Constantiæ Cypri episcopi, seu Eutimii Sardensis episcopi, discuteremus prout nobis Dominus opem ferre dignatus est, disseruimus. Nunc vero quantum timor Domini ab adoratione imaginum distet, breviter Domino auxiliante disseramus. Dicunt enim, *Qui timet Deum, adorat omnino imagines sicut Filium Dei.* Nunquidnam omnes patriarchæ et prophetæ, quia imaginum adorationem sprevere, ideo Deum credendi sunt non timuisse? Aut Apostoli, quia nusquam leguntur celebrasse imaginum adorationem, ideo Dei non habuisse dicendi sunt timorem? Aut sanctorum martyrum, anachoritarum, seu etiam cunctorum generaliter ecclesiasticorum virorum turbæ, quos constat in Dei servitio devotissime militasse, ideo timorem Domini putandi sunt non habuisse, eo quod imaginum adorationem nusquam leguntur vel probantur celebrasse? Non enim sanctissimus vatum David adorationem imaginum se docturum, sed Dei timorem dicebat, cum credentes omnes in Christi persona filios nuncupans blandis exhortationibus ad se venire hortabatur dicens : *Venite, filii, audite me, timorem Domini docebo vos (Psal.* xxxiii). Nec uspiam imaginum cultum, sed timorem Domini sanctus testatur dicens : *Timor Domini sanctus permanens in sæculum sæculi (Psal.* xviii). Nec quempiam qui imagines adorat, sed qui Deum timet beatum nuncupat dicens : *Beatus vir qui timet Dominum, in mandatis ejus cupiet nimis (Psal.* cxi); et iterum : *Beati omnes qui timent Dominum, qui ambulant in viis ejus (Psal.* cxxvii). Non enim ait, ut illi absurdissime delirant, *Qui timet Dominum, adorat imagines,* sed ait : *Qui timet Dominum, in mandatis ejus cupiet nimis.* Unde liquidissime patet timorem Domini non in adoratione imaginum, sed in voluntate et instantia mandatorum Dei esse. Non enim idem sanctus vir oculos Domini super eos qui imagines adorant, sed super eos qui timent eum testatur, cum dicit : *Ecce oculi Domini super timentes eum, et in eos qui sperant in misericordia ejus (Psal.* xxxii); nec ait, *Adorate imagines, quoniam nihil deest adorantibus eas;* sed ait, *Timete Dominum, omnes sancti ejus, quoniam nihil deest timentibus eum (Psal.* xxxiii); sed neque initium sapientiæ imaginum adorationem, sed Domini testatur timorem dicens, *Initium sapientiæ timor Domini (Eccli.* 1). Quod quidem præceptum Dominici timoris ita per Moysen legitur institutum : *Post Dominum Deum vestrum,* inquit, *pergite, et ipsum timete, et præcepta ejus custodite, et vocem ejus audite, et acquiescite ei (Deut.* xiii). Inter quæ salutaria præcepta nusquam imaginum adoratio legitur instituta. Cum ergo imaginum adoratio in divinis eloquiis inveniatur prohibita, timori Domini qui tot divinæ legis oraculis commendatur, nullatenus est coæquanda.

Flores igitur quibus timor Domini haberi jubetur, quos per vastissimos divinæ legis campos impigro ungue decerpsimus, ordo exposcit ut sub brevitate digeramus, quibus et lectoris animus mulceatur, et si quis illis rerum sensu carentium adorationem æquare conatur, pudore et reverentia indui cogatur. In Proverbiis namque dicitur : *Timor Domini adjiciet dies : anni autem impiorum minuentur (Prov.* x). Item in Proverbiis : *Munitio justi, timor Domini : contritio autem operantibus mala (Ibid.).* Item in Proverbiis : *Timor Domini viro in vitam : qui autem sine timore est, commorabitur in loco quem non visitat scientia (Prov.* xix). Item in Proverbiis : *Timor Domini disciplina sapientiæ, et gloriam præcedit humilitas (Prov.* xv). Item in Proverbiis : *Non æmuletur cor tuum peccatores, sed in timore Domini esto tota die (Prov.* xxiii). Item in Proverbiis : *Beatus qui metuit omnia per timorem, nam qui duro est corde incidet in mala (Prov.* xxviii). Item in Ecclesiastico : *Initium sapientiæ timor Domini, et cum fidelibus in utero concretus est, et cum electis seminibus creatur, et cum justis et sensatis agnoscitur (Eccli.* 1). Item in Ecclesiastico : *Timor Domini scientiam agnoscet, sanctitatem castitas custodiet, et justificabitur, cor jucunditatem, atque gaudium dabit (Eccli.* 1). Item in Ecclesiastico : *Timenti Dominum bene erit, et in diebus consummationis illius benedicetur : plenitudo sapientiæ timere Dominum, et plenitudo de fructibus ejus omnem domum illius implevit a generationibus, et receptacula de thesauris ejus : corona sapientiæ timere Dominum, utraque autem sunt dona Dei (Ec-*

cli. 1). Item in Ecclesiastico : *Timor Domini expellit peccatum, nam qui sine timore est, non poterit justificari (Ibid.).* Item in Ecclesiastico : *Non sis incredibilis timori Domini, et ne accesseris ad eum duplici corde (Ibid.).* Item in Ecclesiastico : *Qui timent Dominum non erunt incredibiles verbo ejus, et qui diligunt illum conservabunt viam ejus; qui timent Dominum parabunt corda sua, et in conspectu illius sanctificabunt animas suas; qui timent Dominum custodient mandata ejus, et patientiam habebunt usque ad inspectionem ejus : timor Domini non dispicere justum hominem pauperem, et non magnificare virum peccatorem divitem (Eccli.* II). Item in Ecclesiastico : *Omnis sapientia timor Domini, et in illa timere Deum (Eccli.* XIX). Item in Ecclesiastico : *Non est in timore Domini minoratio : Timor Domini sicut Paradisus benedictionis (Eccli.* XL). Item in Ecclesiastico : *Si non timorem Domini teneris instanter, cito subvertetur domus tua (Eccli.* XXVII). Item in Ecclesiaste : *Finis omnis verbi auditor Dei, Deum time et mandata ejus custodi, quoniam hoc est omnis homo : quia omne hoc opus adducet Deus in judicium in omni despectu sive bonum sive malum (Eccle.* XII). Item in Proverbiis : *Timor Domini odit malum, etiam contumeliam, et superbiam, et vias malorum (Prov.* VIII). Hic ergo timor qui his testimoniis non imaginum adorationis est indicium, sed bonorum operum incrementum, a fidelibus est tenendus; est et alius timor, de quo dicitur ; *Perfecta charitas foras mittit timorem (I Joan.* IV), quia videlicet hic timor impellit hominem ad omnia bonorum operum exercitia, ille vero quem charitas foras abigit, nec tolerare sinit vigilias sive jejunia, vel caetera hujuscemodi, nec perpeti pro Christi nomine veneranda martyria. Sicut enim duo sunt genera tentationum, unum videlicet quo quis decipitur, unde est illud : *Deus neminem tentat, ipse autem intentator malorum est (Jac.* 1) ; aliud quo quis divina examinatione probatur, unde est illud, *Tentat vos Dominus Deus vester (Deut.* XIII), sive, *Tentavit Deus Abraham (Gen.* XXII), juxta quem modum multa in Scripturis sanctis diligenti indagatione pervestigata inveniuntur : ita nimirum duo sunt timores, unus quem charitas foras mittit, et alter qui est bonorum operum initium, quem charitas nutrit. Nam si initium timoris Domini imagines adorare est, ut illi garriunt, constat omnes sanctos qui utique Deum timuisse creduntur, imagines adorasse, et si omnes sancti qui vere Deum timuisse creduntur, imagines adoravere, constat eos creatoris monitis contraisse, qui creaturas adorare inhibuit seque solum adorare instituit. Non autem creatoris monitis in adorando creaturas contraisse credendi sunt : non igitur initium timoris Domini, ut illi garriunt, imagines adorare est. Quo documento approbatur initium timoris Domini, non in adoratione rerum sensu carentium, sed in observatione esse Dominicorum praeceptorum. Ille etenim veraciter Deum timet qui cunctis vanitatibus spretis illi se soli fide et operibus serviturum exhibet.

CAPUT XXIX.

Dementissimum et ratione carens dictum Joannis presbyteri Orientalium, in eo quod ait, quod non assistente imperatore imago ejus honoratur : non enim inhonoratur, quatenus et nunc dominatorem omnium Jesum Christum visibiliter nobis non apparentem, invisibilis enim est carnalibus nostris oculis : sicut enim Deus ubique inest honorandam ejus imaginem, sicuti et imperatorem Pater sensit.

De eo quod generaliter omnes aut dixisse aut dicentibus consensisse perhibentur, quod exemplo imperialium imaginum, quas in civitates emissas obviant cunei populorum cum cereis et thymiamatibus, imago quoque Salvatoris sive sanctorum omnium adoranda sit, in praecedentibus jam disputatum est, et qui judicum et imperatorum imagines ex quibus illi exempla sumere moliuntur, adorandae non sint, beati Hieronymi verbis approbatum est. Nunc autem specialiter verba Joannis discutienda sunt, qui in hoc negotio reperitur et crebrius caeteris locutus fuisse, et non minus delirasse : quoniam quidem quanquam generalem omnium errorem sequatur, speciale tamen aliquid eidem errori augere conatur, et ut reor, generalibus nugis ideo suas magis magisque nugas associare curavit, quia omnium vanitates huic tanto errori accumulando sufficere minime credidit. Quasi igitur imperatoris modo Deus localis sit, et dum uno loco est alio esse nequeat, idcirco ejus imaginem sicut imaginem imperatoris adorandam astruere affectat : quod penitus omnis ratio vetat. Deus enim nusquam absens est : qui si uspiam absens est, localis est : si localis est, non omnia continet nec omnia implet. Omnia autem et complet, et implet : nusquam igitur absens est; quae dum ita se habeant, non est in materialibus imaginibus adorandus vel quaerendus, sed in corde mundissimo semper habendus. Nam dum imperatoris imaginem adorare perversum, ejusdem quoque imaginem qui localis est, imagini Dei qui illocalis est assimilare profanum sit, illum procul dubio profanum et perversum esse constat, qui a re illicita rem illicitam corroborare affectat, et errorum passibus quasi quibusdam gradibus dum suae mentis seu linguae moderamen habere nequit, enerviter, proh dolor! ad deteriora decurrit. Quod autem ait : *Christi imaginem honorandam sicuti et imaginem imperatoris Pater sensit,* quaerendum est ubi, aut quando, aut cur, aut quemadmodum hoc Pater senserit, aut quid sit, sensit. Nunquidnam cum ab alio jussum esset, aut ab aliis fieret, ita Pater sensit? Quia ergo nos non eorum errores qui in verbis sunt discutimus, quod immensum esset et ad peragendum difficile, quippe cum pene nullus ibi verborum ordo sensum legenti afferat, et eorum sensus seu sententias reprehendendo percurramus, restat ut non quid dicant, cum praesertim ita ut dictum est, nullum pene sensum habeat, sed quid dicere velint pertractemus. Quod ait *honorandam ejus imaginem sicuti et imperatorem Pater sensit,* hunc vult habere sensum, ut dicat, Pater jussit imaginem Christi adorare sicut imperatorem. Quod quidem ubi, quando, cur, quemadmodum gestum sit, ab omni penitus catholico ignoratur. Non enim Pater imaginem ejus, sed ipsum eumdemque honorare et audire jussit, cum ad fluenta Jordanis sancta Trinitas in unitate substantiæ, Pater videlicet in voce qua intonuit : *Hic est Filius meus dilectus in quo mihi bene complacui, ipsum audite* (*Matth.* III), Filius in corpore, Spiritus vero sanctus in specie columbæ mirabiliter claruit. Esto, Pater juberet honorandam Christi imaginem sicut imperatorem, nunquid non rectius esset imperatorem honorandum decernere, sicuti imaginem Christi, ut imago Christi eminentiorem in tali ratione locum teneret? Non ergo Pater imaginem Christi quoquam legitur aut depingere aut adorare aut honorare jussisse, quippe qui se solum adorari sibique soli servire instituit. Quia ergo imperatores et reges sint a subditis honorandi quibusdam divinæ Scripturæ exemplis potest approbari. Si enim honorandi minime essent, nequaquam David vir sanctus Saulem, postquam Deus ab eo recesserat, *Christum Domini* vocaret (*I Reg.* XXVI, *et II Reg.* I). Non enim erat nescius præfatus vir divinam esse dispensationem in officio ordinis regalis; idcirco Saulem in eadem adhuc dignitate positum honorificat, ne Deo injuriam facere videretur, qui his ordinibus impertiendum honorem decrevit. Quandiu ergo in ea dignitate est, honorandus est, si non propter se, vel propter ordinem. Unde et Apostolus : *Omnibus*, inquit, *potestatibus sublimioribus subditi estote. Non est enim potestas nisi a Deo* (*Rom.* XIII); et in alio loco : *Deum timete, regem honorificate* (*I Pet.* II). Uberior namque ex hac ratione disputatio oriri poterat, sed quia jam aliquantulum ex ea in superioribus hujus operis est partibus disputatum, nobis nunc est his prætermissis ad alia transeundum.

CAPUT XXX.
De eo quod apocryphas et derisione dignas nænias suis locutionibus interposuerunt.

Si quis ligneam domum ædificans, si parietes cupit marmoreis exornare tabulis, aut variare multicoloribus vitri frustulis, dum cernit ligno cadem metalla per naturam minime posse cohærere, spretis his metallis quæ ligno per naturam cohærere nequaquam possunt, lignis denuo conatur perficere ; aut si quis stanneum vas facere cupiens, si ejusdem materiæ ei supplementum desit, non aliorum pretiosorum metallorum materias quæ stanno cohærere nequeunt, sed idem stannum ad perficiendum cœptum opus quærit : ita nimirum illi in sua synodo cum erroris sui instrumentum, scripturam videlicet, quæ pro adorandis imaginibus composita est, amplificare nisi sunt, Scripturasque divinas ei cohærere minime posse senserunt, ad apocryphas quasdam et risu dignas nænias dictandi pedem verterunt ; et cum viderent divinæ legis testimonia incompetenter eidem operi adhibita nequaquam posse cohærere, tales eidem sententias aptavere, quæ ei sensu verbisque nequaquam possent distare, quoniam sicut fer-

reo annulo pretiosissima smaragdus inserta, aut cilicino tegumento auro textæ vestis fascia minime conveniat assuta, ita penitus divinorum eloquiorum testimonia illorum operi nequaquam conveniunt abhibita. Res ergo dubia et in contentionem veniens non debet astrui apocryphorum næniis, sed aut divinæ legis oraculis, aut eorum doctorum qui a catholica et apostolica Ecclesia recipiuntur, salutaribus monitis et luculentissimis documentis. Sed fortasse aliquis hujusce erroris scrupulosissimus asseverator dicet : Non illi apocryphorum librorum sententias suo operi inseruere ad rem propositam confirmandam, sed insultantes ad quorumdam hæreticorum vesaniam subsannandam : cui noster stylus facillimam potest inferre responsionem. Nunquidnam cum Polemonis imaginem, quod nulla authentica lectio narrat, dicunt quemdam ab scelere coercuisse, alicui insultant? Sunt itaque in eadem lectione quædam, quæ illi ad rem propositam affirmandam posuere ; sunt etiam pleraque quæ quanquam insultando posuerint, ita sunt involuta, ita inordinate, ita enormiter prolata, ita permixtim digesta, ut penè vix deprehendi valeat, vixque lectoris mentem attingat, utrum ea quæ dicuntur verba sint insultantium, aut his quæ dicuntur fidem exhibentium. Quæ res et si a doctis quibusque ita ut dicitur, intelligitur, indoctis vero quibusdam scandalum generare perhibetur, nec immerito, quæ ita imperitia tegitur ut vix intelligatur.

CAPUT XXXI.
Deliramentum errore plenum quod de retruso quodam dixerunt qui dæmoni jurasse et idipsum juramentum irritum fecisse perhibetur, cujus abbas non mediocriter delirasse dignoscitur dicens, ei commodius esse omnia in civitate lupanaria ingredi quam abnegare adorationem imaginis Domini aut ejus sanctæ genitricis.

Sæpe in hoc opere cogimur dicere a rebus noxiis exempla minime debere sumere, et hoc ideo tam crebro repetimus, quia eos ob suum errorem affirmandum id crebro fecisse reperimus. Sicut enim ordine competenti bonis actibus adminiculum præbent bonorum nihilominus actuum exempla, ita nimirum illi erroneis actibus erroneorum actuum quærunt suffragia. Ad propositum namque errorem stabiliendum retrusi cujusdam proferunt exemplum : qui si ita gessit ut illi asseverant, tripertitum noscitur in ea parte patrasse deliquium : sive quia dæmonico sponte paruerit alloquio, sive quod eo illiciente se jurejurando constrinxerit, sive etiam quia id juramentum irritum fecerit : quæ tria non solum in exemplum minime sunt attrahenda, verum etiam ab omni catholico penitus abdicanda, quoniam multis divinæ legis sunt testimoniis interdicta. Societates ergo et seductiones non solum dæmonum, sed etiam malorum hominum pluribus divinorum eloquiorum præceptis inhibentur. Scribitur enim in Exodo : *Non audies auditum vanum* ; et in Proverbiis : *Fili, non te seducant viri impii*. Si ergo malorum hominum seductiones vitandæ sunt, multo magis malignorum spirituum alloquia et assensus vitanda creduntur, quoniam cum sint humanitatis inimici, et nobis semper infesti, tanto semper debemus de eorum esse deceptione suspecti, et contra eorum nequitias erecti, quanto eos subtilioris esse scimus naturæ vel ingenii. In eo quoque quod dæmoni juravit, divinis verbis quibus juramenta prohibentur contraiit. In Ecclesiastico namque scribitur : *Jurationi non assuescat os tuum : multi enim casus in illa. Sicut enim servus interrogatus assidue a livore non minuetur, sic omnis jurans et nominans in toto a peccato non purgabitur. Vir multum jurans implebitur iniquitate, et non discedet a domo illius plaga (Eccli. xxiii).* Ipsa quoque Veritas in Evangelio dicit : *Ego autem dico vobis, ne omnino juretis, neque per cœlum, quia sedes Dei est, neque per terram , quia scabellum est pedum ejus, neque per Hierosolymam, quia civitas est magni regis, neque per caput tuum jurabis, quia non potes unum pilum facere album aut nigrum ; sit autem sermo vester, est est, non non : quod autem amplius est a malo est (Matth. v).* Porro quod eidem dæmoni se pejerasse perhibetur, et in hoc absurde egisse detegitur. Ait enim Dominus per Moysen : *Non jurabis in nomine meo injuste , et non profanes nomen sanctum meum : ego sum Dominus Deus vester (Levit. xix);* et in Zacharia propheta legitur : *Et juramentum falsum nolite diligere, quia hæc omnia odivi, dicit Dominus omnipotens (Zach. viii).* Cum ergo idem retrusus hæc tria divinis verbis obnitentia perpetraverit, ejus abbas nihil in eo correctionis exhibuit, sed ei deteriorem peccandi viam ostendit dicens : *Commodius tibi est omnia in civitate lupanaria ingredi, quam abnegare adorationem imaginis Domini , aut ejus sanctæ genitricis.* O incomparabilis absurditas! O exitiabile malum! O vesania multis vesaniis præferenda! Commodius dicit perpetrare rem et per legem, et per evangelium interdictam, quam abstinere se a re quam neque per legem, neque per evangelium constat esse institutam. Commodius dicit facinus perpetrare quam a facinore abstinere. Commodius dicit in profundo cœno sese ultro immergere, quam viam recti tramitis inoffenso pede tenere. Commodius dicit templum Dei violare, quam rerum insensatarum adorationem spernere. Commodius dicit tollere membra Christi et facere membra meretricis, quam contemnere adorationem operis cujuslibet artificis. Dicat ergo, si uspiam reperire potest, dixisse Dominum : *Non abneges adorationem imaginis*, sicut dixisse eum manifestissimum est, *Non mœchaberis (Exod. xx).* Dicat, si alicubi reperire valet, dixisse Dominum : *Si videris imaginem et non adoraveris eam, peccasti,* sicut apertissime dixisse eum constat, *Si videris mulierem ad concupiscendum eam, jam mœchatus es eam in corde tuo (Matth. v).* Quæ cum non repererit, vehementer se errasse persentiat qui rem tam probrosam perpetrare ob evitandam rem infructuosam concessit. Nam dum Dominus et per legem accingere lumbos super ubera, in corde videlicet libidines resecare, et per Evangelium lumbos accingere, et lucernas tenere, castitati scilicet bona opera associare percenseat, et in divini eloquii libris castitatis præcepta dentur, nusquam tale aliquid de imaginum adoratione jussum fuisse reperitur. Unde dum retruso illi abbas suus, qui ei utique ducatum salutis præbere debuit, peccandi habenas laxavit, et qui eum ab errroris laqueo quo dæmoni juraverat retrahere debuit, ipse quoque cum eo in erroris voraginem, qui ei gravissimum facinus ait esse commodius perpetrandum, corruit, procul dubio evangelicum illud implevit : *Si cæcus*, inquit, *cæco ducatum præbeat, ambo in foveam cadent (Matth. xv).* Quisquis ergo tali exemplo suam vult fulcire assertionem , non suam insaniam mediocrem sed cæteris demonstrat esse validiorem. Quia igitur illorum absurditatis instantia et nugarum continuitas sive etiam deliramentorum congeries nullis in eorum volumine, cujus errores discutimus, intercapedinibus requiescunt, saltem librorum istorum intercapedine qui inter unius finem et alterius initium est requiescat, quo sicut illorum error ita etiam eorumdem errorem assidua disputatione discutitur, continuitas librorum intervallo quodammodo dirimatur.

LIBER QUARTUS.

PRÆFATIO.

Tribus hujus nostræ disputationis libris Deo auxiliante decussis, in quibus quædam divinæ legis testimonia, et si breviter, propriis tamen secundum sanctorum patrum doctrinam sunt sensibus restituta, et nostræ fidei confessio , quanquam pedestri sermone , sincera tamen est apostolicæ traditionis firmitate exarata, et illorum qui novas institutiones Ecclesiæ inferre nitentes, res sensu carentes adorare percensent, vesania quodammodo est discussa, ad quartum nunc librum nos peraccedere ratio cogit, in quo si qua de illorum vanitatibus capitula remansere Domino opitu ante sunt discutienda. Quoniam quidem tumultuosum inordinatumque dicendi genus evitantes, librorum numerositatem ordinavimus , et brevitati studentes non amplius quam ad quatuor libros hujus nostri operis sermonem protendimus, et paucorum prolixitatem pluriumque diminutionem fugientes, in hoc numero nostræ disputationis pedem firmavimus, quem prorsus divinorum eloquiorum testimoniis sacratum esse comperimus. Quaternarius ergo numerus, et a physicis in elementorum ac totius mundanæ molis, vel etiam ratione humani corporis laboriosissima indagatione, de quibus nunc dicere longum est, usitatus approbatur, et a divinis litteris quæ plura sacrata, et ad mysterium pertinentia eodem numero coarctata esse testantur, sacratissimus demonstratur. Quatuor etenim flumina de uno paradisi fonte emanantia, et quatuor evangelia de fonte lucis et origine bonitatis procedentia, et quatuor virtutes, prudentia videlicet, fortitudo, justitia, seu temperantia, humanam vitam honestissimis regulis moderantes esse describuntur. Quadratis etiam lignis arca fabricata est, in qua humani generis sive omnium animantium vita aquis cuncta vastantibus reservata est : nunc quoque arca sanctæ Ecclesiæ, quæ in hujus sæculi procellosis tentationum innatat undis, quæ electorum reproborumque capax est, quadratis lignis, sanctis scilicet viris patientiæ virtute decoratis, fabricata firmatur quorum vita quocunque vertitur firmiter stat, quia nec in adversis dejiciuntur, nec in prosperis sublevantur. Quorum nos vestigia sequentes, et vocum novitates vitantes, et rerum sensu carentium adorationem spernentes, solique Deo cultum servitutis exhibentes, ejusque sanctis competentem honorem impendentes, in patientia nostra possessuros nos speramus animas nostras.

CAPUT PRIMUM.

Falsissimum et risu dignum dictum Joannis presbyteri, qui non minus cæteris in imaginum adoratione insanisse dignoscitur. Ait enim : Qui adorat imaginem, et dicit quoniam hic est Christus Filius Dei, non peccat.

Magnam nobis in hoc opere disputandi materiam Joannes presbyter et legatus Orientalium dedit, qui inter cæteras suæ professionis absurditates nec falli in hoc negotio de quo sermo est vitavit, nec fallere timuit, nec mentiri seu ad mendacium alios hortari erubuit. Falli etenim non vitavit, cum sanctarum Scripturarum calle quæ unius et solius Dei cultum et adorationem censent postposito, per abrupta et devia errans mentis suæ pedem ad res sensu carentes adorandas divertit. Fallere non timuit, cum callem recti itineris a se prætermissum aliis prætermittere et secum per invia errare multis assertionibus ac potius vanitatibus persuasit. Mentiri quoque et ad mendacium alios exhortari non erubuit, qui rem illicitam perpetrare et mendacium proferre peccatum non esse asseruit. Ait enim : *Qui adorat imaginem, et dicit quia hic est Christus Filius Dei, non peccat.* Cui vanitati facillima argumentatione hoc modo potest reniti, quoniam si id dicere quod non est, mendacium non est, neque in dicere quod est, verum esse potest : ac per hoc si mentiri vitium non est, neque veritatem proferre virtus est ; et si veritatem proferre ac sectari vitium est, procul dubio mentiri mendaciumque sequi vitium est. Unde cum dicit quis picturam Christum esse De. Filium, mentitur; et cum mentitur, perperam agit ; et cum perperam agit, peccat : cum igitur picturam dicit esse Dei Christum Dei Filium, peccat. Non enim pictura quælibet nostræ salutis causa hominem assumpsit eumdemque flagellari et pro nobis cruci affligi permisit, nec imago quælibet mortis imperio destituto Erebique profundo spoliato de sepulcro surrexit, nec cujuslibet terreni artificis opus apostoli salutaribus monitis institutis, et per totius mundi compita ad prædicationem destinatis cum corpore ad cœlum ascendit, et ad Dei Patris omnipotentis dexteram sedit. Hæc enim omnia non pictura quælibet, sed Christus qui est unicus Dei Patris Filius ante sæcula a Patre ineffabiliter genitus, in fine sæculorum ad terras humanæ salutis causa missus peregit, qui est unctus a Patre oleo lætitiæ præ consortibus suis, qui secundum Apostolum pacificavit omnia per sanguinem crucis suæ, sive quæ in cœlis, sive quæ in terris sunt, cui flectitur omne genu cœlestium, terrestrium et infernorum. Ac per hoc si quis imaginem adorans dicit, *Hic est Christus Filius Dei,* non solum peccat, sed etiam insaniens scelesto agit qui rei tam sublimis excellentissimum nomen (si tamen res dici fas sit, et non potius rerum omnium origo vel causa) tam vili rei tamque abjectæ, et non solum mysteriis sed et vita carenti aptare contendit. Sicut enim imago quælibet Christo in natura coæquari nequit, ita etiam in nomine coæquari minime poterit. Quod si quis forte æquivocorum nominum in hanc partem rationem arbitretur posse cadere, sciat hanc quam nunc discutimus sententiam ab æquivocorum nominum ratione longe distare. Aliud est enim dicere, homo pictus et verus, leo pictus et verus et cœlestis, atque aliud imaginem fateri Christum Filium Dei esse, cum videlicet illic nominis sit tantum consonantia, hic perspicuæ professionis plena sententia, quoniam æquivocorum ratio in solo tantumdem nomine communionem habet, mox vero ut ad definitionem pervenerit, quod nominis communio sono solummodo vocis tegebat, definitio solertissime pandit. Aliud namque, ut præfati sumus, et longe aliud est, picturam quamdam nomine tantummodo illius rei nuncupare, cujus imago est secundum æquivocorum nominum rationem, atque aliud rem insensatam adorare, et eamdem rem plena sententia Christum Dei Filium profiteri et dicere : *Hic est Christus Filius Dei.* Nam si tale mendacium proferre, ut ille fassus est, peccatum non est, illicita quæque perpetrare nullum peccatum est ; et si illicita quæque perpetrare nullum peccatum est, sanctarum Scripturarum vigor, quæ utique ab illicitis abstinere censent, fatescere credendus est. Non autem sanctarum Scripturarum vigor quæ ab illicitis quibusque abstinere censent, fatescere credendus est : est igitur tale mendacium proferre peccatum. Nam dum pene omne mendacium quod fallendi studio profertur peccatum sit, multo magis hoc tale mendacium peccatum esse potest cum tam vilem rem tanti nominis confessione nuncupare studet, et confessionem quam pastor Ecclesiæ eidem redemptori protulit, quamque quotidie ei omnis sancta catholica et universalis profert Ecclesia, per quam et salvatur et suæ salutis specimen adipiscitur, de re insensata quis proferre conetur ?

sicut ergo cætera vitia, ita etiam mendacii vitium divinarum Scripturarum documentis est inhibitum. Unde quisquis ejusdem Joannis monitis paret, ut et imagines adoret et easdem Christum Dei Filium appellet, et supervacuitatem nequam exercet, et se indisciplinatum esse demonstrat. Si ergo hoc scelus, ut ille professus est, perpetretur, implebitur illud quod Jeremiæ vaticinio voce Domini dicitur : *Mendacium et non fides invaluit super terram, quia a malis mala exierunt, et me non cognoverunt.* Paulus quoque egregius prædicator mendacium deponere et veritatem loqui his verbis persuadet. Ait enim in Epistola ad Ephesios : *Deponentes mendacium, loquimini veritatem unusquisque cum proximo suo, quia sumus invicem membra (Ephes.* IV); item idem ad Colossenses : *Nolite mentiri invicem spoliantes vos veterem hominem cum actibus suis (Coloss.* III). Joannes quoque apostolus ait : *Omne mendacium non est de veritate (I Joan.* II). Unde liquido patet si pictura, ut ille fateri hortatur, Christus Dei Filius non est, mendacium sit id quod dicitur ; et si id quod dicitur mendacium est, juxta Apostoli vocem de veritate non est. Cum igitur talis professio mendacium sit, procul dubio de eadem veritate non est, quæ ait : *Ego sum via et veritas et vita (Joan.* XIV). Cultus enim adorationis soli Deo, et confessio Filii Dei illi soli qui vere ejus Filius coessentialis est, non adoptivus, exhiberi debet. Si vero *Hic* particula in eodem loco pro adverbio loci, non pro pronomine, posita est, utcunque hæc sententia stare potest, quia Deus ubique est.

CAPUT II.

De eo quod Joannes non recte dixit : Per imaginem quæ per colores apparet, adoratur fortitudo ejus et glorificatur, et ad memoriam veniemus de ejus in terra præsentia.

Hanc quoque dementiam sæpe memoratus Joannes presbyter suis frivolis addere non distulit, ut diceret : *Per imaginem quæ per colores apparet, Domini fortitudinem adorari,* quasi Dominus alicujus rei sit indiguus, et per aliquam rem suam fortitudinem quæ nullam habet indigentiam, faciat adorari. Nunquidnam cum cœli sive lucis nomine, primam omnium creaturam, angelicam condiderit naturam, quæ ab ipso creationis suæ exordio Dei fortitudinem et adorasse creditur et laudasse, quia necdum homines erant, qui de quibusque materiis, nec quædam materiæ erant in quibus imagines pingi possent, ideo Domini fortitudinem nec adorasse credendi sunt, nec laudasse? Ait enim Scriptura : *Quando creata sunt omnia sidera, simul laudaverunt me omnes angeli mei.* Ubi jam evidenter ostenditur, non per imaginem quæ per colores apparet, sed per suam ineffabilem potentiam Dei fortitudinem semper fuisse laudatam et adoratam. Nunquidnam post conditionem hominum, cum necdum pictoria ars in mundo inolevisset, fortitudo Domini minime fuit a sanctis quibusque adorata? Denique neque Abel justus, neque Enoch, neque Noe, neque ullus sanctorum qui in illa ætate fuisse leguntur, per imaginem, neque per colores Domini fortitudinem adorasse creduntur, quippe cum in rudi adhuc mundo necdum quarumdam mundanarum artium experientiæ haberentur. Cum ergo sint plures mundi partes, in quibus homines pictoriæ artis sint ignari, nunquidnam ibidem fortitudo Domini minime creditur adorari? Adoratur ergo fortitudo Domini, non per imaginem quæ per colores apparet, ut ille somniat, sed per ejus ineffabilem potentiam qua omnis mundi compago condita esse dignoscitur. Adoratur etiam fortitudo ejus non per quasdam materias, sed per Verbum suum, Filium videlicet, quem ante sæcula ineffabiliter genuit, et per quem et in quo universa creavit, qui est dextera et fortitudo Patris, per quam fortitudinem sicut universalis creaturarum constat esse patrata creatio, ita etiam perpetua et ab angelis et ab hominibus ei celebratur adoratio qui nimirum sicut causa est omnis creationis, ita etiam causa est justissimæ et decentissimæ adorationis. Sancta igitur et universalis Ecclesia non per imagines, quæ ex coloribus fiunt, ut sæpe memoratus Joannes nauseasse dignoscitur, Deum adorare nos mortales homines, neque ætherias potestates, sed per Christum Dominum confitetur, cum suæ redemptionis mysteria celebrans dignum et justum, æquumque et salutare dicit esse, ut nos ei semper et ubique gratias agamus, per quem ineffabilem Patris majestatem angelos laudare, dominationes adorare, potestates tremere, cœlos cœlorumque militiam supplici confessione hymnum gloriæ constat suavisona modulatione cantare. Adoratur ergo fortitudo ejus non per coloriferam imaginem ejus, sed per sacratissimam, et vivificatricem ejus incarnationem. Adoratur ejus potentia non per picturam, sed per sua opera : per hæc videlicet, quibus formam servi accipere, de virgine nasci, surdis auditum, mutis eloquium, claudis gressum, leprosis sive cæteris ægritudinum molestiis aggravatis sanitatem, mortuis vitam, cæcis lumen reddere, inferna exspoliare, mortis imperium destruere, de sepulcro surgere, ad cœlos ascendere dignatus est. Hæc sunt enim instrumenta quibus a catholicis fortitudo Domini adoratur; hæc munimina quibus fides ecclesiastica tuetur; hæc confessio a qua, si quis dissentit, periclitatur, quam si quis corde retinet, salutem perpetuam adipiscitur; hoc memoriale perpetuum, quo Christum fidelium mentes interioribus oculis semper intuentur, ad quarum rerum plenam cognitionem non per picturam venitur, sed per fidem, spem et dilectionem. Quia igitur idem Joannes imperitiæ suæ nubilo obsitus, ut reor, aliud dixit, dum tamen aliud dicere vellet, hæc contra ea quæ dixit, dicta sufficiant? Cæterum ad ea quæ dicere voluit hujus disputationis pes vertendus est, ut et quid nolens asseveravit, et quid volens dicere studuit, hujus styli pugno rationabilibus armis munito quatiatur, quatenus nos et dicenda quæ improprijs verbis obsita sunt sensisse, et dicta quæ intelligere in prompu sunt, disputando contrivisse lector agnoscat.

Cum enim ait : *Per imaginem quæ per colores apparet, adoratur fortitudo Domini*, ut conjicimus, dicere voluit : Visa imagine colorum fucis compaginata, fortitudo Domini adoratur : quod quidem et in sequentibus pene patefecit, cum ait : *Et ad memoriam veniemus de ejus in terra præsentia.* Cui propositioni hoc facillime possumus objicere, quod nec Scripturarum sanctarum lectione, nec Patrum exemplis est institutum, Deum in manufactis quibusdam debere quærere. *In corde meo*, inquit David, *non imaginibus, abscondi eloquia tua; in toto corde meo exquisivi te Deus, ne repellas me a mandatis tuis* (Psal. cxviii); et Moyses dicit : *Ponite verba Domini in cordibus vestris;* et Dominus per prophetam : *Convertimini ad me ex toto corde vestro* (Joel. ii); et e contrario de reprobis ait : *Populus hic labiis me honorat, cor autem eorum longe est a me* (Isa. xxix). Unde datur intelligi, quod non in rebus visibilibus, non in manufactis, sed in corde Deus est quærendus; nec carnalibus oculis, sed mentis solummodo oculo aspiciendus. Nam quæ vesania est dicere : *Per imaginem quæ per colores apparet, adoratur fortitudo ejus, et ad memoriam veniemus de ejus in terra præsentia?* Infelix memoria, quæ ut Christi memoretur, qui nunquam a pectore justi hominis recedere debet, imaginariæ visionis est indigua; nec aliter potest Christi habere in se præsentiam, nisi in pariete, aut in aliqua materia ejus viderit imaginem pictam, quoniam talis memoria quæ imaginibus fovetur, non venit ex cordis amore, sed ex visionis necessitate : quia videlicet non hanc internus amor ad memorandum Christum incendit, sed necessitas, qua etiam res exosas mox ut videmus pictas, utcunque ad mentem visione duce reducimus. De talibus ergo qui tanta necessitate arctantur, ut nisi picturas viderint, Christi difficile memorentur, timendum est, nisi forte aut communem hanc lucem quadam corporis molestia urgente viventes amiserint, aut picturis quodam casu, quæ tamen non semper haberi possunt, caruerint, Christi prorsus qui semper ante oculos habendus est, obliviscantur.

CAPUT III.
De eo quod dicunt : non scandalizandum quemdam, eo quod ante imagines sanctorum luminaria fiant, et odoris thymiamata.

Denique cum eadem synodus, cujus lectionem inculcandam arripuimus, plura suadeat quibus nullus sanæ mentis assensum præbere audebit, plura dissuadere nitatur a quibus nullus sani capitis gressum operis retorquere tentabit, plura vituperet quæ prorsus sunt laudanda, et e contrario plura laudet quæ penitus sunt vituperanda, admonet etiam ne quis scandalizetur eo quod ante imagines luminaria concinnantur et thymiamata adoleantur, quasi non illi scandalizati sint, qui rebus luce carentibus luminaria incendunt, et odore carentibus odorifera thymiamata offerunt. Illi etenim scandalizantur, qui ea quæ Deo digne offerenda sunt, rebus sensu carentibus offerunt, et offerre hortantur; et nos scandalizandos autumant, a quibus suam vesaniam rationabiliter subsannandam formidant, et dum se a nobis reprehendendos existimant, nostram salutem zelari se jactant. Nos itaque in hac parte scandalum pati formidant, et se bonis operibus instare putant : sed tanto nobis hujusce partis scandalum valebit obesse, quanto et illis ipsius insolentis obsequii exhibitio prodesse, quia nimirum ordo exposcit, ut talem illis præfatæ imagines illati obsequii retributionem impertire cogantur, qualem impertiti honoris sensum, cum sint penitus insensatæ, percipere noscuntur. Sed fortassis hanc nostram assertionem frustrari cupientes dicent : Cur eos imaginibus sensu carentibus luminaria concinnantes et thymiamata adolentes subsannatis, cum et nos in basilicis æque sensu carentibus et luminaria concinnemus et thymiamata adoleamus? Quibus facilis potest oboriri objectio, quoniam aliud est loca divinis cultibus mancipata luminaribus perlustrari, et in eisdem locis et orationum et thymiamatum Deo fumum offerri, et aliud imagini oculos habenti et nihil cernenti lumen offerre, et nares habenti et nihil odoranti thymiamata adolere; aliud est loca divino cultui mancipata venerari, aliud picturis quibuslibet coloribus comptis luminaria et thymiamata offerre; aliud domum majestatis Domini a fidelibus quibusque ædificatam et a pontifice dedicatam solemniter venerari, atque aliud et longe aliud imagines a pictoribus quibusque compositas oblatis muneribus irrationabiliter osculari. *Domus* enim *mea*, ait Dominus, *domus orationis vocabitur* (Isa. lvi); item alibi : *Munera accepta erunt super altare meum et domus orationis meæ honorabitur* (Isa. lx). Multis namque honoribus locus ille sublimandus est, ubi a fidelibus populis undique convenitur, et eorum supplicationes Deo miserante exaudiuntur, et nostræ salutis mysteria celebrantur, et Deo sacrificium laudis offertur; ubi ad perferenda Deo sacrificia a fidelibus populis per manus sacerdotum illata, angelicus fit concursus; ubi crebro suavisonus psallentium reboat concentus, ubi divinæ lectionis arentia corda irrigantes personant fluctus. Denique in eorum plerisque locis, qui se imaginibus luminaria et thymiamata offerre gloriantur, a quibus nos qui id facere contemnimus, scandalum pati putamur, ita loca divino cultui mancipata despicabilia sunt, ut sicut legatis nostris sive illis qui tempore reverendæ memoriæ illustrissimi viri patris mei, sive eis qui a nobis illas sunt destinati in partes, referentibus comperimus, pleræque basilicæ in eorum terris non solum luminaribus et thymiamatibus, sed etiam ipsis carent tegminibus, quippe cum in regno a Deo nobis concesso basilicæ ipso opitulante qui eas conservare dignatur, affluenter auro argentoque, gemmis ac margaritis, cæteris venustissimis redundent apparatibus, et qui imaginibus luminaria concinnare et thymiamata adolere respuimus, loca divinis cultibus mancipata rebus pretiosissimis exornamus.

CAPUT IV.

De eo quod dicunt : Ejusdem criminis est, qui imagines spernit, cujus et Nabuchodonosor qui ossa regum Juda protulit e sepulcris, et Judaici regis oculos occisis filiis eruit, et cherubim de templo abstulit.

Imagines namque, ut crebro jam diximus, spernendo frangere, luminaribus et thymiamatibus offerendo adorare, nulla penitus authentica lectione censetur; neque ullius sancti exemplo fieri debere monstratur, cum praesertim frangere eas sive adorare a quibusdam sanctis patribus sit prohibitum, et non immerito, quia a cautela est omnino remotum, quod utrumque illi perpetrant qui synodos faciunt, aut ob earum non necessariam abolitionem, aut etiam ob earum inopportunam adorationem. Dicunt ergo qui eas spernunt ejusdem criminis esse, cujus Nabuchodonosor qui peccatis Israeliticae gentis invalescentibus tremendi arbitrii ira urgente Judaeae regnum destruxit, muros sanctae quondam civitatis evertit, et diruta totius templi venustate, cherubim quoque dejecit. Quod quidem si ita esset, non in nos hoc crimen posset cadere, qui eas in ornamentis Ecclesiae habere permittentes, modis omnibus spernimus adorare, sed in eorum praedecessores vel parentes qui eas ornamentis basilicarum ab antiquis adhibitas fregere et penitus abolendas sanxere. Tam anceps itaque hujusce partis in eos sententia pendere cernitur, ut quidquid ex ea molestius exsecrabiliusque protulerint aut se aut praedecessores suos inevitabiliter damnare videantur. Cum igitur illi majores suos ob earum abolitionem spernant, seque ob earum adorationem magnam meritorum praerogativam habere jactent, nec isti coaequari queunt aedificatoribus illius venerandi templi in laude, nec illorum majores ejusdem eversoribus eo aequabuntur in crimine, quoniam quanta est distantia inter templum summi Dei quod aedificatum est tempore prophetarum a viris illustribus, et quasdam imagines, quae a quibuslibet fiunt artificibus, tanta procul dubio distantia est inter ejusdem templi eversores et imaginum contemptores. Sed dum nos et istos vera ratione, qui eas inopportune adorandas decernunt, et illorum majores qui eas incaute prorsus abdicaverunt, reprehendamus, restat ut templi Domini eversores majoris multoque majoris criminis nexibus irretitos fuisse quam earum spretores perdoceamus. Non enim talium imaginum abolitionem quales illi se adorare gloriantur, Propheta deflebat, sed templum quod necdum fundatum erat, et urbis quae caeteris urbibus eminebat, eversionem prophetico spiritu longe post futuram respiciens, velut praeteritam cantando deplorabat dicens : *Ut quid repulisti nos, Deus, in finem? iratus est furor tuus super oves gregis tui : memento congregationis tuae quam creasti ab initio* (Psal. LXXIII). Nec imaginum contemptorem, sed ejusdem sacratissimi templi eversorem inimicum vocat, cum subinfert : *Quanta malignatus est inimicus in sanctis tuis, et gloriati sunt omnes qui te oderunt* (Ibid.). Nec in picturis, sed in atrio Domini signa sua, vexilla videlicet hostilia Chaldaici sive Romani exercitus posita, deplorat dicens : *In medio atrio tuo posuerunt signa sua, et signa non cognoverunt tanquam in via supra summum* (Ibid.). Nec pictorum januas, sive quorumdam artificum vel etiam pictarum tabularum materias securibus et asciis dejectas fuisse, sed templi Domini, in quo erant sancta sanctorum, sacratissimas januas hostilibus cuneis incisas deflet dicens : *Tanquam in silva lignorum securibus exciderunt januas ejus, bipenne et ascia dejecerunt ea* (Ibid.). Nec combustionem sive inquinamentum quarumdam imaginum, sed sanctuarii Domini animi angore prosequitur : *Incenderunt,* inquiens, *igni sanctuarium tuum in terra, polluerunt tabernaculum nominis tui* (Ibid.). Nec cum his similia in alio psalmo flebili modulatione cantabat, super imaginum contemptores iram Domini effundendam, sed super urbis sive templi eversores, vel etiam totius Israelitici populi vastatores orabat dicens : *Usquequo, Domine, irasceris in finem? An in finem exardescet velut ignis zelus tuus? Effunde iram tuam in gentes quae te non noverunt, et in regna quae nomen tuum non invocaverunt, quia comederunt Jacob, et locum ejus desolaverunt* (Psal. LXXVIII). Nec de picturarum contemptoribus, sed sub nomine Idumaeorum de cunctis gentibus Israelitico populo infestis dicit : *Memento, Domine, filiorum Edom in die Jerusalem,* qui dicunt : *Exinanite, exinanite quousque ad fundamentum in ea* (Psal. CXXXVI). Nec imaginum adorationem contemnentibus, sed sub nomine filiae Babylonis Chaldaicae sive Quiritium genti comminatur : *Filia,* inquiens, *Babylonis misera, beatus qui retribuet tibi retributionem tuam, quam retribuisti nobis; beatus qui tenebit et allidet parvulos tuos ad petram* (Psal. CXXXVI) : de imaginum vero contemptoribus nihil tale uspiam reperitur. Multa his similia prophetarum oraculis de templi Domini sive Hierosolymae urbis eversoribus dicta inveniuntur, quae a nobis brevitatis studio praetermittuntur : Dominus quoque et redemptor noster ejusdem templi sive civitatis ruinam post futuram flevisse legitur. Quae omnia quanquam mysticis obumbrata figuris, de Ecclesiae, sive animae eversoribus possint intelligi, qui virtutes animae velut quosdam muros quarum munimine contra vitia pugnatur, et fidem in pectore collocatam in qua Deo sacrificia munda litantur, quasi quoddam templum semper insectantes evertere moliuntur, et cogitationes mundas sive quaedam bonorum operum exercitia velut quemdam populum prostrare nituntur, tamen historialiter de praefati templi eversione dicta fuisse accipiuntur. Unde liquido patet, majores eorum quanquam in abolendis a basilicarum ornamentis imaginibus quodammodo fuerint incauti, subversoribus tamen sacratissimi ac reverendissimi illius templi nequaquam sunt coaequandi, quoniam in istis quidem fuit levitas, in illis vero atrocitas; in istis imperitia, in illis nequitia; isti Deo se obsequium praestare arbitrantes eas ab ornamentis basilicarum abstulerunt, illi Deum qui populo suo erat iratus in se ad iracundiam provocantes ejus domum crudeliter diruerunt, quibus nos utrinque, Deo opitulante, postpositis, et loca divino cultui mancipata exornamus, et soli Deo servitium adorationis impendimus.

CAPUT V.

Quod epistola, quam illi sancti Simeonis stulte dicunt, missa ad Justinianum imperatorem, multum distet a divinis Scripturis, sive a sanctorum Patrum documentis, in eo quod ait præfato imperatori: Pro quibus commemorantes referimus divinis vestris auribus; sive in eo quod eidem imperatori misericordia uti prohibuerit.

Solet plerumque hæreticorum versutia probrosa quædam et errorem suadentia apicibus annotare, et sanctorum quorumdam probabiliumque virorum nominibus prætitulare, quatenus virosum poculum mellis illitum sapore facilius valeant ad potandum nescientibus quibusque porrigere. Unde timendum est ne epistola quam illi cujusdam sancti Simeonis dicunt, ex qua testimonia ad suum errorem stabiliendum adducunt, non verba sint viri sancti, sed cujusdam machinamenti versuti. Quoniam quidem ideo de ea a nobis sive a cæteris quibusque orthodoxis dubitatur, quia ejus sermo in quibusdam locis sanctarum Scripturarum documentis refragatur, nec præsumimus ejus lectionem in testimonium ad res dubias firmandas sumere, quam novimus divinæ legis institutis contraire. Non enim nos ex ejus textu amplius usquam legisse meminimus, nisi id quod ab illis in eorum codice taxatum reperimus. Quod quidem quamvis sensuum verborumque venustate careat, et insulsum nescio quid rusticumve redoleat, libet tamen nobis ita id texere, ut constat nos in eorum codice reperisse. Dicunt enim præfatum sanctum Simeonem cujus vita nobis et prædicatio manet ignota, pro quibusdam Samaritanis, imaginibus injuriam inferentibus, Justiniano imperatori taliter scripsisse: « Pro quibus commemorantes referimus divinis vestris auribus. » Et iterum : « Non habeo quod dicit talia præsumentes ne una in eis facta humanitate quatenus precamur victoriosam vestram fortitudinem, ne faciat misericordiam in eis qui hoc præsumpserunt, neque parcere illis, neque quodlibet rogum aut responsum suscipere pro illis; » et post pauca : « Sed conjuro vos, Domine, per Emmanuel Deum excelsum non mereari neque ad modicum fieri ducentem vindictam; » et iterum : « Quos et suscipiet, propinquitates eorum tenebra in condemnationem, qui exspectat eos consumere inexstinguibilem et tenebrosum ignem, et anathematizet eos in inferiora abyssi ipse sanctus et omnipotens spiritus Jesu Christi Domini nostri qui ex Patre procedit, ad perdendum illos in infinita perditione. » Et post pauca : « In ipso qui conregnat pietati vestræ. » In quibus stolidissimis verbis et non solum eloquii venustatem, verum etiam communem loquendi sensum fugientibus et barbarismis ac solœcismis concretum nescio quid resonantibus, hæc prorsus reprehenduntur, quod Justiniani imperatoris hominis æque mortalis atque passibilis, et cunctis humanis permutationibus subjacentis, aures divinas nuncupaverit, eumdemque misericordia uti prohibuerit, et ad reddendum malum pro malo facilis fuerit, et patienter ac mansuete agere in eadem causa neglexerit ; et qui debuerat pro damnatorum ereptione laborans iram regis refrenare, illius iram magis magisque succenderit, eumque atrociter ad irascendum impulerit, nec ejus exemplo usus sit qui neminem vult perire ; et qui pro lucrandis animabus invigilare debuerat, anathema et maledicta injecerit, et eidem imperatori Deum conregnare dixerit. Quæ verba dum in tot locis reprehendantur, ad roborandam adorationem imaginum minus idonea reperiuntur, quoniam difficile potest per præcipitia currere, qui in planis cernitur titubare, nec valet in ambiguis diverticulis dux esse itineris, qui publici tramitis viam tenere nequit in patentibus viis ; et a liberalium disciplinarum subtilissimo magisterio reprobatur, qui communium litterarum usitatissimam notitiam minime habere reperitur. Nam dum de eo quod ille imperatoris aures divinas dixit, eique Deum conregnare profaius est, contra eorum deliramenta qui hactenus talibus adhuc nugis utuntur, plenissime in superioribus hujus operis partibus a nobis affatim disputatum sit, nunc ordo exposcit ut de cæteris, de quibus nunc sermo est divinorum eloquiorum testimonii gressus sermonum nostrorum munientes, prout Dominus dederit, disputemus. Cum enim misericordia uti imperatorem prohibuisse reperitur, quid aliud facit, nisi omnibus sanctis Scripturis quæ misericordiam habendam percensent, reluctari dignoscitur ? Unde periculosissimum est talium litterarum præcepta sequi, quæ divinis Scripturis videntur obniti. Ait enim Dominus in Evangelio, *Estote misericordes sicut et Pater vester misericors est* (*Luc.* VI) ; et iterum : *Beati misericordes, quoniam ipsi misericordiam consequentur* (*Matth.* V) ; et doctor gentium ait : *Estote autem invicem benigni, misericordes, donantes vobismetipsis, sicut et Deus in Christo donavit vobis* (*Ephes.* VI) ; et Psalmographus dicit : *Dominum misericordiam diligere* (*Psal.* XXXII) ; et : *misericordia Domini plenam esse omnem terram* (*Psal.* CXVIII) ; et idem Dominus per prophetam dicit : *Quia misericordiam volo et non sacrificium* (*Ose.* VI). Nam dum misericordia tam authenticis habenda censeatur præceptis, et eam se in æternum cantaturum propheta testetur, *Misericordias tuas*, inquiens, *Domine, in æternum cantabo*, et ita a Domino dicatur diligi, quisquis ea uti prohibet, eamque habere contemnit, et Deum convincitur non diligere, et ejus præstantissimis monitis penitus contraire. Unde et ipsa Veritas legisperito dicenti, ipsum esse proximum qui fecit misericordiam, respondit : *Vade, et tu fac similiter* (*Luc.* X). Quo documento monstratur, non solum a nobis homines qui unius nobiscum naturæ sunt diligendos, sed etiam angelos qui quamvis alterius sint naturæ, in eo tamen quod misericordiam erga nos exercent, et proximi esse creduntur, et diligi prorsus ab eo qui Deum et proxi- mum diligere sanxit, omnino jubentur, in eo etiam quod tam facilis ad reddendum malum pro malo fuerit, divinis prorsus monitis contradixit. Nec ille enim ad exercendam vindictam tam severus esse, nec imperatorem ad hanc exercendam impellere debuit, quippe cujus ministerium non fuerit vindictam exercere, aut exercendam jubere, sed opera misericordiæ amare, et amanda cæteris prædicare. Ait enim Dominus in Exodo: *Si occurreris bovi inimici tui aut asino erranti, reduc ad eum* (*Exod.* xxiii). Cui præcepto nullatenus paruit cum errantes præfatos Samaritanos, si tamen errasse creduntur, ab errore minime revocavit, sed ut in eodem errore perirent, imperatoris mentem postulando concitavit; et quos vidit sub onere peccatorum cecidisse, non solum non erexit, sed sub eodem onere atrociter perire permisit, dicente Domino: *Si videris asinum odientis jacere sub onere, non pertransibis, sed sublevabis cum eo* (*Ibid.*); in Proverb. quoque scribitur: *Si esurierit inimicus tuus, ciba illum; si sitit, potum da illi: hoc enim faciendo, carbones ignis congeres super caput ejus, Deus autem retribuet tibi* (*Prov.* xxv), quia videlicet quos peccando inimicos sciebat, et spiritualium ciborum eduliis et salutaris poculi egenos, si divinorum verborum esca sive potu saturaret, carbones ignis qui et peccatorum rubiginem consumerent, et eos ad dilectionem Dei et proximi accenderent, super capita, mentes scilicet eorum, congereret. Vindictam ergo quærere et misericordiam spernere iramque servare, quæ omnia superius positæ litteræ præfatum imperatorem hortatæ fuisse perhibentur, his Ecclesiastici libri documentis cohibentur: *Qui se*, inquit, *non vindicat, a Deo inveniet vindictam, et peccata illius servabit; relinque proximo nocenti te, et tunc petenti tibi solventur peccata. Homo homini servat iram, et a Deo quærit medelam; in hominem sibi similem non habet misericordiam, et de peccatis suis deprecatur: ipse retinet iram, et propitiationem petit a Deo, quis deprecabitur pro delictis ejus* (*Eccli.* xxviii)? Item Isaiæ vatis oraculo pro malis mala reddere hoc modo prohibetur: *Audite*, inquit, *verba Domini, qui timetis nomen ejus, dicite: Fratres nostri estis qui vos oderunt et abominantibus vos, ut nomen Domini magnificetur, et appareat ipsis in jucunditate eorum, et illi confundentur.* Dominus quoque in Evangelio inimicos sive prave agentes, non iram suscitandam, nec vindictam exercendam, nec maledicta congerenda præcepit, sed dilectionem erga eos exhibendam his sacratissimis verbis instituit: *Diligite inimicos vestros, et orate pro eis qui vos persequuntur; benedicite maledicentes vos, benefacite eis qui vos oderunt, ut sitis filii Patris vestri qui in cœlis est, qui solem suum oriri facit super bonos et malos, et pluit super justos et injustos* (*Matth.* v). Nam si illi voce veridica diligendi potius quam maledicendi et exsecrandi sunt qui nos oderunt et persequuntur, qui utique imago Dei sumus, multominus illi maledicendi seu plectendi sunt, qui picturis injurias injecisse feruntur. Vas quoque electionis nulli malum pro malo reddendum esse his verbis admonet; ait enim in epistola ad Romanos: *Nolite prudentes fieri apud vosmetipsos, nulli malum pro malo reddentes, providentes bona non solum coram Deo, sed etiam coram omnibus hominibus, si fieri potest; quod ex vobis est, cum omnibus hominibus pacem habete, non vosmetipsos defendentes, sed date locum iræ; scriptum est enim: Mihi vindictam; ego retribuam, dicit Dominus* (*Rom.* xii). Si ergo nosmetipsos egregii prædicatoris documento defendere minime debemus, quis, furor est, quæve dementia ut rerum insensatarum secundum exhortationem earumdem litterarum quæ Justiniano missæ sunt, injurias defendere studeamus, et pietatis opera quæ nec pro nostris quidem calumniis amittere debemus, pro picturarum contumeliis, quas illæ minime sentiunt, amittamus? Non igitur in hac parte scriptor ejusdem epistolæ sancti viri Stephani protomartyris exempla secutus est cum videlicet ille, dum lapidum grandine undique sibi misso atrociter quateretur, flexis poplitibus pro persecutoribus oravit, iste vero imaginum injurias quæ ab illis minime sentiuntur non ferens, ejusdem injuriæ perpetratores perniciter et absque misericordia magna sub attestatione interimendos esse rogavit, eorumque animas anathematis vinculo nexas ad perpetua supplicia destinare curavit. Neglexit interea earumdem litterarum scriptor patienter sive mansuete in hac parte agere, sprevitque ejus prædicationem adimplere, qui ad Thessalonicenses scribit: *Patientes estote ad omnes, videte ne quis malum pro malo alicui reddat, sed semper quod bonum est invicem sectamini, et in omnes* (*I Thess.* v), illiusque monitis contempsit parere, qui ait: *Melior est mansuetus cum humilitate quam qui dividit prædam cum contumeliosis* (*Prov.* xvi); et dum debuit in eripiendis miseris iram regis refrenare, dicente Salomone: *Erue eos, qui ducuntur ad mortem, et redime qui interficiuntur, ne parcas; si autem dixeris: Non novi hunc, scito quia Dominus corda hominum novit, et qui finxit spiritum omnibus ille scit omnia, qui reddet unicuique secundum opera sua* (*Prov.* xxiv), versa vice ad interfectionem et crudelitatem exercendam imperatoris animum suis litteris excitavit. Quia ergo hi qui injuriam patiuntur, liberandi sunt, liber Ecclesiasticus demonstrat. Ait enim: *Libera eum qui injuriam patitur de manu, protervi et ægre feras in anima tua; in judicando isto pupillis misericors ut pater, et pro viro matri illorum: et eris velut filius Altissimi obediens, et miserebitur tibi magis quam mater* (*Eccli.* iv). Per Isaiam quoque prophetam ita de hac re dicitur: *Inquirite judicium, eripite injuriam accipientem, et judicate pupillo, et justificate viduam, et venite disputemus, dicit Dominus: et si fuerint peccata vestra ut phœnicium, ut nivem dealbabo; si autem ut coccinum, ut lanam albam efficiam: eripite direptum de manu injuriantis eum* (*Isa.* i). Unde si quis vult fieri velut filius altissimi Dei, utique operibus bonis instando, et cupit sui a Deo misereri, et peccatorum sordibus ablui, his potius debet saluberrimis monitis uti quam illius epistolæ perversitatem crudelissimam sequi. Porro quod ad irascendum imperatoris animum impulit, et in hoc quoque crudeliter egit, et sacris litteris penitus in hac parte sicut et in cæteris contraiit. Dicitur enim per quemdam sapientem : *Anima benedicta omnis simplex : vir autem animosus vel iracundus non honeste agit* ; ita et per eumdem : *Noli esse amicus viro animoso : cum amico autem iracundo noli commorari, ne forte discas vias ejus, et sumas laqueum animæ tuæ (Prov.* XXII): quæ viæ cum a sapiente disci prohibeantur, multo magis docere et sub attestatione hortari prohibentur. Liber quoque Ecclesiasticus taliter de hac re intonat : *Homo iracundus incendit litem, et vir peccator turbabit amicos, et in medium pacem habentium immittet delaturam (Eccli.* XXVIII). Nam et Ecclesiastes hæc præcepta dat : *Noli festinare in spiritu tuo irasci, quia ira in sinu stultorum requiescit (Eccle.* VII). Doctor itaque gentium ita ad Ephesios scribit : *Irascimini et nolite peccare, sol non occidat super iracundiam vestram (Ephes.* IV) ; item idem : *Omnis amaritudo,* inquit, *et ira et indignatio et clamor et blasphemia auferatur a vobis cum omni malitia (Ibid.);* idem quoque : *Nunc autem* , inquit, *deponite omnem iram, indignationem, malitiam, blasphemiam, multiloquium (Coloss.* III) : quæ quidem pene omnia, si liquidius indagentur, in præfatæ epistolæ textu reperientur.

Dicat ergo justissimus vir et Deo charus Jacobus apostolus, utrum juxta istius epistolæ exhortationem velox quis ad irascendum esse debeat ; intonet utrum huic epistolæ consentiendum sit, quæ imperatorem citatum ad iracundiam fore sanxit. Ait enim : *Scitis, fratres mei dilecti, sit autem omnis homo velox ad audiendum et tardus ad loquendum, tardus quoque ad iram : ira enim viri justitiam Dei non operatur (Jacob.* II). Dicat etiam ipsa Veritas quid de hac re ejus membra sequi debeant ; dic, inquam, sancte Matthæe, quid de paradisi fonte perpetuo hauriens tui fluminis vitalibus rivulis profudisti. Ait enim fons perennis, fons vitæ, fons luminis : *Omnis qui irascitur fratri suo, erit reus judicio (Matth.* V). Cum vero tot divinæ legis exemplis tantisque divinorum eloquiorum oraculis ira, quæ inter principalia vitia enumeratur, dicitur exsecranda, in promptu est intelligere quod hæ litteræ ad res in quæstionem venientes roborandas non sunt idoneæ, per quas imperatori sub magna attestatione, ac supplici adjuratione committitur habenda et opere perpetranda. Debuerat sane auctor ejusdem epistolæ quos videbat periclitari ad pœnitentiam exhortari, qui si forte pœnitentiam contempsissent, poterat imperatorem supplicibus precibus convenire, ut eos ad convertendum cogeret : forsitan id sui profectus bonum sequerentur coacti, quod contempserant spontanei, quoniam Deus omnipotens neminem vult perire, Paulo attestante, qui ait : *Hoc enim bonum et acceptum coram salvatore nostro Deo, qui omnes homines vult salvos fieri et in agnitionem veritatis venire (I Tim.* II) Si enim lucrandis animabus insisteret, illos magis quos errasse videbat ad pœnitentiam debuit provocare, quam principis animum ad effundendum sanguinem incitare, quoniam pœnitentiæ virtus non est cæteris virtutibus postponenda, sed optimis quibusque æquiparanda, quippe quæ quasi quoddam medicamentum fracta consolidet, languida sanet, perdita restituat, et plerumque post lapsum peccatores ad pristinum statum reducat. Hanc enim Psalmographus commendat cum dicit : *Delictum meum cognitum tibi feci et injustitias meas non operui ; dixi : Pronuntiabo adversum me injustitias meas Domino, et tu remisisti impietatem cordis mei (Psal.* XXXI). Hanc Isaias habendam præcepit dicens : *Memores estote horum et ingemiscite, pœnitentiam habete qui erratis, convertimini ex corde* Hæc Jeremiæ vatis oraculis censetur dicentis : *Convertimini, filiæ revertentes, et sanabo contritiones vestras (Jerem.* III); in alio quoque loco idem dicit : *Avertatur jam nunc unusquisque a via sua mala, et meliora facite studia vestra.* Joel quoque voce Domini intonat dicens : *Convertimini ad me ex toto corde vestro et ex tota anima vestra in jejunio et fletu et planctu, et disrumpite corda vestra et non vestimenta vestra, et convertimini ad Dominum Deum vestrum, quia misericors et patiens est, magnanimis et multum misericors et patiens in benignitatibus (Joel.* II). Liber etiam Ecclesiasticus dicit : *Si pœnitentiam non egerimus, incidemus in manus Domini secundum magnitudinem ejus, et misericordia ejus cum ipso est (Eccli.* II). In Actibus nempe apostolorum scribitur : *Pœnitentiam agite et convertimini, ut deleantur peccata vestra (Act.* II). Pastor quoque Ecclesiæ in epistola secunda dicit : *Non tardat Dominus sui promissi sicut quidam existimant, sed exspectat quoque vos, nolens aliquem perdere, sed omnes exspectat in pœnitentiæ locum reverti (II Pet.* III). Quanto igitur hæc præeminet virtus ad salvandum, quam ille errantibus prædicare neglexit, tanto proculdubio cæteris nequitiis præeminet hæc sævitia ad nocendum, quia ille et misericordia uti principem prohibuit, et eum ad irascendum et ad vindictam exercendam gravibus obtestationibus impulit. Si ergo juxta Dominicam sententiam grave scelus est unum de pusillis scandalizare, quam grave putas sit non pusillum quemdam, sed regem, qui caput utique plebium est, ad scandalizandum promovere? Nam et in eo quod præfatæ epistolæ scriptor inter cæteras sævitias, quas erga eos quos errare conspexit exercuit, maledictis usus est, non mediocriter errasse et sacris eloquiis contraisse deprehenditur, dicente vase electionis : *Benedicite et nolite maledicere (Rom.* XII); item alibi : *Neque maledici regnum Dei possidebunt :* Petra etiam Ecclesiæ maledictis uti his verbis prohibet. Ait enim in epistola prima : *Quapropter omnes consentanei estote, unanimes, compatientes, fraternitatis amatores, misericordes, humiles, non reddentes malum pro malo, vel maledictum pro maledicto, sed e contrario benedicentes, quia in hoc vocati estis ut benedictionem hæreditate possideatis (I Petr.* III).

Sed ne quis nos putet aliquem judicare, aut culdam cujus meriti sumus ignari, detrahere, cognoscat nos non vitam alicujus justi, non meritum discutere, sed verba solummodo ventilabro divinorum eloquiorum studiose ventilare, quæ incompetenter ad errorem nutriendum ad medium sunt deducta, cum sint errorum nervis usquequaque concreta. Nec enim alia ejusdem Simeonis verba discutimus, quæ ut superius diximus, nusquam nos legisse meminimus, sed ea solummodo quæ eorum apicibus narrantibus sensu percipimus; et cum nesciamus utrum ejusdem Simeonis, ut illi fatentur, aut alterius cujusdam verba sint in ejus nomine prænotata, novimus tamen ea omni ambiguitate postposita a sanctarum Scripturarum sensibus aliena, et merito ab omni ecclesiastico dogmate abdicanda.

CAPUT VI

De eo quod omnibus hæreticis Samaritanos deteriores, et Samaritanis deteriores eos dicunt qui imagines destruunt, cum parentes eorum secundum illorum opinionem omnibus hæreticis deteriores fuerint, qui utique imagines destruxere.

Non sufficiebat illis prœdecessores sive parentes eorum formidolosis anathematibus abdicare ac diversis conviciis lacerare, nisi eos omnibus hæreticis dixissent deteriores fuisse, qui quanto eos atrocioribus injuriis exsecrari contendunt, tanto amplius divinis monitis contradicunt. Dicunt enim Samaritanos omnibus hæreticis deteriores, eisque in crimine præferunt eos qui imagines destruunt. Constat enim majores eorum imagines destruxisse, et secundum eorum opinionem qui imagines destruunt Samaritanis deteriores sunt, et Samaritani, ut illi aiunt, omnibus hæreticis deteriores sunt: omnibus igitur, ut illi fatentur, hæreticis majores eorum deteriores fuere, quos constat imagines destruxisse. Nam dum sint, ut ipsi asseverant, ab omnium hæreticorum deterioribus aut per carnis materiam propagati, aut in Scripturarum dogmatibus educati, aut per manus impositionem ad peragenda Christianæ religionis mysteria consecrati, mirandum est qui se cæteris catholicis in constitutionibus exhibendis, et Ecclesiæ traditionibus statuendis eminentiores existimant, tantamque se auctoritatis prærogativam habere jactent, cum hanc eos habere nec propriorum actuum sive documentorum exercitia, nec majorum suorum exempla probent. Nam si isti ob imaginum adorationem omnibus catholicis præferendi sunt, jam non in Ecclesia virtutum sectatores, sed imaginum adoratores eminentiorem locum tenebunt; et si imaginum adoratores intra sanctam Ecclesiam eminentiorem locum tenebunt, jam non virtutibus, sed erroribus est utendum: est autem virtutibus, non erroribus utendum; non igitur isti ob imaginum adorationem omnibus catholicis præferendi sunt. Samaritani namque, quos illi dicunt omnibus hæreticis deteriores, non sunt hæretici Christianorum, sed Judæorum, nec se novum Testamentum, sed Vetus tenere fatentur; qui cum Judæi resurrectionem corporum credant,

prophetas sive hagiographa recipiant, illi et resurrectionem spernunt, et exceptis quinque legis libris omnes Scripturas et Veteris et Novi Testamenti postponunt. Sunt autem reliquæ gentium quas Sennacherib rex Assyriorum decem tribubus Israel in Medos translatis, ad custodiendam terram Israel misit. Qui dum leonibus cæterisque pessimis feris vel quibusdam rebus incommodis in terra Israel vastarentur, et legationem regi facerent, se in eadem regione perdurare minime valere nisi legitima Dei terræ custodirent, quidam de levitis ad eos missi fuisse perhibentur, a quibus legis cæremonias docerentur. Quibus ex parte susceptis et in pluribus hæreseos partibus usurpatis, adeo eorum barbara gentilitas cordis tumore inflata est, ut postpositis Judæis, qui utique de Jacob germine processisse creduntur, se solummodo filios Jacob esse glorientur, atque ita Judæorum communionem sicut et cæterarum gentium spernere fastu impellente cogantur. De quorum stirpe erat Samaritis femina, quæ ad puteum Dominicis colloquiis communicans, inani jactantia patrem suum Jacob qui sibi puteum dedisset, et redemptorem mundi eo majorem non esse cum magna cervicositate asserebat, majoresque suos non Hierosolymis, sed in monte adorasse dicebat. Quam cervicositatem simul cum hydria et incredulitate deposuit, et salutaribus monitis acquievit. Quæ quid typicis innuerit mysteriis si breviter exsequamur, non est inconsequens. Gessit ergo typum totius humani generis, quod senescente jam mundo ad Dominum venit, qui sexta utique ætate mundi ad puteum sedit, qui mundi hujus terrenum laborem et errorem tenebrosa profunditate significat; sedit, inquam, humilitatem carnis pro nobis susceptæ fatigatus, infirmitatem ejusdem carnis significans, quamvis alio intellectu sessio ejus magisterii et doctrinæ dignitatem demonstret. Sitivit non tantum aquam, sed fidem gentium haurire cupiens. Unde et discipulis manducare hortantibus cibum se dixit habere quem illi nescirent. Sitiebat ergo fidem gentilium ut faceret in ea voluntatem Patris, et perficeret opus ejus. Promisit ergo se illi daturum aquam vivam, Spiritum videlicet quem accepturi erant credentes in eum. Dixit ergo eam quinque viros habuisse, id est, quinque carnalibus sensibus usam fuisse, et sensum quem tandem haberet quo Christo creditura erat, cum quo legitimum posset habere connubium, jam non suum esse: nam et post quinque carnales responsiones sexta responsione nominat Christum. Prima namque ejus responsio est: *Tu cum sis Judæus, quomodo a me bibere petis?* Secunda: *Domine, neque hauritorium habes et puteus altus est*; tertia: *Domine, da mihi hanc aquam ut neque sitiam, neque veniam huc haurire*; quarta: *Non habeo virum*; quinta: *Video quia propheta es: patres nostri in monte hoc adoraverunt* (Joan. IV), nam ista responsio carnalis est. Carnalibus enim datus fuerat locus terrenus ubi orarent, non ut locum aut rem aliquam in eo positam adorarent, sed in eodem loco adorarent Dominum, spirituales autem in spiritu et veritate, non in imaginibus, non in picturis, non in rebus sensu carentibus oraturos Dominus dixit. Quod posteaquam locutus est, sextâ mulieris responsio Christum fatetur omnium istorum esse doctorem. Dicit enim : *Scio quoniam Messias venit qui dicitur Christus; cum venerit, ipse annuntiabit nobis omnia.* Sed adhuc errat, quia cum quem venturum sperat, venisse non videt, qui error misericordia Domini dicentis, *Ego sum qui tecum loquor,* tanquam adulter expellitur. Quo audito nihil respondit, sed, relicta hydria, cupiditate videlicet atque amore sæculi hujus quo sibi homines de tenebrosa profunditate et terrena conversatione hauriunt voluptatem, qua percepta denuo in ejus appetitum inardescunt, sicut dictum est : *De aqua illa qui biberit sitiet iterum : Iit in civitatem,* quia videlicet mundo prædicavit quod credidit, corde credens ad justitiam, ore confitens ad salutem. Quia ergo paulo longius a re proposita digressi sumus, ad propositum denuo revertamur. Samaritani namque, cum sint gentiles, et ficte Judaismum tenere videantur, non amplius cæteris incredulis contra Ecclesiam sævire noscuntur, quos quidem isti dum hæreticos Christianorum putent, omnibusque hæreticis nequiores existimant, quadam eis clementia favent, cum majores suos in nequitia illis præferendos esse perdocent : non enim est omnium deterrimus, cui in culpa alius quilibet invenitur præferendus.

CAPUT VII.

De eo quod quanto plura exempla hæreticorum et imagines spernentium vel despicientium trahunt, tanto parentes suos majoribus conviciis et injuriis inhonorant, quos procul dubio eorum sequaces in hac parte fuisse profitentur.

Vetustissimus non solum philosophorum, sed etiam oratorum mos est, cum aliquid approbare velint, aut in ipso negotio de quo agitur, aut ex rebus aliis, aut certe extrinsecus probandæ rei argumentationem assumere. Quos isti dum in cæteris imperitia interveniente sequi contemnunt, in hac nimirum parte sequi omnino contendunt, cum prodecessores sive parentes suos ob imaginum abolitionem, aut ex ipso negotio, aut aliunde aut extrinsecus argumenta sumentes damnare statuunt, et conviciis lacerare, anathematibus exsecrare, insanissimis verbis inhonorare non metuunt, quantoque plura quorumdam hæreticorum exempla in testimonium trahunt, quorum eos sequaces fuisse profitentur, tanto et eos gravioribus exsecrationibus abdicant, et se divinis monitis quæ parentibus honorem impendendum sanciunt, contraire demonstrant. *Honora,* inquit Dominus, *patrem tuum et matrem tuam, ut bene sit tibi (Exod.* xx). Quod quidem præceptum tanta auctoritate viget, ut et in tabulis digito Domini scriptum sit, et ab Apostolo primum mandatum nominetur. Ait enim : *Honora patrem et matrem, quod est mandatum primum in promissione (Ephes.* vi), in ea videlicet promissione qua statim subjecit : *ut sis longævus super terram et bene tibi sit.* Animadvertendum sane est quantæ sint damnationis, qui parentes conviciis lacerant, aut anathematibus exsecrantur, cum tanti sint meriti, tantamque repromissionem habeant, qui eos juxta Dominicæ vocis imperium honorant. Quoniam quanto eos qui huic præcepto parent optima demulcet promissio, tanto illos qui eidem Dominico imperio reluctantur, formidolosa deterrere debet damnatio. In Levitico quoque scribitur : *Unusquisque patrem suum et matrem suam timeat (Levit.* xix); in Ecclesiastico quoque de honorandis parentibus scribitur : *Qui honorat patrem suum longiori vita vivet; et qui obaudit patrem, refrigerat matrem, et quasi Dominis serviet his qui se generaverunt, in opere et sermone et omni patientia, et benedictio ejus in novissimo manet (Eccli.* iii). Item in Ecclesiastico : *Fili, sustine senectam patris tui, et non contristes eum in vita ipsius : et si deficit sensu, da veniam, et ne spernas eum in tua virtute. Non est tibi gloria, sed confusio.* Doctor etiam gentium dicit : *Filii, obedite parentibus per omnia, hoc enim placet Domino (Ephes.* vi). Si enim honorem impendere, sive obedire parentibus Deo placet, convicia eis et exsecrationes ingerere modis omnibus displicet ; et si id non displicet, neque illud placet. Grave ergo et formidolosum est parentes non honorare; gravissimum vero et formidolosissimum eos abominari, aut anathematizare, dicente Domino : *Qui maledixerit patri suo, aut matri suæ, morte moriatur (Exod.* xxi) : et iterum, *Maledictus homo, qui non honorificat patrem suum, aut matrem suam, et dicet omnis populus, Fiat, fiat (Deut.* xxvii). In Proverbiis quoque scribitur : *Qui maledicit patri suo et matri, exstinguetur lucerna ejus in mediis tenebris (Prov.* xx). Item ibi : *Qui repellit patrem suum et matrem suam, et æstimat se non peccare, hic particeps est viro impio (Prov.* xxviii). Unde sciendum est, non eos esse mediocris insaniæ, qui pro rebus sensu carentibus in majores suos maledicta non pertimescunt congerere, et dum imaginibus volunt favere, nec parentes pertimescunt inhonorare, nec divinis oraculis contraire. Nos quidem hæc dicentes, non illorum majoribus favemus, quos in hoc quoque negotio absurde egisse comperimus, sed quanta sit istorum præsumptio, in talibus ausis divinæ legis testimoniis demonstramus.

CAPUT VIII.

De eo quod secundum Demetrii diaconi dictum, incaute et inordinate, parentes eorum egerunt, duos libros inargentatos, eo quod quiddam de imaginibus in his continebatur comburentes et alterius libri duo folia præciderunt.

Cum in neutra parte moderamen habentes, ne

que isti rationis coerceantur, neque illorum prodecessores coerciti fuisse credantur habenis, sed utrique convincantur per abrupta et invia ferri effrenes rerumque prohibitarum et profectu carentium sequaces, dum videlicet, sicut crebro jam dictum est, isti imagines suppliciter censeant adorare, illi impatienter censuerint frangere, ut Demetrius eorum diaconus ait: *Incaute et inordinate inter cætera egerunt, duos libros inargentatos eo quod quædam in eis imaginum mentio haberetur comburentes, et alterius libri duo folia præcidentes,* quasi non aliter imaginum possit mentio fieri, nisi protinus censeantur adorari. Nam dum nullus recipiendorum codicum vel tenuiter imagines adorare percenseat, in pluribus tamen illarum mentio quodammodo fit. Qui si omnes in quibus illarum mentio sit, comburendi sunt, multa prorsus scripturarum instrumenta peribunt. Primum namque unaquæque res probanda est, et postea judicanda. Quod cum pluribus sive divinarum sive mundanarum legum exemplis possit approbari, ipsorum quoque rhetorum documentis potest astrui, qui primum genus posuerunt deliberativum, secundum demonstrativum, tertium judiciale, ut videlicet quidquid deliberatio aut abnuendum, aut sequendum repererit, demonstratio id aut laudabile, aut reprehensibile demonstret, judiciale, aut pœnis, aut præmiis sententiam det : ne si non judiciale hæc duo sequentia genera præcedant, versis in contrarium causis deliberationis examine præposito, demonstrationis ordine neglecto, aliter res quælibet quam justum est judicetur. In omnibus igitur rebus moderatio sive mediocritas habenda est, et memoria retinendum est illud philosophicum, *Ne quid nimis* : quæ moderatio probationis semper societate mulcenda est. Non enim ait Apostolus : *Omnia absque moderatione et absque probatione comburite;* sed, *Omnia,* inquit, *probate, et quod bonum est retinete (I Thes. v).*

CAPUT IX.

De eo quod in eodem libro in tabulis argenteis Leontius a Secreta imagines cernens acutissimum et ingeniosissimum sui erroris emolumentum invenisse gloriatus est.

In eo denique libro, in quo duo folia ob quamdam imaginum mentionem in eorum priore synodo quæ ob abolendas imagines gesta est, præcisa fuerant, habebantur in tabulis argenteis quædam imagines sicut in vasculis sive in pluribus rebus haberi solent, quas in secunda eorum synodo quæ pro adorandis imaginibus aggregata est, mox ut Leontius a Secreta conspexit, magnum se sui erroris emolumentum invenisse putavit, eosque insignis fuisse dementiæ judicavit, a quibus in eodem libro ubi imagines erant, ob imaginum mentionem duo folia abscissa fuisse cognovit; sicque idem liber per intervalla temporum variis eventibus disparibusque modis ab illis est propter imaginum mentionem abscidi judicatus, et ab istis propter imagines quæ habebantur in tabulis adorari jussus; ab illis foliorum jacturam injuste perpessus, ab istis adoratione illicita sublimatus; illis auferentibus quod habebat et habere debuerat, incompetenter amisit, istis exhibentibus quæ nec habebat nec habere debuerat, inconsequenter acquisivit; qui nec pro ullis instantibus culpis folia perdidit, nec pro quibusdam insignibus meritis adorationem invenit, et quanto meruit recte habita amittere, tanto nimirum meruit inhibita acquirere. Nunquidnam omnes libri in quibus auro argentove vel etiam quibuslibet coloribus historiæ inter scripturas pictoria arte insertæ sunt, quia imagines habent, aut ab illis sunt comburendi sive præcidendi, aut ab istis colendi sive adorandi? Nunquidnam sericæ sive quarumlibet materiarum vestes, sive pallia humanis usibus apta aut divinis cultibus mancipata, figuris quibusdam decorata variisque coloribus fucata, eo quod imagines habent, aut ab illis sunt concremanda, aut ab istis adoranda? Nunquidnam metalla sive ligna quibuslibet utilitatibus formata, eo quod sculptorio vel etiam cælatorio opere quibusdam imaginibus decorantur, ideo aut ab illis comburenda aut frangenda, aut ab istis sunt adoranda? Infelix mens quæ semper aut in exsecrandis, aut e contrario in adorandis imaginibus æstuat. Infelix sensus, qui semper in abdicandis rebus quæ sine offensione haberi queunt, et sine offensione adorari nequeunt, anhelat. Infelix consuetudo quæ mediocritatis recto tramite aspernato, fixam tenere regulam nesciens, huc illucque semper nutabunda deflectitur, modo inordinate abdicans quod nequaquam est abdicandum, modo infauste adorans quod non est penitus adorandum; modo ultra quam ordo exigit rem minime dejiciendam dejicit, modo ultra quam ordo exposcit rem non nimium extollendam extollit, et rebus necessariis omissis, rebus non necessariis instans, aut ob imaginum abolitionem aut ob earum adorationem, quod utrumque non convenit, synodos aggregat, quasi Christianæ religioni aut in habendo, aut in non adorando quoddam possint afferre præjudicium, cum videlicet imagines nihil si non habentur derogant, nihil si habentur prorogant, cum tamen abdicatæ quamdam incautam levitatem afferant, adoratæ vero culpam inurant.

CAPUT X.

Quod nulla Evangelii lectio tradat Jesum ad Abgarum imaginem misisse, ut illi dicunt.

Evangelium est bonum nuntium, et revera bonum nuntium, quoniam qui id suscipiunt Filii Dei vocantur. Est enim amnis quadrifluus ab uno ineffabili Paradisi fonte progressus, et in quatuor amnes insigniter derivatus, et ad arentia corda irriganda salubriter emissus. Est via quæ ducit ad vitam, est lux a tenebris vitiorum reducens, et inoffenso calle gressus mortalium ad cœlestia dirigens. Est urbis florentissimæ munimentum, in quo firmiter stare præstantissimum vitæ emolumentum, a quo recedere periculosissimum detrimentum est. Sunt fluenta veritatis, quæ fallere fallique nesciunt, in quorum vastissimis amnibus cum plura Dominicorum gestorum insignia habeantur, eumdem Dominum Abgari cujusdam regis epistolam suscepisse, eique reciprocam destinasse minime nabetur : quæ duæ epistolæ cum a sancti Evangelii lectione sint penitus extraneæ, et a beato Gelasio Romanæ urbis antistite, vel a cæteris æque catholicis et orthodoxis viris inter apocryphas scripturas prorsus deputatæ, non sunt in testimonium quodammodo producendæ, quia ad ea quæ in quæstionem veniunt approbanda vel improbanda sicut et cæteræ aprocryphæ scripturæ minus sunt idoneæ. Harum ergo textus cum sit ab evangelistis minime in codicibus evangeliorum taxatus, et merito a catholicis inter apocrypha deputatus, et ab istis ob adorandarum imaginum errorem adstruendum in synodo allatus, nec suis quidem vel tenuiter favet sequacibus, præsertim cum ibidem nequaquam Abgarus Domino imaginem quamdam adoraturus postulasse legatur, aut idem omnium Dominus eidem Abgaro quamdam imaginem adorandam destinasse perhibeatur. Si vero hi qui earum lectione suum errorem fulcire moliuntur easdem epistolas, unam a Domino susceptam, alteram missam affirmare velint, dicentes, non omnia scripta in Evangelio quæ a Domino dicta vel facta sunt, et utantur testimonio Joannis dicentis : *Multa quidem et alia signa fecit Jesus in conspectu discipulorum suorum quæ non sunt scripta in libro hoc* (Joan. xx), advertant hoc de miraculis non de epistolis, de signis non de constitutionibus, intelligi posse. Quod vero ipsæ epistolæ ab evangelica lectione remotæ et a catholicis inter apocrypha deputatæ sint, et in earum lectione adorandarum imaginum nulla documenta habeantur, manifestum est. Nos et imaginum adorationem spernimus, et eas inter apocrypha legentes omnia probamus, et quæ bona sunt retinemus.

CAPUT XI

Quod illi libri gestorum patrum, quorum auctores ignorantur, non prorsus idonei sint ad testimonia danda, et ad hæc quæ in contentionem veniunt affirmanda.

Apostolica nos admonet prædicatio, omnia probare, et ea quæ bona sunt retinere. Quod de doctrinarum diversitatibus quam maxime intelligi potest. Non enim nos omnium actuum vel etiam rerum gustum capere permisit, ut quasi prægustantes omnia bona solummodo retinentes, mala quæque abjiciamus, quod fieri absque quadam illicitorum perpetratione nequaquam potest, sed probare nos jussit, et spiritali palato degustare omnes doctrinas et eas quæ a viris probatissimis illatæ interna satietate mentes reficiunt solummodo retinere, cæteras vero omnes cum suis auctoribus abjicere. Unde cum pene in omnibus hujuscemodi scripturis hæc regula prorsus sit observanda, in libris quoque qui gesta quorumdam sanctorum patrum retinent, penitus est custodienda. Quoniam et magna illorum est multitudo, et varia narratio diversaque prædicatio, et tanto plerumque de illorum dictis a fidelibus dubitatur, quanto nimirum eorum auctores ignorantur, atque ideo non omnes sunt ad res dubias affirmandas in testimonium proferendi, quia nec omnes auctorum suorum sunt prætitulatione muniti, aut virorum fortium et eloquentissimorum stylo digesti. Venerabilis itaque Gelasii papæ cæterorumque patrum doctrinis instituimur, vitas Patrum, Pauli, Antonii, Hilarionis, vel cæterorum quæ a beato Hieronymo aut editæ sunt, aut de Græco in latinum translatæ sermonem, aut illorum doctorum sunt stylo digestæ quorum cætera opuscula a sancta catholica et apostolica Ecclesia suscipiuntur, cum omni honore suscipere, cæteras vero quarum auctores ignorantur, inter apocryphas scripturas deputare. Cum ergo illi imaginum adorationem modo divinorum eloquiorum cohmatibus incompetenter adhibitis, modo ignotorum quorumdam doctorum dictis, modo apocryphorum næniis approbare affectent, animadvertere debent rem se impossibilem agendam arripuisse, cum videlicet nec divinorum eloquiorum testimonia ad peregrinos sensus violenter nec valeant nec debeant usurpari, nec ignotorum prædicatio, quorum spiritus necdum probati sunt an ex Deo sint, in testimonium debeat produci, nec apocryphorum frivolis rebus ambiguis et necdum deliberatis firmitas valeat exhiberi : quoniam si cujuslibet verba falsitatis fuco nequaquam vitianda sunt, multo minus divina eloquia, quæ sunt eloquia casta, argentum igne examinatum, quodammodo ad alias res quam ordo se habet usurpanda sunt ; et cum in humanis negotiis viles sive ignotæ personæ ad ea quæ in quæstionem veniunt approbanda, minime admittantur, multominus in tantis rebus quæ cœlestis magisierii eruditione indigent, incognitorum doctorum aut apocrypharum scripturarum testimonia sunt admittenda. Probandæ namque sunt scripturæ et subtili examinatione perscrutandæ, et sanctorum patrum testimoniis roborandæ, quæ ad res dubias affirmandas intra sanctam Ecclesiam in testimonium sunt producendæ, quoniam et servus nequam in Evangelio, eo quod pecuniam nummulariis non dederit, a Domino arguitur : unde dare nobis convenit pecuniam nummulariis, ne forte cum eodem servo arguamur, quam tunc nummulariis impendimus, cum scripturas quaslibet sanctorum patrum examini discernendas impertimus. Pecuniam namque nummularii quadripertito modo examinant, utrum aurum probatum sit, utrum purum, nec aliquo fuco falsitatis introrsus vitiatum, an regis potius quam tyranni inscriptione signatum sit, vel etiam plenissimi ponderis æqualitatem gerat : quæ omnia in magni patrisfamilias pecunia, id est, in nostri redemptoris doctrinis a nummulariis, a sanctis videlicet et eloquentissimis viris, superni ignis examine perquiruntur. Quæritur ergo in uniuscujusque scripturæ nummo, utrum aurum probatissimum sit, unde arca Domini valeat exornari, vel etiam totius sanctuarii opus resplendeat, ut videlicet in ea spiritalis intelligentiæ nitor emineat, quo divina lex intelligatur et totius Ecclesiæ pulchritudo coruscet. Quæritur utrum purum sit et nullo falsitatis fuco introrsus vitiatum, ne forte alicujus hæreseos perversum dogma nitore eloquentiæ tectum, et quasi spiritalibus sensibus immistum interius lateat obumbratum, et dum putat se quis divini verbi percipere nummum, virosi dogmatis percipiat exitiabile malum. Quæritur an regis in eo sit inscriptio, an tyranni, quia scilicet hoc a doctissimis viris in hujusmodi scripturis solertissima indagatione perscrutatur, utrum ad salutem animæ pertineant et regis nostri, qui salvator vel salutaris dicitur, salutaria monita habeant, ne forte, postpositis his, antiqui hostis quædam noxia machinamenta habeant, et dum sequendus sit is, qui ait, *Data est mihi omnis potestas in cœlo et in terra (Matth.* xxviii), qui per humilitatem terrena cœlestibus sociavit, ille, quod absit, sequatur qui dum per tyrannidem similis Altissimo arroganter esse voluit, divino justissimo judicio ad inferiora dilapsus infeliciter ruit. Quæritur etiam a talibus nummulariis, utrum tanti patrisfamilias nummus plenissimi ponderis æqualitatem gerat, id est, utrum doctrina quælibet propheticis atque apostolicis doctrinis concordet, ne forte illis quodammodo dissentiens aut superflua quæque aut minus plena promulget, quoniam et donaria auri et argenti quæ in opere tabernaculi a populo offerebantur; a legislatore ad pondus sanctuarii appensa suscipiebantur. Unde datur intelligi eas scripturas sive doctrinas, vel etiam opera a vero legislatore, mediatore videlicet Dei et hominum, veraciter intra sanctam Ecclesiam esse suscipienda, quæ a pondere sanctuarii, id est ab antiquorum patrum norma, nequaquam sunt sensibus vel operibus disgregata. Hæc ergo omnia dum singillatim sive in libris qui inscribuntur Gesta Patrum, sive in omnibus passim dogmatibus fuerint prudenti examine quæsita et summa industria reperta, confidenter sunt eorumdem librorum dogmata vel testimonia ad res dubias confirmandas in medium deducenda; nec poterit talis pecunia a quolibet improbari, quæ per tales trapezitas tanti examinis indagatione valuit approbari.

CAPUT XII.

De eo quod Dionysius presbyter ecclesiæ Ascalonitanæ in eadem synodo retulisse fertur, quemdam monachum coram imagine sanctæ Mariæ semper virginis lucernam illuminasse, et post tertium vel quintum seu etiam sextum mensem redeuntem inexstinctam reperisse.

Legitur denique in ejusdem synodi lectione Dionysius presbyter ecclesiæ Ascalonitanæ in sæpe memorata synodo retulisse quemdam monachum coram imagine beatæ Dei genitricis Mariæ lucernam concinnasse, et post quartum vel quintum nec non et sextum mensem inexstinctam reperisse. Qui relatus dum, sicut et cætera quæ ibidem relata sunt, non ob aliud fuerit allatus, nisi ob imaginum stabiliendam adorationem, nec de eo sicut nec de cæteris eadem imaginum adoratio quemdam poterit obtinere vigorem, quippe cum et de ejus fide qui id retulerit, et de facto utrum factum sit, et de tempore, quando factum sit, et de loco ubi factum sit, et de modo quem-admodum factum sit, penitus dubitetur. Nam dum prorsus an id quod retulit idem presbyter in veritate gestum sit ignoretur, etiamsi in veritate gestum fuisse probaretur, sollicitius indagandum esset quonam modo gestum fuisse perhiberetur, quoniam quidem miracula interdum per reprobos, interdum etiam per aerias potestates, plerumque tamen per sanctos quosque sive per angelica ministeria fiunt. Quod si quodam antiqui hostis flexuosissimo machinamento actum est, non solum ex eo minime poterit imaginum adoratio astrui, sed etiam cum auctore suo cunctisque ejus illusionibus perpetuo debet abjici; si vero per angelicos apparatus gestum est, ut pleraque signa fieri solent, nec ex eo quidem rei cujusdam irrationalis adoratio poterit inolescere, quoniam credibilius quidem est hoc miraculum loci sancti reverentia potius quam alicujus imaginis præsentia gestum fuisse, si tamen gestum est. Venerabiliores enim sunt basilicæ imagine, et reverentiora sunt loca cultibus mancipata divinis, quibuslibet picturis, Domino attestante, qui majus dixit esse altare quam munus quod in eo offertur, majusque esse templum auro quod in eo est, quia templo et altari aurum sive munera consecrantur. Legimus namque beatum Gregorium dixisse quod in quadam basilica ingruente insolentissima aquarum alluvione earumdem aquarum incursus usque ad fenestras pervenerint, easque intus Domini virtute resistente minime intrare potuisse, et luminaria quæ a custodibus basilicæ dudum fuerant exstincta, ab eisdem custodibus postmodum illuminata reperta fuisse: quod quidem miraculum non imaginis cujuslibet, sed sancti loci reverentia factum fuisse perhibetur. Si ergo id miraculum quod Ascalonitanæ ecclesiæ presbyter erga imaginem apparuisse retulit ob eamdem imaginem apparuisse constaret, non ideo imagines adorandæ forent, quoniam non omnia per quæ vel in quibus miracula apparuere adoranda creduntur; si ergo omnia in quibus vel per quæ miracula quædam apparuere adoranda sunt, pene nihil remanebit quod non adoretur: quippe cum tot tantisque modis pene in omnibus creaturis divina miracula ostensa sint, in quibus huic nostræ disputationi immorari otiosum est, quoniam in superioribus hujus operis partibus ex hac re aliquantulum Domino annuente disputatum est.

CAPUT XIII.

Quod hæc synodus nullatenus æquiparari possit Nicænæ synodo, quanquam in eodem sit agitata loco, sicut Joannes presbyter adulanter dixisse perhibetur, quippe cum ab ea non solum in cæteris, sed et in symbolo discrepare noscatur.

Quanquam igitur hæc synodus in Nicæa Bithyniæ urbe sit agitata, nequaquam secundum illorum ostentationem, et secundum Joannis presbyteri adulationem æquiparari valet sanctæ Nicænæ synodo, quoniam cum in pluribus ab ea discordet, nec in symbolo quidem ei omnino concordat. Habet enim hæc in suæ fidei professione nova verba quæque et inusitata quæ a sancta Nicæna synodo nequaquam in symbolo sunt annotata, de quibus in tertii hujus operis libri exordiis prout valuimus, Domino opitulante, disputavimus. Habet etiam post confessionem sanctæ Trinitatis confessionem quoque adorandarum imaginum inditam, quam neque in prophetarum oraculis, neque in evangeliorum tonitruis, neque in apostolorum dogmatibus, neque in anteriorum sanctarum synodorum relatibus vel quorumlibet orthodoxorum patrum doctrinis uspiam reperimus insertam. Longe quippe et ultra quam dici potest, longe ab illa hæc distat, præsertim cum illa Ecclesiam catholicam ab errore reducat, ista e contrario in errorem inducat; illa a periculosissimo Arrii naufragio eam depellat, ista eam in adorandarum imaginum naufragium coactam impellat; illa Filium Patri esse consubstantialem et coæternum perdoceat, ista res insensatas adorare percenseat; illa secundum divinitatem coæqualem Patri Filium affirmet, ista quaslibet picturas arcæ testamenti Domini, cruci Dominicæ, corporis et sanguinis Dominici sacramento, vel cæteris sacratissimis rebus coæquales esse deliret; illa in tribus coæqualibus, coessentialibus, coæternis personis unam divinæ majestatis substantiam adorandam saluberrime sentiat, ista imagines secundum servitium sanctæ Trinitatis adorandas impudenter dicat; in illa damnentur Arriani dogmatis errores, in ista nihilominus abdicentur istorum majores; in illa exsecrentur eorum blasphemiæ, qui Filium coessentialem Patri pertinaciter nec credunt, nec fatentur, in ista abominetur eorum puritas qui spreta picturarum adoratione soli Deo se servituros strenua mente et devoto pectore profitentur; in illa post confessionem sanctæ Trinitatis remissio peccatorum, carnis resurrectio et vita futuri sæculi a pontificibus perdocetur, in ista post confessionem ejusdem sanctæ et unicæ Trinitatis imaginum adoratio incompetenter statuitur; in illa sive in cæteris synodis pro defunctis fidelibus Deo sacrificium offerri non prohibetur, in ista defunctis prodecessoribus sive parentibus a filiis vel successoribus anathemata ingeruntur; et ut cætera taceamus quæ recensere longum est, in illa cccxviii fuere pontifices, in ista, ut ipsi asseverant, cccvi. Unde non immerito hæc ab illa duodenario numero subtracto distat, sive quia idem numerus duos in se perfectos numeros habet, sive quia in ternario quem quater habet, et in quaternario quem ter habet, mysterium sanctæ Trinitatis in quatuor evangeliis et quatuor evangeliorum fontem eamdem sanctam Trinitatem esse demonstrat; sive quia idem duodenarius numerus omnem disciplinam dignoscentem et discernentem creaturam atque creatorem et ad superna ducentem, quæ illi synodo penitus deest, hoc modo demonstrat. Est autem creator Deus, ex quo omnia, per quem omnia, in quo omnia, dicente Apostolo : *Quoniam ex ipso, et per ipsum, et in ipso sunt omnia* (Rom. xi), et ideo

a Et plures hujuscemodi quæ in divinis litteris, etc. Emendator mutat in *plura*, qua mutatione nihil erat opus, si pro *quæ* collocasset *qui*.

b Sunt duodecim venti mundum in circuitu terminatum per quatuor cœli partes perflantes. Lego, ter-

A Trinitas Pater et Filius et Spiritus sanctus; creatura vero partim est invisibilis, sicut anima, partim visibilis, sicut corpus, invisibili ternarius numerus tribuitur : quare diligere Deum tripliciter jubemur, *ex toto corde, ex tota anima, et ex tota mente* (*Deut.* vi, *Levit.* xix); corpori quaternarius propter evidentissimam naturam ejus, id est, calidam et frigidam, humidam et siccam. Universæ ergo creaturæ septenarius, cui adjuncta sanctæ Trinitatis cognitione denarius numerus perficitur, in quo est omnis sapientiæ disciplina, quæ ad homines erudiendos pertinet, creatorem creaturamque dignoscere, et illum colere dominantem, istam subjectam fateri. Ac per hoc adjunctis huic disciplinæ duobus eminentissimis præceptis, dilectionis Dei videlicet et proximi, duodenarius numerus perficitur. Nam etsi præfato septenario numero, in quo humanam naturam partim visibilem, partim invisibilem demonstrari diximus, quinque legis libri per quos ad Dei cognitionem et ad dilectionem Dei et proximi venitur addantur, duodenarius nihilominus numerus completur : cui si quatuor evangeliorum libri adjungantur, ad sextum decimum numerum ordo protenditur, quoniam et idem duodenarius partibus suis multiplicatus ad sextum decimum numerum pervenit, assumpti enim sex quos bis habet, et duo quos sexies habet, et tres quos quater habet, et quatuor quos ter habet, et unus quem duodecies habet, sextum decimum numerum efficiunt, ut per has quinque partes in quibus quinque librorum figura tenetur, et septem in quibus creatura visibilis et invisibilis demonstratur, et quatuor in quibus sancta evangelia designantur, ad sextumdecimum numerum perveniatur; ubi et in decem decalogi præcepta, et in sex totius perfectionis summa quæ in novo Testamento per mediatorem Dei et hominum data est, ostenditur, ut per duodecim apostolorum, et per quatuor evangeliorum, et per sedecim nobilissimorum vatum qui libros habent tonitrua, ad unius solummodo Dei culturam et adorationem, spretis cunctis vanitatibus mortalium, mentes erigantur.

Cum ergo sint duodecim patriarchæ, duodecim minores prophetæ, duodecim etiam apostoli, *a* et plures hujuscemodi qui in divinis litteris ab studiosis lectoribus indagari possunt, sunt etiam in eodem numero multa quæ ad physicos pertinent collocata. Sunt namque in zodiaco circulo duodecim signa, quæ illum quasi quidam gemmarum ordines ambiunt; *b* sunt duodecim venti mundum in circuitu ternatim per quatuor cœli partes perflantes; sunt duodecim menses, quibus annus perficitur; sunt duodecim horæ quibus dies completur, et plura hujuscemodi quæ ab eruditis viris et secundum sæcularium litterarum cognitionem indagantur, et spiritaliter secundum ecclesiasticam doctrinam intelliguntur. Nam si forte aliquis hujus nostri operis obtrectator nos mornatim. Venti sunt duodecim, quorum quatuor principales, cæteri laterales. Hi ex quatuor mundi partibus manipulatim spirant, tres ab oriente, tres ab occidente, a meridie tres, et tres a septentrione. Hoc Carolus dicit, *ternatim perflare*.

dere nitatur, eo quod de physicis, de his videlicet quæ in mathematica habentur, exempla posuimus, legat beatum Hieronymum, et nos aut cum eo mordeat, aut ejus doctrinam cæterorumque Patrum sequentes litterarum non nescios recognoscat. Ait enim idem doctor dum de veste sacerdotali disputaret : « Rationale in medio positum terram edisserunt, quæ ad instar puncti licet omnia in se habeat, tamen a cunctis vallatur elementis; duodecim lapides vel zodiacum interpretantur circulum, vel duodecim menses, et singulis versiculis singula assignant tempora, et his ternos deputant menses. Nec alicui gentilis videatur expositio. Non enim si cœlestia et Dei dispositionem idolorum nominibus infamarunt, idcirco Dei neganda est providentia, quæ certa lege currit et fertur et regit omnia : et in Job Arcturum et Orionem et Mazuroth, hoc est, zodiacum circulum, et cætera astrorum nomina legimus, non quod eadem apud Hebræos vocabula sint, sed quia nos non possumus quæ dicuntur nisi consuetis vocibus intelligere. » Est quoque hic numerus multis mysteriis consecratus, quæ singula retexere brevitatis studio non valemus, et ut nosse possimus, ideo huic istorum synodo duodecim pontifices minus fuisse quam illi sanctæ Nicænæ synodo, quia duodecim apostolorum sacratissima prædicatione sive auctoritate, quibus illam prorsus constat esse munitam, istam constat esse in plerisque extraneam ; et quibus illa adhibitis quasi quibusdam inexpugnabilibus turribus exornata ad altiora consurgit, his ista minus inventis mutilata ad deteriora decurrit; illa his duodecim gemmis in quibus duodecim tribuum nomina, antiquorum patrum videlicet notitiæ vel exempla virtutum, scripta sunt, exornatur, quibus ista penitus carere dignoscitur; his duodecim portis illius pulcherrimæ civitatis, sacratissimarum scilicet constitutionum, arcana penetrantur, quæ in ista nequaquam habentur. Nullam ergo inter illam et istam meritorum reperire quivimus concordantiam, præter nominis solummodo consonantiam, ut et illa eo quod in metropoli Bithyniæ urbe Nicæa ad profectum Ecclesiæ agitata est Nicæna, et ista quia ibidem, quanquam alio voto disparique merito gesta est, appelletur nihilominus Nicæna. Non enim nominum consonantia unam semper vim habere creditur, quoniam pleraque sanctorum et illustrium virorum nomina quibuslibet ignobilibus hominibus indita reperiuntur, quippe cum nequaquam nomen meriti irroget æqualitatem, sed meriti æqualitas nominis proroget dignitatem. Cum ergo ideo eam magnis attollere meritorum insignibus affectent, quod in eodem quo pridem sancta synodus fuerat, hæc quoque sit agitata loco, advertant non unum semper esse sicut nec nominis alicujus, ita etiam nec loci cujuslibet meritum. Quoniam cum non homines pro locis, sed loca pro hominibus sicut et cæteræ terrenæ creaturæ facta sint, non eis præbent emolumenta situs locorum, sed eminentia meritorum, nec plurimum valet loci cujuslibet sanctitas, si tamen in hominibus sit actuum meritorumque impuritas. Possunt enim in his eisdemque locis et a pravis prava quæque, et a rectis recta quæque peragi. Nam in urbe quæ fuit metropolis Ægypti quæ a Titanibus, id est, a Gigantibus condita fuisse perhibetur, et ab eis Thanis vocata, multa atque stupenda a Moyse divini nominis invocatione sunt peracta miracula, et a Magis Pharaonis aeriarum potestatum insolentissimis exercitiis multa peracta præstigia, in ejusdemque Thaneos suburbiis, et a sanctis viris Moyse videlicet et Aaron memoranda sunt gesta prodigia, et a dæmonum cultoribus nefariis quibuslibet consecrationibus sive invocationibus infausta figmenta, sicque loci communio nullum illis valens afferre præjudicium, et istis pia quæque agentibus, et illis probrosa quæque perpetrantibus commune præbuit hospitium. Urbs itaque Samariæ Luza, quæ a sancto patriarcha Jacob Bethel, id est domus Dei, vocabulum sortita est, in qua idem patriarcha scalam de terra ad cœlum usque tangentem, angelosque Dei ascendentes et descendentes per eam vidit, postmodum vitulos aureos in offendiculum domus Israel habuit, quos ibi regum pessimus Jeroboam colendos constituit, et locus de quo vir sanctus ait : *Vere Dominus est in loco isto, et ego nesciebam* (Gen. XXVIII), et quem stupore magno admirans terribilem esse dixit, nec aliud ibi esse nisi domum Dei et portam cœli, postea factus est domus idoli, et Israeliticæ genti causa periculi, nec erecti a patriarcha lapidis consecratio, nec sacri unguinis delibutio, nec reverendi nominis appellatio nefandi regis Jeroboam nequitiam a perversa actione cohibuit, sed locum quem a tanto patriarcha admiratum scivit, idolis polluere non formidavit. Unde datur intelligi, facile potuisse in Nicæa Bithyniæ urbe, ubi pridem sancta fuerat synodus celebrata, perversum adorandarum imaginum constitui dogma, si in Bethel a nequissimo rege Jeroboam potuerunt idola poni, ubi Jacob domum Dei esse dixit et portam cœli ; et si illic in posterum tanti patriarchæ consecratione nullum valuit locus obtinere vigorem, nullam his temporibus Bithyniæ urbs in hac parte antiquorum Patrum valebit habere defensionem, sed hominum diversissimis huc illucque vergentibus permutationibus loca pro hominum qualitatibus et a sanctis posse sanctificari, et a peccatoribus pollui manifestum est. Legimus domum Dei in Silo ab Eleazaro et Phinees sacerdotibus arcæ testamenti Domini sive tabernaculi collocatione sacrificiorumque jugibus oblationibus consecratam, et postmodum ab Ophni et Phinees filiis Heli sacerdotibus perpetratione nefandorum operum inquinatam. Legimus quoque Salem nobilissimam quondam urbem, quæ postea Jebus sive Solyma, quæ nunc per derivationem Hierosolyma vocitatur, primam post diluvium a sancto viro Sem, qui postea, ut ferunt, Melchisedech vocatus est, conditam et inhabitatam, et postmodum ab exsecrabili gente Jebusæorum subactam, et longo tempore usque ad David possessam. Legimus quoque sacratissimum ac reverentissimum templum Domini a David sanctissimo vatum dispositum, et a Salomone dedicatum, angelorum excubiis frequentatum, divinis oraculis illustratum, sacratissimarum cæremoniarum perpetuis observationibus præparatum, quod ob tot charismatum insignia ab antiquis patribus fuerat veneratum, a subsequentibus quibusque ejusdem generis pessimis regibus idolorum sordibus cæterisque flagitiis, proh dolor! inquinatum, et ubi Dominus sanctuarium suum et locum habitationis gloriæ suæ constituerat, Manasses rex duodecim signis omnique militiæ cœli aras erexit. Post restaurationem quoque sui et Aggæi sive Zachariæ prophetiam eamdem quoque domum a Græcorum regibus legimus fuisse profanatam, nec a perpetrandis rebus illicitis illarum ætatum homines loci compescuit reverentia, quorum mentes diabolicarum illecebrarum infecerat sævitia. Judæorum nempe catervæ quæ meritorum insignibus carentes templi solummodo se munitione tueri arbitrabantur, his per Jeremiam a Domino verbis arguuntur : *Nolite,* inquit, *confidere in verbis mendacii, dicentes : Templum Domini, templum Domini, templum Domini est,* et cætera (Jerem. VII). Si ergo ad novi Testamenti tempora veniamus, easdem quoque sanctorum locorum a pravis hominibus profanationes perpetratas fuisse reperiemus, cum videlicet in crucis rupe sive in loco resurrectionis vel etiam in specu Betheleem, ubi Dominus parvulus vagiit, idola posita fuisse a gentilibus perhibeantur. Ait enim beatus Hieronymus : « Ab Adriani temporibus usque ad imperium Constantini per annos circiter CLXXX, in loco resurrectionis simulacrum Jovis, in crucis rupe statua ex marmore Veneris a gentilibus posita colebatur, existimantibus persecutionis auctoribus quod tollerent nobis fidem resurrectionis et crucis, si loca sancta per idola polluissent. Bethleem nunc nostram et augustissimum urbis locum, de quo Psalmista canit : *Veritas de terra orta est,* lucus inumbrabat Tamuz, id est, Adonidis, et in specu ubi Christus quondam parvulus vagiit, Veneris amasius plangebatur. » Si ergo nativitatis Christi locum Adonidis lucus potuit inquinare, quid mirum si sanctæ synodi locum perversæ conventionis turba potuit ad res illicitas statuendas usurpare? Et si Calvariæ montis locum, quem Christus ad crucis tropæum, pergens glorioso calle calcavit, a gentilibus positum Veneris simulacrum fœdavit, quid mirum si locum quem quondam sanctorum Patrum insignis caterva ad fidem catholicam roborandam insedit, demens postea sacerdotum multitudo ad novas et Ecclesiæ contrarias constitutiones roborandas appetiit? Et si locum resurrectionis quem Christus resurgendo angelicosque cœtus mortalibus ostendendo dicavit, Jovis simulacrum profanavit, quid mirum si imaginum adoratio a dementibus quibusque in eadem sit statuta urbe Bithyniæ, in qua Christus pridem a venerandis præsulibus prædicatus est unius cum Patre esse substantiæ? His itaque documentis potest approbari quod non secundum illorum jactan-

tiam locorum quædam vis unam possit habere semper constantiam, quia nec homines cum sint mutabiles, unius semper retinentur tenacitatis rigore constricti, præsertim cum et Judas qui quondam fuerat apostolus, postmodum effectus est apostata ; et Paulus qui quondam fuerat Saulus et persecutor, postea effectus est doctor gentium et prædicator ; et loca quæ pridem fuerant divinis cultibus mancipata, postea fuerint a gentibus profanata ; et explosis plerumque profanationibus loca quæ impura credebantur, divinis postmodum cultibus mancipentur. Insolenti præterea desiderio tam isti quam eorum prodecessores synodum ambiunt agitare, eamque sex venerabilibus synodis quæ pro quibusdam Ecclesiæ utilitatibus diversis temporibus, sed non diversa fide a sanctis viris agitatæ sunt associare, et septimæ synodi nuncupatione censeri. Nam dum et illi et isti in hac re importune credantur inhiasse, neque illi neque isti hanc ad suæ ambitionis effectum valuerunt perducere. Cupientes ergo illam quæ ab eorum prodecessoribus incaute et enormiter gesta est abolere, et suam quæ inepte et stolide nihilominus gesta est statuere, paradigma cujusdam retulere. Qui sex aureis nummis septimum volens associare, dum admittere nisus est aureum, æreum loco aurei dicitur admisisse; quo isti expulso aureum aureis se gloriantur associasse; qui si diligenter advertant dum nisi sunt loco ærei ingerere aureum, intulisse creduntur stanneum, et septimum synodi numerum quem prodecessores eorum ænea synodo voluerunt complere, stannea isti nihilominus synodo applicata moliuntur adimplere, sed repulso a septimi numeri mysterio nummo æreo, abacto quoque stanneo, soli tantummodo sex remanebunt, quos et numeri perfectio et fulgor catholicæ eruditionis illustrat, in quibus et in fidei puritate purissimum aurum rutilat, et in numero perfectionis gloria regnat : quoniam in senario numero, qui utique perfectus est, perfectionem Ecclesiasticæ prædicationis habere videntur, ut in tribus, quod est ejus medietas, sanctæ Trinitatis confessio declaretur, in duobus, quod est ejus tertia pars, duorum testamentorum sive duorum talentorum, intellectus videlicet et operationis munus a sancta et unica Trinitate concessum innuatur; porro in uno, quod est sexta ejus pars, sive veteris hominis conditio, qui sexto die formatus est; sive novi assumptio, quem pro salute mundi sexta ætate sæculi Filii persona suscepit, evidentissime demonstratur, sicque in his sex sacratissimis synodis et sanctæ Trinitatis mysterium prædicatur, et duorum testamentorum consonantia vel intellectus et operationis munus habetur et Dominicæ incarnationis pro humana salute fides perdocetur, et quia nihil horum illis deest, senarii numeri perfectione muniuntur. Jam vero quia tam ardenti desiderio suam synodum antiquis synodis cupiunt associare, associari hæc quidem antiquæ cuidam Ariminensium synodo atque annumerari potest, quoniam sicut in illa ὁμοουσίων confessio abdicatur, ita in ista solius Dei cultores et veri adoratores exsecrantur.; et sicut in illa diversarum in Trinitate substantiarum perniciosissimum dogma statuitur, ita in ista diversarum rerum cultus et adoratio soli Deo debita percensetur. Sit ergo in hujuscemodi numero prima synodus Ariminensium, secunda illa quæ ab. istorum prodecessoribus pro basilicarum abolendis ornatibus gesta est, tertia hæc quæ ab istis ob imaginum cultum et adorationem in urbe Nicæa agitata est : ita duntaxat ut prima sit nummus æreus, secunda stanneus, tertia plumbeus, quoniam cum habeant inter se temporum distantiam magnam, tamen habent quorumdam errorum consonantiam. At si istorum fastu et ostentatione secunda abjicitur, nos quoque eis ad eam ex hoc numero abjiciendam adminiculum præbeamus : et prima sit, ut præfati sumus, Ariminensium, secunda vero hæc quæ ab istis gesta est, prima videlicet, ut præfati sumus, nummus æreus, et quia illa contemnitur, secunda istorum quæ plumbei nummi locum tenet, computetur; atque his postpositis, sex tantummodo nos sanctis universalibus synodis et localibus conciliis, quæ ab his nec fide nec prædicatione dissentiunt contenti simus, et ad tremendi examinis ultimique diei nos fidei integritate et bonorum operum incrementis omnino terrificum præparemus adventum, qui ejus glorioso reditu celebrabitur, de quo ab angelis, apostolis dictum est : *Viri Galilæi, quid statis aspicientes in cœlum? hic Jesus qui adsumptus est a vobis, sic veniet quemadmodum vidistis eum euntem in cœlum (Act. i)*.

CAPUT XIV.

De eo quod Gregorius Neocæsareæ episcopus ait : Lætentur et exsultent et præsumant qui veram Christi imaginem benigno animo facientes et diligentes et venerantes ad salutem animæ et corporis offerentes, quam ipse sacrificii perfector et Deus nostram ex nobis ex toto suscipiens massam secundum tempus voluntariæ passionis in signum et in memoriam manifestam suis tradidit discipulis.

Gregorii igitur Neocæsareæ episcopi inutile dictum et imperitiæ nubilo tectum ac ineptiæ involucris obsitum, in eo quoque reprehenditur quod ait : *Lætentur et exsultent et præsumantur qui veram Christi imaginem facientes et diligentes et venerantes ad salutem animæ et corporis offerunt*, et cætera. Quid namque in hac ditione, *lætari et exsultare*, sit in promptu est intelligere; quid vero sit quod adjunctum est, *et præsumantur*, nullius penitus sensus lectori ingerit indicium, quia et a sensuum regulis est alienum, et a Latinæ locutionis integritate penitus extraneum : quippe cum si de præsumptione dicere voluit, non duobus præcedentibus hoc tertium valeat in sensus sapore cohærere, nisi forte illos dixit lætari et exsultare, qui rem illicitam et a sanctis patribus prohibitam adorare præsumunt, et qui tantæ præsumptionis instigantur stimulis, ut in adoratione rerum sensu carentium cunctis contraire videantur authenticis Scripturis. O demens episcopi dictio et risu digna! quæ quam dixerit veram Christi imaginem non evidenter ostendit. Qui si hanc dixit veram quæ ab artificibus ex diversis materiis fit, absurdissime et incompetenter locutus est, cum præsertim liquido pateat neminem mortalium veram Christi posse formare imaginem. Cum enim vera dicitur, multum ab hac quæ ab artificibus fingitur elongatur, quoniam quantum veritas a falsitate differt; tantum vera Christi imago ab ea distat, quam artificis docta sive indocta manus pro captu ingenii format. Si vero de corporis et sanguinis Dominici mysterio quod quotidie in sacramento a fidelibus sumitur dicere voluit, quod inter ipsam quidem suarum nugarum conglomerationem pene patefecit, cum ait : *Quam ipse sacrificii perfector et Deus nostram ex nobis ex toto suscipiens massam secundum tempus voluntariæ passionis in signum et in memoriam manifestam suis tradidit discipulis*, et in hoc quoque non mediocriter erravit. Non enim imaginem aut aliquam præfigurationem, sed semetipsum Deo Patri pro nobis in sacrificium obtulit, et qui quondam sub umbra legis in agni immolatione, sive in quibusdam rebus imaginarie præfigurabatur offerendus, veraciter ea consummans quæ de se vatum oraculis prophetata sunt; Deo Patri est victima salutaris oblatus, nec nobis legis transeuntibus umbris imaginarium quoddam indicium, sed sui sanguinis et corporis contulit sacramentum. Non enim sanguinis et corporis Dominici mysterium imago jam nunc dicendum est, sed veritas, non umbra sed corpus, non exemplar futurorum sed id quod exemplaribus præfigurabatur. Jam secundum Canticum canticorum *aspiravit dies, et amotæ sunt umbræ (Cant. ii)*, jam finis legis ad justitiam omni credenti Christus advenit, jam legem adimplevit, jam qui sedebat in regione umbræ mortis, lucem magnam vidit, jam velamen faciei Moysi decidit , et velum templi scissum arcana nobis et ignota quæque ostendit, jam verus Melchisedech, Christus videlicet, rex justus, rex pacis, non pecudum victimas, sed sui nobis corporis et sanguinis contulit sacramentum. Nec ait : Hæc est imago corporis et sanguinis mei, sed : *Hoc est corpus meum, quod pro vobis tradetur;* et : *Hic est sanguis meus, qui pro multis effundetur in remissionem peccatorum (Matth. xxvi)*. Cum ergo, ut præfati sumus, nec artificum opus vera Christi possit imago dici, nec corporis et sanguinis ejus mysterium quod in veritate gestum esse constat non in figura, merito aut in quolibet horum aut in utroque Gregorius Neocæsareæ episcopus reprehenditur, qui tot indiciis tantisque documentis talem ineptiam protulisse convincitur. In eo ergo quod idem episcopus ait de Christo : *Quam ipse sacrificii perfector et Deus nostram ex nobis ex toto suscipiens massam*, justa est reprehensio, quoniam cum massa perditionis genus humanum dicatur cum originali peccato, incaute nostram ex nobis ex toto Christum suscepisse massam idem episcopus profatus est : quia videlicet quanquam Christus totam humanam naturam, carnem videlicet cum sensibus suis, et animam cum ratione sua, non divinitate in humanitatem conversa, neque humanitate in divinitatem mutata, sed permanente utriusque naturæ proprietate. Deus verbum hominem in unitate personæ susceperit, hominis tamen originale peccatum non suscepit, ac per hoc absurdum est dicere nostram ex nobis ex toto eum suscepisse massam. Ideo ergo nostram ex nobis totam minime suscepit massam quia originalis peccati quo omne hominum genus ante baptismum connexum tenetur, nequaquam suscepisse credendus est noxam. Tanta ergo illius antiqui peccati est cum quo nascimur massa, ut si particulatim diligenti consideratione dividatur, omnia in eo criminalia possint inveniri peccata. Nam et superbia est illic, quia homo in sua potius esse quam in Dei potestate dilexit; et sacrilegium, quia Deo non credidit; et homicidium, quia se præcipitavit in mortem; et fornicatio spiritalis, quoniam integritas mentis humanæ serpentina suasione corrupta est; et furtum, quia cibus prohibitus usurpatus est; et avaritia, quia plusquam sufficere illi debuit, appetiit. Quibus omnibus tanto est humanum genus irretitum, ut de legitimo etiam matrimonio procreatus dicat : *In iniquitatibus conceptus sum, et in peccatis peperit me mater mea* (Psal LI). Christus ergo Dei virtus et Dei sapientia naturam hominis, non peccati massam, suscepit. Sed, ut ad id redeamus unde digressi sumus, de ejusdem episcopi professione aliquantulum a nobis ambigitur, qui totam ex nobis nostram Christum suscepisse massam dixisse perhibetur, quoniam aut magna eum hoc profiteri ineruditio coegit, aut immanis error id eum proferre impulit. Nam dum nos eum et eruditum et orthodoxum esse velimus, exemplo Domini neminem cupientes perire, si utrumvis istorum illi deest, et revera deest, mallemus id quod profatus est imperitiæ potius quam schismati deputare.

CAPUT XV.

De eo quod Epiphanius diaconus imaginum adorationem astruere volens, dixit : Quoniam hic titulum erigens Domini, et se ipsa tangens fimbriis tituli sicuti quidem venitur sanctum Evangelium, quoniam salutem adepta est inter medium ille et Domini imaginis, herba quædam germinavit quæ appropinquans pedem tituli omnes infirmitates curat.

Sæpe jam in hoc opere diximus, quod et perspicue apparet, pene omnes eorum sententias, quas ob imaginum adorationem in sua synodo protulerunt, quodammodo tantis esse ignaviæ caliginibus interpolatas, ut eloquentia sensuque carentes difficile earum sensus lectorum attingat mentes. Cum ergo illarum ineptissimi textus compago haudquaquam ea quæ profari cupiunt, evidenti sermone exprimat, habet tamen inter eadem verborum nubila quædam perspicua indicia nominum videlicet, seu rerum notissimarum mentiones, veluti cum inter densas tenebras quorumdam torrium igniculi interlucent, ut per rerum vocabula et res notissimas lectoris animus ea quæ exprimere volunt persentiat. Exprimere etenim, ni fallor, in prolata sententia Epiphanius diaconus nisus est, mulierem a profluvio sanguinis Dominicæ vestis fimbriæ tactu sanatam, titulum sive imaginem in ejusdem Domini honorem erexisse, ejusdemque imaginis fimbrias se denuo tetigisse, subter quam imaginem herbam quamdam ortam fuisse, quæ si paulatim succrescens summitate sua pedem contigerit erectæ imaginis, cunctis ægritudinibus medetur. In quo quidem facto, si tamen factum esse credatur, nulla imaginum adoratio commendatur. Si ergo illa mulier feminei sexus facilitate et quadam animi levitate percepto sanitatis beneficio, utpote Domini semper præsentiam quærens, eumque ubique esse posse ignorans, imaginem erexit, quis tam vecors perceptis sacræ fidei charismatibus, eumque ubique esse non nesciens ut ejus habere queat præsentiam, idcirco imaginem eriget eamque adorabit? Et si illa mundo nec dum ab idolorum cultibus liberato visis mortuorum quorumdam hominum in urbibus statuis ob quarumdam rerum memoriam sive cultum erectis, similiter, prout valuit agere studuit, quis sanæ mentis ejus actibus assensum præbebit, et Dominum non in manufactis, sed in cœlo vel potius ubique esse credens talia agere curabit? Aut si forte illa superstitioso ritu habuit zelum Dei, sed non secundum scientiam, quis catholicus in fide roboratus ex ejus actibus in hac parte exempla sumet, hisque similia faciet? Aut si forte illa rudimento conversionis suæ quæ necdum solido cibo vesci poterat, ideo tenero cibo utebatur, ut ad percipiendum solidum cibum paulatim sumptis viribus cresceret, scilicet ut per rem visibilem et tractabilem ad invisibilis et ineffabilis Dei cultum accederet, quis ejus in hoc facto imitator effectus, spreta solidi cibi fortitudine, ad infantiæ denuo cibos cupiat esse redactus? In miraculo igitur quod in herba fit, si tamen factum fuisse credatur, quæ, ut ille fassus est, cunctis ægritudinibus medetur, haudquaquam poterit illorum assertio quodammodo fulciri, quoniam non ut herbæ aut imagines adorentur id factum fuisse perhibetur, sed ut infidelium mentes, spretis vanitatibus idolorum, ad veræ fidei rudimenta converterentur, quoniam secundum Apostolum signa non pro fidelibus, sed pro infidelibus data fuisse creduntur. Ecclesia namque catholica, ut ad fidem cresceret, miraculis erat nutrienda, et ut ejus novella plantatio convalesceret, assiduis erat irrigationibus fovenda.

CAPUT XVI.

Inutile dictum Epiphanii diaconi reprehenditur, in eo quod ait : Multa quæ in nobis sacrantur orationem sacrata non suscipiunt; *et post pauca :* Nec plurimum sicut veneranda et honoramur et amplificamur : ipse enim signum vivificæ crucis sine oratione fatur a nobis, veneranda est, et sufficiemur signum ejus accipere sanctificationem per quæ facta a nobis ad eum adorationem quidam in fronte sanctificatione, et quæ in aere per digitum factum signum effugari dæmones speramus, similiter et imagine per nomen significationis ad primam formam honoris deducimus et osculantes eam et honorabiliter honorantes accipiemus sanctificationem, nam et sacra diversa vasa habentes has osculamur et amplectimur, et sanctificationem quamdam speramus.

Si videris, inquit Scriptura, *virum velocem in verb* s

suis, scito quia spem habet insipiens magis quam ille; et in multiloquio peccatum non deerit. Secundum hanc ergo sacræ Scripturæ sententiam Epiphanius diaconus, qui in eadem synodo velox in verbis et multiloquio usus fuisse perhibetur, et spem habere insipientem magis quam se ostendit, et in multiloquio errata quæque contraxit. Nam dum in superiori capitulo in ejus nugis a nobis aliquantulum disputatum sit, in hoc nihilominus aliquantulum disputandum est.

Disposuimus quidem in earum professionibus non verba, sed sententias discutere, nec litteraturam sed sensus ventilare, quoniam litteraturæ ordinem in his infinitum est quærere, quippe cum nulla sententia in ejusdem lectionis prolixo textu per eam possit stare, in raris autem verborum erratibus et eruditionis lima nec dum politis facile inter sensuum errata disputatur. Ubi ergo in prolixa lectionis serie nec sensuum est puritas nec verborum integritas, difficile de singulis disputatur, quoniam in infinitum disputationis ordo protenditur. Si enim de singulis verborum erratibus disputetur dum debent arcana rimari, et ea quæ ad ecclesiasticas res pertinent solerti indagatione scrutari, grammaticæ artis multiplices regulæ, quæ in scholis discuntur, tradi videbuntur. Sed dum in hoc opere nostri itineris gressus plurimum impediatur, sive quia eorum sermonis difficultate nonnulla quid significare velint difficile deprehendantur, sive quia eorum enuntiationes barbarismis ac solœcismis cæterisque vitiis infectas nostris disputationibus coacti, quia res exigit, interserimus, sive quia cum inter corrupta eorum verba corrupti nihilominus sensus sint, et nos verborum reprehensiones prolixitatis causa omittentes, sensuum solummodo seriem inculcemus et laboriose id, quippe cum unum pendeat ex altero, alterumque sit insertum in altero, faciamus, restat ut, annuente Domino, postposita reprehensione quæ verborum vitiis accidit, sensuum tantum inordinatas conglomerationes spiritalis pugni illisione quassantes, cœptum iter et magna ex parte peractum pergamus. Ait enim præfatus Epiphanius diaconus, cujus sententiam discutere cœperamus : *Multa quæ in nobis sacrantur orationem sacrata non suscipiunt.* Quod quidem cum ita, ut dicitur, nullum plenum sensum habeat, hoc eum conjicimus voluisse significare ut diceret: Multa sunt in nobis sacrata quæ per sacerdotis orationem vel manus impositionem minime sacrantur. Quod si ita est, qualiter verum esse possit non satis elucescit: quoniam quæcunque in Ecclesia sacrorum, sive ecclesiastici ordines, sive sacrandorum templorum dedicationes, sive cæteræ hujuscemodi constitutiones, per sacerdotales ecclesiastico more consecrationes fiunt, quippe cum ad ipsam Christianæ fidei nobilitatem per quam ad cæteros gradus acceditur, in ipsis infantiæ rudimentis per sacerdotum manus impositiones et ad Deum orationes veniatur. Si vero de locis sive vasis vel quibuslibet utensilibus divinis cultibus mancipatis dicere voluit, in hoc ejus dictio frustrari potest, quoniam pene nihil est in his quæ enumeravimus, quod non per sacerdotum orationes et consecrationes consecretur, sed et exorcismis et salis et aquæ aspersione uti consuevit Ecclesia, quorum omnium consecrationes vel institutiones ab ipsis Ecclesiæ rudimentis ab Ecclesiarum præsulibus traditæ fuisse noscuntur, et in libris sacerdotalibus exaratæ habentur. Cum ergo id idem diaconus ideo intulerit ut imagines, quarum adorationem illi prorsus roborare æstuant, de quarum utique consecratione nulla est ecclesiastica institutio, vasis vel cæteris rebus divinis cultibus mancipatis associaret, hoc introducere moliens, ut sicut hæc sine orationibus consecrata, ita illas quoque sine orationibus consecratas esse perdoceret, in eo ejus molimen cassari potest, quod istorum consecrandorum in libris sacerdotalibus scripta habetur, et per sacerdotes solemniter celebratur prisca traditio, illarum vero neque consecrandarum, neque adorandarum ulla uspiam in his quæ ab Ecclesia recipiuntur habetur institutio. In eo vero quod ait : *Nec plurimum sicut veneranda et honoramur et amplificamur: ipse enim signum vivificæ crucis sine oratione sacra fatur a nobis veneranda est,* id eum puto voluisse dicere, quod signum venerandæ crucis, quod nos honorifice nobis indimus absque quadam sacerdotum oratione vel consecratione, est et tamen sacratum habetur : in quo nimirum dicto, sicut et in cæteris, non mediocrem suam demonstrat insaniam, quod signum crucis non aliam quærit consecrationem quam eam quæ per Dei et hominum facta est mediatorem. Quod vero subjunxit : *Et sufficiemur signum ejus accipere sanctificationem per quæ facta a nobis ad eum adorationem quidam in fronte sanctificatione, et quæ in aere per digitum factum signum effugari dæmones speramus,* ad id quod superius illatum est pertinet. Crucis igitur signum magnum in se habere mysterium, eique imagines non esse æquiparandas evidentibus est indiciis manifestum, et in superioribus hujus operis partibus, prout Dominus donare dignatus est, demonstratum. Nam dum imagines, ut superius diximus, nulla oratione vel manus impositione sacrentur, crucis signum ubicunque ingeritur divini nominis invocatione infertur, et dum hæ consecrationem quamdam nec habeant nec habere queant nec debeant, illud vero adeo est a redemptore mundi sacratum, ut non solum cujuspiam consecratione indigeat, sed divini nominis invocatione illatum alia quæque consecret et benedicat. Porro quod ait : *Similiter et imaginem per nomen significationis ad primam formam honoris deducimus, et osculantes eam et honorabiliter honorantes accipiemus sanctificationem,* quam sit absurdum quamque a ratione alienum liquido patet. Dixit enim, imaginem per nomen significationis ad primæ formæ honorem, id est, ad sancti in cujus nomine prætitulatur, venerationem posse deduci, quod fieri posse nullius rationis indiciis evidentibus potest approbari. Si nominis tantummodo inscriptio eas ad eorumdem sanctorum quorum nomina superscribuntur, honorem deducit, ergo quælibet res, cui sancti cujusdam nomen superscribitur, ad ejusdem sancti honorem conscendit. Ergo lapides, ligna, vestes, sive animalia quædam quorumdam sanctorum nominibus superscripta, ad eorumdem sanctorum honorem transcunt, quorum sunt nominibus prænotata; et si nomina superscripta hæc quæ enumeravimus ad eorum quorum nomina sunt honorem perducere minime queunt, nec illas quoque nominum inscriptiones ad sanctorum honorem quodammodo perducunt, et si istud prudenti consideratione abnuitur, et illud solerti indigatione abjicitur. Offeruntur cuilibet eorum qui imagines adorant, verbi gratia, duarum feminarum pulchrarum imagines superscriptione carentes, quas ille parvipendens abjicit, abjectasque quolibet in loco jacere permittit, dicit illi quis : Una illarum sanctæ Mariæ imago est, abjici non debet; altera Veneris, quæ omnino abjicienda est, vertit se ad pictorem quærens ab eo, quia in omnibus simillimæ sunt, quæ illarum sanctæ Mariæ imago sit, vel quæ Veneris? Ille huic dat superscriptionem sanctæ Mariæ, illi vero superscriptionem Veneris : ista quia superscriptionem Dei genitricis habet, erigitur, honoratur, osculatur; illa quia inscriptionem Veneris Æneæ cujusdam profugi genitricis habet, dejicitur, exprobratur, exsecratur; pari utræque sunt figura, paribus coloribus, paribusque factæ materiis, superscriptione tantum distant. Dicat mihi, quæso, Epiphanius diaconus, qui per nominis inscriptionem imagines ad honorem primæ formæ deduci posse dixit, ubi hæc sanctitas hujus antequam superscriberetur fuit? vel ubi illius exprobratio priusquam superscriberetur exstitit? Superscriptio itaque, quæ imaginibus indi solet, secundum morem litterarum, quibus tanta vis est, ut tacite loquantur, et nonnunquam dicta absentium, nonnunquam vero præsentium sine voce edisserant, notitiam inferre valet, illis vero imaginibus quibus inditur, sanctificationem exhibere non potest. Sanctificatio enim rationalibus creaturis bonorum operum exhibitione et meritorum prærogativis conceditur; rebus vero irrationalibus et sensu carentibus, utpote sunt vasa divinis cultibus mancipata, et his similia non superscriptione qualibet, sed sacerdotali consecratione et divini nominis invocatione accedit. Ac per hoc evidenti ratione monstratur, nullam imaginibus inhærere posse sanctificationem per quamlibet superscriptionem, quoniam ista quæ beatæ Dei genitricis Mariæ superscriptionem sortitur, et quæ quondam despicabiliter abjecta jacuit, nunc venerabiliter adornatur, quantum valuit contemptoribus suis spreta jacens obesse, tantum nihilominus valet cultoribus suis erecta et adorata prodesse, et illa quantum posset juvare si erigeretur, tantum potest lædere cum spernitur. Quod vero ait : *Et osculantes eam et honorabiliter adorantes accipiemus sanctificationem,* tantum valeret quantum si diceret : Osculamur eam et honorabiliter adoramus, sanctificationem ab ea accipere cupientes, quam nec illa habet, nec nobis impertire valet. Quanto ergo potest cæco lumen reddere, cum ipsa non videat; odoris sensu carenti odorem, cum ipsa eodem sensu careat; surdo auditum, cum non audiat; muto eloquium, cum ipsa non loquatur; debili manibus tactum, cum ipsa nihil palpare queat; claudo gressum, quo illa penitus caret; mortuo vitam, cum ipsa non vivat; tanto nihilominus nobis sanctificationem ingerere valet, qua ipsa penitus caret. In parvo vero commate, quod superest, non est diutius immorandum, quoniam pene totum in superioribus commatibus per partes videtur esse connexum. Ait enim : *Nam et sacra diversa vasa habentes has osculamur et amplectimur et sanctificationem quamdam speramus.* Non enim ad homines per vasa, sed ad vasa per homines divini nominis invocatione et sacrorum mysteriorum celebratione sanctificatio venit; nec vasis imagines coæquandæ sunt, quoniam in vasis, non in imaginibus, Deo sacrificium offertur. Nam si a vasis, quæ utique sanctificata sunt, hominibus sanctificatio, ut diximus, minime impertitur, multominus ab imaginibus impertietur, quæ nec sanctificare nec sanctificari possunt.

CAPUT XVII.

Ridiculosissimum dictum Epiphanii reprehenditur, in eo quod ait : Ex proprio ventre locutus.

Quod in eadem synodo scribitur eo quod præfatus Epiphanius de quodam dixit, *Ex proprio ventre locutus,* quanquam rebus ad fidem pertinentibus nullum afferat præjudicium, et huic negotio de quo sermo est nec quidquam vel irroget vel deroget, ideo tamen a nobis non est prætermissum, quoniam indoctum quid sonat et insulsum, et quia nec debent nec possunt a tali scriptura novæ quælibet constitutiones Ecclesiæ prorogari, quæ tot modis potest reprehendi. Omne enim quod irreprehensibile est, hoc recipit sancta catholica Ecclesia; quod autem in pluribus reprehenditur, hoc ab ecclesiastico dogmate abdicatur. Nec debet illius lectionis quæ reprehensionibus et talibus nugis est plena, de adorandis imaginibus observari censura. Dixerunt nempe quemdam ex proprio ventre locutum. Quod dictum non solum a doctis verum etiam ab indoctis auribus respuitur, et veluti anile quoddam deliramentum abnuitur. Ex corde enim ea, quæ mens concepit, lingua interprete producuntur; ex ventre ea administrantur quæ in secessum missa egeruntur : et sicut non potest *cor,* quod plerumque et in divinis litteris, et in consuetudine loquentium pro mente sive sensu ponitur, escas conficere, humorum collectiones habere, ita non potest venter cogitationes concipere, easque per verba producere. Habent ergo singula membra officia sua, ut quinque sensus quinque membrorum partibus distributi sint, excepto tactu, qui quamvis in manibus sedem habere putetur, per cætera membra diffusus est. Et secundum philosophorum experientiam in corde est timor, in splene lætitia, in jecore voluptas, in tribus ventriculis cerebri, in anteriore qui est ad faciem, sensus; in eo qui posterior ad cervicem est, motus, in eo vero qui inter utrumque est, memoria vigere demonstratur, in pulmonibus anhelandi, voces modificandi, spiritum ducendi officium habetur : ventrem autem, quem maris constat habere figuram, escarum tantum confectionibus humorumque collectionibus manifestum est inservire. Nam si forte hujusce dicti errorem his velint adminiculis fulcire, quod plerumque ventris mentio in sacris litteris reperiatur, ut est illud, *Venter meus conturbatus est* (Thren. i, Hab. iii, Eccle. xi), sive, *Ventrem meum doleo* (Eccli. xxxvii), et cætera hujuscemodi, advertant nunquam hujus membri vocabulum pro locutione, sed pro aliis atque aliis rebus quæ per ventrem significantur, tropice positum, de quibus nunc disputare longum est. Illud enim, sicubi dictum est, tropologicum est, istud vero acyrologicum; per illud obumbratur allegorice veritas, per istud mutilatur sensus puritas; illud nitet mysteriis, istud squalet ineptiis. Cæterum si de Pythonibus dicere voluerint, quos septuaginta *ventriloquos* transtulerunt, de quibus in Deuteronomio legitur : *Non invenietur in te lustrans filium suum aut filium in igne, et divinans divinationem, augurans et aruspicans et medicaminibus infuscans, incantator, ventriloquus, et portenta inspiciens, et interrogans mortuos* (Deut. xviii), nec hoc reprehensione caret, quoniam cum illi quemdam hominem ex proprio ventre locutum fuisse dixerint, ut Pythonem, nec ab ipsius quidem Pythonis ventre homo, sed malignus loquitur spiritus, ita duntaxat ut eodem Pythone qui ventriloquus dicitur, per os humano more loquente de ventre ejus spiritus immundi voces audiantur, et, responsa dentur, quia quidem ventriloquos in Assyriorum sive Ægyptiorum gentibus, apud quos magicæ artes copiosæ sunt, plures esse manifestum est.

CAPUT XVIII

Contra eos qui dicunt : Qui imaginem idolorum dixerunt dæmoniorum imaginibus similem, accusent Abel et Noe et Abraham et Moysen et Samuel et David, quod ipsi aliena et pagana sacrificia Deo libaverunt.

Quantum in hoc capitulo sonat, et nos ex aliis eorum dictis experti sumus, hoc introducere nituntur, ut quia a paganis quondam occisorum pecudum sacrificia dæmonibus litabantur, nec tamen ob hoc a sanctis viris in veteri lege prætermittebatur, quin et ab illis occisorum pecudum Deo victimæ offerrentur, nec ideo sit prætermittendum quin intra sanctam Ecclesiam imagines adorentur, pro eo quod a gentilibus idola colebantur; sed sicut in aliis ex hoc negotio assertionibus eorum objectiones incassum adhibitæ frustrantur, ita etiam hæc quoque objectio incompetenter adhibita prudentis assertionis objectu frustrabitur. Manifestum est namque pridem et a sanctis viris Deo omnipotenti, et a gentilium sacerdotibus occisorum pecudum sacrificia dæmonibus oblata fuisse, et antiquitus nefandorum hominum simulacra dæmonico instinctu posita in delubris, et quorumdam sanctorum imagines ob rerum gestarum memoriam et ædificiorum pulchritudines, a catholicis habitas fuisse in basilicis. Sicut ergo occisorum pecudum sacrificii usus et a sanctis ante legem a tribus legitur celebratus, et in lege a Domino per Moysen est traditus, dicant ubi adorandarum imaginum usus aut ante legem a patriarchis, aut in lege per legislatorem, aut in novo testamento a Domino et salvatore, aut ab apostolis vel ab apostolicis viris sit institutus ; et cum illorum celebratio tam authenticam habeat traditionem, dicant quem istarum adoratio obtineat vigorem. Qui dum hoc dicere nequiverint, rem se inutilem protulisse erubescant, et inaniter sanctorum sacrificiorum oblationi adorationem imaginum associare nisos fuisse resipiscant atque cognoscant. Quomodo ergo potest credi imagines a catholicis ad adorandum conditas, cum nec ipsa quidem gentilium simulacra primum ad adorandum perhibeantur condita fuisse? Simulacrorum itaque usus exortus est, cum ex desiderio mortuorum quorumlibet virorum fortium aut regum aut quarumdam urbium conditorum, aut quarumlibet artium inventorum imagines vel effigies ab his qui eos dilexerant conderentur, ut posterorum vel dilectorum dolor haberet aliquod de imaginum contemplatione remedium ; sed paulatim hunc errorem persuadentibus dæmonibus ita in posteros irrepsisse, ut quos illi pro sola nominis memoria pingendos censuerant, successores deos existimarent atque colerent, et in his sibi dæmones sacrificare illectos quosque miseros percenserent. Hoc etiam exemplo adeo cernimus imaginum usum inolescere, ut quæ prius ob ornamentum basilicarum et memoriam erant compaginatæ rerum gestarum, inolescente paulatim nefario usu adeo nunc a catholicis quibusque extollantur, ut adorentur, eisque luminaria, thymiamata, primitiæ vel quædam munuscula offerantur, et, quod nequius est, ut in Græciæ partibus factum legimus, pontifices qui solum Deum adorandum, solumque colendum, illique soli serviendum prædicare debuerant, et ipsi eis se servituros fateantur, easque colant et adorent, et earum contemptores soliusque Dei cultores, verosque adoratores ob earum contemptum et hæreticos judicent, et anathematizare affectent. Uno namque et pene pari modo, ut præfati sumus, adorandorum et colendorum simulacrorum vel potius dæmonum et gentilibus nequissimus usus inolevit, et catholicis, quod non sine quodam animi mœrore prosequimur, adorandarum imaginum ineptissima consuetudo accrescit, et res ad aliud conditæ, ad aliud videntur usurpatæ. Non enim nos imagines in basilicis positas idola nuncupamus, sed ne idola nuncupentur, adorare eas et colere eisque servitium impendere recusamus, quoniam plerumque non res, sed causa rei pro scelere reputatur, dum videlicet multa quibus bene potest uti male usa in flagitium convertuntur, sicque una eademque res bene utentibus non est causa piaculi, et male utentibus est causa periculi. Sollicite ergo præcavendum est et summa industria procurandum, ne dum quidam nostrorum quasdam res ultra quam ordo exposcit sublimare affectant, vetustissimi illius et cariosi erroris redivivi illis cineres convalescant, et victoriam quam in campo adepti sunt, intra urbis mœnia perdant, subigatque civilis belli insuspicabiliter dolosa illusio, quos subigere externi hostis aperta nequivit impulsio. Cum ergo illi accusandos garriant sanctos patres, Abel videlicet, Noe et Abraham, Moysen, Samuelem et David, non eos nobis accusare libet, sed laudare, dicente Ecclesiastico : *Laudemus viros gloriosos et parentes nostros in generatione sua, multam gloriam fecit Dominus magnificentia sua, a sæculo dominantes in potentatibus suis homines magni virtute et prudentia sua præditi in dignitate prophetarum, et imperantes in præsenti populo, et in virtute prudentiæ populi sanctissima verba,* et cætera (*Eccli.* XLIV). Quis ergo tam profanam habeat mentem, ut Abel, qui ab ipso Domino justus appellatus est, accusare audeat? cujus sanguis de terra ad Dominum clamasse legitur, qui exemplar et norma est omnium justorum, qui primus persecutionem passuris sanctis prævius exstitit, et civitatis Dei quam fluminis impetus lætificat, primus fundamenta jecit. Aut quis Noe virum justum accusare præsumat? quem Dominus gratiam coram se invenisse testatur, qui secundus post Adam humani generis pater orbis exstitit reparator, et in typo Christi qui Ecclesiam diversis gentibus plenam inter mundanorum fluctuum immanes procellas gubernaturus erat, arcæ diversis animantibus plenæ, inter horrisonorum fluctuum illisiones exstitit gubernator, qui tot meritorum exornatur insignibus, ut ille tantum cum Daniele et Job in die judicii liberandus dicatur, Ezechiele attestante, qui ait : *Si pestilentiam immisero super terram illam, et effudero indignationem meam super eam in sanguinem, ut auferam ex ea hominem et jumentum, et Noe et Daniel et Job fuerint in medio ejus, vivo ego, dicit Dominus Deus, quia filium et filiam non liberabunt, sed ipsi justitia sua liberabunt animas suas* (*Ezech.* XIV). In quibus tribus sanctis omnis sanctorum multitudo signatur, ut per Noe Ecclesiæ gubernatores, per Danielem virgines et continentes, per Job conjugati et pœnitentes innuantur. Aut quis Abraham patriarcham accusare affectet? qui est prima credentium via et beati seminis serus pater, cui non legalis observantia, sed fides credulitatis est ad justitiam reputata; qui Trinitatem in typo videns, et unitatem in mysterio venerans, divini judicii arcana, et de conjuge anu suscipiendæ sobolis stupendum miraculum audire promeruit; qui fidei cujus ipse specimen tenuit, futuras circa finem mundi angustias figuraliter sensit, cum circa finem diei terror nimius et tenebrosus super eum irruit. Aut quis Moysen legislatorem accusare præsumat? de quo scriptum est, quod esset mitissimus super omnes qui morabantur in terra, qui in typo Christi mediator inter Deum et homines consistens devicto nequissimo hoste populum de servitute Ægyptia signis ac prodigiis terribilibus liberavit. Aut Samue-

lem? qui ab ipsis cunabulis Domino consecratus usque ad decrepitam senectutem in Domini militia militavit. Aut David? qui vir dicitur secundum cor Domini inventus, et in eo meritis sanctorum prælatus, ut et de Christo apertius cunctis prophetarit, et secundum formam servi eius pater sit nuncupatus. Quorum si laudes et mysteria singillatim proferamus, ante dies quam verba cessabit. Non enim illi offerebant Deo sacrificia pagana, sed mysteriis plena, quia necdum a pagis Atheniensium *pagani* nuncupabantur, quando jam ab illis Deo sacrificium offerebatur, et, ut ita dixerim, necdum Athenarum urbs condita erat, nec Cecrops offerendorum sacrificiorum institutiones et ararum erectiones et dæmonum appellationes gentilibus tradiderat, cum jam Abel et Noe et Abraham Deo sacrificia obtulerant. Offerebant, inquam, sancti sive ante legem, sive sub lege, sacrificia typicis mysteriis obumbrata, quæ in novo testamento per mediatorem Dei et hominum, expulsis obumbratis præfigurationibus, sunt completa, et Ecclesiæ tradita, quibus usque in finem ipso auxiliante erit contenta. Cur ergo antiqui patres visibiliter sacrificaverint et carnalia sacrificia Deo litaverint, beati Augustini verbis lector agnoscat. Ait enim : « Quæ sunt etiam sacra spiritalia, quorum imagines carnalem populum celebrare oportebat, ut præfiguratio novi populi servitute veteris fieret, quorum duorum populorum differentiam etiam in unoquoque nostrum licet advertere, cum quisque ab utero matris veterem hominem necesse est agat, donec veniat ad juvenilem ætatem, ubi jam non est necesse carnaliter sapere, sed potest ad spiritalia voluntate converti et intrinsecus regenerari : quod ergo in uno homine recte educato ordine naturæ disciplinaque contingit, hoc proportione in universo genere humano fieri per divinam providentiam, peragique pulcherrimum est. »

CAPUT XIX.

Contra eos qui dicunt : Si sanctus Epiphanius imaginum destructor fuit et earum abominator, quomodo ejus discipuli imagines depingebant in Cypriorum insula, in templo quod ejusdem patris nomine titulaverunt, *cum videlicet multa pingantur quæ non adorantur, et plerumque a bonis magistris mali discipuli oriantur.*

Magna se in hac parte illi de quibus sermo est, ad suum errorem tuendum armorum reperisse gratulantur instrumenta, eo quod in insula Cypro a cujusdam sancti viri Epiphanii discipulis basilica dicatur fuisse depicta, quasi nulla res possit pingi quæ non continuo debeat adorari. Cum ergo imaginum habendarum vel non habendarum usus non præjudicet catholicæ fidei puritati, constat eumdem Epiphanium sive alium quemlibet sanctum virum, nec imaginum fuisse destructorem, nec earum adoratorem, discipulosque ejus vel quoslibet catholicos viros non ideo basilicas colorum fucis depinxisse, ut picturæ adorarentur, sed ut ex eis parietibus pulchritudo inferretur, et rerum gestarum aspicientibus memoria ingereretur. Non enim quia Epiphanii discipuli in insula Cypro basilicam depinxisse perhibentur, idcirco imagines adorabuntur, quoniam non omnia quæ pinguntur protinus adorantur. Quæ si singula adorari deberent, paucæ admodum creaturæ quæ non adorarentur, remanerent. Cernimus namque in metallis conflatorio sive sculptorio opere, in gemmis insignibusque lapidibus mira sculptoris arte, in marmoribus cæterisque lapidibus latomorum sive sculptorum industria, in lignis cælatoris scalpello, in lithostrotis diversorum colorum per artificem compaginatis crustulis, in sericis, laneis nec non et lineis multicoloribus vestibus plumario polymitarioque opere formatas imagines. Nunquid quia præfati viri, sancti scilicet Epiphanii, discipuli in Cypro basilicam depinxerunt, idcirco omnes adorandæ sunt? aut quia illi diversis materiis locum exornaverunt divino cultui dedicatum, ideo ad singulas materias quas præmisimus pro imaginibus quæ eis in subjecto sunt curvatis poplitibus, flexis cervicibus, crebrescentibus suspiriis, sublevatis reverenter ac plerumque semiclausis luminibus, a fidelibus est currendum? Non igitur consequens est ut pro eo quod illi basilicam pinxisse dicuntur, imagines adorentur. Potest etiam huic illorum objectioni aliud rationabiliter opponi, ut illorum assertio sicut aliis objectionibus nequivit muniri, ita etiam nec hac quoque depicta ab Epiphanii discipulis basilica valeat astrui, præsertim cum etsi ejusdem sancti viri discipulorum consensus a se inditas parietibus picturas adorare censuisset, nullam ejus vim censura haberet, quoniam plerumque a bonis magistris bene discipuli educati, postmodum neglecta institutione magistrorum efficiuntur perversi. Quod si solerti indagatione quæratur, sacrarum litterarum exemplis approbabitur. Elisæi igitur viri sancti et duplicis Eliæ spiritu ditati discipulo tantus pecuniæ amor irrepsit, ut percepto alienigenæ munere a magistro spreto exitiabilis etiam ægritudo eum fœdarit. Non illum prophetica allocutio, non magistri eruditio, non signorum terribilium ostensio, non tanti prophetæ communis habitatio a tantæ pestis, id est avaritiæ, labe compescuit, sed avaritia quæ eum invasit, lepram quoque ei cum Syri censu inussit. Judam etiam, de quo per Prophetam scriptum est: *Homo pacis meæ qui edebat panem meum ampliavit adversum me supplantationem* (Psal. XLI); cui quondam dictum est: *Tu vero homo unanimis, dux meus et notus meus, qui simul mecum dulces capiebas cibos* (Psal. LV), neglecta boni magistri eruditione, et revera boni, qui de se ipso dixit: *An oculus tuus nequam est, quia ego bonus sum* (Matth. XX)? et cui per David dicitur: *Bonus es, Domine, bonitatem tuam doce me;* de quo etiam per Jeremiam dicitur: *Bonus est Dominus sperantibus in se, animæ quærenti illum* (Thren. III), adeo capacis vel maxime rapacis avaritiæ furor arripuit, ut magistrum prodere non distulerit, quem non verba cœlestia, non vitæ fontis inundatio, non signorum exhibitio, non apostolica societas, non apostolici nominis dignitas a tanti sceleris perpetratione cohibuit; qui, cognita sui sceleris nequitia, indignam vitam digna morte finivit; de quo ait Sedulius:

Tunc vir apostolicus, nunc vilis apostata factus.

Nicolaus quoque discipulus apostolorum et inter septem una cum beato Stephano in diaconi ministerium consecratus, neglectis postmodum bonorum magistrorum doctrinis, sive bonorum condiaconorum societatibus, hæresiarches est effectus, et qui bonorum operum exercitia exemplis sive verbis, ut pote discipulus apostolorum, instituere debuit, permutatis in contrarium vicibus ipse nefandæ hæresis scelus instituit, de qua in Apocalypsi scribitur: *Sed hoc habes quod odisti facta Nicolaitarum, quæ et ego odi* (Apoc. II). Si ergo boni prophetæ malus discipulus propter avaritiam reprobatur, et boni magistri, Domini scilicet et Salvatoris nostri, discipulus fur et proditor effectus abominatur, et sanctorum apostolorum malus discipulus propter impium dogma a se institutum exsecratur, quid mirum si a bono magistro Epiphanio picturarum adorationem instituendo mali discipuli efficiuntur? Et hoc dicentes non eos reprobos judicamus, quippe cum eorum vitam et conversationem nesciamus, sed proposita conditionali particula, si picturas adorare censuerunt, in eo eos erroneos asseveramus. Aspiciamus ergo Novatum Cypriani episcopi presbyterum Novatianam hæresem condidisse, et suum arbitrium secutum sancti magistri monita sprevisse; Arium quoque a catholico magistro eruditum novimus fuisse, et postmodum exitiabilis dogmatis grana seminasse. Quid de singulis referam? pene omnes hæresiarchas catholicorum constat fuisse discipulos, quia nequaquam in suo nomine poterat hæresim quis titulare, nisi illam suo arbitrio reperisset. Quibus exemplis colligitur, nil sancti Epiphanii discipulis magistri sanctitatem profuisse, si ab ecclesiasticis constitutionibus spreta boni magistri eruditione creduntur deviasse

CAPUT XX.

Quod adulatorie imperatorem suum sive matrem ejus apostolis coæquare nisi sunt dicentes: Sicut olim salutis nostræ rector et perfector Jesus proprios suos apostolos sancti Spiritus induens virtute emisit, sicut et nunc suos placabiles et apostolorum similes fideles nostros imperatores erexit de eodem Spiritu prudentes factos, et idoneos existentes virtute ad perfectionem nostram.

Sessuros cum Domino apostolos ad judicandum ejusdem Domini veridica voce reperimus: *Vos,* inquit, *qui secuti estis me, in regeneratione cum sederit Filius hominis in sede majestatis suæ, sedebitis super duodecim thronos, judicantes duodecim tribus Israel* (Luc. XXII), eosque se elegisse de mundo, ut de mundo non essent, sed ut fructum plurimum afferrent, ipse Dominus attestatur: *Ego vos,* inquiens, *de mundo elegi ut de mundo non essetis, et ego elegi vos ut fructum plurimum afferatis, et fructus vester maneat in æternum* (Joan. XV); illos esse *sal terræ* (Matth. V), condimentum videlicet populi, quo insulsa quæque condiuntur, et insapida saporantur; eos lucem mundi, qui veræ lucis, hoc est Christi, fulgore suæ prædi-cationis verbis mundi tenebras, diffidentiæ videlicet caliginem, irradiarunt, manifestum est; illis a Domino et in terra per insufflationem datur, et e cœlo in igne linguarumque divisione Spiritus sancti ad intuendam Dei et proximi dilectionem emittitur; illis solvendi ligandique, peccata remittendi et retinendi, mortuos suscitandi, dæmones ejiciendi, infirmos curandi, cæteraque hujuscemodi opera faciendi datur potestas, et omnes gentes docendi, et in nomine sanctæ Trinitatis baptizandi confertur auctoritas; illis gaudere jussum est, quod nomina eorum æternæ vitæ cœlestis liber inserta teneat; illis dictum est: *Beati oculi qui vident quæ vos videtis, et aures quæ audiunt quæ auditis* (*Luc.* x), quia videlicet secundum ejusdem Domini et Salvatoris nostri Jesu Christi veracissimum testimonium, *multi prophetæ et reges voluerunt videre quæ illi videbant, et audire quæ illi audiebant,* quoniam omnium patriarcharum et prophetarum egregii cœtus, quanquam redemptorem mundi venturum pro salute mundi prophetiæ spiritus eruditione scirent, eumque interioris intuitus oculo quodammodo cernerent, eum tamen quem corporaliter venturum sciebant, corporaliter cernere æstuabant. Qui dum tot meritorum insignibus emineant, totque beatitudinum excellentia polleant, incassum eis illi quorum errores discutimus, imperatores suos assimilare affectant. Liquido namque patet apostolos prophetis prælatos esse; si apostolis imperatores eorum, ut illi somniant, similes sunt, prophetis præferuntur, qui Christum, quem corporaliter venturum sciebant, corporaliter non viderunt; si prophetis præferuntur, redemptorem mundi corporaliter viderunt; redemptorem autem mundi eos corporaliter non vidisse, evidentissime patet: non igitur prophetis imperatores eorum præferuntur, nec apostolis, ut illi dicunt, similes sunt. Quomodo ergo apostolis queant assimilari, cum non solum non sint eis similibus meritis æquiparati, similique sanctitatis nitore præditi, verum etiam eorum sacratissimis prædicationibus in pluribus videantur obniti? Aut quomodo poterunt eorum esse similes, quorum negligunt esse sequaces? Illi sectati sunt cœlestia perpetimque mansura, isti sectantur terrestria quæque et caduca; illi, spreto mundo, Domino adhærere maluerunt, isti mundi pompis ejusque fumeis gaudiis adhærentes, plerumque Domini præcepta spernunt; illi persecutionem propter justitiam patiebantur, isti plerumque propter injustitiam persequuntur; illi tradebantur in conciliis, et flagellabantur in synagogis, isti prædicantur in subjectis urbibus, et collaudantur in populis; illorum epistolæ æternæ vitæ commercia gerentes ducebantur legendæ per provincias et regiones, istorum imagines et effigies gentilicum et obsoletum quemdam errorem referentes adorandæ circumferuntur per vicos et civitates; illi beati fore a Domino dicti sunt, cum eos odissent homines, et persecuti fuissent, et omne malum adversus eos mentientes dixissent, isti in eo se beatos putant, quod se diligi sibique parere, seque collaudari ab hominibus videntur; illis dicitur: *Beati qui nunc fletis, quia ridebitis* (*Matth.* v); istis dicitur: *Risus dolore miscetur, et extrema gaudii luctus occupat* (*Prov.* xiv); illi gaudente mundo contristati sunt, contristato denuo mundo gavisuri sunt; isti gaudente mundo gaudent, contristato mundo contristabuntur; illi euntes in mundum, cujus figuram præterituram prædicabant, ejus noxios actus flebant, mittentes æterni fructus semina, isti in mundo fundati de prosperitate mundi gaudentes, amplexantur præsentis vitæ prospera; illi venientes ad judicium venient in exsultatione, securi de æterna remuneratione, portantes manipulos hominum per suam prædicationem conversorum, isti venient cum magno tremore reddituri rationem operum suorum. Sed quid amplius immoramur? quid longius evagamur? quid de ingeniibus silvis modicos flores colligimus, quorum nec millesimam quidem partem colligere valemus? Tanta est distantia inter apostolos et imperatores, quanta inter sanctos et peccatores, et cum apostoli emineant novi testamenti sanctis omnibus, multo amplius eminere creduntur peccatoribus. O adulatio, cur tanta præsumis? O oleum rancoris potius exuberans nidorem, quam lenitatis aut nectaris nitorem! a sacerdotibus venderis, a præsulibus in lectorum quorumdam capita illinis, et quod Propheta sibi adhiberi exhorruit: *Oleum,* inquiens, *peccatorum non impinguet caput meum* (*Psal.* cxli), id pontificum cœtus imperatorum capitibus indit, et quod evangelicæ virgines emendum dixerunt a venditoribus, hoc, proh dolor! fideles et maxime populi rectores emunt a præsulibus. Quod ergo ex eodem Spiritu, id est a sancto Spiritu, eosdem imperatores, prudentes et idoneos factos esse virtute ad perfectionem suam fatentur, manifestum est omnes fideles qui veraciter Christiani sunt, sanctum habere Spiritum, dicente Apostolo: *Quisquis Spiritum Christi non habet, hic non est ejus* (*Rom.* viii), quod Spiritus sancti donum et post baptismum per manus impositionem infunditur, et vitæ munditia secundum meritorum distantiam singulis distribuitur, dicente vase electionis: *Unicuique data est gratia secundum mensuram* (*Eph.* iv). Quanquam igitur in alio loco scribatur : *Non enim ad mensuram dat Deus Spiritum* (*Joan.* iii), ad mensuram tamen fidelibus quibusque impertitur; quod autem ait : *Non enim ad mensuram dat Deus Spiritum,* hoc de solo Filio qui consubstantialis est Patri et Spiritui sancto intelligatur, cui non ad mensuram spiritus datur, quoniam juxta Pauli vocem : *In ipso habitare corporaliter omnis plenitudo divinitatis creditur* (*Col.* ii). Quod autem ad mensuram dari Spiritus et singulis singula distribuere, prout vult, dicitur, hoc de fidelibus quibusque dictum esse absque ambiguitate accipiatur. Sed quamvis unumquemque catholicorum constet habere Spiritum sanctum, juxta quod superius memoravimus et exemplis illustravimus, nullum tamen nostræ ætatis hominem secundum apostolicæ mensuræ gratiam

Spiritum sanctum accepisse dicere audemus, aut affirmare valemus.

CAPUT XXI.

De eo quod dixerunt : Habet enim prophetia : *Ecce virgo in utero accipiet, et pariet filium (Isa.* VII)*,* hanc autem prophetiam in imaginem nos videntes, videlicet virginem in ulnis ferentem quem genuit, quomodo sustinebimus non adorare et osculari ? Quis indisciplinatus mente resistere audebit ? In tale osculum dignos enim nosipsos faciamus adorationis, ut non accedentes indigni Ozæ supplicium subeamus.

Prophetia, quæ virginem concepturam et filium parituram intonat, non jam in incertis et ambiguis est quærenda, sed in pectore retinenda, nec ejus arcana mysteria sunt in picturis, sed in divinis litteris earumque explanatoribus, apostolis videlicet eorumque successoribus, investiganda, et fide potius quam oculis intuenda. Non enim idem nobilissimus vates Isaias Evangelii nobis potius quam prophetiæ referens saporem ait : Nisi pinxeritis et adoraveritis imagines, non permanebitis; sed ait, *Si non credideritis, non permanebitis (Isa.* VII). Manifestum itaque est, eum qui in mandatis divinis fidei integritate vult permanere, et ad æternam remunerationem venire, instrumenta per quæ ad hæc veniat non in parietibus, non in tabulis, non in picturis, non in quibuslibet visibilibus rebus, sed in corde per fidem, in ore per confessionem, in opere per bonorum actuum exhibitionem habere debere, et credere virginem quæ Salvatorem protulit mundi, non in mundanorum artificum operibus, sed in æterni et inenarrabilis artificis opere, id est, in cœlestibus sedibus esse. Unde necesse est ut quisquis eam adorare desiderat, non in colorum fucis, non in materialibus opificiis, non in quibuslibet officinis, sed illo mentis aciem figat, quo eam cum Christo regnare constat. Nam dum illi dixerint : *Hanc autem prophetiam in imaginem nos videntes, videlicet virginem in ulnis ferentem quem genuit, quomodo sustinebimus non adorare et osculari ? Quis indisciplinatus mente resistere audebit ?* et nos pene eadem verba sono, non sensu, secuti ingerimus. Hanc autem picturam in tabula aut pariete cernentes, virginem videlicet depictam puerum in ulnis ferentem, quomodo præsumemus rem insensatam adorare, et opus cujuslibet artificis osculari ? Quis indisciplinatus tale facinus perpetrare audebit, ut adorationem soli creatori debitam creaturis impendat, et dum vult favere picturis, sacris renitatur Scripturis? Esto, imago sanctæ Dei genitricis adoranda est, unde scire possumus quæ sit ejus imago, aut quibus indiciis a cæteris imaginibus dirimatur ? quippe cum nulla in omnibus differentia præter artificum experientiam, et eorum quibus operantur opificia, materiarumque qualitatem inveniatur. Cum ergo depictam pulchram quamdam feminam puerum in ulnis tenere cernimus, si superscriptio necdum facta sit, aut quondam facta casu quodam demolita, qua industria discernere valemus, utrum Sara sit Isaac tenens, aut Rebecca Jacob ferens, aut Betsabee Salomonem jactans, aut Elisabeth Joannem bajulans, aut quælibet mulier parvulum suum tenens ? Et ut ad gentiles fabulas veniamus, quæ plerumque depictæ inveniantur, unde scire valemus utrum Venus sit Æneam tenens, an Alcmena Herculem portans, an Andromacha Astyanacta gerens ? Nam si pro alia alia adoratur, dementia est ; si tamen ea quæ adoranda penitus non est, adoratur, vesania est : quod utrumque cavendum est. Pingitur etiam eadem beata virgo qualiter aselli gestamine vecta, puerum in ulnis ferens Joseph prævio in Ægyptum descenderit, qualiterve ex Ægypto ad terram Israel redierit (in pluribus namque materiis hæc historia inditur, et non semper in basilicis, sed interdum in vasis escariis sive potatoriis, interdum in sericis indumentis, plerumque tamen in stragulis), nunquidnam hæc omnia adoranda sunt ? Cum ergo in quolibet horum imago sanctæ virginis puerum tenentis peculialis animantis tergo suscepta adoratur, nunquid non ipsius animantis cum ea imago adoratur ? nullo enim pacto in adorando utriusque imaginis, virginis videlicet, sive animantis, quædam potest fieri dirempiio ; præsertim cum unius sint materiæ, unoque artificis ingenio compaginatæ, aut utriusque adoratio est spernenda, aut utræque sunt adorandæ. Sed dicet fortasse spinosulus aliquis : Hæc assertio adorandi animantis frustranda est, quoniam cum quemlibet hominem cathedra susceptum aut baculo innixum causa salutationis adoramus, non cum eo cathedram neque baculum adorare monstramur, sed homine salutato illa insalutata remanere creduntur. Cujus spinulæ hoc modo quassandæ sunt : Alia est definitio hominis, alia baculi sive cathedræ : quoniam quidem homo definitur ita, *Homo est animal rationale, mortale, risibile,* et cætera hujuscemodi ; cathedra vero vel baculus non eodem modo definiuntur, sed vires sensu vitaque carentes, pro artificis experientia vel voluntate ad officia quibus necessaria sunt præparata, et cætera hujuscemodi ; ubi liquido patet aliud esse rationalem hominem salutando adorare, aliud cadrum vel baculum, ut pote res insentatas, insalutata relinquere. In definitione vero virgineæ sive peculialis animantis imaginis, cum utræque sint sensu vitaque carentes, ex una materia factæ, uno eodemque artifice formatæ, ita sibi mutuo cohærentes ut sine materiæ, in qua in subjecto sunt, discidio ab invicem nequeant separari, pene nulla est in definiendo distantia. In quibus cum tanta sit parilitas, tanta societas, tanta materiæ unio, aut utriusque adoratio est suscipienda, aut utriusque spernenda. Cum ergo altera ab altera dirimi sine discidio nequeat, et utræque, ne forte animantis imago adoretur, adorari non debeant, restat ut utræque adorationis honore careant, et ornamentorum solummodo in basilicis aut in quibuslibet locis loca teneant, et aspicientibus rerum gestarum memoriam præbeant, quoniam cum tot diverticulis in tantos errores imaginum adoratio vergat, nulla eam stare intra sanctam Ecclesiam perspicua ratio monstrat. Hortantur ergo illi se mutuo, ut digni efficiantur ad oscula sive adorationes rerum sensu carentium, dicentes : *In tale osculum dignos enim nosipsos faciamus adorationis, ut non accedentes indigni Ozæ supplicium subeamus.* Nos denique dignos nos faciamus ad adorandam divinam majestatem, imo ab eo digni efficiamur a quo est bene velle et perficere, et ut veri adoratores non secundum eorum vanitatem adoremus Dominum in quadam imagine, sed in spiritu et veritate, dicente ipsa Veritate : *Veri adoratores adorabunt Patrem in spiritu et veritate (Joan.* IV). Quod vero se ideo ad oscula et adorationes imaginum dignos effici monent, ne forte Ozæ pœnam luant, videant ne illius præsumptionis causa, qua et ille arcam Domini absque suo adminiculo casuram putavit, et isti nihilominus divini cultus regionem absque imaginum adminiculo frustrandam putant, ejus exitiabilis pœnæ sententiam subeant : quippe cum nec illa ne rueret, ejus fulcimine indiguerit, nec ista ut firmius stet, illarum fulcimine indigeat ; et sicut illa nullam Deo indigentiam patiente absque aliquo sui casu Ozæ sustentaculo vacante illapsa ferebatur, ita nimirum ista Domino gubernante absque ullo naufragio imaginum opitulatione postposita intemerata servatur. Quid ergo est arcæ testamenti Domini quæ a Domino gubernabatur, ne casum pateretur, manum velle subponere, nisi catholicæ religioni quæ a Domino utique regitur, ne inter hujus vitæ itinera titubet, imaginum adorationem velle admittere? Aut cui assimilari potest Oża, qui absque sacerdotum et conlevitarum consilio quadam præsumptibili cura novum arcæ Domini voluit sustentaculum præstare, nisi istis qui absque sanctorum Patrum doctrina et consacerdotum per diversas mundi partes constitutorum consensu arrogantia quadam et superciliosa intentione novam Christianæ religioni imaginum adorationem nituntur inserere? Perdidit igitur vitam qui arcam Dei tumide sustentare affectavit, quia qui Deum qui ubique totus est, ubique mirabilis, re aliqua indigere in qua adoretur credit, eumque in rebus visibilibus adorat, cavendum est ne tunc vitam perdat, cum ejus vitalibus monitis procaci mente resistit. Levites ergo isdem recte *Oza* dicitur qui robustus interpretatur, quia præsumptores quique, nisi audaci mente robustos se crederent, nequaquam synodos in quibus adorandarum imaginum nova constitutio censeretur, agitarent.

CAPUT XXII.

De eo quod nec sibi ipsis parcunt, cum parentibus suis injuriam inferunt dicentes : Pro vero tritico zizania ecclesiasticis agris seminaverunt, vinum miscuerunt aquæ, et proximum potaverunt subversionem turbulentam, et lupi Arabici existentes pellem ovium subsannaverunt indueri, et veritatem prætereuntes mendacium amplexi sunt, sed ova aspidum jactaverunt, et tela aranei secundum prophetam texuerunt, et qui sperat ova eorum comedere, confringens caudam inveniet, et in eo basiliscum venenum et flatum mortiferum repletum.

Intemperata eorum vecordia sicut in cæteris ita et in hoc quoque deliramento reprehenditur, eo quod majores suos pro tritico zizania sevisse ecclesiasticis agris, vinumque aquæ miscuisse et proximos potasse turbulento potu dixerunt, præsertim cum in hoc negotio pene in omnibus in quibus illi deliquisse creduntur, isti non solum ea non emendasse, verum etiam amplius deliquisse perhibeantur ; denique secundum poetam qui ait :

Pro molli viola, pro purpureo narcisso,
Carduus et spinis surgat paliurus acutis,
Virg. Eglog. v.

istorum majoribus pro tritico surrexerunt zizania, istis vero pro tritico zizaniis necdum evulsis paliurus surrexit, quia videlicet propheticæ et evangelicæ sive apostolicæ prædicationis neglecto tritico, in qua et loca divinis cultibus mancipata exornari censentur, et solius Dei cultus et adoratio commendatur, aut in ornamentorum a basilicis abolitione, aut in eorumdem ornamentorum adoratione, zizaniorum amentium et paliuri spinosi perniciosum dogma percepisse monstrantur, et qui debuerant frumento divini verbi mentes fidelium illius satietatis quæ sine fastidio est, plenitudine reficere, illo dogmate eas, quod ingenti fastidio et amentium nutrit et errorum aculeos ingerit, nituntur inficere. Vino etiam aquam majores suos miscuisse turbulentumque potum proximis profati sunt propinasse : quibus non absque ratione objici potest, quod majores eorum vinum sacri eloquii, quo uti debuerant, aquæ permixtione insapidum effecerunt, cum ornamenta a basilicis abolenda sanxerunt, isti vero ejusdem vini potum a prodecessoribus aqua vitiatum veneno acuerunt, cum se imagines adoraturos eisque servitium exhibituros professi, earumque adorationem spernentes anathematibus condemnare conati sunt. Deinde turbulentum potum utrique proximis propinare non erubescunt, cum prædicationem suam, quam sacris eloquiis et bonorum operum exemplis exornare debuerant, vanis et extraordinariis constitutionibus vitiare non differunt, eamque et præsentibus vita vel actu monstrare et memoriæ posteritatis scriptis mandare non metuunt. Quod vero eos sub pellibus ovium lupos celare, et spreta veritate mendacium amplecti asseverant, idipsum in se ipsis fieri conspicient, si diligenter advertant. Nam dum illi magnam se sanctitatem habere fingentes, ejus quasi zelo accensi imagines ab ecclesiis ut pote ne adorarentur quæ non ad adorandum ab antiquis positæ fuerant abdicaverunt, et isti eas quasi nimiæ sanctitatis amore accensi adorandas statuunt, nec sibi catholicæ fidei charismata sufficere putant, nisi eis servitium adorationis exhibeant, cum tamen utrique vanæ laudis appetitu id agant, quid aliud faciunt nisi sub pellibus ovium lupos tegunt ? quia nimirum dum foris aut zelum aut studium sanctitatis simulant, introrsus lupinam rabiem qua cæteris eminere ambiunt, eosque anathematum dentibus rodunt, habere se monstrant : veritatem itaque prætereuntes mendacium utrique amplectuntur, quia dum superbe et arroganter nova quæque constituere anhelant, nec humilitate duce antiquorum Patrum exempla sequuntur, ab eā veritate quæ fallere fallique nescit abscedunt, illique mendacio adhærent de quo scriptum est: *Ab initio mendax fuit et in veritate non stetit* (Joan. VIII). Quid ergo est veritatem præterire, nisi Christi monitis, qui auctor humilitatis est, per jactantiam contraire? Quid est mendacium sequi, nisi ejus qui auctor superbiæ est exempla in novis et in illicitis constitutionibus illiciendo, et antiquis ac salutiferis traditionibus obnitendo, sectari? Quod quidem utrique tunc faciunt, cum superbiæ vento inflati aut frangendarum aut adorandarum imaginum errorem arripiunt. Porro quod majores suos ova aspidum protulisse, et telam araneæ texuisse asserunt, non mediocres sibi in hac parte contumelias inferunt: quippe cum ideo eorum ova sint, quoniam aut ab illis sunt per carnis materiam propagati, aut studiis quibuslibet imbuti, aut certe per manuum impositionem in ecclesiasticis ordinibus consecrati; et ideo eorum tela sunt, quia ab illis aut ex traduce corporaliter, aut ex doctrina spiritaliter sunt orditi. Ova ergo aspidum et telam araneæ se non immerito nuncupant, quia et aures suas obturant, ne Scripturarum verba interiore aure audiant, quæ unius et solius Dei cultum et adorationem instituunt, et ad capiendas sive illiciendas animas novarum et inutilium constitutionum telam prædicatione ordiri et opere texere non metuunt, et secundum suam professionem, qui eadem ova esse desiderat, basiliscum introrsus inveniet, quia videlicet quicunque eorum prædicatione uti appetit, mortiferæ in eis traditionis flatum reperit, et dum cupit famem verbi prædicatione solaturus quoddam reperire remedium, vitam perditurus internæ salutis reperit dispendium. Ideo igitur eis in nostra disputatione parcere parvipendimus, quia eos sibimet in sua disputatione pepercisse minime reperimus, sed accepta ab illis reprehendendi materia suis eos spiculis jaculamur. Quæ omnia non sine dilectione facimus, sed hæc agimus, quia eorum ab errore conversionem inimus, si forte aliquando erroris sui portenta sequi contemnant, et viam quæ ducit ad vitam perpetim tenendam appetant.

CAPUT XXIII.

Inutilis et inerudita interpretatio eorum qui dum adorare et osculari unum esse affirmare vellent, dixerunt: Quique sanctorum principum nostræ doctrinæ et eorum successores egregium patrum nostrorum, et has adorari videlicet osculari, id ipsum enim utrumque, communem vero Græce antiquæ locutionis osculari et amplecti designat, et voluntatis extensione aliqua significat amoris, sicuti fero et offero, firmo et confirmo, participo et adoro, quod demonstrat osculum et extensionis amicitiæ: quod enim quis diligit et adorat, et quod adorat omnino et diligit.

In differentia *osculi* et *adorationis*, quæ duo illi unum esse putant, non est plurimum laborandum, quoniam hæc duo nomina tanto inter se distant, quanto et hæ res quarum hæc nomina sunt inter se discrepant; et necessario magnam habent ab alterutro discretionem, cum et ipsæ res plerumque magnam inter se habeant diremptionem, præsertim cum interdum et quod adoratur non osculetur, et quod osculatur non adoretur. Adoratur enim Deus, sed non osculatur; venerantur sancti qui e sæculo cum triumphis meritorum migraverunt, sed nec adorari debent cultu divino, nec osculari possunt. Osculantur e contrario conjuges, liberi, nec non et servi, nec tamen adorantur. Manifestum namque est osculum et adorationem duarum rerum nomina esse. Quomodo ergo erit nominum tanta in sensu unitas, cum rerum in intellectu sit tanta diversitas? Aut cur non possint vocabula differri in sensu, cum possint vocabulorum origines differri in actu? Non enim res sunt conditæ propter nomina, sed nomina propter res, nec credendum est ut res aptentur nominibus, sed nomina potius aptentur rebus, quoniam et protoplasto animantia adducta a Domino fuisse ut videret quid vocaret ea, leguntur; rebus enim a Deo conditis idem humani generis pater nomina dedit, non nominibus a se conditis res quibus ipsa nomina inderet ad se adductas perspexit. Plato denique philosophus nomina naturalia esse constituit, et hoc hinc probare contendit, quod quædam supellex et quodammodo instrumentum sint invicem sensa prodendi, naturalium vero supellectiles sunt naturales, ut oculi instrumenta quidem sunt videndi, qui visus res naturalis est, quare oculos quoque naturales esse necesse est; ita etiam oratio rerum naturalium supellex est atque instrumentum, id est, sententiarum, quare ipsa quoque est naturalis. Aristoteles autem dicit non secundum naturam esse orationem, sed secundum placitum, quocirca nec esse orationem supellectilem naturalem. Quod enim dicit non esse instrumentum, non dicit non per hoc instrumentum sensa proferri, sed tantum rem esse, orationem secundum positionem, per quam proprias sententias demonstremus. Idem quoque philosophus, cui in hac parte fides potissimum adhibenda est, in libro Perihermeniarum: « Nomen dicit esse vocem significativam secundum placitum sine tempore, » id est, nomen esse vocem. Sed vocum aliæ sunt quæ significant, aliæ quæ nihil significant; nomen autem significat id cujus nomen est: nomen igitur est vox significativa. Vocum significativarum aliæ sunt naturaliter, aliæ non naturaliter. Naturaliter est vox significativa, ut ea quæ dolores naturaliter monstrat aut gaudia, ut sunt interjectiones; non naturaliter vero significativæ voces sunt, quas secundum positionem esse dicimus. Secundum positionem vero sunt, quas ipsi sibi homines posuerunt, sicut in superiore exemplo quod de Genesi sumpsimus, monstratum est, quæ singula sequi longissimum est. *Osculum* interea et *adorationem*, sive *osculari* et *adorare*, duas res esse plurimum interdum inter se distantes manifestum est. Secundum sæcularium litterarum magistros tria sunt ex quibus omnis collocutio disputatioque perficitur, res, intellectūs, voces. Res sunt quas animi ratione percipimus intellectuque discernimus, ut est adorare, vel osculari, vel aliquid hujusmodi. Intellectus vero est quidam animi vigor quo res ipsas addiscimus, et quid inter se distent discernimus. Voces quibus id quod intellectu capimus significamus, ut pro eo quod est adorare dicimus adoratio, pro eo quod est osculari dicimus osculum. Est aliud quiddam quod significat voces : hæ sunt litteræ; harum enim scriptio vocum significatio est. Cum igitur hæc sunt quatuor, res, intellectus, vox, littera, rem concipit intellectus, intellectum vero voces designant, ipsas vero voces litteræ significant. Unde et præfatus Aristoteles in Perihermeniis suis ait : « Sunt ergo ea quæ sunt in voce earum quæ sunt in anima passionum notæ; et ea quæ scribuntur, eorum quæ sunt in voce; et quemadmodum nec litteræ omnibus eædem, sic nec eædem voces : [a] quarum autem hæ primum notæ, eædem omnibus passiones animæ sunt, et quarum hæ similitudines, res etiam eædem, » intellectus videlicet, juxta eruditissimi viri Boetii explanationem, animi quamdam passionem designans; « quoniam, ut idem Boetius ait, nisi quamdam similitudinem rei quam quis intelligit, in animæ ratione patiatur, nullus est intellectus. Cum enim video orbem vel quadratum, figuram ejus mente concipio et ejus mihi similitudo in animæ ratione formatur, patiturque anima rei intellectæ similitudinem. Unde fit ut intellectus et similitudo sit rei et animæ passio. » Harum autem rursus quatuor, duæ sunt naturales, duæ secundum hominum positionem. Voces namque et litteræ secundum positionem sunt, intellectus autem et res naturaliter. Hoc illo approbatur, quod apud diversas gentes diversis vocibus utitur et litteris, idcirco quoniam ipsi voces quibus uterentur, et litteras quibus scriberent, composuerunt; intellectus autem et res nullus posuit, sed naturaliter sunt. Neque enim quod apud Romanos equus est, apud barbaros cervus, sed apud diversas gentes eadem rerum natura est. Propterea non quod nos intelligimus esse equum, canem barbari putant, sed eadem apud diversissimas gentes substantiarum intellectuumque ratio est constituta. Quare duæ harum sunt secundum hominum positionem, id est voces et litteræ, duæ secundum naturam, res et intellectus : quibus documentis monstratur non ideo adorationem et osculum unam rem esse, quamvis apud Græcos quamdam hæc duo nomina habeant consonantiam. Plerumque ergo duo vel plura nomina secundum synonyma unam significationem habent, plerumque etiam unum nomen : secundum homonyma duas vel plures res significat, nec tamen ideo rerum ordo confunditur aut quodammodo mutilatur, si eis ab hominibus secundum placitum diversissimis modis nomina dantur. Adjungunt interea his duabus rebus tertiam rem, ut adorare, osculari et amplecti unum omnia sint, sed sicut illa duo ab alterutro dirimuntur, ita nimirum hoc tertium ab illis duobus dirimitur, quia videlicet quædam, ut superius memoravimus, adorantur, nec continuo osculantur, quædam osculantur nec continuo adorantur, pleraque amplectuntur quæ nec adorantur nec osculantur. Amplectitur quislibet quodam eventu lignum aut lapidem aut quamlibet rem, cui osculum ferre superfluum est, nec tamen eam adorat. Osculatur etiam aliquem priorum ad quem reverentia cohibente vix accedere præsumit, nec tamen eum amplectitur ; quanto enim hæc tria inter se mutuo in sensu distare cernuntur, tanto nimirum a ratione eadem exempla quæ ab illis ad ea unum esse probanda posita sunt distare noscuntur, quippe cum et illa inter se plurimam habeant distantiam, et ista cum ratione nullam habeant consonantiam. Dicunt enim : *Quique sanctorum principum nostræ doctrinæ et eorum successores egregium patrum nostrorum, et has adorari videlicet osculari, idipsum enim utrumque, communem vero Græcæ antiquæ locutionis osculari et amplecti designat, et voluntatis extensione aliqua significat amoris, sicuti fero et offero, firmo et confirmo, participo et adoro, quod demonstrat osculum et extensionem amicitiæ.* O sensus confundens potius sententias quam ordinans, frangens potius verba quam proferens ! O acumen omni pistillo retunsius ! O machæra plumbea prius aciem retundens quam rem incidat cui incidendæ adhibetur ! O ensis mallei potius referens tunsionem quam gladii sectionem, frangens potius materia quam secans ! O argumentatio nil affirmare præter suos auctores dementes esse valens, nil propositæ rei firmitatis exhibens, sed solummodo latores vecordes esse pandens. Ab eo quod est *fero* et *offero* adorare, osculari et amplecti unum esse astruere nititur, et præpositionum vires ignorans, quæ plerumque alias partes corrumpunt, plerumque ab aliis partibus corrumpuntur, plerumque et corrumpunt et corrumpuntur, interdum nec corrumpunt nec corrumpuntur, eisque significationes aliquando augent, aliquando minuunt, aliquando permutant, dum vana quædam astruenda appetit, vanis ea quibusdam assertionibus approbare contendit. Quis ergo ignoret *offero, affero, infero, confero, aufero, defero, refero, suffero, differo, profero, præfero, perfero*, et cætera si qua sunt his similia, quanquam ab eo verbo quod est *fero* veniant, adhibitis et quadam ex parte corruptis præpositionibus diversissimis effectibus inter se in sensu distare ? Aut quis nesciat quod *participo* et *adoro* pene nullam sensus concordantiam habeant ? *firmo* namque et *confirmo*, quanquam in sensu sint communia, ab ea tamen re, cui ab illis adhibentur, prorsus vi-

---

[a] *Quorum autem hæ primorum notæ, eædem omnibus passiones animæ sunt : et quorum hæ similitudines, res etiam eadem.* Græcus Aristotelis codex περὶ ἑρμηνείας (Carolus barbare et imperite *in perihermeniis*, sed ex usu illius sæculi, quem et Balbus in Catholico notavit, scribens : « Quidam tamen minus intelligentes utuntur hoc quasi nomine composito, scilicet hæc *perihermenia*. » Ita præsentat hunc locum : Ὧν μέντοι ταῦτα πρώτως, ταὐτὰ πᾶσι παθήματα τῆς ψυχῆς· καὶ ὧν ταῦτα ὁμοιώματα, πράγματα ἤδη ταὐτά. Unde patet hujus loci corruptela, quam bono modo ivimus medicatum; « quarum autem hæ primum notæ sint, eædem omnibus passiones animæ sunt : et quarum hæ similitudines, res etiam eædem. » Nec aliter est in operibus Severini Boetii.

dentur esse extranea. De quibus omnibus si singillatim a nobis disputetur ita ut in scholis grammaticorum discitur, hæc solummodo res vix unius libri textu tenebitur. Sed nec illud prætereundum est quod vanissimam argumentationem suam quadam frivola et inani conclusione, quasi quodam conversibili syllogismo, conficere nisi sunt dicentes : *quod enim diligit quis et adorat, et quod adorat omnino et diligit*, nescientes ideo hæc duo vicissim minime posse circumverti, quod inæqualia inter se sint, latiusque *diligere* quam *adorare* possit progredi. Diligit enim quis uxorem sive prolem, nec tamen adorat eam; diligit servum, ancillam, equum, canem, accipitrem et cætera hujuscemodi, nec tamen adorat ea. Sicut ergo verum est cum dicit, *quod adorat quis et diligit*, non ita verum esse potest cum dicit, *quod diligit quis et adorat*, non enim hæc circumversio rationabiliter stare potest, quoniam et unum illorum latius, ut diximus, protenditur, et nulla est in his tanta proprietas ut mutuo circumverti credantur. Sicut ergo dici potest, converso ordine, quod hinnibile est equus est, et quod equus est hinnibile est, non sic recte dici potest, *quod diligit quis et adorat*, et *quod adorat et diligit*, quoniam et in éisdem topicis, ex quibus hæc argumenta procedunt in eadem argumentatione quæ a consequentibus nominatur, in qua propositam rem aliquid inevitabiliter consequitur, ut id quod de hinnibili et equo diximus, pleraque circumverti possunt, nonnulla vero circumverti nequaquam possunt. Circumverti namque possunt hæc, ut si quis dicat : Si risibile est, consequens inevitabiliter est ut homo sit, et si homo est necessario risibile est, et cætera his similia. Circumverti autem nequaquam possunt hæc, ut si quis dicat : Si dies est lucet, consequens quippe est ut si dies est luceat; si satiatus est, consequens est ut comedisse credatur; si ebrius, necessario potasse eum constat; si doctus est, consequens est ut didicisse dicatur; si adorat, consequens est ut id quod adorat diligat. Non enim dici potest, converso ordine, si lucet necessario dies est; si comedit, consequens est ut satiatus sit, cum plura luceant, nec tamen dies sit, et plerumque comestio nec dum ad satietatem perveniat; nec illud, si bibit ebrius est, si didicit doctus est, si diligit adorat, cum interdum nec potatio ad ebrietatem, nec disciplina ad magisterium, nec dilectio ad adorationem pertingat. Ponantur ergo singula secundum dialecticorum experientiam, ut facilius appareat quantum inter se hæc duo distent, vel qualiter hæc circumversio stare non possit. Sunt enim quatuor propositiones inter se quodammodo affectæ, [a] quas philosophi in quadrata formula spectandas scribere consueverunt, ita videlicet ut primæ duæ sint, *Omne quod diligit quis adorat*, et, *Nihil quod diligit quis adorat*; cæteræ duæ, *Quiddam quod diligit quis adorat*, *Quiddam quod diligit quis non adorat*. Et primæ duæ dicantur affirmatio universalis et negatio universalis, cæteræ duæ affirmatio par-

[a] *Quas philosophi in quadrata formula spectandas*

ticularis et negatio particularis; duæ superiores omnino sibi contrariæ sunt, cæteræ vero duæ inferiores subcontrariæ sibi mutuo sunt, et affirmatio universalis sive particularis subalternæ, et negatio universalis et particularis subalternæ nihilominus dicantur. Ducantur deinde sensus indagationes quasi quædam lineæ angulares duæ, una ab hac affirmatione universali, *Omne quod diligit quis adorat*, ad hanc negationem particularem, *Quiddam quod diligit quis non adorat*; altera ab hac particulari affirmatione, *Quiddam quod diligit quis adorat*, ad hanc universalem negationem, *Nihil quod diligit quis adorat*, et sint inter se contrariæ vel oppositæ : et his ita inter se pugnantibus cum utræque, id est, affirmatio universalis et negatio particularis, sive affirmatio particularis et negatio universalis, veræ esse non possint, una erit falsa, altera vera, sicque vera perimet falsam, et si illa fuerit vera, alia mox a veritate discedet, dicente Apuleio philosopho Platonico Madaurensi, qui de hujuscemodi syllogistica industria in libro qui inscribitur, *De perihermeniis Apulei*, subtilissime disputavit. « Universalis, inquit, utravis particularem suam comprobata utique confirmat, revicta non utique infirmat; particularis autem versa vice [b] universalem suam revicta utique infirmat, probata utique confirmat. » Sunt ergo in hac argumentatione duæ superiores universales, id est, *Omne quod diligit quis adorat*; et, *Nihil quod diligit quis adorat*, falsæ, quoniam, ut superius dictum est, multa diligit quis quæ non adorat, et aliqua de his quæ diligit quis adorat; et sunt duæ inferiores particulares, id est, *Quiddam quod diligit quis adorat*, et *Quiddam quod diligit quis non adorat*, utræque veræ, quoniam diligit quis Deum juxta illud : *Diliges Dominum Deum tuum ex toto corde tuo* (Levit. xix), et adorat eum, ex cujus sanctissima dilectione omnium virtutum nutrimenta procedunt. Diligit quis proximum et salutationis officio adorat eum, et in eo approbatur vera esse propositio, *Quiddam quod diligit quis adorat*; approbatur etiam et hæc vera esse, *Quiddam quod diligit quis non adorat*, juxta exempla conjugis, prolis, equi, canis, accipitris, et cætera scribere consueverunt. Ad hanc conditionem juxta Aristotelis præcepta :

Omne quod diligit quis, adorat.   *Contrariæ* ἐναντίαι   Nihil quod diligit quis, adorat.

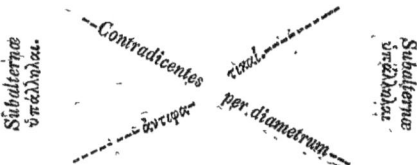

Quiddam, quod diligit quis, adorat.   *Subcontrariæ* ὑπεναντίαι   Quiddam, quod diligit quis, non adorat.

[b] *Universalis suam revicta utique infirmat, probata utique confirmat.* Apud ipsum Apuleium in editionibus Sichardi et Colvii jurisconsultorum legitur, *probata non utique firmat*. Quam lectionem sententia proba firmat.

quæ superius prolata sunt, quæ singula diliguntur, nec tamen adorantur. Universales et inferiores particulares alternatim positæ opponuntur sibi. Nam si falsa est hæc affirmatio universalis, *Omne quod diligit quis adorat*, vera est hæc negatio particularis, *Quiddam quod diligit quis non adorat*; et si hæc particularis negatio falsa est, affirmatio universalis vera est. Et rursus si hæc negatio universalis, *Nihil quod diligit quis adorat*, falsa est, hæc affirmatio particularis, *Quiddam quod diligit quis adorat*, vera est, et si ista vera non est, neque illa falsa est. Sunt autem duæ inferiores omnino veræ: duæ igitur superiores penitus falsæ esse credendæ sunt. De conversione denique talium propositionum, de quibus et nos superius aliquantulum disputavimus, ita præfatus philosophus dicit : « Conversibiles propositiones dicuntur, universalis abdicativa et alterutra ejus, id est, particularis dedicativa, eo quod particulæ earum, subjectiva et declarativa, possunt semper inter se servare vices, permanente conditione veritatis aut falsitatis. Nam ut est hæc vera propositio, *Nullus prudens impius*, ita si convertis partium vices, verum erit, *Nullus impius prudens*; item ut falsum est, *Nullus homo animal*, ita et si convertas falsum erit, *Nullum animal homo*. Pari ratione et particularis dedicativa convertitur, *Quidam grammaticus homo est*; et contra, *Quidam homo grammaticus est*: quod duæ cæteræ propositiones semper facere non possunt, quanquam interdum convertantur, nec tamen idcirco conversibiles dicuntur. Ergo unaquæque propositio per omnes significationes reperienda est, an etiam conversa congruat: nec innumeræ sunt istæ, sed quinque solæ: aut enim proprietas declaratur alicujus, aut genus, aut differentia, aut finis aut accidens. »

Ad hanc igitur illorum dictionem frustrandam, et nostram assertionem muniendam, multa hujuscemodi argumenta adhiberi poterant, et id quod adhibitum est latius poterat disseri, sed brevitatis causa hæc et his similia omittuntur. Ideo namque argumentis ex industria dialecticæ artis venientibus illorum assertionem cassare, Domino auxiliante paravimus, quia eos nescio qua conversione, quasi quadam syllogistica argumentatione, deliramenta sua roborare voluisse comperimus.

CAPUT XXIV.

De eo quod superciliose et indocte dixerunt : Similiter et qui ab Oriente venerunt conjunximus in eadem Nicæa metropoli, et præsidentibus omnibus nobis caput fecimus Christum.

Superciliosissimum ac potius absurdissimum eorum dictum, qui se sibimet caput fecisse Christum gloriati sunt, dicentes, *præsidentibus omnibus nobis caput fecimus Christum*, oppido reprehenditur, quippe cum idem Dominus, qui est caput Ecclesiæ, eamdem Ecclesiam ut sibi corpus esset asciverit, non ab eadem Ecclesia ut caput esset ascitus sit. Ipse enim apostolis testatur dicens, *Non vos me elegistis, sed ego elegi vos* (*Joan.* xv). Nam si secundum illorum socordiam Christus ab eis caput factus est, ab eis utique electus est; et si ab eis electus est, præfata ejusdem Domini sententia enervatur. Non autem præfata Domini sententia enervatur : non igitur secundum eorum vanitatem Christus ab eis caput factus est. Unde cavendum est, ne forte isti ab ejus sint immunes electione, qui eum se gloriantur fecisse caput, quoniam quidem, ut conjicimus, si ab eo electi essent non suam, sed ejus gloriam quærerent, nec rerum insensatarum, sed unius Dei adorationem prædicarent. Ex fructibus enim arbor, juxta Veritatis sententiam, cognoscitur, et plerumque in rerum naturis ab effectis efficientia cognoscuntur. Cum enim quis fumum videt, ignem subesse non ambigit, aut cum vestigium alicujus animalis conspicit, idem animal transisse non nescit, et cum quis bonum opus videt, id a Deo qui omnium bonorum auctor est, esse non dubitat, et cum pravum quis conspicit, id antiqui hostis machinamentis esse perpetratum credit. Hoc quidem dicentes non de eorum electione aliquid temere judicamus, cum plerumque bene condita male inveniantur depravata, sed id penitus affirmamus, non eos ideo electos esse ut per eos novæ ecclesiasticis rebus constitutiones inolescerent, et se Christum, qui omnium in se credentium vita est, sibi fecisse caput jactarent. Esto, ab eo electi, ab eo in sacerdotium constituti sunt, cur non eum in humilitate sequuntur? Cur non ejus potius quam suam gloriam quærunt, qui se non suam, sed ejus qui se misit gloriam quæsisse testatus est? Cur supercilium deponere negligunt? Cur alta incompetenter appetunt? Cur Ecclesiæ prosperitatem civili quodam bello perturbant? qui si antiquorum Patrum documentis vel exemplis contenti esse vellent, nec domesticam pacem erroneis constitutionibus irrumperent, nec sociorum qui secum contra hostes pugnaturi essent in se arma detorquerent. Hoc etenim inutile dictum, quo se Christum caput sibi fecisse somniant, quanquam fidei nil deroget, reprehensione tamen non caret. Neque enim eos tam immanis insaniæ credimus, ut eos id ita dixisse arbitremur, quasi ab illis idem Dominus sit factus. Quod quidem nullæ fideles aures audire patiuntur : sed quia aliud significare volentes aliud significaverunt, libuit nobis et id discutere quod sunt profati, et id indiscussum minime dimittere quod voluisse putantur profari. Voluerunt namque, ni fallimur, dicere : Præsidentibus nobis, qui membra Christi sumus, omnem operis et spei nostræ firmitatem in eo locavimus, qui est caput nostrum, eumque sequi decrevimus, vel si quid est hujuscemodi quod conjici potest, et eo quod dicere voluerunt imperitiæ viribus sibi sublato, dixerunt se Christum sibi fecisse caput, et de quo Joannes evangelista dicit : *Omnia per ipsum facta sunt* (*Joan.* 1), a se dicunt factum. In synodicæ namque constitutionis symbolo de eo dicitur : *Natum, non factum* (*Symb. Nic.*), et Apostolus dicit : *Qui factus est ei ex semine David* (*Rom.* 1); quod ita solvitur, quia in quantum Deus est, omnia per ipsum facta sunt, in quantum autem homo, et ipse factus est, dicente Salomone : *Sapientia ædificavit sibi do-*

mum (*Eccl.* II), id est, sapientia Dei Patris, sine qua Pater nunquam fuit, quæ non est ab eo facta, sed nata, Filius videlicet qui unius est cum Patre substantiæ, ædificavit sibi in virginis utero corpus, quod templum nominavit, dicens : *Solvite templum hoc*, et cætera (*Joan.* II). Sed ne forte hæc sententia illi sententiæ refragari videatur quæ dicit : *Quod enim in ea natum est de Spiritu sancto est* (*Matth.* I), animadvertendum est quod inseparabilia sint opera Trinitatis, et quod facit Pater, facit Filius, facit et Spiritus sanctus, et sicut sunt unius majestatis, unius substantiæ, unius voluntatis, ita etiam sint unius operationis. Tota enim Trinitas operata est in incarnatione Domini, sed sola Filii persona suscepit carnem. Nam si effectu Spiritus sanctus factum est corpus, quod et domum dici posse arbitramur, quare ad personam Christi relatum est, quæri potest. Factum Filii factum Patris est, quia utriusque una virtus est, simili modo etiam factum Spiritus sancti factum Filii Dei est, propter naturæ et voluntatis unitatem. Sive enim Pater faciat, sive Filius, sive Spiritus sanctus, Trinitas est quæ operatur, et quidquid tres fecerint, Dei unius est operatio. Potest etiam et Ecclesia domus Christi accipi, quam ædificavit sibi sanguine suo, ornavitque virtutum gemmis et documentorum comptissimis ornamentis, quibus isti non contenti, dum quiddam novum prorogare ejus pulchritudini appetunt, fœditatem ei potius quam pulchritudinem ingerere noscuntur.

CAPUT XXV.

Contra eos qui dicunt, quod Epiphanius octuaginta capitula digessit de hæresibus, qui tamen, si imagines adorare hæresem sciret, id quoque inter hæreses computaret.

In hoc etiam magnum se munimen adoratores seu cultores imaginum invenisse rati sunt, eo quod Epiphanius quidam, qui hæresum varietates in LXXX capitulis distinxit, si imaginum adorationem hæresem sciret, earumdem imaginum adoratores inter hæreticos computaret. His armis nos, qui solius Dei cultu et adoratione contenti sumus, plectere nisi sunt, his jaculis nos confodere moliti sunt, his hastis nos debellare conati sunt, his ensibus nostræ libertatis irruptores se fore crediderunt, ut quasi quodam argumento a genere per quamdam reflexionem sumpto dicerent : Si ille, qui generaliter de cunctis hæresibus disputavit, hoc hæresem sciret, hoc quoque inter cæteras hæreses suæ disputationi insereret : non autem id inter hæreses posuit quas digessit, non igitur pro hærese tenendum est. Quibus nos e contrario respondendum putavimus, eosque propriorum armorum instrumentis Domino annuente debellare disposuimus, eademque pila quæ ab illis ad nos missa sunt, illis vibrantia detorquentes dirigere non gravabimur, dicentes : Si idem Epiphanius eos qui imaginum adorationem spernunt, hæreticos sciret, in sua generali de hæresibus disputatione eos inter hæreticos procul dubio computaret; non autem inter hæreticos computavit : non igitur eos hæreticos credidisse credendus est. Quod autem idem Epiphanius non solum imaginum adorationem spreverit, verum etiam eas in ecclesiis haberi noluerit, his indiciis declaratur. In epistola namque quæ ab illo ad Joannem episcopum missa est, et a Hieronymo de Græco in Latinum eloquium translata, ita habetur : « Audivi quosdam murmurari contra me, quando simul pergebamus ad locum sanctum qui vocatur Bethel, ut ibi collectam tecum ex more ecclesiastico facerem, et venissem [a] ad villam quæ dicitur Anablata, vidissemque ibi præteriens lucernam ardentem, et interrogassem qui locus esset didicissemque esse ecclesiam, et intrassem ut orarem, inveni ibi velum pendens in foribus ejusdem ecclesiæ tinctum atque depictum, et habens imaginem quasi Christi vel sancti cujusdam, non enim satis memini cujus imago fuerit. Cum ergo hoc vidissem in ecclesia Christi contra auctoritatem Scripturarum, hominis pendere imaginem, scidi illud, et magis dedi consilium custodibus ejusdem loci, ut pauperem mortuum eo obvolverent et efferrent ; illique contra murmurantes dicerent : Si scindere voluerat, justum erat ut aliud daret velum atque mutaret. Quod cum audissem, me daturum esse pollicitus sum, et illico esse missurum. Paululum autem morarum fuit in medio, dum quæro optimum velum pro eo mittere. Arbitrabar enim de Cypro mihi esse mittendum. Nunc autem misi quod potui reperire, et precor ut jubeas presbytero illius loci suscipere velum a latore, quod a nobis missum est, et deinceps præcipere in ecclesia Christi istiusmodi vela, quæ contra religionem nostram veniunt, non appendi. Decet enim honestatem tuam hanc magis habere sollicitudinem et scrupulositatem, quæ digna est Ecclesia Christi, et populis qui tibi crediti sunt. » Hanc enim sententiam de hoc negotio Epiphanii invenimus, quæ utrum laudanda an vituperanda sit lectoris arbitrio conceditur. Cæterum veniatur ad beatum Augustinum, interrogetur vir sapientissimus, inquiratur doctor eximius, dicat utrum quædam hæresis imaginum adoratione utatur. Fecit enim idem vir venerabilis librum de octuaginta novem hæresibus, inter quas duæ imaginum adorationem censuerunt, Simoniani videlicet et Carpocratitæ. Quod ut manifestius fiat, præfati doctoris sententiæ ita ut in eodem libro habentur, singillatim ponantur. Ait enim : « Simoniani a Simone Mago, qui baptizatus a Philippo diacono, sicut in Actibus apostolorum legitur, pecunia voluit a sanctis apostolis emere, ut etiam per impositionem manus ejus daretur Spiritus sanctus. Hic magicis fallaciis deceperat multos. Docebat autem detestandam turpitudinem, indifferenter utendi feminis, nec Deum mundum fecisse dicebat. Negabat etiam carnis resurrectionem, et asseverabat se Christum, idemque Jovem se credi volebat, Minervam vero meretricem quamdam Selenen, quam

---

[a] *Ad villam quæ dicitur Anablata.* Ita legitur apud ipsum Hieronymum, ita in synodo Parisiensi, ita apud Itinerarios. Emendator mutavit in *Anabalto*.

sibi sociam scelerum fecerat, imaginesque et suam et ejusdem meretricis discipulis suis præbebat adorandas ; quas et Romæ tanquam deorum simulacra auctoritate publica constituerat. In qua urbe beatus apostolus Petrus eum vera omnipotentis Dei virtute exstinxit. Dixerat enim se in monte Sina legem Moysi in Patris persona dedisse Judæis, tempore Tiberii in Filii persona putative apparuisse, postea se in linguis igneis Spiritum sanctum super apostolos venisse : Christum autem nec venisse, nec a Judæis quidquam pertulisse. » Sicut enim' hæresis quæ ab eodem Simone exorta est, quæ Simoniaca vocatur, omnino a fidelibus spernitur, ita quoque adorandarum imaginum usus penitus spernendus est. Altera quoque hæresis est, quæ hunc errorem percenset, quam ita præfatus doctor scripsit. « Carpocratitæ a Carpocrate cœperunt, qui docebat omnem turpem operationem, omnemque adinventionem peccati, nec aliter evadi atque transiri principatus et potestates quibus hæc placent, ut possit ad cœlum superius perveniri. Hic etiam Jesum hominem tantummodo et de utroque sexu natum putasse perhibetur, sed accepisse talem animam, qua sciret ea quæ superna essent atque nuntiaret. Resurrectionem corporis simul cum lege abjiciebat. Negabat a Deo factum, sed a quibusdam virtutibus mundum. Sectæ ipsius fuisse traditur socia quædam Marcellina, quæ colebat imagines Jesu et Pauli et Homeri et Pythagoræ, adorando incensumque ponendo. » Nam si forte aliquis hujusce erroris asseverator dicet : Ideo imagines adorare, inter hæreses beatus Augustinus computavit, quia gentilium quorumdam, id est, Simonis et Selenæ, seu etiam Homeri et Pythagoræ, adorabant imagines, advertat quod etiam imagines Jesu et Pauli adorasse dicuntur, et id ipsum inter hæreses a præfato viro computatum est. Nam si idem vir eximius imagines manufactas Domini sive apostolorum vel etiam quorumlibet sanctorum adorandas sciret, nunquam Jesu et Pauli imaginum adorationem inter hæreses computaret.

CAPUT XXVI.

Contra eos qui imagines sanctas et sacratas dicunt, easque in viis sive in plateis, quæ plerumque pollutæ sunt, poni jubent.

Jungunt itaque hi, de quibus sermo est, in hoc negotio duas res quæ sibi utrinque repugnant, cum videlicet sæpissime memoratas imagines sanctas et venerandas nuncupant, easque in viis sive in plateis, quæ plerumque pollutæ sunt, ponendas esse asseverant. Sicut enim non convenit luci et tenebris, calido et frigido, ita nimirum non convenit sanctitati et contaminationi, puritati et impuritati. Unde magna ex parte eos errare constat, cum eas et sanctas esse asserunt, et in locis contaminatis statuendas esse decernunt. Patescit namque quodammodo in hoc eorum censura, ut eas in viis sive in urbium vicorumque plateis poni percensent, quod hæ sanctitate careant, sicuti et carent, cum scilicet si sanctæ esse crederentur, in locis sanctis poni censerentur. Omne sanctum mundum est, nihil mundum impurum, nihil igitur sanctum impurum ; et si hæc impurorum locorum sedes secundum illorum censuram quærunt, immunditiam, quæ sanctitati contraria est, non spernunt ; et si immunditiam non spernunt, nequaquam sanctæ dici possunt. Si igitur impurorum locorum sedes quærunt, sanctæ nuncupari nequaquam possunt. Nam ut cætera exempla taceamus, quibus doceri potest unamquamque rem non inconvenienti, sed convenienti potius rei adhibendam esse debere, ipsorum etiam eloquentiæ principum præcepta proferamus, qui in eloquentia hoc observandum penitus censuerunt, ut res, locus, tempus, persona consideretur, ne dicantur gravia levibus, ne verecunda inverecundis, ne lasciva seriis, ne impudica pudicis, ne incesta castis, ne ridicula tristibus, ne profana religiosis, sed omnia in eloquentiæ arte ita essent convenientia, ut nil inconveniens, nil repugnans, sed singula pro locorum et temporum qualitate moderata manerent. Si ergo in eloquentiæ arte hoc ab oratoribus observari jussum est, multo magis nobis in nostræ religionis cultibus observandum est, ut singula quæque ad religionem pertinentia ita observentur, atque ita habeantur, prout ratio sive ordo exposcit.

CAPUT XXVII.

Quod male pictis imaginibus imaginum cultores falli possunt, sive inquirendum ab eis qui pene omnem fidei Christianæ prærogativam in imaginum adoratione sive cultu existimant, quid pauperibus faciendum sit, qui artificibus per quos imagines fiunt, omnino carent?

Omnium artium institutio varia habet exercitia, pictura autem ars est, picturæ igitur institutio varia habet exercitia, et hanc exercentes qui pictores vocantur, alii plus, alii minus eam intelligunt, alii pulchriora, alii fœdiora in ea exercent opera; alii formosas, alii deformes componunt imagines. Unde nimirum colligitur, quod illi qui pene omnem fidei suæ firmitatem in imaginibus ponunt, earumque adorationem inter bonorum operum instrumenta annumerare non erubescunt, et modo pulchras, modo fœdas adorant imagines, quodammodo fallantur. Nam si quælibet imago quanto pulchrior est, tanto amplius habet sanctitatis atque virtutis, necesse est ut ea quæ fœdior est, minus habeat sanctitatis atque virtutis ; et si ea quæ fœdior est minus habet, necesse est ut fœdissima quælibet aut nihil aut modicum habeat; et si ea quæ pulchrior est, ideo attentius adoratur, eo quod causa pulchritudinis amplius habet virtutis; jam non ejus sanctitas ex quadam religione, sed ex artificis venit operatione. Et si ea quæ minus pulchra est, vel ea quæ nihil habet pulchritudinis, adoratur, valde earum adoratores falluntur, cum videlicet res pulchritudine carentes adorare percensent. Si ergo omnes et pulchras et minus pulchras, et nil pulchritudinis habentes æqualiter adorare consequens est, justitia, quæ unicuique suum tribuit, de rebus auferatur necesse est. Nam cum pulchras adorant imagines, casu aliquo quo putant se aliquid sanctum adorare, falluntur ; cum vero deformes adorant picturas, consulto falluntur, quippe cum res deformes pro sanctis rebus adorant. Sive igitur casu eas, sive consulto adorent, falluntur. Falluntur vere, et merito falluntur, qui cum Deus creator omnium se solum adorari censuerit, res quasdam sensu carentes adorare nituntur; et dum putant se in adorandis imaginibus quamdam sanctis exhibere venerationem, soli divinæ adorationi quamdam prorogant communionem. Quia igitur solus Deus adorandus sit, martyres vero vel quilibet sancti venerandi potius sint quam adorandi, et in hoc opere jam diximus, et egregii doctoris Hieronymi documentis approbandum est : qui dum contra Vigilantium quemdam hæreticum, qui martyrum reliquias nequaquam dicebat esse venerandas, scriberet, inter cætera ait : « Quis unquam, o insanum caput, martyres adoravit? » Si ergo secundum ejusdem sententiam martyres non adorantur, multo minus eorum imagines a fidelibus adorandæ sunt. Quod vero in libro Regnorum Saul legitur Samuelem suscitatum a Pythonissa adorasse (*I Reg.* XXVIII), deprehendi potest, non Samuelis anima fuisse suscitata, sed quædam præstigiosa diabolicæ fallaciæ imago regi Sauli apparuisse, sive in eo quod se adorari permiserit, quod utique vir sanctus facere non permitteret, sive etiam quia pessimo regi dixit, *Crastina mecum eris*, cum videlicet idem immanissimæ nequitiæ rex non cum propheta moriens, sed cum diabolo futurus erat, qui quos in hoc sæculo ad mala opera perpetranda illicit, secum in futuro ad æternas pœnas trahit. Rex itaque immanis meriti audiens, in quo habitu esset excitatus, intellexit hunc esse Samuelem, quid intellexerit retulit, et quia non bene intellexit, contra Scripturam alium adoravit quam Dominum; et putans Samuelem, adoravit diabolum, ut fructum fallaciæ suæ haberet Satanas. Hoc enim nititur ut adoretur quasi Deus. Si enim vere Samuel illi apparuisset, non utique vir justus permisisset adorari, qui prædicaverat Dominum solum esse adorandum. Et quomodo homo Dei, qui cum Abraham in refrigerio erat, dicebat ad virum pestilentiæ dignum ardore gehennæ, *Cras mecum eris*? His duobus titulis subtilitatem fallaciæ suæ prodidit improvidus Satanas, quia et adorari se permisit sub habitu et nomine Samuelis, quod puto Samuel non permitteret, et virum peccatis pressum, cum magna distantia peccatorum et justorum sit, cum Samuele justissimo futurum mentitus est; verum potest videri, si de Samuelis nomine taceatur, quia Saul cum diabolo futurus erat : ad eum enim transmigravit, quem adoravit, quanquam et a beato Augustino et ab aliis doctoribus diversa de hac re opinientur, et liber Ecclesiasticus ad laudem Samuelis referat, eo quod mortuus prophetarit. Jam vero illi, qui pene omnem fidei Christianæ prærogativam in imaginum adoratione sive cultu esse existimant, interrogandi sunt, utrum ideo quilibet pauperes fidei suæ patiantur jacturam, eo quod census indigentia pressi non habeant facultatem qua suscipiant picturam? Si ergo inops quilibet ideo bonorum meritorum erit expers, quia rebus, quibus imagines adipiscatur, caret, locuples ideo auctioris meriti prærogativam subiet, eo quod rebus quibus picturæ emantur abundat; et si iste pro rebus, non pro meritis, aut pœnas aut præmia suscipiet, et ille pro indigentia non pro operibus judicabitur, imaginum adoratio magnam in Christiana religione arcem conscendet, et justitia, quæ merita cujuslibet, non res explorat, vires magna ex parte amittet. Quæ omnia dum nulla rerum consequentia approbari possint, restat ut imaginum cultus nullum in Christiana religione tenere credatur principatum.

CAPUT XXVIII.

Quod frustra suam synodum universalem nominant, quam tamen constat ab universali non fuisse aggregatam Ecclesia.

Inter cætera deliramenta quæ in eadem synodo vel gesta vel scripta dicuntur, hoc quoque non omnibus eorum deliramentis minus est, quod eamdem synodum universalem nuncupant, cum neque universalis fidei inconvulsam habeat puritatem, neque per universarum Ecclesiarum gesta constet auctoritatem. « Sicut enim Ecclesia universalis est quæ Græco eloquio catholica dicitur, ita nimirum omne quidquid ab ejus unitate non discedit, catholicum nuncupari potest. Omnis enim doctrina Christiana vel quælibet constitutio sive traditio talis esse debet, ut universali conveniat Ecclesiæ: quod nequaquam hæretici observaverunt, qui per diversas mundi partes aliquibus regionum partibus coarctati conventicula quædam statuerunt, quibus et se et quamplures [*Hincm.*, plurimos] ab ecclesiasticæ unitatis consortio segregaverunt. Cum ergo duarum et trium provinciarum præsules in unum conveniunt, si antiquorum canonum institutione muniti aliquid prædicationis aut dogmatis statuunt [instituunt], quod tamen ab antiquorum Patrum dogmatibus non discrepat, catholicum est quod faciunt, et fortasse dici potest universale, quoniam quamvis non sit ab universi orbis præsulibus actum, tamen ab universorum fide et traditione non discrepat : quod crebro factum in plerisque mundi partibus, quibusdam necessitatibus incumbentibus, scimus. Multa enim concilia gesta sunt, quorum institutionibus sancta munitur et corroboratur Ecclesia. Si vero duarum aut trium provinciarum præsules in unum convenientes nova quædam statuere cupientes, conventicula quædam faciunt, quia non cum universi orbis Ecclesia sentiunt, sed ab ea quadam ex parte dissentiunt, non est catholicum quod faciunt, et ideo universale nuncupari non potest. Omne quod ecclesiasticum est, catholicum est,

---

a *Sicut enim Ecclesia universalis est.* Hincmarus verba quæ in fine capituli habentur, huc in principium transtulit, hoc modo : « In cujus voluminis quarto libro hæc de universali nomine scripta sunt. Universitas ab uno cognominatur, quod uno multo-

tiens verso propagatur. Nam multitudo unitatum vertendo in unum collecta, universitas efficitur. Sicut enim Ecclesia universalis est, etc. » Non quod hoc ordine in libro suo legisset, sed ut instituto suo accommodaret, καθ' ὕστερον πρότερον hunc locum transcripsit.

et omne quod catholicum est, universale est; omne autem quod universale est, profanis vocum novitatibus caret : omne igitur quod ecclesiasticum est, profanis vocum novitatibus caret. Nam si [Et si] hæc synodus vocum novitatibus careret, et antiquorum Patrum dogmatibus contenta esset, universalis dici poterat. Non autem antiquorum Patrum dogmatibus contenta est, non igitur universalis dici potest. Universitas namque ab uno cognominatur, quod uno multoties verso propagatur. Nam multitudo unitatum vertendo in unum collecta universitas efficitur. Universalem plane eamdem synodum non cunctaremur profiteri, nisi eam universalis Ecclesiæ dogmatibus sentiremus refragari.

CAPUT XXIX.

a Sciat dominus apostolicus et Pater noster, et cuncta simul Romanorum Ecclesia, ut secundum quod continet epistola beatissimi Gregorii quam ad Serenum Massiliensem episcopum direxit : Permittimus imagines sanctorum quicunque eas formare voluerint, tam in ecclesia quam extra ecclesiam, propter amorem Dei et sanctorum ejus ; adorare vero eas nequaquam cogimus qui noluerint ; frangere vel destruere eas etiam si quis voluerit, non permittimus. Et quia sensum sanctissimi Gregorii sequi in hac epistola universalem catholicam Ecclesiam Deo placitam indubitanter libere profitemur.

EXPLICIT FELICITER.

a *Sciat dominus apostolicus.* Hoc capitulum deest in vulgatis editionibus Parisiensi et Coloniensi. Desideratur quoque in Capitulari Adriani papæ apud Laurentium Surium, monachum Carthusianum, in editione Conciliorum. Severinus Binius in notis ad idem Capitulare, tom. III Concil., ait, integrum ex Gallia ad Gregorium XIII P. M. missum, se exhibere. Qui Galliarum locus, ubi terrarum, quis est? Bibliotheca cuiatis? Is qui misit, unde genus? ubi gentium? Hæc, Bini, adnotare par et æquum fuit, si tibi fidem apud omnes pariter Christianos reperire voluisti. Interim, quem emes qui tibi credat? Equidem illa sententia quæ hic legitur : « Adorare vero eas nequaquam cogimus, qui noluerint, » et totis istis quatuor libris a Carolo improbatur, et Gregorii papæ, cujus sententiam ait sequi, verbis ex diametro repugnat. Vide et plora. Scribit ad Serenum Massiliensem episcopum : « Et quidem zelum vos, ne quid manufactum adorari possit, habuisse laudavimus, sed frangere easdem imagines non debuisse judicamus. » Et ibidem, eadem epistola : « Et quidem quia eas adorare vetuisses, omnino laudamus; fregisse vero reprehendimus. » Et postea inibidem : « Et si quis imagines facere voluerit, minime prohibe; adorare vero imagines omnimodis devita. » Quibus ex verbis sole meridiano clarius elucescit, aut spurium esse hoc capitulum atque a Romanis adulatoribus confictum, aut probam sententiam ab improbis editoribus depravatam, restituendumque, « nequaquam connibemus, qui voluerint, » id est, eos vero qui adorare voluerint, nullo modo permittimus facere, non consentimus, non concedimus. Uno verbo, « nequaquam connibemus, » est, adorare prohibemus, vetamus. De qua hujus verbi notione, vide quæ supra ad Præfat. adnotavimus.

APPENDIX
AD B. CAROLI MAGNI CAPITULARE DE IMAGINIBUS.

EPISTOLA ADRIANI PAPÆ
AD BEATUM CAROLUM REGEM
DE IMAGINIBUS.

Qua confutantur illi qui synodum Nicænam secundam oppugnarunt.

(Ex Mansi, ampl. conc. Collect.)

Domino excellentissimo filio nostroque spirituali compatri Carolo regi Francorum et Longobardorum ac patricio Romanorum, Adrianus papa.

Dominus ac Redemptor noster, qui provido suo consilio auctor est, dignatus est de cœlis ex sinu Patris descendere.... Evangelium scientibus liquet quod voce Dominica sancto et omnium apostolorum principi Petro claves regni cœlorum, et totius Ecclesiæ cura commissa est. Ipsi quippe dicitur : *Petre, amas me ? Pasce oves meas* (*Joan.* xxi). Ipsi dicitur : *Ecce Satanas expetivit cribrare vos sicut triticum; et ego pro te rogavi, Petre, ut non deficiat fides tua : et tu aliquando conversus confirma fratres tuos* (*Luc.* xxii). Ipsi dicitur : *Tu es Petrus, et super hanc petram ædificabo Ecclesiam meam, et portæ inferi non prævalebunt adversus eam ; et tibi dabo claves regni cœlorum: et quodcunque ligaveris super terram, erit ligatum et in cœlo : et quodcunque solveris super terram, solutum erit et in cœlo* (*Matth.* xvi). Ecce cura ei totius Ecclesiæ et principatus committitur. Et ipse vices suas vicariis suis pontificibus relinquere dignoscitur Ecclesiæ curam gerendi. Nam etiam claves regni cœlestis accepit, et potestas ei ligandi et solvendi tribuitur. Unde fiducialiter freti existimus quod si vestra a Deo præfata regalis excellentia erga ejus sanctam catholicam et apostolicam Romanam Ecclesiam et nos, ut cœpit, usque in finem in amore et dilectione fideliter exstiterit, non solum eam ab omni peccati macula abluens eripiet, sed etiam in hoc mundo superomnes barbaras gentes cum ea committentes suffragiis suis victorias tribuet immensas, insuper et regnum cœlorum sine fine. Præterea directum a vestra clementissima præcelsa regali potentia suscepimus fidelem familiarem vestrum, videlicet Engilbertum abbatem et ministrum capellæ, qui pene ab ipsis infantiæ rudimentis in palatio vestro enutritus est, et in omnibus consiliis vestris receptus; ut ideo sicut a vobis in omni familiaritate recipitur, ita et a nobis reciperetur et condecenter honoraretur. Unde pro nimio amore quem erga vestram mellifluam gerimus regalem excellentiam, sicut misistis cum nimio amore dulcedinis eximiæ, eum suscipientes, prout voluit, et qualiter voluit, cum magna familiaritate nobis enarrantem, aure placabili et mente benigna eum suscepimus, et quasi vestra corporali excellentia nobis narrante, nostrum ei patientius credidimus consilium, ad profectum sanctæ nostræ Romanæ Ecclesiæ et vestræ a Deo protectæ regalis potentiæ exaltationem. Inter quæ edidit nobis capitulare adversum synodum quæ pro sacrarum imaginum erectione in Nicæa acta est. Unde pro vestra melliflua regali dilectione per unumquodque capitulum responsum reddidimus: non quemlibet, absit, hominem defendentes, sed olitanam traditionem sanctæ catholicæ et apostolicæ Romanæ Ecclesiæ tenentes, priscam prædecessorum nostrorum sanctorum pontificum sequimur doctrinam, rectæ fidei traditionem modis omnibus vindicantes.

IN ACTIONE TERTIA.

In primo quidem capitulo ferebatur, in eo quod dicit: « Et in Spiritum sanctum Dominum ac vivificatorem, ex Patre per Filium procedentem. »

Reprehensio. Quod Tarasius non recte sentiat, qui Spiritum sanctum non ex Patre et Filio, secundum Nicæni symboli fidem, sed ex Patre per Filium procedentem in suæ credulitatis lectione profitetur.

Responsio. Hoc dogma Tarasius non per se explanavit, sed per doctrinam sanctorum Patrum confessus est: quorum capitula pro vestro nimio amore, quod [*Pro quem. Hard.*] erga vestram præerectissimam a Deo protectam regalem excellentiam gerimus, breviter exaramus : scilicet sancti Athanasii de apparitione Domini in carne (*In sermone de humana natura suscepta ab unigenito Verbo*), inter cætera. « Et propter hoc insufflat in facie apostolorum, dicens : *Accipite Spiritum sanctum* (*Joan.* xx), ut cognoscamus quia de plenitudine deitatis est qui dabatur Spiritus discipulis. *In Christo enim,* inquit, *habitat,* hoc est in carne ejus, *omnis plenitudo deitatis corporaliter* (*Coloss.* II), sicut et evangelista Joannes dicit : *Nos omnes ex plenitudine ejus accepimus* (*Joan.* I). Corporali enim specie sicut columba apparuit Spiritus sanctus (*Luc.* III), descendens et manens super eum. In nobis etenim primitiæ et pignus deitatis inhabitat, in Christo autem omnis plenitudo deitatis. Et ne quis arbitretur quia quasi non habens ipse accipiebat : ipse enim sibi desuper mittebat, sicut Deus, et ipse sibi deorsum suscipiebat, sicut homo. Ab ipso ergo in ipsum descendebat, ex deitate ejus in humanitatem ejus. » Et post plura : « Manifestum est quia per ipsum omnia fecit Pater, per ipsum ergo eum suscitat, per ipsum eum sanctificat, et per ipsum eum exaltat, et per ipsum vitam dat.»

Item ejusdem sancti Athanasii de Virginitate, inter cætera : « Et in Spiritum sanctum, qui in Patre et Filio existens, qui a Patre emittitur, et per Filium datur. »

Item de Histor. eccles., lib. vII, Eusebii Cæsariensis, post plura : « Gregorii martyris et episcopi Neocæsareæ fides : Unus Deus Pater Verbi viventis, sapientiæ subsistentis, et virtutis suæ, et figuræ, perfectus perfecti genitor, Pater Filii unigeniti. Unus Dominus, solus ex solo Deo, figura et imago deitatis, Verbum perpetrans, sapientia comprehendens omnia, et virtus qua tota creatura fieri potuit. Filius verus veri, et invisibilis ex invisibili, et incorruptibilis ex incorruptibili, et immortalis ex immortali, et sempiternus ex sempiterno. Unus Spiritus sanctus, ex Deo substantiam habens, et qui per Filium apparuit, imago Filii perfecti, perfecta viventium causa, sanctitas sanctificationis præstatrix, per quem Deus super omnia et in omnibus cognoscitur, » et cætera. Et non solum historiographus iste hanc memorat sancti Gregorii fidem, sed et maximus prædicator sanctus Gregorius Nyssenus in sermone Græco mirifice atque splendide ea explanavit, qualiter, et a quibus eidem sancto Gregorio disposita atque ostensa et visa est.

Item sancti Hilarii ex lib. vIII de Fide (Lib. vIII *de Trinitate*), inter cætera : « Cum Spiritus sanctus, qui et Spiritus Christi et Spiritus Dei est, res naturæ esse demonstretur unius, quæro igitur quomodo non ex natura unum sunt? A Patre procedit Spiritus veritatis, a Filio mittitur, et a Filio accipit, sed omnia quæ habet Pater, et Filius. Et idcirco qui ab eo accipit, Dei Spiritus est, sed idem et Spiritus Christi est. » Et post pauca : « Est enim in nobis Spiritus Dei, sed et est in nobis Spiritus Christi, et cum Spiritus Christi inest, inest Spiritus Dei. Ita cum quod Dei est et Christi est, et cum quod Christi est Dei est, non potest aliud quid diversum Christus esse quam Deus est. Deus igitur Christus est, unum cum Deo Christus : et illud evangelicum : *Ego et Pater unum sumus,* etc. » (*Joan.* x.)

Item de epistola sancti Basilii ad Amphilochium episcopum Iconii (Lib. I *de Spiritu sancto ad Amphiloch.,* 18), inter cætera : « Unum idem et Spiritum sanctum, et ipsum in unitate dictum per unum Filium uni Patri conjunctum, et per ipsum complens superlaudabilem et beatam Trinitatem. » Et post pauca : « Enimvero una Dei scientia est, ab uno Spiritu per unum Filium in uno Patre. » Et iterum : « Naturalis bonitas et secundum naturale sanctificationem, et regalem dignitatem, ex Patre per Unigenitum in Spiritu pertransit, etc. »

Item sancti Ambrosii ex lib. I (cap. 3) de Spiritu sancto, inter cætera : « Vos autem baptizabimini Spiritu sancto. » Et post pauca : « Unitas ergo operationis, unitas prædicationis, quæ non potest separari. Quod si hoc loco separetur Spiritus ab operatione Patris et Filii, quia dictum est, Ex Deo omnia, et, Per Filium omnia, ergo et ibi, quia Apostolus de Christo dixit.] *Qui est super omnia Deus benedictus in sæcula* (*Rom.* IX), non solum cum creaturis omnibus, sed etiam Patri, quod dictu est nefas, prætulit; sed absit. Non enim inter omnia Pater, non inter plebem quamdam creaturarum suarum. Subter creatura omnis, supra divinitas Patris, et Filii, et Spiritus sancti. Illa servit, hæc regnat; illa subjacet, ista dominatur, etc. »

Item sancti Gregorii Theologi de secundis epiphaniis (*Orat. in sancta lumina*), inter cætera : « Nobis autem unus Deus Pater, ex quo omnia, et unus Dominus Jesus Christus, per quem omnia, et unus Spiritus sanctus, in quo omnia. Hoc ipso autem quod dicimus, Ex quo, et Per quem, et In quo, non naturam secamus, neque enim præpositionum syllabæ mutatæ naturæ veritatem mutabunt, sed unius naturæ sui cujusque nominis proprietatem designat. Quod manifestissime indicatur ex eo quod rursus in unum revocatur ista ipsa diversitas; si quis tamen non transitorie apud ipsum Apostolum legat illud quod scriptum est, cum dixit : *Quia ex ipso, et per ipsum, et in ipso omnia* (*Rom.* XI), et addidit : *Ipsi gloria in sæcula sæculorum* (*Ibid.*). »

Item sancti Augustini ex sermone de Ascensione Domini inter plura : « Dedit in terra conspicuus, et proximis proximus Spiritum sanctum, insufflando in faciem eorum : et ab hac maxime charitate quæ in cœlis est, de cœlo misit Spiritum sanctum. Spiritum sanctum accipe in terra, et diligis fratrem; accipe de cœlo, et diliges Deum, quia et in terra quod accepisti de cœlo est. In terra Christus dedit, sed de cœlo est qui dedit. Ille enim dedit qui de cœlo descendit, etc. »

Ejusdem sancti Augustini de Pentecoste, inter cætera : « Desinant namque insipientes blandiri, nobisque dicere : Quid accepturi sumus, cum vobis accesserimus, cum jam nos baptismum Christi habere fateamini? Respondeamus eis : Habetis baptismum Christi, venite ut habeatis et Spiritum Christi. Timete quod scriptum est : *Quisquis autem Spiritum Christi non habet, hic non est ejus* (Rom. VIII). Induistis Christum forma sacramenti, induite imitatione exempli. »

Et ejusdem sancti Augustini lib. IV (cap. 10) de Trinitate, inter cætera : « Nec possumus dicere quod Spiritus sanctus et a Filio non procedat : neque enim frustra idem Spiritus et Patris et Filii Spiritus dicitur. Neque video quid aliud significare voluerit, quod sufflans ait : *Accipite Spiritum sanctum* (Joan. xx). Neque enim flatus ille corporeus, cum sensu corporaliter tangendi procedens ex corpore, substantia Spiritus sancti fuit : sed demonstratio per congruam significationem, non tantum a Patre, sed et a Filio procedere Spiritum sanctum. Quis enim dementissimus dixerit, alium fuisse Spiritum, quem sufflans dedit, et alium, quem post ascensionem suam misit? *Unus enim Spiritus est, Spiritus Dei, Spiritus Patris et Filii, Spiritus sanctus qui operatur omnia in omnibus*, etc. » (*I Cor*. XII.)

Item ejusdem sancti Augustini in lib. xv (cap. 26) de Trinitate, inter cætera : « De utroque autem procedere sic docetur, quia ipse Filius ait : *De Patre procedit* (Joan. xv). Et cum resurrexisset a mortuis, et apparuisset discipulis suis, *insufflavit et ait : Accipite Spiritum sanctum* (Joan. xx), ut etiam eum de se procedere ostenderet. *Et ipse est virtus, quæ de illo exibat*, sicut legitur in Evangelio, *et sanabat omnes*. » (*Luc*. vi.) Et post pauca : « Hoc significans Dominus Jesus, bis deuit Spiritum sanctum : semel in terra, propter dilectionem proximi; et iterum de cœlo, propter dilectionem Dei. »

Item de sententia sancti Cyrilli (*Anathematismo nono*) inter cætera : « Si quis eum, qui unus est, Dominum Jesum Christum glorificatum esse a Spiritu sancto tanquam aliena potentia, qua per eum operari possetadversus immundosspiritus, et per eum implesse divina signa, et non magis proprium ejus esse Spiritum dicat, per quem signa operatus est, anathema sit, etc. »

Item ejusdem sancti Cyrilli ad Joannem Antiochenum, inter cætera : *Ne transferas terminos æternos, quos posuerunt patres tui* (Deut. xvi). Non enim erant ipsi loquentes, sed Spiritus Dei et Patris, qui procedit quidem ex ipso, non est autem a Filio alienus secundum essentiæ rationem. Et ad hoc nos sanctorum, qui mysteria tradiderunt, dicta confirmant. In Actibus enim apostolorum scriptum est : *Venientes autem circa Mysiam, tentabant ire in Bithyniam, et non eos permisit Spiritus Jesu* (Act. xvi). Scribit etiam et venerabilis Paulus : *Qui autem in carne sunt, Deo placere non possunt. Vos autem non estis in carne, sed in spiritu, si tamen Spiritus Dei habitat in vobis. Si quis autem Spiritum Christi non habet, hic non est ejus*, etc. » (Rom. VIII).

Item sancti Cyrilli de Spiritus cultura, ex libro primo, inter cætera : « Sicuti est Dei, et Patris, simul et Filii substantialiter, ex utroque, videlicet ex Patre per Filium, procedente Spiritu, et reliqua. »

Item ejusdem sancti Cyrilli ex libro acclamatorio ad Theodosium imperatorem, inter cætera, « Itaque etsi dicetur ubicunque vivificare Pater, operatur hoc omnino per Filium [in] Spiritu sancto, etc. »

Item ex epistola encyclica sive synodica sancti Leonis papæ ad Flavianum archiepiscopum Constantinopolitanum directa (*Epist*. 12), inter cætera : « Ideo et clausis ad discipulos januis introivit (*Joan*. xx), et flatu suo dabat Spiritum sanctum, et donato intelligentiæ lumine, sanctarum Scripturarum occulta pandebat, et reliqua. »

Item ex sermone ejusdem sancti Leonis præcipui doctoris de Pentecoste, inter cætera : « Omnes ergo, dilectissimi, qui in Dominum Jesum crediderant, infusum sibi habebant Spiritum sanctum, et remittendorum peccatorum etiam tunc apostoli acceperunt potestatem, cum post resurrectionem suam Dominus insufflavit, et dixit : *Accipite Spiritum sanctum; quorum remiseritis peccata, remittuntur eis : et quorum retinueritis, retenta sunt*, etc. » (Joan. xx.)

Unde et egregius prædicator atque mellifluus doctor sanctus Gregorius papa in sancti Evangelii homilia 26, inter cætera inquit : « Cum venerit Paracletus, quem ego mittam vobis a Patre (Joan. xv). Si enim mitti solummodo incarnari deberet intelligi, sanctus procul dubio Spiritus nullo modo diceretur mitti, qui nequaquam incarnatus est. Sed ejus missio ipsa processio est, qua de Patre procedit et Filio. Sicut itaque Spiritus mitti dicitur, quia procedit, ita et Filius non incongrue mitti dicitur, quia generatur. *Hoc cum dixisset, et insufflavit, et dixit eis : Accipite Spiritum sanctum* (Joan. xx). Quærendum nobis est quid est quod Spiritum sanctum Dominus noster et semel dedit in terra consistens, et semel cœlo præsidens. »

Item ejusdem sancti Gregorii papæ ex libro XXVII super Job, inter cætera : « De quo Joannes dicit : *Omnia per ipsum facta sunt* (Joan. i). Ita etiam os dicitur, ac si oris nomine patenter diceretur Verbum, sicut nos quoque pro verbis linguam dicere solemus, ut cum Græcam vel Latinam linguam dicimus, Latina vel Græca verba monstremus. Os ergo Domini non immerito ipsum accipimus, per quem nobis omnia loquitur. Hinc est enim quod propheta ait : *Os enim Domini locutum est hæc*, etc. » (Isa. xvi.) Sed et sancta catholica et apostolica Ecclesia ab ipso sancto Gregorio papa ordinem missarum, solemnitatum, orationum suscipiens, plures nobis edidit orationes, ubi Spiritum sanctum per Dominum nostrum Jesum Christum infundi, atque illustrari, et confirmari nos suppliciter petere docuit. » Item sancti Sophronii, cujus orthodoxa dogmata in sancta sexta synodo venerantur, inter plurima : « Omnia enim per unigenitum Filium Pater in sancto fecit Spiritu, quæ ut sapienti providentia continet, ut Deus suis operibus præsidens, etc. »

IN EADEM ACTIONE.

CAP. II. — *Reprehensio*. Utrum Theodorus archiepiscopus Hierosolymorum recte sentiat, qui cum Patrem sine principio penitus et sempiternum se credere dixit, Filium, nescio sub qua ambage verborum, non aliud principium quam Patrem agnoscentem, et ex ipso subsistentiam habentem, professus sit.

Responsio. Iste Theodorus patriarcha Hierosolymorum, cum cæteris præcipuis patriarchis, videlicet Cosma Alexandriæ, et Theodoro alio Antiochiæ, dudum prædecessori nostro sanctæ recordationis quondam Paulo papæ, miserunt propriam eorum rectæ fidei synodicam : in qua et de sacratissimis imaginibus subtili narratione, qualiter una cum nostra sancta catholica et apostolica universali Romana Ecclesia ipsi cæteri Orientales orthodoxi episcopi et Christianus populus sentiunt, et in earumdem sanctarum imaginum veneratione sincero mentis affectu ferventes in fide existunt, studuerunt intimandum. Quam synodicam in Latino interpretatam eloquio prædecessor noster quondam sanctissimus dominus Stephanus papa in suo concilio, quod et ipse pro sacris imaginibus una cum diversis episcopis in partibus Franciæ seu Italiæ fecit, suscipientes ac relegentes, placuerunt tam de diversis Francorum

[*Edit. Rom.*, sanctorum] Patrum testimoniis, quam de symbolo fidei, ubi facti sunt, dicentes : Si quis alium terminum fidei, sive symbolum, aut doctrinam habet præter quod traditum a sanctis magnis et universalibus sex synodis, et confirmatum est ab his sanctis Patribus qui in eis convenerunt, et non adorat imaginem sive figuram Domini nostri Jesu Christi, neque humanationem ejus confitetur, sicut qui descendit et incarnatus est propter genus humanum, talem impium anathematizamus, et alienum extraneumque deputamus sanctæ catholicæ et apostolicæ Ecclesiæ ; et cætera quæ longum est enarrari. Et ideo prædictus Theodorus archiepiscopus taliter professus est, sanctorum Patrum sequens doctrinam, id est sancti Hilarii Pictavensis episcopi ex libro I contra hæresim Arianorum, inter cætera. « Ita vero natum esse, ut semper fuisse manifestemus : sicque in eo non innascibilitatis exceptio, sed nativitatis æternitas, quia et nativitas auctorem habeat, neque careat æternitate divinitas, etc. » Item ejusdem sancti Hilarii ex libro XI de Fide, inter cætera : « A nobis bene intelligitur et creditur : nam ipsa sermonum enuntiatione eum natum confitemur, non tamen non natum prædicamus. Neque enim id ipsum est non natum atque nasci, quia illud ab altero, hoc vero a nemine est ; et aliud est sine auctore semper esse æternum, aliud quod Patri, id est auctori, est coæternum. Ubi enim Pater auctor est, ibi et nativitas est. At vero ubi auctor æternus est, ibi et nativitatis æternitas est. Quia sicut nativitas ab auctore est, ita et ab æterno auctore æterna nativitas est, etc. »

Item sancti Gregorii, qui et Theologi, in sermone de Epiphania (*Orat. in sancta lumina*, circa med.), inter cætera : « Pater ergo Pater est sine initio ; non enim est aliud aliquid unde Pater est. Filius Filius est, sed non absque initio ; de Patre enim est. Si vero temporale spectas initium, et ipse sine initio est. Creator namque est temporum, et non ipse initium sumit ex tempore. Spiritus sanctus vere Spiritus sanctus est, procedens quidem ex Patre, sed non et ipse Filius : non enim generatur, sed procedit, etc. »

Item ejusdem sancti Gregorii Theologi ex sermone de Natali Domini infra (post medium), etc. « Hoc est ipse Sermo Dei, qui est ante sæcula, qui est invisibilis, et incomprehensibilis, et incorporeus : qui est initium ab initio, qui est lux de luce, fons vitæ et immortalitatis, figura vera et expressa substantiæ Dei, signaculum veritatis, imago invisibilis Dei Patris, etc. »

Item ejusdem sancti Gregorii Theologi de Sermone pacifico secundo (*Orat. 2 de pace*, circa med.). « Ego autem deitatis principium introducens sine tempore, et indivise, et immense, quique principium honorifico, et quæ de principio, qualiter, etc. »

Item ejusdem sancti Gregorii Theologi de sermone apologetico infra (*Orat. de dogmat. et constit. pet.*, circa med.), etc. « Cujus enim erit Filius, si non origo sua referatur ad Patrem. Ut sit ille qui genuit, et iste sit qui est ex illo progenitus. Origo enim Patris est, non exigui alicujus et indigni, sed deitatis et bonitatis. Origo est [pro enim] Pater in Filio et in Spiritu sancto, intelligitur et sentitur in illo, vel ut in Filio Verbo, in hoc veluti Spiritu ab ipso procedente, etc. »

Item sancti Augustini de Genesi ad litteram, ex libro primo infra, etc. « Nam dicente Scriptura : *In principio fecit Deus cœlum et terram* (*Gen.* 1), intelligimus autem [pro Patrem. *Hard.*] in Dei nomine, et Filium in principii nomine, qui non Patri, sed per se ipse creatæ primitus, ac potissimum spiritali crea-

turæ, et consequenter etiam universæ creaturæ, principium est. Dicente autem Scriptura : *Et Spiritus Dei ferebatur super aquas* (*Ibid.*), completam commemorationem Trinitatis agnoscimus, etc. »

Item ejusdem sancti Augustini ex libro XXXVIII super Joannem evangelistam, inter cætera : Filius enim Patris est Filius, et Pater utique Filii Pater est. Sed Deus de Deo Filius dicitur ; lumen de lumine Filius dicitur. Pater dicitur lumen, sed non de lumine ; dicitur Pater Deus, sed non de Deo. Si ergo Deus de Deo, lumen de lumine principium est, quanto facilius intelligitur principium lumen de quo lumen, et Deus de quo Deus ? Videtur itaque absurdum, charissimi, ut dicamus Filium principium, et Patrem principium non dicamus ? Sed quid agamus, nunquid duo erunt principia ? Cavendum est hoc dicere. Quid ergo Pater principium, et Filius principium, quomodo non duo principia ? quomodo dicimus Patrem Deum, Filium Deum, et tamen dicimus non duos deos. Nefas enim dicere duos deos. Nefas est enim dicere tres deos. » Et post pauca : « In eo quod dicitur Spiritus Patris et Filii, non est quod dicam tres ; nisi et Patrem, et Filium, et Spiritum sanctum, unum Deum, unum Omnipotentem : ergo unum principium, etc. »

Item ejusdem ex lib. VI (cap. 2) de sancta Trinitate, inter cætera : « Quomodo ergo Deus de Deo, lumen de lumine ? Non enim simul ambo Deus de Deo, sed solus Filius de Deo, scilicet Patre : nec ambo simul lumen de lumine, sed solus Filius de lumine Patre, etc. »

Item sancti Sophronii archiepiscopi Hierosolymorum ex synodica ejus, quæ oblata est in sancta sexta synodo (*Act.* 11), inter cætera : « Credo igitur, beati, secundum quod a principio credidi, in unum Deum Patrem omnipotentem, sine principio penitus, et sempiternum, omnium visibilium atque invisibilium factorem. Et in unum Dominum Jesum Christum, Filium Dei unigenitum, qui sempiterne et impassibiliter ex ipso natus est Deo et Patre, et non aliud principium quam Patrem agnoscentem : sed nec aliunde quam ex Patre ipsam subsistentiam habet ; lumen de lumine, consubstantialem, Deum verum de Deo vero, consempiternum [*Edit. Rom.*, sempiternum]. Et in unum Spiritum sanctum, qui sempiterne a Deo Patre procedit, et lumen et Deum ipsum agnoscendum, etc. »

IN SEXTA ACTIONE.

CAP. III. — *Reprehensio.* Quod idem Tarasius non recte Spiritum sanctum contribulem Patri et Filio dixerit, cum sufficeret dicere coæternum, consubstantialem, ejusdemque essentiæ et naturæ.

« *Responsio.* Item ipse sanctus Sophronius : « Et quoniam perjuravit. Oportebat enim illi mentientem perjurare eum. Ex malorum electione melius erat utiliora eligere, etc. »

Item ex divo Augustino in præfatione in psalmum XXXI, inter cætera : « Debemus nulla opera proponere fidei, id est, ut ante fidem quisquam dicatur bene operatus. Ea enim ipsa opera quæ dicuntur ante fidem, quamvis videantur hominibus laudabilia, inania sunt : et ita mihi videntur esse, ut magnæ vires et cursus celerrimus præter viam. Nemo ergo computet bona opera sua ante fidem etc. »

IN ACTIONE QUARTA.

CAP. XV. — *Reprehensio.* Quod non propter eos scriptum sit qui imagines adorare contemnunt, sicut illi dicunt qui eas adorant, quod in psalmo legitur : *Quanta malignatus est inimicus in sanctis tuis ?* (*Psal.* LXXIII.)

---

[a] Hoc loco numerus capitum non cohæret, sed interrumpitur : et certe ex ipsa responsione apparet aliam præcessisse reprehensionem, cui hic respondetur : reprehensioni vero hic propositæ respondent verba quæ habentur infra cap. 61. Item Sophronii episcopi Hierosolymitani usque ad finem cap. Videntur autem hic deesse capita undecim.

Responsio. Veraciter propter hæreticos hæc dixerunt, sicut beatus Augustinus in ejusdem psalmi explanatione inquit : « Quanta maligne operatus est inimicus in sanctis tuis, in his quæ sancta tua erant, id est in templo, in sacerdotio, in illis omnibus sacramentis quæ illo tempore fuerunt, etc. » Similiter et nunc ampliora mala inimici sanctæ catholicæ et apostolicæ Ecclesiæ malignantes adversus olitanam orthodoxamque traditionem pro sacris imaginibus, depositione ad nihilum redacti sunt.

Item sancti Gregorii Nazianzeni, qui et Theologi, n sermone de philosopho Irone (*Orat. in laudem Ironis*, circa med.), inter cætera : « Quomodo enim non gloriabantur? Quomodo enim non polluerunt templum sanctum superventionibus multimodis? Et in omnibus malis principabatur quidem vir impius et iniquus, et neque nomen Christianitatis circumferens, etc. »

IN ACTIONE QUINTA.

CAP. ITEM XV. — *Reprehensio*. Quod epistola, quam illi sancti Simeonis Stylitæ dicunt, missa ad Justinianum [Justinum] imperatorem, multum distet a divinis Scripturis sive sanctorum Patrum documentis, in eo quod ait præfato imperatori : « Pro quibus commemorantes referimus divinis vestris auribus ; sive in eo quod idem imperator misericordia uti prohibuerit. »

Responsio. Sanctus quippe Ambrosius scribens ad Gratianum imperatorem librum orthodoxæ fidei, nunquid peccavit quia dixit ei, Sancte imperator? Et quid extra dixit iste, scribens ad Christianissimum Justinianum [Justinum] imperatorem pro zelo fidei suæ, divinis auribus, exprimens? Et ideo divinis auribus, quia per divinos sermones audit, et fideliter atque orthodoxe eos observat, recte divinas aures, videlicet auditum divinum habere monstratur. De misericordia vero uti prohibente, non ita est, sed petens morari neque ad modicum, sed fieri decentem vindictam sanctus ille poposcit : nam non sine misericordia, ut superius fati sunt, verum etiam tantum amorem erga imagines sanctorum habere videbatur, ut impios illos anathematis jacularet ictibus. Quod agnitum habere vestram a Deo inspiratam excellentiam magnopere credimus, ubi sanctus Gregorius in Dialogis suis meminit de beato Bonifacio, qualiter miserum illum, qui cum simia veniens cymbala percussit, sermone suo cum mœrore ad mortem jaculavit. Unde et post pauca sanctus Gregorius (Lib. I, c. 9), inquit : « Metuenda ergo tanto est ira justorum, quanto et constat quia in eorum cordibus ille præsens est qui ad inferendam ultionem, quam voluerit, invalidus non est. »

Item idem ipse sanctus Gregorius in explanationem beati Job (Lib. XXXIV, c. 10), ubi dum de fortibus sanctæ Ecclesiæ prædicatoribus tractaret, adjunxit : « Unde ad prophetam de bonis doctoribus Dominus dicit : *Devorabunt et subjicient lapidibus fundæ* (Zach. IX). Sancti quippe doctores, qui ad virtutem et alios instruunt, hostes devorant, dum eos intra corpus suum per vim conversionis immutant. Fortes ex illa Ecclesia viri prodeunt, quibus quasi lapideis ictibus iniquorum corda tundantur. Unde et Golias immanissimus saxo fundæ moritur (*I Reg.* XVII), quia angulari sanctæ Ecclesiæ lapide diabolica celsitudo superatur. »

IN EADEM ACTIONE.

CAP. XVII. — *Reprehensio*. De eo quod omnibus hæreticis Samaritanos deteriores, et Samaritanis eos deteriores dicunt qui imagines destruunt, cum parentes eorum secundum eorum opinionem omnibus hæreticis deteriores fuerint, qui utrique imagines destruxerunt.

Responsio. Et in his mellifluus doctor beatus Gregorius Theologus in sermone de Natali Domini, inter cætera, inquit : « Offenderis carne ; hoc et Judæi. Si et Samaritanum vocabis, et ut reliqua sileam, non credis deitati ; hoc neque dæmones. O et Judæis infidelior tu, et dæmonibus deterior, etc. »

Item ex edicto Justiniani imperatoris inter cætera : « Sed neque Theodorus Mopsuestenus, qui et Judæos et Hellinas [*Id est* Græcos, M.; *id est* gentiles et paganos, H.] superavit in sua impietate, etc. » Item sancti Gregorii papæ in explanatione beati Job, de libro XIV, inter cætera : « Sicut qui mel multum comedit, non est ei bonum : sic qui scrutator est majestatis, opprimitur a gloria (*Prov.* XXV), » et infra : « Gloria invisibilis conditoris, quæ moderate inquisita nos erigit, ultra vires perscrutata premit. Unde et hæretici, quanto de sublimi intelligentia amplius repleri ambiunt, tanto amplius inanescunt. Immoderatis namque auribus cognitionis supernæ scientiam quo plus appetunt, plus amittunt. At contra ii qui in sancta Ecclesia veraciter sunt humiles et veraciter docti, norunt de secretis cœlestibus et quædam considerata intelligere, et quædam non intellecta venerari : ut et quæ intelligunt venerantur teneant, et quæ necdum intelligunt humiliter exspectent. Quam præsumptionis audaciam bene prædicator egregius refrenat, dicens : *Non plus sapere quam oportet sapere, sed sapere ad sobrietatem.* » (*Rom.* XII.)

Et ideo prædecessores eorum plus quam oportet sapere se extollentes, et novitate imponere molientes, hæretici deteriores effecti, ad nihilum redacti sunt.

IN EADEM ACTIONE.

CAP. XVIII. — *Reprehensio*. Quod nulla Evangelii lectio tradat Jesum ad Abagarum imaginem misisse, ut illi dicunt.

Responsio. Prædecessor noster sanctæ recordationis dominus Stephanus quondam sanctissimus papa, in supradicto concilio præsidens, inter plurima veridica testimonia per semetipsum asserens, docuit ita : « Sed nec illud est prætereundum quod relatione fidelium de partibus Orientis advenientium sæpe cognovimus. In quibus licet Evangelium silet, tamen nequaquam in omnibus incredibile fidei meritum, et hoc affirmante de ipso evangelista : *Multa quidem et alia signa fecit Jesus, quæ non sunt scripta in libro hoc* (*Joan.* XX). Denique fertur ab asserentibus (Euseb. lib. I, c. 13) quod Redemptor humani generis, appropinquante die passionis, cuidam regi Edessenæ civitatis, desideranti corporaliter illum cernere, ut et persecutiones Judæorum fugeret ad illum convocare, ut auditas miraculorum opiniones, et sanitatum curationes illi et populo suo impertiret, respondisset : Quod si faciem meam corporaliter cernere cupis, en tibi vultus mei speciem transformatam in linteo dirigo, per quam et desiderii tui fervorem refrigeres, et quod de me audisti, impossibile nequaquam fieri existimes. Postquam tamen complevero ea quæ de me scripta sunt, dirigam tibi unum de discipulis meis, qui tibi et populo tuo sanitates impertiat, et ad sublimitatem fidei vos perducat, etc. »

Item ex synodica trium patriarcharum, videlicet Cosmæ Alexandriæ, Theodori Antiochiæ, et Theodori Hierosolymæ, quæ in prædicto concilio relecta, ab omnibus fideliter honorata venerabiliter suscepta est : ubi post multa sanctorum Patrum testimonia, Theodorus patriarcha Hierosolymorum inquit : « Restat mihi tempus enarrandi de Abagaro Edesseno, et alia, aut similia sanctorum Patrum, quæ et vos melius cognoscitis. Persevera, sanctissime Pater, persevera in eadem bona fide, corroboratus super petram fidei, sicut deiloqua vox affata est apostolum Petrum : *Tu es Petrus, et super hanc petram ædificabo Ecclesiam meam ; et portæ inferi non prævalebunt adversus eam* (*Matth.* XVI). Vere non prævalebunt ei in sæculum sæculi. Cognitum facimus tibi sanctissimo domino ego humilis Theodorus patriarcha

Hierosolymorum, et hi qui nobiscum sunt, Cosmas patriarcha Alexandriæ, et Theodorus patriarcha Antiochiæ : idipsum intelligimus et credimus, sicut et vestræ sanctitati patet, etc. »

IN EADEM ACTIONE.

CAP. XIX. — *Reprehensio.* Quod nec illud ad hanc pertineat, ut illi dicunt, quod scriptum est : *Quoniam non est jam propheta, et nos non cognoscet amplius* (*Psalm.* LXXIII).

Responsio. Pro hæreticis illis, qui in pseudosyllogo sub Constantino quondam hæretico imperatore gloriantes se aliquid sapere et intelligere, nescientes talia, ipsi psalmifice dixerunt. Coæquantes eos Judæis, de quibus beatus Augustinus in eodem psalmo explanavit, dicens : « Ecce isti Judæi, qui se dicunt non agnosci adhuc; » et post pauca : « Jam signa tua non vides, jam non est propheta, et dicis : Et nos non cognoscet adhuc, quia vos non agnoscitis adhuc. Jam non est propheta, et nos non cognoscet adhuc : usquequo Deus, exprobravit inimicus ? » Similiter et ipsi hæretici : usquequo princeps eorum, videlicet Constantinus hæresiarcha, exprobratus est, non intellexerunt, et ideo redacti sunt ad nihilum.

IN ACTIONE SEXTA.

CAP. XX. — *Reprehensio.* Quomodo intelligendum est quod in Canticis canticorum scribitur : *Ostende mihi faciem tuam : auditam fac mihi vocem tuam, quoniam vox tua suavis est, et facies tua speciosa* (*Cant.* II); quod quidem capitulum illi impudentissime ad imaginum visionem protulerunt.

Responsio. Recte illud protulerunt, quia visio sacrarum imaginum ad speciosam formam Domini et Salvatoris nostri Jesu Christi secundum carnem, sanctæque ejus genitricis, et sanctorum pertinet. In persona enim Christi et Ecclesiæ diversa sanctorum Patrum opuscula in Cantica canticorum explanata sunt : et si, quomodo intelligendum est, scire velint, sancti Epiphanii episcopi Cypri proferimus expositionem, in qua inter multa diversa inquit : « *Ostende mihi faciem tuam, et auditam fac mihi vocem tuam;* hoc est, per legem et prophetas non mihi loquaris, sed temetipsum totum mihi demonstra : sicut et Moyses tali desiderio comprehensus, fiducialiter dicebat ad Deum : *Ostende mihi teipsum, ut te videam* (*Exod.* XXXV). Sed tunc equidem dixit Moysi : *Nullus videbit faciem meam, et vivet.* Sponsæ autem suæ volens semetipsum ostendere, incarnatus ei se induto corpore demonstravit, per virtutis modum, per sustentationem et innocentiam, tradens ei pietatis aspectum. Ostendit igitur ei faciem suam conceptus in Dei genitrice virgine (*Matth.* v), et audire eam fecit vocem suam, cum doceret in Oliveti monte discipulos, et rursus dum per eos in universum orbem terrarum prædicationis dogmata destinasset. *Quoniam vox tua suavis, et facies tua speciosa* (*Cant.* II). Vox ejus vere suavis est, quæ dicit : *Venite, benedicti Patris mei,* etc. (*Matth.* XXV). Vox tua suavis, hoc est quæ cæcos videre fecit, cum diceret : *Secundum fidem vestram fiat vobis* (*Matth.* IX). Vox tua suavis, id est dicendo : *Venite ad me omnes qui laboratis,* etc. (*Matth.* XI). Vox tua suavis est dicens paralytico : *Surge, tolle grabatum tuum, et ambula* (*Marc.* II). Vox suavis est, dicens : *Confide, fili, remittuntur peccata tua* (*Matth.* IX). Vox tua suavis est, dicens : *Confide, filia, fides tua te salvam fecit; vade in pace* (*Luc.* VII). Et alia plura quæ per ordinem exarare longum est. »

IN ACTIONE SEXTA.

In tomo primo.

CAP. XXI. — *Reprehensio.* Quod non ad adorandas imagines pertineat quod scriptum est : *Creavit Deus hominem ad imaginem et similitudinem suam.*

Responsio. Si sic intelligunt, quod *creavit Deus hominem ad imaginem et ad similitudinem suam* (*Gen.* 1), quia propter adorandas imagines explanavit hoc

Tarasius patriarcha, de intellectu habere nihil quidpiam videntur, ut scriptum est, et intelligere non potuerunt. Tarasius namque patriarcha dum concilio hæreticorum renueret, et exprobraret quod in eorum obscuritate contra sacrarum imaginum stabilitatem dicere ausi sunt : « Quatenus propriæ manus opus plasmator Deus videns perire, etc. Idcirco hoc dixit sensu, quoniam quidem terrigena imaginem Dei honoratur, etc. » Et post pauca : « Imaginum facturæ, et deliberatione vacua sævissime gloriari per eos facta, et variis sermonibus eorum mentem consuentes, Ecclesiam Dei ut errantem judicant, etc. »

Nam creavit Deus hominem ad imaginem et similitudinem suam. Beatus Augustinus in lib. v, ex eo quod in Genesi sexto die factum legitur, inter cætera inquit : « Et modo attendite : in pœna sua constitutus est homo, et quantum valent reliquiæ imaginis Dei, quæ in illo remanserunt. Obtrivit ipsam imaginem per peccatum, et ipsa reformatur per gratiam, per quæ [*Edit. Rom.*, quæ per] libidinem obsolefacta est. Quomodo enim nummus, si confricetur ad terram, perdit imaginem imperatoris, sic mens hominis, si confricetur libidinibus terrenis, amittit imaginem Dei. Venit autem monetarius Christus, qui repercutiat nummos. Et quomodo repercutit nummos ? Donando peccata ex gratia : et ostendet tibi, quia Deus quærit imaginem suam. Nam quando illi de tributo Cæsaris dictum est : *Licet tributum dare Cæsari* (*Matth.* XXII ; *Marc.* XII)? Tentabant enim eum, ut si diceret, Non detur, calumniarentur illi per exactores tributi : Ecce qui docet ut non demus tributum; si autem diceret, Detur : Ecce qui maledixit Jerusalem : fecit illam tributariam. Quid ergo ipse dixit, et quid admonuit? *Quid me tentatis, hypocritæ ? Afferte mihi nummum : et obtulerunt illi. Et ait : Cujus habet imaginem et inscriptionem ? Responderunt : Cæsaris. Tunc ait : Reddite ergo Cæsari quæ Cæsaris sunt, et Deo quæ Dei sunt* (*Ibid.*); id est, si Cæsar quærit imaginem in nummo, Deus non quærit imaginem in homine? etc. » Item sancti Severiani Gabalanensis episcopi de homilia quæ in sabbato dicta est, *Ad imaginem et similitudinem* (*Gen.* VIII), inter cætera : « Et sicut nos, si non adest imperator, honoramus imaginem imperatoris, sic et creatura et non videns invisibilem qui ad imaginem factus est honorabat, etc. »

IN ACTIONE QUARTA.

CAP. XXII. — *Reprehensio.* Quomodo intelligendum sit quod scriptum est : *Abraham adoravit populum terræ filios Heth* (*Gen.* XXIII), sive quod Moyses Jetro legitur adorasse : quibus exemplis si qui propter adorandas imagines synodos faciunt, suum errorem fulcire affectant : et quia nec Jacob Pharaonem, nec Daniel Nabuchodonosor regem, ut illi dicunt, uspiam leguntur adorasse.

Responsio. Beatus Augustinus in psalmum XLVI nos docuit, dicens : « Dominus Deus noster fidem, in qua vivimus per libros suos [*Edit. Rom.*, sanctos], Scripturas sanctas, multipliciter nobis varieque diffundit, sacramenta quidem verborum varians, fidem tamen unam commendans. Una enim eademque res ideo multis modis dicitur, ut modus ipse dicendi propter fastidium varietur, sed propter concordiam una fides teneatur, etc. » Item ejusdem beati Augustini de filio Abraham ducto ad sacrificium, inter cætera : « Duo illi servi dimissi, et non perducti ad locum sacrificii, Judæos significabant : jam illa nescio quid Judæorum significabat. Nolite mirari, quia toties una res potest multis modis significari, etc. »

IN EADEM ACTIONE.

CAP. XXIII. — *Reprehensio.* Quod non ad adorationem imaginum pertineat, nec in nostris codicibus, qui ex Hebraica veritate translati sunt, inveniatur quod illi in sua synodo dicunt : « Jacob suscipiens a filiis suis vestem talarem tabefactam Joseph, osculatus est cum lacrymis, et propriis oculis imposuit. » A sabuut. Tamen unum vobis sancti Augustini addimus testimonium de ipso Jacob luctante cum angelo, ubi inter cætera inquit : *Non dimittam te, nisi benedixeris mihi* (Psal. LXVI). Quia per carnem nos prius benedicit Dominus, norunt fideles, quid accipiunt, quia per carnem benedicuntur : sciunt quia non essent benedicti, nisi caro illa crucifixa daretur pro sæculi vita.

Responsio. Sancti Gregorii Theologi de sermone pacifico tertio (*Orat.* 2 *de pace*), inter cætera : « Pax amica, quæ ab omnibus quidem laudatur bonum, a paucis vero conservatum, ubi aliquando reliquisti nos tantum jam tempus, et quando reverteris ad nos? Et præsentem amplector, et recedentem invocabo multis lamentationibus et lacrymis, quibus neque Jacob Joseph illum patriarcham a fratribus venditum (*Gen.* XXXVI), a bestia autem raptum, ut sperabat : *a* neque David Jonatham suum amicum, aut filium Abessalon postmodum : quorum unus visceribus paternis laceratus. Fera rapuit, clamabat, Joseph, fera pessima et inmansueta : et pueri vestem tabefactam appositam, sicuti pueri carnes osculabatur, etc. » Unde et in multorum Patrum opusculis de diversis historiis asserta leguntur. In libro enim tertio sancti Ambrosii ad Gratianum imperatorem (*Cap.* 5) ita inter cætera invenitur : « Neque ad præjudicium trahas quia non moritur Gabriel, non moritur Raphael, non moritur Uriel. » Ecce et in nostris codicibus, qui ex Hebraica veritate translati sunt, nequaquam invenitur Uriel scriptum.

Item in ejusdem sancti Ambrosii libro secundo de Spiritu sancto (*Cap.* 7), inter cætera : « Esdra nos docuit, dicens in tertio libro. » Similiter nec in nostris codicibus, qui ex Hebraica veritate translati sunt, susceptus est tertius liber Esdræ, nisi tantummodo duo. Sed et sanctus Gregorius egregius papa in epistola sua Theoctistæ patriciæ missa (Lib. IX, *epistola* 39), inter cætera inquit : « Quantæ autem virtutis præcursor nostri Redemptoris fuit, novimus, qui per sacrum eloquium non solum plus quam propheta, sed etiam angelus vocatur ; sed tamen, sicut mortis ejus historia testatur, post mortem a persecutoribus corpus ejus incensum est. » Et nos legimus in sancto Evangelio (*Matth.* XIV), corpus ejusdem sancti Joannis Baptistæ a discipulis suis sepultum esse : et beatus Gregorius dicit per historiam, ejusdem sancti Joannis Baptistæ corpus incensum esse. Et ideo, ut diximus, sanctorum dicta nequaquam respuuntur, quia sacram totam divinam Scripturam quis aliquando comprehendere valebit ?

IN EADEM ACTIONE.

CAP. XXIV. — *Reprehensio.* De eo quod indocte et inordinate dicunt : « Si calumniaris me quoniam ut Deum adoro lignum crucis, cur non calumniaris Jacob adorantem summitatem virgæ Joseph ? » Sed manifestum est quoniam non lignum videns adoravit, sed per lignum Joseph, sicut et nos per crucem Christum.

Responsio. Ipsam namque virgam, videlicet sceptrum, fideliter atque pulchre in typo crucis explanavit beatus Augustinus in psalmo XXXVII, inter cætera dicens : « Imo jam in nomine Christi evenire gaudeamus. Jam tenentes sceptrum subduntur ligno crucis : jam fit quod prædictum est : *Adorabunt eum omnes reges terræ ; omnes gentes servient illi* (Psal. LXXI). Jam in frontibus regum pretiosius est signum crucis quam gemma diadematis. »

IN EADEM ACTIONE.

Et repertum [*repetitum*] *est in actione septima.*

CAP. XXV. — *Reprehensio.* Non pertinere ad imaginum adorationem, ut illi dicunt, quod scriptum est : *Jacob Pharaonem benedixit.*

Responsio. Semper benedicere nos docet sancta Scriptura : *Benedicite, et nolite maledicere* (Rom. XII). Item : *Benedicite omnia opera Domini Domino* (Daniel III), docemur : et rursus prostrati in oratione spiritaliter ante Sancta sanctorum psalmifice dicimus : *Benedicat nos Deus Deus noster, benedicat nos Deus, et metuant eum omnes fines terræ.* Quapropter si de divinæ Scripturæ benedictionibus exarare volumus, antequam sermo, ut opinamur, chartæ cessabuut.

IN ACTIONE QUINTA.

CAP. XXVI. — *Reprehensio.* Quod vana sit spes eorum qui salutem suam in imaginibus ponunt, dicentes : « Sicut Israeliticus populus serpentis ænei inspectione servatus est, sic nos sanctorum effigies aspicientes salvabimur. »

Responsio. Antea jam hoc in prædictis sacris conciliis prædecessorum meorum sanctissimorum pontificum explanatum est, dicentibus etiam hoc sanctissimis Patribus. Addendum est ad incredulorum satisfactionem et directionem Francicam, quid Deus famulo suo Moysi præceperit, dicens : in libro enim Numeri ita legitur contra pestem quæ eis irruerat : *Fac serpentem, et pone eum pro signo : qui percussus aspexerit eum, vivet. Fecit ergo Moyses serpentem æneum, et posuit pro signo : quem cum percussi aspicerent, sanabantur* (*Num.* XXI). O insania frementium contra fidem et religionem Christianam, ut asserant non colere aut venerari imagines, in quibus figuræ sunt Salvatoris, ejus genitricis, vel sanctorum, quorum virtute subsistit orbis, atque potitur humanum genus salutem. Ænei serpentis inspectione credimus Israeliticum populum a calamitate injecta liberari, Christi Dei nostri et sanctorum effigies aspicientes atque venerantes dubitamus salvari? Absit talium nefariæ temeritatis cedere amentiæ : Patrum priscas sequamur traditiones, et ab eorum doctrina nulla declinemus ratione. Possumus enim ita tenentes, quemadmodum nostri prædecessores atque patres, plenam gratiam obtinere.

Item beati Augustini de eo quod apparuit Deus, de virga et manu colorata, et aqua in sanguinem versa : « *Sicut Moyses exaltavit serpentem in eremo, ita exaltari oportet Filium hominis, ut omnis qui credit in eum non pereat, sed habeat vitam æternam* (*Joan.* III); hoc est, quicunque percussus fuerit a serpentibus peccatorum, Christum intueatur, et habebit sanitatem in remissionem peccatorum. »

Item ejusdem sancti Augustini super Joannem evangelistam de eodem sermone homilia (*Tract.* XII), inter cætera : « Interim modo fratres, ut a peccato sanemur, Christum crucifixum intueamur : quia *sicut Moyses*, inquit, *exaltavit serpentem in eremo,* » usque in eo ubi dicit : « *Sed habeat vitam æternam ;* » et post pauca : « Hic autem ait : *Ut habeat vitam æternam.* Hoc enim interest inter figuram sive imaginem, et rem ipsam : figura præstabat vitam temporalem, res ipsa, cujus illa figura erat, præstabat vitam æternam, et cætera. »

Item ejusdem sancti Augustini libro tertio de Trinitate (cap. 10), inter cætera : « Nam sicut unctio lapidis Christum in carne, in qua unctus est oleo exsultationis præ participibus suis, ita virga Moysi conversa in serpentem, ipsum Christum factum obedientem usque ad mortem crucis. Unde ait : *Sicut exaltavit Moyses serpentem in eremo, sic oportet exaltari Filium hominis, ut omnis qui credit in ipsum, non pereat, sed habeat vitam æternam* (*Joan.* III). Sicut intuentes illum serpentem exaltatum in eremo, serpentum morsibus non peribant. Vetus enim homo noster confixus est cruci cum illo. Per serpentem enim mors intelligitur, quæ facta est a serpente in paradiso, modo locutionis per efficientem id quod efficitur demonstrante. Ergo virga in serpentem, Christus in mortem, et serpens rursus in virgam, Christus in resurrectionem, totus cum corpore suo, quod est Ecclesia, etc. »

Item sancti Severiani episcopi Gabalanensis in

---

a Locus obscurus.

sermone sanctæ crucis, inter cætera : « Putas non erat justum dici : Si quis vestrum morsus fuerit, respiciat in cœlum sursum ad Deum, et salvabitur ? Ut enim et attendi cœlo relinquat, non potuit dicere : Si quis morsus fuerit, aspiciat lucernam luminis, et salvabitur ? aut aspiciat ad mensam propositionis sanctorum panum, et salvabitur ? aut ad altare, aut ad velum, aut in arcam, aut in imaginem cherubim, aut in propitiatorium ? Sed nihil horum ad medium adduxit legislator magnus, sed solam fixit crucis imaginem, et hanc per maledictum serpentem. Dic mihi ut fidelis famulus : Quod interdicis, facis ? quod abrenuntias, ædificas? Qui dicis, Non facias sculptile, et fusilem sculpis serpentem ? Sed illam quidem legem posui, ut materias abscindam impietatis, et populum hunc eruam omni idolorum cultura : nunc autem effundo serpentem, ut præfigurem imagine Salvatoris dispensationem, præplanans cursum apostolorum, etc. »

IN ACTIONE QUINTA.
Et repertum est in quarta.

CAP. XXVII.— *Reprehensio*. Importuna et deliramento plena dictio Leonis Phoceæ episcopi, qui in eo quod ad imaginum adorationem conversus est, sibi versiculum Psalmistæ accommodat, dicentis : *Convertisti planctum meum in gaudium mihi ; conscidisti saccum meum, et circumdedisti me lætitia* (*Psal*. XIX).

Responsio. Omni homini Christiano licet cum Psalmista orare, ut quando a tenebris in lucem per gratiam venerit Christi, juste dicat : *Convertisti planctum meum in gaudium mihi* (*Ibid*.); quia quando erutus est ab hæresi, tunc scissus est saccus ejus. Quando vero rectæ fidei cognovit veritatem, tunc ab orthodoxis sanctæ catholicæ Ecclesiæ circumdatus est lætitia. De hoc ipso sanctus Augustinus in ejusdem psalmi explanatione (in principio) similiter inquit : « Conscidisti lamentum [velamentum] peccatorum meorum, tristitiam mortalitatis meæ, et cinxisti me stola prima, immortali lætitia. » Et iterum : « Ut non plangat, sed cantet tibi, non humilitas, sed gloria mea : quia jam ex humilitate exaltasti me, et non compungar conscientia peccati, timore mortis, timore judicii, et cætera. »

IN ACTIONE SEXTA.
In tomi primi fine.

CAP. XXVIII. — *Reprehensio*. Quod non pertineat ad imaginum adorationem contemnentes illud quod Psalmographus cecinit : *Vana locuti sunt unusquisque ad proximum suum, labia dolosa in corde, et corde locuti sunt mala* (*Psal*. XI).

Responsio. Non ita est, ut illi contempsissent quod Psalmographus cecinit : *Vana locuti sunt*, etc. ; sed contementes deliramenta hæreticorum in perversa facie ipsorum, cum Psalmographo cecinerunt de illis : *Vana locuti sunt unusquisque ad proximum suum, et quod sequitur*. Beati Augustini in ejusdem psalmi explanatione, inter cætera : « Veritas una est, qua illustrantur animæ sanctæ. Sed quoniam multæ sunt animæ, in ipsis multæ veritates dici possunt, sicut ab una facie multæ in speculis imagines apparent. » Et post pauca : « Superbi hypocritæ significantur, in sermone suo spem ponentes ad decipiendos homines, sed Deo non subditi. »

IN ACTIONE SECUNDA.

CAP. XXIX. — *Reprehensio*. Quomodo intelligendum est quod Psalmographus cecinit : *Misericordia et veritas obviaverunt sibi, justitia et pax complexæ sunt se* (*Psal*. LXXXIV); quod temere aut adulatorie a Joanne presbytero et legato Orientalium in participatione beati papæ Adriani et Tarasii dicitur esse completum.

Responsio Recte dictum est, quia Deus misertus est Ecclesiæ Constantinopolitanæ, et obviavit veritati sanctæ catholicæ et apostolicæ Romanæ Ecclesiæ, quæ semper justitiam tenuit, ut scriptum est :

Justitiæ sedes, fidei domus, aula pudoris.

Quam justitiam, fidem atque pudorem, ut confessa est, ecclesia Constantinopolitana amplectens, quando ab errore conversa est, fecit pacem : quia tantummodo ipsa sola sedes Constantinopolitana resistebat olitanæ orthodoxæ fidei. Nam sedes Alexandrina, seu Antiochena et Hierosolymitana semper nobiscum tenuerunt priscam traditionem, scilicet orthodoxam fidem, ut apud nos synodica earum pro sacrarum imaginum stabilitate habere monstratur. Beati Augustini in ejusdem psalmi explanatione inter cætera : « Quia justitia et pax se osculantur, non litigant. Tu quare litigas cum justitia ? Ecce justitia dicit tibi : Ne fureris, et non audis : Ne adulteres, et non vis audire : Non facias alteri quod tu pati non vis : Non dicas alteri quod tibi dici non vis ; inimicus es amicæ meæ, dicit tibi pax, quid me quæris ? Amica sum justitiæ. Quemcunque invenero inimicum amicæ meæ, non ad illum accedo. Vis ergo venire ad pacem ? fac justitiam. Ideo alius psalmus dicit tibi : *Declina a malo et fac bonum* (*Psal*. XXXVI), hoc est ama justitiam ; et cum declinaveris a malo, et feceris bonum, quære pacem, et sequere eam, etc. »

IN ACTIONE QUARTA.

CAP. XXX. — *Reprehensio*. Quod non ad adorationem imaginum pertineat, ut illi dicunt, quod scriptum est : *Exaltate Dominum Deum nostrum ; et adorate scabellum pedum ejus, quoniam sanctum est* (*Psal*. XCVIII).

Responsio. Beati Augustini in ejusdem psalmi explanatione (circa med.) ubi inter cætera inquit : « Timeo non adorare scabellum pedum Domini mei, quia psalmus mihi dicit : *Adorate scabellum pedum ejus* (*Ibid*.); » et post pauca : «Converto me ad Christum, quia ipsum quæro hic, et invenio quomodo sine impietate adoretur terra, sine impietate adoretur scabellum pedum ejus. Suscepit enim de terra terram, quia caro de terra est, et de carne Mariæ carnem accepit. Et quia in ipsa carne hic ambulavit, et ipsam carnem nobis manducandam ad salutem dedit : nemo autem illam carnem manducat, nisi prius adoraverit ; inventum est quemadmodum adoretur tale scabellum Domini, et non solum non peccemus adorando, sed peccemus non adorando. » Et post pauca : « Ideo et terram quamlibet, cum te inclinas atque prosternis, non quasi terram intuearis, sed illum sanctum, cujus pedum scabellum est quod adoras ; propter ipsum enim adoras. Ideo et hic subjecit : *Adorate scabellum pedum ejus, quoniam sanctum est* (*Ibid*.). Quis sanctus est, in cujus honore adoras scabellum pedum ejus ? etc. »

IN EADEM ACTIONE.

CAP. XXXI. — *Reprehensio*. Quod nec de eo imaginum adoratio astrui possit, ut illi putant, quod scriptum est : *Adorate in monte sancto ejus* (*Ibid*.).

Responsio. Beati Augustini in ejusdem psalmi expositione (circa finem), inter cætera : « Hæretici non adorant in isto monte, quia mons iste implevit universam faciem terræ. Hæserunt in parte, et totum amiserunt. Si agnoscant Ecclesiam catholicam, adorabunt in isto monte nobiscum. Etenim lapis ille, qui præcisus de monte sine manibus, jam videmus quantum creverit, et quantas regiones terræ occupaverit, et usque ad quas gentes pervenerit. » Et post pauca : « Videmus confractam ab illo lapide omnia regna terræ (*Daniel*. II). Quæ erant omnia regna terræ ? Regna idolorum, regna dæmoniorum fracta sunt. Regnabat Saturnus in multis hominibus ; ubi est regnum ejus ? Regnabat Mercurius in multis hominibus ; ubi est regnum ejus ? Fractum est, redacti sunt illi in regnum Christi, in quibus ille regnabat. »

Et post pauca : « Natus est ergo de monte-sine manibus lapis ille ; crevit, et crescendo fregit omnia regna terrarum. Factus est autem mons magnus, et implevit universam faciem terræ. Hæc est Ecclesia catholica , cui vos communicare gaudete : illi autem qui non ei communicant, qui præter ipsum montem adorant et laudant Deum, non exaudiuntur ad vitam æternam, etc. »

IN EADEM ACTIONE.

CAP. XXXII. — *Reprehensio.* Quod non propter illos qui imaginum adorationem spernunt, ut illi delirant, per prophetam dicitur : *Declinantes ad obligationem adducet Dominus cum operantibus iniquitatem* (*Psal.* CXXIV).

Responsio. De hæreticis dixerunt : Sicut beatus Augustinus in eodem psalmo (circa finem) explanavit, inter cætera : « id est, quorum facta imitati sunt : quia eorum præsentes lætitias amaverunt, et futura supplicia non crediderunt. » Et post pauca : « Ergo quia Christus Filius Dei pax est, ideo venit colligere suos et secernere ab iniquis. Quibus iniquis ? Qui oderunt Jerusalem, qui oderunt pacem, qui volunt conscendere unitatem, qui non credunt paci, etc. »

IN ACTIONE QUINTA.

CAP. XXXIII. — *Reprehensio.* Absurdissime et incaute contra eos qui imagines adorare contemnunt, ab his qui eas adorant prolatum est testimonium sancti Evangelii : *Nemo accendit lucernam, et ponit eam sub modio* (*Luc.* XI).

Responsio. Valde nimis atque pulchre contra eos qui imagines contemnunt, dixerunt poni lucernam sub modio, quia lucerna fides nostra est, videlicet sanctæ catholicæ et apostolicæ Ecclesiæ, de qua fide sanctus Ambrosius Mediolanensis episcopus super sanctum Evangelium secundum Lucam explanatione (Lib. VII, c. 11) inter cætera testatur dicens : « *Nemo lucernam accendit, et in abscondito ponit, neque sub modio, sed super candelabrum* (*Luc.* XI). Ergo quia in superioribus Ecclesiam Synagogæ prætulit, hortatur nos ut fides potius nostram ad Ecclesiam transferamus. Lucerna enim fides est, juxta quod scriptum est, *Lucerna pedibus meis verbum tuum, Domine* (*Psal.* CXVIII). Verbum enim Dei fides nostra est, verbum Dei lux est (*Joan.* I), lucerna est fides. » Et post pauca : « Nemo ergo fidem sub lege constituat. Lex enim intra mensuram est, ultra mensuram gratia. Lex obumbrat, gratia clarificat ; et ideo nemo fidem suam intra mensuram legis includat, sed ad Ecclesiam conferat, in qua septiformis Spiritus relucet gratia, quam princeps ille sacerdotum fulgore supernæ Divinitatis illuminat, ne eam legis umbra restinguat. » Item sancti Joannis Chrysostomi de interpretatione Evangelii secundum Matthæum (*Homil.* 45, post medium), inter cætera : « Ego enimvero accendi, inquit , lumen : esse vero ardentem , vestræ fiat celeritatis : non propter vos solum, sed et propter eos qui futuri sunt, hujus splendore lætificari, et ad virtutem deduci, etc. »

IN ACTIONE QUARTA.

CAP. XXXIV. — *Reprehensio.* Quod non ita intelligenda sit sententia beati Athanasii Alexandrinæ urbis episcopi ut illi eam intelligendam putant qui hanc ad adorationem imaginum accommodare nituntur.

Responsio. Multæ quippe sententiæ beati Athanasii in eadem synodo feruntur, et qualem ex ipsis singulatim sententiam dixerint, minime in hoc capitulari exaraverunt : sed sicut in sacris conciliis prædictorum nostrorum prædecessorum sanctissimorum pontificum ejusdem sancti Athanasii sententiæ inter cætera scriptæ sunt, fideliter proferimus. Interrogatio Antiochi ad sanctum Athanasium pro imaginibus : « Cum lex et prophetæ dicant : Statuas et similitudines non adorabitis, quomodo vos facitis imagines et adoratis eas ? » Respondit : « Non sicut deos imagines adoramus nos fideles : absit, pagani : sed tantummodo affectu et charitate nostræ animæ ad vultum faciei imaginis apparentis. Unde multoties vultu deserto [deleto], sicut lignum purum atque commune, eam quæ dudum fuerat imago comburimus. Sicut enim Jacob approximans morti, summitatem virgæ Joseph adoravit, non virgam honorificans, sed qui eam tenebat (*Genes.* XLVII, *juxta* LXX), sic et fideles non pro aliquo alio modo imagines adoramus , nisi pro desiderio effigie declarati ; » et alia plura similia, ut sequitur.

IN ACTIONE SEXTA.

CAP. XXXV. — *Reprehensio.* Quod non ad adorationem imaginum pertineat testimonium quod de sexta synodo protulerunt.

Responsio. Idcirco testimonium de sancta sexta synodo protulerunt ut clarifice ostenderent quod jam quando sancta sexta synodus acta est, a priscis temporibus sacras imagines et historias pictas venerabantur. Unde ipsa sancta sexta synodus fideliter per canones orthodoxe statuens, ita constituit dicens : « In quibusdam venerabilium imaginum picturis, agnus digito præcursoris monstratus designatur, qui in signum relictus est gratiæ. » Et post pauca (*Can.* 81) : « Secundum humanam figuram et in imaginibus a nunc pro veteri agno retitulari decernimus, etc. » Unde et beatus Augustinus in psalmo XCIII explanavit : « Si autem non adoras in Christo ista terrena, quamvis de illis similitudo quædam data est ad significandos sanctos, de quacunque creatura ducta fuerit similitudo, tu intellige similitudinem creaturæ , et adora artificem creaturæ. »

IN ACTIONE QUARTA.

CAP. XXXVI. — *Reprehensio.* Quod nunquam ab apostolis exemplis aut verbis, ut illi garriunt, imagines adorare institutum sit.

Responsio. Sanctus Dionysius Areopagita, qui et episcopus Atheniensis valde nimirum laudatus est a sancto Gregorio papa, confirmante eum antiquum Patrem et doctorem esse. Iste sub temporibus apostolorum fuit, et in Actibus apostolorum monstratur (*Act.* XVII). Unde et a prædictis sanctissimis prædecessoribus nostris pontificibus in sacris conciliis eorum, ejus confirmata sunt veridica testimonia pro sacrarum imaginum veneratione, inter cætera : « Amplectentes ista ex epistola sancti Dionysii episcopi Atheniensis, quæ directa est ad sanctum Joannem evangelistam. » Et infra : « Quid mirabile, si Christus verax, et discipulos iniqui de civitatibus ejiciunt ? ipsi digne sibi judicantes, et de sacro scelerati interdicunt recedentes ? In veritate et manifeste [interdicti et recedentes ? In veritate manifeste] imagines sunt visibilia invisibilium. Nec enim in sæculis supervenientibus culpabilis erit ex ejus justitia respectus Dei [auctor erit Deus justarum a se separationum, sed qui sese a Deo separant. (*Cœlestis hierarch.* cap. 1). »

Item ejusdem de cœlesti Militia : « Prædicta enim incorporea agmina diversis coloribus effigurantur, et compositionibus [agmina materialibus figuris et comp.] varios per colores tradidit, quatenus tacite nosmetipsos per sacratissimas [pro captu nostro per sacrat.] effigies ad simplices et incorporales pia mente transeamus. Etenim impossibile est nostra mente ad incorpoream illam pertingere cœlestis militiæ imitationem visionemque nisi per elementorum poterimus per visibilem ad invisibilem pulcherrimamque attingere effigiem, et visibiles odoriferasque imagines rationali traditione invisibiles præfulgi, etc. [nisi proportionata sibi materiali utatur manuductione, visibiles formas, et sensibiles odores habens, ut imagines invisibilis pulchritudinis, et intellectualis diffusionis.] »

IN EADEM ACTIONE.

CAP. XXXVII. — *Reprehensio.* Quod non ad adorationem imaginum pertineat, ut ulli asserunt, sententia beati Cyrilli in expositione Evangelii secundum Matthæum.

Responsio. Sanctus Cyrillus Alexandrinus et sanctus Gregorius Nyssenus uno tenore in historia Abrahæ pro sacrarum imaginum veneratione dixerunt : Nam in sacris conciliis prædictorum nostrorum sanctissimorum pontificum ita fertur de sermone sancti Cyrilli Alexandrini episcopi. « Quemadmodum imaginem si quis designatam jucundam respexerit, mirabitur quidem regis figuram, et quæ in illa apparet : hanc et ejus noscens conscriptionem pariter cernens delectabitur, ut ipsum regem aspiciat, etc. »

IN ACTIONE SEXTA.

CAP. XXXVIII. — *Reprehensio.* Quod magnæ sit temeritatis ingentisque absurditatis, sæpe memoratas imagines corpori et sanguini Dominico æquiparare velle.

Responsio. Non æquiparaverunt, sed magis scripturaliter dixerunt : Nullus enim aliquando tubarum spiritus, sanctorum apostolorum aut prohabilium Patrum nostrorum, quæ sine sanguine nostram libationem, quæ ad memoriam passionis Christi Dei nostri et omnis ejus dispensationis facta, dixit imaginem corporis ejus, nec susceperunt a Domino sic dicere aut confiteri, sed audiunt dicentem eum evangelice : *Nisi comederitis carnem Filii hominis, et biberitis ejus sanguinem, non intrabitis in regnum cœlorum* (Joan. VI). Et alia plurima ex Domini doctrina et beati Pauli apostoli (*I Cor.* XI), quæ exarare noluimus, quia in eadem per ordinem scribitur synodo : nam æquiparare, ut dicunt Iconoclastæ hæretici in eorum pseudosyllogo, venerandas imagines corpori et sanguini Dominico, insensabiliter æquiparaverunt.

IN EADEM ACTIONE.

CAP. XXXIX. — *Reprehensio.* Quod præsumptive et indocte eas Tarasius cum complicibus suis sacratis vasibus æquiparare non formidet.

Responsio. Pro hoc in synodo dictum est a Tarasio patriarcha Constantinopolitano : Quia et sacra diversa vasa habentes, hæc osculamur et amplectimur, et sanctificationem quamdam accipere ab iis speramus, eo quod hæretici in eorum pseudosyllogo oblatrantes delirabant, neque orationem sacram sanctificantem eam, ut ex hoc ad sanctam a communi transferatur, sed manere communem et inhonoratam, sicut eam operatus est pictor. Nos vero in his fideliter et veraciter dicimus et probamus, quia usus sanctæ nostræ catholicæ et apostolicæ Romanæ Ecclesiæ fuit et est, quando sacræ imagines vel historiæ pinguntur, prius sacro chrismate unguntur, et tunc a fidelibus venerantur : instar facientes, ut locutus est Dominus ad Moysen dicens : *Faciesque unctionis oleum sanctum unguentum, compositum opere unguentarii, et unges ex eo tabernaculum testimonii, et arcam testamenti, mensamque cum vasis suis, candelabrum et utensilia ejus, altaria thymiamatis et holocausti, et universam supellectilem, quæ ad cultum eorum pertinet : sanctificabisque omnia, et erunt sancta sanctorum : qui tetigerit ea, sanctificabitur* (*Exod.* XXX).

IN ACTIONE SEXTA.

In tomo secundo Epiphanius legit.

CAP. XL. — *Reprehensio.* Quod non ad eorum parentes pertineat, sicut illi dicunt : *Disperdat Dominus universa labia dolosa, et linguam magniloquam* (*Psal.* XI).

Responsio. Bene prophetice dixerunt, cum Psalmista canentes, sicut beatus Augustinus in eodem explanavit psalmo, dicens : « *Disperdat Dominus universa labia dolosa,* etc. (*Ibid.*) Universa dixit, quis se exceptum putet? sicut Apostolus dicit : *In omnem animam hominis operantis malum, Judæi primum et Græci. Et linguam superbam* (Rom. II). »

IN EADEM ACTIONE.

CAP. XLI. — *Reprehensio.* Quod non in eorum parentibus, ut illi dicunt, impletum sit quod scriptum est : *Inimici defecerunt frameæ in finem, et civitates eorum destruxisti.*

Responsio. Hunc versum semper cum propheta prophetici psalmifice dixerunt. Unde et beatus Augustinus in eodem psalmo explanavit, dicens (Post principium) : « *Inimici defecerunt frameæ in finem* : non pluraliter inimici, sed singulariter hujus inimici. Cujus autem inimici, nisi diaboli frameæ defecerunt? Hæ autem intelliguntur diversæ opiniones erroris. » Et post pauca : « *Et civitates destruxisti.* Civitates autem istæ sunt in quibus diabolus regnat, ubi dolosa et fraudulenta concilia tanquam curiæ locum obtinent, et cætera. » Et ideo adimpletum est in ipsis hæreticis, quando sacras imagines temerantes procaciter deposuerunt.

IN ACTIONE QUARTA.

CAP. XLII. — *Reprehensio.* Quomodo intelligendum est : *Domine, in civitate tua imaginem ipsorum ad nihilum rediges* (*Psal.* LXXII), quod quidem capitulum, sicut et cætera, illi aliter quam dictum sit intelligunt.

Responsio. Pro divitibus hujus mundi in errore existentibus, atque et aliis modis intelligitur. Nam et ipse sanctus Joannes Chrysostomus (*Orat. quod Veteris et Novi Testamenti unus sit legislator,* etc.), ubi se ostendit picturam sacrarum imaginum diligere, explanavit, dicens : « Ego et ceræ infusam dilexi imaginem pietate repletam. Vidi enim angelum in imagine persequentem multitudinem barbarorum, et Davidem vere dicentem : *Domine, in civitate tua imaginum eorum ad nihilum rediges* (*Psal.* LXXII). » Ecce lucidissime ostendit pater quomodo intelligendum est.

Item sancti Athanasii de interpretatione psalmorum, inter cætera : « *Civitas enim Domini, quæ sursum Jerusalem* : imago autem eorum, terrestris. Quod enim dicit, tale est : Quoniam terrestris, inquit, indui sunt imaginem, et non cœlestis, propter hoc ad nihilum redigentur. Audient enim illo tempore : *Nescio vos* (*Matth.* XXV), ut pote non indutos eadem Domini imagine, etc. »

Item sancti Augustini in ejusdem psalmi explanatione (Circa med.), inter cætera : « Quicunque ista non habetis, non cupiatis; quicunque habetis, non in eis præsumatis. Ecce dixi vobis : non dico : Damnamini, quia habetis; sed damnamini, si de talibus præsumatis, si de talibus inflenimi, si propter talia magni vobis videamini, si propter talia pauperes non agnoscatis, si generis humani conditionem communem propter excellentem vanitatem obliviscamini. Tunc enim Deus necesse est retribuat in novissimo, et in civitate sua imaginem talium ad nihilum redigat. »

IN EADEM ACTIONE.

CAP. XLIII. — *Reprehensio.* Quod non, ut illi gloriantur, propter illos dictum est qui imagines adorant : *Quoniam non derelinquet Dominus virgam peccatorum super sortem justorum, ut non extendat justi ad iniquitatem manus suas* (*Psal.* CXXIV).

Responsio. Recte cum propheta dixerunt : quia virga peccatorum hæretici sunt, et sors justorum orthodoxi, quemadmodum sanctus Augustinus in eodem psalmo explanavit, dicens : « Sentitur ad tempus virga peccatorum super sortem justorum, sed non ibi relinquitur : non erit in æternum. Veniet tempus, quando Christus in claritate sua apparens, congreget ante se omnes gentes, et dividat eas, sicut dividit pastor hædos ab ovibus. Oves ponet ad dexteram, hædos ad sinistram, etc. » (*Matth.* XXV).

IN ACTIONE QUARTA.

Cap. XLIV. — *Reprehensio.* De eo quod Joannes presbyter, Theodosio abbate monasterii sancti Andreæ, recitante verba Joannis Chrysostomi, et dicente: Vidi angelum in imagine persequentem barbarorum multitudinem, dixit: Quis est iste angelus, nisi de quo scriptum est, quoniam angelus Domini percussit centum octoginta quinque millia Assyriorum in una nocte (*IV Reg.* XIX), in circuitu Jerusalem exercitantium?

Responsio. Jam superius vobis exaravimus propter quod sanctus Joannes Chrysostomus protulit ipsum aspectum, sed ipsa varia multitudo unde fuisset transiit. Idcirco Joannes presbyter ex proprio arbitrio dixit, secundum divinam Scripturam existimans esse, quando angelus Domini percussit centum octoginta quinque millia Assyriorum in una nocte, in circuitu Jerusalem exercitantium? Nam utrum sic esset, an non, minime confirmavit, sed interrogative taliter memoravit.

IN EADEM ACTIONE

Cap. XLV. — *Reprehensio.* Dementissimum et ratione carens dictum Joannis presbyteri Orientalium, in eo quod ait quoniam non assistente imperatore imago ejus honoratur : non enim inhonoratur : quatenus et nunc dominatore omnium Jesu Christo visibiliter nobis non apparente (invisibilis enim est carnalibus nostris oculis, sicut enim Deus, ubique adest), honorandam ejus imaginem, sicuti et in imperatore, Pater sensit.

Responsio. Non ex se hæc dixit Joannes presbyter Orientalium, sed de libro sancti Anastasii episcopi Theopoleos, qui in eadem synodo lectus est, et ideo dixit: Ostendit Pater quod non assistente imperatore imago ejus honoratur; non enim inhonoratur, et quod sequitur, ut supra.

IN ACTIONE QUARTA.

Cap. XLVI. — *Reprehensio.* De eo quod Joannes presbyter et legatus Orientalium incaute imaginum adorationem stabilire nitens, dixisse legitur: Erexit Jacob titulum Deo, quatenus et benedixit eum.

Responsio. In similitudine hoc dixit, quia cum evigilasset, tunc ille erexit titulum lapideum in loco quo locutus fuerat ei Deus, libans super eum libamina, et effundens oleum, vocansque nomen loci Bethel (*Gen.* XXXV). Et ideo plures similitudines interpretationum habere videtur. De libro beati Augustini, de Tractatu Esau et Jacob : « Intelligit, inquit, sanctitas vestra; multis enim modis significatur una res, id est Ecclesia. » Et post pauca : « Quia una res multis modis significatur, quæ nihil horum est per evidentiam, omnia est per figuram, etc. »

IN EADEM ACTIONE.

Cap. XLVII. — *Reprehensio.* Quam absurde agunt qui ad confirmandas imagines exemplum divinæ legis protulerunt, dicentes propitiatorium, et duos cherubim aureos, et arcam testamenti, præcipiente Domino, Moysen fecisse.

Responsio. Jam superius mitissime exaravimus qualiter prædecessores nostri sanctissimi pontifices ad confirmandas imagines divinæ legis exemplum in eorum posuerunt sacris conciliis. Unde sanctus Gregorius Theologus in sermone de Pascha (*Orat.* 2 *de Pascha*, ante medium), inter cætera ait : « Et qui loquebatur ante ipsum ad Moysen, tunc cum de istis legem daret, *Vide enim,* inquit, *omnia facies secundum exemplar quod tibi ostensum est in monte* (*Exod.* XXV), adumbratione quadam descriptionem invisibilium ostendens esse visibilia : et suadeo nihil horum sine causa, neque irrationabiliter nec humi repens ordinatum esse, nec quod indignum esset et Dei constitutionibus et Moysis ministerio, etc. »

Item beati Augustini de libro Exodi inter cætera : « Facta credimus, quemadmodum facta legimus, et tamen ipsa facta umbras fuisse futurorum apostolica doctrina cognoscimus. Putamus ergo specialiter [spiritaliter] esse investiganda quæ facta sunt, facta tamen esse negare non possumus, etc. »

Cap. XLVIII. — *Reprehensio.* Quod non parvi sit piaculi Scripturas sanctas aliter intelligere quam intelligendæ sunt, et ad hos sensus usurpatas accommodare quos illæ non continent : sicut in erronea synodo, quæ in Nicæa regnante Constantino mediante Irene matre ejus, residente Tarasio Constantinopolitano neophyto episcopo, gesta est.

Responsio. Hæ subjectæ reprehensiones non ex synodo, sed de sensu tractæ sunt libri beati Augustini de eo quod apparuit Deus Moysi, ad finem ejusdem libri, ubi ita explanatum est. Omnia ergo futuri populi signa sunt et mysteria de Domino nostro Jesu Christo, et si qua alia sunt in libris veteribus sacramenta, sive illa intelligamus, sive non intelligamus, quærentem desiderant, non reprehendentem. Petamus ergo, quæramus et pulsemus, ut aperiatur nobis. Illis futura prædicta sunt sacramenta, nos præsentia videmus in Ecclesia.

Cap. XLIX. — *Reprehensio.* Quæ sit differentia imaginis et similitudinis, sive æqualitatis.

Responsio. Quis de fidelibus ignorare se putat aliquando, quæ sit imago, aut similitudo, vel æqualitas ? In sancta vero catholica et apostolica Ecclesia humilibus datur gratia. Nam differentia mathematicorum exterioris arte disciplinæ fideles conservare despiciunt, beato Ambrosio dicente in libro primo de Fide (cap. 5), ubi inter cætera inquit : « Dicendum est nobis quod scriptum est : *Cavete ne quis vos deprædetur per philosophiam et inanem seductionem, secundum traditionem hominum, et secundum elementa hujus mundi, et non secundum Deum* (*Coloss.* II). Omnem enim vim venenorum suorum in dialectica disputatione constituunt, quæ philosophorum sententia definitur, non astruendi vim habere, sed studium destruendi. Sed non in dialectica complacuit Deo salvum facere populum suum. Regnum enim Dei in simplicitate fidei est, non in contentione sermonis. »

Cap. L. — *Reprehensio.* Quod contra beati Gregorii instituta sit imagines adorare seu frangere, et quia Vetus et Novum Testamentum, et pene omnes præcipui doctores Ecclesiæ consentiunt beato Gregorio in non adorandis imaginibus, nec ut aliquid præter Deum omnipotentem adorare debeamus, in multis locis confirmat sanctus Gregorius papa.

Responsio. Nequaquam sacras contempsit imagines aliquando, sed magis constantissime observavit, et eorum veneratus est figuras. Illud autem quod pene omnes præcipui doctores Ecclesiæ consentiunt beato Gregorio, irrationabile fuit scribere, quia sanctus Gregorius ad prædecessores suos Patres atque præcipuos doctores sanctæ catholicæ Ecclesiæ obediens et consentiens fuit. Nam illi beatum Gregorium in hoc existentes mundo nescierunt, nisi solus ille qui quos præscivit et prædestinavit, etc. Nam qualiter sanctos prædecessores suos veneratus sit, proferimus epistolam ejusdem sancti Gregorii (Lib. VII, epist. 7) ad Eulogium patriarcham Alexandrinum directam, ubi inter cætera : « Præterea de Eudoxii hæretici persona, de cujus errore in Latina lingua nihil reperi, mihi a vestra beatitudine largissime gaudeo satisfactum. Virorum quippe fortissimorum Basilii, Gregorii atque Epiphanii testimonia protulistis, et manifeste peremptum cognoscimus eum in quem heroes nostri tot jacula dederunt, etc. » De veneratione vero sacrarum imaginum, sicut in cæteris epistolis suis sanctus Gregorius docuit, ita et in epistola sua ad Januarium episcopum Calaritanum (Lib. VII, ind. 2, epist. 5), quæ sic incipit : « Judæi de civitate vestra huc venientes questi nobis sunt quod synagogam eorum, quæ Calatis [Garalis] sita est, Petrus qui ex eorum superstitione ad Christianæ fidei cultum Deo volente perductus est, adhibitis sibi quibusdam indisciplinatis, sequenti die baptismatis sui, hoc est Dominico, in ipsa festivitate Paschali, cum gravi scandalo sine vestra occupaverit voluntate, atque imaginem illic genitricis Dei Dominique nostri, et venerandam crucem, vel birrum album, quo de fonte surgens indutus fuerat, posuisset. » Et post pauca : « Considerantes hæc de re vestræ voluntatis intentum ac magis judicium, his hortamur affatibus ut, sublata exinde cum ea qua dignum est veneratione imagine atque cruce, debeatis quod violenter ablatum est reformare. » Et post pauca : « Ne ergo suprascriptus Petrus, vel alii qui ei in hac indisciplinationis pravitate præbuere solatium sive consensum, hoc zelo fidei se fecisse respondeant, ut per hoc quasi eis necessitas fieret convertendi, admonendi sunt; atque scire debent quia hac circa eos temperantia magis utendum est, ut trahatur ab eis velle non reniti, non ut adducantur inviti, quia scriptum est : *Voluntarie sacrificabo tibi*, etc. » (*Psal.* LIII.) Ecce sanctus Gregorius non est ausus contradicere tali fidei pro sacris imaginibus, sed magis eam confirmavit, ubi dixit : « Non adducantur inviti. »

CAP. LI. — *Reprehensio.* Quod contra Dominicæ vocis imperium faciunt hi qui parentes eorum anathematizant : et si secundum eorum opinionem prædecessores eorum hæretici fuere, isti ab hæreticis geniti, docti et consecrati sunt ; sive de non judicandis his qui de sæculo recesserunt, vel quantum istorum error a parentum errore dissentiat, cum videlicet illi imagines frangere, isti adorare censuerint.

Responsio. Isti qui hoc ex sensu scripserunt, vel ad magnisonum Ezechielem prophetam attendere debebant, dicentem : *Vivo ego, dicit Dominus, si erit vobis ultra parabola hæc in proverbium in Israel. Ecce omnes animæ meæ sunt : ut anima patris, ita et anima filii mea est. Anima quæ peccaverit, ipsa morietur.* Et infra : *Et cum averterit se impius ab impietate sua quam operatus est, et fecerit judicium et justitiam, ipse animam suam liberavit.* Et post plura : *Nolo mortem impii, sed ut revertatur impius a via sua et vivat. Convertimini a viis vestris pessimis, et quare moriemini, domus Israel ? Tu itaque, fili hominis, dic ad filios populi tui : Justitia justi non liberabit eum, in quacumque die peccaverit : et impietas impii non nocebit ei, in quacumque die conversus fuerit ab impietate sua*, etc. (*Ezech.* XVIII *et* XXXIII.) Nam, ut sanctus Gregorius in Dialogis suis meminit (Lib. III, c. 31), Ermigildo regi ab Ariana hæresi ad fidem catholicam converso, quid nocuit pater suus Arianus Livigildus Wisigothorum rex ? Prorsus credimus quia nihil, sed magis cum in perditionem animæ suæ ipse pater ejus Arianus pro vera et orthodoxa Dei confessor et martyr effectus est : pater vero ejus Arianus in ignem æternum pro Ariana fide sua deductus est. Et quid potuit fidelem filium suum in quocumque lædere capitulo ? Tunc namque gaudet sancta catholica et apostolica Ecclesia quando inimicos suos, videlicet hæreticos, videt in vera confessione ad eam reverti, Domino dicente : *Gaudium erit super uno peccatore*, etc. (*Luc.* XV.) Et si de uno gaudium fit, quanto magis de tot millium hominum reversione ? quis audebit ex fidelibus tandem aliquando resistere ? Item ex sancto Augustino in psalmum LXXXIV, inter cætera dicente (Post principium) : « Peccata parentum non pertinent ad filios, quæ faciunt parentes jam natis filiis. Jam enim filii nati ad se pertinent, et parentes ad se pertinent. Itaque illi qui nati sunt, si tenuerint vias parentum suorum malas, necesse est portent et merita ipsorum. Si autem mutaverint se, et non fuerint imitati parentes malos, incipiunt habere meritum suum, non meritum parentum suorum. Usque adeo autem non tibi obest peccatum patris tui, si te mutaveris, ut nec ipsi patri tuo obsit, si se mutaverit, etc. »

CAP. LII. — *Reprehensio.* Quod inutiliter et incaute Græci Ecclesiam catholicam anathematizare conati sunt in eorum synodo, eo quod imagines non adoret : cum utique prius debuerint omnino scrutari, quid uniuscujusque partis Ecclesia de hac causa sentire vellet.

Responsio. Illi non anathematizaverunt catholicam Ecclesiam, sed magis ad eam reversi, anathematizaverunt pseudosyllogum illum una cum complicibus ejus hæreticis, qui sacras imagines in sancta Ecclesia a priscis temporibus constitutas, inverecunde et incaute non solum deposuerunt, sed insuper incenderunt. Et ideo secundum traditionem sanctæ catholicæ et apostolicæ Ecclesiæ ab ipsa reversi hæresi, specialiter eam contemnentes anathematizaverunt. Item ex epistola sancti Gregorii ad Eusebium archiepiscopum Thessalonicensem directa (Lib. VII, ind. 2, epist. 8) : « Hortamur, ut cum omni vivacitate ac sollicitudine fraternitatis hoc vestra rimari cura non desinat, ut si ab hac eos insontes pravitate repererit, scandalum de filiorum suorum mentibus habitatorum satisfactione removeat, atque inter omnes hæreses specialiter Severum ac Nestorium anathematizent, etc. » Sic et isti fecerunt, de propria eorum hæresi revertentes.

CAP. LIII. — *Reprehensio.* Quia mulier in synodo docere non debet, sicut Irene in eorum synodo fecisse legitur.

Responsio. In ipsis enim exordiis Christianorum, cum ad fidem converteretur imperator Constantinus, mater sua Helena Augusta ad eum cum duodecim scribis et Pharisæis, ac magistris et principibus Judæorum in urbem venit Romam et ipsa una cum filio suo Constantino Augusto concilium Judæos cum Christianis facere censuerunt. In quo præsidens sanctus papa Silvester cum pluribus sanctissimis episcopis, in ampliorem statum dilatantes Christianorum fidem, tam per sacram Scripturam quamque per miracula, Domino protegente, victores effecti sunt. Sed et sanctus Leo papa egregius doctor, pro sacrosancto quarto concilio ad Pulcheriam Augustam emisit epistolas suas. Unde et ipsa per semetipsam in sancta quarta synodo sedit, una cum fidelissimo Marciano imperatore. Item ex libro sancti Augustini, de eo quod in Genesi sexto die factum legitur, inter cætera : « Produxit terra herbam pabuli et ligna fructifera : producunt et homines in Ecclesia opera misericordiæ : post ipsa opera, quæ etiam Domino exhibita sunt, cum esset in carne, non solum a viris, sicut fuit Zachæus, sed etiam a mulieribus quæ ei ministrabant de substantia sua, etc. »

CAP. LIV. — *Reprehensio.* Quod non ideo adorandæ sunt imagines quod per eas, ut illi dicunt, nonnulla signa demonstrata fuisse videntur, cum tamen non omnes res adorentur per quas vel in quibus miracula apparent.

Responsio. Jam superius exaravimus pro adorandis imaginibus, qualiter in eorum explanaverint definitione, demonstrantes eis osculum et honorabilem salutationem reddere, nequaquam secundum fidem nostram veram culturam, quæ decet solam divinam naturam. Ex libro sancti Augustini in psalmum LXXVI (Post medium), inter cætera : « Tu vere magnus Deus faciens mirabilia in corpore, in anima solus faciens. » Et post pauca : « Fecit et Moyses, sed non solus, fecit et Elias, fecit et Eliseus, fecerunt et apostoli, sed nullus eorum solus. Illi eum facerent, tu cum eis ; tu quando fecisti, illi non tecum. Non enim tecum fuerunt cum fecisti, quando et ipsos tu fecisti. Tu es Deus, qui facis mirabilia solus, etc. »

CAP. LV. — *Reprehensio.* De eo quod apocryphas et omni derisione dignas nænias suis locutionibus interposuerunt.

Responsio. Ad derisionem et opprobrium hæreticorum, qui pseudosyllogum illum fecerunt, eorum apocryphas nænias, quas deliraverunt, in medium deduxerunt, demonstrantes eis qualem errorem conabantur in sanctam catholicam et apostolicam introducere Ecclesiam. Et idcirco qui ex ipsa reversi sunt hæresi, cum propheta canebant pro ipsis hæreticis : *Inimici defecerunt frameæ in finem,* etc. *(Psal.* IX.) alia plura. Item sancti Gregorii Theologi de sermone in Epiphaniis *(Oratione in sancta lumina),* inter cætera : « Accedamus ad lucem, et efficiamur etiam ipsi lux participatione lucis æternæ. » Et post pauca : « Nunquid tale aliquid in mysteriis suis habent paganorum delira commenta, et mysteria obscura, adinventiones dæmonum, aut furiosæ mentis vesana figmenta, tempore confirmata, et fabulis commendata? Ea enim, quæ tanquam vera adorant, rursum ficta esse et composita per fabulas docent. Quod si essent vera, utique fabulosa non essent, cum sint omni genere contraria sibi veritas et figmentum. Sed agunt omnia, tanquam vere pueri in plateis ludentes ac sibi invicem illudentes. Nulla ibi virilis sensus et perfectæ rationis assertio, nihil quod proferre valeant adversus cultores verbi Dei, et alia similia plura.

CAP. LVI. — *Reprehensio.* De eo quod quanto plura exempla hæreticorum et imagines spernentium vel despicientium trahunt, tanto parentes suos majoribus conviciis et injuriis inhonorant, quos procul dubio eorum sequaces in hac parte fuisse profitentur.

Responsio. Ecce ipsum unum tenorem in hoc capitulari sæpius referunt, quia parentes eorum despexerunt atque injuriantes inhonoraverunt. Et ideo et nos, ut superius exaravimus, pro hujusmodi breviter addentes dicimus, quia nec parentes boni possunt filiis malis prodesse, neque filii boni possunt parentibus malis auxilium ferre, sed unusquisque pro se reddet rationem Deo. Magis autem multum laudabiles sunt qui parentes eorum non sequuntur in sævissimo errore, reversi ad veram fidem orthodoxam sanctæ catholicæ et apostolicæ Ecclesiæ. Ex libro sancti Augustini de prophetia *(Tract. de ovibus,* circa finem), ubi ad oves loquitur Deus, inter cætera : « Ergo quicunque ab hæreticis transierit ad Catholicam, non habebunt hoc opprobrium gentium, nec portabunt maledictum dissensionis, quia permanent in radice unitatis, in plantatione charitatis : *Non portabunt maledictum, et scient quoniam ego sum Dominus Deus eorum, et ipsi populus meus domus Israel, dicit Dominus Deus* (Ezech. XXXIV). »

CAP. LVII. — *Reprehensio.* Quod non sit contra religionem Christianam, ut illi dicunt, non colere et non adorare imagines.

Responsio. Ex libro beati Augustini de tractatu Proverbii Salomonis, inter cætera : « Invenis hominem porrigentem manu eleemosynas pauperum, nec tamen de Deo ibi cogitantem, sed hominibus placere cupientem. Lanea vestis videri potest, interiorem lineam non habet. Invenis alium dicentem tibi : Sufficit mihi in conscientia Deum colere, Deum adorare: quid mihi opus est aut in ecclesiam ire, aut visibiliter misceri Christianis? Lineam vult habere sine tunica : non novit, non commendat talia opera mulier ista. Dicenda sunt quidem, et docenda spiritalia, sine carnalibus, sed illi qui accipiunt debent tenere spiritalia, et non carnaliter operari carnalia, etc. »

CAP. LVIII. — *Reprehensio.* Quod non parvi sit erroris, manufactas imagines arcæ testamenti Domini coæquare conari, ut illi in sua synodo facere conati sunt.

Responsio. Item ex tractatu sancti Augustini de Esau et Jacob, inter cætera : « Duo Testamenta dicuntur in lege, unum Vetus, alterum Novum. Vetus promissiones habebat temporales, sed significationes spiritales. Intendat charitas vestra. Si promissa est Judæis terra promissionis, significat aliquid spiritaliter terra promissionis. Si promissa est Judæis civitas pacis Jerusalem, significat aliquid nomen civitatis Jerusalem : » et similia alia plura. Unde, ut superius exaravimus de eodem libro sancti Augustini una res multis modis significatur : quæ nihil horum est per evidentiam, omnia est per figuram, etc.

CAP. LIX. — *Reprehensio.* Quod non sint coæquandæ imagines reliquiis sanctorum martyrum et confessorum, ut illi in sua erronea synodo facere nituntur, eo quod reliquiæ aut de corpore sunt, aut de his quæ in corpore, aut de his quæ circa corpus cujusdam sancti fuerunt; imagines vero nec in corpore, nec circa corpus fuisse vel fore creduntur illis quibus ascribuntur.

Responsio. In sacris prædictis conciliis prædecessorum meorum sanctissimorum pontificum hæc oblata sunt testimonia, id est sancti Gennadii Massiliensis episcopi, qualiter veneranda sint corpora vel reliquiæ sanctorum, capitulo 40 : « Sacrorum corpora, et præcipue beatorum reliquias, ac si Christi membra sincerissime honoranda, et basilicas eorum nomine appellatas, velut loca divino cultui mancipata, affectu piissimo et devotione fidelissima adeunda. Si quis contra hanc sententiam venit, non Christianus credatur, sed Eunomianus. » Item de petitione clericorum et monachorum sanctæ Antiochenæ Ecclesiæ adversus Severum hæreticum in sancta quinta synodo : « Neque enim de sanctis altaribus pepercit, sacratissima vestimenta vasaque nonnulla discerpens, cæteraque fundens distribuit consentientibus sibi (In synodo sub Menna, act. 1). Ausus fuit enim ille, beatissimi, quæ in typum Spiritus sancti aureæ argenteæque columbæ pendebant supra sacratissimos fontes et altaria, cum reliquiis usurpare, dicens : Non est necesse in specie columbæ Spiritum sanctum nominare, etc. »

CAP. LX. — *Reprehensio.* Quod hæc synodus, quæ nec synodus quidem dicenda est, nullatenus æquiparari possit Nicænæ synodo, quanquam in eodem sit agitata loco, sicut Joannes presbyter adulanter dixisse perhibetur : quippe cum ab ea non solum in cæteris, sed in symbolo discrepare noscatur.

Responsio. Jam superius exaravimus hujus synodi divina dogmata irreprehensibilia existere, sicut præcipuorum sanctorum Patrum mirifice demonstrant opuscula. Nam si quis a prædictæ synodi symbolo discrepare se dixerit, discrepare videtur a sanctarum sex synodorum symbolo, eo quod isti non ex se, sed per sanctorum dogmatum constitutiones locuti sunt. Ex libro sanctæ sextæ synodi, inter cætera *(Act.* 17): « Sufficiebat quidem ad perfectam orthodoxæ fidei cognitionem atque confirmationem, pium atque orthodoxum hoc divinæ gratiæ symbolum. Sed quoniam non destitit ab exordio adinventor malitiæ, cooperatorem sibi serpentem inveniens et per eum venenosam humanæ naturæ afferens mortem : ita et nunc organa ad propriam suam voluntatem apta reperiens, etc. »

Item ex libro sancti Augustini de Prophetia *(Loco citato),* ubi ad oves loquitur, inter cætera : « Lateribus et humeris vestris impellebatis, et cornibus vestris percutiebatis, et omne quod deficiebat comprimebatis, quousque dispergeretis eas foras : et salvabo oves meas. Sicut detestanda eorum iniquitas et crudelitas, ita laudanda pastoris nostri et Dei nostri misericordia. » Et post pauca sequitur : « Et super omnem terram gloria tua. Sponsus in cœlo est, sponsa in terra est. Ille super omnes cœlos, illa super omnem terram. O hæretice, credis quod in cœlo non vides ; negas quod in terra vides? Dicat ergo hæc, dicat et audiatur, salvet oves suas. Et salvabo, inquit, oves meas, et jam non erunt in devastationem : et judicabo inter ovem et ovem, et excitabo super eas pastorem unum, et reliqua. »

CAP. I. — *Reprehensio*. Contra eos qui dicunt : Sic divinæ Scripturæ libros, ita imagines ob memoriam venerationis habemus, nostræ fidei puritatem observantes

Responsio. Sancti Gregorii papæ ex epistola ad Serenum episcopum Massiliensem directa (Lib. IX, epist. 9), inter cætera : « Dic, frater, a quo factum sacerdote aliquando auditum est quod fecisti? Si non aliud, vel illud te non debuit revocare, ne despectis aliis fratribus solum te sanctum et esse crederes sapientem? Aliud est enim picturam adorare, aliud per picturæ historiam quid sit adorandum addiscere. Nam quod legentibus Scriptura, hoc idiotis pictura præstat cernentibus : quia in ipsa ignorantes vident quid sequi debeant, in ipsa legunt qui litteras nesciunt. Unde et præcipue gentibus pro lectione pictura est : quod magnopere a te, qui inter gentes habitas, attendi debuerat. » Et post pauca : « Et quia in locis venerabilibus sanctorum depingi historias non sine ratione vetustas admisit. » Et rursus : « Quia picturas imaginum, quæ ad ædificationem imperiti populi fuerant factæ, ut nescientes litteras, ipsam historiam attendentes, quid actum sit discerent, etc. » ᵃ Item Sophronii episcopi Hierosolymitani, qui ita explanavit in sancta sua synodica, quæ in sancto sexto concilio oblata et mirabiliter suscepta est, de Spiritu sancto dicens : « Vere Patri et Filio consempiternum, consubstantialem atque contribulem, ejusdemque essentiæ atque naturæ. Similiter et deitatis Trinitatem consubstantialem, cohonorandamque ac consessorem, connaturalem et cognatam atque contribulem, in unam comrecapitulandam deitatem : atque in unam copulandam communem dominationem, absque personali confusione, et absque substantiali divisione. Trinitatem itaque in unitate credimus, et in unitate trinitatem glorificamus, et cætera. » Item ex epistola sancti Athanasii ad Epictetum directa, inter cætera : « Eorum vero qui putantur recte credere secundum omnia quæ dicta sunt a sanctis Patribus, qui propter inquisitionem immutare volentes, nihil aliud faciunt nisi secundum quod scriptum est : Proximum quidem potant insipientia : repugnant autem ad nullam utilitatem, sed ut simplices tantum evertant, etc. » Item sancti Augustini lib. VII de Trinitate (cap. 6), inter cætera : « Sic dicamus tres personas, Patrem, et Filium, et Spiritum sanctum, quemadmodum dicuntur aliqui tres amici, aut tres propinqui, aut tres vicini, quod sint ad invicem, non quod unusquisque eorum sit ad seipsum. Quapropter quilibet ex eis amicus est duorum cæterorum, aut propinquus, aut vicinus, quia hæc nomina relativam significationem habent, etc. » Item ejusdem sancti Augustini lib. VIII de Trinitate (in principio), inter cætera : « Tantam esse æqualitatem in ea Trinitate, ut non solum Pater non sit major quam Filius, quod attinet ad divinitatem, sed nec Pater et Filius simul majus aliquid sint quam Spiritus sanctus, aut singula quæque persona quælibet trium minus aliquid sit quam ipsa Trinitas. » Dicta sunt hæc, et si sæpius versando repetantur, familiarius quidem innotescunt : sed et modus aliquis adhibendus est, Deoque supplicandum devotissima pietate, etc.

IN ACTIONE PRIMA.

CAP. IV. — *Reprehensio*. De eo quod Basilius archiepiscopus in suæ fidei lectione, post confessionem Patris, et Filii, et Spiritus sancti, imaginum et lipsanorum osculationem et adorationem inseruit, fidem se habere dicens, participari ab his sanctificationem: remissionem vero peccatorum, sive carnis resurrectionem, seu vitam futuram omnino tacuit.

Responsio. Sanctus Ambrosius Mediolanensis episcopus in libro I (cap. 2) de Fide, quem ad Gratianum imperatorem misit, de Patre et Filio orthodoxe dogmatizans, inter cætera inquit : « Est enim plenitudo divinitatis in Patre, et plenitudo divinitatis in Filio. » Et de Spiritu sancto nil dixit, quia tantummodo de Patre et Filio explanavit. Et Basilius hæresim, quam abjiciens anathematizavit, et confessionem de vera religione orthodoxæ fidei faciens, imagines sacras et lipsana sanctorum amplectens venerabiliter suscepit, de quibus dudum errorem habuit. Nam de remissione peccatorum, sive carnis resurrectione, seu vita futura, nullum habuit errorem, neque orthodoxæ fidei sanctæ catholicæ et apostolicæ Ecclesiæ in hoc contradixit, sicut illi flebiles et infelices hæretici, qui ex occasione imaginibus et lipsanis sanctorum detrahere conati sunt, cum ipsis sacris imaginibus ipsa lipsana sanctorum ejicientes atque abnegantes contempserunt. Sed væ illis, quia de via recta declinantes, per erroneam semitam plenamque frutetis gradientes, in foveam inciderunt, quam facientes, arsuri sunt in æternum. Si enim explanare voluerimus de lipsanorum sanctorum veneratione per divinarum Scripturarum et sanctorum Patrum opuscula, quis valebit scribere, aut chartas proferre? Pauca enim ex multis breviter memoramus sancti Basilii episcopi Cæsareæ Cappadociæ, in interpretatione psalmi cxv, inter cætera : « Ante hoc dicebatur sacerdotibus et Nazaræis. Quoniam omnis qui tetigerit mortuum, immundus erit, et ut lavet vestimenta sua. Nunc autem qui tetigerit ossa martyrum, accipiet aliquam participationem sanctificationis de corpore assistente gratia. *Pretiosa in conspectu Domini mors sanctorum ejus*, etc. » (*Psal.* CXV.) Item sancti Joannis Chrysostomi episcopi Constantinopolitani in sermone in Epistolam beati Pauli apostoli ad Romanos (*Serm.* 32); inter cætera : « Ego autem et propter hoc Romam diligo. Insuper adhuc et aliunde eam habeo laudare, et pro magnitudine, et pro antiquitate, et pro specie, et pro multitudine, et potentia, et directionibus in præliis. Omnia autem talia relinquens, pro hoc eam beatifico, quia et vivens eis scribebat, et sic eos diligebat, et præsentialiter eis locutus est, et vitam ibi temporalem finivit, et sanctum corpus ejus ibi habent, pro quo et honorabilior civitas magis quam pro aliis. Et sicut corpus magnum et forte oculos habet duos splendentes; sacrorum horum corpora, id est Petri et Pauli : ita non est cœlum splendidius, quando sol emicuit radios, sicut Romanæ urbis hæ duæ lampades ubique in mundo illuxerunt. Exinde ergo rapietur Paulus, exinde Petrus. Considerate et tremite : qualia videbit insignia Roma, Paulum subito surgentem a loco requietionis suæ simul cum Petro, et proficiscentem obviam Christo? Quale mandat Christo donum Roma? quales coronas civitas continet duas? quales catenas aureas circumnectit? quales habet fontes? Pro hoc admiror civitatem, non pro multitudine auri, non pro columnis, non pro alia phantasia, sed pro egregiis cacuminibus summæ Ecclesiæ. Quis mihi tribuat perfundi corpore Pauli, et adhærere sacræ sepulturæ et pulverem sanctum videre corporis illius, in quo imitatus est Christum, in quo Christi stigmata portavit, in quo ubique prædicationem disseminavit? Pulverem illum corporis ejus, per quod ubique occurrit? pulverem oris illius, per quod Christus annuntiabatur, et lux lucescebat, etc. »

Item ex sermone sancti Augustini in Natali sanctorum apostolorum, inter cætera : « Nam iste beatissimus Petrus piscator, cui jubebat, non dico curator, sed infimus obsonator, modo genibus provolutus eum adorat imperator, etc. »

Item ejusdem sancti Augustini in expositione psalmi XLIV (post medium), inter cætera : « *Filiæ regum delectaverunt te in honore tuo* (*Psal.* XLIV); quia non quæsierunt honorem patrum suorum, sed quæsierunt honorem tuum. Ostendatur mihi Romæ

ᵃ Hoc loco ante Sophronii dicta quædam deesse videntur.

in tanto honore templum Romuli, in quanto ostendam ibi memoriam Petri. In Petro quis honoratur, nisi ille defunctus pro nobis, etc. »

Item sancti Gregorii papæ ex epistola Eusebio episcopo Thessalonicensi directa (Lib. ix, *ep.* 69), inter cætera : « Si autem Theodorus lector ad orationem sanctos huc ad apostolos venire voluerit, eum fraternitas vestra sine aliqua mora transmittat. » Et alia plura talia testimonia, quæ exarare per ordinem longum prævidemus.

IN EADEM ACTIONE.

CAP. V. — *Reprehensio.* De eo quod Theodosius Amorii episcopus desidiose sanctæ et unicæ Trinitatis fidem tacuerit, de imaginibus vero incaute et extraordinarie dixerit : « Confiteor et promitto, et suscipio, et osculor, et adoro imagines. » Et post pauca : « Qui non instruunt diligenter omnem Christo dilectum populum adorare et venerari sacras et venerandas imagines omnium sanctorum, qui a sæculo Deo placuerunt, anathema. »

Responsio. Putamus quia zelo fidei fervens prædictus Theodosius talem orationem confessus est qualem in eorum definitione explanaverunt. Nam et prædecessores nostros, videlicet beatissimos pontifices Gregorium et Gregorium, Zachariam et Stephanum, Paulum et iterum Stephanum, reperimus pro sacrarum imaginum erectione in Spiritu sancto ferventes, rectæ fidei zelum habere. Pro quo dominus Gregorius papa secundus junior, una cum 79 sanctissimis episcopis ante confessionem beati Petri apostolorum principis præsidens, multorum sanctorum Patrum testimonia roborantes, venerari et adorare sacras imagines in eorum concilio censuerunt. Porro prædecessor noster sanctæ recordationis quondam dominus Stephanus papa similiter cum episcopis partium Franciæ atque Italiæ præsidens in basilica Salvatoris Domini nostri Jesu Christi, quæ appellatur Constantiniana, prædecessoris sui venerabile concilium confirmans atque amplectens, magis magisque et ipse una cum omnibus episcopis præsidentibus, sanctorum Patrum testimoniis adhærentes, adorare atque venerari sacras imagines statuerunt. Unde et beatus Paulus apostolus docens inquit : *Tenete traditiones quas accepistis* (*II Thess.* II). Et iterum : *Sed licet nos, aut angelus de cœlo evangelizet vobis, præterquam quod evangelizamus vobis, anathema sit. Sicut prædiximus, et nunc iterum dico : Si quis vobis evangelizaverit præter id quod accepistis, anathema sit*, etc. (*Gal.* 1).

IN ACTIONE TERTIA.

CAP. VI. — *Reprehensio.* Ridiculose et pueriliter dictum in sententia fidei Theodori archiepiscopi: *Mirabilis Deus in sanctis suis* (*Psal.* LXVII). Et continuo: *Sanctis qui in terra sunt ejus, mirificavit omnes voluntates meas inter illos* (*Psal.* XV), tanquam hic versiculus illum priorem subsequeretur.

Responsio. In hoc modo gratis calumniari conantur; quia sancta Ecclesia in matutino Deo canere laudes surgens, in primis : *Domine labia mea aperies* (*Psal.* L) dicit, et post: *Venite exsultemus Domino* (*Psal.* XCIV) : sic incipit: *Beatus vir* (*Psal.* I). Similiter Paulus apostolus fideliter prophetarum nomina percurrens per ordinem, post Jephte David memoravit, et sic Samuel. Sed et plura sanctorum opuscula invenimus ferre testimonia de Novo et ita postmodum de Veteri Testamento : sed ob hoc nullus audet quispiam de fidelibus talia in ridiculo habere. Item sanctus Joannes Chrysostomus in interpretatione epistolæ beati Pauli apostoli ad Hebræos (*Homil.* 7), inter cætera docens, inquit : « *Non videbit Dominus, nec intelliget Deus Jacob* (*Psal.* XCIII). Et iterum : *Labia nostra a nobis sunt, quis noster Dominus est* (*Psal.* XI)? Et iterum : *Propter quid irritavit impius Deum* (*Psal.* IX)? Et rursum : *Dixit insipiens in corde suo: Non est Deus. Corrupti sunt, et abominabiles facti sunt in voluntatibus suis*, etc. (*Psal.* XIII). »

Item ejusdem sancti Joannis Chrysostomi in interpretatione epistolæ beati Pauli apostoli ad Romanos (*Homil.* 7) : « Pro quo et Matthæus initium faciens Evangelii, utrumque horum memorat primum, et tunc per ordinem profert parentes eorum, dicens: *Liber generationis Jesu Christi* (*Matth.* 1). Non suffinuit dicere post Abraham, Isaac et Jacob, sed ante Abraham David memoravit, et, quod est mirabile, quoniam ante Abraham David posuit, sic dicens: *Filii David, filii Abrahæ*, et tunc cœpit dicere per ordinem, etc. »

IN ACTIONE PRIMA.

CAP. VII. — *Reprehensio.* Contra eos qui dicunt : Deo cooperante nos direximus congregare vos, sive, Congregavit vos Deus, concilium proprium statuere volens.

[a] *Responsio.* In fine Evangelii sancti Marci: *Illi autem profecti prædicaverunt ubique, Domino cooperante, et sermonem confirmante sequentibus signis* (*Marc.* XVI). Item sancti Cyrilli in sermone sanctæ Dei genitricis, inter cætera : « Gloria quidem tibi a nobis sancta mystica Trinitas, quæ hos et nos omnes convocavit in hanc vocationem Dei genitricis Mariæ, etc. » Item ex sancta sexta synodo, actione decima octava, post subscriptiones episcoporum et imperatoris, Constantinus piissimus imperator dixit: « Deum testem proferimus. » Et post pauca : « Cum ergo Deo complacuit tempus concedere, invitavimus fieri collectionem vestram, ad considerandum nobis sanctas Dei Scripturas, omnemque vocis sive assertionis novitatem quæ adjecta est ad intemeratam nostram Christianorum fidem in his vicinis temporibus, a quibusdam prava sentientibus, expellendam, etc. »

IN ACTIONE TERTIA.

CAP. VIII. — *Reprehensio.* Contra eos qui dicunt quod imaginis honor in primam formam transit.

Responsio. Qui huic contradicere voluerit, sancti Basilii contradicet expositioni (*Lib. de Spiritu sancto*, cap. LXXV), quem nullum ex fidelibus credimus adversus ejus orthodoxam fidem expugnare. Quia ipse in sacratissima epistola sua, quam misit ad Amphilochium, inter cætera istud explanavit capitulum. Item sancti Severiani episcopi Gabalensis, alias Gavalensis, in homilia in qua demonstravit Scripturas per Dominum explanatas, inter cætera : « Vestem imperialem si injuriaveris, nunquid qui eam induit injuria afficis? Nescis quoniam si quis imaginem imperatoris injuriaverit, primæ formæ dignitati affert injuriam? Nescis quoniam si quis imaginem quæ a ligno detrahit, non sicut in inanimatam materiam audens sic judicatur, sed sicut qui adversus imperatorem manus extendens fœdat materiam, sine anima imperatoris, segregatam ab imperatore? Imago enim omnino si feriatur, ejus injuria imperatorem attingit, etc. »

IN EADEM ACTIONE.

CAP. IX. — *Reprehensio.* Quod infauste et præcipitanter sive insipienter Constantinus Constantiæ Cypri episcopus dixit: « Suscipio et amplector honorabiliter sanctas et venerandas imagines, et quæ secundum servitium adorationis, quæ substantiali et vivificatrici trinitati emitto. Et qui sic non sentiunt neque glorificant, a sancta catholica et apostolica Ecclesia segrego, et anathemati submitto, et parti eorum qui abnegaverunt incarnatam et salvabilem dispensationem Christi veri Dei nostri emitto. »

Responsio. Ex prava revertentes hæresi, totis nisibus eorum, tentaverunt sanctæ catholicæ et apostolicæ in ipsorum confessione satisfacere Ecclesiæ, et ideo talem adorationem se confessi sunt pro sacris imaginibus credere qualis in definitione synodi con-

---

[a] Habetur in concilio Ephesino, actione prima.

stituta est inter cætera (*Act*. 7): « Reordinari venerandas et sanctas imagines, quæ ex coloribus et metallo et cætera materia opportune habentur in sanctis Dei ecclesiis, in sacris vasis, et in vestibus, parietibus et tabulis domibusque et viis: quasque Domini et Salvatoris nostri Jesu Christi imagines, intemeratæ dominæ nostræ sanctæ Dei genitricis, pretiosorum angelorum et omnium sanctorum et justorum virorum. Quantum enim frequenter per imaginariam reformationem videntur, tantum et qui eas aspiciunt assurgunt ad [prototyporum] primæ formæ memoriam et dilectionem, et ut his osculum et honorabilem salutationem reddant, nequaquam autem secundum fidem nostram veram culturam, quæ decet solam divinam naturam, sed quemadmodum signo pretiosæ et vivificæ crucis, et sanctis Evangeliis, et cæteris sacris ornatis, etc. »

IN ACTIONE SECUNDA.

Cap. x. — *Reprehensio*. Quod Euthymius Sardensis episcopus a præfati Constantini errore non multum dissentit in eo quod ait: « Ex toto corde suscipio venerandas imagines, cum condecenti honore et amplectibili adoratione. Illos enim qui aliter aut contrarie sentiunt, aut dogmatizant contra sanctas imagines, alienos catholicæ Ecclesiæ deputans prædico, et hæreticos annuntio. »

Responsio. Ecce, ut supra diximus, secundum definitionem synodi confitentur se puram facere Ecclesiæ catholicæ confessionem in eo ubi iste ex toto corde se dicit suscipere venerandas imagines, et cum decenti honore et adoratione amplecti, ut superius in definitione synodi dictum est: « Nequaquam secundum fidem nostram veram culturam, quæ decet solam divinam naturam, sed quemadmodum signo pretiosæ et vivificæ crucis, et sanctis Evangeliis, et cæteris sacris ornatis. » Et ideo dixit, « cum condecenti honore; » et promisit se contrarios catholicæ Ecclesiæ hæreticos annuntiare.

IN ACTIONE QUARTA.

Cap. xi. — *Reprehensio*. Quod nulla auctoritate vigeat, neque in ullo authenticorum librorum reperiatur, quod illi dicunt per imaginem cujusdam Polemonis quamdam ab adulterii perpetratione coercitam fuisse: quod quidem æquare nituntur miraculo quod fimbria Dominicæ vestis actum est, quam mulier contingens exoptatam recepit sanitatem.

Responsio. In hoc capitulo qui hæc scripserunt, incriminari moliuntur, et contradicere veritati nituntur. Quod probare nequaquam possunt de illis, quod æquare Polemonis miraculum auderent cum fimbria Dominicæ vestis. In synodo vero miraculum imaginis Polemonis de sermonibus episcopi sancti Gregorii Theologi, ubi de industria versum scripsit, ipsum ostensum est testimonium, et a Basilio Ancyræ, seu et a Tarasio patriarcha Constantinopolitano, simul et a Nicephoro episcopo Dyrrachii singulatim responsum est. Basilius quidem episcopus respondit: « Sanctus Gregorius deiloquus Pater mirabilem putavit imaginem Polemonis. » Et patriarcha dixit: « Etenim castitas ex ea peracta est. Nisi enim vidisset imaginem prostituta Polemonis, nequaquam ab adulterio recessisset. » .Simulque et Nicephorus episcopus respondit: « Mirabilis imago et digna valde nimis, quoniam potuit mulierem eruere de abominabilis ludibrii operatione. » Et post hæc sic alius lector legit: Beati Antipatri episcopi Bostrorum ex sermone de fluxu sanguinis, ubi post multam explanationem, sanctus inquit: « Adepta donum, titulum erexit Christo, divitias quidem mendicis expendens, Christi vero reliquas offerens Christo. » Et post hæc sic iterum separatim pro miraculo fluxuosæ mulieris patriarcha respondit: « Sicut et imaginem suam titulatur Christo eam offert, quemadmodum fluxuosa titulum. » Similiter et Basilius episcopus respondit: « Proprie dicere jubet, et suscipit prolixe qui fa-

ciunt imagines. Tamen vestra a Deo inspirata veridica excellentia ipsam synodum legi facere potest in actione quarta, utrum sic est, an non. »

IN ACTIONE SEXTA.

Tomo tertio.

Cap. xii. — *Reprehensio*. Quod non pertineat ad imaginum adorationem, ut illi stultissime et irrationabiliter putant, quod per legislatorem scriptum est: *Ecce vocavi ex nomine Beseleel filium Hufi filii Hur de tribu Juda, et replevi eum spiritu sapientiæ et intelligentiæ ad perficiendum opus ex auro et argento: et dedi ei socium Ooliab filium Achisamech*, etc. (*Exod*. xxxi).

Responsio. Pro his firmissimis exemplis prædecessor noster sanctissimus dominus Gregorius secundus junior papa, in suo sacro concilio (quod et in alio concilio prædecessoris nostri domini Stephani papæ, una cum sacerdotibus partium Franciæ atque Italiæ acto, susceptum et veneratum est), in eo ipso præsidente sanctissimo ac beatissimo quondam domino Gregorio papa per semetipsum, similiter dixit: « Si contraria sentientibus, et irritas facere quærentibus antiquas Patrum traditiones, salutis occurreret conversio, sufficeret utique ea quæ superius a nobis ex Patrum testimoniis vel sacris dicta sunt documentis. Sed quia videmus, quod mœrentes dicimus, plerosque turbatis mentibus statuta conturbare Ecclesiæ, ideo, fratres charissimi, extendirur sermo, et cupimus ad compescendam erroris insaniam adhuc ex veteribus documentis aliquid dicere: forsan resipiscent inquieti. In libro enim Exodi sic legimus: *Locutus est Dominus ad Moysen, dicens: Loquere filiis Israel, ut tollant mihi primitias; ab omni homine, qui offert ultroneus, accipietis eas. Hæc sunt autem quæ accipere debetis, et cætera per ordinem; usque ad duos cherubim, qui erunt super arcam testimonii, cuncta, quæ per te mandabo filiis Israel* (*Exod*. xxv). » Nam ad aliud protulit testimonium ex libro tertio Regum, ut sileant garrientes mandato Dei. A' Salomone constructo templo, « *Inter alia fecit in oraculo duos cherubim de lignis olivarum*. » Et infra: « *Et sculpsit in eis picturam cherubim, et palmarum species, et anaglypha valde prominentia, et texit ea auro: et operuit tam cherubim, quam palmas, et cætera auro* (*III Reg*. vi). Ecce, charissimi fratres, consideremus quid Deo mandante Moyses fecerit, quidve Salomon sapientissimus jussu construxerit divino, etc. » Quanto debemus puro corde et animo sculptum Christum Deum nostrum, sanctamque semper virginem ejus genitricem Mariam, apostolos quoque, vel omnes sanctos Dei per eorum sacras effigies atque imagines colere vel adorare, et ad propitiandum nobis petere et relaxari delicta? Nos non ob aliud nomen imagines facimus et adoramus, sed pro nobis incarnato Verbo Dei. Si autem manufacta omnia abjicienda sunt, neque arca fœderis, neque aurei et cælati cherubim ejus debuerunt recipi, quæ per Beseleel et Ooliab facta sunt juxta præceptum Dei. Si vero illa suscepta sunt, et hæ imagines opportune recipiuntur, quoniam secundum Deum fiunt. Unde et operantur, sicuti et arca, multa miracula. Nam et arca et cherubim, ut et hæ sine anima erant, et manufacta, et sculpta. Sed sicut illic per illa operabatur Deus, et glorificabatur, ita et hæ simili modo secundum visiones et revelationes prophetarum coloribus distinctæ efficiuntur. Et ne aliquis propter adorationem quæ a prædecessoribus nostris sanctissimis præsulibus promulgata est, oblatrare præsumat, sciat ipsos talem adorationem docuisse qualem prædecessor noster sanctus Gregorius egregius doctor et papa in epistola sua quam in præfato concilio domini Stephani papæ Herulphus episcopus [Lingonensis] proviciæ Galliarum civitatis protulit, ubi inter cætera Secundinum servum Dei inclusum Galliæ docuit dicens: « Scimus quia tu imaginem Salvatoris nostri ideo non petis, nt pro Deo aut quasi Deum colas, sed ob recordationem Filii Dei, ut in ejus amore recalescas, cujus te imaginem videre consideras. Et nos quidem non quasi ante Divinitatem ante illam prosternimur, sed illum adoramus quem per imaginem aut natum, aut passum aut in throno sedentem recordamur. Et dum nobis ipsa pictura quasi scriptura ad memoriam Filium Dei reducit, animum nostrum aut de resurrectione lætificat, aut de passione demulcet. Ideoque direximus tibi surtarias [*Al.*, surcarias. *H.*] duas, imaginem Salvatoris; et sanctæ Dei genitricis Mariæ, beatorumque Petri et Pauli apostolorum continentes, per supradictum filium nostrum diaconum, et unam crucem, et clavem pro benedictione a sanctissimo corpore Petri apostolorum principis, ut per ipsum a maligno sis defensus per cujus sanctum lignum munitum te esse credis, etc. »

IN ACTIONE QUARTA.

CAP. XIII. — *Reprehensio.* Quod Theodosius Myrensis episcopus ridiculose et pueriliter egerit qui, ut imaginum adorationem astrueret, somnia archidiaconi sui in eadem synodo retulit.

Responsio. Cui dubium est quod et in Vetere et in Novo Testamento pluribus per somnia futura revelata sunt? Sed ut de pluribus optimum unum memoremus, sancti Ambrosii Mediolanensis episcopi testimonium proferimus, qui in expositione sanctorum martyrum Gervasii et Protasii (Lib. VII, *ep.* 53) inter reliqua ait : « Tertia vero nocte, confecto jejuniis corpore, non dormienti, sed stupenti, quædam mihi apparuit tertia persona, quæ similis erat beato Paulo apostolo, cujus vultus me pictura docuerat, etc. » Hoc testimonium a Sergio sanctissimo quondam archiepiscopo Ecclesiæ Ravennatis per Joannem diaconum suum in præfato concilio sanctæ recordationis domini Stephani prædecessoris mei pro sacrarum imaginum veneratione oblatum est.

Item sancti Gregorii Theologi in epitaphio Cæsarii fratris sui (*Orat. funeb. in laudem Cæsarii*, circa finem), inter cætera : « Tunc Cæsarium meum videbo, nunquam abeuntem, nunquam remeantem, nunquam Lamentatum, nunquam miserum, sed splendidum, gloriosum, excelsum, qualis mihi et in visione apparuisti. Hoc dilecte fratrum mihi, etc. » Sed et sanctus Gregorius papa in Dialogis suis meminit de quibusdam beatissimis viris atque religiosis feminis, simulque puellis, quod sanctam Dei genitricem Mariam atque principes apostolorum Petrum et Paulum, et sanctos martyres viderint in transitu suo. Unde eos cognoverunt nisi per picturam, sicut et beatus Ambrosius, ut superius exaravimus, dixit?

IN EADEM ACTIONE.

CAP. XIV. — *Reprehensio.* Deliramentum errore plenum quod de retruso quodam dixerunt, qui dæmoni jurasse et ipsum juramentum irritum fecisse perhibetur : cujus abbas non mediocriter delirasse dignoscitur, dicens ei commodius esse omnia in civitate lupanaria ingredi quam abnegare adorationem imaginis Domini aut ejus sanctæ genitricis.

Responsio. Hoc testimonium ex libro præcipui doctoris sancti Sophronii oblatum est, et nullus est, ut opinamur, inter orthodoxos Christianos qui ejus deiloqua dogmata, vel quodlibet explanationis opusculum respuere auderet.

Item sancti Joannis Chrysostomi in amputatione capitis sancti Joannis Baptistæ, inter cætera : « Oportebat enim eum non vetare venerationem sacrarum imaginum. »

Item in epistola sancti Gregorii papæ ad Januarium episcopum Calaritanum directa (Lib. VII, ind. 2, *ep.* 5), vobis demonstrantes jam superius exaravimus.

IN ACTIONE SECUNDA.

CAP. II. — *Reprehensio.* Inutile et dementia prolatum et risu dignum dictum Agapii Cæsareæ Cappadociæ episcopi reprehenditur in eo quod dixit : « Scriptum est in nostris divinis Scripturis. »

Responsio. Divina Scriptura pro salute hominum prædicari a fidelibus videtur. Et ideo existimamus quod dixisset : « In nostris divinis Scripturis, gloriam et decorem fideliter ex ipsis se habere desiderans, simulque ab eadem sacra Scriptura se docente dicere, quemadmodum in sanctorum Patrum opusculis scriptum est, etc. » Sancti Augustini de proverbio Salomonis tractatu, inter cætera : « Habent et ipsi sacramenta nostra, habent Scripturas nostras, habent Amen et Alleluia nostrum, habent plerique symbolum nostrum, etc. »

IN ACTIONE QUARTA.

CAP. III. — *Reprehensio.* Inutile et demens, et errore plenum dictum quod dicunt : « Qui Deum timet honorat omnino, adorat et veneratur sicut Filium Dei Christum Dominum nostrum, et signum crucis ejus, et figuram sanctorum ejus. »

Responsio. Ex libro beati Augustini de filio Abraham ducto ad sacrificium, inter cætera : « Non enim frustra moti estis, cum hoc dicerem : Crux cornua habet. Sic enim duo ligna compinguntur in se, ut speciem crucis reddant. Sicut ergo in imagine crucis multis locis videmus, ut fiant duo cornua, quibus infigantur manus, cornibus hærentem arietem crucifixum Dominum video, etc. »

IN EADEM ACTIONE.

CAP. IV. — *Reprehensio.* De eo quod idem Joannes non recte dixit : « Per imaginem, quæ per colores apparet, adoratur fortitudo ejus et glorificatur, et ad memoriam veniemus de ejus in terra præsentia. »

Responsio. Item ex epistola sancti Gregorii papæ (Lib. VII, *ep.* 13), Secundino servo Dei incluso directa, inter cætera : « Quod imaginem illius quem colis tibi dirigendam per Dulcitium diaconum tuum rogasti, valde nobis tua postulatio placuit, quia illum in corde tota intentione quæris cujus imaginem præ oculis habere desideras, ut visio corporalis quotidiana semper reddat exoptatum, et dum picturam vides, ad illum animo inardescas cujus te imaginem videre consideras, etc. »

IN ACTIONE QUINTA.

CAP. V. — *Reprehensio.* De eo quod dicunt : « Ejusdem criminis reus est qui imagines spernit, cujus et Nabuchodonosor, qui ossa regum Juda protulit e sepulcris, et Judaici regis oculos occisis filiis eruit, et cherubim de templo abstulit. »

Responsio. Jam per epistolam sancti Gregorii papæ superius exaravimus qualiter imagines non sunt spernendæ, sed venerandæ. Item prædecessores nostri sæpius dicti sanctissimi pontifices in sacris conciliis talem dedere sententiam : « Si quis sanctas imagines Domini nostri Jesu Christi, et ejus genitricis, atque omnium sanctorum secundum sanctorum Patrum doctrinam venerari noluerit, anathema sit. »

IN EADEM ACTIONE.

CAP. VI. — *Reprehensio.* De eo quod secundum Demetrii diaconi dictum, incaute et inordinate parentes eorum egerunt, duos libros inargentatos, eo quod quiddam de imaginibus in his continebatur, comburentes, et alterius libri duo folia præciderunt.

Responsio. Hoc proprium hæreticorum factum demonstratur, quemadmodum in eorum pseudosyllogo sub quondam Constantino hæretico imperatore deliraverunt.

Sancti Cyrilli ex epistola ad Successum episcopum Neocæsareæ (circa finem), inter cætera : « Deficientes adversus has increpationes machinati sunt aliquid amarum et hæretica impietate dignum. Corrumpentes enim epistolam, et quædam auferentes, et quædam addentes ediderunt, ut putaretur memorabilem illum similia sentire Nestorio, et qui cum eo, etc. »

Item sanctæ sextæ synodi in tertia actione, inter cætera : « Sermo sanctæ memoriæ Mennæ archiepiscopi Constantinopoleos ad Vigilium beatissimum papam Romanum de eo quod una sit Christi voluntas. Exsurgentes legati apostolicæ sedis Romæ, exclamaverunt : Piissime domine, falsatus est præsens liber quintæ synodi, etc. ›

Item fertur in ipsa sancta sexta synodo (*Act.* 8, post medium) : « Sancta sexta synodus dixit : Ecce et hoc testimonium sancti Patris peremisti. Non congruit orthodoxis ita circumtruncatas sanctorum Patrum voces deflorare : hæreticorum potius proprium hoc est. Macarius hæreticus dixit : Et jam dixi, quia quærens instabilire intentionem meam, hoc modo defloravi. Sancta synodus exclamavit : Hæreticum seipsum manifeste demonstravit, etc. »

IN EADEM ACTIONE.

Cap. vii. — *Reprehensio.* De eo quod in eodem libro in tabulis argenteis Leontius a secretis imagines cernens, antiquissimum et ingeniosissimum sui erroris emolumentum se invenisse gloriatus est.

Responsio. Item ex eodem sancto sexto concilio inter cætera (*Act.* 8, post medium) : « Constantinus piissimus imperator, et sancta synodus dixerunt : Edicat Macarius, ut quid hæc necessaria sunt circumrecidit de testimonio sancti et probabilis Patris (*sic*)? Macarius hæreticus dixit : Ego testimonia quæ defloravi, secundum proprium intentum defloravi. » Et post pauca : « Sancta synodus dixit (Loco cit.) : Ecce, benignissime domine, et hoc testimonium abscidit. Namque post testimonia per jussionem vestræ fortitudinis relegantur, ostendent defloratione ejus obumbrata, etc. »

IN EPISTOLA IMPERATORIS.

Cap. viii. — *Reprehensio.* De eo quod Constantinus et Irene in epistola sua venerabili papæ urbis Romæ scripserunt : « Rogamus tuam paternitatem, et maxime Deus rogat, qui nullum hominem vult perire. »

Responsio. In sancto Evangelio ita ait Dominus : *Simon, ecce Satanas expetivit vos, ut cribraret sicut triticum. Ego autem rogavi pro te, ut non deficiat fides tua : et tu aliquando conversus, confirma fratres tuos,* etc. (*Luc.* xxii).

Item in Epistola beati Pauli apostoli, inter cætera : *Quoniam quidem Deus erat in Christo mundum reconcilians sibi, non reputans illis delicta ipsorum, et posuit in nobis verbum reconciliationis. Pro Christo ergo legatione fungimur, tanquam Deo exhortante per nos. Obsecramus pro Christo, reconciliamini Deo (I Cor.* v).

Item sancti Joannis Chrysostomi in sermone de Ascensione Domini, inter cætera : « Disce quod non nostra deprecatione, qui eum offenderamus, sed postulatu ejus, qui juste nobis fuerat iratus, pax facta est. *Pro Christo namque,* ait Apostolus, *legatione fungimur, tanquam Deo rogante per nos* (*Ibid.*). Quid hoc est? Ipse rogat qui injuriam passus est? Valde inquit. Nam Deus clemens, et ipse tanquam misericors pater deprecatur. Et vide qui medius sit, qui reconciliator accessit, non angelus, non archangelus, sed ipse Filius deprecantis, etc. »

Item ejusdem sancti Joannis Chrysostomi in interpretatione Epistolæ ad Romanos (*Homil.* 5, circa fin.), inter cætera : « Quid enim post hæc? Jam non prophetas, jam non angelos, jam non patriarchas, sed ipsum misit Filium : et occisus est, et ipse veniens, et nec sic extinxit amorem, sed accendit amplius, et manet rogans. » Et infra : « Et clamat Paulus, dicens : *Pro Christo enim legatione fungimur, tanquam Deo exhortante per nos. Obsecramus pro Christo, reconciliamini Deo* (*Ibid.*). » Et post pauca : « Consideremus quoties eum injuria affecerimus post millia bona, cum tamen perstiterit rogans; quoties eum transgressi simus, cum tamen ipse non negligat nos, etc. »

IN ACTIONE QUARTA.

Cap. ix. — *Reprehensio.* De eo quod præfatus Joannes dixit : « In hominis forma luctatus est cum ipso, et vocavit eum Israel, quod est interpretatum mens videns Deum. »

Responsio. Ex libro sancti Gregorii Theologi de deitate (*Orat.* 2 *de Theolog.*, post medium), inter cætera : « Jacob enim scalam excelsam vidit. » Et post pauca : « Et quasi cum homine, Deo colluctabatur. » Et post cætera : « Et certamen pietatis translationem vocationis accepit, transnominatus pro Jacob Israel, etc. »

Item sancti Augustini de luctatione Jacob cum angelo, inter cætera. « Tenebat ergo et luctabatur, quasi cum carnali habitu Jacob amplecti volens, dicebat : *Dimitte me carnaliter, quia ecce jam mane est, ut spiritualiter illumineris,* etc. (*Gen.* xxxii). »

IN EADEM ACTIONE.

Cap. x. — *Reprehensio.* Quod non recte sentiant qui dicunt : « Si secundum Moysis legitimam traditionem præcipitur populo purpura hyacinthina in fimbriis in extremis vestimentis poni ad memoriam et custodiam præceptorum, multo magis nobis per assimilatam picturam sanctorum virorum videre exitum conversationis eorum, et horum imitari fidem secundum apostolicam traditionem. » (*Hebr.* xiii).

Responsio. Credimus quia incognitum non habetis illud quod sanctus Gregorius papa, ut superius exaravimus, in epistola sua dixit (*Lib.* ix, *ep.* 9), et quia in locis venerabilibus sanctorum depingi historias non sine ratione vetustas admisit. Et quatenus iterum, dum super Ezechielem prophetam tractaret de distinctione sacri eloquii, adjunxit (*Homil.* 10, in initio) : « Scriptura sacra cibus noster est et potus. » Et post pauca : « In rebus enim obscurioribus quæ intelligi nequeunt, nisi exponantur, cibus est : quia quidquid exponitur, ut intelligatur, quasi manditur ut glutiatur. In rebus vero apertioribus potus est. Potum enim non mandendo glutimus. Apertiora ergo mandata bibimus, quia etiam non exposita intelligere valemus, etc. » Unde et a prædecessoribus meis sanctissimis pontificibus in eorum sacris conciliis expositum est, de veteribus historiis inter plura promulgantibus : « Si vero illa suscepta sunt, et hæ imagines opportune suscipiuntur, quoniam secundum Deum fiunt. Unde et operantur, etc. »

IN ACTIONE QUARTA.

Cap. xi. — *Reprehensio.* Quod non bene Joannes presbyter senserit qui, ut imaginum adorationem astrueret, dixit : « Et Jesu Nave duodecim lapides statuit in Dei memoria (*Josue* iv). »

Responsio. In libro Josue scriptum est : *Josue vero scidit vestimenta sua, et cecidit pronus in terram coram arca Domini usque ad vesperum, tam ipse quam omnis Israel, miseruntque pulverem super capita sua (Jos.* vii). Et post pauca : *Dixitque Dominus ad Josue : Surge, cur jaces pronus in terra? Peccavit Israel, et prævaricatus est pactum meum* (*Ibid.*). Et iterum post pauca : *Surge, sanctifica populum, et dic eis : Sanctificamini in crastinum,* etc. (*Ibid.*). Ecce prostratus ante arcam fœderis Josue, exauditus est. Unde mellifluus doctor sanctus Gregorius papa in epistola sua (*Lib.* vii, *ep.* 53), de qua superius exaravimus, Secundino servo Dei in Galliis incluso directa, inter cætera monuit, dicens : « Et nos quidem non quasi ante Divinitatem ante ipsam prosternimur, sed illum adoramus quem per imaginem aut natum, aut passum, aut in throno sedentem recordamur, etc. »

Cap. xii. — *Reprehensio.* Quod non sit æqualis adoratio, ut illi dicunt, Nathan prophetæ erga David regem, adorationi imaginum.

Responsio. Ex libro sancti Gregorii papæ super Job (*Lib.* iv, c. 4), inter cætera : « Ita cum in sacro eloquio sola historia aspicitur, nihil aliud quam facies videtur: sed si huic assiduo usu conjungimur, ejus nimirum mentem quasi ex collocutionis familiaritate penetramus. Dum enim alia ex aliis colligimus, facile in ejus verbis agnoscimus, aliud esse quod intimant, aliud quod sonant. Tanto autem quisque notitiæ illius extraneus redditur, quanto in sola ejus superficie ligatur, etc. »

Item in eodem libro inquit : « Quid per David, qui manu fortis vel desiderabilis interpretatur, nisi Redemptor noster accipitur? Quid per ejus donum, nisi Ecclesia designatur? » Et post pauca: « Inquisitio enim divinitatis Domini, fons occultus; apparitio vero incarnationis ipsius, fons patens. Quid autem per Jerusalem, quæ visio pacis accipitur, nisi eadem sancta Ecclesia demonstratur? In ipsa enim mundi corde Dominum contemplantur, de quo scriptum est : *Ipse est enim pax nostra, qui fecit utraque unum*, etc. (*Ephes.* II.) »

CAP. XIII. — *Reprehensio.* Quod sententia Joannis Constantinopolitani, quam illi in testimonium adorandarum imaginum trahunt, non ad id quod illi putant pertinere dignoscitur.

Responsio. Multæ sententiæ sancti Joannis Constantinopolitani in sæpius nominata referuntur synodo, et qualis ex ipsis sit, quæ non ad id quod putaverunt pertineat, siluerunt. Nam in prædecessorum nostrorum sanctorum pontificum conciliis sancti Joannis Chrysostomi ita fertur sententia, inter cætera : « Omnia tibi ministrant homini, magis autem imagini ; quia et quando imperiales vultus et imagines in civitatem introeunt, obviant judices et senatus, cum laude et timore, non tabulam honorantes, neque fusæ ceræ scripturam, sed vultum imperatoris, sic et mundi hominum non terrarum speciem honorantes, sed cœlestem vultum veneremur, etc.»

IN ACTIONE QUARTA.

CAP. XIV — *Reprehensio.* Quod judices, qui in præfata synodo fuerunt, insolenter et incongrue artem pictoriam extollere conati sunt, dicentes : « Pia est enim ars pictoris, et non recte cam quidam insipienter detrahunt. Ipse enim Pater pictorem pie agentem commendat.»

Responsio. Beatum Asterium toto Oriente sanctum habent, dum et de gestis sanctæ Euphemiæ sermonem fecisset, laudavit ejus martyrium, sicut per ordinem viderat illud liquidius pictum. Et ideo similiter et illi ipsam laudaverunt picturam adversus hæreticos, dicentes quia insipienter eam detrahunt. Sancti Gregorii Theologi in sermone de beato Gregorio Nysseno (*Orat. ad S. Greg. Nyss.*, initio), inter cætera : « Putas ergo sufficiunt hæc, aut et breviter virum nobis sermo describet? Si oportet, quemadmodum studiosi pictores multoties committentes colores, ut perfectionem vobis sermonis formam addam, et describam vobis purissimum et manifestissimum, etc. »

Item sancti Joannis Chrysostomi in sermone in cœna Domini, inter cætera : « Nam sicut pictores pingendam tabulam vestigiis quibusdam obumbrare consueverunt, et sic colorum varietate perficere, ita et Christus fecit. In mensa et typi Pascha describit, et Pascha veritatis ostendit, etc. »

Item ex libro sancti Augustini de Proverbio Salomonis, inter cætera : « *Os nostrum patet ad vos, o Corinthii* (II *Cor.* VI). Os suum aperuit attente, et ordinem posuit linguæ suæ, laudans creaturam, tanquam creaturam, Creatorem tanquam Creatorem, angelos tanquam angelos, cœlestia tanquam cœlestia, terrestria tanquam terrestria, etc. »

IN EADEM ACTIONE.

CAP. XV — *Reprehensio.* Inutile et mendacio plenum dictum Joannis presbyteri et legati Orientalium, dicentis : « Non contraeunt pictores Scripturis, sed quidquid Scriptura dicit hæc demonstrant, quatenus concordes sint Scripturis. »

Responsio. Jam sæpius superius exaravimus qualiter per sacram epistolam suam, Sereno episcopo Massiliensi directam, sanctus Gregorius eximius doctor et papa, inter cætera docuit : (Lib. IX, *ep.* 9) : «Ac deinde subjungendum quia picturæ imaginum, quæ ad ædificationem imperiti populi factæ fuerant, ut nescientes litteras ipsam historiam intendentes, quid dictum sit discerent, etc. »

Item sancti Joannis Chrysostomi in interpretatione psalmi L, cujus initium : « Pictores imitantur arte naturam, et colores coloribus permiscentes, visibiles corporum depingunt imagines. » Et post pauca : « Et imperatorem sedentem et barbarum sublitum, et gladium acutum, et fluvios decurrentes, et campos variis coloribus adornatos, et omnia quæ videntur per artem imitantes, mirabilem historiam videntibus præstant, etc. »

IN ACTIONE QUINTA.

Et inventum est in quarta.

CAP. XVI. — *Reprehensio.* Falsissimum et omni ridiculo dignum dictum Joannis præsbyteri, qui non minus cæteris in imaginum adoratione insanisse dignoscitur. Ait enim : « Qui adorat imaginem, et dicit, quoniam hic est Christus Filius Dei, non peccat. »

Responsio. Sancti Augustini in psalmi LXXXVI explanatione (post principium), inter cætera : « Angustias enim omnia pene corpora patiuntur, nec ubique esse possunt, nec semper. Divinitas autem quæ ubique præsto est undique ad eam potest duci similitudo, et totum potest esse in similitudinibus, quia nihil eorum est in proprietatibus. Nunquid Christus est janua, quemadmodum videmus januas factas a fabro? non utique, et tamen dixit : *Ego sum janua* (*Joan.* X). Aut nunquid sic est pastor, quomodo videmus pastores istos præpositos pecorum, etc. »

EX SENSU.

CAP. XVII. — *Reprehensio.* Quod illi libri, Vitæ Patrum quorum auctores ignorantur, non prorsus idonei sint ad testimonia danda, et ad hæc quæ in contentionem veniunt confirmanda.

Responsio. Item ex libro sancti Augustini de Quæstionibus in Evangelio secundum Lucam (*Quæst. evang.*, lib. II, quæst. 42), inter cætera : « Vasa ejus in domo, sunt sensus carnales quibus ad investigandam veritatem, quæ intellectu capitur, multi utentes penitus erraverunt, etc. » Vitæ enim Patrum sine probabilibus auctoribus non in Ecclesia leguntur. Nam ab orthodoxis titulatæ et suscipiuntur et leguntur. Magis enim passiones sanctorum martyrum sacri canones censuerunt, ut liceat eas etiam in ecclesia legi, cum anniversarii dies eorum celebrantur.

CAP. XVIII. — *Reprehensio.* Quod non bonam habeant memoriam qui, ut non obliviscantur sanctorum, vel certe ipsius Domini, idcirco imagines erigunt.

Responsio. Ex commentario sancti Hieronymi in Matthæum evangelistam, inter cætera : « Istiusmodi homines dum volunt alterius imperitiam reprehendere, ostendunt suam. Quamvis enim tenuis humor et liquens esca, tamen cum in venis et artubus concocta fuerit et digesta, per occultos meatus corporis, (quos Græci πόρους vocant, ad inferiora delabitur, et in secessum vadit, etc. »

Item sancti Augustini in interpretationem psalmi XCVIII (ante medium), inter cætera : « Sion dicta est civitas, quæ est Jerusalem : dicta autem ex interpretatione quadam nomen accipiens, quia Sion speculatio dicitur, id est visio et contemplatio.

Speculari enim prospicere est, vel conspicere, vel intendere, ut videas. Est autem Sion omnis anima, si intendit videre lucem quæ. videnda est. Nam si ad suam attenderit tenebratur; si ad lucem illius attenderit, illuminatur. Quia tamen manifestum est Sion civitatem Dei esse, quæ est civitas Dei nisi sancta Ecclèsia? etc.

INTERROGATIO.

Cap. xix. Ut scientes nos faciant, ubi in Veteri vel Novo Testamento, aut in sex synodalibus conciliis jubeantur imagines facere, vel factas adorare.

RESPONSIO.

Nos quidem infra scientes facimus, sicut jam fecimus, quia et in Veteri et in Novo Testamento, sive in sex synodalibus conciliis semper venerandæ faciunt [fuerunt] sacræ imagines, et factæ inter sancta sanctorum titulabantur. Nam illi nobis dicere debebant in quali de ipsis sex synodalibus conciliis reprehensæ sint sacræ imagines. Enim vero in primo sancto concilio sæpius ostensum est quia sanctus Silvester papa et Constantinus Christianissimus imperator venerati sunt sacras imagines, et cum nomine Christianitatis palam coram omnibus fideliter atque mirabiliter eas ostenderunt, et a tunc usque hactenus sanctorum pontificum, videlicet Silvestri, Marci et Julii, miræ magnitudinis sanctæ eorum ecclesiæ apud nos sunt depictæ, tam in musivo quamque in cæteris historiis cum sacris imaginibus ornatis. Item in sancto secundo concilio sanctus Damasus elegantissimus papa propriam suam fecit ecclesiam, cujus sanctus Gregorius papa meminit in Dialogis, quæ ex nomine conditoris Damasi vocatur : similiter a tunc usque hactenus historiis sacris et imaginibus pictam habemus. Iterum et de sancto tertio concilio, sanctus Cœlestinus papa proprium suum cœmeterium picturis decoravit. Magis autem successor ejus beatus Sixtus papa fecit basilicam sanctæ Dei genitricis Mariæ cognomento Majorem, quæ et ad Præsepe dicitur. Simili modo et ipse tam in metallis aureis quamque in diversis historiis, sacris decoravit imaginibus. Sed et per rogatum ejus, Valentinianus Augustus fecit imaginem auream cum duodecim portis et Salvatore, gemmis pretiosis ornatam, quam voto gratiæ super confessionem beati Petri apostoli posuit, et a tunc usque hactenus apud nos ab omnibus fidelibus veneratur. Itemque de sancto quarto concilio, egregius atque mirificus prædicator sanctus Leo papa et ipse fecit ecclesias, quas in musivo et diversis historiis seu imaginibus pingens decoravit. Magis autem in basilica beati Pauli apostoli, arcum ibidem majorem faciens, et in musivo depingens Salvatorem Dominum nostrum Jesum Christum, seu viginti quatuor seniores, nomine suo versibus decoravit : et a tunc usque hactenus fideliter a nobis veneratur. Et de sancto quinto concilio sanctissimus Vigilius papa in Lateranensi patriarchio basilicam faciens, pulcherrime eam decoravit picturis, tam in historiis, quamque in sacris imaginibus : multo amplius vero ejus sanctissimi successores dominus Pelagius atque dominus Joannes miræ magnitudinis ecclesiam apostolorum a solo ædificantes historias diversas tam in musivo quam in variis coloribus cum sacris pingentes imaginibus, et a tunc usque hactenus a nobis venerantur. Sed et sanctus Gregorius papa in monasterio suo pulchrum fecit oratorium, et ipsum diversis historiis pingi fecit, atque sacras ibidem erexit imagines : ubi et cum beato Eleutherio pro ægritudine stomachi sui ingressum, in oratione pariter exauditi sunt (Lib. iii Dial., c. 33). Et ille vir sanctus Eleutherius, quem dicunt et mortuum suscitasse, ante ipsas sacras imagines se prosternens, divinam exorare clementiam cum sancto Gregorio non dubitavit : sed fidem ferentes perfectam, pariter exauditi sunt, et usque hactenus apud nos venerantur. Sed et ecclesia Arianorum, cujus ipse sanctus Gregorius in Dialogis suis meminit (Lib. iii, c. 30), placuit eidem sancto Gregorio ut in fide catholica, introductis illic beati Sebastiani et sanctæ Agathæ martyrum reliquiis, dedicari debuisset, quod et factum est. Et post miraculum quod in eadem ecclesia factum est, diversis historiis ipse beatus Gregorius pingi fecit eam ; tam in musivo quam in coloribus, et venerandas imagines ibidem erexit, et a tunc usque hactenus venerantur. Si enim voluerimus enarrare per ordinem, nostri prædecessores pontifices quantas ecclesias fecerunt usque nunc, mirifice in eis sacras imagines erigentes, atque diversas historias pingentes, nec non et venerantes, apostolice adimus dicere, deficiet nos tempus enumerandi, atque eorum ædificia cum sacris imaginibus et historiis explanandi. In sexto vero sancto concilio non solum contemnere non sunt ausi, sed etiam easdem sacras imagines venerantes statuerunt (Canone 82), agnum Christum Deum nostrum secundum humanam figuram, et in imaginibus a nunc pro veteri agno retitulari. Quapropter sanctus Ambrosius Mediolanensis episcopus in libro tertio de Fide (Cap. 7), inter cætera pro hujusmodi docuit : « Servemus ergo præcepta majorum, nec hæreditaria signacula ausi rudi temeritate violemus. Librum signatum illum propheticum non seniores, non potestates, non angeli, non archangeli aperire ausi sunt (Apoc. v), soli Christo explanandi ejus prærogativa servata est. Librum sacerdotalem quis nostrum resignare audeat, signatum a confessoribus, et multorum jam martyrio consecratum ? Quem qui resignare coacti sunt, postea tamen damnata fraude signarunt. Qui violari non ausi sunt, confessores et martyres exstiterunt. Quomodo fidem eorum possumus denegare quorum victoriam prædicamus? Nemo metuat, nemo formidet, etc. » Si vero hæretici sanctam catholicam et apostolicam Ecclesiam non oppugnassent, sancta sex synodalia concilia necesse fieri non fuisset. Similiter si a Leone et Constantino hæreticis imperatoribus ipsa sancta catholica et apostolica Ecclesia pro sacris imaginibus non fuisset oppugnata, prædecessores mei sanctissimi pontifices concilia quoquam fecissent, neque nos postmodum fieri annueremus, nisi pro tot millibus animarum, quæ in hæresi manentes et quotidie in eam deficientes in laqueo periclitabantur diaboli. Sicut enim in sancta quarta synodo definitum est, pro vera fide dicentibus ita : « Quam nos a nostris majoribus traditam debemus cum omni competenti devotione defendere, et dignitatem propriæ venerationis beato apostolo Petro intemeratam et in nostris temporibus conservare; quatenus beatissimus Romanæ civitatis episcopus, cui principatum sacerdotii super omnes antiquitas contulit, locum habeat ac facultatem de fide et sacerdotibus judicare. » Et ideo prædecessor noster sanctissimus Gregorius junior papa, scribens ad Leonem et Constantinum hæreticos imperatores : « Pro sacris imaginibus, inquit, omnia et ipsa nostra tradimus, si contigerit, corpora. Nam nunquam novitatem recipimus, aut a religione paterna ulla declinamus ratione. Divina enim vox interminatur, quæ per omnia debet præcaveri : Si totum mundum quis lucretur, et animæ suæ faciat detrimentum, lucratus est nihil. » (Matth. xvi.)

Item et in alia sua epistola pro ipsis sacris imaginibus rationabiliter eos increpans, inter cætera dixit (Gelasius papa in epist. 10, ad Anastasium imperatorem) : « Legitur namque dixisse quidam doctissimus ac venerabilis Pater quia duo sunt quibus principaliter hic regitur mundus, auctoritas videlicet sacrata pontificum et regalis potestas. In quibus tanto gravius pondus est sacerdotum, quanto etiam pro ipsis regibus hominum in divino reddituri sunt examine rationem. Et idcirco nequaquam nos quispiam terminos patrum nostrorum transgredi facere valebit, neque novitates vocum imponere : sed in ea orthodoxa fide quam suscepimus manentes, et olitanam traditionem amplectentes, prædecessorum nostrorum sanctissimorum pontificum procul dubio veneramur et tenemus pro sacris imaginibus concilia, nullum quemlibet jam exinde contrarium sermonem suscipientes, neque rationem reddentes. Nam sanctus Gregorius mellifluus doctor in homilia super Ezechielem prophetam (*Homil.* 16, post medium), dum de intellectu sacri eloqui per temporum incrementa pollente tractaret, adjunxit : *Pertransibunt plurimi, et multiplex erit scientia* (*Daniel.* xii). Sancti Patres, quos per sacram Scripturam cognoscimus, ante legem quidem in unius Dei cognitione salvati sunt, perfectam vitæ simplicis ol edientiam habentes, et sæpe videndo angelos, jam aliquid de contemplatione tangentes. Data autem lege, sancti Patres etiam in decem sunt mandatis eruditi, ut per cognitionem unius Dei, etiam in legis se operibus exercerent. Superveniente autem gratia per Testamentum Novum, omnis fidelis populus unum Deum Trinitatem esse cognovit, et virtutem Decalogi in ejus agnitione complevit. Unde sciendum nobis est quia et per incrementa temporum crevit scientia spiritalium Patrum. Plus namque Moyses quam Abraham, plus prophetæ quam Moyses, plus apostoli quam prophetæ in omnipotentis Dei scientia eruditi sunt. Fallor, si hæc ipsa Scripturæ testimoniis non affirmo. *Pertransibunt*, inquit, *plurimi, et multiplex erit scientia* (*Ibid.*). Sed hæc eadem quæ de Abraham, Moyse, prophetis et apostolis diximus, ex ejusdem Scripturæ verbis, si possimus, ostendamus. Quis enim nesciat quia Abraham cum Deo locutus est? et tamen ad Moysen Dominus dicit : *Ego sum Deus Abraham, et Deus Isaac, et Deus Jacob : et nomen meum Adonai non indicavi eis* (*Exod.* iii et vi). Ecce plus Moysi quam Abrahæ innotuerat, qui illud de se Moysi indicat quod se Abrahæ non indicasse narrabat. Sed videamus si prophetæ plus quam Moyses divinam scientiam apprehendere potuerunt. Ecce Psalmista dicit : *Quomodo dilexi legem tuam, Domine? tota die meditatio mea est* (*Psal.* cxviii); atque subjungit : *Super omnes docentes me intellexi, quia testimonia tua meditatio mea est* (*Ibid.*). Et iterum : *Super seniores intellexi* (*Ibid.*). Qui ergo legem meditari se memorat, et super omnes docentes se ac super seniores intellexisse testatur, quia divinam scientiam plus quam Moyses acceperat, manifestat. Quomodo autem ostensuri sumus quia plus sancti apostoli edocti sunt quam prophetæ? Certe Veritas dicit : *Multi reges et prophetæ voluerunt videre quæ videtis, et non viderunt* (*Luc.* x). Plus ergo quam prophetæ de divina scientia noverunt, quia quod illi in solo spiritu audierant, ipsi etiam corporaliter videbant. Impleta itaque est ea, quam diximus, Danielis sententia : *Quia pertransibunt plurimi, et multiplex erit scientia* (*Daniel.* xii). Quanto enim mundus ad extremitatem ducitur, tanto nobis æternæ scientiæ aditus largius aperitur, etc. »

Item sancti Gregorii super Job (Lib. iv, c. 40), inter cætera : « Sancti quippe doctores, qui ad virtutem et alios instruunt, hostes devorant, dum eos intra corpus suum per vim conversionis immutant : quos lapidibus fundæ subjiciunt, quia dum fortes quosque in sancta Ecclesia viros instituunt, per eos adversariorum superbientium pectora dura confringunt. Quid namque per fundam, nisi sancta Ecclesia figuratur? Funda namque dum in gyrum mittitur, sicut de illa lapides exeunt quibus adversariorum pectora feriantur, ita sancta Ecclesia dum volubilitate temporum per tribulationum circumitum ducitur, fortes ex illa viri prodeunt, quibus quasi lapidis ictibus iniquorum corda tundantur. »

IN ACTIONE SEPTIMA.

CAP. XX. — *Reprehensio.* Quanta ratione mysterium Dominicæ crucis ab imaginibus distet, quas quidem illi eidem æquiparare contendunt.

Responsio. Sancti Ambrosii Mediolanensis episcopi ex libro de Incarnatione (Cap. 7), inter cætera : « Nunquid cum et divinitatem ejus adoramus et carnem, Christum dividimus? Nunquid cum in eo imaginem Dei crucemque veneramur, dividimus eum? Apostolus certe qui de eo dixit : *Quoniam etsi crucifixus est ex infirmitate, vivit tamen ex virtute Dei* (*I Cor.* xiii), ipse dixit : *Quia non divisus est Christus, etc.* (*I Cor.* i). »

Item ejusdem sancti Ambrosii ex libro 1 (Cap. 4) de Fide, inter cætera : « Imaginem Apostolus dicit, et Arius dicit esse dissimilem? Cur imago, si similitudinem non habet? In picturis nolunt homines esse dissimiles, et Arius dissimilem Patrem contendit in Filio. » Et post pauca : « Prophetæ dicunt : *Splendor est enim lucis æternæ, et speculum sine macula Dei majestatis, et imago bonitatis illius,* etc. » (*Sap.* 7).

Item ex epistola sancti Gregorii papæ Leontio exconsuli missa (Lib. vii, epistola 54), inter cætera : « Oleum quippe sanctæ crucis et aloes lignum suscepimus : unum, quod tactu benedicat; aliud, quod per incensum bene redoleat. Decebat igitur ut bonus vir ea transmitteret quæ iram nobis Domini placare potuissent. » Et post pauca : « Præterea benedictionem vobis sancti Petri apostolorum principis, clavim sacratissimi sepulcri ejus, in qua benedictio de catenis illius est inserta, transmisimus; ut quod ejus collum ligavit ad martyrium, hoc vestrum ab omnibus peccatis solvat. »

IN FINE LIBRI.

CAP. XXI. — *Reprehensio.* De eo quod Constantinus et Irene in suis scriptis aiunt : « Per eum, qui conregnat nobis Deus. »

Responsio. Ex Proverbiis Salomonis, inter cætera : *Meum est consilium et æquitas, mea prudentia, mea est fortitudo. Per me reges regnant, et legum conditores justa decernunt. Per me principes imperant, et potentes decernunt justitiam. Ego diligentes me diligo* (*Prov.* viii). Et post plurima : *Misericordia et veritas custodiunt regem, et roboratur clementia thronus ejus,* etc.

IN ACTIONE QUARTA.

CAP. XXII. — *Reprehensio.* De eo quod non bene intelligant hoc, quod dictum est : *Dominum Deum tuum adorabis, et illi soli servies :* ut adorationem quasi absolute diceret, et servitium ipsi soli dixisset.

Responsio. Sancti Ambrosii Mediolanensis episcopi ex libro de Fide quinto, inter cætera : « Cum legimus : *Dominum Deum tuum adorabis, et illi soli servies* (*Matth.* xvi) : utrum Christum non adorandum, et Christo non existimem serviendum? Quod si illa, quæ adoravit eum, Chananæa impetrare meruit quod poposcit, et Paulus apostolus, qui servum se Christi prima scriptorum suorum præfatione profitetur (*Rom.* i; *Gal.* i), apostolus esse meruit, non ab hominibus, neque per hominem, sed per Jesum Christum, dicant quid arbitrentur sequendum : utrum cum Ario malint sibi societatem esse perfidiæ, ut solum et verum Deum Christum negando ostendant, quia nec adorandum eum, nec serviendum ei judicent; an vero consortium malint habere cum Paulo, qui serviendo atque adorando etiam Christum, utique solum verum Deum voce affectuque non diffitebatur, quem pio servitio fatebatur? Quod si quis dicat, Quoniam Deum Patrem adoret et Filius, quia scriptum est : *Vos adoratis quod nescitis, nos adoramus quod scimus* (*Joan.* iv), consideret quando, et apud quem, et cujus suscepto loquatur affectu, etc. »

IN EADEM ACTIONE.

CAP. XXIII. — *Reprehensio.* Quod cum Deus illocalis sit, illi minus docte dixerint : « Veneramur et adoramus sicut locum Dei. »

Responsio. Beati Augustini in explanatione psalmi lxxxvi (post principium) inter cætera : « *Fundamentum,* inquit Apostolus, *nemo potest ponere, prater id quod positum est, quod est Christus Jesus* (*I Cor.* iii). Quomodo ergo fundamenta prophetæ et apostoli? et quomodo fundamentum Christus Jesus, quo ulterius nihil est? Quomodo putamus, nisi quemadmodum aperte dicitur Sanctus sanctorum (*Daniel.* ix), sic figurate fundamentum fundamentorum? Si ergo sacramenta cogites, Christus Sanctus sanctorum; si gregem subditum cogites, Christus pastor pastorum; si fabricam cogites, Christus fundamentum fundamentorum. » Et post pauca : « Divinitas autem, quæ ubique præsto est, undique ad eam duci potest similitudo, et totum potest esse in similitudinibus, quia nihil horum est in proprietatibus, etc. »

Item ejusdem sancti Augustini ex libro secundo de Trinitate (Cap. 17), inter cætera : « Quid enim sibi vult quod ait Dominus : *Ecce locus est penes me, et stabis super petram* (*Exod.* xxxiii)? Quis locus terrenus est penes Dominum, nisi hoc est penes eum quod eum spiritaliter attingit? Nam quis locus non est penes Dominum : *Qui attingit a fine usque ad finem fortiter, et disponit omnia suaviter?* etc. » (*Sap.* viii.)

Item sancti Joannis Chrysostomi de sermone sancti Pauli apostoli, ubi ait : *Non quod volo, hoc ago* (*Rom.* vii), et quoniam Jacob figura factus est Christi, inter cætera : « Venit in medio fluminum, et ut vidit somnium, dixit : *Non est nihil aliud, nisi domus Dei* (*Gen.* xxviii). Etenim non vidisti ædificium; sed scalam. Sed quoniam sciebat quia scala figura est Ecclesiæ, dicebat : *Hæc domus Dei,* hæc Ecclesia est. Et unde hæc domus Dei Ecclesia est, dicit Paulus Timotheo hæc scribens : *Spero venire ad te cito. Si autem tardavero, ut scias quomodo te oportet in domo Dei conversari, quæ est Ecclesia Dei vivi,* etc. » (*I Tim.* iii.)

IN EADEM ACTIONE.

Cap. xxv. — *Reprehensio.* Quod enim habeo [ab eo] quod dicitur Salomon in templo fecisse boves et leones, imaginum adoratio firmari possit, ut illi dicunt, qui in earum adorationem anhelant. Sive illud quod in Ezechiele scriptum est : *Facies et cherubim usque ad cameram* (*Ezech.* xli).

Responsio. Jam sæpius hæc invenientes capitula exaravimus, qualiter ea prædecessores nostri sanctissimi pontifices in eorum sacris referentes conciliis pro venerandis imaginibus constituere; et nimirum constat eorum apostolicam censuram apud nos observandam ac venerandam existere. Item ex libro sancti Augustini de psalmo lxxxiv, inter cætera : « In Veteri Testamento figurabatur Novum Testamentum, nonnulla figuraverat hæc expressio veritatis. In illa autem figura secundum quamdam prænuntiationem futurorum data est illi populo terraque [terra quæ] dicta promissionis, etc. » Item ex libro sancti Augustini de Quæstionibus in Evangelium secundum Lucam (Lib. ii, *quæst.* 41), inter cætera : « Quid est quod dicit Dominus : *Qui fuerit in tecto, et vasa ejus in domo, non descendat tollere illa* (*Luc.* xvii). In tecto est qui excidens [excedens] carnalia, tanquam in aura libera spiritaliter vivit. » Et post pauca : « Hujus ergo spiritalis viri jam vasa ista vacant in domo, quia mente corpori supereminens, per aciem intelligentiæ tanquam in tecto positus, perspicuitate sapientiæ veluti cœlo apertissimo fruitur; etc. »

Cap. xxvi. — *Reprehensio.* Ultimum capitulum est, ut sciat domnus apostolicus et Pater noster, et cuncta simul Romanorum Ecclesia, ut secundum quod continetur in epistola beatissimi Gregorii (Lib. vii, *epistola* 9), quam ad Serenum Massiliensem episcopum direxit : Permittimus imagines sanctorum, quicunque eas formare voluerint, tam in ecclesia, quamque extra ecclesiam propter amorem Dei et sanctorum ejus. Adorare vero eas nequaquam cogimus, qui noluerint. Frangere vel destruere eas, etiamsi quis voluerit, non permittimus. Et quia sensum sanctissimi Gregorii sequi in hac epistola universalem catholicam Ecclesiam Deo placitam indubitanter libere profitemur.

Responsio. Hoc sacrum et venerandum capitulum multum distat a totis supradictis capitulis. Et id circo eum agnovimus vestræ a Deo servatæ orthodoxæque regalis excellentiæ esse proprium, in eo ubi rectæ fidei plena penitus confessa est sensum sanctissimum Gregorii sequi. Meminit enim vestra prærectissima regalis præexcelsa scientia, qualiter in ipsa sancti Gregorii papæ epistola Sereno episcopo Massiliensi directa (*Loc. cit.*), fertur inter cætera contineri, ubi eumdem episcopum increpans inquit : « Aliud enim est picturam adorare, aliud per picturæ historiam, quid est adorandum, addiscere. Nam quod legentibus scriptura, hoc idiotis præstat pictura cernentibus : quia in ipsa etiam ignorantes vident quod sequi debeant, in ipsa legunt qui litteras nesciunt. Unde præcipue gentibus pro lectione pictura est ; quod magnopere a te, qui inter gentes habitas, attendi debuerat. » Et post pauca : « Et quia in locis venerabilibus sanctorum depingi historias non sine ratione vetustas admisit. » Et intervallo : « Quia picturas imaginum, quæ ad ædificationem imperiti populi fuerant factæ, ut nescientes litteras ipsam historiam intendentes, quid actum sit discerent. » Iterum post pauca : « Sed hoc sollicite fraternitas tua admoneat, ut ex visione rei gestæ ardorem compunctionis percipiant, et in adorationem solius omnipotentis sanctæ Trinitatis humiliter prosternantur. » Simili modo et de alia sua epistola Januario Calaritano episcopo directa (Lib. vii, ind. 2, *epist.* 2) pro sacrarum imaginum veneratione, breviter superius exaravimus. Sed et de epistola Secundino servo Dei incluso Gallias directa (*Epist.* v), similiter intimavimus, ubi in ea ita fertur : « Imagines enim, quas nobis tibi dirigendas per Dulcitium diaconum tuum rogasti, misimus. Valde nobis tua postulatio placuit, quia illum in corde tota intentione quæris, cujus imaginem præ oculis habere desideras : ut visio corporalis quotidiana te semper reddat exercitatum, ut dum picturam vides, ad illum animo ardescas, cujus tu imaginem videre desideras. »

Et post pauca : « Scimus quia tu imaginem Salvatoris nostri ideo non petis, ut quasi Deum colas, sed ob recordationem Filii Dei in ejus amore recalescas, cujus te imaginem videre desideras : et nos quidem non quasi ante Divinitatem ante ipsas prosternimur, sed illum adoramus quem per imaginem aut natum, aut passum, aut in throno sedentem recordamur. Et dum nos ipsa pictura quasi scriptura ad memoriam Filii Dei reducit, animum nostrum aut de resurrectione lætificat, aut de passione demulcet. Ideoque direximus tibi surtarias duas continentes [*In edit. Rom. deest* continentes] imagines Salvatoris, sanctæ Dei genitricis Mariæ, beatorumque apostolorum Petri et Pauli, per supradictum filium nostrum diaconum, et unam crucem et clavem pro benedictione, ut ab ipsa a maligno defensus permaneas, cujus signo te esse munitum credis, etc. » Et quoniam in his vestrum a Deo inspiratum regalem orthodoxum sensum, memorandum est etiam et docendum qualiter sanctus Gregorius papa Sereno episcopo docuit, de sacris imaginibus, ut ex visione rei gestæ ardorem compunctionis percipiant ; hoc est easdem sacras imagines aspicientes in adoratione solius omnipotentis sanctæ Trinitatis humiliter prosternantur. Eo ipso tenore Secundino servo Dei incluso inquit (Lib. vii, *ep.* 53) : « Ideo enim petis ut non quasi Deum colas, sed ob recordationem Filii Dei in ejus amore calescas; cujus imaginem te videre desideras : et nos quidem non quasi ante Divinitatem ante ipsas prosternimur, sed illum adoramus quem per imaginem aut natum, aut passum, aut in throno sedentem recordamur. » Sicut vero innuit Sereno episcopo, aspicientes sacras imagines in adorationem humiliter se prosternens solius omnipotentis sanctæ Trinitatis. sic et Secundino incluso servo Dei docuit, non quasi Deum colere, sed ante easdem sacras imagines se prosternens, non quasi ante Divinitatem, ante ipsas prosterni, sed prosternente illum adorare quem per imaginem aut natum, aut passum, aut in throno sedentem recordamur. Ita vero et nos eumdem ipsum irreprehensibilem et orthodoxum sensum sancti Gregorii papæ sequentes et amplectentes dudum, Irene et Constantino imperatoribus pro sacris imaginibus prædicandis erectione, emisimus dicentes: Quia in universo mundo, ubi Christianitas est, ipsæ sacræ imagines permanentes, ab omnibus fidelibus honorantur, ut per visibilem vultum ad invisibilem Divinitatis majestatem mens nostra rapiatur spirituali affectu pro contemplatione figuratæ imaginis secundum carnem, quam Filius Dei pro nostra salute suscipere dignatus est; eumdem Redemptorem nostrum, qui in cœlis est, adoramus, et in spiritu glorificantes collaudamus: quoniam, juxta ut scriptum est, *Deus spiritus est* (*Rom.* IV); et ob hoc spiritaliter divinitatem ejus adoramus. Nam absit a nobis ut ipsas imagines, sicut quidam garriunt, deificemus: sed affectum et dilectionem nostram, quam in Dei amorem et sanctorum ejus habemus, omnimodo proferimus: et sic divinæ Scripturæ libros, ipsas imagines ob memoriam venerationis habemus, nostræ fidei puritatem observantes, et reliqua. Quidquid namque de sanctis Patrum opusculis aliquantula ibidem exaravimus testimonia, in eodem sensu atque tenore, ut præsentem diximus, cum prædecessore nostro sancto Gregorio papa, eumdem sensum fidei tenentes, emisimus prædicantes. Illi vero, ut nobis missi nostri, videlicet Petrus archipresbyter sanctæ nostræ Romanæ Ecclesiæ, Petrus religiosus presbyter et abbas venerabilis monasterii sancti Sabæ, viva voce dixerunt, statim nostras apostolicas amplectentes syllabas, concilium fieri jusserunt. Sed ab hæreticis seditione facta in Sicilia insula missi nostri sine responso reversi sunt: et demum post eos mittentes iterum Constantinopolim eos ascendi fecere. Et sic synodum istam secundum nostram ordinationem fecerunt, et in pristino statu sacras et venerandas imagines erexerunt. Et sicut de imaginibus, sancti Gregorii [a] sensum et nostrum continebatur: ita et ipsi in eadem synodo definitiones confessi sunt, his osculum et honorabilem salutationem reddidere; nequaquam secundum fidem nostram, veram culturam, quæ decet soli divinæ naturæ. Insuper et pseudosyllogum illud quod ab hæreticis factum est sub Constantino hæretico imperatore anathematizantes, cum eorum sequacibus atque complicibus damnaverunt; ad fidem orthodoxam sanctæ catholicæ et apostolicæ reversi Ecclesiæ, per libellos eorum fecerunt rectæ fidei confessionem. Et ideo ipsam suscepimus synodum: nam si eam minime recepissemus, et ad suum pristinum vomitum erroris fuissent reversi, quis pro tot millium animarum Christianorum interitu habuit reddere rationem ante terribile tremendum divini judicis examen, nisi nos solummodo? Si enim super unum peccatorem pœnitentiam agentem gaudium factum est in cœlis (*Luc.* xv), quanto magis de tot millibus Christianorum qui sunt ab errore reversi, quis non gaudeat, et cum Psalmista canat: *Accedite ad eum et illuminamini, et vultus vestri non erubescent?* et reliqua (*Psal.* xxxiii). Nos vero adhuc pro eadem synodo nullum responsum hactenus eidem imperatori reddidimus, metuentes ne ad eorum reverterentur errorem. Dudum quippe quando eos pro sacris imaginibus erectione adhortati sumus, simili modo et de dicecesi tam archiepiscoporum quam et episcoporum sanctæ catholicæ et apostolicæ Romanæ Ecclesiæ commonentes quæsivimus restituere eidem sanctæ catholicæ et apostolicæ Romanæ Ecclesiæ quæ tunc cum patrimoniis nostris abstulerunt, quando sacras imagines deposuerunt, et nec responsum quodlibet exinde dederunt: et in hoc ostenditur quia ex uno capitulo ab errore reversis, ex aliis duobus in eodem permaneant errore. Si enim ubique Christianorum Ecclesiæ canonicæ [*Pro canonici, B.*] intactas suas possident diœceses, quanto amplius sancta catholica et apostolica Romana Ecclesia, quæ est caput omnium Dei Ecclesiarum, sua diœcesi, videlicet archiepiscoporum et episcoporum, imo et patrimonia pro luminarium concinnatione atque alimoniis pauperum irrefragabili jure et tenere et possidere modis omnibus debet? Unde si vestra annuerit a Deo protecta regalis excellentia, eodem adhortamur impetu pro sacris imaginibus, in pristino statu erectione gratiam agentes. Sed de diœcesi sanctæ nostræ Romanæ Ecclesiæ tam archiepiscoporum quam episcoporum seu de patrimoniis iterum increpantes commonemus, ut si noluerit ea sanctæ nostræ Romanæ Ecclesiæ restituere, hæreticum cum pro hujusmodi erroris perseverantia esse decernemus. Plus enim cupimus salutem animarum et rectæ fidei stabilitatem conservare, quam hujusmodi habitum mundi possidere. De vero vestra præorectissima a Deo protecta excellentia orthodoxæ fidei stabilitate roborata freti existimus, quia radix ejus firmissima a pravis et infidelibus hominum unquam concutitur vel movetur; sed in ea, quæ cœpit rectæ fidei traditionis doctrina spiritualis matris suæ sanctæ catholicæ et apostolicæ Romanæ Ecclesiæ tenere et amplecti, incunctanter usque in sæculum sæculi sine reprehensione manere credimus: et ideo confidimus de Dei nostri potentia, quia quantum erga beatorum principum apostolorum Petri ac Pauli Ecclesiam fidem geritis et amorem, semper pro ejus profectu et exaltatione regali nisi, undique certantes habueritis; tanto brachii sui propitius in regalibus triumphis ab adversis et iniquis hominibus vos defendere et circumtegere dignetur, ut una cum spirituali filia nostra domina regina vestraque præcelsa nobilissima prole longiori ævo in hoc regnantes mundo, in futuro sine fine vitam cum regno in arce poli habere mereamini. Incolumem excellentiam vestram gratia superna custodiat.

---

[a] Hic et in tota hac epistola multa videntur corrupta quæ mss. codd. desiderant.

(a) (b) CONVENTUS PARISIENSIS

DE IMAGINIBUS,

Apud Parisios in palatio Kalendis Novembris habitus anno Christi 824, Eugenii papæ II anno 1, Ludovici Pii Augusti 11

PROLEGOMENA.

(Ex Mansi, ampl. conc. Collect.)

REFUTATIO LIBELLI
FALSO *SYNODUS PARISIENSIS* INSCRIPTI
A rev. cardinali Bellarmino edita.

Anno 1596 prodiit Francofurti libellus cum hoc titulo : « Synodus Parisiensis de imaginibus anno Christi 824 ex vetustissimo codice descripta, et nunc primum in lucem edita. » Hoc autem præsenti anno, cum mihi is libellus ab amico ostensus esset, animadverti continuo, nec vere synodum esse, nec scriptum luce dignum. Quare, ne forte inscriptio fallat incautos, operæ pretium me facturum existimavi, si libellum brevissime confutarem.

CAPUT PRIMUM.

Principio igitur non esse synodum ullam Parisiensem quæ hoc libello contineatur, argumento esse potest, quod nulla in eo conspiciantur decreta, nulli canones, nulla exstet episcoporum subscriptio, nulla synodi mentio. Sed et ipse libellus aperte redarguit sui tituli vanitatem. Sic enim legimus pag. 126 : « Nos non synodum congregando, sed quemadmodum a vobis postulavimus, licentiamque agendi percepimus, una cum familiaribus nostris, filiis vestris, quantum pro multiplicibus regni diversis occupationibus impediti per intervalla potuimus, considerare studuimus quid almitati vestræ de tanta necessitate significare potuissemus. »

Ac, ut verborum istorum sententia intelligatur, totius libelli argumentum exponemus. Scripsit Michael Balbus imperator Græcus ad Ludovicum Pium imperatorem Latinam epistolam bene longam in qua, post alia multa, significavit Ecclesiam propter imagines Christi et sanctorum in duas partes esse divisam, cum alii adorandas, alii non adorandas esse contenderent, et simul petiit, ut Ludovicus in Occidente operam daret, ut sublato superstitioso cultu imaginum, Ecclesia pacem et unionem recuperaret.

Ludovicus his litteris acceptis a summo pontifice facultatem obtinuit convocandi viros aliquot doctos, qui veterum patrum testimonia de cultu imaginum diligenter colligerent. Quo facto scribi jussit epistolam, quam nomine summi pontificis, ipso consentiente pontifice, cui primum ostendenda erat, ad Michaelem imperatorem dirigere cogitabat. Proprie tum epistolam prædictam, tum aliam a se ad ipsum pontificem, qui Eugenius dicebatur, proprio nomine scriptam per duos episcopos misit.

Hæc igitur quinque in libello nuper edito continen-

(a) Conventus iste seu, prout eum appellat Baronius, collatio Kalendis Novembris anni 825 habita, ut recte censuit idem Baronius, non vero an. 824, ut hic legitur. Episcopi enim Galliarum in illo conventu congregati in suis ad Ludovicum Aug. litteris aiunt : « Fecimus epistolam nobis relegi quam vobis legati Græcorum anno præterito detulerunt. » Certum est autem Michaelis et Theophili imperatorum Orientalium litteras anno 824 Ludovico Augusto redditas esse (Pagius *ad an. Christi* 825, num. 1).

(b) Acta pseudosynodi, quæ incerto et innominato

tur. Primum, epistola Michaelis Balbi ad Ludovicum Pium Caroli magni filium. Secundo collecta testimonia ex veteribus Patribus, quibus probatur imagines neque frangendas esse, ut volebant iconomachi, neque colendas, ut synodus Nicæna II statuerat. Tertio, epistola summi pontificis nomine scripta a Francis doctoribus ad Michaelem imperatorem, qua docetur imagines neque injuria afficiendas esse, neque etiam adorandas. Quarto, epistola Ludovici imperatoris ad Eugenium pontificem ejus nominis secundum, qua eum hortatur ad legationem in Græciam mittendam, et Ecclesiam pacificandam. Quinto, epistola ejusdem Ludovici ad Jeremiam et Jonam episcopos, quos Romam ad summum pontificem mittit, eosque instruit, quemadmodum prudenter cum pontifice se gerere debeant, ut eum ad suam sententiam pertrahant.

Ex his promptum erit intelligere fucum facere voluisse eos, qui hunc libellum specioso nomine synodi Parisiensis ornare voluerunt; qui quidem causam iconomachorum juvare et catholicæ fidei detrimentum aliquod afferre conati sunt; sed, Deo juvante, mox efficiemus, ut oleum et operam se perdidisse doleant.

CAPUT II.

Nam, ut ad epistolam Michaelis, quæ primam partem libelli occupat, veniamus, ea quidem plena videtur religiosi studii, ut si quis aliunde quis iste Michael fuerit ignoret, arbitretur eum unum ex optimis et Christianissimis principibus fuisse.

Sed exstant annales publici Joannis Zonaræ, Georgii Cedreni, et aliorum, qui res gestas Græcorum principum litteris mandaverunt. Ex his cognoscere licet Michaelem non solum cognomine, sed etiam reipsa Balbum, virum fuisse impium et scelestissimum, quippe qui magis Hebraicæ superstitioni quam Christianæ religioni addictus esset; qui resurrectionem carnis pernegaret, et ob id prophetas et apostolos qui eam prædicaverant irrideret; qui fornicationem licitam esse diceret, et sacrum cælibatum adeo contemneret, ut e monasterio sanctimonialem jam Deo sacram sibi conjugem deligeret; qui septimam synodum œcumenicam, atque ab Adriano pontifice maximo approbatam respueret; qui sacras imagines nullo honore dignas arbitraretur; qui iconomachis impense faveret, et Constantinum Copronymum iconomachorum principem sibi præter cæteros imitandum proponeret; qui sanctum Euthymium, sanctumque Methodium, aliosque pios veritatis defensores, vel exsilio, vel carcere, vel morte mulctaret.

auctore anno Domini 1596, nulla facta mentione loci ubi inventa vel unde accepta fuerint, in lucem prodierunt, tanquam spuria et illegitima, vel saltem de fide suspecta, nequaquam huic editioni inserenda esse putavi. Refutationem eorum sex capitibus distinctam edidit reverendissimus et illustrissimus cardinalis Robertus Bellarminus in appendice ad tractatum de Cultu imaginum. Quæ cum omni ex parte elaboratissima sit, integram hic lectori exhibendam esse judicavi. Selv. Bin.

Hic igitur est ille Michael, qui ovinam pellem indutus, cum esset revera lupus rapax, quasi fidei zelo accensus, nihil aliud optare se fingit, nisi Ecclesiæ reformationem et pacem. Sed quemadmodum in illa ipsa epistola deplorat necem Leonis imperatoris, cui proxime ipse successit, quem dicit ab improbis quibusdam conjuratione facta misere necatum, cum satis aperte constet ex auctoribus supra citatis ipsum cumdem Michaelem conspirationis principem fuisse, sic etiam pie queri videtur, Ecclesiam ob dissensiones de cultu imaginum esse divisam cum ipse potissimum dissensionis et divisionis auctor esset, qui synodum generalem, quæ dissensiones sustulerat, rejecisset, et iconomachiam propagare studeret : et non contentus dissensionibus orientalibus, in occidente quoque dissensiones serere ac propagare sataqeret.

Quod vero in extrema epistola catholicos reprehendit, quod vivificam crucem despiciant, quod imagines ut deos quosdam adorent, quod eis sacrificia offerant, quod ab eis nescio quo artificio de sacro fonte suscipi, et sacram communionem percipere velint, denique quod alias id genus superstitiones vel ineptias in cultu sacrarum imaginum ostendant, meræ calumniæ atque imposturæ sunt, neque mirabitur ejusmodi mendacia Græcum imperatorem in sua epistola ad Latinos longe positos scribere potuisse, qui cogitare voluerit, quam crassa et quam incredibilia mendacia nostri temporis hæretici de catholicis in vicinis locis degentibus fingant.

Sed ex concilio Nicæno secundo vere legitimo et œcumenico, velit nolit Michael Balbus, illis ipsis temporibus celebrato, luce solis clarius effici potest, illa esse commenta fraudesque hæreticorum. Docuit enim concilium illud, cui catholici omnes assentiebantur, imaginibus sacris deberi quidem suam venerationem, sed non majorem quam vivificæ cruci, neque illis ullo modo sacrificandum esse, neque eas cultu latriæ, qui Deo est proprius, adorandas. Legatur synodus, et imposturæ subito evanescent.

Quæ cum ita sint, vel Franci, qui Ludovico imperatori a consiliis erant, fidem habuerunt litteris Michaelis, vel non habuerunt. Si fidem habuerunt, circumventi sunt atque decepti; si fidem non habuerunt, abusi sunt litteris illis ad permovendum summum pontificem, ut majorum suorum acta rescinderet, et synodum Nicænam ab Adriano approbatam improbaret ipse atque damnaret.

Sed sive decepti fuerint, sive decipere voluerint, nihil attinebat istum vel errorem vel istud scelus ipsorum orbi terrarum prodere, præsertim cum non sine causa majores nostri libellos ejusmodi, qui nihil utilitatis, detrimenti autem plurimum, afferre poterant, libenter delitescere passi sint.

CAPUT III.

Venio nunc ad ea testimonia quæ pauci illi viri a Ludovico imperatore vocati ex veterum monumentis collegisse se dicunt; multis enim nominibus viri illi peccasse videntur, ac primum quidem ante collectionem satis audacter judicium sibi de scriptis apostolicis desumpserunt, nec solum de pontifice, sed etiam de generali synodo a pontifice approbata temere judicarunt. In qua re longe superarunt peccatum auctoris illius, qui nomine Caroli Magni librum edidit adversus cultum sacrarum imaginum. Ille enim (quod etiam Patres concilii Francofordiensis fecerunt) Nicænam synodum secundam improbavit, quoniam celebratam fuisse existimavit sine consensu apostolicæ sedis. At consiliarii isti Ludovici imperatoris, quorum scripta discutimus, fatentur synodum pro cultu imaginum, id est Nicænam secundam, ab Adriano summo pontifice coactam, et probatam, et tamen tum ipsam synodum, tum epistolam ejusdem Adriani ad Constantinum imperatorem pro cultu imaginum, et rursum defensionem ejusdem synodi ab Adriano ad Carolum missam examinare, dijudicare, reprehendere non verentur.

Hæc enim sunt ipsorum verba pagina 19 : « Primum epistolam domini Adriani papæ, quam quidem pro imaginibus erigendis Constantino imperatori et Helenæ matri ejus ad eorum deprecationem in transmarinis partibus direxit, coram nobis legi fecimus, et quantum nostræ parvitati res patuit, sicut juste reprehendit illos qui imagines sanctorum temerario ausu in illis partibus confringere et penitus abolere præsumpserunt, sic indiscrete noscitur fecisse, in eo quod superstitiose eas adorari jussit, pro qua etiam causa synodum congregari præcepit. » Et infra pagina 21, de defensione Nicænæ synodi ab Adriano edita, sic loquuntur : « Per singula capita in illorum excusationem respondere quæ voluit, non tamen quæ docuit, conatus est, etc. »

Ita nimirum judicem suum et totius mundi judicare, pastorem omnium Christi ovium pascere, et doctorem universorum docere non erubuerunt; qua temeritate nulla major cogitari potest.

CAPUT IV.

Sed fortasse nova aliqua atque recondita testimonia repererunt, quibus freti resistere in faciem apostolico præsuli non reformidarunt. Imo vero notissima et vulgaria, et quæ nihil ad rem faciant, sine ulla ratione vel ordine collegerunt.

Ac, ut exempli gratia pauca discutiamus, primum testimonium sumunt ex libro sancti Augustini de Hæresibus, ubi legimus Simonem magum jussisse imaginem suam, et Helenæ meretriculæ suæ a discipulis adorari. Atque hanc esse dicunt primam originem adorandarum imaginum. Quasi vero, si de falso cultu agitur, non ante Simonis tempora vituli aurei ab Hebræis, et simulacra hominum mortuorum a gentilibus adorata fuerint. Sed Ecclesia catholica non discit cultum rerum sacrarum ab hostibus suis, et si ex eo testimonio liceret colligere non esse Christi et sanctorum imagines venerandas, licebit eadem ratione colligere, ne ipsum quidem Christum ullo honore dignum esse: propterea siquidem impium erat Simonis et Helenæ imagines colere, quod Simon et Helena indignissimi essent qui colerentur.

Sed ridicula plane sunt quæ ex epistola 56 ejusdem Augustini ad Dioscorum testimonia desumpserunt. Ridicula, inquam, si ad id de quo agimus referantur. Quæ namque sanctus Augustinus disputat de imaginibus, quæ a corporibus defluentes in animum penetrant, ut per eas aliquid cernamus, vel cogitemus, ea proferunt isti ad probandum non esse Christi et sanctorum imagines depictas vel sculptas ullo modo colendas. Quæ quam bene cohæreant cum præsenti disputatione, lectoris esto judicium.

Quid? quod plurima testimonia, quæ summus pontifex Adrianus in epistola illa sua doctissima pro imaginibus posuit, isti rursum allegant, qui contra imagines pugnant.

Quod vero dicunt et nonnullis etiam testimoniis probare nituntur, non esse consuetudinem, vel annorum numerum, aut quamlibet vetustatis auctoritatem præferendam veritati; tunc recte diceretur, si probari posset cultum, quem Ecclesia catholica imaginibus exhibet, ex manifesto errore, non ex certa veritate descendere. Sed cum de re aliqua litigatur, multum valere consuetudinem, et venerandam esse antiquitatem, ne ipsi quidem negare possunt : quorsum enim tantopere laborarunt in evolvendis antiquitatis monumentis, si nullum probabile argumentum ex antiquitate peti potest? Nonne vident se hoc suo facto, contra sua verba pugnare? et re ipsa destruere quod verbis astruere nitebantur? Certe si liberet testimonia sancti Augustini, sancti Basilii, aliorumque veterum Patrum in medium afferre, quibus ipsi ex antiquitate vel Ecclesiæ consuetudine probant ecclesiastica dogmata, nullus finis esset.

Sed quod superat omnem admirationem, illud est, quod multa testimonia proferunt pro adoratione crucis, et cum rationem reddere volunt, cur signum, vel lignum crucis adorandum sit, et imagines Christi non sint adorandæ, dicunt eam esse causam, quia Christus in cruce suspensus fuit, non in imagine, et quia per crucem nos redemit, non per imaginem. Quod si refellere voluero, ne nimiæ tarditatis lectores existimare videar? Certe enim Christus non in signo crucis, quod in pariete, vel in tabella, vel in ære pingimus, suspensus fuit, neque etiam in ligneis illis crucibus quæ passim cernuntur et adorantur in Ecclesiis, sed in illa una cruce, cujus ista nostra signa, quæ pingimus, vel erigimus, imagines sunt. Cum ergo liceat per adversarios crucis imaginem colere, cur imaginem crucifixi colere non licebit? et si jure crucis adoramus imaginem, quia per crucem redempti sumus a Christo, quæ causa fingi potest cur non jure coli possit imago Christi, qui proprie nos redemit?

At, inquiunt, nihil manu factum colere fas est. Quid igitur? Lignum vel signum crucis non est manufactum? Codex Evangeliorum, et sacra vasa, quæ horum opinione veneranda sunt, quid sunt aliud nisi opera manuum humanarum? Et tamen verum est, nihil manufactum esse colendum eo genere cultus, quo Deus ipse, qui omnino non est factus, sed omnium rerum factor, colendus est.

Quare poterant collectores isti maximam partem testimoniorum quæ attulerunt omittere, quoniam iis nihil probatur aliud, nisi solum Deum esse colendum cultu latriæ sibi uni proprio, et non esse imagines ita adorandas, ut etiam sacrificia illis offerantur: quæ neque nos negamus, neque sancta Nicæna synodus negavit.

Ac ut videas, lector, quantas vires veritas habeat, ipsi quoque qui eam oppugnant non raro vel inviti vel imprudentes eam tuentur. Id accidit collectoribus nostris: nam inter alia testimonia colligunt etiam nonnulla, e quibus probatur imagines non esse frangendas, vel injuria afficiendas. Sed in iisdem testimoniis non habetur solum quod ipsi volunt, imagines videlicet non esse afficiendas injuria, sed habetur etiam quod nolunt, afficiendas honore, quod quidem illi collectores aliquando viderunt, et textum audacter corruperunt; aliquando viderunt, et testimonium contra se in ipso suo libello imprudentes reliquerunt.

Prioris rei exemplum habes actione 6 septimæ synodi, ubi allegatur sanctus Gregorius, qui in epistola 5 lib. VII, ad Januarium, reprehendit acriter nonnullos, qui beatæ Virginis imaginem et crucem Dominicam contumeliæ causa ad Judæorum synagogam detulerunt, et mandat Januario episcopo, ut sublatam ex eo loco cum ea qua dignum est veneratione imaginem atque crucem in ecclesiam referat. Hic boni collectores nomen imaginis simpliciter deleverunt, vel omiserunt, ne viderentur contra eorum dogma non solum crux, sed etiam imago beatæ Virginis veneranda, nisi forte librariorum errore nomen imaginum sit omissum.

Jam vero ejusdem synodi actione sexta paulo post ascribunt hæc verba ex epistola synodica Gregorii papæ: « Nos non ob aliud nomen imagines facimus et adoramus, sed pro nobis incarnato Verbo Dei, » etc. Audisne, collector, vocabulum, adoramus? et tamen a se hoc testimonium prolatum est. Sed habemus clariora.

Paulo infra ponuntur hæc verba ex libro sancti Basilii ad Amphilochium de Spiritu sancto cap. 17: « Imaginis honor ad primam formam transit, » etc. Ecce ubi rursus honorem imaginis. Sed ad clarissima veniamus.

Paulo post afferuntur hæc alia verba ex epistola ejusdem magni Basilii ad imperatorem Julianum. « Credo in unum Deum Patrem omnipotentem, Deum Patrem, Deum Filium, et Deum Spiritum sanctum, unum Deum, hæc tria adoro et glorifico. Confiteor autem et Filii incarnati dispensationem, et Dei genitricem, quæ secundum carnem eum genuit, sanctam Mariam; suscipio vero et sanctos apostolos, prophetas et martyres, et ad Deum deprecationem, quæ per eos proprium mihi efficit misericordissimum Deum, pro quo et figuras imaginum eorum honoro et adoro, specialiter hoc traditum est a sanctis apostolis, et non prohibitum, sed in omnibus ecclesiis nostris eorum designari volo historias, etc. » Quid audimus? Sanctus Basilius Magnus ab adversario advocatur testis, et vere testis est omni exceptione major. Is vero palam affirmat se honorare et adorare apostolorum, prophetarum et martyrum imagines. Idque affirmat, dum fidei suæ confessionem edit, ac de rebus non dubiis aut verisimilibus, sed certissimis et exploratis loquitur. Addit vero id ab apostolis traditum, et ab omni Ecclesia susceptum et observatum. Quid, quæso, responderi potest? Auctor gravissimus aperte loquitur, et ejus testimonium ab adversariis profertur. Neque desunt alia testimonia similia in eodem libello, Athanasii, Germani, Leontii et aliorum, quæ imprudenter ab adversariis contra se et pro nobis, hoc est pro cultu sacrarum imaginum proferuntur. Sed ego brevitati studeo, neque libenter in his refellendis ineptiis tempus tero

CAPUT V.

Sequitur pars tertia, id est epistola Eugenii papæ ad Michaelem et Theophilum ejus filium imperatores, quam epistolam iidem collectores scripsisse videntur: neque enim Eugenius ullam talem epistolam scripsit, sed (ut supra dixinus) scripta fuit, ut nomine pontificis mitteretur, ut ipse probaret. In quo re cogimur desiderare prudentiam collectorum. Qua enim fronte Romano pontifici præscribere ausi sunt, quid ipsum scribere oporteret? Qua vero fiducia sperare potuerunt, Romanum pontificem scripturum ad Græcum imperatorem contraria iis quæ prædecessores ejus non semel scripserunt?

Sed videamus, si placet, paulo diligentius, an epistola illa summum pontificem deceat. Omitto autem quod in hoc libello epistola illa caret principio, quod peccatum non primo auctori, sed ei qui nunc demum post tot sæcula libellum hunc in lucem edidit, tribuendum videtur. Nihil etiam quod epistola verbosa est admodum obscura, barbara, imperita: detur enim hoc tempori. Taceo denique quod dum conatur tollere repugnantiam quæ in verbis Gregorii esse videbatur, tanto se magis involvit, quanto magis conatur evolvere. Sed tria quædam tacitus præterire non possum. Primum enim facit hæc epistola pontificem summum, adulatorem imperatoris imprudentissimum, dum ita loquitur: « O venerandi mundi princeps, cum universa sancta Dei, quam Domino disponente et committente gubernatis, Ecclesia, » Et infra: « Propter adunandam, quam Domino Deo ordinante regitis, Ecclesiam. » Quæ fœdior adulatio? Michael Balbus interfecto legitimo imperatore, cum esset ipse pro sceleribus suis jam morti adjudicatus, tyrannice invasit imperium, et pontifex maximus affirmabit, Deo disponente, committente, et ordinante, hunc ipsum Balbum gubernacula suscepisse, non solum imperii, sed etiam Ecclesiæ. Et si Ecclesia Dei ab ipso Deo gubernanda imperatori tradita est, quid faciunt in Ecclesia episcopi? quid ipse summus pontifex? « Imperator (inquit sanctus Ambrosius) in Ecclesia est, non supra Ecclesiam; filius Ecclesiæ, non rector; ovis, non pastor. » Et sanctus Joannes Chrysostomus diacono suo dixit: « Si is qui diademate coronatur indigne adeat ad sacra mysteria percipienda, cohibe et coerce; majorem tu illo habes potestatem. »

Deinde in eadem epistola non semel repetitur hoc argumentum: « Si nulla unquam picta vel ficta fuisset imago, nihil periret de fide, spe, et charitate, quibus ad regnum pervenitur æternum. » Et tamen propter imagines orta est dissensio et divisio in Ecclesia, turbata pax, charitas violata : et non animadverterunt, qui eam epistolam nomine summi pontificis scribunt, eo argumento non solum effici (si quid tamen efficitur quod mox videbimus) imagines omnino de medio esse tollendas, quod ipsi nolunt. Nec tamen argumentum illud aliquid valet.

Quamvis enim nihil periret de fide, spe et charitate, si nulla picta vel ficta esset imago, tamen quando picta vel ficta est, peccat in fidem, qui eam negat esse venerandam, quoniam honor imaginis ad prototypum refertur, quod venerandum esse fides docet, et adversarius non negat. Et potest hoc ipsum similitudine illustrari. Si libellus aliquis divinæ Scripturæ, ut Epistola ad Philemonem, non exstaret, nihil deperiret de fide, spe, et charitate; et tamen quia nunc exstat, qui eam negaret esse cum veneratione suscipiendam, peccaret in fidem, et si propterea dissensiones orirentur, non esset Epistola abjicienda, sed imperitia dissidentium coarguenda et instruenda.

Postremo in eadem illa epistola reprehenditur Constantinus, et mater ejus Irene, quod edicto suo jusserit sacras imagines juxta concilii generalis decretum, cum veneratione esse habendas. Quæ sane reprehensio a summo pontifice, nisi plane amente, scribi non potuit. Quid enim? Adrianus papa Constantinum et Irenen summis laudibus efferri, quod sacrarum imaginum religioso cultui faveant, et Adriani successor Eugenius eosdem imperatores ob causam eamdem reprehendet? Et quæ major stultitia fingi potest, quam ut summus pontifex moleste ferre se dicat, quod ab imperatore decreta conciliorum generalium a sede apostolica approbata serventur ac defendantur?

Sed si parum prudentes collectores fuerunt, non fuit inconstans apostolicæ sedis antistes : permansit enim in iis quæ prædecessores non sine magna deliberationis maturitate statuerant. Nam neque Eugenius eam epistolam misit : et paulo post Adrianus II synodum œcumenicam octavam Constantinopoli celebrandam curavit, in qua synodus septima de cultu imaginum iterum approbata est. Denique Anastasius Bibliothecarius Romanus in præfatione VII synodi ad Joannem VIII pontificem, qui Adriano II proxime successerat, scribit in eadem sententia fuisse omnes Romanos pontifices. « Quæ, inquit, super venerabilium imaginum adoratione præsens synodus docet, hæc et apostolica vestra sedes, sicut nonnulla scripta innuunt, antiquitus tenuit, et universalis Ecclesia semper venerata est, et hactenus veneratur, quibusdam duntaxat Gallorum exceptis, quibus utique nondum est horum veritas revelata. »

CAPUT VI.

Restat pars ultima, hoc est epistola Ludovici imperatoris ad Eugenium pontificem, et altera ejusdem Ludovici ad Jeremiam et Jonam episcopos : in quibus nihil observandum occurrit, nisi quod in iis quædam dicuntur, quæ redolere videntur fraudes recentium hæreticorum. Unde venit in mentem suspicari ne forte vel totus hic libellus sit confictus, vel, quod est credibilius, depravatus, et auctus ad invidiam Romanæ Ecclesiæ conciliandam.

Sed sive sit verus liber, sive confictus, sive partim sincerus, partim adulterinus, illud unum constat non esse librum dignum in quo legendo tempus conteratur. Titulus falsus, dictio barbara, sententiæ insulsæ, ordo perversus, eorumdem testimoniorum crebra repetitio, facile potuissent persuadere typographo, si is commune commodum, et non proprium lucrum spectasset, ut sibi ab edendo ejusmodi opere temperaret.

(*De eadem pseudosynodo Parisiensi plura scribit Baronius annis* 824 *et* 825.)

CONVENTUS PARISIENSIS,

EXCELLENTISSIMIS AC VICTORIOSISSIMIS DEOQUE AMABILIBUS AUGUSTIS

DOMINIS HLUDOWICO ET HLUDHARIO IMPERATORIBUS.

Nos servi ac fidelissimi oratores vestri, qualiter proximis Kalendis Novembris apud Parisiorum urbem juxta præceptum vestræ magnitudinis in unum convenimus, qualiterque de negotio a vestra pietate nobis injuncto, de causa videlicet imaginum, egerimus, ad memoriam vestræ celsitudinis reducimus. Sed ut melius nobis manifestum fieret, ob quam causam vestra pietas, quæ erga Dei sanctæque suæ Ecclesiæ amorem ardentissime flagrat, ad hoc inquirendum primum accensa fuerit, necessarium duximus, initium hujusce rei cognoscere, et ideo primum epistolam domini Adriani papæ, quam pridem pro imaginibus erigendis Constantino imperatori et Herenæ matri ejus ad eorum deprecationem in transmarinis partibus direxit, coram nobis legi fecimus, et quantum nostræ parvitati res patuit, sicut juste reprehendit illos, qui imagines sanctorum temerario ausu in illis partibus confringere, et penitus abolere præsumpserunt, sic indiscrete noscitur fecisse in eo, quod superstitiose eas adorare jussit; pro quarum etiam causa synodum congregari præcepit, et sua auctoritate sub jurejurando censuit, ut erigerentur, et adorarentur, et sanctæ nuncuparentur, cum eas erigere licitum, adorare vero nefas sit. Inseruit etiam in eadem epistola quædam testimonia sanctorum patrum, quantum nobis datur intelligi, valde absona, et ad rem de qua agebatur, minime pertinentia.

Ex hujus namque epistolæ textu, imperator et clerus, simulque et populus, auctoritatem sumentes synodum fecerunt, in qua sicut illi multum deviaverunt, qui imagines sanctorum in illa alia synodo, quæ sub Constantino avo memorati Constantini facta est, penitus abdicandas esse decreverunt, sic isti non mediocriter erraverunt, qui eas non solum coli et adorari, et sanctas nuncupari sanxerunt, verum etiam sanctimoniam ab eis se adipisci professi sunt. Et ut id verum esse quod nitebantur astruere, demonstrarent, quædam sanctarum Scripturarum testimonia et sanctorum Patrum dicta ad suum superstitiosum errorem confirmandum violenter sumpserunt, et eidem suo operi incompetenter aptaverunt, quoniam non eo sensu quo dicta, nec eo intellectu, quo a sanctis Patribus exposita ab illis esse produntur prolata vel intellecta.

Eamdem porro synodum cum sanctæ memoriæ genitor vester coram se suisque perlegi fecisset, et multis in locis, ut dignum erat reprehendisset, et quædam capitula, quæ reprehensioni patebant, prænotasset, eaque per Angilbertum abbatem eidem Adriano papæ direxisset, ut illius judicio et auctoritate corrigerentur, ipse rursus favendo illis, qui ejus instinctu tam superstitiosa tamque incongrua testimonia memorato operi inseruerant, per singula capitula in illorum excusationem respondere quæ voluit, non tamen quæ decuit, conatus est. Talia quippe quædam sunt, quæ in illorum objectionem opposuit, quæ re mota pontificali auctoritate, et veritati et auctoritati refragantur. Sed licet in ipsis objectionibus aliquando absona, aliquando inconvenientia, aliquando etiam reprehensione digna testimonia defensionis gratia proferre nisus sit, in fine tamen ejusdem apologiæ sic se sentire et tenere et prædicare ac præcipere de his-quæ agebatur, professus est, sicut a beato papa Gregorio institutum esse constabat. Quibus verbis liquido colligitur, quod non tantum scienter, quantum ignoranter, in eodem facto a recto tramite deviaverit. Nisi enim in conclusione objectionum suarum retinaculis veritatis, beati scilicet Gregorii institutis, astrictus, iter devium præcavisset, in superstitionis præcipitium omnino labi potuisset.

His igitur pro captu ingenii animadversis et intellectis, ut plenius etiam nobis cuncta patescerent, fecimus epistolam nobis relegi, quam vobis legati Græcorum anno præterito detulerunt. Venerabilis namque Freculfus episcopus subtiliter prudenterque, qualiter ipse et Adegarius socius illius, de hac re cum domino apostolico et cum venerandis episcopis et ministris illius egissent, viva voce parvitati nostræ innotuit. Sed cum prudenti relatu illius cuncta cognovissemus, qualiter partim veritatis ignorantia, partim pessimæ consuetudinis usu hujus superstitionis pestis illis in partibus inolevisset, et priora et posteriora studiosissime considerassemus, intelleximus, quantum nobis res patuit, quo zelo ad hæc consideranda vestra sancta devotio excitata fuerit. Non enim ignoramus animum vestrum magno tædio posse affici, cum illos a recto tramite quoquomodo conspicitis deviare, qui summa auctoritate præditi, deviantes quosque debuerant corrigere! Illo nempe zelo accensi estis, de quo beatus Paulus apostolus dicit: *Quis scandalizatur, et ego non uror* (II Cor. xi)? Cum enim duos in periculo constitutos conspexistis, et a via regia declinantes, unum scilicet ad sinistram in abruptum confringendarum imaginum prolapsum, alterum vero ad dexteram in superstitiosam videlicet earundem imaginum adorationem proclivem, voluistis vos affectu pietatis medium opponere, et utriusque partis morbo salutiferam medicinam conferre.

Sed quoniam maximum vobis in eo obstaculum erat, eo quod pars illa quæ debebat errata corrigere, suaque auctoritate hujusce superstitionis errori obniti, ipsa prorsus eidem superstitioni non solum resistere, verum etiam incauta defensione contra auctoritatem divinam et sanctorum patrum dicta nitebatur suffragari, aperuit vobis Dominus ostium juxta optatum vobis desiderium, ut licentia vobis ab eadem tribueretur auctoritate tantæ rei cum vestris quærendi familiariter veritatem, ut quoniam inerat vobis voluntas consulendi, et deerat auctoritas quærendi, ejus auctoritate quæreretis veritatem, cujus auctoritas deviare videbatur ab ipsa veritate, quatenus sancto vestro desiderio ac vigilanti studio veritas patefacta, dum se in medium ostenderet, etiam ipsa auctoritas volens nolensque veritati cederet atque succumberet. Sed quoniam fratrum salus non est negligenda, et eminens auctoritas non est facile reprehendenda, visum est extremitati nostræ, ut omnis vestræ serenitatis sermo ad illos specialiter ac apostolicarum culmini litterarum dirigatur, quorum primum causa ad hæc quærenda estis excitati, et quidquid reprehensione in utrisque partibus dignum cognoscitur, ad illorum personam potius referatur, qui libere admoneri possunt, et quorum scandalum, si pro veritate ortum fuerit, facilius tolerari potest.

Credimus itaque, quod illos reprehendendo, illisque compatiendo, istos vero demulcendo, laudando et præferendo, eorumque auctoritatem magnis laudum præconiis efferendo, et sanctæ Romanæ Ecclesiæ condignam laudem deferendo, veritatem tamen ex testimoniis sanctarum Scripturarum et sententiis sanctorum Patrum in medium proferendo, et veraciter sobrieque exponendo, poterit vestra sanctissima devotio, sicut optat, utrisque consulere.

Sic quippe refragator vinculis veritatis modo blandiendo, modo honorando, modo secundum rationem veritatem demonstrando subtiliter astrictus, non audebit aliter docere, quam quod veritas habet, nec poterit aliter tenere, quam quod veritas habet, nec poterit aliter tentare quam quod veritatis documento aliis tenendum tradiderit.

Tali nempe modo visum est nostræ mediocritati, ut utriusque partis saluti commodissime prodesse, magnamque vobis a Domino remunerationem hujus rei gratia præparare possitis. Credimus sane, quia quanquam aliqua ex parte superstitiosam sibi consuetudinem forte vindicare velint, nullatenus tamen ab eadem sede aliter quam auctoritas et veritas se habet, mandare in aliquam partem præsumet. Verebitur siquidem, potestatem vestram, auctoritatem sedis, et testimonia veritatis. Cum igitur a vestra sancta devotione ita peracta fuerint, licet, quod non optamus, in aliquo aut isti aut illi deviare voluerint, et vestram saluberrimam admonitionem, quæ tota ex auctoritate veritatis profertur audire contempserint, non minor ob id vobis a Domino recompensatio fiet, quia totum secundum verba beati Eliæ prophetæ, *quod vestrum fuit facere studuistis* (III Reg. xix).

Nos denique servi vestri, sicut superius præmissum est, in unum convenientes, et de nobis injunctis pro captu intelligentiæ nostræ familiariter conferentes, testimonia ex auctoritate divina et sententias sanctorum patrum, quas prout temporis angustia permisit, collegimus, et coram nobis legi fecimus, et quidquid in his de negotio, de quo agitur, necessarium aptumque judicavimus, et in unum congerere studuimus, vestræque imperiali potentiæ per venerabiles viros Halitgarium et Amalarium dirigere præsumpsimus, ut videlicet vestra a Deo vobis collata sapientia ex his eligat, quidquid necessarium dignumque ad idem negotium pertinens judicaverit. Obsecramus itaque humiliter abundantissimam pietatem vestram, ut non nobis ascribatur, quidquid ibi minus aut indecens, aut... inventum fuerit. Vere enim fatemur, quia angustia temporis præpediente, nec quanta voluimus, nec quanta opinuimus, collegimus, sed tantum vestris sacris jussionibus, ut decet, et oportet, totis nisibus parere cupientes, quæ parvo in tempore ad manus nobis occurrere potuerunt, breviatim collegimus, et huic operi usque ad vestram sagacissimam examinationem inservimus. Nam quidam nostrorum de longe venientes non habuerunt spatium temporis quærendi; quidam vero nec causam, pro qua ad hunc conventum venire jussi sunt, donec pervenerunt, veraciter nosse potuerunt. Moduinus namque infirmitate, in qua diutissime laborat, detentus venire nequivit.

Scit itaque plenissime excellentia vestra, quia illud, quod per omnes catholicorum libros indagari necessitas urget, prolixi temporis spatio ad legendum indiget. Nam si sufficiens spatium temporis nobis tributum fuisset, tanta Domino opitulante poteramus colligere, quæ huic operi copiose poterant abundare. Tamen in his quæ collecta sunt, summam hujus negotii de quo agitur, discrete comprehensam esse juxta auctoritatem divinam et sanctorum patrum sententias arbitramur, ita videlicet, ut unusquisque fidelis ea perlegens animadvertere queat, quod imagines sanctorum stulta præsumptione nec sunt contingendæ, et ad injuriam sanctorum abolendæ, et penitus despiciendæ nec assertione superstitiosa colendæ aut adorandæ, sed potius hujuscemodi superstitione remota, juxta veram religionem memoria et amoris causa, ob recordationem eorum quorum imagines habendæ, sicut a beatissimo Gregorio satis catholice perspicueque dictum declaratur.

Quia igitur nos his, qui in sacra sede beati Petri apostoli resident, dignum honoris reverentiam jure tribuendam non dubitamus, et illorum erga imagines superstitiosam venerationem quidam visu, omnes vere aliorum relatu cognoscimus, voluimus primum contra illos sententias ponere, quod imagines præsumptiosa temeritate confringere præsumpserunt, quatenus inde isti animati aliorum errata valentius vobiscum corrigerent, et ad suam superstitionem cognoscendam veritatis testimonia suscipienda animum facilius flecterent. Sicut igitur nobis videtur, et superius præmisimus, aperte sermo vestræ correctionis contra illos usquequaque dirigi potest, a quibus vobis illa epistola quam relegimus directa esse cognoscitur, quoniam ejus textu utramque partem reprehensione dignam demonstravit, et illam scilicet quæ indebito ac superstitioso cultu imagines venerabatur, et illam, quæ ab inferioribus locis easdem imagines evertere ac delere præcepit. Et ideo credimus, quanquam cætera alia secundum auctoritatem veritatis, sicut in suis scriptis continetur, idem imperator fecerit, propter hoc tamen factum quosdam illarum partium infirmos scandalizasse, nec non quosdam nostræ urbis Romanæ perturbasse.

Ad exaltationem et pacem sanctæ suæ Ecclesiæ humillimam Deoque amabilem, ac Christianæ religioni necessariam dominationem serenitatis vestræ Dominus Jesus Christus incolumem dextera suæ pietatis tueri, ac felici protectione per immensum conservare, et post hujus vitæ cursum supernis civibus consortem dignetur efficere.

CAPUT PRIMUM.

Congruum necessariumve judicavimus primum sententias sanctorum patrum colligere contra eos qui imagines non solum ab ædibus, sed etiam a sacris vasis indiscrete abolere præsumunt.

Ex libro Eusebii ecclesiasticæ Historiæ vii, cap. 15: « Verum quia urbis hujus fecimus mentionem, jus um videtur commemorare etiam illud in ea gestum quod historia dignum duximus, mulierem quam sanguinis profluvio laborantem a Salvatore curatam Evangelia tradiderunt, hujus urbis civem constat fuisse, domusque ejus in ea etiam nunc ostenditur. Pro foribus vero domus ipsius basis quædam in loco editiore collocata monstratur, in qua mulieris ipsius velut genibus provolutæ palmasque simpliciter tendentis imago ære videtur expressa. Astat vero alia ære nihilominus fusa statua habitu virili, stola compta circumdata, et dexteram mulieri porrigens; hujus ad pedem statuæ, e basi herba quædam nova specie nascitur, quæ cum exorta fuerit, excrescere usque ad stolæ illius ærei indumenti fimbriam solet, quam cum summo vertice crescere herba contigerit, vires inde ad depellendos omnes morbos languoresque conquirit, ita ut quæcunque illa fuerit infirmitas corporis, haustu exiguo madefacti salutaris graminis depellatur, nihil omnino virium gerens, si antequam æreæ fimbriæ summitatem crescendo contigerit decerpatur. Hanc statuam ad similitudinem vultus Jesu formatam tradebant, quæ permansit ad nostra usque tempora, sicuti ipsi oculis nostris inspeximus, et nihil mirum si hi, qui ex gentibus crediderunt, pro beneficiis quæ a Salvatore fuerant consecuti, hujusmodi velut munus videbantur offerre. Cum videamus etiam nunc et apostolorum Petri et Pauli vel ipsius Salvatoris imagines designari, tabulisque depingi, sed et antiquas ipsorum imagines a quibusdam conservatas nos vidimus. Quod mihi videtur ex gentili consuetudine indifferenter observatum, quod ita soleant honorare quos honore dignos duxerunt : insignia etenim veterum reservari ad posterorum memoriam, illorum honoris, horum vero amoris indicium est. »

In Actibus Silvestri papæ leguntur « apparuisse Constantino imperatori in visione apostolos sanctus Petrus et Paulus, eique ita dixisse : Quoniam flagitiis tuis posuisti terminum, et effusionem innocentum sanguinis horruisti, missi sumus a Christo illorum Domino, dare tibi sanitatis recuperandæ consilium. Audi ergo monita nostra, et fac quæcunque indicamus tibi. Silvester episcopus civitatis Romanæ ad montem Syrapti persecutiones tuas fugiens, in cavernis petrarum cum suis clericis latebram fovet. Hunc cum ad te adduxeris, iste tibi pietatis piscinam ostendet, in quam dum te tertio merseris, omnis te valetudo ista deseret lepræ. Quod dum factum fuerit, hanc vicissitudinem tuo Salvatori compensa, ut omnes jussu tuo per totum orbem Romanum ecclesiæ restaurentur, tu autem in hac parte purifica te, ut relicta superstitione idolorum, Dominum unum, qui solus et verus est, adores et excolas, et ad ejus voluntatem attingas. Exsurgens itaque a somno, statim convocat eos qui observabant palatium, et secundum tenorem somnii sui, misit ad montem Syrapti, ubi sanctus Silvester in cujusdam Christiani agrum persecutionis causa cum suis clericis receptus lectionibus et orationibus insistebat. Ac ubi a militibus se conventum vidit, credidit se ad martyrii coronam evocari. Et conversus ad clerum qui cum eo erat dixit : Ecce nunc tempus acceptabile, ecce nunc dies salutis. Profecus itaque ut dictum est, pervenit ad regem, cui nuntiatus cum tribus presbyteris et duobus diaconibus ingressus dixit : Pax tibi et victoriæ de cœlo ministretur. Quem cum rex alacri animo et vultu placidissimo suscepisset, omnia quæ illi facta, quæ dicta sunt, quæ etiam relata secundum textum superius comprehensum exposuit. Post finem vero narrationis suæ, percontabatur qui isti essent dii Petrus et Paulus qui illum visitarent, ob quam causam salutis suæ ejus latebram detexissent. Silvester respondit : Hos quidem Dominus noster sibi idoneos servos Christi et apostolos elegit ab eo missos ad invitationem gentium, ut credentes salutem consequantur. Cumque hæc et his similia Augusto diceret papa, interrogare cœpit Augustus utrumnam istos haberet aliqua imagines expressos, ut ex pictura discerret hos esse quos revelatio docuisset. Tunc sanctus Silvester misso diacone imaginem apostolorum exhiberi præcepit, quam imperator aspiciens ingenti clamore cœpit dicere ipsos esse quos viderat, nec debere jam differre episcopum ostensionem piscinæ, quam istos promisisse suæ saluti memorabat. »

Joannes Chrysostomus, in homilia de superscriptione psalmi quinquagesimi : « Pictores imitantur arte naturam, et colores coloribus permiscentes visibiles corporum depingunt imagines, et faciunt homines, et animalia, et arbores, et reges, et rusticos, et barbaros, et pugnas, et rixas, torrentes sanguinem, et lanceas, et loricas, et scuta, et sedem regalem, et imperatorem sedentem, et barbarum subditum, et gladium acutum, et fluvios decurrentes, et campos variis floribus adornatos, et omnia quæ videntur per artem imitantes, mirabilem historiam videntibus præstant. »

Paulinus lib. ix [a].

Nunc volo picturas fucatis agmine longo
Porticibus videas pauloque supina fatiges.
Colla reclinato dum perlegas omnia vultu.
Qui videt hæc vacuis agnoscens vera figuris,
Non vacua fidem sibi pascit imagine mentem.
Omnia namque tenet serie pictura fideli,
Quæ senior scripsit per quinque volumina Moses,
Quæ gessit Dominus signatus nomine Jesus.

Et post pauca :

Forte requiratur quanam ratione gerendi,
Sed sit hæc nobis sententia pingere sanctas
Raro domus animantibus assimilatis?
Accipe et paucis tentabo exponere causas.
Quos agit huc sancti Felicis gloria cœtus
Obscurum nulli; sed turba frequentior his est

---
[a] De Natali sancti Felicis Nolani.

Rusticitas non cassa fide neque docta legendi.
Hæc assueta diu sacris servire profanis,
Ventre dum tandem convertitur advena Christo,
Dum sanctorum opera in Christo miratur aperta,
Cernite quam multi comeant ex omnibus agris,
Quamque pie rudibus decepti mentibus errent.
Longinquas liquere domos, sprevere ruinas,
Non gelidi fervente fide, et nunc esse frequentes
Per totam vigiles extendunt gaudia noctem,
Lætitia somnos, tenebras funalibus arcent.

Et paulo post :

Dum fallit pictura famem sanctasque legendi
Historias, castorum operum subrepit honestas,
Exemplis inducta piis potatur hianti
Sobrietas, nimii subeunt oblivia vini,
Dumque diem ducunt spatio majore ruentes
Pocula rarescunt, quia per miracula tracto
Tempore jam paucæ subeunt epulantibus horæ.

Et infra :

De Genesi precor hunc orandi collige sensum.
Ne maneam terrenus Adam, sed virgine terra
Nascar et exposito veteri nova former imago.

Beatus Gregorius Nyssenus episcopus, inter cætera, ubi de Abraham sermonem instituit : « Vidi, inquit, imaginem passionis, et non sine lacrymis visionem præterii, opere artis ad faciem deducens historiam, etc. »

Item idem in interpretatione Cantici canticorum : « Qui, inquit, imaginem conspicit, ex eadem arte per colores completam tabulam, non tinctionis præfert contemplationem, sed ad visionem depictam conspicit tantummodo, quam per colores magister demonstravit. »

Augustinus in lib. xvi de Civit. Dei : « Quosdam sine cervice oculos habentes in humeris, et cætera hominum, quasi genera hominum, quæ in maritima platea Carthaginis musivo picta sunt, ex libro deprompta velut curiosioris historiæ. » — Item ipse post pauca : « Quapropter aut illa quæ et alia de quibusdam gentibus scripta sunt, omnino nulla sunt, aut si sunt, homines non sunt, apparet liquido, quoniam sicut per picturam utiles et veræ recordationes ad memoriam aliquando redeunt, quæ compunctionem ingerant, ita et jam nocivæ falsæ, humanis mentibus semper imagines ludificando ingerunt. »

Item Augustinus in libro de decem Chordis, inter cætera, sic ait : « Quomodo facio ipsi Domino injuriam? corrumpis teipsum. Et unde facio injuriam Domino, quia corrumpo meipsum? Unde tibi facit injuriam, qui voluerit forte lapidare tabulam tuam pictam, in qua tabula imago tua est, in domo tua inaniter posita ad vanum honorem tuum, nec sentiens, nec loquens, nec videns, et si quis illam lapidet, nonne tibi facit contumeliam? »

In libr. Tripartiæ Historiæ, lib. x, cap. 50 : « Neque enim sanctus Paulus dum venisset Athenas, et civitatem repletam idolis conspexisset, aras ab illis honoratas destruxit, sed ratione ignorantiam redarguit, veritatis jura monstravit. » — Item in codem libro vi : « Illud quoque quod sub Juliano provenit, narrare non sileo. Fuit enim signum quidem virtutis Christi, et judicium contra principem iracundiæ Domini. Cum enim agnovisset in Cæsarea Philippi civitate Phœniciæ, quam Paneam vocabant, insigne Christi esse simulacrum, quod sanguinis liberata profluvio constituerit, eo deposito, suam ibi statuam collocavit. Quæ violento igne de cœlo cadente, circa ejus pectus divisa est, ut caput cum cervice una parte dejectum atque in terra fixum, reliqua vero pars hactenus restitit, atque fulminis indicia reservavit. Statuam vero Christi tunc quidem pagani trahentes confregerunt. Postea vero Christiani colligentes in ecclesiam recondiderunt, quod hactenus reservatur. »

CAPUT II.

Nunc qualis discretio sit tenenda erga sanctorum imagines habendas et historiarum picturas, sanctissimi et egregii atque admirabilis totiusque catholicæ Ecclesiæ doctissimi viri beati Gregorii papæ sequentia dicta declarant.

Scribit autem ad Serenum Massiliensem episcopum : « Indico, inquit, ad nos dudum pervenisse, quod frater Nitasuram [fraternitas vestra], quosdam imaginum adoratores aspiciens, easdem ecclesiis imagines confregit atque projecit. Et quidem zelum vos, ne quid manu factum adorari possit, habuisse laudavimus, sed frangere easdem imagines non debuisse judicamus. Idcirco enim pictura in ecclesiis adhibetur, ut hi qui litteras nesciunt, saltem in parietibus videndo legant, quæ legere in codicibus non valent. Tua ergo fraternitas, et illa servare, et ab eorum adoratu populum prohibere debuit, quatenus et litterarum nescii haberent, unde scientiam historiæ colligerent, et populus in picturæ adoratione minime peccaret. »

Item idem ad eumdem : « Perlatum, inquit, siquidem ad nos fuerat, quod inconsiderato zelo succensus, sanctorum imagines, sub hac quasi excusatione ne adorari debuissent, confringeres. Etquidem quia eas adorare vetuisses omnino laudavimus, fregisse vero reprehendimus. Dic, frater, a quo factum sacerdote aliquando auditum est quod fecisti? Si non aliud, vel illud te debuit revocare, ut despectis aliis fratribus solum te sanctum et esse crederes sapientem? Aliud est enim picturam adorare, aliud picturæ historia quid sit adorandum addiscere. Nam quod legentibus scriptura, hoc idiotis præstat pictura cernentibus, quia in ipsa ignorantes vident quid sequi debeant, in ipsa legunt qui litteras nesciunt. Unde præcipue gentibus pro lectione pictura est, quod magnopere ab te, qui inter gentes habitas, attendi decuerat, ne dum recto zelo incaute succenderis, ferocibus animis scandalum generares. Frangi ergo non debuit, quod non ad adorandum in ecclesiis, sed ad instruendas solummodo mentes fuit nescientium collocatum, et quia in locis venerabilibus sanctorum depingi historias non sine ratione vetustas admisit, si zelum discretione condisses, sine dubio et ea quæ intendebas, salubriter obtinere, et collectum gregem non dispergere, sed potius poteras congregare, ut pastoris in te merito nomen excelleret, non culpa dispersoris incumberet. Hinc autem dum in hoc animi tui incaute nimis motus exsequeris, ita tuos scandalizasse filios perhiberis, ut maxima eorum pars a tua se communione suspenderet. Quando ergo ad ovile Dominicum errantes oves adducas, qui quas habes detinere non prævales? Proinde hortamur ut vel nunc studeas esse sollicitus, atque ab hac te præsumptione compescas, et eorum animos, quos a tua disjunctos unitate cognoscis, paterna ad te dulcedine, omni adnisu, omnique studio revocare festines. Convocandi enim sunt diversi Ecclesiæ filii, eisque Scripturæ sanctæ testimoniis ostendendum, quia omne manu factum adorare non liceat, quoniam scriptum est : *Dominum Deum tuum adorabis, et illi servies* (*Deut.* vi, *Matth.* iv). Ac deinde subjungendum, quia picturæ imaginum, quæ ad ædificationem imperiti populi factæ fuerant, ut nescientes litteras, ipsam historiam intendentes quod dictum sit discere, transisse in adorationem videras. Idcirco commotus es, ut eas imagines frangi præciperes, atque eis dicendum, si ad hanc instructionem, ad quam imagines antiquitus factæ sunt, habere vultis in ecclesiis, eas modis omnibus et offerri, et haberi permittas. At judica quod non tibi ipsa visio historiæ, quæ pictura teste pandebatur, displicuerit, sed illa adoratio, quæ picturis fuerat incompetenter exhibita, atque in his verb s eorum mentes demulcens eos ad concordiam tuam revoca. Et si quis imagines facere voluerit, minime prohibe; adorare vero imagines omnimodis devita. Sed hoc sollicite fraternitas tua admoneat, ut ex visione rei gestæ ardorem compunctionis percipiant, et in adorationem solius omnipotentis sanctæ Trinitatis humiliter prosternantur. »

Item idem ad Januarium episcopum : « Judæi, inquit, de civitate vestra huc venientes, questi nobis sunt quod synagogam eorum, quæ Taralis sita est, etc., Petrus, qui ex eorum superstitione ad Christianæ fidei cultum Domino volente perductus est, adhibitis sibi quibusdam indisciplinatis, sequenti die baptismatis sui, hoc est, Dominica ipsa festivitate paschali cum gravi scandalo sine vestra occupaverit voluntate, atque imaginem illic genitricis Domini nostri, et venerandam crucem vel birrum albam, qua fonte surgens indutus fuerat, apposuisset. »
— Et post pauca : « Considerantes, inquit, hac de re vestræ voluntatis intentum, ac magis judicium, his hortamur affectibus, ut sublata exinde cumea, quia dignum est veneratione, imagine atque cruce debeatis, quod violenter ablatum est, reformare. »

Item idem ad Secundinum servum Dei inclausum : « Imagines, inquit, quas a nobis tibi dirigendas per Dulcidium diaconum tuum rogasti. . . valde nobis tua postulatio placuit, quia illum in corde tota intentione quæris, cujus imaginem præ oculis habere desideras, ut visio corporalis quotidiana reddat exortum, ut dum picturam vides, ad illum animo inardescas, cujus te imaginem videre consideras. Abs re non facimus, si per visibilia invisibilia demonstramus. Sic homo qui alium ardenter videre desiderat, aut sponsam amando desiderat, quam videre conatur, si contigit eam ad balneum ire, aut ad ecclesiam procedere, festinus in via se præparat, ut de visione hilaris recedat. Scimus quia tu imaginem Salvatoris nostri ideo non petis, ut quasi Deum colas, sed ob recordationem Filii Dei, ut in ejus amore recalescas, cujus te imaginem videre consideras. Et nos quidem non quasi ante divinitatem ante ipsam prosternimur, sed illum adoramus, quem per imaginem aut natum aut passum, vel in throno sedentem recordamur, et dum nos ipsa pictura quasi scriptura ad memoriam Filium Dei reducimus, animum nostrum, aut de resurrectione lætificat, aut de passione mulcet. Ideoque direximus tibi syrterias duas, imaginem Salvatoris, et sanctæ Mariæ Dei genitricis, beati Petri et Pauli apostolorum per supradictum filium nostrum diaconum, et unam crucem cum clavo pro benedictione, ut ab ipso maligno defensus sis, cujus sancto ligno te esse munitum credis. »

CAPUT III.

Hæc contra eos qui imagines sanctorum abominando evertunt, breviter dicta sufficere credimus. Nunc contra eos, qui indebito cultu eas colunt, et adorant, et sanctas nuncupant, et sanctimoniam se per eas assequi fatentur, sicut in illa synodo Græcorum insertum invenimus, sanctorum Patrum dicta adnectendo subjecimus. Sed unde primum adorandarum imaginum origo inoleverit, ponere necessarium judicavimus.

Scribit itaque beatus Augustinus i libro de diversis Hæresibus : « Simoniani a Simone Mago, qui baptizatus a Philippo diacono, sicut in Actibus apostolorum legitur, pecunia voluit a sanctis apostolis emere, ut etiam per impositionem manuum ei daretur Spiritus sanctus. Hic magicis fallaciis deceperat multos. Docebat autem detestandam turpitudinem indifferenter utendi feminis, nec Deum mundum fecisse dicebat ; negabat etiam carnis resurrectionem, et asseverabat se Christum, idemque Jovem se credi volebat. Minervam vero meretricem quamdam Helenam, quam sibi sociam sceleris fecerat, imaginesque et suam et Helenæ discipulis suis præbebat adorandas, quas et Romæ tanquam deorum simulacra auctoritate publica constituerat : in qua urbe apostolus Petrus eum vera virtute Dei omnipotentis exstinxit. » — Item idem post pauca : « Sectæ Carpocratis fuisse creditur quædam Marcellina, quæ colebat imaginem virorum et Pauli, et Homeri, et Pythagoræ, adorando incensumque ponendo. »

Item ipse in epistola ad Dioscorum, inter cætera : « Demonstrat quondam Epicurus per imagines plures se finxisse et suis tradidisse. Democritus etiam juste reprehenditur, qui per imagines quamvis aliter quam Epicurus sentiret, ad interiorem cultum pervenire arbitratus est. » — Item post pauca : « De Epicuro, quæ tamen ut cogitet, imagines dictæ ab ipsis rebus, quas atomis formari putat defluere, atque in animum introire subtiliores quam sunt illæ imagines, quæ ad oculos veniunt. Nam et videndi causam hanc esse dicit quasdam imagines, ita ut universum mundum complectantur extrinsecus. »
— Item post pauca : « Ille quare non vidit, non opus esse, nec fieri posse, ut incorporeus animus, adventu atque contractu corporearum imaginum cogitet, de visu certe oculorum ambo pariter redarguuntur. »

Item ipse in lib. VIII de Civitate Dei : « Ermes Ægyptius, quem Trismegiston vocant, sensit ita et scripsit : « Quoniam ergo proavi nostri increduli, et non animadvertentes ad cultum religionemque divinam, invenerunt artem qua efficerent deos, cui inventæ adjunxerunt virtutem de mundi natura convenientem, eamque miscentes, quoniam animas facere non potuerunt, evocantes animas dæmonum vel angelorum, eas indiderunt imaginibus sanctis divinisque mysteriis, per quas idola, et bene faciendi et male, vires habere potuissent. »

Idem ipse in epistola ad Marcellinum : « Quando primum insuevit exercitus populi Romani amare, portare signa, tabulas pictas, sa cælata, mirarica, privatim et publice rapere, tunc cœpit perire laudabile illud decus salusque reipublicæ. »

Item ipse in libro vii de Civitate Dei. « Unum verum Dominum, id est, omnis animæ corporisque Creatorem, colere quisque contendat, non ideo peccat, quia non est colendus quem colit, sed quia colendum, non ut colendus est colit. Qui vero et rebus talibus, id est, turpibus et scelestis, et non Dominum verum, id est, animæ corporisque factorem, sed creaturam, quamvis non visam colit, sive illa sit anima, sive corpus, sive anima simul et corpus, bis peccat in Dominum, quod et pro ipso colit, qui non est ipse, et talibus rebus colit, qualibus nec ipse colendus est. » — Et paulo post : « Unde remotis constat ambagibus nefarios dæmones atque immundissimos spiritus hac omni civili theologia invisendis stolidis imaginibus, et per eas possidendis, et jam stultis cordibus invitatos. »

CAPUT IV.

Hæc de initiis adorandarum imaginum dicta sint. Nunc vero quid nostri doctores de indebito superstitionis cultu sentiant, breviter exsequendum est.

Origenis in Homilia 8 de initio Decalogi, inter cætera : « Ego sic arbitror accipiendum quod verbi causa, si quis in quolibet materiæ auri, vel argenti, vel ligni, vel lapidis facit speciem quadrupedis, alicujusve serpentis vel avis, et statuat illam adorandam, non idolum, sed similitudinem fecit, vel etiam si picturas ad hoc ipse statuat, ipse nihilominus similitudinem fecisse dicendum est. » — Et infra « Sermo Dei universa complectens simul abjurat et abjicit, et non solum fieri idolum vetat, sed et similitudinem omnium, quæ in terra sunt, et in aquis, et in cœlo ; addit autem et dicit : Non adorabis ea neque coles (Exod. XX) : aliud est colere, aliud adorare. Potest quis et interdum et invitus adorare, sicut nonnulli regibus adulantes, cum eos in hujusmodi studia deditos viderint ; adorare se simulant idola cum in corde ipsorum certum sit quia nihil sit idolum. Colere vero, est toto vis affectu et studio macipare. Utrumque ergo resecat sermo divinus, ut neque affectu colas, neque specie adores. »

Hieronymus in expositione Danielis prophetæ : « Notum sit tibi, inquit, rex, quia deos tuos non colimus, et statuam auream quam erexisti non adoramus, sive statuam, ut Symmachus, sive imaginem auream, ut cæteri transtulerunt, voluerimus legere, cultores Dei eam adorare non debent. Ergo judices et principes sæculi cum imperatorum statuas adorant, et imagines, hoc se facere intelligant, quod tres pueri facere nolentes, placuerunt Deo; et notanda proprietas, deos coli, imaginem adorari dicunt, quod utrumque servis Dei non convenit. »

Idem Origenes in Homilia 6 de cantico quod cantavit Moyses : « Licet apostolus Joannes dicat : *Filioli, nondum scimus qu'd futuri sumus. Sin autem revelatum nobis fuerit de Deo,* scilicet dicens, *similes illi erimus (I Joan.* III). Similitudo tamen hæc non ad naturam, sed ad gratiam revocatur. Verbi causa, ut si dicamus picturam similem esse ejus cujus imago in pictura videtur expressa, quantum ad gratiam pertinet, visus similis dicetur, quantum ad substantiam longe dissimilis. Illa enim species carnis est et corporis vivi, ista colorum fucus est, et cera tabulis sensu carentibus superposita. »

Isidori ex libro Etymologiarum : « Pictura autem est imago exprimens speciem rei alicujus, quæ dum visa fuerit, ad recordationem mentem reducit. Pictura autem dicta quasi fictura. Est enim imago ficta, non veritas, hinc et fucata, id est, quodam fuco illita, nihil fidei et veritatis habentia. Unde et sunt quædam picturæ, quæ corpora veritatis studio coloris excedunt, et fidem dum augere contendunt ad mendacium provehunt. » — Item ipse post pauca : « Picturam autem Ægyptii excogitaverunt, primum umbram hominis lineis circumductam, itaque initio talis, secunda singulis coloribus, postea diversis, sicque paulatim sese ars ipsa distendit, et invenit lumen atque umbras differentias colorum, etc.»

Item Hieronymus in expositione Ezechielis prophetæ : « Et septuaginta viri de senioribus domus Israel et Jechonias filius Saphan stabat in medio eorum stantium ante picturas, et unusquisque habebat thuribulum in manu sua, et vapor nebulæ de thure consurgebat. Quando dicit septuaginta viros fuisse de senioribus domus Israel, qui tenerent thuribula manibus, ostendit multos et alios fuisse probos qui hoc non faciebant, sed forsitan peccatis aliis tenebantur, unumque nomen Jechoniam filium Saphan stetisse in medio eorum quasi principem sceleris eorum atque sacrilegii, qui omissa religione Dei colebant idola, et in templo non adorabant Deum, cujus erat templum, sed picturas parietum. »

Firmianus Lactantius in libro I de falsa Religione, inter cætera, inquit : « Illa quæ sunt extra hominem, quid opus est ea colere quibus careas? Virtus enim colenda est, non imago virtutis, et colenda est non sacrificio aliquo, aut thure, aut precatione solemni, sed voluntate sola atque proposito : nam religio ac veneratio nulla alia nisi unius Dei tenenda est. Quid igitur opus est, o vir sapientissime, tantos sumptus vel fingendis vel colendis imaginibus impendere? Firmius et incorruptius templum est pectus humanum : hoc potius ornetur, hoc veris illis numinibus impleatur. Has enim falsas consecrationes sequitur quod necesse est, qui enim sic virtutes colunt, id est qui umbras et imagines virtutum consectantur, ea ipsa, quæ vera sunt, tenere non possunt, et cætera. »

Augustinus in libro Quæstionum Veteris et Novi Testamenti : « Christiani, ut pote pauperes, quos stultos vocant, unum Deum colunt in mysterio, ex quo sunt omnia; nec aliquid quod ab eo conditum est, venerantur : ipsum enim solum sufficere sibi et abundare sciunt ad salutem. » — Item idem post pauca : « Non ergo nobis videtur, ut quod homo fecit, adoratori debeat : factor enim a factura, non factura a factore adorari judicatur. »

Item Firmiani Lactantii de falsa Religione, lib. II : « Duplici ergo ratione peccatur ab insipientibus, primum quod elementa, id est, Dei opera Deo præferunt. Deinde quod elementorum ipsorum figuras humana specie comprehensas colunt. » — Item ipse in eodem libro : « Nihil aliud adoremus, nihil colamus, nisi solius artificis parentisque nostri unicum nomen. » — Item ipse in eodem libro : « Supra ergo non infra est Deus, nec in ima potius, sed in summa religione, qua credendus est. » — Et infra : « Nihil potest esse cœleste in ea re, quæ fit ex terra : quidquid enim simulatur, falsum esse necesse est, nec potest unquam veri nomen accipere, quod veritatem fuco et imitatione mentitur. » Idem ipse in eodem libro : « Ut intelligas nihil colendum esse, quod oculis mortalibus cernitur. »

Augustinus, in psalmum CXIII : « Noli ergo addere manus hominum, ut ex eo metallo quod fecit verus Deus, velis facere falsum deum, imo falsum hominem, quem pro vero venereris Deo, quem quisquis pro vero homine in amicitiam reciperet, insaniret. Ducit enim et affectu quodam infirmo rapit infirma corda mortalium formæ similitudo et membrorum imitata compago. »

Fulgentius in libro de Fide ad Donatum : « Quia ipse Deus sibi soli præcipiens tantummodo serviendum, seque jubens a fidelibus adorandum, prorsus interdixit, ne quis audeat creaturam adorare, creaturæque servire; propterea in fine primi illius præcepti de omnibus, quæ creavit ita loquitur : *non adorabis ea, nec servies eis.* » (*Exod.* XX.) — Et post pauca : « Vera enim religio in unius constat Dei servitio. » — Item ipse post pauca : « Sic veraciter unum Deum cum Patre Filium vera fides adorat, quæ sic Deo novit a creaturis omnibus serviendum, ut noverit creaturæ non deberi divinæ servitutis obsequium. »

Augustinus, in epistola ad Maximum grammaticum : « Scies a Christianis catholicis, quorum in vestro oppido etiam Ecclesia constituta est, nullum coli mortuorum, nihil denique adorari quod sit factum et conditum à Deo, sed unum ipsum Deum qui fecit et condidit omnia. »

Item Augustinus in libro de Quantitate animæ · « Deus autem immortalem animam fecit, ut opinor, nisi forte tibi aliter videtur. Ergo tu velles........ talia fieri dixerim, sed quemadmodum ipse immortalis immortale quiddam fecit ad similitudinem suam, sic et nos immortales facti a Deo, ad similitudinem nostram quod facimus immortale esse deberet. Recte diceres, si ad ejus imaginem pingeres tabulam, quod in te immortale esse credis nunc vero in ea exprimis similitudinem corporis, quod profecto mortale est. Quomodo ergo sum similis Deo cum immortalia nulla possum facere ut ille? Quomodo nec imago corporis tui potest hoc valere, quod tuum corpus valet, sic anima non mirandum est, si potentiam tantam non habet, quantam ille ad cujus similitudinem facta est, etc. » ·

Si enim imago humani corporis nec tantum valere asseritur, quantum veraciter ipsum corpus valere perhibetur, qua causa sibi suffragari posse putant nonnulli reprehensione digni, qui in illa synodo Græcorum mediationem imaginum, sibi necessariam esse dicere præsumpserunt?

Augustinus, libro VIII de Civitate Dei. « Quapropter merito homo deficit ab illo qui eum fecit, cum sibi præficit ipse quod fecit. Demonstrat enim idem Ermes, quod homines mortui divino colebantur honore, velut Æsculapius atque Mercurius, quem suum esse dicit avum, et reliqui. Hac enim occasione accepta, dæmones ut intercessores exsisterent apud bonos deos, quos nos angelos sanctos, seu archangelos, vel potestates dicimus. Tali enim ratione, nubiloso velamine sapientes gentilium sua numina obtegere nitebantur. »

Ambrosius in expositione Epistolæ ad Romanos : « Nunquid tam demens est aliquis, aut salutis suæ immemor, ut honorificentiam regis vindicet comiti, cum de hac re, si qui etiam tractare fuerint inventi, jure ut rei damnantur majestatis, et isti se non cogitant reos, qui honorem nominis Dei deferunt creaturæ, et relicto Domino conservos adorant, quasi sit aliquid quod plus reservet Domino. Nam ideo ad regem per tribunos aut comites itur, quia homo utique est rex, et nescit quibus debeat rempublicam credere. Ad Deum autem promerendum, quem nihil utique latet, omnium enim merita novit, suffragatione non est opus, sed mente devota. »

Item Augustinus in libro de vera Religione, inter cætera, dicit : « Ad percipiendam veritatem nihil magis impedire quam vitam libidinibus deditam et falsas imagines rerum sensibilium, quæ nobis ab hoc sensibili mundo per corpus impressæ, varias opiniones erroresque generant. Nec errorem ullum in religione esse potuisse, si anima pro Deo suo non coleret animam aut corpus, aut phantasmata sua, quæ nihil sunt aliud, quam de specie corporis corporeo sensu attracta figmenta. » — Item in eodem : « Non sit nobis religio humanorum operum cultus : meliores enim sunt ipsi artifices, qui talia fabricant, quos tamen colere non debemus. Non sit nobis religio in phantasmatibus nostris, melius enim qualemcunque virum, quam omne quidquid pro arbitrio fingi potest, et tamen animam ipsam, quamvis anima vera sit, cum falsa imaginatur, colere non debemus. Melior est vera stipula, quam lux inani cogitatione pro suspicantis voluntate formata, et tamen stipulam quam sentimus, et tangimus, dementis est credere colendam. »

Item idem libro decimo de Civitate Dei : « Multa denique de cultu divino usurpata sunt, quæ honoribus deferrentur humanis, sive humilitate nimia, sive adulatione pestifera, ita tamen ut quibus ea deferrentur, homines haberentur, qui dicuntur colendi et venerandi; sed aliis et multum additur, adorandi. Quis vero sacrificandum censuit, nisi ei quem Deum aut scivit, aut putavit, aut finxit? »

Item Augustinus in libro Quæstionum LXXXIV : « Minoribus rebus intenta anima, quas per corpus corporaliter facit, minus inhæret ipsi summæ sapientiæ, qui vero talia opera colunt, quantum deviaverint a veritate, hinc colligi potest, quia si ipsa animalium corpora colerent, quæ multo excellentius fabricata sunt, et quorum sunt ea imitamenta, quid eis infelicius diceremus? »

CAPUT V.

Qua ratione quave auctoritate imagines sanctorum adorandæ sint, eisque, ut fertur, incensum ponendum, cum ipsi angeli vel sancti homines vivos se adorari noluerint.

Unde beatus Augustinus in libro XI de Civitate Dei sic ait : « Putaverunt quidem deferendum angelis honorem vel adorando vel sacrificando, qui debetur Deo, et eorum sunt admonitione prohibiti, jussique hoc ei deferre, cui uni fas esse noverunt, imitati sunt angelos sanctos, et jam sancti homines Dei. Nam Paulus et Barnabas in Lycaonia facto quodam miraculo sanitatis, putati sunt dii, eisque Lycaonii victimas immolare voluerunt, quod a se humili pietate removentes, eis in quem crederent annuntiaverunt Deum. » — Et post pauca : « Quæcunque igitur mortalis potestas, quantalibet virtute prædita, si nos diligit sicut seipsam in vult esse subditos, ut beati simus, cui et ipsa subdita beata est. Si ergo non colit Deum, misera est, quia privatur Deo. Si autem colit Deum, non vult se coli pro Deo : illi enim potius divinæ sententiæ suffragatur, et dilectionis viribus favet, quia scriptum est : *Sacrificans diis, eradicabitur, nisi Domino soli*. Nam ut alia nunc taceam, quæ pertinent ad religionis obsequium, quo colitur Deus, sacrificium certe nullus hominum est, qui audeat dicere deberi nisi Deo. »

Item idem in psalmo XCVI, inter cætera : « Homines autem sanctos attendite, qui sunt similes angelis, Cum inveneris hominem aliquem sanctum servum Dei, si volueris illum colere et adorare pro Deo, prohibet te, non vult sibi arrogare honorem Dei, non vult tibi esse pro Deo, sed tecum esse sub Deo. » — Et post pauca : « Sic et sancti angeli illius gloriam quærunt quem diligunt, ad ejus cultum, ad ejus orationem, ad ejus contemplationem, omnes quos diligunt rapere et inflammare student, ipsum illis annuntiant non se, quoniam angeli sunt, et quia milites sunt, non norunt gloriam quærere nisi imperatoris sui. » — Item post pauca : « Nemo dicat : Timeo ne irascatur mihi angelus, si non illum colo pro deo meo. Tunc tibi irascitur, quando ipsum colere volueris : bonus est enim, et Deum amat; quomodo dæmones irascuntur, si non colantur, sic angeli indignantur, si pro Deo colantur. »

Item lib. X de Civitate Dei : « Non itaque debemus metuere ne in mortales et beatos uni Deo subditos, non eis sacrificando offendamus, quod enim non nisi uni vero Deo deberi sciunt, cui et ipsi adhærendo beati sunt, procul dubio neque per ullam significantem figuram, neque per ipsam rem, quæ sacramentis significatur, exhiberi sibi volunt. Dæmonum est hæc arrogantia, superborum atque miserorum, a quibus longe diversa est pietas subditorum Deo. » — Item idem in eodem : « Nos autem martyribus nostris non templa sicut diis, sed memorias sicut hominibus mortuis, quorum apud Deum vivum species fabricamus; nec ibi erigimus altaria. in quibus sacrificemus martyribus, sed uni Deo, et martyrum et nostro, ad quod sacrificium sicut homines Dei, qui mundum in ejus confessione vicerunt, suo loco, vice et ordine nominantur. Non tamen a sacerdote, qui sacrificat, invocantur, Deo quippe non ipsis sacrificat, quamvis in memoria sacrificet eorum, quia Dei sacerdos est, et non illorum; ipsum vero sacrificium corpus est Christi, quod non offertur ipsis, quia hoc sunt et ipsi. »

Item Augustinus in sermone evangelico de potestate quam dedit dæmonibus ut abirent in porcos : « Noli, inclinari angelis, ut eis sacrificandum putes, nec bonis et sanctis : nolunt enim, quando facis, non te diligunt; diligunt autem, si cum eis adores quem adorant. »

Item idem in libro de Quantitate animæ : « Homo autem quilibet alius quanquam sapientissimus et perfectissimus, vel prorsus quælibet anima rationis compos atque beatissima est amanda tantummodo atque imitanda est, eique pro merito atque ordine quod ei congruit deferendum. Nam Dominum Deum tuum adorabis, et illi soli servies. »

Origenes in Epistola ad Romanos : « Cum possent homines Deum agnoscere ab ejus cultu declinantes ad imagines hominum adorandas et animalium, deverterunt. Ut enim breviter et omni in unum collecta definitione dicamus, adorare alium præter Patrem et Filium et Spiritum sanctum, impietatis est crimen. »

Item Augustinus in libro de vera Religione : « Non sit ergo nobis religio cultus corporum ætheriorum atque cœlestium, sed ejus, cujus contemplatione beati sunt. Neque enim et nos videndo angelum beati sumus, sed videndo veritatem, qua etiam ipsos diligimus angelos, nec invidemus, quod ea paratiores, et nullis molestiis interpedientibus perfruuntur, sed magis eos diligemus, quoniam et nos tale aliquid sperare a communi Domino jussi sumus. Quare honoramus eos charitate, non servitute, nec eis templa constituimus : nolent enim sic honorari a nobis, quia nos ipsos, cum boni sumus, templa summi Dei esse noverunt. »

Item ipse in libro viii de Civitate Dei : « Sane nec martyribus templa, sacerdotia, sacra et sacrificia constituimus, quoniam non ipsi, sed Deus eorum nobis est Deus ; honoramus sane memorias eorum tanquam sanctorum hominum Dei, qui usque ad mortem corporum suorum pro veritate certarunt, ut innotesceret vera religio, falsis fictisque convictis, quod etiamsi qui antea sentiebant timendo reprimebant. Quis autem audivit aliquando fidelium stantem sacerdotem ad altare, et jam super sanctum corpus martyris ad Dei honorem cultumque constructum dicere in precibus : Offero tibi sacrificium, Petre, vel Paule, vel Cypriane, cum apud eorum memorias offeratur Deo, qui eos et homines et martyres fecit, et sanctis suis angelis cœlesti honore sociavit? ut ea celebritate et Deo vero de illorum victoriis gratias agamus, et nos ad imitationem talium coronarum atque palmarum eodem invocato in auxilium ex illorum memoriæ renovatione adhortemur. Quæcumque igitur adhibentur religiosorum obsequia in martyrum locis, ornamenta sunt memoriarum, non sacra vel sacrificia mortuorum tanquam deorum. »

Hieronymus ad Riparium presbyterum : « Acceptis primum litteris tuis, non respondere superbiæ est, respondere temeritatis. De his enim rebus interrogas, quæ et respondere et audire sacrilegium est. Ais Vigilantium, qui νοτ' ἐντίφρωσιν hoc vocatur nomine, nam Dormitantius rectius diceretur, os fetidum rursus aperire, et putorem spurcissimum contra sanctorum martyrum proferre reliquias, et nos, qui eas suscepimus, appellare cinerarios et idololatras, qui mortuorum hominum ossa veneramur. O infelicem hominem, et omni lacrymarum fonte plangendum, qui hæc dicens non se intelligit esse Samaritam et Judæum, qui corpora mortuorum pro immundis habent, et etiam vasa quæ in eadem domo fuerint pollui suspicantur, sequentes occidentem litteram, et non spiritum vivificantem. Nos autem non dico martyrum reliquias, sed ne solem quidem et lunam, non angelos, non archangelos, non seraphim, non cherubim, et omne nomen quod nominatur, et in præsenti sæculo et in futuro colimus et adoramus, ne serviamus creaturæ potius quam creatori, qui est benedictus in sæcula. Honoramus autem reliquias martyrum, ut cum cujus sunt martyres adoremus ; honoramus servos, ut honor servorum redundet ad Dominum, quia *qui vos suscipit, me suscipit.* » — Idem ipse adversus Vigilantium. « Quis enim, o insanum caput, aliquando martyres adoravit? Quis hominem putavit Deum? nonne Paulus et Barnabas, cum Lycaonibus Jupiter et Mercurius putarentur, et se vellent hostias immolare (*Act.* xiv), sciderunt vestimenta sua, et se homines esse dixerunt, non quo meliores non essent olim mortuis hominibus Jove atque Mercurio, sed quod sub gentilitatis errore honor eis Deo debitus deferretur, quod et de Petro legimus, qui Cornelium se adorare cupientem, manu sublevavit et dixit : *Surge, nam et ego homo sum.* » (*Act.* x.)

Augustinus in libro de Solutione quæstionum, capite 3 : « Proinde sicut impia superbia sive hominum sive dæmonum, sibi hos divinos honores exhiberi vel jubet vel cupit, ita pia humilitas vel hominum vel angelorum sanctorum, hæc sibi oblata recusavit, et cui deberentur ostendit. »

In libro xix de Civitate Dei dicit Augustinus : « Sed Deus ille quem coluerunt sapientes Hebræorum, et jam cœlestibus sanctis angelis et virtutibus Dei, quos beatissimos tanquam cives in hac nostra peregrinatione mortali veneramur et amamus, sacrificari vetat et coli, intonans in lege sua, *sacrificans diis eradicabitur.* »

CAPUT VI.

Hæc contra eos qui annorum numero superstitionem imaginum vindicare volunt, consuetudinem sequi cupiunt potius quam veritatis auctoritatem.

Augustinus in libro Quæstionum Veteris et Novi Testamenti : « Irrationabile, inquit, vulgus, aut apparentes umbras, aut dæmonia, aut simulacra mortuorum, ut deos colere cœperunt. Quæ res in consuetudine vetustatis deducta arbitratur rationis sibi veritatem posse defendi, cum veritatis ratio non ex consuetudine atque ex vetustate, sed ex Deo sit, quia non vetustate Deus probatur, sed æternitate : quamobrem fides non cœpta res, sed sine initio est. In Deum enim credere nostrum incipere est : nam quod creditur æternum est. » — Et post pauca : « Quod colunt pagani post Deum est, opus post opificem est ; pagani colunt opera, nos opificem, illi creaturam, nos creatorem. Factus homo cœpit venerari suum conditorem, quia et dignum est, et causa hoc exegit. »

Jeremias propheta : *Post Baaum*, inquit, *abierunt, quos didicerunt a patribus suis.* Unde Hieronymus : « Ergo nec parentum, nec majorum error sequendus est, sed auctoritas Scripturarum, et Dei docentis imperium. »

Augustinus in psalmum cxiii : « Videntur autem sibi purgatioris esse religionis, qui dicunt, nec simulacrum, nec dæmonium colo, sed effigiem corporalem ejus rei signum intueor quam colere debeo. » — Item post pauca : « Audent respondere, non ipsa corpora colere, sed quæ illis regendis præsident numina. »

Si enim, sicut præmissa sanctorum patrum documenta declarant, sancti angeli et sancti viri non sunt colendi nec adorandi, hoc enim et ipsi refugiunt, sed sola charitate, non autem servitute honorandi, nec sanctis martyribus templa, sacra et sacrificia, sed soli Deo constituenda, præsertim cum honorandi sint propter imitationem, non adorandi propter religionem, qua ratione antiqua auctoritate adoratio, incensum, luminaria, et cætera, quæ in epistola Græcorum annumerantur eis exhibenda sunt? Quapropter omnis superstitione conveniet sanctæ catholicæ et apostolicæ Ecclesiæ religioni erga sanctorum imagines hanc discretionem tenere, sicut eximius doctor beatus papa Gregorius docuit, et in suis scriptis nobis tenendum sequendumque reliquit.

CAPUT VII.

Ne igitur ex superstitione aut ex qualibet alia occasione scandala infirmioribus fratribus provenire possent, hoc summopere sancti viri provida consideratione vitare studuerunt, et dictis factisque suis nobis vitandum usquequaque evidenter ostendunt.

Hinc enim beatus Augustinus in libro iv de Civitate Dei : « Majores, inquit, nostri, superstitionem a religione separaverunt. »

Item idem in libro x de Civitate Dei ejusdem operis : « Legimus serpentum morsus mortiferos pœnam justissimam peccatorum in ligno exaltato atque prospecto æneo serpente sanatos, ut et populo subveniretur afflicto, et mors morte destructa, vel ut crucifixæ mortis similitudine signaretur. Quem sane serpentem propter facti memoriam reservatum, cum postea populus errans tanquam idolum colere cœpisset, Ezechias rex religiosa potestate Deo serviens cum magna pietatis laude contrivit. »

Tale quid et beatum Epiphanium virum sanctissimum et doctissimum zelo divino succensum, in epistola quam ad Joannem Constantinopolitanum episcopum scribit, et beatus Hieronymus de Græco in Latinum sermonem transtulerat, legimus fecisse :

« Audivi, inquit, quosdam murmurare contra me, quando simul pergebamus ad sanctum locum qui vocatur Bethel, ut ibi collectam tecum ex more ecclesiastico facerem, et venissem ad villam quæ dicitur Anablata, vidissemque ibi præteriens lucernam ardentem, et interrogassem qui locus esset, didicissemque esse ecclesiam, et intrassem ut orarem, inveni ibi velum pendens in foribus ejusdem ecclesiæ, tinctum atque depictum, et habens imaginem quasi Christi, vel sancti cujus'am. Non enim satis memini cujus imago fuerit. Cum ergo hoc vidissem in ecclesia Christi contra auctoritatem Scripturarum hominis pendere imaginem, scidi illud, et magis dedi consilium custodibus ejusdem, ut pauperem mortuum eo obvolverent et efferrent, illique contra murmurantes dicerent, si scindere voluerit, justum erat ut aliud daret velum, atque commutaret; quod cum audissem me daturum esse pollicitus sum, et illico se missurum; paululum autem morarum fuit in medio, dum quæro optimum velum pro eo mittere, arbitrabar enim de Cypro mihi esse mittendum. Nunc autem misi quod potui reperire, et precor ut jubeas presbytero ipsius loci suscipere velum a lectore, quod a nobis missum est, et deinceps præcipere in ecclesia Christi istiusmodi vela, quæ contra religionem nostram veniunt non appendi. »

Nam et beatus Paulus apostolus in Epistola prima ad Corinthios ob scandalum infirmiorum fratrum vitandum ita scripsit : *De his autem quæ idolis sacrificantur, scimus quia omnes scientiam habemus, et quia idolum nihil est.* Quod beatus Ambrosius ita exponit : « Hi, inquit, inflati erant per scientiam, qui idolo contra salutem fratrum imperitorum carnes sacrificatorum edebant, scientes licere carnem edere, et quod nihil est idolum, ideo non contaminari edentem, hi scandalum fratribus erant charitatem præ oculis non habentes, quia plus erat carnem contemnere, quam fratri scandalum facere. » — Et post pauca : « Propter quod si esca scandalizat fratrem meum, non manducabo carnem in æternum, ut non fratrem meum scandalizem, in tantum charitati studendum docet, ut licita pro illicitis habeantur, ne obsint fratri; quantum enim mali est per illicita non delinquere, et per ea quæ concessa sunt offendere, ut lex servetur in illicitis, et in licitis non custodiatur, dum inconsiderate edunt. »

Ubi beatus Apostolus dicit : *Omnia mihi licent, sed non omnia expediunt.* Quod beatus Augustinus ita exponit : « Potest ergo aliquid licere et non expedire. Expedire autem quod non licet non potest, ac per hoc non omnia licita expediunt, omnia autem illicita non expediunt. Sunt quippe licita, quæ non expediunt, sicut Apostolo teste didicimus (*I Cor.* VI et X), sed id quod inter illicitum est, et ideo non expedit, atque quod licitum est, nec tamen expedit, quid intersit, aliqua universali regula diffinire difficile est. » — Et infra : « Quapropter quia verum dixisse apostolum dubitare non possumus, et aliqua peccata esse licita dicere non audemus, restat ut dicamus fieri aliquid, quod non expediat, et tamen si licitum est, non esse peccatum, quamvis quoniam non expedit, non sit utique faciendum. » — Et post pauca : « Ut igitur si possumus enitamur inter id quod licet et non expedit, et id quod non licet atque ideo nec expedit, aliquo certo fine distinguere, ea mihi videntur licere, et non expedire, quæ per justitiam quidem quæ coram Deo est permittuntur, sed propter offensionem hominum ne impediantur a salute vitanda sunt, ea vero non licere et ideo non expedire, quæ sic ipsa justitia vitantur, ut facienda si sint, etiamsi ab eis, quibus in notitiam fuerint perlata non laudentur. » — Item post pauca : « Expedit tunc, quando non solum per justitiam quæ coram Deo est permittitur, sed etiam hominibus nullum ex hoc impedimentum salutis infertur. Tunc autem non expedit id quod licitum est, quando permittitur quid, sed usu ipsius potestatis affert impedimentum salutis. »

Hæc ideo inseruntur, ut hi qui imagines erigunt memoriæ causa et amoris, illud caveant, ne quod ab illis forte devote et licite fit, infirmis in scandalum evenire contingat, ut sic suæ devotioni satisfaciant, quatenus salutem infirmorum non obliviscantur, et infirmam conscientiam fratrum, occasione superstitionis præbendæ, commaculent.

CAPUT VIII.

Propter eos autem qui sibi ob hoc suffragari ad adorationem imaginum putant, quod dicunt adorasse Jacob Joseph filium suum, vel certe adorasse fastigium virgæ ejus, necessarium duximus, qualiter id a beato Hieronymo et beato Augustino exponatur subnectendum.

Scribit itaque beatus Hieronymus in libro Hebraicarum Quæstionum : « Postquam, inquit, juraverat ei filius, securus de petitione quam rogaverat, adoravit Deum coram caput lectuli sui; sanctus et Deo deditus vir, oppressus senectute, habebat lectulum positum, ut ipse jacentis habitus absque difficultate ulla ad orationem esset paratus. »

Augustinus in libro Quæstionum in Genesin, cap. 62 : « Quod habent Latini codices, *et adoravit super caput virgæ ejus*, nonnulli emendantes habent *adoravit super caput virgæ suæ*, vel *in capite virgæ, suæ*, sive *in cacumen*, vel *super cacumen*. Fallit enim eos Græcum verbum, quod eisdem litteris scribitur, sive *ejus*, sive *suæ*, sed accentus dispares sunt, et ab eis qui ista noverunt in codicibus non contemnuntur. Valent enim ad magnam discretionem, quamvis et unam plus litteram habere posset, et si esset *suæ*, ut non esset αὐτοῦ, sed ἑαυτοῦ, ac per hoc merito quæritur, quid sit hoc quod dictum est. Nam facile intelligeretur senem, qui virgam ferebat, eo more quo illa ætas baculum solet, ut se inclinavit ad Dominum adorandum, id utique fecerit super cacumen virgæ suæ, quam sic ferebat, ut super eam caput inclinando adoraret Deum. Quid est ergo, *adoravit super cacumen virgæ ejus*, id est, filii sui Joseph, et is forte tulerat ab eo virgam, quando ei jurabat idem filius, et dum eam tenet post verba jurantis nondum illam reddidit, mox adoravit Deum. Non enim pudebat eum ferre tantisper insigne potestatis filii sui, ubi figura magnæ rei futuræ designabatur, quamvis in Hebræo facillima hujus quæstionis absolutio esse dicatur, ubi scriptum perhibent, *et adoravit Israel ad caput lecti*, in quo utique senex jacebat, et sic positum habebat, ut in eo sine labore quando vellet adoraret. »

CAPUT IX.

Contra illos qui hoc se adjuvare putant quod dicitur in Regum, quia adoravit Nathan propheta David, aliquid respondendum est.

De hac enim adoratione ita beatus Gregorius in libro X Explanationum in Job loquitur : « Pene ergo lex Dei multiplex dicitur, quia nimirum cum una eademque sit charitas, si mentem plene ceperit, hanc ad innumera opera multiformiter accendit, cujus diversitatem breviter exprimimus, si in electis singulis bona illius perstringendo numeremus. Hæc namque per Abel et electa Deo munera obtulit, et fratris gladium non reluctando toleravit. Hæc Enoc et inter homines vivere spiritualiter docuit, et ab sublimem vitam ab hominibus etiam corporaliter abstraxit. » — Et paulo post : « Hæc Nathan, et contra peccantem regem auctoritate libere increpationis sustulit, et cum regis culpa deesset, in petitione humiliter stravit. Claret namque quod talis esset hæc adoratio, sicut et nos ante honorabiliores personas, cum eas salutamus, prosternimur humilitatis gratia, et eas adorasse dicimur, dum eis nullum divini honoris cultum exhibemus, eodemque modo adorasse Jacob Esau fratrem suum haud dubium non est. »

CAPUT X.

Contra illos etiam qui imagines adorare se profitentur, quia sacra ab illis nuncupantur, et sacris vasis eas æquiparant, aliquid dicendum est.

Augustinus in psalmum CXIII : « *Simulacra*, inquit, *gentium argentum et aurum*, sed Deus fecit argentum et aurum, *opera*, inquit, *manuum hominum*. Hoc enim veneramur, quod ipsi ex auro argentoque fecerunt, sed enim et nos pleraque instrumenta et vasa, ex hujuscemodi materia, vel metallo habemus in usu celebrandorum sacramentorum, quæ ipso ministerio consecrata sancta dicantur, et in ejus honore cui pro salute nostra inde servitur. Et sunt profecto etiam ista instrumenta vel vasa quid aliud quam opera manuum hominum? Verumtamen nunquid os habent et non loquuntur, nunquid oculos et non videbunt, nunquid eis supplicamus, quia per eas supplicamus Deo? illa maxima causa est impietatis insanæ, quod plus valet in affectibus miserorum viventi similis forma, quæ sibi officit supplicari, quam quod eam manifestum est non esse viventem, ut debeat a vivente contemni. »

CAPUT XI.

Contra eos etiam dicendum est qui pro imaginum adoratione duo cherubim assumunt in testimonium, quæ in signo mysterii ducta fuerunt.

Unde beatus Augustinus in libro de Doctrina Christiana tertio, inter cætera, inquit : « Miserabilis est animæ servitus signa pro rebus accipere, et supra creaturam corpoream, oculum mentis ad hauriendum æternum lumen levare non posse, quæ tamen servitus in Judæorum populo longe a cæterarum gentium more distabat, quando quidem rebus temporalibus ita subjugati erant, ut unus eis in omnibus commendaretur Deus, et quanquam signa rerum spiritualium pro ipsis rebus observarent, nescientes quo referrentur, id tamen insitum habebant, quod tali servitute uni omnium, quem non videbant, placerent Deo, quam custodiam tanquam sub pædagogo parvulorum fuisse scribit apostolus, et ideo qui talibus signis pertinaciter inhæserunt, contemnentem ista Dominum, cum jam tempus revelationis eorum venisset, ferre non potuerunt, atque inde calumnias, quod sabbato curasset, moliti sunt principes eorum populusque signis illis tanquam rebus astrictus, non credebat Deum esse, vel a Deo venisse, qui ea sicut a Judæis observabantur, nolebat attendere, sequi crediderunt, ex quibus facta est prima ecclesia Hierosolymitana, satis ostenderunt, quanta utilitas fuerit eo modo sub pædagogo custodiri, ut signa, quæ temporaliter imposita erant servientibus, ad unius Dei cultum, qui fecit cœlum et terram opinionem observantium religarent. Si ergo signum utiliter institutum pro ipsa re sequi, cui significandæ institutum est, carnalis est servitus, quanto magis inutilium rerum signa instituta pro rebus accipere, quæ si retuleris ad ea ipsa quæ his significantur eisque colendis animum obligaveris, nihilominus servili carnalique onere atque velamine non carebis. Quamobrem Christiana libertas eos quos invenit sub signis utilibus tanquam prope inventos interpretatis signis, quibus subditi erant, elevatos ad eas res quarum signa sunt liberavit. Ex his factæ sunt ecclesiæ sanctorum Israelitarum : quos autem invenit sub signis inutilibus, non solum servilem operationem sub talibus signis, sed etiam ipsa signa frustravit, removitque omnia, ut a corruptione multitudinis simulacrorum deorum, quam sæpe ac proprie Scriptura fornicationem vocat, ad unius Dei cultum gentes converterentur, nec sub ipsis jam signis utilibus servituræ, sed exercitaturæ potius animum in eorum intelligentia spiritali. Sub signo enim servit, qui operatur aut veneratur aliquam rem significantem, nesciens quid significet ; qui vero aut operatur aut veneratur utile signum divinitus institutum, cujus vim significationemque intelligit, non hoc veneratur quod videtur et transit, sed illud potius quo talia cuncta referenda sunt. Talis autem homo spiritalis et liber est, etiam tempore servitutis, quo carnalibus animis nondum oportet signa illa revelari, quorum jugo edomandi sunt : tales autem spiritales erant patriarchæ et prophetæ, omnesque in populo Israel, per quos nobis sanctus Spiritus, ipsa Scripturarum et auxilia et solatia ministravit. Hoc vero tempore posteaquam resurrectio Domini nostri manifestissimum judicium nostræ libertatis illuxit, ne eorum quidem signorum, quæ jam intelligimus, operatione gravi onerati sumus, sed quædam pauca pro multis eademque factu facillima, et intellectu augustissima, et observatione castissima, ipse Dominus et apostolica tradidit disciplina, sicuti est baptismi sacramentum et celebratio corporis et sanguinis Domini, quæ unusquisque cum percipit quo referantur imbutus agnoscit, ut ea non carnali servitute, sed spiritali potius libertate veneretur ; ut autem litteram sequi pro rebus quæ his significantur accipere servilis infirmitatis est, ita inutiliter signa interpretari male vagantis erroris. Qui autem non intelligit quid significet signum, et tamen signum esse intelligit, nec ipse premitur servitute : melius est autem vel premi incognitis, sed utilibus signis, quam inutiliter ea interpretando a jugo servitutis eductam cervicem laqueis erroris inserere. »

CAPUT XII.

De cultu debito quem Græci latriam dicunt, vel religionem cultuque quæ uno vocabulo Græci thresciam vocant, vel quod non sit manufactum colendum, nec adorandum.

Augustinus in libro x de Civitate Dei : « Hic est enim divinitati vel, si expressius dicendum est, deitati debitus cultus, propter quem uno verbo significandum, quoniam mihi satis idoneum non occurrit Latinum Græco, ubi necesse est insinuo quod velim dicere. *Latriam*, quippe nostri ubicunque sanctarum Scripturarum positum est, interpretati sunt servitutem ; sed ea servitus quæ debetur hominibus secundum quam præcepit Apostolus servis dominis suis subditos esse debere, alio nomine Græce nuncupari solet. *Latria* vero secundum consuetudinem qua locuti sunt qui nobis divina eloquia condiderunt, aut semper, aut tam frequenter, aut pene semper ea dicitur servitus, quæ pertinet ad colendum Deum. Proinde si tantummodo cultus ipse dicatur, non soli Deo deberi videtur ; dicimur enim *colere* etiam homines, quos honorifica vel recordatione, vel præsentia frequentamus, nec solum ea quibus nos religiosa humilitate subjicimus, sed quædam etiam quæ subjecta sunt nobis perhibentur coli. Nam ex hoc verbo, et *agricolæ*, et *coloni*, et *incolæ* vocantur, et ipsos deos non ob aliud appellant *cœlicolas*, nisi quod cœlum colant, non utique venerando, sed inhabitando tanquam cœli quosdam colonos, non sicut appellantur coloni, qui conditionem debent genitali solo propter agriculturam sub dominio possessoris, sed sicut ait quidam Latini eloquii magnus auctor :

Urbs antiqua fuit, Tyrii tenuere coloni.
Vingil.

Ab incolendo enim colonos vocavit, non ab agricultura. Hinc et civitates a majoribus civitatibus, vel populorum examinibus conditæ coloniæ nuncupantur ; ac per hoc cultum quidem non deberi nisi Deo propria quadam notione verbi hujus omnino verissimum est. »

Item Augustinus libro Locutionum in Genesi, de lapide quem erexit Jacob, ita dicit : « Quod statuit lapidem Jacob quem sibi ad caput posuerat, constituit eum titulum et perfudit illum oleo, non aliquid idololatriæ simile fecit, non enim vel tunc vel postea frequentavit lapidem adorando vel ei sacrificando, sed signum fuit in prophetia evidentissima constitutum, quæ pertinet ad unctionem, unde Christi nomen a chrismate est. » — Post pauca : « Sumpsit autem Jacob lapidem, et constituit eum titulum. Diligenter animadvertendum est, quomodo istos titulos in rei cujusque testimonium constituebant, non ut eos pro diis colerent, sed ut aliquid significarent. »

CAPUT XIII.

Contra eos etiam qui eadem auctoritate in illa synodo Græcorum se imagines adorare professi sunt, sicut et vivificam crucem debito honore et trophæo virtutis, pauca hrevia necessarium judicavimus, ut convincantur non se hac occasione suæ superstitioni posse suffragari.

De cruce, ecclesiastica Historia panxit capit. IX de Constantino : « Erat quidem jam tunc Christianæ religionis fautor verique Dei venerator, nondum tamen, ut est solemne nostris initiari, signa Dominicæ passionis acceperat. Cum igitur anxius et multa secum de imminentis belli necessitate pervolvens iter ageret, atque ad cœlum sæpius oculos elevaret, et inde sibi divinum precaretur auxilium, vidit per soporem ad orientis partem in cœlo signum crucis igneo fulgure rutilare, cumque tanto visu fuisset exterritus, ac novo perturbaretur aspectu, astare sibi vidit angelos dicentes: *Constantine, in hoc vince.* Tum vero lætus redditus, et de victoria jam securus, signum crucis, quod in cœlo viderat, in sua fronte designat, et ita cœlitus invitatus ad fidem, non mihi videtur illo inferior, cui similiter de cœlo dictum est : *Saule, Saule, quid me persequeris? ego sum Jesus Nazarenus* (Act. IX), nisi quia hic non adhuc persequens, sed etiam exconsequens invitatur. Exin signum, quod in cœlo sibi fuerat demonstratum, in militaria vexilla transformat, ac Labarum, quem dicunt, in speciem crucis Dominicæ exaptat, et ita armis vexillisque religionis instructus, adversum impiorum arma proficiscitur. Sed et in dextra sua manu signum nihilominus crucis ex auro fabrefactum habuisse perhibetur. »

Item in Tripartita Historia, libro I, cap. 4 : « In his igitur sollicitudinibus constitutus in somno, vidit crucis signum cœlo splendide collocatum, mirantique visionem adfuerunt angeli dicentes : *O Constantine, in hoc vince.* Fertur autem et ipsum Christum apparuisse ei, signum crucis monstrasse ac præcepisse, ut figuram similem faceret, et in præliis auxilium hoc haberet, quo victoriæ jura conquireret. Eusebius itaque Pamphili, cum jurejurando ipso imperatore dicente audisse se refert, quia circa meridiem declinante jam sole crucis signum ex lumine factum et scripturam conservatam ei dicentem, *in hoc vince*, vidisset ipse et milites qui cum eo tunc essent. Pergenti namque aliquo cum exercitu, per iter hoc in quo ei miraculum est ostensum, dumque cogitaret quid esset, nox supervenit et dormienti Christus apparuit cum signo quod vidit in cœlo, jussitque ut fieret ejus signi figuratio, quæ foret auxilium in congressibus præliorum. »

Legitur in eodem libro, cap. 5 : « Hoc enim signum bellicum inter alia pretiosius erat, eo quod imperatorem præcedere et adorari eum a militibus moris esset. Unde præcipue Constantinum reor nobilissimum decus imperii Romani in signum mutasse crucis, ut frequenti visione atque cura desuescerent a priore more subjecti, et eum solum arbitrarentur Deum, quem coleret imperator, et quo duce et auxiliatore uterentur adversus hostes. Semper enim hoc signum proponebatur ante ordines universos, quod maxime laborantibus aciebus in præliis adesse præcipiebat. Constituit itaque certos signiferos, qui in eo laborarent, quorum opus erat ut vicibus humeris eum veherent, et omnes acies ita lustrarent. Fertur enim quod aliquando quidam ferens hoc signum repente hostibus invadentibus expavisset, dedissetque illud alteri vehendum, cumque se de prælio subtraxisset, et jacula declinasset, subito percussus interiit; ille vero qui sacrum suscepit trophæum, multis se jaculantibus permansit illæsus : mirabiliter enim divina regente virtute, sagittæ hostium figebantur in signo, a signifero autem protinus inter pericula evolabant. Dicitur autem neque alium quam hujus signi ministrum, ut solet, in bello vulnere mortuum, aut cladem captivitatis perpessum. » — Item in eodem libro II, cap. 18 : « Dicitur autem quia etiam mortuus crucis tactu surrexit. De hoc ligno sibylla dixit apud paganos,

O ter beatum lignum in quo Deus extensus est. »

Item in eodem libro, cap. 9 : « Audivi enim et Probianum virum in palatio habentem militiam medicorum, crudeli podagra passione detentum ibi doloribus liberatum, eique apparuisse sanctam mirabiliter visionem. Cum enim dudum paganus esset factus, postea Christianus, aliquatenus dogma sequebatur, totius vero salutis causam, id est, sacratissimam crucem nolebat adorare. Hanc habenti sententiam divina virtus apparens signum monstravit crucis, quod erat positum in altario ejus ecclesiæ, et aperte palam fecit, quia ex quo crucifixus est Christus, omnia quæ ad utilitatem humani generis facta sunt, quolibet modo præter virtutem adorandæ crucis gesta non essent, neque ab angelis sanctis, neque a piis hominibus. » — Legitur in eodem libro II, cap. 46 : « Ea siquidem tempestate plurimi inter episcopos effulgebant, sicut Donatus curiæ Epyri, de quo dum provinciales miracula multa testentur, maximum tamen est quod de dracone gessit. Is enim circa pontem in via publica jacens cibum habebat, oves, capras, equos, boves et homines arripiens devorabat. Ad quam bestiam Donatus sine gladio, sine quolibet jaculo veniens, dum illa levasset caput, quasi voratura virum, tunc ille vexillum crucis ante faciem ejus digito designans in aere, in os ejus exspuit, bestia vero sputum mox ore suo suscipiens exspiravit. »

Joannes Chrysostomus in homilia 11 de Cruce et Latrone : « Hodierna die noster Dominus pependit in cruce, et nos festivitate eximia lætitiam celebramus, ut discamus crucem totius spiritalis gratulationis esse substantiam. Etenim ante ipsum, vocabulum crucis pœna fuit, sed nunc ad gloriam nuncupatur, antea condemnationis ferebat horrorem, nunc salutis indicium est. Crux enim nobis totius beatitudinis causa est : hæc nos a cæcitate liberavit erroris, hæc et ex tenebris reddidit luci, hæc ebellatos quieti sociavit, hæc alienatos Deo conjunxit, longe constitutos proximos præsentavit, hæc peregrinantes cives ostendit, hæc discordiæ amputatio est, hæc pacis firmamentum, hæc bonorum omnium abunda largitio. » — Et post pauca in eadem homilia : « Volo et alia ratione cognoscas, crucem suam non reliquit in terra, sed secum eam levavit ad cælum. Sed, ais, hoc unde demonstratur ? Et ideo audivi, quod cum ipsa veniet, cum ipsa secundum gloriam suam præsentiam faciet, ideo *gloriosam crucem* nuncupavit. » — Item post pauca in eadem homilia : « *Et tunc signum videbitur Filii hominis in cœlo* (*Luc.* XXI). Vidisti gloriam signi, id est, crucis, solis lumen reddetur obscurum, lunæ non dabitur gratia, sed illud radiabit et lucet. et sicut imperatorem regalis pompa præcedit, et militaris ordo præeunte vexilla humeris portare consueverunt, et his ejus declaratur adventus, sic Domino de cœlo veniente, angelorum cœtus et archangelorum multitudo, illud signum humeris portant excelsis, et regalem nobis adventum nuntiant. Sola enim Christi crux est, quæ dissolvit tenebras, et regnum dæmonum dissipavit, et omnem terrorem malignantium abstulit, crux sanctitatem providit, crux nobis sol justitiæ facta est, ut illuminati misericordia ejus glorificemus Patrem, et Filium, et Spiritum sanctum in sæcula sæculorum Amen. »

Item Joannes Chrysostomus in homilia 15, de Cruce Dominica. « Et si nosse desideras, charissime, virtutem crucis, et quanta ut possum ad ejus laudem dicere, audi :

« Crux spes Christianorum, crux resurrectio mortuorum, crux cæcorum dux, crux desperatorum via, crux claudorum baculus, crux consolatio pauperum, crux refrenatio divitum, crux destructio superborum, crux male viventium pœna, crux adversus dæmonas triumphus, crux devictio diaboli, crux adolescentum pædagogus, crux sustentatio inopum, crux spes desperatorum, crux navigantium gubernator, crux periclitantium portus, crux obsessorum murus, crux pater orphanorum, crux defensor viduarum, crux justorum consiliarius, crux tribulatorum quies, crux parvulorum custos, crux virorum caput, crux senum finis, crux lumen in tenebris sedentium, crux regum magnificentia, crux scutum perpetuum, crux insensatorum sapientia, crux libertas servorum, crux imperatorum philosophia, crux lex impiorum, crux prophetarum præcentio, crux annuntiatio apostolorum, crux martyrum gloriatio, crux monachorum abstinentia, crux virginum castitas, crux gaudium sacerdotum, crux Ecclesiæ fundamentum, crux orbis terræ cautela, crux templorum destructio, crux idolorum repulsio, crux scandalum Judæorum, crux perditio impiorum, crux invalidorum virtus, crux ægrotantium medicus, crux emundatio leprosorum, crux paralyticorum requies, crux esurientium panis, crux sitientium fons, crux nudorum protectio. Nuditatem autem cum dixero, non corpoream æstimes sed infidelitatis per pœnam; cum autem in Christum crediderit, vestitus invenietur. »

Item Augustinus in libro XXII de Civitate Dei. « In Carthagine Innocentia religiosissima femina de primariis ipsius civitatis, in mamilla cancrum habebat. Hujus morbi, ut ferunt, omnis omittenda est curatio. Hæc illa a perito medico acceperat, ad solum Deum se orando converterat. Admonetur in somnis propinquante Pascha, ut in parte feminarum observantia ad baptisterium quæcunque illi baptizata primitus occurrisset, signaret ei locum; signum crucis Christi fecit, confestim sanitas consecuta est. »

Sedulius in libro IV Paschalis carminis :

Pax crucis ipse fuit, violentaque robora membris
Illustrans propriis pœnam vestivit honore,
Suppliciumque dedit signum magis esse salutis,
Ipsaque sanctificans in se tormenta beavit.
Nere quis ignoret speciem crucis esse colendam,
Quæ Dominum portavit ovans ratione potenti,
Quatuor inde plagas quadrati colligit orbis :
Splendida auctoris de vertice fulget Eous,
Occiduo sacræ labuntur sidere plantæ,
Arcton dextra tenet, medium læva subrigit axem,
Cunctaque de membris vivit natura creantis,
Et cruce complexum Christus regit undique mundum.

Item Paulinus in libro VIII Natalis Felicis :

Nos crucis invictæ signum et confessio munit
Armatique Deo mentem, non quærimus arma
Corporis, et quanquam membris videamur inermes,
Arma tamen gerimus, quibus et sub pace serena
Contra incorporeos animis decernimus hostes.

Item idem in libro x :

Ipse domum remeans modicum, sed grande saluti
De crucis æternæ sumptum mihi fragmine lignum,
Promo tenensque manu adversis procul ingero flammis
Et clypeum retinens pro pectore quo tegerem me,
Arceremque hostem collato umbone relisum,
Credite, nec donate mihi, et reddite Christo
Grates, et justas date laudes omnipotenti :
Nostra salus etenim in cruce Christi et nomine constat,
Inde fides nobis et in hac cruce nixa periclo,
Profuit, et nostram cognovit flamma salutem;
Nec mea vox aut dextra illum, sed vis crucis ignem
Terruit, inque loco, de quo surrexerat ipso,
Ut circumseptam præscripto limite flammam
Sidere, et eastingui fremitu moriente coegit,
Et cinere exortam cineri remeare procellam :
Quanta crucis virtus, ut se natura relinquat,
Omnia ligna orans ligno crucis uritur ignis,
Multa manus crebris, tunc illa incendia vasis
Aspergens largis cupiebat vincere lymphis,
Sed licet exhaustis pensarent fontibus imbres
Vi majore tamen lassis spargentibus omnem
Vicerat ignis aquam, nos ligno exstinguimus ignem,
Quamque aqua non poterat, vicit brevis astula flammam.

CAPUT XIV.

Contra eos qui signum sanctæ crucis in testimonium assumunt, ut eis ita licitum sit adorare imagines, sicuti lignum sanctæ crucis.

Cultores igitur imaginum venerationem, adorationem seu exaltationem sanctæ crucis in defensionem sensus sui opponere soliti sunt, cur non, ita imagines sicut cruces adorari liceat? Quibus primo respondendum est, quia Christus non in imagine, sed in cruce suspendi elegit, quando genus humanum redimere voluit et ideo sancta mater Ecclesia toto orbe terrarum inter cætera innumera crucis sacramenta, quæ a sanctis Patribus multipliciter longe lateque per universum mundum enumerata sunt, decrevit licitum esse universis catholicis ob amorem solius passionis Christi, ubicunque eas viderint, inclinando si viderint venerari, et insuper die sancto quo passio Domini in universo mundo specialiter celebratur cum omni devotione universum ordinem sacerdotalem, seu cunctum populum prostratum adorare. Deinde etiam illud specialiter, non contra licite habentes, sed contra illicitum cultum imaginibus exhibentes, opponendum est, quod supradicta universalis Ecclesia tam sacris fontibus consecrando quamque etiam baptizandis vel baptizatis eodem signo sanctæ crucis consignando vel benedicendo uti decrevit, omniumque fidei catholicæ cultoribus frontes et pectora sua post abrenuntiationem Satanæ pompis et operibus ejus certissima fide contra omnes insidias diaboli munire docuit, gladioque inexpugnabili dextras cunctorum fidelium armare studuit. Dic, quæso, contra fas ecclesiasticum adorator imaginum, quid tale huic simile ab Ecclesia catholica in toto orbe terrarum de imaginibus sanctum est? Et licet hæc magna sint, quid de consecratione corporis et sanguinis Domini nostri Jesu Christi dicturi sumus, quæ utraque in sacris missarum solemniis ex quo consecrari cœperint, usque in finem pene sine intermissione crucis signaculo benedicantur, nec est quisquam tam sapiens vel insipiens, qui ullo modo hanc consecrationem aliter se posse perficere Deo placite præsumat, nisi hoc semper ejusdem sanctæ crucis signaculo consecrare studeat? Quid etiam sicut de universo humano genere, ita pene de cunctis humani generis operibus seu quotidianis actibus ejus complectendo dicere valebimus, in omnibus quæ die, nocte, mane, vespere, et melius fortasse dicitur omni tempore agere consuevit? Quid est quod in his omnibus quod ad salutem ejus sive in hoc sæculo, sive in futuro pertinere possit, sine ejusdem crucis signaculo incipere, actitare vel consummare velit?

CAPUT XV.

Hæc tibi hactenus, imaginum si quis es indiscretus cultor, et hæc tibi inante, et contra si quis es intemperans destructor, vide ne hæc audiens putes temeritati tuæ licentiam dari, ut ubicunque non propter illicitum cultum, sed propter discretum, et ob hoc propter licitum mentis affectum pictas vel fictas similitudines sanctorum videris, ut illas aut destruas, aut irridendo subsannare debeas.

Quamobrem uterque monendus est, ut neuter, sicut quoniam Bardosanus novarum inventionum superstitiosus amator, sed sicut vere catholicus studiosissime matrem virtutum discretionem in omnibus servans, zelumque Dei non secundum fatuitatem insipientium, sed secundum virtutem sapientium in Domino habens, nec ille diligendo, nec iste contemnendo ultra quam oporteat dextra lævaque transiliendo viam rectitudinis amittat, sed quia ita plerique pertinaces sunt ut ratione flecti nequaquam possint, hi merito sancta auctoritate quassandi sunt, ut saltem fracti medicinam quærant.

Epistola beati Gregorii papæ ad Serenum episcopum Massiliensem.

« Litterarum tuarum primordia, ita sacerdotalem in se esse benevolentiam demonstrabant, ut major nobis fieret de fraternitate tua lætitia, sed tantum earum finis a suis dissensit initiis, ut non unius, sed diversarum mentium talis crederetur epistola. » Et

post pauca in eadem scribitur epistola. » Perlatum quidem ad nos fuerat, quod inconsiderato zelo succensus, sanctorum imagines sub hac quasi excusatione, ne adorari debuissent, confringeres, et quidem, quia eas adorari vetuisses, omnino laudavimus: fregisse vero reprehendimus. Dic, frater, a quo factum sacerdote aliquando auditum est, quod fecisti? Si non aliud, vel illud te non debuit revocare? Despectis aliis fratribus solum te sanctum, et esse credis sapientem? Aliud est enim picturam adorare, aliud picturæ historia quid sit adorandum addiscere. Nam quod legentibus scriptura, hoc idiotis præstat pictura cernentibus, quia in ipsa ignorantes vident quod sequi debeant, in ipsa legunt, qui litteras nesciunt. Unde præcipue gentibus pro lectione pictura est, quod magnopere a te, qui inter gentes habitas, attendi decuerat, ne dum recto zelo incauto succenderis, ferocibus animis scandalum generares. Frangi ergo non debuit, quod non ad adorandum, sed instruendas solummodo mentes fuit nescientium collocatum, et quia in locis venerabilibus sanctorum depingi historiam, non sine ratione vetustas admisit. »
Et post pauca sequitur : « Convocandi enim sunt diversi Ecclesiæ filii, eisque Scripturæ sacræ est testimoniis ostendendum, quod omne manu factum adorare non liceat, quoniam scriptum est, *Dominum Deum tuum adorabis, et illi soli servies* (Deut. vi), ac deinde subjungendum, quia picturas imaginum quæ ad ædificationem imperiti populi factæ fuerant, ut nescientes litteras ipsam historiam intendentes, quid actum sit discerent. » Et item : « Si ad hanc instructionem, ad quæ imagines antiquitus factæ sunt habere vultis in ecclesiis, eas modis omnibus et offerri, et habere permittas, atque judica, quod non tibi ipsa visio historiæ, quæ pictura teste pandebatur, displicuerit, sed illa adoratio quæ picturis fuerat incompetenter exhibita, atque in his verbis eorum mentes demulcens, ad concordiam tuam revoca, et si quis imagines facere voluerit, minime prohibeatur; adorare vero imagines omnimodis devita. Sed hoc sollicite fraternitas tua ammoneat, ut ex visione rei gestæ ardorem compunctionis percipiant, et in adoratione solius omnipotentis sanctæ Trinitatis humiliter prosternantur. »

Item Gregorii papæ epistola ad Secundinum servum Dei inclausum.

« Dilectionis tuæ litteras suscepi, quæ in meo sensu amoris melle conditæ sapuerunt, etc. » et post quædam interposita inquit : « Imagines enim quas nobis tibi dirigendas per Dulcidium diaconum tuum rogasti... valde nobis tua postulatio placuit, quia illum in corde tota intentione quæris, cujus imaginem præ oculis habere desideras, ut visio corporalis quotidiana semper reddat exortum, ut dum picturam vides ad illum animo inardescas, cujus te imaginem videre consideras. Ab re non facimus, si per visibilia visibilibus invisibilia demonstramus. Sic homo qui alium ardenter videre desiderat, aut sponsam amando desiderat, quam videre conatur, si contingit ut ad balneum ire, aut ad ecclesiam procedere existimet, viam tendentibus se præparet, ut de visione hilaris recedat. Scimus namque, quia tu imaginem Salvatoris nostri ideo non petis, ut quasi Deum colas, sed ob recordationem Filii Dei in ejus amore recalescas, cujus te imaginem videre consideras, et nos quidem non quasi ante divinitatem ante ipsas prosternimur, sed illum adoramus, quem per imaginem, aut natum, aut passum, vel in throno sedentem recordamur, et dum nos ipsa pictura quasi scriptura ad memoriam Filium Dei reducimus animum nostrum, aut de resurrectione lætificat, aut de passione emulcet. Ideoque direximus tibi syrtaria duo, imaginem Salvatoris et sanctæ Dei genitricis Mariæ, et beatorum apostolorum Petri et Pauli, per supradictum filium nostrum diaconem, et unam crucem cum clavo pro benedictione, ut ab ipso a maligno defensus, crucis sancto ligno munitum esse te credis, etc. »

Item, epistola Gregorii papæ ad Januarium episcopum.

« Judæi de civitate vestra huc venientes questi nobis sunt, quod synagogam eorum quæ Carali sita est, Petrus, qui ex eorum superstitione ad Christianæ fidei cultum domino volente perductus est, adhibitis sibi quibusdam indisciplinatis, sequenti die baptismi sui, hoc est Dominica ipsa festivitate paschali, cum gravi scandalo sine vestra occupaverit voluntate, atque imaginem illic genitricis Dei, Dominique nostri et venerandam crucem vel byrrum album, quo fonte surgens indutus fuerat, posuisse, etc. » Et post pauca inquit : « Considerantes hac de re vestræ voluntatis intentum ac magis judicium hortamur affatibus, ut sublata exinde cum ea qua dignum est veneratione atque crucem, debeatis quod violenter ablatum est reformare, etc. »

Item epistola Gregorii papæ, ad Germanum patriarcham Constantinopolitanum.

« Qualis et quæ libatio meum sic sancte lætificarit animum s.cut de te venerabili nempe mihi, et super laudabile nomen sanctissimæ et Deo dilectæ gratificatæ nuntiationis, etc. » Deinde post quædam interposita adjunxit : « At ubi sic cœpisti conflictui sicut ipse Deus tibi monstravit, præesse præcipiens in castra Christi, et regni gloriosum certe et notum signum, vivificam dico crucem magnum adversus mortem ejus magnitudinis triumphum, ubi mundi quadripartiti orbem terrarum perscripsi distinguens perscriptis, ita et sanctam imaginem omnium dominæ, et sanctæ Dei genitricis, cujus vultum deprecantur divites plebis. Etenim sancta, sicut patribus videtur, quæ sic a vobis pie honorata donavit retributiones. Nam imaginis honor ad primam formam transit secundum magnum Basilium, et sicut inquit Chrysostomus : Ego et ceræ perfusæ dilexi picturam pietate repletam. »
Et post pauca in eadem epistola : « Si enim propheticæ dispositiones non acceperunt finem, non scribantur causæ ad ostensionem, quæ nec dum sanctæ sunt, videlicet nisi incarnatus est Dominus non signetur, quæ secundum carnem signatur, sancta imago ejus, nisi natus est in Bethlehem de semper gloriosa Virgine et Dei genitrice, et magi munera obtulerunt, et pastoribus apparuit angelus, et multitudo cœlestis militiæ nato laudem retulit, nisi in ulnis genitricis, ut infans porrectus qui portat omnia, et lactis nutrimento pastus est, *qui dat escam omni carni* (Psal. cxxxvi), neque hoc signetur nisi mortuos suscitavit, et paralyticos erexit, et leprosis purgationem dedit, et oculos cæcorum aperuit, et dæmones effugavit, et nisi aperuit aures surdorum, et omnia operatus est, quæ gloriose et Dei miracula perfecit, non scribantur, nisi passionem voluntarie suscepit, et infernum exspoliavit, et surgens in cœlos ascendit, qui venturus est judicare vivos et mortuos, non scribantur, neque designentur, quia hæc recitantur, et per litteras et per colores scripturæ et historiæ. Si enim hæc omnia facta sunt, et magnum est pietatis mysterium, utinam fuisset possibile cœlum et terram, et mare, et animalia omnia, enarrare ea et per voces et per litteras, et historias. Non existentium enim designaritium idolica scriptura nominatur, quæ non fuerunt in essentia delirate factura et ne una condescensio Ecclesiæ Christi cum idolis? Absit; neque enim vitulos adoravimus, neque vitulum in Choreb fudimus, neque Deum nobis mundum existimavimus, neque iterum in sculptili inclinati sumus, et Beel Phegor consecrati sumus, neque filios nostros aut filias aliquando dæmonibus immolavimus, non sunt hæc nobis, non sunt, nullus accusetur, quoniam nihil, quæ existunt aut facta sunt, præter nomen quod est super omne nomen , vivificam Trinitatem populus Christi usque hodie servivit, aut veneratus est, absit. Si enim quis Judaice motus ad

calumniandum, quæ olim idolorum culturis acclamantia profanantur, et idolorum cultura ascribere Ecclesiæ nostræ de venerabilibus imaginibus divinis et mirabilibus ad meliora directis existumemus, nihil aliud aut canem latrantem, et ac sui infundibula procul ejicientem, audiat sicut Judæus, utinam esset, et Israel per visibilium quam deputatus est, offerre Deo orationem et per exempla memorari factorem, et non vitulum tenere et muscas super tabulas testamenti, utinam sanctum altare diligeret, et non vitulas Samariæ. Bonum illi esset simul et justum rorissimam divinam petram amplectere, et non Beel, utinam esset illi ad virgam Moysi magis aspicere, et ad urnam auream, et arcam, et propitiatorium Lamminæ Ephod, mensam, tabernaculum interius et exterius, quæ omnia in gloriam facta Dei et si manufacta, sed magis sancta sanctorum dicebantur; et Cherubin sculpta, quorum memoriam faciens Apostolus inquit, *Cherubin gloriæ obrumbrantis propitiatorium* (*Hebr.* ix), quibus et divina vegetari gloria, et Scriptura docemur, si istis attenderis, nunquam idolis inclinaretur. Omne enim opus in nomine Domini factum pretiosum et sanctum dictum est, etc. »

Item Gregorii papæ in Synodica epistola.

« Si contraria sentientibus et irrita facere quærentibus antiquas patrum traditiones salutis occurreret conversio, sufficerent utique ea, quæ superius a nobis ex patrum testimoniis vel sacris dicta sunt documentis. Sed quia videmus; quod mœrentes dicimus, plerosque turbatis mentibus statuta conturbare Ecclesiæ, ideo, fratres charissimi, extenditur sermo; et cupimus ad compescendam erroris insaniam adhuc ex veteribus documentis aliquid dicere; forsan resipiscant inquieti. In libro enim Exodi sic legimus. *Locutus est Dominus ad Moysem dicens : Loquere filiis Israel, ut tollant mihi primitias ab omni homine, qui offert ultroneus; accipietis eas. Hæc sunt autem, quæ accipere debetis, et cætera per ordinem usque ad duorum cherubim, qui erunt super arcam testimonii, cunctaque mandabo per te filiis Israel* (*Exod.* xxv); et iterum : Mandato Dei a Salomone constructo templo; inter alia fecit in oraculo duo cherubim de lignis olivarum; et infra : *Et sculpsit in eis picturas cherubim, et palmarum species, et anoglypha valde prominentia, et texit ea auro, et operuit tam Cherubim quam palmas*, etc. (*III Reg.* vi.) Ecce, charissimi fratres, consideremus quid Deo mandante Moyses effecerit, quidve Salomon sapientissimus divino jussu construxerit, et cætera, quanto debemus puro cordis annisu ipsum Christum Dominum nostrum sanctamque semper virginem ejus genitricem Mariam, apostolos quoque vel omnes sanctos Dei per eorum sacras effigies atque imagines colere, adorare, et ad propitiandum nobis petere, et relaxare delicta. Nos non ob aliud nomen imagines facimus et adoramus, sed pro nobis incarnato verbo Dei. Si autem manufacta omnia abjicienda sunt, neque arcam fœderis, neque aurea et cælata cherubim ejus debuerant recipi, quæ per Beseleel et Eliab facta sunt juxta præceptum Dei. Si vero illa sicut similia invisibilia facta sunt, ita et hæc simili modo secundum visiones et revelationes prophetarum coloribus distincta efficiuntur, etc. »

Joannes Chrysostomus in sermone Cœnæ Domini : « Omnia facta sunt propter gloriam Dei, usui autem nostro nubes ad imbrium ministerium, terra ad frumenti abundantiam, mare ad negotiationem copiose, absque invidia omnia famulantur homini, magis autem imagini Domini. Neque enim quando imperiales vultus et imagines in civitates introducuntur, et obviam judices et plebes cum laudibus, non tabulam honorantes, neque effusæ ceræ scripturæ, sed figuram imperatoris, sic et creatura non terrenam speciem honorat, sed eamdem ipsam cœlestem figuram reveretur. »

Item beati Joannis Chrysostomi de parabola seminis : « Indumentum imperiale si injuriaveris, nonne eum qui induitur injurias? Nescis, quia si quis imaginem imperatoris injuriat, ad eum ipsum imperatorem principaliter dignitati ejus affert injuriam? Nescis, quia si quis imaginem ex ligno aut ex colore detrahit, non sicut ad elementum sine anima ausus judicatur, sed sicut adversus imperatorem disgregatam imaginem totidem imperatoris gestans ejus injuriam ad imperatorem deducit. »

Sancti Basilii ex libro ad Amphilochium, de Spiritu sancto, in capitulo 17 : « Quoniam imperator dicitur, et imperatoris imago, et non duo imperatores. Neque enim fortitudo scinditur, neque gloria dividitur. Sicut enim quæ tenetur noster principatus et potestas una, sic et quæ erga nos glorificatio una, et non multæ, quoniam imaginis honor ad primam formam transit. »

Item sancti Basilii in epistola ad Julianum imperatorem missa : « Secundum id, quod divinitus datam hæreditariam, nobis immaculatam Christianorum fidem confiteor et promitto. Credo in unum Deum Patrem omnipotentem, Deum Patrem, Deum Filium, Deum Spiritum sanctum, unum Deum, hæc tria adoro et glorifico. Confiteor autem et Filii incarnati dispensationem, et Dei genitricem, quæ secundum carnem eum genuit, sanctam Mariam; suscipio vero et sanctos apostolos, prophetas, et martyres, et ad Deum deprecationem, quæ per eos (scilicet illis mediantibus) propitiatorem mihi efficit misericordissimum Deum, et remissionem mihi facinorum condonari, pro quo et figuras imaginum eorum honoro et adoro, specialiter hoc traditum tam a sanctis apostolis et non prohibitum, sed in omnibus ecclesiis nostris eorum designantes historiam. »

Item ipse in sermone sanctorum quadraginta martyrum : « Nam et bellorum triumphos, ac victoriæ, et sermonum conscriptores multotiens et pictores significant, quidam autem verbo adornantes, quidam vero tabulis præsignantes, et multos uterque ad virilitatem exercuerunt. Quæ enim sermo historiæ per auditum, hæc conscripta silens admonitio per imitationem demonstrat. »

Item sancti Athanasii. *Interrogatio Antiochi ad sanctum pro imaginibus.* « Quomodo lex et prophetæ dicentes, *Statuas et similitudines non adoretis.* Quare ergo vos facitis imagines, et adoratis eas? » *Responsio Athanasii* : « Non ut Deos imagines adoramus, nos fideles sicut pagani, absit. Sed tantummodo affectu et charitatis nostræ animæ ad vultum faciei imagines apparentes. Unde multoties vultu deleto sicut lignum purum atque commune, jam quod dudum fuerat imago, comburimus. Sicut enim Jacob approximans morti, summitatem virgæ Joseph adoravit, non virgam honorificans, sed qui eam tenebat, sic et fideles non pro aliquo alio modo imagines adoramus, non pro desiderio effigie declarata. »

Item beati Cyrilli Alexandrini episcopi, in sermone Matthæi evangelistæ : « Depingitur enim fides quod in forma Dei exsistit verbum, sicut et nostræ vitæ redemptio obiatus est Deo secundum nostram similitudinem indutus et factus homo. » Et idem ipse post pauca : « Imaginum nobis explent opus parabolæ significantium virtutem; cuidam, quomodo et oculorum adhiberi et palpatu manus afferri; in vestigiis, mentibus, inapparibiliter habens visionem. »

Item sancti Cyrilli : « Quemadmodum imaginem quis designatam jucundam respexerit, mirabitur quidem regis figuram, et quæ illo apparet, hæc et ejus noscens conscriptionem pariter cernens delectabitur, ut ipsum regem aspiciat, etc. »

Item sancti Epiphanii episcopi Constantiæ Cypri. « Etenim imperatores pro eo quod habent imagines non duo sunt imperatores, sed imperator unus cum imagine. »

Item sancti Stephani episcopi Bostron, ad quosdam, de imaginibus sanctorum. « De imaginibus sanctorum confidimus, quoniam omne opus quod fit in Dei nomine bonum est et sanctum. Aliud est enim imago, et aliud simulacrum, id est, statunculum. Quando enim Deus Adam plasmavit, videlicet et condidisset, dicebat : *faciamus hominem' ad imaginem nostram et similitudinem* (Genes. 1), et fecit hominem imagini Dei. Quid enim ? ergo quia imago est homo Dei, idolatria est, id est idolorum cultura est et impietas? nequaquam fiat. Si enim Adam imago dæmonum, abjectus fuit et inacceptabilis, sed quia imago Dei est, honorabilis est, et acceptabilis. Omnis enim imago in nomine Domini aut angelorum, aut prophetarum, aut apostolorum, aut martyrum, aut justorum sancta est : non enim lignum adoratur, sed is qui in ligno commemoratur, et contemplatus honoratur. Omnes enim nos honoramus judices et salutamus, etiam si peccatores sint. Quid ergo, nunquid non debemus adorare sanctos Dei servos, et propter memoriam eorum constituere et erigere imagines, quod non obliviscantur? Sed dices, quia ipse Deus præcepit et non adorare nos manufactos. Dic itaque, o Judæe, quale super terram non est manufactum post facturam Dei, quid ergo? arca Dei quæ ex lignis Sethim fabricata est atque constructa, non fuit manufacta? et altare et propitiatorium, et urna, quæ habuit manna, et mensa, et lucerna, et tabernaculum inferius, et exterius non fuerunt ex operibus manuum hominum quæ Salomon fecit? et cur sancta sanctorum vocantur manufacta exsistentia? ita cherubim et senarum alarum in circuitu propitiatorii non fuerunt statuæ et imagines angelorum opera manuum hominum? Et quomodo non abjiciuntur? Sed quia per præceptum Dei imagines factæ sunt angelorum, sancta sunt, licet statuæ fuerint. Etenim idola gentium, quia imagines fuerunt dæmonum, Deus prohibuit et condemnavit eas. Nos autem ad memoriam sanctorum imagines facimus Abrahæ, Moysi, et Eliæ, Isaiæ, et Zachariæ, et reliquorum prophetarum, apostolorum, et martyrum sanctorum, qui propter Deum interempti sunt, ut omnis, qui videt eos in imagine, memoretur eorum, et glorificet Deum qui glorificavit eos. Decet enim eis honor et adoratio et commendatio secundum justitiam eorum, ut omnes qui vident eos, festinent, et ipsi imitatores fieri actionum eorum. Quæ enim est adoratio nisi honor tantummodo? sicut et nos peccatores adoramus, et salutamus nos alterutrum secundum honorem et dilectionem. Etenim Deum nostrum aliter adoramus et glorificamus, et contremiscimus. Imago est similitudo ejus qui in ea conscriptus est; impii autem qui bonum non agunt, neque sanctorum commemorantes, non prohibeant, neque scandalizent eos qui benefaciunt, et honorant sanctos et servos Dei, et commemorantur eorum, mercedem enim bonæ operationis accipient; impii vero secundum quod cogitaverunt, habebunt desolationis inhonorationem, sicut id quod justum negligentes, et a Domino recedentes ; propter memoriam namque in imaginibus conscribuntur, et honorantur, imo et adorantur sancti sicut servi Dei, ut pro nobis divinitatem sint exorantes, atque implorantes, dignum enim est commemorari doctorum nostrorum, et gratias referendo. ›

Item sancti Dionysii Areopagitæ Atheniensis episcopi, in epistola quam scripsit ad sanctum Joannem evangelistam, inter cætera, inquit : « Quid mirabile, si Christus verax et *discipulos*, inquit, *de civitatibus ejiciunt*, ipsi digne sibi judicantes, et de sacro sceleratis interdicunt, et recedentes a veritate et manifeste imagines sunt visibiles invisibilium, nec enim in sæculis supervenientibus culpabilis erit ex ejus justitia respectus Dei. ›

Item ejusdem de cœlesti Militia, et infra : « Prædicta enim incorporea agmina diversis coloribus effigurantur, compositionibus variis, quatenus sic tacite nosmetipsos per sacratissimas effigies ad simplices et incorporales pia mente transeamus. Etenim impossibile est nostræ menti ad incorporea illa pertingere, cœlestis militiæ imitationem visionemque, nisi si per elementorum poterimus visibilem decorem ad invisibilem pulcherrimamque attingi effigiem, et visibiles odoriferasque imagines rationali traditione invisibiles præfulgi, et cætera. ›

In definitione sancti sexti et magni concilii, cap. 82 : « In quibusdam venerabilium imaginum picturis, agnus digito præcursoris monstratus designatur, qui in signum relictus est gratiæ, verum nobis per legem præmonstrans agnum Christum Deum nostrum, qui abstulit peccata mundi. › Et post pauca : « Secundum humanam figuram, et in imaginibus nunc pro veteri agno retitulari decernimus, per ipsum humilitatis altitudinem Dei Verbi considerantes, et ad memoriam quæ in carne actionis quique passionis ejus et salutiferæ mortis manibus educti, et quæ ab hinc facta est mundi redemptio, etc. ›

Unde et beatus Augustinus in psalmum XCII inquit : « Si autem non adoras in Christo ista terrena, quamvis de illis similitudo quædam data est , ad significandum sanctos de quacunque creatura ducta fuerit similitudo, tu intellige similitudinem creaturæ, et adora artificem creaturæ, et cætera. ›

Item sancti Athanasii episcopi Alexandrini, de Humanatione Domini, cujus initium : « Sufficienter quidem de his multis pauca sumentes intimavimus. › Et post : « Sicut ea quæ scribitur in lignis forma abolita exterioribus sordibus, iterum necesse id ipsum recuperari atque uniri is cujus est forma, ut innovari possit imago in eadem materia atque elemento. Per ejus enim formam et ipsa materia ubi et conscribitur non dejicitur, sed in ea ipsa configuratur. »

Item beati Ambrosii Mediolanensis episcopi ad Gratianum imperatorem, ex libro III, cap. 9 : « Nunquidne, quando et deitatem et carnem ejus adoramus, dividimus Christum? Aut quando in ipso et Dei imaginem et crucem adoramus, dividimus eum? Absit. »

Item beati Gregorii Nysseni episcopi, inter plura, ubi de Abraham sermonem instituit : « Vidi imaginem passionis, et non sine lacrymis visionem transivi, opere artis ad faciem deducens historiam, etc. »

Item ipse in interpretatione in Cantica canticorum : « Sicut vero conscripta doctrina, materia quædam est, ita omnino in diversis tincturis, quæ complent animantis imitationem, qui vero ad imaginem conspicit ex cadem arte per colores completam tabulam, non tincturis præfert contemplationem, sed visionem depictam conspicit tantummodo, quam per colores magister demonstravit. »

Leontii episcopi Neapoli Cypri, in quinto sermone propter Christianorum responsum adversus Judæos, et de imaginibus sanctorum : « Nunc vero de venerandis pictisque imaginibus responsum faciamus, ut obstruantur ora loquentium iniquitatem. Legalis enim et hæc traditio , et audi Deum dicentem ad Moysen : *Imagines duas cherubim aureas insculptas construe obumbrantes propitiatorium* (Exod. XXV). Et iterum, templum quod ostendit Deus Ezechieli : *Facies*, dixit, *palmarum et leonum, et hominum et cherubim a pavimento ejus, usque ad cameram tecti* (Ezech. XL; III Reg. VI), certe terribilis sermo, qui præcepit Israeli ne faceret quodlibet sculptile, neque imaginem, neque similitudinem eorum quæ sunt in cœlo, et quæ sunt in terra, ipse præcepit Moysi facere sculptilia animalia et cherubim. Unde et Salomon ex lege suscipiens signum plenum fecit templum ære et sculptile, et fusile, leonum, boum, et palmarum et hominum, et non est reprehensus a Deo. Si enim me reprehendere vis pro imaginibus, reprehende Deum qui hæc fieri jussit, in memoria ejus esse erga nos. Judæus dixit, sed non adorabantur illæ, sicut dii similitudines, sed memoria tantummodo fiebat. Christianus ivit, bene dixisti, neque a nobis ut dii adorantur sanctorum effigies et imagines, et signa. Si enim ut Deum adorant lignorum imagines debebant omnino et cætera ligna adorare; si vero ut Deum adorarent lignum, non omnino deleta effigie imaginem incenderent. » — Et iterum: « Damus quæ sunt annexa duo ligna crucis, adoro signum propter Christum qui in ea crucifixus est, at ubi divisa fuerint ab alterutrum, projicio ea et incendo. Et sicut qui jussionem imperatoris suscipiens, et osculatus est signum, non lutum honorat aut chartam, aut plumbum, sed imperatori salutem et venerationem reddidit, sic et Christianorum pueri signum crucis adorantes non naturam ligni veneramur, sed signum et figuram Christi, ipsum videntes, per ipsum, qui in ea crucifixus est, osculamur et adoramus, etc. » — Et post pauca: « Sicut enim virgam Christi crucem adoramus, sicut enim sedem et lectum ejus sanctum sepulcrum, sicut enim domum, præsepium, et Bethleem, et cætera sancta ejus tabernacula, sicut enim amicos ejus, apostolos ejus, et sanctos martyres, et reliquos sanctos, Christi vero passionem in ecclesiis et in domibus et in plateis, et in imaginibus, et in velis, et in cubiculis, et in vestibus, et in omni loco designamus, ut indesinenter aspicientes hæc recordemur, et non obliviscamur, sicut tu oblitus es Domini Dei tui, et sicut tu adorans librum legis non naturam pellium et atramenti adoras, sed verba Dei quæ in eo continentur. Sic et ego imaginem Christi adorans, non naturam lignorum aut colorum adoro, absit, sed inanimata in figuram Christi tenens, per eam Christum spero tenere et adorare. » Et infra sequitur: « Nam et ipsos filios nostros, et patres factos existentes, et peccatores sæpius osculamur, et non in hoc condemnabimur, non ut deos eos osculamur, sed amorem nostræ naturæ, quem erga eos habemus per osculum ostendimus. Sicut enim multoties dixi : Mens scrutatur in omni osculo, et in omni adoratione, etc., sic, o homo, Christianorum populi quanticunque signa crucis et imaginum osculantur, non ipsis venerationem lignis aut lapidibus proferunt, aut auro, aut corruptæ imagini, aut lipsanis; sed per illa Deo creatori, qui et eorum et omnium creator est, gloriam et osculum, et venerationem offerunt. » Et infra: « Qui enim diligit amicum suum, aut regem, et magis bene merentem sive filium ejus videns, sive virgam, sive sedem, sive coronam, sive domum, sive servum tenens osculatur et honorat per hos benefactorem, et magis Deum. Quando enim vides Christianos adorantes crucem, cognosce, quoniam crucifixo Christo adorationem proferunt et non ligno. Nam si naturam ligni venerati essent, omnino et arbores, et nemora adorarent, sicut et tu aliquando Israel adorabas dicens arbori et ligno : *Tu, mihi est Deus, et tu me genuisti (Jerem.* II). Ergo non sic dicimus cruci, neque figuris sanctorum, *dii nostri estis*, non enim sunt dii nostri, sed similitudines et imagines Christi, et sanctorum ejus, et ad memoriam et honorem, et decorem ecclesiarum adjacentium et adorantium. Qui enim honorat martyrem, Deum honorat, et qui matrem ejus honorat, ipsi Deo honorem offert, et *qui apostolum honorat, qui misit eum honorat (Matth.* X), etc. »

Item beati Augustini, de eo quod apparuit Deus Moysi, et de virga et manu colorata et aqua in sanguinem, et post quædam interposita subjunxit: « *Sicut Moyses exaltavit serpentem in eremo, ita exaltari oportet Filium hominis, ut omnis qui credit in eum non pereat, sed habeat vitam æternam*, hoc est quicunque percussus fuerit a serpentibus peccatorum, Christum intueatur, et habebit sanitatem in remissionem peccatorum. »

Item ejusdem sancti Augustini super Joannem evangelistam, de eodem sermone homilia inter cætera : « Interim modo, fratres, ut a peccato sanemur, Christum crucifixum intueamur, quia *sicut Moyses exaltavit serpentem in eremo, ita exaltari oportet Filium hominis (Joann.* III). Hoc enim interest inter figuram sive imaginem et rem ipsam: figura præstabat vitam temporalem, res ipsa, cujus ipsa figura erat, præstabat vitam æternam, etc. »

Item sancti Augustini de libro tertio sanctæ Trinitatis, inter cætera : « Nam sicut unctio lapidis, Christum in carne in qua unctus est oleo exsultationis præ participibus suis, ita virga Moysi conversa in serpentem ipsum Christum factum obedientem usque ad mortem ejus, unde ait, *sicut exaltavit Moyses serpentem in eremo (Psal.* LXXII). » Et post cætera : « Si intuentes illum serpentem exaltatum in eremo, serpentum morsibus non peribunt, vetus homo noster crucifixus est cruci cum illo: per serpentem autem mors intelligitur, quæ facta est a serpente in paradiso, modo locutionis per efficientem id quod efficitur. Demonstrante ergo virga in serpente, Christus in morte, et serpens rursus in virga, Christus in resurrectione, totus in corpore suo quod est Ecclesia, etc. »

Item Augustini in libro Exodi inter cætera : « Facta credimus, quemadmodum facta legimus, et tamen ipsa facta umbram fuisse futurorum, apostolica doctrina cognoscimus. Putamus ergo spiritaliter esse investiganda quæ facta sunt, facta tamen esse negare non possumus, etc. »

Item ipse in psalmo LXXI : « Imo jam in nomine Christi venire gaudeamus, jam tenentes sceptrum subduntur ligno crucis, jam fit quod prædictum est, *adorabunt eum omnes reges terræ, omnes gentes servient illi (Psal.* LXXI). Jam enim in frontibus regum pretiosius est signum crucis quam gemma diadematis. »

Item Augustini de filio Abrahæ ducto ad sacrificium, inter cætera : « Non enim frustra moti estis, cum hoc dicerem, *crux cornua habet*: sic enim duo ligna compinguntur in se, ut speciem crucis reddant. Sicut ergo imagine crucis multis locis videmus, ut fiant duo cornua, quibus infigantur manus, cornibus hærentem arietem crucifixum Dominum video, etc. »

Item sancti Severiani Gabalensis de sermone sanctæ crucis, inter cætera : « Putas non erat justum dici, si quis vestrum morsus fuerit, respiciat in cœlum sursum ad Deum, et salvabitur? Ut enim et attendi cœlo relinquat, non potuit dicere, si quis morsus fuerit, aspiciat lucernam luminis, et salvabitur? Aut aspiciat ad mensam propositionis sanctorum panum, et salvabitur? Aut ad altare, aut ad velum, aut in arcam, aut in imaginem cherubin, aut in propitiatorium, sed nihil horum ad medium adduxit legislator magnus, sed solam fixit crucis imaginem, et hanc per maledictum serpentem. Dic mihi ut fidelis famulus, quod interdicis facis, quod abrenuntias, ædificas, dicis, *Non facies sculptile et fusile (Exod.* XX), sculpis serpentem? Sed illa quidem lege posui, ut materias abscindam impietatis, et populum hunc eruam omni idolorum cultura. Nunc autem effundo serpentem, ut præfigurem imaginem Salvatoris, etc. »

Item sancti Augustini ad Dulcidium, in quæstione 6, de Samuelis imagine. « Solent enim in scripturis imagines earum rerum nominibus appellari, quarum imagines sunt, sicut omnia quæ pinguntur atque finguntur ex aliqua materie metalli, aut ligni, vel cujuscunque rei aptæ ad opera hujusmodi, quæ etiam videntur in somnis, et omnes fere imagines earum rerum quarum imagines sunt appellari solent. Quis enim est, qui hominem pictum dubitet vocare hominem? quandoquidem et singulorum quorumque picturam cum aspicimus, propria quoque nomina incunctanter adhibemus, velut cum intuentes tabulam aut parietem dicimus, ille Cicero est, ille Salustius, ille Achilles, ille Hector, hoc flumen Symois, illa Roma. Cum aliud nihil sint, quam pictæ imagines, unde cherubim cum sint cœlitus potestates, factæ tamen ex metallo, quod imperavit Deus, super arcam testamenti magnæ rei significandæ gratia, non aliud quam cherubim illa quoque figmenta vocitantur. Item quisquis videt somnium, non dicit, vidi imaginem Augustini aut Simpliciani, sed vidi Augustinum aut Simplicianum, cum eo tempore quo tale aliquid vidit, nos ignoraremus. Usque adeo manifestum est, non ipsos homines, sed imagines eorum videri, et Pharao spicas se vidisse dixit in somnis, et boves, non spicarum et boum imagines. Si igitur liquido constat nominibus earum rerum, quarum imagines sunt, easdem imagines appellari, non mirum est quod scriptura dicit, *Samuelem visum* (*I Reg.* xxviii), etc. »

Item Augustini in libro de Doctrina Christiana secundo: « Signum est enim res præter speciem quam ingerit sensibus aliud aliquid ex se faciens in cogitationem venire, sicut vestigio viso, transisse animal cujus vestigium est cogitamus, et viso fumo, ignem subesse cognoscimus. Signorum igitur alia sunt naturalia, alia data. Signa data sunt, quæ divinitus in Scripturis sanctis continentur, per homines nobis indicata sunt, qui ea conscripserunt, et cætera. Ante omnia igitur opus est Dei timorem converti ad cognoscendam ejus voluntatem quid nobis appetendum fugiendumque præcipiat. » Et infra: « Illud quod est secundum institutiones hominum, partim superstitiosum est, partim non est. Superstitiosum est quidquid institutum est ab hominibus ad facienda et colenda idola pertinens, vel ad colendam sicut Deum creaturam. » — Et post pauca in eodem sequitur libro: « Appetunt tamen omnes quamdam similitudinem in significando, ut ipsa signa, in quantum possunt rebus, quæ significantur similia sint, sed quia multis modis simile aliquid alicui potest esse, non constant talia signa inter homines, nisi consensus accedat, in picturis vero et statuis cæteris hujusmodi simulatis operibus, maxime peritorum artificum nemo errat, cum similia viderit, ut agnoscat quibus sint rebus similia, et hoc totum genus inter superflua hominum instituta numerandum est, nisi cum interest quid eorum, qua de causa, et ubi, et quando, et cujus auctoritate fiat, etc. » — Item Augustini in libro III ejusdem: « Qui vero aut operatur, aut veneratur utile signum divinitus institutum, cujus vim significationemque intelligit, non hoc veneratur quod videtur et transit, sed illud potius quo talia cuncta referenda sunt. Talis autem homo spiritalis et liber est, etiam tempore servitutis, quo carnalibus animis nondum oportet signa illa revelari, quorum jugo edomandi sunt. Tales autem spiritales erant, patriarchæ ac prophetæ, omnesque in populo Israel, per quos nobis spiritus sanctus ipsa scripturarum et auxilia et solatia ministravit, etc. »

Item sancti Athanasii in sermone quarto adversum Arianos: « Arriomanitæ, ut dictum est, judicantes semel transgressores fieri. » Et post cætera: « Hoc et ab exemplo imaginis imperatoris attentius quis considerare poterit. Igitur in imagine imperatoris, similitudo et forma est : et in imperatore quidem quæ in imagine similitudo est, immutabilis enim est forma quæ in imagine imperatoris similitudo, quatenus qui conspicit imaginem, videt in ea imperatorem, et iterum, qui vidit imperatorem, cognoscit quoniam hic est qui in imagine. Ideo quod non immutetur similitudo qui voluerit cum imagine videre imperatorem, dicat namque : Ego et imperator unum sumus, ego enim in eo sum, et ille in me, et quod conspicis in me, hoc in illo vides, et quod vidisti in illo, hoc vides et in me, qui enim salutat imaginem, in ipsa salutat imperatorem. Enimvero illius forma et species est imago, etc. »

Item sancti Athanasii, episcopi Theopoleos, ad Simeonem, episcopum Bostræ : « Si, patres, oportet secundum eloquium ut tu asseris interrogare, insuper autem et seniores. » Et post pauca : « Sicut enim absente quidem imperatore, imago ejus pro eo adoratur, præsente ergo ipso superfluum est relinquere primam formam, et adorare imaginem, nonne quia præfertur propter præsentiam pro quo adoratur, inhonorari eam oportet? » Et iterum : « Sicut enim qui injuriat imaginem imperatoris, pœnam justam sustinebit, sicuti cum ipsum imperatorem inhonorans. Etenim imagine nihil aliud existente nisi lignum cum coloribus ceræ mixtis et contemperatis, simili modo, qui signum cujuslibet inhonorat, in eum ipsum, cujus signum est refert injuriam, etc. »

In Historia Tripartita libri sexti, cap. 1, Sozomenus inquit. « Illud quoque quod sub Juliano provenit narrare non sileo. Fuit enim signum quidem virtutis Christi, et indicium contra principem iracundiæ Dei. Cum enim agnovisset in Cæsarea, Philippi civitate Phœniciæ, quam Paneam vocabant, insigne Christi esse simulacrum, quod sanguinis liberata profluvio constituerat, eo deposito, suam ibi statuam collocavit, quæ violento igne de cœlo cadente, circa ejus pectus divisa est, et caput cum cervice una parte dejectum atque in terra fixum, reliqua vero pars hactenus restitit, et fulminis indicium reservavit, statuam vero Christi tunc quidem pagani trahentes confregere, postea vero, Christiani colligentes, in ecclesiam reconderunt, quo hactenus reservatur. » — Item ipse cap. 42 : « Hoc itaque simulacrum sicuti refert Eusebius, omnium passionum et ægritudinum noscitur esse medicamentum, juxta quod quædam herba germinat, cujus speciem nullus nostræ terræ medicus licet expertus agnovit, mihi namque videtur, quia adveniente Domino nullum miraculum, nullumque beneficium putari debet incredulum, etc. »

In Historia Anglorum, libri primi cap. 25, cujus initium : « Roboratus confirmatione beati Patris Gregorii Augustinus confamulus Christi qui erant cum eo, rediit in opus verbi, pervenitque Britanniam. Erat eo tempore rex Edilbereth in Cantia potentissimus. » Et post pauca in eadem sequitur epistola : « Post dies ergo venit ad insulam rex, et residens sub divo, jussit Augustinum cum sociis ad suum ibidem advenire colloquium. Caverat enim ne in aliquam domum ad se introirent vetere usus augurio, ne superventu suo, si quid maleficii artis habuissent, eum superando deciperent. At illi non dæmonica sed divina virtute præditi, veniebant, crucem pro vexillo ferentes argenteam, et imaginem Domini Salvatoris in tabula depictam, litaniasque canentes pro sua simul et eorum propter quos et ad quos venerant, salute æterna Domino supplicabant. » — Item sequitur : « Fertur autem quia appropinquantes civitati more suo cum cruce sancta, et imagine magni regis Domini nostri Jesu Christi, hanc lætaniam consona voce modularentur : *Deprecamur te, Domine, in omni misericordia tua, ut auferatur furor tuus, et ira tua à civitate ista et a domo sancta tua, quoniam peccavimus*, etc. »

In epistola beati Germani, patriarchæ Constantinopolitani, ad Joannem episcopum Synadorum, postquam litteras beati Gregorii papæ suscepit, inter cætera inquit : « Epistolam vestræ sanctitatis suscepi, in qua referebatur de episcopo Nathoiiæ : significamus enim nunc vobis, sicut et pridem quam susciperemus litteras vestræ sanctitatis, conjungente hic eodem Deo amabili episcopo in verbis, venimus cum ipso sciscitantes sensum ejus, unde nobis relatum fuerat de illo, ipse vero nobis hunc dedit responsum. Opportunum enim est, singillatim omnia intimare vestræ sanctitati, quoniam audiens divina Scriptura dicente : *Non facies tibi omnem similitudinem ut adores ea, quanta in cœlo sursum, et quanta in terra deorsum* (*Exod.* xx), secundum hoc dixi, quoniam non debetur manufactis adoratio. Nam sanctos Christi martyres, qui veræ sunt margaritæ fidei, omni honore dignos putamus, et intercessiones eorum invocamus. Ad hæc quidem nos illi responsum dedimus, quoniam Christianorum fides venerationem et adorationem ad unum et solum Deum refert, sicut scriptum est : *Dominum Deum tuum adorabis, et illi soli servies* (*Deut.* vi). Glorificatio enim nostra et servitium ipsi soli offertur. » Et post pauca : « In sanctis vero qui in cœlis sunt et invisibilibus et incorporeis virtutibus sancta laudatur et glorificatur Trinitas, in singulari dominatione et divinitate, sicut et unus Deus a nobis confitetur, et non est præter illum, qui dominetur in virtute sua in æternum. » Et post pauca : « Neque enim divinæ dominationis venerationem in confamulos transferimus, neque enim imperatores aut principes in terra adorantes similitudinem, ut ad Deum adorationem facere videmur, neque imaginum facturam, quæ per ceram et colores designantur, in transmutationem divinæ venerationis suscepimus; neque enim invisibilem privatam imagine, aut similitudine, aut habitu, aut forma aliqua designamus, etiam neque ipsorum angelorum quibus existunt ordinibus aut sentiri vel investigari ullo modo possunt, sed quoniam unigenitus Filius, qui est in sinu Patris, revocans propriam creaturam a morte judicii bonæ voluntatis Patris et Spiritus sancti *homo fieri dignatus est*, sicut inquit Apostolus, *per omnia similis nobis factus absque peccato* (*Philipp.* II), humanum ejus vultum et secundum carnem ejus humanam similitudinem imagine designantes, et non incomprehensibilem aut invisibilem ejus deitatem, etc. Simili enim modo secundum carnem ejus incontaminatæ matris sanctæ Dei genetricis ipso modo similitudinem demonstrantes, quoniam mulieris natura existente, et non aliena nostræ massæ facta, Deum invisibilem et omnia manu continentem in suo concepit utero, et genuit incarnatum. Etenim ut proprie et vere matrem Dei veri veneramur eam et magnificamus. Sanctos enim martyres Christi, apostolosque et prophetas miramur et beatificamus, et ad memoriam fortitudinis eorum similitudines imaginum ipsorum describimus, non ut divinæ venerationis sonos eos æstimemus, neque quæ debetur deitati gloriæ quidem et potestati, honorem et adorationem illis impendimus, sed amorem nostrum, quem in ipsis habemus, per hæc manifestamus, et ea quæ per auditum veraciter credimus, designamus. Nam et ipsi sancti Dei in unum et solum Deum servitutem et glorificationem et adorationem observantes, et ad hoc omnes convocantes atque docentes eorum effuderunt sanguinem, et in veritate confessionis coronam adepti sunt. Iste est modus in imaginum picturis, et non sicut invisibili deitati in spiritu et veritate adorationem immutamus in manufactis imaginibus, sed charitatem nostram quam juste habemus ad servos charos Dei nostri tali modo ostendentes, et in eorum honore glorificatur Deus, qui glorificavit eos, etc. »

In actione septima de significatione adorationis :
« Adoratio multis modis intelligitur. Est enim adoratio secundum honorem et amorem, et timorem, sicuti adorantur principes et illorum potestas.

« Est alia adoratio timoris proprie, sicut Jacob adoravit Esau (*Genes.* XXXIII).

« Est iterum adoratio secundum gratiam, sicut Abraham propter agrum quem accepit a filiis Seth, in sepulturam Saræ mulieris ejus, et adoravit eos (*Gen.* XXIII).

« Est iterum adoratio, cum creditur aliqua protectio adipisci a supereminentibus, sicut Jacob Pharaonem (*Gen.* XLVII).

« Est vera et certissima adoratio, quæ soli debetur omnipotenti et divinæ majestati, sicut dicit Scriptura : *Dominum Deum tuum adorabis, et illi soli servies* (*Deut.* VI). Hanc autem adorationem ad nullam creaturam licet transferre, nec in manufactis immutare, etc. »

Augustinus libro sanctæ Trinitatis, cum de Spiritu sancto loqueretur, inter cætera inquit : « Patri et Filio prorsus Spiritus sanctus æqualis et in Trinitatis unitate consubstantialis et coæternus; maxime vero illo loco satis apparet, quod Spiritus sanctus non sit creatura, ubi jubemur non servire creaturæ sed creatori, non eo modo quo jubemur per charitatem servire invicem, quod est Græce δουλεύειν, sed eo modo quo tantum Deo servitur, quod est Græce λατρεύειν, unde idololatræ dicuntur, qui simulacris eam servitutem exhibent quæ debetur Deo. Secundum hanc enim servitutem dictum est : *Dominum Deum tuum adorabis, et illi soli servies* (*Deut.* VI). Nam hoc distinctius in Græca Scriptura invenitur, λατρεύσεις enim habet. Porro si tali servitute creaturæ servire prohibemur, quandoquidem dictum est : *Dominum Deum tuum adorabis, et illi soli servies*. Unde Apostolus detestatur eos, qui coluerunt et servierunt creaturæ potius quam creatori : non est utique creatura Spiritus sanctus, cui ab omnibus sanctis talis servitus exhibetur, dicente Apostolo : *Nos enim sumus circumcisio Spiritui Dei servientes* (*Philipp.* III), quod est in Græco λατρεύοντες. Plures enim codices etiam Latini sic habent, qui *Spiritui Dei servimus*. Nam *Latria* Græce Latine *servitus* dicitur, quæ quantum ad veram religionem attinet, non nisi uni et soli Deo debetur, etc. »

Item Augustini in libro de Quantitate animæ : « Deus autem immortalem animam fecit, ut opinor, nisi forte tibi aliter videtur. Ergo tu velles talia fieri ab hominibus, qualia Deus fecit? Non equidem hoc dixerim, sed quemadmodum ipse immortalis immortale quiddam fecit ad similitudinem suam, sic et nos immortales a Deo facti ad similitudinem nostram, quod facimus immortale esse deberet, recte diceres si ad ejus imaginem pingeres tabulam quod in te immortale esse credis. Nunc vero in ea exprimis similitudinem corporis, quod profecto mortale est, quomodo ergo sum similis Deo, cum immortalia nulla possum facere ut ille? Quomodo nec imago corporis tui potest hoc valere, quod tuum corpus valet, sic anima non mirandum est, si potentiam tantam non habet quantam ille, ad cujus similitudinem facta est, etc. »

Isidori episcopi, [a] de Pictura : « Pictura autem est imago exprimens speciem rei alicujus, quæ dum visa fuerit ad recordationem mentem reducit. » — Item : « Picturam enim Ægyptii excogitaverunt. Primum umbram hominis lineis circumductam. Iaque initio talis, secundà singulis coloribus, postea diversis, sicque paulatim sese ars ipsa distinxit et invenit lumen atque umbras, differentiasque colorum. Unde et nunc pictores prius umbras quasdam et lineas futuræ imaginis ducunt, deinde coloribus complent tenentes ordinem inventæ artis. » — Item : — « Colores autem dictos, quod calore ignis vel solis perficiuntur, sive quod initio colabantur, ut summæ subtilitatis exsisterent, etc. »

Item Augustinus in libro de Magistro : « De his quæ intelliguntur interiorem veritatem ratione consulimus, quid dici potest, unde clareat verbis nos aliquid discere præter ipsum qui aures percutit sonum. Namque omnia quæ percipimus, aut sensu corporis, aut mente percipimus, illa sensibilia, hæc intelligibilia sive ut more auctorum nostrorum loquar, illa carnalia, hæc spiritalia nominamus. De illis cum interrogamur respondemus, si præsto est ea quæ sentimus velut cum a nobis quæritur intuentibus lunam novam, qualis aut ubi sit, hic ille qui interrogat si non videt, credit verbis, et sæpe non credit. Discit autem nullo modo, nisi et ipse quod dicitur videat, ubi jam non verbis, sed rebus ipsis et sensibus discit : nam verba eadem sonant videnti, quæ non videnti etiam sonuerunt. Cum vero non de his quæ coram sentimus, sed de his quæ aliquando sensimus, quæritur, non jam res ipsas, sed imagines ab eis impressas, memoriæque mandatas loquimur, cum omni quomodo vera dicamus cum falsa intueamur ignoro : nisi quia non nos ea videre ac sentire, sed

---

[a] Etymolog. lib. XIX, cap. 16

vidisse ac sensisse narramus, ita illas imagines in memoriæ penetralibus rerum antecessarum quædam documenta gestamus, quæ animo contemplantes bona conscientia non mentimur cum loquimur, sed nobis sunt ista documenta. Is enim qui audit, si ea sensit atque affuit, non discit meis verbis, sed recognoscit ablatis secum et ipse imaginibus. Si autem ille non sensit, quis non eum credere potius verbis, quam discere intelligat? Cum vero de his agitur quæ mente conspicimus, id est intellectu atque ratione, ea quidem loquimur, quæ præsentia contuemur, in illa interiore luce veritatis, qua ipse qui dicitur homo interior illustratur et fruitur, etc.

CAPUT XVI.

Unde primum exorta sit in Ecclesiis Orientalium imaginum destructio.

[a] Tyrannus quidam fuit Seleman nomine, Aggarenus genere, quo defuncto, successit Humarus in regno, cui iterum successit Ezidus, vir valde levis et insipiens. Hujus enim temporibus erat quidam in Beriade [*Al.*, Tiberiade] maleficus ac divinus, Serantapicus [*Al.*, Sarantapechy] nomine, præceptor iniquorum Hebræorum, et inimicus Dei Ecclesiæ, qui, ut comperit levitatem Ezidi protosymboli, accessit ad eum cœpitque illi quædam divinare ac prædicere. Illi autem ex hoc acceptabilis factus, ac non multo post ei dicere cœpit : Benignitati tuæ exponere volo, unde nic si audias, addatur tibi longitudo vitæ, et perseveres in hoc principatu annos triginta, si quidem impleveris sermones meos. Quo insipiens tyrannus, obscuratus mente desiderii longæ vitæ : Quidquid mihi, inquit, præceperis, paratus ad perficiendum existo. Et si consecutus fuero, quod pollicitus es, maximos tibi honores retribuam. Maleficus vero et divinus ait ad eum : Jube mox generalem scribere epistolam, quatenus omnis imaginaria pictura deleatur in omnibus Christianorum ecclesiis, sive in parietibus, sive in vasis sacris, et in vestibus altarium, et non solum hæc, sed quæ in civitatum plateis sunt adornatæ. Quod audiens perfidus ille tyrannus, præcepit omni præfecturæ, in cunctis locis, ecclesiarum imagines et cæteras similitudines abolere, et ita exornavit ecclesias Dei. Abhinc enim cœperunt corruptores imaginum inveniri. Sed ipse tyrannus anno altero mortuus est, et imagines in pristinum statum restitutæ cum honore, etc.

Hic desunt nonnulla.

Epistola nomine Ludovici imperatoris ad pontificem Romanum.

. . . Quia ergo per charitatem Dei quæ ab ipso largiente diffusa est in cordibus nostris per Spiritum sanctum, qui datus est nobis, universæ Ecclesiæ notum esse non dubitatur, quod omnia quæ intra eamdem sanctam Dei Ecclesiam ad perennem capiendam salutem pertinentia aguntur, ita per ejusdem sancti Spiritus gratiam caute agendæ sint, ut illud præcipuæ charitatis privilegium conservetur, quod ipse auctor et largitor omnium bonorum Dominus, de mundo corporaliter abscessurus pro summo atque altissimo munere fidelibus suis dando pariter et relinquendo largiri dignatus est, dicens : *Pacem meam do vobis, pacem meam relinquo vobis* (Joan. XIV). Illud etiam Apostoli pariter attentissime cogitandum : *Pacem sequimini et sanctimoniam, sine qua nemo videbit Deum* (Hebr. XII). Et idcirco valde necesse est, ut quisquis ad illam patriam desiderat pervenire, ubi nunquam discordia potuit vel poterit introire, illud summopere agere studeat, per quod et ipse illam Deo placitam charitatis pacem cum omnibus habere studeat, et omnes contra illam pacem discordantes ad veram concordiam revocare confendat.

Certum est enim quia sicut quisquam si eamdem charitatem illam Deo placitæ fraternitatis charitatem servare poterit, et noluerit ad palatium charitatis pervenire non poterit. Ita si illos quos contra eamdem dilectionis unitatem dissidentes cognoverit, et illos ad tantæ beatitudinis viam revocare poterit, et virtute qua valet non certaverit, ipse sibi ejusdem beatitudinis januam seris validissimis claudit. Similiter quoque justissimo Dei judicio eamdem calcandi semitam obstaculum sibi opponit, si secundum qualitatis suæ modum omnes in Deo unanimes, ne in barathrum discordiæ corruant, quantum reniti prævalet viriliter non contendit. Hæc ad hoc non humana argumentatione reperta, sed divina tota orbi terrarum docente auctoritate diffusa, atque notissima ubique valere debent, ut ubicunque fuerint discordantes, ad concordiam revocentur, concordes vero ne in discordiam proruant ab universis qui prævalent tueantur.

His ita summatim præmissis, series hujus dictionis postulat, ut subsequens sermo cur talia præmissa sint lucide pandat.

Quia igitur ut universo ecclesiastico ordini revelante Spiritu sancto notum est inter cætera pietatis documenta, testante apostolo, fides, spes, charitas præeminent, ipsæque rursum virtutes per prudentiam, temperantiam, fortitudinem, atque justitiam auctore Deo inviolabiliter conservantur, ita rursus illæ quatuor ad humanam derivatæ sobriam conversationem per rationem, discretionem, honestatem, atque utilitatem habentur atque utuntur, nullusque istis carens illas perfecte habere potuit, nec eis rite istis spretis aliquando uti prævaluit, et quamvis sint quædam ex eis humanam rationem excedentes, ut sunt nonnulla, quæ sola fide attingi possunt, et ob hoc ineffabilia vel incomprehensibilia dicuntur, auctoritate tamen divina in sacris voluminibus, sacrorum etiam catholicorum Patrum edictis, Deo revelante, qualiter eadem tenenda vel confitenda sint, sufficienter reperiuntur; ideoque pene ab omnibus desideratur, optatur, quæritur, ut ratione præeunte, comitante, vel subsequente, in omnibus, vel de omnibus unde certus esse desiderat, salva et anteposita semper et ubique divina auctoritate, non prius qualibet humana adinventione opponatur, quam utili ratione instruatur, et undecunque certus esse desiderat, pleniter imbuatur.

Idcirco ergo summopere cavendum est, ne homini rationali rationem desideranti atque poscenti ullo modo ratio interdicatur, nisi tantum in his ut supra commemoratum est, ineffabilis tanta ac talis occurrat sublimitas, cui merito universa humana se substernat ratiocinationis humilitas. Quia vero uno pretio Christi videlicet sanguine redempti fratres sumus, et ipso miserante, cujus misericordia id simus, cognosci meruimus, cum omni mentis affectu, ut supra commemoratum est, necessitatem fratrum nostrorum, totius scilicet imperii Orientalium Romanorum, ad intima cordis nostri viscera admittere debemus, quorum inviolabilem charitatem ob nullam aliam disceptationis occasionem, nimis duriter, et ut multis videtur, irrationabiliter scissam esse cognovimus, nisi quod quidam illorum una cum Michaele et Theophilo imperatoribus charissimis fratribus nostris imagines sanctorum non habere volunt, quidam vero e contra ex eadem sancta plebe non solum habere, sed etiam adorare volunt. Quorum altercationis discordiæ summa talis est, ut nolentes illas habere, volentes nec habere consentiant; volentes vero nolentes etiam adorare compellant, qui hinc et inde in diversa tendentes adversus alterutrum, sive humana argumentatione, vel ratione, sive etiam ex divina auctoritate, vel sanctorum Patrum scriptis; voluntati suæ excerpta vel coacervata habent, ut utrisque videtur con-

---

[a] Ex Nicæn. concil. II, act. 5. Adde Theophan. in Miscel., Damascen. de Hæres., et Zonar. Annal. tom. III.

grua plurima testimonia, quibus et isti suam, et illi e contra vindicare et obtinere suam putant posse sententiam.

Unde sicut dignum et vere dignum et justum est, ut præeunte Spiritus sancti virtute, ille inter eos in nomine Domini talia correcturus, et ad viam veritatis sanctissimo moderamine reducturus primus in hominibus arbiter occurrat, quem Deus omnipotens in sede apostolica collocare, eorumque vicarium eidem sanctæ suæ Ecclesiæ dare dignatus est, et ob hoc ei nomen speciale in toto orbe terrarum ab eadem sancta Dei Ecclesia præ omnibus pontificibus decretum est, ut solus non sua abusione, sed tantorum apostolorum auctoritate universalis papa dicatur, scribatur, et ab omnibus habeatur. Et quia sicut omnibus notum est, dicente Joanne apostolo, *hora novissima est* (*I Joan.* II). Et Paulo : *Nos in quos fines sæculorum devenerunt* (*I Cor.* x). Et ideo tempus instat, dies judicii absque ulla diuturna dilatione appropinquat, nulli dubium quin diabolus inter reliqua perditionis suæ argumenta illud præcipue contendit, ut in novissimo die sanctæ Dei Ecclesiæ charitatem mutuam scindat; unanimitatem per quamlibet occasionem scindat, sincera dilectionis corrumpat, ut eam non in pace superius commemorata, sed discissam et laceratam dies ille horrendus inveniat.

Sed nec illud late, quod ipse infelix infelicium, miserrimusque omnium miserorum non curat, per quamlibet occasionem corporalem, spiritalem, mundanam, ecclesiasticam id efficere possit, dum tamen quolibet argumento ejus Deo placitam mutuam in diligendo soliditatem scindere valeat; et cum universus ei ecclesiasticus ordo merito obviare debeat, nullus tamen sub hac conditione majori constringitur debito, quam ille qui tanto in sede apostolica illorum auctoritate pro eorum reverentia in universali mundo, ac tali honorari meruit privilegio. Qui tamen universalis merito non dicitur, si pro universali Ecclesiæ statu viribus, quibus valet, non agonizatur.

Hæc, domine Pater, ac toto mundo venerande atque reverende sanctissime pontifex, ad insinuandam in tanta re mentis nostræ devotionem præmittere studuimus.

Abhinc vero, si adeo conservanda almitas vestra ita elegerit, non insinuando sed admonendo, qualiter communis legatio nostra ad illam sanctam Dei Ecclesiam corrigendam dirigi possit, subnectere curabimus, non ut sanctæ et a Deo datæ sapientiæ vestræ, quod absit, altius sublimiusque progrediendi terminum ponere præsumpserimus; sed ne id, quod exinde nobis omnipotentis Dei omnipotenti misericordia ad obsequium vestrum salutem nostram conferre dignata est, silentio tegeremus, sicut filium decet patris in gremio examinis vestri collocavimus, confisi in Domino, quod ipse vobis exinde, quod sibi placitum et acceptabile est, inspirare dignabitur.

Nos tamen non synodum congregando, sed, quemadmodum a vobis postulavimus, licentiamque agendi percepimus, una cum familiaribus nostris filiis vestris, quantum pro multiplicibus sollicitudinibus regni diversis occupati per intervalla potuimus considerare studuimus, quid almitati vestræ de tanta necessitate significare potuissemus, qualiter idem populus a Deo per vestram conservandus orthodoxam sanctitatem ad veram concordiam revocari potuisset, ut vera pace conglutinari, et in hoc, et in futuro sæculo omnium Domino placere potuissent. Et quidquid exinde salubre Domino inspirante invenire potuimus, paternitati vestræ per præsentes filios vestros, fratres nostros, quædam dictis, quædam scriptis intimando direximus.

Epistola nomine Romani pontificis ad Michaelem atque Theophilum imperatores Græcorum.

. . . .
. . . Oro autem et obsecro in universo mundo (ut beati prædecessoris mei domini Gregorii papæ utar verbis) fratres, et Domini mei : in quantum peccatores, fratres mei, in quantum justi, domini mei; quantum ex me, humiliter supplico, quantum vero ex tanta auctoritate, sublimiter moneo, ut nemo me hoc loco propter me despiciat, quia et si ad invitandum nequaquam dignus appareo, magna est tamen virtus charitatis, pacis et unitatis, ad quam vos alta potestate in vice beatorum apostolorum Petri et Pauli, in nomine Domini nostri Jesu Christi invitare præsumo. Cum enim Paulus veridica voce dicat : *Pacem sequimini cum omnibus, et sanctimoniam, quia sine illa nemo videbit Deum* (*Hebr.* xII), quid felicius, quam et in hoc sæculo desiderando, et in illo fruendo Deum videre? quid e diverso infelicius, quam nec in hoc sæculo feliciter optando, nec in illo felicius fruendo videre meruerit Deum? Et cum hujus assertionis vel veritatis in universo mundo tanta sint testimonia, quæ in præsenti tempore nulla evolvere prævaleat lingua, nullusque mortalium præscire valeat, quando vel uniuscujusque, vel (quod majus est) totius mundi occasus terminusve fieri debeat, magna me, ut in omnibus notum est, urget necessitas, ut id, quod ex debito reddere debeo, diutius deferre [differre] non audeam, ne forte tanto charitatis debito subtracto, in conspectu æterni judicis pro vobis omnibus reus apparam.

Quamobrem oro vel moneo, ut primo me [*Bar.* primi mei] summi Dei Ecclesiæ filii Michael et Theophilus, gloriosi vero et sublimiter a Deo exaltati imperatores Romanorum, una cum universo catholico nobilissimoque senatu ac populo vobis a Deo ad gubernandum credito, ut ea, quæ pro salute vestra ex auctoritate beati Petri, cui Dominus et Deus noster Jesus Christus claves committere dignatus est regni cœlorum dicens : *Quodcunque ligaveris super terram, ligatum erit et in cœlis, et quodcunque solveris super terram, solutum erit et in cœlis* (*Matth.* xvi), admonere et exhortari, et insinuare necessarium duximus, patienter audiatis, animumque Deo placitum vestrum, non ad contemnendum, sed ad obediendum et conservandum præparare studeatis. Ideo autem ad obediendum nobis hortamur, quia omnia, quæ vobis de hac causa dicturi sumus, tribus hoc capitulis principaliter et ordinare et confirmare parati sumus, id est, ratione, auctoritate; et consilio, videlicet ratione texendo, et eamdem rationem in quantum rationabilis, discreta, honesta et utilis fuerit, auctoritate firmando ; eamdem vero auctoritatem secundum catholicæ fidei veritatem et rectitudinem salubriter intelligendo. Ad ultimum vero quid in his ad salutem universalis Ecclesiæ tenendum sit, consilium Deo placitum dando, et idem consilium confirmando. Et quamvis, ut dignum est, divina præcellet auctoritas, primo tamen ad mitigandos atque ad adunandos animos in diversa tendentes, ratiocinando omnibus satisfacere volumus, ut eo facilius et divinam auctoritatem secundum sanum catholicæ fidei intellectum concordes suscipiant, ac deinde certum nobis consilium suavius amplectantur, amplexumque in futuro custodiant.

Apud omnes igitur hujus sanctæ Occidentalis Ecclesiæ, quæ se auctoritate beatorum apostolorum Petri et Pauli, largiente Domino fidei, spei, et charitatis sumpsisse exordium gloriatur, ita hactenus per eosdem apostolos protegente Spiritu sancto, et ipsis intercedentibus ac protegentibus, ab omni hæresi illibata, nunc usque conservata est, ut non solum ipsa ad quodlibet erroris diverticulum minime declinaret, sed potius omnes a recto fidei tramite quoquo modo deviantes, per orthodoxos eorumdem successores toto orbe terrarum ad rectitudinem potius revocaret. Testis enim hujus rei non quilibet angulus, sed orbis terrarum universus, quia quoties tales per mundum perceptiones [persecutiones] motæ sunt, quæ ad periculum fidei universalis Ecclesiæ imminere putabantur, ob inveniendam inventamque conservandam catholicæ fidei veritatem, semper hoc universalis Ecclesia, præsente ob hujus sanctitatem sedis pontifice, aut certe cum consensu illius verbis vel litteris porrecto corrigere, porrectumque ad conservandum statuere consuevit.

Simili modo etiam et in his, quæ ad conservandum in humanis actibus ejusdem Ecclesiæ incontaminabilem statum, moderante, non qualibet dolosa vel sophistica, nec non duplici calliditate, sed veritate subnixa, simplici ratione, ipsaque discretione, honestate, utilitate, pariter inradiata ratione, non solum noxia vel nociva, verum quoque et ipsa superflua et non necessaria resecare consuevit, et ea, ut prædictum est, quæ ad salutem totius Ecclesiæ pertinere, et insuper merito cavere non debuisset, disserendo et ordinando sancire solita fuit. Et hoc non tantummodo de causa fidei, vel, sicut præmissum est, de statu humani generis, vel cursu rectitudinis, verum quoque de omni dissensione in sancta Dei Ecclesia, quæ pacem illam turbare videbatur, quam Dominus apostolis et per apostolos nobis omnibus vicariam præsentiæ suæ dereliquit, dicens: *Pacem meam do vobis, pacem meam relinquo vobis (Joan.* xiv). Ubicunque per quodlibet pietatis argumentum pertingere potuit, semper hujus sanctæ sedis vicarii apostolorum quædam mulcendo, quædam vero, ut ita res poposcisset, sublimi ac veneranda auctoritate, ut dignum erat, docendo pariterque prædicando ad pacis concordiam revocare studuit.

Quorum vicem, qualescunque simus, ministerium tamen auctoritate subeuntes, charitate pariter et eadem auctoritate roborati dissensionem illam quæ infra [inter] ipsam semper Deo amabilem Romanorum Græcorumque Ecclesiam exortam durius eamdem Ecclesiam quam saluti illius ullo modo convenire possit, scindentem diuturno tempore cognovimus, non audemus declinare; ut non illam ex auctoritate tantorum apostolorum ad pacis concordiam ipsis mediantibus non debeamus advocare. Maxime vero in eo quod ejusdem miserrimæ dissensio ea sit materia, sine qua, sicut multis videtur, salva per fidem, spem, et charitatem incunctanter et in hoc sæculo, et in futuro salvari potest Ecclesia. Quorum sensus et sententia talis est. « Quid fidei, spei, et charitati obesse potuisset, si imago nulla in toto orbe terrarum picta vel ficta fuisset ? » Et quanquam idem filii nostri, qui hæc dicunt, rationabiliter se ostendere posse nullatenus dubitat [dubitabant], melius illud nunquam fuisse, sine cujus culpa perfecta fide spe, et charitate universalis sancta Dei Ecclesia salva potuisset consistere, quam sub hac occasione non dubium, sed certissimum illud malum discordiæ debere incurrere, quod nisi correctum fuerit, nullatenus cum hac dissensione ad Dominum, qui est pax, omnium sibi placitam pacem pertingere, nunquam in perpetuo posse pertingere. Et quamvis devotio illorum hoc constanter postulet, ut eis ratiocinando qualiter de ipsis imaginibus discrete et rationabiliter sentiant, postea disserere liceat. Quod si est, qui suscipere justo moderamine velit salubre omni homini esse non dubitant, ad comparationem tamen tanti mali eamdem imaginum causam pro nihilo computant, si pax illa, quæ ad æternam vitam, qui est via, veritas, et vita, ducit, ad eamdem viam, veritatemque perducta non fuerit.

Et idcirco cunctus chorus sacerdotum nec non et omnis senatus totius gentis seu imperii Francorum, et universa Ecclesia per totam Galliam cum cæteris provinciis eidem a Deo conservando imperio subditis, audita fama delendæ dissensionis fratrum suorum, irrevocabiliter postulant, ut prius per istius sanctæ sedis a Deo conservatam in futuroque usque in finem sæculi, sicut ipsi indubitanter, et nos omnes per merita apostolorum confidimus, conservandam auctoritatem, illud summopere urgeamus festinemus, ut quia auctore Deo, hæc duo regna in toto orbe terrarum principalia mutua sibi Deo placita charitate devincta sunt, illud diaboli telum ab eadem Ecclesia dissipetur, ut pax Dei, quæ exsuperat omnem sensum, in eadem beata plebe pleniter restituatur.

Vociferantur enim in cœlum uno ore et uno corde omnipotentis Dei judicium inevitabiliter nobis incumbere, si auctoritate summorum in toto orbe terrarum apostolorum quorum doctrinis et consilio universus flectitur mundus, discordiam vestram ad veram concordiam non certamus reducere. Dicunt etiam, quid acturi erant de tam præcipuo coram Deo amisso solatio, si illos, quos post hujus sanctæ sedis immutabilem tuitionem, illud in tam præcipue charissimis fratribus solatium perdiderint, qui simile in universa Ecclesia nullum habebunt? Si enim cum illis veram fidem, integrumque charitatis ardorem non servaverint, quid in judicio Domini tanta neglecta charitate et in nomine Domini certissimo confirmata neglexerint? Sed nos diuturnæ lectioni vestroque fastigio [fastidio] in legendo parcentes, ubi tanta ab eis charitate urgente, de Deo placita mutua dilectione vestra, plorando, imo lugendo conquesti sunt, quæ in unum colligi difficile possunt, omissis, ad eamdem seriem detexendam, quam ipsi de imaginum reddenda ratione spoponderant, redeamus. Aiunt enim :

Oramus ergo, sanctissime atque beatissime pontifex, ut nobis antiquorum patrum nostrorum hac de causa vitæ cursum recitare liceat, simulque prout rationis ordo poposcerit, sensus sui affectum in hac duntaxat re, cur ita vel ita tenuerint interserendo adjungere. Nec vobis tædium fiat, si ad ostendendam rationem veritatis, veritatemque rationis sese paulo longius sermo protraxerit, dummodo linea veritatis, quæ ab antiquis patribus nostris usque ad nos inflexibiliter ducta est beato Dionysio scilicet, qui a sancto Clemente beati Petri apostoli in apostolatu primus ejus successor exstitit, in Gallias cum duodenario numero primus prædicator directus, et post aliquod tempus una cum sociis suis huc illucque prædicationis gratia per idem regnum dispersis martyrio coronatus est. Et quanquam plures exsistant, quidam martyres, quidam etiam confessores, quorum merita, qualia apud Deum habeantur, quamvis quotidianis miraculis coruscent, quia tamen propter longitudinem terrarum vobis minus cogniti fortasse exsistunt intermissis, sanctum tamen Hilarium antiquum ecclesiasticum doctorem, nec non et beatum Martinum toto orbe venerandum, vobis notissimos esse minime dubitantes, ad memoriam reducere necessarium æstimamus, quorum vitæ magisterio edocti, hæc ita tenenda atque servanda suscepimus. Sed quia apud nos vel majores nostros, ex quo ulla præsens ætas recordari potest, nunquam ejusmodi quæstio mota vel ventilata fuit, ideo semper talis exinde mos ex prædictis antiquis temporibus retentus, in universa istius regni Ecclesia exstitit, ut nullus, ac si ex auctoritate ejusdem sanctæ Dei Ecclesiæ juberet, nullus cuicunque imaginem volenti pingere aut fingere prohiberet. Unde usque hodie eadem apud nos consuetudo tenetur, ut quia hoc auctoritas nulla jubet, nemo jubeat, similiter quia auctoritas nulla prohibet, nemo prohibeat. Quia vero propter præmissam rationem aliter esse non potest, nisi ratio inde habeatur, fortasse eadem ratio tale exordium non inconvenienter habere poterit. Si igitur imago in toto orbe terrarum nulla picta vel ficta esset, nunquid aliquid fidei, spei, vel charitati sanctæ Dei Ecclesiæ obesset? Rursus si ita, ut in quibusdam locis maxime Ecclesiis seu palatiis principum, ob nullum alium catholicæ fidei seu religionis cultum, sed tantummodo scientibus pro amoris pii memoria seu ornamento eorumdem locorum; nescientibus vero pro ejusdem pietatis doctrina pictæ vel fictæ sunt, ita per reliqua ejusdem imaginibus congrua domicilia ad eumdem sensum pertinentes pictæ vel fictæ essent, quid præfatis virtutibus unquam aut usquam obesse potuisset? Et ideo quia res ita se habet, quid superest, nisi ut qui nolunt, ita non faciant, ut tamen eis, qui illas eo sensu (ut præmissum est), habere volunt vel faciunt, in faciendo, vel habendo minime contradicant. Et illi similiter, qui illas habere volunt, nolentes ad habendum vel faciendum nullatenus cogant. Atque ita auctore Deo, uterque illæsus servatur, dum et habere volens propter [præter] cautelam illiciti cultus, et habere nolens propter cautelam illiciti contemptus salvus permanere indubitanter poterit. Atque ita miserante Deo majorum nostrorum imaginibus vel picturis morem imitantes, in jubendo vel prohibendo, in habendo vel non habendo, in colendo vel non colendo, illæsus hactenus hac de causa Domino opitulante nos transisse, et ipso gubernante transituras, nequaquam dubitamus. Quamobrem monendi sunt omnes, qui illas habere volunt, ne amando, vel quolibet modo orando vel complectendo, ultra quam oportet, cultum eis illicitum ullatenus impendant. Similiter et illis [nec illi], qui eas habere noluerunt, sicubi eas aspexerint, qualibet ignominiosa vel probrosa detestatione spernere, contumeliare, vel lacerare præsumant. Hinc ergo indubitanter colligi potest, quæ illum ratio hoc cum periculo quocunque compellat habere, quod illum procul dubio sine ullo periculo licet non habere. Ideo ergo totius hujus rationis talis est summa, ut qui volunt propria memoria vel sana doctrina, in locis competentibus absque ullo illicito cultu pictas vel fictas habeant imagines. Qui autem nolunt absque ullo illicito contemptu taliter habentes, vel habitas imagines nullatenus spernant.

Essent utique plura, quæ hic ratiocinando, his per omnia congrua dici vel scribi potuissent, si aut brevitas temporis permitteret, aut id aliqua, si ea confirmando scribi necessitas poposcisset.

AUCTORITAS.

His etiam pro satisfactione prædictorum fratrum nostrorum vel Ecclesiæ superius commemorati regni, in sua, quia aliter esse non potuit separatim relatione vel serie competenter præmissis, ut quicunque ratiocinando animo suo satisfacere voluerit, cur eadem Ecclesia tali se moderamine hac in re ex antiquis temporibus in habendis vel non habendis imaginibus tractare voluerit; tanto compendiosius facere possit, quanto non sparsim, sed simul sensum illorum opportune collectum legendo addiscere poterit. Modo autem eadem ratio docet, sicut supra significatum est, ut nunc ad auctoritatem sanctorum Patrum, qui inde aliquid scripserunt, nobisque scriptum reliquerunt, redeamus, et videamus, si eadem auctoritas præmissam rationem congruendo affirmare debeat, an non. Videtur igitur nobis, quamvis plures inde in reliquis contractibus [*For.*, tractatibus] suis, quos de statu sanctæ Dei Ecclesiæ inspirante Spiritu sancto studiose texuerunt, nonnulla interserant, juxta quod sensus ille postulat unde agebatur; merito tamen illi ad hujusmodi examinationem primi ponantur, qui de hac re specialiter et ob hanc solummodo solvendam quæstionem scripsisse reperiuntur. E quibus nobis beatus papa Gregorius hujus sanctæ Dei Ecclesiæ pontifex primus occurrit, qui ad Serenum Massiliensem episcopum hoc specialiter scripsit, sicut et in epistola illius ad eum facta in armario sanctæ Dei nostræ Ecclesiæ continetur, eo quod audiret illum propter, ut sibi videbatur, superfluum imaginarium cultum tali zelo succensum, omnes imagines, quas in ecclesia sua receperat deposuisse, confregisse, et extra eamdem ecclesiam funditus projecisse, ut hoc facto a cultura vel adoratione illicita populum compesceret. Qua de re, nihil congruentius in hac causa posse fieri arbitrati sumus, quam ut prima eadem epistola huic nostro operi, quod maxime ob amorem veræ pacis sanctæ Ecclesiæ texere, ordinare, de meritis beatorum apostolorum confisi, fideli mente aggressi sumus, credentes per eos posse obtinere, ut tam per necessarium ecclesiasticum opus a Deo placitam consummationem debeamus perducere. Scribit enim ita : « Indico, inquit, ad nos dudum pervenisse, quod fraternitas vestra quosdam imaginum adoratores aspiciens, easdem ecclesiis imagines confregit, atque projecit. Et quidem zelum vos, ne quid manufactum adorari possit, habuisse laudavimus, sed frangere easdem imagines non debuisse judicamus. Idcirco enim pictura in ecclesiis adhibetur, ut hi qui litteras nesciunt, saltem in parietibus videndo legant, quæ legere in codicibus non valent. Tua ergo fraternitas, et illa servare, et ab eorum adoratu populum prohibere debuit, quatenus et litterarum nescii haberent, unde scientiam historiæ colligerent, et populus in picturæ adoratione minime peccaret. »

Item idem ad eumdem.

« Perlatum, inquit, siquidem ad nos fuerat, quod inconsiderato zelo succensus, sanctorum imagines sub hac quasi excusatione, ne adorari debuissent, confringeres, et quidem quia eas adorare vetuisses, omnino laudavimus, fregisse vero reprehendimus. Dic, frater, a quo factum sacerdote aliquando auditum est quod fecisti? Si non aliud, vel illud te non debuit revocare, ut despectis aliis fratribus solum te sanctum, et esse crederes sapientem? Aliud est enim picturam adorare, aliud picturæ historia quid sit adorandum addiscere. Nam quod legentibus scriptura, hoc idiotis præstat pictura cernentibus, quia in ipsa ignorantes vident quod sequi debeant, in ipsa legunt qui litteras nesciunt. Unde præcipue gentibus pro lectione picturæ est, quod magnopere a te, qui inter gentes habitas, attendi decuerat, ne dum recto zelo incaute succenderis, ferocibus animis scandalum generares. Frangi ergo non debuit, quod non ad adorandum in ecclesiis, sed ad instruendas solummodo mentes fuit nescientium collocatum. Et quia in locis venerabilibus sanctorum depingi historias, non sine ratione vetustas admisit, si zelum discretione condiisses, sine dubio et ea, quæ intendebas, salubriter obtinere, et collectum gregem non dispergere, sed potius poteras congregare, ut pastoris in te merito nomen excelleret, non culpa dispersoris incumberet. Hinc autem hoc animi tui incaute nimis motus exsequeris, ita tuos scandalizasse filios perhiberis, ut maxima eorum pars a tua se communione suspenderet. Quando ergo ad ovile Dominicum errantes oves adducas, qui quas habes, detinere non prævales? Proinde hortamur, ut vel nunc studeas esse sollicitus, atque ab hac te præsumptione compescas, et eorum animos, quos a tua disjunctos unitate cognoscis, paterna ad te dulcedine omni adnisu omnique studio revocare festines. Convocandi enim sunt diversi Ecclesiæ filii, eique Scripturæ testimoniis ostendendum, quia omne manufactum adorare non liceat, quoniam scriptum est: *Dominum Deum tuum adorabis, et illi soli servies* (*Deut.* vi). Ac deinde subjungendum, quia picturas imaginum, quæ ad ædificationem imperiti populi factæ fuerant, ut nescientes litteras, ipsam historiam intendentes, quod actum sit discerent, transisse in adorationem videras, idcirco commotus es, ut eas imagines frangi præciperes, atque eis dicendum, si ad hanc instructionem, ad quam imagines antiquitus factæ sunt, habere vultis in ecclesiis, eas modis omnibus et offerri et haberi permittas. At indica, quod non tibi ipsa visio historiæ, quæ pictura teste pandebatur, displicuerit, sed illa adoratio, quæ picturis fuerat incompetenter exhibita. Atque in his verbis eorum mentes demulcens, eos ad concordiam revoca, et si quis imagines facere voluerit, minime prohibe. Adorare vero imagines omnimodis devita. Sed hoc sollicite fraternitas tua admoneat, ut ex visione rei gestæ ardorem compunctionis percipiant, et in adorationem soli illius omnipotentis sanctæ Trinitatis humiliter prosternantur. »

Item idem ad Januarium episcopum.

« Judæi, inquit, de civitate vestra huc venientes questi nobis sunt, quod synagogam eorum, quæ Caralis sita est, Petrus, qui ex'eorum superstitione ad Christianæ fidei cultum Deo volente perductus est, adhibitis sibi quibusdam indisciplinatis, sequenti die baptismatis sui, hoc est Dominica ipsa festivate Paschali, cum gravi scandalo sine vestra voluntate occupasset, atque imaginem illic genetricis Dei, Dominique nostri et venerandam crucem vel hyrrum album, quo fonte surgens indutus fuerat, apposuisset, etc. » Et post pauca inquit : « Considerantes hac de re vestræ voluntatis intentum ac magis judicium his hortamur affectibus, ut sublata exinde cum ea, qua dignum est, veneratione imagine atque cruce debeatis quod violenter ablatum est reformare. »

Item idem ad Secundinum servum Dei inclusum.

« Imagines, inquit, quas a nobis tibi dirigendas per Dulcidium diaconem tuum rogasti...... valde nobis tua postulatio placuit, quia illum in corde tota intentione quæris, cujus imaginem præ oculis habere desideras, ut visio corporalis quotidiana reddat exortum, ut dum picturam vides, animo inardescas, cujus te imaginem videre consideras. Abs re non facimus, si per visibilia invisibilia demonstramus : sic homo, qui alium ardenter videre desiderat, aut sponsam amando desiderat quam videre conatur, si contingit, aut ad balneum ire, aut ad ecclesiam procedere, festinus in via se præparat, ut de visione hilaris recedat. Scimus quia tu imaginem Salvatoris nostri ideo non petis, ut quasi Deum colas, sed ob recordationem Filii Dei, ut in ejus amore recalescas, cujus te imaginem videre consideras. Et nos quidem non quasi ante divinitatem ante ipsam prosternimur, sed illum adoramus, quem per imaginem aut natum, aut passum, vel in throno sedentem recordamur. Et dum nos ipsa pictura, quasi scriptura, ad memoriam Filii Dei reducimus animum nostrum, aut de resurrectione lætificat, aut de passione mulcet. Ideoque direximus tibi systerias duas, et imaginem Salvatoris et sanctæ Mariæ Dei genitricis, beati Petri et Pauli apostolorum, per supradictum filium nostrum diaconum, et una cruce clavem pro benedictione, ut ab ipso maligno defensus sis, cujus sancto ligno te esse munitum credis. »

Huc usque epistola Gregorii.

Sed quia hic ordo verborum ita præposterus atque a non intelligentibus confusus videri potest, ut nisi caute consideretur, ita a nonnullis minus capacibus intelligi possit, quasi beatus Gregorius id, quod prius omnibus illicitum esse prædixit, se fecisse, sibique faciendi licitum esse testetur : quod quam absurdum, quamque contra sanctæ Dei Ecclesiæ religionem de tanto ecclesiastico doctore sentire indignum sit, nullus, qui dicta ejus scrutando vel legendo cognovit, ignorare permittitur. Nam ut sibimetipsi contrarius esse debeat, justitia vel rectitudo sanctæ Dei maximeque Romanæ Ecclesiæ sustinere non valet, quod et si paupertas insipientiæ nostræ id intelligere non valet, melius ut contra insipientiam, quam contra tantam a Deo datam sapientiam insurgere præsumat. Sed et si ipsum modicum sensum nostrum virtus misericordiæ Dei aliquantulum illuminare dignatur, quomodo idipsum contrarium sibi non sit facillime intelligitur. Nam quia ab imaginum adoratione adorantes compescuerit, nulla dubitatio est. In eo vero, quod ad Secundinum scripsit, « nos quidem non quasi ante divinitatem ante ipsam prosternimur, sed illum adoramus, quem per imaginem natum, aut passum, vel in throno sedentem recordamur, » ubi ut præmissum est, ac sibimet contraria dixerit, intelligentiæ nostræ se caligo confundit. Sed ne nos non necessaria ignorantia id non intelligendo diutius torqueat, sensus ejusdem sententiæ talis est : Nos quidem ante ipsam non prosternimur,

A quasi ante divinitatem, sed illum adoramus, etc. Quod tale est, ac si regi in throno sedenti dicas : Nos quidem, o rex, non quasi ante divinitatem ante te prosternimur, sed illum adoramus, quem per imaginem tuam, quia homo es, Dominum Jesum Christum hominem recordamur natum, aut passum, vel in throno sedentem, cujus imitator es tu sedens in throno. Nunquid tali dicto mox consequens est, ut eumdem regem adorare compellar sedentem in throno? Ita nec in eo, quod dicitur : « Nos quidem non quasi ante divinitatem ante ipsam prosternimur, sed illum adoramus, » etc., ad imaginum adorationem invitamur, quia sicut in multis divinæ auctoritatis voluminibus sententias ordine verborum præpostero scriptas invenimus, ita quoque factum esse eo sensu, ut supra dictum est, hoc in loco minime dubitamus.

Cum enim ibi scriptum sit : « Nos quidem non quasi ante divinitatem ante ipsam prosternimur, » quis non B animadvertat, idipsum magis refutando, quam imperando, vel adorando, eamdem adorationem imaginum dictum esse, ita ut dictum est? quanto magis, sicut supra factum est, ordo verborum suo restituatur in ordine, omnem quemcunque ob nimiam simplicitatem errantem, in eo quod beatum sanctæ Dei Ecclesiæ doctorem adversum seipsum sensisse æstimabat, corrigere poterit. Insuper etiamsi quemquam subtilius intelligentem hoc negligentius minusve intente legere contigisset, facillime seipsum dijudicante, cur aliquando aliter senserit, ad sobrium intellectum revocare poterit. Si quis autem, quod quidem a sane sapientibus omnibus absit, magis suum sensum sequendo illum voluerit condemnare quam se corrigere, nulli dubium, quin merito ab universa, maxime tamen a sancta Dei Romana Ecclesia debeat condemnari. Nequaquam enim fieri potest, ut hæ duæ sententiæ sibimet contrariæ non existant, una qua populus ab adoratione imaginum, ne criminis id agendo reus appareat, prohibeatur ; altera vero, C quæ illum ad ipsum egisse, cæterosque ut hoc faciant docuisse perhibeatur. Sed absit hoc a tanto talique generali catholicæ Ecclesiæ magistro, ut qui universas perplexas scripturæ quæstiones, quæ sibi contrariæ videbantur, eique ad explanandum vel tractandum occurrerunt, nunquam dissidentes relinquere consuevit, sua sibimet dicta discordantia reliquisset.

His ita propter vitandam hujusmodi temeritatem summatim præmissis ; nunc videndum, utrum ei quisquam catholicorum patrum, quamvis ei specialiter fortasse talis scribendi necessitas minime incumberet, et in cæteris tractatibus suis tale aliquid inditum habeat, in quo ejusdem Patris sensui de imaginibus concors esse videatur.

Ecce enim beatus Ambrosius antiquus Ecclesiæ Dei probabilis doctor, ita in epistola Pauli ad Romanos tractans ait : « Qua ratione, quave auctoritate imagines angelorum, vel aliorum sanctorum D adorandæ sint, cum ipsi sancti angeli vel sancti homines vivos se adorari noluerunt ? »

CONSILIUM.

Auctoritate ergo, ut proposuimus secundo loco inserta, non quidem quantum ex thesauro uberrimo ecclesiastico potuit, sed quantum epistolaris brevitas rite permisit, monere vos et exhortari, o venerandi mundi principes, cum universa sancta Dei, quam Domino dispensante et committente gubernatis, Ecclesia, ut ea quæ vobis non quælibet temeritas, sed vera humilitas nostra intimare studuerit, attentius audiatis, et ob illorum reverentiam, qui cum Domino ipso promittente in die novissimo totius mundi venturi sunt judices reverenter suscipiatis, et ad salutem omnium vestrum strenue conservare studeatis.

Præmisimus enim paulo superius, ut post redditam rationem, pos insertam auctoritatem propter adunandam, quam Domino Deo ordinante regitis, Ecclesiam, consilium vobis non nostra adinventione, sed divina auctoritate illud dare debuissemus per quod eadem sancta mater Ecclesia ita sibi mutuo in vera pace fœderari debuisset, qualiter et in hoc sæculo, et in futuro ei placere potuisset, qui ascensurus de mundo suis promisit dicens: *Pacem meam do vobis, pacem relinquo vobis* (Joan. xiv). Et quia attestante Paulo inter cætera verum est, *Si quis tradiderit corpus suum ut ardeat, charitatem autem non habuerit, nihil est* (I Cor. xiii). Ideo prædictam sanctam Dei Ecclesiam in veræ pacis concordiam adunari totis viribus optamus, quia quomodo sine illa charitatem mutuam habere possit, nullo modo intelligimus. Potest enim fieri, ut aliquis cum altero ex parte vel fictam pacem temporaliter habeat, quomodo autem sine vera mutua pace habita cum altero veram possit habere charitatem, nulla docet auctoritas. Unde magnopere considerandum est, quanta temeritate, quantæve audacia ad æternam ille pervenire se posse existimat, qui præsentem in hoc sæculo pacem Domini per quamlibet occasionem scissam restaurare cum proximo non curat, quam primum munus humano generi collatum angeli nuntiant mox nato Domino in mundo, eamdemque novissime fidelibus suis in vice sua idem Dominus reliquit discessurus de mundo. Et quanquam multa et pene innumerabilia essent, quæ de tanta re subtiliter, sublimiter, et nimis terribiliter dici potuissent, cavendum est unicuique, ne hoc quisquam de illa solummodo pace intelligendum putet, quæ habetur in cœlis. Quia et Dominus recedens ait: *Pacem meam relinquo vobis* (Joan. xiv). Et angeli præmittentes: *Gloria in excelsis Deo*, mox non *in cœlis* subjungunt, *sed in terra pax hominibus bonæ voluntatis* (Luc. ii). Cogita igitur tecum, o plebs et populus Dei, si ad perpetuam vis pervenire salutem, ut in hoc sæculo non fictam, sed veram habere mutuam studeamus pacem.

Sed minus fortasse prodesse poterit, libet merito tanta talisque auctoritas causa consilii sufficere debuisset, necesse erit, ut huic assertioni cætera adjungantur, quæ nequaquam juste adderentur, si a Deo ab initio catholicæ fidei data vobis sapientia, sicut oportuit, pro vobis sollicita esse studuisset. Dicit enim Apostolus, *Judæi signa petunt, Græci sapientiam quærunt* (I Cor. i), ubi est ergo sapientia vestra, qui propter quamlibet occasionem illud habere contemnitis, sine quo ad regna cœlestia pervenire nullo modo valebitis? Et hæc non arguendo vel increpando, sed admonendo interim dicimus, ut vos ad interiorem hominem vestrum, in quo Deus per fidem, spem, et charitatem inhabitare consuevit, revocemus. Quem si ita secundum, ut supra dictum est, sapientiam a Deo vobis datam, cogitare, diligere, vel metuere vultis, mirum est, quomodo cum fratribus invicem tanto jam tempore scandalum et discordiam habere non metuitis. Ecce etenim, si non amplius, jam annus est, ex quo hanc inter vos miserrimam dissensionem pullulasse audivimus. Quam videlicet discordiam Deo (ut dignum est) semper odibilem, diabolo vero, ut ei decet, semper amabilem, omnes antecessores mei ad corrigendum, prout eis possibile fuit, multum laborasse non ignoratur.

Hæc in paucis ad excitanda Deo amabilia corda vestra ideo præmittere curavimus, ut ea, quæ vobis studiosius pro salute omnium animarum nostrarum dicenda providimus, auctiores [*Fort.*, acutiores. *Baron.*, avidiores] vos ad audiendum et per omnia sollicitos in Domino redderemus. Sed sicut non solum sacra auctoritate discimus, verum quoque et humana quotidiana bene consuetudine agendo cernimus, quia arbor fructus malos faciens, nullo modo salubrius exstirpatur, quam si radicitus evellatur, melius sæpe dictam discordiam vestram omnipotente Domino opitulante una vobiscum, qui huic miserrimæ nimiumque infelici conditioni prostrati non succumbitis, sed auctoritate honorum omnium Domino Deo tantæ spurcitiæ celso in cacumine præeminentis corrigere valemus, si quæ sit hujus perditionis origo vel fomes detegendo pandamus.

Nullus nempe sana sapientium fideliumque in Domino fratrum vestrorum dubitare permittitur, esse plures in hac sancta et a Deo conservanda Ecclesia, qui tantæ miseriæ succumbere dedignentur, licet eis manus humana validior, ne id, quod exinde justum esse non dubitant, restaurare vel perficere valeant, obsistat. Quamobrem amabiliter ammonendi estis, ut totis viribus omnipotentem Dominum exorare studeatis, ut tantam ab hoc regno infelicitatem amovere jubeat, et istam, quam mundus dare non potest, pacem sua vobis immensa clementia concedat.

Et quia tantæ auctoritatis ordo, vel tantæ sublimitatis ratio necdum poscebat, ut priusquam illa omnia, quæ merito præmittenda erant, præponerentur, ut facilius quovis in loco secundum sui qualitatem haberentur illa, quibus salva fide, spe, vel charitate totius Ecclesiæ status carere potuisset, propter satisfactionem tamen in hoc opere laborantium principalis hujus sæpedictæ discordiæ vestræ, causa imaginum exstitisse traditur. Ejusdem quoque causæ origo in eo contigisse fertur, quod imperator considerans quosdam in eadem plebe indiscreto zelo inflammatos ultra quam oportuisset, vel unquam prius actum esset, in imaginum cultura, veneratione vel adoratione ultra progredere, quam ut antea unquam in universa Ecclesia factum esset, volens ut tunc sibi cum illis, qui ei favebant, eamdem superstitionem qualiscunque esset, ab Ecclesia penitus amoveret, postposita hac in re salubri discretione sine qua omnis humanæ actionis virtus in vitium vertitur, elegit præmissam superstitionem aliter emendari non posse, nisi omnes imagines penitus delerentur. Atqui si ita erat, ut dictum est, illicitum cultum in hominibus, vel ab hominibus compescendum erat, non in imaginum destructione, quæ nihil peccaverunt; imo eo sensu, quo supra præmissum est, scientibus pro pia memoria, nescientibus vero pro doctrina utiles erant infrangendo [infringendo] vel dissipando sinistram extendit pro dextera. Et qui ita hac in re incautos reducere debuit, sicut forte, quia recens erat causa, facillime potuit, instigante qui nunc late patet, ecclesiasticæ pacis vel charitatis inimico.

Hanc ei ac si [etsi] luculentissimam ostendit semitam, heu quam longe ab illa sinistris anfractibus incedentem, quæ de semetipso ait: *Ego sum via, veritas, et vita* (Joan. xiv), quid putas quam dulcia quamque religiosissima, imo sanctissima satagebat fingere itinera, ut per illa ad hæc, quæ nunc omnes plangimus, pertrahere potuisset dissidia? Sed nec hoc ullo modo aliter æstimatur peragere potuisse, nisi illum prius cum sequacibus suis illius impiæ dulcedinis demulcendo cor tangeret, cujus idem diabolus pestifero telo perforatus, de cœlo merito cecidisset.

Sed quid agimus, quid dicimus? Ad comparationem namque malorum omnium, quæ hic congruente spatio, quod omnino non deest, non solum de diabolo, sed etiam de ipso imperatore cum fautoribus suis dici poterant, nihil est quod dicimus. Universa denique mala, quæ ex eo usque in præsentem diem per hujusmodi discordiam in vobis perpetrata sunt, hinc sumpsere principium. Quamvis enim propter singultum plorationis tacere non permittamus, licet propter arctissimum temporis spatium, et propter innormitatem earumdem miseriarum, ut lugentibus mos est, innumera ad dicendum flebilia occurrerint, paucis ad inchoationem hujus infelicitatis redire [agere] placet, ut contueamur diabolum in hujus vitæ excursu in bivio stantem, ubi imperator e duobus unum ad eligendum indeclinabiliter cogitur, aut cultui illicito favendo imaginibus contra ius ecclesiasticum cervicem flectere, aut certe hujusmodi cultoribus contradicendo, vel non favendo ingratus existere ; et qui facilius poterat ad imitationem antiquorum principum vel patrum suorum, et istos ab illicito cultu revocare, et cum caeteris omnibus morem antiquum sine offensione Dei prosequentibus pacem vel charitatem leniter retinere, persuasit eum praedictus pacis semper et charitatis inimicus, illud iter in destruendis imaginibus arripere, per quod omnes per discretionem sane sapientes atque servantes perturbando confunderet, et illos qui saepe dicta discretione vel temperantia, quae una de cardinalibus ecclesiasticis virtutibus esse cognoscitur, spreta, elegit ultra quam unquam Deo placuit, vel placere debeat, imaginum cultui deservire, ut eisdem, qui hoc electum habebant, potuisset placere. Non considerans illud quod terribiliter scriptum est: *Qui hominibus placent confusi sunt, quoniam Deus sprevit illos* (*Psal.* LII).

Sicque factum est, ut ex die illo ab eodem antiquo semper Deo placens populo fidelium exilia non cessarent, cruces et cruciatus non quiescerent, et, ut fertur, membrorum detruncationes, ipsa etiam homicidia, causa earumdem imaginum, nimia perpetrata sint. Et haec diu cucurrerunt; quousque idem humani generis antiquus hostis, quasi in hac parte satiatus, convertit se ad alia perditionis argumenta, ut denuo suscitaret sibi contra cultores imaginum, Herenam videlicet cum filio, tam pestifera illusione decipiens, ut absque ulla misericordia vel metus superinspicientis omnipotentis Dei majestate, talis ab eis promulgaretur sententia, ut omnis homo eorum ditioni subjectus imagines adoraret, aut certe exsilio poenisve diversis cruciaretur; et si non acquiesceret, ab universali Ecclesia anathematis vinculo sequestratus religaretur. Sed quid nunc denuo e diverso agat, ad priorem iterum recursus semitam, praesentem denuo incitans imperatorem, ut eas pictas vel scriptas habere quempiam volendo permittat. Quis igitur tam eloquens sub coelo habetur, qui hanc pestiferam cladem enumerare praevaleat ? Quis tam ferrea habeat praecordia, cui non dico scribendi, verum quoque per defectum lacrymarum vocem non tollat ejulandi?

. . . . *caetera desunt.* . . . .

Epistola Ludovici et Lotharii ad Eugenium papam.

Sanctissimo ac reverendissimo domino et in Christo patri Eugenio summo pontifici, et universali papae HLudovicus et HLutarius, divina ordinante providentia imperatores et Augusti, spirituales filii vestri sempiternam in Domino nostro Jesu Christo salutem.

Quia veraciter nos debitores esse cognovimus, ut his quibus regimen ecclesiarum, et ovium Dominicarum cura commissa est, in omnibus causis ad divinum cultum pertinentibus opem atque auxilium pro qualitate virium nostrarum et intellectus nostri capacitate feramus. Idcirco praetermittere nequivimus, quin tunc, quando legati Graecorum nobis manifestaverunt, qualem ad vos deberent perferre legationem, summa cura ac sollicitudine tractaremus, quale vobis adjutorium in hoc negotio cum Dei auxilio exhibere potuissemus. Et ob hoc a vestra sanctitate petimus, ut sacerdotibus nostris liceret de libris sanctorum Patrum sententias quaerere atque colligere, quae ad eamdem rem, pro qua idem legati vos consulturi erant, veraciter definiendam convenire potuissent.

Quas cum illi juxta concessam etiam a vobis licentiam solerter inquirerent, et divina opitulante gratia quidquid invenire tam brevi temporis spatio potuerunt, collegissent, nobis ea perlegenda direxerunt. Quibus perlectis, ea vestrae sanctitati legenda atque examinanda per hos legatos nostros Jeremiam scilicet et Jonam, venerabiles episcopos, mittere curavimus. Cum quibus si vestra paternitas dignum duxerit, de eadem legatione, quae in Graeciam a vobis mittenda est non inutilem, sed potius proficuam collationem habere potestis, quia et in sacris sunt litteris admodum eruditi, et in rationibus disputatoriis non minimum exercitati. Quos non ob hoc ad vestrae almitatis praesentiam commemoratis sententiarum collectionibus misimus, ut hic aliquo velut magisterii officio fungerentur; aut huc docendi gratia directi putarentur, quia sicut jam commemorati sumus, nos debitores existere, ut huic sacratissimae sedi in quibuscunque negotiis auxilium ferre debeamus. Ideo et hos missos, et quas deferunt litteras, si quid vobis adjutorii conferre potuissent, mittere dignum duximus. Hos vestrae sanctitati commendamus, ut et benignam apud vos receptionem, et familiariter vobiscum loquendi locum inveniant;

Novit quippe sanctitas vestra qualiter populus Graecorum in hac imaginum veneratione divisus sit. Ideo rogamus, ut almitas vestra curam et diligentiam adhibere dignetur, quomodo per vestram saluberrimam doctrinam atque admonitionem magis ad concordiam et unitatem revocetur, quam propter hoc ad majorem discordiam et dissensionem impellatur. Et ideo cautissime considerare debetis; ut legatio vestra, quam illuc dirigere disponitis, tanta prudentia, tantoque moderamine suffulta sit; ut a nemine neque a Graeco neque Romano juste valeat reprehendi ; sed talis sit, qualem semper decet in omnibus causis ab ista sacratissima sede proficisci. Et si vestrae sanctitati placet, ut pro hac ipsa legatione missi nostri simul cum vestris illas in partes dirigantur, et hoc nos tempore congruo scire permittite. Et non solum hoc; sed etiam si ituri sunt; ubi et quando cum vestris missis se jungere debeant. Non ideo tamen de nostris missis illuc dirigendis interrogamus; quasi necessarium nobis videatur, aut nos vestros missos hanc legationem per se perficere dubitemus, sed potius propter hoc eos vobis offerimus ut sciatis nos in omnibus esse paratos, quae hujus sacratissimae sedis necessitas aut voluntas postulaverit. Optamus sanctam et venerabilem, ac piam paternitatem vestram, semper in Christo bene valere, et nostri ac nostrorum omnium in sacrosanctis orationibus meminisse, sanctissime ac beatissime Pater.

Jeremiae et Jonae venerabilibus episcopis in Domino salutem.

Venerunt ad praesentiam nostram Halitgarius et Amalarius episcopi VIII Idus Decembr. deferentes collectiones de libris sanctorum Patrum, quas in conventu apud Parisios habito simul positi collegistis ; quas etiam coram nobis perlegi fecimus. Et quia placuerunt, ad id, propter quod collectae sunt, necessariae atque utiles a nobis judicantur, sub omni celeritate censuimus dirigendas. Idcirco admonendo praecipimus solertiae vestrae ut priusquam de his aliquid Domino apostolico indicetis, diligenti cura eadem vos recensere curetis; et ea quae melius et aptius praesenti negotio convenire inveneritis, excerpere atque describere, illique ad legendum offerre studeatis. Quia enim, ut nostis, nos ab eo petere voluimus licentiam, quatenus has collectiones a sacerdotibus nostris fieri permitteret, et ideo non poterit praetermitti, quin ostendatur, quod ex ipsius permissione collectum est.

Illud tamen summopere praevidete, ut ea illi de his ostendatis, quae rationi de imaginibus habendae per omnia conveniunt , et quod ipse vel sui minime rejicere valeant. Sed et vos ipsi tam patienter ac modeste cum eo de hac causa disputationem habeatis, ut summopere caveatis , ne nimis ei resistendo eum in aliquam irrevocabilem pertinaciam incidere compellatis, sed paulatim verbis ejus quasi obsequendo magis quam aperte resistendo ad mensuram, quae in habendis imaginibus tenenda est, eum deducere valeatis. Et ideo potius efficere contendatis, ut negotium, de quo agitur, ad 'memorem quam ad pejorem statum cum Dei adjutorio perducatur.

Postquam vero hanc rationem de earumdem imaginum causa consummaveritis, si tamen hoc ad nihilum Romana pertinacia permiserit, ut ratio inter vos habita, aliquo bono et convenienti fine claudatur, et ille vobis indicaverit, quod legatos suos ob eamdem causam in Græciam permittere velit, volumus, ut eum interrogetis, si ei placeat, ut nostri legati pariter cum suis in Græciam pergant. Et si hoc ei melius visum fuerit, seque hoc omnino velle responderit, tunc volumus, ut sub omni festinatione litteris vestris a vobis ad nos directis nos inde certos faciatis, simulque et de vestro adventu ad nos, ut eo tempore, quo vos ad nostram veneritis præsentiam, Halitgarium et Amalarium nobiscum inveniatis. Vos autem cum domino apostolico considerate, ubi ille vel quando velit, ut sui ac nostri legati ad naves conscendendas se jungere debeant, et hoc nobis per vosmetipsos cum, Deo volente, veneritis, annuntiare potestis.

BEATI CAROLI MAGNI
IMPERATORIS
SCRIPTA.
SECTIO TERTIA. — CARMINA.

a CARMEN PRIMUM.
AD ADRIANUM PAPAM.
(Ex Froben., Opp. B. Alcuini.)

Adriano summo papæ, papæque beato;
Rex Carolus salve mando, valeque; Pater
Præsul apostolicæ munus hoc [*L.*, isthoc] sume ca-
[thedræ,
Vile foris visu, stemma sed intus habens.
Organa Davidico gestant modulantia plectro,
Continet et lyricos, suavisonosque modos.
Hæc tua, Christe, chelys miracula concinit alma,
Qui clavem David, sceptra domumque [*Ms.*, do-
[numque] tenes.
Mystica septeno fuerant hæc trusa sigillo
Carmina, ni Christus panderet ista Deus.
Hoc vobis ideo munus pie dedo sacerdos,
Filius ut mentem Patris adire queam.
Ac memorare mei precibus sanctisque piisque,
Hoc donum exiguum sæpe tenendo manu.
Et quanquam modico niteat splendore libellus,
Davidis placeat celsa camœna tibi.
Rivulus iste meus teneatur flumine vestro,
Floriferumque nemus floscula nostra petant.

B Incolumis vigeas, rector, per tempora longa
Ecclesiamque Dei dogmatis arte regas.

CARMEN II.
b EPITAPHIUM ADRIANI I PAPÆ,
Quo Carolus Magnus sepulcrum ipsius decoravit.
(Ex eodem, ibid.)

Hic Pater Ecclesiæ, Romæ decus, inclytus auctor
Adrianus requiem papa beatus habet.
Vir, cui vita Deus, pietas lex, gloria Christus,
Pastor apostolicus, promptus ad omne bonum.
Nobilis ex magna genitus jam gente parentum,
Sed sacris longe nobilior meritis.
Exornare studens devoto pectore pastor
Semper ubique suo templa sacrata Deo.
C Ecclesias donis, populos et dogmate sancto
Imbuit, et cunctis pandit ad astra viam.
Pauperibus largus, nulli pietate secundus,
Et pro plebe sacris pervigil in precibus,
Doctrinis, Opibus, muris erexerat arces,
Urbs caput orbis, honor inclyta Roma, tuas.
Mors cui nil nocuit, Christi quæ morte perempta est,
Janua sed vitæ mors melioris erat.

---

a Hoc carmen edidit vir celeberrimus Petrus Lambecius Bibl. Vindob. tom. II, pag. 262, ex codice ms. Psalterii Latini aureis litteris cura et jussu Caroli Magni exarati, qui idem Carolus Adriano I papæ dono obtulit, præmissis his versibus dedicatoriis. Idem Lambecius censet illos ab ipso Carolo fuisse compositos. Cui opinioni haud repugnamus : Carolum enim in artibus liberalibus, consequenter etiam in arte poetica seu saltem versificatione, haud imperitum fuisse Eginhardus testatur. Fabricius nihilominus, lib. III, Bibl. med. et infimæ Latinitatis, pag. 955, versus hosce ex vena Alcuini fluxisse mavult, cui Carolus sensus suos metro exponendos commiserit. Alii verosimilius esse censent, versuum istorum auctorem esse Dagulfum illum qui eumdem aureum codicem scripsit, et aliud al.quod carmen, immediate in postica ejusdem folii pagina sequens, composuit. Ita enim ille ibidem ad regem :

Exigui famuli Daguifi sume laborem.

b Hoc epitaphium Quercetanus edidit inter alia carmina Alcuini, num. 217 et 218, et rursus tom. II

Script. Franciæ, pag. 691. Auctor seipsum prodit, vers. 17, ibi :

Post Patrem lacrymans Carolus hæc carmina scripsi;

quamvis nonnulli eruditi subolere sibi in his versibus visi sint venam Alcuini. Sed nos contra manifestam litteram ancipiti a styli similitudine accepto argumento roboris aliquid tribuere non possumus, præsertim quod Carolus in poesi seu versificatione, æque ac in grammatica et rhetorica, haud fuerit imperitus (*); omnesque veteres qui de hoc epitaphio mentionem faciunt, illud constanter huic litteratissimo principi tribuant. Cæterum hoc epitaphium Romæ in marmore incisum hodieque videre esse nonnulli testantur cum hoc additamento : *Sedit beatæ memoriæ Adrianus papa annos XXIII, m. X, dies XVII. Obiit VII Kal. Jan.* (Bouquet., tom. V, pag. 412, not.)

(*) Vid. Hist. Litt. de France, tom. IV, pag. 407.

Post Patrem lacrymans [*Edit.*, lacrymis] Carolus hæc
    [carmina scripsi.
Tu mihi dulcis amor, te modo plango, Pater.
Tu memor esto mei, sequitur te mens mea semper.
    Cum Christo teneas regna beata poli.
Te clerus [*Edit.*, clarus] populus magno dilexit
    [amore,
Omnibus unus amor, optime præsul, eras.
Nomina jungo simul titulis, clarissime [*Edit.*, charis-
    sime], nostra,
Adrianus, Carolus, rex ego, tuque Pater.
Quisque legas versus. devoto pectore supplex,
    Amborum mitis, dic, miserere Deus.
[a] Hæc tua nunc teneat requies, charissime. membra,
    Cum sanctis anima gaudeat alma Dei.
Ultima quippe tuas donec tuba clamet in aures,
    Principe cum Petro surge videre Deum.
Auditurus eris vocem, scio, Judicis almam :
    Intra nunc Domini gaudia magna tui.
Tum memor esto tui nati, Pater optime, posco;
    Cum Patre, dic, natus pergat et iste meus.
O pete regna, Pater felix, cœlestia Christi,
    Inde tuum precibus auxiliare gregem.
Dum sol ignicomo rutilis splendescit ab axe,
    Laus tua, sancte Pater, semper in orbe manet.

*Versus sequentes ad epitaphium Adriani papæ ad-
juncti sunt ex codice manuscripto pervetusto in collegio Ratisbonensi asservato. Illos versus excepimus
ex Frobenio inter* ADDENDA *et* SUPPLENDA *ad beati
Alcuini Opera, tom. II, pag.* 614. EDIT.

Quamvis digna tuis non sint, Pater, ista sepulcris.
    Nec titulis egeat clarificata fides :
Sume tamen laudes, quas Petri captus amore
    Extremo veniens hospes ab orbe legat.
Sanasti patriæ laceratum scismate corpus,
    Restituens propriis membra revulsa locis.
Imperio devicta pio tibi Græcia cessit,
    Amissam gaudens se reparasse fidem.
Africa lætatur, multos captiva per annos,
    Pontifices precibus promeruisse tuis.
Hæc ego Silverius, quamvis mihi dura, notavi,
    Ut possent tumulis fixa manere diu.

[b] CARMEN III.

AD ALCUINUM.

(Ex eodem, ibid.)

Rex Carolus gaudens de te, Pater atque magister,
Versibus his paucis æternam posco [*Edit.*, in Christo]
    [salutem.
Mens mea mellifluo, fateor, congaudet amore,
Doctor amate, tui ; volui quapropter in odis,
O venerande, tuam musis solare senectam.
Te quoque te cupiens imperante agnoscere Christo,

  [a] Initium carm. 218 apud Quercet.
  [b] Apud Quercet. carmen 185. Hoc carmen Mabillonius interpretatur de Alcuini secessu et quiete in
monasterio Turonensi, viribus jam ætate et laboribus fractis, electa. Vid. Act. SS. sæc. IV, part. I,
pag. 179.
  [c] Inter Alcuiniana carmina Quercetani 186. Est is
Paulus Diaconus suo tempore celebris, tunc mona-

Nos nostrosque simul sanos nunc esse fideles,
    Perpetuis optans tete gaudere triumphis,
Inque Dei cultu vigeas virtutibus almis,
    In meliora tenens sanctæ vestigia vitæ,
Donec et ætherei venias ad culmina regni,
    Congaudens sanctis Christo sociatus in ævum.
Meque tuis precibus mecum rape, quæso, magister
    Ad pia, qua tendis, miserantis culmina Regis.
Qua laus atque decus, species, pax, gloria, lumen
    Semper in æternum sanctis sine fine manebit.

[c] CARMEN IV.

AD PAULUM TUNC MONACHUM CASSINENSEM.

(Ex eodem, ibid.)

Parvula rex Carolus seniori carmina Paulo
    Dilecto fratri mittit honore pio.
Quæ rapuit calamus subito dictantis amore
    Demandans chartæ [*Edit.*, castæ] : Fer mea verba
    [cito.
Ad faciem Pauli venerandam perge per urbes,
    Per montes, silvas, flumina, lustra pete.
Casinum montem Benedicti nomine clarum,
    Pastoris magni præcipuique Patris.
Illic quære meum mox per sacra culmina Paulum,
    Illic habitat medio sub grege, credo, Dei.
Inventumque senem devota voce saluta,
    Et dic : Rex Carolus mandat aveto tibi.
Gaudia dicque, reor, nostræ sibi magna salutis,
    Gratificam Christi per miserantis opem.
Atque Pium Patrem rogito tunc semper ubique
    Pro nobis preces ut ferat ille sacras.
Nec non nos fratrum precibus commendet honestis,
    Sum votis quorum certus adesse Deum.
Quapropter sociis per me mandare salutem
    Perpetuæ pacis omnibus his placuit.
Ecce valete simul cuncti juvenesque senesque,
    Gratia vos Christi protegat atque regat.

[d] CARMEN V.

AD EUMDEM PAULUM DIACONUM.

(Ex eodem, ibid.)

Hinc celer egrediens celeri mea charta volatu,
    Per silvas, colles, valles quoque perpete cursu,
Alma Deo chari Benedicti tecta require,
    Est nam certa quies fessis venientibus illuc.
Hic olus hospitibus ; piscis, hic panis abundat.
Pax pia, mens humilis, pulchra et concordia fratrum,
Laus, amor et cultus Christi simul omnibus horis.
Dic Patri et sociis cunctis, salvete, valete.
Colla mei Pauli gaudendo amplecte benigne.
Dicito multoties, salve, Pater optime, salve.

chus Cassinensis. Volunt quidam hos versus ab ipso
Carolo compositos fuisse missosque ad Paulum sub
annum 787, cum rex e monte Cassino in Franciam
rediisset. (Bouquet, *Script. Rer. Gal.*, tom. V, pag.
441 ; Mabill. *Annal.* tom. IV, pag 280, n. 67.
  [d] Hoc carmen Fabricius suæ Biblothecæ cit. pag.
958 inseruit ex Joan. Bapt. Maro in notis ad Petrum
Diaconum, de Viris illustr. Cassin., cap. 8, pag. 169.

CARMEN VI.

AD EUMDEM PAULUM DIACONUM.

(Biblioth. de l'Ecole des Chartes.)

Christe, Pater mundi, secli radiantis origo,
Annue nunc voto, ut ^a queam tua mystica dona
Dicere, quæ nobis solita clementia ^b præstes,
Atque salutiferam Patribus perferre salutem.
Surge, jocosa, veni, mecum fac, fistula, versus;
Incipe quamprimum meritas persolvere grates,
Et cordis plectro tu dic vale fratribus almis
Dulcia qui nobis doctrinæ mella ministrant,
Carminibusque suis permulcent pectora nostra.
Curre per Ausoniæ, non segnis epistola, ^c campos,
Atque meo Petro chartam ^d dilecto salutem
Gratificas laudes dic et, pro carmine læto
Quod mihi jam dudum placidum direxerit ille.
Inde per egregiam ^e . . . . . præsulis ædem
Adriani, tandem Petri loca sancta rogando,
Pro me proque meis ^f visitata relinque ^g silentes.
Hinc celer egrediens facili, mea charta, volatu
Per sylvas, colles, valles quoque præpete cursu,
Alma Deo chari Benedicti tecta require,
Colla mei Pauli persæpe amplecte benigne :
Est nam certa quies fessis venientibus illuc ;
Hic olus hospitibus, pisces, hic panis abundans,
Pax pia, mens humilis, pulchra et concordia fra-
[trum,
Laus, amor et cultus Christi simul omnibus hæris :
Dic Patri et sociis cunctis : Salvete, valete.

CARMEN VII.

CAROLUS MAGNUS AD LECTOREM MANUSCRIPTI QUEM IPSE MENDIS PURGAVERAT.

(Ex Lambecio, tom IV.)

Codicis hujus ovans volui confringere penna
^h Spinas, quas animo ⁱ scriptor congessit inerti
Quique legis, precibus pro me pulsare Tonantem
Digneris, valeam ^j si Christi vivere regno.

CARMEN VIII.

Versus inscripti libro Evangeliorum quem jussu Caroli scripsit Godescalcus anno 781 ad opus ecclesiæ sancti Saturnini Tolosani.

(Ex dom. Bouquet., Recueil des Hist.)

Orbe bonus toto passim laudabilis heros,
Inclytus in regno, fretus cœlestibus armis,
Laude triumphator, dudum supra æthera notus,
Jure patrum solio feliciter inditus hæres,
Pacificus rector, potens dominator et æquus
Præclarus multis, humili pietate superbus,
Providus ac sapiens, studiosus in arte librorum,
Justitiæ custos rectus, verusque satelles,
Pauperibus largus, miseris solatia præstans,
Plenus amore Dei, et Christi compulsus amore,
Septenis dum aperit felix bis fascibus annum,
Hoc opus eximium Francorum scribere Karlus
Rex pius, egregia Hildegar cum conjuge, jussit :
Quorum salvifico tueatur nomine vitas
Rex regum Dominus, cœlorum gloria, Christus.
Ultimus hoc famulus studuit complere Godescal,
Tempore vernali transcensis Alpibus ipse
Urbem Romuleam voluit quo visere consul,
Ut Petrum sedemque Petri rex cerneret, atque
Plurima celsithrono deferret munera Christo.
Multa peregrinis concessit dona misellis,
Annua tunc ibidem celebrans solemnia Paschæ.
Præsulis officio tunc Adrianus functus in arvis
Culmen apostolicum Romana rexit in urbe.
Principis hic Caroli claris natalibus auctam
Karlmannam sobolem mutato nomine Pippin
Fonte renascentem, et sacro baptismate lotum
Extulit oblatum sacratis compater undis.
Septies expletus fuerat centesimus annus,
Octies undecimo sol cumque currerat astro,
Ex quo Christus Jesus secla beaverat ortu,
Exuerat totum et tetra caligine mundum.

CARMEN IX.

DE ROLANDO SUO EXSTINCTO

(Ex Fabricio, Biblioth. med. et inf. Latinitatis.)

Tu patriam repetis, tristi nos orbe relinquis,
  Te tenet aula nitens, nos lacrymosa dies.
Sex qui lustra gerens, octo bonus insuper annos,
  Ereptus terræ justus ad astra redis.
Ad paradisiacas epulas te cive reducto,
  Unde gemit mundus, gaudet honore polus.

---

^a Le vers serait plus régulier avec *possim ut* ; mais la synérèse *queam* se conçoit et doit rester.

^b Je lirais volontiers *præstet* au lieu de *præstes* ; cependant on trouverait des exemples des poètes barbares qui ont fait bref l'*a* long de l'ablatif lorsqu'il est précédé d'une voyelle. Cette faute est perpétuelle dans un poëme sur la *Genèse*, publié dans le tome IX de l'*amplissima Collectio*, et faussement attribué à Juvencus, d'après le ms. de Corbie, où il a été pris.

^c Ce mouvement se retrouve dans une autre épître de Charlemagne à Paul Diacre, imprimée dans le t. V, p. 411, *de Script. Rer. Franc.* (*supra, carm.* 4) :

Ad faciem Pauli venerandam perge per urbes,
  Per montes, silvas, flumina, lustra, pete.

Le composé *gratificus*, employé dans notre vers 12, s'y trouve aussi :

Gratificam Christi per miserantis opem.

^d L'*o* du datif bref ! Faute de quantité qu'on ne se permettait pas au IXe siècle. Je l'accepterais cependant si elle pouvait faire un sens. Je crois qu'il faut lire : *curtam dicendo* ; *curtus* dans l'acception barbare de *brevis*.

^e Une déchirure du manuscrit rend pour ce passage toute lecture impossible. Il ne pouvait guères y avoir autre chose que *referens te.*

^f Faute de quantité tout à fait conforme aux habitudes de ce temps, où l'on avait perdu l'accentuation latine.

^g *Silentes* n'a pas de sens ; il faut lire *silenter*, adverbe employé dès le IVe siècle par le poète Juvencus (*Hist. Evang.*, III, 462) :

. . . . . Qua pinguia culta *silenter*
Agmine Jordanis viridis prorumpit amœno.

^h Id est *mendæ.*
ⁱ Nempe Winidharius.
^j *Si* pro *ut*.

APPENDICULA AD SCRIPTA B. CAROLI MAGNI.

Caroli Magni imperatoris [a] sermo de fundatione Aquisgranensis basilicæ Marianæ, illiusque consecratione per Leonem III papam.

(Ex Miræo, Opera Diplomatica.)

Ego Carolus, qui Deo favente curam regni gero, et Romanorum imperator existo, consilio principum regni nostri, episcoporum, ducum, marchionum ac comitum, rogatu vero tam liberorum quam servorum, in plurimo generali conventu, in diversis locis regni nostri habito, discussi, prout justius et melius cunctis videbatur, primum de lege sanctarum ecclesiarum, de reddendis justitiis episcoporum, de vita et jure presbyterorum ac clericorum, et hæc omnia judicio et assensu nostro, secundum instituta patrum meorum corroboravi, firmavi et auxi, nihil de his minuens, quæ catholici viri recte atque legitime vivere volentes, ad observandum spirituali ac sæculari decreto bonum et utile contulerint.

Deinde prout cunctis placuit prudentioribus regni [B] nostri, legem Saxonum, Noricorum, Suevorum, Francorum, Ripuariorum, Salicorum [b], sicut mos et potestas imperatorum est, et omnium antecessorum meorum semper fuit, distinxi, distinctam sub auctoritate regia et imperatoria stabilivi, non ex mea adinventione aut corde prolatam, sed communi consilio et generali conventu totius Galliæ a me renovatam, et in melius auctam, sicut patres et prædecessores mei fecisse perhibentur. Scitis enim, et neminem latet, quia quidquid ab imperatoribus et regibus præceptum et decretum est, semper ratum et pro lege tenendum est, ne quod ab universis sensatis et justa satis discretione vivere volentibus imperatum et actum est, et nostra imperatoria et regia majestate confirmatum et solidatum, violetur.

Nunc, patres, fratres et amici, fautores et coadjutores gloriæ regni nostri, de omnibus statutis patris mei Pipini, quæ ad utilitatem et honorem sanctæ ecclesiæ firmari ac renovari petistis, quæ ad defensionem sæcularium rerum et legum stabiliri quæsistis, nihil minui nec abnui, sed in melius ampliavi, omnium sanis consiliis acquievi, et fui in medio vestrum quasi unus de quærentibus et petentibus æquitatem legis, nulli contradicens aut et rectæ petitioni. Ergo vestri decreti et petitionis voluntarius exstiti, vos quasi patres et fratres audivi : nunc quæso ut meæ petitionis et intentionis non solum auditores, sed et benevoli factores fieri velitis. Nec quod indecens aut intolerabile si quæro, sed quod tota Gallia, et universi principes potius concedere quam negare debent.

Nostis qualiter ad locum, qui *Aquis*, ab aquarum calidarum aptatione, traxit vocabulum, solito more, venandi causa ingressus, sed perplexione sylvarum, errore quoque viarum, a sociis sequestratus veni, thermas calidorum fontium et palatia inibi reperi, quæ quondam *Granus* [c], unus de Romanis principibus, frater Neronis et Agrippæ, a principio construxerat. Quæ longa vetustate deserta ac demolita, [D]

frutetis quoque ac vepribus occupata nunc reno- [A] vavi, pede equi nostri in quo sedi inter saltus, rivis aquarum calidarum perceptis et repertis. Sed et ibidem monasterium Mariæ matri Domini nostri Jesu Christi omni labore ac sumptu quo potui, ædificavi, lapidibus ex marmore pretioso adornavi, quod Domino adjuvante et cooperante sic formam suscepit, ut nullum ipsi queat æquiparari.

Itaque tam egregio opere hujus basilicæ, non solum pro voto meo et desiderio, verum ex divina gratia ad unguem peracto, pignora apostolorum, martyrum, confessorum, virginum, a diversis terris et regnis et præcipue Græcorum collegi, quæ huic sancto intuli loco, ut eorum suffragiis regnum firmetur et peccatorum indulgentia condonetur. Præterea a Domino Leone [d] Romano pontifice hujus templi consecrationem et dedicationem fieri impetravi, præ nimia devotione quam erga idem opus habui, et sanctorum pignora, quæ ibi recondita meo studio et elaboratu habentur. Decebat enim ut idem templum, [B] quod cunctis monasticis ædificiis in regno nostro forma et structura præesse videtur, in honorem sanctæ Dei genitricis, a nobis regali studio fundatum, dignitate consecrationis præcelleret, sicut ipsa virgo super omnes choros sanctorum præcellens exaltata est: et ideo domnum apostolicum, qui omnes præcellit ecclesiasticos gradus, ad consecrandum et dedicandum ex sola cordis mei consideratione elegi et accivi. Accivi etiam cum illo Romanos cardinales, episcopos Italiæ quoque quam plures et Galliæ, simulque abbates et cujusque ordinis clerum multum, qui huic sacræ dedicationi interessent. Acciti sunt etiam multi Romani principes, præfectura et qualicunque dignitate promoti, ad id solemne, duces, marchiones, comites, principes regni nostri tam Italiæ quam Saxoniæ, tam Bavariæ quam Alemanniæ, et utriusque Franciæ tam Orientalis quam Occidentalis [e], in omnibus voto meo et desiderio obsequentes.

Illic vero domno apostolico et omnibus prædictis [C] nobilibus et egregiis personis congregatis, merui ab omnibus obtinere, præ divina devotione quam erga ipsum locum et matrem Domini nostri Jesu Christi habebam, ut in templo eodem sedes regia locaretur, et locus regalis et caput Galliæ trans Alpes haberetur, ac in ipsa sede reges successores et hæredes regni initiarentur, et sic initiati jure dehinc imperatoriam majestatem Romæ, sine ulla contradictione, planius assequerentur. Confirmatum et sancitum est hoc a domno Leone Romano pontifice, et a me Carolo Romanorum imperatore Augusto et primo auctore hujus templi et loci, quatenus ratum et inconvulsum hoc statutum et decretum nostrum maneat, et hic sedes regni trans Alpes habeatur, sitque caput omnium civitatum et provinciarum Galliæ.

Decrevimus etiam ex assensu et benevolentia omnium principum regni, qui ad hoc festum dedicationis convenerant, ut locum et sedem regiam pro murali præsidio contra omnes turbines, episcopi, [D] duces, marchiones, comites, omnes principes Galliæ,

---

[a] Etsi nonnulla titulorum seu dignitatum vocabula suspectum mihi reddant hunc sermonem, nolui tamen omittere nobilissimæ apud Germanos inferiores basilicæ encomium. Perstat ea hodieque forma rotunda, cum duplici ordine columnarum e marmore præstantissimo, cum cancellis æreis et alio pretiosissimo ornatu, quem Eginhartus in Caroli Magni Vita, et Petrus Becanus, canonicus Aquisgranensis, in sua historia Aquisgranensi, fuse describunt. Sigebertus noster in chronico ad an. 795 : « Carolus Magnus exstruxit Aquisgrani basilicam plurimæ pulchritudinis, ad cujus structuram a Roma et Ravenna co-

lumnas et marmora devehi fecit. »

[b] Carolus Magnus, dicit legem Salicorum esse distinctam a lege Francorum.

[c] *Granus*. Hunc Neronis imperatoris fratrem faciunt, sed nullo auctore classico fulti. Nemo certe e vetustis scriptoribus illius meminit.

[d] *Leone*. Leo III papa ex Italia in Galliam ad Carolum Magnum bis, nimirum an. 799 et 804 venit. Nisi fallor, consecratio basilicæ Aquisgranensis ad prius Leonis iter est referenda.

[e] Declarat duplicem esse Franciam, Orientalem et Occidentalem

fideles regni, tueantur, semper locum hunc venerantes. Decrevimus etiam si quæ injuria aut versutia contra leges quas statuimus surrexerit, libero aut servo nocere tentaverit, Aquis ad hanc regiam sedem quam fecimus caput Galliæ veniat, veniant judices et defensores loci, et cum æquitate legis causæ decernantur, status legis resurgat, injuria condemnetur, et justitia reformetur.

Nunc ergo quia locum hunc majestate regiæ sedis, domni apostolici decreto, et nostra imperiali potentia, nostro assensu exaltavimus, honestate vero hujus templi et plurimorum sanctorum veneratione magnificavimus, decet nec incongruum videatur (cum ad hoc nimium figitur noster animus) ut petitio mea, cujus vos non solum auditores, sed benevolos factores fieri exoravi, apud vos obtineat, quatenus non solum clerici et laici, loci hujus indigenæ, sed et omnes incolæ et advenæ, hic inhabitare volentes, præsentes et futuri, sub tuta et libera lege sine omni servili conditione vitam agant, ac omnes pariter, ex avis et atavis ad hanc sedem pertinentes, licet alibi moram facientes, ab hac lege quam dictavero in præsentiarum, a nullo successore nostro vel ab aliquo machinatore, legum subversore, infringantur, nunquam de manu regis alicui personæ nobili vel ignobili in beneficio tradantur.

Appendix
AD OPERA OMNIA BEATI CAROLI MAGNI.

CAROLINA
SIVE
VARIA AD CAROLI MAGNI GESTA, CULTUM, FAMAM ET LAUDES PERTINENTIA.

SECTIO PRIMA. — LITURGICA.

I.
De beati Caroli publica veneratione.

(Ex Actis Sanctorum, mens. Jan. tom. II.)

1. Colitur consuetis divorum honoribus sacrisque anniversariis Carolus Magnus Francorum rex, primusque, revocata quarto demum sæculo in Occidentem imperii dignitate, Romanorum imperator. Relatum in sacras tabulas illius est nomen a Guidone Cremensi, Paschale III dicto : qui licet, Alexandro III Ecclesiam catholicam legitime administrante, schismaticorum factione Frederico Ænobarbo Cæsari adhærente, præter jus fasque papa appellatus sit; Carolus tamen, propter illustria benefacta, et antea fortassis, et post saltem, conniventibus Romanis pontificibus, divus habitus est : templa illi dicata, officii ecclesiastici impensa celebritas.

2. Quod ita Henricus Spondanus Apameorum episcopus in Epitome Annalium Baronii, anno 814, n. 5, declarat : « Si quæ de ipso scripta sunt species, dignum virtutum exemplar intueberis, religionisque omnibus absolutum numeris simulacrum, cui nec (mea sententia) qui præcesserunt vel postea successerunt imperatores, æquari penitus valeant. Sed nec in moribus haberet æqualem, nisi conjugalem castitatem concubinarum introductione fœdasset. Verum posterior maculas istas pœnitentia abstersit, dum senilem carnem suam cilicino super nudum corpus inhærente jugiter indumento attrivit. Cujus quidem egregiarum virtutum merito, Ecclesia Gallicana ejusdem natalem diem celebrat : eumdemque sub Frederico imperatore, Paschalis papa dictus in numerum sanctorum ascripsit. Sed quod is haud legitimus fuit pontifex, ejusmodi canonisatio non est recepta ab Ecclesia Romana. Quod tamen non reperiantur legitimi pontifices eam impugnasse, res sic tacita permissione, sive tolerantia, perseveravit, ut in propria ecclesia, ubi sepultus fuit, coleretur. Ita enim canonum præcipui interpretes declararunt. Propagatus autem postea noscitur ejus cultus in alias Ecclesias Galliæ, Belgii atque Germaniæ, in quibus idem Carolus sanctitatis titulo colitur, faventque scripta plurimorum rerum Francicarum historicorum. » Hæc Spondanus.

3. Vidimus certe complurium Ecclesiarum breviaria, in quibus XXVIII Januarii colitur sanctus Carolus, imperator, vel IX lectionum officio vel trium. Et in Ecclesia quidem Mindensi hæc recitatur publica eo die precatio : *Deus, qui superabundanti fecunditate bonitatis tuæ beatum Carolum Magnum imperatorem et confessorem tuum, deposito carnis velamine, beatæ immortalitatis gloria sublimasti, concede propitius, ut quem ad laudem et gloriam nominis tui honore imperii exaltasti in terris, pium ac propitium intercessorem semper habere mereamur in cœlis. Per Dominum.* Par ei antiquo Parisiensi Breviario, Rhemensi, Rothomagensi, Osnabrugensi, Tornacensi, aliisque honos habetur. In Rothomagensi hæc legitur oratio, quæ et de sancto Ludovico Rege : *Deus, qui beatum Carolum confessorem tuum de terreno regno ad cœlestis regni gloriam transtulisti, ejus, quæsumus, meritis et intercessione, Regis regum Jesu Christi Filii tui facias nos esse consortes. Per eumdem Dominum.*

4. Exstat et in plurimis Martyrologiis consignatum Caroli nomen. Antiquissimum est quod a Rabano sub Lothario Caroli nepote compositum creditur : in quo solum id habetur : « Obiit Carolus. » Brugense ms. : « Ipso die deposito domini Caroli Magni imperatoris. » Ms. sancti Lamberti Leodii : « Eodem die Caroli Magni imperatoris. » In ms. imperialis monasterii sancti Maximini Treviris, quod alioquin fere Rabani Martyrologio, ab Henrico Canisio publicato, in omnibus respondet, Caroli nulla mentio est. Verum in Necrologio atque in anniversariorum Catalogo ista habentur : « Carolus Magnus

imperator, qui dedit huic Ecclesiæ tres curtes, id est, Stensele, Luniciacum, Wimariskirca. » Wandelbertus hoc die :

Lux, decus, orbis amor, patriæ cultusque dolorque,
Excelso imperii caput exaltatos honore ,
Tum Carolus migrans Ludovico sceptra relinquit.

Martyrologium Usuardi Parisiis excusum an. 1536 : « Item sancti Caroli imperatoris. » Ferrarius : « Aquisgrani sancti Caroli Magni. Varia mss. Belgica, tum Latina, tum Teutonica lingua : « Apud Aquasgrani, depositio sancti Caroli regis Francorum et imperatoris Romanorum. »

5. MS. Florarium : « Aquisgrani depositio beati Caroli imperatoris Romanorum, regis Francorum, et ducis Brabantinorum, qui pro magnitudine operum cognominatus est Magnus. Ab hoc denominatur inclyta stirps Carolidarum, qua generosior et religiosior, excepta genealogia Christi, non prodiit ulla sub cœlo. Obiit anno salutis 814, ætatis suæ 71. » Ex hac immodica Carolidarum, sive Carlingorum, laudatione, et ducis Brabantinorum appellatione, conjicere licet auctorem illius Florarii Brabantinum fuisse. At neque peculiari quopiam jure aut titulo, provinciam, quæ Belgicarum dignitate princeps, Brabantia appellatur, possedisse rexissove, antequam patri in regnum succederet, legitur Carolus ; neque tunc ea Brabantia dicebatur : quam nomenclationem multo post usurpavere comites Lovanienses, qui quod ejus ditionis, quæ Brachantum antiquis erat dicta, partem possiderent, cætera sui juris loca Brabantiam, et se inferioris Lotharingiæ et Brabantiæ duces vocavere, oriundi ipsi a comitibus Hagnoensibus ; ab illis vero propagati Brabantiæ duces longe celeberrimi, quibus Burgundi, his Austriaci successere. Habuere tamen et Pipinus et Carolus et cæteri illius familiæ, privatas in Belgio toto, ac præsertim eo tractu qui Brabantia nunc dicitur, possessiones, sive allodialia, ut vocant, bona.

6. Caroli natalem ita varia mss. Usuardi nomine insignita, sed in aliis quoque passim ampliata, celebrant. « Apud Aquisgrani depositio sancti Caroli regis Francorum et imperatoris Romanorum, qui regno et imperio suo pacato et dilatato, statu quoque sanctæ Ecclesiæ religiose ordinato, et fide studiosissime ampliata, anno Domini octingentesimo quarto decimo, ætatis suæ septuagesimo primo, regni autem quadragesimo septimo, et imperii quarto decimo transivit ad Dominum. Hic pro magnitudine operum cognominatus est Magnus. » Eadem fere habent Carthusiani Colon. in addit. ad Usuardum. Aquisgranense Martyrologium citatum a Molano in Natalibus sanctorum Belgii et addit. ad Usuardum : « Eodem die Aquisgrani basilica, natale sancti Caroli confessoris primi de stirpe Francorum, ordinatione divina, Romanorum Augusti : qui ab ineunte ætate sua sæculi pompam despiciens, imperialis potentiæ gladio, et sanctæ prædicationis verbo, vitæque salutaris exemplo convertit Guasconiam, Germaniam atque Galliam. Convertit quoque ad Dominum Frisiam, Alemanniam, atque triplici tropæo Saxoniam. Ædificavit quoque propriis sumptibus ad laudem et honorem sanctæ et individuæ Trinitatis viginti septem ecclesias, quarum excellentiæ typhum obtinet Aquensis, præsentibus suffragiis gloriosa. » Galesinius : « Aquisgrani in Germania sancti Caroli regis, confessoris. Is multis ædificatis augustissimis templis et nationibus ad Christianam religionem a se conversis, aliisque summo pietatis studio præclare gestis, Magni cognomen adeptus, tum demum in Domino quievit, in sanctorumque numerum a Paschali pontifice relatus est. » Imo pseudopontifice.

7. Alii quoque Carolum in divorum fastis honorifice referunt, Ghinius, Miræus, Canisius, Felicius, Maurolycus, et omnium fusissimo elogio Saussaius. Quidam nonnulla' de eo prædicant, quæ correctione A egent, ex auctoribus non probatæ fidei accepta. Ita Maurolycus : « Huc spectat memoria Caroli, cognomento Magni, imperatoris, cujus præclara pro Christo gesta magnopere celebrantur a Turpino Rhemensi episcopo. Nam ex expeditione Hierosolymitana rediens, ex Byzantio partem crucis et clavum et spineam coronam asportavit in Galliam. Quatuor et viginti monasteria construxit. Quatuor præsules, Treverensem, Coloniensem, Maguntinum et Salzeburgensem, magnis opibus et honoribus dotavit. Et an. salutis 814, an. ætatis 71, regni 47, imperii 14, obiit Aquisgrani in Lotharingia. » Eadem fere habet Felicius ; plura Martyrol. Germanicum, sed illud vitiose, quod terram sanctam vindicasse eum a Saracenorum servitute tradit : at plura longe peccat auctor libri qui Viola Sanctorum inscribitur.

II.

De Translatione sancti Caroli imperatoris.

(Ex Actis Sanctorum, ibid.)

B 1. Celebris est in Martyrologiis vi Kal. Aug. sancti Caroli memoria, quo die ejus elevatæ translataque reliquiæ. Martyrol. Coloniense : « Eodem die translatio beati Caroli Magni imperatoris et confessoris apud Aquisgranum. » Meminerunt et Carthus. Colon. ac Molanus in Addit. ad Usuardum, Canisius, Saussaius. Tempus exprimit ms. Florarium : « Aquisgrani translatio sancti Caroli Magni imperatoris, facta sub Frederico imperatore hujus nominis primo, et Alexandro papa hujus nominis tertio, anno salutis 1165. » At nondum eo anno successerat Octaviano antipapæ Guido Cremensis, dictus Paschalis, cujus auctoritate facta dicitur illa translatio, an. 1165.

2. Exstat de ea translatione et canonizatione diploma Frederici I, dicti Ænobarbi, sive Barbarossæ, quod ex Petri Bekæ Aquisgrano, et Autberti Miræi Fastis Belgicis damus. Huic miracula subjicimus ex Vita eo ipso tempore scripta. Porro cum Paschalis C antipapæ auctoritate elevatum sancti Caroli corpus testetur Fredericus, mirum est apud Joannem Chapeawillum, t. II, de Episc. Leodiens. veluti ex magno Chronico Belgico (quod in hoc non reperimus) id factum dici « de voluntate et mandato Alexandri Papæ : » nisi fortassis Alexander id dein, recepto in gratiam Frederico ann. 1177 ratum habuit. Ita ergo habet : « Præsulatus hujus Alexandri (episcopi Leodiensis) anno secundo, scilicet anno Domini 1166, de voluntate et mandato Alexandri papæ et omnium cardinalium, quarto Kalendas Januarii, præsente Frederico imperatore, et multis prælatis, Aquisgrani ossa Caroli Magni imperatoris, a loco ubi quieverat annis 352, cum magna reverentia sunt elevata, et honorifice collocata in feretro argenteo per Raynaldum archiepiscopum Coloniensem, et Alexandrum Leodiensem episcopum, cum multis oblationibus, quas imperator et imperatrix et alii obtulerunt : ubi et canonizatus Carolus et sanctus confessor dicitur. »

D 3. Translatum est Osnabrugum sancti Caroli caput. De eo Wernerus Rolewink, lib. de Moribus Westph., part. III, cap. 8 : « Post hunc, inquit, gloriosus imperator sanctus Carolus apostolus noster, qui terram hanc plene convertit ad fidem. Ejus caput in Osnaburgis honorabiliter veneratur, cum sanctis Crispino et Crispiniano et aliis reliquiis pluribus. »

III.

Diploma Frederici I imperatoris de elevatione et canonizatione sancti Caroli.

(Ex Actis Sanctorum, ibid.)

1. In nomine sanctæ et individuæ Trinitatis. Fridericus, divina favente clementia, Romanorum imperator semper Augustus. Ex quo primitus, divina ordinante clementia, imperii Romani fastigia gubernanda suscepimus, voluntatis nostræ atque propositi summum desiderium fuit, ut reges et impera-

tres qui nos præcesserunt, præcipue maximum et gloriosum imperatorem Carolum, quasi formam vivendi atque subditos regendi a sequeremur, et sequendo præ oculis semper haberemus : ad cujus imitationem, jus Ecclesiarum, statum reipublicæ incolumem, et legum integritatem, per totum imperium nostrum servaremus.

2. Ipse enim tota cordis intentione ad æternæ vitæ præmia anhelans, ad dilatandam gloriam Christiani nominis, et cultum divinæ religionis propagandum, quot episcopatus constituerit, quot abbatias, quot ecclesias a fundamento erexerit, quantis prædiis ac beneficiis illas ditaverit, quantarum largitate eleemosynarum non solum in cismarinis, sed etiam in transmarinis partibus resplenduerit, ipsa ejus opera et gestorum volumina, quæ plurima et maxima sunt, fide oculata, plenius declarant. In fide quoque Christi dilatanda, et in conversione gentis barbaricæ fortis athleta fuit, et verus apostolus : sicut Saxonia, et Fresonia, atque Westphalia, b Hispani quoque testantur, et Wandali, quos ad fidem catholicam verbo convertit et gladio. Licet etiam ipsius animum non pertransierit gladius, diversarum tamen passionum tribulatio, et periculosa certamina, et voluntas moriendi quotidiana pro convertendis incredulis, eum martyrem fecit. Nunc vero electum et sanctissimum confessorem eum fatemur et veneramur in terris, quem in sancta conversatione vixisse, et pura confessione et vera pœnitentia ad Dominum migrasse, et inter sanctos confessores, sanctum et verum confessorem credimus coronatum in cœlis.

3. Inde est quod nos gloriosis factis et meritis sanctissimi imperatoris Caroli confidenter animati, et sedula petitione charissimi amici nostri c Henrici regis Angliæ inducti, assensu et auctoritate domini Paschalis, et ex consilio universorum principum tam sæcularium quam ecclesiasticorum, pro elevatione et exaltatione sanctissimi corporis ejus atque canonizatione, solemnem curiam in natale Domini apud Aquisgranum celebravimus : ubi corpus ejus sanctissimum, præ timore hostis exteri, vel inimici familiaris, caute reconditum, sed divina revelatione manifestatum ad laudem et gloriam nominis Christi, et ad corroborationem Romani imperii, et salutem dilectæ consortis nostræ Beatricis imperatricis et filiorum nostrorum Friderici et Henrici, cum magna frequentia principum, et copiosa multitudine cleri et populi, in hymnis et canticis spiritualibus cum timore et reverentia elevavimus et exaltavimus IV Kalendas Jan.

4. His autem omnibus gloriose peractis, cum in prædicto loco, cujus ipse fundator exstiterat, de ipsius loci libertate, institutis legum et pacis atque justitiæ, quibus totum orbem rexerat, diligenter inquireremus, ac fratres ejusdem ecclesiæ privilegium sancti Caroli de fundatione et dedicatione ipsius nobilissimæ ecclesiæ, et de institutionibus legum humanarum, et civilis juris ejusdem civitatis, nobis in medium protulerunt, quod ne vetustas aboleret, vel ne per oblivionem deperiret, nostra imperiali auctoritate renovavimus. Ejusdem vero privilegii tenor et institutio talis est.

Privilegia Aquisgranensibus confirmata.

Lætetur igitur et exsultet ineffabili gaudio Aquis-

granum, caput civitatum, venerabilis clerus cum devotissimo populo, quod in diademate regni, aliis principibus et gloriosis locis speciosissimo ornamento distinctis, in capite coronæ positum, quasi perlucidarum gemmarum splendore coruscat, et illo singulari et corporali gaudet patrono, qui christianæ fidei illustratione, et legis, qua unusquisque vivere debeat, Romanum decorat imperium. Hæc enim mutatio est dexteræ Excelsi, quod pro Grano, fratre Neronis, fundatorem habet sanctissimum Carolum; pro pagano et scelesto, imperatorem catholicum. Cujus nos, quantum propitia Divinitas concesserit, pietatis vestigiis inhærentes, venerabilem clerum Aquensem, cum ecclesia sanctissimæ Dei Genitricis Mariæ, excellentissimo opere constructa, et omnibus prædiis ejus, nec non et ipsam civitatem Aquisgranum, quæ caput et sedes regni Teutonici est, una cum omnibus civibus ejus, tam minoribus quam majoribus, sub nostram imperialem tuitionem suscipimus, et omnem libertatem et justitiam, quam sanctissimus Carolus ejusque successores eis dederunt, eis confirmamus : statuentes et lege perpetuo valitura confirmantes, ut omnes cives nostri Aquenses per omne Romanum imperium negotiationes suas ab omni telonii, pedagii, curardiæ, vectigalis exactione liberi, absque omni impedimento, libere exerceant; et sicut sanctissimus Carolus imperator instituit, indigenas hujus civitatis sacræ et liberæ nemo de servili conditione impetat; nemo libertate privare præsumat. Insuper omnes ad hanc sedem pertinentes, nullus regum vel imperatorum, ubicunque morentur, alicui personæ in feudum concedendi potestatem habeat. Cæterum, ut omnes sanctissimæ constitutiones beatissimi Caroli totius perennitatis robur obtineat, præsentem inde paginam conscribi, et aurea bulla signique nostri charactere signari jussimus.

Signum domini Friderici Romanorum imperatoris. Ego Henricus sacri palatii protonotarius, vice d Christiani archicancellarii et Moguntinæ sedis electi, recognovi.

Datum Aquisgrani, anno Dominicæ incarnationis millesimo centesimo sexagesimo sexto, indictione decima quarta, sexto Idus Januarii, regnante domno Friderico Romanorum imperatore, anno regni ejus e decimo quarto, imperii vero undecimo. Actum in Christo feliciter. Amen.

IV.

Miracula beati Caroli Magni.
(Ex Actis Sanctorum, ibid.)

1. Fidelis igitur sermo et omni acceptione dignus de vita et moribus signisque cœlestibus sanctissimi imperatoris Caroli Magni, pro minima gestorum ejus parte, inopia librorum non angustante, productus ad nostri temporis digne memorabiles eventus usque defluxit. Quos etsi opportunitas, congruo naturæ dicendi ordine oblata, evolvere zelo charitatis impellit. Audivimus namque, et celebri sermone diu multumque apud nos vulgatum, idoneorum et fidelium virorum relatione didicimus nostris temporibus Aquisgrani gloriosum contigisse miraculum, quod ad laudem Dei et beatissimam memoriam orthodoxi Caroli Magni sub silentio premere nullatenus præsumpsimus, ne judicio Dominicæ pecuniæ in terram defossæ merito arguamur.

2. Fuit igitur in præfata regia civitate adolescens

---

a Id si fecisset, non tot annis impugnasset, quam Carolus fidelissime semper fovit, Romanam Ecclesiam.

b Allucinatur schismaticus Cæsar. Non convertit Hispanos Carolus, at solum nonnullas eorum urbes e manibus Saracenorum eripuit.

c Henricus II, Angliæ rex, sub quo sanctus Thomas Cantuariensis interfectus est, inauguratus est XIV Kal. Jan., Dominica ante Nativitatem Christi, anno 1154; obiit pridie Non. Jul. 1189.

d Christianus I, Moguntinus episcopus LXXI, Conrado, quod Alexandro III faveret, ejecto, quanquam et ante eum electus fuerat, iterum anno 1164 suffectus ab Ænobarbo, papæ iniquior, decessit an. 1180, restitutusque est Conradus, cardinalis Sabinensis jam ante creatus. Vide Moguntiaca Serarii.

e Conrado regi, patruo suo, an. 1152, 15 Feb., mortuo, successit Fredericus : imperator coronatus est ab Adriano IV papa, an. 1155, 17 Junii.

quidam, juvenis quidem ætate, clericus professione, subdiaconus ordine, Guibertus nomine, cujus vita plerumque nimis fuerat dedita inconsultæ et intemperanti lasciviæ. Accidit autem sorte quadam die præfatum clericum sanctum Aquensem, non orationis causa, sed ex consuetudine sola, intrare ecclesiam : qui etiam ausu temerario, nocturni admissi excessu neglecto, sacrarium contra reverendam loci ejus et clericorum consuetudinem irrumpere præsumpsit, et ante venerandam effigiem venerabilis Caroli reclinato capite, propter noctis præcedentis vigilias, somno dormitionis irreverenter et infrunite [*Id est*, imprudenter] oppressus, somnum mortis adinvenit. Repente enim manus quædam, ut viderunt, qui hoc nobis retulerunt, præfatum juvenem, super quoddam scrinium in præfato venerabili oratorio reclinatum, tanta virtute repulit, longe a loco incircumscriptæ reclinationis rejecit in opposito adversæ partis. Subito igitur ibidem gravi ægritudine oppressus, sui excessus humiliter errorem confessus; pauco dierum numero interposito, divinæ ultionis judicio condemnatus, viam universæ carnis est ingressus : cæteris exemplum debitæ relinquens reverentiæ. Præfatam vero justæ ultionis manum scholares quidam tunc forte præsentes viderunt, et pavidi trepidique ac profugi, quod viderant vulgaverunt. Quidam etiam divinitus visione tali admoniti, sæcularis vitæ habitum mutaverunt.

3. Brevi autem temporis successu, accidit quemdam virum, facie venustum, morum honestate et urbanitate affabilitatis verendum, Aquisgrani venire; qui generis quidem schemate clarus merito argui poterat, et possessione rerum fuisse non modicus. Erat vero Theutonicus, ut ipse asserebat, de Theutonica Burgundia oriundus, miles officio, Thiethmarus nomine. Hic igitur, cujusdam præpotentis comitis terræ suæ violenta invasione, possessionibus suis injuste exhæredatus, omnibus rebus suis immisericorditer spoliatus; cum spiritualis aut materialis gladii nusquam imploraret clementiam, ut condignam de damno et injuria sua reciperet justitiam, votivo affectu, spe firma, fide non ficta, ad justissimi Caroli, divina revelatione admonitus, apud Aquisgrani tandem convolavit suffragia. Positis igitur, ex abundantia magis cordis quam rerum, ante venerandam effigiem præfati imperatoris, scriptuosis breviariis, in multa ac devotissima missarum et orationum continuatione, item jejuniorum irrequieta afflictione, eleemosynarum quoque (prout possibile exsuli erat) largitione, aliquot ibidem expletis diebus, nocturnæ visionis consolatorio admonitus oraculo; forte cernuus in multa lacrymarum profusione inter luminaria dormiret medius, ampliori spe et meliori fide roboratus repatriavit. Eodem autem referente, post anni circulum ad beati Caroli gloriosam memoriam reverso, certissime comperimus quod precibus et meritis justissimi imperatoris ampliorem justitiæ satisfactionem consecutus fuerit, quam vel sperare vel orare præsumpserit. Non solum enim sua plene et integre cum omnimoda satisfactione gloriabatur se recepisse, sed etiam suæ possessionis suarumque rerum violentum invasorem, dignas dignæ ultionis, meritæ violentiæ pœnas, sub publico populi testimonio, miserrima morte protestabatur expendisse. Insuper etiam brevi successu temporis nullum hæredum sui injuriatoris usquam in terra illa asseruit comparere. Annuatim namque quotquot denuo vixit annis diem memoriæ beatissimi Caroli devotissimus obibat. Insuper etiam ad laudem et gloriam tanti sui ultoris liberali munificentia copiosam in pavimento ecclesiæ plerumque nummorum Basiliensium sparsit pecuniam.

4. Inter tanta namque præclara Dei magnalia, quibus in suo fideli athleta divina usquequam resplenduit clementia, læta et pene immortali tripudiamus gaudio, exsultantes in Domino, qui beatissimi sui Caroli beatam vere translationem, sua mirabili virtute, mirabilis ipse mirabiliter canonizare dignum judicavit. Cum igitur tam celebrem, tam gloriosam divinæ majestatis operationem ad posteros usque transmittere, quantum in nobis, et scripto æternare, affectu charitatis intendimus : quatenus ubique et semper admiranda Dei potentia constantius et devotius prædicetur. Gloriose etenim quam plura præfatæ canonizationis insignia sub silentio prementes, aliquid in luce proferendum et late longeque in fines orbis personandum, divinæ nutu providentiæ evenisse sub fideli testimonio perscripsimus. Tertia namque nocte post exaltationem charissimi Deo Caroli Magni, tres candelæ divinitus accensæ super pinnaculum templi, mirabili fulgore mirifice fulgurantes, a multis gentibus et populis visæ sunt in gaudio exsultationis. Eadem vero tria cœlestis splendoris luminaria quasi exstincta trina revolutione crucem turris ejusdem ecclesiæ in gyrum ambierunt : et loca longe lateque distantia, nova novi luminis claritate, in novum novæ translationis gaudium stupescente noctis caligine illustraverunt. O admiranda, o veneranda sanctæ Trinitatis trina apparitio ! O vere beata canonizationis exsultatio, divino cœlitus comprobata testimonio; quæ trino trium luminum ambitu tertia gloriose est revelata, et cœlitus sanctæ Trinitatis in omnibus oraculo roborata!

5. Vere igitur exsultandum et gaudendum sibi constare noverit in Domino, ille verus Christi cultor Romanorum imperator Augustus, qui ejusdem translationis in Spiritu sancto fuit auctor, cujus summæ Trinitatis Deus tam manifestis indiciis prædicatur assertor. Eadem igitur tanta tamque beata revelatione idem imperator merito exhilaratus et inæstimabili repletus gaudio, præter cætera suæ imperialis munificentiæ ampla et larga munera, annuatim decem marcas ad usus refectorii tam canonicis quam hospitibus clericis obtulit : et hanc suam largitionem firma et perennem in remedium animæ suæ suorumque instituit.

6. Sed quia jam continua series operis in nostri temporis eventus usque defluxit, finem præsenti negotio imponentes, veniam non cujusquam prolixitatis, sed circumcisæ et intercisæ brevitatis imploramus, eo quod de innumera sanctitatis beatissimi Caroli Magni multitudine perpauca attigimus. Vix enim sanctitatis imperatoriæ, et laudabilium ipsius morum, et cœlestium signorum in ejus gloriam conscriptorum, summa degustavimus. Qua in re id nobis solatium relinquimus, quod Christi fideles in laudem et honorem ejusdem principis constantius et devotius animatos esse in Domino confidimus, et exemplo nostro lectores et scriptores ad hæc et iis similia excitavimus, quibus sine invidia in iis hiantia supplere intervalla annuimus. Consulto vero humanæ imperfectionis defectu non in aciem nostræ orationis, sed ardentem affectum nostræ intentionis pii judices advertant et approbent, et qui sperant idem in similibus nostrum sudorem degustent et suppleant. Sunt enim et alia quam plurima, quæ præterea in gestis Francorum, et ante nostra tempora, nostris quoque diebus divinis laudibus plena audivimus et cognovimus, passim et varie in odorem suavitatis, meritis ejusdem justissimi imperatoris, mirifice et magnifice obtigisse : quibus omnibus et singulis gloriosus et mirabilis in sancto suo Deus apparuit, et quotidie suæ benignitatis secunda revelatione apparere non desinit, cui decus, honor et imperium per infinita sæcula sæculorum. Amen.

V.

a *Officium in festo sancti Caroli Magni imperatoris et confessoris.*

(Ex Florezio, España Sagrada.)

Ad Vesperas.

Regali natus de stirpe Deoque probatus Carolus illicitæ sprevit contagia vitæ. *Psalmi feriales. Cap.* Non est inventus. ℟. Te secutus miles. *Hym.* Iste Confessor. ℣. Amavit eum. *Ad Magnif. Ant.* O spes afflictis, timor hostibus, hostia victis, regula virtutis, juris via, forma salutis Carole servorum pia suscipe vota tuorum. *Oratio.* Deus, qui superabundanti fecunditate bonitatis tuæ beatum Carolum Magnum imperatorem et confessorem tuum deposito carnis velamine Leatæ immortalitatis trabea sublimasti, concede nobis supplicibus tuis, ut quem ad laudem et gloriam nominis tui honore imperiali exaltasti in terris, pium ac perpetuum intercessorem habere mereamur in cœlis. Per.

Postea fit Comm. de beata Agnete, et de sanct. Maria.

Ad Mat. Invit. Confessorum regem. *Hymn.* Jesu Redemptor. *In noct. psal.* Beatus vir, *cum sequentibus, et Psalm: et* ℣. *ut in communi confessorum.*

Lectio prima. Cupiens sanctus Carolus Magnus beati Jacobi apostoli monitis obedire, disposuit ire usque in Spaniam, et eam catholicæ fidei subjugare. Capta vero civitate Narbona, et munita, in qua Ispania inchoatur, perveniens ad terram Rossilionis, quæ est principium Cathaloniæ, Christi auxilium, et beatæ Virginis Mariæ humiliter imploravit. ℟. Euge, serve bone.

Lectio secunda. Oratione vero completa, intendens in cœlum vidit beatam Mariam, Christum ejus Filium deferentem. Vidit etiam beatos Jacobum et Andream manentes unum a dextris, et alium a sinistris. Quoscum inspiceret sanctus Carolus, stupens in splendoribus, percepit beatam Virginem sic loquentem: Ne paveas, Christi miles Carole, brachium et defensor Ecclesiæ, quoniam mecum in bello erimus, et liberabimus te cum victoria. ℟. Qui me confessus.

Lectio tertia. Sed cum montes transieris Pirineos obsidebis civitatem Gerundæ et eam licet cum laboribus obtinebis. In qua ad meum honorem et reverentiam ædificabis ecclesiam cathedralem. Benedicam tibi, et dirigam te super omnes milites hujus mundi. Et habebis sanctum Jacobum nepotem meum directorem, et totius Ispaniæ protectorem. Quibus dictis disparuit visio præmonstrata. ℟. Sancte Carole. ℟. *Cum sequentibus* IV *et* V *ut in sancto Benedicto.*

Lectio quarta. Tunc sanctus Carolus suum exercitum animavit, et cum in fervore spiritus exercitum infidelium invasisset, cœperunt terga vertere, et totis viribus fugere, non valentes resistere Christianis. Finaliter obtenta victoria in campo quod dicitur Milet, ædificavit ecclesiam sub invocatione beati Andreæ apostoli. In qua nunc religiosorum monasterium est constructum. Captis insuper castris, et villis vallis Piri et Rossilionis, et ad locum qui dicitur Saclusa sanctus Carolus devenisset, scivit regem Marcilium iterum fuisse inclusum. Ideoque Saclusa vocatur, quod mons acutus antea vocabatur. ℟. Sanctus Carolus.

---

a Istud officium hodie non celebratur, quia per summum pontificem per suum breve fuit mandatum Capitulo non celebrari, et ideo fuit ordinatum supersederi in dicta celebratione donec aliter fuerit ordinatum a sede apostolica.

b Quo tempore confectum sit illud Officium Caroli Magni vix dici potest. A Paschale, Alexandro III antipapa, canonizatum ferunt Carolum; sed forsan de diplomatis quod servare se profitentur Aquisgranenses veritate dubitabunt plurimi. Mirandum magis

Lectio quinta. Infidelibus tandem inde fugatis, pervenit ad montis verticem qui vocatur Albarras. Postea nominatus est mal partus, ubi invenit resistentiam ne transiret. Tunc sanctus Carolus aciem divisit per partes, unam per collum de panissas ubi ad honorem sancti Martini ecclesiam fabricavit. Aliam vero partem per abrupta montium destinavit. Saraceni vero divisam aciem intuentes cœperunt fugere usque in civitatem Gerundæ, timentes ne capti in medio remanerent inclusi. ℟. Sanctissime confessor Christi Carole.

Lectio sexta. Quod audiens sanctus Carolus destruxit omnia fortalicia de quibus Christianis transeuntibus periculum imminebat. Qui persequendo impios usque Gerundam arripuit viam suam. Et perveniens ad locum de ramis in honorem sancti Juliani ecclesiam ædificavit. Rotulando etiam capellam sanctæ Teclæ virginis in eisdem terminis ordinavit. Beatus vero Turpinus Remensis archiepiscopus altare sancti Vincentii ibidem exaltavit. ℟. Ecce homo.

Lectio septima. Tunc sanctus Carolus devote consurgens ivit versus vallem hostallesii. Et egressus de loco qui dicitur Sent madir, exivit obviam Saracenis, de quibus obtinuit victoriam et honorem, et propter hoc ibidem constituit monasterium monachorum. Construendo altare majus sub invocatione Virginis gloriosæ. Sed quia locus ille Saracenis fuit amarus, ideo Sancta Maria de *Amer* ex tunc fuit ab incolis nominatus. ℟. Beatus Carolus, *ut in sancto Nicolao.*

Lectio octava. Recedens inde sanctus Carolus rediit ad montem de barrufa qui est juxta vallem tenebrosam, et obsedit civitatem Gerundæ. Quam nequivit tunc capere, licet eam multis vicibus debellasset. Contingit tamen quadam die veneris hora completorii cœli facie clarescente crucem magnam et rubeam lumine undique adornatam super mesquitam civitatis Gerundæ ubi nunc ædificata est ecclesia cathedralis, per quatuor horas cunctis videntibus permansisse, guttas etiam sanguinis concidisse. ℟. Te secutus miles iste, et acceptus tibi Christe. Comparatus Eliseo, opus egit dignum Deo. ℣. Qui dum orat languor cedit, mors fugatur, vita redit. ℣. Comparatus. Gloria, *Hymnus.* Te Deum. ℣. *Cap.* Non est inventus. *In laudibus. Antiphona.*

Præcinctus fortitudine, et potitus victoria donavit sanctitudine rex Carolus in gloria. *Psalm.* Dominus regnavit *cum sequentibus* A. Jubilemus Altissimo in athleta sanctissimo cum missa per Spiritum cerva duxit exercitum. A. Inde sero dum devias, et disponis excubias, tibi Deus aperuit, ales fidem exhibuit. A. Passionis Dominicæ veneratur miracula, regem virtutis cœlicæ benedixit in sæcula. A. In cithara et tympano laudemus Domino, qui culpæ immisit regiæ quartam lauricem veniæ. *Cap.* Non est inventus, *et dicit. per omn. horas.*

VI.

Item **b** *officium alterum.*

(Ex Jacobo Basnagio.)

In virtute tua, Domine, vs. Magna est gloria. *Oratio.* Deus qui superabundati fecunditate bonitatis tuæ beatum Carolum Magnum imperatorem et confessorem tuum deposito carnis velamine beatæ immortalitatis trabea sublimasti, concede nobis sup-

---

Baronium suffragari testimonio Paschalis. Qui enim fieri potest ut qui schisma fovebat, altare contra altare erexerat, Friderici partibus devotissimus motuum et bellorum causa fuit, tantam habuerit in cœlo vel Ecclesia potestatem, ut eo declarante Carolus Magnus inter cœlites sit ascriptus? An subsequentium pontificum ea de re silentium diploma, nulla fultum auctoritate, roborat? An judicium, etiamsi a schismatico emanaverit, ea ratione fit legitimum, quod ab aliis revocatum non fuerit, viderint alii. Quidquid

plicibus tuis, ut quem ad laudem nominis tui honore imperii exaltasti in terris, pium ac propitium intercessorem habere mereamur in cœlis. *Lectio Libri Sapientiæ.* Beatus vir qui in sapientia morabitur. *Gradu.* Domine prævenisti. vs. Vita petiit. *Alleluia.* Domine in virtute. Si infra *LXX* pone. *Sequent.* ℣. Beatus vir qui timet Dominum. vs. Potens in terra. vs. Gloria et divitiæ. *Sequentia.* Urbs Thuregum (*Zurich in Helvetia*) urbs famosa, quam decorant gloriosa sanctorum suffragia. Regi regum pange laudes, quæ de magni regis gaudes, Caroli memoria. Iste cœtus psallat lætus, psallat chorus hic sonorus vocali concordia. At dum manus operatur bonum, quod cor meditatur dulcis et psalmodia. Hac in die, die festa magni regis magna gesta recolat Ecclesia, reges terræ et populi simul plaudant ac singuli celebri lætitia. Hic est Christi miles fortis, hic invictæ dux cohortis decem sternit millia : terram purgat a lolio, atque metet cum gladio ex messe zizania. Hic est magnus imperator boni fructus bonus sator et prudens agricola. Infideles hic convertit; fana, deos, hic evertit, et confringit idola. Hic superbos domat reges, hic regnare sacras leges facit cum justitia. Quam tuetur eo fine ut et justus, sed nec sine sit misericordia Oleo lætitiæ unctus dono gratiæ cæteris præ regibus. Cum corona gloriæ majestatis regiæ insignitur fascibus. O rex mundi triumphator, Jesu Christi conregnator, sis pro nobis exorator, sancte pater Carole, emundati a peccatis ut in regno claritatis nos plebs tua cum beatis cœli simus incolæ. Stella maris, o Maria, mundi salus, vitæ via, vacil-

A lantum rege gressus, et ad Regem des accessus in perenni gloria. Christi splendor Dei Patris, incorruptæ Fili matris, per hunc sanctum cujus festa celebramus, nobis præsta sempiterna gaudia. *Evangelium secundum Lucam.* In illo tempore, dixit Jesus discipulis : Nemo lucernam accendit, et in abscondito ponit, etc. *Credo in unum*, non canitur ni sit Dominica. *Offerto.* Posuisti, Domine, in capite. *Secreta.* Hostias tibi, Domine, quas pro sancti Caroli Magni imperatoris et confessoris tui commemoratione deferimus ' tui suppliciter exorantes, ut peccatorum indulgentiam nobisque pariter mentis et corporis conferant salutem. *Commun.* Magna est gloria. *Complet.* Sanctificet nos quæsumus omnipotens Deus sacri corporis tui veneranda perceptio, ut intercedente beato Carolo Magno imperatore et confessore tuo, per hæc mysteria nostræ salutis et fidei in præsenti peccatorum veniam, et in futuro vitam consequi mereamur æternam. Per Dominum, etc.

VII.

ⁿ *Hymnus de sancto Carolo.*
(Ex Daniele. Thes. hymn.)

O rex orbis triumphator,
Terræ regum imperator,
Tui gregis nostri cœtus
Pios aud pie fletus.
Cujus prece mors fugatur,
Languor cedit, vita datur,
Qui de petra ducis undas
Et baptismo gentes mundas.

B

sit, cum a temporibus Paschalis Carolus recenseatur inter sanctos, secundum Baronium ; Paschalis vero sedem non arripuerit nisi anno 1164, ut fert Chronicum incerti auctoris non editum, sedemque tenuerit per quinquennium, illud Officium an. 1166 assignari posse credidimus, donec aliunde major lux affulgeat. Illum autem annum præ cæteris indicavimus, quia, ut ferunt Steronis Annales, hoc anno « facta est Translatio sancti Caroli imperatoris feria IV post Nativitatem Domini. » JACOB. BASNAG.

ⁿ De Carolo Magno inter sanctos relato adeas Baronium ad an. 814 : « Egregiarum ipsius virtutum merito Ecclesia Gallicana ejusdem natalem celebrat, habentque inter sanctos recensitum Aquisgranensis Ecclesiæ tabulæ. Sub Friderico imp. post annum centum sexaginta sex, Paschalis, papa dictus, in numerum sanctorum ascripsit. Cujus regestæ asservari diploma in Aquisgranensi Ecclesia tradunt. Verum quod ille P. haud legitimus pontifex fuit, sed schismaticus, ejusmodi canonizatio haud recepta est ab Ecclesia Romana, ob quam causam nec nomen ejus illatum est in Ecclesiæ Romanæ Martyrologium. Verum quod non reperiantur legitimi pontifices illud diploma abolevisse aut impugnasse aut prohibuisse, res sic tacita permissione sive tolerantia perseverat : ut scilicet in propria ecclesia, ubi sepultus fuit, in Galliis coleretur. Ita quidem canonum præcipui interpretes declararunt. Cæterum propagatus postea noscitur ejus cultus in alias Ecclesias Belgii atque Germaniæ, in quibus idem Carolus sanctitatis titulo celebratur : quibus favent scripta plurima Francorum historicorum. » Sane sancti Caroli nomen in permultis Galliæ ac Germaniæ Kalendariis, imprimis earum ecclesiarum quas ille vel fundavit vel muneribus honoribusque auxit et ornavit. Aquisgrani, Hildesiæ, Osnabrugæ, Mindæ, Halberstadii, Thuregi (Canis., *Lect. Antiq.*, tom. VI, p. 437 seqq.), e. a. festum ejus (28 Jan. Cf. Act. Sanct. ad h. d.) in festis majoribus habebatur, nec defuit Festum Translationis sancti Caroli (27 Julii). J.-B. Rousseau in libro qui inscriptus est : *Purpur-violen der Heiligen,* narrat, academiam Lutetiensem anno 1661 sanctum Carolum creasse patronum ut quem Germanos jam ab anno 1480 eum coluisse affirmat. A qua sententia fortasse non abhorret Æneas Sylvius Germ. c. 10, cum caput

C

D

Caroli Magni inter reliquias Aquisgrani asservari refert. Hymnus supra scriptus desumptus est ex Brev. Halberstadensi : in quo significari plurima miracula a sancto imperatore patrata, mirum non est ; nam his Ecclesiæ libris Carolus Magnus prorsus in fabularum regionem abiisse videtur. Neque alienum est addere quod Breviarium supra laudatum narrat de Vita sancti Caroli. (De singulis cf. Pertz. Monum. Germ., tom. V, p. 708) : « *Lect. I.* Beatus Carolus rex a proavis regibus oriundus, erat capillis prunis, facie rubens, corpore decens, sed visu efferus. Statura ejus octo pedibus, humeris amplissimus, renibus aptus, ventre congruus, brachiis et cruribus grossus, omnibus artubus fortissimus. Certamine velox, miles acerrimus, oculis scintillantibus ut carbunculus. Omnis homo statim perterritus erat, quem beatus Carolus, ira commotus, apertis oculis respiciebat. Donis largissimus, judiciis rectus, locutionibus luculentus, multas terras ac diversas acquisivit et Christi nomine subjugavit. Quam plurimas ecclesias cathedrales et abbatias per mundum instituit et solemniter ditavit. *Lect. II.* Beato etiam Carolo una noctium in extasi posito apparuit sanctus Jacobus apostolus Christi, frater Joannis evangelistæ, dicens : Ultra modum miror cur terram meam a Saracenis minime liberasti, qui tot terras tantasque urbes acquisivisti. Unde tibi notifico, sicut Dominus potentiorem omnium regum terrenorum te fecit, sic ad præparandum iter meum et liberandam tellurem meam a manibus Moabitarum inter omnes te elegit. *Lect. III.* Sic beatus Carolus, apostolica promissione fretus, coadunatis sibi exercitibus multis, ad expugnandas gentes perfidas Hispaniam ingressus est et obsedit Pamphiloniam. Quam capere non poterat, quia muris inexpugnabilibus munita erat. Tunc beatus Carolus votum vovit Domino, dicens : Domine Jesu Christe, pro cujus fide in his horis [oris?] ad expugnandam gentem perfidam veni, da mihi hanc urbem capere ad decus nominis tui. O Jacobe, si verum est quod mihi apparuisti, da mihi capere urbem. *Lect. IV.* Tunc Deo dante et beato Carolo orante muri confracti funditus ceciderunt. Urbes per eum acquisitæ, quibus maledixit, absque habitatore permanent usque in hodiernum diem. Saracenos vero in urbe existentes, qui baptizari noluerunt, gladio trucidavit.

Arte duros et natura
Frangis muros prece dura,
Devotosque Christo dicas
Et rebelles ense necas.
O quam dignus verna cœlis,
Servus prudens et fidelis,

Urbe turri se munivit
Et ad pacis locum ivit.
Ergo rupem ferro fode,
Fontem vivum nobis prode,
Ora prece pia Deum
Et fac pium nobis eum.

cæteros ad vitam reservavit. His auditis mirabilibus Saraceni omnes beato Carolo ubique-pergenti inclinabant, et mittebant obviam ei tributum et reddebant ei se et urbes suas. Et facta est ei tota terra illa sub tributo. *Lect. V.* Tunc etiam cum beatus Carolus bellum contra Aygolandum, regem Africanum, pro fide Christi acceptasset, ibi quidam ex Christianis ante diem belli arma sua bellica studiose præparantes, hastas suas erectas infixerunt in terram : quas summo mane corticibus et frondibus decoratas invenerunt, hastasque absciderunt , miraculum divinæ gratiæ ascribentes. Et radices quæ remanserant in tellure, magnum ex se postea germinaverunt nemus quod adhuc in illo loco apparet. Eadem vero die pugna agebatur, in qua palmam martyrii acceperunt quadraginta Christianorum millia. *Lect. VI.* Deinde beatus Carolus cum fere centum triginta quatuor millibus virorum bellatorum contra Aygolandum regem tali pacto assumpsit, ut ejus lex Deo esset magis placida, qui victoriam obtineret, et sic esset victis opprobrium, invictis autem lex et exsultatio usque in sempiternum. Victo igitur Aygolando et treugis acceptis cum beato Carolo, legem Christianorum affirmavit meliorem esse quam Saracenorum. Et pollicitus est beato Carolo, quod die crastina ipse et gens sua baptismum acciperet, quod tamen occasione frivola minime adimplevit. Unde beatus Carolus cum exercitu triginta - quatuor millium certamen cum Aygolando ivit pro fide Christi et tot Saracenos cum Aygolando interfecit, quod victores usque ad bases in sanguine natabant. » Hæc hactenus Brev. Halberstadense.

APPENDICIS
AD OPERA BEATI CAROLI MAGNI
SECTIO SECUNDA. — HISTORICA.

DE GESTIS BEATI CAROLI MAGNI
LIBRI DUO,

Scripti a quodam monacho sancti Galli et a Canisio primum ex codice ms. bibliothecæ Monacensis serenissimi principis Bavariæ editi.

(Ex Canisio, lectiones antiquæ.)

CANISIUS LECTORI.

Ex augustissima illa Monacensi bibliotheca serenissimi principis Bavariæ habui codicem ms. in quo libri quatuor Gestorum Caroli Magni, nullius auctoris nomine apposito. Primus, purus putus Eginhardus est. Secundus, annales (nec tamen integri) qui cum alias editi, tum a Justo Reubero, sub titulo cujusdam Astronomi, Ludovici regis domestici. Reliqui duo postremi, quod mihi constet, lucem adhuc non aspexere · neque satis constituo an ea digni : et si in eam partem inclino, et mecum nobilis et amplissimus Velserus, ut existimemus. Auctor antiquus certe est, monachus sancti Galli, uti quibusdam locis ipse ostendit, lib. I, c. 32 et 36. Scripsit ipsius Caroli jussu ad Carolum Crassum imp. filium Ludovici regis Germaniæ, nepotem Ludovici Pii, pronepotem Caroli Magni ; quod ex lib. I, c. 20, 52 ; lib. II, cap. 14, 15, 25, 26, 28, colligo. Eodemque 15 capite abbatis olim Hart. meminit, tunc temporis inclusi. Stumfius, lib. v, cap. 5, Hartmutum anno 872 electum et anno 883 sive sequenti resignasse scribit. Stylus licet humilis et abjectus et historia ipsa nonnunquam fabulis aspersa sit, tamen ea insunt, quæ memoriam omnis posteritatis merentur. Pithæus quidem dignum censuit, ex quo fragmentum Legibus Carolinis inter omissa sub finem assueret. Itemque illustrissimus Baronius et doctissimus Jacobus Gretserus tom. I, lib. II, de Cruce, cap. 52, citaret. Lib. I, cap. 8, auctor Gallum vocat dominum suum ; cap. 14 et 36 se Teutonicum esse ostendit. Et lib. II, cap. 16, promittit se plura de Carolo Magno scripturum : quod an præstiterit, nobis incompertum est. Lib. II, cap. 26, testatur se jam senio gravem et edentulum hos libros scripsisse.

DE HIS GESTIS B. CAROLI MAGNI
J. BASNAGII OBSERVATIO.

1. *De tempore quo scripti sunt illi libri.* — Quo tempore scripti sint illi libri facile potest conjici ; quippe auctor mentionem fecit Hartmuti, qui cum proabbatis, tempore Grimaldi abbatis Sangallensis, officio fuisset functus, in abbatem postea electus est, et sese abdicavit munere suo anno 883, illum *Reclusum* appellat auctor (Lib. II, c. 15) ; hoc igitur opus edidit post annum 883 et ante annum 887, quo Carolum Crassum, cujus mandato atavi Gesta memoriæ mandavit, deseruerunt omnes imperii proceres. Ex illo triennio quisquis potest annum alteri pro libitu præferre. Nos 884 assignavimus ; si quis tamen 883 prætulerit, manus libenter sumus daturi.

2. *De auctore.* Quis sit auctor divinare voluit Goldastus, et inter monachos Sangallenses Notkerum Balbulum qui tunc in vivis erat, præ cæteris elegit.

Conjecturam repudiavit potius quam admisit Quercetanus, dum Goldastum « nescio quibus argumentis ductum » id asseruisse, ab eo est animadversum. Hac potissimum nitebatur observatione Goldastus, quod auctor fuerit monachus Sangallensis sæculo nono desinente, ipseque se « edentulum et balbulum » appellaverit : priora vero non modo Notkero conveniunt, sed et posteriora, quippe balbulus fuit :

Æger et balbus vitiisque plenus
Ore polluto Stephani triumphos
Notker indignus cecini volente
Præsule sancto.

Potuit etiam edentulus esse anno 884 Notkerus, qui jam quinquaginta quatuor ad minimum annos tunc natus fuit, et sæpius ægrotaverat, ut versibus indicatis facile probatur. Hac ratione pedibus irem in sententiam Goldasti, quantumvis eam spreverit vir eruditus; quippe vix fieri potuit ut duo monachi in eodem Sangallensi monasterio coævi, edentuli, balbuli, scriptoresque fuerint.

3. *Observanda in eo opere de episcoporum moribus.* — Quanquam Caroli Magni Gesta se describere hic profiteatur Notkerus, vix tamen aliqua de illo imperatore sis observaturus. Est in priori libro virga censoria, qua notantur episcopi, eorumque mores sæpius acriter reprehenduntur: de episcopali fastu et ambitione plura notavit, referens illum aureo Caroli sceptro uti voluisse; alterum signatum panem percepisse etiam ante imperatorem, et cum postea imperatori voluisset eum porrigere, responsum habuit, « Habeas tibi totum panem illum; » nec benedictionem ab eo prolatam recipere voluit Carolus : hic murem, ille mulum summo sibi comparabat pretio; alter dum vino cibisque sæpius indulgeret, concionem ad populum nullam potuit habere, « simulabatque se solemnia consecrare; » alter feminam formosam ad lectum suum attractam vitiabat; alter stuprator deferebatur ad *Episcopum episcoporum* (Lib. I, c. 27). Quis sit ille, dubium esse non potest; evidenter enim designatur Carolus imperator, quanquam pontifex romanus hoc nomine sit hodierno die notissimus.

4. *Fabulosa et falsa.* — Alia sunt quæ fabulas sapiunt, imo quæ nec viro religioso nec historico conveniant. Inter priora recenseo quæ de pueris Clementi ab imperatore commendatis, ut epistolas et carmina componerent, narrat. Carolum refert Judicis æterni imitatorem, qui bene operatos ad dexteram segregat, alios ad sinistram, quemadmodum fiet in postremo Judicio. Inter posteriora observabis facile, quæ de cantu Romano Notkerus habet, non modo a cæterorum narrationibus differre, sed in eo peccare auctorem qui Leonem III Stephani successorem faciat : quod nulla ratione cum historica veritate conciliare possis. Falsa sunt etiam quæ de legatis Græcorum scribit, ut notavimus.

5. *De Gestis bellicis Caroli Magni.* — Caroli Magni gesta bellica audiverat « puer, coactus, renitens et sæpius effugiens » a seniore, qui bello Saxonico adfuerat. An ea fideliter sint narrata a seniore illo, vel pueruli memoriæ tenaciter adhæserint, quis dicat? Sævitiæ imo crudelitatis exemplum insigne refert in Carolo Magno, qui « pueros hostium et infantes ad spatas metiri præciperet, ut quicunque eam mensuram excederet capite plecteretur. » Nec mitior Pipinus, qui exscindendos Francos demonstrabat « inutilia recrementa ex horto extrahens : » hoc enim Caroli legatis responsum fecit, « ut olera necessaria liberius excrescere valerent. »

6. *Variæ observationes.* — Expertus est Ludovicus, ipso Notkero referente, pollui res sacras dum iis recipiendis percelluntur, aut coacti adiguntur populi; quippe Normannus « jam vicies se lotum candidisque vestibus indutum, » hoc est, baptismo tinctum asserebat, nihilominus amictum et Christum imperatori se relicturum profitebatur, nisi nuditatem erubesceret. Discant inde principes quid valeant vel tormenta, vel fraudes circa religionem.

Varia forent adhuc observanda quæ omittimus. Veterum Gallorum vestes accurate satis describuntur libri primi capite primo, ut et Hunnorum mores et castra libri secundi capite secundo. Ludovici Germanici virtutes et nativam indolem non modo delineat, sed multis extollit laudibus, quæ forsan suspicione non careant, cum Carolus Crassus, cujus jussu scripsit, foret ipsius filius.

SANGALLENSIS MONACHI
DE GESTIS CAROLI MAGNI
[a] LIBER PRIMUS.

CAPUT PRIMUM.
De ecclesiastica Caroli Magni cura.

Omnipotens regum [b] dispositor ordinatorque regnorum et temporum, cum illius admirandæ statuæ pedes ferreos vel testaceos comminuisset in Romanis (Dan. II), alterius non minus admirabilis statuæ caput aureum per illustrem Carolum erexit in Francis. Qui cum in occiduis mundi partibus solus regnare cœpisset, et studia litterarum ubique propemodum essent in oblivione, contigit duos Scotos de Hibernia cum mercatoribus Britannis ad littus Galliæ devenire; viros et in sæcularibus et in sacris Scripturis incomparabiliter eruditos. Qui cum nihil ostenderent venale, ad convenientes emendi gratia turbas clamare solebant, « Si quis sapientiæ cupidus est, veniat ad nos, et accipiat eam : nam venalis est apud nos. » Quam tamen venalem se habere professi sunt, quia populum non gratuita, sed venalia mercari viderunt, ut sic vel sapientiæ, sicut cæteris rebus coemendis, eos incitarent; vel (sicut sequentia comprobant) per tale præconium in admirationem verterent et stuporem. Denique tandiu clamata sunt ista, donec ab admirantibus, vel insanos illos putantibus, ad aures Caroli regis, semper amatoris et cupidissimi sapientiæ, perlata fuissent. Qui sub omni celeritate ad suam eos præsentiam evocatos interrogavit, si vere, ut ipsa fama comperit, sapientiam secum haberent. Qui dixerunt : « Et habemus eam, et in nomine Domini digni quærentibus dare parati sumus. » Qui cum inquisisset ab illis quid pro sua [c] ipsa peterent, responderunt loca tantum opportuna, et [d] animo ingeniosi, et, sine quibus peregrinatio transigi non potest, alimenta et quibus tegamur. Qui us ille percepto ingenti gaudio repletus primum quidem apud se, utramque parvo tempore tenuit. Postea

---

[a] Præfatio libri primi deest. *Incipit* M.
[b] M., *rerum*.
[c] Leg. *Sapientia*.

[d] Forte, *animos ingeniosos*. CAN. LEG., *Animas ingeniosas*. Moiss.

vero cum ad expeditiones bellicas urgeretur, unum corum nomine Clementem in Gallia residere præcepit [a], cui et pueros nobilissimos, mediocres et infimos, satis multos commendavit, et eis prout necessarium habuerant, victualia ministrari præcepit, habitaculis opportunis ad habitandum [b] deputatis. Alterum vero nomine Albinum in Italiam direxit, cui et monasterium sancti Augustini juxta Ticinensem urbem delegavit, ut illuc ad eum qui voluissent, ad discendum congregari potuissent.

CAPUT II.
Alcuini adventus in Gallias.

Audito autem Albino de natione Anglorum, quam [quod] gratanter sapientes viros religiosissimus regum Carolus susciperet, conscensa navi venit ad eum. Qui erat in omni latitudine Scripturarum [c] supra cæteros modernorum temporum exercitatus, ut puta discipulus doctissimi Bedæ, qui sanctum Gregorium tractatoris, quem usque ad finem vitæ jugiter secum retinuit, nisi quando ad ingruentia bella processit, adeo ut se discipulum ejus, et ipsum magistrum suum appellari voluisset. Dedit autem illi abbatiam sancti Martini juxta Turonicam civitatem, ut quando ipse absens esset, illic requiescere et ad se confluentes docere deberet. Cujus in tantum doctrina fructificavit, ut moderni Galli sive Franci antiquis Romanis et Atheniensibus æquarentur.

CAPUT III.
Præfertur scientia nobilitati.

Cumque victoriosissimus Carolus post longum tempus in Galliam reverteretur, præcepit ad se venire pueros, quos Clementi commendaverat, ot offerre sibi epistolas et carmina sua. Mediocres igitur et infimi præter spem omnibus sapientiæ condimentis dulcoratas obtulerunt, nobiles vero omni fatuitate tepentes præsentarunt. Tum sapientissimus Carolus, æterni Judicis justitiam imitatus, bene operatos ad dexteram segregatos his verbis allocutus est : Multas gratias habete, filii, quia jussionem meam et utilitatem vestram juxta possibilitatem exsequi fuistis intenti : nunc ergo ad perfectum attingere studete, et dabo vobis episcopia et monasteria permagnifica. Deinde ad sinistros cum magna animadversione, vultum contorquens, et flammato [d] intuitu conscientias eorum concutiens, ironice hæc terribilia tonando potius quam loquendo jaculatus est in illos : Vos nobiles, vos primorum filii, vos delicati et formosuli, in natales vestros et possessiones confisi mandatum meum et glorificationem vestram postponentes litterarum studiis, luxuriæ, ludo et inertiæ, vel inanibus exercitiis indulsistis. Et his præmissis solitum sibi juramentum [solito sibi juramento], Augustum caput et invictam dexteram ad cœlum convertens, fulminavit : Per Regem cœlorum, non ego magnipendo nobilitatem et pulchritudinem vestram, licet alii vos admirantur. Et hoc procul dubio scitote quod nisi cito priorem negligentiam vigilanti studio recuperaveritis, apud Carolum nihil unquam boni acquiretis.

CAPUT IV.
De episcopatu juvenculo concesso.

De pauperibus ergo supradictis quemdam optimum dictatorem et scriptorem in [e] capellam suam assumpsit, quo nomine reges Francorum propter cappam sancti Martini, quam secum ob sui tuitionem et ho-

stium oppressionem jugiter ad bella portabant, sancta sua appellare solebant. Qui puer cum quidam episcopus providentissimo regi Carolo defunctus nuntiaretur, et ille interrogaret utrum de rebus vel laboribus suis ante se præmitteret aliqua, legatusque responderet, Domine, non amplius quam duas libras de argento : suspirans ergo puer ille et vaporem mentis intra pectus continere non valens, audiente rege, in hanc vocem invitus erupit [f], Parvum viaticum ad iter longinquum et diuturnum. Cumque moderatissimus hominum Carolus parum deliberasset, dixit ad eum : Putasne quia si episcopatum illum tu acceperis, plura ad longum illud iter dirigere curabis? Ille cum hæc pendentia verba, quasi præmaturas uvas in os hiantis decidentes, devorans, cecidit ad pedes ejus et dixit, Domine, hoc in Dei nutu et potestate vestra situm est. Et dixit rex, Sta post cortinam quæ pendet ad dorsum meum, et ausculta quantos adjutores honoris istius habeas. Audientes itaque palatini recessum episcopi, semper casibus aut certe moribus [*Forte*, mortibus] aliorum insidiantes, per familiares imperatori personas unusquisque morarum impatiens, et alter alteri [g] invidentes, sibimet acquirere satagebant. Sed ille in consilii sui immobilitate [immutabilitate] persistens denegavit omnibus, dicens se juvenculo illi nolle mentiri. Tandem Hildigarda regina misit proceres regni primum, postea vero per seipsam accessit ad regem, ut impetraret episcopium illud clerico suo: cumque ille petitionem ejus jucundissime susciperet, dicens se nihil ei velle aut posse denegare, nisi quod clericulum illum fallere dedignaretur, ut est omnium consuetudo feminarum, ut consilium suum et votum virorum decretis præponderare velint, dissimulata iracundia mente concepta, et grossa voce in exilem conversa, gestibusque languidulis inconvulsos imperatoris animos emollire tentata, dixit ad eum, Domine mi rex, quid puero illi episcopatum illum ad perdendum? sed obsecro, Domine dulcissime, gloria mea et refugium meum, ut detis illum fideli famulo vestro, clerico meo illi. Tunc adolescens ille, quem post cortinam juxta eum consederat rex, stare præcepit, ut audiret quomodo singuli supplicarent, cum ipsa cortina, Domine rex, tene fortitudinem tuam, ne potestatem a Deo tibi collatam de manibus tuis quisquam extorqueat. Tunc vocavit eum in palam fortissimus veritatis amator, et dixit ei, Habeas episcopatum illum, et provide diligenter, ut majores expensas et viaticum ad longum illud et irrevocabile iter ante me præmittas et te.

CAPUT V.
Vilis et pauper clericus fit episcopus.

Erat quidam clericus in comitatu regis vilis et abjectus, et scientia litterarum non satis instructus, quem justus piissimus Carolus, paupertati ejus compassus, licet omnes eum odio haberent et expellere niterentur, nunquam tamen persuaderi poterat ut ipse illum abjiceret, vel a conspectu suo removeret. Accidit autem ut in vigilia sancti Martini quidam episcopus imperatori nuntiaretur defunctus, qui vocavit ad se unum de clericis suis nobilitate et doctrina non mediocriter præditum, et dedit illi episcopatum ipsum, qui lætitia resolutus convocavit ad mansionem suam multos de palatinis, plurimos etiam de parochia illa venientes ad se cum grandi fastu suscepit, et cunctis permagnificum fecit parari convivium. Dapibus igitur prægravatus, mero ingurgi

illius cappæ custodia mandabatur. Capellas habuere plurimas illi imperatores etiam in castris; sed sancta appellabatur ea præcipue quæ in palatio sita erat, in qua plurimæ servabantur reliquiæ. De capellanis vide Walafridum Strabonem, Ver. Eccles c. 31. BASN.

[a] M., *fecit*.
[b] M., *meditandum*.
[c] M., *omnibus Scripturis*.
[d] M., *flammante*.
[e] Capella scilicet dicta fuit a cappa illa qua tegebatur corpus sancti Martini : ædes sacra in qua fuit asservata illa cappa *capella* nuncupabatur; indeque capellani qui imperatori erant a sacris et quibus

[f] M., *prorupit*.
[g] M., *alterum*.

tatus vinoque sepultus nocte illa sanctissima ad A nocturnas vigilias venire neglexit. Fuit autem consuetudo ut magister scholæ designaret pridie singulis quod responsorium cantare deberent in nocte. Huic autem qui episcopatum jam quasi in manu retinebat, responsorium : *Domine, si adhuc populo tuo sum necessarius*, erat injunctum. Cumque ergo defuisset ille, et post lectionem diuturnum silentium transiret, et alterutrum se ad sublevandum responsorium cohortarentur, et alius atque alius suum responsorium se cantare debere diceret, tandem aliquando, dixit imperator, cantet aliquis. Tum abjectus ille numine divino confortatus et tali auctoritate roboratus, responsorium intonuit. Mox clementissimus rex, non putans quod totum canere nosset, jussit eum adjuvare; cumque alii cantarent, et miserabilis a nullo versum perdiscere potuisset, cantato responsorio cœpit orationem Dominicam modulantissime psallere : omnibus vero illum impedire volentibus, probare volens sapientissimus Carolus ad quem finem ille perveniret, prohibuit ne quis ei molestus esset. Quo versum in hæc verba concludente, *Adveniat regnum tuum*, cæteri, vellent nolent, respondere coacti sunt, *Fiat voluntas tua*. Finitis autem laudibus matutinis, cum rex ad palatium vel caminatam dormitoriam calefaciendi et ornandi se gratia pro tantæ festivitatis honore [a] rediret, præcepit ad se vocari veterem illum famulum, sed novum cantorem, et ait illi, Quis te jussit responsorium illud canere? Pavefactus ille respondit, Domine, vos præcepistis, Cantet aliquis. Et dixit rex (quod nomen imperii veteribus in usu fuit) BENE, atque addidit, Quis demonstravit tibi versum illum ? Tunc ille verba quibus eo tempore superiores ab inferioribus honorari, demulceri vel adulari solebant, instinctu Dei, ut creditur, animatus, hoc modo libravit : Læte vir, domine, lætifice rex, cum a nullo versum alium inquirere potuissem, cogitavi in mente mea, si aliquem incongruum arripuissem, offensam vestræ damnationis incurrerem; idcirco eum cantare disposui, cujus finis juxta consuetudinem penultimi responsorii conveniret. Tunc moderatissimus imperator sensim arridens illi, pronuntiavit coram principibus suis : Superbus ille, qui nec Deum nec præcipuum illius amicum timuit vel honoravit, ut se vel ad unam noctem a luxuria refrenaret, quatenus responsorium quod, sicut audio, cantare debuit, saltem incipere occurrisset, divino et meo judicio careat episcopatu; et tu illum, Deo donante et me concedente juxta canonicam et apostolicam auctoritatem regere curato.

CAPUT VI.
De episcopo celeriter ascendente caballum.

Defuncto quoque alio pontifice, quemdam juvenem in locum ejus substituit imperator, qui cum lætus ad abeundum exiret, et ministri ejus, juxta gravitatem episcopalem, caballum ei ad gradus ascensionum adducerent; indignatus ille quod quasi pro infirmo eum habere voluissent, de plana terra ita super eum ascendit, ut vix se retineret in eo quin in ulteriorem partem decideret. Quod per cancellos palatii rex prospiciens, cito illum ad se vocari præcepit, et sic eum allocutus est : Bone vir, celer es et agilis, pernix et præpes; utque ipse tu nosti, multis bellorum turbinibus undique serenitas imperii turbatur : idcirco opus habeo tali clerico in comitatu meo. Esto igitur interim socius laborum nostrorum, dum tam celeriter ascendere potes caballum tuum.

[a] M., *propter instantem festivitatis honorem*.
[b] M., *maxillis*.
[c] M., *tenere*.
[d] Legendum *Grimaldus*, qui fuit abbas sancti Galli primis Notkeri annis. In cod. ms. erat tantum littera prima G., qua crediderunt amanuenses designatum

CAPUT VII.
De lectionibus

Quod de ordinatione lectionum oblitus sum dicere cum de responsoriorum dispositione narrarem, hic paucis liceat absolvere. Nullus in basilica doctissimi Caroli lectiones cuiquam recitandas injunxit, nullus ad terminum vel ceram imposuit, vel saltem unguibus quantulumcunque signum impressit : sed cuncti omnia quæ legenda erant, ita sibi nota facere curarunt, ut quando inopinato legere juberentur, irreprehensibilis apud eum inveniretur [Irreprehensibiles haberentur], Digito autem vel baculo protento, vel ex latere suo ad procul sedentes aliquo directo, demonstravit quem legere voluisset. Finem vero lectionis sono gutturis designavit, ad quem universi ita intente suspensi sunt, ut sive finita sententia, seu in media distinctione sive sub distinctione significaret, nullus sequens aut inferius incipere præsumeret, quantumcunque incongrua finis aut initium videretur. Et hoc modo factum est ut etiamsi non intelligerent omnes, in ejus palatio lectores optimi fuissent. Nullus alienus, nullus etiam notus, nisi legere sciens et canere, chorum ejus ausus est intrare.

CAPUT VIII.
De clerico qui cantare nesciret.

Cum autem itinerando venisset Carolus ad quamdam grandem basilicam, et quidam clericus de circumcellionibus, ignarus disciplinæ Caroli, in chorum ultro intraret, et nihil omnino de talibus unquam didicisset, in medio cantantium mutus et amens constitit, ad quem paraphonista, levato peniculo, ictum ei, nisi caneret, minabatur. Tum nesciens ille quid ageret, quove se vertere posset, foras exire non ausus, cervicem in modum circuli contorquens, et dissolutis malis [b] hians, cantandi qualitatem juxta possibilitatem imitari conabatur. Cæteris ergo risum continere [c] non valentibus, fortissimus imperator, qui ne ad magnas quidem res a statu mentis suæ moveretur, quasi gestum coactionis [cantationis] illius non adverteret, ordinatissime finem præstolabatur missæ. Postea vero vocato ad se misero illo, miseratusque labores et angustias illius, hoc modo consolatus est eum : Multas gratias habeas, bone clerice, pro cantu et laboribus tuis. Et ad sublevandam ejus paupertatem jussit ei dari unam libram argenti. Nec vero oblivisci vel negligere videar, hoc vere de industria vel meritis ejus agnovi, quod de discipulis ejus nullus remansit, qui non vel abbas sanctissimus vel antistes sanctissimus exstiterit : apud quem et dominus meus Gallus [d] primo in Gallia, post vero in Italia liberalibus est disciplinis imbutus. Sed ne a scientibus rerum illarum arguar mendacii, quod nullum exceperim; fuerunt in ejus schola duo molinariorum filii, de familia sancti Columbani, quos quod non congruit ad episcopiorum vel cœnobiorum regimen sublevari, tamen per merita, ut creditur, magistri sui, præposituram Babiensis monasterii unus post unum strenuissime gubernaverunt.

CAPUT IX.
Carolus clericos Augustino pares desiderat.

Gloriosissimus itaque Carolus per totum Regnum suum studia litterarum florere conspiciens, sed ad maturitatem Patrum præcedentium non pervenire condolens, et plusquam mortale laborans, in hanc tædiatus vocem erupit: O utinam haberem duodecim clericos ita doctos omnique sapientia sic perfect. esse Gallum, notiorem Grimaldo, ut bene Mabillonius; legitur enim in Vita Notkeri ab Ekerardo, ipsius parentes « Notkerum obtulisse Patri Gallo sub archimandrita qui tunc huic loco præerat, nomine Grimaldo abbate canonico. » BASN.

instructos, ut fuerunt Hieronymus et Augustinus. Ad quod doctissimus Albinus ex ipsorum comparatione merito se indoctissimum judicans, in quantum tullus mortalium in conspectu terribilissimi Caroli audere præsumeret, maxima indignatione concepta, sed parumper ostensa respondit : Creator cœli et terræ similes illis plures non habuit, et tu vis habere duodecim?

CAPUT X.
De cantu Romano

Referendum hoc loco videtur, quod tamen a nostri temporis hominibus difficile credatur; cum et ego ipse qui scribo, propter nimiam dissimilitudinem nostræ et Romanorum cantilenæ non satis adhuc credam; nisi quia Patrum veritati plus credendum est, quam modernæ ignavæ falsitati. Igitur indefessus divinæ servitutis amator Carolus, voti sui compotem, quantum fieri potuit, in litterarum scientia effectum se gratulatus, sed adhuc omnes provincias imo regiones vel civitates in laudibus divinis, hoc est in cantilenæ modulationibus ab invicem dissonare perdolens, a beatæ memoriæ Stephano papa, qui deposito et decalvato ignavissimo Francorum rege Hilderico, se ad regni gubernacula antiquorum Patrum more perunxit. Aliquos minimum divinorum peritissimos clericos impetrare curavit : qui bonæ illius voluntati et studiis divinitus inspiratus assensum præbens, secundum numerum duodecim apostolorum de sede apostolica duodecim clericos doctissimos cantilenæ ad eum direxit in Franciam (Franciam vero cum interdum nominavero, omnes Cisalpinas provincias significo), quod, sicut scriptum est (Zach. VIII), in die illa apprehendent decem viri ex omnibus linguis gentium fimbriam viri Judæi.

CAPUT XI.
Romanorum fraudes.

In illo tempore, propter excellentiam gloriosissimi Caroli, et Galli et Aquitani, Hedui et Hispani, Alamanni et Bajoarii, non parum se insignitos gloriabantur. Cum ergo supradicti clerici Roma digrederentur, ut supra semper omnes Græci et Romani invidia Francorum gloriæ carpebantur, consiliati sunt inter se quomodo ita cantum variare potuissent, ut nunquam unitas et consonantia ejus in regno et provincia non sua lætarentur. Venientes autem ad Carolum honorifice suscepti, et ad præminentissima loca dispersi, et singuli in locis singulis diversissime et quam corruptissime poterant excogitare, et ipsi canere, et sic alios docere laborabant. Cum vero ingeniosissimus Carolus quodam anno festivitates Nativitatis et Apparitionis Domini apud Treverense vel Metense oppidum celebrasset, et vigilantissime, imo acutissime, vim carminum deprehendisset vel potius penetrasset; sequenti vero anno easdem solemnitates Parisiis vel Turonis ageret, et nihil illius soni audisset quem priori anno in supradictis locis expertus fuerat; sed et illos, quos ad alia loca direxerat, cum et ipse procedente ab invicem discordare comperisset, sanctæ recordationis [a] Leonis papæ successori Stephani rem detulit, qui vocatos Romam vel exsilio vel perpetuis damnavit ergastulis. Et dixit illustri Carolo : Si alios tibi præstitero, simili ut anteriores invidentia cæcati non prætermittent illudere tibi : sed hoc modo studiis tuis satisfacere curabo : da mihi de latere tuo duos ingeniosissimos clericos, et non adver-

tant, qui mecum sunt, quod ad te pertineant; et perfectam scientiam, Deo volente, in hac re quam postulas assequentur. Factumque est ita. Et ecce, post modicum tempus optime instructos remisit ad Carolum, qui unum secum retinuit, alterum vero, petente filio suo, [b] Trogoni Metensi episcopo ad ipsam direxit Ecclesiam : cujus industria non solum in eodem loco pollere, sed et per totam Franciam in tantum cœpit propagari, ut nunc usque apud eos qui in his regionibus Latino sermone utuntur, ecclesiastica cantilena dicatur Metensis. Apud nos autem, qui Theutunica sive Teutisca lingua loquimur, aut vernacule Met, aut Mette, vel secundum Græcam derivationem usitato vocabulo Metisca nominetur.

CAPUT XII.
Caroli jejunium in Quadragesima.

Religiosissimus et temperatissimus Carolus hanc consuetudinem habebat ut in Quadragesimæ diebus octava hora diei missarum celebritate pariter cum vespertinis laudibus peracta cibum sumeret, nec tamen idcirco jejunium violaret, cum secundum Domini præceptum ab hora in horam comederent : quod episcopus quidam contra interdictum sapientis viri multum justus, et nimium stultus, improvide reprehendit; sapientissimus autem Carolus indignatione simulata admonitionem ejus humiliter suscepit dicens : Bene admonuisti, Læte vir episcope; ego autem tibi præcipio ut nihil degustes antequam externi officiales qui sunt in curte mea reficiantur. Comedente autem Carolo ministrabant duces et tyranni vel reges diversarum gentium; post cujus convivium, cum illi comederent, serviebant eis comites et præfecti, vel diversarum dignitatum proceres : ipsis quoque manducandi finem facientibus, militares viri vel scholares aulæ reficiebantur; post hos omnimodorum officiorum magistri, deinde ministri, ita ut ultimi ad noctis medium non manducarent. Cumque jam prope finita esset Quadragesima, et præfatus episcopus in tali castigatione permansisset, dixit ad illum clementissimus Carolus, Ut puto, probasti, episcope, quod non intemperantiæ, sed providentiæ gratia ante vespertinam horam in Quadragesima convivor.

CAPUT XIII.
De pane benedicto.

Ab alio quoque episcopo cum benedictionem peteret, et ille signato pane primum sibi perciperet, deinde honestissimo Carolo porrigere voluisset, dixit ei : Habeas tibi totum panem illum; et sic eo confuso, benedictionem illius accipere noluit.

CAPUT XIV.
Unicum beneficium unicuique dandum.

Providentissimus Carolus nulli comitum, nisi hi qui in confinio vel termino barbarorum constituti erant, plus quam unum comitatum aliquando concessit; nulli episcoporum abbatiam vel ecclesias ad jus regium pertinentes, nisi excellentissimis causis unquam permisit. Cumque a consiliariis sive familiaribus suis interrogaretur cur ita faceret, respondit : Cum illo fisco vel curte, illa abbatiola vel ecclesia, tam bonum, vel meliorem vasallum, quam ille comes est vel episcopus, fidelem mihi facio. Ex certis autem causis quibusdam plurima tribuit, ut pote *Udalrico* fratri magnæ *Hildigardæ* genitricis regum et imperatorum, de quo cum post obitum

---

[a] An leg., *Leoni papæ successori Stephani?* At Stephano IV Adrianus Leo successit. An leg., *Leonis papæ successori Stephano?* At Stephanus V Leoni successit jam mortuo. Carolo Magno et tantum sedisse dicitur menses septem. Scio quid Walfrid. Strabo de Stephano III : « Cantilenæ, inquit, perfectiorem scientiam quam pene jam tota Gallia didicit, Stephanus papa, cum ad Pipinum patrem Caroli Magni (in primis in Franciam) pro justitia sancti Petri a Longobardis expetenda venisset, per suos clericos petente eodem Pipino, invexit, indeque usus ejus longe lateque convaluit. » CAN. Hic est auctoris lapsus memoriæ, qui procul dubio Adriani non meminerat, nisi tamen errorem in amanuensem rejicias, et Adriani, Stephani loco, velis reponere. BASN.

[b] Leg. *Trogone*. M.

ipsius Hildigardæ, pro quodam commisso, a Carolo viduaretur honoribus, quidam scurra in auribus misericordissimi Caroli proclamavit : Nunc habet Udalricus honores perditos in oriente et occidente, defuncta sua sorore. Ad quæ verba illacrymatus ille pristinos honores statim fecit illi restitui. Ad sancta etiam loca dictante justitia liberalissimas manus patenter aperuit, ut ex consequentibus appareblt.

CAPUT XV.
Episcopi dictum facetum.

Erat quoddam episcopium itineranti Carolo nimis obvium, vel magis inevitabile; episcopus vero loci illius cupiens illi satisfacere, cuncta quæ habere potuit, in ejus obsequium profligavit.

CAPUT XVI.

Cum autem quodam tempore insperato veniret imperator, tum vero episcopus ille conturbatus, more hirundinis huc illucque discurrens, et non solum basilicas vel domos, sed et curtes ipsasque plateas verri faciens et purgari, valde lassus et indignatus obviam illi processit. Quod cum piissimus adverteret Carolus, oculos in diversa jaciens et singula quæque perlustrans dixit ad antistitem : Semper, hospes optime, bene ad nostrum introitum omnia facis emundari. Ille quasi divinitus allocutus conquiescens, et invindictam dexteram [*Al.*, conquiniscens et invictam dexteram] complexus deosculans, indignatione, quantum potuit occultata, respondit : Justum est, Domine, ut quocunque vos veneritis, omnia expurgentur usque ad fundum. Tunc sapientissimus regum, de aliis alia intelligens, dicit ad eum : Si evacuare novi, et replere didici. Et adjecit, Habeas fiscum illum episcopatui tuo proximum, et omnes successores tui usque in sæculum.

CAPUT XVII.
Carolus Magnus in caseis distinguendis peritissimus.

In eadem profectione inopinato venit ad quemdam episcopum in loco inevitabili constitutum : ipso die carnes quadrupedum aut volatilium comedere noluisset, quia sexta erat feria ; pontifex ille juxta facultatem loci illius, cum repente pisces invenire nequisset, optimum illi caseum et ex pinguedine canum jussit apponi. Moderatissimus autem Carolus, ubique et in omnibus institutus, verecundiæ præsulis parcens, nihil aliud requisivit, sed assumpto cultello, abominabili, ut sibi videbatur, ærugine projecta, albore casei vescebatur. Episcopus autem, qui more famulorum prope astabat, propius accedens dixit : Cur ita facis, imperator? nam quod projicis, illud optimum est. Tunc ille, qui fallere nesciret, a nullo se posse falli putasset, juxta suadelam episcopi æruginis illius partem in os projecit, et sensim masticans in modum butyri deglutivit ; et episcopi consilium probans dixit, Verum, bone hospes, dixisti ; addiditque: Omnibus annis duas « karratas plenas ad Aquasgrani mihi dirigere ne prætermittas. Ad cujus impossibilitatem rei consternatus episcopus, quasi in periculo status et ministerii sui constitutus ei suggessit, Domine, caseos acquirere possum, sed nescio qui ejusmodi sunt, qui vero aliter ; et timeo ne reprehensibilis inveniar apud vos. Tum Carolus, quem insueta atque incognita nequaquam fugere vel latere potuissent, dixit episcopo in talibus enutrito, et adhuc earumdem rerum nescio; Incido omnes per medium, et quos tales perspexeris, acuminato ligno conjunge, et in [b] cubam missos dirige mihi; alios autem tibi ac clero aut familiæ tuæ reserva. Quod cum per duos annos factum fuisset, rex talia munera dissimulanter accipi juberet, tertio jam anno episcopus et per seipsum tanto labore

[a] Dolii species. Vide Cangium.
[b] Gallicis *une cuve*; sic Ratherius Veronensis « cubam frumento onerari præcepit. » Non tamen et ante

et tam longe adducta repræsentare curavit : tunc æquissimus Carolus curis et laboribus ejus compassus, dedit ad eumdem episcopatum [episcopum] optimam curtem, unde frumentum et vinum ad suas et suorum necessitates ipse et successores ejus habere potuissent.

CAPUT XVIII.
De episcopo murem emente.

Quia retulimus quomodo sapientissimus Carolus humiles exaltaverit, referamus etiam qualiter superbos humiliaverit. Fuit quidam episcopus vanæ gloriæ et inanium rerum valde cupidus : quod sagacissimus deprehendens Carolus præcepit cuidam Judæo mercatori, qui terram repromissionis sæpius adire, et inde ad cismarinas provincias multa pretiosa et incognita solitus erat afferre, ut eumdem episcopum quolibet modo deciperet ad illuderet. Quod comprehendens, unum murem domesticum diversis aromatibus condivit, et præfato episcopo venalem apportavit, dicens se de Judæa illud pretiosissimum et antea non visum animal attulisse. Ille ad rem tantam gaudio repletus, obtulit ei tres libras de argento, ut charissimum illud munus deberet accipere. Tum dixit Judæus : Quam decorum pretium pro tam charo munere ! prius hoc in profundum maris projicio; quam quilibet hominum tam vili et turpissimo pretio illud acquirat. Ille qui multa haberet, et pauperibus nihil unquam tribueret, promisit ei decem libras, ut incomparabilem illam rem posset accipere. Tunc astutus homo ille indignatione simulata profatus est : Non velit Deus Abraham, ut ita perdam laborem et subvectionem meam. Tunc avarus ille clericus tam charum munus inhians proposuit ei viginti libras, Judæus ergo turbidus murem pretiosissimo involvens serico cœpit abire : episcopus quasi deceptus, sed vere decipiendus, revocavit eum, et dedit ei plenum modium de argento, ut pretiosissimo illo mure potiri potuisset. Tandem igitur mercator ille precibus multis ambitus vix ægre concessit, et acceptum argentum imperatori pertulit, et omnia supradicta memoravit. Post dies autem non multos convocavit rex omnes episcopos et proceres ejusdem provinciæ ad colloquium suum ; et post multa necessaria pertractata, præcepit afferri totum illud argentum et in medio poni palatio. Tunc sic pronuntians ait, Vos Patres et provisores nostri episcopi, pauperibus, imo Christo in ipsis ministrare, non inanibus rebus inhiare debuistis. Nunc autem in contrarium cuncta vertentes cenodoxiæ vel avaritiæ super omnes mortales intenditis. Et adjecit, Unus ex vobis tantum argenti pro uno mure domestico pigmentis contemperato cuidam dedit Judæo. Ille autem, qui tanto flagitio deceptus erat, ad pedes ejus corruens, veniam pro commisso precabatur : quem ipse digna invectione coercitum, confusum permisit abire.

CAPUT XIX.
De episcopo virgam auream baculi vice ferente.

Idem quoque episcopus, cum bellicosissimus Carolus in bello contra Hunnos esset occupatus, ad custodiam gloriosissimæ Hildigardæ relictus est. Qui cum familiaritate illius animari cœpisset, in tantam progressus est proterviam, ut virgam auream incomparabilis Caroli quam ad statum suum fieri jussit, diebus feriatis vice baculi ferendam pro episcopali improbus ambiret. Quæ illum callide deludens dixit, non audere se eam cuilibet hominum dare, sed tamen fidam se legationem ejus causa apud regem fore. Veniente autem illo suggessit illa joculariter, quæ amens postulavit episcopus. Cujus petitioni jocundissime rex assensus, promisit se etiam plus picturum quam ille peteret. Cum autem cuncta pene Europa ad triumphatorem tantæ gentis Caro-

nonum sæculum hoc vocabulum alicubi legas. Cuba apud vetustissimos scriptores fuit lectica ; hic alio plane sensu. BASN.

lum convenisset, pronuntiavit hæc in auribus majorum et minorum : Episcopi contemptores hujus mundi esse debuerunt, et alios exemplo suo ad appetenda cœlestia provocare. Nunc vero præ cæteris mortalibus tanta ambitione corrupti sunt, ut quidam ex eis, non contentus episcopatu quem in prima Germaniæ sede retinet, sceptrum nostrum, quod pro significatione regiminis nostri aureum ferre solemus, pro pastorali baculo nobis ignorantibus sibi vindicare voluisset. Reus reatum suum recognoscens indulgentia percepta recessit.

CAPUT XX.
De episcopo qui concionem habere non potuit.

Nimium pertimesco, o Domine imperator Carole, me dum jussionem vestram implere cupio, omnium professionum et maxime summorum sacerdotum offensionem incurram ; sed tamen de omnibus non grandis mihi cura est, si tantum vestra defensione non destituar.

Præcepit religiosissimus Carolus imperator, ut omnes episcopi per latissimum regnum suum, aut ante præfinitum diem, quem iste constituerat, in ecclesiasticæ sedis basilica prædicarent, aut quicunque non faceret, episcopatus honore careret. Sed quid dico honorem? cum Apostolus protestetur : *Si quis episcopatum desiderat, bonum opus desiderat* (1 Tim. III). Sed vere vobis occulte fateor ; quia magnus honor in eo ; opus vero bonum nec minimum requiritur. Supradictus igitur primas ad tale præceptum conterritus, cum nihil aliud sciret nisi deliciis affluere et superbire ; timens autem ne si episcopio careret, luxuria sua pariter viduaretur, vocavit duos de primoribus palatinis ad diem festum, et post Evangelii lectionem ascendit ad gradus, quasi ad alloquendum populum. Cumque ad tam inopinatam rem omnes admirati concurrerent, excepto uno pauperculo valde rufo, [a] galliculā sua (quia pileum non habuit, et de colore suo nihilum erubuit) [b] caput induto, dixit nominatus non revera episcopus ad ostiarium vel [c] scarionem suum (cujus dignitatis aut ministerii viri apud antiquos Romanorum ædilitiorum nomine censebantur) : Voca ad me illum pileatum hominem qui stat juxta ostium ecclesiæ : festinans ille mandatum Domini complere, apprehendens miserum cœpit eum trahere ad episcopum : qui timens ne gravi mulctaretur vindicta, quod tecto capite in domo Dei stare præsumpserit, totis viribus cœpit reniti, ne quasi ad tribunal severissimi judicis [d] duceretur. Tunc episcopus de eminentioribus prospiciens, et nunc vasallum suum, nunc illum misellum concrepans, excelsa voce clamando prædicavit, Attrahe illum, cave ne dimittas ; velis nolis, huc debes venire. Cum ergo aut vi aut metu devictus appropinquaret, dixit episcopus, Accede propius, appropinqua etiam. Atque deinde apprehensum capius tegimen extraxit, et ad plebem proclamavit, Ecce videtis, o popule, rufus est iste ignavus. Et reversus ad altare solemnia consecravit, vel se consecrasse simu-

lavit. Talibus ergo missis ad finem perductis, ingrediuntur in aulam variis tapetibus et omnigenis ornatam palliis ; ubi opipare illud convivium auro vel argento sive gemmeis vasis immissum, fastidio vel nausea laborantes in sui desiderium posset allicere. Sedebat autem ipse mollissimis plumis, pretiosissimo serico vestiis exstructus, imperatoria purpura indutus, ita ut nihil illi nisi sceptrum illud et nomen regium decsset : ditissimorum militum cohortibus septus ; in quorum comparatione illi palatini, hoc est, invictissimi Caroli proceres, vilissimi sibimet ipsis viderentur. Qui cum post admirabile illud et regibus inusitatum convivium licentiam abeundi peterent, ille ut eis magnificentiam suam et gloriam manifestius ostenderet, jussit procedere peritissimos cantandi magistros cum omnibus musicis organis [e] ; de quorum vocibus et sonitu fortissima corda mollescerent, et liquidissima Rheni fluenta durescerent. Potum vero diversissima genera variis pigmentis aut medicaminibus contemperata, herbis et floribus, gemmarum vel auri fulgorem in se trahentibus, suumque ruborem illis infundentibus coronata, restagnantibus jam stomachis tepebant in manibus. Interea vero pistores, lanii, coci et sartores plenis ventribus omnimoda gulæ irritamenta exquisitis artibus præparabant, qualis nunquam cœna Magno composita est Carolo. Mane autem facto cum aliquantisper ad sobrietatem rediret episcopus, et luxum quem pridie coram satellitibus imperatoriis expenderat, perhorrescere cœpisset, jussit eos adduci ad se, et regiis muneribus honoratos adjuravit, ut de se bona et honesta [f] apud terribilem Carolum narrare dignarentur. Et quod publice in ecclesia ipsis audientibus prædicaret. Quos cum reversos imperator interrogaret cur eos episcopus ille vocaret, procidentes ad pedes ejus dixerunt, Domine, ut nos in vestro nomine supra mediocritatem nostram honoraret. Et adjecerunt, Fidelissimus est vobis, et omnibus vestris episcopis ille, summoque sacerdotio dignissimus est ; nam si nostræ vilitati credere dignemini, fatemur sublimitati vestræ quia declamatorie audivimus illum prædicare. Cumque imperator, ejus imperitiæ certior, de modo prædicationis inquireret, et illi eum fallere non auderent, omnia per ordinem retexuerunt. Tunc intelligens causa timoris sui aliquid illum loqui conatum, quam præceptum suum prætermittere ausum, licet indignum, retinere permisit episcopatum.

CAPUT XXI.
Carolus episcopo iratus.

Post tempus vero non longum, cum quidam juvenis cognatus regis optime in quadam festivitate caneret *Alleluia*, dixit imperator ad eumdem episcopum : Bene modo cantavit ille clericus noster. Qui juxta stultitiam suam jocularitier illa verba suscipiens, et illum imperatoris cognatum nesciens, respondit : [g] Sic sic omnes perriparii possunt bubus agricolantibus vetrenere. Ad quod improbissimum

---

[a] Legendum *alicula*. Scriverius not. m. s. Et revera alicula fuit genus vestis, ex fragmento Petronii notum ; sic enim habet : « Barbarus ingens fasciis cruralibus alligatus et alicula subornatus redimita. » BASN.

[b] M., *capite*.

[c] *Ædituus*, Scriverius ; idemque emendat vocem *Ædilitiorum* quæ sequitur, et reponit *Ædituorum* ; fuerunt autem *Scariones* non modo ostiarii, sed et ministri judicum, imo aliquando judices. Primo ipsi fuerunt qui nomine monachorum et episcoporum jurabant. « Nullus audeat abbates vel monachos cœnobii (sancti Vincentii de Vulturno) » ad jurandum « quærere, quia contra divinam credimus esse legem ; sed per scariones omnibus temporibus fidem faciant, sicut fuit prisca consuetudo. » Et Erchembertus in Historia Langobardorum sacramentum per se nulli

hommi dandum nisi per scariones. Secundo ipsi jura monachorum et episcoporum exigebant : « Non habebit exactorem, sed villici et scheriones episcopi et fratrum exigent ei jus suum. » Scheriones enim idem sunt cum scarionibus ; denique sedebant judices eorumque interventu lites dirimebantur. « Scheriones judicent placitum. . . et si fur extraneus in villa capietur, scherioni comitis tradetur extra villam. » Unde patet comites, quemadmodum episcopos et abbates, habuisse suos scheriones. Chronicon sancti Vincentii de Vulturno, l. II Hist. Franc., t. III, p. 685. Jura Ecclesiæ Bambergensis in metropol. Salisburg., t. III, p. 50. BASN.

[d] M., *traheretur*.

[e] M., *organis musicorum*.

[f] M., *modesta*.

[g] Locus obscurus et forsan mendosus : autum.t

responsum fulmineas in eum acies imperator intorquens, attonitum terræ prostravit.

CAPUT XXII.
De episcopo qui voluit adorari.

Fuit alius episcopus parvissimæ civitatulæ, qui se dum adhuc in carne viveret, non apostolorum et martyrum more intercessorem ad Deum habere, sed ipse divinis cultibus voluit honorari; sed talem superbiam hoc modo studuit occultare, ut sanctus Dei diceretur, ne omnibus abominabilis cum idolis gentium reputaretur. Hic habuit unum vasallum non ignobilem civium suorum, valde strenuum et industrium ; cui tamen ille, ne dicam aliquod beneficium, sed ne ullum quidem aliquando blandum sermonem impendit. Qui nesciens quod agere posset ut immites ejus animos placaret, excogitavit ut si aliquod signum in nomine ejus se fecisse comprobaret, ad gratiam ipsius pervenire valeret. Cum ergo de domo sua ad episcopum venire disponeret, assumpsit duas [a] caniculas in manu sua, quas Gallica lingua veltres [veloces] nuncupant, quæ agilitate sua vulpes et cæteras minores bestiolas facillime capientes ; qua [Al., quæ] caras etiam et alia volatilia ascensu celeriore sæpe fallerent : et dum in via vulpem muribus insidiantem videret, ex improviso canes illi tacitus immisit ; quæ volatu rapidissimo ruentes post illam intra jactum sagittæ comprehenderunt : ipse vero quoque cursu præpeti consecutus, vivam et sanam dentibus canum vel unguibus excussit ; canes autem ubi potuit abscondens, tripudians cum illo munere ad dominum suum introivit, et suppliciter inquit : Ecce, Domine, quale munus ego pauperculus acquirere potui. Tunc episcopus parum arridens interrogavit quomodo illam tam sanam comprehenderet. At ille propius accedens, et pro salute ipsius domini sui jurans quod veritatem ab eo non celaret, intulit, Domine, per campum istum cavallicans [Al., caballicans], et vulpem illam non longe aspiciens laxis habenis post illam tendere cœpi. Porro cum ipsa tam perniciter aufugeret, ut vix eam jam videre potuissem, elevata manu adjuravi eam dicens, in nomine domini mei Rechonis sta, et non movearis ultra. Et ecce quasi catenis obligata stetit in loco fixa, donec eam quasi ovem derelictam tollerem. Tunc ille inani gestione perflatus dixit coram omnibus. Nunc apparet sanctitas mea ; nunc scio quis sim. Nunc agnosco quid futurus sim. Ex illo die exosum illum hominem super omnes familiares suos miro coluit amore.

CAPUT XXIII
Episcopi jejunium violantis pœnitentia.

Hoc, quia se obtulit occasio, extrinsecus inserto, non ab re videtur, etiam cætera quæ iisdem temporibus memoria gesta sunt, styli officio religare. Erat quidam episcopus in Francia nova miræ sanctitatis et abstinentiæ, incomparabilis etiam liberalitatis et misericordiæ, cujus bonitate invidus omnis justitiæ hostis antiquus nimium exasperatus, tale illi desiderium edendæ carnis in diebus Quadragesimæ immisit, ut se absque recrastinatione moriturum putaret, nisi ejusmodi recrearetur edulio. Consilio tandem multorum sanctorum et venerabilium sacerdotum roboratus, ut carnes pro recuperatione sanitatis acciperet et postea per totum annum more solito se maceraret; ne ipsis inobediens et vitæ suæ proditor inveniretur, eorum cedens auctoritati, et ultima necessitate constrictus parum quid de quadrupedante carne misit in buccam, quod cum masticare cœpit, et gustum illius sensu palati tenuissime percepisset,

tanto tædio, fastidio, vel odio, non solum carnium seu cæterarum escarum, sed et lucis ipsius et vitæ præsentis, cum salutis suæ desperatione correptus est, ut ultra nec manducare vellet, aut bibere, aut spem suam in Salvatore perditorum ponere consideraret. Cum autem hæc prima hebdomada Quadragesimæ gererentur, suggerebant ei præfati Patres ut quia diabolica se illusione deceptum cognosceret, acrioribus jejuniis et contritione cordis, eleemosynarum largitate momentaneum illud peccatum super ducem [b] extenuare vel abluere niteretur. Qui ut erat optime instructus [institutus], eorum consilio parens, ut et diaboli malitiam confunderet, et apud innocentiæ restitutorem commissi veniam impetraret, biduanis vel triduanis se jejuniis affligens, somni quietem fugiens, pauperibus et peregrinis per seipsum quotidie ministrans , eorumque pedes abluens vestesque et pecunias juxta facultatem illis offerens et ultra impendere volens die sancto sabbati paschalis plurima dolia de tota civitate postulavit, et calidas balneas a mane usque ad vesperam cunctis indigentibus exhibere curavit, et colla singulorum ipse manu sua rasit, et purulentis [Al., prurulentias] scabiesque per hirsutorum corporum vepres unguibus extraxit, et unguentis delibutos candidis vestibus quasi modo regeneratos induit. Cum autem sol appropinquaret occasui, et nullus jam remaneret qui talibus indigeret obsequiis, intravit ipse in balnea, et exiens mundata conscientia mundissimis opertus est lineis, ut judicio sanctorum episcoporum solemnia populo celebraret. Cumque jam ad ecclesiam procederet, callidus adversarius propositum illius violare cupiens, ut etiam votum suum aliquem pauperem non lotum episcopus dimitteret, assumpta specie lutidissimi leprosi, sanie fluidi, tabo rigentibus amicti, gressu tremente nutabundi, nimia raucedine miserandi, ante limen ecclesiæ se illi obviam tulit. Tunc sanctus antistes instinctu divino regressus; ut cognosceret quali nuper inimico succumberet, extractis albis, aquam sibi mora calefieri et ipsum misellum in ipsam fecit imponi, assumptaque novacula turpissimum collum cœpit radere. Cumque ab una aure usque ad medias deradisset arterias, cœpit ab alia, ut ad eumdem locum rasuram perduceret; illuc autem perveniens, setas longiores quam absciderat, mirum dictu ! renatas invenit : et cum hoc sæpe fieret, et ille radere non cessaret, ecce, inter manus episcopi, horresco referens, oculus miræ magnitudinis in arteriarum medio cœpit [c] apparere. Tunc ille pavefactus a tali monstro resiluit, et se Christi nomine cum ingenti clamore consignavit : ante cujus invocationem fraudulentus hostis ultra fallaciam suam abscondere non valens, ceu fumus evanuit, et abscedens dixit, Iste oculus vigilanter intendit, quando carnem in Quadragesima comedisti.

CAPUT XXIV.
De episcopo feminam stuprante.

In eadem quoque regione fuit alius pontifex incomparabilis sanctitatis qui incauta securitate jam quasi feminei sexus ignarus sanctimoniales juvenculas non minus quam grandævos sacerdotes discendi gratia secum conversari permisit. Cum autem in ipsa festivitate Paschali post officium divinum, quod supra mediam noctem pertraxit, Alasaciensi illo sigolatrio [d] se licentius indulsisset, et simul cum illo fortiori falerno cujusdam venustissimæ feminæ vultus et meretricios gestus, heu nimis enerviter in se pertraxisset, recedentibus cæteris, ad lectum suum vocatam lugubriter constupravit. Mane vero rutilante

---

Cangius legi debere *Pelliparii*, eos intelligens qui *pelles parabant;* ea tamen mutatione ipsi concessa fateur non videre responsionis acumen. Ego intelligerem aratorum clamores ad boves excitandos dum agriculturam exerunt, quos inficetus homo comparabat clerici cantibus BASN.

[a] Leg. *aviculas*, et sic in seq. loco *canes*, leg. *aves*.
[b] *M.*, *superducere*.
[c] *M.*, *monstri in medio*.
[d] *M.*, *dapibus se vinoque*.

citus exsurgens, et juxta gentiles noctem flumine purgans, ante inevitabiles veræ Deitatis [a] oculos maculata conscientia processit. Cumque præmissis melodiis ipse juxta ministerium suum imponere debuisset hymnum angelicum, pavefactus obstupuit, ac sacri mysterii vestes super altare posuit. Atque ad populum conversus reatum suum confessus est. Deinde ad crepidinem corruens altaris, inæstimabilibus ablutus est lacrymarum fluentis. Populo vero instante ut exsurgeret et se terribilibus sacramentis astringente, quod illa præcipua die non sibi ab alio aliquam ab ipso pastore sacra missarum celebrari paterentur; et ille loco moveri non posset, atque hæc concertatio per trium fere horarum spatia transiret, tandem clementia Creatoris, et vota devoti populi et contritum cor episcopi miserata [respiciens], sic in pavimento jacentem revestivit, et de sua certioratum [certificatum] indulgentia, ad contractanda cœlestibus metuenda mysteria in exemplum veræ pœnitentiæ vel cautelam nusquam et nunquam in hoc sæculo tute, sed semper et ubique vanæ securitatis misericorditer animavit.

CAPUT XXV.
Episcopus avarus.

In Francia quoque quæ dicitur Antiqua fuit alius, ultra omnem modum tenacitate constrictus; cum autem sterilitas omnium terræ proventuum quodam anno insolita orbem universum depopularetur, tunc avarus ille negotiator omnium mortalium inopiam morientium ultima necessitate gavisus, repositoria sua præcepit aperiri, nimium chare venundanda. Tum dæmon vel larva, cui curæ fuit ludicris vel hominum illusionibus vacare, fecit consuetudinem ad cujusdam fabri ferrarii domum venire et per noctes malleis et incudibus ludere : cumque pater ille familias signo salutiferæ crucis se suaque munire conaretur, respondit pilosus : Mi compater, si non impedieris me in officina tua jocari, appone hic poticulam tuam, et quotidie plenam invenies illam. Tum miser ille, plus penuriam metuens corporalem quam æternam animæ perditionem, fecit juxta suasionem adversarii. Qui assumpta prægrandi flascone cellarium Bromii vel ditis illius irrumpens, rapina perpetrata, reliqua in pavimenta fluere permisit. Cumque jam tali modo plurimæ cubæ fuissent inanitæ, animadvertens episcopus quod dæmonum fraude periissent, benedicta aqua cellam aspersit, et invictæ crucis signaculo tutavit. Nocte autem facta, furis antiqui callidus satelles cum vasculo suo venit, et cum vinaria vasa propter impressionem sanctæ crucis non auderet attingere, nec tamen ei liceret exire, in humana specie repertus et a custode domus alligatus pro fure ad publicum productus [b], et ad palam cæsus : inter cædendum hoc solum proclamavit : Væ mihi, væ mihi, quod poticulam compatris mei perdidi. Hæc licet historia sit vera, idcirco protulerim, ut sciatur cui proveniant abjurata, et in diebus necessitatis abstrusa, et quantum valeat divini nominis invocatio, etiam per non bonos adhibita.

CAPUT XXVI.
Episcopus in aquam immersus.

Cum oculos ad Francorum caput intendo ejusque membra perlustro, reliquarum gentium summos et infimos post tergum reliqui; sed jam ad vicinos nostros Italos, una tantummodo macheria [maceria] divisos veniendum est. Erat ibi quidam episcopus inanium [c] rerum valde cupidissimus, quod diabolus advertens cuidam pauperculo, avaritia tamen non evacuato, in humana se obtulit specie, pollicitus non mediocriter illum esse ditandum, si societatis vinculo in perpetuum sibi delegisset adnecti. Quod cum miser profiteri non abnueret, dixit hostis callidus,

Converto me in mulum præstantissimum, tu vero ascende super me et vade ad episcopum : cum autem mulum illum cœperit inhiare, tu protrahe, differ, abnue, pretium exaggera indignationemque simulans recedere para ; tum necesse est ut ille post te mittat, et plurima promittat, tandem precibus exoratus, et infinita pecunia cumulatus, quasi non libenter et coacte illi mulum concede, et concitus aufugiens latibulum ubicunque require. Quod cum factum esset, et episcopus usque ad sequentem diem exspectare non sustinens, in ipso fervore meridiano sonipedem ascendens per urbem superbiens equitabat, in campum volitaturus ibat, ad fluvium refrigerandi gratia properabat, in cujus favorem omnis ætas sequebatur ambulationem volubilissimam [d], cursum rapidissimum, natatum delphinis simillimum cernere gestientes, et ecce antiquus ille Belial velut chami frenique non patiens, et veræ gehennæ ignibus æstuans, in profundum gurgitis sese demergere, et secum trahere cœpit episcopum, ita ut vix militari manu et industria piscatorum qui prope navigabant, extraheretur.

CAPUT XXVII.
Episcopus fornicator.

Insidiarum peritus adversarius, in via qua ambulamus laqueos nobis abscondere solitus, alium quidem hoc, alium vero alio vitio supplantare non desistit. Cuidam sacerdoti (episcopi quippe nomen in tali re supprimendum est) fornicationis crimen imponebatur; cumque hoc jam ita in notitiam populorum devenisset, ut a referentibus etiam episcoporum episcopo religiosissimo Carolo notissimum fieret; et ille sapientissimus [prudentissime] aliquandiu rem dissimulans frivolis verbis fidem accommodare noluisset. Sed fama malum, quo non velocius ullum, de minima meisa [musca] super aquilarum magnitudinem excresceret, ut nequaquam jam celari potuisset, misit districtissimus inquisitor justitiæ Carolus duos de palatinis, qui ad proximum civitati locum vespere divertentes mane primo ad sacerdotem inopinato venirent, et ipsum sibi missam celebrare postularent; et si nimis abnueret, illi eum ex suo nomine constringerent, quatenus per se ipsum sacrosancta mysteria celebraret : qui nesciens quid ageret, quia et ante superni inspectatoris oculos ipsa nocte peccaverat, et illos offendere non auderet; plus tamen homines quam Deum metuens, frigidissimo fonte æstuantia membra baptizans, ad offerenda terribilia sacramenta processit. Et ecce vel conscientia cor quatiente, vel aqua venas penetrante, tanto frigore correptus est, ut nullo medicorum adminiculo posset salvari, sed immanissima febrium valetudine perductus ad mortem, æterni Judicis decreto animam reddere cogeretur.

CAPUT XXVIII.
De Leone pontifice.

Sed cæteris mortalibus his et hujusmodi fraudibus a diabolo vel satellitibus ejus illusis libet intueri sententiam Domini, qua firmissimam sancti Petri confessionem remunerans ait : *Quia tu es Petrus et super hanc petram ædificabo Ecclesiam meam, et portæ inferi non prævalebunt adversus eam* (Matth. xvi), in his etiam periculosissimis et nequissimis diebus inconcussam et immobilem permanere. Ut inter æmulos semper invidia debacchatur, solemne Romanis et consuetudinarium fuit ut omnes alicujus momenti ad sedem apostolicam per tempora subrogati jugiter essent infensi vel potius infesti. Unde contigit ut quidam illorum invidia cæcati sanctæ recordationis Leoni papæ, cujus supra fecimus mentionem, mortiferum crimen imponentes, eum cæcare fuissent aggressi ; divino vero nutu conterriti sunt

---

[a] M., *divinæ majestatis.*
[b] Leg., *ad supplicium deductus.*
[c] Al., *immanium*, male.
[d] M., *nobilissimam.*

et retracti, ne oculos ejus eruerent, sed rasoriis per Deo, vel sibi, vel omnibus episcopis, abbatibus, medios inciderent; quod cum clanculo per familiares suos Michaeli imperatori Constantinopoleos indicari fecisset; et ille omne auxilium ab eo retraheret, dicens : Ille papa regnum habet per se et nostro præstantius; ipse se per se ipsum vindicet de adversariis suis. Tunc sanctus ille divinam constitutionem secutus, ut qui jam re ipsa rector et imperator plurimarum erat nationum, nomen quoque imperatoris Cæsaris et Augusti apostolica auctoritate gloriosius assequeretur, invictum Carolum Romam venire postulavit. Qui, ut semper in expeditione et procinctu bellico positus erat, statim cum apparitoribus et schola tironum, causæ vocationis suæ penitus ignarus, ad caput quondam orbis absque mora perrexit; cumque perditissimi populi inopinatum illius comperissent adventum, quasi passeres a conspectu domini sui cognomine [quo nomine] nuncupati solent celari, ita per diversa latibula, cryptas et profugia sunt abstrusi. Sed cum industriam et sagacitatem ejus sub cœlo non possent evitare, ad basilicam sancti Petri capti et catenati producti sunt. Illic intemeratus pater Leo assumens Evangelium Domini nostri Jesu Christi, posuit super caput suum, et in conspectu Caroli ejusque militum, assistentibus etiam persecutoribus suis, in hæc verba juravit : Sic in die magni judicii sim particeps Evangelii, sicut immunis sum criminis falso mihi ab istis objecti. Et mox terribilis Carolus dixit ad suos : Cave ne quis de illis evadat. Omnes itaque comprehensos vel diversis mortibus, vel irremeabilibus damnavit exsiliis. Cum autem ibidem aliquot diebus reparandi exercitus gratia moraretur, convocavit antistites apostolicos de vicinis artibus (sic) quoscunque potuit; et coram positis illis, et invincibilibus gloriosissimi Caroli comitibus, nihil minus suspicantem ipsum pronuntiavit imperatorem defensoremque Ecclesiæ. Quod cum ille non tamen gratanter suscepit, pro eo quod putaret Græcos majore successos invidia aliquid incommodi regno Francorum machinaturos; imo potiori cautela provisuros, sicut tunc fama ferebat, ne Carolus insperato veniens regnum illorum suo subjugaret imperio. Et maxime, quia pridem magnanimus Carolus, cum legati regis Byzantini venirent ad se, et de domino suo illi suggererent quod fidelis ipsi amicus esse voluisset, et si viciniores essent, eum filii loco nutrire et paupertatem illius relevare decrevisset, ferventissimo igne se intra pectus retinere nequeunte, in hæc verba prorupit : O utinam non esset ille gurgiculus inter nos, forsitan divitias Orientales aut partiremur, aut pariter participando communiter haberemus. Quod ignari paupertatis Africanæ solent de Afrorum rege narrare. Innocentiam vero beati Leonis papæ ita donator et restitutor sanitatis approbavit, ut post illam pœnalem et crudelissimam incisionem, clariores, quam antea fuerint, ei condonaverit oculos; excepto, quod in signum virtutis illius, pulcherrima cicatrix in modum fili tenuissimi turturinas acies niveo candore decorabat.

CAPUT XXIX.
De ædificiis Caroli Magni.

Ne vero ab imperitis arguar imperitiæ, quod mare quod gurgiculi maximus appellavit imperator, inter nos et Græcos, ex ejus ore situm retulerim, noverint qui volunt, adhuc Hunos et Vulgares et plures alias immanissimas nationes intactas et integras, iter ad Græciam terrestre negare; quas tamen postea bellicosissimus Carolus vel terræ coæquavit, ut omne Sclavorum genus et Vulgarum; vel penitus eradicavit, vel ferreorum adamantinorumve progeniem, et non Hunorum, de quibus mox docebo, si prius de ædificiis quæ Cæsar Augustus Carolus apud Aquisgrani, juxta sapientissimi Salomonis exemplum, comitibus, et cunctis de toto orbe venientibus hospitibus mirifice construxit, juxta pauca satis et minima commemorem.

CAPUT XXX.
Abbas fur.

Cum strenuissimus imperator Carolus aliquam requiem habere potuisset, non otio torpere, sed divinis servitiis voluit insudare, adeo ut in genitali solo basilicam antiquis Romanorum operibus præstantiorem fabricare propria dispositione molitus, in brevi compotem se voti sui gauderet. Ad cujus fabricam de omnibus cismarinis regionibus magistros et opifices omnium id genus artium advocavit. Super quos unum abbatem cunctorum peritissimum ad exsecutionem operis (ignarus ejus fraudium) constituit; qui mox ut Augustus quoquam secessit, pretio accepto quos volebat ad propria remisit, qui vero se redimere nequiverunt, vel a dominis suis absoluti non sunt, sicut quondam Ægyptii populum Dei iniquis operibus afflixerunt, ita immensis laboribus oppressit, ut nunquam eos aliquantulum requiescere pateretur. De tali ergo fraudulentia cum infandum pondus auri et argenti sericorumque palliorum congregasset, et viliora suspendens in camera, pretiosiora quæque in arcis vel scriniis absconsa concluderet, ecce repente domus ejus inflammata, a referentibus illi nuntiatum est, qui concitus accurrens et per medios flammarum globos in conclave quo scrinia auro plena servabantur, irrumpens, et cum uno tantum exire nolens, singula singulis imposuit humeris, et exire cœpit. Interea una trabes pergrandis ignibus evicta cecidit super eum, et corpus quidem materiali combussit incendio, animam vero transmisit ad ignem [a] qui non succenditur. Ita divinum judicium pro religiosissimo Carolo vigilavit, ubi ipse regni negotiis occupatus minus intendit.

CAPUT XXXI.
De campana.

Erat ibidem alius opifex in omni opere æris et vitri cunctis excellentior; cumque Tancho monachus sancti Galli campanum optimum conflaret, et ejus sonitum Cæsar non mediocriter miraretur, dixit ille præstantissimus in ære magister : Domine imperator, jube mihi cuprum multum afferri, ut excoquam illud ad purum, et in vicem stanni fac mihi quantum opus est de argento dari, saltem centum libras, et fundo tibi tale campanum, ut istud in ejus comparatione sit mutum. Tum liberalissimus regum, cui licet divitiæ affluerent, ipse tamen cor illis non apponeret, facile jussit omnia quæ petebantur exhiberi. Quæ miser ille assumens, lætus exivit, et æs quidem confians et emundans, in locum vero argenti purgatissimum stannum subjiciens, multo melius optimo illo, de adulterato metallo campanum in brevi tempore perfecit probatumque Cæsari præsentavit. Quod ille propter incomparabilem comparationem satis admiratus, immisso ferro pulsatorio jussit in campanario suspendi. Quod cum sine mora factum fuisset, et custos ecclesiæ vel reliqui capellani, nec non et erronei tirones illud ad sonitum perducere, alii succedentes aliis niterentur, et nihil efficere potuissent, tandem indignatus auctor operis, et commentor inanditæ fraudis, apprehenso fune traxit æramentum : et ecce ferrum de medio elapsum in verticem ipsius cum iniquitate sua descendit, et per cadaver jam jamque defunctum pertransiens ad terram cum intestinis virilibus venit. Memoratum vero pondus argenti repertum præcepit justissimus Carolus inter indigentes palatinos dispergi [distribui].

---

[a] M., anima vero ad inexstinguibilem transiit ignem.

CAPUT XXXII.

Lex Caroli de construendis ædificiis.

Fuit consuetudo in illis temporibus, ut ubicunque aliquod opus ex imperiali præcepto faciendum esset, si quidem pontes vel naves, aut trajecti, sive purgatio, seu stramentum, vel impletio cœnosorum itinerum, ea comites per vicarios et officiales suos exsequerentur, in minoribus duntaxat laboribus; a majoribus autem, et maxime noviter exstruendis nullus ducum vel comitum, nullus episcoporum vel abbatum excusaretur aliquo modo. Cujus rei testes adhuc sunt arcæ pontis Magontiacensis, quem tota Europa communi quidem, sed ordinatissimæ participationis opere perfecit, fraudulentiam vero quorumdam malevolorum, et de navium subvectione mercedes iniquissimas compilare tolentium consumpsit. Si vero essent ecclesiæ ad jus regium proprie pertinentes, laquearibus vel muralibus ordinandæ picturis, id a vicinis episcopis aut abbatibus curabatur. Quod si novæ fuissent instituendæ, omnes episcopi, duces et comites, abbates etiam, vel quicunque regalibus ecclesiis præsidentes, cum universis qui publica consecuti sunt beneficia, a fundamentis usque ad culmen instantissimo labore perduxerunt: sicut adhuc probat non solum basilica illa divina, sed et humana apud Aquisgrani, et mansiones omnium cujusquam dignitatis hominum, quæ ita circa palatium peritissimi Caroli, ejus dispositione constructæ sunt, ut ipse per cancellos solarii sui cuncta posset videre, quæcunque ab intrantibus vel exeuntibus quasi latenter fierent. Sed et ita procerum habitacula a terra erant in sublime suspensa, ut sub iis non solum militum milites et eorum servitores, sed omne genus hominum ab injuriis imbrium vel nivium vel gelu caminis possent defendi, et nequaquam tamen ab oculis acutissimi Caroli valerent abscondi. Cujus ædificii descriptionem ego Inclusus absolutis cancellariis vestris relinquens, ad judicium Dei, quod circa illud factum est, explicandum revertor.

CAPUT XXXIII.

Somnium Leutfredi mortem prænuntians.

Prævidentissimus igitur Carolus quibuscunque primoribus in proximo constitutis præcepit ut opifices a se directos omni industria sustentare, et cuncta ad opus illud necessaria subministrare curarent; qui vero ex longinquis partibus advenissent, commendavit eos præposito domus suæ nomine Leutfredo, ut eos de publicis rebus aleret et vestiret, sed et cuncta quæ ad constructionem illam pertinerent sedulus impendere semper instaret. Quod cum illo in eodem loco sedente aliquantulum faceret, recedente vero omnimodo cessaret, tantas pecunias idem præpositus de miserorum illorum cruciatibus aggregavit, ut eas mammonas Pluton atque Dis non aliter quam vehiculo cameli possent ad inferna perducere, quod ita mortalibus compertum est. Gloriosissimus Carolus ad nocturnas Laudes pendulo et profundissimo pallio (cujus jam usus et nomen recessit) utebatur. Expletis vero hymnis matutinalibus ad caminatam reversus, imperialibus vestimentis pro tempore ornabatur; clerici vero cuncti ita parati, ad antelucana veniebant officia, ut in ecclesia, vel in porticu, quæ tunc curticula dicebatur, imperatorem ad missarum solemnia processurum vigilantes exspectarent, aut qui opus habuisset in sinu compatris sui caput paululum reclinaret. Quidam ergo pauperculus ex eis, qui domum supradicti Luitfredi abluendarum seu resarciendarum (sicut exiguis opus est palatinis) vestium vel potius pannorum causa frequentare solebat, super genua socii sui dormiens, vidit gigantem Antonianum illo adversario procerioram de curte regico super rivulum illum per trajectum, ad domum illius properantem, et camelum immanissimum inæstimabili sarcina prægravatum ad ulteriora trahentem; et obstupefactus in somno, quæsivit ab eo, de qua regione veniret, aut quo tendere voluisset; qui respondit, De domo regis ad domum Luitfredi pergo, ut eum super hos fasces imponam, et pariter cum eis in infernum demergam. Ad quam visionem expergefactus clericus et majore metu conterritus, ne eum terribilis Carolus dormientem reperiret, mox caput elevans, et cæteros ad vigilandum provocans, in hæc verba prorupit: Si vultis audire somnium meum? Videbar mihi videre Polyphemium illum, qui in terra gradiens alta pulsat sidera, et in medio Ionio latera non cingit ardua, de hac curte ad domum Luitfredi cum onerario properantem camelo; cumque causas ejus itineris inquisissem, dixit ille, Luitfredum super hæc onera ponere et ad inferna deducere contendo. Hac relatione nondum expleta venit puella de domo ejus omnibus notissima, et ante pedes eorum procidit implorans, ut memoriam amici sui Luitfredi dignarentur habere. Illis autem interrogantibus, quid causæ haberet, dixit illa: Domini mei, sanus ad latrinam exivit, et cum ibi diutius moraretur, egredientes defunctum invenimus illum. Cujus cum subitanea mors imperatori comperta fuisset, et ab opificibus et reliqua familia tenacia vel avaritia illius jam libere proderetur, jussit thesauros ejus perquiri. Qui cum inæstimabiles invenirentur, sciretque judex post Deum justissimus, de qua iniquitate congregati fuissent, publice pronuntiavit: Non potest aliquid ex his, quæ injuste fraudavit, ad liberationem illius miseri proficere. Dividantur itaque inter operarios hujus ædificii tenuioresque palatii nostri.

CAPUT XXXIV.

Luxus diaconi punitus.

Duo sunt adhuc referenda quæ in eodem contigerunt loco. Quidam diaconus juxta consuetudinem Cisalpinorum contra naturam pugnare solitus, balneas trans caput suum pressissime radi faciens, cutem expolivit, ungues murcavit, capillosque brevissimos quasi ad circinum tornando decurtavit, lineas et camisiam candidissimas induit; et quia devitare non potuit, quin potius per hoc gloriosior appareret, sponte coram summo Deo et sanctis angelis, et in conspectu severissimi regis et procerum ejus, Evangelium (ut ex consequentibus patuit) polluta conscientia legere præsumpsit. Inter legendum vero aranea de laqueariis per illa subito descendens caput ejus percussit, et celerrime ad superna retraxit. Quod cum districtissimus Carolus secundo ac tertio provideret, et dissimulando fieri permitteret, clericus vero propter timorem illius se defendere non auderet, maxime cum non araneam se impetere, sed muscas inquietare putaret, evangelica lectione perlecta reliquum etiam poenituit officium. Egressus autem de basilica mox intumuit et infra unius horæ spatium defecit. Religiosissimus vero Carolus pro eo quod vidit et non prohibuit, quasi homicidii reum publica seipsum pœnitentia mulctavit.

CAPUT XXXV.

Ingratitudo clerici plectitur.

Habuit incomparabilis Carolus incomparabilem clericum in omnibus, de quo illud ferebatur quod de nullo unquam mortalium, quia videlicet et scientia litterarum sæcularium atque divinarum, cantilenæque ecclesiasticæ vel jocularis novaque carminum compositione sive modulatione, insuper et vocis dulcissima plenitudine inæstimabilique delectatione cunctos præcelleret. Cumque et ipse legislator (id est Moyses) ex instructione divina sapientissimus de gracilitate (garrulitate) vocis vel dispendio linguæ tardioris causetur (*Exod.* IV); et discipulum (id est Josue) ex auctoritate inhabitantis in se Dei clementis cœlestibus imperantem (id est soli, ad Gabaon) (*Josue*, X) ad consulta (scilicet Moyses) mittat Eleazari (*Num.* XXVII); et Christus Dominus noster vel eum, quo inter natos mulierum majorem non surrexisse testatur, nullum in corpore signum operari concesserit (*Matth.* xi, xvi); et cum quem paterna revelatione seipsum cognoscere voluit, clavibusque regni cœlorum donavit, Pauli sapientiam mirari voluerit (*Gal.* ii); discipulumque plus cæteris dilectum in tantam cadere trepidationem permiserit, ut in locum sepulcri ejus ingredi non præsumeret, cum illud imbecilles mulierculæ sæpius frequentarent (*Joan.* xx). Sed illi, sicut scriptum est, *Omni habenti dabitur* (*Matth.* xxv); scientes a quo haberent, etiam quæ minus habuere, consecuti sunt. Iste vero nesciens unde haberet, vel sciens, auctori donorum digne gratias non egit, cuncta pariter amisit. Nam cum veluti familiarissimum juxta gloriosissimum Cæsarem constitisset, subito non comparuit. Cumque ad tam inanditam et incredibilem rem invictissimus imperator Carolus obstupefactus fuisset, sed tandem resipiscens se cruce Domini consignaret, invenit in eo loco in quo steterat ille, quasi carbonem deterrimum et modo exstinctum.

CAPUT XXXVI
Vestes Gallorum.

Nocturnum atque pendulum Augusti pallium adhuc nos a bellico procinctu retrahit. Erat antiquorum ornatus vel paratura Francorum, calceamenta forinsecus aurata, corrigiis tricubitalibus insignita, fasciolæ crurales vermiculatæ, et subtus eas tibialia vel [*Al.*, ac] coxalia linea, quamvis ex eodem colore, tamen opere pretiosissimo variata. Super quæ et faciolas in crucis modum intrinsecus ante et retro longissime [*Al.* intrinsecus et extrinsecus, ante et retro longissimæ] illæ corrigiæ tendebantur. Deinde camisia cilizina [*Al.* glizina, glezina]; post hæc baltheus spatæ colligatus, quæ spata primum vagina [*Al.* vagina sagea], secundo corio qualicunque, tertio linteamine candidissimo, cera lucidissima roborato ita cingebatur, ut per medium cruciculis eminentibus ad peremptionem gentilium duraretur [*Al.* auraretur]. Ultimum habitus eorum erat pallium canum vel sapphirinum quadrangulum, duplex, sic formatum, ut cum imponeretur humeris, ante et retro pedes tangeret, de lateribus vero vix genua tangeret; tunc [*Al.* contegeret; tum] baculus de arbore malo, nodis paribus admirabilis, rigidus et terribilis cuspide manuali, ex auro vel argento, cum cælaturis insignibus præfixo portabatur in dextera. Quo habitu lentus ego et testudine tardior, cum in Franciam nunquam venirem, vidi caput Francorum in monasterio sancti Galli præfulgens, duosque flores auricomos ex ejus femoribus progressos, quorum qui prior autem paulatim excrescens verticem stipitis sui summa gloria decoravit, et transcendendo contexit. Sed, ut se mos humani habet ingenii, cum inter Gallos Franci militantes virgatis eis sagulis lucere conspicerent, novitate gaudentes, antiquam consuetudinem dimiserunt, et eos imitari cœperunt. Quod interim rigidissimus imperator idcirco non prohibuit, quia bellicis rebus aptior videretur ille habitus. Sed cum Fresones hac licentia abutentes adverteret, et brevissima illa palliola, sicut prius nacta, vendere comperisset, præcepit ut nullus ab eis nisi grandia latissimaque illa longissima pallia consuetudinario pretio coemeret, adjiciens : Quid prosunt illa putaciola? in lecto non possum eis cooperiri, cavallicans contra ventos et pluvias nequeo defendi, ad necessaria naturæ secedens tibiarum congelatione deficio.

LIBER SECUNDUS

DE REBUS BELLICIS CAROLI MAGNI.

INCIPIT PRÆFATIO.

In præfatione hujus opusculi tres tantum auctores me secuturum spondi : sed quia præcipuus eorum Wernbertus septimo die de hac vita recessit, et debemus hodie, id est, iii die Kal. Junii, commemorationem illius orbi filii discipulique ejus, hoc fiat terminus libelli istius (qui) ex sacerdotis ejusdem ore de religiositate et ecclesiastica domini Caroli cura processit. Sequens vero de bellicis rebus accerrimi Caroli ex narratione Adalberti patris ejusdem Wernberti cudatus [cudatur], qui cum domino suo Kerardo et Hunisco, et Saxonico vel Sclavico bello interfuit. Et cum jam valde senior parvulum me nutriret, renitentem, et sæpius effugientem, ut tandem coactum, de his instruere solebat.

CAPUT PRIMUM.

Gallorum a Romano imperio defectio.

Ex relatione sæcularis hominis et in scripturis minus eruditi sermonem facturi, non ab re credimus si juxta fidem scriptorum pauca de superioribus ad memoriam revocemus. Cum Deo odibilis Julianus in bello Persico cœlitus fuisset peremptus, et a regno Romanorum non solum transmarinæ provinciæ, sed et proxima Pannonia, Noricus, Rhetia vel Germania, Francique vel Galli defecissent, ipsique reges Gallorum vel Francorum propter interfectionem sancti Desiderii Viennensis episcopi et expulsionem sanctissimorum advenarum, Columbani videlicet et Galli, retrolabi cœpissent, gens Hunnorum prius per Franciam et Aquitaniam, vel Gallias vel Hispanias latrocinari solita, tota simul egressa, quasi latissimum incendium cuncta devastans, reliquias quæ remanere poterant ad tutissima latibula [*Al.*, tutissimas latebras] comportavit. Quæ hujusmodi fuerunt, sicut Adalbertus mihi narrare consueverat.

CAPUT II.
De Hunnis.

Terra, inquiens, Hunnorum ix circulis cingebatur : et cum ego alios circulos nisi vi in eos cogitare nescius, interrogarem [a] : Quid illud miraculi fuit, domine? Respondit novem hegin [haganis] muniebatur. Cumque et illos alterius generis esse nescirem, nisi quatenus segetibus solent prætendi, inquisitus etiam de hoc dixit : Tam latus fuit unus circulus, hoc est tantum intra se comprehendit, quantum spatium est de castro Turico ad Constantiam, ita stipitibus quercinis, faginis et abieginis exstructus, ut de margine ad marginem xx pedes tenderetur in latum et ejusdem subrigeretur in altum; civitatis autem universa, aut durissimis lapidibus, aut creta tenacissima repleretur, porro superficies vallorum eorumdem integerrimis cespitibus tegeretur. Inter quorum confinia plantabantur arbusculæ, quæ, ut cernere solemus, abscissæ atque projectæ comas caudicum foliorumque proferunt. Inter hos igitur aggeres ita vici et villæ erant locatæ, ut de aliis ad alias vox humana posset audiri. Contra eadem vero ædificia inter inexpugnabiles illos muros portæ non satis latæ erant constitutæ, per quas latrocinandi gratia non solum exteriores, sed etiam interiores exire solebant. Inter de secundo circulo, qui similiter ut primus erat exstructus xx milliaria Teutonica, quæ sunt xi Italica, ad tertium usque tendebatur. Similiter usque ad nonum. Quamvis ipsi circuli alius alio multo contractiores fuerint. De circulo quoque ad circulum sic erant possessiones et habitacula undique versum

[a] M., *Et cum ego quod vimincos circulos diceret*, putarem, dixi.

ordinata, ut clangor tubarum inter singula posset cujusque rei significativus adverti. Ad has ergo munitiones, per ducentos et eo amplius annos, qualescunque omnium Occidentalium divitias congregantes cum et Gothi et Wandali quietem mortalium perturbarent, orbem Occiduum pene vacuum dimiserunt. Quos tamen invictissimus Carolus ita in annis octo perdomuit, ut de eis minimas quidem reliquias remanere permiserit. A Vulgaribus vero ideo manum retraxit, quia videlicet Hunnis exstinctis regno Francorum nihil nocituri viderentur. Porro prædam in Pannonia repertam per episcopia, monasteria liberalissima divisione distribuit.

CAPUT III.
Aggeris destructores coercentur.

In bello autem Saxonico cum per semetipsum aliquando fuisset occupatus, quidam privati homines, quorum etiam nomina designarem, nisi notam arrogantiæ devitarem, testudine facta muros firmissimæ civitatis vel aggeris acerrime destruebant. Quod videns justissimus Carolus primum illorum cum consensu domini sui Keroldi præfectum inter Rhenum et Alpes Italicas instituit.

CAPUT IV.
Duces dormientes in excubiis plectuntur.

Ibidem vero cum duorum ducum filii ad tentorium regis excubare deberent, et potibus ingurgitati jacerent, ut mortui, porro ille juxta consuetudinem suam sæpius evigilans et castra circuiens, sensim et pene nullo cognoscente ad tabernaculum regressus est. Mane autem facto, convocatis ad se cunctis regni primoribus interrogavit, qua pœna dignus esset, qui caput Francorum in manus hostium tradidisset. Tunc præfati duces earumdem rerum penitus ignari ejusmodi hominem condemnaverunt ad mortem : ipse vero durissimis verbis coercitos dimisit illæsos.

CAPUT V.
Libertatis amor.

Erant quoque ibi duo nothi de genitio Columbrensi procreati. Qui cum fortissime dimicarent, requisivit imperator ab illis qui et unde nati essent. Quo comperto, meridiano tempore eos ad tabernaculum suum vocatos sic allocutus est : Boni juvenes, volo ut mihi, non alii serviatis. Qui cum se ad hoc venisse testarentur, ut vel ultimi in ejus essent obsequio, dixit ille : Ad cameram meam servire debetis. Quod indignatione simulata libenter se facturos esse etiam dum faterentur, captato tempore, quo [capto consilio, cum] imperator quiescere cœpisset, exierunt ad castra adversariorum, et tumultu concitato suo vel hostium sanguine servitutis notam diluerunt.

CAPUT VI.
Saxones gens incognita Græcis.

Inter hujusmodi tamen occupationes nullo modo magnanimus prætermisit imperator, quin ad longissimarum partium reges alios atque alios dirigeret litterarum vel munerum portitores a quibus illi etiam provinciarum sunt honores directi. Cum igitur a sede [a] Saxonici belli legatos ad regem Constantinopoleos destinaret, interrogavit ille, utrum pacatum esset regnum filii sui Caroli, vel si a finitimis gentibus incursaretur. Cumque missorum primus [Al. missus] alias omnia pacata referret, nisi quod gens quædam, qui Saxones vocantur, creberrimis latrociniis Francorum fines inquietarent, dixit homo torpens otio, nec utilis belli negotio : Heu quare laborat filius meus contra hostes paucissimos, nullius nominis, nulliusque virtutis? Habeas tu gentem illam cum omnibus ad eam pertinentibus. Quod cum reversus bellicosissimo Carolo nuntiaret, arridens ille dixit ei : Multo melius tibi rex ille consuluisset, si unum lineum femorale ad tantum iter tibi tribuisset.

CAPUT VII.
Græcorum perjuria.

Non videtur occultanda sapientia quam sapienti Græciæ idem missus aperuit [b]. Cum autumnali tempore ad urbem quamdam regiam cum sociis venisset, aliis alio divisis, ipse cuidam episcopo commendatus, qui cum jejuniis et orationibus incessanter incumberet, legatum illum pene continua mortificavit inedia. Vernali autem tempore jam aliquantulum arridente, præsentavit eum regi. Qui interrogavit eum, qualis sibi idem videretur episcopus. At ille ex imis præcordiis alta suspiria trahens : Sanctissimus est, ait, ille vester episcopus, quantum sine Deo possibile est. Ad quod stupefactus rex : Quomodo, inquit, sine Deo aliquis sanctus esse potest? Tum ille, Scriptura est, inquit, *Deus charitas est (I Joan.* iv), qua iste vacuus est. Tunc rex vocavit eum ad convivium suum, et inter medios proceres collocavit; a quibus talis lex constituta erat, ut nullus in mensa regis indigena sive advena [c] aliquod animal, vel corpus animalis in partem aliam verteret, sed ita tantum ut positum erat de superiore parte manducaret. Allatus est autem piscis fluvialis, et pigmentis infusus in disco positus. Cumque hospes idem consuetudinis illius ignarus piscem illum in partem alteram gyraret, exsurgentes omnes dixerunt ad regem: Domine, ita estis inhonorati, sicut nunquam anteriores vestri. At ille ingemiscens dixit ad legatum illum : Obstare non possum istis, quin morti continuo tradaris ; aliud pete quodcunque volueris et complebo. Tunc parumper deliberans cunctis audientibus in hæc verba prorupit : Obsecro, domine imperator, ut secundum promissionem vestram concedatis mihi unam petitionem parvulam. Et rex ait : Postula quodcunque volueris, et impetrabis, præter quod contra legem Græcorum vitam tibi concedere non possum. Tunc ille : Hoc, inquit, unum moriturus flagito, ut quicunque me piscem illum gyrare conspexit, oculorum lumine privetur. Obstupefactus rex ad talem conditionem juravit per Christum, quod ipse hoc non viderit, sed tantum narrantibus crederet. Deinde regina ita se cœpit excusare, per lætificam theotocon sanctam Mariam : ego illud non adverti. Post reliqui proceres, alius ante alium tali se periculo eruere satagentes hic per clavigerum cœli, ille per doctorem gentium, reliqui per virtutes angelicas, sanctorumque omnium turbas, ab hac se noxa terribilibus sacramentis absolvere conabantur. Tum sapiens ille Francigena vanissima Hellade in suis ædibus exsuperata, victor et sanus in patriam suam reversus est.

CAPUT VIII.
Legatus Caroli a Græcis male acceptus.

Post annos autem aliquot direxit illuc indefessus Carolus quemdam episcopum præcellentissimum mente et corpore virum, adjuncto ei comite nobilissimo duce, qui diutissime protracti tandem ad præsentiam regis perducti et indigne habiti per diversissima sunt loca divisi. Tandem vero aliquando dimissi cum magno navis et rerum dispendio redierunt.

CAPUT IX.
Vindicta Caroli.

Non post multum autem direxit idem rex legatarios suos ad gloriosissimum Carolum. Forte vero contigit, ut tunc idem episcopus cum duce præfato apud imperatorem fuissent. Nuntiatis igitur legatis

---

[a] M., *Cæde.*
[b] *Al., Qua in Græcia idem missus claruit.*
[c] Hæc duo verba desunt in ms. et ea aliena manu apposita sunt ad explicationem vocis *indigenæ*. BASN.

venturis, dederunt consilium sapientissimo Carolo, ut circumducerentur per Alpes et invia, donec attritis omnibus et consumptis ingenii penuria confecti ad conspectum illius venire cogerentur. Cumque venissent, fecit idem episcopus et socios ejus, comitem stabuli in medio subjectorum throno suorum sublimi considere, ut nequaquam alius quam imperator credi potuisset. Quem ut legati viderunt, corruentes in terra adorare voluerunt, sed a ministris repulsi ad interiora progredi sunt compulsi. Quo cum venirent, videntes comitem palatii in medio procerum concionantem, imperatorem suspicati, terratenus sunt prostrati; cumque et inde colaphis propellerentur, dicentibus qui aderant, Non est hic imperator, in ulteriora progressi, et invenientes magistrum regiæ cum ministris ornatissimis, putantes imperatorem, devoluti sunt in humum. Indeque repulsi repererunt in consistorio cubicularios imperatoris circa magistrum suum; de quo non videretur dubium, quin ille princeps posset esse mortalium. Qui cum se quod non erat, abnegaret, pollicebatur tamen, quod cum primoribus palatii moliretur, quatenus si fieri potuisset, in præsentiam imperatoris Augusti pervenire deberent. Tunc ex latere Cæsaris directi sunt, qui eos honorifice introducerent. Stabat autem gloriosissimus regum Carolus juxta fenestram lucidissimam, radians sicut sol in ortu suo, gemmis et auro conspicuus, innixus super Hettonem [a], hoc quippe erat nomen episcopi, ad Constantinopolim quondam destinati. In cujus undique circuitu consistebant instar militiæ cœlestis, tres videlicet juvenes filii ejus, jam regni participes effecti, filiæque cum matre non minus sapientia vel pulchritudine quam monilibus ornatæ; pontifices forma et virtutibus incomparabiles, præstantissimi nobilitate simul et sanctitate abbates; duces vero tales qualis quondam apparuit Josue in castris Galgalæ; exercitus vero talis, qualis de Samaria Syros cum Assyriis effugavit; ut si David medius esset, hæc non immerito præcinuisset: *Reyes terræ et omnes populi, principes et omnes judices terræ, juvenes et virgines, senes cum junioribus laudent nomen Domini* (Psal. CXLVIII). Tunc consternati missi Græcorum, deficiente spiritu et consilio perdito, muti et exanimes in pavimentum deciderunt; quos benignissimus imperator elevatos consolatoriis allocutionibus animare conatus est. Tandem itaque cum exosum quondam et abjectum a se Hettonem in tali gloria vidissent, iterum pavefacti tandiu volutabantur humi, donec eis rex per Regem cœlorum juraret, nihil se illis mali in nullo facturum. Qua sponsione roborati aliquantulum fiducialius agere cœperunt. Patriamque reversi, non sunt ulterius ad nostra progressi.

CAPUT X.
Antiphonæ Græcorum Latine redditæ.

Hic replicandum videtur quam sapientissimos homines præclarissimus Carolus habuerit in omnibus. Cum igitur Græci post Matutinas laudes imperatori celebratas, in octava die Theophaniæ secreto in sua lingua psallerent, et ille occultatus in proximo carminum dulcedine delectaretur, præcepit clericis suis ut nihil ante gustarent quam easdem antiphonas in Latinum conversas ipsi præsentarent. Inde est quod omnes equidem sunt toni, et quod in una ipsarum pro, *contrivit*, *contervit*, positum [b] invenitur. Adduxerunt etiam iidem missi omne genus organorum, sed et variarum rerum secum, quæ cuncta ab opificibus sagacissimi Caroli, quasi dissimulanter aspecta, accuratissime sunt in opus conversa, et præcipue

A illud musicorum organum præstantissimum, quod Delus ex ære conflatis follibusque taurinis per fistulas æreas mire perflantibus, rugitum quidem tonitrui boatu, garrulitatem vero lyræ vel cymbali dulcedine coæquabat: quod ubi positum fuerit, quandoque duraverit, et quomodo inter alia post damna perierit, non est hujus loci vel temporis enarrare.

CAPUT XI.
De legatis Persarum.

Per idem tempus etiam legati Persarum ad eum directi sunt, qui situm Franciæ nescientes, pro magno duxerunt non [c] littus Italiæ, propter famositatem Romæ, cui tunc illum imperare cognoverant, apprehendere valuissent. Cumque episcopis Campaniæ vel Tusciæ, Æmiliæ vel Liguriæ, Burgundiæque sive Galliæ simul et abbatibus vel comitibus causam adventus sui nuntiassent, dissimulanterque ab eisdem suscepti, vel expulsi fuissent, tandem post anni revolutum circulum apud Aquisgrani famosissimum virtutibus Carolum defessi et nimio defecti receperunt circuitu. Venerunt autem illuc in majoris Quadragesimæ hebdomada majore, nuntiatique imperatori, dilati sunt ab ejus conspectu usque in vigiliam Paschæ. Cumque in festivitate præcipua incomparabilis ille incomparabiliter adornatus fuisset, jussit introduci personas ejus gentis, quæ cuncto quondam esset orbi terribilis. Quibus excellentissimus Carolus ita terrificus videbatur præ omnibus, quasi nunquam regem vel imperatorem prius vidissent. Quos ille blande susceptos hoc munere ditavit, ut quasi unus de filiis ejus ubicunque vellent, ambulandi, et singula quæque perspiciendi, et quæcunque rogandi vel interrogandi licentiam haberent. Quo tripudio gestientes ipsi adhærere, ipsum inspicere, ipsumque admirari, cunctisque orientalibus præposuere divitiis; ascendentesque in solarium, quæ ambit ædem basilicæ, et inde despectantes clerum vel exercitum, iterumque atque iterum ad imperatorem regredientes propter lætitiæ magnitudinem risum tenere nequeuntes, complosis manibus aiebant: Prius terreos tantum homines vidimus, nunc autem aureos. Deinde ad singulos procerum accedentes, novitatemque vestimentorum sive armorum admirati, ad mirabiliorem Augustum sunt reversi vel regressi. Quod cum eadem nocte et sequente Dominica jugiter in ecclesia facerent, in ipso sacrosancto die ad opiparum convivium opulentissimi Caroli cum Franciæ Europæve proceribus sunt invitati, sed tamen rerum miraculo perculsi propemodum exsurrexere jejuni.

Postera Phœbæa spargebat lampade terras,
Titoni croceum linquens aurora cubile,

Cum ecce quietis et otii impatientissimus Carolus ad venatum bisontium vel urorum in nemus ire et Persarum nuntios secum parat educere. Qui cum ingentia illa viderent animalia, nimio pavore perculsi in fugam conversi sunt. At non territus heros Carolus, ut in equo sedebat, acerrimus appropinquans, uni eorum extracta spata cervicem ejus abscindere conabatur; sed frustrato ictu galliculam [d] regis et flasciolam ferus immanissimus disrumpens, tibiamque illius summo licet cornu perstringens, paulo tardiorem reddidit, et in convallem tutissimam, lignis et lapidibus asperatam, casso vulnere irritatus aufugit. Cumque ad obsequium domini cuncti hossas suas [e] vellent extrahere, ille prohibuit dicens: Sic affectus ad Hildigardam venire debeo. Consecutus autem feram Isambardus filius Warini persecutoris patroni vestri Otmari, cum propius non fuisset ausus

---

[a] Fuit *Hatto* Basileensis episcopus a Carolo Magno ad Nicephorum imperatorem missus una cum Hugone Turonensi. Rediit ipse cum legatis Græcorum pace firmata et definitis utriusque imperii limitibus; ita ut fabulosæ videantur gemina illa narrationis capita. BASN.

[b] Al., *per contrarium conteruit positum*. BASN.
[c] Legendum procul dubio *si*; aliter nullus est sensus; sic etiam cod. m. BASN.
[d] Gallice *galoches*, calceamenti species. BASN.
[e] In margine hæc verba erant: *Theutzer mit den hosen*.

accedere, librata lancea inter 'armum et guttur, cor ejus penetravit, et imperatori palpitantem consignavit. Quod cum ille quasi non advertisset, cadavere sociis relicto reversus est domum, advocataque regina, ostendit ocreas disruptas, et dixit ei : Quid dignus est, qui de hoste hæc infligente me liberavit? Illaque respondente, Omni bono, enarravit imperator cuncta per ordinem, et immanissimis cornibus in testimonium prolatis, ad lacrymas et suspiria pugnosque pectoris dominatricem coegit. Quæ cum audisset, quod tunc odibilis et cunctis honoribus exspoliatus Isambardo imperatorem de tali adversario vindicasset, ejus pedibus advoluta impetravit ei omnia quæcunque fuerant illi ablata, sed et ipsa eidem est munera largita.

CAPUT XII.
Caroli fama apud Orientales.

Attulerant autem Persæ elephantum, et simias, opobalsamum, nardum, unguentaque varia, pigmenta, odoramenta vel medicamenta diversissima, adeo ut Orientem evacuasse et Occidentem videretur implesse. Cumque multi apud imperatorem familiaritate uti coepissent, quadam die cum jam lætiores essent, et grecingario [a] fortiori incaluissent, ad Carolum serietate sobrietateque semper armatum, jocularius hæc prolocuti sunt : Magna quidem est, o imperator, potentia vestra, sed multo minor rumore quo apud Orientalia regna diffamati polletis. Quo ille audito, et profundissima indignatione dissimulata, jocularius inquisivit ab eis : Cur ita, filii mei, dicitis? vel hoc unde videtur? At illi repetentes a principio narraverunt ei cuncta quæ sibi in cismarinis partibus contigerunt, dicentes : Nos Persæ vel Medi, Armenique vel Indi, et Elamitæ, omnesque Orientales multo magis vos quam dominatorem nostrum Aaron timemus. De Macedonibus autem vel Achivis quid dicamus? qui jam jamque magnitudinem vestram plus se fluctibus Ionii oppressuram pavitant. Insulani autem omnes per quos iter habuimus ad obsequium vestrum ita prompti sunt et intenti, quasi in palatio vestro nutriti fuerint, et beneficiis ingentibus honorati. Istarum autem partium primores, ut nobis videtur, non satis curant de vobis, nisi tantum in præsentia vestra. Nam cum eis, ut pote peregrini, perinde suggeremus, ut aliquid nobis in vestri amore, quia vos quæreremus, exlibere dignarentur, inadjutos et vacuos dimiserunt. Tunc imperator omnes comites et abbates, per quos iidem missi profecti sunt, cunctis honoribus demudavit. Episcopos autem infinita pecunia mulctavit vel damnavit : legatos vero cum ingenti cautela et honore ad usque proprios fines deduci præcepit.

CAPUT XIII.
Afrorum legati.

Venerunt quoque ad eum legatarii regis Afrorum, deferentes leonem Marmarium ursumque Numidicum cum ferrugine Hibera Tyrioque murice, et cæteris earumdem regionum insignibus. Quam liberalissimus Carolus Libycos quoque jugi penuria confectos, Europæ divitiis, frumento videlicet, vino et oleo non solum tunc, sed et omni tempore vitæ suæ remunerans, et larga manu sustentans, subjectos sibi atque fideles in perpetuum retentavit, et ab eis non vilia tributa suscepit.

CAPUT XIV.
Munera Caroli ad regem Persarum.

Porro autem imperator regi Persarum direxit nuntios, qui deferrent equos et mulos Hispanos, palliaque Frisonica alba, cana, vermiculata, vel sapphirina, quæ in illis partibus rara et multum cara comperit. Canes quoque agilitate et ferocia singulares, quales ipse prius ad capiendos vel propellendos leones et tigrides postulavit. Qui cæteris muneribus quasi negligenter inspectis, requisivit a missis, quas feras et bestias canes illi debellare solerent. Cumque responsum acciperet, quia cuncti quibus immissi fuissent, absque mora discerperent. Hoc, inquit, rei probabit eventus. Et ecce crastina die factus est maximus pastorum clamor a facie leonis fugientium. Quod cum in aula regis fuisset auditum, dixit ad legatos : O socii Franci ascendite in equos vestros et exite post me. Qui statim quasi nihil unquam laboris aut lassitudinis passi, alacriter sunt regem prosecuti. Cum autem ad conspectum leonis eminus licet ventum fuisset, dixit satraparum (quidam): Instigate canes vestros in leonem. Qui jussa complentes, acerrime advolantes, a Germanicis canibus Persicum leonem comprehensum Hyperboreæ venæ gladiis duratis pro sanguine peremerunt. Quo viso nominis sui fortissimus heros Aaron ex rebus minimis, fortiorem Carolum deprehendens, his verbis in ejus favorem prorupit : Nunc, autem cognosco quam sint vera quæ audivi de fratre meo Carolo, qui scilicet assiduitate venandi et infatigabili studio corpus et animum exercendi, cuncta quæ sub cœlo sunt consuetudinem habet edomandi. Quid igitur ei possum condignum rependere, qui ita me curavit honorare? Si terram promissam Abrahæ et exhibitam Josue, dedero illi, propter longinquitatem locorum non potest eam defensare a barbaris, vel si juxta magnanimitatem suam defendere cœperit, timeo ne finitimæ regno Francorum provinciæ discedant ab ejus imperio. Sed tamen hoc modo liberalitati ejus gratificari tentabo. Dabo quidem illam in ejus potestatem, et ego advocatus ejus ero super eam ; ipse vero quandocunque voluerit, vel sibi opportunissimum videtur, dirigat ad me legatos suos, et fidelissimum me procuratorem ejusdem provinciæ redditum inveniet. Hoc ergo modo factum est, ut quod pro impossibili dixit [b] poeta :

Aut Ararim Parthus bibet, aut Germania Tigrim,

propter industriam victoriosissimi Caroli, exitum vel reditum missorum ejus, et profectionem vel reversionem legatorum Aaron de Parthia in Germaniam, sive de Germania in Parthiam, juvenibus, pueris, et senioribus non solum possibile, sed et facillimum videretur omnino. Utrumlibet Ararim velint accipere grammatici, eum videlicet qui Rhenum, vel illum qui Rhodanum præcipat [c], quia hoc locorum confuderunt ignari. Ad hujus rei testimonium totam cielbo Germaniam, quæ temporibus gloriosissimi patris vestri Ludwici de singulis nobis [d] regalium possessionum singulos denarios reddere compulsa est, qui darentur ad redemptionem Christianorum terram promissionis incolentium, hoc pro antiqua dominatione atavi vestri Caroli, avique vestri Ludwici ab eo miserabiliter implorantium.

CAPUT XV.
Prædictio de Ludovico.

Et quia se obtulit occasio, ut de indicibili patre vestro incideret honoranda mentio, libet commemorare præsagium quod de illo sapientissimum constat protulisse Carolum. Nam cum natus et sex annis in domo patris cautissime nutritus sexagenariis hominibus sapientior haud immerito videretur, genitor indulgentissimus, qui hoc vix ægre exspectavit ut ad conspectum avi eum perducere potuisset, assumens puerum a matre delicatissime curatum cœpit in struere quam serie vel quam timorate ante impera

---

[a] Ms., *Mero*.
[b] Virg. *Ecl.* i.
[c] Lege : *præcipitat*. Lucan. lib. vi :
   Rhodanumque morantem

Præcipitavit Arar.
Can. Sic. et ms.
[d] Fort., *huobis*. Can. sed melius de singulis bubus vel mansis, ut habet cod. ms. Basn.

torem se ageret, aut forte interrogatus ei responderet, nec non et sibi ferre deberet, et sic eum ad palatium produxit. Cumque prima die vel secunda inter reliquos statores eum in præcuriosioribus oculis intueretur, dixit ad filium : Cujus est ille puerulus? Illo respondente, Quia meus et vester, si dignamini, postulavit eum dicens : Da mihi illum. Quod cum factum fuisset, deosculatum serenissimus Augustus pusionem remisit ad stationem pristinam. Ille mox dignitatem suam cognoscens, et cuiquam post imperatorem secundus manere despiciens, collectis animis, et membris compositissime collocatis æquato gradu stetit juxta patrem suum. Quod providentissimus aspectans Carolus, vocato ad se filio præcepit, ut interrogaret cognomen [*leg.* cognominem] suum, cur ita faceret, vel qua fiducia se patri adæquare præsumeret. Ille vero ratione subnixum reddidit responsum : Quando, inquiens, vester eram vasallus, post vos, ut oportuit, inter commilitones meos steteram; nunc autem vester socius commilito non immerito me vobis coæquo. Quod cum Ludwicus imperatori retulisset, ille hujusmodi sententiam promulgavit : Si vixerit puerulus iste, aliquid magni erit [a]. Quæ verba ideo de Ambrosio mutati sumus, quia Carolus, quæ dixit, non possum examussim in Latinum converti. Nec immerito prophetiam de sancto Ambrosio, Magno accommodaverim Ludwico, qui, exceptis eis rebus et negotiis quibus respublica terrena non subsistit, conjugio videlicet usuque armorum, per omnia simillimus, imo etiam quantum quoque potentia regni, tantum religionis studio, si dici liceat, quodam modo major exstiterit Ambrosio, fide scilicet catholicus, Dei cultor eximius, servorum Christi socius, tutor et defensor indefessus. Quod adeo verum est, ut cum fidelis ejus, abba noster Hart. [Hartmatus], nunc autem vester inclusus, ei retulerit, quod reiculæ sancti Galli non ex regalibus donariis, sed ex privatorum traditiunculis collectæ, nullum privilegium aliorum monasteriorum, vel communes cunctorum populorum leges haberet, et ideo neminem sui defensorem vel advocatum reperire potuissent, ipse cunctis adversariis nostris opponens, advocatum se vilitatis nostræ coram cunctis principibus suis profiteri non erubuerit. Quo etiam tempore epistolam ad vestram indolem direxit, ut per vestram auctoritatem-juramento coactio [*Fort.* coacto], quæcunque opus habuerimus, licenter quærere deberemus. Sed heu, quam stultus ego, qui propter specialem bonitatem ab eo nobis præbitam, a generali et ineffabili ejus bonitate et magnitudine vel magnanimitate parum consulte, privato gaudio retrahente, digressus sum!

CAPUT XVI.
Ludovici mores.

Erat itaque vel rex vel imperator totius Germaniæ Rhetiarumque et antiquæ Franciæ, nec non et Saxoniæ, Turingiæ, Noricæ, Pannoniarum, atque omnium septentrionalium nationum; statura optimus, forma decorus, oculis astrorum more radiantibus, voce clara et omnino virili, sapientia singularis, quam acutissimo fretus ingenio, scripturarum assiduitate cumulatiorem reddere non cessabat. Ideoque ad anticipandas vel superandas omnes inimicorum insidias, et subjectorum litigia terminanda, fidelibus suis universa commoda providenda, incomparabili vivacitate pollebat; cunctis gentilibus circumquaque, universis anterioribus suis magis magisque terrificus subinde perseverabat; et merito, quippe qui nunquam linguam suam judicio, aut manus suas effusione sanguinis Christiani commaculares, præter ultimam necessitatem, quam prius enarrare non audeo quam aliquem parvulum Ludowiculum vel Carolastrum vobis astantem video. Postquam tamen cedere nullo unquam modo compelli potuit,

ut quempiam condemnaret ad mortem, sed tamen hac districtione infidelitatis vel insidiarum insimulatos coercere solebat, ut honoribus privatos nulla unquam occasione vel temporis longitudine mollitus ad pristinum gradum conscendere pateretur. Ad orationis studium et devotionem jejuniorum, curamque servitii divini supra omnes homines ita erat intentus, ut exemplo sancti Martini quidquid aliud ageret semper quasi præsenti Domino supplicare videretur. Carne et cibis lautioribus diebus certis abstinuit. Tempore vero litaniarum de palatio discalceatis pedibus usque ad ecclesiam pastoralem, vel ad sanctum Hemerammum, si quidem esset Regenspurg [*Al.* Reganesbourg], crucem sequi solitus erat. In aliis vero locis commanentium consuetudinem non abnuebat. Oratoria nova ad Frankenoford et Regenespurg admirabili opere construxit. Cum propter magnitudinem fabricæ alii lapides non sufficerent, muros urbis destrui fecit. In quarum civitatibus tantum auri circa antiquorum ossa reperit, ut non solum basilicam eamdem eodem adornaret, sed et libros integros exinde conscriptos thecis ejusdem materiei, grossitudine prope digiti cooperiret. Nullus clericus, nisi legere doctus et canere, non solum cum eo manere, sed ne in conspectum ejus venire præsumpsit. Monachos vero voti sui prævaricatores ita despexit, ut observatores omni affectu dilexit. Ita omni jucunditate ac dulcedine plenus semper exstitit, ut si quis ad eum tristis adveniret, ex sola visione vel quantulacumque ejus allocutione lætificatus abscederet. Quod si quid forte sinistrum aut ineptum in ejus conspectu subito fieret, vel eum aliunde comperisse contingeret, sola oculorum animadversione sic omnia correxit, ut quod de interno æternoque judice scriptum est : *Rex, qui sedet in solio regni sui, intuitu vultus sui dissipat omne malum* (*Prov.* xx), supra fas mortalibus concessum, in illo non ambigeretur impletum. Hæc breviter per excessum dixerim : vita comite, propitiaque Divinitate votum habens plurima de eo scribere. Ad propositum jam redeundum est.

CAPUT XVII.
Hostium infantes plectit Carolus.

Interea cum imperator Carolus propter adventantium frequentiam vel infestationem indomitissimorum Saxonum, vel latrocinia piraticamque Nordmannorum, sive Maurorum, apud Aquisgrani paulo diutius consedisset, bellum autem contra Hunnos a filio ejus Pipino gereretur, exeuntes a septentrione barbaræ nationes Noricum et orientalem Franciam magna ex parte deprædatæ sunt. Quod ille comperiens per seipsum ita omnes humiliavit, ut etiam pueros et infantes ad spatas metiri præciperet, et quicunque eamdem mensuram excederet, capite plecteretur. De quo facto aliud multo majus et illustrius opus excrevit. Cumque enim sanctissimus avus imperii vestri, vita decederet, quidam gigantes, quales propter iracundiam Dei per filios Seth de filiabus Cain narrat Scriptura procreatos (*Gen.* vi), spiritu superbiæ inflati, eorum procul dubio superiores, qui dixerunt : *Quæ nobis pars in David, aut quæ hæreditas in filio Isai* (*III Reg.* xii)? ejus prolem habitudinis optimæ despicientes, singuli sibi principatum regni arripere et diadema portare conati sunt. Tunc quibus de mediocribus Dei instinctu protestantibus, quod inclytus imperator Carolus hostes quondam Christianorum metiretur ad spatam, et idcirco quandiu de progenie illius aliquis spatæ longitudinis inveniri posset, ille Francis, imo Germaniæ deberet imperare, factio illa diabolica quasi fulminis ictu percussa est in diversa disiecta.

---

[a] Paulinus in Vita sancti Ambrosii : « Pater ait : Si vixerit infantulus iste aliquid magni erit. » CAN.

CAPUT XVIII.
Conjuratio adversus Carolum.

Sed extraneorum victor Carolus, a propriis est mira quidem, sed cassa fraude circumventus. Nam de Sclavis ad regna regressus, a filio per concubinam progenito, nomine gloriosissimi Pippini a matre ominaliter insignito, pene captus, et quantum in e° fuit, est morti damnatus. Quod hoc modo compertum est. Cum in ecclesia sancti Petri proceribus congregatis de morte imperatoris consiliatus fuit, finite consilio omnia tuta timens, jussit explorare, si qui° usquam in angulis aut subter altaribus fuisset abs consus. Et ecce, ut timuerunt, invenerunt unum clericum subtus altare celatum. Quem apprehendente ad jusjurandum compulerunt, ne proditor eorum molitionis fieret. Qui ne vitam perderet, ut dictave runt, jurare non abnuit. Sed illis recedentibus juramentum illud sacrilegum parvipendens, ad palatium properavit. Cumque cum maxima difficultate per septem fores et ostia tandem ad cubiculum imperatoris penetrasset, pulsato aditu vigilantissimum semper Carolum ad maximam perduxit admirationem, quis eo tempore eum praesumeret inquietare; praecepit tamen feminis, quae ad obsequium reginae vel filiarum eum comitari solebant, ut exirent videre quis esset ad januam, vel quid inquireret : Exeuntes cognoscentesque personam vilissimam, obseratis ostiis cum ingenti risu et cachinno se per angulos, vestibus ora repressae, conabantur abscondere. Sed sagacissimus imperator, quem nihil sub coelo posset effugere, diligenter a mulieribus exquisivit, quid haberent, vel quis ostium pulsaret; responsumque accipiens, quod quidam cocao [*Al.* coccio] derasus, insulsus, et insaniens, linea tantum et femoralibus indutus, se absque mora postularet alloqui; jussit eum intromittere ; qui statim corruens ad pedes illius cuncta patefecit ex ordine.

Nihil vero minus suspicantes, ante horam diei tertiam omnes illi conjuratores dignissima poena vel exsiliis deportati sunt, aut puniti. Ipse quoque nanus et gibbosus Pippinus immanissime caesus et detonsus ad cellam sancti Galli, quae cunctis locis imperii latissimis pauperior visa est et angustior, castigandi gratia ad tempus aliquantulum destinatus est.

CAPUT XIX.
Pippini responsum de exscindendis Francis.

Nec multo post quidam de primoribus Francorum in gregem manus mittere voluerunt; quod cum eum minime lateret, et tamen non libenter eos perderet (quia si bene voluissent, magnum Christianis munimen esse potuissent), direxit legatos suos ad eundem Pippinum, sciscitans ab eo, quid de his fieri oporteret. Quem cum in horto cum senioribus fratribus (junioribus ad majora opera detentis) urticas et noxia quaeque tridente extrahentem reperissent, ut usui proficua vivacius excrescere valerent, indicaverunt ei causam adventus sui. At ille ex imis praecordiis suspiria trahens, ut omnes debiles animosiores sanis esse consueverunt, in haec verba respondit : Si Carolus consilium meum dignaretur, non ad tantas deponeret injurias. Ego nihil illi demando, dicite ei quid me agentem inveneritis. At illi timentes ne sine certo aliquo responso ad formidabilem reverterentur imperatorem, iterum atque iterum requirebant ab eo quid domino renuntiare deberent. Tunc ille stomachando : Nihil, inquit, aliud ei demando, nisi quod facio. Inutilia recrementa extraho, ut olera necessaria liberius excrescere valeant. Igitur illi tristes abscesserunt, quasi qui nihil rationabile reportarent. Venientes autem ad imperatorem, et requisiti quid referrent, conquesti sunt se tanto labore et itinere ne in uno quidem sermone certiorari potuisse : Sagacissimo autem rege per ordinem interrogante, ubi eum, vel quid agentem repererint, quidquid responsi illis reddiderit, dixerunt : In trichio rusticano sedentem eum invenimus, et tridente areolam olerum novellantem ; causamque itineris nostri revolventes, hoc solum ab eo responsum magnis flagitationibus extorquere potuimus : Nihil, aiente, aliud ei demando, nisi quod facio; inutilia recrementa extraho, ut olera necessaria liberius excrescere valeant. His auditis astu non carens et sapientia pollens Augustus, confricatis auribus et inflatis naribus, dixit ad eos: Rationabile responsum, optimi vasalli, reportastis. Illis itaque de periculo vitae metuentibus, ipse vim dictorum ad effectum perducens, cunctos illos insidiatores suos de medio viventium auferens, fidelibus suis occupata ab infructuosis loca, crescendi et se extendendi causa concessit. Unum vero adversariorum, qui excelsissimum in Francia collem, et quaecunque de eo prospicere posset, sibi in possessionem delegit, in eodem colle altissimae trabi affixum jussit elevari. Pippinum vere nothum praecepit eligere sibi, quomodo vitam degere voluisset ; qui optione concessa optavit locum in quodam monasterio tunc nobilissimo, nunc autem non incertum, de qua causa destructo; quam antea non solvam, quam Bernhardulum vestrum spata femur accinctum conspiciam.

CAPUT XX.
De gigante.

Indignatus est autem magnanimus Carolus, quod ipse ad barbaras illas nationes sit exire provocatus, cum quilibet ducum suorum ad hoc videretur a idoneus; quod etiam ita esse ex unius comprovincialium meorum facto probabo. Erat quidam vir de Durgonum b, juxta nomen suum, magna pars terribilis exercitus, vocabulo eis haeretante c, proceritatis, ut de Enachim stirpe exortus credi potuisset, nisi tantum temporum ac locorum interesset; qui quotiescunque ad fluvium Duram d alpinis torrentibus tumefactum, exundantemque venisset, ne caballum maximum in ejus non dicam fluenta, sed nec liquentia posset impellere, apprehensis habenis fluitantem post se traxit, inquiens : Per dominum Gallum, velis nolis me sequi debebis. Is itaque cum in comitatu Caesaris Behemanos, Wilzos, et Avaros e in modum prati siccaret [secaret], et in aviculario modum de hastili suspenderet, domum victor reversus, et a torpentibus interrogatus, qualiter ei in regione Winidum complaceret; illos dedignatus, bisque indignatus aiebat : Quid mihi ranunculi illi? septem vel octo, vel certe novem de illis hasta mea perforatos, et nescio quid murmurantes, huc illucque portare solebam ; frustra adversum tales vermiculos dominus rex et nos fatigati sumus.

CAPUT XXI.
Bellum in Normannos.

Eodem itaque tempore cum imperator Hunnorum bello extremam manum imponeret, et supradictas gentes in deditionem suscepisset, exeuntes Nordmanni Gallis et Francis magnam inquietudinem fecerunt. Reversus autem invictissimus Carolus itinere terrestri, quamvis multum augusto et invio, domi eos invadere molitus est f. Sed vel Dei pro-

---

a M., *Crederetur.*
b Durgue.
c M., *Cis Here.*
d Forte *Duranium* intelligit, fluvium Galliae Aquitaniae in Garumnam se exonerantem. Basy. *Duram* fluvium intelligo a quo *Durgovia* appellata est. Habet historiolam sive fabellam illam verius. Aventinus p. 353, edit. Ingolstad., qui unde giganti Aenotheri nomen fecerit nescio; certe eum Sangallensem nostrum legisse non solum ex hoc loco, sed ex pag. 322 et 325, constat. Can.
e M., *Bemannos, Winidos et Avares.*
f Alii, *monitus.*

videntia prohibente, ut, secundum Scripturam, in his experiretur Israelem (*Judic.* III), vel peccatis nostris obsistentibus, cuncta illius tentamenta in irritum deducta sunt; in tantum, ut ad incommoda totius exercitus comprobanda, de unius abbatis copiis in una nocte quinquaginta bouom paria repentina peste numerarentur exstincta. Sapientissimus igitur Carolus ne Scripturæ inobediens contra jactum [ictum] fluvii conaretur (*Eccli.*, IV) destitit ab incepto. Cum vero per non modicum tempus latissimum peragraret imperium, Godefridus rex Nordmannorum, absentia ejus animatus, fines regni Francorum invasit, Mosellanumque pagum in sedem sibi præelegit. Cum vero falconem suum de aneta vellet extrahere, consecutus eum filius suus, cujus nuperrime matrem reliquit, et alteram super eam duxit uxorem, per medium divisit. Quo facto, sicut quondam Holoferne perempto (*Judith.* XV), nullus in animis aut armis, sed in solo fugæ præsidio ausus est confidere. Et ita, ne exemplo ingrati Israelis contra Deum gloriaretur, absque sua industria liberata est Francia. Invictus autem nec vincendus unquam Carolus de tali quidem judicio Deum glorificavit; sed plurimum conquestus, quod propter absentiam suam aliquis de illis evaserit: Heu, proh dolor! inquiens, quod videre non merui, quomodo Christiana manus mea cum cynocephalis illis inserit.

CAPUT XXII.
Normanni piratæ.

Contigit quoque ad quamdam maritimam Galliæ Narbonensis urbem vagabundum Carolum inopinato venire; ad cujus portum eo prandente, sed ignorato, piraterium [a] exploratores Nordmannorum fecerunt. Cumque visis navibus, alii Judæos, alii vero Africanos, alii Britannos mercatores esse dicerent, sapientissimus Carolus ex instructione vel agilitate non mercatores, sed et hostes esse deprehendens, dixit ad suos: Non istæ naves confertæ mercimoniis, sed hostibus fetæ sunt acerrimis. His auditis alter alterum prævenire cupientes festine properabant ad naves, sed frustra. Nam comperto Nordmanni, quod ibidem esset, ut ipsi eum nuncupare solebant, martellus Carolus, ne omnis armatura sua in illo aut retunderetur, aut in minutissimas resoluta particulas disperiret, effugio satis incomparabili, insequentium non solum gladios, sed et oculos evitarunt. Religiosissimus autem Carolus, justus et timoratus, exsurgens de mensa ad fenestram orientalem constitit, et inæstimabilibus lacrymis diutissime perfusus est. Cum nullus eum compellare præsumeret, tandem aliquando ipse bellicosissimus proceribus suis de tali gestu et lacrymatione satisfaciens : Scitis, inquit, o fideles mei, quid tantopere ploraverim? Non hoc, ait, timeo, quod isti nugis mihi aliquid nocere prævaleant, sed nimirum contristor, quod me vivente ausi sunt littus istud attingere; et maximo dolore torqueor, quia prævideo, quanta mala posteris meis, et eorum sunt facturi subjectis. Quod ne adhuc fiat, Christi Domini nostri tutela prohibeat, et gladius vester in sanguine Nordostunorum duratus obsistat, adjuncto sibi mucrone Carlomanni fratris vestri, tincto quidem in eorumdem cruore, sed nunc non propter ignaviam, sed propter inopiam rerum angustiamque terrarum fidelissimi vestri Arnoldi ita in rubiginem versus, ut tamen jussu et voluntate potentiæ vestræ haud difficulter possit ad acumen et splendorem perduci. Hic enim solus ramusculus cum tenuissima bennolini [b] astula de secundissima L. [c] radice sub singulari cacumine protectionis vestræ pupulascit [pullulascit]. Etenim ergo de proatavo vestro Pipino in historia vestra cognovimus aliquid inseratur, quod, concedente clementia divina, mox futurus Carloaster aut Ludwiculus vester.

[a] Quidam, *piratarum.*
[b] Germanice *bemlin.*

CAPUT XXIII.
Leo occisus a Pipino.

Longobardis vel cæteris hostibus Romanos infestantibus, miserunt legatos suos ad eumdem Pippinum, ut propter amorem sancti Petri sibi quantocius in auxilium venire dignaretur. Qui absque mora subjugatis hostibus, orationis tantum gratia Romam victor ingreditur; et a civibus hac laude suscipitur : *Cives apostolorum et domestici Dei advenerunt hodie portantes pacem, et illuminantes patriam; dare pacem gentibus, et liberare populum Domini.* Cujus vim carminis et originem quidam ignorantes [d], hoc in natalitiis apostolorum canere consueverunt. Ipse vero invidiam Romanorum, imo, ut verius loquar, Constantinopolitanorum declinans, mox in Franciam revertitur. Comperto autem quod primates exercitus eum clanculo despicientes carpere solerent, præcepit adduci taurum magnitudine terribilem et animis indomabilem, leonemque ferocissimum in illum dimitti, qui impetu validissimo in eum irruens, apprehensa cervice tauri, projecit in terram. Tunc rex dixit ad circumstantes : Abstrahite leonem a tauro, vel occidite eum super illum. Quo spectantes ad alterutrum congelatisque præcordiis pavefacti, vix hæc singultando mussitare potuerunt : Domine, non est homo sub cœlo qui hoc audeat attentare. Quo ille confidentior exsurgens de throno et extracta spata per cervicem leonis cervicem tauri divisit ab armis; et spata in vaginam remissa consedit in solio : Videtur vobis, inquiens, utrum dominus vester esse possimus? Non audistis, quid fecerit parvus David ingenti illi Goliath, vel brevissimus Alexander procerissimis satellitibus suis? Tunc quasi tonitru perculsi ceciderunt in terram, dicentes : Quis nisi insaniens dominationem vestram mortalibus imperare detrectatur?

CAPUT XXIV.
De balneis Aquensibus.

Non solum contra bestias et homines talis exstitit, sed etiam contra spiritales nequitias inauditum certamen exercuit. Nam cum Aquisgrani thermis nondum ædificatis calidi saluberrimique fontes ebullirent, jussit camerarium suum prævidere, si fontes purgati essent, et ne quis ignotus ibi dimitteretur. Quod cum factum fuisset, assumpto rex gladio, in linea ex subtalaribus properavit ad balneum, cum repente hostis antiquus eum quasi peremptorus aggreditur; rex autem crucis signo munitus nudato gladio umbram in humana advertens effigie, invincibilem gladium ita terræ infixit, ut diutino luctamine vix eum revocaverit. Quæ tamen umbra tantæ crassitudinis erat, ut cunctos illos fontes tabo et cruore abominandaque pinguedine deturparet. Sed nec his motus insuperabilis Pippinus dixit ad cubicularium : Non sit tibi cura de talibus, fac effluere infectam illam aquam, ut in ea, quæ pura manaverit, sine mora lavari queam.

CAPUT XXV.

Proposueram quidem, imperator Auguste, de solo proavo vestro Carolo, omnia vobis scientibus quæcunque fecit, brevem narratiunculam retexere; sed cum ita se obtulerit occasio, ut necessario memoria fiat gloriosissimi patris vestri Ludwici, cognomento Illustris, et religiosissimi proatavi vestri Pippini junioris, de quibus propter ignaviam modernorum grande silentium est, omnia intacta præterire nefarium judicavi. Nam de majore Pippino integrum pene librum doctissimus Beda in ecclesiastica procudit historia. His itaque per excessum commemoratis ad cognominalem vestrum illustrem Carolum olorinus jam redeat natatus. Sed si bellicis rebus ab eo gestis aliquid non subtraxerimus, nunquam ad quotidianam

[c] Ludovici.
[d] M., *Nescientes quidam*

ejus conversationem revolvendam reducimur. Quapropter quæ concurrunt in præsenti quam strictissime potuero memorabo.

CAPUT XXVI.
Carolus Romam petit.

Post mortem victoriosissimi Pippini cum iterato Longobardi Romam jam inquietarent, invictus Carolus, quamvis in cisalpinis partibus nimium occupatus, iter in Italiam haud segniter arripuit, et incruento bello, sive spontanea deditione humiliatos in servitium accepit Longobardos; et in firmitatis gratiam, ne unquam a regno Francorum discernerent, vel terminis sancti Petri aliquam irrogarent injuriam, filiam Desiderii Longobardorum principis duxit uxorem. Qua non post multum temporis, quia esset clinica[a] et ad propagandam prolem inhabilis, judicio sanctissimorum sacerdotum, relicta, velut mortua, iratus pater, juramento sibi provinciales astringens, ipseque in muris Ticinensibus se concludens, invincibili Carolo rebellare disposuit. Quod ille pro certo comperiens illuc iter acceleravit. Contigit autem ante aliquot annos quemdam de primis principibus nomine Oggerum offensam terribilissimi imperatoris incurrere, et ob id ad eumdem Desiderium confugium facere. Audito autem adventu metuendi Caroli ascenderunt in turrim eminentissimam, unde longe lateque prospicere venientem potuissent. Apparentibus vero impedimentis, quæ expeditiora Darii vel Julii fuissent expeditionibus, dixit Desiderius ad Oggerum: Estne Carolus tanto exercitu? At ille respondit: Non adhuc. Videns vero exercitum popularium de latissimo imperio congregatum, diffinite pronuntiavit ad Oggerum: Vere in his copiis Carolus exsultat. Respondit Oggerus: Sed non adhuc, neque adhuc. Tunc æstuare cœpit et dicere. Quid faciemus, si plures cum eo venerunt? Dixit Oggerus: Videbis qualis ille veniat. De nobis autem nescio quid fiat. Et ecce ista sermocinatibus apparuit schola vocationis [vacationis] semper ignara; quam videns Desiderius stupefactus: Iste est, inquit, Carolus. Et Oggerus: Non, infit, adhuc. Post hanc cernuntur episcopi abbatesque, et clerici, capellani cum comitibus suis; quibus aspectis hæc vix ægre jam lucis inimicus, mortisque Desiderius singultando blateravit: Descendamus et abscondamur in terra a facie furoris adversarii tam immanis. Ad quæ retulit extumescens Oggerus, rerum et apparatus incomparabilis Caroli quondam expertus, et in meliori tempore assuetissimus: Quando videris, inquiens, segetem campis inhorrescere, ferreum Padum et Ticinum marinis fluctibus ferro nigrantibus muros civitatis inundantes, tunc est spes Caroli venientis. His necdum expletis, primum ad occasum circino vel Borea cœpit apparere quasi nubes tenebrosa, quæ diem clarissimum horrentes convertit in umbras. Sed propiante paululum imperatore, ex armorum splendore dies omni nocte tenebrosior orbata est inclusis. Tunc visus est ipse ferreus Carolus ferrea galea cristatus, ferreis manicis armillatus, ferreo thorace ferreum pectus humerosque Platonicos tutatus, hasta ferrea in altum subrecta sinistra impletus, nam dextera ad invictum chalybem semper erat extenta; coxarum exteriora, quæ propter faciliorem ascensum in aliis solent lorica nudari, in eo ferreis ambiebantur bracteolis. De ocreis quid dicam? quæ et cuncto exercitui solebant ferreæ semper esse usui. In clypeo nihil apparuit nisi ferrum. Caballus quoque illius animo et colore ferrum retinebat. Quem habitum cuncti præcedentes, universi ex lateribus ambientes, omnesque sequentes, et totus in commune apparatus juxta possibilitatem erat imitatus. Ferrum campos et pla-

teas replebat; solis radii reverberabantur acie ferri; frigido ferro honor a frigidiori deferebatur populo; splendidissimum ferrum horror expalluit cloacarum. O ferrum, heu ferrum! clamor confusus insonuit civium. Ferro contremuit firmitas murorum, et juvenum, consilium ferro deperiit seniorum. His igitur, quæ ego balbus et edentulus, non ut debui circuitu tardiore diutius explicare tentavi, veridicus speculator Oggerus celerrimo visu contuitus, dixit ad Desiderium: Ecce habes quem tantopere perquisisti; et hæc dicens pene exanimis cecidit. Sed quia ipso die vel propter amentiam, vel propter aliquam spem resistendi cives urbici eum suscipere noluissent, dixit artificiosissimus Carolus ad suos: Faciamus hodie aliquid memorabile, ne diem istum otiosi transegisse vituperemur; acceleremus efficere unum oratoriolum, in quo si nobis citius apertum non fuerit, divinis servitiis insistere debeamus. Et hac voce emissa, alius alio discurrentes, calcem et lapides, alii vero ligna cum pigmenta congregantes, artificibus semper eum comitantibus, attulerunt. Qui a quarta diei hora ante duodecimam talem basilicam muris et tectis, laquearibus et picturis auxiliante et tironum manu militumque construxerunt, ut nulli adhuc eam cernenti, nisi per annum integrum fieri posse credatur. Postea vero de quinta facilitate quibusdam civium sibi aperire volentibus, quibusdam, licet frustra, rebellare, vel, ut verius dicam, se includere volentibus, absque cruoris effusione, sola tantum industria, civitatem superaverit, ceperit, possederit, illi scribendum relinquo, qui non aliquo amore, sed quæstus tantum gratia vestram celsitudinem comitantur.

CAPUT XXVII.
Caroli vestes.

Exin ad ulteriora progressus venit religiosissimus Carolus ad urbem Furiolanam, quam qui sibi scioli videntur, Forum Juliense nuncupant. Contigit autem, ut eodem tempore episcopio civitatis illius, aut, ut modernorum loquar consuetudine, patriarcha occasui vitæ propinquaret. Quam cum religiosissimus Carolus visitandi gratia properaret, ut successorem suum ex nomine designare deberet, ille religiose admodum ex imis præcordiis suspiria trahens: Domine, inquit, episcopatum istum diu sine aliqua utilitate vel profectu spiritali retentum, judicio divino et vestræ dispositioni relinquo, ne ad cumulum peccatorum quem vivens exaggeravi, etiam mortuus aliquid superinjicere apud inevitabilem et incorruptum judicem deprehendar. Quod sapientissimus Carolus ita cepit, ut eum antiquis Patribus non immerito coæquandum judicaverit. Cum autem in eadem regione aliquantisper demoratus fuisset exercitatissimus inexercitatissimorum Francorum Carolus donec episcopo decedente dignum ei successorem substitueret, quadam festiva die post missarum celebrationem dixit ad suos: Ne otio torpentes ad ignaviam perducamur, eamus venatum donec aliquid capiamus, et singuli in eodem habitu pergamus, quo nunc induti sumus. Erat autem imbrifera dies et frigida, et ipse quidem Carolus habebat pellicium berbicinum, non multum amplioris pretii quam erat roccus ille sancti Martini, quo pectus ambitur, nudis brachiis Deo sacrificium obtulisse astipulatione divina comprobatur. Cæteri vero ut pote feriatis diebus, et qui modo de Papia venissent, ad quam nuper Venetici de transmarinis partibus omnes Orientalium divitias advectassent, phœnicum pellibus avium serico circumdatis, et pavonum collis cum tergo et clunis mox florescere incipientibus, tyria purpura, vel diacedrina littra decoratis. Alii de lodicibus, quidam

---

[a] Notandus hic locus de causa divortii inter Carolum Magnum et filiam Desiderii, quæ a nullo veterum quod sciam prodita est. Baron. an. 771 eam se ignorare profitetur. *Clinicam* interpretor quomodo Baronius in epistola quam ipse Gregorio II, alii III, tribuunt an. 726: *Si mulier infirmitate correpta non valuerit debitum viro reddere*, etc. Can.

de gliribus circumamicti procedebant, saltusque peragrantes ramis arborum spinisque et tribulis lacerati, vel imbribus infusi, tum etiam sanguine ferarum pelliumque volutabro fœdati remeabant. Tunc astutissimus dixit Carolus: nullus nostrum pellicium suum extrahat, donec cubitum eamus, ut in nobis ipsis melius siccari possint. Quo jusso singuli corpora magis quam indumenta curantes, usquequaque focos inquirere et calefieri studebant, ac mox reversi et in ministerio ejus usque ad profundam noctem persistentes, ad mansiones remittebantur. Cumque tenuissimas illas pelliculas, vel tenuiores brandeas extrahere cœpissent, rugarum et contractionum rupturas quasi virgarum in ariditate fractarum procul audiri fecerunt, gementes et suspirantes, conquerentesque se tantum pecuniæ sub una die perdidisse. Præceptum vero ab imperatore susceperant, ut in eisdem pelliibus crastina die se illi præsentarent. Quod cum factum fuisset, et omnes non in divinis resplenderent, sed pannis et decolori fœditate horrerent, dixit industria plenus Carolus ad cubicularium suum : Tere illud pellicium nostrum inter manus, et affer in conspectum vestrum. Quo integerrimo et candidissimo allato, assumens illud inter manus et cunctis astantibus ostendens, hæc pronuntiavit: O stolidissimi mortalium, quod pellicium modo pretiosius et ultius? istudne meum uno solido comparatum, an illa vestra non solum libris, sed et multis coempta talentis? Tunc vultibus in terram declinatis terribilissimam ejus animadversionem sustinere nequibant. Quod exemplum religiosissimus pater vester non semel, sed per totam vitam suam ita imitatus est, ut nullus, qui ejus agnitione et doctrina dignus videbatur, aliquid in exercitu contra hostem, nisi tantum arma militiæ et lanea vestimenta cum lineis portare præsumeret. Quod si quisquam inferioris disciplinæ illius ignarus de serico, auro, vel argento circa se habens cum forte incurrisset, his verbis increpatus et melioratus, imo sapentior effectus abscessit : O te bis aureum, eccum, o te argenteum, o te totum coccinum! miser et infelix, non tibi sufficit ut tu solus vel sorte belli intereas ? quin etiam et res, quibus anima tua redimi valeret, in manus hostium tradas, ut de his simulacra gentium adornentur.

CAPUT XXVIII.
Ludovici vires.

Quantum vero a prima ætate usque ad septuagesimum annum ferro gauderet invictissimus Ludowicus, quantum ante Nordmannorum legatos spectaculum de ferro faceret, melius hoc vobis scientibus replicabo. Cum reges Nordmannorum singuli pro devotione sua aurum illi et argentum et pro sempiterna subjectione vel deditione gladios suos ipsi dirigerent, præcepit rex, ut pecunia quidem in pavimentum projiceretur, et a nullo nisi indignanter aspiceretur, sed potius ab omnibus velut lutum conculcaretur. Gladios vero sublimi solio residens sibi attentandos jussit afferri. Porro legati metuentes, ne quid sinistræ suspicionis contra eos possit oriri, eo modo, quo solent ministri dominis suis cultellos de summis oris præbere, ita spatas imperatori cum sui periculo porrigebant. Quarum ille cum unam de capulo acceptam, et ab extremitate ultima ad summum curvare niteretur, inter fortiores ferro manus disrupta est. Tunc unus de missis suam de vagina protrahens, ministrantiumque more ad ipsius obsequelam protendens : Domine, inquit, ut credo, et flexibilis et rigida invenietur ista spata ad votum victoriosissimæ dexteræ vestræ. Qua Cæsar accepta et vere Cæsar, juxta vaticinium Isaiæ : *Attendite ad petram, unde excisi estis* (*Isai.* LI), devota Germaniæ populositate, singularis divinitatis opificio, in antiquos hominum artus et animos exsurgens, ab ora ultima capulos tenus in modum viminis contraxit, et sensim ad statum pristinum redire permisit. Tum legati semet aspectan-

tes, et ad alterutrum obstupescentes : O, inquiunt, principibus nostris tam vile videretur aurum, et ferrum tam pretiosum ! Et quia de Nordmannis mentio incidit quanti fidem habeant et baptismum in temporibus avi vestri, gestis paucis evolvam.

CAPUT XXIX.
Normanni baptismum contemnunt.

Ut post mortem bellicosissimi David multo tempore finitimæ gentes manu fortissima subjugatæ ejus imperio, filio Salomoni pacifico tributa dependerunt, ita propter timorem et tributa Augustissimo imperatori Carolo persoluta filium ejus Ludovicum gens immanissima Nordmannorum simili veneratione solebat honorare; quorum legatos religiosissimus imperator tandem aliquando miseratus, interrogatos si Christianam religionem suscipere vellent, et responso accepto quia semper et ubique atque in omnibus essent obedire parati, jussit eos in ejus nomine baptizari, de quo doctissimus ait Augustinus : Si non esset Trinitas, non dixisset Veritas : *Ite, docete omnes gentes, baptizantes eos in nomine Patris, et Filii, et Spiritus sancti*. Qui a primoribus palatii quasi in adoptionem filiorum suscepti, de camera quidem Cæsaris candidatum, a patrinis vero suis habitum Francorum in vestibus pretiosis et armis cæterisque ornatis acceperunt. Quod cum diutius actitaretur, et non propter Christum, sed propter commoda terrena ab anno in annum multo plures jam, non ut legati, sed ut devotissimi vasalli ad obsequium imperatoris in sabbato sancto Paschæ festinarent occurrere, contigit, ut quodam tempore usque ad Ludovicum venissent. Quos imperator interrogatos, si baptizari votum haberent, et confessos jussit aqua sancta sine mora perfundi. Cumque tot lineæ vestes non essent in promptu, jussit incidi camisilia et in modum sepium consui, vel in modum vitium pastinari. Quarum cum una cuidam seniorum illorum repentino fuisset imposita, et ille eam curiosioribus oculis ex tempore contemplatus fuisset, jamque indignatione non modica, mente concepta, dixit ad imperatorem : Jam vicies hic lotus sum, et opimis candidissimisque vestibus indutus : et ecce talis saccus non milites, sed subulcos condecet : et nisi nuditatem erubescerem meis privatis, nec a te datis conjectus, amictum tuum cum Christo tuo tibi relinquerem. Tanti pendunt hostes Christi, quod ait Apostolus Christi : *Omnes qui in Christo baptizati estis, Christum induistis* (*Galat.* III). Et illud : *Quicunque baptizati sumus in Christo Jesu, in morte ipsius baptizati sumus* (*Rom.* VI). Et quod maxime contra contemptores fidei violatoresque sacramentorum vigilat : *Rursum crucifigentes sibi Filium Dei, et ostentatui habentes* (*Hebr.* VI). Quod utinam apud gentiles tantum et non etiam inter eos qui Christi nomine censentur, sæpius inveniretur.

CAPUT XXX.
Ludovicus juris amator.

Adhuc referendum est de bonitate Ludovici prioris et sic ad Carolum remeandum. Quietissimus imperator Ludovicus a cunctis hostium incursionibus immunis, religiosis tantum operibus, orationibus scilicet, eleemosynis causisque audiendis, et justissime determinandis insudabat. In quo negotio tantum et ingenio et usu exercitatus erat, ut cum ei quidam, in similitudine Achitophel (*II Reg.* XV), pro angelo habitus a cunctis, illudere tentavisset, hujusmodi responsum comi vultu, blandissimaque voce, sed mente aliquantulum commota rependeret : O sapientissime Anshelme, si fas sineret, dicere auderem, quod tramite non recto incedis ; ex qua die idem juridicus ab universis est pro nihilo deputatus.

CAPUT XXXI.
Eleemosynas distribuit.

Eleemosynis vero intentus erat misericordissimus Ludovicus, ut eas non solum in conspectu suo, sed et per se ipsum fieri maluisset. Insuper et ubi ipse absens fuisset, ita pauperum causas moderari decrevit, ut uni ex eis, qui ex omni parte debilis, sed animosior cæteris videbatur, ipsorum commissa, furtorum redditiones, injuriarum vel læsionum taliones, in majoribus etiam commissis membrorum abscissiones, aut truncationes capitum, nec non et suspensiones corporum per eum fieri præciperet. Qui constitutis ducibus, tribunis et centurionibus eorumque vicariis, rem sibi delegatam haud segniter implevit. Ipse autem clementissimus Augustus, in cunctis illis Dominum Christum veneratus, eis alimenta et quibus tegerentur, impendere nunquam destitit, et præcipue in illa die, qua Christus mortali tunica exutus incorruptibilem resumere parabat. In qua etiam cunctis in palatio ministrantibus et in curia regia servientibus juxta singulorum personas donativa largitus est, ita ut nobilioribus quibuscumque aut baltheos aut flasciones pretiosissimaque vestimenta a latissimo imperio perlata distribui juberet; inferioribus vero saga Fresonica omnimodi coloris darentur; porro custodibus equorum, pistoribusque et coquis indumenta linea cum laneis spatiisque [*Fort.* spatisque] prout opus habebant, projicerentur. Cumque jam nullo indigente, secundum Actus et dicta apostolica, esset in omnibus gratia magna (*Act.* IV), quando et pauperes pannosi jucundissime dealbati Kyrie eleison Ludwico beato per latissimam curtem vel curticulas Aquarum grani, quas Latini usitatius porticuum nomine vocant, usque ad cœlum voces efferrent, et qui poterant de militibus pedes imperatoris amplectentibus, aliis eminus adorantibus, jam Cæsare ad ecclesiam procedente, quidam de scurris jocularitbr inquit : O te beate Ludwice, qui tot homines una die vestire potuisti, per Christum, nullus in Europa hodie plures vestivit, quam tu, præter Attonem. Cumque ab eo imperator quæreret, quomodo ille vestire potuisset, munus, quasi gaudens, si imperatorem in admirationem vertisset, cum cachinno intulit : Hodie, inquiens, ille nova indumenta largitus est plurima. Quod dulcissimi gestus imperator blande pro ludo, et ineptus ut erat vultu, percipiens, humili devotione ecclesiam intravit, in qua ita timorate se gessit, quasi ipsum Dominum Jesum Christum præ oculis corporalibus habere viderētur. Qui etiam omni tempore non pro aliqua necessitate, sed pro largiendi occasione singulis sabbatis balneari, et cuncta quæ deposuerat, præter gladium et baltheum, apparitoribus suis dare consueverat. Quæ ejus liberalitas usque ad infimos etiam pervenit, adeo ut Stracholto vitreario servo sancti Galli totam vestituram suam tunc sibi servienti præciperet dari. Quod cum erronei militum vasalli cognovissent, ei juxta viam insidias ponentes spoliare moliti sunt. Quibus cum idem diceret : Quid facitis vitreario Cæsaris vim inferentes? Responderunt : Officium quidem tuum habere te permittimus [a].

. . . . . .

[a] Videntur quædam deesse.

GENEALOGIA CAROLI MAGNI,
AUCTORE ANONYMO,

Scripta anno Domini 867, et a Canisio primum ex ms. sancti Galli edita.

CANISIUS LECTORI.

Non magni momenti dices esse hanc schedam genealogicam tam brevem, tam nullo auctore præsignem. Ita est. Attamen non digna est perire, quippe quæ se sua antiquitate commendet, scripta anno 867. Ab interitu hic vindico. Hoc unum in hac editione consilium. Quod autem Carolus Magnus hic mortuus dicitur anno 815, est plane contra sententiam communem, quæ in annum 814 consentit.

INCIPIT
COMMEMORATIO GENEALOGIÆ
CAROLI IMPERATORIS.

ANSPERTUS, qui fuit ex genere senatorum, præclarus vir atque nobilis, in multis divinis pollens, accepit filiam HLOTHARII regis Francorum ad conjugem, nomine BLICHILT, et habuit ex ea filios tres et filiam unam : primogenitus ipsius ARNOLDUS nominatus est; secundus FERIOLUS; tertius MODERICUS; et filia ipsius TARSICIA. FERIOLUS quidem episcopus effectus est, in Ucesiu civitate martyrio coronatus est, ibique requiescit in pace. MODERICUS vero in Harisio episcopus est ordinatus, ibique confessor Christi requiescit in pace, ubi Deus pro ejus meritis multa miracula operatur. TARSICIA virgo Christi in virginitate sua perseverans, in Rodinis civitate requiescit : pro cujus meritis ibidem Christi virtus quotidie ostenditur : quæ etiam fertur mortua mortuos suscitasse. ARNOLDUS primogenitus ipsius genuit dominum ARNULFUM; dominus ARNULFUS genuit FLODULFUM et ANSKISUM. FLODULFUS divina annuente gratia episcopus ordinatus est. ANSKISUS genuit PIPINUM. PIPINUS genuit CAROLUM. CAROLUS vero genuit dominum regem PIPINUM. Dominus PIPINUS genuit Cæsarem gloriosum ac principem nobilissimum CAROLUM.

Anno incarnat. Domini nostri Jesu Christi 815 CAROLUS omnium Augustorum optimus, ad Aquasgrani V Kal. Febr., hora diei tertia, de hoc sæculo migravit, qui regnavit annos 47. Decessit autem anno ætatis suæ 72.

Et suscepit HLUDOVICUS filius ejus eodem anno imperium, qui regnavit annos 26, id est, usque ad annum incarnationis Domini nostri Jesu Christi 840. Decessit autem XII Kal. Jul. in insula Rheni, juxta palatium in Ingilinheim.

Post quem HLUDOVICUS filius et æquivocus ejus in orientali Francia suscepit imperium : qui anno præsente, id est, incarnationis Domini nostri Jesu Christi 867, 27 annos regnare videtur.

ANNALES VETERES FRANCORUM.
(Ex Marten., Collectio amplissima.)

OBSERVATIO PRÆVIA.

Quos hic sistimus veteres annales Francorum nobis exhibuit codex antiquus olim monasterii Rivipullensis, deinde Stephani Baluzii, a quo regiam in bibliothecam transiit. Eorum auctor anonymus Caroli Magni avorumque ejus præclara facinora ab anno 670 ad 813 describere sibi proposuit, simplici quidem stylo, pro more illorum temporum, sed ad persuadendum accommodato : cum ea præsertim narret quæ aut a probatissimis auctoribus acceperat, aut suis viderat oculis. Ætatem suam prodit ipsemet, cum Caroli Magni res præclare gestas prosecuturus, excusat sese, quod de ejus nativitate, infantia atque etiam pueritia nihil sit dicturus. *Quia*, inquit, *neque quisquam modo superesse invenitur, qui horum se dicat habere notitiam*. Quibus ex verbis duo maxime licet inferre : unum, auctorem hos ad scribendos Annales statim a Caroli Magni obitu calamo manum admovisse, cum jam superesset nullus ex his qui infantem aut puerum viderant, perplures vero viverent qui adolescentem et virum; alterum, ineptum judicasse ea quorum notitiam certam ab oculatis testibus non accepisset, referre.

Porro cum magnam hi Annales affinitatem habeant cum Chronico Moissiacensis monasterii, ab Andrea Cheshio tomo III Hist. Francorum vulgato, ejusque passim verba referant, dubii aliquandiu hæsimus an eos prelo committeremus. Verum re mature discussa, atque utroque opere inter se diligenter collato, primo invenimus, plura in codice Moissiacensis Chronici, ipso fatente Chesnio, desiderari folia, quæ tertiam aut quartam hujus operis partem conficere possunt. Secundo, plures in nostro codice articulos a Moissiacensi omnino diversos contineri; tandem ea ipsa de quibus interéos codices convenit, sæpe inter se discrepare, adeo ut quod in nostro clarum et apertum est, id sit in Moissiacensi perobscurum. Quibus adducti rationibus novum nec spernendum opus judicavimus eruditis viris non invidendum. Quæ vero ab anno 813 ad 840 sequuntur, ab aliquo Anianensi monacho addita censemus.

INCIPIT GENEALOGIA,

ORTUS, VEL ACTUS SIVE VITA CAROLI GLORIOSI ATQUE PIISSIMI IMPERATORIS.

In temporibus illis, anno ab incarnatione Domini 670, decedentibus regibus de Gallia, Pipinus et Martinus potentissimi duces dominabantur in Austria. Hi duces in odium versi contra Ebroinum præfectum Galliæ aciem dirigunt, contra quos Theodericus rex Francorum et Ebroinus præfectus cum hoste cucurrerunt loco nuncupante Locustio [a], simulque conjuncti se invicem cæde magna prosternunt, corruitque ibi infinita turba populi. Austrasii victi in fugam versi, Ebroinus eos cæde crudelissima insecutus, maxima parte ex illa regione vastata. Martinus per fugam elapsus, Lauduno ingressus, illic se reclusit : Pipinus vero altrinsecus evasit. Ebroinus itaque, patrata victoria, reversus est, veniens cum exercitu Herciaco [b] villa, ad Martinum nuntios misit, et data sacramenta, ut cum fiducia ad regem Theodericum veniret, hoc dolose ac fallaciter super capsas vacuas se jurante [c]. Martinus eos credens, Herciaco [d] villa veniens, ibique cum sociis suis interfectus est. Ebroinus itaque magis ac magis Francos opprimens, dum Ermenfredo Franco insidias pararet, Ermefredus quoque clam super eum consurgens atrociter, præfatum Ebroinum interfecit, ad Pipinum in Austria fugiens evasit. Franci quoque consilio accepto Warathonem virum illustrem in loco Ebroini cum jussione regis majorem domus constituunt. Accepit ipse Waratho inter hæc obsides a prædicto Pipino, et pacem cum eo iniit. Erat enim eidem Warathoni filius efficax industriusque, feroci animo et acerbis moribus, insidiator patris sui, eumque ab honore supplantans. Eratque nomen ei Gislamaris, cui beatus Audoenus Rothomagensis episcopus prohibuit ne hanc nequitiam contra patrem suum inferret : quod ille audire contempsit. Fueruntque inter ipsum Gislamarem et Pipinum bella civilia et multa discordia : qui ob injuriam patris et alia crudelia peccata a Deo percussus, iniquissimum spiritum exhalavit, juxta quod sanctus Audoenus ei prædixerat. Illoque defuncto, Waratho iterum honore pristino nanctus est. In his diebus beatus Audoenus Rothomagensis episcopus plenus dierum ac virtutibus præclarus, Chilpiaco villa regali in suburbano Parisiorum civitate migravit ad Dominum. Succedente quippe curriculo

A temporum prædictus Waratho defunctus est.

Franci in diversa oberrantes, Berthcarium in majorem dominatum constituunt. In illis diebus Pipinus ab Austria consurgens cum exercitu contra Theodericum regem Francorum et Berthcarium aciem dirigit, convenientibus ad prælium in loco nuncupato Textritio, illisque inter se belligerantibus, Theodericus et Berthcarius terga verterunt. Pipinus quoque victor exstitit. Succedente itaque tempore [e] Berthcarius ab adulatoribus suis occiditur.

Post hæc Pipinus sub Theoderico rege cœpit esse principali regimine majordomus. Thesauris acceptis, Nordverto quodam de suis cum rege relicto, ipse in Austria meavit. Erat quippe Pipino principi nobilissima uxor et sapiens nomine Plectrudis. Ex ipsa genuit filios duos. Nomen majoris Drochus et nomen minoris Grimaldus. Drochus ducatum Campaniæ cepit.

Eo tempore Theodericus rex obiit regnavitque B annis 19 [f]. Chlodoveus filius ejus puer regalem sedem suscepit, regnavitque annos duos; post quem [g] Childebertus frater ejus in regno statutus est. Grimaldus filius Pipini junior in aula regis Childeberti majordomus effectus est. Grimaldus quoque genuit filium ex concubina Theodaldo, nomine. Eo tempore Drochus filius Pipini defunctus est, habensque Pipinus præfatus princeps filium ex alia conjuge, nomine Alpaigde [h], Carolum nomine, virum elegantem, egregium atque utilem.

ORTUS CAROLI VETULI.

Pipinus princeps multa bella gessit contra gentes plurimas.

Anno Incarnationis Dominicæ 710 Pipinus migravit in Allamannia.

Anno 711 aquæ inundaverunt valde. Tunc enim bonæ memoriæ gloriosus Childebertus justus migravit ad Dominum anno 12 [i] regni sui, regnavitque Dagobertus filius ejus pro eo anno 715.

C Igitur Grimaldus habebat uxorem nomine Thusinda, filia Rathbodis ducis gentilis. Ægrotante quippe Pipino principe, dum ad eum visitandum ipse accessisset, in basilica sancti Lamberti Leodico

---

[a] Chronicon Moissiacense, *Lucofao*.
[b] Moiss. Chron., *Creiaco*, pro quo ms. habet *Herciaco*.
[c] Moiss., *se jurant*.
[d] Moiss., male, *ab Herciaco* pro *ad Herciacum*.
[e] Moiss., *cedendum itaque tempore*.
[f] Moiss., *annis 16*.

[g] Moiss., *postquam*, male.
[h] Moiss., *Alpagede*.
[i] Forte 16. Moiss. legit *anno 18*.
[j] Moiss. legit *ante*, quod verbum alium omnino sensum efficit, sed nostri codicis lectionem confirmant Annales Metenses.

peremptus est a Ragnihario [a] gentile. Theodaldus vero filius ejus, jubente avo suo, in aula regis honore patris sublimatur.

Anno 814 Pipinus febre valida correptus obiit. Obtinuerat principatum annis 27. Plectrudis relicta Pipini cum nepote suo Theodaldo vel Dagoberto rege cuncta gubernat sub discreto regimine.

Anno 815 Franci denuo in Cotia silva contra Theodaldum vel Austrasios irruerunt, ac sese mutuo durissima cæde prosternunt. Theodaldus autem per fugam lapsus creptus est. Ipsoque fugato, Raganfredum majorem domus elegerunt. Qui commoto a [b] rege Dagoberto exercitu, Carbonariam silvam transeuntes usque Mosam fluvium terram silvasque vastantes succenderunt, cum Radhbode duce gentili amicitias ferjunt, Carolus vero filius Pipini his diebus a Plectrude sub custodia tenebatur, sed auxiliante Domino, vix evasit.

Eo tempore Dagobertus rex ægrotans, mortuus est anno 6 regni sui. Franci vero Danielem quondam [c] clericum, cæsarie capitis crescente, in regem stabiliunt, atque Chilpericum nuncupant. Sema [?] rex Saracenorum post ix anno quam in Spania ingressi sunt Saraceni, Narbonam obsidet, obsessamque capit, virosque civitatis illius gladio perimi jussit. Mulieres vero vel parvulos captivos in Spaniam ducunt, et in ipso anno mense tertio ad obsidendam Tolosam pergunt: quam dum obsiderent, exiit obviam eis Eudo princeps Aquitaniæ cum exercitu Aquitanorum vel Francorum, et commisit cum eis prælium, et dum præliare cœpissent, terga versus est exercitus Saracenorum, maximaque pars ibi cecidit gladio. Ambisa rex Saracenorum cum ingenti exercitu post v anno Gallias aggreditur, Carcassonam expugnat, et capit, et usque Nemauso pace conquisivit, et obsides eorum Barchinona transmittit.

Anno 716 Franci exercitum movent, usque fluvium Mosam contra Carolum dirigunt, et ex alia parte Frisiones cum Rathbode duce consurgunt. Carolus quoque super Frisiones irruens, maximumque dispendium de exercitu suo perpessus, atque per fugam dilapsus abscessit [e].

Anno 717 iterum Chilpericus cum Raganfredo vel Francis hoste commoto, Ardinnam silvam ingressus, usque Rhenum fluvium vel Coloniam civitate pervenerunt, vastantes terras. Thesauro multo a Plectrude matrona accepto, reversi sunt. Sed in loco qui dicitur Amblava, Carolo in eos irruente, maximum dispendium perpessi sunt.

Eodem tempore prædictus vir Carolus exercitu commoto, iterum contra Chilpericum et Raganfredum consurgens, contra quem illi hostem colligunt, bellum præparantes accelerant; sed pacem Carolus postulat: illisque contradicentibus, ad prælium egressi sunt in loco qui dicitur Vitiaco, Dominica die illucescente, xii Kalendas Aprilis: illisque fortiter bellantibus Chilpericus cum Raganfredo terga vertit. Carolus victor exstitit, regiones illas vastatas atque captivatas. Itemque cum multa præda in Austria reversus, Colonia civitate veniens, ibique seditionem movit, cum Plectrude matrona disceptavit, et thesauros patris sui sagaciter recepit, regemque ibi statuit nomine Clotarium. Chilpericus itaque vel Raganfredus Eudonem ducem expetunt in auxilium, qui movens exercitum contra Carolum perrexit. At ille constanter occurrit ei intrepidus. Sed Eudo fugiens, Parisius civitate regressus, Chilpericum regem cum thesauris regalibus sublatum ultra Ligerim recessit. Carolus enim persecutus non reperit eum Clotarius quidem memoratus rex eo anno obiit. Interea Radbodus rex moritur, annoque insequente Carolus le-

A gationem ad Eudonem dirigens, amicitiasque cum eo faciens: ille vero Chilpericum regem cum multis muneribus reddidit. Mortuus quidem est Novicino civitate, regnavitque annis 5. Franci vero Theodosium filium Dagoberti regis junioris super se statuunt in regem.

Anno 725 Saraceni Augustudunum civitatem destruxerunt iv feria, xi Kalendas Septembris, thesaurumque civitatis illius capientes, cum præda magna Spania redeunt.

Anno 731 Carolus vastavit duas vices ultra Ligerim, et Raganfredus moritur.

Anno 732 Abderamam rex Spaniæ cum exercitu magno Saracenorum per Pampelonam et montes Pyrenæos transiens, Burdigalem civitatem obsidet. Tunc Eudo princeps Aquitaniæ, collecto exercitu, obviam eis exiit in prælium super Garonna fluvium. Sed initio prælio, Saraceni victores existunt, Eudo vero fugiens, maximam partem exercitus sui perdi-
B dit, et ita demum Saraceni Aquitaniam deprædare cœperunt. Eudo vero ad Carolum Francorum principem veniens postulavit ei auxilium. Tunc Carolus, collecto magno exercitu, exiit eis obviam, et inito prælio in suburbio Pictavensi, debellati sunt Saraceni a Francis, ibique rex Abderama cecidit cum exercitu suo in prælio, et qui remanserunt ex eis per fugam reversi sunt in Spania. Carolus vero spolia accepta, cum triumpho gloriæ reversus est in Francia.

Anno 734 Carolus ingressus est in Frisia cum exercitu magno, delevit eam usque ad internecionem, ac suo subjugavit imperio. His temporibus Phibin filius Abderama Narbona perficitur [Forte, proficiscitur]. Alio anno Rodanum fluvium transiit. Arelato civitate pace ingreditur, thesaurosque civitatis invadit, et per quatuor annos totam Arelatensem provinciam depopulat atque deprædat. His diebus papa Gregorius minor Romanæ Ecclesiæ episcopus
C claves venerandi sepulcri Petri apostoli et vincula ejusdem, cum magnis muneribus, legatione ad Carolum principem Francorum misit: quod antea nullo Francorum principi a quolibet Romanæ urbis præsule missum fuerat. Epistolam quoque et decreta Romanorum principum prædictus papa Gregorius cum legatione etiam munera misit. Quo pacto patrato, sese populus Romanus, relicto imperatore Græcorum et dominatione, ad prædicti principis defensionem, et invictam ejus clementiam convertere cum voluissent, ipse vero pro his omnibus cum gaudio et gratiarum actione Domino repensis, ipsam legationem cum magnis muneribus Romam remisit. Post hæc elegit ex suis fidelibus Grimonem, scilicet Corbeiensis monasterii abbatem, et Sigibertum reclusum basilicæ sancti Dionysii martyris, et cum magnis muneribus ad limina beati Petri principis apostolorum misit, ac per eos omnia in responsis, quæ sibi et populo Francorum jussa [Forte, visa] fuerunt, præsuli scriptum remandavit. Post hæc præfatus prin-
D ceps audiens quod Saraceni provinciam Arelatensem vel cæteras civitates in circuitu depopularent, collecto magno exercitu Francorum, vel Burgundionum, vel cæterarum in circuitu nationum, quæ ditionis illius erant, Avinionem civitatem bellando irrupit, Saracenos quos ibi invenit interemit, et transito Rodano, ad obsidendam civitatem Narbonam properat; quam dum obsideret, Ocupa rex Saracenorum ex Spania Amoribina ilet cum exercitu magno Saracenorum ad præsidium Narbona transmittit. Tunc Carolus partem exercitus sui ad obsidendam civitatem reliquit, reliquam vero partem sumpta, Saracenis obviam exivit in prælio super Berre fluvio, et dum

---

[a] Moiss., *Ragngario*.
[b] Hic locus corruptus in Chronico Moissiacensi ubi legitur hoc modo, *Regis Dagoberti exercito Carbonariam silvam transeuntes*.
[c] Moiss., *quemdam*.
[d] Moiss., *Soma*.
[e] Ab his verbis plura in codice Moissiacensi desiderantur folia, quæ ope hujus codicis resarciri possunt, scilicet ab anno 717 ad 778.

præliare cœpissent, debellati sunt Saraceni a Francis cæde magna, maximaque pars ipsorum cecidit in gladio, et experti sunt Saraceni Francorum prælio, qui ex Syria egressi sunt, Carolum fortissimum in omnibus repererunt. Ipse vero Carolus spolia collecta et copiosam prædam cum reverteretur, Magdalonam destrui præcepit. Nemauso vero, arenam civitatis illius atque portas cremari jussit, atque obsidibus acceptis reversus est in Franciam.

ORTUS PIPINI.

Anno DCC... Carolus princeps obiit, regnavit annis 23 et menses 6. Obiit xi Kalendas Novembris, filiique ejus Pipinus et Carlomannus principatum patris inter se dividunt. Carlomannus Austria, Alamannia, atque Turingia sortitur. Pipinus vero Burgundiam atque Provinciam accepit. Zacharias natione Græcus S. R. E. papa sedit Romæ. Hujus temporibus Carlomannus rex Francorum, filius prædicti principis Caroli, frater Pipini, divino amore et desiderio cœlestis patriæ compunctus, sponte regnum reliquit, filiosque suos Pipino fratri commendavit: ipse vero Romam pergens, ad limina beati Petri apostoli cum plurimis suis optimatibus et donis innumerabilibus pervenit, et ante sepulcrum beati Petri posuit, capitisque coma deposita, habitum clericalem, ordinante beato Zacharia papa, assumpsit, aliquantoque tempore ibidem mansit. Consilio vero accepto ejusdem pontificis, ad Casinum montem et cœnobium sancti Benedicti perrexit, ibique obedientiam regularem Optato abbati promittens, monachicam professionem spopondit. Pipinus vero regnum patris totum sibi vindicat, et per auctoritatem Romani pontificis ex præfecto palatii rex constitutus. Post obitum Zachariæ pontificis Stephanus natione Græcus sedit in pontificatu. Hic molestia Langobardorum et superbia Haistulphi regis non sufferens, ad defensionem Pipini regis Francorum quærendam, partibus Franciæ pergit. Quod cum nuntiatum fuisset regi Pipino, magno repletus est gaudio, filiumque suum primogenitum Carolum, qui post eum regnaturus erat, obviam ei abire præcepit, ipsumque cum honore ad præsentiam ejus in villa quæ dicitur Pons Hugonis adducere; ibique veniens prædictus papa, a Pipino rege honorifice susceptus est. Sequenti die una cum clero suo aspersus cinere et indutus cilicio in terram prostratus, per misericordiam Dei omnipotentis et merita beatorum apostolorum Petri et Pauli Pipinum regem obsecrans, ut is et populum Romanum de manu Longobardorum et superbi regis Haistulphi servitio liberaret, nec antea de terra surgere voluit, quam sibi rex prædictus Pipinus cum filiis suis et optimatibus Francorum manum porrigerent, et ipsum pro indicio suffragii futuri et liberationis de terra levarent. Tunc rex Pipinus omnem pontificis voluntatem adimplens, direxit eum ad monasterium sancti Dionysii martyris, eumque ibi summo honore et diligentia hiemare præcepit. Porro Pipinus rex legationem ad Haistulphum regem Langobardorum misit, hortans eum ut propter reverentiam apostolorum Petri et Pauli Romanas urbes non affligeret, et superstitiose has impias præsumptiones contra pontificem Romanæ urbis non moveret. Sed iidem legati super his omnibus quæ princeps Pipinus mandaverat, nihil aliud ab illo superbo tyranno nisi plena superbia responsa et contumacia verba audire meruerunt. Stephanus autem papa ipsum piissimum principem Pipinum regem Francorum ac patricium Romanorum oleo unctionis perunxit secundum morem majorum unctione sacra, filiosque ejus duos felici successione Carolum et Carlomannum eodem coronavit honore. Pipinus vero rex non poterat ea quæ Romano præsuli promiserat, nisi toto affectu cum Dei auxilio adimplere. Pipinus itaque Alpes transiens, legatos suos ad Haistulphum mittens, postulavit ut sanctam Romanam Ecclesiam, cujus ille defensor per ordinationem divinam fuerat, non affligeret, sed omnem justitiam de rebus ablatis faceret. Haistulfus vero in superbia elatus, convicia etiam in præfatum pontificem per inepta verba imponens, nihil ei se facere promittens, nisi viam se præbere quatenus ad propria remearet. Illi vero missi promittebant, non aliter dominum Pipinum a finibus Langobardiæ esse profecturum, nisi prius Haistulfus justitiam sancto Petro faceret. Haistulfus autem requisivit quæ illa justitia esset; cui legati responderunt: Ut ei reddas Pentapolim, Narnias, et Cecanum, et omnia unde populus Romanus de tua iniquitate conqueritur. Et hoc tibi mandat Pipinus, quod si justitiam sancto Petro reddere vis, dabit tibi duodecim millia solidorum. Haistulfus, his omnibus spretis, legatos absque ullis pacificis verbis absolvit. Pipinus igitur iter cœptum peragens ad Clusas Langobardorum pervenit, illisque dirutis, et Haistulfum cum Langobardis in fugam expulsis, Papiam civitatem obsedit annum unum et menses tres, in qua Haistulfum includens, ita per Dei adjutorium illum coarctavit, ut omnes justitias sancti Petri se rediturum reprometteret. His minis Haistulfus tyrannus territus, per manus Pentapolim, Narnias, Cecanum, et reliqua debita quæ sancto Petro debuerat; missis domini Pipini regis per vadium reddidit, et triginta millia solidorum Pipino regi tribuit, spopondens singulis annis in tributum, id est v millia solidorum partibus Francorum se rediturum. Hæc omnia jurejurando Haistulphus cum suis optimatibus et omnibus nobilibus Langobardorum se adimpleturum esse spopondit, et firmitatis causa dedit regi Pipino de nobilibus Langobardorum XL obsides.

Pipinus vero accepta benedictione domni apostolici in pace eum abire permisit, tradens ei Ravennam, Pentapolim, Narnias, Cecanum, et quidquid in illis partibus continebatur. His omnibus peractis, Pipinus victor ad propria remeavit. Quo revertente in Francia, Haistulfus perfidus rex omnia quæcunque promiserat contumaciter postposuit, et Stephanum papam cum armis a finibus suis expulit.

Eodem anno bonæ memoriæ Carlomannus monachus migravit ad Dominum, et Bonifacius archiepiscopus in Frisia verbum Dei nuntians coronatur. Tunc Haistulfus rex Langobardorum fidem quam Pipino promiserat fefellit, cum exercitu Romanas fines invadens, etiam ipsam Urbem obsedit. Hæc audiens Pipinus rex, exercitum congregans et per Burgundiam iter faciens, usque ad Mauriennam urbem pervenit. Hæc cum audisset, Langobardis clusas firmare atque Francis jussit resistere Haistulfus. Pipinus interea transactis Alpibus cum robore exercitus sui, ipsum vallum vel firmitatem quam Langobardi firmarant, destruxit, exercitum eorum in fugam convertit, inde ad Ticinum urbem pervenit, totam illam regionem devastans, illam munitissimam civitatem obsedit. Hoc Haistulfus cernens, nullamque spem evadendi habens, per supplicationem sacerdotum veniam a præcellentissimo rege Pipino postulavit, et ea contra jus vel sacramenta perpetraverat, secundum judicium optimatum Francorum se plenissima voluntate emendare spopondit. Rex vero Pipinus solito more misericordia motus, regnum et vitam concessit. Haistulfus autem per judicium Francorum thesaurum quod in Ticino erat tertiam partem Pipino tradidit, sacramenta iterum renovans, obsidesque tribuens, promisit se semper esse fidelem, et annuale tributum quod Francis tribuerat per missos suos annis singulis esse transmissurum, et ea quæ sancto Petro vel Stephano papæ annis præteritis promiserat, cuncta reddidit. Pipinus autem victor incolumem exercitum gaudens ad propria remeavit, thesauris et obsidibus secum adductis; Haistulfus vero rex dum venationem in quadam silva exerceret, divina ultione percussus, de equo in quo sedebat in terra projectus, tertia die vitam amisit. Post hæc Stephanus papa obiit. His temporibus Jussiphi bin Abderamen tyrannide assumpto super Saracenos in Spania regnat. Dira fames tunc Spaniam domuit. Waifarius princeps Aquitaniæ Narbonam deprædat.

Anno 752 Ansemundus Gothus Nemauso civitatem, Magdalonam, Agathen, Biterris Pipino regi Francorum tradidit. Ex eo die Franci Narbonam infestant. Waifarium principem Aquitaniæ Pipinus prosequitur, eo quod nollet se ditioni illius dare, sicut Eudo fecerat Carolo patri ejus.

Anno 759 Franci Narbonam obsident, datoque sacramento Gothis qui ibi erant, ut si civitatem partibus traderent Pipini regis Francorum, permitterent eos legem suam habere. Quo facto Gothi Saracenos qui in præsidio illius erant, occidunt, ipsamque civitatem partibus Francorum tradunt.

Anno 762 gelu magnum Gallias, Illyricum et Thraciam deprimit, et multæ arbores olivarum et ficulnearum decoctæ gelu aruerunt; sed et germen messium aruit, et superveniente anno prædictas regiones gravius depressit fames, ita ut multi homines penuria panis perirent. Pipinus rex Narbonam veniens, Tolosa, Albigis et Ruthenis illi traditæ sunt, et non post multum tempus Waifarius princeps obiit mense Junio. Pipinus vero rex principatu illius adepto, post dies centum mense Septembrio vitam finivit, regnavitque annis 27 cum per annos 15 aut eo amplius solis Francis imperaret : finito Aquitanico bello, quod contra Waifarium ducem Aquitaniæ per continuos novem annos gerebatur, apud Parisios morbo aquæ intercutis diem obiit.

EXORDIUM CAROLI MAGNI QUO REGNARE COEPIT.

Regnumque illius filii sui Carolus et Carlomannus inter se dividunt, sed Carlomannus brevi tempore regno potitus obiit, totumque regnum patris Carolus occupavit.

Anno 3 Caroli regis abiit Berta regina mater Caroli in Italia ad placitum contra Desiderium regem, et redditæ sunt civitates plurimæ ad partem sancti Petri, et Berta adduxit filiam Desiderii in Francia, et insequenti anno Carlus-mannus mortuus est. Carolus autem, fratre defuncto, consensu omnium Francorum rex constituitur.

De nativitate Caroli Magni atque infantia vel etiam pueritia, quia neque scriptis usquam aliquid declaratum est, neque quisquam modo superesse invenitur qui horum se dicat habere notitiam, scribere ineptum judicans; sed actus et mores, cæterasque vitæ illius partes explicandas et demonstrandas, omissis incognitis, transire disposui : ita tamen ut primo res gestas et domi et foris, deinde mores et studia ejus, tunc de regni administratione et fine narrando, nihilque cogniti vel digna vel necessaria prætermittam omnium bellorum quæ gessit. Primo Aquitanicum a patre inchoatum, sed non finitum, quia cito peragi posse videbatur, fratre adhuc vivo, etiam et auxilium ferre rogato suscepit. Nam et Unaldum, cui post Waifarii mortem Aquitaniam relinquere et Wasconiam petere coegit; quem tamen ibi consistere non sustinens, transmisso amne Garumna, Lupo Wasconum duci per legatos mandat, ut perfugam reddat, quod ni festinato faciat, bello secum expostulaturum. Sed Lupus saniori usus consilio, non solum Unaldum reddit, sed etiam seipsum cum provincia cui præerat ejus potestati permisit. Adrianus papa urbis Romæ legatos suos ob defensionem Romanæ Ecclesiæ ad Carolum regem Francorum misit, quia valde affligebatur a rege Langobardorum Desiderio, qui Haistulfo successerat, ac per donationem Pipini regis Francorum regnum tenebat Langobardorum. Eratque tunc Carolus rex in loco qui dicitur Teudonis-villa. Veniens ibi domni apostolici missus Adriani, nomine Petrus, precibus apostolici ipsum ad defendendam sanctam Ecclesiam postulavit, ut ipsum Romanum populum superbi regis Desiderii liberaret: adjungens quod ipse legitimus

tutor et defensor esset illius plebis, quoniam illum prædecessor suus beatæ memoriæ Stephanus papa unctione sacra liniens, hunc regem ac patricium Romanorum ordinarat. Carolus igitur rex per consilium optimatum suorum voluntatem domni apostolici se adimpleturum esse cum Dei auxilio devota mente spopondit. Eodem anno synodum tenuit in Jenua civitate, in quo conventu exercitum divisit, partem secum retinens, ut per Cenisium montem transiret, partem vero reliquam, cui præfecit Bernardum avunculum suum cum cæteris fidelibus per Jovis montem in Italia intrare præcepit. Desiderius vero rex immemor beneficiorum Pipini regis, per cujus donationem regnum Langobardorum sortitus est, clausas fortiter contra Carolum exercitumque ejus firmare præcepit. Castrametatus est itaque prædictus rex Carolus e regione clusarum et valli quod Langobardi defenderant; misit autem per difficilem ascensum montis legionem ex probatissimis pugnatoribus, qui [per] transcensum montis Langobardos cum Desiderio rege eorum et Oggerio in fugam converterunt. Carolus vero rex cum exercitu suo super apertas clusas, auxiliante Domino et sancto Petro in Italiam intravit, ad Papiam civitatem usque pervenit : in qua Desiderio incluso ipsam civitatem obsedit, et vallo firmissimo circumdedit. Celebravit autem in iisdem castris Natale Domini, et Pascha Romæ. Revertente autem cum Dei auxilio, intercedentibus apostolis Petro et Paulo, glorioso rege Carolo, a Romana urbe ad Papiam venit, ibique venientes undique Langobardi de singulis civitatibus Italiæ subdiderunt se dominio et regimini gloriosi regis Caroli. Adalgisus vero filius Desiderii fugiens navem intravit, ad Constantinopolim perrexit. Carolus vero Papiam civitatem x annos obsedit, et ita mense Junio capta est civitas a Francis. Porro gloriosus rex Carolus cuncta Italia sibi subjugata vel ordinata, custodias Francorum in Papia civitate dimissas, trusoque in exsilium Desiderio rege, et Oggerio, et uxore, et filia, ipse cum magno triumpho, auxiliante Domino, in Francia reversus est. Sic regnum Langobardorum finivit. Regnaverunt Langobardi annis 214.

Anno 772, anno scilicet 5 Caroli regis, Carolus rex hostiliter ingressus est in Saxonia, et destruxit fanum eorum quod vocabatur Hirminsul, inchoatumque cum eis bellum vix unus annus exactus sic quod non ab eis hujuscemodi facta sit permutatio. Sed magnanimitas regis ac perpetua tam in adversis quam in prosperis mentis constantia, mutabilitate non vinci poterat, vel ab his quæ agere cœperat defatigari. Nam nunquam eos hujuscemodi aliquid perpetrantes impune ferre passus est, quin aut ipse de se ducto, aut per comites suos misso exercitu, perfidiam ulcisceretur, et dignam ab eis pœnam exigeret, usque dum omnibus qui resistere solebant profligatis, et in sua potestate redactis; decem millia namque hominum ex his qui utrasque ripas Alvis fluminis incolebant, cum uxoribus et parvulis sublatos transtulit, et huc atque illuc per Galliam et Germaniam multimoda divisione distribuit, eaque conditione a rege proposita, et ab illis suscepta, tractum per tot annos bellum constat esse finitum, et abjecto dæmonum cultu, et relictis patriis cæremoniis, Christianæ fidei atque religionis sacramenta susciperent, et a Francis adunati unus cum eis populus efficeretur. Hoc bello licet per multum temporis spatium traheretur, ipse non amplius cum hoste quam bis acie conflixit, semel juxta montem qui Os Neggi dicitur in loco Teotmelli nominato; et iterum apud Asa fluvium, et hoc uno mense, paucis quoque interpositis diebus. His duobus præliis hostes adeo profligati sunt ac devicti, ut ulterius regem neque provocare, neque venienti resistere, nisi aliqua loci munitione defensi auderent. Plures tamen eo bello tam ex nobilitate Francorum, quam Saxonum, et functi summis honoribus consumpti sunt, tandemque anno 33 finitum est.

Anno 774 [a] abiit Carolus rex hostiliter in Saxonia et vastavit eam, fecitque ibi cædem magnam hominum et comprehendit ibi duos castellos, Heresburgii et Sigisburgii, posuitque ibi custodias, et in sequenti anno abiit iterum rex Carolus in Italia, et recepit illa castella quæ residua erant, et Rotganius interfectus est, et inde revertens ingressus est in Saxonia, et maximam partem Saxonum accepit, et conversi sunt Saxones ad fidem Christi, et multi eorum baptizati sunt, et in alio anno habuit Carolus rex conventum magnum Francorum, id est Magiscampum in Saxonia ad Partesbrunna, et ibi paganorum Saxonum multitudo baptizata est.

Anno 778 congregans Carolus rex exercitum magnum, ingressus est in Spania, et conquisivit civitatem Pampelonam, et ibi Taurus Saracenorum rex venit ad eum, et tradidit ei civitates quas habuit, et dedit ei obsides, fratrem suum et filium, et inde perrexit usque Cæsaraugustam, et dum in illis partibus moraretur, commissum est bellum fortissimum die Dominica, et ceciderunt Saraceni multa millia. Et de hora nona factus est sol hora secunda. Et iterum Saxones perfida gens mentiens fidem, egressi de finibus suis venerunt usque ad Rhenum fluvium, succendendo omnia atque vastando; et cum reverterentur cum præda magna, pervenit nuntius ad Carolum regem adhuc in Spania degentem. [[b] Cum enim assidue et pene continuo cum Saxonibus bello certaretur, dispositis per congrua confiniorum loca præsidiis, tunc Yspaniam, quam maximo poterat belli apparatu aggreditur, saltuque Pyrenæi superato, omnibus quæ adierat oppidis atque castellis in deditionem acceptis, salvo et incolumi exercitu revertitur, præter quod in ipso Pyrenæi jugo Wasconicam perfidiam parumper in redeundo contigit experiri. Nam cum agmine longo, ut loci et angustiarum situs permittebat, porrectus iret exercitus, Wascones in summi montis vertice positis insidiis (est enim locus ex opacitate silvarum, quarum ibi maxima est copia, insidiis ponendis opportunus), extremam impedimentorum partem, et eos qui novissimi agminis incedentes subsidio, præcedentes tuebantur, desuper incursantes in subjectam vallem dejiciunt, consertoque cum eis prælio, usque ad unum omnes interficiunt, ac direptis impedimentis, noctis beneficio, quæ jam instabat, protecti, summa cum celeritate in diversa disperguntur. Adjuvabat in hoc facto Wascones levitas armorum, et loci in quo res gerebatur, situs: e contra Francos et armorum gravitas et loci iniquitas per omnia Wasconibus reddidit impares. In quo prælio Eggiardus regiæ mensæ præpositus, Anselmus comes palatii cum aliis compluribus interficiuntur. Carolus quoque reversus cum suo exercitu,] Franci vero conglobati in unum persecuti sunt Saxones usque ad flumen, cui nomen est Calerna. Quod cum comperissent Saxones, conversi sunt ad eos in prælio, et ceciderunt ex parte Saxonum plurimi, cæteri vero fugerunt et acceperunt spolia eorum. Et in alio anno perrexit iterum Carolus rex cum exercitu in Spania, et venit usque ad civitatem Medinacœli. Et Saraceni pacificati de trans flumen obsides dederunt. In Spania vero fames magna et mortalitas facta est, et rex sedit in civitate Lionæ. Et insequenti anno congregans exercitum magnum, ingressus est in Spania super Navarros, et pervenit usque ad flumen *Gaalz*, et ipsi Navarri tradiderunt se illi omnes, et accepit obsides tam ingenuos quam et lidos, et divisit ipsam patriam inter episcopos et presbyteros et abbates, ut in ea baptizarent et prædicarent, necnon et Inmidorum [*Forte*, Winidorum] seu Bascanorum vel paganorum magna multitudo baptizata est. Inde revertens abiit in Italia et dereliquit filios suos in Wormatia Pipinum et Carolum.

Anno 781 Caroli vero anno 13, abiit rex Carolus cum exercitu et ingressus est Italiam, et pervenit usque Romam, et baptizatus est ibi filius ejus qui vocabatur Carlomannus, quem Adrianus papa mutato nomine vocavit Pipinum, et unxit in regem super Italiam, et fratrem ejus Ludovicum super Aquitaniam, et ibi desponsata est Ruotrudis filia regis Caroli Constantino imperatori. Post hoc Carolus rex Roma egressus, iter agens Capuam Campaniæ urbem accessit, atque ibi positis castris, bellum Beneventanis, ni dederentur, comminatus est. Prævenit hoc dux gentis Aragisus, filios suos Romaldum et Grimoaldum cum magna pecunia obviam regi mittens. Rogat ut filios suos obsides suscipiat, seque cum gente imperata facturum pollicetur, præter hoc solum ut ipse ad conspectum venire non cogeretur. Rex utilitate gentis magis quam animi ejus obstinatione considerata, et oblatos sibi obsides suscepit, eique ut ad conspectum venire non cogeretur pro magno munere concessit, unoque ex filiis qui minor erat, obsidionis gratia retento, majorem patri remisit, legatisque ob sacramenta fidelitatis a Beneventanis exigenda atque suscipienda cum Aragiso dimissis, Romam rediit. Consumptisque ibi in sanctorum veneratione locorum aliquot diebus, in Gallias revertitur, et habuit colloquium cum Tassilone duce Bajoarico et magno Francorum conventu, id est Magiscampum apud Warmatia habuit civitatem.

Anno 782, anno 14 Caroli regis Benedictus abbas, qui vocatur Vitiche, in loco qui dicitur Anianum ex præcepto supradicti regis Caroli monasterium ædificavit, in quo postea trecentos sub regimine suo monachos habuit, et per ipsius exemplum per totam Gotiam et Aquitaniam monasteria construuntur. In anno supradicto habuit rex conventum magnum exercitus sui in Saxonia ad Lipebrunem, et constituit super eam comites ex nobilissimo genere Saxonum, et cum eos iterum cognovisset a fide dilapsos, et ad debellandum esse adunatos, et quod nonnulli suorum in hac seditione interiissent, rursum abiit in Saxonia, et vastavit eam et ingentem Saxonum turbam atroci confodit gladio.

Anno 785 perrexit rex Carolus in Saxonia cum exercitu magno, et rebellantibus illis commissum est bellum, et ceciderunt ex parte Saxonum multa millia, et iterum bellum commissum est, et pugnaverunt Franci cum Saxonibus, et ceciderunt de parte Saxonum etiam multa millia quam antea, et victor reversus est Carolus in Francia, et in ipso anno fuit æstus tam vehemens, ut plurimi homines de ipso calore exspirarent, et insequenti anno Carolus rex perrexit iterum in Saxonia per duas vices.

Anno 785. Carolus rex demoratus est in Saxonia ad Heresburg [c] a Natale Domini usque in mense Junio, et ædificavit eam a novo, sed et basilicam ipsam construxit, placitumque habuit ad Partesbrunnam cum Francis et Saxonibus, et tunc demum perrexit trans fluvium Wissara [d] et pervenit ad Barduwic. Cumque Saxones se illi dedissent, Christianitatem, quam pridem respuerant, iterum recipiunt, nulloque rebellante, postea rex rediit in domum suam. Widuchint tot malorum auctor ac perfidiæ incentor, venit cum sociis suis ad Adiniaco palatio, et ibidem baptizatus est, et rex suscepit eum a fonte, ac donis magnificis honoravit. Eodem anno Gerundenses homines Gerundam civitatem Carolo regi tradiderunt.

Anno 787 rebellare conati sunt quidam comites, nonnulli etiam nobiles ex partibus Austriæ, ac conjurantes invicem coegerunt quos potuerunt, ut con-

---

[a] Hic deesse videtur aliquis numerus, nam antea acta anno 772 posuerat. Ex Annalibus Metensibus ad annum 775: Carolus: « Sigiburgum castrum cepit, Heresburgum reædificavit. »

[b] Quæ uncis includuntur ex Eginardo desumpta, ab Anianensi monacho hic inserta videntur.
[c] Chron. Moiss., Hensburg.
[d] Moiss., *transfluvium Guisan*,

tra regem insurgerent. Quod factum multos exterruit. Cumque perspicerent quod opus nefandum implere non possent, neque opportunum tempus adesset, exterriti latebras undique quæsivere. Quo comperto, rex jussit eos ad se venire. Præcedenti [a] tempore in mense Aprilio in Warmatia synodum episcoporum ac conventum coadunare fecit, ubi decernens quod hi potissime qui in hac conjuratione devicti sunt honore simul ac liminibus privarentur, eos tamen qui innoxii in hac conjuratione seducti sunt, clementer absolvit. Ex hoc anno mense Septembrio apparuerunt acies terribiles in cœlo, quales nunquam nostris temporibus nec antea apparuerunt, necnon et signa crucis apparuerunt in vestimentis hominum, et nonnulli sanguinem dixerunt se videre pluere, unde pavor ingens et metus in populo irruit, ac mortalitas magna secuta est.

Anno 787 eclipsin solis facta est hora secunda VI [b] Kalendas Octobris, die Dominico. Et in eodem anno venit Carolus rex usque ad terminos Bajoariorum [c] cum exercitu, et introivit in ipsam patriam : quod bellum et repente ortum, et celeri fine completum est : quod superbia simul et socordia Tassilonis ducis excitavit, qui hortatu uxoris, quæ filia Desiderii regis erat, ac patris exsilium per maritum ulcisci posse putabat, juncto fœdere cum Hunis, qui Bajoarii sunt contermini ab oriente, non solum imperata non facere, sed bello regem provocare tentabat : cujus contumacia quia nimia videbatur, animositas regis ferre nequiverat, ac proinde copiis undique contractis, Bajoariam petiturus, ipse ad Lechum amnem cum maximo venit exercitu. Hic fluvius Bajoarios ab Alamannis dividit, cujus in ripa castris collocatis, priusquam provinciam intraret, animum ducis per legatos statuit experiri : sed nec ille pertinaciter agere, vel [quod] sibi vel genti utile erat, supplex se regi permisit, obsides qui imperabantur dedit, inter quos et filium suum Theudonem, data insuper fide cum juramento, quo ab illius potestate ad defensionem, nullo suadente, assentire deberet, sicque bello, quod quasi maximum futurum videbatur, celerrimus est finis impositus. Et in alio anno venit Tassilo ad Carolum regem ad Ingolumhain, et factum est ibi conventum Francorum cæterarumque nationum, quæ sub dominatione ejus erant. Et recordantes Franci de pessimis consiliis et machinationibus quas ipse Tassilo et conjux illius cum omnes gentes quæ in circuitu Francorum erant, tam Christiani quam pagani, faciebant contra Francos; sed et consiliarii Tassilonis et legatarii ipsius in præsenti adfuerunt, et coram eo ipsum consilium dicebant, et ille nullatenus potuit denegare. Tunc judicaverunt eum morti dignum. Rex autem misericordia motus, noluit eum occidere; sed ipsius petitionibus clericum eum fecit, et retrusit in monasterio. Et perrexit rex in Bajoaria ad Raganesburg [d], et ibi venerunt ad eum Bajoarii, et dati sunt regi obsides, et ordinata ipsa patria [e] per comites ac regi commissa, reversus est in Francia. Et insequenti anno Carolus rex per Saxoniam pervenit usque ad Sclavos, qui dicuntur Vulsi, proprie vero, id est sua locutione Vuelatabi dicuntur [f], et venerunt reges terræ illius cum rege eorum Tranuito [g] ei obviam, et petita pace, tradiderunt terras illas universas sub dominatione ejus, et seipsis traditis, rex reversus est in Francia, et in alio anno habuit rex conventum in Wormatia, non tamen Magis campum [h]. Et ipso anno transiit sine hoste.

Anno 791 abiit rex in Wormatia, et ibi celebravit Pascha. Et revertente anno, eo tempore quo solent reges ad bella procedere, movit exercitum innumerabilem, et abiit contra superbissimam gentem Avarorum, divisitque exercitum in tres partes, et introivit ipse per Bajoriam in fines Hunorum ex meridiana parte Danubii, et de alia parte Danubii alius exercitus introivit Rubuariorum et Fresionum et Saxonum cum Toringis ; sed et navales hostes per Danubium, ut ex utraque parte rex potestatem potuisset habere cum exercitu suo, et sic introivit in terram illam, isti hinc et illi inde. Medius autem exercitus navalis, et exterruit eos Dominus in conspectu ejus, ita ut nullus ei resistere auderet. Sed ubique aut fossatum aut aliquam firmitatem, sive in montibus, aut in flumina, aut in silvis factum habuerunt, statim ut ipse aut exercitus ejus advenit, continuo ad se tradiderunt, aut occisi sunt, aut per fugam dilapsi. Sed et ille alius exercitus, quem Pipinus filius ejus in Italia transmisit, introivit Illyricum, et fecerunt ibi similiter, vastantes et incendentes terram illam, sicut rex fecit cum exercitu suo ubi ipse erat. Cum autem vidisset rex Carolus quod nullus ei de parte Avarorum resistere ausus esset aut suis, circuivit terram illam per dies quinquaginta duos, incendendo et vastando terram illam : sed et prædam sine mensura et numero, et captivos viros, et mulieres, et parvulos, innumerabilem multitudinem exinde tulerunt. Et Carolus rex rediit in Bajoaria, ibique hiemavit Philopia [i]. Maximum omnium, quæ ab illo gesta sunt bellorum; præter Saxonicum, huic bello successit. Illud videlicet quod contra Avaros sive Hunos susceptum est : quod ille et animosius quam cætera, et longe majori apparatu administravit. Unam tamen per se in Pannonia, nam hanc provinciam ea gens tunc incolebat, expeditionem, cætera filio suo Pipino ac præfectis provinciarum, comitibus etiam atque legatis perficienda commisit. Quod cum ab his strenuissime fuisset administratum, octavo tandem anno completum est. Quot prælia in eo gesta, quantum sanguinis effusum sit, testatur vacua omni habitatore Pannonia, et locus in quo regia Kacani erat ita desertus, ut ne vestigium quidem in eo humanæ habitationis appareat. Tota in hoc bello nobilitas Hunorum periit, tota gloria decidit, omnis pecunia, et congesti ex longo tempore thesauri direpti sunt. Neque ullum bellum contra Francos exortum humana potest memoria recordari, quo illi magis ditati et opibus aucti sunt : quippe cum usque in id temporis pene pauperes viderentur, tantum auri et argenti in regia aula repertum, tot spolia pretiosa in præliis sublata, ut merito credi possit, hoc Francos Hunis juste eripuisse, quod Huni prius aliis gentibus injuste eripuerunt. Duo tantum ex proceribus Francorum eo bello perierunt, Erigus dux Forjuliensis in Liburnia juxta Tarsaticam maritimam civitatem insidiis oppidanorum interceptus, et Geroldus Bajoariæ præfectus in Pannonia, cum contra Hunos præliaturus aciem strueret, incertum a quo, cum duobus tantum, qui eum obequitantem ac singulos hortantem comitabantur, interfectus est. Cæterum incruentum pene Francis hoc bellum fuit, et prosperum exitum habuit, tametsi diutius sui magnitudine traheretur. Post quod et Saxonicum suæ prolixitati convenientem finem accepit.

Anno 792 resedit Carolus rex in Bajoaria, et apud Raganesburg celebravit Pascha ; sed appropinquante æstivo tempore Saxones æstimantes quod Avarorum gens se vindicare voluisset, hoc quod in corde eorum dudum latebat, manifestissime ostenditur, quasi canis qui revertitur ad vomitum suum, sic reversi sunt ad paganismum suum, quem pridem re-

---

[a] Moiss., *procedenti*.
[b] Moiss., VII *Kalendas*.
[c] Moiss., *ad terminos Pannoniorum*.
[d] Moiss., *Raganslurg*.
[e] Moiss., *et ordinata ipsa patria reversus est in Fronciam*. Sed legendum ut in codice nostro.
[f] Integram hanc lineam prætermisit Moiss.
[g] Moiss., *Tranquito*.
[h] Moiss., *Magii campum*.
[i] Moiss., *in Jupila*. Sed Jupila non est in Bajoaria, sed in ditione Leodiensi.

spuerant, relinquentes iterum Christianitatem, conjungentes se cum paganis qui in circuitu eorum erant. Sed et legatos ad Avaros transmittentes, conati sunt rebellare in primis contra Deum, deinde contra regem, ecclesiasque quæ in finibus eorum erant incendentes vastabant, rejicientes episcopos et presbyteros qui supererant [*Forte,* super eos erant], et aliquos ex eis comprehensos occiderunt, et plenissime ad culturam idolorum conversi sunt. Et in ipso anno ventum est consilium pessimum, quod Pippinus filius regis ex concubina Hilmitrude nomine genitus, contra regis vitam et filiorum ejus qui ex legitima geniti sunt, voluit regem et ipsos occidere, et ipse pro eo quasi Abimelech in diebus Judicum Israel regnare, qui occidit fratres suos LXX viros super unam petram, et regnavit pro Gedeone patre suo, cum malitia tamen et odio. Sed cum cognovisset rex consilium Pipini et eorum qui cum ipsis erant, coadunavit conventum Francorum, et aliorum fidelium suorum ad Raganesburg, ibique universus populus qui cum rege erant, judicaverunt ipsum Pipinum et eos qui ei consenserant, ut simul hæreditate et vita privarentur, et ita de aliquibus adimpletum est. Nam de Pipino filio suo, quia noluit rex ut occideretur, judicaverunt ut ad servitium inclinari debuisset ; quod ita factum est, et misit eum jam clericum in monasterio, et ibidem iterum moratus est.

Anno 793, ipsa hieme, iterum fecit rex Carolus conventum apud Raganesburg ; et cum cognovisset fideles suos episcopos, abbates et comites, qui cum ipso ibi aderant et reliquum populum fidelem, qui cum Pipino in ipso consilio pessimo non fuissent, multipliciter eos honoravit in auro et argento, et serico, et donis plurimis ; et in ipsa hieme transmisit rex Carolus duos filios suos Pipinum et Ludovicum cum exercitu magno in terra Beneventana, et facta est ibi fames valida super populum et super exercitum qui advenerat, ita ut aliquanti nec ipsa quadragesima se ab esu carnium abstinere potuissent. Sed et fames validissima in Italia et Burgundia, et per aliqua loca in Francia incumbebat, necnon in Gotia, et in Provincia talis, ut multi ex ipsa fame mortui essent. Rex vero Carolus cum apud Raganesburg iterum celebrasset Pascha, et in æstivo tempore voluisset cum navibus venire in Franciam, jussit fossatum magnum facere inter duo flumina, id est inter Alimonia et Ratanza [a], ibique multum demoratus est. His temporibus regnabat in Spania Exam filius Abderaman Abinmavia. Iste Abinmavia debellavit Jussefibin, et occidit eum et filios ejus, regnavitque pro eo in Spania annis 33 et menses 4. Hic crudelior omnibus regibus Saracenorum fuit, qui ante eum fuerunt in Spania. Diversis cruciatibus interemit innumerabiles Saracenos et Mauros. Filium quoque patris sui fratrem suum, truncatis manibus et pedibus, igni cremari jussit. Christianos in Spania et Judæos in tantum tributa exigendo oppressit, ut filios suos et filias suas venderent [b], et pauci relicti penuria afficerentur, et per pressuram ipsius tota Spania conturbata et depopulata est. Mortuus est autem Abinmavia, et regnavit Exam filius ejus pro eo, fecitque malum sicut pater ejus. Iste audiens quod rex Carolus partibus Auvarorum perrexisset, et æstimans quod Auvari contra regem fortiter dimicassent, et ob hanc causam in Franciam reverti non licuisset, misit Abdelmec [c] unum ex principibus suis cum exercitu magno Saracenorum ad vastandum Gallias ; qui venientes Narbonam, suburbia ejus igne succenderunt multosque Christianos, ac præda magna capta, ad urbem Carcassonam pergere volentes, obviam eis exiit Willelmus quondam comes, aliique comites Francorum cum eo, commiseruntque prælium super fluvium Oliveio, ingravatumque est prælium nimis, ceciditque maxima pars in illa die ex

A populo Christiano. Willelmus autem pugnavit fortiter in die illa : videns vero quod sufferre eos non posset, quia socii ejus dimiserunt eum fugientes, divertit ab eis. Saraceni vero collecta spolia, reversi sunt in Spaniam. Rex autem Carolus, Christo adjuvante, de eodem loco ubi fossatum fieri jussit, navigio pervenit ad Francofurt, et ibi ipsa hieme resedit.

Anno 794 rex Carolus apud villam Francofurt celebravit Pascha. Anno autem 26 regni sui pervenit ad aures piissimi principis ac orthodoxi Caroli quod Helefantus Toletanæ sedis episcopus cum alio episcopo sedis Orgelletanæ, Felice nomine seu infelice in dictis ; qui uterque asserebant dicentes, quod Dominus noster Jesus Christus, in quantum ex Patre est ineffabiliter ante sæcula genitus, vere sit Filius Dei, et in quantum ex Maria semper virgine carnem assumere dignatus est, non verus, sed adoptivus filius, perverso ausi sunt ore proferre. Quo audito, jam di-

B ctus princeps ad sedem apostolicam, Adrianoque papæ urbis Romæ missos dirigit, ac super præfatam hæresim prædictum pontificem consulens, ex omni imperio suo vel regno per diversas provincias regni sui subjectas, zelo fidei successus, summa cum celeritate præcurrentia multitudo antistitum, sacris obtemperando præceptis, in uno collegio aggregando convenit apud villam, quæ dicitur Francofurt, ubi universali synodo congregata, cum missis domni apostolici Adriani papæ, seu patriarcha Aquileiensi Paulo archiepiscopo, seu Petro Mediolanensi archiepiscopo, seu etiam Italiæ, Galliæ, Gotiæ, Aquitaniæ, Galleciæ, sicut supra dictum est, episcopis, abbatibus, monachis, presbyteris, diaconibus, subdiaconibus, inter quos etiam venerabilis ac sanctissimus abbas Benedictus qui vocatur Vitiza, monasterii Anianensis a partibus Gotiæ ; et religiosos monachos, Bede, Ardo qui et Smaragdus, seu cunctis fratribus suis discipulis. Hi sunt Ingeila, Aimo, Rabanus, Georgius cum cæteris fratribus cunctoque clero de-

C votoque populo pariter aggregato. (Hoc tempore floruit Ardo magister qui et Smaragdus.) Quadam die residentibus cunctis in aula palatii, assistentibus in modum coronæ presbyteris et diaconibus, necnon et universo clero, in præsentia prædicti principis allata est epistola missa ab Helefanto, auctore negotii in urbe, Toletanæ sedis antistite, Spalensis finitimi, adjuncto ei socio Felice Orgelletanæ sedis præsule. Cumque jubente rege publica voce recitata fuisset, statim surgens venerabilis princeps de sella regia, stetit supra gradum ; allocutus est de causa fidei prolixo sermone, et adjecit : Quid vobis videtur ? ab anno prorsus præterito, et ex quo cœpit hujus pestis insania, tumescente perfidia, sulcus ebullire, non parvus in his regionibus, licet in extremis finibus regni nostri, error inolevit, quem censura fidei necesse est omnibus resecare. Cum imprecata et concessa esset morosa oblatio per dies aliquot, placuit ejus mansuetudini ut unusquisque quidquid ingenii captus rectius sentire potuisset, per sacras syllabas die sta-

D tuto ejus clementiæ oblatum sui pectoris fidei munus ferculo mentis vivacitatem deferret, ubi post multum diutinumque tractatum, Novoque ac Veteri Testamento perlecto, ac orthodoxorum Patrum dogma percurrentes, earumque doctrinas sequentes, omnes suprascripti sanctissimi Patres atque universalis synodus impiam hæresim una voce respuerunt atque contradixerunt, hancque hæresim funditus a sancta Ecclesia eradicandam statuerunt, dicentes : Dei Filius hominis factus est filius, natus est secundum veritatem naturæ ex Deo Dei Filius, secundum veritatem naturæ ex homine hominis filius, ut veritas geniti non adoptionem, non appellationem, sed in utraque nativitate filii nomen nascendo haberet, et esset verus Deus et verus homo, unus Filius proprius

---

[a] Moiss., *Alomonia et Rachantha.*
[b] Moiss., *filios et filias suas atque mancipia incen-derent ;* melius codex noster, *venderent.*
[c] Moiss., *Aldelmelec.*

ex utraque natura, non adoptivus ; quia impium et profanum est Deo Patri æterno, Filium coæternum et proprium dici et adoptivum, sed verum et proprium, sicut supra dictum est, ex utraque natura et credi et prædicari debere. Omnium autem hæreticorum perversa dogmata cum auctoribus et sequacibus eorum æterno anathemate percelli judicaverunt, Helefantum vero et Felicem novos hostes Ecclesiæ se veternosa fece polluentes, nisi ab hac stultitia resipiscant, et perfectæ fidei satisfactione, lamentis sese abluant pœnitentiæ, se indignos et ingratos una cum eorum sequacibus a consortio catholicorum perpetua animadversione et admirare [*Forte*, abjuratione] decernunt, et a gremio orthodoxæ Ecclesiæ censuerunt alienos.

Allata est etiam in eadem synodo quæstio de nova Græcorum synodo, quam de adorandis sanctorum imaginibus Constantinopolim fecerant, in qua scriptum habebatur. Ut qui imaginibus sanctorum ita ut deificæ Trinitati servitia aut adorationem non impenderent, anathema judicarentur. Quæ perlecta in prædicto consilio, omnes supradicti sanctissimi Patres universali concilio et servitutem renuerunt et contempserunt atque consentientes condemnaverunt. Placuit etiam universali concilio ut ob reverentiam sancti apostolici Adriani papæ urbis Romæ, scripta mitterentur, per omnia juris privilegio reservato summo pontifici, ut dudum sancti Patres beato Silvestro papæ urbis Romæ ex Nicæno concilio post damnationem Arii vel omnium hæreticorum scripta miserant. Qui præfatus papa, iterum concilio congregato episcoporum totius Ecclesiæ Romanorum, Helefantum et Felicem totius perfidiæ arches et sequaces eorum, ut supra sanctum concilium, pari modo condemnant, et hanc hæresim funditus a sancta Ecclesia eradicare judicant. Misit etiam epistolam omnibus episcopis vel Ecclesiis partibus Hispaniæ sive Galliciæ consolatoriam, quam qui legerit et crediderit, ad fidei tramitem peragendum ex Novo et Veteri Testamento per omnia inveniet sufficienter refertam. Et rex Carolus inde iterum perrexit in Saxonia, et Saxones venerunt ei obviam ad Heresburg, promittentes iterum Christianitatem, et jurantes, quod sæpe fecerunt, et dedit eis presbyteros, et ipse rediit in Francia, et sedit apud Aquis palatium.

Anno 795 rex Carolus apud Aquis palatium celebravit Pascha, et infidelitas unde consueverat a parte Saxonorum exorta est, quia dominus rex super alias gentes venire volens [a], nec ipsi ad eum pleniter venerunt, nec ei solatium, ut eis ipse jusserat, transmiserunt. Tunc iterum cognita infidelitate eorum, rex cum exercitu suo veniens, alii pacifici ei obviam venientes ex parte Saxonorum, et cum eo in solatio suo ipsum iter [b] expleverunt, et cum ipse cum exercitu suo ad Albia pervenisset, alii circa Paludes, et in Vuacmodingas ad eum pleniter non venerunt. Dominus rex tamen recedens apud Bardunuil [c] tantam multitudinem obsidum inde tulit, quantum nunquam diebus suis aut in diebus patris, aut in diebus regum Francorum inde aliquando tulerunt. Sed et tunc omnes ad eum venientes, excepto his quos supra commemoravimus, et hi qui trans Albiam erant, ipsi ad eum pleniter non venerunt, eo quod vassum domini regis Viudin [d] regem Adotritarum occiderunt. Ideo non credebant quod in gratia ejus pervenire potuissent. Cæteri autem omnes pacifici venerunt et jussionem suam promittentes implere, et ita dominus rex iterum credens eis nullumque interficiens, fidem suam servando. Tunc ad Aquis palatium de terra Auvarorum regulus quidam Thodanus [e] ad dominum regem veniens cum comitibus suis. Quem rex honorifice suscepit, et baptizari jussit, et eos qui cum ipso venerunt ; cum magno honore et donis eum remeare fecit ad propria. Et in eo anno a parte Auvarorum venerunt thesauri magna multitudo, pro quibus rex omnipotens regi gratias agens, distribuitque ipsum thesaurum inter ecclesias et episcopos, seu abbates et comites, necnon et universos fideles suos de eodem thesauro mirifice honoravit, et in ipsa hieme, id est vIII Kal. Januarii sanctæ memoriæ dominus Adrianus summus pontifex Romanæ Ecclesiæ obiit, pro quo rex piissimus Carolus orationes per universum populum Christianum infra terminos suos fieri rogavit, et eleemosyna sua pro eo multipliciter transmisit. Et epitaphium aureis litteris in marmore conscriptum jussit in Francia fieri, ut eum partibus Romæ transmitteret, ad sepulcrum summi pontificis Adriani.

Anno 796, æstatis tempore, misit filium suum Pippinum rex Carolus cum suis, quos in Italia habebat Francos, Langobardos et Bagoarios, cum aliqua parte Alamannorum [f] in finibus Auvarorum. Et venit Pippinus cum exercitu suo, vel cum omnibus illis quos pater ejus miserat ei in auxilium ; et transito Danubio fluvio, pervenit ad locum ubi reges Auvarorum cum principibus suis sedere consueti sunt, quem in nostra lingua Rinno [g] nominant : it inde tulit thesauros Auvarorum, et cum multis captis pervenit in Francia, et in ipsa æstate rex Carolus demoratus est in Saxonia cum duobus filiis suis Carolo et Ludovico, et circuivit terram Saxonorum ubi rebelles fuerunt, incendendo et vastando omnia, et prædam innumerabilem, viros et mulieres, et parvulos captivos duxit secum in Francia. Tertium [h] vero exercitum in eadem æstate transmisit, filiosque suos in Spania in fines Saracenorum cum principibus suis, qui et ipsi fecerunt similiter, vastaverunt terram illam et redierunt cum pace ad regem Carolum Aquis palatium. Nam ibi firmaverat sedem suam atque ædificavit ecclesiam suam miræ magnitudinis in honore sanctæ Mariæ perpetuæ virginis genitricis Dei, cujus portas et cancella [i] fecit ærea, et cum magna diligentia et honore, ut decebat, in cæteris ornamentis ipsam basilicam composuit, auroque et argento et luminaribus adornavit. Ad cujus structuram cum columnas et marmora aliunde habere non poterat, Roma atque Ravenna devehenda curavit. Fecit autem ibi et palatium quod nominavit Lateranis, et collectis thesauris suis de regnis singulis, in Aquis adduci præcepit. Fecit autem et opera multa et magna in eodem loco.

Anno 797, anno 30 Caroli regis, introivit rex præfatus cum exercitu suo in Saxonia, et pervenit ad pagum qui dicitur Vudmodi, ubi firmitas eorum facta erat, et ipsa firmitate interrupta, introivit cum exercitu suo in pagum illum, vastavitque et incendit eum, et tunc denuo [j] venerunt ad eum Saxones de universis finibus et angulis ubi habitabant, et tulit inde obsides quos voluit, et de Frisionibus similiter, et sic reversus est in Francia. Et post aliquantas hebdomadas iterum introivit in Saxonia, et ibi habitavit ipsa hieme, et fecit sedem suam juxta locum ubi Timella fuit in hujus saraca, quæ etiam Heristelli

---

[a] Hunc locum ita corrupte legit Chronicon Moissiacense : *quia eam dominus rex super alias gentes venire voluisset.*
[b] Male etiam in Chronico prædicto *iterum expleverunt*, quod nullum efficit sensum.
[c] Moiss., *Bardanavil.*
[d] Moiss., *Cahchita Abatrizarum occiderant.*
[e] Moiss., *Sordarius.*
[f] Moiss., *Alemannorum.*
[g] Moiss., *Kinno*
[h] Moiss., *Etenim exercitum.* Melius codex noster, *tertium vero exercitum.* Nam duos hoc anno prius commemoraverat, unum sub Pipino duce adversus Avaros, alterum quem ipse cum Carolo et Ludovico filiis duxerat ipse Carolus in Saxoniam.
[i] Moiss., *portas cancella*, omisso *et*, male.
[j] Moiss., *Et hinc denuo.*

appellavit, eo quod ab exercitu suo fuerunt constructæ ipsæ mansiones ubi habitabant. Et in ipsa hieme resedit, et ibi celebravit Pascha; et in ipsa æstate pervenit cum exercitu suo ad Bardunhuinc, et illi omnes se tradiderunt in manu ejus, et tulit inde obsides quos voluit, et interim congregati sunt Sclavi nostri qui dicuntur Abodriti cum missis domini regis ad illos Saxones, congregaverunt se in unum et commiserunt prælium, cecideruntque ex parte Saxonum ipsa die duo millia DCCC; et inde rex remeavit in Francia ad Aquis palatium sedem suam, et ibi hiemavit.

Anno 799 rex Carolus apud Aquis palatium celebravit Pascha. Post obitum vero Adriani papæ successit Leo in apostolatum, natus Romæ ex patre Asupio, matre Helisabeth [a], qui sedit annos 22 et menses 5. Hic fuit amator ecclesiarum et acris ingenii homo. Hunc Romani voluerunt occidere, et in ipsa Litania majore quod est VII Kalendas Madii insilueruntin eo subito, captumque linguam ejus absciderunt, et conati [b] sunt oculos ejus abstrahere, et in custodia miserunt, inde per fugam nocte lapsus ad missos gloriosi præfati principis Caroli, qui tunc apud basilicam beati Petri erant, Hunerondum scilicet abbatem, et Hivinegisum Spolitanum ducem pervenit, qui ab eis Spolicium deductus est. Carolus autem rex tunc erat apud Saxoniam in loco qui appellatur ad Partesburna, ibique ad eum Leo præfactus papa urbis Romæ deductus est, quem rex cum summo honore suscepit, et multis donis eum honoravit, et postea cum pace et honore magno ipsum papam remisit ad propriam sedem, et missi regis deduxerunt eum honorifice et eos qui mortis ejus consiliarii fuerant transmiserunt ad regem. Rex autem misit eos in exsilio.

Anno 800 Carolus rex congregavit optimates suos, et synodum habuit apud Maguntiam cum conventu episcoporum vel abbatum, et cum cognovisset per omnes fines suos habere pacem, recordatus est de injuria quam Romani apostolico Leoni fecerant, et erexit faciem suam ut iret partibus Romæ; quod ita et fecit. Cum autem Romæ propinquaret, occurrit ei Leo papa et Romani principes cum eo apud Numentum, duodecimo ab Urbe lapide. Cum pervenisset autem Romam rex prædictus VIII Kalendas Decembris, post octo vero dies, concione cum Romanis habita, causam adventus sui omnibus patefecit, fecitque conventum maximum episcoporum seu abbatum cum presbyteris et diaconibus, et comitibus, seu reliquo populo Christiano: et ibi venerunt in præsentia qui ipsum apostolicum condemnare voluerunt. Qui postquam nullus probator criminum inventus est, præfatus papa nullo judicante, sed sua spontanea voluntate coram omni populo in basilica beati Petri apostoli Evangelium portans, ambonem conscendens, invocatoque sanctæ Trinitatis nomine, cum jurejurando ab objectis criminibus se purgavit, et ipsa sacramenta expleta, omnes episcopi cum universo clero seu præfato rege devotoque populo Christiano hymnum *Te Deum laudamus* decantaverunt. Quo expleto, ipse rex cum universo populo laudes Deo dabant, quia apostolicum Leonem sanum in corpore et in anima custoditum habere meruerunt.

Anno 801, cum apud Romam moraretur rex Carolus, Zacharias presbyter, quem antea rex cum multis donariis ad sepulcrum Dominicum vel per alia loca sancta miserat illis partibus, duobus monachis de Hierosolyma a patriarcha directis ad regem, Romam venerunt: qui benedictionis causa claves sepulcri Dominici ac loci Calvariæ, claves etiam civitatis et montis Sion, cum vexillo crucis detulerunt. Quo rex accepto, Dominum benedixit, ac remuneratos multis muneribus Hierosolymam remisit. Ipse vero rex die sacratissima natalis Domini cum ad missam ante confessionem beati Petri apostoli ab oratione consurgeret, Leo papa cum consilio omnium episcoporum sive sacerdotum, seu senatu Francorum, necnon et Romanorum, coronam auream capiti ejus imposuit, adjuncto etiam Romano populo, acclamant: CAROLO AUGUSTO A DEO CORONATO, MAGNO ET PACIFICO IMPERATORI ROMANORUM, VITA ET VICTORIA. Post laudes vero a plebe decantatas ab apostolico, more antiquorum principum, adoratus est. Nam et hoc nutu Dei factum est; cum enim apud Romam tunc præfatus imperator moraretur, delati quidam sunt ad eum, dicentes quod apud Græcos nomen imperatoris cessasset, et finem apud eos nomen imperii teneret. Herena nomine, quæ filium suum imperatorem fraude captum, oculos eruit, et sibi nomen imperii usurpavit, ut Atalia in libro Regum legitur fecisse. Audito Leo papa et omnis conventus episcoporum et sacerdotum seu abbatum, et senatus Francorum, et omnes majores natu Romanorum, cum reliquo Christiano populo consilium habuerunt ut ipsum Carolum regem Francorum imperatorem nominare deberent, qui Romam matrem imperii tenebat, ubi semper Cæsares et imperatores sedere soliti fuerant, et ne pagani insultarent Christianis, si imperatoris nomen apud Christianos cessasset. Ideo justum visum est omnibus ut prædictus rex cum Dei adjutorio, et universo Christiano populo petente, ipsum nomen imperatoris haberet: quorum petitionem ipse rex Carolus negare noluit, sed cum omni humilitate subjectus Deo, et petitione sacerdotum universalique populo Christiano in ipsa nativitate Domini nostri Jesu Christi cum consecratione domini Leonis papæ suscepit, sicut supradictum est, et in primis omnium postquam imperator exstitit, studuit ut ipsam Romanam Ecclesiam de ea discordia quam habuerant Romani cum apostolico Leone, ad pacem et concordiam revocaret. Deinde reversus est in Francia ad Aquis sedem regiam. Magnificatus est autem imperator Carolus super omnes reges Francorum qui ante eum fuerunt, divitiis et gloria, honore et nomine. Iste primus ex genere Francorum imperator exstitit.

Anno 802 recordatus est piissimus Carolus imperator misericordiæ suæ, de pauperibus qui in universo imperio erant, et justitias pleniter habere non poterant. Noluit de infra palatio pauperibus vassos suos transmittere, ad justitias faciendum propter munera; sed elegit in regno suo archiepiscopos, et reliquos episcopos, et abbates, cum ducibus et comitibus, qui opus non habebant super innocentes munera accipere, et ipsos misit per universum regnum, ut ecclesiis, viduis, orphanis, et pauperibus, et cuncto populo justitiam facerent, et mense Octobrio congregavit universam synodum in Aquis, et ibi fecit episcopis cum presbyteris seu diaconibus relegi universos canones, quos sancta synodus præcepit, et decreta pontificum, et pleniter jussit eos tradi coram omnibus episcopis presbyteris, et diaconibus. Similiter in sancta synodo congregavit universos abbates et monachos qui ibi aderant, et ipsi inter se conventum fecerunt, et legerunt regulam sancti Patris Benedicti, et tradiderunt eam sapientes in conspectu abbatum et monachorum; et tunc jussio generaliter super omnes episcopos, abbates, presbyteros, diacones, seu universo choro clericorum facta est, ut unusquisque in loco suo juxta constitutionem sanctorum Patrum sive in episcopatibus sive in monasteriis, aut per universas ecclesias, ita ut canonici juxta canones viverent, et quidquid in clero aut in populo de culpis aut negligentiis apparuerit, juxta canonum auctoritatem emendassent, et quidquid in monasteriis seu in monachis contra regulam sancti Benedicti factum fuisset, hoc juxta regulam ejusdem emendare fecis-

---

[a] Ex hoc loco discimus matris Leonis papæ nomen, de quo altum apud auctores quos viderim silentium.

[b] Vulgo erutos fuisse Leoni oculos tradunt, non desunt tamen auctores qui id negare videantur

sent. Mandavit autem ut unusquisque episcopus in **A** omni regno vel imperio suo, ipsi cum presbyteris suis officium, sicut psallit Ecclesia Romana, facerent. Nam et scholas suas cantorum in loca congrua construi præcepit. Similiter et in monasteriis sancti Benedicti servantibus regulam, ut officium ipsius facerent, sicut regula docet. Ipse vero imperator interim ut ipsum synodum factum est [a], congregavit duces, comites reliquumque populum Christianum cum legislatoribus, et fecit omnes leges regni sui tradere et emendare, et emendandam legem ubicunque necesse fuerit, scribere. Judices vero per scriptum judicassent, et munera non accepissent ; sed omnes homines pauperes et divites in regno suo justitiam haberent.

Anno 803 Carolus imperator celebravit Pascha apud Aquis palatium, et conventum habuit apud Maguntiam, et ipso anno sine hoste stetit. His diebus in Spania super Saracenos regnavit Abulaz filius Axam. Mortuo enim Axa, hic Abulaz filius ejus sus- **B** cepit regnum, fecitque malum sicut fecerat pater ejus et avus. Eo regnante in Spania, misit Carolus imperator Ludovicum filium suum regem Aquitaniæ, ad obsidendam et capiendam civitatem Barchinonam. Qui congregato exercitu ex Aquitania, Wasconia, necnon de Burgundia, Provincia et Gotia, misit eos ante se ad obsidionem civitatis. Qui abeuntes, circumdedit exercitus civitatem, et obsederunt mensibus septem, capieruntque regem civitatis illius nomine Sathon. Cumque panes defecissent in civitate, et jam capienda esset civitas, miserunt ad Ludovicum regem, ut veniret Barchinonam, quia jam capienda erat civitas, ut cum capta fuisset, nomini ejus ascriberetur victoria. Venit autem præfatus Ludovicus ad civitatem, et tradita est civitas in manu ejus, constituitque illic custodia et armamenta, regem vero civitatis illius Sathon vinctum compedibus misit ad patrem suum Carolum imperatorem in Francia. Ipse vero in pace et triumpho reversus est ad propria. **C**

Anno 805 Carolus imperator misit filium suum Carolum regem cum exercitu magno ad Euhuvidines [b], et alium exercitum cum Aulfo et Vuerinario, id est cum Bajoariis. Tertium vero transmisit cum Saxonibus super Huvernofelda et de Melchion [c], et ibi pugnaverunt contra regem eorum nomine Semela et vicerunt eum, et ille dedit duos filios pro fidelitate, et tunc perrexerunt super Fergunna, et venerunt ad fluvium qui vocatur Araga [d] illi tres hostes insimul. Et inde venerunt ad Camburg, qui et vastaverunt regionem illam in circuitu Albiæ. Et postea cum victoria reversus est Carolus rex ad patrem suum in Francia. Quartus vero exercitus cum classe magna navium perrexit in Albia, et pervenit ad Magedoburg, et ibi vastaverunt regionem Genevara [e]. Postea reversi sunt in patriam suam.

Anno 806. In isto anno Willelmus quondam comes ad Anianum monasterium, qui est constructus in honore Domini ac Salvatoris nostri Jesu Christi et gloriosæ matris ejus semper virginis, pervenit, cum **D** omnibus muneribus auri argentique, ac pretiosarum vestium. Illo se tradidit Christo omni vitæ suæ tempore serviturum. Nec mora in deponendo comam fieri passus est, quin potius die natalis apostolorum Petri et Pauli, auro textis depositis vestibus, Christicolarum habuit habitum, seseque Christicolarum adscisci numero quantocius congaudens efficitur. Et in eodem anno Carolus imperator celebravit Pascha ad Neumaga, et misit filium suum Carolum regem super Duringa [f] ad locum qui vocatur Walada [g], ibique habuit conventum magnum, et inde misit scarras suas ultra Albiam. Ipse vero movit exercitum suum ultra Sala super Huverenaveldo [h], et tum fuit interfectus Melito [i] rex superbus, qui regnabat in Siurbis, et postea remeavit Albia, et vastavit regiones illas, et civitates eorum destruxit. Et cæteri reges ipsorum venerunt ad eum, et promiserunt se servituri domno et pio imperatori, tradideruntque obsides sicut ille volebat. Et mandavit eis rex Carolus ædificare civitates duas, unam ad aquilonem partem Albiæ contra Magadaburg, alteram vero in orientalem partem Sala, ad locum qui vocatur Balla [j] ; deinde reversus est ad patrem suum in Francia. His diebus Albinus qui et Alcuinus diaconus in Francia claruit.

Anno 807 Carolus imperator perrexit ad Ingelanheim palatium, et ibi habuit conventum cum episcopis et comitibus vel aliis fidelibus, et mandavit eis ut justitias facerent in regno ejus. Postea dedit eis licentiam ad propria remeare, et quietos sedere, et ut Deo gratias agerent ad pacem et concordiam ipsorum, et illum annum stetit sine hoste.

Anno 808 Carolus imperator misit filium suum Carolum in Saxonia ultra Albia, ad illos Sclavos qui vocantur Linai, et vastavit maximam partem regionis ipsius; sed et aliqui ex nostra parte ibidem ceciderunt. Ultimum contra Nordomannos qui Dani vocantur, primo piraticam exercentes, deinde majori classe littora Galliæ atque Germaniæ vastantes, bellum susceptum est; quorum rex Godofridus, adeo vana spe inflatus erat, ut sibi totius Germaniæ promitteret potestatem, Frisiam quoque atque Saxoniam haud aliter atque suas provincias æstimabat. Jam Abodritos vicinos suos in suam ditionem redegerat, jam eos sibi vectigales fecerat ; jactabat etiam se bene Aquisgrani, ubi regis comitatus erat, cum maximis copiis adventurum, nec dictis ejus quam vanis simis omnino fides abnuebatur : quin potius putaretur tale aliquid inchoaturus, nisi festinata morte præventus fuisset, nam a proprio satellite interfectus et suæ vitæ et belli a se inchoati finem acceleravit.

Anno 809 Carolus imperator sedit apud Aquis palatium, et in illa æstate misit scarras suas ad marchias, et aliqui de illis Saxones venerunt ultra Albiam, et fregerunt unam civitatem cum nostris Huninidis [k] qui appellantur Semeldinc, Connoburg.

Anno 810, æstatis tempore Carolus imperator cum filio suo Carolo rege, ultra Rhenum fluvium super Saxoniam perrexit ad locum qui vocatur Ferdia, et in ipsa æstate mortuus est Pipinus rex Langobardorum; filius Caroli imperatoris ; Carolus autem constituit Bernardum, filium Pipini, regem super Italiam in loco patris sui.

Anno 811 misit Carolus imperator exercitum Francorum et Saxonorum ultra Albiam ad illos Sclavos qui nominantur Lanai et Bethenzr [l], et vastaverunt regiones illas, et ædificaverunt castellum qui dicitur Abochi. Fuit quoque occisio magna Normannorum. Eodem anno obiit Carolus rex, filius Caroli Magni imperatoris.

Anno 812 misit Carolus imperator tres scarras ad illos Sclavos qui dicuntur Huvilti. Unus exercitus venit cum eis super Abodoritos, et duo venerunt obviam ei ad illa marchia. Sed et illi Wilti dextras dederunt, et obsides obtulerunt, et promiserunt se dare partibus imperatoris Caroli, et postea reversus est populus ad propria.

Hactenus primus auctor ; quæ vero sequuntur addita videntur ab aliquo monacho Anianensi, qui hoc opus continuavit, ac primo amplissimum excerptum subjicit ex Vita Caroli Magni auctore Eginardo, quæ

---

[a] Leg. : *ut ipsa synodus facta est.*
[b] Moiss., *Windones.*
[c] Moiss., *Werinefelda et Dervelion.*
[d] Moiss., *Agaru.*
[e] Moiss., *Gencuvanam.*
[f] Moiss., *Buringa.*
[g] Moiss., *Waladala.*
[h] Moiss., *Guercæhveldo.*
[i] Moiss., *Nusito.*
[j] Moiss., *Halla.*
[k] Moiss., *Guinildinis.*
[l] Moiss., *et Bethelereti.*

edita est a Chesnio tom. II, p. 99 [a] *ab his scilicet verbis:* Hæc sunt bella quæ rex potentissimus per annos 47, etc., *usque ad paginam* 103. *Paginæ tamen* 100 *lin.* 17, *post hæc verba:* Tali monitione prohibuit, *hæc inseruntur:* Fecit idem a parte meridiana prope littore maris in comitatu Magdalonense [ecclesiam] in honore Domini nostri Jesu Christi, seu perpetuæ virginis genitricis Dei Mariæ, cujus basilicas composuit, auroque et argento adornavit, ad cujus structuram cum columnas et marmora habere non posset, Nemauso civitate cum magna diligentia adduci præcepit, et collectis thesauris suis de regnis singulis, in Aniano monasterio adduci præcepit, necnon lignis tres cruces Dominicas, et opera multa et magna in eodem loco composuit.

Anno 813 ab incarnatione Domini, Caroli autem imperatoris anno 46, sedit piissimus imperator apud Aquis palatium, et habuit ibi concilium magnum cum Francis episcopis, et abbatibus, ac sacerdotibus, et decrevit quatuor synodos fieri; id est ad Moguntiam civitatem unum, alterum in Rhemis, tertium Turonis, quartum Arelato civitate [b], mandavitque ut quidquid in unumquemque synodum definissent, ad placitum constitutum imprimi nuntiassent : quod ita factum est. Et in ipso anno mense Februario [c], jam dictus imperator Carolus fecit conventum magnum populi apud Aquis palatium. De omni regno et imperio suo convenerunt episcopi, abbates, comites, presbyteri, diacones, et senatus Francorum ad imperatorem in Aquis, et ibidem constituerunt capitula quadraginta sex de causis quæ necessaria erant Ecclesiæ Dei et populo Christiano. Extremo autem vitæ suæ tempore, cum jam et morbo et senectute premeretur, evocatum ad se Ludovicum filium suum Aquitaniæ regem, qui solus filiorum Hildegardæ superarat, congregatis solemniter de toto regno Francorum vel de universo, imperio suo primoribus cunctorum, comitibus, principibus, ducibus, episcopis, abbatibus, monachis, sacerdotibus, diaconibus, et cuncto senatu Francorum, cum cunctorum consilio, consortem sibi totius regni et imperialis nominis sui hæredem constituit, ac per coronam auream tradidit illi imperium, populis acclamantibus : Vivat imperator Ludovicus ; impositoque capiti ejus diademate, imperatorem et Augustum jussit appellari. Susceptum est hoc ejus consilium [ab his] qui aderant magno cum favore et lætitia. Nam et ipse imperator Carolus benedixit dicens : *Benedictus es, Domine Deus meus, qui dedisti hodie sedentem in solio meo, ex semine meo filium, videntibus oculis meis.* Docuit autem eum pater, ut in omnibus præceptum Domini custodiret, tradiditque ei regnum, commendavitque ei filios suos Drogonem, Theodericum et Hugonem, et cum omnia perfecisset, dimisit unumquemque ut abiret in locum suum. Ipse autem Carolus imperator resedit in Aquis palatium. Nam hoc divinitus ei propter regni utilitatem videbatur inspiratum, auxitque majestatem ejus hoc factum, et exteris nationibus non minimum terroris incussit. Dimisso deinde in Aquitaniam filio, ipse more solito, quamvis senectute confectus, non longe a regia Aquensi venatum proficiscitur.

Anno 814 ab incarnatione Domini, Caroli vero imperatoris anno 47 ex quo regnare cœperat, exierunt Normanni cum navibus in Frisia, et fecerunt ibi grande malum, capieruntque viros et mulieres et prædam magnam. In ipso anno exacto hujuscemodi negotio, quod reliquum erat autumni, etc., *ut apud Eginardum in Vita Caroli Magni, pag.* 104, *lin.* 9, *usque in finem. Sed in divisione quæ facta est a Carolo imperatore anno* 814, *post hæc verba:* vel usum ejus sibi necessarium judicaret, *in nostro manuscripto codice additur:* Unam vero partem sibi reservavit, quam dedit Benedicto abbati sancti Salvatoris Anianensis archisterii, videlicet crucis Dominicæ cum gemmis, bratheas aureas contextas cum gemmis, baltheos aureos similiter gemmatos, calices aureos sive argenteos, vel offertoria cum patenulis et offertoriis cum auro et gemmis ornatos. Inter alia dona dedit ei capsulam auream ubi pignora sunt omnium apostolorum. Inter ea dedit ei sceptrum regale ex ebore valde mirificum, et multa alia dona quod dinumerare longum est. Ardoni quoque qui et Smaragdo religioso monacho, dedit tabulam lapideam tinnientem sicut æs. Post obitum vero suum aut voluntariam, etc. *ubi advertendum quod pro illis verbis, pag.* 106. Et altera quæ forma rotunda Romanæ urbis effigie insignita est, episcopo Ravennatis ecclesiæ conferatur, *in coaice manuscripto hæc leguntur:* altera quæ forma rotunda Romanæ urbis effigie figurata est, Salvatorem Jesum Christum Dominum in Anianense monasterium conferatur. *Hujus autem inter divisionis testes, primus abbatum nominatur* Benedictus, et post Hirminonem, Georgius, Theobaldus, Adalelmus, La ..tfredus.

Anno 814 Ludovicus piissimus imperator post mortem patris sui Caroli gloriosissimi imperatoris, sedit super thronum ejus apud Aquis palatium et ibi celebravit Pascha, et acceptis thesauris patris sui, fecit eleemosynam magnam pro patre, divisitque inter ecclesias, et monasteria, et pauperes, sicut ipse ordinaverat. Hoc anno supradicto imperator Ludovicus, id est primo anno imperii sui, Benedictum abbatem de Aniano monasterio tulit propter famam vitæ ejus et sanctitatem, et prope Aquis sedem regiam in Ardenna silva habitare fecit. Ipse vero supradictus abbas, antequam abiret in Francia, ordinavit in loco suo in monasterio Aniano abbatem nomine Smaragdum ; et in ipso anno venerunt ad imperatorem episcopi, abbates, comites, duces, et mulieres, ac viduas, et locutus est cum eis de causis necessariis, et de utilitate sanctæ Ecclesiæ ; et in ipso loco mandavit ut mulieres in servitutem redactæ non fuissent, et acciperent libertatem. Et venit ad eum Bernardus filius Pipini rex Langobardorum, suscepitque eum benigniter domnus imperator Ludovicus, ac remunerato remisit ad propria. Disposuit autem et marchas undique. Nam et præsidia posuit in littore maris ubi necesse fuit, et ipso anno in Aquis hiemavit.

Anno 816 Ludovicus imperator apud Aquis palatium celebravit Pascha ; et in ipsa æstate collecto magno exercitu Francorum et Burgundionum, Alamannorum et Bajoariorum, introivit in Saxoniam, et venit ad Partesbrunnam, et ibi venit ad eum Bernardus rex Langobardorum cum exercitu, et habuit imperator ibi placitum magnum, et misit scarras suas ubi necesse fuit per marchas, et præsidia, et per littora maris, et post hæc reversus est in Franciam ad Aquis palatium, et tertio calendas Augusti habuit consilium magnum in Aquis, et constituit duos filios reges Pipinum et Clotarium ; Pipinum super Aquitaniam et Wasconiam, Clotarium super Bajoariam. Et decrevit in ipso synodo domnus imperator Ludovicus, ut in universo regno suo monachi regulariter viverent secundum regulam sancti Benedicti, et canonici secundum canonum auctoritatem. Mandavit etiam missis et comitibus suis ut justitias facerent in regno ipsius ; et si aliqui homines injuste privati fuissent de hæreditate parentum per cupiditatem comitum aut divitum, ut reddere facerent : necnon et si aliqui homines injuste in civitate redacti erant, ut iterum acciperent libertatem. Eodem anno Wascones rebellaverunt contra imperatorem.

Anno 818 piissimus imperator Ludovicus apud Aquis palatium celebravit Pascha, et æstatis tempore venit ad eum Bernardus rex Langobardorum. His

---

[a] Patrologiæ tomo XCVII.
[b] Quintam nonnulli addunt Cabiloni celebratam.
[c] Moiss., *Septembri.*

diebus domnus apostolicus Leo urbis Romæ migravit a sæculo, successitque ei in sacerdotium domnus Stephanus. Ipso anno papa Stephanus venit ad imperatorem Ludovicum in Francia, invenitque eum apud Rhemis civitatem, attulit illi coronam auream, suscepitque eum imperator cum magno honore, benedixitque ipsum imperatorem, et imposuit coronam auream super caput ejus, remuneravitque eum domnus imperator muneribus multis, et sic rediit Romæ ad sedem suam. Imperator vero piissimus Ludovicus de Rhemis abiit ad Compendio palatio, et habuit consilium cum episcopis, abbatibus et comitibus suis. Deinde reversus ad Aquis palatium sedem regiam, ibique hiemavit. Præfatus autem Stephanus papa cum rediisset Romam, in ipso anno migravit a sæculo. Wascones autem rebelles Garsiam Muci super se in principem eligunt; sed in secundo anno vitam cum principatu amisit, quem fraude usurpatum tenebat.

Anno 821 Ludovicus imperator apud Aquis palatium Pascha celebravit. Ipso anno obiit beatæ memoriæ Benedictus Witiza abbas religiosus monasterii Anianensis III Idus Februarii, anno 9 regnante Ludovico imperatore. Et in ipsa æstate jussit congregari conventum magnum populorum de omni regno et imperio suo apud Aquis sedem regiam, episcopos, abbates, comites, et majores natu Francorum, et manifestavit eis mysterium consilii sui quod cogitaverat, ut constitueret unum ex filiis suis imperatorem. Habebat enim tres filios ex uxore Ermengarda regina, nomen uni Clotarius, nomen secundi Pipinus, tertii vero Ludovicus. Tunc omni populo placuit ut ipse, se vivente, constitueret unum ex filiis suis imperatorem, sicut Carolus pater ejus fecerat ipsum. Tunc tribus diebus jejunantibus est ab omni populo et letania facta. Post hæc jam dictus imperator Clotarium, qui erat major natu, imperatorem elegit, et coronam auream tradidit illi, populis acclamantibus et dicentibus : VIVAT IMPERATOR CLOTARIUS. Facta est autem lætitia magna in populo in die illo, et ipse imperator benedixit Dominum dicens : *Benedictus Dominus Deus meus, qui dedit hodie in solio meo sedentem videntibus oculis meis.* Quartum filium habuit ex concubina nomine Arnulfum, cui pater Senonas civitatem in comitatu dedit. Audiens autem Bernardus rex Italiæ quod factum erat, cogitavit consilium pessimum voluitque in imperatorem et in filio ejus insurgere, et per tyrannidem imperium usurpare. Quo comperto, imperator jussit [*Forte*, misit] confestim nuntios per universum regnum et imperium suum, ut pariter conglobati occuparent omnes aditus Italiæ, quod ita factum est. Bernardus autem cum hæc audiisset, terruit eum Dominus, et omnes qui ei consenserant, et comprehensi sunt ab exercitu, quod imperator miserat ante faciem suam, et comprehensos cum ipso rege adduxerunt ad imperatorem, qui erat apud Cavalonem, quæ est super Sagonna flumen. Tunc sub custodia missus est præfatus rex cum Achiteo comite, qui auctor consilii maligni fuerat, et cum aliis qui illi consenserant, et ducti sunt Aquis. Post hæc fecit imperator conventum magnum Francorum, et retulit eis hanc causam, ut videret quid judicarent fideles sui de eo, vel de his qui consenserant, ut insurgerent contra imperatorem. Tunc pariter judicaverunt eos omnes dignos ad mortem, sed piissimus imperator pepercit vitæ illorum, jussitque ipsi regi Bernardo oculos erui, sed cum factum fuisset, die tertio mortuus est. Achiteo vero similiter oculos erui, et ceteris sociis suis. Teulfum vero episcopum Aurelianensem, qui et ipse auctor maligni consilii fuit, synodo facta episcoporum vel abbatum, necnon aliorum sacerdotum, judicaverunt, tam ipsum, quam omnes episcopos et abbates vel ceteri clerici, qui de hoc maligno consilio socii fuerant, a proprio decideret gradu : quod ita factum est ; nonnulli etiam in exilio missi sunt. Fratres vero suos ex concubinis natos, id est Drogonem, Theodericum et Hugonem quos ei pater commendaverat, clericos fieri jussit, et per singula misit monasteria, et regnum quievit ab ira.

Anno 838 Ludovicus imperator apud Aquis celebravit Pascha, et æstivo tempore introivit cum exercitu magno in Britannia, et occiso rege illius terræ, venerunt majores natu Britannorum, tradiderunt se illi, et acceptos obsides reversus est ipse cum triumpho victoriæ ad propria. Nam exercitus ejus quem miserat partibus Orientis, cum triumpho reversus est ad imperatorem.

Anno 840, imperii vero præfati imperatoris anno 27, obiit Ludovicus piissimus imperator XII Kal. Julii, indictione 3, regnaveruntque filii sui post eum in magna gloria. Amen.

APPENDICIS
AD OPERA BEATI CAROLI MAGNI
SECTIO TERTIA. -- POETICA.

[a] CARMEN INCERTI AUCTORIS
DE CAROLO MAGNO
ET
Leonis pontificis maximi ad eumdem Carolum adventu.
(Ex Canisio, Lectiones veteres.)

Rursus in ambiguos gravis admonet anchora calles
Vela dare, incertis classem concredere ventis,
Languida quæ geminas superarunt membra procellas,
Ad nova bella jubet lassos reparare lacertos,
Victricemque manum gravidis consurgere remis,
Quo vocat aura levis placidis superare profundum
Flatibus æquoreas tentando classibus undas,

---

[a] Quis sit auctor hujus poematis definire non audeo. Codex unde exscriptum habet in extrema pagina hos versus antecedente hæc signa : fer helperc. Unde recentior conjecit, et ascripsit quoque hæc

Tendere ad ignotas celerique per æquora terras
Cursu, et præcipites scopulos pulsare natatu.
Vela movet placidus tremulis cita flatibus Eurus
Cogens me rapido nunc tendere in ardua gressu
Europæ quo celsa pharus cum luce coruscat.
Spargit ad astra suum Carolus rex nomen opimum,
Sol nitet ecce suis radiis, sic denique David
Illustrat magno pietatis numine terras.
Res tamen una duos variando separat istos
Et vice disjuncti mutata sæpe feruntur,
Illum aliquando tegunt nimboso nubila tractu
Hunc ullæ nunquam possunt variare procellæ;
Ille caret proprio bissenis lumine horis,
Iste suam æterno conservat sidere lucem,
Pace nitet læta pariter pietate redundans
Nescit habere pio lapsurum lumine casum.
Vultu hilari, ore nitet, semper quoque fronte serena
Fulget, ab æterno pietatis lumine Phœbum
Vincit, ab occasu dispergens nomen in ortum
Armipotens Carolus victor pius atque triumphans,
Rex cunctos superat reges bonitate per orbem,
Justior est cunctis, cunctisque potentior exstat.
Ille duces magno et comites illustrat amore,
Blandus adest justis, hilarem se præbet ad omnes,
Justitiæ cultor cultores diligit omnes.
Justus in exemplum cunctis se donat habendum,
Ingreditur prior ipse sequi quo se cupit omnes,
Tentat iter facile cuncti quo jure sequantur.
Injustos merito duris constringit habenis,
Atque jugum imponet gravidum cervice superbis.
Discere justitiam divinis admonet actis,
Impia colla premit rigidis constricta catenis
Et docet altithroni præcepta implere tonantis.
Quod mens leva vetat suadendo animusque sinister,
Hoc saltem cupiant implere timore coacti
Quod non sponte prius miseri fecere rebelles.
Exercere student avide instimulante timore,
Qui prius esse fero jam dudum more repugnat,
Fitque timore pio pius impius ille coactus;
Erigit hinc humiles, humilesque extollit in altum
Prona colit relevans ad celsa cacumina colla.
Ora trahit submissa gradus rex justus ad altos,
Colla suprema premit subdens excelsa petentes,
Et quantum miseri conantur surgere ad altum,

A Rursus ad ima facit merito descendere tantum.
Strenuus ingenio Carolus sapiensque modestus,
Insignis studio resplendens mente sagaci
Nomen et hoc merito Carolus sortitur in orbe.
Hæc cara est populis lux et sapientia terris,
Omne decus pariter famulis ornatus et omnis
Exstat honor populi et plebis spes gloria summa
Nominis; hunc olim terris promisit origo
Tam clarum ingenio, meritis quam clarus opimis.
Fulget in orbe potens, prudens, gnarusque modestus
Illuster, facilis, doctus, bonus, aptus, honestus,
Mitis, præcipuus, justus, pius, inclytus, heros,
Rex, rector, venerandus, apex, Augustus opimus,
Arbiter insignis, judex, miserator egenum,
Pacificus, largus, solers, hilarisque venustus,
Grammaticæ doctor constat prælucidus artis.
Nullo unquam fuerat tam clarus tempore lector
Rhetoricæ insignis vegetat præceptor in arte,
Summus apex regum, summus quoque in orbe so-
 [phista.
B Exstat et orator facundo famine pollens,
Inclyta nam superat præclari dicta Catonis,
Vincit et eloquii magnum dulcedine Marcum,
Atque suis dictis facundus cedit Homerus,
Et priscos superat dialectica in arte magistros.
Quattuor aut alias artes quæ jure sequuntur,
Discernit simili rerum ratione magistra,
Doctus in his etiamque modo rex floret eodem,
Solus iter meruit doctrinæ adipiscier omne,
Occultas penetrare vias, mysteria cuncta
Nosse, Deo seriem revelante ab origine rerum,
Omnem quippe viam doctrinæ invenit et omnem
Arosopacum [a] aditum secretaque clancula verba
Omnia, solus enim meruit pius ille talenta
Suscipere et cunctis præfertur in arte magistris.
Scilicet imperii ut quantum rex culmine reges
Excellit, tantum cunctis præponitur arte.
Quis poterit tanti præconia promere regis,
Quisve putat sermone rudis se principis acta
C Posse referre, senes cum vincant omnia vates,
Exsuperatque meum ingenium justissimis actis
Rex Carolus, caput orbis, amor populique decusque,
Europæ venerandus apex, pater optimus, heros,
Augustus, sed et urbe potens, ubi Roma secunda

verba *Ferius Helpericus auctor sequentis carminis.*
Ego hæreo, et magis ad Alcuinum inclino, non propter notas illas, quas ad hoc poema non pertinere existimo, sed quia constat Alcuinum de rebus gestis Caroli Magni scripsisse; id enim testantur cum alii, tum hæreticus Balæus in catalogo scriptorum Britanniæ. Forsan autem hoc poema vel pars vel fragmentum est grandioris illius operis, non enim credam totum opus esse. Nec stylus et genus orationis abludit a vena Alcuini, ut notum illis quibus Alcuini carmina nota. Quid, quod aliquoties vocat Carolum *Davidem?* Quæ appellatio Alcuino tam familiaris fuit, ut scribens ad Carolum Caroli nomen sæpius omitteret, Davidemque regem nuncuparet. Nec ratio temporum repugnat. Venit enim Leo III pontifex ad Carolum anno Christi 799 quo adhuc vivebat Alcuinus, quippe qui demum anno 804 obierit. Et ipse initio significat se jam fessum ad scribendum accedere, et sæpius fortunam expertum esse; hic tamen, occasione tam præclari argumenti, denuo scriptionis aleam subeundam fuisse. Et certe tam pie et religiose adventum pontificis ad Carolum et Francos descripbit, et tam enucleate honores pontifici habitos percenset, ut vel ob hoc indicium ex religiosissima Alcuini officina poema hoc non improbabiliter profectum credi queat. Accedit denum quod auctor hujus poematis omnia quæ scribit, præsens spectasse videtur. Quare nihil etiam causæ relinquitur, cur quis fortasse referre velit ad illum Helpericum, de quo hæc Trithem. in lib. de viris illust. Germaniæ : « Helpericus monachus cœnobii sancti Galli, Ord. D.

Patris Benedicti, vir et ipse in divinis Scripturis multum eruditus, atque in sæcularibus litteris doctissimus, philosophus, astronomus et poeta celeberrimus, ingenio subtilis et disertus eloquio, nec minus vita quam eruditione insignis. Scripsit tam metro quam prosa multa præclara opuscula, sed pauca eorum ad manus nostras pervenerunt. Vidi enim duntaxat et legi librum clarissimum, quem *De Computo ecclesiastico* ædidit. Et alium *De Musica* prænotatum, sed et quædam carmina : claruit eodem tempore, quo Hermannus Contractus anno Domini MXL. » CANISIUS. — Hoc carmen non est Helperici, D ut monet Canisius, cum auctor oculatus debuerit esse testis et præsens vidisse quæ narrat. Sed eadem ratione non est Alcuini. Quippe ex ejus epistolis patet, jam senio confectum imperatorem in Germaniam sequi noluisse, ad eumque excusatorias ea de re scripsisse litteras. Deinde vero illud carmen idem esse non potest cum Alcuini libro *De Gestis Caroli Magni,* quem memorat Balæus. Nihil enim aliud continent hi versus præter venationis descriptionem et imperatoris cum Leone III congressum. Mutilum tamen non videtur illud opusculum, sed partibus suis constans. Dein non carmine, sed prosa scripsisse Alcuinum Gesta Caroli Magni Balæus innuit. In eo tantum conveniunt Alcuinus et hujus poematis auctor, quod sint coævi, Carolo Magno addictissimi, et uterque adversus prosodiam sæpius peccaverit. J. BASNAGIUS.

[a] Leg., *Artis opacum.*

SECTIO III. — POETICA.

Flore novo ingenti magna consurgit ad alta
Moletholis [a] muro præcelsis sidera tangens.
Stat pius arce procul Carolus loca singula signans
Altaque disponens venturæ mœnia Romæ.
Hic jubet esse forum, sanctum quoque jure senatum,
Jus populi et leges, ubi sacraque jussa capessant.
Insistitque operosa cohors, pars apta columnis
Saxa secat rigidis, arcem molitur in altum.
Ast alii rupes manibus subvolvere certant,
Effodiunt portus statuuntque profunda theatri
Fundamenta tholis includunt atria celsis.
Hic alii thermas calidas reperire laborant,
Balnea quibus sua ferventia mole recludunt,
Marmoreis gradibus speciosa sedilia pangunt,
Fons nimio bullantis aquæ fervore calore
Non cessat, partes rivos deducit in omnes
Urbis, et æterni hic alii bene regis amœnum
Construere ingenti templum molimine certant:
Scandit ad astra domus muris sacrata politis.
Pars super in summis populi procul arcibus ardens
Saxa locat solide conjungens marmora nexu;
Altera stat gradibus portantum sorte receptans.
Pars onera aque avidis manibus prædura ministrat
Saxa, alii subeunt, volvunt ad mœnia rupes,
Ingentes passim fasces, cervice reflexa
Deponunt humeris valido sub pondere fessi;
Plaustraque dant sonitum, vastus fragor æthera pul-
[sat.
Fit strepitus, magna consurgit stridor in urbe,
Itque reditque operosa cohors diffusa per urbem
Materiam Romæ certatim congregat altæ.
Hic alii arma parant acuentes utile ferrum,
Marmora quo possunt sculpi, et quo saxa secari.
Fervet opus, velutique solent æstate futuræ
Pulchra hiemis non immemores alimenta ciborum
Cum [b] facere ore legunt carpentes floscula apesque
Per latices, per thyma volant stridentibus alis;
Floribus insidunt aliæ, prædaque redire
Accepta studeant redolentia castra revisant,
Aut fœtus aliæ certant educere adultos,
Aut cum nectareas componunt ordine cellas
Roscida stipantes sinuoso poplite mella:
Haud aliter lata Franci spatiantur in urbe.
Non procul excelsa nemus est et amœna virecta,
Lucus ab urbe virens et prata recentia rivis
Obtinet in medio multis circumsita muris.
Hic amnem circumvolitat genus omne volucrum,
In ripis resident rimantes pascua rostris,
Non procul in medio submergunt flumine sese,
Nunc quoque præcipiti properant ad littora cursu;
Hosque toros juxta cervorum pascitur agmen,
Riparum in longa per amœnaque pascua valle
Huc illuc timido discurrit damula gressu,
Fronde retecta vacat, passim genus omne ferarum
His latet in silvis, etenim nemora inter opaca.
Hic pater assidue Carolus venerabilis heros
Exercere solet gratos per gramina ludos,
Atque agitare feras canibus, tremulisque sagittis
Sternere cornigeram nigraque sub arbore turbam.
Exoritur radiis cum primum Phœbus honestis [c],
Et jubar ignicomo perlustrat lumine montes

A Præcipites scopulos et summa cacumina tangens,
Silvarum thalamo properat dilecta juventus,
Regali parte ex omni collecta resistit,
Nobilium manus exspectans in limine primo.
Fit strepitus, clamor consurgit vastus in urbe,
Desuper ex alto respondent culmine tecta
Aerea, præcipuus considerat [d] stridor in auras,
Hinnit equusque ad equum, conclamat turba pe-
[destris
Inque vicem proprio revocatur pignore quisque
Ad Dominum famulusque suum sequiturque vo-
[cantem.
Hic phaleratus equus gravidis auroque metallis
Terga recepturus regem in sua gaudet opimum,
Stans monet care [e] caput, montes cupit ire per
[altos.
Egreditur tandem circumstipante caterva
Europæ veneranda pharus se prodit ad auram,
Enitet eximio vultu facieque coruscat.
B Nobile namque caput pretioso amplectitur auro
Rex Carolus cunctos humeris supereminet altis;
Lata ferunt juvenes ferro venabula acuto
Retia quadruplici injunctaque linea limbo,
Atque canes avidos ducunt per colla revinctos,
Ad prædam faciles furiosoque ore molossos.
Jam pater excelsi Carolus sacra limina templi
Deseruit, mox castra ducum comitesque priores
Movere, altæ urbis panduntur classica portæ,
Cornua concrepitant, fragor ingens atria complet,
Præcipitius ruunt juvenes ad littora cursu.
Hinc thalamo cunctata diu regina superbo
Procedit multa circum comitante caterva
Luitgardis [f] Caroli pulcherrima nomine conjux.
Fulgida colla nitent roseo simulata colore
Cedit opimum et enim redimitis crinibus ostrum,
Candida purpureis cinguntur tempora vittis,
Aurea fila ligant chlamydem, capitique beryllus
Inseritur, radians claro diademe metallo.
C Enitet et vestis biscocco purpura bysso,
Ornantur variis radiantia colla lapillis,
Agmina sejungit pulchris stipata puellis.
Magnanimos inter proceres regina superbo
Gaudet equo et juvenum circum magna emicat ar-
[dens.
Cætera regalem pubes pulcherrima prolem
Exspectat foribus, turmis comitatus opimis,
More patri et vultu similis procedere tandem
Tentat item Carolus genitoris nomine pollens,
Terga ferocis equi solito de more fatigat.
Hinc Pipinus avi sequitur de nomine dictus,
Restaurat proprii qui publica gesta parentis
Bellipotens, animosus heros, fortissimus armis,
Seque suos inter famulos fert ductor opimum
Cœtibus innumeris circumdatus enitet alto,
Vectus equo eximio vultu facieque coruscans,
Tempora cui rutilo cinguntur pulchra metallo.
Circumfusa ruit comitantum turba rotatu
Per patulas portas certatim exire senatus
D Conatur, magno cum murmuris inde tumultu
Cornua rauca sonant, avido latratibus auras
Complent ore canes, fragor igneus sidera pulsat.

---

[a] Distinguendum hoc verbum et legendum procul dubio *Mole tholis*. Tholus est fastigium templi vel tecti; eo sensu dixit Sedulius Paschalis operis lib. 1:

Radians ubi regia fulvis
Emicat aula tholis.

Alcuinus ipse paulo inferius:

Fundamenta tholis includunt atria celsis.

Ibi semper *tholi celsi* dicuntur.

[b] Locus corruptus.

Hic describitur *Maicampus* Caroli Magni tempore sæculisque sequentibus celeberrimus; quippe mense Maio convocabantur regni proceres non modo venationis causa, sed ut regno consulerent, qui mos apud plurimas gentes fuit usitatus. Fuit et apud Romanos *Maiuma* celebratissima, quæ forsan a Maio mense dicebatur, quanquam obstent rigidiores critici, qui a *Maiuma* pago Gazæ vicino et a *Maiim*, scilicet aquis, appellatam volunt. Fuit Maiuma paganorum Veneri consecrata choreis, saltationibus, epulis et genio indulgebatur; sed præcipue aderant scorta et ritus ad excitandam libidinem excogitati; ideo Arcadius qui Maiumam iterum celebrari jussit, a sacrificiis venereisque voluptatibus abstineri voluit. BASN.

[d] Forte *considit*.

[e] Forte *movet acre*.

[f] Quam filiam suam aliquando vocat Alcuinus. BASN.

Inde puellarum sequitur mox ordo coruscus
Rhodrud [a] ante alias, rapidoque invecta puellas
Fulget equo et placidum prior occupat ordine gres-
[sum.
Immixta est niveis ametystina vitta capillis
Ordinibus variis gemmarum luce coruscans,
Namque corona caput pretiosis aurea gemmis
Implicat, !et pulchrum subnectit fibula amictum.
Virgineos interque choros, turbamque sequentem
Proxima Berta [b] nitet multis sociata puellis,
Voce virili, animo, habitu, vultuque corusco,
Os, mores, oculos, imitantia pectora patris
Fert, caput aurato diademate cingitur almum,
Aurea se niveis commiscent fila capillis,
Lactea quippe ferunt pretiosam colla murinam,
Ornatur vestis variis speciosa lapillis,
Ordine gemmarum numerosa luce coruscat.
Bractea chrysolithis ornantur tegmina gemmis.
Gisala [c] post istas sequitur candore coruscans,
Virgineo comitata choro, micat aurea proles,
Tecta melocineo fulgescit femina amictu,
Mollia purpureis rutilant velamina filis,
Vox, facies, crines radianti luce coruscant,
Splendida colla nitent roseo inflammata rubore,
Argento stat facta manus, frons aurea fulget
Et magnum vincunt oculorum lumina Phœbum.
Læta super rapidum conscendit virgo caballum,
Frena superbus equus spumantia dente volutat,
Hinc comitata viris, illinc stipata puellis
Innumeris circum circumstrepit agmen equorum.
His cumulata bonis præcelsa solaria linquens
Virgo pudica pii sequitur vestigia regis.
Rhodaid [d] inde micat multis ornata metallis,
Agmen ovans rapido præcedit femina gressu,
Pectora, colla, comæ lucent variata lapillis,
Serica et ex humeris dependent pallia pulchris,
Inseritur capiti nitido gemmata corona,
Stringit acus chlamydem gemmatis aurea bullis.
Pulchra vehetur equo Rhodhaidis virgo superbo,
Quo latitare solent hirsuto tergore cervi.
Interea ingreditur vultu Theodrada [e] corusco.
Fronte venusta nitens et cedit crinibus aurum,
Pulchra peregrinis collucent colla smaragdis,
Pes, manus, ora, genæ, cervix radiata nitescit,
Clara serenatis fulgescunt lumina flammis,
Pallia permixtis lucent hyacinthina talpis,
Clara Sophocleoque ornatur virgo cothurno,
Turba puellarum circumstrepit agmine denso,
Atque venusta cohors procerum nitet ordine longo,
Et sedet in niveo pulcherrima virgo caballo,
Acri fertur equo Caroli pia filia regis,
In nemus ire parat sacrata palatia linquens.
Agminis extremam partem sibi vindicat Hildrud [f],
Illi sorte datur, dehinc ultimus ordo senatum [g].
Ipsa autem medio fulgescit in agmine virgo,
Temperat expositum spatii moderamine gressum,
Littorei juxta ora soli plens [h] inclyta tendit
Venandi studio, regique exercitus omnis
Jam sociatur, adest, mox ferrea vincta rapacum
Cuncta cadunt resoluta canum; lustra alta ferarum
Nare sagace petunt quærentes rite rapinam
Et lustrant avidi condensa frutecta molosi.
Diffusi errantes in opacis saltibus omnes
Sanguineam silvis prædam reperire laborant.
Cingit eques saltum; fugitivis obvia turbis
Turba paratur, aper fulvus fit valle repertus :
Mox nemus insiliunt equites et voce sequuntur,

A Prædam agiles certant fugitivam agitare molossi,
Et sparsi currunt per opaca silentia silvæ.
Iste tacendo volat celerem post rite rapinam,
Ille autem vacuas complet latratibus auras.
Errat hic umbrosis delusus odore frutectis,
Alter in alterius hinc saltibus inde rotatur ;
[i] Ille vidit, hic prædam sentit odore fugacem.
Fit strepitus, silvis consurgit stridor in imis,
Et tuba magna nimos incendit ad acra [j] molossos
Prælia : dirus aper quo se fert dente minaci,
Arboribusque excussa cadunt folia undique in altis
Per loca vasta fugit, rapidoque per invia cursu
Tendit iter frendens teret [k] alta cacumina montis.
Cursibus exhaustus lasso pede constat anhelus.
Jam parat arma necis canibus turbamque sequacem
Sternit et horrendo rapidos rotat ore molossos.
Mox Carolus pater ipse volat mediumque per agmen
Ocior aligeris avibus forat ense ferinum
Pectus, et intingens gelidum in præcordia ferrum.
B Corruit ille vomens vitam cum sanguine mixto,
In flava moriens seseque volutat arena ;
Regalis monte hæc proles speculatur ab alto.
Mox aliam Carolus prædam jubet inde movere,
Et socios verbis claris ita fatur amicis :
Hanc fortuna diem nobis deducere lætam
Annuit auguriis et nostra incepta secundat ;
Ergo favete omnes istum exercendo laborem
Venandi studio, curamque adhibete benignam.
Vix hæc dixit heros, subito fremit agmen ab alto
Monte, nemus repetunt proceres hinc inde ruentes
Præceleres agitare feras, pater inclytus ipse
Ante volans Carolus manibus fert missile ferrum,
Sternit et innumeras porcorum strage catervas,
Corpora multa cadunt passim prostrata ferarum.
Tunc Carolus prædam proceres partitur in omnes,
Et spoliis onerat gravidis sociosque sequaces,
Inde reflectit iter campum repetensque priorem
Frondosum lucum patulis, fontesque recentes
Ramis prætextos et opacam frigoris umbram.
C Aurea hic terris passim tentoria fixa
Stant pomposa ducum hinc inde et castra nitescunt.
Læta parat Carolus sociis convivia, lætus
Convocat huc omnes longævos ordine patres,
Maturum populum natum melioribus annis.
Impubem pariter plebem, castasque puellas
Collocat, inde jubet mensis donare falerna.
Sol fugit interea, lucem nox occupat umbris,
Membra sed exoptant placidum defessa soporem.
Portentum rex triste videt monstrumque nefandum
In somnis summum Romanæ astare Leonem [l]
Urbis pontificem mœstosque effundere fletus ;
Squalentes oculos maculatum sanguine vultum,
Truncatam linguam horrendaque multa gerentem
Vulnera. Sollicitos gelidus pavor occupat artus
Augusti : rapidos Romana ad mœnia missos
Tres jubet ire, foret si sanus pastor opimus
Explorare gregis, quid tristia somnia signent
Miraturque ; piam curam gerit ille fidelem.
D Festinant rapidis legati passibus, ipse
Saxoniam repetit cum multis millibus heros.
Agmina conveniunt diversis partibus orbis,
Cognatæque acies properant super ardua Rheni
Littora Saxonum populum domitare rebellem,
Et sævam gelido gentem rescindere ferro.
Culmina jam cernunt urbis procul ardua Romæ
Optatique vident legati a monte theatrum,
Tristior occurrit vulgataque fama repente

[a] Filia Caroli Magni Constantino Græcorum imperatori desponsata, sed Irenes artibus decepta obiit virgo an. 810. BASN.
[b] Altera Caroli Magni filia Angilberto nupta. ID.
[c] Tertia ex Hildegarde Caroli Filia, quæ monasticam vitam est professa. ID.
[d] Inter adulterinas Caroli Magni filias recensetur. ID
[e] Ex Falstrada conjuge Caroli Magni nata. ID.
[f] Altera filia Caroli, quam ex Falstrade habuit. ID.
[g] Forte *senatus*.
[h] Forte legendum *gens*.
[i] Ita cod. ms.
[j] Pro *acria*.
[k] Forte *terit* aut *tenet*.
[l] Tertium scilicet hujus nominis, qui a familia Adriani miris modis vexatus est. Pontificatum inierat an. 795. BASN.

SECTIO III. — POETICA.

Lumen apostolicum crudeli funere plagis
Occubuisse feris, nam serpens sævus et atrox,
Qui solet unanimes bello committere fratres,
Semina pestiferi jactare nocenda veneni
Suasit in innocuum cæcatis mentibus omnes
Sævire, et famulos dominum trucidare potentem.
Dira animis illapsa lues et sensibus hæsit,
Virus pestiferum concepit pectus anhelum,
Insidias posuere viro mortemque parabant
Insonti, tristemque necem plebs impia telis
Pastorem in proprium seseque armavit iniquis.
Dum solitum transisset iter Leo papa benignus
Et sacra Laurenti peteret pede limina sancti,
Plebs demens populusque vecthros [a] mala sana ju-
[ventus
Fustibus et gladiis nudatis ensibus omnis
Irruit in summum pastorem turba tumultu,
Cæca furens, subito diris commota procellis,
Sacra sacerdotis torquebat membra flagellis,
Unius in casum multorum sævit hiatus,
Carnifices geminas traxerunt fronte fenestras,
Et celerem abscindunt lacerata corpore linguam.
Pontificem tantum sese extinxisse putabat
Plebs pietate carens atrisque infecta venenis;
Sed manus alma patris oculis medicamina adem-
[ptis
Obtulit atque novo reparavit lumine vultum.
Ora peregrinos stupuerunt pallida visus,
Explicat et celerem truncataque lingua loquelam.
Cum sociis magnus paucis fugit inde sacerdos
Clam petere auxilium Spolitinam tendit ad urbem.
A Duce cum magno fit hic susceptus honore
Winigiso, et multis cumulatus in ordine donis.
Audit Italiam missos venisse fideles
Francorum, et solitam Romanis ferre salutem
Non voluisse, suum quoniam sine culpa potentem
Suppliciis dominum cruciassent, mox manifestos
Ille venire viros ad se jubet, atque ita fari
Incipit, et truncata brevi infra lingua palatum
Cursu erat placidam depromens voce loquelam :
Vos ego per caram Caroli conjuro salutem
Regis ut ejectum me defendetis [b] in armis
Finibus a propriis et sedis honore repulsum.
Me quoque vobiscum ad vestrum ducetis opimum
Regem, et præcipui liceat mihi principis ora
Cernere, qui justo nostros examinet actus
Judicio, et vindex sævissima verbera nostra
Vindicet, insignis luctus gemitumque meumque
Allevet, addendo nostræ solatia vitæ.
Ergo agite, et vestra si nunc mihi gratia certa est,
Eripite his terris, David me obtutibus almis
Præsentate viri, jam nos mora nulla tenendo
Impediat, gelidas superemus cursibus Alpes.
Hæc Leo papa, cohors Francorum mixta Latinis
Obstupuit Domino grates laudesque rependens
Qui nova pontifici reddebat lumina summo,
Et desperatam condebat in ore loquelam.
At Germar contra breviter sic vocibus usus,
Lux, decus egregium populorum, lumen amœnum,
Pastor apostolicus venerandus in orbe sacerdos
Te mandare decet quidcunque in corde volutas,
Nos parere tuis fas est, pater optime, jussis.
Inde iter incipiunt læti rapidisque metiri
Passibus, Augusti juvat ire ad limina magni,
Difficiles tentare vias, callemque severum
Vincere certatim diversa per oppida pergunt.
Innumeræ occurrunt passim ad spectacula turbæ,
Pontificis sacras gaudentes lambere plantas,
Multaque præterea cumulantes munera portant
Et capite in veteri visus cernendo novellos
Obstipeant [c], linguamque loqui mirantur ademptam,

A Jam dudum et celerem recreantem voce loquelam.
Rex pius interea gelidum transnavigat amnem
David spumosi superans vaga cærula Rheni
Armatas acies inter primosque coruscat
Arduus arma tenens, equitatus vertice toto
Exsuperat comites, fulgentes ære catervæ
Undique collectæ properant atque agmina jungunt
Cum fremitu vario, sese et stupet inscia tellus,
Loricas, enses, galeas, tot scuta virorum
Ac concussa tremet [d] sub tanto pondere ferri.
Vastus ad astra frequens conscendit clamor, et echo
Rupibus e gelidis saxoso a monte resultat.
Est locus insignis quo Patra et Lippa fluentant,
Altus et in nudo campo jacet undique largo
Vestitus spatio, celso de colle videri
Namque potest legio omnis, et hinc exercitus omnis,
Castra ducum et comitum radiantiaque arma viro-
[rum.
Huc Carolus multis stipatus millibus heros
B Advenit, et tandem juvat hic succedere tectis.
Missus apostolici regalem tendit ad aulam.
Interea et summum manifestat quippe venire
Pontificem expulsum Romana a sede Leonem
Civibus a propriis et tot tolerasse recenset
Verbera, commemorans extinctum lumine vultum,
Narrat et abscissam liquido de gutture linguam,
Nunc medicante Deo sanatum, et ab omnibus istis
Esse malis, animis stupet ipse exercitus omnis.
Audita et Carolus recolendo somnia retro
Præteriti indicio agnoscens vestigia visus,
Hoc fore non dubitat quod tristes fundere fletus
Pontificem in somnis jam dudum vidit eundem.
Hinc jubet extemplo Pipinum occurrere magno
Pastori, pacem et placidam portare salutem.
Obvius ire parat genitoris jussa facessens
Pipinus centum lætus cum millibus ibit [e].
Ipse sedet solio Carolus rex justus in alto
Dans leges patriis, et regni fœdera firmat.
Utque videt patulo adversum se tendere campo
C Pastor apostolicus centum cum millibus altum
Pipinum, geminas extendit ad æthera palmas,
Pro populoque preces effundens pectore largas.
Ante sacerdotem ter summum exercitus omnis
Sternitur, et supplex vulgus ter fusus adorat.
Mox Leo papa solo Pipinum more benigno
Excipit et sacris circumdans colla lacertis,
Hæret in amplexu diuque placida oscula libens [f].
It comes, et supra se confert vertice toto
Pipinus, varias miscent sermone loquelas,
Inque vicem diversa levant pro. . . . . . [g]
Rex pius interea solium conscendit, et omnem
Alloquitur populum Carolus venerabilis heros :
Ergo agite, o proceres, inquit, quibus induiti arma
Ire estis soliti ad bellum Martemque severum
Tentare, et crudo vosmet confidere pugno ;
Pontifici celeri cursu occurremus opimo.
Vix hæc dixit heros, fremit undique turba tu-
[multu,
D Tela manu glomerat, mox loricasque trilices
Et latos clypeos, galeasque et spicula peltæ
Aeratæ resonant ; acies hinc inde videntur
Ire equitum, sparso nigrescunt pulvere nubes,
Et tuba lugubri medio strepit aggere voce,
Classica signa sonant, campi densantur aperti
Agmine, cristatus fulgetque exercitus omnis ;
Tela micant, pariter vexilla levata coruscant,
Armati incedunt juvenes et freta juventus
Gaudet equis, siccus fervescit in ossibus ardor
Audiendi, ac Carolus medio micat agmine lætus,
Aurea crista tegit frontem, et conspectus in armis
Fulget, equo ingenti portatur ductor opimus.

[a] Leg. *vecors*, nec refert quod ratio quantitatis repugnat quam iste non adeo religiose observat.
[b] Leg. *defendatis*.
[c] Forte, *obstupeant*.
[d] Leg., *tremit*.
[e] Leg., *ivit*.
[f] Leg., *libans*.
[g] Cod. ms. habet : *provceps innata umbo*; forte legendum : *problemata verbo*.

Ante sacerdotum porro castra agmina ternis
Stant divisa cheris in longis vestibus almæ
Sacra crucis vexilla levant, et præsulis omnis
Adventum exspectat clerusque et candida plebes.
Jam pater, in campo Carolus vidit agmina aperto,
Pipinum et summum pastorem tendere contra
Constat, et inque modum populum exspectare co-
                                                [ronæ
Præcipit, atque aciem hinc dividit urbis ad instar.
Ipse autem medio consistere in orbe beatus
Præsulis adventum exspectans, et vertice toto
Altior est sociis, populum supereminet omnem.
Jam Leo papa subitque externo se agmine miscet.
Quam varias habitu linguas tam vestis et armis,
Miratur gentes diversis partibus orbis.
Extemplo properans Carolus veneranter adorat,
Pontificem amplectens magnum et placida oscula
                                                  [libat
Inque vicem dextras jungunt pariterque feruntur
Gressibus, et multo miscentes verba favore.
Ante a sacerdotem ter summum exercitus omnis
Sternitur et supplex vulgus ter fusus adorat,
Pro populoque preces ter fundit pectore præsul,
Rex pater Europæ, et summus Leo pastor in orbe
Congressi, inque vicem vario sermone fruuntur.
Exquirit Carolus casus auditque laborum
Diversos sceleris, populi impia facta stupescit,
Miratur geminas jam dudum luce fenestras

A Extinctas, et nunc reparatum lumine vultum,
Truncatamque loqui mirantur forcipe linguam
Alter in alterius configunt lumina vultus.
Et parali *b* sedes tendunt ad culmina gressu.
Ante sacerdotes sacri stant ostia templi
Alternis vicibus modulantes carmina laudum,
Atque creatori grates laudesque frequentant,
Qui nova pontifici reddebat lumina summo
Et desperatam condebat in ore loquelam.
Exoritur clamor, vox ardua pulsat Olympum,
Intrat apostolicus Carolo ducente beato,
Templa creatoris solito solemnia more
Concelebrare, pio missarum sacra favore.
Ex hinc officiis divinis rite peractis
Invitat Carolus celsa intra tecta Leonem.
Clara intus pictis collucet vestibus aula
Auro, ostro ornantur hinc inde sedilia multo,
Ad mensas resident læti variisque fruuntur
Deliciis, medio celebrant convivia tecto,
B Aurea namque tument per mensas vasa falerno.
Rex Carolus simul et summus Leo præsul in orbe,
Vescitur atque bibunt paternis spumantia vina
Post lætas epulas et dulcia pocula Bacchi
Multa pius magno Carolus dat dona Leoni.
Hinc lætus repetens aulæ secreta revisat
Rex et apostolicus repetit quoque castra suorum.
Cum tali a Carolo Leo fit susceptus honore,
Romanos fugiens propriis repulsus ab oris.

a Hæc dicta paulo superius repetuntur.   *b* Forte *parili.*

VERSUS DE CAROLO MAGNO.
(Ex Martene, amplissima Collect.)

O Deus omnipotens, convexæ conditor arcis,
Terrarum et maris, et quæ tantus continet orbis,
Suscipe vota tuæ plebis, dignare rogatus
Cæsaris eximii Caroli firmare salutem.
Multiplices vitam protendas, rector, in annos,
Imperio Oceanum consignans ordine metam;
Hostibus oppressis firmato pace perenni,
Optime quod princeps sedatum rite gubernes,
Permulcente sua divino munere dextra,
Unus in ætherea altitonans qui præsidet aula.
Convenit et solum terris regnare sub illo,
Qui merito cunctis præstans mortalibus esset.
Discedant variæ sectæ, discedat et error
Antiquus, quondam malesuasus ab ore maligni.
Sancta fides niteat comitanter gressibus altis,
Cum Caroli Magni ut vastum perlustret et orbem,
Imperio dictoque simul domitis virtute superbis,
Ac post innumero captos ex hoste triumphos,
Cum victore suo victrix lætetur et ipsa.
Post tanta in terris, post tot sublimia facta,
Pleno tum demum completo temporis ævo,
Felici centenos cursu evectus in annos,
Alma fides obviam comitante cohorte sororum
Virtutum veniens, Carolum super astra levabit,
Perpetuam tribuens Christo præstante coronam.
Versibus incomptis, summo sed mentis amore,
Hæc tibi conficiens, Cæsar dignare superne,
Munera quæso tui devoti sumere servi.

His ego litterulis domini deposco salutem
  Perpetuam Carolo servulus ipse sui,
His te, præclara Gundrada, saluto, puella,
  Quæ ore nitens pulchro, pulchrior et merito.
Littera festina dominæ conferre salutem
  Gundradæ, egregiæ moribus et facie.

Hos Carolo regi versus Hibernicus exsul
Dum proceres mundi regem venerare videntur,
Ponderibus vastis ingentia dona ferentes,
Immensum argenti pondus fulgentis et auri,
Gemmarum cumulos sacro stipante metallo,
Purpura splendentes aurato tegmine vestes,

C Spumantes et equos flavos stringente capistro,
Ardua barbarico gestantes colla sub auro,
Annua sublimi hæc debentur munera regi.
Dic mihi quæ pariter reddemus, garrula musa,
Ne forte in vanum regi servire videmur,
Quæ tanto ac tali patri munuscula demus?
Carmina quin etiam modo lata voce canamus,
Dulcisonas regi promamus pectore laudes,
Et nostris cunctis reboet clangoribus orbis.
O site ante alias cantus dulcedine capte,
  Divitiis orbis comparis carmina, musa;
Sic dic quid valeant nostri jam carminis odæ?
Heu nunquid socius musarum nomina nescis?
Aut forte illudens nostrorum munera temnis?
Dilectus socius, musæ quoque dulcis alumnus
Haud equidem ignoro musarum dulcia dona.
Sed dic nunc veterum vatum mihi maxima nutrix,
Quæ nostræ laudis concludent sæcula finem,
Sidereæ summus dum situs volvitur axis,
D Et nox obscura claris dum pelletur astris,
Splendidus eximiis surget dum phosphorus umbris,
Et celer æquoreas ventus dum verberat undas,
In mare dum properant spumosis cursibus amnes,
Nubila dum tangent minaci vertice montes
Atque jacent humiles limoso limite valles,
Aut summi extollent prærupta cacumina colles,
Regnumque obriso candor dum fulminat auro,
Nomina musarum sæclis æterna manebunt.
His regum vetera clarescunt inclyta gesta,
Præsentum et sæclis narrantur facta futuris,
Musarum et donis laudatur conditor orbis,
Sedibus æthereis fulgens virtutibus almis,
Nostris assiduis gratulatur cantibus æquis.
His igitur donis regem venerare memento,
Ast ego præcipuo comitabor fistula cantu.
Dic igitur modulans nutrix mihi maxima vatum,
Quis pacem eximiam conatus frangere patrum,
Quis frustra egregiam commovit in arma quietem?
Quæ pestis tetigit servum per cuncta fidelem,
Ut domini faciem mereatur cernere tristem?
Lubricus hoc serpens profudit ab ore venenum,
Isdem qui quondam miseris edixerat anguis

Conjugibus mortis mortales pectore voces,
Qui geminos sævo laniavit vulnere fratres,
Et qui germanas maculavit sanguine palmas,
Fraternum fœdus mortales vertit in iras,
Quique pietates nescire suasit amorem.
Hinc natus dejerans patrium derisit honorem,
Qui populos dudum docuit conscendere turrim,
Et dominum servis jussit nescire tonantem.
Hic solus scindit perfectæ fœdera pacis,
Et populos sævis gaudet committere bellis,
Ut nullus Christo digne famuletur in orbe,
Mortiferis suadet verbis consurgere lites,
Seminat et rixas ubi pacis sola jubentur
Fœdera, perpetui queis dantur præmia regni,
Invidus hic serpens tentavit frangere pacem,
Qua rex egregius Carolus duxque inclytus una
Dasilo perpetue tenebantur jure beato.
Aggreditur fama, cunctum contaminat orbem.
Vocibus his pure [a] pulsavit perfidus aures.
Dasilo peccavit, linquit quia regia jussa,
Et sibi servitii non solvit fœdera pacti.
Hæc dicta egregias Caroli volvuntur ad aures,
Et rumor cœpit latum volitare per orbem,
Pulsaturque ipsis regis præsentia verbis.
Imprimisque pias his dictis addidit aures,
Aiebat cunctis: Hic vir mihi valde fidelis
Est, et Francorum deposcit prospera regnis.
Ast rumor frequens regi firmabat, et omnis
Conclamat tellus : Non est dux ille fidelis,
Vocibus his tandem motus justissimus heros,
Agmina conjungit, classemque in margine ponit
Rheni, qui Gallis cingit Germania terris,
Felici cursu victum transnavigat amnem.
Inclytaque innumeris tremuit Germania turmis.
At rex Francorum stipatus millibus altis,
Maximus in patriis exsultat victor in armis,
Alloquitur proceres fidos, ac talibus inquit :
O gens regalis profecta a mœnibus altis
Trojæ, nam patres nostros his appulit oris,
Tradidit atque illis hos agros arbiter orbis,
Subdidit et populos Francorum legibus æquis
Perpetueque illis sanxit formator ab astris
Hos fines, amplas capiendas funditus urbes,
Ancillas, servos, famulatus credidit omnes.
At nuper nostris hostis surrexit in arvis
Invidus hinc serpens fortassis vulnere sævo [b]
Armillas grandi gemmarum pondere et auri
Offertur, sonipes auri sub tegmine fulgens.
His puer ex donis domini ditatur opimis.
Ad quem hæc rex placidis deprompsit dicta loquelis :
Suscipe perpetui servitus pignora nostri.
Oscula tum libans genibus prædulcia regis
Dux, atque has celeres produxit pectore voces :
Rex, tibi donetur munus per cuncta salutis.
Ast ego servitium vobis per sæcula solvo.
Sic fatus regis cum dono ad castra recessit.

Versus Caroli imperatoris.

Hæc est vera fides cœli quæ ducit ad aulam :
Hanc teneat, requiem quisquis habere cupit.

[a] Forte, *Hesperiæ.*
[b] Multa hic desunt.

A Est etenim virtus cunctis credentibus ampla,
More fide trino physe [c] placere Deo
Summus apex Carolus Cæsar pax orbis opima,
Huic turmas hominum subdere colla docet.
Altior ut cuncti regni rex summus honore
More fide forma Cæsar ut octo prior.
Qui sibi præsentis regni concesserat arcem,
Arce poli summum det sibi posco locum,
Exiguus regi parvum nunc reddo libellum
Collectum ex variis flore comante rosis.

Versus Caroli imperatoris.

Charta, Christo comite per telluris spatium
Ad Cæsaris spatiosum nunc perge palatium,
Fer salutes Cæsari ac suis agminibus,
Gloriosis pueris, sacrisque virginibus,
Via pergens prospera per Christi suffragia,
Prona coram Cæsare verba dicas talia.
Dic ut Cæsar Carolus per Petri præconia
B Sit sanus, longævus sit, et felix victoria;
Dic regnator omnium det sibi subsidium,
Confortet, custodiat, dilatet imperium.
Dic ut fautor fuerat justis rite regibus,
Fiat Christus Carolo ac sibi fidelibus.
Dic regales pueri per prolixa spatia
Sint sani, sint longævi Salvatoris gratia,
Sint coronæ regiæ digni dic honoribus,
Felices ac victores genitoris moribus.
Regalibus puellis dic fiat sublimitas.
Sit sancta, sit sobria, sit vera virginitas,
Christus amat virgines propter castimoniam,
Det ut illis promiserat in futuro gloriam.
Dic protegat Dominus sic Francos armigeros,
Regem, clerum, comites, milites belligeros.
Post hæc, charta, Cæsarem rogato continuo
De me Christo famulo sit memor exiguo.

Versus Caroli imperatoris.

C Laudibus eximiis celebrantur tempora prisca,
Omneque præteritum gratificare solet.
Cum moveat præsens famosis ora loquelis,
Aggravat et plebis corda molesta dies,
Credere quæ sese incertis successibus ultro,
Aut etiam nimia speque futura capit.
Hoc homines inter passim contingit haberi,
Rumori veterum cedere fama nova.
Nobis e contra ordo est commutatus et usus,
Priscis quique exstant tempora præferimus.
In queis Romuleum summa virtute gubernat
Imperium dominus pacificus Carolus,
Cui cedunt proceres, et gloria celsa priorum,
Solis obumbrantur sidera ceu radiis,
Flumina ceu Nilo, colles vincuntur Olympo,
Argento obryzum plus nitet Arabeum.
Sic, Auguste, tibi cedit jam maxime regum
Fama, vigor, virtus, gloria, nomen, honor.
Singula nam reliquis virtutum dona redundant,
In te cuncta videt quisque, notando probat.
D Sunt quos forma decens alios ventosa loquela,
Nobilis aut sanguis, dextrave marte potens.

[c] Id est trino in una natura.

---

[a] EPITAPHIUM CAROLI MAGNI.

(Anno 814.)

Aurea cœlorum postquam de Virgine Christus
Sumpserat apta sibi mundi pro crimine membra,
Jam decimusquartus post centies octo volabat
Annus, fluctivagi meruit quo fervida cœli
Ætherei, Carolus Francorum gloria gentis,
Æquora transire, et placidum comprendere portum
Qui deciesque quater per sex feliciter annos

Sceptra tenens regni, et regno rex regna rejungens,
Febru migravit quinto arii ex orbe Kalendas,
Septuaginta sex vitæ qui terminat annos.
Quapropter flagito precibus si flecteris ullis,
Quique hujus relegis versus epigrammata lector,
Astriferam Caroli teneat, dic, spiritus arcem.

[a] Hoc Epitaphium tribuitur Agobardo archiepiscopo Lugdunensi, atque inter ejus Opera vulgatum est. Insertum etiam reperitur in chronico Novaliciensi.

ADDENDA
AD B. CAROLI MAGNI DIPLOMATA AUTHENTICA
QUÆ AD PARTES ITALIÆ SPECTANT.

I.

[a] *Diploma Caroli Magni Paulino patriarchæ pro libertate clero Aquileiensi servanda in electione patriarcharum.*

(Anno 792.)

Carolus gratia Dei rex Francorum et Longobardorum, ac patricius Romanorum.

Si petitionibus sacerdotum servorum Dei, in quo nostris auribus fuerunt prolatæ, libenter obtemperamus, et eas in Dei nomine ad effectum producimus, regiam consuetudinem exercemus, et hoc nobis ad mercedis augmentum seu ad stabilitatem regnorum nostrorum pertinere confidimus. Igitur notum sit omnibus fidelibus nostris præsentibus scilicet et futuris, qualiter vir venerabilis Paulinus sanctæ Aquilegiensis ecclesiæ patriarcha, quæ est in honore sanctæ Dei genetricis semperque virginis Mariæ, vel sancti Petri principis apostolorum, sive sancti Marci constructa, clementiam regni nostri petiit, ut quandoquidem ipse divina vocatione de hac luce ad Dominum migraverit, qualem meliorem et digniorem ipsa sancta congregatio, quæ ibidem sub sancto ordine vitam regere videntur, infra se nobis, filioque nostro Pipino regi, et omni genti nostræ per omnia fidelem, aptum, et congruum voluerint, ex præmissa indulgentia nostra, salva principali potestate nostra, sicut et in cæteris Ecclesiis secundum canonicam auctoritatem licentiam habeant super se eligendi pastorem. Et insuper postulavit Serenitati nostræ, ut homines servientes antedictæ Ecclesiæ ibi et ubi commanentes nullam decimam de annona aut de peculio ullo unquam tempore in publico solvere debeant, neque de peculio proprio ecclesiastico, quando partibus Istriensibus in pascuis' miserint, ullum debeant solvere herbaticum. Cujus venerabilem petitionem noluimus denegare tribus ex causis : una videlicet, ut ipsis servis Dei, qui ibidem Deo famulari videntur, pro nobis, uxoreque, filiis, et filiabus nostris, et populo nobis a Deo commisso jugiter Domini misericordiam melius implorare delectet ; alia, ut in divinis litteris et doctrinis spiritualibus ampliorem certamen mittere procurent ; tertia, ejus meritis compellentibus ita præstitisse, et in omnibus concessisse cognoscite. Propterea per præsentem auctoritatem nostram decernimus et jubemus, quod perpetualiter mansurum esse volumus, ut sicut supra memoravimus circa eumdem sacrum locum ex præmissa indulgentia nostra perenniter maneat inconvulsum ; et specialiter concessimus in eleemosyna nostra memorato viro venerabili, ut supra servientes jam fatæ Ecclesiæ, mansionaticos vel foderos nullus audeat providere aut exaitare ullo unquam tempore : excepto si venerit, quod nos ipsi, aut dilectus filius noster Pipinus, vel regale præsidium propter impedimenta inimicorum partibus Forojuliensibus, aut in fine Tarvisiani advenerint. Tunc propter necessitatis causam, si contigerit, mansiones homines nostri ibidem accipiant. In reliquo vero si in Verona et Vicentia, aut in longioribus finibus resederint, ut supra fati sumus, omni tempore per mercedis nostræ augmentum fiat indultum atque concessum. Et ut hæc auctoritas firmiter habeatur, et diuturnis temporibus melius conservetur manu propria subterfirmavimus, et de annulo proprio sigillari jussimus.

Facta pridie Nonas Augusti anno XXIV et XIX regni nostri.

Actum Regomesburg palatio publico in Dei nomine feliciter. Amen.

II.

[b] *Diploma Caroli Magni Paulino patriarchæ.*

(Anno 805.)

Carolus gratia Dei rex Francorum et Longobardorum ac imperator Romanorum.

Si petitionibus sacerdotum vel servorum Dei, in qua nostris auribus fuerunt prolatæ, libenter temperamus, et eas in Dei nomine ad effectum perducimus, regiam consuetudinem exercemus, et hoc nobis ad mercedis augmentum, seu stabilitatem nostri regni pertinere confidimus. Pateat igitur omnibus sanctæ Dei Ecclesiæ præsentibus ac futuris fidelibus domnum Paulinum sanctæ Aquilejensis Ecclesiæ patriarcham Romæ erga nostri pietatem et papæ misericordiam in quodam synodali concilio lamentationem fecisse suam videlicet ecclesiam ingenti paganorum populatione pene totam existere desolatam. Nos autem ipsius tales audientes querelas apud omnium largitorem bonorum magni incidere veriti sumus facinoris culpam, si ejus lamentatio nil consolationis apud nostri misericordiam imperii obstante tenacitatis obice imperare potuisse videretur. Quocirca justis claudere aurem petitionibus metuentes tacita nobiscum inquirere cœpimus mente, qualiter secundum prædicti Paulini patriarchæ lamentationem nostræ Aquilejensi Ecclesiæ succurrere pietas deberet. Tandem papæ cæterorumque astantium episcoporum accepto consilio dignum justumque fore duximus quosdam ad ipsius Aquilejensis ecclesiæ consecrationem pertinentes episcopatus domno Paulino tribuendos patriarchæ suisque successoribus ad suprascriptæ Aquilejensis ecclesiæ

[a] In Chart. Comm. de Maniaco, ex lib. Thesauri S. Aquileiensis Ecclesiæ. Correct. ex Diplom. edit. a Palladio, Hist. E. I. lib. II.

[b] Ex Archivo capituli Utinensis Ecclesiæ.

exaltationem. Ut quæ nunc sævissima paganorum rabie dejecta et conculcata cernitur nostro imperiali erigi con..... atur [consoletur] munere. Quapropter has præcepta... es [præceptales] litteras omnino a nostro nunc ju... [jure] transfudimus in jus..... statem [et potestatem] domni supradicti Paulini patriarchæ omniu..... llius [omniumque illius] successorum sex ep.... patus [episcopatus]. Unum videlic.... [videlicet] concordiensem al..... inensem [Utinensem]; tertium illum, qui apud civitatem novam Histriæ c..... nstitutus [constitutus] esse noscitur, quartum vero Ruginensem, quintum Penetensem, sextum ..... arsaticensem [Tarsatiensem]. Volumus de.... q.. [denique] ac per has nostræ magnificentiæ litteras sanlientes jubemus, ut in his prænominatis lo...is [locis] episcopos ordinandi ac regendi sive dandi nullus jus vel potestatem habere seu exercere aliquando præsumat, præter eum, qui sanctæ Aquilejensis ecclesiæ gubernaculo videbitur regere, et ut æc [hæc] auctoritas firmior habeatur, ac omni tempore melius conservetur, manu propria subter firmavimus, et de annulo nostro sigillari jussimus.

Signum Caroli gloriosissimi imperatoris.

Jacobus ad vicem Radovi scripsit et subscripsit.

Data pridie Nonas Augustas anno III imperii nostri, indictione vero I.

Actum Romæ in Dei nomine feliciter. Amen.

III.

Diploma Caroli Magni Maxentio patriarchæ pro Aquilejensi ecclesia reparanda.

(Anno 812.)

In nomine Patris, et Filii, et Spiritus sancti.

Carolus serenissimus Augustus, a Deo coronatus, Magnus pacificus imperator, Romanorum gubernans imperium, qui et per misericordiam Dei rex Francorum et Longobardorum.

Quidquid ob amorem Dei omnipotentis, et ad loca suorum venerabilium pro mercedis animæ nostræ augmento cedimus et condonamus, hoc nobis procul dubio ad æternam beatitudinem pertinere confidimus. Igitur notum sit omnium fidelium nostrorum magnitudini præsentium scilicet et futurorum, qualiter vir venerabilis Maxentius patriarcha Serenitati nostræ suggessit, eo quod sedem, quæ Aquilegia civitate priscis temporibus constructa fuerat, et ob metum vel perfidiam Gothorum et Avarorum, seu cæterarum nationum derelicta ac destructa hactenus remanserat diebus nostris, divini amoris face accensus, Christo protegente, una cum nostro adjutorio construere atque reparare ad pristinum honorem cupiebat; sed quia locus, in quo hoc facere optabat, admodum arctus vel strictus habebatur, ut condigne ibidem hoc facere non valeat, petiit Celsitudini nostræ, ut in eleemosyna nostra ad eamdem suam sedem aliquam portionem hæreditatis, quam Rotgandus Longobardus, et germanus illius Felix intra civitatem vel foris prope mœnia civitatis ipsius habuerunt, et propter eorum infidelitatem, quia cum Rotgando quondam infideli duce fuerunt interfecti, in publicum nostrum secundum legem Francorum vel Longobardorum devenerat; et post illorum duorum fratrum de hac luce obitum quidam fidelis noster nomine Landola per nostrum tenuit beneficium, et post hujus discessum Bonno filius ejus hactenus tenere visus fuit, traderemus vel confirmaremus, quatenus opportunius atque decentius atria vel reliquas constructiones, quæ ad honorem illius loci pertinerent; secundum quod ipse mente provida tractaverat, adimplere valeat. Nos vero de tam præclari operis constructione exhilarati condonamus atque confirmamus supradictam portionem duorum prædictorum fratrum infidelium Rotgandi videlicet et Felicis, quæ ad jus nostrum pertinere dignoscebatur in eleemosyna nostra, pro mercedis animæ nostræ augmentum ecclesiæ Dei sanctæ genitricis Mariæ, vel ad ipsam sedem Aquilejensem; ut perennis temporibus ad ipsam sedem sanctam proficiat in augmentis : id est domos, cultilem cum sedimine, terris aratoriis, vineis, silvis, pratis, seu portionem illam, quam in portu fluminis, quod vocatur Natisionis, habere visi fuerunt, sicut superius comprehendimus; quidquid intra civitatem vel foras prope muros civitatis ditioni nostræ ex ipsa hæreditate pertinere videatur, tradimus atque confirmamus, et in perpetuum mansurum esse volumus. Tertius quidem frater illorum nomine Landulphus, qui in infidelitate eorum non perseveravit, suam adhuc tenet portionem. Per reliqua autem loca ibi et ubi aliquid de supradictorum infidelium hæreditate ad nos pervenit, nostræ imperiali reservavimus ordinationi. Præcipientes ergo jubemus; ut nullus fidelium nostrorum cujuslibet ordinis, officii, auctoritatis atque honoris deinceps in futurum de prædictis rebus, quas perpetualiter circa ipsum sanctum locum delegavimus atque confirmavimus, rectores ipsius sanctæ Dei Ecclesiæ prænominatas res ab ullius contradictione, tranquille et quiete jure perpetuo possidere impediat. Et ut hæc traditio et confirmatio nostra firmiter habeatur, ac per futura tempora melius conservetur, manu propria subscripsimus, et de annulo nostro subtus sigillari jussimus.

Data XII Kal. januarii anno XII Christo propitio imperii nostri, et XLV regni in Francia, XXXVII in Italia, indictione V [b].

Actum Aquisgrani in palatio regio, in Dei nomine feliciter. Amen.

---

[a] Inter chart. Comm. de Maniaco ex lib. Thesauri S. Aquilejen. Eccl.

[b] In his notis chronologicis error irrepsit. Ex annis imperii, regni Francici, et indictionis habemus annum quo datum fuit diploma, esse DCCCXII, quo cum tamen non concurrit annus XXXVII regni Italici, duobus annis deficientibus. Scribendum ergo esset, XXXIX in Italia. In fine quoque deest subscriptio scribæ seu notarii.

ORDO RERUM

QUÆ IN HOC TOMO CONTINENTUR.

BEATI CAROLI COGNOMENTO MAGNI IMPERATORIS AUGUSTI OPERUM OMNIUM PARTIS PRIMÆ CONTINUATIO.

CODICIS DIPLOMATICI SECTIO TERTIA. — MONUMENTA DOMINATIONIS PONTIFICIÆ, SIVE CODEX CAROLINUS. 9
Epistola dedicatoria. *Ibid.*
Præfatio Cennii. 14
§ 1. De Codice Carolino. 16
§ 2. Sancti Leonis III epistolæ decem. 23
§ 3. De diplomate Ludovici Pii. 28
§ 4. De diplomate Ottonis I. 30
§ 5. De diplomate sancti Henrici 32
§ 6. De chartula comitissæ Mathildæ. 33
§ 7. De codice Rudolphino. 37
§ 8. De diplomatibus Rudolphi. 41
Præfatio Gretseri. 45
Cennii tabula duplex epistolarum Codicis Carolini chronologice dispositarum. 49
Inscriptio Codicis membranacei venerandæ vetustatis, sed pessime a librariis accepti. 51
Epistolæ Romanorum pontificum Gregorii III, sancti Zachariæ, Stephani II, Pauli I, pseudopapæ Constantini et Adriani I.
In sancti Gregorii III ad Carolum subregulum epistolas admonitio. 53
I. Epistola Gregorii III pontificis ad Carolum Martellum, — Pro defensione sanctæ Dei Ecclesiæ. 64
II. Item epistola Gregorii secunda ad Carolum missa, — Similiter pro defensione sanctæ ecclesiæ.
In sancti Zachariæ epistolam admonitio. 69
III. Item epistola Zachariæ papæ ad domnum Pippinum missa, — Quæ prætitulata est sub majorum domus nomine, eo quod nondum in regis dignitatem esset elevatus una cum capitulis suis consultis, e iam (a jam) dicto Pippino, vel sacerdotibus in partibus Franciæ, qualiter respondendum, scripsit jam dictus pontifex. 79
In Stephani II litteras admonitio. 91
IV. Item epistola ejusdem papæ per Droclegangum abbatem directa, — In qua continentur gratiarum actiones et uberrimæ benedictiones. 100
V. Item epistola generalis ejusdem papæ, — In qua continentur gratiarum actiones et uberrimæ benedictiones 101
VI. Item epistola ejusdem papæ ad domnum Pippinum regem et (vel) Carolum et Carolomannum, — Pro defensione sanctæ Dei Ecclesiæ, quia Haistulfus (Aistulfus) irritum fecerat pactum quod cum eis fecerat, et suum sacramentum non conservaverat, sicut pollicitus eisdem regibus fuerat, etc. 103
VII. Item exemplar epist. ejusdem papæ ad domnum Pippinum, Carolum et Carolomannum dilectum (directum), — In quo continetur quod Haistolfus (Haistulfus) irritum fecerat pactum et juramentum, quod iisdem regibus de justitia sancti Petri pollicitus fuerat cum nimis adjurationibus, iterum postulans adjutorium obtinere contra cumdem. 107
VIII. Item epistola ejusdem papæ ad domnum regem Pippinum, et Carolum vel Carolomannum seu omni generalitati, — In nomine ipsius papæ comprehensa pro desolatione et devastatione sanctæ Dei Ecclesiæ et urbis Romanæ per Georgium episcopum, et Warneharium abbatem, et (seu) Thomaricum comitem missos ipsius apostolici directa, postulando nimis cum adjurationibus adjutorium contra Langobardos. 111
IX. Item epistola Stephani papæ ad domnum Pippinum regem, — Specialiter et singillatim pro defensione sanctæ Dei Ecclesiæ directa, ut in superiore ejusdem continetur epistola, adjutorium volens obtinere contra Langobardos, per Georgium et Warneharium similiter directa. 113
X. Item epistola tertia quam misit Stephanus papa ad domnum regem Pippinum et Carolum vel Carolomannum, seu omni generalitati Francorum, — In nomine sancti Petri comprehensa, postquam per semetipsum jam dictus papa in Francia fuit, et secunda vice voluit adjutorium obtinere contra Langobardos. 121
XI. Item epistola ejusdem ad domnum Pippinum regem per Folradum capellanum, Georgium episc. et Joannem sacellarium, post mortem Aistulfi directa, — In qua continentur gratiarum actiones et benedictiones uberrimæ pro victoria et restitutione sanctæ Dei Ecclesiæ, poscens ea quæ deerant restituenda. 126
De sancti Pauli I epistolis una et triginta discursus prævius. 155
XII. Exemplar epistolæ — Ubi Paulus diaconus et electus sanctæ Romanæ Ecclesiæ significans de transitu Stephani papæ, per Immonem missæ, missum domni Pippini regis. 147
XIII. Item epistola ejusdem papæ ad domnum Pippinum regem per Wulfardum directa, — In qua continentur gratiarum actiones et uberrimæ laudes pro defensione sanctæ Dei Ecclesiæ, poscens adjutorium contra Langobardos, eo quod ipsi Langobardi in magna arrogantia permanentes, et justitias sanctæ Dei Ecclesiæ minime reddentes. 148
XIV. Item exemplar generale ejusdem papæ ad cunctum exercitum a Deo protectum regni Francorum, — In qua continentur gratiarum actiones et uberrimæ benedictiones, pro certamine eorum, et ut magis in servitio Dei omnipotentis et sanctæ Dei Ecclesiæ certando perseverent, animum domini Pippini regis ad hoc peragendum excitent. 151
XV. Item exemplar epistolæ generalis populi senatusque Romani ad domnum Pippinum regem directæ, — In qua continentur gratiarum actiones, et de litteris quas domnus Pippinus rex eidem populo direxit pro fide servanda erga sanctam Dei Romanamque Ecclesiam, et dominum Paulum apostolicum. 153
XVI. Item epistola ejusdem papæ ad domnum Pippinum regem per Langbard directa, — In qua continentur gratiarum actiones et uberrimæ benedictiones pro vita et incolumitate ipsius, vel domini Caroli et Carlomanni, nobilissimis liberis ejus, volens adjutorium obtinere, cum multis adjurationibus contra Langobardos, et in embolum (embolo) continetur præceptum quod Marino presbytero direxit, de titulo Chrysogoni, et de libris quos ei transmisit. 156
XVII. Item epistola ejusdem papæ ad domnum Pippinum regem, per Georgium episcopum, Stephanum presbyterum, seu Radpertum, missa directa, — In qua continentur gratiarum actiones pro defensione sanctæ Dei Ecclesiæ, et præfatus papa poscens ut domnus rex Pippinus Desiderio regi suo (suos) obsides restitueret, et pacis fœdera cum eo confirmaret. 159
XVIII. Item epistola ejusdem papæ ad domnum regem Pippinum missa pro defensione sanctæ Dei Ecclesiæ, — Significans quod Desiderius Pentapolin deprædavit, omnia alimenta populi ferro et igne consumpsit, et quia Albinum (Alboinum) ducem Spoletinum in vinculis detrusit, et quia dux Beneventanus, in Osserotana (Otoronlana, Otoritana) civitate retrusus, alium ducem Argisem in Benevento constituit, et quia locutus est cum misso imperiali Georgio, et invitavit exercitum imperatoris in Italia contra Ravenna, et exercitum de Sicilia contra Otorantanam civitatem, et professus est eam tradere partibus imperialibus, vel aliis pluribus capitulis. 161
XIX. Item epistola ejusdem papæ ad domnum Pippinum regem directa, — De Marino presbytero et ejus iniquo consilio, et de consecratione ipsius. 168
XX. Item epis ola ejusdem papæ ad domnum Pippinum regem per Petrum presbyterum directa, — In qua continetur abbassiatum (legatio) Remedii episcopi et Audecarii (Andegarii) comitis, qualiter justitias beati Petri apostolorum principis apud Desiderium quondam regem ex parte receperit, et reliquas justitias faciendum pollicitus est. 169
XXI. Item epistola ejusdem papæ ad domnum Pippinum gloriosum regem, per Georgium episcopum directa, — In qua continentur gratiarum actiones pro liberatione sanctæ Dei Ecclesiæ, et in embolo postulat ut filium ejus, qui tunc natus fuit, ex sacro baptismatis fonte excipere mereretur. 172
XXII. Epistola ejusdem papæ ad domnum Carolum et Carolomannum reges directa, — In qua continentur gratiarum actiones et uberrimæ benedictiones. 174
XXIII. Item epistola ejusdem papæ ad domnum Pippinum regem directa, — De sanitate vel incolumitate ejus percunctandum, simulque et de missis suis, qui ad regiam

fuerunt directi urbem. 178

XXIV. Item epistola ejusdem papæ ad domnum Pippinum, — In qua continentur benedictiones, et præfatus papa poscens ut dominus rex Pippinus suos missos partibus Romæ dirigeret, et sibi (ei) de salute vel sospitate sua innotesceret, et qualiter in itinere egisset, quo modo Dominus inimicos ejus in manus ipsius tradidisset, et sub pedibus ejus humiliasset. 177

XXV. Item epistola ejusdem papæ ad domnum Pippinum regem directa, — In qua postulat adjutorium contra Græcos. 178

XXVI. Item epistola ejusdem papæ ad domnum regem Pippinum pro defensione sanctæ Dei Ecclesiæ directa, — In qua continentur uberrimæ laudes, et (in) embolo continetur ut præfatus dominus rex Pippinus Desiderio regi Langobardorum suam præceptionem dirigeret, ut, si necesse exigeret, auxilium præstare deberet, tam Ravennæ quamque aliis maritimis civitatibus, ad dimicandum contra inimicorum impugnationem. 180

XXVII. Item epistola ejusdem papæ ad domnum Pippinum regem directa, — In qua continentur gratiarum actiones pro exaltatione sanctæ Dei Ecclesiæ, et ut missum suum Romam dirigeret. 182

XXVIII. Item epistola ejusdem papæ ad domnum Carolum et Carolomannum reges directa, — In qua continentur (continetur) pro defensione sanctæ Dei Ecclesiæ. 184

XXIX. Item exemplar epistolæ ad domnum Pippinum regem per Witmarum et Gerbertum abbates et Hugbaldum directæ, — In qua continentur gratiarum laudes pro exaltatione sanctæ Dei Ecclesiæ, et postulans ut semper in id decertare debeant. 186

XXX. Item epistola ejusdem papæ ad domnum Carolum et Carolomannum reges directa, — In qua continetur gratiarum actiones, et de litteris ab eis directis, et in cum domino genitore eorum semper pro defensione sanctæ Dei Ecclesiæ decertare debeant. 189

XXXI. Item epistola ejusdem papæ ad domnum Pippinum regem directa, — De monacho quodam A cosma (a Cosma) ab Alexandrino patriarcha directo. 190

XXXII. Exemplar præcepti quod fuit factum a Paulo sanctæ recordationis pontifice sanctæ Romanæ Ecclesiæ et universali papa. — Monasterium sancti Silvestri in monte Soracte cum aliis tribus et subjacentibus, scilicet sanctorum Stephani, Andreæ et Victoris, concedit Pippino per litteras apostolicas, quas vocant bullam, anterioribus sancti Zachariæ, queis Carolomanno permittebatur, cassatis, si reperta usquam fuerint. 194

XXXIII. Item epistola ejusdem papæ ad domnum Pippinum pro defensione sanctæ Dei Ecclesiæ directa, — In qua continentur gratiarum actiones et uberrimæ benedictiones pro integritatis orthodoxæ fidei observationem (observatione). 194

XXXIV. Item epistola ejusdem papæ ad domnum (Pippinum) regem, directa, — Pro defensione sanctæ Dei Ecclesiæ, et de conlocutione cum Desiderio rege in urbe Ravenna. 196

XXXV. Item epistola ad domnum Pippinum regem per Haribertum abbatem et Dodon m comitem directa, — In qua continentur uberrimæ benedictiones et gratiarum laudes de firmo atque incommutabili pollicitationis voto, et magna perseverantia in perficiendis causis apostolicis. 197

XXXVI. Item epistola ejusdem papæ ad domnum Pippinum regem directa, — De Simeone vel monacho (monachis) Remedii episc. 199

XXXVII. Item epistola ejusdem papæ ad domnum Pippinum regem, — In qua continentur gratiarum actiones, et de sanitate ipsius, seu Caroli (et Carlomanni), et de Marino presbytero, atque de Ravenna, qualiter contra eamdem mala machinantur consilia. 201

XXXVIII. Item epistola ejusdem papæ ad domnum regem Pippinum per Flavinum capellanum et Joannem subdiaconum et abbatem, atque Pamphilum defensorem regionarium sanctæ Ecclesiæ directa, — In qua continentur gratiarum actiones de ipsis missis, qualiter una cum missis imperialibus honorifice suscepti sunt, et cætera. 208

XXXIX. Item epistola ejusdem papæ ad domnum Pippinum regem directa, — In qua continetur quod sex patricii cum trecentis navibus et stolo de Sicilia in (Al. om. in) partibus Romæ vel Franciæ properant, et de missis sanctæ Dei Ecclesiæ, quas Desiderius coram missis suis facere promisit, quia nihil exinde, sicut pollicitus fuit, adimplevit. 210

XL. Item epistola Pauli sanctæ recordationis Romani antistitis per Andream et Gundricum missa, — In qua continentur gratiarum actiones et postulationis, volendo adjutorium obtinere contra Langobardos. 213

XLI. Item epistola ejusdem papæ ad domnum Pippinum regem per Wulfardum et socios ejus directa, — In qua continentur uberrimæ laudes, et de missis apostolicis, vel Græcorum in Francia morantibus, seu de Georgio (Gregorio episc.) et Petro. 216

XLII. Item epistola ejusdem papæ ad domnum Pippinum regem directa, — Pro defensione sanctæ Dei Ecclesiæ, et pro monasterio quod ei concessit prope montem Serapten situm, gratias magnas referendo. 222

XLIII. Item epistola ejusdem papæ ad domnum Pippinum regem per Wilharium episcopum atque Dodonem et Wichardum directa, — In qua continentur gratiarum actiones, ejusdem papæ fidei constantia, ut nullus favor aut terror ab ejus amore aut charitate ullo modo possit separare. 225

In pseudopapæ Constantini sequentes litteras monitum. 227

XLIV. Epistola Constantini PP. neophyti ad domnum Pippinum regem directa, — In qua continentur gratiarum actiones, et de obitu domni Pauli papæ, et postulat ut in gratia domni Pippini regis permanere possit, sicut antecessores sui fuerunt. 233

XLV. Epistola Constantini papæ neophyti ad domnum Pippinum regem directa, — In qua continetur quod a populo Romano per violentiam electus, et in sede apostolatus intromissus fuit, postulans ut in gratia domni regis Pippini permanere possit, sicut antecessores sui fuerunt, et inde de epistola Theodori patriarchæ Jerosolymitani, et de aliis epistolis Alexandrini et Antiocheni patriarcharum ; et in embolo de Georgio, Marino et Petro. 235

In Stephani III epistolas quinque admonitio. 239

XLVI. Item epistola ejusdem papæ ad domnum Carolum regem et ejus præcelsam genitricem directa, — De Christophoro et Sergio filio ejus, qui cum Dodone et cæteris Francis Stephanum papam interficere conati sunt. 243

XLVII. Item epistola Stephani papæ ad domnum Carolum regem et ejus præcelsam genitricem directa, — In qua continentur gratiarum actiones, et colloquendus Iherium (Itherium) abbatem, et postulans ut in qua retributio pro suo certamine fieret. 248

XLVIII. Item epistola ejusdem papæ ad domnum Carolum et Carolomannum reges directa, — In qua continentur primæ benedictiones et pro eorum fraternitatis concordia gratiarum actiones, et de justitiis sancti Petri. 249

XLIX. Item epistola ejusdem papæ ad domnum Carolomannum regem directa, — In qua continentur gratiarum actiones, et postulat ut filium suum ex fonte sacri baptismatis suscipere mereretur. 252

L. Item epistola ejusdem papæ ad domnum Carolum et Carolomannum reges directa, — Prohibendo atque cum nimis adjurationibus obligando, ut de gente Langobardorum uxores minime acceperent. 255

De Adriani 49 epistolis commentatio prævia. 261

LI. Item Adriani papæ epistola ad domnum Carolum regem per Gausfridum abbatem directa, — In qua continetur de victoria ipsius prædicti regis, et de episcopis Pisano et Lucano, ut ad propriis sedes atque Ecclesias pro sua pietate remeare concederet. 280

LII. Item epistola ejusdem papæ ad domnum Carolum regem directa, — In qua continetur de protectia Leonis archiepiscopi Ravennati cum civitatis. 283

LIII. Item epistola papæ ad domnum Carolum regem directa per Andream et Anastasium, — Pro justitia sanctæ Dei Ecclesiæ, et de Leone archiepiscopo, qui ad jam præfatum dominum regem properavit. 286

LIV. Item epistola ejusdem papæ ad domnum Carolum regem directa, — In qua continentur uberrimæ benedictiones pro exaltatione sanctæ Dei Ecclesiæ, et de epistola Joannis patriarchæ Gradensis. 288

LV. Item epistola ejusdem papæ ad domnum regem Carolum directa, — In qua continentur gratiarum actiones pro exaltatione sanctæ Dei Ecclesiæ, et de missis domini regis, qui autumni tempore Romam venire debuerunt. 291

LVI. Item epistola ejusdem papæ ad domnum (Carolum) regem directa, — In qua continetur de transitu Constantini imperatoris, et de Reginaldo duce Clusinæ, præfatus papa postulans ut ipsum (ducatum) actum domnus rex et habere non permitteret, eo quo multa mala in castello Felicitatis indesinenter agere non desistebat. 295

LVII. Item epistola ejusdem papæ ad domnum Carolum regem directa, — Pro exaltatione sanctæ Dei Ecclesiæ, et de Possessore et Rabigaudo (Rabiganudo) ipsum apostolicum despicientes Spoleto ad Hildebrandum ducem perrexerant, et inde Beneventum pervenerant. 297

LVIII. Item epistola ejusdem papæ ad domnum Carolum regem directa, — In qua continetur quod Hildebrandus et

Aragis, (Arogis) atque Rodgans, necnon et Reginibaldus (Raginaldus, Reginaldus) duces consilium inierant qualiter se in unum conglobarent cum Græcis et Adalgiso, terra marique, ad dimicandum contra Romam et Italiam, et sub nimiis adjurationibus postulans adjutorium contra eos. 300

LIX. Item epistola ejusdem papæ ad domnum Carolum regem directa, — In qua prædictus papa postulans ut domnus rex revertens a Saxonia ad limina sancti Petri properaret, quemadmodum ei pollicitus fuerat. 302

LX. Item epistola Adriani papæ ad domnum Carolum regem directa, — In qua continentur gratiarum actiones pro vita et sanitate domni regis, et uxoris, vel filium (filiorum) ejus, necnon et pro exaltatione sanctæ Dei Ecclesiæ, et postulans ut filium suum ex sacro baptismatis fonte suscipere mereretur. 304

LXI. Paulus presbyter, et totus Romanus clerus. — Paulo post missorum discessum audiens ex regiis litteris Francorum fines a Saracenis invasum iri, ad assiduas preces diu noctuque se vertit cum toto Romano clero, idque solatii ergo illi nuntiat ac victoriam ominatur. Beneventanos fœdere juncto cum Cajetanis et Tarracinensibus, nec non cum patri io Siciliæ Cajetæ degente consilium cepisse eripiendi sanctæ sedi Campaniæ Romanæ civitates et patricio eidem subjiciendi. Se per legatos primum egisse; at nequidquam, quare illuc mittere exercitum deliberasse. Orat ut missum deleget Beneventanis cum increpatoriis, ut ad officium redeant; se ne ad consecrationem quidem episcoporum eos recipere, tanquam sanctæ sedis et Caroli hostes. Denique ut faciat quæ per missos petiit eum precatur. 308

LXII. Item epistola ejusdem papæ ad domnum Carolum regem directa, — In qua continetur de fide et constantia ipsius, et Anastasio misso ipsius apostolici, qui in Francia demoratus fuerat. 311

LXIII. Item epistola ejusdem papæ ad domnum Carolum regem directa, — Pro exaltatione sanctæ Ecclesiæ, et de orationibus ipsius apostolici. 313

LXIV. Item epistola ejusdem papæ ad domnum Carolum regem directa, — In qua continetur de venundatione mancipiorum genti paganæ Saracenorum facta; et prædictus papa excusans Romanos nunquam tale secus perpetrasse, se la Langobardis et Græcis eos traditos esse dicit. 317

LXV. Item epistola ejusdem papæ ad domnum Carolum regem directa, — In qua continetur de Mauricio episcopo, quod Histrienses ei oculos eruissent. 320

LXVI. Item epistola ejusdem papæ ad domnum Carolum regem directa, — In qua continetur quod Neapolitani cum Græcis civitatem Terracinensem invasissent. 321

LXVII. Item epistola ejusdem papæ ad domnum Carolum regem directa, — In qua continetur de camerado vel trabibus seu lignamine quod necesse erat ad ipsam ecclesiam sancti Petri faciendum, et de corpore sancto quod Fulgatus (Fulradus) petiit. 324

LXVIII. Item epistola ejusdem papæ ad domnum Carolum regem directa, — In qua continentur gratiarum actiones pro exaltatione sanctæ Dei Ecclesiæ, et de territorio Savinensi, quemadmodum prædictus rex sancto Petro pollicitus fuerat, quod in integro contraderet juberet. 328

LXIX. Item epistola ejusdem papæ ad domnum Carolum regem directa, — In qua continetur de territorio Savinense, qualiter Itherius et Maginarius missi domni regis ipsum territorium in integro partibus sancti Petri reddere voluerunt, sed propter iniquos homines minime potuerunt. 331

LXX. Item epistola Adriani papæ ad Egilam episcopum in partibus Spaniæ missa, — Pro fide ortho loxa tenenda, et pro jejunio sexta feria, et Sabbato celebrando. 333

LXXI. Item epistola Adriani papæ ad Egilam episcopum, seu Joannem presbyterum, — De eorum sacratione vel constantia in partibus Spaniæ prædicandum, et de paschali festivitate, et de prædestinatione hominis, sive ad bonum, sive ad malum, et de coinquinatione eorum tam in escis quamque in potu, seu et de diversis erroribus, et de eorum pseudosacerdotibus, qui vivente viro sortiuntur uxores, et de libertate arbitrii, vel multis aliis capitulis in partibus illis contra fidem catholicam ortis. 336

LXXII. Item epistola ejusdem papæ ad domnum Carolum regem directa, — In qua continetur de fide vel constantia ipsius apostolici erga prædictum regem. 310

LXXIII. Item epistola ejusdem papæ ad domnum Carolum regem directa, — In qua continetur de sacratione Petri episcopi, seu de territorio Savinensi. 348

LXXIV. Item epistola ad domnum Carolum regem directa, — In qua continentur gratiarum actiones pro exaltatione sanctæ Dei Ecclesiæ, et de territorio Savinense, qualiter Michinarius (Maginarius) fidelissimus ejusdem præcelsi regis, ipsum territorium cum integritate partibus sancti Petri contradere voluit, sed propter iniquos atque perversos homines minime potuit. 352

LXXV. Item epistola ejusdem papæ ad domnum Carolum regem directa, — In qua continentur gratiarum actiones de susceptis laboribus pro beato Petro, commendans ipsi Georgium episcopum. 354

LXXVI. Item epistola ejusdem papæ ad domnum Carolum regem directa, — In qua continetur de præda Persarum in finibus Græcorum facta, et de discordia quæ inter ipsos erat. 355

LXXVII. Item epistola ejusdem papæ ad domnum Carolum regem directa, — In qua continetur de fide vel dilectione quam erga beatum apostolorum principem Petrum habere pollicitus est, ut inconcussa et insolubilis permaneat, et nulla callida versutia ab apostolico amore ejus animus disjungi possit. 356

LXXVIII. Item epistola ejusdem papæ ad domnum Carolum regem directa, — In qua continetur de abbate venerabilis monasterii sancti Vincentii, qui apud domnum regem insons accusatus fuerat, et inde ablatus, ut eum venusto vultu ac vibrantissimo animo clementissime susciperet, quia falsa crimina ei objiciebantur. 359

LXXIX. Item epistola ejusdem papæ ad domnum Carolum regem directa, — Indicat quomodo contentionem monachorum ad se missorum composuerit. Et quod Potho abbas cum decem monachis ad Carolum regem proficisci voluerit, ut ibidem quoque de objectis criminibus se purgaret. 360

LXXX. De episcopis vel presbyteris. — Ut non militarem induerent armaturam, sed spiritalem, id est, jejuniis et orationibus vacarent, seu de venalitate vel captivatione hominum, vel aliis illicitis causis, quæ a pravis hominibus perpetrata erant, seu de visione Joannis monachi, quæ falsa vel manus esse videbatur. 365

LXXXI. Item epistola ad domnum Carolum regem directa, — In qua continetur de monasterio sancti Hilarii confessoris in Calligata. Orat ne ipsum seu hospitales, qui per colles (calles) Alpium siti sunt in susceptione peregrinorum, a nulla magna parvaque persona invadi (invadere) sineret. 369

LXXXII. Item epistola ejusdem papæ ad domnum Carolum regem directa, — In qua continetur de molivo (musivo) atque marmore palatii Ravennatæ (Ravennatis) civitatis; prædictus papa domni regis ditioni, vel quidquid exinde facere voluisset, libenti animo se tribuere dicit. 371

LXXXIII. Item epistola Adriani papæ episcopis per universam Spaniam commorantibus directa, maxime tamen Eliphando vel Ascarico cum eorum consentaneis. — Pro hæresi vel blasphemia, quod Filium Dei adoptivum nominat, cum multis capitulis sanctorum Patrum eos reprehendens. Nec non et de paschali festivitate, seu et de sanguine pecudum et suillo, et sanguine suffocato, quem in errore prædicantes dicunt; ut qui ea non ederit, rudis et ineruditus est, quos sub anathematis vinculo obligatos et ab Ecclesia extraneos dicit. Similiter et de prædestinatione Dei, quod si quis ad bonum prædestinatus esset, contra malum resistere necesse illi non erat; si vero ad malum notus (natus) bonum illi exercere nihil proderit. Pro quo capitulo apostolicis adhortationibus eos castigans, nec non et de hoc, quia communem vitam cum Judæis et non baptizatis paganis tam in escis quam in potu, seu et in diversis erroribus (ducunt), nihil pollui se inquiunt, nec non et de filiabus eorum, quas populo gentili tradunt, vel de sacrationibus eorum, seu et de mulieribus, quæ vivente viro sibi maritum sortiuntur, simulque et de libertate arbitrii, vel aliis multis quæ enumerare longum est, eos castigans cum sanctorum Patrum traditionibus. 374

LXXXIV. Item epistola ejusdem papæ ad domnum Carolum regem directa, — In qua continetur de Venecis (Veneicis), ut de Ravenna seu de Pentapoli expellerentur, nec non et de Garamanno duce, qui possessiones Ravennatis Ecclesiæ violenter invasisset vel exspoliasset. 386

LXXXV. Item epistola ejusdem papæ ad domnum Carolum regem directa, — In qua continetur de gente dudum perfida, scilicet Saxonum, qualiter Dominus ac Redemptor noster per præfati regis laboriosa certamina, ad Dei cultum (et) suæ catholicæ et apostolicæ Ecclesiæ rectitudinem fidei, seu ad sacrum baptismatis fontem usque perduxisset, et de litaniis, et de jejuniis, et orationibus pro hujuscemodi re. 387

LXXXVI. — Item epistola ejusdem papæ ad domnum Carolum regem directa. — Respondet interroganti de Saxonibus quibusdam in paganismum relapsis, posse illos post longam pœnitentiam ad consortium Ecclesiæ recipi. 390

LXXXVII. Item epistola ejusdem papæ ad domnum Carolum regem directa, — In qua continentur gratiarum actiones pro exaltatione sanctæ Dei Ecclesiæ, et de honore pallii sacerdotalis concessi Ermenberto episcopo. 392

LXXXVIII. Item epistola ejusdem papæ ad domnum Carolum regem directa, — In qua continetur de trabibus majoribus ad ecclesias restaurandas, quas domnus rex ei dare præceperat; et ipsos actores negligentes nihil exinde, sicut eis a dicto rege injunctum fuerat, fecisse dicit, et de stanno ad ipsam ecclesiam sancti Petri recooperiendam. 394

LXXXIX. Item epistola ejusdem papæ ad domnum Carolum regem directa, — In qua continentur gratiarum actiones seu benedictiones, pro cruce quam ei miserat, et de territorio Populoniensi seu Rosellensi, ut domnus rex suos idoneos missos dirigeret, qui sub integritate ipsas civitates cum suburbana (suburbanis) earum et contradere debuissent. 396

XC. Item epistola ejusdem papæ ad domnum Carolum, — In qua continentur de adventu Adalchisi partibus Calabriæ, et ut Grimualdum in Benevento ducem non constitueret, et de civitatibus Beneventanis, et Rosellis, et Populono. 398

XCI. Item epistola ejusdem papæ ad domnum Carolum regem directa, — In qua continetur de missis Græcorum cum diucitin, id est dispositore Siciliæ, post revers ouem Attonis diaconi, missi domni regis a Benevento, cum relicta Arichisi ducis conciliati (consiliati) sunt, qualiter ducatum Beneventanum a potestate prædicti regis per insidias subtrahere potuissent. 402

XCII. Item epistola ejusdem papæ ad domnum Carolum regem directa, — In qua continetur de Arachiso duce Beneventano, qui (quia) postquam rex Carolus a Capuana urbe revertisset, prædictus Arigisus, Deo sibi contrario, apud imperatorem missos suos direxerat, petens auxilium et honorem patriciatus, cupiens libertatem, quam pollicitus fuerat, irritam facere, promittens se tam in tonsura quam in vestibus usu Græcorum perfrui. 406

XCIII. Item epistola ejusdem papæ ad domnum Carolum regem directa, — In qua continetur gratiarum actiones, et de Rosellis et Populonio, et de civitatibus Beneventanis, vel de insidiis Græcorum. 411

XCIV. Item epistola ejusdem papæ ad domnum Carolum regem directa, — Ipsum mendacii arguit, et objurgat quod Ravennam ad electionem novi pontificis missos (legatos) suos direxerit. 416

XCV. Item epistola ejusdem papæ ad domnum Carolum regem directa, — In qua continetur de Constantino et Paulo ducibus ipsius apostolici, qui apud præfatum regem a perversis hominibus gratis accusati fuerant, postulans ut unum ex ipsis, scilicet Paulum, quem ejus obtutibus præsentandum miserat, benigne susciperet dignaretur. 418

XCVI. Item epistola ejusdem papæ ad domnum Carolum regem directa, — In qua continetur de missis Offæ regis Anglorum, qui simul cum missis prælati regis Caroli Roma properarent (Romam properarunt), et qualiter prædictus papa ipsos missos Anglorum honorabiliter suscepisset; quemadmodum ei prædictus rex Carolus per suos legatos mandaverat, seu et de aliis capitulis. 420

XCVII. Item epistola ejusdem papæ ad domnum Carolum regem directa. — In qua continetur de diœcesibus vel parochiis episcoporum partibus Italiæ atque Tusciæ, quas alterutrum Invadentes, et de veste monachica, quam contra sanctos canones relinquentes, iterum sæcularibus vestibus induebantur, et sibi illicito matrimonio sociabant. 424

XCVIII. Item epistola ejusdem papæ ad domnum Carolum regem directa, — In qua continetur de parochis episcoporum, et de eorum sacratione, et de honore patriciatus domini regis, et alia capitula. 427

XCIX. Item epistola ejusdem papæ ad domnum Carolum regem directa, — In qua continetur gratiarum actiones seu benedictiones pro exaltatione sanctæ Dei Ecclesiæ, et de Sacramentario exposito a sancto Gregorio immistum, quatenus eum domnus rex poposcerat, per Joannem monachum atque abbatem civitatis Ravennantium (Ravennatium) miserat. 451

Index rerum et verborum quæ in primo Codicis Carolini juxta editionem Cennii tomo continentur. 457

Præfatio editionis Cajetani Cennii tomo II præfixa. 451

Provinciale vetus, sive Ecclesiæ universæ provinciarum notitia. 457

Liber Censuum genuinus. 475

De sancti Leonis III ad Carolum imperatorem epistolis dissertatio. 487

§ 1. Multo plures editis a Conringio adhuc latent. Ibid.

§ 2. Fides catholica et Romana Ecclesia a Carolo Magno patricio Romæ, egregii defensa, et pontificia dominatio dilatata. 490

§ 3. De renovatione imperii a sancto Leone III facta anno 800. 498

§ 4. De translatione imperii ad Germanos a Joanne XII facta anno 962. 508

Incipiunt epistolæ de papa Leone ad imperatorem Carolum missæ. 517

EPISTOLA PRIMA. — Qualiter quidam episcopus exsul inventus. Ibid.

EPIST. II. — Qualiter missi justitiam facturi domnum fecerunt. 520

EPIST. III. — De accusatoribus. 523

EPIST. IV. — De beneficiis acceptis. 527

EPIST. V. — Gratiarum actionis. 531

EPIST. VI. — Intercessiones et cætera. 535

EPIST. VII. — Quæstiones solvendæ. 538

EPIST. VIII. — De occisi ne Maurorum in Græcos. 540

EPIST. IX. — Qualiter Sicilienses cum Saracenis pactum fecerunt et captivi reddidi. 544

EP ST. X. — De iniquo consilio facto. 548

Dissertatio de diplomate Ludovici Pii. 551

Privilegium Lodovici imperatoris de regalibus confirmatis p pe Pas hali. 579

APPENDIX. 587

Dissertatio de diplomate Ottonis I aug. et Ottonis II regis. Ibid.

Exemplum privilegii Ottonis imperatoris de regalibus beato Petro concessis. 603

Dissertatio de diplomate Henrici I. 609

Exemplum privilegii Henrici imperatoris de regalibus beato Petro concessis. 623

Dissertatio de chartula comitissæ Mathildæ, seu donatione sanctæ sedi semel et iterum facta. 631

CAPUT PRIMUM. — De nomine, conditione, situ, vicibus terræ Mathildis. Ibid.

CAP. II. — De civitatibus Parma, Regio, Mutina et Mantua juris olim comitissæ Mathildis. 648

Cartula comitisse Mathilde. 639

Dissertatio de codice Rudolphino, seu de Rudolphi epistolarum libris tribus. 661

§ 1. De Caroli Magni successorum Carolingiorum electione. 663

§ 2. De trium Ottonum eorumque successorum usque ad Fridericum II electione. 664

§ 3. De septem electoribus sacri Romani imperii. 666

§ 4. De ritu coronationis Carolingiorum augg. 670

§ 5. Ritus coronationis Germaniæ regum, postquam electio regis Romanorum constituta est. 674

§ 6. De libris tribus epistolarum Rudolphi. 685

Rudolphi I Cæsaris Augusti epistolarum libri tres. 701

LIBER PRIMUS. Ibid.

EPISTOLA PRIMA. — Rudolphus electus in regem Romanorum ad stabilienda imperii sui auspicia petit a religiosorum congregatione orationum suffragia. Ibid.

EPIST. II. — Fr. Joannes sancti Cisterciensis ordinis abbas generalis respondet ad superiores Rudolphi litteras ordinem suum ipsi commendans. 704

EPIST. III. — Rudolphus itidem petit a sanctimonialibus virginibus pro se et consorte sua orationum suffragia. 705

EPIST. IV. — Ejusdem cum superiore argumenti, et iisdem pene verbis conscripta. 707

EPIST. V. — Rudolphus electus in regem Romanorum scribit ad universos imperii status de pace reformanda, et ut sibi debitam exhibeant obedientiam. 708

EPIST. VI. — Civitas quædam gratulatur Rudolpho de electione gratiasque agit de offensa remissa, eidem se commendans. 709

EPIST. VII. — Alia item civitas Rudolpho gratulatur de electione ejusdem in regem Romanorum, eidem se submisse commendans. 710

EPIST. VIII. — Quidam Rudolpho scribit, et pontificis maximi opera et mirabili sui sublimatione ecclesiæ et imperii statum hactenus collapsum reformatum iri. 711

EPIST. IX. — Princeps quidam scribit pontifici maximo de electione Rudolphi, ipsum eidem commendans. 713

EPIST. X. — Civitas quædam lætatur de promotione Rudolphi, eidem se totum devovens. 714

EPIST. XI. — Gratam habet gratulationem sibi factam. 715

EPIST. XII. — Rudolphus Gregorio X pontifici maximo gratias agit quod cancellarium ablegatum suum benigne audierit, promittens se semper in omnibus Ecclesiæ Romanæ obsequentissimum filium futurum. Ibid.

EPIST. XIII. — Rudolphus cuidam cardinali gratias agit quod partes suas in curia Romana unice foverit. 718

EPIST. XIV. — Offert abbati primarias preces pro ecclesiastico beneficio cuidam conferendo. 719

EPIST. XV. — Secundario sed cum minis interpellat ab-

ystem de ecclesiastico beneficio eidem pro quo antea ti-
tercesserat conferendo. 719
Epist. XVI. — Ejusdem cum duabus superioribus argu-
menti. 720
Epist. XVII. — Commendat episcopo quemdam prima-
ris precibus in canonicum. Ibid.
Epist. XVIII. — Remittit servitia vacante imperio non
præstita. 721
Epist. XIX. — Grates agit pro gratulatione sibi facta.
722
Epist. XX. — Pisani invitant Rudolphum ad sedandos
Tusciæ motus. 723
Epist. XXI. — Rudolphus Cæsar respondet Pisanis.
Ibid.
Epist. XXII. — Rudolphus mittit legatum ad summum
pontificem. 724
Epist. XXIII. — Rudolphus petit a summo pontifice Ro-
mano ut ultra prius mutuum det sibi tria nullis in rear.
mutuo. 725
Epist. XXIV. — Mittit in Italiam gubernatorem comitem
de Furstemberg. 726
Epist. XXV. — Ejusdem cum superiori argumenti. 728
Epist. XXVI. — Ad quemdam Italiæ principem de eo-
dem. 729
Epist. XXVII — Religiosum quemdam legatum mit-
tit. 731
Epist. XXVIII. — Ad papam promittit se venturum Me-
diolanum ad coronationem. Ibid.
Epist. XXIX. — Rudolphus gratias agit Gregorio X
pontifici Romano pro confirmatione suæ electionis. 752
Epist. XXX. — Petit a civitate quadam pro celebrandis
comitiis imperialibus pecuniarium subsidium. 735
Epist. XXXI. — Cuidam principi qui ab ipso defecit.
735
Epist. XXXII — Rudolphus cuidam principi qui regi
Bohemiæ adhæsit. Ibid.
Epist. XXXIII. — Promittit pontifici se ejus reformationem contra exorbitantes Germaniæ episcopos execu-
turum. 737
Epist. XXXIV. — Rudolphus cuidam principi pro litteris
missis gratias refert, et significat se cum pontifice fami-
liare Laus imæ colloquium celebrasse. Ibid.
Epist. XXXV. — Ejusdem argumenti ad quamdam civi-
tatem. 738
Epist. XXXVI. — Cuidam principi gratias agit quod ad
coronam imperii suscipiendam ipsum præcedat in Italiam.
739
Epist. XXXVII. — Conatur eumdem principem cum
fratre suo conciliare. 740
Epist. XXXVIII. — Salzburgensis promittit se venturum ad coronationem. 742
Epist. XXXIX. — Ultima Gregorii X ægroti Aretii in
Thuscia ad Rudolphum epistola. 743
Epist. XL. — Scribit cuidam in Romana curia, et se a
sinistra suspicione purgat. 745
Epist. XLI. — Responsiva ad præcedentem epistolam.
746
Epist. XLII. — Ad cardinales post mortem Gregorii X,
ut bonum eligant pontificem. 718

LIBER SECUNDUS. 751.
Epistola prima. — Rudolphus gratulatur Innocentio V
papæ de ejus electione in Romanum pontificem. Ibid.
Epist. II. — Rudolphus scribit cardinali post mortem
Gregorii X, pont. max., et eidem commendat legatum
suum. 753
Epist. III. — Gaudet de novo electo pontifice, et procuratorem in Romana curia constituit. 754
Epist. IV. — Innocentius pontifex commendat Rudolpho imperatori Coloniensem Ecclesiam et archiepiscopum. 755
Epist. V. — Gratulatur pontifici novo de pontificia dignitate, eidemse submisse commendans. Ibid.
Epist. VI. — Rudolphus rescribit Ungariæ regi, et se
excusat quod preces ejus non admiserit. 757
Epist. VII. — Rudolphus promittit se de perpetrato
quodam facinore ultionem sumpturum. 758
Epist. VIII. — Archiepiscopus Saltzburgensis apud Rudolphum Cæsarem episcopum Secoviensem suffraganeum
suum accusat. 759
Epist. IX. — Saltzburgensis archiepiscopi gravissima
querela de Ottocaro rege Bohemiæ post mortem Gregorii X pont. max. 760
Epist. X. — Rem Salisburgensis episcopi ad Rudolphum
graviori querela de Ottocaro rege Bohemiæ, a cujus tyrannide se et suos petit liberari. 761
Epist. XI. — Idem Salisburgensis mittit notarium ad Rudolphum Cæsarem, eumque ut ad sui suorumque libera-

tionem quam primum accingatur, etiam atque etiam hortatur. 762
Epist. XII. — Rudolphus respondet episcopo Salisburgensi, gratias ipsi agens pro singulari ejus circa ipsum
cura ac vigilantia. 765
Epist. XIII. — Idem Salisburgensis Rudolpho imperatori conqueritur contra comitem quemdam de violenter
occupato monasterio sancti Pauli in Carinthia. 765
Epist. XIV. — Patriarcha Aquilegensis scribit Rudolpho imperatori de multis, præsertim de rege Bohemiæ
domando. 767
Epist. XV. — De capitaneo Styriæ, qui nomine Ottocari
regis Bohemiæ omnia bona Ecclesiæ Salisburgensis devastavit; idem Salisburgensis Rudolpho scribit, petens ab
eo festinum auxilium. 769
Epist. XVI. — Rudolphus ad proceres regni Hungariæ
scribit se brevi ultionem sumpturum de ipsorum hoste
rege Bohemiæ. 770
Epist. XVII. — Rudolphus imperator commendat filium
suum primogenitum, quem in Austriam cum copiis militaribus præmittit, cuidam principi, ut ipsum in omnibus
adjuvet. 771
Epist. XVIII. — Rudolphus imperator duci cuidam significat se moturum contra Bohemum, et ut castra viciniora occupet. 773.
Epist. XIX. — Rudolphus Cæsar excusat se apud pontificem Romanum; quod ad constitutum tempus non venerit
pro corona imperii suscipienda. Ibid.
Epist. XX. — Excitat Ladislaum regem Hungariæ, et
Andream ducem Sclavoniæ contra regem Bohemiæ. 774
Epist. XXI. — Rudolphus ducem exercitus ad militiam
invitat. 775
Epist. XXII. — Fridericus archiepiscopus Salisburgensis absolvit suos diœcesanos a juramento præstito cuidam
principi. 776
Epist. XXIII. — Rudolphus scribit regi Ungariæ pro
auxilio contra Bohemum. 777
Epist. XXIV. — Rudolphus recipit cujusdam excusationem, ita tamen ut nolit ipsum esse inter se et regem Bohemiæ pacis mediatorem. 778
Epist. XXV. — Rudolphus cognatum hortatur ut secum
contra regem Bohemiæ proficiscatur. 779
Epist. XXVI. — Rudolphus defert cuidam principi officium in imperio, eumque invitat ad societatem belli, et
per illum alios. 780
Epist. XXVII. — Rudolphus cuidam principi gratulatur
de concordia inita, eamdemque incitat contra Bohemum.
781
Epist. XXVIII. — Rudolphus scribit cuidam de defectione Carinthiorum ab Ottocaro Bohemiæ rege. 785
Epist. XXIX. — Archiepiscopus Salisburgensis ac ejusdem suffraganei summo pontifici Romano læti nuntiant per
Rudolphum imperatorem, cujus virtutes ac laudes mirifice
deprædicant, liberatam ab Ottocari Bohemi tyrannide
Austriam. Ibid.
Epist. XXX. — Rudolphus regem Hungariæ laudat de
suscepto secum bello contra regem Bohemiæ. 785
Epist. XXXI. — Rudolphus cuidam significat conditiones fœderis inter ipsum et Ungariæ regem initas. 786
Epist. XXXII. — Rudolphus quemdam principem certiorem facit de obtenta insigni a rege Bohemiæ victoria.
787
Epist. XXXIII. — Idem Rudolphus eamdem victoriam
summo pontifici Romano significat. 789
Epist. XXXIV. — Rudolphus victor indulget Ottocari
victi liberis. 791
Epist. XXXV. — Privilegium civitatis Brunensis in Moravia. Ibid.
Epist. XXXVI. — Rudolphus regem Hungariæ certiorem facit de statu Bohemiæ et Moraviæ. 793
Epist. XXXVII. — Summo pontifici Romano Rudolphus
scribit, et Ecclesiæ Romanæ quæcunque hactenus ab ipso
postulavit, liberalissime concedit. 794
LIBER TERTIUS. 797
Epistola prima. — Sacri Romani imperii electores confirmant donationem Annæ imperatrici primæ uxori factam
a Rudolpho imperatore. Ibid.
Epist. II. — Civitas quædam Rudolpho gratulatur de
prosperis successibus. 798
Epist. III. — Ejusdem cum superiori epistola argumenti.
799
Epist. IV. — Committit cuidam defensionem monasterii
devastati. 800
Epist. V. — Rudolphus regi Franciæ de contracta cum
ipso affinitate congratulatur. Ibid.
Epist. VI. — Rudolphus scribit civitati cuidam fidelitatem ejus laudans. 801
Epist. VII. — Rudolphus dolet quemdam terram suam,

QUÆ IN HOC TOMO CONTINENTUR.

transitsse incognitum. 802
Epist. VIII. — Rudolphus contrahit cum cardinali quodam amicitiam. Ibid.
Epist. IX. — Rudolphus scribit cardinali se ipsi commendans et negotia imperii. 803
Epist. X. — Cives Leodienses conqueruntur de quibusdam clericis. 804
Epist. XI. — Rudolphus cives Maguntinos hortatur ad concordiam. 805
Epist. XII. — Rudolphus de eadem concordia clero Moguntino scribit. 806
Epist. XIII. — Rudolphus providet cuidam domui regulari de ordine Pœnitentium. Ibid.
Epist. XIV. — Quidam ex curia Romana commendat quemdam Rudolpho imperatori. 807
Epist. XV. — Episcopus quidam gravaminis sui episcopatus Rudolpho exponit. Ibid.
Epist. XVI. — Commendat comitibus et baronibus, etc., nov ter electum episcopum. 808
Epist. XVII. — Privilegium civitatis Halfensis. 810
Epist. XVIII. — Rudolphus commendat Coloniensem electum pontifici Romano. 811
Epist. XIX. — Rudolphus commendat Philippo regi Francorum monasterium Aureæ Vallis Cisterciensis ordinis. 812
Epist. XX. — Rudolphus revocat et irrita facit omnia contraria superiori epistolæ privilegia concessa et concedenda. 813
Epist. XXI. — Rudolphus ut concordia inter principem et cives fiat mittit legatum. 814
Epist. XXII. — Rudolphus commendat quemdam canonicum Leodiensi Ecclesiæ, et ut ipsum quamprimum incuriam remittant. Ibid.
Epist. XXIII. — Rudolphus confirmat episcopi Leodiensis sententiam de terminis duellorum prætigendis. 815
Epist. XXIV. — Rudolphus iterum regi Francorum commendat monasterium Aureæ Vallis. 816
Epist. XXV. — Rudolphus Hospitalarios domus Teutonicæ in suam specialem protectionem accipit. 817
Epist. XXVI. — Rudolphus fratres Hospitalis sancti Joannis de Jerusalem recipit in tutelam et eorum privilegia confirmat. 819
Epist. XXVII. — Patriarcha Jerosolymitanus Rudolphum hortatur ad passagium, expositis periculis Terræ sanctæ. 820
Epist. XXVIII. — Rudolphus scribit Tridentino episcopo de amicabili compositione cum comite Tyrolensi facienda. 822
Epist. XXIX. — Rudolphus scribit reginæ Franciæ de homagio renovando. 823
Epist. XXX. — Rudolphus scribit ad archiepiscopum, ut juste judicet. 825
Epist. XXXI. — Rudolphus cuidam concedit montes quosdam excolendos. 826
Epist. XXXII. — Rudolphus episcopo cuidam quemdam abbatem commendat. Ibid.
Epist. XXXIII. — Rudolphus cuidam compatitur, et eumdem consolatur. 827
Epist. XXXIV. — Rudolphus concedit cuidam principi facultatem cudendi monetam. Ibid.
Epist. XXXV. — Rudolphus mandat ut moneta cujus cuendæ facultatem cuidam nobili concesserat, sine impedimento aliquo recipiatur. 828
Epist. XXXVI. — Rudolphus confirmat cujusdam monasterii privilegium. 829
Epist. XXXVII. — Rudolphus infamem restituit in pristinum gradum. 830
Epist. XXXVIII. — Rudolphus mortuo procuratore alium substituit in Romana curia. Ibid.
Epist. XXXIX. — Rudolpho scribit Cypri rex, ut sibi de suis successibus scribat. 832
Epist. XL. — Rudolpho patriarcha Jerosolymitanus pro subsidio Terræ sanctæ. 833
Epist. XLI. — Rudolphus recipit in tutelam pupillum quinquennem. 836
Epist. XLII. — Rudolphus expostulat cum quodam. 837
Epist. XLIII. — Rudolphus scribit contra indebite exigentes telonium. 858
Epist. XLIV. — Rudolphus commendat quemdam pro beneficio quodam ecclesiastico. 839
Epist. XLV. — Rudolphus scribit de rebellione cujusdam. 840
Epist. XLVI. — Rudolphus commendat quemdam litteratum. Ibid.
Epist. XLVII. — Rudolphus capitula quædam contra hæreses edita a Friderico imperatore approbat. 841
Dissertatio de Rudolphi regis Romanorum diplomate a sacri Romani imperii electoribus confirmato. 843

§ 1. Jura omnia sanctæ sedis confirmantur. 843
§ 2. De Siciliæ regno, tam citra pharum quam ultra. 853
I. — Diploma Rudolphi regis Romanorum cum sua bulla pendente. 863
II. — Diploma principum imperii super donatione Rudolphi imperatoris et confirmatione privilegiorum sedis apostolicæ. 869
III. — Diploma quo Rudolphus ecclesiastica jura severo edicto tuetur. 872
Index rerum et verborum quæ in secundo juxta Cennii editionem Codicis Carolini tomo continentur. 875

BEATI CAROLI MAGNI OPERUM OMNIUM PARS SECUNDA. — SCRIPTA. 993

Sectio prima. — Epistolæ. Ibid.
Epistola prima. Ad Offam regem Merciorum. — Post devictos Longobardos et Saxones. Ibid.
Epist. II. sive decretum de scholis Osnabrugensis Ecclesiæ. Ibid.
Epist. III. Ad Baugulfum abbatem Fuldensem. — De litterarum studiis. 895
Epist. IV. Ad subjectos. — De Homiliario Pauli Diaconi, monachi Casinensis. 896
Epist. V. Ad Fastradam reginam. — De victoria Avarica et de Litaniis. 897
Epist. VI. Ad Elipandum et cæteros episcopos Hispaniæ. — In qua trium etiam superiorum libellorum fit mentio. 899
Epist. VII. Ad Leonem III papam. — Missa per Angilibertum abbatem Centulensem. 907
Epist. VIII. Ad Angilbertum abbatem. — Commonitorium Angilberto, qui cum superioribus litteris ad pontificem mittebatur. 909
Epist. IX. Ad Manassem abbatem. Ibid.
Epist. X. — Fragmentum epistolæ ad episcopos. 910
Epist. XI. Ad Offam regem Merciorum. — Presbyterum Scottum accusatum mittit in patriam, ut ibi ab episcopo suo judicetur. Ibid.
Epist. XII. Ad Albinum abbatem. 911
Epist. XIII. Ad quinque episcopos. — De gratia septiformis Spiritus. 914
Epist. XIV. — Ad Garibaldum Leodiensem episcopum. — De cura quam is struendis populis præcipue ante baptismum adhibere debent pastores. 917
Epist. XV. Ad Garibaldum episcopum. — Jejunium pro necessitatibus publicis, maxime pro fame, peste et bello indicitur. 918
Epist. XVI. Ad Pippinum filium regem Italiæ. — De pace Ecclesiarum Dei et illis servientium. 920
Epist. XVII. Ad Albinum magistrum et congregationem sancti Martini monasterii. 921
Epist. XVIII. Ad Leonem III papam. — A Zmaragdo abbate edita. 923
Epist. XIX. Ad Nicephorum imp. Constantinop. — Gaudium suum significat de iterata legatione pro constituenda pace inter utrumque imperium. 929
Epist. XX. Ad Michaelem imperatorem. — De pace inter utrumque imperium firmanda. 951
Epist. XXI. Ad Odilbertum archiepiscopum. 953
Epist. XXII. Ad Athilardum (Ædilhardum) archiepiscopum et Leolvulfum. — Illis quosdam exsules commendat. 954
Epist. XXIII. Ad Fulradum abbatem Altahensem. — Illi præcipit ut cum hominibus bene armatis in loco qui dicitur Sta asfurt compareat. 935

Appendix ad epistolas beati Caroli Magni Ibid.
I. Ad Carolum Magnum Odilberti archiepiscopi responsio. Ibid.
II. Epist. Caroli Magni ad Offam regem — Mittit in Britanniam concilium Nicenum II. 937
III. Epist ad Carolum Magnum imperatorem. — De ritibus baptismi. 938
IV. Anonymi scriptoris responsio ad capitula archiepiscopis regni Francorum missa a Carolo Magno an. Christi 811. 939
Caput primum. — Quomodo vel qualiter unusquisque Dei sacerdos plebem sibi a Deo commissam instruat, prædicet atque gubernat. 940
Cap. II. — De omni sancti mysterio baptismatis quo (si) ordine debemus celebrare. Ibid.
Cap. III. — Cur catechumenus fit, et cujus linguæ, et quid interpretatur. Ibid.
Cap. IV. — De scrutinio ecclesiastico, cur scrutinium fit, et quo tempore, et quid est scrutinium. Ibid.
Sectio secunda. — Libri Carolini. 941
Prolegomena. Ibid.
B ronii de concilio Francofordiensi dissertatio. Ibid.
De synodo Francofordiensi Francisci Laurentii Surii ad

lectorem admonitio. 965
In eamdem synodum Mansi adnotatio. *Ibid.*
Ex Natalis Alexandri dissertatione de imaginibus excerpta. 971
§ 1. Proponitur objectio Dallæi ex libris Carolinis petita. *Ibid.*
§ 2. Responsio illorum confutatur, qui libros Carolinos alicujus hæretici opus esse scripsere; et ostenditur illorum auctorem esse Carolum Magnum. 975
§ 3. Ad objectiones ex libris Carolinis petitas respondetur. 979

Beati Carolini Magni regis Francorum et Longobardorum, patricii Romanorum, filii et defensoris sanctæ Dei Ecclesiæ Capitulare de imaginibus contra Constantini VII imperatoris Constantinopolitani et Irenæ matris decretum, et synodum Nicænam u pseudoseptimam œcumenicam sive universalem; compositum et publicatum in concilio Francofordiensi, et Adriano papæ missum anno Domini 794. 989

Præfatio Tilei Meldensis episcopi. *Ibid.*
Testimonia veterum scriptorum. 995
Caroli Magni præfatio. 999
LIBER PRIMUS. 1005
CAPUT PRIMUM. — De eo quod Constantinus et Hærena in suis scriptis dicunt : « Per eum qui conregnat nobis Deus. » *Ibid.*
CAP. II. — De eo quod Constantinus et Hærena in epistola ad venerabilem papam apostolicæ sedis Adrianum directa s ripserunt, « Elegit nos Deus qui in veritate quærimus gloriam ejus. » 1011
CAP. III. — De eo quod Constantinus et Hærena gesta vel scripta sua divalia nuncupant. 1014
CAP. IV. — De eo quod Constantinus et Hærena in epistola sua venerabili papæ Adriano urbis Romæ scripserunt : « Rogamus tuam paternitatem et maxi ne Deus rogat qui nullum hominem vult perire. » 1016
CAP. V. — Quod non parvi sit piaculi Scripturas sanctas aliter intelligere quam intelligendæ sunt, et ad hos sensus usurpatas accommodare quos illæ non continent : sicut in erronea synodo quæ in Bithynia, regnante Constantino, mediante Hærena matre ejus, residente Tharasio Constantinopolitano episcopo, gesta est. 1018
CAP. VI. — Quod sancta Romana, catholica et apostolica Ecclesia cæteris Ecclesiis prælata, pro causis fidei cum quæstio surgit omnino sit consulenda. 1019
CAP. VII. — Quod non ad adorandas imagines pertineat quod scriptum est, « Creavit Deus hominem ad imaginem et similitudinem suam (Gen. 1). » 1022
CAP. VIII. — Quæ sit differentia imaginis et similitudinis sive æqualitatis. 1025
CAP. IX. — Quomodo intelligendum sit quod scriptum est, « Abraham adoravit populum terræ, filios Heth (Gen. XXIII), » sive quod Moyses Jetro legitur adorasse : quibus exemplis hi qui propter adorandas imagines synodos faciunt, suum errorem fulcire affectant : et quia nec Jacob Pharaonem, nec Daniel Nabuchodonosor regem, ut illi dicunt, uspiam legantur adorasse. 1027
CAP. X. — De eo quod Joannes presbyter et legatus Orientalium incaute imaginum adorationem stabilire nitens, dixisse legitur, « Erexit Jacob titulum Deo, quatenus et benedixit eum (Gen. xxxv). » 1029
CAP. XI. — De eo quod præfatus Joannes dixit, « In hominis forma luctatus est cum ipso, et vocavit eum Israel, quod est interpretatum, mens videns Deum. » 1031
CAP. XII. — Quod non ad adorationem imaginum pertineat, nec in nostris codicibus qui ex Hebraica veritate translati sunt inveniatur, quod illi in sua synodo dicunt, « Jacob suscipiens a filiis suis vestem talarem tabefactam Joseph, osculatus est cum lacrymis, et propriis oculis imposuit (Gen. xxxvii). » 1032
CAP. XIII. — De eo quod indocte et inordinate dicunt, « Si calumniaris me, quoniam ut Deum adoro lignum crucis, cur non calumniaris Jacob adorantem summitatem virgæ Joseph? sed manifestum est quoniam non lignum videns adoravit, sed per Lignum Joseph, sicut et nos per crucem Christum. » 1054
CAP. XIV. — Non pertinere ad imaginum adorationem, ut illi dicunt, quod scriptum est, « Jacob Pharaonem benedixit (Gen. XLVII). » 1055
CAP. XV. — Quam absurde agant qui ad confirmandas imagines exemplum divinæ legis proferunt dicentes, « propitiatorium et duos cherubim aureos et arcam testamenti præcipiente Domino Moysen fecisse. » 1056
CAP. XVI. — Quod nec inde adorandarum imaginum usus astrui possit, ut illi stultissime et irrationabiliter dicunt, eo quod in lege scriptum est : « Ecce vocavi ex nomine Beseleel filium Ur, filii Hor de tribu Juda, et replevi eum spiritu sapientiæ et intelligentiæ, a perficiendum opus ex auro et argento, et dedi ei Ooliab Achisama (Exod. xxxi). » 1039

CAP. XVII. — Quod non recte sentiant qui dicunt : « Si secundum Moysi legitimam traditionem præcipitur populo purpura hyacinthina in fimbriis, in extremis vestimentis poni ad memoriam et custodiam præceptorum, multo magis nobis est per assimilatam picturam sanctorum virorum videre exituum conversationis eorum, et eorum in tari fidem secundum apostolicam traditionem. » 1042
CAP. XVIII. — Quod vana sit spes eorum qui salutem suam in imaginibus ponunt, dicentes : « Sicut Israeliticus populus serpentis ænei inspectione servatus est, sic nos sanctorum effigies aspicientes salvabimur. » 1046
CAP. XIX. — Quod magnæ sit temeritatis dicere, « Sicut Judæis tabulæ et duo cherubim, sic nobis Christianis donata est crux et sanctorum imagines, ad scribendum et adorandum. » 1047
CAP. XX. — Quod non minus omnibus, sed pene cunctis plus Tarasius delirasse dinoscitur, dicens : « Sicut veteres habuerunt cherubim obumbrantem propitiatorium, et nos imagines Domini nostri Jesu Christi et sanctæ Dei genitricis et sanctorum ejus habeamus obumbrantes altare. » 1019
CAP. XXI. — Quod non bene Joannes presbyter senserit qui ut imaginum adorationem astrueret, dixit, « Et Jesus Nave duodecim lapides statuit in Dei memoria. » 1032
CAP. XXII. — Quod non sit æqualis adoratio, ut illi dicunt, « Natham prophetæ erga David regem, adorationi imaginum. » 1053
CAP. XXIII. — Quod in eo quod scriptum est : « Signatum est super nos lumen vultus tui, Domine, » sive : « Vultum tuum, Domine, requiram, » nihil manu factæ imaginis intelligendum est, ut illi dicunt. 1056
CAP. XXIV. — Quod non ad ullam manu factam imaginem pertineat quod scriptum est, « Vultum tuum deprecabuntur omnes divites plebis, » sicut illi autumant. 1057
CAP. XXV. — Inopportuna et deliramento plena dictio Leonis Fociæ episcopi, qui in eo quod ad imaginum adorationem conversus est, sibi versiculum Psalmistæ accommodat dicentis : « Convertisti planctum meum in gaudium mihi, conscidisti saccum meum, et circumdedisti lætitia. » 1058
CAP. XXVI. — Quod non pertineat ad imaginum adorationem contemnentes illud quod psalmographus cecinit : « Vana locuti sunt unusquisque ad proximum suum, labia dolosa in ore, etc. » 1059
CAP. XXVII. — Quod non ad eorum parentes pertineat, sicut illi dicunt, « Disperdat Dominus universa labia dolosa et linguam magniloquam (Psal. xi). » 1060
CAP. XXVIII. — Quod non in eorum parentibus, ut illi dicunt, impletum sit quod scriptum est, « Inimici defecerunt framea in finem, et civitates eorum destruxisti (Psal. ix). » 1061
CAP. XXIX. — Quomodo intelligendum sit quod scriptum est : « Domine, dilexi decorem domus tuæ; » quem decorem isti imagines intelligunt. 1062
CAP. XXX. — Quod non pro manufactis imaginibus per Psalmistam, ut illi aiunt, dictum est, « Sicut audivimus, ita et vidimus (Psal. XLVII) » 1063
LIBER SECUNDUS. *Ibid.*
Præfatio. *Ibid.*
CAPUT PRIMUM. — Quod non propter eos scriptum sit qui imagines adorare contemnunt, sicut illi dicunt qui eas adorant, quod in psalmo legitur, « Quanta malignatus est inimicus in sanctis tuis. » 1057
CAP. II. — Quod nec illud ad hanc rem pertineat, ut illi dicunt, quod scriptum est, « Quoniam non est jam propheta et nos non cognoscet amplius. » 1018
CAP. III. — Quomodo intelligendum est, « Domine, in civitate tua imaginem illorum ad nihilum rediges : » quod quidem capitulum sicut et cætera, illi aliter quam dictum est intelligunt. *Ibid.*
CAP. IV. — Quomodo intelligendum est quod psalmographus cecinit, « Misericordia et veritas obviaverunt sibi, justitia et pax se complexæ sunt (Psal. LXXXV) : » quod temere et adulatorie a Joanne presbytero et legato orientalium in participatione venerabilis papæ Adriani et Tarasii patriarchæ dicitur esse completum. 1070
CAP. V. — Quod non ad adorationem imaginum pertineat, ut illi dicunt, quod scriptum est, « Exaltate Dominum Deum nostrum, et adorate scabellum pedum ejus, quoniam sanctus est (Psal. xcix). » 1074
CAP. VI.—Quod nec de eo imaginum adoratio astrui possit, ut illi putant, quod scriptum est, « Adorate in monte sancto ejus. » 1072
CAP. VII. — Quod non, ut illi glorientur, propter illos

dictum est qui imagines adorant, « Quoniam non derelinquet Dominus virgam peccatorum super sortem justorum, ut non extendant justi ad iniquitatem manus suas (Psal. cxxv). » 1073

Cap. VIII — Quod non propter illos qui imaginum adorationem spernunt, ut illi delirant, per prophetam dicitur, « Declinantes ad obligationem adducet Dominus cum operantibus iniquitatem (Psal. cxxv). » 1074

Cap. IX. — Quod non ab eo quod Salomon dicitur in templo fecisse boves et leones, imaginum adoratio firmari possit, ut illi somniant, qui in earum adorationem anhelant. *Ibid.*

Cap. X. — Quomodo intelligendum est, quod in Canticis canticorum scribitur, « Ostende mihi faciem tuam, et auditam fac mihi vocem tuam, quoniam vox tua suavis est mihi, et facies tua speciosa (Cant. II); » quod quidem capitulum illi impudentissime ad imaginum visionem protulerunt. 1075

Cap. XI. — Quomodo intelligendum est quod per Isaiam prophetam scribitur, « Erit altare Domini in medio terræ Ægypti (Isa. xix): » quod capitulum illi stolide et minus docte ad imaginum adorationem referre nituntur. 1076

Cap. XII. — Absurdissime et incaute contra eos qui imagines adorare contemnunt, ab his qui eas adorant, prolatum testimonium sancti Evangelii; « Nemo accendit lucernam et ponit eam sub modio (Matth. v, Marc. iv, Luc. xi). » 1077

Cap. XIII. — De eo quod ad suum errorem confirmandum dicunt beatum Silvestrem Romanæ urbis antistitem apostolorum imagines Constantino imperatori detulisse, cum tamen eas non legatur adorare jussisse. 1078

Cap. XIV. — Quod non ita intelligenda sit sententia beati Athanasii Alexandrinæ urbis episcopi, ut illi eam intelligendam putant, qui hanc ad adorationem imaginum accommodare nituntur. *Ibid.*

Cap. XV. — Quod male ad suum errorem astruendum sententiam beati Ambrosii Mediolanensis urbis episcopi, quam ex libro tertio capitulo nono esse mentiuntur, usurpant, qui per eam imaginum adorationem firmare cupiunt. 1079

Cap. XVI. — Quod non pro materialibus imaginibus, ut illi aiunt, beatus Augustinus dixerit, « Quid est imago Dei nisi vultus Dei in quo signatus est populus Dei ? » 1080

Cap. XVII. — Quod Gregorii Nysseni episcopi, ex quo illi ad suum errorem astruendum testimonia trahunt et vita nobis et prædicatio sit incognita. 1082

Cap. XVIII. — Quod non ad adorationem imaginum pertineat testimonium quod de sexta synodo protulerunt. *Ibid.*

Cap. XIX. — Quod sententia Joannis Constantinopolitani episcopi, quam illi in testimonium adorandarum imaginum trahunt, non ad id quod illi putant pertinere dignoscitur. *Ibid.*

Cap. XX. — Quod non ad adorationem imaginum pertineat, ut illi asserunt, sententia beati Cyrilli in expositione Evangelii secundum Matthæum. 1084

Cap. XXI. — Quod non sit contra religionem Christianam, ut illi dicunt, non colere et non adorare imagines. 1085

Cap. XXII — Quod non bonam habeant memoriam qui ut non obliviscantur sanctorum vel certe ipsius Domini, idcirco imagines erigunt. 1086

Cap. XXIII. — Quod contra beati Gregorii Romanæ urbis antistitis sententiam instituunt sit imagines adorare seu frangere. 1087

Cap. XXIV. — Cum præter Deum solum nihil aliud debeat adorari, aliud est hominem adorare charitatis et salutationis officio, aliud imagines manufactas. 1089

Cap. XXV. — Quod nusquam ab apostolicis exemplis aut verbis, ut illi garriunt, imagines adorare institutum sit. 1090

Cap. XXVI. — Quod non parvi sit erroris manufactas imagines arcæ testamenti Domini coæquare conari, ut illi in sua synodo facere conati sunt. 1091

Cap. XXVII. — Quod magnæ sit temeritatis ingentisque absurditatis, sæpe memoratas imagines corpori et sanguini Dominico æquiparare velle, sicut in eadem vanit te quæ pro illis scripta est legitur. 1093

Cap. XXVIII. — Quanta ratione mysterium Dominicæ crucis ab imaginibus distet, quas quidem illi eidem æquiparare contendunt. 1096

Cap. XXIX. — Quod præsumptive et indocte eas Tarasius cum sequacibus suis sacratis vasis æquiparare non formidet. 1098

Cap. XXX. — Contra eos qui dicunt, « Sicut divinæ Scripturæ libros, ita imagines ob memoriam venerationis habemus, nostræ fidei puritatem observantes. » 1099

Cap. XXXI. — Quod contra Dominicæ vocis imperium faciunt hi qui parentes suos anathematizant; et si secundum eorum opinionem prædecessores eorum hæretici fuere, isti ab hæreticis geniti, docti et consecrati sunt : sive de non judicandis his qui de sæculo recesserunt; vel quantum istorum error a parentum errore dissentiat, cum videlicet illi imagines frangere, isti adorare censuerint. 1109

LIBER TERTIUS. 1111
Præfatio. *Ibid.*

Caput primum. — Confessio fidei catholicæ quam a sanctis Patribus accepimus, tenemus et puro corde credimus. 1113

Cap. II. — Quod Tarasius ab errore errorem linire conatus sit, et quod ab ægritudine ad ægritudinem dilapsus sit, cum videlicet repente ex laico conversus et ad episcopatum promotus nititur hoc emendare in imaginum adoratione quod admisit in repentina consecrationis susceptione. 1115

Cap. III — Utrum Tarasius recte sentiat qui Spiritum sanctum non ex Patre et Filio secundum verissimam sanctæ fidei regulam, sed ex Patre per Filium procedentem in suæ crudelitatis lectione profiteatur. 1117

Cap. IV. — Utrum Theodorus episcopus Hierosolymorum recte sentiat, qui cum Patrem sine principio penitus et sempiternum se credere dixerit, Filium nescio sub qua ambage verborum non aliud principium quam Patrem agnoscentem et ex ipso subsistentiam habentem professus sit. 1121

Cap. V. — Quod Tarasius non recte Spiritum sanctum contribulum Patri et Filio dixerit, cum sufficeret dicere coæternum, consubstantialem, ejusdemque essentiæ et naturæ. 1123

Cap. VI. — De eo quod Basilius Anchiræ episcopus in suæ fidei lectione post confessionem Patris et Filii et Spiritus sancti imaginum et lipsanorum osculationem et adorationem inseruerit, idem se habere dicens participare ipsis sanctificatione : remissionem vero peccatorum, sive carnis resurrectionem; seu vitam futuram omnino tacuerit. 1124

Cap. VII. — De eo quod Theodosius Amori episcopus desidiose fidem sanctæ et unicæ Trinitatis tacuerit, de imaginibus vero incaute et extraordinarie dixerit : « Confiteor et promitto, et suscipio, et osculor, et adoro imagines; et post pauca : Qui non instruunt diligenter omnem Christo dilectum populum adorare et venerari sacras et honorandas imagines omnium sanctorum qui a sæculo Deo placuerunt, anathema. » 1127

Cap. VIII. — De eo quod pene de omnium fide ambigitur, cum Spiritum sanctum quidam a Patre tantum, quidam vero neque a Patre neque a Filio procedentem confessi sint. 1129

Cap. IX. — De eo quod si forte aliquis error in præfatorum episcoporum sententiis de fide prolatis indiscussus remanserit, propter difficultatem et enormitatem sermonis illorum remanebit, qui plerumque tanta ignavia obsitus est, ut quid significare velit quive sensus in eo intelligendus sit, minime pateat. 1129

Cap. X. — Ridiculose et pueriliter dictum in sententia fidei Theodori episcopi : « Mirabilis Deus in sanctis suis; et continuo, Sanctis qui in terra sunt ejus mirificavit omnes voluntates meas inter illos, » tanquam hic versiculus illum priorem subsequatur. 1131

Cap. XI. — Quod inutiliter et incaute Græci Ecclesiam catholicam anathematizare conati sint in eorum synodo, eo quod imagines non adoret, cum utique prius debuerint omnino scrutari quid uniuscujusque partis Ecclesia de hac causa sentire vellet. *Ibid.*

Cap. XII. — Quod magna ex parte mansuetudinem et patientiam abjecerint in non continendo os suum et inordinate loquendo. 1133

Cap. XIII. — Quia mulier in synodo docere non debet, sicut Harena in eorum synodo fecisse legitur. 1136

Cap. XIV. — Contra eos qui dicunt, « Dei cooperantes nos direximus congregare vos, sive congregavit vos Deus consilium proprium statuere volens. » 1138

Cap. XV. — Contra eos qui dicunt : « Si enim imperiales effigies et imagines emissas in civitates et provincias obviabant populi cum cereis et thymiamatibus, non cera perfusam tabulam honorantes, sed imperatorem, quanto magis oportet in Ecclesiis Christi depingi imagines Salvatoris nostri Dei et intemeratæ matris ejus et sanctorum omnium ? » 1142

Cap. XVI. — Contra eos qui dicunt quod imaginis honor in primam formam transit. 1146

Cap. XVII — Quod infauste et præcipitanter sive insipienter Constantinus Constantiæ Cypri episcopus dixit : « Suscipio et amplector honorabiliter sanctas et venerandas imagines secundum servilium adorationis quod consubstantiali et vivificatrici Trinitati emitto; et qui sic non sentiunt neque glorificant, a sancta catholica et apostolica Ecclesia segrego, et anathemati submitto, et parti qui abnegaverunt incarnatam et salvabilem dispensationem Christi veri Dei nostri emitto. 1148

Cap. XVIII. — « Quod Eutimius Sardensis episcopus a præfati Constantini errore non multum dissentit in eo quod ait : « Ex toto corde suscipio venerandas imagines cum condecenti honore et amplectibili adoratione. Illos enim qui aliter aut contrarie sentiunt aut dogmatizant contra sanctas imagines alienos catholicæ Ecclesiæ deputans et prædico et hæreticos annuntio. » 1150

Cap. XIX. — Inutile et dementia prolatum et risu dignum dictum Agapii Cæsareæ Cappadociæ episcopi reprehenditur in eo quod dixit : « Scriptum est in nostris divinis Scripturis. » 1152

Cap. XX. — De eo quod Joannes presbyter Theodosio abbate monasterii sancti Andreæ recitante verba Joannis Chrysostomi, et dicente : « Vidi angelum in imagine persequentem barbarorum multitudinem, » dixit : « Quis est iste angelus, nisi de quo scriptum est : Quoniam angelus Domini percussit centum octuaginta quinque millia Assyriorum in una nocte in circuitu Jerusalem exercitantium? » 1155

Cap. XXI. — Quod nulla auctoritate vigeat, neque in ullo authenticorum librorum reperiatur quod illi dicunt, per imaginem cujusdam Polemonis quemdam ab adulterii perpetratione coercitum fuisse, quod quidem æquare nituntur miraculo quod fimbria Dominicæ vestis actum est, quam mulier contingens exoptatam recepit sanitatem. 1156

Cap. XXII. — Quod judices qui in præfata synodo fuerunt insolenter et incongrue artem pictoriam extollere conati sunt dicentes : « Pia enim et ars pictoris, et non recte eam quidam insipienter detrahunt, ipse enim pater pictorem pie agentem commendat. » 1159

Cap. XXIII. — Inutile et mendacio plenum dictum Joannis presbyteri et legati Orientalium dicentis : « Non contraeunt pictores Scripturis, sed quidquid Scripturæ dicit hæc demonstrant, quatenus concordes sunt Scripturarum. » 1161

Cap. XXIV. — Quod non sint coæquandæ imagines reliquiis sanctorum martyrum et confessorum, ut illi in sua erronea synodo facere nituntur, eo quod reliquiæ aut de corpore sunt, aut de his quæ in corpore, aut de his quæ circa corpus cujusdam sancti fuerunt : imagines vero nec in corpore, nec circa corpus fuisse vel fore creduntur illis quibus ascribuntur. 1165

Cap. XXV. — Quod non ideo adorandæ sint imagines quod per eas, ut illi dicunt, nonnulla signa monstrata fuisse putentur, cum tamen non omnes res adorentur per quas vel in quibus miracula apparent. 1167

Cap. XXVI. — Quod Theodorus Mirensis episcopus ridicule et pueriliter egerit, qui ut imaginum adorationem astrueret se ipsa archidiaconi sui in eadem synodo retulit. 1170

Cap. XXVII. — Quod cum Deus illocalis sit, illi minus docte dixerint : « Veneramur et adoramus sicut locum Dei. » 1173

Cap. XXVIII. — Inutile et demens et errore plenum dictum quod dicunt : « Qui Deum timet honorat omnino, adorat et veneratur sicut Filium Dei Christum Deum nostrum, et signum crucis ejus, et figuram sanctorum ejus. » 1175

Cap. XXIX. — Dementissimum et ratione carens dictum Joannis presbyteri Orientalium, in eo quod ait, quod non assistente imperatore imago ejus honoratur : non enim inhonoratur, quatenus et nunc dominatorem omnium Jesum Christum visibiliter nobis non apparentem, invisibiliter enim est carnalibus nostris oculis : sicut enim Deus ubique inest honorandam ejus imaginem, sicut et imperatorem Pater sensit. 1178

Cap. XXX. — De eo quod apocryphas et derisione dignas næniis suis locutionibus interposuerunt. 1179

Cap. XXXI. — Deliramentum errore plenum quod de retruso quodam dixerunt qui dæmoni jurasse et idipsum juramentum irritum fecisse perhibetur, cujus abbas non mediocriter delirasse dignoscitur dicens, ei commodius esse omnia in civitate lupanaria ingredi quam abnegare adorationem imaginis Domini aut ejus sanctæ genitricis. 1180

LIBER QUARTUS. 1181
Præfatio. Ibid.
Caput primum. — Falsissimum et risu dignum dictum Joannis presbyteri, qui non minus cæteris in imaginum adoratione insanisse dignoscitur. Ait enim : « Qui adorat imaginem, et dicit quoniam hic est Christus Filius Dei,

non peccat. » 1183
Cap. II. — De eo quod Joannes non recte dixit : « Per imaginem quæ per colores apparet, adoratur fortitudo ejus et glorificatur, et ad memoriam veniemus de ejus in terra præsentia. » 1185

Cap. III. — De eo quod dicunt : « Non scandalizandum quemdam, eo quod ante imagines sanctorum luminaria fiant, et odoris thymiamata. » 1187

Cap. IV. — De eo quod dicunt : « Ejusdem criminis est, qui imagines spernit, cujus et Nabuchodonosor qui ossa regum Juda protulit e sepulcris, et Judaici regis oculos occisis filiis eruit, et cherubim de templo abstulit. » 1189

Cap. V. — Quod epistola, quam illi sancti Simeonis stulte dicunt, missa ad Justinianum imperatorem, multum distet a divinis Scripturis, sive a sanctorum Patrum documentis, in eo quod ait præfato imperatori. « Pro quibus commemorantes referimus divinis vestris auribus, » sive in eo quod eidem imperatori misericordia uti prohibuerit. 1191

Cap. VI. — De eo quod omnibus hæreticis Samaritanos deteriores, et Samaritanis deteriores eos dicunt qui imagines destruunt, cum parentes eorum secundum illorum opinionem omnibus hæreticis deteriores fuerint, qui utique imagines destruxere. 1197

Cap. VII. — De eo quod quanto plura exempla hæreticorum et imagines spernentium vel despicientium trahunt, tanto parentes suos majoribus conviciis et injuriis inhonorant, quos procul dubio eorum sequaces in hac parte suis e profitentur. 1199

Cap. VIII. — De eo quod secundum Demetrii diaconi dictum, incaute et inordinate, parentes eorum egerunt, duos libros inargentatos, eo quod quiddam de imaginibus in his continebatur comburentes, et alterius libri duo folia præciderant. 1200

Cap. IX. — De eo quod in eodem libro in tabulis argenteis Leontius a Secreta imagines cernens acutissimum et ingeniosissimum sui erroris emolumentum invenisse gloriatus est. 1201

Cap. X. — Quod nulla Evangelii lectio tradat Jesum ad Abgarum imaginem misisse, ut illi dicunt. 1202

Cap. XI. — Quod illi libri gestorum patrum, quorum auctores ignorantur, non prorsus idonei sint ad testimonia danda, et ad hæc quæ in contentionem veniunt affirmanda. 1203

Cap. XII. — De eo quod Dionysius presbyter ecclesiæ Ascalonitanæ in eadem synodo retulisse fertur, quemdam monachum coram imagine sanctæ Mariæ semper virginis lucernam illuminasse, et post tertium vel quintum seu etiam sextum mensem redeuntem inexstinctam reperisse. 1205

Cap. XIII. — Quod hæc synodus nullatenus æquipari possit Nicænæ synodo, quanquam in eodem sit agitata loco, sicut Joannes presbyter adulanter dixisse perhibetur, quippe cum ab eis non solum in cæteris, sed et in symbolo discrepare noscatur. 1206

Cap. XIV. — De eo quod Gregorius Neocæsareæ episcopus ait : « Lætentur et exsultent et præsumant qui veram Christi imaginem benigno animo facientes et diligentes ac venerantes ad salutem animæ et corporis offerentes, quam ipse sacrificii perfector et Deus nostram ex nobis ex toto suscipiens massam secundum tempus voluntariæ passionis in signum et in memoriam manifestam suis tradidit discipulis. » 1213

Cap. XV. — De eo quod Epiphanius diaconus imaginum adorationem astruere volens, dixit : « Quoniam hic titulum erigens Domini, et se ipsa tangens fimbrias tituli sicut quidem venitur sanctum Evangelium, quoniam salutem adepta est inter medium ille et Domini imaginis, herba quædam germinavit quæ appropinquans pedem tituli omnes infirmitates curat. » 1215

Cap. XVI. — Inutile dictum Epiphanii diaconi reprehenditur, in eo quod ait : « Multa quæ in nobis sacrantur orationem sacrata non suscipiunt ; » et post pauca : « Nec plurimum sicut veneranda et honoramur et amplificamur : ipse enim signum vivificæ crucis sine oratione fatur a nobis, veneranda est, et sufficiemur sapere ejus accipere sanctificationem per quæ facta a nobis ad eum adorationem quidam in fronte sanctificatione, et quæ in aere per digitum factum signum effugari dæmones speramus, similiter et imagine per nomen significationis ad primam formam honoris deducimus et osculandos eam et honorabiliter honorantes accipiemus sanctificationem, nam et sacra diversa vasa habentes has osculamur et amplectimur, et sanctificationem quamdam speramus. » 1216

Cap. XVII. — Ridiculosissimum dictum Epiphanii reprehenditur, in eo quod ait : « Ex proprio ventre loculus. » 1220

Cap. XVIII. — Contra eos qui dicunt : « Qui imaginem idolorum dixerunt dæmonibus imaginibus similem, acuisent Abel et Noe et Abraham et Moysen et Samuel et David, quod ipsi aliena et pagana sacrificia Deo libaverunt. » 1221

Cap. XIX. — Contra eos qui dicunt : « Si sanctus Epiphanius imaginum destructor fuit et earum abominator, quomodo ejus discipuli imagines depingebant in Cypriorum insula in templo quod ejusdem patris nomine titulaverunt, cum videlicet multa pingantur quæ non adorantur, et plerumque a bonis magistris mali discipuli oriantur. 1224

Cap. XX. — Quod adulatorie imperatorem suum sive matrem ejus, apostolis coæquare nisi sunt dicentes : « Sicut olim salutis nostræ rector et perfector Jesus proprios suos apostolos sancti Spiritus induens virtute emisit, sicut et nunc suos placabilis et apostolorum similes fideles nostros imperatores erexit de eodem Spiritu prudentes factos, et idoneos existentes virtute ad perfectionem nostram. » 1226

Cap. XXI. — De eo quod dixerunt : « Habet enim prophetia : « Ecce virgo in utero accipiet et pariet Filium (Isa. vii), » « hanc autem prophetiam in imaginem nos videntes, videlicet virginem in ulnis ferentem quem genuit, quomodo sustinebimus non adorare et osculari ? Quis indisciplinatus mente resistere audebit ? In tale osculum dignos enim nosipsos faciamus adorationis, ut non accedentes indigni Ozæ supplicium subeamus. » 1229

Cap. XXII. — De eo quod nec sibi ipsis parcunt, cum parentibus suis injuriam inferunt dicentes : « Pro vero tritico zizania ecclesiasticis agris seminaverunt, vinum miscuerunt aquæ, et proximum potaverunt subversionem turbulentam, et lupi Arabici existentes pellem ovium subsannaverunt indueri, et veritatem prætereuntes mendacium amplexi sunt, sed ova aspidum jactaverunt, et tela aranei secundum prophetam texuerunt, ex qui sperat ova eorum comedere, confringens caudam inveniet, et in eo basiliscum venenum et flatum mortiferum repletum. » 1231

Cap. XXIII. — Inutilis et inerudita interpretatio corum qui dum adorare et osculari unum esse affirmare vellent, dixerunt : « Quique sanctorum principum nostræ doctrinæ et eorum successorum egregium patrum nostrorum, et has adorari videlicet osculari, idipsum enim utrumque, communem vero Græce antiquæ locutionis osculari et amplecti designat, et voluntatis extensione aliqua significat amoris, sicuti fero et offero, firmo et confirmo, participo et adoro, quod demonstrat osculum et extensionis amicitiæ : quod enim quis diligit et adorat, et quod aderat omnino et diligit. » 1233

Cap. XXIV. — De eo quod superciliose et indocte dixerunt : « Similiter et qui ab Oriente venerunt conjunximus in eadem Nicæa metropoli, et præsidentibus omnibus nobis caput fecimus Christum » 1239

Cap. XXV. — Contra eos qui dicunt, quod Epiphanius octuaginta capitula digessit de hæresibus, qui tamen, si imagines adorare hæresim sciret, id quoque inter hæreses computaret. 1241

Cap. XXVI. — Contra eos qui imagines sanctas et sacratas dicunt, easque in viis sive in plateis, quæ plerumque pollutæ sunt, poni jubent. 1243

Cap. XXVII. — Quod male pictis imaginibus imaginum cultores falli possunt, sive inquirendum ab eis qui pene omnem fidei Christianæ prærogativam in imaginum adoratione sive cultu existimant, quid pauperibus faciendum sit, qui artificibus per quos imagines fiunt, omnino carent ? 1244

Cap. XXVIII. — Quod frustra suam synodum universalem nominant, quam tamen constat ab universali non fuisse aggregatam Ecclesia. 1246
Cap. XXIX. — Conclusio. Ibid.

Appendix ad beati Caroli Magni Capitulare de Imaginibus. — Complectens, 1° Epistolam Adriani papæ ad beatum Carolum regem de Imaginibus, qua confutantur illi qui synodum Nicænam ii oppugnarunt ; 2° Conventus Parisiensis de Imaginibus, apud Parisios in palatio Kal. Novembris habitus, an. Christi 824, Eugenii papæ II anno 1, Ludovici Pii Augusti 11. 1247-1349

Sectio tertia. — Carmika. 1349
Carmen primum. — Ad Adrianum papam. Ibid.
Carm. II. — Epitaphium Adriani I papæ. 1350
Carm. III. — Ad Alcuinum. 1351
Carm. IV. — Ad Paulum tunc monachum Cassinensem. 1352
Carm. V. — Ad eumdem Paulum diaconum. Ibid.
Carm. VI. — Ad eumdem. 1353
Carm. VII. — Caroli Magnus ad lectorem Ms. cujus ipse mendis purgaverat. Ibid.
Carm. VIII. — Versus inscripti libro Evangeliorum quem jussu Caroli scripsit Godescalcus an. 781 ad opus Ecclesiæ sancti Saturnini Tolosani. 1355
Carm. IX. — De Rolando suo exstincto. 1354

Appendicula ad scripta beati Caroli Magni. — *Caroli Magni imperatoris sermo de fundatione Aquisgranensis basilicæ Marianæ, illiusque consecratione per Leonem III papam.* 1355

APPENDIX AD OPERA OMNIA BEATI CAROLI MAGNI. — *Carolina, sive varia ad Caroli Magni gesta, cultum, famam et laudes pertinentia.* 1357

Sectio prima. — Liturgica. Ibid.
I. — De beati Caroli publica veneratione. Ibid.
II. — De translatione sancti Caroli imperatoris. 1360
III. — Diploma Frederici I imperatoris de elevatione et canonizatione sancti Caroli. Ibid.
IV. — Miracula beati Caroli Magni. 1362
V. — Officium in festo sancti Caroli Magni imperatoris et confessoris. 1365
VI. — Item officium alterum. 1366
VII. — Hymnus de sancto Carolo. 1368
Sectio secunda. — Historica. 1369
De Gestis beati Caroli Magni libri duo. Ibid.
Canisius lectori. Ibid.
Basnagii observatio. 1370
LIBER PRIMUS. 1371
Caput primum. — De ecclesiastica Caroli Magni cura. Ibid.
Cap. II. — Alcuini adventus in Gallias. 1373
Cap. III. — Præfertur scientia nobilitati. Ibid.
Cap. IV. — De episcopatu juvenculo concesso. Ibid.
Cap. V. — Vilis et pauper clericus fit episcopus. 1374
Cap. VI. — De episcopo celeriter ascendente caballum. 1375
Cap. VII. — De lectionibus. 1376
Cap. VIII. — De clerico qui cantare nesciret. Ibid.
Cap. IX. — Carolus clericos Augustino pares desiderat. Ibid.
Cap. X. — De cantu Romano. 1377
Cap. XI. — Romanorum fraudes. Ibid.
Cap. XII. — Caroli jejunium in Quadragesima. 1378
Cap. XIII. — De pane benedicto. Ibid.
Cap. XIV. — Unicum beneficium unicuique dandum. Ibid.
Cap. XV. — Episcopi dictum facetum. 1379
Cap. XVI. Ibid.
Cap. XVII. — Carolus Magnus in caseis distinguendis peritissimus. Ibid.
Cap. XVIII. — De episcopo murem emente. 1580
Cap. XIX. — De episcopo virgam auream baculi vice ferente. Ibid.
Cap. XX. — De episcopo qui concionem habere non potuit. 1581
Cap. XXI. — Carolus episcopo iratus. 1582
Cap. XXII. — De episcopo qui voluit adorari. 1583
Cap. XXIII. — Episcopi jejunium violantis pœnitentia. Ibid.
Cap. XXIV. — De episcopo feminam stuprante. 1584
Cap. XXV. — Episcopus avarus. 1585
Cap. XXVI. — Episcopus in aquam immersus. Ibid.
Cap. XXVII. — Episcopus fornicator. 1586
Cap. XXVIII. — De Leone pontifice. Ibid.
Cap. XXIX. — De ædificiis Caroli Magni. 1587
Cap. XXX. — Abbas fur. 1588
Cap. XXXI. — De campana. Ibid.
Cap. XXXII. — Lex Caroli de construendis ædificiis. 1589
Cap. XXXIII. — Somnium Leutfredi mortem prænuntians. Ibid.
Cap. XXXIV. — Luxus diaconi punitus. 1590
Cap. XXXV. — Ingratitudo clerici plectitur, Ibid.
Cap. XXXVI. — Vestes Gallorum. 1591
LIBER SECUNDUS. Ibid.
Præfatio. Ibid.
Caput primum. — Gallorum a Romano imperio defectio. Ibid.
Cap. II. — De Hunnis. 1592
Cap. III. — Aggeris destructores coercentur. Ibid.
Cap. IV. — Duces dormientes in excubiis plectantur. Ibid.
Cap. V. — Libertatis amor. Ibid.
Cap. VI. — Saxones gens incognita Græcis. Ibid.
Cap. VII. — Græcorum perjuria. 1594
Cap. VIII. — Legatus Caroli a Græcis male acceptus. Ibid.
Cap. IX. — Vindicta Caroli. Ibid.
Cap. X. — Antiphonæ Græcorum latine redditæ. 1595
Cap. XI. — De legatis Persarum 1596
Cap. XII. — Caroli fama apud Orientales. Ibid.
Cap. XIII. — Atrorum legati. 1597
Cap. XIV. — Munera Caroli ad regem Persarum. Ibid.

Cap. XV. — Prædictio de Ludovico. 1398
Cap. XVI. — Ludovici mores. 1399
Cap. XVII. — Hostium infantes plectit Carolus. 1400
Cap. XVIII. — Conjuratio adversus Carolum. 1401
Cap. XIX. — Pippini responsum de exscindendis Francis. *Ibid.*
Cap. XX. — De gigante. 1402
Cap. XXI. — Bellum in Normannos. *Ibid.*
Cap. XXII. — Normanni piratæ. 1403
Cap. XXIII. — Leo occisus a Pippino. 1404
Cap. XXIV. — De balneis Aquensibus. *Ibid.*
Cap. XXV. *Ibid.*
Cap. XXVI. — Carolus Romam petit. 1405
Cap. XXVII. — Caroli vestes. 1406
Cap. XXVIII. — Ludovici vires. 1407
Cap. XXIX. — Normanni baptismum contemnunt. 1408
Cap. XXX. — Ludovicus juris amator. *Ibid.*
Cap. XXXI. — Eleemosynas distribuit. *Ibid.*
Genealogia Caroli Magni, auctore anonymo. 1409

Annales veteres Francorum. *Ibid.*
Observatio prævia. *Ibid.*
Ortus Caroli gloriosi atque piissimi imperatoris 1411
Ortus Caroli vetuli. 1412
Ortus Pippini. 1415
Exordium Caroli Magni quo regnare cœpit. 1417
Sectio tertia. — Poetica. 1433
Carmen incerti auctoris de Carolo Magno et Leonis pontificis maximi ad eumdem Carolum adventu. 1433
Versus de Carolo Magno. 1445
Epitaphium Caroli Magni. 1445
Addenda ad beati Caroli Magni diplomata authentica quæ ad partes Italiæ spectant. 1447
I. — Diploma Caroli Magni Paulino patriarchæ pro libertate clero Aquileiensi servanda in electione patriarcharum. *Ibid.*
II. — Diploma Caroli Magni Paulino patriarchæ. 1448
III. — Diploma Caroli Magni Maxentio patriarchæ pro Aquileiensi ecclesia reparanda. 1449

FINIS TOMI NONAGESIMI OCTAVI.

www.ingramcontent.com/pod-product-compliance
Lightning Source LLC
Chambersburg PA
CBHW071703300426
44115CB00010B/1297